# Europäisches Zivilprozeßrecht

Kommentar

# Europäisches Zivilprozeßrecht

## Kommentar

herausgegeben von

**Dr. Thomas Rauscher**
Professor an der Universität Leipzig

bearbeitet von

**Dr. Bettina Heiderhoff**
Privatdozentin an der Universität Leipzig

**Dr. Jan von Hein**
Wissenschaftlicher Referent am MPI Hamburg

**Dr. Stefan Leible**
Professor an der Universität Jena

**Dr. Peter Mankowski**
Professor an der Universität Hamburg

**Dr. Thomas Rauscher**
Professor an der Universität Leipzig

**Dr. Ansgar Staudinger**
Professor an der Universität Bielefeld



Sellier. European Law Publishers 2004

Zitierweise:
*Rauscher/Mankowski*, EuZPR Art 18 Brüssel I-VO Rn 5
*Rauscher/v Hein*, EuZPR Art 5 EG-BewVO Rn 3

ISBN 3-935808-08-9

Die Deutsche Bibliothek verzeichnet diese Publikation in der Deutschen Nationalbibliografie; detailierte bibliografische Daten sind im Internet über http://dnb.ddb.de abrufbar.



Gestaltung und Herstellung: Sandra Sellier, München. Satz: jut, Nördlingen. Druck und Bindung: Kösel, Kempten. Gedruckt auf säurefreiem, alterungsbeständigem Papier. Printed in Germany.

# Inhalt

Vorwort des Herausgebers *VII*
Abkürzungen *IX*

1. Verordnung (EG) Nr 44/2001 des Rates vom 22. 12. 2000 über die gerichtliche Zuständigkeit und die Anerkennung und Vollstreckung von Entscheidungen in Zivil- und Handelssachen **(Brüssel I-VO)**

Bearbeiter: Stefan Leible
Peter Mankowski
Ansgar Staudinger *1*

2. Verordnung (EG) Nr 1347/2000 des Rates vom 29. 5. 2000 über die Zuständigkeit und die Anerkennung und Vollstreckung von Entscheidungen in Ehesachen und in Verfahren betreffend die elterliche Verantwortung für die gemeinsamen Kinder der Ehegatten **(Brüssel II-VO)**

Bearbeiter: Thomas Rauscher *517*

2a. Vorschlag für eine Verordnung des Rates über die Zuständigkeit und die Anerkennung und Vollstreckung von Entscheidungen in Ehesachen und in Verfahren betreffend die elterliche Verantwortung, zur Aufhebung der Verordnung (EG) Nr 1347/2000 und zur Änderung der Verordnung (EG) Nr 44/2001 in Bezug auf Unterhaltssachen **(Brüssel IIA-VO)** (mit Vorschlägen des Ratsvorsitzes und Vergleichstabelle zu Nr 2)

Bearbeiter: Thomas Rauscher *739*

3. Verordnung (EG) Nr 1348/2000 des Rates vom 29. 5. 2000 über die Zustellung gerichtlicher und außergerichtlicher Schriftstücke in Zivil- oder Handelssachen in den Mitgliedstaaten **(EG-ZustellVO)**

Bearbeiterin: Bettina Heiderhoff *779*

4. Verordnung (EG) Nr 1206/2001 des Rates vom 28. 5. 2001 über die Zusammenarbeit zwischen den Gerichten der Mitgliedstaaten auf dem Gebiet der Beweisaufnahme in Zivil- und Handelssachen **(EG-BewVO)**

Bearbeiter: Jan von Hein *859*

5. Vorschlag für eine Verordnung des Europäischen Parlaments und des Rates zur Einführung eines europäischen Vollstreckungstitels für unbestrittene Forderungen **(EG-VollstrTitel-VO)**

Bearbeiter: Thomas Rauscher *997*

6. Gesetzesanhang

a) Gesetz zur Ausführung zwischenstaatlicher Verträge und zur Durchführung von Verordnungen der Europäischen Gemeinschaft auf dem Gebiet der Anerkennung und Vollstreckung in Zivil- und Handelssachen **(Anerkennungs- und Vollstreckungsausführungsgesetz)** *1033*

b) Gesetz zur Durchführung gemeinschaftsrechtlicher Vorschriften über die Zustellung gerichtlicher und außergerichtlicher Schriftstücke in Zivil- und Handelssachen in den Mitgliedstaaten (EG-Zustellungsdurchführungsgesetz vom 9. Juli 2001 (BGBl 2001 I S 1536) **(EG-ZustDG)** *1049*

c) Gesetz zur Durchführung gemeinschaftsrechtlicher Vorschriften über die grenzüberschreitende Beweisaufnahme in Zivil- oder Handelssachen in den Mitgliedstaaten **(EG-Beweisaufnahmedurchführungsgesetz)**, BT-Drucks 15/1062 vom 27. 5. 2003, angenommen am 3. 7. 2003, BT-Plenarprotokoll 15/56 *1051*

Register *1055*

# Vorwort des Herausgebers

Über drei Jahrzehnte war der Begriff „Europäisches Zivilprozeßrecht" synonym mit dem Brüsseler EWG-Gerichtsstands- und Vollstreckungsübereinkommen, dem einschließlich der vier Beitrittsübereinkommen und seines Luganer Zwillingsbruders ungeahnter Erfolg beschieden war. Dies wohl nicht zuletzt wegen der scheinbar wenig dynamischen Methode eines Völkervertrages, die eine ständige fruchtbare Diskussion zwischen nationaler Rechtsprechung, EuGH und Schrifttum um bessere Lösungen ermöglichte, die in über hundert Entscheidungen des EuGH und den behutsam entwickelten Beitrittsübereinkommen ihren Niederschlag gefunden hat. (Eine download-fähige Leitsatzsammlung des Herausgebers findet sich unter http://iprserv.jura.uni-leipzig.de/download/eugh-br1.pdf).

Seit dem Vertrag von Amsterdam, dessen Art 61 ff sich ein wenig anmaßend, als hätte es dergleichen vorher nicht gegeben, dem Aufbau eines Raums der Freiheit, der Sicherheit und des Rechts verschrieben haben, ist das Europäische Zivilprozeßrecht expansiv und dynamisch geworden. Ob die in ihrer Reichweite strittige, von der Kommission extensiv interpretierte Zuständigkeit zum Erlaß EG-rechtlicher Rechtsakte die Qualität des Brüsseler Übereinkommens halten, gar zu einer Qualitätsverbesserung führen wird, muß sich zeigen. Immerhin sind nach dem Inkrafttreten des Vertrages von Nizza dem Europäischen Parlament endlich Mitentscheidungsbefugnisse eingeräumt, was nicht nur die demokratische Legitimation stärken wird, sondern dem Mißstand abhilft, daß die Kommission, so geschehen zu Brüssel IIA, sorgsam begründete Änderungsvorschläge des Parlaments postwendend ablehnt und deshalb prozessuale Sachfragen auf die Ebene des politischen Kompromisses im Rat verschoben werden.

In den ersten drei Amsterdamer Jahren sind vier Rechtsinstrumente entstanden, die, wie weitere Entwürfe zeigen, nur den Kern eines künftigen Europäischen Zivilprozeßrechts ausmachen sollen. Daß insbesondere Brüssel II, als Übereinkommen nicht mehr in Kraft gesetzt, als Verordnung mühelos zur Geltung gebracht werden konnte, mag die Dynamik des neuen Stils belegen. Daß Dänemark nicht teilnimmt, mag bedenklich stimmen.

Der vorliegende Kommentar soll vor allem der Praxis, die den Wandlungen im Europäischen Zivilprozeßrecht mit geringen Gewöhnungsphasen ausgesetzt wurde, solide Hilfestellung geben. Er beschränkt sich auf die für das Erkenntnis- und Vollstreckungsverfahren maßgeblichen Rechtsinstrumente und bezieht insbesondere die EG-InsolvenzVO nicht ein. Daß Regelungen, die vor ihrer Inkraftsetzung oft nicht ausreichend wissenschaftlich und rechtspolitisch diskutiert wurden, in besonderem Maß auch die wissenschaftliche Auseinandersetzung herausfordern, ist selbstverständlich; gerade in der Praxis wird noch manche Frage, die hier wissenschaftlich angedacht ist, zu lösen sein. Die zunächst – vor dem Hintergrund des ursprünglichen Brüsseler Zeitplans – zur Einbeziehung vorgesehenen Projekte Brüssel IIA und Europäischer Vollstreckungstitel werden derzeit noch intensiv diskutiert; daher sind hierzu nur Materialien abgedruckt.

Leipzig im Sommer 2003 *Thomas Rauscher*

## Abkürzungen

| | |
|---|---|
| aA | am Anfang |
| aA | anderer Ansicht |
| aaO | am angegebenen Ort |
| ABl EG | Amtsblatt der Europäischen Gemeinschaften |
| abl | ablehnend |
| abwM | abweichende Meinung |
| AC | The Law Reports, Appeal Cases |
| aE | am Ende |
| aF | alte Fassung |
| A-G | Advocaat-Generaal |
| AG | Amtsgericht (mit Ortsname) |
| AG | Ausführungsgesetz (mit Gesetzesname) |
| AGS | Anwaltsgebühren spezial |
| AJP | Aktuelle juristische Praxis |
| AK | Astikos Kodix (griechisches Bürgerliches Gesetzbuch) |
| All ER (Comm) | All England Law Reports, Commercial Cases |
| All ER | All England Law Reports |
| allgM | allgemeine Meinung |
| Alt | Alternative |
| Anh | Anhang |
| Anm | Anmerkung |
| AnwBl | Anwaltsblatt |
| AP | Arbeitsgerichtliche Praxis |
| App | Corte di Appello |
| AppG | Appellationsgericht |
| Arb Int | Arbitration International |
| ArbG | Arbeitsgericht |
| AR-Blattei ES | Arbeitsrechts-Blattei Entscheidungs-Sammlung |
| arg | argumentum |
| Art | Artikel |
| Aud Prov | Audiencia Provincial |
| AuR | Arbeit und Recht |
| ausf | ausführlich |
| AusfG | Ausführungsgesetz |
| AVAG | Gesetz zur Ausführung zwischenstaatlicher Verträge und zur Durchführung von Verordnungen der Europäischen Gemeinschaft auf dem Gebiet der Anerkennung und Vollstreckung in Zivil- und Handelssachen (Anerkennungs- |

| | |
|---|---|
| | und Vollstreckungsausführungsgesetz, abgedruckt im Gesetzesanhang a) |
| AWD | Außenwirtschaftsdienst des Betriebs-Beraters |
| BAG | Bundesarbeitsgericht |
| BAGE | Entscheidungen des Bundesarbeitsgerichts |
| BayObLG | Bayerisches Oberstes Landesgericht |
| BayVBL | Bayerische Verwaltungsblätter |
| BB | Betriebs-Berater |
| BDGesVR | Berichte der Deutschen Gesellschaft für Völkerrecht |
| Bearb | Bearbeitung |
| BezG | Bezirksgericht |
| BG | Schweizerisches Bundesgericht |
| BGB | Bürgerliches Gesetzbuch |
| BGBl | Bundesgesetzblatt |
| BGE | Entscheidungen des Schweizerischen Bundesgerichts |
| BGH | Bundesgerichtshof |
| BJM | Basler Juristische Mitteilungen |
| Bl | Blatt |
| BlZürchRspr | Blätter für Zürcherische Rechtsprechung |
| BR-Drs | Bundesrats-Drucksache |
| Brüssel II-VO | Verordnung (EG) Nr 1347/2000 des Rates vom 29. 5. 2000 über die Zuständigkeit und die Anerkennung und Vollstreckung von Entscheidungen in Ehesachen und in Verfahren betreffend die elterliche Verantwortung für die gemeinsamen Kinder der Ehegatten, kommentiert Nr 2 |
| Brüssel I-VO | Verordnung (EG) Nr 44/2001 des Rates vom 22. 12. 2000 über die gerichtliche Zuständigkeit und die Anerkennung und Vollstreckung von Entscheidungen in Zivil- und Handelssachen, kommentiert Nr 1 |
| BSGE | Entscheidungen des Bundessozialgerichts |
| Bspr | Besprechung |
| BT-Drs | Bundestags-Drucksache |
| Bull civ | Bulletin des arrêts civils |
| BVerfG | Bundesverfassungsgericht |
| BVerfGE | Entscheidungssammlung des Bundesverfassungsgerichts |
| BW | Burgerlijk Wetboek (niederländisches Bürgerliches Gesetzbuch) |
| bzw | beziehungsweise |
| CA | Court of Appeal; Cour d'appel |
| Cass | Cour de Cassation |
| Cassaz | Corte di Cassazione |
| cc | code civil (Frankreich), Codice civile (Italien), Código Civil (Spanien) Código Civil (Portugal) |
| Ch D | High Court of Justice, Chancery Division |
| Ch | The Law Reports, Chancery Division |
| CIM | Anhang B des Übereinkommens über den internationalen Eisenbahnverkehr [COTIF] |

| | |
|---|---|
| CIV | Anhang A des Übereinkommens über den internationalen Eisenbahnverkehr [COTIF] |
| civ | Chambre civile |
| CISG | Convention on Contracts for the International Sale of Goods (Wiener UN-Übereinkommen über Verträge über den internationalen Warenkauf v 11. 4. 1980) |
| CJ | code judiciaire (Belgien) |
| CJQ | Civil Justice Quarterly |
| CLJ | Cambridge Law Journal |
| CLP | Current Legal Problems |
| Clunet | Journal du droit international, fondée par E Clunet |
| CMLRev | Common Market Law Review |
| Columb L Rev | Columbia Law Review |
| comm | Chambre commerciale |
| Cornell Int'l LJ | Cornell International Law Journal |
| COTIF | Übereinkommen über den internationalen Eisenbahnverkehr |
| Cpc | Código de Processo Civil (Portugal), code de procédure civile (Luxemburg) |
| CPR | Civil Procedure Rules |
| CR | Computer und Recht |
| D | Recueil Dalloz |
| D&P | Droit & Patrimoine |
| Dir comm int | Diritto di commerzio internazionale |
| Dir mar | Diritto marittimo |
| Diss | Dissertation |
| DMF | Droit maritime francais |
| DRiZ | Deutsche Richterzeitung |
| DS | Recueil Dalloz Sirey |
| EAT | Employment Appeal Tribunal |
| ebd | ebenda |
| ed(s) | editor(s) |
| EG | Einführungsgesetz |
| EG | Europäische Gemeinschaften |
| EG-BewDG-E | Entwurf eines Gesetzes zur Durchführung gemeinschaftsrechtlicher Vorschriften über die grenzüberschreitende Beweisaufnahme in Zivil- oder Handelssachen in den Mitgliedstaaten, BT-Drucks 15/1062 vom 27. 5. 2003 EG-Beweisaufnahmedurchführungsgesetz (abgedruckt im Gesetzesanhang c) |
| EG-BewVO | Verordnung (EG) Nr 1206/2001 des Rates vom 28. 5. 2001 über die Zusammenarbeit zwischen den Gerichten der Mitgliedstaaten auf dem Gebiet der Beweisaufnahme in Zivil- und Handelssachen, kommentiert Nr 4 |
| EGBGB | Einführungsgesetz zum Bürgerlichen Gesetzbuch |
| EGGVG | Einführungsgesetz zum Gerichtsverfassungsgesetz |
| EGMR | Europäischer Gerichtshof für Menschenrechte |
| EGV | EG-Vertrag in der Fassung durch den Vertrag von Amsterdam |

| | |
|---|---|
| EG-ZustDG | Gesetz zur Durchführung gemeinschaftsrechtlicher Vorschriften über die Zustellung gerichtlicher und außergerichtlicher Schriftstücke in Zivil- und Handelssachen in den Mitgliedstaaten vom 9. Juli 2001 (BGBl 2001 I S 1536) (EG-Zustellungsdurchführungsgesetz (abgedruckt im Gesetzesanhang b) |
| EGZPO | Gesetz betreffend die Einführung der Zivilprozessordnung |
| EG-ZustellVO | Verordnung (EG) Nr 1348/2000 des Rates vom 29. 5. 2000 über die Zustellung gerichtlicher und außergerichtlicher Schriftstücke in Zivil- oder Handelssachen in den Mitgliedstaaten, kommentiert Nr 3 |
| EheG | Ehegesetz (Schweden) |
| EheSchlRG | Eheschließungsrechtsgesetz |
| ELRev | European Law Review |
| EMRK | Europäische Menschenrechtskonvention |
| EO | Exkutionsordnung (Österreich) |
| EP | Europäisches Parlament |
| ERPL | European Review of Private Law |
| etc | et cetera |
| ETR | Europäisches Transportrecht |
| EU | Europäische Union |
| EuGH | Gerichtshof der Europäischen Gemeinschaften |
| EuGHE | Sammlung der Rechtsprechung des Gerichtshofes der EG und des Europäischen Gerichts Erster Instanz |
| EuGVÜ | EWG-Übereinkommen über die gerichtliche Zuständigkeit und die Vollstreckung gerichtlicher Entscheidungen in Zivil- und Handelssachen („Brüsseler Übereinkommen") |
| EuInsVO | Verordnung (EG) Nr 1346/2000 des Rates vom 29. 5. 2000 über Insolvenzverfahren |
| EuLF | European Legal Forum |
| EuLR | European Law Review |
| EuR | Europarecht |
| EuZPR | Europäisches Zivilprozessrecht |
| EuZW | Europäische Zeitschrift für Wirtschaftsrecht |
| EVÜ | EWG-Übereinkommen über das auf vertragliche Schuldverhältnisse anzuwendende Recht vom 19. 6. 1980, BGBl 1986 II 810 |
| EWGV | Vertrag zur Gründung der Europäischen Wirtschaftsgemeinschaft |
| EWiR | Entscheidungen zum Wirtschaftsrecht |
| EWR | Europäischer Wirtschaftsraum |
| EWS | Europäisches Wirtschafts- und Steuerrecht |
| F | Federal Reporter |
| f | folgende |
| FamG | Familiengesetz (Finnland) |
| FamRÄndG | Gesetz zur Vereinheitlichung und Änderung familienrechtlicher Vorschriften (Familienrechtsänderungsgesetz) |
| FamRZ | Zeitschrift für das gesamte Familienrecht |
| ff | folgende |

| | |
|---|---|
| FFE | Forum Familien- und Erbrecht |
| FG | Festgabe |
| FG | Freiwillige Gerichtsbarkeit |
| FGG | Gesetz über die Angelegenheiten der freiwilligen Gerichtsbarkeit |
| FLA | Family Law Act (Vereinigtes Königreich) |
| FLDA | Family Law Divorce Act (Irland) |
| Fn | Fußnote |
| Foro it | Foro italiano |
| FPR | Familie, Partnerschaft, Recht |
| FS | Festschrift |
| FSR | Fleet Street Reports |
| FuR | Familie und Recht |
| GA | Generalanwalt |
| GazPal | La gazette du palais et du notariat |
| GazPalDoctr | Gazette du Palais, Doctrine |
| GewSchG | Gesetz zum zivilrechtlichen Schutz vor Gewalttaten und Nachstellungen (Gewaltschutzgesetz) |
| GG | Grundgesetz für die Bundesrepublik Deutschland |
| ggf | gegebenenfalls |
| Giur it | Giurisprudenza italiana |
| GmbHR | GmbH-Rundschau |
| GRUR | Gewerblicher Rechtsschutz und Urheberrecht |
| GRURInt | Gewerblicher Rechtsschutz und Urheberrecht, Internationaler Teil |
| GS | Gedächtnisschrift |
| GVG | Gerichtsverfassungsgesetz |
| H | Heft |
| hA | herrschende Ansicht |
| HaagZivPrÜbk | Haager Übereinkommen über den Zivilprozeß v 1. 3. 1954 |
| Harv L Rev | Harvard Law Review |
| HausratsVO | Verordnung über die Behandlung der Ehewohnung und des Hausrats nach der Scheidung (Hausratsverordnung) |
| HBÜ | Haager Beweisübereinkommen |
| Hdb IZVR | Handbuch des Internationalen Zivilverfahrensrechts |
| HG | Handelsgericht |
| High Ct | High Court |
| hL | herrschende Lehre |
| HL | House of Lords |
| hM | herrschende Meinung |
| Hof van Cass | Hof van Cassatie |
| HS | Halbsatz |
| HUVollstrÜ | Haager Übereinkommen über die Anerkennung und Vollstreckung von Unterhaltsentscheidungen v 2. 10. 1973 |
| HZÜ | Haager Übereinkommen über die Zustellung gerichtlicher und außergerichtlicher Schriftstücke im Ausland in Zivil- und Handelssachen v 15. 11. 1965 |

| | |
|---|---|
| ICLQ | International and Comparative Law Quarterly |
| idF | in der Fassung |
| iE | im Ergebnis |
| IER | Intellectuel Eigendomsrecht |
| IHR | Internationales Handelsrecht |
| ILPr | International Litigation Procedure |
| ILRM | Irish Law Reports Monthly |
| Int'l Lawyer | The International Lawyer |
| InVo | Insolvenz und Vollstreckung |
| IPR | Internationales Privatrecht |
| IPRax | Praxis des Internationalen Privat- und Verfahrensrechts |
| IPRG | IPR-Gesetz |
| IPRspr | Makarov, Gamillscheg, Müller, Dierk, Kropholler, Die deutsche Rechtsprechung auf dem Gebiet des internationalen Privatrechts |
| IR | Irish Reports |
| IR | Informations rapides |
| iSd | im Sinne des/der |
| iVm | in Verbindung mit |
| IZPR | Internationales Zivilprozeßrecht |
| IZVR | Internationales Zivilverfahrensrecht |
| J | Justice |
| JbItalR | Jahrbuch für italienisches Recht |
| JBl | Juristische Blätter |
| JClP (C) | Juris-Classeur Périodique, édition Civil |
| JClP (G) | Juris-Classeur Périodique, édition Générale |
| JDI | Journal du droit international |
| JN | Jurisdiktionsnorm (Österreich) |
| JPA | Jurisprudence de port d'Anvers |
| JR | Juristische Rundschau |
| JuMiG | Justizmitteilungsgesetz |
| JURA | Juristische Ausbildung |
| JuS | Juristische Schulung |
| JUSTCIV | Dokument des Rates der EG (Justitielle Zusammenarbeit in Zivilsachen) |
| JZ | Juristenzeitung |
| Kap | Kapitel |
| KCLJ | The King's College Law Journal |
| KindEntfÜbk | Haager Übereinkommen über die zivilrechtlichen Aspekte internationaler Kindesentführung v 25. 10. 1980 |
| KOM | Dokumentenkennung der Kommission der EG |
| KPD | Kodix Politikis Dikonomias (griechische ZPO) |
| krit | kritisch |
| KritJustiz | Kritische Justiz |
| KSÜ | Haager Übereinkommen über die Zuständigkeit, das anzuwendende Recht, die Anerkennung, Vollstreckung und Zusammen- |

| | |
|---|---|
| | arbeit auf dem Gebiet der elterlichen Verantwortung und der Maßnahmen zum Schutz von Kindern v 19. 10. 1996 |
| Ktg | Kantongerecht |
| KTS | Konkurs, Treuhand, Schiedsgerichtswesen |
| LAG | Landesarbeitsgericht |
| LAGE | Entscheidungssammlung der Landesarbeitsgerichte |
| lit | litera |
| LJ | Lord Justice |
| LJZ | Liechtensteinische Juristenzeitung |
| Lloyd's Rep | Lloyd's Reports |
| LM | Lindenmaier-Möhring, Nachschlagewerk des Bundesgerichtshofs |
| LMCLQ | Lloyd's Maritime and Commercial Law Quarterly |
| LOPJ | Ley Orgánica del Poder Judicial (Spanien) |
| LPartG | Gesetz über die Eingetragene Lebenspartnerschaft |
| LQR | Law Quarterly Review |
| LugÜ | Lugano-Übereinkommen |
| luxemb. | luxemburgisch |
| MDR | Monatsschrift für Deutsches Recht |
| Mich L Rev | Michigan Law Review |
| MMR | Multimedia und Recht |
| MSA | Haager Übereinkommen über die Zuständigkeit der Behörden und das anzuwendende Recht auf dem Gebiet des Schutzes von Minderjährigen v 5. 10. 1961 |
| MünchKomm | Münchener Kommentar |
| mwN | mit weiteren Nachweisen |
| Nachw | Nachweis(e) |
| ncpc | Nouveau Code de procédure civile (Frankreich) |
| Ned Jur | Nederlandse Jurisprudentie |
| NEheG | Gesetz über die rechtliche Stellung der nichtehelichen Kinder |
| NIPR | Nederlands Internationaal Privaatrecht |
| NJA | Nytt Jurisdik Arkiv |
| NJW | Neue Juristische Wochenschrift |
| NJW-RR | Neue Juristische Wochenschrift Rechtsprechungs-Report Zivilrecht |
| Nr | Nummer(n) |
| NSW | Nachschlagewerk der Rechtsprechung zum Gemeinschaftsrecht |
| NTBR | Nederlandse Tijdschrift voor Burgerlijk Recht |
| NVwZ | Neue Zeitschrift für Verwaltungsrecht |
| NZA | Neue Zeitschrift für Arbeitsrecht |
| NZA-RR | Neue Zeitschrift für Arbeitsrecht Rechtsprechungs-Report |
| NZG | Neue Zeitschrift für Gesellschaftsrecht |
| NZI | Neue Zeitschrift für Insolvenzrecht |
| NZM | Neue Zeitschrift für Mietrecht |
| öAnwBl | Österreichisches Anwaltsblatt |
| ObG | Obergericht |
| obs | observations |

| | |
|---|---|
| OH | Court of Session, Outer House |
| ÖJZ | Österreichische Juristenzeitung |
| öKSchG | Österreichisches Konsumentenschutzgesetz |
| OLG | Oberlandesgericht |
| OLGR | OLG-Report |
| ÖRZ | Österreichische Richterzeitung |
| östOGH | Österreichischer Oberster Gerichtshof |
| Präs | Präsident |
| Pres | President |
| Prot | Protokoll |
| QB | The Law Reports, Queen's Bench Division |
| QBD | High Court of Justice, Queen's Bench Division |
| QC | Queen's Counsel |
| RabelsZ | Zeitschrift für ausländisches und internationales Privatrecht, begründet von Ernst Rabel |
| Rb Kh | Rechtbank van Koophandel |
| Rb | Rechtbank |
| RBDI | Revue belge de droit international |
| RBÜ | Berner Übereinkommen über den Schutz von Werken der Literatur und Kunst (1971) |
| RCJB | Revue critique de jurisprudence belge |
| RdA | Recht der Arbeit |
| RDCB | Revue de droit commercial belge |
| RDIPP | Rivista di diritto internazionale privato e processuale |
| RdW | Recht der Wirtschaft |
| Rec | Recueil des Cours de l'Academie de droit international |
| REDI | Revista espanola de derecho internacional |
| Rev crit | Revue critique de droit international privé |
| Rev dr fr comm | Revude de droit francais commerciale |
| Rev int dr comp | Revue internationale de droit comparé |
| Rev soc | Revue des sociétés |
| Rev trim dr fam | Revue trimestrielle de droit familial |
| RGBl | Reichsgesetzblatt |
| Ritsum L Rev | Ritsumeikan Law Review (International Edition) |
| Riv dir int priv proc | Rivista di diritto internazionale privato e processuale |
| Riv dir int | Rivista di diritto internazionale |
| Riv dir proc | Rivista di diritto processuale |
| Riv trim dir proc civ | Rivista trimestrale di diritto e procedura civile |
| RIW | Recht der Internationalen Wirtschaft |
| RL | Richtlinie |
| Rn | Randnummer |
| Rpfleger | Der Deutsche Rechtspfleger |
| RRa | Reiserecht aktuell |
| Rs | Rechtssache |
| RTDE | Revue trimestrielle de droit européen |
| S | Satz |

| | |
|---|---|
| S | Seite |
| S&S | Schip en Schade |
| SAE | Sammlung arbeitsrechtlicher Entscheidungen |
| sc | scilicet (lat nämlich) |
| SchwJZ | Schweizerische Juristenzeitung |
| SCLR | Scottish Civil Law Reports |
| soc | chambre sociale |
| sog | sogenannt |
| somm | sommaires |
| SorgeRÜbkAG | Gesetz zur Ausführung des Haager Übereinkommens vom 25. Oktober 1980 über die zivilrechtlichen Aspekte internationaler Kindesentführung und des Europäischen Übereinkommens vom 20. Mai 1980 über die Anerkennung und Vollstreckung von Entscheidungen über das Sorgerecht für Kinder und die Wiederherstellung des Sorgeverhältnisses (Sorgerechtsübereinkommens-Ausführungsgesetz) |
| Sp | Spalte |
| st | ständige |
| StaZ | Das Standesamt (Zeitschrift für Standesamtwesen) |
| SvJT | Svensk Juristtidning |
| SZ | Sammlung der Rechtsprechung des Österreichischen Obersten Gerichtshofs in Zivilsachen |
| SZIER | Schweizerische Zeitschrift für Internationales und Europäisches Recht |
| SZW | Schweizerische Zeitschrift für Wirtschaftsrecht |
| Texas Int'l LJ | Texas International Law Journal |
| TGI | Tribunal de grande instance |
| TranspR | Transportrecht |
| Trib app | Tribunale di appello |
| Trib cant | Tribunal cantonal |
| Trib comm | Tribunal de commerce |
| Trib Sup | Tribunal Supremo |
| Trib trav | Tribunal de travail |
| Trib | Tribunal, Tribunale |
| uä | und ähnliches |
| UA | Unterabsatz |
| UfR | Ugeskrift for Retsvaesen |
| UhVorschG | Gesetz zur Sicherung des Unterhalts von Kindern allein stehender Mütter und Väter durch Unterhaltsvorschüsse oder -ausfallleistungen |
| UKlaG | Gesetz über Unterlassungsklagen bei Verbraucherrechts- und anderen Verstößen |
| v | von, vom, versus |
| VerfO | EuGH-Verfahrensordnung |
| VersR | Versicherungsrecht |
| vgl | vergleiche |

| | |
|---|---|
| VO | Verordnung |
| Vorbem | Vorbemerkung(en) |
| VuR | Verbraucher und Recht |
| WA | Warschauer Abkommens zur Vereinheitlichung von Regeln über die Beförderung im internationalen Luftverkehr |
| WiRO | Wirtschaft und Recht in Osteuropa |
| WLR | The Weekly Law Reports |
| WM | Wertpapier-Mitteilungen |
| WPNR | Weekblad voor Privatrecht, Notariaat en Registratie |
| WRP | Wettbewerb in Recht und Praxis |
| WRV | Wetboek van Rechtsvorderingen (niederländische ZPO) |
| WuB | Entscheidungssammlung zum Wirtschafts- und Bankrecht |
| WÜD | Wiener Übereinkommen über diplomatische Beziehungen |
| WÜK | Wiener Übereinkommen über konsularische Beziehungen |
| WVRK | Wiener Konvention über das Recht der Verträge |
| Yb EL | Yearbook of European Law |
| YB PIL | Yearbook of Private International Law |
| zB | zum Beispiel |
| ZBernJV | Zeitschrift des Bernischen Juristen-Vereins |
| ZEuP | Zeitschrift für Europäisches Privatrecht |
| ZEuS | Zeitschrift für europarechtliche Studien |
| ZfA | Zeitschrift für Arbeitsrecht |
| ZfRV | Zeitschrift für Rechtsvergleichung, internationales Recht und Europarecht |
| ZIAS | Zeitschrift für ausländisches und internationales Arbeits- und Sozialrecht |
| ZIK | Zeitschrift für Insolvenzrecht und Kreditschutz |
| ZInsO | Zeitschrift für das gesamte Insolvenzrecht |
| ZIP | Zeitschrift für Wirtschaftsrecht |
| ZivG | Zivilgericht |
| ZPO | Zivilprozeßordnung |
| ZRHO | Rechtshilfeordnung in Zivilsachen |
| zT | zum Teil |
| zust | zustimmend |
| ZustDG | Zustellungsdurchführungsgesetz |
| ZustRG | Gesetz zur Reform des Verfahrens bei Zustellungen im gerichtlichen Verfahren (Zustellungsreformgesetz) |
| zutr | zutreffend |
| ZVglRWiss | Zeitschrift für vergleichende Rechtswissenschaft |
| ZZP | Zeitschrift für Zivilprozeß |
| ZZPInt | Zeitschrift für Zivilprozeß International |

# I. Verordnung des Rates vom 22. Dezember 2000 über die gerichtliche Zuständigkeit und die Anerkennung und Vollstreckung von Entscheidungen in Zivil- und Handelssachen (Nr 44/2001/EG)

ABl EG 2001 L 012/1–23

## 1. Schrifttum

### a) Ausgewähltes jüngeres Schrifttum zum EuGVÜ

*Bajons/Mayr/Zeiler* (Hrsg), Die Übereinkommen von Brüssel und Lugano (Wien 1997)

*Basedow*, Europäisches Zivilprozessrecht, in: Hdb IZVR I, Kap II

*Biavati*, Le prospettive di riforma della convenzione di Bruxelles, Riv trim dir proc civ 1999, 1201

*Bogdan* (Hrsg), The Brussels Jurisdiction and Enforcement Convention – an EC Court Casebook (1996)

*Borrás* (Hrsg), La revisión de los Convenios de Bruselas de 1968 y Lugano de 1988 sobre competencia judicial y ejecución de resoluciones judiciales: una reflexión preliminar española (1998)

*Briggs/Roes*, Civil Jurisdiction and Judgements[2] (1997)

*Burgstaller* (Hrsg), Internationales Zivilverfahrensrecht (Wien 2000) 143

*Bülow/Böckstiegel/Geimer/Schütze*, Internationaler Rechtsverkehr in Zivil- und Handelssachen Band II (2002)

*Calvo Caravaca* (ed), Comentario al convenio de Bruselas relativo a la competencia judicial y la ejecución de resoluciones judiciales en materia civil y mercantil (1994)

*Coester-Waltjen*, Die Bedeutung des EuGVÜ und des Luganer Abkommens für Drittstaaten, in: FS Nakamura (Tokyo 1996) 89

*Donzallaz*, La Convention de Lugano Bde I-III (Bern 1996-1998)

*Fentiman/Nuyts/Tagaras/Watté* (Hrsg), L'espace judiciaire européen en matières civile et commerciale (1999)

*Gaudemet-Tallon*, Compétence et exécution des jugements en Europe. Règlement n° 44/2001, Conventions de Bruxelles et de Lugano[3] (2002)

*Geimer/Schütze*, Europäisches Zivilverfahrensrecht (1997)

*Gottwald*, Principles and Current Problems of Uniform Procedural Law in Europe under the Brussels Convention, Saint Louis-Warsaw Transatlantic Law Journal 1997, 139

*ders*, in: *Münchener Kommentar* zur ZPO[2] Band 3 (2001; dort: „EuGVÜ"), zitiert: *MünchKommZPO/Gottwald* Art EuGVÜ

*Grolimund*, Drittstaatenproblematik des europäischen Zivilverfahrensrechts (2000)

*Hau*, Positive Kompetenzkonflikte im Internationalen Zivilprozessrecht – Überlegungen zur Bewältigung von multi-forum disputes (1996)

*van Houtte/Pertegás Sender* (Hrsg), Europese IPR-verdragen (1997)

*Kaye* (Hrsg), European Case Law on the Judgments Convention (1998)

*Kerameus*, Erweiterung des EuGVÜ-Systems und Verhältnis zu Drittstaaten, in: *Gottwald* (Hrsg),

Revision des EuGVÜ – Neues Schiedsverfahrensrecht (2000) 75
*Klicka*, Das Europäische Zuständigkeits- und Vollstreckungssystem in seiner Anwendung durch den österreichischen Obersten Gerichtshof, in: FS Sandrock (2000) 503
*Kreuzer/Wagner*, in: *Dauses* Handbuch des EU-Wirtschaftsrechts Bd 2 (Stand März 2002)
*Mari*, Il diritto processuale civile della Convenzione di Bruxelles Bd I: Il sistema della competenza (1999)
*Mayss/Reed*, European Business Litigation (1998) 13, 389
*Reithmann/Martiny*, Internationales Vertragsrecht[3] (1996)
*Salerno*, La Convenzione di Bruxelles del 1968 e la sua revisione (2000)
*Schlosser*, Jurisdiction and International Judicial and Administrative Cooperations, 284th Recueil des Cours de l'Academie de Droit International de La Haye (2001)
*Schulte-Beckhausen*, Internationale Zuständigkeit durch rügelose Einlassung im Europäischen Zivilprozessrecht (1994), zitiert: *Schulte-Beckhausen*
*Stone*, Civil Jurisdiction and Judgments in Europe (1998)
*Virgós Soriano/Garcimartín Alférez*, Derecho procesal civil internacional: Litigación internacional (2000)
*Wieczorek/Schütze*, ZPO Bd I/1[3] (1994).

**b) Ausgewähltes Schrifttum zur Brüssel I-VO**

*Albers*, in: *Baumbach/Lauterbach/Albers/Hartmann*, ZPO[61] (2003; „EuGVVO"), zitiert: *Baumbach/Albers*
*N Andrews*, Judicial Co-operation: Recent Progress, 1. Europäischer Juristentag, 2001
*Beraudo*, Le Règlement (CE) du Conseil du 22 décembre 2000 concernant la compétence judiciaire, la reconnaissance et l'exécution des décisions en matière civile et commerciale, JDI 128 (2001), 1033
*Berger*, Gerichtspflichtigkeit infolge Internetpräsenz, in: *Bauknecht/Brauer/Mück*, Informatik 2001, 1002
*Bertoli*, La disciplina della giurisdizione civile nel regolamento communitario n. 44/2001, Riv dir int civ proc 2002, 625
*Bonassies*, L'entrée en vigueur du règlement communautaire n° 44-2001 du décembre 2000 concernant la compétence judiciaire, la reconnaissance et l'exécution des décisions de justice en matière civile et commerciale, European Transport Law, Vol. XXXVII, 6 (2002) 727
*Bruneau*, Les Règles Européennes de Competence en Matière civile et Commerciale, La Semaine Juridique 2001, 533
*Couwenberg/Pertegás Sender*, Recente ontwikkelingen in het Europese bevoegdheids- en executierecht, in: *van Houtte/Pertegás Sender* (Hrsg), Het nieuwe Europese IPR: van verdrag naar verordening (2001) 31
*Czernich/Tiefenthaler/Kodek*, Kurzkommentar Europäisches Gerichtsstands- und Vollstreckungsrecht[2] (2003; „EuGVO"), zitiert: *Czernich/Tiefenthaler/Kodek/Bearbeiter*
*De Cesari*, L'esecuzione delle decisioni civili straniere nello spazio giudiziario europeo, Diritto del commercio internazionale 2002, 277
*Droz/Gaudemet-Tallon*, La transformation de la Convention de Bruxelles du 27 Septembre 1968 en Règlement du Conseil concernant la compétence judiciaire, la reconnaissance et l'exécution des décisions en matière civile et commerciale, Revcrit 90 (2001), 601
*Eichele*, Aktuelle Entwicklungen im Europäischen Zivilprozessrecht – Auf dem Weg zum Europäischen Vollstreckungstitel, BRAK-Mitt 2003, 53
*Finger*, EuGVVO – Eine erste Übersicht über die neue Regelung, MDR 2001, 1394
*Fricke*, Europäisches Gerichtsstands- und Vollstreckungsübereinkommen revidiert, VersR 1999, 1055
*Geimer*, Internationales Zivilprozessrecht[4] (2001), zitiert: *Geimer*
*ders*, Salut für die Verordnung (EG) Nr 44/2001 (Brüssel I-VO), IPRax 2002, 69
*ders* in: *Zöller* ZPO[23] (2002; Anh I „EuGVVO"), zitiert: *Zöller/Geimer*

*Gottwald*, Gerechtigkeit und Effizienz internationaler Gerichtsstände – Gedanken zur Reform des Brüsseler Übereinkommens, Ritsumeikan Law Review 17 (2000) 61

*ders*, in: *Münchner Kommentar* ZPO[2] Aktualisierungsband ZPO-Reform (2002; dort: Brüssel I-VO = „EuGVO"), zitiert: *MünchKommZPO/Gottwald*

*Harris*, The Brussels Regulation, Civ Just Q 20 (2001), 218

*Hau*, Der Vertragsgerichtsstand zwischen judizieller Konsolidierung und legislativer Neukonzeption, IPRax 2000, 354

*Hausmann*, Die Revision des Brüsseler Übereinkommens von 1968, The European Legal Forum 2000/01, 40

*ders*, in: *Staudinger* Kommentar zum Bürgerlichen Gesetzbuch[13] Anhang II zu Art. 27-37 EGBGB: internationale Zuständigkeit; Gerichtsstands- und Schiedsvereinbarungen (2002; „EuGVVO"), zitiert: *Staudinger/Hausmann*

V *Heuzé*, De quelques infirmités congénitales du droit uniforme: l'exemple de l'article 5.1 de la Convention de Bruxelles, Revcrit 89 (2000), 595

*Heß*, Die „Europäisierung" des internationalen Zivilprozessrechts durch den Amsterdamer Vertrag – Chancen und Gefahren, NJW 2000, 23

*ders*, Die Integrationsfunktion des Europäischen Zivilverfahrensrechts, IPRax 2001, 389

*ders*, Aktuelle Perspektiven der europäischen Prozessrechtsangleichung, JZ 2001, 573

*Hüßtege*, in: *Thomas/Putzo* ZPO[25] (2003; „EuGVVO"), zitiert: *Thomas/Putzo/Hüßtege*

M *Jametti Greiner*, Die Revision des Brüsseler und des Lugano-Übereinkommens, AJP/PJA 1999, 1135

*Junker*, Vom Brüsseler Übereinkommen zur Brüssler Verordnung – Wandlungen des Internationalen Zivilprozessrechts, RIW 2002, 569

*Kennett*, The Enforcement of Judgments in Europe (2000)

*dies*, The Brussels I Regulation, Int. Comp. L. Q. 50 (2001), 725

*Klauser*, JN-ZPO II Europäisches Zivilprozessrecht (2002), zitiert: *Klauser*

*Kohler/Stadler u. Kerameus*, Die Revision des Brüsseler und Luganer Übereinkommens, in: *Gottwald* (Hrsg) Revision des EuGVÜ/Neues Schiedsverfahrensrecht (2000)

*Kropholler*, Europäisches Zivilprozessrecht (2002), zitiert: *Kropholler*

*Kropholler/von Hinden*, Die Reform des europäischen Gerichtsstands am Erfüllungsort (Art 5 Nr 1 EuGVÜ), in: GS Alexander Lüderitz (2000) 401

*ders*, Die Auslegung von EG-Verordnungen zum Internationalen Privat- und Verfahrensrecht, in: Basedow, Aufbruch nach Europa, 75 Jahre MPI für Privatrecht (2001) 583

*ders*, Europäisches Zivilprozessrecht[7] (2002), zitiert: *Kropholler*

*Leipold*, Internationale Zuständigkeit am Erfüllungsort, in: GS Alexander Lüderitz (2000) 431

*Linke*, Internationales Zivilprozessrecht[3] (2001), zitiert: *Linke*

A *Markus*, Revidierte Übereinkommen von Brüssel und Lugano: Zu den Hauptpunkten, SZW/RSDA 1999, 205

*Micklitz/Rott*, Vergemeinschaftung des EuGVÜ in der Verordnung (EG) Nr 44/2001, EuZW 2001, 325

*dies*, Vergemeinschaftung des EuGVÜ in der Verordnung (EG) Nr 44/2001, EuZW 2002, 15

*Nagel/Gottwald*, Internationales Zivilprozessrecht[5] (2002), zitiert: *Nagel/Gottwald*

*Pålsson*, Revisionen av Bryssel- och Luganokonventionerna, Svensk Juristtidning 2001, 373

*Piltz*, Vom EuGVÜ zur Brüssel I-Verordnung, NJW 2002, 789

*Rauscher*, Internationales Privatrecht[2] (2002), zitiert: *Rauscher*, IPR

*Rodger*, The Communitarisation of International Private Law: Reform of the Brussels Convention by Regulation, Jur Rev 2001, 59, 69

*Schack*, Internationales Zivilverfahrensrecht[3] (2002), zitiert: *Schack*

*Schlosser*, EU-Zivilprozessrecht[2] (2003; EuGVVO), zitiert: *Schlosser*

*Guus E Schmidt*, De EEX-Verordening: de volgende stap in het Europese procesrecht, NIPR 2001, 150

*Schoibl*, Vom Brüsseler Übereinkommen zur Brüssel-I-Verordnung: Neuerungen im europäischen Zivilprozessrecht, JBl 2003, 149

*Vlas*, Herziening EEX: van verdrag naar verordening, WPNR 2000 Nr 6421, 745

*R Wagner*, Vom Brüsseler Übereinkommen über die Brüssel I-Verordnung zum Europäischen Vollstreckungstitel, IPRax 2002, 75

*ders*, Zur Vereinheitlichung des internationalen Zivilverfahrensrechts vier Jahre nach In-Kraft-Treten des Amsterdamer Vertrags, NJW 2003, 2344

*Wernicke/Hoppe*, Die neue EuGVVO – Auswirkungen auf die internationale Zuständigkeit bei Internetverträgen, MMR 2002, 643

*Weth*, in: *Musielak* Zivilprozessordnung Kommentar[3] (2002, Verordnung (EG) Nr 44/2001), zitiert: *Musielak/Weth*

**2. Materialien**

**a) EuGVÜ**

*Jenard*, Bericht zum Übereinkommen über die gerichtliche Zuständigkeit und die Vollstreckung gerichtlicher Entscheidungen in Zivil- und Handelssachen ABl EG 1979 C 59/1, zitiert *Jenard*-Bericht

*Schlosser*, Bericht zu dem Übereinkommen über den Beitritt des Königreichs Dänemark, Irlands und des Vereinigten Königreichs Großbritannien und Nordirland zum Übereinkommen über die gerichtliche Zuständigkeit und die Vollstreckung gerichtlicher Entscheidungen in Zivil- und Handelssachen sowie zum Protokoll betreffend die Auslegung dieses Übereinkommens durch den Gerichtshof BT-Drs 10/61, 31, zitiert: *Schlosser*-Bericht

**b) Brüssel I-VO**

Vorschlag für eine Verordnung (EG) des Rates über die gerichtliche Zuständigkeit und die Anerkennung und Vollstreckung von Entscheidungen in Zivil- und Handelssachen, KOM (1999) 348 endg

DER RAT DER EUROPÄISCHEN UNION –

gestützt auf den Vertrag zur Gründung der Europäischen Gemeinschaft, insbesondere auf Artikel 61 Buchstabe c und Artikel 67 Absatz 1,

auf Vorschlag der Kommission[1],

nach Stellungnahme des Europäischen Parlaments[2],

nach Stellungnahme des Wirtschafts- und Sozialausschusses[3],

in Erwägung nachstehender Gründe:

(1) Die Gemeinschaft hat sich zum Ziel gesetzt, einen Raum der Freiheit, der Sicherheit und des Rechts, in dem der freie Personenverkehr gewährleistet ist, zu erhalten und weiterzuentwickeln. Zum schrittweisen Aufbau dieses Raums hat die Gemeinschaft unter anderem im Bereich der justiziellen Zusammenarbeit in Zivilsachen die für das reibungslose Funktionieren des Binnenmarkts erforderlichen Maßnahmen zu erlassen.

(2) Die Unterschiede zwischen bestimmten einzelstaatlichen Vorschriften über die gerichtliche Zuständigkeit und die Anerkennung von Entscheidungen erschweren das rei-

---

1 ABl. C 376 vom 28. 12. 1999, S. 1.

2 Stellungnahme vom 21. 9. 2000 (noch nicht im Amtsblatt veröffentlicht).

3 ABl. C 117 vom 26. 4. 2000, S. 6.

bungslose Funktionieren des Binnenmarkts. Es ist daher unerlässlich, Bestimmungen zu erlassen, um die Vorschriften über die internationale Zuständigkeit in Zivil- und Handelssachen zu vereinheitlichen und die Formalitäten im Hinblick auf eine rasche und unkomplizierte Anerkennung und Vollstreckung von Entscheidungen aus den durch diese Verordnung gebundenen Mitgliedstaaten zu vereinfachen.

(3) Dieser Bereich fällt unter die justizielle Zusammenarbeit in Zivilsachen im Sinne von Artikel 65 des Vertrags.

(4) Nach dem in Artikel 5 des Vertrags niedergelegten Subsidiaritäts- und Verhältnismäßigkeitsprinzip können die Ziele dieser Verordnung auf der Ebene der Mitgliedstaaten nicht ausreichend erreicht werden; sie können daher besser auf Gemeinschaftsebene erreicht werden. Diese Verordnung beschränkt sich auf das zur Erreichung dieser Ziele notwendige Mindestmaß und geht nicht über das dazu Erforderliche hinaus.

(5) Am 27. September 1968 schlossen die Mitgliedstaaten auf der Grundlage von Artikel 293 vierter Gedankenstrich des Vertrags das Übereinkommen von Brüssel über die gerichtliche Zuständigkeit und die Vollstreckung gerichtlicher Entscheidungen in Zivil- und Handelssachen, dessen Fassung durch die Übereinkommen über den Beitritt der neuen Mitgliedstaaten zu diesem Übereinkommen[4] geändert wurde (nachstehend „Brüsseler Übereinkommen" genannt). Am 16. September 1988 schlossen die Mitgliedstaaten und die EFTA-Staaten das Übereinkommen von Lugano über die gerichtliche Zuständigkeit und die Vollstreckung gerichtlicher Entscheidungen in Zivil- und Handelssachen, das ein Parallelübereinkommen zu dem Brüsseler Übereinkommen von 1968 darstellt. Diese Übereinkommen waren inzwischen Gegenstand einer Revision; der Rat hat dem Inhalt des überarbeiteten Textes zugestimmt. Die bei dieser Revision erzielten Ergebnisse sollten gewahrt werden.

(6) Um den freien Verkehr der Entscheidungen in Zivil- und Handelssachen zu gewährleisten, ist es erforderlich und angemessen, dass die Vorschriften über die gerichtliche Zuständigkeit und die Anerkennung und Vollstreckung von Entscheidungen im Wege eines Gemeinschaftsrechtsakts festgelegt werden, der verbindlich und unmittelbar anwendbar ist.

(7) Der sachliche Anwendungsbereich dieser Verordnung sollte sich, von einigen genau festgelegten Rechtsgebieten abgesehen, auf den wesentlichen Teil des Zivil- und Handelsrechts erstrecken.

(8) Rechtsstreitigkeiten, die unter diese Verordnung fallen, müssen einen Anknüpfungspunkt an das Hoheitsgebiet eines der Mitgliedstaaten aufweisen, die durch diese Verordnung gebunden sind. Gemeinsame Zuständigkeitsvorschriften sollten demnach grundsätzlich dann Anwendung finden, wenn der Beklagte seinen Wohnsitz in einem dieser Mitgliedstaaten hat.

(9) Beklagte ohne Wohnsitz in einem Mitgliedstaat unterliegen im Allgemeinen den nationalen Zuständigkeitsvorschriften, die im Hoheitsgebiet des Mitgliedstaats gelten, in dem sich das angerufene Gericht befindet, während Beklagte mit Wohnsitz in einem Mitglied-

---

[4] ABl. L 299 vom 31. 12. 1972, S. 32. ABl. L 304 vom 30. 10. 1978, S. 1. ABl. L 388 vom 31. 12. 1982, S. 1. ABl. L 285 vom 3. 10. 1989, S. 1. ABl. C 15 vom 15. 1. 1997, S. 1. Siehe konsolidierte Fassung in ABl C 27 vom 26. 1. 1998, S 1.

staat, der durch diese Verordnung nicht gebunden ist, weiterhin dem Brüsseler Übereinkommen unterliegen.

(10) Um den freien Verkehr gerichtlicher Entscheidungen zu gewährleisten, sollten die in einem durch diese Verordnung gebundenen Mitgliedstaat ergangenen Entscheidungen in einem anderen durch diese Verordnung gebundenen Mitgliedstaat anerkannt und vollstreckt werden, und zwar auch dann, wenn der Vollstreckungsschuldner seinen Wohnsitz in einem Drittstaat hat.

(11) Die Zuständigkeitsvorschriften müssen in hohem Maße vorhersehbar sein und sich grundsätzlich nach dem Wohnsitz des Beklagten richten, und diese Zuständigkeit muss stets gegeben sein außer in einigen genau festgelegten Fällen, in denen aufgrund des Streitgegenstands oder der Vertragsfreiheit der Parteien ein anderes Anknüpfungskriterium gerechtfertigt ist. Der Sitz juristischer Personen muss in der Verordnung selbst definiert sein, um die Transparenz der gemeinsamen Vorschriften zu stärken und Kompetenzkonflikte zu vermeiden.

(12) Der Gerichtsstand des Wohnsitzes des Beklagten muss durch alternative Gerichtsstände ergänzt werden, die entweder aufgrund der engen Verbindung zwischen Gericht und Rechtsstreit oder im Interesse einer geordneten Rechtspflege zuzulassen sind.

(13) Bei Versicherungs-, Verbraucher- und Arbeitssachen sollte die schwächere Partei durch Zuständigkeitsvorschriften geschützt werden, die für sie günstiger sind als die allgemeine Regelung.

(14) Vorbehaltlich der in dieser Verordnung festgelegten ausschließlichen Zuständigkeiten muss die Vertragsfreiheit der Parteien hinsichtlich der Wahl des Gerichtsstands, außer bei Versicherungs-, Verbraucher- und Arbeitssachen, wo nur eine begrenztere Vertragsfreiheit zulässig ist, gewahrt werden.

(15) Im Interesse einer abgestimmten Rechtspflege müssen Parallelverfahren so weit wie möglich vermieden werden, damit nicht in zwei Mitgliedstaaten miteinander unvereinbare Entscheidungen ergehen. Es sollte eine klare und wirksame Regelung zur Klärung von Fragen der Rechtshängigkeit und der im Zusammenhang stehenden Verfahren sowie zur Verhinderung von Problemen vorgesehen werden, die sich aus der einzelstaatlich unterschiedlichen Festlegung des Zeitpunkts ergeben, von dem an ein Verfahren als rechtshängig gilt. Für die Zwecke dieser Verordnung sollte dieser Zeitpunkt autonom festgelegt werden.

(16) Das gegenseitige Vertrauen in die Justiz im Rahmen der Gemeinschaft rechtfertigt, dass die in einem Mitgliedstaat ergangenen Entscheidungen, außer im Falle der Anfechtung, von Rechts wegen, ohne ein besonderes Verfahren, anerkannt werden.

(17) Aufgrund dieses gegenseitigen Vertrauens ist es auch gerechtfertigt, dass das Verfahren, mit dem eine in einem anderen Mitgliedstaat ergangene Entscheidung für vollstreckbar erklärt wird, rasch und effizient vonstatten geht. Die Vollstreckbarerklärung einer Entscheidung muss daher fast automatisch nach einer einfachen formalen Prüfung der vorgelegten Schriftstücke erfolgen, ohne dass das Gericht die Möglichkeit hat, von Amts wegen eines der in dieser Verordnung vorgesehenen Vollstreckungshindernisse aufzugreifen.

(18) Zur Wahrung seiner Verteidigungsrechte muss der Schuldner jedoch gegen die Vollstreckbarerklärung einen Rechtsbehelf im Wege eines Verfahrens mit beiderseitigem rechtlichen Gehör einlegen können, wenn er der Ansicht ist, dass einer der Gründe für die Versagung der Vollstreckung vorliegt. Die Möglichkeit eines Rechtsbehelfs muss auch für den

Antragsteller gegeben sein, falls sein Antrag auf Vollstreckbarerklärung abgelehnt worden ist.

(19) Um die Kontinuität zwischen dem Brüsseler Übereinkommen und dieser Verordnung zu wahren, sollten Übergangsvorschriften vorgesehen werden. Dies gilt auch für die Auslegung der Bestimmungen des Brüsseler Übereinkommens durch den Gerichtshof der Europäischen Gemeinschaften. Ebenso sollte das Protokoll von 1971[5] auf Verfahren, die zum Zeitpunkt des Inkrafttretens dieser Verordnung bereits anhängig sind, anwendbar bleiben.

(20) Das Vereinigte Königreich und Irland haben gemäß Artikel 3 des dem Vertrag über die Europäische Union und dem Vertrag zur Gründung der Europäischen Gemeinschaft beigefügten Protokolls über die Position des Vereinigten Königreichs und Irlands schriftlich mitgeteilt, dass sie sich an der Annahme und Anwendung dieser Verordnung beteiligen möchten.

(21) Dänemark beteiligt sich gemäß den Artikeln 1 und 2 des dem Vertrag über die Europäische Union und dem Vertrag zur Gründung der Europäischen Gemeinschaft beigefügten Protokolls über die Position Dänemarks nicht an der Annahme dieser Verordnung, die daher für Dänemark nicht bindend und ihm gegenüber nicht anwendbar ist.

(22) Da in den Beziehungen zwischen Dänemark und den durch diese Verordnung gebundenen Mitgliedstaaten das Brüsseler Übereinkommen in Geltung ist, ist dieses sowie das Protokoll von 1971 im Verhältnis zwischen Dänemark und den durch diese Verordnung gebundenen Mitgliedstaaten weiterhin anzuwenden.

(23) Das Brüsseler Übereinkommen gilt auch weiter hinsichtlich der Hoheitsgebiete der Mitgliedstaaten, die in seinen territorialen Anwendungsbereich fallen und die aufgrund der Anwendung von Artikel 299 des Vertrags von der vorliegenden Verordnung ausgeschlossen sind.

(24) Im Interesse der Kohärenz ist ferner vorzusehen, dass die in spezifischen Gemeinschaftsrechtsakten enthaltenen Vorschriften über die Zuständigkeit und die Anerkennung von Entscheidungen durch diese Verordnung nicht berührt werden.

(25) Um die internationalen Verpflichtungen, die die Mitgliedstaaten eingegangen sind, zu wahren, darf sich diese Verordnung nicht auf von den Mitgliedstaaten geschlossene Übereinkommen in besonderen Rechtsgebieten auswirken.

(26) Um den verfahrensrechtlichen Besonderheiten einiger Mitgliedstaaten Rechnung zu tragen, sollten die in dieser Verordnung vorgesehenen Grundregeln, soweit erforderlich, gelockert werden. Hierzu sollten bestimmte Vorschriften aus dem Protokoll zum Brüsseler Übereinkommen in die Verordnung übernommen werden.

(27) Um in einigen Bereichen, für die in dem Protokoll zum Brüsseler Übereinkommen Sonderbestimmungen enthalten waren, einen reibungslosen Übergang zu ermöglichen, sind in dieser Verordnung für einen Übergangszeitraum Bestimmungen vorgesehen, die der besonderen Situation in einigen Mitgliedstaaten Rechnung tragen.

---

[5] ABl. L 204 vom 2. 8. 1975, S. 28. ABl. L 304 vom 30. 10. 1978, S. 1. ABl. L 388 vom 31. 12. 1982, S. 1. ABl. L 285 vom 3. 10. 1989, S. 1. ABl. C 15 vom 15. 1. 1997, S. 1. Siehe konsolidierte Fassung in ABl. C 27 vom 26. 1. 1998, S. 28.

(28) Spätestens fünf Jahre nach dem Inkrafttreten dieser Verordnung unterbreitet die Kommission einen Bericht über deren Anwendung. Dabei kann sie erforderlichenfalls auch Anpassungsvorschläge vorlegen.
(29) Die Anhänge I bis IV betreffend die innerstaatlichen Zuständigkeitsvorschriften, die Gerichte oder sonst befugten Stellen und die Rechtsbehelfe sind von der Kommission anhand der von dem betreffenden Mitgliedstaat mitgeteilten Änderungen zu ändern. Änderungen der Anhänge V und VI sind gemäß dem Beschluss 1999/468/EG des Rates vom 28. Juni 1999 zur Festlegung der Modalitäten für die Ausübung der der Kommission übertragenen Durchführungsbefugnisse[6] zu beschließen –

HAT FOLGENDE VERORDNUNG ERLASSEN:

# Einleitung

## I. Status quo des Europäischen Zivilverfahrensrechts

1 Während das Europäische Zivilverfahrensrecht anfangs auf bi- und multilateralen **Konventionen** basierte, dominiert mittlerweile das sekundäre Gemeinschaftsrecht in Gestalt von **Verordnungen**. Auslöser hierfür ist der im Amsterdamer Vertrag[1] neu geschaffene Kompetenztitel in **Art 61 lit c, 65 EGV**,[2] der im Vertrag von Nizza[3] in leicht veränderter Fassung fortbesteht.[4] Diese primärrechtlich verankerte Ermächtigungsgrundlage erlaubt den Erlass von Harmonisierungsmaßnahmen, die das Internationale Zivilverfahrensrecht betreffen.[5] Der europäische Gesetzgeber hat in der Vergangenheit wiederholt Rechtsinstrumente auf diesen Kompetenztitel gestützt.

2 Zu nennen ist vor allem die **Brüssel I-VO**,[6] welche im Zentrum der nachfolgenden Einleitung steht. Diese Harmonisierungsmaßnahme ist nach ihrem Art 76 am 1. März

---

[6] ABl. L 184 vom 17. 7. 1999, S. 23.

[1] ABl EG 1997 C 340/145 ff.

[2] Zur justiziellen Zusammenarbeit in Zivilsachen siehe etwa: *Müller-Graff/Friedemann* DRiZ 2000, 350 ff.

[3] ABl EG 2001 C 80/1 ff; der Vertrag ist am 1. Februar 2003 in Kraft getreten; zur Umbenennung des Amtsblattes siehe den Hinweis in ABl EG 2003 L 25; zum Vertrag von Nizza siehe die Kommentierung von *Fischer*, Der Vertrag von Nizza (2001); vgl ferner etwa *Pache/Schorkopf* NJW 2001, 1377 ff; im Hinblick auf das Kollisionsrecht: *Jayme* IPRax 2001, 384 f; zur Reform der Gerichtsbarkeit siehe etwa *Rabe* EuR 2000, 811 ff; *Sack* EuZW 2001, 77 ff; zu möglichen Reformen siehe auch *Remien*, in: *Basedow* (Hrsg), Aufbruch nach Europa (2001) 671 ff.

[4] Beachte vor allem Art 67 Abs 5 EGV.

[5] Siehe hierzu monographisch *Besse*, Die Vergemeinschaftung des EuGVÜ (2001).

[6] Verordnung (EG) Nr 44/2001 des Rates vom 22. Dezember 2000 über die gerichtliche Zuständigkeit und die Anerkennung und Vollstreckung von Entscheidungen in Zivil- und Handelssachen, ABl EG 2001 L 12/1 ff.

2002 – mit Ausnahme Dänemarks[7] – binnenmarktweit in Kraft getreten. Sie ersetzt[8] im Rahmen ihres zeitlichen,[9] räumlichen[10] und sachlichen[11] Anwendungsbereichs das Brüsseler EWG-Übereinkommen über die gerichtliche Zuständigkeit und die Vollstreckung gerichtlicher Entscheidungen in Zivil- und Handelssachen (EuGVÜ).[12] Dieses Abkommen sieht nicht nur einen Zuständigkeitskatalog vor, sondern legt darüber hinaus einheitliche Grundsätze für die Anerkennung und Vollstreckbarerklärung von Titeln aus den Signatarstaaten fest. Als „convention double" stammt das EuGVÜ in seiner ursprünglichen Fassung aus dem Jahre 1968. Inhaltliche Revisionen, vor allem aber der Beitritt neuer Vertragsstaaten führten zu insgesamt vier Neufassungen des EuGVÜ.[13] Dieses Übereinkommen legte den Grundstein für das Europäische Zivilprozessrecht und war Vorbild für das Parallelabkommen von Lugano.[14]

Die **Brüssel II-VO**[15] ergänzt die Brüssel I-VO, die ihrerseits nach Art 1 Abs 3 den Bereich der ehelichen Güterstände ausnimmt und allein vermögensrechtliche Aspekte einbezieht. So gilt etwa die Brüssel II-VO nach ihrem Erwägungsgrund Nr 10 S 3 nicht für Unterhaltsansprüche, die allein der Brüssel I-VO unterliegen,[16] und zwar unabhängig davon, ob sie etwa aus einer registrierten Partnerschaft, Homosexuellenehe oder klassischen Ehe resultieren. Dies wird mittelbar noch einmal von der Kommission in ihrem Verordnungsvorschlag zur Revision der Brüssel I- und II-VO bestätigt.[17] 3

---

7 Siehe Art 1 Abs 3 Brüssel I-VO; Erwägungsgrund Nr 21.

8 Art 68 Abs 1 Brüssel I-VO.

9 Art 66 Brüssel I-VO.

10 Vgl Art 299 EGV.

11 Siehe Art 1 Brüssel I-VO.

12 Brüsseler EWG-Übereinkommen über die gerichtliche Zuständigkeit und die Vollstreckung gerichtlicher Entscheidungen in Zivil- und Handelssachen vom 27. September 1968, BGBl 1972 II 774 ff.

13 Siehe die konsolidierte Fassung ABl EG 1998 C 27/1.

14 Hierzu *Rauscher/Staudinger* Einl Rn 71 ff.

15 Verordnung (EG) Nr 1347/2000 des Rates über die Zuständigkeit und die Anerkennung und Vollstreckung von Entscheidungen in Ehesachen und in Verfahren betreffend die elterliche Verantwortung für die gemeinsamen Kinder der Ehegatten vom 29. Mai 2000, ABl EG 2000 160/19 ff; siehe hierzu die Bearbeitung von *Rauscher* in diesem Band.

16 Hierzu *Rauscher/Rauscher* Vorbem Brüssel II-VO Rn 8.

17 Siehe den Vorschlag für eine Verordnung des Rates über die Zuständigkeit und die Anerkennung und Vollstreckung von Entscheidungen in Ehesachen und in Verfahren betreffend die elterliche Verantwortung zur Aufhebung der Verordnung (EG) Nr 1347/2000 und zur Änderung der Verordnung (EG) Nr 44/2001 in Bezug auf Unterhaltssachen vom 17. 5. 2002, KOM (2002) 222 endg, 6. Nach Art 70 dieses Verordnungsvorschlags soll Art 5 Abs 2 Brüssel II-VO geändert werden, um sicherzustellen, dass ein Gericht auch dann für Unterhaltssachen zuständig ist, wenn diese mit Verfahren verbunden sind, welche die elterliche Verantwortung zum Gegenstand haben.

4 Lückenschließende Funktion hat ebenso die **Verordnung über Insolvenzverfahren**,[18] da sich die Brüssel I-VO nach ihrem Art 1 Abs 2 lit b nicht auf Konkurse, Vergleiche und ähnliche Verfahren erstreckt.[19]

5 Die **EG-ZustellVO**[20] verdrängt[21] – abgesehen vom Sonderfall Dänemark – das Haager Zustellungsübereinkommen (HZÜ)[22] sowie das Zivilprozessübereinkommen.[23] Die Brüssel I-VO nimmt in ihrem Art 26 Abs 3 auf die EG-ZustellVO Bezug. Bedeutung erlangt diese Harmonisierungsmaßnahme ferner im Hinblick auf Art 30 Brüssel I-VO sowie die Gewährung rechtlichen Gehörs nach Art 34 Nr 2 Brüssel I-VO.[24] Die EG-ZustellVO verzichtet auf einen rechtshilferechtlichen ordre public-Vorbehalt[25] wie in Art 13 HZÜ, der etwa der Zustellung einer antisuit injunction[26] oder einer Klage[27] entgegensteht, wenn mit ihr Ansprüche auf Strafschadensersatz (punitive damages) geltend gemacht werden.

---

[18] Verordnung (EG) Nr 1346/2000 des Rates über Insolvenzverfahren vom 29. Mai 2000, ABl EG 2000 L 160/1 ff; siehe auch das Gesetz zur Neuregelung des Internationalen Insolvenzrechts, BGBl 2003 I 345 ff.

[19] Hierzu *Becker* ZEuP 2002, 287 ff; *Deipenbrock* EWS 2001, 113 ff; *Ehricke* EWS 2002, 101 ff; *Eidenmüller* IPRax 2001, 2 ff; *Haubold* IPRax 2003, 34 ff; *P Huber* ZZP 114 (2001), 133 ff; *Kemper* ZIP 2001, 1609 ff; *Leible/Staudinger* KTS 2000, 533 ff; *Paulus* ZIP 2002, 729 ff; *Wimmer* ZinsO 2001, 97 ff; *ders* NJW 2002, 2427 ff; speziell zur Aufrechnung: *Bork* ZIP 2002, 690 ff.

[20] Verordnung (EG) Nr 1348/2000 des Rates vom 29. 5. 2000 über die Zustellung gerichtlicher und außergerichtlicher Schriftstücke in Zivil- und Handelssachen in den Mitgliedstaaten, ABl EG 2000 L 160/37; siehe auch das Gesetz zur Durchführung gemeinschaftsrechtlicher Vorschriften über die Zustellung gerichtlicher und außergerichtlicher Schriftstücke in Zivil- oder Handelssachen in den Mitgliedstaaten (EG-Zustellungsdurchführungsgesetz – ZustDG) vom 9. Juli 2001, BGBl 2001 I 1536 ff; siehe hierzu die Bearbeitung von *Heiderhoff* in diesem Band.

[21] Dies gilt ebenso vom Grundsatz her für das deutsch-britische Übereinkommen über den Rechtsverkehr vom 20. 3. 1928, RGBl 1928 II 623; abgedruckt bei *Jayme/Hausmann*, Internationales Privat- und Verfahrensrecht[11] (2002) Nr 227. Dieses Abkommen fand bislang neben dem HZÜ nach dessen Art 25 ergänzende Anwendung; siehe aber auch *Rauscher/Heiderhoff* Art 20 EG-ZustellVO Rn 2.

[22] Haager Übereinkommen über die Zustellung gerichtlicher und außergerichtlicher Schriftstücke im Ausland in Zivil- und Handelssachen vom 15. November 1965, BGBl 1977 II 1453; abgedruckt in *Jayme/Hausmann*, Internationales Privat- und Verfahrensrecht[11] (2002) Nr 211.

[23] Haager Übereinkommen über den Zivilprozess vom 1. 3. 1954, BGBl 1958 II 577; abgedruckt in *Jayme/Hausmann*, Internationales Privat- und Verfahrensrecht[11] (2002) Nr 210.

[24] *Rauscher/Heiderhoff* Vorbem EG-ZustellVO Rn 14 f.

[25] Hierzu *Rauscher/Heiderhoff* Vorbem EG-ZustellVO Rn 11; *Geimer* Rn 2156; G *Geimer*, Neuordnung des internationalen Zustellungsrechts (1999) 213; *Heß* NJW 2002, 2417, 2422; *Lindacher* ZZP 114 (2001) 179, 184.

[26] OLG Düsseldorf IPRax 1997, 260 ff; hierzu G *Geimer*, Neuordnung des internationalen Zustellungsrechts (1999) 77 ff, 298; *Hau* IPRax 1997, 245 ff; *Mankowski* EWiR 1996, 321 f; *Mansel* EuZW 1996, 335 ff; kritisch *Stürner* ZZP 109 (1996) 224 ff; dem folgend G *Geimer*, Neuordnung des internationalen Zustellungsrechts (1999) 79.

[27] Beachte jüngst BVerfG Beschluss vom 25. Juli 2003 – 2 BVR 1198/03.

Einen weiteren Baustein des Europäischen Zivilprozessrechts bildet die **EG-BewVO.**[28] Sie betrifft etwa die Zulässigkeit[29] einer grenzüberschreitenden Videoverhandlung iSd neu eingeführten § 128a ZPO.[30] 6

## II. Entstehungsgeschichte der Brüssel I-VO

Die Kommission unterbreitete am 22. 12. 1997 einen Vorschlag für eine **Modernisierung des EuGVÜ** (bzw LugÜ).[31] Daraufhin wurde eine Arbeitsgruppe eingerichtet, die mit der Revision sowohl des EuGVÜ als auch des LugÜ befasst war. Der Rat veröffentlichte die Ergebnisse dieser Gruppe im April 1999,[32] entschied sich allerdings dafür, das Inkrafttreten des Amsterdamer Vertrages abzuwarten, um die Konvention in eine Verordnung zu überführen. Die Kommission legte daraufhin am 14. Juli 1999 einen Vorschlag vor, der weitgehend auf den Ergebnissen der Revisionskonferenz beruhte.[33] Im Nachgang zu einer Stellungnahme des Parlaments[34] unterbreitete die Kommission einen leicht veränderten Verordnungsvorschlag,[35] der schließlich mit lediglich geringfügigen Modifikationen vom Rat verabschiedet wurde. 7

Die Brüssel I-VO basiert – wie auch die Brüssel II-VO – ausweislich ihrer Präambel sowie des Erwägungsgrunds Nr 3 auf **Art 61 lit c iVm Art 65 lit a, 3. Spiegelstrich EGV** und unterlag somit dem in Art 67 EGV normierten besonderen Beschlussverfahren. Hiernach handelt der Rat während eines Übergangszeitraums von fünf Jahren nach Inkrafttreten des Amsterdamer Vertrags einstimmig auf Vorschlag der Kommission oder auf Initiative eines Mitgliedstaats. Ungeachtet der Tatsache, dass die auf Art 61 lit c, 65 EGV beruhenden Verordnungen mitunter weitreichende Eingriffe in die Rechte 8

---

[28] Verordnung (EG) Nr 1206/2001 über die Zusammenarbeit der Mitgliedstaaten auf dem Gebiet der Beweisaufnahme in Zivil- und Handelssachen vom 28. 5. 2001, ABl EG L 174/1 ff; siehe hierzu *von Hein* in diesem Band; der Bundestag hat am 3. 7. 2003 das EG-Beweisaufnahmedurchführungsgesetz (BT-Drucks 15/1062) beschlossen, BT-Plenarprotokoll 15/56; s Gesetzesanhang Nr c).

[29] *Rauscher/von Hein* Art 1 EG-BewVO Rn 22.

[30] Gesetz zur Reform des Zivilprozesses vom 27. Juli 2001, BGBl 2001 I 1887 ff.

[31] KOM (1997) 609 endg; ABl EG 1997 C 33/20 ff.

[32] Dokument des Rates vom 30. 4. 1999 Doc. 7700/99 JUSTCIV 60; abgedruckt in *Gottwald* (Hrsg), Revision des EuGVÜ – Neues Schiedsverfahrensrecht (2000), 125 ff; siehe dort auch die Beiträge von *Kohler* und *Stadler*.

[33] KOM (1999) 348 endg, Ratsdokument 10742/99 = BR-Drucks 534/99.

[34] Stellungnahme des Europäischen Parlaments vom 21. 9. 2000, ABl EG 2001 C 146/94, siehe auch den Bericht von *Wallis*, den der federführende Rechtsausschuss des Europäischen Parlaments Anfang September 2000 in einer Sondersitzung angenommen hatte: Report on the proposal for a Council regulation on jurisdiction and the recognition and enforcement of judgements in civil and commercial matters, FINAL A5 – 0253/2000.

[35] Siehe den Geänderten Vorschlag für eine Verordnung des Rates über die gerichtliche Zuständigkeit und die Anerkennung und Vollstreckung von Entscheidungen in Zivil- und Handelssachen, KOM (2000) 689 endg – CNS 99/0154, 6.

Privater vorsehen, haben jene nur eine **begrenzte demokratische Legitimation:**[36] So wirken die *nationalen* Parlamente zwar bei der Transformation von Richtlinien idR durch den Erlass von Umsetzungsgesetzen mit. Demgegenüber gelten Verordnungen nach Art 249 Abs 2 S 2 EGV in jedem Mitgliedstaat unmittelbar. Ein Transformationsgesetz, das den Inhalt der Verordnung im nationalen Recht wiederholt, erweist sich hiernach nicht nur als überflüssig. Vielmehr ist eine solche Doppelung gemeinschaftsrechtlich vom Grundsatz[37] her unzulässig. Vor diesem Hintergrund wäre eine unmittelbare Legitimation der Rechtssetzung auf *supranationaler* Ebene um so dringlicher.[38] Bei Rechtsakten (Richtlinie, Verordnung), die sich auf Art 95 EGV gründen, steht dem **Europäischen Parlament** ein Recht auf Mitentscheidung nach Maßgabe des Art 251 EGV zu. Demgegenüber gewährt Art 67 Abs 1 EGV in der Fassung des Amsterdamer Vertrags dem Europäischen Parlament bei Rechtsakten wie der Brüssel I-VO lediglich ein Anhörungsrecht.[39]

9 Der **Vertrag von Nizza**[40] bringt insoweit zwei bedeutsame Veränderungen mit sich:[41] Zum einen haben die Staats- und Regierungschefs eine gemeinsame Erklärung zu Art 67 EGV abgegeben.[42] Zum anderen wird dieser Vorschrift ein Abs 5 angefügt. Hiernach beschließt der Rat „abweichend von Abs 1 gemäß dem Verfahren des Art 251 (...) die Maßnahmen nach Art 65 mit Ausnahme der familienrechtlichen Aspekte".[43] Demnach greift mit Inkrafttreten des Vertrages von Nizza das Verfahren der Mitentscheidung nach Art 251 EGV ein. Für Familiensachen soll als Gegenausnahme wiederum das Prinzip der Einstimmigkeit gelten.[44] Zweifelhaft erscheint, welche Auswirkung dieser Vorbehalt etwa bei Sekundärrechtsakten hat, die als Querschnittsmaterie nur teil-

---

[36] Hierzu *Mansel*, in: Systemwechsel im europäischen Kollisionsrecht (2002) 1, 3 f.

[37] Siehe *Rauscher/Staudinger* Einl Rn 30 ff.

[38] So zu Recht *Drappatz*, Die Überführung des internationalen Zivilverfahrensrechts in eine Gemeinschaftskompetenz nach Art 65 EGV (2002) 134.

[39] Art K 6 EUV aF sah sogar allein eine Unterrichtung des Europäischen Parlaments vor. Dessen Position wurde mithin durch den Amsterdamer Vertrag gestärkt, auch wenn im Vergleich zu dem Kompetenztitel in Art 95 EGV noch keine vergleichbare Einflussnahmemöglichkeit besteht.

[40] *Hatje* EuR 2001, 143 ff; zum Reformprozess siehe *Wiedmann* EuR 2001, 185 ff.

[41] ABl EG 2001 C 80/1, 14.

[42] Gemeinsame Erklärung der Hohen Vertragsparteien zu Art 67 EGV in EG-Dokument SN 533/1/00 REV 1, 26; abgedruckt, in: *Borchardt* EU- und EG-Vertrag³ (2001) 338; hierzu *Basedow*, in: Systemwechsel im europäischen Kollisionsrecht (2002) 19, 26 f.

[43] Diese Ausnahme bestätigt implizit, dass Art 65 EGV jedenfalls (auch) familienrechtliche Fragen mit einschließt; so auch *R Wagner* IPRax 2002, 75, 85; vom Grundsatz her ebenso *Mansel*, in: Systemwechsel im europäischen Kollisionsrecht (2002) 1, 5. Dies ist insbesondere im Hinblick auf die Brüssel II-VO von Bedeutung, da in Zweifel gezogen wird, ob dieser Sekundärrechtsakt kompetenzwidrig erlassen wurde, siehe nachfolgend die Angaben im Text.

[44] Siehe zum Zusammenspiel des Art 67 Abs 1 und 5 EGV: *Basedow*, in: Systemwechsel im europäischen Kollisionsrecht (2002) 19, 26.

weise familienrechtliche Angelegenheiten betreffen.[45] Dies ist etwa für eine Revision der Brüssel I-VO von Bedeutung, die sich ausweislich der besonderen Zuständigkeit nach Art 5 Nr 2 Brüssel I-VO ebenso auf Unterhaltssachen erstreckt. Das Initiativrecht steht beim Mitentscheidungsverfahren ausschließlich der Kommission zu.

### III. Primärrechtskonformität der Brüssel I-VO

Teile der Literatur ziehen in Zweifel, ob Art 61 lit c iVm Art 65 lit a, 3. Spiegelstrich 10
EGV tatsächlich eine **Ermächtigungsgrundlage** für den Erlass der Brüssel I-VO bieten.[46] Dies gilt um so mehr, wenn man die im ersten Tabak-Urteil des EuGH[47] zu Art 95 EGV[48] aufgestellten Erfordernisse auf diesen Kompetenztitel überträgt.[49] Hiernach kann der Gemeinschaftsgesetzgeber eine Harmonisierung nicht allein damit begründen, angesichts der Unterschiede in den nationalen Rechtsordnungen bestehe die abstrakte Gefahr der Beschränkung von Grundfreiheiten. Ebenso vermögen angenommene Wettbewerbsverzerrungen etwaige Rechtssetzungsmaßnahmen lediglich dann zu rechtfertigen, wenn sie die Grenze der Spürbarkeit erreichen. Mithin müsste der Sekundärrechtsgeber in der Präambel des betreffenden Rechtsakts hinreichend konkret nachweisen, dass der freie Personenverkehr, auf den sich der Kompetenztitel IV bezieht, ohne die Rechtsangleichung in unverhältnismäßiger Weise eingeschränkt würde. In den Erwägungsgründen der Brüssel I-VO legt der europäische Gesetzgeber indes im Unterschied zur Brüssel II-VO[50] überhaupt keinen Bezug zwischen dem Gegenstand der Harmonisierungsmaßnahme und dem freien Personenverkehr[51]

---

[45] Auf dieses Problem verwies in der Vergangenheit bereits *Heß* JZ 2001, 573 Fn 8; jüngst *Basedow*, in: Systemwechsel im europäischen Kollisionsrecht (2002) 19, 26.

[46] Ebenso wird die Primärrechtskonformität der Brüssel II-VO in Abrede gestellt; vgl hierzu *Rauscher/Rauscher* Vorbem Brüssel II-VO Rn 3; kritisch *Schack* Rn 106 b: Das Legitimationsdefizit sei vor allem im Familienrecht offensichtlich, da der Binnenmarkt nicht besser funktioniere, nur weil man Scheidungen erleichtere; *ders* RabelsZ 65 (2001), 615, 618 f; anders: *Leible/Staudinger* EuLF (D) 2000/2001, 225, 229; *R Wagner* IPRax 2002, 75, 85; *Spellenberg* vermutet, der Gerichtshof werde die Brüssel II-VO nicht aufheben und begrüßt dies aus praktischen Gesichtspunkten: *Spellenberg*, in: FS Ekkehard Schumann (2001) 423, 428; wohl auch *Linke* Rn 126 „rechtsetzungsbefugten Gemeinschaftsorganen".

[47] EuGH NJW 2000, 3701 ff; zur Analyse dieser Entscheidung siehe etwa *Amtenbrink* VuR 2001, 163 ff; *Cornides* ZfRV 2001, 130 ff; *Götz* JZ 2001, 34 ff; *Obergfell* EuLF (D) 2000/2001, 153 ff; *Reich* VuR 2001, 203 ff; *W-H Roth*, in: *Ernst/Zimmermann* (Hrsg) Zivilrechtswissenschaft und Schuldrechtsreform (2001) 225, 232 f; *Wägenbaur* EuZW 2000, 701 f.

[48] Siehe ferner das zweite Urteil: EuGH EWS 2003, 72 ff; *Selmayr/ Kamann/Ahlers* EWS 2003, 49 ff.

[49] Für eine lediglich eingeschränkte Übertragbarkeit der ratio decedendi des Urteils auf Art 65 EGV: *Mansel*, in: Systemwechsel im europäischen Kollisionsrecht (2002) 1, 9, so auch *Leible/Staudinger* EuLF (D) 2000/2001, 225, 229; weitergehend *Kohler*, Europäisches Kollisionsrecht zwischen Amsterdam und Nizza (2001) 3, 21 f.

[50] Siehe dort Erwägungsgrund Nr 4.

[51] Nr 1 S 1 der Erwägungsgründe enthält letztlich nur eine Paraphrasierung des Art 2, 4. Spiegelstrich EUV; so auch *Tebbens*, in: Systemwechsel im europäischen Kollisionsrecht (2002) 171, 178.

dar oder unterstellt ihn auch nur inzident.[52] Dennoch sprechen die besseren Argumente dafür, von der Primärrechtskonformität der Brüssel I-VO auszugehen.[53] Hiervon scheint wohl auch der EuGH auszugehen, da er die Brüssel I-VO bereits zur Interpretation des EuGVÜ herangezogen hat. Eine solche Vorwirkung der Harmonisierungsmaßnahme müsste sich indes verbieten, wenn der Gerichtshof davon ausginge, der Sekundärrechtsakt sei nicht im Einklang mit dem Amsterdamer Vertrag erlassen worden.

## IV. Inhalt der Brüssel I-VO

11 Die Brüssel I-VO ist wie das EuGVÜ in zwei Bereiche untergliedert: Zum einen normiert der Sekundärrechtsgeber einen **Zuständigkeitskatalog** (Art 2ff), der binnenmarktweit[54] gilt und mithin einer Durchbrechung etwa nach Maßgabe der forum-non-conveniens-Doktrin entgegensteht.[55] Der Gemeinschaftsgesetzgeber regelt zum anderen die **Anerkennung und Vollstreckbarerklärung** von Titeln, die aus anderen Mitgliedstaaten stammen (Art 32ff). Hierdurch soll der primärrechtlich verbürgten Titelfreizügigkeit[56] Rechnung getragen werden.[57] Der Sekundärrechtsakt basiert auf der Annahme, dass die Rechtspflege in allen Mitgliedstaaten gleichwertig ist. Nach dem Erwägungsgrund Nr 16 der Brüssel I-VO rechtfertigt das „gegenseitige Vertrauen in die Justiz im Rahmen der Gemeinschaft", Entscheidungen vom Grundsatz her automatisch anzuerkennen. Das verschlankte Vollstreckbarerklärungsverfahren, bei dem sogar der ordre public-Vorbehalt lediglich auf einen Rechtsbehelf des Schuldners hin als Bollwerk eingesetzt werden darf,[58] ist Ausdruck dieses gegenseitigen Vertrauens. Vor diesem Hintergrund stößt die Zulässigkeit von Prozessführungsverboten[59] (antisuit injunctions) im Anwendungsbereich der Brüssel I-VO auf erhebliche Bedenken. [60] Sie werden von englischen Gerich-

---

52 Vgl hierzu auch *Tebbens*, in: Systemwechsel im europäischen Kollisionsrecht (2002) 171, 178.

53 *Leible/Staudinger* EuLF (D) 2000/2001, 225, 231.

54 Ausgenommen bleibt Dänemark.

55 Siehe in diesem Zusammenhang die Vorlage des Court of Appeal RIW 2002, 721f; *Thiele* RIW 2002, 696ff.

56 *Heß* bezeichnet die Titelfreizügigkeit als ungeschriebene „fünfte Marktfreiheit": *Heß* IPRax 2001, 301, 302f; *ders* IPRax 2001, 398, 391.

57 Nach Ansicht von *Kohler* ist weder durch den Amsterdamer Vertrag noch durch den Vertrag von Nizza „eine primärrechtliche Verpflichtung zur gegenseitigen Anerkennung gerichtlicher Entscheidungen geschaffen worden"; *Kohler*, in: Systemwechsel im europäischen Kollisionsrecht (2002) 147, 161.

58 Siehe *Rauscher/Mankowski* Art 45 Rn 2.

59 Hierzu *Hau*, Positive Kompetenzkonflikte im Internationalen Zivilprozessrecht (1996) 191ff.

60 Siehe etwa *Hau* IPRax 1996, 44, 47f; *ders*, Positive Kompetenzkonflikte im Internationalen Zivilprozessrecht (1996) 216ff; *Kropholler* Art 1 Rn 44; Art 23 Rn 97; Art 27 Rn 20; *Maack*, Englische antisuit injunctions im europäischen Zivilrechtsverkehr (1999) 163ff; *Mankowski* EWIR Art 13 HZÜ 1/96, 321, 322; *Mansel* EuZW 1996, 335, 338; *Pfeiffer*, Internationale Zuständigkeit und prozessuale Gerechtigkeit: die internationale Zuständigkeit im Zivilprozess zwischen effektivem Rechtsschutz und nationaler Zuständigkeitspolitik (1995) 778ff; *Schack* Rn 773; *Schütze*, Rechtsverfolgung im Ausland (2002) Rn 74.

ten[61] erlassen, um Parteien die Einleitung eines Verfahrens in einem anderen Mitgliedstaat zu untersagen bzw die Rücknahme einer dort bereits erhobenen Klage anzuordnen. Zwar sind derartige injunctions nicht gegen einen ausländischen Spruchkörper, sondern gegen die gegnerische Partei selbst gerichtet.[62] Nichtsdestotrotz bringen solche Unterlassungsverfügungen mittelbar die Geringschätzung der ausländischen Rechtspflege zum Ausdruck und stellen letztlich den Grundkonsens in Frage, auf dem die Brüssel I-VO aufbaut. Es ist folglich davon auszugehen, dass zumindest der Erlass einer antisuit injunction, der dazu dient, den Bruch einer Prorogationsabrede[63] zu bekämpfen, mit dem Geist und den Buchstaben der Brüssel I-VO unvereinbar ist.[64]

## V. Intertemporaler Anwendungsbereich

Der zeitliche Anwendungsbereich der Brüssel I-VO ergibt sich aus **Art 66**. Nach dessen Abs 1 verbietet sich eine **Rückwirkung** des Sekundärrechtsakts. Hiervon zu trennen ist die Frage, ob die Harmonisierungsmaßnahme gegebenenfalls als Auslegungshilfe im Rahmen der Interpretation des EuGVÜ herangezogen werden kann.[65] Eine solche Vorwirkung steht nicht im Widerspruch zu Art 66 Abs 1 Brüssel I-VO.[66] 12

## VI. Territorialer Geltungsbereich

**Art 299 EGV** bestimmt nicht nur den Anwendungsbereich des EG-Vertrags, sondern erlangt ebenso Bedeutung für die hierauf gestützten Sekundärrechtsakte.[67] Die Hoheitsgebiete der in Art 299 Abs 1 EGV angesprochenen Mitgliedstaaten sind nach 13

---

61 Siehe hierzu etwa die Entscheidung des englischen Court of Appeal in *Turner v Grovit* 1999, 3 All ER 616 = ILR 656 = 1999 3. WLR, 794; hierzu *Fentiman* The Cambridge LJ 2000, 45 ff; *Harris* The Law Quarterly Review 1999, 576 ff; *Hartley* ICLQ 2000, 166 ff; weitere Angaben bei *Thiele* RIW 2002, 383, 384; jüngst hierzu *Ambrose* ICLQ 2003, 401 ff; zu grenzüberschreitenden Insolvenzen: *Chan HO* ICLQ 2003, 697 ff.

62 *Hau*, Positive Kompetenzkonflikte im Internationalen Zivilprozessrecht (1996) 214 ff.

63 Dies hält für zulässig *Schlosser* Art 34-36 Rn 5; so auch G *Geimer*, Neuordnung des internationalen Zustellungsrechts (1999) 80 f.

64 Siehe jüngst auch die Vorlage des House of Lords an den EuGH: RIW 2002, 401; hierzu *Muir Watt* Rev crit 92 (2003) 116 ff; *Thiele* RIW 2002, 383 ff. Diese Vorlage betrifft allerdings nicht den Fall, dass mit Hilfe der antisuit injunction eine Gerichtsstandsvereinbarung durchgesetzt werden soll. Aus der Sicht der englischen Gerichte wird das Betreiben des ausländischen Verfahrens vielmehr als missbräuchlich angesehen.

65 Siehe EuGH Rs C-167/00 *Verein für Konsumenteninformation/K H Henkel* EuGHE 2002 I 8111, 8143 Rn 49 = IPRax 2003, 341, 344 Rn 49 m Anm *Michailidou* 223.

66 Zur Vorwirkung des Insolvenzübereinkommens siehe: EuGH Rs C-117/96 *Danmarks Aktive Handelsrejsende/Lønmodtagernes Garantifond* EuGHE 1997 I 5017, 5050 Rn 23; hierzu *Jayme/Kohler* IPRax 1998, 417, 429; auch der BGH hat in der Vergangenheit bereits mehrfach das Insolvenzübereinkommen als Auslegungshilfe herangezogen, obwohl es noch nicht in Kraft getreten war; vgl die Angaben bei *Wunderer* WM 1998, 793, 794.

67 *Becker*, in: *Schwarze* (Hrsg), EU-Kommentar (2000) Art 299 Rn 2.

Maßgabe der jeweiligen Verfassungen sowie anhand der allgemeinen Regeln des Völkerrechts festzulegen.[68] Im Hinblick auf die Brüssel I-VO ergeben sich dadurch Besonderheiten, dass sie auf dem Kompetenztitel IV des Amsterdamer Vertrags beruht.

14 Nach Art 69 EGV haben sowohl **Großbritannien** und **Irland** als auch Dänemark aufgrund entsprechender Protokolle Vorbehalte gegen mögliche auf Art 61 EGV gestützte Sekundärrechtsakte eingelegt. Diese entfalten vom Grundsatz her in den zuvor genannten Mitgliedstaaten keine Wirkung. Großbritannien und Irland steht es nach § 3 des Protokolls Nr 4 des Amsterdamer Vertrags frei, sich für ein sogenanntes „opt-in" zu entscheiden. Dies setzt voraus, dass sie innerhalb von drei Monaten nach der Vorlage des Vorschlags oder einer Initiative dem Präsidenten des Rates schriftlich mitteilen, sie beabsichtigten sich an der Annahme und Anwendung der betreffenden Maßnahme zu beteiligen. Großbritannien und Irland haben von dieser Möglichkeit bislang bei sämtlichen Rechtsakten, die sich auf Art 61 lit c, 65 EGV gründen, Gebrauch gemacht und werden dies aller Voraussicht nach wohl auch in Zukunft tun. Auf der Ratstagung „Justiz und Inneres" am 12. 3. 1999 haben Großbritannien und Irland jedenfalls mitgeteilt, sie wollten sich auch zukünftig in vollem Umfang an der justiziellen Zusammenarbeit in Zivilsachen beteiligen. Die Brüssel I-VO gilt demnach ebenso für das Vereinigte Königreich wie für Irland. [69]

15 **Dänemark** hat sich demgegenüber nicht für ein „opt-in" entschieden. Mithin entfaltet die Brüssel I-VO insofern keine Wirkung. Dies folgt nicht nur aus Art 1 Abs 3, sondern auch aus Erwägungsgrund Nr 21 der Brüssel I-VO. Im Verhältnis zwischen den Mitgliedstaaten und Dänemark verbleibt es damit bei der Anwendbarkeit des EuGVÜ sowie des Auslegungsprotokolls.[70] Im Einzelfall kann Art 54 LugÜ von seinem Rechtsgedanken herangezogen werden.[71] Es bleibt zu hoffen, dass Dänemark ein Parallelabkommen zur Brüssel I-VO schließt. Umstritten ist bislang, ob die Abschlusskompetenz den Mitgliedstaaten bzw (konkurrierend oder ausschließlich) der Gemeinschaft zusteht.[72]

16 Der Grundsatz in Art 299 Abs 1 EGV, wonach der Geltungsbereich der Brüssel I-VO die in dieser Vorschrift genannten Mitgliedstaaten erfasst, wird in Art 299 Abs 4 EGV für bestimmte europäische Hoheitsgebiete modifiziert. Die Brüssel I-VO gilt hiernach

---

[68] *Schmalenbach*, in: *Callies/Ruffert* (Hrsg), Kommentar des Vertrages über die Europäische Union und des Vertrages zur Gründung der Europäischen Gemeinschaft² (2002) Art 299 Rn 2.

[69] Vgl Erwägungsrund Nr 20 der Brüssel I-VO.

[70] Vgl auch Erwägungsgrund Nr 22 der Brüssel I-VO.

[71] *Kohler*, in: FS Reinhold Geimer (2002) 461, 468 ff; siehe auch *Schoibl* JBl 2003, 149, 153.

[72] *Kohler*, in: FS Reinhold Geimer (2002) 461, 470 f; vgl hierzu *Leible/Staudinger* EuLF (D) 2000/2001, 225, 234 f; *Rauscher/Staudinger* Einl Rn 21; die Entscheidung Dänemarks, einen generellen Vorbehalt einzulegen, darf nicht systematisch durch den Abschluss von Parallelabkommen konterkariert werden; siehe hierzu *R Wagner* NJW 2003, 2344, 2346 unter Hinweis auf ein Gutachten, das der Juristische Dienst des Rates vorgelegt hat.

etwa für **Gibraltar.**[73] Ausgenommen bleiben demgegenüber die sogenannten Mikrostaaten wie etwa **Monaco** und **San Marino.**[74]

**Sonderregeln** für die Anwendbarkeit der Brüssel I-VO beinhalten die Art 299 Abs 2-3 sowie Abs 5-6 EGV. Kraft einer Erklärung der Niederlande erstreckte sich das EuGVÜ auf das Gebiet von **Aruba**. Diese Erklärung entfaltet indes keinerlei Wirkung im Hinblick auf die Brüssel I-VO. Demgemäss verbleibt es insofern bei dem in Art 299 Abs 3 EGV niedergelegten Grundsatz, so dass nach Art 68 Abs 1 Brüssel I-VO weiterhin das EuGVÜ zur Anwendung gelangt.[75] Dies gilt ebenso im Verhältnis zu Dänemark. 17

Vom Geltungsbereich ausgenommen bleiben nach Art 299 Abs 6 lit a die **Färöer-Inseln** (dänisches Hoheitsgebiet), die **britischen Kanalinseln** (Guernsey, Jersey, Alderney, Sark) sowie die **Ile of Man.** 18

Der Zuständigkeitskatalog der Art 2ff Brüssel I-VO setzt tatbestandlich einen **grenzüberschreitenden Sachverhalt** voraus.[76] Dies folgt bereits aus dem Erwägungsgrund Nr 2 des Sekundärrechtsakts.[77] Die Verordnung gründet sich überdies auf 61 lit c iVm Art 65 lit a, 3. Spiegelstrich EGV. Auf diesen Kompetenztitel kann allein eine Maßnahme im Bereich der justiziellen Zusammenarbeit in Zivilsachen gestützt werden, die „grenzüberschreitende Bezüge" aufweist.[78] Dies ist einhellige Ansicht im Schrifttum.[79] Von der Systematik erlaubt dann aber Art 61 lit c, Art 65 lit a, 3. Spiegelstrich EGV nur einen Rechtsakt über die „Anerkennung und Vollstreckung gerichtlicher und außergerichtlicher Entscheidungen in Zivil- und Handelssachen" für internationale Fallgestaltungen.[80] Ausgehend von dem Kompetenztitel des Amsterdamer Vertrags, der im Erwägungsgrund Nr 3 ausdrücklich angeführt wird, [81] dient die Brüssel I-VO somit dem Ziel, binnenmarktweit ein Zuständigkeitssystem für internationale Sachverhalte zu schaffen. Für dieses Ergebnis lässt sich auch das Gebot der Primärrechtskonformität anführen, das im Rahmen der Interpretation zu beachten ist und – vergleichbar dem Gebot der verfassungskonformen Auslegung – Konflikte mit dem höherrangigen EG-Vertrag vermeiden soll. Erstreckte man die Brüssel I-VO auf Sachverhalte ohne grenzüberschreitenden Bezug, hätte dies zur Folge, dass der Sekundärrechtsakt kompetenzwidrig verabschiedet worden wäre. Für einen solchen Primärrechtsverstoß lässt sich 19

---

[73] *Kropholler* Rn 29.

[74] *Kropholler* Rn 22.

[75] *Kohler*, in: FS Reinhold Geimer (2002) 461, 472.

[76] *Thomas/Putzo/Hüßtege* Rn 11; *Linke* Rn 124; *Piltz* NJW 2002, 789, 790; abweichend *Zöller/Geimer* Art 2 Rn 14.

[77] *Schack* Rn 239.

[78] *Wiedmann*, in: *Schwarze* (Hrsg), EU-Kommentar (2000) Art 65 EGV Rn 9.

[79] Siehe hierzu *Tebbens*, in: Systemwechsel im europäischen Kollisionsrecht (2002) 171, 176; *Drappatz*, Die Überführung des internationalen Zivilverfahrensrechts in eine Gemeinschaftskompetenz nach Art 65 EGV (2002) 93.

[80] Vgl hierzu *Leible/Staudinger* EuLF (D) 2000/2001, 225, 228.

[81] Hierauf verweist auch *Kropholler* vor Art 2 Rn 6.

jedoch weder dem Wortlaut der Art 2ff Brüssel I-VO noch den Erwägungsgründen irgendein Anhaltspunkt entnehmen. Demzufolge besteht etwa lediglich bei internationalen Fallgestaltungen ein örtlicher Gerichtsstand nach Art 16 Abs 1, 2. Alt Brüssel I-VO für Aktivprozesse des Verbrauchers, nicht indes in reinen Inlandsfällen.

20 Große Teile des Schrifttums sowie der Judikatur befürworten einen **Mitgliedstaatenbezug** als ungeschriebenes Tatbestandserfordernis des EuGVÜ bzw der Brüssel I-VO.[82] Eine solche Anwendungsschranke ist im Lichte des vom Gerichtshof[83] erlassenen Urteils in der Rechtssache *Group Josi* abzulehnen.[84] Das Urteil lässt sich von seiner ratio decidendi auf die Brüssel I-VO übertragen. Überdies folgt nunmehr aus der Formulierung in Art 4 Abs 1 sowie dem Erwägungsgrund Nr 8 S 1 der Brüssel I-VO, dass Rechtsstreitigkeiten bereits dann der Harmonisierungsmaßnahme unterliegen, wenn sie einen Anknüpfungspunkt „an das Hoheitsgebiet eines der Mitgliedstaaten aufweisen". Der Zuständigkeitskatalog greift mithin auch bei einem Sachverhalt ein, dessen grenzüberschreitendes Element sich in dem Bezug zu einem Drittstaat erschöpft.

## VII. Außenkompetenz der Gemeinschaft

21 Nach der Judikatur des Gerichtshofs[85] in der Rechtssache *AETR* besteht eine **Parallelität von Binnen- und Außenkompetenz**[86] der Gemeinschaft.[87] Damit entsteht ein

---

[82] Vgl hierzu die Angaben zum Streitstand bei *Gebauer* ZEuP 2001, 949, 950 f.

[83] EuGH Rs C-412/98 *Group Josi/Universal General Insurance* EuGHE 2000 I 5925 ff = EuLF (D) 2000/2001, 49 = IPRax 2000, 520; hierzu *Gebauer* ZEuP 2001, 949 ff; *Jayme/Kohler* IPRax 2000, 454, 459; *Koch* NVersZ 2001, 60 ff; *Schack* Rn 240 f; *Staudinger* IPRax 2000, 483 ff; *Staudinger/Hausmann* EGBGB/IPR[13] (2002) Anh II zu Art 27-37 EGBGB Rn 14; *ders* EuLF (D) 2000/2001, 40, 44; *Zöller/Geimer*[22] Anh I Art 2 EuGVÜ Rn 1, Art 17 EuGVÜ Rn 5.

[84] So auch die Deutung der Entscheidung von *Kropholler* vor Art 2 Rn 8, Art 24 Rn 3; *Schlosser* Rn 1; *Staudinger/Hausmann* EGBGB/IPR[13] (2002) Anh II zu Art 27-37 EGBGB Rn 26, 169; *Thomas/Putzo/Hüßtege* Vorbem Rn 12; abweichend *Schack* Rn 240 Fn 4.

[85] EuGH Urt vom 31. 3. 1971 – 22/70, *AETR*; siehe auch Gutachten 1/94 vom 15. 11. 1994, Zuständigkeit der Gemeinschaft für den Abschluss völkerrechtlicher Abkommen auf dem Gebiet der Dienstleistungen und des Schutzes geistigen Eigentums, Slg 1994 I 5267; kritisch hierzu *Mittmann*, Die Rechtsfortbildung durch den Gerichtshof der Europäischen Gemeinschaften (2000) 13 ff; zum Streitstand in der Literatur siehe die Angaben bei *Schmalenbach*, in: *Callies/Ruffert* (Hrsg), Kommentar des Vertrages über die Europäische Union und des Vertrages zur Gründung der Europäischen Gemeinschaft[2] (2002) Art 300 EGV Rn 5. Die Akzeptanz der Judikatur des EuGH in allen Mitgliedstaaten läßt sich mittelbar anhand ihrer Erklärung Nr 10 zum Maastricht-Vertrag ablesen, die ausdrücklich auf das Urteil des Gerichtshofs in der Rechtssache *AETR* Bezug nimmt.

[86] Siehe hierzu *Nakanishi*, Die Entwicklung der Außenkompetenzen der Europäischen Gemeinschaft (1998); *Schmalenbach*, in: *Callies/Ruffert* (Hrsg), Kommentar des Vertrages über die Europäische Union und des Vertrages zur Gründung der Europäischen Gemeinschaft[2] (2002) Art 300 EGV Rn 5.

[87] Diese Frage stellt sich beim EuGVÜ als völkerrechtlicher Konvention nicht.

Gleichlauf der Kompetenz in foro interno und foro externo. Nach vordringender Ansicht[88] im Schrifttum lässt sich diese *AETR*-Lehre auf die Ermächtigungsgrundlage in Art 65 EGV übertragen. Der Gemeinschaft wächst folglich mit dem Erlass[89] eines auf Art 65 EGV gestützten Rechtsakts wie der Brüssel I-VO eine entsprechende Kompetenz im Außenverhältnis zu. Dies betrifft nicht nur die völkerrechtliche Vereinbarung mit Dänemark, sondern ebenso den Abschluss des Lugano-Revisionsübereinkommens und des von der Haager Konferenz vorgeschlagenen weltweiten Gerichtsstands- und Vollstreckungsabkommens.[90] Bedeutung erlangt die Außenkompetenz ferner im Hinblick auf den Abschluss neuer Konventionen iSd Art 71 Abs 1 Brüssel I-VO.[91] Die Frage, inwieweit die Gemeinschaft im Verhältnis zu den Mitgliedstaaten eine konkurrierende oder sogar ausschließliche Zuständigkeit besitzt, ist anhand des betreffenden Übereinkommens zu entscheiden.

## VIII. Konkurrenzverhältnisse

### 1. Verhältnis der Brüssel I-VO zum Primärrecht und zu anderen Sekundärrechtsakten

Innerhalb des Gemeinschaftsrechts besteht ein **Stufenverhältnis** zwischen Primär- 22
und Sekundärrecht[92]. Laut Art 7 Abs 1 S 2 EGV handeln die Organe der Gemeinschaft, wie etwa das Parlament, der Rat oder die Kommission, nach Maßgabe der ihnen in dem „Vertrag" zugewiesenen Befugnisse. Vergleichbar der Normenhierarchie im autonomen Recht steht demnach der EG-Vertrag im Rang über den auf ihn gestützten Rechtsakten. Die Brüssel I-VO darf sich demzufolge nicht in Widerspruch zum Amsterdamer Vertrag setzen und ist – vergleichbar der verfassungskonformen Auslegung – im Einklang mit dem Primärrecht zu interpretieren. Nach dem Prinzip der begrenzten Einzelermächtigung gemäß Art 5 Abs 1 EGV[93] bedarf der Erlass der Brüssel I-VO eines Kompetenztitels auf der Primärrechtsebene. Der Rechtssetzungsakt muss darüber hinaus den

---

[88] Für eine Übertragbarkeit: *Leible/Staudinger* EuLF (D) 2000/2001, 225, 234f; *Leible* ZEuP 2002, 316, 329; *Tebbens*, in: Systemwechsel im europäischen Kollisionsrecht (2002) 171, 186f; abweichend wohl *Borrás* REDI 51 (1999), 382, 408 f; offen lassend *Basedow* CML Rev 37 (2000), 687, 704.

[89] *Tebbens*, in: Systemwechsel im europäischen Kollisionsrecht (2002) 171, 187; *Staudinger/Leible* EuLF (D) 2000/2001, 225, 235; jüngst hierzu *Takahashi* ICLQ 2003, 529ff.

[90] Im Hinblick auf den Abschluss des revidierten Lugano-Abkommens hat der Rat den EuGH nach Art 300 Abs 6 EGV um ein Gutachten gebeten; hierzu *R Wagner* NJW 2003, 2344, 2348; zum Überblick über die bislang von der Haager Konferenz ausgearbeiteten Abkommen auf dem Gebiet des Erbrechts: *Staudinger/Dörner* EGBGB/IPR (2000) Vorbem Art 25f EGBGB Rn 31ff, 111ff.

[91] Siehe etwa die Einschätzung der Kommission zur Ratifikation des Änderungsprotokolls vom 3. Juni 1999 zur COTIF, KOM (2002) 18 endg, 20; zum Luftverkehrsrecht jüngst *McMahon* ICLQ 2003, 499ff; *Thym* EuR 2003, 277ff; beide beziehen sich auf das Vertragsverletzungsverfahren EuGH Rs C-476/98 Kommission/Bundesrepublik Deutschland EuR 2003, 259ff.

[92] *Bierven*, in: *Schwarze* (Hrsg), EU-Kommentar (2000) Art 249 EGV Rn 9.

[93] Zum Prinzip der begrenzten Einzelermächtigung siehe *Lienbacher*, in: *Schwarze* (Hrsg), EU-Kommentar (2000) Art 5 EGV Rn 7.

Geboten der Subsidiarität und Verhältnismäßigkeit nach Art 5 Abs 2 der Brüssel I-VO entsprechen.

23 **Innerhalb des Sekundärrechts** besteht dagegen keine starre Normenhierarchie. Insbesondere genießt eine Verordnung trotz ihrer unmittelbaren Geltung nach Art 249 Abs 2 S 2 EGV keinen generellen Vorrang vor einer Richtlinie als zweistufigem Rechtsetzungsinstrument nach Art 249 Abs 3 EGV. Ebenso wenig lässt sich ein Stufenverhältnis unter Verweis auf den Urheber eines Rechtsakts ableiten, da die Gemeinschaftsorgane – soweit der EG-Vertrag keine Ausnahme vorsieht – vom Grundsatz her gleichberechtigt sind.[94] Sofern der Wille des europäischen Gesetzgebers zum Konkurrenzverhältnis keinen ausdrücklichen Niederschlag in einem der beiden Rechtsinstrumente gefunden hat,[95] verbleibt der Rückgriff auf ungeschriebene Grundsätze. Wie im nationalen Recht kann sich ein Stufenverhältnis etwa aus der „lex posterior"-Regel ergeben. Sie findet jedoch nur insoweit Anwendung, als beide Harmonisierungsmaßnahmen von demselben Organ erlassen wurden „und hinsichtlich der späteren Rechtshandlung ein identisches, jedenfalls nicht weniger strenges Verfahren gewählt wurde".[96] Ein Rangverhältnis kann ferner aus dem Grundsatz „lex specialis derogat legi generali" abgeleitet werden.[97] Aus den vorangehenden Ausführungen folgt etwa, dass neben den Zuständigkeitskatalog der Brüssel I-VO konkurrierend ein Gerichtsstand nach Maßgabe des Art 6 der Entsenderichtlinie[98] bzw § 7 Arbeitnehmerentsendegesetz tritt.[99] Ebenso gelangen die Prorogationsschranken der Brüssel I-VO neben denjenigen der Richtlinie über missbräuchliche Klauseln zur Anwendung.[100]

## 2. Verhältnis der Brüssel I-VO zum EuGVÜ[101]

24 Die Brüssel I-VO tritt nach ihrem Art 68 Abs 1 im **Verhältnis der Mitgliedstaaten** – mit Ausnahme Dänemarks – an die Stelle des EuGVÜ, sofern Art 299 EGV nicht entgegensteht.[102] Nach Art 68 Abs 2 Brüssel I-VO gelten „Verweise" auf das EuGVÜ als „Verweise auf die vorliegende Verordnung", soweit sie die Bestimmungen des Brüsseler Abkommens zwischen den Mitgliedstaaten ersetzt. Diese Vorschrift erlangt etwa bei Art 25 Abs 1 Unterabs 1 S 2 der Insolvenzverordnung Bedeutung. In diesem Fall bedarf

---

[94] *Bierven*, in: *Schwarze* (Hrsg), EU-Kommentar (2000) Art 249 EGV Rn 10.

[95] Vgl hierzu G *Wagner*, in: FS Ekkehard Schumann (2001) 535, 557.

[96] *Bierven*, in: *Schwarze* (Hrsg), EU-Kommentar (2000) Art 249 EGV Rn 10; vgl weitere Angaben bei *Staudinger* ZLR 2001, 649, 651; *Leible* RIW 2001, 422, 430.

[97] Allgemein hierzu *Hofmann*, Normhierarchien im europäischen Gemeinschaftsrecht (2000).

[98] Richtlinie 96/71/EG des Europäischen Parlaments und des Rates über die Entsendung von Arbeitnehmern im Rahmen der Erbringung von Dienstleistungen vom 16. 12. 1996, ABl EG 1997 L 18/1 ff; abgedruckt bei *Jayme/Hausmann*, Internationales Privat- und Verfahrensrecht[11] (2002) Nr 164.

[99] Vgl *Kropholler* Art 19 Rn 13 f; *Thomas/Putzo/Hüßtege* Art 67 Rn 1; *Zöller/Geimer* Art 67 Rn 1.

[100] Siehe hierzu *Rauscher/Staudinger* Art 17 Rn 6; Art 24 Rn 17.

[101] Zum Konkurrenzverhältnis zwischen Brüssel I-VO und LugÜ siehe oben Rn 15.

[102] Bedeutsam ist dies etwa für Aruba.

es keiner dynamisierten Interpretation.[103] Vielmehr besteht mit Art 68 Abs 2 Brüssel I-VO eine ausdrückliche Anordnung des europäischen Gesetzgebers.[104] Inwieweit Art 68 Abs 2 Brüssel I-VO auch Verweise auf das EuGVÜ im innerstaatlichen Recht betrifft, ist aus Sicht der jeweiligen lex fori zu bestimmen.[105]

### 3. Verhältnis der Brüssel I-VO zu anderen multilateralen Abkommen für besondere Rechtsgebiete

Das (umstrittene) Konkurrenzverhältnis etwa von **CMR**,[106] **COTIF**[107] sowie **Montrealer Abkommen**[108] zur Brüssel I-VO ist mit Hilfe ihres Art 71 zu bestimmen.[109] Dies gilt ebenso für das Verhältnis zu den **Haager Konventionen** auf dem Gebiet des Unterhaltsrechts.[110] Aus Art 57 Abs 2 lit b S 2 EuGVÜ sowie dem in Art 23 HUVollstrÜ verankerten Günstigkeitsprinzip folgerte die ganz herrschende Ansicht in der Vergangenheit, dass eine Anerkennung bzw Vollstreckbarerklärung parallel auf beide Konventionen gestützt werden konnte.[111] Nach dem Wortlaut des Art 23 HUVollstrÜ schließt das HUVollstrÜ die Anwendbarkeit einer anderen internationalen „Übereinkunft" zwischen Ursprungs- und Vollstreckungsstaat aus, „um die Anerkennung oder Vollstreckung einer Entscheidung oder eines Vergleichs zu erwirken". Während das EuGVÜ eine internationale Übereinkunft iSd Art 23 HUVollstrÜ darstellt, gehört die Brüssel I-VO zum Bereich des sekundären Gemeinschaftsrechts. Bei strenger grammatikalischer Interpretation des Art 23 HUVollstrÜ müsste demnach das Günstigkeits- 25

[103] Dies verkennt *Becker* ZEuP 2002, 287, 311.

[104] So auch *Haubold* IPRax 2002, 157, 159; *Leipold*, in: FS Akira Ishikawa (2001) 221, 222 Fn 5.

[105] *Kohler*, in: FS Reinhold Geimer (2002) 461, 464 f.

[106] Genfer Übereinkommen über den Beförderungsvertrag im internationalen Straßengüterverkehr vom 19. 5. 1956, BGBl 1961 II 1119; siehe in diesem Zusammenhang OGH TranspR 2003, 66 und 67; HansOLG Hamburg TranspR 2003, 23 ff und 25 f; *Herber* TranspR 2003, 19 ff; OLG München TranspR 2003, 155 f.

[107] Übereinkommen über den internationalen Eisenbahnverkehr vom 9. 5. 1980, BGBl 1985 II 130; beachte nunmehr auch das Protokoll vom 3. Juni 1999 betreffend die Änderung des Übereinkommens vom 9. Mai 1980 über den internationalen Eisenbahnverkehr (COTIF), BR-Drucks 929/99, 60 ff.

[108] Beschluss des Rates vom 5. 4. 2001 über den Abschluss des Übereinkommens zur Vereinheitlichung bestimmter Vorschriften über die Beförderung im internationalen Luftverkehr durch die Europäische Gemeinschaft (2001/539/EG), ABl EG 2001 L 194/38.

[109] Zur Frage der Abschlusskompetenz siehe *MünchKommZPO/Gottwald* Art 71 Rn 1; siehe oben Rn 15, 21.

[110] Übereinkommen über die Anerkennung und Vollstreckung von Unterhaltsentscheidungen vom 2. 10. 1973, BGBl 1986 II 826; abgedruckt bei *Jayme/Hausmann*, Internationales Privat- und Verfahrensrecht[11] (2002) Nr 181; Haager Übereinkommen über die Anerkennung und Vollstreckung von Entscheidungen auf dem Gebiet der Unterhaltspflicht gegenüber Kindern vom 15. 4. 1958, BGBl 1961 II 1006; abgedruckt bei *Jayme/Hausmann*, Internationales Privat- und Verfahrensrecht[11] (2002) Nr 180.

[111] *Kropholler*[6] Art 57 EuGVÜ Rn 4.

prinzip im Verhältnis zur Brüssel I-VO ausscheiden. Allerdings war bei der Ausarbeitung des HUVollstrÜ wohl kaum absehbar, dass auf Gemeinschaftsebene konkurrierende Regeln im Gewande einer unmittelbar geltenden Verordnung erlassen würden. Da die Brüssel I-VO an die Stelle des EuGVÜ tritt und nach dem Willen des Gemeinschaftsgesetzgebers eine weitgehende Kontinuität[112] gewahrt werden soll, ist im Wege einer dynamischen Interpretation der Begriff der internationalen „Übereinkunft" in Art 23 HUVollstrÜ dahin auszulegen, dass er auch die Brüssel I-VO erfasst. Andernfalls drohen dadurch Friktionen, dass eine parallele Anwendbarkeit von HUVollstrÜ und EuGVÜ etwa im Hinblick auf Sachverhalte zwischen Deutschland und Dänemark[113] in Betracht kommt, nicht indes im Verhältnis zwischen Deutschland und anderen Mitgliedstaaten. Für den hier vertretenen Standpunkt lässt sich ferner Art 68 Abs 2 der Brüssel I-VO, wenn auch nicht unmittelbar, so doch zumindest von seinem Rechtsgedanken heranziehen. Damit gilt auch nach Inkrafttreten der Brüssel I-VO, dass etwa die Anerkennungsvoraussetzungen des HUVollstrÜ mit einem Exequaturverfahren nach den Art 38 ff Brüssel I-VO kombiniert werden können.[114]

### 4. Verhältnis der Brüssel I-VO zu bilateralen Abkommen

26 Inwieweit die Brüssel I-VO die **Anwendbarkeit bilateraler Verträge** ausschließt, ergibt sich aus Art 69 und Art 70 des Sekundärrechtsakts. Sind weder die Brüssel I-VO noch andere Konventionen einschlägig, verbleibt es beim Rückgriff auf das nationale Recht.

### 5. Verhältnis der Brüssel I-VO zum nationalen Recht

#### a) Allgemeine Grundsätze

27 Die Brüssel I-VO gilt nach Art 249 Abs 2 S 2 EGV **in allen Mitgliedstaaten unmittelbar**. Dies stellt Art 76 Abs 2 Brüssel I-VO klar. Der Sekundärrechtsakt genießt Anwendungsvorrang[115] vor dem gesamten nationalen Recht unter Einschluss des Verfassungsrechts.[116] Dieser Vorrang ist – gerade im Hinblick auf Art 79 Abs 3 GG – nicht schrankenlos.[117] Die Verlagerung der ordre public-Kontrolle in die Rechtsbehelfsphase begegnet jedoch keinen verfassungsrechtlichen Bedenken.[118]

---

[112] Siehe unten Rn 35.

[113] Nach Art 1 Abs 3 Brüssel I-VO (Erwägungsgrund Nr 22) gilt der Sekundärrechtsakt nicht für das Hoheitsgebiet Dänemarks. Vielmehr verbleibt es bei der Anwendbarkeit des EuGVÜ.

[114] Siehe *Rauscher/Mankowksi* Art 71 Rn 17 f; so im Ergebnis *Kropholler* Art 71 Rn 5; *Thomas/Putzo/Hüßtege* Art 71 Rn 5; zum EuGVÜ/LugÜ: *Mankowski* IPRax 2000, 188, 193; zu Art 11 HUVollstrÜ 1958 siehe OLG München FamRZ 2003, 462 f.

[115] Grundlegend: EuGH Rs 6/64 *Costa/E.N.E.L.* EuGHE 1964, 1251, 1269 ff; BVerfGE 37, 271, 280 ff; 73, 339, 375.

[116] *Hatje*, in: *Schwarze* (Hrsg), EU-Kommentar (2000) Art 10 EGV Rn 22.

[117] Siehe die Entscheidung des BVerfG zur Verfassungskonformität der Bananenmarktordnung: BVerfG NJW 2000, 3124 ff; hierzu *Lecheler* JuS 2000, 120 ff; *Lindner* BayVBl 2000, 758 ff; *Mayer* EuZW 2000, 685 ff; *Schmid* NVwZ 2001, 249 ff.

[118] Vgl hierzu *Rauscher/Staudinger* Art 58 Rn 13.

Der **Vorrang der Brüssel I-VO** gilt im Verhältnis zu Bestimmungen, die vor dem Inkrafttreten der Brüssel I-VO am 1. März 2002 datieren. Da der Grundsatz lex posterior im Verhältnis zwischen sekundärem Gemeinschaftsrecht und nationalem Recht nicht eingreift, werden aber ebenso nach diesem Stichtag erlassene Bestimmungen verdrängt. Dies gilt gleichermaßen für Ausführungsvorschriften zur Brüssel I-VO, sofern sie dem Sekundärrechtsakt widersprechen. 28

Damit bleibt der **Rückgriff auf die ZPO** sowohl im Hinblick auf die internationale Zuständigkeit, als auch bezüglich der örtlichen Zuständigkeit versperrt, wenn diese von der Brüssel I-VO unmittelbar festgelegt werden.[119] Ebenso wenig gelangen die §§ 328, 722 f ZPO zur Anwendung.[120] Abweichendes gilt für nationale Verfahrensvorschriften, sofern sie die praktische Wirksamkeit der Brüssel I-VO nicht beeinträchtigen. Unter dieser Voraussetzung sind auch Präklusionsvorschriften oder im nationalen Recht wurzelnde Hinweis- bzw Belehrungspflichten im Anwendungsbereich der Brüssel I-VO zu beachten.[121] 29

### b) Nationale Ausführungsbestimmungen

Die Brüssel I-VO ist nach Art 249 Abs 2 S 2 EGV in allen ihren Teilen verbindlich und entfaltet in jedem Mitgliedstaat eine unmittelbare Geltung. Angesichts dessen hält der EuGH[122] bei einer Verordnung sogenannte **„bestätigende" Transformationsakte** im nationalen Recht grundsätzlich für **unzulässig**, da andernfalls suggeriert werde, die Verordnung bedürfe wie eine Richtlinie zunächst der Umsetzung und allein die nationale Norm gelte unmittelbar. Nun besteht allerdings auf Gemeinschaftsebene auch kein allgemeines Verbot jedweder Art von Durchführungsbestimmung. Derartige Vorschriften sind jedenfalls dann gemeinschaftsrechtlich unbedenklich, wenn sie den Vorgaben der Verordnung entsprechen und deren Artikel nicht lediglich wiederholen, sondern sie konkretisieren. 30

Mit dem Gesetz zur Änderung des Anerkennungs- und Vollstreckungsausführungsgesetzes vom 30. Januar 2002[123] hat der Gesetzgeber verschiedene Eingriffe in das **AVAG** vorgenommen, um es an die Besonderheiten der Brüssel I-VO anzupassen. Zu diesem Zweck wurde innerhalb des zweiten Teiles „Besonderes" ein Abschnitt 6 in das AVAG aufgenommen, der sich ausweislich seiner Überschrift auf die Brüssel I-VO bezieht. Der sechste Abschnitt besteht aus den Vorschriften § 55 und § 56 AVAG. § 55 Abs 1 und 2 AVAG dienen einerseits dem Ziel, unzulässige Doppelregelungen auszuschließen[124] und enthalten andererseits Durchführungsvorschriften. In § 55 Abs 3 AVAG hat der Gesetzgeber 31

---

[119] Siehe etwa *Rauscher/Staudinger* Art 16 Rn 1, 4.

[120] Zum Reformbedarf siehe *Rauscher/Staudinger* Art 58 Rn 13.

[121] Vgl etwa *Rauscher/Staudinger* Art 24 Rn 17.

[122] EuGH Rs C-272/83 *Kommission/Italien* EuGHE 1985, 1057, 1074 Rn 26 f.

[123] Zur Novellierung des AVAG siehe zunächst das Gesetz zur Änderung von Vorschriften auf dem Gebiet der Anerkennung und Vollstreckung ausländischer Entscheidungen in Zivil- und Handelssachen vom 19. Februar 2001, BGBl 2001 I 288 ff; hierzu BT-Drucks 14/4591; Gesetz zur Änderung des Anerkennungs- und Vollstreckungsausführungsgesetzes vom 30. Januar 2002, BGBl 2002 I 564 ff; hierzu BR-Drucks 743/01.

[124] Vgl hierzu § 55 Abs 1 AVAG.

schließlich eine von der Brüssel I-VO eröffnete Option[125] genutzt. Die Vollstreckbarerklärung einer notariellen Urkunde[126] kann hiernach auch durch einen Notar erfolgen.

32 Die **Integration materiellrechtlicher Einwände** gegen den titulierten Anspruch innerhalb des Rechtsbehelfsverfahrens steht im Widerspruch zur Brüssel I-VO. Demzufolge findet § 12 AVAG keine Anwendung und greift ebenso wenig die zeitliche Schranke in § 14 Abs 1 AVAG.[127]

33 Das **Modell eines einheitlichen AVAG** ist aus einem weiteren Grunde kritikwürdig. § 55 Abs 1 AVAG schließt beispielsweise die Anwendbarkeit des § 36 AVAG nicht explizit aus. Hieraus folgern einige Stimmen in der Kommentarliteratur, § 36 AVAG finde auch im Rahmen der Brüssel I-VO Anwendung. Die Abschnittsüberschrift, der Gesetzeswortlaut („Ursprungsstaat") sowie die systematische Stellung des § 36 AVAG zwingen hingegen zu dem Schluss, dass diese Vorschrift in Bezug auf die Brüssel I-VO tatbestandlich ausscheidet.[128] In den Materialien findet sich kein Hinweis für einen abweichenden Willen des deutschen Reformgesetzgebers. Dieser hat in jüngster Vergangenheit allein § 35 AVAG novelliert, um diese Bestimmung an die Vorgaben der Brüssel I-VO anzupassen.[129]

34 Der deutsche Gesetzgeber sollte sich von dem Modell eines einheitlichen AVAG trennen. Die Verweisungstechnik in den §§ 50ff AVAG, die jeweils den Besonderheiten der Brüssel I- und II-VO Rechnung tragen soll, führt gerade nicht zu einer Rechtsklarheit.[130] Dem Gebot der Transparenz dürfte es eher entsprechen, diejenigen Durchführungsbestimmungen in einem Gesetzeswerk aufzunehmen, die sich auf die verschiedenen Sekundärrechtsakte beziehen. Hiervon getrennt sollten die entsprechenden Vorschriften zu multi- und bilateralen Konventionen zusammengefasst werden.[131] Die Brüssel I- und II-VO weisen – bei allen Unterschieden im Detail – zahlreiche Übereinstimmungen auf.[132] Dies gilt etwa im Hinblick auf die Aussetzung des Exequaturverfahrens.[133] Demzufolge ist es nicht erforderlich, für jeden Sekundärrechtsakt ein einzelnes Ausführungsgesetz zu schaffen.[134] Vielmehr lassen sich durch ein einheitliches Gesetzeswerk Wiederholungen vermeiden.

---

[125] Siehe § 55 Abs 3 AVAG.

[126] Siehe hierzu *Rauscher/Staudinger* Art 57 Rn 13.

[127] Vgl hierzu *Rauscher/Mankowski* Art 45 Rn 4ff; *Rauscher/Staudinger* Art 57 Rn 18; Art 58 Rn 16ff.

[128] So auch *MünchKommZPO/Gottwald* Art 46 Rn 2; abweichend *Kropholler* Art 46 Rn 1; *Thomas/Putzo/Hüßtege* Art 46 Rn 1.

[129] Vgl BR-Drucks 743/01 S 10.

[130] Siehe auch die Kritik von *Hub* NJW 2001, 3145, 3150.

[131] Abweichend *Hub* NJW 2001, 3145, 3151.

[132] Auf die Übereinstimmungen von EuGVÜ und Brüssel II-VO weist hin: *R Wagner* IPRax 2001, 81.

[133] Vgl Art 28 Brüssel II-VO; siehe hierzu auch *Kropholler* Rn 152.

[134] So etwa der Vorschlag von *Heß* JZ 2001, 573, 577; *Hub* NJW 2001, 3145, 3150 f.

## IX. Auslegung der Brüssel I-VO

**Ausgewähltes jüngeres Schrifttum zum EuGVÜ**

*Brückner*, Bindungswirkung an die Entscheidungen des EuGH im EuGVÜ und der Luganer Konvention, in: *Hommelhoff/Jayme/Mangold* (Hrsg.), Europäischer Binnenmarkt IPR und Rechtsangleichung (1995) 263

*Hackspiel*, Der Weg zum Europäischen Gerichtshof: Das Vorabentscheidungsverfahren nach dem Auslegungsprotokoll zum EuGVÜ, in: *Bajons/Mayr/Zeiler* (Hrsg.), Die Übereinkommen von Brüssel und Lugano (Wien 1997) 211

*Jayme*, Die Divergenzvorlage nach Art 4 des Protokolls zum EuGVÜ – Ein Plädoyer für die Belebung eines vergessenen Rechtsinstituts, in: *Reichelt* (Hrsg.), Vorabentscheidungsverfahren vor dem EuGH (Wien 1998) 43

*Lando*, Vorabentscheidungsverfahren und Auslegungsprotokoll des EuGVÜ, in: *Reichelt* (Hrsg), Vorabentscheidungsverfahren vor dem EuGH (Wien 1998) 31

*Schmidt-Parzefall*, Die Auslegung des Parallelübereinkommens von Lugano (1995) 23

*Scholz*, Das Problem der autonomen Auslegung des EuGVÜ (1998)

*Tagaras*, Chronique de jurisprudence de la Cour de Justice relative à la Convention de Bruxelles, Cahiers de Droit Européene 1995, 157

*Vandekerckhove*, De interpretatie van europees bevoegdheids- en executierecht, in: *van Houtte/Pertegás Sender* (Hrsg), Het nieuwe Europese IPR: van verdrag naar verordening (2001) 11.

**Schrifttum zur EuGVO**

*Kropholler*, Die Auslegung von EG-Verordnungen zum Internationalen Privat- und Verfahrensrecht, in: *Basedow* ua (Hrsg), Aufbruch nach Europa (2001) 583.

Die Brüssel I-VO bildet einen Teil des sekundären Gemeinschaftsrechts und unterliegt 35 mithin einem besonderen Auslegungskanon, der sich nicht vollständig mit denjenigen Sinnbestimmungsmitteln deckt, die bislang bei der Interpretation des EuGVÜ Geltung beanspruchten.[135] Dies darf allerdings nicht zu dem vorschnellen Schluss verleiten, der bisherige Stand von Rechtsprechung und Lehre zum Abkommen werde mit dem Inkrafttreten der Verordnung Makulatur. Den Erwägungsgründen der Harmonisierungsmaßnahme ist vielmehr mittelbar zu entnehmen, dass dem Sekundärrechtsgeber an einer „**Kontinuität zwischen dem Brüsseler Übereinkommen und dieser Verordnung**" gelegen und insbesondere die Judikatur des EuGH bei identischen Vorschriften der Brüssel I-VO heranzuziehen ist.[136] Zudem stützt sich der Rechtsakt – wie unmittelbar am Anfang der Begründung betont wird – auf den Verordnungsvorschlag vom 28. 12. 1999.[137] Hierin streicht die Kommission nicht nur die „weitgehende Übereinstimmung zwischen dem Brüsseler Übereinkommen und dem vorliegenden Verordnungsvorschlag" heraus. Sie betont überdies, dass eine Vielzahl von Artikeln des Abkommens unverändert in die Verordnung überführt worden sei. Für ihre Interpretation werde auf

[135] Hierzu *Kohler*, in: FS Reinhold Geimer (2002) 461, 463 f.; *Kropholler*, in: *Basedow* (Hrsg), Aufbruch nach Europa (2001) 583 ff.

[136] Vgl – wenn auch in anderem Zusammenhang – die Aussage des Gemeinschaftsgesetzgebers im Erwägungsgrund Nr 19; das Erfordernis der Kohärenz betont auch EuGH Rs C-167/00 *Verein für Konsumenteninformation/K H Henkel* EuGHE 2002 I 8111, 8143 Rn 49 = IPRax 2003, 341, 344 Rn 49 m Anm *Michailidou* 223.

[137] ABl EG 1999 C 376/1 = BR-Drucks 534/99 S 12.

die „erläuternden Berichte verwiesen, die anlässlich der einzelnen Beitritte veröffentlicht worden sind". Mithin bedeutet die Brüssel I-VO keinen Bruch. Vielmehr wird der bisherige status quo des Europäischen Zivilprozessrechts – abgesehen von einigen inhaltlichen Veränderungen – in das Gemeinschaftsrecht überführt. Die Kommission nimmt ferner in den Fußnoten unmittelbar auf die im Amtsblatt veröffentlichten Berichte etwa von *Jenard*[138] und *Schlosser*[139] Bezug. Daher kommt sowohl der Judikatur des EuGH als auch den Auslegungsberichten von *Jenard*, *Jenard/Möller*[140] sowie *Schlosser* weiterhin Bedeutung bei der Interpretation der Brüssel I-VO zu. Dies gilt natürlich unter der einschränkenden Voraussetzung, dass die betreffende Vorschrift inhaltlich unverändert in die Brüssel I-VO eingestellt wurde.[141]

36 Der Inhalt der Brüssel I-VO ist nicht mit Hilfe nationaler, sondern allein nach **europäischen Auslegungsmethoden** zu bestimmen. Bereits zum EuGVÜ hat sich in der Judikatur des EuGH immer stärker das Prinzip der autonomen Interpretation herauskristallisiert. Hierfür spricht nunmehr auch der gemeinschaftsrechtliche Ursprung der Harmonisierungsmaßnahme. Eine solche autonome Auslegung soll die Wirksamkeit und einheitliche Anwendung des Sekundärrechtsakts gewährleisten, wobei in erster Linie die Systematik und die Zielsetzungen des Rechtsinstruments beachtet werden müssen.[142]

37 Ausgangspunkt der Auslegung bildet zunächst der **Wortlaut**, wobei auf den gemeinschaftsweiten Wortsinn abzustellen ist. Die Fassungen der Brüssel I-VO genießen in jeder Sprache dieselbe Autorität, da es keinen verbindlichen Urtext gibt. Die mit dieser Vielfalt verbundenen Schwierigkeiten werden sich durch die Osterweiterung noch verstärken. Die Formel – „Anfang und Ende jeder Auslegung bilde der Wortlaut" – lässt sich nicht auf die Interpretation der Brüssel I-VO übertragen. Der Gerichtshof unterscheidet begrifflich nicht zwischen **Rechtsauslegung** und **Rechtsfortbildung**. Vielmehr setzt der EuGH beide Formen wie im romanischen Rechtskreis gleich.[143] Demnach besteht auf supranationaler Ebene **kein Analogieverbot**. Vielmehr ist es zulässig, eine regelungsbedürftige Lücke im Gemeinschaftsrecht durch eine entsprechende Anwendung von Vorschriften zu schließen. Es bleibt abzuwarten, ob die Möglichkeit, die Brüssel I-VO schneller einer Revision zu unterziehen, den EuGH davon abhält, Rechtsfortbildung zu betreiben.[144]

---

[138] ABl EG 1979 C 59/1 ff.

[139] ABl EG 1979 C 59/71 ff.

[140] ABl EG 1990 C 189/57 ff.

[141] *Kropholler*, in: *Basedow* (Hrsg), Aufbruch nach Europa (2001) 583, 592; *ders* Rn 45; *Micklitz/Rott* EuZW 2001, 325, 327.

[142] Vgl etwa zum EuGVÜ: EuGH Rs C-167/00 *Verein für Konsumenteninformation/K H Henkel* EuGHE 2002 I 8111, 8139 Rn 35 = IPRax 2003, 341, 343 Rn 35 m Anm *Michailidou* 223.

[143] *Baldus/Becker* ZEuP 1997, 874, 883; vgl auch *Canaris*, in: FS Franz Bydlinski (2002) 47, 81 im Hinblick auf das Institut der richtlinienkonformen Auslegung.

[144] So die Vermutung von *Kropholler* Rn 46.

Im Rahmen der **historischen Auslegung** sind vor allem die Erwägungsgründe der Verordnung zu berücksichtigen, da sie über die Motive ihres Erlasses Aufschluss geben. Einen weiteren Anhaltspunkt vermögen etwa die Erläuterungen zum Verordnungsvorschlag der Kommission zu geben. Dies betrifft insbesondere das Verständnis der Neuerungen in der Brüssel I-VO.[145] Als Auslegungsquellen dienen schließlich die Berichte zum EuGVÜ, sofern das Abkommen wörtlich in die Verordnung überführt wurde.[146] Den nach dem Inkrafttreten der Brüssel I-VO abgegebenen Gemeinsamen Erklärungen etwa von Rat und Kommission zu Art 15 Brüssel I-VO[147] kommt eine lediglich eingeschränkte Aussagekraft zu. Den Gerichtshof vermögen diese Erklärungen allenfalls in seiner Entscheidungsfindung zu leiten, an sie gebunden ist er nicht. 38

Zweifelsfragen lassen sich ferner durch eine **systematische Auslegung** klären. Maßstab bildet jedoch nicht allein die Brüssel I-VO. Als Auslegungshilfen können ebenso andere Sekundärrechtsakte[148] sowie das Europäische Vertragsrecht[149] als aquis communautaire dienen. Dies bezieht das UN-Kaufrecht[150] gleichermaßen mit ein wie das Römische Schuldvertragsübereinkommen[151] oder bestimmte Principles.[152] 39

Wenn auch keine starre Hierarchie innerhalb der europäischen Sinnbestimmungsmittel existiert, so kommt doch regelmäßig der **Teleologie** im Rahmen der Auslegung eine besondere Bedeutung zu.[153] Welchen Zielen und Zwecken die Brüssel I-VO dient, ergibt sich insbesondere aus ihrer Ermächtigungsgrundlage und damit aus Art 61 lit c, Art 65 lit a, 3. Spiegelstrich EGV. Der Gerichtshof stützt sich beim EuGVÜ vor allem auf das Prinzip der integrationsfreundlichen Auslegung.[154] Die Vorschriften des Abkommens sind hiernach **„dynamisch" auszulegen**. Ziel ist es, das stärkere Zusammenwachsen der Signatarstaaten zu fördern. Im Zweifel genießt damit eine die Integration begünstigende Ausle- 40

---

145 Vgl hierzu *Kropholler* Rn 45.

146 Wie bereits im Hinblick auf das EuGVÜ kann im Einzelfall auch der Auslegungsbericht zum LugÜ herangezogen werden; vgl *Kropholler* Rn 45.

147 Abgedruckt IPRax 2001, 259, 261.

148 Dies betrifft etwa die Haustürwiderrufs- oder E-Commerce-Richtlinie.

149 Vgl hierzu Mitteilung der Kommission an das Europäische Parlament und den Rat „Ein Kohärentes Europäisches Vertragsrecht. Ein Aktionsplan", KOM (2003) 68 endg; hierzu *Schmidt-Kessel* RIW 2003, 481 ff; *Staudenmayer* EuZW 2003, 165 ff.

150 Wiener UN-Übereinkommen über Verträge über den Internationalen Warenkauf vom 11. 4. 1980 (CISG), BGBl 1989 II 588 ff; abgedruckt bei *Jayme/Hausmann*, Internationales Privat- und Verfahrensrecht[11] (2002) Nr 77.

151 Römisches Schuldvertragsübereinkommen, BGBl 1986 II 809.

152 Siehe zu den UNIDROIT-Priciples die Nr 55 der Schlussanträge des Generalanwalts *Geelhoed* in der Rechtssache *Tacconi*: EuGH Rs C-334/00 *Officine Meccaniche Tacconi SpA/Heinrich Wagner Sinto Maschinenfabrik GmbH (HWS)* EuGHE 2002 I 7357 ff.

153 Vgl die Angaben bei *Kropholler* Rn 37; *Schack* Rn 91.

154 So etwa EuGH Rs 288/82 *Duijnstee/Goderbauer* EuGHE 1983, 3663, 3674 f.

gungsmöglichkeit den Vorzug.[155] Dieser Ansatz lässt sich auf die Brüssel I-VO übertragen. Beachtung verdient ferner die Auslegungsmaxime des effet utile,[156] wonach die praktische Wirksamkeit des Gemeinschaftsrechts sichergestellt werden soll.[157]

41 Aus dem Stufenbau des Gemeinschaftsrechts folgt, dass die Brüssel I-VO **primärrechtskonform**[158] auszulegen ist. Die Interpretation der Harmonisierungsmaßnahme darf sich folglich nicht in Widerspruch setzen zu den höherrangigen Normen des EG-Vertrags.[159] Die Auslegung bzw Rechtsfortbildung muss vielmehr im Lichte des Kompetenztitels oder etwa der Grundfreiheiten[160] vertretbar sein. Hierin liegt ein wirkungsvolles Korrektiv zur teleologischen Interpretation unter Beachtung des effet utile. Die Auslegung der Brüssel I-VO nach ihrem Sinn und Zweck kann nicht über den primärrechtlich gesteckten Rahmen hinausgehen.[161]

42 Der Gerichtshof[162] zieht schließlich bei Zweifelsfragen die **EMRK**[163] als Quelle heran. Seit Inkrafttreten des Vertrages von Nizza sind überdies der Aussagegehalt in Art 6 Abs 2 EU-Vertrag sowie die Grundrechtscharta zu beachten.

## X. Vorabentscheidungsverfahren

### 1. Allgemeine Grundsätze

43 Sofern sich Zweifelsfragen bei der Auslegung der Brüssel I-VO stellen, besitzt der Gerichtshof ein **Auslegungsmonopol**. Sedes materiae ist zunächst Art 68 Abs 1 Brüssel

---

[155] *Kropholler* Rn 38; *Iversen*, in: *Brödermann/Iversen*, Europäisches Gemeinschaftsrecht und Internationales Privatrecht (1994) 407 Rn 934.

[156] Der Grundsatz des effet utile entstammt dem Völkerrecht. Hiernach sind Bestimmungen in Gründungsverträgen internationaler Organisationen im Hinblick auf ein vorgegebenes Vertragsziel extensiv auszulegen; vgl auch Art 31 Abs 1 letzter Satzteil Wiener Übereinkommen über das Recht der Verträge, BGBl 1985 II 926.

[157] Zum effet utile in der Judikatur des Gerichtshofs umfassend: *Streinz*, in: FS Ulrich Everling II (1995) 1491 ff mwN.

[158] Vgl hierzu *Pernice*, in: *Grabitz/Hilf* (Hrsg), Kommentar zur Europäischen Union (Stand: Februar 2002) Art 164 EGV Rn 30.

[159] Ein Vergleich lässt sich insoweit zu dem Prinzip der verfassungskonformen Auslegung von einfachgesetzlichen Bestimmungen ziehen.

[160] Zum Spannungsverhältnis von Verbraucherschutz, Herkunftslandprinzip bzw Dienstleistungsfreiheit siehe beispielsweise *Rauscher/Staudinger* Art 15 Rn 14 f.

[161] Anders als beim EuGVÜ geht es mithin um die Abgrenzung der Gemeinschaftszuständigkeit von den Befugnissen der Mitgliedstaaten.

[162] Vgl EuGH Rs C-7/98 *Krombach/Bamberski* EuGHE 2000 I 1935, 1966 Rn 27 = JZ 2000, 723 m Anm *von Bar* 725 = ZIP 2000, 859 m Anm *Geimer* 863 = EWiR 2000, 441 m Anm *Hau* = IPRax 2000, 406 m Anm *Piekenbrock* 364; Vorlage BGH 4. 12. 1997 IPRax 1998, 205 m Anm *Piekenbrock* 177; hierzu auch *Leipold*, in: FS Hans Stoll (2001) 625, 642 f; die Abschlussentscheidung des BGH ist abgedruckt in ZIP 2000, 1595 = JZ 2000, 1067 m Anm *Gross*.

[163] BGBl 1952 II 685 ff, 953.

I-VO, der im Verhältnis zu Art 234 EGV eine Sonderregel für das Vorabentscheidungsverfahren vorsieht. Zur Vorlage an den EuGH sind hiernach allein die letztinstanzlichen Spruchkörper befugt und nach herrschender Meinung – trotz der gegenüber Art 234 EGV weicheren Formulierung – auch verpflichtet.[164] Demgegenüber folgert *Wiedmann*[165] aus der Formulierung des Art 68 Abs 1 S 2 letzter HS EGV, dass die Vorlage abweichend von Art 234 Abs 3 EGV im Ermessen des letztinstanzlichen Gerichts steht.[166] Ein abstraktes Auslegungsverfahren eröffnet Art 68 Abs 3, dessen praktische Relevanz allerdings gering bleiben dürfte.

Nach dem Protokoll[167] von 1971 zum EuGVÜ sind zwar ebenso erstinstanzliche Spruch- 44
körper vom Vorlageverfahren ausgenommen, hingegen sind die als **Rechtsmittelinstanz** entscheidenden Gerichte befugt, den EuGH zur Vorabentscheidung anzurufen. Durch Art 68 Abs 1 EGV wird demnach der Dialog mit dem EuGH massiv verkürzt.

Nach wohl einhelliger Auffassung[168] sind nicht die „abstrakt" letzten Instanzen und 45
damit in Deutschland neben dem BVerfG die fünf obersten Gerichtshöfe des Bundes (Bundesgerichtshof, Bundesverwaltungsgericht, Bundesfinanzhof, Bundesarbeitsgericht, Bundessozialgericht) zur Vorlage verpflichtet. Vielmehr ist eine konkrete bzw funktionelle Betrachtungsweise geboten und auf die jeweilige Verfahrensart abzustellen. Dies

---

[164] *Baumbach/Albers* Übersicht EuGVVO Rn 11; *Brechmann*, in: *Callies/Ruffert* (Hrsg), Kommentar des Vertrages über die Europäische Union und des Vertrages zur Gründung der Europäischen Gemeinschaft[2] (2002) Art 68 EG Rn 2 mwN; *Drappatz* Die Überführung des internationalen Zivilverfahrensrechts in eine Gemeinschaftskompetenz nach Art 65 EGV (2002) 127 mwN; *Heß* RabelsZ 66 (2002), 470, 488 Fn 106 mwN; *Kohler*, in: FS Reinhold Geimer (2002) 461, 467; *Kropholler* Rn 36; *Mansel*, in: Systemwechsel im europäischen Kollisionsrecht (2002) 1, 7; *MünchKommZPO/Gottwald* Vor Art 1 Rn 6; *Musielak/Weth* Rn 8; *Röben*, in: *Grabitz/Hilf* (Hrsg), Kommentar zur Europäischen Union (Stand: Februar 2002) Art 68 EG Rn 6; siehe in diesem Zusammenhang aber auch *Leible/Staudinger* EuLF (D) 2000/2001, 225, 227 f.

[165] *Wiedmann*, in: *Schwarze* (Hrsg), EU-Kommentar (2000) Art 68 EGV Rn 3.

[166] Von einer Vorlagemöglichkeit gehen wohl auch aus: *Micklitz/Rott* EuZW 2000, 325, 327.

[167] Zum EuGVÜ siehe das Luxemburger Protokoll betreffend die Auslegung des Übereinkommens vom 27. September 1968 über die gerichtliche Zuständigkeit und die Vollstreckung gerichtlicher Entscheidungen in Zivil- und Handelssachen durch den Gerichtshof vom 3. Juni 1971 (BGBl 1972 II 846) in der Fassung des 4. Beitrittsübereinkommens vom 29. November 1996 (BGBl 1998 II 1412), abgedruckt bei *Jayme/Hausmann*, Internationales Privat- und Verfahrensrecht[10] (2000) Nr 151.

[168] Dies gilt jedenfalls im Hinblick auf Art 68 Abs 1 EG: *Brechmann*, in: *Callies/Ruffert* (Hrsg), Kommentar des Vertrages über die Europäische Union und des Vertrages zur Gründung der Europäischen Gemeinschaft[2] (2002) Art 68 EGV Rn 2; *Heß/Müller* JZ 2002, 607, 610; *Kropholler*, Internationales Privatrecht[4] (2001) § 10 III 1. S 77; *Schwarze*, in: *Schwarze* (Hrsg), EU-Kommentar (2000) Art 234 EGV Rn 41; *Wegner*, in: *Callies/Ruffert* (Hrsg), Kommentar des Vertrages über die Europäische Union und des Vertrages zur Gründung der Europäischen Gemeinschaft[2] (2002) Art 234 EGV Rn 19.

steht im Einklang mit der ratio des vom EuGH erlassenen Urteils[169] in der Rechtssache *Kenny Roland Lyckeskog*[170] und trägt dem Gedanken des Individualrechtsschutzes Rechnung.[171] Zwar wird in der Literatur etwa von *Dauses*[172] der Vorzug eines abstrakten Verständnisses gerade darin gesehen, dass mit ihr ein spürbarer Entlastungseffekt des Gerichtshofs erreicht werde. Die Ausführungen von *Dauses* beziehen sich allerdings auf Art 177 EWGV, dem Vorläufer des Art 234 EGV. Bei beiden Vorschriften geht mit einem institutionellen Ansatz keine Verkürzung des Rechtsschutzes einher, da den mitgliedstaatlichen Spruchkörpern auf jeder Stufe des Instanzenzugs zumindest die Vorlageberechtigung erhalten bleibt. Im Hinblick auf Art 68 EGV wird hingegen den Rechtsmittelgerichten gerade keine Vorlagebefugnis mehr eingeräumt. Vielmehr trägt der europäische Gesetzgeber der Gefahr einer Vorlagenflut bereits dadurch hinreichend Rechnung, dass allein eine **Vorlagepflicht für letztinstanzliche Spruchkörper** besteht. Vor diesem Hintergrund muss aber der konkreten Betrachtungsweise der Vorzug eingeräumt werden, da andernfalls der Individualrechtsschutz gerade in Zivilverfahren zu stark beschnitten würde. Abzustellen ist somit darauf, ob die Entscheidung des betreffenden Gerichts im konkreten Rechtsstreit noch mit Rechtsmitteln angefochten werden kann. Dem Begriff des Rechtsmittels in Art 68 Abs 1 EGV unterfallen wie in Art 234 Abs 3 EGV alle ordentlichen Rechtsbehelfe. Hierzu zählt nach ganz herrschender Meinung[173] etwa auch die Nichtzulassungsbeschwerde im verwaltungs- (§ 133 VwGO) sowie finanzgerichtlichen Verfahren (§ 115 FGO).[174]

46 Nicht zu den Gerichten iSd Art 68 Abs 1 EGV zählen Spruchkörper, soweit sie in dem betreffenden Ausgangsverfahren eine **Tätigkeit ohne Rechtsprechungscharakter** ausüben und etwa wie ein AG im Handelsregisterverfahren als Behörde fungieren.[175] Ebenso wenig zählen Schiedsgerichte zu den vorlagebefugten bzw -verpflichten Spruch-

---

[169] EuGH Rs C-99/00 *Schweden/Kenny Roland Lyckeskog* EuGHE 2002 I 4839 = EuZW 2002, 476, 477f; zur Entscheidung siehe *Groh* EuZW 2002, 460ff.

[170] So in der Vergangenheit auch schon die Einschätzung von *Geiger* EUV/EGV – Vertrag über die Europäische Union und Vertrag zur Gründung der Europäischen Gemeinschaft[3] (2000) Art 234 EGV Rn 14; *Krück*, in: *Groeben/Thiesing/Ehlermann* (Hrsg), Kommentar zum EU-/EG-Vertrag[5] (1999) Art 177 EGV aF Rn 68; zweifelnd *Dauses*, Das Vorabentscheidungsverfahren nach Art 177 EG-Vertrag[2] (1995) 111.

[171] Vgl hierzu *Borchardt*, in: *Lenz* (Hrsg), EG-Vertrag[2] (1999) Art 234 EG Rn 36; *Schwarze*, in: *Schwarze* (Hrsg) EU-Kommentar (2000) Art 234 EG Rn 41.

[172] *Dauses*, Das Vorabentscheidungsverfahren nach Art 177 EG-Vertrag[2] (1995) 111.

[173] *Wegner*, in: *Callies/Ruffert* (Hrsg), Kommentar des Vertrages über die Europäische Union und des Vertrages zur Gründung der Europäischen Gemeinschaft[2] Art 234 EGV Rn 19; *Schwarze*, in: *Schwarze* (Hrsg), EU-Kommentar (2000) Art 234 EGV Rn 42 jeweils mwN.

[174] Ausgenommen bleiben lediglich außerordentliche Rechtsbehelfe. Dies gilt etwa im Hinblick auf das Wiederaufnahmeersuchen oder die Verfassungsbeschwerde; vgl hierzu die Angaben bei *Schwarze*, in: *Schwarze* (Hrsg), EU-Kommentar (2000) Art 234 EGV Rn 42.

[175] EuGH Rs C-86/00 *HSB-Wohnbau GmbH* EuGHE 2001 I 5353ff.

körpern iSd Art 68 Abs 1 sowie Art 234 EGV.[176, 177] Dies gilt auch nach der Reform des Schiedsverfahrensrechts.[178]

47 Dem Gerichtshof muss vom Grundsatz her eine **Frage zur Interpretation** der Brüssel I-VO vorgelegt werden. Nationales Recht – auch wenn auf dieses im Sekundärrechtsakt Bezug genommen wird – bildet als solches keinen Vorlagegegenstand. Dennoch ist eine Vorabentscheidung zur Brüssel I-VO zulässig, wenn der nationale Gesetzgeber etwa im Wege einer autonomen Harmonisierung bestimmte sekundärrechtliche Vorschriften auf reine Inlandsfälle erstreckt, um eine Ungleichbehandlung vergleichbarer Fallgestaltungen zu vermeiden. Dies gilt jedenfalls dann, wenn der Gesetzgeber sich an die Interpretation der in der Brüssel I-VO enthaltenen Vorschriften bindet.[179]

48 Die Zweifelsfrage muss sich in einem **schwebenden (streitigen) Verfahren** stellen. Ausgenommen bleiben in der Regel Verfahren des einstweiligen Rechtsschutzes, sofern den Parteien der Weg offen steht, die Streitfrage zum Gemeinschaftsrecht erneut in einem Hauptsacheverfahren überprüfen zu lassen.[180] Sie muss nicht zwingend von den Prozessbeteiligten aufgeworfen werden, sondern kann auch von dem nationalen Gericht ausgehen.

49 Erforderlich ist, dass der Spruchkörper eine **Entscheidung** über die Vorlagefrage „zum Erlass seines Urteils **für erforderlich hält**". Diese tatbestandliche Einschränkung findet sich ebenso in Art 234 Abs 2 EGV sowie dem dieser Bestimmung nachgebildeten Art 3 des Auslegungsprotokolls zum EuGVÜ.[181] Die Beurteilung, ob die Entscheidungserheblichkeit und damit Erforderlichkeit einer Vorabentscheidung gegeben ist, obliegt dem nationalen Gericht und ist der Nachprüfung durch den EuGH entzogen.[182]

---

176 EuGH Rs 102/81 *Nordsee/Nordstern* EuGHE 1982, 1095 = NJW 1982, 1207 = IPRax 1983, 116; *Zöller/Geimer* § 1051 ZPO Rn 18; *ders* Rn 246 m, 3868.

177 EuGH Rs C-126/97 *Eco Swiss China Time Ltd/Benetton Int* EuGHE 1999 I 3055 ff; hierzu *Peruzzetto* JDI 2000, 299 ff; *Weyer* EuR 2000, 145 ff.

178 Siehe *Schütze*, Schiedsgericht und Schiedsverfahren³ (1999) Rn 179; *Zöller/Geimer* § 1051 ZPO Rn 18; *ders* Rn 246 m, 3868.

179 Siehe nunmehr in Abgrenzung zur „*Kleinwort Benson-Doktrin*": EuGH Rs C-306/99 *BIAO/FA für Großunternehmen Hamburg* JZ 2003, 413, 415 Rn 93 m Anm *Luttermann* 417, 418.

180 *Schwarze*, in: *Schwarze* (Hrsg), EU-Kommentar (2000) Art 234 EGV Rn 44 mwN; *Wegner*, in: *Callies/Ruffert* (Hrsg), Kommentar des Vertrages über die Europäische Union und des Vertrages zur Gründung der Europäischen Gemeinschaft² (2002) Art 234 EGV Rn 22 mwN.

181 Protokoll betreffend die Auslegung des Übereinkommens vom 27. 9. 1968 über die gerichtliche Zuständigkeit und die Vollstreckung gerichtlicher Entscheidungen in Zivil- und Handelssachen durch den Gerichtshof, abgedruckt bei *Jayme/Hausmann*, Internationales Privat- und Verfahrensrecht¹⁰ (2000) Nr 151.

182 *Schwarze*, in: *Schwarze* (Hrsg), EU-Kommentar (2000) Art 234 EGV Rn 35 mwN; *Wegner*, in: *Callies/Ruffert* (Hrsg), Kommentar des Vertrages über die Europäische Union und des Vertrages zur Gründung der Europäischen Gemeinschaft² (2002) Art 234 EGV Rn 14.

50 Eine Vorlage ist nicht geboten, wenn die Frage bereits in einem **gleichgelagerten Fall** Gegenstand eines Vorabentscheidungsverfahrens war, eine gesicherte Judikatur des EuGH vorliegt oder eine bestimmte **Auslegung derart offenkundig** ist, dass für einen vernünftigen Zweifel keinerlei Raum bleibt.[183] Hier ist indes angesichts der vom Gerichtshof aufgestellten hohen Anforderungen Vorsicht geboten. Der nationale Spruchkörper muss zu der Überzeugung gelangen, dass ebenso aus dem Blickwinkel der Gerichte in den übrigen Mitgliedstaaten die gleiche Gewissheit besteht. Die sogenannte *CILFIT*-Doktrin des EuGH[184] ist mithin kein Feigenblatt, um mangelnde Dialogbereitschaft der nationalen Spruchkörper zu kaschieren. Von einer mangelnden Entscheidungserheblichkeit ist nach Ansicht des BGH[185] auch dann auszugehen, wenn alle Auslegungsmöglichkeiten zu einem übereinstimmenden Ergebnis führen. Dies erscheint jedoch zweifelhaft.

51 **Missachtet** der staatliche Spruchkörper seine im Primärrecht wurzelnde **Vorlagepflicht**, verstößt er gegen das Grundrecht auf den gesetzlichen Richter nach Art 101 Abs 1 S 2 GG. Das Urteil kann dementsprechend im Wege der **Verfassungsbeschwerde** angegriffen werden.[186] In Betracht kommt zudem ein Vertragsverletzungsverfahren nach Art 226f EGV sowie gegebenenfalls eine Staatshaftung. Inwieweit § 839 Abs 2 BGB eine mit dem Europäischen Gemeinschaftsrecht vereinbare Haftungsbeschränkung darstellt, bedarf noch der Klärung durch den EuGH.[187]

### 2. Vorlage im Erkenntnis- und Exequaturverfahren

#### a) Kontrollfähigkeit der internationalen Zuständigkeit

52 Die internationale Zuständigkeit ist nach Ansicht des BGH[188] auf **Revisionsebene** kontrollfähig. Der Wortlaut des § 545 Abs 2 ZPO sowie die Gesetzesbegründung verbieten eine derartige Auslegung nicht.[189] Folgerichtig ist – entgegen der Auffassung des OLG Stuttgart[190] – ebenso die Kontrolle in der Berufungsinstanz zulässig.[191] Hierfür lässt sich ins Feld führen, dass Berufungen nach dem politischen Formelkompro-

---

[183] Siehe die Angaben zur Judikatur des EuGH bei *Schwarze*, in: *Schwarze* (Hrsg), EU-Kommentar (2000) Art 234 Rn 46.

[184] EuGH Rs 283/81 *CILFIT* EuGHE 1982, 3415.

[185] BGH IPRax 2003, 346, 349; kritisch hierzu *Piekenbrock/Schulze* IPRax 2003, 328, 330.

[186] BVerfG NJW 2001, 211 f.

[187] Hierzu *Wegener* EuR 2002, 785ff; zur Haftung der Mitgliedstaaten für gemeinschaftsrechtswidrige Judikatur siehe jüngst die Schlussanträge des Generalanwalts *Léger* vom 8. 4. 2003 in der Rs C-224/01 *Köbler/Österreich*.

[188] BGH NJW 2003, 426ff mit Anm *Leible* NJW 2003, 4077; *Piekenbrock/Schulze* IPRax 2003, 328ff; *Staudinger* JZ 2003 (im Druck); kritisch *Emde* EWiR 2003, 495, 496; bestätigt durch BGH, Urt vom 27. 5. 2003 IX ZR 203/02 (unter III 1. der Erwägungsgründe).

[189] Siehe hierzu *Piekenbrock/Schulze* IPRax 2003, 1, 2ff.

[190] OLG Stuttgart MDR 2003, 350 m Anm *Braun*.

[191] Siehe auch OLG Celle 14. 8. 2002 – 9 U 67/02.

miss[192] in § 119 Abs 1 lit b GVG[193] gerade dann beim OLG gebündelt werden, wenn eine Partei bei Prozessbeginn ihren allgemeinen Gerichtsstand im Ausland hat. In solchen Fallgestaltungen stellen sich aber stets Fragen der internationalen Zuständigkeit, denen in den Augen des Gesetzgebers eine solche Bedeutung zukommt, dass sie von spezialisierten Senaten eines OLG's oder über den veränderten Instanzenzug letztlich vom BGH geklärt werden sollen.[194]

Nur auf diese Weise wird man der besonderen Funktion der internationalen Zuständigkeit als Transmissionsriemen für das Verfahrens- und Kollisionsrecht gerecht und trägt den überragenden Interessen der Verfahrensbeteiligten sowie den Belangen der staatlichen Rechtspflege hinreichend Rechnung.[195] Ferner stellt allein eine Kontrollbefugnis der internationalen Zuständigkeit in der Berufungs- und Revisionsinstanz die praktische Wirksamkeit des Vorabentscheidungsverfahrens sicher. 53

Ob nun im Lichte der vom BGH[196] gefällten Entscheidung für den in- und vor allem ausländischen Rechtsanwender eine transparente Gesetzeslage in sämtlichen Fallkonstellationen besteht, muss bezweifelt werden. Rechtssicherheit und -klarheit lassen sich wohl nur durch eine Nachbesserung der **ZPO-Novelle** erzielen. Wie bei der Schuldrechtsreform wird die Legislative somit wohl nicht um ein Reparaturgesetz umhinkommen. 54

**b) Vorlagen im Erkenntnisverfahren**

In denjenigen Fällen, in denen die **Berufungssumme** nach § 511 Abs 2 Nr 1 ZPO erreicht wird, scheidet eine Vorlage nach Art 68 Abs 1 EGV aus, da die Entscheidung des Gerichts noch mit Rechtsmitteln des innerstaatlichen Rechts angefochten werden kann. 55

Die **Berufung** ist überdies bei kleineren Streitwerten statthaft, soweit das Gericht des ersten Rechtszuges die Berufung in seinem Urteil nach § 511 Abs 2 Nr 2 iVm Abs 4 S 1 ZPO zulässt, sei es wegen der grundsätzlichen Bedeutung der Sache, wegen der Fortbildung des Rechts oder der Sicherung einer einheitlichen Judikatur.[197] Nach § 511 Abs 4 S 2 ZPO bleibt das Berufungsgericht an die Zulassung gebunden.[198] Die Nicht- 56

---

[192] Das Bundesjustizministerium konnte eines ihrer Kernziele, den dreistufigen Instanzenzug bundesweit zu etablieren, nicht verwirklichen; hierzu *Oberheim* JA 2002, 408, 413 f; *Rimmelspacher* JURA 2002, 11, 12; *Schellhammer* MDR 2001, 1142; *Schnauder* JuS 2002, 68, 73.

[193] Siehe hierzu BGH NJW 2003, 1672 f; OLG Hamm InVo 2003, 81 f.

[194] Gerade in Sachen mit Auslandsbezug bestehe ein „großes Bedürfnis nach Rechtssicherheit durch eine obergerichtliche Rechtsprechung"; BT-Drucks 14/6036 S 116.

[195] Siehe hierzu BGH NJW 2003, 828, 830.

[196] BGH IPRax 2003, 346 ff.

[197] Schwierigkeiten ergeben sich hier vor allem bei der Abgrenzung der beiden Wege; siehe *Herzler* NJ 2001, 617, 622; *Jauernig* NJW 2001, 3027 f.

[198] Die erweiterte Statthaftigkeit der Berufung ist Ausprägung eines Grundgedankens, auf dem das novellierte Rechtsmittelrecht aufbaut. Nach dem Willen des Reformgesetzgebers soll jeder Rechtsstreit

zulassung der Berufung ist nicht rechtsmittelfähig.[199] Ebenso wenig kann die Berufung auf die Verletzung des rechtlichen Gehörs gestützt werden. Vielmehr ermöglicht § 321a ZPO der infolge des erstinstanzlichen Urteils beschwerten Partei, noch im Ausgangsprozess den Mangel[200] zu rügen sowie die Fortsetzung des Ursprungsverfahrens zu beantragen.

57 Stellte man allein auf die theoretische **Möglichkeit** ab, dass der erstinstanzliche Spruchkörper die **Berufung** in seinem Urteil **zulässt**, entfiele per se die Vorlagepflicht nach Art 68 Abs 1 EGV. Im Ergebnis liefe der mit Hilfe des Art 68 EGV angestrebte Dialog zwischen den mitgliedstaatlichen Gerichten und dem EuGH weitgehend leer. Um der Gefahr zu begegnen, dass Vorschriften des Gemeinschaftsrechts ihrer praktischen Wirksamkeit beraubt werden, unterliegen sie dem Gebot des effet utile. Art 68 EGV ist damit in der Weise zu interpretieren, dass ein Gericht lediglich dann keiner Vorlagepflicht unterliegt, wenn es die Berufung in seinem Urteil zulässt.[201] Maßgeblich ist dabei eine **ex ante-Prognose** des nationalen Spruchkörpers zu dem Zeitpunkt, in dem die Auslegung der Brüssel I-VO entscheidungserheblich wird.

58 Das OLG ist wiederum angesichts der Möglichkeit, nach § 544 ZPO **Nichtzulassungsbeschwerde** einzulegen, jedenfalls nach dem 31. 12. 2001[202] nicht als letztinstanzliches Gericht iSd Art 68 Abs 1 EGV anzusehen.[203] Dies steht im Einklang mit dem Urteil des EuGH in der Rechtssache *Kenny Roland Lyckeskog*.[204] Nach Ansicht des Gerichtshofs ist ein Spruchkörper kein letztinstanzliches Gericht iSd Art 234 Abs 3 EGV,[205]

---

unabhängig vom Streitwert die Möglichkeit erhalten, vor dem BGH als Revisionsinstanz verhandelt zu werden; BT-Drucks 14/3750 S 37 ff, 42 ff.

[199] Siehe etwa die Kritik von *Ebel* ZRP 2001, 309, 310. Er hält es vor allem für bedenklich, die Nichtzulassung der Berufung bei amtsgerichtlichen Urteilen abzuschneiden; ebenso kritisch äußert sich *Schellhammer* MDR 2001, 1141, 1142.

[200] Vgl in diesem Zusammenhang auch den Beschluss des BVerfG vom 16. Januar 2002. Nach Ansicht des Ersten Senats des BVerfG steht es im Widerspruch zur Verfassung, dass keine fachgerichtliche Abhilfemöglichkeit besteht, um entscheidungserhebliche Verstöße gegen das in Art 103 Abs 1 GG verankerte Verfahrensgrundrecht zu rügen. Da diese Einschätzung von der Rechtsauffassung des Zweiten Senats abweicht, hat der Erste Senat das Plenum des BVerfG angerufen.

[201] Vgl hierzu – wenn auch im Hinblick auf Art 234 EGV – *Geiger*, Vertrag über die Europäische Union und Vertrag zur Gründung der Europäischen Gemeinschaft[3] (2000) Art 234 EGV Rn 15; vgl auch *Everling*, Das Vorabentscheidungsverfahren vor dem Gerichtshof der Europäischen Gemeinschaften: Praxis und Rechtsprechung (1986) 46.

[202] Bis zu diesem Stichtag hängt die Nichtzulassungsbeschwerde nach § 26 Nr 8 EGZPO von einer Beschwer von 20.000 Euro ab. Unterhalb dieses Wertes ist das OLG demnach als letztinstanzliches Gericht zu qualifizieren; zur Verfassungsmäßigkeit von § 26 Nr 8 EGZPO siehe BGH NJW-RR 2003, 645.

[203] *Baumbach/Lauterbach/Albers/Hartmann* GVG Anh § 1 Rn 4; MünchKommZPO/*Gottwald* Vor Art 1 Rn 6; *Thomas/Putzo/Hüßtege* Rn 14.

[204] EuGH Rs C-99/00 *Schweden/Kenny Roland Lyckeskog* EUGHE 2002 I 4839, 4885 f Rn 16 ff = EuZW 2002, 476, 477 f; hierzu *Groh* EuZW 2002, 460 ff.

[205] Auch wenn sich das Urteil des EuGH auf Art 234 Abs 3 EGV bezieht, lässt es sich doch von seiner ratio her auf Art 68 Abs 1 EGV übertragen.

wenn seine Entscheidung noch mit einem Rechtsmittel angefochten werden kann. Dies gelte selbst dann, wenn der iudex ad quem diesen Rechtsbehelf zulasse.

Sofern die umstrittene **(internationale) Zuständigkeit aus dem Gemeinschaftsrecht**[206] folgt, dürfte der Rechtssache wohl idR grundsätzliche Bedeutung iSd § 511 Abs 4 Nr 1 bzw § 543 Abs 2 Nr 1 ZPO zukommen. Hierfür spricht, dass eine Entscheidung des EuGH nicht nur die Spruchkörper im Ausgangsverfahren rechtlich bindet. Sie entfaltet vielmehr eine Präjudizwirkung für alle Gerichte in den Mitgliedstaaten und dient als Leitlinie zur Interpretation textidentischer Bestimmungen des EuGVÜ sowie LugÜ.[207] Der iudex a quo wird somit wohl in Deutschland stets die Berufung bzw Revision zulassen müssen. 59

Im Verfahren des einstweiligen Rechtsschutzes entscheidet das Berufungsgericht gem § 542 Abs 2 ZPO letztinstanzlich, so dass diesen Spruchkörper nach Art 68 Abs 1 EGV eine **Pflicht zur Vorlage** trifft. 60

**c) Vorlagen im Exequaturverfahren**

Im Rahmen des Beschwerdeverfahrens nach den Art 32 ff Brüssel I-VO entfällt eine Vorlage durch den zuständigen Senat[208] beim OLG, da Art 44 Brüssel I-VO iVm § 15 AVAG die Rechtsbeschwerde zum BGH vorsieht. **Vorlagebefugt und -verpflichtet** ist damit allein der BGH.[209] 61

### 3. Bindungswirkung der vom EuGH getroffenen Entscheidungen

Ergeht auf Vorlage eines Höchstgerichts nach Art 68 Abs 1 EGV eine Vorabentscheidung, bindet sie unmittelbar allein die mit dem Ausgangsverfahren befassten staatlichen Spruchkörper.[210] Auf supranationaler Ebene fehlt eine dem § 31 Abs 1 BVerfGG vergleichbare Vorschrift. Trotz mangelnder formeller Allgemeinverbindlichkeit entfaltet das Urteil des EuGH jedoch eine **Präjudizwirkung** für alle Gerichte in den Mitgliedstaaten der Brüssel I-VO. 62

Nach Art 68 Abs 3 S 2 EGV berühren Entscheidungen des Gerichtshofs, die in dem abstrakten Auslegungsverfahren ergehen, nicht Urteile in den Mitgliedstaaten, die bereits in **Rechtskraft** erwachsen sind. Insoweit scheidet auch eine Wiederaufnahme aus. Umstritten ist, ob aus Art 68 Abs 3 S 2 EGV e contrario für laufende bzw zukünftige 63

---

[206] So mit Blick auf das Gemeinschaftsrecht auch *Piekenbrock/Schulze* JZ 2002, 911, 915; *dies* IPRax 2003, 1, 6 unter Verweis auf *MünchKommZPO/Wenzel* § 543 ZPO Rn 13.

[207] Hierzu nachfolgend *Rauscher/Staudinger* Einl Rn 71 ff.

[208] Nicht indes der originäre Einzelrichter: OLG Köln IPRax 2003, 354 f; OLGR Stuttgart 2003, 102 ff.

[209] *Rauscher/Rauscher* Vorbem Brüssel II-VO Rn 19; *MünchKommZPO/Gottwald* Vor Art 1 Rn 6; *Piekenbrock/Schulze* IPRax 2003, 1, 6; *Thomas/Putzo/Hüßtege* Rn 14.

[210] *Kropholler* Rn 29; *Schmidt-Parzefall*, Die Auslegung des Parallelübereinkommens von Lugano (1995) 35 f; weitergehend *Brückner*, in: *Hommelhoff/Jayme/Mangold* (Hrsg), Europäischer Binnenmarkt, IPR und Rechtsangleichung (1995) 263, 267 ff.

Verfahren folgt, dass Urteilen des Gerichtshofs rechtliche Bindungswirkung zukommt oder allein die Natur eines Gutachtens haben.[211]

## XI. Zukunft des Europäischen Zivilverfahrensrechts

64 Die Europäisierung des Internationalen Zivilprozessrechts[212] steht – wie diejenige des Internationalen Privatrechts[213] – erst an ihrem Anfang. Der nachfolgende Überblick kann angesichts der Dynamik dieses Rechtsgebietes allenfalls eine Momentaufnahme darstellen.

65 Die Kommission hat jüngst einen Vorschlag für eine Verordnung des Rates zur **Einführung eines europäischen Vollstreckungstitels**[214] vorgelegt.[215] Sofern bestimmte Mindestvorschriften eingehalten werden, sollen zukünftig diejenigen Zwischenverfahren entfallen, die bislang für die Anerkennung und Vollstreckbarerklärung etwa ausländischer Urteile im Zweitstaat erforderlich waren.[216] Dies dient nach Art 1 des Verordnungsvorschlags der Titelfreizügigkeit in den Mitgliedstaaten.[217] Das Verhältnis dieses Rechtsinstruments zur bereits bestehenden Brüssel I-VO bestimmt Art 30 des Verordnungsentwurfs. Die geplante Maßnahme ist Teil eines mehrstufigen Modells. In einem zweiten Schritt soll ein harmonisiertes Zahlungsbefehlsverfahren geschaffen werden.[218]

66 In der Zukunft dürfte die Bedeutung konsensualer Titel im Binnenmarkt noch weiter zunehmen. Die in Deutschland insbesondere mit der ZPO-Reform[219] angestrebte stärkere **Institutionalisierung des Schlichtungsgedankens** entspricht einer allgemeinen Einwicklung im Binnenmarkt.[220] Im Auftrag der Kommission hatte die *Storme*-Kom-

---

[211] Siehe hierzu einerseits *Rauscher/Rauscher* Vorbem Brüssel II-VO Rn 20 andererseits *Brechmann*, in: *Callies/Ruffert* (Hrsg), Kommentar des Vertrages über die Europäische Union und des Vertrages zur Gründung der Europäischen Gemeinschaft[2] (2002) Art 68 EG Rn 8 mwN.

[212] *Heß* NJW 2000, 23 ff; *ders* JZ 2001, 573 ff; *ders* IPRax 2001, 389 ff; jüngst hierzu *R Wagner* NJW 2003, 2344 ff.

[213] Die Brüssel I-VO gewährt dem Kläger zum Teil die Wahl zwischen mehreren Gerichtsständen. In Anbetracht der Gefahr eines forum shoppings besteht ein unabweisbares Bedürfnis für eine Vereinheitlichung des Internationalen Privatrechts; siehe jüngst den Vorschlag für eine Verordnung des Europäischen Parlaments und des Rates über das auf außervertragliche Schuldverhältnisse anzuwendende Recht („Rom II"), KOM (2003) 427 endg.

[214] Vorschlag für eine Verordnung des Rates zur Einführung eines europäischen Vollstreckungstitels für unbestrittene Forderungen vom 18. 4. 2002, KOM (2002) 159 endg, 2002/0090 (CNS); siehe in diesem Zusammenhang: *Stoppenbrink* ERPL 2002, 641, 662 ff; *R Wagner* IPRax 2002, 75 ff; zum Vorschlag auch *Thomas/Putzo/Hüßtege* Rn 3a; siehe jüngst den geänderten Vorschlag, KOM (2003) 341 endg.

[215] Gestützt wird dieser Vorschlag auf Art 61 lit c EGV.

[216] Vgl Art 1 des Verordnungsvorschlags.

[217] Art 2 Abs 3 des Vorschlags sieht wiederum eine Sonderregel für Dänemark vor.

[218] Grünbuch zum Mahnverfahren KOM (2002) 746 endg.

[219] Gesetz zur Reform des Zivilprozesses vom 27. Juli 2001, BGBl 2001 I 1887 ff.

[220] Siehe hierzu auch *Stürner*, in: *Breidenbach* ua (Hrsg), Konsensuale Streitbeilegung (2001) 5, 10 f.

mission[221] bereits im Jahre 1993 ein Modellgesetz vorgelegt, das gemeineuropäische prozessuale Grundsätze enthielt.[222] Der Entwurf sah in der gerichtlichen Vergleichsförderung eine gemeinsame Verfahrenstradition. Die Kommission hat ferner zwei Empfehlungen[223] für die außergerichtliche Beilegung von **Verbraucherrechtsstreitigkeiten** verabschiedet und jüngst ein Grünbuch über alternative Verfahren zur Streitbeilegung im Zivil- und Handelsrecht vorgelegt.[224]

Reformschritte sind ebenso im Hinblick auf die **Brüssel II-VO** geplant.[225] Dies gilt um 67
so mehr, als diese Harmonisierungsmaßnahme nur einen Ausschnitt des gesamten Europäischen „Familienrechts" regelt.[226] So ist etwa bislang noch ungeklärt, inwieweit sich der Begriff der Ehe in der Brüssel II-VO bereits de lege lata auf die eingetragene Lebenspartnerschaft[227] sowie die Homosexuellenehe in den Niederlanden[228] erstreckt[229, 230], oder es weiterer Harmonisierungsmaßnahmen bedarf.

---

221 *Storme* (ed), Rapprochement du Droit Judiciare de l'Union européenne (1994).

222 Inwieweit dieses Reformprojekt angesichts des neuen Kompetenztitels in den Art 61 ff des Amsterdamer Vertrags revitalisiert wird, bleibt abzuwarten; zur Angleichung des Zivilprozessrechts siehe *Kerameus* RabelsZ 66 (2002), 1 ff; *ders*, in: Arbeitsdokument des Europäischen Parlamentes, Reihe Rechtsfragen, Juri 103 DE, 10 – 1999, 85 ff; siehe auch *Storme* Uniform Law Review 2001-4, 763 ff; *Tarzia* Riv dir int priv proc 2001, 869 ff; siehe in diesem Zusammenhang auch *Schelo*, Rechtsangleichung im Europäischen Zivilprozessrecht (1999).

223 Empfehlung der Kommission vom 30. März 1998 betreffend die Grundsätze für Einrichtungen, die für die außergerichtliche Beilegung von Verbraucherrechtsstreitigkeiten zuständig sind, ABl EG L 115/31 ff; Empfehlung der Kommission vom 4. April 2001 über die Grundsätze für an der einvernehmlichen Beilegung von Verbraucherrechtsstreitigkeiten beteiligte außergerichtliche Einrichtungen, ABl EG L 109/56ff; siehe in diesem Zusammenhang auch die Mitteilung der Kommission zur „Erweiterung des Zugangs der Verbraucher zur alternativen Streitbeilegung" vom 4. 4. 2001, KOM (2001) 161 endg.

224 Grünbuch über alternative Verfahren zur Streitbeilegung im Zivil- und Handelsrecht vom 19. 4. 2002, KOM (2002) 196 endg. Zur Abgrenzung des Anwendungsbereichs der Empfehlung aus dem Jahre 1998 sowie dem *Grünbuch* siehe KOM (2002) 196 endg, 30 Fn 30.

225 Vgl die Angaben bei *Rauscher/Rauscher* Vorbem 9 Art 1 Brüssel II-VO.

226 Siehe in diesem Zusammenhang *Pintens* FamRZ 2003, 329 ff; 417 ff; 499 ff; *R Wagner* FamRZ 2003, 803 ff.

227 Ablehnend: *Heldrich*, in: *Palandt*, Bürgerliches Gesetzbuch[62] (2002) Art 17 a EGBGB Rn 10; *Henrich* FamRZ 2002, 137, 141; *Kohler* NJW 2001, 10, 15; *Schack* RabelsZ 65 (2001), 615, 620 f; *R Wagner* IPRax 2001, 281, 285.

228 Gesetz vom 29. 3. 2001, Staatsblad 2001, 160; nach Art 1:30 BWB kann seit dem 1. 4. 2001 die Ehe von „zwei Personen verschiedenen oder gleichen Geschlechts" eingegangen werden; hierzu *Frank* MittBayNot, Sonderheft 2001, 35, 46; *Röthel* IPRax 2002, 496 ff; *Wasmuth*, in: *Krüger* ua (Hrsg), Liber Amicorum Gerhard Kegel (2002) 237 ff; zum Gesetzgebungsprozess: *Boele-Woelki/Schrama*, in: *Basedow* ua (Hrsg), Die Rechtsstellung gleichgeschlechtlicher Lebensgemeinschaften (2000) 51, 70.

229 Bejahend etwa *Boele-Woelki* ZfRV 2001, 121, 127; *Coester-Waltjen* zitiert nach dem Tagungsbericht von *Adolphsen* IPRax 2002, 337, 339: registrierte gleichgeschlechtliche Partnerschaften und nichteheliche Lebensgemeinschaften werden von der Brüssel II-VO nicht erfasst; vgl hierzu die Angaben bei *Gebauer/Staudinger* IPRax 2002, 273, 277; jüngst hierzu *Jakob* FamRZ 2002, 501, 507 Fn 88.

68 Rechtsinstrumente sind darüber hinaus auf dem Gebiet des Erbrechts angedacht.[231] Dieses Rechtsgebiet zählte wie das Familienrecht bereits zu den Prioritäten im Rahmen des Aktionsplans von Wien aus dem Dezember 1998.[232] Beachtung verdient insoweit das vom Rat der EU am 24. 11. 2000 verabschiedete „Maßnahmenprogramm zur Umsetzung des Grundsatzes der gegenseitigen Anerkennung gerichtlicher Entscheidungen in Zivil- und Handelssachen".[233] In der Bestandsaufnahme weist der Rat darauf hin, dass weder das EuGVÜ noch die Brüssel I-VO das **Erbrecht** einbeziehen.[234] Dies gelte ebenso wenig für die jüngst verabschiedeten Rechtsakte wie etwa die Brüssel II-VO.[235] Das Maßnahmenprogramm sieht einen Stufenplan vor.[236] Hiernach soll in einem ersten Schritt ein Rechtsinstrument „über die gerichtliche Zuständigkeit, die Anerkennung und Vollstreckung von Entscheidungen bei Testamenten und Erbrechtssachen" ausgearbeitet werden.[237] Vorgesehen ist dabei die Übernahme „der in der Brüssel-II-Verordnung vorgesehenen Mechanismen". Mithin wird die geplante Harmonisierungsmaßnahme nicht auf dem erleichterten Anerkennungs- und Vollstreckbarerklärungsverfahren der Brüssel I-VO aufbauen. Ihr **verschlanktes Exequaturverfahren** soll erst auf der zweiten Stufe im Rahmen der Überarbeitung des Rechtsakts übernommen werden. Der Erlass unterliegt wohl in beiden Fällen dem Mitentscheidungsverfahren nach Art 67 Abs 5, 1. Spiegelstrich, Art 251 EGV. Die Einschränkung in Art 67 Abs 5, 1. Spiegelstrich EGV in der Fassung des Vertrages von Nizza betrifft ihrem Wortlaut nach nicht das Gebiet des Erbrechts.[238] Für eine derartig restriktive Auslegung spricht überdies die Judikatur des EuGH, der sich seit geraumer Zeit für eine Stärkung der dem Europäischen Parlament gewährten Rechte sowie des Demokratieprinzips einsetzt.[239]

---

[230] Von einem traditionellen Begriff der Ehe gehen aus: Rauscher/Rauscher Art 1 Brüssel II-VO Rn 3; *Schack* RabelsZ 65 (2001), 615, 620 f; *Thorn*, in: *Boele-Woelki/Fuchs* (eds), Legal Recognition of Same-Sex Couples in Europe (2003) 159, 166; deutlich auch *Thomas/Putzo/Hüßtege* Vorbem Art 1 EheVO Rn 5; vgl das Stimmungsbild der Europäischen Gruppe für IPR IPRax 2002, 64.

[231] *Pintens* FamRZ 2003, 329 ff; 417 ff; 499 ff.

[232] Aktionsplan zum Aufbau eines Raumes der Freiheit, der Sicherheit und des Rechts, ABl EG 1999 C 19/1 ff; abgedruckt in: IPRax 1999, 288 ff; hierzu *Drappatz*, Die Überführung des internationalen Zivilverfahrensrechts in eine Gemeinschaftskompetenz nach Art 65 EGV (2002) 176 ff; *Tarko* ÖstJZ 1999, 401, 407 ff.

[233] Maßnahmenprogramm zur Umsetzung des Grundsatzes der gegenseitigen Anerkennung gerichtlicher Entscheidungen in Zivil- und Handelssachen, ABl EG 2001 C 12/1, 8; abgedruckt in: IPRax 2001, 163, 164.

[234] IPRax 2001, 163, 164.

[235] IPRax 2001, 163, 165.

[236] IPRax 2001, 163, 167.

[237] Siehe in der Vergangenheit bereits den Entwurf eines EG-Familien- und Erbrechtsübereinkommens, der von der Groupe européen de droit international privé ausgearbeitet wurde, abgedruckt in: IPRax 1994, 67 ff; die Kommission hat eine Studie in Auftrag gegeben, deren Ergebnisse mittlerweile vorliegen; vgl hierzu die Angaben bei *R Wagner* NJW 2003, 2344, 2347.

[238] Der Rat unterscheidet in seinem Maßnahmenprogramm ebenso zwischen diesen beiden Rechtsgebieten: vgl ABl EG 2001 C 12/1, 2, 7. Das Gebiet des Erbrechts bildet einen eigenen Aktionsbereich.

[239] Siehe hier die Angaben bei *Basedow*, in: Systemwechsel im europäischen Kollisionsrecht (2002) 19, 27.

Nach Ansicht des Rats sind gegebenenfalls flankierende Maßnahmen zur Harmonisierung des Kollisionsrechts[240] im Bereich der **Testamente und Erbrechtssachen** zu treffen.[241] Das Programm soll von der Annahme der Brüssel I-VO an umgesetzt werden.[242] Fünf Jahre nach der Verabschiedung des Programms obliegt es dann der Kommission, dem Rat sowie dem Parlament einen Bericht über dessen Realisierung vorzulegen. 69

Während die Brüsseler Bürokratie das Projekt eines Europäischen Zivilprozessrechts mit ungebrochenem Elan vorantreibt, zeichnet sich in Bezug auf „Drittstaatensachverhalte" keine vergleichbare Entwicklung ab. So wird das von der Haager Konferenz[243] seit 1992 diskutierte **weltweite Anerkennungs- und Vollstreckungsübereinkommen**[244] im Schrifttum[245] wohl zutreffend als gescheitert angesehen. 70

## XII. Lugano-Übereinkommen

**Ausgewählte Literatur zum Lugano Übereinkommen**

*Bajons*, Das Luganer Parallelübereinkommen zum EuGVÜ, ZfRV 1993, 45

*Burgstaller* (Hrsg), Internationales Zivilverfahrensrecht (2000) 23

*Dietze/Schnichels*, Deutschland ratifiziert das EuGVÜ 1989 und das Lugano Übereinkommen, NJW 1995, 2274

*Duintjer*, Die einheitliche Auslegung des LugÜ, in: *Reichelt* (Hrsg), Europäisches Kollisionsrecht (1993)

*Heerstmann*, Die künftige Rolle von Präjudizien des EuGH im Verfahren des Luganer Übereinkommens, RIW 1993, 179

*Jayme* (Hrsg), Ein internationales Zivilverfahrensrecht für Gesamteuropa (1992)

*Kohler*, Die Funktion des EuGH bei der Auslegung europäischen Einheitsrechts nach dem Gutachten über den EWR-Vertrag, in FS Schwind (1993) 303

*Lechner/Mayr*, Das Übereinkommen von Lugano (1996)

---

240 Zu den Unterschieden siehe auch *Remien* CML Rev 38 (2001), 53, 71 f.

241 IPRax 2001, 163, 168 unter E.

242 Vgl III. Nr 1: „Das Programm wird ab der Annahme der Brüssel I-VO, dem grundlegenden Rechtsinstrument für die gegenseitige Anerkennung, umgesetzt"; ferner: „Das Programm wird durch den Beginn der Beratungen über die erste Stufe in einem oder mehreren Bereichen eingeleitet", ABl EG 2001 C 12/1, 16.

243 Zu dieser Institution: *Basedow*, in: FS Werner Lorenz (2001) 463 ff; siehe auch *Pirrung*, in: *Basedow* (Hrsg), Aufbruch nach Europa (2001) 785 ff.

244 Preliminary Draft Convention on Jurisdiction and Foreign Judgments in Civil and Commercial Matters, einzusehen unter der Internetadresse: http://www.hcch.net/e/conventions/draft36e.html; im Hinblick auf Vergleiche bzw judgments by consent siehe Art 36; jüngst zum Konventionsentwurf *van Loon*, in: Systemwechsel im europäischen Kollisionsrecht (2002) 193, 200 ff; siehe ferner *Burbank* The American Journal of Comparative Law 2001, 203 ff; *Grabau/Hennecke* RIW 2001, 569 ff; *von Mehren* The American Journal of Comparative Law 2001, 191 ff; *ders* Rev crit 2001, 85 ff; *ders* IPRax 2000, 465 ff; zu einer Haager Konvention über die Urteilsanerkennung siehe bereits *Juenger*, in: GS Alexander Lüderitz (2000) 329 ff.

245 *Schack* Rn 111b.

*Mänhardt,* Das Lugano-Übereinkommen und Österreich, in: *Reichelt* (aaO) 81
*Martiny/Ernst,* Der Beitritt Polens zum Luganer Übereinkommen, IPRax 2001, 29
*Mayr/Lechner,* Das Zuständigkeits- und Vollstrekkungsübereinkommen von Lugano, LJZ 1997, 17
*Musger,* Das Übereinkommen von Lugano: Internationales Zivilverfahrensrecht für den Europäischen Wirtschaftsraum, ÖRZ 1993, 192
*Schmidt-Parzefall,* Die Auslegung des Parallelübereinkommens von Lugano (1995)
*Schnyder,* Das Lugano-Übereinkommen und seine Auswirkungen auf die Schweiz, in: *Reichelt* (aaO), 65
*Schoibl,* Zum zeitlichen Anwendungsbereich und zum Ratifikationsstand des Brüsseler Übereinkommens und zum Konkurrenzverhältnis der beiden Europäischen Gerichtsstands- und Vollstreckungsübereinkommen EuGVÜ – LGVÜ, ÖRZ 2000, 481
*Schwander* (Hrsg), Das Lugano-Übereinkommen (1990)
*Siehr,* Entwicklungen im schweizerischen internationalen Privatrecht, SJZ 2002, 101
*Trunk,* Die Erweiterung des EuGVÜ-Systems am Vorabend des Europäischen Binnenmarktes (1991)
*Urlesberger,* Ein einheitliches Gerichtsstandsrecht für ganz Westeuropa mit Ausnahme Österreichs im Werden, JBl 1988, 223
*Wagner,* Zum zeitlichen Anwendungsbereich des LugÜ, ZIP 1994, 81.

## 1. Geschichte, Entwicklung und Zukunft des LugÜ

71 Der Erfolg des EuGVÜ schaffte den Anreiz für **Nicht-EU-Staaten**, ein Parallelinstrument auszuarbeiten. Das *Lugano-Übereinkommen* über die gerichtliche Zuständigkeit und die Vollstreckung gerichtlicher Entscheidungen in Zivil- und Handelssachen (LugÜ) ist am 16. September 1988 in Lugano geschlossen worden.[246] Ihm gehören die Mitgliedstaaten der EG sowie der Europäischen Freihandelsassoziation (EFTA) an. Zu den Staaten der EFTA zählten damals Finnland, Island, Norwegen, Österreich, Schweden und die Schweiz. Das Abkommen bedurfte zu seinem Inkrafttreten der Ratifikation durch sämtliche Signatarstaaten (Art 61 Abs 2 S 1).

72 **Das Abkommen trat wie folgt in Kraft:**
Für Belgien am 1. 10. 1997 (Ratifizierung am 31. 7. 1997), Dänemark 20. 12. 1995 (1. 3. 1996), Deutschland 1. 3. 1995 (14. 12. 1994),[247] Finnland 1. 7. 1993 (27. 4. 1993), Frankreich 1. 1. 1992 (3. 8. 1990), Griechenland 1. 9. 1997 (9. 6. 1997), Vereinigtes Königreich 1. 5. 1992 (5. 2. 1992), Irland 1. 12. 1993 (27. 9. 1993), Island 1. 12. 1995 (11. 9. 1995), Italien 1. 12. 1992 (22. 9. 1992), Luxemburg 1. 2. 1992 (5. 11. 1991), Niederlande 1. 1. 1992 (23. 1. 1990) Norwegen 1. 5. 1993 (2. 2. 1993), Österreich 1. 9. 1996 (27. 6. 1996), Portugal 1. 7. 1992 (14. 4. 1992), Schweden 1. 1. 1993 (9. 10. 1992), Schweiz 1. 1. 1992 (18. 10. 1991), Spanien 1. 11. 1994 (30. 8. 1994).

73 Während Liechtenstein als neues Mitglied der EFTA das LugÜ noch nicht ratifiziert hat,[248] gilt das Übereinkommen ab dem 1. 2. 2000 auch im Verhältnis zu Polen als ers-

[246] ABl EG 1988 L 319/9 ff mit Protokollen und Erklärungen.
[247] BGBl 1995 II 221 mit allen Erklärungen und Vorbehalten.
[248] *Jayme/Kohler* IPRax 2002, 461, 470.

ten osteuropäischen Staat.[249] In Vorbereitung ist ein Beitritt von Ungarn[250] sowie der Tschechischen Republik.[251, 252]

74 Das LugÜ ist ein **völkerrechtlicher Vertrag**, der in Deutschland durch ein Zustimmungsgesetz in das innerstaatliche Recht transformiert wurde.[253] Die Konvention verdrängt insoweit das autonome Recht.[254] Der deutsche Gesetzgeber sieht ferner ergänzende Vorschriften im Anerkennungs- und Vollstreckungsausführungsgesetz (AVAG) vor.[255] Die §§ 35, 36 AVAG enthalten insofern Sonderregeln bzgl der Beschwerdefrist sowie der Aussetzung des Beschwerdeverfahrens.

75 Das **LugÜ gilt bislang noch** im Verkehr mit Island, Norwegen und Polen. Besondere wirtschaftliche Relevanz kommt dieser Konvention im Verhältnis zur Schweiz zu.[256] Die Durchsetzbarkeit von in Deutschland ergangenen Entscheidungen gegen schweizerische Beklagte hat sich seit dem Ablauf des befristeten Vollstreckungsvorbehalts am 31. 12. 1999 verbessert. Seither ist es uneingeschränkt möglich, schweizerische Beklagte am ausländischen Erfüllungsort zu verklagen, sofern dieser in einem Mitgliedstaat des Lugano-Übereinkommens liegt. Das Schweizerische Bundesgericht stellte zudem fest, dass der Vorbehalt nur einen Vollstreckungsaufschub gewährte und somit auch ältere ausländische Urteile (für deutsche Urteile ab dem 1. 3. 1995) in der Schweiz vollstreckbar sind.[257]

76 Auf Anregung des Ständigen Ausschusses[258] wurde 1998/1999 eine Konferenz zur **Revision des EuGVÜ und des LugÜ** einberufen.[259] Sie bereitete den Boden für die Vergemeinschaftung des EuGVÜ. Inwieweit allerdings das LugÜ der Brüssel I-VO ange-

---

249 BGBl 2000 II 1246; vgl *R Wagner* WiRO 2000, 47; *Martiny/Ernst* IPRax 2001, 29; siehe auch *Sawczak*, Internationales Zivilprozessrecht in Polen, in: FS Reinhold Geimer (2002) 921 ff zu Vorbereitung Polens auf den Beitritt.

250 *Vékás* IPRax 2002, 142 ff; vgl *Kengyel, in:* FS Rolf A Schütze (1999) 347 ff, 352 ff.

251 *Jayme/Kohler* IPRax 2001, 501, 510; zum Stand des Zivilverfahrensrechts in Tschechien vgl *Skrdlik* Anerkennung und Vollstreckung deutscher Entscheidungen in Tschechien (1998).

252 Allgemein zu Beitritt und Beteiligung von Drittstaaten vgl *Tosi* EuGVÜ und Drittstaaten (1988).

253 BGBl 1995 II 221.

254 *Geimer/Schütze* Rn 21.

255 Siehe das Gesetz zur Änderung von Vorschriften auf dem Gebiet der Anerkennung und Vollstreckung ausländischer Entscheidungen in Zivil- und Handelssachen vom 19. Februar 2001, BGBl 2001 I 288 ff; hierzu BT-Drucks 14/4591; Gesetz zur Änderung des Anerkennungs- und Vollstreckungsausführungsgesetzes vom 30. Januar 2002, BGBl 2002 I 564 ff; hierzu BR-Drucks 743/01.

256 Siehe zur Schweizer Rechtslage: *Furrer* AJP 1997, 486 ff; *Schnyder*, Das LugÜ und seine Auswirkungen auf die Schweiz, in: *Reichelt* (Hrsg), Europäisches Kollisionsrecht (1993), 65 ff; *Schwander* (Hrsg), Das Lugano-Übereinkommen.

257 Vgl *Handschin/Werner* NJW 2002, 3001, 3002; BGE 126 III 543 f.

258 Dieser Ausschuss geht auf das Protokoll Nr 2 zurück (Art 3 Abs 1).

259 Vgl *Jayme/Kohler* IPRax 2001, 501, 509; *dies* IPRax 1999, 401, 404.

passt wird, ist derzeit noch offen.[260] Dies gilt ebenso für die intrikate Frage nach der (ausschließlichen) Außenkompetenz der Gemeinschaft für den Abschluss eines Revisionsübereinkommens.[261]

## 2. Inhaltliche Unterschiede zur Brüssel I-VO

77 Das LugÜ wird zurecht im Verhältnis zum EuGVÜ als **Parallelabkommen** bezeichnet. Gleichwohl bestand auch bereits in der Vergangenheit zwischen beiden keine vollständige Konformität. Im Zuge der Überführung des EuGVÜ in eine Verordnung hat der Sekundärrechtsgeber erhebliche Korrekturen am bislang völkervertragsrechtlichen Regelwerk vorgenommen. Demgemäß bestehen heute doch zum Teil gravierende Unterschiede zwischen der Brüssel I-VO und dem LugÜ. Nachfolgend werden schlaglichtartig einige dieser Divergenzen beleuchtet.

### a) Vorschriften über die Zuständigkeit

78 Art 5 Nr 1 lit b Brüssel I-VO sieht nunmehr eine **Legaldefinition des Erfüllungsortes** für Kauf- und Dienstleistungsverträge vor. Weitere Abweichungen ergeben sich im Bereich der **Individualarbeitsverträge**, dem ein eigener Abschnitt gewidmet ist, durch Art 18 Abs 2 Brüssel I-VO. Art 9 Abs 1 lit b Brüssel I-VO eröffnet dem Versicherten sowie Begünstigten einen Klägergerichtsstand. Beachtung verdient der tatbestandliche Ausbau der Sondergerichtsstände für **Verbrauchersachen**. Der Gemeinschaftsgesetzgeber hat nicht nur den sachlichen und räumlich-situativen Anwendungsbereich in Art 15 Brüssel I-VO erweitert. Der Schutz erstreckt sich jetzt ebenso auf den aktiven Verbraucher. Ferner bestimmt Art 16 Abs 1 2. Fall Brüssel I-VO neben der internationalen auch die örtliche Zuständigkeit, so dass auf nationaler Ebene kein zuständigkeitsrechtlicher horror vacui mehr droht. Art 23 Abs 2 Brüssel I-VO erlaubt nunmehr **Gerichtsstandsvereinbarungen in elektronischer Form.**

### b) Vorschriften über die Prüfung der Zuständigkeit und der Zulässigkeit des Verfahrens

79 Nach Art 26 Abs 3 Brüssel I-VO ist in der Regel die Europäische ZustellungsVO anzuwenden und nicht mehr, wie stets in Art 20 Abs 3 LugÜ vorgesehen, das Haager Übereinkommen von 1965.[262]

### c) Vorschriften über die Rechtshängigkeit und im Zusammenhang stehende Verfahren

80 Nach Maßgabe des Art 28 Abs 2 Brüssel I-VO muss das zuerst angerufene Gericht nicht nur für beide Klagen zuständig sein. Nach der lex fori dieses Spruchkörpers beurteilt sich auch die **Zulässigkeit der Verbindung** beider Klagen. Art 22 Abs 2 EuG-

---

[260] *Jayme/Kohler* IPRax 2000, 454, 462.

[261] *Jayme/Kohler* IPRax 2002, 461, 469; der Rat hat mittlerweile den EuGH nach Art 300 Abs 6 EGV um ein Gutachten gebeten; hierzu *R Wagner* NJW 2003, 2344, 2348.

[262] BGBl 1977 II 1453 ff; *Jayme/Hausmann*, Internationales Privat- und Verfahrensrecht[11] (2002) Nr 211.

VÜ/LugÜ setzt voraus, dass die Klageverbindung nach dem Recht des späteren Gerichts zulässig ist. Darüber hinaus wird in Art 30 Brüssel I-VO der Begriff der **Rechtshängigkeit** legaldefiniert.

#### d) Vorschriften über die Anerkennung und Vollstreckung

Im Zuge der Überführung des EuGVÜ in einen Sekundärrechtsakt ist der Katalog 81
der **Versagungsgründe ausgedünnt** worden. So fehlt eine entsprechende Regelung zu Art 27 Nr 4 EuGVÜ in der Brüssel I-VO. Darüber hinaus wurde die Eingriffsschwelle für einen ordre-public-Verstoß zumindest dem Wortlaut nach verschärft, da Art 34 Nr 1 Brüssel I-VO jetzt einen offensichtlichen Widerspruch gegen die öffentliche Ordnung im Zweitstaat erfordert. Einen fundamentalen Bruch mit der bisherigen Tradition des EuGVÜ liegt in dem verschlankten Exequaturverfahren. Nach Art 41 Brüssel I-VO sind Anerkennungsversagungsgründe nicht bereits im einseitigen Antragsverfahren zu prüfen. Vielmehr ist der Spruchkörper auf eine Kontrolle der Förmlichkeiten iSd Art 53 Brüssel I-VO beschränkt. Erst in der Rechtsbehelfsphase – so Art 45 Brüssel I-VO – darf das Gericht im Zweitstaat etwa die Vollstreckbarerklärung wegen eines Verstoßes gegen seinen orde public kontrollieren.

#### e) Allgemeine Vorschriften

Der Sekundärrechtsgeber legt nunmehr in Art 60 Brüssel I-VO den **Sitz der Gesell-** 82
**schaften** und juristischen Personen anhand drei alternativer Anknüpfungspunkte fest; damit scheidet der Rückgriff auf das jeweilige Kollisionsrecht des Forumstaats – abgesehen von Art 22 Nr 2 Brüssel I-VO – aus.

### 3. Verhältnis des LugÜ zur Brüssel I-VO

Sofern das LugÜ sachlich, räumlich und intertemporal[263] einschlägig ist, regelt Art 54b 83
LugÜ seiner Formulierung nach das **Konkurrenzverhältnis zum EuGVÜ**.[264] Nach Art 68 Abs 2 Brüssel I-VO gelten derartige Bezugnahmen als „Verweise auf die vorliegende Verordnung", sofern sie die Vorschriften des Brüsseler Abkommens zwischen den Mitgliedstaaten ersetzt. Mit Inkrafttreten der Brüssel I-VO ist damit Art 54b LugÜ in einen Verweis auf die entsprechenden Vorschriften der **Brüssel I-VO** umzudeuten.[265] In diesem Fall bedarf es demnach keiner dynamisierten Interpretation oder Analogie.[266] Vielmehr enthält Art 68 Abs 2 Brüssel I-VO bereits eine ausdrückliche Anordnung des Sekundärrechtsgebers.[267] In den Mitgliedstaaten der EU bleibt die

---

[263] Siehe hierzu Art 54 LugÜ.

[264] Zum Verhältnis EuGVÜ – LugÜ siehe BGH IPRax 2002, 124 m Anm *Kröll* IPRax 2002, 113 ff.

[265] Dies gilt nicht gegenüber Dänemark, da hier das EuGVÜ im Sinne des Art 68 Abs 2 Brüssel I-VO gerade nicht abgelöst wird.

[266] So aber *Schoibl* JBl 2003, 149, 153.

[267] Siehe auch *Haubold* IPRax 2002, 157, 159; *Leipold*, in: FS Akira Ishikawa (2001) 221, 222 Fn 5.

Brüssel I-VO nach Art 54b Abs 1 LugÜ grundsätzlich unberührt.[268] Die Anwendbarkeit des Sekundärrechtsakts scheidet demgegenüber nach Art 54b Abs 2 LugÜ in den dort genannten Fallkonstellationen aus.[269] Die Konkurrenzregel in Art 54b LugÜ gilt von ihrem Rechtsgedanken ebenso für das Verhältnis zwischen Brüssel I-VO und EuGVÜ und damit in den Beziehungen der 14 Mitgliedstaaten zu Dänemark.

**4. Verhältnis des LugÜ zu bilateralen Konventionen**

84 Das LugÜ löst die zwischen den Signatarstaaten bestehenden **bilateralen Konventionen** ab. Diese sind in Art 55 LugÜ aufgelistet. Die zweiseitigen Abkommen gelten jedoch nach Art 56 LugÜ fort, sofern der Regelungsbereich des LugÜ nicht betroffen ist. Ferner bestimmt sich die Anerkennung und Vollstreckbarerklärung von Entscheidungen, die vor dem Inkrafttreten des LugÜ in den einzelnen Ländern ergangen sind, nach Maßgabe der bilateralen Übereinkünfte. Der intertemporale Anwendungsbereich wird in Art 54 LugÜ geregelt, welcher weitgehend mit Art 66 Brüssel I-VO übereinstimmt.[270]

**5. Auslegung**

85 Die Auslegung des LugÜ bestimmt sich vom Grundsatz her nach den unter Rn 35ff aufgezeigten Grundsätzen, sofern diese nicht auf dem gemeinschaftsrechtlichen Charakter der Brüssel I-VO basieren. Geboten ist demnach eine **autonome Interpretation**. Eine wertvolle Hilfe bietet der von *Jenard* und *Möller* erstellte Abschlussbericht.[271]

86 Im Hinblick auf das LugÜ besitzt der Gerichtshof kein Auslegungsmonopol. Seine Zuständigkeit wird weder mit Hilfe eines **Auslegungsprotokolls** wie zum EuGVÜ begründet. Ebenso wenig greifen die Regeln über das Vorabentscheidungsverfahren in den Art 68 iVm Art 234 EGV ein. Deutsche Spruchkörper können demnach Zweifelsfragen zum LugÜ nicht dem EuGH zur Vorabentscheidung vorlegen. Zweifelhaft erscheint, ob ein nationales Gericht ein Vorlageverfahren zu einer Parallelnorm in der Brüssel I-VO betreiben darf.[272]

---

[268] Vgl hierzu die Fallgruppen im Auslegungsbericht von *Jenard/Möller* Nr 15, ABl EG 1990 C 189/57, 67.

[269] Hierzu *Thomas/Putzo/Hüßtege*[23] (2001) Vorb Art 1 EuGVÜ Rn 17; *Schoibl* ÖRZ 2000, 481, 487.

[270] Zu Art 54 siehe *R Wagner* ZIP 1994, 81 ff; *Schoibl* ÖRZ 2000, 481 ff.

[271] BT-Drucks 12/6838, 54ff; ABl EG 1990 C 189/35ff.

[272] Kritisch *Kropholler* Rn 72; *Schmidt-Parzefall*, Die Auslegung des Parallelübereinkommens von Lugano (1995) 91ff; anders: *Kohler*, Integration und Auslegung – Zur Doppelfunktion des Europäischen Gerichtshofes, in: *Jayme* (Hrsg), Ein internationales Zivilverfahrensrecht für Gesamteuropa (1992) 24ff; entscheidend ist die Frage, ob das Urteil des EuGH als bindend angesehen wird; siehe nunmehr in

Nach Art 1 des Protokolls Nr 2 über die einheitliche Auslegung des Übereinkommens[273] tragen die Gerichte jedes Signatarstaats bei der Interpretation des Abkommens denjenigen Grundsätzen gebührend Rechnung, die in maßgeblichen Judikaten aus anderen Vertragsstaaten zum LugÜ entwickelt worden sind. 87

Die **Judikatur des Gerichtshofs** zum EuGVÜ diente als Grundlage bei den Verhandlungen zum LugÜ. Dies folgt auch aus der Präambel zum Protokoll des LugÜ. Nach den Berichterstattern steht fest, dass die einschlägigen Entscheidungen den Verhandlungspartnern bekannt gewesen sind. Eine Bindung an die Judikatur des EuGH muss im Lichte der angestrebten Parallelität entfallen, wenn der Gerichtshof von seinen Ansichten Abstand nimmt.[274] Die Rechtsprechung des EuGH hat in der Gerichtspraxis vielfach ihren Niederschlag gefunden.[275] 88

Welche Bedeutung einer jüngeren **Vorlageentscheidung für die Interpretation des LugÜ** zukommt, folgt aus dem Protokoll Nr 2[276] unter Einschluss der 2. Erklärung[277] der EFTA-Staaten[278] iVm Art 68 Abs 2 Brüssel I-VO. Hiernach sollen die Gerichte in den Signatarstaaten des LugÜ denjenigen Grundsätzen gebührend Rechnung tragen, die sich aus der Judikatur des EuGH nach dem 16. 9. 1988 zu den Parallelnormen des EuGVÜ bzw der Brüssel I-VO ergeben.[279] Damit erlangen Vorabentscheidungen nach Art 68 Abs 1 Brüssel I-VO auch für Gerichte in den Vertragsstaaten des LugÜ eine entscheidende Leitfunktion iS einer persuasive precedent.[280] 89

---

Abgrenzung zur „*Kleinwort Benson-Doktrin*": EuGH Rs C-306/99 *BIAO/FA für Großunternehmen Hamburg* JZ 2003, 413, 415 Rn 93 m Anm *Luttermann* 417, 418.

[273] Das Protokoll ist abgedruckt im ABl EG 1988 L 319/31 ff.

[274] *Kropholler* Rn 75.

[275] Siehe als Bsp BGHZ NJW 2001, 1936, 1936; BGE 124 III 382.

[276] Protokoll Nr 2 über die einheitliche Auslegung des Übereinkommens vom 16. 9. 1988, ABl EG 1988 L 319/31 = BGBl 1994 II 2697; abgedruckt bei *Jayme/Hausmann*, Internationales Privat- und Verfahrensrecht[11] (2002) Nr 152 S 354.

[277] *Jayme/Hausmann*, Internationales Privat- und Verfahrensrecht[11] (2002) Nr 152 S 357.

[278] Hierzu *Kohler*, Die Funktion des EuGH bei der Auslegung europäischen Einheitsrechts nach den Gutachten über den EWR-Vertrag, in: FS Fritz Schwind (1993) 303, 305 f, 313 ff.

[279] Vgl *Aull*, Der Geltungsanspruch des EuGVÜ: „Binnensachverhalte" und Internationales Zivilverfahrensrecht in der Europäischen Union (1996) 43; *Kohler*, Integration und Auslegung – Zur Doppelfunktion des Europäischen Gerichtshofes, in: *Jayme* (Hrsg), Ein internationales Zivilverfahrensrecht für Gesamteuropa (1992) 11, 21 ff; *Schmidt-Parzefall*, Die Auslegung des Parallelübereinkommens von Lugano (1995) 78 f; zur Relevanz der EuGH-Judikatur für die Anwendung des LugÜ auch *Czernich/Tiefenthaler* JBl 1998, 745, 752.

[280] *Schmidt-Parzefall*, Die Auslegung des Parallelübereinkommens von Lugano (1995) 104; so auch *Geimer* EuLF (D) 1-2000, 54, 57.

# Kapitel I
# Anwendungsbereich

## Artikel 1

**(1) Diese Verordnung ist in Zivil- und Handelssachen anzuwenden, ohne dass es auf die Art der Gerichtsbarkeit ankommt. Sie erfasst insbesondere nicht Steuer- und Zollsachen sowie verwaltungsrechtliche Angelegenheiten.**

**(2) Sie ist nicht anzuwenden auf:**

**a) den Personenstand, die Rechts- und Handlungsfähigkeit sowie gesetzliche Vertretung von natürlichen Personen, die ehelichen Güterstände, das Gebiet des Erbrechts einschließlich des Testamentsrecht;**

**b) Konkurse, Vergleiche und ähnliche Verfahren;**

**c) die soziale Sicherheit;**

**d) die Schiedsgerichtsbarkeit.**

**(3) In dieser Verordnung bedeutet der Begriff „Mitgliedstaat" jeden Mitgliedsstaat mit Ausnahme des Königreichs Dänemark.**

**I. Zivil- und Handelssache** ............... 1

**II. Ausnahmebereiche nach Abs. 2**
1. Grundsätzliches ...................... 5
2. Ausnahmen nach Abs 2 Nr 1
a) Familienrechtliche Statussachen ........................... 10
b) Ehegüterrecht .................... 11
c) Erbrecht .......................... 15
3. Insolvenzverfahren (Abs 2 Nr 2) ..... 18
4. Soziale Sicherheit (Abs 2 Nr 3) ...... 23
5. Schiedsgerichtsbarkeit (Abs 2 Nr 4) 26

**III. Sonderrolle Dänemarks (Abs 3)** ....... 32

### Schrifttum

*Ambrose*, Arbitration and the Free Movement of Judgments, (2003) 19 Arb Int 3

*Beraudo*, The Arbitration Exception of the Brussels and Lugano Conventions: Jurisdiction, Recognition and Enforcement of Judgments, 18 (1) J Int Arb 13 (2001)

*Berti*, Zum Ausschluss der Schiedsgerichtsbarkeit aus dem Anwendungsbereich des Luganer Übereinkommens, in: FS Oscar Vogel (Fribourg 1991) 337

*Besson*, Le sort et les effets aus ein de l'Espace judiciaire européen d'un jugement écartant une exception d'arbitrage et statuant sur le fond, in: Études en l'honneur de Jean-Francois Poudret (Lausanne 1999) 329

*Conrad*, Qualifikationsfragen des Trust im Europäischen Zivilprozessrecht (2001)

*Ebenroth/Kieser*, Die Qualifikation der „action en comblement du passif" nach Art 180 des neuen französischen Insolvenzrechts, KTS 1988, 19

*J Gruber*, Sind französische Urteile über die Haftung von Gesellschaftsorganen im Konkurs nach dem Brüssel I-VO anerkennungsfähig?, EWS 1994, 190
*U Haas*, Der Ausschluss der Schiedsgerichtsbarkeit vom Anwendungsbereich des EuGVÜ, IPRax 1992, 292
*Van Haersolte-van Hof*, The Arbitration Exception in the Brussels Conventions: Further Comment, 18 (1) J Int Arb 27 (2001)
*Hascher*, Recognition and Enforcement of Judgments on the Existence and Validity of an Arbitration Clause under the Brussels Convention, (1997) 13 Arb Int 33
*Haubold*, Europäisches Zivilverfahrensrecht und Ansprüche im Zusammenhang mit Insolvenzverfahren – Zur Abgrenzung zwischen Europäischer Insolvenzverordnung und EuGVO, EuGVÜ und LugÜ, IPRax 2002, 157
*Hausmann*, EG-Gerichtsstands- und Vollstreckungsübereinkommen und Familienrecht, FamRZ 1980, 418
*Heß*, Amtshaftung als „Zivilsache" im Sinne von Art 1 Abs 1 EuGVÜ, IPRax 1994, 10
*W Lüke*, Europäisches Zivilverfahrensrecht – das Problem der Abstimmung zwischen EuInsÜ und EuGVÜ, in: FS Rolf A Schütze (1999) 467
*Kondring*, Die Bestimmung des sachlichen Anwendungsbereiches des EuGVÜ im Urteils- und Vollstreckungsverfahren, EWS 1995, 219
*Poudret*, Conflits entre juridictions étatiques en matière d'arbitrage international ou les lacunes des Conventions de Bruxelles et Lugano, in: FS Otto Sandrock (2000) 761
*Schlosser*, Konkurs- und konkursähnliche Verfahren im geltenden Europarecht, in: FS Friedrich Weber (1975) 395
*ders*, Zum Begriff „Zivil- und Handelssache" in Art 1 Abs 1 EuGVÜ, IPRax 1981, 154
*ders*, The 1968 Brussels Convention and Arbitration, (1991) 7 Arb Int 227
*M J Schmidt*, Die Einrede der Schiedsgerichtsvereinbarung im Vollstreckbarerklärungsverfahren von EuGVÜ und Lugano-Übereinkommen, in: FG Otto Sandrock (1995) 205
*Soltész*, Der Begriff der Zivilsache im Europäischen Zivilprozess (1998)
*Stolz*, Zur Anwendbarkeit des EuGVÜ auf familienrechtliche Ansprüche (1995)
*Weigand*, Die internationale Schiedsgerichtsbarkeit und das EuGVÜ, EuZW 1992, 529
*Yoshida*, Lessons from *The Atlantic Emperor*: Some Influence from the *Van Uden* Case, (1999) 15 Arb Int 359.

## I. Zivil- und Handelssache

Art 1 bestimmt den **sachlichen Anwendungsbereich** der Brüssel I-VO. Dieser ist weit. 1
Er umfasst grundsätzlich alle Zivilsachen. Die gesondert erwähnten Handelssachen sind nur ein Unterfall der Zivilsachen. Ausgegrenzt sind rein öffentlichrechtliche Verfahren. Art 1 Abs 1 S 2 nennt die entsprechenden Verfahren. Entscheidend ist die Qualifikation in der Sache. Dagegen kommt es nicht auf die Art des angerufenen Gerichts an. Eine materielle Zivilsache kann also auch vor einem Arbeits- oder sogar vor einem Strafgericht verhandelt werden. Letzteres belegt schon Art 5 Nr 4, die Zuständigkeitsnorm für zivilrechtliche Adhäsionsverfahren vor Strafgerichten.[1] Eine materielle Zivilsache kann erst recht eine Sache der freiwilligen Gerichtsbarkeit oder eine Streitigkeit wegen privatwirtschaftlicher Betätigung der öffentlichen Hand sein.[2]

---

1 *Heß* IPRax 1994, 10, 11.
2 *Geimer* NJW 1976, 441.

2 Der Begriff der Zivil- und Handelssache ist Brüssel I-VO **autonom auszufüllen,**[3] nicht durch Rückgriff auf ein nationales Verfahrensrecht, zB die lex fori des Urteilsstaates.[4] Maßgeblich sind vielmehr Zielsetzung und Systematik der VO sowie die allgemeinen Grundsätze aus der Gesamtheit der mitgliedstaatlichen Prozessrechtsordnungen.[5] Auf die Staatsangehörigkeit der Verfahrensbeteiligten kommt es in keinem Fall an.[6]

3 Eine Streitsache ist dann **öffentlichrechtlicher Natur** und keine Zivilsache, wenn der geltend gemachte Klaganspruch seinen Ursprung in einer genuin hoheitlichen Tätigkeit hat.[7] Dass eine Behörde handelt, führt jedoch nicht automatisch zur Unanwendbarkeit des Brüssel I-VO.[8] Eine staatliche Stelle handelt dann nicht hoheitlich, wenn ihre Aufgaben und Befugnisse sich funktionell nicht von jenen Privater unterscheiden.[9] Was ein beliebiger Privater auch machen könnte, ist nicht spezifisch hoheitlich. Das sogenannte schlichte (oder schlicht-hoheitliche) *Verwaltungshandeln* fällt damit im Prinzip unter die VO.[10] Gleichermaßen ist die zweite Stufe, der privatrechtliche Vertrag bei einem zweistufigen Handeln aus hoheitlicher Bewilligung und vertraglichem Vertragsschluss (zB bei der Vergabe öffentlicher Aufträge) der VO unterworfen.[11] Auch wenn eine staatliche Versicherung auf Vertragsbasis agiert, handelt es sich um eine Zivilsache.[12] Umgekehrt begründen staatliche Handlungen, die beliebige Private nicht vornehmen könnten, keine Zivilsachen.[13] Dies gilt zB für einseitig festgesetzte

---

[3] Siehe nur EuGH Rs 29/76 *LTU Lufttransportunternehmen GmbH & Co KG/Eurocontrol* EuGHE 1976, 1541, 1550 Rn 3 = NJW 77, 489 m Anm *Geimer;* EuGH Rs 133/78 *Henri Gourdain/Franz Nadler* EuGHE 1979, 733, 743 Rn 3; EuGH Rs 814/79 *Niederlande/Reinhard Rüffer* EuGHE 1980, 3807, 3819 Rn 7; EuGH Rs C-172/91 *Volker Sonntag/Hans Waidmann* EuGHE 1993, I-1963, I-1996 Rn 18; EuGH Rs C-271/00 *Gemeente Steenbergen/Luc Baten* EUGHE 2002, I-10489 = EWS 2002, 588, 589 Rn 28; BGE 124 III 382, 395.

[4] So aber BGHZ 65, 291.

[5] EuGH Rs 29/76 *LTU Lufttransportunternehmen GmbH & Co KG/Eurocontrol* EuGHE 1976, 1541 = NJW 1977, 489 m Anm *Geimer.*

[6] OLG Frankfurt FamRZ 1982, 528.

[7] EuGH Rs 814/79 *Niederlande/Reinhard Rüffer* EuGHE 1980, 3807, 3819 Rn 8; EuGH Rs C-271/00 *Gemeente Steenbergen/Luc Baten* EUGHE 2002, I-10489 = EWS 2002, 588, 590 Rn 30; *Trenk-Hinterberger* EuLF 2003, 87, 89.

[8] Siehe nur EuGH Rs 29/76 *LTU Lufttransportunternehmen GmbH & Co KG/Eurocontrol* EuGHE 1976, 1541, 1551 Rn 4; EuGH Rs 814/79 *Niederlande/Reinhard Rüffer* EuGHE 1980, 3807, 3820 Rn 12; EuGH Rs C-172/91 *Volker Sonntag/Hans Waidmann* EuGHE 1993, I-1963, I-1996 Rn 20.

[9] BGE 124 III 436, 440; *Kropholler* Rn 8.

[10] *Kubis* ZEuP 1995, 846, 857.

[11] BGE 124 III 436, 440 f; *Czernich/Tiefenthaler/Kodek/Czernich* Rn 10.

[12] BGE 124 III 382, 397.

[13] EuGH Rs C-172/91 *Volker Sonntag/Hans Waidmann* EuGHE 1993 I 1963, 1996 Rn 21; EuGH Rs C-271/00 *Gemeente Steenbergen/Luc Baten* EUGHE 2002 I 10489 = EWS 2002, 588, 590 Rn 36 f; *Heß* IPRax 1994, 10, 12; *Obwexer* ecolex 2002, 57, 59.

Strafzahlungen[14] oder Gebührenansprüche staatlicher Stellen[15] oder die Nachforderung von Sozialversicherungsbeiträgen durch den Sozialversicherungsträger,[16] erst recht für Enteignungen.[17] Der *vertragliche Erwerb* von Leistungen Privater durch staatliche Stelle (zB Straßenbauleistungen) ist dagegen privatrechtlicher Natur.[18] Kostenerstattungsansprüche von Notaren, die diese selber festsetzen können, weisen eine hoheitliche Komponente auf,[19] während die Honoraransprüche von Rechtsanwälten Zivilsachen sind,[20] selbst soweit es sich um gerichtlich bestellte Pflichtverteidiger handelt. Immunitätsfragen regelt Abs 1 nicht; sie sind als Fragen der Gerichtsbarkeit der gesamten Brüssel I-VO vorgelagert.[21]

Wenn eine Behörde nach dem nationalen Verfahrensrecht quasi-stellvertretend für einen Privaten auftritt und letztlich private Interessen fördert, liegt eine **Zivilsache** vor.[22] *Verbandsklagen* privater Verbände (zB nach dem UKlaG) sind Zivilsachen, auch wenn sie mit der Marktreinhaltung mittelbar gesamtgesellschaftliche Interessen verfolgen.[23] Agieren Verbände (wie namentlich bei der action civile in Frankreich) funktionell als Hilfsstaatsanwälte, so ist dem eventuell bei der Anerkennung und Vollstreckbarerklärung Rechnung zu tragen.[24] *Amtshaftungsansprüche* sind von der Brüssel I-VO nur ausgeschlossen, soweit für spezifisch hoheitliches Handeln gehaftet wird.[25] Ein Regress seitens öffentlicher Einrichtungen ist jedenfalls Zivilsache, wenn er auf dem übergegangenen Recht eines Privaten oder allgemeinen Grundsätzen über den Regress Drittzahlender beruht und kein hoheitliches Sonderrecht besteht.[26] Die Einordnung als öffentlichrechtliches Handeln nach dem Recht des Staates, welchem die handelnde Stelle angehört, ist ohne Bedeutung. Keine Bedeutung hat auch das eventuelle Bestehen einer öffentlichrechtlichen Versicherung für das betreffende Handeln.[27] Ebenso ist eine Klage aus einer Bürgschaft zur Sicherung von Zoll- oder Steuerforderungen eine 4

---

14 Hof's-Gravenhage NIPR 2000 Nr 206 S 344.

15 EuGH Rs 29/76 *LTU Lufttransportunternehmen GmbH & Co KG/Eurocontrol* EuGHE 1976, 1541, 1551 Rn 4 = NJW 1977, 489 m Anm *Geimer*.

16 Rb Rotterdam NIPR 1999 Nr 294 S 400f.

17 *Kropholler* Rn 7; *Czernich/Tiefenthaler/Kodek/Czernich* Rn 9.

18 Vgl *Schlosser* Rn 12.

19 *Kropholler* Rn 7.

20 LG PaderboRn EWS 1995, 248.

21 ÖstOGH ecolex 2002, 59 (*Obwexer* 57); vgl auch ArbG Köln RIW 1999, 623 m Anm *Kollatz*.

22 *R v Crown Court at Harrow, ex parte UNIC Centre Sarl* [2000] 2 All ER 449, 459 (QBD, *Newman* J).

23 Siehe nur östOGH JBl 2000, 803; *Czernich/Tiefenthaler/Kodek/Czernich* Rn 11.

24 *Mäsch* ZEuP 2003, 375, 392-396.

25 EuGH Rs C-172/91 *Volker Sonntag/Hans Waidmann* EuGHE 1993 I 1963, 1996 Rn 19; *Czernich/Tiefenthaler/Kodek/Czernich* Rn 9.

26 EuGH Rs C-271/00 *Gemeente Steenbergen/Luc Baten* EUGHE 2002 I 10489 = EWS 2002, 588, 590 Rn 34; *Trenk-Hinterberger* EuLF 2003, 87, 89.

27 EuGH Rs C-172/91 *Volker Sonntag/Hans Waidmann* EuGHE 1993 I 1963, 1998 Rn 28.

Zivilsache.[28] Das Handeln staatseigener Wirtschaftsbetriebe ist in aller Regel privat-, nicht öffentlichrechtlich, wiederum unabhängig davon, wie das jeweilige nationale Recht es qualifiziert.[29] Beliehene Unternehmer wiederum nehmen zwar stellvertretend für den Staat Aufgaben wahr, haben aber in der Regel keine hoheitlichen Befugnisse und Sonderrechte.[30] Am nicht zivilrechtlichen Charakter eines Anspruchs, zB einer Steuerforderung, ändert sich nichts, wenn die Befugnis zur Geltendmachung dieses Anspruchs auf eine Privatperson übergeht.[31]

## II. Ausnahmebereiche nach Abs. 2

### 1. Grundsätzliches

5 Abs 2 enthält einen Ausnahmekatalog. Damit Abs 2 eingreift, muss ein Gegenstand aus einem der dort aufgezählten Bereiche **Hauptgegenstand des Verfahrens** sein. Es reicht nicht aus, wenn ein solcher Gegenstand incidenter zu klären ist. Insofern besitzt ein in einer Zivilsache angerufenes Gericht die Kompetenz, die incidenter aufgeworfene Vorfrage zu beantworten, selbst wenn diese Vorfrage isoliert betrachtet aus dem Brüssel I-VO herausfiele.

6 Bei **Anspruchskonkurrenz** sind die einzelnen Klagansprüche grundsätzlich isoliert zu betrachten, sodass für den einen die Brüssel I-VO anwendbar sein kann, für den anderen nicht.[32] Der Versuch einer einheitlichen Qualifikation nach der Natur des Streitgegenstands[33] vermag dem nicht abzuhelfen, denn gerade die Qualifikation führt ja zur Einordnung der verschiedenen Klagansprüche. Einen Unterschied zwischen Klagansprüchen und Streitgegenstand konstruieren zu wollen überzeugt nicht. Besondere Bedeutung hat dies für Unterhaltsklagen, die mit Statusverfahren verbunden sind.[34] Eine „Qualifikation qua Sachzusammenhangs", bei der die anderen Ansprüche akzessorisch einem tragenden Anspruch folgen und dessen Natur annehmen, ist ebenfalls abzulehnen.[35] Ansonsten stellte man es in gewissem Umfang dem Kläger anheim, allein durch geschickte Antragsformulierung und Nominierung eines bestimmten Antrags als Hauptantrag Streitgegenstände unter die Brüssel I-VO zu ziehen und sich dadurch unter Umständen ansonsten nicht bestehende Gerichtsstände zu eröffnen. Der Schutz des Beklagten würde damit hintangestellt.

---

[28] EuGH Rs C-266/01 *Préservatrice foncière TIARD SA/Staat der Nederlanden* Rn 27-36; OLG Frankfurt IPRspr 1999 Nr 153; *Czernich/Tiefenthaler/Kodek/Czernich* Rn 9.

[29] *Kropholler* Rn 10.

[30] Vgl Hoge Raad NIPR 2001 Nr 203 S 344 f (Vorlagebeschluss).

[31] *QRS I Aps v Flemming Frandsen* [2000] ILPr 8, 12-16 (CA, per *Waller* LJ), [1999] ILPr 432, 441 (QBD, *Sullivan* J).

[32] Siehe nur *Wieczorek/Schütze/Hausmann* Rn 22; *Stolz* 18; *Geimer/Schütze*, EuZVR Art 1 EuGVÜ Rn 53.

[33] Dafür *U Haas* NZG 1999, 1148, 1153; *Kropholler* Rn 19; ähnlich *Weller* IPRax 1999, 20.

[34] Siehe nur *Hausmann* FamRZ 1980, 418, 420.

[35] EuGH Rs 120/79 *Luise de Cavel/Jacques de Cavel* EuGHE 1980, 731, 741 Rn 9; *Dauses/Kreuzer/R Wagner* Q Rn 30; *Schlosser* Rn 13.

Bei **alternativen Ansprüchen**, von denen nicht alle von der Brüssel I-VO erfasst sind, hängt die Anwendbarkeit der Brüssel I-VO ebenfalls davon ab, auf welchen Klaganspruch das Gericht seine Entscheidung stützt.[36] Insoweit folgt die Anwendbarkeit der Brüssel I-VO mittelbar der Entscheidung in der Sache. Es färbt aber nicht der eine Anspruch auf die anderen dergestalt ab, dass die Brüssel I-VO schon dann für alle Ansprüche anwendbar wäre, wenn auch nur einer unter sie fällt. Damit zöge man eigentlich nicht unter sie fallende Ansprüche unter sie, während man ihr umgekehrt eigentlich erfasste Ansprüche entzöge, wenn man sie schon bei einem nicht unter sie fallenden Anspruch für unanwendbar hielte. 7

**Kostenentscheidungen** folgen dagegen als genuine Folge- und Nebensachen der Qualifikation des Hauptanspruchs. Wenn die Hauptsache wegen Abs 2 nicht unter die Brüssel I-VO fällt, gilt das gleiche für die Kostensache.[37] Hier ist Akzessorietät gerechtfertigt, weil aus dem Charakter des Instituts bedingt. Der Kläger hat keine Manipulationsmöglichkeiten durch geschickte Reihung. 8

Einen weiteren Ausnahmebereich neben jenem des Abs 2 beschreibt Art 71, der **Spezialübereinkommen** und **besonderen Rechtsakten** des Gemeinschaftsrechts Vorrang vor der Brüssel I-VO einräumt. Die beiden Ausnahmeregelungen des Abs 2 und des Art 71 haben grundsätzlich abschließenden Charakter, der allerdings Analogien in geeigneten Materien nicht prinzipiell ausschließt.[38] 9

### 2. Ausnahmen nach Abs 2 Nr 1

#### a) Familienrechtliche Statussachen

Abs 2 Nr 1 nimmt **alle Statussachen** von der Brüssel I-VO aus. Dies betrifft insbesondere Ehesachen[39] und Kindschaftssachen, darunter vorrangig die Sorgerechtsentscheidungen.[40] Für Ehesachen und die mit ihnen zusammenhängenden Sorgerechtssachen betreffend gemeinsame Kinder der Ehegatten gilt seit dem 1. 3. 2001 die Brüssel II-VO. Erweiterungen im sorgerechtlichen Bereich sind durch die sogenannte Brüssel II a-VO geplant. Ausgenommen sind auch Adoptionen, Betreuungssachen, Entmündigungsverfahren und ähnliches.[41] 10

#### b) Ehegüterrecht

Die familienrechtlichen Sachen sind nicht insgesamt aus der Brüssel I-VO ausgegrenzt. Namentlich fallen **Unterhaltssachen** ausweislich Art 5 Nr 2 unter die Brüssel I-VO. Die Abgrenzung zwischen Unterhaltssachen und Güterrechtssachen richtet sich danach, ob für den konkreten Anspruch die Kriterien Bedürftigkeit bzw Bedürfnissiche- 11

---

[36] *Grunsky* JZ 1973, 641, 644; *Stolz* 19 f; *Kropholler* Rn 20.

[37] LG Hamburg NJW-RR 1996, 516; *Schlosser* Rn 13.

[38] *Schlosser* Rn 26.

[39] BGH NJW-RR 1992, 642 mwN; BayObLG NJW-RR 1990, 842.

[40] BGHZ 88, 113.

[41] *Czernich/Tiefenthaler/Kodek/Czernich* Rn 14.

rung des Berechtigten einerseits und Leistungsfähigkeit des Verpflichteten andererseits bestehen; ist dies der Fall, so handelt es sich um eine Unterhaltssache.[42] **Güterrechtliche Fragen** sind solche Fragen, die während der Ehe oder nach deren Auflösung zwischen den Ehegatten untereinander, ausnahmsweise auch zwischen mindestens einem der Ehegatten und Dritten, wegen solcher Rechte an und auf Vermögen entstanden sind, die sich aus der ehelichen Beziehung ergeben.[43] Ob der konkrete Güterstand von Gesetzes wegen oder auf Grund einer Vereinbarung zwischen den Ehegatten besteht, macht für Nr 1 keinen Unterschied. Gesetzliche und vertragliche Güterstände sind gleichermaßen erfasst.

12 Bei weitem Verständnis gehören zu den **güterrechtlichen Gegenständen** nicht nur die Güterstände im eigentlichen Sinne, sondern auch alle vermögensrechtlichen Beziehungen, die sich aus der Ehe oder deren Auflösung ergeben.[44] Ansonsten müsste man unter Umständen mühsame Abgrenzungen zwischen ehewirkungs- und ehegüterrechtlichen Vermögensfolgen vornehmen, zudem entgegen der Prämisse autonomer Qualifikation auf der Grundlage nationalen Rechts, weil die Divergenzen der mitgliedstaatlichen Rechte keine gemeinsame Grundlinie erkennen lassen.[45] Den **Versorgungsausgleich** sollte man Abs 2 Nr 1 unterstellen,[46] zumal er nur wenigen europäischen Rechtsordnungen überhaupt bekannt ist und viele Staaten über güterrechtliche Ausgleichsmechanismen zu wirtschaftlich ähnlichen Ergebnissen kommen.[47]

13 Zu diesem weit verstandenen Bereich würden bei voller Konsequenz auch **Schenkungen zwischen Ehegatten** und deren Rückabwicklung zählen.[48] Dagegen spricht jedoch der eigenständige vertragliche Rechtsgrund der Schenkung.[49] Auch Differenzierungen danach, ob der Widerrufsgrund ehespezifisch ist,[50] vermögen nicht zu überzeugen. Ähnliches lässt sich für Ansprüche aus Ehegatten-*Innengesellschaften* anführen.[51] Unter die Brüssel I-VO fallen sicher Ansprüche aus *Verlöbnisbruch*[52] und aus *Arbeitsverträgen* zwischen Ehegatten.[53] Gesamtschuldnerische Ausgleichsansprüche zwischen Ehegatten

---

42 EuGH Rs C-220/95 *Antonius van den Boogaard/Paula Laumen* EuGHE 1997 I 1147, 1184 Rn 22.

43 Bericht *Schlosser* Nr 50.

44 EuGH Rs 143/78 *Jacques de Cavel/Luise de Cavel* EuGHE 1979, 1055, 1066 Rn 7.

45 *Hausmann* FamRZ 1980, 418, 423.

46 *Kropholler* Rn 27.

47 Rechtsvergleichender Überblick bei *Staudinger/Mankowski* (2003) Art 17 EGBGB Rn 305-316.

48 *Basedow*, in: Hdb IZVR I Kap II Rn 104.

49 *Stolz* 41.

50 Dafür *Stolz* 43 f.

51 *Hausmann* FamRZ 1980, 418, 424; *Basedow*, in: Hdb IZVR I Kap II Rn 104; *Stolz* 61 f; *Geimer/Schütze*, EuZVR Art 1 EuGVÜ Rn 70; *Kropholler* Rn 27.

52 *Mankowski* IPRax 1997, 173, 174; *Geimer/Schütze*, EuZVR Art 1 EuGVÜ Rn 79; unzutreffend BGHZ 132, 105 = NJW 1996, 1411.

53 *Stolz* 47-52; *Kropholler* Rn 27.

dagegen dürften eher güterrechtlich einzuordnen sein.[54] Probleme kann die Überwölbung durch einen trust qua marriage settlement ergeben.[55]

Problematisch ist die Behandlung von vermögensrechtlichen Ansprüchen zwischen den Partnern einer **nichtehelichen Lebensgemeinschaft**. Deren Beziehungen zueinander sind richtigerweise familien-, nicht schuldrechtlich zu qualifizieren.[56] Jedenfalls soweit die nichteheliche Lebensgemeinschaft rechtlich in irgendeiner Weise formalisiert ist, sollte man die vermögensrechtlichen Ansprüche im Innenverhältnis der Partner zueinander analog Abs 2 Nr 1 von der Brüssel I-VO ausnehmen.[57] Konsequenterweise muss dies erst recht für vermögensrechtliche Beziehungen innerhalb einer registrierten gleichgeschlechtlichen Lebensgemeinschaft gelten, die einer Ehe noch näher steht. 14

**c) Erbrecht**

**Erbrechtliche Streitigkeiten** weisen in der Regel eine besondere Struktur auf. Sie orientieren sich regelmäßig nicht an der Zweier-Konfrontationsstruktur des normalen Zivilprozesses. An ihnen ist regelmäßig eine Vielzahl von Personen beteiligt. Zudem unterscheiden sich die Sach- und Kollisionsrechte der Mitgliedstaaten erheblich; vielfach werden erbrechtliche Fragen zum ordre public gezählt und haben grundrechtlichen Einschlag. Diese Gründe tragen den Ausschluss erbrechtlicher Verfahren aus der Brüssel I-VO.[58] 15

Zu den erbrechtlichen Streitigkeiten zählen insbesondere **Erbscheinerteilungsverfahren** und die **gerichtliche Auseinandersetzung** von Erbengemeinschaften. Zum Erbrecht im Sinne von Abs 2 Nr 1 zählen alle Ansprüche von Erben und Vermächtnisnehmern auf und an den Nachlass,[59] außerdem Herabsetzungsklagen von Noterben und Klagen der Pflichtteilsberechtigten (auf Pflichtteil oder Pflichtteilsergänzung[60]), schließlich Prätendentenstreitigkeiten um den Nachlass oder Nachlassbeteiligungen.[61] 16

Erbrechtlich sind auch **von Todes wegen entstehende trusts** (Treuhandverhältnisse) zB nach englischem Recht,[62] und alle Streitigkeiten, welche die Testamentsvollstreckung als Institut oder die Einsetzung eines Nachlassverwalters betreffen.[63] **Schen-** 17

---

54 *Basedow*, in: Hdb IZVR I Kap II Rn 104; *Stolz* 53-57.

55 Eingehend *Conrad* 160-189.

56 Siehe ausführlich *Staudinger/Mankowski* (2003) Anh zu Art 13 EGBGB Rn 50-76.

57 Ähnlich, aber weitergehend *Stolz* 68-72. **AA** *Geimer/Schütze*, EuZVR Art 1 EuGVÜ Rn 79.

58 Bericht *Jenard* Zu Art 1 Abs 2; *Conrad* 107.

59 Bericht *Schlosser* Nr 52; *Kropholler* Rn 28.

60 *Czernich/Tiefenthaler/Kodek/Czernich* Rn 15 unter Hinweis auf OLG Linz 3. 10. 2000 – 1 R 97/00s bzw OLG Graz 28. 7. 1999 – 2 R 68/99h.

61 *Grunsky* JZ 1973, 641, 643; *Conrad* 118f; *Schlosser* Rn 18. **AA** *Geimer* RIW 1976, 145.

62 Bericht *Schlosser* Nr 52; *Geimer/Schütze*, EuZVR Art 1 EuGVÜ Rn 83; *Conrad* 108-159.

63 *Kropholler* Rn 28.

**kungen von Todes wegen** sind ebenfalls erbrechtlich.[64] Prozesse des Nachlasses oder der Erben gegen Dritte um Nachlassvermögenswerte oder aus Rechtsgeschäften des Erblassers sind dagegen nicht erbrechtlich.[65] Schulden des Erblassers sind nicht erbrechtlich, auch wenn sie aus Anlass des Todes entstehen.[66] Ansprüche gegen den Nachlass, die wesentlich Versorgungscharakter haben, aber mit Blick auf den Wegfall des Versorgers entstehen, stehen zwar auf der Grenze zum von der Brüssel I-VO erfassten Unterhaltsrecht,[67] dürften aber trotzdem noch erbrechtlich einzuordnen sein.

### 3. Insolvenzverfahren (Abs 2 Nr 2)

18 Insolvenzrechtliche Verfahren fallen nicht unter die Brüssel I-VO. Für sie gilt vielmehr seit dem 31. 5. 2002 die **EuInsVO**.[68] Bezweckt ist ein lückenloses Ineinandergreifen,[69] auch wenn eine Anpassung im Verhältnis zu den LugÜ-Staaten problematisch sein mag.[70] Jenseits des weiteren Problembereiches der in Art 25 Abs 1 UA 2 EuInsVO genannten Annexentscheidungen[71] gilt ein einfacher Grundsatz: Was unter die EuInsVO fällt, kann nicht unter die Brüssel I-VO fallen.[72] **Insolvenzverfahren** sind alle Gesamtverfahren, die auf der Zahlungseinstellung, der Zahlungsunfähigkeit oder der Kreditererschütterung des Schuldners beruhen und ein Eingreifen der Gerichte beinhalten, das in eine zwangsweise kollektive Liquidation der Vermögenswerte des Schuldners oder zumindest eine Kontrolle durch die Gerichte (zB zur Sanierung eines Rechtsträgers) mündet.[73] Indizielle Abgrenzungskriterien sind das Entscheidungsorgan, die Prozessbeführungsbefugnis, Bezugnahme auf das Insolvenzverfahren in Rechtsfolge oder Tatbestand.[74] Aus Art 1 Abs 1 EuInsVO kann man als Merkmale des Kollektivverfahrens Insolvenz als Verfahrensvoraussetzung, Vermögensbeschlag gegen den Schuldner, Verfahrensbeteiligung des Verwalters und Verfolgen des Insolvenzzwecks (Liquidierung, Sanierung, gleichmäßige Gläubigerbefriedigung) im einzelnen Verfahren ableiten.[75] Materielle und formell-verfahrenstechnische Aspekte sind insoweit verwoben.[76]

---

64 Bericht *Jenard* Zu Art 1 EuGVÜ Anm IV A; *Kropholler* Rn 30; weiter noch *Schlosser* Rn 18.

65 CA Paris Clunet 124 (1997) 169 m Anm *A Huet*; *Kropholler* Rn 28.

66 *MünchKommZPO/Gottwald* Rn 16; *Czernich/Tiefenthaler/Kodek/Czernich* Rn 15.

67 Vgl *Stolz* 109-118.

68 VO (EG) Nr 1346/2000 des Rates vom 29. 5. 2000 über Insolvenzverfahren, ABl EG 2000 L 160/1.

69 Siehe nur EuGH Rs 133/78 *Henri Gourdain/Franz Nadler* EuGHE 1979, 733, 743 Rn 3; G C *Schwarz* NZI 2002, 290, 291 f.

70 *Haubold* IPRax 2002, 157, 161.

71 Eingehend dazu *Leipold*, in: FS Akira Ishikawa (2001) 215; *Duursma-Kepplinger*, in: *Duursma-Kepplinger/Duursma/Chalupsky* EuInsVO (Wien 2002) Art 25 EuInsVO Rn 18-48.

72 G C *Schwarz* NZI 2002, 290, 292.

73 Grundlegend EuGH Rs 133/78 *Henri Gourdain/Franz Nadler* EuGHE 1979, 733, 744 Rn 4.

74 Grundlegend EuGH Rs 133/78 *Henri Gourdain/Franz Nadler* EuGHE 1979, 733, 744 Rn 4.

75 G C *Schwarz* NZI 2002, 290, 293.

76 *Haubold* IPRax 2002, 157, 162.

**Insolvenzrechtlicher Natur** sind alle Verfahren, die mit gleichem Klagziel ohne die Verfahrenseröffnung nicht entstehen könnten und unmittelbar der Verwirklichung des Insolvenzverfahrenszwecks dienen.[77] Dazu zählen vor allem Insolvenzanfechtungsklagen.[78] Gläubigeranfechtungsklagen indes sind nicht insolvenzrechtlich.[79] 19

**Normale Zivilsachen** sind alle Aktivprozesse des Insolvenzverwalters, mit denen Ansprüche des Insolvenzschuldners namentlich aus Geschäften vor Insolvenzeröffnung geltend gemacht werden.[80] Dies gilt selbst dann, wenn darin insolvenzbedingte Rücktrittsrechte des Insolvenzverwalters geltend gemacht werden. Verfahren auf Kreditrückzahlung, denen die Ausübung eines insolvenzbedingten Kündigungsrechts seitens des Kreditgebers zugrunde liegt, sind ebenfalls Zivilsachen und nicht etwa ausgenommen, weil es sich bei ihnen um die Durchsetzung von Insolvenzverbindlichkeiten handeln würde.[81] Aktivprozesse des Insolvenzverwalters sind auch dann Zivilsachen, wenn sie Haftungsansprüche geltend machen, bei denen die Insolvenzeröffnung Tatbestandsmerkmal ist.[82] Keine Insolvenzsachen betreffen insbesondere Haftungsansprüche aus §§ 32a f GmbHG, analog §§ 302f AktG analog oder Existenzvernichtungshaftung.[83] Nicht insolvenzrechtlich einzuordnen sind auch alle Ansprüche aus Verträgen, welche der Insolvenzverwalter abgeschlossen hat.[84] Masseforderungen betreffen keine Insolvenzsachen. Keine Insolvenzsachen sind des weiteren Klagen des Insolvenzverwalters 20

---

77 *W Lüke* ZZP 111 (1998) 275, 293; *ders*, in: FS Rolf A Schütze (1999) 467, 483.

78 BGH NJW 1990, 991; Cassaz Riv dir int priv proc 1990, 396; Cassaz Riv dir int priv proc 1991, 975; OLG Düsseldorf ZIP 1993, 1018; OLG Köln WM 1998, 624; OLG Hamm BB 2000, 431 = RIW 2000, 305; OLG München RIW 2002, 66, 67; Hof 's-Hertogenbosch NIPR 2001 Nr 208, 359; Trib Torino Riv dir int priv proc 1989, 659; Rb Alkmaar NIPR 1998 Nr 114, S 137; *H Schmidt* EuZW 1990, 219. **AA** G C *Schwarz* NZI 2002, 290, 294 mit Blick auf Art 25 Abs 1 UA 2 EuInsVO.

79 ÖstOGH ZIK 1998, 175; *Czernich/Tiefenthaler/Kodek/Czernich* Rn 19.

80 Norges Hoyesterett [1998] ILPr 83, 95 (per *Stang Lund* J); OLG Koblenz ZIP 1989, 1328; OLG Düsseldorf ZIP 1993, 1019; CA Paris Rev crit 69 (1980) 121; CA Paris Rev soc 1980, 555 m Anm *de Bottini*; App Milano Riv dir int priv proc 1987, 803; *Ashurst v Pollard* [2001] 2 WLR 722, 728 (CA, per *J Parker* LJ), [2001] ILPr 74, 78 (Ch D, *Jacob* J); LG Mainz WM 1989, 1053; *Re Hayward (deceased)* [1997] 1 All ER 32, 41f (Ch D, *Rattee* J); *QRS I Aps v Flemming Frandsen* [1999] ILPr 432, 440 (QBD, *Sullivan* J); *UBS AG v Omni Holding AG (in liquidation)* [2000] 1 WLR 916, 922 (Ch D, *Rimer* J); *Haubold* IPRax 2002, 157, 162.

81 Entgegen Cassaz Riv dir int priv proc 2000, 759, 761f.

82 **AA** OLG Hamm EuZW 1993, 519; OLG Frankfurt IPRspr 1998 Nr 192 S 389 sowie *UBS AG v Omni Holding AG (in liquidation)* [2000] 1 WLR 916, 922 (Ch D, *Rimer* J).

83 OLG Köln ZIP 1998, 74; OLG Bremen RIW 1998, 63; OLG Jena ZIP 1998, 1496; OLG Koblenz NZG 2001, 759 m Anm G C *Schwarz*; *Mankowski* NZI 1999, 56; G C *Schwarz* NZI 2002, 290, 294f; *Kindler*, in: FS Peter Ulmer (2003) 305, 308. **AA** *U Haas* NZG 1999, 1148, 1152f. Skeptisch G C *Schwarz*, in: FS 600 Jahre Würzburger Juristenfakultät (2002) 503, 514f.

84 Cass comm Rev crit 82 (1993) 67 m Anm *Rémery*; *Kropholler* Rn 36; *Haubold* IPRax 2002, 157, 162; kritisch OLG Zweibrücken EuZW 1993, 165.

auf Feststellung der Unwirksamkeit oder Auflösung von Rechtsgeschäften, die Dritte mit dem Insolvenzschuldner geschlossen hatten.[85]

21 **Aussonderungs- und Absonderungsklagen** beruhen auf Rechten, die außerhalb der Insolvenz entstanden sind, und gehören deshalb nicht unter Abs 2 Nr 2,[86] zumal anderenfalls das Vertrauen auf die Geltung des weiteren Zuständigkeitskatalogs für normale Klagen gegenüber dem restriktiven Regime des Art 3 EuInsVO enttäuscht würde.[87]

22 Zweifelhaft ist die Einordnung von Klagen auf **Feststellung einer Insolvenzforderung** zur Insolvenztabelle, zB nach §§ 179ff InsO.[88] Einerseits gibt es einen spezifisch insolvenzrechtlichen Konnex und ein spezifisch insolvenzrechtliches Ziel. Insolvenzspezifisch sind vor allem die Rangfragen.[89] Andererseits indiziert zB § 180 Abs 2 InsO, dass es sich im Kern um eigentlich „normale" Feststellungsklagen handelt. Dem Gläubiger muss es gar nicht um den Rang zu schaffen sein, sondern nur um die Geltendmachung der Forderung. Gleich zu behandeln ist jedenfalls der Streit, ob eine Forderung Masse- oder Insolvenzforderung ist.[90] Insolvenzrechtlicher Natur sind dagegen Entscheidungen, die ein insolvenzbedingtes Erlöschen von Rechtsansprüchen aussprechen, denn sie ersetzen eine Restschuldbefreiung ex lege.[91] Eine internrechtliche Zuweisung von Verfahren an das Insolvenzgericht macht diese Verfahren jedenfalls nicht automatisch zu insolvenzrechtlichen.[92]

### 4. Soziale Sicherheit (Abs 2 Nr 3)

23 Der Ausschluss von Streitigkeiten der sozialen Sicherheit geht darauf zurück, dass solche Streitigkeiten in vielen Mitgliedstaaten öffentlichrechtlich behandelt werden.[93] Außerdem handelt es sich um einen besonders sensiblen und politisch brisanten Bereich.[94] Der **Begriff der sozialen Sicherheit** lehnt sich an Art 42 EGV an und stimmt

---

85 *Crédit Suisse and Crédit Suisse Canada v CH (Ireland) (in liquidation)*, in: *Kaye* Cases 621, 622 (High Ct Ireland, *Keane* J).

86 *Schlosser*, in: FS Friedrich Weber (1975) 395, 409; *ders* Rn 21; *Martin-Serf* Clunet 122 (1995) 31, 55f; BBGS/*Safferling*/*C Wolf* Rn 19 (1997); *Czernich*/*Tiefenthaler*/*Kodek*/*Czernich* Rn 19; vgl auch BGE 125 III 108, 111. **AA** CA Douai Clunet 119 (1992) 187/190 obs A *Huet*.

87 *Haubold* IPRax 2002, 157, 163.

88 Für Anwendung von Abs 2 Nr 2 *Schlosser*, in: FS Friedrich Weber (1975) 395, 408; *Mankowski* ZIP 1994, 1579, 1581; *Trunk*, Internationales Insolvenzrecht (1998) 212f sowie OLG Frankfurt RIW 2002, 148, 149. Dagegen CA Paris Clunet 119 (1992) 187/188 obs A *Huet*; *Martin-Serf* Clunet 122 (1995) 31, 55; *Schlosser* Rn 21; *W Lüke*, in: FS Rolf A Schütze (1999) 467, 483; *Haubold* IPRax 2002, 157, 163.

89 *Haubold* IPRax 2002, 157, 163.

90 *Geimer*/*Schütze*, EuZVR Art 1 EuGVÜ Rn 90.

91 *Mankowski* ZZP Int 4 (1999) 278, 287f.

92 *Ebenroth*/*Kieser* KTS 1988, 42; *W Lüke*, in: FS Rolf A Schütze (1999) 467, 477.

93 Bericht *Schlosser* Nr 60; *Trenk-Hinterberger* EuLF 2003, 87, 89.

94 *U Haas* ZZP 108 (1995), 219, 223.

mit jenem des Art 4 der grundlegenden VO (EWG) Nr 1408/71 überein.[95] Er umfasst:[96] ärztliche Behandlung; Krankengeld; Leistungen einer Mutterschafts-, Invaliden- oder Altersversicherung, an Hinterbliebene, bei Arbeitsunfällen, Berufskrankheiten oder Arbeitslosigkeit; Beihilfen. Abs 2 Nr 3 erfasst zuvörderst Streitigkeiten zwischen dem Träger der Sozialversicherung und dem Berechtigten. Ansprüche auf Rückgewähr solcher sozialen Leistungen betreffen ebenfalls die soziale Sicherheit.[97] Hier färbt der Hinweg auf den Rückweg ab.

Abs 2 Nr 3 erfasst **keine Regressklagen** von Sozialversicherungsträgern gegen Dritte 24
aus eigenem oder übergegangenem Recht, denn diese liegen außerhalb des Art 4 VO (EWG) Nr 1408/71.[98] Ein Zweifelsmoment besteht darin, dass insoweit Missbrauchsbekämpfungsanreize vermittelt werden und erfolgreiche Regresse zur Refinanzierung der Sozialkassen beitragen. Öffentlichrechtliche Sonderrechte jedenfalls, bei denen der Sozialversicherungsträger größere Rechte hat als sie ein beliebiger Privater hätte, können zur Unanwendbarkeit der Brüssel I-VO führen; der richtige Ansatz erfolgt dann allerdings beim Begriff der Zivilsache, nicht bei jenem der sozialen Sicherheit.[99] Prätendentenstreitigkeiten, wem von mehreren Anspruchsprätendenten denn ein bestimmter Anspruch gegen einen Sozialversicherungsträger zustehe, fallen wiederum nicht in den Ausnahmebereich.[100]

Unter Abs 2 Nr 3 fällt die Klage eines Arbeitnehmers gegen seinen Arbeitgeber auf 25
Zahlung von **Beiträgen an einen Sozialversicherungsträger**.[101] Dagegen haben Ansprüche gegen den Arbeitgeber aus Arbeitsunfällen, auf Urlaubsgeld oder besondere Entschädigungen oder gegen andere Arbeitnehmer arbeitsrechtlichen Charakter,[102] ebenso – trotz der Verzahnung mit der Krankenversicherung – Ansprüche auf Entgeltfortzahlung im Krankheitsfall;[103] sie alle werden von der Brüssel I-VO erfasst. Gleiches gilt für Regressklagen des Arbeitgebers gegen den Arbeitnehmer wegen Beitragsnach-

---

95 EuGH Rs C-271/00 *Gemeente Steenbergen/Luc Baten* EUGHE 2002 I 10489 = EWS 2002, 588, 590 Rn 43-45.

96 *Kropholler* Rn 38.

97 BSGE 54, 250, 253; OLG Köln EuZW 1991, 64.

98 EuGH Rs C-271/00 *Gemeente Steenbergen/Luc Baten* EUGHE 2002 I 10489 = EWS 2002, 588, 590 Rn 34, 590f Rn 46-48; Bericht *Jenard* Art 1 EuGVÜ Anm IV C; Bericht *Schlosser* ABl EG 1979 C 59/71 Nr 60; TGI Marseille Rev dr fr comm 1979, 31; *Geimer/Schütze*, EuZVR Art 1 EuGVÜ Rn 96 mwN; *Trenk-Hinterberger* EuLF 2003, 87, 90; *Alvarez González* La Ley 5750 (31. 3. 2003) 1, 2f.

99 EuGH Rs C-271/00 *Gemeente Steenbergen/Luc Baten* EUGHE 2002 I 10489 = EWS 2002, 588, 590 Rn 36f.

100 Hoge Raad Ned Jur 1979 Nr 399; *Basedow*, in: Hdb IZVR I Kap I Rn 114.

101 Cassaz NSW I 1.1 B 6; Rb's-Hertogenbosch Ned Jur 1982 Nr 99 m Anm *Schultsz*; *Geimer/Schütze*, EuZVR Art 1 EuGVÜ Rn 95; *Kropholler* Rn 38f mwN; *Schlosser* Rn 22.

102 Trib trav Liège J trib 1980, 174; *Schlosser* Rn 22.

103 *Junker* ZZP Int 3 (1998) 179, 183.

forderungen seitens des Sozialversicherungsträgers.[104] Die private Krankenversicherung zählt ebenfalls nicht zur sozialen Sicherheit.[105]

### 5. Schiedsgerichtsbarkeit (Abs 2 Nr 4)

26 Abs 2 Nr 4 nimmt die **Schiedsgerichtsbarkeit** vom Anwendungsbereich der Brüssel I-VO aus. Dies geschieht wesentlich mit Rücksicht auf die hier bereits bestehenden und hoch bewährten schiedsrechtlichen Übereinkommen UNÜ und EÜ. Entsprechend ist die Reichweite der Nr 4 in Abstimmung mit jenen Abkommen zu treffen: Nur was nicht unter diese fällt, regiert die Brüssel I-VO.[106] Allerdings kann dies nicht mehr als eine Faustformel sein, zumal angesichts der Günstigkeitsklausel in Art VII UNÜ und des nicht umfassenden sachlichen Regelungsanspruchs, ja der Lückenhaftigkeit des UNÜ.[107]

27 Ausgenommen sind nach Abs 2 Nr 4 zunächst die eigentlichen **Verfahren vor Schiedsgerichten** mitsamt den Streitigkeiten über Zuständigkeit und Kompetenz der Schiedsgerichte. Diese Verfahren sind schon von ihrer formellen Natur her schiedsrechtlich, aber auch von ihrem Gegenstand, denn ohne Schiedsabrede und private Institutionalisierung des Entscheidungsgremiums würde er nicht verhandelt.

28 Abs 2 Nr 4 meint aber auch **Hilfsverfahren vor staatlichen Gerichten** zur Unterstützung von Schiedsgerichten oder um deren Funktionsfähigkeit herzustellen, also alle gerichtlichen Neben- und Anschlussverfahren.[108] Dies sind zuvörderst Verfahren zur Ernennung oder Ersetzung von Schiedsrichtern,[109] zur Festlegung des Schiedsortes, zur Ausdehnung oder Verlängerung einer Entscheidungs-, Verjährungs- oder Ausschlussfrist[110] oder über die Wirksamkeit eines Schiedsvertrages. Es machte insbesondere für die erste Gruppe wenig Sinn, ein Verfahren in einem anderen Staat, im Extremfall sogar unter einem anderen Schiedsverfahrensrecht, ablaufen zu lassen.[111] Des Weiteren erfasst Abs 2 Nr 4 Verfahren zur Aufhebung,[112] Änderung, Bestätigung, Anerkennung

---

[104] *Birk* RdA 1983, 143, 147; *Junker* ZZP Int 3 (1998) 179, 183.

[105] *Czernich/Tiefenthaler/Kodek/Czernich* Rn 21.

[106] GA *Léger* EuGHE 1998 I 7093, 7104f Nr 51-53; *Lexmar Corp* v *Nordisk Skibsrederforeniging* [1997] 1 Lloyd's Rep 289, 292 (QBD, *Colman* J).

[107] *Ambrose* (2003) 19 Arb Int 3, 12f.

[108] *Lexmar Corp v Nordisk Skibsrederforeniging* [1997] 1 Lloyd's Rep 289, 292 (QBD, *Colman* J); *The „Avery Lake"* [1997] 1 Lloyd's Rep 540, 546-550 (QBD, *Clarke* J); *Berti*, in: FS Oscar Vogel (Fribourg 1991) 337, 347; *Weigand* EuZW 1992, 529, 533; *U Haas* IPRax 1992, 292.

[109] EuGH Rs C-190/89 *Marc Rich and Co. AG/Società Italiana Impianti PA* EuGHE 1991 I 3855, 3901 Rn 19.

[110] EuGH Rs C-391/95 *Van Uden Maritime BV/KG in Fa Deco-Line* EuGHE 1998 I 7091, 7133 Rn 32.

[111] GA *Darmon* EuGHE 1991 I 3865, 3888 Nr 81; *Weigand* EuZW 1992, 529, 533 sowie *Jenard* (1991) 7 Arb Int 243, 249. Anders wohl *Schlosser* (1991) 7 Arb Int 227, 236.

[112] OLG Stuttgart RIW 1988, 480.

oder Vollstreckbarerklärung von Schiedssprüchen.[113] Klagen aus einem Schiedsspruch oder mit einem Schiedsspruch als Klagegrund fallen dagegen unter die Brüssel I-VO.[114] Einstweilige Maßnahmen zur Sicherung eines Anspruchs aus einem Rechtsverhältnis, das einer Schiedsabrede unterliegt, fallen unter die Brüssel I-VO; Abs 2 Nr 4 greift insoweit nicht.[115] Ebenso wenig erfasst Abs 2 Nr 4 Streitigkeiten um Sicherheiten, die Dritte für die Kosten des Schiedsverfahrens gegeben haben,[116] oder Klagen gegen Streitgenossen, deren Bindung an die Schiedsabrede nicht behauptet wird.[117] Irgendein Zusammenhang mit einem Schiedsverfahren reicht eben nicht.[118]

Wenn das nationale Prozessrecht (wie zB das englische) **Verfahren zur Absicherung von Schiedsabreden** kennt, in denen es den Parteien untersagt, über denselben Anspruch Verfahren vor staatlichen Gerichten anzustrengen, fällt diese Kompetenz zu sogenannten anti suit injunctions ebenfalls nicht unter Abs 2 Nr 4.[119] Dies gilt auch dann, wenn in diesen Verfahren die Wirksamkeit der Schiedsabrede zu prüfen ist.[120] Diese Frage ist nur Vorfrage, welche den Verfahrensgegenstand nicht prägt. Verfahrensgegenstand ist dagegen eine genuin staatliche Maßnahme außerhalb des Schiedsverfahrens. Jemanden zum Schiedsverfahren zu zwingen ist kein Teil des Schiedsverfahrens und auch keine dorthinein integrierte Unterstützungsmaßnahme.[121] Nicht nur Vorfrage, sondern Streitgegenstand ist die Schiedsabrede bei Klagen, die auf Feststellung der Wirksamkeit oder Unwirksamkeit einer Schiedsvereinbarung gerichtet sind. Insoweit konkurriert die Zuständigkeit staatlicher Gerichte regelmäßig mit der Kompetenz-Kompetenz des Schiedsgerichts, über seine eigene Zuständigkeit und deren Grundlagen zu entscheiden. Dies spricht dafür, solche Klagen Abs 2 Nr 4 zu unterstellen.[122] 29

---

113 BGH WM 1988, 1179; LG Hamburg RIW 1979, 493; teilweise abweichend OLG Hamburg RIW 1992, 939.

114 *Schlosser* IPRax 1985, 142.

115 EuGH Rs C-391/95 *Van Uden Maritime BV/KG in Fa Deco-Line* EuGHE 1998 I 7091, 7133 Rn 34; östOGH IPRax 2003, 64 (*A Reiner* 74); OLG München RIW 2000, 464, 465.

116 *Lexmar Corp* v *Nordisk Skibsrederforeniging* [1997] 1 Lloyd's Rep 289, 292 f (QBD, *Colman* J).

117 *Vale do Rio Doce Navegacao SA v Shanghai Bao Steel Ocean Shipping Co Ltd* [2000] 2 Lloyd's Rep 1, 5 f (QBD, *Thomas* J).

118 Siehe *The „Xing Sui Hai"* [1995] 2 Lloyd's Rep 15, 21 (QBD, *Rix* J).

119 *Toepfer International GmbH* v *Molino Boschi SRL* [1996] 1 Lloyd's Rep 510, 513 (QBD, *Mance J*); *The ChartereRs Mutual Assurance Association Ltd v British & Foreign* [1997] ILPR 838, 854 f (QBD, Judge *Diamond* QC); *Kropholler* Rn 44 sowie *Hau* IPRax 1996, 44. **AA** *The „Ivan Zagubanski"* [2002] 1 Lloyd's Rep 106, 122 (QBD, *Aikens* J); *Ambrose* (2003) 19 Arb Int 3, 21. Vgl auch *Toepfer International GmbH* v *Société Cargill France* [1998] 1 Lloyd's Rep 379, 387 (CA, per *Philipps* LJ).

120 Entgegen *Poudret*, in: FS Otto Sandrock (2000) 761, 766.

121 Entgegen *The „Ivan Zagubanski"* [2002] 1 Lloyd's Rep 106, 122 (QBD, *Aikens* J).

122 *Hascher* (1997) 13 Arb Int 33, 39; *Besson*, in: Études en l'honneur de Jean-Francois Poudret (Lausanne 1999) 329, 343 sowie *van Haersolte-van Hof* 18 (1) J Int Arb 27, 32 (2001). Im Ergebnis ebenso *The „Lake Avery"* [1997] 1 Lloyd's Rep 540, 549 f (QBD, *Clarke* J). **AA** *Toepfer International GmbH* v *Molino Boschi SRL* [1996] 1 Lloyd's Rep 510, 513 (QBD, *Mance* J); *Zellner* v *Phillip Alexander Securities and Futures Ltd* [1997] ILPr 730, 740, 743 f (QBD, Judge *R Jackson* QC).

30 Entscheidungen staatlicher Gerichte, die **Schiedssprüche** in sich **inkorporieren** (namentlich nach der sogenannten doctrine of merger im englischen Verfahrensrecht), fallen nicht unter die Brüssel I-VO.[123] Der schiedsrechtliche Ausgangspunkt schlägt insoweit durch und setzt sich gegen das formell staatliche Gewand durch. Gleiches gilt für einen Schiedsspruch bestätigende Entscheidungen.[124] Ebenso wenig sind ausländische Urteile, die einen Schiedsspruch für vollstreckbar erklären, nach der Brüssel I-VO anzuerkennen,[125] sie fallen also unter Abs 2 Nr 4. Im Übrigen sprechen sie die Vollstreckbarkeit nur für das Gebiet des Urteilsstaates aus und beanspruchen ihrer Natur nach nur territoriale Wirkung. Ihnen fehlt es daher schon an anerkennungsfähigen Wirkungen. Die Vollstreckbarerklärung muss für den Schiedsspruch in jedem Zweitstaat originär bewirkt werden.

31 Eine Sache fällt nicht schon dann aus dem sachlichen Anwendungsbereich der Brüssel I-VO heraus, wenn der Beklagte eine Schiedseinrede erhebt. Insoweit geht es nur um eine Vorfrage, die zu beantworten das staatliche Gericht die Kompetenz hat. Unter die Brüssel I-VO fällt auch die Anerkennung einer Gerichtsentscheidung, die in Missachtung einer Schiedsabrede ergangen ist.[126] Das erkennende Gericht hat dann definitiv nicht im Bereich der Schiedsgerichtsbarkeit, sondern vielmehr in einer seiner Kompetenz unterfallenden Zivilsache entschieden. Es besteht daher eine Pflicht zur Anerkennung nach Artt 34 ff. Die Missachtung der Schiedsabrede erfüllt keinen der in Art 34, 35 abschließend aufgezählten Anerkennungsversagungsgründe.[127] Insbesondere begründet sie keinen Verstoß gegen den ordre public des Art 34 Nr 1, wie aus der Wertung des Art 35Abs 2 zu entnehmen ist. Nur der frühere Erlass eines anerkennungsfähigen Schiedsspruchs könnte analog Art 34 Nr 4 der Anerkennung entgegenstehen.[128]

### III. Sonderrolle Dänemarks (Abs 3)

32 Die Brüssel I-VO gilt **nicht für Dänemark** und im Verhältnis zu Dänemark. Dänemark hat sich nach Art 69 EGV und dem Protokoll dazu von allen Maßnahmen, die auf Titel IV des EGV beruhen, ausgenommen und sich – anders als das Vereinigte König-

---

[123] Bericht *Schlosser* Nr 65.

[124] App Milano Riv dir int priv proc 1991, 1040; *Arabian Business Consortium* v *Banque Franco-Tunesienne* [1996] 1 Lloyd's Rep 485, 488f (QBD, *Waller* J); Trib cant Ticino Bull ASA 2000, 359. **AA** OLG Hamburg RIW 1992, 939; *Schlosser* Rn 24.

[125] OLG Stuttgart RIW 1988, 480; LG Hamburg RIW 1979, 493; *MünchKommZPO/P Gottwald* Art 1 EuGVÜ Rn 41. **AA** *BBGS/Safferling/C Wolf* Rn 23 (1997).

[126] *M J Schmidt*, in: FG Otto Sandrock (1995) 205, 208-212, 218-222; *van Houtte* (1997) 13 Arb Int 85, 88; *Besson* in: Études en l'honneur de Jean-Francois Poudret (Lausanne 1999) 329, 343-345; *Poudret*, in: FS Otto Sandrock (2000) 761, 769f; *Beraudo* 18 (1) J Int Arb 13, 22 (2001); *Schlosser* Rn 25. **AA** *Weigand* EuZW 1992, 529, 531f.

[127] OLG Celle RIW 1979, 191; OLG Hamburg IPRax 1995, 391 (*Mansel* 362); *The „Heidberg"* [1994] 2 Lloyd's Rep 287, 310 (QBD, Judge *Diamond* QC); *M J Schmidt* EWS 1993, 388, 395f; *ders*, in: FG Otto Sandrock (1995) 205, 218-224; *Beraudo* 18 (1) J Int Arb 13, 25 (2001).

[128] *van Houtte* (1997) 13 Arb Int 85, 90f.

reich und Irland – auch *keine opt in-Möglichkeit* für einzelne Rechtsakte vorbehalten. Diese Sonderrolle Dänemarks betont Abs 3 deklaratorisch für die Brüssel I-VO. Im Verhältnis zu Dänemark gilt weiterhin das EuGVÜ. Die Abgrenzung, wann ein Sachverhalt mit Bezügen zu Dänemark vom EuGVÜ und wann von der Brüssel I-VO erfasst wird, sollte sich entsprechend den Maßstäben des Art 54 b Abs 2 LugÜ vollziehen: Hat der Beklagte seinen Wohnsitz in Dänemark, so kommt das EuGVÜ zum Zug; bestünde nur eine konkurrierende Zuständigkeit in Dänemark bei Wohnsitz des Beklagten im sonstigen EU-Gebiet, so greift die Brüssel I-VO.[129]

# Kapitel II
# Zuständigkeit
## Abschnitt I
## Allgemeine Vorschriften
### Vorbemerkungen zu Artikel 2

**I. Zuständigkeitssystem der Brüssel I-VO**
1. Grundsätzliches ........ 1
2. Annexkompetenzen ........ 6
3. Beweislast für zuständigkeitsbegründende Tatsachen ........ 7

**II. Internationaler Anwendungsbereich des Zuständigkeitsregimes**
1. Internationalität kraft Drittstaatenbezuges ........ 11
2. Reine Inlandssachverhalte ........ 13

**III. Keine Abweisung nach Ermessen des Gerichts trotz gegebenem Gerichtsstand (forum non conveniens)** ........ 14

**IV. Zusammenspiel zwischen der Brüssel I-VO und dem nationalen Recht** ........ 17

**V. Aufrechnung und Prozessaufrechnung** ........ 21

### I. Zuständigkeitssystem der Brüssel I-VO

#### 1. Grundsätzliches

Die Brüssel I-VO enthält in ihren Art 2-23 ein differenziertes und ausgefeiltes System 1
von Gerichtsständen. Für die internationale Zuständigkeit verdrängt sie Regelungen des nationalen Rechts vollständig. Als Gemeinschaftsrechtsakt genießt die Brüssel I-VO **Anwendungsvorrang** vor dem nationalen Recht. Der Rechtsanwender muss für die internationale Zuständigkeit zunächst von ihr ausgehen und sie befragen, was sie gebietet. Ihre Regeln sind Befolgungsregeln.[1]

---

[129] C *Kohler*, in: FS Reinhold Geimer (2002) 461, 469.

[1] H *Nagel/Gottwald* § 3 Rn 9.

2 Bei den Gerichtsständen sind drei Kategorien zu unterscheiden: allgemeine, besondere und ausschließliche Gerichtsstände. Der **allgemeine Gerichtsstand** am Wohnsitz des Beklagten nach Art 2 Abs 1 steht grundsätzlich für alle Ansprüche offen, für die keine anderweitige ausschließliche Zuständigkeit besteht. Die **besonderen Gerichtsstände** nach Art 5, 6 ergänzen als optionale Gerichtsstände für bestimmte Ansprüche den allgemeinen Gerichtsstand. Sie stehen neben diesem und, soweit sie sich sachlich überschneiden, auch nebeneinander. Sie bezeichnen jeweils den Anknüpfungspunkt, welcher den Sachverhalt bzw die Klage mit dem Forumstaat verbinden muss. **Ausschließliche Gerichtsstände** nach Art 22 bzw Art 23 verdrängen alle anderen Gerichtsstände. Neben ausschließlichen Gerichtsständen können nur andere ausschließliche Gerichtsstände existieren. Eine Gerichtsstandsvereinbarung nach Art 23 begründet grundsätzlich einen ausschließlichen Gerichtsstand, muss aber den ausschließlichen Gerichtsständen nach Art 22 weichen. Rügelose Einlassung seitens des Beklagten macht das angerufene Forum nach Art 24 grundsätzlich zuständig, es sei denn, es bestünde ein ausschließlicher Gerichtsstand nach Art 22 oder der Beklagte sei eine typischerweise schwächere Partei unter einem Schutzregime.[2]

3 Unter mehreren gleichermaßen gegebenen und miteinander kompatiblen Gerichtsständen darf der Kläger auswählen. Soweit die Brüssel I-VO ihm diese Auswahl eröffnet, ist also das sogenannte **forum shopping** zulässig und legitim. Im Gegenteil gehört es zur anwaltlichen Pflicht, die von der Brüssel I-VO eröffneten Möglichkeiten sorgfältig zu prüfen und die für den Mandanten günstigste Option auszuwählen.[3] Gerichtsstände sind formell zu beurteilen. Eine allgemeine Missbrauchseinrede, dass es für den Beklagten keinen Sinn mache, sich auf die Unbefugtheit des Forums zu berufen, ist nicht statthaft.[4]

4 Ein Charakteristikum der Brüssel I-VO sind **Schutzregimes** zum Vorteil typischerweise **schwächerer Parteien**. Es gibt drei solche Schutzregimes: Art 7-14 für Versicherungs-, Art 15-17 für Verbraucher- und Art 18-21 für Arbeitssachen. Diese Regimes sind jeweils grundsätzlich abschließend, nur ausdrücklich zugelassene andere Normen (Art 4, 5 Nr 5) kommen neben ihnen zur Anwendung. Außerdem ziehen sie in Art 13, 17, 21 abweichenden Gerichtsstandsvereinbarungen enge Grenzen. Sie verdrängen also das allgemeine Regime und weichen ihrerseits nur den ausschließlichen Gerichtsständen des Art 22.

5 Daraus ergibt sich für den praktischen Fall folgende **Prüfungsabfolge** innerhalb des Zuständigkeitssystems,[5] wobei man zur jeweils nächsten Stufe grundsätzlich nur kommt, wenn man die vorangegangenen Fragen verneint hat:[6]

---

[2] *Mankowski* IPRax 2001, 310. **AA** OLG Koblenz IPRax 2001, 334.

[3] Siehe nur *Kropholler*, in: Hdb IZVR I Kap III Rn 160; *ders*, in: FS Karl Firsching (1985) 165 f; *Siehr* ZfRV 1984, 124, 141 f; *Schack* MMR 2000, 135, 139; *Geimer* Rn 1096; *v Bar/Mankowski(-Mankowski)* IPR I² (2003) § 5 Rn 164.

[4] Entgegen Rb's-Hertogenbosch (Eindhoven) NIPR 2003 Nr 53 S 103.

[5] Siehe *MünchKommZPO/Gottwald* Art 2 EuGVÜ Rn 3 f; *Schlosser* Rn 10-13.

1. Besteht eine ausschließliche Zuständigkeit nach Art 22?
2. Greift ein Schutzregime nach Art 15 oder Art 18 oder Art 7?
3. Hat sich der Beklagte rügelos eingelassen im Sinne von Art 24?
4. Besteht eine exklusive Gerichtsstandsvereinbarung, die Art 23 genügt?
5. Hat der Beklagte seinen Wohnsitz Art 2 iVm Art 59 bzw Art 60 im EU-Gebiet (außer Dänemark)?
6. Wenn ja zu Frage 5: Hat der Beklagte im Forumstaat seinen Wohnsitz nach Art 2 Abs 1 iVm Art 59 bzw Art 60?
7. Ist einer der besonderen Gerichtsstände aus dem Katalog der Art 5, 6 gegeben?

Wird Frage 5 verneint, so kommt nach Art 4 Abs 1 das nationale Zuständigkeitsrecht des Forums zum Zuge, in dessen Rahmen allerdings EuGVÜ und LugÜ Vorrang beanspruchen.

**2. Annexkompetenzen**

Die Zuständigkeitstatbestände begründen die Zuständigkeit nicht nur für das eigentliche **Hauptverfahren**, sondern auch für **Annexverfahren** wie vorbereitende Stufen einer Stufenklage, unterstützende Auskunftsklagen oder das Kostenfestsetzungsverfahren.[7] Richtigerweise begründen sie auch korrespondierende Zuständigkeiten für Eilverfahren, welche den Gegenstand des Hauptverfahrens sichern sollen, jedenfalls soweit das nach Art 31 berufene nationale Prozessrecht einen Eilgerichtsstand der Hauptsachezuständigkeit kennt.[8] Das Zwangsvollstreckungsverfahren im engeren Sinne ist keine Annexkompetenz. Für es besteht eine eigene Zuständigkeitsregel in Art 22 Nr 5. Besonderheiten können sich über Verbundvorschriften im nationalen Verfahrensrecht für Unterhaltssachen ergeben.[9] 6

**3. Beweislast für zuständigkeitsbegründende Tatsachen**

Die **Beweislast** für die **zuständigkeitsbegründenden Tatsachen** trägt nach Maßgabe des nationalen Prozessrechts im Forumstaat der Kläger. Ihm obliegt der Nachweis, dass das von ihm angerufene Gericht auf Grund der gegebenen Tatsachen zuständig ist. Nach deutschem Prozessrecht trifft den Kläger insoweit die Darlegungs- wie die Beweislast. Das anzulegende Beweismaß darf zwar einerseits die Anforderungen nicht überspannen, aber andererseits auch die Interessen des Beklagten nicht vernachlässigen. An Hand nationaler Maßstäbe auf einen good arguable case zu reduzieren, dh auf 7

---

[6] Eine Ausnahme gilt für das Verhältnis zwischen den Fragen 2 und 3: Wenn die als stärker vermutete Partei (Unternehmer, Arbeitgeber, Versicherer) Beklagter ist, greift gegen sie auch Art 24.

[7] OLG Koblenz IPRax 1987, 24; *K Ost*, Doppelrelevante Tatsachen im Internationalen Zivilverfahrensrecht (2002) 214f.

[8] ÖstOGH JBl 1998, 392; Pres Rb Leeuwaarden S&S 2002 Nr 5 S 21; *Heß/G Vollkommer* IPRax 1999, 220, 221f.

[9] Siehe dazu KG IPRax 1999, 37 einerseits und G *Schulze* IPRax 1999, 21 andererseits.

ein Beweismaß der bloßen Glaubhaftmachung unterhalb eines Beweises unter Abwägung der Wahrscheinlichkeiten,[10] ist methodisch zweifelhaft.[11]

8 Manche **Tatsachen** sind **doppelrelevant**: Sie haben Bedeutung sowohl für die internationale Zuständigkeit als auch für Fragen der Begründetheit, namentlich die Anknüpfungspunkte im Internationalen Privatrecht. Sie bereits in der Zulässigkeit voll durchzuprüfen würde die Gewichte verschieben und die Zuständigkeitsprüfung in ihrem Umfang zu Lasten der Begründetheitsprüfung vergrößern. Aus diesem Gedanken heraus ist auch für das europäische Regime die *Lehre von den doppelrelevanten Tatsachen* entwickelt worden,[12] die besagt, dass die Tatsachen, die zuständigkeitsbegründend wirken, nur vom Kläger zu behaupten sind und erst in der Begründetheitsprüfung näher untersucht werden.[13] Der Kläger ist dann für die Zuständigkeitsfrage nicht zum vollen Beweis verpflichtet, selbst wenn der Beklagte das Vorliegen dieser Tatsache bestreitet (zB einer im angeblichen Gerichtsstand des Art 5 Nr 1 geltend gemachten Klage entgegenhält, zwischen den Parteien bestehe überhaupt kein Vertrag,[14] oder einer im Deliktsgerichtsstand des Art 5 Nr 3 anhängig gemachten Klage erwidert, es fehle an einem Delikt). Gründe des materiellen Rechts sollen nicht in die Zuständigkeit durchschlagen, und der Beklagte soll nicht durch bloße (Gegen-)Behauptungen den vom Kläger bezeichneten Gerichtsstand nehmen können.[15] Ein Sachurteil soll dem Beklagten zu Hilfe kommen, weil es eine weitere Klage an einem anderen Ort sperrt, was ein Prozessurteil mangels materieller Rechtskraft nicht vermöchte.[16]

9 Andererseits hat dies nicht zu unterschätzende **Nachteile für den Beklagten**. Er kann dann nämlich ein „Auswärtsspiel" zur Sache haben, dh er ist bei besonderen Gerichtsständen außerhalb seines Wohnsitzstaates gerichtspflichtig mit allen damit verbundenen Nachteilen. Diese besonderen, spezifisch auf die Zuständigkeit bezogenen Interessen bilden sich in der Begründetheitsprüfung nicht ab.[17] Zudem werden die eventuell zuständigkeitsbegründenden Tatsachen dort teilweise gar nicht, jedenfalls aber aus einem anderen Blickwinkel und mit anderer Gewichtung diskutiert.[18] Der Beklagte

---

[10] Dafür *Canada Trust Co v Stolzenberg (No 2)* [2000] 2 WLR 1376, 1387 (HL, per Lord *Steyn*), [1998] 1 WLR 547, 555-559 (CA, per *Waller* LJ); *Carnoustie Universal SA v International Transport Workers' Federation* [2002] 2 All ER (Comm) 657, 670-673 (QBD, Judge *Siberry* QC).

[11] Siehe OLG Hamm RIW 1999, 540; *Schlosser* Rn 8.

[12] Siehe nur BGH NJW 1987, 592, 594; BGHZ 124, 237, 240; BGE 122 III 249; OLG München TranspR 1997, 33; OLG Karlsruhe IPRspr 1997 Nr 161 S 330; HG Zürich SZIER 1996, 75 m Anm *Volken; MünchKommZPO/P Gottwald* Art 19 EuGVÜ Rn 3.

[13] Eingehend *E Schumann*, in: FS Heinrich Nagel (1987) 402 *K Ost* (Fn 7).

[14] Vgl EuGH Rs 38/81 *Effer SpA/Hans-Joachim Kantner* EuGHE 1982, 825, 834f Rn 7.

[15] EuGH Rs C-269/95 *Francesco Benincasa/Dentalkit srl* 1997 I 3767, 3798 Rn 29 = JZ 1998, 896 m Anm *Mankowski*.

[16] *Stein/Jonas/E Schumann* ZPO I: §§ 1-90 ZPO[21] (1993) § 1 ZPO Rn 21 g-h; *Gottwald* IPRax 1995, 75f mwN.

[17] *Mankowski* MMR 2002, 817, 818.

[18] *Mankowski* MMR 2002, 817, 818.

nimmt dagegen dem Kläger durch Gegenbehauptung nicht den Gerichtsstand als solchen, sondern nur die Bequemlichkeit, dessen Voraussetzungen nicht beweisen zu müssen. Man wäre in einem passenden Kompromiss vielmehr diesseits der bloßen Behauptung bei einer Prüfung des äußeren Tatbestandes der Anknüpfungstatsachen.[19] Schließlich stellte man mit einer Lehre von doppelrelevanten Tatsachen die Zuständigkeitsprüfung teilweise der Ausgestaltung des nationalen IPR anheim und gelangte so zu einer uneinheitlichen Handhabung. Jene Lehre muss in jedem Fall Art 26 weichen.[20]

## II. Internationaler Anwendungsbereich des Zuständigkeitsregimes

### Schrifttum

*Aull*, Der Geltungsanspruch des EuGVÜ: „Binnensachverhalte" und Internationales Zivilverfahrensrecht in der Europäischen Union (1996)
*Benecke*, Die teleologische Reduktion des räumlich-persönlichen Anwendungsbereichs von Art 2 ff und Art 17 EuGVÜ (Diss Bielefeld 1993)
*Bernasconi/Gerber*, Der räumlich-persönliche Anwendungsbereich des Lugano-Übereinkommens, SZIER 1993, 39
*Chalas*, L'exercice discrétionnaire de la compétence juridictionelle en droit international privé (Aix/Marseille 2000)
*Coester-Waltjen*, Die Bedeutung des EuGVÜ und des Luganer Abkommens für Drittstaaten, in: FS Hideo Nakamura (Tokyo 1996) 89
*Gebauer*, Drittstaaten- und Gemeinschaftsbezug im europäischen Recht der internationalen Zuständigkeit, ZEuP 2001, 943
*Geimer*, Ungeschriebene Anwendungsgrenzen des EuGVÜ: Müssen Berührungspunkte zu mehreren Vertragsstaaten bestehen?, IPRax 1991, 31
*Grolimund*, Drittstaatenproblematik des europäischen Zivilverfahrensrechts (2000)
A *Staudinger*, Vertragsstaatenbezug und Rückversicherungsverträge im EuGVÜ, IPRax 2000, 483.

Art 2 und darauf aufbauend Art 3, 5-21 haben zur Grundvoraussetzung, dass der **Beklagte** seinen **Wohnsitz** bzw Sitz **in einem Mitgliedstaat** hat. Herkunft und Wohnsitz des Klägers spielen dagegen keine Rolle.[21] Art 22, 23 (sowie Art 24, wenn man ihn als stillschweigenden Prorogationstatbestand versteht) legen ihren internationalen Anwendungsbereich jeweils selbst fest und rekurrieren nicht auf die Grundregel des Art 2. 10

### 1. Internationalität kraft Drittstaatenbezuges

Umstritten ist, ob über den Wortlaut des Art 2 Abs 1 hinaus weitere Voraussetzungen erfüllt sein müssen, damit die Art 2-21 anwendbar sind. Diskutiert wird das Erfordernis eines **Bezuges zu einem weiteren Vertragsstaat**, um so Sachverhalte mit Drittstaaten- 11

---

[19] *Geimer* WM 1986, 117, 119.

[20] *Bettinger/Thum* GRUR Int 1999, 659, 668; *Mankowski* MMR 2002, 817, 818.

[21] EuGH Rs C-412/98 *Group Josi Reinsurance Co SA/Universal General Insurance Co (UGIC)* EuGHE 2000 I 5925, 5952-5958 Rn 33-61; *Schlosser*, in: FS Winfried Kralik (Wien 1986) 287, 289; *Fentiman* (2001) CLJ 10, 13.

bezug auszugrenzen.[22] Richtigerweise sollte man jedoch beim Wortlaut des Art 2 stehen bleiben und einen Gegenschluss aus dem Beginn von Art 5, 6 ziehen: Soweit die Brüssel I-VO für ihre Zuständigkeitstatbestände weitere Anwendungsvoraussetzungen in internationaler Hinsicht verlangt, benennt sie diese ausdrücklich. Auf den Kläger und dessen persönliche Merkmale kommt es gerade nicht an. Der Wortlaut der Norm hat in beiderlei Hinsicht Garantiefunktion: Der in der EU-ansässige Beklagte darf sicher sein und darauf vertrauen, nur nach der VO gerichtspflichtig zu werden, und der Kläger kann sicher sein, dass er einen Gerichtsstand nach der VO hat, wenn der Beklagte in der EU ansässig ist. Dies begründet beiderseitig schützenswertes Vertrauen, das nicht über eine teleologische Reduktion enttäuscht werden sollte. Rechtsschutz und Rechtssicherheit für die Binnenmarktbürger als potenzielle Beklagte allein wäre Anlass genug. Schon ihre Ansässigkeit verankert den Sachverhalt hinreichend im Binnenmarkt und stellt eine tragfähige Verbindung her.[23]

Die weite Auslegung gewährleistet im größtmöglichen Umfang Rechtsschutz durch Gerichtsstände für Binnenmarktbürger.[24]

12 Mit der **Präambel des EuGVÜ** und der dortigen Bezugnahme in Abs 3 auf die Erleichterung des Rechtsverkehrs gerade zwischen den Vertragsstaaten, die so in den Erwägungsgründen der Brüssel I-VO nicht wiederkehrt, ist zudem eine Stütze der restriktiven Ansicht entfallen.[25] Im Gegenteil weist Erwägungsgrund (8) sogar deutlich in Richtung des wörtlichen Verständnisses.[26] Integrations- und binnenmarktfreundlicher ist die weite Auslegung zudem.[27] Gleichermaßen gebietet nämlich der effet utile der VO im Interesse leichter und sicherer Erkennbarkeit wie Handhabbarkeit, beim klaren Wortlaut stehen zu bleiben und sich nicht in Reduktionsversuche zu verstricken.[28] Das Problem jeder teleologischen Reduktion besteht darin, dass sie kaum in der Lage ist, handhabbare und offensichtliche Eingrenzungskriterien anzuführen, und so enorme Rechtsunsicherheit produziert.[29] Des Weiteren passt die weite Auslegung sich besser in die Gesamtentwicklung des europäischen Internationalrechts ein.[30] Daher sind auch

---

[22] Dafür zB BGHZ 109, 29, 34; *Benecke* 113-115; *Wieczorek/Schütze/Hausmann* Vor Art 2 EuGVÜ Rn 10; *Schack* Rn 240f.

[23] *Leclerc* Clunet 129 (2002) 623, 625.

[24] *Senff*, Wer ist Verbraucher im internationalen Zivilprozess? (2001) 231f.

[25] C *Thiele* RIW 2002, 696, 698. Skeptisch *Schack* Rn 241.

[26] *Hausmann* EuLF 2000/01, 40, 43f; *Vogenauer* IPRax 2001, 253, 254 Fn 6; *Gebauer* ZEuP 2001, 943, 954; C *Thiele* RIW 2002, 696, 698f.

[27] A *Staudinger* IPRax 2000, 483, 485 sowie *Coester-Waltjen*, in: FS Hideo Nakamura (Tokyo 1996) 89, 109f.

[28] EuGH Rs C-412/98 *Group Josi Reinsurance Co SA/Universal General Insurance Co (UGIC)* EuGHE 2000 I 5925, 5952 Rn 35; *Leclerc* Clunet 129 (2002) 623, 626.

[29] Siehe nur *Geimer* IPRax 1991, 31, 32; *Heß* IPRax 1992, 358, 359; *Gebauer* ZEuP 2001, 943, 953.

[30] A *Staudinger* IPRax 2000, 483, 485.

Sachverhalte, die ihre Internationalität nur aus ihrem Drittstaatenbezug gewinnen, von Art 2 grundsätzlich erfasst.[31]

## 2. Reine Inlandssachverhalte

Die andere Abgrenzungslinie ist diejenige zu reinen Binnen-, dh **Inlandssachverhalten** 13
ohne realen Auslandsbezug. Die Zuständigkeitsordnung der Brüssel I-VO findet richtigerweise keine Anwendung auf reine Inlandssachverhalte.[32] Die VO befasst sich nämlich nur mit der Erleichterung des grenzüberschreitenden Rechtsverkehrs. Zusätzliche Argumente liefern Erwägungsgrund (2), der nur von der internationalen Zuständigkeit spricht, und sein Vorläufer in Präambel Abs 4 EuGVÜ.[33] Auch die Materialien zum EuGVÜ grenzen Inlandssachverhalte aus.[34] Inlandssachverhalte sind namentlich durch den Wohnsitz/Sitz aller Parteien in demselben Staat und das Fehlen relevanter, konkret ins Forumsausland weisender Anknüpfungstatsachen gekennzeichnet. Soweit man, wesentlich um Abgrenzungsfragen aus dem Weg zu gehen, Inlandssachverhalte von der Brüssel I-VO erfasst sieht,[35] gelangt man über Art 2 Abs 1, 2 auch zur örtlichen Zuständigkeit nach nationalem Recht. Praktisch wirkt sich die Abgrenzung daher kaum aus.[36]

## III. Keine Abweisung nach Ermessen des Gerichts trotz gegebenem Gerichtsstand (forum non conveniens)

### Schrifttum

*Erwand*, Forum non conveniens und EuGVÜ (1996)

*Fentiman*, Ousting Jurisdiction and the European Conventions, (2000) 3 Cambridge Yb Eur Leg Stud 107

*Gaudemet-Tallon*, Le „forum non conveniens", une menace pour la convention de Bruxelles?, Rev crit 80 (1991) 491

*P Huber*, Forum non conveniens und EuGVÜ, RIW 1993, 977

*ders*, Die englische forum non conveniens-Doktrin und ihre Anwendung im Rahmen des Europäischen Gerichtsstands- und Vollstreckungsübereinkommens (1994)

*C Kohler*, Staatsvertragliche Bindungen bei der Ausübung internationaler Zuständigkeit und richterliches Ermessen, in: FS Franz Matscher (Wien 1993) 251

*Lupoi*, Convenzione di Bruxelles ed esercizio discrezionale della giurisidizione, Riv trim dir proc civ 1995, 997

---

[31] Siehe nur OLG Hamm IPRspr 1988 Nr 203; *Coester-Waltjen*, in: FS Hideo Nakamura (Tokyo 1996) 89, 110; *Aull* 143 f, 153; *Geimer/Schütze*, EuZVR Einl Rn 122-124, Art 2 EuGVÜ Rn 73 f; *A Staudinger* IPRax 2000, 483, 485; *Grolimund* Rn 165-407; *Beraudo* Clunet 128 (2001) 1033, 1038; *Kropholler* Rn 8.

[32] Siehe nur östOGH JBl 2000, 603, 604; östOGH JBl 2002, 250; *Schack* Rn 239; *Czernich/Tiefenthaler/Kodek/Czernich* Art 1 Rn 4.

[33] *Schack* Rn 239.

[34] Bericht *Jenard* Zu Art 1 EuGVÜ Anm I.

[35] Dafür vor allem *Geimer/Schütze* EuZVR Art 2 EuGVÜ Rn 65-70; *Aull*.

[36] *Droz* Nr 31; *Bernasconi/Gerber* SZIER 1993, 39, 47; *Benecke* 53.

*North*, The Brussels Convention and Forum Non Conveniens, IPRax 1992, 183

*Queirolo*, Forum non conveniens e Convenzione di Bruxelles: un rapporto possibile?, Riv dir int priv proc 1996, 673

C *Thiele*, Forum non conveniens im Lichte europäischen Gemeinschaftsrechts, RIW 2002, 696.

14 Das Gerichtsstandsregime der Brüssel I-VO hat auch eine **Garantiefunktion zu Gunsten des Klägers**. Wenn einer der dort genannten Gerichtsstände eröffnet ist, hat der Kläger die Garantie, vor dem betreffenden Gericht gehört zu werden. Die Abwägung, ob der Sachverhalt eine hinreichende Verbindung mit dem betreffenden Forum hat, ist bereits abstrakt gefallen, indem der betreffende Gerichtsstand geschaffen wurde.[37] Die in den einzelnen Gerichtsständen genannten Verbindungen zum Forum begründen eine hinreichende Verbindung. Sie stehen nicht unter Abwägungsvorbehalt. Sie begründen keine widerleglichen Vermutungen, sondern feste Tatbestände. Hinter einem System fester Gerichtsstände steht bei entsprechender Ausgestaltung des nationalen Verfassungsrechts zudem die Garantie des gesetzlichen Richters.

15 Sind die Anknüpfungstatsachen für einen einschlägigen Gerichtsstand begründet, so hat das angerufene Gericht den Fall zu entscheiden. Es kann die Klage **nicht** aus seinem **Ermessen** heraus abweisen oder aussetzen, weil es engere Verbindungen zu einem anderen Forum sieht und dieses für besser geeignet hält, den Rechtsstreit zu entscheiden. Entsprechendes Ermessen gewährt englischen Gerichten nach ihrem nationalen Prozessrecht die Doktrin vom *forum non conveniens*.[38] Sie gilt nicht für Fälle, die von der Brüssel I-VO erfasst werden.[39] Der Kläger soll das volle Wahlrecht unter den Gerichtsständen haben, welche die VO ihm zur Verfügung stellt, und es soll keine Gefahr negativer Kompetenzkonflikte geben, dass im Extremfall überhaupt kein Gericht den Fall entscheiden wollte.[40] Dies gilt auch, wenn der Kläger in einem Drittstaat ansässig ist.[41] Anderenfalls brächte man eine ungerechtfertigte Spaltung in das VO-

---

[37] C *Kohler*, in: FS Franz Matscher (Wien 1993) 251, 261.

[38] Leading case ist *Spiliada Maritime Corp v Consulex Ltd* [1987] AC 460, 476-478 (HL, per Lord *Goff of Chieveley*). Eingehend insbesondere *P Huber* 87-155.

[39] Siehe nur *Boss Group Ltd v Boss Group France SA* [1996] 4 All ER 970, 976 (CA, per *Saville* LJ); *S&W Berisford plc v New Hampshire Insurance Co* [1990] 2 All ER 321, 332 (QBD, *Hobhouse* J); *Arkwright Mutual Insurance Co v Brynston Insurance Co Ltd* [1990] 2 All ER 335, 345 (QBD, *Potter* J); *Aiglon Ltd and L'Aiglon SA v Gau Shan Co Ltd* [1993] 1 Lloyd's Rep 164, 175 (QBD, *Hirst* J); *Pearce v Ove Arup Partnership* [1998] ILPr 10, 21 (Ch D, *Lloyd* J); *DC v WOC* [2001] 2 IR 1, 4 f (High Ct Ireland, *Finnegan* J); *Turkki* (1996) 21 ELRev 421; *Brandt* 37 Texas Int'l LJ 467, 489 (2002); C *Thiele* RIW 2002, 696 sowie *Airbus Industrie v Patel* [1998] 2 All ER 257, 263 (HL, per Lord *Goff of Chieveley*). Vorlage an den EuGH durch *Andrew Owusu v Nugent Jackson* [2002] ILPr 813 (CA) = RIW 2002, 721 LS zur Rs C-281/02.

[40] *Kropholler* Rn 20.

[41] Entgegen *Hartley* (1992) 17 ELRev 553, 555.

Regime.[42] Feste, abstrakte Sicherheit gewährende Regeln und konkretes Ermessen schließen sich wechselseitig aus.[43]

Soweit **Art 4** auf das **nationale Prozessrecht** verweist, weil der Beklagte seinen Wohnsitz in einem Drittstaat hat, kann die Doktrin vom *forum non conveniens* als Teil des nationalen Prozessrechts zur Anwendung kommen.[44] Ob in einem anderen EU-Mitgliedstaat ein Gerichtsstand nach dessen nationalem Prozessrecht besteht, ist dabei unerheblich.[45] 16

## IV. Zusammenspiel zwischen der Brüssel I-VO und dem nationalen Recht

Die Brüssel I-VO regelt in ihrem Titel II **unmittelbar die internationale Zuständigkeit** für Streitigkeiten, die sachlich und international in ihren Anwendungsbereich fallen. Diese Regelung ist für die erfassten Sachverhalte abschließend. Titel II schließt insoweit die Anwendung aller nationalen Zuständigkeitsvorschriften aus. Dies gilt auch, soweit nationale Zuständigkeitsvorschriften (wie zB § 22 ZPO) Wertungen umsetzen wollen, die sich in der Brüssel I-VO nicht in gleichem Umfang wiederfinden.[46] Es ist auch nicht statthaft, die Zuständigkeitsgründe des nationalen Rechts subsidiär zu prüfen, nachdem man festgestellt hat, dass im Inland für einen von der Brüssel I-VO erfassten Fall kein Gerichtsstand nach der Brüssel I-VO besteht.[46a] Neben der Brüssel I-VO hat das nationale Recht der internationalen Zuständigkeit nur Platz, soweit es um von der Brüssel I-VO sachlich nicht geregelte Sachverhalte mit spezifischem Drittstaatenbezug (namentlich mit Wohnsitz des Beklagten im Drittstaat nach Art 4 Abs 1) geht. Rein interne Sachverhalte werden von der Brüssel I-VO ebenfalls nicht erfasst (Rn 13), werfen aber letztlich keine relevanten Fragen der internationalen Zuständigkeit auf. 17

Für die **örtliche Zuständigkeit** kommt das nationale Recht wiederum nur zum Zuge, soweit die Brüssel I-VO diese nicht bereits selbst regelt. So dienen §§ 12ff ZPO zur Bestimmung der örtlichen Zuständigkeit, wenn sich die internationale Zuständigkeit aus 18

---

42 C *Thiele* RIW 2002, 696, 699f.

43 C *Kohler*, in: FS Franz Matscher (Wien 1993) 251, 261.

44 *Lubbe v Cape plc* [2000] 1 WLR 1545, 1553f (HL, per Lord *Bingham of Cornhill*); *In re Harrods (Buenos Aires) Ltd (No 2)* [1992] Ch 77, 93-98, 101-103 (CA, per *Dillon*, *Bingham* LJJ); *The „Nile Rhapsody„* [1994] 1 Lloyd's Rep 382, 388-390 (CA, per *Neill* LJ); *Sarrio SA v Kuwait Investment Authority* [1997] 1 Lloyd's Rep 113, 124, 126, 129 (CA, per *Evans*, *P Gibson*, *Brooke* LJJ); *Haji-Ioannou v Frangos* [1999] 2 Lloyd's Rep 337, 347 (CA, per Lord *Bingham of Cornhill* CJ); *Eli Lilly & Co v Novo Nordisk AS* [2000] ILPr 73 (CA); *Ace Insurance Co v Zurich Insurance Co* [2001] 1 Lloyd's Rep 618, 622-626 (CA, per *Rix* LJ); *The „Xin Yang"* [1996] 2 Lloyd's Rep 217, 222 (QBD, *Clarke* J); vgl auch *Intermetal Group Ltd & Trans-World (Steel) Ltd v Worslade Trading Ltd* [1998] ILPr 746,758f (High Ct Ireland, *O'Sullivan* J).

45 *Kropholler* Rn 20.

46 OLG Naumburg NZG 2000, 1218, 1219.

46a *Mankowski* VuR 2001, 259, 260f.

Art 2 ergibt. Dagegen regeln die Tatbestände der Art 5 (außer Nr 6), 6 sowie grundsätzlich Art 23 nicht nur die internationale, sondern auch die örtliche Zuständigkeit. Die Differenzierung ergibt sich daraus, ob der einschlägige Zuständigkeitstatbestand die Gerichte eines bestimmten Staates oder das Gericht eines bestimmten Ortes als zuständig benennt. Soweit eine Klage zwar in einem richtigen Staat, jedoch bei einem nach Art 5, 6 örtlich unzuständigen Gericht erhoben wird, ist eine innerstaatliche Verweisung an das örtlich zuständige Gericht nach Maßgabe des nationalen Prozessrechts, in Deutschland nach § 281 ZPO, möglich.[47]

19 Das nationale Zuständigkeitsrecht kommt dagegen neben der Brüssel I-VO zur Anwendung für Fragen der **sachlichen und der funktionalen Zuständigkeit** sowie des **Rechtswegs.**[48] Die Brüssel I-VO ist eben kein umfassendes europäisches Zivilprozessrecht und regelt weder den Gerichtsaufbau noch die Zuständigkeitsverteilung zwischen den Gerichtsarten und -typen. Das nationale Prozessrecht gibt erst recht für die weiteren Zulässigkeitsvoraussetzungen einschließlich der Statthaftigkeit bestimmter Klagarten maß.[49]

20 Nationale Verfahrensregeln dürfen allerdings nicht dazu führen, dass die Zuständigkeitsregeln der Brüssel I-VO eingeschränkt würden, also an Effektivität verlören.[50] Diese **Effektivitätsprinzip** sperrt im EU-Raum zB *anti-suit injunctions.*[51] Anti-suit injunctions sind Verbote der Klagerhebung oder Verfahrensfortführung vor ausländischen Gerichten, wie englische Gerichte sie gern einsetzen, insbesondere um Gerichtsstands- oder Schiedsklauseln zu Gunsten Londoner Entscheider zur Geltung zu verhelfen.[52] Denn mit ihnen würde über anreizgesteuertes Parteiverhalten die Zuständigkeitsregelung teilweise leer laufen. Positive Kompetenzkonflikte zwischen mehreren Staaten löst die Brüssel I-VO nur mit dem Instrumentarium der Art 27-30. Andere Wege zur Vermeidung von Verfahrenskonflikten kennt sie nicht.

---

[47] LG Berlin IPRax 1996, 416; *Rüßmann* IPRax 1996, 402; *Czernich/Tiefenthaler/Kodek/Czernich/Tiefenthaler* Einl Rn 45.

[48] Siehe nur *MünchKommZPO/Gottwald* Art 2 EuGVÜ Rn 12; *Czernich/Tiefenthaler/Kodek/Czernich/Tiefenthaler* Einl Rn 44.

[49] Siehe nur EuGH Rs C-365/88 *Kongressagentur Hagen GmbH/Zeebrugge BV* EuGHE 1990 I 1845, 1865 f Rn 17-19.

[50] EuGH Rs 288/82 *Ferdinand Duijnstee/Lodewijk Goderbauer* EuGHE 1983, 3671, 3674 f Rn 13 f; EuGH Rs C-365/88 *Kongressagentur Hagen GmbH/Zeebrugge BV* EuGHE 1990 I 1845, 1866 Rn 20.

[51] Siehe nur *van Houtte* (1997) 13 Arb Int 85, 92. Die Frage liegt dem EuGH seit *Turner v Grovit* [2002] 1 WLR 107 (HL) zur Rs C-150/02 vor. Diskussion aus angloamerikanischer Sicht bei *Bell* (1994) 110 LQR 204; *Hartley* (2000) 49 ICLQ 166; *M E Wilson* 36 Cornell Int'l LJ 207 (2003).

[52] Siehe zB *Continental Bank NA v Aeakos Compania Naviera SA* [1994] 1 WLR 588 (CA); *The „Angelic Grace"* [1995] 2 Lloyd's Rep 87 (CA); *Toepfer International GmbH* v *Société Cargill France* [1998] 1 Lloyd's Rep 379 (CA); *OT Africa Line Ltd v Fayad Hijazy* [2002] ILPr 189 (QBD, *Aikens* J).

## V. Aufrechnung und Prozessaufrechnung

**Schrifttum**

*Bacher*, Zuständigkeit nach EuGVÜ bei Prozessaufrechnung, NJW 1996, 2140
*Bork*, Die Aufrechnung des Beklagten im internationalen Zivilverfahren, in: FS Kostas Beys (Athen, 2003) 119
*Busse*, Aufrechnung bei internationalen Prozessen vor deutschen Gerichten, MDR 2001, 729
*Coester-Waltjen*, Die Aufrechnung im internationalen Zivilprozessrecht, in: FS Gerhard Lüke (1997) 35
*Eickhoff*, Inländische Gerichtsbarkeit und internationale Zuständigkeit für Aufrechnung und Widerklage (1985)
*Gebauer*, Internationale Zuständigkeit und Prozessaufrechnung, IPRax 1998, 79
*U P Gruber*, Ungeklärte Zuständigkeitsprobleme bei der Prozessaufrechnung, IPRax 2002, 285
*Kannengießer*, Die Aufrechnung im internationalen Privat- und Prozessrecht (1998)
*Mankowski*, Urteilsanm, ZZP 109 (1996) 376
*Merlin*, Riconvenzione e compensazione al vaglio delle Corte di Giustizia – una nozione communitaria di „eccezione"?, Riv dir proc 1999, 48
*H Roth*, Aufrechnung und internationale Zuständigkeit nach deutschem und europäischem Prozessrecht, RIW 1999, 819
*Rüßmann*, Die internationale Zuständigkeit für Widerklage und Prozessaufrechnung, in: FS Akira Ishikawa (2001) 455
*G Wagner*, Die Aufrechnung im Europäischen Zivilprozessrecht, IPRax 1999, 65.

Die **Prozessaufrechnung** ist keine Klage, sondern nur ein Verteidigungsmittel. Insbesondere ist sie **keine Widerklage** im Sinne von Art 6 Nr 3[53] und macht den Aktivanspruch nicht rechtshängig.[54] Ein Verteidigungsmittel ist gleichsam quasi-akzessorisch zur Klage. Es bedarf keiner eigenen Zuständigkeit, da es sich nicht um eine aktive Geltendmachung im Klagewege handelt. Le juge de l'action est le juge de l'exception.[55] Es geht nur um Ob oder Höhe des Klagerfolgs, eine nachgerade numerische Frage.[56] Daher ist nicht zu verlangen, dass das Forum für die Geltendmachung der Aktivforderung hypothetisch zuständig wäre, wenn diese nicht im Wege der Aufrechnung, sondern im Klagewege erfolgte.[57] Dem nationalen Prozessrecht ist zwar überlassen, welche Verteidigungsmittel es kennt und unter welchen Voraussetzungen.[58] Damit steht aber nicht 21

---

[53] EuGH Rs C-241/93 *DanvaeRn Production AS/Schuhfabriken Otterbeck GmbH & Co* EuGHE 1995 I 2053, 2076f Rn 14-18; *Kannengießer* 162-167.

[54] EuGH Rs C-111/01 *Gantner Electronic GmbH/Basch Exploitatie Maatschappij BV* Rn 25-30.

[55] LG Köln RIW 1997, 956f; *Geimer* EuZW 1995, 639, 640; *Mankowski* ZZP 109 (1996) 376, 384; *Stadler*, in: FG 50 Jahre BGH (2000) III 645, 662; *Busse* MDR 2001, 729, 730f. Vorsichtiger *Kannengießer* 167-169. Wie hier *Rauscher/Leible* Art 6 Rn 32.

[56] *Michinel Álvarez* REDI 1996, 1, 317, 318.

[57] Dafür aber zB BGH NJW 1993, 2753, 2755; OLG Celle IPRax 1999, 456, 457; LG Frankfurt/M NJW-RR 1994, 1264; LG Berlin IPRax 1998, 97, 100; *Eickhoff* 185f; *Geimer* IPRax 1986, 208, 212; *Leipold* ZZP 107 (1994) 216, 223; *Wieczorek/Schütze/Hausmann* Art 6 EuGVÜ Rn 38, 40. Bewusst offen lassend BGH IPRax 2002, 299, 301.

[58] EuGH Rs C-241/93 *DanvaeRn Production AS/Schuhfabriken Otterbeck GmbH & Co* EuGHE 1995 I 2053, 2076 Rn 13.

offen, sie als Klagen zu behandeln und eine *hypothetische Zuständigkeit* zu fordern,[59] weil man damit aus dem Bereich der Verteidigungsmittel in jenen der Klagen hinüberwechselte.[60] Denn die VO verweist nur für Verteidigungsmittel auf das nationale Recht, nicht aber für Klagen und Klagentsprechungen, die sie selber regeln will.[61] Sie verschließt aber den Weg, Verteidigungsmittel national als Klagen zu behandeln und trotzdem nicht der VO unterliegen zu lassen. Insoweit erhebt sie einen exkludierenden Anspruch.[62] Die Frage liegt nicht etwa außerhalb des sachlichen Anwendungsbereichs der VO,[63] denn es handelt sich um eine Zuständigkeitsfrage in einer Zivilsache.

22 Anderenfalls bereitete man auch jenen Rechtsordnungen Probleme, nach deren materiellem Recht eine **Legalkompensation** stattfindet, also von Rechts wegen mit Eintritt der Aufrechnungslage verrechnet wird.[64] In ihnen ist die Aufrechnungseinrede keine Ausübung eines Gestaltungsrechts, sondern eine Einrede ganz ähnlich der Erfüllungseinrede.[65] Zudem müsste man für eine internationale Zuständigkeit, da ja die Brüssel I-VO nicht greift, entweder auf das nationale IZPR überwechseln und so eigentlich den monopolistischen Regelungsanspruch der VO unterlaufen oder die VO entgegen ihrem eigenen Anspruch auf ein Verteidigungsmittel anwenden müssen.[66] Beides überzeugt systematisch nicht. Auf die internationale Zuständigkeit als Voraussetzung zu verzichten, führt dagegen zu Harmonie zwischen Prozess- und materiellem Recht und vermeidet materielle Nachteile für den Beklagten.[67] Relevante Zuständigkeitsinteressen des Klägers werden dagegen nur begrenzt beeinträchtigt: Dieser muss sich seinerseits gegen die Aufrechnung in einem Forum wehren, das er selber ausgesucht hat.[68] Differenzierungen zwischen konnexen und inkonnexen, liquiden und illiquiden, bestrittenen und unbestrittenen Aktivforderungen[69] zu vermeiden, soweit sie nach nationalem Prozessrecht im Wege der Aufrechnung eingesetzt werden können und nicht auf den Weg der Widerklage verwiesen sind, ist ein weiterer Vorteil der strikten Lösung. Soweit nationale Prozessrechte die Prozessaufrechnung als Institut nicht kennen oder nur begrenzt einsetzen und den Beklagten in die Widerklage zwingen, ist dies eine andere Gestaltung und dementsprechend anders zu behandeln. Brüche in der Handhabung entstehen dadurch nicht.[70]

---

59 So aber *Jayme/C Kohler* IPRax 1995, 343, 349.

60 *Mankowski* ZZP 109 (1996) 376, 383 sowie *Gebauer* IPRax 1998, 79, 85 f.

61 *Mankowski* ZZP 109 (1996) 376, 382; *Kannengießer* 182.

62 Entgegen G *Wagner* IPRax 1999, 65, 67; *Bork*, in: FS K Beys (2003) 119.

63 So aber *H Roth* RIW 1999, 819, 820 f.; *U P Gruber* IPRax 2002, 285, 287.

64 Siehe *Mankowski* ZZP 109 (1996) 376, 387 f

65 Siehe nur Cass civ JCP 1966 II 14534.

66 Siehe *Coester-Waltjen*, in: FS Gerhard Lüke (1997) 35, 47 f.

67 *Mankowski* ZZP 109 (1996) 376, 389 f; *Kannengießer* 172-175; *Stadler*, in: FG 50 Jahre BGH (2000) III 645, 662 f; *Rüßmann*, in: FS Akira Ishikawa (2001) 455, 468.

68 *Mankowski* ZZP 109 (1996) 376, 387 f; G *Wagner* IPRax 1999, 65, 74.

69 Wie G *Wagner* IPRax 1999, 65, 71-75; *Rüßmann*, in: FS Akira Ishikawa (2001) 455, 466-468 und auch *Bork*, in: FS K Beys (2003) 119, 125-129 sie anstellen.

70 *Mankowski* ZZP 109 (1996) 376, 383; *Kannengießer* 183.

## Artikel 2

**(1) Vorbehaltlich der Vorschriften dieser Verordnung sind Personen, die ihren Wohnsitz im Hoheitsgebiet eines Mitgliedstaats haben, ohne Rücksicht auf ihre Staatsangehörigkeit vor den Gerichten dieses Mitgliedstaats zu verklagen.**
**(2) Auf Personen, die nicht dem Mitgliedstaat, in dem sie ihren Wohnsitz haben, angehören, sind die für Inländer maßgebenden Zuständigkeitsvorschriften anzuwenden.**

### I. Grundsätzliches

1 Art 2 ist die Zentralvorschrift im Gerichtsstandssystem der Brüssel I-VO und markiert den **allgemeinen Gerichtsstand** des Beklagten. Er legt dafür eine Wohnsitzanknüpfung fest und verbietet eine Staatsangehörigkeitsanknüpfung. Damit garantiert er allen in einem Mitgliedstaat Ansässigen einen allgemeinen Passivgerichtsstand in ihrem Wohnsitzstaat.[1] Dies erstreckt sich auch auf Angehörige von Drittstaaten, soweit sie nur ihren Wohnsitz im EU-Gebiet haben. Die Staatsangehörigkeit des Beklagten ist für die internationale Zuständigkeit unerheblich. Außerdem garantiert er potentiellen Beklagten, dass sie außerhalb ihres Wohnsitzstaates nur nach Maßgabe ausdrücklich normierter anderer Zuständigkeitsgründe gerichtspflichtig werden können. Damit enthält er die Grundphilosophie der Brüssel I-VO.[2] Die Grundmaxime lautet: **actor sequitur forum rei**. Dies dient wesentlich dem Beklagtenschutz und der effektiven Verteidigung potenzieller Beklagter.[3]

2 Den **Anknüpfungspunkt Wohnsitz** füllen Art 59, 60 aus, Art 59 für natürliche Personen und Art 60 für juristische Personen und Gesellschaften sowie ähnliche Gebilde. Dabei bedient sich der Gemeinschaftsgesetzgeber unterschiedlicher Techniken, nämlich einer Verweisung auf das nationale Recht in Art 59 und einer autonomen, an Art 48 EGV angelehnten Regelung in Art 60. Der Wohnsitz ist vom gewöhnlichen Aufenthalt strikt zu trennen: Der Wohnsitz ist ein normatives, der gewöhnliche Aufenthalt ein faktisches Kriterium. Art 2 knüpft bewusst an den Wohnsitz an und verwirft weiterhin eine Anknüpfung an den gewöhnlichen Aufenthalt.[4]

### II. Einzelheiten

3 **Maßgeblicher Zeitpunkt** für die Antwort auf die Frage, ob der Beklagte seinen Wohnsitz in einem Mitgliedstaat hat und, wenn ja, in welchem, soll die Rechtshängigkeit der

---

[1] Rechtspolitisch kritisch wegen angeblicher Streitgegenstandsferne *B Buchner*, Kläger- und Beklagtenschutz im Recht der internationalen Zuständigkeit (1998) 50-94, 146-151.

[2] Treffend *Knauf UK GmbH* v *British Gypsum Ltd* [2001] 2 All ER (Comm) 960, 973 (CA, per *Henry* LJ); *Pearce v Ove Arup Partnership* [1997] ILPr 10, 15 (Ch D, *Lloyd* J).

[3] Siehe nur EuGH Rs C-412/98 *Group Josi Reinsurance Co SA/Universal General Insurance Co (UGIC)* EuGHE 2000 I 5925, 5952 Rn 35.

[4] Siehe nur *Fricke* VersR 1999, 1055, 1056; *C Kohler*, in: *Gottwald* (Hrsg), Revision des EuGVÜ/Neues Schiedsverfahrensrecht (2000) 1, 9; *MünchKommZPO/Gottwald* Rn 1.

Klage sein.[5] Überzeugender ist es, bereits auf die Anhängigkeit der Klage abzustellen.[6] Der Kläger muss im Zeitpunkt der Klagerhebung beurteilen können und dürfen, ob die zuständigkeitsbegründenden Tatsachen vorliegen.[7] Außerdem befindet man sich so auf einer Linie mit Art 30.[8] Es wäre widersprüchlich und wenig sinnvoll, für die Litispendenz einen Zeitpunkt, für die Zuständigkeitstatsachen aber einen anderen Zeitpunkt maßgeblich sein zu lassen.

4 Ist die Zuständigkeit zum maßgeblichen Zeitpunkt begründet, so entfällt der Gerichtsstand später auch dann nicht, wenn der Beklagte seinen Wohnsitz in einen anderen Staat verlegt. Es gilt der Grundsatz der **perpetuatio fori.**[9] Umgekehrt kann das Gericht die internationale Zuständigkeit indes auf Art 2 stützen, wenn der Wohnsitz des Beklagten zwar bei Klagerhebung in einem Drittstaat lag, der Beklagte aber während des Prozesses einen Wohnsitz im Forumstaat begründet hat.[10]

5 Eine Person kann **mehrere Wohnsitze** haben, sei es, dass für eine natürliche Person zwei oder mehr über Art 59 Abs 2 verwiesene nationale Rechte je unterschiedliche Maßstäbe anlegen, sei es, dass für eine Gesellschaft die disjunktiven Kriterien des Art 60 auf zwei oder drei verschiedene Staaten weisen. Für Art 2 reicht es aus, wenn einer der Wohnsitze im EU-Gebiet ist. Bestehen ein Wohnsitz im Forumstaat und ein Wohnsitz in einem anderen EU-Staat, so geht der Wohnsitz im Forumstaat vor, wie sich sowohl aus der Reihenfolge der beiden Absätze des Art 59 als auch aus den Eingangsworten des Art 59 Abs 2 ergibt.[11] Eine materielle Gewichtung oder Reihung der Wohnsitze, die Suche nach einem „effektiven" Wohnsitz, ist nicht geboten.

6 Die **Klageart ist ohne Bedeutung.** Bei einer negativen Feststellungsklage kehren sich die Verhältnisse nicht um. Materielle Gläubiger- und Schuldnerposition spielen keine Rolle; es kommt allein auf die formalen Parteirollen an, wie sie durch den Prozess definiert werden.[12]

---

5 *Schlosser* Vor Art 2 Rn 7; *Zöller/Geimer* Rn 27.

6 Dafür *Canada Trust v Stolzenberg (No 2)* [2000] 3 WLR 1376, 1385 f, 1395 f (HL, per Lords *Steyn, Hoffmann*); *Kaye* 769; *Geimer/Schütze* Art 2 EuGVÜ Rn 90 f; *Bernasconi/Gerber* SZIER 1993, 39, 43; *Grolimund*, Drittstaatenproblematik des europäischen Zivilverfahrensrechts (2000) Rn 70; *Czernich/Tiefenthaler/Kodek/Czernich* Rn 4.

7 *Canada Trust v Stolzenberg (No 2)* [2000] 3 WLR 1376, 1385 f (HL, per Lord *Steyn*).

8 *Czernich/Tiefenthaler/Kodek/Czernich* Rn 4.

9 *Wieczorek/Schütze/Hausmann* Vor Art 2 EuGVÜ Rn 27; *Bernasconi/Gerber* SZIER 1993, 39, 43.

10 *Geimer* NJW 1976, 441, 445 f; *Wieczorek/Schütze/Hausmann* Vor Art 2 EuGVÜ Rn 26; *Czernich/Tiefenthaler/Kodek/Czernich* Rn 5.

11 *Geimer* NJW 1986, 1438; *ders* NJW 1986, 2991; *Kropholler* Rn 2.

12 BGH NJW 1997, 871.

## III. Örtliche Zuständigkeit

7 Abs 1 regelt nur die **internationale Zuständigkeit** für die Gerichte eines Staates insgesamt. Die **örtliche Zuständigkeit** für den allgemeinen Gerichtsstand muss dagegen der nationale Gesetzgeber regeln. Insoweit macht ihm die Brüssel I-VO keine über Abs 2 hinausgehenden Vorgaben. Der Anknüpfungspunkt Wohnsitz für den allgemeinen Gerichtsstand findet sich indes auch in den nationalen Prozessrechten für die örtliche Zuständigkeit wieder, sodass – wenn auch aus unterschiedlichen Quellen geschöpft – derselbe Anknüpfungspunkt internationale und örtliche Zuständigkeit prinzipiell regiert. Allerdings sind die nationalen Gesetzgeber frei, es anders zu halten. Der deutsche Gesetzgeber kann entsprechend seine abweichende Regelung für das Mahnverfahren in §§ 689, 703 d ZPO aufrecht erhalten.

8 Abs 2 bezieht sich nur auf die **örtliche Zuständigkeit**, nicht auf die internationale.[13] Er verbietet die Diskriminierung nach der Staatsangehörigkeit, also die Schlechterbehandlung von im Forumstaat ansässigen Ausländern gegenüber eigenen Staatsangehörigen des Forumstaates[14] und gebietet entsprechende **Inländergleichbehandlung**. Er schließt besondere örtliche Zuständigkeiten aus, welche an die Staatsangehörigkeit anknüpften, Ausländer also in größerem Umfang örtlich gerichtspflichtig hielten als Forumstaatsangehörige. Indes existieren solche Vorschriften weder in Deutschland noch in den anderen Mitgliedstaaten.[15] Abs 2 differenziert wiederum nicht danach, ob der Beklagte Angehöriger eines EU-Mitgliedstaats oder eines Drittstaats ist.[16] Er geht damit über das primärrechtliche Diskriminierungsverbot des Art 12 EGV hinaus und gewährt auch Drittstaatenangehörigen Diskriminierungsschutz.

### Artikel 3

**(1) Personen, die ihren Wohnsitz im Hoheitsgebiet eines Mitgliedstaats haben, können vor den Gerichten eines anderen Mitgliedstaats nur gemäß den Vorschriften der Abschnitte 2 bis 7 dieses Kapitels verklagt werden.**
**(2) Gegen diese Personen können insbesondere nicht die in Anhang I aufgeführten innerstaatlichen Zuständigkeitsvorschriften geltend gemacht werden.**

1 Abs 1 spricht eine Garantie aus: Wer seinen Wohnsitz in der EU hat, kann sich darauf verlassen und darf darauf vertrauen, dass gegen ihn Gerichtsstände nur nach Maßgabe des **Zuständigkeitsregimes der Brüssel I-VO** bestehen und keine eventuell darüber hinausgehende internationale Zuständigkeit nach nationalen Prozessrechten begründet ist. Das Zuständigkeitsregime der Brüssel I-VO begründet insoweit einen numerus clau-

---

13 *Kropholler* Rn 3.

14 *Grolimund* (Fn 6) Rn 451.

15 *Wieczorek/Schütze/Hausmann* Vor Art 2 EuGVÜ Rn 30; *Schlosser* Rn 3.

16 *Geimer* WM 1976, 830, 831; *Wieczorek/Schütze/Hausmann* Vor Art 2 EuGVÜ Rn 29; *Grolimund* (Fn 6) Rn 451.

sus der Gerichtsstände.[1] Er steht keiner Erweiterung offen.[2] Hat der Beklagter seinen Wohnsitz nicht in der EU, so gilt nicht Abs 1, sondern Art 4, über dessen Verweisung auf das nationale Prozessrecht auch die exorbitanten Gerichtsstände greifen.[3]

2 Vom Grundsatz des Abs 1 gibt es allerdings zwei **Ausnahmen**: Erstens können Gerichtsstände nach **Staatsverträgen** bestehen, die gemäß Art 71 der Brüssel I-VO vorgehen. Zweitens gilt Abs 1 nur für Hauptsacheverfahren, nicht aber für Verfahren des **einstweiligen Rechtsschutzes**. Für letztere enthält Art 31 vielmehr eine Verweisung auch auf die nationalen Zuständigkeitsgründe; im Eilverfahren können darüber auch die von Abs 2 iVm Anh I ausdrücklich geächteten exorbitanten Gerichtsstände der nationalen Rechte zum Zuge kommen,[4] indes unter dem Vorbehalt einer realen Verknüpfung mit der beantragten Eilmaßnahme.[5] Die Zuständigkeiten im Eil- und im Hauptsacheverfahren können also divergieren. Unter §§ 919, 937 ZPO ist dies dann der Fall, wenn man das Gericht der Hauptsache abstrakt und nicht konkret bestimmt.[6]

3 Abs 2 iVm Anh I ächtet bestimmte **Zuständigkeitsgründe** der nationalen Prozessrechte ausdrücklich. Diese werden als **exorbitant** und im internationalen Rechtsverkehr unpassend empfunden. Besonders gravierende Ausformungen von Zuständigkeitsimperialismus werden in plakativer Weise gebrandmarkt.[7] Insbesondere richtet sich dies gegen Klägergerichtsstände zu Gunsten forumstaatsangehöriger oder -ansässiger Kläger.[8] Die Technik, jene Gerichtsstände im Anhang und nicht mehr wie unter Art 3 Abs 2 Brüssel I-VO im Normtext selber aufzulisten, hat den aus Art 74 fließenden Vorteil, dass Änderungen der Listen durch einfache Notifikation der betreffenden Mitgliedstaaten an die Kommission möglich sind und keine Änderungsverordnung nötig machen.[9] Abs 2 hat nur deklaratorischen und verstärkenden Charakter, da sich die Unanwendbarkeit nationalen Zuständigkeitsrechts an sich bereits aus Abs 1 ergibt. Eigenständige Bedeutung hat er für die internationale Zuständigkeit ausnahmsweise im Rahmen des Art 72.[10]

---

1 *Kropholler* Rn 1.

2 EuGH Rs C-412/98 *Group Josi Reinsurance Co SA/Universal General Insurance Co (UGIC)* EuGHE 2000 I 5925, 5956 Rn 54.

3 Rechtspolitisch kritisch dazu *Kropholler* Rn 7.

4 Siehe nur EuGH Rs 391/95 *Van Uden Maritime BV/KG in Fa Deco-Line* EuGHE 1998 I 7091, 7134 Rn 42; *The „Siskina“* [1979] AC 210, 259f (HL, per Lord *Diplock*); BGE 125 III 451, 454; Cass civ Rev crit 88 (1999) 352f; Hof van Cass RW 1999-2000, 876, 877; OLG Düsseldorf NJW 1977, 2034; RIW 1999, 873, 874; OLG Köln RIW 1997, 59, 60; OLG Karlsruhe MDR 2002, 231.

5 EuGH Rs 391/95 *Van Uden Maritime BV/KG in Fa Deco-Line* EuGHE 1998 I 7091, 7134 Rn 40; Cass civ Bull 2001 I Nr 313 S 199; Rb Amsterdam NIPR 2001 S 362; Pres Rb Assen NIPR 2001 Nr 137 S 271.

6 *Geimer/Schütze* EuZVR Art 24 Brüssel I-VO Rn 28; *Thomas/Putzo/Hüßtege* Rn 1.

7 *Schlosser* Rn 2.

8 EuGH Rs C-412/98 *Group Josi Reinsurance Co SA/Universal General Insurance Co (UGIC)* EuGHE 2000 I 5925, 5956 Rn 50.

9 Erwägungsgrund (29); *Kropholler* Rn 3; *MünchKommZPO/Gottwald* Rn 2.

10 *Wieczorek/Schütze/Hausmann* Rn 3; *Schlosser* Rn 2.

Die **exorbitanten Gerichtsstände** werden zuvörderst für die internationale Zuständigkeit geächtet und ausgeschlossen. Im Bereich der **örtlichen Zuständigkeit** bleiben sie dagegen grundsätzlich weiterhin anwendbar, namentlich wenn es unter Art 2 um dessen Ausfüllung geht.[11] Die Ächtung gewinnt indes Gewicht, soweit die Gerichtsstände der Artt 5-21 auch die örtliche Zuständigkeit bestimmen und den Mitgliedstaaten so die Kompetenz zu deren eigenständiger Ausfüllung nehmen.[12] Auf der anderen Seite behalten Gerichtsstände, deren Anknüpfungstatsachen Abs 2 als missliebig erachtet, für Adhäsionsverfahren über die Verweisung des Art 5 Nr 4 auf das nationale Strafverfahrensrecht Bedeutung.[13] 4

## Artikel 4

**(1) Hat der Beklagte keinen Wohnsitz im Hoheitsgebiet eines Mitgliedstaats, so bestimmt sich vorbehaltlich der Artikel 22 und 23 die Zuständigkeit der Gerichte eines jeden Mitgliedstaats nach dessen eigenen Gesetzen.**
**(2) Gegenüber einem Beklagten, der keinen Wohnsitz im Hoheitsgebiet eines Mitgliedstaats hat, kann sich jede Person, die ihren Wohnsitz im Hoheitsgebiet eines Mitgliedstaats hat, in diesem Staat auf die dort geltenden Zuständigkeitsvorschriften, insbesondere auf die in Anhang I aufgeführten Vorschriften, wie ein Inländer berufen, ohne dass es auf ihre Staatsangehörigkeit ankommt.**

**Schrifttum**

*Grolimund*, Drittstaatenproblematik des europäischen Zivilverfahrensrechts (2000)
*Jayme*, Das Europäische Gerichtsstands- und Vollstreckungsübereinkommen und die Drittländer – Das Beispiel Österreich, in: *Schwind* (Hrsg), Europarecht, IPR, Rechtsvergleichung (Wien 1988) 97
*Kropholler*, Problematische Schranken der europäischen Zuständigkeitsordnung gegenüber Drittstaaten, in: FS Murad Ferid (1988) 239
*P Schlosser*, Das internationale Zivilprozessrecht der Europäischen Wirtschaftsgemeinschaft und Österreich, in: FS Winfried Kralik (Wien 1986) 287.

### I. Nationales Zuständigkeitsrecht gegen Beklagte ohne Wohnsitz im EU-Gebiet

Abs 1 überlässt namentlich den in einem **Drittstaat ansässigen Beklagten** den nationalen Zuständigkeitsregeln des Forumstaates. Zu diesen zählen bei Wohnsitz bzw Sitz des Beklagten in Dänemark oder einem LugÜ-Mitgliedstaat gemäß ihrem eigenen Vorranganspruch auch EuGVÜ und LugÜ (siehe insbesondere Art 54b Abs 2 lit a LugÜ). Besondere Bedeutung hat Abs 1, weil er als Ausnahme zu Art 3 die Anwendung auch der exorbitanten Zuständigkeiten aus den nationalen Prozessrechten zulässt.[1] Die nati- 1

---

[11] *Wieczorek/Schütze/Hausmann* Rn 3 Fn 6; *Thomas/Putzo/Hüßtege* Rn 1.
[12] *Wieczorek/Schütze/Hausmann* Rn 4.
[13] *Geimer* IPRax 2002, 69, 74.
[1] Siehe nur *Schlosser*, in: FS Winfried Kralik (Wien 1986) 287, 291 f.

onalen Prozessrechte sind frei, welche Zuständigkeiten sie gegen Drittstaatsansässige eröffnen. Das einschränkende Regime der Art 2-6 kommt diesen nicht zugute. Insbesondere können gegen drittstaatliche Beklagte die in Art 3 Abs 2 ausgeschlossenen exorbitanten Gerichtsstände bestehen. Ein deutsches Gericht kann zB für die Klage gegen einen in den USA ansässigen Beklagten die internationale Zuständigkeit auch auf § 23 ZPO stützen.[2] Abs 1 enthält weder eine Erweiterung noch eine Einschränkung für die Gerichtsstände des nationalen Rechts. Spezialabkommen, denen der Forumstaat angehört, gehen nach Art 71 auch Abs 1 vor.

2 Abs 1 erfasst auch die seltenen Fälle, in denen der Beklagte zwar **in einem EU-Mitgliedstaat** lebt, aber nach dessen wegen Art 59 entscheidendem nationalem Recht dort **keinen Wohnsitz** hat; er setzt also nicht positiv voraus, dass der Beklagte seinen Wohnsitz in einem Drittstaat hat.[3] Hat der Beklagte nach Maßgabe der über Art 59 verwiesenen nationalen Rechte mehrere Wohnsitze, so ist Abs 1 schon dann nicht anwendbar, wenn auch nur einer dieser Wohnsitze im EU-Gebiet liegt.[4]

3 Zwei **Zuständigkeitsnormen** der Brüssel I-VO bleiben nach ihrem eigenen Anspruch und Selbstverständnis **ausdrücklich vorbehalten** und auch bei drittstaatsansässigem Beklagtem anwendbar: einerseits Art 22, der nach seinen Eingangsworten ausdrücklich ohne Rücksicht auf den Wohnsitz reguliert und seine internationale Reichweite je tatbestandsspezifisch selber definiert,[5] und andererseits die Prorogationsregelung des Art 23, die eben nicht auf den Beklagtenwohnsitz, sondern auf den Wohnsitz einer Partei in beliebiger Parteirolle im EU-Gebiet abhebt. Die Erwähnung des Art 23 ist eine formale, aber keine inhaltliche Änderung gegenüber Art 4 Abs 1 EuGVÜ.[6] Art 24 wird dagegen nicht erwähnt. Wenn man ihn nicht als Präklusionstatbestand begreifen will,[7] sondern als stillschweigende Gerichtsstandsvereinbarung mit den internationalen Anwendungsvoraussetzungen des Art 23,[8] würde aber auch er eine Ausnahme begründen. Jedenfalls eine Ausnahme zu Art 4 und eine Anwendung des Zuständigkeitsregimes der Brüssel I-VO begründen Art 9 Abs 2, 15 Abs 2, 18 Abs 2, soweit ein Versicherer, Unternehmer oder Arbeitgeber mit Sitz in einem Drittstaat eine mit dem konkreten Vertrag betraute Niederlassung im EU-Gebiet hat.[9]

4 Nach Wortlaut und systematischer Stellung macht Abs 1 eindeutig eine **Ausnahme nur vom Zuständigkeitsregime der Brüssel I-VO**. Dagegen beeinträchtigt er die An-

---

[2] BGH NJW-RR 1988, 173.

[3] *Kropholler* Rn 1.

[4] *Kropholler* Rn 1.

[5] Siehe nur *Kropholler*, in: FS Murad Ferid (1988) 239, 241; *Mankowski* EuZW 1996, 177f mwN.

[6] *MünchKommZPO/Gottwald* Rn 2.

[7] Für ein Verständnis als Präklusionstatbestand *S Schulte-Beckhausen*, Internationale Zuständigkeit durch rügelose Einlassung im Europäischen Zivilprozessrecht (1994) 100-106; *Mankowski* ZZP 109 (1996) 376, 379.

[8] Eingehend zum Streitstand *Rauscher/A Staudinger* Art 24 Brüssel I-VO Rn 4ff, 12.

[9] *Kropholler*, in: FS Murad Ferid (1988) 239; *Grolimund* Rn 59; *Thomas/Putzo/Hüßtege* Rn 1.

wendung der übrigen Vorschriften nicht. Daher kommen die Litispendenzregeln der Art 27-30 zur Anwendung, auch wenn eines oder gar alle der konfligierenden Verfahren auf einen nationalen Zuständigkeitsgrund gestützt werden.[10] Von besonderer Bedeutung ist aber die uneingeschränkte Anwendung der Regeln über die Anerkennung und Vollstreckbarerklärung. Sie differenzieren nicht nach der Herkunft des Zuständigkeitsgrundes, auf dessen Basis das erststaatliche Gericht seine Entscheidung gefällt hat. Ihnen kommt es grundsätzlich nur darauf an, dass das erststaatliche Gericht ein mitgliedstaatliches ist. Daher trifft alle EU-Mitgliedstaaten als Zweitstaaten die Pflicht, auch solche Entscheidungen gegen nicht EU-ansässige Beklagte anzuerkennen, bei denen sich das erststaatliche Gericht auf eine exorbitante Zuständigkeit seines nationalen Rechts gestützt hat.[11] Die Interessen Drittstaatsansässiger werden insoweit hintan gestellt. Abhilfe wäre durch eine Reduktion von Art 35 theoretisch möglich.[12] Indes hat sich die Diskriminierung in der Praxis – entgegen Befürchtungen namentlich aus den USA[13] – bisher noch nicht nennenswert ausgewirkt,[14] wesentlich weil das diskriminierende Element nicht die Staatsangehörigkeit, sondern die Ansässigkeit ist.[15]

## II. Inländergleichbehandlung von Klägern mit Wohnsitz im Forumstaat

Einige Prozessrechte privilegieren inländische Kläger, indem sie diesen besondere Zustän- 5
digkeiten eröffnen, die ausländischen Klägern nicht offen stehen. Dies gilt namentlich für die Staatsangehörigkeitszuständigkeit des Art 14 Code Civil in Frankreich. Abs 2 bewirkt insoweit eine *partielle Inländergleichbehandlung* der Angehörigen anderer EU-Staaten, als er diesen die betreffenden Inländergerichtsstände eröffnet, wenn sie ihren Wohnsitz im Forumstaat haben. Er stellt also – jeweils betrachtet aus der Perspektive des Forumstaates – die Inlandsansässigkeit der inländischen Staatsangehörigkeit gleich. Dagegen lässt er weder die bloße Angehörigkeit zu einem anderen EU-Staat noch einen Wohnsitz im EU-Gebiet außerhalb des Forumstaates ausreichen.[16] Für die Ansässigkeit reicht jedoch eine bloße Niederlassung nicht aus, verlangt ist ein Wohnsitz.

Insgesamt **verstärkt** Abs 2 die betreffenden **exorbitanten Gerichtsstände** sogar noch zu 6
Lasten drittstaatsansässiger Beklagter, indem er mittelbar auch in ihnen ergangenen Urteilen die Anerkennungs- und Vollstreckungsgarantien für mitgliedstaatliche Urteile

---

[10] *Kropholler* Rn 3; *Thomas/Putzo/Hüßtege* Rn 1.

[11] *Kropholler*, in: FS Murad Ferid (1988) 239, 240f; *ders*, BerDGesVR 28 (1988) 105, 116; *Schlosser* Rn 1.

[12] *Schlosser* RabelsZ 47 (1983) 525, 529; *ders*, in: FS Winfried Kralik (Wien 1986) 287, 293; *Kropholler* BDGesVR 28 (1998) 105, 116f.

[13] Insbesondere *Nadelmann* 67 Columb L Rev 995 (1967); *ders* 82 Harv L Rev 1282 (1969); *Carl* 8 Int'l Lawyer 446 (1974); *v Mehren* Rec 167 (1980 II) 9, 99; *ders* 81 Columb L Rev 1044, 1059 (1981); *Juenger* Rev crit 72 (1983) 37; *ders* 82 Mich L Rev 1211 (1984).

[14] *Schlosser* Rn 1. Ansatzweise immerhin CA Paris Rev crit 83 (1994) 115; Cass civ Rev crit 86 (1997) 97.

[15] *P Herzog*, in: Essays in Honor of Arthur T vMehren (Ardsley, NY 2002) 83, 89.

[16] OLG Stuttgart RIW 1990, 829, 831; *Wieczorek/Schütze/Hausmann* Art 4 EuGVÜ Rn 10; *Kropholler* Rn 4.

verleiht.[17] Auf der anderen Seite differenziert Abs 2 für den Kläger nicht nach der Staatsangehörigkeit und eröffnet auch im Forumstaat ansässigen Drittstaatsangehörigen die exorbitanten Gerichtsstände.[18]

7 Für Prozessrechte, die – wie das deutsche oder das englische – nicht nach in- und ausländischen Klägern differenzieren, kommt es von vornherein nicht darauf an, ob der Kläger seinerseits seinen Wohnsitz in der EU hat; auch ein außerhalb der EU ansässiger Kläger kann sich dort die extensiven Zuständigkeiten der nationalen Rechte zunutze machen.[19] Abs 2 versperrt dies nicht.

## Abschnitt 2
## Besondere Zuständigkeiten

### Artikel 5

**Eine Person, die ihren Wohnsitz im Hoheitsgebiet eines Mitgliedstaats hat, kann in einem anderen Mitgliedstaat verklagt werden:**

**1. a) wenn ein Vertrag oder Ansprüche aus einem Vertrag den Gegenstand des Verfahrens bilden, vor dem Gericht des Ortes, an dem die Verpflichtung erfüllt worden ist oder zu erfüllen wäre;**

**b) im Sinne dieser Vorschrift – und sofern nichts anderes vereinbart worden ist – ist der Erfüllungsort der Verpflichtung**

**– für den Verkauf beweglicher Sachen der Ort in einem Mitgliedstaat, an dem sie nach dem Vertrag geliefert worden sind oder hätten geliefert werden müssen;**

**– für die Erbringung von Dienstleistungen der Ort in einem Mitgliedstaat, an dem sie nach dem Vertrag erbracht worden sind oder hätten erbracht werden müssen;**

**c) ist Buchstabe b) nicht anwendbar, so gilt Buchstabe a);**

**2. wenn es sich um eine Unterhaltssache handelt, vor dem Gericht des Ortes, an dem der Unterhaltsberechtigte seinen Wohnsitz oder seinen gewöhnlichen Aufenthalt hat, oder im Falle einer Unterhaltssache, über die im Zusammenhang mit einem Verfahren in Bezug auf den Personenstand zu entscheiden ist, vor dem nach seinem Recht für dieses Verfahren zuständigen Gericht, es sei denn, diese Zuständigkeit beruht lediglich auf der Staatsangehörigkeit einer der Parteien;**

**3. wenn eine unerlaubte Handlung oder eine Handlung, die einer unerlaubten Handlung gleichgestellt ist, oder wenn Ansprüche aus einer solchen Handlung den Gegenstand**

---

[17] *Kropholler*, in: FS Murad Ferid (1988) 239, 240; *Stoll* BerDGesVR 28 (1988) 152, 153 f; *Czernich* öAnwBl 1996, 286; *Czernich/Tiefenthaler/Kodek/Czernich* Rn 7.

[18] *Jayme*, in: *Schwind* (Hrsg), Europarecht, IPR, Rechtsvergleichung (Wien 1988) 97, 102 f; *Grolimund* Rn 451.

[19] *The „Po"* [1991] 2 Lloyd's Rep 206, 210 (CA, per *Lloyd* LJ).

des Verfahrens bilden, vor dem Gericht des Ortes, an dem das schädigende Ereignis eingetreten ist oder einzutreten droht;

4. wenn es sich um eine Klage auf Schadensersatz oder auf Wiederherstellung des früheren Zustands handelt, die auf eine mit Strafe bedrohte Handlung gestützt wird, vor dem Strafgericht, bei dem die öffentliche Klage erhoben ist, soweit dieses Gericht nach seinem Recht über zivilrechtliche Ansprüche erkennen kann;
5. wenn es sich um Streitigkeiten aus dem Betrieb einer Zweigniederlassung, einer Agentur oder einer sonstigen Niederlassung handelt, vor dem Gericht des Ortes, an dem sich diese befindet;
6. wenn sie in ihrer Eigenschaft als Begründer, trustee oder Begünstigter eines trust in Anspruch genommen wird, der aufgrund eines Gesetzes oder durch schriftlich vorgenommenes oder schriftlich bestätigtes Rechtsgeschäft errichtet worden ist, vor den Gerichten des Mitgliedstaats, in dessen Hoheitsgebiet der trust seinen Sitz hat;
7. wenn es sich um eine Streitigkeit wegen der Zahlung von Berge- und Hilfslohn handelt, der für Bergungs- oder Hilfeleistungsarbeiten gefordert wird, die zugunsten einer Ladung oder einer Frachtforderung erbracht worden sind, vor dem Gericht, in dessen Zuständigkeitsbereich diese Ladung oder die entsprechende Frachtforderung
   a) mit Arrest belegt worden ist, um die Zahlung zu gewährleisten, oder
   b) mit Arrest hätte belegt werden können, jedoch dafür eine Bürgschaft oder eine andere Sicherheit geleistet worden ist;

   diese Vorschrift ist nur anzuwenden, wenn behauptet wird, dass der Beklagte Rechte an der Ladung oder an der Frachtforderung hat oder zur Zeit der Bergungs- oder Hilfeleistungsarbeiten hatte.

**Schrifttum**

**Zu Nr 1**: *Bachmann*, Art 5 Nr 1 EuGVÜ: Wechselrechtliche Haftungsansprüche im Gerichtsstand des Erfüllungsorts?, IPRax 1997, 237

*Bajons*, Gerichtsstand des Erfüllungsortes, in: FS Geimer (2002) 15

*Beaumart*, Haftung in Absatzketten im französischen Recht und im europäischen Zuständigkeitsrecht (1999)

*de Cristofaro*, Il foro delle obbligazioni (1999)

*Droz*, Delendum est forum contractus?, D. 1997 (Chron.) 351

*Fogt*, Gerichtsstand des Erfüllungsortes bei streitiger Existenz des Vertrages, Anwendbarkeit des CISG und alternative Vertragsschlussformen, IPRax 2001, 358

*Gottwald*, Streitiger Vertragsschluss und Gerichtsstand des Erfüllungsortes, IPRax 1983, 13

*Grundmann*, Gerichtsstand und Erfüllungsort bei Scheckeinlösung unter Verstoß gegen die Sicherungsabrede, IPRax 2002, 136

*Gsell*, Autonom bestimmter Gerichtsstand am Erfüllungsort nach der Brüssel I-Verordnung, IPRax 2002, 484

*Hackenberg*, Der Erfüllungsort von Leistungspflichten unter Berücksichtigung des Wirkungsortes von Erklärungen im UN-Kaufrecht und der Gerichtsstand des Erfüllungsortes im deutschen und europäischen Zivilprozessrecht (2000)

*Hackl*, Örtliche Zuständigkeit gemäß Art 5 (1) und (3) des Brüsseler EG-Übereinkommens vom 27. 9. 1968 über die gerichtliche Zuständigkeit und die Vollstreckung gerichtlicher Entscheidungen in Zivil- und Handelssachen, ZfRvgl 1985, 1

*Hau*, Der Vertragsgerichtsstand zwischen judizieller Konsolidierung und legislativer Neukonzeption, IPRax 2000, 354

*Hertz*, Jurisdiction in Contract and Tort under the Brussels Convention (1998)

*Heuzé*, De quelques infirmités congénitales du droit uniforme: l'exemple de l'article 5.1 de la Convention de Bruxelles du 27 septembre 1968, Rev crit 2000, 595

*Hill*, Jurisdiction in Matters Relating to a Contract under the Brussels Convention, ICLQ 1995, 591

*Kadner*, Gerichtsstand des Erfüllungsortes im EuGVÜ, Jura 1997, 240

*Kropholler/von Hinden*, Die Reform des europäischen Gerichtsstands am Erfüllungsort, in: GS Lüderitz (2000) 401

*Leipold*, Internationale Zuständigkeit am Erfüllungsort – das Neueste aus Luxemburg und Brüssel, in: GS Lüderitz (2000) 431

*Lohse*, Das Verhältnis von Vertrag und Delikt. Eine rechtsvergleichende Studie zur vertragsautonomen Auslegung von Art 5 Nr 1 und Art 5 Nr 3 GVÜ (1991)

*Lüderitz*, Fremdbestimmte internationale Zuständigkeit? Versuch einer Neubestimmung von § 29 ZPO, Art 5 Nr 1 EuGVÜ, in: FS Zweigert (1981) 233

*Lupoi*, La competenza in materia contrattuale nella convenzione di Bruxelles del 17 settembre 1968, Riv trim dir proc civ 1994, 1263

*Magnus*, Das UN-Kaufrecht und die Erfüllungsortzuständigkeit in der neuen EuGVO, IHR 2002, 45

*Mankowski*, EuGVÜ-Gerichtsstand für Gesellschafterhaftungsklage des Insolvenzverwalters, NZI 1999, 56

*Martiny*, Internationale Zuständigkeit für „vertragliche Streitigkeiten", in: FS Geimer (2002) 641

*Mezger*, Zur Bestimmung des Erfüllungsortes im Sinne von Art 5 Nr 1 EuGVÜ bei einem gegenseitigen Vertrag, IPRax 1987, 346

*Otte*, Vertragspflichten nach Seefrachtrecht (Haager-Visby-Regeln) – gerichtsstandsweisende Kraft für Art 5 Nr 1 EuGVÜ?, IPRax 2002, 132

*Ost*, Doppelrelevante Tatsachen im internationalen Zivilverfahrensrecht. Zur Prüfung der internationalen Zuständigkeit bei den Gerichtsständen des Erfüllungsortes und der unerlaubten Handlung (2002)

*von Overbeck*, Interprétation traditionelle de l'article 5.-1. des Conventions de Bruxelles et de Lugano, Le coup de grâce?, in: E Pluribus Unum, Liber amicorum Droz (1996) 287

*Pålsson*, The Unruly Horse of the Brussels and Lugano Conventions: The Forum Solutionis, in: Festskrift til Ole Lando (1997) 259

*Piltz*, Der Gerichtsstand des Erfüllungsortes nach dem EuGVÜ, NJW 1981, 1876

*Rauscher*, Verpflichtung und Erfüllungsort in Art 5 Nr 1 EuGVÜ unter besonderer Berücksichtigung des Vertragshändlervertrages (1984)

*Schack*, Der Erfüllungsort im deutschen, ausländischen und internationalen Privat- und Zivilprozessrecht (1985)

*Schlosser*, Europäisch-autonome Interpretation des Begriffs „Vertrag oder Ansprüche aus einem Vertrag" im Sinne von Art 5 Nr 1 EuGVÜ, IPRax 1984, 65

*Schwarz*, Insolvenzverwalterklagen bei eigenkapitalersetzenden Gesellschafterleistungen nach der Verordnung (EG) Nr 44/2001 (EuGVVO), NZI 2002, 290

*Schwenzer*, Internationaler Gerichtsstand für die Kaufpreisklage, IPRax 1989, 274

*Spellenberg*, Der Gerichtsstand des Erfüllungsortes im europäischen Gerichtsstands- und Vollstreckungsübereinkommen, ZZP 91 (1978), 38

*ders*, Die Vereinbarung des Erfüllungsortes und Art 5 Nr 1 EuGVÜ, IPRax 1981, 75

*Stoll*, Gerichtsstand des Erfüllungsortes nach Art 5 Nr 1 EuGVÜ bei strittigem Vertragsschluss, IPRax 1983, 252

*Storp*, Internationale Zuständigkeit des Erfüllungsorts bei Verträgen mit französischen Vertretern, RIW 1999, 823

*Valloni*, Der Gerichtsstand des Erfüllungsortes nach Luganer und Brüsseler Übereinkommen (1998)

*Graf Wrangel*, Der Gerichtsstand des Erfüllungsortes im deutschen, italienischen und europäischen Recht (1988).

**Zu Nr 2**: *Jayme*, Fragen der internationalen Verbundzuständigkeit, IPRax 1984, 121

*ders*, Betrachtungen zur internationalen Verbundzuständigkeit, in: FS Keller (1989) 451
*Schlosser*, Unterhaltsansprüche vor den Gerichten der Alt-EWG-Staaten, FamRZ 1973, 424
*ders*, Bericht zu dem Übereinkommen über den Beitritt des Königreichs Dänemark, Irlands und des Vereinigten Königreichs Großbritannien und Nordirland zum Übereinkommen über die gerichtliche Zuständigkeit und die Vollstreckung gerichtlicher Entscheidungen in Zivil- und Handelssachen sowie zum Protokoll betreffend die Auslegung dieses Übereinkommens durch den Gerichtshof BT-Drs 10/61, 31, zitiert: *Schlosser*-Bericht
*Schulze*, Internationale Annexzuständigkeit nach dem EuGVÜ, IPRax 1999, 21.

**Zu Nr 3**: *Bachmann*, Der Gerichtsstand der unerlaubten Handlung im Internet, IPRax 1998, 179
*Behr*, Internationale Tatortszuständigkeit für vorbeugende Unterlassungsklagen bei Wettbewerbsverstößen, GRURInt 1992, 604
*Coester-Waltjen*, Internationale Zuständigkeit bei Persönlichkeitsrechtsverletzungen, in: FS Schütze (1999) 175
*Davi*, Der italienische Kassationshof und der Gerichtsstand des Ortes des schädigenden Ereignisses nach Art 5 Nr 3 EuGVÜ bei reinen Vermögensschäden, IPRax 1999, 484
*Fach Gómez*, Acciones preventivas en supuestos de contaminación transfronteriza y aplicabilidad del articulo 5.3 Convenio de Bruselas, ZEuS 1999, 583
*Geimer*, Die Gerichtspflichtigkeit des Beklagten nach Art 5 Nr 1 und Nr 3 EuGVÜ bei Anspruchskonkurrenz, IPRax 1986, 80
*Kiethe*, Internazionale Tatortzuständigkeit bei unerlaubter Handlung – die Problematik des Vermögensschadens, NJW 1994, 222
*Kubis*, Internationale Zuständigkeit bei Persönlichkeits- und Immaterialgüterrechtsverletzungen (1999)
*Kreuzer-Klötgen*, Die Shevill-Entscheidung des EuGH, IPRax 1997, 90
*Lange*, Der internationale Gerichtsstand der unerlaubten Handlung nach dem EuGVÜ bei Verletzungen von nationalen Kennzeichen, WRP 2000, 940
*Mansel*, Gerichtliche Prüfungsbefugnisse im forum delicti, IPRax 1989, 84
*Michailidou*, Internationale Zuständigkeit bei vorbeugenden Verbandsklagen, IPRax 2003, 223
*Müller-Feldhammer*, Der Deliktsgerichtsstand des Art 5 Nr 3 EuGVÜ im internationalen Wettbewerbsrecht, EWS 1998, 162
*Pansch*, Der Gerichtsstand der unerlaubten Handlung bei der grenzüberschreitenden Verletzung gewerblicher Schutzrechte, EuLF 2000/01, 353
M. *Schwarz*, Der Gerichtsstand der unerlaubten Handlung nach deutschem und europäischem Zivilprozessrecht (1991)
*Stadler*, Die internationale Durchsetzung von Gegendarstellungsansprüchen, JZ 1994, 642
*Uhl*, Internationale Zuständigkeit gemäß Art 5 Nr 3 des Brüsseler und Lugano-Übereinkommens, ausgeführt am Beispiel der Produktehaftung unter Berücksichtigung des deutschen, englischen, schweizerischen und US-amerikanischen Rechts (2000)
*Wagner*, Ehrenschutz und Pressefreiheit im europäischen Zivilverfahrens- und Internationalen Privatrecht, RabelsZ 62 (1998) 243
*Weller*, Zur Handlungsortbestimmung im internationalen Kapitalanlagerprozess bei arbeitsteiliger Deliktsverwirklichung, IPRax 2000, 202
*Wiesener*, Der Gegendarstellungsanspruch im deutschen internationalen Privat- und Verfahrensrecht (1998)
*Würthwein*, Zur Problematik der örtlichen und internationalen Zuständigkeit aufgrund unerlaubter Handlung, ZZP 106 (1993) 51.

**Zu Nr 4**: *Kohler*, Adhäsionsverfahren und Brüsseler Übereinkommen 1968, in: *Will* (Hrsg) Schadensersatz im Strafverfahren (1990) 74.

**Zu Nr 5**: *Fawcett*, Methods of Carrying on Business and Article 5 (5) of the Brussels Convention, EuLR 1984, 326
*Geimer*, Die inländische Niederlassung als Anknüpfungspunkt für die internationale Zuständigkeit, WM 1976, 146

*Hunnings*, Agency and Jurisdiction in the EEC, JBL 1982, 244
*Jaspert*, Grenzüberschreitende Unternehmensverbindungen im Zuständigkeitsbereich des EuGVÜ, Diss Bielefeld, 1995
*Jayme*, Subunternehmervertrag und EuGVÜ, in: FS Pleyer (1986) 371
*Kronke*, Der Gerichtsstand nach Art 5 Nr 5 EuGVÜ, IPRax 1989, 81
*Linke*, Der „klein-europäische" Niederlassungsgerichtsstand (Art 5 Nr 5 EuGVÜ), IPRax 1982, 46.

**Zu Nr 6**: *Conrad*, Qualifikationsfragen des Trust im Europäischen Zivilprozessrecht (2001)
*Graue*, Der Trust im internationalen Privat- und Steuerrecht, in: FS Ferid (1978) 151
*Graupner*, Der englische Trust im deutschen Zivilprozess, ZVglRWiss 88 (1989) 149.

**I. Allgemeines**
1. Fakultative Gerichtsstände ......... 1
2. Zweck der Vorschrift ......... 2
3. Auslegung ......... 3
4. Örtliche Zuständigkeit ......... 4
5. Räumlicher Anwendungsbereich .... 5

**II. Gerichtsstand des Erfüllungsorts (Nr 1)**
1. Allgemeines
a) Geltungsgrund ......... 6
b) Beschränkung auf Handelssachen? ......... 9
c) Personenkreis ......... 9 a
d) Subsidiarität ......... 10
e) Sonderregelung für Luxemburg (Art 63) ......... 11
2. Vertrag oder Ansprüche aus einem Vertrag
a) Qualifikation ......... 12
(1) Qualifikation nach der lex causae ......... 13
(2) Übereinkommensautonome Qualifikation ......... 14
(3) Europäisch-autonome Qualifikation ......... 15
b) Einzelheiten
(1) Vertragsbegriff
aa) Definition ......... 18
bb) Vertrag ......... 21
cc) Ansprüche aus einem Vertrag ......... 23
dd) Klagebegehren ......... 24
(2) Weitere Beispiele ......... 25
3. Erfüllungsort und maßgebliche Verpflichtung ......... 31
a) Grundregel: Erfüllungsort (lit a) 34
(1) Maßgebliche vertragliche Verpflichtung
aa) Vertragscharakteristische Pflicht oder konkret verletzte Pflicht? ......... 35
bb) Primär- oder Sekundärpflicht? ......... 37
cc) Mehrere Verpflichtungen ......... 38
(2) Bestimmung des Erfüllungsorts nach der lex causae ......... 40
(3) Rechtlicher und tatsächlicher Erfüllungsort ......... 42
(4) Erfüllungsortsvereinbarungen 43
b) Kauf- und Dienstleistungsverträge (lit b) ......... 45
(1) Kaufvertrag über bewegliche Sachen ......... 46
(2) Dienstleistungsvertrag ......... 49
(3) Maßgeblicher Erfüllungsort ... 51
(4) Erfüllungsort in einem Mitgliedstaat ......... 56
(5) Erfüllungsortvereinbarungen 57
c) Verweisung auf lit a (lit c) ....... 58
4. Anspruchskonkurrenz ......... 59

**III. Gerichtsstand für Unterhaltsklagen (Nr 2)**
1. Allgemeines ......... 60
2. Unterhaltssache ......... 62
3. Erfasste Klagen

a) Klagen des Unterhaltsberechtigten ........ 64
b) Klagen des Unterhaltsschuldners 65
c) Regressklagen gegen den Unterhaltsschuldner ........ 66
d) Abänderungsklagen ........ 68
4. Zuständiges Gericht
a) Gericht am Wohnsitz oder gewöhnlichen Aufenthalt des Unterhaltsberechtigten ........ 71
b) Zuständigkeit des Gerichts der Statussache ........ 72

**IV. Gerichtsstand der unerlaubten Handlung (Nr 3)**
1. Allgemeines
a) Geltungsgrund ........ 73
b) Sonstiges ........ 75
2. Unerlaubte Handlung
a) Qualifikation ........ 78
b) Einzelne unerlaubte Handlungen 79
c) Ausgenommene Ansprüche ........ 83
d) (Keine) Akzessorische Anknüpfung bei Anspruchskonkurrenz ... 84
3. Ort des schädigenden Ereignisses
a) Grundsatz ........ 85
b) Erfolgsort ........ 86
c) Handlungsort ........ 87
d) Fallkonstellationen
(1) Platzdelikte ........ 89
(2) Distanzdelikte ........ 90
(3) Streudelikte ........ 91

**V. Zuständigkeit für Adhäsionsverfahren (Nr 4)**
1. Allgemeines ........ 93
2. Klagen vor einem Strafgericht ........ 94
3. Rechtsfolgen ........ 96
4. Konkurrenz zu anderen Zuständigkeitsvorschriften ........ 98

**VI. Gerichtsstand der Niederlassung (Nr 5)**
1. Allgemeines ........ 99
2. Zweigniederlassung, Agentur oder sonstige Niederlassung ........ 102
a) Begriff ........ 103
b) Rechtsschein ........ 104
c) Beispiele ........ 105
3. Betriebsbezogene Streitigkeit ........ 108
4. Rechtsfolge ........ 109

**VII. Gerichtsstand für trust-Klagen (Nr 6)**
1. Allgemeines ........ 110
2. Voraussetzungen
a) trust ........ 112
b) Inanspruchnahme des Beklagten als settlor, trustee oder beneficary 113
3. Rechtsfolge ........ 114

**VIII. Gerichtsstand für Berge- und Hilfslohn (Nr 7)**
1. Allgemeines ........ 115
2. Voraussetzungen ........ 116
3. Rechtsfolge ........ 117

## I. Allgemeines

### 1. Fakultative Gerichtsstände

1 Art 5 schafft verschiedene besondere Gerichtsstände, die indes nicht ausschließlicher, sondern **fakultativer Natur** sind und daher mit dem allgemeinen Gerichtsstand nach Art 2 Abs 1 konkurrieren. Der Kläger kann seine Ansprüche folglich sowohl vor den Gerichten des Mitgliedstaats, in dem der Beklagte seinen Wohnsitz hat, als auch vor den nach Art 5 bestimmten Gerichten verklagen. Die Gerichtsstände des Art 5 werden idR durch das von den Parteien mittels einer **Gerichtsstandsklausel** vereinbarte Forum verdrängt (vgl Art 23 Abs 1 S 2). Eine Berufung des Klägers auf Art 5 ist weiterhin ausgeschlossen, wenn der Anwendungsbereich der Abschnitte 3, 4 oder 5 eröffnet ist

(Versicherungs-, Verbraucher- und Arbeitssachen) oder eine der ausschließlichen Zuständigkeiten des Art 22 greift.

### 2. Zweck der Vorschrift

2 Art 5 durchbricht den allgemeinen Grundsatz „actor sequitur forum rei" und setzt einen Kontrapunkt zur Zuständigkeitsprivilegierung des Beklagten durch die Eröffnung weiterer Gerichtsstände, die entweder legitimen **Zuständigkeitsinteressen des Klägers** Rechnung tragen (vgl bes Art 5 Nr 2) oder sich durch eine **besondere Sachnähe** auszeichnen, die prozessualer (etwa Art 5 Nr 4) oder territorialer Art (zB Art 5 Nr 3) sein kann.[1] Die mit der Vervielfachung der Gerichtsstände stets einhergehende Gefahr des forum shopping ist zwar evident, erscheint im Europäischen Justizraum angesichts der bereits erfolgten und noch zu erwartenden Vereinheitlichung des Kollisionsrechts aber hinnehmbar. Im Bereich des Vertragsrechts ist aufgrund des „Römischen EWG-Übereinkommens vom 19. Juni 1980 über das auf vertragliche Schuldverhältnisse anzuwendende Recht",[2] das voraussichtlich in eine EG-Verordnung überführt werden soll,[3] bereits Einheitlichkeit erreicht. Über den Erlass einer entsprechenden VO für das auf außervertragliche Schuldverhältnisse anzuwendende Recht (Delikt, GoA, ungerechtfertigte Bereicherung) wird derzeit diskutiert.[4]

### 3. Auslegung

3 Nach verbreiteter Auffassung[5] und insbesondere nach Ansicht des EuGH[6] soll Art 5 als Ausnahme zum Grundsatz „actor sequitur forum rei" **eng auszulegen** sein. Sachliche Gründe für eine a priori restriktive Interpretation von Art 5 sind indes nicht ersichtlich.[7] Das postulierte Regel-Ausnahme-Prinzip lässt sich, möchte man sachgerechte Ergebnisse erzielen, bei einer autonomen Auslegung der Brüssel I-VO auch nicht durchhalten. So legt zB auch der EuGH einzelne besondere Zuständigkeiten unter bestimmten Umstän-

---

1 Kritisch gegenüber den besonderen Zuständigkeiten zB *Heuzé* Rev crit dr int pr 89 (2000) 636ff.

2 BGBl 1986 II 810, idF des 3. Beitrittsübereinkommens vom 29. November 1996, BGBl 1999 II 7.

3 „Grünbuch über die Umwandlung des Übereinkommens von Rom aus dem Jahr 1980 über das auf vertragliche Schuldverhältnisse anzuwendende Recht in ein Gemeinschaftsinstrument sowie über seine Aktualisierung", KOM (2002) 654 endg. Vgl dazu *Calliess* GLJ 4 (2003) 333; *Leible* (Hrsg), Das Grünbuch zum internationalen Vertragsrecht (2003); *Mankowski* ZEuP 3/2003 (im Druck).

4 Vgl den Vorschlag für eine Verordnung des Rates über das auf außervertragliche Schuldverhältnisse anzuwendende Recht vom 22. 7. 2003, KOM (2003) 427 endg, und den entspr Vorentwurf, abrufbar über die Internet-Homepage der Generaldirektion „Justiz und Inneres". Vgl dazu auch *Nourissat/Treppoz* JDI 2003, 7.

5 Vgl zB *Gaudemet-Tallon* 172.

6 EuGH Rs C-51/97 *Réunion européenne/Spliethoff's Bevrachtingskantoor* EuGHE 1998 I 6511 Rn 16; Rs 189/87 *Kalfelis/Schröder* EuGHE 1988, 5565 Rn 19; Rs 32/88 *Six Constructions/Humbert* EuGHE 1989, 341 Rn 18.

7 *Geimer/Schütze* Art 5 EuGVÜ Rn 1; *Kropholler* vor Art 5 Rn 3.

den doch weit aus[8] und stellt damit das Regel-Ausnahme-Verhältnis wieder in Frage. Man sollte von einer derartigen Auslegungsregel daher grundsätzlich Abschied nehmen und sich bei Auslegungszweifeln vor allem von den berührten Zuständigkeitsinteressen leiten lassen. Allenfalls zur Verhinderung eines ansonsten drohenden non liquet mag nach Heranziehung aller anderen Auslegungsparameter ausnahmsweise ein Rückgriff auf das Argument des Regel-Ausnahme-Verhältnisses gerechtfertigt sein.[9]

### 4. Örtliche Zuständigkeit

Art 5 determiniert – unter Ausnahme von Nr 6 – nicht nur die internationale, sondern 4 auch die **örtliche Zuständigkeit** („... vor dem Gericht des *Ortes* ..."). Verdrängt werden daher nicht allein die einzelstaatlichen Vorschriften über die internationale, sondern ebenso über die örtliche Zuständigkeit,[10] in Deutschland also zB §§ 12-35a ZPO. Dass dem nationalen Prozessrecht ein entsprechender örtlicher Gerichtsstand unbekannt ist, ist unerheblich.[11]

### 5. Räumlicher Anwendungsbereich

Eine Verdrängung der nationalen Zuständigkeitsvorschriften setzt allerdings die Eröff- 5 nung des räumlichen Anwendungsbereichs von Art 5 voraus. Der Beklagte muss seinen **Wohnsitz** (Art 59, 60) in einem Mitgliedstaat haben. Fehlt es hieran, richtet sich die internationale Zuständigkeit für vertragsrechtliche Streitigkeiten nach nationalem Recht. Darüber hinaus muss die Klage aber auch „in einem anderen Mitgliedstaat" und darf nicht in dem Mitgliedstaat erhoben werden, in dem der Beklagte seinen Wohnsitz hat. Art 5 ist daher in **reinen Binnenfällen** nicht anwendbar.[12] Darauf, ob es für die Anwendung der Zuständigkeitsregelungen der Brüssel I-VO generell einer „Auslandsberührung" oder „Berührungspunkten zu mehreren Mitgliedstaaten" bedarf,[13] kommt es im Rahmen von Art 5 aufgrund der eindeutigen Formulierung der Vorschrift nicht an. Eine Heranziehung von Art 5 scheidet folglich bei einer Identität von Wohnsitz- und Gerichtsstaat aus. In diesem Fall ist für die Feststellung der internationalen Zuständigkeit allein Art 2 maßgeblich. Die örtliche Zuständigkeit ist dann nach nationalem Recht zu bestimmen, nicht aber nach Art 5.[14]

---

8 *Kropholler* vor Art 5 Rn 2 mit Hinweis auf EuGH Rs 34/82 *Peters/Zui Nederlande Aanemers Vereniging* EuGHE 1983, 987 Rn 13; Rs 120/79 *De Cavel* EuGHE 1980, 731 Rn 6; Rs 21/79 *Bier/Mines de Potasse d'Alsace* EuGHE 1976, 1735 Rn 15ff.

9 So auch *Virgós Soriano/Garcimartín Alférez* 96.

10 *Jenard*-Bericht 22; *Gaudemet-Tallon* 173.

11 BGHZ 82, 114.

12 OGH JBl 2002, 250; *Czernich/Tiefenthaler/Kodek/Czernich* Rn 2.

13 Vgl hierzu *Kropholler* vor Art 2 Rn 6-8.

14 *Calvo Caravaca/Carrascosa* 81; *Kropholler* vor Art 5 Rn 4; **aA** *Bülow/Böckstiegel/Geimer/Schütze/Auer* vor Art 5 Rn 9.

## II. Gerichtsstand des Erfüllungsorts (Nr 1)

### 1. Allgemeines

#### a) Geltungsgrund

6 Dem mit Art 5 Nr 1 geschaffenen Gerichtsstand des Erfüllungsorts von vertraglichen Ansprüchen kommt in der Rechtspraxis die größte Bedeutung zu. Ein besonderer Gerichtsstand für Vertragsklagen war vor Inkrafttreten des EuGVÜ nicht in allen, aber doch in den meisten Vertragsstaaten bekannt,[15] allerdings nicht eine derart umfassende Anknüpfung an den Erfüllungsort, wie sie der nach dem Vorbild von § 29 ZPO ausgestaltete Art 5 Nr 1 lit a festschreibt.[16] Die Existenz eines Vertragsgerichtsstands führt zu der für den internationalen Rechtsverkehr notwendigen **Rechtssicherheit** und ist unverzichtbar.[17] Denn während der Beklagtengerichtsstand des Art 2 durch Wohnsitzverlegung manipuliert werden kann, ist das forum contractus unwandelbar.[18]

7 Alternativ wäre bei der inhaltlichen Ausgestaltung des Vertragsgerichtsstands auch daran zu denken gewesen, an den **Entstehungsort der Verpflichtung** anzuknüpfen oder beide Anknüpfungspunkte wahlweise zur Zuständigkeitsbegründung zuzulassen.[19] Gegen eine Alternativität von Entstehungs- und Erfüllungsort ist jedoch einzuwenden, dass hierdurch die Zahl der Gerichtstände zusätzlich erhöht und damit Anlass zu weiteren Kompetenzkonflikten gegeben würde.[20] Darüber hinaus bestehen aber überhaupt gegen die Wahl des Entstehungsorts als Anknüpfungspunkt Bedenken. Er ist nicht nur oft zufällig, sondern bei Verträgen unter Abwesenden häufig schwer zu ermitteln. Zudem droht bei der Zulassung eines Gerichtsstands am Ort der Entstehung des vertraglichen Schuldverhältnisses stets die Gefahr eines reinen Klägergerichtsstands. Zu befürchten war außerdem, dass die Einführung des Gerichtsstands am Entstehungsort zu „allzu großen Änderungen" der Rechtslage in den Ländern geführt hätte, die einen solchen Gerichtsstand nicht kennen.[21]

8 Für den Erfüllungsort der vertraglichen Verpflichtung sprechen nach Auffassung des EuGH „Gründe der geordneten Rechtspflege und der sachgerechten Verfahrensgestal-

---

[15] *Jenard*-Bericht 22 f.

[16] *Schlosser* Rn 1.

[17] Gleichwohl wird die Notwendigkeit, für vertragsrechtliche Streitigkeiten ein besonderes Forum zur Verfügung zu stellen, immer wieder negiert, vgl etwa zur möglichen Beseitigung des Art 5 Nr 1 *Droz* D 1997 Chron 351 ff.

[18] Vgl zum Ganzen *Schack*, Der Erfüllungsort im deutschen, ausländischen und internationalen Privat- und Zivilprozeßrecht (1985) Rn 145 ff; *Pfeiffer*, Internationale Zuständigkeit und prozessuale Gerechtigkeit (1995) 677 ff; *Schröder*, Internationale Zuständigkeit (1971) 284 ff.

[19] In Betracht käme weiterhin zB eine Berufung der Gerichte am Ort der Belegenheit des Vertragsgegenstands, am Ort der Vertragsverletzung oder des Staates, dessen Recht auf den Vertrag anzuwenden ist.

[20] *Jenard*-Bericht 23.

[21] *Jenard*-Bericht 23.

tung",[22] die ua darin gesehen werden, dass an diesem Ort häufig das sach- und beweisnächste Gericht sitze.[23] Dieses Argument ist freilich nur von begrenzter Tragweite. Von **Sach- und Beweisnähe** kann sicherlich bei Fragen der Vertragsdurchführung (Leistungsstörungen etc) ausgegangen werden, nicht jedoch bei den ebenfalls von Art 5 Nr 1 erfassten Rechtsstreitigkeiten über den Inhalt oder Bestand eines Vertrages oder gar über Geldschulden.[24] Kein durchschlagendes Argument ist auch der vorgeblich innere Zusammenhang zwischen Gerichtsstand und materiellrechtlichem Leistungsort.[25] Der entscheidende Vorteil eines Gerichtsstands am Erfüllungsort gegenüber dem am Entstehungsort liegt vielmehr in seiner **leichteren Lokalisierbarkeit**. Jede Leistung hat immer nur einen Erfüllungsort.[26] Abschlussorte kann es dagegen mehrere geben. Den Vertragsparteien wird damit ein bereits bei Vertragsschluss vorhersehbarer Gerichtsstand verschafft. Zudem vermeidet dieser mehr als jener die Gefahr des Entstehens eines reinen Klägergerichtsstands.[27] Dass sich auch der Gerichtsstand des Erfüllungsorts rechtspolitischer Kritik ausgesetzt sieht, soll nicht geleugnet werden. Sie ist gerade bei Geldleistungsansprüchen, die in Art 57 CISG und zahlreichen nationalen Rechten als Bringschulden ausgestaltet sind und damit zu einem Klägergerichtsstand führen, durchaus berechtigt.[28] Indes handelt es sich dabei um kein strukturelles Problem des Gerichtsstands des Erfüllungsortes, sondern lediglich um Auswirkungen einer Erfüllungsortbestimmung nach der lex causae, die durch entsprechende Änderungen zu beseitigen sind.[29] Das Konzept insgesamt vermögen diese Unzulänglichkeiten hingegen nicht in Frage zu stellen. Der Gerichtsstand des Erfüllungsorts führt, wenn auch nur als „relativ beste Lösung"[30], zu einem gerechten Interessenausgleich zwischen Kläger und Beklagten[31] und entspricht am ehesten prozessualen Zweckmäßigkeitsanforderungen.[32]

---

[22] EuGHE Rs 12/76 *Tessili/Dunlop* EuGHE 1976, 1473 Rn 13; Rs 266/85 *Shenavai/Kreischer* EuGHE 1987, 239 Rn 6; Rs C-125/92 *Mulox/Geels* EuGHE 1993 I 4075 Rn 17; Rs C-256/00 *Besix/Kretzschmar* EuGHE 2002 I 1699 Rn 31.

[23] EuGH Rs 56/79 *Zelger/Salinitri* EuGHE 1980, 89 Rn 3; Rs C-256/00 *Besix/Kretzschmar* EuGHE 2002 I 1699 Rn 31.

[24] Zutreffend *Geimer/Schütze* Rn 4 und 5; *Schack* ZEuP 1998, 935.

[25] So aber *Geimer/Schütze* Rn 3; *MünchKommZPO/Gottwald* Art 5 EuGVÜ Rn 1; *Schlosser* Rn 1; *ders*, in: FS Bruns (1980) 56; *Spellenberg* IPRax 1981, 77; dagegen mit guten Gründen *Schack*, Der Erfüllungsort im deutschen, ausländischen und internationalen Privat- und Zivilprozeßrecht (1985) Rn 149; *ders* ZEuP 1998, 936; *Schröder*, Internationale Zuständigkeit (1971) 324f; *Pfeiffer*, Internationale Zuständigkeit und prozessuale Gerechtigkeit (1995), 678.

[26] Zu Ausnahmen vgl Rn 39, 55.

[27] *Schack* Rn 259.

[28] Vgl dazu *Schlechtriem* IPRax 1981, 114; *Schlosser* Riv dir int 91 (1991), 28.

[29] Gewohnt plastisch *Schack* ZEuP 1998, 933: Wer allein wegen dieser Schwierigkeiten für eine Abschaffung plädiere, handele „so kurzsichtig wie jemand, der die Guillotine als Mittel gegen Kopfschmerzen empfiehlt".

[30] *Kropholler*, Handbuch des internationalen Zivilverfahrensrechts, Bd I (1982), Kap III Rn 347.

[31] *Geimer/Schütze* Art 5 EuGVÜ Rn 2; *Virgós Soriano/Garcimartín Alférez* 103.

[32] *Pfeiffer*, Internationale Zuständigkeit und prozessuale Gerechtigkeit (1995) 679.

**b) Beschränkung auf Handelssachen?**

9 Bei der Ausarbeitung des EuGVÜ stand in Diskussion, ob die Anwendbarkeit von Art 5 Nr 1 auf **reine Handelssachen** zu begrenzen sei. Da jedoch absehbar war, dass den vertraglichen Schuldverhältnissen im Zuge der europäischen Integration eine immer größere Bedeutung zukommen und eine solche Einengung zu Qualifikationsproblemen führen würde, sah man von einer entsprechenden Beschränkung des Tatbestands ab.[33] Allerdings wurden für verschiedene Vertragsarten (Versicherungs-, Arbeits- und Verbraucherverträge) besondere Zuständigkeitsregelungen geschaffen, die als leges speciales Art 5 Nr 1 vorgehen (Rn 10). Vom Anwendungsbereich der Nr 1 werden daher zwar nicht ausschließlich, aber doch überwiegend nur Vertragsstreitigkeiten zwischen Gewerbetreibenden erfasst.

**c) Personenkreis**

9a Der Gerichtsstand des Art 5 Nr 1 steht nicht nur den Vertragsparteien, sondern auch deren **Gesamt- oder Einzelrechtsnachfolgern** zur Verfügung, so etwa für Klagen des Insolvenzverwalters oder gegen ihn.[34] In den Anwendungsbereich der Vorschrift sollen weiterhin Klagen gegen alle fallen, die für die Erfüllung einer vertraglich begründeten Verpflichtung haften, wie zB die Gesellschafter einer OHG (§ 128 HGB) oder die Kommanditisten einer KG (§§ 161, 171 HGB),[35] weiterhin Klagen gegen den falsus procurator bzw überhaupt jede Person, die aufgrund des von ihr zurechenbar gesetzten Rechtsscheins einen essentiell vertragsrechtlichen Anspruch hat entstehen lassen.[36]

**d) Subsidiarität**

10 Die Zuständigkeit des Gerichts am Erfüllungsort nach Art 5 Nr 1 tritt hinter verschiedenen anderen Zuständigkeiten, die auf spezielle Vertragstypen zugeschnitten sind, zurück. So sind etwa die Regelungen über den Gerichtsstand für Klagen in Versicherungs-, Verbraucher- und Arbeitssachen (Art 8ff, 15ff, 18ff) **leges speciales** zu Art 5 Nr 1 (vgl auch Art 8 Rn 1, vor Art 15 Rn 1, Art 18 Rn 2). Für Klagen aus Miet- und Pachtverträgen über unbewegliche Sachen sind die Gerichte der Belegenheit der Sache und uU auch am Wohnsitz des Beklagten ausschließlich zuständig (Art 16 Nr 1). Zu beachten sind außerdem **besondere Zuständigkeiten** für Vertragsklagen, die sich aus internationalen Übereinkommen ergeben und ebenfalls Vorrang genießen (Art 71).[37] Sie sind insbes im Bereich der Beförderungsverträge von Bedeutung, vgl zB Art 31 des Genfer „Übereinkommens über den Beförderungsvertrag im internationalen Straßengüterverkehr (CMR)",[38] Art 28 des Warschauer Abkommens zur Vereinheitlichung

---

33 *Jenard*-Bericht 23.

34 OLG Bremen RIW 1998, 63; *Nagel/Gottwald* § 3 Rn 40.

35 *Geimer/Schütze//Böckstiegel/Auer* Art 5 EuGVÜ Rn 13; *Geimer/Schütze* Art 5 EuGVÜ Rn 53; *Schlosser* Rn 6; **aA** OLG Naumburg NZG 2000, 1218; *Kropholler* Rn 11.

36 *Geimer/Schütze* Art 5 EuGVÜ Rn 53; *Martiny*, in: FS Geimer (2002) 650; *Rauscher* IPRax 1992, 146; *Schlosser* Rn 3; *Stein/Jonas/Schumann* § 29 ZPO Rn 10; **aA** OLG Saarbrücken IPRax 1992, 166.

37 Vgl dazu ua *Mankowski* EWS 1996, 301 sowie die Kommentierung zu Art 71.

38 BGBl 1961 II 1119. Zum Verhältnis zwischen CMR und EuGVÜ bzw Brüssel I-VO vgl etwa OLG Dresden RIW 1999, 968; OLG Hamm RIW 2002, 152; *Dißars* TranspR 2001, 381 und 398; *Haubold*

von Regeln über die Beförderung im internationalen Luftverkehr (WA)[39] oder Art 52 CIV bzw 56 CIM (Anhänge A bzw B des „Übereinkommens über den internationalen Eisenbahnverkehr [COTIF]").[40]

**e) Sonderregelung für Luxemburg (Art 63)**

Eine Person mit **Wohnsitz in Luxemburg**, die aufgrund Art 5 Nr 1 vor den Gerichten 11
eines anderen Mitgliedstaats verklagt wird, kann die Unzuständigkeit des angerufenen Gerichts geltend machen, wenn sich der Bestimmungsort für die Lieferung beweglicher Sachen oder die Erbringung von Dienstleistungen – ausgenommen Finanzdienstleistungen (Art 63 Abs 3) – in Luxemburg befindet (Art 63 Abs 1). Eine ähnliche Sonderregelung für Luxemburg fand sich bereits in Art 1 Abs 1 des Protokolls zum EuGVÜ. Art 63 hat sie unter Einfügung des Begriffs des „Bestimmungsorts" in die Brüssel I-VO übernommen, allerdings auf die Dauer von sechs Jahren ab Inkrafttreten der VO (1. 3. 2002, vgl Art 76 Abs 1) befristet (Art 63 Abs 4). Zu den Einzelheiten vgl die Kommentierung zu Art 63.

**2. Vertrag oder Ansprüche aus einem Vertrag**

**a) Qualifikation**

Ein Gerichtsstand nach Art 5 Nr 1 ist nur eröffnet, wenn „ein Vertrag oder Ansprüche 12
aus einem Vertrag" den Verfahrensgegenstand bilden (lit a). Dabei handelt es sich um einen materiellrechtlich geprägten Systembegriff, der als solcher Anknüpfungsgegenstand und einer **Qualifikation** zugänglich ist. Diese Qualifikation ist nicht nur für die Eingrenzung des Anwendungsbereichs von Nr 1, sondern auch für ihre Abgrenzung zu Nr 3 von essentieller Bedeutung. Denn im Gerichtsstand der unerlaubten Handlung können nur Klagen erhoben werden, „mit denen eine Schadenshaftung des Beklagten geltend gemacht wird und die nicht an einen Vertrag im Sinne von Art 5 Nr 1 anknüpfen".[41] Problematisch ist jedoch, dass es einen mitgliedstaatenübergreifenden Vertragsbegriff nicht gibt. Fällt schon im nationalen Recht die Abgrenzung zwischen vertraglichen und nichtvertraglichen Ansprüchen schwer, so potenzieren sich diese Schwierigkeiten auf europäischer Ebene. Denn die nationalen Rechte geben auf die gleiche Frage oft differierende Antworten. Während zB in Deutschland und Österreich Ansprüche aus culpa in contrahendo vornehmlich vertragsrechtlich qualifiziert werden, dominiert vor allem in den romanischen Staaten eine deliktsrechtliche

---

IPRax 2000, 91; *Heuer* TranspR 2002, 221. Vgl außerdem das Vorabentscheidungsersuchen des OLG München TranspR 2003, 155.

39 BGBl 1958 II 312.

40 Vom 9. Mai 1980 (BGBl 1985 II 144) idF des Protokolls vom 9. Dezember 1990 (BGBl 1992 II 1182). Vgl außerdem Art 57 CIV bzw 46 CIM des COTIF idF des Änderungsprotokolls vom 3. Juni 1999 (BGBl 2002 II 2149).

41 EuGH Rs 189/87 *Kalfelis/Schröder* EuGHE 1988, 5565 Rn 18; Rs C-51/97 *Réunion européenne/Spliethoff's Bevrachtingskantoor* EuGHE 1998 I 6511 Rn 22; Rs C-334/00 *Tacconi/Wagner* EuGHE 2002 I 7357 Rn 21; Rs C-167/00 *Verein für Konsumenteninformation/Henkel* EuGHE 2002 I 8111 Rn 36.

Einordnung.[42] Angesichts dieser bei vielen Ansprüchen anzutreffenden Unterschiede kommt es entscheidend darauf an, ob eine Qualifikation des Vertragsbegriffs nach der **lex fori**, der **lex causae** oder **autonom** erfolgen soll. Eine Qualifikation nach der lex fori, wie sie etwa im deutschen Recht begegnet,[43] wird für die Brüssel I-VO nicht vertreten.[44]

**(1) Qualifikation nach der lex causae**

13 Jedoch finden sich bis heute in der Literatur verschiedentlich noch Protagonisten einer Qualifikation des Vertragsbegriffs nach der lex causae, dh nach dem auf den Vertrag anzuwendenden Recht,[45] die vor allem – und nicht zu Unrecht – vor der mit einer autonomen Qualifikation stets verbundenen Gefahr einer **Aufspaltung** in einen prozessualen und einen materiellrechtlichen Vertragsbegriff warnen. Denn qualifiziert man autonom, könnte das angerufene Gericht bei der Anwendung von Art 5 Nr 1 zum Ergebnis kommen, ein Vertrag liege vor, in der Sache dann aber entscheiden, aufgrund der lex causae sei doch kein Vertragsverhältnis gegeben.[46]

**(2) Übereinkommensautonome Qualifikation**

14 Der EuGH hat sich hingegen bereits recht frühzeitig für eine **autonome Qualifikation** des Vertragsbegriffs entschieden.[47] Ziel des Übereinkommens sei die Vereinheitlichung der Zuständigkeitsregeln für die Gerichte der Vertragsstaaten (jetzt Mitgliedstaaten iSd Brüssel I-VO). Der Kläger solle ohne Schwierigkeiten feststellen können, welches Gericht er anrufen, und dem Beklagten soll erkennbar sein, vor welchem Gericht er verklagt werden kann. Daher müsse sichergestellt werden, dass sich aus der Brüssel I-VO für deren Mitgliedstaaten und die betroffenen Personen soweit wie möglich gleiche und einheitliche Rechte und Pflichten ergeben. Dieses Ziel lasse sich nur durch eine einheitliche, dh autonome Auslegung des Begriffs „Vertrag oder Ansprüche aus einem Vertrag" erreichen.[48]

---

42 Vgl dazu mwN *Mankowski* IPRax 2003, 132 f.

43 Vgl zB BGHZ 132, 108; ebenso *Kropholler*, Handbuch des internationalen Zivilverfahrensrechts, Bd I (1982) Kap III Rn 352; *Linke* Rn 153; *Schack* Rn 261; **aA** *Geimer* Rn 1493.

44 Vgl aber zum EuGVÜ Cour d'Appel de Paris Rev crit 1979, 447.

45 *Bachmann* IPRax 1997, 238; *Geimer/Schütze* Art 5 EuGVÜ Rn 10; *Holl* IPRax 1998, 121; *Lohse*, Das Verhältnis von Vertrag und Delikt (1991) 194 ff, 223 ff; *Piltz* NJW 1981, 1876; *Schlosser* Rn 3a; *ders* IPRax 1984, 68; *ders* RIW 1988, 989; *Spellenberg* ZZP 91 (1978) 41; *Stein/Jonas/Schumann* § 29 ZPO Rn 51.

46 *Geimer/Schütze* Art 5 EuGVÜ Rn 10; *Schlosser* Einl Rn 29; *Piltz* NJW 1981, 1877.

47 Grundlegend: EuGH Rs 34/82 *Peters/Zui Nederlande Aanemers Vereniging* EuGHE 1983, 987 Rn 10. Seitdem st Rspr, vgl zB EuGH Rs 9/87 *Arcado/Haviland* EuGHE 1988, 1539 Rn 11; Rs C-26/91 *Handte/Traitements mécano-chimiques des surfaces* EuGHE 1992 I 3967 Rn 10; Rs C-51/97 *Réunion européenne/Spliethoff's Bevrachtingskantoor* EuGHE 1998 I 6511 Rn 15; Rs C-334/00 *Tacconi/Wagner* EuGHE 2002 I 7357 Rn 19.

48 EuGH Rs C-334/00 *Tacconi/Wagner* EuGHE 2002 I 7357 Rn 20.

**(3) Europäisch-autonome Qualifikation**

An einer autonomen Qualifikation des Vertragsbegriffs ist auch und gerade nach der Überführung des EuGVÜ in eine EG-VO festzuhalten. Ziel der Brüssel I-VO – wie überhaupt jeder EG-VO – ist die Rechtsvereinheitlichung. Rechtsvereinheitlichung lässt sich aber nur erreichen, wenn ihre Normen auch einheitlich angewendet werden. Das bedingt eine weitest mögliche **einheitliche Auslegung von Systembegriffen** und schließt einen Rückgriff auf entsprechende Systembegriffe des nationalen Rechts grundsätzlich aus.[49] Was bereits für internationale Regelwerke gilt, gilt in noch stärkerem Maße für supranationales Recht, insbes EG-Verordnungen, zumal weiterhin mit dem nach Art 68 Abs 1 EGV zur Auslegung berufenen EuGH eine Rechtsprechungsinstanz zur Verfügung steht, die für eine einheitliche Auslegung in den Mitgliedstaaten der Brüssel I-VO Sorge trägt. 15

Neben diesem eher formalen, weil rechtsaktsbezogenen Argument sprechen aber auch sonst die besseren Gründe für eine autonome Qualifikation. Zum einen kann nur sie verhindern, dass Gerichte bereits im Rahmen der Zuständigkeitsprüfung kollisions- und materiellrechtliche Erwägungen anstellen und womöglich noch den Inhalt einer fremden lex causae ermitteln müssen.[50] Zum anderen vermeidet sie die mit einer Qualifikation nach der lex causae verbundenen Gefahren positiver[51] und negativer[52] **Kompetenzkonflikte.** Zwar mag man negative Kompetenzkonflikte für hinnehmbar halten, da dem Kläger immer noch der allgemeine Gerichtsstand nach Art 2 Abs 1 zur Verfügung steht,[53] doch ist dieser kein gleichwertiger Ersatz; denn anders als der Gerichtsstand des Erfüllungsorts ist der allgemeine Beklagtengerichtsstand nach Vertragsschluss noch durch eine Verlegung des Schuldnerwohnsitzes manipulierbar. Eine europäisch-autonome Qualifikation vermag derartiges zu vermeiden und gewährleistet in wesentlich größerem Maße als eine Qualifikation nach der lex causae den europäischen **Entscheidungseinklang.** 16

Problematisch bleibt allerdings die fehlende Sicherung der prozessrechtlichen europäisch-autonomen Qualifikation auf der nationalen Ebene des materiellen Rechts. Hier ließe sich daran denken, die prozessrechtliche europäisch-autonome Qualifikation auf das nationale materielle Recht durchschlagen zu lassen.[54] Dies hätte jedoch unweigerlich **Systembrüche** innerhalb des nationalen Rechts zur Folge (Aufsplitterung des Vertragsbegriffs je nachdem, ob sich die Zuständigkeit nach nationalem Recht oder nach 17

---

[49] *Von Hoffmann*, IPR[7] § 6 Rn 16; *Soergel/Kegel* vor Art 3 EGBGB Rn 126 (beide allerdings für IPR-Staatsverträge); EuGH Rs 34/82 *Peters/Zui Nederlande Aanemers Vereniging* EuGHE 1983 987 Rn 10; Rs 9/87 *Arcado/Haviland* EuGHE 1988 1539 Rn 11; Rs C-26/91 *Handte/Traitements mécano-chimiques des surfaces* EuGHE 1992 I 3967 Rn 10; Rs C-51/97 *Réunion européenne/Spliethoff's Bevrachtingskantoor* EuGHE 1998 I 6511 Rn 15; Rs C-334/00 *Tacconi/Wagner* EuGHE 2002 I 7357 Rn 19.

[50] *Bülow/Böckstiegel/Geimer/Schütze/Auer* Art 5 EuGVÜ Rn 19.

[51] Vgl dazu *Geimer/Schütze*, Internationale Urteilsanerkennung, Band I/1 (1983) 565.

[52] Beispiel bei *Geimer/Schütze* Art 5 EuGVÜ Rn 15.

[53] *Geimer/Schütze* Art 5 EuGVÜ Rn 15.

[54] *Bülow/Böckstiegel/Geimer/Schütze/Auer* Art 5 EuGVÜ Rn 17.

der Brüssel I-VO bestimmt[55]). Abhelfen könnte nur eine umfassende Angleichung/Vereinheitlichung des materiellen Rechts, von der man in Europa aber noch weit entfernt ist.[56] Es bleibt daher derzeit nichts anderes, als zugunsten größeren Entscheidungseinklangs entweder diese Disharmonien in den Mitgliedstaaten hinzunehmen oder aber eine „falsche“, weil nicht mit dem der Sachentscheidung zugrunde liegenden materiellen Recht korrespondierende Zuständigkeitsbegründung zu akzeptieren. Mag dies auch wie eine Entscheidung zwischen Scylla und Charybdis erscheinen, so ist doch beides immer noch besser als eine zu weit stärkeren Verwerfungen führende Qualifikation nach der lex causae.

**b) Einzelheiten**

**(1) Vertragsbegriff**

**aa) Definition**

18 Maßgeblich für das Vorliegen eines vertraglichen Rechtsverhältnisses ist nach Auffassung des EuGH, dass eine Partei gegenüber einer anderen **freiwillig Verpflichtungen** eingegangen ist.[57] Der EuGH geht damit von der europaweit konsentierten Vorstellung vom Vertrag als einer durch Rechtsgeschäft entstandenen Sonderverbindung der Parteien[58] aus und verlangt die Existenz eines auf autonomer Selbstbindung beruhenden verpflichtenden Rechtsgeschäfts. Ob und welchen Weiterungen dieser Vertragsbegriff zugänglich ist, bleibt offen und harrt noch weiterer Konkretisierung, doch soll stets zu beachten sein, dass die Gerichtsstände des Art 5 zur Wahrung des Grundsatzes actor sequitur forum rei einer weiten Auslegung nicht zugänglich sind (zur Kritik vgl Rn 3).[59]

19 Der vom EuGH umschriebene **Vertragsbegriff** ist, sofern tatsächlich Freiwilligkeit sowie eine auf einem Rechtsgeschäft gründende Beziehung von mindestens zwei Parteien stets unabdingbare Voraussetzung für die Annahme eines vertraglichen Rechtsverhältnisses iSv Art 5 Nr 1 sein sollte, indes zu eng. Denn zum einen wird man zB Lieferverpflichtungen, die aufgrund eines Kontrahierungszwangs entstanden sind, kaum ihren gleichwohl vertraglichen Ursprung absprechen können (vgl Rn 29). Und zum anderen erscheint auch eine Ausgrenzung einseitiger Rechtsgeschäfte mit verpflichtender Wirkung wenig überzeugend. Zwar fehlt es hier an einer gegenseitig konsentierten Verpflichtung, dh einem Vertrag im klassischen Sinne, doch liegt immerhin eine willensgetragene und damit nicht qua Gesetz, sondern rechtsgeschäftlich begründete Verpflichtung vor (vgl Rn 28).

---

55 *Bülow/Böckstiegel/Geimer/Schütze/Auer* Art 5 EuGVÜ Rn 17.

56 Vgl aber die „Mitteilung der Kommission an den Rat und das Europäische Parlament zum Europäischen Vertragsrecht“ (KOM [2000] 716 endg) sowie die „Mitteilung der Kommission an das Europäische Parlament und den Rat: Ein kohärentes europäisches Vertragsrecht“ (KOM [2003] 68 endg).

57 EuGH Rs C-26/91 *Handte/Traitements mécano-chimiques des surfaces* EuGHE 1992 I 3967 Rn 15; Rs C-51/97 *Réunion européenne/Spliethoff's Bevrachtingskantoor* EuGHE 1998 I 6511 Rn 17; Rs C-334/00 *Tacconi/Wagner* EuGHE 2002 I 7357 Rn 23.

58 Vgl zum „europäischen Vertragsbegriff“ auch *Kegel*, in: GS Lüderitz (2000) 347 ff.

59 EuGH Rs C-51/97 *Réunion européenne/Spliethoff's Bevrachtingskantoor* EuGHE 1998 I 6511 Rn 16.

Der Begriff des Vertrags in Art 5 Nr 1 ist daher **weit auszulegen.** Dass am Zustandekommen des Rechtsgeschäfts mindestens zwei Personen in der Art beteiligt waren, dass die von ihnen beabsichtigten Rechtsfolgen durch ihre übereinstimmenden Erklärungen herbeigeführt worden sind, wird zwar die Regel sein, ist aber keine unabdingbare Voraussetzung. Für die Annahme eines Vertrags iSv Art 5 Nr 1 genügt vielmehr schon jede rechtsgeschäftliche Verbindung, die auf einer **willensgetragenen Verpflichtung mindestens einer Partei** beruht (zB Auslobung). Darauf, ob die Verpflichtung tatsächlich gewollt war (Irrtum, Mentalreservation etc), kommt es nicht an. Bereits die normative Verknüpfung eines willentlich erfüllten Tatbestands einer als Rechtsgeschäft anzusehenden Handlung mit dem Entstehen einer Verpflichtung genügt. Das Kriterium der Freiwilligkeit ist folglich zwar brauchbarer Ausgangspunkt für die Feststellung einer privatautonomen Selbstbindung, sein Fehlen aber kein letztgültiges Ausschlusskriterium.[60] Entscheidend ist nicht die Freiwilligkeit der Bindung, sondern die der zu einer rechtsgeschäftlichen Bindung führenden Handlung. Und selbst hierauf kommt es nicht an, wenn das Gesetz eine Partei zur Vornahme einer solchen Handlung verpflichtet (**Kontrahierungszwang**). 20

**bb) Vertrag**

Art 5 Nr 1 erfasst zunächst Klagen, deren Gegenstand „ein Vertrag" ist. Ausgeschlossen sind damit Klagen aus **gesetzlichen Schuldverhältnissen**, die in keinerlei Verbindung zu einem Vertragsverhältnis stehen, so etwa Ansprüche aus **Quasi-Kontrakten** oder **GoA** und **selbstständige Bereicherungsansprüche**[61] (anders aber bei Leistungskondiktion aufgrund – auch anfänglicher – Vertragsnichtigkeit, vgl auch Rn 30). An einem Vertrag fehlt es auch, wenn der spätere Erwerber einer Sache gegen deren Hersteller, der nicht zugleich ihr Verkäufer ist, Ansprüche aus Produkthaftung geltend macht.[62] Art 5 Nr 1 erfasst allerdings nur verpflichtende, nicht aber verfügende Verträge. Für Verträge, mittels derer Rechte übertragen, geändert, belastet oder aufgehoben werden, steht der Vertragsgerichtsstand nicht zur Verfügung. 21

Art 5 Nr 1 geht nicht zwingend von der Existenz eines Vertrags aus, sondern eröffnet eine Zuständigkeit für Klagen bereits dann, wenn in Frage steht, ob überhaupt ein **Vertrag zustande gekommen** ist;[63] denn wäre die Anwendbarkeit in diesem Falle ausgeschlossen, könnte sich der Beklagte regelmäßig dem Vertragsgerichtsstand mit der Be- 22

---

60 *Martiny*, in: FS Geimer (2002) 650.

61 BGHZ 132, 108.

62 EuGH RS C-26/91 *Handte/Traitements mécano-chimiques des surfaces* EuGHE 1992 I 3967 Rn 16 zur Warenherstellerhaftung des französischen Rechts. Zu letzterer vgl *Nordemann-Schiffel*, Deutsch-französische Produkthaftung im Spannungsfeld zwischen Vertrag und Delikt (2000); *Schley*, Das französische Produkthaftungsrecht und die bei Vertragsketten im deutsch-französischen Rechtsverkehr auftretenden Probleme (2001).

63 EuGH Rs 38/81 *Effer/Kantner* EuGHE 1982, 825 Rn 7; vgl auch BGH RIW 1982, 590; BAG RIW 1987, 465; OLG Hamm RIW 1980, 662; OLG Koblenz IPRax 1986, 105; LG Trier NJW-RR 2003, 287; *Mölnlycke AB v Procter & Gamble Ltd* [1992] 1 WLR 1112 (CA) = [1992] 4 All ER 47; *Boss Group Ltd v Boss France SA* [1996] 4 All ER 970 (CA); Ostre Landsret UfR 1998, 1092 OLD m Bspr *Fogt* IPRax 2001, 358.

hauptung entziehen, ein Vertrag bestünde überhaupt nicht.[64] Aus dem gleichen Grund steht der Vertragsgerichtsstand auch dann zur Verfügung, wenn zwischen den Parteien die Fortexistenz eines Vertrages – etwa wegen **Kündigung**, **Vertragsaufhebung** etc – umstritten ist.[65] Im Vertragsgerichtsstand können schließlich auch auf den Abschluss eines Vertrags gerichtete Klagen erhoben werden, die etwa auf ein entsprechendes Versprechen oder staatliche Anordnung (Abschlusszwang) gestützt werden (näher Rn 29). In allen diesen Fällen müssen vom Kläger freilich stets die für den Vertrag schlüssigen Momente behauptet werden.

**cc) Ansprüche aus einem Vertrag**

23 Zum anderen unterfallen Art 5 Nr 1 aber auch die in der Praxis wesentlich zahlreicheren Verfahren über „Ansprüche aus einem Vertrag". Gemeint sind damit nicht nur die aus dem Vertrag resultierenden **Primäransprüche** auf Erfüllung einer Haupt- oder Nebenpflicht,[66] sondern – wie auch Art 10 EVÜ für das Kollisionsrecht deutlich macht[67] – sämtliche vertraglichen **Sekundäransprüche**, etwa Schadensersatz wegen Vertragsverletzung, Rückerstattung zu viel entrichteten Entgelts nach Minderung usw (vgl Rn 30). Darüber hinaus können auch Ansprüche auf Zahlung einer **Vertragsstrafe**[68] oder auf **Vertragsänderung** im Vertragsgerichtsstand geltend gemacht werden.

**dd) Klagebegehren**

24 Auf die Klageart bzw die Art des Rechtsschutzbegehrens, mit dem das Gericht um eine Entscheidung über vertragliche Ansprüche ersucht wird, kommt es nicht an. Entsprechend der Vielfalt der Klagebegehren ist eine Einschränkung auf bestimmte Klagearten nicht vorgesehen und auch nicht angebracht.[69] Umfasst sind somit alle **Leistungs-, Gestaltungs- und Feststellungsklagen**, mit denen eines der genannten Begehren verfolgt wird.[70] Unerheblich ist auch, ob der Klageantrag auf ein Tun oder Unterlassen des Beklagten gerichtet ist.

**(2) Weitere Beispiele**

25 **Vereins- und gesellschaftsrechtliche** Ansprüche, die nicht den Bestand der Korporation betreffen und ihren Grund im Mitgliedschaftsverhältnis haben, werden vom EuGH dem Vertragsgerichtsstand zugewiesen. So können etwa Zahlungsansprüche eines Vereins gegen ein Vereinsmitglied am Erfüllungsort der Zahlungsschuld geltend gemacht werden.[71] Zwar ist das Mitgliedschaftsverhältnis kein typisches Vertragsverhältnis,

---

64 EuGH ebenda; *Kropholler* Rn 11; *Bülow/Böckstiegel/Geimer/Schütze/Auer* Art 5 EuGVÜ Rn 26; *Dauses/Kreuzer/Wagner* Q 154; *Gaudemet-Tallon* 133.

65 OLG Frankfurt RIW 1980, 585; *Kropholler* Rn 11.

66 Vgl zB zur Erfüllungsklage BGH RIW 1991, 513.

67 Auch EuGH Rs 9/87 *Arcado/Haviland* EuGHE 1988, 1539 Rn 15 zieht Art 10 EVÜ als Auslegungshilfe heran; vgl außerdem *Kropholler* Rn 9; *Mankowski* IPRax 2003, 132.

68 OLG Hamm RIW 1990, 1013.

69 *Martiny* (Fn 35) 665.

70 *Dauses/Kreuzer/Wagner* Q 155; *Zöller/Geimer* Rn 15.

71 EuGH Rs 34/82 *Peters/Zui Nederlande Aanemers Vereniging* EuGHE 1983, 987 Rn 13ff.

doch verpflichtet sich das Mitglied immerhin zur Zahlung von Beiträgen, während der Verein im Gegenzug seinen Verpflichtungen aus der Vereinssatzung nachkommen muss. Darauf, ob ein Anspruch direkt der Satzung entspringt oder erst aufgrund eines Beschlusses des Vorstands entsteht, kommt es nicht an.[72] Die Anwendung von Art 5 Nr 1 auf derartige Ansprüche führt zu einer Zuständigkeitskonzentration am Vereinssitz, da dieser idR mit dem Erfüllungsort identisch sein wird. Zuständig ist damit das Gericht, das die Vereinssatzung, -bestimmungen und -beschlüsse sowie die Umstände, die mit der Entstehung des Streits zusammenhängen, am besten verstehen wird.[73] Aus den gleichen Gründen unterfallen auch Ansprüche, die aus den **Binnenbeziehungen einer Gesellschaft** entstehen, etwa einer Aktiengesellschaft[74] oder GmbH, Art 5 Nr 1.[75] Als vertraglich zu qualifizieren sind zB Ansprüche auf Rückzahlung gem §§ 32a, 32b GmbHG,[76] Ansprüche aus Differenz- und Ausfallhaftung (§§ 9, 24 GmbHG) sowie Ansprüche auf Rückübertragung unter Verletzung von § 30 GmbHG entnommener Beträge.[77] Gleiches gilt für Ansprüche aus der organschaftlichen Sonderrechtsbeziehung zwischen einer Gesellschaft und ihrem Geschäftsführer bzw Vorstand,[78] da deren Bestellung nicht durch einseitigen Akt erfolgt, sondern der Annahme bedarf.[79] Hingegen sollen auf Ausgleich und Schadensersatz gerichtete Ansprüche im faktischen Konzern nicht „vertraglich" iSv Art 5 Nr 1 sein,[80] wohl aber Ansprüche aus Durchgriffshaftung bei Existenz eines Beherrschungs- und Gewinnabführungsvertrags.[81]

Bei **wechselrechtlichen Ansprüchen** ist zu differenzieren. Ausgeschlossen sind Ansprüche gegen den Wechselaussteller, und zwar unabhängig davon, ob es sich um Ansprüche des Wechselnehmers (Art 9 Abs 1 WG)[82] oder des Indossatars (Art 9 Abs 1, 14 Abs 1 WG) handelt.[83] Im Vertragsgerichtsstand geltend gemacht werden können 26

---

72 EuGH Rs 34/82 *Peters/Zui Nederlande Aanemers Vereniging* EuGHE 1983, 987 Rn 18.

73 EuGH Rs 34/82 *Peters/Zui Nederlande Aanemers Vereniging* EuGHE 1983, 987 Rn 14; *Kropholler* Rn 6.

74 EuGH Rs 214/89 *Duffryn* EuGHE 1992 I 1769 Rn 16.

75 OLG Naumburg NZG 2000, 1219; OLG Jena RIW 1999, 704 m zust Anm *Mankowski* NZI 1999, 56, 57.

76 OLG Bremen RIW 1998, 63 zu Art 5 Nr 1 LugÜ.

77 OLG Koblenz NZG 2001, 759 m abl Anm *Haas* DStR 2002, 144; *Brödermann* EWiR 1998, 126; *Schwarz* NZI 2002, 297.

78 OLG München RIW 1999, 871 m Bspr *Haubold* IPRax 2000, 375; OLG Celle RIW 2000, 710, jeweils zu Art 5 Nr 1 LugÜ: *Kropholler* Rn 7; *Zöller/Geimer* Rn 13.

79 OLG München aaO.

80 OLG Düsseldorf IPRax 1998, 210 m zust Bspr *Zimmer* 187; OLG Frankfurt IPRax 2000, 525 m abl Bspr *Kulms* 488; *Kropholler* Rn 11; *Zöller/Geimer* Rn 13; **aA** *Martiny*, in: FS Geimer (2002), 664f; *Möllers*, Internationale Zuständigkeit bei der Durchgriffshaftung (1987), 86; *MünchKommZPO/Gottwald* Art 5 EuGVÜ Rn 5; *Schlosser* Rn 6. Differenzierend zwischen Konzerninnen- und -außenhaftung *Haubold* IPRax 2000, 379ff.

81 *Bülow/Böckstiegel/Geimer/Schütze/Auer* vor Art 5 Rn 9.

82 Vgl dazu LG Göttingen RIW 1977, 235; LG Bayreuth IPRax 1989, 230; LG Frankfurt/Main IPRax 1997, 258; *Kropholler* Rn 11.

83 *Bachmann* IPrax 1997, 241; *Schlosser* Rn 6.

dagegen Ansprüche des Wechselnehmers gegen den Akzeptanten (Art 28 Abs 1 WG) oder den Aussteller eines Eigenwechsels (Art 78 Abs 1 WG) sowie Ansprüche des Indossatars gegen den Akzeptanten.[84] Bei Klagen aus einem **Konnossement** scheidet eine vertragliche Qualifikation aus, falls nicht der Aussteller des Dokuments, sondern ein in diesem nicht genannter Verfrachter in Anspruch genommen wird.[85]

27 Ob und inwieweit Ansprüche aus **culpa in contrahendo** vertraglich qualifiziert werden können, ist umstritten. Nach zT vertretener Auffassung fallen Ansprüche aus jeglicher vorvertraglicher Pflichtverletzung in den Anwendungsbereich des Art 5 Nr 1.[86] Die Gegenansicht sieht in der cic keinen Anwendungsfall der Nr 1, sondern der Nr 3.[87] Eine vermittelnde Meinung will Nr 1 bei Verletzung von Aufklärungs- und Beratungspflichten, hingegen Nr 3 bei der Verletzung von Verkehrs- und Schutzpflichten anwenden.[88] Nach wieder anderer Auffassung soll eine vertragliche Qualifikation nur in Betracht kommen, wenn zwischen den Parteien bereits ein Vertrag geschlossen worden ist.[89] Der EuGH hat sich letzterer Auffassung angeschlossen und geht bei einem Anspruch auf Schadensersatz wegen des ungerechtfertigten Abbruchs von Vertragsverhandlungen von Art 5 Nr 3 und nicht von Nr 1 aus, sofern der Anspruch qua Gesetzes angeordnet wird und nicht auf einer vorgängigen freiwilligen Verpflichtung beruht.[90] Da der Gerichtshof maßgeblich darauf abhebt, dass „irgendeine … freiwillig eingegangene Verpflichtung bestanden" hat,[91] kommt es bei Ansprüchen aus cic folglich immer auf das Bestehen eines Vertrages, mindestens aber einer einseitigen, willentlich eingegangenen Verpflichtung an. Vorvertragliche Pflichtverletzungen werden aber auch in diesem Fall nur erfasst, wenn sie vertragsgegenstandsbezogen sind. Davon ist bei der Verletzung vorvertraglicher Aufklärungs- und Beratungspflichten, nicht aber von Schutz- oder Obhutspflichten auszugehen. So kann etwa eine Klage auf Vertragsaufhebung wegen mangelnder Aufklärung durch den Vertragspartner im Vertragsgerichtsstand erhoben werden.[92]

---

84 *Bachmann* IPRax 1997, 240 ff; *Martiny*, in: FS Geimer (2002), 659; *MünchKommZPO/Gottwald* Art 5 EuGVÜ Rn 4.

85 EuGH Rs C-51/97 *Réunion européenne/Spliethoff's Bevrachtingskantoor* EuGHE 1998 I 6511 Rn 17 ff; vgl dazu auch *Koch* IPRax 2000, 186.

86 OLG München IPRspr 1954/55 Nr 18 = BB 1955, 205; LG Hamburg/OLG Hamburg IPRspr 1976 Nr 125a, b; für die Gewinnzusage *Lorenz* NJW 2000, 3310.

87 Für eine rein deliktische Qualifikation RGZ 159, 33; OLG München WM 1983, 1093.

88 LG Dortmund IPRspr 1998 Nr 139; LG Braunschweig IPRax 2002, 214; *Geimer/Schütze* Art 5 EuGVÜ Rn 18; *Kropholler* Rn 67; *Lorenz* NJW 2000, 3309; *ders* IPRax 2002, 194; *MünchKommZPO/Gottwald* Art 5 EuGVÜ Rn 5; *Martiny*, in: FS Geimer (2002) 654; *Nagel/Gottwald* § 3 Rn 39; *Valloni*, Der Gerichtsstand des Erfüllungsortes nach Luganer und Brüsseler Übereinkommen (1998) 198 ff; *Wieczorek/Schütze/Hausmann* Art 5 EuGVÜ Rn 8.

89 LG Braunschweig IPRax 2002, 214 f; *Bülow/Böckstiegel/Geimer/Schütze/Auer* Art 5 Rn 104; *Schack* Rn 310.

90 EuGH C-334/00 *Tacconi/Wagner* EuGHE 2002 I 7357 Rn 27; ablehnend *Mankowski* IPRax 2003, 135.

91 EuGH C-334/00 *Tacconi/Wagner* EuGHE 2002 I 7357 Rn 24.

92 *Agnew v Lansförsäkringsbølagens AB* [2000] 1 All ER 737 (HL) = [2001] 1 AC 223 = 2000 WL 490.

**Einseitige Rechtsgeschäfte** zeichnen sich dadurch aus, dass durch sie nur der Wille einer Partei verwirklicht wird. Sie sind zwar keine Verträge, werden aber, sofern sie verpflichtende Kraft haben, wie Verträge behandelt und dem Vertragsgerichtsstand unterstellt.[93] Von einseitigen Rechtsgeschäften zu unterscheiden sind Ansprüche aus **Gewinnmitteilungen** (zB § 661a BGB, § 5j öKSchG). Eine vertragliche Qualifikation scheidet aus, da es zu einer Haftung selbst bei Kenntnis des Mitteilungsempfängers vom fehlenden Bindungswillen des Mitteilenden kommt. Einschlägig ist daher grundsätzlich Art 5 Nr 3[94] (vgl Rn 80) und nicht Art 5 Nr 1.[95] In Betracht kommen kann allenfalls eine akzessorische Anknüpfung an den Vertragsgerichtsstand, sofern der Abschluss eines Vertrags iSv Art 5 Nr 1 Voraussetzung für eine Gewinnauskehr ist und der Empfänger tatsächlich eine Bestellung getätigt hat.[96] 28

Bei **Ansprüchen auf Vertragsabschluss** muss unterschieden werden. Haben die Parteien einen Vorvertrag abgeschlossen oder sich durch einen letter of intent gebunden oder resultiert aus einer anderen vertraglichen Bindung der Parteien ein Anspruch auf Vertragsschluss,[97] kann dieser auch im Vertragsgerichtsstand geltend gemacht werden. Liegen solche Absichtserklärungen und Vorverträge hingegen nicht vor, ist auch der Anwendungsbereich des Art 5 Nr 1 nicht eröffnet.[98] Fraglich ist, ob Ansprüche auf Vertragsschluss, die aus einer staatlichen Pflicht (**Kontrahierungszwang**) resultieren, am Gerichtsstand des Erfüllungsorts eingeklagt werden können. Geht man davon aus, dass von den Parteien selbst keine Verpflichtungserklärungen abgegeben wurden, ist der Anwendungsbereich des Art 5 Nr 1 nicht eröffnet. Ist es hingegen zum Vertragsschluss gekommen, steht auch der Vertragsgerichtsstand zur Verfügung, da auch in diesem Fall die Verpflichtung auf Abgabe von beiderseitigen Willenserklärungen beruht. Das Erfordernis der Freiwilligkeit ist insofern irreführend.[99] 29

**Sekundäransprüche** auf Schadensersatz und Rückerstattung der Leistung wegen Nicht- oder Schlechterfüllung folgen idR aus dem Gesetz und nicht aus dem Vertrag selbst, haben aber ihren Ursprung in der Verletzung einer sich aus dem Vertrag ergebenden Pflicht und unterfallen daher Art 5 Nr 1.[100] Vertraglich zu qualifizieren sind weiterhin Ansprüche, die ihren Grund in der Nichtigkeit des Vertragsverhältnisses haben, insbes 30

---

[93] *Geimer/Schütze* Art 5 EuGVÜ Rn 38; *Schlosser* IPRax 1984, 66; *Wieczorek/Schütze/Hausmann* Art 5 EuGVÜ Rn 5.

[94] OLG Frankfurt OLGR 2002, 169f; OLG Dresden RIW 2002, 960; LG Bielefeld NJOZ 2003, 582; *Fetsch* RIW 2003, 942; *Leible* IPRax 2003, 31; *ders* NJW 2003, 409; *Rauscher/Schülke* EuLF 2002, 337.

[95] So aber LG Potsdam VersR 2003, 379; *S Lorenz* NJW 2000, 3309; *ders* IPRax 2002, 193.

[96] Vgl EuGH Rs C-96/00 *Gabriel* EuGHE 2002 I 6367 Rn 60 zu Art 13 EuGVÜ.

[97] Vgl zB OLG Köln IPRax 1985, 161 m Bspr *Schröder* 145.

[98] *Bülow/Böckstiegel/Geimer/Schütze/Auer* Art 5 EuGVÜ Rn 24.

[99] *Martiny*, in: FS Schütze (2002) 650.

[100] EuGH Rs 9/97 *Arcado/Haviland* EuGHE 1988, 1539 Rn 13; *Wieczorek/Schütze/Hausmann* Art 5 EuGVÜ Rn 6; *Bülow/Böckstiegel/Geimer/Schütze/Auer* Art 5 EuGVÜ Rn 22; *Martiny*, in: FS Geimer (2002) 653.

**Rückabwicklungsansprüche.** Hier lässt sich eine Parallele zu Art 10 Abs 1 lit e EVÜ ziehen und Nr 1 auch auf die Folgen der Nichtigkeit eines Vertrages anwenden.[101] Darauf, ob der Rückabwicklungsanspruch selbst – etwa aufgrund einer entsprechenden Umgestaltung des Schuldverhältnisses – vertraglicher Natur ist oder bereicherungs- oder vindikationsrechtlich eingeordnet wird, kommt es nicht an.[102]

### 3. Erfüllungsort und maßgebliche Verpflichtung

31 Art 5 Nr 1 wurde im Zuge der Überführung des EuGVÜ in die Brüssel I-VO wesentlich umgestaltet. Lediglich lit a, der dem ersten HS des Übereinkommens entspricht, spiegelt noch die alte Rechtslage wieder. Danach kann vor dem Gericht des Ortes geklagt werden, an dem die Verpflichtung erfüllt worden ist oder zu erfüllen wäre (Gerichtsstand des Erfüllungsorts). Nach Auffassung des EuGH war der Erfüllungsort nicht autonom, sondern nach der **lex causae** zu bestimmen.[103] Eine Ausnahme wurde lediglich bei **Arbeitsverträgen** gemacht.[104] Nach Art 5 Nr 1 HS 2 EuGVÜ konnte an dem Ort geklagt werden, an dem der Arbeitnehmer regelmäßig seine Arbeit verrichtet. Der Gerichtsstand für Streitigkeiten über individuelle Arbeitsverträge wurde schließlich durch die Brüssel I-VO in Art 18 ff eigenständig geregelt.

32 Die Bestimmung des Erfüllungsorts nach der lex causae stieß nicht nur, aber besonders bei **Einheitskaufrecht** (EKG oder CISG) unterliegenden Verträgen auf Kritik, führte sie doch bei auf Einheitskaufrecht gestützten Klagen auf Kaufpreiszahlung zu einem dem Grundsatz „actor sequitur forum rei" widersprechenden Kläger- und Verkäufergerichtsstand.[105] Der EuGH hielt aus Gründen der Rechtssicherheit gleichwohl an einer Bestimmung des Erfüllungsorts nach der lex causae fest.[106] Dies wurde offenbar auch vom europäischen Gesetzgeber als unbefriedigend empfunden.[107] Die Brüssel I-VO entzieht daher wenigstens die Bestimmung des Erfüllungsorts von Kauf- und Dienstverträgen den nationalen Rechten und stellt hierfür **autonome Regeln** auf (Art 5 Nr 1

---

[101] *MünchKommZPO/Gottwald* Art 5 EuGVÜ Rn 4; *Schlosser* Rn 5; *Geimer/Schütze* Art 5 EuGVÜ Rn 47; **aA** *Bülow/BöckstiegelGeimer/Schütze/Auer* Art. 5 EuGVÜ Rn 22.

[102] OGH JBl 1998, 516; *Geimer/Schütze* Art 5 EuGVÜ Rn 47; *Holl* IPRax 1998, 122; *Lorenz* IPRax 1993, 46; *Martiny*, in: FS Geimer (2002) 658; *Rauscher* IPR 352; *Schack* Rn 263; *Schlosser* Rn 5; *Wieczorek/Schütze/Hausmann* Art 5 EuGVÜ Rn 6; **aA** Kleinwort Benson Ltd v Glasgow City Council [1999] 1 AC 153 (HL); *Bülow/Böckstiegel/Geimer/Schütze/Auer* Art 5 EuGVÜ Rn 22; *MünchKommZPO/Gottwald* Art 5 EuGVÜ Rn 7; *Lipp* RIW 1994, 20 f.

[103] EuGH Rs 12/76 *Tessili/Dunlop* EuGHE 1976 1473 Rn 13 ff; Rs 266/85 *Shenavai/Kreischer* EuGHE 1987 239 Rn 20.

[104] Zur Entwicklung vgl *Rauscher/Mankowski* Art 18 Rn 1.

[105] Zur Kritik vgl die zahlreichen Nachw in BGH RIW 1992, 756.

[106] EuGH Rs 288/92 *Custom Made Commercial/Stawa Metallbau* EuGHE 1994 I 2913 Rn 26 ff.

[107] Vgl Begründung der Kommission zum Vorschlag für eine Verordnung (EG) des Rates über die gerichtliche Zuständigkeit und die Anerkennung und Vollstreckung von Entscheidungen in Zivil- und Handelssachen, KOM (1999) 348 endg 15.

lit b). Diese Lösung ist zwar nur halbherzig, lässt die bisherige Rspr des EuGH aber wenigstens für einen Großteil der Verfahren hinfällig werden.

Indes bleibt es bei allen anderen Vertragsarten sowie dann, wenn der nach lit b bestimmte Erfüllungsort nicht in einem Mitgliedstaat (Art 1 Abs 3) liegt, bei der Anwendbarkeit von lit a (lit c). Da dieser wörtlich mit Art 5 Nr 1 HS 1 EuGVÜ übereinstimmt, ist davon auszugehen, dass insoweit die bisherige Rspr des EuGH weiterhin berücksichtigt und der Erfüllungsort nach der lex causae bestimmt werden muss.[108] Ein überzeugender sachlicher Grund für diese Differenzierung ist nicht ersichtlich.[109] Die Neufassung verbindet die Fehler des (in lit a und c) fortgeltenden alten Rechts mit den Abgrenzungsproblemen eines autonomen Erfüllungsortes für Kauf- und Dienstverträge (lit b) und erschwert die Rechtsanwendung. Erklären lässt sich die „gespaltene Lösung" allenfalls mit dem Kompromisscharakter der Regelung, die zwar Art 46 ncpc übernehmen, aber zugleich nicht zu einem gänzlichen Bruch mit der Rspr des EuGH führen sollte.[110] Begrüßenswert wäre es, wenn der Verordnungsgeber im Zuge einer künftigen Überarbeitung der Brüssel I-VO zu einem **einheitlichen Gesamtkonzept** des Art 5 Nr 1 gelangen und die autonome Bestimmung des Erfüllungsorts für alle Vertragsarten vorsehen würde. Bis dahin muss man mit dem unbefriedigenden Aufspaltung leben, zumal heute noch weniger als zuvor mit einer Änderung der Rspr des EuGH gerechnet werden kann, da die Begründung zu Art 5 Nr 1 des Kommissionsentwurfs im Falle der Nichtanwendbarkeit von lit b eindeutig von der lex causae-Regel ausgeht.[111] 33

**a) Grundregel: Erfüllungsort (lit a)**

Lit b regelt die beiden wichtigsten Vertragstypen, nämlich den Dienst- und den Kaufvertrag. Dadurch wird die eigentliche Grundregel der lit a zur **Auffangregel** für alle anderen Verträge und außerdem über lit c für solche Dienst- und Kaufverträge, auf die lit b nicht anzuwenden ist. 34

**(1) Maßgebliche vertragliche Verpflichtung**

**aa) Vertragscharakteristische Pflicht oder konkret verletzte Pflicht?**

Nach st Rspr des EuGH zur entsprechenden Vorgängernorm des EuGVÜ kann nicht jede beliebige Verpflichtung die nach Nr 1 Maßgebliche sein. Abgestellt werden soll vielmehr auf die **konkret streitige Verpflichtung.**[112] Der EuGH begründete dies im Wesentlichen 35

---

[108] *Czernich/Tiefenthaler/Czernich* Rn 43; *Leipold*, in: GS Lüderitz (2000), 450; *Micklitz/Rott* EuZW 2001, 329; *Thomas/Putzo/Hüßtege* Rn 11; **aA** und für eine Interpretation im Lichte von lit b hingegen *Junker* RIW 2002, 572; *Bajons*, in: FS Geimer (2002), 64.

[109] *Kropholler* Rn 25.

[110] Ebenda.

[111] KOM (1999) 348 endg 15. Vgl auch *Czernich/Tiefenthaler/Czernich* Rn 44. Mit guten Gründen für eine veränderte Auslegung von lit a *Jayme/Kohler* IPRax 1999, 401, 405; *Kropholler* Rn 25; *Micklitz/Rott* EuZW 2001, 329.

[112] EuGH Rs 14/76 *de Bloos* EuGHE 1976 1497 Rn 9/12; Rs 266/85 *Shenavai/Kreischer* EuGHE 1987, 251 Rn 20; Rs C-288/92 *Custom Made Commercial/Stawa Metallbau* EuGHE 1994 I 2913 Rn 23 ff; Rs C-

mit den Zielen des EuGVÜ: Da durch das Übereinkommen die internationale Zuständigkeit festgelegt, die Anerkennung erleichtert und die Vollstreckung in den Mitgliedstaaten sichergestellt werden solle,[113] müsse so weit wie möglich verhindert werden, dass sich aus ein und demselben Vertrag mehrere Zuständigkeiten herleiten lassen.[114]

36 Dem gegenüber wurde vor allem in der Literatur die Auffassung vertreten, entscheidend müsse die **vertragscharakteristische Leistung** sein.[115] Eine solche Lösung wäre in der Tat wesentlich besser geeignet, eine Vervielfältigung von Zuständigkeiten zu vermeiden, da dann für jede Streitigkeit aus dem Vertrag das Gericht am Erfüllungsort zuständig wäre. Zudem ließe sich die bei der Anwendung nationalen IPR stets bestehende Gefahr der Anwendung unterschiedlichen Sachrechts auf aus einem Vertrag resultierende Verpflichtungen vermeiden,[116] doch kommt diesem Argument seit dem Inkrafttreten des EVÜ keine entscheidende Bedeutung mehr zu.[117] Eine mit der Maßgeblichkeit der charakteristischen Leistung verbundene Konzentration auf einen einzigen Gerichtsstand sieht sich außerdem dem berechtigten Vorwurf ausgesetzt, das Zuständigkeitsgleichgewicht zwischen Sach- und Geldschuldner preiszugeben.[118] Gerade unter Kaufleuten sollte beim Vertragsgerichtsstand Waffengleichheit herrschen und nicht eine der beiden Vertragsparteien bevorzugt werden. Verbraucher, Versicherungs- und Arbeitnehmer werden ohnedies besonders geschützt. Für ein Abstellen auf die konkret streitige Verpflichtung streitet weiterhin der Wortlaut von lit a („die Verpflichtung"). Zudem bestünden bei Verträgen sui generis oder gemischten Verträgen – wie etwa Tauschverträgen – die bereits aus dem IPR bekannten Schwierigkeiten (vgl Art 4 Abs 2 EVÜ, 28 Abs 2 S 2 EGBGB)[119] der Ermittlung der vertragscharakteristischen Leistung.[120]

Auch wenn daher die besseren Gründe dafür sprechen, auch zukünftig im Anwendungsbereich der lit a und c auf die konkret streitige Verpflichtung abzustellen, so über-

---

440/97 *GIE Groupe Concorde/Kapitän des Schiffes „Suhadiwarno Panjan"* EuGHE 1999 I 6307 Rn 32; Rs C-256/00 *Besix/Kretzschmar* EuGHE 2002 I 1699 Rn 17. Vgl außerdem zB aus der deutschen Rechtsprechung BGHZ 74, 139; BGH RIW 1981, 414; NJW 1988, 1467; NJW 1992, 2429; RIW 1993, 846; NJW 1994, 2699; NJW 2001, 1936; RIW 2003, 221. Nachw zu Entscheidungen aus anderen Mitgliedstaaten zB bei *Wieczorek/Schütze/Hausmann* Art 5 EuGVÜ Rn 13 in Fn 57.

[113] Vgl auch die Präambel des EuGVÜ.

[114] EuGH Rs 14/76 *de Bloos* EuGHE 1976, 1497 Rn 9/12.

[115] Vgl zB *Piltz* NJW 1981, 1877; *Pocar* RabelsZ 42 (1978), 416; *Rauscher*, Verpflichtung und Erfüllungsort in Art. 5 Nr. 1 EuGVÜ unter besonderer Berücksichtigung des Vertragshändlervertrages (1984) 224; *Spellenberg* ZZP 91 (1978) 51; *Graf Wrangel*, Der Gerichtsstand des Erfüllungsortes im deutschen, italienischen und europäischen Recht (1988) 13.

[116] *Linke* RIW 1977, 46.

[117] *Wieczorek/Schütze/Hausmann* Art 5 EuGVÜ Rn 14.

[118] *Schack* Rn 265 und 273a; *Kropholler*, EuZPR$^6$ Art 24 EuGVÜ Rn 15.

[119] Vgl dazu zB *MünchKommBGB/Martiny* Art 28 EGBGB Rn 52 ff; *Bamberger/Roth/Spickhoff* Art 28 EGBGB Rn 16.

[120] *Wieczorek/Schütze/Hausmann* Art 5 EuGVÜ Rn 14; *MünchKommZPO/Gottwald* Art 5 EuGVÜ Rn 10; *Bülow/Böckstiegel/Geimer/Schütze/Auer* Art 5 EuGVÜ Rn 32.

zeugt es indes nicht, dass im Rahmen von lit b die maßgebliche Verpflichtung dann doch die vertragscharakteristische Leistung ist. Das führt zu nicht erklärbaren **Wertungswidersprüchen**, lässt der Unterscheidung von Kauf- und Dienstverträgen auf der einen und sonstigen Verträgen auf der anderen Seite eine unangemessene Bedeutung zukommen und verhindert zudem „eine ausgewogene Zuständigkeitsverteilung im Verhältnis zu Drittstaaten".[121] Anzustreben ist folglich eine einheitlich für alle Vertragstypen geltende Zuständigkeitsbestimmung, wobei die Zukunft trotz der hier geäußerten Skepsis wohl der alleinigen Maßgeblichkeit des Erfüllungsorts der vertragscharakteristischen Leistung gehören wird. Fraglich erscheint jedoch, ob sich eine derartige Regelung nur auf legislativem oder auch auf judikativem Wege erreichen lässt. Letzteres erscheint immerhin zweifelhaft.[122] Schließlich geht die Kommissionsbegründung bewusst von einer Differenzierung aus. Eine einseitige Anknüpfung soll ausdrücklich nur für Dienst- und Kaufverträge eingeführt werden, es bei allen anderen Verträgen hingegen bei der schon bisher bestehenden Regelung bleiben.[123] Auch lassen sich der Rechtsprechung des EuGH zur Zuständigkeitsbestimmung bei Arbeitsverträgen kaum auf sämtliche Vertragstypen übertragbare Argumente entnehmen. Der Gerichtshof stellte bei Arbeitsverträgen ausnahmsweise auf die charakteristische Leistung ab, die er in der Verpflichtung des Arbeitnehmers sieht.[124] Entscheidend für diese – zwischenzeitlich in Art 5 Nr 1 2. und 3. HS EuGVÜ bzw Art 19 Brüssel I-VO kodifizierte – Ausnahme war zum einen der angestrebte Gleichlauf zum EVÜ,[125] dessen Art 6 Abs 2 das Recht des Staates für anwendbar erklärt, in dem der Arbeitnehmer seine Arbeit gewöhnlich verrichtet. Ausschlaggebend war zum anderen die besondere Schutzbedürftigkeit des Arbeitnehmers.[126] Übertragen lässt sich dies jedoch nicht. Denn es sind keine weiteren Vertragstypen ersichtlich, die einen vergleichbaren Schutz eines Vertragsteils erfordern und nicht schon in der Brüssel I-VO besonders geregelt worden sind (Versicherungs- und Verbraucherverträge). Außerdem gibt es – außer für Verbraucher- und Versicherungsverträge – keine vergleichbaren Regelungen im EVÜ bzw dem gemeinschaftlichen Richtlinienrecht, die einen Gleichlauf zwischen Zuständigkeit und anwendbarem Recht erfordern.

**bb) Primär- oder Sekundärpflicht?**

Die maßgeblich streitige Verpflichtung iSv lit a ist nicht die streitgegenständliche, 37
sondern diejenige, „die dem vertraglichen Anspruch entspricht, auf den der Kläger seine Klage stützt".[127] Entscheidend ist folglich auch bei der Geltendmachung von

---

[121] *Hau* IPRax 2000, 360; *Junker* RIW 2002, 572; *Schack* Rn 273.

[122] **AA** *Jayme/Kohler* IPRax 1999, 405; *Junker* RIW 2002, 572; *Kropholler* Rn 25; *Kropholler/von Hinden*, in: GS Lüderitz (2000) 409; *Micklitz/Rott* EuZW 2001, 329.

[123] Vgl Begründung des Kommissionsentwurfs, KOM 1999 (348) endg 15.

[124] EuGH Rs 133/81 *Ivenel/Schwab* EuGHE 1982, 1891 Rn 20; Rs 266/85 *Shenavai/Kreischer* EuGHE 1987, 251 Rn 19; Rs C-125/92 *Mulox/Geels* EuGHE 1993, 4075 Rn 26.

[125] EuGH Rs 133/81 *Ivenel/Schwab* EuGHE 1982, 1891 Rn 15.

[126] EuGH Rs 133/81 *Ivenel/Schwab* EuGHE 1982, 1891 Rn 16.

[127] EuGH Rs 14/76 *de Bloos/Bouyer* EuGHE 1976, 1497 Rn 13/14.

Sekundärpflichten die verletzte **Primärpflicht.**[128] Eine gesonderte Anknüpfung von zB durch Leistungsstörungen entstandenen Sekundärpflichten auf Leistung von Schadensersatz findet nicht statt. Wer Schadensersatz wegen Lieferung mangelhafter Ware verlangt, muss die Klage daher beim Gericht des Erfüllungsorts der Liefer-, nicht aber der Schadensersatzpflicht erheben.[129] Nur so lassen sich Rechtssicherheit, eine erleichterte Anerkennung und beschleunigte Vollstreckung gewährleisten.[130] Bedenklich ist allerdings, dass der EuGH die Unterscheidung zwischen Primär- und Sekundärpflicht nicht autonom vornimmt, sondern der lex causae überlässt.[131]

**cc) Mehrere Verpflichtungen**

38 Bei mehreren Verpflichtungen gibt grundsätzlich die Hauptverpflichtung das Maß.[132] Eine Berücksichtigung von **Nebenpflichten** kommt nicht in Betracht, da diese uU einen anderen Erfüllungsort als die Hauptpflicht haben können. Ließe man aber jede beliebige Verpflichtung für die Begründung des Gerichtsstands nach Nr 1 lit a genügen, käme es zu einer mit dem von der Brüssel I-VO verfolgten Ziel der Rechtssicherheit[133] nicht zu vereinbarenden Vervielfältigung der Gerichtsstände.[134]

Bei mehreren **gleichrangigen Verpflichtungen** ist jedes Gericht nur für die Verpflichtung zuständig, die am Gerichtsort erfüllt werden muss.[135] Der Erfüllungsort ist bei Gleichrangigkeit also für jeden Anspruch selbstständig festzustellen. Der Grundsatz, dass Nebensächliches der Hauptsache folgt, greift nicht.[136] Auch eine Zuständigkeit kraft Sachzusammenhangs zwischen beiden Ansprüchen kommt nicht in Betracht.[137] Dem Kläger verbleibt zur Vermeidung von Nachteilen, die sich aus der Zuständigkeit unterschiedlicher Gerichte für zwei aus demselben Vertrag resultierende gleichrangige Verpflichtungen ergeben, nur die Möglichkeit, seine Ansprüche insgesamt im allgemeinen Gerichtsstand des Art 2 geltend zu machen.[138]

---

[128] BGH RIW 1979, 711; IPRax 1997, 417; BGHZ 134, 205; NJW 2001, 1937; OLG Stuttgart RIW 2000, 631.

[129] Vgl zB OLG Hamm RIW 1994, 878; BayObLG RIW 2001, 863.

[130] EuGH Rs 14/76 *de Bloos/Bouyer* EuGHE 1976, 1497 Rn 8.

[131] Vgl EuGH Rs 14/76 *de Bloos/Bouyer* EuGHE 1976, 1497 Rn 15/17; zustimmend hingegen *Zöller/Geimer* Rn 8.

[132] EuGH Rs 14/76 *de Bloos/Bouyer* EuGHE 1976, 1497 Rn 9/12; Rs 266/85 *Shenavai/Kreischer* EuGHE 1987 251 Rn 19.

[133] EuGH Rs 38/81 *Effer/Kantner* EuGHE 1982, 825 Rn 6; Rs C-26/91 *Handte/Traitements mécano-chimiques des surfaces* EuGHE 1992 I 3967 Rn 11, 12, 18 und 19; Rs C-129/92 *Owens/Bracco* EuGHE 1994 I 117 Rn 32; Rs C-288/92 *Custom Made Commercial/Stawa Metallbau* EuGHE 1994 I 2913 Rn 18 Rs C-440/97 *GIE Groupe Concorde/Kapitän des Schiffes „Suhadiwarno Panjan"* EuGHE 1999 I 6307 Rn 23; Rs C-256/00 *Besix/Kretzschmar* EuGHE 2002 I 1699 Rn 24.

[134] *Bülow/Böckstiegel/Geimer/Schütze/Auer* Art 5 EuGVÜ Rn 45; *MünchKommZPO/Gottwald* Art 5 EuGVÜ Rn 11; *Zöller/Geimer* Rn 7; *Kropholler* Rn 26.

[135] EuGH Rs C-420/97 *Leathertex/Bodetex* EuGHE 1999 I 6747 Rn 42.

[136] EuGH Rs C-420/97 *Leathertex/Bodetex* EuGHE 1999 I 6747 Rn 39.

[137] EuGH Rs C-420/97 *Leathertex/Bodetex* EuGHE 1999 I 6747 Rn 38.

[138] EuGH Rs C-420/97 *Leathertex/Bodetex* EuGHE 1999 I 6747 Rn 41.

Besteht die Pflicht in einem **Unterlassen**, so kann ein Erfüllungsort für diese Unterlassenspflicht nicht bestimmt werden, wenn sie geographisch unbegrenzt besteht.[139] Fraglich ist, ob sich dieses Problem dadurch umgehen ließe, dass man auf die vertragscharakteristische Leistung abstellt. In der Regel wird das Unterlassen aber die vertragscharakteristische Leistung sein. Deshalb ist der Erfüllungsort für eine Unterlassenspflicht idR nicht bestimmbar und der Art 5 Nr 1 auf derartige Verträge nicht anwendbar. 39

**(2) Bestimmung des Erfüllungsorts nach der lex causae**

Der EuGH ermittelt den **Erfüllungsort** seit der Entscheidung „Tessili/Dunlop" in st Rspr nach der **lex causae**, dh dem auf den Vertrag anzuwendenden Recht,[140] und ließ sich hiervon weder durch kritische Vorlagefragen nationaler Gerichte[141] noch durch abweichende Schlussanträge seiner Generalanwälte[142] abbringen. Unterliegt der Vertrag einheitsrechtlichen Regeln, bestimmen diese den Erfüllungsort.[143] Zur Begründung für eine Qualifikation lege causae wird regelmäßig angeführt, die Unterschiede zwischen den nationalen Regelungen des Vertragsrechts seien nach wie vor zu groß und eine einheitliche (autonome) Bestimmung des Erfüllungsorts deshalb nicht möglich.[144] Indes steht der EuGH mit seiner Auffassung nicht allein, sondern findet durchaus Unterstützung in der Literatur.[145] Für die Rechtsprechung des EuGH spreche die ausgeprägt dem materiellen Recht dienende Funktion der besonderen Zuständigkeit des Art 5 Nr 1.[146] Nur so lasse sich sicherstellen, dass der Erfüllungsort materiell und prozessual nach demselben Recht ermittelt wird.[147] Außerdem wahre allein eine Qualifikation lege causae den inneren Entscheidungseinklang.[148] Die deutsche Rechtsprechung ist dem EuGH stets gefolgt.[149] 40

---

[139] EuGH Rs C-256/00 *Besix/Kretzschmar* EuGHE 2002 I 1699 Rn 55.

[140] EuGH Rs 12/76 *Tessili/Dunlop* EuGHE 1976, 1473 Rn 13, 15; Rs 266/85 *Shenavai/Kreischer* EuGHE 1987, 239 Rn 7; Rs C-288/92 *Custom Made Commercial/Stawa Metallbau* EuGHE 1994 I 2913 Rn 26, Rs C-440/97 *GIE Groupe Concorde/Kapitän des Schiffes „Suhadiwarno Panjan"* EuGHE 1999 I 6307 Rn 32; Rs C-420/97 *Leathertex/Bodetex* EuGHE 1999 I 6747 Rn 33; Rs C-256/00 *Besix/Kretzschmar* EuGHE 2002 I 1699 Rn 33.

[141] Vgl BGH RIW 1992, 756; Cass Rev crit 1998, 117.

[142] Vgl GA *Lenz* zu Rs C-288/92 *Custom Made Commercial/Stawa/Metallbau* EuGHE 1994 I 2913; GA *Léger* zu Rs C-420/97 *Leathertex/Bodetex* EuGHE 1999 I 6747.

[143] EuGH Rs C-288/92 *Custom Made Commercial/Stawa Metallbau* EuGHE 1994 I 2913 Rn 26f, 29.

[144] EuGH Rs C-288/92 *Custom Made Commercial/Stawa Metallbau* EuGHE 1994 I 2913 Rn 14.

[145] Vgl etwa *Bülow/Böckstiegel/Geimer/Schütze/Auer* Art 5 EuGVÜ Rn 50; *Geimer/Schütze* Art 5 EuGVÜ Rn 65; *Kropholler*, EuZPR[6] Art 5 EuGVÜ Rn 17ff; *MünchKommZPO/Gottwald* Art 5 EuGVÜ Rn 20; *Schlosser*, in: GS Bruns (1980) 56; *Wieczorek/Schütze/Hausmann* Art 5 EuGVÜ Rn 23.

[146] *Kropholler*, EuZPR[6] Art 24 EuGVÜ Rn 19; *Schlosser*, in: GS Bruns (1980) 56.

[147] *Geimer/Schütze* Art 5 EuGVÜ Rn 65; *Bülow/Böckstiegel/Geimer/Schütze/Auer* Art 5 EuGVÜ Rn 50.

[148] *Geimer/Schütze* Art 5 EuGVÜ Rn 65.

[149] Vgl zB BGH RIW 1979, 710; 1981, 414; 1991, 514; 1993, 847; BGHZ 134, 205f; NJW 2001, 1936; RIW 2003, 221. Nachweise zu ausländischer Rspr bei *Kropholler*, EuZPR[6] Art 24 EuGVÜ Rn 21 in Fn 56.

41 Kritiklos ist die Tessili-Formel des EuGH gleichwohl nicht geblieben. Denn gegen sie bestehen **erhebliche Bedenken**, lässt sich doch das mit der Brüssel I-VO verfolgte Ziel einer Zuständigkeitsvereinheitlichung nicht durch eine Qualifikation nach der lex causae (und noch weniger der lex fori[150]), sondern allein mit einer autonomen Bestimmung des Erfüllungsorts erreichen.[151] Zudem ist die Rechtsprechung des EuGH in sich wenig stimmig, wenn der Vertrag zwar autonom qualifiziert, der Erfüllungsort hingegen nach der lex causae bestimmt wird.[152] Außerdem belastet eine Bestimmung nach der lex causae die Zuständigkeitsprüfung über Gebühr, da zunächst das anzuwendende materielle Recht ermittelt werden muss.[153] Und schließlich besteht gerade bei Geldschulden die Gefahr einer unangemessenen Schuldnerbenachteiligung, wenn die Geld- als Bringschuld ausgestaltet ist. Besonders in Verbindung mit Art 59 Abs 1 EKG bzw Art 57 Abs 1 CISG führt die Anwendung der Tessili-Formel zu einem **reinen Klägergerichtsstand**,[154] der sich mit dem allgemeinen Grundsatz „actor sequitur forum rei" nur schwer in Einklang bringen lässt. Die besseren Gründe sprechen daher für eine vertragsautonome Bestimmung des Erfüllungsorts.[155] Angesichts der Begründung des Kommissionsentwurfs, in dem zur Erläuterung von lit a ausdrücklich auf die Tessili-Formel verwiesen wird, ist allerdings ohne entsprechende legislative Flankierung kaum mit einer Änderung der EuGH-Rechtsprechung zu rechnen.[156] Immerhin löst die autonome Erfüllungsortbestimmung nach lit b aber bei Kaufverträgen die durch Art 57 Abs 1 CISG aufgeworfenen Probleme, sofern in einen Mitgliedstaat geliefert wird (vgl Rn 32).

**(3) Rechtlicher und tatsächlicher Erfüllungsort**

42 Gem Art 5 Nr 1 lit a kann die Klage am dem Ort erhoben werden, „an dem die Verpflichtung erfüllt worden ist oder zu erfüllen wäre". Die Vorschrift rekurriert damit sowohl auf den **rechtlichen** als auch auf den **tatsächlichen Erfüllungsort**. In welchem Verhältnis sie zueinander stehen, ist unklar. Zum Teil wird von einem Wahlrecht des Klägers ausgegangen; ihm stehe es frei, seine Klage entweder am Ort der realen Erfül-

---

[150] Dafür etwa OLG Celle RIW 1979, 131; *Lüderitz*, in: FS Zweigert (1981) 250; weitere Nachw bei *Kropholler* EuZPR[6] Art 5 EuGVÜ Rn 20 in Fn 55.

[151] *Schack*, IZVR Rn 273; *Dauses/Kreuzer/Wagner* Q Rn 160: Verstoß gegen die ratio conventionis.

[152] *MünchKommZPO/Gottwald* Art 5 EuGVÜ Rn 19; *Kadner* Jura 1997, 245.

[153] *Kadner* Jura 1997, 245; in diese Richtung auch Generalanwalt *Colomer* Rs C-440/97 *GIE Groupe Concorde/Kapitän des Schiffes „Suhadiwarno Panjan"* EuGHE 1999 I 6307 Rn 3, der für die Festlegung einheitlicher und einfacher Zuständigkeitskriterien plädiert.

[154] Vgl etwa zu Art 57 Abs 1 CISG BGHZ 74, 136; 78, 259; OLG Bamberg NJW 1977, 505; OLG Düsseldorf IPRax 1987, 234; OLG Hamm RIW 1980, 662; IPRax 1986, 104; OLG Koblenz IPRax 1986, 105; RIW 1990, 220; OLG München IPRax 1987, 307; OLG Stuttgart RIW 1978, 545. Zu Art 59 Abs 1 EKG vgl OLG Hamm RIW 1994, 877, 878.

[155] Dafür auch *Huber* ZZP Int 1 (1996) 177 ff; *Jayme* IPRax 1995, 13; *Kadner* Jura 1997, 245 ff; *Pfeiffer*, Internationale Zuständigkeit und prozessuale Gerechtigkeit (1996) 679; *Rauscher*, Verpflichtung und Erfüllungsort in Art 5 Nr 1 EuGVÜ – unter besonderer Berücksichtigung des Vertragshändlervertrages (1984) 180 ff; *Rüßmann* IPRax 1996, 403 f; *Schack* Rn 273; *Schwenzer* IPRax 1989, 275 f.

[156] KOM (1999) 348 endg.; *Schlosser* Rn 10 c.

lung oder aber am Ort, an dem er hätte erfüllen müssen, zu erheben.[157] Überzeugender ist es, von einer **zeitgebundenen Rangfolge** auszugehen. Solange noch nicht erfüllt worden ist, ist nur der rechtliche Erfüllungsort, dh der Ort maßgeblich, an dem laut Vertrag bzw Gesetz zu erfüllen wäre. Nach der Erfüllung gibt bei einer Abweichung des tatsächlichen vom rechtlichen Erfüllungsort hingegen allein Ersterer das Maß, sofern der Gläubiger die Leistung dort als vertragsgemäß angenommen hat.[158] Eine solche Lösung erlaubt den Parteien nicht nur eine einfache Anpassung an geänderte Verhältnisse (zB Wohnsitzwechsel des Gläubigers),[159] sondern vermeidet zugleich die mit einem Wahlrecht des Klägers notwendig verbundene Mehrzahl von Zuständigkeitsgründen.

**(4) Erfüllungsortsvereinbarungen**

Wie sich aus der Formulierung „und sofern nichts anderes vereinbart worden ist" ergibt, 43
lässt Art 5 Nr 1 lit b **Erfüllungsortvereinbarungen** für Kauf- und Dienstleistungsverträge ausdrücklich zu. In lit a fehlt es hingegen an einer entsprechenden Wendung. Daraus kann indes nicht geschlossen werden, dass Erfüllungsortvereinbarungen bei sonstigen Verträgen keine zuständigkeitsbegründende Kraft haben.[160] Denn bereits nach der zum mit lit a wortidentischen Art 5 Nr 1 EuGVÜ ergangenen Rechtsprechung des EuGH genügte die Vereinbarung über den Erfüllungsort der Verpflichtung, um an diesem Ort die gerichtliche Zuständigkeit iSd Vorschrift zu begründen, wenn die Vertragsparteien nach dem anwendbaren Recht unter den dort festgelegten Voraussetzungen den Ort, an dem eine Verpflichtung zu erfüllen ist, bestimmen können.[161] Dass hiervon abgewichen bzw die Anwendbarkeit dieser Regel nur auf Kauf- und Dienstverträge beschränkt werden sollte, ist nicht ersichtlich.

Haben die Parteien tatsächlich eine Erfüllungsortvereinbarung getroffen, bemisst sich 44
ihre **Wirksamkeit** allein nach der **lex causae**.[162] Die Formanforderungen des Art 23 sind nicht zu beachten.[163] Der EuGH begründet dies mit der konzeptionellen Unterschiedlichkeit von Art 23 einer- und Art 5 Nr 1 andererseits. Während der Gerichtsstand des Erfüllungsorts ein Wahlgerichtsstand sei, an dem neben dem allgemeinen Gerichts-

---

157 *Geimer/Schütze* Art 5 EuGVÜ Rn 95: Der „Gerichtsstand [der realen Erfüllung] steht selbständig neben dem des Erfüllungsortes."

158 BayObLG RIW 2001, 863; *Bülow/Böckstiegel/Geimer/Schütze/Auer* Art 5 EuGVÜ Rn 52; *Kropholler* Rn 27; *Mezger* RIW 1976, 847; *MünchKommZPO/Gottwald* Art 5 EuGVÜ Rn 22; *Piltz* NJW 1981, 1827; *Wieczorek/Schütze/Hausmann* Art 5 EuGVÜ Rn 26.

159 *Kropholler* Rn 27; *MünchKommZPO/Gottwald* Art 5 EuGVÜ Rn 22; *Bülow/Böckstiegel/Geimer/Schütze/Auer* Art 5 EuGVÜ Rn 52.

160 Wie hier *Kropholler* Rn 28; zweifelnd jedoch *Thomas/Putzo/Hüßtege* Rn 5.

161 EuGH Rs 56/79 *Zelger/Salinitri* EuGHE 1980, 89 Rn 5; Rs C-106/95 *MSG/Les Gravières Rhénanes* EuGHE 1996 I 911 Rn 30; Rs C-440/97 *GIE Groupe Concorde/Kapitän des Schiffes „Suhadiwarno Panjan"* EuGHE 1999 I 6307 Rn 28.

162 Vgl zB OLG Karlsruhe RIW 1994, 1046.

163 EuGH Rs 56/79 *Zelger/Salinitri* EuGHE 1980, 89 Rn 4.

stand geklagt werden könne,[164] begründe eine Vereinbarung über die Zuständigkeit nach Art 23 eine ausschließliche Zuständigkeit. Die Parteien könnten daher den Erfüllungsort nach dem auf den Vertrag anzuwendenden Recht vereinbaren, sofern dieses eine entsprechende Abrede zulässt.[165] Die Vereinbarung über den Erfüllungsort kann auch einem anderen Statut als dem des Hauptvertrags unterstellt werden.[166] Zu beachten bleibt bei Erfüllungsortvereinbarungen zu Lasten von Personen mit Wohnsitz in **Luxemburg** die Sonderregelung des Art 63 (vgl Rn 11 sowie die Kommentierung zu Art 63).

Angesichts der mittelbaren Gerichtsstandswirkung von Erfüllungsortvereinbarungen und der von ihr ausgehenden Gefahr kann die sehr formale Argumentation des EuGH nicht recht überzeugen. Denn das Erfordernis einer Beachtung der Form des Art 23 führt nicht automatisch dazu, dass der Erfüllungsortvereinbarung auch die Wirkung einer Gerichtsstandsvereinbarung beizumessen ist. Anders als im deutschen Recht (§ 29 Abs 2 ZPO) werden im europäischen Recht Nicht-Kaufleute, ausgenommen Verbraucher, Versicherungs- und Arbeitnehmer, vor Erfüllungsortsvereinbarungen nicht geschützt, obgleich auch sie deren prozessuale Wirkung meist nicht absehen können. Groben Missbräuchen hat der EuGH immerhin dadurch einen Riegel vorgeschoben, dass er eine gerichtsstandsbegründende Wirkung nur **„realen Erfüllungsortvereinbarungen"** zuspricht. Handelt es sich hingegen um eine **„abstrakte Erfüllungsortvereinbarung"**, weil der Erfüllungsort keinen Zusammenhang mit der Vertragswirklichkeit aufweist, sondern lediglich der Gerichtsstandsbestimmung dient, sind die Formanforderungen des Art 23 zu beachten.[167]

**b) Kauf- und Dienstleistungsverträge (lit b)**

45 Mit der durch die Brüssel I-VO neu geschaffenen lit b wird nunmehr wenigstens für die beiden wichtigsten Vertragsarten der **Erfüllungsort autonom** bestimmt. Dadurch lassen sich zwar die mit einer Bestimmung nach der lex causae verbundenen Probleme vermeiden, doch kommt nunmehr der Abgrenzung der Kauf- und Dienstleistungsverträge von den übrigen Vertragstypen eine unangemessen große Bedeutung zu. Die Qualifikation erfolgt wie beim allgemeinen Vertragsbegriff[168] autonom.

**(1) Kaufvertrag über bewegliche Sachen**

46 Für eine Konkretisierung des Begriffs des Kaufvertrags kann auf die Verbrauchsgüterkauf-Richtlinie sowie das UNCITRAL-KÜbK, das in den meisten Mitgliedstaaten

---

[164] EuGH Rs 56/79 *Zelger/Salinitri* EuGHE 1980, 89 Rn 3.

[165] EuGH Rs 56/79 *Zelger/Salinitri* EuGHE 1980, 89 Rn 6.

[166] EuGH IPRax 1981, 91 f.

[167] EuGH Rs C-106/95 *MSG/Les Gravières Rhénanes* EuGHE 1996 I 911 Rn 33; Rs C-440/97 *GIE Groupe Concorde/Kapitän des Schiffes „Suhadiwarno Panjan"* EuGHE 1999 I 6307 Rn 28. Vgl auch BGH RIW 1997, 872.

[168] EuGH Rs 34/82 *Peters/Zui Nederlande Aanemers Vereniging* EuGHE 1983, 987 Rn 10; Rs 9/87 *Arcado/Haviland* EuGHE 1988, 1539 Rn 11; Rs C-26/91 *Handte/Traitements mécano-chimiques des surfaces* EuGHE 1992 I 3967 Rn 10; Rs C-51/97 *Réunion européenne/Spliethoff's Bevrachtingskantoor* EuGHE 1998 I 6511 Rn 15; Rs C-334/00 *Tacconi/Wagner* EuGHE 2002 I 7357 Rn 19.

der EU gilt, zurückgegriffen werden.[169] Außerdem ist eine einheitliche Auslegung mit Art 15 Abs 1 lit a anzustreben. Um einen Kaufvertrag handelt es sich folglich bei einem Vertrag, vermöge dessen sich der eine Teil zur **Lieferung und Übereignung einer Sache** und der andere zur **Zahlung eines Kaufpreises** verpflichten.[170] Erfasst werden sämtliche Arten des Kaufvertrags, so zB Sukzessivlieferverträge, Spezifikationskäufe, Käufe nach Muster oder Probe, Käufe auf Probe, Streckenkaufverträge etc.[171] Haben die Parteien eine Wartungs- oder Montagepflicht des Verkäufers vereinbart, gehört diese ebenfalls zu den kaufvertraglichen Verpflichtungen, sofern „der Lieferanteil bei getrennter Betrachtung vom Dienstleistungsanteil überwiegt."[172] Gleiches gilt für **Nebenabreden** wie etwa ein Vorkaufsrecht, Wiederkaufsrecht oder (Kauf-)Vorverträge, da sie in untrennbarem Zusammenhang zum Kaufvertrag stehen.[173] Bei **Werklieferungsverträgen** ist anhand der Größe des Dienstleistungsanteils zu differenzieren: Wird ein wesentlicher Teil des zu verarbeitenden Materials vom Käufer gestellt, überwiegt der Dienstleistungsanteil und der Vertrag ist als Dienstleistungsvertrag zu qualifizieren; liefert der Hersteller auch den zu verarbeitenden Stoff, handelt es sich aufgrund der herausgehobenen Lieferpflicht um einen Kaufvertrag.[174] **Leasing- und Mietkaufverträge** können nicht als Kaufverträge qualifiziert werden, da bei ihnen nicht die Eigentumsverschaffung, sondern die Nutzungsmöglichkeit im Vordergrund steht;[175] daran vermag auch die Einräumung einer Kaufoption nichts zu ändern, da das Nutzungs- weiterhin das Erwerbsinteresse überwiegt.[176]

Um **Sachen** handelt es sich bei **körperlichen Gegenständen**. Kaufverträge über Rechte, 47
wie etwa Forderungen, Patente, Lizenzen, Wertpapiere, Gesellschaftsanteile etc fallen genauso wenig in den Anwendungsbereich des Art 5 Nr 1 lit b wie „Kaufverträge" über Sendezeit uä.[177]

Umstritten ist, nach welchem Recht sich die Feststellung richtet, ob eine Sache **be-** 48
**weglich** ist. Verschiedentlich wird für eine Maßgeblichkeit der lex fori plädiert,[178] nach anderer Ansicht soll auf die lex rei sitae abzustellen,[179] der Begriff gemeinschaftsrecht-

---

169 *Schlosser* Rn 10 a; *Kropholler* Rn 31; *Czernich/Tiefenthaler/Kodek/Czernich* Rn 28.

170 *Kropholler* Rn 32; *Magnus* IHR 2002, 47.

171 *Czernich/Tiefenthaler/Kodek/Czernich* Rn 29; *Kropholler* Rn 32.

172 *Czernich/Tiefenthaler/Kodek/Czernich* Rn 31.

173 *Czernich/Tiefenthaler/Kodek/Czernich* Rn 29.

174 *Czernich/Tiefenthaler/Kodek/Czernich* Rn 31. Vgl zum CISG *Schlechtriem/Ferrari* Art 1 CISG Rn 24 und 25.

175 *Czernich/Tiefenthaler/Kodek/Czernich* Rn 30; ebenso zur Qualifikation des Leasingvertrags im deutschen Recht *Leible*, Finanzierungsleasing und „arrendamiento financiero" (1996) 94.

176 Im UN-Kaufrecht ist die Einordnung von Mietkauf- und Leasingverträgen umstritten, vgl *Schlechtriem/Ferrari* Art 1 CISG 27 f;

177 *Czernich/Tiefenthaler/Kodek/Czernich* Rn 32; *Magnus* IHR 2002, 47; *Thomas/Putzo/Hüßtege* Rn 6; *Kropholler* Rn 34.

178 *Czernich/Tiefenthaler/Kodek/Czernich* Rn 32.

179 *Thomas/Putzo/Hüßtege* Rn 6.

lich autonom auszufüllen[180] oder in Anlehnung an das UNCITRAL-KÜbK weit auszulegen sein.[181] Problematisch ist die Abgrenzung zu unbeweglichen Sachen insbes bei **Zubehör**, das nach nationalem Recht nicht nur „bloßes Zubehör", sondern möglicherweise „wesentlicher Bestandteil" eines Grundstücks sein kann. Eine rechtsvergleichend-gemeinschaftsrechtlich **autonome Bestimmung** mag hier schwer fallen, ist aber zu leisten und geboten,[182] zumal sich das Abgrenzungsproblem auch bei anderen gemeinschaftsrechtlichen Rechtsakten stellt (vgl Art 2 Abs 1 lit b Verbrauchsgüterkauf-Richtlinie[183]).

**(2) Dienstleistungsvertrag**

49 Ob ein **Dienstleistungsvertrag** vorliegt, ist ebenfalls durch **autonome Auslegung** zu ermitteln. Nahe liegt es, zur Sicherung einer einheitlichen Auslegung des Gemeinschaftsrechts auf den Dienstleistungsbegriff des EGV zurückzugreifen.[184] Erfasst sind nach Art 50 EGV alle entgeltlichen Leistungen, die im Rahmen einer gewerblichen, kaufmännischen, handwerklichen oder freiberuflichen Tätigkeit erbracht werden und die nicht unter die Vorschriften zum freien Waren- oder Kapitalverkehr fallen.[185] Indes dient Art 50 EGV vor allem der Herstellung des Binnenmarktes. Der dort verwendete Dienstleistungsbegriff kann daher zwar ein erster Anhaltspunkt sein, darf jedoch nicht unbesehen auf Art 5 Abs 1 Nr 1 lit b übertragen, sondern muss unter Berücksichtigung internationalzivilverfahrensrechtlicher Interessen entwickelt werden. Jedenfalls und anerkanntermaßen ist er weit auszulegen.[186]

50 Um Dienstverträge handelt es sich bei **Werk- und Werklieferungsverträgen**, soweit sie nicht als Kaufverträge zu qualifizieren sind.[187] Dienstverträge sind weiterhin Beraterverträge, Beförderungs- und Frachtverträge, Unterrichtsverträge, Treuhandverträge, Reiseveranstaltungsverträge, Behandlungsverträge, Kommissionsverträge, Beherbergungsverträge, Vertriebsverträge etc,[188] außerdem Verträge über eine Vermittlungstätigkeit, etwa von Waren oder Finanzprodukten. Nicht erfasst werden mangels Entgeltlichkeit der **Auftrag** oder sonstige **unentgeltliche Geschäftsbesorgungen**. Ebenfalls

---

[180] *Kropholler* Rn 34; anders hingegen *ders* bei „unbeweglichen Sachen" iSv Art 22, vgl *Kropholler* Art 22 Rn 11: „Abgrenzung nach der lex rei sitae verdient Beachtung".

[181] *Schlosser* Rn 10 a, ohne sich freilich inhaltlich näher zu äußern.

[182] Ebenso für das CISG *Schlechtriem/Ferrari* Art 1 CISG Rn 35; **aA** und für eine Bestimmung nach der lex rei sitae *Staudinger/Magnus* (1994) Art 1 CISG Rn 54.

[183] Für eine autonome Begriffsbestimmung hier wohl auch *Luna Serrano*, in: *Grundmann/Bianca* (Hrsg) EU-Kaufrechts-Richtlinie (2002) Art 1 Rn 31.

[184] Vgl etwa *Thomas/Putzo/Hüßtege* Rn 8; *Kropholler* Rn 36; **aA** *Czernich/Tiefenthaler/Kodek/Czernich* Rn 39; *Hau* IPRax 2000, 359 in Fn 76.

[185] Vgl etwa *Schwarze/Holoubek* Art 50 EGV Rn 5 ff; *Ohler*, Europäische Kapital- und Zahlungsverkehrsfreiheit (2002) Art 56 EGV Rn 134 ff.

[186] *Kropholler* Rn 35; *Leipold*, in: GS Lüderitz (2000) 446.

[187] In der Praxis wird die Abgrenzung meist offen bleiben können, vgl etwa EuGH Rs C-99/96 *Mietz/Intership Yachting* EuGHE 1999 I 2277 Rn 33.

[188] *Czernich/Tiefenthaler/Kodek/Czernich* Rn 40; *Kropholler* Rn 37.

nicht erfasst sind Verbraucher- und Versicherungsverträge, da diese eine gesonderte Regelung in Art 8ff, 15ff gefunden haben.[189] Unklar ist, ob es sich bei **Kreditverträgen** um Verträge über Dienstleistungen handelt. Im Rahmen von Art 13 Abs 1 Nr 3 EuGVÜ werden sie weder im *Schlosser*-Bericht[190] noch von der hM als Dienstleistungsverträge angesehen. Allerdings wurde die Vorschrift nicht in die Brüssel I-VO übernommen. Das Hauptargument der systematischen Auslegung greift daher nicht mehr.[191] Berücksichtigt man außerdem, dass Kreditverträge im übrigen Gemeinschaftsrecht als Finanzdienstleistungen angesehen werden,[192] ist ihr Ausschluss aus dem Anwendungsbereich des Art 5 Nr 1 lit b nicht angezeigt,[193] mag man auch an der Sinnhaftigkeit eines einheitlich bestimmten Erfüllungsorts für Kreditverträge zweifeln.[194] Dass Finanzdienstleistungen überhaupt unter lit b fallen können, zeigt außerdem Art 63 Abs 3. Abzugrenzen ist der Dienst- vom **Arbeitsvertrag**, für den die besonderen Regelungen der Art 18ff greifen. Im Gegensatz zum Dienst- ist der Arbeitsvertrag durch eine abhängige, weisungsgebundene Tätigkeit des Arbeitnehmers gekennzeichnet.[195] **Gemischte Verträge** fallen in den Anwendungsbereich des Art 5 Nr 1 lit b, wenn die Dienstleistung im Vordergrund steht.[196]

**(3) Maßgeblicher Erfüllungsort**

Art 5 Nr 1 lit b verknüpft den Gerichtsstand nicht mit dem Erfüllungsort der streitigen 51
Verpflichtung, sondern dem der vertragscharakteristischen Leistung, sofern dieser in einem Mitgliedstaat (Art 1 Abs 3) liegt (zur Beurteilung dieser Regelung vgl Rn 45). Wurde die Leistung als vertragsgemäß angenommen, ist ebenso wie bei lit a (vgl Rn 42) der **Ort der tatsächlichen Leistungserbringung** stets auch der maßgebliche Erfüllungsort, mag auch zuvor eine andere vertragliche Regelung getroffen worden sein.[197] Liefert etwa ein spanischer Verkäufer seinem deutschen Abnehmer Orangen nicht wie zunächst vereinbart nach Freiburg, sondern unmittelbar in dessen Filiale nach Colmar und nimmt der Käufer sie dort ab, kann der Verkäufer nach Art 5 Nr 1 lit b in Frankreich auf Zahlung klagen.

Wurde die **Leistung** hingegen **noch nicht erbracht** oder hat der Abnehmer die Entge- 52
gennahme der Leistung berechtigterweise verweigert, ist auf den Ort abzustellen, an dem nach dem Vertrag hätte geliefert bzw die Dienstleistung hätte erbracht werden

---

189 *Hau* IPRax 2000, 359; **aA** *Micklitz/Rott* EuZW 2001, 328.

190 Vgl mwN *Kropholler* EuZPR[6] Art 13 EuGVÜ Rn 20.

191 Zutr *Micklitz/Rott* EuZW 2001, 328.

192 Vgl etwa den weiten Dienstleistungsbegriff von Art 2 lit b der Richtlinie 2002/65/EG des Europäischen Parlaments und des Rates vom 23. September 2002 über den Fernabsatz von Finanzdienstleistungen an Verbraucher und zur Änderung der Richtlinie 90/619/EWG des Rates und der Richtlinien 97/7/EG und 98/27/EG (ABl EG 2002 L 271/16).

193 Ebenso *Kropholler* Rn 37; *Micklitz/Rott* EuZW 2001, 328; *Musielak/Weth* Rn 7.

194 Wie etwa *Schlosser* Rn 10b; zweifelnd auch *Hau* IPRax 2000, 359.

195 *Kropholler* Art 18 Rn 2.

196 *Kropholler* Rn 37.

197 *Magnus* IHR 2002, 47.

müssen. Probleme bereitet die Bestimmung des Erfüllungsorts der vertragscharakteristischen Leistung, wenn es an einer entsprechenden vertraglichen Einigung fehlt. Nach verbreiteter Auffassung soll in diesem Fall doch wieder – dann über lit c – auf lit a und damit die lex causae zurückgegriffen werden;[198] denn es sei bei fehlender Parteiabrede unmöglich, autonom bestimmen zu wollen, wo in welcher Situation der Ort der Lieferung liege.[199] Indes sprechen die besseren Gründe auch hier für eine vertragsautonome Bestimmung des Erfüllungsorts (vgl bereits Rn 41),[200] zumal die Verordnungsbegründung ebenfalls auf eine autonome Bestimmung rekurriert.[201]

53 Auszugehen ist von der Annahme, dass Erfüllungsort stets der Ort ist, an dem geliefert werden soll und damit alle Verpflichtungen aus dem Vertrag erfüllt sind. Vorrang bei der Bestimmung des Erfüllungsorts genießen **vertragliche Abreden**. Bleiben bei der Auslegung des Vertrags Zweifel, verdient diejenige Auslegung den Vorzug, die Sinn und Zweck des Gerichtsstands am Erfüllungsort sowie den Zielen der Brüssel I-VO am ehesten Rechnung trägt.[202] Nach zT vertretener Auffassung soll Vorrang vor materiellrechtlichen Gefahrtragungskriterien daher dem kompetenzrechtlich relevanten Kriterium der Beweisnähe zukommen und dieses regelmäßig für den Zielort der Ware streiten.[203] Indes bestehen berechtigte Zweifel an der Beweisnähe des Vertragsgerichtsstands (vgl bereits Rn 8).[204] Oft bleibt dann nur ein Rückgriff auf materiell-rechtliche Kriterien. Entscheidend ist eine genaue Betrachtung des ausgemachten Pflichtenprogramms. Haben die Parteien eine Beförderung durch den Verkäufer oder einen von diesem beauftragten Dritten vereinbart, ist zu fragen, wann und wo die Erfüllungshandlung des Verkäufers als abgeschlossen betrachtet werden kann.[205] Muss der Verkäufer die Ware ordnungsgemäß auch am Zielort abliefern oder dort zusätzliche Leistungen erbringen (Aufbau, Wartung), so ist dieser als Erfüllungsort anzusehen; beschränkt sich seine Pflicht hingegen auf die ordnungsgemäße Absendung, bleibt der Lieferort der Ort der Absendung.[206]

54 Ist der Erfüllungsort für die Lieferung bzw Leistungserbringung weder im Vertrag bestimmt noch aufgrund des Vertrages bestimmbar, so ist grundsätzlich an dem Ort zu leisten, an dem der Schuldner zur Zeit des Vertragsschlusses seine **Niederlassung** bzw seinen **gewöhnlichen Aufenthalt** hat.[207] Eine dortige Situierung des Erfüllungsorts ent-

---

[198] *Kropholler* Rn 41; *Junker* RIW 2002, 572; *Magnus* IHR 2002, 48; *Piltz* NJW 2002, 793; **aA** *Kubis* ZEuP 2001, 750.

[199] *Schlosser* Rn 10a; vgl auch *Beraudo* JDI 2001, 1045ff.

[200] *Junker* RIW 2002, 572;

[201] BR-Drs 534/99 6 und 14.

[202] *Gsell* IPRax 2002, 487.

[203] *Hau* IPRax 2000, 358; ähnlich wohl *Czernich/Tiefenthaler/Kodek/Czernich* Rn 35.

[204] Vgl auch *Gsell* IPRax 2002, 488f.

[205] *Bajons*, in: FS Geimer, 52.

[206] *Bajons*, in: FS Geimer, 52.

[207] Ähnlich *Czernich/Tiefenthaler/Kodek/Czernich* Rn 37.

spricht im Übrigen nicht nur materiell-rechtsvergleichenden Erkenntnissen,[208] sondern eine entsprechende Gerichtsstandsbegründung zugleich prozessualen Gerechtigkeitserwägungen.[209] Die Niederlassung ist mangels gegenteiliger Absprache auch bei einer Versendung der Ware maßgeblich, es sei denn, sie erfolgt von einer anderen Niederlassung oder einem Warenlager des Verkäufers.[210]

Die Bestimmung des Erfüllungsortes bereitet Schwierigkeiten, wenn der Vertrag **in** 55
**mehreren Mitgliedstaaten** zu erfüllen ist.[211] In der Literatur werden mehrere Lösungsansätze diskutiert,[212] die indes noch nicht die „Besix"-Entscheidung[213] des EuGH berücksichtigen. Danach existiert bei geographisch unbegrenzten **Unterlassungspflichten** kein gerichtsstandsbegründender Erfüllungsort.[214] Gleiches muss für nicht geographisch auf einzelne Orte eingegrenzte Handlungspflichten gelten. Ist eine Eingrenzung hingegen möglich (zB Lieferung an Orte in Frankreich, Spanien und Österreich), ließe sich auf die vom EuGH zu Art 5 Nr 3 EuGVÜ entwickelte Mosaiktheorie[215] zurückgreifen. Dann könnte aus dem Vertrag zwar an jedem der Erfüllungsorte geklagt werden, jedoch stets nur, soweit an diesem Ort zu erfüllen war (zB Klage auf Entgelt in Frankreich lediglich für dort erbrachte Leistungen). Überzeugend ist diese Lösung aber bereits deshalb nicht, da sie zu parallelen Verfahren über ein und dasselbe Vertragsverhältnis führt und sich widersprechende Entscheidungen nicht ausschließen lassen. Aufgrund der unerwünschten Vervielfältigung der Gerichtsstände muss ebenso eine Lösung ausscheiden, die die Gerichte all derjenigen Staaten für zuständig betrachtet, in denen überhaupt geleistet worden ist oder zumindest die wichtigsten Vertragspflichten erfüllt worden sind. Möchte man in derartigen Fällen nicht ganz auf den besonderen Gerichtsstand des Art 5 Nr 1 verzichten, bleibt nur eine Schwerpunktbestimmung.[216] Das ist der Rechtssicherheit zwar nicht zuträglich, aber bereits aus dem internationalen Vertragsrecht bekannt. Im Übrigen steht es den Parteien frei, eine Gerichtsstandsvereinbarung zu treffen.

---

[208] Vgl vor allem Artikel 7:101 der European Principles of Contract Law der Lando-Kommission. Kritisch gegenüber einem Rekurs auf die Principles jedoch *Hau* IPRax 2000, 358; *Magnus* IHR 2002, 48; wie hier hingegen *Gsell* IPRax 2002, 491.

[209] Vgl etwa *Schack*, Der Erfüllungsort im deutschen, ausländischen und internationalen Privat- und Zivilprozeßrecht (1985) Rn 345 ff; außerdem etwa *Huber* ZZPInt 1 (1996) 182.

[210] *Czernich/Tiefenthaler/Kodek/Czernich* Rn 34. Vgl auch Art 7:101 Abs 2 der European Principles of Contract Law der Lando-Kommission.

[211] Wie zB bei einem Vertrag über die europaweite Vermarktung eines Spielfilms, einem Kaufvertrag über Waren, die zT nach Frankreich, Spanien oder Österreich geliefert werden sollen, usw, vgl die Beispiele bei *Kropholler* Rn 42.

[212] Vgl *Kropholler* Rn 42.

[213] EuGH Rs C-256/00 *Besix/Kretzschmar* EuGHE I 1699.

[214] EuGH Rs C-256/00 *Besix/Kretzschmar* EuGHE I 1699 Rn 55.

[215] EuGH Rs C-68/93 *Shevill/Press Alliance* EuGHE 1995 I 415 Rn 33.

[216] So wohl auch *Magnus* IHR 2002, 49.

**(4) Erfüllungsort in einem Mitgliedstaat**

56 Gem lit b muss der Erfüllungsort in einem Mitgliedstaat (Art 1 Abs 3) liegen. Ist das nicht der Fall, ist nach lit c wieder lit a anzuwenden. Diese an den Erfüllungsort anknüpfende Aufspaltung bei Klagen aus Kauf- und Dienstleistungsverträgen ist zwar methodisch verfehlt, aber offensichtlich so gewollt[217] (vgl auch Rn 33).

**(5) Erfüllungsortvereinbarungen**

57 Von der Regelung des lit b kann durch Vereinbarung abgewichen werden („sofern nichts anderes vereinbart worden ist"). Den Parteien soll sogar eine Aufhebung der durch Art 5 Nr 1 lit b hergestellten Zuständigkeitskonzentration möglich sein, in dem sie für die nicht vertragscharakteristische Pflicht eine vom Erfüllungsort der anderen Leistung abweichenden Erfüllungsort vereinbaren.[218] Angesichts der grundsätzlichen Zweifelhaftigkeit prozessualer Wirkungen von Erfüllungsortvereinbarungen und des von lit b verfolgten Zwecks der Zuständigkeitskonzentration liegt daher eine **teleologische Reduktion** nahe: Erfüllungsortvereinbarungen sind nur dann beachtlich, wenn durch sie der Erfüllungsort für alle vertraglichen Pflichten **einheitlich** bestimmt wird.[219] Darüber hinaus müssen sie den nach der lex causae bestehenden Anforderungen entsprechen (zB Einbeziehung von AGB-Klauseln, Formerfordernisse).[220] Handelt es sich um „abstrakte Erfüllungsvereinbarungen", mit denen einzig die Formerfordernisse des Art 23 umgangen werden sollen, sind sie unwirksam (vgl Rn 44).[221]

**c) Verweisung auf lit a (lit c)**

58 Ist der sachliche Anwendungsbereich von lit b nicht eröffnet, da kein Kauf- oder Dienstleistungsvertrag vorliegt, verweist lit c auf lit a. Der Erfüllungsort wird dann nicht autonom, sondern entsprechend der **Tessili-Formel** nach der lex causae bestimmt (vgl Rn 40f). Darüber hinaus gilt: „Wenn die Anwendung [des lit b] die Zuständigkeit des Gerichts eines Staates begründen würde, der nicht Mitglied der Gemeinschaft ist, ist nicht Buchstabe b), sondern Buchstabe a) maßgebend. Zuständig ist in diesem Fall das Gericht, auf das im Internationalen Privatrecht des angerufenen Staates als Gericht des Erfüllungsorts der betreffenden Verpflichtung verwiesen wird (c)."[222] Der Anwendungsbereich des lit a wird also räumlich-persönlich ausgedehnt auf Fälle, in denen der nach lit b bestimmte Liefer- oder Dienstleistungsort außerhalb des Anwendungsbereichs der Brüssel I-VO liegt. Dem liegt anscheinend die Überlegung zugrunde, dass dem Kläger so oft wie möglich ein Gerichtsstand in der Gemeinschaft

---

[217] KOM (1999) 348 endg 15.

[218] So *Hausmann* EuLF 2000/01, 45; *Kropholler* Rn 43; *Jayme/Kohler* IPRax 1999, 405.

[219] *Markus* SZW 1999, 212; *Micklitz/Rott* EuZW 2001, 328.

[220] *Kropholler* Rn 43; **aA** *Jayme/Kohler* IPRax 1999, 405 („autonomes Konzept").

[221] EuGH Rs C-106/95 MSG/*Les Gravières Rhénanes* EuGHE 1997 I 911 Rn 35.

[222] KOM (1999) 348 endg 15.

eröffnet sein soll.[223] Das ist weder rechtspolitisch überzeugend noch sachlich zu rechtfertigen[224] und hat mit zivilprozessualer Gerechtigkeit wenig zu tun.[225]

### 4. Anspruchskonkurrenz

Neben vertraglichen (Schadensersatz-)Ansprüchen kommen häufig auch **außervertragliche Ansprüche**, etwa aus Delikt oder ungerechtfertigter Bereicherung, in Betracht. Eine gemeinsame Geltendmachung (und Entscheidung) ist zwar oft zweckdienlich, jedoch nur im allgemeinen Gerichtsstand des Art 2, uU nach Art 28 sowie dann möglich, wenn die für die verschiedenen Ansprüche begründeten Zuständigkeiten zu einem identischen Gerichtsstand führen. Eine **Annexkompetenz**, derzufolge etwa das nach Art 5 Nr 1 für vertragliche Ansprüche zuständige Gericht auch für die außervertraglichen Ansprüche zuständig ist, kennt die Brüssel I-VO nicht. Denn die in Art 5 und 6 geregelten besonderen Zuständigkeiten stellen Ausnahmen vom Grundsatz der Zuständigkeit der Gerichte des Wohnsitzstaates des Beklagten dar und sind daher nach Auffassung des EuGH einschränkend auszulegen.[226] Ein Gericht, das allein nach Art 5 Nr 3 zuständig ist, könne die Rechtssache daher auch nur unter deliktsrechtlichen Gesichtspunkten entscheiden.[227] Ob umgekehrt das nach Art 5 Nr 1 für Vertragsfragen zuständige Gericht auch für sonstige im Zusammenhang stehende Fragen unzuständig ist, ist damit zwar nicht gesagt, liegt aber nahe.[228] Zumindest Letzteres überzeugte nicht. Zwar sind Annexzuständigkeiten stets mit Skepsis zu betrachten, weil sie den allgemeinen Gerichtsstand entwerten und nicht regelmäßig zur Entscheidung eines sach- und beweisnäheren Gerichts führen.[229] Da eine Annexkompetenz des Vertragsgerichtsstands einen Gleichlauf von IPR und IZPR schafft,[230] das Vertragsverhältnis in der Regel prägend für das Delikt ist[231] und außerdem Gründe der Prozessökonomie, der Rechtssicherheit und des effektiven Rechtsschutzes für eine umfassende Streitentscheidung sprechen,[232] sollte indes wenigstens eine **Annexkompetenz des Vertragsgerichtsstands** für eine Mitentscheidung über deliktische Ansprüche anerkannt werden.[233] Dass der EuGH sich dem anschließt, erscheint angesichts der in seiner Rspr erkennbaren Präferenz für den Vertragsgerichtsstand nicht ausgeschlossen. 59

---

[223] *Hau* IPRax 2000, 360; *Kropholler* Rn 45.

[224] Vgl zur Kritik etwa *Hau* IPRax 2000, 360; *Jayme/Kohler* IPRax 1999, 405; *Kropholler* Rn 45f; *Kropholler/von Hinden*, in: GS Lüderitz (2000) 411; *Leipold*, in: GS Lüderitz (2000) 450f.

[225] Vgl ua das Beispiel bei *Hau* IPRax 2000, 360.

[226] EuGH Rs 189/87 *Kalfelis/Schröder* EuGHE 1988, 5565 Rn 19.

[227] EuGH Rs 189/87 *Kalfelis/Schröder* EuGHE 1988, 5565 Rn 20.

[228] *Kropholler* Rn 70.

[229] *Bülow/Böckstiegel/Geimer/Schütze/Auer* Art 5 EuGVÜ Rn 105; *Schack* Rn 348.

[230] Vgl etwa Art 3 Abs 3 S 2 des Vorschlags für eine Rom II-VO, KOM (2003) 427 endg. Danach soll das Deliktsstatut dem Vertragsstatut folgen.

[231] *Mansel* IPRax 1989, 85; *Schlosser* vor Art 5 Rn 2.

[232] *Wolf* IPRax 1999, 87.

[233] Vgl zB *Kropholler* Rn 70; *Schack* Rn 349.

### III. Gerichtsstand für Unterhaltsklagen (Nr 2)

#### 1. Allgemeines

60 Art 5 Nr 2 statuiert eine besondere Zuständigkeit für Unterhaltssachen. Dabei kann es sich ua um Unterhaltsansprüche von Kindern gegen ihre Eltern oder von (verheirateten, getrennt lebenden oder geschiedenen) Ehegatten untereinander[234] oder aber auch um Ansprüche der Eltern gegen ihre Kinder handeln. Damit enthält Art 5 Nr 2 als einzige Vorschrift der Brüssel I-VO Zuständigkeitsregelungen für familienrechtliche Streitigkeiten. Alle anderen familienrechtlichen Streitigkeiten sind über Art 1 Abs 2 lit a vom Anwendungsbereich der Brüssel I-VO ausgeschlossen. Regelungen dazu finden sich zT in der Brüssel II-VO.

61 Nr 2 schafft einen dem Unterhaltsberechtigten **günstigen Gerichtsstand**: Handelt es sich um eine Unterhaltssache, sind die Gerichte am Wohnsitz oder am gewöhnlichen Aufenthalt des Klägers zuständig. Für eine solche Bevorzugung des Unterhaltsberechtigten sprechen verschiedene Gründe. Zum einen sichert sie den **Gleichlauf mit** dem **Haager Übereinkommen** über die Anerkennung und Vollstreckung von Entscheidungen auf dem Gebiet der Unterhaltspflicht gegenüber Kindern vom 15. 4. 1958[235] und dem Haager Übereinkommen über die Anerkennung und Vollstreckung von Unterhaltsentscheidungen vom 2. 10. 1973[236], die in Art 3 Nr 2 bzw Art 7 Nr 1 ebenfalls von einer Zuständigkeit der Gerichte im Aufenthaltsstaat des Unterhaltsberechtigten ausgehen.[237] Zum anderen ist das am Wohnsitz des Unterhaltsberechtigten befindliche Gericht am besten in der Lage, die Unterhaltsbedürftigkeit festzustellen und einen Unterhaltsbetrag festzusetzen.[238] Außerdem und vor allem[239] aber dient der durch Nr 2 begründete Klägergerichtsstand dem Schutz des Unterhaltsberechtigten als der typischerweise schwächeren Partei, der der Vorteil eines räumlich nahen Gerichtsstands zuteil und damit ein wirksamer Zugang zu den Gerichten ermöglicht werden soll.[240] Weiterhin bleibt die **Parallelität** von **anwendbarem Recht** und Zuständigkeit gewahrt, da im IPR bei der Bestimmung des auf den Unterhalt anzuwendenden Rechts häufig ebenfalls auf den Wohnsitz oder den gewöhnlichen Aufenthalt abgestellt wird (zB Art 18 Abs 1 S 1 EGBGB). Für die nach Nr 2 2. HS außerdem eröffnete Zuständigkeit des Gerichts des Statusprozesses spricht schließlich „das Partei- und Gerichtsinteresse an einer Konzentration zusammenhängender Verfahren."[241]

---

[234] *Kropholler* Rn 48.

[235] BGBl 1961 II 1006.

[236] BGBl 1986 II 826.

[237] Die beiden Haager Übereinkommen regeln allerdings nur die indirekte Zuständigkeit.

[238] *Jenard*-Bericht 25; *Bülow/Böckstiegel/Geimer/Schütze/Auer* Art 5 EuGVÜ Rn 59; *Kropholler* Rn 46.

[239] Vgl SchlA GA *Tizziano* Rs C-433/01 *Freistaat Bayern/Blijdenstein* noch unveröff, Rn 27: „Hauptziel der fraglichen Bestimmung".

[240] EuGH Rs C295/95 *Farrell/Long* EuGHE 1997 I 1683 Rn 19.

[241] *Kropholler* Rn 48.

## 2. Unterhaltssache

Die Brüssel I-VO definiert den Begriff des Unterhalts nicht. Er ist gleichwohl **autonom** auszulegen,[242] und zwar weit.[243] Hilfreich ist der *Schlosser*-Bericht.[244] Auf die Bezeichnung als „Unterhalt" kommt es nicht an, sodass auch mehrere Rechtsbegriffe aus ein und derselben Rechtsordnung unter diesen Begriff fallen können.[245] Unerheblich ist außerdem, ob eine Leistung periodisch erbracht werden muss oder nicht. Daher kann es sich auch bei **Einmalzahlungen**, der Bestellung von Sicherheiten oder der Übertragung von Vermögensgegenständen um Unterhaltsleistungen handeln.[246] Allerdings müssen Einmalzahlungen von Schadensersatzansprüchen oder Vermögensausgleichsansprüchen des Familienrechts abgegrenzt werden. Entscheidend für diese Abgrenzung ist, ob dem auf familienrechtliche Basis gestützten Zahlungsanspruch **Unterhaltsfunktion** zukommt.[247] Bei Ansprüchen von Kindern gegen ihre Eltern wird der Unterhaltszweck immer im Vordergrund stehen. Bei Ansprüchen auf Zahlung einer Pauschalsumme unter Ehegatten kann hingegen auch ein Ersatz wegen immaterieller Schäden oder eine vermögensrechtliche Auseinandersetzung angestrebt sein. In diesem Fall ist Art 5 Nr 2 nicht einschlägig.[248] Entscheidend ist stets der überwiegende Zweck der Zahlung. Obgleich etwa der französischen prestation compensatoire (Art 270ff cc) nach französischer Auffassung auch Entschädigungsfunktion zukommt, wird sie doch als Unterhaltsleistung eingeordnet, da es sich im Wesentlichen um eine finanzielle Verpflichtung zwischen früheren Ehegatten nach der Scheidung handelt, „die sich nach den beiderseitigen Mitteln und Bedürfnissen bestimmt".[249] Legt man die Ausrichtung an den „beiderseitigen Mitteln und Bedürfnissen" zugrunde, lassen sich zwanglos auch Ansprüche zwischen noch verheirateten und getrennt lebenden Ehegatten sowie zwischen Eltern und Kindern Art 5 Nr 2 zuordnen. Daher handelt es sich beim Prozesskostenvorschuss nach § 1360a Abs 4 BGB um Unterhalt, selbst wenn das zu finanzierende Verfahren nicht in den Anwendungsbereich der Brüssel I-VO fällt.[250] 62

---

[242] EuGH Rs 120/79 *De Cavel* EuGHE 1980, 731 Rn 9; *Kropholler* Rn 48; *Bülow/Böckstiegel/Geimer/Schütze/Auer* Art 5 EuGVÜ Rn 63; *Schlosser* Rn 12; *Geimer/Schütze* Art 5 EuGVÜ Rn 114; *Wieczorek/Schütze/Hausmann* Art 5 EuGVÜ Rn 37; *Czernich/Tiefenthaler/Kodek/Czernich* Rn 68; *MünchKommZPO/Gottwald* Art 5 EuGVÜ Rn 25; in diesem Sinne auch *Schlosser*-Bericht Nr 91.

[243] EuGH Rs 120/79 *De Cavel* EuGHE 1980, 731 Rn 5.

[244] *Schlosser*-Bericht Nr 91 ff.

[245] *Schlosser*-Bericht Nr 91 mit Beispielen aus dem französischen Recht.

[246] Ebenda Nr 93; vgl dazu auch EuGH Rs C-220/95 *van den Boogaard/Laumen* EuGHE 1997 I 1147 Rn 25; außerdem etwa OLG Karlsruhe FamRZ 2002, 839, zu einer britischen Entscheidung über Nachscheidungsunterhalt, die den Unterhalt auf mehrere Jahre kapitalisiert.

[247] Ebenda Nr 96; außerdem EuGH Rs C-220/95 *van den Boogaard/Laumen* EuGHE 1997 I 1147 Rn 21.

[248] Ebenda Nr 96.

[249] EuGH Rs 10/79 *De Cavel/de Cavel* EuGHE 1980, 731 Rn 5.

[250] *Bülow/Böckstiegel/Geimer/Schütze/Auer* Art 5 EuGVÜ Rn 64; *Geimer/Schütze* Art 5 EuGVÜ Rn 116 und 130; *MünchKommZPO/Gottwald* Art 24 EuGVÜ Rn 26; **aA** *Jayme* FamRZ 1988, 793; *Schlosser* Rn 12.

63 Bei Unterhaltsverpflichtungen aufgrund **vertraglicher Vereinbarung** ist zu differenzieren. Begründet der Vertrag die Unterhaltverpflichtung selbst, ist Art 5 Nr 1 und nicht Nr 2 anzuwenden. Wird lediglich eine aufgrund Familienrechts bestehende Unterhaltspflicht durch vertragliche Regelung konkretisiert (zB über die Zahlungsmodalitäten), findet Nr 2 Anwendung.[251] Unterhaltspflichten aus **Delikt** (zB §§ 843, 844 BGB) haben ihren eigentlichen Grund nicht in einem familienrechtlichen Band, sondern in einer unerlaubten Handlung. Sie fallen daher in den Anwendungsbereich des Art 5 Nr 3 und nicht der Nr 2.[252]

### 3. Erfasste Klagen

#### a) Klagen des Unterhaltsberechtigten

64 Art 5 Nr 2 erfasst alle Klagen des Unterhaltsberechtigten auf Unterhalt. Darauf, ob der Unterhaltsberechtigte erstmals Klage auf Unterhalt oder ihm ein solcher Anspruch bereits gerichtlich zuerkannt wurde, kommt es nicht an. Auch der erstmalig Klagende ist „Unterhaltsberechtigter" iSv Nr 2.[253] Denn das am Wohnsitz des Unterhaltsberechtigten befindliche Gericht ist stets „am besten in der Lage, die Unterhaltsbedürftigkeit festzustellen".[254] Außerdem zielt Nr 2 auf den Schutz des Unterhaltsberechtigten als der typischerweise schwächeren Partei.[255] Dieser ist bei einer **erstmaligen Unterhaltsklage** ebenso schutzbedürftig wie bei Folgeklagen.[256]

#### b) Klagen des Unterhaltsschuldners

65 Nr 2 stellt nur auf „Unterhaltssachen" ab. Vom Wortlaut der Norm wären daher auch Klagen des Unterhaltsschuldners gegen den Unterhaltsberechtigten erfasst. Damit würde dem Unterhaltsschuldner die Möglichkeit eingeräumt, nicht nur bei den Gerichten im Wohnsitzstaat des Unterhaltsberechtigten, sondern auch an dessen gewöhnlichem Aufenthalt oder vor dem Gericht der Statusentscheidung Klage zu erheben.[257] Für ein solches Verständnis spricht, dass die Gerichtsstände der Nr 2 den Unterhaltsberechtigten begünstigen und ihm durch eine Klage des Unterhaltsschuldners an diesen Orten kein Nachteil entstehen kann. Indes reicht der Schutzzweck der Norm weiter. Dem Unterhaltsberechtigten soll die Möglichkeit der **freien Wahl** des seiner Ansicht nach für ihn günstigsten Gerichts eingeräumt werden. Dieses **„Günstig-**

---

[251] *Schlosser*-Bericht Nr 92; *Kropholler* Rn 48; *Nagel/Gottwald* IZPR § 3 Rn 58; *MünchKommZPO/Gottwald* Art 5 EuGVÜ Rn 25; **aA** *Geimer/Schütze* Art 5 EuGVÜ Rn 120; *Bülow/Böckstiegel/Geimer/Schütze/Auer* Art 5 EuGVÜ Rn 67.

[252] *Bülow/Böckstiegel/Geimer/Schütze/Auer* Art 5 EuGVÜ Rn 66; *Musielak/Weth* Rn 10; **aA** *Geimer/Schütze* Art 5 EuGVÜ Rn 121 ff.

[253] EuGH Rs C-295/95 *Farrell/Long* EuGHE 1997 I 1683 Rn 27.

[254] *Jenard*-Bericht 25; ebenso EuGH Rs C-295/95 *Farrell/Long* EuGHE 1997 I 1683 Rn 25.

[255] EuGH Rs C-295/95 *Farrell/Long* EuGHE 1997 I 1683 Rn 19.

[256] *Kropholler* Rn 50.

[257] So etwa *Geimer/Schütze* Art 5 EuGVÜ Rn 136; *Nagel/Gottwald*, IZPR § 3 Rn 60; *MünchKommZPO/Gottwald* Art 5 EuGVÜ Rn 31; *Schlosser* Rn 13.

**keitsprinzip**" würde durch eine Einbeziehung von Klagen des Unterhaltsverpflichteten entwertet. Nr 2 ist auf derartige Klagen daher nicht anwendbar.[258]

**c) Regressklagen gegen den Unterhaltsschuldner**

Unterhaltszahlungen erfolgen oft nicht freiwillig. Häufig springen zunächst andere Personen oder Behörden ein, denen dann uU Regressansprüche gegen den eigentlichen Unterhaltsschuldner zustehen (vgl zB § 7 Abs 1 UhVorschG, § 37 Abs 1 BAföG). Derartige Regressansprüche sind in den einzelnen Mitgliedstaaten sehr unterschiedlich ausgestaltet. ZT wird dem Leistenden ein eigener Anspruch zugestanden, zT gehen die Ansprüche durch Legalzession auf den Leistenden über.[259] Derartige Ansprüche sollen regelmäßig in den Anwendungsbereich der Brüssel I-VO fallen.[260] Der EuGH ordnet auf jeden Fall eine Rückgriffsklage als „**Zivilsache**" iSv Art 1 Abs 1 ein, mit der eine öffentliche Stelle gegenüber einer Privatperson die Rückzahlung von Beträgen verfolgt, die sie als **Sozialhilfe** an den geschiedenen Ehegatten und an das Kind dieser Person gezahlt hat, soweit für die Grundlage dieser Klage und die Modalitäten ihrer Erhebung die allgemeinen Vorschriften über Unterhaltsverpflichtungen gelten. Eine Rückgriffsklage kann nur dann nicht als Zivilsache angesehen werden, wenn sie auf Bestimmungen gestützt wird, mit denen der Gesetzgeber der öffentlichen Stelle eine eigene, besondere Befugnis verliehen hat.[261] 66

Fraglich ist, ob bei einem Übergang der Unterhaltsansprüche durch **Legalzession** auf den Leistenden der Zessionar (Behörde oder Dritter) den Anspruch im Unterhaltsgerichtsstand geltend machen kann. In Anbetracht des Schutzzwecks der Norm (vgl Rn 61) muss eine Anwendung von Art 5 Nr 2 jedenfalls ausscheiden, wenn es sich beim Zessionar um eine **Behörde** handelt. Denn eine öffentliche Stelle, die einer bedürftigen Person eine Förderung gewährt hat, befindet sich in keiner Situation der Schwäche gegenüber dem Unterhaltspflichtigen.[262] Die Vorschrift soll Behörden nicht die Möglichkeit geben, „für Regressforderungen die Zuständigkeit der Gerichte am Wohnsitz des Unterhaltsberechtigten oder gar am Sitz der Behörde zu begründen".[263] Nach zT vertretener Auffassung sollen aber immerhin **nachrangige Unterhaltspflichtige**, die Unterhaltszahlungen leisten (zB Kinder statt des Ehegatten, § 1608 BGB), ihre Regressklage im Gerichtsstand des Art 5 Nr 2 erheben können.[264] Auch bei ihnen 67

---

[258] *Schlosser*-Bericht Nr 107; *Kropholler* Rn 56; *Czernich/Tiefenthaler/Kodek/Czernich* Rn 68; *Wieczorek/Schütze/Hausmann* Art 5 EuGVÜ Rn 44.

[259] *Schlosser*-Bericht Nr 97.

[260] *Schlosser*-Bericht Nr 97.

[261] EuGH Rs C-271/00 *Steenbergen/Baten* EuGHE 2002 I 527 Rn 37.

[262] Vgl SchlA GA *Tizziano* Rs C-433/01 *Freistaat Bayern/Blijdenstein* noch unveröff, Rn 34.

[263] *Schlosser*-Bericht Nr 97; ähnlich zum Verhältnis Versicherer-Rückversicherer EuGH C-412/98 *Group Josi Reinsurance Company SA* EuGHE 2000 I 5925 Rn 65 und für Verbrauchersachen EuGH C-89/91 *Shearson* EuGHE 1993 I 139 Rn 13 ff; wie hier außerdem *Geimer/Schütze* Art 5 EuGVÜ Rn 136; *MünchKommZPO/Gottwald* Art 5 EuGVÜ Rn 32; *Schlosser* Rn 13; *Zöller/Geimer* Rn 20a; **aA** hingegen BGH FamRZ 2002, 22.

[264] *MünchKommZPO/Gottwald* Art 5 EuGVÜ Rn 32; ähnlich *Geimer/Schütze* Art 5 Rn 12 f.

mangelt es jedoch an einer vergleichbaren, die Eröffnung des besonderen Gerichtsstands der Nr 2 rechtfertigenden Schutzbedürftigkeit.[265]

**d) Abänderungsklagen**

68 Art 5 Nr 2 ist auf alle **Abänderungsklagen** anwendbar.[266] Begehrt der Unterhaltsberechtigte Anpassung der Unterhaltsleistung, kann er diesen Anspruch vor dem Gericht seines Wohnsitzes oder seines gewöhnlichen Aufenthalts geltend machen. Eine besondere Abänderungszuständigkeit des Erstgerichts kennt Nr 2 nicht. Sie lässt sich nur durch eine Gerichtsstandsvereinbarung erreichen. Wohnsitz und gewöhnlicher Aufenthalt müssen daher bei jeder Abänderungsklage erneut festgestellt werden.

69 Abänderungsklagen sind vom **Rechtsbehelfsverfahren** abzugrenzen. Sofern Entscheidungen noch anfechtbar sind, können die zur Verfügung stehenden Rechtsmittel ausgeschöpft werden, selbst wenn die Grundlage für die Zuständigkeit der Gerichte des Ausgangsverfahrens – etwa wegen einer zwischenzeitlichen Änderung des Wohnsitzes – nicht mehr besteht.[267] Rechtsmittelverfahren sind jedoch nicht Regelungsgegenstand der Nr 2.

70 Der **Anerkennung** einer Abänderungsentscheidung in einem anderen Mitgliedstaat steht Art 34 Nr 3 nicht entgegen. Denn sie ist mit der Ausgangsentscheidung nicht unvereinbar, sondern ergänzt diese.[268]

**4. Zuständiges Gericht**

**a) Gericht am Wohnsitz oder gewöhnlichen Aufenthalt des Unterhaltsberechtigten**

71 Der Unterhalt kann vor dem Gericht am Ort des Wohnsitzes oder des gewöhnlichen Aufenthalts des Unterhaltsberechtigten eingeklagt werden (Nr 2 1. HS). Der **Wohnsitz** ist nach Art 59 zu bestimmen (vgl dort). Die Eröffnung eines Gerichtsstands am **gewöhnlichen Aufenthaltsort** mag zwar einen Systembruch darstellen,[269] verfolgt aber das berechtigte Ziel eines Gleichlaufs mit dem Haager Unterhaltsübereinkommen von 1958. Dem entsprechend sollte sich auch die Auslegung dieses Begriffs am Haager Übereinkommen orientieren.[270] Der gewöhnliche Aufenthalt ist der Ort, an dem die unterhaltsberechtigte Person ihren **Daseinsmittelpunkt** hat.[271]

---

[265] *Kropholler* Rn 57; *Czernich/Tiefenthaler/Kodek/Czernich* Rn 72. Vgl auch SchlA GA *Tizziano* Rs C-433/01 *Freistaat Bayern/Blijdenstein* noch unveröff, Rn 33: Gerichtsstand der Nr 2 kann „nur vom Unterhaltsberechtigten" in Anspruch genommen werden.

[266] OLG Frankfurt IPRax 1981, 136; OLG Hamm IPRax 1988, 307; OLG Thüringen FamRZ 2000, 681; AG München IPRax 1990, 60; *Kropholler* Rn 58; *MünchKommZPO/Gottwald* Art 5 EuGVÜ Rn 33; *Nagel/Gottwald* § 3 Rn 61; *Wieczorek/Schütze/Hausmann* Art 5 EuGVÜ Rn 46.

[267] *Schlosser*-Bericht Nr 104.

[268] *Bülow/Böckstiegel/Geimer/Schütze/Auer* Art 5 EuGVÜ Rn 89; *Kropholler* Rn 63.

[269] *Von Hoffmann* RIW 1973, 61.

[270] *Kropholler* Rn 51.

[271] BGH NJW 1975, 1068; *Bülow/Böckstiegel/Geimer/Schütze/Auer* Art 5 EuGVÜ Rn 77; *Kropholler* Rn 51; zur einheitlichen Auslegung des Begriffs „gewöhnlicher Aufenthalt" in internationalen Über-

### b) Zuständigkeit des Gerichts der Statussache

Gem Art 5 Nr 2 2. HS ist das Gericht, das über eine Personenstandssache zu entscheiden hat, zugleich für die Unterhaltssache zuständig, wenn nach seinem Recht über beides im Zusammenhang zu entscheiden ist. Eine Entscheidung im Zusammenhang soll ausnahmsweise dann nicht möglich sein, wenn sich die Zuständigkeit für das Personenstandsverfahren **allein** auf die Staatsangehörigkeit **einer der Parteien** stützt.[272] Sofern also die Zuständigkeit auf der Staatsangehörigkeit beider Parteien gründet[273] oder die Staatsangehörigkeit nur eine der zuständigkeitsbegründenden Tatsachen ist, kann das Statusgericht auch in der Unterhaltssache entscheiden.[274] Nach deutschem Recht besteht bei Scheidungsklagen eine Verbundzuständigkeit für den gesetzlichen Kindesunterhalt, den gesetzlichen nachehelichen Unterhalt sowie den Trennungsunterhalt des Ehegatten (§§ 621, 623 ZPO),[275] bei Vaterschaftsfeststellungsklagen für den Kindes(regel-)unterhalt (§ 653).[276] 72

## IV. Gerichtsstand der unerlaubten Handlung (Nr 3)

### 1. Allgemeines

### a) Geltungsgrund

Art 5 Nr 3 begründet einen besonderen Gerichtsstand für Klagen wegen unerlaubter Handlungen. Ein derartiger Gerichtsstand war bei der Schaffung des EuGVÜ bereits in einzelnen Mitgliedstaaten bekannt und in verschiedenen binationalen Übereinkommen vorgesehen,[277] sodass es den Schöpfern des Übereinkommens angebracht schien, ihn auch in das EuGVÜ aufzunehmen. Für einen besonderen Deliktsgerichtsstands sprach außerdem die Häufigkeit von Verkehrsunfällen.[278] 73

Der Gerichtsstand der unerlaubten Handlung gewährleistet einen **gerechten Ausgleich** zwischen den Zuständigkeitsinteressen sowohl des Klägers als auch des Beklagten: Der Geschädigte kann am Ort des schädigenden Ereignisses klagen und ist nicht auf eine Klageerhebung beim Gericht des Wohnsitzes des Schädigers angewiesen, der für ihn idR nicht **vorhersehbar** ist. Andererseits wird durch die Anknüpfung an den Ort des 74

---

einkommen vgl Entschließung des Europarates (72) I, vom Ministerkomitee angenommen am 18. 1. 1972. Ausf zum gewöhnlichen Aufenthalt mwN *Spickhoff* IPRax 1995, 185.

[272] Die Ausnahme der Zuständigkeitsbegründung aufgrund der Staatsangehörigkeit nur einer Partei ist indes unter der Voraussetzung des Art 7 Brüssel II-VO gegenstandslos geworden, da die Brüssel II-VO dann ohnehin nur der gemeinsamen Staatsangehörigkeit zuständigkeitsbegründende Kraft beimisst (Art 2 Abs 1 lit b Brüssel II-VO), vgl *Schlosser* Rn 14.

[273] Vgl etwa Art 2 Abs 1 lit b Brüssel II-VO.

[274] *Schlosser*-Bericht Nr 41. Zur Kritik an dieser Regelung vgl *MünchKommZPO/Gottwald* Art 5 EuGVÜ Rn 29.

[275] **AA** für den Trennungsunterhalt des Ehegatten KG IPRax 1999, 37 m abl Bspr *Schulze* 21.

[276] Vgl dazu auch BGH IPRax 1985, 224 m abl Bspr *Henrich* 207.

[277] *Jenard*-Bericht 25.

[278] *Jenard*-Bericht 26.

schädigenden Ereignisses kein reiner Klägergerichtsstand geschaffen, sodass auch der Beklagte vor keinem für ihn unerwarteten Gericht erscheinen muss. Der Gerichtsstand kann nach Eintritt des schädigenden Ereignisses durch die Parteien **nicht mehr manipuliert** werden. Das garantiert beiden Seiten **Rechts- bzw Zuständigkeitssicherheit**. Hinzu treten, wenngleich von untergeordneter Bedeutung, die **Beweis-** und uU auch **Rechtsnähe** des durch Art 5 Nr 3 für zuständig erklärten Gerichts.

**b) Sonstiges**

75 Das nach Art 5 Nr 3 bestimmte Gericht ist nicht nur international, sondern auch **örtlich zuständig**. Die §§ 12ff ZPO finden keine Anwendung. Zu beachten bleiben **internationale Übereinkommen** für Spezialmaterien, die nach Art 71 der Zuständigkeitsbestimmung des Art 5 Nr 3 vorgehen. Hinzuweisen ist ua[279] auf Art 31 CMR,[280] Art 28 WA[281] oder Art 52 CIV bzw 56 CIM[282] sowie das Brüsseler Übereinkommen zur Vereinheitlichung von Regeln über die zivilgerichtliche Zuständigkeit bei Schiffszusammenstößen vom 10. Mai 1952.[283] Art 5 Nr 3 begründet keine ausschließliche, sondern lediglich eine **konkurrierende Zuständigkeit**. Den Parteien steht daher eine von Art 5 Nr 3 abweichende Zuständigkeitsbestimmung mittels einer **Gerichtsstandsvereinbarung** (Art 23) frei.

76 Die Klage kann im Deliktsgerichtsstand nicht nur vom Verletzten, sondern auch von dessen **Rechtsnachfolger** (auch dem Zessionar) oder einem **Rückgriffsberechtigten** (zB Versicherer) erhoben werden. Ebenso können im Deliktsgerichtsstand nicht nur der deliktisch Handelnde, sondern gleichermaßen dessen Rechtsnachfolger oder andere Personen, die für die Folgen seines Handelns gesetzlich einzustehen haben, in Anspruch genommen werden. Für **Direktklagen gegen Versicherer** ergibt sich eine Zuständigkeit am Ort des „schädigenden Ereignisses" aus Art 10.

77 Das Gericht muss bei der Zuständigkeitsfeststellung nicht prüfen, ob tatsächlich eine unerlaubte Handlung vorliegt. Es genügt ein Klägervortrag, aus dem sich **schlüssig** ergibt, dass die behauptete Handlung als Delikt oder deliktsähnliche Handlung zu qualifizieren und der Deliktsort (Handlungs- oder Erfolgsort, vgl Rn 85ff) im Gerichtsbezirk liegt.[284]

**2. Unerlaubte Handlung**

**a) Qualifikation**

78 Der Begriff der „unerlaubten Handlung", einer ihr gleichgestellten Handlung und der Ansprüche daraus ist ebenso wie der des Vertrags nicht nach der lex fori[285] oder der lex

---

[279] Umfangreiche Hinweise bei *Bülow/Böckstiegel/Geimer/Schütze/Auer* Art 5 EuGVÜ Rn 97.

[280] Vgl Fn 38.

[281] Vgl Fn 39.

[282] Vgl Fn 40.

[283] BGBl 1972 II 663.

[284] BGHZ 98, 273; OLG Köln ZIP 1998, 75; *MünchKommZPO/Gottwald* Rn 45; weitergehend *Geimer/Schütze* Art 5 Rn 198.

[285] So zB KG VersR 1982, 500; OLG München RIW 1988, 647.

causae,[286] sondern **autonom** zu qualifizieren.[287] Eine Auslegung nach der lex fori oder der lex causae würde zwar zu einer einheitlichen Auslegung des Begriffs der unerlaubten Handlung in den einzelnen Mitgliedstaaten führen, doch ist Ziel der Brüssel I-VO gerade die Schaffung europaweit einheitlicher Gerichtsstände.[288] Unter dem Begriff der unerlaubten Handlung oder einer ihr gleichgestellten Handlung ist jegliche Schadenshaftung zu verstehen, die nicht aus einem Vertrag iSv Art 5 Nr 1 herrührt.[289] Abzugrenzen ist die unerlaubte Handlung also vom Vertrag, dh einer freiwillig eingegangenen Verpflichtung.[290]

**b) Einzelne unerlaubte Handlungen**

Ausgehend von obiger Definition werden vom Begriff der „unerlaubten Handlung" neben den bereits im *Jenard*-Bericht erwähnten Ansprüchen aus **Straßenverkehrsunfällen**[291] zahlreiche weitere, auf einer außervertraglichen Rechtsgutsverletzung beruhende Ansprüche erfasst, so zB Ansprüche auf Ersatz von **Umweltschäden**[292] oder **Transportschäden,**[293] Ansprüche aus **Kapitalanlagedelikten,**[294] **Produkthaftung**[295] (einschl der action directe),[296] **Kartellverstößen,**[297] **unlauterem Wettbewerb,**[298] der Verletzung von **Immaterialgüterrechten.**[299] Unter Art 5 Nr 3 fallen weiterhin Ansprüche aus Ver- 79

---

[286] So zB BGHZ 98, 274.

[287] EuGH Rs 189/87 *Kalfelis/Schröder* EuGHE 1988, 5565 Rn 16, 18.

[288] EuGH Rs 34/82 *Peters/Zui Nederlande Aanemers Vereniging* EuGHE 1983, 987 Rn 10; Rs 334/00 *Tacconi/Wagner* EuGHE 2002 I 7357 Rn 20.

[289] EuGH Rs 189/87 *Kalfelis/Schröder* EuGHE 1988, 5565 Rn 18; Rs C-261/90 *Reichert und Kockler/Dresdner Bank* EuGHE 1992 I 2149 Rn 16; Rs C-51/97 *Réunion européenne/Spliethoff's Bevrachtingskantoor* EuGHE 1998 I 6511 Rn 22; Rs 334/00 *Tacconi/Wagner* EuGHE 2002 I 7357 Rn 21; Rs C-96/00 *Gabriel* EuGHE 2002 I 6367 Rn 33; Rs C-167/00 *Verein für Konsumenteninformation/Henkel* EuGHE 2002 I 8111 Rn 36.

[290] Vgl oben.

[291] *Jenard*-Bericht 26.

[292] *Fach Gómez* ZEuS 1999, 583; *Kohler*, in: *von Moltke/Schmölling/Kloepfer/Kohler* (Hrsg) Grenzüberschreitender Umweltschutz in Europa (1984) 74.

[293] Sofern zwischen den Parteien keine Vertragsbeziehung besteht, vgl Rs C-51/97 *Réunion européenne/Spliethoff's Bevrachtingskantoor* EuGHE 1998 I 6511 Rn 26.

[294] Dazu *Weller* IPRax 2000, 202.

[295] AG Neustadt IPRspr 1984 Nr 133; vgl auch *Uhl*, Internationale Zuständigkeit gemäß Art 5 Nr 3 des Brüsseler und Lugano-Übereinkommens, ausgeführt am Beispiel der Produktehaftung unter Berücksichtigung des deutschen, englischen, schweizerischen und US-amerikanischen Rechts (2000).

[296] OGH JBl 2001, 185.

[297] BGH RIW 1988, 397.

[298] OLG München NJW-RR 1994, 190; KG ZLR 2002, 759. Vgl außerdem zB *Lindacher*, in; FS Nakamura (1996) 23; *Müller-Feldhammer* EWS 1998, 162.

[299] Vgl etwa OGH GRURInt 2000, 795 (Urheberrecht); OLG Düsseldorf IPRax 2001, 336 m Bspr Otte 315; LG Düsseldorf GRURInt 1999, 455 (Patent); KG RIW 2001, 613; OLG Hamburg CR 2002, 837 (Kennzeichen). Vgl außerdem zB *Kubis*, Internationale Zuständigkeit bei Persönlichkeits- und

letzung des **allgemeinen Persönlichkeitsrecht**,[300] und zwar auch, wenn sie auf **Gegendarstellung** gerichtet sind.[301] Der Gerichtsstand der Nr 3 ist weiterhin eröffnet, wenn lediglich reine **Vermögensschäden** geltend gemacht werden.[302] Da nach der Definition des EuGH jegliche außervertragliche Schadenshaftung erfasst ist, muss Art 5 Nr 3 auch auf solche Rechtsverletzungen Anwendung finden, die nicht auf einer schuldhaften Handlung beruhen, also Fälle der **Gefährdungshaftung**.[303] Der Begehungsort ist für die Qualifikation unerheblich. Auch Ansprüche aus deliktischen Handlungen im **Internet** können selbstverständlich im Gerichtsstand des Art 5 Nr 3 geltend gemacht werden. Bei ihnen bereitet mitunter jedoch die Bestimmung des zuständigen Gerichts Probleme.[304]

80 Art 5 Nr 3 erfasst nicht nur unerlaubte Handlungen, sondern auch Handlungen, die ihnen gleichstehen. In den Anwendungsbereich der Vorschrift fallen daher Ansprüche aus **§§ 906 und 1004 BGB**, da sie eine Schadensentstehung durch Zuführung unwägbarer Stoffe bzw durch Eigentumsbeeinträchtigung verhindern sollen bzw deren Beseitigung dienen.[305] Auch das deutsche IPR bewertet derartige Ansprüche deliktisch (Art 44, 40 EGBGB). Deliktisch zu qualifizieren sind außerdem Ansprüche aus **Gewinnmitteilungen** und Ansprüche **wegen vorvertraglicher Pflichtverletzung**, sofern diese nicht vertragsgegenstandsbezogen sind, da der Beklagte nicht aufgrund von Verpflichtungserklärungen haftet (vgl Rn 27f).

81 Ob auch **vorbeugende Unterlassungsklagen** im Deliktsgerichtsstand erhoben werden können, war lange Zeit umstritten.[306] Dieser Streit ist vom Gemeinschaftsgesetzgeber nunmehr eindeutig entschieden worden, da Art 5 Nr 3 um die Worte „... oder einzutreten

---

Immaterialgüterrechtsverletzungen (1999); *Lange* WRP 2000, 940; *Pansch* EuLF 2000/01, 353; *Stauder* GRUR Int 1976, 465 und 510; *ders* IPRax 1998, 317.

[300] OLG München RIW 1988, 647; AG Hamburg RIW 1990, 320. Vgl außerdem zB *Coester-Waltjen*, in: FS Schütze (1999) 175; *Kubis*, Internationale Zuständigkeit bei Persönlichkeits- und Immaterialgüterrechtsverletzungen (1999); *Wagner* RabelsZ 62 (1998) 243.

[301] *Geimer/Schütze* Art 5 EuGVÜ Rn 171; *MünchKommZPO/Gottwald* Art 5 EuGVÜ Rn 37; *Stadler* JZ 1994, 648; *Thümmel/Schütze* JZ 1977, 788; *Wiesner*, Der Gegendarstellungsanspruch im deutschen internationalen Privat- und Verfahrensrecht (1998) 123ff; **aA** *Kropholler* Rn 66; *Kubis*, Internationale Zuständigkeit bei Persönlichkeits- und Immaterialgüterrechtsverletzungen (1999) 114ff; *Sonnenberger*, in: FS Henrich (2000) 587f.

[302] *Czernich/Tiefenthaler/Codich/Heiss/Czernich* Art 5 Rn 76; *Kiethe* NJW 1994, 223; *Kropholler* Rn 66; **aA** OGH RdW 2001, 35.

[303] *Czernich/Tiefenthaler/Codich/Heiss/Czernich* Art 5 Rn 76; *Kropholler* Rn 66; *MünchKommZPO/Gottwald* Art 5 EuGVÜ Rn 38; *Schlosser* Rn 16.

[304] Vgl dazu zB *Bachmann* IPRax 1998, 179; *Koch* CR 1999, 121; *Roth*, in: *Gruber/Mader* (Hrsg) Internet und e-commerce (2000) 169ff; *Schack* MMR 2000, 135; *Thiele* ÖJZ 1999, 754; *Wagner* WM 1995, 1129.

[305] *Kropholler* Rn 66; *MünchKommZPO/Gottwald* Rn 38; *Schlosser* Rn 16.

[306] Dagegen etwa LG Bremen RIW 1991, 416; dafür hingegen *Behr* GRURInt 1992, 607; *Geimer/Schütze* Art 5 EuGVÜ Rn 169; *MünchKommZPO/Gottwald* Art 24 EuGVÜ Rn 40; *Müller-Feldhammer* EWS 1998, 167.

droht" ergänzt worden ist. Gemeint sind damit gerade Fälle, in denen ein Schaden eintreten könnte.[307] Der EuGH hat ua unter Berufung auf diese Änderung auch vorbeugende Unterlassungsklagen im Gerichtsstand des Art 5 Nr 3 EuGVÜ zugelassen.[308]

Unterlassungsklagen aus unerlaubter Handlung können auch von einem **Verbraucherschutzverband**, etwa nach dem UKlaG oder öKSchG, im Gerichtsstand des Art 5 Nr 3 geltend gemacht werden;[309] denn der Begriff des schädigenden Ereignisses ist weit zu verstehen und beinhaltet im Bereich des Verbraucherschutzes nicht nur Sachverhalte, in denen ein Einzelner einen individuellen Schaden erleidet, sondern ua auch Angriffe auf die Rechtsordnung durch die Missachtung verbraucherschützender Normen, deren Verhinderung gerade die Aufgabe von Verbraucherschutzorganisationen ist.[310] Im Gerichtsstand der Nr 3 können auch **negative Feststellungsklagen** erhoben werden, die auf die Feststellung gerichtet sind, eine deliktische Haftung bestehe nicht.[311] 82

**c) Ausgenommene Ansprüche**

**Bereicherungsrechtliche Ansprüche** werden von Nr 3 nicht erfasst, weil mit ihnen keine Schadenshaftung geltend gemacht wird, sondern die Umkehr unberechtigter Vermögensverschiebungen erreicht werden soll.[312] Gleichfalls ausgenommen sind **Gläubigeranfechtungsklagen**, da sie ebenfalls nicht auf Schadensausgleich gerichtet sind, sondern lediglich auf Beseitigung der Wirkungen von Verfügungshandlungen.[313] 83

**d) (Keine) Akzessorische Anknüpfung bei Anspruchskonkurrenz**

Eine **Annexkompetenz**, derzufolge etwa das nach Art 5 Nr 3 für deliktische Ansprüche zuständige Gericht auch für die vertraglichen Ansprüche zuständig ist, kennt die Brüssel I-VO nicht. Die in Art 5 und 6 geregelten besonderen Zuständigkeiten stellen Ausnahmen vom Grundsatz der Zuständigkeit der Gerichte des Wohnsitzstaates des Beklagten dar und sind nach Auffassung des EuGH einschränkend auszulegen.[314] Ein Gericht, das allein nach Art 5 Nr 3 zuständig ist, kann die Rechtssache daher auch nur unter deliktsrechtlichen Gesichtspunkten entscheiden.[315] Sehr wohl im Deliktsgerichtsstand erhoben werden können jedoch Klagen aus deliktischen Ansprüchen, die 84

---

307 KOM (1999) 348 endg 15.

308 EuGH Rs C-167/00 *Verein für Konsumenteninformation/Henkel* EuGHE 2002 I 8111 Rn 48.

309 EuGH Rs C-167/00 *Verein für Konsumenteninformation/Henkel* EuGHE 2002 I 8111 Rn 30; **aA** *Schlosser* Rn 16; vgl zum ganzen außerdem *Ahrens* WRP 1994, 649; *Lindacher*, in: FS Lüke (1997) 377.

310 EuGH Rs C-167/00 *Verein für Konsumenteninformation/Henkel* EuGHE 2002 I 8111 Rn 48.

311 *Czernich/Tiefenthaler/Kodek/Czernich* Rn 78; *Kropholler* Rn 68; *MünchKommZPO/Gottwald* Art 5 EuGVÜ Rn 44. AA Trib Bologna GRURInt 2000, 1021 m Anm *Stauder*.

312 EuGH Rs 189/87 *Kalfelis/Schröder* EuGHE 1988, 5565 Rn 21; BGHZ 132, 108; OGH JBl 1998, 515 (zum LugÜ); ZfRV 2001, 70; *Bülow/Böckstiegel/Geimer/Schütze/Auer* Art 5 EuGVÜ Rn 102; *Czernich/Tiefenthaler/Kodek/Czernich* Rn 77; *Dauses/Kreuzer/Wagner* Q 173; *Kropholler* Rn 67; *MünchKommZPO/Gottwald* Art 5 EuGVÜ Rn 41.

313 EuGH Rs 261/90 *Reichert und Kockler/Dresdner Bank* EuGHE 1992 I-2175 Rn 19.

314 EuGH Rs 189/87 *Kalfelis/Schröder* EuGHE 1988, 5565 Rn 19.

315 EuGH Rs 189/87 *Kalfelis/Schröder* EuGHE 1988, 5565 Rn 20.

zwar mit vertraglichen oder anderen gesetzlichen Ansprüchen konkurrieren, aber nicht direkt an einen Vertrag anknüpfen.[316] Nicht ausgeschlossen sind außerdem Klagen, bei denen das Bestehen vertragsrechtlicher Ansprüche zwischen den Beteiligten lediglich die **Vorfrage** eines originär deliktischen Anspruchs ist.[317]

### 3. Ort des schädigenden Ereignisses

#### a) Grundsatz

85 Zuständig ist „das Gericht des Ortes, an dem das schädigende Ereignis eingetreten ist oder einzutreten droht." Der EuGH favorisiert eine **autonome Auslegung** und versteht darunter sowohl den Ort, an dem der Schaden eingetreten ist, als auch den Ort der schädigenden Handlung.[318] Der Kläger hat ein **Wahlrecht**. Eine Anknüpfung des Gerichtsstands an den Handlungs- und den Erfolgsort ist sachgerecht, da auch der Tatbestand des Delikts aus Handlung und Erfolg besteht. Eine generelle Bevorzugung des einen oder anderen kommt – anders als im IPR – nicht in Betracht, weil jeder für die Beweiserhebung und die Gestaltung des Prozesses besonders geeignet sein kann.[319] Eine Anknüpfung allein an den Ort, an dem der Verletzungserfolg eintritt, würde ein womöglich der Schadensursache besonders nahes Gericht von der Zuständigkeit ausschließen.[320] Gleiches gilt umgekehrt für eine alleinige Entscheidungszuständigkeit der Gerichte am Handlungsort, da dies die Beweisnähe des Gerichts am Ort des Eintritts der Rechtsverletzung vernachlässigte. Gegenansichten, die nur auf entweder den Handlungs- oder den Erfolgsort abstellen, werden – soweit ersichtlich – heute nicht mehr vertreten.

#### b) Erfolgsort

86 Erfolgsort ist der Ort, „an dem die schädigenden Auswirkungen des haftungsauslösenden Ereignisses zu Lasten des Betroffenen eintreten",[321] so zB bei Kennzeichenverletzungen im Internet jeder Ort, an dem eine Homepage unter einer kennzeichenverletzenden Domain abgerufen werden kann.[322] Indes kann nicht jeder Ort, an dem die schädlichen Folgen eines schadenbegründenden Ereignisses eintreten, maßgeblich sein. Abzustellen ist allein auf den Ort des **„Erstschadens"**,[323] dh den Ort, an dem das geschützte Rechtsgut verletzt wurde,[324] nicht aber den Ort oder die Orte, in denen es zu

---

[316] BGH RIW 1985, 72; vgl aber auch OLG Stuttgart RIW 1999, 782; Bspr *Wolf* IPRax 1999, 82.

[317] BGH RIW 1988, 397 m Bspr *Mansel* 84.

[318] EuGH Rs 21/76 *Bier/Mines de Potasse d'Alsace* EuGHE 1976, 1735 Rn 15/19.

[319] EuGH Rs 21/76 *Bier/Mines de Potasse d'Alsace* EuGHE 1976, 1735 Rn 15/19.

[320] EuGH Rs 21/76 *Bier/Mines de Potasse d'Alsace* EuGHE 1976, 1735 Rn 20/23.

[321] EuGH Rs C-68/93 *Shevill/Press Alliance SA* EuGHE 1995 I 415 Rn 28.

[322] KG NJW 1997, 3321; OLG Hamburg CR 2002, 837; LG Düsseldorf NJW-RR 1998, 980.

[323] EuGH Rs C-364/93 *Marinari/Lloyds Bank plc* EuGHE 1995 I 2719 Rn 14, 15.

[324] Der Begriff des Rechtsguts ist weit zu verstehen. Wird A bei einem Verkehrsunfall in Frankreich verletzt und verstirbt kurze Zeit später in einem deutschen Krankenhaus, liegt der Erfolgsort nicht nur der Körperverletzung, sondern auch der Tötung in Frankreich. Wie hier *Gaudemet-Tallon* Nr 216; *Schack* Rn 302; **aA** *Schlosser* Rn 19.

Folgeschäden gekommen ist.[325] Denn eine Beachtlichkeit weiterer Orte führte zu einer überbordenden Deliktszuständigkeit, die einem Klägergerichtsstand nahe käme, weil Vermögensschäden häufig am Wohnsitz des Klägers auftreten.[326] Ist es aufgrund einer Rechtsgutsverletzung zu weiteren Vermögensschäden (zB Behandlungskosten aufgrund einer Körperverletzung) gekommen, sind sie folglich am Ort der Körperverletzung einzuklagen. Ebenso begründet zB ein Vermögensschaden bei Geldanlage im Ausland keinen Gerichtsstand am Wohnsitz des Anlegers.[327] Geschütztes Rechtsgut kann aber auch das Vermögen als solches sein (zB § 826 BGB). Führt das Delikt zu einem **reinen Vermögensschaden**, so ist nach verbreiteter Auffassung das Gericht, in dessen Bezirk das geschädigte Vermögen liegt, zuständig.[328] Ist durch ein Delikt oder eine deliktsähnliche Handlung eine Person lediglich **mittelbar geschädigt** worden, weil sich die unerlaubte Handlung gegen einen Dritten richtete, ist Erfolgsort lediglich der Ort der Erstschädigung.[329] Wären auch die Gerichte, in deren Bezirk ein Dritter mittelbar geschädigt wurde, zuständig, könnte der Schädiger die Gerichtsstände überhaupt nicht mehr vorhersehen; zudem weisen derartige Gerichtsstände häufig gar keinen Bezug zu den Haftungsvoraussetzungen auf.[330] Daher kann zB der Unterhaltsberechtigte (§ 844 BGB) nur am Ort des Unfalls, nicht aber an seinem Wohnsitz klagen. Tritt ein **Schaden an mehreren Orten** ein, ist jeder dieser Orte Erfolgsort.[331]

### c) Handlungsort

Handlungsort ist der **Ort des schadensbegründenden Geschehens,**[332] bei der unerlaubten Verbreitung von Fotos etwa der Ort der Verbreitungshandlung, nicht hingegen der der Aufnahme der Fotos.[333] Bloße Vorbereitungshandlungen bleiben außer Betracht.[334] Bei Unterlassungen ist auf den Ort abzustellen, an dem zu handeln ist bzw gewesen wäre. 87

Schwierig fällt die Entscheidung bei mehreren kausalen Handlungen an verschiedenen Orten. So kommen als Handlungsorte etwa bei deliktischer **Produkthaftung** der Ort 88

---

[325] *Bülow/Böckstiegel/Geimer/Schütze/Auer* Art 5 EuGVÜ Rn 112; *Czernich/Tiefenthaler/Kodek/Czernich* Rn 84; *Dauses/Kreuzer/Wagner* Q 174; *Kropholler* Rn 77; *MünchKommZPO/Gottwald* Art 5 EuGVÜ Rn 43; *Schack*, IZVR Rn 304; *Schlosser* Rn 19; *Thomas/Putzo/Hüßtege* Rn 19; *Zöller/Geimer* Rn 26.

[326] *Kropholler* Rn 77.

[327] OLG Stuttgart RIW 1998, 809 f.

[328] Vgl etwa OLG München RIW 1994, 59; *Ahrens* IPRax 1990, 132; *Geimer/Schütze* Art 5 EuGVÜ Rn 195; *Kiethe* NJW 1994, 226; **aA** *Schack*, IZVR Rn 305 (alleinige Maßgeblichkeit des Handlungsorts).

[329] EuGH Rs 220/88 *Dumez/Hessische Landesbank* EuGHE 1990 I 49 Rn 20.

[330] EuGH ebenda Rn 21.

[331] EuGH Rs C-68/93 *Shevill/Press Alliance SA* EuGHE 1995 I 415 Rn 30.

[332] *Nagel/Gottwald* IZPR § 3 Rn 64; *Bülow/Böckstiegel/Geimer/Schütze/Auer* Art 5 EuGVÜ Rn 108.

[333] OLG Bremen IPRax 2000, 226.

[334] *Geimer/Schütze* Art 24 EuGVÜ Rn 187; *Schack* Rn 300; **aA** *Bülow/Böckstiegel/Geimer/Schütze/Auer* Art 5 EuGVÜ Rn 109.

der Herstellung, der Ort der Verhaltenssteuerung und der Ort des Inverkehrbringens in Betracht. Entscheidend sollte stets der Ort sein, an dem der **maßgebliche Tatbeitrag** geleistet wurde. Bei der Produkthaftung besteht daher zB eine Gerichtspflichtigkeit nur am Ort des Inverkehrbringens durch den Hersteller. Denn hier wurde die entscheidende Ursache für eine spätere Schädigung gesetzt. Wäre das Produkt nicht in Umlauf gebracht worden, wäre es auch zu keiner Schädigung gekommen.[335] Lässt sich ein maßgeblicher Tatbeitrag nicht feststellen, sondern haben mehrere gleichgewichtige Tathandlungen zur Rechtsgutsverletzung geführt, bestehen auch mehrere Tatorte. Beruht die Rechtsgutsverletzung auf **Handlungen mehrerer Personen**, ist jede Person nur am Ort des eigenen Tatbeitrags gerichtspflichtig.[336] Eine wechselseitige zuständigkeitsrechtliche Zurechnung sollte es nicht geben.[337]

### d) Fallkonstellationen

#### (1) Platzdelikte

89 Wird die Handlung an dem Ort vorgenommen, an dem auch die Rechtsgutsverletzung eintritt, ist auch an diesem Ort der Gerichtsstand der Nr 3 eröffnet. Bsp: **Straßenverkehrsunfälle.**

#### (2) Distanzdelikte

90 Bei Distanzdelikten fallen Handlungs- und Erfolgsort auseinander. Der deliktische Gerichtsstand ist an beiden Orten eröffnet. Der Geschädigte kann sich für seine Haftungsklage das Gericht aussuchen, bei dem das für ihn günstigste Recht zur Anwendung gelangt, und dort jeweils Ersatz seines gesamten Schadens verlangen (forum shopping). Forum shopping ist zwar grundsätzlich bedenklich, stellt jedoch nur solange ein Problem dar, wie die internationaldeliktsrechtlichen Regeln in den einzelnen Mitgliedstaaten differieren. Im Bereich der EG wird die Rom II-VO Abhilfe bringen.[338]

#### (3) Streudelikte

91 Bei Streudelikten fallen zum einen Handlungs- und Erfolgsort auseinander und tritt zum anderen der Deliktserfolg gleichzeitig an mehreren Orten ein. Wichtigste Fallgruppe sind die **Pressedelikte**. Ähnliche Probleme stellen sich bei **deliktischen Handlungen im Internet**, der Verbreitung **wettbewerbswidriger Werbung via Satellit** usw. In allen diesen Fällen kann die – auf Ersatz des gesamten Schadens gerichtete – Klage am Ort der Handlung erhoben werden, so etwa am Ort der Niederlassung des Zeitungsherstellers.

---

[335] **AA** *Bülow/Böckstiegel/Geimer/Schütze/Auer* Art 5 EuGVÜ Rn 109: Ort der endgültigen Herstellung.

[336] *Bülow/Böckstiegel/Geimer/Schütze/Auer* Art 5 EuGVÜ Rn 110.

[337] So aber OLG Bremen IPRax 2000, 226; *Geimer/Schütze* Art 5 Rn 187; *Thomas/Putzo/Hüßtege* Rn 20; wie hier *Schlosser* Rn 20 a; *Weller* IPRax 2000, 205.

[338] Vorschlag für diese VO in KOM (2003) 423 endg.

Alternativ besteht die Möglichkeit, an jedem der zahllosen Erfolgsorte Klage zu erheben. Das Gericht am jeweiligen Erfolgsort ist nach der Shevill-Doktrin des EuGH jedoch nur insoweit zuständig, als das geschützte Rechtsgut an diesem Ort tatsächlich auch verletzt wurde (**Mosaiktheorie**).[339] Während am Handlungsort der gesamte Schaden eingeklagt werden kann, ist bei Streudelikten die Klage am Erfolgsort auf den in diesem Staat erlittenen Schaden beschränkt. Die **„Shevill-Doktrin"** nimmt dem Kläger nicht nur den Anreiz zum forum shopping,[340] sondern sichert vor allem die Sachnähe des entscheidenden Gerichts. Sie soll Geltung nicht nur bei Ehrverletzungen durch grenzüberschreitend vertriebene Medien beanspruchen, sondern auch bei anderen Streudelikten – etwa Urheber- oder Wettbewerbsverletzungen – zu beachten[341] und außerdem nicht nur auf Schadensersatzansprüche beschränkt sein, sondern ebenso Unterlassungs- oder Beseitigungsansprüche einschl Ansprüche des einstweiligen Rechtsschutzes erfassen.[342] Gerade Letzteres erscheint allerdings zweifelhaft, wenn sich etwa Unterlassungsansprüche nicht teilen lassen. Wem von einem deutschen Gericht untersagt wird, eine in Deutschland abrufbare markenrechtsverletzende Domain zu benutzen, kann sie mangels Möglichkeit zur Eingrenzung der Abrufbarkeit einer Homepage überhaupt nicht mehr nutzen. 92

## V. Zuständigkeit für Adhäsionsverfahren (Nr 4)

### 1. Allgemeines

Art 5 Nr 4 eröffnet einen zusätzlichen Gerichtsstand für im Zusammenhang mit einer Strafsache stehende zivilrechtliche Klagen. In der Sache handelt es sich um einen Gerichtsstand des Sachzusammenhangs, der zwar den meisten mitgliedstaatlichen Prozessordnungen bekannt ist,[343] dort indes ganz unterschiedliche Bedeutung hat. Während in Deutschland Adhäsionsverfahren (vgl §§ 403ff StPO) in kaum nennenswertem Umfang vorkommen,[344] werden vor allem im romanischen Rechtskreis relativ häufig zivilrechtliche Ersatzansprüche bereits im Strafverfahren geltend gemacht.[345] Art 5 Nr 4 eröffnet in diesen Fällen aus Gründen des **Geschädigtenschutzes** auch eine internationale Zuständigkeit des Strafgerichts. Insbes Beweisprobleme des Geschädigten werden vermindert, weil Strafgerichte der Offizialmaxime verpflichtet sind.[346] 93

---

[339] EuGH Rs C-68/93 *Shevill/Press Alliance SA* EuGHE 1995 I 415 Rn 30. Zustimmend *Kropholler* Rn 75; *Huber* ZEuP 1996, 295; *Lagarde* Rev crit 1996, 487; *Wagner* RabelsZ 62 (1998), 279; abl *Coester-Waltjen*, in: FS Schütze (1999) 175; *Kreuzer/Klötgen* IPRax 1997, 90; *Rauscher* ZZPInt 1 (1996) 145; *Schack* Rn 306; *ders* MMR 2000, 139.

[340] *Kropholler* Rn 75.

[341] *Kropholler* Rn 76.

[342] *Schlosser* Rn 20.

[343] Vgl *Jenard*-Bericht 9 Fn 2; *Bülow/Böckstiegel/Geimer/Schütze/Auer* Art 5 EuGVÜ Rn 126.

[344] Zu den Gründen vgl *von Sachsen Gessaphe* ZZP 112 (1999) 3ff; außerdem zB *Plümpe* ZInsO 2002, 409.

[345] Vgl zB EuGH Rs C-172/91 *Sonntag/Waidmann* EuGHE 1993 I 1963; Rs C-7/98 *Krombach/Bamberski* EuGHE 2000 I 1935; Rs C-38/98 *Renault/Maxicar* EuGHE 2000 I 2973; BGHZ 123, 268ff.

[346] *Kohler*, in: *Will* (Hrsg) Schadensersatz im Strafverfahren (1990) 75.

### 2. Klagen vor einem Strafgericht

94 Art 5 Nr 4 ist nur anwendbar, wenn vor einem Strafgericht öffentlich Klage wegen einer mit Strafe bedrohten Handlung erhoben worden ist. Ob dies der Fall ist, ist **autonom** zu bestimmen. Da in einigen Mitgliedstaaten eine Unterscheidung zwischen Ordnungswidrigkeit und Straftat nicht getroffen wird, kommt es insbes auf die Art des Sanktionsverfahrens nicht an. Entscheidend ist, dass wegen einer Handlung eine repressive staatliche Sanktion verhängt werden kann.[347]

95 Bei der angestrebten Zivilklage muss es sich um eine Klage auf Schadensersatz oder Wiederherstellung eines früheren Zustandes handeln, die in unmittelbarem Zusammenhang mit der öffentlichen Klage steht. Die zivilrechtliche Klage muss sich also auf die mit Strafe bedrohte Handlung stützen. Nach zT vertretener Auffassung soll es allerdings nicht darauf ankommen, ob die Ansprüche deliktischer Natur sind, sondern auch vertragliche Schadensersatz- oder Wiederherstellungsansprüche im Gerichtsstand der Nr 4 geltend gemacht werden können, so etwa Schadensersatzansprüche wegen einer Vertragsverletzung, die gleichzeitig durch die Strafjustiz verfolgt wird.[348] Das führte freilich zu einer über das nationale Recht begründeten und nicht hinnehmbaren Annexkompetenz.[349] Art 5 Nr 4 erfasst daher **nur deliktische Ansprüche**. Weiterer Voraussetzungen bedarf es jedoch nicht. Für die Eröffnung des Adhäsionsgerichtsstands kann es daher bereits genügen, dass der Täter am Gerichtsort festgenommen wurde und der Anspruch sonst keine Beziehung zu diesem Ort aufweist.[350]

### 3. Rechtsfolgen

96 Das Strafgericht ist auch zur Entscheidung über eine deliktische Klage auf Schadensersatz oder Wiederherstellung **international und örtlich zuständig**. Allerdings begründet Nr 4 keine originäre Zuständigkeit, sondern macht diese davon abhängig, dass das Strafgericht nach seinem nationalen Verfahrensrecht überhaupt „über zivilrechtliche Ansprüche erkennen kann". Die lex fori entscheidet folglich über die Zulässigkeit einer Zivilklage als Annex zur Strafsache,[351] die Brüssel I-VO sodann über die Zuständigkeit. Weder lässt sich Nr 4 eine Verpflichtung der Mitgliedstaaten zur Einführung eines Adhäsionsverfahrens noch eine Institutsgarantie entnehmen.[352] Kennt das nationale Recht keine Adhäsionszuständigkeit, ist das Strafgericht für die zivilrechtliche Klage auch nicht zuständig.

---

[347] *MünchKommZPO/Gottwald* Art 6 EuGVÜ Rn 46; *Rauscher* IPR 360; *Schlosser* Rn 21.

[348] *Schlosser* Rn 21.

[349] Wie hier *Geimer/Schütze* Art 5 Rn 209; *MünchKommZPO/Gottwald* Art 5 Rn 47; *Kropholler* Rn 86; *Musielak/Weth* Rn 20; *Wieczorek/Hausmann* Art 5 EuGVÜ Rn 67; *Thomas/Putzo/Hüßtege* Rn 21.

[350] *Kohler*, in: *Will* (Hrsg) Schadensersatz im Strafverfahren (1990) 75.

[351] Zur Kritik vgl *Geimer* ZIP 2000, 863.

[352] *Geimer/Schütze* Art 5 EuGVÜ Rn 219.

Die nationalen Rechtsordnungen entscheiden nicht nur über das Ob des Adhäsionsverfahrens, sondern auch seine inhaltliche Ausgestaltung und insbes darüber, wer Beklagter sein kann. Eine **teleologische Reduktion**, dass nur Verfahren erfasst werden, in denen der Beklagte zugleich Angeklagter ist, ist nicht angezeigt.[353] Lässt das nationale Recht eine Adhäsionsklage auch gegen Dritte zu, ist das Strafgericht auch für diese Klage bei Vorliegen der Voraussetzungen der Nr 4 örtlich und international zuständig. Zu beachten bleibt **Art 61** (vgl dort). 97

### 4. Konkurrenz zu anderen Zuständigkeitsvorschriften

Art 5 Nr 4 eröffnet dem Kläger neben dem allgemeinen (Art 2 Abs 1) und dem Gerichtsstand der unerlaubten Handlung (Art 5 Nr 3) einen weiteren, zusätzlichen Gerichtsstand. Ihm kommt nur Bedeutung zu, wenn das Strafgericht nicht ohnehin schon nach den vorgenannten Normen zuständig ist. Das ist insbes der Fall, wenn das Strafverfahren nicht am Wohnsitz des Beklagten oder dem Ort der unerlaubten Handlung, sondern dem Ort seiner Festnahme durchgeführt wird.[354] 98

## VI. Gerichtsstand der Niederlassung (Nr 5)

### 1. Allgemeines

Art 5 Nr 5 eröffnet einen besonderen Gerichtsstand der Niederlassung, der mit dem allgemeinen Gerichtsstand des Art 2 Abs 1 und den möglicherweise eröffneten Gerichtsständen der Art 5 Nr 1 und 3 konkurriert. Dadurch sollen Geschäftspartner eines Unternehmens, die nur mit der Niederlassung außerhalb des Hauptsitzes zu tun gehabt haben, geschützt werden, indem ihnen der Gang zu ausländischen Gerichten erspart wird.[355] Dem Niederlassungsinhaber kommen zwar die wirtschaftlichen Vorteile der Niederlassung zu, doch muss er hierfür zugleich den Nachteil der Gerichtspflichtigkeit für von diesem Ort aus vorgenommene Geschäfte tragen.[356] Der Gerichtsstand des Art 5 Nr 5 unterscheidet sich vom Typus der übrigen Gerichtsstände des Art 5, da in ihm nicht nur bestimmte, sondern alle auf den Betrieb der Niederlassung bezogene Streitigkeiten gebracht werden können. Er wird daher auch als **„verkleinerter Wohnsitzgerichtsstand“** bezeichnet.[357] Er kann nicht mit der Gerichtspflichtigkeit aufgrund „doing business“ nach US-amerikanischem Recht[358] gleichgesetzt werden, da für seine Begründung nicht schon anhaltende, beachtliche Aktivitäten im Forumstaat genügen, sondern es einer darüber hinaus reichenden Beziehung zum Niederlassungsstaat bedarf. 99

---

[353] *Geimer/Schütze* Art 5 EuGVÜ Rn 216.

[354] *Jenard*-Bericht 26; *Geimer/Schütze* Rn 212; *Kropholler* Rn 85; *MünchKommZPO/Gottwald* Art 5 EuGVÜ Rn 47.

[355] *Schlosser* Rn 23; *Kropholler* Rn 88.

[356] *Bülow/Böckstiegel/Geimer/Schütze/Auer* Art 5 EuGVÜ Rn 133; *Geimer/Schütze* Art 5 EuGVÜ Rn 222.

[357] *MünchKommZPO/Gottwald* Art 5 EuGVÜ Rn 49.

[358] Vgl dazu *Müller*, Die Gerichtspflichtigkeit wegen „doing business“ (1992); *Schack*, Einführung in das US-amerikanische Zivilprozeßrecht³ (2003) 27.

100 Der Gerichtsstand gilt für Klagen gegen den Inhaber der Niederlassung, nicht gegen die Niederlassung selbst. Für die Niederlassung begründet, sofern sie überhaupt parteifähig ist, ihr Sitz ihren allgemeinen Gerichtsstand nach Art 2. Art 5 Nr 5 ist daher nur anwendbar, wenn der Wohnsitz (Art 59 f) des Niederlassungsinhabers in einem anderen **Mitgliedstaat** als dem, in dem Klage erhoben werden soll, liegt. Handelt es sich um eine Niederlassung eines Unternehmens mit Hauptsitz in einem **Drittstaat**, bestimmt sich die Zuständigkeit hingegen nach autonomem Recht (Art 4 Abs 1), in Deutschland nach § 21 ZPO. Ausnahmeregelungen finden sich in Art 9 Abs 2, 15 Abs 2, 18 Abs 2. Die verbleibenden Zuständigkeitslücken sind bedenklich.[359]

101 Art 5 Nr 5 dient dem Schutz der Geschäftspartner von Inhabern einer Niederlassung. Obwohl der Wortlaut eine solche Auslegung zuließe, erfasst Nr 5 daher lediglich **Klagen gegen den Inhaber** der Niederlassung, nicht jedoch Klagen des Niedergelassenen oder Klagen der Niederlassung gegen das Stammhaus.[360] Würde man auch Klagen des Inhabers der Niederlassung in den Anwendungsbereich der Nr 5 fallen lassen, entstünde ein reiner Klägergerichtsstand, da Anknüpfungskriterium lediglich eine vom Kläger geschaffene Tatsache wäre. Art 5 Nr 5 determiniert nicht nur die **internationale**, sondern zugleich die **örtliche Zuständigkeit**.

### 2. Zweigniederlassung, Agentur oder sonstige Niederlassung

102 Die Begriffe „Zweigniederlassung, Agentur oder sonstige Niederlassung“ sind zur Sicherung einer einheitlichen Anwendung der Brüssel I-VO **autonom** auszulegen.[361] Zweigniederlassung, Agentur und sonstige Niederlassung sind Unterbegriffe des Oberbegriffs „Niederlassung“, zwischen denen nicht differenziert wird. Dies wäre auch überflüssig.[362]

#### a) Begriff

103 Um eine Niederlassung iSv Art 5 Nr 5 handelt es sich bei einem „**Mittelpunkt geschäftlicher Tätigkeit** […], der auf Dauer als **Außenstelle des Stammhauses** hervortritt, eine **Geschäftsführung** hat und sachlich so ausgestattet ist, dass er in der Weise Geschäfte mit Dritten betreiben kann, dass diese, obgleich sie wissen, dass möglicherweise ein Rechtsverhältnis mit dem im Ausland ansässigen Stammhaus begründet wird, sich nicht unmittelbar an dieses zu wenden brauchen, sondern Geschäfte an dem Mittelpunkt geschäftlicher Tätigkeit abschließen können, der dessen Außenstelle ist.“[363]

---

[359] *Rauscher*, IPR 361.

[360] *Kropholler* Rn 90; *Geimer/Schütze* Art 5 EuGVÜ Rn 223; *Czernich/Tiefenthaler/Kodek/Czernich* Rn 100; *Schlosser* Rn 24; *Bülow/Böckstiegel/Geimer/Schütze/Auer* Art 5 EuGVÜ Rn 141; *Thomas/Putzo/Hüßtege* Rn 24; *Zöller/Geimer* Rn 41; *MünchKommZPO/Gottwald* Art 5 EuGVÜ Rn 57; *Dauses/Kreuzer/Wagner* Q 182.

[361] EuGH Rs 33/78 *Somafer/Saar-Ferngas* EuGHE 1978, 2183 Rn 8; *Kropholler* Rn 91; *MünchKommZPO/Gottwald* Art 5 EuGVÜ Rn 50; *Schlosser* Rn 23; *Bülow/Böckstiegel/Geimer/Schütze/Auer* Art 5 EuGVÜ Rn 145.

[362] *Bülow/Böckstiegel/Geimer/Schütze/Auer* Art 5 EuGVÜ Rn 146.

[363] EuGH Rs 33/78 *Somafer/Saar-Ferngas* EuGHE 1978, 2183 Rn 12.

Die Niederlassung muss außerdem unter der Aufsicht und Leitung des Stammhauses stehen.[364]

**b) Rechtsschein**

Allein auf diese objektiv zu ermittelnden Merkmale kann es aber nicht ankommen. 104
Häufig bleibt dem Geschäftspartner die innere Struktur des Unternehmens verborgen. Denn er kann als Außenstehender oft nicht erkennen, wer die Leitung und die Aufsicht über die Niederlassung tatsächlich innehat und ob sich diese dem Stammhaus unterordnet. Der EuGH geht daher bereits dann vom Vorliegen einer Niederlassung aus, wenn zwar nicht sämtliche objektiven Merkmale einer Niederlassung vorliegen, gegenüber Dritten jedoch hinsichtlich des Verhältnisses zwischen Stammhaus und Außenstelle der **Rechtsschein einer Niederlassung** erweckt wurde.[365] Ergibt sich aus der „Art und Weise, wie sich diese beiden Unternehmen im Geschäftsleben verhalten und wie sie sich Dritten gegenüber in ihren Handelsbeziehungen verhalten", dass eine wie auch immer strukturierte Außenstelle wie eine Niederlassung für den Stammsitz gehandelt hat, so gilt sie auch als Niederlassung iSv Art 5 Nr 5.

**c) Beispiele**

Wesentlich ist eine auf Dauer angelegte Tätigkeit an einem bestimmten Ort. Kurzfris- 105
tige Arbeiten, etwa bei **Messen** oder sonstigen Veranstaltungen, genügen nicht,[366] genauso wenig die nur vorübergehende Errichtung von **Betriebsstätten**, etwa durch ausländische Baufirmen,[367] oder von Verkaufsstellen ohne Geschäftsführung. Auch bloße **Kontaktadressen** (c/o) begründen noch keine Niederlassung, weil von ihnen keine selbstständige, auf Dauer angelegte geschäftliche Tätigkeit ausgeht;[368] anders jedoch uU bei Angabe der einschlägigen Adresse auf Briefbögen oder Unterhaltung eines dem Besucherverkehr geöffneten Büros.[369]

Eine Niederlassung setzt eine Beaufsichtigung und Leitung durch das Stammhaus und 106
damit einen gewissen Grad an Unselbstständigkeit voraus. Daran fehlt es bei **Alleinvertriebshändlern**, die selbstständig handeln und keiner Aufsicht und Leitung durch den Lieferanten unterstehen.[370] Gleiches gilt für **Handelsvertreter**, die ihre Tätigkeit im Wesentlichen frei gestalten und ihre Arbeitszeit selbst bestimmen können (§ 84 Abs 1 S 2 HGB) und folglich nicht der Aufsicht und der Leitung des Stammhauses unterliegen. Der Sitz des Handelsvertreters ist daher idR keine Niederlassung iSv Art 5

---

[364] EuGH Rs 14/76 de *Bloos/Bouyer* EuGHE 1976, 1497 Rn 20/22; EuGH Rs 139/80 *Blanckaert und Willems/Trost* EuGHE 1981 819 Rn 9.

[365] EuGH Rs 216/86 *SAR Schotte Parfums Rothschild* EuGHE 1987, 4905 Rn 17; *Bülow/Böckstiegel/Geimer/Schütze/ Auer* Art 5 EuGVÜ Rn 151; *Kropholler* Rn 97; *Geimer/Schütze* Art 5 EuGVÜ Rn 239.

[366] OLG Düsseldorf IPRax 1998, 210; *Geimer/Schütze* Art 5 Rn 230.

[367] *Czernich/Tiefenthaler/Kodek/Czernich* Rn 96.

[368] LG Wuppertal NJW-RR 1994, 191.

[369] EuGH Rs 33/78 *Somafer/Saar-Ferngas* EuGHE 1978, 2183 Rn 12 f.

[370] EuGH Rs 14/76 *de Bloos/Bouyer* EuGHE 1976, 1497 Rn 20/22.

Nr 5.[371] Ebenso ist für **Handelsmakler** (§§ 94ff HGB) zu entscheiden.[372] Da Handelsvertreter und -makler Verträge mit Dritten für das Stammhaus abschließen oder vermitteln, kann der Gerichtsstand der Niederlassung nach Rechtsscheingrundsätzen jedoch immer dann eröffnet sein, wenn gegenüber dem Dritten der Anschein erweckt wird, das Stammhaus sei dem Handelsvertreter oder -makler gegenüber weisungsbefugt und dieser in die Geschäftsabwicklung einbezogen.[373]

107 **Tochterfirmen** sind selbstständige juristische Personen und handeln regelmäßig für sich selbst. Von einer gerichtsstandsbegründenden „Niederlassung" der Mutterfirma kann daher grundsätzlich nicht ausgegangen werden.[374] Wird aber der Anschein einer Außenstelle erweckt, etwa weil sich die Tochterfirma um die Abwicklung eines zwischen der Mutterfirma und dem Dritten geschlossenen Vertrages kümmert, ist der Anwendungsbereich der Nr 5 eröffnet.[375] Das gilt im Übrigen auch umgekehrt, dh bei einem Auftreten der Mutter- als Außenstelle der Tochterfirma,[376] einer **Schwestergesellschaft** als Außenstelle der anderen usw. Die Ausgestaltung der Rechtsverhältnisse innerhalb der Unternehmensgruppe ist dann ohne Bedeutung. Die Tochterfirma kann in derartigen Fällen am Sitz der Mutter bzw eine Gesellschaft am Sitz ihrer Schwestergesellschaft verklagt werden.

### 3. Betriebsbezogene Streitigkeit

108 Der Gerichtsstand der Niederlassung ist nur für betriebsbezogene Streitigkeiten eröffnet.[377] Auch der Begriff „Streitigkeiten aus dem Betrieb" der Niederlassung ist **autonom** auszulegen. Eine Definition gibt der EuGH im Urteil „Somafer/Saar-Ferngas".[378] Danach weisen folgende Streitigkeiten einen Bezug zum Betrieb der Niederlassung auf:

- Rechtsstreitigkeiten über vertragliche und außervertragliche Verpflichtungen in Bezug auf die **eigentliche Führung der Niederlassung**, wie etwa Rechte und Pflichten im Zusammenhang mit der Vermietung des Grundstücks, auf dem sich die Niederlassung befindet, oder mit der am Ort vorgenommenen Einstellung des dort beschäftigten Personals;
- Rechtsstreitigkeiten über **Verbindlichkeiten**, die die Niederlassung **im Namen des Stammhauses** abgeschlossen hat; darauf, dass sich der Erfüllungsort der Verbindlichkeit im Niederlassungsstaat befindet, kommt es nicht an;[379] denn andernfalls wäre die Regelung der Nr 5 überflüssig, da bereits Art 5 Nr 1 einen Gerichtsstand am Erfüllungsort eröffnet;[380]

---

[371] EuGH Rs 139/80 *Blanckaert und Willems/Trost* EuGHE 1981, 819 Rn 12, 13.

[372] LG Hamburg IPRspr 1974 Nr 154; *MünchKommZPO/Gottwald* Art 5 EuGVÜ Rn 53.

[373] Ähnlich *MünchKommZPO/Gottwald* Art 5 EuGVÜ Rn 53; *Mankowski* RIW 1996, 1005.

[374] *Kropholler* Rn 96; *MünchKommZPO/Gottwald* Art 5 EuGVÜ Rn 54.

[375] EuGH Rs 218/86 *SAR Schotte/Parfums Rothschild* EuGHE 1987, 4905 Rn 14, 15.

[376] EuGH Rs 218/86 *SAR Schotte/Parfums Rothschild* EuGHE 1987, 4905.

[377] Vgl zB OGH ZfRV 2000, 79; OLG München RIW 1999, 873.

[378] EuGH Rs 33/78 *Somafer/Saar-Ferngas* EuGHE 1978, 2183 Rn 13.

[379] Missverständlich noch EuGH Rs 33/78 *Somafer/Saar-Ferngas* EuGHE 1978, 2183 Rn 13.

[380] EuGH Rs C-439/93 *Lloyd's Register of Shipping/Société Campenon Bernard* EuGHE 1995 I 961 Rn 16, 17.

– Rechtsstreitigkeiten über **außervertragliche Verpflichtungen**, die aus der Tätigkeit der Niederlassung für Rechnung des Stammhauses am Niederlassungsort entstehen. Allerdings dürfte bei deliktischem Handeln der Niederlassung der Ort der Niederlassung häufig mit dem Handlungsort der unerlaubten Handlung zusammenfallen, sodass hier bereits der Gerichtsstand des Art 5 Nr 3 eröffnet ist.

### 4. Rechtsfolge

Der Kläger **muss schlüssig vortragen**, dass der von ihm geltend gemachte Anspruch aus dem Betrieb der Niederlassung entstanden ist,[381] und kann dann Klage gegen das Stammhaus bzw den Inhaber der Niederlassung beim Gerichte am Ort der Niederlassung erheben, jedoch nur so lange, wie die Niederlassung noch besteht.[382] 109

## VII. Gerichtsstand für trust-Klagen (Nr 6)

### 1. Allgemeines

Art 5 Nr 6 fand mit dem 1. Beitrittsübereinkommen von 1978 Eingang in das EuGVÜ und wurde unverändert in die Brüssel I-VO übernommen. Die Vorschrift trägt den Rechtsordnungen des Vereinigten Königreichs und Irlands Rechnung, in denen die Rechtsfigur des trust der Regelung **treuhänderischer Rechtsverhältnisse** dient.[383] In den kontinentaleuropäischen Rechtsordnungen ist der trust hingegen unbekannt.[384] 110

Ein trust entspricht funktional einer verdeckten **Treuhand**. Der Treuhänder (trustee) ist zwar Inhaber von Rechten, darf diese aber nur in der vom Begründer (settlor) bestimmten Weise zugunsten des Begünstigten (beneficary) oder eines gesetzlich festgelegten Zweckes ausüben. Da der trust keine juristische Person, sondern ein **Zweckvermögen ohne eigene Rechtspersönlichkeit** ist, kann er auch nicht nach Art 2 Abs 1 an seinem „Sitz" verklagt werden. Das bereitet im Außenverhältnis idR keine Probleme, weil stets der trustee als Rechtsinhaber auftritt. Er wird dann auch gerichtspflichtig, sei es nach Art 2 Abs 1 oder Art 5ff. Mietet etwa ein belgischer Mieter ein belgisches Grundstück, das Bestandteil eines englischen trust ist, richtet sich die Zuständigkeit für die Klage auf Besitzeinräumung nach Art 22 Nr 1.[385] Als unbefriedigend wurde dies 111

---

[381] Vgl OGH ZfRV 2000, 79. Die Niederlassung muss bereits zum Zeitpunkt des Entstehens der Verpflichtung bestanden haben. Nicht abgestellt werden kann auf das Moment der Klageerhebung bzw der letzten mündlichen Verhandlung, so aber OLG Saarbrücken RIW 1980, 799; *MünchKommZPO/Gottwald* Art 5 EuGVÜ Rn 57; wie hier *Schlosser* Rn 24.

[382] *MünchKommZPO/Gottwald* Art 5 EuGVÜ Rn 57; *Schlosser* Rn 24.

[383] Näher *Kötz*, Trust und Treuhand (1963).

[384] Daran ändert auch die Entwicklung von Grundregeln eines europäischen Trust-Rechts (vgl dazu *Hayton/Kortmann/Verhagen* [Hrsg], Principles of European Trust Law [1999], deutsche Übersetzung in ZEuP 1999, 745, sowie bei *dens*, in: *Schulze/Ajani* [Hrsg], Gemeinsame Prinzipien des Europäischen Privatrechts [2003] 96ff) nichts.

[385] *Schlosser*-Bericht Nr 110.

hingegen mit Blick auf die Innenverhältnisse zwischen den trust-Beteiligten empfunden, etwa zwischen mehreren trustees oder einem trustee und dem/den Begünstigten.[386] Zwar kommt auch hier zB eine Klage gegen den trustee an seinem allgemeinen Gerichtsstand in Betracht, doch lässt dieser die gewünschte Sachnähe vermissen, wenn etwa das Vermögen des trust im Vereinigten Königreich liegt und von dort auch verwaltet wurde, der trustee aber seinen Wohnsitz ins Ausland verlegt hat.[387] Der Vertragsgerichtsstand (Art 5 Nr 1) setzt einen Vertrag voraus, während die Beziehungen der trust-Beteiligten (insbes zwischen trustee und Begünstigtem) meist gerade nicht durch Akte „freiwilliger Selbstbindung" entstehen. Und schließlich sind die trustees idR nicht zum Abschluss von Gerichtsstandsvereinbarungen befugt. Eine Bündelung der Zuständigkeiten kann daher auch nicht durch Vereinbarung nach Art 23 erreicht werden.[388] Um dem Bedürfnis nach einem allgemeinen Gerichtsstand des trust Rechnung zu tragen, konzentriert Nr 6 daher die aus den Innenverhältnissen resultierenden Streitigkeiten bei den als sachnah zu bewertenden Gerichten des Staates, in dem der trust seinen Sitz bzw sein domicile hat. Der Gerichtsstand für Trust-Klagen ist damit dem allgemeinen Gerichtsstand stark angenähert. Dass er gleichwohl in Art 5 und nicht in Art 2 geregelt wurde, erklärt sich aus dem engen Anwendungsbereich der Vorschrift.[389]

## 2. Voraussetzungen

### a) trust

112 Eine autonome Qualifikation des Begriffs „trust" kommt nicht in Betracht.[390] Die Rechtsfigur des trust ist den kontinentaleuropäischen Rechtsordnungen fremd. Die Regelung ist eindeutig am angelsächsischen Recht ausgerichtet; der Begriff wurde nicht einmal in die anderen Gemeinschaftssprachen übersetzte. Maßgeblich kann daher nur sein, was nach **angelsächsischem Rechtsverständnis** unter einem trust zu verstehen ist, also eine Rechtsfigur, durch die der trustee gebunden wird, ihm übertragene Rechte zweckbestimmt zu nutzen.[391] Der trust muss außerdem aufgrund eines Gesetzes, eines schriftlich vorgenommenen oder schriftlich bestätigten Rechtsgeschäfts begründet worden sein. Nicht erfasst werden daher **implied oder resulting trusts**, die durch vermuteten oder hypothetischen Parteiwillen entstehen,[392] und ebenso wenig **constructive trusts**,[393] die nicht aufgrund eines geschriebenen Gesetzes, sondern nach equity-Grundsätzen unmittelbar von Rechts wegen entstehen.[394] Vom Anwendungsbereich der Nr 6 ausge-

---

[386] Ebenda Nr 113.

[387] Beispiel im *Schlosser*-Bericht Rn 113.

[388] Ebenda Nr 113.

[389] *Schlosser*-Bericht Nr 114.

[390] *Rauscher* 363; *Schlosser* Rn 25; **aA** *Geimer/Schütze* Art 5 Rn 250; *Bülow/Böckstiegel/Geimer/Schütze/Auer* Art 5 EuGVÜ Rn 167, der aber die Begriffsbestimmung des UK und Irlands rezipieren möchte.

[391] *Henrich/Huber*, Englisches Privatrecht$^3$ (2003) 110.

[392] *Henrich/Huber*, Englisches Privatrecht$^3$ (2003) 111.

[393] *Schlosser* Bericht Nr 117.

[394] *Henrich/Huber*, Englisches Privatrecht$^3$ (2003) 111.

nommen sind weiterhin trusts, deren Gegenstand nicht in den Anwendungsbereich der Brüssel I-VO fallen, etwa erbrechtliche trusts und trusts des Insolvenzrechts.

**b) Inanspruchnahme des Beklagten als settlor, trustee oder beneficary**

Der Beklagte muss als Begründer, trustee oder Begünstigter eines trust in Anspruch ge- 113
nommen werden. Art 5 Nr 6 erfasst folglich das **Innenverhältnis** der trust-Beteiligten, während sich die Zuständigkeit für das Außenverhältnis nach den allgemeinen Regeln richtet (vgl oben).

**3. Rechtsfolge**

Zuständig sind die Gerichte des Staates, auf dessen Hoheitsgebiet der trust seinen Sitz 114
hat. Anders als bei bestimmten gesellschaftsrechtlichen Streitigkeiten (Art 22 Nr 2) handelt es sich dabei jedoch um **keine ausschließliche Zuständigkeit**. Zur Bestimmung, ob der trust seinen Sitz bzw sein domicile in dem Vertragsstaat hat, in dem Klage erhoben wurde, wendet das Gericht sein eigenes IPR an (Art 60 Abs 3). Zur Ermittlung der **örtlichen Zuständigkeit** ist auf das nationale Prozessrecht zurückzugreifen.

## VIII. Gerichtsstand für Berge- und Hilfslohn (Nr 7)

**1. Allgemeines**

Art 5 Nr 7 wurde mit dem Beitritt des Vereinigten Königreichs, Dänemarks und Irlands in 115
das EuGVÜ eingefügt und unverändert in die Brüssel I-VO übernommen. Die Vorschrift trägt der besonderen Bedeutung seerechtlicher Fälle für das UK Rechnung.[395] Indes war eine umfassende Regelung der internationalen Zuständigkeit angesichts des Brüsseler Übereinkommens über den Arrest von Seeschiffen[396] nicht erforderlich, da dieses Übereinkommen auch auf Beklagte anzuwenden ist, die in einem Mitgliedstaat iSv Art 1 Abs 3 ihren Wohnsitz haben, dieser Mitgliedstaat aber dem Brüsseler Arrestübereinkommen nicht beigetreten ist. Die Regelung der Nr 7 beschränkt sich daher allein auf die im Übereinkommen nicht gelöste Frage der gerichtlichen Zuständigkeit aufgrund einer Beschlagnahme von **Ladung** oder **Fracht** nach Bergung oder Hilfeleistung.[397] Die Regelung der Nr 7 soll sicherstellen, dass die Hauptsacheforderung nicht im allgemeinen Gerichtsstand des Reeders des havarierten Schiffes geltend gemacht werden muss, und lässt daher ausnahmsweise die Hauptsache- der Arrestzuständigkeit folgen. Die Vorschrift regelt sowohl die **internationale** als auch die **örtliche Zuständigkeit** und gilt für und gegen die **Rechtsnachfolger** von Gläubiger und Schuldner.

**2. Voraussetzungen**

Art 5 Nr 7 setzt die Erbringung von Bergungs- oder Hilfeleistungsarbeiten zugunsten 116
einer Ladung oder Frachtforderung voraus, für die die Zahlung eines Hilfs- oder Ber-

---

395 *Schlosser*-Bericht Nr 121.

396 BGBl 1972 II 653, 655.

397 *Schlosser*-Bericht Nr 121.

gungslohns begehrt wird. Der Kläger muss außerdem behaupten, dass dem Beklagten Rechte an der Ladung oder der Frachtforderung zustehen. Sämtliche Begriffe der Vorschrift sind **autonom** auszulegen.[398] Entgeltansprüche, die aufgrund eines Vertrages zwischen dem Hilfeleistenden und dem Reeder entstanden sind, werden nicht von Nr 7,[399] sondern von Nr 1 erfasst.[400] Auf Ansprüche gegen den Hilfeleistenden ist Nr 7 ebenfalls nicht anwendbar.[401] In Betracht kommen kann jedoch Nr 3, wenn dem Reeder des hilfsbedürftigen Schiffes ein Schaden entstanden ist. Auf Nr 7 können **Klagen des Hilfeleistenden**, nicht aber Klagen des Hilfsbedürftigen – etwa auf Feststellung, dass Berge- oder Hilfslohn nicht zu zahlen sind – gestützt werden. Ein solches Verständnis mag zwar dem „Gebot der Waffengleichheit" entsprechen,[402] lässt sich aber mit dem Zweck der Regelung – vereinfachte Durchsetzung von Ansprüchen des Hilfeleistenden – nicht in Einklang bringen.[403]

### 3. Rechtsfolge

117 Zuständig ist das **Gericht**, das einen Arrest über die Fracht oder Frachtforderung verhängt hat (lit a) oder das zumindest hätte tun können, wenn nicht Sicherheiten geleistet worden wären (lit b). Nr 7 lit a entspricht der Regelung des Brüsseler Arrestübereinkommens (Art 7 Abs 1 lit b). Hingegen findet lit b im Übereinkommen kein Vorbild, sondern entspringt der praktischen Erfahrung, dass eine Arrestierung häufig nicht vorgenommen wird, weil Sicherheiten geleistet wurden.[404]

## Artikel 6

**Eine Person, die ihren Wohnsitz im Hoheitsgebiet eines Mitgliedstaats hat, kann auch verklagt werden:**

1. **wenn mehrere Personen zusammen verklagt werden, vor dem Gericht des Ortes, an dem einer der Beklagten seinen Wohnsitz hat, sofern zwischen den Klagen eine so enge Beziehung gegeben ist, dass eine gemeinsame Verhandlung und Entscheidung geboten erscheint, um zu vermeiden, dass in getrennten Verfahren widersprechende Entscheidungen ergehen könnten;**
2. **wenn es sich um eine Klage auf Gewährleistung oder um eine Interventionsklage handelt, vor dem Gericht des Hauptprozesses, es sei denn, dass die Klage nur erhoben worden ist, um diese Person dem für sie zuständigen Gericht zu entziehen;**
3. **wenn es sich um eine Widerklage handelt, die auf denselben Vertrag oder Sachverhalt wie die Klage selbst gestützt wird, vor dem Gericht, bei dem die Klage selbst anhängig ist;**

---

398 *Kropholler* Rn 114.
399 *Schlosser*-Bericht Nr 123 aE.
400 *Kropholler* Rn 114; *MünchKommZPO/Gottwald* Art 5 EuGVÜ Rn 67.
401 *Schlosser* Rn 27.
402 *Kropholler* Rn 115.
403 *Geimer/Schütze* Art 5 EuGVÜ Rn 275; *MünchKommZPO/Gottwald* Art 5 EuGVÜ Rn 67.
404 *Schlosser*-Bericht Nr 123.

4. wenn ein Vertrag oder Ansprüche aus einem Vertrag den Gegenstand des Verfahrens bilden und die Klage mit einer Klage wegen dinglicher Rechte an unbeweglichen Sachen gegen denselben Beklagten verbunden werden kann, vor dem Gericht des Mitgliedstaats, in dessen Hoheitsgebiet die unbewegliche Sache belegen ist.

**Schrifttum**

*Albicker*, Der Gerichtsstand der Streitgenossenschaft (1996)

*Auer*, Die internationale Zuständigkeit des Sachzusammenhangs im erweiterten EuGVÜ-System nach Artikel 6 EuGVÜ (1996)

*Banniza von Bazan*, Der Gerichtsstand des Sachzusammenhangs im EuGVÜ, dem Lugano-Übereinkommen und im deutschen Recht (1995)

*Brandes*, Der gemeinsame Gerichtsstand: Die Zuständigkeit im europäischen Mehrparteienprozess nach Art. 6 Nr. 1 EuGVÜ/LÜ (1998)

*Coester-Waltjen*, Die Bedeutung des Art 6 Nr 2 EuGVÜ, IPRax 1992, 290

*Eickhoff*, Inländische Gerichtsbarkeit und internationale Zuständigkeit für Aufrechnung und Widerklage unter besonderer Berücksichtigung des Europäischen Gerichtsstands- und Vollstreckungsübereinkommens (1985)

*Geimer*, Fora connexitatis – Der Sachzusammenhang als Grundlage der internationalen Zuständigkeit, Bemerkungen zu Art 6 des EWG-Übereinkommens vom 27. September 1968, WM 1979, 350

*ders*, Härtetest für deutsche Dienstleister im Ausland, IPRax 1998, 175

*Gottwald*, Europäische Gerichtspflichtigkeit kraft Sachzusammenhangs, IPRax 1989, 272

*Grolimund*, Drittstaatenproblematik des europäischen Zivilverfahrensrechts (2002)

*von Hoffmann/Hau*, Probleme der abredewidrigen Streitverkündung im Europäischen Zivilrechtsverkehr, RIW 1997, 89

*Kannengießer*, Die Aufrechnung im internationalen Privat- und Verfahrensrecht (1998)

*Kraft*, Grenzüberschreitende Streitverkündung und Third Party Notice (1997)

*Mankowski*, Die österreichischen Gerichtsstände der Streitgenossenschaft, des Vermögens und der inländischen Vertretung mit Blick auf das Lugano-Übereinkommen, IPRax 1998, 122

*Mansel*, Streitverkündung und Interventionsklage im Europäischen internationalen Zivilprozessrecht (EuGVÜ/Lugano-Übereinkommen), in: *Hommelhoff/Jayme/Mangold* (Hrsg), Europäischer Binnenmarkt: IPR und Rechtsangleichung (1995) 161

*ders*, Gerichtspflichtigkeit von Dritten: Streitverkündung und Interventionsklage (Deutschland), in: *Jajons/Mayr/Zeiler* (Hrsg), Die Übereinkommen von Brüssel und Lugano (1997) 177

*Otte*, Umfassende Streitentscheidung durch Beachtung von Sachzusammenhängen – Gerechtigkeit durch Verfahrensabstimmung? (1998)

*Roth*, Aufrechnung und internationale Zuständigkeit nach deutschem und europäischem Prozessrecht, RIW 1999, 819

*Rüssmann*, Die internationale Zuständigkeit für Widerklage und Prozessaufrechnung, in: FS Ishikawa (2001) 455

*Stürner*, Die erzwungene Intervention Dritter im europäischen Zivilprozess, in: FS Schütze (2002) 1307

*Trunk*, Die Erweiterung des EuGVÜ-Systems am Vorabend des Europäischen Binnenmarktes: das Lugano-Übereinkommen und das EuGVÜ-Beitrittsübereinkommen von San Sebastian (1991)

*Wagner*, Die Aufrechnung im Europäischen Zivilprozessrecht, IPRax 1999, 65.

**I. Allgemeines** .................................. 1

**II. Klage gegen mehrere Beteiligte (Nr 1)**
1. Allgemeines ........................................ 4
2. Drittstaatenfälle ...................................... 6
3. Konnexität ............................................. 8
4. Missbrauchsverbot .................................... 9
5. Zuständigkeit des Gerichts am Wohnsitz eines Beklagten für alle Klagen ... 10

**III. Gerichtsstand der Gewährleistungs- oder Interventionsklage (Nr 2)**
1. Allgemeines ........................................ 11
2. Gewährleistungs- oder Interventionsklage ........................................ 13
3. Zulässigkeitsvoraussetzungen des nationalen Verfahrensrechts .......... 16
4. Zuständigkeit des Gerichts der Hauptklage für die Interventions- oder Gewährleistungsklage .................. 17
5. Anerkennung und Vollstreckbarkeit 20
6. Missbrauchsverbot .................... 21
7. Zuständigkeitsvereinbarungen ........ 22

**IV. Gerichtsstand der Widerklage (Nr 3)**
1. Allgemeines ........................... 23
2. Anwendungsbereich
a) Zuständigkeit des Gerichts für die Erstklage nach nationalem Recht .. 24
b) Wohnsitz des Widerbeklagten in einem Mitgliedstaat ............... 25
3. Konnexität ............................. 26
4. Beachtlichkeit nationalen Rechts .... 28
5. Zuständigkeit des Gerichts der Hauptsache .................................... 29
6. Prozessaufrechnung ................... 30

**V. Vertragsklagen im Zusammenhang mit dinglichen Klagen**
1. Allgemeines ........................... 33
2. Vertragsklage ........................... 34
3. Klage wegen eines dinglichen Rechts an einer unbeweglichen Sache ........ 35
4. Enger Bezug ............................ 36
5. Identität von Kläger und Beklagtem .. 37
6. Zuständigkeit des Gerichts am Belegenheitsort ........................ 38

## I. Allgemeines

1 Art 6 schafft weitere besondere Zuständigkeiten, die es dem Kläger erlauben, den Beklagten aus Gründen des Sachzusammenhangs an einem anderen Ort als dem seines Wohnsitzes zu verklagen. Ihm wird die Möglichkeit gegeben, im Zusammenhang stehende Klagen vor ein und dasselbe Gericht zu bringen, um einander widersprechende Entscheidungen mehrerer Gerichte zu vermeiden. Art 6 ist als Ausnahme zum Wohnsitzgerichtsstand eng auszulegen. Insbesondere hat die Aufzählung in Art 6 **abschließenden Charakter.**[1] Ein allgemeiner Gerichtsstand des Sachzusammenhangs ist der Brüssel I-VO fremd und lässt sich auch nicht aus Art 28 Abs 3 herleiten.[2]

2 Auf **Versicherungs-, Verbraucher- und Arbeitssachen** ist Art 6 nicht anwendbar (vgl Art 8, 15, 18). ZT finden sich dort aber Art 6 entsprechende Regelungen (zB Art 9 Abs 1 lit c, Art 11 Abs 1, 2, Art 12 Abs 2, Art 16 Abs 3, Art 20 Abs 2). Wurde durch Parteivereinbarung die ausschließliche Zuständigkeit eines Gerichts begründet (Art 23

---

[1] Allgemein zu den Zuständigkeiten des Kap II EuGH Rs C-51/97 *Réunion européene/Spliethoff's Bevrachtingskantoor* EuGHE 1998 I 6511 Rn 16; *Kropholler* Rn 1.

[2] EuGH Rs 150/80 *Elefanten Schuh/Jacqmain* EuGHE 1981, 1671 Rn 19; *MünchKommZPO/Gottwald* Art 6 EuGVÜ Rn 1; *Bülow/Böckstiegel/Geimer/Schütze/Auer* Art 6 EuGVÜ Rn 1; *Kropholler* Rn 1.

Abs 1 S 2) oder besteht eine ausschließliche Zuständigkeit nach Art 22, scheidet eine Anwendung von Art 6 ebenfalls aus.

Art 6 setzt voraus, dass der Beklagte seinen Wohnsitz in einem Mitgliedstaat hat. Ob 3
sich Wohnsitz- und Gerichtsstaat voneinander unterscheiden müssen, geht aus Art 6 nicht hervor (vgl im Unterschied dazu die einleitenden Worte des Art 5). Nach zutreffender Auffassung ist die Wortgruppe „in einem anderen Mitgliedstaat" in Art 6 hineinzulesen. Art 6 ist daher **nicht anwendbar**, wenn Wohnsitz- und Gerichtsstaat zusammenfallen.[3] Für ein solches Verständnis spricht auch der *Jenard*-Bericht. Danach zählen die „[Artikel 5 und 6] ... eine Reihe von Fällen auf, in denen eine Person im Hoheitsgebiet eines anderen Vertragsstaats als dem ihres Wohnsitzstaats verklagt werden kann."[4]

## II. Klage gegen mehrere Beteiligte (Nr 1)

### 1. Allgemeines

Nr 1 eröffnet einen besonderen Gerichtsstand für den Fall, dass mehrere Personen zu- 4
sammen **verklagt** werden und die Klagen in einer **besonders engen Verbindung** stehen („Mehrparteiengerichtsstand"[5] oder „Gerichtsstand der (passiven) Streitgenossenschaft"[6]). Die Vorschrift greift hingegen nicht, wenn **mehrere Kläger** gemeinschaftlich klagen wollen. Ihr Anwendungsbereich ist nicht auf eine bestimmte Klageart beschränkt. Erfasst werden sowohl Leistungs- als auch Feststellungs- und Gestaltungsklagen.[7] Determiniert wird neben der internationalen auch die örtliche Zuständigkeit. Keine Klageerhebung ist an einem vom allgemeinen Gerichtsstand abweichenden besonderen Gerichtsstand möglich, erst recht nicht an einem nur mit einem Beklagten vereinbarten.[8] Art 6 Nr 1 setzt außerdem die Unterschiedlichkeit von Gerichts- und Wohnsitzstaat voraus (vgl Rn 3). Ist einer der „Streitgenossen" im Gerichtsstaat ansässig, kann daher im Verhältnis zu ihm Art 6 Nr 1 nicht fruchtbar gemacht werden.[9] Einschlägig ist dann Art 2. Das örtlich zuständige Gericht kann dann aber nach § 36 ZPO bestimmt werden.[10]

---

[3] *Kropholler* vor Art 5 Rn 4; *Schlosser* vor Art 5 Rn 1; **aA** *Bülow/Böckstiegel/Geimer/Schütze/Auer* vor Art 5 EuGVÜ Rn 9.

[4] *Jenard*-Bericht 22.

[5] *Kropholler* Rn 4.

[6] *MünchKommZPO/Gottwald* Art 6 EuGVÜ Rn 2; *Nagel/Gottwald* § 3 Rn 86; *Czernich/Tiefenthaler/Kodek/Czernich* Rn 9.

[7] *Kropholler* Rn 5; *Geimer/Schütze* Art 5 EuGVÜ Rn 11; *MünchKommZPO/Gottwald* Art 6 EuGVÜ Rn 2.

[8] *Rauscher* 364.

[9] *Kropholler* Rn 2; **aA** *Bülow/Böckstiegel/Geimer/Schütze/Auer* Art 6 EuGVÜ Rn 13; zweifelnd *Rauscher* 365.

[10] BayObLG RIW 1997, 597.

5 Eine Nr 1 entsprechende Zuständigkeit war in einigen Unterzeichnerstaaten des EuGVÜ bekannt und fand sich auch in mehreren bilateralen Abkommen.[11] Dem deutschen Recht ist ein Gerichtsstand der Streitgenossenschaft zwar nicht fremd (§§ 59ff ZPO), doch kann der Kläger Streitgenossen idR nur zusammen verklagen, wenn ihm hierfür ein **besonderer Gerichtsstand** (unerlaubte Handlung etc) zur Verfügung steht. Ein dem Art 6 Nr 1 vergleichbarer Gerichtsstand existiert lediglich für **Sonderfälle** (§ 35a ZPO; §§ 603 Abs 2, 605a ZPO; § 56 Abs 2 S 2 LuftVG). Ist auch ein solcher Sonderfall nicht gegeben, muss das zuständige Gericht erst durch ein höheres Gericht bestimmt werden (§ 36 Nr 3 ZPO). Das setzt indes voraus, dass die internationale Zuständigkeit deutscher Gerichte für jeden einzelnen Streitgenossen gegeben ist.[12] Gerichtsstandsvereinbarungen können hier zu unliebsamen Überraschungen führen.[13]

### 2. Drittstaatenfälle

6 Werden mehrere Personen zusammen verklagt, kann bei Konnexität die Klage vor dem Gericht am **Wohnsitz eines der Beklagten** erhoben werden. Der Wohnsitz des Erstbeklagten muss jedoch in einem Mitgliedstaat liegen. Art 6 Nr 1 erlaubt es nicht, eine Person, die ihren Wohnsitz im Hoheitsgebiet eines Mitgliedstaats hat, in einem anderen Mitgliedstaat vor dem Gericht, bei dem eine Klage gegen einen Mitbeklagten mit Wohnsitz außerhalb des Hoheitsgebiets eines Mitgliedstaats anhängig ist, mit der Begründung zu verklagen, dass der Rechtsstreit unteilbaren und nicht nur zusammenhängenden Charakter habe.[14] Würde Art 6 Nr 1 auch auf Fälle erstreckt, in denen die Klage zwar in einem Mitgliedstaat, nicht aber in einem Wohnsitzmitgliedstaat erhoben wurde, könnte das durch die Brüssel I-VO angestrebte Ziel der Rechtssicherheit nicht erreicht werden. Dem Beklagten mit Wohnsitz in einem Mitgliedstaat wäre der durch die Brüssel I-VO gewährte Schutz genommen.[15] Es bedarf daher stets einer anderen gerichtsstandsbegründenden Zuständigkeitsnorm. Ansonsten bleibt nur eine separate Klage im allgemeinen Gerichtsstand (Art 2).

7 Fraglich ist, ob umgekehrt nach Art 6 Nr 1 gegen einen Beklagten mit **Wohnsitz in einem Drittstaat** Klage am Gericht des Wohnsitzes eines in einem Mitgliedstaat ansässigen Beklagten erhoben werden kann. Der Wortlaut der Vorschrift spricht dagegen. Dies führte jedoch zu einer Privilegierung von Personen mit Wohnsitz in einem Mitgliedstaat. Sie werden nicht nach Nr 1 gerichtspflichtig, während sich in einem Mitgliedstaat Ansässige der Klage am allgemeinen Wohnsitz eines anderen Beklagten nicht entziehen können. Ziel der Brüssel I-VO kann aber kaum eine Besserstellung von Personen mit Wohnsitz in einem Drittstaat sein.[16] Art 6 Nr 1 ist daher auf Fälle, in de-

---

11 *Jenard*-Bericht 26.

12 BGH NJW 1971, 196; NJW 1980, 2646.

13 *Schack* Rn 358.

14 EuGH Rs C-51/97 *Réunion européenne*/Spliethoff's *Bevrachtingskantoor* EuGHE 1998 I 6511 Rn 52; *Kropholler* Rn 6.

15 EuGH Rs C-51/97 *Réunion européenne/Spliethoff's Bevrachtingskantoor* EuGHE 1998 I 6511 Rn 46.

16 *Geimer/Schütze* Art 6 EuGVÜ Rn 6.

nen einer oder mehrere der Beklagten in einem Nichtmitgliedstaat ansässig sind, analog anzuwenden, sofern mindestens ein weiterer Beklagter seinen Wohnsitz in einem Mitgliedstaat hat.[17] Probleme können sich allerdings bei der Vollstreckung des Urteils in einem Drittstaat ergeben. Das fällt jedoch in die Risikosphäre des Klagenden. Er muss abwägen, ob er im Drittstaat klagt oder den einfacheren Weg einer gemeinsamen Klage in einem Mitgliedstaat wählt, dieses Urteil dann aber womöglich nicht im Drittstaat vollstrecken kann.[18]

### 3. Konnexität

Art 6 Nr 1 verlangt als weitere Voraussetzung, „zwischen den Klagen eine so enge Beziehung [...], dass eine gemeinsame Verhandlung und Entscheidung geboten erscheint, um zu vermeiden, dass in getrennten Verfahren widersprechende Entscheidungen ergehen könnten." Diese Formulierung fand erst im Zuge der Überführung des EuGVÜ Eingang in die Brüssel I-VO, stellt aber keine inhaltliche Neuerung dar, sondern „entspricht der Auslegung des EuGH[19] zu diesem Artikel".[20] Verhindert werden soll eine ungebührliche Zuständigkeitsausdehnung, die es ermöglicht, eine Klage nur zu dem Zweck zu erheben, einem der Beklagten die Zuständigkeit seines Wohnsitzstaates zu entziehen.[21] Eine Konkretisierung der engen Verbindung ist von der Rechtsprechung bislang noch nicht erbracht worden.[22] Der Bericht zum EuGVÜ erwähnt beispielhaft **Gesamtschuldner.**[23] Konnexität kann außerdem zB bei Fällen der **Rechtsgemeinschaft** (Miteigentümer, Gesamthandsberechtigte)[24], der **gemeinsamen Verpflichtung** (Gesamtschuldnerschaft,[25] Teilschuldnerschaft[26]), der **akzessorischen Haftung** (persönlich 8

---

[17] *Geimer/Schütze* Art 5 EuGVÜ Rn 6; *MünchKommZPO/Gottwald* Art 6 EuGVÜ Rn 3; *Kropholler* Rn 7; *Dauses/Kreuzer/Wagner* Q 191; *Schack* Rn 360; *Bülow/Böckstiegel/Geimer/Schütze/Auer* Art 6 EuGVÜ Rn 15; **aA** OLG Hamburg IPRspr 1992 Nr 193, 438; *Brandes*, Der gemeinsame Gerichtsstand: Die Zuständigkeit im europäischen Mehrparteienprozeß nach Art. 6 Nr. 1 EuGVÜ/LÜ (1998) 95; *Grolimund*, Drittstaatenproblematik des europäischen Zivilverfahrensrechts (2002) Rn 460; *Vogenauer* IPRax 2001, 256f.

[18] Zutr *Bülow/Böckstiegel/Geimer/Schütze/Auer* Art 6 EuGVÜ Rn 15.

[19] Vgl EuGH Rs 189/87 *Kalfelis/Schröder* EuGHE 1988, 5565 Rn 13; Rs C-51/97 *Réunion européenne/Spliethoff's Bevrachtingskantoor* EuGHE 1998 I 6511 Rn 48 ff; *Jenard*-Bericht 26; *Geimer* WM 1979, 358.

[20] KOM (1999) 348 endg 15.

[21] *Jenard*-Bericht 26.

[22] *Brandes*, Der gemeinsame Gerichtsstand: Die Zuständigkeit im europäischen Mehrparteienprozeß nach Art 6 Nr 1 EuGVÜ/LÜ (1998) 128; *Kropholler* Rn 9.

[23] *Jenard*-Bericht 26.

[24] *Brandes*, Der gemeinsame Gerichtsstand: Die Zuständigkeit im europäischen Mehrparteienprozeß nach Art 6 Nr 1 EuGVÜ/LÜ (1998) 128.

[25] *Geimer* WM 1979, 359; *Brandes*, Der gemeinsame Gerichtsstand: Die Zuständigkeit im europäischen Mehrparteienprozeß nach Art 6 Nr 1 EuGVÜ/LÜ (1998) 128;

[26] Gegen die Teilschuldnerschaft als ein Fall des engen Zusammenhangs *Pfeiffer*, Internationale Zuständigkeit und prozessuale Gerechtigkeit (1995) 611; differenzierend *Brandes*, Der gemeinsame Ge-

haftender Schuldner und Eigentümer der dinglich haftenden Sache; Hauptschuldner und Bürge)[27] sowie dem Vorliegen **gleichartiger rechtlicher oder tatsächlicher Gründe**[28] und bei **Patentrechtsverletzungen** von nach dem Münchener Übereinkommen[29] erteilten Patenten[30] gegeben sein. An der Konnexität soll es nach Auffassung des EuGH fehlen, wenn im Rahmen einer Schadensersatzklage das Klagebegehren gegen den einen Beklagten auf deliktische, gegen den anderen dagegen auf vertragliche Haftung gestützt wird.[31] Im Übrigen kann die Umschreibung der notwendigen Streitgenossenschaft in § 60 ZPO einen Anhaltspunkt geben[32] und außerdem auf die zu Art 28 Abs 3 ergangene Rechtsprechung zurückgegriffen werden (vgl Art 28 Rn 3f).

### 4. Missbrauchsverbot

9 Verschiedentlich wird Art 6 Nr 1 um ein **Missbrauchsverbot** ergänzt. Ein die Anwendung ausschließender Missbrauch liege in Anlehnung an Art 6 Nr 2 vor, wenn die Klage nur erhoben wird, um die Person dem für sie zuständigen Gericht zu entziehen.[33] Einer gesonderten Prüfung der Zuständigkeitserschleichung bedarf es jedoch nicht, da bereits das Erfordernis der Konnexität Missbrauchsfälle verhindern soll[34] und kann.[35]

### 5. Zuständigkeit des Gerichts am Wohnsitz eines Beklagten für alle Klagen

10 Anknüpfungspunkt ist der Wohnsitz eines Beklagten. Bei dem hierfür zuständigen Gericht können alle anderen Beklagten nach Art 6 Nr 1 verklagt werden. Die Bestimmung des Wohnsitzes erfolgt gem Art 59, 60. Hat keiner der Beklagten seinen Wohnsitz am Ort des Gerichts, kann sich eine Zuständigkeit dieses Gericht für mehrere Klagen jedenfalls nicht aus Art 6 Nr 1 ergeben.[36] **Verlegt** ein Beklagter, nachdem an

---

richtsstand: Die Zuständigkeit im europäischen Mehrparteienprozeß nach Art 6 Nr 1 EuGVÜ/LÜ (1998) 129.

[27] *Geimer* WM 1979, 359; *Bülow/Böckstiegel/Geimer/Schütze/Auer* Art 6 EuGVÜ Rn 20; *Kropholler* Rn 9; *Brandes*, 146f, will unterscheiden: Der Nebenschuldner könne am Wohnsitz des Hauptschuldners verklagt werden, nicht aber der Hauptschuldner am Wohnsitz des Nebenschuldners.

[28] *Geimer* WM 1979, 359; *Bülow/Böckstiegel/Geimer/Schütze/Auer* Art 6 EuGVÜ Rn 19; mit Verweis auf § 60 ZPO *Kropholler*, Rn 10; *Schlosser* Rn 4; *Dauses/Kreuzer/Wagner* Q 191; *MünchKommZPO/Gottwald* Art 6 EuGVÜ Rn 6 sieht bei einfacher Streitgenossenschaft den engen Zusammenhang nur gegeben, wenn gleichartige Pflichtverletzungen vorliegen.

[29] BGBl 1976 II 826.

[30] Zum Streitstand vgl *Kropholler* Rn 11.

[31] EuGH Rs C-51/97 *Réunion européenne/Spliethoff's Bevrachtingskantoor* EuGHE 1998 I 6511 Rn 50; entspr BGH NJW-RR 2002, 1150 zum Verhältnis von bereicherungs- und deliktsrechtlichen Anspruchsgrundlagen; krit *Kropholler* Rn 9.

[32] *Bülow/Böckstiegel/Geimer/Schütze/Auer* Art 6 EuGVÜ Rn 19.

[33] *Kropholler* Rn 15; *MünchKommZPO/Gottwald* Art 6 EuGVÜ Rn 8.

[34] Vgl oben Rn 8.

[35] *Geimer/Schütze* Art 6 EuGVÜ Rn 23; *Rauscher* 366.

[36] Zu den Gründen, warum verschiedene Beklagte dennoch vor ein und demselben Gericht gerichtspflichtig sein können vgl *Kropholler* Rn 12.

seinem Wohnsitz Klage erhoben wurde, seinen Wohnsitz, bleibt die einmal begründete Zuständigkeit hiervon unberührt.[37] Die Zuständigkeit nach Art 6 Nr 1 bleibt weiterhin dann bestehen, wenn die Klagen vom Gericht im Nachhinein wieder **getrennt** werden[38] oder sich das Verfahren gegen den am Wohnsitz Beklagten auf andere Weise **erledigt.**[39]

## III. Gerichtsstand der Gewährleistungs- oder Interventionsklage (Nr 2)

### 1. Allgemeines

Nr 2 stellt einen besonderen Gerichtsstand für Gewährleistungs- und Interventionskla- 11
gen zur Verfügung. Ziel der Einführung dieses Gerichtsstandes ist es, eine **einheitliche Entscheidungsfindung** sowie **ökonomische Prozessführung** zu ermöglichen.[40] Das Interesse des Dritten, an seinem Wohnsitz verklagt zu werden, tritt dahinter zurück.[41] Ein solcher Gerichtsstand ist vor allem in den Mitgliedstaaten des romanischen Rechtskreises bekannt und findet sich in mehreren bilateralen Abkommen.[42] In Deutschland entspricht der Gewährleistungs- und Interventionsklage funktional die Figur der Streitverkündung (§§ 72ff, 68 ZPO).[43] Allerdings führt die Gewährleistungs- und Interventionsklage – anders als nach §§ 74 Abs 3, 68 ZPO – zu einem Titel im Verhältnis zum Intervenienten.

Um den nationalen Rechtsordnungen keine ihnen unbekannten Rechtsinstitute aufzu- 12
drängen,[44] enthält Art 65 einen **Vorbehalt zugunsten Deutschlands und Österreichs.** Danach kann in diesen Staaten die Zuständigkeit nach Art 6 Nr 2 nicht geltend gemacht werden, dafür allerdings jeder Person aus einem Mitgliedstaat nach den Regeln und mit der Wirkung der deutschen bzw österreichischen ZPO der Streit verkündet werden. Bedeutung erlangt Art 6 Nr 2 für Österreich und Deutschland jedoch über Art 65 Abs 2: Ein auf Art 6 Nr 2 beruhendes Urteil eines mitgliedstaatlichen Gerichts ist in Deutschland bzw Österreich anzuerkennen und zu vollstrecken (Art 65 Abs 2 S 1). Umgekehrt werden auch die Wirkungen einer vor einem deutschen oder österreichischen Gericht erstrittenen Entscheidung gegenüber Dritten in den anderen Mitgliedstaaten anerkannt (Art 65 Abs 2 S 2).

---

37 *Kropholler* Rn 13.

38 *Bülow/Böckstiegel/Geimer/Schütze/Auer* Art 6 EuGVÜ Rn 24; *Geimer/Schütze* Art 6 EuGVÜ Rn 29; *Geimer* WM 1979, 358; *Kropholler* Rn 14.

39 *Kropholler* Rn 13; *Geimer* WM 1979, 358; *Geimer/Schütze* Art 6 EuGVÜ Rn 27.

40 *Kropholler* Rn 18; *Bülow/Böckstiegel/Geimer/Schütze/Auer* Art 6 EuGVÜ Rn 27; *Wieczorek/Schütze/Hausmann* Art 6 EuGVÜ Rn 16.

41 Vorige Fußnote.

42 *Jenard*-Bericht 27.

43 *Coester-Waltjen* IPRax 1992, 290.

44 *Schlosser* Rn 8.

## 2. Gewährleistungs- oder Interventionsklage

13 Art 6 Nr 2 setzt die Erhebung einer Gewährleistungs- oder Interventionsklage voraus. Die Begriffe sind zwar autonom zu qualifizieren, doch kann dabei auf die weitgehend übereinstimmenden Interpretationen der **romanischen Rechtsordnungen** zurückgegriffen werden.[45] Bei der Gewährleistungsklage handelt es sich um eine Klage, „die der Beklagte in dem Rechtsstreit gegen einen Dritten zum Zwecke der eigenen Schadloshaltung wegen der Folgen dieses Rechtsstreites erhebt".[46] Die Intervention, die auch die Fälle der Gewährleistungsklage mit umfasst,[47] beschreibt der *Jenard*-Bericht unter Hinweis auf Art 15 und 16 der belgischen Gerichtsordnung als „ein Verfahren, durch das ein Dritter zur Prozesspartei wird. Sie dient entweder dem Schutz der Interessen des Intervenienten oder einer der Parteien des Rechtsstreits oder sie zielt auf den Erlass einer Verurteilung oder auf die Zuerkennung eines Gewährleistungsanspruchs ab (Artikel 15). Die Intervention ist freiwillig, wenn der Dritte von sich aus in das Verfahren eintritt, um seine Interessen zu wahren. Sie ist erzwungen, wenn der Dritte während des Verfahrens durch eine oder mehrere Prozessparteien geladen wird (Artikel 16)."[48] Wichtigste Fallgruppen sind der Deckungsprozess des in Anspruch Genommenen gegen seinen Versicherer[49] (sofern nicht Art 11 Abs 1 vorrangig ist)[50] oder sonstige Regressklagen wie die des Herstellers gegen seinen Zulieferer[51] oder Klagen, mit denen ein Ausgleich zwischen Gesamtschuldnern geltend gemacht wird.[52]

14 Will der Beklagte des Rechtsstreites keinen Regressanspruch, sondern einen **eigenen Schadensersatzanspruch** gegen den Dritten geltend machen, lässt sich die Zuständigkeit des Gerichts nicht auf Art 6 Nr 2 gründen.[53] Denn dass Regressanspruch und Schadensersatzanspruch auf dem gleichen Lebenssachverhalt beruhen, genügt allein noch nicht für eine Anwendbarkeit von Art 6 Nr 2.[54] Die eigenen Schadensersatzansprüche müssen dann selbstständig geltend gemacht werden. In Betracht kommen die Gerichtsstände nach Art 5 Nr 1 oder 3. Dabei ist es nicht ausgeschlossen, dass der so bestimmte Gerichtsstand und der Gerichtsstand des Hauptprozesses zusammenfallen.[55]

---

45 *Geimer* WM 1979, 361; *Geimer/Schütze* Art 6 EuGVÜ Rn 39; *Schack* IZVR Rn 366; *Kropholler* Rn 26; *Bülow/Böckstiegel/Geimer/Schütze/Auer* Art 6 EuGVÜ Rn 31; *Wieczorek/Schütze/Hausmann* Art 6 EuGVÜ Rn 20.

46 *Jenard*-Bericht 27.

47 *Jenard*-Bericht 28.

48 *Jenard*-Bericht 28.

49 *Kropholler* Rn 26; *Bülow/Böckstiegel/Geimer/Schütze/Auer* Art 6 EuGVÜ Rn 33.

50 *Bülow/Böckstiegel/Geimer/Schütze/Auer* Art 6 EuGVÜ Rn 33 Fn 56.

51 *Bülow/Böckstiegel/Geimer/Schütze/Auer* Art 6 EuGVÜ Rn 33.

52 Zu weiteren Beispielen vgl *Bülow/Böckstiegel/Geimer/Schütze/Auer* Art 6 EuGVÜ Rn 33.

53 *Kropholler* Rn 31; *Schack* Rn 366; *Bülow/Böckstiegel/Geimer/Schütze/Auer* Art 6 EuGVÜ Rn 32; *Wieczorek/Schütze/Hausmann* Art 6 EuGVÜ Rn 22.

54 *Schack* Rn 366.

55 *Bülow/Böckstiegel/Geimer/Schütze/Auer* Art 6 EuGVÜ Rn 32.

Unklar ist, ob der Dritte auch **als Kläger** über Art 6 Nr 2 am Verfahren beteiligt sein kann.[56] Dem Wortlaut der Regelung lässt sich eine Beschränkung auf Fälle, in denen der Dritte Beklagter ist, nicht entnehmen.[57] Der *Jenard*-Bericht verweist bei der Definition der Interventionsklage ausdrücklich auch auf Art 16 der belgischen Zivilprozessordnung, der die aktive Intervention regelt. Auch Sinn und Zweck der Interventionsklage – Prozessökonomie und Einheitlichkeit der Entscheidungen (vgl Rn 11) – sprechen für eine Anwendung von Art 6 Nr 2 auf Interventionen durch den Dritten.[58] In welcher Form die Interventionsklage erhoben wird, ist unerheblich. Regelmäßig wird aber **Leistungsklage** erhoben werden.[59] 15

### 3. Zulässigkeitsvoraussetzungen des nationalen Verfahrensrechts

Die Zulässigkeit der Gewährleistungs- oder Interventionsklage kann von weiteren Bestimmungen der **Verfahrensordnung des Forums** abhängen, da die Brüssel I-VO die einzelnen Voraussetzungen für die Erhebung einer solchen Klage – insbesondere Parteirolle der Beteiligten und mögliche Ziele des Verfahrens – nicht regelt.[60] Eine Anwendung nationaler Verfahrensregeln ist allerdings ausgeschlossen, wenn hierdurch die praktische Wirksamkeit, insbesondere der Zuständigkeitsregeln der Brüssel I-VO beeinträchtigt würden.[61] Die Zulassung einer Gewährleistungsklage darf nicht deshalb abgelehnt werden, weil der wegen Gewährleistung in Anspruch genommene Dritte seinen Aufenthalt oder Wohnsitz in einem anderen Mitgliedstaat als dem Gericht des Hauptprozesses hat.[62] 16

### 4. Zuständigkeit des Gerichts der Hauptklage für die Interventions- oder Gewährleistungsklage

Gewährleistungs- oder Interventionsklage können gem Art 6 Nr 2 vor dem Gericht des Hauptsacheverfahrens erhoben werden. Die Zuständigkeit des Hauptsachegerichts für die Hauptsache kann sich sowohl aus Art 2 als auch anderen Vorschriften der Brüssel I-VO ergeben. Die Zuständigkeitsregeln sind im Hinblick auf Ar 6 Nr 2 **gleichwertig.**[63] Dies ergibt sich sowohl aus dem Sinn und Zweck der Vorschrift, einheitliche Entscheidungen herbeizuführen und das Verfahren ökonomisch zu gestalten (Rn 9), als 17

---

[56] *Kropholler* Rn 27.

[57] *Mansel* RabelsZ 1995, 335; **aA** *Bülow/Böckstiegel/Geimer/Schütze/Auer* Art 6 EuGVÜ Rn 31.

[58] *Mansel* RabelsZ 1995, 335.

[59] *Kropholler* Rn 28.

[60] *Schlosser*-Bericht Nr 135; EuGH Rs C-365/88 *Kongressagentur Hagen/Zeehaghe* EuGHE 1990 I 1845 Rn 18f.

[61] EuGH Rs C-365/88 *Kongressagentur Hagen/Zeehaghe* EuGHE 1990 I 1845 Rn 20.

[62] EuGH Rs C-365/88 *Kongressagentur Hagen/Zeehaghe* EuGHE 1990 I 1845 Rn 21; *Kropholler* Rn 33; *Schlosser* Rn 6; *Bülow/Böckstiegel/Geimer/Schütze/Auer* Art 5 EuGVÜ Rn 38.

[63] *Kropholler* Rn 30; *Schlosser* Rn 6; *Bülow/Böckstiegel/Geimer/Schütze/Auer* Art 6 EuGVÜ Rn 34; für das Verhältnis von Art 2 zu Art 5 EuGH Rs C-365/88 *Kongressagentur Hagen/Zeehaghe* EuGHE 1990 I 1845 Rn 11.

auch aus einem Vergleich von Nr 1 und Nr 2.[64] Dass das Gericht des Hauptprozesses uU allein aufgrund einer Gerichtsstandsvereinbarung zwischen den Parteien (vgl aber auch Rn 19) des Hauptprozesses zuständig ist, ist grundsätzlich unbeachtlich.[65] Zu beachten ist gerade in letzteren Fällen jedoch das Missbrauchsverbot (vgl unten Rn 18).

18 Ob Art 6 Nr 2 auch dann anzuwenden ist, wenn die Zuständigkeit des Gerichts für das Hauptsacheverfahren auf **autonomem Prozessrecht** beruht, ist umstritten. Hielte man auch autonome Zuständigkeiten für beachtlich, würde Art 6 Nr 2 „zum trojanischen Pferd für die von Art 3 Abs 2 [...] ausgeschlossenen exorbitanten Zuständigkeiten".[66] Im Interesse eines effektiven Drittschutzes sollte Art 6 Nr 2 bei derartiger Fallgestaltung daher keine Anwendung finden.

19 Einer **besonderen Konnexität** bedarf es im Rahmen von Art 6 Nr 2 nicht. Bereits die sachliche Verknüpfung des Hauptprozesses mit dem Regress des Dritten ist nach dem Willen des Verordnungsgebers Rechtfertigung genug, um eine einheitliche Entscheidung zu ermöglichen und den beklagten Dritten außerhalb seines Wohnsitzstaats gerichtspflichtig zu machen.[67]

### 5. Anerkennung und Vollstreckbarkeit

20 Die von einem nach Art 6 Nr 2 zuständigen Gericht erlassenen Gewährleistungsurteile sind in den übrigen Mitgliedstaaten gem Art 32 ff **anzuerkennen und zu vollstrecken**. Das gilt nach Art 65 Abs 2 S 1 auch für Österreich und Deutschland, die einen Gerichtsstand der Gewährleistungs- oder Interventionsklage nicht kennen. Umgekehrt werden die Wirkungen der Streitverkündung in den anderen Mitgliedstaaten anerkannt (Art 65 Abs 2 S 2).

### 6. Missbrauchsverbot

21 Art 6 Nr 2 HS 2 statuiert ein Missbrauchsverbot. Eine Zuständigkeit des Hauptsachegerichts für Gewährleistungs- oder Interventionsklage besteht nicht, wenn die

---

64 *Coester-Waltjen* IPRax 1992, 291.

65 *Schack* Rn 365; *Kropholler* Rn 30; *Bülow/Böckstiegel/Geimer/Schütze/Auer* Art 6 EuGVÜ Rn 34; *Wieczorek/Schütze/Hausmann* Art 6 EuGVÜ Rn 21.

66 *Schack* Rn 365 in Fn 2; mit dieser Begründung die Anwendung des Art 6 Nr 2 abl *Bülow/Böckstiegel/Geimer/Schütze/Auer* Art 6 EuGVÜ Rn 30; *MünchKommZPO/Gottwald* Art 6 EuGVÜ Rn 12; *Kropholler* Rn 30; *Schlosser* Rn 6; **aA** *Wieczorek/Schütze/Hausmann* Art 6 EuGVÜ Rn 21 mit Hinweis auf EuGH Rs C-351/89 *Overseas Union Insurance/New Hampshire Insurance* EuGHE 1991 I 3317 Rn 14, diese Argumentation überzeugt aber deshalb nicht, weil für den Regressbeklagten, der seinen Wohnsitz in einem Mitgliedstaat iSd VO hat, die exorbitanten Gerichtsstände nicht eingreifen sollen; anders gelagert ist aber der vom EuGH entschiedene Fall: hier war die nach autonomem Recht bestimmte Zuständigkeit nach Art 4 EuGVÜ/Brüssel I-VO gerade zulässig, weil die Beklagte ihren Wohnsitz nicht in einem Mitgliedstaat hatte.

67 *Rauscher* IPR 367.

Hauptklage nur erhoben wurde, um den Dritten dem für ihn zuständigen Gericht zu entziehen.[68] Dadurch soll der Gewährleistungsbeklagte vor einer **Zuständigkeitserschleichung** geschützt werden.[69] Erfasst sind insbesondere Fälle, in denen eine Gerichtsstandsabrede zwischen den Parteien des Hauptprozesses allein deshalb getroffen wurde, um den Dritten vor dem nach dieser Vereinbarung zuständigen Gericht im Wege der Gewährleistungsklage oder Intervention verklagen zu können, oder die Parteien des Hauptprozesses in sonstiger Weise zusammenwirken, um dem Beklagten seinen gewöhnlichen Gerichtsstand zu entziehen, oder der Kläger des Hauptprozesses die Klage allein deshalb erhebt, weil er hofft, der Beklagte werde gegen den Dritten eine Interventions- oder Gewährleistungsklage anstrengen.[70]

### 7. Zuständigkeitsvereinbarungen

Gerichtsstandsvereinbarungen können grundsätzlich die Zuständigkeit des Gerichts für 22
die Hauptklage und damit nach Art 6 Nr 2 auch für die Gewährleistungs- und Interventionsklage begründen (Rn 15). Jede Partei kann sich aber auch durch Gerichtsstandsvereinbarungen gegen **unerwartete Interventionsklagen** wappnen. Hat sie mit ihrem Vertragspartner eine Gerichtsstandsvereinbarung zugunsten eines oder der Gerichte des Staates A geschlossen, kann vor keinem der nach Art 23 derogierten Gerichte eine auf Art 6 Nr 2 gestützte Interventionsklage erhoben werden.[71] Nach verbreiteter Auffassung soll allerdings eine Abrede zwischen Parteien mit gleichem Wohnsitzstaat, mit der die Zuständigkeit der Gerichte dieses Staates vereinbart wird, nicht für einen Ausschluss der Zuständigkeit eines ausländischen Gerichts nach Art 6 Nr 2 genügen, da sich eine solche Vereinbarung regelmäßig nur auf die örtliche und nicht auf die internationale Zuständigkeit beziehe.[72] Das überzeugt nicht. Denn bereits dem Umstand, dass die Parteien nur die örtliche Zuständigkeit regeln wollten, lässt sich ohne weiteres entnehmen, dass damit auch nur die Gerichte dieses Staates international zuständig und alle übrigen internationalen Zuständigkeiten derogiert sein sollten.[73]

## IV. Gerichtsstand der Widerklage (Nr 3)

### 1. Allgemeines

Art 6 Nr 3 begründet einen besonderen Gerichtsstand der Widerklage. Ein solcher 23
Gerichtsstand fand sich bereits in den meisten bilateralen Anerkennungs- und Voll-

---

[68] *Jenard*-Bericht 27.

[69] *Bülow/Böckstiegel/Geimer/Schütze/Auer* Art 6 EuGVÜ Rn 35.

[70] English High Court (QB) [1998] ILPr 713; *Kropholler* Rn 32.

[71] *Kropholler* Art 23 Rn 101; *Schack* Rn 365; vgl auch *von Hoffmann/Hau* RIW 1997, 90f.

[72] *Kropholler* Rn 34; *Wieczorek/Schütze/Hausmann* Art 6 EuGVÜ Rn 28; *Bülow/Böckstiegel/Geimer/Schütze/Auer* Art 6 EuGVÜ Rn 29.

[73] **AA** *Kropholler* Rn 34; *Bülow/Böckstiegel/Geimer/Schütze/Auer* Art 6 EuGVÜ Rn 29; *Wieczorek/Schütze/Hausmann* Art 6 EuGVÜ Rn 28.

streckungsübereinkommen[74] und ist in allen Mitgliedstaaten bekannt.[75] Der Begriff der Widerklage ist **autonom** auszulegen. Erfasst sind Widerklagen des Beklagten sowie Wider-Widerklagen des Klägers, nicht hingegen Drittwiderklagen, Widerklagen Dritter oder parteierweiternde Widerklagen.[76] Ihre Erhebung im Gerichtsstand des Art 6 Nr 3 setzt die Anhängigkeit einer Hauptklage voraus.

**2. Anwendungsbereich**

**a) Zuständigkeit des Gerichts für die Erstklage nach nationalem Recht**

24 Die Widerklage muss in den Anwendungsbereich der Brüssel I-VO fallen. Ob Gleiches für eine Eröffnung des Anwendungsbereichs von Art 6 Nr 3 auch für die **Hauptklage** gelten muss[77] oder bei ihr bereits eine **Zuständigkeit nach nationalem Recht** genügt,[78] ist umstritten. Die besseren Argumente sprechen für letztere Lösung. Nur sie trägt dem Zweck der Vorschrift – Vermeidung einander widersprechender Entscheidungen – hinreichend Rechnung, und Drittinteressen, die einer Anwendung der Regelung entgegenstehen könnten, sind nicht gefährdet.

**b) Wohnsitz des Widerbeklagten in einem Mitgliedstaat**

25 Aus dem Eingangssatz von Art 6 ergibt sich, dass der Widerbeklagte seinen Wohnsitz in einem Mitgliedstaat haben muss. Nach verbreiteter Auffassung soll Art 6 Nr 3 aber auch (entsprechende) Anwendung findet, sofern zwar der Widerkläger in einem Mitgliedstaat ansässig ist, nicht aber der Widerbeklagte, und zwar mindestens dann, wenn sich die Zuständigkeit für die Hauptklage aus der Brüssel I-VO ergibt; denn ansonsten würden die Zuständigkeitsvorschriften für Klage und Widerklage auseinander gerissen.[79] Der BGH hat sich in einem derartigen Fall für die Anwendung autonomen Rechts entschieden und die Widerklagezuständigkeit auf § 33 ZPO gestützt.[80] Der Streit ist indes von geringer praktischer Bedeutung, da sämtliche Mitgliedstaaten einen dem Art 6 Nr 3 entsprechenden Gerichtsstand kennen.[81]

**3. Konnexität**

26 Haupt- und Widerklage müssen auf „denselben Vertrag oder Sachverhalt" gestützt werden. Damit verwendet Art 6 Nr 3 einen engeren Zusammenhangsbegriff als

---

[74] *Jenard*-Bericht 28.

[75] *Kropholler* Rn 35.

[76] *Schlosser* Rn 10.

[77] So *Kropholler* Rn 36; *Geimer* NJW 1986, 2993; *MünchKommZPO/Gottwald* Art 6 EuGVÜ Rn 14; *Musielak/Weth* Rn 7.

[78] *Bülow/Böckstiegel/Geimer/Schütze/Auer* Art 6 EuGVÜ Rn 46; *Wieczorek/Schütze/Hausmann* Art 6 EuGVÜ Rn 31; *Stein/Jonas/Schumann* § 33 Rn 43; *Schlosser* Rn 9.

[79] *Geimer* NJW 1986, 2993; für eine analoge Anwendung ebenfalls *MünchKommZPO/Gottwald* Art 6 EuGVÜ Rn 15; *Dauses/Kreuzer/Wagner* Q 195; *Nagel/Gottwald* § 3 Rn 94.

[80] BGH RIW 1981, 704; zustimmend *Wieczorek/Schütze/Hausmann* Art 6 EuGVÜ Rn 30; *Schlosser* Rn 9.

[81] *Bülow/Böckstiegel/Geimer/Schütze/Auer* Art 6 EuGVÜ Rn 47.

Nr 1.[82] Wann das Konnexitätserfordernis der Nr 3 erfüllt ist, ist **autonom** zu bestimmen.[83] Art 6 Nr 3 ist nicht mit § 33 ZPO deckungsgleich, sondern enger.[84]

An der erforderlichen Konnexität fehlt es, wenn die Widerklage nicht auf dem **gleichen Vertrag** oder **Sachverhalt** gründet wie die Hauptklage. Ein **bloßer Zusammenhang** zwischen zwei Verträgen genügt nicht.[85] Ausgeschlossen ist daher zB die widerklageweise Geltendmachung von Ansprüchen, die lediglich mit Einwendungen gegen den eingeklagten Anspruch zu tun haben, aber nicht auf demselben Vertrag oder Lebenssachverhalt beruhen.[86] Allerdings kann Klagen aus verschiedenen Verträgen ein einheitlicher Lebenssachverhalt zugrunde liegen und daher das Konnexitätserfordernis erfüllt sein. Davon soll zB auszugehen sein, wenn Klage und Widerklage auf einem einheitlichen Rahmenvertrag beruhen.[87] Fehlen Vertragsbeziehungen, so ist ein Zusammenhang iSv Nr 3 anzunehmen, wenn für die Ansprüche ein einheitliches Ereignis ursächlich war.[88] Bei Inkonnexität von Klage und Widerklage kann sich die Entscheidungsbefugnis des Gerichts für die Widerklage aber aus anderen Vorschriften der Brüssel I-VO ergeben, insbesondere aus Art 23, 24, 2 und 5.[89] Die Zuständigkeit für die Widerklage wird in diesem Fall selbstständig geprüft. Ob beide Verfahren bei einem Gerichtsstand am gleichen Ort gemeinsam verhandelt und entschieden werden können, entscheidet dann die lex fori. 27

#### 4. Beachtlichkeit nationalen Rechts

Art 6 Nr 3 regelt allein die Zuständigkeit (international und örtlich). Sonstige Voraussetzungen der Zulässigkeit einer Widerklage sind dem Recht des Forums zu entnehmen.[90] Der Rekurs auf nationales Recht darf jedoch die praktische Wirksamkeit der Brüssel I-VO nicht beeinträchtigen.[91] Bis zu dieser Grenze sind zB auch nationale **Wi-** 28

---

[82] *Kropholler* Rn 38; *Wieczorek/Schütze/Hausmann* Art 6 EuGVÜ Rn 33; *Stein/Jonas/Schumann* § 33 Rn 42; *Dauses/Kreuzer/Wagner* Q 196; *Geimer/Schütze* Rn 53; **aA** *MünchKommZPO/Gottwald* Art 6 EuGVÜ Rn 16; *Schack* Rn 352 mit Hinweis auf das Ziel der Vermeidung widersprechender Entscheidungen.

[83] *Kropholler* Rn 38; *MünchKommZPO/Gottwald* Art 6 EuGVÜ Rn 16; *Wieczorek/Schütze/Hausmann* Art 6 EuGVÜ Rn 33; **aA** *Stein/Jonas/Schumann* § 33 Rn 46.

[84] *Musielak/Weth* Rn 7; *Thomas/Putzo/Hüßtege* Rn 5.

[85] LG Mainz IPRspr 1983 Nr 134b für Scheckanspruch und Anspruch aus damit zusammenhängendem Werkvertrag; LG Köln RIW 1997, 956; *Kropholler* Rn 38.

[86] *Rauscher* IPR 368 (Beispiel Zurückbehaltungsrecht, § 273 BGB).

[87] *Bülow/Böckstiegel/Geimer/Schütze/Auer* Art 6 EuGVÜ Rn 50 geht sogar vom Vorliegen des Tatbestandsmerkmals „derselbe Vertrag" aus.

[88] *Bülow/Böckstiegel/Geimer/Schütze/Auer* Art 6 EuGVÜ Rn 52.

[89] Statt aller *Kropholler* Rn 39.

[90] *Wieczorek/Schütze/Hausmann* Art 6 EuGVÜ Rn 35; *Geimer/Schütze* Art 6 EuGVÜ Rn 56; *MünchKommZPO/Gottwald* Art 6 EuGVÜ Rn 19; *Kropholler* Rn 40.

[91] EuGH Rs C-365/88 *Kongressagentur Hagen/Zeehage* EuGHE 1990 I 1845 Rn 20; *Geimer/Schütze* Art 6 EuGVÜ Rn 56; *Wieczorek/Schütze/Hausmann* Art 6 EuGVÜ Rn 35.

**derklageverbote und -beschränkungen** (vgl zB § 595 ZPO) zu beachten.[92] Nicht berücksichtigt werden Widerklageverbote oder -beschränkungen, die sich direkt oder indirekt auf den ausländischen Wohnsitz des Beklagten stützen.[93] Nationales Recht findet außerdem Anwendung, wenn Art 6 Nr 3 nicht einschlägig ist, wie etwa bei der parteierweiternden Widerklage.[94]

### 5. Zuständigkeit des Gerichts der Hauptsache

29 Sind die Anwendungsvoraussetzungen erfüllt und haben die Parteien keine abweichende ausschließliche Gerichtsstandsvereinbarung getroffen,[95] ist auch für die Widerklage das Gericht zuständig, „bei dem die Klage selbst **anhängig** ist". Daraus darf indes nicht geschlossen werden, dass allein Anhängigkeit genügt. Erforderlich ist vielmehr, dass das Gericht in der Hauptsache auch tatsächlich **zuständig** ist.[96]

### 6. Prozessaufrechnung

30 Lange Zeit umstritten war, ob die Voraussetzungen des Art 6 Nr 3 auch gegeben sein müssen, damit im Prozess mit einer Gegenforderung aufgerechnet werden kann.[97] Nach – bislang noch nicht aufgegebener – Auffassung des BGH können deutsche Gerichte über Gegenforderungen nur dann entscheiden, wenn sie auch für diese **international zuständig** sind.[98] Zur Begründung verweist der BGH auf die materielle Rechtskraft des Urteils für die zur Aufrechnung gestellten Forderung (§ 322 Abs 2 ZPO): Der materiellen Rechtskraft fähig sei eine Entscheidung deutscher Gerichte aber nur dann, wenn diese für sie auch international zuständig sind.[99] Das bereitet keine Probleme, sofern sich die internationale Zuständigkeit deutscher Gerichte aus anderen Regelungen der Brüssel I-VO ergibt (zB Art 2 und 5). Ebenfalls unproblematisch ist die Sachlage, wenn Forderung und Gegenforderung in einem den Anforderungen des Art 6 Nr 3 genügenden Konnexitätsverhältnis stehen: Dann ergibt sich die internationale (und örtliche) Zuständigkeit des Gerichts für eine Entscheidung über die Forderung, die zur Aufrechnung gestellt wird, aus dieser Vorschrift. Liegt aber auch eine solche Konstellation nicht vor, kann nach Ansicht des BGH das

---

92 *MünchKommZPO/Gottwald* Art 6 EuGVÜ Rn 19; *Wieczorek/Schütze/Hausmann* Art 6 EuGVÜ Rn 35; *Dauses/Kreuzer/Wagner* Q 197; **aA** *Schack* IZVR Rn 352; *Jayme* IPRax 1984, 101.

93 Entsprechend zu Art 6 Nr 2 EuGH Rs C-365/88 *Kongressagentur Hagen/Zeehage* EuGHE 1990 I 1845 Rn 21.

94 *MünchKommZPO/Gottwald* Art 6 EuGVÜ Rn 19; *Kropholler* Rn 40.

95 Vgl dazu *MünchKommZPO/Gottwald* Art 6 EuGVÜ Rn 18; *Schack* Rn 352; zu § 33 ZPO zB BGHZ 52, 36; 59, 116; BGH RIW 1981, 703; WM 1985, 1509; OLG Hamm RIW 1999, 788.

96 *Rauscher* IPR 368.

97 So die Vorlagefrage zu EuGH C-341/93 *Danvern Production/Schuhfabriken Otterbeck* EuGHE 1995 I 2053.

98 BGH IPRax 1994, 116.

99 BGH IPRax 1994, 116.

Gericht über die Gegenforderung nicht entscheiden. Eine Aufrechnung ist ausgeschlossen.

Anders hingegen der EuGH,[100] der eine Entscheidung über die zur Aufrechnung gestellten Gegenforderung nicht unter die Voraussetzung der engen Konnexitätsvoraussetzungen des Art 6 Nr 3 stellt, da zwischen Widerklage und Aufrechnung differenziert werden müsse; während die **Aufrechnung reines Verteidigungsmittel** sei, werde mit der Widerklage eine gesonderte Klage auf Begleichung einer Schuld erhoben.[101] Als Verteidigungsmittel falle die Aufrechnung nicht in den Anwendungsbereich des Art 6 Nr 3, sondern sei Bestandteil des vom Kläger in Gang gesetzten Verfahrens, das durch die Vorschriften des nationalen Rechts gestaltet werde.[102] Einer Konnexität iSv Art 6 Nr 3 zwischen Forderung und Gegenforderung bedarf es folglich nicht. Allein die nationalen Rechtsordnungen bestimmen, welche Voraussetzungen für die Aufrechnung gelten. 31

Umstritten ist indes, wie dieser Verweis auf nationales Recht zu verstehen ist. Nach zT vertretener Auffassung habe der EuGH für die Zulässigkeit der Aufrechnung auf die lex fori verwiesen. Da die internationale Zuständigkeit nationale deutsche Voraussetzung für die Prozessaufrechnung sei,[103] bedürfe es auch zukünftig der internationalen Zuständigkeit, damit das Gericht über die zur Aufrechnung gestellte Gegenforderung entscheiden könne.[104] Indes dürfte der EuGH nur die Zulässigkeit nach materiellem Recht gemeint haben, da die Brüssel I-VO die prozessualen Zuständigkeitsvoraussetzungen abschließend regelt.[105] Im Anwendungsbereich der Brüssel I-VO lässt sich das Zuständigkeitserfordernis folglich **nicht aufrechterhalten.**[106] Darüber hinaus sprechen gute Gründe dafür, auch bei alleiniger Geltung der ZPO darauf zu verzichten.[107] 32

## V. Vertragsklagen im Zusammenhang mit dinglichen Klagen

### 1. Allgemeines

Art 6 Nr 4 eröffnet einen besonderen Gerichtsstand für Vertragsklagen, die im Zusammenhang mit einer Klage wegen eines dinglichen Rechts an einer unbeweglichen Sa- 33

---

[100] EuGH Rs C-341/93 *Danvern Production/Schuhfabriken Otterbeck* EuGHE 1995 I 2053.

[101] EuGH Rs C-341/93 *Danvern Production/Schuhfabriken Otterbeck* EuGHE 1995 I 2053 Rn 12.

[102] EuGH Rs C-341/93 *Danvern Production/Schuhfabriken Otterbeck* EuGHE 1995 I 2053 Rn 13.

[103] OLG Hamm IPRspr 1997 Nr 160A; *Bülow/Böckstiegel/Geimer/Schütze/Auer* Art 6 EuGVÜ Rn 60; *Schack* Rn 355; *Schlosser* vor Art 2 Rn 15.

[104] *Coester-Waltjen*, in: FS Lüke (1997) 46f; *Jayme/Kohler* IPRax 1995, 249; offen gelassen BGH NJW 2002, 2184.

[105] *Rauscher* IPR 369.

[106] LG Köln RIW 1997, 956; *Gebauer* IPRax 1998, 85; *Kannengießer*, Die Aufrechnung im internationalen Privat- und Verfahrensrecht (1998) 181ff; *Mankowski* ZZP 109 (1996) 394; *Roth* RIW 1999, 819.

[107] *Coester-Waltjen*, in: FS Lüke (1997) 48; *Gebauer* IPRax 1998, 85; *Kannengießer*, Aufrechnung 184ff; *Roth* RIW 1999, 819.

che stehen. Die Vorschrift fand erst mit dem dritten Beitrittsübereinkommen Eingang in das EuGVÜ und wurde unverändert in die Brüssel I-VO übernommen. Auch sie dient der Prozessökonomie und der Vermeidung widersprechender Entscheidungen und kommt dem Interesse des Gläubigers, dingliche und persönliche Ansprüche zusammen geltend machen zu können, entgegen,[108] indem sie dem Kläger für vertragliche Streitigkeiten den besonderen Gerichtsstand am Belegenheitsort der unbeweglichen Sache zur Verfügung stellt. Bedeutung hat die Bestimmung etwa für die Verbindung von Klagen auf Duldung der Zwangsvollstreckung in ein Grundstück aus **dinglichen Sicherungsrechten** mit der schuldrechtlichen Klage aus der **gesicherten Forderung**.

**2. Vertragsklage**

34 Vorausgesetzt wird eine Klage wegen eines Vertrags oder Ansprüchen aus einem Vertrag. Wann ein Vertrag gegeben ist oder Ansprüche aus einem Vertrag geltend gemacht werden, ist **autonom** zu bestimmen.[109] Auf die Ausführungen zu Art 5 Nr 1 (Art 5 Rn 18ff) kann verwiesen werden.

**3. Klage wegen eines dinglichen Rechts an einer unbeweglichen Sache**

35 Die Klage muss im Zusammenhang mit einer Klage wegen dinglicher Rechte an einer unbeweglichen Sache erhoben werden. Zur Auslegung des Begriffs „unbeweglicher Sache" ist auf die Ausführungen zu Art 5 Nr 1 lit b (vgl Art 5 Rn 47f) und zu Art 22 (dort Rn 5 mit aA) zu verweisen. Es genügt nicht, dass der Kläger – wie der Wortlaut vermuten lässt – die dingliche Klage erheben kann. Die dingliche Klage muss vielmehr **tatsächlich erhoben** worden sein.[110]

**4. Enger Bezug**

36 Die dingliche Klage und die Vertragsklage müssen einen engen Bezug zueinander aufweisen, der eine Verbindung der Klagen miteinander rechtfertigt.[111] Vorausgesetzt wird weiterhin, dass aufgrund des engen Bezugs nach dem Recht am Belegenheitsort beide Klagen miteinander verbunden werden können. Lässt das **nationale Recht** eine Verbindung nicht zu, ist trotz eines engen Bezugs auch der Gerichtsstand des Art 6 Nr 4 nicht eröffnet.

---

[108] *Bülow/Böckstiegel/Geimer/Schütze/Auer* Art 6 EuGVÜ Rn 62.

[109] *Kropholler* Rn 48; *Bülow/Böckstiegel/Geimer/Schütze/Auer* Art 6 EuGVÜ Rn 65.

[110] *Bülow/Böckstiegel/Geimer/Schütze/Auer* Art 6 EuGVÜ Rn 70; *Kropholler* Rn 52; *Wieczorek/Schütze/Hausmann* Art 6 EuGVÜ Rn 45.

[111] *Trunk,* Die Erweiterung des EuGVÜ-Systems am Vorabend des Europäischen Binnenmarktes: das Lugano-Übereinkommen und das EuGVÜ-Beitrittsübereinkommen von San Sebastian (1991) 40f; *Kropholler* Rn 51; *Bülow/Böckstiegel/Geimer/Schütze/Auer* Art 6 EuGVÜ Rn 69.

### 5. Identität von Kläger und Beklagtem

Der Beklagte der beiden Klagen muss nach dem Wortlaut der Vorschrift identisch sein (ʺdenselben Beklagtenʺ). Daneben bedarf es aber auch einer **Identität des Klägers**, wie sich bereits dem Bericht zum LugÜ, der eine inhaltsgleiche Vorschrift enthält, ergibt.[112] Ausgeschlossen sind daher zB schuldrechtliche Klagen, wenn Grundstückseigentümer und persönlicher Schuldner personenverschieden sind.[113] 37

### 6. Zuständigkeit des Gerichts am Belegenheitsort

Das Gericht des Mitgliedstaats, in dessen Hoheitsgebiet die unbewegliche Sache belegen ist, ist auch für die Entscheidung über den Vertrag oder die Ansprüche aus dem Vertrag zuständig. Damit ermöglicht Art 6 Nr 4 einen Gleichlauf mit Art 22 Nr 1 UA 1. Der Kläger kann jedoch auch von einer Verbindung absehen und stattdessen am allgemeinen Gerichtsstand des Beklagten oder im Vertragsgerichtsstand Klage erheben. 38

## Artikel 7

**Ist ein Gericht eines Mitgliedstaats nach dieser Verordnung zur Entscheidung in Verfahren wegen einer Haftpflicht aufgrund der Verwendung oder des Betriebs eines Schiffes zuständig, so entscheidet dieses oder ein anderes an seiner Stelle durch das Recht dieses Mitgliedstaats bestimmtes Gericht auch über Klagen auf Beschränkung dieser Haftung.**

### I. Allgemeines

Die Vorschrift ist durch das 1. Beitrittsübereinkommen vom 9. Oktober 1978 als Art 6a in das EuGVÜ eingefügt und sodann unverändert als Art 7 in die Brüssel I-VO übernommen worden. Ihr Ziel ist es, dem Haftpflichtigen eine Möglichkeit zu verschaffen, eine auf die Feststellung der Beschränkung seiner Haftung gerichtete Klage auch an seinem Wohnsitz erheben und damit alle mit der **seerechtlichen Haftungsbegrenzung** zusammenhängenden Verfahren hier konzentrieren zu können. Der Schiffseigentümer hat zum einen die Möglichkeit, eine Beschränkung oder Beschränkbarkeit seiner Haftung in einem gegen ihn gerichteten Verfahren verteidigungsweise geltend zu machen. Er kann andererseits aber auch, wenn die Erhebung einer gegen ihn gerichteten Klage absehbar ist, ein Interesse daran haben, von sich aus auf Feststellung zu klagen, er hafte für die Forderung nur beschränkt oder beschränkbar. Für diese aktive Feststellungsklage stehen ihm die durch Art 2-6 begründeten Gerichtsstände zur Ver- 1

---

[112] *Jenard/Möller* Nr 47; *Kropholler* Rn 50; *Bülow/Böckstiegel/Geimer/Schütze/Auer* Art 6 EuGVÜ Rn 68.

[113] *Rauscher* IPR 369.

fügung, die jedoch keinen Klägergerichtsstand kennen. Eine Klage an seinem Wohnsitz kommt folglich nicht in Betracht, obgleich auch vor diesem Gericht gegen ihn geklagt werden könnte. Art 7 erlaubt ihm aus Gründen der Verfahrenskonzentration eine Klageerhebung in diesem Staat und stellt ihm darüber hinaus aber natürlich auch alle anderen Gerichtsstände zur Verfügung, in denen gegen ihn eine Haftungsklage erhoben werden könnte.

## II. Einzelheiten

2 In den Anwendungsbereich der Norm fallen nur **selbstständige Klagen**, die der Schiffseigentümer zum Zweck der Haftungsbegrenzung gegen einen Anspruchsprätendenten erhebt. Nicht erfasst werden hingegen Klagen des Geschädigten gegen den Schiffseigentümer, Fondsverwalter oder konkurrierende Forderungsprätendenten, außerdem Sammelverfahren zur Errichtung und Verteilung des Haftungsfonds.[1] Für Klagen gegen den Schiffseigentümer gelten die Art 2-6. Art 22 bleibt zu beachten.

3 Art 7 determiniert nicht nur die **internationale**, sondern auch die **örtliche Zuständigkeit** des Gerichts. Den Mitgliedstaaten bleibt es jedoch unbenommen, eine hiervon abweichende Regelung über die örtliche Zuständigkeit zu treffen.

4 Art 7 begründet keine ausschließliche, sondern lediglich eine **konkurrierende Zuständigkeit**, die die übrigen Gerichtsstände der Art 2 ff nicht verdrängt. Den Parteien steht es frei, mittels einer Gerichtsstandsklausel eine von Art 7 abweichende Zuständigkeit zu vereinbaren.

5 Art 7 trifft keine Aussage über das **anwendbare Recht**, führt also zu keinem Gleichlauf zwischen Verfahrens- und materiellem Recht. Es gilt nicht per se die materielle lex fori, sondern entweder das vom Kollisionsrecht des Forums berufene nationale Sachrecht oder aber internationales Einheitsrecht. In Betracht kommt hier ua das Londoner Übereinkommen über die Beschränkung der Haftung für die Seeforderungen vom 19. November 1976.[2] Dieses Übereinkommen enthält keine Kompetenznormen, die nach Art 71 Vorrang vor Art 7 genießen.

---

[1] *Schlosser*-Bericht Nr 127.

[2] BGBl 1986 II 786; vgl dazu auch *Puttfarken*, Seehandelsrecht (1997) Rn 724, 817 ff.

# Abschnitt 3
# Zuständigkeit für Versicherungssachen

**Schrifttum**

*Fricke*, Internationale Zuständigkeit und Anerkennungszuständigkeit in Versicherungssachen nach europäischem und deutschem Recht, VersR 1997, 399

*ders*, Europäisches Gerichtsstands- und Vollstreckungsübereinkommen revidiert – Was bringt die Neufassung der Versicherungswirtschaft? –, VersR 1999, 1055

*Heiss*, Gerichtsstandsfragen in Versicherungssachen nach europäischem Recht, in: *Reichert-Facilides/Schnyder* (Hrsg), Versicherungsrecht in Europa – Kernperspektiven am Ende des 20. Jahrhunderts (2000) 105

*Looschelders*, Der Klägergerichtsstand am Wohnsitz des Versicherungsnehmers nach Art 8 Abs 1 Nr 2 EuGVÜ, IPRax 1998, 86

*Mankowski*, Internationales Rückversicherungsvertragsrecht, VersR 2002, 1177.

## Artikel 8

**Für Klagen in Versicherungssachen bestimmt sich die Zuständigkeit unbeschadet des Artikels 4 und des Artikels 5 Nummer 5 nach diesem Abschnitt.**

### I. Allgemeines

1 Die Abschnitte 3, 4 und 5 stellen jeweils eine in sich **geschlossene, selbstständige und erschöpfende Regelung** für Versicherungs-, Verbraucher- und Arbeitssachen dar.[1] Sofern der Sekundärrechtsgeber in den Art 8ff nicht ausdrücklich auf den allgemeinen Zuständigkeitskatalog der Art 2ff verweist, finden diese Vorschriften keine Anwendung.[2] Die Sonderregeln setzen einen internationalen Sachverhalt voraus, der allerdings keinen Mitgliedstaatenbezug aufweisen muss.[3]

---

[1] *Jenard*-Bericht zu Art 7 EuGVÜ, ABl EG 1979 C 59/1, 30; *Schlosser* Rn 1. Kritisch zur Einführung der in sich geschlossenen Zuständigkeitsordnung für Versicherungssachen: *Geimer/Schütze* Art 7 Rn 1.

[2] *Geimer/Schütze* Art 7 Rn 5 und 7; *Linke* Rn 184; *Kropholler*, Internationales Privatrecht[4] (2001) 580; *Wieczorek/Schütze/Hausmann* Vor Art 7 Rn 4.

[3] Vgl *Rauscher/Staudinger* Einl Rn 19f.

2 Die Art 8ff sind im **Erkenntnisverfahren** von Amts wegen zu berücksichtigen.[4] Ein Zuständigkeitsmangel kann im Wege der stillschweigenden Prorogation nach Art 24 geheilt werden.[5] Art 26 findet Anwendung.[6]

3 Sofern die Art 8ff allein die **internationale Zuständigkeit** bestimmen, ergibt sich die örtliche aus dem jeweiligen nationalen Recht. In Deutschland greifen insofern die §§ 12ff ZPO sowie § 48 VVG[7] ein.[8]

4 Der Gemeinschaftsgesetzgeber erlaubt dem Versicherungsnehmer eine Auswahl zwischen verschiedenen Gerichtsständen, so dass die Gefahr eines **„forum shoppings"** droht. Da – losgelöst von der Frage eines Kompetenztitels – eine Harmonisierung des Sachrechts auf supranationaler[9] Ebene ausscheiden dürfte,[10] besteht ein unabweisbares Bedürfnis für eine Vereinheitlichung des Internationalen Privatrechts. Das derzeitige Zusammenspiel von richtliniengeprägtem,[11] völkervertragsrechtlichem und autonomem Kollisionsrecht[12] stößt zu Recht auf Kritik. Es bleibt zu hoffen, dass die Kommission demnächst einheitliche Kollisionsregeln in einer Verordnung verankert,[13] die sich ihrerseits an den Grundsätzen des Römischen Schuldvertragsübereinkommens[14] orientieren. Im Gegenzug sollte das Anknüpfungsmodell in den Versicherungsrichtlinien aufgegeben werden.[15]

---

4 *Geimer/Schütze* Art 7 Rn 7; *Rauscher* IPR 393; *Schlosser* Rn 4.

5 *Geimer/Schütze* Art 7 Rn 6; *Musielak/Weth* Vorbem zu Artikel 8 bis 14; *Rauscher*, IPR 394; vgl *Rauscher/Staudinger* Vorbem Art 15-17 Rn 1 und Art 24 Rn 11; *Schlosser* Rn 4; *Thomas/Putzo/Hüßtege* Vorbem zu Art 8-14 Rn 1 und Art 8 Rn 5; *Wieczorek/Schütze/Hausmann* Vor Art 7 Rn 14.

6 *Schlosser* Rn 1.

7 Siehe hierzu *Fricke* VersR 2001, 925ff.

8 § 109 VAG wurde durch Gesetz vom 21. 7. 1994 (BGBl 1994 I 1630) aufgehoben; vgl *Schack* Rn 282.

9 In Deutschland wird die Kommission zur Reform des VVG wohl noch im Jahr 2003 ihren Bericht vorlegen.

10 Siehe allerdings auch die Stellungnahme des Europäischen Wirtschafts- und Sozialausschusses, KOM (2002), 244 endg, 45, 47 („Europäischer KfZ-Haftpflichtversicherungskodex" als Vorstufe zu einem „Europäischen Versicherungskodex").

11 Siehe jüngst Art 32 der Richtlinie 2002/83/EG des Europäischen Parlaments und des Rates vom 5. November über Lebensversicherungen, ABl EG 2002 L 345/1, 27.

12 Vgl hierzu *Dörner*, Internationales Versicherungsvertragsrecht (1997).

13 Siehe in diesem Zusammenhang das Grünbuch der Kommission über die Umwandlung des Übereinkommens von Rom aus dem Jahr 1980 über das auf vertragliche Schuldverhältnisse anzuwendende Recht in ein Gemeinschaftsinstrument sowie über seine Aktualisierung, KOM (2002) 654 endg, 25ff.

14 Römisches Schuldvertragsübereinkommen, BGBl 1986 II 809.

15 Siehe hierzu *Staudinger*, in: *Leible* (Hrsg), Das Grünbuch zum internationalen Vertragsrecht (2003).

5 Die **Richtlinie über den Fernabsatz** von Finanzdienstleistungen (RL)[16] enthält zwar ein kollisionsrechtliches Regelungsgebot, schafft aber keine von der Brüssel I-VO abweichenden Gerichtsstände. Der Anbieter muss den Verbraucher lediglich nach Art 3 Abs 1 Nr 3 lit f RL über eine Gerichtsstandsvereinbarung informieren. Angesichts der Prorogationsschranke in Art 23 Abs 5 kommt dieser Vorgabe nur eine geringe Bedeutung zu.[17]

## II. Sinn und Zweck der Art 8ff

6 Die besonderen Zuständigkeitsregeln für Versicherungssachen basieren auf **„sozialpolitischen Erwägungen"**.[18] Aus dem Blickwinkel des Gemeinschaftsgesetzgebers bedarf der Versicherungsnehmer als die im Verhältnis zum Versicherer wirtschaftlich schwächere und rechtlich weniger erfahrene Partei eines besonderen Schutzes.[19] Der Versicherungsnehmer wird zum einen dadurch privilegiert, dass ihm mehrere Gerichtsstände eröffnet werden, wohingegen der Versicherer gem Art 12 Abs 1 grundsätzlich[20] nur an dessen Wohnsitz klagen kann.[21] Zum anderen beschränkt Art 13 iVm Art 23 Abs 5 die Prorogationsfreiheit. Der besondere Stellenwert der Zuständigkeitsregeln kommt darin zum Ausdruck, dass die internationale[22] Zuständigkeit in Versicherungs- und Verbrauchersachen[23] entgegen der Grundregel in Art 35 Abs 3 nach dessen Abs 1 ausnahmsweise vom Exequaturgericht nachgeprüft werden darf und ein Verstoß gegen die Schutzvorschriften in der Rechtsmittelinstanz zur Versagung der Anerkennung und Vollstreckbarerklärung führt.[24]

## III. Vorbehalt zugunsten des Art 4 und Art 5 Nr 5

7 Die Zuständigkeit ist unbeschadet des Art 4 und Art 5 Nr 5 nach dem 3. Abschnitt zu ermitteln. Der **Verweis auf Art 4** stellt klar, dass die Regeln grundsätzlich nur zur An-

---

16 Richtlinie 2002/65/EG des Europäischen Parlaments und des Rates vom 23. September 2002 über den Fernabsatz von Finanzdienstleistungen an Verbraucher und zur Änderung der Richtlinie 90/619/EWG des Rates und der Richtlinie 97/7/EG und 98/27/EG, ABl EG 2002 L 271/16, 20. Der Referentenentwurf ist einzusehen unter http://www.bmj.bund.de/images/11617.pdf.

17 Hierzu *Heiss* IPRax 2003, 100, 102.

18 *Jenard*-Bericht, Allgemeine Bemerkungen zum 3.-5. Abschnitt, ABl EG 1979 C 59/1, 29; *Schlosser* Rn 1.

19 Erwägungsgrund Nr 13; EuGH Rs C-412/98 *Group Josi/Universal General Insurance* EuGHE 2000 I 5925, 5959 Rn 64ff; *Schlosser* Rn 1; *Wieczorek/Schütze/Hausmann* Vor Art 7 Rn 1.

20 Zur Ausnahme nach Art 8 iVm Art 5 Nr 5 siehe *Rauscher/Staudinger* Art 12 Rn 4.

21 *Jenard*-Bericht, Zuständigkeit für Versicherungssachen, ABl EG 1979 C 59/1, 30; *Kropholler*, Internationales Privatrecht[4] (2001) 580; *Schlosser* Rn 3; *Looschelders* IPRax 1998, 86, 87; *Wieczorek/Schütze/Hausmann* Vor Art 7 Rn 2.

22 Nicht indes die örtliche, auch wenn sie unmittelbar in der Brüssel I-VO festgeschrieben wird; vgl *Rauscher/Leible* Art 35 Rn 6.

23 Nicht allerdings in Arbeitssachen.

24 Kritisch zu diesem Sanktionsmechanismus und zur Notwendigkeit einer erneuten gerichtlichen Überprüfung der Zuständigkeit im Anerkennungsstaat: *Schack* Rn 840. Eingehend zu Art 35 Abs 1 sowie zur Frage einer teleologischen Reduktion: *Rauscher/Leible* Art 35 Rn 6.

wendung gelangen, wenn der Beklagte seinen Wohnsitz in einem Mitgliedstaat[25] hat.[26] Eine Ausnahme hiervon beinhaltet Art 9 Abs 2. Sofern die Brüssel I-VO oder andere Abkommen nicht einschlägig sind, folgt die internationale Zuständigkeit aus der jeweiligen lex fori des angerufenen Gerichts unter Einschluss etwaiger exorbitanter Zuständigkeiten.[27] In Deutschland ergibt sich die internationale Zuständigkeit nach ganz herrschender Meinung mittelbar aus den Bestimmungen zur örtlichen Zuständigkeit.[28]

8 Nach Art 8 iVm Art 5 Nr 5 ist der Versicherer,[29] der im Hoheitsgebiet eines Mitgliedstaates seinen Wohnsitz hat, in einem anderen Mitgliedstaat gerichtspflichtig, wenn es sich um Streitigkeiten „aus dem Betrieb" einer **Zweigniederlassung, Agentur oder sonstigen Niederlassung** handelt, und zwar vor dem Gericht des Ortes, an dem sich diese befindet. Die Betriebsbezogenheit ist zu bejahen, wenn etwa die Zweigniederlassung den Versicherungsvertrag abgeschlossen[30] oder sich intensiv mit der Schadensregulierung befasst hat.[31] Inwieweit ein (vertraglich gebundener) Versicherungsvermittler[32] dem Begriff der Agentur unterfällt, ist anhand der Einzelfallumstände zu entscheiden.[33] Art 5 Nr 5 bestimmt von seinem Wortlaut her nicht allein die internationale, sondern zugleich die örtliche Zuständigkeit.

9 Im Gegensatz zu Art 9 Abs 2 ist Art 5 Nr 5 lediglich anwendbar, wenn der Beklagte im Hoheitsgebiet eines Mitgliedstaates beheimatet ist. Art 8 iVm Art 5 Nr 5 schließt die weiteren Gerichtsstände in Art 9ff nicht aus.[34] Dies ergibt sich aus dem Bericht von *Jenard*[35] sowie daraus, dass es sich bei Art 5 Nr 5 um eine „Kann-Bestimmung" handelt.[36]

---

[25] Nach Art 1 Abs 3 in Verbindung mit Erwägungsgrund Nr 21 zählt Dänemark nicht zum Kreis der Mitgliedstaaten.

[26] *Kropholler* vor Art 8 Rn 1; *Schlosser* Rn 2; *Thomas/Putzo/Hüßtege* Rn 2.

[27] *Jenard*-Bericht zu Art 7 EuGVÜ, ABl EG 1979 C 59/1, 30; *Kropholler* Rn 2; *Schlosser* Rn 2; *Thomas/Putzo/Hüßtege* Rn 2; *Wieczorek/Schütze/Hausmann* Art 7 Rn 1.

[28] Vgl statt aller: *Dörner*, in: Berliner Kommentar zum Versicherungsvertragsrecht (1999) Vorbem Art 7 Rn 57; *Geimer* Rn 943ff; *Thomas/Putzo/Putzo* § 1 ZPO Vorbem Rn 6; *Schack* Rn 236; siehe auch BT-Drucks 10/504, 89.

[29] Zur Bedeutung dieses Vorbehalts für Klagen des Versicherers siehe *Rauscher/Staudinger* Art 12 Rn 4.

[30] Cass (Italien) 13. 2. 1993, n 1820, Riv dir int priv proc 1995, 116; *Wieczorek/Schütze/Hausmann* Art 7 Rn 2.

[31] *Wieczorek/Schütze/Hausmann* Art 7 Rn 2. Zu den Voraussetzungen des Art 5 Nr 5 vgl *Rauscher/Leible* Art 5 Rn 99ff.

[32] Siehe hierzu Richtlinie 2002/92/EG des Europäischen Parlaments und des Rates vom 9. Dezember 2002 über Versicherungsvermittlung, ABl EG 2002 L 9/3.

[33] *Jenard*-Bericht, Zuständigkeit für Versicherungssachen, ABl EG 1979 C 59/1, 31; *Schlosser*-Bericht Nr 151, ABl EG 1979 C 59/71, 116; *Heiss* 105, 121 f.

[34] LG Stuttgart IPRax 1998, 100; *Looschelders* IPRax 1998, 86, 89.

[35] *Jenard*-Bericht, Zuständigkeit für Versicherungssachen, ABl EG 1979 C 59/1, 30.

[36] LG Stuttgart IPRax 1998, 100, 101.

## IV. Begriff der Versicherungssachen

Der Begriff der Versicherungssache wird in der Brüssel I-VO **nicht legaldefiniert**. Er ist dennoch nicht nach der jeweiligen lex fori, sondern autonom mit Hilfe eines binnenmarktweit einheitlichen Methodenkanons auszulegen.[37] Entscheidende Bedeutung kommt dabei sowohl dem Streitgegenstand als auch den beteiligten Parteien zu.[38] Demzufolge werden alle Rechtsstreitigkeiten einbezogen, die ihren Grund in einem Versicherungsverhältnis haben, sich also auf dessen Abschluss, Durchführung und Beendigung beziehen. Im Lichte systematischer Interpretation folgt aus Art 1 Abs 1, dass lediglich private, nicht jedoch öffentlich-rechtliche Versicherungsverhältnisse den Art 8ff unterfallen.[39] Ferner werden nach Maßgabe des Art 1 Abs 2 keine Versicherungsverträge erfasst, die sich ausschließlich auf ein in diesem Ausnahmekatalog genanntes Rechtsgebiet beziehen.[40] Schließlich ist im Rahmen teleologischer Auslegung dem Sinn und Zweck des 3. Abschnitts Rechnung zu tragen. Hieraus folgt: 10

- Ob eine staatliche **Exportrisikoversicherung** zu den Versicherungssachen iSd Art 8 zählt, erscheint fraglich. Sie beruht zwar auf der wirtschaftspolitischen Zielsetzung, den Außenhandel zu fördern und bedarf einer ministeriellen Genehmigung. Dennoch ist die staatliche Exportversicherung als privatrechtlich iSd Art 1 Abs 1 zu qualifizieren, wenn die Leistungsabwicklung auf der Grundlage eines Gleichordnungsverhältnisses beruht.[41] 11
- Die **Sozialversicherung** fällt unter den Ausschlusstatbestand des Art 1 Abs 2 lit c.[42] Darüber hinaus ist sie üblicherweise öffentlich-rechtlicher Natur und somit nicht als Zivilsache iSd Art 1 Abs 1 zu qualifizieren.[43] 12
- Die **Transportversicherung** wird vom Anwendungsbereich der Art 8ff erfasst.[44] Das ergibt sich aus dem Umkehrschluss zu Art 15 Abs 3 sowie daraus, dass Art 13 Nr 5 13

---

[37] Hierzu *Geimer/Schütze* Art 7 Rn 13; *Musielak/Weth* Rn 1; *Rauscher* IPR 395; *Schlosser* Rn 6; *Wieczorek/Schütze/Hausmann* Vor Art 7 Rn 5. Ob mithin etwa eine Lösegeldversicherung den Art 8ff unterliegt, ist damit binnenmarktweit einheitlich zu bestimmen.

[38] LG Bremen VersR 2001, 782; *Bülow/Böckstiegel/Geimer/Schütze/Auer* Art 7 Rn 19; *Geimer/Schütze* Art 7 Rn 12; *Kropholler* vor Art 8 Rn 5; *Schlosser* Rn 6; *Thomas/Putzo/Hüßtege* Rn 1.

[39] *Schlosser* Rn 6; *Musielak/Weth* Rn 1; *Nagel/Gottwald* Rn 98; *Wieczorek/Schütze/Hausmann* Vor Art 7 Rn 6.

[40] Dies betrifft etwa die Sanierung und Liquidation von Versicherungsunternehmen nach Art 1 Abs 2 lit b. Einschlägig ist insofern allerdings auch nicht die Insolvenzverordnung (*Rauscher/Staudinger* Einl Rn 4; siehe Art 1 Abs 2 lit b und Erwägungsgrund Nr 9, S 3f des Sekundärrechtsakts; hierzu *Leible/Staudinger* KTS 2000, 533, 541f), sondern ein richtliniengeprägtes Sonderregime; vgl die Richtlinie 2001/17/EG des Europäischen Parlaments und des Rates vom 19. März 2001 über die Sanierung und Liquidation von Versicherungsunternehmen, ABl EG 2001 L 110/28; zur Transformation siehe das Gesetz zur Neuregelung des Internationalen Insolvenzrechts, BGBl 2003 I 345ff.

[41] BGE 124 III 436, 440f; *Kropholler* vor Art 8 Rn 6.

[42] Ausführlich: *Bülow/Böckstiegel/Geimer/Schütze/Auer* Art 7 Rn 14; *Geimer/Schütze* Art 7 Rn 18; *Schack* Rn 283. vgl zur Abgrenzung auch *Rauscher/Mankowski* Art 1 Rn 23.

[43] *Rauscher* IPR 394.

[44] *Geimer/Schüzte* Art 7 Rn 20; *Schlosser* Rn 7; *Wieczorek/Schütze/Hausmann* Vor Art 7 Rn 8.

iVm Art 14 für die Versicherung von Transportgütern in den dort aufgeführten Fällen Gerichtsstandsvereinbarungen zulässt.[45]

14 – Ein **Rückversicherungsvertrag** gilt aufgrund der ratio legis der Art 8 ff nicht als Versicherungssache iSd Brüssel I-VO.[46] Bei einer Rückversicherung fehlt das Schutzbedürfnis des Versicherten.[47] Es gelten vielmehr die allgemeinen Regeln der Art 2 ff. Die Art 8 ff sind demgegenüber einschlägig, wenn ein Versicherungsnehmer, etwa wegen der Insolvenz[48] des Versicherers, gegen den Rückversicherer klagt.[49]

15 – Zweifelhaft erscheint, ob **Großversicherungen** den Art 8 ff unterfallen,[50] da keine objektive Schutzbedürftigkeit vorliegt. Im Unterschied zur Rückversicherung stehen sich aber als Parteien nicht zwei im Bereich der Versicherung gewerblich Tätige gegenüber.[51] Die Begründung des EuGH zum Ausschluss der Rückversicherungsverträge lässt sich daher nicht ohne weiteres auf Großversicherungen übertragen. Ungeachtet des mangelnden Schutzbedürfnisses können sich somit auch Großunternehmen auf die Art 8 ff stützen.[52] Hierin liegt allerdings ein Webfehler der Brüssel I-VO.

16 – **Direktklagen** des Versicherten zählen gem Art 11 Abs 2 zu den Versicherungssachen.[53]

17 – Ein **Rückgriff des Versicherers** aus übergegangenem Recht gegen den Schädiger oder dessen Versicherer fällt hingegen nicht in den Regelungsbereich der Art 8 ff. Der Streitgegenstand bezieht sich nicht auf den Inhalt des Versicherungsverhältnisses, sondern auf die Einstandspflicht des Schädigers,[54] der überdies in den Art 8 ff auch nicht als Verfahrensbeteiligter genannt wird.[55] Schließlich sprechen Sinn und Zweck der besonderen Gerichtsstände gegen eine Einbeziehung solcher Klagen. Dies gilt vor allem beim Rückgriff gegen den Versicherer des Schädigers.[56] In diesem Fall richtet sich die Zuständigkeit mithin nach den Art 2 ff.

---

[45] *Geimer/Schüzte* Art 7 Rn 20.

[46] KOM (1999) 348 endg, 16; *Schlosser*-Bericht Nr 151, ABl EG 1979 C 59/71, 117; EuGH Rs C-412/98 *Group Josi/Universal General Insurance* EuGHE 2000 I 5925, 5959 Rn 64 ff; zur Literatur siehe die Angaben bei *Mankowski* VersR 2002, 1177, 1178.

[47] *Schlosser*-Bericht Nr 151, ABl EG 1979 C 59/71, 117 und EuGH Rs C-412/98 *Group Josi/Universal General Insurance* EuGHE 2000 I 5925, 5959 Rn 66; *Schlosser* Rn 7.

[48] Vgl die Richtlinie 2001/17/EG des Europäischen Parlaments und des Rates vom 19. März 2001 über die Sanierung und Liquidation von Versicherungsunternehmen, ABl EG 2001 L 110/28.

[49] KOM (1999) 348 endg, 16; *Micklitz/Rott* EuZW 2001, 325, 329; *Thomas/Putzo/Hüßtege* Rn 1.

[50] *Schlosser*-Bericht Nr 140, ABl EG 1979 C 59/71, 114.

[51] Vgl EuGH Rs C-412/98 *Group Josi/Universal General Insurance* EuGHE 2000 I 5925, 5959 Rn 66.

[52] *Schlosser*-Bericht Nr 140, ABl EG 1979 C 59/71, 114; *Kropholler* vor Art 8 Rn 6; *Schlosser* Rn 7; kritisch dazu, dass die Art 8 ff nicht auf „private" Versicherungsnehmer beschränkt sind: *Fricke* VersR 1997, 399, 401; *Geimer/Schütze* Art 7 Rn 4; *Schack* Rn 283.

[53] *Bülow/Böckstiegel/Geimer/Schütze/Auer* Art 7 Rn 19.

[54] *Bülow/Böckstiegel/Geimer/Schütze/Auer* Art 7 Rn 20.

[55] *Geimer/Schütze* Art 7 Rn 13; *Kropholler* vor Art 8 Rn 6; *Musielak/Weth* Rn 1; *Schlosser* Rn 8; *Wieczorek/Schütze/Hausmann* Vor Art 7 Rn 9.

[56] Vgl LG Bremen VersR 2001, 782; *Bülow/Böckstiegel/Geimer/Schütze/Auer* Art 7 Rn 22; *Nagel/Gottwald*, Internationales Zivilprozessrecht[5] (2002) Rn 98.

## V. Verfahrensbeteiligte

Die Art 8ff benennen als Verfahrensbeteiligte den **Versicherer, Versicherungsnehmer, Versicherten, Begünstigten, Mitversicherer** sowie den **Geschädigten.**[57] Zu den Versicherern zählen die Versicherungsunternehmen aller zugelassenen Rechtsformen, unabhängig davon, ob es sich um in- oder (rechtsfähige) ausländische, private oder öffentlich-rechtlich organisierte Unternehmen handelt.[58] Darüber hinaus kann Verfahrensbeteiligter jede Person sein, für die der Versicherungsvertrag Rechte und Pflichten begründet.[59] Insofern ist die Aufzählung der Prozessgegner des Versicherers in Art 12 Abs 1 nicht abschließend.[60] 18

Einbezogen werden in den Regelungsbereich der Art 8ff etwa **Hypothekengläubiger** nach §§ 100ff VVG sowie **Einzel- bzw Gesamtrechtsnachfolger,**[61] sofern ein Schutzbedürfnis vorliegt.[62] Dies ist regelmäßig etwa beim Erwerber gemäß § 69 VVG zu bejahen.[63] Ausgenommen bleibt demgegenüber ein Zessionar, der in Ausübung seiner beruflichen oder gewerblichen Tätigkeit eine Forderung einklagt.[64] 19

Prozessgegner eines Versicherers muss stets ein Nichtversicherer sein, auch wenn es sich um einen Rechtsnachfolger handelt. Andernfalls fehlt es an der Schutzwürdigkeit des Beklagten[65] und damit tatbestandlich an einer Versicherungssache iSd Art 8ff.[66]

---

57 Zu den Begriffen Versicherungsnehmer, Versicherter und Begünstigter vgl *Rauscher/Staudinger* Art 9 Rn 5, zum Geschädigten *ders* Art 11 Rn 6f.

58 *Kropholler* vor Art 8 Rn 7; *Musielak/Weth* Vorbem zu Artikel 8 bis 14; *Wieczorek/Schütze/Hausmann* Vor Art 7 Rn 10.

59 *Musielak/Weth* Vorbem zu Artikel 8 bis 14; *Schlosser* Rn 9.

60 *Geimer/Schütze* Art 7 Rn 14; *Wieczorek/Schütze/Hausmann* Vor Art 7 Rn 11.

61 Zur Gesamtrechtsnachfolge siehe *Bülow/Böckstiegel/Geimer/Schütze/Auer* Art 7 Rn 25; *Schlosser*-Bericht Nr 152, ABl EG 1979 C 59/71, 117; siehe aber auch zur Rechtsstellung von Erben des Versicherungsnehmers: Cour de cassation Clunet 2001, 143ff.

62 LG Bremen VersR 2001, 782; *Geimer/Schütze* Art 7 Rn 16; *Kropholler* vor Art 8 Rn 7; *MünchKommZPO/Gottwald* IZPR Art 7 Rn 4; *Musielak/Weth* Vorbem zu Artikel 8 bis 14; *Wieczorek/Schütze/Hausmann* Vor Art 7 Rn 11. Nach *Schlosser* Rn 9 gilt der Schutz der Art 8ff nicht für Einzelrechtsnachfolger der geschützten Personen. Ferner soll auch der Erbe (Gesamtrechtsnachfolge) des Versicherungsnehmers nicht dessen Rechtstellung teilen; vgl *Schlosser* Art 9 Rn 1.

63 *Bülow/Böckstiegel/Geimer/Schütze/Auer* Art 7 Rn 25.

64 So ausdrücklich für Verbrauchersachen: EuGH Rs C-89/91 *Shearson/TVB Treuhandgesellschaft* EuGHE 1993 I 139, 187 Rn 18ff; *Musielak/Weth* Vorbem zu Artikel 8 bis 14; siehe auch *Rauscher/Staudinger* Art 15 Rn 2; *Kropholler* Art 15 Rn 11.

65 Vgl oben *Rauscher/Staudinger* Art 8 Rn 6, 10 sowie Erwägungsgrund Nr 13 und LG Bremen VersR 2001, 782; *Bülow/Böckstiegel/Geimer/Schütze/Auer* Art 7 Rn 22; *Kropholler* vor Art 8 Rn 7; *Thomas/Putzo/Hüßtege* Rn 1.

66 LG Bremen VersR 2001, 782; *Thomas/Putzo/Hüßtege* Rn 1.

Artikel 9

(1) Ein Versicherer, der seinen Wohnsitz im Hoheitsgebiet eines Mitgliedstaats hat, kann verklagt werden:

a) vor den Gerichten des Mitgliedstaats, in dem er seinen Wohnsitz hat,
b) in einem anderen Mitgliedstaat bei Klagen des Versicherungsnehmers, des Versicherten oder des Begünstigten vor dem Gericht des Ortes, an dem der Kläger seinen Wohnsitz hat, oder
c) falls es sich um einen Mitversicherer handelt, vor dem Gericht eines Mitgliedstaats, bei dem der federführende Versicherer verklagt wird.

(2) Hat der Versicherer im Hoheitsgebiet eines Mitgliedstaats keinen Wohnsitz, besitzt er aber in einem Mitgliedstaat eine Zweigniederlassung, Agentur oder sonstige Niederlassung, so wird er für Streitigkeiten aus ihrem Betrieb so behandelt, wie wenn er seinen Wohnsitz im Hoheitsgebiet dieses Mitgliedstaats hätte.

## I. Wahlgerichtsstände bei Klagen gegen den Versicherer (Abs 1)

1 Art 9 Abs 1 stellt für Klagen gegen den Versicherer **drei Gerichtsstände zur Wahl**. Im Anwendungsbereich der Brüssel I-VO ist eine Durchbrechung des Zuständigkeitskatalogs gestützt auf die forum non conveniens-Doktrin unzulässig.[1]

### 1. Wohnsitz des Versicherers

2 Nach Abs 1 lit a kann ein Versicherer vor den Gerichten desjenigen Mitgliedstaates verklagt werden, in dem er seinen **Wohnsitz** zum Zeitpunkt der Klageerhebung[2] (Art 59, 60) hat. In Übereinstimmung mit Erwägungsgrund Nr 11 wird damit die allgemeine Vorschrift des Art 2 auf Versicherungssachen erstreckt. Für die örtliche Zuständigkeit gilt autonomes Recht (§§ 12 ff ZPO, § 48 VVG).[3]

### 2. Klägergerichtsstand des Versicherungsnehmers, Versicherten und Begünstigten

3 Abs 1 lit b eröffnet dem Versicherungsnehmer und – abweichend vom EuGVÜ – nunmehr auch dem Versicherten und Begünstigten[4,5] einen **Klägergerichtsstand**. Die Vor-

[1] Zum EuGVÜ siehe jüngst Vorlage des Court of Appeal – Civil Division RIW 2002, 721 f; hierzu *Thiele* RIW 2002, 696 ff; *Schlosser* Rn 1.

[2] Siehe *Rauscher/Mankowski* Art 2 Rn 4; *Rauscher/Staudinger* Art 59 Rn 3.

[3] *Jenard*-Bericht zu Art 8 EuGVÜ, ABl EG 1979 C 59/1, 31.

[4] Hierzu KOM (1999) 348 endg, 16; *Fricke* VersR 1999, 1055, 1058; zu den Bedenken, die gegen die Aufnahme dieser Personen in das EuGVÜ bestanden: *Geimer/Schütze* Art 8 Rn 6; *Kropholler* Rn 2; *Wieczorek/Schütze/Hausmann* Art 8 Rn 3.

[5] *MünchKommZPO/Gottwald* Art 8 Rn 1 erstreckt die Regelung auch auf sonstige Drittbeteiligte und geht somit nicht von einer abschließenden Aufzählung aus. Hier ist allerdings eine Einzelfallprüfung angezeigt. Ebenso wenig kann der Begriff des Begünstigten angesichts des Wortlauts sowie der Entstehungsgeschichte der Vorschrift pauschal mit demjenigen etwa des Geschädigten gleichgesetzt werden; siehe auch *Rauscher/Staudinger* Art 11 Rn 6.

schrift, die ebenfalls die örtliche Zuständigkeit regelt, durchbricht damit die allgemeine prozessuale Grundregel „actor sequitur forum rei", die ihren Niederschlag in Art 2 Abs 1 (bzw Art 9 Abs 1 lit a) gefunden hat.[6] Der im Zuge der Vergemeinschaftung erfolgte tatbestandliche Ausbau kann bei Gruppenversicherungsverträgen zu einer unpraktikablen Vermehrung von Gerichtsständen führen, sofern eine Vielzahl von Versicherten ihre Ansprüche klageweise geltend macht.[7]

Gemeinsam ist allen in Abs 1 lit b genannten Verfahrensbeteiligten, dass sie nach dem 4
Wortlaut in einem **anderen Mitgliedstaat als der Versicherer**[8] beheimatet sind. Es entscheidet der Wohnsitz zum Zeitpunkt der Klageerhebung, so dass sich ein reiner Inlandsfall nach Vertragsschluss zu einem internationalen Sachverhalt entwickeln kann.[9] Die hiermit für den Versicherer einhergehende Belastung erscheint zumindest im Hinblick auf private Versicherungsnehmer vertretbar.[10]

Die **Begriffe** Versicherungsnehmer, Versicherter und Begünstigter werden in der Ver- 5
ordnung nicht legaldefiniert. Hieraus darf allerdings nicht gefolgert werden, die Tatbestandsmerkmale seien im Lichte der jeweiligen lex fori auszulegen. Geboten ist vielmehr eine autonome Interpretation unter Einschluss einer rechtsvergleichenden Umschau. Als Versicherungsnehmer gilt der Vertragspartner der Versicherungsgesellschaft.[11] Versicherter ist derjenige, zu dessen Gunsten der Versicherungsnehmer im eigenen Namen eine Versicherung abgeschlossen hat (Versicherung für fremde Rechnung; vgl §§ 74, 179 Abs 2 VVG).[12] Zum Kreis der Begünstigten zählt beispielsweise der Bezugsberechtigte einer Lebens- oder Unfallversicherung (§§ 159, 166 VVG; §§ 179, 180 VVG).[13] Die Stellung als Versicherter oder Begünstigter kann mit derjenigen als Versicherungsnehmer zusammenfallen.[14] Zweifelhaft erscheint, ob auch der durch einen Verkehrsunfall Geschädigte als Begünstigter iSd Art 9 Abs 1 lit b anzusehen ist, mit der Folge, dass er den Versicherer an seinem Wohnsitz verklagen kann.[15]

---

[6] *Looschelders* IPRax 1998, 86, 87 f.

[7] Der vom Europäischen Parlament unterbreitete Vorschlag, die Gerichtsstände des Versicherungsnehmers, Versicherten und Begünstigten auf Einzelverträge zu beschränken, wurde von der Kommission zunächst bezüglich des Versicherten und Begünstigten angenommen, jedoch nicht in die endgültige Fassung der Verordnung übernommen; vgl KOM (2000) 689 endg, 4 und 16; *Fricke* VersR 1999, 1055, 1058 f; *Micklitz/Rott* EuZW 2001, 325, 330; *MünchKommZPO/Gottwald* Art 8 Rn 1.

[8] *Looschelders* IPRax 1998, 86, 88. Zum Problem der wortlautgetreuen Anwendung im Rahmen des Art 9 Abs 2, *ders* IPRax 1998, 86, 90.

[9] *Jenard*-Bericht zu Art 8 EuGVÜ, ABl EG 1979 C 59/1, 31; *Geimer/Schüzte* Art 8 Rn 8; *MünchKommZPO/Gottwald* Art 8 Rn 1; *Musielak/Weth* Rn 2; *Thomas/Putzo/Hüßtege* Rn 2; *Wieczorek/Schütze/Hausmann* Art 8 Rn 3.

[10] Vgl *Rauscher* IPR 395. Kritisch hierzu: *Geimer/Schütze* Art 8 Rn 8.

[11] *Jenard*-Bericht zu Art 8 EuGVÜ, ABl EG 1979 C 59/1, 31.

[12] *Hoffmann* Privatversicherungsrecht$^4$ (1998) § 5 Rn 39; *Hübsch*, in: Berliner Kommentar zum Versicherungsvertragsgesetz (1999) § 74 VVG Rn 1.

[13] *Hoffmann* Privatversicherungsrecht$^4$ (1998) § 5 Rn 46.

[14] *Jenard*-Bericht zu Art 8 EuGVÜ, ABl EG 1979 C 59/1, 31.

[15] Vgl hierzu *Rauscher/Staudinger* Art 11 Rn 6 f.

### 3. Gerichtsstand des federführenden Versicherers

6 Nach Abs 1 lit c ist ein Mitversicherer dort (international und örtlich) gerichtspflichtig, wo der federführende Versicherer verklagt wird. Die Regelung dient dem Ziel der **Verfahrenskonzentration.**[16] Im Vergleich zu Art 6 Nr 1 ist Abs 1 lit c einerseits weiter gefasst, da er nicht auf den Wohnsitz des Versicherers abstellt.[17] Anderseits erweist sich die Vorschrift im Vergleich zu Art 6 Nr 1 als enger, weil lediglich dem Gerichtsstand des federführenden Versicherers Konzentrationswirkung zukommt.[18] Abs 1 lit c hat allein die Funktion, dem Kläger einen weiteren Gerichtstand zu eröffnen. Es bleibt ihm daher unbenommen, jeden einzelnen Versicherer vor den nach Art 8ff zuständigen Spruchkörpern zu verklagen.[19]

7 In Deutschland kann eine **Prozessstandsschaft** des federführenden Versicherers unter den Voraussetzungen des Art 14 EGVVG begründet werden. Ein Titel wirkt gem Art 14 S 1 2 HS EGVVG für und gegen alle an dem Versicherungsvertrag beteiligten Versicherer.

## II. Versicherer ohne Wohnsitz in einem Mitgliedstaat (Abs 2)

### 1. Fiktiver Wohnsitz

8 Ist der Versicherer nicht im Binnenmarkt ansässig, besitzt er aber in einem Mitgliedstaat eine **Zweigniederlassung, Agentur oder sonstige Niederlassung**, so wird für Streitigkeiten aus ihrem Betrieb ein Wohnsitz im Hoheitsgebiet dieses Mitgliedstaates fingiert.[20,21] Abs 2 eröffnet dem Kläger einen Gerichtsstand im Hoheitsgebiet der Zweigniederlassung[22] etc und stellt eine Ausnahme zu Art 4 Abs 1 dar.[23] Gegnerische Partei bleibt wie bei Art 5 Nr 5[24] das Versicherungsunternehmen selbst, die Niederlassung fungiert hingegen als Zustellungsbevollmächtigte.[25] Liegen die Voraussetzungen des Abs 2 vor, unterliegt der Versicherer nicht den (exorbitanten) Zuständigkeiten des

---

16 *Schlosser*-Bericht Nr 149, ABl EG 1979 C 59/71, 116; *Musielak/Weth* Rn 3; *Wieczorek/Schütze/Hausmann* Art 8 Rn 4.

17 *Schlosser*-Bericht Nr 149, ABl EG 1979 C 59/71, 116; *Wieczorek/Schütze/Hausmann* Art 8 Rn 4.

18 *Rauscher* IPR 395.

19 *Schlosser*-Bericht Nr 149, ABl EG 1979 C 59/71, 116; *Geimer/Schüzte* Art 8 Rn 10; *Musielak/Weth* Rn 3; *Thomas/Putzo/Hüßtege* Rn 3.

20 Zur rechtstechnischen Einordnung des Art 9 Abs 2 als gesetzliche Fiktion vgl *Geimer/Schütze* IntUrtAnerk I/1 (1983) § 74 IV 2 Fn 193.

21 *Jenard*-Bericht zu Art 7 EuGVÜ, ABl EG 1979 C 59/1, 31.

22 Vgl *Jenard*-Bericht zu Art 7 EuGVÜ, ABl EG 1979 C 59/1, 31: Erforderlich ist, dass die ausländische Gesellschaft durch eine Person vertreten wird, welche die Fähigkeit hat, sie Dritten gegenüber zu verpflichten.

23 LG Stuttgart IPRax 1998, 100, 102.

24 Hierzu *Rauscher/Leible* Art 5 Rn 99ff.

25 *Bülow/Böckstiegel/Geimer/Schütze/Auer* Art 8 Rn 19; *Kropholler* Art 5 Rn 89.

autonomen Rechts.[26] Vielmehr ist ihm gegenüber ebenso Art 3 anwendbar wie der gesamte 3. Abschnitt.[27]

**2. Örtliche Zuständigkeit**

Art 5 Nr 5 normiert gleichermaßen die **örtliche Zuständigkeit**;[28] Art 9 Abs 2 stellt jedoch lediglich eine Fiktion auf, ohne den Regelungsgehalt der Art 8ff zu verändern. Gelangt demnach etwa Art 9 Abs 1 lit a über die Fiktion des Abs 2 zur Anwendung, ist die örtliche Zuständigkeit unter Rückgriff auf das nationale Recht des angerufenen Gerichts zu ermitteln.[29] Besteht in der betreffenden lex fori eine Regelungslücke, verbleibt dem Kläger der Ausweg, die internationale und örtliche Zuständigkeit auf Art 9 Abs 2 iVm Art 8, 5 Nr 5 zu stützen. 9

## Artikel 10

**Bei der Haftpflichtversicherung oder bei der Versicherung von unbeweglichen Sachen kann der Versicherer außerdem vor dem Gericht des Ortes, an dem das schädigende Ereignis eingetreten ist, verklagt werden. Das Gleiche gilt, wenn sowohl bewegliche als auch unbewegliche Sachen in ein und demselben Versicherungsvertrag versichert und von demselben Schadensfall betroffen sind.**

Ziel des Art 10 ist die **Verfahrenskonzentration** und einheitliche Tatsachenfeststellung,[1] indem etwa der Geschädigte im Deliktsforum den Schädiger verklagt und dieser als Versicherungsnehmer vor demselben Spruchkörper den Deckungsprozess führt. Nach S 1 kann der Versicherer bei einer Haftpflichtversicherung oder Versicherung von Immobilien[2] vor dem Gericht desjenigen Ortes verklagt werden, an dem das schädigende Ereignis eingetreten ist. Die Zuständigkeit ist ebenfalls gegeben, wenn sowohl bewegliche als auch unbewegliche Sachen in demselben Vertrag versichert und von demselben Schadensfall betroffen sind. Dies gilt nach S 2 etwa bei einer Feuerversicherung, die sich über Haus- und Grundbesitz hinaus auf bewegliche Sachen erstreckt,[3] mag auch über die Fahrnis ein Zusatzvertrag geschlossen worden sein.[4] 1

---

26 *Geimer/Schütze* Art 7 Rn 9; *Kropholler* Rn 5; *Schlosser* Rn 2; *Wieczorek/Schütze/Hausmann* Art 8 Rn 5.

27 LG Stuttgart IPRax 1998, 100, 102; *Bülow/Böckstiegel/Geimer/Schütze/Auer* Art 8 Rn 17; *Geimer/Schüzte* Art 8 Rn 14; *Kropholler* Rn 5; *Looschelders* IPRax 1998, 86, 90; *Musielak/Weth* Rn 4; *Schlosser* Rn 2; *Wieczorek/Schütze/Hausmann* Art 8 Rn 5; vgl zum Problem der wortlautgetreuen Anwendung des Art 9 Abs 1 lit b: *Looschelders* IPRax 1998, 86, 90.

28 *Thomas/Putzo/Hüßtege* Art 5 Rn 1.

29 *Geimer/Schütze* Art 8 Rn 16ff.

1 *Fricke* VersR 1997, 399, 402.

2 Die Begriffe sind autonom zu interpretieren.

3 *Jenard*-Bericht zu Art 9 EuGVÜ, ABl EG 1979 C 59/1, 32; *Kropholler* Rn 2; *Wieczorek/Schütze/Hausmann* Art 9 Rn 2.

4 *Jenard*-Bericht zu Art 9 EuGVÜ, ABl EG 1979 C 59/1, 32.

2 Art 10 setzt nicht voraus, dass der Versicherungsnehmer im Mitgliedstaat beheimatet ist.[5] Der **Schadensort** muss demgegenüber zwingend in einem Mitgliedstaat liegen.[6] Fraglich ist, ob Art 10 tatbestandlich ausscheidet, wenn das schädigende Ereignis im Sitzstaat des Versicherers eingetreten ist. Teilweise wird dies aufgrund systematischer und teleologischer Erwägungen abgelehnt.[7] Zum einen setze ebenso wenig Art 5 Nr 3 ein Auseinanderfallen von Sitzstaat und schädigendem Ereignis voraus.[8] Zum anderen spreche die ratio der Vorschrift für einen weiten Anwendungsbereich.[9] Der Sekundärrechtsgeber nimmt jedoch durch den Wortlaut „außerdem" auf Art 9 bezug. Die Norm soll mithin einen zusätzlichen Gerichtsstand schaffen.[10] Daran fehlt es aber, wenn das schädigende Ereignis im Wohnsitzstaat des Beklagten oder Klägers eintritt, da in beiden Fällen bereits durch Art 9 Abs 1 ein Gerichtsstand eröffnet ist. Der einzige Gewinn bestünde aus Sicht des Klägers darin, dass Art 10 zugleich die örtliche Zuständigkeit festlegt. Art 10 erschöpft sich aber von seinem Regelungsgehalt genauso wenig wie Art 5 und 6 allein darin, die örtliche Zuständigkeit abweichend vom nationalen Recht zu bestimmen.[11] Art 10 gelangt daher nur zur Anwendung, wenn das schädigende Ereignis weder im Sitzstaat des Versicherers noch des Klägers liegt.[12]

3 Das Anknüpfungskriterium **„Ort des schädigenden Ereignisses"**, ist in Übereinstimmung mit den zu Art 5 Nr 3 bestehenden Grundsätzen auszulegen.[13] Dies gilt ungeachtet der Tatsache, dass Art 10 vertragliche Ansprüche gegen den Versicherer betrifft. Der Kläger kann wahlweise am Handlungs- oder Erfolgsort Klage erheben.[14] Maßgeblich ist der Ort, an dem der Erstschaden eingetreten ist. Der Rechtssache *Tacconi*[15] lässt sich ein Indiz dafür entnehmen, dass der Gerichtshof wohl selbst bei einem reinen Vermögens- als Erstschaden an der Alternativität von Handlungs- und Erfolgsort festhalten will.

---

5 So aber *Musielak/Weth* Rn 1; *Thomas/Putzo/Hüßtege* Rn 1; siehe für die hier vertretene Position: *Schlosser*-Bericht Nr 139, ABl EG 1979 C 59/71, 114.

6 *Bülow/Böckstiegel/Geimer/Schütze/Auer* Art 9 Rn 4.

7 *Bülow/Böckstiegel/Geimer/Schütze/Auer* Art 9 Rn 5.

8 *Bülow/Böckstiegel/Geimer/Schütze/Auer* Art 9 Rn 5 und vor Art 5 Rn 9. **AA** *Kropholler* vor Art 5 Rn 4; *Wieczorek/Schütze/Hausmann* vor Art 5 Rn 3.

9 *Bülow/Böckstiegel/Geimer/Schütze/Auer* Art 9 Rn 5.

10 *Fricke* VersR 1997, 399, 402; *Kropholler* Rn 1; *Wieczorek/Schütze/Hausmann* Art 9 Rn 1.

11 Vgl *Kropholler* vor Art 5 Rn 4. **AA** *Bülow/Böckstiegel/Geimer/Schütze/Auer* Art 9 Rn 5, der davon ausgeht, dass Art 10 dem Kläger lediglich eine weitere *örtliche* Zuständigkeit gewähren soll.

12 So auch *Fricke* VersR 1997, 399, 402 Fn 33; *Kropholler* vor Art 5 Rn 4 und Art 10 Rn 1; *Wieczorek/Schütze/Hausmann* Art 9 Rn 1.

13 Eingehend *Rauscher/Leible* Art 5 Rn 85 ff.

14 *Geimer/Schütze* Art 9 Rn 2; *Kropholler* Art 5 Rn 72 f.

15 EuGH Rs C-334/00 *Tacconi/Wagner* EuGHE 2002 I 7357 ff; siehe hierzu *Gebauer* JbItalR 15-16 (2002/2003) 155 ff; *Mankowski* IPRax 2003, 127 ff; der OGH hat dem EuGH die Frage vorgelegt, ob der Ort, an dem das schädigende Ereignis eingetreten ist, bei Vermögensschäden auch den Wohnsitz des Geschädigten umfasst.

Die durch Art 10 eröffnete Zuständigkeit können die Parteien unter den Voraussetzungen des Art 13 Nr 3 abbedingen.

## Artikel 11

**(1) Bei der Haftpflichtversicherung kann der Versicherer auch vor das Gericht, bei dem die Klage des Geschädigten gegen den Versicherten anhängig ist, geladen werden, sofern dies nach dem Recht des angerufenen Gerichts zulässig ist.**
**(2) Auf eine Klage, die der Geschädigte unmittelbar gegen den Versicherer erhebt, sind die Artikel 8, 9 und 10 anzuwenden, sofern eine solche unmittelbare Klage zulässig ist.**
**(3) Sieht das für die unmittelbare Klage maßgebliche Recht die Streitverkündung gegen den Versicherungsnehmer oder den Versicherten vor, so ist dasselbe Gericht auch für diese Personen zuständig.**

## I. Interventionsklage im Fall der Haftpflichtversicherung

Abs 1 sieht für den Bereich der **Haftpflichtversicherung**[1] einen Gerichtsstand der **Interventionsklage**[2] vor und legt neben der internationalen auch die örtliche Zuständigkeit fest. Die Vorschrift dient der Prozessökonomie und soll der Gefahr widersprechender Entscheidungen begegnen.[3] 1

Nach Abs 1 besteht die Möglichkeit, den Versicherer vor denjenigen Spruchkörper zu laden, bei dem die Klage des Geschädigten gegen den Versicherten anhängig ist.[4] Die Option in Abs 1 steht jedoch unter dem Vorbehalt, dass die Interventionsklage nach dem Recht des angerufenen Gerichts zulässig ist. Gem Art 65 Abs 1 S 1 kann die in Art 6 Nr 2 und Art 11 für eine Gewährleistungs- oder Interventionsklage vorgesehene Zuständigkeit weder in **Deutschland** noch **Österreich** geltend gemacht werden.[5] In diesen Mitgliedstaaten verbleibt allein der Weg, dem Versicherer nach Art 65 Abs 1 lit a und b den Streit zu verkünden.[6] 2

Wird die Klage vor den Gerichten eines Mitgliedstaates erhoben, dessen Recht die Interventionsklage kennt, ist auch ein **deutscher Versicherer** dem Abs 1 unterworfen. 3

---

[1] Dieser Begriff ist autonom zu interpretieren.

[2] Siehe hierzu *Rauscher/Leible* Art 6 Rn 11 ff.

[3] Zur Frage, ob die Zuständigkeit für die Hauptklage auf der Brüssel I-VO beruhen muss, ist umstritten: ablehnend *Geimer/Schütze* Art 10 Rn 1 f; *Wieczorek/Schütze/Hausmann* Art 10 Rn 1; **AA** *Bülow/Böckstiegel/Geimer/Schütze/Auer* Art 10 Rn 4; *Kropholler* Art 6 Rn 30; siehe auch *Rauscher/Leible* Art 6 Rn 18.

[4] Es genügt nach Wortlaut und der ratio nicht, wenn die Klage nachträglich „anhängig" gemacht wird; so aber *Schlosser* Rn 1.

[5] Für Deutschland, Österreich, die Schweiz und Spanien greift nach Art V des Protokolls Nr 1 zum Lugano-Übereinkommen diese Zuständigkeit nicht ein.

[6] Vgl *Rauscher/Staudinger* Art 65 Rn 1. In Deutschland gelangen die §§ 68, 72 ff ZPO zur Anwendung.

Dies gilt selbst dann, wenn Versicherter und Versicherer ihren Wohnsitz im gleichen Mitgliedstaat haben, der Hauptprozess aber in einem anderen Mitgliedstaat anhängig ist.[7] Der Versicherer kann dieser Gefahr im Vorfeld durch eine Gerichtsstandsvereinbarung nach Art 13 Nr 3 begegnen.[8] Entscheidungen, die in anderen Mitgliedstaaten auf Abs 1 und Art 6 Nr 2 basieren, nehmen auch in Deutschland und Österreich an der Titelfreizügigkeit teil.[9]

4 Die Klage des Geschädigten gegen den Versicherten muss vor einem **zuständigen Gericht** anhängig sein.[10] Dieses einschränkende Kriterium ist zwar nicht im Wortlaut der Vorschrift angelegt. Andernfalls wäre der Versicherer jedoch innerhalb des Binnenmarkts unbegrenzt gerichtspflichtig. Dies stünde im Widerspruch zu seinen legitimen Zuständigkeitsinteressen.[11] Der Versicherer kann und muss im Lichte der Art 35 Abs 1[12] und 3 die fehlende Zuständigkeit des Gerichts rügen.[13] Seine Gerichtspflichtigkeit besteht aber auch dann, wenn die Zuständigkeit des Gerichts durch ausdrückliche (Art 23) oder stillschweigende (Art 24) Prorogation begründet wurde.[14] In begrenztem Umfang bietet Art 13 Nr 3 ein Korrektiv.

## II. Direktklage (Abs 2)

5 Sofern der Geschädigte eine **Direktklage** („action directe") gegen den Versicherer erheben kann, gelangen die Art 8, 9 und 10 zur Anwendung. Eine Gerichtsstandsvereinbarung, die im Einklang mit Art 13 Nr 3 zwischen Versicherer und Versicherungsnehmer getroffen wird, entfaltet keine Wirkung zu Lasten des Geschädigten,[15] vielmehr stehen ihm folgende Gerichtsstände zur Auswahl: Art 11 Abs 2 iVm Art 8, 5 Nr 5; Art 11 Abs 2 iVm Art 9 Abs 1 lit a; Art 11 Abs 2 iVm Art 9 Abs 1 lit b (jedenfalls am Wohnsitz des Versicherungsnehmers, Versicherten oder Begünstigten); Art 11 Abs 2 iVm Art 9 Abs 2 sowie Art 11 Abs 2 iVm Art 10.

---

[7] *Jenard*-Bericht zu Art 10 EuGVÜ, ABl EG 1979 C 59/1, 32; *Geimer/Schütze* Art 10 Rn 5; *Wieczorek/Schütze/Hausmann* Art 10 Rn 2.

[8] Siehe zu dieser Kompromisslösung: *Jenard*-Bericht zu Art 10 EuGVÜ, ABl EG 1979 C 59/1, 32 sowie *Rauscher/Staudinger* Art 13 Nr 3 Rn 6 f.

[9] Vgl *Rauscher/Staudinger* Art 65 Rn 1; *Kropholler* Rn 2; *Schlosser* Rn 1; zum EuGVÜ: *Geimer/Schütze* Art 10 Rn 5; *Wieczorek/Schütze/Hausmann* Art 10 Rn 2.

[10] *Geimer/Schütze* Art 10 Rn 7; *Kropholler* Rn 3. **AA** *Wieczorek/Schütze/Hausmann* Art 10 Rn 1.

[11] *Geimer/Schütze* Art 10 Rn 7; *Kropholler* Rn 3.

[12] Dies berührt den Problemkreis, ob Art 35 Abs 1 teleologischer Reduktion bedarf, wenn der Versicherer sich auf diesen Anerkennungsversagungsgrund stützt. Vgl *Rauscher/Leible* Art 35 Rn 6; *Bülow/Böckstiegel/Geimer/Schütze/Auer* Art 10 Rn 5.

[13] *Geimer/Schütze* Art 10 Rn 8.

[14] *Bülow/Böckstiegel/Geimer/Schütze/Auer* Art 10 Rn 11; *Kropholler* Rn 3. **AA** *Geimer/Schütze* Art 10 Rn 8 ff.

[15] *Schlosser*-Bericht Nr 148, ABl EG 1979 C 59/71, 116; *ders* Rn 2; *Geimer/Schütze* Art 10 Rn 22; *Kropholler* Rn 6; *Rauscher/Staudinger* Art 13 Rn 6 (Nr 3); *Thomas/Putzo/Hüßtege* Rn 2; *Wieczorek/Schütze/Hausmann* Art 10 Rn 6.

6 Fraglich ist, ob der Versicherer nach Art 11 Abs 2 iVm Art 9 Abs 1 lit b am **Wohnsitzgericht** des Geschädigten verklagt werden kann. Im Rahmen des EuGVÜ lehnte das Schrifttum eine solche Privilegierung des Geschädigten nach Art 10 Abs 2, Art 8 Abs 1 Nr 2 EuGVÜ nahezu unisono ab.[16] Die Vergemeinschaftung des EuGVÜ ging indes mit einem tatbestandlichen Ausbau der betreffenden Vorschriften einher, so dass sich der Streitstand nicht unbesehen übertragen lässt. Zum einen schließt Art 9 Abs 1 lit b nunmehr auch den Versicherten und Begünstigten ein. Ob allerdings der Geschädigte eines Verkehrsunfalls stets als Begünstigter einer Kraftfahrzeughaftpflichtversicherung anzusehen ist, erscheint methodisch zweifelhaft.[17] Der Sekundärrechtsgeber erklärt jedenfalls in Abs 2 die Art 8, 9 und 10 für entsprechend anwendbar. Demzufolge wird der Geschädigte hinsichtlich der Gerichtsstände den in diesen Vorschriften genannten Verfahrensbeteiligten gleichgestellt. Der Wortlaut verbietet es damit nicht, dem Geschädigten einen Klägergerichtsstand zu eröffnen.[18] Vielmehr lässt sich für eine solche Privilegierung der vom europäischen Gesetzgeber mit den Art 8ff verfolgte Schutzzweck ins Feld führen.[19] In der Gesamtschau ist mithin davon auszugehen, dass Art 11 Abs 2 iVm Art 9 Abs 1 lit b dem Geschädigten eine Prozessführung an seinem Heimatforum ermöglicht.[20]

7 Bedeutung erlangt dies insbesondere bei **Verkehrsunfällen im Ausland** und der Durchsetzung des **Direktanspruchs** aus der Kraftfahrzeughaftpflichtversicherung. Das Opfer ist insofern regelmäßig gezwungen, im Ausland[21] zu prozessieren. Die vierte Kraftfahrzeughaftpflicht-Richtlinie (RL)[22] und deren Umsetzung im PflVersG sowie VAG[23] füh-

---

[16] LG Saarbrücken VersR 1977, 1164; *Geimer/Schütze* Art 10 Rn 13; *Looschelders* NZV 1999, 57, 58; *MünchKommZPO/Gottwald* Art 10 EuGVÜ Rn 2; *Schewior* VersR 1998, 671, 673; *Wieczorek/Schütze/Hausmann* Art 10 Rn 4. Begründet wurde diese Ansicht vor allem mit dem Wortlaut des Art 8 Abs 1 Nr 2 EuGVÜ, der lediglich den Wohnsitz des „Versicherungsnehmers" nannte und nicht den des Verletzten. Ferner wurde der Bericht von *Jenard* (*Jenard*-Bericht zu Art 10 EuGVÜ, ABl EG 1979 C 59/1, 32) herangezogen, in dem es heißt, dass es keine Bestimmung gebe, die den Gerichtsstand des Wohnsitzes des Verletzten/Geschädigten vorsieht.

[17] So *Pire*, Einige Überlegungen im Zusammenhang mit der Inkraftsetzung der Bestimmungen der vierten Richtlinie, Vortrag anlässlich des 3. Europäischen Verkehrsrechtstages in Trier am 7./8. 11. 2002; dagegen: *Backu* DAR 2003, 145, 153; *Kropholler* Rn 4; *Lemor* NJW 2002, 3666, 3668; *ders* DAR 2001, 540, 541; *Schlosser* Rn 2; unklar dazu *Rauscher* IPR 396.

[18] So schon zum EuGVÜ: *Fricke* VersR 1997, 399, 402f; *Looschelders* NZV 1999, 57, 58.

[19] *Fricke* VersR 1997, 399, 403.

[20] *Fricke* VersR 1997, 399, 403. **AA** *Kropholler* Rn 4; *Schlosser* Rn 2. Ebenso wohl *Rauscher* IPR 396.

[21] So treten regelmäßig Sprachprobleme auf. Ferner wird die Erstattung von Rechtsverfolgungskosten in Europa sehr unterschiedlich behandelt; vgl hierzu: *Backu* DAR 2003, 145, 153f.

[22] Richtlinie 2000/26/EG des Europäischen Parlaments und des Rates vom 16. Mai 2000 zur Angleichung der Rechtsvorschriften der Mitgliedstaaten über die Kraftfahrzeug-Haftpflichtversicherung und zur Änderung der Richtlinien 73/239/EWG und 88/357/EWG des Rates (Vierte Kraftfahrzeughaftpflicht-Richtlinie), ABl EG 2000 L 181/65ff; hierzu *Backu* DAR 2003, 145ff. Zum aktuellen Stand der Fünften Kraftfahrzeughaftpflicht-Richtlinie vgl den Vorschlag der Kommission für eine Richtlinie des Europäischen Parlaments und des Rates zur Änderung der Richtlinien 72/166/EWG, 84/5/EWG, 88/357/EWG

ren wohl zu keiner abweichenden Rechtslage. Nach Art 4 RL muss jedes Versicherungsunternehmen in allen Mitgliedstaaten mit Ausnahme seines Zulassungsstaates einen Schadensregulierungsbeauftragten benennen. Zweifelhaft erscheint, ob der Schadensregulierungsbeauftragte eine Niederlassung[24] iSv Art 11 Abs 2 iVm Art 8, 5 Nr 5 darstellt und es sich um eine Streitigkeit aus ihrem Betrieb handelt. Fungiert eine bereits bestehende Zweigniederlassung als Schadensregulierungsbeauftragter,[25] mag tatbestandlich eine Niederlassung iSd Art 5 Nr 5 vorliegen.[26] Ob allerdings die Tätigkeit des Schadensregulierungsbeauftragten den strengen Anforderungen des EuGH genügt,[27] den dieser an das Merkmal der Betriebsbezogenheit stellt, erscheint zweifelhaft.[28] Gegen die Annahme eines Gerichtsstandes nach Art 11 Abs 2 iVm 8, 5 Nr 5 scheinen der Erwägungsgrund Nr 16[29] sowie Art 4 Abs 8[30] der RL zu sprechen, die in Deutschland teilweise in § 7b Abs 3 S 4 VAG übernommen wurden. Folgt man dieser Einschätzung,

---

und 90/232/EWG des Rates sowie der Richtlinie 2000/26/EG über die Kraftfahrzeug-Haftpflichtversicherung, KOM (2002) 244 endg; sowie die Stellungnahme des Europäischen Wirtschafts- und Sozialausschusses, ABl EG 2003 C 95/45 ff; die Stellungnahme des Deutschen Anwaltsvereins Nr 05/03 vom 19. 2. 2003, abrufbar unter: http://www.anwaltverein.de/03/05/2003/05-03.rtf; und das Abschlusspapier der Expertengruppe unter Leitung von *Reiff* zur Vorbereitung des 3. Europäischen Verkehrsrechtstages in Trier am 7./8. 11. 2002: http://www.uni-trier.de/%7Ereiff/Abschlusspapier.pdf.

23 Gesetz zur Änderung des Pflichtversicherungsgesetzes und anderer versicherungsrechtlicher Vorschriften vom 10. Juli 2002, BGBl 2002 I 2586 ff.

24 Zum Begriff vgl *Rauscher/Leible* Art 5 Rn 103.

25 Vgl auch BT-Drucks 14/8770, 2: „Die überwiegende Mehrzahl der Versicherer wird dabei aufgrund der Internationalisierung ihres Geschäfts auf vorhandene Strukturen und Kooperationen im europäischen Ausland zurückgreifen können."

26 So *Rudisch* ZVR 1998, 219, 234; vgl auch *Looschelders* NZV 1999, 57, 60. **AA** *Fuchs* IPRax 2001, 425, 426.

27 *Rauscher/Leible* Art 5 Rn 108.

28 Vgl hierzu: *Lemor* NJW 2002, 3666, 3668; *ders* DAR 2001, 540, 542; *Looschelders* NZV 1999, 57, 60. *Rudisch* ZVR 1998, 219, 234 hält das Merkmal entgegen den zuvor genannten Autoren für erfüllt. Der nationale Gesetzgeber geht offenbar davon aus, dass Konstellationen denkbar sind, in denen dem Geschädigten ein Gerichtsstand in seinem Wohnsitzstaat eröffnet wird. So in BT-Drucks 14/8770, 11: „Weiterhin soll durch die Tätigkeit des Schadensregulierungsbeauftragten allein noch kein Gerichtsstand begründet werden. Nur wenn aus anderen Gründen ein Gerichtsstand gegeben ist, etwa weil der Versicherer eine Zweigniederlassung mit der Tätigkeit des Schadensregulierungsbeauftragten betraut hat, kann also ein Geschädigter auch in seinem Wohnsitzstaat gerichtlich gegen den Versicherer vorgehen." Zweifelhaft ist, ob der Gesetzgeber bei diesen Ausführungen das Merkmal der Betriebsbezogenheit hinreichend berücksichtigt hat.

29 „Die Tätigkeiten der Schadensregulierungsbeauftragten reichen nicht aus, um einen Gerichtsstand im Wohnsitzmitgliedstaat des Geschädigten zu begründen, wenn dies nach den Regelungen des internationalen Privat- und Zivilprozessrechts über die Festlegung der gerichtlichen Zuständigkeiten nicht vorgesehen ist."

30 Die Benennung eines Schadensregulierungsbeauftragten stellt für sich allein keine Errichtung einer Zweigniederlassung im Sinne von Artikel 1 Buchstabe b) der Richtlinie 92/49/EWG dar, und der Schadensregulierungsbeauftragte gilt nicht als Niederlassung gem Artikel 2 Buchstabe c) der Richtlinie 88/357/EWG oder als Niederlassung im Sinne des EuGVÜ.

dann vermag die drohende Schutzlücke allein Art 11 Abs 2 iVm Art 9 Abs 1 lit b zu schließen.

Abs 2 **begründet keine Direktklage.** Sie muss vielmehr aus dem Blickwinkel des angerufenen Gerichts zulässig sein und wird lediglich durch einen Gerichtsstand flankiert. Der Sekundärrechtsgeber verweist insoweit auf die Anknüpfungsregeln des angerufenen Spruchkörpers.[31] In Deutschland bestimmt sich das auf den Direktanspruch anzuwendende Recht nach Art 40 Abs 4 EGBGB.[32] Danach ist ein solcher Anspruch zulässig, wenn ihn entweder das Delikts- oder Versicherungsvertragsstatut vorsieht.[33] Ein Haftpflichtversicherungsvertrag für ein Kfz mit regelmäßigem Standort im Inland unterliegt nach Art 12 Abs 2 EGVVG iVm § 1 PflVersG deutschem Recht.[34] Der Direktanspruch folgt aus § 6 Abs 1 AuslPflVG und § 3 Nr 1 PflVersG. 8

Unter bestimmten Voraussetzungen gewährt Art 9 des **Haager Übereinkommens über das auf Straßenverkehrsunfälle anwendbare Recht** vom 4. 5. 1971 eine Direktklage gegen den Kraftfahrzeughaftpflichtversicherer.[35] Deutschland hat dieses Abkommen bislang noch nicht ratifiziert.[36] Dessen ungeachtet gilt es jedoch nach Art 11 S 2 als „loi uniforme[37]" (universelle Geltung) und damit im Verhältnis zwischen einem Signatar- zu einem Nichtvertragsstaat. 9

## III. Streitverkündung (Abs 3)

Nach Abs 3 erstreckt sich die **Zuständigkeit des Direktklagegerichts** auch auf den Versicherungsnehmer und/oder den Versicherten als Streitverkündungsempfänger.[38] Die Vorschrift dient der Verfahrenskonzentration und soll der Gefahr widersprechender Entscheidungen begegnen.[39] Ferner bezweckt Abs 3 den Schutz des Versicherers 10

---

[31] *Jenard*-Bericht zu Art 10 EuGVÜ, ABl EG 1979 C 59/1, 32.

[32] Diese Vorschrift könnte demnächst abgelöst werden durch Art 14 des Vorschlags für eine Verordnung des Europäischen Parlaments und des Rates über das auf außervertragliche Schuldverhältnisse anzuwendende Recht („Rom II"), KOM (2003) 427 endg, 1, 28; zum Vorentwurf: *Hamburg Group for Private International Law* RabelsZ 67 (2003), 1 ff.

[33] Zur Alternativanknüpfung siehe *Kropholler*, Internationales Privatrecht[4] (2001) 506; *Palandt/Heldrich*[62] (2002) Art 40 EGBGB Rn 22; *Junker* JZ 2000, 477 ff; *Kreuzer* RabelsZ 2001, 383 ff; *Looschelders* VersR 1999, 1316 ff; *Staudinger* DB 1999, 1589, 1592. Ausschließlich auf das Deliktsstatut abstellend: *Schlosser* Rn 2; *Thomas/Putzo/Hüßtege* Rn 2.

[34] Ausführlich zu Art 12 EGVVG: *Dörner*, in: Berliner Kommentar zum Versicherungsvertragsgesetz (1999) Art 12 EGVVG.

[35] Abgedruckt in *Jayme/Hausmann*, Internationales Privat- und Verfahrensrecht[11] (2002) Nr 100; vgl hierzu: *Geimer/Schütze* Art 10 Rn 17.

[36] Der aktuelle Ratifikationsstand des Übereinkommens ist einzusehen unter: http://www.hcch.net/e/status/stat19e.html.

[37] Siehe *Jayme/Hausmann*, Internationales Privat- und Verfahrensrecht[11] (2002) Nr 100 Fn 2.

[38] *Thomas/Putzo/Hüßtege* Rn 3.

[39] *Jenard*-Bericht zu Art 10 EuGVÜ, ABl EG 1979 C 59/1, 32.

vor betrügerischen Machenschaften.[40] Voraussetzung ist, dass das Institut der Streitverkündung bekannt ist, und zwar – so die überwiegende Ansicht – in dem auf die Direktklage anwendbaren Recht.[41] Hiernach scheiterte die durchzusetzende lex causae nicht an prozessualen Schranken.[42] Bei einer verfahrensrechtlichen Qualifikation, die vorzugswürdig erscheint, entscheidet demgegenüber die lex fori des für die Hauptklage angerufenen Gerichts[43] (in Deutschland: §§ 72ff ZPO).

Weshalb eine Prorogationsabrede zwischen Versicherer und Versicherungsnehmer keinerlei Wirkung zwischen diesen Beteiligten entfalten soll, ist nicht recht ersichtlich.[44]

## Artikel 12

**(1) Vorbehaltlich der Bestimmungen des Artikels 11 Absatz 3 kann der Versicherer nur vor den Gerichten des Mitgliedstaats klagen, in dessen Hoheitsgebiet der Beklagte seinen Wohnsitz hat, ohne Rücksicht darauf, ob dieser Versicherungsnehmer, Versicherter oder Begünstigter ist.**
**(2) Die Vorschriften dieses Abschnitts lassen das Recht unberührt, eine Widerklage vor dem Gericht zu erheben, bei dem die Klage selbst gemäß den Bestimmungen dieses Abschnitts anhängig ist.**

### I. Gerichtsstand für Klagen des Versicherers

1 Der **Versicherer** (dessen Rechtsnachfolger) kann nach Abs 1 grundsätzlich nur vor den Spruchkörpern desjenigen Mitgliedstaates klagen, in dessen Hoheitsgebiet der Beklagte (etwa Versicherungsnehmer, Versicherter oder Begünstigter bzw deren Rechtsnachfolger)[1] beheimatet ist (Art 59, 60). Dies entspricht Art 2 Abs 1 und dient dem Schutz etwa des Versicherungsnehmers, indem dieser nicht außerhalb seines Wohnsitzstaates gerichtspflichtig wird. Entscheidend ist der Wohnsitz zum Zeitpunkt der Klageerhebung.[2] Abs 1 erfasst nach seiner ratio ebenso Versicherer, die keinen Sitz bzw keine Niederlassung in einem Mitgliedstaat haben.[3]

---

[40] *Jenard*-Bericht zu Art 10 EuGVÜ, ABl EG 1979 C 59/1, 32.

[41] *Wieczorek/Schütze/Hausmann* Art 10 Rn 6.

[42] Vgl *Grunsky* ZZP 89 (1976), 241, 257ff.

[43] *Bülow/Böckstiegel/Geimer/Schütze/Auer* Art 10 Rn 23.

[44] *Bülow/Böckstiegel/Geimer/Schütze/Auer* Art 10 Rn 23; *Heiss* 105, 130f; so auch im Hinblick auf den Ausschluss der Streitverkündung zugunsten des Versicherten: *Geimer/Schütze* Art 10 Rn 22; abweichend wohl *Kropholler* Rn 6.

[1] Zur Klage des Versicherers gegen den Geschädigten auf Rückerstattung des im Wege einer Direktklage zu unrecht Erlangten: *Bülow/Böckstiegel/Geimer/Schütze/Auer* Art 11 Rn 5.

[2] *Jenard*-Bericht zu Art 11 EuGVÜ, ABl EG 1979 C 59/1, 33; *Schlosser* Rn 1.

[3] *Kropholler* Rn 1.

Die **örtliche Zuständigkeit** wird nicht durch Abs 1 bestimmt, sondern richtet sich nach autonomem Recht,[4] in Deutschland mithin nach den §§ 12 ff ZPO iVm § 36 VVG. 2

Nach Art 11 Abs 3 bleibt es dem Versicherer unbenommen, dem Versicherungsnehmer oder Versicherten im Rahmen einer vom Geschädigten erhobenen Direktklage (Art 11 Abs 2) den **Streit zu verkünden**. 3

Der Vorbehalt in Art 8 zugunsten der **Art 4 und Art 5 Nr 5** gilt einschränkungslos auch für Klagen gegen den Versicherungsnehmer, Versicherten sowie Begünstigten.[5] Art 12 findet demzufolge keine Anwendung, wenn der Beklagte in einem Drittstaat beheimat ist.[6] Vielmehr greift Art 4 ein. Art 5 Nr 5 eröffnet dem Versicherer die Möglichkeit, einen im Binnenmarkt domizilierten Prozessgegner vor dem Gericht des Mitgliedstaates zu verklagen, in dem dieser eine Zweigniederlassung etc besitzt. Dies gilt allerdings nur unter der einschränkenden Voraussetzung, dass es sich um eine Streitigkeit aus deren Betrieb handelt. Schließlich können sich weitere Gerichtsstände aus zulässigen Prorogationsabreden nach Art 13 iVm Art 23 ergeben[7] sowie durch eine rügelose Einlassung iSd Art 24. 4

## II. Widerklage

Abs 2 integriert die Vorschrift des Art 6 Nr 3 in den 3. Abschnitt.[8] Dadurch kann der Versicherer **Widerklage gegen den Versicherten**[9] an einem der in den Art 8 bis 11 aufgeführten Gerichtsstände erheben.[10] Um einen Gleichklang mit Art 6 Nr 3 zu erzielen, ist Konnexität, also ein Sachzusammenhang mit der Klage, erforderlich.[11] Abs 2 gilt entgegen seiner systematischen Stellung innerhalb des Art 12 nicht nur für Klagen des Versicherers.[12] Vielmehr steht auch dem Versicherungsnehmer, Versicherten und Begünstigten die Möglichkeit offen, Widerklage zu erheben.[13] Die Vorschrift bestimmt 5

---

4 *Jenard*-Bericht zu Art 11 EuGVÜ, ABl EG 1979 C 59/1, 33.

5 *Bülow/Böckstiegel/Geimer/Schütze/Auer* Art 11 Rn 6; *Geimer/Schütze* Art 11 Rn 1; *Kropholler* Rn 2; *Musielak/Weth* Art 8 Rn 3 und Art 12 Rn 1; *Thomas/Putzo/Hüßtege* Art 8 Rn 3 und Art 12 Rn 1; *Wieczorek/Schütze/Hausmann* Art 7 Rn 2 und Art 11 Rn 2. **AA** *Franchi* Riv dir int priv proc 1976, 712, 727.

6 *Jenard*-Bericht zu Art 11 EuGVÜ, ABl EG 1979 C 59/1, 33.

7 *Schlosser* Rn 2.

8 *Jenard*-Bericht zu Art 11 EuGVÜ, ABl EG 1979 C 59/1, 33.

9 Zur Klage des Versicherers gegen mehrere Beklagte – etwa Versicherungsnehmer und Versicherter – und mangelnden Anwendbarkeit des Art 6 Nr 1 und 2: *Bülow/Böckstiegel/Geimer/Schütze/Auer* Art 11 Rn 8 ff; *Rauscher/Leible* Art 6 Rn 26.

10 *Thomas/Putzo/Hüßtege* Rn 2.

11 Vgl *Rauscher/Leible* Art 6 Rn 26 f; *Bülow/Böckstiegel/Geimer/Schütze/Auer* Art 11 Rn 17; *Wieczorek/Schütze/Hausmann* Art 11 Rn 4.

12 *Geimer/Schütze* Art 8 Rn 19; *Schlosser* Rn 3.

13 *Wieczorek/Schütze/Hausmann* Art 11 Rn 4.

gleichermaßen die internationale wie die örtliche Zuständigkeit. Abs 2 steht abweichenden Gerichtsstandsvereinbarungen nicht entgegen.

## Artikel 13

Von den Vorschriften dieses Abschnitts kann im Wege der Vereinbarung nur abgewichen werden:

1. wenn die Vereinbarung nach der Entstehung der Streitigkeit getroffen wird,
2. wenn sie dem Versicherungsnehmer, Versicherten oder Begünstigten die Befugnis einräumt, andere als die in diesem Abschnitt angeführten Gerichte anzurufen,
3. wenn sie zwischen einem Versicherungsnehmer und einem Versicherer, die zum Zeitpunkt des Vertragsabschlusses ihren Wohnsitz oder gewöhnlichen Aufenthalt in demselben Mitgliedstaat haben, getroffen ist, um die Zuständigkeit der Gerichte dieses Staates auch für den Fall zu begründen, dass das schädigende Ereignis im Ausland eintritt, es sei denn, dass eine solche Vereinbarung nach dem Recht dieses Staates nicht zulässig ist,
4. wenn sie von einem Versicherungsnehmer geschlossen ist, der seinen Wohnsitz nicht in einem Mitgliedstaat hat, ausgenommen soweit sie eine Versicherung, zu deren Abschluss eine gesetzliche Verpflichtung besteht, oder die Versicherung von unbeweglichen Sachen in einem Mitgliedstaat betrifft, oder
5. wenn sie einen Versicherungsvertrag betrifft, soweit dieser eines oder mehrere der in Artikel 14 aufgeführten Risiken deckt.

### I. Allgemeines und Zweck

1 Art 13 enthält – vergleichbar den Art 17 und 21 – iVm Art 23 Abs 5 eine **Sonderregel für Gerichtsstandsabreden**, um einer Umgehung der Schutzgerichtsstände im Wege der Prorogation vorzubeugen.[1] Gerade in Versicherungssachen besteht die Gefahr, dass das Schutzniveau durch vorformulierte AVB unterlaufen wird.[2] Gerichtsstandsvereinbarungen unterliegen den Formerfordernissen des Art 23, soweit jene nicht durch Art 13 als lex specialis bzw kraft Verweises auf das nationale Recht (vgl Art 13 Nr 3) modifiziert werden.[3] Zur intertemporalen Geltung der in der Brüssel I-VO vorgesehenen Pro- bzw Derogationsschranken siehe Art 66.

2 Der Schutz der Brüssel I-VO erweist sich auf den ersten Blick als lückenhaft, sofern man die Einschränkung in Art 23 Abs 1 auf Abs 5 überträgt und damit die Prorogation eines **Drittstaatenforums** nicht am Maßstab der Brüssel I-VO beurteilt, sondern anhand der divergierenden nationalen Regeln im jeweiligen Gerichtsstaat.[4] Angesichts

[1] *Rauscher* IPR 397; *Schlosser* Art 13 vor Rn 1; *Wieczorek/Schütze/Hausmann* Art 12 Rn 1; vgl auch Erwägungsgrund Nr 14.

[2] *Kropholler* Rn 1; *Looschelders* IPRax 1998, 86, 87; *Schlosser* Art 13 vor Rn 1; *Wieczorek/Schütze/Hausmann* Vor Art 7 Rn 1 und Art 12 Rn 1.

[3] *Musielak/Weth* Rn 1; *Thomas/Putzo/Hüßtege* Rn 1; *Wieczorek/Schütze/Hausmann* Art 12 Rn 2 und 4.

[4] Siehe *Rauscher/Staudinger* Art 17 Rn 1; *Rauscher/Mankowski* Art 21 Rn 7.

der ratio legis der Art 8ff sowie gestützt auf einen Erst-Recht-Schluss erscheint eine Analogie zu Art 13 iVm Art 23 Abs 5 methodisch vertretbar und vorzugswürdig. Ein Verstoß gegen die Prorogationsschranke – sei es in unmittelbarer oder entsprechender Anwendung der zuvor genannten Vorschriften – wird durch die rügelose Einlassung nach Art 24 überspielt.

Die **Prorogationsschranken** gelten angesichts des Art 1 Abs 2 lit d nicht analog für **Schiedsgerichtsvereinbarungen**. Art 13 steht ebenso wenig einer außergerichtlichen Streitbeilegung entgegen.[5] 3

## II. Zulässige Gerichtsstandsabreden:

### 1. Vereinbarung nach Entstehen der Streitigkeit (Nr 1)

Eine Gerichtsstandsabrede ist rechtlich unbedenklich, sofern sie **nach dem Entstehen der Streitigkeit** getroffen wird. Dies ist laut dem Bericht von *Jenard*[6] der Fall, wenn ein „gerichtliches Verfahren unmittelbar oder in Kürze bevorsteht". Nur dann sei die Durchbrechung des Prorogationsverbots gerechtfertigt, weil der rechtlich unerfahrene Versicherungsnehmer die Tragweite einer solchen Abrede überschauen und eine streitige Auseinandersetzung vor Gericht in seine Überlegung mit einbeziehen könne.[7] Nach der Ansicht von *Geimer/Schütze*[8] genügt es hingegen, wenn zwischen den Parteien Meinungsverschiedenheiten über die Auslegung, Abwicklung oder Erfüllung des Vertrages entstanden sind, ohne dass bereits in concreto eine gerichtliche Auseinandersetzung droht. Diese Interpretation begegnet im Lichte des von Art 8ff intendierten Schutzes jedenfalls dann methodischen Bedenken, wenn sich die Vereinbarung zum Nachteil eines privaten Versicherungsnehmers auswirkt. Mit der Prorogationsschranke in Nr 1 ist ferner eine bedingte Abrede unvereinbar, die bereits bei Vertragsschluss für den Fall des Entstehens einer Streitigkeit getroffen wird.[9] Eine abweichende Beurteilung kann sich aus den Nrn 2 bis 5 ergeben. 4

### 2. Vereinbarung zugunsten des Versicherungsnehmers (Nr 2)

Die Nr 2 erlaubt Vereinbarungen, welche die **Gerichtsstände des Versicherungsnehmers**, Versicherten oder Begünstigten **erweitern.** Derlei Abreden auszuschließen, die allein eine prorogative Wirkung entfalten können, bedeutete einen hypertrophen Schutz.[10] Zulässig sind ebenso Zuständigkeitsvereinbarungen zugunsten Dritter, ohne dass sie an deren Abschluss beteiligt sein müssen, sofern die formellen Voraussetzungen 5

---

[5] Vgl *Rauscher/Staudinger* Art 17 Rn 4; siehe auch Grünbuch über alternative Verfahren zur Streitbeilegung im Zivil- und Handelsrecht vom 19. 4. 2002, KOM (2002) 196 endg.

[6] *Jenard*-Bericht zu Art 12 EuGVÜ, ABl EG 1979 C 59/1, 33.

[7] *Kropholler* Art 17 Rn 1; Art 13 Rn 2; *Wieczorek/Schütze/Hausmann* Art 12 Rn 5.

[8] *Geimer/Schütze* Art 12 Rn 5.

[9] *Geimer/Schütze* Art 12 Rn 4.

[10] *Geimer/Schütze* Art 12 Rn 6.

des Art 23 im Verhältnis zwischen Versicherer und Versicherungsnehmer eingehalten worden sind.[11]

**3. Vereinbarung der Gerichtszuständigkeit bei gemeinsamem Wohnsitz- oder Aufenthalt (Nr 3)**

6 Sofern Versicherer und Versicherungsnehmer zur Zeit des Vertragsschlusses ihren **Wohnsitz** (Art 59, 60) oder **gewöhnlichen Aufenthalt** (vgl Art 5 Nr 2, Art 17 Nr 3) **in demselben Mitgliedstaat haben**, können sie nach Nr 3 das forum delicti commissi ausschließen und die (internationale) Zuständigkeit der Spruchkörper im gemeinsamen Wohnsitzstaat vereinbaren.[12] Der Versicherer begegnet damit der Gefahr, nach dem Umzug des Versicherungsnehmers im Ausland gerichtspflichtig zu werden.[13] Die Ausnahme der Nr 3 eröffnet dem Versicherer ferner die Möglichkeit, sich vor Interventionsklagen zu schützen, da Art 65 diese nicht binnenmarktweit ausschließt.[14] Eine Gerichtsstandsvereinbarung entfaltet keine Wirkung zu Lasten Dritter,[15] so dass etwa die Direktklage des Geschädigten nach Art 11 Abs 2 nicht durch eine Abrede zwischen Versicherer und Versicherungsnehmer abbedungen werden kann.[16]

7 Die Vereinbarung muss nach dem **Heimatrecht beider Parteien zulässig** sein. Prüfungsmaßstab ist demzufolge nicht Art 23.[17] Dieser wird durch Art 13 Nr 3 als lex specialis verdrängt.[18] Der Sekundärrechtsgeber verweist hierin auf die innerstaatlichen Vorschriften. In Deutschland richtet sich die Wirksamkeit somit nach den §§ 38, 40 ZPO. Der Verweis in Nr 3 erstreckt sich ebenso auf die in § 38 Abs 3 ZPO vorausgesetzten Formvorgaben,[19] die einer Reform bedürfen.[20] Gem § 48 Abs 2 VVG kann der Gerichtsstand der Agentur nicht ausgeschlossen werden. Eine **vorformulierte Gerichtsstandsklausel** muss überdies im Einklang mit den Vorgaben in 305 ff BGB stehen.[21] Eine derartige Doppelkontrolle ist nach Art 7 der Klauselricht-

---

[11] EuGH Rs 201/82 *Gerling Konzern/Amministrazione del tesoro* EuGHE 1983, 2503, 2515 Rn 20.

[12] *Thomas/Putzo/Hüßtege* Rn 4.

[13] *Schlosser* Rn 3.

[14] Vgl *Rauscher/Staudinger* Art 11 Rn 4.

[15] *Fricke* VersR 1997, 399, 404; *Geimer/Schütze* Art 12 Rn 7; *Wieczorek/Schütze/Hausmann* Art 12 Rn 8.

[16] *Schlosser*-Bericht Nr 148, ABl EG 1979 C 59/71, 116; *ders* Art 11 Rn 2; *Geimer/Schütze* Art 10 Rn 22; *Kropholler* Rn 6; *Rauscher/Staudinger* Art 11 Rn 5; *Thomas/Putzo/Hüßtege* Art 11 Rn 2; *Wieczorek/Schütze/Hausmann* Art 10 Rn 6.

[17] *Kropholler* Rn 5; *Rauscher* IPR 397.

[18] *Rauscher/Mankowski* Art 23 Rn 48; *MünchKomm/Basedow* Band 2 a[4] (2003) § 307 Rn 323.

[19] Ansonsten wird die gesetzgeberische Einheit von Inhalt und Form zerstört; zur umstrittenen Auslegung des Merkmals „schriftlich" siehe die Angaben bei *Zöller/Vollkommer* § 38 ZPO Rn 27, 34, 37; *Junker* RIW 1999, 809, 813 f.

[20] *Staudinger*, in: *Schulze/Schulte-Nölke* (Hrsg), Die Schuldrechtsreform vor dem Hintergrund des Gemeinschaftsrechts (2001) 295, 302.

[21] Vgl hierzu *Baumbach/Lauterbach/Albers/Hartmann* § 38 Rn 10 f; *MünchKomm/Basedow* Band 2 a[4] (2003) § 307 Rn 317, 320 ff; *Staudinger* DB 2000, 2058, 2059.

linie[22] für bestimmte Konstellationen gemeinschaftsrechtlich geboten und eröffnet das Verbandsklageverfahren.[23] Für den Fall, dass der Versicherungsvertrag in einer Haustürsituation angebahnt wurde, befürwortet die Judikatur eine Kontrolle am Maßstab des § 29 c Abs 3 ZPO.[24] Dies erscheint allerdings im Lichte des § 312 Abs 3 BGB zweifelhaft.[25]

### 4. Vereinbarung mit einem Versicherungsnehmer, der seinen Wohnsitz nicht in einem Mitgliedstaat hat (Nr 4)

Eine Gerichtsstandsvereinbarung, die eine **ausschließliche Zuständigkeit** eines Mit- 8
glied- oder Drittstaates[26] zum Inhalt hat,[27] ist nach Nr 4 zulässig, wenn sie von einem Versicherungsnehmer geschlossen wurde, der seinen Wohnsitz außerhalb des Binnenmarkts hat. Eine solche Prorogation scheidet bei einer gesetzlichen Versicherungspflicht[28] ebenso aus wie bei der Versicherung von unbeweglichen Sachen in einem Mitgliedstaat. Der Versicherungsnehmer kann sich in diesen Fällen auf die Art 9 bis 11 stützen.[29] Dem steht der mangelnde Mitgliedstaatenbezug nicht entgegen.[30]

Die Zielsetzung des Ausnahmetatbestandes liegt bei der **Grundstücksversicherung** da- 9
rin, die Anwendbarkeit des Art 10 selbst für den Fall sicherzustellen, dass der Versicherungsnehmer außerhalb des Binnenmarkts beheimatet ist.[31] Demzufolge muss Art 10 überhaupt einschlägig sein.[32] Die Unwirksamkeit etwaiger Gerichtsstandsvereinbarungen gilt ungeachtet einer Prorogationsschranke im nationalen Recht.[33] Nr 4 verbietet es nach seiner ratio allerdings nicht, die in Art 10 genannten Gerichte für ausschließlich zuständig zu erklären.[34]

---

[22] Richtlinie 93/13/EWG des Rates der Europäischen Gemeinschaften über missbräuchliche Klauseln in Verbraucherverträgen vom 5. 4. 1993, ABl EG 1993 L 95/29.

[23] Jüngst zur Verbandsklage: EuGH Rs C-167/00 *Verein für Konsumenteninformation/K H Henkel* EuGHE 2002 I 8111 ff = IPRax 2003, 341 ff mit Anm *Michailidou* 223 ff. Zum Verhältnis der Klauselrichtlinie bzw ihrer Transformation zu Art 23 siehe *Rauscher/Staudinger* Art 17 Rn 6; *Rauscher/Mankowski* Art 23 Rn 10.

[24] Siehe LG Landshut NJW 2003, 1197.

[25] Vgl zu § 29 c ZPO: BT-Drucks 14/6040, 278; wie hier wohl *Musielak/Smid* § 29 c ZPO Rn 6.

[26] Im letzten Fall greifen die Formvorgaben aus Art 23 Abs 1 nicht ein. Maßgeblich ist die lex fori.

[27] *Schlosser*-Bericht Nr 137, ABl EG 1979 C 59/71, 112; *Geimer/Schütze* Art 12 Rn 10.

[28] Vgl *Wieczorek/Schütze/Hausmann* Art 12 Rn 11. Einen ausführlichen Katalog der einschlägigen Versicherungen enthält der *Schlosser*-Bericht Nr 138, ABl EG 1979 C 59/71, 113.

[29] *Musielak/Weth* Rn 5; *Thomas/Putzo/Hüßtege* Rn 5.

[30] Siehe hierzu *Rauscher/Staudinger* Einl Rn 20.

[31] *Schlosser*-Bericht Nr 139, ABl EG 1979 C 59/71, 114.

[32] *Bülow/Böckstiegel/Geimer/Schütze/Auer* Art 12 Rn 34; *Geimer/Schütze* Art 12 Rn 12.

[33] *Schlosser*-Bericht Nr 139, ABl EG 1979 C 59/71, 114.

[34] *Bülow/Böckstiegel/Geimer/Schütze/Auer* Art 12 Rn 34; abweichend *Geimer/Schütze* Art 12 Rn 12; *Schlosser*-Bericht Nr 139, ABl EG 1979 C 59/71, 114.

### 5. Versicherungen von „Großrisiken", insbes See- und Luftfahrtversicherungen

10 Die Nr 5 enthält iVm dem Katalog des Art 14 **Sonderregeln** im Fall der Versicherung von „Großrisiken", insbesondere für See- und Luftfahrtversicherungen. Die Abrede kann sich nach Nr 5 ebenso auf mitversicherte Annexrisiken erstrecken, da der Wortlaut lediglich einen Versicherungsvertrag voraussetzt, der ein „Großrisiko" betrifft.[35] Bei reinen Landtransportversicherungen greift demgegenüber die Schranke der Nr 1 ein.[36]

11 Die Sonderregel in Nr 5 rechtfertigt sich dadurch, dass die Gruppe dieser Versicherungsnehmer nach typisierender Betrachtungsweise nicht schutzbedürftig ist.[37] Konsequenterweise sollte der Sekundärrechtsgeber allerdings den Bereich der Großversicherungen gänzlich aus dem Katalog der Art 8ff herausnehmen.[38]

## Artikel 14

Die in Artikel 13 Nummer 5 erwähnten Risiken sind die folgenden:

1. sämtliche Schäden
   a) an Seeschiffen, Anlagen vor der Küste und auf hoher See oder Luftfahrzeugen aus Gefahren, die mit ihrer Verwendung zu gewerblichen Zwecken verbunden sind,
   b) an Transportgütern, ausgenommen Reisegepäck der Passagiere, wenn diese Güter ausschließlich oder zum Teil mit diesen Schiffen oder Luftfahrzeugen befördert werden;
2. Haftpflicht aller Art, mit Ausnahme der Haftung für Personenschäden an Passagieren oder Schäden an deren Reisegepäck,
   a) aus der Verwendung oder dem Betrieb von Seeschiffen, Anlagen oder Luftfahrzeugen gemäß Nummer 1 Buchstabe a), es sei denn, dass – was die letztgenannten betrifft – nach den Rechtsvorschriften des Mitgliedstaats, in dem das Luftfahrzeug eingetragen ist, Gerichtsstandsvereinbarungen für die Versicherung solcher Risiken untersagt sind,
   b) für Schäden, die durch Transportgüter während einer Beförderung im Sinne von Nummer 1 Buchstabe b) verursacht werden;
3. finanzielle Verluste im Zusammenhang mit der Verwendung oder dem Betrieb von Seeschiffen, Anlagen oder Luftfahrzeugen gemäß Nummer 1 Buchstabe a), insbesondere Fracht- oder Charterverlust;
4. irgendein zusätzliches Risiko, das mit einem der unter den Nummern 1 bis 3 genannten Risiken in Zusammenhang steht;

---

35 *MünchKommZPO/Gottwald* Art 14 Rn 2; vgl auch *Fricke* VersR 1999, 1055, 1059f, der eine Änderung der Verordnung für erforderlich hält.

36 *Schlosser*-Bericht Nr 140, ABl EG 1979 C 59/71, 114.

37 *Schlosser*-Bericht Nr 140, ABl EG 1979 C 59/71, 114; *MünchKommZPO/Gottwald* Art 8 Rn 3 und Art 14 Rn 2; *Wieczorek/Schütze/Hausmann* Art 12 Rn 13.

38 Kritisch ebenso *Fricke* VersR 1997, 399, 401; vgl zum Problem auch *Geimer/Schütze* Art 7 Rn 4; *Schack* Rn 283.

5. unbeschadet der Nummern 1 bis 4 alle „Großrisiken" entsprechend der Begriffsbestimmung in der Richtlinie 73/239/EWG des Rates[1], geändert durch die Richtlinie 88/357/EWG[2] und die Richtlinie 90/618/EWG[3], in der jeweils geltenden Fassung.

## I. Kaskoversicherungen und Wertversicherungen von Transportgütern (Nr 1)

Nr 1 lit a betrifft bestimmte Kaskoversicherungen von gewerblich genutzten **Seeschiffen**[1] und **Luftfahrzeugen**. Der Begriff Seeschiffe umfasst alle Fahrzeuge, die zum Verkehr auf See bestimmt sind.[2] Von lit a werden auch im Bau befindliche Schiffe erfasst, sofern die Schäden aus einem See-Risiko resultieren. Ausgenommen bleiben demnach Schäden, die im Trockendock oder in den Werkhallen einer Werft auftreten.[3] 1

Nr 1 lit b bezieht sich auf die **Wertversicherung von Transportgütern**. Voraussetzung ist, dass die Transportgüter „ausschließlich oder zum Teil"[4] mit Seeschiffen oder Luftfahrzeugen befördert werden.[5] Selbst wenn der Schaden nachweisbar auf dem Landtransport entstanden ist, steht dies der Wirksamkeit einer nach Nr 5 iVm Art 14 Nr 1 lit b getroffenen Gerichtsstandsvereinbarung nicht entgegen.[6] Darüber hinaus gilt die Bestimmung auch für einen reinen Binnentransport.[7] Ausgenommen bleibt die Einstandspflicht für das Reisegepäck von Passagieren, da sie typischerweise schutzbedürftig sind.[8] 2

## II. Haftpflichtversicherungen (Nr 2)

Zweifelhaft ist, ob zu Nr 2 lit a sämtliche Haftpflichtansprüche zählen, die im Zusammenhang mit dem (Um-)Bau oder der Instandsetzung eines Schiffes auftreten[9] oder allein Ansprüche erfasst werden, die während einer Probefahrt entstehen.[10] Die Ausnahme 3

---

[1] [amtlich] ABl. L 228 vom 16. 8. 1973, S. 3. Richtlinie zuletzt geändert durch die Richtlinie 2000/26/EG des Europäischen Parlaments und des Rates (ABl. L 181 vom 20. 7. 2000, S. 65).

[2] [amtlich] ABl. L 172 vom 4. 7. 1988, S. 1. Richtlinie zuletzt geändert durch die Richtlinie 2000/26/EG.

[3] [amtlich] ABl. L 330 vom 29. 11. 1990, S. 44.

[1] Ausgenommen bleibt mithin die Vergnügungsyacht.

[2] *Schlosser*-Bericht Nr 141, ABl EG 1979 C 59/71, 115.

[3] *Schlosser*-Bericht Nr 141, ABl EG 1979 C 59/71, 115.

[4] *Schlosser*-Bericht Nr 142, ABl EG 1979 C 59/71, 115.

[5] Ausführlich zum Merkmal der teilweisen Beförderung: *Schlosser*-Bericht Nr 142, ABl EG 1979 C 59/71, 115, abgedruckt bei *Wieczorek/Schütze/Hausmann* Art 12 a Rn 3.

[6] *Schlosser*-Bericht Nr 142, ABl EG 1979 C 59/71, 115.

[7] *Schlosser*-Bericht Nr 142, ABl EG 1979 C 59/71, 115.

[8] *Schlosser*-Bericht Nr 143, ABl EG 1979 C 59/71, 115; *Geimer/Schütze* Art 12 a Rn 2; *Wieczorek/Schütze/Hausmann* Art 12 a Rn 4.

[9] *Schlosser*-Bericht Nr 144, ABl EG 1979 C 59/71, 115; *Wieczorek/Schütze/Hausmann* Art 12 a Rn 5. Dafür: *Geimer/Schütze*, Art 12 a Rn 3.

[10] Vgl *Geimer/Schütze*, Art 12 a Rn 3; *Schlosser*-Bericht Nr 144, ABl EG 1979 C 59/71, 115.

für Luftfahrtversicherungen in Nr 2 lit a aE eröffnet den Mitgliedstaaten, in denen das Luftfahrzeug eingetragen ist, die Möglichkeit, zum Schutz von Versicherungsnehmern und Unfallopfern Gerichtsstandsvereinbarungen für unzulässig zu erklären. Die Privilegierung der Passagiere gründet sich auf ihre schlechtere Verhandlungsposition.[11]

### III. Versicherungen finanzieller Verluste (Nr 3)

4 Der **Begriff „finanzielle Verluste"** ist im Wege übergreifender systematischer Auslegung unter Rückgriff auf die Richtlinie 73/239/EWG[12] zu bestimmen.[13] Neben den ausdrücklich genannten Fracht- und Charterverlusten erfasst die Vorschrift damit etwa Berufsrisiken, ungenügende Einkommen, Schlechtwetter, Gewinnausfall, laufende Unkosten allgemeiner Art, unvorhergesehene Geschäftsunkosten, Wertverluste, Miet- oder Einkommensausfälle, indirekte kommerzielle Verluste außer den bereits erwähnten sowie nichtkommerzielle Geldverluste.[14] Die finanziellen Einbußen müssen im Zusammenhang mit der Verwendung oder dem Betrieb von Seeschiffen, Anlagen oder Luftfahrzeugen iSd Nr 1 lit a stehen.

### IV. Zusatzversicherungen (Nr 4)

5 Nr 4 erlaubt **Gerichtsstandsvereinbarungen bei Zusatzversicherungen,**[15] die mit einem der in Nr 1 bis 3 genannten Risiken im Zusammenhang stehen. Zusatz- und Hauptrisiko müssen nicht in der gleichen Police versichert sein.[16] Nr 4 betrifft etwa eine Versicherung für außerplanmäßige Betriebskosten („shipowners disbursements") wie zusätzliche Hafengebühren während eines reparaturbedingten Aufenthalts oder eine Versicherung für den Verlust aus einer Unterversicherung, die während des Transports eingetreten ist („increased value").[17]

### V. „Großrisiken" (Nr 5)

6 Nr 5 ist im Zuge der Vergemeinschaftung in den Katalog aufgenommen worden. Für die Versicherung von „Großrisiken" besteht kein Schutzbedürfnis. Durch den Wortlaut „in der jeweils geltenden Fassung" stellt der Verordnungsgeber klar, dass es sich um eine **dynamische Verweisung** auf die Direktversicherungsrichtlinien[18] in ihrer jeweils

---

[11] *Schlosser*-Bericht Nr 143, ABl EG 1979 C 59/71, 115; *Wieczorek/Schütze/Hausmann* Art 12 a Rn 6.

[12] ABl EG 1973 L 228/3, 18.

[13] *Schlosser*-Bericht Nr 146, ABl EG 1979 C 59/71, 115.

[14] *Wieczorek/Schütze/Hausmann*, Art 12 a Rn 7.

[15] Der Begriff entspricht nicht demjenigen der Richtlinie 73/239/EWG: *Schlosser*-Bericht Nr 147, ABl EG 1979 C 59/71, 116.

[16] *Schlosser*-Bericht Nr 147, ABl EG 1979 C 59/71, 116; *Geimer/Schütze* Art 12 a Rn 7; *Wieczorek/Schütze/Hausmann* Art 12 a Rn 8.

[17] *Schlosser*-Bericht Nr 147, ABl EG 1979 C 59/71, 116.

[18] Die in Nr 5 aufgezählten Richtlinien finden sich an folgender Stelle im Amtsblatt der EG: 1. ABl EG 1973 L 228/3, zuletzt geändert durch die Richtlinie 2000/26/EG des Europäischen Parlaments

aktuellen Fassung handelt.[19] Soweit ein Risiko bereits von den Nrn 1 bis 4 erfasst wird, gehen diese aufgrund des Wortlauts („unbeschadet“) der Regelung in Nr 5 vor.

# Abschnitt 4
# Zuständigkeit bei Verbrauchersachen

**Schrifttum**

*Auer,* in: *Bülow/Böckstiegel/Geimer/Schütze* Der internationale Rechtsverkehr in Zivil- und Handelssachen Band 2 (2001; dort: EuGVÜ 1989 und LugÜ B I 1 e), zitiert: *Bülow/Böckstiegel/Geimer/Schütze/Auer*

*Benicke,* Internationale Zuständigkeit deutscher Gerichte nach Art 13, 14 EuGVÜ für Schadensersatzklagen geschädigter Anleger, WM 1997, 945

*De Bra,* Verbraucherschutz durch Gerichtsstandsregelungen im deutschen und europäischen Zivilprozessrecht (1992)

*De Lousanoff,* „Die Anwendung des EuGVÜ in Verbrauchersachen mit Drittstaatenbezug“, in: FS Peter Arens (1993), 251

*Hausmann,* in: *Staudinger* Kommentar zum Bürgerlichen Gesetzbuch mit Einführungsgesetz und Nebengesetzen EGBGB/IPR[13] (2002; dort: Anh II zu Art 27-37 EGBGB), zitiert: *Staudinger/Hausmann*

*ders,* in: *Wieczorek/Schütze* Zivilprozessordnung[3] Band 1 (1994; dort: Anh zu § 40 ZPO)

*Reich/Gambogi,* Gerichtsstand bei internationalen Verbraucherstreitigkeiten im e-commerce – Die EG-Verordnung 44/2001 vom 22. 12. 2000 und der Haager Konventionsentwurf über die gerichtliche Zuständigkeit und die Anerkennung und Vollstreckung ausländischer Entscheidungen in Zivil- und Handelssachen, VuR 2001, 169

*Schaltinat,* Internationale Verbraucherstreitigkeiten (1998).

## Vorbemerkung zu Art 15-17

Der 4. Abschnitt enthält **Sonderregeln zum Verbraucherschutz.** Der Sekundärrechtsgeber eröffnet dem Verbraucher als typischerweise wirtschaftlich schwächere und rechtlich wenig erfahrene Partei[1] die Möglichkeit, vor dem Heimatforum zu klagen.[2] Die Vorschriften dieses Abschnitts ähneln den Regelungen zu Versicherungs- und Arbeitssachen und haben – vorbehaltlich der Art 4 und 5 Nr 5 – abschließenden Charakter.[3] Neben ihnen sind die allgemeinen Zuständigkeitsbestimmungen der Art 2, 5 1

---

und des Rates (ABl EG 2000 L 181/65); 2. ABl EG 1988 L 172/1, zuletzt geändert durch die Richtlinie 2000/26/EG des Europäischen Parlaments und des Rates (ABl EG 2000 L 181/65); 3. ABl EG 1990 L 330/44.

19 KOM (1999) 348 endg, 16.

1 EuGH Rs C-89/91 *Shearson/TVB Treuhandgesellschaft* EuGHE 1993 I 139, 187 Rn 18.

2 *Schlosser*-Bericht Nr 153, ABl EG 1979 C 59/71, 117.

3 *Jenard*-Bericht zu Art 7 EuGVÜ, ABl EG 1979 C 59/1, 30; *Schlosser* Art 15 Rn 1.

Nr 1-4, 6 nicht anwendbar.[4] Art 16 regelt die internationale – und weitgehend auch die ört-liche[5] – Zuständigkeit sowohl für Klagen des Verbrauchers (Abs 1) als auch gegen ihn (Abs 2). Die Prorogationsfreiheit wird durch Art 17 iVm Art 23 Abs 5 erheblich eingeschränkt. Ein Zuständigkeitsmangel kann allerdings kraft stillschweigender Prorogation nach Art 24 geheilt werden.[6] Abweichend von der Grundregel des Art 35 Abs 3 unterliegt die internationale[7] Zuständigkeit nach Art 35 Abs 1 der Kontrolle des Exequaturgerichts. Ein Verstoß gegen die besonderen Schutzvorschriften führt in der Rechtsmittelinstanz nach Art 45 Abs 1 zur Versagung der Anerkennung und Vollstreckbarerklärung.

2 Die **Verbrauchersache wird in Art 15 legaldefiniert**. Die dort genannten Begriffe sind autonom mit Hilfe eines binnenmarktweit einheitlichen Methodenkanons auszulegen.[8] Angesichts der ratio legis scheidet der besondere Zuständigkeitskatalog bei reinen Privatgeschäften aus, da zwischen den Parteien kein wirtschaftliches Ungleichgewicht besteht und andernfalls die Art 15 ff zugunsten beider Seiten zur Anwendung gelangen müssten.[9] Eine Klarstellung sieht insoweit Art 15 Abs 1 lit c vor.[10]

3 Der 4. Abschnitt erfasst **vertragliche Rückabwicklungsansprüche** sowie Streitigkeiten über das Zustandekommen des Vertrages.[11] Der besondere Zuständigkeitskatalog sieht weit reichende Ausnahmen vom Grundsatz des Beklagtenwohnsitzes vor. Demzufolge müssen die Vorschriften restriktiv interpretiert werden.[12] Im Lichte der *Tacconi*-Doktrin[13] ist die vorvertragliche Haftung wegen Abbruchs der Vertragsverhandlungen

---

[4] *Thomas/Putzo/Hüßtege* Rn 1.

[5] Siehe im einzelnen *Rauscher/Staudinger* Art 16 Rn 1 ff.

[6] OLG Koblenz IPRax 2001, 334; *Kropholler* Art 24 Rn 16; *Musielak/Weth* Art 24 Rn 2; *Thomas/Putzo/Hüßtege* Rn 1, Art 24 Rn 1; *Wieczorek/Schütze/Hausmann* Vor Art 13 EuGVÜ Rn 6.

[7] Nicht indes die örtliche, auch wenn sie unmittelbar in der Brüssel I-VO festgeschrieben wird; vgl *Rauscher/Leible* Art 35 Rn 6.

[8] EuGH Rs 150/77 *Bertrand/Ott* EuGHE 1978 I 1431, 1445 Rn 12-16; EuGH Rs C-99/96 *Mietz/Internship Yachting Sneek* EuGHE 1999 I 2277, 2310 Rn 26; *Lutz/Neumann* RIW 1999, 827 ff; Überblick bei *Mankowski* RIW 1997, 990 ff; siehe allgemein *Rauscher/Staudinger* Einl Rn 35 ff.

[9] *Bülow/Böckstiegel/Geimer/Schütze/Auer* Art 13 EuGVÜ Rn 22; *E Lorenz* RIW 1987, 569, 576; *W Lorenz* IPRax 1994, 429; *MünchKommZPO/Gottwald* Rn 2; *Rauscher* IPR 400; *Schlosser* Rn 3.

[10] *Kropholler* Rn 22. Im Zuge der Vergemeinschaftung des Römischen Schuldvertragsübereinkommens sollte dies entsprechend für das IPR in der Verordnung Rom I klargestellt werden; vgl Grünbuch der Kommission über die Umwandlung des Übereinkommens von Rom aus dem Jahr 1980 über das auf vertragliche Schuldverhältnisse anzuwendende Recht in ein Gemeinschaftsinstrument sowie über seine Aktualisierung, KOM (2002) 654 endg.

[11] *Thomas/Putzo/Hüßtege* Rn 1; *Wieczorek/Schütze/Hausmann* Art 13 EuGVÜ Rn 23.

[12] EuGH Rs C-89/91 *Shearson/TVB Treuhandgesellschaft* EuGHE 1993 I 139, 186 Rn 13; EuGH Rs C-269/95 *Benincasa/Dentalkit* EuGHE 1997 I 3767, 3794 f Rn 13–16; EuGH Rs C-96/00 *Rudolf Gabriel* EuGHE 2002 I 6367, 6399 Rn 37; *Thorn* IPRax 1995, 294.

[13] EuGH Rs C-334/00 *Officine Meccaniche Tacconi SpA/Heinrich Wagner Sinto Maschinenfabrik GmbH (HWS)* EuGHE 2002 I 7357 ff; hierzu *Gebauer* JbItalR 15-16 (2002/2003), 155; *Mankowski* IPRax

deliktisch zu qualifizieren, so dass weder Art 5 Nr 1 noch Art 15 ff zur Anwendung gelangen. Etwas anderes mag für die vorvertragliche Informationspflichtverletzung gelten.

**Deliktische Ansprüche** unterfallen hingegen angesichts des klaren Wortlauts nicht 4
den Art 15 ff.[14] Bedeutung erlangt diese Dichotomie zwischen Delikt und Vertrag etwa bei Gewinnmitteilungen.[15] Bislang lehnt es der EuGH in ständiger Judikatur[16] ab, konkurrierende vertragliche Ansprüche zum Gerichtsstand der unerlaubten Handlung zu ziehen.[17] Eine ebenso klare Absage an einen Gerichtsstand des Sachzusammenhangs fehlt jedoch im spiegelbildlichen Fall.[18] Für einen umfassenden Vertragsgerichtsstand lässt sich die Entscheidung des EuGH in der Rechtssache *Gabriel*[19] anführen, sofern man die Gewinnzusage deliktisch qualifiziert.[20] Nach Ansicht des Gerichtshofs kann die Klage auf Herausgabe eines Gewinns nach § 5j des Konsumentenschutzgesetzes – der Parallelvorschrift zu § 661 a BGB im österreichischen Recht – jedenfalls dann am Verbrauchergerichtsstand erhoben werden, wenn der Unternehmer seine Gewinnzusage an die Bedingung einer Warenabnahme knüpft und der Verbraucher tatsächlich etwas aus dem Katalog bestellt. Eine derartige „vertragsakzessorische Lösung"[21] bedeutet im Rahmen des EuGVÜ wie der Brüssel I-VO zwar Neuland[22]. Für sie spricht aber neben der Prozessökonomie und der prägenden Kraft des Vertrages nunmehr auch Art 3 Nr 3 des Vorschlags für eine Verordnung Rom II[23].

---

2003, 127; vgl auch zu den Fallgruppen vorvertraglicher Haftung *Rauscher/Leible* Art 5 Rn 80; zur Bedeutung dieser Judikatur für das IPR siehe den Vorschlag für eine Verordnung des Europäischen Parlaments und des Rates über das auf außervertragliche Schuldverhältnisse anzuwendende Recht („Rom II"), KOM (2003) 427 endg, 1, 9.

[14] Ebenso *Bülow/Böckstiegel/Geimer/Schütze/Auer* Art 13 EuGVÜ Rn 14; *Lüderitz*, in: FS Stefan Riesenfeld (1983) 147, 160; *MünchKommZPO/Gottwald* Art 13 EuGVÜ Rn 8; *Musielak/Weth* Rn 1; *Schaltinat* 77; *Thomas/Putzo/Hüßtege* Rn 1.

[15] Siehe hierzu *Rauscher/Staudinger* Art 15 Rn 9.

[16] EuGH Rs 189/87 *Athanasios Kalfelis/Bankhaus Schröder, Münchinger, Hengst & Co ua* EuGHE 1988 I 5565, 5586 Rn 20.

[17] § 32 ZPO eröffnet daher keinen Gerichtsstand des Sachzusammenhangs im Hinblick auf die internationale Zuständigkeit: BGH JZ 2003, 687, 689 mit Anm *Mankowski* 689; hierzu auch *Kiethe* NJW 2003, 1294.

[18] Für eine Annexzuständigkeit kraft Sachzusammenhangs: *Geimer* EuZW 1993, 564, 566; *Geimer/Schütze* Art 13 EuGVÜ Rn 21; *Schlosser* Rn 2; *Wieczorek/Schütze/Hausmann* Art 13 EuGVÜ Rn 24.

[19] Vgl EuGH Rs C-96/00 *Rudolf Gabriel* EuGHE 2002 I 6367, 6404 Rn 60 zu Art 13 EuGVÜ.

[20] Siehe hierzu *Rauscher/Staudinger* Art 15 Rn 9.

[21] So auch *Leible* IPRax 2003, 28, 31 ff.

[22] Kritisch daher *Fetsch* RIW 2002, 936, 943; *Mankowski* EWiR 2002, 873, 874.

[23] Vorschlag für eine Verordnung des Europäischen Parlaments und des Rates über das auf außervertragliche Schuldverhältnisse anzuwendende Recht („Rom II"), KOM (2003) 427 endg.

Artikel 15

(1) Bilden ein Vertrag oder Ansprüche aus einem Vertrag, den eine Person, der Verbraucher, zu einem Zweck geschlossen hat, der nicht der beruflichen oder gewerblichen Tätigkeit dieser Person zugerechnet werden kann, den Gegenstand des Verfahrens, so bestimmt sich die Zuständigkeit, unbeschadet des Artikels 4 und des Artikels 5 Nummer 5 nach diesem Abschnitt,
(a) wenn es sich um den Kauf beweglicher Sachen auf Teilzahlung handelt,
(b) wenn es sich um ein in Raten zurückzuzahlendes Darlehen oder um ein anderes Kreditgeschäft handelt, das zur Finanzierung eines Kaufs derartiger Sachen bestimmt ist, oder
(c) in allen anderen Fällen, wenn der andere Vertragspartner in dem Mitgliedstaat, in dessen Hoheitsgebiet der Verbraucher seinen Wohnsitz hat, eine berufliche oder gewerbliche Tätigkeit ausübt oder eine solche auf irgend einem Wege auf diesen Mitgliedstaat oder auf mehrere Staaten, einschließlich dieses Mitgliedstaates, ausrichtet und der Vertrag in den Bereich dieser Tätigkeit fällt.
(2) Hat der Vertragspartner des Verbrauchers in dem Hoheitsgebiet eines Mitgliedstaats keinen Wohnsitz, besitzt er aber in einem Mitgliedstaat eine Zweigniederlassung, Agentur oder sonstige Niederlassung, so wird er für Streitigkeiten aus ihrem Betrieb so behandelt, wie wenn er seinen Wohnsitz in dem Hoheitsgebiet des Mitgliedstaates hätte.
(3) Dieser Abschnitt ist nicht auf Beförderungsverträge mit Ausnahme von Reiseverträgen, die für einen Pauschalpreis kombinierte Beförderungs- und Unterbringungsleistungen vorsehen, anzuwenden.

## I. Begriff der Verbrauchersache

1 Gem Abs 1 gilt als **Verbraucher** jede Person, die einen Vertrag iSd Buchstaben a bis c zu einem Zweck abgeschlossen hat, der nicht ihrer beruflichen oder gewerblichen Tätigkeit zugerechnet werden kann. Der Begriff der Verbrauchersache ist autonom und in Anlehnung an Art 5 Abs 1 EVÜ (= Art 29 EGBGB) auszulegen.[1]

2 Verbraucher iSd Art 15 können **nur natürliche Personen** sein.[2] Juristische Personen werden demnach vom Schutzbereich ausgenommen.[3] Eine (analoge) Anwendung der Vorschriften des 4. Abschnitts auf Personengemeinschaften – etwa eine Ehegattengesellschaft – kommt im Lichte einer engen autonomen Auslegung ebenso wenig in Betracht. Hierfür lässt sich ein obiter dictum des EuGH[4] anführen, wonach der Schutzbereich der prozessualen Sonderregeln auf Einzelpersonen begrenzt ist. Der Abschnitt 4

---

[1] Zur konventionsvergleichenden Auslegung siehe EuGH Rs C-96/00 *Rudolf Gabriel* EuGHE 2002 I 6367, 6400 f Rn 42 ff zu Art 13 EuGVÜ.

[2] EuGH Rs C-89/91 *Shearson/TVB Treuhandgesellschaft* EuGHE 1993 I 139, 188 Rn 22; EuGH verb Rs C-541/99 und C-542/99 *Cape Snc/Idealservice Srl und Idealservice MN RE Sas/OMAI Srl* EUGHE 2001 I 9049, 9065 Rn 15.

[3] Siehe zur Klauselrichtlinie EuGH verb Rs C-541/99 und C-542/99 *Cape Snc/Idealservice Srl* und *Idealservice MN RE Sas/OMAI Srl* EUGHE 2001 I 9049 ff; dies muss ungeachtet einer Schutzbedürftigkeit ebenso für Idealvereine oder Stiftungen gelten.

[4] EuGH Rs C-269/95 *Benincasa/Dentalkit* EuGHE 1997 I 3767, 3795 Rn 17.

erfasst daher allenfalls die nicht gewerblich handelnden Gesellschafter, sofern sie höchstpersönlich betroffen werden.[5] Ferner unterfallen weder Klagen aus abgetretenem Recht[6] noch Verbandsklagen[7] den Schutzvorschriften des 4. Abschnitts. Die Anwendung der Art 15 ff dürfte allerdings zulässig sein, wenn der Verband einen Endverbraucher von Gesetzes wegen vertritt.[8] Aufgrund des Schutzzwecks erstreckt sich der Zuständigkeitskatalog nicht auf Streitigkeiten, die mit Bezug auf zukünftige berufliche oder gewerbliche Tätigkeiten entstehen.[9] Anders als im nationalen Recht nach § 507 BGB wird demnach beispielsweise der Existenzgründer nicht in den Schutzbereich einbezogen.[10]

Abgrenzungsschwierigkeiten ergeben sich bei **gemischten Verträgen**, die teils gewerb- 3
lichen bzw beruflichen, teils privaten Zwecken dienen. Sofern eine Teilbarkeit ausscheidet, ist anhand der objektiven Umstände auf die überwiegende Zweckbestimmung abzustellen.[11] Nicht die innere Willensrichtung, sondern Erkennbarkeit der Zwecksetzung für den Vertragspartner ist entscheidend.[12] Dies stimmt mit Art 2 lit a CISG überein.[13] Dem Verbraucher ist es durchaus zuzumuten, seine Verbrauchereigenschaft im Prozess zu beweisen. Dies gilt jedenfalls dann, wenn ein objektiver Bezug zu einer gewerblichen bzw beruflichen Tätigkeit besteht (Geschäftspapier, kommerzielle Internetadresse).[14] Andernfalls erscheint es wegen der ratio der Art 15 ff vorzugswürdig, im Zweifel ein Verbrauchergeschäft anzunehmen, so dass ein non liquet zu Lasten der gegnerischen Seite geht.[15] Ergibt sich mithin der Verbraucher nicht als solcher zu erken-

---

5 Hierzu *Staudinger* IPRax 2001, 183, 185; hiervon zu trennen ist der Begriff des Verbrauchers im nationalen Recht: BGH NJW 2002, 368

6 EuGH Rs C-89/91 *Shearson/TVB Treuhandgesellschaft* EuGHE 1993 I 139, 188 Rn 23; BGH NJW 1993, 2683 = IPRax 1995, 98 mit Anm *Koch* 71; jüngst bestätigt in EuGH Rs C-167/00 *Verein für Konsumenteninformation/K H Henkel* EuGHE 2002 I 8111, 8138 Rn 33 f = IPRax 2003, 341, 343 mit Anm *Michailidou* 223; abweichend zum IPR: *Staudinger/Magnus* Art 29 EGBGB Rn 37.

7 EuGH Rs C-167/00 *Verein für Konsumenteninformation/K H Henkel* EuGHE 2002 I 8111, 8138 Rn 33 f = IPRax 2003, 341, 343 mit Anm *Michailidou* 223, 224; *Kartzke* NJW 1994, 823, 824; *Neumann/Rosch* IPRax 2001, 257, 259.

8 Cour d'Appel de Colmar IPRax 2001, 251 = ZIP 1999, 1209 mit Anm *Reich* 1210 und *Gaudemet-Tallon* Rev crit 2001, 135; *Kropholler* Rn 12; *Mankowski* EWiR 1999, 1171; siehe zum neuen Klagerecht nach Art 1 § 3 Nr 8 Rechtsberatungsgesetz: *Heidemann-Peuser* VuR 2002, 455.

9 EuGH Rs C-269/95 *Benincasa/Dentalkit* EuGHE 1997 I 3767, 3795 f Rn 17-19 mit Anm *Mankowski* JZ 1998, 898; *Kropholler* Rn 9; *Staudinger/Hausmann* Anh II zu Art 27-37 EGBGB Rn 93; kritisch *Bülow/Böckstiegel/Geimer/Schütze/Auer* Art 13 EuGVÜ Rn 20.

10 Siehe hierzu *Bülow/Artz*, Verbraucherprivatrecht (2003) 22.

11 BG SZIER 1996, 84, 87 mit krit Anm *Volken* 89; Cour d'Appel de Versailles RIW 1999, 884; *Wieczorek/Schütze/Hausmann* Art 13 EuGVÜ Rn 3; siehe zum IPR: Bericht *Guiliano/Lagarde* zu Art 5 EVÜ, BT-Drucksache 10/503, 55 ff; *Staudinger/Magnus* Art 29 EGBGB Rn 39 mwN.

12 *Bülow/Böckstiegel/Geimer/Schütze/Auer* Art 13 EuGVÜ Rn 18; *Schlosser* Rn 3.

13 Vgl *Staudinger/Magnus* Art 29 EGBGB Rn 38 mwN.

14 Einen differenzierenden Ansatz befürwortet *Grabitz/Hilf-Pfeiffer*, Kommentar zur Europäischen Union, Teil II: Sekundärrecht, A. EG-Verbraucher- und Datenschutzrecht Art 2 KlauselRL Rn 11.

15 *Geimer/Schütze* Art 13 EuGVÜ Rn 18; **AA** *Schlosser* Rn 3.

nen, erweist sich der prozessuale Verbraucherschutz im Ergebnis als verzichtbar. Hierin liegt indes im Lichte des Art 24 kein Wertungswiderspruch.

## II. Abs 1 lit a: Teilzahlungskauf

4 Der **Begriff des Teilzahlungskaufs** ist autonom auszulegen.[16] Die Vorschrift erfasst hiernach auch andere Vertragstypen, die auf Übertragung des wirtschaftlichen Wertes gerichtet sind (Mietkauf[17] und Leasingverträge mit Kaufoption[18]). Werk- und Werklieferungsverträge unterfallen hingegen nicht Abs 1 lit a. Vielmehr greift insoweit der Auffangtatbestand des Abs 1 lit c ein. Unter Kauf ist die Übertragung einer fertig bereitliegenden und auf Vorrat produzierten Sache zu verstehen.[19] Währenddessen umfasst die Lieferung im Lichte des Art 13 Abs 1 Nr 1 EuGVÜ auch eine auf Bestellung hin angefertigte Sache. Beim Kaufgegenstand muss es sich um eine bewegliche Sache handeln. Dies ist beim Erwerb eines eingetragenen Schiffes zu bejahen,[20] nicht indes bei Immaterialgütern oder Wertpapieren.[21]

5 Ein Teilzahlungsgeschäft liegt vor, wenn die Vertragsparteien eine Ratenzahlung zu Finanzierungszwecken vereinbaren und die Sache dem Verbraucher übergeben wird, bevor er die letzte Rate gezahlt hat.[22] Nicht genügt dagegen eine Anzahlung, die lediglich der Beschaffung und Bereitstellung der Ware dient.[23] In diesen Fällen trägt der Verbraucher regelmäßig weder das wirtschaftliche Risiko, noch werden ihm zusätzliche Finanzierungskosten in Rechnung gestellt. Indiz für ein Teilzahlungsgeschäft ist ein Zahlungsplan mit drei Raten.[24] Es können aber auch zwei Raten ausreichen, wenn sich der ausschließliche Zweck der Kreditierung aus den Umständen des Einzelfalls ergibt.[25]

---

[16] EuGH Rs 150/77 *Bertrand/Ott* EuGHE 1978 I 1431, 1445 Rn 12-16; EuGH Rs C 99/96 *Mietz/ Internship Yachting Sneek* EuGHE 1999 I 2277, 2310f Rn 26-30 mit Anm *Heß* IPRax 2000, 370, 371.

[17] *Schlosser*-Bericht Nr 157, ABl EG 1979 C 59/71, 118; *Geimer/Schütze* Art 13 EuGVÜ Rn 22; *Kropholler* Rn 18; *Staudinger/Hausmann* Anh II zu Art 27-37 EGBGB Rn 95.

[18] *Bülow/Böckstiegel/Geimer/Schütze/Auer* Art 13 EuGVÜ Rn 95; *Donzallaz,* La convention de Lugano du 16 septembre 1968 (1998) Nr 6028; *Schlosser* Rn 5; *Staudinger/Hausmann* Anh II zu Art 27-37 EGBGB Rn 95; für eine Einordnung unter Art 13 Abs 1 Nr 3 EuGVÜ hingegen *Geimer/Schütze* Art 13 EuGVÜ Rn 28.

[19] BGH NJW 1997, 2685, 2686; *Kropholler* Rn 16; *MünchKommZPO/Gottwald* Art 13 EuGVÜ Rn 5; dagegen ohne Begründung *Staudinger/Hausmann* Anh II zu Art 27-37 EGBGB Rn 95.

[20] EuGH Rs C-99/96 *Mietz/Internship Yachting Sneek* EuGHE 1999 I 2277, 2309 Rn 23.

[21] LG Darmstadt IPRax 1995, 318, 320 mit zust Anm *Thorn* 294, 296ff; *Staudinger/Hausmann* Anh II zu Art 29-37 EGBGB Rn 96; zu Art 5 EVÜ BGHZ 123, 380, 387.

[22] EuGH Rs C-99/96 *Mietz/Internship Yachting Sneek* EuGHE 1999 I 2277, 2312 Rn 33; *Kropholler* Rn 15; *Staudinger/Hausmann* Anh II zu Art 29-37 EGBGB Rn 97; *Thomas/Putzo/Hüßtege* Rn 2.

[23] OLG Oldenburg WM 1976, 1288 mit Anm *Geimer* 1289; *Schlosser* Rn 5.

[24] *Schlosser* Rn 5; *Staudinger/Hausmann* Anh II zu Art 29-37 EGBGB Rn 97.

[25] Zust *Geimer/Schütze* Art 13 EuGVÜ Rn 24; **AA** *Bülow/Böckstiegel/Geimer/Schütze/Auer* Art 13 EuGVÜ Rn 28; *Staudinger/Hausmann* Anh II zu Art 29-37 EGBGB Rn 97.

### III. Abs 1 lit b: Finanzierungskauf

Das **Kreditgeschäft** gem Abs 1 lit b ist notwendig **an einen Kauf iSd lit a gekoppelt.**[26] 6
Der Zweck muss dabei für den Kreditgeber erkennbar sein;[27] typischer Fall des Abs 1 lit b dürfte damit das Finanzierungsleasing sein. Unerheblich ist, ob die Darlehenssumme in Raten zurückgezahlt wird oder lediglich der Zwischenfinanzierung dient.[28] Wird allerdings der kreditierte Kaufpreis in einer Summe gezahlt, so finden die Vorschriften des 4. Abschnitts wegen eines fehlenden Teilzahlungskaufs gem Abs 1 lit a auf das finanzierte Geschäft keine Anwendung.[29] Ausnahmsweise unterfallen beide Verträge Abs 1 lit b, wenn es sich um ein verbundenes Geschäft iSv §§ 358f BGB handelt und die autonome Interpretation nicht entgegen steht.[30] Ist das Darlehen nicht zweckgebunden, scheidet Abs 1 lit b tatbestandlich aus; es verbleibt Abs 1 lit c.[31]

### IV. Abs 1 lit c: Sonstige Verträge

Während Art 13 Abs 1 Nr 1 EuGVÜ lediglich **Dienstleistungs- und Lieferverträge** 7
erfasst, greift Abs 1 lit c in „allen anderen Fällen" ein. Im Zuge der Vergemeinschaftung des EuGVÜ wurde damit ein weit reichender Auffangtatbestand geschaffen. Darüber hinaus hat der Sekundärrechtsgeber die Anforderungen an den Inlandsbezug erheblich gelockert, um nicht nur neuen Vermarktungstechniken durch moderne, grenzüberschreitende Kommunikationsmittel Rechnung zu tragen.[32] Vielmehr ist insofern ein Paradigmenwechsel eingetreten, als sich auch der aktive Verbraucher auf die Schutzgerichtsstände berufen kann.

#### 1. Vertragstypen

Von Abs 1 lit c werden insb **folgende Verträge** erfasst: 8
- Werk- und Werklieferungsverträge[33]
- Pauschalreiseverträge iSd Abs 3[34]
- Bürgschaftsverträge; dies gilt im Lichte der Judikatur des EuGH[35] zur Haustürwiderrufsrichtlinie und damit nach übergreifender systematischer Interpretation nur dann,

---

[26] *Staudinger/Hausmann* Anh II zu Art 29-37 EGBGB Rn 98.

[27] *Bülow/Böckstiegel/Geimer/Schütze/Auer* Art 13 EuGVÜ Rn 31; *Staudinger/Hausmann* Anh II zu Art 29-37 EGBGB Rn 98.

[28] *Bülow/Böckstiegel/Geimer/Schütze/Auer* Art 13 EuGVÜ Rn 32; *Geimer/Schütze* Art 13 EuGVÜ Rn 37.

[29] *Schlosser*-Bericht Nr 157, ABl EG 1979 C 59/71, 118; *Bülow/Böckstiegel/Geimer/Schütze/Auer* Art 13 EuGVÜ Rn 30; *Geimer/Schütze* Art 13 EuGVÜ Rn 27; *Thomas/Putzo/Hüßtege* Rn 3.

[30] *Staudinger/Hausmann* Anh II zu Art 29-37 EGBGB Rn 98; *Thomas/Putzo/Hüßtege* Rn 3.

[31] *Geimer/Schütze* Art 13 EuGVÜ Rn 26; *Thomas/Putzo/Hüßtege* Rn 3.

[32] KOM (1999) 348 endg, 1, 17; *Micklitz/Rott* EuZW 2001, 325, 331.

[33] Siehe hierzu *Rauscher/Staudinger* Rn 4.

[34] Vgl hierzu *Rauscher/Staudinger* Rn 20.

[35] EuGH Rs C-45/96 *Bayerische Hypotheken- und Wechselbank AG/Edgar Dietzinger* EuGHE 1998 I 1199, 1222 Rn 23f; EuGH Rs C-208/98 *Berliner Kindl Brauerei AG/Andreas Siepert* EuGHE 2000 I 1741,

wenn sich ein Verbraucher gegenüber einem Gewerbetreibenden für die Hauptschuld eines Verbrauchers verbürgt
– Timesharing-Verträge,[36] sofern es sich nicht um vereins- bzw gesellschaftsrechtlich oder dinglich ausgestaltete Modelle handelt und insofern eine ausschließliche Zuständigkeit nach Art 22 vorliegt[37]
– reine, also nicht zweckgebundene Kreditverträge[38]
– Kommissionsverträge auf Durchführung von Finanztermingeschäften[39]
– Treuhandverträge[40]

9 Isolierte[41] **Gewinnzusagen** iSd § 661a BGB sind deliktsrechtlich zu qualifizieren und unterfallen Art 5 Nr 3.[42] Knüpft der Unternehmer sie an eine Bestellung und nimmt der Verbraucher tatsächlich Waren ab, besteht gegebenenfalls ein Verbrauchergerichtsstand kraft Sachzusammenhang.[43]

---

1775 Rn 27; bestätigt in EuGH Rs C-266/01 *Préservatrice foncière TIARD SA/Staat der Nederlanden*, Urteil vom 15. 5. 2003, Rn 29 (bislang unveröffentlicht).

[36] KOM (1999) 348 endg, 1, 17; *Hausmann* EuLF (D) 2000/01, 40, 45; *MünchKommZPO/Gottwald* Rn 2; *Nagel/Gottwald* Rn 105.

[37] Hierzu im einzelnen *Rauscher/Mankowski* Art 22 Rn 7, 17 f.; *Kropholler* Art 22 Rn 17, 21; OLG Koblenz VuR 2002, 257, 261 mit Anm *Mankowski*; *ders* EuZW 1996, 177, 178 f; vgl auch BayObLG NJW-RR 2002, 1502, 1503.

[38] *Neumann/Rosch* IPRax 2001, 257, 259; *Piltz* NJW 2002, 789, 791; *Schack* Rn 280 a; bereits für die Begründung eines Verbrauchergerichtsstands iSv Art 13 Abs 1 Nr 3 EuGVÜ: Cour d'Appel de Colmar IPRax 2001, 251 = ZIP 1999, 1209 mit Anm *Reich* 1210 unter Berufung auf primäres Gemeinschaftsrecht gem Art 49 ff EGV; Cour d'Appel de Versailles RIW 1999, 884; *Mankowski* EWiR 1999, 1171. Dagegen mangels Vorliegen eines Dienstleistungsvertrages iSv Art 13 Abs 1 Nr 3 EuGVÜ die hM: statt aller *Lutz/Neumann* RIW 1999, 827, 829.

[39] BGH NJW 1994, 262, 263; OLG Düsseldorf IPRax 1997, 118, 120 mit zust Anm *Thorn* 98, 101; OLG Köln ZIP 1989, 838, 839; *Benicke* WM 1997, 945 ff; *Kowalke*, Die Zulässigkeit von internationalen Gerichtsstands-, Schiedsgerichts- und Rechtswahlklauseln bei Börsentermingeschäften (2002) 148; *Samtleben* ZBB 2003, 69, 76.

[40] *Thomas/Putzo/Hüßtege* Rn 5.

[41] Siehe hierzu Vorabentscheidungsersuchen des OLG Innsbruck vom 14. 1. 2002, Rs C-27/02 ABl EG 2002 C 109/23.

[42] Hierzu *Rauscher/Leible* Art 5 Rn 80; *Rauscher/Schülke* EuLF (D) 2000/01, 334, 337 f; *Staudinger* erscheint in JZ 2003; abweichend: OLG Nürnberg IPRax 2003, 54, 56; LG Braunschweig IPRax 2002, 213.

[43] EuGH Rs C-96/00 *Rudolf Gabriel* EuGHE 2002 I 6367, 6404 Rn 60 zu Art 13 EuGVÜ; OLG Hamm RIW 2003, 305; OLG Dresden IPRax 2002, 421; OLG Köln NJW 2002, 3637; OGH vom 3. 4. 2003, Gz 6 Nc 10/03b; *Fetsch* RIW 2002, 936; *Feuchtmeyer* NJW 2002, 2598; *Klauser* ecolex 2002, 80; *ders* ecolex 2002, 574; *Leible* IPRax 2003, 28; *Mankowski* EWiR 2002, 873; *Piekenbrock/Schulze* IPRax 2003, 328; *Simons* EuLF (D) 2003, 43; *Staudinger*, erscheint in JZ 2003; *Wukoschitz* ecolex 2002, 423; iE offen gelassen von BGH NJW 2003, 426, 428 = IPRax 2003, 346 mit Anm *Leible* NJW 2003, 407.

Nicht von Abs 1 lit c erfasst werden **Versicherungsverträge**. Hier greifen die Art 8ff als leges speciales ein. Sofern eine ausschließliche Zuständigkeit nach Art 22 Abs 1 S 1, 1. Fall besteht,[44] bleiben ebenso Kaufverträge über Immobilien ausgenommen; dies gilt allerdings nicht für die zu ihrer Finanzierung geschlossenen Kreditverträge.[45] 10

## 2. Inlandsbezug

Anders als Art 13 Abs 1 Nr 1 EuGVÜ stellt Abs 1 lit c nicht darauf ab, dass der Verbraucher alle rechtlich erforderlichen Schritte in seinem **Wohnsitzstaat** durchführt. So ist insb derjenige Ort unbeachtlich, an dem der Vertrag zustandekommt. Abs 1 lit c erfasst demnach auch Fallgestaltungen, in denen der Kunde von der gegnerischen Seite veranlasst wird, seinen Wohnsitzstaat zum Zwecke des Vertragsschlusses zu verlassen.[46] Dem Zuständigkeitskatalog liegt demnach nicht mehr das Leitbild des passiven Verbrauchers zugrunde. Vielmehr wird auch der aktive Verbraucher in den Schutzbereich einbezogen.[47] Entscheidend ist allein, ob der Vertragspartner eine hinreichend enge Verbindung zum Heimatstaat des Kunden geschaffen hat, die es im Ergebnis rechtfertigt, dass der Anbieter in diesem Staat gerichtspflichtig wird.[48] 11

### a) Ausübung einer beruflichen oder gewerblichen Tätigkeit (1. Fall)

Die Ausübung einer beruflichen oder gewerblichen Tätigkeit erfordert **nicht notwendig eine (Zweig)Niederlassung** im Wohnsitzstaat des Verbrauchers. Ausreichend ist vielmehr, dass sich der Vertragspartner aktiv am Wirtschaftsverkehr in diesem Mitgliedstaat beteiligt, indem er zB vor Ort Dienstleistungen vornimmt.[49] Erfolgt nur der Vertragsschluss im Heimatstaat des Verbrauchers, so handelt es sich nicht um die Ausübung einer Tätigkeit, sondern allenfalls um ein Ausrichten iSd Abs 1 lit c, 2. Fall. 12

### b) Ausrichten einer beruflichen und gewerblichen Tätigkeit auch auf den Wohnsitzstaat (2. Fall)

Die bedeutendste Änderung gegenüber dem EuGVÜ liegt im **erweiterten räumlich-situativen Anwendungsbereich**. Nunmehr genügt es bereits, dass der Vertragspartner seine Tätigkeit auf mehrere Staaten[50] ausrichtet,[51] solange der Verbraucher in einem dieser Mitgliedstaaten beheimatet ist. Erfasst wird hier die noch in Art 13 Abs 1 Nr 3 13

---

[44] *Rauscher/Mankowski* Art 22 Rn 4ff.

[45] *Gaudemet-Tallon* Rev crit 2001, 143, 148; *Kropholler* Rn 20; *MünchKommZPO/Gottwald* Rn 1; *Neumann/Rosch* IPRax 2001, 257, 259.

[46] KOM (1999) 348 endg, 1, 17; *Kropholler* Rn 27.

[47] Hierzu jüngst *Schoibl* JBl 2003, 149, 161f.

[48] KOM (1999) 348 endg, 1, 18.

[49] *Thomas/Putzo/Hüßtege* Rn 8.

[50] Unschädlich ist es, wenn dies etwa auch Drittstaaten betrifft.

[51] Parallelen lassen sich zum amerikanischen Rechtsraum ziehen: *MünchKommZPO/Gottwald* Rn 3; *Kohler*, in: *Gottwald* (Hrsg), Revision des EuGVÜ – Neues Schiedsverfahrensrecht (2000) 1, 19f.

EuGVÜ ausdrücklich erwähnte Werbung.[52] In Anlehnung an das Römische Schuldvertragsübereinkommen[53] werden alle Formen der Werbung einbezogen, losgelöst davon, ob sie allgemein (Presse, Radio, Fernsehen, Kino) oder in anderer Weise (speziell in den Staat geschickte Kataloge, persönliche Angebote durch Vertreter) an den Empfänger gerichtet wird. Das einmalige Versenden von Katalogen an Einzelpersonen reicht indes nicht aus. Abs 1 lit c, 2. Fall greift vielmehr nur in Fällen, in denen der Vertragspartner die von ihm angebotene Ware gezielt auf dem Markt im Wohnsitzstaat des Verbrauchers abzusetzen sucht.[54] Ob der Vertragsabschluß dann tatsächlich in diesem Staat erfolgt, ist unbeachtlich. Allerdings unterfallen Verträge, die etwa auf Reisen ohne vorherige Werbung im Ausland zustande kommen, nicht Abs 1 lit c, 2. Fall, da derjenige Verbraucher, der ohne vorherige Kontaktaufnahme seitens des Vertragspartners seinen Heimatstaat verlässt, nicht schutzwürdig ist.[55]

14 Durch die sehr weit gefasste Formulierung der Vorschrift soll der wachsenden Bedeutung des **elektronischen Geschäftsverkehrs** Rechnung getragen werden.[56] Vor allem bei Vertragsabschlüssen im Internet ist der Nachweis, an welchem Ort die erforderlichen Rechtshandlungen vorgenommen wurden, nur schwer zu erbringen. Dies führt bei Art 13 Abs 1 Nr 3 EuGVÜ zu erheblichen Beweisproblemen.[57] Ob Abs 1 lit c, 2. Fall derlei Schwierigkeiten zu überwinden vermag, muss allerdings bezweifelt werden.[58] Vom Wortlaut des Abs 1 lit c, 2. Fall erfasst ist jedenfalls das Vorhalten einer interaktiven Website.[59] Dass dies gerade für Kleinanbieter, deren Marktstrategie eher regional ausgelegt ist, die Gefahr heraufbeschwört, in allen Mitgliedstaaten gerichtspflichtig zu werden, wurde bereits von der Kommission erkannt.[60] In einer späteren Gemeinsamen Erklärung haben sich Rat und Kommission dafür ausgesprochen, dass allein die bloße Zugänglichkeit einer Website nicht ausreiche. Diese müsse vielmehr die Aufforderung zum Vertragsabschluss im Fernabsatz enthalten, der dann auch tatsächlich im Fernabsatz erfolge.[61] Unabhängig von der fehlenden Bindungswirkung solcher Erklärungen für

---

[52] OGH vom 28.2.2003, Gz 7 Nc 4 /03b; *Kowalke*, Die Zulässigkeit von internationalen Gerichtsstands-, Schiedsgerichts- und Rechtswahlklauseln bei Börsentermingeschäften (2002) 150; *Reich/Gambogi* VuR 2001, 269, 271; *Schlosser* Rn 8a.

[53] Vgl Bericht *Guiliano/Lagarde* zu Art 5 EVÜ, BT-Drucksache 10/503, 56; hierauf stellt ab der EuGH Rs C-96/00 *Rudolf Gabriel* EuGHE 2002 I 6367, 6400 f Rn 42ff zu Art 13 EuGVÜ; *Schoibl* JBl 2003, 149, 160f.

[54] *Schlosser* Rn 8a; *Thomas/Putzo/Hüßtege* Rn 8.

[55] Ähnlich *Rauscher* IPR 401.

[56] KOM (1999) 348 endg, 1, 17; *Beraudo* Clunet 2001, 1033, 1055f; *Kropholler* Rn 23; *Micklitz/Rott* EuZW 2001, 325, 331; *MünchKommZPO/Gottwald* Rn 3.

[57] KOM (1999) 348 endg, 1, 18; *Kropholler* Rn 24.

[58] Siehe jüngst die Analyse von *Øren* ICLQ 2003, 665, 679ff.

[59] So bereits die Begründung der Kommission: KOM (1999) 348 endg, 1, 17; zust *Hausmann* EuLF (D) 2000/01 40, 45; *Micklitz/Rott* EUZW 2001, 325, 331; *Schlosser* Rn 8a; *Thomas/Putzo/Hüßtege* Rn 8.

[60] KOM (1999) 348 endg, 1, 18; vgl *Moritz* CR 2000, 61, 71; *Spindler* MMR 2000, 18, 23.

[61] Abgedruckt IPRax 2001, 259, 261.

den EuGH[62] dürfte dies jedenfalls in der Sache zu weit gehen, falls ein elektronischer Vertragsschluss (Online-Formular) zwingende Voraussetzung sein soll. Es entbehrt jeder Rechtfertigung, Werbung per Internet abweichend von herkömmlichen Formen der Werbemittel Fernsehen, Radio oder Post zu behandeln.[63] In einer zweiten Stellungnahme[64] – die wiederum keine autoritative Legaldefinition beinhaltet – lässt die Kommission daher überzeugend passive Websites genügen, wenn der Kunde aufgefordert wird, seine Bestellung per Fax aufzugeben. Auch in diesem Fall sei die Website auf den Abschluss von Verträgen im Fernabsatz gerichtet. Entsprechend wird die Angabe einer kostenfreien Telefonnummer genügen. Eine Grenzziehung ist allerdings dort angezeigt, wo eine passive Website im Netz vorgehalten wird,[65] bei der Verbraucher andere Kommunikationswege beschreiten müssen, um den Vertragsabschluss herbeizuführen. Sofern dem Verbraucher bewusst ist, dass er gezielt die Leistung eines ausländischen Unternehmens in Anspruch nimmt, verdient er keinen Schutz.[66] Dies gilt etwa für eine Website mit Produktinformationen, die zwar weltweit an Verbraucher adressiert ist, aber für den Vertragsschluss an einen örtlichen Vertragshändler oder Vertreter verweist.[67]

Allein die vorangehenden Ausführungen belegen, dass der **schillernde Begriff des „Ausrichtens"** dringend der Konturierung durch den Gerichtshof bedarf. So erscheint es bereits zweifelhaft, ob sich die Unterteilung der Websites in (inter)aktive und passive überhaupt durchhalten lässt.[68] Im Rahmen der primärrechtskonformen Auslegung ist ferner den Grundfreiheiten der Anbieter und damit dem Herkunftslandprinzip hinreichend Rechnung zu tragen. Derzeit ungelöst ist ebenso die Frage, auf welchem Wege Internetanbieter ihre Gerichtspflicht auf bestimmte Märkte oder Personenkreise beschränken können. Eine regionale Begrenzung der betreffenden Website dürfte aus technischen Gründen ausscheiden. Dennoch ist es auch dem Kleinanbieter durchaus zumutbar, durch entsprechende Hinweise (disclaimer)[69] einige Mitgliedstaaten ausdrücklich als Absatzgebiete auszunehmen. Die Erstellung der Website in einer be- 15

---

[62] *Jayme/Kohler* IPRax 2001, 501, 505; *Kohler,* in: FS Reinhold Geimer (2002) 461, 480.

[63] Ähnlich *Reich/Gambogi* VuR 2001, 269, 272.

[64] Vgl Grünbuch der Kommission über die Umwandlung des Übereinkommens von Rom aus dem Jahr 1980 über das auf vertragliche Schuldverhältnisse anzuwendende Recht in ein Gemeinschaftsinstrument sowie über seine Aktualisierung, KOM (2002) 654 endg, 1, 38.

[65] KOM (1999) 348 endg, 1, 17f; *Hausmann* EuLF (D) 2000/01, 40, 45; *Nagel/Gottwald* § 3 Rn 106; *MünchKommZPO/Gottwald* Rn 3; *Schlosser* Rn 8a; *Thomas/Putzo/Hüßtege* Rn 8.

[66] In diesem Sinne auch *Hoeren/Oberscheidt* VuR 1999, 371, 386; *Mankowski* RabelsZ 63 (1999), 201, 239.

[67] Vgl Grünbuch der Kommission über die Umwandlung des Übereinkommens von Rom aus dem Jahr 1980 über das auf vertragliche Schuldverhältnisse anzuwendende Recht in ein Gemeinschaftsinstrument sowie über seine Aktualisierung, KOM (2002) 654 endg, 1, 38.

[68] Kritisch ebenso *Micklitz/Rott* EuZW 2001, 325, 331; siehe auch *Buchner* EWS 2000, 147, 151.

[69] KOM (1999) 348 endg, 1, 18; zust *Koch/Maurer* WM 2002, 2443, 2453; *Micklitz/Rott* EuZW 2001, 325, 331; *MünchKommZPO/Gottwald* Rn 4; *Reich/Gambogi* VuR 2001, 269, 273.

stimmten Sprache[70] mag zwar als Indiz dafür gelten, dass der Anbieter seine Tätigkeit nicht auf anderssprachige Märkte ausrichtet[71] – problematisch dürfte dies aber bei außereuropäisch verbreiteten Sprachen wie Spanisch und Portugiesisch sein. Als Abgrenzungskriterium scheidet die Sprache wohl im Falle einer englischen Internetseite aus.[72]

**c) Vertrag aus dem Bereich der Tätigkeit**

16 Für beide Varianten des Abs 1 lit c ist erforderlich, dass der abgeschlossene Vertrag dem Geschäftsbereich derjenigen Tätigkeit unterliegt, die der Vertragspartner im Heimatstaat des Verbrauchers entfaltet oder auf diesen Staat ausgerichtet hat. Andernfalls scheidet der besondere Zuständigkeitskatalog tatbestandlich aus.

**V. Abs 2: Wohnsitz des Vertragspartners außerhalb eines Mitgliedstaates**

17 Nach Maßgabe der in Abs 1 enthaltenen Verweisung auf Art 4 finden die Vorschriften der Brüssel I-VO grundsätzlich nur Anwendung, wenn der **Beklagte in einem Mitgliedstaat beheimatet** ist. In Anlehnung an Art 9 Abs 2 statuiert Abs 2 eine Ausnahme von diesem Grundsatz. Damit können auch alle Anbieter aus Drittstaaten nach den Regeln des 4. Abschnitts verklagt werden, solange sie eine Zweigniederlassung, Agentur oder sonstige Niederlassung im Heimatstaat des Verbrauchers haben.[73] Die in Abs 2 verwendeten Begriffe sind entsprechend Art 5 Nr 5 auszulegen.[74] Der EuGH geht bereits dann von einer Niederlassung aus, wenn zwar nicht sämtliche objektiven Merkmale hierfür vorliegen, gegenüber einem Verbraucher aber hinsichtlich des Verhältnisses zwischen Stammhaus und Außenstelle der Rechtsschein einer Niederlassung erweckt wurde.[75] Die Zweigniederlassung etc muss bereits am Vertragsabschluss beteiligt sein.[76] Nicht erforderlich ist demgegenüber, dass Verbraucher und Zweigniederlassung in ver-

---

70 Nach der gemeinsamen Erklärung von Rat und Kommission sind die auf einer Websitze benutzte Sprache oder Währung ohne Bedeutung, IPRax 2001, 259, 261.

71 So aber *Kropholler* Rn 24; *MünchKommZPO/Gottwald* Rn 3; *Rauscher* IPR 402; auf die Umstände des Einzelfalls abstellend *Buchner* EWS 2000, 147, 152.

72 Ähnlich *Moritz* CR 2000, 61, 66.

73 *Kropholler* Art 9 Rn 5; Nagel/*Gottwald* § 3 Rn 112; *Staudinger/Hausmann* Anh II zu Art 27-37 EGBGB Rn 109; *Wach/Weberpals* AG 1989 193, 197.

74 OLG München NJW-RR 1993, 701, 702; *Benicke* WM 1997, 945, 949; *Kropholler* Rn 28; *Schaltinat* 89 f; *Schlosser* Rn 9; *Staudinger/Hausmann* Anh II zu Art 27-37 EGBGB Rn 109; für eine weitere Auslegung *Bülow/Böckstiegel/Geimer/Schütze/Auer* Art 13 EuGVÜ Rn 12.

75 EuGH Rs 218/86 *SAR Schotte/Parfums Rothschild* EuGHE 1987 I 4905, 4920 Rn 16; ebenso OLG Düsseldorf WM 1989, 50, 54; *Benicke* WM 1997, 945, 949 f; *Geimer* RIW 1994, 59, 61; *Geimer/Schütze* Art 13 EuGVÜ Rn 11; *Hartung* ZIP 1991, 1185, 1191; *Kropholler* Art 5 Rn 97; *Nagel/Gottwald* § 3 Rn 112; *Rauscher/Leible* Art 5 Rn 104; *Staudinger/Hausmann* Anh II zu Art 27-37 EGBGB Rn 110; *Wach/Weberpals* AG 1989, 193, 197; **AA** OLG München NJW-RR 1993, 701; *de Lousanoff*, in: FS Peter Arens (1993) 203, 266.

76 *MünchKommZPO/Gottwald* Art 13 EuGVÜ Rn 13; *Musielak/Weth* Rn 6; *Schlosser* Rn 9; *Staudinger/Hausmann* Anh II zu Art 27-37 EGBGB Rn 111; **AA** *Nasall* WM 1993, 1950, 1954.

schiedenen Mitgliedstaaten ansässig sind.[77] Der 4. Abschnitt verlangt – wie die Brüssel I-VO generell[78] – keinen Mitgliedstaatenbezug. Vielmehr reicht es aus, wenn außereuropäische Anbieter über Zweigniederlassungen im räumlichen Anwendungsbereich der Harmonisierungsmaßnahme tätig werden[79] und ein internationaler Sachverhalt vorliegt.

Aufgrund des ausdrücklichen Vorbehalts in Abs 1 findet **Art 5 Nr 5 neben Abs 2 Anwendung.**[80] Beruft sich der Verbraucher auf den Gerichtsstand nach Art 16 Abs 1, 1. Fall iVm Art 15 Abs 2, so ist für die Bestimmung der örtlichen Zuständigkeit auf nationales Recht zurückzugreifen, während Art 5 Nr 5 bereits einen örtlichen Gerichtsstand am Ort der Niederlassung des Vertragspartners begründet. Andererseits kann sich aber auch der Vertragspartner auf die Brüssel I-VO berufen, insb dürfen die im autonomen Recht vorgesehenen exorbitanten Zuständigkeiten ihm gegenüber nicht geltend gemacht werden.[81] 18

## VI. Abs 3: Ausschluss von Beförderungsverträgen

Um eine Kollision mit den weitreichenden **transportrechtlichen Sonderregeln** völkervertragsrechtlicher Provenienz (WA,[82] Montrealer Übereinkommen,[83] CMR,[84] COTIF,[85] CIV,[86] CIM[87]) zu vermeiden, werden Beförderungsverträge mit Verbrau- 19

---

[77] *Benicke* WM 1997, 945, 948; *de Lousanoff*, in: FS Peter Arens (1993) 251, 258; *Geimer* RIW 1994, 59, 61; *MünchKommZPO/Gottwald* Art 14 EuGVÜ Rn 2; *Schaltinat* 92; *Schlosser* Rn 9; AA OLG München NJW-RR 1993, 701, 703.

[78] *Rauscher/Staudinger* Einl Rn 20.

[79] *Staudinger/Hausmann* Anh II zu Art 27-37 EGBGB Rn 111.

[80] *Jenard*-Bericht zu Art 7 EuGVÜ, ABl EG 1979 C 59/1, 31; LG Stuttgart IPRax 1998, 100, 101 f mit zust Anm *Looschelders* 86, 89; *Kropholler* Art 8 Rn 3; *Staudinger/Hausmann* Anh II zu Art 27-37 EGBGB Rn 109; *Thomas/Putzo/Hüßtege* Art 8 Rn 3; *Thorn* IPRax 1997, 98, 101.

[81] *Geimer/Schütze* Art 13 EuGVÜ Rn 7; *Kropholler* Art 9 Rn 5; *Staudinger/Hausmann* Anh II zu Art 27-37 EGBGB Rn 111.

[82] Warschauer Abkommen zur Vereinheitlichung von Regeln über die Beförderung im internationalen Luftverkehr in der Fassung vom 28. 5. 1955, BGBl 1958 II 291.

[83] Beschluss des Rates vom 5. 4. 2001 über den Abschluss des Übereinkommens zur Vereinheitlichung bestimmter Vorschriften über die Beförderung im internationalen Luftverkehr durch die Europäische Gemeinschaft (2001/539/EG), ABl EG 2001 L 194/38.

[84] Genfer Übereinkommen über den Beförderungsvertrag im internationalen Straßengüterverkehr vom 19. 5. 1956, BGBl 1961 II 1119.

[85] Übereinkommen über den internationalen Eisenbahnverkehr vom 9. 5. 1980, BGBl 1985 II 130; beachte nunmehr auch das Protokoll vom 3. Juni betreffend die Änderung des Übereinkommens vom 9. Mai 1980 über den internationalen Eisenbahnverkehr (COTIF), BR-Drucks 929, 60 ff.

[86] Einheitliche Rechtsvorschriften für den Vertrag über die internationale Eisenbahnbeförderung von Personen und Gepäck (Anh A zu COTIF), BGBl 1985 II 179.

[87] Einheitliche Rechtsvorschriften für den Vertrag über die internationale Eisenbahnbeförderung von Gütern (Anh B zu COTIF), BGBl 1985 II 224.

chern vom Zuständigkeitskatalog ausgenommen.[88] Sind derartige Sondervorschriften nicht einschlägig,[89] verbleibt es bei der Anwendbarkeit der allgemeinen Zuständigkeitsregeln der Brüssel I-VO, insb deren Art 5 und 23. Dies muss angesichts der Formulierung des Abs 3 wohl ebenso bei gemischten Transporten gelten, auch wenn diese keinem staatsvertraglichen Sonderregime unterliegen.[90] Um solche mit der ratio der Art 15 ff kaum vereinbare Schieflagen[91] zu vermeiden, sollte Abs 3 aufgehoben werden. Der Vorrang spezieller Konventionen ist bereits durch Art 71[92] sichergestellt.

20 Unter Bezugnahme auf die Richtlinie 90/314/EWG des Rates vom 13. Juni 1990 über Pauschalreisen[93] hat die Kommission ausdrücklich klargestellt,[94] dass **Pauschalreisen** dem 4. Abschnitt unterfallen. Dies entspricht der bereits zum EuGVÜ vorherrschenden Auffassung.[95] Als Pauschalreise gilt dabei auch eine Reise, die von einem Reisebüro auf Wunsch und nach den Vorgaben eines Verbrauchers organisiert wird.[96]

## Artikel 16

**(1) Die Klage eines Verbrauchers gegen einen anderen Vertragspartner kann entweder vor den Gerichten des Mitgliedstaates erhoben werden, in dessen Hoheitsgebiet dieser Vertragspartner seinen Wohnsitz hat, oder vor dem Gericht des Ortes, an dem der Verbraucher seinen Wohnsitz hat.**
**(2) Die Klage des anderen Vertragspartners gegen den Verbraucher kann nur vor den Gerichten des Mitgliedstaates erhoben werden, in dessen Hoheitsgebiet der Verbraucher seinen Wohnsitz hat.**

**(3) Die Vorschriften dieses Artikels lassen das Recht unberührt, eine Widerklage vor dem Gericht zu erheben, bei dem die Klage selbst gemäß den Bestimmungen dieses Abschnitts anhängig ist.**

1 Art 16 bestimmt nicht nur die internationale, sondern zum Teil auch die **örtliche Zuständigkeit**. Art 16 genießt Anwendungsvorrang und schließt – auch im Hinblick auf die vorgegebene örtliche Zuständigkeit – nationale Vorschriften aus.[1] Beschränkt sich

---

88 *Schlosser*-Bericht Nr 160, ABl EG 1979 C 59/71, 119.

89 Diese sind gem Art 71 Abs 1 vorrangig.

90 **AA** *Beraudo* JDI 2001, 1033, 1054 f; *Schlosser* Rn 10.

91 Siehe die überzeugende Kritik von *Geimer/Schütze* Art 13 Rn 38.

92 Hierzu jüngst OLG München TranspR 2003, 155.

93 ABl EG 1990 L 158/59.

94 KOM (1999) 348 endg, 1, 18.

95 LG Konstanz IPRax 1994, 448; *Geimer/Schütze* Art 13 EuGVÜ Rn 38; *Jayme* IPRax 1993, 42, 43; *Schlosser* Rn 10; *Thorn* IPRax 1994, 426.

96 EuGH Rs C-400/00 *Club Tour Viagens e Turismo SA/Alberto Carlos Lobo Gonçalves Garrido* EuGHE 2002 I 4051, 4071 f Rn 13 ff; hierzu *Führich* RRa 2002, 194; *Tonner* EuZW 2002, 403.

1 *Jayme*, in: FS Heinrich Nagel (1987) 123, 130; Anm *Mankowski* zu OLG Koblenz VuR 2001, 257, 260; *Schoibl* JBl 1998, 700, 707; *R Wagner* WM 2003, 116, 120.

der Sekundärrechtsgeber wie in Abs 2 auf die internationale Zuständigkeit, kann die auf supranationaler Ebene bestehende Regelungslücke unter Rückgriff auf das jeweilige nationale Recht geschlossen werden.[2] In Deutschland geschieht dies mit Hilfe der §§ 12 ff ZPO.

## I. Klagemöglichkeiten des Verbrauchers, Abs 1

Art 16 erlaubt dem Verbraucher die **Wahl zwischen mehreren Gerichtsständen**. Ziel ist es einerseits, dem Verbraucher eine Möglichkeit zu eröffnen, seine Ansprüche ortsnah gerichtlich geltend zu machen.[3] Andererseits soll er auch nicht auf eine Rechtsverfolgung am Heimatforum beschränkt werden. So mag es aus Sicht des Verbrauchers vorzugswürdig erscheinen, den Vertragspartner in dessen Wohnsitzstaat zu verklagen, etwa um Schwierigkeiten bei der anschließenden Auslandsvollstreckung zu vermeiden.[4] 2

Dem **Verbraucher** stehen folgende **Gerichtsstände** zur Verfügung: 3

– Nach Abs 1, 1. Fall ist die **gegnerische Seite in ihrem Heimatstaat** gerichtspflichtig. Gem Art 15 Abs 2 dienen Zweigniederlassungen des in einem Drittstaat ansässigen Vertragspartners als fiktiver Wohnsitz. Der Gemeinschaftsgesetzgeber regelt in Abs 1, 1. Fall nur die internationale Zuständigkeit, so dass die örtliche nach der lex fori zu ermitteln ist.
– Dem Verbraucher steht es nach Abs 1, 2. Fall frei, die Klage **vor seinem Heimatforum** zu erheben. Im Gegensatz zu Art 14 Abs 1, 2. Fall EuGVÜ regelt die Vorschrift ebenso die örtliche Zuständigkeit. Damit ist etwa aus dem Blickwinkel der deutschen Prozessrechtsordnung, die keinen allgemeinen Verbrauchergerichtsstand kennt, die Gefahr eines zuständigkeitsrechtlichen horror vacui gebannt.[5] Im Regelungsbereich des EuGVÜ scheidet hingegen eine Ersatzzuständigkeit der Spruchkörper in Berlin aus;[6] um dem Gebot der Justizgewährung nachzukommen, verbleibt als Notlösung allein eine Analogie zu Art 14 Abs 1, 2. Fall EuGVÜ. 4

Entscheidend ist der **Wohnsitz zum Zeitpunkt der Klageerhebung**.[7] Dies gilt ebenso für den Fall, dass der Verbraucher nach Vertragsschluss in einen anderen Mitgliedstaat umzieht. Der Sekundärrechtsgeber sieht zum Schutz der gegnerischen Seite eine Prorogationsmöglichkeit in Art 17 Nr 3 vor. Eine darüber hinausgehende 5

---

2 *Thomas/Putzo/Hüßtege* Rn 1.

3 KOM (1999) 348 endg, 1, 19.

4 *Kropholler* Vor Art 8 Rn 2.

5 Ebenso wenig ist fortan im österreichischen Recht eine Ordination erforderlich; siehe hierzu OGH vom 5. 3. 2002, Gz 9 Nd 502/02; *Schoibl* JBl 2003, 149, 163.

6 Siehe hierzu KG IPRax 2001, 44 mit Anm *Mankowski* 33 ff; OLG Karlsruhe NJW-RR 2000, 353; LG Konstanz IPRax 1994, 448; *de Bra* 182; *Geimer* EWiR 2000, 439, 440; G *Vollkommer*/M *Vollkommer*, in: FS Reinhold Geimer (2002) 1367, 1370 f; *Schack* Rn 279; *Schlosser* Rn 2; R *Wagner* WM 2003, 116, 119.

7 *Bülow/Böckstiegel/Geimer/Schütze/Auer* Art 14 EuGVÜ Rn 6; *MünchKommZPO/Gottwald* Art 14 EuGVÜ Rn 5; *Thomas/Putzo/Hüßtege* Rn 4.

Einschränkung des Abs 1, 2. Fall im Sinne einer Missbrauchskontrolle[8] anhand von Einzelfallumständen verbietet sich.[9] Sie steht im Widerspruch zum Gebot von Rechtssicherheit und -klarheit, das im Erwägungsgrund Nr 11 S 1 zum Ausdruck kommt. Eine einmal begründete Zuständigkeit entfällt nicht dadurch, dass der Verbraucher seinen Wohnsitz während des Prozesses verlegt.[10] Nach Abs 1, 2. Fall muss der Vertragspartner des Verbrauchers in einem Mitgliedstaat beheimatet oder gem Art 15 Abs 2 so zu behandeln sein.[11]

6 – Bei Klagen gegen Zweigniederlassungen, Agenturen oder sonstige Niederlassungen kann der Verbraucher seine Ansprüche am Ort der Niederlassung etc gerichtlich geltend machen, Art 15 Abs 1 iVm 5 Nr 5.

## II. Gerichtspflichtigkeit des Verbrauchers, Abs 2

7 Nach Abs 2 kann ein **Passivprozess** gegen den in einem Mitgliedstaat wohnhaften Verbraucher **nur vor den Gerichten seines Heimatstaates** geführt werden. Abzustellen ist auf den Wohnsitz des Verbrauchers zum Zeitpunkt der Klageerhebung.[12] Die örtliche Zuständigkeit richtet sich nach nationalem Recht.[13]

## III. Widerklage, Abs 3

8 Unabhängig davon, ob der Verbraucher oder dessen Vertragspartner Kläger des Ausgangsverfahrens ist, bestimmt Abs 3 die internationale sowie örtliche Zuständigkeit für die Widerklage.[14] Ihr Gegenstand muss anders als beim Ursprungsprozess keine Verbrauchersache betreffen.[15] Erforderlich ist allerdings, dass die Zuständigkeit der Klage auf den Art 15 ff beruht[16] und zwischen ihr und der Widerklage Konnexität[17] besteht.

## Artikel 17

**Von den Vorschriften dieses Abschnitts kann im Wege der Vereinbarung nur abgewichen werden:**

---

8 *Bülow/Böckstiegel/Geimer/Schütze/Auer* Art 14 EuGVÜ Rn 7.

9 *De Bra* 168; *Schlosser* Rn 3; **AA** *Kropholler* Rn 2; *Schaltinat* 80; *Thomas/Putzo/Hüßtege* Rn 4.

10 Zur perpetuatio fori siehe *Rauscher/Mankowski* Art 2 Rn 4; *Rauscher/Staudinger* Art 59 Rn 3.

11 EuGH Rs C-318/93 *Brenner u Noller/Dean Witter Reynolds* EuGHE 1994 I 4275, 4292 Rn 20 mit Anm *Rauscher* IPRax 1995, 289, 292 f; BGH NJW 1995, 1225, 1226; *Kropholler* Art 15 Rn 1; *Thomas/Putzo/Hüßtege* Rn 4.

12 *Bülow/Böckstiegel/Geimer/Schütze/Auer* Art 14 EuGVÜ Rn 15; *MünchKommZPO/Gottwald* Art 14 EUGVÜ Rn 7; *Schlosser* Rn 4; *Wieczorek/Schütze/Hausmann* Art 14 EuGVÜ Rn 8.

13 Kritisch hierzu *Schoibl* JBl 2003, 149, 163.

14 Siehe auch *Rauscher/Staudinger* Art 12 Rn 5.

15 *Bülow/Böckstiegel/Geimer/Schütze/Auer* Art 14 EuGVÜ Rn 18; *MünchKommZPO/Gottwald* Art 14 EUGVÜ Rn 7.

16 *Bülow/Böckstiegel/Geimer/Schütze/Auer* Art 14 EuGVÜ Rn 18.

17 Siehe hierzu *Rauscher/Leible* Art 6 Rn 26 f.

1. wenn die Vereinbarung nach der Entstehung der Streitigkeit getroffen wird,
2. wenn sie dem Verbraucher die Befugnis einräumt, andere als die in diesem Abschnitt angeführten Gerichte anzurufen, oder
3. wenn sie zwischen einem Verbraucher und seinem Vertragspartner, die zum Zeitpunkt des Vertragsabschlusses ihren Wohnsitz oder gewöhnlichen Aufenthalt in demselben Mitgliedstaat haben, getroffen ist und die Zuständigkeit der Gerichte dieses Mitgliedstaates begründet, es sei denn, dass eine solche Vereinbarung nach dem Recht dieses Mitgliedstaates nicht zulässig ist.

Die Vorschrift zielt darauf ab, den Verbraucher vor nachteiligen (vorformulierten) **Gerichtsstandsklauseln zu schützen.**[1] Gem Art 23 Abs 5 führt ein Verstoß gegen Art 17 zur Unwirksamkeit der Abrede. Dies gilt in entsprechender Anwendung dieser Vorschriften im Fall der Prorogation eines Drittstaatenforums.[2] Ein Zuständigkeitsmangel kann durch rügelose Einlassung geheilt werden, sofern keine ausschließliche Zuständigkeit nach Art 22 begründet ist.[3] Dies wird bei Klagen gegen den Verbraucher iSd Art 16 Abs 2 vereinzelt als verfehlt empfunden.[4] Der Wortlaut des Art 24 ist indes eindeutig. Ferner spricht für dieses Ergebnis der Regelungsgehalt in Nr 1. Wenn eine abweichende Vereinbarung nach Entstehen der Streitigkeit uneingeschränkt zulässig ist, muss dies ebenso für eine stillschweigende Prorogation gelten.[5] 1

Nr 1 und 2 entsprechen Art 13 Nr 1 und 2 für Versicherungsnehmer, insoweit wird auf die dortigen Ausführungen verwiesen. 2

Nach Nr 3 können die Parteien die internationale Zuständigkeit der Gerichte an ihrem **gemeinsamen Wohnsitz** (Art 59, 60) oder gewöhnlichen Aufenthaltsort (vgl Art 5 Nr 2, Art 17 Nr 3) vereinbaren, sofern eine solche Abrede nach dem Heimatrecht der Beteiligten zulässig ist. Diese Vorschrift dient im Lichte des Art 16 Abs 2 dem Schutz der legitimen Zuständigkeitsinteressen auf Seiten des Unternehmers.[6] Zieht der Verbraucher in einen Drittstaat, so beurteilt sich die Zulässigkeit der Prorogationsabrede gem Art 4 nach autonomem Recht. Anzuknüpfen ist an den gemeinsamen Wohnsitz im Zeitpunkt des Vertragsschlusses und nicht der nachfolgenden Gerichtsstandsvereinbarung.[7] Nr 3 verweist auf den Kontrollmaßstab im Heimatrecht der beiden 3

---

1 *Kropholler* Rn 1; Art 13 Rn 1.

2 Siehe *Rauscher/Staudinger* Art 13 Rn 2; *Rauscher/Mankowski* Art 21 Rn 7.

3 OLG Koblenz IPRax 2001, 334; *Kropholler* Art 24 Rn 16; *Musielak/Weth* Art 24 Rn 2; *Nagel/Gottwald* § 11 Rn 61; *Schütze* ZZP 90 (1977) 67, 76; *Thomas/Putzo/Hüßtege* Vor Art 15 Rn 1; Art 24 Rn 1; *Wieczorek/Schütze/Hausmann* Vor Art 13 EuGVÜ Rn 6.

4 *Mankowski* IPRax 2001, 310, 312; insgesamt kritisch auch *Schack* Rn 840.

5 *Bülow* RabelsZ 29 (1965) 473, 495; *Kropholler* Art 13 Rn 2; *Schulte-Beckhausen*, Internationale Zuständigkeit durch rügelose Einlassung im Europäischen Zivilprozessrecht (1994) 113.

6 *Jenard*-Bericht zu Art 15 EuGVÜ, ABl EG 1979 C 59/1, 33; *Thomas/Putzo/Hüßtege* Rn 2.

7 Zu Recht *Bülow/Böckstiegel/Geimer/Schütze/Auer* Art 15 EuGVÜ Rn 7; *MünchKommZPO/Gottwald* Art 15 EuGVÜ Rn 2; dagegen auf den Zeitpunkt der Gerichtsstandsvereinbarung abstellend *Thomas/Putzo/Hüßtege* Rn 4.

Beteiligten. Art 23 wird mithin verdrängt. In Deutschland ist die Wirksamkeit anhand der §§ 38, 40 ZPO zu beurteilen. Dies gilt unter Einschluss der in § 38 Abs 3 ZPO genannten Formvorgaben,[8] die jedoch einer Novellierung bedürfen.[9] Sofern der Verbrauchervertrag in einer Haustürsituation angebahnt wurde, ist ferner § 29c Abs 3 ZPO[10] zu beachten. Eine vorformulierte Gerichtsstandsklausel unterliegt schließlich den 305ff BGB.[11] Eine derartige Doppelkontrolle ist gemeinschaftsrechtlich nach Art 7 der Klauselrichtlinie[12] vorgeschrieben und eröffnet den Weg der Verbandsklage.[13]

4 Die Prorogationsschranken in Nr 1-3 gelten angesichts des Art 1 Abs 2 lit d nicht analog für **Schiedsgerichtsvereinbarungen.**[14] Art 17 steht ebenso wenig einer außergerichtlichen (Online-)Streitbeilegung entgegen.[15]

5 Soweit Prorogationsfreiheit herrscht, ist Art 23 zu beachten, so zB für die **Form der Gerichtsstandsvereinbarung.**[16] Zu den aus der Richtlinie über den Fernabsatz von Finanzdienstleistungen[17] resultierenden Informationspflichten des Unternehmers siehe Art 8 Rn 5.

6 Inwieweit neben Art 17 und 23 eine weitere **(Missbrauchs)Kontrolle von Gerichtsstandsabreden** zulässig bzw sogar geboten ist, lässt sich nicht pauschal beantworten. Der

---

8 Ansonsten wird die gesetzgeberische Einheit von Inhalt und Form zerstört; überdies bestimmt Art 23 allein die Formvorgaben einer nach Art 17 zulässigen Gerichtsstandsabrede; zur umstrittenen Auslegung des Merkmals „schriftlich" siehe die Angaben bei *Zöller/Vollkommer* § 38 ZPO Rn 27, 34, 37; *Junker* RIW 1999, 809, 813f.

9 *Staudinger*, in: *Schulze/Schulte-Nölke* (Hrsg), Die Schuldrechtsreform vor dem Hintergrund des Gemeinschaftsrechts (2001) 295, 302.

10 Hierzu BGH NJW 2003, 1190.

11 Vgl hierzu *Baumbach/Lauterbach/Albers/Hartmann* § 38 Rn 10f; *MünchKomm/Basedow* § 307 Rn 317, 320ff; *Staudinger* DB 2000, 2058, 2059.

12 Richtlinie 93/13/EWG des Rates der Europäischen Gemeinschaften über missbräuchliche Klauseln in Verbraucherverträgen vom 5. 4. 1993, ABl EG 1993 L 95/29.

13 Zum Verhältnis der Klauselrichtlinie bzw ihrer Transformation zu Art 23 siehe *Rauscher/Staudinger* Art 13 Rn 6; *Rauscher/Mankowski* Art 23 Rn 10; dort auch zur Missbrauchskontrolle als Notanker.

14 So auch *Samtleben* ZBB 2003, 69, 76; *ders* ZEuP 1999, 974, 976f; **AA** *Reich* ZEuP 1998, 981, 988f; ein Korrektiv schafft wiederum die Klauselrichtlinie, die nach ihrem Anhang (Nr 1 lit q) vorformulierte Schiedsvereinbarungen erfasst.

15 Vgl *Rauscher/Staudinger* Art 13 Rn 3; siehe auch das Grünbuch über alternative Verfahren zur Streitbeilegung im Zivil- und Handelsrecht vom 19. 4. 2002, KOM (2002) 196 endg; Art 14 der Richtlinie über Fernabsatz von Finanzdienstleistungen.

16 *Schlosser*-Bericht Nr 161, ABl EG 1979 C 59/71, 120; *de Bra*, 202; *Kropholler* Art 13 Rn 1; *MünchKommZPO/Gottwald* Art 15 EuGVÜ Rn 1; *Thomas/Putzo/Hüßtege* Rn 1.

17 Richtlinie 2002/65/EG des Europäischen Parlaments und des Rates vom 23. September 2002 über den Fernabsatz von Finanzdienstleistungen an Verbraucher und zur Änderung der Richtlinie 90/619/EWG des Rates und der Richtlinie 97/7/EG und 98/27/EG, ABl EG 2002 L 271/16, 20. Der Referentenentwurf ist einzusehen unter http://www.bmj.bund.de/images/11617.pdf.

Anwendbarkeit der Klauselrichtlinie[18] stehen jedenfalls die auch auf Gemeinschaftsebene zu beachtenden Grundsätze lex posterior und lex specialis nicht entgegen. Die Prorogationsschranken der Brüssel I-VO und diejenigen der Richtlinie gelten vielmehr nebeneinander.[19] Eine solche Parallelität von Verbraucherschutzinstrumenten befürwortet der EuGH etwa auch in der Rechtssache Heininger.[20] Für eine zweite Kontrollebene spricht, dass sich die Regelungsbereiche der beiden Sekundärrechtsakte weder in sachlicher noch räumlich-situativer Hinsicht decken. Dies gilt erst recht, wenn man mit Blick auf die Brüssel I-VO an ungeschriebenen Tatbestandsvoraussetzungen wie dem Mitgliedstaatenbezug festhält oder streng dem Wortlaut verpflichtet die Prorogation eines drittstaatlichen Spruchkörpers nicht den Schranken des Art 23 Abs 5 unterwirft. Schutzlücken drohen überdies bei vorrangigen Spezialabkommen nach Art 71. Ferner erlaubt allein die Klausel- und Unterlassungsklagenrichtlinie einen kollektiven Rechtsschutz in Form von Verbandsklagen. Schließlich erlangt die amtswegige Kontrolle von Gerichtsstandsabreden nach der Klauselrichtlinie Bedeutung im Rahmen des Art 24.[21]

## Abschnitt 5
## Zuständigkeit für individuelle Arbeitsverträge

### Artikel 18

**(1) Bilden ein individueller Arbeitsvertrag oder Ansprüche aus einem individuellen Arbeitsvertrag den Gegenstand des Verfahrens, so bestimmt sich die Zuständigkeit unbeschadet des Artikels 4 und des Artikels 5 Nummer 5 nach diesem Abschnitt.**
**(2) Hat der Arbeitgeber, mit dem der Arbeitnehmer einen individuellen Arbeitsvertrag geschlossen hat, im Hoheitsgebiet der Mitgliedstaaten keinen Wohnsitz, besitzt er aber in einem Mitgliedstaat eine Zweigniederlassung, Agentur oder sonstige Niederlassung, so wird er für Streitigkeiten aus ihrem Betrieb so behandelt, wie wenn er seinen Wohnsitz im Hoheitsgebiet dieses Mitgliedstaats hätte.**

---

[18] EuGH verb Rs C-240/98 bis C-244/98 *Océano Grupo Editorial SA/Roco Murciano Quintero ua* EuGHE 2000 I 4941 = IPRax 2001, 128 mit Anm *Hau* 96 = EWiR 2000, 784 (*Freitag*) = JA-R 2000, 173 (*Leible*) = JZ 2001, 245 mit Anm *Schwartze* 246 = DB 2000, 2056 mit Anm *Staudinger* 2058; hierzu ferner *Augi/Baratella* EuLF (D) 2000/01, 83; *Borges* RIW 2000, 933; *ders* NJW 2001, 2061; *Leible* RIW 2001, 422; *Pfeiffer* ZEuP 2003, 141; *Stuyck* CML Rev 2001, 719; zur Entscheidung auch *Hakenberg* ZEuP 2001, 888, 901 f.

[19] Abweichend *Kropholler* Art 23 Rn 20; *Schlosser* Art 23 Rn 31.

[20] EuGH Rs C-481/99 Eheleute Heininger/Bayerische Hypo- und Vereinsbank EuGHE 2001 I 9945.

[21] *Rauscher/Staudinger* Art 24 Rn 17.

**Schrifttum**

*Franzen*, Internationale Gerichtsstandsvereinbarungen in Arbeitsverträgen zwischen EuGVÜ und autonomem internationalem Zivilprozessrecht, RIW 2000, 81

*J Hoppe*, Die Entsendung von Arbeitnehmern ins Ausland (1999)

*Johner*, Die direkte Zuständigkeit der Schweiz bei internationalen Arbeitsverhältnissen (Basel/Frankfurt aM 1995)

*Junker*, Internationales Arbeitsrecht im Konzern (1992)

*ders*, Die internationale Zuständigkeit deutscher Gerichte in Arbeitssachen, ZZP Int 3 (1998) 179

*Lajolo di Cossano*, La giurisprudenza della Corte di Giustizia delle Comunità Europee e il regolamento 44/2001/CE: i contratti di lavoro subordinato. Dir comm int 2002, 901

*Mankowski*, Der gewöhnliche Arbeitsort im Internationalen Prozess- und Privatrecht, IPRax 1999, 332

*ders*, Europäisches Internationales Arbeitsprozessrecht – Weiteres zum gewöhnlichen Arbeitsort, IPRax 2003, 21

*Mosconi*, La giurisdizione in materia di lavoro nel regolamento (CE) n 44/2001, Riv dir int priv proc 2003, 5

*Palao Moreno*, Multinational Groups of Companies and Indiridual Employment Contracts in Spanish and European Private International Law (2002) 4 Yb PIL 303

*Polivka*, Die gerichtliche Zuständigkeit in arbeitsrechtlichen Streitigkeiten nach revidiertem Lugano-Übereinkommen (2001)

*Rauscher*, Arbeitnehmerschutz – ein Ziel des Brüsseler Übereinkommens, in: FS Rolf A Schütze (1999) 695

*Simons*, Gerichtsstand und Vertragsstatut im komplexen Arbeitsverhältnis, EuLF 2003, 163

*Springer*, Virtuelle Wanderarbeit (2003)

M *Taschner*, Arbeitsvertragsstatut und zwingende Bestimmungen nach dem Europäischen Schuldvertragsübereinkommen (2003)

Trenner, Internationale Gerichtsstände in grenzüberschreitenden Arbeitsvertragsstreitigkeiten (2001)

*Valloni*, Der Gerichtsstand des Erfüllungsortes nach Lugano- und Brüsseler Übereinkommen (Zürich 1997).

## I. Grundsätzliches

1 Die Brüssel I-VO führt erstmals einen eigenen Abschnitt für die **internationale Zuständigkeit in Arbeitssachen** ein. Einerseits werden darin bisher in Art 5 Nr 1 HS 2, 3; 17 Abs 5 EuGVÜ/LugÜ verstreute Momente an einer Stelle vereinigt. Schon dies geschieht indes nicht ohne erhebliche Modifikationen, insbesondere dadurch, dass aus besonderen Gerichtsständen ausschließliche Gerichtsstände werden.[1] Praktisch wirkt sich dies allerdings weniger aus.[2] Andererseits begegnen innovative, so zuvor nicht existierende Momente.3 Ein Strukturelement ist der Versuch, möglichst weitgehend eine Parallele zu Art 15-17 sowie zu Art 8-14 herzustellen. Insbesondere sind Art 15-17 als systematisches Vorbild zu erkennen. Dies gilt insbesondere für die Trennung nach Klagen des Arbeitnehmers und Klagen des Arbeitgebers.[4]

---

[1] *Hausmann* EuLF 2000/01, 40, 46; *Mankowski* IPRax 2003, 21, 27; *Thomas/Putzo/Hüßtege* Vor Art 18 Rn 1.

[2] *Junker* RIW 2002, 569, 574.

[3] *Lombardi/Martinelli*, Contratto e impresa/Europa 2001, 371, 389.

[4] *Hausmann* EuLF 2000/01, 40, 46; *MünchKommZPO/Gottwald* Rn 1.

Art 18-21 schaffen ein **abschließendes Regime** für Streitigkeiten aus Indiridualarbeitsverträgen. Andere als die darin ausdrücklich zugelassenen weiteren Gerichtsstände (Art 5 Nr 5 gegen den Arbeitgeber, Art 6 Nr 3 gegen den Arbeitnehmer, Art 4 gegen in Drittstaaten ansässige Parteien) sind zwischen den Arbeitsvertragsparteien nicht gegeben. Indes besteht der Gerichtsstand des Art 6 Nr 1, wenn der Arbeitnehmer neben seinem Arbeitgeber ein weiteres Unternehmen (zB ein Konzernunternehmen) verklagt[5] oder der Arbeitgeber neben seinem Arbeitnehmer externe Dritte.[6] Außerdem ist der Gerichtsstand des Art 5 Nr 3 eröffnet, wenn und soweit der Arbeitnehmer deliktische (und damit außervertragliche) Ansprüche aus einem Arbeitsunfall geltend macht.[7] Umgekehrt greifen nicht Art 18-20, sondern Art 5 Nr 3, soweit der Arbeitgeber seinerseits deliktische Ansprüche gegen seinen Arbeitnehmer geltend macht.[8] In den genannten Konstellation besteht auch jeweils der allgemeine Gerichtsstand nach Art 2 Abs 1.[9] Durchgriffsklagen des Arbeitnehmers gegen eine eventuelle Muttergesellschaft seines Arbeitgebers unterfallen mangels vertraglicher Verbindung zwischen den Prozessparteien nicht Art 18-21.[10] 2

## II. Indiridualarbeitsvertragliche Streitigkeit

### 1. Definition

Art 18 definiert den **Begriff des Indiridualarbeitsvertrages** nicht ausdrücklich. Vielmehr setzt er diesen voraus. Implizit bezieht er sich damit auf zwei Quellen:[11] zum einen auf die Rechtsprechung des EuGH zu Art 5 Nr 1 (HS 1) EuGVÜ[12] und zum anderen auf den primärrechtlichen Arbeitnehmer- und Arbeitsvertragsbegriff, wie er unter Art 39 EG Gültigkeit hat.[13] Das Primärrecht verlangt bei einem Sekundärrechtsakt sowohl unter dem Aspekt der normhierarchieachtenden als auch unter jenem der systematischen Auslegung Beachtung. Hinzu kann eine rechtsvergleichende Betrachtung der mitgliedstaatlichen Rechtsordnungen treten.[14] 3

Aus diesen Quellen gespeist ergibt sich folgende Definition:[15] Ein **Indiridualarbeitsvertrag** ist ein Vertrag, in dem sich die eine Partei für eine gewisse Dauer verpflichtet, 4

5 Vgl Ktg Amsterdam NIPR 2003 Nr 28 S 65.

6 *G E Schmidt* NIPR 2001, 150, 158.

7 *J Hoppe* 62 f.

8 *Swithenbank Foods Ltd v Bowers* [2002] 2 All ER (Comm) 974, 982 f (QBD, *McGonigal* J); *J Hoppe* 62 f, 65 f. **AA** *Rauscher*, in: FS Rolf A Schütze (1999) 695, 706.

9 Siehe Rb Amsterdam NIPR 2002 Nr 108 S 199.

10 *Palao Moreno* (2002) 4 YB PIL 303, 314.

11 *Mankowski* BB 1997, 465, 467 f; *Trenner* 84 f; *Mosconi* Riv dir int priv proc 2003, 5, 11.

12 Dort namentlich EuGH Rs 266/85 *H Shenavai/K Kreischer* EuGHE 1987, 239, 255 f Rn 16.

13 Dort namentlich EuGH Rs 53/81 *D M Lewin/Staatssecretaris van Justitie* EuGHE 1982, 1035, 1048 Rn 9; EuGH Rs 66/85 *Deborah Lawrie-Blum/Land Baden-Württemberg* EuGHE 1986, 2121, 2144 Rn 17.

14 Eingehend *Springer* 91-125.

15 *Mankowski* BB 1997, 465, 469 sowie östOGH ÖJZ 1999, 504, 505.

gegen Vergütung für die andere Partei *Dienste* zu erbringen, dabei deren *Weisungen* unterworfen ist und sich in deren *betriebliche Organisation* eingliedert, kein eigenes *unternehmerisches Risiko* trägt und keine eigene unternehmerische Entscheidungsfreiheit hat. Eine gewisse soziale und wirtschaftliche Abhängigkeit der schwächeren Partei kann hinzutreten, ist aber nicht notwendig. Ein Bedürfnis, arbeitnehmerähnliche Personen in relativer wirtschaftlicher Abhängigkeit wie namentlich kleine Vertragshändler in den persönlichen Schutzbereich miteinzubeziehen, besteht angesichts Art 5 Nr 1 lit b nicht in hinreichendem Maße.[16]

**2. Einzelfragen**

5 Nachlaufende Verpflichtungen aus **Pensionsabreden** sind arbeitsvertraglicher Natur,[17] ebenso Ansprüche aus einem bereits aufgelösten Arbeitsverhältnis, namentlich aus Rückgabe-, Liquidations-, sonstigen Rückabwicklungs-, Geheimhaltungs-, Zeugnisausstellungs- oder Auskunftspflichten[18] und richtigerweise auch konstitutive Schuldanerkenntnisse über arbeitsvertragliche Forderungen[19] sowie Streitigkeiten aus einem nachvertraglichen Wettbewerbsverbot.[20] Ansprüche auf Optionseinräumung sind arbeitsvertraglich zu qualifizieren, wenn sie sich gegen den Arbeitgeber richten,[21] dagegen normalvertraglich, wenn sie sich gegen jemand anderen (zB die Konzernmutter) aus einer mit diesem geschlossenen besonderen Abrede ergeben.[22]

6 Obwohl Art 18 nur vom Arbeitsvertrag, nicht auch vom Arbeitsverhältnis spricht, sind ihm richtigerweise Streitigkeiten aus **faktischen oder fehlerhaften Arbeitsverhältnissen** zu unterstellen, bei denen entweder Arbeit ohne eigentlichen Vertragsabschluss geleistet wird oder zwar ein Vertrag existiert, dieser sich aber als unwirksam herausstellt.[23] Für diese Einbeziehung spricht die Parallele zu Art 6 EVÜ,[24] der nach allgemeiner Ansicht auch solche Arbeitsverhältnisse erfasst.[25] Umgekehrt sollte man Streitigkeiten aus oder über noch nicht angetretene Arbeitsverhältnisse (zB wegen Vertragsbruchs oder Missachtung einer Konkurrenzklausel) nicht ausgrenzen.[26]

---

16 *Rauscher*, in: FS Rolf A Schütze (1999) 695, 708 f. Offen östOGH ÖJZ 1999, 504, 505. Tendenziell anders *Czernich/Tiefenthaler/Kodek/Czernich* Rn 5.

17 Rb Amsterdam NIPR 1994 Nr 163 S 219 f; Ktg Hilversum NIPR 1993 Nr 186 S 282.

18 *Johner* 76; *Valloni* 305 f; *Trenner* 91.

19 Offen indes Rb Maastricht NIPR 1995 Nr 279 S 263.

20 *Johner* 76; *Valloni* 306; *Trenner* 91.

21 *U Fischer* DB 1999, 1072; *Mankowski* LAGE § 611 BGB Mitarbeiterbeteiligung Nr 2 S 7, 11 f (Aug 2002).

22 *Mankowski* LAGE § 611 BGB Mitarbeiterbeteiligung Nr 2 S 7, 12 (Aug 2002) sowie LAG Düsseldorf NZA 1999, 981, 982.

23 *Johner* 76; *Trenner* 92.

24 *Trenner* 92; *Czernich/Tiefenthaler/Kodek/Czernich* Rn 4.

25 Bericht *Giuliano/Lagarde* ABl EG 1980 C 282 Art 6 EVÜ Anm (1).

26 **AA** östOGH SZ 71/207; *Czernich/Tiefenthaler/Kodek/Czernich* Rn 9.

Indiridualarbeitsvertraglich sind konkrete Ansprüche oder Rechte des Arbeitnehmers gegen seinen Arbeitgeber aus einem anwendbaren **Tarifvertrag.**[27] Dieser ist dann nur Rechtsquelle, nicht mehr. Dagegen fallen echte kollektivarbeitsrechtliche Streitigkeiten zwischen Tarifvertragsparteien oder zwischen Arbeitgeber und Arbeitnehmervertretungen (namentlich dem deutschen *Betriebsrat*) sachlich nicht unter Art 18,[28] ebenso Streitigkeiten zwischen dem Arbeitgeber und Sozialeinrichtungen der Tarifpartner.[29] Streiten sich Arbeitgeber und Arbeitnehmer über Arbeitssicherheitsrecht oder sonstiges öffentliches Recht, so bleibt es aber trotzdem bei einer zivilen Arbeitsstreitigkeit.[30] 7

**Freie Handelsvertreter** sind in der Regel keine Arbeitnehmer,[31] jedenfalls wenn sie für mehrere Unternehmen tätig werden. Angestellte Organpersonen von Gesellschaften sind ein Problemfall: Einerseits üben sie das Weisungsrecht des Arbeitgebers gegenüber anderen aus, andererseits müssen sie selber Zielvorgaben erfüllen. Jedenfalls für Eigenorganschafter, die zugleich maßgeblich beteiligte Gesellschafter sind, neigt sich die Waage letztlich zur Ausgrenzung aus dem Arbeitnehmerbegriff.[32] 8

### 3. Arbeitsrechtliche Aufhebungs- oder Abwicklungsverträge

Dass **arbeitsrechtliche Aufhebungs- oder Abwicklungsverträge** bei isolierter Betrachtung nicht die Charakteristika eines Arbeitsvertrages aufweisen, verschlägt nicht. Beendigungsmodus und beendetes Rechtsverhältnis lassen sich auch auf der zuständigkeitsrechtlichen Ebene nicht voneinander trennen und jeweils isoliert anknüpfen. Anderenfalls drohte eine Dirergenz gerade in der wichtigsten Konstellation für Streitigkeiten um Aufhebungsverträge, nämlich dass der Arbeitnehmer den Bestand des Aufhebungsvertrages (insbesondere wegen angeblicher Täuschung oder sonstiger Übervorteilung seitens des Arbeitgebers) incidenter angreift und hauptsächlich Fortbestand des Arbeitsvertrages und eigene Rechte daraus reklamiert. Die gleichlaufende Qualifikation vermeidet eine missliche Gerichtsstandsspaltung für positive Feststellungsklagen auf Fortbestand des Arbeitsvertrages, die mit negativen Feststellungsklagen auf Nichtbestand des Aufhebungsvertrages kombiniert sind. In der deutschen Arbeitsgerichtspraxis dominiert bekanntlich die Klage des Arbeitnehmers auf Feststellung, dass das ursprüngliche Arbeitsverhältnis fortbesteht, oder auf Weiterbeschäftigung, jeweils unter Anfechtung des Aufhebungsvertrages wegen behaupteter widerrechtlicher Drohung des Arbeitgebers mit einer Kündigung.[33] 9

---

27 *Trenner* 93; *Czernich/Tiefenthaler/Kodek/Czernich* Rn 8.

28 *Johner* 77-79; *Trenner* 93.

29 ArbG Wiesbaden NZA-RR 2000, 321, 323.

30 *Johner* 80; *Trenner* 93.

31 ÖstOGH JBl 1999, 745.

32 *Czernich/Tiefenthaler/Kodek/Czernich* Rn 6.

33 Siehe nur BAG NZA 1992, 1023; BAG AP Nr 4 zu § 620 BGB Aufhebungsvertrag; BAGE 74, 281; BAG AP Nrn 41, 42, 51 zu § 123 BGB.

### III. Drittstaatliche Arbeitgeber mit Niederlassung im EU-Gebiet

10 In Parallele zu Art 15 Abs 2; 8 Abs 2 (und in Erweiterung des EuGVÜ/LugÜ-Systems[34]) behandelt Abs 2 **Arbeitgeber**, die zwar ihren **Sitz in einem Drittstaat**, im Gemeinschaftsgebiet aber eine Niederlassung haben, für indiridualarbeitsrechtliche Streitigkeiten mit Bezug auf diese Niederlassung so, als hätten sie ihren Sitz in einem Mitgliedstaat. Die Niederlassung wird gleichsam zum fingierten Sitz im EU-Gebiet. Dies unterwirft den Arbeitgeber partiell der Brüssel I-VO.

11 Wer freiwillig einen lokalen Stützpunkt, einen Betrieb, im EU-Gebiet begründet hat, kann sich nicht unfair behandelt fühlen, wenn er in dem betreffenden Staat Streitigkeiten mit Bezug auf gerade diesen Betrieb ausfechten müssen. Die Beschränkung auf solche Streitigkeiten, die Bezug auf die Niederlassung in der EU haben, bietet die nötige Einschränkung. Der drittstaatliche Arbeitgeber wird eben nicht für alle weltweit anfallenden Streitigkeiten im Staat seiner EU-Niederlassung gerichtspflichtig gemacht.

12 Allerdings ist für Abs 2 richtigerweise der **Niederlassungsbegriff** des Art 19 Nr 2 lit b[35] zugrunde zu legen und nicht jener des Art 5 Nr 5.[36] Dies gebieten sowohl die Konsistenz innerhalb des arbeitsprozessrechtlichen Sonderregimes als auch der Umstand, dass es hier um unternehmensinterne, nicht um unternehmensexterne Streitigkeiten geht.[37] Insoweit besteht keine strikte Parallele zu Art 15 Abs 2; 8 Abs 2, die beide – da auf unternehmensexterne Rechtsgeschäfte bezogen – den Niederlassungsbegriff des Art 5 Nr 5 verwenden.

### IV. Vorbehalt zu Gunsten des Art 4

13 Art 18 Abs 1 behält den Art 4 vor. Dies heißt, dass ein Arbeitgeber mit Sitz oder ein Arbeitnehmer mit **Wohnsitz in einem Drittstaat** gemäß Art 4 den Regeln des autonomen IZPR des jeweiligen Forums unterworfen ist.[38] Besondere Bedeutung hat dies für Arbeitgeber mit Sitz außerhalb der EG und ohne Niederlassung innerhalb der EG. Auch die internationale Zuständigkeit für Klagen gegen Arbeitgeber mit Sitz in einem Drittstaat, aber einer Niederlassung innerhalb der EG, ist grundsätzlich über Art 4 nach dem Regime des jeweiligen nationalen IZPR zu beurteilen. Art 18 Abs 2 kommt zwar überlagernd und verdrängend hinzu, verdrängt aber für andere arbeitsvertragliche Klagen, die nicht aus dem Betrieb der Niederlassung herrühren, Art 4 nicht.

---

[34] Siehe nur *Rauscher*, in: FS Rolf A Schütze (1999) 695, 709; *Kennett* (2001) 50 ICLQ 725, 730; *Chaumette* DMF 2002, 640, 645; *Koppenol-Laforce/X E Kramer*, NTBR 2003, 202, 206.

[35] Dazu *Rauscher/Mankowski* Art 19 Rn 18.

[36] Dafür aber *Mosconi* Riv dir int priv proc 2003, 5, 17.

[37] Ausführlicher sogleich Rn 13.

[38] Siehe nur *Droz/Gaudemet-Tallon* Rev crit dip 90 (2001), 601, 633; *Mosconi* Riv dir int priv proc 2003, 5, 18; *Lajolo di Cassàno* Dir comm int 2002, 901, 913. Altrechtlicher Beispielsfall: BAG NZA 2003, 339.

## V. Vorbehalt zu Gunsten des Art 5 Nr 5

14 Von den besonderen Gerichtsständen der Art 5, 6 wird in Art 18 Abs 1 nur der **Niederlassungsgerichtsstand** des Art 5 Nr 5 vorbehalten.[39] Vorausgesetzt ist nach den allgemein für Art 5 Nr 5 geltenden Voraussetzungen ein Bezug des Vertrages gerade zu dieser Niederlassung.[40] Ersichtlich standen hier Art 8 Abs 1 aE, 15 Abs 1 aE Pate. Deren Vorbild wird hier sogar besonders deutlich. Indes könnte die systematische Parallele übertrieben sein.[41] Denn Versicherungs- und Verbraucherverträge sind unternehmensexterne Rechtsgeschäfte, Arbeitsverträge dagegen unternehmensinterne. Der Niederlassungsgerichtsstand des Art 5 Nr 5 ist aber ein Gerichtsstand für unternehmensexterne Rechtsgeschäfte. Das folgt aus der dortigen Definition[42] der Niederlassung als Stützpunkt für den unternehmensexternen Rechtsverkehr mit eigener Organisation und eigenem Geschäftsbereich unter der Leitung eines Stammhauses. Das passt nicht für unternehmensinterne arbeitsvertragliche Streitigkeiten, um so weniger, als die Niederlassung im Sinne des Art 19 Nr 2 lit b richtigerweise anders zu begreifen ist als die Niederlassung im Sinne des Art 5 Nr 5.[43]

15 Man würde mit einem Niederlassungsgerichtsstand nach Art 5 Nr 5, der ja nur für Klagen gegen den Arbeitgeber bestehen könnte (denn Arbeitnehmer haben definitionsgemäß keine Niederlassung[44]), das ausgefeilte System und die innere Kohärenz des Art 19 Nr 2 sprengen, indem man dessen lit a zu überspielen drohte. Alles dies übersieht, wer[45] pauschal und ohne nähere Begründung Art 5 Nr 5 auch auf **unternehmensinterne Streitigkeiten** anwendet.

## VI. Ergänzender Vorrang von Umsetzungen des Art 6 EntsendeRL

16 Art 6 EntsendeRL[46] sieht für **Klagen entsandter Arbeitnehmer** gegen ihren Arbeitgeber zusätzlich eine internationale Zuständigkeit für die Gerichte jenes Staates vor, in welchen der Arbeitnehmer entsandt ist. Die Umsetzungen dieser Richtlinie, in Deutschland § 8 AEntG[47], genießen nach Art 67 Vorrang vor dem Regime der Brüssel

---

39 Für Widerklagen gegen den klagenden Arbeitnehmer stellt Art 20 Abs 2 zudem den Gerichtsstand des Art 6 Nr 3 zur Verfügung.

40 Siehe Rb Amsterdam NIPR 2003 Nr 48 S 98; näher *J Hoppe* 67 f.

41 Kritisch aus anderen Gründen *Czernich/Tiefenthaler/Kodek/Czernich* Rn 11.

42 Eingehend *Rauscher/Leible* Art 5 Brüssel I-VO Rn 102-107.

43 Eingehend *Rauscher/Mankowski* Art 19 Brüssel I-VO Rn 18.

44 Übersehen von *Czernich/Tiefenthaler/Kodek/Czernich* Rn 11.

45 Wie zB *Pålsson*, Bryssel- og Luganokonventionerna (Stockholm 1995) 100; *Bogdan* SvJT 2001, 845, 851.

46 Richtlinie 96/71/EG des Europäischen Parlaments und des Rates vom 16. 12. 1996 über die Entsendung von Arbeitnehmern im Rahmen der Erbringung von Dienstleistungen, ABl EG 1997 L 18/1.

47 Gesetz über zwingende Arbeitsbedingungen bei grenzüberschreitenden Dienstleistungen (Arbeitnehmer-Entsendegesetz – AEntG) vom 26. 2. 1996, BGBl 1996 I 227 idF durch Art 10 Gesetz vom 16. 12. 1997, BGBl 1997 I 2970.

I-VO, soweit sie solchen Vorrang beanspruchen.[48] Art 6 EntsendeRL will nicht verdrängen, sondern nur ergänzen.[49] Sie erweitert den Zuständigkeitskatalog für den Arbeitnehmer um einen entsendungsspezifischen Gerichtsstand.[50]

## Artikel 19

**Ein Arbeitgeber, der seinen Wohnsitz im Hoheitsgebiet eines Mitgliedstaats hat, kann verklagt werden:**

**1. vor den Gerichten des Mitgliedstaats, in dem er seinen Wohnsitz hat, oder**

**2. in einem anderen Mitgliedstaat,**

**a) vor dem Gericht des Ortes, an dem der Arbeitnehmer gewöhnlich seine Arbeit verrichtet oder zuletzt gewöhnlich verrichtet hat, oder**

**b) wenn der Arbeitnehmer seine Arbeit gewöhnlich nicht in ein und demselben Staat verrichtet oder verrichtet hat, vor dem Gericht des Ortes, an dem sich die Niederlassung, die den Arbeitnehmer eingestellt hat, befindet bzw. befand.**

### I. Grundsätzliches

1 Art 19 regelt die Zuständigkeit für **Klagen des Arbeitnehmers** gegen den Arbeitgeber. Er eröffnet dem Arbeitnehmer eine *Option*, insbesondere zu Gunsten des forum rei.[1] Der Arbeitnehmer hat ein Wahlrecht zwischen den Gerichtsständen aus Nr 1 einerseits und der jeweils einschlägigen Variante der Nr 2 andererseits. Art 19 ist die wichtigste Norm innerhalb des Sonderregimes der Art 18-21. Denn die weit überwiegende Mehrzahl aller arbeitsrechtlichen Klagen erheben die Arbeitnehmer.[2] Darunter haben wiederum die Kündigungsschutzklagen oder allgemeiner gesagt: die Kündigungsstreitigkeiten das Übergewicht.

2 Nr 1 wiederholt Art 2 Abs 1. Er importiert gleichsam den **allgemeinen Beklagtengerichtsstand** in das Sonderregime.[3] Für Wohnsitz- und Sitzbestimmung gelten Art 59, 60. Die örtliche Zuständigkeit zu regeln bleibt wie bei Art 2 Abs 1 dem nationalen Recht des Wohnsitzstaates überlassen. In Nr 2 wird dagegen die örtliche Zuständigkeit mitgeregelt.

---

48 LAG Hessen AuR 1999, 146; ArbG Wiesbaden NZA-RR 1998, 412; *Micklitz/Rott* EuZW 2001, 325, 332; *Kropholler* Art 19 Rn 13; *van Hoek* NIPR 2002, 296, 297; *Schlosser* Rn 4; *Lajolo di Cossàno* Dir comm int 2002, 901, 923.

49 *H Nagel/Gottwald* § 3 Rn 118; *MünchKommZPO/Gottwald* Rn 3; *Czernich/Tiefenthaler/Kodek/Czernich* Rn 3.

50 *Gaudemet-Tallon* Rev crit 86 (1997) 341, 346; *Franzen* ZEuP 1997, 1055, 1071; *Kropholler* Art 19 Rn 13; *Palao Moreno* (2002) 4 YB PIL 303, 329.

1 *Lombardi/Martinelli*, Contratto e impresa/Europa 2001, 371, 389.

2 *Junker* RIW 2002, 569, 575.

3 *G E Schmidt* NIPR 2001, 150, 158; *Palao Moreno* (2002) 4 YB PIL 303, 310.

Nr 2 lit a und Nr 2 lit b sind komplementäre und **strikt alternative Tatbestände:**[4] Es kann jeweils nur genau einer von beiden gegeben sein. Denn lit b setzt negativ voraus, dass es keinen gewöhnlichen Arbeitsort gibt – und das heißt, dass lit a nicht positiv gegeben ist. Zwischen dem jeweils einschlägigen Untertatbestand der Nr 2 und dem Gerichtsstand des Nr 1 hat der klagende Arbeitnehmer dagegen immer ein Wahlrecht. Insoweit besteht Disjunktivität.[4a] 3

## II. Gerichtsstand am gewöhnlichen Arbeitsort

### 1. Begriff des gewöhnlichen Arbeitsortes

#### a) Grundsätzliches

Der **Begriff des gewöhnlichen Arbeitsortes** ist autonom ohne Rückgriff auf Begriffsbildungen in den nationalen Rechten auszulegen.[5] Hinter ihm steht der Gedanke, dass der Arbeitnehmer einen Ort haben soll, mit dem er verbunden ist und an dem er mit den relativ geringsten Kosten seine Rechte wahrnehmen kann.[6] Das Internationale Arbeitsvertragsrecht verwendet in Art 6 Abs 2 lit a EVÜ, Art 30 Abs 2 Nr 1 EGBGB ebenfalls den gewöhnlichen Arbeitsort als Anknüpfungskriterium, sodass man zu einem Gleichlauf von forum und ius, also zum erwünschten Ergebnis der Eigenrechtsanwendung, der lex propria in foro proprio, kommt.[7] Zudem ist der gewöhnliche Arbeitsort ein stark faktisch geprägtes Kriterium von beachtlicher Manipulationsresistenz.[8] Sowohl ihm als auch dem alternativen Kriterium der einstellenden Niederlassung kann man ein marktorientiertes Auslegungsmodell mit der Testfrage unterlegen, auf welchem national begrenzt gedachten Arbeitsmarkt der Arbeitgeber hypothetisch Ersatz für den konkreten Arbeitnehmer rekrutieren würde.[9] 4

Entscheidendes **Kriterium ist die Zeit**, welche der Arbeitnehmer in Ausübung seiner vertraglichen Tätigkeit an bestimmten Orten oder in bestimmten Staaten verbringt. Der gewöhnliche Arbeitsort ist nicht automatisch mit dem hauptsächlichen Tätigkeitsort gleichzusetzen.[10] Das nur relative Überwiegen gegenüber anderen Tätigkeitsorten 5

---

[4] Bericht *Almeida Cruz/Desantes Real/Jenard* Nr 23 e1-2; *Mankowski* IPRax 1999, 332, 334; *Trenner* 47 f. **AA** *Rauscher*, in: FS Rolf A Schütze (1999) 695, 703.

[4a] Siehe nur *Lajolo di Cossàno* Dir comm int 2002, 901, 913.

[5] Besonders deutlich EuGH Rs C-37/00 *Herbert Weber/Universal Ogden Services Ltd* EuGHE 2002 I 2013, 2044 Rn 38; EuGH Rs C-437/00 *Giulia Pugliese/Finmeccanica SpA, Betriebsteil Alenia Aerospazio* RIW 2003, 619, 620 Rn 16.

[6] EuGH Rs C-125/92 *Mulox IBC Ltd/Hendrick Geels* EuGHE 1993 I 4075, 4104 Rn 19; EuGH Rs C-37/00 *Herbert Weber/Universal Ogden Services Ltd* EuGHE 2002 I 2013, 2045 Rn 40; EuGH Rs C-437/00 *Giulia Pugliese/Finmeccanica SpA, Betriebsteil Alenia Aerospazio* RIW 2003, 619, 620 Rn 18.

[7] EuGH Rs C-383/95 *Petrus Wilhelmus Rutten/Cross Medical Ltd* EuGHE 1997 I 57, 75 Rn 16.

[8] GA *Jacobs* EuGHE 1993 I 4085, 4097 Nr 37; *ders* EuGHE 1997 I 59, 68 Nr 37; *Springer* 191.

[9] *Mankowski* IPRax 1999, 332, 336-338. Kritisch *Springer* 175 f.

[10] *Mankowski* IPRax 1999, 332 f sowie *Lagarde* Rev crit 83 (1994) 573, 577; *Gaudemet-Tallon* Rev crit 86 (1997) 341, 344; *de Boer* Ned Jur 1997 Nr 717 S 3959 f. Entgegen EuGH Rs C-383/95 *Petrus*

muss nicht notwendig die nötige absolute Qualität erreichen.[11] Ein gewöhnlicher Arbeitsort setzt eben das Überschreiten einer Mindestschwelle voraus. Einen (relativ) hauptsächlichen Tätigkeitsort wird es immer geben, sodass an ihn anzuknüpfen Nr 2 lit b sinnlos machen würde.[12] Es geht nicht nur um die (relativ) engste Verbindung,[13] sondern um eine Verbindung von besonderer und spezifischer Qualität und Gravität. Auch welchen Ort der Arbeitnehmer als Mittelpunkt seiner beruflichen Tätigkeit gewählt haben mag,[14] ist so nicht ausschlaggebend, weil zu subjektiv gefärbt.[15] Zudem droht der Mittelpunkt, *das* Zentrum sprachlich Einmaligkeit zu suggerieren, welche dem gewöhnlichen Arbeitsort nicht unbedingt zukommt.[16]

6 Als grobe **Faustformel** lässt sich die Frage heranziehen, ob der Arbeitnehmer 60% seiner **Arbeitszeit** oder mehr an einem bestimmten Ort verbringt und vertragsgemäß verbringen soll.[17] Nur der größte Zeitanteil[18] reicht nicht, weil man damit wieder beim nur relativ hauptsächlichen Tätigkeitsort wäre.[19] Auf der anderen Seite schließt nicht schon die Tatsache, dass der Arbeitnehmer in verschiedenen Staaten arbeitet, das Bestehen eines gewöhnlichen Arbeitsortes aus.[20] Eine Gesamtschau des Arbeitsverhältnisses in seiner zeitlichen Gesamtheit[21] ist ebenfalls abzulehnen. Denn damit legte man den gewöhnlichen Arbeitsort erst ex post fest und würde so aktuellen Planungserwartungen der Parteien während des laufenden Arbeitsverhältnisses nicht gerecht.[22] Absehbare zukünftige Entwicklungen sind nicht schlechterdings unbeachtlich.[23] Bei kurzfristige Beendigung drohte eine Retrospektive die Parteien rückwirkend zu überraschen.[24] Der Wohnsitz des Arbeitnehmers als solcher spielt keine

---

*Wilhelmus Rutten/Cross Medical Ltd* EuGHE 1997 I 57, 77 Rn 23 sowie EuGH Rs C-37/00 *Herbert Weber/Universal Ogden Services Ltd* EuGHE 2002 I 2013, 2048 Rn 50.

11 *Mankowski* IPRax 1999, 332, 333 sowie Ktg Utrecht NIPR 1993 Nr 287 S 496.

12 *Mankowski* IPRax 1999, 332, 333. Vgl auch GA *Jacobs* EuGHE 1993 I 4085, 4097 Nr 37; *ders* EuGHE 1997 I 59, 68 Nr 37.

13 So aber EuGH Rs C-383/95 *Petrus Wilhelmus Rutten/Cross Medical Ltd* EuGHE 1997 I 57, 77 Rn 23.

14 So EuGH Rs C-383/95 *Petrus Wilhelmus Rutten/Cross Medical Ltd* EuGHE 1997 I 57, 77 Rn 23.

15 *Junker* ZZP Int 3 (1998) 179, 195.

16 *Bischoff* Clunet 124 (1997) 635, 636.

17 *Mankowski* IPRax 1999, 332, 334 sowie A-G *Strikwerda* Ned Jur 1997 S 3943, 3947; *ders* Ned Jur 1998 Nr 546 S 3126; Ktg Rotterdam NIPR 1997 Nr 270 S 347; vgl auch EuGH Rs C-383/95 *Petrus Wilhelmus Rutten/Cross Medical Ltd* EuGHE 1997 I 57, 78 Rn 25.

18 Dafür EuGH Rs C-37/00 *Herbert Weber/Universal Ogden Services Ltd* EuGHE 2002 I 2013, 2048 Rn 50.

19 Vgl *van Hoek* NIPR 2002, 296, 298.

20 *Holl* IPRax 1997, 88, 90.

21 Dafür tendenziell EuGH Rs C-37/00 *Herbert Weber/Universal Ogden Services Ltd* EuGHE 2002 I 2013, 2048 Rn 52; GA *Jacobs* EuGHE 2002 I 2016, 2027 Nr 18; *Carver v Saudi Arabian Airlines* [1999] 3 All ER 61, 70 (CA, per *Mantell* LJ).

22 *Mankowski* IPRax 2003, 21, 23.

23 Zu pauschal Ktg Middelburg NIPR 2001 Nr 195 S 332.

24 *Mankowski* AP H 12/2002 Nr 17 zu § 38 ZPO Internationale Zuständigkeit Bl 2, 2Rf.

Rolle.[25] Grenzgänger haben daher einen (Aktiv-)Gerichtsstand an ihrer Arbeitsstelle, aber nicht an ihrem Wohnort.[26]

In ihrem Wortlaut sagt Nr 1 nichts über die Behandlung von **Entsendungsfällen**. Richtigerweise ist aber der Gedanke aus Art 6 Abs 2 lit a HS 2 EVÜ, Art 30 Abs 2 Nr 1 HS 2 EGBGB korrigierend in den Wortlaut hineinzulesen:[27] Eine nur **vorübergehende Entsendung** des Arbeitnehmers verändert den gewöhnlichen Arbeitsort nicht. Anderenfalls liefe man Gefahr, einerseits Gerichtsstände zu häufen[28] oder andererseits dem Arbeitgeber unter einer Mobilitätsklausel ein Mittel zu geben, um dem Arbeitnehmer Gerichtsstände zu nehmen.[29] Der Gegenbegriff zur vorübergehenden ist die **endgültige Entsendung**. Maßgebliche Abgrenzungskriterien sind der Rückkehrwille des Arbeitnehmers und der Rückbeorderungs- bzw Wiederaufnahmewille des Arbeitgebers. Vertragliche vorgesehene Rückkehr, Wiederbeschäftigung oder Rückkehrmöglichkeit unter Vorhalten eines Arbeitsplatzes im alten Arbeitsstaat machen die Entsendung grundsätzlich zur nur vorübergehenden.[30] Allerdings kann das Arbeitsverhältnis auch mit einer Entsendung beginnen; vorherige Tätigkeit am gewöhnlichen Arbeitsort ist nicht notwendig.[31] Eine auf ein konkretes Projekt bezogene Tätigkeit in einem Land kann eine vorübergehende Entsendung sein,[32] ist es aber nicht, wenn die Einstellung nur für dieses Projekt erfolgt.[33] 7

Für die internationale Zuständigkeit der Gerichte eines Staates verschlägt es nicht, wenn der Arbeitnehmer innerhalb dieses Staates **verschiedene Arbeitsorte** hat. Die Auswahl unter diesen wird erst für die mitgeregelte örtliche Zuständigkeit relevant.[34] Auf dieser Ebene kann es sich dann als notwendig erweisen, die spezifische Qualität des 8

---

[25] Siehe nur GA *Jacobs* EuGHE 1993 I 4085, 4095 Nr 34; *Piltz* NJW 2002, 789, 792; *Mosconi* Riv dir int priv proc 2003, 5, 19.

[26] Siehe Rb Maastricht NIPR 2002 Nr 110 S 201 f; *Weth/Kerwer* RdA 1998, 233, 236; *J Hoppe* 159; *Mankowski* IPRax 1999, 332, 337; *ders* IPRax 2003, 21, 25; *Trenner* 115.

[27] *Mankowski* EWiR Art 5 EuGVÜ 1/97, 221, 222; *ders* AR-Blattei ES 920 Nr 6 S 6, 8 (Nov 1999); *Franzen* ZEuP 1997, 1055, 1071; *Junker* ZZP Int 3 (1998) 179, 194 f. *Palao Moreno* (2002) 4 YB PIL 303, 327; *Czernich/Tiefenthaler/Kodek/Czernich* Rn 4; vgl auch EuGH Rs C-125/92 *Mulox IBC Ltd/Hendrick Geels* EuGHE 1993 I 4075, 4105 f Rn 25; EuGH Rs C-383/95 *Petrus Wilhelmus Rutten/Cross Medical Ltd* EuGHE 1997 I 57, 78 Rn 25, 27.

[28] Vgl EuGH Rs C-125/92 *Mulox IBC Ltd/Hendrick Geels* EuGHE 1993 I 4075, 4105 Rn 21; EuGH Rs C-383/95 *Petrus Wilhelmus Rutten/Cross Medical Ltd* EuGHE 1997 I 57, 76 Rn 18; *Nunes* Ondernemingsrecht 1999, 327, 329.

[29] Vgl *Harada Ltd t/a Chequepoint UK Ltd v Turner* [2000] ILPr 574, 584 (EAT, per *Lindsay* J); *Lagarde* Rev crit 83 (1994) 573, 576.

[30] Siehe nur *Däubler* RIW 1987, 249, 251; *Schmidt-Hermesdorf* RIW 1988, 938, 940; *Junker* ZIAS 1995, 564, 586.

[31] *Mankowski* AR-Blattei ES 920 Nr 5 S 6, 9 f (Juli 1998). **AA** *Junker* 182.

[32] *Junker* ZIAS 1995, 564, 568; *Hänlein* ZIAS 1996, 21, 38.

[33] *Mankowski* AR-Blattei ES 920 Nr 5 S 6, 10 (Juli 1998).

[34] BAG AP H 12/2002 Nr 17 zu § 38 ZPO Internationale Zuständigkeit Bl 2.

gewöhnlichen Arbeitsortes aufzugeben und entweder den jeweils letzten Tätigkeitsort heranzuziehen oder eine wertende Schwerpunktbetrachtung vorzunehmen, jedenfalls wenn man keinen Gerichtsstand an jedem Tätigkeitsort und keine Vervielfachung der örtlichen Gerichtsstände will.[35]

**b) Sonderfälle**

9 **Seeleute** haben ihren gewöhnlichen Arbeitsort an Bord des jeweiligen Schiffes,[36] es sei denn, es handelte sich um Dienst auf Schiffen unter verschiedener Flagge. Die Flagge ordnet ein Schiff völkerrechtlich einem Staat zu. Flaggenhoheit steht auch für die Zwecke des IPR Territorialhoheit in der Funktion als Zurechnungsmodus gleich. Sie gewährleistet, ganz übereinstimmend mit den Zwecken der Arbeitsortanknüpfung, Kontinuität der Arbeitsverhältnisse. Allerdings weist die Flagge nur auf den Staat, so dass eine Ausfüllung für die örtliche Zuständigkeit nötig ist. Diese sollte sich am Heimathafen des Schiffes orientieren, soweit dieser im Flaggenstaat liegt.

10 Angehörige des **fliegenden Personals** von international tätigen Fluggesellschaften verrichten ihre Arbeit spezifisch an Bord der Flugzeuge.[37] Das Flugzeug ist weit mehr als nur ein Arbeitsgerät, nämlich die Arbeitsumgebung.[38] Sind diese in demselben Staat registriert, so ist der gewöhnliche Arbeitsort dem Registerstaat zuzurechnen. Die in den angeflogenen Flughäfen verbrachten Zeiten sind flugzeugbezogen.[39] Erholungs- und Ruhephasen in den angeflogenen Staaten gehören im Zweifel nicht zur Arbeitszeit und sind deshalb für die Betrachtung irrelevant. Bei Wechseldienst auf Flugzeugen, die in verschiedenen Staaten registriert sind, fehlt es an einem gewöhnlichen Arbeitsort.[40] Bei Einsatz nur auf nationalen Routen kommt das Recht des von den Routen allein betroffenen Staates zur Anwendung, nicht das Registerrecht des Flugzeugs.[41]

11 **Ortsfeste Telearbeiter** haben ihren gewöhnlichen Arbeitsort am Standort ihres Computers.[42] Wohin und wem sie abliefern und in welche Strukturen ihr Arbeitsergebnis eingebunden wird, ist ohne Bedeutung.[43] Schon die Zwischenschaltung einer lokalen Tochtergesellschaft als Arbeitgeber nimmt dem Arbeitsverhältnis im übrigen die In-

---

35 *Mankowski* AP H 12/2002 Nr 17 zu § 38 ZPO Internationale Zuständigkeit Bl 2, 4.

36 Eingehend *Mankowski* RabelsZ 53 (1989) 487, 490-511; *ders*, Seerechtliche Vertragsverhältnisse im Internationalen Privatrecht (1995) 459-494; *Taschner* 130-151 mit Nachweisen zum Streitstand.

37 *Junker* 188; *ders* SAE 1994, 37, 40; *Franzen* AR-Blattei ES 920 Nr 3 S 15, 21 f (Sept 1993); *Mankowski* AR-Blattei ES 920 Nr 7 S 13, 16 f (März 2001). **AA** zB BAG H 8/2002 Nr 10 zu Art 30 EGBGB nF Bl 4 f m Anm *Schlachter* = IPRax 2003, 258, 260 f (*Franzen* 239); Hessisches LAG AR-Blattei ES 920 Nr 7 S 5 f; *Benecke* IPRax 2001, 449, 450. Eingehend *Taschner* 152-157 mwN.

38 *Junker* SAE 2002, 258, 260.

39 *Mankowski* AR-Blattei ES 920 Nr 7 S 13, 16 f (März 2001).

40 *Mankowski* AR-Blattei ES 920 Nr 8 S 11, 16 (März 2003) mwN.

41 BAGE 71, 297, 311-316; *Mankowski* IPRax 1994, 88, 94.

42 *Mankowski* DB 1999, 1854, 1856 f; *Oppertshäuser* NZA-RR 2000, 393, 395; *Schlachter*, in: *Noack/Spindler* (Hrsg), Unternehmensrecht und Internet (2001) 199, 228 f; *Taschner* 159 f.

43 **AA** *Springer* 178 f.

ternationalität.[44] Nur wirklich mobile Telearbeiter, die ihre Arbeit vom Notebook aus per Modem und Internetanschluss verrichten, haben keinen gewöhnlichen Arbeitsort.[45] Allerdings dürften sie in der Realität kaum vorkommen, und wenn doch, dann in der Regel als Selbständige, nicht als Arbeitnehmer.

**Entsandte Arbeitnehmer** schließen häufig einen **zweiten Arbeitsvertrag** mit einem lokalen Unternehmen am Entsendungsort. Dann muss man zuständigkeitsrechtlich die beiden Arbeitsverhältnisse sauber voneinander unterscheiden: erstens das fortbestehende ursprüngliche, jetzt unter Umständen ruhende Arbeitsverhältnis mit dem entsendenden Arbeitgeber (*Rumpfarbeitsverhältnis*); zweitens das Arbeitsverhältnis mit dem lokalen Arbeitgeber (*Lokalarbeitsverhältnis*). Unter dem Rumpfarbeitsverhältnis bewirkt die nur vorübergehende Entsendung keinen Wechsel des gewöhnlichen Arbeitsorts;[46] unter dem Lokalarbeitsverhältnis begründet die Arbeit am Entsendungsort dagegen einen gewöhnlichen Arbeitsort, weil es sich um den einzigen Arbeitsort unter diesem Arbeitsvertrag handelt. Wächst sich die Entsendung zur dauerhaften aus, so entfällt im Rumpfarbeitsverhältnis, unter dem die Arbeitspflichten ruhen, der gewöhnliche Arbeitsort.[47] 12

### 2. Wechsel des gewöhnlichen Arbeitsortes und Gerichtsstand am letzten gewöhnlichen Arbeitsort

Der Gerichtsstand am letzten gewöhnlichen Arbeitsort hat **Bedeutung** für die Fälle, in denen ein Arbeitnehmer innerhalb eines Unternehmens von einem festen Arbeitsplatz in einer Niederlassung grenzüberschreitend zu einem festen Arbeitsplatz in einer anderen Niederlassung wechselt.48 Nach dem Ende des Arbeitsvertrages ist dann nur dieser spätere feste Arbeitsplatz zuständigkeitsbegründend. Dann ist der Rückgriff auf den aufgegebenen gewöhnlichen Arbeitsort versperrt, auch wenn der Arbeitnehmer dort viel länger gearbeitet haben sollte als an dem späteren gewöhnlichen Arbeitsort. Dies hat namentlich für Kündigungsschutzklagen Bedeutung.[49] 13

Der **Arbeitnehmer kann** auch im bestehenden Arbeitsverhältnis nach einem Wechsel des gewöhnlichen Arbeitsortes **nicht** zwischen dem Gerichtsstand des aktuellen und jenem des aufgegebenen vorherigen gewöhnlichen Arbeitsortes **wählen**. Vielmehr verdrängt der aktuelle gewöhnliche Arbeitsort den aufgegebenen vorherigen.[50] Ein Griff in die Vergangenheit erfolgt nicht, wenn eine relevante Gegenwart existiert. 14

---

44 *Schlachter* (Fn 42) 199, 229.

45 *Schlachter* (Fn 42) 199, 228; *Springer* 159.

46 Vgl aber EuGH Rs C-437/00 *Giulia Pugliese/Finmeccanica SpA, Betriebsteil Alenia Aerospazio* RIW 2003, 619, 621 Rn 23-25: Es sei das Interesse des ersten Arbeitgebers an der Tätigkeit für den zweiten Arbeitgeber zu ermitteln.

47 Weiter *Franzen* EuLF 2000/01, 296, 297f. Vgl. auch *Simons* EuLF 2003, 163, 166.

48 *Beraudo* Clunet 128 (2001) 1033, 1058.

49 *Droz/Gaudemet-Tallon* Rev crit 90 (2001) 601, 632.

50 EuGH Rs C-37/00 *Herbert Weber/Universal Ogden Services Ltd* EuGHE 2002 I 2013, 2048 Rn 54; *Mankowski* IPRax 2003, 21, 27.

15 Berührt die Klage **verschiedene Phasen des Arbeitsverhältnisses**, während derer sukzessive verschiedene gewöhnliche Arbeitsorte bestanden, so erfolgt keine Segmentierung dergestalt, dass ein Gerichtsstand für die einzelne Phase nur dort bestünde, wo gerade während dieser Phase der gewöhnliche Arbeitsort war. Dies stünde nicht nur im Widerspruch zur Prozessökonomie, sondern würde die Parteien zwingen, sich in einem Gerichtsstand zu streiten, zu welchem keine aktuellen realen Bezüge mehr bestünden.[51] Der Arbeitnehmer könnte dann eine Strategie rationaler Apathie adaptieren und davon absehen, die Klage auch auf jene früheren Phasen zu erstrecken. Davon würde der Arbeitgeber ungerechtfertigt profitieren. Allerdings wird das anwendbare Recht unter Art 6 Abs 2 lit a EVÜ; 30 Abs 2 Nr 1 EGBGB wandelbar angeknüpft. Für das anwendbare Recht kommt es also in der Tat auf den während der betreffenden Phase bestehenden gewöhnlichen Arbeitsort an. So entstünde die Notwendigkeit, auf der Basis forumfremden materiellen Rechts zu prozessieren, soweit vergangene Abschnitte in Rede stehen. Diesen Nachteil muss man indes in Kauf nehmen.

## III. Gerichtsstand am Ort der einstellenden Niederlassung

### 1. Anwendungsfälle der Nr 2 lit b

16 Wenn der Arbeitnehmer **nicht genau einen gewöhnlichen Arbeitsort** in genau einem Staat hat, kommt nicht der Gerichtsstand nach Nr 2 lit a zum Zuge, sondern der Gerichtsstand der einstellenden Niederlassung nach Nr 2 lit b. Durch diese konzentrierende Anknüpfung an einen einzigen Ort wird eine Häufung von Gerichtsständen an verschiedenen Tätigkeitsorten samt der Gefahr widersprechender Entscheidungen gebannt.[52] Die möglichen Konstellationen für Nr 2 lit b sind:

– Der Arbeitnehmer hat überhaupt **keinen gewöhnlichen Arbeitsort**. Hierher gehören zB *Journalisten*, die sich in dauerhaftem wechselndem Einsatz als Auslandskorrespondenten befinde.[53] Ein weiteres Beispiel sind internationale *troubleshooter* oder *Montagearbeiter* mit ständig wechselnden Einsatzorten und ohne Mittelpunkt, zu dem sie immer wieder zurückkehrten.[54]
– Der Arbeitnehmer hat simultan **zwei oder mehrere gewöhnliche Arbeitsorte** in zwei oder mehreren verschiedenen Staaten.[55]
– Der Arbeitnehmer hat seinen gewöhnlichen Arbeitsort in **staatsfreiem Gebiet**, das einem Staat auch nicht über andere Kriterien als die Territorialhoheit völkerrechtlich zugeordnet werden kann. Hierher zählen Bohrinseln auf Hoher See,[56] dagegen

---

[51] *Trenner* 59.

[52] Vgl EuGH Rs C-125/92 *Mulox IBC Ltd/Hendrick Geels* EuGHE 1993 I 4075, 4105 Rn 21 (den Art 5 Nr 1 Hs 3 EuGVÜ allerdings ignorierend) sowie EuGH Rs C-383/95 *Petrus Wilhelmus Rutten/Cross Medical Ltd* EuGHE 1997 I 57, 76 Rn 18.

[53] *Trenner* 178.

[54] Siehe nur *Schlachter* NZA 2000, 57, 60.

[55] Siehe nur *Oppertshäuser* NZA-RR 2000, 393, 399. Vgl EuGH Rs C-37/00 *Herbert Weber/Universal Ogden Services Ltd* EuGHE 2002 I 2013, 2049 Rn 55, 57.

[56] Bericht *Giuliano/Lagarde* ABl EG 1980 C 282 Art 6 EVÜ Anm (4); *Trenner* 177.

nicht solche in Gewässern, die bestimmten Staaten völkerrechtlich über die Exklusive Wirtschaftszone oder den Festlandsockel zuzurechnen sind.[57]

Dagegen kommt Nr 2 lit b nicht zur Anwendung, wenn der Arbeitnehmer zwar genau einen **gewöhnlichen Arbeitsort** in genau einem Staat hat, es sich dabei aber um einen **Drittstaat** handelt. Insoweit ist das Anknüpfungskriterium der Nr 2 lit a erfüllt, bezeichnet aber kein zuständiges Gericht im EU-Gebiet. Wegen der komplementären Scheidung zwischen Nr 2 lit a und lit b ist Nr 2 lit b tatbestandlich nicht erfüllt. In der Konsequenz kommt Nr 2 in beiden Untertatbeständen nicht zur Anwendung und ist der Arbeitnehmer als Kläger allein auf Nr 1 verwiesen.[58] 17

### 2. Arbeitsvertragsspezifischer Begriff der Niederlassung in Nr 2 lit b

Der **Begriff der Niederlassung** in Nr 2 lit b ist arbeitsvertragsspezifisch und abweichend von jenem des Art 5 Nr 5 zu verstehen. Niederlassung meint hier den Betrieb, den organisatorischen Zusammenhang, in welchen der Arbeitnehmer eingegliedert ist.[59] Der allgemeine Niederlassungsbegriff des Art 5 Nr 5 stellt auf den unternehmensexternen Rechtsverkehr und unternehmerisches Auftreten am Markt ab. Beides sind keine tauglichen Kriterien für das unternehmensinterne Innenverhältnis zwischen Arbeitgeber und Arbeitnehmer. Es muss, soweit möglich, eine Beziehung nicht nur zum Arbeitgeber, sondern auch zum Arbeitnehmer bestehen. Als forum actoris für den Arbeitnehmer steht die Anknüpfung an ein arbeitgeberbezogenes Merkmal sowieso in einem gewissen Spannungsverhältnis zum Schutzzweck.[60] Deshalb wurde sie in Art 5 Nr 1 HS 3 EuGVÜ 1989 auch anders als noch in Art 5 Nr 1 HS 3 LugÜ dem Arbeitgeber nicht mehr zur Verfügung gestellt.[61] 18

### 3. Begriff des Einstellens

Den **Begriff des Einstellens** kann man in zweierlei Hinsicht verstehen: zum einen mit Blick auf den *Vertragsabschluss*,[62] zum anderen mit Blick auf die organisatorische *Betreuung und Eingliederung* (insbesondere die buchhalterische Abwicklung der Gehaltszahlung und die Ausübung von Weisungsbefugnissen) während des gelebten Arbeits- 19

---

57 EuGH Rs C-37/00 *Herbert Weber/Universal Ogden Services Ltd* EuGHE 2002 I 2013, 2042f Rn 31-35; Hoge Raad Ned Jur 2003 Nr 344 S 2752 m Anm *de Boer*; *Mankowski* IPRax 2003, 21f.

58 Siehe EuGH 32/88 *Six Constructions Ltd/Paul Humbert* EuGHE 1989, 341, 364f Rn 19-22; EuGH Rs C-37/00 *Herbert Weber/Universal Ogden Services Ltd* EuGHE 2002 I 2013, 2042 Rn 27.

59 *Gamillscheg* ZfA 1983, 307, 334; *J Hoppe* 186.

60 Siehe EuGH 32/88 *Six Constructions Ltd/Paul Humbert* EuGHE 1989, 341, 362 Nr 13f; *Springer* 157.

61 Bericht *Almeida Cruz/Desantes Real/Jenard* Nr 23b im Anschluss an EuGH 32/88 *Société Six Constructions Ltd/Paul Humbert* EuGHE 1989, 341, 362 Rn 13f.

62 Dafür im IZPR zB *Johner* 98; *Valloni* 332f; *J Hoppe* 187; *Trenner* 172f und im IPR zB LAG Niedersachsen AR-Blattei ES 920 Nr 6 S 4; Hessisches LAG NZA-RR 2000, 401, 403.

verhältnisses.[63] Den Vorzug verdient hier wie im IPR die zweite Auffassung. Anderenfalls eröffnete man dem Arbeitgeber ein zu großes Manipulationspotenzial, indem eine Niederlassung nur für die Zwecke des formellen Vertragsabschlusses eingeschaltet würde.[64] Damit provozierte man zudem entgegen dem Grundansatz der Brüssel I-VO einen beziehungsarmen Gerichtsstand.[64a] Dagegen ist die organisatorische Betreuung manipulationsfester und weist Bezüge zum gelebten Arbeitsverhältnis auf. Zudem entspricht nur sie der grundsätzlichen Wandelbarkeit der arbeitsrechtlichen Anknüpfung.[65] Mit einer starren Fixierung auf den Vertragsschluss würde man diese dagegen verfehlen und damit dem Charakter des gelebten Arbeitsverhältnisses als eines Dauerschuldverhältnisses nicht gerecht.[66]

### 4. Anwendungsfälle der Nr 2 lit b Var 2

20 Nr 2 lit b Var 2 beruft den Gerichtsstand am Ort jener Niederlassung, an welchem sich die **einstellende Niederlassung** befand. Diese vergangenheitsbezogene Variante bezieht sich zum einen auf Fälle, in denen die betreffende Niederlassung vor Klagerhebung aufgelöst worden ist.[67] Zum anderen passt sie für Kündigungsstreitigkeiten und für Streitigkeiten aus arbeitsrechtlichen Aufhebungsverträgen, die definitionsgemäß nach dem Ende des Arbeitsverhältnisses stattfinden[68] (sofern man solche Verträge überhaupt unter Art 18 fallen lässt). Dagegen sind Fälle der räumlichen Verlegung der Niederlassung nicht erfasst. Der Arbeitnehmer hat dann kein Wahlrecht, sondern muss der wandelbaren Anknüpfung zur **jeweils aktuellen Niederlassung** folgen.[69]

## Artikel 20

**(1) Die Klage des Arbeitgebers kann nur vor den Gerichten des Mitgliedstaats erhoben werden, in dessen Hoheitsgebiet der Arbeitnehmer seinen Wohnsitz hat.**
**(2) Die Vorschriften dieses Abschnitts lassen das Recht unberührt, eine Widerklage vor dem Gericht zu erheben, bei dem die Klage selbst gemäß den Bestimmungen dieses Abschnitts anhängig ist.**

---

63 Dafür vor allem im IPR *Gamillscheg* ZfA 1983, 307, 334; *Junker* 185; *Mankowski* AR-Blattei ES 920 Nr 6 S 6, 8-11 (Nov 1999); *ders* AR-Blattei ES 920 Nr 7 S 13, 19-22 (März 2001) je mwN.

64 *Mankowski* AR-Blattei ES 920 Nr 7 S 13, 19 (März 2001).

64a Ebenso *Lajolo di Cossàno* Dir comm int 2002, 901, 919.

65 *Mankowski* AR-Blattei ES 920 Nr 6 S 6, 10 (Nov 1999); *ders* AR-Blattei ES 920 Nr 7 S 13, 19 (März 2001); *Springer* 163 f.

66 *Mankowski* AR-Blattei ES 920 Nr 6 S 6, 10 (Nov 1999); *ders* AR-Blattei ES 920 Nr 7 S 13, 19 (März 2001).

67 Bericht *Almeida Cruz/Desantes Real/Jenard* Nr 23 c; *Trenner* 174.

68 *Mankowski* AR-Blattei ES 920 Nr 7 S 13, 22 (März 2001).

69 **AA** *Trenner* 174.

## I. Grundsätzlich ausschließlicher Passivgerichtsstand im Wohnsitzstaat des Arbeitnehmers

Art 20 regelt abschließend die Zuständigkeit für **Klagen des Arbeitgebers** gegen den Arbeitnehmer. Dem Arbeitgeber hat grundsätzlich nur den internationalen Gerichtsstand im Wohnsitzstaat des Arbeitnehmers. Insoweit folgt Art 20 dem Vorbild des Art 16 Abs 2. Er etabliert aus Schutzgründen den Passivgerichtsstand im Wohnsitzstaat der beklagten schwächeren Partei. Die örtliche Zuständigkeit auszufüllen bleibt indes dem nationalen Prozessrecht des Wohnsitzstaates überlassen. 1

Art 20 etabliert nicht etwa einen speziellen Gerichtsstand am gewöhnlichen Arbeitsort oder am Ort der einstellenden Niederlassung. Es besteht **keine Parallele** zu den Gerichtsständen des Art 19.[1] Die Gerichtsstände für **Klagen des Arbeitnehmers** einerseits und für Klagen gegen den Arbeitnehmer andererseits laufen bewusst auseinander. Dem Arbeitnehmer wird zwar zugemutet, an einem von seinem Wohnsitz abweichenden gewöhnlichen Arbeitsort selber zu klagen. Ihm wird aber nicht zugemutet, an einem solchen Ort eine Klage des Arbeitgebers gewärtigen zu müssen.[2] Dem daraus resultierenden Drohpotential soll er sich nicht ausgesetzt sehen. Darin liegt eine bewusste Begünstigung des Arbeitnehmers.[3] Dem Arbeitgeber wird eine Klage am Wohnsitz des Arbeitnehmers recht sein: Er wird Geldansprüche durchzusetzen trachten, und eine Klage dort wird ihm ein Vollstreckbarerklärungsverfahren in einem anderen Staat ersparen.[4] Im Normalfall des lokal tätigen Arbeitnehmers werden Wohnsitz und gewöhnlicher Arbeitsort indes zusammen fallen. Bei Grenzgängern fallen sie allerdings auseinander. Ebenso fallen sie auseinander, wenn der Arbeitnehmer nach Beendigung eines im Ausland erfüllten Arbeitsvertrages wieder in sein Heimatland zurückgekehrt ist.[5] 2

## II. Widerklagegerichtsstand als Ausnahme

Einzige **Durchbrechung der ausschließlichen Zuständigkeit** im Wohnsitzstaat des Arbeitnehmers ist nach Abs 2 der Widerklagegerichtsstand des Art 6 Nr 3. Hat der Arbeitnehmer den Arbeitgeber bereits verklagt, so darf dieser in dem vom Arbeitnehmer gewählten Forum den Gegenschlag der **(konnexen[6]) Widerklage** führen. Für den Arbeitnehmer ist dies nicht unfair, da er ja durch seine Klage bereits Beziehungen zu diesem Forum hat, ja es selber unter den ihn zur Verfügung stehenden Optionen ausgewählt hat. Dann obsiegt wie im Internationalen Versicherungs- und Verbraucherprozessrecht die Prozessökonomie, die es erlaubt, das gesamte Rechtsverhältnis in Angriff und Gegenangriff umfassend aufzuarbeiten. Zwei Verfahren an zwei verschiedenen Orten wären aufwändiger, zudem würde Art 27 einem Gegenangriff des Arbeitgebers 3

---

1 *Koppenol-Laforce/X E Kramer*, NTBR 2003, 202, 206; *Czernich/Tiefenthaler/Kodek/Czernich* Rn 2.

2 *Schlosser* Rn 1 sowie *J Harris* (2001) 20 CJQ 218, 221; *MünchKommZPO/Gottwald* Rn 1.

3 *Micklitz/Rott* EuZW 2001, 325, 332.

4 Vgl *Mankowski* MMR-Beilage 7/2000, 22, 32 (zum parallelen Art 14 Abs 2 EuGVÜ).

5 *Mosconi* Riv dir int priv proc 2003, 5, 23.

6 *Czernich/Tiefenthaler/Kodek/Czernich* Rn 3.

selbst am Wohnsitz des Arbeitnehmers eine Grenze ziehen, soweit sich die Streitgegenstände beider Verfahren überschneiden.

Artikel 21

Von den Vorschriften dieses Abschnitts kann im Wege der Vereinbarung nur abgewichen werden,

1. wenn die Vereinbarung nach der Entstehung der Streitigkeit getroffen wird oder
2. wenn sie dem Arbeitnehmer die Befugnis einräumt, andere als die in diesem Abschnitt angeführten Gerichte anzurufen.

### I. Grundsätzlicher Ausschluss von Gerichtsstandsvereinbarungen

1 Das objektive **Schutzregime** zu Gunsten des Arbeitnehmers wäre nichts wert, wenn man ihm durch Gerichtsstandsvereinbarung im Arbeitsvertrag derogieren könnte. Eine **Derogationsmöglichkeit** wäre mit dem Charakter eines ausschließlichen Regimes nicht zu vereinbaren. Konsequenterweise reduziert daher Art 21 in Parallele zu Art 17, 13 die prozessuale Parteiautonomie[1] und lässt eine Gerichtsstandsvereinbarung nur in zwei Ausnahmekonstellationen zu. Diese Ausnahmen entsprechen Art 17 Nrn 1, 2. Dagegen fehlt es an einer Übernahme von Art 17 Nr 3. Vor Entstehung der konkreten Streitigkeit getroffene Gerichtsstandsvereinbarungen sind grundsätzlich wirkungslos. Der Arbeitgeber kann sich auf sie nicht berufen. Er kann insbesondere aus ihnen nicht ableiten, dass ein bestimmter Gerichtsstand für eine Klage des Arbeitnehmers ausgeschlossen sei. Sie entfalten gegen den Arbeitnehmer keinerlei Derogationswirkung. Andererseits kann sich auch der Arbeitnehmer als Beklagter nicht darauf berufen, ein bestimmter Gerichtsstand, in welchem der Arbeitgeber seine Klage verfolgt, sei durch die Vereinbarung derogiert.

2 Unwirksam und wirkungslos ist eine ausschließliche **Gerichtsstandsvereinbarung im Arbeitsvertrag**. Denn der Arbeitsvertrag liegt grundsätzlich vor dem Entstehen jeder echten vertraglichen Streitigkeit. Daher kann er nicht unter Art 21 Nr 1 fallen.[2] Allenfalls für Streitigkeiten aus vorvertraglichen Verhältnissen mag anderes gelten, wenn und soweit sie schon ausgebrochen sind, bevor der Arbeitsvertrag geschlossen wird. Es reicht nicht, dass die causa des Streits vor dem Vertragsschluss liegt.

### II. Ausnahmsweise Zulässigkeit

3 Ist eine **Streitigkeit bereits ausgebrochen**, so ist der Arbeitnehmer als die schwächere Partei hinreichend alertisiert, um ein Angebot des Arbeitgebers auf Abschluss einer Gerichtsstandsvereinbarung zu hinterfragen und auf mögliche eigennützige Hinterge-

---

[1] Siehe nur *Mosconi* Riv dir int priv proc 2003, 5, 23.

[2] Cass soc JClP (G) 1998 IV 1303; Rb Maastricht NIPR 2002 Nr 110 S 201; A *Huet* Clunet 126 (1999) 195; *Franzen* RIW 2000, 81, 82.

danken des Arbeitgebers zu überprüfen. Zudem wird es sich in aller Regel um ein isoliertes Angebot handeln, so dass keine Gefahr besteht, dass es in einer Fülle vertraglicher Bestimmungen untergehen und überlesen werden könnte. Die Gefahr, dass die schwächere Partei überrumpelt wird, sinkt beträchtlich.[3] Es steht zu vermuten, dass die unterlegene Partei durch die bereits bestehende Streitsituation hinreichend alarmiert und vielleicht sogar beraten ist, um gegebenenfalls ihren Widerstand auszudrücken.[4] Daher erlaubt Nr 1 mit vollen Wirkungen eine Gerichtsstandsvereinbarung nach Ausbruch der Streitigkeit. Dass fortbestehende wirtschaftliche Abhängigkeit die schwächere Partei immer noch nachgiebig halten könnte, ist in Kauf zu nehmen, da nicht zu vermeiden.[5]

Eine ähnliche Überlegung, nämlich dass der Arbeitnehmer bloß „Nein" sagen muss, 4
um eine Gestaltung zu verhindern und ohne deshalb Nachteile zu erleiden, und deshalb eine größere Verhandlungsstärke hat als beim Eingehen des Arbeitsverhältnisses, spricht dafür, Art 21 nicht auf Gerichtsstandsvereinbarungen in **arbeitsrechtlichen Aufhebungs- oder Abwicklungsverträgen** anzuwenden, wenn man diese überhaupt Art 18 unterstellt.

Das Pro- und Derogationsverbot soll den Arbeitnehmer vor Nachteilen durch Verein- 5
barungen schützen. Er soll nicht der überlegenen Verhandlungsmacht und dem größeren planerischen Geschick des Arbeitgebers zu seinem Nachteil unterworfen sein.[6] Diese ratio greift nicht, wenn und soweit eine **Gerichtsstandsvereinbarung den Arbeitnehmer begünstigt**. Ein völliger Ausschluss auch solcher Gerichtsstandsabreden würde den Schutz zum Nachteil des Geschützten übertreiben. Daher erlaubt Art 21 Nr 2 Gerichtsstandsvereinbarungen, welche dem Arbeitnehmer zusätzliche Optionen zu den gesetzlichen Gerichtsständen geben. Solche Vereinbarungen haben nur prorogativen, aber keinen derogativen Effekt.[7] Forum fixing erlauben sie nicht.[8]

Die **Form einer Gerichtsstandsvereinbarung** richtet sich nach Art 23.[9] Allerdings 6
kommt von den dort aufgezählten Formtatbeständen nur Art 23 Abs 1 S 3 lit a in Betracht, nicht aber lit b, c; diese können im Verhältnis zwischen Arbeitnehmer und Arbeitgeber tatbestandlich nicht erfüllt sein.[10]

## III. Prorogation eines Gerichts in einem Drittstaat

Art 21 ist wegen seines inhärenten und über Art 23 Abs 3 bekräftigten Bezuges auf 7
Art 23 nicht anwendbar, wenn das gewählte **Gericht** nicht in einem Mitgliedstaat,

---

3 *J Hoppe* 73.

4 Siehe nur *Franzen* RIW 2000, 81, 82.

5 *Trenner* 194.

6 Siehe nur *Czernich/Tiefenthaler* JBl 1998, 745, 750.

7 *Czernich/Tiefenthaler/Kodek/Czernich* Rn 3.

8 *Trenner* 195f.

9 *Czernich/Tiefenthaler/Kodek/Czernich* Rn 2.

10 *Mosconi* Riv dir int priv proc 2003, 5, 24.

sondern **in einem Drittstaat** liegt.[11] Vielmehr hat dann das nationale Recht des Forumstaates über den Umfang, in dem Prorogationsfreiheit besteht, und insbesondere über die Derogation zu entscheiden.[12] Eine *Analogie zu Art 21* erscheint dabei als die beste und vorzugswürdige Lösung.[13] Es wäre kaum verständlich, warum innerhalb der EG mit ihrem doch relativ homogenen und hohen Niveau ein besonderes Schutzregime eingriffe, während die Prorogation auf ein Gericht in einem beliebigen Drittstaat (mit beliebigem Schutzniveau) liberaler zugelassen würde. Der für den Arbeitnehmer gefährlichere Tatbestand könnte dann, je nach Ausgestaltung des nationalen Rechts, privilegiert sein.

## Abschnitt 6
## Ausschließliche Zuständigkeiten

### Artikel 22

**Ohne Rücksicht auf den Wohnsitz sind ausschließlich zuständig:**

**1. für Klagen, welche dingliche Rechte an unbeweglichen Sachen sowie die Miete oder Pacht von unbeweglichen Sachen zum Gegenstand haben, die Gerichte des Mitgliedstaats, in dem die unbewegliche Sache belegen ist.**
**Jedoch sind für Klagen betreffend die Miete oder Pacht unbeweglicher Sachen zum vorübergehenden privaten Gebrauch für höchstens sechs aufeinander folgende Monate auch die Gerichte des Mitgliedstaats zuständig, in dem der Beklagte seinen Wohnsitz hat, sofern es sich bei dem Mieter oder Pächter um eine natürliche Person handelt und der Eigentümer sowie der Mieter oder Pächter ihren Wohnsitz in demselben Mitgliedstaat haben;**

**2. für Klagen, welche die Gültigkeit, die Nichtigkeit oder die Auflösung einer Gesellschaft oder juristischen Person oder die Gültigkeit der Beschlüsse ihrer Organe zum Gegenstand haben, die Gerichte des Mitgliedstaats, in dessen Hoheitsgebiet die Gesellschaft oder juristische Person ihren Sitz hat. Bei der Entscheidung darüber, wo der Sitz sich befindet, wendet das Gericht die Vorschriften seines Internationalen Privatrechts an.**

**3. für Klagen, welche die Gültigkeit von Eintragungen in öffentliche Register zum Gegenstand haben, die Gerichte des Mitgliedstaats, in dessen Hoheitsgebiet die Register geführt werden.**

---

[11] Hoge Raad NIPR 1997 Nr 236 S 295; *Trenner* 185. Übersehen von Monomeles protodikeio Peiraios [2002] ILPr 233, 238 (Art 17 Abs 5 EuGVÜ angewendet bei Prorogation auf zypriotisches Gericht).

[12] Zum deutschen Richterrecht BAGE 22, 410 = AP Nr 4 zu § 38 ZPO Internationale Zuständigkeit m Anm *E Lorenz* = SAE 1971, 178 m Anm *Fikentscher;* BAGE 24, 411, 417f = AP Nr 159 zu § 242 BGB Ruhegehalt m Anm *Grunsky/Wuppermann; Junker* ZZP Int 3 (1999) 179, 199f.

[13] *Reithmann/Martiny/Hausmann*, Internationales Vertragsrecht$^5$ (1996) Rn 2259; *Franzen* RIW 2000, 81, 86f; noch weitergehend (Derogationsaspekt direkt unter Art 21) *Trenner* 186. Ablehnend indes Ktg Amsterdam NIPR 2000 Nr 315 S 473; vgl auch Rb Amsterdam NIPR 2003 Nr 48 S 98.

4. für Klagen, welche die Eintragung oder die Gültigkeit von Patenten, Marken, Mustern und Modellen sowie ähnlicher Rechte, die einer Hinterlegung der Registrierung bedürfen, zum Gegenstand haben, die Gerichte des Mitgliedstaats, in dessen Hoheitsgebiet die Hinterlegung oder Registrierung beantragt oder vorgenommen worden ist oder aufgrund eines Gemeinschaftsrechtsakts oder eines zwischenstaatlichen Übereinkommens als vorgenommen gilt.
   Unbeschadet der Zuständigkeit des Europäischen Patentamts nach dem am 5. Oktober 1973 in München unterzeichneten Übereinkommen über die Erteilung europäischer Patente sind die Gerichte eines jeden Mitgliedstaats ohne Rücksicht auf den Wohnsitz der Parteien für alle Verfahren ausschließlich zuständig, welche die Erteilung oder die Gültigkeit eines europäischen Patents zum Gegenstand haben, das für diesen Staat erteilt wurde;
5. für Verfahren, welche die Zwangsvollstreckung aus Entscheidungen zum Gegenstand haben, die Gerichte des Mitgliedstaats, in dessen Hoheitsgebiet die Zwangsvollstreckung durchgeführt werden soll oder durchgeführt worden ist.

**Schrifttum**

*Ph Bauer*, Die internationale Zuständigkeit bei gesellschaftsrechtlichen Klagen unter besonderer Berücksichtigung des EuGVÜ (2000)
*Dutson*, Actions for Infringement of a Foreign Intellectual Property Right in an English Court, (1997) ICLQ 918
*Endler*, Urlaubsfreuden: Ferienhausvermittlung und Art 16 Nr 1 EuGVÜ, IPRax 1992, 212
*Geimer*, Das Fehlen eines Gerichtsstandes der Mitgliedschaft als gravierender Mangel im Komptenezsystem der Brüsseler und der Luganer Konvention, in: FS Helmut Schippel (1996) 869
*ders*, Schwedische Bank im deutschen Grundbuch: Grundschuld zur Sicherung einer ausländischem Recht unterliegenden Forderung, IPRax 1999, 152
*Grabinski*, Zur Bedeutung des Europäischen Gerichtsstands- und Vollstreckungsübereinkommens (Brüsseler Übereinkommens) und des Lugano-Übereinkommens in Rechtsstreitigkeiten über Patentverletzungen, GRUR Int 2001, 199
*Grundmann*, Zur internationalen Zuständigkeit der Gerichte von Drittstaaten nach Art 16 EuGVÜ, IPRax 1985, 249
*Heß*, Auslandssachverhalte im Offenbarungsverfahren, Rpfleger 1996, 89
*Honorati*, La cross-border prohibitory injuction olandesa in materia die contraffazione di brevetti: sulla legittimità dell'inhibitoria transfrontaliera alla luce della convenzione di Bruxelles del 1968, Riv dir int priv proc 1997, 301
*Hüßtege*, Internationale Zuständigkeit deutscher Gerichte bei der Überlassung von Räumen im Ausland, NJW 1990, 622
*ders*, Benutzungsverhältnisse im Anwendungsbereich des Art 16 Nr 1 LGVÜ, IPRax 1999, 477
*ders*, Ferienwohnungen im Ausland als Spielball der Gerichte, IPRax 2001, 31
A *Huet*, L marque communautaire: la compétence des juridictions des États membres pour connaître de sa vailidité et de sa contrefacon, Clunet 121 (1994) 623
*Jayme*, Ferienhausvermittlung und Verbraucherschutz, IPRax 1993, 18
*Jenkins*, Forum Shopping under the Community Trade Mark Regulation, Trade Mark World 1996, 24
*E Jestaedt*, Internationale Zuständigkeit eines deutschen Vollstreckungsgerichts bei alleinigem Wohnsitz des Drittschuldners im Inland?, IPRax 2001, 438

*Kartzke*, Verträge mit gewerblichen Ferienhausanbietern, NJW 1994, 823
*Kaye*, Corporate Jurisdiction under the European Judgments Convention, (1991) CJQ 220
*ders*, Creation of an English Resulting Trust of Immovables Held to Fall Outside Article 16 (1) of the European Judgments Convention, IPRax 1995, 286
*Kieninger*, Internationale Zuständigkeit bei der Verletzung ausländischer Immaterialgüterrechte: Common Law auf dem Prüfstand des EuGVÜ, GRUR Int 1998, 280
*C Kohler*, Kollisionsrechtliche Anmerkungen zur Verordnung über die Gemeinschaftsmarke, in: FS Ulrich Everling (1995) 651
*Kreuzer*, Zuständigkeitssplitting kraft Richterspruch, IPRax 1986, 75
*ders*, Zuständigkeitssplitting kraft Richterspruch II, IPRax 1991, 25
*Lagarde*, Les locations de vacances dans les conventions européennes de droit international privé, in: Études offertes à Pierre Bellet (Paris 1991) 281
*Lundstedt*, Gerichtliche Zuständigkeit und Territorialitätsprinzip im Immaterialgüterrecht – Geht der Pendelschlag zu weit?, GRUR Int 2001, 103
*Mankowski*, Timesharing und internationale Zuständigkeit am Belegenheitsort, EuZW 1996, 177
*Meier-Beck*, Aktuelle Fragen des Patentverletzungsverfahrens, GRUR 2000, 355
*Nelle*, Anspruch, Titel und Vollstreckung im internationalen Rechtsverkehr (2000)
*W Neuhaus*, Das Übereinkommen über die gerichtliche Zuständigkeit und die Vollstreckung gerichtlicher Entscheidungen in Zivil- und Handelssachen vom 27. 9. 1968 (EuGVÜ) und das Luganer Übereinkommen vom 16. 9. 1988 (LugÜ), soweit hiervon Streitigkeiten des gewerblichen Rechtsschutzes betroffen werden, MittPat 1996, 257
*Perret*, Territorialité des droits de propriété industrielle et compétence „extra-territoriale" du juge de la contrefacon, in: Études en l'honneur de Jean-Francois Poudret (Lausanne 1999) 125
*Rauscher*, Die Ferienhausentscheidung des EuGH – Unbilligkeit oder Konsequenz europäischer Rechtspflege?, NJW 1985, 892
*H Roth*, Die negative Feststellungsklage zur Abwehr drohender Zwangsvollstreckungsmaßnahmen als Anwendungsfall von Art 16 Nr 5 Lugano-Übereinkommen, IPRax 1999, 50
*ders*, Art 16 Nr 5 EuGVÜ, Drittwiderspruchsklage nach § 771 ZPO und Klage auf Auskehrung des unberechtigt Erlangten nach durchgeführter Zwangsversteigerung, IPRax 2001, 323
*Scordamaglia*, Die Gerichtsstandsregelung im Gemeinschaftspatentübereinkommen und das Vollstreckungsübereinkommen von Lugano, GRUR Int 1990, 777
*D Stauder*, Die Anwendung des EWG-Gerichtsstands- und Vollstreckungsübereinkommens auf Klagen im gewerblichen Rechtsschutz und Urheberrecht, GRUR Int 1976, 510
*ders*, Die ausschließliche internationale gerichtliche Zuständigkeit in Patentstreitsachen nach dem Brüsseler Übereinkommen, IPRax 1985, 76
*ders*, Grenzüberschreitende Verletzungsverbote im gewerblichen Rechtsschutz und das EuGVÜ, IPRax 1998, 317
*Stoffel*, Ausschließliche Gerichtsstände des Lugano-Übereinkommens und SchKG-Verfahren, insbesondere Rechtsöffnung, Widerspruchsklage und Arrest, in: FS Oscar Vogel (Zürich 1991) 357
*Teixeira de Sousa*, Der Anwendungsbereich von Art 22 Nr 1 S 2 EuGVVO, IPRax 2003, 320
*M Ulmer*, Neue Tendenzen bei der Auslegung des Art 16 Nr 1 EuGVÜ, IPRax 1995, 72
*Véron*, Trente ans d'application de la Convention de Bruxelles à l'action en contrefacon de brevet d'invention, Clunet 128 (2001) 805
*Vivant*, Das Europäische Gerichtsstands- und Vollstreckungsübereinkommen und die gewerblichen Schutzrechte, RIW 1991, 26
*Wadlow*, Intellectual Property and the Judgments Convention, (1985) 10 ELRev 305.

**I. Allgemeines** ........................... 1

**II. Dingliche Rechte an Immobilien (Nr 1 S 1 Var 1)** ........................... 4

**III. Schuldrechtliche Immobilienüberlassungsverträge (Nr 1 S 1 Var 2, S 2)**
1. Miete und Pacht
a) Grundsätzliches .................. 13
b) Vermittlung und Anmieten zur Weiterüberlassung ................ 16
c) Vertragsrechtlich ausgestaltetes Timesharing ..................... 17
d) Erfasste Ansprüche .............. 19
2. Ferienhausmiete ..................... 22
3. Sonderfall des Nr 1 S 2 .............. 24

**IV. Organisationsaspekte von Gesellschaften (Nr 2)**
1. Grundsätzliches ...................... 28
2. Sachlicher Anwendungsbereich ..... 31

**V. Gültigkeit von Eintragungen in öffentliche Register (Nr 3)** ................ 38

**VI. Gültigkeitsfragen registrierter gewerblicher Schutzrechte (Nr 4)**
1. Sachlicher Anwendungsbereich ..... 40
2. Einrede der Ungültigkeit oder Nichtigkeit in Verletzungsverfahren ...... 46
3. Registrierungsort ..................... 48
4. Europäisches Patentübereinkommen 49
5. Markenverordnung .................. 51

**VII. Verfahren der Zwangsvollstreckung (Nr 5)** ........................... 53

## I. Allgemeines

1 Art 22 ist eine vorrangige Ausnahmeregel zu Art 2 ff. Er begründet **ausschließliche Zuständigkeiten**, die sowohl die allgemeine als auch alle besonderen Zuständigkeiten verdrängen. Eine Konkurrenz mehrere Gerichtsstände ist nur für die verschiedenen Gerichtsstände des Art 22 untereinander möglich. Wegen seines durchbrechenden Ausnahmecharakters ist Art 22 grundsätzlich eher eng auszulegen.[1] Für Verbandsklagen nach dem UKlaG gilt Art 22 nicht.[2] Die ausschließlichen Gerichtsstände des Art 22 sind derogationsfest. Sie nehmen jeder Gerichtsstandsvereinbarung (zB in einem internationalen Mietvertrag) die Wirkung.[3] Die Gerichtsstände des Art 22 sind vorrangig zu prüfen und begründen teilweise recht imperialistische „Zwangszuständigkeiten“[4].

2 Die Zuständigkeiten des Art 22 bezwecken eine **Zuständigkeitskonzentration** in einem sachnahen Forum. Sie wählen Anknüpfungspunkte, die jeweils für einen bestimmten Gegenstand gleichsam das „natürliche Forum“ definieren. Diese Anknüpfungspunkte sind sach- und nicht personenbezogen. Art 22 definiert seine Anwendungsvorausset-

---

1 Siehe nur EuGH Rs C-261/90 *Mario Reichert u Ingeborg Kockler/Dresdner Bank* AG EuGHE 1992 I 2149, 2182 Rn 25; EuGH Rs C-518/99 *Richard Gaillard/Alaya Chekili* EuGHE 2001 I 2771, 2780 Rn 14 mwN; östOGH ÖJZ 1998, 431.

2 BGHZ 109, 33 = EuZW 1990, 36 m zust Anm *E M Nagel* = BB 1990, 659 m zust Anm *Lindacher*; *W Lorenz* IPRax 1990, 292; *Lindacher* IPRax 1993, 228, 229; *Thomas/Putzo/Hüßtege* Rn 8.

3 AppG Basel-Stadt SZIER 1996, 91 m Anm *Volken*; Cour de justice Genève SZIER 1997, 359 m zust Anm *Volken*.

4 Treffender Ausdruck von *Musger* ÖRZ 1993, 198; *Czernich/Tiefenthaler/Kodek/Tiefenthaler* Rn 2.

zungen auch im Verhältnis zu Drittstaaten selbst und abschließend.[5] Er ist nicht davon abhängig, dass die Voraussetzungen des Art 2 vorlägen (also dass der Beklagte seinen allgemeinen Gerichtsstand im EU-Gebiet hätte) oder ein Bezug zu einem weiteren Mitgliedstaat bestünde.[6] ZB fällt ein Streit zwischen einem in New York ansässigen Kläger und einem in San Francisco ansässigen Beklagten um das Eigentum an einem in Hamburg belegenen Grundstück unter Art 22 Nr 1 S 1, zuständig sind die Hamburger Gerichte. Auf der anderen Seite erfasst auch Art 22 keine reinen Binnensachverhalte, sondern setzt wenigstens eine gewisse Auslandsberührung voraus.[7]

3 Anders als Art 5 regelt Art 22 jeweils nur die **internationale Zuständigkeit** und überlässt es dem nationalen Prozessrecht, die örtliche Zuständigkeit zu regeln.[8] Verwiesen wird in Art 22 jeweils nur auf die Gerichte des betreffenden Mitgliedstaates, dagegen nicht auf das Gericht am Ort des Sachmoments. Für Nr 2, 4 und 5 ist dies sachgerecht, dagegen weniger für Nr 1 und 3. Belegenheit der Immobilie und Register stehen fest und weisen eigentlich zu Orten.

## II. Dingliche Rechte an Immobilien (Nr 1 S 1 Var 1)

4 Nr 1 S 1 Var 1 gewährt für Klagen aus dinglichen Rechten an unbeweglichen Sachen einen ausschließlichen Gerichtsstand am **Belegenheitsort der Immobilie**. Hauptgrund dafür ist, dass die Gerichte dieses Staates wegen der räumlichen Nähe zum Streitobjekt am besten in der Lage sind, sich gute Kenntnis über die Sachverhalte zu verschaffen und die insoweit geltenden Regeln und Gebräuche anzuwenden, die im allgemeinen jene des Belegenheitsstaates sind.[9] Sach- und Rechtsnähe sollen also tragen. Dabei reichen bloße Publizitätsregel allerdings nicht aus, um zu tragen.[10]

5 Die Frage, ob eine **unbewegliche Sache** vorliegt, beantwortet im Wege der **Qualifikationsverweisung** das (materielle) Recht des Staates, in welchem der betreffende Gegenstand belegen ist.[11] Hinreichende europäische Kriterien für eine vollständige auto-

---

[5] Siehe nur *Mankowski* EuZW 1996, 177; *Coester-Waltjen*, in: FS Hideo Nakamura (Tokyo 1996) 89, 103 f; *Gaudemet-Tallon*, in: Liber amicorum Georges Droz (The Hague/Boston/London 1996) 85, 89; *BBGS/Safferling* Art 16 EuGVÜ Rn 2 (1997); *Geimer* IPRax 1999, 152, 154.

[6] OLG Hamburg IPRax 1999, 168, 169 mwN; *Bernasconi/Gerber* SZIER 1993, 39, 54; *Geimer* IPRax 1999, 152, 154; *Thomas/Putzo/Hüßtege* Rn 2.

[7] *Czernich/Tiefenthaler/Kodek/Tiefenthaler* Rn 6.

[8] Siehe nur *Czernich/Tiefenthaler/Kodek/Tiefenthaler* Rn 18.

[9] Siehe nur EuGH Rs 73/77 *Theodorus Engelbertus Sanders/Ronald van der Putte* EuGHE 1977, 2383, 2390 Rn 12/15; EuGH Rs C-115/88 *Mario Reichert u Ingeborg Kockler/Dresdner Bank* AG EuGHE 1990 I 27, 41 Rn 10 mwN.

[10] EuGH Rs C-115/88 *Mario Reichert u Ingeborg Kockler/Dresdner Bank* AG EuGHE 1990 I 27, 42 Rn 13.

[11] Bericht *Schlosser* S 129; *Schlosser*, in: GS Rudolf Bruns (1980) 45, 58-60; *ders* Rn 2; *Kaye* 894-898; *BBGS/Safferling* Art 16 EuGVÜ Rn 6 (1997); *Kropholler* Rn 12.

nome Auslegung[12] fehlen. Dies gilt insbesondere mit Blick auf die Abgrenzung von Zubehör, Inventar und Bestandteilen.[13] Bei in Deutschland belegenen Gegenständen gelten die im Zusammenhang mit Art 25 Abs 2, 15 Abs 2 Nr 3 EGBGB entwickelten Maßstäbe dafür, ob es sich um unbewegliche Sachen handelt.[14]

Dagegen besteht eine autonome Vorgabe für den **Begriff des dinglichen Rechts**:[15] Im Gegensatz zum persönlichen Recht entfaltet das dingliche Recht Wirkung gegen jedermann; es ist also ein absolutes Recht und nicht nur ein relativ wirkendes Forderungsrecht. Wer nur behauptet, Rechte gegen nur jemanden bestimmten zu haben, hat kein dingliches Recht.[16] Erfasst sind Klagen, die darauf gerichtet sind, Umfang und Bestand einer unbeweglichen Sache, das Eigentum, den Besitz oder das Bestehen anderer dinglicher Rechte hieran zu bestimmen und den Inhabern dieser Rechte den Schutz der mit ihrer Rechtsstellung verbundenen Vorrechte zu sichern.[17] 6

Für das **Rechte des deutschen Rechts** folgt daraus keine Einschränkung. So zählen zu den von Nr 1 S 1 Var 1 erfassten Rechten die Hypothek, die Grundschuld, das Erbbaurecht, der Nießbrauch nach § 1030 BGB, Grunddienstbarkeiten, eingetragene persönliche Dienstbarkeiten und Reallasten[18] sowie dingliche Timesharingrechte.[19] Dingliche Rechte sind bei in England, Wales, Nordirland (also in Großbritannien außer Schottland) oder Irland belegenen Grundstücken neben den legal rights auch die sogenannten equitable interests, für die allerdings kein numerus clausus besteht.[20] Zu den erfassten Klagen gehören solche auf Grenzberichtigung, Löschung im Grundbuch, Teilungsklage und actio hypothecaria[21] sowie auf Eintragung einer bestehenden Grunddienstbarkeit.[22] 7

Bei **Grundstücksveräußerungsverträgen** ist zu unterscheiden: Gewährt das Belegenheitsrecht nur einen schuldrechtlichen, persönlichen Anspruch auf Eigentumsübertra- 8

---

12 Für diese obiter EuGH Rs C-115/88 *Mario Reichert/Dresdner Bank* AG EuGHE 1990 I 27, 41 Rn 8 sowie vom Ansatz her Rb Utrecht NIPR 1998 Nr 138 S 165.

13 *Czernich/Tiefenthaler/Kodek/Tiefenthaler* Rn 10.

14 Ausführlich *Staudinger/Mankowski*, BGB, Art 13-17b EGBGB[14] (2003) Art 15 EGBGB Rn 166-215.

15 EuGH Rs C-115/88 *Mario Reichert u Ingeborg Kockler/Dresdner Bank* AG EuGHE 1990 I 27, 41 Rn 9; EuGH Rs C-292/93 *Norbert Lieber/Willi S u Siegrid Göbel* EuGHE 1994 I 2535, 2550 Rn 14; *Schlosser*-Bericht Nr 166.

16 EuGH Rs C-294/92 *George Lawrence Webb/Lawrence Desmond Webb* EuGHE 1994 I 1717, 1738 Rn 15.

17 EuGH Rs C-115/88 *Mario Reichert u Ingeborg Kockler/Dresdner Bank* AG EuGHE 1990 I 27, 42 Rn 11.

18 *Geimer/Schütze* EuZVR Art 16 EuGVÜ Rn 51.

19 BayObLG NJW-RR 2002, 1502, 1503.

20 *BBGS/Safferling* Art 16 EuGVÜ Rn 6 (1997).

21 *Czernich/Tiefenthaler/Kodek/Tiefenthaler* Rn 14.

22 ÖstOGH RdW 2000/254.

gung, greift Nr 1 S 1 Var 1 nicht;[23] gewährt jenes Recht dagegen einen dinglichen Anspruch (was zB in Belgien der Fall sein könnte), greift die Vorschrift.[24] Für Klagen auf gestaltende Auflösung oder auf Feststellung der Vertragsauflösung bietet sich eine ähnliche Differenzierung an,[25] gleichermaßen für Klagen auf Zustimmung zu Rechtsübertragungen wie zB unter dem ius quasitum tertii des schottischen Rechts.[26]

9 Nicht unter Nr 1 S 1 Var 1 fällt erst recht die **Klage auf Gegenleistung** bei einem Vertrag über die Veräußerung eines Grundstücksrechts, also zB die Kaufpreisklage bei einem Grundstückskaufvertrag[27] oder einem sogenannten dinglich ausgestalteten Timesharinggeschäft mit Erwerb eines dinglichen Teilzeitwohnrechts,[28] die Klage auf Rückzahlung des Kaufpreises[29] oder die Klage auf Sekundäransprüche, zB eine verwirkte Vertragsstrafe[30] oder Schadensersatz,[31] oder auf eine Entschädigung für gezogene Nutzungen, nachdem die Nichtigkeit einer Eigentumsübertragung festgestellt ist.[32] Da sie nur einen relativen Anspruch sichert und keine dingliche Wirkung erga omnes entfaltet, ist eine Vormerkung kein dingliches Recht.[33]

10 Noch weniger fällt die **Klage auf Darlehensauskehrung** gegen die Bank, welche einen Erwerb von Immobiliarrechten finanziert, unter Nr 1 S 1 Var 1.[34] Das gleiche gilt für eine Klage, mit der ein – sei es auch vormerkungsgesicherter – Anspruch auf Bestellung einer Bauhandwerkerhypothek verfolgt wird,[35] oder die Klage eines Grundstücksmaklers auf Zahlung der versprochenen Courtage.[36] Schließlich ist auch eine Klage gegen einen Miteigentümer, dass dieser Verpflichtungen aus einem Kaufvertrag nachkomme, nicht erfasst.[37] Anders kann es sich verhalten bei einem Streit zwischen Miteigentümern um eine öffentliche Versteigerung.[38]

---

[23] EuGH Rs C-518/99 *Richard Gaillard/Alaya Chekili* EuGHE 2001 I 2771, 2780 Rn 16; *Schlosser*-Bericht Nr 169; *Kropholler* Rn 21; auch LG Bonn IPRax 1997, 183 m zust Anm *Jayme*.

[24] *Schlosser*-Bericht Nr 171; *Kropholler* Rn 21.

[25] EuGH Rs C-518/99 *Richard Gaillard/Alaya Chekili* EuGHE 2001 I 2771, 2780f Rn 16-18; OLG Hamm RIW 2001, 867; LG Münster IPRspr 1999 Nr 135 S 325. Vgl Hof Amsterdam NIPR 2001 Nr 33 S 95.

[26] Vgl *BBGS/Safferling* Art 16 EuGVÜ Rn 6 (1997).

[27] ÖstOGH RdW 2000/254; *Schlosser*-Bericht Nr 169; *Czernich/Tiefenthaler/Kodek/Tiefenthaler* Rn 17.

[28] BayObLG NJW-RR 2002, 1502, 1503.

[29] OLG Hamm NJW-RR 1996, 1145.

[30] Rb Amsterdam Ned Jur 1977 Nr 251.

[31] EuGH Rs C-518/99 *Richard Gaillard/Alaya Chekili* EuGHE 2001 I 2771, 2781 f Rn 20; *A Huet* Clunet 129 (2002) 621, 622.

[32] EuGH Rs C-292/93 *Norbert Lieber/Willi S u Siegrid Göbel* EuGHE 1994 I 2535, 2550-2552 Rn 15-22.

[33] *BBGS/Safferling* Art 16 EuGVÜ Rn 6 (1997).

[34] *Jarrett v Barclays Bank plc* [1997] 2 All ER 484, 496 (CA, per *Morritt* LJ).

[35] OLG Köln IPRax 1985, 161; *J Schröder* IPRax 1985, 145.

[36] LG Stuttgart JbItalR 9 (1996) 200 = IPRspr 1996 Nr 27 S 63.

[37] Hof's-Gravenhage NIPR 2000 Nr 207 S 345.

[38] Hof Amsterdam Ned Jur 1981 Nr 155; *BBGS/Safferling* Art 16 EuGVÜ Rn 7 (1997).

11 Nr 1 S 1 Var 1 erfasst nicht Streitigkeiten, die **nur mittelbar Bezug auf dingliche Rechte** an Immobilien haben. Daher fällt die Veräußerung von Anteilen an einer reinen Grundstücksgesellschaft, bei denen es wirtschaftlich um die (Teil-)Veräußerung der Grundstücke jener Gesellschaft geht, nicht unter Nr 1 S 1 Var 1, ebenso wenig die Auseinandersetzung nach Auflösung einer solchen Gesellschaft.[39] Dasselbe gilt für Streitigkeiten über den Bestand oder den Inhalt von Treuhandverhältnissen oder trusts des angloamerikanischen Recht, selbst wenn einziges Treugut oder trust-Eigentum Grundstücke sind.[40] Deshalb erfasst Nr 1 S 1 Var 1 auch gesellschafts- oder vereinsrechtlich ausgestaltetes Timesharing schon tatbestandlich grundsätzlich nicht.[41]

12 **Schadensersatzansprüche** wegen der Beeinträchtigung eines dinglichen Rechts fallen ebenfalls nicht unter Nr 1 S 1 Var 1,[42] ebenso wenig nachbarrechtliche Abwehransprüche.[43] Schließlich fallen konkursrechtliche Anfechtungsklagen wegen Art 1 Abs 2 Nr 2 aus der Brüssel I-VO insgesamt heraus, daher kann Nr 1 S 1 Var 1 sie auch dann nicht erfassen, wenn sie Änderungen im Grundbuch zur Folge haben sollten.[44]

## III. Schuldrechtliche Immobilienüberlassungsverträge (Nr 1 S 1 Var 2, S 2)

### 1. Miete und Pacht

#### a) Grundsätzliches

13 Unter **Miete und Pacht** fällt jede einen Rechtsanspruch begründende Überlassung des Gebrauchs der Immobilie auf Zeit.[45] Der **Begriff** ist autonom, ohne Rückgriff auf das nationale Sachrecht des Gerichtsstaates oder auf das Sachrecht des Belegenheitsstaates auszulegen.[46] Hinter Nr 1 S 1 Var 2 steht die Überlegung, dass Immobilienmietverträge in der Regel besonderen Regulierungen durch den Belegenheitsstaat des Mietobjekts unterliegen. Zudem sollen Beweis- und Rechtsnähe eine geordnete Rechtspflege im Belegenheitsstaat ermöglichen.[47]

14 Betrifft ein Miet- oder Pachtvertrag **Grundstücke in mehreren Staaten** (dh werden Grundstücke in mehreren Staaten vermietet oder verpachtet), so ist jedes Belegen-

---

39 Rb Alkmaar NIPR 1999 Nr 279 S 376f.

40 EuGH Rs C-294/92 *George Lawrence Webb/Lawrence Desmond Webb* EuGHE 1994 I 1717, 1738f Rn 15-19.

41 LG Dresden NZM 1998, 825, 826; *Mankowski* EuZW 1996, 177, 179; *ders* VuR 1996, 392, 393.

42 *Schlosser*-Bericht Nr 163; *BBGS/Safferling* Art 16 EuGVÜ Rn 7 (1997).

43 *Musger*, Grenzüberschreitende Unweltbelastungen im internationalen Zivilprozessrecht (Wien 1991) 54; *BBGS/Safferling* Art 16 EuGVÜ Rn 7 (1997); *Kropholler* Rn 22 mwN; *Czernich/Tiefenthaler/Kodek/Tiefenthaler* Rn 17.

44 ÖstOGH JBl 1998, 381.

45 *Schwander*, in: *Schwander* (Hrsg), Das Lugano-Übereinkommen (St Gallen 1990) 61, 89.

46 AppG Basel-Stadt SZIER 1996, 90; *Endler* IPRax 1992, 212, 214; *Czernich/Tiefenthaler/Kodek/Tiefenthaler* Rn 19 gegen LG Frankfurt/M IPRax 1982, 242; LG Berlin IPRax 1992, 243.

47 Siehe nur ObG Basel-Land BJM 1998, 209.

heitsgericht jeweils für die in seinem Sprengel belegenen Grundstücke zuständig.[48] Unter einer Konstruktion wie jener der Nr 1 S 1 Var 1 ist eine solche Fragmentierung leider unvermeidlich. Der Gesamtzusammenhang des Vertrages wird aufgelöst.[49] Allerdings sollte man Nr 1 S 1 Var 1 zurücknehmen, wenn die Miete insgesamt eingeklagt wird. Es wäre für den Vermieter unzumutbar, wenn er eine Vielzahl von Verfahren über Teiltranchen anstrengen müsste. Eine weitere Ausnahme gilt bei *Grundstücken direkt an der Grenze*, bei denen ein Teil in einem Land liegt, während der andere Teil im anderen liegt. Dann ist eine Schwerpunktbildung geboten.[50] Ebenso erscheint eine Ausnahme sinnvoll, wenn Pachtgegenstand eigentlich gar nicht die Grundstück sind, sondern ein Unternehmern, zu dessen (Betriebs-) Vermögen die Grundstücke zählen. Dann sollte man schon auf der Qualifikationsebene ausgrenzen und anerkennen, dass die Grundstücke nur mittelbar betroffen sind.[51]

15 Die **Gebrauchsüberlassung** muss den Vertrag charakterisieren. Hat der Vertrag einen anderen Hauptgegenstand, fällt er aus Nr 1 S 1 Var 2 heraus.[52] Maßgeblich ist der verfolgte wirtschaftliche Zweck.[53] ZB wird die Überlassung eines Ladengeschäfts durch die Übertragung des Betriebes, der unternehmerischen Einheit, nicht durch die insoweit nicht prägende Überlassung der Ladenräume charakterisiert.[54] Auch die Verpflichtung, einen Mit- oder einen Nachmieter beizubringen, ist nicht mietrechtlich zu qualifizieren.[55] Andererseits fällt der Mietteil eines Mietkaufs unter Nr 1 S 1 Var 2.[56]

**b) Vermittlung und Anmieten zur Weiterüberlassung**

16 Ein Anmieten von Räumen, um diese dann vertraglich Dritten zu überlassen (zB durch einen **kommerziellen Ferienhausvermittler**), fällt unter den Begriff der Miete oder Pacht;[57] dass derjenige, welchem die Räume überlassen werden, diese selber nutzt, ist nicht erforderlich. Nr 1 S 1 Var 2 ist wiederum nicht einschlägig, wenn der kommerzielle Ferienhausvermittler die Räume nicht anmietet, sondern nur die Erlaubnis erhält, sie an Dritte zu vermitteln, die ihrerseits (sei es auch unter Vertretung durch den Vermittler) einen Mietvertrag mit dem Eigentümer schließen.[58] Ein Hotelvertrag mit Voll- oder Halbpension oder Clubprogramm ist kein Mietvertrag,[59] ebenso wenig ein Beher-

---

48 EuGH Rs 158/87 *ROE Scherrens/MG Maenhout* EuGHE 1988, 3791, 3805 Rn 13, 16; *Czernich/Tiefenthaler/Kodek/Tiefenthaler* Rn 11.

49 *Kreuzer* IPRax 1991, 25, 26.

50 EuGH Rs 158/87 *ROE Scherrens/MG Maenhout* EuGHE 1988, 3791, 3805 Rn 14.

51 Vgl auch *Gaudemet-Tallon* Rev crit 78 (1989) 548, 553; *Kreuzer* IPRax 1991, 25, 27f.

52 EuGH Rs 73/77 *Theodorus Engelbertus Sanders/Ronald van der Putte* EuGHE 1977, 2383, 2390 Rn 16.

53 *Endler* IPRax 1992, 212, 214.

54 Vgl EuGH Rs 73/77 *Theodorus Engelbertus Sanders/Ronald van der Putte* EuGHE 1977, 2383, 2391 Rn 19.

55 Entgegen Rb Arnhem NIPR 2001 Nr 50 S 116.

56 Rb Utrecht NIPR 1998 Nr 138 S 165.

57 Entgegen OLG Düsseldorf OLGR Düsseldorf 1991, 3; *Endler* IPRax 1992, 212, 215.

58 OLG Frankfurt OLGR Frankfurt 1992, 102.

59 Vgl OLG Karlsruhe RIW 1999, 464 (dazu *Mansel* IPRax 2000, 30).

bergungsvertrag, selbst wenn dieser zusätzlich das Zurverfügungstellen von Konferenzräumen beinhaltet.[60]

**c) Vertragsrechtlich ausgestaltetes Timesharing**

Vertragsrechtlich ausgestaltetes **Timesharing** begründet eine Nutzungsüberlassung.[61] 17
Als vertragsrechtlich sind auch pseudo-gesellschafts- und pseudo-vereinsrechtlich ausgestaltete Konstruktionen einzuordnen. Bei ihnen gilt es, den Schleier zu zerreißen und nach dem Kern des Rechtsverhältnisses zu qualifizieren. Wenn das Einräumen von Nutzungsrechten ganz im Vordergrund steht und eine echte Beteiligung am „Vereinsleben" gar nicht in Rede steht, liegt ein Austauschvertrag über Nutzungsüberlassung vor. Gestaltungsmissbrauch ist nicht stattzugeben, sondern auf der Qualifikationsebene entgegenzutreten.[62]

Die Materialien versuchen allerdings (ohne nähere Begründung), vertragsrechtlich 18
ausgestaltetes Timesharing (wie Timesharing insgesamt) Nr 1 zu entziehen.[63] Dies kann indes nur gelingen, wenn und soweit der konkrete Timesharingvertrag von **Dienstleistungselementen** mindestens gleichgewichtig mitgeprägt wird.[64] Der normale Timesharingvertrag weist aber keine solchen mitprägenden Dienstleistungselemente auf, sondern enthält Dienstleistungspflichten nur als Nebenpflichten.

**d) Erfasste Ansprüche**

Bei **Überlassungsverträgen** gilt Nr 1 S 1 Var 2 für alle Rechtsstreitigkeiten und An- 19
sprüche. Darunter fallen auf Seiten des Mieters der Erfüllungsanspruch, Ansprüche auf Instandhaltung und auf Wiedereinräumung des Besitzes[65] und die Mängelgewährleistungsansprüche auf und aus Rücktritt, Wandelung, Minderung, Schadensersatz nach Maßgabe des anwendbaren Vertragsrechts. Erfasst sind also nach Fehlschlagen des Vertrages zB die Ansprüche auf Rückzahlung des Mietzinses, unabhängig vom deliktischen oder vertragsrechtlichen Charakter der Anspruchsgrundlage[66] oder Erstattung der Kosten für das Anmieten eines Ersatzobjekts.[67]

Nr 1 S 1 Var 2 erfasst aber auch die **Vergütungsansprüche des Vermieters.**[68] Die ge- 20
wollte Konzentration gründet sich hier auf die Einheitlichkeit des Vertrages, eventuelle Mieterschutzvorschriften des Belegenheitsrechts (Mietpreisbindungen) wie auf die Möglichkeit von Gegenansprüchen, die auf Mängel der Mietsache zurückgehen. Für

---

60 OLG Karlsruhe RIW 1999, 464.

61 OLG Koblenz VuR 2001, 257, 258 m Anm *Mankowski; Mankowski* EuZW 1996, 177, 178f; *ders* VuR 2001, 259.

62 *Mankowski* VuR 1999, 219, 220f; *ders* VuR 2001, 259, 261; siehe auch LG Dresden NZM 1998, 825, 826.

63 Begründung der Kommission BR-Drs 534/99, 16 Zu Art 15 (Anm 2. Abs).

64 Siehe *Micklitz/Rott* EuZW 2001, 325, 330f.

65 *Busl* EuZW 1990, 456.

66 LG Bochum RIW 1986, 135 m Anm *Geimer; Kropholler* Rn 26.

67 *Huff* EuZW 1992, 221 im Anschluss an AG Altenkirchen 16. 1. 1992 – 2 C 694/91.

68 EuGH Rs 241/83 *Erich Rösler/Horst Rottwinkel* EuGHE 1985, 99, 127 Rn 26.

die Beurteilung von Mängeln der Mietsache sind die Gerichte am Belegenheitsort der Immobilie am kompetentesten und sachnächsten. Ansprüche auf Nebenkosten (Wasser-, Gas-, Stromverbrauch, Erstattung öffentlicher Abgaben) gehören ebenfalls unter Nr 1.[69] Hierher gehören außerdem Ansprüche auf Schadensersatz wegen Beschädigung des Mietobjekts durch den Mieter und auf Räumung[70] einschließlich konkurrierender Ansprüche aus Delikt.[71]

21 **Entschädigungsansprüche** für vertragslose Nutzung im Vorgriff auf einen geplanten Vertrag werden nicht unter Nr 1 S 1 Var 2 gezogen, ebenso wenig entsprechende Ansprüche für Weiternutzung nach dem Auslaufen eines Vertrages[72] oder nach Feststellung, dass ein geschlossener Vertrag unwirksam ist.[73] Insoweit fehlt es an der Grundvoraussetzung des Vertrages, die angesichts des Ausnahmecharakters von Nr 1 ernst zu nehmen ist.[74] Auch besondere mietrechtliche Schutzregimes des Belegenheitsstaates können nicht eingreifen, sodass der Schutzzweck der Nr 1 nicht einschlägig ist.[75] Ansprüche auf Reisekosten zum Mietobjekt und Ersatz für vertanen Urlaub oder entgangene Urlaubsfreuden haben dagegen nur mittelbaren Bezug zum Mietobjekt und fallen deshalb nicht unter Nr 1 S 1 Var 2.[76] Streitigkeiten um die Zuweisung des Wohnrechts oder die Übertragung aus einem Mietvertrag im Innenverhältnis zwischen Mitmietern (zB als Teil einer Scheidungsauseinandersetzung) sind ebenfalls nicht erfasst.[77]

### 2. Ferienhausmiete

22 Nr 1 S 1 Var 2 erfasst auch, Nr 1 S 2 zielt gar ausdrücklich auf die **Miete von Ferienhäusern**, für die daher die ausschließliche Belegenheit am Ort der Immobilie ebenfalls gilt.[78] Ein Vertrag über Reiseleistungen, innerhalb dessen die Ferienhausmiete nur einen Teil des Leistungsprogramms ausmacht, weist jedoch zu starke Dienstleistungselemente (Auskunfts- und Beratungspflichten insbesondere bei der Auswahl des Objekts, Reservierung des Objekts, Beförderungs- und Transferleistungen oder deren Buchen, Betreuung vor

---

[69] ÖstOGH ZfRV 2000/22; *Busl* EuZW 1990, 456; *Kropholler* Rn 25; *Czernich/Tiefenthaler/Kodek/Tiefenthaler* Rn 20.

[70] ObG Basel-Land BJM 1998, 209, 210; *Busl* EuZW 1990, 456.

[71] OLG Hamm OLGR Hamm 1995, 69 = IPRspr 1995 Nr 142 S 281.

[72] ÖstOGH IPRax 1999, 471 f; *Hüßtege* IPRax 1999, 477 f.

[73] EuGH Rs C-292/93 *Norbert Lieber/Willi S u Siegrid Göbel* EuGHE 1994 I 2535, 2550-2552 Rn 15-22.

[74] ÖstOGH IPRax 1999, 471 f.

[75] EuGH Rs C-292/93 *Norbert Lieber/Willi S u Siegrid Göbel* EuGHE 1994 I 2535, 2551 f Rn 20; *Hüßtege* IPRax 1999, 477, 478.

[76] EuGH Rs 241/83 *Erich Rösler/Horst Rottwinkel* EuGHE 1985, 99, 127 f Rn 28; AG Flensburg RRa 1998, 176.

[77] Entgegen Rb's-Gravenhage NIPR 1997 Nr 87 S 102.

[78] EuGH Rs 241/83 *Erich Rösler/Horst Rottwinkel* EuGHE 1985, 99, 126 f Rn 21-25; EuGH Rs C-280/90 *Elisabeth Hacker/Euro-Relais GmbH* EuGHE 1992 I 1111, 1132 Rn 13; LG Bonn NJW-RR 2001, 1574.

Ort, Vermittlung von Reinigungspersonal oder Cateringservices, Vermittlung einer Reiserücktrittsversicherung oä) auf, um noch unter Nr 1 zu fallen.[79] Hier tritt eine eventuelle Vermietung der Ferienunterkunft nur als Teil eines Gesamtpakets auf und prägt den Gesamtvertrag nicht entscheidend.[80] Man würde den Gesamtvertrag wesentlicher Elemente berauben, wenn man ihn als Mietvertrag einordnen würde. Außerdem ist der typische Streit bei Buchungen anhand eines Prospektes der Streit um Beschreibungen des Prospekts und die Übereinstimmung zwischen Prospekt und Wirklichkeit.[81] In den genannten Fällen sind vielmehr regelmäßig Art 15-17 einschlägig.[82]

Eine Segmentierung und Aufspaltung des Vertrages in einen immobilienbezogenen und einen anderen Teil ist nicht angezeigt.[83] Dies gilt selbst dann, wenn der Reiseveranstalter selbst die Ferienunterkunft vermieten sollte.[84] Wenn man eine **Pauschalreise** in ihre Einzelteile aufgliederte, wäre sie keine *Pauschal*reise mehr und würde ihren Charakter verlieren. Kein Mietvertrag mit dem Reiseveranstalter liegt erst recht vor, wenn im Rahmen des Pauschalreisepakets nur die Vermittlung einer Ferienunterkunft erfolgt.[85] Dass der Vermieter eine Reise-Rücktrittsversicherung für Rechnung des Mieters bucht, reicht dagegen allein nicht aus, um einen gemischten Vertrag zu begründen.[86] Einige weitere Dienstleistungselemente, namentlich Instandhaltung der Immobilie und eventuell Reinigung der Unterkunft, bleiben untergeordnete Nebenleistungen zur Gebrauchsüberlassung.[87] Gleiches gilt im Prinzip auch für Handtuch- oder Wäschewechsel.[88] 23

### 3. Sonderfall des Nr 1 S 2

Nr 1 S 2 eröffnet in einer Sonderkonstellation einen zu Nr 1 S 1 zusätzlichen Gerichtsstand am Wohnsitz des Beklagten. Er gilt nur für die **kurzfristige Vermietung**, insbesondere die Ferienhaus- oder Ferienwohnungsvermietung an privat. Eine natürliche Person als Mieter und ein Vermieter, die in dem selben Staat wohnen, sollen sich nicht im Belegenheitsstaat einer Ferienimmobilie auseinandersetzen müssen. Vermietet also zB ein Hamburger sein Appartement auf Mallorca für dessen Urlaub an einen anderen Hamburger, greift Nr 1 S 2 ein. Abzustellen ist auf die Vertragsparteien. Dass ein 24

---

79 EuGH Rs C-280/90 *Elisabeth Hacker/Euro-Relais GmbH* EuGHE 1992 I 1111, 1132 Rn 14; BGHZ 119, 152, 157; AG Hechingen RRa 2002, 93; AG Ahrensburg RRa 2002, 127, 128; *Lindacher* IPRax 1993, 228, 229.

80 *Hüßtege* IPRax 2001, 31, 32; *Droz* Rev crit 75 (1986) 135, 136f; *Hausmann* EuLF 2000, 60, 62.

81 *Huff* EuZW 1992, 221.

82 LG Berlin IPRax 1992, 243; LG Kiel RRa 1997, 164, 165; *Jayme* IPRax 1993, 18, 19.

83 Entgegen AG Pinneberg NZM 2001, 648.

84 Entgegen AG München RRa 2002, 129.

85 LG Berlin IPRax 1992, 243; *Endler* IPRax 1992, 212, 213; *Jayme*, IPRax 1993, 18, 19; *Muir Watt* Rev crit 89 (2000) 271, 272; *Rauscher* ZZPInt 5 (2000) 245, 247.

86 EuGH Rs C-8/98 *Dansommer AS/Andreas Götz* EuGHE 2000 I 393, 414 Rn 34f; GA *La Pergola* EuGHE 2000 I 395, 399 Nr 9; *Muir Watt*, Rev crit 89 (2000) 271, 272.

87 Deutlich LG Darmstadt EuZW 1996, 191 (*Mankowski* 177).

88 Siehe OLG Düsseldorf TranspR 1998, 214.

Makler oder Reisebüro zwischengeschaltet ist, ändert nichts, sofern Makler oder Reisebüro nicht Vertragspartei des Mietvertrages werden, sondern bloß vermitteln oder als Vertreter tätig werden. Im internationalen Anwendungsbereich folgt S 2 dem S 1. Eine Erstreckung auf Fälle der Vermietung von Ferienimmobilien in einem Drittstaat ist nicht angezeigt, da Art 2 Abs 1 eingreift; ob der Drittstaat für sich ausschließliche Zuständigkeit reklamiert, kann für die europäische Perspektive keine Rolle spielen.[89]

25 Nr 1 S 2 **korrigiert** die oft kritisierte[90] **ausschließliche Zuständigkeit** am Belegenheitsort auch für die nur kurzfristige Miete, bei welcher der Mieter den Streit zumeist von seinem gewöhnlichen Aufenthalt aus ausfechten wird, aber nur teilweise und nicht so weitgehend, wie dies rechtspolitisch wünschenswert wäre. Hier haben sich 1989 bei der Teilreform des EuGVÜ durch das Dritte Beitrittsübereinkommen aber die südeuropäischen Staaten mit ihren Zuständigkeitsinteressen wegen dort belegener Ferienwohnungen stärker durchsetzen können als noch beim LugÜ.[91] Art 16 Nr 1 lit b LugÜ verlangt sachgerechterweise nicht, dass Vermieter und Mieter ihren Wohnsitz im selben Staat haben, sondern nur, dass Vermieter und Mieter ihren jeweiligen Wohnsitz nicht im Belegenheitsstaat haben (sie können also durchaus in verschiedenen Staaten leben). Nr 1 S 2 geht zwar im Vergleich mit Art 16 Nr 1 lit b EuGVÜ einen Schritt in Richtung der LugÜ-Lösung, indem jetzt nur noch der Mieter, aber nicht mehr der Vermieter eine natürliche Person sein muss.[92] Am Hauptfehler, dem gemeinsamen Wohnsitz beider Parteien in demselben Staat, ändert er aber leider nichts.[93]

26 Der **Mieter** muss eine **natürliche Person** sein, darf also keine Gesellschaft oder juristische Person sein.[94] Damit wollte man eine Umgehung durch Zwischenschalten von Mietgesellschaften verhindern.[95] Indes wäre selbst dann eine Stufe später doch wieder ein Belegenheitsgerichtsstand auf Grund externen Umsatzgeschäftes gegeben. Überzeugender ist der Blick auf die zweite Voraussetzung, dass der Mieter zu privaten Zwecken agieren muss. Bei Gesellschaften steht nämlich zu vermuten, dass sie aus gewerblich-kommerziellen Motiven handeln.[96] Die Abgrenzung zwischen privatem und berufsbezogenem oder gewerblichem Handeln erfolgt wie generell im europäischen Verbraucherschutzrecht[97] konkret-funktionell auf den einzelnen Vertrag bezogen,

---

89 Anders *Teixeira de Sousa* IPRax 2003, 320, 322f.

90 Siehe LG Offenburg NJW 1983, 1273; LG Aachen NJW 1984, 1308; *Leue* NJW 1983, 1242; *Rauscher* NJW 1985, 892; *Kreuzer* IPRax 1986, 75.

91 C *Kohler* EuZW 1991, 303, 305; M *Ulmer* IPRax 1995, 72, 75.

92 *Kennett* (2001) 50 ICLQ 725, 730; *Zöller/Geimer* Rn 11; *MünchKommZPO/Gottwald* Rn 5.

93 Vgl *Beraudo* Clunet 128 (2001) 1033, 1060f.

94 Siehe nur *BBGS/Safferling* Art 16 EuGVÜ Rn 12 (1997).

95 *Trunk*, Die Erweiterung des EuGVÜ-Systems am Vorabend des Europäischen Binnenmarkts (1991) 44f; *Czernich/Tiefenthaler/Kodek/Tiefenthaler* Rn 28.

96 Bericht *Jenard/Möller* Nr 52; *Czernich/Tiefenthaler/Kodek/Tiefenthaler* Rn 28.

97 Eingehend dazu *Mankowski*, Beseitigungsrechte (2003) 243-262.

nicht an Hand eines Quasi-Status'. Anmieten spezifisch in Verfolg einer unselbständigen beruflichen Tätigkeit ist nicht privat. Mietet der Arbeitnehmer dagegen eine Wohnung für die Dauer einer Entsendung, so fällt dieses Organisieren seiner Unterbringung in seinen Privatbereich. Ob eine interne Kostenerstattung oder Kostenübernahme seitens des Arbeitgebers erfolgt, ist ohne Belang.

Der Mietvertrag darf eine **Maximallänge von kontinuierlich sechs Monaten** haben. 27
Eine Umgehung durch zeitlich einander folgende Kettenmietverträge von jeweils höchstens sechs Monaten ist nicht statthaft, da es dadurch am nur vorübergehenden Gebrauch der Mietsache fehlt.[98] Wie stets zählt nicht das formale Gewand, sondern der materiale Gehalt.

## IV. Organisationsaspekte von Gesellschaften (Nr 2)

### 1. Grundsätzliches

Nr 2 bewirkt eine **Zuständigkeitskonzentration** für Klagen über bestimmte Fragen des 28
Organisationsrechts von Gesellschaften am Sitz der betroffenen Gesellschaft. Hintergrund ist die über die konkreten Parteien des Klagverfahrens hinausgreifende Wirkung auf alle anderen Gesellschafter und gegebenenfalls auch auf die Gläubiger der Gesellschaft. Zudem hat der Sitzstaat ein eigenes, gleichsam öffentliches Interesse,[99] weil er der Gesellschaft als Rechtskonstrukt ihre Existenz normativ verleiht. Gleichlauf zwischen forum und ius, zwischen Gerichtsstand und anwendbarem Recht ist bezweckt.[100] Gesellschaften sind alle Personenverbindungen zu einem gemeinsamen Zweck[101] einschließlich Vereinen,[102] also zB die Gesellschaft bürgerlichen Rechts (BGB-Gesellschaft) nach deutschem Recht.[103] Man sollte zu ihnen auch die stille Gesellschaft des deutschen Rechts zählen,[104] bei der indes Streitigkeiten der unter Nr 2 fallenden Art faktisch kaum vorkommen dürften.

Der **Sitz der Gesellschaft** ist ausweislich Nr 2 S 2 nicht nach Art 60 zu ermitteln, son- 29
dern vielmehr nach Maßgabe des Sitzbegriffs im nationalen IPR des Forums. Bei einem Doppelsitz nach dem so herangezogenen IPR soll der Kläger ein Wahlrecht zwischen beiden Sitzen haben.[105] Großbritannien hat in sec 43 Civil Jurisdiction and Judgments Act 1982 eine eigene Ausfüllungsvorschrift für den Sitzbegriff unter Art 16 EuGVÜ eingeführt.

---

[98] *Trunk* (Fn 95) 43; *Czernich/Tiefenthaler/Kodek/Tiefenthaler* Rn 30.

[99] Siehe nur *Bülow* RabelsZ 29 (1965) 473, 491; *Ph Bauer* 72 f.

[100] Siehe nur GA *Strikwerda* Ned Jur 2003 Nr 240 S 1877; *Vlas* Ned Jur 2003 Nr 240 S 1882.

[101] Siehe Rb Alkmaar NIPR 1999 Nr 279 S 376.

[102] *BBGS/Safferling* Art 16 EuGVÜ Rn 18 (1997).

[103] *Wieczorek/Schütze/Hausmann* Art 16 EuGVÜ Rn 38.

[104] **AA** *MünchKommZPO/Gottwald* Art 16 EuGVÜ Rn 18; *Thomas/Putzo/Hüßtege* Rn 10.

[105] *Schlosser*-Bericht Nr 162; *BBGS/Safferling* Art 16 EuGVÜ Rn 21 (1997).

30 Im deutschen Internationalen Gesellschaftsrecht ist als Folge der Centros- und der Überseering-Entscheidung des EuGH[106] für Sachverhalte im Binnenmarkt von EU oder EWR die von Sonderanknüpfungen **überlagerte Gründungstheorie** maßgeblich geworden.[107] Anknüpfungspunkt ist damit der Satzungssitz, gegebenenfalls in Verbindung mit dem Recht, unter welchem die Gesellschaft gegründet worden ist, oder der Registrierung.[108] Durch die gesellschaftskollisionsrechtliche Wende im Primärrecht hin zur Gründungstheorie gelangt man so trotz der Anlehnung des Nr 2 S 2 an Art 53 Abs 1 S 2 EuGVÜ und der bewussten Nichtgeltung von Art 60 doch zu Ergebnissen, wie sie sich bei Anwendung des Art 60 ergeben würden.

**2. Sachlicher Anwendungsbereich**

31 Erfasst sind von Nr 2 insbesondere **Anfechtungsklagen** gegen Beschlüsse von Gesellschafterversammlungen,[109] unter deutschem Recht nach §§ 246 AktG, 51 GenG sowie gegebenenfalls § 256 ZPO (dann auf Feststellung der Nichtigkeit eines Beschlusses).[110] Unter Nr 2 sollte man auch Klagen gegen die Bestellung von Abschlussprüfern (§ 318 HGB) fallen lassen. Solange Feststellung der Nichtigkeit des Beschlusses Klagziel und Streitgegenstand ist und ein Entscheidung Wirkung erga omnes entfalten würde, ist es unerheblich, wer gegen wen klagt.[111]

32 **Organbeschlüsse** sind aber nicht nur solche der Gesellschafterversammlungen, sondern auch solche der anderen Gesellschaftsorgane. Welche Gesellschaftsorgane bestehen, muss das Gesellschaftsstatut, das auf das Gesellschaftsverhältnis nach dem Internationalen Privatrecht des angerufenen Gerichts maßgebliche materielle Recht, entscheiden. Zu den Beschlüssen der Organe zählt daher gegebenenfalls das Einberufen einer Gesellschafterversammlung durch das Geschäftsführungsorgan.[112]

33 Unter Nr 2 Var 1 und 2 fallen alle Klagen, deren Ziel die **Nichtigerklärung** oder **Feststellung des Bestehens** oder Nichtbestehens der Gesellschaft ist. Stellen sich solche Fragen bloß vorfrageweise in einem Verfahren, dessen Ziel ein anderes ist, zB die Durchsetzung einer Forderung, greift Nr 2 nicht,[113] ebenso wenig bei Streitigkeiten um

---

[106] EuGH Rs C-212/97 *Centros Ltd/Erhvervs- og Selskabsstyrelse* EuGHE 1999 I 1459; EuGH Rs C-208/00 *Überseering BV/Nordic Construction Co Baumanagement GmbH* ZIP 2002, 2037.

[107] BGH IPRax 2003, 344; BayObLG IPRax 2003, 244; OLG Celle IPRax 2003, 245; OLG Naumburg GmbHR 2003, 533; OLG Zweibrücken GmbHR 2003, 530; OLG Frankfurt 28. 5. 2003 – 23 U 35/02; AG Hamburg ZIP 2003, 1008.

[108] Eingehend zum Anknüpfungspunkt der Gründungstheorie *J Hoffmann* ZVglRWiss 101 (2002) 283.

[109] Siehe nur OLG Brandenburg NJW-RR 1999, 543; *Czernich/Tiefenthaler/Kodek/Tiefenthaler* Rn 40.

[110] Ausführliche Zusammenstellung bei *Geimer/Schütze*, EuZVR Art 16 EuGVÜ Rn 185-212.

[111] Siehe OLG Wien JBl 1999, 259; *Czernich/Tiefenthaler/Kodek/Tiefenthaler* Rn 40.

[112] *Papanicolaou v Thielen and Euro Mediterranean Estates SA* [1997] ILPr 37, 40 (High Ct Ireland, *Keane* J) sowie Hoge Raad Ned Jur 2003 Nr 240 S 1881 m Anm *Vlas* = NIPR 2001 Nr 129 S 258 (durch Vergleich erledigter Vorlagebeschluss).

[113] Ungenau OLG Wien JBl 1999, 259, 262. Unzutreffend Rb Middelburg NIPR 2000 Nr 143 S 231.

die Durchführung von Beschlüssen.[114] Es kommt nicht aber darauf an, dass die Klage spezifisch eine Anfechtungsklage wäre. Vielmehr reicht auch eine Klage auf Feststellung der ex lege bestehenden Unwirksamkeit eines Beschlusses.[115] Nr 2 erfasst von den Klagen des deutschen Gesellschaftsrechts jene nach §§ 75, 76 GmbHG, 275 AktG, 94 GenG.[116] Klagziel kann nach Nr 2 Var 3 auch die Auflösung der Gesellschaft sein. Bei Auflösungsverfahren ist aber immer vorab zu klären, inwieweit diese insolvenzbedingt sind und deshalb als Insolvenzverfahren über Art 1 Abs 2 Nr 2 aus der Brüssel I-VO insgesamt herausfallen.[117] ZB sind winding up proceedings über in England ansässige Gesellschaften von der Brüssel I-VO nicht erfasst. Das gleiche gilt für kollektive Liquidationsverfahren.[118] Auseinandersetzungen als Folge einer Auflösung sind dagegen nicht per se ausgeklammert.[119]

Nr 2 gilt darüber hinaus **nur für kontradiktorische Verfahren**, nicht für einseitige Verfahren wie zB das *Amtslöschungsverfahren* nach dem LöschG oder §§ 144, 144a FGG,[120] die Entziehung der Rechtsfähigkeit eines Vereins nach §§ 73 BGB, 160a FGG oder öffentlichrechtliche Zwangsauflösungsverfahren wie jenes nach § 396 AktG.[121] Von den Klagen des deutschen Gesellschaftsrechts fallen unter Nr 2 Var 3 jene nach §§ 61 GmbHG, 133 HGB[122] sowie Feststellungsklagen nach einer Auflösungskündigung.[123] 34

Nr 2 erfasst wichtige Bereiche des Gesellschaftsrechts nicht. Insbesondere fallen die meisten **Klagen der Gesellschafter** gegen die Gesellschaft nicht unter Nr 2, zB Klagen auf Auszahlung eines zustehenden Gewinnanteils oder Auskunftserteilung oder Klagen auf Vorlage von Geschäftsunterlagen;[124] ebenso umfasst Nr 2 nicht die Klagen der Gesellschaft (oder eines Gesellschafters im Wege der actio pro socio) gegen die Gesellschafter auf Zahlung der Stammeinlage[125] und erst recht keine Kapitalersatzklagen,[126] 35

---

114 GA *Strikwerda* Ned Jur 2003 Nr 240 S 1878; *Vlas* Ned Jur 2003 Nr 240 S 1881 f.

115 OLG Wien JBl 1999, 259, 262.

116 Ausführliche Zusammenstellung bei *Geimer/Schütze*, EuZVR Art 16 EuGVÜ Rn 155-165; außerdem zB *Ph Bauer* 101.

117 *Ph Bauer* 110-112.

118 *Fasching/Simotta*, Kommentar zu den Zivilprozessgesetzen² (Wien 2001) § 83b JN Rn 19; *Czernich/Tiefenthaler/Kodek/Tiefenthaler* Rn 39.

119 Wohl entgegen *Philips v Symes* Ch D, *Hart* J 9 July 2001; *Kennett/McEleavy* (2002) 51 ICLQ 463, 466 f.

120 *Wieczorek/Schütze/Hausmann* Art 16 EuGVÜ Rn 11; *BBGS/Safferling* Art 16 EuGVÜ Rn 17 (1997); *Kropholler* Rn 34.

121 *Geimer/Schütze*, EuZVR Art 16 EuGVÜ Rn 173.

122 Ausführliche Zusammenstellung bei *Geimer/Schütze*, EuZVR Art 16 EuGVÜ Rn 166-184.

123 *Ph Bauer* 108 f. **AA** *Geimer/Schütze*, EuZVR Art 16 EuGVÜ Rn 170 f.

124 LG München I RIW 2000, 146.

125 *Kropholler* Rn 40.

126 OLG Jena ZIP 1998, 1498; OLG Koblenz NZG 2001, 759, 760; G C *Schwarz*, in: FS 600 Jahre Würzburger Juristenfakultät (2002) 503, 515.

keine Haftungsklagen von Gesellschaftsgläubigern gegen Gesellschafter[127] oder Klagen auf Übernahme oder Übertragung von Gesellschaftsanteilen.[128]

36 Obwohl materiell gewichtige organisatorische Grundlagen der Gesellschaft betroffen sind, gilt Nr 2 ihrem Wortlaut nach zudem nicht für **Klagen auf Ausschließung** eines Gesellschafters (§ 140 HGB) oder auf **Entziehung der Vertretungsbefugnis** (§ 127 HGB).[129] Von der Teleologie der Vorschrift her ist dies nicht zufriedenstellend, denn es bestehen ersichtlich ein enger Zusammenhang mit Grundlagen des Gesellschaftslebens und letztlich Wirkung erga omnes. Andererseits geriete eine extensive Auslegung[130] zur Analogie, der wiederum das Fehlen einer Lücke (Art 2 ff greifen[131]) und der Klarheitsgrundsatz für Zuständigkeitsregeln entgegenstünden.

37 In jedem Fall gehören **Streitigkeiten der Gesellschafter untereinander** nicht unter Nr 2. Nr 2 ist leider kein umfassender Gerichtsstand der Mitgliedschaft.[132] Andererseits versperrt der Vorrang der Brüssel I-VO für die internationale Zuständigkeit den Rückgriff auf § 22 ZPO.[133] § 22 ZPO kann nur auf der Ebene der örtlichen Zuständigkeit, die Nr 2 nicht mitregelt, zum Tragen kommen.[134]

### V. Gültigkeit von Eintragungen in öffentliche Register (Nr 3)

38 Öffentliche Register führt jeder Staat als **hoheitliche Tätigkeit** nach seinem eigenen Verfahrensrecht. Deshalb können Streitigkeiten um die Gültigkeit von Eintragungen in öffentliche Register, da an ihnen notwendig ein Träger öffentlicher Gewalt beteiligt ist, nur vor den Gerichten des Registerstaates ausgetragen werden. Zudem ist Registerrecht hochgradig formalisiert und eine Funktion seines Verfahrensrechts.[135] Der Oberbegriff des öffentliches Registers ist gemeinschaftsrechtsautonom auszufüllen, den Untersatz, wie das konkrete Register ausgestaltet ist und ob es hoheitlich geführt wird, liefert dagegen das jeweilige nationale Recht.[136] Nr 3 betrifft insbesondere die Eintragung in Grundbücher, Hypothekenbücher und Handels-, Gesellschafts-

---

[127] *Zimmer* IPRax 1998, 187, 189.

[128] Rb Rotterdam NIPR 2001 Nr 303 S 495.

[129] *BBGS/Safferling* Art 16 EuGVÜ Rn 20 (1997); *MünchKommZPO/Gottwald* Art 16 EuGVÜ Rn 16; *Kropholler* Rn 36; *Thomas/Putzo/Hüßtege* Rn 12.

[130] Dafür *Geimer/Schütze*, IntUrtAnerk I/1 730; *dies* EuZVR Art 16 EuGVÜ Rn 181; *Geimer*, in: FS Helmut Schippel (1996) 869, 878, 880; *Czernich/Tiefenthaler/Kodek/Tiefenthaler* Rn 39 sowie *Kropholler* Rn 37. Ablehnend *MünchKommZPO/Gottwald* Art 16 EuGVÜ Rn 16; *BBGS/Safferling* Art 16 EuGVÜ Rn 20 (1997).

[131] *Ph Bauer* 105.

[132] Kritisch insbesondere *Geimer*, in: FS Helmut Schippel (1996) 869.

[133] OLG Naumburg NZG 2000, 1218, 1219; *Kindler*, in: FS Peter Ulmer (2003) 305, 306.

[134] OLG Naumburg NZG 2000, 1218, 1219.

[135] *Geimer/Schütze*, EuZVR Art 16 EuGVÜ Rn 216.

[136] Siehe *Schlosser* Rn 20.

oder Vereinsregister.[137] Personenstandsbücher sind wegen Art 1 Abs 2 Nr 2 nicht gemeint.[138]

Die **ausschließliche Zuständigkeit** besteht nur für Streitigkeiten über die Gültigkeit von Eintragungen, nicht auch für Streitigkeiten über deren Wirkungen.[139] Eine gegenteilige Andeutung in den Materialien[140] ist als Redaktionsversehen zu werten, da sie weder mit dem Wortlaut noch mit der Zweckrichtung der Nr 3 übereinstimmt.[141] Normalfall der Nr 3 ist die Kontrolle erfolgter Eintragungen.[142] Richtigerweise sollte man Nr 3 aber auch Streitigkeiten um die Rechtmäßigkeit einer Nichteintragung trotz entsprechendem Antrag unterwerfen. Register können negative Publizität ebenso gut kommunizieren wie positive. Daher ist auch der Rechtsschutz gegen Eintragungen wie Nichteintragungen gleich zu behandeln. 39

## VI. Gültigkeitsfragen registrierter gewerblicher Schutzrechte (Nr 4)

### 1. Sachlicher Anwendungsbereich

Nr 4 eröffnet einen **ausschließlichen Gerichtsstand** für Verfahren, welche die Eintragung oder die Gültigkeit von Patenten und anderen gewerblichen Schutzrechten zum Gegenstand haben. Hintergrund sind die Territorialität gewerblicher Schutzrechte, die Schutz jeweils nur für ihren jeweiligen Verleihungsstaat gewähren, und die Souveränität der Staaten bei der Verleihung.[143] Gewerbliche Schutzrechte sind Rechtskonstrukte und deshalb eng mit bestimmten Rechtsordnungen verbunden. Dieser Begriff ist autonom auszulegen.[144] Darunter fallen Streitigkeiten um die Ordnungsmäßigkeit der Eintragung einschließlich von Prioritätsstreitigkeiten. 40

Dagegen fallen **Prätendentenstreitigkeiten** um die Inhaberschaft an einem bestehenden Schutzrecht nicht darunter.[145] Eine Vindikationsklage nach § 8 PatG ist als ebenso wenig erfasst wie eine Klage auf Erteilung einer Eintragungsbewilligung.[146] Dies gilt auch für den arbeitnehmererfinderrechtlichen Streit zwischen Arbeitgeber und Arbeit- 41

---

[137] *Geimer/Schütze*, EuZVR Art 16 EuGVÜ Rn 215; *Kropholler* Rn 42; *Schlosser* Rn 20; *Czernich/Tiefenthaler/Kodek/Tiefenthaler* Rn 42.

[138] *Geimer/Schütze*, EuZVR Art 16 EuGVÜ Rn 215.

[139] *Geimer/Schütze*, IntUrtAnerk 771; *BBGS/Safferling* Art 16 EuGVÜ Rn 22 (1997); *Kropholler* Rn 42.

[140] *Jenard*-Bericht Zu Art 16 Nr 3 EuGVÜ.

[141] *BBGS/Safferling* Art 16 EuGVÜ Rn 22 (1997).

[142] *Geimer/Schütze* EuZVR Art 16 EuGVÜ Rn 218.

[143] Siehe nur *Jenard*-Bericht Zu Art 16 Nr 4 EuGVÜ; *Lundstedt* GRURInt 2001, 103, 106.

[144] EuGH Rs 288/82 *Ferdinand Duijnstee/Lodewijk Goderbauer* EuGHE 1983, 3663, 3676 Rn 19.

[145] EuGH Rs 288/82 *Ferdinand Duijnstee/Lodewijk Goderbauer* EuGHE 1983, 3663, 3677 Rn 26, 3678 Rn 28; *Kropholler* Rn 45.

[146] *BBGS/Safferling* Art 16 EuGVÜ Rn 25 (1997).

nehmer.[147] Klagen aus Vertrag auf Übertragung eines Schutzrechts sind ebenso wenig gemeint.[148]

42 Erfasst sind daher im einzelnen: *Anmelde- und Erteilungsverfahren, Einspruchs- und Nichtigkeitsverfahren,*[149] Klagen auf *Löschung des Schutzrechts*[150] sowie Verfahren um das Auslaufen eines *Rechts*[151] oder um *Priorität auf Grund früherer Anmeldung.*[152] Klagen auf *Feststellung der Unwirksamkeit* sind mit erfasst.[153]

43 Ausnahmsweise sind hier auch **Verwaltungsverfahren** und öffentlichrechtliche Verfahren in die Brüssel I-VO einbezogen, namentlich das Eintragungsverfahren vor dem Patentamt in Deutschland samt den dazu gehörigen Rechtsmittel- und Rechtsbehelfsverfahren.[154] Hintergrund ist Rücksichtnahme auf Souveränitätsüberlegungen, da es um die staatliche Verleihung und Zuerkennung von Schutzrechten geht.[155] Zudem können nur die Stellen und Gerichte des Registrierungslandes effektiv Ein- und Austragungen bewirken.[156]

44 Streitigkeiten um die Einräumung von (Zwangs-)**Lizenzen** oder die Erfüllung von **Lizenzverträgen** gehören dagegen nicht unter Nr 4,[157] ebenso wenig eigentliche Patentverletzungsklagen auf Schadensersatz oä.[158] Schadensersatz- oder Unterlassungsklagen wegen Marken- oder sonstiger Schutzrechtsverletzung gehören ebenfalls unter Art 2, 5 Nr 3.[159] Dasselbe gilt für Verfahren mit umgekehrten Parteirollen über die gleiche Frage, also negative Feststellungsklagen auf Feststellung einer Nichtverletzung.[160]

---

[147] EuGH Rs 288/82 *Ferdinand Duijnstee/Lodewijk Goderbauer* EuGHE 1983, 3663, 3677 Rn 26, 3678 Rn 28; Högsta Domstolen NJA 1994, 51; *Schlosser* Rn 22.

[148] *D Stauder* GRURInt 1976, 510, 512; *Kropholler* Rn 50.

[149] Siehe nur *Kropholler* Rn 45.

[150] OLG Stuttgart RIW 2001, 141.

[151] CA Paris Rev crit 71 (1982) 135.

[152] EuGH Rs 288/82 *Ferdinand Duijnstee/Lodewijk Goderbauer* EuGHE 1983, 3663, 3677 Rn 24.

[153] OLG München 15. 5. 2003 – 29 U 1977/03.

[154] *Kropholler* Rn 47. **AA** *Geimer/Schütze*, EuZVR Art 16 EuGVÜ Rn 233.

[155] *Jenard*-Bericht Zu Art 16 Nr 4 EuGVÜ; *Pearce v Ove Arup Partnership* [1999] ILPr 442, 460 (CA, per *Roch* LJ).

[156] Siehe nur *Markus*, Lugano-Übereinkommen und SchKG-Zuständigkeiten (Bern 1996) 57 f; *Nelle* 374.

[157] *D Stauder* GRURInt 1976, 510, 512; *Bonet* Rev crit 71 (1982) 139, 141; *BBGS/Safferling* Art 16 EuGVÜ Rn 25 (1997); *Kropholler* Rn 49, 50, 51; *Schlosser* Rn 22. Vgl CA Paris Rev crit 71 (1982) 135, 136 f.

[158] EuGH Rs 288/82 *Ferdinand Duijnstee/Lodewijk Goderbauer* EuGHE 1983, 3663, 3677 Rn 23; *Mölnlycke AB v Procter & Gamble Ltd (No 4)* [1992] 4 All ER 47, 52 (CA, per *Dillon* LJ); *Pearce v Ove Arup Partnership* [1999] ILPr 442, 465 (CA, per *Roch* LJ); LG Düsseldorf GRUR Int 1999, 455, 458 – Schussfadengreifer; Vestre Landsret UfR 2003, 898, 900.

[159] Siehe nur östOGH GRUR Int 2000, 795 – Thousand Clowns; OLG Hamburg MMR 2002, 822, 823 – hotel maritime.dk; OLG Karlsruhe MMR 2002, 814, 815 – intel m Anm *Mankowski*; 800-

Zum Kreis der von Nr 4 erfassten Rechte gehören alle **registrierungsfähigen gewerblichen Schutzrechte**, also auch Marken-, Warenzeichen- und Sortenrechte. Die Entscheidung über die Gültigkeit nicht registrierungsbedürftiger Schutzrechte fällt dagegen in keinem Fall unter Nr 4.[161] Einem Patent nicht hinreichend nahe steht das Recht an der eingetragenen Firma eines Unternehmens oder eines Kaufmanns. Hier geht es nicht um einen Schutz einer eigenen Leistung, einen gegenstandsbezogenen Schutz, sondern vielmehr um einen Namensschutz. Außerdem ist der Punkt wirtschaftlich wie rechtlich so bedeutsam, dass es seiner ausdrücklichen Erwähnung im Wortlaut selbst bedurft hätte, wenn Nr 4 sich denn auf eingetragene Firmen erstrecken sollte. Im Ergebnis fallen eingetragene Firmen daher nicht unter Nr 4.[162] 45

## 2. Einrede der Ungültigkeit oder Nichtigkeit in Verletzungsverfahren

Die **Reichweite** der Nr 4 in Patentverletzungsverfahren, in denen einrede- oder widerklageweise die Nichtigkeit oder Ungültigkeit des angeblich verletzten Patents geltend gemacht wird, ist ein großer Streitpunkt. Denkbar erscheint zum einen, dass das unter Art 2 oder Art 5 Nr 3 eigentlich für das Patentverletzungsverfahren zuständige Gericht Art 25 anwenden und sich für unzuständig erklären muss.[163] Das Gericht des Verletzungsstreits könnte diesen zum anderen nach Maßgabe seines nationalen Verfahrensrechts aussetzen und überantwortet die Vorfrage nach der Gültigkeit des Patents an das nach Nr 4 zuständige Gericht.[164] Zum dritten könnte das Gericht des Verletzungsstreits incidenter auch über die Vorfrage nach der Gültigkeit des Patents entscheiden,[165] vielleicht jedoch insoweit ohne Rechtskraft.[166] 46

---

*Flowers Trade Mark* [2002] FSR 191 (CA); *Eurmarket Designs Inc v Peters and Trade & Barrel Ltd* [2001] FSR 288 (Ch D, *Jacob* J); *Bonnier Media Ltd v Smith and Kestrel Trading Co* 2002 SCLR 977 (OH, Lord *Drummond Young*).

160 Högsta Domstolen GRUR Int 2001, 178 f – Flootek; *Lundstedt* GRUR Int 2001, 103, 106.

161 *Pearce v Ove Arup Partnership* [1999] ILPr 442, 448 (CA, per *Roch* LJ), [1997] 3 All ER 31, 35 = [1998] ILPr 10, 16 (Ch D, *Lloyd* J); siehe auch *Mecklermedia Corp v DC Congress GmbH* [1997] ILPr 629 (Ch D, *Jacob* J).

162 Im Ergebnis ebenso Rb Rotterdam NIPR 1998 Nr 246 S 294 f; *Geimer/Schütze*, IntUrtAnerk 783; *dies* EuZVR Art 16 EuGVÜ Rn 241; *Kropholler* Rn 52; *Schlosser* Rn 22. **AA** *BBGS/G Müller* Art 16 EuGVÜ Anm IV 4 (1977); *D Stauder* GRUR Int 1988, 376, 377.

163 So *Fort Dodge Animal Health Ltd v Akzo Nobel NV* [1998] ILPr 732, 741 f (CA, per Lord *Woolf* MR); *Coin Controls Ltd v Suzo International (UK) Ltd* [1997] FSR 660, 676 (Ch D, *Laddie* J); Rb Brussels GRUR Int 2001, 170, 171 f m Anm *Henning-Bodewig* (*Treichel* 175); Rb Brussels IER 2000, 232.

164 So Rb's-Gravenhage NIPR 1998 Nr 236 S 284 f = [1998] FSR 199, 213; Rb's-Gravenhage NIPR 1999 Nr 82 S 126 f; *D Stauder* GRUR Int 1976, 510; *ders* IPRax 1998, 317, 321. Vgl auch Rb's-Gravenhage NIPR 2001 Nr 138 S 272.

165 So LG Düsseldorf Entscheidungen 1998, 1 – Kettenbandförderer III; LG Düseldorf Entscheidungen 1996, 1 – Reinigungsmittel für Kunststoffverarbeitungsgeräte; *P v Rospatt* GRUR Int 1997, 861, 862; *Honorati* Riv dir int priv proc 1997, 301; *Perret*, in: Études en l'honneur de Jean-Francois Poudret (Lausanne 1999) 125, 135–137 und der Sache nach Hof's-Gravenhage NIPR 1998 Nr 317 S 392 f = GRUR Int 1998, 58 m Anm *D Stauder*.

166 *Geimer/Schütze*, EuZVR Art 16 EuGVÜ Rn 237.

47 Die Antwort hängt davon ab, inwieweit man der **Einwendung der Patentnichtigkeit** oder -ungültigkeit nur den Charakter einer Vorfrage oder aber auch die Klage prägende Kraft zuspricht. Der englische Wortlaut („proceedings concerned with the registration or validity") zieht die Grenze zwischen Klaggegenstand und Vorfrage nicht so deutlich.[167] Im englischen Prozessrecht kann das Gericht des Verletzungsprozesses nach sec 74 (1) (a) Patents Act 1977 zudem die Nichtigkeit des klägerischen Patents aussprechen, sodass dort Verletzungs- und Nichtigkeitsklage untrennbar miteinander verknüpft sind. Dieser unterschiedliche Rechtskraftumfang der Klagen und Verfahren, wie ihn das nationale Prozessrecht vorgibt, kann den Weg zu einer differenzierenden Lösung weisen,[168] je nachdem, wie weit die Rechtskraft im Forumstaat reichen würde. Allerdings würde eine weite Anwendung der Nr 4 Patentverletzungsverfahren erheblich auf das Erteilungsland konzentrieren.[169]

### 3. Registrierungsort

48 Zuständigkeitsbegründend ist nicht nur der **Ort einer schon erfolgten Registrierung**, sondern schon der Ort, an dem eine Registrierung erfolgen soll, ab Antragstellung. Gültigkeitsstreitigkeiten während eines laufenden Eintragungsverfahrens sind so angemessen erfasst. Auf diese Weise ist jenen Rechtsordnungen wie zB der deutschen Rechnung getragen, welche die Eintragung von einem unter Umständen langwierigen Prüfungsverfahren abhängig machen. Die in Nr 4 Unterabs 1 aE genannte Fiktion („aufgrund eines zwischenstaatlichen Übereinkommens als eingetragen gilt") bezieht sich auf das Madrider Abkommen über die Internationale Registrierung von Fabrik- oder Handelsmarken[170] und das Haager Abkommen über die Internationale Hinterlegung gewerblicher Muster oder Modelle.[171] Die einmalige Hinterlegung bei den zentralen Berner Stellen wirkt dort wie eine Hinterlegung in jedem einzelnen Vertragsstaat. Sie begründet kein einheitliches Schutzrecht gemeinschaftsweit oder in den Vertragsstaat, sondern vielmehr ein jeweils national wirkendes Schutzrecht für jeden Vertragsstaat und fällt deshalb unter Nr 4 Unterabs 1.[172]

### 4. Europäisches Patentübereinkommen

49 Unterabs 2 trifft eine Sonderregel für **europäische Patente**. Er geht auf Art Vd Prot EuGVÜ zurück und nimmt auf die Besonderheiten des Münchener Übereinkommens über die Erteilung europäischer Patente[173] Rücksicht. Nr 4 gilt ausweislich Unterabs 2 grundsätzlich auch für Patente nach dem Münchener Übereinkommen, sofern dessen

---

[167] Siehe *Fort Dodge Animal Health Ltd v Akzo Nobel NV* [1998] ILPr 732, 741 f (CA, per Lord *Woolf* MR).
[168] Vgl *Zigann* GRUR Int 1999, 791, 793.
[169] *Grabinski* GRUR Int 2001, 199, 209.
[170] Vom 14. 4. 1891 idF vom 14. 7. 1967, BGBl 1970 II 418.
[171] Vom 6. 11. 1925 idF vom 28. 4. 1960, BGBl 1962 II 775, 1984 II 798.
[172] *Jenard*-Bericht Zu Art 16 Nr 4 EuGVÜ; *Schlosser* 23.
[173] Vom 5. 10. 1973, BGBl 1976 II 649.

Anerkennungsprotokoll[174] keine nach Art 71 vorrangigen[175] Zuständigkeitsregeln aufstellt.[176] Im Prinzip gibt es keine solchen vorrangigen Zuständigkeitsregelungen.[177] Das europäische Patent ist kein für alle Benennungsstaaten einheitliches Schutzrecht, sondern ein Bündel separater, jeweils territorial begrenzt erteilter Patente, die lediglich ihre Entstehung einem einzigen Erteilungsakt in einem vereinheitlichten Erteilungsverfahren verdanken.[178] Dieses Bündelungsprinzip vollzieht Nr 4 Unterabs 2 nach: In jedem Staat, für welchen die Anmerkung gilt, besteht eine ausschließliche Zuständigkeit, soweit es um den für jenen Staat geltenden Teil des Europäischen Patents geht. Niemand ist gezwungen, einen entsprechenden Angriff gerade in dem Staat zu führen, in welchem die Anmeldung erfolgt ist[179] und stattgefunden hat.[180] Es gibt andererseits keinen umfassenden Gerichtsstand, in dem man das gesamte Patent europaweit einheitlich angreifen könnte.

Entsprechendes gilt, sollten diese noch jemals in Kraft treten, für die **Luxemburger Vereinbarung über Gemeinschaftspatente**[181] und deren Streitregelungsprotokoll.[182] Entsprechende Aussagen sind allerdings nicht aus Art Vd Prot EuGVÜ in Nr 4 übernommen worden, gerade weil jene Übereinkunft nicht in Kraft ist.[183] Wahrscheinlicher ist, dass es eine über Art 67 Vorrang heischende Regelung durch einen Gemeinschaftsrechtsakt geben wird. Die Kommission hat insoweit schon vor einiger Zeit einen Verordnungsvorschlag unterbreitet.[184] Dieser sieht die Einrichtung einer eigenen europäischen Fachgerichtsbarkeit vor.[185] 50

## 5. Markenverordnung

Die MarkenVO[186] hat die europäische Gemeinschaftsmarke als Institut eingeführt. Sie enthält in ihrem Titel X eigenen **Bestimmungen über Zuständigkeit und Verfahren** für Klagen mit Bezug auf Gemeinschaftsmarken. Diese eigenen Sachregelungen gehen der Brüssel I-VO nach Art 67 vor. Sie sind grundsätzlich inhaberbegünstigend[187] und 51

---

[174] Vom 5. 10. 1973, BGBl 1976 II 659.

[175] Siehe *Bariatti* Riv dir int priv proc 1982, 493.

[176] *Geimer/Schütze*, EuZVR Art 16 EuGVÜ Rn 244-254.

[177] Siehe nur *K Otte* IPRax 2001, 315.

[178] OLG Düsseldorf IPRax 2001, 336, 337 (*K Otte* 315) – Schussfadengreifer.

[179] Anmeldungen erfolgen nach Art 127 EPÜ beim Europäischen Patentamt mit Sitz in München. Dieses führt das Europäische Patentregister.

[180] *Kropholler* Rn 56.

[181] Vom 21. 12. 1989, BGBl 1991 II 1358 = ABl EG 1989 L 401/1.

[182] Vom 21. 12. 1989, BGBl 1991 II 1378.

[183] Begründung der Kommission, BR-Drs 534/99, 19.

[184] Vorschlag für eine Verordnung über das Gemeinschaftspatent, KOM (2000) 412 endg.

[185] Zum Vorschlag *Schade* GRUR 2000, 827; *ders* GRUR 2000, 101.

[186] VO (EG) Nr 40/94 des Rates vom 20.12.1993 über die Gemeinschaftsmarke, ABl EG 1994 L 11/1.

[187] Kritisch dazu insbesondere *Jayme/C Kohler* IPRax 1994, 405, 408.

eröffnen erhebliche Möglichkeit zum forum shopping.[188] Art 93 Abs 5 MarkenVO ist ein funktionelles Äquivalent zu Art 5 Nr 3, allerdings nur unter Anknüpfung an die Handlung, nicht an den Erfolg und eingeschränkt auf Handlungen im Gerichtsstaat durch Art 94 Abs 2 MarkenVO.[189] Nach Art 93 Abs 4 MarkenVO sind Art 23, 24 mit der Maßgabe anwendbar, dass kraft Prorogation oder rügeloser Einlassung zuständiges Gericht nur ein anderes Gemeinschaftsmarkengericht sein kann.[190] Die Anwendbarkeit des Art 23 betrifft namentlich die Form.[191] Funktionell sind nach Art 92 MarkenVO die Gemeinschaftsmarkengerichte ausschließlich zuständig.[192] Die örtliche Zuständigkeit regelt die MarkenVO nicht.[193] Art 99 MarkenVO trifft Sonderregelungen für den einstweiligen Rechtsschutz.

52 Nur im übrigen erklärt Art 90 Abs 1 MarkenVO im Wege der nicht rezipierenden, sondern **bloß hinweisenden Verweisung**[194] grundsätzlich das EuGVÜ für anwendbar. Dies ist über Art 68 Abs 2 korrigierend als Verweisung auf die Brüssel I-VO zu lesen.[195] Nach Zielsetzung und Ausgestaltung der MarkenVO, insbesondere den Art 50ff, 96 über das besondere Verfahren vor dem Harmonisierungsamt und der (alleinigen) Geltendmachung durch Widerklage, dürfte diese Verweisung nicht auf Nr 4 gehen,[196] zumal wegen der „Registrierung in der EG" der Anknüpfungspunkt der Nr 4 nicht passt.[197] Löschungsklagen aus einer Gemeinschaftsmarke gegen andere Marken passen dagegen unter Nr 4.[198] Gleiches wie für die MarkenVO gilt für die GeschmacksmusterVO[198a], die in ihren Artt 82ff entsprechende eigene Regelungen trifft und subsidiär in ihrem Art 79 auf das EuGVÜ verweist.

## VII. Verfahren der Zwangsvollstreckung (Nr 5)

53 Der Gerichtsstand des Nr 5 weist die **ausschließliche Kompetenz** für Rechtsbehelfe gegen **Maßnahmen der Zwangsvollstreckung** und besondere Verfahren im Zusammenhang mit Maßnahmen der Zwangsvollstreckung dem Vollstreckungsstaat zu. Er schafft so eine Einheit von Angriff und Angriffsobjekt. Für die eigentliche Anordnung oder Durchführung der Zwangsvollstreckung selber gilt er dagegen nicht, da es insoweit an echten Streitigkeiten fehlt.[199]

---

188 *Jenkins*, Trade Mark World 1996, 24; *Knaak* GRUR Int 1997, 864, 866.
189 C *Kohler*, in: FS Ulrich Everling (1995) 651, 659-661; *Kropholler* Rn 58.
190 *Kropholler* Rn 58.
191 A *Huet* Clunet 121 (1994) 623, 636.
192 *Knaak* GRUR Int 1997, 864, 865.
193 A *Huet* Clunet 121 (1994) 623, 633.
194 C *Kohler*, in: FS Ulrich Everling (1995) 651, 654f.
195 *Kropholler* Rn 58; *Czernich/Tiefenthaler/Kodek/Tiefenthaler* Rn 46.
196 A *Huet* Clunet 121 (1994) 623, 627f; C *Kohler*, in: FS Ulrich Everling (1995) 651, 656f.
197 C *Kohler*, in: FS Ulrich Everling (1995) 651, 657.
198 *Knaak* GRUR Int 1997, 864, 866.
198a VO (EG) Nr 6/2002 v 12. 12. 2001 über das Gemeinschaftsgeschmacksmuster, ABl EG 2002 L 3/1.
199 Siehe nur OLG Saarbrücken IPRax 2001, 456; *Heß* Rpfleger 1996, 89, 91; *E Jestaedt* IPRax 2001, 438, 440. **AA** *Schlosser*, in: FS Kostas Beys (Athinai 2003) sub I.

Der **Begriff Maßnahmen der Zwangsvollstreckung** ist nicht zu eng zu verstehen. Er umfasst alles, was sich aus der Inanspruchnahme von Zwangsmitteln ergibt, insbesondere bei der Herausgabe oder Pfändung von beweglichen oder unbeweglichen Sachen im Hinblick auf die Vollstreckung von Entscheidungen und Urkunden.[200] Es geht um reine Durchsetzungsverfahren auf der Basis eines bereits bestehenden, in einem vorangegangenen Erkenntnisverfahren erwirkten Titels.[201] Dies schließt allerdings gegen die Zwangsvollstreckung als solche gerichtete Abwehrschritte des Vollstreckungsschuldners oder Dritter ein. Denn es ist ausschließlich Sache des Vollstreckungsstaates, seine eigenen Vollstreckungsorgane und seine eigenen Vollstreckungsverfahren zu kontrollieren.[202] 54

Sachlich gehören zu Nr 5 zuvörderst Verfahren, welche den Ablauf und die **Durchführung einer Pfändung** oder Verwertung oder einer rechtlich erfolgreichen Pfandverwertung betreffen,[203] auch wenn es um Anordnungen geht, die mittelbar Auswirkungen auf im Ausland belegene Vermögenswerte haben,[204] sowie einschließlich Anordnungen gegen Drittschuldner, zB die kontoführende Bank bei Kostenpfändung.[204a] Hierher gehört auch die **Durchführung einer Zwangsversteigerung.**[205] Außerdem fallen unter Nr 5 die *Vollstreckungserinnerung* (§ 766 ZPO), die *Drittwiderspruchsklage* (§ 771 ZPO)[206] und die *Vollstreckungsabwehrklage* (§ 767 ZPO)[207] sowie vergleichbare Institute in den anderen Mitgliedstaaten, die namentlich eine Aufhebung von Zwangsvollstreckungsmaßnahmen bezwecken.[208] Insoweit schlägt der funktionelle Zusammenhang durch und setzt sich auch bei der Vollstreckungsabwehrklage gegen den Angriff auf den titulierten Anspruch durch. Der Schutz des Vollstreckungsgläubigers als Beklagten gebietet nicht, Art 2-6 zur Anwendung zu bringen.[209] 55

Hinzu treten, vornehmlich in **anderen Mitgliedstaaten**, Gesuche um *Aufschub oder Einschränkung der Zwangsvollstreckung.*[210] Funktionell gleichwertig ist, sofern das betreffende 56

---

[200] EuGH Rs C-261/90 *Mario Reichert u Ingeborg Kockler/Dresdner Bank* AG EuGHE 1992 I 2149, 2182 Rn 27; *Jenard*-Bericht Zu Art 16 Nr 5 EuGVÜ.

[201] *Stoffel*, in: FS Oscar Vogel (Zürich 1991) 357, 368.

[202] Siehe EuGH Rs C-261/90 *Mario Reichert u Ingeborg Kockler/Dresdner Bank* AG EuGHE 1992 I 2149, 2182 Rn 26.

[203] *Stoffel*, in: FS Oscar Vogel (Zürich 1991) 357, 372.

[204] Vgl *Kuwait Oil Tanker SAK v Qabazard* [2003] All ER 501, 504, 507 (HL, per Lords *Bingham of Cornhill, Hoffmann, Millett*), [2001] ILPr 719, 721 f (QBD, *Langley* J).

[204a] *Kuwait Oil Tanker SAK v Qabazard* [2003] All ER 501, 504, 507 (HL, per Lords *Bingham of Cornhill, Hoffmann, Millett*).

[205] GA *Strikwerda* Ned Jur 2003 Nr 266 S 2121; *Vlas* Ned Jur 2003 Nr 266 S 2123.

[206] OLG Hamm IPRax 2001, 339; *H Roth* IPRax 2001, 323.

[207] EuGH Rs 220/84 *AS-Autoteile Service/Pierre Malhé* EuGHE 1985, 2267, 2277 Rn 12; OLG Hamburg IPRax 1999, 168, 169 (*Geimer* 152). Kritisch mit beachtlichen Gründen *Nelle* 377-381 sowie *Schlosser* Rn 25.

[208] Siehe nur Pres Rb Utrecht NIPR 1998 Nr 98 S 110.

[209] *BBGS/Safferling* Art 16 EuGVÜ Rn 27 (1997).

[210] *Fasching/Simotta* (Fn 118) Vor §§ 83 a, 83 b JN Rn 165; *Czernich/Tiefenthaler/Kodek/Tiefenthaler* Rn 50.

Prozessrecht die einschlägigen Institute kennt, als vorverlagerte Gegenmaßnahme eine negative Feststellungsklage, dass die Zwangsvollstreckung unzulässig sei.[211] Einwendungen auch in anderen Staaten zuzulassen[212] stünde vor dem praktisch kaum zu überwindenden Problem, wie man aus einer stattgebenden Entscheidung in einem anderen Staat heraus die Zwangsvollstreckung im Vollstreckungsstaat effektiv anhalten könnte.[213]

57 Maßnahmen der Zwangsvollstreckung sind auch **vorbereitende Schritte** für die eigentliche Zwangsvollstreckung, zB die *eidesstattliche Versicherung* nach § 807 ZPO.[214] Denn solche vorbereitenden Maßnahmen sollen dem Titelgläubiger im Rahmen eines laufenden Zwangsvollstreckungsverfahrens Kenntnis von Vermögensgegenständen des Schuldners verschaffen und so einen effektiven Zugriff ermöglichen; grammatikalisch wird dies dadurch unterstützt, dass Nr 5 eine Zuständigkeit auch an jenem Ort begründet, an dem eine Zwangsvollstreckung stattfinden *soll*.[215] Die Alternative bestünde darin, Offenbarungsverfahren als einstweilige Maßnahmen unter Art 31 fallen zu lassen.[216] Zumindest das Widerspruchsverfahren nach § 900 Abs 5 ZPO ist aber unter Nr 5 zu fassen.[217]

58 Verfahren, die einen **Vollstreckungstitel erst schaffen**, sind keine Verfahren der Zwangsvollstreckung, also alle Verfahren, die nach dem Prozessrecht des Gerichtsstaates in eine rechtskraftfähige Entscheidung münden. Daher fallen unter Nr 5 nicht: Verfahren auf Duldung der Zwangsvollstreckung, insbesondere insolvenzrechtliche oder sonstige Gläubigeranfechtungsklagen (actiones Paulianae),[218] Klagen auf Herausgabe eines Vollstreckungstitels,[219] Abänderungsklagen (zB § 323 ZPO)[220] und präventive isolierte Klagen, die auf die Feststellung, dass eine Zwangsvollstreckung aus einem bestimmten Titel unzulässig sei, gerichtet sind.[221] Mit Blick auf Art 49 ist auch die Verhängung eines Zwangsgeldes keine Zwangsvollstreckungsmaßnahme im Sinne von

---

[211] *H Roth* IPRax 1999, 50, 51 f. **AA** östOGH IPRax 1999, 47, 48 = RdW 1998, 406; *Czernich/Tiefenthaler/Kodek/Tiefenthaler* Rn 51.

[212] Dafür *Leutner*, Die vollstreckbare Urkunde im internationalen Rechtsverkehr (1997) 248-251.

[213] *Geimer* IPRax 1999, 152, 154.

[214] *Mankowski* EWiR § 899 ZPO 1/95, 935, 936 sowie *H Koch*, in: *Schlosser* (Hrsg), Materielles Recht und Prozessrecht (1992) 171, 198. **AA** *Geimer* IPRax 1986, 208, 209; *Heß* Rpfleger 1996, 89, 91; *MünchKommZPO/Gottwald* Art 16 EuGVÜ Rn 39; *Thomas/Putzo/Hüßtege* Rn 17.

[215] *Mankowski* EWiR § 899 ZPO 1/95, 935, 936. Vgl unter deutschem Recht LG Zwickau IPRax 1996, 193 (*Rauscher* 179).

[216] Dahingehend *Interpool Ltd v Galani* [1988] QB 738, 743 (CA, per *Balcombe* LJ); *Babanaft Co SA v Bassatne* [1990] Ch 13, 34 (CA, per *Kerr* LJ); *MünchKommZPO/Gottwald* Art 16 EuGVÜ Rn 30.

[217] *Heß* Rpfleger 1996, 89, 91.

[218] EuGH Rs C-261/90 *Mario Reichert u Ingeborg Kockler/Dresdner Bank* AG EuGHE 1992 I 2149, 2183 Rn 28; OLG Düsseldorf IPRax 2000, 534, 539 (*Kubis* 501).

[219] *Schlosser* Rn 26.

[220] *Schlosser*-Bericht Nr 107; *MünchKommZPO/Gottwald* Art 16 EuGVÜ Rn 28; *Thomas/Putzo/Hüßtege* Rn 15.

[221] ÖstOGH ÖJZ 1998, 431.

Nr 5, sondern eine ergänzende Verurteilung als Nebenentscheidung zur Hauptsache, nationalen Einordnungen zum Trotz.[222]

59 Titelschaffend ist auch das **Vollstreckbarerklärungsverfahren** nach Art 38ff, das kein Zwangsvollstreckungsverfahren, sondern diesem vorgelagert ist.[223] Begründungen aus Art 32 gehen allerdings fehl.[224] Erst recht erfasst Nr 5 nicht Klagen auf Schadensersatz (§§ 717 Abs 2, 945 ZPO)[225] oder Herausgabe der Bereicherung wegen ungerechtfertigter Vollstreckung;[226] die Rechtmäßigkeit der Zwangsvollstreckung ist insoweit bloße Vorfrage.[227] Gleiches gilt für eine vorbereitende Auskunftsklage auf Auskehrung des Erlöses aus einer ungerechtfertigten Verwertung und die Auskehrungsklage selber.[228] Nicht unter Nr 5 sollen auch Vollstreckungsgegenklagen fallen, die eigene Forderungen des Schuldners ins Spiel bringen.[229] Die Vollziehung einer einstweiligen Verfügung deutschen Rechts erfüllt mehrere Funktionen, indem sie namentlich die Verfügung als solche erst wirksam macht und so ein Element im titelschaffenden Tatbestand ist; daher ist jene Vollziehung kein Akt der Zwangsvollstreckung.[230]

60 Im Gerichtsstand des Nr 5 können deutsche Parteien auch vor ausländische Gerichte zitiert werden. Daher kann auch für sie der in der Schweiz herrschende Streit von Bedeutung werden, ob die sogenannte **provisorische Rechtsöffnung** (auf der Grundlage, dass mindestens eine Urkunde vorgelegt wird, aus welcher die Anerkennung einer Schuld durch den Schuldner hervorgeht) unter Art 16 Nr 5 LugÜ fällt[231] oder nicht.[232]

61 Wo die Zwangsvollstreckung stattfindet, orientiert sich rein faktisch am **Ort des Verfahrens**. Wo die Zwangsvollstreckung stattfinden soll, bestimmt sich nach den glei-

---

[222] C *Kohler*, in: *Bothe* (Hrsg), Rechtsfragen grenzüberschreitender Umweltbelastungen (1984) 159, 168; *Remien*, Rechtsverwirklichung durch Zwangsgeld (1992) 324f. **AA** *Mezger*, in: GS Léontin-Jean Constantinescu (1983) 503, 507f.

[223] Siehe nur GA *Lenz* EuGHE 1994 I 119, 133 Nr 39; *Kropholler* Rn 63.

[224] Entgegen EuGH Rs C-129/92 *Owens Bank Ltd/Fulvio Bracco u Bracco Industria Chimica SpA* EuGHE 1994 I 117, 153 Rn 24.

[225] OLG Hamm IPRax 2001, 339, 340; *Wieczorek/Schütze/Hausmann* Art 16 EuGVÜ Rn 62; *BBGS/Safferling* Rn 27 (1997); *MünchKommZPO/Gottwald* Art 16 EuGVÜ Rn 39; *Thomas/Putzo/Hüßtege* Rn 15; **aA** A *Wolf* NJW 1973, 397, 398, 401.

[226] *Geimer/Schütze*, EuZVR Art 16 EuGVÜ Rn 272; *H Roth* IPRax 2001, 323, 324.

[227] OLG Hamm IPRax 2001, 339, 340; *H Roth* IPRax 2001, 323, 324; *Kropholler* Rn 62.

[228] OLG Hamm IPRax 2001, 339, 340.

[229] EuGH Rs 220/84 *AS-Autoteile Service/Pierre Malhé* EuGHE 1985, 2267, 2278 Rn 17f.

[230] KG IPRax 2001, 236, 237; *Mennicke* IPRax 2001, 202, 205; *Schlosser* Rn 26.

[231] So Trib app Lugano SZIER 1997, 353 m zust Anm *Volken;* Trib cant valaisan SZIER 1996, 95 m zust Anm *Volken; Vouilloz* SchwJZ 1996, 33.

[232] So Cour de justice civile Genève SZIER 1994, 397 und SZIER 1994, 407, jeweils m abl Anm *Volken;* Trib cant valaisan SZIER 1995, 24 m Anm *Volken;* BezG Zürich BlZürchRspr 97 (1998) 44; ZivG Basel-Stadt BJM 1998, 211, 213; Präs BezG Arlesheim SZIER 1995, 43 m Anm *Volken; Markus* ZBernJV 131 (1995) 323.

chen Maßstäben wie unter Art 39 Abs 2.[233] Die Belegenheit von Forderungs- oder Mitgliedschaftsrechten beurteilt sich prinzipiell nach nationalem Recht,[234] weil es insoweit an einer realen Lokalisierung fehlt und eine normative Lokalisierung notwendig ist, für welche Nr 5 keine eigenen Maßstäben enthält.

## Abschnitt 7
## Vereinbarung über die Zuständigkeit

### Artikel 23

(1) Haben die Parteien, von denen mindestens eine ihren Wohnsitz im Hoheitsgebiet eines Mitgliedstaats hat, vereinbart, dass ein Gericht oder die Gerichte eines Mitgliedstaats über eine bereits entstandene Rechtsstreitigkeit oder über eine künftige aus einem bestimmten Rechtsverhältnis entspringende Rechtsstreitigkeit entscheiden sollen, so sind dieses Gericht oder die Gerichte dieses Mitgliedstaats zuständig. Dieses Gericht oder die Gerichte dieses Mitgliedstaats sind ausschließlich zuständig, sofern die Parteien nicht anderes vereinbart haben. Eine solche Gerichtsstandsvereinbarung muss geschlossen werden
a) schriftlich oder mündlich mit schriftlicher Bestätigung
b) in einer Form, welche den Gepflogenheiten entspricht, die zwischen den Parteien entstanden sind, oder
c) im internationalen Handel in einer Form, die einem Handelsbrauch entspricht, den die Parteien kannten oder kennen mussten und den Parteien von Verträgen dieser Art in dem betreffenden Geschäftszweig allgemein kennen und regelmäßig beachten.
(2) Elektronische Übermittlungen, die eine dauerhaften[1] Aufzeichnung der Vereinbarung ermöglichen, sind der Schriftform gleichgestellt.
(3) Wenn eine solche Vereinbarung von Parteien geschlossen wurde, die beide ihren Wohnsitz nicht im Hoheitsgebiet eines Mitgliedstaats haben, so können die Gerichte der anderen Mitgliedstaaten nicht entscheiden, es sei denn, das vereinbarte Gericht oder die vereinbarten Gerichte haben sich rechtskräftig für unzuständig erklärt.
(4) Ist in schriftlich niedergelegten trust-Bedingungen bestimmt, dass über Klagen gegen einen Begründer, trustee oder Begünstigten eines trust ein Gericht oder die Gerichte eines Mitgliedstaats entscheiden sollen, so ist dieses Gericht oder sind diese Gerichte ausschließlich zuständig, wenn es sich um Beziehungen zwischen diesen Personen oder ihre Recht oder Pflichten im Rahmen des trust handelt.
(5) Gerichtsstandsvereinbarungen und entsprechende Bestimmungen in trust-Bedingungen haben keine rechtliche Wirkung, wenn sie den Vorschriften der Artikel 13, 17 und 21

---

233 Dort *Rauscher/Mankowski* Art 39 Rn 8-11.
234 *Vlas* Ned Jur 2003 Nr 266 S 2123.
1 Gramm Fehler im Originaltext.

**zuwiderlaufen oder wenn die Gerichte, deren Zuständigkeit abbedungen wird, aufgrund des Artikels 22 ausschließlich zuständig sind.**

**Schrifttum**

*Aull*, Der Geltungsanspruch des EuGVÜ: „Binnensachverhalte" und Internationales Zivilverfahrensrecht in der Europäischen Union (1996)
*ders*, Zur isolierten Prorogation nach Art 17 Abs 1 LugÜ, IPRax 1999, 226
*Benecke*, Die teleologische Reduktion des räumlich-persönlichen Anwendungsbereichs von Art 2 ff und Art 17 EuGVÜ (Diss Bielefeld 1993)
A *Burgstaller*, Probleme der Prorogation nach dem Lugano-Übereinkommen, JBl 1998, 691
*Gebauer*, Die Drittwirkung von Gerichtsstandsvereinbarungen bei Vertragsketten, IPRax 2001, 471
*Geimer*, Zuständigkeitsvereinbarungen zugunsten und zu Lasten Dritter, NJW 1985, 533
*Girsberger*, Gerichtsstandsklausel im Konnossement: Der EuGH und der internationale Handelsbrauch, IPRax 2000, 87
*Gottwald*, Grenzen internationaler Gerichtsstandsvereinbarungen, in: FS Karl Firsching (1985) 89
*ders*, Internationale Gerichtsstandsvereinbarungen – Verträge zwischen Prozeßrecht und materiellem Recht, in: FS Wolfram Henckel (1995) 295
*J Harris*, Jurisdiction Clauses and Void Contracts, (1998) 23 ELRev 279
*Hartley*, Jurisdiction Agreements under the Brussels Jurisdiction and Judgments Convention, (2000) 25 ELRev 178
*Hau*, Zur schriftlichen Bestätigung mündlicher Gerichtsstandsvereinbarungen, IPRax 1999, 24
*v Hoffmann/Hau*, Probleme der abredewidrigen Streitverkündung im Europäischen Zivilrechtsverkehr, RIW 1997, 89
*H Jung*, Vereinbarungen über die internationale Zuständigkeit nach dem EWG-Gerichtsstands- und Vollstreckungsübereinkommen und nach § 38 Abs 2 ZPO (1980)
*Killias*, Die Gerichtsstandsvereinbarungen nach dem Lugano-Übereinkommen (Zürich 1993)
*ders*, Internationale Gerichtsstandsvereinbarung mittels Schweigen auf kaufmännisches Bestätigungsschreiben?, in: Liber discipulorum Kurt Siehr (Zürich 2001) 65
*Yong Jin Kim*, Internationale Gerichtsstandsvereinbarungen (1995)
*Kindler/Hunecke*, Gerichtsstandsvereinbarungen in Rahmenverträgen, IPRax 1999, 435
C *Kohler*, Gerichtsstandsklauseln in fremdsprachigen AGB – Das Clair-obscur des Art 17 EuGVÜ, IPRax 1991, 299
*Kröll*, Gerichtsstandsvereinbarungen aufgrund Handelsbrauchs im Rahmen des EuGVÜ, ZZP 113 (2000) 135
*ders*, Das Formerfordernis bei Gerichtsstandsvereinbarungen nach Art 17 LugÜ – Unwirksamkeit trotz materieller Einigung?, IPRax 2002, 113
*Kropholler/A Pfeifer*, Das neue europäische Recht der Zuständigkeitsvereinbarung, in: FS Heinrich Nagel (1987) 157
*Kubis*, Gerichtspflicht durch Schweigen? – Prorogation, Erfüllungsortsvereinbarung und internationale Handelsbräuche, IPRax 1999, 10
*Leible*, Gerichtsstandsvereinbarungen und Klauselrichtlinie, RIW 2001, 422
*Leipold*, Zuständigkeitsvereinbarungen in Europa, in: Symposium Dieter Schwab (2000) 51
*Mankowski*, Seerechtliche Vertragsverhältnisse im Internationalen Privatrecht (1995) 232-299
*ders*, Versicherungsverträge zugunsten Dritter, Internationales Privatrecht und Art 17 EuGVÜ, IPRax 1996, 427
*Peel*, Exclusive Jurisdiction Agreements: Purity and Pragmatism in the Conflict of Laws, (1999) LMCLQ 182
*Th Pfeiffer*, Halbseitig fakultative Gerichtsstandsvereinbarungen in stillschweigend vereinbarten AGB?, IPRax 1998, 17
*Queirolo*, Gli accordi sulla competenza giurisdizionale (2000)

*D Rabe*, Drittwirkung von Gerichtsstandsvereinbarungen nach Art 17 EuGVÜ, TranspR 2000, 389
*Rauscher*, Gerichtsstandsbeeinflussende AGB im Geltungsbereich des EuGVÜ, ZZP 104 (1991) 271
*Reiser*, Gerichtsstandsvereinbarungen nach IPR-Gesetz und Lugano-Übereinkommen (Zürich 1995)
*Reithmann/Martiny/Hausmann*, Internationales Vertragsrecht (5. Aufl 1996) Rn 2085-2201
*Saenger*, Internationale Gerichtsstandsvereinbarungen nach EuGVÜ und LugÜ, ZZP 110 (1997) 477
*ders*, Wirksamkeit internationaler Gerichtsstandsvereinbarungen, in: FS Otto Sandrock (2000) 807
*ders*, Gerichtsstandsvereinbarungen nach EuGVÜ in international handelsgebräuchlicher Form, ZEuP 2000, 656
*Samtleben*, Internationale Gerichtsstandsvereinbarungen nach dem EWG-Übereinkommen und nach der Gerichtsstandsnovelle, NJW 1974, 1590
*ders*, Europäische Gerichtsstandsvereinbarungen und Drittstaaten – viel Lärm um nichts?, RabelsZ 59 (1995), 670
*M J Schmidt*, Kann Schweigen auf eine Gerichtsstandsklausel in AGB einen Gerichtsstand nach Art 17 EuGVÜ/LuganoÜ begründen?, RIW 1992, 173
M *Staehelin*, Gerichtsstandsvereinbarungen im internationalen Handelsverkehr Europas – Form und Willenseinigung nach Art 17 EuGVÜ/LugÜ (1994)
*Stöve*, Gerichtsstandsvereinbarungen nach Handelsbrauch (1993).

**I. Anwendungsbereich** .................... 1
1. Grundsätzliches .................... 1
a) Wohnsitz einer Partei im EU-Gebiet .................... 2
b) Prorogation eines mitgliedstaatlichen Gerichts .................... 3
2. Internationalität durch Drittstaatenbezug .................... 4
3. Reine Inlandssachverhalte .................... 6
4. Isolierter Derogationsvertrag .................... 7
5. Ausnahme nach Abs 3 .................... 8

**II. Abschließende Regelung der Zulässigkeit von Gerichtsstandsvereinbarungen** 10

**III. Form** .................... 14
1. Schriftliche Vereinbarung (Abs 1 S 3 lit a Var 1) .................... 15
2. Mündliche Vereinbarung mit schriftlicher Bestätigung (sogenannte halbe Schriftlichkeit) (Abs 1 S 3 lit a Var 2) 22
3. Entsprechung zu zwischen den Parteien entstandenen Gepflogenheiten (Abs 1 S 3 lit b) .................... 26
4. Entsprechung zu internationalem Handelsbrauch (Abs 1 S 3 lit c) .... 28
a) Handelsbrauch .................... 28
b) Subjektives Moment .................... 34
c) Beispiele .................... 35
5. Elektronische Form (Abs 2) .................... 38

**IV. Zustandekommen einer Gerichtsstandsvereinbarung** .................... 39
1. Konsensfragen .................... 39
2. Rückgriff auf das anwendbare materielle Recht für komplexere Fragen ... 41
3. Bestimmtheitserfordernis .................... 44
a) Bestimmtes Rechtsverhältnis .... 44
b) Bestimmtes Gericht .................... 45

**V. Besondere Fallgruppen** .................... 48
1. Gerichtsstandsvereinbarungen in Verbraucher-, Arbeits- und Versicherungsverträgen (Abs 5; Art 17, 21, 13) 48
2. Gerichtsstandsvereinbarungen in trust-Bedingungen (Abs 4) .................... 49
3. Gerichtsstandsklauseln in Gesellschaftsverträgen und -satzungen ..... 50
4. Gerichtsstandsklauseln in Konnossementen .................... 52
5. Derogation eines Erfüllungsortes in Luxemburg .................... 57

**VI. Wirkungen einer Gerichtsstandsvereinbarung** ........ 59
1. Grundsätzlich ausschließlicher Gerichtsstand ........ 59
2. Sachliche Reichweite einer Gerichtsstandsvereinbarung ........ 62
a) Erfasste Ansprüche ........ 62
b) Widerklage ........ 65
c) Einstweiliger Rechtsschutz ........ 66
3. Aufrechnungsausschluss ........ 68
4. Wirkungen gegenüber Dritten ........ 70

**VII. Intertemporale Fragen** ........ 75

## I. Anwendungsbereich

### 1. Grundsätzliches

Art 23 ist die für den **internationalen Handelsverkehr** wichtigste Bestimmung der Brüssel I-VO und hat überragende Bedeutung, die sich in einer Vielzahl von Entscheidungen und Auslegungsstreitigkeiten niederschlägt. Die **Beweislast** dafür, dass überhaupt eine Gerichtsstandsvereinbarung getroffen wurde, trifft ebenso denjenigen, der sich auf eine Gerichtsstandsvereinbarung beruft,[1] wie die Beweislast dafür, dass die Voraussetzungen des Art 23 tatsächlich gegeben sind.[2] 1

#### a) Wohnsitz einer Partei im EU-Gebiet

Art 23 setzt als erstes voraus, dass eine der Parteien ihren **Wohnsitz/Sitz in einem EU-Mitgliedstaat** (außer Dänemark) hat. Da man die Wirksamkeit der Gerichtsstandsabrede von Anfang an beurteilen können muss und bei Abschluss der Vereinbarung die Parteirollen in einem späteren Verfahren noch nicht feststehen können, kommt es nicht darauf an, dass gerade der spätere Beklagte seinen Wohnsitz/Sitz im EU-Gebiet hat.[3] Ausreichend ist vielmehr auch ein entsprechender Wohnsitz/Sitz des späteren Klägers.[4] Art 23 ist daher eine Ausnahme zu Art 2 und erfordert nicht, dass dessen Voraussetzungen erfüllt sind. 2

#### b) Prorogation eines mitgliedstaatlichen Gerichts

Zweite Voraussetzung des Art 23 ist die Vereinbarung, dass ein **Gericht in einem EU-Mitgliedstaat** (außer Dänemark) zuständig sein solle. Art 23 regelt daher zumindest hinsichtlich des Prorogationsaspekts nicht den Fall, dass ein Gericht außerhalb des EU-Gebietes für zuständig erklärt wird.[5] Den Prorogationsaspekt hat dann das prorogierte 3

---

1 ÖstOGH JBl 2001, 327 LS.

2 Siehe nur Hof's-Hertogenbosch NIPR 2001 Nr 289 S 480.

3 Siehe nur EuGH Rs C-412/98 *Group Josi Reinsurance Co SA/Universal General Insurance Co (UGIC)* EuGHE 2000 I 5925, 5954 Rn 42; OLG München RIW 1989, 901, 902; *Samtleben* NJW 1974, 1590, 1593.

4 Siehe nur EuGH Rs C-412/98 *Group Josi Reinsurance Co SA/Universal General Insurance Co (UGIC)* EuGHE 2000 I 5925, 5954 Rn 42.

5 EuGH Rs C-387/98 *Coreck Maritime GmbH/Handelsveem BV* EuGHE 2000 I 9337, 9373 Rn 19; Bericht *Schlosser* Nr 176; BGH NJW 1986, 1438 m Anm *Geimer*; BGH NJW 1989, 1431; OLG München NJW 1987, 2166.

Gericht nach seinem nationalen IZPR zu beurteilen.[6] Werden mit der Prorogation der ausschließlichen Zuständigkeit eines drittstaatlichen Gerichts jedoch Zuständigkeiten nach der Brüssel I-VO abbedungen, so sollte man Art 23 im Interesse einer EU-weit einheitlichen Beurteilung der Derogation und zudem, um zu verhindern, dass die Schutzvorschriften der Art 13, 17, 21 ausgehebelt werden können, auf diese Derogationsaspekte anwenden.[7]

## 2. Internationalität durch Drittstaatenbezug

4 Umstritten ist, ob Art 23 neben diesen aus dem Wortlaut ersichtlichen Voraussetzungen ein ungeschriebenes weiteres Tatbestandsmerkmal enthält, nämlich einen **weiteren Bezug zum EU-Gebiet**. Die deutsche Rechtsprechung hat bisher ein solches ungeschriebenes (von ihr nicht näher ausgefülltes) Tatbestandsmerkmal bejaht,[8] ebenso die Höchstgerichte Italiens[9] und Österreichs[10]. Die nähere Ausgestaltung ist allerdings wiederum umstritten. Wohl vorherrschend wird verlangt, dass einem Gerichtsstand in einem anderen Mitgliedstaat als jenem des prorogierten Gerichts abbedungen wird.[11] Die Alternative bestünde darin, dass der Wohnsitz einer Partei in einem solchen anderen EU-Mitgliedstaat liegen müsste.[12]

5 Richtigerweise sollte man ein **ungeschriebenes Tatbestandsmerkmal insgesamt ablehnen.**[13] Dafür sprechen zum einen der Gegenschluss aus dem Wortlaut des Art 23 Abs 1 S 1[14] und zum anderen die seinerzeitige Entstehungsgeschichte des Art 12 Nr 4

---

[6] ÖstOGH JBl 1996, 795.

[7] *Geimer* NJW 1986, 1439; *Schack* IPRax 1990, 18, 20; *ders* Rn 467; *Killias* 74-79; *Oberhammer* JBl 1997, 434; *Czernich/Tiefenthaler/Kodek/Tiefenthaler* Rn 63. **AA** BGH NJW 1986, 1438 = IPRax 87, 168 (G *Roth* 141); BGH NJW 1989, 1431; *Schlosser*-Bericht Nr 176; *Schlosser*, in: FS Winfried Kralik (Wien 1986) 287, 297f; *ders* Rn 4; *Kropholler* Rn 14: Anwendung des nationalen Rechts des möglicherweise derogierten Gerichts (siehe aber auch Rn 83).

[8] Siehe nur BGH NJW 1986, 1438, 1439; BGH WM 1992, 87, 88 (dazu *Heß* IPRax 1992, 358); BGHZ 134, 127, 133; OLG München IPRax 1991, 47; OLG Karlsruhe NJW-RR 1993, 568; *Bork* ZZP 105 (1992) 336.

[9] Cassaz Foro it 1994 I 2158 m Anm *Pagni*; Cassaz Riv dir int priv proc 1999, 1012, 1015.

[10] ÖstOGH JBl 1998, 726, 727 f.

[11] So zB *Droz* 119; *Stauder* GRUR Int 1976, 465, 472; C *Kohler* IPRax 1983, 265, 266; *Benecke* 149.

[12] So östOGH JBl 1998, 726, 728; *Samtleben* NJW 1974, 1590, 1593; *ders* RabelsZ 59 (1995) 670, 687-693; *MünchKommZPO/Patzina* § 38 ZPO Rn 24; *Stein/Jonas/Bork* ZPO I[21]: §§ 1-90 ZPO (1993) § 38 ZPO Rn 22.

[13] Siehe nur OLG München RIW 1989, 901 = WM 1989, 602; HG Zürich BlZürchRspr 95 (1996) 291 = SZIER 1997, 373; *Geimer* NJW 1986, 2991, 2992; *ders* IPRax 1991, 31; *Killias* 60-67; *Mankowski* 234-239 mwN; *Coester-Waltjen*, in: FS Hideo Nakamura (Tokyo 1996) 89, 112; *Saenger* ZZP 110 (1997) 477, 481; *Kröll* ZZP 113 (2000) 135, 139f; A *Staudinger* IPRax 2000, 483, 484f mwN; *Thomas/Putzo/Hüßtege* Rn 2.

[14] ZB *Kropholler* ZZP 105 (1992) 383, 384; *Bernasconi/Gerber* SZIER 1993, 39, 65; *Mankowski* 238 mwN.

EuGVÜ, der ausweislich der Materialien[15] gerade auf Prorogationen mit Drittstaatenbezug zugeschnitten war.[16] Zudem gilt es, einen Konflikt zwischen Abs 3 und der Auslegung des Abs 1 S 1 zu vermeiden.[17] Der EuGH tendiert ebenfalls deutlich in diese Richtung,[18] wie sich aus seiner Lösung des parallelen Problems bei Art 2 ergibt: Es wäre inkonsistent und selbstwidersprüchlich, ein solches Merkmal zwar für Art 2 zu verneinen,[19] für Art 23 aber zu fordern.

### 3. Reine Inlandssachverhalte

Benachbart ist die Frage, inwieweit Art 23 auch sogenannte reine Inlandssachverhalte 6
erfasst, also Sachverhalte, die objektive Bezüge nur zu einem einzigen Staat haben. Ein Sachverhalt mit **Auslandsbezug** liegt aber in jedem Fall vor, wenn durch die Vereinbarung ein Gerichtsstand in einem anderen EU-Mitgliedstaat abbedungen wird.[20] Vereinbaren die Parteien die Zuständigkeit eines Gerichts in ihrem gemeinsamen Wohnsitz-/Sitzstaat (und wird keinem ausländischen Gerichtsstand derogiert), ist Art 23 grundsätzlich nicht anwendbar.[21] Hinsichtlich der Vereinbarung nur der örtlichen Zuständigkeit kommt Art 23 jedenfalls nicht zum Zuge.[22] Bestehen objektive Auslandsbezüge, so können Parteien mit Wohnsitz/Sitz in demselben EU-Staat dagegen ohne weiteres die Zuständigkeit eines Gerichts in einem anderen EU-Staat vereinbaren.[23] Die bloße Vereinbarung eines Gerichtsstands in einem anderen Vertragsstaat schafft noch keinen objektiven Bezug.[24] Insoweit ist der Gedanke der Art 3 Abs 3 EVÜ, 27 Abs 3 EGBGB in das IZPR zu übertragen.

### 4. Isolierter Derogationsvertrag

Den sogenannten **isolierten Derogationsvertrag**, mit dem nur die objektiv gegebene 7
Zuständigkeit eines oder mehrerer bestimmter Gerichte abbedungen wird, ohne dass gleichzeitig ein (ausschließlich) zuständiges Gericht gewählt wird, erfasst Art 23 direkt

---

15 *P Schlosser*-Bericht Nr 136-138.

16 *Geimer* IPRax 1991, 31, 34; *Killias* 66; *Mankowski* ZZP 108 (1995) 272, 276; *ders* 237 f.

17 *A Burgstaller* JBl 1998, 691, 695.

18 Siehe EuGH Rs C-412/98 *Group Josi Reinsurance Co SA/Universal General Insurance Co (UGIC)* EuGHE 2000 I 5925, 5954 Rn 41 f.

19 So nachdrücklich EuGH Rs C-412/98 *Group Josi Reinsurance Co SA/Universal General Insurance Co (UGIC)* EuGHE 2000 I 5925, 5952-5958 Rn 33-61.

20 Rb Leeuwaarden NIPR 2001 Nr 294 S 485 f; *Aull* 113-125; *Reithmann/Martiny/Hausmann* Rn 2118; *A Burgstaller* JBl 1998, 691, 693.

21 *BBGS/G Müller* Art 17 EuGVÜ Anm II 3 (1977); *C Kohler* IPRax 1983, 265, 266; *A Burgstaller* JBl 1998, 691, 693; *MünchKommZPO/Gottwald* Art 17 EuGVÜ Rn 4; *Kropholler* Rn 2. **AA** *Jayme/Aull* IPRax 1989, 80; *Aull* IPRax 1999, 226; *Geimer/Schütze*, EuZVR Art 17 EuGVÜ Rn 36.

22 *Aull* 106-111.

23 OLG München IPRspr 1985 Nr 133 A; *Geimer/Schütze*, EuZVR Art 17 EuGVÜ Rn 38; *Schack* Rn 466. **AA** Cassaz Riv dir int priv proc 1986, 863, 867 (*Bariatti* 819); *Aull* 129-132.

24 OLG Hamm IPRax 1999, 244, 245. **AA** *Aull* 125-139; *ders* IPRax 1999, 226.

nicht, weil es an der Prorogationskomponente fehlt. Um eine einheitliche Beurteilung von Derogationseffekten und Vereinbarungen über Gerichtszuständigkeiten sicherzustellen, sollte man aber Art 23 analog anwenden.[25] Eine strenge Kontrolle ist schon deshalb angezeigt, um Missbrauch und darüber hinaus vollständigen Verzicht auf gerichtlichen Rechtsschutz zu verhindern.[26]

### 5. Ausnahme nach Abs 3

8 Von der Grundregel des Abs 1 S 1 enthält Abs 3 eine begrenzte Ausnahme: Selbst wenn **keine Partei ihren Wohnsitz/Sitz im EU-Gebiet** hat, die Parteien aber trotzdem die Zuständigkeit eines Gerichts in einem EU-Mitgliedstaat prorogiert haben, hat das prorogierte Gericht die ausschließliche Kompetenz über die Wirksamkeit dieser Gerichtsstandsabrede zu entscheiden. Die Derogationskomponente der Vereinbarung bindet also solange, wie die Gerichtsstandsvereinbarung vom prorogierten Gericht nicht verworfen ist, alle Gerichte in anderen Mitgliedstaaten, die ohne die Vereinbarung nach ihrem jeweiligen nationalen IZPR zuständig wären.[27] Vorausgesetzt ist, dass die Vereinbarung einer Form nach Abs 1 S 3 genügt.[28] Dies wird relevant, wenn Parteien aus Drittstaaten miteinander einen Gerichtsstand in der EU als neutrales Forum (dh ein Forum, in dem keine der Parteien einen Heimvorteil genießt) vereinbart haben.[29] Bedeutung hat insbesondere die Vereinbarung des international attraktiven Forums London durch drittstaatsansässige Parteien.

9 Die Entscheidung über die **Wirksamkeit der Gerichtsstandsvereinbarung** trifft das prorogierte Gericht nach seinem nationalen IZPR.[30] Art 23 selber spricht der Vereinbarung nach dem klaren Wortlaut von Abs 1 S 1 keine Prorogationswirkung zu, sondern erklärt sich hinsichtlich positiver Wirkungen für nicht anwendbar.[31] Derogierte Gerichte dürfen Klagen abweisen, wenn sie nach ihrem eigenen IZPR sowieso (dh ohne die Gerichtsstandsvereinbarung) nicht zuständig wären.[32] Verboten sind ihnen während der Schwebezeit nur Bejahen der eigenen Zuständigkeit und Entscheidung, außerdem das Gewähren einstweiligen Rechtsschutzes, es sei denn, die Vereinbarung beschränkte ihren Derogationseffekt auf Hauptsacheverfahren.[33] Das derogierte Gericht wird zuständig, wenn der Beklagte sich vor ihm rügelos einlässt und sich nicht auf Abs 3 beruft.[34]

---

25 *Geimer/Schütze*, IntUrtAnerk §§ 29 VI 4, 76, 96 XXI 3; *Eickhoff*, Inländische Gerichtsbarkeit und internationale Zuständigkeit für Aufrechnung und Widerklage (1985) 150; *Gothot/Holleaux* Nr 165; *BBGS/Auer* Art 17 EuGVÜ Rn 26 (1997); *Mari* 584.

26 *Kropholler* Rn 15.

27 *MünchKommZPO/Gottwald* Art 17 EuGVÜ Rn 9.

28 Bericht *Schlosser* Nr 177; *Czernich/Tiefenthaler/Kodek/Tiefenthaler* Rn 10.

29 *Kropholler* Rn 12.

30 *Schlosser*-Bericht Nr 177.

31 Hoge Raad Ned Jur 1985 Nr 698 m Anm *Schultsz*.

32 *Geimer/Schütze*, EuZVR Art 17 EuGVÜ Rn 228; *Kropholler* Rn 12.

33 *Geimer/Schütze*, EuZVR Art 17 EuGVÜ Rn 229.

34 *Wieczorek/Schütze/Hausmann* Art 17 EuGVÜ Rn 2; *MünchKommZPO/Gottwald* Art 17 EuGVÜ Rn 9; *Czernich/Tiefenthaler/Kodek/Tiefenthaler* Rn 10; *Thomas/Putzo/Hüßtege* Rn 23.

## II. Abschließende Regelung der Zulässigkeit von Gerichtsstandsvereinbarungen

Art 23 regelt die Zulässigkeit und Wirksamkeit von Gerichtsstandsvereinbarungen grundsätzlich umfassend und abschließend.[35] Denn nur so ist eine europaweit einheitliche Handhabung möglich und den **Rechtssicherheitsinteressen** insbes des Handels genügt, der klare Orientierungsmarken benötigt. 10

Die einzigen Ausnahmen sind die in der Brüssel I-VO selbst vorgesehenen oder zugelassenen besonderen Beschränkungen. Solche ausdrücklichen Beschränkungen finden sich in **Versicherungs-, Verbraucher- und Arbeitsvertragssachen** nach Art 14, 17, 21. Auch die ausschließlichen Gerichtsstände des Art 22 schließen ihrer Natur gemäß eine Zuständigkeitsvereinbarung aus.[36] Außerdem können sich Prorogationsbeschränkungen aus internationalen Übereinkommen ergeben, welche der Brüssel I-VO nach Art 71 vorgehen und welchen der Forumstaat angehört.[37] Eine wirksame Gerichtsstandsvereinbarung derogiert sowohl dem allgemeinen Gerichtsstand des Art 2 als auch den besonderen Gerichtsständen der Art 5, 6.[38] 11

Andere Prorogationsbeschränkungen des nationalen Rechts sind neben Art 23 nicht anwendbar.[39] Dies gilt für jegliche Form der Inhaltskontrolle, auch bei **Gerichtsstandsabreden in AGB**. Art 23 und die Brüssel I-VO insgesamt haben die Entscheidung schon getroffen, und das nationale Recht kann sie nicht mehr korrigieren. Wegen der eigenen Entscheidung der VO erfolgt keine Verweisung auf nationales Recht. Eine Inhaltskontrolle von Gerichtsstandsvereinbarungen nach § 307 BGB ist daher im Anwendungsbereich des Art 23 grundsätzlich unzulässig.[40] Allerdings können Wertungen aus der KlauselRL vorgehen.[41] Auch § 38 ZPO wird von Art 23 in dessen Anwendungsbereich vollständig verdrängt, eine formfreie Prorogation ist dort auch Kaufleuten nicht erlaubt.[42] Das gewählte Gericht muss keine objektiven Bezüge zum Sachverhalt haben.[43] 12

---

35 Siehe nur östOGH ZfRV 2001, 113; *Gottwald*, in: FS Wolfram Henckel (1995) 295, 303.

36 Siehe nur OLG München NJW-RR 1988, 1023.

37 *Mankowski* 288.

38 Siehe nur östOGH ZfRV 1999, 191; östOGH JBl 2001, 117, 120; Hoge Raad NIPR 2000 Nr 39 S 108; *Hough v P&O Containers Ltd* [1998] 2 Lloyd's Rep 318, 323 (QBD, *Rix* J); Rb's-Gravenhage NIPR 1997 Nr 128 S 183.

39 Siehe nur EuGH Rs C-159/97 *Trasporti Castelletti Spedizioni Internazionali SpA/Hugo Trumpy SpA* EuGHE. 1999 I 1597, 1656 Rn 51; OLG Stuttgart EuZW 1991, 126 (zu § 98 Abs 2 GWB aF); LG Darmstadt NJW-RR 1994, 686; LG Karlsruhe NJW 1996, 1417, 1418; *Gottwald*, in: FS Karl Firsching (1985) 89, 105; *H Roth* IPRax 1992, 68.

40 Siehe nur *Kröll* ZZP 113 (2000) 135, 149f.

41 Eingehend *Rauscher/A Staudinger* Art 17 Rn 6.

42 Siehe nur BGH NJW 1980, 2022; *Prinzing* IPRax 1990, 83, 84 mwN.

43 Siehe nur EuGH Rs 56/79 *Siegfried Zelger/Sebastiano Salinitri* EuGHE 1980, 89, 97 Rn 4; EuGH Rs C-106/95 *Mainschifffahrts-Genossenschaft eG (MSG)/Les Gravières Rhenanes SARL* EuGHE 1997 I 911, 944 Rn 34; EuGH Rs C-269/95 *Francesco Benincasa/Dentalkit Srl* EuGHE 1997 I 3767, 3798 Rn 28;

13 Die **Wirksamkeit der Gerichtsstandsvereinbarung** ist unabhängig von jener eines eventuellen **Hauptvertrages** zu beurteilen, mag die Gerichtsstandsabrede formell auch als Teil jenes Vertrages erscheinen.[44] Das Gericht, dessen Zuständigkeit vereinbart wurde, hat keine ausschließliche Kompetenz-Kompetenz; vielmehr können auch andere Gerichte über die Wirksamkeit der Gerichtsstandsvereinbarung entscheiden, wenn sie trotz der abweichenden Abrede angerufen werden.[45] Die Gerichtsstandsabrede erfasst auch Streitigkeiten über die Wirksamkeit jenes Vertrages, dessen Teil sie formell ist.[46] Die Auslegung einer Gerichtsstandsvereinbarung richtet sich prinzipiell, wenn kein abweichender Parteiwille ersichtlich ist, nach dem Recht, das auf den Vertrag anwendbar ist, dessen Teil die Gerichtsstandsabrede ist.[47] Allerdings sollte man auf das gesonderte Statut zur Ermittlung der **Kaufmannseigenschaft** zurückgreifen, wenn die Gerichtsstandsvereinbarung sich selber auf die Geltung zwischen oder gegen Kaufleute beschränkt.[48]

## III. Form

14 Abs 1 S 3 stellt Anforderungen an die Form von Gerichtsstandsvereinbarungen auf. Insgesamt handelt es sich um vier disjunktive **Tatbestände** (wenn man Abs 2 hinzunimmt, formell fünf), von denen nur einer vorliegen muss, damit die Gerichtsstandsvereinbarung formgültig ist. Strengere oder leichtere Formerfordernisse des nationalen Verfahrensrechts kommen nicht zur Anwendung, sondern werden ausschließend verdrängt.[49] Maßgeblicher Zeitpunkt für die Beurteilung, ob der Form genügt ist, ist der Zeitpunkt der Klagerhebung.[50] Eine ursprünglich der Form nicht genügende Vereinbarung kann also durch formgerechte Wiederholung oder Bestätigung zu Wirkungskraft erstarken, wobei der Sache nach die zweite, formgerechte Vereinbarung die relevante ist. Die Einhaltung der Form dient nicht nur Beweiszwecken, sondern ist Wirksamkeitsvoraussetzung.[51]

---

EuGH Rs C-159/97 *Trasporti Castelletti Spedizioni Internazionali SpA/Hugo Trumpy SpA* EuGHE 1999 I 1597, 1656 Rn 50.

44 EuGH Rs C-269/95 *Francesco Benincasa/Dentalkit Srl* EuGHE 1997 I 3767, 3798f Rn 28-32 = JZ 1998, 896 m Anm *Mankowski*.

45 *Mankowski* JZ 1998, 898, 900f; *J Harris* (1998) 23 ELRev 279, 284; *Thomas/Putzo/Hüßtege* Rn 22.

46 Siehe nur EuGH Rs C-269/95 *Francesco Benincasa/Dentalkit Srl* EuGHE 1997 I 3767, 3796-3799 Rn 22-32; Cass civ Bull civ 2002 I Nr 97 = JCP éd G 2002 II 10199 m Anm *Guez*; Cass civ Clunet 130 (2003) 146 obs A *Huet*.

47 BGH IPRax 1999, 367, 369 mwN.

48 **AA** BGH IPRax 1999, 367, 369; *H Dörner/A Staudinger* IPRax 1999, 338, 341 f.

49 EuGH Rs 150/80 *Elefanten Schuh GmbH/Pierre Jacqmain* EuGHE 1981, 1671, 1688 Rn 25f; EuGH Rs C-159/97 *Trasporti Castelletti Spedizioni Internazionali SpA/Hugo Trumpy SpA* EuGHE 1999 I 1597, 1653 Rn 37.

50 OLG Köln NJW 1988, 2182; OLG Koblenz NJW-RR 1988, 1335.

51 EuGH Rs 24/76 *Estasis Salotti di Colzani Aimo u Gianmario Colzani Snc/RÜWA Polstereimaschinen GmbH* EuGHE 1976, 1831, 1841 Rn 7; EuGH Rs 25/76 *Galeries Segoura SPRL/Fa Rahim Bonakdarian* EuGHE 1976, 1851, 1860 Rn 6; EuGH Rs 150/80 *Elefanten Schuh GmbH/Pierre Jacqmain* EuGHE 1981, 1671, 1687f Rn 24. **AA** *Kröll* IPRax 2002, 113, 115f.

## 1. Schriftliche Vereinbarung (Abs 1 S 3 lit a Var 1)

Modellfall der Form ist die Schriftform nach Abs 1 S 3 lit a Var 1. **Schriftform verlangt** nicht allseitige eigenhändige Unterschrift der Parteien;[52] § 126 Abs 2 BGB gilt im Rahmen des Abs 1 S 3 lit a Var 1 nicht.[53] Ein Wechsel von aufeinander bezüglichen Briefen, Fernschreiben und Telexen reicht aus,[54] wobei eine pauschale Annahme genügt, wenn das Angebot erkennbar eine unmissverständliche Gerichtsstandsklausel enthält.[55] Allerdings bedarf es auch einer schriftlichen Annahme.[56] Dem modernen Verkehrsverständnis entsprechend genügt auch ein Austausch von *Telefaxen*.[57] Verlangt ist grundsätzlich eine körperliche Dokumentation. Gerichtsstandsvereinbarungen per *Internet*, bei denen die Möglichkeit einer Speicherung oder eines Ausdrucks besteht, genügen schon der Schriftform bei weiter, dynamischer Auslegung;[58] indes entschärft Abs 2 die Frage vollends. 15

Für die Einbeziehung beigefügter **AGB mit einer Gerichtsstandsklausel** ist unter Abs 1 S 3 lit a Var 1 (in autonomer Anwendung ohne Rückgriff auf das anwendbare materielle Recht[59]) eine ausdrückliche Hinweisklausel im eigentlichen, von beiden Seiten konsentierten schriftlichen Vertragstext erforderlich.[60] Die bloße Übergabe oder Beifügung von AGB oder der bloße AGB-Abdruck auf der Rückseite reichen dafür nicht aus.[61] Ebensowenig genügt andererseits bei isolierter Betrachtung eine bloße Hinweisklausel ohne Beifügung und Übersendung der AGB.[62] Indes vermag eine Rückfragemöglichkeit, auf die hin ausgehändigt würde, zumeist die Aushändigung zu 16

---

52 BGH NJW 1994, 2700; östOGH JBl 2001, 117, 119.

53 BGH NJW 1994, 2700; BGH NJW 2001, 1731. **AA** wohl fälschlich OLG München NJW 1982, 1951.

54 ÖstOGH ZfRV 1999, 150; östOGH JBl 2001, 117, 119; OLG Karlsruhe IPRspr 1977 Nr 122; *Samtleben* NJW 74, 1590, 1592; *Kropholler* Rn 33 mwN.

55 *Samtleben* NJW 1974, 1590, 1592; *Kropholler* Rn 33.

56 BGH IPRax 2002, 124. **AA** *Kröll* IPRax 2002, 113.

57 ÖstOGH JBl 2001, 117, 119; Hof's-Hertogenbosch NIPR 1997 Nr 123 S 176.

58 Dafür – mit weiteren Argumenten aus der Entstehungsgeschichte des Art 17 Abs 1 S 2 LugÜ – *Mankowski* RabelsZ 63 (1999) 203, 218f sowie *Kaufmann-Kohler*, in: *Boele-Woelki/Kessedjian* (eds), Internet: Which Court Decides? Which Law Applies? (The Hague 1998) 89, 130; *Junker* RIW 1999, 809, 813; *Boele-Woelki* BerDGesVR 39 (2000) 307, 322.

59 Insoweit anders Rb Arnhem NIPR 2003 Nr 49 S 99 f.

60 Siehe nur EuGH Rs 24/76 *Estasis Salotti di Colzani Aimo u Gianmario Colzani Snc/RÜWA Polstereimaschinen GmbH* EuGHE 1976, 1831, 1841 Rn 9, 1842 Rn 12; BayObLG NJW-RR 2002, 359; OLG Hamm RIW 1980, 662; HG Zürich SZIER 1995, 35.

61 EuGH Rs 24/76 *Estasis Salotti di Colzani Aimo u Gianmario Colzani Snc/RÜWA Polstereimaschinen GmbH* EuGHE 1976, 1831, 1841 Rn 9; EuGH Rs C-159/97 *Trasporti Castelletti Spedizioni Internazionali SpA/Hugo Trumpy SpA* EuGHE 1999 I 1597, 1646 Rn 13; OLG Hamm IPRspr 1977 Nr 118.

62 Hof's-Hertogenbosch NIPR 2001 Nr 289 S 480; *Czernich/Tiefenthaler/Kodek/Tiefenthaler* Rn 32.

substituieren.[63] Hatte der Oblat die AGB vor Vertragsschluss, liegen sie ihm aber beim eigentlichen Vertragsschluss nicht mehr vor, so schadet dies indes nicht.[64]

17 Erleichterungen können sich ergeben, wenn die Parteien miteinander in **ständiger Geschäftsbeziehung** stehen, sodass Abs 1 S 3 lit b eingreifen kann. Die Schriftform ist indes gewahrt, wenn eine invitatio ad offerendum ausdrücklich auf mitübersandte AGB Bezug nimmt und ein darauf aufbauendes schriftliches Angebot schriftlich angenommen wird.[65] Nimmt der Vertragstext auf das Angebot Bezug, das seinerseits wieder auf die AGB hinweist, so ist der Schriftform Genüge getan.[66] Weist der Oblat auf seine AGB hin, ohne dass der Offerent antwortete, reicht dies nicht.[67] Stimmt der Oblat dem Angebot ausdrücklich so zu, wie es der Offerent gemacht hat, so verschlägt gegenüber diesem vorrangig indiriduellen Bezug eine abweichende Gerichtsstandsklausel in den AGB des Oblaten nicht.[68]

18 Selbst die ausdrückliche Einbeziehung von AGB genügt Abs 1 S 3 lit a Var 1 nicht, wenn diese AGB noch auf ein anderes, **nicht beigefügtes Standardklauselwerk** weiterverweisen und erst in diesem Standardklauselwerk die Gerichtsstandsklausel steht.[69] Eine Einbeziehung scheitert außerdem, wenn ein Aufdruck eine Gerichtsstandsvereinbarung will, die AGB dagegen eine **Schiedsklausel** enthalten.[70] Anders mag es sich unter einer entsprechenden lex causae, die einen Vorrang von Indiridualvereinbarungen kennt, bei einem Konflikt zwischen einer indiriduellen Gerichtsstands- und einer formularmäßigen Schiedsabrede verhalten.

19 Ob der nötige Konsens für eine Gerichtsstandsvereinbarung aus AGB besteht, kann einen vertiefenden Blick auf die Abschlussgeschichte des gesamten Vertrages nötig machen. Besondere Beachtung verdient die Frage, ob **kollidierende Gerichtsstandsklauseln** in den Einkaufsbedingungen der einen und den Verkaufsbedingungen der anderen Partei auftreten. In diesem Fall besteht im Prinzip kein Konsens, und es fehlt an einer Gerichtsstandsvereinbarung, es sei denn, eine der Parteien hätte den Willen zur Einbeziehung ihrer AGB aufgegeben und der Einbeziehung der AGB der anderen Partei zugestimmt.[71] Eine Klausel, die nur in einem Entwurf zwischenzeitig enthalten war, reicht jedenfalls nicht.[72]

---

63 OLG München RIW 1987, 998; *Saenger* ZZP 110 (1997) 477, 486.

64 ÖstOGH RdW 1999, 413; *Czernich/Tiefenthaler/Kodek/Tiefenthaler* Rn 32.

65 Cassaz Riv dir int priv proc 1997, 414, 416; HG Zürich SZIER 1995, 34; Trib Lecco Riv dir int priv proc 1998, 881, 882; *Reithmann/Martiny/Hausmann* Rn 2138 sowie Hof's-Hertogenbosch NIPR 1998 Nr 126 S 156; Rb Utrecht NIPR 2000 Nr 152 S 239.

66 OLG Karlsruhe Justiz 2002, 57; *Thomas/Putzo/Hüßtege* Rn 8.

67 Cassaz Riv dir int priv proc 1997, 414, 416.

68 HG Zürich SZIER 1997, 369, 371; *Volken* SZIER 1997, 372.

69 *Rauscher* ZZP 104 (1991) 271, 288; *MünchKommZPO/P Gottwald* Art 17 EuGVÜ Rn 19; *Reithmann/Martiny/Hausmann* Rn 2140. **AA** BGH RIW 1987, 998 = IPRax 1987, 307 (*E Rehbinder* 289).

70 Hof Leeuwarden Ned Jur 2003 Nr 289 S 2384.

71 Siehe Hof's-Hertogenbosch NIPR 2003 Nr 43 S 91.

72 Rb Amsterdam NIPR 2001 Nr 210 S 362.

Nimmt ein Vertrag **Bezug auf die Bestimmungen eines anderen Vertrages**, so kommt es auf die Fassung der Inbezugnahme an, ob damit auch die Gerichtsstandsklausel des verwiesenen Vertrages in den verweisenden Vertrag inkorporiert sein soll.[73] Nimmt der verweisende Vertrag nur bestimmte Ausschnitte des verwiesenen in Bezug, zu denen die Gerichtsstandsabrede nicht gehört (zB die Umschreibung des gedeckten Risikos in einem Erstversicherungsvertrag durch den Rückversicherungsvertrag), spricht dies gegen eine Inkorporation.[74] Andererseits sollte man den Wortlaut von inkorporierenden Inbezugnahmen nicht zu eng und buchstabenlastig interpretieren. 20

Eine Gerichtsstandsklausel, die erstmals auf einer Rechnung erscheint, kann grundsätzlich keine Gerichtsstandsvereinbarung nach Abs 1 S 3 lit a begründen. Unter Abs 1 S 3 lit a besteht kein sogenannter **Fakturengerichtsstand**.[75] Anders verhält es sich aber wegen Abs 1 S 3 lit b, wenn entsprechende Rechnungsformulare oder Bestätigungsschreiben in einer laufenden Geschäftsbeziehung immer verwendet wurden. 21

### 2. Mündliche Vereinbarung mit schriftlicher Bestätigung (sogenannte halbe Schriftlichkeit) (Abs 1 S 3 lit a Var 2)

Eine gewisse Formerleichterung gegenüber der strengen Schriftform schafft schon Abs 1 S 3 lit a Var 2, indem dort eine **mündliche Vereinbarung mit anschließender schriftlicher Bestätigung** durch eine Partei, die sogenannte halbe Schriftlichkeit, der Schriftform gleichgestellt wird. Vorausgesetzt ist in jedem Fall eine zumindest konkludente[76] mündliche Einigung über die Zuständigkeit eines bestimmten Gerichts.[77] Die konkludente Annahme eines schriftlichen Angebots genügt dem nicht.[78] 22

AGB mit einer Gerichtsstandsvereinbarung müssen dem Vertragspartner des Verwenders bei Vertragsschluss vorgelegen haben, damit die Gerichtsstandsklausel Gültigkeit erlangen kann.[79] Wird die Gerichtsstandsabrede erstmals in dem **Bestätigungsschreiben** eingefügt (wird zB darin erstmals auf AGB mit einer Gerichtsstandsabrede verwiesen), so liegt mangels vorangegangener mündlicher Abrede über sie keine halbe Schriftlichkeit vor.[80] Die Gerichtsstandsabrede kommt dann nur formgültig zustande, 23

---

[73] Siehe Hof's-Hertogenbosch NIPR 2000 Nr 138 S 226 f.

[74] *AIG Europe (UK) Ltd v The „Ethniki“* [1998] 4 All ER 301, 309 f (QBD, *Colman* J); *AIG Europe SA v QBE International Insurance Ltd* [2001] 2 Lloyd's Rep 268, 273 f (QBD, *Moore-Bick* J).

[75] Cassaz Riv dir int priv proc 1991, 1051; Rb Zutphen NIPR 1991 Nr 240; Trib comm Liège RDCB 1988, 311. **AA** *Stöve* 178-180.

[76] OLG Hamburg EWS 1996, 365.

[77] Hoge Raad NIPR 2000 Nr 39 S 109.

[78] *Haß* IPRax 2000, 494, 495; *Thomas/Putzo/Hüßtege* Rn 9; vgl auch LG Berlin IPRax 2000, 526, 527.

[79] OLG Hamm NJW 1990, 652.

[80] EuGH Rs 25/76 *Galeries Segoura SPRL/Fa Rahim Bonakdarian* EuGHE 1976, 1851, 1861 Rn 10; BGH NJW 1994, 2099.

wenn der Empfänger des Bestätigungsschreibens schriftlich[81] (auch per *Fax oder Telex*)[82] zustimmt oder Abs 1 S 3 lit c erfüllt ist, es sei denn, der AGB-Verwender hat während der Vertragsverhandlungen ausdrücklich auf die Gerichtsstandsklausel in seinen (nicht vorliegenden) AGB hingewiesen.[83] Wird eine in einem schriftlichen Vertragsentwurf enthaltene Gerichtsstandsklausel nach Unterzeichnung durch die andere Partei abgeändert, so trägt der Ändernde die Beweislast dafür, dass die Abänderung einer vorangegangenen mündlichen Absprache entspricht.[84] Diese Beweislast macht die halbe Schriftlichkeit wenig praktisch.[85]

24 Die **schriftliche Bestätigung** muss nicht von der Gegenpartei derjenigen Partei ausgehen, welche die Gerichtsstandsvereinbarung vorgeschlagen hat bzw sich jetzt auf die Abrede beruft. Vielmehr reicht auch eine Bestätigung durch die vorschlagende bzw die sich auf die Abrede berufende Partei aus.[86] Der Fairness gegenüber der Gegenpartei ist genügt: Immerhin hat sie mündlich den Vertrag geschlossen, und sie verstieße gegen Treu und Glauben, wenn sie trotz fehlenden Widerspruchs gegen die Bestätigung nun anderes behauptete.[87] Die Bestätigung muss sich nicht spezifisch oder ausschließlich auf die Gerichtsstandsabrede beziehen. Vielmehr genügt eine Bestätigung des Vertrages insgesamt. Zwischen Bestätigung und Abrede muss ein gewisser zeitlicher Zusammenhang bestehen, um späteren Überraschungseffekten zu begegnen.[88] Die Bestätigung muss innerhalb eines vernünftigen Zeitraums erfolgen, ein Rückgriff auf das nationale Recht ist versperrt.[89]

25 Ein **Widerspruch gegen eine Bestätigung** schließt das Wahren der Form nicht aus, kann aber ein Indiz für das Fehlen einer vorangegangenen Einigung sein.[90] Weiterreichende Bedeutung sollte man ihm nicht zulegen, denn Abs 1 S 3 lit a Var 2 verlangt seinem Wortlaut nach nicht, dass die Bestätigung unwidersprochen geblieben sein müßte.[91] In jedem Fall ist zu unterscheiden zwischen einem Widerspruch gegen eine

---

81 EuGH Rs 25/76 *Galeries Segoura SPRL/Fa Rahim Bonakdarian* EuGHE 1976, 1851, 1861 Rn 8; OLG Frankfurt NJW 1977, 506.

82 ÖstOGH JBl 2001, 117.

83 *Geimer/Schütze*, IntUrtAnerk 878; *Reithmann/Martiny/Hausmann* Rn 2143.

84 BGH IPRspr 1993 Nr 137; *Geimer/Schütze*, EuZVR Art 17 EuGVÜ Rn 113.

85 *M J Schmidt* RIW 1992, 173, 176; *Saenger* ZEuP 2000, 656, 670; *ders*, in: FS Otto Sandrock (2000) 807, 814.

86 EuGH Rs 221/84 *F Berghoefer GmbH & Co KG/ASA SA* EuGHE 1985, 2699, 2708 f Rn 15; EuGH Rs 313/85 *SpA Iveco Fiat/Van Hool NV* EuGHE 1986, 3337, 3356 Rn 9; BGH NJW 1986, 2196; östOGH ZfRV 2001/46.

87 EuGH Rs 221/84 *F Berghoefer GmbH & Co KG/ASA SA* EuGHE 1985, 2699, 2708 f Rn 15.

88 OLG Düsseldorf IPRax 1999, 38; *Hau* IPRax 1999, 24.

89 *Hau* IPRax 1999, 24, 25; *Czernich/Tiefenthaler/Kodek/Tiefenthaler* Rn 39.

90 *Staehelin* 26; *Kropholler* Rn 49; *Geimer/Schütze*, EuZVR Art 17 EuGVÜ Rn 114; vgl EuGH Rs 313/85 *SpA Iveco Fiat/Van Hool NV* EuGHE 1986, 3337, 3356 Rn 9; OLG Bamberg NJW 1977, 505.

91 *Kropholler* Rn 49.

Bestätigung und dem Bestreiten, dass es eine Bestätigung gegeben habe.[92] AGB, welche der Gegenseite erst nach der Bestätigung übermittelt werden, begründen keine Gerichtsstandsabrede.[93] Eine bloße *Rechnung* ist keine Bestätigung, selbst wenn sie ausdrücklich „Bestätigung" benannt sein sollte.[94] Zeitliche Grenze für eine Bestätigung ist zumindest das Erbringen der Leistung aus einem Vertrag; danach kann der Leistungsempfänger nicht mehr bestätigen.[95]

### 3. Entsprechung zu zwischen den Parteien entstandenen Gepflogenheiten (Abs 1 S 3 lit b)

Zwischen Parteien eines Vertrages können sich **besondere Gepflogenheiten** entwickelt 26
haben. Dies erkannte der EuGH bereits unter der Ausgangsfassung des EuGVÜ an.[96] Abs 1 S 3 lit b führt diesen Ansatz fort.[97] Gepflogenheiten gelten nicht allgemein (denn dann wären es Handelsbräuche), sondern nur **indiriduell-konkret** zwischen bestimmten Parteien. Haben die Parteien ihre Geschäftsbeziehung in der Vergangenheit immer in Übereinstimmung mit diesen Gepflogenheiten abgewickelt, so verstieße diejenige Partei gegen Treu und Glauben, welche sich auf einmal bei einem bestimmten Geschäft nicht mehr an diese Gepflogenheiten gebunden fühlte.[98] Vorausgesetzt sind eine länger dauernde Geschäftsbeziehung und eine gewisse, vertrauensbegründende Dauer der Gepflogenheit.[99] Ob eine Gepflogenheit besteht, ist eine Tatsachenfrage, die unabhängig vom anwendbaren Recht zu beantworten ist.[100] Abs 1 S 3 lit b kann frühestens erst für das zweite konkrete Geschäft im Rahmen einer Geschäftsbeziehung gelten.[101] Das erste Geschäft kann allenfalls den Grundstein für die sich später bestätigende Gepflogenheit legen. Ein vorangegangenes Probegeschäft oder eine frühere Übersendung zur Prüfung oder Ansicht hilft nicht.[102]

---

[92] Vgl Rb Arnhem NIPR 1999 Nr 286 S 389.

[93] OLG Köln IPRspr 1991 Nr 165; *Reithmann/Martiny/Hausmann* Rn 2145.

[94] OLG Hamburg IPRax 1985, 281 (*Samtleben* 261).

[95] *Staehelin* 52 mwN.

[96] EuGH Rs 25/76 *Galeries Segoura Sprl v Rahim Bonakdarian* EuGHE 1976, 1851, 1861 Rn 11; EuGH Rs 71/83 *Partenreederei MS „Tilly Russ" u Ernst Russ/SA Haven- en Vervoerbedrijf Nova u SA Goeminne Hout* EuGHE 1984, 2417, 2433 Rn 18.

[97] Bericht *Almeida Cruz/Desantes Real/Jenard* Nr 26.

[98] EuGH Rs 71/83 *Partenreederei MS „Tilly Russ" u Ernst Russ/SA Haven- en Vervoerbedrijf Nova u SA Goeminne Hout* EuGHE 1984, 2417, 2433 Rn 18; *IP Metal Ltd v Route OZ SpA* [1993] 2 Lloyd's Rep 60, 66 (QBD, *Waller* J); *Lafrage Plasterboard Ltd v Fritz Peters & Co KG* [2000] 2 Lloyd's Rep 689, 698, 699 (QBD, Judge *Browsher* QC); *SSQ Europe SA v Johann & Backes OHG* [2002] 1 Lloyd's Rep 465, 481 f (QBD, Judge *Havelock-Allan* QC).

[99] *Kropholler* Rn 50 sowie Rb's-Gravenhage NIPR 1997 Nr 127 S 182.

[100] *The „Kribi"* [2001] 1 Lloyd's Rep 76, 89 (QBD, *Aikens* J).

[101] Tendenziell strenger OLG Köln RIW 1988, 557; CA Paris Rev crit 81 (1992) 793; A *Burgstaller* JBl 1998, 691, 692: einmalige vorherige Bestellung begründe noch keine laufende Geschäftsbeziehung.

[102] Hoge Raad NIPR 1999 Nr 166 S 227; Rb Amsterdam NIPR 2001 Nr 211 S 365.

27 Bedeutung hat Abs 1 S 3 lit b für die Einbeziehung von **Gerichtsstandsklauseln in AGB**, die über unwidersprochen gebliebene Rechnungen, Lieferscheine, Bestätigungen oder ähnliches eingeführt wurden.[103] Die konkret-indiriduelle Vereinbarung von AGB mit einer Gerichtsstandsklausel kann ersetzt werden durch eine Art abstrakter Einbeziehung, wenn eine laufende Geschäftsbeziehung auf der Grundlage der AGB einer Partei stattfindet. Insoweit tritt generell-abstraktes Kennenmüssen an die Stelle aktueller Kenntnis.[104] Die laufende Geschäftsbeziehung hat ihre Bedeutung auch ohne vorangegangenen (mündlichen) Vertragsschluss.[105] An das Vorliegen einer laufenden Geschäftsbeziehung auf Basis der AGB einer Partei sind strenge Anforderungen zu stellen: Die Geltung jener AGB muss in der Anfangsphase der Geschäftsbeziehung zumindest einmal ausdrücklich vereinbart worden sein, und die Parteien müssen sich in ihrer Praxis auch nach den AGB gerichtet haben.[106] Insoweit, aber auch nur insoweit ist der Konsens gesondert festzustellen.[107] Verlangt ist zudem eine gewisse Häufigkeit von Vertragsabschlüssen.[108] Isolierte Geschäfte im Abstand mehrerer Jahre reichen grundsätzlich im normalen Handelsverkehr nicht.[109] Hat der Rechnungsschreiber nie auf seine nur rückseitig abgedruckten AGB hingewiesen, so verhilft auch die laufende Geschäftsverbindung nicht zur Wirksamkeit der Gerichtsstandsklausel, weil dann nicht gewährleistet ist, dass wenigstens einmal Konsens bestand.[110]

### 4. Entsprechung zu internationalem Handelsbrauch (Abs 1 S 3 lit c)

#### a) Handelsbrauch

28 Abs 1 S 3 lit c lockert die Formstrenge des Abs 1 S 3 lit a beträchtlich und kommt den Anforderungen des **internationalen Handelsverkehrs** an Leichtigkeit, Schnelligkeit und fehlenden Formalismus weit entgegen, indem er Gerichtsstandsvereinbarungen anerkennt, deren Form internationalen Handelsbräuchen entspricht. Ein Handelsbrauch besteht, wenn die in dem betreffenden Geschäftszweig tätigen Kaufleute bei Abschluss einer bestimmten Art von Verträgen allgemein und regelmäßig ein be-

---

[103] Siehe nur CA Paris D 1997 IR 240; Hof Amsterdam NIPR 1999 Nr 169 S 234; Hof Amsterdam NIPR 2000 Nr 298 S 454; Rb Utrecht NIPR 2000 Nr 216 S 358; A *Huet* Clunet 126 (1999) 196, 200 sowie Cass civ Rev crit 85 (1996) 731 m Anm *Gaudemet-Tallon*.

[104] LG Münster RIW 1992, 231; C *Kohler* IPRax 1991, 299, 301.

[105] EuGH Rs 71/83 *Partenreederei MS „Tilly Russ" u Ernst Russ/SA Haven- en Vervoerbedrijf Nova u SA Goeminne Hout* EuGHE 1984, 2417, 2433 Rn 18; OLG Stuttgart RIW 1980, 366; OLG Celle IPRax 1985, 286 (*Duintjer Tebbens* 262).

[106] OLG Düsseldorf TranspR 1981, 26 = IPRspr 1979 Nr 156 A; OLG Zweibrücken IPRspr 83 Nr 142; *Mankowski* EWiR Art 17 EuGVÜ 2/94, 985, 986; ähnlich ObG Basel-Land BJM 2001, 15, 22 f.

[107] Strenger scheinbar *Schlosser* Rn 23 unter Hinweis auf östOGH 14. 3. 2001 – 7 Ob 38/01s.

[108] OLG Celle IPRax 1985, 286 (*Duintjer Tebbens* 262).

[109] Siehe Cassaz Riv dir int priv proc 1996, 302, 309.

[110] BGH NJW 1994, 2099; OLG Hamburg RIW 1984, 916 = IPRax 1985, 281 (*Samtleben* 161); OLG Hamm NJW 1990, 1012.

stimmtes Verhalten befolgen.[111] Generell branchenübergreifende, aber gerade in der konkreten Branche nicht geltende Bräuche reichen nicht aus; umgekehrt ist ein branchenübergreifender Charakter aber auch nicht erforderlich.[112] Abzustellen ist in jedem Fall auf *faktische Gebräuchlichkeit*.[113]

Der Handelsbrauch muss sich **nicht spezifisch auf Gerichtsstandsklauseln** beziehen, 29
vielmehr reicht ein allgemein für Verträge in der betreffenden Branche bestehender Handelsbrauch aus.[114] Anderenfalls hätte Abs 1 S 3 lit c nämlich kaum Sinn, weil der Handelsverkehr Gerichtsstandsklauseln regelmäßig nur als „juristisches Anhängsel" zu den eigentlich wichtigen materiellen Vertragsbestimmungen versteht und ihnen kaum jemals gesonderte Aufmerksamkeit zuwendet. Indes können Gerichtsstandsklauseln selbst in einer bestimmten Branche handelsgebräuchlich sein, wenn dort in aller Regel AGB zugrundegelegt werden, in denen der Sitz des Verwenders (zB des Verfrachters im Seeverkehr) als Gerichtsstand ausbedungen wird.[115]

Eine Gerichtsstandsvereinbarung nach Abs 1 S 3 lit c setzt jedenfalls voraus, dass alle 30
Parteien **Teilnehmer im Handelsverkehr** sind. Handelt eine Partei als Privatmann, so gilt Abs 1 S 3 lit c nicht, unabhängig davon, ob ein Verbrauchervertrag iSv Art 15 Abs 1 vorliegt oder nicht. Auf eine formelle Kaufmannseigenschaft nach irgendeinem Recht kommt es dagegen nicht an.[116]

Abs 1 S 3 lit c verdankt seine heutige Fassung dem LugÜ; er lehnt sich in seinen sach- 31
lichen Voraussetzungen **bewusst an Art 9 Abs 2 CISG** an.[117] Dies ist insbesondere für den Begriff des Handelsbrauchs von Bedeutung; insoweit ist auch ein Rückgriff auf Literatur und Rechtsprechung zu Art 9 Abs 2 CISG möglich. Ein Handelsbrauch muss nicht im gesamten weltweiten Handel bestehen. Maßgeblich ist vielmehr diejenige Branche, in der sich die Parteien mit ihrem Vertragsabschluss betätigen. Im Einzelfall kann die Abgrenzung der Branche durchaus Schwierigkeiten bereiten.[118] Durch zu engen Branchenzuschnitt liefe der Rechtsanwender aber Gefahr, tatsächlich bestehende Zusammenhänge zu verkürzen. Eine atomisierende Untergliederung in miniaturhafte Teilbranchen hat in jedem Fall zu unterbleiben.

Was **innerhalb einer Branche üblich** ist, ist nach abstrakten Maßstäben der Typisie- 32
rung und Standardisierung zu beurteilen. Eine individuelle Interpretation bestehender

---

[111] EuGH Rs C-106/95 *Mainschifffahrts-Genossenschaft eG (MSG)/Les Gravières Rhenanes SARL* EuGHE 1997 I 911, 941 Rn 23.

[112] *Kröll* ZZP 113 (2000) 135, 154.

[113] OLG Hamburg TranspR 1993, 26; OLG Celle IPRax 1997, 418.

[114] Im Ergebnis abweichend HG Zürich BlZürchRspr 95 (1996) 298.

[115] OLG Celle IPRax 1997, 418 (*H Koch* 405); Zu streng Hof's-Hertogenbosch NIPR 2000 Nr 137 S 224f.

[116] Siehe nur Cass civ JClP (G) 1997 IV 747; *A Huet* Clunet 125 (1998) 138, 139.

[117] Bericht *Jenard/Möller* Nr 58; *C Kohler* EuZW 1991, 305; *Stöve* 62.

[118] *Rauscher* IPRax 1992, 143, 145.

Gebräuche durch die Parteien ist unerheblich. International ist eine ständige Übung dann, wenn sie sich speziell in grenzüberschreitenden Handelsbeziehungen herausgebildet hat oder sich bei Geschäften mit Auslandsbezügen – sei es auch nur lokal – durchgesetzt hat.[119] Wichtig ist, dass der Brauch allgemeine Geltung hat, dh dass eine qualifizierte Mehrheit der betroffenen Verkehrskreise ihn praktiziert. Eine kollisionsrechtliche Komponente, dass der Brauch im Sitzstaat mindestens einer Partei, vorzugsweise des Empfängers einer bestimmten Erklärung,[120] oder unter dem auf den Vertrag anwendbaren materiellen Recht gelten müsste,[121] lässt sich in Abs 1 S 3 lit c nicht hineinlesen und stünde in Widerspruch zu dessen Konzeption.[122] Ob in der betroffenen Branche ein entsprechender Handelsbrauch besteht, ist eine vom Prozessgericht zu entscheidende Tatfrage.[123] Für die Ermittlung vor deutschen Gerichten gilt § 293 ZPO nicht,[124] da es sich nicht um die Ermittlung von Rechtsnormen handelt.

33 Die **Behauptungs- und Beweislast** für einen Handelsbrauch und dessen Spezifikation trifft denjenigen, der sich auf eine Gerichtsstandsvereinbarung kraft Handelsbrauchs beruft.[125] Publizität, namentlich Vordrucke mit Gerichtsstandsklauseln, die Fachverbände und Fachorganisationen vorhalten, erleichtern den Nachweis, sind aber andererseits nicht erforderlich.[126] Dass vor Gericht Streitigkeiten entstehen und das Bestehen eines Handelsbrauchs bestritten wird, schließt die Existenz eines Handelsbrauchs nicht aus.[127] Das nationale Recht kann keine eigenen Formanforderungen für Handelsbräuche aufstellen, da die Form in Art 23 selbst abschließend geregelt ist.[128]

---

[119] C *Kohler* Dir comm int 1990, 617, 620; *Stöve* 69 sowie GA *Lenz* EuGHE 1994 I 2915, 2940f Nr 103.

[120] So OLG Köln NJW 1988, 2192; OLG Düsseldorf RIW 1990, 579; *Killias* 191.

[121] So *Rauscher* ZZP 104 (1991) 271, 292.

[122] EuGH Rs C-106/95 *Mainschifffahrts-Genossenschaft eG (MSG)/Les Gravières Rhenanes SARL* EuGHE 1997 I 911, 941 Rn 23; EuGH Rs C-159/97 *Trasporti Castelletti Spedizioni Internazionali SpA/Hugo Trumpy SpA* EuGHE 1999 I 1597, 1649f Rn 25-27; GA *Lenz* EuGHE 1994 I 2915, 2941 Nr 104; *P Huber* ZZP Int 2 (1997) 168, 173; *Saenger* ZEuP 2000, 656, 673; *Killias*, in: Liber discipulorum Kurt Siehr (Zürich 2001) 65, 71f.

[123] EuGH Rs C-106/95 *Mainschifffahrts-Genossenschaft eG (MSG)/Les Gravières Rhenanes SARL* EuGHE 1997 I 911, 941 Rn 21; *P Huber* ZZP Int 2 (1997) 168, 173; auch OLG Celle IPRax 1997, 418 (*H Koch* 405).

[124] **AA** *Vestmann* JZ 2003, 285; *Thomas/Putzo/Hüßtege* Rn 14.

[125] OLG Hamburg IPRax 1997, 420 (*H Koch* 405); CA Paris Rev crit 84 (1995) 573 m Anm *Kessedjian;* Hof Arnhem NIPR 1997 Nr 371 S 471; Hof's-Hertogenbosch NIPR 1998 Nr 125 S 154.

[126] EuGH Rs C-159/97 *Trasporti Castelletti Spedizioni Internazionali SpA/Hugo Trumpy SpA* EuGHE 1999 I 1597, 1650 Rn 28; *Kröll* ZZP 113 (2000), 135, 155.

[127] EuGH Rs C-159/97 *Trasporti Castelletti Spedizioni Internazionali SpA/Hugo Trumpy SpA* EuGHE 1999 I 1597, 1650f Rn 29.

[128] EuGH Rs C-159/97 *Trasporti Castelletti Spedizioni Internazionali SpA/Hugo Trumpy SpA* EuGHE 1999 I 1597, 1653 Rn 37f.

**b) Subjektives Moment**

Ein gewisses Korrektiv gegen rein objektives Überwirken stellt das **subjektive Erfordernis** dar, dass die Parteien den Handelsbrauch **kannten oder kennen mussten**. Hier waltet ein gewisser Überrumpelungsschutz.[129] Dieser wird allerdings wieder relativiert durch die Vermutung, dass in einem bestimmten Geschäftszweig tätige Teilnehmer am Handelsverkehr einen Handelsbrauch zumindest kennen müssen, wenn sie schon zuvor miteinander oder mit anderen Partnern Geschäftsbeziehungen pflegten oder ein bestimmtes Verhalten bei Vertragsabschluss in dieser Branche allgemein im Sinne einer ständigen Übung befolgt zu werden pflegt.[130] Von einem sorgfältigen Kaufmann wird erwartet, dass er die Spielregeln seiner Branche kennt.[131] Erfolgt der Vertragsschluss durch einen Vertreter, ist dessen Wissen dem Prinzipal nach Maßgabe des Vollmachtsstatuts zuzurechnen.[132] Bei bloß regionalen Bräuchen kommt es auf die Vertrautheit der Parteien an, die zu vermuten ist, wenn die Parteien im Verbreitungsgebiet lokal ansässig sind[133] oder soweit die Parteien sich auf dem entsprechenden regionalen Markt betätigen. 34

**c) Beispiele**

Unter Abs 1 S 3 lit c kann das **Schweigen auf ein kaufmännisches Bestätigungsschreiben** eine Gerichtsstandsvereinbarung begründen.[134] Dabei ist auch die Willenseinigung zu vermuten, wenn ein formwahrender Handelsbrauch erfüllt ist.[135] Die Vermutung dürfte allerdings widerleglich sein.[136] Schweigen auf Lieferscheine oder Rechnungen, also Akte erst in der Abwicklungs- und Erfüllungsphase eines Vertrages, genügen keinem Handelsbrauch.[137] 35

Im Verhältnis zwischen konnossementsmäßigem Verfrachter und erstem Konnossementsberechtigtem (dies kann nach Ausgestaltung des **Konnossements** auch der benannte Empfänger sein) entsprechen Gerichtsstandsklauseln in Konnossementen, obwohl der Konnossementsberechtigte in aller Regel weder unterschrieben noch sonst 36

---

[129] Siehe GA *Lenz* EuGHE 1994 I 2915, 2944 Nr 117; *Mankowski* EWiR Art 5 EuGVÜ 2/95, 577, 578.

[130] EuGH Rs C-106/95 *Mainschifffahrts-Genossenschaft eG (MSG)/Les Gravières Rhenanes SARL* EuGHE 1997 I 911, 941 Nr 24; *Geimer/Schütze*, EuZVR Art 17 EuGVÜ Rn 123.

[131] GA *Léger* EuGHE 1999 I 1600, 1628 Nr 146; *Killias* in: Liber discipulorum Kurt Siehr (Zürich 2001) 65, 73 f.

[132] LG Essen RIW 1992, 227, 230.

[133] Vgl *Kropholler* Rn 58.

[134] EuGH Rs C-106/95 *Mainschifffahrts-Genossenschaft eG (MSG)/Les Gravières Rhenanes SARL* EuGHE 1997 I 911, 941 f Rn 25; BGH NJW-RR 1998, 755; OLG Köln RIW 1988, 555; OLG Hamburg IPRax 1997, 420; LG Münster RIW 1992, 230; Rb Zutphen NIPR 1998 Nr 110 S 127; *Stöve* 121-148.

[135] EuGH Rs C-106/95 *Mainschifffahrts-Genossenschaft eG (MSG)/Les Gravières Rhenanes SARL* EuGHE 1997 I 911, 940 Rn 17-20; EuGH Rs C-159/97 *Trasporti Castelletti Spedizioni Internazionali SpA/Hugo Trumpy SpA* EuGHE 1999 I 1597, 1648 Rn 19 f; *Girsberger* IPRax 2000, 87, 89; *Saenger* ZEuP 2000, 666, 671.

[136] *Geimer/Schütze*, EuZVR Art 17 EuGVÜ Rn 101; *Kubis* IPRax 1999, 10, 12.

[137] ObG Basel-Land BJM 2001, 15, 23 f.

ausdrücklich zugestimmt hat, den Anforderungen des Abs 1 S 3 lit c.[138] Wer auf dem internationalen Schifffahrtsmarkt kontrahiert, dem wird normativ unterstellt, dass er dessen Gebräuche kennt.[139] Weitere Voraussetzung ist allerdings, dass die Gerichtsstandsklausel auf dem Konnossementsformular abgedruckt ist.[140]

37 Als sonstige Beispiele, bei denen eine Gerichtsstandsvereinbarung kraft Handelsbrauchs bejaht wurde, wurden bewertet: die Einbeziehung einer Gerichtsstandsklausel durch eine Maklerschlussnote im internationalen **Versicherungsverkehr**[141] oder die Gerichtsstandsklauseln in den **Versteigerungsbedingungen** der großen Auktionshäuser im internationalen Kunsthandel[142] (allerdings zweifelsbehaftet, weil Einlieferer wie Ersteigerer häufig keine Wiederholungshandelnden sind und daher nicht notwendig hinreichend branchenkundig im Versteigerungsmetier[143]).

### 5. Elektronische Form (Abs 2)

38 Abs 2 stellt eine elektronische Form, die dauerhaft reproduzierbar ist, der Schriftform gleich. Ins Auge gefasst ist die Kommunikation per **e-mail**.[144] Dauerhafte Reproduzierbarkeit gewährleistet bei diesen die Möglichkeit zur elektronischen Abspeicherung in die eigene mailbox oder auf die Festplatte[145] wie zum physischen Ausdruck auf Papier.[146] Eine elektronische Signatur entsprechend den Maßstäben der SignaturRL[147] ist nicht verlangt.[148] Auf der anderen Seite ist eine Erklärung als Text in Schriftzeichen notwendig; Telefongespräche oder Videokonferenzen reichen nicht.[149] **Websites** genügen nicht.[150] Sie sind Momentaufnahmen und erfüllen nicht das für dauerhafte Reproduzierbarkeit essentielle Kriterium, dass sie dem Zugriff des Erklärenden entzogen sind.[151]

---

[138] Siehe nur OLG Hamburg TranspR 1993, 25, 27; OLG Köln TranspR 1999, 454, 456; App Firenze Dir mar 92 (1990) 80; CA Rennes DMF 1993, 298, 300; App Genova Dir mar 96 (1994) 808; CA Paris DMF 2001, 684; *The „Sidney Express"* [1988] 2 Lloyd's Rep 257, 259 (QBD, *Sheen* J); *SSQ Europe SA v Johann & Backes OHG* [2002] 1 Lloyd's Rep 465, 481 (QBD, Judge *Havelock-Allan* QC); Rb Rotterdam NIPR 2000 Nr 208 S 346; Rb Rotterdam NIPR 1999 Nr 292 S 398.

[139] *Girsberger* IPRax 2000, 87, 89.

[140] OLG Köln TranspR 1999, 454, 456.

[141] Pres Rb Haarlem S & S 1992 Nr 124.

[142] Rb Amsterdam NIPR 1994 Nr 159.

[143] *Mankowski* EWiR Art 17 EuGVÜ 1/96, 739, 740.

[144] Begründung der Kommission, BR-Drs 534/99, 19; *MünchKommZPO/Gottwald* Rn 5; *Schlosser* Rn 29.

[145] *Handig* RdW 2001, 736.

[146] *Kropholler* Rn 41; *MünchKommZPO/Gottwald* Rn 5.

[147] Richtlinie 1999/93/EG des Europäischen Parlaments und des Rates vom 13. 12. 1999 über gemeinschaftliche Rahmenbedingungen für elektronische Signaturen, ABl EG 2000 L 13/12.

[148] *Czernich/Tiefenthaler/Kodek/Tiefenthaler* Rn 27.

[149] *Beraudo* Clunet 128 (2001) 1033, 1064.

[150] Entgegen Begründung der Kommission, BR-Drs 534/99, 19; vgl auch *Junker* RIW 1999, 809, 813. Im Ergebnis wie hier *Kropholler* Rn 41 sowie *Thomas/Putzo/Hüßtege* Rn 8.

[151] *Mankowski* CR 2001, 30; *ders* CR 2001, 404 mwN.

## IV. Zustandekommen einer Gerichtsstandsvereinbarung

### 1. Konsensfragen

Abs 1 S 3 stellt zwar vordergründig nur Formerfordernisse auf. Die Form dient dabei jedoch als **Indiz für einen Konsens.**[152] Die Einhaltung der Form soll gewährleisten, dass der Gerichtsstandsvereinbarung das Einverständnis aller Parteien zugrundeliegt.[153] Zudem sollte man sich aus Gründen der einheitlichen Anwendung bemühen, den Begriff der Gerichtsstandsvereinbarung so weit wie möglich als autonomes Konzept (jenseits des kleinsten gemeinsamen Nenners der mitgliedstaatlichen Rechtsordnungen und mit einer Kombination objektiver wie subjektiver Momente)[154] und parallel zum Vertragsbegriff des Art 5 Nr 1 zu verstehen.[155] In diesem Umfang regelt Art 23 also auch Konsensfragen, indem er Grundbedingungen des materiellen Tatbestands definiert.[156] Ist die Form gewahrt, so dürfte im übrigen der Nachweis einer fehlenden Einigung kaum gelingen.[157] Art 23 verlangt das tatsächliche Bestehen einer Willenseinigung über die Gerichtsstandsabrede. Soweit er reicht, verdrängt Art 23 die Tatbestände des nationalen Vertragsrechts für das Zustandekommen von Vereinbarungen.[158] Daher ist eine **Einbeziehungskontrolle** von Gerichtsstandsklauseln in AGB nach §§ 305, 305 c Abs 1 BGB (bei deutschem Vertragsstatut) ausgeschlossen.[159] Zu prüfen, ob die Gerichtsstandsklausel so klein, so schlecht oder so unsauber gedruckt ist, dass man sie effektiv nicht mehr lesen kann, dürfte dagegen als Tatfrage dem Richter erlaubt und Teil des VO-autonomen Konzepts sein.[160] 39

---

152 Siehe nur EuGH Rs 24/76 *Estasis Salotti di Colzani Aimo u Gianmario Colzani Snc/RÜWA Polstereimaschinen GmbH* EuGHE 1976, 1831, 1841 Rn 7; EuGH Rs 25/76 *Galeries Segoura SPRL/Fa Rahim Bonakdarian* EuGHE 1976, 1851, 1860 Rn 6.

153 Siehe nur EuGH Rs 24/76 *Estasis Salotti di Colzani Aimo u Gianmario Colzani Snc/RÜWA Polstereimaschinen GmbH* EuGHE 1976, 1831, 1841 Rn 9; EuGH Rs 784/79 *Porta-Leasing GmbH/Prestige International SA* EuGHE 1980, 1517, 1523 Rn 5; EuGH Rs 221/84 *F Berghoefer GmbH & Co KG/ASA SA* EuGHE 1985, 2699, 2708 Rn 13; EuGH Rs C-387/98 *Coreck Maritime GmbH/Handelsveem BV* EuGHE 2000 I 9337, 9371 Rn 13.

154 *Karré-Abermann* ZEuP 1994, 142, 145.

155 EuGH Rs C-214/89 *Powell Duffryn plc/Wolfgang Petereit* EuGHE 1992 I 1745, 1774 Rn 13-15; *Karré-Abermann* ZEuP 1994, 142, 143.

156 Siehe *Rauscher* ZZP 104 (1991) 271, 279; *Saenger* ZZP 110 (1997) 477, 484.

157 *Kröll* ZZP 113 (2000), 135, 146.

158 *Rauscher* ZZP 104 (1991) 271, 279; *Gottwald*, in: FS Wolfram Hecnkel (1995) 295, 302, 304; *Saenger* ZZP 110 (1997) 477, 484; *Kröll* ZZP 113 (2000), 135, 144.

159 BGH NJW 1996, 1819, 1820; OLG München WM 1989, 605; LG Essen RIW 1992, 227, 229; GA *Lenz* EuGHE 1994 I 2915, 2946 Nr 124.

160 Siehe Cass civ Rev crit 85 (1996) 731, 732; Cass com Rev crit 85 (1996) 732, 733 m Anm *Gaudemet-Tallon*; CA Grenoble Rev crit 86 (1997) 756, 759; *Ph Kahn* Clunet 117 (1990) 626, 630; *Sinay-Cytermann* Rev crit 86 (1997) 762, 765 f; *Schack* Rn 472.

40 Ein wichtiges Problem ist das sogenannte **Sprachrisiko**: Eine Partei legt AGB in ihrer Muttersprache vor, die eine Gerichtsstandsklausel enthalten. Die Gegenpartei ist dieser Sprache nicht mächtig, widerspricht aber auch nicht. Unterschreibt die Gegenpartei eine Annahmeerklärung, die auf die AGB hinweist, so genügt dies für einen Konsens.[161] Das Sprachrisiko trägt danach einseitig der Gegner des AGB-Verwenders.[162] Wenn er den Umstand für wichtig hält, dass er die AGB nicht versteht, soll er sie zurückweisen. Sein Schweigen indiziert Zustimmung. Er verstieße gegen Treu und Glauben, wenn er nachträglich geltend machte, der Gerichtsstandsklausel nicht zugestimmt zu haben.[163] Allerdings ist Mindestvoraussetzung dafür, dass der Gegner des AGB-Verwenders zumindest den Hinweis auf die AGB verstehen konnte, dieser also in der Verhandlungs- oder in der Vertragssprache abgesetzt war.[164] Vorschriften eines nationalen Rechts, die Verwendung einer bestimmten (Landes-)Sprache vorschreiben, sind unbeachtlich.[165]

**2. Rückgriff auf das anwendbare materielle Recht für komplexere Fragen**

41 Für schwierigere Fragen des Vertragsrechts lassen sich Art 23 selbst bei größtem Bemühen keine Antworten entnehmen. Insoweit ist deshalb ein **Rückgriff auf das Vertragsstatut**, das nach dem IPR des Forums auf den Vertrag anwendbaren materiellen Rechts, notwendig.[166] Das Vertragsstatut regelt zB die *Willensmängel* (Irrtum, Täuschung, Drohung usw),[167] die Verlängerung *befristeter Verträge*,[168] die Wirksamkeit von *Mehrparteienabreden* (insbesondere in Gesellschaftsverträgen)[169] und Fragen der *Rechtsnachfolge* in Verträge.[170] Es beantwortet aber auch die Frage, wer eigentlich Partei der Vereinbarung ist[171] und erfasst sämtliche anderen *Drittbeziehungen*, zB ob ein Vertrag zu

---

161 OLG Hamm IPRax 1991, 325 (zustimmend BGH IPRax 1991, 326); OLG Hamm NJW-RR 1995, 188, 189 = RIW 1994, 877; *Saenger* ZEuP 2000, 656, 669; *ders*, in: FS Otto Sandrock (2000) 807, 813; offen BGH EuZW 1992, 517 m Anm *Geimer*; siehe auch OLG Köln VersR 1999, 639.

162 **AA** CA Paris GazPal 1986 I somm 46; CA Grenoble Clunet 125 (1998) 125 obs A *Huet*; A *Huet* Clunet 125 (1998) 139, 141; *Gaudemet-Tallon* Nr 124.

163 OLG Hamm NJW-RR 1995, 188, 189; *Mankowski* EWiR Art 17 EuGVÜ 3/94, 1189, 1190; *Saenger* ZZP 110 (1997) 477, 487.

164 ÖstOGH RdW 1999, 723; GA *Lenz* EuGHE 1994 I 2915, 2946 Nr 124; C *Kohler* IPRax 1991, 299, 301; *Czernich/Tiefenthaler/Kodek/Tiefenthaler* Rn 33.

165 EuGH Rs 150/80 *Elefanten Schuh GmbH/Pierre Jacqmain* EuGHE 1981, 1671, 1688 Rn 27.

166 EuGH Rs C-269/95 *Francesco Benincasa/Dentalkit Srl* EuGHE 1997 I 3767, 3797 Rn 25.

167 *Kubis* IPRax 1999, 10, 12; *Kropholler* Rn 26 mwN.

168 EuGH Rs 313/85 *SpA Iveco Fiat/Van Hool NV* EuGHE 1986, 3337, 3355 f Rn 7 f. Kritisch dazu *Jayme* IPRax 1989, 361.

169 EuGH Rs C-214/89 *Powell Duffryn plc/Wolfgang Petereit* EuGHE 1992 I 1745, 1775 Rn 19, 21.

170 EuGH Rs 71/83 *Partenreederei MS „Tilly Russ" u Ernst Russ/SA Haven- en Vervoerbedrijf Nova u SA Goeminne Hout* EuGHE 1984, 2417, 2433 Rn 24; EuGH Rs C-387/98 *Coreck Maritime GmbH/Handelsveem BV* EuGHE 2000 I 9337, 9373 Rn 20.

171 OLG Düsseldorf NJW-RR 1989, 1332; OLG Saarbrücken NJW 1992, 988; *Mankowski* 244.

Gunsten Dritter statthaft ist.[172] Das Vertragsstatut gibt schließlich Maß für die *Einbeziehungs- und Inhaltskontrolle* anderer Vertragsklauseln, selbst wenn diese Einfluss auf die Gerichtsstandsvereinbarung haben; zB ist eine Kenntnisnahmeklausel, die Konsens für den Gesamtvertrag indiziert, unter deutschem Vertragsstatut weiterhin an § 309 Nr 12 lit b BGB zu messen.[173]

Der **Rechtsnachfolger** nach einer Partei einer Gerichtsstandsabrede ist seinerseits an die Gerichtsstandsabrede gebunden, wenn diese zwischen den ursprünglichen Parteien wirksam war und er nach dem anwendbaren nationalen Recht in die Position seines Rechtsvorgängers eingerückt ist. Weder muss er ausdrücklich seine Zustimmung erklären, noch muss er überhaupt aktuelle Kenntnis von der Gerichtsstandsabrede haben.[174] Dies gilt zB für Sub-Unternehmer und Unterfrachtführer, soweit sie in die Rechte und Pflichten ihres Vormanns in der Kette eintreten.[175] 42

**Vertretungsaspekte** regelt Art 23 ebenfalls nicht, und man muss dafür ergänzend auf das anwendbare materielle Recht zurückgreifen.[176] Insoweit ist wegen abweichender Qualifikation im IPR aber nicht auf das Vertrags-, sondern auf ein eigenes Vollmachtsstatut abzustellen. Nach herrschender Meinung im deutschen IPR ist Vollmachtsstatut das Recht des Landes, in welchem die Vollmacht Wirkung entfalten soll.[177] Die Geschäftsfähigkeit schließlich als ein weiterer in Art 23 nicht geregelter Aspekt unterliegt nach Art 7 EGBGB dem Recht des Staates, welchem die betreffende Person angehört. 43

### 3. Bestimmtheitserfordernis

#### a) Bestimmtes Rechtsverhältnis

Abs 1 S 1 verlangt, dass sich die Gerichtsstandsvereinbarung auf eine bereits entstandene oder eine künftige, aus einem **bestimmten Rechtsverhältnis** entspringende Rechtsstreitigkeit bezieht. Dieses Bestimmtheitserfordernis soll die Geltung der Gerichtsstandsabrede auf Streitigkeiten aus jenem Verhältnis beschränken, anlässlich dessen die Gerichtsstandsabrede getroffen wurde und mit dem sie ersichtlich in Zusammenhang steht.[178] Außerdem soll es verhindern, dass eine stärkere Partei einer schwächeren Gegenpartei auch für noch nicht vorauszuahnende künftige Verträge eine Gerichtsstandsabrede aufzwingt und dass einseitige Überraschungseffekte auftreten.[179] 44

---

172 *Mankowski* IPRax 1996, 427, 430.

173 *Mankowski* EWiR Art 17 EuGVÜ 1/96, 739, 740 gegen BGH NJW 1996, 1819, 1820.

174 Siehe nur *Glencore International AG v Metro Trading International Inc* [1999] 2 Lloyd's Rep 632, 646 (QBD, *Moore-Bick* J).

175 *Takahashi* [2001] LMCLQ 107, 113.

176 Siehe nur HG Zürich SZIER 1996, 101 m zust Anm *Volken; Kubis* IPRax 1999, 10, 12.

177 Siehe nur LG Essen RIW 1992, 227, 229; *v Hoffmann* AWD 1973, 57, 63.

178 EuGH Rs C-214/89 *Powell Duffryn plc/Wolfgang Petereit* EuGHE 1992 I 1745, 1777 Rn 31.

179 EuGH Rs C-214/89 *Powell Duffryn plc/Wolfgang Petereit* EuGHE 1992 I 1745, 1777 Rn 31; OLG München WM 1989, 602, 604; Rb Zutphen NIPR 2000 Nr 218 S 360.

Ausführungs- und Folgegeschäfte zu einem Vertrag mit einer Gerichtsstandsvereinbarung können Problemfälle sein.[180] Indes dürften die ausfüllenden Einzelverträge unter einem Rahmenvertrag regelmäßig von der Gerichtsstandsvereinbarung des **Rahmenvertrages** erfasst sein, wenn diese für alle Verträge oder Geschäftsbeziehungen zwischen den Parteien Geltung heischt.[181] Generell ist durch Auslegung zu ermitteln, auf welche Rechtsverhältnisse sich die Vereinbarung beziehen soll,[182] und das Auslegungsergebnis ist dann darauf zu prüfen, ob es hinreichend bestimmt ist.[183]

**b) Bestimmtes Gericht**

45 Ein Bestimmtheitserfordernis besteht auch für die **Bezeichnung des gewählten Gerichts**. Hier sind die Anforderungen allerdings nicht zu überspannen. Es reicht, wenn sich das gewählte Gericht anhand des gesamten Vertrages, der Umstände bei Vertragsschluss oder unter Zuhilfenahme des auf den Vertrag anwendbaren materiellen Rechts auf der Basis hinreichend genauer objektiver Kriterien bestimmen lässt.[184] Art 23 beruht auf dem Respekt vor dem Willen der Parteien, und diesem Willen ist deshalb so weit wie irgend möglich nachzukommen.[185]

46 Die Gerichtsstandsabrede ist auch dann noch hinreichend bestimmt, wenn **nur die internationale Zuständigkeit** der Gerichte eines bestimmten Staates ausbedungen wird, ohne zugleich eine Regelung über die örtliche Zuständigkeit zu treffen. Über die örtliche Zuständigkeit muss dann das nationale Verfahrensrecht des prorogierten Staates befinden, wobei gegebenenfalls auch dessen örtliche Ersatzzuständigkeit zum Zuge kommen kann.[186] Probleme bereitet diese Variante insbesondere, wenn die Parteien bewusst die Gerichte eines neutralen Staates, zu welchem der Sachverhalt keinen objektiven Bezug aufweist, gewählt haben. Die Ausfüllungsoption, dem Kläger ein Wahlrecht für die örtliche Zuständigkeit zuzugestehen,[187] ist jedenfalls bedenklich.

47 Dem Bestimmtheitserfordernis genügen sogenannte **reziproke Gerichtsstandsvereinbarungen** („Gerichtsstand ist der Sitz des jeweiligen Klägers" bzw „des jeweiligen Beklagten").[188] Hier sind die prorogierten Gerichte zwar nur alternativ, aber hinreichend eindeutig bestimmbar. Ausreichend ist auch die Prorogation der Gerichte am Erfül-

---

[180] Siehe Rb Zutphen NIPR 2000 Nr 218 S 360.

[181] OLG Oldenburg IPRax 1999, 458, 459 f; *Kindler/Hunecke* IPRax 1999, 435, 436.

[182] Näher Rn 62-64.

[183] Siehe BGH NJW 1994, 51; OLG München RIW 1999, 621; *Thomas/Putzo/Hüßtege* Rn 6.

[184] EuGH Rs C-387/98 *Coreck Maritime GmbH/Handelsveem BV* EuGHE 2000 I 9337, 9372 Rn 15; *Delebecque* DMF 2001, 191.

[185] EuGH Rs C-387/98 *Coreck Maritime GmbH/Handelsveem BV* EuGHE 2000 I 9337, 9371 Rn 14.

[186] HG Zürich SZIER 1997, 360, 361; C *Kohler* IPRax 1983, 265, 268; *Reithmann/Martiny/Hausmann* Rn 2175. **AA** *BBGS/G Müller* Art 17 EuGVÜ Anm IV 1 (1977): Unwirksamkeit der Vereinbarung.

[187] Dafür HG Zürich SZIER 1997, 360, 361; *Killias* 112-115; *Volken* SZIER 1997, 362, 364.

[188] EuGH Rs 23/78 *Nikolaus Meeth/Fa Glacetal* EuGHE 1978, 2133, 2141 f Rn 5 f; BGH NJW 1979, 2477; Koblenz RIW 1993, 934; LG Frankfurt/M RIW 1986, 453. **AA** LG Wiesbaden IPRspr 1978 Nr 146.

lungsort.[189] Nicht ausreichend ist dagegen, wenn die Bestimmung des Gerichtsstands ohne nähere Einschränkung im **Belieben des jeweiligen Klägers** steht. Dies gilt auch für die Variante, dass der Kläger außer einem oder mehreren ausdrücklich bezeichneten Gerichten auch noch andere Gerichte anrufen kann,[190] es sei denn, diese Formulierung soll nur deutlich machen, dass der ausbedungene Gerichtsstand kein ausschließlicher Gerichtsstand sein soll. Zu unbestimmt, weil sie kein Gericht genau bezeichnet, ist indes eine Klausel, die alternativ „the courts of the Ship's Flag State" oder „the court mutually agreed by the parties" berufen will.[191] Eine Klausel, welche einer Partei das Recht gibt, das zuständige Gericht zu benennen, genügt schon für sich genommen nicht.[192]

## V. Besondere Fallgruppen

### 1. Gerichtsstandsvereinbarungen in Verbraucher-, Arbeits- und Versicherungsverträgen (Abs 5, Art 17, 21, 13)

Gerichtsstandsvereinbarungen in **Verbraucher-, Arbeits- oder Versicherungsverträgen** sind nur ausnahmsweise statthaft. Die dort geltenden strengen Voraussetzungen definieren Art 17, 21, 13. Abs 5 hat keine eigenständige Bedeutung und ist eine bloße deklaratorische Hinweisnorm, damit derjenige Rechtsanwender, welcher als erste Norm seiner Zuständigkeitsprüfung auf Art 23 stößt, das betreffende Sonderregime findet und beachtet.[193] 48

### 2. Gerichtsstandsvereinbarungen in trust-Bedingungen (Abs 4)

Abs 4 erweitert Abs 1 für Streitigkeiten, welche das **Innenverhältnis eines trust** des englischen oder irischen Rechts[194] betreffen. Hintergrund ist die quasi-korporative Struktur eines trust. Trusts müssen zudem nicht im Konsens aller Beteiligten begründet werden, sondern können auch durch einseitiges Rechtsgeschäft ihres Gründers entstehen. Dies macht die Sonderregelung notwendig.[195] Abs 4 bindet auch Dritte (nämlich die trust-Begünstigten) und erklärt die für die Fälle des Abs 1 erforderliche materielle Willenseinigung für entbehrlich.[196] 49

### 3. Gerichtsstandsklauseln in Gesellschaftsverträgen und -satzungen

Eine Gerichtsstandsklausel in einer **schriftlichen Gesellschaftssatzung** genügt den Anforderungen des Art 23.[197] Sie bindet jedenfalls die Rechtsnachfolger der ursprünglichen 50

---

[189] OLG München RIW 1989, 901; *Reithmann/Martiny/Hausmann* Rn 2173.

[190] OLG Köln IPRspr 1991 Nr 146; LG Braunschweig AWD 1974, 346.

[191] Rb Rotterdam NIPR 2002 Nr 212 S 362.

[192] CA Rouen DMF 2001, 336.

[193] *Mankowski* RIW 1997, 990, 991.

[194] Zu Definition und Phänomenbeschreibung *Rauscher/Leible* Art 5 Rn 110-112.

[195] *Schlosser*-Bericht Nr 178.

[196] *Kropholler* Rn 29.

[197] EuGH Rs C-214/89 *Powell Duffryn plc/Wolfgang Petereit* EuGHE 1992 I 1745, 1776f Rn 22-29.

Gesellschafter. Gebunden sind selbst jene Gesellschafter, die ihr ursprünglich nicht zugestimmt oder sogar ausdrücklich gegen ihre Aufnahme gestimmt hatten.[198] Wer im einzelnen opponiert, aber das Gesamtpaket Satzung letztlich doch gutheißt, akzeptiert nolens volens auch die einzeln nicht sympathischen Teile. Das eigentliche Problem ist dabei die Ausdehnung des Vereinbarungsbegriffs und das Überlagern der klassischen vertragsrechtlichen Konsensdoktrin durch korporationsrechtliche Aspekte.[199] Originär Beitretende wissen, dass sie der Satzung unterworfen sind und stimmen mit ihrem Beitritt implizit zu.[200] Derivative Erwerber werden nach den Grundsätzen der Rechtsnachfolge gebunden. Die Prorogation durch Gesellschaftssatzung hat indes den überragenden Vorteil, eine Zuständigkeitskonzentration am Sitz der Gesellschaft zu bewirken. So führt man den Gedanken des Art 22 Nr 2 auf der rechtsgeschäftlichen Ebene fort und überspielt das Fehlen eines gesetzlichen Gerichtsstands der Mitgliedschaft in der Brüssel I-VO.

51 Wegen des Bestimmtheitsgrundsatzes ist jeweils durch Auslegung zu klären, inwieweit die Gerichtsstandsabrede auch **Klagen der Gesellschafter** gegen die Gesellschaft oder Streitigkeiten der Gesellschafter in gerade dieser Funktion untereinander erfasst.[201] Ersterem Zweck genügt zB eine Klausel für Streitigkeiten eines Gesellschafters „mit der Gesellschaft oder deren Organen".[202] Gerichtsstandsklauseln, die alle Streitigkeiten „aus diesem Gesellschaftsvertrag und aus dem durch diesen Vertrag begründeten Gesellschaftsverhältnis" erfassen, sind grundsätzlich weit genug, um alle denkbaren Streitigkeiten zu erfassen. Allerdings ist zu beachten, dass stärker dem Wortlaut eines Textes verhaftete Gerichte zB in England sie enger auslegen könnten als deutsche Gerichte dies tun würden.

### 4. Gerichtsstandsklauseln in Konnossementen

52 Besondere Bedeutung haben Gerichtsstandsklauseln in **Konnossementen**. Im Verhältnis zwischen konnossementsmäßigem Verfrachter und erstem Konnossementsberechtigtem entsprechen sie, obwohl der Konnossementsberechtigte in aller Regel weder unterschrieben noch sonst ausdrücklich zugestimmt hat, den Anforderungen des Abs 1 S 3 lit c (Rn 36). Weit verbreitet ist die Ansicht, Abs 1 S 3 lit c rechtfertige die Geltung der Gerichtsstandsklausel auch gegenüber späteren Konnossementsinhabern.[203] Diese Ansicht vermag aber nicht zu erklären, weshalb man sich über allgemeine Grund-

---

[198] EuGH Rs C-214/89 *Powell Duffryn plc/Wolfgang Petereit* EuGHE 1992 I 1745, 1775 Rn 18f; *H Koch* IPRax 1993, 19, 20.

[199] *H Koch* IPRax 1993, 19, 20.

[200] Vgl EuGH Rs C-214/89 *Powell Duffryn plc/Wolfgang Petereit* EuGHE 1992 I 1745, 1776f Rn 27.

[201] EuGH Rs C-214/89 *Powell Duffryn plc/Wolfgang Petereit* EuGHE 1992 I 1745, 1777f Rn 30-37; *Karré-Abermann* ZEuP 1994, 142, 150.

[202] BGHZ 123, 349; OLG Koblenz RIW 1993, 141.

[203] ZB *Kropholler/A Pfeifer*, in: FS Heinrich Nagel (1987) 157, 165f; *Stöve* 169-171; *Samtleben* RabelsZ 59 (1995) 670, 707; *Geimer/Schütze*, EuZVR Art 17 EuGVÜ Rn 122; *H Nagel/Gottwald* § 3 Rn 151.

sätze der Bindung an rechtsgeschäftliche Erklärungen hinwegsetzen und weder einen eigenen Zustimmungsakt jenes späteren Inhabers noch eine Rechtsnachfolge verlangen sollte.[204] Alle drei Buchstaben des Abs 1 S 3 befassen sich über die Form hinaus nur mit Konsensfragen im Verhältnis der ursprünglich Beteiligten zueinander; spezifisch für den letzten Buchstaben erhellt dies aus den subjektiven Anforderungen des Kennens oder Kennenmüssens.[205] Es ist nichts dafür ersichtlich, warum ausgerechnet lit c darüber weit ausgreifend auch auf Drittbeziehungen zugeschnitten wäre.[206]

Der richtige Weg führt vielmehr über den **Weg der Rechtsnachfolge**:[207] Erstens muss 53
die Klausel im Verhältnis der ursprünglichen Parteien des Konnossementsverhältnisses zueinander wirksam vereinbart sein. Zweitens muss der spätere Konnossementsinhaber Rechtsnachfolger des ersten Berechtigten sein. Die Rechtsnachfolge beurteilt sich nach dem nationalen Recht, das auf den jeweiligen Übertragungsvorgang anwendbar ist. Es ist nicht Sache des nationalen Rechts festzustellen, ob der Dritte kraft Handelsbrauchs nach Abs 1 S 3 lit c an die Gerichtsstandsklausel gebunden ist.[208] Das nationale Recht wird nur nach der Rechtsnachfolge gefragt. Es wird nicht nach prozessualen Formfragen gefragt. Die Existenz eines Handelsbrauchs, der sich über die Grundsätze der Rechtsnachfolge hinwegsetzen würde, ist zudem nicht zuzugestehen, schon weil dies mit der Rechtslage in vielen Staaten konfligieren würde.[209]

Der im **Konnossement angegebene Empfänger** ist nicht notwendig Dritter in dem ge- 54
meinten Sinn. Vielmehr kann und wird der benannte Empfänger in aller Regel nach Maßgabe des Konnossementsstatuts[210] begünstigter Dritter aus dem Konnossement (bzw. dem Konnossementsbegebungsvertrag) sein. Als begünstigter Dritter ist er aber an die Gerichtsstandsklausel gebunden.[211] Ebenso ist er erst recht gebunden, wenn der Ablader bevollmächtigt in seinem Namen gehandelt hat. Der erste Konnossementsberechtigte ist in beiden Fällen Beteiligter des ursprünglichen Konnossementsverhältnis-

---

204 *Mankowski* 254f, 279f; *ders* ZZP 108 (1995) 272, 279.

205 *Mankowski* ZZP 108 (1995) 272, 278 sowie *Rinoldi* Dir comm int 1989, 407, 412.

206 *Mankowski* ZZP 108 (1995) 272, 278 sowie *Gaudemet-Tallon* Rev crit dip 74 (1985) 391, 396.

207 EuGH Rs 71/83 *Partenreederei MS „Tilly Russ" u Ernst Russ/SA Haven- en Vervoerbedrijf Nova u SA Goeminne Hout* EuGHE 1984, 2417, 2435 Rn 24f; EuGH Rs C-159/97 *Trasporti Castelletti Spedizioni Internazionali SpA/Hugo Trumpy SpA* EuGHE 1999 I 1597, 1654 Rn 41; EuGH Rs C-387/98 *Coreck Maritime GmbH/Handelsveem BV* EuGHE 2000 I 9337, 9374 Rn 23; *The „Duke of Yare"* [1992] 2 All ER 450, 457 (CA, per *Bingham* LJ); Hof's-Gravenhage NIPR 2000 Nr 134 S 219f; Rb Kh Brugge ETR 1992, 103, 105; Rb Kh Antwerpen ETR 2002, 442, 447.

208 So aber *Kropholler* Rn 67.

209 *Contaldi* Riv dir int priv proc 1999, 889, 911.

210 Für dessen Maßgeblichkeit siehe nur Rb Rotterdam S&S 2001 Nr 63 S 292; *Mankowski* IPRax 1996, 427, 430 sowie *Jiménez Blanco*, El contrato internacional a favor de tercero (Santiago de Compostela 2002) 115f, 209-218.

211 *Mankowski* IPRax 1996, 427; *D Rabe* TranspR 2000, 389, 394; *Jiménez Blanco* REDI 1998 (2) 210, 212; *dies* (Fn 210) 114f; vgl auch Cassaz Dir mar 104 (2002), 241, 245.

ses. Für ihn ist eine Rechtsnachfolgekonstruktion nicht notwendig.[212] Zu Normen wie § 656 Abs 1 HGB besteht daher kein Widerspruch.[213]

55 Welches Recht die Frage nach der **Rechtsnachfolge des späteren Konnossementsinhabers** nach dem ersten Konnossementsberechtigten beherrscht, besagt die Brüssel I-VO nicht.[214] Die Übertragbarkeit von Recht und Bindung liegt außerhalb ihrer Reichweite.[215] Vielmehr erfolgt eine Verweisung auf das nach dem IPR des Forum anwendbare Recht. Zur Auswahl stehen die lex fori,[216] das Recht des Konnossementsausstellungsortes,[217] das Recht eines Indossamentsortes,[218] das Konnossementsstatut[219] oder ein eigenes Rechtsnachfolgestatut. Richtig ist es, ein eigenes Rechtsnachfolgestatut zu bilden.[220] Bei **Order- und Inhaberkonnossementen,** bei denen das Recht aus dem Papier dem Recht am Papier folgt, ist die lex cartae sitae zum jeweiligen Übertragungszeitpunkt für den einzelnen Übertragungsvorgang maßgeblich.[221] Im *Indossamentsfall* stimmt dies mit der lex loci indossamenti überein. Bei Namens- oder Rektakonnossementen ist das jeweilige Zessionsstatut maßgebend. Nach herrschender Auffassung zumindest in Deutschland ist Zessionsstatut nach Art 33 Abs 2 EGBGB das Statut der zedierten Forderung. Eine weitere Auffassung will auf das Recht am Wohnsitz bzw Sitz des Schuldners der zedierten Forderung abstellen. Richtigerweise ist Zessionsstatut dagegen das Zessionsgrundstatut des Art 33 Abs 1 EGBGB.[222]

56 In der **Rechtspraxis** enthalten **Konnossemente** in der Regel Gerichtsstandsklauseln, welche die Gerichte am Sitz des Verfrachters (carrier's principal place of business) für zuständig erklären. Die Person des Verfrachters festzustellen kann indes Schwierigkeiten bereiten, wenn gleichzeitig eine sogenannte Identity of Carrier-Klausel enthalten ist. Für die Antwort auf die Frage, ob diese Klausel wirksam und wer Verfrachter ist, muss man auf das auf das Konnossement anwendbare materielle Recht zurückgreifen und danach eine rechtsgeschäftliche Kontrolle jener Klausel vornehmen.[223] Bei einem Widerspruch zwischen einer ausdrücklichen namentlichen Verfrachterbenennung und

---

212 *Mankowski* 249; *Rèmond-Gouilloud* DMF 1995, 339, 348; *Delebecque* DMF 2000, 12, 14f; *D Rabe* TranspR 2000, 389, 392 f, 395.

213 Dies übersieht *D Rabe* TranspR 2000, 389, 391f.

214 EuGH Rs C-387/98 *Coreck Maritime GmbH/Handelsveem BV* EuGHE 2000 I 9337, 9376 Rn 30.

215 Siehe nur *Contaldi* Riv dir int priv proc 1999, 889, 891.

216 Dafür *Bonassies* DMF 1985, 89, 93; *Grégoire* RDCB 1985, 391, 398; *Haß* EuZW 1999, 444f.

217 Dafür *Libouton* RCJB 1990, 129, 160; *Ancel* Riv dir int priv proc 1991, 263, 292.

218 Dafür *van Ryn/Heenen*, Principes de droit commerciale Bd 4² (Bruxelles 1988) 581 Fn 1.

219 Dafür *Schultsz* Ned Jur 1984 Nr 735 S 2625; *Linke* RIW 1985, 1, 7; *Bischoff* Clunet 112 (1985) 159, 164; *Gaudemet-Tallon* Rev crit dip 81 (1992) 705, 706; *Delebecque* DMF 2000, 12, 15; *ders* DMF 2001, 191, 194 sowie Cass civ DMF 2001, 994; Hof Antwerpen JPA 1986, 133, 138.

220 *Mankowski* 262; *Carbone*, Lo spazio giudiziario europeo² (Torino 1997) 150.

221 *Mankowski* 263; *ders*, in: FS Rolf Herber (1999) 147, 172.

222 Eingehend *Mankowski*, in: FS Rolf Herber (1999) 147, 177-184 mit umfangreichen Nachweisen.

223 *Mankowski* 245; siehe Hof's-Gravenhage NIPR 2000 Nr 134 S 219; *Nicolas* DMF 1997, 706, 713 sowie Hof's-Gravenhage NIPR 1998 Nr 124 S 152 f.

einer Identity of Carrier Clause sollte man – nach Maßgabe des Konnossementsstatuts – der inviduellen Benennung den Vorrang geben[224] und die auf die Hauptniederlassung des Verfrachters abstellende Gerichtsstandsklausel nicht an Perplexität scheitern lassen.[225] Zu weit geht es, die Gerichtsstandsklausel außer acht zu lassen, weil sich der principal place of business nicht einfach feststellen lasse.[226]

### 5. Derogation eines Erfüllungsortes in Luxemburg

Eine luxemburgische Besonderheit bringt Art 63 Abs 2: Befindet sich der **Bestimmungsort** für die Lieferung beweglicher Sachen oder das Erbringen von Dienstleistungen gemäß Art 5 Nr 1 lit b **in Luxemburg**, so unterliegt eine derogierende Gerichtsstandsvereinbarung nur unter verschärften Formanforderungen wirksam: Abs 1 S 3 litt b, c gelten für sie nicht,[227] sie muss vielmehr Abs 1 S 3 lit a, also Schriftlichkeit oder halber Schriftlichkeit, genügen. 57

Die Sonderregel gilt **unter dem EuGVÜ** in schärferer Gestalt,[228] nämlich für Gerichtsstandsvereinbarungen mit Parteien, die ihren Sitz/Wohnsitz in Luxemburg haben. Art I Abs 2 Prot EuGVÜ stellt hier das zusätzliche Erfordernis auf, dass die Luxemburger Partei der Gerichtsstandsabrede ausdrücklich und besonders zugestimmt hat. Dies verlangt eine von beiden Parteien unterschriebene Vertragsurkunde oder einen Briefwechsel, in dem die Gerichtsstandsabrede besonders herausgestellt ist, jeweils mit gesonderter Unterzeichnung der Gerichtsstandsabrede durch die Luxemburger Partei.[229] Wird nur ein außerhalb Luxemburgs bestehender Gerichtsstand abbedungen, greift Art I Abs 2 Prot EuGVÜ seinem Schutzzweck nach nicht ein.[230] 58

## VI. Wirkungen einer Gerichtsstandsvereinbarung

### 1. Grundsätzlich ausschließlicher Gerichtsstand

Unter Art 23 ist ein vereinbarter Gerichtsstand **grundsätzlich ein ausschließlicher** Gerichtsstand, dh dass allen objektiv begründeten Zuständigkeiten derogiert ist. Abs 1 S 2 stellt dies jetzt ausdrücklich klar, um Missverständnissen bei common law-Juristen 59

---

[224] So unter deutschem Recht BGH TranspR 1990, 163; BGH NJW 1991, 1420; *Mankowski* TranspR 1991, 253 mwN.

[225] So aber Rb Rotterdam S&S 1996 Nr 113 S 405f; Rb Rotterdam S&S 2002 Nr 73 S 301; Rb Amsterdam S & S 2001 Nr 26 S 95; vgl auch Cassaz Riv dir int priv proc 2000, 506, 507.

[226] So aber Hof's-Gravenhage ETR 1998, 263, 265f; Rb Rotterdam S & S 1996 Nr 111 S 402f; Rb Rotterdam S & S 1996 Nr 112 S 404.

[227] *Kropholler* Art 63 Rn 4.

[228] *Kropholler* Art 63 Rn 4.

[229] EuGH Rs 784/79 *Porta-Leasing GmbH/Prestige International SA* EuGHE 1980, 1517, 1524 Rn 8f; OLG Schleswig RIW 1997, 955.

[230] *Kropholler* Europäisches Zivilprozessrecht[6] (1998) Art 17 EuGVÜ 62; *Reithmann/Martiny/Hausmann* Rn 2170; auch OLG München RIW 89, 901 = ZZP 103, 87 m Anm *H Schmidt*.

zu begegnen und den prinzipalen Zweck einer Gerichtsstandsvereinbarung sicherzustellen, das Streitforum eindeutig zu machen.[231] Die Parteien können allerdings anderes vereinbaren. Auch dies ergibt sich unmissverständlich aus Abs 1 S 2.[232] Die Parteien können ausdrücklich vereinbaren, dass der prorogierte Gerichtsstand nur ein zusätzlicher, fakultativer oder optionaler Gerichtsstand sein soll oder dass nur einzelne objektiv begründete Zuständigkeiten abbedungen sein sollen.[233]

60 Abs 1 S 2 trifft eine klare Aussage. Er ersetzt zugleich Art 17 Abs 4 EuGVÜ/LugÜ. Dieser Norm zufolge soll eine Gerichtsstandsvereinbarung der begünstigten Partei keinen Gerichtsstand nehmen, sondern **nur eine zusätzliche Option** eröffnen, wenn sie allein zu Gunsten einer Partei getroffen ist. Derogativeffekt entfaltet eine solche Abrede also nur gegen eine Partei. Sie hinkt gleichsam, indem sie gegenüber den Parteien ungleiche Wirkungen entfaltet.[234] Aus Art 17 Abs 4 EuGVÜ/LugÜ entstand und entsteht Unsicherheit.[235] Eine Gerichtsstandsvereinbarung nur zu Gunsten liegt im Zweifel nicht schon dann vor, wenn sie die Gerichte am Sitz einer Partei für zuständig erklärt.[236] Richtigerweise sollte man Art 17 Abs 4 EuGVÜ/LugÜ als nur deklaratorisches Aufzeigen einer weiteren Möglichkeit, die in der Autonomie der Parteien liegt, werten und ihm keine besondere inhaltliche Regelung (über das Erfordernis einer ausdrücklichen Begünstigung in der Sache hinaus)[237] zu entnehmen versuchen.[238]

61 Sogenannte **reziproke Gerichtsstandsvereinbarungen** („Gerichtsstand ist der Sitz des jeweiligen Klägers" bzw „des jeweiligen Beklagten")[239] werden oft nur zusätzliche Gerichtsstände begründen,[240] außerdem kann bei ihnen unter Umständen Abs 5 einschlägig sein. Möglich ist auch die Vereinbarung der Zuständigkeit mehrerer Gerichte zur Auswahl dessen, der eine Klage erheben will. Entsprechende Abreden müssen aber nicht ausdrücklich getroffen sein, sondern können sich auch durch Auslegung konklu-

---

231 *Droz/Gaudemet-Tallon* Rev crit dip 90 (2001) 601, 641.

232 Begrüßt zB von *North* (2002) 55 CLP 395, 409; *Behr*, in: *Bottke/Möllers/R Schmidt* (Hrsg), Recht in Europa (2003) 43, 49. Eingehend *Fawcett* (2001) LMCLQ 234.

233 EuGH Rs 23/78 *Nikolaus Meeth/Fa Glacetal* EuGHE 1978, 2133, 2141 Rn 5; OLG München RIW 1982, 281; *Insured Fiancial Structures Ltd v Electrocieplownia Tychy SA* [2003] 2 WLR 656 (CA); *Kurz v Stella Musical VeranstaltungsGmbH* [1992] Ch 196, 203 (Ch D, *Hoffmann* J) = RIW 1992, 140 m zust Anm *Ebert-Weidenfeller*; *IP Metal Ltd v Route OZ SpA* [1993] 2 Lloyd's Rep 60, 67 (QBD, *Waller* J); *Gamlestaden plc v Casa de Suecia SA* [1994] 1 Lloyd's Rep 433 (QBD, *Potter* J); *Hough v P & O Containers Ltd* [1998] 2 Lloyd's Rep 318, 323 (QBD, *Rix* J); *Lafi Office and International Business SL v Meriden Animal Health Ltd* [2000] 2 Lloyd's Rep 51, 59 (QBD, Judge *Symons* QC).

234 ZivG Basel-Stadt BJM 1998, 211, 214; *Killias* 220 f.

235 Besonders kritisch C *Kohler* IPRax 1986, 340.

236 EuGH Rs 22/85 *Rudolf Anterist/Crédit Lyonnais* EuGHE 1986, 1951, 1963 Rn 16.

237 EuGH Rs 22/85 *Rudolf Anterist/Crédit Lyonnais* EuGHE 1986, 1951, 1962 f Rn 15.

238 ZivG Basel-Stadt BJM 1998, 211, 215; C *Kohler* IPRax 1986, 340, 345; *Killias* 226 f; *Czernich/Tiefenthaler/Kodek/Tiefenthaler* Rn 80.

239 Dazu A *Schnyder* RabelsZ 47 (1983) 340.

240 Siehe OLG München IPRax 1985, 342; *Jayme/Haack* IPRax 1985, 323.

dent aus dem gesamten zwischen den Parteien bestehenden Verhältnis ergeben, wenn hinreichend sichere und dokumentierte Grundlagen dafür bestehen.[241]

## 2. Sachliche Reichweite einer Gerichtsstandsvereinbarung

### a) Erfasste Ansprüche

Die **sachliche Reichweite** der Gerichtsstandsvereinbarung, insbesondere ob sie nur vertragliche oder auch konkurrierende nicht-vertragliche Anspruchsgrundlagen erfassen soll, ist durch Auslegung zu ermitteln. Die Auslegung richtet sich als Tatfrage nach den Maßstäben des jeweils angerufenen Gerichts.[242] Nach deutschem Verständnis sind konkurrierende, insbesondere deliktische Anspruchsgrundlagen im Zweifel miterfasst.[243] 62

Auslegung muss ebenfalls ergeben, inwieweit die Gerichtsstandsvereinbarung auch eine eventuelle **Rückabwicklung des Hauptvertrages** erfassen soll. Nach deutschem Verständnis ist dies ebenfalls im Zweifel zu bejahen, selbst wenn die Klausel ihrem Wortlaut nach nur „für alle Ansprüche aus diesem Vertrag" gelten soll.[244] Klauseln, die sich auf die Vertragserfüllung beziehen, die Vertragsbeendigung nicht erfassen zu lassen[245] wäre sehr eng und in der Regel wenig interessengerecht.[246] Eine Klausel, die sich auf „alle Ansprüche und Streitigkeiten im Zusammenhang mit dem Abschluss oder der Durchführung dieses Vertrages" erstreckt, dürfte jedenfalls weit genug sein, aller denkbaren vertraglichen Streitigkeiten samt konkurrierender nicht-vertraglicher Ansprüche zu umfassen. 63

Gerichtsstandsvereinbarungen in ausfüllenden Einzelgeschäften unter einem **Rahmenvertrag** erfassen im Zweifel nur diese und färben nicht auf den Rahmenvertrag ab.[247] Bei einer Erneuerung des Rahmenvertrages dürfte allerdings eine entsprechende Gerichtsstandsvereinbarung über Abs 1 S 3 lit b auch für den neuen Rahmenvertrag anzunehmen sein, wenn die Gerichtsstandsvereinbarungen in den Einzelgeschäften immer nur zu ein und demselben Gerichtsstand geführt haben. Erst recht haben Gerichtsstandsvereinbarungen in den vermittelten oder den Ausführungsgeschäften keinen Einfluss auf die Zuständigkeit für einen Vertragshändler- oder Handelsvertretervertrag.[248] 64

### b) Widerklage

Eine Gerichtsstandsvereinbarung kann sich auch auf eine **Widerklage** erstrecken und für diese eine Zuständigkeit am prorogierten Forum mitbegründen.[249] Sie kann anderer- 65

---

[241] Teilweise abweichend *Kropholler* Rn 92.

[242] EuGH Rs C-214/89 *Powell Duffryn plc/Wolfgang Petereit* EuGHE 1992 I 1745, 1778 Rn 37; EuGH Rs C-269/95 *Francesco Benincasa/Dentalkit srl* 1997 I 3767, 3798 Rn 31 = JZ 1998, 896 m Anm *Mankowski*.

[243] OLG Stuttgart EuZW 1991, 326 (dazu *H Roth* IPRax 1992, 67); *Schlosser* Rn 38.

[244] *Gottwald*, in: FS Wolfram Henckel (1995) 295, 303; *Schlosser* Rn 39.

[245] So Cass com Rev crit dip 86 (1997), 736, 737 m Anm *Gaudemet-Tallon* = [1998] ILPr 189, 191.

[246] *Schlosser* Rn 39.

[247] CA Paris [2000] ILPr 597, 599; *Schlosser* Rn 39.

[248] Hoge Raad [1992] ILPr 379; *Schlosser* Rn 42 a.

[249] *Wieczorek/Schütze/Hausmann* Art 17 EuGVÜ Rn 86; *Saenger* ZZP 110 (1997) 477, 496.

seits dem Widerklagegerichtsstand derogieren und den Beklagten zwingen, seine Forderung ausschließlich im prorogierten Forum geltend zu machen. Im Zweifel ist eine solche Wirkung anzunehmen,[250] weil anderenfalls die mit einer ausschließlichen Gerichtsstandsvereinbarung üblicherweise gewollte Konzentrationswirkung für die betroffenen Ansprüche nicht erzielt würde. Ist den Parteien nachher doch mehr an Prozessökonomie oder umfassender Klärung ihrer Streitigkeit in einem Verfahren gelegen, so hat der Kläger es in der Hand, durch rügelose Einlassung auf die Widerklage die Derogationswirkung der Gerichtsstandsabrede zu überspielen.[251]

**c) Einstweiliger Rechtsschutz**

66 Eine Gerichtsstandsvereinbarung für eine klagweise Geltendmachung bestimmter Ansprüche kann auch **Maßnahmen des einstweiligen Rechtsschutzes** erfassen, welche der Sicherung dieser Ansprüche dienen. Daher kann sie auch im Eilverfahren Wirkung entfalten, den normalen Gerichtsständen des Eilverfahrens derogieren und eine ausschließliche Zuständigkeit des prorogierten Gerichts auch für Eilmaßnahmen begründen. Dazu darf sie sich aber nicht darauf beschränken, eine Abrede für Hauptverfahren zu treffen; gefordert ist zumindest eine Vereinbarung, die Geltung für alle Streitigkeiten verlangt. Die Auslegung muss berücksichtigen, dass im Eilverfahren Schnelligkeit und Effizienz des Rechtsschutzes ein anderes Gewicht haben als im Hauptverfahren; der Gläubigerschutz kann insbesondere dagegen sprechen, dass einer Eilzuständigkeit in einem Staat, wo der Gegner vollstreckungsfähiges Vermögen hat, derogiert ist.[252] Im Zweifel soll das prorogierte Gericht die Kompetenz haben, Eilmaßnahmen zu erlassen.[253]

67 Zweifelssätze lassen sich für die **Derogationswirkung** dagegen kaum aufstellen.[254] Denn es ist zu beachten, dass Art 31 für die Gerichtsstände des Eilverfahrens auf das nationale Recht verweist. Es ist Sache des nationale Rechts, die Auslegung zu leiten, ob seinen Gerichtsständen für das Eilverfahren derogiert wird.[255] Hat das nationale Recht seine Gerichtsstände zwingend ausgestaltet, so kommt eine Derogation nicht in Betracht.[256] § 802 ZPO erfasst bei wörtlichem Verständnis auch die internationale Zuständigkeit für das Eilverfahren in Deutschland.[257] Indes hat er als Normalfall die

---

[250] ÖstOGH ZfRV 2000, 76; Hof Amsterdam Ned Jur 1989 Nr 233; *Kropholler* Rn 98; *Schlosser* Rn 40. **AA** *Saenger* ZZP 110 (1997) 477, 496.

[251] *Saenger* ZZP 110 (1997) 477, 496.

[252] *Eilers*, Maßnahmen des einstweiligen Rechtsschutzes im europäischen Zivilrechtsverkehr (1991) 36; *Schack* Rn 417.

[253] *MünchKommZPO/Gottwald* Art 17 EuGVÜ Rn 61; *Thomas/Putzo/Hüßtege* Rn 28.

[254] Entgegen BGE 125 III 451, 453; *Geimer* WM 1975, 910, 912; *Geimer/Schütze*, EuZVR Art 17 EuGVÜ Rn 196; *BBGS/Auer* Art 17 EuGVÜ Rn 144 (1997); *Kropholler* Rn 103. Wie hier *Kaye* 1088f; *Gronstedt*, Grenzüberschreitender einstweiliger Rechtsschutz (1994) 45f.

[255] BGE 125 III 451, 454.

[256] Anders *Geimer/Schütze*, EuZVR Art 17 EuGVÜ Rn 192: Art 23 insoweit als Einschränkung des Art 31.

[257] *Kropholler* Rn 104.

eigentlichen Zwangsvollstreckungsverfahren und deren Rechtsbehelfsverfahren im Auge, und die Eilverfahren sind im Achten Buch der ZPO systematisch nicht richtig eingeordnet. Beides spricht gegen eine wörtliche Anwendung auf Eilverfahren.[258] Zumindest erscheint aber eine mittelbare Abbedingung insoweit denkbar, als im Rahmen des § 919 Var 1 ZPO derogierte Hauptsachegerichtsstände nicht beachtet werden können.[259]

### 3. Aufrechnungsausschluss

Durch Auslegung sind auch **weitere Wirkungen einer Gerichtsstandsabrede** zu ermitteln. Insbes kann eine Gerichtsstandsvereinbarung auch ein Verbot enthalten, die Aufrechnung mit einem vor ein anderes Gericht gehörenden Anspruch zu erklären. Dies ist ein rechtsgeschäftlicher materieller Bedeutungsgehalt, der deutlich von der prozessualen Wirkung der Gerichtsstandsvereinbarung zu trennen ist,[260] denn die Aufrechnungsbeschränkung richtete sich auch gegen eine außerprozessuale Aufrechnung. Die Auslegung muss klären, ob eine Beschränkung der Aufrechnung auf bestimmte Modalitäten gewollt ist.[261] Die Auslegungsmaßstäbe dafür sind dem auf die Aufrechnung anzuwendenden materiellen Recht zu entnehmen,[262] sofern das IPR des Forums – wie das deutsche IPR – Aufrechnung und Aufrechnungsbeschränkungen materiellrechtlich qualifiziert.[263] **Aufrechnungsstatut** ist nach herrschender Meinung im deutschen IPR das Statut der Passivforderung, dh derjenigen Forderung, gegen die aufgerechnet wird bzw der die Aufrechnung entgegengehalten wird.[264] Dies gilt auch für ein eventuelles Konnexitätserfordernis.[265] In jedem Fall kann der Aufrechnungsgegner durch rügeloses Eintreten auf die Aufrechnung sowohl über Art 24 die Gerichtsstandsvereinbarung als auch die damit verbundene Ausschlusswirkung überspielen.[266] 68

Die Grundsätze der **Waffengleichheit** und der **Prozessökonomie** können unter deutschem materiellem Recht dagegen sprechen, einer Gerichtsstandsvereinbarung die 69

---

[258] *H Koch*, in: *Schlosser* (Hrsg), Materielles Recht und Prozeßrecht und die Auswirkungen im Recht der Zwangsvollstreckung (1992) 171, 180; *Schack* Rn 417 f.

[259] OLG Stuttgart RIW 2001, 228; *Gronstedt* (Fn 254) 44; *Schack* Rn 418.

[260] *Leipold* ZZP 107 (1994) 216, 217, 224; *Mankowski* ZZP 109 (1996) 376, 378; *Gebauer* IPRax 1998, 79 f.

[261] EuGH Rs 23/78 *Nikolaus Meeth/Fa Glacetal* EuGHE 1978, 2133, 2142 Rn 8; BGH NJW 1979, 2478; LG Berlin IPRax 1998, 97, 99; *v Falkenhausen* RIW 1982, 387, 388; *Gottwald* IPRax 1986, 10, 12.

[262] BGH NJW 1979, 2478; *Mansel* ZZP 109 (1996) 61, 75. **AA** *Gebauer* IPRax 1998, 79, 81: Statut der Aktivforderung.

[263] *Mankowski* ZZP 109 (1996) 376, 378; *Gebauer* IPRax 1998, 79, 81 sowie *Rauscher* RIW 1985, 887, 888.

[264] BGH NJW 1994, 1416; OLG Koblenz RIW 1992, 61; OLG Koblenz RIW 1993, 937; OLG Düsseldorf NJW-RR 1994, 508; OLG Stuttgart RIW 1995, 944.

[265] EuGH Rs 48/84 *Hannelore Sommer/Spitzley Exploitation SA* EuGHE 1985, 787, 799 Rn 22; *Rauscher* RIW 1985, 887, 888; *Gottwald* IPRax 1986, 10.

[266] EuGH Rs 48/84 *Hannelore Sommer/Spitzley Exploitation SA* EuGHE 1985, 787, 798 f Rn 19-21.

Aufrechnung beschränkende Wirkung zu entnehmen.[267] Eine Vermutung, dass unter deutschem Recht aus der Gerichtsstandsvereinbarung im Zweifel ein Aufrechnungsverbot abzuleiten sei,[268] stößt sich an der Vielzahl möglicher Motive hinter der Gerichtsstandsvereinbarung.[269] Lässt sich der Aufrechnungsgegner trotz eigentlich bestehendem Aufrechnungsverbot auf die Aufrechnung ein, so kann darin eine stillschweigende Aufhebungsvereinbarung jedenfalls für das Aufrechnungsverbot liegen.[270]

### 4. Wirkungen gegenüber Dritten

70 Als Vereinbarung wirkt die Gerichtsstandsabrede **grundsätzlich nur im Verhältnis der Parteien** zueinander. Insbesondere wirkt sie bei mehreren Streitgenossen (Mitklägern oder Mitbeklagten) nur für und gegen diejenigen, die sie abgeschlossen haben.[271] Eine Differenzierung nach einfacher oder notwendiger Streitgenossenschaft nach Maßgabe der nationalen Prozessrechte wäre in Art 23 kaum seriös zu verankern.[272] In besonderen Konstellationen kann eine Gerichtsstandsvereinbarung indes auch Wirkung für oder gegen Dritte entfalten: Der begünstigte Dritte aus einem *Vertrag zu Gunsten Dritter* kann sich auf eine Gerichtsstandsvereinbarung berufen.[273] Dabei muss im Verhältnis zum Dritten dieser selber weder konsentiert noch die Form gewahrt haben.[274] Andererseits muss er diese Gerichtsstandsabrede auch gegen sich gelten lassen, weil er die Forderung nur in der Gestalt erhalten hat, wie sie begründet wurde, unter Einschluss aller Einschränkungen, denen ihre Durchsetzung unterliegt.[275]

71 Ebenso kann sich der **Rechtsnachfolger** einer Partei in eine Forderung, die einer Gerichtsstandsabrede unterliegt, auf diese berufen und ist ihr andererseits unterworfen; die Rechtsnachfolge selbst richtet sich nach dem anwendbaren materiellen Recht.[276] Vo-

---

[267] LG Berlin IPRax 1998, 97, 99 mwN; ausführlich *Gebauer* IPRax 1998, 79, 82 sowie *Kannengießer*, Die Aufrechnung im internationalen Privat- und Verfahrensrecht (1998) 194-199.

[268] Dafür namentlich BGH NJW 1979, 2477 f mwN; OLG Hamm RIW 1999, 787 f.

[269] Siehe OLG Hamburg AWD 1973, 101 f; LG Berlin RIW 1996, 960, 963; *Busse* MDR 2001, 729, 732.

[270] Vgl OLG Koblenz IPRspr 1999 Nr 109 S 268.

[271] *O'Malley/Layton* Rn 17.80; *MünchKommZPO/Gottwald* Art 6 EuGVÜ Rn 7; *Yessiou-Faltsi*, in: FS Reinhold Geimer (2002) 1547, 1556 f.

[272] Vgl aber *Yessiou-Faltsi*, in: FS Reinhold Geimer (2002) 1547, 1558 f, 1567.

[273] EuGH Rs 201/82 *Gerling Konzern Speziale Kreditversicherungs-AG/Amministrazione del tesoro dello Stato* EuGHE 1983, 2503, 2515-2517 Rn 14-19; *U Hübner* IPRax 1984, 237; *Geimer* NJW 1985, 533.

[274] EuGH Rs 201/82 *Gerling Konzern Speziale Kreditversicherungs-AG/Amministrazione del tesoro dello Stato* EuGHE 1983, 2503, 2516 f Rn 14, 19.

[275] CA Aix-en-Provence VersR Auslandsbeilage 1995, 57; *Mankowski* IPRax 1996, 427, 431.

[276] EuGH Rs 71/83 *Partenreederei MS „Tilly Russ" u Ernst Russ/SA Haven- en Vervoerbedrijf Nova u SA Goeminne Hout* EuGHE 1984, 2417, 2435 Rn 24 f; EuGH Rs C-159/97 *Trasporti Castelletti Spedizioni Internazionali SpA/Hugo Trumpy SpA* EuGHE 1999 I 1597, 1654 Rn 41; EuGH Rs C-387/98 *Coreck Maritime GmbH/Handelsveem BV* EuGHE 2000 I 9337, 9374 Rn 23.

rausgesetzt ist jeweils, dass die Gerichtsstandsabrede im Verhältnis der Vertragsparteien zueinander wirksam und formgerecht zustandegekommen ist.[277] Für das subjektive Moment in Abs 1 S 3 lit c kommt es nur auf Kenntnis oder Kennenmüssen seitens der ursprünglichen Parteien an.[278]

Für die Bindung wie für die Begünstigung des Dritten kommt es in den genannten Konstellationen nicht darauf an, dass er eine **eigene Zustimmungserklärung** abgegeben hätte. Die Gerichtsstandsabrede des Hauptvertrages wirkt auf eine sichernde Bürgschaft jedoch nicht automatisch über.[279] Wollen die Parteien Gleichlauf, so müssen sie eine parallele Gerichtsstandsabrede auch in die Bürgschaft aufnehmen.[280] 72

Für **Direktansprüche in Vertragsketten** gelten Gerichtsstandsvereinbarungen nur dann,[281] wenn die Beteiligten ihnen zugestimmt haben oder nach dem anwendbaren nationalen Recht an sie gebunden sind.[282] Statut des Direktanspruchs ist nicht die Kumulation aller Vertragsstatute,[283] sondern vorzugsweise das Statut desjenigen Vertrages, an welchem der Beklagte beteiligt ist.[284] 73

Art 23 gilt nicht für die **Derogation von Streitverkündungen** nach Art des deutschen Rechts, insoweit ist vielmehr das nationale Recht des jeweils angerufenen Gerichts maßgeblich.[285] Denn Streitverkündungen sind keine Klagen, da sie nicht zu einer formellen Entscheidung gegen den Streitverkündeten führen. Nach deutschem Verfahrensrecht setzt eine Streitverkündung keine Gerichtspflichtigkeit des Streitverkündeten und damit auch keine Zuständigkeit des Gerichts voraus, sodass gar keine Derogationswirkung in Rede steht.[286] Dagegen ist dem besonderen Gerichtsstand für Interventionsklagen nach Art der romanischen Prozessrechte unter Art 6 Nr 2 74

---

[277] EuGH Rs 201/82 *Gerling Konzern Speziale Kreditversicherungs-AG/Amministrazione del tesoro dello Stato* EuGHE 1983, 2503, 2517 Rn 20; EuGH Rs 71/83 *Partenreederei MS „Tilly Russ" u Ernst Russ/SA Haven- en Vervoerbedrijf Nova u SA Goeminne Hout* EuGHE 1984, 2417, 2435 Rn 26; *U Hübner* IPRax 1984, 237.

[278] EuGH Rs C-159/97 *Trasporti Castelletti Spedizioni Internazionali SpA/Hugo Trumpy SpA* EuGHE 1999 I 1597, 1654 Rn 42.

[279] Rb Rotterdam NIPR 2001 Nr 56 S 122 f.

[280] Beispiel: Rb Arnhem NIPR 2001 Nr 291 S 484.

[281] Strenger Cass com Rev crit dip 89 (2000) 224 m Anm *Leclerc*.

[282] Eingehend *Gebauer* IPRax 2001, 471, 474-477.

[283] *Bauerreis* Rev crit dip 89 (2000) 331, 349 f gegen *Leclerc* Clunet 122 (1995) 267, 310 f.

[284] *Gebauer* IPRax 2001, 471, 475 mwN.

[285] *Mansel* ZZP 109 (1996) 61, 75; *ders*, in: *Bajons/Mayr/Zeiler* (Hrsg), Die Übereinkommen von Brüssel und Lugano (1997) 177, 197; *Kropholler* Rn 102; *Schlosser* Rn 36. **AA** *v Hoffmann/Hau* RIW 1997, 89, 91 f; *Kraft*, Grenzüberschreitende Streitverkündung und Third Party Notice (1997) 107–112.

[286] *MünchKommZPO/Gottwald* Art 17 EuGVÜ Rn 60; *Kropholler* Rn 102. **AA** *v Hoffmann/Hau* RIW 1997, 89, 91 f.

derogiert.[287] „Waffengleichheit" bricht sich an der Verschiedenheit in der Konstruktion.[288]

**VII. Intertemporale Fragen**

75 Verträge können oft schon lange bestehen, bevor es zu einem gerichtlichen Streit kommt. Daher können der Zeitpunkt, zu dem eine Gerichtsstandsvereinbarung zustandekommt, und der Zeitpunkt, zu welchem sie erstmals effektive Wirkung entfaltet, weit auseinanderfallen. Für **Konsens und Zustandekommen** einer Gerichtsstandsvereinbarung kann nur der Abschlusszeitpunkt maßgeblich sein.[289] Ob für die Wirksamkeit der Gerichtsstandsvereinbarung auf den Zeitpunkt des Vertragsschlusses[290] oder auf jenen der erstmaligen Klagerhebung[291] abzustellen ist, erlangt besondere Bedeutung, wenn in der Zwischenzeit eine neue Fassung des europäischen Zuständigkeitsregimes in Kraft getreten ist.

76 Dabei ist zu differenzieren: Genügt eine Gerichtsstandsvereinbarung im Moment der Klagerhebung den **Anforderungen des Art 23**, so ist sie für den Streit in jedem Fall wirksam.[292] Sollte sie dagegen ursprünglich unter autonomem Recht oder der älteren Fassung des EuGVÜ wirksam gewesen sein, bei Klagerhebung jedoch nicht mehr den Anforderungen des Art 23 in seiner neuen Fassung genügen, so greift Vertrauensschutz, und die Gerichtsstandsvereinbarung ist im Ergebnis ebenfalls wirksam.[293] Die Gerichtsstandsvereinbarung nur als eine Zuständigkeitsoption zu betrachten, die erst bei Klageerhebung Wirkungen entfaltete,[294] wäre viel zu stark auf die richterliche Perspektive fixiert und würde Steuerungs- wie Anreizfunktion der Gerichtsstandsvereinbarung zu wenig berücksichtigen. Man beeinträchtigte die Sicherheit, welche die Gerichtsstandsvereinbarung herzustellen bezweckt. Die Prorogation ist ein Faktor, welchen der potentielle Kläger bereits in sein Kalkül einbeziehen muss, ob er überhaupt eine Klage erheben will und, wenn ja, wo.

---

[287] Cass civ Rev crit dip 72 (1983) 658 m Anm *Lagarde*; Trib comm Liège RDCB 1995, 395 m Anm *Ingber*; *Hough v P & O Containers Ltd* [1998] 2 All ER 978, 986-988 (QBD, *Rix* J).

[288] Entgegen *v Hoffmann/Hau* RIW 1997, 89, 92; *Schlosser* Rn 36.

[289] *Geimer/Schütze*, EuZVR Art 17 EuGVÜ Rn 28; *Thomas/Putzo/Hüßtege* Rn 19.

[290] Dafür *Gothot/Holleaux*, Clunet 98 (1971) 764, 775; *Stein/Jonas/Bork* (Fn 12) § 38 ZPO Rn 25; *Calvo Caravaca(- Calvo Caravaca)* Art 17 EuGVÜ Anm 5.

[291] Dafür EuGH Rs 25/79 *Sanicentral GmbH/René Collin* EuGHE 1979, 3423, 3429 f Rn 6 f; Cassaz Riv dir int priv proc 1992, 327; CA Versailles JClP (G) 1991 II 21672 m Anm *Martin-Serf;* Rb Breda WPNR 1981, 771; Trib Milano Riv dir int priv proc 1988, 745; *Droz* Nr 190; *Benecke* 86; *Samtleben* RabelsZ 59 (1995) 670, 703 f; *Schack* Rn 465.

[292] EuGH Rs 25/79 *Sanicentral GmbH/René Collin* EuGHE 1979, 3423, 3429 f Rn 6 f; LG Bochum RIW 2000, 382, 384.

[293] *Trunk* IPRax 1996, 251 sowie *Kropholler* Rn 11; *Czernich/Tiefenthaler/Kodek/Tiefenthaler* Rn 19; vgl auch *Saenger* ZZP 110 (1997) 477, 481 f. **AA** BGE 124 III 436, 441 f; LG München I IPRax 1996, 267; *Benecke* 86; *Schack* Rn 465.

[294] So EuGH Rs 25/79 *Sanicentral GmbH/Réné Collin* EuGHE 1979, 3423, 3429 Rn 6.

## Artikel 24

**Sofern das Gericht eines Mitgliedstaats nicht bereits nach anderen Vorschriften dieser Verordnung zuständig ist, wird es zuständig, wenn sich der Beklagte vor ihm auf das Verfahren einlässt. Dies gilt nicht, wenn der Beklagte sich einlässt, um den Mangel der Zuständigkeit geltend zu machen oder wenn ein anderes Gericht auf Grund des Artikels 22 zuständig ist.**

**I. Überblick** .............................. 1
**II. Anwendungsbereich** .................. 2
**III. Stillschweigende Prorogation (S 1)**
1. Einlassung auf das Verfahren ........ 4
2. Art 24 und Schutzgerichtsstände ..... 11
3. Art 24 und Gerichtsstandsabreden ... 12
4. Bedeutung der §§ 39 S 2, 504 ZPO im Rahmen des Art 24 .................. 13
**IV. Ausschluss der stillschweigenden Prorogation (S 2)**
1. Zuständigkeitsrüge ..................... 19
2. Hilfsweise Einlassung ................ 21
3. Präklusion der Rüge .................. 22
4. Ausschließliche Zuständigkeit ....... 27

## I. Überblick

1 Das Gericht ist unter den Voraussetzungen des Art 25 und 26 Abs 1 verpflichtet, die **Zuständigkeit ex officio zu kontrollieren**. In allen übrigen Fallgestaltungen obliegt es dem Beklagten, den Mangel der Zuständigkeit zu rügen. Nach S 1 wird ein Zuständigkeitsfehler[1] dadurch geheilt, dass sich der Beklagte vor dem mitgliedstaatlichen Gericht „auf das Verfahren" einlässt. Dies scheidet nach S 2 aus, wenn die Einlassung nur erfolgt, um diesen Mangel geltend zu machen. Ebenso wenig kommt eine zuständigkeitsbegründende Wirkung nach S 2 in Betracht, wenn eine anderweitige ausschließliche Zuständigkeit nach Art 22 besteht. Art 24 entspricht abgesehen von kleineren redaktionellen Änderungen[2] der Vorläuferbestimmung in Art 18 EuGVÜ.

## II. Anwendungsbereich

2 Art 24 gelangt zur Anwendung, sofern der Regelungsbereich der Harmonisierungsmaßnahme nach Art 1 betroffen ist und die Klageerhebung intertemporal gemäß Art 66 dem Sekundärrechtsakt unterfällt. S 1 bedarf einer Einschränkung im Wege systematischer Interpretation.[3] Teils wird gefordert, dass in Anlehnung an Art 2 Abs 1 und

---

[1] Art 24 S 1 setzt nach seinem Wortlaut voraus, dass der Spruchkörper nicht bereits nach anderen Vorschriften der Verordnung zuständig ist.

[2] Lediglich in einigen Sprachfassungen – so auch in der deutschen – wurde nach dem Vorbild der französischen Textfassung verdeutlicht, dass die Rüge der Unzuständigkeit durch die Verhandlung zur Hauptsache nicht unwirksam wird, sofern sie zum gleichen Zeitpunkt erfolgt; vgl Begründung des Kommissionsentwurfs, KOM 1999 (348) endg, 20f = BR-Drucks 534/99, 19f; siehe hierzu *Kohler*, in: *Gottwald* (Hrsg) Revision des EuGVÜ, 1, 22f.

[3] Zur früheren Rechtslage abweichend: *Gothot/Holleaux* JDI 1971, 747, 765, 775.

Art 3 Abs 1 der Beklagte,[4] teils wird befürwortet, dass entsprechend dem Art 23 Abs 1 Kläger *oder* Beklagter in einem Mitgliedstaat beheimatet sein müssen.[5] Plausibler erscheint die letztgenannte Auffassung, da angesichts der Zusammenfassung von Art 23 und 24 im Abschnitt 7 unter der gemeinsamen Überschrift „Vereinbarung über die Zuständigkeit" die rügelose Einlassung als stillschweigende Zuständigkeitsvereinbarung[6] erscheint. Demzufolge gelten die im Verhältnis zu Art 2 Abs 1 und Art 3 Abs 1 spezielleren Anwendungsvoraussetzungen des Art 23 ebenso für Art 24.

3 Art 24 erfasst allein **Sachverhalte mit grenzüberschreitendem Bezug**. Dies folgt aus der Ermächtigungsgrundlage in Art 61 lit c, Art 65 EGV[7] und dem Gebot der primärrechtskonformen Auslegung. Große Teile des Schrifttums sowie der Judikatur bejahen einen Mitgliedstaatenbezug als ungeschriebenes Tatbestandserfordernis des EuGVÜ bzw der Brüssel I-VO.[8] Diesen Gemeinschaftsbezug als Anwendungsschranke übertrug der BGH[9] unlängst auf die stillschweigende Prorogation in Art 18 EuGVÜ. Unter Bezugnahme hierauf hat sich mittlerweile auch der OGH[10] bei der Interpretation der Parallelbestimmungen in Art 17[11] und 18 LugÜ[12] den Vertretern der Reduktionstheorie angeschlossen. Eine solche Auslegung des Art 24 ist jedoch im Lichte des vom Ge-

---

4 Siehe etwa zur früheren Rechtslage: *Habscheid* ZfRV 1973, 262, 266; *Piltz* NJW 1979, 1071, 1072; *Samtleben* NJW 1974, 1590, 1594; *Schulte-Beckhausen* 121 ff; siehe auch den Auslegungsbericht von *Jenard* zu Art 18 EuGVÜ, ABl EG 1979 C 59/1, 38.

5 Etwa *Musielak/Weth* Rn 1; *Schack* Rn 486.

6 Nachfolgend wird der Ansatz der herrschenden Meinung zugrunde gelegt, die eine rügelose Einlassung als „stillschweigende Prorogation" behandelt. Sie stützt sich dabei gleichermaßen auf den Bericht von *Jenard* wie die Rechtsprechung des Gerichtshofs (vgl *Dörner/Staudinger* IPRax 1999, 338, 339; *Kropholler* Rn 17 Fn 37). Die rügelose Einlassung wird hiernach als besonderer Anwendungsfall der ausdrücklichen Zuständigkeitsvereinbarung angesehen. Der strukturelle Unterschied besteht allein darin, dass kein ausdrücklicher, sondern ein stillschweigender Vertrag geschlossen wird. Eine wirksame rügelose Einlassung erfordert keinen entsprechenden Willen des Beklagten. Sie tritt vielmehr unabhängig davon kraft der Brüssel I-VO ein. Ein Anfechtung wegen Irrtum scheidet demzufolge aus.

7 Zu Art 65 EGV siehe *Rauscher/Staudinger* Einl Rn 10.

8 Vgl hierzu die Angaben zum Streitstand bei *Gebauer* ZEuP 2001, 949, 950 f.

9 BGHZ 134, 127, 133 = IPRax 1999, 367, 369 = LM § 38 ZPO Nr 32 m Anm *Geimer* = EWiR 1997, 95 f m Anm *Grunsky* = ZZP 1997, 353 ff m Anm *Pfeiffer* = JR 1997, 371 ff m Anm *Probst* = WiB 1997, 494 ff m Anm *Ralle*; kritisch hierzu *Dörner/Staudinger* IPRax 1999, 338, 339 f.

10 OGH JBl 1998, 726, 727 ff; der OGH beruft sich auch auf die italienische Judikatur; kritisch zur Entscheidung des OGH: *Burgstaller* JBl 1998, 691, 693 ff; hierzu auch *Jayme/Kohler* IPRax 1998, 417, 418.

11 Zur schwedischen Judikatur, die sich jüngst ebenfalls für das Erfordernis eines Gemeinschaftsbezuges ausgesprochen hat, siehe die Angaben und Kritik bei *Pålsson* IPRax 1999, 52, 54, 56.

12 Luganer Übereinkommen über die gerichtliche Zuständigkeit und die Vollstreckung gerichtlicher Entscheidungen in Zivil- und Handelssachen vom 16. September 1988, BGBl 1994 II 2660; der Text ist abgedruckt bei *Jayme/Hausmann*, Internationales Privat- und Verfahrensrecht[11] (2002) Nr 160.

richtshof[13] erlassenen Urteils in der Rechtssache *Group Josi* abzulehnen.[14] Das Urteil lässt sich von seiner ratio decidendi auf die Brüssel I-VO übertragen. Überdies folgt nunmehr aus dem Wortlaut in Art 4 Abs 1 sowie dem Erwägungsgrund Nr 8 S 1, dass Rechtsstreitigkeiten der Harmonisierungsmaßnahme unterliegen, wenn sie einen Anknüpfungspunkt „an das Hoheitsgebiet eines der Mitgliedstaaten aufweisen". Folglich greift Art 24 selbst dann ein, wenn der Beklagte in einem Drittstaat beheimatet ist.

## III. Stillschweigende Prorogation (S 1)

### 1. Einlassung auf das Verfahren

4 S 1 erfordert eine **Einlassung des Beklagten** auf das Verfahren. Geboten ist eine autonome Auslegung dieser Begriffe.[15] Ausgenommen bleiben danach Handlungen, die der eigentlichen Verteidigung vorgelagert und nicht unmittelbar auf Abweisung der Klage gerichtet sind. Dies betrifft etwa die Anzeige der Verteidigungsbereitschaft iSd § 276 Abs 1 ZPO.[16] Anhand der Einzelfallumstände ist zu bestimmen, inwieweit dies ebenso für einen Widerspruch oder Einspruch[17] gilt. Da S 1 anders als § 39 ZPO keine Einlassung auf die Hauptsache voraussetzt, vermögen auch Einwände bzw Einreden, die das Verfahren betreffen, eine Zuständigkeit zu begründen.[18] Dies gilt ebenso dann, wenn der Beklagte auf die Rüge der Zuständigkeit a priori verzichtet hat.[19]

5 Der Regelungsautonomie der Mitgliedstaaten unterliegt die Frage, welche allgemeinen Wirksamkeitserfordernisse eine Einlassung erfüllen muss. Dies betrifft etwa den Anwaltszwang nach § 78 ZPO.

6 Umstritten ist, ob sich der Beklage bereits dann im Sinne des S 1 auf das Verfahren einlässt, wenn er an einem **Gütetermin** nach § 278 Abs 2 S 1 ZPO teilnimmt. Nach Ansicht von *Schulte-Beckhausen*,[20] die sich in ihrer Untersuchung zur Vorläuferbestim-

---

[13] EuGH Rs C-412/98 *Group Josi/Universal General Insurance* EuGHE 2000 I 5925 ff = EuLF (D) 2000/2001, 49 = IPRax 2000, 520; hierzu *Gebauer* ZEuP 2001, 949 ff; *Jayme/Kohler* IPRax 2000, 454, 459; *Koch* NVersZ 2001, 60 ff; *Schack* Rn 240 f; *Staudinger* IPRax 2000, 483 ff; *Staudinger/Hausmann* Anh II zu Art 27-37 EGBGB Rn 14; *ders* EuLF (D) 2000/2001, 40, 44; *Zöller/Geimer*[22] Anh I Art 2 EuGVÜ Rn 1, Art 17 EuGVÜ Rn 5.

[14] So auch die Deutung der Entscheidung von *Kropholler* vor Art 2 Rn 8, Art 24 Rn 3; *Schlosser* Rn 1; *Staudinger/Hausmann* Anh II zu Art 27-37 EGBGB Rn 26, 169; *Thomas/Putzo/Hüßtege* Rn 1; Vorbem Rn 12; abweichend *Schack* Rn 240 Fn 4.

[15] OLG Koblenz IPRax 2001, 334, 336; *Kropholler* Rn 7; siehe auch OGH ZfRV 2000, 197.

[16] LG Frankfurt EuZW 1990, 581 m Anm *Mittelstaedt*.

[17] Beim Einspruch gegen ein Versäumnisurteil im deutschen Recht ist § 340 Abs 3 S 1 ZPO zu beachten; zu weitgehend daher *Schlosser* Rn 3.

[18] Etwa der Einwand anderweitiger Rechtshängigkeit; zum Einwand der res iudicata: *Sandrock* ZVglRWiss 1979, 178 Fn 3 a; siehe auch OLG Koblenz RIW 1991, 63.

[19] *Kropholler* Rn 14.

[20] *Schulte-Beckhausen* 172 f.

mung im EuGVÜ allerdings auf Stellungnahmen in der Lehre bzw Judikatur zu § 39 ZPO stützt, sind Gütetermine der eigentlichen Verhandlung vorgelagert und dienen der einvernehmlichen Streitbeilegung. Einlassungen des Beklagten in diesem Verfahrensstadium könnten daher keine Zuständigkeit nach Art 18 S 1 EuGVÜ begründen. Dies gelte entsprechend für Äußerungen in Vergleichsverhandlungen. Sie dienten zwar der Streitbeendigung, bezweckten indes nicht, das Gericht zu einer Entscheidung über den Rechtsstreit zu bewegen. Mit einem vor dem Spruchkörper geschlossenen Vergleich beendeten die Verfahrensbeteiligten den Rechtsstreit vielmehr nach ihrem Willen, während das Gericht lediglich als Beurkundungsstelle fungiere.

7 Gegen diesen Ansatz spricht zunächst der Wortlaut, da S 1 gerade nicht voraussetzt, dass sich der Beklagte auf die „**Hauptsache**", sondern ganz allgemein auf das „Verfahren" einlässt. Dieser Begriff ist gemeinschaftsrechtlich autonom zu bestimmen,[21] so dass der Qualifikation etwa nach § 39 ZPO keine Aussagekraft zukommt. Die Systematik zu Art 58 S 1 legt es vielmehr nah, dass sich der Begriff des „Verfahrens" ebenfalls auf Termine wie die Güteverhandlung in § 278 Abs 2 S 1 ZPO erstreckt, die der eigentlichen Hauptverhandlung vorgelagert sind. Nach Art 58 S 1 genießen vollstreckbare Vergleiche, die „vor einem Gericht im Laufe eines Verfahrens geschlossen" werden, Titelfreizügigkeit. Dies gilt nicht nur für einen Vergleichsabschluss im Güteverfahren nach § 54 Abs 3 ArbGG, sondern auch für den schriftsätzlichen Prozessvergleich nach § 278 Abs 6 S 1 ZPO.[22] Wenn aber der Begriff des „Verfahrens" in Art 58 S 1 bereits Güteverhandlungen einbezieht, wäre es widersprüchlich, denselben Ausdruck in S 1 restriktiver zu interpretieren. Eine autonome[23] sowie auf die Verordnung bezogene systematische Auslegung des Begriffes „Verfahren" führt somit dazu, dass bereits die Teilnahme an einem Gütetermin zuständigkeitsbegründende Wirkung nach S 1 entfalten kann. Jedenfalls muss spätestens in dem Abschluss eines Prozessvergleichs innerhalb dieses Verfahrensabschnitts eine rügelose Einlassung liegen.

8 Lässt sich der Beklagte wirksam auf das (Güte)Verfahren ein, ohne den Mangel der internationalen und örtlichen Zuständigkeit zu rügen, wird das Gericht gemäß S 1 zweifelsohne international zuständig.[24] Nach herrschender Auffassung[25] soll dies aber ebenso stets für die örtliche Zuständigkeit gelten. Diese Ansicht verdient nur dann Zustimmung, wenn der Sekundärrechtsakt die örtliche Zuständigkeit unmittelbar festlegt.[26] Sofern diese demgegenüber der nationalen Regelungsautonomie unterfällt, ist

---

21 OLG Koblenz IPRax 2001, 334, 336; *Kropholler* Rn 7; siehe auch OGH ZfRV 2000, 197.

22 *Rauscher/Staudinger* Art 58 Rn 7; *MünchKommZPO/Gottwald* Art 58 Rn 2.

23 Keine Bedeutung erlangt daher die Tatsache, dass der Gütetermin in § 278 Abs 2 S 1 ZPO – abweichend vom arbeitsgerichtlichen Verfahren – nicht in die mündliche Verhandlung eingebettet, sondern strikt von ihr zu trennen ist.

24 Dies gilt nicht, wenn Art 22 einschlägig ist.

25 *Geimer/Schütze* Art 18 Rn 31; *Schulte-Beckhausen* 142 f; *Zöller/Geimer* Rn 1.

26 In diesem Fall kann der Beklagte auch allein die fehlende örtliche Zuständigkeit rügen, so dass die Gerichte des betreffenden Mitgliedstaats nach Art 24 S 1 international zuständig sind. Ferner kann Art 24 S 1 auch isoliert auf die örtliche Zuständigkeit zur Anwendung gelangen, wenn die

nach der jeweiligen lex fori festzustellen, ob hiernach auch die örtliche Zuständigkeit durch rügelose Einlassung begründet wird.

Im Hinblick auf den **Erlass einstweiliger Maßnahmen** findet Art 24 keine Anwendung. Vielmehr verbleibt es insofern bei den Voraussetzungen des Art 31.[27] 9

Art 24 gilt tatbestandlich ebenso für die rügelose Einlassung des Klägers etwa im Falle einer Widerklage und erstreckt sich auch auf die Aufrechnung.[28] 10

## 2. Art 24 und Schutzgerichtsstände

Nach nahezu einhelliger Ansicht[29] entfaltet Art 24 eine zuständigkeitsbegründende Wirkung in **Versicherungs-, Verbraucher und Arbeitssachen**. Dies mag rechtspolitisch auf Bedenken stoßen,[30] steht indes im Einklang mit dem Wortlaut der Vorschrift. S 2 (Art 18 S 2 EuGVÜ/LugÜ) sieht allein für den Fall eine Ausnahme vor, wenn ein anderes Gericht nach Art 22 ausschließlich zuständig ist.[31] Für die Zulässigkeit einer stillschweigenden Prorogation lässt sich ferner die Wertung in Art 13 Nr 1 und 17 Nr 1 anführen. Hiernach ist eine abweichende Gerichtsstandsvereinbarung zulässig, „sobald die Parteien über einen bestimmten Punkt uneins sind und ein gerichtliches Verfahren unmittelbar oder in Kürze bevorsteht".[32] Dann muss es aber erst recht möglich sein, innerhalb eines bereits rechtshängigen Verfahrens stillschweigend die Zuständigkeit des Gerichts zu begründen.[33] Die Möglichkeit der stillschweigenden Prorogation in Versicherungs- und Verbrauchersachen erlangt Bedeutung im Rahmen des Art 35 Abs 1. 11

Gerichte eines bestimmten Mitgliedstaates zwar international, der betreffende Spruchkörper nach den Vorschriften des Sekundärrechtsakts aber örtlich unzuständig ist. Hier wirkt sich die rügelose Einlassung nach Art 24 S 1 allein im Hinblick auf die fehlende örtliche Zuständigkeit aus.

27 EuGH Rs C-99/96 *Mietz/Intership Yachting Sneek BV* EuGHE 1999 I 2277, 2317 Rn 52; *Spellenberg/Leible* ZZPInt 1999, 221, 231.

28 EuGH Rs 48/84 *Spitzley/Sommer* EuGHE 1985, 787, 798 Rn 19 f; OLG Koblenz RIW 1987, 629, 630; BGH IPRax 1994, 114 f, m Anm *Geimer* 82; *Kropholler* Rn 18; *Thomas/Putzo/Hüßtege* Rn 8.

29 OLG Koblenz IPRax 2001, 334, m Anm *Mankowski* 310 (*Mankowski* will dies jedoch aus Gründen des Verbraucherschutzes allein dann gelten lassen, wenn der Verbraucher in der Rolle des Klägers handelt); zustimmend *Geimer/Schütze* Art 18 EuGVÜ Rn 36; *Kropholler* Rn 16; *MünchKommZPO/Gottwald* IZPR Art 18 EuGVÜ Rn 3; *Schulte-Beckhausen* 113; *Staudinger/Hausmann* Anh II zu Art 27-37 EGBGB Rn 115; abweichend *Collins* 69, 76; *de Bra* 203 f.

30 Siehe auch *Schütze* ZZP 90 (1977) 67, 76 Fn 67: „erstaunliche Regelung".

31 Abweichend *Mankowski* IPRax 2001, 310, 311 (die Vorschrift sei lediglich deklaratorisch).

32 *Jenard*-Bericht zu Art 12 EuGVÜ, ABl EG 1979 C 59/1, 33.

33 Siehe aber auch *Mankowski* IPRax 2001, 310, 312 f (für rügelose Einlassung genüge Passivität, zudem sei keine Form vorgeschrieben, die wie bei der Gerichtsstandsvereinbarung auch eine Warnfunktion erfülle).

### 3. Art 24 und Gerichtsstandsabreden

12 Nach ständiger Judikatur des Gerichtshofs[34] geht die rügelose Einlassung nach Art 24 einer **Gerichtsstandsabrede** gemäß Art 23 vor.[35] Der Sekundärrechtsgeber normiert in S 2 abschließend die Schranken einer stillschweigenden Prorogation. Während er Art 22 ausdrücklich benennt, fehlt ein Hinweis auf Art 23. Die Möglichkeit, eine im Vorfeld getroffene Prorogation mit Hilfe des Art 24 zu überwinden, verletzt ebenso wenig die Interessen desjenigen Staates, in dem das vereinbarte Gericht liegt. Es ist schließlich kein Grund ersichtlich, weshalb man den Parteien einerseits eine Prorogationsfreiheit einräumen, ihnen andererseits aber die Befugnis absprechen sollte, eine einmal getroffene Entscheidung zu revidieren. Die Parteien können mithin eine vereinbarte (ausschließliche) Zuständigkeit eines Mitgliedstaates wieder dadurch aufheben, dass die eine Seite nicht am forum prorogatum klagt und die andere sich (ausdrücklich oder konkludent) der internationalen Zuständigkeit des Gerichtsstaates unterwirft. Sofern Art 24 eine Zuständigkeitsvereinbarung überspielt, entfällt auch das möglicherweise[36] in dieser Abrede liegende Aufrechnungsverbot.[37]

### 4. Bedeutung der §§ 39 S 2, 504 ZPO im Rahmen des Art 24

13 Art 24 knüpft die zuständigkeitsbegründende Wirkung nicht daran, dass das Gericht den Beklagten zuvor auf die Möglichkeit hingewiesen hat, die internationale Unzuständigkeit zu rügen. Die Rechtsfolge tritt vielmehr **unabhängig von einer solchen Belehrung** ein. Dies gilt selbst für den Fall, dass ein Verbraucher nicht anwaltlich vertreten wird. Die Literatur sieht hierin keinen Verstoß gegen die Zuständigkeitsinteressen der beklagten Verfahrensseite.[38] Dies vermag aber gerade im Falle einer unzulässigen Gerichtsstandsvereinbarung zwischen Unternehmer und Verbraucher nicht zu überzeugen.

14 Art 24 genießt nach Art 249 Abs 2 S 2 EGV **Anwendungsvorrang vor den nationalen Vorschriften** über die stillschweigende Prorogation.[39] Die Reichweite dieses Vorrangs ist umstritten. Einige Stimmen in der Literatur sehen in Art 24 eine lediglich bruchstückhafte Regelung, die einer Anwendung nationaler Vorschriften nur insoweit entgegensteht, als dies den Zielen der Harmonisierungsmaßnahme widerspricht.[40] Vor diesem Hintergrund sei die Anwendbarkeit des § 504 ZPO auch im Rahmen des Art 24 zulässig und begründe eine Belehrungspflicht.[41] Sehe der Richter von einer Belehrung

---

[34] EuGH Rs 150/80 *Elefanten Schuh/Pierre Jacqmain* EuGHE 1981 1671 ff; EuGH Rs 48/84 *Spitzley/Sommer* EuGHE 1985, 787 ff; *Kropholler* Rn 17.

[35] Vgl statt aller: *Kropholler* Rn 17; *Thomas/Putzo/Hüßtege* Rn 1.

[36] Siehe hierzu *Rauscher/Mankowski* Art 23 Rn 68 f.

[37] OLG Koblenz EWiR 2000, 235 m Anm *Theis; Kropholler* Rn 18; unklar *Schulte-Beckhausen* 179 f.

[38] *Geimer/Schütze* Art 18 EuGVÜ Rn 20.

[39] Art 18 EuGVÜ genießt ebenfalls Vorrang vor den nationalen Bestimmungen.

[40] So zu Art 18 EuGVÜ: *Leipold* IPRax 1982, 224.

[41] *Linke* Rn 193, 209.

des Beklagten ab, so schließe dies sogar die zuständigkeitsbegründende Wirkung des Art 24 aus.[42]

Der **Rückgriff auf § 504 ZPO** vermag methodisch nicht zu überzeugen. Zum einen muss bezweifelt werden, ob Art 24 insofern tatsächlich einen lediglich bruchstückhaften Charakter hat. Indem S 2 abschließend zwei Fälle normiert, die einer Zuständigkeitsbegründung kraft rügeloser Einlassung entgegenstehen, folgt hieraus im Umkehrschluss, dass ein Verstoß gegen eine Hinweis- oder Belehrungspflicht, zumal einer nationalrechtlich begründeten,[43] keine vergleichbare Folge auslöst. Sonst würde der mit der Verordnung angestrebte Zweck verfehlt, innerhalb des Binnenmarkts eine übereinstimmende Zuständigkeitsordnung zu schaffen. Diese Zielsetzung wird aber gerade durch den Vorrang des Sekundärrechtsakts vor dem nationalen Recht abgesichert, der zugunsten der §§ 39 S 2, 504 ZPO nicht durchbrochen werden darf. 15

Die herrschende Ansicht[44] geht somit zutreffend davon aus, Art 24 versperre den Rückgriff auf die §§ 39, 40 ZPO, so dass insbesondere die in §§ 39 S 2, 504 ZPO verankerte Hinweispflicht keine Anwendung findet. Hieraus darf allerdings nicht gefolgert werden, die Brüssel I-VO untersage dem Richter jeglichen Hinweis im (amtsgerichtlichen) Verfahren. Er kann vielmehr den Beklagten „freiwillig" belehren.[45] Unterlässt der Richter einen solchen Hinweis, verbleibt es gleichwohl bei der von S 1 angeordneten zuständigkeitsbegründenden Wirkung. 16

Von dieser rein im nationalen Recht wurzelnden Belehrung zu trennen ist eine mögliche **Hinweispflicht aus der Richtlinie über missbräuchliche Klauseln**, die neben der Brüssel I-VO zur Anwendung gelangt.[46] Verstößt eine vorformulierte Gerichtsstandsklausel gegen Art 23 Abs 5 in Verbindung mit Art 17 Nr 1 Brüssel I-VO, ist sie als missbräuchlich im Sinne des Art 3 Abs 1 der Klauselrichtlinie im Zusammenspiel mit Nr 1 lit q des Anhangs zu behandeln. Wird der Verbraucher – entgegen Art 16 Abs 2 Brüssel I-VO – nicht an seinem Wohnsitz verklagt und die abweichende Gerichtszuständigkeit auf diese Prorogationsabrede gestützt, ist der Richter gezwungen, den Verbraucher über die Tatsache der fehlenden internationalen Zuständigkeit im Vorfeld einer stillschweigenden Prorogation zu belehren. Dies gilt unabhängig davon, ob der Verbraucher anwaltlich vertreten ist oder nicht. Allein diese Hinweis- als verlängerte Amtsprüfungspflicht vermag die Effektivität der Klauselrichtlinie zu sichern.[47] Einfallstor für die sekundärrechtlich abgeleitete 17

---

[42] So zum EuGVÜ: *MünchKommZPO/Patzina* § 39 ZPO Rn 15; abweichend *Linke* Rn 193.

[43] Zu bedenken ist zudem, dass es sich bei dem § 504 ZPO um ein Spezifikum des deutschen Rechts handelt, das in den übrigen mitgliedstaatlichen Rechtsordnungen fehlt: so *Schulte-Beckhausen* 229.

[44] *Kropholler* Rn 5; *Schack* Rn 487; *Thomas/Putzo/Hüßtege* Rn 1; zum EuGVÜ: *Geimer* Rn 1417; *Schulte-Beckhausen* 228 f.

[45] So auch *Schulte-Beckhausen* 229.

[46] *Rauscher/Staudinger* Art 17 Rn 6; eingehend hierzu *Staudinger*, Der Prozessvergleich und andere Formen konsensualer Streitbeilegung (im Druck).

[47] Siehe in diesem Zusammenhang EuGH Rs C-473/00 *Cofides SA/Jean-Louis Fredout* EuZW 2003, 77 ff mit Anm *Rott*.

Belehrung ist im deutschen Recht § 504 bzw § 139 Abs 3 ZPO. Diese Vorschriften gelangen damit auch im Rahmen des S 1 zur Anwendung, allerdings nur als Hülle für die gemeinschaftsrechtliche Belehrungspflicht.

18 De lege ferenda empfiehlt es sich, bei einer Revision der Brüssel I-VO ausdrücklich eine **Belehrungspflicht** zugunsten schutzbedürftiger Gruppen wie vor allem der Verbraucher zu verankern und die stillschweigende Prorogation bei unterbliebener Belehrung auszuschließen.[48]

## IV. Ausschluss der stillschweigenden Prorogation (S 2)

### 1. Zuständigkeitsrüge

19 Eine stillschweigende Prorogation kommt nicht in Betracht, wenn der Beklagte ausdrücklich oder konkludent die **internationale Zuständigkeit bestreitet**. In der Rüge der örtlichen kann eine solche der internationalen Zuständigkeit mitenthalten sein.[49] Dies ist allerdings anhand der Einzelfallumstände zu prüfen. Allein die Tatsache, dass die Brüssel I-VO – in weit größerem Maße[50] als das EuGVÜ – auch die örtliche Zuständigkeit festlegt, vermag ebenso wenig einen Automatismus zu begründen wie der Gedanke der Praktikabilität.[51]

20 Einer konkludenten Rüge gleichzustellen ist der Verweis auf eine **Schiedsgerichtsvereinbarung** (Art 1 Abs 4)[52] sowie der mangelnden inländischen Gerichtsbarkeit. Denn damit bringt der Beklagte zum Ausdruck, dass es dem staatlichen Spruchkörper auch an der Zuständigkeit für das betreffende Verfahren fehlt. Die Rüge der sachlichen Zuständigkeit genügt hingegen nicht.[53]

### 2. Hilfsweise Einlassung

21 Eine lediglich hilfsweise Einlassung begründet **keine Zuständigkeit** kraft stillschweigender Prorogation.[54] Dies folgt nun zweifelsfrei aus der neuen Textfassung des S 2. Ebenso wenig schadet es dem Beklagten, wenn er rechtzeitig die mangelnde Zuständig-

---

[48] Für die Aufnahme einer dem § 504 ZPO entsprechenden Vorschrift in der Vergangenheit bereits *Schulte-Beckhausen* 229.

[49] LG Frankfurt EWS 1994, 403, 404; *Schütze* ZZP 90 (1977) 67, 73f.

[50] Siehe Art 16 Abs 1, 2. Fall.

[51] So aber *Schlosser* Rn 3.

[52] *Kropholler* Rn 8; *Schlosser* Rn 3.

[53] Abweichend wohl *Schlosser* Rn 3.

[54] Vgl zum EuGVÜ: EuGH Rs 150/80 *Elefanten Schuh/Pierre Jacqmain* EuGHE 1981, 1671, 1685 Rn 14; EuGH Rs 27/81 *Rohr/Ossberger* EuGHE 1981, 2431, 2439, Rn 7; EuGH Rs 25/81 *C. H. W./G. J. H.* EuGHE 1982, 1189, 1204 Rn 13; EuGH Rs 201/82 *Gerling Konzern/Amministrazione del tesoro* EuGHE 2503, 2517 Rn 21; BGH IPRax 2001, 331, 331 m Anm *Pulkowski*, 306; *Kropholler* Rn 11; *Thomas/Putzo/Hüßtege* Rn 4.

keit geltend macht und hilfsweise die Widerklage für den Fall erhebt, dass der Spruchkörper sich entgegen der Rüge für zuständig hält.[55]

### 3. Präklusion der Rüge

Umstritten ist, bis zu welchem **Zeitpunkt** der Beklagte die Einrede der Unzuständigkeit erheben muss. Innerhalb der sekundärrechtlichen Schranken ist dabei auf das innerstaatliche Verfahrensrecht abzustellen.[56] Dieses bestimmt, in welchem Verhalten des Beklagten sein erstes maßgebliches Verteidigungsvorbringen liegt. Eine Rüge der internationalen Zuständigkeit nach dieser Zäsur genügt nicht.[57] 22

Nach Auffassung des BGH[58] kann der Beklagte die fehlende internationale Zuständigkeit noch bis zum **Beginn der mündlichen Verhandlung** geltend machen, sofern sie aus den Regeln des nationalen Rechts abgeleitet wird.[59] Dies gelte selbst dann, wenn eine Klageerwiderungsfrist nach §§ 275 Abs 1 S 1, 276 Abs 1 S 2 ZPO (aF) gesetzt wurde und mittlerweile verstrichen ist, da § 39 ZPO – zumindest im Hinblick auf die internationale Zuständigkeit[60] – Vorrang vor den Präklusionsvorschriften der §§ 282 Abs 3 S 2, 296 Abs 3 ZPO (aF) genieße. Im Einklang mit dem Wortlaut des § 39 S 1 ZPO (analog) solle damit vermieden werden, dass eine bloße Untätigkeit des Beklagten die Zuständigkeit des Gerichts begründet. Der verklagte Ausländer – so der BGH[61] – braucht sich vor einem international unzuständigen Gericht nicht zur Sache einzulassen. Im Falle fehlender Belehrung nach §§ 39 S 2, 504 ZPO (analog) könne der Beklagte demzufolge die mangelnde internationale Zuständigkeit bis zum Schluss der mündlichen Verhandlung vor dem Amtsgericht rügen. 23

Abweichend von der zu § 39 ZPO vertretenen Linie des BGH soll es nach Ansicht des OLG Frankfurt[62] demgegenüber nicht genügen, wenn der Beklagte den Zuständigkeitsmangel zu Beginn der ersten mündlichen Verhandlung[63] rügt. Vielmehr lasse sich der Beklagte bereits dann rügelos auf das Verfahren ein, wenn er in einer schriftlichen 24

---

[55] *Kropholler* Rn 12; *Schlosser* Rn 2; zum EuGVÜ siehe die Darstellung des Streitstandes bei *Geimer/Schütze* Art 18 EuGVÜ Rn 51.

[56] *Kropholler* Rn 15; *Schack* Rn 488 a; siehe auch OGH JBl 1998, 518 m abl Anm *König*.

[57] EuGH Rs 150/80 *Elefanten Schuh/Pierre Jacqmain* EuGHE 1981, 1671, 1686 Rn 16; siehe die Angaben bei *Kropholler* Rn 15 Fn 31.

[58] BGHZ 134, 127 ff = LM § 38 ZPO Nr 32 m Anm *Geimer* = EWiR 1997, 95 f m Anm *Grunsky* = ZZP 1997, 353 ff m Anm *Pfeiffer* = JR 1997, 371 ff m Anm *Probst* = WiB 1997, 494 ff m Anm *Ralle*.

[59] Ablehnend *Geimer* Rn 1417.

[60] Diese Privilegierung der internationalen Zuständigkeit ist nicht recht nachvollziehbar: siehe die Kritik von *Dörner/Staudinger* IPRax 1999, 338, 340; *Grunsky* EWiR 1997, 95, 96; die Entscheidung kritisiert jüngst etwa auch *Linke* Rn 184; zu diesem Urteil auch *Ralle* WiB 1997, 494 ff.

[61] BGHZ 134, 127, 136.

[62] OLG Frankfurt IPRax 2000, 525 m krit Anm *Kulms*, 488, 493; siehe bereits OLG Hamm RIW 1999, 540; zustimmend *Kropholler* Rn 15; *Schack* Rn 488 a.

[63] So aber wohl *Thomas/Putzo/Hüßtege* Rn 6.

Klageerwiderung nach §§ 275, 277 ZPO zu einem anderen Aspekt als der internationalen Zuständigkeit Stellung beziehe.

25 Aus Art 26 Abs 1 folgt, dass der Beklagte nicht gezwungen ist, vor einem international unzuständigen Gericht zu erscheinen, um dort die mangelnde Zuständigkeit geltend zu machen. Erst recht kann ihm nach der lex fori nicht auferlegt werden, bereits vor Beginn der mündlichen Verhandlung schriftsätzlich die Unzuständigkeit zu rügen, wenn ihm eine Frist zur Klageerwiderung gesetzt worden ist. Es trifft ihn insoweit keine Prozessförderungspflicht. Beruft sich somit der Beklagte zu Beginn der mündlichen Verhandlung[64] erstmalig auf das Fehlen der internationalen Zuständigkeit, so kann sein Vorbringen nicht als verspätet zurückgewiesen werden. Die Präklusionsvorschriften in §§ 282 Abs 3 S 2, 296 Abs 3 ZPO werden durch die Art 24 und Art 26 Abs 1 verdrängt.[65]

26 Bejaht der erstinstanzliche Spruchkörper – entgegen der rechtzeitig vorgebrachten Rüge – seine Zuständigkeit und erlässt eine Entscheidung zu Lasten des Beklagten, ist es ihm anheim gestellt, Rechtsmittel bzw Rechtsbehelfe nach Maßgabe der jeweiligen lex fori einzulegen. In diesem Fall muss der Beklage auch in der **zweiten Instanz** den Zuständigkeitsmangel geltend machen, da andernfalls im Verzicht auf die Widerholung der Rüge eine stillschweigende Prorogation liegt. Voraussetzung ist allerdings, dass die internationale Zuständigkeit in der Rechtsmittelinstanz überhaupt kontrollfähig ist.[66]

### 4. Ausschließliche Zuständigkeit

27 Nach Maßgabe des Art 24 S 2 unterliegt die stillschweigende Prorogation der gemäß Art 25 von Amts wegen zu prüfenden Schranke des Art 22. So wie Zuständigkeitsvereinbarungen nach Art 23 Abs 5 keine rechtliche Wirkung entfalten, scheidet damit eine stillschweigende Prorogation aus, wenn Gerichte[67] eines anderen Mitgliedstaates ausschließlich zuständig sind.

---

[64] Zum der eigentlichen streitigen mündlichen Verhandlung vorgelagerten Gütetermin siehe Rn 6f.

[65] *Kropholler* Rn 15; *Schlosser* Rn 1; *Thomas/Putzo/Hüßtege* Rn 6; zum EuGVÜ: OLG Köln NJW 1988, 218; LG Frankfurt RIW 1993, 933f; *MünchKommZPO/Gottwald* Art 18 EuGVÜ Rn 5; *MünchKomm-ZPO/Prütting* § 296 ZPO Rn 153; *Heß* JZ 1998, 1021, 1023 Fn 41; *Pfeiffer* ZZP 1997, 370f; *Schulte-Beckhausen* 191ff; abweichend *Schack* Rn 488a.

[66] So nun auch *Kropholler* Rn 13; zum EuGVÜ: *Bülow/Böckstiegel/Geimer/Schütze/Auer* Art 18 Rn 48; *Geimer/Schütze* Art 18 Rn 53; zur Kontrolle der internationalen Zuständigkeit siehe *Rauscher/Staudinger* Einl Rn 52ff.

[67] Da Art 22 allein die internationale Zuständigkeit bestimmt, ist die Formulierung „Gericht" irreführend, da sie zugleich auf die örtliche Zuständigkeit hindeutet.

# Abschnitt 8
# Prüfung der Zuständigkeit und der Zulässigkeit des Verfahrens

## Artikel 25

**Das Gericht eines Mitgliedstaats hat sich von Amts wegen für unzuständig zu erklären, wenn es wegen einer Streitigkeit angerufen wird, für die das Gericht eines anderen Mitgliedstaats auf Grund des Artikels 22 ausschließlich zuständig ist.**

**Schrifttum**

*Geimer*, Die Prüfung der internationalen Zuständigkeit, WM 1986, 117

*Grunsky*, Rechtsfolgen des Fehlens der internationalen Zuständigkeit nach dem EuGVÜ, in: FS Hilmar Fenge (1996) 63

*Schoibl*, Die Prüfung der internationalen Zuständigkeit und der Zulässigkeit des Verfahrens nach dem Brüsseler und dem Luganer Übereinkommen, in: FS Rolf A Schütze (1999) 777.

## I. Allgemeines

Art 25 schreibt Art 19 EuGVÜ ohne sachliche Veränderung fort. Wenn Anhaltspunkte für eine **ausschließliche Zuständigkeit** eines Gerichts **in einem anderen Vertragsstaat** nach Art 22 bestehen, hat das angerufene Gericht zunächst sowohl seine eigene internationale Zuständigkeit als auch die mögliche Zuständigkeit jenes anderen Gerichts nach Art 22 von Amts wegen zu prüfen.[1] Stellt es positiv fest, dass ein anderes Gericht nach Art 22 zuständig ist, so hat es sich selbst von Amts wegen für unzuständig zu erklären.[2] Dies gilt nicht, wenn es selbst ebenfalls nach Art 22 zuständig ist. Es gilt auch nicht, wenn der Streitpunkt, hinsichtlich dessen das andere Gericht nach Art 22 zuständig ist, im konkreten Verfahren nur eine Vorfrage darstellt.[3] 1

Art 25 ist in **allen Instanzen** und in jeder Verfahrensphase[4] zu beachten. Er verdrängt wegen des Anwendungsvorrangs der Brüssel I-VO nationale Vorschriften, die eine Prüfung der internationalen Zuständigkeit in der Revisions- oder Kassationsinstanz ausschließen oder von einer Rüge der Parteien abhängig machen.[5] Die Verletzung des Art 25 gibt einen Berufungs-, Beschwerde-, Revisions- oder Kassationsgrund nach na- 2

---

1 BGH NJW 1990, 318.

2 *Grunsky*, in: FS Hilmar Fenge (1996) 63, 64.

3 *Kropholler* Rn 1.

4 *Czernich/Tiefenthaler/Kodek/Czernich* Rn 2.

5 EuGH Rs 288/82 *Ferdinand Duijnstee/Lodewijk Goderbauer* EuGHE 1983, 3663, 3674f Rn 13-15; BGHZ 109, 27, 31.

tionalem Recht ab und ist den dort ausdrücklich normierten Aufhebungsgründen gleichgestellt.[6] Weitere Sanktion ist die Nichtanerkennung einer unter Verletzung des Art 25 und damit des Art 22 ergangenen Entscheidung in den anderen Mitgliedstaaten nach Art 35 Abs 1.

## II. Anwendungsbereich

3 Im räumlich-persönlichen Anwendungsbereich folgt Art 25 dem Art 22, ist also immer dann anwendbar, wenn ein in Art 22 genanntes **Zuständigkeitsmoment im EU-Gebiet** liegt.[7] Vorausgesetzt ist allerdings, dass eine Zuständigkeit nach Art 22 für den Klaganspruch, nicht nur für eine Vorfrage besteht.[8] Art 28 erlaubt hier direkt keine Aussetzung,[9] wenn und soweit es an einem Verfahren im Gerichtsstand des Art 22 (noch) fehlt. Auch eine analoge Anwendung versuchte nur zu kaschieren, dass man eine eigentlich nicht passende Vorschrift anwenden wollte und im Kern nur eine gesetzestechnische Einkleidung für ein sinnvolles Ergebnis sucht.

## III. Entscheidung von Amts wegen

4 Im Gegensatz zu Art 26 setzt Art 25 **keinerlei Einlassung oder Einlassungsmöglichkeit** für den Beklagten voraus.[10] Nach Art 25 kann das Gericht bereits nach Eingang der Klage entscheiden, ohne dass weitere Verfahrensschritte erfolgt sind.[11] Dies hängt damit zusammen, dass im Bereich des Art 22 ausweislich Art 24 S 2 Var 2 kein Gerichtsstand der rügelosen Einlassung möglich ist.[12] Sofern eine ausschließliche Zuständigkeit nach Art 23 vereinbart ist, ist Art 26 Abs 1, nicht Art 25 anwendbar, denn eine Derogation kann durch rügelose Einlassung des Beklagten überholt werden.[13] Auf der anderen Seite verlängert Art 25 für den kontradiktorischen Prozess unter beiderseitiger Beteiligung den Art 24[14] und hält mittelbar den Beklagten zur wachsamen Wahrung seiner eigenen Zuständigkeitsinteressen an: Lässt er sich ein, hilft das Gericht ihm jenseits des Art 22 nicht.

5 Die **Prüfung von Amts** wegen erstreckt sich nur auf die Rechtsfrage. Art 25 verpflichtet das Gericht nicht, von Amts wegen zu ermitteln, ob Tatsachen bestehen, welche für eine ausländische Zuständigkeit nach Art 22 sprechen. Ob das Gericht die zustän-

---

6 *Czernich/Tiefenthaler/Kodek/Czernich* Rn 3.

7 *Kropholler* Rn 1; *Czernich/Tiefenthaler/Kodek/Czernich* Rn 5.

8 *Jenard*-Bericht Zu Art 25 EuGVÜ; *Schoibl*, in: FS Rolf A Schütze (1999) 777, 784.

9 Tendenziell anders *Wieczorek/Schütze/Hausmann* Art 19 EuGVÜ Rn 3; *Thomas/Putzo/Hüßtege* Rn 1.

10 *Schlosser* Rn 2.

11 *Czernich/Tiefenthaler/Kodek/Czernich* Rn 2.

12 *Schlosser* Rn 2.

13 *Kropholler* Art 26 Rn 1.

14 *Beraudo* Clunet 128 (2001) 1033, 1065.

digkeitsbegründenden Tatsachen selber ermitteln muss oder darf, bestimmt sich vielmehr nach dem nationalen Verfahrensrecht des Gerichts.[15]

## IV. Unzuständigerklärung

Das entgegen Art 22 angerufene Gericht kann nur **sich selber für unzuständig erklären**. Das Instrument dafür stellt das nationale Prozessrecht,[16] in Deutschland die Klagabweisung wegen Unzulässigkeit durch Prozessurteil.[17] Es kann dagegen den Rechtsstreit nicht an das nach Art 22 zuständige Gericht eines anderen Vertragsstaates verweisen.[18] Eine **grenzüberschreitende Verweisung** ist auch unter der Brüssel I-VO nicht möglich.[19] Dies beruht auf Souveränitätserwägungen: Kein Staat gesteht einem anderen Staat zu, dass die eigenen Gerichte von dessen Gerichten gebunden werden könnten.[20] Art 25 durchbricht diese Regel nicht. § 281 ZPO findet auch im Fall des Art 25 weder direkte noch analoge Anwendung. Für den Kläger kann dies unschöne Konsequenzen bei den Kosten, bei der Verjährung und hinsichtlich eines möglichen negativen Kompetenzkonflikts haben.[21] 6

Im Umkehrschluss ergibt sich aus Art 25 wie aus Art 26, dass das Gericht sich nur dann sofort von Amts wegen für unzuständig zu erklären hat, wenn Art 22 verletzt würde, und **nicht in anderen Fällen.**[22] Dies gilt insbesondere für eine Unzuständigerklärung *a limine*, dh vor Zustellung oder Zustellungsversuch an den Beklagten.[23] 7

## Artikel 26

**(1) Lässt sich der Beklagte, der seinen Wohnsitz im Hoheitsgebiet eines Mitgliedstaats hat und der vor den Gerichten eines anderen Mitgliedstaats verklagt wird, auf das Verfahren nicht ein, so hat sich das Gericht von Amts wegen für unzuständig zu erklären, wenn seine Zuständigkeit nicht nach dieser Verordnung begründet ist.**
**(2) Das Gericht hat das Verfahren so lange auszusetzen, bis festgestellt ist, dass es dem Beklagten möglich war, das verfahrenseinleitende Schriftstück oder ein gleichwertiges Schriftstück so rechtzeitig zu empfangen, dass er sich verteidigen konnte oder dass alle hierzu erforderlichen Maßnahmen getroffen worden sind.**

---

15 *Schlosser*-Bericht Nr 22; *Thomas/Putzo/Hüßtege* Rn 2.

16 *Schoibl*, in: FS Rolf A Schütze (1999) 777, 787.

17 *Grunsky*, in: FS Hilmar Fenge (1996) 63, 64.

18 OLG Düsseldorf WM 2000, 2192; *Geimer/Schütze*, EuZVR Art 19 EuGVÜ Rn 11; *Czernich/Tiefenthaler/Kodek/Czernich* Rn 4.

19 Siehe nur OLG Köln NJW 1988, 2182, 2183; OLG Düsseldorf WM 2000, 2192; OLG Koblenz VuR 2001, 257, 258 m Anm *Mankowski; Rüßmann* IPRax 1996, 402; *Kindler/Haneke* IPRax 1999, 435, 437.

20 Siehe nur *Grunsky*, in: FS Hilmar Fenge (1996) 63, 65.

21 *Grunsky*, in: FS Hilmar Fenge (1996) 63, 66-68.

22 *Fucik* ÖRZ 1996, 241, 242; *Kodek* ZZP Int 4 (1999) 125, 143.

23 *Kodek* ZZP Int 4 (1999) 125, 143.

(3) An die Stelle von Absatz 2 tritt Artikel 19 der Verordnung (EG) Nr 1348/2000 des Rates vom 29. Mai 2000 über die Zustellung gerichtlicher und außergerichtlicher Schriftstücke in Zivil- oder Handelssachen in den Mitgliedstaaten, wenn das verfahrenseinleitende Schriftstück oder ein gleichwertiges Schriftstück nach der genannten Verordnung von einem Mitgliedstaat in einen anderen zu übermitteln war.

(4) Sind die Bestimmungen der Verordnung (EG) Nr 1348/2000 nicht anwendbar, so gilt Artikel 15 des Haager Übereinkommens vom 15. November 1965 über die Zustellung gerichtlicher und außergerichtlicher Schriftstücke im Ausland in Zivil- und Handelssachen, wenn das verfahrenseinleitende Schriftstück oder ein gleichwertiges Schriftstück nach dem genannten Übereinkommen zu übermitteln war.

**Schrifttum**

*Haubold*, Internationale Zuständigkeit nach CMR und EuGVÜ/LugÜ, IPRax 2000, 91

*Kodek*, Österreichisches Mahnverfahren, ausländische Beklagte und das EuGVÜ, ZZP Int 4 (1999) 125.

## I. Schutz des Beklagten nach Abs 1

### 1. Grundsätzliches

1 Art 26 soll den Beklagten vor übermäßigem Aufwand bei der Verteidigung gegen Klagen vor (unzuständigen) ausländischen Gerichten schützen. Der Beklagte soll nicht gezwungen sein, im Ausland aktiv werden zu müssen, nur um die Zuständigkeit zu rügen.[1] Art 26 bildet im Zusammenspiel mit Art 25 einen einheitlichen europäischen Mindeststandard an **Beklagtenschutz** zur Gewährleistung eines fairen Verfahrens.[2] Nichteinlassung verhindert in jedem Fall eine Anwendung des Art 24.[3] Art 26 setzt zwingend Beziehungen zu mehreren Vertragsstaaten voraus;[4] innerstaatlichen Schutz in dessen Wohnsitzstaat gewährt er dem Beklagten nicht. Außerdem greift der Schutz des Art 26 nur, wenn der Beklagte seinen Wohnsitz in einem Mitgliedstaat hat; Beklagte mit Wohnsitz außerhalb des EU-Gebiets schützt er nicht,[5] insoweit abgestimmt auf Art 2.

2 Eine auf Abs 1 gestützte **Entscheidung** ergeht durch Endurteil, allerdings erscheint auch ein Zwischenurteil denkbar.[6] Auszusprechende Rechtsfolge ist in Deutschland in jedem Fall die Klageabweisung als unzulässig durch Prozessurteil.[7] Allerdings ist mit

---

[1] *Wieczorek/Schütze/Hausmann* Art 20 EuGVÜ Rn 1; *BBGS/Safferling* Art 20 EuGVÜ Rn 1 (1997); *Haubold* IPRax 2000, 91, 94f mwN; *Dißars* TranspR 2001, 387, 389.

[2] *Schoibl*, in: FS Rolf A Schütze (1999) 777, 780.

[3] OLG Dresden IPRax 2000, 121, 124.

[4] *Coester-Waltjen*, in: FS Hideo Nakamura (Tokyo 1996) 89, 108.

[5] Siehe nur *Gothot/Holleaux* 98 (1971) 747, 769; *Droz* Nr 285; *Geimer/Schütze*, EuZVR Art 20 EuGVÜ Rn 17; *Kodek* ZZP Int 4 (1999) 125, 149; *Kropholler* Rn 6.

[6] *Geimer* WM 1986, 117, 120.

[7] *Geimer/Schütze*, EuZVR Art 20 EuGVÜ Rn 2; *Thomas/Putzo/Hüßtege* Rn 3.

Blick auf die Möglichkeit einer Gerichtsstandsbegründung durch rügelose Einlassung nach Art 24 zuvor grundsätzlich die Klage zuzustellen; dem Beklagten ist eine Chance zur Einlassung zu geben, wie sich aus Abs 2-4 ableiten lässt.[8] Eine Klagabweisung a limine, weil das Gericht von Anfang an meint, nicht zuständig zu sein, stünde damit in Widerspruch.[9]

Eine **Verletzung von Abs 1** macht das ergehende Urteil nicht ipso iure unwirksam. 3
Eine Verletzung von Abs 1 muss der Beklagte vielmehr mit den Rechtsbehelfen des nationalen Prozessrechts im Erststaat angreifen.[10] Eingetretene Rechtskraft heilt den Verstoß aus der Sicht des Erststaates.[11] Art 26 durchbricht die Rechtskraft grundsätzlich nicht.[12] Er gebietet keine institutionalisierte Nachprüfungsmöglichkeit unter Eingriff in das nationale Rechtsbehelfssystem.[13] Eine unter Verstoß gegen Abs 1 ergehende Entscheidung ist im Prinzip in den anderen Mitgliedstaaten anerkennungsfähig.[14] Art 35 Abs 1 steht ihrer Anerkennung jedenfalls nicht entgegen. Es bleibt allerdings – wie bei einer Verletzung von Abs 2-4 – im Zweitstaat zu prüfen, ob eine relevante **Verletzung des rechtlichen Gehörs** den Anerkennungsversagungsgrund des Art 34 Nr 2 begründet. Für den Beklagten wäre es jedenfalls eine riskante Strategie, auf eine zuverlässige Klärung der Zuständigkeitsfrage im Erststaat zu setzen und sich nicht einzulassen.[15]

Hinsichtlich des **internationalen Anwendungsbereichs** setzt Art 26 den Wohnsitz des 4
Beklagten in einem EU-Staat und Klage vor einem Forum in einem anderen EU-Staat voraus. Richtigerweise ist Art 26 immer anzuwenden, wenn ein Beklagter mit Sitz im Ausland verklagt wird und Zuständigkeitsvorschriften der Brüssel I-VO berufen werden.[16] Art 26 schützt den Beklagten nicht vor seiner eigenen Untätigkeit vor den Gerichten seines Wohnsitzstaates.

## 2. Zuständigkeitsbegründende Tatsachen

Für die zuständigkeitsbegründenden Tatsachen gilt **kein Amtsermittlungsgrundsatz.**[17] 5
Vielmehr muss der Kläger sie schlüssig darlegen und beibringen.[18] Art 26 zieht der Leh-

---

[8] Vgl *Schoibl*, in: FS Rolf A Schütze (1999) 777, 796

[9] ÖstOGH SZ 71/206; *Czernich/Tiefenthaler/Kodek/Czernich* Rn 1.

[10] *Geimer* WM 1976, 835, 837; *Geimer/Schütze*, EuZVR Art 20 EuGVÜ Rn 13.

[11] *Czernich* ÖRZ 1997, 189, 190; *Kodek* ZZP Int 4 (1999) 125, 156f. **AA** *Metzler* ÖRZ 1997, 265, 267.

[12] *Kodek* ZZP Int 4 (1999) 125, 157f.

[13] Siehe *Kodek* ZZP Int 4 (1999) 125, 160 (vgl aber 165-168).

[14] OLG Hamburg IPRspr 1992 Nr 230b; *Schlosser* Rn 3 (unter Hinweis auf eine Entscheidung der Cass civ vom 11. 4. 1995); *Thomas/Putzo/Hüßtege* Rn 7.

[15] *Schlosser* Rn 3; *Czernich/Tiefenthaler/Kodek/Czernich* Rn 3.

[16] *Geimer/Schütze*, EuZVR Art 20 EuGVÜ 4.

[17] *Schlosser* Rn 1 unter Hinweis auf die wohl entgegenstehende Entscheidung östOGH 15. 1. 2002 – 5 Ob 312/01w.

[18] *Wieczorek/Schütze/Hausmann* Art 20 EuGVÜ Rn 5; *Czernich/Tiefenthaler/Kodek/Czernich* Rn 5; *Thomas/Putzo/Hüßtege* Rn 5.

re von den doppelrelevanten Tatsachen, wenn man sie überhaupt anerkennen will,[19] für den Fall der Beklagtensäumnis eine klare Grenze.[20] Sie würde auch anderenfalls entgegen ihrer eigenen beklagtenfreundlichen Prämisse den Beklagten benachteiligen.[21] Namentlich sind für Art 5 Nr 3 der Handlungs- oder Erfolgsort des Delikts und für Art 5 Nr 1 der Erfüllungsort der vertraglichen Verpflichtung festzustellen.[22]

6 Das Gericht ist an die **Angaben des Klägers** nicht gebunden.[23] Art 26 verhindert, dass im Fall der Säumnis des Beklagten die vom Kläger vorgebrachten Tatsachen, mit denen dieser die Zuständigkeit des angerufenen Gerichts begründen will, als zugestanden geltend dürften.[24] § 331 Abs 1 S 2 ZPO ist daher insoweit gemeinschaftsrechtskonform zu reduzieren.[25] Ein vorausgegangenes ausländisches Prozessurteil, das ein inländisches Gericht für zuständig hält, bindet das inländische Gericht nach Maßgabe der Anerkennungsregeln.[26]

7 Unabhängig davon, wie die möglicherweise **zuständigkeitsbegründenden Tatsachen** zur Kenntnis des Gerichts gelangt sind, muss das **Gericht von deren Vorliegen überzeugt** sein, um einen Gerichtsstand bejahen zu können.[27] Hat das Gericht solche Überzeugung (noch) nicht erlangt, so hat es nach Maßgabe seines nationalen Prozessrechts entweder einen entsprechenden Hinweis zu erteilen[28] oder Nachforschungen anzustellen. Erlässt ein deutsches Gericht ein Versäumnisurteil nach § 313b ZPO, so ist dieses gemäß § 30 AVAG zu ergänzen, wenn der Kläger einen entsprechenden Antrag stellt.[29]

### 3. Prüfungsumfang

8 Die Prüfungspflicht nach Art 26 bezieht sich auf die **gesetzlichen Zuständigkeiten** nach Art 2-22. **Gerichtsstandsvereinbarungen** und die daraus folgende Prorogation oder Derogation müssen die Parteien vorbringen. Das Gericht ist in keinem Fall gehalten, von sich aus nachzuforschen, ob denn eine Gerichtsstandsvereinbarung vorliegen könnte.[30] Ob die Klage eine Schiedsvereinbarung zwischen Kläger und Be-

---

19 Näher *Rauscher/Mankowski* Vor Art 2 Rn 8 f.

20 *K Ost*, Doppelrelevante Tatsachen im Internationalen Zivilverfahrensrecht (2002) 215.

21 *K Ost* (Fn 20) 214.

22 *Schlosser* Rn 1 sowie *Geimer/Schütze* Art 5 EuGVÜ Rn 198.

23 ÖstOGH 15. 1. 2002 – 5 Ob 312/01 w; *MünchKommZPO/Gottwald* Art 20 EuGVÜ Rn 1; *Czernich/Tiefenthaler/Kodek/Czernich* Rn 2.

24 *Grunsky* JZ 1973, 641, 645; *v Hoffmann* AWD 1973, 57, 63; *Kropholler* Art 25 Rn 5; *Schack* Rn 386; *Czernich/Tiefenthaler/Kodek/Czernich* Rn 3.

25 *Geimer/Schütze*, EuZVR Art 20 EuGVÜ Rn 9.

26 *MünchKommZPO/Gottwald* Art 20 EuGVÜ Rn 5; *Thomas/Putzo/Hüßtege* Rn 7.

27 *Schlosser*-Bericht Nr 22; *BBGS/Safferling* Art 20 EuGVÜ Rn 4 (1997).

28 *Thomas/Putzo/Hüßtege* Rn 5.

29 *Thomas/Putzo/Hüßtege* Rn 6.

30 *Schlosser*-Bericht Nr 191; *BBGS/Safferling* Art 20 EuGVÜ Rn 5 (1997).

klagtem verletzt, hat das Gericht nicht nach Art 26 zu prüfen;[31] vielmehr ergibt sich seine diesbezügliche Prüfungspflicht in Vertragsstaaten des UNÜ aus Art II (3) UNÜ.[32]

## II. Aussetzung bis zur Zustellung des verfahrenseinleitenden Schriftstücks

Die **Pflicht zur Klagabweisung** nach Abs 1 greift nur, wenn der Beklagte sich trotz ordnungsgemäßer Zustellung nicht eingelassen hat. Lässt er sich dagegen nicht ein, weil ihm das verfahrenseinleitende Schriftstück noch nicht zugestellt ist, so wäre Klagabweisung die falsche Folge. Sie wäre vorschnell und würde das Gericht bei letzter Konsequenz häufig zwingen, das Verfahren in dem frühen Stadium vor Zustellung zu beenden. Dies wäre nicht sinnvoll und vom Schutzzweck her problematisch, da das rechtliche Gehör des Beklagten ja noch gewahrt werden kann. Darauf reagieren Abs 2-4. Sie mildern die Rechtsfolge dahingehend ab, dass zunächst nur auszusetzen ist, bis feststeht, dass der Beklagte das verfahrenseinleitende oder ein gleichwertiges Schriftstück so rechtzeitig empfangen konnte, dass er sich verteidigen konnte oder dass alle hierzu erforderlichen Maßnahmen getroffen sind. 9

Hinsichtlich der **Zustellung** muss die Brüssel I-VO sich an die dafür einschlägigen Regelungen anlehnen und daher Rücksicht auf die verschiedenen Zustellungsregimes und deren Rangfolge nehmen. Die differenzierenden Abs 2-4 tragen dem Rechnung. Die praktische Prüfungsreihenfolge lautet Abs 3 vor Abs 4 vor Abs 2.[33] Die EG-ZustellVO ist moderner und etabliert ein einfacheres Verfahren als ihre Vorgänger. Nach ihrem Art 20 Abs 1 beansprucht sie expressis verbis Vorrang vor dem HZÜ. Das HZÜ wiederum ist gegenüber dem nationalen Recht vorrangig. 10

Praktisch steht **Abs 3** ganz im Vordergrund. Denn die EG-ZustellVO gilt wie die Brüssel I-VO in allen EU-Mitgliedstaaten mit Ausnahme Dänemarks. Der Wohnsitz des Beklagten in einem Mitgliedstaat führt also in aller Regel dazu, dass die Zustellungsregeln der EG-ZustellVO einschlägig sind, weil eine Zustellung in einem Mitgliedstaat der EG-ZustellVO in Rede steht. Damit wird Art 19 EG-ZustellVO[34] zur dominierenden Zustellungsregel unter Abs 2-4. In Deutschland ist ergänzend das ZustDG zu beachten.[35] 11

**Abs 4** nimmt **Art 15 HZÜ**[36] in Bezug. Dieser bringt für deutsche Gerichte keine wesentliche Änderung, weil das deutsche Zustellungsrecht samt §§ 274 Abs 2, 3; 335 12

---

[31] *Thomas/Putzo/Hüßtege* Rn 4.

[32] *Béraudo* 18 (1) J Int Arb 13, 20f (2001).

[33] Ebenso *Czernich/Tiefenthaler/Kodek/Czernich* Rn 11.

[34] Dazu die Kommentierung von *Rauscher/Heiderhoff* Art 19 EG-ZustellVO.

[35] Gesetz zur Durchführung gemeinschaftsrechtlicher Vorschriften über die Zustellung gerichtlicher und außergerichtlicher Schriftstücke in Zivil- und Handelssachen in den Mitgliedstaaten (EG-Zustellungsdurchführungsgesetz – ZustDG) vom 9. 7. 2001, BGBl 2001 I 1536.

[36] Zu diesem zB *Reichart,* in: Liber amicorum Kurt Siehr (The Hague/Zürich 2000) 163.

Abs 1 Nr 2 ZPO den entsprechenden Standard bereits beinhaltet. Seine Funktion erfüllt er vielmehr mit Blick auf andere Rechtsordnungen, indem zB in Deutschland ansässige Beklagte gegen eine „Zustellung" per remise au parquet (Fiktion einer Auslands- durch Inlandszustellung) nach französischem Recht geschützt werden.[37] Art 15 Abs 1 HZÜ verlangt die richterliche Feststellung der Zustellung, idR mittels Zustellungszeugnis der ersuchten Stelle. Die nach Art 15 Abs 2 HZÜ mögliche Erklärung, um unzumutbare Verfahrensverzögerungen zu vermeiden, haben Belgien, Dänemark, Frankreich, Griechenland, Großbritannien, Luxemburg, die Niederlande, Norwegen, Portugal und Spanien abgegeben.[38] Art IV Abs 1 Prot EuGVÜ verweist für die Zustellung ebenfalls auf das HZÜ. In Art IV Abs 2 Prot EuGVÜ wird die Zustellung durch Gerichtsvollzieher als weitere Zustellungsform eröffnet. Gegen diese hat die Bundesrepublik jedoch zulässigen Widerspruch eingelegt.[39]

13 Indes ist dies alles wegen des Vorrangs der EG-ZustellVO nahezu bedeutungslos geworden. Inhaltlich allerdings schreibt Art 19 EG-ZustellVO den Art 15 HZÜ sehr weitgehend fort.[40] Abs 4 gilt der Sache nach nur im Verhältnis zu Dänemark, welches der EG-ZustellVO nicht angehört, wohl aber dem HZÜ.[41] Außerdem gilt der inhaltsgleiche Art 20 Abs 3 LugÜ im Verhältnis zu Norwegen, Polen und der Schweiz.[42] Erfolgt die Zustellung ausnahmsweise trotz Beklagtenwohnsitz in einem EU-Mitgliedstaat in einem Drittstaat, der Vertragsstaat des HZÜ ist, so gilt Abs 4 auch dann.[43]

14 In letzter Linie schützt **Abs 2** als eine Art **Übergangsvorschrift**[44] den Beklagten vor dem schnellen Erlass eines Versäumnisurteils. Er verpflichtet das Gericht im Verhältnis zu einem Staat, welcher nicht der EU angehört und dem HZÜ (noch) nicht beigetreten ist, das Verfahren auszusetzen, bis feststeht, dass der Beklagte auf Grund Zustellung eine Chance hatte, sich zu verteidigen. Für die Rechtzeitigkeit kommt es auf den Zugang, nicht auf die tatsächliche Kenntnisnahme seitens des Beklagten an.[45] Die Rechtzeitigkeit der Zustellung ist Tatfrage, welche der Richter im Rahmen eines eigenen Beurteilungsspielraums zu beantworten hat.[46] Abs 2 gilt – als Art 20 Abs 2 LugÜ – der Sache nach nur noch im Verhältnis zu Island,[47] da ja gleichzeitig Wohnsitz des Beklag-

---

37 *Kropholler* EuZPR[6] Art 20 EuGVÜ Rn 6.

38 BGBl 1980 II 907, 1987 II 613, 1990 II 1650.

39 BGBl 1972 II 773; 1995 II 221, zur Begründung dafür Denkschrift der Bundesregierung BT-Drs VI/1973, 45 f.

40 Erwägungsgrund (5) ZustellVO; Bericht zum Europäischen Zustellungsübereinkommen ABl EG 1997 C 261/36; *Kropholler* Rn 13; *Schlosser* Art 19 EG-ZustellVO Rn 1.

41 *Schlosser* Rn 5; *Czernich/Tiefenthaler/Kodek/Czernich* Rn 13.

42 *Schlosser* Rn 5.

43 *Thomas/Putzo/Hüßtege* Rn 8.

44 *Jenard*-Bericht Zu Art 20 EuGVÜ; *Kropholler* Rn 5.

45 *Jenard*-Bericht Zu Art 20 EuGVÜ.

46 *Jenard*-Bericht Zu Art 20 EuGVÜ.

47 *Kropholler* Rn 8.

ten im EU-, EuGVÜ- oder LugÜ-Gebiet Anwendungsvoraussetzung ist, und bei ausnahmsweiser Zustellung in einen Drittstaat, welcher dem HZÜ nicht angehört.

# Abschnitt 9
# Rechtshängigkeit und im Zusammenhang stehende Verfahren

## Artikel 27

**(1) Werden bei Gerichten verschiedener Mitgliedstaaten Klagen wegen desselben Anspruchs zwischen denselben Parteien anhängig gemacht, so setzt das später angerufene Gericht das Verfahren von Amts wegen aus, bis die Zuständigkeit des zuerst angerufenen Gerichts feststeht.**
**(2) Sobald die Zuständigkeit des zuerst angerufenen Gerichts feststeht, erklärt sich das später angerufene Gericht zugunsten dieses Gerichts für unzuständig.**

**Schrifttum**

*Bäumer*, Die ausländische Rechtshängigkeit und ihre Auswirkungen auf das internationale Zivilverfahrensrecht (1999)
*Bernheim*, Rechtshängigkeit und im Zusammenhang stehende Verfahren nach dem Lugano-Übereinkommen, SJZ 1994, 133
*Berti*, Gedanken zur Klageerhebung vor schweizerischen Gerichten nach Art 21-23 des Lugano-Übereinkommens, in: FS Walder (1994) 307
*Böhm*, Der Streitgegenstandsbegriff des EuGH und seine Auswirkungen auf das österreichische Recht, in: *Bajons/Mayr/Zeiler* (Hrsg), Die Übereinkommen von Brüssel und Lugano (1997) 141
*Cano Bazaga*, La litispendencia communitaria (1997)
*Di Blase*, Connessione e litispendenza nella convenzione di Bruxelles (1993)
*Gaedke*, Konkurrenz inländischer und ausländischer Verfahren – Tatbestand und Rechtsfolgen der internationalen Streitanhängigkeit nach dem LGVÜ, ÖJZ 1997, 286
*Hau*, Positive Kompetenzkonflikte im Internationalen Zivilprozessrecht (1996)
*Herzog*, Brussels and Lugano, Should You Race to the Courthouse or Race for a Judgment?, AmJCompL 1995, 379
*Isenburg-Epple*, Die Berücksichtigung ausländischer Rechtshängigkeit nach dem Europäischen Gerichtsstands- und Vollstreckungsübereinkommen vom 27. 9. 1968 (1992)
*Jegher*, Rechtshängigkeit in der Schweiz nach Art 21 Lugano-Übereinkommen, IPRax 2000, 143;
*Krusche*, Entgegenstehende ausländische Rechtshängigkeit – Prozessuale Nachteile für deutsche Kläger, MDR 2000, 677
*Leipold*, Internationale Rechtshängigkeit, Streitgegenstand und Rechtsschutzinteresse – Europäisches und Deutsches Zivilprozessrecht im Vergleich, in: GS Arens (1993) 227
*Lüke*, Die Zuständigkeitsprüfung nach dem EuGVÜ, in: GS Arens (1993) 273
*Lüpfert*, Konnexität im EuGVÜ (1997)
*Marengo*, La litispendenza internazionale (2000) 219
*Otte*, Umfassende Streitentscheidung durch Beachtung von Sachzusammenhängen (1998)

*ders*, Verfahrenskoordination im EuGVÜ: Zur angemessenen Gewichtung von Feststellungs- und Leistungsklage, in: FS Schütze (1999) 619
*Pitz*, Torpedos unter Beschuss, GRURInt 2001, 32
*Prütting*, Die Rechtshängigkeit im internationalen Zivilprozessrecht und der Begriff des Streitgegenstandes nach Art 21 EuGVÜ, in: GS Lüderitz (2000) 623
*Rüßmann*, Die Streitgegenstandslehre und die Rechtsprechung des EuGH – nationales Recht unter gemeineuropäischem Einfluss?, ZZP 111 (1998) 399
*Schütze*, Die Berücksichtigung der Rechtshängigkeit eines ausländischen Verfahrens nach dem EWG-Übereinkommen über die gerichtliche Zuständigkeit und die Vollstreckung gerichtlicher Entscheidungen, RIW 1975, 78
*ders*, Die Berücksichtigung der Konnexität nach dem EWG-Übereinkommen über die gerichtliche Zuständigkeit und die Vollstreckung gerichtlicher Entscheidungen, RIW 1975, 543
*Schwander*, Ausländischer Rechtshängigkeit nach IPR-Gesetz und Lugano-Übereinkommen, in: FS Vogel (1991) 395
*Stafyla*, Die Rechtshängigkeit des EuGVÜ nach der Rechtsprechung des EuGH und der englischen, französischen und deutschen Gerichte (1998)
*Tiefenthaler*, Die Streitanhängigkeit nach Art 21 Lugano-Übereinkommen, ZfRV 1997, 67
*Vogel*, Der Eintritt der Rechtshängigkeit nach Art 21 und 22 des Lugano-Übereinkommens, SJZ 1994, 301
*Walker*, Die Streitgegenstandslehre und die Rechtsprechung des EuGH – nationales Recht unter gemeineuropäischem Einfluss, ZZP 111 (1998), 429
*Wolf*, Einheitliche Urteilsgeltung im EuGVÜ, in: FS Schwab (1990) 561
*Zeuner*, Zum Verhältnis zwischen internationaler Rechtshängigkeit nach Art 21 EuGVÜ und Rechtshängigkeit nach den Regeln der ZPO, in: FS Lüke (1997) 1003.

**I. Allgemeines** ... 1
1. Vorrangige staatsvertragliche Regelungen ... 2
2. Gemeinsame Anwendungsvoraussetzungen der Art 27 ff ... 3
3. Regelungsbedürfnis des Art 27 ... 5

**II. Klage durch dieselben Parteien** ... 6

**III. Klagen wegen desselben Anspruchs** ... 8

**IV. Feststellung des zuerst angerufenen Gerichts** ... 14

**V. Keine weiteren Voraussetzungen**
1. Anerkennungsprognose ... 15
2. Prüfung der Zuständigkeit des Erstgerichts ... 16
3. Prozessverschleppung ... 18

**VI. Aussetzung und Klageabweisung** ... 19

## I. Allgemeines

1 Die Art 27ff treffen Regelungen für den Fall, dass in verschiedenen Staaten Klagen wegen derselben Sache erhoben werden oder die erhobenen Klagen in sonstigem Zusammenhang stehen. Das zuletzt angerufene Gericht muss dann das Verfahren aussetzen und sich für unzuständig erklären (Art 27, 29) bzw kann eine solche Entscheidung nach seinem Ermessen treffen (Art 28), wenn das zuerst angerufene Gericht zuständig und daher allein entscheidungsbefugt ist (**Prioritätsgrundsatz**).[1] So sollen zur Sicher-

[1] *Bülow/Böckstiegel/Geimer/Schütze/Safferling* Art 21 EuGVÜ Rn 1; *Kropholler* vor Art 27 Rn 1; *MünchKommZPO/Gottwald* Art 21 EuGVÜ Rn 4; *Zöller/Geimer* Rn 5; *Czernich/Tiefenthaler/Kodek/Tiefenthaler* Rn 5.

stellung einer geordneten Rechtspflege in der Gemeinschaft einander widersprechende Entscheidungen vermieden werden.[2] Art 27 ff dienen außerdem den Parteiinteressen, indem sie Verfahren verhindern und dadurch den Parteien Zeit, Aufwand und Kosten ersparen.[3] „Begünstigt" sind schließlich auch die Gerichte. Eine Verfahrensverdoppelung wird ausgeschlossen.[4] Zudem lässt sich durch die Aussetzung des Verfahrens und die Unzuständigkeitserklärung verhindern, dass ausländische Urteile nach Art 34 Nr 3 nicht anerkannt werden.[5]

## 1. Vorrangige staatsvertragliche Regelungen

Gem Art 71 Abs 1 bleiben von der Brüssel I-VO Übereinkommen unberührt, denen die Mitgliedstaaten angehören und die für besondere Rechtsgebiete die gerichtliche Zuständigkeit, die Anerkennung oder die Vollstreckung von Entscheidungen regeln. Zu beachten ist insbesondere die **Rechtshängigkeitssperre** des Art 31 Abs 2 CMR.[6] Eine vergleichbare Vorschrift findet sich weder in CIV noch CIM,[7] ist aber in der noch nicht in Kraft getretenen überarbeiteten Fassung dieser Übereinkommen vorgesehen (Art 46 § 2 CIM und Art 57 § 2 CIV).[8] Dem Warschauer Abkommen[9] ist eine solche Regelung hingegen unbekannt. 2

## 2. Gemeinsame Anwendungsvoraussetzungen der Art 27 ff

Art 27 ff setzen die Eröffnung des Anwendungsbereichs der Brüssel I-VO voraus (Art 1 Abs 2). In räumlicher Hinsicht greifen sie nur, wenn die Klagen vor Gerichten **verschiedener Mitgliedstaaten** erhoben wurden. Wurde eine der Klagen in einem Drittstaat anhängig gemacht, finden die nationalen oder staatsvertraglichen Regelungen des 3

---

[2] *Czernich/Tiefenthaler/Kodek/Tiefenthaler* Rn 1; *Kropholler* vor Art 27 Rn 1. Entsprechend zu Art 21 und 22 EuGVÜ *Jenard*-Bericht 41; *Dauses/Kreuzer/Wagner* Q 297; *Bülow/Böckstiegel/Geimer/Schütze/Safferling* Art 21 EuGVÜ Rn 1; EuGH Rs 144/86 *Gubisch Maschinenfabrik/Palumbo* EuGHE 1987, 4861 Rn 8; Rs C-351/89 *Overseas Union Insurance/New Hampshire Insurance* EuGHE 1991 I 3317 Rn 16; Rs C-406/92 *Tatry/Maciej Rataj* EuGHE 1995 I 5439 Rn 32; Rs C-351/96 *Drouot/CMI* EuGHE 1998 I 3075 Rn 17. Allgemein zur Beachtung ausländischer Rechtshängigkeit *Schack*, Rn 748.

[3] *Bülow/Böckstiegel/Geimer/Schütze/Safferling* Art 21 EuGVÜ Rn 1; in diesem Sinne auch *Schack* IZVR Rn 747.

[4] Vgl vorige Fn.

[5] *MünchKommZPO/Gottwald* Art 21 EuGVÜ Rn 1; speziell in Bezug auf Art 27 (21 EuGVÜ) EuGH Rs 144/86 *Gubisch Maschinenfabrik/Palumbo* EuGHE 1987, 4861 Rn 18, Anm *Schack* IPRax 1989, 140; EuGH Rs C-351/96 *Drouot/CMI* EuGHE 1998 I 3075 Rn 17 Anm *Rauscher* IPRax 1999, 81.

[6] Übereinkommen über den Beförderungsvertrag im internationalen Straßengüterverkehr (CMR), BGBl 1961 II 1119.

[7] Anhänge A bzw B des „Übereinkommens über den internationalen Eisenbahnverkehr (COTIF) vom 9. Mai 1980" (BGBl 1985 II 144) idF des Protokolls vom 9. Dezember 1990 (BGBl 1992 II 1182).

[8] BGBl 2002 II 2149.

[9] Warschauer Abkommen zur Vereinheitlichung von Regeln über die Beförderung im internationalen Luftverkehr, BGBl 1958 II 312.

Mitgliedstaats über die Rechtshängigkeit und zusammenhängende Verfahren Anwendung.[10] Bei Klagen vor den Gerichten ein und desselben Mitgliedstaats ist allein das nationale Prozessrecht maßgeblich (in Deutschland § 261 Abs 3 Nr 1 ZPO). Unerheblich für die Anwendbarkeit der Art 27ff ist es, ob sich die Zuständigkeit der mitgliedstaatlichen Gerichte aus nationalen oder staatsvertraglichen Vorschriften oder aus der Brüssel I-VO ergibt.[11] Eine Einschränkung in persönlicher Hinsicht macht die Verordnung nicht. Die Anwendung der Art 27ff ist insbesondere nicht davon abhängig, dass die Parteien ihren Wohnsitz in einem Mitgliedstaat haben.[12]

4 Art 27ff setzen weiter voraus, dass **Klagen** erhoben wurden. Ohne Bedeutung ist dabei, ob ein Gericht im Wege der Klage mit einer Sache angegangen wird oder auf Grund sonstiger Bestimmungen mit der Sache befasst wird.[13] Sofern eine Prozesshandlung nach dem Recht eines Mitgliedstaates eine Rechtshängigkeit begründet, kann sie bei Vorliegen der übrigen Voraussetzungen auch zur Anwendung der Art 27ff führen.[14] Die Prozessaufrechnung ist als reines Verteidigungsmittel keine Klage iSd Art 27ff.[15] Eine im Prozess zur Aufrechnung gestellte Forderung wird daher nicht rechtshängig.[16]

### 3. Regelungsbedürfnis des Art 27

5 Der Fall doppelter Rechtshängigkeit ist regelungsbedürftig, da auf Grund der Parallelität von allgemeinem Gerichtsstand und den besonderen, aber nicht ausschließlichen Gerichtsständen mehrere Gerichte zur Entscheidung für Klagen zwischen denselben Parteien wegen desselben Anspruchs zuständig sein können. So ist für eine Klage wegen eines vertraglichen Anspruchs sowohl das Gericht am Wohnsitz des Beklagten (Art 2 Abs 1 iVm §§ 12, 13 ZPO) als auch das Gericht am Ort, an dem erfüllt werden muss (Art 5 Nr 1), zuständig. Ohne eine Regelung wie Art 27 bestünde die Gefahr einander widersprechender Entscheidungen. Zwar können Art 34 Nr 3 und 4 in derartigen Fällen eine Anerkennung verhindern. Ökonomischer ist indes eine **Vorfeldstrategie**, die von vornherein miteinander unvereinbare Urteile verhindert.

---

[10] *Bülow/Böckstiegel/Geimer/Schütze/Safferling* Art 21 EuGVÜ Rn 3; *Kropholler* vor Art 27 Rn 2.

[11] EuGH Rs C-351/89 *Overseas Union Insurance/New Hampshire Insurance* EuGHE 1991 I 3317 Rn 14; *Kropholler* vor Art 27 Rn 2; *MünchKommZPO/Gottwald* Art 21 EuGVÜ Rn 2; *Czernich/Tiefenthaler/Kodek/Tiefenthaler* Rn 3.

[12] EuGH Rs C-351/89 *Overseas Union Insurance/New Hampshire Insurance* EuGHE 1991 I 3317 Rn 13; *Kropholler* vor Art 27 Rn 2; *MünchKommZPO/Gottwald* Art 21 EuGVÜ Rn 2; *Czernich/Tiefenthaler/Kodek/Tiefenthaler* Rn 3.

[13] BGH IPRax 1987, 315 m Anm *Jayme* 295; *Mansel* IPRax 1990, 216 (Anm zu LG Frankfurt/Main IPRax 1990, 234).

[14] Für die Streitverkündung nach italienischem Recht LG Frankfurt/Main IPRax 1990, 235 m Bspr *Mansel* 214.

[15] Vgl die Ausführungen zu Art 6 Nr 3.

[16] OLG München RIW 1997, 872; *Schlosser* Rn 4; *Kropholler* Rn 2; **aA** OLG Hamburg RIW 1998, 891.

## II. Klage durch dieselben Parteien

Gem Art 27 Abs 1 muss die Klage durch dieselben Parteien erhoben werden. Ob Parteiidentität vorliegt, ist **autonom** zu bestimmen.[17] Von einer Parteiidentität ist auszugehen, wenn an beiden Verfahren dieselben Personen beteiligt sind.[18] Daran fehlt es, wenn vor deutschen Gerichten auf Kindesunterhalt durch das Kind selbst aus eigenem Anspruch geklagt wird und im Verfahren vor italienischen Gerichten die Mutter als Gläubigerin und Klägerin auftritt.[19] Nach einem obiter dictum des EuGH soll Art 27 ausnahmsweise auch dann anzuwenden sein, wenn die Parteien des Rechtsstreits zwar nicht identisch sind, aber die Interessen der Parteien hinsichtlich des Gegenstands zweier Rechtsstreitigkeiten soweit übereinstimmen, dass ein Urteil, das gegen den einen ergeht, Rechtskraft gegenüber dem anderen entfalten würde (zB die Interessen des Versicherers und des Versicherungsnehmers, weil statt des Versicherungsnehmers der Versicherer kraft übergegangenem Recht klagt oder verklagt wird).[20] Diese Entscheidung ist in der Literatur auf berechtigte Kritik gestoßen.[21] Zutreffend wäre eine Subsumtion derartiger Fälle unter Art 28.[22] 6

Bei **teilweiser Parteiidentität** kann das Verfahren nur fortgesetzt werden, soweit keine Parteiidentität besteht.[23] Die damit verbundenen Probleme einer Aufspaltung des Rechtsstreits lassen sich aber meistern.[24] Welche **Parteirolle** die Parteien in den beiden Verfahren innehaben, ist unerheblich.[25] So kann zB eine Partei vor dem Erstgericht Klägerin und vor dem Zweitgericht Beklagte sein. 7

## III. Klagen wegen desselben Anspruchs

Ob die Klagen wegen desselben Anspruchs erhoben wurden, ist ebenfalls **autonom** zu bestimmen.[26] Der Begriff der Anspruchsidentität ist weit auszulegen. Es handelt sich 8

---

[17] Allgemein zu den Voraussetzungen der Rechtshängigkeit EuGH Rs 144/86 *Gubisch Maschinenfabrik/Palumbo* EuGHE 1987, 4861 Rn 11; insbesondere zur Identität der Parteien EuGH Rs C-406/92 *Tatry/Maciej Rataj* EuGHE 1995 I 5439 Rn 30; *Kropholler* Rn 3 f; *Czernich/Tiefenthaler/Kodek/Tiefenthaler* Rn 7; *Dauses/Kreuzer/Wagner* Q 301.

[18] *Bülow/Böckstiegel/Geimer/Schütze/Safferling* Art 21 EuGVÜ Rn 9; **zu weit** *Dauses/Kreuzer/Wagner* Q 301.

[19] BGH IPRax 1987, 315 m Anm *Jayme* 295.

[20] EuGH Rs C-351/96 *Drouot/CMI* EuGHE 1998 I 3075 Rn 19.

[21] *Zöller/Geimer* Rn 8 a, 9; *Jayme/Kohler* IPRax 1998, 421 f.

[22] *Zöller/Geimer* Rn 9; *Jayme/Kohler* IPRax 1998, 422 Fn 55.

[23] EuGH Rs C-406/92 *Tatry/Maciej Rataj* EuGHE 1995 I 5439 Rn 34; *Kropholler* Rn 5; *Musielak/Weth* Rn 5; *Thomas/Putzo/Hüßtege* Rn 7.

[24] Vgl EuGH Rs C-406/92 *Tatry/Maciej Rataj* EuGHE 1995 I 5439 Rn 35.

[25] Vgl statt aller *Kropholler* Rn 4.

[26] EuGH Rs 144/86 *Gubisch Maschinenfabrik/Palumbo* EuGHE 1987, 4861 Rn 11; *Kropholler* Rn 3; *Thomas/Putzo/Hüßtege* Rn 5; *MünchKommZPO/Gottwald* Art 21 EuGVÜ Rn 5; *Dauses/Kreuzer/Wagner* Q 300.

um „dieselben Ansprüche“, wenn die Klagen auf **derselben Grundlage** beruhen und sie **denselben Gegenstand** haben.[27] Mit Grundlage ist der Sachverhalt oder die Rechtsvorschrift gemeint, auf die die Klage gestützt wird.[28] Unter Gegenstand ist der Zweck der Klage zu verstehen.[29] Beruht die Klage also auf dem gleichen Sachverhalt und der gleichen Rechtsvorschrift und verfolgen beide Klagen den gleichen Zweck, ist von Klagenidentität auszugehen. Dabei genügt es bereits, dass die Klagen **im Kern** den gleichen Gegenstand haben.[30] Auf eine vollständige Identität von Klagegrund und Klageantrag kommt es nicht an.[31]

9 Der gleiche Gegenstand liegt vor, wenn die erste Klage auf Erfüllung, die zweite hingegen auf Feststellung der Unwirksamkeit oder Auflösung des Vertrags gerichtet ist; denn in beiden Fällen wird im Kern um die Wirksamkeit des Vertrages gestritten.[32] Den umgekehrten Fall einer **vorgängigen** Erhebung der **Feststellungsklage** (auf Feststellung des Nichtbestehens der Haftung) und anschließenden Leistungklage (auf Zahlung eines Schadensersatzes) behandelte der EuGH entsprechend.[33] Dafür spricht, dass ebenso wie bei der erstgenannten Konstellation widerstreitende Entscheidungen (und damit eine Situation des Art 34 Nr 3) vermieden werden. Eine solche Lösung wahrt außerdem die Chancengleichheit der Parteien.[34] Gleichwohl stößt sie in der Literatur auf beachtliche Kritik.[35] Eine Anwendung von Art 27 sei nur sachgerecht, wenn der Kläger des Erstmit dem des Zweitprozesses identisch ist. Bei vertauschten Parteirollen bestünde hingegen die Gefahr, dass zwar die Rechtshängigkeitssperre greift, dem Kläger der Leistungsklage aber kein vollumfänglicher Rechtsschutz gewährleistet wird.[36] So könne durch die Rechtshängigkeitssperre etwa sein Anspruch von Verjährung bedroht sein.[37] Dem ist indes entgegenzuhalten, dass dem Beklagten im auf Feststellung gerichteten ersten Verfahren immer noch die Möglichkeit der Erhebung einer Widerklage gem Art 6 Nr 3 bleibt.[38]

10 Sind die **Streitgegenstände teilidentisch**, findet Art 27 Anwendung, soweit die Identität reicht.[39] Hinsichtlich des übrigen Teils der Klage ist eine Aussetzung nach Art 28

---

27 Auf den französischen Text abstellend EuGH Rs 144/86 *Gubisch Maschinenfabrik/Palumbo* EuGHE 1987, 4861 Rn 14; Rs C-406/92 *Tatry/Maciej Rataj* EuGHE 1995 I 5439 Rn 38.

28 EuGH Rs C-406/92 *Tatry/Maciej Rataj* EuGHE 1995 I 5439 Rn 39.

29 EuGH Rs C-406/92 *Tatry/Maciej Rataj* EuGHE 1995 I 5439 Rn 41.

30 EuGH 144/86 *Gubisch Maschinenfabrik/Palumbo* EuGHE 1987, 4861 Rn 16.

31 *Kropholler* Rn 8.

32 EuGH *Gubisch Maschinenfabrik/Palumbo* EuGHE 1987, 4861 Rn 16.

33 EuGH Rs C-406/92 *Tatry/Maciej Rataj* EuGHE 1995 I 5439 Rn 43; ebenso BGHZ 134, 210.

34 *Schack* IPRax 1989, 140; *Kropholler* Rn 10.

35 *Wolf*, in: FS Schwab (1990) 573; *MünchKommZPO/Gottwald* Art 21 EuGVÜ Rn 9 bevorzugen stattdessen eine Lösung über Art 28.

36 *Wolf*, in: FS Schwab (1990) 573.

37 *Bülow/Böckstiegel/Geimer/Schütze/Safferling* Art 21 EuGVÜ Rn 8.

38 BGHZ 134, 212; *Schack* IPRax 1989, 140; *Kropholler* Rn 10; zur Problematik der Erhebung einer negativen Feststellungsklage vor der Leistungsklage bei Patentverletzungen vgl *Kropholler* Rn 11.

39 *Kropholler* Rn 9.

in Betracht zu ziehen. Von „demselben Anspruch" iSv ist auch dann auszugehen, wenn eine Prozesspartei vor dem Gericht eines Vertragsstaats die **Feststellung der Unwirksamkeit eines Vertrages** und vor dem Gericht eines anderen Mitgliedstaats die **Rückgewähr** einer auf Grund des Vertrages **erbrachten Leistung** verlangt.[40] Bei beiden Klagen geht es im Kern um denselben Gegenstand, nämlich die Wirksamkeit oder Unwirksamkeit des Vertrags.[41] Gleiches gilt für Klagen, von denen eine auf **Feststellung der Wirksamkeit einer Kündigung**, die andere auf **Vergütungsansprüche** aus dem Vertrag gerichtet ist.[42] Wird hingegen einerseits auf **Schadensersatz nach einer fristlosen Kündigung** geklagt und andererseits auf Erfüllung von **Ansprüchen** aus einem Vertrag, die sich aus dem Zeitraum **vor der Kündigung** ergeben, ist der Anwendungsbereich des Art 27 nicht eröffnet. Keiner der Anträge determiniert die Entscheidung über den anderen Antrag.[43] Anders wiederum, wenn eine Klage auf Feststellung des Vorliegens eines wichtigen Kündigungsgrundes gerichtet ist und mit der anderen ein Schadensersatzanspruch wegen unberechtigter Kündigung geltend gemacht wird. Hier kommt es bei beiden Klagen auf das Vorliegen eines wichtigen Kündigungsgrundes an.[44] Art 27 ist anwendbar.

Probleme bereitet wieder die **Prozessaufrechnung**, wenn die Forderung vor dem einen 11
Gericht eingeklagt und vor dem anderen Gericht als Verteidigungsmittel zur Aufrechnung gestellt wird. Nach zT vertretener Ansicht soll das Zweitverfahren dann zur Vermeidung unvereinbarer Entscheidungen nach Art 27 auszusetzen sein.[45] Da nach zutreffender Auffassung die Aufrechnung reines Verteidigungsmittel und keine Klage iSv Art 27 ist (vgl Rn 4), kann die Aufrechnung aber keine Rechtshängigkeit der zur Aufrechnung gestellten Forderung begründen.[46] Der EuGH hat sich dem mittlerweile angeschlossen: Bei der Feststellung anderweitiger Rechtshängigkeit ist allein auf die Klageansprüche der jeweiligen Kläger abzustellen; Einwendungen der Beklagten können nicht berücksichtigt werden.[47] Art 27 erwähne nur die Klageansprüche in den jeweiligen Rechtsstreitigkeiten und nicht die dagegen vorgebrachten Einwendungen der Beklagten.[48] Außerdem sei eine Rechtshängigkeit nach Art 30 bereits zu einem Zeitpunkt gegeben, bevor die Beklagten ihren Standpunkt geltend machen[49] und – so ist zu ergänzen – ihre Verteidigungsmittel vorbringen konnten. Zu bedenken sei schließlich, dass sich ein Gericht, das sich zunächst für zuständig befunden hat, in der Folge für unzuständig erklären müsste, wenn zu einem späteren Zeitpunkt eingereichte Verteidi-

---

[40] BGH RIW 1995, 414; Anm *Hau* IPRax 1996, 177.

[41] BGH RIW 1995, 414; Anm *Hau* IPRax 1996, 177.

[42] OLG München EuLF 2000/2001, 136.

[43] OLG München RIW 1997, 872.

[44] BGH RIW 2002, 393.

[45] OLG Hamburg IPRax 1999, 171; *Koch*, Unvereinbare Entscheidungen, 77 f.

[46] OLG Hamm IPRax 1986, 233; OLG München RIW 1997, 872; *Geimer/Schütze* Art 21 EuGVÜ Rn 33; *Schlosser* Rn 4.

[47] EuGH Rs C-111/01 *Gantner/Basch* noch unveröff Rn 32.

[48] EuGH Rs C-111/01 *Gantner/Basch* noch unveröff Rn 26.

[49] EuGH Rs C-111/01 *Gantner/Basch* noch unveröff Rn 27.

gungsmittel den Klagegegenstand derart verändern könnten, dass von nun an von einer doppelten Rechtshängigkeit auszugehen sei.[50] Das sei aber mit dem Ziel der Brüssel I-VO, eindeutig ermitteln zu können, welches Gericht das zuletzt Angerufene ist, nicht vereinbar.[51] Geholfen werden kann den Parteien im Übrigen durch eine Aussetzung nach Art 28 Abs 1 durch das später angerufenen Gericht.[52]

12 Keine Besonderheit ergibt sich bei Klagen, von denen die eine im **Adhäsionsverfahren** nach Art 5 Nr 4 erhoben wird.[53] Nicht unterschieden werden muss auf Grund der autonomen Qualifikation der Begriffe „derselbe Anspruch" und „dieselben Personen" außerdem zwischen **dinglichen** und **persönlichen** Klagen.[54] Daher können eine dingliche Klage auf der einen und eine persönliche Klage auf der anderen Seite zur Aussetzung bzw Abweisung nach Art 27 zwingen.

13 Keine Anwendung findet Art 27, wenn einerseits **einstweiliger Rechtsschutz** begehrt und andererseits ein Verfahren in der Hauptsacheklage angestrengt wird.[55] Denn der einstweilige Rechtsschutz bezweckt eine vorübergehende Maßnahme, das Hauptsacheverfahren hingegen eine endgültige Regelung. Entschiede man anders, könnte derjenige, der einstweiligen Rechtsschutz begehrt, der anderen Partei durch den Antrag auf Gewährung einstweiligen Rechtsschutzes das nach der Brüssel I-VO zuständige Gericht entziehen.[56] Da Art 27 nur von „Klagen" spricht, soll die Vorschrift der gleichzeitigen Beantragung einstweiliger Maßnahmen in verschiedenen Mitgliedstaaten nicht entgegenstehen.[57] Das kann dann freilich die grenzüberschreitende Anerkennung und Vollstreckung erschweren, da Art 34 Nr 3 zu beachten ist.[58]

### IV. Feststellung des zuerst angerufenen Gerichts

14 Zur Feststellung des zuerst angerufenen Gerichts bedarf es einer näheren Bestimmung des Begriffs der **Anhängigkeit**. Vor Inkrafttreten der Brüssel I-VO war der Zeitpunkt der „Anhängigkeit" nach Auffassung des EuGH auf Grund der großen Unterschiede zwischen den nationalen Rechtsordnungen nicht autonom, sondern nach den nationalen Regeln zu bestimmen.[59] Mit der Überführung des EuGVÜ in die Brüssel I-VO wurde eine autonome Qualifikation des Begriffs in Art 30 aufgenommen (vgl dort).

---

50 EuGH Rs C-111/01 *Gantner/Basch* noch unveröff Rn 30.

51 EuGH Rs C-111/01 *Gantner/Basch* noch unveröff Rn 30.

52 *Geimer/Schütze* Art 21 EuGVÜ Rn 34; *Zöller/Geimer* Rn 27.

53 *Kropholler* Rn 13 mit Nachweisen zur Rechtsprechung.

54 EuGH Rs C-406/92 *Tatry/Maciej Rataj* EuGHE 1995 I 5439 Rn 47.

55 *Kropholler* Rn 14; *Bülow/Böckstiegel/Geimer/Schütze/Safferling* Art 21 EuGVÜ Rn 8; *Schlosser* Rn 27.

56 *Kropholler* Rn 14; *Bülow/Böckstiegel/Geimer/Schütze/Safferling* Art 21 EuGVÜ Rn 8; *Schlosser* Rn 27.

57 *Kropholler* Rn 14.

58 Vgl EuGH Rs C-80/00 *Italian Leather/WECO Polstermöbel* EuGHE 2002 I 4995 Rn 41.

59 EuGH Rs 129/83 *Zelger/Salinitri* EuGHE 1984, 2397 Rn 15.

## V. Keine weiteren Voraussetzungen

### 1. Anerkennungsprognose

Das Zweitgericht, das das Verfahren aussetzen soll, darf die Aussetzung nicht von einer **günstigen Anerkennungsprognose**, dh davon abhängig machen, ob das Urteil des Erstgerichts im Staat des Zweitgerichts anerkannt werden kann. Denn die Brüssel I-VO geht vom Grundsatz der ipso iure-Anerkennung aus (Art 33 Abs 1), um den Verkehr der Urteile zu erleichtern. Das Erfordernis einer günstigen Anerkennungsprognose, das etwa im autonomen deutschen Recht begegnet,[60] könnte diese Urteilsfreizügigkeit beeinträchtigen.[61] 15

### 2. Prüfung der Zuständigkeit des Erstgerichts

Das Zweitgericht darf auch nicht prüfen, ob das Erstgericht für eine Entscheidung **zuständig** ist. Die Brüssel I-VO geht von der Gleichwertigkeit der Gerichte der Mitgliedstaaten aus. Deshalb ist das als Zweites angerufene Gericht in keinem Fall besser in der Lage, die Zuständigkeit des Erstgerichts zu beurteilen als dieses selbst. Ergibt sich die Zuständigkeit aus der Brüssel I-VO, kann von gleicher Sach- und Rechtskenntnis der Gerichte ausgegangen werden. Folgt die Zuständigkeit aus den nationalen Vorschriften, so ist das Erstgericht sogar besser in der Lage, die eigene Zuständigkeit zu beurteilen.[62] Selbst wenn das Zweitgericht durch **Zuständigkeitsvereinbarung** wirksam prorogiert wurde, hat es das Verfahren auszusetzen.[63] 16

Unbeachtlich sind **antisuit injunctions**. Derartige Klagen sind im Anwendungsbereich der Brüssel I-VO unzulässig, da sie nicht der Geschäftsgrundlage der Brüssel I-VO entsprechen, die vom gegenseitigen Respekt vor den Rechtsordnungen der anderen Mitgliedstaaten ausgeht. Dieses Prinzip würde durchbrochen, wenn eine Klage auf Unterlassung einer anderen Klage vor dem Gericht eines anderen Staates zulässig wäre.[64] Denkbar ist es auch, das zuletzt angerufene Gericht als verpflichtet anzusehen, das Verfahren nach Art 27 Abs 1 oder Art 28 Abs 1 auszusetzen.[65] 17

### 3. Prozessverschleppung

Grundsätzlich unbeachtlich ist auch der Einwand der Prozessverschleppung.[66] Die Grenzen zieht jedoch Art 6 EMRK. Wird der Rechtsstreit ohne triftigen Grund verschleppt und dadurch der Justizgewährungsanspruch der Parteien verletzt, muss auch 18

---

60 Vgl nur BGH RIW 1986, 218.

61 *Kropholler* Rn 18.

62 EuGH Rs *Overseas Union Insurance/New Hampshire Insurance* EuGHE 1991 I 3317 Rn 23.

63 *Kropholler* Rn 19 mwN.

64 *Hau* IPRax 1996, 47 f.

65 *Hau* IPRax 1996, 46.

66 LG Frankfurt/Main IPRax 1990, 234.

die Rechtshängigkeitssperre des Art 27 entfallen.[67] Angesichts des der Brüssel I-VO zugrunde liegenden Prinzips der Gleichwertigkeit der mitgliedstaatlichen Justizgewährung kann es sich dabei aber nur um extrem seltene Ausnahmefälle handeln.[68]

## VI. Aussetzung und Klageabweisung

19 Ist vor einem Gericht eines anderen Mitgliedstaats eine Klage zwischen denselben Parteien wegen desselben Anspruchs anhängig, so hat das zuletzt angerufene Gericht das Verfahren zunächst **auszusetzen**, bis die Zuständigkeit des Erstgerichts feststeht (Abs 1). Durch den Vorrang der Aussetzung werden negative Kompetenzkonflikte vermieden, die drohen würden, wenn das Zweitgericht die Klage sofort wegen Unzuständigkeit abweisen könnte, obwohl das Erstgericht die eigene Zuständigkeit noch nicht positiv festgestellt hat und sich nach der Abweisung durch das Zweitgericht ebenfalls für unzuständig erklärt.[69] Außerdem bleiben Fristen, die einzuhalten war, gewahrt. Und schließlich wird die Verjährung weiterhin gehemmt, wenn das Verfahren lediglich unterbrochen wird.[70]

20 Die Aussetzung erfolgt **von Amts wegen**. Eines Parteiantrags bedarf es nicht. Das Gericht muss jedoch nicht von Amts prüfen, ob eine anderweitige Rechtshängigkeit gegeben ist, sofern nicht besondere Umstände darauf hinweisen.[71]

21 Die inhaltliche Ausgestaltung des Aussetzungsverfahrens richtet sich nicht nach Art 27 Abs 1, sondern dem nationalen Prozessrecht. In Deutschland ist **§ 148 ZPO** entsprechend anzuwenden.[72] Erkennt erst das Berufungsgericht, dass die Voraussetzungen des Art 27 vorliegen, hat es das Verfahren auszusetzen; eine Zurückverweisung kommt nicht in Betracht.[73]

22 Die Aussetzung des Verfahrens endet mit der **Entscheidung des Erstgericht**s über seine **Zuständigkeit**. Erklärt es sich für zuständig, weist das zuletzt angerufene Gericht die Klage wegen Unzuständigkeit ab (Abs 2), allerdings erst dann, wenn die Entscheidung des Erstgerichts unanfechtbar ist.[74] Erklärt sich das Erstgericht für unzuständig, wird das Verfahren vom Zweitgericht wieder aufgenommen.[75]

---

67 *Geimer* NJW 1984, 530; *Rauscher* IPR 465.

68 BGH RIW 2002, 395.

69 *Jenard*-Bericht 41 zu Art 21 EuGVÜ.

70 *Kropholler* Rn 25.

71 *Jenard*-Bericht 41.

72 OLG München RIW 1997, 872; OLG Frankfurt/Main IPRax 2002, 523; *Kropholler* Rn 24.

73 BGH RIW 2002, 395 zu § 539 ZPO aF; *Schlosser* Rn 10; erst recht dürfte das nach der ZPO-Reform gelten, vgl § 538 Abs 1, Abs 2 S 1 Nr 1. **AA** *Hau* IPPrax 2002, 118, der in Art 27 Abs 1 ein vorrangig zu beachtendes Rückverweisungsgebot sieht.

74 *Geimer/Schütze* Art 21 EuGVÜ Rn 44; *Thomas/Putzo/Hüßtege* Rn 9.

75 *Kropholler* Rn 24.

## Artikel 28

(1) Sind bei Gerichten verschiedener Mitgliedstaaten Klagen, die im Zusammenhang stehen, anhängig, so kann jedes später angerufene Gericht das Verfahren aussetzen.
(2) Sind diese Klagen in erster Instanz anhängig, so kann sich jedes später angerufene Gericht auf Antrag einer Partei auch für unzuständig erklären, wenn das zuerst angerufene Gericht für die betreffenden Klagen zuständig ist und die Verbindung der Klagen nach seinem Recht zulässig ist.
(3) Klagen stehen im Sinne dieses Artikels im Zusammenhang, wenn zwischen ihnen eine so enge Beziehung gegeben ist, dass eine gemeinsame Verhandlung und Entscheidung geboten erscheint, um zu vermeiden, dass in getrennten Verfahren widersprechende Entscheidungen ergehen könnten.

**I. Allgemeines** ... 1
**II. Allgemeine Voraussetzungen** ... 2
**III. Zusammenhang der Klagen** ... 3
**IV. Keine weiteren Voraussetzungen** ... 5
**V. Aussetzung des Verfahrens als Ermessensentscheidung des Gerichts** ... 6
**VI. Abweisung der Klage wegen Unzuständigkeit** ... 8

## I. Allgemeines

Art 28 verfolgt den gleichen Regelungszweck wie Art 27: Einander widersprechende Urteile sollen vermieden werden, um eine **geordnete Rechtspflege** in der Gemeinschaft zu sichern.[1] Erreicht wird dieses Ziel wiederum durch Anwendung des **Prioritätsprinzips**: Das zuletzt angerufene Gericht hat die Möglichkeit, das Verfahren auszusetzen und ggf die Klage wegen Unzuständigkeit abzuweisen. Eine Zuständigkeit kraft Sachzusammenhangs lässt sich aus Art 28 nicht herleiten,[2] da die besonderen Gerichtsstände des Sachzusammenhangs in Art 6 abschließend aufgezählt werden.[3] 1

## II. Allgemeine Voraussetzungen

Zu den mit Art 27 gemeinsamen Voraussetzungen kann auf die Ausführungen zu Art 27 verwiesen werden: Der Anwendungsbereich der Brüssel I-VO muss eröffnet, Klagen vor Gerichten verschiedener Mitgliedsstaaten anhängig sein usw. 2

---

[1] *Jenard*-Bericht 41 zu Art 22 EuGVÜ.

[2] EuGH Rs 150/80 *Elefanten Schuh/Jacqmain* EuGHE 1981, 1671 Rn 19; Rs C-51/97 *Réunion européenne/Spliethoff's Befrachtuingskantoor* EuGHE 1998 I 6511 Rn 39; Rs C-420/97 *Leathertex/Bodetex* EuGHE 1999 I 6747 Rn 38; *Kropholler* Rn 2; *MünchKommZPO/Gottwald* Art 6 EuGVÜ Rn 1; *Bülow/Böckstiegel/Geimer/Schütze/Auer* Art 6 EuGVÜ Rn 1.

[3] Vgl die Ausführungen zu Art 6 Rn 1.

## III. Zusammenhang der Klagen

3 Nach Art 28 Abs 1 müssen die Klagen in einem „Zusammenhang stehen". Was darunter zu verstehen ist, definiert Abs 3 legal. In Betracht kommt daher von vornherein nur eine **verordnungsautonome Qualifikation.**[4] Ein Zusammenhang ist gegeben, wenn zwischen den Klagen eine so enge Beziehung besteht, dass eine gemeinsame Verhandlung und Entscheidung geboten erscheint, um zu vermeiden, dass in getrennten Verfahren widersprechende Urteile ergehen könnten. Angezeigt ist im Interesse einer geordneten Rechtspflege ein **weites Verständnis**. Erfasst werden alle Fälle, in denen die Gefahr einander widersprechender Entscheidungen besteht, selbst wenn die Entscheidungen getrennt vollstreckt werden können und sich ihre Rechtsfolgen nicht gegenseitig ausschließen.[5] Der Begriff der widersprechenden Entscheidung ist daher deutlich weiter zu verstehen als der der Unvereinbarkeit iSv Art 34 Nr 3, auch wenn der englische Verordnungstext in beiden Normen dasselbe Wort verwendet.[6] Denn Art 34 Nr 3 gelangt nur zur Anwendung, wenn sich die Rechtsfolgen zweier Entscheidungen gegenseitig ausschließen.[7] Auch im Vergleich zu Art 27 erfordert Art 28 eine wesentlich geringere Intensität der Übereinstimmung der Verfahrensgegenstände, da für eine Anwendung von Art 28 bereits jeder Zusammenhang genügt, der zu widersprechenden Entscheidungen führen kann, während Art 27 eine Identität der Parteien und des geltend gemachten Anspruchs voraussetzt.[8]

4 Ein nach Art 28 genügender Zusammenhang kann ua gegeben sein, wenn den beiden Klagen ein übereinstimmender Lebenssachverhalt zugrunde liegt,[9] ein Widerspruch in den tragenden Urteilsgründen zu erwarten ist,[10] Rechts- und Tatsachenfragen zu klären sind, die in beiden Verfahren eine Rolle spielen,[11] oder sich die Ergebnisse des Erstverfahrens im Zweitverfahren verwerten lassen.[12] Keine Anwendung findet Art 28 hingegen, wenn die Unzuständigkeit des zuletzt angerufenen Gerichts feststeht: Dann bedarf es keiner Aussetzung des Verfahrens, die Klage kann vielmehr wegen Unzuständigkeit abgewiesen werden.[13] Art 28 ist außerdem dann nicht anwendbar, wenn die Entscheidungen lediglich auf den jeweiligen Urteilsstaat beschränkte territoriale Wirkungen entfalten[14] oder vor dem Zweitgericht eine Forderung zur Aufrechnung gestellt

---

4 EuGH Rs C-406/92 *Tatry/Maciej Rataj* EuGHE 1994 I 5439 Rn 52; *Thomas/Putzo/Hüßtege* Rn 3; *Kropholler* Rn 3.

5 EuGH Rs C-406/92 *Tatry/Maciej Rataj* EuGHE 1994 I 5439 Rn 53.

6 EuGH Rs C-406/92 *Tatry/Maciej Rataj* EuGHE 1994 I 5439 Rn 54 f; *Kropholler* Rn 3; *Thomas/Putzo/Hüßtege* Rn 5.

7 EuGH Rs 145/86 *Hoffmann/Krieg* EuGHE 1988, 645 Rn 22; vgl Ausführungen in Art 34 Rn 45.

8 Vgl Ausführungen zu Art 27.

9 OLG Frankfurt RIW 2001, 66.

10 *Schlosser* Rn 3.

11 EuGH Rs C-406/92 *Tatry/Maciej Rataj* EuGHE 1994 I 5439 Rn 58.

12 *Wolf* EuZW 1995, 367.

13 *MünchKommZPO/Gottwald* Art 21 EuGVÜ Rn 2.

14 OLG Köln IPRspr 1996 Nr 172; *Kropholler* Rn 4; **aA** *Schlosser* Rn 3 (zum Namensrecht).

wird, die vor einem anderen Gericht streitgegenständlich ist, die Aufrechnung mit dieser Forderung auf Grund einer wirksamen Parteivereinbarung jedoch unzulässig ist.[15]

### IV. Keine weiteren Voraussetzungen

Auch Art 28 setzt ebenso wie Art 27 keine **Anerkennungsprognose** durch das Zweitgericht voraus.[16] Eine negative Anerkennungsprognose soll jedoch im Rahmen der Ermessensentscheidung berücksichtigt werden können.[17] Die Zuständigkeit des Erstgerichts ist grundsätzlich nicht zu prüfen. Hält sich das Zweitgericht allerdings für beide Verfahren für ausschließlich zuständig nach Art 22, kann das in die Ermessensentscheidung nach Art 28 Abs 1 und 2 einfließen.[18] Art 28 schließt nicht aus, dass das zuletzt angerufene Gericht aus anderen Gründen das Verfahren aussetzt. Enthält das nationale Recht sonstige Aussetzungsgründe, kann das Zweitverfahren auch danach ausgesetzt werden.[19] 5

### V. Aussetzung des Verfahrens als Ermessensentscheidung des Gerichts

Das zuletzt angerufene Gericht **kann** bei Vorliegen der Voraussetzungen des Abs 1 das Verfahren aussetzen. Ob die Möglichkeit einer Aussetzung nach Abs 1 besteht, ist **von Amts wegen** zu prüfen. Ein Antrag einer Partei ist nicht erforderlich.[20] Allerdings ist das Gericht auch nach Art 28 nicht verpflichtet, von sich aus zu überprüfen, ob die Sache vor den Gerichten anderer Mitgliedstaaten anhängig ist.[21] Welches Gericht das zuerst Angerufene ist, ergibt sich aus dem nach Art 30 zu ermittelnden Zeitpunkt der Rechtshängigkeit. 6

Ob das Gericht das Verfahren aussetzt, liegt in seinem **Ermessen**. Es ist zur ordnungsgemäßen Ermessensausübung verpflichtet. Daher ist auch die Entscheidung, das Verfahren auszusetzen oder im Verfahren fortzufahren, sachlich zu begründen.[22] In die Ermessensentscheidung können der Grad des Klagezusammenhangs, die Größe der Gefahr widersprechender Entscheidungen, Überlegungen zur Prozessökonomie, Stand und Dauer der Verfahren, Zuständigkeit des Erstgerichts, Sach- und Beweisnähe der Gerichte, Parteiinteressen und die Anerkennungsfähigkeit des Urteils des zuerst angerufenen Gerichts einfließen.[23] Das Verfahren der Aussetzung bestimmt sich wie bei Art 27 nach nationalem Recht.[24] 7

---

[15] OLG Hamm NJW 1983, 525; *Kropholler* Rn 4.

[16] Vgl Art 27 Rn 15.

[17] OLG Frankfurt RIW 2001, 66.

[18] Nach *Kropholler* Rn 7 scheidet die Anwendung des Art 28 in diesem Falle ganz aus.

[19] *Schlosser* Rn 5; *MünchKommZPO/Gottwald* Art 21 EuGVÜ Rn 4.

[20] *Kropholler* Rn 7.

[21] *Jenard*-Bericht 41 zu Art 21 EuGVÜ.

[22] *Kropholler* Rn 10.

[23] *Kropholler* Rn 10; zur Gewichtung der Gesichtspunkte *Lüpfert*, Konnexität im EuGVÜ (1997) 205ff.

[24] *Thomas/Putzo/Hüßtege* Rn 8; *Kropholler* Rn 7; *Bülow/Böckstiegel/Geimer/Schütze/Safferling* Art 22 EuGVÜ Rn 6 und oben Art 27 Rn 21.

### VI. Abweisung der Klage wegen Unzuständigkeit

8 Sind die Klagen in erster Instanz anhängig und liegen die sonstigen Voraussetzungen des Art 28 vor, so kann sich das Gericht auf Antrag einer Partei für unzuständig erklären, wenn das zuerst angerufene Gericht für die betreffenden Klagen zuständig und ihre Verbindung nach seinem Recht zulässig ist. Mit der Voraussetzung der Anhängigkeit **in erster Instanz** soll vermieden werden, dass eine Partei eines Rechtszuges verlustig geht.[25] Die Voraussetzung der erstinstanzlichen Anhängigkeit galt ursprünglich auch für die Aussetzung, wurde dann aber im Zuge der Überführung des EuGVÜ in die Brüssel I-VO auf die Klageabweisung beschränkt, um „einen Irrtum zu korrigieren, der seinen Ursprung in den Verhandlungen zum Brüsseler Übereinkommen von 1968 hat".[26] Die erforderliche Zuständigkeit des Erstgerichts für beide Klagen soll negative Kompetenzkonflikte verhindern. Erklärt sich das zuerst angerufene Gericht zur Entscheidung in der zweiten Sache für unzuständig, kann keine Abweisung der Klage wegen Unzuständigkeit nach Art 28 Abs 2 erfolgen.[27]

9 Über die **Zulässigkeit einer Klageverbindung** entscheidet das Recht des Erstgerichts.[28] Die Prüfung der Zulässigkeit hat aber das Zweitgericht vorzunehmen.[29] Nach deutschem Recht kommt eine Verbindung der Verfahren nicht in Betracht (arg e § 147 ZPO).

10 Für eine **Abweisung der Klage** nach Art 28 Abs 2 bedarf es – anders als für die Aussetzung nach Abs 1 – des Antrags einer Partei. Zu beachten sind die nationalen Prozessregeln über die Rechtzeitigkeit von Angriffs- und Verteidigungsmitteln.[30]

11 Die Entscheidung des Gerichts, die Klage wegen Unzuständigkeit abzuweisen, ist ebenfalls eine **Ermessensentscheidung** (vgl daher Rn 7). Eine **Verweisung** des Rechtsstreits durch das Zweit- an das Erstgericht erlaubt Art 28 Abs 2 nicht.[31]

## Artikel 29

**Ist für die Klagen die ausschließliche Zuständigkeit mehrerer Gerichte gegeben, so hat sich das zuletzt angerufene Gericht zugunsten des zuerst angerufenen Gerichts für unzuständig zu erklären.**

---

[25] *Jenard*-Bericht 41 zu Art 22 EuGVÜ.

[26] KOM (1999) 348 endg, 21.

[27] *Jenard*-Bericht 41 zu Art 22 EuGVÜ.

[28] Anders noch die Vorgängerregelung, nach der das Recht des Zweitgerichts die Verbindung zulassen musste. Allerdings wurde zT befürwortet, die Formulierung als Redaktionsfehler zu lesen und auf das Recht des zuerst angerufenen Gerichts abzustellen, vgl *Bülow/Böckstiegel/Geimer/Schütze/Safferling* Art 22 EuGVÜ Rn 7.

[29] *Kropholler* Rn 8.

[30] *Kropholler* Rn 8; unklar *Lüpfert*, Konnexität im EuGVÜ (1997) 148f.

[31] *Kropholler* Rn 9.

Der verschiedentlich als überflüssig bezeichnete Art 29 dient ebenso wie Art 27, 28 der **Vermeidung von Kompetenzkonflikten.**[1] Die Vorschrift ist bei Anrufung mehrerer Gerichte anzuwenden, sofern für jedes von ihnen eine ausschließliche Zuständigkeit besteht. Aus ihr geht nicht hervor, ob – wie bei Art 27 – die Parteien und Streitgegenstände der Verfahren identisch sein müssen. Die Stellung des Artikels nach Art 28 und die offenbar auf Art 27 und 28 Bezug nehmende Formulierung („die Klagen") deuten darauf hin, dass Art 29 auch bei bloßem Zusammenhang iSd Art 28 Abs 3 Geltung erheischt.[2] Gleichwohl möchte die hM eine auf Art 29 gestützte Klageabweisung nur zulassen, wenn die Voraussetzungen des Art 27 vorliegen.[3] Dafür sprechen in der Tat gute Gründe. Denn es besteht kein Anlass, bei lediglich im Zusammenhang stehenden Verfahren dem Zweitgericht zwingend eine Abweisung wegen Unzuständigkeit vorzuschreiben. Außerdem ergäbe sich ein Widerspruch zu Art 28 Abs 2, der eine Abweisung bei einfachem Zusammenhang nur auf Antrag einer Partei erlaubt.[4] Liegen die Voraussetzungen vor, hat das zuletzt angerufene Gericht die Klage wegen Unzuständigkeit abzuweisen.[5] 1

## Artikel 30

**Für die Zwecke dieses Abschnitts gilt ein Gericht als angerufen:**

1. **zu dem Zeitpunkt, zu dem das verfahrenseinleitende Schriftstück oder ein gleichwertiges Schriftstück bei Gericht eingereicht worden ist, vorausgesetzt, dass der Kläger es in der Folge nicht versäumt hat, die ihm obliegenden Maßnahmen zu treffen, um die Zustellung des Schriftstücks an den Beklagten zu bewirken, oder**
2. **falls die Zustellung an den Beklagten vor Einreichung des Schriftstücks bei Gericht zu bewirken ist, zu dem Zeitpunkt, zu dem die für die Zustellung verantwortliche Stelle das Schriftstück erhalten hat, vorausgesetzt, dass der Kläger es in der Folge nicht versäumt hat, die ihm obliegenden Maßnahmen zu treffen, um das Schriftstück bei Gericht einzureichen.**

Eine Art 30 entsprechende Norm, die das in Art 27-29 verwendete Merkmal „angerufen" definiert, kannte das Brüsseler Übereinkommen nicht. Bei der Feststellung der endgültigen **Rechtshängigkeit**[1] durfte vielmehr jedes Gericht auf seine eigenen nationalen Vorschriften zurückgreifen.[2] Zuerst angerufenes Gericht war danach dasjenige, 1

---

[1] *Jenard*-Bericht 42 zu Art 23.

[2] *Bülow/Böckstiegel/Geimer/Schütze/Safferling* Art 23 EuGVÜ Rn 3.

[3] *Dauses/Kreuzer/Wagner* Q 306; *Bülow/Böckstiegel/Geimer/Schütze/Safferling* Art 23 EuGVÜ Rn 3; *MünchKommZPO/Gottwald* Art 23 EuGVÜ Rn 2; *Kropholler* Rn 1; *Schlosser* Anm zu Art 29.

[4] *Bülow/Böckstiegel/Geimer/Schütze/Safferling* Art 23 EuGVÜ Rn 3; *Kropholler* Rn 1.

[5] Zu den Einzelheiten vgl *Rauscher* IPR 467 ff.

[1] Eine dem deutschen Recht vergleichbare Unterscheidung zwischen Anhängigkeit und Rechtshängigkeit (vgl § 167 Abs 3 und §§ 253 Abs 5, 261 Abs 1 ZPO) kennt die VO nicht. Die Begriffe werden daher synonym verwendet.

[2] EuGH Rs 129/83 *Zelger/Salinitri* EuGHE 1984, 2397 Rn 15.

bei dem die jeweiligen nationalen Voraussetzungen für die Annahme der endgültigen Rechtshängigkeit zuerst vorlagen.[3] Dies benachteiligte Kläger, die Klage in Staaten erhoben, in denen es für eine Rechtshängigkeit nicht auf die Klageeinreichung bei Gericht, sondern deren Zustellung an den Beklagten ankam. Art 30 hilft diesem Misstand ab und legt den Zeitpunkt der Rechtshängigkeit nunmehr autonom fest, greift aber gleichwohl auf die mitgliedstaatlichen Konzeptionen zurück.

2 Nach **Nr 1** gilt in den Mitgliedstaaten, in denen das verfahrenseinleitende Schriftstück vor dessen Zustellung an den Beklagten bei Gericht einzureichen ist, das Gericht von diesem Zeitpunkt an als „angerufen", sofern der Kläger alle notwendigen Schritte unternommen hat, um die Zustellung der Klage an den Beklagten zu bewirken. Welche Maßnahmen dies sind, ist von Rechtssystem zu Rechtssystem unterschiedlich. In einem Fall reicht es aus, dem Gericht alle Unterlagen zu übermitteln, die es benötigt, um die Zustellung vornehmen zu können, während in einem anderen Fall das bereits bei Gericht eingetragene Schriftstück der für die Zustellung zuständigen Behörde übergeben werden muss.[4]

3 Nach **Nr 2** ist die Klage in allen Mitgliedstaaten, in denen die Zustellung vor Einreichung des verfahrenseinleitenden Schriftstücks erfolgt, mit Übergabe des Schriftstücks an die für die Zustellung zuständige Behörde anhängig (und nicht zum Zeitpunkt der Zustellung selbst), sofern der Kläger das Schriftstück fristgerecht nach Maßgabe des am Gerichtsstand geltenden Rechts einreicht.

4 Nach beiden Varianten ist immer die Übergabe an das Erste zu beteiligende Rechtspflegeorgan entscheidend. Nur daraus errechnet sich der Zeitpunkt der Anhängigkeit der Klage.[5] Diese Lösung koppelt den Eintritt der Rechtshängigkeit von der Dauer der Zustellung durch die zuerst beteiligte Behörde ab. Sie führt außerdem zu einem sehr frühen Eintritt der Rechtshängigkeit, schafft damit **Waffengleichheit** der Parteien und verhindert die missbräuchliche Ausnutzung nationaler Verfahrensrechte.[6]

5 Fraglich ist, welcher Zeitpunkt maßgeblich sein soll, wenn ein Anspruch vor Gericht nicht mit gewöhnlicher Klage, sondern auf andere Weise – zB durch Streitverkündung nach italienischem Recht – rechtshängig gemacht wird. Auch in diesem Fall wird darauf abzustellen sein, wann das Erste zu beteiligende Rechtspflegeorgan das Schriftstück erhält, mit dem die Rechtshängigkeit des Anspruchs begründet werden soll.

---

[3] EuGH Rs 129/83 *Zelger/Salinitri* EuGHE 1984, 2397 Rn 16.

[4] KOM (1999) 348 endg 22.

[5] *Kropholler* Rn 2.

[6] KOM (1999) 348 endg 22.

# Abschnitt 10
# Einstweilige Maßnahmen einschließlich solcher, die auf eine Sicherung gerichtet sind

## Artikel 31

**Die im Recht eines Mitgliedstaats vorgesehenen einstweiligen Maßnahmen einschließlich solcher, die auf eine Sicherung gerichtet sind, können bei den Gerichten dieses Staates auch dann beantragt werden, wenn für die Entscheidung in der Hauptsache das Gericht eines anderen Mitgliedstaats auf Grund dieser Verordnung zuständig ist.**

### Schrifttum

*Albrecht*, Das EuGVÜ und der einstweilige Rechtsschutz in England und in der Bundesrepublik Deutschland (1991)
*ders*, Art 24 EuGVÜ und die Entwicklung des einstweiligen Rechtsschutzes in England seit 1988, IPRax 1992, 184
*Bertrams*, De positie van het kort geding in het EEG Executieverdrag 1968, WPNR 1981, I, 21, 49
*Collins*, Provisional Measures, the Conflict of Laws and the Brussels Convention, YbEL 1981, 249
*Dedek*, Art 24 EuGVÜ und provisorische Anordnungen zur Leistungserbringung, EWS 2000, 246
*Dittmar*, Der Arrestgrund der Auslandsvollstreckung, NJW 1978, 1720
*Donzallaz*, Les mesures provisoires et conservatoires dans les conventions de Bruxelles et Lugano: état des lieux après les A. C. J.C. E. Mund, Mietz et Van Uden, AJP 2000, 956
*Eilers*, Maßnahmen des einstweiligen Rechtsschutzes im europäischen Zivilrechtsverkehr (1991)
*Fairen Guillen*, El proceso cautelar en la Convención de Bruselas de 27 de septiembre de 1968, La Ley 1997, 1648
*Fohrer/Mattil*, Der „grenzüberschreitende" dingliche Arrest im Anwendungsbereich des EuGVÜ (seit 1. 3. 2002 ersetzt durch die Verordnung [EG] Nr 44/2001), WM 2002, 840
*Fuentes Camacho*, Las medidas provisionales y cautelares en el espacio judicial europeo (1996)
*Garcimartin Alférez*, Effects of the Brussels Convention upon the Spanish System: Provisional and Protective Measures, in: *Hommelhoff/Jayme/Mangold* (Hrsg), Europäischer Binnenmarkt: IPR und Rechtsangleichung (1995) 129
*Gassmann*, Arrest im internationalen Rechtsverkehr (1998)
*Gerhard*, La competence du juge d'appui pour prononcer des mesures provisoires extraterritoriales, SZIER 1999, 97
*Gronstedt*, Grenzüberschreitender einstweiliger Rechtsschutz (1994)
*Grundmann*, Anerkennung und Vollstreckung ausländischer einstweiliger Massnahmen nach IPRG und Lugano-Übereinkommen (1996)
*Hartley*, Interim measures under the Brussels Jurisdiction and Judgments Convention, EuLR 1999, 674
*Heiss*, Einstweiliger Rechtsschutz im europäischen Zivilrechtsverkehr, 1987
*Heß*, Die begrenzte Freizügigkeit einstweiliger Maßnahmen im Binnenmarkt II – weitere Klar-

stellungen des Europäischen Gerichtshofs, IPRax 2000, 370

*Heß/Vollkommer*, Die begrenzte Freizügigkeit einstweiliger Maßnahmen nach Art 24 EuGVÜ, IPRax 1999, 220

*Hogan*, The Judgments Convention and Mareva Injunctions in the United Kongdom and Ireland, EuLR 1989, 191

*Honorati*, La cross-border prohibitory injunction olandese in materia di contraffazione di brevetti: sulla legittimità dell'inibitoria transfrontaliera alla luce della convenzione di Bruxelles del 1968, Riv dir int priv proc 1997, 301

*Ingenhoven*, Grenzüberschreitender Rechtsschutz durch englische Gerichte (2001)

*Kienle*, Arreste im internationalen Rechtsverkehr, Diss Tübingen (1991)

*Koch*, Neuere Probleme der internationalen Zwangsvollstreckung einschließlich des einstweiligen Rechtsschutzes, in: *Schlosser* (Hrsg), Materielles Recht und Prozessrecht und die Auswirkungen der Unterscheidung im Recht der internationalen Zwangsvollstreckung (1992) 171

*ders*, Grenzüberschreitender einstweiliger Rechtsschutz, in: *Heldrich/Kono* (Hrsg), Herausforderungen des Internationalen Zivilverfahrensrechts (1994) 85

*Maher/Rodger*, Provisional and Protective Remedies: The British Experience of The Brussels Convention, ICLQ 1999, 302

*Marmisse/Wilderspin*, Le régime jurisprudentiel des mesures provisoires à la lumière des arrêts Van Uden et Mietz, Rev crit 1999, 669

*Mennicke*, Vollziehung einer Unterlassungsverfügung durch Zustellung in einem anderen Vertragsstaat des EuGVÜ, IPRax 2001, 202

*Muir Watt*, Extraterritorialité des mesures conservatoires in personam (à propos de l'arrêt de la Court of Appeal Crédit Suisse Fides Trust v. Cuoghi), Rev crit 1998, 27

*Pålsson*, Interim Relief under the Brussels and Lugano Conventions, in: Liber amicorum Siehr (2000) 621

*Petrochilos*, Arbitration and interim measures: in the twilight of the Brussels Convention, Lloyd's MaritComLQ 2000, 99

*Querzola*, Tutela cautelare e convenzione di Bruxelles nell'experienza della Corte di giustizia delle Comunità europeee, Riv trim dir proc civ 2000, 805

*Remien*, Einseitige Unterlassungsverfügungen im europäischen Binnenmarkt und das EuGVÜ – Zur Sache Modern Music ./. EMI Records, WRP 1994, 25

*Reiner*, Schiedsgerichtsbarkeit, Einstweiliger Rechtsschutz und EuGVÜ, IPRax 2003, 74

*Renke*, Der Prozesskostenvorschuss im Ehescheidungsverfahren und Art 24 EuGVÜ, FuR 1990, 149

*Schulz*, Einstweilige Maßnahmen nach dem Brüsseler Gerichtsstands- und Vollstreckungsübereinkommen in der Rechtsprechung des Gerichtshofs der Europäischen Gemeinschaften (EuGH), ZEuP 2001, 805

*Sosnitza*, Einstweiliger Rechtsschutz im europäischen Binnenmarkt, in: *Sánchez Lorenzo/Moya Escudero* (Hrsg), La cooperación internacional en materia civil y la unificación del Derecho privado en europa (2003) 69

*Spellenberg/Leible*, Die Notwendigkeit vorläufigen Rechtsschutzes bei transnationalen Streitigkeiten, in: *Gilles* (Hrsg), Transnationales Prozessrecht (1995) 293

*Stadler*, Erlass und Freizügigkeit einstweiliger Maßnahmen im Anwendungsbereich des EuGVÜ, JZ 1999, 1089

*Stickler*, Das Zusammenwirken von Art 24 EuGVÜ und §§ 916 ff. ZPO (1992)

*Stürner*, Der einstweilige Rechtsschutz in Europa, in: FS Geiß (2000) 199

*Treichel*, Die französische Saisie-contrefaçon im europäischen Patentverletzungsprozess – Zur Problematik der Beweisbeschaffung im Ausland nach Art 24 EuGVÜ, GRURInt 2001, 690

*Vareilles-Sommiéres*, La compétence internationale des tribunaux français en matière de mesures provisoires, Rev crit 1996, 397

*Willeitner*, Vermögensgerichtsstand und einstweiliger Rechtsschutz im deutschen, niederländischen und europäischen Internationalen Zivilverfahrensrecht (2003)

*Wolf*, Konturen eines europäischen Systems des einstweiligen Rechtsschutzes, EWS 2000, 11 *ders*, Die Anerkennungsfähigkeit von Entscheidungen im Rahmen eines niederländischen kort geding-Verfahrens nach dem EuGVÜ, EuZW 2000, 11

*Wolf/Lange*, Das Europäische System des einstweiligen Rechtsschutzes – doch noch kein System?, RIW 2003, 55

*Zeiler*, Europäisches Sicherungsverfahren: Die Regelungen der Europäischen Gerichtsstands- und Vollstreckungsübereinkommen über einstweilige Maßnahmen, JBl 1996, 635.

**I. Allgemeines**
1. Zweck der Vorschrift ... 1
2. Sachlicher Anwendungsbereich ... 4
3. Räumlicher Anwendungsbereich ... 6
4. Vorrangige internationale Übereinkommen ... 7

**II. Begriff der einstweiligen Maßnahme**
1. Autonome Bestimmung ... 8
2. Leistungsverfügungen ... 10
3. Einstweilige Maßnahmen des deutschen Rechts ... 13

**III. Internationale Zuständigkeit** ... 14
1. Zuständigkeit nach der Brüssel I-VO ... 15
a) Zuständigkeit des Gerichts der Hauptsache ... 16
b) Zuständigkeit nach Art 2 ff bei anderweitiger Anhängigkeit der Hauptsache ... 17
c) Zuständigkeit bei fehlender Anhängigkeit ... 18
d) Folgen einer Schiedsvereinbarung ... 19
2. Zuständigkeit nach nationalem Recht
a) Grundsatz ... 21
b) Reale Verknüpfung ... 23
c) Zuständigkeit durch rügeloses Einlassen ... 26
d) Zuständigkeit für Maßnahmen des einstweiligen Rechtsschutzes nach deutschem autonomen Recht
(1) Arrest ... 27
(2) Einstweilige Verfügung ... 29
(3) Einstweilige Anordnung ... 30
(4) Arrestgrund der Auslandsvollstreckung ... 31
3. Gerichtsstandsvereinbarungen ... 33

**IV. Anerkennung und Vollstreckung** ... 35
1. Rechtliches Gehör ... 36
2. Maßnahmen des Hauptsachegerichts ... 37
3. Maßnahmen nach Art 31 iVm nationalem Recht ... 38

# I. Allgemeines

## 1. Zweck der Vorschrift

Die Notwendigkeit der Gewährung einstweiligen Rechtsschutzes ist bei internationalen Rechtsstreitigkeiten auf Grund der oft das Übliche übersteigenden Verfahrensdauer und der trotz der Brüssel I-VO doch häufig länger dauernden Urteilsvollstreckung noch größer als bei rein nationalen Verfahren[1]. Art 31 bezieht daher ausdrücklich auch **Maßnahmen des einstweiligen Rechtsschutzes** in den Anwendungsbereich der Brüssel 1

[1] Zu wirtschaftlichen Hintergründen und Interessen beim grenzüberschreitenden einstweiligen Rechtsschutz *Koch*, in: *Heldrich/Kono* (Hrsg), Herausforderungen des Internationalen Zivilverfahrensrechts (1994) 85 f.

I-VO ein. Allerdings haben einstweilige Maßnahmen nur eine sehr **rudimentäre Regelung** erfahren, die – wie nicht nur die mittlerweile fast unübersehbare Literatur zu diesem Thema belegt – viele Fragen offen lässt.

2 Im Zuständigkeitssystem der Brüssel I-VO hat Art 31 nach verbreiteter Ansicht[2] Bedeutung in doppelter Hinsicht: Die Vorschrift macht zum einen deutlich, dass die nationalen Gerichtsstände für Maßnahmen des einstweiligen Rechtsschutzes über den Zuständigkeitskatalog der Brüssel I-VO hinaus offen bleiben, und stellt zum anderen klar, dass einstweilige Maßnahmen jedenfalls auch bei einem nach Art 2 ff Brüssel I-VO zuständigen Gericht beantragt werden können. Art 31 will nicht den einstweiligen Rechtsschutz von den Zuständigkeiten der Brüssel I-VO ausschließen, sondern dem Gläubiger zusätzlich die hierfür außerhalb des Übereinkommens bestehenden Zuständigkeiten belassen. Der **Gläubiger** hat daher bei seinem Antrag auf Erlass einer einstweiligen Maßnahme ein **Wahlrecht** zwischen dem nach der Brüssel I-VO und dem nach dem nationalen Verfahrensrecht zuständigen Gericht. Damit eröffnet Art 31 für Maßnahmen des einstweiligen Rechtsschutzes das gesamte mitgliedstaatliche Zuständigkeitsspektrum einschließlich der exorbitanten Zuständigkeiten des Art 3 Abs 2, also zB auch nach § 23 ZPO.[3]

3 Ein solcher „Freibrief"[4] für die nationalen Rechte führt naturgemäß zu **Friktionen**, da auch Maßnahmen des einstweiligen Rechtsschutzes nach der Brüssel I-VO anzuerkennen und zu vollstrecken sind. Eine umfassendere Regelung des einstweiligen Rechtsschutzes in der Brüssel I-VO wäre daher wünschenswert.[5] Die Kommission hatte sich bereits in der Diskussion über eine Revision des EuGVÜ dafür ausgesprochen, einen neuen Art 18a EuGVÜ zu schaffen, der „eindeutig eine Zuständigkeitsvorschrift zugunsten des Mitgliedstaats" enthält, „auf dessen Hoheitsgebiet diese Maßnahmen betrieben werden können, selbst wenn die Gerichte eines anderen Staates für die Entscheidung in der Hauptsache zuständig sind".[6] Im Zuge der Überführung des EuGVÜ in die Brüssel I-VO wurde von einer entsprechenden Änderung jedoch abgesehen, da

---

[2] Vgl dazu mwN *Geimer/Schütze* Art 24 Rn 1 f; *Spellenberg/Leible*, in: *Gilles* (Hrsg), Transnationales Prozessrecht (1995) 313.

[3] Vgl etwa OLG Düsseldorf NJW 1977, 2034; OLG Düsseldorf RIW 1999, 874.

[4] *Schack* Rn 424.

[5] So auch *Gaudemet-Tallon* 252; *Kropholler* Rn 1.

[6] „Mitteilung der Kommission an den Rat und das Europäische Parlament – Wege zu einer effizienteren Erwirkung und Vollstreckung gerichtlicher Entscheidungen in der Europäischen Union", ABl EG 1998 C 33/3; vgl außerdem den „Vorschlag für einen Rechtsakt des Rates über die Ausarbeitung des Übereinkommens über die gerichtliche Zuständigkeit, die Anerkennung und Vollstreckung gerichtlicher Entscheidungen in den Mitgliedstaaten der Europäischen Union", ABl EG 1998 C 33/20. Zur Reformdiskussion *Virgós Soriano/Garcimartín Alférenz*, in: *Borrás* (Hrsg), La revisión de los convenios de Bruselas de 1968 y Lugano de 1988 sobre competencia judicial y ejecución de resoluciones extranjeras: Una reflexión preliminar española (1998) 77 f; *Desantes Real* ebda 137 ff; *Wagner* IPRax 1998, 241.

man meinte, dass durch die EuGH-Entscheidungen „van Uden/Deco-Line“[7] und „Mietz/Intership Yachting“[8] die gröbsten Missstände beseitigt seien.[9]

**2. Sachlicher Anwendungsbereich**

4 Art 31 erfasst nur solche einstweiligen Maßnahmen, für die zur Entscheidung in der Hauptsache das Gericht eines anderen Mitgliedstaats „auf Grund dieser Verordnung“ zuständig ist. Die einstweilige Maßnahme muss folglich in den **sachlichen Anwendungsbereich** der Brüssel I-VO (Art 1) fallen.[10] Die Zugehörigkeit einer einstweiligen Maßnahme zum Anwendungsbereich der Brüssel I-VO bestimmt sich nicht nach ihrer Rechtsnatur, sondern nach derjenigen der durch sie gesicherten Ansprüche.[11] Abzustellen ist auf den Verfügungsantrag. Es genügt, wenn der Antragsgegenstand vom Anwendungsbereich der Brüssel I-VO erfasst wird. Dass er unter Umständen im Zusammenhang mit einem Hauptantrag steht, der eine der durch Art 1 Abs 2 ausgeschlossenen Materien betrifft (zB Antrag auf einstweilige Anordnung von Unterhalt im Ehescheidungsverfahren), ist unerheblich.[12]

5 Sofern der Antrag auf einstweiligen Rechtsschutz nicht auf die Durchführung eines **Schiedsverfahrens** gerichtet ist, sondern einen Gegenstand betrifft, der in den Anwendungsbereich der Brüssel I-VO fällt, ist es daher auch unbeachtlich, wenn die Parteien für das Hauptsacheverfahren eine Schiedsvereinbarung getroffen haben.[13] Die Zuständigkeit für den Erlass einer einstweiligen Maßnahme kann sich in diesem Fall nach Auffassung des EuGH allerdings nicht aus der Hauptsachezuständigkeit ergeben, sondern soll allein nach Art 31 bzw nationalem Recht zu bestimmen sein (vgl auch Rn 19).[14]

**3. Räumlicher Anwendungsbereich**

6 Art 31 findet nur Anwendung, wenn der Antragsgegner seinen **Wohnsitz in einem Mitgliedstaat** (Art 1 Abs 3) hat. Fehlt es hieran, ist ein Rückgriff auf die Zuständig-

---

[7] EuGH Rs C-391/95 *Van Uden/Deco-Line* EuGHE 1998 I 7122 = IPRax 1999, 240 m Bspr *Heß/Vollkommer* = RIW 1999, 776 m Anm *Pörnbacher* = ZZP Int 4 (1999) 205 m Anm *Spellenberg/Leible*.

[8] EuGH C-99/96 *Mietz/Intership Yachting* EuGHE 1999 I 2277 = IPRax 2000, 411 m Bspr *Heß* = ZZP Int 4 (1999) 212 m Anm *Spellenberg/Leible*.

[9] Vgl dazu *Kohler*, in: *Gottwald* (Hrsg), Revision des EuGVÜ (2000) 29 f; *Spellenberg/Leible* ZZP Int 4 (1999) 230; *Stadler* JZ 1999, 1098.

[10] EuGH Rs 143/78 *De Cavel/De Cavel* EuGHE 1979, 1055 Rn 9; Rs 25/81 *C. H. W./G. J. H.* EuGHE 1982, 1189 Rn 11.

[11] EuGH Rs C-261/90 *Reichert/Dresdner Bank* EuGHE 1992 I 2149, Rn 32; Rs C-391/95 *Van Uden/Deco-Line* EuGHE 1998 I 7122 Rn 34.

[12] EuGH Rs 120/79 *De Cavel/De Cavel II* EuGHE 1980, 731 Rn 5 ff.

[13] EuGH Rs C-391/95 *Van Uden/Deco-Line* EuGHE 1998 I 7122 Rn 34; OLG München RIW 2000, 465.

[14] EuGH Rs C-391/95 *Van Uden/Deco-Line* EuGHE 1998 I 7122 Rn 34; vgl auch OGH IPRax 2003, 64 m Bspr *Reiner* 74.

keitsvorschriften der Brüssel I-VO ausgeschlossen. Die internationale Zuständigkeit beurteilt sich dann allein nach nationalem Recht.

**4. Vorrangige internationale Übereinkommen**

7 Auch bei Maßnahmen des einstweiligen Rechtsschutzes sind in **Spezialübereinkommen** enthaltene Zuständigkeitsregeln, die nach Art 71 der Brüssel I-VO vorgehen, zu beachten. Einschlägig sind etwa Art 18 §§ 2, 3 des „Übereinkommens über den internationalen Eisenbahnverkehr (COTIF)“[15] sowie Art 4 des Internationalen Übereinkommens zur Vereinheitlichung von Regeln über den Arrest von Schiffen.[16]

**II. Begriff der einstweiligen Maßnahme**

**1. Autonome Bestimmung**

8 Art 31 erklärt nicht, was unter „einstweiligen Maßnahmen einschließlich solcher, die auf eine Sicherung gerichtet sind“, zu verstehen ist. Auch finden sich weder im erläuternden Bericht zum EuGVÜ noch in den Erwägungsgründen der Brüssel I-VO weiterführende Hinweise. Angesichts des breiten Spektrums einstweiliger Verfügungen und Maßnahmen, das die Rechtsvergleichung zeigt,[17] wäre eine Definition zwar wünschenswert, aber auch schwierig gewesen. Man kann sie wohl in zwei Gruppen einteilen: Zum einen die **sichernden Verfügungen**, die eine spätere Vollstreckung der Entscheidung in der Hauptsache sichern sollen,[18] einschließlich der Verfügungen zur Sicherung des Rechtsfriedens während des Verfahrens, falls man darin nicht eine eigene Gruppe sehen will; zum anderen Entscheidungen, die in einem beschleunigten Verfahren den Anspruch selbst ganz oder teilweise zusprechen und vollstreckbar machen. Musterbeispiele für Letztere sind die Entscheidungen des *„juge des référés“* nach Art 809 II französischer NCPC und das *„kort geding“* des niederländischen Wetboek van Burgerlijke Rechtsvordering (WBR), *interim payments* in Großbritannien, aber auch die **Leistungsverfügungen** des deutschen Rechts, die unter § 940 eingeordnet werden[19] bzw unter §§ 623f ZPO.

9 Der EuGH definiert den Begriff der einstweiligen Maßnahme **autonom**. Danach handelt es sich um einstweilige Maßnahmen bei allen Maßnahmen, die auf in den Anwendungsbereich der Brüssel I-VO fallenden Rechtsgebieten ergehen und „eine Verände-

---

15 Vom 9. Mai 1980 (BGBl 1985 II 144) idF des Protokolls vom 9. Dezember 1990 (BGBl 1992 II 1182); vgl außerdem Art 12 §§ 3-5 COTIF idF des Änderungsprotokolls vom 3. Juni 1999 (BGBl 2002 II 2149).

16 BGBl 1972 II 655.

17 Vgl die gute Zusammenstellung bei *Eilers*, Maßnahmen des einstweiligen Rechtsschutzes im europäischen Zivilrechtsverkehr (1991) 61-173 (einschl der Regelungen der internationalen Zuständigkeit); außerdem zB *Stadler* JZ 1999, 1095f; *Stürner*, in: FS Geiß (2000) 199.

18 Paradigmatisch ist der Arrest iSd §§ 916ff ZPO.

19 *Thomas/Putzo/Reichold* § 940 Rn 6.

rung der Sach- oder Rechtslage verhindern sollen, um Rechte zu sichern, deren Anerkennung im Übrigen bei dem in der Hauptsache zuständigen Gericht beantragt wird".[20]

## 2. Leistungsverfügungen

Zu den von Art 31 erfassten einstweiligen Maßnahmen zählen auch solche, die nicht 10
nur einen Rechtszustand einstweilig regeln oder der Sicherung des Gläubigeranspruchs dienen, sondern bereits zu einer **vorweggenommenen Befriedigung** führen; denn es kann „nicht von vornherein generell und abstrakt ausgeschlossen werden, dass die Anordnung der vorläufigen Erbringung einer vertraglichen Hauptleistung, auch wenn ihr Betrag dem des Klageantrags entspricht, zur Sicherstellung der Wirksamkeit des Urteils in der Hauptsache erforderlich ist und gegebenenfalls angesichts der Parteiinteressen gerechtfertigt erscheint".[21] Auch das deutsche Recht erkennt die mitunter bestehende Notwendigkeit an, bereits im Verfahren des einstweiligen Rechtsschutzes eine vorläufige Befriedigung des Gläubigeranspruchs anzuordnen. Allerdings wird der Erlass einer **Befriedigungsverfügung** im deutschen Recht an strenge Voraussetzungen geknüpft: Sie muss zwingend erforderlich sein, um den Verfügungskläger vor besonders schweren Nachteilen, insbesondere vor einer Existenzgefährdung oder ähnlich gravierenden Notlagen, zu schützen. Hauptanwendungsfälle sind ua Ansprüche auf Zahlungen, die der Gläubiger für seinen Lebensunterhalt braucht, Wettbewerbs- und Arbeitsrecht.[22] Dafür werden aber auch an den Nachweis des Verfügungsanspruchs deutlich höhere Anforderungen als sonst gestellt.[23] Ähnlich strenge Bedingungen sind hingegen bei verschiedenen Leistungsverfügungen des ausländischen Rechts, etwa dem niederländischen „*kort geding*",[24] nicht zu erfüllen. Und auch der EuGH fordert sie für eine Anwendbarkeit von Art 31 nicht.[25] Es genügt bereits, dass die angeordnete Maßnahme einstweiligen, weil vom Ausgang eines Hauptsacheverfahrens abhängigen Charakter hat.

Um zu verhindern, dass die bei einer Anordnung einer vorläufigen Leistung stets dro- 11
hende Vorwegnahme der Hauptsache die Umgehung der Zuständigkeitsvorschriften der Brüssel I-VO ermöglicht, verlangt der EuGH für die Annahme einer einstweiligen Maßnahme, bei der die Zuständigkeit des angerufenen Gerichts allein auf Art 31 iVm nationalem Recht gründet, das Vorliegen eines zusätzlichen, ungeschriebenen Tatbestandsmerkmals. Die Anordnung der vorläufigen Erbringung einer vertraglichen Haupt-

---

20 EuGH Rs C-261/90 *Reichert/Dresdner Bank* EuGHE 1992 I 2149 Rn 34; Rs C-391/95 *Van Uden/Deco-Line* EuGHE 1998 I 7122 Rn 37.

21 EuGH Rs C-391/95 *Van Uden/Deco-Line* EuGHE 1998 I 7122 Rn 45; zuvor bereits EuGH Rs C-393/96 P (R) *Antonissen/Rat und Kommission* EuGHE 1997 I 441 Rn 37.

22 Vgl *Baur/Stürner*, Zwangsvollstreckungs- und Konkursrecht[12] (1995) Bd I § 53 Rn 23ff.

23 Zu den Einzelheiten vgl *Thomas/Putzo/Reichold* § 940 ZPO Rn 4; *Baur/Stürner*, Zwangsvollstreckungs- und Konkursrecht[12] (1995) Bd I § 53 Rn 23ff.

24 Dazu *Zonderland* ZZP 90 (1977) 225.

25 Anders hingegen bei einer Anordnung nach Art 243 EGV, vgl EuGH Rs C-393/96 P (R) *Antonissen/Rat und Kommission* EuGHE 1997 I 441 Rn 41: Nur in Fällen, „in denen sich der Fumus boni iuris als besonders ausgeprägt und die Dringlichkeit der beantragten Anordnung als unbestreitbar erweist".

leistung ist nur dann eine einstweilige Maßnahme idS, „wenn die **Rückzahlung** des zugesprochenen Betrages an den Antragsgegner in dem Fall, dass der Antragsteller nicht in der Hauptsache obsiegt, **gewährleistet** ist und die angeordnete Maßnahme nur bestimmte Vermögensgegenstände des Antragsgegners betrifft, die sich im **örtlichen Zuständigkeitsbereich** des angerufenen Gerichts befinden oder befinden müssten".[26] Offen bleibt die Form des Gewährleistungsanspruchs. In Betracht kommt vor allem eine **Sicherheitsleistung** des Gläubigers.[27]

12 Die vom EuGH bislang entschiedenen Fälle betrafen nur einstweilige Maßnahmen, die auf die vorläufige Erbringung einer „vertraglichen Gegenleistung" gerichtet waren. Ob es einer Sicherheitsleistung auch bei Zahlungsansprüchen, die auf **gesetzlichen oder familienrechtlichen Rechtsverhältnissen** beruhen, bedarf, ist noch nicht entschieden. Eine unterschiedliche Behandlung hätte durchaus Sinn. Von einer Vertragspartei kann man in einem gewissen Maße erwarten, dass sie selbst Vorsorge trifft oder eben das Risiko ihrer „Bedürftigkeit" nicht eingeht. Zu bedenken ist jedoch, dass Leistungsverfügungen in nicht wenigen Fällen gerade deshalb beantragt werden, weil der Antragsteller nicht liquide und auf die Zahlung der ihm (angeblich) zustehenden Geldsumme zur Betriebsfortführung, zum Lebensunterhalt etc dringend angewiesen ist. Wer in einer derartigen Lage ist, wird kaum die Möglichkeit haben, die erforderlichen Sicherheiten beizubringen. Das gilt vornehmlich bei **Befriedigungsverfügungen** auf **Unterhaltszahlungen** oder die Zahlung von Schadensersatz zur Begleichung von Arztkosten, die zur Abwendung ernsthafter Gesundheitsschäden sofort erbracht werden müssen. Es ist zu hoffen, dass der EuGH in derartigen Fällen auf die Sicherheitsleistung des Gläubigers verzichten und zu einem differenzierten Begriff der „einstweiligen Maßnahmen" iSv Art 31 gelangen wird.[28]

### 3. Einstweilige Maßnahmen des deutschen Rechts

13 Im deutschen Recht sind der Arrest und die einstweilige Verfügung (§§ 916ff ZPO) einschließlich der Leistungsverfügung erfasst, darüber hinaus aber auch familienrechtliche einstweilige Anordnungen, sofern der Antragsgegenstand in den sachlichen Anwendungsbereich der Brüssel I-VO fällt. Das kann zB bei einstweiligen Anordnungen nach §§ 127a, 620 Nr 4, 6, 8, 621f, 641d, 644 ZPO der Fall sein (Unterhalt). Um keine einstweiligen Maßnahmen iSv Art 31 handelt es sich hingegen beim **selbstständigen Beweisverfahren** (§§ 485ff ZPO)[29] und der **Gläubigeranfechtung**.[30]

---

[26] EuGH Rs C-391/95 *Van Uden/Deco-Line* EuGHE 1998 I 7122 Rn 47; EuGH Rs C-99/96 *Mietz/Intership Yachting* EuGHE 1999 I 2277 Rn 42.

[27] *Heß/Vollkommer* IPRax 1999, 221; *Stadler* JZ 1999, 1097.

[28] *Spellenberg/Leible* ZZP Int 4 (1999) 224f.

[29] *Geimer/Schütze*, Int Urteilsanerkennung I/1, 215; *Geimer/Schütze* Rn 13; *Schack* Rn 429; *Spellenberg/Leible*, in: *Gilles* (Hrsg), Transnationales Prozessrecht (1995) 313; **aA** OLG Hamburg IPRax 2000, 530; *Bülow/Böckstiegel/Geimer/Schütze/Wolf* Art 24 EuGVÜ Rn 6; *MünchKommZPO/Gottwald* Art 24 EuGVÜ Rn 3; *Stürner* IPRax 1984, 300; *Thomas/Putzo/Hüßtege* Rn 2.

[30] EuGHE Rs 261/90 *Reichert/Dresdner Bank* EuGHE 1992 I 2149 Rn 35; *Kropholler* Rn 9.

## III. Internationale Zuständigkeit

Art 31 eröffnet dem Antragsteller eine **Wahlmöglichkeit**: Er kann seinen Antrag auf Gewährung einstweiligen Rechtsschutzes entweder bei einem nach der Brüssel I-VO für die Hauptsache zuständigen Gericht oder aber bei einem nach unvereinheitlichtem nationalen Recht zuständigen Gericht stellen. 14

### 1. Zuständigkeit nach der Brüssel I-VO

Ein Gericht, das nach den Art 2, 5-24 für die Entscheidung eines Rechtsstreits in der **Hauptsache** zuständig ist, ist nach der Brüssel I-VO zugleich für die Anordnung einstweiliger oder sichernder Maßnahmen zuständig, ohne dass diese Zuständigkeit von weiteren Voraussetzungen abhängt.[31] 15

#### a) Zuständigkeit des Gerichts der Hauptsache

Das Gericht, bei dem die Hauptsache bereits **anhängig** ist, darf daher stets alle für das Verfahren notwendigen einstweiligen oder sichernden Maßnahmen anordnen. Ein Rückgriff auf Art 31 ist nicht notwendig.[32] Das Hauptsachegericht kann also zB Leistungsverfügungen ohne Anordnung einer vorgängigen Sicherheitsleistung erlassen. Darüber hinaus ist auch das vom EuGH postulierte weitere Erfordernis der Belegenheit des Schuldnervermögens im Gerichtsstaat nicht zu beachten. 16

#### b) Zuständigkeit nach Art 2 ff bei anderweitiger Anhängigkeit der Hauptsache

Ob Gleiches auch gilt, wenn die Hauptsache bereits anhängig ist und einstweiliger Rechtsschutz bei einem **anderen nach Art 2 ff zuständigen Gericht** beantragt wird, wurde vom EuGH bislang nicht entschieden und ist umstritten. Aus der in den Entscheidungen „Van Uden/Deco-Line" und „Mietz/Intership Yachting" deutlich zum Ausdruck kommenden Verteidigung oder Stärkung der Hauptsachegerichte wird verschiedentlich geschlossen, dass einstweilige Maßnahmen anderer Gerichte nur noch ergänzenden Charakter haben und diese daher bei einer anderweitigen Anhängigkeit der Klage nur noch im Gerichtsstaat und nicht im Ausland vollstreckbare Maßnahmen erlassen dürfen.[33] Eine derartige Annahme wäre jedoch verfehlt. Sie führt zum einen zu empfindlichen Rechtsschutzlücken.[34] Und sie vernachlässigt zum anderen, dass es dem EuGH lediglich darum geht, auch für Maßnahmen des einstweiligen Rechtsschutzes sicherzustellen, dass nur sachnahe Gerichte entscheiden. Sachnähe ist aber bereits in den in Art 2 ff aufgeführten Zuständigkeiten bewertet.[35] Wird einstweiliger Rechts- 17

---

31 EuGH Rs C-391/95 *Van Uden/Deco-Line* EuGHE 1998 I 7122 Rn 19; Rs C-99/96 *Mietz/Intership Yachting* EuGHE 1999 I 2277 Rn 41.

32 EuGH Rs C-99/96 *Mietz/Intership Yachting* EuGHE 1999 I 2277 Rn 40.

33 Vgl zB *Bülow/Böckstiegel/Geimer/Schütze/Wolf* Art 24 EuGVÜ Rn 17; *Kropholler* Rn 11; *Schulz* ZEuP 2001, 814; *Virgós Soriano/Garcimartín Alférez* 232; *Wolf* EWS 2000, 18.

34 *Heß/Vollkommer* IPRax 1999, 224.

35 *Spellenberg/Leible* ZZP Int 4 (1999) 228.

schutz bei einem anderen nach Art 2ff für die Hauptsache zuständigen Gericht beantragt, bedarf es daher ebenfalls keines Rückgriffs auf Art 31.[36]

**c) Zuständigkeit bei fehlender Anhängigkeit**

18 Ist die Hauptsache noch nicht anhängig, kann einstweiliger Rechtsschutz bei jedem Gericht beantragt werden, das nach den Art 2ff für die Entscheidung des Rechtsstreits in der Hauptsache zuständig sein könnte. Es genügt folglich die **fiktive Hauptsachezuständigkeit**. Der Gläubiger hat die Wahl zwischen allen nach Art 2ff in Betracht kommenden Hauptsachegerichten. Entscheidet er sich für eines von ihnen, hindert ihn die Antragstellung indes nicht, die Hauptsache später doch bei einem anderen nach Art 2ff zuständigen Gericht anhängig zu machen.[37] Eine spätere anderweitige Anhängigkeit der Hauptsache lässt umgekehrt die Zulässigkeit des zeitlich prioritären Antrags auf einstweiligen Rechtsschutz unberührt.

**d) Folgen einer Schiedsvereinbarung**

19 Voraussetzung für die Eröffnung der Gerichtsstände der Art 2, 5-24 im Bereich des einstweiligen Rechtsschutzes ist nach Auffassung des EuGH, dass in der Hauptsache überhaupt ein staatliches Gericht entscheiden kann. Hieran fehlt es, wenn die Vertragsparteien eine **Schiedsvereinbarung** getroffen haben, weil dadurch den staatlichen Gerichten generell die Sachentscheidungskompetenz entzogen wird. Die Vertragsparteien hätten dann keine Möglichkeit mehr, die Anordnung einstweiliger oder sichernder Maßnahmen bei einem staatlichen Gericht zu beantragen, das nach der Brüssel I-VO in der Hauptsache zuständig ist, sondern müssten über Art 31 auf die nationalen Zuständigkeitsvorschriften ausweichen.[38]

20 Diese Argumentation überzeugt indes nicht. Denn mit der Gerichtsbarkeit der Staaten für die Hauptsache entfällt nicht notwendig diejenige für einstweilige Maßnahmen.[39] Mit den Art 2, 5-24 ist ein **umfassendes Zuständigkeitssystem** geschaffen worden, welches die Gerichte der Vertragsstaaten nach bestimmten Regeln für international zuständig erklärt. Hiervon ausdrücklich ausgenommen sind in Art 1 Abs 2 verschiedene Rechtsgebiete, ua gem Nr 4 die Schiedsgerichtsbarkeit. Dieser Ausschluss erfasst jedoch nur Verfahren vor staatlichen Gerichten, die der Unterstützung der Durchführung eines Schiedsverfahrens dienen, wie zB eine Schiedsrichterbestimmung. Das ist bei Maßnahmen des einstweiligen Rechtsschutzes, die eine Anspruchssicherung zum Ziel haben, indes nicht der Fall. Insoweit – wie überhaupt bei allen nicht von Art 1 Abs 2 ausgeschlossenen Verfahrensgegenständen – bleibt es grundsätzlich bei einer Anwendbarkeit der Art 2, 5-24.

---

[36] *Heß/Vollkommer* IPRax 1999, 224; *Nagel/Gottwald* § 15 Rn 12; *Sosnitza*, in: *Sánchez Lorenzo/Moya Escudero* (Hrsg), La cooperación internacional en materia civil y la unificación del Derecho privado en europa (2003) 75; *Spellenberg/Leible* ZZP Int 4 (1999) 228; *Stadler* JZ 1999, 1094f; wohl auch *Musielak/Weth* Rn 4.

[37] **AA** *Bülow/Böckstiegel/Geimer/Schütze/Wolf* Art 24 EuGVÜ Rn 15.

[38] EuGH Rs C-391/95 *Van Uden/Deco-Line* EuGHE 1998 I 7122 Rn 24f; vgl auch OGH IPRax 2003, 64 m Bspr *Reiner* 74.

[39] **AA** *Maher/Rodger* IntCompLQ 48 (1999) 302, 316.

Jedoch beurteilt sich die Frage, ob, inwieweit und unter welchen Voraussetzungen die Parteien die Zuständigkeit der staatlichen Gerichte durch eine Schiedsvereinbarung beseitigen können, nach den im Forumstaat maßgeblichen internationalen Übereinkommen über die Schiedsgerichtsbarkeit sowie dessen innerstaatlichem Recht.[40] Lässt dieses Recht trotz einer Schiedsabrede einstweilige Maßnahmen (auch) staatlicher Gerichte zu,[41] sind für die Durchführung dieses Verfahrens die allgemeinen Zuständigkeitsregeln des Forums maßgeblich, zu denen auch die Art 2, 5-24 zählen können.[42]

## 2. Zuständigkeit nach nationalem Recht

### a) Grundsatz

Art 31 hat als eigenständige Norm insoweit Zuständigkeitsrelevanz, als sie für Maßnahmen des einstweiligen Rechtsschutzes alle nach nationalem Prozessrecht in Betracht kommenden Gerichtsstände einschließlich der nach Art 3 Abs 2 für Hauptsacheverfahren ausgeschlossenen sog exorbitanten Zuständigkeiten eröffnet, und zwar auch für Befriedigungsverfügungen. Nach Ansicht von Teilen der Rechtsprechung und des Schrifttums soll sich die internationale Zuständigkeit für einstweilige Maßnahmen allerdings nur dann auf die in Art 3 Abs 2 ausgeschlossenen Gerichtsstände gründen können, wenn es sich bei ihnen zugleich um besondere Eilgerichtsstände handelt.[43] Der EuGH macht derlei Einschränkungen indes nicht und stellt ganz allgemein fest, dass „das Verbot der Geltendmachung exorbitanter Zuständigkeitsvorschriften in Artikel 3 nicht für die Sonderregelung des Artikels 31 gilt".[44] Er formuliert allerdings als zusätzliche Voraussetzung das Erfordernis einer „realen Verknüpfung" (vgl Rn 23f). Zu beachten bleiben außerdem die besonderen Anforderungen bei Leistungsverfügungen (vgl Rn 11). Sind diese Bedingungen nicht erfüllt, dürfen nationale Gerichte im Geltungsbereich der Brüssel I-VO schon nicht entscheiden, nicht nur sind die von ihnen erlassenen einstweiligen Maßnahmen im Ausland nicht vollstreckbar. 21

Liegen hingegen sowohl die vom nationalen als auch vom europäischen Recht postulierten Voraussetzungen vor, nimmt allein der Umstand, dass bei einem Gericht eines Mitgliedstaats ein Hauptsacheverfahren anhängig ist oder werden kann, dem Gericht eines anderen Mitgliedstaats nicht seine Zuständigkeit aus Art 31. Art 31 kann also in Zusammenspiel mit autonomem nationalen Recht die Zuständigkeit des Gerichts des 22

---

[40] *Geimer/Schütze* Art 1 EuGVÜ Rn 99f.

[41] Vgl zB § 1033 ZPO.

[42] Ebenso *Heß/Vollkommer* IPRax 1999, 222.

[43] Vgl zB OLG Koblenz IPRspr 1975 Nr 187; LG Frankfurt RIW 1977, 235; *Garcimartín Alférez*, El régimen de las medidas cautelares en el comercio internacional (1996) 83ff; *Eilers*, Maßnahmen des einstweiligen Rechtsschutzes im europäischen Zivilrechtsverkehr (1991) 205; *Puttfarken* RIW 1977, 360; *Zeiler* JBl 1996, 639. Weitere Nachweise bei *Gerhard* SZIER 1999, 129 in Fn 130. Hingegen wollen nur auf die Staatsangehörigkeit abstellende exorbitante Gerichtsstände ausschließen *Rauscher* IPR 411; *Zöller/Geimer* Rn 1.

[44] EuGH Rs C-391/95 *Van Uden/Deco-Line* EuGHE 1998 I 7122 Rn 42f.

vorläufigen Rechtsschutzes auch bei **tatsächlicher oder potentieller anderweitiger Anhängigkeit der Hauptsache** begründen.[45]

**b) Reale Verknüpfung**

23 Ein uneingeschränkter Verweis auf sämtliche nationalen Gerichtsstände ist stets mit der Gefahr verbunden, dass auch ein sachfernes Gericht zum Erlass einstweiliger Maßnahmen berufen sein und dessen Entscheidung dann in allen Vertragsstaaten vollstreckt werden kann. Das widerspräche dem der Brüssel I-VO zugrunde liegenden und insbesondere in den Art 2ff zum Ausdruck kommenden allgemeinen Prinzip der Entscheidung des möglichst sachnahen Gerichts und lädt nachgerade zum **forum shopping** ein. Eine weite zusätzliche internationale Zuständigkeit wäre zwar für Arreste und Regelungsverfügungen noch vertretbar. Bei Leistungsverfügungen würden jedoch weitgehend die verbotenen exorbitanten Zuständigkeiten – zB nach Art 14, 15 cc – durch die Hintertür wieder hereinkommen und die Hauptsacheverfahren mit ihrer Zuständigkeitsordnung ersetzen. Der EuGH hat bereits in „Denilauler/Couchet Frères" darauf hingewiesen, dass die Gerichte des Vertragsstaates, in dem sich die von der beantragten Maßnahme betroffenen Gegenstände befinden, am ehesten zur Entscheidung über den Antrag auf Gewährung einstweiligen Rechtsschutzes in der Lage sind,[46] und hieraus dann in „Van Uden/Deco-Line" ein zusätzliches allgemeines Erfordernis entwickelt: Eine auf Art 31 in Verbindung mit nationalem Recht gestützte Zuständigkeit der Gerichte eines Vertragsstaates kommt nur in Betracht, wenn „zwischen dem Gegenstand der beantragten Maßnahmen und der gebietsbezogenen Zuständigkeit des Vertragsstaats des angerufenen Gerichts eine **reale Verknüpfung** besteht".[47]

24 Was sich hinter dem Terminus der „realen Verknüpfung" verbirgt, ist noch nicht hinreichend geklärt.[48] Klarer wird er, wenn man die vom EuGH für Leistungsverfügungen formulierte Einschränkung, dass das Vollstreckungsobjekt im Gerichtsbezirk liegen müsse, hierher nimmt und verallgemeinert.[49] Die Belegenheit kann allerdings nicht mit dem vom BGH für § 23 ZPO geforderten „hinreichenden Inlandsbezug"[50] gleichgesetzt oder auch nur verglichen werden. Denn die vom BGH dort verlangten zusätzlichen Anknüpfungspunkte des inländischen Klägerwohnsitzes oder gewöhnlichen Klägeraufenthalts[51] neben der Vermögensbelegenheit sind in erster Linie verfahrensbezogen, während der EuGH stärker auf die Vollstreckung der einstweiligen Maßnahme abstellt[52].

---

[45] EuGH Rs C-391/95 *Van Uden/Deco-Line* EuGHE 1998 I 7122 Rn 29 und 34; vgl dazu etwa das Beispiel Cass (Belgien) GRURInt 2001, 73 sowie *Treichel* GRURInt 2001, 697.

[46] EuGH Rs 125/79 *Denilauler/Couchet Frères* EuGHE 1980, 1553 Rn 16.

[47] EuGH Rs C-391/95 *Van Uden/Deco-Line* EuGHE 1998 I 7122 Rn 40.

[48] Vgl dazu vor allem *Stadler* JZ 1999, 10893 f; *Schulz* ZEuP 2001, 815ff.

[49] Ganz ähnlich erlaubt zB auch Art 12 Brüssel II-VO nur einstweilige Maßnahmen „in Bezug auf in diesem Staat befindliche Personen oder Güter".

[50] Vgl BGHZ 115, 90.

[51] Vgl BGHZ 115, 99.

[52] Vgl EuGH Rs 125/79 *Denilauler/Couchet Frères* EuGHE 1980 1553 Rdnr 15: „... genaue Kenntnis der Umstände, in deren Rahmen die Maßnahme wirken sollen". Beispielhaft aufgeführt werden die Art

Näher liegt es daher, dem Begriff der „realen Verknüpfung" einen **vollstreckungsrechtlichen Gehalt** beizumessen:[53] Gem Art 31 international zuständig für die Gewährung einstweiligen Rechtsschutzes sind dann die Gerichte desjenigen Vertragsstaates, in dem die einstweilige Maßnahme vollzogen werden soll.

Aus einem vollstreckungsrechtlichen Verständnis ergibt sich weiter, dass für einstweilige Maßnahmen, die der Sicherung von Geld- oder Sachleistungsansprüchen dienen, auf Grund nationalen Rechts in Verbindung mit Art 31 nur die Gerichte desjenigen Vertragsstaates zuständig sein können, in dem der Antragsgegner **hinreichendes Vermögen** besitzt. Es genügt nicht, dass überhaupt Vermögen vorhanden ist. Eine umbrella-rule soll gerade verhindert werden. Der Antragsteller muss daher bei Antragstellung glaubhaft machen, dass das Vermögen auch ausreicht, um die einstweilige Maßnahme im Inland vollziehen zu können.[54] Andernfalls muss er den Antrag auf den voraussichtlich im Inland vollstreckbaren Teil beschränken.[55] Bei einstweiligen Maßnahmen, die Handlungs-, Duldungs- oder Unterlassungsansprüche betreffen, ist auf den Vornahmeort der Handlung abzustellen.[56] 25

Der EuGH lässt es genügen, dass das Vollstreckungsobjekt im Mitgliedstaat „befinden müsste". Daher genügt bereits eine gewisse Wahrscheinlichkeit, dass die einstweilige Maßnahme im Inland vollzogen werden kann, um eine Zuständigkeit nach nationalem Recht in Verbindung mit Art 31 zu begründen. Der Antragsteller muss die inländische Vollzugsmöglichkeit nicht beweisen, sondern lediglich glaubhaft machen.[57] Vor allem aber führt die spätere Verbringung des Gegenstandes in einen anderen Staat weder zu einem Wegfall der Zuständigkeit noch hindert sie die Anerkennung und Vollstreckung.

**c) Zuständigkeit durch rügeloses Einlassen**

Das Erfordernis der realen Verknüpfung und die weiteren Anforderungen für Leistungsverfügungen sind auch zu beachten, wenn sich der Antragsgegner **rügelos** auf das summarische Verfahren einlässt.[58] Stützt ein Gericht seine Zuständigkeit allein auf sein autonomes Prozessrecht und gehen die von ihm erlassenen Maßnahmen über die vom EuGH für Art 31 gezogenen Grenzen hinaus, fehlt es an seiner internationalen Zustän- 26

---

der von der beabsichtigten Maßnahme betroffenen Vermögensgegenstände, die Möglichkeit, eine Bankbürgschaft zu verlangen oder einen Sequester zu bestellen, etc.

[53] Ebenso zB *Gaudemet-Tallon* 252; *Schack* Rn 425; *ders* ZEuP 1998, 954; vgl auch JClP (c) 2002 I 153.

[54] *Spellenberg/Leible* ZZPInt 4 (1999) 231; **aA** *Sosnitza*, in: *Sánchez Lorenzo/Moya Escudero* (Hrsg), La cooperación internacional en materia civil y la unificación del Derecho privado en europa (2003) 80.

[55] Insoweit zustimmend *Sosnitza*, in: *Sánchez Lorenzo/Moya Escudero* (Hrsg), La cooperación internacional en materia civil y la unificación del Derecho privado en europa (2003) 80.

[56] Näher *Heß/Vollkommer* IPRax 1999, 224f.

[57] Ähnlich *Heß/Vollkommer* IPRax 1999, 224.

[58] EuGH Rs C-99/96 *Mietz/Intership Yachting* EuGHE 1999 I 2277 Rn 55; dagegen *Sosnitza*, in: *Sánchez Lorenzo/Moya Escudero* (Hrsg), La cooperación internacional en materia civil y la unificación del Derecho privado en europa (2003) 81.

digkeit, selbst wenn mündlich zur Sache verhandelt wurde. Nur so kann sichergestellt werden, dass das die einstweilige Maßnahme erlassende Gericht die vom EuGH vorgenommenen Einschränkungen des Art 31 auch tatsächlich beachtet.[59] Derjenige, dem in einem anderen und an sich unzuständigen Vertragsstaat die Beschlagnahme seines dort belegenen Vermögens droht, wird – sofern es dazu kommt – die Möglichkeit einer mündlichen Verhandlung wahrnehmen, um das ihm drohende Ungemach zu verhindern und seine Sicht der Rechtslage vorzutragen. Das mit der mündlichen Verhandlung verfolgte Ziel des Beklagtenschutzes[60] würde aber unterlaufen, wenn der Antragsgegner allein auf Grund seiner Verteidigung gegen ihm tatsächlich drohende einstweilige Maßnahmen weitere Nachteile hinnehmen müsste. Hier fehlt es an der notwendigen Freiwilligkeit der Einlassung.[61]

### d) Zuständigkeit für Maßnahmen des einstweiligen Rechtsschutzes nach deutschem autonomen Recht

#### (1) Arrest

27 Für das Arrestverfahren ergibt sich die internationale Zuständigkeit aus § 919 ZPO.[62] Gem § 919 1. Alt ZPO ist zunächst das **Gericht der Hauptsache** international zuständig, den Arrest anzuordnen. Ob sich die Hauptsachezuständigkeit ausschließlich nach der Brüssel I-VO[63] oder möglicherweise auch – dann fiktiv – nach nationalem Recht, etwa § 23 ZPO, bestimmt,[64] ist umstritten. Nach herrschender und zutreffender Ansicht ist von Letzterem auszugehen, da Art 31 die nationalen Zuständigkeiten gerade nicht beschneiden, sondern ausdrücklich aufrechterhalten möchte. Ist die Sache beim Gericht der **Hauptsache im Ausland** anhängig, so ist dieses auch Hauptsachegericht iSv § 919 1. Alt ZPO.[65] Zumindest dann, wenn das ausländische Hauptsacheurteil in

---

59 *Spellenberg/Leible* ZZPInt 4 (1999) 231; **aA** *Sosnitza*, in: *Sánchez Lorenzo/Moya Escudero* (Hrsg), La cooperación internacional en materia civil y la unificación del Derecho privado en europa (2003) 81.

60 Der EuGH verlangt sogar eine mündliche Verhandlung für die Auslandsvollstreckung, vgl EuGH Rs 125/79 *Denilauler/Couchet Frères* EuGHE 1980, 1553 Rn 13.

61 Eine Einlassung unter Protest gegen die Zuständigkeit (dazu *Geimer/Schütze* Art 18 EuGVÜ Rn 46 mwN) wäre nicht befriedigend, da das dann im Vollstreckungsverfahren nachgeprüft werden müsste.

62 OLG Koblenz NJW 1976, 2082; RIW 1990, 316, 317; OLG Frankfurt RIW 1980, 799; 1987, 151.

63 So zB OLG Koblenz NJW 1976, 2081; LG Frankfurt RIW 1977, 235; *Eilers*, Maßnahmen des einstweiligen Rechtsschutzes im europäischen Zivilrechtsverkehr (1991) 195 ff mwN; *Puttfarken* RIW 1977, 360; *Zeiler* JBl 1996, 638 f.

64 OLG Düsseldorf NJW 1977, 2034; RIW 1999, 874; OLG Köln NJW-RR 1997, 59; OLG Karlsruhe RIW 2002, 151; *Dalhuisen*, in: FS Riesenfeld (1983) 9; *Dittmar* NJW 1978, 1721; *Geimer* RIW 1975, 85; *Geimer/Schütze* Art 24 EuGVÜ Rn 31 ff; *Grunsky* RIW 1977, 7; *MünchKommZPO/Gottwald* Art 24 EuGVÜ Rn 7; *Linke* Rn 195; *Nagel/Gottwald* § 15 Rn 12; *Rauscher* 411; *Schack* Rn 424.

65 *Spellenberg/Leible*, in: *Gilles* (Hrsg), Transnationales Prozessrecht (1995) 310; **aA** *Stein/Jonas/Grunsky* § 919 Rn 4.

Deutschland anerkennungsfähig ist, kann ein Arrest daher nicht mehr bei einem inländischen Gericht beantragt werden, das auch für die Hauptsache zuständig wäre.[66]

Gem § 919 2. Alt ZPO ist neben dem Gericht der Hauptsache auch das Amtsgericht international zuständiges Arrestgericht, in dessen Bezirk sich der Gegenstand oder die Person befindet bzw aufhält.[67] Dabei handelt es sich um eine **eigenständige Arrestzuständigkeit**, die selbst dann gilt, wenn die Hauptsache bereits vor einem ausländischen Gericht anhängig ist oder im Hauptsacheverfahren kein deutsches Gericht international zuständig wäre.[68] 28

**(2) Einstweilige Verfügung**

Für den Erlass der einstweiligen Verfügung ist gem §§ 937 Abs 1, 943 ZPO ebenfalls das **Gericht der Hauptsache** auch international zuständig.[69] Ein Rückgriff auf den Vermögensgerichtsstand des § 23 ZPO ist nicht ausgeschlossen. Bei **besonderer Eilbedürftigkeit** kann der Gläubiger gem § 942 Abs 1 ZPO neben dem Gericht der Hauptsache das **Amtsgericht**, in dessen Bezirk sich der Streitgegenstand befindet, als zuständiges Gericht für die Anordnung einer einstweiligen Verfügung wählen.[70] § 942 Abs 2 ZPO begründet schließlich die internationale Zuständigkeit für Fälle, in denen mit der einstweiligen Verfügung eine Vormerkung oder ein Widerspruch gegen die Richtigkeit des Grundbuchs, des Schiffsregisters oder des Schiffsbauregisters eingetragen werden soll. International zuständig ist das Amtsgericht, in dessen Bezirk das Grundstück belegen ist oder der Heimathafen oder der Heimatort des Schiffes oder der Bauort des Schiffsbauwerks sich befindet. Auf eine besondere Dringlichkeit kommt es hier nicht an. Die Zuständigkeit für Schiffe mit ausländischem Heimathafen liegt beim Amtsgericht Hamburg. 29

**(3) Einstweilige Anordnung**

Die einstweilige Anordnung setzt anders als Arrest und einstweilige Verfügung die **Anhängigkeit eines „Hauptsacheverfahrens"** für die Zulässigkeit von FGG-Anordnungen sowie der Anordnung gem § 127a ZPO voraus bzw ein **„Hauptverfahren"** für die Anordnungen nach §§ 620 (Ehesachen), 621ff (Familiensachen) und 641d ZPO (Vaterschaftsfeststellungsklage). Die internationale Zuständigkeit für den Erlass von einstweiligen Anordnungen folgt dementsprechend der internationalen Zuständigkeit für die entsprechenden Hauptsache- bzw. Hauptverfahren.[71] Zwar können einstweilige 30

---

[66] Ausführlich *Gronstedt*, Grenzüberschreitender einstweiliger Rechtsschutz (1994) 140ff.

[67] OLG Frankfurt RIW 1983, 290; OLG Hamburg RIW 1990, 225.

[68] *Baumbach/Lauterbach/Albers/Hartmann* § 919 ZPO Rn 6; ausführlich zum Ganzen *Eilers*, Maßnahmen des einstweiligen Rechtsschutzes im europäischen Zivilrechtsverkehr (1991) 8ff.

[69] Zu den Einzelheiten vgl mwN *Spellenberg/Leible*, in: *Gilles* (Hrsg), Transnationales Prozessrecht (1995) 310f.

[70] Vgl zu § 942 ZPO als internationale Zuständigkeitsnorm *Geimer* RIW 1975, 86; *Puttfarken* RIW 1977, 360.

[71] *Albrecht*, Das EuGVÜ und der einstweilige Rechtsschutz in England und in der Bundesrepublik Deutschland (1991) 69 mwN.

Anordnungen auch schon ergehen, bevor über die internationale Zuständigkeit für die Hauptsache definitiv entschieden ist,[72] doch muss sie für jene geprüft werden. Die Anhängigkeit eines Hauptsache- oder Hauptverfahrens im Ausland reicht für die Begründung der internationalen Zuständigkeit eines deutschen Gerichts also nicht aus.[73] Dasselbe gilt in der freiwilligen Gerichtsbarkeit.[74]

**(4) Arrestgrund der Auslandsvollstreckung**

31 Nach § 917 Abs 2 S 1 ZPO ist es als hinreichender **Arrestgrund** iSv § 917 Abs 1 ZPO anzusehen, wenn das Urteil im Ausland vollstreckt werden müsste. Darin liegt ein nicht zu rechtfertigender Verstoß gegen Art 12 EGV; denn während bei einer drohenden Vollstreckung in einem anderen Mitgliedstaat der Brüssel I-VO ohne weiteres das Vorliegen eines Arrestgrundes bejaht wird, ist bei einer bevorstehenden Vollstreckung im Inland ein Arrest nur unter den Voraussetzungen des § 917 Abs 1 ZPO möglich.[75] Der deutsche Gesetzgeber hat daher durch Einfügung eines S 2 nicht nur die Fälle der Inlandsvollstreckung, sondern generell alle Vollstreckungen nach EuGVÜ sowie LugÜ – und, so ist zu ergänzen, nach der Brüssel I-VO – vom Anwendungsbereich des § 917 Abs 2 ZPO ausgenommen.[76]

32 Offen geblieben ist trotz der Gesetzesreform allerdings, ob „Urteile" iSv § 917 Abs 2 S 1 ZPO nur deutsche[77] oder auch ausländische Urteile sein können. Letzteres ist zu bejahen. Allerdings erfasst § 917 Abs 2 S 1 ZPO nicht sämtliche ausländischen Urteile,[78] sondern nur solche aus Vertragsstaaten des EuGVÜ und LugÜ bzw aus Mitglied-

---

[72] *Staudinger/Spellenberg* §§ 606 ff ZPO Rn 422.

[73] OLG Karlsruhe IPRax 1985, 106 m Bspr *Henrich* 88.

[74] *Spellenberg/Leible*, in: *Gilles* (Hrsg), Transnationales Prozessrecht (1995) 312.

[75] EuGH Rs 398/92 *Mund & Fester/Hatrex* EuGHE 1994 I 467; vgl zu diesem Themenbereich auch *Ehricke* NJW 1991, 2189; *ders* NJW 1992, 603; *ders* IPRax 1993, 380; *Geiger* IPRax 1994, 415; *Gieseke* EWS 1994, 149; *Mankowski* RIW 1991, 181; *ders* NJW 1992, 599; *ders* TranspR 1993, 182; *ders* NJW 1995, 306; *Ress* JuS 1995, 967; *Schack* ZZP 108 (1995) 47; *Spellenberg/Leible*, in: *Gilles* (Hrsg), Transnationales Prozessrecht, 299 ff; *Schlosser* ZEuP 1995, 250; *Schumann* IPRax 1992, 302; *Thümmel* EuZW 1994, 242; *Wolf* JZ 1994, 1151.

[76] Zur Neuregelung vgl *Kropholler/Hartmann*, in: FS Drobnig (1998) 337.

[77] So etwa OLG Stuttgart NJW 1952, 831; OLG Frankfurt NJW 1959, 1089; IPRspr 1975, Nr 189; RIW 1983, 290; OLG Hamburg VersR 1972, 1116; OLG Koblenz NJW 1976, 2082; OLG München NJW-RR 1988, 1023; LG Berlin ZIP 1983, 224; LG Duisburg IPRspr 1987, Nr 171; weitere Rechtsprechungsnachweise bei *Mankowski* RIW 1991, 181 in Fn 8; aus der Literatur vgl etwa *Dittmar* NJW 1978, 1722; *Eilers*, Maßnahmen des einstweiligen Rechtsschutzes im europäischen Zivilrechtsverkehr (1991) 60 ff; *Mankowski* RIW 1991, 184 f; *Rabe* TranspR 1990, 186; *Schlosser*, in: FS Schwab (1990) 447; *Stickler*, Das Zusammenwirken von Art 24 EuGVÜ und §§ 916 ff ZPO (1992) 86 ff.

[78] So aber *Gronstedt*, Grenzüberschreitender einstweiliger Rechtsschutz (1994) 58 f; *Grunsky* IPRax 1983, 211; *Stein/Jonas/Grunsky* § 917 ZPO Rn 17; *Kienle*, Arreste im internationalen Rechtsverkehr (Diss Tübingen 1991) 120; *Schack* Rn 422; *Thümmel*, in: FS Rothoeft (1994) 99; ähnlich AG Hamburg-Harburg IPRspr 1975 Nr 188; LG Bremen RIW 1980, 367.

staaten der Brüssel I-VO.[79] Auch für sie muss dann allerdings die Einschränkung des § 917 Abs 2 S 2 ZPO gelten.[80]

### 3. Gerichtsstandsvereinbarungen

Die Vereinbarung eines **ausschließlichen Gerichtsstandes für die Hauptsache** erstreckt sich im Zweifel nicht auf das Verfahren des einstweiligen Rechtsschutzes.[81] Und selbst bei Vorliegen einer Gerichtsstandsvereinbarung, die ausdrücklich den einstweiligen Rechtsschutz umfasst, steht es den Gerichten der derogierten Mitgliedstaaten frei, über Art 31 ihre Zuständigkeit auf autonomes Recht zu gründen.[82] 33

Im deutschen Recht bleibt dann allerdings zu beachten, dass durch die **Prorogation** die Hauptsachezuständigkeit nach §§ 919 1. Alt, 937 Abs 1 ZPO festgelegt worden ist.[83] Die übrigen Eilzuständigkeiten der §§ 919 2. Alt, 942 Abs 1 ZPO bleiben hiervon jedoch unberührt.[84] Nach deutschem Recht sind die besonderen Gerichtsstände des einstweiligen Rechtsschutzes (§§ 919, 937, 942 ZPO) nach § 802 ZPO ausschließlich und damit derogationsfest (§ 40 Abs 2 ZPO). Ob dies auch für die internationale Zuständigkeit gilt, ist umstritten.[85] 34

## IV. Anerkennung und Vollstreckung

Auch **vorläufige Entscheidungen** sind „Entscheidungen" im Sinne von Art 32 und von einem Gericht angeordnete einstweilige Maßnahmen daher grundsätzlich nach der Brüssel I-VO **vollstreckbar**. Indes sind dabei einige Besonderheiten zu beachten. 35

### 1. Rechtliches Gehör

Der Gerichtshof verlangt für die Anerkennung und Vollstreckung einer Entscheidung, dass sie in einem **prinzipiell kontradiktorischen Verfahren** ergangen ist (vgl Art 32 36

---

[79] Vgl zB LG Hamburg RIW 1997, 68 und dazu *Fuchs* IPRax 1998, 25; *Mankowski* EWiR § 917 ZPO 1996, 1007; *Mennicke* EWS 1997, 117; außerdem OLG Düsseldorf NJW 1977, 2034; *Geimer/Schütze* Art 24 EuGVÜ Rn 48ff; *Kropholler/Hartmann*, in: FS Drobnig (1998) 344ff; *MünchKommZPO/Gottwald* Art 24 EuGVÜ Rn 14; *Nagel/Gottwald* § 15 Rn 15f; *Sessler* WM 2001, 500; *Spellenberg/Leible*, in: *Gilles* (Hrsg), Transnationales Prozessrecht, 303. Für immerhin erwägenswert hält dies *Thomas/Putzo/Hüßtege* Rn 4.

[80] OLG Frankfurt OLGR 1999, 75; *Kropholler*, EuZPR$^6$ Art 24 EuGVÜ Rn 13; *Schack* Rn 422; *Stein/Jonas/Grunsky* § 917 ZPO Rn 24; **aA** *Sessler* WM 2001, 501f.

[81] *MünchKommZPO/Gottwald* Art 24 EuGVÜ Rn 11; *Reithmann/Martiny/Hausmann* Rn 2201; *Wieczorek/Schütze/Hausmann* Art 17 EuGVÜ Rn 92; *Schack* Rn 418; **aA** *Geimer* Rn 1767; *Geimer/Schütze* Art 17 EuGVÜ Rn 192; *Kropholler* Art 23 Rn 103.

[82] *Kropholler* Art 23 Rn 103; *Reithmann/Martiny/Hausmann* Rn 2201.

[83] OLG Stuttgart RIW 2001, 228.

[84] *Schack* Rn 418.

[85] Vgl mwN zum Streitstand *Spellenberg/Leible*, in: *Gilles* (Hrsg), Transnationales Prozessrecht (1995) 311f.

Rn 12). Daher sind Maßnahmen des einstweiligen Rechtsschutzes dann keine Entscheidungen iSv Art 32, wenn der Gegner nicht in einer mündlichen Verhandlung gehört und nicht geladen worden ist.[86] Daran ändert auch die Möglichkeit zur nachträglichen Einlegung eines Rechtsmittels nichts.[87] Damit verliert der grenzüberschreitende einstweilige Rechtsschutz seinen oftmals wichtigen Überraschungseffekt.[88] Das bedeutet aber nicht, dass er immer nutzlos ist.[89] Außerdem ist fraglich, ob diese zum EuGVÜ ergangene Rechtsprechung im Rahmen der Brüssel I-VO noch Bestand haben kann (vgl Art 32 Rn 12).

### 2. Maßnahmen des Hauptsachegerichts

37 Einstweilige Maßnahmen, die von einem gem Art 2ff auch **in der Hauptsache zuständigen Gericht** erlassen wurden, können – sofern rechtliches Gehör gewährt wurde – in allen anderen Mitgliedstaaten vollstreckt werden.[90] Von einer Hauptsachezuständigkeit kann ausgegangen werden, wenn das Ursprungsgericht seine Zuständigkeit zum Erlass der einstweiligen Maßnahme ausdrücklich in der Weise begründet hat, dass es seine Zuständigkeiten für die Entscheidung in der Hauptsache nach der Brüssel I-VO bejaht hat oder sich eine solche Zuständigkeit eindeutig schon aus dem Wortlaut der Entscheidung des Ursprungsgerichts ergibt; Letzteres wäre zB der Fall, wenn aus der Entscheidung klar hervorgeht, dass der Antragsgegner seinen Wohnsitz im Hoheitsgebiet des Mitgliedstaats des Ursprungsgerichts hatte und keine der in Art 22 vorgesehenen ausschließlichen Zuständigkeiten bestand.[91]

### 3. Maßnahmen nach Art 31 iVm nationalem Recht

38 Ist die Maßnahme auf Art 31 iVm nationalem Recht gestützt worden, wird aus dem Erfordernis der „realen Verknüpfung" gefolgert, dass eine Anerkennung und Vollstreckung in anderen Mitgliedstaaten regelmäßig nicht in Betracht komme.[92] Das ist zwar in

---

[86] EuGH Rs 125/79 *Denilauder/Couchet Frères* EuGHE 1980, 1553 = IPRax 1981, 95 m Bspr *Hausmann* 79; vgl dazu auch *Matscher* ZZP 95 (1982) 225ff, und ausführlich *Albrecht*, Das EuGVÜ und der einstweilige Rechtsschutz in England und in der Bundesrepublik Deutschland (1991) 156f; *Eilers*, Maßnahmen des einstweiligen Rechtsschutzes im europäischen Zivilrechtsverkehr (1991) 261ff. Außerdem *EMI Records Ltd v Modern Music Karl-Ulrich Walterbach GmbH* [1992] 1 All ER 616 (Q. B. D.) und dazu *Remien* WRP 1994, 25.

[87] Vgl dazu EuGH Rs C-123/91 *Minalmet/Brandeis* EuGHE 1992 I 5661 Rn 21.

[88] *Kropholler* Art 25 Rn 23; *Remien* WRP 1994, 27; *Schack* Rn 825; *Spellenberg/Leible*, in: *Gilles* (Hrsg), Transnationales Prozessrecht (1995) 330; *Sosnitza*, in: *Sánchez Lorenzo/Moya Escudero* (Hrsg), La cooperación internacional en materia civil y la unificación del Derecho privado en europa (2003) 82.

[89] Vgl etwa OLG Hamm RIW 1985, 973 m Anm *Linke;* BGH NJW 1984, 1320; EuGH Rs 258/83 *Brennero/Wendel* EuGHE 1984, 3971 = RIW 1985, 235 m Anm *Linke* = IPRax 1985, 339 m Bspr *Schlosser* 321; BGH RIW 1986, 813; OLG Düsseldorf RIW 1985, 493; Bspr *Schumacher* IPRax 1985, 265.

[90] Vgl zB EuGH Rs C-80/00 *Italian Leather/WECO Polstermöbel* EuGHE 2002 I 4995.

[91] EuGH Rs C-99/96 *Mietz/Intership Yachting* EuGHE 1999 I 2277 Rn 50.

[92] So etwa *Kropholler* Rn 24.

der Mehrzahl der Fälle, jedoch nicht durchgehend zutreffend. Denn eine **grenzüberschreitende Vollstreckung** solcher einstweiliger Maßnahmen ist immerhin dann **möglich**, wenn der Schuldner entweder sein Vermögen zwischenzeitlich ins Ausland verbracht hat oder sich entgegen der bei Verfahrensbeginn erfolgten Glaubhaftmachung herausstellt, dass das inländische Vermögen zur vorläufigen Befriedigung nicht ausreicht.[93] Eine Vollstreckung setzt indes stets voraus, dass das Erstgericht die vom EuGH für Art 31 postulierten Anforderungen der realen Verknüpfung sowie uU die weiteren Voraussetzungen für Leistungsverfügungen beachtet hat. Dies muss sich ohne weiteres der die einstweilige Maßnahme anordnenden Entscheidung entnehmen lassen. Das die einstweilige Maßnahme erlassende Gericht trifft daher eine Begründungspflicht. Es muss in seiner Anordnung in nachprüfbarer Weise darlegen, dass und warum es sich auch in der Hauptsache für zuständig hält (Art 2 ff) oder worin es die „reale Verknüpfung" der einstweiligen Maßnahme mit seinem Zuständigkeitsbereich sieht (Art 31).[94]

Hält eine auf Art 31 iVm nationalem Recht gestützte einstweilige Maßnahme die vom EuGH postulierten Anforderungen ein, steht sie der Anerkennung einer in einem anderen Mitgliedstaat im Verfahren des vorläufigen Rechtsschutzes vom Hauptsachegericht erlassenen Entscheidung entgegen, sofern beide Entscheidungen miteinander **unvereinbar** sind (Art 34 Nr 3).[95]

# Kapitel III
# Anerkennung und Vollstreckung

### Schrifttum Art 32-37

*Arnold*, Ist Artikel 34 des EWG-Gerichtsstands- und Vollstreckungsübereinkommens mit Art 103 Abs 1 GG vereinbar?, AWD 1972, 389

*Bälz/Marienfeld*, Missachtung einer Schiedsklausel als Anerkennungshindernis iSv Art 34-35 EuGVVO und § 328 ZPO, RIW 2003, 51

*Bajons*, Internationale Zustellung und Recht auf Verteidigung, in: FS Schütze (1999) 49

*Bariatti*, What are Judgments Under the 1968 Brussels Convention?, Riv dir int priv proc 2001, 5

*Bellet*, Reconnaissance et exécution des décisions en vertu de la Convention du 27 septembre 1968, Rev trim dr eur 1975, 32

*Borras*, Hacia la supresión del exequátur en Europa, in: *Borrás* (Hrsg), Cooperación jurídica internacional en materia civil. El Convenio de Bruselas (2001) 17

---

93 *Spellenberg/Leible* ZZP Int 4 (1999) 232.

94 So EuGH Rs C-99/96 *Mietz/Intership Yachting* EuGHE 1999 I 2277 Rn 50; zweifelhaft daher OLG München RIW 2000, 464.

95 EuGH Rs C-80/00 *Italian Leather/WECO Polstermöbel* EuGHE 2002 I 4995 Rn 47; vgl dazu auch *Wolf/Lange* RIW 2003, 55.

*Brand/Reichhelm*, Fehlerhafte Auslandszustellung – ein Beitrag zur Frage der „ordnungsgemäßen Zustellung" nach Art 27 I Nr 2 EuGVÜ und zu den Folgen einer fehlerhaften Zustellung, IPRax 2001, 173
*Braun*, Der Beklagtenschutz nach Art 27 Nr 2 EuGVÜ (1992)
*Bruns*, Der anerkennungsrechtliche ordre public in Europa und den USA, JZ 1999, 278
*Droz*, Convention de Bruxelles: Ce qui va et ce qui ne va pas en matière d'exécution des décisions, Mélanges en hommage à Schockweiler (1999) 61
*Fahl*, Die Stellung des Gläubigers und des Schuldners bei der Vollstreckung ausländischer Entscheidungen nach dem EuGVÜ (1993)
*Frank*, Das verfahrenseinleitende Schriftstück in Art 27 Nr 2 EuGVÜ, Lugano-Übereinkommen und in Art. 6 Haager Unterhaltsübereinkommen 1973 (1998)
*Geimer*, Anerkennung gerichtlicher Entscheidungen nach dem EWG-Übereinkommen vom 27. 9. 1968, RIW 1976, 139
*ders*, Das Anerkennungsverfahren gemäß Art 26 Abs 2 des EWG-Übereinkommens vom 27. September 1968, JZ 1977, 145 und 213
*ders*, Nachprüfung der internationalen Zuständigkeit des Urteilsstaates in Versicherungs- und Verbrauchersachen, RIW 1980, 305
*ders*, Die Gerichtspflichtigkeit des Beklagten außerhalb seines Wohnsitzstaates aus der Sicht des EWG-Übereinkommens vom 27. September 1968/9. Oktober 1978, WM 1980, 1106
*ders*, Der doppelte Schutz des Beklagten IPRax 1985, 6
*ders*, Über die Kunst des Interessenausgleichs auch im internationalen Verfahrensrecht, IPRax 1988, 271
*ders*, Anerkennung und Vollstreckung von ex parte-Unterhaltsentscheidungen, IPRax 1992, 5
*Gilliéron*, Itérativement: L'exécution des décisions rendues dans un Etat partie à la Convention de Lugano, portant condamnation à payer une somme d'argent ou à la prestation de sûretés, SJZ 1994, 73
*Grunsky*, Das verfahrenseinleitende Schriftstück im Mahnverfahren, IPRax 1996, 245
*Gundel*, Der einheitliche Grundrechtsraum Europa und seine Grenzen: Zur EMRK-konformen Interpretation des Ordre-public-Vorbehalts des EuGVÜ durch den EuGH, EWS 2000, 442
*Habscheid*, Anerkennung und Vollstreckung von Urteilen aus EWG-Staaten in der Bundesrepublik Deutschland, ZfRV 1973, 262
*von Hoffmann/Hau*, Deutscher Prozessvergleich kein Anerkennungshindernis nach Art 27 Nr 3 EuGVÜ, IPRax 1995, 217
*Jayme*, Nationaler ordre public und europäische Integration – Betrachtungen zum Krombach-Urteil des EuGH (2000)
*Kerameus*, Das Brüsseler Vollstreckungsübereinkommen und das griechische Recht der Anerkennung und Vollstreckung von ausländischen Entscheidungen, in: FS Henckel (1995) 423
*Koch*, Unvereinbare Entscheidungen iSd Art 27 Nr 3 und 5 EuGVÜ und ihre Vermeidung (1993)
*Kodek*, Österreichisches Mahnverfahren, ausländische Beklagte und das EuGVÜ, ZZPInt 4 (1999) 125
*Kohler*, Systemwechsel im europäischen Anerkennungsrecht: Von der EuGVVO zur Abschaffung des Exequaturs, in: *Baur/Mansel* (Hrsg), Systemwechsel im europäischen Kollisionsrecht (2002) 147
*Kondring*, Die Bestimmung des sachlichen Anwendungsbereiches des EuGVÜ im Urteils- und Vollstreckungsverfahren, EWS 1995, 217
*Kren*, Anerkennbare und vollstreckbare Titel nach IPR-Gesetz und Lugano-Übereinkommen, in: FS Vogel (1991) 419
*Kruis*, Anerkennung und Vollstreckung eines italienischen Mahnbescheids (decreto ingiuntivo) in Deutschland, IPRax 2001, 56
*Lane*, Free Movement of Judgments within the EEC, ICLQ 1986, 629
*Leipold*, Neuere Erkenntnisse des EuGH und des BGH zum anerkennungsrechtlichen ordre public, in: FS Stoll (2001) 625
*Lenenbach*, Die Behandlung von Unvereinbarkeiten zwischen rechtskräftigen Zivilurteilen nach deutschem und europäischem Zivilprozessrecht (1997)
*Linke*, Die Kontrolle ausländischer Versäumnisverfahren im Rahmen des EG-Gerichtsstands-

und Vollstreckungsübereinkommens – Des Guten zu viel?, RIW 1986, 409
*ders*, Zur Rechtzeitigkeit fiktiver Zustellungen im Sinne von Art 27 Nr 2 EuGVÜ, IPRax 1993, 295
*Lipstein*, Enforcement of Judgments under the Jurisdiction and Judgments Convention: Safeguards, ICLQ 1987, 873
*Lopez-Tarruella*, Der ordre public im System von Anerkennung und Vollstreckung nach dem EuGVÜ, EuLF 2000/01, 122
*Maack*, Englische „anti suit injunctions" im europäischen Zivilprozessrecht (1999)
*Merlin*, Riconoscimento ed esecutività della decisione straniera nel regolamento „Bruxelles I", Riv dir proc 2001, 433
*Milionis*, Praxis der Vollstreckung deutscher Titel in Griechenland nach dem EuGVÜ, RIW 1991, 100
*Oberhammer*, Gemeinschaftsrecht und schiedsrechtlicher ordre public, RdW 1999, 62
*Paanila/Suomela*, Anerkennungsantrag nach dem Lugano-Übereinkommen – Versagungsgrund nach Art 27 Nr 2 LugÜ, RIW 1999, 358
*Paetzold*, Vollstreckung schweizerischer Entscheidungen nach dem Lugano-Übereinkommen in Deutschland, 1995
*Palomo Herrero*, Reconocimiento y exequatur de resoluciones judiciales según el Convenio de Bruselas de 27-09-68 (2000)
*Parisi*, Spunti in tema di ordine pubblico e Convenzione giudiziaria di Bruxelles, Riv dir int priv proc 1991, 13
*Pisani*, Grenzen des anerkennungsrechtlichen *ordre-public*-Vorbehalts im EuGVÜ am Beispiel englischer *conditional fee agreements*, IPRax 2001, 293
*Rauscher*, Strikter Beklagtenschutz durch Art 27 Nr 2 EuGVÜ, IPRax 1991, 144
*ders*, Keine EuGVÜ-Anerkennung ohne ordnungsgemäße Zustellung, IPRax 1993, 376
*ders*, Wie ordnungsgemäß muß die Zustellung für Brüssel I und Brüssel II sein?, in: FS Kostas Beys (Athen 2003) 1285
*Schack*, Widersprechende Urteile: Vorbeugen ist besser als heilen, IPRax 1989, 139
*Schmidt*, Die internationale Durchsetzung von Rechtsanwaltshonoraren (1991)
*ders*, Wann sind Anwaltshonorare nach EuGVÜ und Lugano-Übereinkommen vollstreckbar?, RIW 1991, 626
*Schütze*, Die Nachprüfung der internationalen Zuständigkeit nach dem EWG-Übereinkommen über die gerichtliche Zuständigkeit und die Vollstreckung gerichtlicher Entscheidungen, RIW 1974, 428
*ders*, Zur Bedeutung der rügelosen Einlassung im internationalen Zivilprozessrecht, RIW 1979, 590
*ders*, Die Geltendmachung von Einwendungen gegen die Klauselerteilung nach dem EG-Zuständigkeits- und Vollstreckungsübereinkommen durch eine Schutzschrift, in: FS Bülow (1981) 211
*Stoffel*, Das Verfahren zur Anerkennung handelsrechtlicher Entscheide nach dem Lugano-Übereinkommen, SZW 1993, 107
*Stolz*, Die Ordre-Public-Klausel des EuGVÜ in der Rechtsprechung des EuGH – EuGH, NJW 2000, 1853, JuS 2002, 541
*Stoppenbrink*, Systemwechsel im internationalen Anerkennungsrecht: Von der EuGVVO zur geplanten Abschaffung des Exequaturs, ERPL 2002, 641
*Stürner*, Europäische Urteilsvollstreckung nach Zustellungsmängeln, in: FS Nagel (1987), 446
*ders*, Förmlichkeit und Billigkeit bei der Klagzustellung im Europäischen Zivilprozess, JZ 1992, 325
*ders*, Das grenzübergreifende Vollstreckungsverfahren in der Europäischen Union, in: FS Henckel (1995) 863
*ders*, Anerkennungsrechtlicher und europäischer Ordre Public als Schranke der Vollstreckbarerklärung – der Bundesgerichtshof und die Staatlichkeit in der Europäischen Union, in: 50 Jahre Bundesgerichtshof, Bd. III (2000) 677
*Stutz*, Die internationale Handlungs- und Unterlassungsvollstreckung unter dem EuGVÜ (1992)
*Lopez-Tarruella*, Der ordre public im System von Anerkennung und Vollstreckung nach dem EuGVÜ, EuLF 2000/01, 122
*Wagner*, Vom Brüsseler Übereinkommen über die Brüssel I-Verordnung zum Europäischen Vollstreckungstitel, IPRax 2002, 75

*Wolf*, Neue Möglichkeiten für die Durchsetzung von Unterhaltstiteln im Bereich der Europäischen Wirtschaftsgemeinschaft, DAVorm 1973, 329

*Wolf*, Einheitliche Urteilsgeltung im EuGVÜ, in: FS Schwab (1990) 561.

## Artikel 32

**Unter „Entscheidung" im Sinne dieser Verordnung ist jede von einem Gericht eines Mitgliedstaats erlassene Entscheidung zu verstehen, ohne Rücksicht auf ihre Bezeichnung wie Urteil, Beschluss, Zahlungsbefehl oder Vollstreckungsbescheid, einschließlich des Kostenfestsetzungsbeschlusses eines Gerichtsbediensteten.**

**I. Allgemeines** ... 1

**II. Entscheidung**
1. Begriff ... 5
2. Form ... 6
3. Rechtskräftige Entscheidungen ... 7
4. Zwischenentscheidungen ... 8
5. Nebenentscheidungen ... 9
6. Prozessvergleiche ... 10
7. Maßnahmen des einstweiligen Rechtsschutzes ... 11
8. Doppelexequatur ... 14
9. Vollstreckungakte ... 15
10. Insolvenzrechtliche Entscheidungen ... 16

**III. Gericht**
1. Begriff ... 17
2. Gericht eines Mitgliedstaats ... 20

### I. Allgemeines

1 Art 32 umreißt den Kreis der nach Kap III der Brüssel I-VO **anerkennungs- und vollstreckungsfähigen Entscheidungen**. Zu beachten ist jedoch, dass eine Anerkennung und Vollstreckung nach Kap III nur bei solchen Entscheidungen mitgliedstaatlicher Gerichte in Betracht kommt, die in den sachlichen (Art 1) und zeitlichen **Anwendungsbereich** der Brüssel I-VO fallen. Die Vorschrift ist inhaltlich nahezu unverändert aus Art 25 EuGVÜ hervorgegangen. Lediglich der Begriff des „Urkundsbeamten" wurde durch den allgemeineren Ausdruck des „Gerichtsbediensteten" ersetzt und die beispielhafte Aufführung von Entscheidungen um den „Zahlungsbefehl" ergänzt.

2 Die Brüssel I-VO geht in ihrem Anwendungsbereich etwaigen **bilateralen Verträgen** zwischen den Mitgliedstaaten vor (Art 69, 70). **Multilaterale Übereinkommen**, die für besondere Rechtsgebiete die Anerkennung oder die Vollstreckung von Entscheidungen regeln, bleiben hingegen unberührt (Art 71).

3 Das autonome Recht wird im Anwendungsbereich der Brüssel I-VO vollständig verdrängt. Mitgliedstaatliche Gerichte dürfen daher einer nach der Brüssel I-VO anerkennungs- und vollstreckungsfähigen Entscheidung niemals auf Grund zusätzlicher Anforderungen des nationalen Rechts die Anerkennung und Vollstreckung versagen. Ob es ihnen umgekehrt möglich ist, ein nach der Brüssel I-VO nicht anerkennungsfähiges Urteil gleichwohl auf Grund günstigeren autonomen Rechts anzuerkennen, ist bislang ungeklärt. Unter Geltung des EuGVÜ wurde von einem derartigen **Günstigkeitsprinzip** ausgegangen. Angesichts des Rechtsinstruments der Verordnung erscheint dies

nunmehr zweifelhaft.[1] Die Brüssel I-VO dürfe insoweit keinen abschließenden Charakter haben, sondern lediglich eine „Mindestvereinheitlichung" vorsehen. Dafür könnte sprechen, dass nach Erwägungsgrund 2 durch die Brüssel I-VO zwar die Vorschriften über die internationale Zuständigkeit in Zivil- und Handelssachen **vereinheitlicht**, hingegen die Formalitäten im Hinblick auf eine rasche und unkomplizierte Anerkennung und Vollstreckung von Entscheidungen aus den durch diese Verordnung gebundenen Mitgliedstaaten lediglich **vereinfacht** werden sollen. Das ließe Raum für ein liberaleres mitgliedstaatliches Anerkennungsrecht. Zu bedenken ist jedoch, dass mit Versagungsgründen immer auch **Schutzanliegen** verfolgt werden. Sie würden durch liberaleres mitgliedstaatliches Anerkennungsrecht konterkariert. Das Günstigkeitsprinzip kann daher im Rahmen der Brüssel I-VO keinen Bestand haben.[2]

Das Anerkennungs- und Vollstreckbarerklärungsverfahren darf nicht durch eine **erneute Leistungsklage im Inland** umgangen werden, und zwar selbst dann nicht, wenn die Vollstreckbarerklärung nach der Brüssel I-VO teurer ist als ein erneutes Klageverfahren.[3] Eine neue Inlandsklage ist lediglich zulässig, sofern die ausländische Entscheidung im Inland nicht anerkannt und vollstreckt werden kann, weil es an den nach der Brüssel I-VO hierfür notwendigen Voraussetzungen fehlt.[4] 4

## II. Entscheidung

### 1. Begriff

Der Begriff der „Entscheidung" ist **autonom** auszulegen. Er ist – wie bereits die Aufzählung „Urteil, Beschluss, Zahlungsbefehl oder Vollstreckungsbescheid, einschließlich des Kostenfestsetzungsbeschlusses eines Gerichtsbediensteten" deutlich macht – weiter als der des Urteils nach § 328 ZPO und umfasst alle von einem Rechtsprechungsorgan erlassenen Entscheidungen mit Außenwirkung, vorausgesetzt, sie zählen nicht zu den nach Art 1 Abs 2 ausgeschlossenen Sachgebieten. Auf den Entscheidungsanspruch – Leistung oder Feststellung – kommt es nicht an. Auch muss es sich nicht ausnahmslos um eine Sachentscheidung handeln. Prozessurteile, wie etwa eine Klageabweisung wegen Unzuständigkeit, sind ebenfalls der Anerkennung fähig.[5] 5

### 2. Form

Form und Inhalt der Entscheidung sind für ihre Anerkennung und Vollstreckung grundsätzlich ohne Bedeutung. Daher können auch Entscheidungen in **abgekürzter** 6

---

[1] Für eine Fortgeltung des Günstigkeitsprinzips *Nagel/Gottwald* § 11 Rn 2; *Siehr*, Internationales Privatrecht (2001) 528; *Thomas/Putzo/Hüßtege* Art 34 Rn 1.

[2] Ebenso *Schlosser* Rn 1.

[3] EuGH Rs 42/76 *De Wolf/Cox* EuGHE 1976, 1759 Rn 9/10.

[4] *Kropholler* Rn 7; *MünchKommZPO/Gottwald* Art 25 EuGVÜ Rn 6; **aA** LG Münster RIW 1978, 686 mit abl Bspr *Geimer* NJW 1980, 1234.

[5] *Kropholler* Rn 14; *MünchKommZPO/Gottwald* Art 25 EuGVÜ Rn 8; *Schlosser* Rn 2; **aA** *Bülow/Böckstiegel/Geimer/Schütze/Wolf* Art 25 EuGVÜ Rn 6; *Geimer/Schütze* Art 25 EuGVÜ Rn 10.

**Form** (vgl zB §§ 313a, 313b ZPO) nach der Brüssel I-VO anerkannt und vollstreckt werden.[6] Allerdings kann eine abgekürzte Urteilsform die Prüfung, ob Anerkennungshindernisse iSd Art 34, 35 vorliegen, und damit die Anerkennung insgesamt erschweren oder gar verhindern. Daher schließen §§ 313a Abs 3 Nr 5, 313b Abs 3 ZPO eine verkürzte Urteilsform aus, wenn zu erwarten ist, dass das Urteil im Ausland geltend gemacht werden soll. Stellt sich erst später die Notwendigkeit eines Gangs in das Ausland heraus, räumt § 30 AVAG der Partei, die ein nach § 313b ZPO in verkürzter Form abgefasstes Versäumnis- oder Anerkenntnisurteil in einem anderen Mitgliedstaat geltend machen möchte, das **Recht auf Urteilsvervollständigung** ein. Zur Vervollständigung des Urteils sind der Tatbestand und die Entscheidungsgründe nachträglich abzufassen (§ 30 Abs 2 und 3 AVAG). Gleiches gilt bei nach § 313a ZPO abgekürzten Entscheidungen (§ 313a Abs 5 ZPO).

### 3. Rechtskräftige Entscheidungen

7 Das Urteil muss **nicht rechtskräftig** sein.[7] Die Brüssel I-VO verlangt keine „Endgültigkeit", sondern eröffnet zur Verbesserung der Effektivität grenzüberschreitenden Rechtsschutzes auch nur vorläufig vollstreckbaren Entscheidungen die Möglichkeit ihrer grenzüberschreitenden Anerkennung und Vollstreckung. Das ergibt sich bereits aus Art 37, der dem Zweitrichter eine Aussetzung des Verfahrens gestattet, wenn gegen die Entscheidung ein ordentlicher Rechtsbehelf eingelegt worden ist. Entscheidend ist, dass dem Judikat bereits im Zeitpunkt seines Erlasses Wirkungen zukommen. Um eine Entscheidung iSv Art 25 handelt es daher zB auch beim Zahlungsbefehl des italienischen Instruktionsrichters nach Art 186ter der italienischen ZPO.[8] Die Interessen des Beklagten werden durch Art 37 und 46 hinreichend berücksichtigt.

### 4. Zwischenentscheidungen

8 Zwischenentscheidungen von lediglich **verfahrensinterner Bedeutung**, die nur den weiteren Verfahrensgang gestalten und nicht auf eine Regelung von Rechtsverhältnissen unter den Parteien abzielen, fallen nicht unter Art 31. So hat zB eine Entscheidung, in der eine **Beweisaufnahme** angeordnet wird, rein prozessualen Charakter und zählt daher nicht zu den Entscheidungen iSv Art 31,[9] ebenso Beschlüsse über die Ladung von Zeugen oder die Bestellung eines Sachverständigen. Hiervon zu unterscheiden sind Urteile über selbstständig einklagbare Parteipflichten, insbes zur **Auskunfts- oder Informationserteilung**. Sie sind keine Entscheidungen über den Verfahrensfortgang, sondern entscheiden vorläufig oder rechtskräftig über zwischen den Parteien be-

---

[6] *Musielak/Weth* Rn 2; *Thomas/Putzo/Hüßtege* Rn 3.

[7] *Jenard*-Bericht 44 (zu Art 26 EuGVÜ).

[8] OGH ZfRV 2000, 231; OLG Stuttgart RIW 1997, 684; vgl auch OLG Düsseldorf RIW 2001, 620; OLG München IPRspr 1999, Nr 159; OLG Frankfurt RIW 1992, 677.

[9] OLG Hamm RIW 1989, 566 m Anm *Bloch*; OLG Hamburg IPRax 2000, 530; *Schlosser* Rn 7.

stehende Auskunfts- und Informationsansprüche und sind daher auch im Rahmen der Brüssel I-VO anerkennungs- und vollstreckungsfähig.[10]

**5. Nebenentscheidungen**

Entscheidungen iSv Art 31 sind nicht nur Hauptsacheentscheidungen, sondern auch verselbstständigte Nebenentscheidungen, vor allem Kostenentscheidungen und insbes **Kostenfestsetzungsbeschlüsse**,[11] sofern die Hauptsacheentscheidung vom Anwendungsbereich der Brüssel I-VO erfasst wird.[12] Der Beschluss muss jedoch von einem Gericht erlassen worden sein. Nicht ausreichend ist daher zB die Festsetzung von Anwaltskosten durch eine französische Rechtsanwaltskammer,[13] wohl aber die gerichtliche Vollstreckbarerklärung eines solchen französischen Anwaltskostenbeschlusses[14] und ebenso die richterliche Vollstreckbarkeitsverfügung nach Art 32 des niederländischen Tarifgesetzes.[15] Um Entscheidungen iSd Vorschrift handelt es sich auch bei Kostenfestsetzungen nach §§ 104ff ZPO oder § 19 BRAGO,[16] nicht hingegen bei **Gerichtskostenrechnungen**; denn die Kostenrechnung betrifft eine öffentlich-rechtliche Forderung, die weder durch eine gerichtliche Entscheidung eines Zivilgerichts noch einen förmlichen Kostenfestsetzungsbeschluss tituliert ist.[17] 9

**6. Prozessvergleiche**

**Prozessvergleiche** sind keine Entscheidungen iSv Art 32, da sie nicht von einem Rechtsprechungsorgan erlassen werden, sondern ihr Inhalt vor allem durch den Willen der Parteien determiniert wird und damit im Wesentlichen vertraglicher Natur ist.[18] Ihre Anerkennung und Vollstreckung richtet sich nach Art 58. Indes ist die Grenze zwischen Prozessvergleich und gerichtlicher Entscheidung fließend. Beschränkt sich die Tätigkeit des Gerichts nicht nur auf die Beurkundung des Vergleichs, sondern wird der Vergleich in das richterliche Urteil aufgenommen und bildet dieses einen Vollstreckungstitel, so ist es auch nach Art 32ff anzuerkennen.[19] 10

---

[10] *MünchKommZPO/Gottwald* Rn 18; *Schlosser* Rn 9.

[11] Vgl dazu etwa OLG Saarbrücken RIW 1991, 68f; Bspr *Reinmüller* IPRax 1990, 207.

[12] *MünchKommZPO/Gottwald* Art 25 Rn 12; *Kropholler* Rn 11; *Schlosser* Rn 10. Fällt die Hauptsacheentscheidung nur zum Teil in den Anwendungsbereich der VO (zB Abstammungs- und Unterhaltsurkunden), erkennen die Gerichte im Interesse der Erleichterung des grenzüberschreitenden Rechtsverkehrs die gesamte Kostenentscheidung an, vgl *Kropholler* aaO; *Czernich/Kodek/Tiefenthaler/Kodek* Rn 14; *Musielak/Weth* Rn 3.

[13] OLG Koblenz RIW 1986, 469; Bspr *Reinmüller* IPRax 1987, 10.

[14] OLG München IPRspr 1992 Nr 223; LG Karlsruhe RIW 1991, 156m Bspr *Schmidt* 626 = IPRax 1992, 92m Bspr *Reinmüller* 73; **aA** LG Hamburg IPRax 1989, 162m Bspr *Reinmüller* 142.

[15] LG Hamburg IPRspr 1978 Nr 165; offen gelassen von OLG Düsseldorf RIW 1996, 67; Bspr *Tepper* IPRax 1996, 398.

[16] *Kropholler* Rn 9; *MünchKommZPO/Gottwald* Art 25 EuGVÜ Rn 12; vgl auch OLG Hamm IPRax 1996, 414m Bspr *Tepper* 398.

[17] BGH AGS 2001, 20; OLG Schleswig RIW 1997, 513.

[18] EuGH Rs C-414/92 *Solo Kleinmotoren/Boch* EuGHE 1994 I 2237 Rn 18.

[19] *von Hoffmann/Hau* IPRax 1995, 218; *Geimer/Schütze* Art 25 EuGVÜ Rn 41; *Schlosser* Rn 2.

### 7. Maßnahmen des einstweiligen Rechtsschutzes

11 Die Brüssel I-VO lässt eine Anerkennung und Vollstreckbarerklärung von **vorläufigen Entscheidungen**, die im Erststaat noch der Abänderung unterliegen können und also nicht endgültig sind, generell zu. Einstweilige Maßnahmen – wie etwa Arreste, einstweilige Verfügungen und vorläufige Anordnungen – fallen daher unter die gem Art 32ff anzuerkennenden Entscheidungen[20]. Es ist auch nicht erforderlich, dass im nationalen Recht eine gleichartige Anordnung vorgesehen ist. Doch sind einige Besonderheiten zu beachten.

12 Der sehr weite Anwendungsbereich wird vom EuGH zum einen dadurch empfindlich eingeschränkt, dass es sich seiner Auffassung nach bei Maßnahmen des einstweiligen Rechtsschutzes dann um keine Entscheidung iSv Art 32 handelt, wenn der Gegner nicht in einer mündlichen Verhandlung gehört und nicht geladen worden ist.[21] Selbst die Möglichkeit, nachträglich ein Rechtsmittel einzulegen, soll nicht genügen.[22] Verlangt wird vielmehr ein prinzipiell und von Beginn an **kontradiktorisches Verfahren**. Damit verliert der internationale Rechtsschutz seinen oftmals wichtigen Überraschungseffekt.[23] Nach zT vertretener Auffassung soll die zum EuGVÜ ergangene Rechtsprechung allerdings nicht auf die Brüssel I-VO übertragbar sein, da die vom EuGH zur Stützung seiner Auffassung herangezogenen Vorschriften (Art 27 Nr 2, 46 Nr 2, 47 Nr 1 EuGVÜ) grundlegend umgestaltet worden seien.[24] Dafür sprechen angesichts der verminderten Bedeutung der Zustellung des verfahrenseinleitenden Schriftstücks in der Tat gute Gründe. Solange der Gerichtshof seine tradierte Rechtsprechung nicht für overruled erklärt hat, sollte man sich bei der Beantragung einstweiligen Rechtsschutzes darauf jedoch nicht verlassen und weiterhin auf ein kontradiktorisches Verfahren bestehen, sofern es einer anschließenden grenzüberschreitenden Vollstreckung bedarf.

13 Zu beachten sind bei auf Art 31 iVm nationalem Recht gestützten einstweiligen Maßnahmen außerdem das Erfordernis der **„realen Verknüpfung"** und uU die weiteren Voraussetzungen für Leistungsverfügungen (vgl Art 31 Rn 11). Eine Anerkennung und

---

20 *Kropholler* Art 25 Rn 22; **aA** *Dalhuisen*, in: FS Riesenfeld (1983) 18, 21.

21 EuGH Rs 125/79 *Denilauder/Couchet Frères* EuGHE 1980, 1553 = IPRax 1981, 95 m Bspr *Hausmann* 79; vgl dazu auch *Matscher* ZZP 95 (1982) 225ff, und ausführlich *Albrecht*, Das EuGVÜ und der einstweilige Rechtsschutz in England und in der Bundesrepublik Deutschland (1991) 156f; *Eilers*, Maßnahmen des einstweiligen Rechtsschutzes im europäischen Zivilrechtsverkehr (1991) 261ff; außerdem *EMI Records Ltd. v. Modern Music Karl-Ulrich Walterbach GmbH* [1992] 1 All ER 616 (QBD) und dazu *Remien* WRP 1994, 25.

22 Vgl dazu EuGH Rs C-123/91 *Minalmet/Brandeis* EuGHE 1992 I 5661 Rn 21; vgl auch OLG Karlsruhe FamRZ 2001, 1623 (zur englischen „freezing order").

23 *Kropholler* Art 25 Rn 23; *Remien* WRP 1994, 27; *Schack* Rn 825; *Spellenberg/Leible*, in: *Gilles* (Hrsg) Transnationales Prozessrecht (1995) 330; *Sosnitza*, in: *Sánchez Lorenzo/Moya Escudero* (Hrsg), La cooperación internacional en materia civil y la unificación del Derecho privado en europa (2003) 82.

24 *Micklitz/Rott* EuZW 2002, 16f.

Vollstreckung derartiger einstweiliger Maßnahmen ist aber immerhin dann möglich, wenn der Schuldner entweder sein Vermögen zwischenzeitlich ins Ausland verbracht hat oder sich entgegen der bei Verfahrensbeginn erfolgten Glaubhaftmachung herausstellt, dass das inländische Vermögen zur vorläufigen Befriedigung nicht ausreicht.[25] (Zu den Einzelheiten vgl Art 31 Rn 25.)

**8. Doppelexequatur**

14 Keine Entscheidungen iSv Art 32 sind die Anerkennung oder Vollstreckbarkeit einer drittstaatlichen Entscheidung feststellende Judikate. Denn ansonsten könnte jeder Mitgliedstaat durch die Anerkennung einer drittstaatlichen Entscheidung zugleich alle übrigen Mitgliedstaaten zu deren Anerkennung verpflichten.[26] Außerdem fehlt es bereits an einer **anerkennungsfähigen Urteilswirkung**, da das ausländische Exequatururteil die Vollstreckbarkeit immer nur für das Gebiet des ausländischen Staates verleihen kann. Eine Doppelexequierung ist aber nicht nur bei drittstaatlichen Urteilen, sondern auch bei Urteilen aus anderen Mitgliedstaaten ausgeschlossen. Die Entscheidung muss im Inland stets selbstständig auf ihre Anerkennungsfähigkeit geprüft werden.

**9. Vollstreckungakte**

15 **Maßnahmen der Zwangsvollstreckung** sind, auch wenn sie durch richterlichen Beschluss angeordnet werden, keine Entscheidung iSv Art 32, da sie keinen Streit zwischen den Parteien entscheiden, sondern lediglich Vollstreckungsakte darstellen. Die Brüssel I-VO lässt jedoch nur gerichtliche Titel zur Vollstreckung zu, verleiht aber nicht Vollstreckungsakten grenzüberschreitende Wirkung. Dies würde dem im Vollstreckungsrecht aller Mitgliedstaaten geltenden Grundsatz der Territorialität zuwiderlaufen. Die Wirkung von Vollstreckungsmaßnahmen beschränkt sich daher stets von vornherein auf das Gebiet des Staates, in dem sie erlassen wurden. Eine grenzüberschreitende Wirkung scheidet aus. Geringfügige Durchbrechungen lässt lediglich Art 49 zu (vgl dort Rn 5ff). Von der prozessualen Nichtanerkennung ausländischer Vollstreckungsakte zu unterscheiden sind ihre **materiellrechtlichen Wirkungen**, die durchaus beachtlich sein können.[27]

**10. Insolvenzrechtliche Entscheidungen**

16 Gem Art 1 Abs 2 Nr 2 ist die Brüssel I-VO nicht anzuwenden auf „Konkurse, Vergleiche und ähnliche Verfahren".[28] Zu beachten ist jedoch die EuInsVO.[29] Gem Art 16 Abs 1 EuInsVO wird die **Eröffnung eines Insolvenzverfahrens** durch ein nach Art 3

---

25 *Spellenberg/Leible* ZZPInt 4 (1999) 232.

26 *Geimer* RIW 1976, 145; *ders* JZ 1977, 148.

27 Vgl dazu *Schack* Rn 958.

28 Zur Reichweite des Ausschlusses vgl EuGH Rs C-133/78 *Gourdain/Nadler* EuGHE 1979, 733; außerdem Art 1 Rn 18ff.

29 Zu den Einzelheiten vgl *Leible/Staudinger* KTS 2000, 560ff.

EuInsVO zuständiges Gericht eines Mitgliedstaats in allen übrigen Mitgliedstaaten anerkannt, sobald die Entscheidung im Staat der Verfahrenseröffnung wirksam ist. Nach Art 25 Abs 1 EuInsVO sind außerdem alle zur Durchführung und Beendigung eines Insolvenzverfahrens ergangenen **insolvenzgerichtlichen Entscheidungen** in den übrigen Mitgliedstaaten ohne besondere Förmlichkeiten anzuerkennen. Letztgenannte Entscheidungen können in den übrigen Mitgliedstaaten im vereinfachten Verfahren der Art 38ff Brüssel I-VO vollstreckt werden. Um keine Schutzlücken zwischen der Brüssel I-VO und der EuInsVO entstehen zu lassen, sieht Art 25 Abs 2 EuInsVO außerdem vor, dass Entscheidungen, die nicht unter Art 25 Abs 1 fallen, nach den Regeln der Brüssel I-VO anerkannt und für vollstreckbar erklärt werden, soweit deren Anwendungsbereich eröffnet ist. Der Ausschluss in Art 1 Abs 2 Nr 2 Brüssel I-VO muss daher im Einklang mit den Regeln der EuInsVO interpretiert werden.[30]

## III. Gericht

### 1. Begriff

17 Der Begriff des „Gerichts" ist **autonom** auszulegen. Hierunter ist ein Rechtsprechungsorgan zu verstehen, das kraft seines Auftrags selbst über zwischen den Parteien bestehende Streitpunkte entscheidet.[31] Ob dies der Fall ist, lässt sich freilich nur unter Rückgriff auf die nationalen Rechtssysteme ermitteln. Welchem Gerichtszweig der Spruchkörper angehört, spielt keine Rolle. Entscheidungen iSv Art 32 können auch Urteile von Verwaltungs- oder Strafgerichten oder der Freiwilligen Gerichtsbarkeit sein, sofern sie nur zivil- oder handelsrechtlichen Inhalts iSv Art 1 sind. Nicht erfasst werden hingegen Entscheidungen von **Schiedsgerichten** und anderen Institutionen, die nicht als staatliche Rechtsprechungsorgane tätig werden (Vereins- und Kirchengerichte), sowie von supra- und internationalen Gerichten.

18 Welches **Organ** die Entscheidung erlassen hat, ist unerheblich. Entscheidend ist, dass der Staat ihm richterliche Befugnisse verliehen hat. Art 32 nennt selbst „Gerichtsbedienstete". „Gerichte" iSv Art 31 können daher zB auch **Rechtspfleger** oder **Urkundsbeamte** sein, sofern ihnen die Ausübung richterlicher Befugnisse in einem rechtlich festgelegten Verfahren übertragen worden ist. Daran fehlt es etwa beim französischen Gerichtsvollzieher (**huissier**). Daher handelt es sich zB bei dem von ihm auf Grund der Nichtzahlung eines Schecks ausgestellten Vollstreckungstitel (titre executoire) um keine gerichtliche Entscheidung iSv Art 32.[32]

19 Entscheidungen von **Verwaltungsbehörden** fallen aus dem Anwendungsbereich der Art 31ff heraus, mögen sie auch zivilrechtlichen Inhalts sein. Eine Ausnahme macht Art 62 für die summarischen Verfahren **betalningsföreläggande** (Mahnverfahren) und **handräckning** (Beistandsverfahren) in Schweden. Bei ihnen umfasst der Begriff „Gericht" auch die schwedische kronofogdemyndighet (Amt für Beitreibung).

---

30 *Leible/Staudinger* KTS 2000, 575.

31 EuGH Rs C-414/92 *Solo Kleinmotoren/Boch* EuGHE 1994 I 2237 Rn 18.

32 OLG Saarbrücken IPRax 2001, 238 m Bspr *Reinmüller* 207.

### 2. Gericht eines Mitgliedstaats

Die Entscheidung muss außerdem vom Gericht eines Mitgliedstaats erlassen worden sein.[33] Worauf das mitgliedstaatliche Gericht seine Zuständigkeit stützt, ist unerheblich. Um Entscheidungen iSv Art 32 handelt es sich folglich auch bei solchen, bei denen die Zuständigkeit des Gerichts nicht auf den Regelungen der Brüssel I-VO, sondern entsprechend Art 4 Abs 1 auf **nationalem Prozessrecht** beruht. 20

# Abschnitt I
# Anerkennung

## Artikel 33

**(1) Die in einem Mitgliedstaat ergangenen Entscheidungen werden in den anderen Mitgliedstaaten anerkannt, ohne dass es hierfür eines besonderen Verfahrens bedarf.**
**(2) Bildet die Frage, ob eine Entscheidung anzuerkennen ist, als solche den Gegenstand eines Streites, so kann jede Partei, welche die Anerkennung geltend macht, in dem Verfahren nach den Abschnitten 2 und 3 dieses Kapitels die Feststellung beantragen, dass die Entscheidung anzuerkennen ist.**
**(3) Wird die Anerkennung in einem Rechtsstreit vor dem Gericht eines Mitgliedstaats, dessen Entscheidung von der Anerkennung abhängt, verlangt, so kann dieses Gericht über die Anerkennung entscheiden.**

**I. Allgemeines** .......... 1
**II. Anerkennung**
1. Anerkennung ipso iure .......... 2
2. Wirkung der Anerkennung
a) Wirkungserstreckung .......... 3
b) Einzelne Entscheidungswirkungen 4
3. Teilanerkennung .......... 11
**III. Selbstständige Feststellung** .......... 12
**IV. Inzidentanerkennung** .......... 17

### I. Allgemeines

Art 33, der inhaltlich unverändert aus Art 26 EuGVÜ hervorgegangen ist, enthält drei für die Anerkennung von Entscheidungen aus anderen Mitgliedstaaten wichtige Aussagen. Derartige Entscheidungen werden **automatisch anerkannt**, ohne dass es hierfür eines besonderen Verfahrens bedarf (Abs 1). Die Parteien können jedoch auch die **Feststellung beantragen**, dass die Entscheidung anzuerkennen ist (Abs 2). Ist die Frage der Anerkennungsfähigkeit bereits **Vorfrage** in einem anhängigen Verfahren, so ist **dieses Gericht** auch zur Feststellung nach Abs 2 **zuständig** (Abs 3). 1

---

[33] Vgl auch EuGH Rs C-129/92 *Owens/Bracco* EuGHE 1994 I 117 Rn 18; OGH ZfRV 2002, 24.

## II. Anerkennung

### 1. Anerkennung ipso iure

2 Art 33 Abs 1 geht ebenso wie § 328 ZPO vom **Grundsatz der automatischen Anerkennung** aus. Entscheidungen iSv Art 32 sind ipso iure anzuerkennen. Damit eine Entscheidung in anderen Mitgliedstaaten die ihr nach dem Recht des Urteilsstaats zukommenden Wirkungen entfaltet, bedarf es im Anerkennungsstaat weder ihrer Registrierung noch des Durchlaufens sonstiger nationaler Verfahren. Soweit keiner der Versagungsgründe der Art 34, 35 vorliegt und der Anwendungsbereich der Brüssel I-VO eröffnet ist, wird sie ohne weiteres in allen anderen Mitgliedstaaten anerkannt, und zwar auch bei noch fehlender Rechtskraft. Allerdings müssen auch für eine Inzidentanerkennung die in Art 43ff aufgeführten Urkunden vorgelegt werden.[1] Ob und inwieweit eine noch nicht rechtskräftige Entscheidung Wirkungen entfaltet, richtet sich nach dem Recht des Urteilsstaates. Der Entscheidungsinhalt der ausländischen Entscheidung ist bei jeder inländischen Rechtsanwendung als Vorfrage zu beachten.

### 2. Wirkung der Anerkennung

#### a) Wirkungserstreckung

3 Eine Definition des Begriffs „Anerkennung" vermisst man in der Brüssel I-VO. Vertreten werden im Wesentlichen drei Theorien. Die **Theorie von der Wirkungserstreckung** geht davon aus, dass der ausländischen Entscheidung im Inland die gleichen rechtlichen Wirkungen zukommen wie im Urteilsstaat.[2] Dem gegenüber steht die **Theorie von der Wirkungsgleichstellung**, die der ausländischen Entscheidung lediglich die gleichen Wirkungen wie einem entsprechenden Urteil im Anerkennungsstaat zuerkennen möchte.[3] Verbreitet ist schließlich auch die sog **Kumulationstheorie**, die zwar grundsätzlich von einer Wirkungserstreckung ausgeht, sofern die Urteilswirkungen mit denen eines vergleichbaren inländischen Urteils identisch sind oder hinter ihm zurückbleiben, in den möglichen Urteilswirkungen einer inländischen Entscheidung jedoch zugleich auch die Obergrenze für die Wirkungen einer ausländischen Entscheidung sieht.[4] Im *Jenard*-Bericht heißt es dazu, dass durch die Anerkennung den Entscheidungen die Wirkungen beigelegt werden soll, die ihnen in dem Staat zukommen, in dessen Hoheitsgebiet sie ergangen sind.[5] Der **EuGH** hat hieraus geschlussfolgert, dass von einer **Wirkungserstreckung** auszugehen sei und daher eine gem Art 31

---

[1] *MünchKommZPO/Gottwald* Art 26 EuGVÜ Rn 17; *Kropholler* Rn 10; **aA** *Schlosser* Rn 2.

[2] So etwa OLG Hamm FamRZ 1993, 213; *Geimer* RIW 1976, 141f.; *Geimer/Schütze* Art 26 EuGVÜ Rn 1; *Kropholler* Vor Art 33 Rn 9; *Linke* Rn 333; *MünchKommZPO/Gottwald* Art 26 EuGVÜ Rn 2; *Nagel/Gottwald* § 11 Rn 20; *Rauscher* IPR 437; *Schlosser* Rn 2. Zu § 328 ZPO vgl nur *MünchKommZPO/Gottwald* § 328 Rn 4; *Zöller/Geimer* § 328 ZPO Rn 18; *Geimer* IZPR Rn 2777.

[3] BGH NJW 1993, 2047f; IPRax 1983, 294; OLG Bamberg NJW-RR 1997, 4.

[4] So etwa *Bülow/Böckstiegel/Geimer/Schütze/Wolf* Art 26 EuGVÜ Rn 6; *Schack* Rn 796; *ders* IPRax 1989, 142.

[5] *Jenard*-Bericht 43.

„anerkannte ausländische Entscheidung grundsätzlich im ersuchten Staat dieselbe Wirkung entfalten muss wie im Urteilsstaat".[6] Dem ist zu folgen, da nur eine Wirkungserstreckung zu einer echten Freizügigkeit von Entscheidungen im europäischen Justizraum führt. Entscheidungen aus einem Mitgliedstaat kommen daher in allen anderen Mitgliedstaaten die Wirkungen zu, die ihr im Urteilsstaat zugemessen werden. Eine Grenze bildet allein der ordre public des Anerkennungsstaats.

**b) Einzelne Entscheidungswirkungen**

Die bedeutendste anzuerkennende Urteilswirkung ist sicherlich die der **materiellen** 4
**Rechtskraft**. Das ausländische Judikat ist hinsichtlich des Streitgegenstandes für die Parteien verbindlich und bindet diese und das inländische Gericht auch in einem nachfolgenden Verfahren. Nach dem Grundsatz der Wirkungserstreckung sind die **objektiven und subjektiven Grenzen der Rechtskraft**, die von Mitgliedstaat zu Mitgliedstaat beträchtlich differieren können,[7] dem Recht des Urteilsstaates zu entnehmen. Die Anerkennung hat zur Folge, dass einer Klageerhebung über denselben Streitgegenstand im Anerkennungsstaat die Rechtskraft der Erstentscheidung entgegensteht. Wird gleichwohl erneut Klage erhoben, ist diese als unzulässig abzuweisen.[8] Hat etwa eine Partei in einem Prozess vor einem französischen Gericht wegen ihrer außergerichtlichen Prozesskosten einen Schadensersatzanspruch nach Art 700 ncpc geltend gemacht, so ist es ihr grundsätzlich verwehrt, von dem französischen Gericht nicht zuerkannte Beträge vor einem deutschen Gericht einzuklagen.[9] Für die Beachtung der materiellen Rechtskraft ist es unerheblich, wenn der Kläger die Erhebung einer erneuten Leistungsklage mit der vorgeblichen Anerkennungsunfähigkeit des ausländischen Urteils begründet.[10] Ein besonderes, eine Ausnahme vom Grundsatz der Rechtskrafterstreckung rechtfertigendes Schutzbedürfnis ist nicht anzuerkennen, solange die Nichtanerkennungsfähigkeit der ausländischen Entscheidung nicht tatsächlich feststeht. Denn der Kläger hat zB die Möglichkeit, eine Klärung der Anerkennungsfähigkeit im Rahmen des Verfahrens nach Art 38ff oder im Anerkennungsfeststellungsverfahren nach Art 33 Abs 2 herbeizuführen.[11] Ob die Rechtskraft der ausländischen Entscheidung **von Amts wegen** oder **nur auf Einrede** zu beachten ist, beurteilt sich hingegen nach dem Recht des Anerkennungsstaates; denn dabei handelt es sich um keine Frage der Urteilswirkung, sondern lediglich die „instrumentelle Seite" der gleichwohl ipso iure erfolgenden Anerkennung, für die allein die lex fori maßgeblich ist.[12] In Deutschland ist die anzuerkennende materielle Rechtskraft der Entscheidung aus einem anderen Mitgliedstaat daher auch dann ein Sachurteilshindernis, wenn sie im Ursprungsstaat nur auf Einrede einer Partei zu beachten wäre.

---

[6] EuGH Rs 145/86 *Hoffmann/Krieg* EuGHE 1988, 645 Rn 11.

[7] Vgl dazu *Stürner*, in: FS Schütze (1999) 913.

[8] EuGH Rs 42/76 *de Wolf/Cox* EuGHE 1976, 1759 Rn 9/10; vgl auch LG Münster RIW 1978, 686.

[9] OLG Frankfurt RIW 1985, 411.

[10] **AA** OLG München RIW 1996, 856; *Bülow/Böckstiegel/Geimer/Schütze/Wolf* Art 26 EuGVÜ Rn 8.

[11] Ebenso *Nagel/Gottwald* § 11 Rn 17.

[12] *Bülow/Böckstiegel/Geimer/Schütze/Wolf* Art 26 EuGVÜ Rn 10; *Czernich/Tiefenthaler/Kodek/Kodek* Rn 6; *Kropholler* vor Art 33 Rn 12; *Schlosser* Rn 3.

5 Beachtlich ist auch die materielle Rechtskraft von **Prozessurteilen**. Sie können jedoch nur in dem Rahmen wirken, wie das nationale Recht Sachurteilshindernisse kennt.[13] Erklärt sich ein deutsches Gericht für nicht zuständig, so kann ein niederländisches Gericht die Klage nicht mit der Begründung als unzulässig abweisen, das deutsche Gericht sei zuständig.[14]

6 Die Anerkennung erstreckt sich auch auf die **Präklusionswirkung**. Das Gericht darf in einem späteren Verfahren zum selben Streitgegenstand einen tatsächlichen, der anerkannten Entscheidung widersprechenden Sachvortrag nicht berücksichtigen.[15] Ob und inwieweit die Parteien präkludiert sind, ist nach dem Recht des Urteils- und nicht des Anerkennungsstaats festzustellen. Eine Beschränkung durch das deutsche Prozessrecht findet nicht statt.[16]

7 Anzuerkennen ist weiterhin die **Gestaltungswirkung** des ausländischen Urteils. Darauf, ob nach dem IPR des Anerkennungsstaates dieselbe Rechtsordnung anzuwenden wäre und diese oder die Rechtsordnung des Anerkennungsstaates eine derartige Gestaltungswirkung kennt, kommt es nicht an.[17]

8 Anerkennungsfähig sind außerdem **prozessuale Drittwirkungen** der ausländischen Entscheidung, insbesondere ihre **Interventions- und Streitverkündungswirkung**, und zwar in dem Umfang, in dem sie nach dem Recht des Urteilsstaates bestehen. In Deutschland müssen Entscheidungen, die in einem anderen Mitgliedstaat auf Grund einer **Gewährleistungs- oder Interventionsklage** ergangen sind, anerkannt und für vollstreckbar erklärt werden, obwohl der Gerichtsstand der Gewährleistungs- oder Interventionsklage nach Art 6 Nr 2 in Deutschland nicht geltend gemacht werden kann (vgl Art 65).

9 Ob ein Urteil aus einem anderen Mitgliedstaat im Inland **Tatbestandswirkung** entfaltet, ist keine Frage der Wirkungserstreckung, sondern des materiellen Rechts. Das nach dem IPR des Anerkennungsstaates anwendbare Sachrecht entscheidet darüber, ob und unter welchen Voraussetzungen bestimmte Tatbestandsmerkmale, die an das Vorliegen einer Entscheidung anknüpfen (vgl zB §§ 197 Abs 1 Nr 3, 204 Abs 1 BGB), auch durch eine ausländische Entscheidung erfüllt werden können.

10 Eine **Vollstreckungswirkung** ausländischer Urteile wird nicht anerkannt. Für sie gelten die Art 38-52.

---

[13] *Kropholler* vor Art 33 Rn 13; *Schlosser* Rn 3; *Bülow/Böckstiegel/Geimer/Schütze/Wolf* Art 26 EuGVÜ Rn 9.

[14] Vgl OLG Celle IPRax 1997, 418.

[15] *MünchKommZPO/Gottwald* Art 26 EuGVÜ Rn 3; *Kropholler* vor Art 33 Rn 14; *Nagel/Gottwald* § 11 Rn 20; *Rauscher* IPR 437.

[16] **AA** auf dem Boden der Kumulationstheorie *Bülow/Böckstiegel/Geimer/Schütze/Wolf* Art 26 EuGVÜ Rn 12.

[17] *Kropholler* vor Art 33 Rn 15; *Rauscher* 437.

### 3. Teilanerkennung

Nach Art 49 ist es möglich, die Vollstreckbarerklärung nur für einen Teil des Gegenstands der Verurteilung zu erteilen. Eine vergleichbare Vorschrift für die Anerkennung fehlt. Gleichwohl ist eine **Teilanerkennung** möglich, sofern die ausländische Entscheidung **teilbar** ist, dh über mehrere eigenständige Ansprüche entschieden wurde. Fallen nur einige Verfahrensgegenstände der ausländischen Entscheidung in den Anwendungsbereich der Brüssel I-VO, entfalten auch nur diese Anerkennungswirkung nach Art 32.[18] 11

## III. Selbstständige Feststellung

Die Brüssel I-VO geht ebenso wie das deutsche Recht (§ 328 ZPO) vom Grundsatz der automatischen Anerkennung aus. Das provoziert die Gefahr widersprechender Entscheidungen, da jedes Gericht eigenständig über die Anerkennungsfähigkeit als Vorfrage entscheiden muss und an die Inzidentanerkennung anderer Gerichte nicht gebunden ist. Gerade, aber nicht nur bei nicht vollstreckungsfähigen Entscheidungen können die Parteien daher ein Interesse daran haben, die Anerkennungsfähigkeit der ausländischen Entscheidung bindend feststellen zu lassen. Eine solche **bindende Feststellung** dient außerdem der **Prozessökonomie**, da sie später mit der Sache befasste Gerichte von der Notwendigkeit befreit, im Rahmen einer Vorfrage erneut inzident über die Anerkennung entscheiden zu müssen. 12

Das Verfahren wird durch einen auf Feststellung gerichteten **Antrag** eingeleitet, der von jeder Partei des Ausgangsverfahrens, aber auch von deren Rechtsnachfolgern oder einem Dritten, der ein berechtigtes Interesse an einer bindenden Feststellung hat, gestellt werden kann.[19] Der Antrag kann nur auf **positive, nicht aber negative Feststellung** der Anerkennungsfähigkeit gerichtet sein.[20] Dies ergibt sich bereits aus dem eindeutigen Wortlaut der Vorschrift. Eine analoge Anwendung von Abs 2 scheidet aus, da sich der Verordnungsgeber eindeutig auf einen lediglich positiven Feststellungsantrag festgelegt hat. Hierfür spricht nicht nur der *Jenard*-Bericht zum EuGVÜ,[21] sondern vor allem ein Vergleich mit der zeitlich vor der Brüssel I-VO erlassenen Brüssel II-VO. Denn deren Art 14 Abs 3 lässt ausdrücklich einen auf negative Feststellung gerichteten Antrag zu („dass eine Entscheidung anzuerkennen oder nicht anzuerkennen ist"). Daraus, dass im Rahmen der später erlassenen Brüssel I-VO auf eine entsprechende Erweiterung von Art 33 Abs 2 verzichtet wurde, kann nur geschlossen werden, dass nach dem Willen des Verordnungsgebers auch tatsächlich nur eine positive Feststellung möglich sein soll. Dem Beklagten bleibt daher nur die Möglichkeit der Erhebung einer Feststellungsklage nach nationalem Recht. 13

---

[18] Vgl zur Entscheidung über Unterhaltspflichten im Rahmen eines Scheidungsverfahrens EuGH Rs C-220/95 *von den Boogaard/Laumen* EuGHE 1997 I 1147 Rn 22.

[19] *MünchKommZPO/Gottwald* Art 26 EuGVÜ Rn 6; *Kropholler* Rn 3.

[20] *Kropholler* Rn 7; *MünchKommZPO/Gottwald* Art 26 EuGVÜ Rn 8; *Micklitz/Rott* EuZW 2002, 16; *Thomas/Putzo/Hüßtege* Rn 5; **aA** *Geimer/Schütze* Art 26 EuGVÜ Rn 85 f.; *Schlosser* Rn 4.

[21] Vgl *Jenard*-Bericht 43.

14 Abs 2 fordert, dass zwischen den Parteien Streit über die Anerkennungsfähigkeit der Entscheidung besteht. Entgegen dem Wortlaut der Vorschrift genügt es aber bereits, dass die Anerkennung zwischen den Parteien überhaupt rechtlich relevant ist, also ein **allgemeines Rechtsschutzbedürfnis** für diese Feststellung besteht. Eines darüber hinausreichenden besonderen Feststellungsinteresses – wie etwa in § 256 Abs 1 ZPO – bedarf es hingegen nicht.[22] Beachtlich kann es allerdings für die Kostenentscheidung sein. Denn nach § 26 S 3 AVAG sind die Kosten des Anerkennungsfeststellungsverfahrens dem Antragsteller aufzuerlegen, wenn der Antragsgegner durch sein Verhalten keine Veranlassung für den Feststellungsantrag gegeben hat. Eine derartige Kostenregelung kann freilich nur bei einer auf die Entscheidung über den Kostenpunkt beschränkten Beschwerde getroffen werden, nicht hingegen bei erstinstanzlicher Entscheidung.[23]

15 Der Feststellungsantrag nach Abs 2 kann sowohl **selbstständig** als auch neben dem Antrag auf Vollstreckbarerklärung gestellt werden.[24] Eine **Verbindung** mit einer hilfsweise für den Fall der Ablehnung des Feststellungsantrags erhobenen Leistungsklage ist hingegen nicht möglich, da es sich nicht um dieselbe Prozessart (§ 260 ZPO) handelt.[25]

16 Das **Anerkennungsfeststellungsverfahren** richtet sich nach den Art 38ff und 53ff. Zu beachten sind die §§ 25f AVAG. Örtlich zuständig ist nach Art 39 Abs 2 1. Alt, § 25 Abs 1 iVm § 3 Abs 2 AVAG das Gericht am Wohnsitz des Schuldners oder das Gericht des Ortes, an dem die Zwangsvollstreckung durchgeführt werden soll (Art 39 Abs 2 2. Alt.) bzw, sofern eine solche nicht in Betracht kommt, das Gericht des Ortes, an dem das Feststellungsinteresse zu lokalisieren ist.[26] Neben diesen kann außerdem noch eine Zuständigkeit nach Abs 3 (vgl dort Rn 16) begründet werden. Der Vorsitzende einer Zivilkammer am zuständigen Landgericht entscheidet in einem einseitigen Verfahren. Seine Entscheidung unterliegt den Rechtsmitteln nach Art 43, 44 iVm Anhang III, IV. Im Beschwerdeverfahren entscheidet der Senat des OLG durch drei Richter, nicht der originäre Einzelrichter.[27] Wird die Entscheidung anerkannt, jedoch anschließend im Urteilsstaat aufgehoben oder abgeändert, so kann die von der Aufhebung oder Abänderung begünstigte Partei entsprechend § 27 AVAG die Aufhebung oder Abänderung der bisherigen Feststellung bei dem Gericht beantragen, das die Feststellung ausgesprochen hat (§ 29 AVAG).

### IV. Inzidentanerkennung

17 Nach verbreiteter Auffassung ergibt sich aus Abs 3 lediglich, dass das Gericht des Anerkennungsstaates die Frage, ob ein ausländisches Urteil Anerkennungswirkung hat, im

---

22 *MünchKommZPO/Gottwald* Art 26 EuGVÜ Rn 7; *Kropholler* Rn 4.

23 *MünchKommZPO/Gottwald* Art 26 EuGVÜ Rn 7; **aA** anscheinend *Kropholler* Rn 4 aE.

24 *MünchKommZPO/Gottwald* Art 26 EuGVÜ Rn 6; *Thomas/Putzo/Hüßtege* Rn 5.

25 *MünchKommZPO/Gottwald* Art 26 EuGVÜ Rn 10; *Kropholler* Rn 6; *Thomas/Putzo/Hüßtege* Rn 5.

26 *Kropholler* Rn 8, auch zur örtlichen Ersatzzuständigkeit bei fehlender Lokalisierbarkeit des Feststellungsinteresses.

27 OLG Köln IPRax 2003, 354.

Verfahren auch als Vorfrage inzident klären kann, so lange es an einer förmlich unanfechtbaren Anerkennung nach Art 33 Abs 2, § 25 Abs 1 AVAG fehlt.[28] Indes ergibt sich die Möglichkeit einer **Inzidentanerkennung** bereits aus Abs 1 (vgl Rn 2). Möchte man Abs 3 einen eigenen Regelungsgehalt beimessen, kann die Vorschrift nur so verstanden werden, dass sie es dem Gericht, dessen Entscheidung von der Anerkennung einer ausländischen Entscheidung abhängt, ermöglicht, hierüber nicht nur inzident, sondern auf Antrag auch durch ein selbstständiges Anerkennungsverfahren zu entscheiden, und zwar selbst (und gerade) dann, wenn es hierfür nicht nach Abs 2 zuständig ist. Ein solcher Antrag kann bis zum Schluss der letzten mündlichen Verhandlung über den primären Streitgegenstand gestellt werden und setzt voraus, dass die Entscheidung des Gerichts von der Anerkennungsfähigkeit der ausländischen Entscheidung abhängt.[29]

## Artikel 34

Eine Entscheidung wird nicht anerkannt, wenn

1. die Anerkennung der öffentlichen Ordnung (ordre public) des Mitgliedstaats, in dem sie geltend gemacht wird, offensichtlich widersprechen würde;
2. dem Beklagten, der sich auf das Verfahren nicht eingelassen hat, das verfahrenseinleitende Schriftstück oder ein gleichwertiges Schriftstück nicht so rechtzeitig und in einer Weise zugestellt worden ist, dass er sich verteidigen konnte, es sei denn, der Beklagte hat gegen die Entscheidung keinen Rechtsbehelf eingelegt, obwohl er die Möglichkeit dazu hatte;
3. sie mit einer Entscheidung unvereinbar ist, die zwischen denselben Parteien in dem Mitgliedstaat, in dem die Anerkennung geltend gemacht wird, ergangen ist;
4. sie mit einer früheren Entscheidung unvereinbar ist, die in einem anderen Mitgliedstaat oder in einem Drittstaat zwischen denselben Parteien in einem Rechtsstreit wegen desselben Anspruchs ergangen ist, sofern die frühere Entscheidung die notwendigen Voraussetzungen für ihre Anerkennung in dem Mitgliedstaat erfüllt, in dem die Anerkennung geltend gemacht wird.

**I. Allgemeines** ... 1

**II. Ordre public des Anerkennungsstaats (Nr 1)**
1. Allgemeines ... 4
2. Offensichtlicher Widerspruch ... 9
3. Verfahrensrechtlicher ordre public ... 13
4. Materieller ordre public
   a) Internationales Privatrecht ... 19
   b) Sachrecht ... 20

**III. Verletzung rechtlichen Gehörs (Nr 2)**
1. Allgemeines
   a) Schutzzweck ... 23
   b) Anwendungsbereich ... 25
   c) Einseitige Verfahren ... 26
   d) Annexentscheidungen ... 27
2. Verfahrenseinleitendes Schriftstück .. 28

[28] Vgl zB *Bülow/Böckstiegel/Geimer/Schütze/Wolf* Art 26 EuGVÜ Rn 24; *Kropholler* Rn 10; *MünchKommZPO/Gottwald* Art 26 EuGVÜ Rn 17.

[29] *Rauscher* 435; *Schlosser* Rn 5.

3. Zustellung des verfahrenseinleitenden Schriftstücks .......................... 30
a) Art und Weise der Zustellung ..... 31
b) Zeitpunkt der Zustellung
(1) Grundsatz ...................... 34
(2) Beispiele ......................... 35
4. Nichteinlassung des Beklagten ....... 37
5. Einlegung eines Rechtsbehelfs im Ursprungsstaat ......................... 39
6. Prüfung durch den Zweitrichter ...... 41
**IV. Unvereinbarkeit mit einer Entscheidung im Anerkennungsstaat (Nr 3)** .. 43
**V. Unvereinbarkeit mit einer früheren anerkennungsfähigen Entscheidung aus einem anderen Mitglied- oder Drittstaat (Nr 4)** ................................ 49

## I. Allgemeines

1 Art 34 geht auf Art 27 EuGVÜ zurück, hat jedoch durch die Brüssel I-VO einige Änderungen erfahren, von denen insbesondere die nunmehr vereinfachte Anerkennung bei fehlerhafter Zustellung des verfahrenseinleitenden Schriftstücks (Rn 23 ff) sowie die Einbeziehung von Entscheidungen anderer Mitgliedstaaten in den Anwendungsbereich von Nr 4 (ex-Nr 5) von Bedeutung sind. Entfallen ist Art 27 Nr 4, der unter bestimmten Umständen eine Anerkennungsversagung bei unterschiedlichem mitgliedstaatlichen IPR erlaubte.

2 Art 34 enthält eine **limitative Aufführung** von Gründen, die eine Nichtanerkennung ausländischer Entscheidungen rechtfertigen können. Daneben kann eine Anerkennungsversagung nur noch auf Art 35 gestützt werden.[1] Art 34 bzw die in ihm aufgeführten Versagungsgründe haben **Ausnahmecharakter** und sind daher **eng auszulegen.**[2] Die Vorschrift erfasst nur Entscheidungen iSv Art 32 und setzt außerdem voraus, dass der Anwendungsbereich der Brüssel I-VO eröffnet ist.

3 Sämtliche Anerkennungsvoraussetzungen sind grundsätzlich **nicht von Amts wegen**, sondern **erst auf Einrede** zu prüfen. Da im Vollstreckbarerklärungsverfahren die Versagungsgründe nach Art 41 in erster Instanz nicht geprüft werden dürfen, kann im Anerkennungsverfahren nichts anderes gelten.[3] Eine amtswegige Prüfung kommt im Anerkennungsverfahren, anders als unter dem EuGVÜ,[4] folglich nicht in Betracht.[5] Eine Ausnahme ist lediglich angezeigt, wenn unmittelbar besondere Staatsinteressen beeinträchtigt sind, wie etwa bei einem massiven Verstoß gegen den allgemeinen ordre public (Art 34 Nr 1) oder der Nichtbeachtung einer ausschließlichen Zuständigkeit nach Art 35 Abs 1 (vgl Art 35 Rn 5).[6] Wer die **Beweislast** zu tragen hat, war unter Geltung

---

[1] Beachte aber Art 61 S 2 2. HS.

[2] EuGH Rs C-414/92 *Solo Kleinmotoren/Boch* EuGHE 1994 I 1717 Rn 20; Rs C-7/98 *Krombach/Bamberski* EuGHE 2000 I 1935 Rn 21; Rs C-38/98 *Renault/Maxicar* EuGHE 2000 I 2973 Rn 26.

[3] *Czernich/Tiefenthaler/Kodek/Kodek* Rn 2; *Kropholler* vor Art 33 Rn 6.

[4] Vgl zB OLG Köln RIW 1990, 230; OLG Koblenz RIW 1991, 861.

[5] **AA** *Thomas/Putzo/Hüßtege*, Art 33 Rn 1.

[6] Zur Frage, ob und inwieweit im Rechtsbehelfsverfahren eine Pflicht zur amtswegigen Prüfung besteht, vgl *Czernich/Tiefenthaler/Kodek/Kodek* Rn 3; *Kropholler* vor Art 33 Rn 6.

des EuGVÜ umstritten. Nach verbreiteter Auffassung sollte ebenso wie bei § 328 Abs 1 ZPO[7] die Beweislast für das Vorliegen der Anerkennungsvoraussetzungen denjenigen treffen, der sich auf die Anerkennung des Urteils beruft.[8] Das kann angesichts der anerkennungsfreundlichen Tendenz der Brüssel I-VO, die sich nunmehr auch in der Verlagerung der Initiative auf den Urteilsschuldner manifestiert (vgl Art 45 Abs 1), jedenfalls heute nicht mehr überzeugen. Die Beweislast für das Vorliegen von Versagungsgründen trägt daher derjenige, der die **Anerkennungsfähigkeit bestreitet.**[9]

## II. Ordre public des Anerkennungsstaats (Nr 1)

### 1. Allgemeines

Nr 1 trägt dem Umstand Rechnung, dass die mitgliedstaatlichen Verfahrens- und Sachrechte bislang noch nicht vereinheitlicht sind und die Anerkennung der in einem Mitgliedstaat ergangenen Entscheidung in einem anderen Mitgliedstaat zu Ergebnissen führen kann, die mit dessen öffentlicher Ordnung schlechterdings unvereinbar sind. Die Brüssel I-VO geht zwar vom **Vertrauensgrundsatz** aus,[10] doch sind die Mitgliedstaaten derzeit noch nicht bereit, darauf zu verzichten, das ausländische Urteil immerhin auf die Einhaltung ihrer Ansicht nach **rechtsstaatlicher Mindestanforderungen** zu kontrollieren. Ordre public-Klauseln finden sich nicht nur in nahezu sämtlichen Rechten der Mitgliedstaaten, sondern gehören auch zum „gemeineuropäischen Kernbestand der bilateralen Anerkennungs- und Vollstreckungsverträge".[11] Gleichwohl wird einer ordre public-Kontrolle im europäischen Anerkennungsverfahren angesichts der stetig voranschreitenden Rechtsangleichung im Binnenmarkt zunehmend die Legitimation abgesprochen.[12] Die Kommission schlug daher bereits im Rahmen der Überführung des EuGVÜ in die Brüssel I-VO vor, die ordre public-Kontrolle gänzlich **zu streichen,**[13] fand damit in der Arbeitsgruppe jedoch keine Mehrheit. Auch die überwiegende Auffassung im Schrifttum hält es derzeit noch für völlig inopportun, den ordre public-Vorbehalt entfallen zu lassen.[14] Die Kommission lässt sich von diesen Bedenken jedoch nicht beirren und hat mittlerweile einen „Vorschlag für eine Verordnung des Rates zur 4

[7] Vgl dazu BGHZ 141, 302.

[8] So etwa *Martiny* IZVR III/2 Kap II Rn 219; *Schack* Rn 884; *Geimer* RIW 1976, 147.

[9] *Czernich/Tiefenthaler/Kodek/Kodek* Rn 3; *Kropholler* vor Art 33 Rn 7; ebenso (zu Art 27 EuGVÜ) *MünchKommZPO/Gottwald* Art 27 EuGVÜ Rn 8; *Bülow/Böckstiegel/Geimer/Schütze/Wolf* Art 27 EuGVÜ Rn 35; **aA** *Schack* Rn 884.

[10] Vgl Erwägungsgrund 16.

[11] *Bruns* JZ 1999, 281.

[12] Vgl zB *Raum/Lindner* NJW 1999, 470 (Festhalten am ordre public „schon fast grotesk"); *Leipold,* in: FS Stoll (2001) 646 (Verzicht auf den ordre public „jedenfalls auf längere Sicht" vorstellbar).

[13] KOM (1997) 609 endg.

[14] Vgl zB *Bruns* JZ 1999, 278; *Gundel* EWS 2000, 447; *Heß* IPRax 2000, 361 in Fn 5; *ders* NJW 2000, 32 in Fn 171; *Kohler,* in: Baur/Mansel (Hrsg) Systemwechsel im europäischen Kollisionsrecht (2002) 159 f; *von Sachsen Gessaphe* ZZPInt 5 (2000) 239; *Schack* ZEuP 1999, 807; *Stürner,* in: 50 Jahre BGH Bd III (2000) 690 f.

Einführung eines europäischen Vollstreckungstitels für unbestrittene Forderungen“[15] vorgelegt, dessen Ziel die Abschaffung des Exequaturverfahrens für sog **„unbestrittene Forderungen“** ist. Das Anerkennungsverfahren der Art 33 ff soll ebenso entfallen wie der ohnehin schon gelockerte ordre public-Vorbehalt des Art 34 Nr 1. Eine solche Maßnahme dient zweifelsohne einer weiteren Verfestigung des Binnenmarktes, ist aufgrund des vorgesehenen Verzichts auf den ordre public-Vorbehalt rechtspolitisch jedoch höchst umstritten.[16]

5 Die Ausfüllung des Begriffs des „ordre public“ obliegt den Mitgliedstaaten. Abzustellen ist auf die **öffentliche Ordnung des Anerkennungsstaates**. Auch wenn dieser daher grundsätzlich selbst festlegen kann, welche Anforderungen sich nach seinen innerstaatlichen Anschauungen aus seiner öffentlichen Ordnung an die anzuerkennende Entscheidung ergibt, gehört die Abgrenzung des Begriffs des „ordre public“ gleichwohl noch zur Auslegung des Übereinkommens.[17] Der EuGH kann folglich zwar den Inhalt der öffentlichen Ordnung des Anerkennungsstaats nicht definieren, hat aber über die Grenzen zu wachen, innerhalb derer sich das Zweitgericht auf diesen Begriff stützen darf, um der Entscheidung des Erstgerichts die Anerkennung zu versagen.[18] Aufgrund der alleinigen Maßgeblichkeit der jeweiligen nationalen Maßstäbe des verfahrensrechtlichen (vgl Rn 13)[19] bzw materiellrechtlichen (vgl Rn 19 ff)[20] ordre public kann dem EuGH auch keine Frage zur inhaltlichen Konkretisierung des ordre public vorgelegt werden,[21] wohl aber eine solche nach den durch Art 34 Nr 1 gezogenen Grenzen.

6 In Deutschland ist auf den **deutschen ordre public** abzustellen.[22] Zur Konkretisierung von Nr 1 kann daher auf die zu § 328 Abs 1 Nr 4 ZPO und zum ordre public-Vorbehalt in der Schiedsgerichtsbarkeit ergangene Rechtsprechung und veröffentlichte Literatur zurückgegriffen werden.[23] Zu beachten ist jedoch, dass sich der nationale ordre public nicht nur aus Vorschriften autonomen Ursprungs speist, sondern der Kernbestand der öffentlichen Ordnung der Mitgliedstaaten auch durch völkerrechtliche und **supranationale Rechtssätze** determiniert werden kann. Jedoch ändern sich die Voraussetzungen

---

15 KOM (2002) 159 endg; *Stoppenbrink* ERPL 2002, 641; *Wagner* IPRax 2002, 75.

16 Vgl zB *Heß* JZ 2001, 578 f; *Kohler*, in: *Baur/Mansel* (Hrsg) Systemwechsel im europäischen Kollisionsrecht (2002) 152 f.

17 EuGH Rs C-7/98 *Krombach/Bamerski* EuGHE 2000 I 1935 Rn 22; Rs C-38/98 *Renault/Maxicar* EuGHE 2000 I 2973 Rn 27.

18 EuGH Rs C-7/98 *Krombach/Bamberski* EuGHE 2000 I 1935 Rn 23; Rs C-38/98 *Renault/Maxicar* EuGHE 2000 I 2973 Rn 28.

19 Vgl dazu BGH RIW 2002, 238.

20 Vgl dazu OLG Hamburg RIW 1995, 680.

21 BGHZ 75, 167.

22 BGHZ 122, 19.

23 Vgl dazu zB mwN *MünchKommZPO/Gottwald* § 328 ZPO Rn 92 ff; *Kornblum* NJW 1987, 1105 ff; *Barber*, Objektive Schiedsfähigkeit und ordre public der internationalen Schiedsbarkeit (1994); *Wunderer*, Der deutsche „ordre public D'Arbitrage International“ und Methoden seiner Konkretisierung (1993).

für einen Rückgriff auf die ordre public-Klausel nicht etwa dadurch, dass eine mögliche Anerkennung Bestimmungen des Gemeinschaftsrechts betrifft. „Denn es ist Sache des nationalen Gerichts, den Schutz der durch die nationale Rechtsordnung und der durch die Gemeinschaftsrechtsordnung verliehenen Rechte in gleicher Weise wirksam zu gewährleisten."[24]

Nr 1 ist immer nur dann anwendbar, wenn nicht eine der Sondervorschriften der Nr 2-4 sowie des Art 35 Abs 1, 2 eingreift.[25] So ist etwa Nr 1 gegenüber Nr 2 **subsidiär**, wenn der Grundsatz des rechtlichen Gehörs im Eröffnungsstadium des Verfahrens nicht beachtet wird,[26] während Verstöße in einem späteren Verfahrensstadium durchaus eine Versagung der Anerkennung gem Nr 1 rechtfertigen können.[27] Ist die anzuerkennende Entscheidung mit einer Entscheidung unvereinbar, die zwischen denselben Parteien im Anerkennungsstaat ergangen ist, ist Nr 3 die im Vergleich zu Nr 1 speziellere Norm.[28] 7

Nr 1 setzt voraus, dass die **„Anerkennung"** dem ordre public des Mitgliedstaats widerspricht. Es kommt nicht auf die Entscheidung als solche, sondern auf ihre **Wirkungen im Anerkennungsstaat** an. Abzustellen ist dabei nicht auf den Zeitpunkt des Eintritts der zur Anerkennung anstehenden Urteilswirkungen nach dem Recht des Erststaates, sondern auf den Zeitpunkt, in dem die Anerkennung geltend gemacht wird.[29] Dies steht dem Grundsatz der automatischen Wirkungserstreckung (vgl Art 33 Rn 3) nicht entgegen, da es für eine Verletzung des ordre public keiner abstrakten, sondern einer konkreten Gefährdung öffentlicher Interessen des Zweitstaats bedarf. Davon kann aber erst dann ausgegangen werden, wenn es auf die ausländische Entscheidung tatsächlich ankommt. 8

## 2. Offensichtlicher Widerspruch

Da nach ständiger Rechtsprechung des EuGH Art 34 **eng auszulegen** ist,[30] kann auch die ordre public-Klausel der Nr 1 nur in Ausnahmefällen eine Rolle spielen.[31] Der 9

---

[24] EuGH Rs C-38/98 *Renault/Maxicar* EuGHE 2000 I 2973 Rn 32.

[25] OLG Köln IPRax 2000, 528; *Schlosser* Art 34-36 Rn 2; *Thomas/Putzo/Hüßtege* Rn 2.

[26] EuGH Rs C-78/95 *Hendrikman und Feyen/Magenta Druck* EuGHE 1996 I 4943 Rn 23; vgl außerdem zB OLG Hamm RIW 1994, 244. Von einem Verstoß gegen Nr 1 kann auch nicht ausgegangen werden, wenn zwar die Einlassungsfrist des Verfahrensstaats missachtet wurde, aber die Zustellung gleichwohl rechtzeitig iSv Nr 2 war, vgl OLG Köln IPRax 1995, 256.

[27] BGH RIW 1990, 575.

[28] EuGH Rs 145/86 *Hoffmann/Krieg* EuGHE 1988, 645 Rn 21.

[29] OLG Köln NJW-RR 1995, 447; *Kropholler* Rn 10; *Mansel* IPRax 1995, 364; **aA** *Geimer/Schütze* Art 27 EuGVÜ Rn 39; *Zöller/Geimer* Rn 8.

[30] Vgl zB EuGH Rs C-414/92 *Solo Kleinmotoren/Boch* EuGHE 1994 I 2237 Rn 20; Rs C-7/98 *Krombach/Bamberski* EuGHE 2000 I 1935 Rn 21; Rs C-38/98 *Renault/Maxicar* EuGHE 2000 I 2973 Rn 26.

[31] EuGH Rs 145/86 *Hoffmann/Krieg* EuGHE 1988, 645 Rn 21; Rs C-78/75 *Hendrikman und Feyen/Magenta Druck* EuGHE 1996 I 4943 Rn 23; Rs C-38/98 *Renault/Maxicar* EuGHE 2000 I 2973 Rn 26.

Zweitrichter darf die Anerkennung einer in einem anderen Mitgliedstaat ergangenen Entscheidung nicht allein deshalb ablehnen, weil die vom Erstrichter angewandten Rechtsvorschriften von denen abweichen, die er im Fall seiner eigenen Befassung mit dem Rechtsstreit angewandt hätte. Ebenso ist ihm eine Nachprüfung der ausländischen Entscheidung daraufhin untersagt, ob in ihr der Fall rechtlich und tatsächlich fehlerfrei gewürdigt wird. Eine Anwendung der ordre public-Klausel der Nr 1 kommt vielmehr nur dann in Betracht, wenn die Anerkennung der in einem anderen Mitgliedstaat erlassenen Entscheidung gegen einen wesentlichen Rechtsgrundsatz verstieße und deshalb in einem **nicht hinnehmbaren Gegensatz** zur Rechtsordnung des Anerkennungsstaats stünde. Damit das Verbot der Nachprüfung der ausländischen Entscheidung auf ihre Gesetzmäßigkeit gewahrt bleibt, muss es sich bei diesem Verstoß um eine **„offensichtliche"** Verletzung einer in der Rechtsordnung des Anerkennungsstaats als wesentlich geltenden Rechtsnorm oder eines dort als grundlegend anerkannten Rechts handeln.[32] Angesichts dieser vom EuGH bereits im Rahmen des EuGVÜ befürworteten restriktiven Auslegung des anerkennungsrechtlichen ordre public hat die im Zuge der Überführung in die Brüssel I-VO erfolgte Ergänzung der Nr 1 um die Formulierung „offensichtlich" zu keiner inhaltlichen Änderung geführt.[33]

10 Besondere Bedeutung kommt den **Grundrechten** zu, die bei Sachverhalten mit Auslandsberührung indes nur in einem relativierten Sinn verstanden werden können. Bei der Bestimmung der für die Anerkennung von den Grundrechten gezogenen Grenzen kann daher „nicht als Kriterium gelten, ob die Beurteilung der ausländischen Gerichte den inländischen Vorstellungen voll entspricht, ob also deutsche Gerichte genauso entscheiden würden".[34] Vielmehr ist dem Auslandsbezug des Sachverhalts hinreichend Rechnung zu tragen. Daher ist etwa bei der Anerkennung einer gegen einen überforderten Bürgen ergangenen ausländischen Entscheidung zu prüfen, ob gerade die Unterwerfung des Schuldners unter das ausländische Zahlungsgebot seine Handlungsfreiheit in verfassungswidriger Weise einschränkt. Derartiges kann „allenfalls in **besonders krassen Fällen** der strukturellen Unterlegenheit in Betracht kommen".[35]

11 Von Bedeutung sind neben den Grundrechten vor allem die verfahrensrechtlichen Garantien des **Art 6 EMRK**,[36] aus dem der EuGH den allgemeinen gemeinschaftsrechtlichen Grundsatz herleitet, dass jedermann **Anspruch auf einen fairen Prozess** hat.[37] Mit Art 6 Abs 2 EU-Vertrag wurde die Pflicht zur Beachtung der Grundrechte, wie sie in der EMRK gewährleistet sind und wie sie sich aus den gemeinsamen Verfassungsüberlieferungen der Mitgliedstaaten als allgemeine Grundsätze des Gemeinschafts-

---

32 EuGH Rs C-7/98 *Krombach/Bamberski* EuGHE 2000 I 1935 Rn 37.

33 *Matscher* IPRax 2001, 431; *Thomas/Putzo/Hüßtege* Rn 2; *Wagner* IPRax 2002, 82.

34 BGHZ 140, 399.

35 BGHZ 140, 399.

36 Vgl auch EuGH Rs 222/84 *Johnston* EuGHE 1986 1651 Rn 18.

37 EuGH Rs C-185/95 P *Baustahlgewebe/Kommission* EuGHE 1998 I 8417 Rn 20f; verb Rs C-174/98 P und C-189/98 P *Niederlande und Van der Wal/Kommission* EuGHE 2000 I 1 Rn 17; Rs C-7/98 *Krombach/Bamberski* EuGHE 2000 I 1935 Rn 26.

rechts ergeben, auch positivrechtlich im Gemeinschaftsrecht verankert.[38] Hinzuweisen ist außerdem auf die **Charta der Grundrechte der Europäischen Union**, der es zwar an Rechtsverbindlichkeit fehlt, die vom EuGH aber gleichwohl als Rechtserkenntnisquelle herangezogen wird.[39] Auch bei einer Berufung auf die EMRK gilt aber, dass allein ein Grundrechtsverstoß nicht genügt, sondern dieser zu einer offensichtlichen Unvereinbarkeit mit dem ordre public führen muss. Insbesondere bei einer behaupteten Vorenthaltung des rechtlichen Gehörs müssen daher zB das gerügte Verhalten des Gerichts und seine mögliche Kausalität für das Entscheidungsergebnis ohne langwierige Ermittlungen offen zutage treten.[40]

Da es unerheblich ist, aus welcher Rechtsquelle sich der nationale ordre public speist, 12
können auch bei der notwendigen Schwere des Verstoßes keine Unterschiede gemacht werden. Bei einer Verletzung oder Missachtung von Normen gemeinschaftsrechtlichen Ursprungs sind daher die gleichen strengen Maßstäbe anzulegen wie bei nationalen Vorschriften. So darf zB der Zweitrichter die Anerkennung einer Entscheidung aus einem anderen Mitgliedstaat nicht allein deshalb ablehnen, weil er der Ansicht ist, dass in dieser Entscheidung das Gemeinschaftsrecht falsch angewandt worden ist, da ansonsten die Zielsetzung der Brüssel I-VO infrage gestellt würde.[41] Auch in einem solchen Fall kommt eine Anerkennungsversagung nur bei einer **groben Missachtung der Grundprinzipien des Rechts der Europäischen Gemeinschaft** durch das Ersturteil in Betracht. So hielt es der EuGH zB für nicht ausgeschlossen, dass die fehlerhafte Anwendung der Art 81 ff EGV zu einem Verstoß gegen die öffentliche Ordnung führen kann.[42] Dann wäre auch eine grenzüberschreitende Anerkennung nicht möglich.

### 3. Verfahrensrechtlicher ordre public

Von einem Verstoß gegen den deutschen verfahrensrechtlichen ordre public kann 13
nicht bereits dann ausgegangen werden, wenn das ausländische Urteil in einem Verfahren erlassen worden ist, das von zwingenden Vorschriften des deutschen Prozessrechts abweicht. Der ausländischen Entscheidung kann die Anerkennung vielmehr nur versagt werden, wenn sie auf einem Verfahren beruht, das von den **Grundprinzipien des deutschen Verfahrensrechts** in einem Maße abweicht, dass sie nach der deutschen Rechtsordnung nicht als in einer geordneten, rechtsstaatlichen Weise ergangen ange-

---

[38] In den Mitgliedstaaten ist Art 6 EMRK ohnehin zu beachten, da sämtliche Mitgliedstaaten der EG zugleich Vertragsstaaten der EMRK sind.

[39] EuG T 223/00 *Kogyo/Kommission* 2003 II 000 Rn 104; EuG T 211/02 *Signal/Kommission* 2002 II 3781 Rn 37.

[40] *Schlosser* Rn 3.

[41] EuGH Rs C-38/98 *Renault/Maxicar* EuGHE 2000 I 2973 Rn 33 unter Verweis darauf, dass das in jedem Mitgliedstaat eingerichtete Rechtsbehelfssystem, ergänzt durch das Vorabentscheidungsverfahren in Art 220 EGV, den Rechtsbürgern eine ausreichende Garantie bietet.

[42] EuGH Rs C-126/97 *Eco Swiss China Time/Benetton International* EuGHE 1999 I 3055 Rn 39, 41.

sehen werden kann.[43] Nur dies, und nicht die Frage, ob bei gleicher Verfahrensweise der deutsche Richter gegen tragende Grundsätze des deutschen Verfahrensrechts verstoßen hätte, gibt den Maßstab, ob das Urteil des ausländischen Gerichts gegen den deutschen verfahrensrechtlichen ordre public verstößt.[44] Allein aus der Andersartigkeit des im Urteilsstaat anzuwendenden Verfahrensrechts kann daher eine unerträgliche Abweichung von den Grundprinzipien des deutschen Verfahrensrechts nicht hergeleitet werden. Es bedarf vielmehr nachweisbarer Verstöße gegen **elementare verfahrensrechtliche Garantien**. Angesichts dieser – zu Recht – sehr weitgehenden Anforderungen dürften Verstöße gegen den verfahrensrechtlichen ordre public äußerst selten sein, weil Entscheidungen iSv Art 32 in allen Mitgliedstaaten regelmäßig in einem rechtsstaatlichen Verfahren ergehen.[45] A priori ausgeschlossen sind sie, wie die Entscheidung „Krombach/Bamberski" deutlich macht, jedoch nicht.

14 Zu den elementaren verfahrensrechtlichen Garantien zählen vor allem die Grundsätze der **Unabhängigkeit und Unparteilichkeit der Gerichte, des rechtlichen Gehörs**, der **Gleichbehandlung der Parteien** und des **fairen Verfahrens**. Verletzungen des rechtlichen Gehörs (Art 103 Abs 1 GG) werden, wenn sie in den Zeitraum der Verfahrenseröffnung fallen (nicht rechtzeitige oder ordnungsgemäße Zustellung des verfahrenseinleitenden Schriftstücks) abschließend von Nr 2 geregelt,[46] während spätere Verstöße gegen das Gebot der Gewährung rechtlichen Gehörs zu einer Anerkennungsversagung nach Nr 1 führen können.[47]

15 Zu dem auch durch Art 6 EMRK garantierten **fairen Verfahren** gehört das Recht jedes Angeklagten, sich von einem ihm erforderlichenfalls von Amts wegen beizuordnenden Rechtsanwalt tatsächlich **verteidigen** zu lassen und dieses Recht nicht bereits dadurch zu verlieren, dass man in der Hauptverhandlung nicht zugegen ist.[48] Werden diese Grundsätze nicht beachtet, kann auch einer im Zusammenhang mit dem Strafverfahren ergangenen **Adhäsionsentscheidung** die Anerkennung nach Nr 1 versagt werden.[49] Ein Verstoß gegen den ordre public soll außerdem in der gesetzlichen Vertretung der Reeder im Prozess durch den Agenten zu sehen sein.[50]

---

[43] BGHZ 48, 331; 53, 359 f; 73, 386; 98, 73; 118, 321; BGH RIW 1978, 411; 1990, 577; WM 1984, 749; OLG Hamm IPRax 1998, 203; OLG Düsseldorf RIW 1997, 329; IPRax 2000, 528; OLG Köln IPRax 2000, 529; OLG Frankfurt IPRax 2002, 523.

[44] BGHZ 48, 331.

[45] OLG Hamm IPRax 1998, 203.

[46] Vgl EuGH Rs C-78/95 *Hendrikman und Feyen/Magenta Druck* EuGHE 1996 I 4943 Rn 23; OLG Köln IPRax 2000, 529; **aA** wohl OLG Düsseldorf IPRax 2000, 528.

[47] BGH RIW 1990, 576; *MünchKommZPO/Gottwald* Art 27 EuGVÜ Rn 11; *Thomas/Putzo/Hüßtege* Rn 5.

[48] Vgl EGMR *Poitrimol/Frankreich* Serie A, Nr 277-A; *Pelladoah/Niederlande* Serie A, Nr 297-B.

[49] Vgl EuGH Rs C-7/98 *Krombach/Bamberski* EuGHE 2000 I 1935 Rn 41 ff sowie die Abschlussentscheidung BGHZ 144, 390.

[50] So LG Hamburg RIW 1979, 712.

Das Fehlen einer **Begründung** kann allenfalls dann zu einem Verstoß gegen den ordre public führen, wenn sich nicht andere Unterlagen vorlegen lassen, die eine Feststellung des Vorliegens der Anerkennungsvoraussetzungen erlauben.[51] § 30 AVAG sieht daher die Möglichkeit einer nachträglichen Vervollständigung inländischer Entscheidungen vor, die im Ausland verwendet werden sollen (vgl zu den Einzelheiten Art 32 Rn 6). Deutsche Gerichte haben, soweit ersichtlich, die Anerkennung nicht begründeter ausländischer Entscheidungen bislang ohnehin nicht verweigert.[52] 16

Das **Fehlen einer Rechtsmittelinstanz** allein verstößt noch nicht gegen den deutschen ordre public, da auch das deutsche Recht nicht durchgehend ein Rechtsmittel gegen erstinstanzliche Entscheidungen zur Verfügung stellt.[53] Auch **Unterschiede im Gerichtsverfassungsrecht** vermögen eine Heranziehung der ordre public-Klausel nicht zu rechtfertigen, sofern das Verfahren selbst rechtsstaatlichen Anforderungen genügt. Ist das der Fall, sind zB auch Entscheidungen eines französischen Handelsgerichts, das lediglich mit Laienrichtern besetzt ist, anzuerkennen.[54] Differierende Vorstellungen über den **Umfang der materiellen Rechtskraft** berechtigen ebenso wenig zur Anerkennungsversagung[55] wie die Andersartigkeit des im Urteilsstaat geltenden **Beweisrechts**,[56] die Verkennung der Beweislast zu Lasten des deutschen Beklagten[57] oder die uneingeschränkte Verurteilung zur Zahlung einer Geldsumme unter Zurückweisung der Aufrechnung des Beklagten.[58] Auch ein Verstoß gegen ein Antragserfordernis oder die Nichtberücksichtigung eines Parteivorbringens oder von Beweisanträgen stellt keinen Verstoß gegen den deutschen verfahrensrechtlichen ordre public dar,[59] es sei denn, das Ganze sei willkürlich geschehen.[60]Außer Betracht bleiben müssen außerdem etwaige Verstöße des Erstgerichts gegen Zuständigkeitsvorschriften, da Art 35 insoweit eine abschließende Regelung enthält (vgl Art 35 Rn 11). Keinen Verstoß gegen den ordre public begründet weiterhin die **Missachtung einer Schiedsabrede.**[61] Hingegen lässt sich das Fehlen der Gerichtsbarkeit im völkerrechtlichen Sinne unter Nr 1 subsumieren.[62] Nicht anerkennungsfähig sind sog **„antisuit injunctions"**, sofern sie gegen Verfahren in einem anderen Mitgliedstaat gerichtet sind, da sie zu einer Beschneidung des 17

---

51 So die ständige französische Rspr zum EuGVÜ, vgl die Nachweise bei *Kropholler* Rn 15 in Fn 36.

52 Vgl zB OLG Düsseldorf RIW 1991, 594; OLG Karlsruhe FamRZ 2002, 839 (zumindest nicht bei mündlicher Begründung im Termin).

53 OLG Düsseldorf RIW 1995, 325; OLG Stuttgart RIW 1997, 685; OLG Düsseldorf RIW 2001, 620; *Kropholler* Rn 15; *Bülow/Böckstiegel/Geimer/Schütze/Wolf* Art 27 EuGVÜ Rn 27.

54 OLG Saarbrücken IPRax 1989, 37 m Bspr *H Roth* 14.

55 OLG Hamm IPRax 1998, 203 m Bspr *Geimer* 175; bestätigt durch BGH IPRax 1998, 205.

56 OLG Köln IPRax 1998, 116.

57 OLG Köln InVo 2002, 308.

58 OLG Frankfurt RIW 1999, 147; Bspr *Hau* IPRax 1999, 437.

59 OLG Düsseldorf RIW 1997, 329.

60 OLG Hamm RIW 1994, 245.

61 OLG Hamm RIW 1994, 245; OLG Hamburg IPRax 1995, 393; *MünchKommZPO/Gottwald* Art 27 EuGVÜ Rn 11; **aA** *Schlosser* Rn 5 a; *ders* FS Kralik (1986) 299.

62 *Czernich/Tiefenthaler/Kodek/Kodek* Rn 10; *Kropholler* Rn 15.

Justizgewährungsanspruchs und zu einem unzulässigen Eingriff in die inländische Justizhoheit führen.[63]

18 Bei einem Verstoß gegen den inländischen verfahrensrechtlichen ordre public ist stets zu beachten, dass einem ausländischen Urteil die Anerkennung nach Nr 1 nur versagt werden kann, wenn die Partei, deren Rechte im Erstverfahren verletzt worden sind, dies im Urteilsstaat in zumutbarer Weise gerügt bzw gegen die Entscheidung ein **Rechtsmittel eingelegt** hat.[64] Dies gilt auch dann, wenn das Urteil im Erststaat durch einen Prozessbetrug erlangt ist. Zwar kann der Einwand des Prozessbetrugs grundsätzlich zur Anerkennungsversagung führen,[65] doch besteht auch in diesem Fall das Erfordernis der Einlegung eines Rechtsbehelfs, und zwar nicht beschränkt auf ordentliche, sondern einschließlich der außerordentlichen Rechtsbehelfe, insbesondere eines Wiederaufnahmeantrags.[66]

### 4. Materieller ordre public

#### a) Internationales Privatrecht

19 Art 27 Nr 4 EuGVÜ ließ eine Anerkennungsversagung zu, wenn das Gericht des Ursprungsstaats bei seiner Entscheidung hinsichtlich einer Vorfrage, die den Personenstand, die Rechts- und Handlungsfähigkeit sowie die gesetzliche Vertretung einer natürlichen Person, die ehelichen Güterstände oder das Gebiet des Erbrechts einschließlich des Testamentsrechts betraf, sich in Widerspruch zu einer Vorschrift des IPR des Anerkennungsstaates gesetzt hatte, es sei denn, bei Anwendung des IPR des Anerkennungsstaates wäre das gleiche Ergebnis erzielt worden. Die Vorschrift fand angesichts der auf Art 65 EGV gestützten Bestrebungen zur Vereinheitlichung des IPR in der EG keine Aufnahme in die Brüssel I-VO.[67] Bereits daraus ergibt sich, dass **Abweichungen vom IPR des Anerkennungsstaates** grundsätzlich kein Anerkennungshindernis seien,[68] sondern nur ganz ausnahmsweise einen Verstoß gegen den ordre public begründen können. Eine Unvereinbarkeit mit Nr 1 kommt vor allem dann in Betracht,

---

[63] OLG Düsseldorf IPRax 1997, 260; *Czernich/Tiefenthaler/Kodek/Kodek* Rn 10; *MünchKommZPO/Gottwald* Art 27 EuGVÜ Rn 12; *Hau* IPRax 1996, 44; *Kropholler* Rn 15; *Pfeiffer*, Internationale Zuständigkeit und zivilprozessuale Gerechtigkeit (1994) 779; im Grundsatz wie hier, jedoch für ausnahmsweise Zulässigkeit bei einem (bevorstehenden) klaren Bruch einer Gerichtsstandsvereinbarung oder einer Schiedsklausel *Schlosser* Rn 5; wohl auch *Ingenhoven*, Grenzüberschreitender Rechtsschutz durch englische Gerichte (2001) 313 ff.

[64] BGH RIW 1990, 577; OLG Hamm RIW 1994, 244; *Bülow/Böckstiegel/Geimer/Schütze/Wolf* Art 27 EuGVÜ Rn 11; *MünchKommZPO/Gottwald* Art 27 EuGVÜ Rn 12; *Schlosser* Rn 4.

[65] BGHZ 141, 286; OLG Frankfurt OLGR 2002, 132.

[66] *Kropholler* Rn 15; *Schlosser* Rn 5 b; *Hau* IPRax 1996, 324 f; **aA** *Rauscher* 440; *Bülow/Böckstiegel/Geimer/Schütze/Wolf* Art 27 EuGVÜ Rn 14; vgl dazu auch BGH IPRax 1987, 236 m Bespr *Grunsky* 221.

[67] KOM (1999) 348 endg 25.

[68] Zutr *Rauscher* IPR 441.

wenn die Kollisionsnorm an gleichheitswidrige Kriterien anknüpft.[69] Zu denken ist außerdem an die Nichtbeachtung international zwingender Normen des Anerkennungsstaats. So soll etwa ausländischen Entscheidungen, die auf eine Wettbewerbsbeschränkung mit Inlandsauswirkung entgegen § 130 Abs 2 GWB nicht das GWB anwenden, wegen eines Verstoßes gegen den deutschen ordre public die Anerkennung versagt werden müssen.[70] Angesichts der Kann-Bestimmung des Art 7 Abs 1 EVÜ und der Möglichkeit eines Vorbehalts nach Art 22 Abs 1 lit a EVÜ sollte aber auch in derartigen Fällen die Heranziehung der ordre public-Klausel äußerst zurückhaltend gehandhabt werden. Eine Anerkennungsversagung kommt jedenfalls nicht in Betracht, wenn auch bei Anwendung international zwingender inländischer Normen kein anderes Ergebnis erzielt worden wäre.[71]

**b) Sachrecht**

Mit dem materiellen ordre public ist eine in einem anderen Mitgliedstaat ergangene Ent- 20
scheidung nicht bereits deshalb unvereinbar, wenn der deutsche Richter, hätte er den Prozess entschieden, aufgrund zwingenden deutschen Sachrechts zu einem anderen Ergebnis gekommen wäre als das ausländische Gericht. Maßgebend ist vielmehr, ob das Ergebnis der Anwendung des ausländischen Rechts zu den **Grundgedanken der deutschen Regelungen** und der in ihnen enthaltenen Gerechtigkeitsvorstellungen in so starkem Widerspruch steht, dass es **nach inländischen Vorstellungen untragbar** erscheint.[72] Hat der Erstrichter auf der Grundlage des anwendbaren ausländischen Rechts einen Bürgen zur Zahlung verurteilt, kann daher eine Anerkennung regelmäßig nur dann versagt werden, wenn der Schuldner wegen besonders krasser struktureller Unterlegenheit durch die Vollstreckbarkeit der Entscheidung zweifelsfrei zum wehrlosen Objekt der Fremdbestimmung gemacht und hierdurch auf unabsehbare Zeit auf das wirtschaftliche Existenzminimum der Pfändungsfreigrenzen verwiesen würde.[73] Zu keinem Verstoß gegen die deutsche öffentliche Ordnung führt die Anerkennung der Entscheidung eines ausländischen Gerichts, die einen deutschen Beamten wegen einer im Ausland begangenen **Amtspflichtverletzung** persönlich zum Ersatz von Sachschäden verurteilt.[74] Hingegen soll es mit der deutschen öffentlichen Ordnung unvereinbar sein, wenn ein in der gesetzlichen Unfallversicherung Versicherter (oder seine Hinterbliebenen) wegen eines im Ausland erlittenen Unfalls, für den Versicherungsschutz besteht, im Ausland ein Urteil auf Ersatz von Personenschäden gegen eine Person erwirkt, die gem § 105 Abs 1 SGB VII von der Haftung freigestellt ist.[75] Das ist freilich auf berechtigte Kritik gestoßen.[76] Nicht zu beanstan-

---

[69] Angesichts von Art 12 EGV und der Einwirkungen der Grundfreiheiten auch auf das Kollisionsrecht wird dies freilich die absolute Ausnahme sein.

[70] *Rehbinder*, in: *Immenga/Mestmäcker*, GWB³ (2001) § 130 Abs 2 Rn 315.

[71] So auch *Kropholler* Rn 17.

[72] Vgl BGHZ 50, 375 f; 75, 43; 118, 330; 123, 270.

[73] BGHZ 140, 395.

[74] BGHZ 123, 268.

[75] BGH 123, 268.

[76] Vgl zB *Basedow* IPRax 1994, 85; *Haas* ZZP 108 (1995) 226 ff.

den sind **Wertsicherungsklauseln**[77], die Vereinbarung eines **Erfolgshonorars** mit einem ausländischen Rechtsanwalt[78] und eine Verurteilung zur **Unterhaltsleistung durch kapitalisierte Beträge**, selbst wenn deren Zahlung schwerwiegende Eingriffe in das Vermögen des Schuldners erforderlich macht.[79] Kein Verstoß gegen den deutschen ordre public liegt außerdem in der Anerkennung einer ausländischen Entscheidung, die die **Haftungsbeschränkung eines Schiffseigentümers** gem Art 4 des Londoner Übereinkommens von 1976 nicht beachtet.[80] Auch der **Termin- und der Differenzeinwand** gehört bei im Ausland geschlossenen Börsentermingeschäften, auch soweit sie Waren betreffen, bei nichtaufklärungsbedürftigen, nicht termingeschäftsfähigen Inländern nicht zum deutschen, die Anerkennung eines ausländischen Urteils in Deutschland ausschließenden ordre public.[81] Dass eine ausländische Entscheidung einem deutschen Geschädigten gegen einen deutschen Schädiger weitergehende Ansprüche zuspricht als sie nach deutschen Gesetzen begründet werden könnten, steht der Urteilsanerkennung ebenso wenig entgegen[82] wie die Anerkennung einer Entscheidung, die dem Geschädigten einen Anspruch in einer Form gewährt, die dem deutschen Recht fremd ist (etwa als **pauschalierten Schadensersatz**).[83] Eine Anerkennung muss jedoch versagt werden, wenn durch die ausländische Entscheidung dem Geschädigten über den Ausgleich erlittener materieller und immaterieller Schäden hinaus pauschal Schadensersatz in einer Höhe zuerkannt wird, die über die Genugtuungsfunktion des Schadensersatzes hinausgeht und sich nur mit einem **Strafcharakter** erklären lässt.[84] In einem solchen Fall kann jedoch eine **Teilanerkennung** in Betracht kommen.[85]

21 Beachtlich sind nicht nur mit einer Anerkennung verbundene Verstöße gegen das nationale, sondern auch gegen das **gemeinschaftliche Sachrecht**. Zu denken ist etwa an Vorschriften des Kartellrechts oder die Grundfreiheiten. Auch hier bedarf es aber einer besonderen Schwere des Verstoßes. Davon kann nicht ausgegangen werden, wenn der Erstrichter gemeinschaftsrechtswidrig ein geistiges Eigentumsrecht an Karosserieteilen für Kraftfahrzeuge anerkennt, das es seinem Inhaber ermöglicht, in einem anderen Mitgliedstaat ansässigen Marktbeteiligten die Herstellung und den Vertrieb dieser Karosserieteile in diesem Mitgliedstaat sowie ihre Durchfuhr durch, Einfuhr in oder Ausfuhr aus diesem Staat zu untersagen.[86]

---

77 BGHZ 122, 19.
78 BGHZ 118, 332.
79 OLG Karlsruhe FamRZ 2002, 839.
80 OLG Hamburg RIW 1995, 680 f.
81 BGHZ 138, 331; **aA** noch BGH WM 1975, 677; WM 1978, 1204 f; NJW 1981, 1897 f; 1987, 3193.
82 BGHZ 88, 24.
83 BGHZ 75, 167.
84 Zu den Einzelheiten vgl mwN am Beispiel von „punitive damages" US-amerikanischen Rechts BGHZ 118, 339 ff.
85 BGHZ 118, 346.
86 Vgl EuGH Rs C-38/98 *Renault/Maxicar* EuGHE 2000 I 2973.

Die **Darlegungs- und Beweislast** für das Vorliegen eines ordre public-Verstoßes trägt stets der Schuldner.[87] 22

### III. Verletzung rechtlichen Gehörs (Nr 2)

#### 1. Allgemeines

##### a) Schutzzweck

Art 34 Nr 2 ist eine besondere und die in der Praxis sicherlich wichtigste Ausformung des allgemeinen ordre public (Nr 1). Die Vorschrift soll sicherstellen, dass der Anspruch des Beklagten auf **Gewährung rechtlichen Gehörs** bereits bei Verfahrenseinleitung beachtet und eine Entscheidung nach den Bestimmungen der Brüssel I-VO weder anerkannt noch vollstreckt wird, wenn es dem Beklagten nicht möglich war, sich vor dem Gericht des Urteilsstaats zu verteidigen.[88] Der Versagungsgrund der Verletzung des rechtlichen Gehörs bei Verfahrenseinleitung war lange Zeit durch übertriebene Förmlichkeiten belastet, da Art 27 Nr 2 EuGVÜ für eine Anerkennung verlangte, dass das verfahrenseinleitende Schriftstück **ordnungsgemäß und rechtzeitig** zugestellt wurde. Nach Auffassung des EuGH mussten die Voraussetzungen der Ordnungsmäßigkeit und der Rechtzeitigkeit für die Anerkennung einer ausländischen Entscheidung **kumulativ** gegeben sein.[89] Vom Erfordernis der ordnungsgemäßen Zustellung konnte selbst dann nicht abgesehen werden, wenn der Beklagte ausreichend Zeit gehabt hatte, seine Verteidigung vorzubereiten. Hinzu kam, dass eine Heilung von Zustellungsmängeln zwar möglich war, jedoch nur auf Grund des vor dem Gericht des Urteilsstaats anwendbaren Rechts einschließlich der einschlägigen völkerrechtlichen Verträge.[90] Dies hatte zur Folge, dass die im Urteilsstaat geltenden Zustellungsvorschriften einschließlich jener des HZÜ peinlich genau eingehalten werden mussten.[91] Die Brüssel I-VO hat hier zu einer bedeutenden Erleichterung geführt.[92] Auf das Erfordernis der Ordnungsmäßigkeit der Zustellung wird nunmehr verzichtet. Entscheidend sind allein die **Rechtzeitigkeit** sowie die **Art und Weise der Zustellung**. Zu einem wesentlichen Fortschritt führt außerdem, dass die fehlende Rechtzeitigkeit bzw die dem Beklagten seine Verteidigung erschwerende Art und Weise der Zustellung dann keine Anerkennungsversagung begründen kann, wenn der Beklagte gegen die Erstentscheidung einen **Rechtsbehelf** hätte einlegen können, von dieser Möglichkeit aber nicht Gebrauch gemacht hat. Auch damit wird die zum EuGVÜ ergangene Rechtsprechung des EuGH durch den Verordnungsgeber korrigiert, hatte doch der Gerichtshof die Möglichkeit, im 23

---

87 BGHZ 123, 271.

88 EuGH Rs 166/80 *Klomps/Michel* EuGHE 1981, 1593 Rn 9; Rs C-123/91 *Minalmet/Brandeis* EuGHE 1992 I 5661 Rn 18; Rs C-172/91 *Sonntag/Waidmann* EuGHE 1993 I 1963 Rn 38;Rs C-474/93 *Hengst Import/Campese* EuGHE 1995 I 2113 Rn 17; Rs C-78/95 *Hendrikman und Feyen/Magenta Druck* EuGHE 1996 I 4943 Rn 15.

89 EuGH Rs C-305/88 *Lancray/Peters* EuGHE 1990 I 2725 Rn 15.

90 EuGH Rs C-305/88 *Lancray/Peters* EuGHE 1990 I 2725 Rn 29.

91 Vgl zum Ganzen abschließend *Brand/Reichhelm* IPRax 2000, 173.

92 Kritisch jedoch *Rauscher* IPR 444; *ders*, in: FS K Beys (2003) 1285, 1291 ff.

Nachhinein einen Rechtsbehelf gegen die erststaatliche Entscheidung einlegen zu können, für mit einer Verteidigung vor Entscheidungserlass nicht gleichwertig angesehen.[93]

24 Nr 2 erfasst, wie bereits der Wortlaut deutlich macht, lediglich eine Verletzung des rechtlichen Gehörs bei der **Verfahrenseinleitung.** Wird hingegen im weiteren Lauf des Verfahrens der Anspruch auf Gewährung rechtlichen Gehörs missachtet, etwa durch **Nichtzustellung einer Klageänderung** oder Klageerweiterung, ist nicht Nr 2, sondern Nr 1 einschlägig.[94]

**b) Anwendungsbereich**

25 Nr 2 setzt nicht voraus, dass die Zustellung des verfahrenseinleitenden Schriftstücks grenzüberschreitend erfolgt ist. Die Vorschrift ist daher bei der Anerkennung einer in einem anderen Mitgliedstaat ergangenen Entscheidung auch dann anwendbar, wenn bei der vom Erstgericht veranlassten Zustellung „der Beklagte einen oder seinen ausschließlichen **Wohnsitz im Bezirk** oder im Staat **dieses Gerichts** hatte".[95] Darauf, ob das verfahrenseinleitende Schriftstück im Ursprungsstaat nach den Regeln der Auslands- oder der Inlandszustellung zugestellt worden ist, kommt es für die Eröffnung des Anwendungsbereichs der Nr 2 also nicht an.

**c) Einseitige Verfahren**

26 Nr 2 geht von der Vorstellung eines im Prinzip **kontradiktorischen** Verfahrens aus, in dem der Richter aber gleichwohl zur Entscheidung befugt ist, wenn der Beklagte trotz rechtzeitiger und inhaltlich ausreichender Ladung nicht zum Termin erschienen ist. Nach Auffassung des EuGH soll die Bestimmung dagegen „offensichtlich" nicht auf gerichtliche Entscheidungen anzuwenden sein, die nach dem innerstaatlichen Recht eines Mitgliedstaats in Abwesenheit der Gegenpartei ergehen und die vollstreckt werden sollen, ohne dieser zuvor zugestellt worden zu sein.[96] Dies betrifft aus deutscher Sicht vor allem **Arrest und einstweilige Verfügung**. Im Grundsatz ist der Rechtsprechung des EuGH zuzustimmen, da eine vorherige Ladung zum Termin Maßnahmen des **einstweiligen Rechtsschutzes** ihren für ihren Erfolg oft wichtigen Überraschungseffekt nehmen würde. Gleichwohl kann die vom Gerichtshof gefundene Lösung nicht überzeugen. Denn der EuGH geht davon aus, dass gerichtliche Entscheidungen, durch die

---

[93] EuGH Rs C-123/91 *Minalmet/Brandeis* EuGHE 1992 I 5661 Rn 19; Rs C-78/95 *Hendrikman und Feyen/Magenta Druck* EuGHE 1996 I 4943 Rn 20.

[94] BGHZ 141, 295; BGH IPRax 1987, 237; RIW 1990, 576; 2002, 238; OLG Hamm RIW 1994, 244; OLG Köln IPRax 1995, 256; *Bülow/Böckstiegel/Geimer/Schütze/Wolf* Art 27 EuGVÜ Rn 19; *Czernich/Tiefenthaler/Kodek/Kodek* Rn 14; *MünchKommZPO/Gottwald* Art 27 EuGVÜ Rn 14; *Kropholler* Rn 31; *Schack* Rn 852; *Schlosser* Rn 8; **aA** *Frank*, Das verfahrenseinleitende Schriftstück in Art. 27 Nr. 2 EuGVÜ, Lugano-Übereinkommen und in Art 6 Haager Unterhaltsübereinkommen 1973 (1998) 182 ff; *Heß* IPRax 1994, 16 f; *Rauscher* IPR 443; *Stürner* JZ 1992, 333; *Stürner/Bormann* JZ 2000, 86; *Schlosser* Rn 9.

[95] EuGH Rs 49/84 *de Baecker/Bouwman* EuGHE 1985, 1779 Rn 13.

[96] EuGH Rs 125/79 *Denilauler/Couchet Frères* EuGHE 1980, 1553 Rn 8.

einstweilige oder auf eine Sicherung gerichtete Maßnahmen angeordnet werden und die ohne Ladung der Gegenpartei ergangen sind oder ohne vorherige Zustellung vollstreckt werden sollen, überhaupt nicht nach dem in Kap III der Brüssel I-VO vorgesehenen Verfahren anerkannt und vollstreckt werden können.[97] Damit wird die Effektivität grenzüberschreitenden einstweiligen Rechtsschutzes entscheidend gemindert, da eine Einordnung als Entscheidung iSv Art 32 und damit eine Anerkennung und Vollstreckung nach Kap III doch wieder nur bei einer Terminsladung in Betracht kommt (vgl dazu auch Art 31 Rn 36; Art 32 Rn 12).

**d) Annexentscheidungen**

Art 34 Nr 2 gilt nur für selbstständige Hauptverfahren, nicht jedoch für **Annexentscheidungen**, die im Anschluss an das Hauptsacheverfahren ergehen. Bei ihnen genügt es, wenn die Hauptsacheentscheidung anerkennungsfähig ist. Keiner Ladung bedarf es daher im Kostenfestsetzungsverfahren nach § 104 ZPO.[98] Ob Gleiches auch für die Festsetzung der Rechtsanwaltsvergütung nach § 19 BRAGO gilt, ist umstritten.[99] 27

**2. Verfahrenseinleitendes Schriftstück**

Der Begriff des „verfahrenseinleitenden oder eines gleichwertigen Schriftstücks“ ist ebenso auszulegen wie in Art 26 Abs 2. Darunter ist jedes Schriftstück zu verstehen, dessen Zustellung den Beklagten in die Lage versetzt, seine **Rechte** im Erkenntnisverfahren vor dem Erstgericht **geltend zu machen.**[100] Es muss den Beklagten über die Elemente des Rechtsstreits in Kenntnis setzen,[101] damit dieser auf Grund der gemachten Angaben in die Lage versetzt wird, eine sachgerechte Entscheidung darüber zu treffen, ob er sich auf das Verfahren einlässt oder nicht.[102] Dies muss nicht unbedingt durch eine umfängliche Klageschrift geschehen. Bereits eine kurze Bezeichnung des eingeklagten Anspruchs genügt. Es bedarf nicht einmal seiner genauen Bezifferung, sofern er nur hinreichend individualisiert werden kann.[103] Weitergehende Inhaltserfordernisse bestehen nicht. Insbesondere ist weder die Schlüssigkeit des Vorbringens noch die Anführung irgendwelcher Beweismittel erforderlich.[104] 28

---

[97] EuGH Rs 125/79 *Denilauler/Couchet Frères* EuGHE 1980, 1553 Rn 18.

[98] *MünchKommZPO/Gottwald* Art 27 EuGVÜ Rn 17; *Kropholler* Rn 26; *Czernich/Tiefenthaler/Kodek/Kodek* Rn 20; *Zöller/Geimer* Rn 33.

[99] Abl OGH ZfRV 2001, 116; OLG Hamm IPRax 1996, 414 m Bspr *Tepper; Schmidt*, Die internationale Durchsetzung von Rechtsanwaltshonoraren (1991) 195 ff; *Schlosser* Rn 20; *Kropholler* Rn 26; **aA** *Braun*, Der Beklagtenschutz nach Art. 27 Nr. 2 EuGVÜ (1992) 59; *MünchKommZPO/Gottwald* Art 27 EuGVÜ Rn 17.

[100] EuGH Rs C-474/93 *Hengst Import/Campese* EuGHE 1995 I 2113 Rn 19. Ausführlich *Frank*, Das verfahrenseinleitende Schriftstück in Art 27 Nr 2 EuGVÜ, Lugano-Übereinkommen und in Art 6 Haager Unterhaltsübereinkommen 1973 (1998).

[101] EuGH Rs C-172/91 *Sonntag/Waidmann* EuGHE 1993 I 1963 Rn 39.

[102] BGHZ 141, 296; OLG Saarbrücken OLGR 2001, 474.

[103] *Heß* IPRax 1994, 16 f; zust *Czernich/Tiefenthaler/Kodek/Kodek* Rn 17; *Kropholler* Rn 30.

[104] *Grunsky* IPRax 1996, 246; *Kodek* ZZPInt 4 (1999) 136.

29 Welches Schriftstück dem Beklagten zuzustellen ist, bestimmt das **Recht des Urteilsstaates.**[105] Im deutschen Rechtskreis ist dies die Klageschrift, im romanischen die Klageladung (citation)[106] und im englischen der writ of summons. Erfasst werden aber auch verfahrenseinleitende Schriftstücke in summarischen Verfahren, sofern sie die oben genannten Voraussetzungen erfüllen. Als verfahrenseinleitende Schriftstücke im Sinne der Nr 2 werden ua auch der **Mahnbescheid** des deutschen Rechts angesehen[107], ebenso beim Mahnverfahren der österreichischen ZPO der **Zahlungsbefehl.**[108] Das **„decreto ingiuntivo"** des italienischen Rechts stellt nur zusammen mit der Antragsschrift des Antragsstellers das verfahrenseinleitende Schriftstück dar, da zum einen erst ihre gemeinsame Zustellung eine Frist in Gang setzt, während derer der Antragsgegner Widerspruch einlegen kann, und der Antragsteller zum anderen vor Ablauf dieser Frist keine vollstreckbare Entscheidung erwirken kann.[109] Dagegen fällt der **Vollstrekkungsbescheid** nach deutschem Recht nicht unter den Begriff des verfahrenseinleitenden Schriftstücks, selbst wenn der Einspruch (§ 700 Abs 3 ZPO) gegen ihn zu einer Überleitung in das streitige Verfahren führt.[110] Ein vorbereitendes Verfahren, das – wie das selbstständige Beweisverfahren – vom Hauptverfahren formell getrennt durchgeführt wird, leitet das Hauptverfahren noch nicht ein.[111]

### 3. Zustellung des verfahrenseinleitenden Schriftstücks

30 Aufgrund der vom EuGH geforderten kumulativen Erfüllung der in Art 27 Nr 2 EuGVÜ aufgeführten Tatbestandsmerkmale „ordnungsgemäß" und „so rechtzeitig" konnte sich der Beklagte bereits beruhigt zurücklehnen, wenn er zwar hinreichende Kenntnis vom ausländischen Verfahren hatte, das verfahrenseinleitende Schriftstück ihm aber nicht ordnungsgemäß zugestellt wurde. Das lud nicht nur zum Missbrauch ein, sondern überfrachtete das Anerkennungsverfahren mit einer zwingenden Prüfung sämtlicher Feinheiten der Zustellungstechnik. Die Brüssel I-VO hat dem ein Ende gesetzt, „um zu verhindern, dass sich der Beklagte, der sich im Ursprungsstaat nicht auf das Verfahren eingelassen hat, missbräuchlich der Vollstreckung entzieht".[112] Es reicht nunmehr aus, wenn dem Beklagten das verfahrenseinleitende Schriftstück so **rechtzeitig** zugestellt worden ist, dass er sich **verteidigen konnte**. Ein formaler Zustellungsfehler allein berechtigt nicht zur Anerkennungsversagung, sofern der Schuldner dadurch nicht an seiner Verteidigung gehindert wurde. Art 34 Nr 2 wird damit auf seine wesentliche

---

105 OLG Koblenz IPRax 1992, 36; *Rauscher* 442.

106 LG Karlsruhe RIW 1985, 899.

107 Vgl EuGH Rs 166/80 *Klomps/Michel* EuGHE 1981, 1593 Rn 9.

108 OLG Brandenburg OLGR 1998, 345; näher dazu *Kodek* ZZPInt 4 (1999) 130 ff.

109 EuGH Rs C-474/93 *Hengst Import/Campese* EuGHE 1995 I 2113 Rn 19; anders beim Vorliegen eines für vorläufig vollstreckbar erklärten Titels nach Art 642 Abs 1 italienischer ZPO, vgl *Kruis* IPRax 2001, 58.

110 EuGH Rs 166/80 *Klomps/Michel* EuGHE 1981, 1593 Rn 9.

111 *Schlosser* Rn 10; *MünchKommZPO/Gottwald* Art 27 EuGVÜ Rn 18.

112 KOM (1999) 348 endg 25.

Funktion, die Sicherung der **Gewährung rechtlichen Gehörs** im Stadium der Verfahrenseröffnung, reduziert.

**a) Art und Weise der Zustellung**

Das verfahrenseinleitende Schriftstück muss dem Beklagten in einer Art und Weise zugestellt werden, dass er auch tatsächlich die Möglichkeit zur Verteidigung hat. Aus dem Verzicht des noch in Art 27 Nr 2 EuGVÜ vorhandenen Erfordernisses der Ordnungsmäßigkeit ergibt sich, dass nicht unbedingt sämtliche Förmlichkeiten des einschlägigen Zustellungsrechts eingehalten sein müssen. Es kommt daher zB nicht mehr darauf an, ob das Verfahren in toto der EG-ZustellVO entspricht.[113] Art 34 Nr 2 statuiert vielmehr einen eigenständigen, von Zustellungsvorschriften losgelösten Mindeststandard.[114] Daraus kann indes nicht gefolgert werden, dass dem in Art 27 Nr 2 EuGVÜ verwendeten Begriff der „**Ordnungsmäßigkeit**" der Zustellung nun überhaupt keine Bedeutung mehr zukommt. Art 34 Nr 2 soll den Kläger bzw die Gerichte nicht zur Missachtung von Zustellungsvorschriften, schon gar nicht der EG-ZustellVO ermutigen, sondern lediglich über geringfügige Mängel des Zustellungsverfahrens hinweghelfen, sofern sie die Möglichkeit des Beklagten zur Verteidigung nicht beeinträchtigt haben. Da formalisierte Zustellungsvorschriften gerade der Gewährung rechtlichen Gehörs dienen, **indiziert** die Ordnungsmäßigkeit der Zustellung, dass ihre Art und Weise dem Beklagten eine hinreichende Verteidigungsmöglichkeit eröffnet hat.[115] Daher sollte auch unter neuem Recht vorrangig geprüft werden, ob die Zustellung ordnungsgemäß erfolgt ist.[116] Ist das der Fall, ist die Anerkennung allerdings gleichwohl zu versagen, sofern die Zustellungsverordnung zwar ordnungsgemäß, aber nicht rechtzeitig war.[117] 31

Ob die Zustellung ordnungsgemäß war, richtet sich nach den Vorschriften des Erststaats einschließlich der dort geltenden Übereinkommen.[118] Im Verhältnis der Mitgliedstaaten zueinander gilt die EG-ZustellVO. Subsidiär findet das HZÜ Anwendung. Zulässig und ordnungsgemäß können daher weiterhin **fiktive Inlandszustellungen an Ausländer** sein, insbesondere die **remise au parquet** französischen Rechts,[119] die in ähnlicher Form auch in anderen Rechtsordnungen bekannt ist.[120] Allerdings wird die Vereinbarkeit der remise au parquet mit dem allgemeinen gemeinschaftsrechtlichen Diskriminierungsverbot (Art 12 EGV) zunehmend bezweifelt.[121] Indes vermag auch 32

---

113 *Rauscher/Heiderhoff* Art 19 EG-ZustellVO Rn 12.

114 *Rauscher/Heiderhoff* Vorbem EG-ZustellVO Rn 14.

115 *Rauscher/Rauscher* Art 15 Brüssel II-VO Rn 15.

116 *Kropholler* Rn 39; *Rauscher*, IPR 444.

117 *Thomas/Putzo/Hüßtege* Rn 7.

118 OLG Köln IPRax 1995, 256; OLG Karlsruhe IPRax 1996, 426; *Nagel/Gottwald* § 11 Rn 33.

119 Vgl dazu mwN *Rauscher/Heiderhoff* Art 19 EG-ZustellVO Rn 10.

120 *Bajons*, in: FS Schütze (1999) 55ff; *Schack* Rn 611; *Schlosser* Rn 14; *Stadler* IPRax 2001, 516; **aA** OLG Düsseldorf RIW 1985, 493f; KG RIW 1986, 637; *Rauscher* IPRax 1991, 158; *Stürner*, in: FS Nagel (1987) 450; *ders* JZ 1992, 328.

121 Vgl OLG Karlsruhe RIW 1999, 539; *Bajons*, in: FS Schütze (1999) 60f; *Heß* NJW 2001, 18; *Lindacher* ZZP 114 (2001) 189; *Roth* IPRax 2000, 498; *Rauscher/Heiderhoff* Art 19 EG-ZustellVO Rn 14.

eine mögliche Gemeinschaftsrechtswidrigkeit der remise au parquet den Beklagten nur bedingt zu schützen, sofern er auf andere Art und Weise hinreichend Kenntnis von dem Verfahren erlangt hat.[122] Die früher heillos umstrittene Frage, ob und inwieweit Zustellungsmängel – und wenn ja, nach welchem Recht – **geheilt** werden können,[123] spielt im Rahmen von Art 34 Nr 2 keine Rolle mehr, da ein rein formaler Zustellungsfehler im Urteilsstaat der Anerkennung nicht entgegensteht und es somit auch nicht auf eine formelle Heilung der Zustellung ankommt.[124]

33 Ist die Zustellung nicht ordnungsgemäß erfolgt, **indiziert** dies regelmäßig das Vorliegen eines **Anerkennungsversagungsgrundes**. Eine Anerkennung ist aber im Gegensatz zum alten Recht nicht ausgeschlossen, sondern gleichwohl möglich, wenn der Beklagte das verfahrenseinleitende Schriftstück in einer Art und Weise erhalten hat, die ihm eine Verteidigung ermöglicht. Das bedeutet freilich nicht, dass jegliches Zustellungsrecht unbeachtlich wäre. Voraussetzung ist stets, dass überhaupt eine „**Zustellung**" versucht wurde. Sie muss mindestens von der hierfür zuständigen Stelle oder mit deren Genehmigung ausgehen. Im Anwendungsbereich der EG-ZustellVO bedarf es außerdem regelmäßig der Verwendung der dort vorgeschriebenen **Formulare**. Eine Übermittlung des verfahrenseinleitenden Schriftstücks durch einfachen Brief oder Einschreiben ohne Rückschein ist daher nicht lediglich eine mangelhafte Zustellung, sondern überhaupt keine Zustellung.[125] Anders zu beurteilen sind hingegen Fehler bei Ort und Zeit der Zustellung oder der Auswahl der Personen, an die eine Ersatzzustellung erfolgt. In derartigen Fällen ist vom Gericht stets zu klären, ob und inwieweit sich diese Fehler auf die Verteidigungsmöglichkeit des Beklagten ausgewirkt haben. Beachtlich kann weiterhin das Fehlen einer eigentlich vorgeschriebenen **Übersetzung** sein, sofern der Beklagte nicht in der Lage ist, den Inhalt des ihm zugestellten Schriftstücks zu verstehen.[126] Davon kann nicht ausgegangen werden, wenn Kläger und Beklagte zuvor in der Sprache, in der das Schriftstück verfasst ist, kommuniziert haben.[127] Zu weit geht es, der fehlenden Übersetzung des Schriftstücks jeglichen Einfluss auf die Urteilsanerkennung abzusprechen und damit dem Beklagten quasi eine „**Übersetzungspflicht**" aufzubürden.[128]

### b) Zeitpunkt der Zustellung

#### (1) Grundsatz

34 Das verfahrenseinleitende Schriftstück muss dem Beklagten nicht nur überhaupt zugestellt bzw auf andere Art bekannt geworden sein, sondern vor allem auch so rechtzeitig, dass ihm auch genügend Zeit zur Vorbereitung seiner Verteidigung verblieben ist.

---

[122] Zutr *Schack* Rn 610 in Fn 1.

[123] Vgl dazu zB mwN *MünchKommZPO/Gottwald* Art 27 EuGVÜ Rn 24.

[124] *Kropholler* Rn 41; *Rauscher* IPR 445.

[125] *Rauscher* IPR 445; *Schlosser* Rn 17.

[126] OLG Bamberg RIW 1987, 543 geht in einem solchen Fall von Heilung aus.

[127] *Schlosser* Rn 17 b.

[128] So aber *Geimer/Schütze* Art 27 EuGVÜ Rn 91; **aA** OLG Hamm RIW 1988, 133; *Schack* Rn 847; vgl auch OLG Hamm RIW 1987, 872.

Wann das der Fall ist, lässt sich nicht abstrakt festlegen, sondern nur in einer am Zweck der Bestimmung ausgerichteten **Einzelfallbetrachtung** ermitteln. Wird zB in einem Rechtsstreit um Handelsbeziehungen das verfahrenseinleitende Schriftstück an einem Ort zugestellt, an dem der Schuldner seine Geschäfte betreibt, dürfte die schlichte Abwesenheit des Schuldners zum Zeitpunkt der Zustellung dessen Verteidigungsmöglichkeit normalerweise nicht beeinträchtigen, insbesondere, wenn die zur Vermeidung einer Versäumnisentscheidung erforderlichen Schritte formlos und sogar durch einen Vertreter eingeleitet werden können.[129] Die Prüfung, ob die Zustellung rechtzeitig erfolgt ist, verlangt folglich eine **Wertung tatsächlicher Art**, die weder auf der Grundlage des nationalen Rechts des Urteilsstaats noch auf der Grundlage des nationalen Rechts des Vollstreckungsstaats getroffen werden kann.[130] Darauf, ob Ladungs- und Einlassungsfristen des Verfahrensrechts des Urteils- oder des Anerkennungsstaates eingehalten bzw verletzt worden sind, kommt es also nicht an. Zu berücksichtigen sind dabei vor allem die mit der Rechtsverfolgung vor ausländischen Gerichten verbundenen Schwierigkeiten, so etwa die Erforderlichkeit einer Übersetzung des Schriftstücks, der Erkundigung über die Inhalte des fremden Verfahrens- und eventuell auch Sachrechts, der Beauftragung eines Rechtsanwalts am Gerichtsort, die Entfernung zu diesem usw.

**(2) Beispiele**

So soll etwa für eine sachgerechte Verteidigung ein Zeitraum von **20 Tagen** vom Tag 35
der Zustellung einer belgischen Ladung in flämischer Sprache ohne Beifügung einer Übersetzung bis zum Termin in aller Regel nicht ausreichen, wenn der Beklagte der flämischen Sprache nicht mächtig und mit dem belgischen Recht nicht vertraut ist.[131] Genügend soll hingegen ein Zeitraum von **mehr als drei Wochen** zwischen der Zustellung des das ausländische Gerichtsverfahren einleitenden Schriftstücks und dem Verhandlungstermin[132] jedenfalls dann sein, wenn das Verfahren vor einem Gericht in Belgien anhängig ist, der Beklagte seinen Wohnsitz im Bezirk eines grenznahen Gerichts hat und die Terminsladung in deutscher Übersetzung zugestellt worden ist.[133] Zu knapp ist allerdings eine erst am 10.1. zugestellte Ladung zu einer Sitzung, die am 14.1. stattfinden soll.[134] Auch **neun Tage** reichen für die Rechtzeitigkeit einer Ladung zu einem belgischen Verfahren nicht aus, wenn sie an die gleich lautende Anschrift des in Belgien ansässigen Klägers adressiert war, weil dort der Beklagte – vertreten durch den Kläger – eine als Betriebssitz bezeichnete Filiale unterhielt.[135] Andererseits kann die Zustellung des das Verfahren vor einem niederländischen Gericht einleitenden Schriftstücks nur **eine Woche** vor dem Terminstag bei Vorliegen besonderer Umstände

---

[129] EuGH Rs 166/80 *Klomps/Michel* EuGHE 1981, 1593 Rn 20.

[130] EuGH Rs 49/84 *Debaecker/Bouwman* EuGHE 1985, 1779 Rn 27.

[131] OLG Hamm RIW 1987, 872; vgl dazu die berechtigte Kritik von *Geimer* IPRax 1988, 275.

[132] OLGR Köln 1994, 10.

[133] OLG Köln IPRax 1995, 256.

[134] Vgl LG Mönchengladbach IPRax 1988, 291.

[135] OLGR Zweibrücken 1997, 32.

durchaus den Anforderungen der Nr 2 entsprechen.[136] Eine Woche soll auch genügen, wenn die Zustellung des verfahrenseinleitenden Schriftstücks in einer Mietsache in den Niederlanden an eine zu diesem Zeitpunkt in den Niederlanden wohnende Schuldnerin erfolgt.[137]

36 Bei der Beurteilung der Rechtzeitigkeit ist nicht auf den Zeitpunkt abzustellen, zu dem das um die Zustellung der ausländischen Klageschrift und Terminsladung ersuchte deutsche Gericht die an den Beklagten zu übermittelnden Unterlagen erhalten hat, sondern auf den Zeitpunkt, an dem nach deutschem Recht die Zustellung an den Beklagten selbst erfolgte, und zwar auch dann, wenn nach der Rechtsordnung des ersuchenden ausländischen Staates die Zustellung bereits mit dem Eingang des Ersuchens bei dem deutschen Gericht bewirkt ist.[138] Indes ist es keine unabdingbare Voraussetzung, dass der Beklagte das verfahrenseinleitende Schriftstück auch **tatsächlich erhalten** hat. Zwar ist im Grundsatz davon auszugehen, dass es bei rein fiktiven Zustellungen an einer Verteidigungsmöglichkeit fehlt. Andererseits würde ein völliger Verzicht auf **fiktive Zustellungen** den unredlichen Schuldner begünstigen, der ohne Hinterlassung einer neuen Anschrift verzieht und so die Möglichkeit einer Kenntnisnahme und damit zugleich rechtzeitigen Verteidigung arglistig vereitelt.[139] Auf ein dem Beklagten zurechenbares Verhalten kann sich der Kläger jedoch nicht berufen, um eine (fiktive) Zustellung auch dann noch als rechtzeitig anzusehen, wenn er später erfahren hat, dass der Beklagte unter einer neuen Adresse erreichbar ist.[140]

### 4. Nichteinlassung des Beklagten

37 Eine auf Nr 2 gestützte Anerkennungsversagung scheidet aus, wenn sich der Beklagte trotz unzureichender Zustellung des verfahrenseinleitenden Schriftstücks auf das Verfahren eingelassen hat. Der Begriff der Einlassung findet sich auch in Art 24 und 26 Abs 1 Brüssel I-VO sowie in Art 19 EG-ZustellVO und Art 15 Abs 1 HZÜ. Er ist **autonom** auszulegen. Es bedarf einer über die bloße Passivität hinausgehenden Reaktion des Beklagten, aus der sich ergibt, dass er von dem gegen ihn eingeleiteten Verfahren Kenntnis erlangt und die Möglichkeit zur Verteidigung erhalten hat.[141] Dabei reicht es bereits aus, wenn er im Termin erscheint, um die nicht rechtzeitige oder seiner Ansicht nach aus anderen Gründen nicht hinreichende Zustellung des verfahrenseinleitenden Schriftstücks zu rügen.[142] Denn wenn Nr 2 schon die Obliegenheit zur Einlegung eines

---

[136] OLG Düsseldorf RIW 2002, 558.

[137] OLG Köln ZMR 2002, 348.

[138] OLG Köln NJW-RR 2002, 360.

[139] So wohl auch EuGH Rs 49/84 *Debaecker/Bouwman* EuGHE 1985, 1779 Rn 31.

[140] EuGH Rs 49/84 *Debaecker/Bouwman* EuGHE 1985, 1779 Rn 31.

[141] OLG Hamm RIW 1994, 243.

[142] OLG Hamm RIW 1994, 243; OLG Düsseldorf RIW 1996, 1043; *Geimer/Schütze* Art 27 EuGVÜ Rn 103; *Geimer* IPRax 1988, 272; *MünchKommZPO/Gottwald* Art 27 EuGVÜ Rn 29; *Linke* IPRax 1991, 93; *Schlosser* Rn 20; **aA** OLG Stuttgart IPRspr 1993 Nr 173; OLG Köln IPRax 1991, 114; *Czernich/Tiefenthaler/Kodek/Kodek* Rn 22; *Kropholler* Art 34 Rn 27; *Bülow/Böckstiegel/Geimer/Schütze/*

Rechtsbehelfs schafft (vgl Rn 39), wäre es unsinnig, in der **Rüge einer fehlerhaften oder nicht rechtzeitigen Zustellung** gleichwohl keine Einlassung zu sehen. Auf ein Verhandeln zur Sache kommt es daher nicht an. Keine Einlassung soll vorliegen, wenn für den Beklagten ein ohne sein Wissen bestellter Zwangsvertreter oder ein Rechtsanwalt erscheint, dem er keine Vollmacht erteilt hat.[143] Dies erscheint allerdings zweifelhaft.[144]

Besonderheiten sind im **Adhäsionsverfahren** zu beachten. Nach Art 61 muss ein Ad- 38
häsionsurteil nicht anerkannt werden, wenn das Gericht bei einer fahrlässigen Straftat das persönliche Erscheinen des Angeklagten angeordnet hat, dieser ihr aber nicht gefolgt und dann eine Entscheidung über zivilrechtliche Ansprüche ergangen ist, ohne dass er sich verteidigen konnte. Erscheint er jedoch persönlich zum Adhäsionsverfahren oder lässt er sich dort durch einen Wahlverteidiger vertreten und nimmt zu den gegen ihn erhobenen Vorwürfen in Kenntnis der zivilrechtlichen Forderung, die im Rahmen des Strafverfahrens gegen ihn geltend gemacht werden, Stellung, so ist dies grundsätzlich als Einlassung auf das Verfahren insgesamt anzusehen, ohne dass zwischen der Strafverfolgung und der zivilrechtlichen Forderung zu trennen wäre. Verhindern kann er dies nur, indem er seine Weigerung, sich auf die Zivilklage einzulassen, deutlich zum Ausdruck bringt. Unterlässt er dies, so handelt es sich bei seiner Stellungnahme zu den Vorwürfen im Strafverfahren zugleich um eine Einlassung auf die zivilrechtliche Klage.[145]

### 5. Einlegung eines Rechtsbehelfs im Ursprungsstaat

Nach ständiger Rechtsprechung des EuGH[146] und der nationalen Gerichte[147] sowie 39
herrschender Ansicht in der Literatur[148] traf den Beklagten im Rahmen von Art 27 Nr 2 EuGVÜ keine Obliegenheit, sich mit Rechtsmitteln im Erststaat gegen das trotz einer fehlerhaften Zustellung ergangene Urteil zu wenden; denn der Beklagte müsse sich bereits im Zeitpunkt der Verfahrenseinleitung verteidigen können. Die Möglichkeit einer späteren Rechtsbehelfseinlegung genüge nicht. Der Beklagte konnte sich daher auch nach ordnungsgemäßer Zustellung eines Versäumnisurteils oder einer Aktenlageentscheidung darauf verlassen, dass allein auf Grund der fehlerhaften Zustellung

---

*Wolf* Art 27 EuGVÜ Rn 27; *Braun*, Der Beklagtenschutz nach Art 27 Nr 2 EuGVÜ (1992) 88; *Fahl*, Die Stellung des Gläubigers und des Schuldners bei der Vollstreckung ausländischer Entscheidungen nach dem EuGVÜ (1993) 66ff; *Rauscher* 442; *Wiehe*, Zustellungen, Zustellungsmängel und Urteilsanerkennung am Beispiel fiktiver Inlandszustellungen in Deutschland, Frankreich und den USA (1993) 204ff.

[143] EuGH Rs C-78/95 *Hendrikman und Feyen/Magenta Druck* EuGHE 1996 I 4943 Rn 18.

[144] Vgl *MünchKommZPO/Gottwald* Art 27 EuGVÜ Rn 29; *Kohler* ZEuP 1997, 1052f.

[145] EuGH Rs C-172/91 *Sonntag/Waidmann* EuGHE 1993 I 1963 Rn 41.

[146] EuGH Rs C-123/91 *Minalmet/Brandeis* EuGHE 1992 I 5661 Rn 19; Rs C-78/95 *Hendrikman und Feyen/Magenta Druck* EuGHE 1996 I 4943 Rn 20.

[147] Vgl zB BGH NJW 1986, 2197; OGH ZfRV 2001, 114; OLG Stuttgart RIW 1979, 130; OLG Köln RIW 1990, 229; OLG Frankfurt RIW 1991, 587.

[148] Vgl zB *MünchKommZPO/Gottwald* Art 27 EuGVÜ Rn 25.

des verfahrenseinleitenden Schriftstücks eine Anerkennung der ausländischen Entscheidung nicht möglich ist.[149] Das ist in der Literatur verschiedentlich als mit Treu und Glauben im Prozess unvereinbar sowie als Verstoß gegen Art 6 Abs 1 EMRK kritisiert worden.[150] Auch in der instanzgerichtlichen Rechtsprechung regte sich Widerstand.[151] Der Verordnungsgeber hat dem Rechnung getragen. Der Beklagte kann sich nach der Neufassung der Vorschrift auf die nicht rechtzeitige Zustellung des verfahrenseinleitenden Schriftstücks dann nicht mehr berufen, wenn er gegen die Entscheidung keinen Rechtsbehelf eingelegt hat, obwohl ihm die Möglichkeit hierzu offen stand. Die Vorschrift begründet damit eine **Obliegenheit des Beklagten**. Selbst wenn er das verfahrenseinleitende Schriftstück nicht in ordnungsgemäßer Weise erhalten hat, muss er sich gegen eine gleichwohl ergangene Entscheidung wehren, sofern er von deren Existenz rechtzeitig und in einer Weise erfahren hat, die ihm die Verteidigung durch Einlegung eines Rechtsbehelfs erlaubt.[152]

40 Der Begriff des Rechtsbehelfs ist zwar **weit auszulegen**,[153] erfasst jedoch nur solche Rechtsbehelfe, die im Urteilsstaat auf Grund der fehlerhaften Zustellung bestehen. Dass der Beklagte im Urteilsstaat aus anderen Gründen gegen die Entscheidung einen Rechtsbehelf hätte einlegen können, ist unbeachtlich.[154] Die Möglichkeit zur Einlegung eines „Rechtsbehelfs im Urteilsstaat" iSv Nr 2 besteht auch dann, wenn die dortige Frist zu dessen Einlegung zwar abgelaufen ist, der Beklagte aber einen Wiedereinsetzungsantrag stellen kann (vgl auch Art 19 Abs 4 EG-ZustellVO).[155] Lässt sich nach der lex fori der Rechtsstreit in der Rechtsmittelinstanz nicht mehr neu aufrollen, weil die aus dortiger Sicht formell korrekte Zustellung sachliche Einwendungen des Beklagten abschneidet, so soll von Art 34 Nr 2 Brüssel I-VO ein solcher Rechtsbehelf mangels Erfolgsaussicht allerdings nicht gefordert sein.[156]

### 6. Prüfung durch den Zweitrichter

41 Die Prüfung der Ordnungsmäßig- und Rechtzeitigkeit der Zustellung durch das Gericht des Anerkennungs- und Vollstreckungsstaats erfolgte unter Geltung des EuGVÜ nach überwiegender Auffassung **von Amts wegen**.[157] Das kann angesichts der Änderungen

---

149 Vgl aber auch BGH RIW 2002, 238; Bspr *Geimer* IPRax 2002, 378.

150 Vgl etwa *Geimer* IPRax 2002, 379; *ders* BerGesVR 34 (1994) 254; *ders/Schütze* Art 27 EuGVÜ Rn 87 ff.

151 Vgl OLG Köln, OLGR 2002, 38; OLGR 2002, 212; OLGR 2003, 91.

152 Die Erfordernisse, die schon für die Klagezustellung gegolten hätten, gelten selbstverständlich auch für die Zustellung der nachfolgenden Entscheidung, vgl *Rauscher* 447; *Kropholler* Rn 44.

153 *Thomas/Putzo/Hüßtege* Rn 13; **aA** *Micklitz/Rott* EuZW 2002, 20.

154 *Kropholler* Rn 43.

155 *MünchKommZPO/Gottwald* Art 34 EuGVO Rn 5.

156 *Rauscher* 447.

157 Vgl zB OGH ZfRV 2001, 114; OLG Köln RIW 1990, 230; OLG Koblenz IPRax 1992, 36; *Braun*, Der Beklagtenschutz nach Art. 27 Nr. 2 EuGVÜ (1992) 177 ff; *Bülow/Böckstiegel/Geimer/Schütze/Wolf* Art 27 EuGVÜ Rn 35; *Fahl*, Die Stellung des Gläubigers und des Schuldners bei der Voll-

im Vollstreckbarerklärungsverfahren, die auf das Anerkennungsverfahren abstrahlen, im Rahmen der Brüssel I-VO nicht mehr gelten. Der Versagungsgrund der Nr 2 ist vom Gericht daher nur auf entsprechende **Rüge des Beklagten** zu beachten.[158]

42 Wird die Rüge erhoben, ist der Kläger des erststaatlichen Verfahrens für die Rechtzeitigkeit und Ordnungsmäßigkeit der Zustellung **darlegungs- und beweispflichtig.**[159] Es genügt der Nachweis, dass die Klage und Terminsladung dem Beklagten tatsächlich und so rechtzeitig zugegangen ist, dass er seine Verteidigung angemessen vorbereiten konnte.[160] Der Zweitrichter hat die Rechtzeitig- und Ordnungsmäßigkeit der Zustellung selbstständig zu prüfen und ist an die Rechtsansicht des Erstrichters nicht gebunden,[161] und zwar auch dann nicht, wenn dieser nach Art 26 Abs 2-4 festgestellt hat, dass dem Beklagten eine Verteidigung möglich war.[162]

## IV. Unvereinbarkeit mit einer Entscheidung im Anerkennungsstaat (Nr 3)

43 Obwohl Art 27ff dies eigentlich verhindern sollen, kann es gleichwohl dazu kommen, dass im Urteils- und im Anerkennungsstaat zwei miteinander **unvereinbare Entscheidungen** ergehen, weil zB der Zweitrichter von der im anderen Staat ergangenen Entscheidung keine Kenntnis hatte. Die meisten Staatsverträge folgen dem **Prioritätsprinzip**, und zwar auch bei Konkurrenz mit einer bestandskräftigen inländischen Entscheidung. In Art 15 Abs 2 lit e und f Brüssel II-VO hat sich der Verordnungsgeber für die aus den USA stammende **„Last-in-Time-Rule"** entschieden, während in Art 34 Nr 3 – ebenso wie in Art 15 Abs 1 lit c Brüssel II-VO – vom **unbedingten Vorrang der inländischen Entscheidung** ausgegangen wird. Diese Privilegierung inländischer Entscheidungen war und ist umstritten[163] und führt uU dazu, dass die von einer älteren ausländischen Entscheidung bereits im Inland ausgelösten Wirkungen wieder aufgehoben werden. Denn da es auf die zeitliche Reihenfolge der Entscheidungen nicht ankommt, genießt die inländische Entscheidung auch dann Vorrang, wenn sie zeitlich erst nach der ausländischen ergangen ist.[164]

---

streckung ausländischer Entscheidungen nach dem EuGVÜ (1993) 53ff; *Linke* RIW 1986, 410; *Stürner,* in: FS Nagel (1987) 452; *Wiehe*, Zustellungen, Zustellungsmängel und Urteilsanerkennung am Beispiel fiktiver Inlandszustellungen in Deutschland, Frankreich und den USA (1993) 210ff; **aA** *Geimer* NJW 1973, 2143; *ders* IPRax 1985, 8; *Geimer/Schütze* Art 27 EuGVÜ Rn 92ff.

[158] *Schlosser* Rn 21; wohl auch *Czernich/Tiefenthaler/Kodek/Kodek* Rn 2 und 32; **aA** *Kropholler* Rn 45; *Rauscher* IPR 447; für Art 15 Abs 1 lit b Brüssel II-VO *Rauscher/Rauscher* Art 15 Brüssel II-VO Rn 8.

[159] OLG Karlsruhe IPRax 1996, 426.

[160] OLG Düsseldorf RIW 1985, 898; RIW 1987, 626; KG RIW 1986, 637.

[161] EuGH Rs 228/81 *Pendy Plastic/Pluspunkt* EuGHE 1982, 2723 Rn 13; Rs C-305/88 *Lancray/Peters* EuGHE 1990 I 2725 Rn 28.

[162] Rs 166/80 *Klomps/Michel* EuGHE 1981, 1593 Rn 16; EuGH Rs 228/81 *Pendy Plastic/Pluspunkt* EuGHE 1982, 2723 Rn 13.

[163] Krit zB *Geimer* IZPR Rn 2891; *Juenger* AJCL 36 (1988) 26; *Schack* Rn 855; *ders* IPRax 1986, 219f.

[164] *Kropholler* Rn 54.

44 Der Begriff der „**Entscheidung**" ist mit dem des Art 32 identisch. Ein vollstreckungsfähiger deutscher Prozessvergleich fällt daher nicht unter Nr 3.[165] Ebenso steht auch ein inländischer Schiedsspruch der Anerkennung einer ausländischen Entscheidung nicht entgegen.[166] Die Entscheidung ist „**ergangen**", sobald sie nach dem Recht des Anerkennungsstaates Wirkung entfaltet. Ihre Rechtskraft ist hingegen keine unabdingbare Voraussetzung.[167]

45 Eine Anerkennungsversagung kommt nur in Betracht, wenn beide Entscheidungen miteinander „**unvereinbar**" sind. Der Begriff ist **autonom** und **eng** auszulegen. Zwei Entscheidungen sind miteinander unvereinbar, „wenn sie Rechtsfolgen haben, die sich gegenseitig ausschließen".[168] Die Unvereinbarkeit muss sich bei den Wirkungen gerichtlicher Entscheidungen zeigen, betrifft hingegen nicht die Zulässigkeits- und Verfahrensvoraussetzungen für ihren Erlass, die sich möglicherweise von einem Mitgliedstaat zum anderen unterscheiden.[169] Welche Rechtsfolgen eine Entscheidung hat, lässt sich allerdings nicht autonom, sondern nur nach nationalem Recht bestimmen.[170] Darauf, dass beide Entscheidungen einen nach deutscher Vorstellung identischen Streitgegenstand haben, kommt es nicht an. Aber natürlich fallen unter Nr 3 Fälle des identischen Streitgegenstandes und ebenso des kontradiktorischen Gegenteils.

46 Miteinander unvereinbar sind zB ein Urteil auf Leistung und ein negatives Feststellungsurteil,[171] ebenso die Gewährung von Schadensersatz wegen Nichterfüllung im Ausland, wenn ein inländisches Urteil den Vertrag für nichtig erklärt.[172] Unvereinbar ist weiterhin eine ausländische, im Verfahren des **vorläufigen Rechtsschutzes** ergangene Entscheidung, mit der ein Schuldner verpflichtet wird, bestimmte Handlungen zu unterlassen, mit einer zwischen denselben Parteien im Vollstreckungsstaat im Verfahren des vorläufigen Rechtsschutzes ergangenen Entscheidung, mit der die Verhängung einer solchen Maßnahme abgelehnt wird.[173] Hingegen können abweichende Entscheidungen im Verfügungsverfahren und Hauptverfahren durchaus miteinander vereinbar sein.[174] Von Unvereinbarkeit ist sowohl bei einer Verurteilung zur Leistung von Ehegattenunterhalt im Ausland auszugehen, wenn die Ehe im Anerkennungsstaat geschieden wurde,[175] als auch bei einem ausländischen Unterhaltsurteil wegen Ehescheidung, wenn der Scheidung im Inland die Anerkennung versagt wurde.[176] Hingegen steht ein

---

165 EuGH Rs C-414/92 *Solo Kleinmotoren/Bloch* EuGHE 1994 I 2237 Rn 20.
166 *MünchKommZPO/Gottwald* Art 27 EuGVÜ Rn 31.
167 Vgl dazu auch *Kropholler* Rn 53.
168 EuGH Rs 145/86 *Hoffmann/Krieg* EuGHE 1988, 645 Rn 22.
169 EuGH Rs C-80/00 *Italian Leather/WECO Polstermöbel* EuGHE 2002 I 4995 Rn 44.
170 *Schlosser* Rn 22.
171 EuGH Rs 144/86 *Gubisch Maschinenfabrik/Palumbo* EuGHE 1987, 4861 Rn 18.
172 *Jenard*-Bericht 45.
173 EuGH Rs C-80/00 *Italian Leather/WECO Polstermöbel* EuGHE 2002 I 4995 Rn 47.
174 OLG Hamm RIW 1988, 131.
175 EuGH Rs 145/86 *Hoffmann/Krieg* EuGHE 1988, 645 Rn 25.
176 So OLG Hamm MDR 1982, 504.

die Gewährung von Prozesskostenhilfe wegen mangelnder Erfolgsaussicht ablehnender Beschluss der Anerkennung einer ausländischen Entscheidung über den gleichen Hauptsacheanspruch nicht entgegen.[177] Auch ein ausländisches Urteil, das zur Zahlung des Kaufpreises verpflichtet, steht nicht notwendig im Widerspruch zu einer inländischen Entscheidung, die den Verkäufer zum Schadensersatz wegen Mängeln der Kaufsache verurteilt.[178]

Die Entscheidung muss **„zwischen denselben Parteien"** ergangen sein. Hierfür genügt bereits Teilidentität (mit der Folge einer möglicherweise nur teilweisen Anerkennungsversagung).[179] 47

Stellt das Gericht im Anerkennungsstaat fest, dass die Entscheidung des Gerichts eines anderen Mitgliedstaats mit einer zwischen denselben Parteien ergangenen Entscheidung eines Gerichts des Anerkennungsstaats unvereinbar ist, so ist es **verpflichtet**, die Anerkennung der ausländischen Entscheidung abzulehnen.[180] Das Gericht im Anerkennungsstaat hat nicht etwa ein Ermessen, das es ihm erlauben würde, die Anerkennung einer ausländischen Entscheidung trotz Unvereinbarkeit zuzulassen.[181] 48

## V. Unvereinbarkeit mit einer früheren anerkennungsfähigen Entscheidung aus einem anderen Mitglied- oder Drittstaat (Nr 4)

Nr 4 ergänzt Nr 3 und schließt durch die Einbeziehung auch anerkennungsfähiger Entscheidungen aus anderen Mitgliedstaaten eine Lücke im Brüsseler Übereinkommen.[182] Während Nr 3 die Konkurrenz zwischen einer inländischen und einer Entscheidung aus einem anderen Mitgliedstaat regelt, befasst sich Nr 3 mit der Unvereinbarkeit der anzuerkennenden Entscheidung mit einer in einem anderen Mitglied- oder in einem Drittstaat zwischen denselben Parteien ergangenen Entscheidung. Gelöst wird dieser Konflikt unter Rückgriff auf das **Prioritätsprinzip**. Die Existenz einer anerkennungsfähigen Entscheidung aus einem anderen Mitgliedstaat hindert die Anerkennung der Entscheidung aus einem anderen Mitgliedstaat oder einem Drittstaat nicht, wenn sie zwischen denselben Parteien zum selben Anspruch und zeitlich früher erlassen wurde. Maßgeblich ist das Datum der Entscheidung, nicht der Klageerhebung. Die Begriffe **„Unvereinbarkeit"** und **„zwischen denselben Parteien"** sind ebenso wie in Nr 3 auszulegen. Im Unterschied zu Nr 3 verlangt Nr 4 allerdings, dass die Entscheidung wegen **„desselben Anspruchs"** ergangen ist. Hieraus lässt sich jedoch kein sachlicher Unterschied zu Nr 3 ableiten.[183] 49

---

[177] BGHZ 88, 17.

[178] Cass Civ Rev crit 1978, 773.

[179] Zu möglichen Problemen bei einer Rechtskrafterstreckung auf Dritte vgl *Koch*, Unvereinbare Entscheidungen im Sinne der Art 27 Nr 3 und 5 EuGVÜ und ihre Vermeidung (1993) 50.

[180] EuGH Rs C-80/00 *Italian Leather/WECO Polstermöbel* EuGHE 2002 I 4995 Rn 52.

[181] EuGH Rs C-80/00 *Italian Leather/WECO Polstermöbel* EuGHE 2002 I 4995 Rn 51.

[182] KOM (1999) 348 endg, 25.

[183] *Kropholler* Rn 57.

## Artikel 35

(1) Eine Entscheidung wird ferner nicht anerkannt, wenn die Vorschriften der Abschnitte 3, 4 und 6 des Kapitels II verletzt worden sind oder wenn ein Fall des Artikels 72 vorliegt.
(2) Das Gericht oder die sonst befugte Stelle des Mitgliedstaats, in dem die Anerkennung geltend gemacht wird, ist bei der Prüfung, ob eine der in Absatz 1 angeführten Zuständigkeiten gegeben ist, an die tatsächlichen Feststellungen gebunden, auf Grund deren das Gericht des Ursprungsmitgliedstaats seine Zuständigkeit angenommen hat.
(3) Die Zuständigkeit der Gerichte des Ursprungsmitgliedstaats darf, unbeschadet der Bestimmungen des Absatzes 1, nicht nachgeprüft werden. Die Vorschriften über die Zuständigkeit gehören nicht zur öffentlichen Ordnung (ordre public) im Sinne des Artikels 34 Nummer 1.

**I. Allgemeines** .......... 1
**II. Grundsatz: Keine Nachprüfung der Zuständigkeit des Erstgerichts (Abs 3)** 3
**III. Ausnahmen (Abs 2)**
1. Versicherungs- und Verbrauchersachen (Art 8 ff, 15 ff) .......... 6
2. Ausschließliche Zuständigkeiten (Art 22) .......... 7
3. Abkommen mit Drittstaaten (Art 72) 10
4. Keine weiteren Ausnahmen .......... 11
a) Arbeitssachen (Art 17 ff) .......... 12
b) Zuständigkeitsvereinbarungen ..... 13
c) Schiedsvereinbarungen .......... 14
**IV. Bindung des Zweitgerichts (Abs 1)** ... 15

### I. Allgemeines

1 Art 35 ist Ausdruck des der Brüssel I-VO zugrunde liegenden **Vertrauensprinzips.**[1] Mit den Art 2 ff wurde eine einheitliche Zuständigkeitsordnung geschaffen. Der Zweitrichter hat davon auszugehen, dass sie vom Erstrichter beachtet wurde, und darf daher die Zuständigkeit der Gerichte des Ursprungsmitgliedstaats grundsätzlich nicht mehr nachprüfen, auch nicht aus Gründen des ordre public (Abs 3). Ausnahmen lässt die VO nur hinsichtlich verschiedener, abschließend aufgezählter Zuständigkeiten zu (Abs 1). Auch dabei steht dem Zweitrichter jedoch keine unbeschränkte Nachprüfungskompetenz zu, da er immerhin an die tatsächlichen Feststellungen gebunden ist, auf Grund derer der Erstrichter seine Zuständigkeit angenommen hat (Abs 2).

2 Keine Frage der Zuständigkeit – und damit einer Kontrolle des Zweitrichters nicht entzogen – ist die Eröffnung des Anwendungsbereichs der Brüssel I-VO. Eine Anerkennung nach Kap III kommt nur bei solchen Entscheidungen mitgliedstaatlicher Gerichte in Betracht, die in den **Anwendungsbereich** der Brüssel I-VO fallen (vgl Art 32 Rn 1). Eine Anerkennung ist außerdem ausgeschlossen, wenn es an einer **Gerichtsbarkeit im völkerrechtlichen Sinne** fehlt.[2] Art 35 ist inhaltlich unverändert aus Art 28 EuGVÜ hervorgegangen und lediglich redaktionell angepasst worden.

---

[1] Vgl auch Erwägungsgrund 16.
[2] *Kropholler* vor Art 33 Rn 5; Art 35 Rn 1.

## II. Grundsatz: Keine Nachprüfung der Zuständigkeit des Erstgerichts (Abs 3)

Abs 3 statuiert den **allgemeinen Grundsatz**: Das Zweitgericht darf die Zuständigkeit des Erstgerichts grundsätzlich nicht nachprüfen, sofern – so ist zu ergänzen (vgl Rn 2) – der sachliche und zeitliche Anwendungsbereich der Brüssel I-VO eröffnet ist. Hat sich das Erstgericht für international zuständig erklärt, ist das Zweitgericht hieran gebunden. Das Verbot der Zuständigkeitsnachprüfung führt zu einer **erweiterten Gerichtspflicht des Beklagten**. Das Erstgericht muss zwar nach Art 26 Abs 1 seine Zuständigkeit prüfen und sich bei fehlender Zuständigkeit für unzuständig erklären, sofern sich der Beklagte nicht auf das Verfahren eingelassen hat. Aber selbst ein unter Verletzung dieser Vorschrift ergangenes Urteil ist wirksam und kann, sofern keine Versagungsgründe des Art 34 vorliegen, nach Art 32 ff anerkannt und vollstreckt werden. 3

Worauf das Erstgericht seine Zuständigkeit gestützt hat, ist unerheblich. Das Verbot einer Nachprüfung der Zuständigkeit des Erstgerichts erstreckt sich nicht nur auf eine Zuständigkeitsannahme nach den Art 2 ff, sondern ebenso auf die Zuständigkeitsgründe des **speziellen Gemeinschaftsrechts** (Art 67) sowie auf die aus **völkerrechtlichen Abkommen für Spezialgebiete** resultierenden Zuständigkeiten (Art 72) und erfasst schließlich auch sämtliche Zuständigkeiten (einschließlich der exorbitanten, Art 3 Abs 2) des **autonomen Rechts** (Art 4 Abs 1). Eine Zuständigkeitsnachprüfung ist daher zB auch dann ausgeschlossen, wenn das Erstgericht die Anwendbarkeit der Brüssel I-VO übersehen und deshalb das autonome Recht angewendet hat oder seine Zuständigkeit auf einen nach Art 3 Abs 2 an sich ausgeschlossenen exorbitanten Gerichtsstand stützte.[3] Abs 3 schließt nicht nur eine Nachprüfung der internationalen, sondern natürlich auch der **örtlichen und sachlichen Zuständigkeit** des Erstgerichts aus. 4

Wie ernst dieses Nachprüfungsverbot zu nehmen ist, verdeutlicht Abs 3 S 2. Vorschriften über die Zuständigkeit gehören **nicht zum ordre public** iSv Art 34 Nr 1.[4] Selbst krasse Fehler bei der Zuständigkeitsbestimmung oder gar eine vorsätzliche Missachtung der Regeln der Brüssel I-VO berechtigen daher nicht zur Nachprüfung bzw Nichtanerkennung der Entscheidung des Erstgerichts. Ausgeschlossen ist damit auch eine Nachprüfung bei einer Zuständigkeitsbegründung des Erstgerichts auf Grund exorbitanter nationaler Zuständigkeiten. Denn das Nachprüfungsverbot gilt nach Auffassung des Gerichtshofs selbst dann, „wenn das Gericht des Ursprungsstaats gegenüber einem im Hoheitsgebiet des Vollstreckungsstaats wohnhaften Beklagten zu Unrecht aus einer Bestimmung hergeleitet haben sollte, die auf das Kriterium der Staatsangehörigkeit abstellt“.[5] Allerdings soll nach verbreiteter Auffassung bei völlig unvertretbaren, insbesondere bei für den Anerkennungsstaat schlechthin **nicht akzeptablen exorbitanten Zuständigkeiten**[6] eine Nachprüfung unter Berufung auf den ordre public gleichwohl 5

[3] Vgl auch OLG Frankfurt IPRax 2002, 515; *Kropholler* Rn 1; *Thomas/Putzo/Hüßtege* Rn 1.

[4] Vgl zB OLG Hamburg ZfJ 1992, 547; OLG Frankfurt IPRax 2002, 523.

[5] EuGH Rs C-7/98 *Krombach/Bamberski* EuGHE 2000 I 1935 Rn 33.

[6] Beachtlich nach Art 4 Abs 1 vor allem bei Beklagten, die keinen Wohnsitz in einem Mitgliedstaat haben. Zur Kritik vgl *von Mehren* Columb L Rev 1981, 1054 ff.

möglich sein, sofern in einer derartigen Zuständigkeitsbegründung zugleich ein Verstoß gegen **Art 6 EMRK** liegt.[7] Dem ist zuzustimmen. Denn angesichts der in Art 6 Abs 2 EUV ausgesprochenen Verpflichtung zur Beachtung der durch die EMRK gewährleisteten Grundrechte kann das Verbot des Abs 3 niemals ein absolutes, sondern immer nur ein relatives sein.[8]

## III. Ausnahmen (Abs 2)

### 1. Versicherungs- und Verbrauchersachen (Art 8ff, 15ff)

6 Versicherungs- und Verbrauchersachen sind vom Verbot der Nachprüfung durch das Zweitgericht ausdrücklich **ausgenommen.**[9] Damit soll dem Umstand Rechnung getragen werden, dass diese Zuständigkeitsnormen dem Schutz des typischerweise schwächeren Vertragspartners dienen und sie in den Mitgliedstaaten entweder zwingender Natur sind oder zum ordre public gehören.[10] Die rechtspolitische Berechtigung einer solchen Ausnahme erscheint allerdings zweifelhaft.[11] Auf jeden Fall sollte die Vorschrift angesichts des heutigen Stands der europäischen Integration eng ausgelegt werden.[12] Angezeigt ist insbesondere eine teleologische Reduktion. Da die Ausnahme für Versicherungs- und Verbraucherverträge dem Schutz der typischerweise schwächeren Partei dient, sollte sie auch nur Fälle erfassen, in denen sich die Zuständigkeitsentscheidung des Erstgerichts **zugunsten** des Verbrauchers bzw Versicherten oder Versicherungsnehmers ausgewirkt hat. Fällt sie hingegen zu deren Nachteil aus, bleibt eine Nachprüfung nach Abs 1 möglich.[13] Eine entsprechende Entscheidung des EuGH steht allerdings noch aus.[14] Auf jeden Fall erlaubt Abs 3 aber nur eine Nachprüfung der internationalen, **nicht** aber der **örtlichen oder sachlichen Zuständigkeit.**[15] Eine rüge-

---

[7] Vgl zB *Czernich/Tiefenthaler/Kodek/Kodek* Rn 3; *Matscher* IPRax 2001, 433; *Schlosser* Art 34-36 Rn 30; *ders* RabelsZ 47 (1983) 529; *ders* FS Kralik (1986) 295f; *ders* IPRax 1992, 141; *Bajons* ZfRV 1993, 52; *Stoll/Meessen*, in: *Tomuschat ua* (Hrsg), Völkerrechtliche Verträge und Drittstaaten (1988) 157; de lege ferenda *Kropholler* Rn 3; **aA** *Bülow/Böckstiegel/Geimer/Schütze/Wolf* Art 28 EuGVÜ Rn 4; *MünchKommZPO/Gottwald* Art 28 EuGVÜ Rn 3; *Thomas/Putzo/Hüßtege* Rn 1.

[8] Wenig überzeugend daher EuGH Rs C-7/98 *Krombach/Bamberski* EuGHE 2000 I 1935 Rn 32.

[9] Vgl zB OLG Frankfurt EWiR 2001, 427 m Anm *Mankowski;* OLG Stuttgart NJW-RR 2001, 858 (zu Art 28 LugÜ);

[10] Vgl *Jenard*-Bericht 46.

[11] Zutreffend *Kropholler* Rn 7; *Geimer/Schütze* Art 28 EuGVÜ Rn 8; *MünchKommZPO/Gottwald* Art 28 EuGVÜ Rn 10; *Schack* Rn 840; *Schütze* RIW 1974, 429.

[12] *Schlosser* Art 34-36 Rn 31.

[13] Wie hier *Czernich/Tiefenthaler/Kodek/Kodek* Rn 5; *Geimer* RIW 1980, 306f; *ders/Schütze* Art 28 EuGVÜ Rn 16ff; *Grunsky* JZ 1973, 646; *Schlosser* Rn 32; de lege ferenda ebenso *Bülow/Böckstiegel/Geimer/Schütze/Wolf* Art 28 EuGVÜ Rn 9; offen gelassen bei *Kropholler* Rn 8; **aA** *MünchKommZPO/Gottwald* Art 28 EuGVÜ Rn 10, 12; *Thomas/Putzo/Hüßtege* Rn 3.

[14] Versäumt wurde eine Vorlage von BGHZ 74, 248.

[15] *Geimer* RIW 1980, 309; *MünchKommZPO/Gottwald* Art 28 EuGVÜ Rn 11; *Kropholler* Rn 9; *Geimer/Schütze* Art 28 EuGVÜ Rn 44; *Thomas/Putzo/Hüßtege* Rn 3.

lose Einlassung nach Art 24 muss berücksichtigt werden, da Art 24 die Art 8ff und Art 15ff nicht ausnimmt.[16]

## 2. Ausschließliche Zuständigkeiten (Art 22)

Aufgrund der besonderen Stellung der ausschließlichen internationalen Zuständigkeiten muss das Zweitgericht stets prüfen, ob sie vom Erstgericht beachtet wurden. Ein etwaiger Verstoß gegen Art 22 ist **von Amts wegen** zu beachten. Nach zT vertretener Auffassung soll der Zweitstaat allerdings nur berechtigt, nicht jedoch verpflichtet sein, die Anerkennung zu verweigern, wenn der Erstrichter eine ausschließliche internationale Zuständigkeit des Zweitstaates nicht beachtet hat, da es ausschließlich um die Wahrung seiner Jurisdiktionssphäre gehe und es gemeinschafts- bzw völkerrechtlich in seinem Belieben stehe, ob er seine Interessen wahre oder nicht.[17] Eine derartige Einschränkung lässt sich jedoch mit dem Wortlaut des Abs 1 nicht in Einklang bringen und wäre zudem sachlich unangemessen.[18] 7

Da Art 22 eine ausschließliche Zuständigkeit nur für Mitgliedstaaten, nicht aber für Drittstaaten begründet, sind von **Drittstaaten** beanspruchte ausschließliche Zuständigkeiten im Rahmen von Abs 1 unbeachtlich. Die Anerkennung der Entscheidung eines Mitgliedstaats darf daher nicht mit der Begründung verweigert werden, ein Drittstaat sei ausschließlich zuständig gewesen.[19] Soweit die Entscheidung eines Drittstaats eine ausschließliche internationale Zuständigkeit iSv Art 22 verletzt, soll wegen des besonderen öffentlichen Interesses an dieser Vorschrift die Verpflichtung bestehen, diese Entscheidung nicht anzuerkennen.[20] 8

Bei einer Zuständigkeitsbegründung nach Art 22 Nr 2 kann es dazu kommen, dass sowohl Erst- als auch Zweitgericht auf Grund unterschiedlichen nationalen IPR[21] den **Sitz der Gesellschaft** im Hoheitsgebiet ihres Staates situieren. In einem solchen Fall ist der Zweitrichter nicht befugt, seine eigene ausschließliche Zuständigkeit durchzusetzen und die Anerkennung zu verweigern,[22] da das Erstgericht seine internationale Zuständigkeit aus seiner Sicht zutreffend bejaht hat und es dementsprechend an einem Verstoß gegen Art 22 Nr 2 fehlt.[23] 9

---

16 OLG Koblenz RIW 2002, 636; abl Bspr *Mankowski* IPRax 2001, 310.

17 Vgl *Geimer* WM 1976, 838; *Geimer/Schütze* Art 28 EuGVÜ Rn 56f; *Zöller/Geimer* Rn 10.

18 *MünchKommZPO/Gottwald* Art 28 EuGVÜ Rn 15.

19 *Czernich/Tiefenthaler/Kodek/Kodek* Rn 8; *Geimer/Schütze* Art 28 EuGVÜ Rn 63ff; *Kropholler* Rn 11; *MünchKommZPO/Gottwald* Art 28 EuGVÜ Rn 14; *Thomas/Putzo/Hüßtege* Rn 4; *Zöller/Geimer* Rn 12; **aA** *Grundmann* IPRax 1985, 253.

20 *Czernich/Tiefenthaler/Kodek/Kodek* Rn 8; *MünchKommZPO/Gottwald* Art 28 EuGVÜ Rn 13; *Kropholler* Rn 12.

21 Allein dieses und nicht Art 60 ist entscheidend, vgl Art 22 Nr 2 S 2.

22 So aber *Jenard*-Bericht 35.

23 *Bülow/Böckstiegel/Geimer/Schütze/Wolf* Art 28 EuGVÜ Rn 12; *MünchKommZPO/Gottwald* Art 28 EuGVÜ Rn 16; *Kropholler* Rn 13; *Schlosser* Rn 32.

### 3. Abkommen mit Drittstaaten (Art 72)

10 Gem Art 72 bleiben von der Brüssel I-VO **bilaterale Abkommen** iSv Art 59 EuGVÜ unberührt, in denen sich ein Vertragsstaat gegenüber einem Drittstaat vertraglich verpflichtet hat, Entscheidungen, die gegen in dem Drittstaat lebende Personen ergangen sind, nicht anzuerkennen, sofern sie sich auf exorbitante Gerichtsstände iSv Art 3 Abs 2 EuGVÜ stützen. Zur Wahrung derartiger völkerrechtlicher Verpflichtungen der Mitgliedstaaten gestattet Art 35 Abs 1 ausnahmsweise eine Nachprüfung der internationalen Zuständigkeit und bei Verletzung der entsprechenden Regelung auch die Nichtanerkennung.

### 4. Keine weiteren Ausnahmen

11 Abs 1 regelt die Nachprüfbarkeit der internationalen Zuständigkeit des Erstgerichts **abschließend** und lässt daher außer den dort genannten keine weiteren Ausnahmen zu. Zu beachten bleibt jedoch die Übergangsvorschrift des **Art 66 Abs 2**.

#### a) Arbeitssachen (Art 17 ff)

12 Obgleich das Zuständigkeitssystem für Arbeitssachen dem für Versicherungs- und Verbrauchersachen ähnelt, ist bei Arbeitssachen eine **Nachprüfung** der Zuständigkeit des Erstgerichts **ausgeschlossen**. Dem entsprechend führt ein Verstoß gegen die Gerichtsstandsvorschriften für Arbeitssachen auch zu keinem Anerkennungshindernis. Die Kommission begründet dies damit, dass sich jede Überprüfung im Anerkennungsstadium zum Nachteil des Arbeitnehmers auswirken werde, da der Arbeitnehmer in aller Regel der Antragsteller im Vollstreckbarerklärungsverfahren sei.[24] Dieses Argument kann freilich wenig überzeugen. Zum einen greift es nicht bei Schadensersatzklagen gegen den Arbeitnehmer.[25] Zum anderen ließe sich ebenso zugunsten von Versicherungsnehmern und Verbrauchern argumentieren, doch hat man hier – nach verbreiteter Ansicht mit guten Gründen[26] – darauf verzichtet. Die Vorschrift perpetuiert damit die bereits im EuGVÜ festzustellende Benachteiligung der Arbeitnehmer gegenüber Verbrauchern und Versicherungsnehmern.[27]

#### b) Zuständigkeitsvereinbarungen

13 Zuständigkeitsvereinbarungen begründen nach Art 23 grundsätzlich eine ausschließliche Zuständigkeit (vgl auch Art 23 Rn 59). Gleichwohl wird der Abschnitt 7 des Kap II in Abs 1 nicht genannt. Hat sich der Erstrichter für zuständig erklärt, obwohl auf Grund einer Zuständigkeitsvereinbarung der Parteien an sich der Zweitstaat oder ein dritter Staat ausschließlich international zuständig gewesen wäre, ist dem Zweit-

---

[24] KOM (1999) 348 endg, 25.

[25] Zutr *Rauscher* IPR 438.

[26] Vgl zB *Junker* RIW 2002, 577; **aA** und generell abl gegenüber einer Sonderbehandlung von Versicherungs- und Verbrauchersachen hingegen *Schack* Rn 840.

[27] *Junker* RIW 2002, 577; *Droz/Gaudemet-Tallon* Rev crit 2001, 648.

richter daher gleichwohl eine **Nachprüfung** der Zuständigkeit bzw Versagung der Anerkennung **nicht möglich.**[28]

**c) Schiedsvereinbarungen**

Unbeachtlich ist auf Grund des abschließenden Charakters von Abs 1 schließlich auch die Nichtbeachtung einer **Schlichtungs- oder Schiedsvereinbarung** durch das Erstgericht. In derartigen Fällen scheidet auch ein Rückgriff auf den ordre public aus.[29] 14

## IV. Bindung des Zweitgerichts (Abs 1)

Auch wenn das Gericht des Anerkennungsstaates die Entscheidung ausnahmsweise nach Abs 1 nachprüfen kann, ist es dabei an die tatsächlichen Feststellungen des Erstgerichts, die zu seiner Zuständigkeitsannahme geführt haben, gebunden (Abs 2). Dadurch soll verhindert werden, dass der Beklagte das Anerkennungsverfahren durch neue Tatsachenbehauptungen verschleppt.[30] Diese Bindung besteht für alle für die Feststellung der in Abs 1 aufgeführten Zuständigkeiten notwendigen Tatsachen[31] und gilt nicht nur für anerkennungsfeindliche, sondern auch für anerkennungsfreundliche Tatsachen.[32] Die Bindung des Zweitrichters ist **absolut**. Abs 3 schließt nicht nur die Berücksichtigung bereits im Erstverfahren behandelter Tatsachen aus, sondern präkludiert auch den Vortrag neuer Tatsachen, die bereits im Erstverfahren hätten geltend gemacht werden können.[33] 15

**Tatsächliche Feststellungen** iSv Abs 2 können sich zB auf die tatsächlichen Grundlagen der Mietdauer (Art 22 Nr 1 S 2) oder des Vertragszwecks (Art 15 Abs 1) beziehen. Verneint etwa das Erstgericht die Anwendbarkeit der Art 15ff mit der Begründung, der beklagte Käufer habe den Vertrag nicht zu einem privaten, sondern zu einem beruflichen Zweck erworben, so kann das Zweitgericht die Anerkennung der Entscheidung nicht mit der Begründung verweigern, der Vertrag sei doch privat veranlasst gewesen und daher Art 16 verletzt.[34] Zu den „tatsächlichen Feststellungen" iSv Abs 2 zählt auch die Auslegung von Verträgen oder von AGB.[35] 16

---

[28] OLG Koblenz NJW 1976, 488; *Czernich/Tiefenthaler/Kodek/Kodek* Rn 9; *MünchKommZPO/Gottwald* Art 28 EuGVÜ Rn 8; *Kropholler* Rn 14; *Zöller/Geimer* Rn 13.

[29] Vgl zB OLG Celle RIW 1979, 132; OLG Hamburg IPRax 1995, 393; *Bälz/Marienfeld* RIW 2003, 53; *Geimer/Schütze* Art 28 EuGVÜ Rn 33ff; *MünchKommZPO/Gottwald* Art 28 EuGVÜ Rn 8; *Zöller/Geimer* Rn 20.

[30] *Jenard*-Bericht 46.

[31] Vgl auch OLG Stuttgart NJW-RR 2001, 858.

[32] *MünchKommZPO/Gottwald* Art 28 Rn 22; *Kropholler* Rn 23; *Thomas/Putzo/Hüßtege* Rn 6; **aA** *Geimer* RIW 1976, 147; *ders/Schütze* Art 28 EuGVÜ Rn 45; *Zöller/Geimer* Rn 30.

[33] *MünchKommZPO/Gottwald* Art 28 EuGVÜ Rn 23; *Geimer/Schütze* Art 28 EuGVÜ Rn 45; *Kropholler* Rn 21; *Thomas/Putzo/Hüßtege* Rn 6.

[34] *Rauscher* IPR 438.

[35] *MünchKommZPO/Gottwald* Art 28 EuGVÜ Rn 21; *Schlosser* Art 34-36 Rn 33.

17 Keine Bindung besteht hingegen an die **rechtlichen Schlussfolgerungen**, dh die Subsumtionsergebnisse des Erstgerichts.[36] Zieht etwa das Erstgericht aus den von ihm festgestellten Tatsachen die unzutreffende rechtliche Schlussfolgerung, der Kläger sei Versicherungsnehmer, so ist die Anerkennung zu versagen, wenn der Gerichtsort weder Sitz des in Anspruch genommenen Versicherers noch Wohnsitz des Versicherungsnehmers und damit Art 9 verletzt ist.[37]

## Artikel 36

**Die ausländische Entscheidung darf keinesfalls in der Sache selbst nachgeprüft werden.**

1 Art 36 statuiert als Ausdruck des im europäischen Zivilprozessrecht herrschenden Vertrauensprinzips[1] das Verbot der sog **„révision au fond"**.[2] Der Zweitrichter darf im Anerkennungsstadium grundsätzlich nicht nachprüfen, ob die Sache vom Erstrichter zutreffend entschieden worden ist. Andernfalls verlöre die Anerkennung ihren Sinn. Ihm ist daher jegliche inhaltliche Kontrolle der anzuerkennenden Entscheidung, die über die in Art 34 und 35 genannten Versagungsgründe hinausgeht, untersagt.[3] Ob im Erstverfahren die Tatsachen richtig festgestellt und gewürdigt wurden, hat den Zweitrichter genauso wenig zu interessieren wie die Frage, ob das materielle Recht zutreffend ermittelt oder angewendet wurde.[4] Ebenfalls ausgeschlossen ist eine Überprüfung der Anwendung des Kollisionsrechts. Art 27 Nr 4 EuGVÜ sah noch eine Ausnahme für personenstandsrechtliche Fragen vor. Diese Regelung wurde jedoch in die Brüssel I-VO bewusst nicht übernommen, um eine schrittweise Annäherung des IPR der Mitgliedstaaten zu fördern.

2 Wenn eine gerichtliche Nachprüfung der Erstentscheidung möglich ist, hat sie sich auf die in Art 34 und 35 aufgeführten **Versagungsgründe** zu beschränken. Darüber hinaus muss der Zweitrichter jedoch auch noch prüfen, ob die anzuerkennende Rechtssache überhaupt in den **Anwendungsbereich** der Brüssel I-VO fällt, es sich also um eine Entscheidung iSv Art 32 handelt. Eine Prüfungspflicht des Zweitrichters besteht außerdem bei **Maßnahmen des einstweiligen Rechtsschutzes**. Sie werden unter gewissen Kautelen vom EuGH nur dann als Entscheidungen iSv Art 32 angesehen, wenn eine reale

---

[36] OGH ZfRV 1999, 75; *Czernich/Tiefenthaler/Kodek/Kodek* Rn 11; *Geimer/Schütze* Art 28 EuGVÜ Rn 46; *MünchKommZPO/Gottwald* Art 28 EuGVÜ Rn 21; *Kropholler* Rn 22.

[37] Vgl BGHZ 74, 252 f.

[1] Vgl auch Erwägungsgrund 16: „Das gegenseitige Vertrauen in die Justiz im Rahmen der Gemeinschaft …".

[2] Zu der namentlich im französischen Recht seit Beginn des 19. Jh herrschenden révision au fond vgl mwN *Kropholler* Rn 1.

[3] Um keine inhaltliche Überprüfung handelt es sich hingegen bei einer auf Auslegung des Ersturteils gestützten Konkretisierung der Parteibezeichnung, vgl OLG Hamburg RIW 1994, 424.

[4] Vgl EuGH Rs C-7/98 *Krombach/Bamberski* EuGHE 2000 I 1935 Rn 36; Rs C-38/98 *Renault/Maxicar* EuGHE 2000 I 2973 Rn 29; BGH RIW 1983, 698; IPRax 1985, 103.

Verknüpfung vorhanden bzw bei Leistungsverfügungen eine Rückzahlung des ausgesprochenen Betrags sichergestellt ist. Hier hat der Zweitrichter bei der Anerkennung – an sich systemwidrig – der Frage nachzugehen, ob diese Voraussetzungen vom Erstrichter auch tatsächlich beachtet worden sind.

## Artikel 37

**(1) Das Gericht eines Mitgliedstaats, vor dem die Anerkennung einer in einem anderen Mitgliedstaat ergangenen Entscheidung geltend gemacht wird, kann das Verfahren aussetzen, wenn gegen die Entscheidung ein ordentlicher Rechtsbehelf eingelegt worden ist.**
**(2) Das Gericht eines Mitgliedstaats, vor dem die Anerkennung einer in Irland oder im Vereinigten Königreich ergangenen Entscheidung geltend gemacht wird, kann das Verfahren aussetzen, wenn die Vollstreckung der Entscheidung im Ursprungsmitgliedstaat wegen der Einlegung eines Rechtsbehelfs einstweilen eingestellt ist.**

**I. Allgemeines** ........ 1
**II. Anwendungsbereich** ........ 2
**III. Ordentlicher Rechtsbehelf** ........ 3
**IV. Möglichkeit der Verfahrensaussetzung** 5
**V. Sonderregelung für Irland und das Vereinigte Königreich** ........ 6

### I. Allgemeines

Nach der Brüssel I-VO sind nicht nur rechtskräftige, sondern auch vorläufige Entscheidungen in den anderen Mitgliedstaaten anzuerkennen (vgl Art 32 Rn 11). Wird eine ausländische Entscheidung im Inland anerkannt und die dort getroffene Feststellung oder Gestaltung einem inländischen Urteil zugrunde gelegt, die ausländische Entscheidung jedoch später im Rechtsbehelfsverfahren aufgehoben oder abgeändert, kommt es zu **sachlichen Widersprüchen**. Zum Schutz der im Erstverfahren unterlegenen Partei räumt Art 37 dem Gericht des Zweitverfahrens daher die Möglichkeit ein, dieses bis zum rechtskräftigen Abschluss des Verfahrens im Erststaat auszusetzen. Die Vorschrift ist inhaltlich unverändert aus Art 30 EuGVÜ hervorgegangen.[1] Eine vergleichbare, aber etwas weiter reichende Regelung enthält Art 46 für das Vollstreckbarerklärungsverfahren. 1

### II. Anwendungsbereich

Die Aussetzungsbefugnis nach Art 37 besteht nur bei der sog **Inzidentanerkennung** nach Art 33 Abs 3.[2] Handelt es sich hingegen um ein selbstständiges Anerkennungs- 2

---

[1] Lediglich in Abs 1 wurde die Wendung „Vertragsstaats, in dem" durch „Mitgliedstaats, vor dem" ersetzt.

[2] *Czernich/Tiefenthaler/Kodek/Kodek* Rn 1; *MünchKommZPO/Gottwald* Art 30 EuGVÜ Rn 3; *Kropholler* Rn 2; *Mennicke* IPRax 2000, 298; *Schlosser* Rn 1; **aA** LG Darmstadt IPRax 2000, 309.

verfahren, so kann dieses, wie sich bereits aus dem Verweis in Art 33 Abs 2 ergibt, nur nach Art 46 ausgesetzt werden.

### III. Ordentlicher Rechtsbehelf

3 Angesichts der Unterschiedlichkeit der mitgliedstaatlichen Rechtsordnungen[3] kann der Begriff „ordentlicher Rechtsbehelf" im Interesse der Rechtssicherheit weder nach dem Recht des Urteilsstaates noch nach dem Recht des Staates, in dem die Anerkennung verlangt wird, bestimmt werden, sondern ist **autonom** (und im Zweifel weit)[4] auszulegen.[5] Um einen ordentlichen Rechtsbehelf iSv Art 37 (und 46) handelt es sich bei jedem Rechtsbehelf, „der zur Aufhebung oder Abänderung der dem Anerkennungs- oder Klauselerteilungsverfahren nach der Brüssel I-VO zugrunde liegenden Entscheidung führen kann und für dessen Einlegung im Urteilsstaat eine gesetzliche Frist bestimmt ist, die durch die Entscheidung selbst in Lauf gesetzt wird".[6] Nicht als „ordentliche Rechtsbehelfe" iSv Art 37 (und 46) können hingegen Behelfe angesehen werden „die entweder von Ereignissen abhängen, die im Zeitpunkt des Entscheidungserlasses unvorhersehbar waren, oder von einem Tätigwerden Dritter, falls diese sich den durch die ursprüngliche Entscheidung ausgelösten Lauf der Rechtsbehelfsfrist nicht entgegenhalten zu lassen brauchen".[7] Für die Einordnung als „ordentlicher Rechtsbehelf" iSv Abs 1 kommt es nicht darauf an, dass seine Einlegung die Vollstreckbarkeit der Erstentscheidung nachträglich hemmt.[8]

4 Als ordentliche Rechtsbehelfe werden ua auch die **Kassation** der romanischen Rechtssysteme,[9] außerdem etwa der **Einspruch gegen ein Versäumnisurteil**, der Rekurs oder die außerordentliche Revision nach österreichischem Recht[10] angesehen. Kann eine Entscheidung auf **unbefristete Beschwerde** aufgehoben werden, soll eine Aussetzung ebenfalls möglich sein, sofern die Beschwerde bereits eingelegt ist.[11] Von Art 37 Abs 1 nicht erfasst werden hingegen das **Wiederaufnahmeverfahren**,[12] die Einleitung eines Schiedsverfahrens zur Hauptsache[13] sowie **Vollstreckungsgegenklagen**.[14] Kein ordentlicher Rechtsbehelf ist weiterhin die **Gegenvorstellung** gegen noch abänderbare letzt-

---

3 Vgl dazu *Schlosser*-Bericht Nr 196 ff; *Bülow/Böckstiegel/Geimer/Schütze/Wolf* Art 30 EuGVÜ Rn 10 ff.

4 Vgl zB *Geimer/Schütze* Art 30 EuGVÜ Rn 12; *MünchKommZPO/Gottwald* Art 30 EuGVÜ Rn 4; *Kropholler* Rn 3.

5 EuGH Rs 43/77 *Industrial Diamant Supplies/Riva* EuGHE 1997 I 2175 Rn 28.

6 EuGH Rs 43/77 *Industrial Diamant Supplies/Riva* EuGHE 1997 I 2175 Rn 42.

7 EuGH Rs 43/77 *Industrial Diamant Supplies/Riva* EuGHE 1997 I 2175 Rn 35/41.

8 *Czernich/Tiefenthaler/Kodek/Kodek* Rn 3; *Geimer/Schütze* Art 30 EuGVÜ Rn 8; *Kropholler* Rn 3.

9 Vgl mwN *Kropholler* Rn 3 in Fn 4; *Kerameus*, in: *Wedekind* (Hrsg), Justice and Efficiency (1989) 250.

10 *Czernich/Tiefenthaler/Kodek/Kodek* Rn 3.

11 *MünchKommZPO/Gottwald* Art 30 EuGVÜ Rn 5.

12 OLG Karlsruhe RIW 1986, 467.

13 OLG Hamm RIW 1994, 245.

14 *MünchKommZPO/Gottwald* Art 30 EuGVÜ Rn 4; **aA** *Schlosser* Art 46 Rn 2.

instanzliche Entscheidungen[15] und ebenso wenig die Einleitung eines Hauptverfahrens bei Maßnahmen des einstweiligen Rechtsschutzes.[16]

## IV. Möglichkeit der Verfahrensaussetzung

Art 37 räumt dem Zweitrichter die Möglichkeit ein, das bei ihm rechtshängige Verfahren auszusetzen. Nur darum geht es, nicht aber um eine „Anerkennungsaussetzung". Die Wirkungen der Erstentscheidung treten bei Vorliegen der Anerkennungsvoraussetzungen bzw Nichtvorliegen von Versagungsgründen nach wie vor eo ipso ein. Die Entscheidung darüber, ob das Zweitverfahren bei Einlegung eines Rechtsbehelfs gegen die Erstentscheidung ausgesetzt wird, steht im **Ermessen** des Zweitrichters.[17] Bei der Ausübung seines Ermessens muss er insbesondere auf Parteiinteressen Rücksicht nehmen, den aus der Anerkennung bzw ihrer Versagung drohenden Schaden bedenken sowie die Erfolgsaussichten des eingelegten Rechtsmittels prognostizieren. Der Richter hat außerdem vorab stets zu prüfen, welche Wirkungen der ausländischen Entscheidung zukommen und ob sie überhaupt anerkennungsfähig ist oder Versagungsgründe iSv Art 34 vorliegen;[18] denn eine Aussetzung kommt nicht in Betracht, wenn von vornherein feststeht, dass die Entscheidung des Erstgerichts ohnehin nicht anerkannt werden kann. Das Verfahren der Aussetzung (einschließlich ihrer Aufhebung) richtet sich nach nationalem Prozessrecht, in Deutschland also nach den §§ 148 ff ZPO.[19] Die Aussetzung des Verfahrens im Zweitstaat endet, sobald über den ordentlichen Rechtsbehelf im Erststaat entschieden worden ist. 5

## V. Sonderregelung für Irland und das Vereinigte Königreich

Abs 2 trägt dem Umstand Rechnung, dass das Rechtsbehelfswesen in den Staaten des **common law** wenig kohärent geregelt ist und dort grundsätzlich nicht zwischen ordentlichen und außerordentlichen Rechtsbehelfen unterschieden wird.[20] Abs 2 trägt diesem Umstand dadurch Rechnung, dass auf den Begriff des „ordentlichen" Rechtsbehelfs verzichtet, stattdessen jeder Rechtsbehelf für ausreichend erachtet und zur Eingrenzung darauf abgestellt wird, ob die Vollstreckung dort wegen des eingelegten Rechtsbehelfs einstweilen eingestellt wurde. Auch in diesem Fall besteht ein Ermessen des Zweitgerichts, das zB bei einem erst nach langer Zeit eingelegten Rechtsbehelf im Zweifel von einer Verfahrensaussetzung absehen wird.[21] Der anzulegende Maßstab sollte umso strenger sein, je weniger das betreffende Rechtsmittel der Funktion eines 6

---

[15] *MünchKommZPO/Gottwald* Art 30 EuGVÜ Rn 5.

[16] *MünchKommZPO/Gottwald* Art 30 EuGVÜ Rn 4.

[17] Vgl auch EuGH Rs 43/77 *Industrial Diamant Supplies/Riva* EuGHE 1997 I 2175 Rn 35/41.

[18] *Jenard*-Bericht 47.

[19] *Geimer/Schütze* Art 30 EuGVÜ Rn 5; *MünchKommZPO/Gottwald* Art 30 EuGVÜ Rn 2; *Kropholler* Rn 5; *Thomas/Putzo/Hüßtege* Rn 2.

[20] Vgl dazu *Schlosser*-Bericht Nr 204.

[21] *Geimer/Schütze* Art 30 EuGVÜ Rn 14; *MünchKommZPO/Gottwald* Art 30 EuGVÜ Rn 6; *Kropholler* Rn 7.

„ordentlichen Rechtsmittels" nach kontinentalen Verhältnissen entspricht.[22] Liegen indes alle Voraussetzungen vor, die vom EuGH für einen ordentlichen Rechtsbehelf iSv Art 1 gefordert werden, kann der Zweitrichter das Verfahren bereits nach Abs 1 allein auf Grund der Rechtsbehelfseinlegung aussetzen, ohne dass in Irland oder dem Vereinigten Königreich auch die Vollstreckung einstweilen eingestellt worden sein müsste. Abs 2 beansprucht keinen Vorrang vor Abs 1.[23]

## Abschnitt 2
## Vollstreckung

### Artikel 38

**(1) Die in einem Mitgliedstaat ergangenen Entscheidungen, die in diesem Staat vollstreckbar sind, werden in einem anderen Mitgliedstaat vollstreckt, wenn sie dort auf Antrag eines Berechtigten für vollstreckbar erklärt worden sind.**

**(2) Im Vereinigten Königreich jedoch wird eine derartige Entscheidung in England und Wales, in Schottland oder in Nordirland vollstreckt, wenn sie auf Antrag eines Berechtigten zur Vollstreckung in dem betreffenden Teil des Vereinigten Königreichs registriert worden ist.**

**Schrifttum**

*La China*, Il riconoscimento e l'esecuzione delle sentenze nel Regolamento comunitario n 44/2001, Riv dir proc 2002, 386

*Cypra*, Die Rechtsbehelfe im Verfahren der Vollstreckbarerklärung nach dem EuGVÜ (1996)

*Fahl*, Die Stellung des Gläubigers und des Schuldners bei der Vollstreckung ausländischer Entscheidungen (1993)

*v Falck*, Implementierung offener ausländischer Vollstreckungstitel (1998)

*Fontana*, La circolazione delle decisioni in materia civile e commerciale: dalla convenzione di Bruxelles al regolamento comunitario, Riv trim dir proc civ 2003, 263

*Gottwald*, Die internationale Zwangsvollstreckung, IPRax 1991, 285

*ders*, Auf dem Weg zur weiteren Vereinfachung der Anerkennung und Vollstreckung von Entscheidungen in Europa, (2000) 17 Ritsumeikan L Rev 49

*Hau*, Die einseitige Erledigung im Exequaturverfahren, IPRax 1998, 255

*Heß/Hub*, Die vorläufige Vollstreckbarkeit ausländischer Urteile im Binnenmarktprozess, IPRax 2003, 93

*Hub*, Die Neuregelung der Anerkennung und Vollstreckung in Zivil- und Handelssachen und das familienrechtliche Anerkennungs- und Vollstreckungsverfahren, NJW 2001, 3145

---

[22] Vgl *Schlosser*-Bericht Nr 204.

[23] *Geimer/Schütze* Art 30 EuGVÜ Rn 14; *Kropholler* Rn 8; *Schlosser* Rn. 3.

*Kennett*, The Enforcement of Judgments in Europe (Oxford 2000)
*Keßler*, Die Vollstreckbarkeit und ihr Beweis gemäß Art 31 und 47 EuGVÜ (1998)
*Lopes Pegna*, I nuovo procedimento per l'esecuzione delle decisioni in materia civiel e commercial degli Stati membri della Comunità Europea, Riv dir int 2001, 621
*Mansel*, Vollstreckung eines französischen Garantieurteils bei gesellschaftsrechtlicher Rechtsnachfolge und andere vollstreckungsrechtliche Fragen des EuGVÜ, IPRax 1995, 362
*Merlin*, Riconoscimento ed escutività della decisione straniera nel regolamento „Bruxelles I", Riv dir proc 2001, 433
*Micklitz/Rott*, Vergemeinschaftung des EuGVÜ in der Verordnung (EG) Nr 44/2001 (II), EuZW 2002, 15
*Mosconi*, Un confronto tra la disciplina del riconoscimento e dell'esecuzione delle decisioni straniere nei recenti regolamenti comunitari, Riv dir int priv proc 2001, 548
*Münch*, Ausländische Tenorierungsgewohnheiten kontra inländische Bestimmtheitsanforderungen, RIW 1989, 18
*H Roth*, Herausbildung von Prinzipien im europäischen Vollstreckungsrecht, IPRax 1989, 14
*ders*, Konkretisierung unbestimmter ausländischer Titel, IPRax 1994, 350
*Schlosser*, Die transnationale Bedeutung von Vollstreckbarkeitsnuancierungen, in: FS Kostas Beys (Athen 2003) 1471
*Stadler*, Die Revision des Brüsseler und des Lugano-Übereinkommens über die gerichtliche Zuständigkeit und die Vollstreckung gerichtlicher Entscheidungen in Zivil- und Handelssachen – Vollstreckbarerklärung und internationale Vollstreckung, in: *Gottwald* (Hrsg), Revision des EuGVÜ/Neues Schiedsverfahrensrecht (2000) 37
*Wastl*, Die Vollstreckung deutscher Titel auf der Grundlage des EuGVÜ in Italien (1990).

**I. Grundsätzliches**
1. Entwicklung im Recht der Vollstreckbarerklärung ... 1
2. Vollstreckbarerklärung als Institut ... 3
3. Vollstreckbarerklärungsverfahren in mehreren Staaten ... 5

**II. Voraussetzungen der Vollstreckbarerklärung**
1. Antrag eines Berechtigten ... 8
2. Vollstreckbarkeit der Entscheidung im Erststaat
a) Keine Berücksichtigung konkreter Vollstreckungshindernisse aus dem Erststaat ... 11
b) Vorläufige Vollstreckbarkeit ... 15
c) Kein Erfordernis der formellen Rechtskraft im Erststaat ... 18
d) Nachweis ... 19
3. Bestimmtheit der erststaatlichen Entscheidung ... 21
4. Nicht: Zustellung der erststaatlichen Entscheidung an den Beklagten ... 28

**III. Besonderheiten im Vereinigten Königreich** ... 30

## I. Grundsätzliches

### 1. Entwicklung im Recht der Vollstreckbarerklärung

1 Abschnitt 2 regelt in seinen Art 38-52 die **Vollstreckbarerklärung**. Er stellt nicht nur deren Voraussetzungen auf, sondern schafft ein **europaweit einheitliches Verfahren**. Er weicht in dessen Ausgestaltung wesentlich von den entsprechenden Regeln im EuGVÜ/LugÜ ab. Insbesondere reduziert Art 41 den Prüfungsumfang im Verfahren erster Instanz entscheidend und entzieht ihm nahezu jede materielle Komponente. Das Ver-

fahren ist schnell und für den Gläubiger effizient. Es entfaltet bei funktionierendem Justizwesen im Zweitstaat ein erhebliches Drohpotenzial und erhöht dadurch den Wert des Titels für den Gläubiger. Dem Schuldner Verteidigungsmöglichkeiten in erster Instanz zu nehmen und dem zweitstaatlichen Gericht in erster Instanz die Kompetenz zur materiellen Prüfung abzusprechen birgt zwar Gefahren und beschneidet zugleich die Souveränität des Zweitstaates. Es ist aber bewusst und gewollt, um die Freizügigkeit von Titeln innerhalb des europäischen Binnenmarktes zu steigern.

2 Auf der anderen Seite geht auch der 2. Abschnitt noch nicht den Schritt zum **einheitlichen europäischen Vollstreckungstitel**. Titel aus den einzelnen Mitgliedstaaten bedürfen immer noch der Vollstreckbarerklärung in den anderen Mitgliedstaaten, so reduziert das betreffende Verfahren auch sein mag. Sie entfalten nicht aus sich heraus europaweit Vollstreckungswirkung. Diese muss ihnen weiterhin in einem eigenen Hoheitsakt für jeden einzelnen Zweitstaat verliehen werden. Die Vollstreckbarkeit des Titels erschöpft sich zunächst im Urteilsstaat. Sie muss dem Titel in jedem Zweitstaat aufs Neue konstitutiv zugesprochen werden.[1] Daran ändert auch der französische Wortlaut der Art 41, 42, 43, 45, 53 nichts, der nur vordergründig von einer déclaration spricht.[2] Ein einheitlicher Titel hätte aus sich heraus mit seinem Erlass europaweit Vollstreckungswirkung. Ohne Zwischenverfahren dürften auf seiner Basis die Vollstreckungsorgane überall in Europa tätig werden. Ein entsprechender Vorschlag liegt als Verordnungsentwurf für Titel über unbestrittene Forderungen vor.[3]

### 2. Vollstreckbarerklärung als Institut

3 Die Vollstreckbarerklärung ist – dem irreführenden deutschen Titel der Brüssel I-VO und des EuGVÜ/LugÜ zum Trotz – zu unterscheiden von der eigentlichen Zwangsvollstreckung. Sie ist ein **titelschaffendes Verfahren**. Vollstreckungstitel ist im Zweitstaat nur die zweitstaatliche Vollstreckbarerklärung.[4] Die eigentliche Zwangsvollstreckung erfolgt auf der Grundlage dieses Titels und richtet sich nach dem nationalen Zwangsvollstreckungsrecht des Zweitstaates.[5] Eine einheitliche europäische Regelung der Zwangsvollstreckung findet sich nur ausnahmsweise und für wenige Aspekte in Art 46, 47.

4 So kupiert insbesondere das erstinstanzliche Verfahren auch sein mag, bleibt es doch (besonderes) **Erkenntnisverfahren**. Art 38-55 verdrängen die nationalen Vorschriften

---

1 *R Wagner* IPRax 2002, 79, 80f sowie *Geimer/Schütze*, EuZVR Art 31 EuGVÜ Rn 1-4.

2 Vgl *Droz/Gaudemet-Tallon* Rev crit 90 (2001) 601, 645f.

3 ABl EG 2002 C 203 E/86.

4 Näher *Mankowski* ZZP Int 4 (1999), 276–279.

5 Siehe nur EuGH Rs 148/84 *Deutsche Genossenschaftsbank/Brasserie du pêcheur SA* EuGHE 1985, 1981, 1992 Rn 18; EuGH Rs 119/84 *P Capelloni u F Aquilini/JCJ Pelkmans* EuGHE 1985, 3147, 3159 Rn 16; EuGH Rs C-267/97 *Éric Coursier/Fortis Bank SA u Martine Bellami, verh Coursier* EuGHE 1999 I 2543, 2571 Rn 28; Bericht *Borrás* zum Entwurf eines ÜbK Brüssel II, ABl EG 1998 C 221/27 Nr 81; BGE 124 III 505, 507; OLG Zweibrücken IPRspr 2000 Nr 159 S 353; *Kropholler* Rn 3.

über das Vollstreckbarerklärungsverfahren, wenn die erststaatliche Entscheidung in den Anwendungsbereich der Brüssel I-VO fällt.[6] Andere Rechtsbehelfe gegen die Zulassung (nicht die Durchführung!) der Zwangsvollstreckung als die in ihnen aufgeführten gibt es dann nicht.[7] Ein Günstigkeitsprinzip gilt nur, soweit über Art 71 Staatsverträge eingreifen. Allerdings bilden Art 38-52 gegenwärtig das für den Titelgläubiger relativ günstigste Modell, sodass kaum vorstellbar ist, wann ein Günstigkeitsprinzip überhaupt zu ihrer Nichtanwendbarkeit führen könnte. Grundsätzlich bilden Art 38-55 ein abschließendes und in sich geschlossenes System,[8] das aber für das Ausfüllen der verbliebenen (offenen wie versteckten) Lücken der Ergänzung durch das nationale Recht des Zweitstaates bedarf.[9] In Deutschland übernimmt diese Aufgabe zuvörderst das AVAG.

### 3. Vollstreckbarerklärungsverfahren in mehreren Staaten

Theoretisch könnte der Titelgläubiger je ein Vollstreckbarerklärungsverfahren **in jedem Staat der EU** anstrengen, der nicht Urteilsstaat war.[10] Der Gläubiger kann wählen, in welchen EU-Staaten er vorgehen will.[11] Theoretisch kann dies zu einer Verfünfzehnfachung der Titel führen. Indes ist diese Gefahr nur theoretischer Natur. Ihr wird wirksam durch das Eigeninteresse des Gläubigers gesteuert. Kein vernünftiger Gläubiger wird Zeit, Geld und Mühe in ein Vollstreckbarerklärungsverfahren in einem Staat investieren, in dem der Schuldner keine Vermögenswerte hat und in dem daher auch im Obsiegensfall nichts zu holen wäre. *Enforcement shopping* hat zwar nichts Anstößiges,[12] findet aber in der Realität kaum je statt, weil es sich nur ausnahmsweise lohnt. 5

Art 27 findet auf **parallele Vollstreckbarerklärungsverfahren** keine Anwendungen, da es in ihnen um verschiedene Streitgegenstände geht: im ersten Zweitstaat um die Vollstreckbarerklärung für diesen Staat, im zweiten Zweitstaat um die Vollstreckbarerklärung für jenen Staat usw. Der im Vollstreckbarerklärungsverfahren gewonnene Titel ist eben *territorial* auf den jeweiligen *Zweitstaat* beschränkt und wirkt nicht in andere Staaten über. Unter Umständen mag man in Deutschland bei exzessiven anderwärtigen Vollstreckbarerklärungsversuchen nach Klauselerteilung mit § 765a ZPO helfen.[13] 6

Ein Antrag auf Vollstreckbarerklärung darf nicht deshalb abgelehnt werden, weil der Gläubiger ein **Vollstreckbarerklärungsverfahren in einem anderen Staat** betreibt oder 7

---

6 Siehe nur *Schlosser* Rn 1.

7 *Kropholler* Rn 1.

8 Siehe nur EuGH Rs C-267/97 *Éric Coursier/Fortis Bank SA u Martine Bellami, verh Coursier* EuGHE 1999 I 2543, 2571 Rn 25 mwN.

9 Siehe nur *Linke* IPRax 2000, 8.

10 *Kropholler* Rn 4.

11 *Czernich/Tiefenthaler/Kodek/Kodek* Rn 4.

12 *Schlosser* Rn 1 aE.

13 *Schlosser* Rn 1.

betreiben könnte oder die Vollstreckung in einem anderen Staat leichter oder vorteilhafter betrieben werden könnte.[14] Die Grenze des Gläubigerinteresses zieht erst die vollständige Befriedigung der im Erststaat titulierten Forderung. Ist diese bereits durch Schritte in einem Staat erreicht, so ist dem in anderen Staaten mit den Mitteln und Rechtsbehelfen des jeweiligen nationalen Zwangsvollstreckungsrechts (in Deutschland mit der Vollstreckungsgegenklage nach § 767 ZPO) im eigentlichen Zwangsvollstreckungsverfahren Rechnung zu tragen,[15] nicht aber im Vollstreckbarerklärungsverfahren. Schadensersatzansprüche wegen **unzulässiger Mehrfachvollstreckung** richten sich nach dem Recht des Staates, in welchem die spätere, gleichsam überschießende Vollstreckung erfolgt ist.[16]

## II. Voraussetzungen der Vollstreckbarerklärung

### 1. Antrag eines Berechtigten

8 Erste Voraussetzung der Vollstreckbarerklärung ist ein **Antrag** einer berechtigten Partei. Berechtigt ist jeder, der sich im Ursprungsstaat auf die Entscheidung berufen kann.[17] Im Normalfall wird dies der ausgewiesene **Titelgläubiger** sein. Ist die Parteibezeichnung nicht eindeutig, aber einer Konkretisierung zugänglich, wenn und soweit sich Personenidentität feststellen lässt; vermag eine Auslegung ernsthafte Zweifel nicht zu berücksichtigen, so ist der Antrag zurückzuweisen.[18]

9 In Betracht kommen als **Berechtigte** aber auch **Rechtsnachfolger** des ursprünglichen Titelgläubigers.[19] Ob eine wirksame Rechtsnachfolge stattgefunden hat, richtet sich ausweislich § 7 Abs 1 S 1 AVAG nach dem Recht des Erststaates. Denn die Abtretung oder Übertragung von Rechten aus einem Titel ist eine prozessuale Frage und muss sich deshalb nach dem Recht des Urteilsstaates richten. Grundsätzlich müssen sämtliche dortigen Voraussetzungen erfüllt sein.[20] Allerdings wird die Nachweisform durch § 7 Abs 1 S 2 AVAG dahingehend gemildert, dass im deutschen Vollstreckbarerklärungsverfahren Nachweis durch einfache Urkunde reicht, auch wenn im Erststaat Nachweis durch öffentliche oder öffentlich beglaubigte Urkunde erforderlich wäre.[21]

10 Ebenso verhält es sich bei einer eventuellen **Rechtsnachfolge** auf der Seite des **Titelschuldners**. Grundsätzlich ist der ausgewiesene Titelschuldner Antragsgegner im Vollstreckbarerklärungsverfahren, ansonsten derjenige, der inzwischen statt seiner aus dem erststaatlichen Titel schuldet. Die Brüssel I-VO macht dies schon in der Terminologie

---

14 *Kropholler* Rn 4.

15 *Geimer/Schütze*, EuZVR Art 31 EuGVÜ Rn 75; *Kropholler* Rn 4.

16 *Kropholler* Rn 4; *Czernich/Tiefenthaler/Kodek/Kodek* Rn 4.

17 *Jenard*-Berich zu Art 31.

18 ÖstOGH SZ 71/109; *Kropholler* Rn 16.

19 *Kropholler* Rn 15.

20 OLG Hamburg IPRax 1995, 391 (*Mansel* 362).

21 OLG Köln Rpfleger 1999, 83.

deutlich, indem sie immer vom „Schuldner" spricht. Wer Schuldner ist, ist gegebenenfalls durch Auslegung des erststaatlichen Titels unter Ermittlung des erststaatlichen Rechts zu gewinnen.[22] Zweifel an der Identität der Parteien gehen zu Lasten des Gläubigers, des Antragstellers im Zweitstaat.[23]

### 2. Vollstreckbarkeit der Entscheidung im Erststaat

#### a) Keine Berücksichtigung konkreter Vollstreckungshindernisse aus dem Erststaat

11 Des Weiteren ist die **Vollstreckbarkeit der Entscheidung im Erststaat** verlangt. Dies meint wie schon in Art 31 Abs 1, 47 Nr 1 EuGVÜ nur die abstrakte, nicht auch die konkrete Vollstreckbarkeit.[24] Entscheidend ist die formelle Vollstreckbarkeit,[25] nicht die materielle. Ob der Zwangsvollstreckung aus der Entscheidung im Erststaat konkrete Zwangsvollstreckungshindernisse entgegenstehen, ist daher unbeachtlich. Dies mag in einem Zwangsvollstreckungsverfahren im Erststaat ausgefochten werden, berührt aber nicht die für den Titel allein interessante Ebene des Erkenntnisverfahrens. Aus der Entscheidung muss im Erststaat die Zwangsvollstreckung also nur kategoriell möglich sein. Dagegen darf man über das Erfordernis der Vollstreckbarkeit im Erststaat nicht im Ergebnis zu einer Kumulation von Zwangsvollstreckungshindernissen aus dem erst- und dem zweitstaatlichen Recht kommen.[26]

12 Außerdem würde mit einer materiellen Prüfung von erststaatlichen **Vollstreckbarkeitshindernissen** das zweitstaatliche Vollstreckbarerklärungsverfahren entgegen seiner ganzen Anlage und Konzeption aufgebläht und belastet.[27] Wenn das erststaatliche Gericht im Formblatt nach Anhang V bescheinigt hat, dass die erststaatliche Entscheidung dort vollstreckbar ist, hat das zweitstaatliche Gericht dies zu akzeptieren und kann auf dieser Basis fortschreiten. Unterschiede zB in den Pfändungsfreigrenzen oder den sonstigen sozialen Schutzvorschriften sind hinzunehmen.[28]

13 Art und Umfang der **abstrakten Vollstreckbarkeit** richten sich im Übrigen nach dem Recht des Erststaates.[29] Dies gilt zB für Leistungsfristen, vor deren Ablauf die Entschei-

---

[22] OLG Düsseldorf RIW 1999, 540.

[23] ÖstOGH ZfRV 1999, 70, 72; *Schack*, in: GS Jürgen Sonnenschein (2003) 705, 711.

[24] Näher *Mankowski* ZZP Int 4 (1999), 276, 279-285 sowie EuGH Rs C-267/97 *Éric Coursier/Fortis Bank SA u Martine Bellami, verh Coursier* EuGHE 1999 I 2543, 2570f Rn 24-29 (dazu *Linke* IPRax 2000, 8).

[25] EuGH Rs C-267/97 *Éric Coursier/Fortis Bank SA u Martine Bellami, verh Coursier* EuGHE 1999 I 2543, 2571 Rn 29; OLG Frankfurt IPRax 2003, 246, 248; *BBGS/Haß* Art 31 EuGVÜ Rn 18 (2000).

[26] *Mankowski* ZZP Int 4 (1999), 276, 281f.

[27] EuGH Rs C-267/97 *Éric Coursier/Fortis Bank SA u Martine Bellami, verh Coursier* EuGHE 1999 I 2543, 2571 Rn 26-29.

[28] *Schlosser*, in: FS Kostas Beys (2003) 1471.

[29] OLG Hamburg IPRax 1995, 391, 392; OLG Hamm IPRax 1998, 202, 203 (*Geimer* 175); OLG Düsseldorf IPRax 1998, 478 (*Reinmüller* 460).

dung noch nicht vollstreckbar ist, wie es sie namentlich in Österreich nach § 409 ZPO gibt oder wie sie anzuordnen nach Rule 40.7 CPR in England im richterlichen Ermessen steht.[30] Hierher kann auch § 750 Abs 3 ZPO einzuordnen sein, allerdings mit dem Problem, dass sich der zeitliche Aufschub nicht im Entscheidungstenor niederschlägt.[31] Ist eine Zwangsvollstreckung (sei es zur Sicherung, sei es insoweit unbeschränkt) nur gegen **Sicherheitsleistung** des Gläubigers zugelassen, so ist abstrakte Vollstreckbarkeit erst dann gegeben, wenn der Gläubiger die verlangte Sicherheit geleistet hat.[32] Insoweit handelt es sich um eine aufschiebende Bedingung der Vollstreckbarkeit, nicht um ein eigentliches Zwangsvollstreckungshindernis. In beiden Punkten spiegelt § 7 Abs 1 S 1 AVAG einschließlich des Verweises, dass der Eintritt der Voraussetzungen nach dem Recht des Erststaates zu beurteilen ist, die Rechtslage korrekt wider. Hierher gehört im weiteren Kontext und in umgekehrter Perspektive auch der Fall der schuldnerischen Abwendungsbefugnis nach § 711 ZPO, die ihrerseits durch Sicherheitsleistung des Gläubigers durchbrochen werden kann.[33]

14 Für eine Vollstreckbarerklärung muss die erststaatliche Entscheidung einen überhaupt der **Vollstreckung fähigen Inhalt** haben. Dies schließt eine Vollstreckbarerklärung von Feststellungs- oder Gestaltungsentscheidungen aus.[34]

**b) Vorläufige Vollstreckbarkeit**

15 **Vorläufige Vollstreckbarkeit ist ausreichend**, endgültige nicht gefordert.[35] Den aus bloß vorläufiger Vollstreckbarkeit erwachsenden Risiken wird im Zweifel schon dadurch Rechnung getragen, dass solche Titel in der Regel noch nicht rechtskräftig sind und bei Rechtsbehelfsverfahren im Erststaat für das zweiseitige Vollstreckbarerklärungsverfahren zweiter Instanzen die gebundenen Aussetzungsmöglichkeiten nach Art 46, 47 greifen.

16 Im Übrigen eröffnet § 27 AVAG dem Schuldner ein erleichtertes Verfahren zur **Aufhebung oder Änderung** der Vollstreckbarerklärung für den Fall, dass die Ausgangsentscheidung ihre vorläufige Vollstreckbarkeit im Erststaat verloren hat, sei es durch gerichtliche Entscheidung, sei es durch schlichten Zeitablauf. § 28 AVAG verpflichtet den Gläubiger des Weiteren zum Ersatz des Schadens, welcher dem Schuldner durch die Vollstreckung oder durch eine zur Abwendung der Vollstreckung gemachte Leistung entstanden ist. Diese Anlehnung an §§ 945, 717 Abs 2 ZPO schafft einen hinreichenden Gegenanreiz für den Gläubiger, im Erststaat nur für vorläufig vollstreckbare Entscheidungen nicht vorschnell und voreilig für vollstreckbar erklären zu lassen und aus der Vollstreckbarerklärung im Zweitstaat vorzugehen.

---

30 *Schlosser*, in: FS Kostas Beys (2003) 1471, 1483.

31 Siehe *Schlosser*, in: FS Kostas Beys (2003) 1471, 1477.

32 *Schlosser*, in: FS Kostas Beys (2003) 1471, 1474f.

33 *Schlosser*, in: FS Kostas Beys (2003) 1471, 1479f.

34 *Geimer/Schütze*, EuZVR Art 31 EuGVÜ Rn 3; *BBGS/Haß* Art 31 EuGVÜ Rn 19 (2000).

35 Siehe nur BGHZ 87, 259, 262; östOGH RdW 2001/30; AppG Basel-Stadt BJM 1999, 105, 106.

17 Im Erststaat kann die Entscheidung nur **eingeschränkte Vollstreckungswirkungen** besitzen. Insbesondere kann sie im Erststaat nur Zwangsvollstreckung zur Sicherung, nicht zur Befriedigung erlauben. Dem ist auch auf der Ebene der Vollstreckbarerklärung Rechnung zu tragen. Insoweit geht es anders als bei der abstrakten Vollstreckbarkeit nicht um eine mögliche Kumulation konkreter Vollstreckungshindernisse, sondern um den abstrakten Vollstreckungsumfang der erststaatlichen Entscheidung selbst. Insoweit sollte man die Entscheidung im Zweitstaat nicht stärkere Wirkung als im Erststaat entfalten lassen und daher auch die Vollstreckbarerklärung als Grundlage für eine Vollstreckung zur Sicherung beschränken.[36]

**c) Kein Erfordernis der formellen Rechtskraft im Erststaat**

18 Ebenso wenig folgt aus dem Erfordernis der Vollstreckbarkeit im Erststaat eine Anforderung, dass die Entscheidung **formell rechtskräftig** sein müsste. Dies würde sich schon an Art 46 brechen. Ob die Vollstreckbarkeit im Erststaat auf den Antrag eines Berechtigten zurückgeht oder von Amts wegen ausgesprochen wurde, ist ebenfalls ohne Belang. Das erststaatliche Recht ist maßgebend dafür, ob das Einlegen eines Rechtsbehelfs der angegriffenen Entscheidung die Vollstreckbarkeit nimmt.[37]

**d) Nachweis**

19 Den **Nachweis der Vollstreckbarkeit** im Erststaat muss unter Art 47 Nr 1 EuGVÜ/LugÜ entweder das erststaatliche Urteil selbst gewährleisten oder aber, bei im Erststaat für Entscheidungen der betreffenden Kategorie (zB zweitinstanzliche Entscheidungen) von Gesetzes wegen eintretender Vollstreckbarkeit, eine Recherche im erststaatlichen Recht.[38] Unter der Brüssel I-VO bringen Art 53, 54 iVm Anhang V erhebliche Erleichterungen in Gestalt einer auf Antrag vom erststaatlichen Gericht auszufüllenden Bescheinigung, die alle wesentliche Momente dokumentiert und gleichsam verbrieft. Die Vollstreckbarkeit wird nur an Hand der Angaben in der Bescheinigung geprüft.[39]

20 Richtigerweise sind in die Bescheinigung zusätzlich **Vermerke über Leistungsfristen** oä aufzunehmen,[40] ebenso ein Vermerk über eine eventuelle Beschränkung auf Vollstreckung zur Sicherung.[41] Besagt die Bescheinigung, dass die nach der Entscheidung erforderliche Sicherheit vom Gläubiger geleistet sei, so ist die Richtigkeit dieser Aussage zu vermuten (in Deutschland nach § 418 Abs 2 ZPO), dem Schuldner aber im kontradiktorischen Verfahren der Gegenbeweis gestattet.[42]

---

36 *Schlosser*, in: FS Kostas Beys (2003) 1471, 1477.

37 OLG Köln IPRspr 2000 Nr 151 S 334.

38 Eingehend *Keßler* 233 f et passim.

39 Siehe nur *Czernich/Tiefenthaler/Kodek/Kodek* Rn 8.

40 *Schlosser*, in: FS Kostas Beys (2003) 1471, 1473.

41 *Schlosser*, in: FS Kostas Beys (2003) 1471, 1474 f.

42 *Schlosser*, in: FS Kostas Beys (2003) 1471, 1474 f.

### 3. Bestimmtheit der erststaatlichen Entscheidung

21 Nicht ausdrücklich erwähnt ist, dass die erststaatliche Entscheidung einen bestimmten, zumindest bestimmbaren Inhalt haben muss. Daraus ist aber nicht auf das Fehlen eines Bestimmtheitserfordernisses zu schließen.[43] Für Titel gilt nämlich das Gebot der **Titelklarheit**. Das Gericht, alle Beteiligten und die später eventuell tätig werdenden Vollstreckungsorgane müssen eine hinreichend eindeutige Vorstellung davon haben, was eigentlich für vollstreckbar erklärt wird. Gefordert ist funktionelle Eindeutigkeit.[44] Das Vollstreckungsorgan muss im Rahmen seiner zweitstaatlichen Kompetenzen ohne Rechtsverstoß tätig werden dürfen.[45] Bestimmtheit wird so der Sache nach zu Bestimmbarkeit.[46]

22 Nicht gefordert ist, dass allen **Bestimmtheitsmaßstäben** genügt sein müsste, denen im zweitstaatlichen Recht für dortige Entscheidungen in echten Erkenntnisverfahren zu genügen wäre.[47] Ansonsten drohte man den Titelgläubiger in seinen Rechten zu beeinträchtigen, denn – anders als im Inlandsfall – wäre die nachholende Konkretisierung durch das Gericht, welches die Entscheidung erlassen hat, bei ausländischen Entscheidung kaum und, wenn überhaupt, dann nur mit unverhältnismäßigen Mühen und Kosten möglich.[48] Sie nicht zu überfordern ist ein legitimer und tragfähiger Gedanke.[49] Volle Stärke erlangt das Bestimmtheitserfordernis als Handlungsgrundlage für die Vollstreckungsorgane im Übrigen erst für die zweitstaatliche Vollstreckbarerklärung.[50]

23 Hauptaspekt, unter welchem die Bestimmtheitsfrage auftritt, ist eine ausländische **Verurteilung zu gesetzlichen Zinsen** ohne nähere Bezifferung und ohne Benennung des Zinssatzes. Weiterer Problempunkt können eine fehlende Angabe für den Beginn der Zinspflicht oder die fehlende Bestimmung der Zinswährung sein. Dritter Problembereich sind sogenannte Garantieurteile. Schließlich kann fraglich sein, welche Bedeutung Vermerke über Gerichtskosten haben, also ob sie wirklich ein Erstattungstitel sind.[51] Hinzu tritt die Vergleichbarkeit verbotener Verletzungsformen bei Streitigkeiten im gewerblichen Rechtsschutz.[52] Keine Bestimmtheitsprobleme dürfte dagegen ein

---

43 So aber *v Falck* 215; *Schlosser* Rn 3 b.

44 Siehe OLG Karlsruhe ZZP Int 1 (1996), 61.

45 OLG Saarbrücken NJW 1988, 3100, 3101.

46 *Geimer* LM H 9/1993 EGÜbk Nr 38 Bl 4.

47 So aber tendenziell BGHZ 122, 16; OLG Saarbrücken NJW 1988, 3100, 3101. Wie hier östOGH ZfRV 1999, 75; *Czernich/Tiefenthaler/Kodek/Kodek* Rn 7.

48 *Schlosser* Rn 3 b.

49 *K Otte* EWiR Art 31 EuGVÜ 1/94, 149, 150.

50 *Geimer* LM H 9/1993 EGÜbk Nr 38 Bl 4, 4R.

51 Siehe BGH RIW 1983, 615.

52 Dazu *v Falck* 174-178.

decreto des italienischen Rechts bereiten, das auf ein vorliegendes Sachverständigengutachten Bezug nimmt.[53]

Grundsätzlich ist eine **Konkretisierung durch Auslegung** der ausländischen Entscheidung zu versuchen.[54] Diese kann sich auf immanent aus der Entscheidung selbst Ersichtliches stützen, aber auch auf bekannt gewordene Umstände aus dem Verfahren. Hinzu treten die zu ermittelnden Tenorierungsgewohnheiten im Erststaat[55] und die sachrechtlichen Vorschriften der lex causae;[56] Inhalt und Umfang des Vollstreckungsanspruchs aus einem ausländischen Titel richten sich grundsätzlich nach dem Recht des Erststaates.[57] Da diese Aspekte ausländisches Recht und ausländische Praxis sind, gilt für ihre Ermittlung § 293 ZPO.[58] Sogar eine fehlende tenorierte Verurteilung zu Zinsen lässt sich überwinden, wenn nach der (mit der erststaatlichen lex fori identischen) lex causae eine solche Verurteilung automatisch erfolgt.[59] 24

ZB sind Feststellungen zur **Indexierung** für indexierte Unterhaltsentscheidungen zu treffen.[60] Regelmäßig gelingt auch die Konkretisierung von Zinssätzen[61] wie von Währungsausgleichsregelungen.[62] Eine Konkretisierung kann indes ausgeschlossen sein, wenn hohe Zinssätze mit dem Inflationsrisiko der erststaatlichen Währung zusammenhängen, aber aus der Sicht des Erststaates eine Fremdwährungsverbindlichkeit ausgeurteilt wurde.[63] Aufklärung ist auch hinsichtlich Registrierungsgebühren geboten.[64] 25

Die **Auslegung obliegt** grundsätzlich dem Gericht in Vollstreckbarerklärungsverfahren, nicht dem späteren Vollstreckungsorgan.[65] Es muss eben der zu schaffende Titel für den Zweitstaat hinreichend konkret sein, und die Vollstreckungsorgane werden nicht titelschaffend tätig. Nur wenn die Konkretisierung versehentlich unterblieben oder im Hinblick auf zukünftige Entwicklungen nicht in vollem Umfang durchzuführen ist, sind die Vollstreckungsorgane zur Konkretisierung aufgerufen.[66] Insoweit herrscht eine 26

---

53 *v Falck* 171-173.

54 Siehe nur LG Hamburg IPRspr 1977 Nr 154; LG Hamburg RIW 1979, 419.

55 *Schlosser* Rn 2.

56 OLG Hamburg RIW 1994, 424 (*K Sieg* 973); OLG Düsseldorf RIW 1997, 330.

57 *Mansel* IPRax 1995, 362, 363.

58 BGH WM 1990, 1122, 1124; *Prütting* IPRax 1985, 137, 139; *Thode* WuB VII B 1 Art 31 EuGVÜ 1.90, 1174, 1175; *H Roth* IPRax 1994, 350; *Kropholler* Rn 12 sowie BGH NJW 1983, 2773, 2774.

59 OLG Frankfurt RIW 1998, 474 mwN.

60 BGH NJW 1986, 1440, 1441; *Dopffel* IPRax 1986, 277, 281 f.

61 BGH WM 1990, 1122, 1124.

62 BGHZ 122, 16, 20.

63 OLG Frankfurt IPRspr 1998 Nr 191 S 387 f.

64 BGH WM 1983, 655, 657; *Prütting* IPRax 1985, 137, 139.

65 BGHZ 122, 16, 17; dazu *H Roth* IPRax 1994, 350.

66 BGHZ 122, 16, 18.

Stufenfolge der Subsidiarität.[67] Dies gilt schon deswegen, weil die Vollstreckungsorgane in ihren regelmäßig nicht auf Verhandlungen ausgerichteten Verfahren mit der Ermittlung ausländischen Rechts außergewöhnlich belastet wären.[68] Zudem wäre eine Konkretisierung im Vollstreckungsverfahren komplizierter und teurer.[69] Zwischen offenen und dynamisierten Entscheidungen ist nicht dergestalt zu unterscheiden, dass für letztere der spätestmögliche Konkretisierungszeitpunkt zu wählen und deshalb die Vollstreckungsorgane berufen wären.[70]

27 In **Deutschland** darf der **Richter** des Vollstreckbarerklärungsverfahrens zwar nicht amtswegig vom Antrag abweichen. Er hat aber nach § 139 Abs 1 ZPO den Gläubiger dazu anzuhalten, sachgerechte Anträge zu stellen.[71] Insoweit kommt der Gläubiger, der ja etwas will, seinerseits stärker in die Pflicht, an der Konkretisierung mitzuwirken und das ihm Mögliche zur Auslegung beizusteuern. ZB hat er, soweit möglich, amtliche Indices und Statistiken aus dem Erststaat beizusteuern.[72] Dies gilt zumal, wenn man[73] in der Ermittlung von Indices keine Rechts-, sondern eine Tatfrage sieht. Mit dem Verbot einer révision au fond kollidiert dies nicht.[74] Eine Umrechnung einfacher Fremdwährungsverbindlichkeiten in Inlandswährung erfolgt nach den allgemeinen inländischen Grundsätzen.[75]

### 4. Nicht: Zustellung der erststaatlichen Entscheidung an den Beklagten

28 Unter Art 47 Nr 1 EuGVÜ musste die **fehlende Zustellung** der ursprünglichen Entscheidung nachgeholt werden. Dies konnte bis zum Abschluss des Vollstreckbarerklärungsverfahrens einschließlich eines eventuellen Rechtsbehelfsverfahrens geschehen, sofern eine angemessene Chance für die Entscheidungsbelasteten besteht, der Entscheidung freiwillig Folge zu leisten, und sofern die Partei, welche die Vollstreckbarerklärung beantragt hat, die Kosten eines letztlich unnötigen Verfahrensabschnitts trägt.[76] An wen und in welcher Form zuzustellen war sowie über Möglichkeit und Voraussetzungen einer Heilung von Zustellungsmängeln, bestimmt das Recht des Erststaates.

29 Unter der Brüssel I-VO hat sich dies geändert. Die **vorherige Zustellung** und ersatzweise die Zustellung bis zum Abschluss des Vollstreckbarerklärungsverfahrens sind **keine**

---

[67] *H Roth* IPRax 1994, 350.

[68] BGHZ 122, 16, 20.

[69] *H Roth* IPRax 1989, 14, 16.

[70] BGHZ 122, 16, 21 f; *H Roth* IPRax 1989, 14, 16; *Thode* WuB VII B 1 Art 31 EuGVÜ 1.93, 1121, 1122; *Fahl* 46; *v Falck* 166 f; *MünchKommZPO/Gottwald* Art 31 EuGVÜ Rn 7. **AA** *Münch* RIW 1989, 18, 21.

[71] *Kropholler* Rn 12.

[72] *H Roth* IPRax 1994, 350.

[73] Wie *v Falck* 170 f.

[74] Vgl *Fahl* 47.

[75] *v Falck* 205 f.

[76] Siehe EuGH Rs C-275/94 *van der Linden/Berufsgenossenschaft Feinmechanik* EuGHE 1996 I 1393 (dazu *Stadler* IPRax 1997, 171).

**Voraussetzung** der Vollstreckbarerklärung mehr. Dies ergibt sich eindeutig aus Art 42 Abs 2, demzufolge dem Schuldner die Ausgangsentscheidung, soweit dies noch nicht geschehen war, zusammen mit der bereits erfolgten Vollstreckbarerklärung zuzustellen ist. Daraus folgt die Möglichkeit der Vollstreckbarerklärung vor Zustellung der Entscheidung.[77] Zudem ist Art 47 Nr 1 EuGVÜ, der dem Gläubiger einen Nachweis über die Zustellung der Entscheidung abverlangte, nicht in die Brüssel I-VO übernommen worden.[78]

### III. Besonderheiten im Vereinigten Königreich

Abs 2 nimmt Rücksicht auf zwei Besonderheiten im Rechtssystem des **Vereinigten Königreichs**: Erstens erfolgt die Vollstreckbarerklärung jeweils für die einzelnen Teilgebiete (also England und Wales oder Schottland oder Nordirland), nicht aber für das Vereinigte Königreich in seiner Gesamtheit, obwohl die einzelnen Teilgebiete völkerrechtlich keine echten Staaten sind. Zweitens erfolgt die Vollstreckbarerklärung durch Registrierung. Beide Besonderheiten erkennt Abs 2 an. Sie sollen nicht verändert werden und bilden eine gewisse Ausnahme vom Grundsatz des Abs 1, dass eine Vollstreckbarerklärung zum einen für das gesamte Gebiet eines Staates und zum anderen durch richterlichen Ausspruch erfolgt. 30

Zugleich stellt Abs 2 unmissverständlich klar, dass auch im Vereinigten Königreich ein vereinfachtes Vollstreckbarerklärungsverfahren nach der Brüssel I-VO zur Verfügung steht und keine eigene action upon a foreign judgment erforderlich ist.[79] 31

## Artikel 39

**(1) Der Antrag ist an das Gericht oder die sonst befugte Stelle zu richten, die in Anhang II aufgeführt ist.**
**(2) Die örtliche Zuständigkeit wird durch den Wohnsitz des Schuldners oder durch den Ort, an dem die Zwangsvollstreckung durchgeführt werden soll, bestimmt.**

### I. Sachliche und funktionelle Zuständigkeit

Art 39 bezeichnet die Stelle, an welche der Titelgläubiger seinen **Antrag** auf Vollstreckbarerklärung im Zweitstaat zu richten hat. Abs 1 regelt neben der **sachlichen auch die funktionelle Zuständigkeit**. Denn Abs 1 verweist auf den Anhang II, in dem auch der betreffende Gerichtstyp genau benannt ist. Dadurch erfolgt eine fachliche Zuständigkeitskonzentration. Die Anhangtechnik entlastet den VO-Text und eröffnet den Mitgliedstaaten die Möglichkeit, durch Notifikation gemäß Art 74 innerstaatlichen Änderungen in der Zuständigkeit Wirksamkeit zu verleihen. Indem neben Ge- 1

---

77 *Kropholler* Rn 8.
78 *Kropholler* Rn 8.
79 *BBGS/Haß* Art 31 EuGVÜ Rn 29 (2000).

richten auch andere befugte Stellen im Wortlaut des Abs 1 genannt sind, haben die Mitgliedstaaten theoretisch die Möglichkeit, Behörden (dh Verwaltungs- oder Justizbehörden) die Vollstreckbarerklärung zu übertragen.[1] Anträge an die falsche Stelle sind nach Maßgabe des nationalen Verfahrensrechts zurückzuweisen.[2]

2 Funktionell und sachlich ist in **Deutschland** stets der Vorsitzende einer Kammer des LG zuständig. Wird der Antrag unspezifisch an das LG gerichtet, so schadet dies nicht.[3] Geht es in der erststaatlichen Entscheidung um Streitgegenstände oder Klagansprüche, die bei einem Erkenntnisverfahren vom Rechtsweg her (da arbeitsrechtlich) oder funktionell (da unterhaltsrechtliche Familiensache) nicht vor die Zivilkammer des LG kämen, so ist dies ebenfalls ohne Bedeutung.[4] Auch eine Streitwertuntergrenze besteht nicht.[5] Die innerstaatliche Unterteilung wird durch die Zuständigkeitskonzentration für das Vollstreckbarerklärungsverfahren durchbrochen. Es gibt in Deutschland kein eigenes Vollstreckbarerklärungsverfahren vor den Arbeitsgerichten oder spezifisch vor den Familiengerichten. Die Zuständigkeit des LG-Kammervorsitzenden greift gleichermaßen, soweit ausnahmsweise Verwaltungsgerichte oder Strafgerichte zuständig wären, wenn der Gegenstand im Klagwege verfolgt würde.[6]

3 Das **Vereinigte Königreich** aber kennt in seinen drei Bezirken (England und Wales; Schottland; Nordirland) eine Sonderbehandlung für die Vollstreckbarerklärung ausländischer Unterhaltsentscheidungen. Diese konnte es ohne weiteres beibehalten, da die Brüssel I-VO es den Mitgliedstaaten überlässt, wie sie ihr Gerichtwesen intern organisieren.[7] Zuständig sind die Magistrates' Courts, in Schottland die Sheriff Courts, der Anträge sind aber den zuständigen Secretary of State zu richten, der seinerseits die Übermittlung an das zuständige Gericht besorgt.[8]

## II. Örtliche Zuständigkeit

### 1. Allgemeines

4 Für die **örtliche Zuständigkeit** eröffnet Abs 2 S 1 dem Antragsteller die Wahl zwischen dem Wohnsitz des Vollstreckungsgegners und dem Ort, an welchem die Zwangsvollstreckung durchgeführt werden soll. Die örtliche Zuständigkeit ist von Amts wegen zu prüfen. Die Rüge der örtlichen Zuständigkeit muss der Schuldner auch im Rechtsbehelfsverfahren noch erheben können. § 513 Abs 2 ZPO findet im Rechtsbehelfsverfah-

---

[1] Begründung der Kommission BR-Drs 534/99, 23 Zu Art 35; *Lopes Segna* Riv dir int 2001, 621, 623.

[2] Siehe Trib Sup REDI 1999, 189; Trib Sup REDI 1999, 191, 192 m Anm *Fuentes Camacho*; Trib Sup REDI 1999, 732.

[3] LG Hamburg IPRspr 1975 Nr 160; LG Hamburg IPRspr 1975 Nr 162.

[4] OLG Düsseldorf IPRspr 1983 Nr 180; OLG Köln NJW-RR 1995, 1120; *Kropholler* Rn 3.

[5] *BBGS/Haß* Art 32 EuGVÜ Rn 6 (2000).

[6] *Schlosser* Rn 1.

[7] *Schlosser*-Bericht Nr 210.

[8] Sec 5-8 Civil Jurisdiction and Judgments Act 1982; *Schlosser*-Bericht Nr 218.

ren nach Art 41 keine Anwendung, da ansonsten dem in erster Instanz nicht gehörten Schuldner insoweit das rechtliche Gehör versagt würde.[9]

Der Schuldner, **der potentielle Vollstreckungsgegner**, wird durch die formelle Benennung und Gegenposition im Vollstreckbarerklärungsverfahren bestimmt. Auf materielle Aspekte kommt es insoweit nicht an. Nicht entscheidend ist, wer in der erststaatlichen Entscheidung als Titelschuldner benannt ist. 5

**2. Wohnsitz des Schuldners**

Für die **Wohnsitzbestimmung** sind Art 59, 60 heranzuziehen. Es gibt keinen eigenen Wohnsitzbegriff für das Vollstreckbarerklärungsverfahren. Wie sonst gilt der Grundsatz der *perpetuatio fori*: Hat der Schuldner bei Antragstellung seinen Wohnsitz in einem Staat an einem Ort, so verschlägt es nicht, wenn er später verzieht, sei es innerhalb des betreffenden Staates, sei es ins Ausland, sei es unbekannt.[10] Anderenfalls würde dem unwilligen Schuldner ein zu großes Manipulationspotenzial an die Hand gegeben.[11] Zudem gilt es das berechtigte Vertrauen des Gläubigers zu schützen, der eben nur die Verhältnisse vor Antragstellung nur die dann bestehenden Verhältnisse zugrundelegen kann.[12] Umgekehrt kommt es allerdings dem Gläubiger zu Hilfe, wenn während des Verfahrens eine anfangs nicht gegebenen Zuständigkeitstatsache am Gerichtsort begründet wird.[13] Ist und bleibt der Wohnsitz des Schuldners unbekannt, so besteht der Gerichtsstand nach Abs 2 Var 1 nicht.[14] 6

Bei **mehreren Schuldner** infolge subjektiver Klagehäufung ist nach dem zu übertragenden Gedanken des Art 6 Nr 1 jedes Gericht örtlich zuständig, in dessen Bezirk einer der Schuldner seinen Wohnsitz hat.[15] Die Brüssel I-VO will die örtliche Zuständigkeit autonom selber regeln. Daher haben ihre Wertungen verdrängenden Vorrang vor einer Ausfüllung über das nationale Recht des Zweitstaates. In Deutschland scheidet daher eine Zuständigkeitsbestimmung analog § 36 Nr 3 ZPO aus.[16] 7

**3. Ort der beabsichtigten Zwangsvollstreckung**

Hinzu tritt der Ort, an welchem die eigentliche Zwangsvollstreckung durchgeführt werden soll. Bei der üblichen Vollstreckung wegen Vermögenswerten meint dies jeden Ort, an dem **potenzielle Vollstreckungsobjekte** belegen. Maßgeblich ist die Belegen- 8

---

[9] *Kropholler* Rn 10 sowie OLG Köln RIW 1993, 498.

[10] BGH RIW 1998, 146 = ZZP 111 (1998) 89 m Anm *Leutner*.

[11] *Kropholler* Rn 9.

[12] OLG Zweibrücken NJW-RR 2001, 144.

[13] BGH RIW 1998, 146 = ZZP 111 (1998) 89 m Anm *Leutner*.

[14] OLG Saarbrücken RIW 1993, 672; *Schlosser* Rn 2.

[15] *Geimer* NJW 1975, 1086, 1087; *BBGS/Haß* Art 32 EuGVÜ Rn 3 (2000).

[16] *Geimer* NJW 1975, 1086, 1087; *H Roth* RIW 1987, 814, 816 f; *BBGS/Haß* Art 32 EuGVÜ Rn 3 (2000); *Kropholler* Rn 11; *Schlosser* Rn 2. **AA** OLG München NJW 1975, 504.

heit jedes einzelnen Vermögenswertes des Schuldners,[17] soweit dieser nicht nach den vollstreckungsrechtlichen Regeln des Zweitstaates der Zwangsvollstreckung schlechthin entzogen ist.[18] Das kann zB auch ein Erbschaftsanteil sein.[19] Forderungen des Schuldners sind am Sitz des Drittschuldners belegen.[20]

9 Dieser **Gerichtsstand ist sachgerecht**. Er berücksichtigt Zweck und Fortsetzung des Verfahrens und gewährleistet, so weit wie möglich, Sachnähe und Nähe zur effektiven Zugriffsmöglichkeit. Der örtliche Gerichtsstand der beabsichtigten Zwangsvollstreckung ist – anders als unter Art 32 Abs 2 EuGVÜ – nicht subsidiär,[21] sondern disjunktiv zum Wohnsitzgerichtsstand. Er kann auch im Wohnsitzstaat des Schuldners als autonome Vorgabe eine andere örtliche Zuständigkeit als jene am Wohnsitz begründen. Der Antragsteller hat ein Wahlrecht.[22]

10 Entscheidend für Abs 2 Var 2 ist sachgerechterweise die **Vollstreckungsabsicht des Gläubigers**, nicht die Erfolgsaussicht. Wie erfolgreich eine Vollstreckung ist, wird sich häufig erst im Nachhinein herausstellen, zB tatsächliche Eigentumsverhältnisse, das Bestehen von Vollstreckungshindernissen oder der Umfang der Vermögenswerte.[23] Prognosen wären schwierig und durchaus risikoreich, jedenfalls machten sie das Vollstreckbarerklärungsverfahren aufwändiger und provozierten entgegen dem gläubigerbegünstigenden und auf Schnelligkeit angelegten Verfahrenszweck zusätzliche Darlegungs- und gegebenenfalls Beweisnotwendigkeiten.[24]

11 Gefordert ist also nur die **substantiierte Behauptung** des Gläubigers, an dem betreffenden Ort vollstrecken zu wollen.[25] Dafür muss dort noch kein potenzielles Vollstreckungsobjekt belegen sein. Vielmehr reicht die substantiierte Ausführung, dass die Möglichkeit bestehe, dass der Schuldner Vermögenswerte dorthin verbringen,[26] zB mit seinem Pkw dorthin fahren werde.[27] Der Gläubiger darf sich eine Vorratsvollstreckbarerklärung besorgen.[28]

---

[17] Siehe nur *Kropholler* Rn 6.

[18] OLG Stuttgart Justiz 1980, 276 = IPRspr 1980 Nr 163. Vgl auch OLG Saarbrücken NJW-RR 1993, 190.

[19] Trib cant app Lugano SZIER 1997, 411; *Volken* SZIER 1997, 412.

[20] Aud Prov Guipúzcoa REDI 2001, 495, 496 m Anm *Michinel Álvarez*; *BBGS/Haß* Art 32 EuGVÜ Rn 2 (2000).

[21] Übersehen von *MünchKommZPO/Gottwald* Rn 3.

[22] *Merlin* Riv dir proc 2001, 433, 443 f; *Kropholler* Rn 7; *La China* Riv dir proc 2002, 386, 424 f; *Fontana* Riv trim dir proc civ 2003, 263, 301; *Czernich/Tiefenthaler/Kodek/Kodek* Rn 4.

[23] *Kropholler* Rn 8.

[24] *Kropholler* Rn 8.

[25] Siehe nur OLG Saarbrücken IPRspr 1992 Nr 219; *M K Wolff*, in: Hdb IZVR III/2 Kap IV Rn 229.

[26] Trib cant app Lugano SZIER 1997, 411.

[27] *BBGS/G Müller* Art 32 EuGVÜ Anm III (1977); *Schlosser* Rn 2.

[28] *Geimer/Schütze*, EuZVR Art 32 EuGVÜ Rn 2; *Schlosser* Rn 2.

## Artikel 40

(1) Für die Stellung des Antrags ist das Recht des Vollstreckungsmitgliedstaats maßgebend.
(2) Der Antragsteller hat im Bezirk des angerufenen Gerichts ein Wahldomizil zu begründen. Ist das Wahldomizil im Recht des Vollstreckungsmitgliedstaats nicht vorgesehen, so hat der Antragsteller einen Zustellungsbevollmächtigten zu benennen.
(3) Dem Antrag sind die in Artikel 53 angeführten Urkunden beizufügen.

### I. Antragstellung nach Recht des Zweitstaates

1 Art 40 entspricht im wesentlichen Art 33 EuGVÜ. Nach Abs 1 unterliegt die **Antragstellung** dem Recht des Zweitstaates. Sachlich unterwirft dies Form und Inhalt, Anzahl der einzureichenden Ausfertigungen, die Bestimmung der zur Entgegennahme zuständigen Gerichtsstelle, die Frage nach der Postulationsfähigkeit und einem eventuellen Anwaltszwang,[1] Art und Weise eventuell beizubringender Beweismittel und die Sprache des Antrags dem Recht des Zweitstaates.[2] Der Antrag muss notwendig als **Mindestanforderung** Antragsteller, Antragsgegner,[3] das angerufene zweitstaatliche Gericht, die für vollstreckbar zu erklärende Entscheidung und den eigentlichen Antrag auf Vollstreckbarerklärung enthalten.[4] Das Gericht muss wissen, was es warum vor sich hat, was es damit nach wessen Willen tun soll und wem die Entscheidung später zuzustellen ist.

2 Die **Auslegung** des Antrags richtet sich nach den im Zweitstaat geltenden Regeln. Gibt es mehrere im erststaatlichen Titel genannte Titelschuldner, so richtet sich der Antrag im Zweifel gegen alle von diesen; entsprechendes gilt, wenn der erststaatliche Titel mehrere Ansprüche zuspricht, dann ist auch im Zweifel Vollstreckbarerklärung wegen aller Ansprüche gewollt.[5] Objektive Antragshäufung, dh Anträge zur Vollstreckbarerklärung mehrerer Entscheidungen aus demselben Erststaat oder aus verschiedenen Erststaaten, kann nach Maßgabe des zweitstaatlichen Rechts statthaft sein.[6] Ob jemand als Titelgläubiger antragsberechtigt ist, richtet sich nach dem Recht des (jeweiligen) Erststaates.[7]

3 Gegebenenfalls sind das notwendige **Wahldomizil** bzw der **Zustellungsbevollmächtigte** des Antragstellers im Zweitstaat nach Abs 2 im Antrag aufzuführen. Hat der Schuldner seinen Wohnsitz nicht im Zweitstaat, so ist desweiteren auszuführen, dass die Zwangsvollstreckung im Bezirk des angerufenen Gerichts durchgeführt werden soll.[8]

---

1 *BBGS/Haß* Art 33 EuGVÜ Rn 1 (2000).

2 *Jenard*-Bericht Zu Art 33 EuGVÜ.

3 Abweichend *Schlosser* Rn 1: wegen subsidiärer Verweisung des AVAG auf § 130 ZPO in Deutschland nur Soll-Vorschrift.

4 *Kropholler* Rn 1.

5 *Geimer/Schütze*, EuZVR Art 33 EuGVÜ Rn 5; *Schlosser* Rn 1.

6 *BBGS/Haß* Art 33 EuGVÜ Rn 8 (2000).

7 *Geimer/Schütze*, EuZVR Art 33 EuGVÜ Rn 12; *Schlosser* Rn 1.

8 *Kropholler* Rn 1.

## II. Ausgestaltung des Verfahrens in Deutschland

4 Die Brüssel I-VO regelt nicht alle Aspekte selber. Insbesondere regelt sie die eigentlichen Verfahrensregeln, nach denen das Vollstreckbarerklärungsverfahren ablaufen soll, nicht umfassen. Insoweit lässt sie **Lücken**, die vom **Verfahrensrecht des Zweitstaates** auszufüllen sind. In Deutschland übernehmen §§ 3-10 AVAG die weitere Konkretisierung des Vollstreckbarerklärungsverfahren, sowie für das Rechtsbehelfsverfahren §§ 11-17 AVAG. Dabei regeln §§ 4 Abs 2-4 AVAG, 184 GVG die oben (Rn 1) aufgeführten einschlägigen Aspekte. Anwaltszwang ist ausweislich § 6 Abs 3 AVAG im erstinstanzlichen Verfahren nicht vorgesehen. Fremdsprachige Anträge kann das Gericht akzeptieren, wenn es sie ohne Übersetzung versteht und bearbeiten kann.[9] Ist dies nicht der Fall, so muss es gemäß § 4 Abs 3 AVAG dem Antragsteller aufgeben, eine Übersetzung beizubringen. Funktionalität und Pragmatismus gehen einer rigiden Handhabung des § 184 GVG vor, die unter dem Blickwinkel gemeinschaftsrechtlicher Diskriminierungsverbote bedenklich wäre.

5 Ergänzend findet **subsidiär die ZPO** Anwendung, soweit Lücken zu füllen sind,[10] zB bei der Prozessstandschaft,[11] der Antragshäufung[12] oder der perpetuatio fori.[13] Die ZPO greift namentlich für Kostenaspekte[14] einschließlich der Kostenverteilung zwischen den Parteien und der Frage nach einer eventuellen Kostenvorschusspflicht des Gläubigers.[15] ZB ist die Beschwerdeentscheidung des OLG mit einer Kostenentscheidung zu versehen.[16] Der Gläubiger kann einseitig das Vollstreckbarerklärungsverfahren für erledigt erklären, etwa weil die Vollstreckbarkeit im Erststaat fortgefallen ist,[17] muss aber dann prinzipiell die Kosten tragen, weil er auf eigenes Risiko aus einem nur vorläufig vollstreckbaren Titel vorgegangen ist.[18] Die Aufhebung der Entscheidung im Erststaat soll aber kein Fall der Erledigung des Vollstreckbarerklärungsverfahrens, sondern den zweitstaatlichen Antrag als von Anfang an unberechtigt erweisen.[19] Bei übereinstimmender Erledigterklärung infolge zwischenzeitlicher Erfüllung der titulierten Forderung (sei es freiwillig, sei es im Wege der Zwangsvollstreckung im Ausland) ergeht Kostenentscheidung nach § 91 a ZPO.[20] Nimmt der Gläubiger den Antrag auf Vollstreckbar-

---

[9] *Schlosser* Art 38 Rn 5.

[10] Siehe nur BGH NJW-RR 1994, 320; OLG Frankfurt RIW 2001, 543.

[11] OLG Hamburg NJW-RR 1996, 510.

[12] *BBGS/Haß* Art 33 EuGVÜ Rn 8 (2000).

[13] *Schlosser* Rn 1.

[14] Relevante Kosten in Deutschland listet *Feige*, Die Kosten des deutschen und französischen Vollstreckbarerklärungsverfahrens nach dem GVÜ (1988) 41-55 auf.

[15] *Feige*, (Fn 14) 51; *BBGS/Haß* Art 33 EuGVÜ Rn 10-12 (2000).

[16] *M K Wolff*, in: Hdb IZVR III/2 Kap IV Rn 337; *Feige*, (Fn 14) 51; *Hau* IPRax 1998, 255, 256.

[17] *Hau* IPRax 1998, 255, 256. **AA** OLG Hamburg NJW 1987, 2165 sowie OLG Hamburg RIW 1989, 568, das aber nicht sauber erst- und zweitstaatliches Verfahren trennt.

[18] OLG Düsseldorf IPRax 1998, 279; *Hau* IPRax 1998, 255, 256 f; *Schack* Rn 954.

[19] OLG Düsseldorf AnwBl 1997, 51; OLG Jena IPRspr 1998 Nr 194 S 392.

[20] OLG Zweibrücken IPRspr 1998 Nr 183 S 363.

erklärung zurück, so muss er grundsätzlich analog § 269 ZPO die Kosten des Verfahrens tragen.[21]

6 §§ 8 Abs 4 AVAG; 788 ZPO erfassen nur die **Kosten des Vollstreckbarerklärungsverfahrens** in Deutschland, nicht aber Kosten im Erststaat.[22] Davon zu unterscheiden ist die Frage, ob und in welchem Umfang das erststaatliche Gericht befugt ist, die Kosten eines zweitstaatlichen Vollstreckbarerklärungsverfahrens zum Gegenstand einer erststaatlichen Kostenentscheidung zu machen.[23]

## III. Wahldomizil oder Zustellungsbevollmächtigter des Antragstellers im Zweitstaat

7 Abs 2 verpflichtet den Antragsteller, Sorge für eine **Zustelladresse im Zweitstaat** zu tragen, entweder in eigener Person durch Begründung eines Wahldomizils oder durch Benennung eines für den Zweitstaat inländischen Zustellungsbevollmächtigten. Damit soll einerseits im Interesse einer schnellen Durchführung des Vollstreckbarerklärungsverfahrens eine Zustellung ins Ausland vermieden werden, und andererseits soll dem Antragsgegner das effektive Einlegen eines Rechtsbehelfs erleichtert werden.[24]

8 Für die **Begründung eines Wahldomizils**, dh Ob, Wie und prinzipiell auch Wann, gilt das Recht des Zweitstaates. Zum einen kann man dies aus dem Beginn von Abs 2 S 2 herauslesen; zum anderen kann man das Begründen eines Wahldomizils als Teil der Antragstellung verstehen, für die Abs 1 eben auf das zweitstaatliche Recht verweist.[25] Folgt man diesem zweiten Argument, ist es konsequent, aus dem europäischen Rahmen zu folgern, dass letztmöglicher Zeitpunkt die Zustellung der Entscheidung im Vollstreckbarerklärungsverfahren ist.[26] Das Wahldomizil darf nicht irgendwo im Zweitstaat, sondern muss im Bezirk des angerufenen Gerichts begründet werden.[27]

9 Um die Effektivität der Regelung zu erhalten, muss eine **Verletzung des Abs 2 Sanktionen** nach sich ziehen. Für diese gibt grundsätzlich wiederum das zweitstaatliche Recht Maß.[28] Allerdings ist dabei im Interesse der Effektivität der Gesamtregelung eine euro-

---

21 LG Frankfurt/M IPRspr 1998 Nr 182 b S 361.

22 OLG Köln OLGR Köln 2000, 188.

23 Zu diesem Komplex OLG Hamm IPRax 2002, 301; OLG Düsseldorf RIW 1990, 501; *Spickhoff* IPRax 2002, 290.

24 EuGH Rs 198/85 *Fernand Carron/Bundesrepublik Deutschland* EuGHE 1986, 2437, 2444 Rn 8 (dazu *Jayme/Abend* IPRax 1987, 209); Bericht *Borrás* zum Entwurf eines ÜbK Brüssel II ABl EG 1998 C 221/27 Nr 86; *Kropholler* Rn 5.

25 EuGH Rs 198/85 *Fernand Carron/Bundesrepublik Deutschland* EuGHE 1986, 2437, 2445 Rn 10.

26 So Cass civ D 1990 Jur 146 m krit Anm *Rémery* (dazu A *Huet* Clunet 117 [1990], 163); *BBGS/Haß* Art 33 EuGVÜ Rn 14 (2000); *Schlosser* Rn 2.

27 *K Hofmann*, in: *Bajons/Mayr/Zeiler* (Hrsg), Die Übereinkommen von Brüssel und Lugano (Wien 1997) 271, 278.

28 EuGH Rs 198/85 *Fernand Carron/Bundesrepublik Deutschland* EuGHE 1986, 2437, 2445 f Rn 13 f.

päischer Rahmen gezogen: Die Sanktionen müssen die Gültigkeit der positiven Entscheidung im Vollstreckbarerklärungsverfahren ebenso wahren wie die Rechte des Antragsgegners.[29]

10 Dem **deutschen Prozessrecht** ist das Wahldomizil als Institut fremd. Darauf nimmt Abs 2 S 2 die gebührende Rücksicht: An die Stelle des Wahldomizils tritt funktionell äquivalent[30] die Notwendigkeit, einen inländischen **Zustellungsbevollmächtigten** zu benennen. Die Einzelheiten regelt § 5 AVAG. Die Funktion eines Zustellungsbevollmächtigten wird typischerweise ein deutscher Anwalt miterfüllen, der zum Verfahrensbevollmächtigten bestellt worden ist (§ 5 Abs 3 AVAG). Indes ist der Kreis der potentiellen Zustellungsbevollmächtigten weiter gezogen und umfasst auch juristische Personen.[31]

11 Sanktion für eine **unterbliebene Benennung** eines inländischen Zustellungsbevollmächtigten durch einen im Ausland ansässigen Antragsteller ist nach § 5 Abs 1 AVAG nicht die Zurückweisung seines Antrags[32] oder die amtswegige Bestellung eines Zustellungsbevollmächtigten,[33] sondern die Zustellung an den Antragsteller durch Aufgabe zur Post gemäß § 184 Abs 1 S 2, Abs 2 ZPO mitsamt dem damit verbundenen Nachteilen (Verlustrisiko, Verzögerung).[34] Die Zustellungshürde muss auch ein grundsätzlich sinnvoller Verbesserungsauftrag des Gerichts an den Gläubiger[35] erst überwinden.

12 Nach dem Wortlaut des Abs 2 S 1 erwächst die **Notwendigkeit**, ein **Wahldomizil zu begründen**, ersatzweise einen Zustellungsbevollmächtigten zu benennen, bereits dann, wenn der Antragsgegner seinen Wohnsitz nicht im Gerichtsbezirk hat. Ob er anderweitig im Zweitstaat wohnt und deshalb überhaupt keine Notwendigkeit einer Auslandszustellung an ihn in Rede steht, wäre nach dem reinen Wortlaut gleichgültig. Nach seiner ratio aber dürfte Abs 2 S 1 eigentlich nicht eingreifen.[36] Eine entsprechende teleologische Reduktion ist einer Analogie zu § 5 Abs 2 S 2 AVAG[37] vorzuziehen, weil diese sich an gemeinschaftsrechtlichen Grenzen brechen müsste.

## IV. Beifügung der Urkunden nach Art 53

13 Abs 3 schreibt die Beifügung der in Art 32, 33 bezeichneten Urkunden vor und erhebt diese zum integralen Bestandteil des Antrags. Allerdings bestehen **Nachholungsmög-**

---

[29] *Kropholler* Rn 7.

[30] *Schlosser* Rn 2.

[31] Begründung der Bundesregierung zum Entwurf eines AGGVÜ, BT-Drs VI/3426, 12 Zu § 4 AGGVÜ.

[32] OLG Frankfurt RIW 1980, 63.

[33] *A Wolf* NJW 1973, 397, 398.

[34] *H Roth* IPRax 1990, 90; *Schlosser* Rn 2.

[35] Dafür *K Hofmann* (Fn 27) 271, 278; *Czernich/Tiefenthaler/Kodek/Kodek* Rn 5.

[36] Ähnlich *Czernich/Tiefenthaler/Kodek/Kodek* Rn 3.

[37] Dafür *Kropholler* Rn 8.

**lichkeiten** nach Art 55 bis in die Rechtsmittelinstanz hinein; das Gericht kann dem Antragsteller eine Frist zur Nachreichung setzen. Führen auch diese nicht zum Erfolg, so kann (und soll) das zweitstaatliche Gericht den Antrag als unzulässig abweisen.[38] Dies sperrt allerdings als rein prozessuale Entscheidung ohne materielle Rechtskraft und res iudicata-Wirkung nicht die spätere erneute Antragstellung, die jederzeit möglich bleibt.[39]

Zu Abs 3 ist die **Erklärung des Vereinigten Königreichs** vom 16. 1. 2001[40] hinzuzulesen:[41] Soll eine Entscheidung eines in Gibraltar ansässigen Gerichts für vollstreckbar erklärt werden, so ist die Entscheidung zuvor von der Regierung des Vereinigten Königreichs (der Verbindungsstelle Gibraltars für EU-Angelegenheiten mit Sitz in London, im Rahmen des britischen Außenministeriums) im Form eines Vermerks zu beglaubigen. 14

## Artikel 41

**Sobald die in Artikel 53 vorgesehenen Förmlichkeiten erfüllt sind, wird die Entscheidung unverzüglich für vollstreckbar erklärt, ohne dass eine Prüfung nach den Artikeln 34 und 35 erfolgt. Der Schuldner erhält in diesem Abschnitt des Verfahrens keine Gelegenheit, eine Erklärung abzugeben.**

### I. Reduzierter Prüfungsumfang

#### 1. Rein formelle Prüfung

Das **zweitstaatliche Gericht** darf und muss die Verfahrensvoraussetzungen des Vollstreckbarerklärungsverfahrens prüfen, wie sie sich aus Art 38-40 ableiten lassen:[1] sachliche Anwendbarkeit der Brüssel I-VO; Vorliegen einer abstrakt vollstreckbarerklärungsfähigen Entscheidung iSv Art 38, 32 mit einem hinreichend bestimmten Leistungsbefehl; abstrakte Vollstreckbarkeit der Entscheidung im Erststaat; Vorliegen der erforderlichen Urkunden (Art 40 Abs 3 iVm Art 53). Außerdem sind völkerrechtliche Vorfragen wie namentlich die Immunität bereits hier zu klären.[2] Die Prüfung wird insgesamt weitgehend formeller Natur.[3] Dies ist gewollt, um das Exequaturverfahren weiter zu beschleunigen.[4] 1

---

38 Siehe Bericht *Borrás* zum Entwurf eines ÜbK Brüssel II ABl EG 1998 C 221/27 Nr 107.
39 BGE 127 III 186; OLG Stuttgart IPRspr 1980 Nr 163; OLG Frankfurt IPRspr 1988 Nr 198.
40 ABl EG 2001 C 13/1; abgedr auch in IPRax 2001, 262.
41 *Kropholler* Rn 10.
1 *R Wagner* IPRax 2002, 75, 83 sowie *Lopes Segna* Riv dir int 2001, 621, 628.
2 *Czernich/Tiefenthaler/Kodek/Kodek* Rn 2.
3 Siehe nur *Droz/Gaudemet-Tallon* Rev crit 90 (2001) 601, 644; *R Wagner* IPRax 2002, 75, 83.
4 Begründung der Kommission, BR-Drs 534/99, 23 Zu Art 37.

2 Der **Gläubiger muss vorlegen**: erstens die erststaatliche Entscheidung; zweitens die Bescheinigung nach Art 53, 54 iVm Anhang V. Die erststaatliche Entscheidung muss nicht in Übersetzung vorgelegt werden, insoweit greift aber richterliches Ermessen.[5] Das Formblatt nach Anhang V für die Bescheinigung ist eine wesentliche Erleichterung. Der zweitstaatliche Richter kann das Muster in seiner eigenen Sprache neben das aus dem Erststaat stammende ausgefüllte Exemplar legen und weiß dann nach der europaeinheitlichen Bezeichnung der einzelnen Rubriken, was kategoriell in den einzelnen Rubriken steht (wobei unterstellt wird, dass das erststaatliche Gericht das Formblatt korrekt ausgefüllt hat). Darin bescheinigt das erststaatliche Gericht auch die Vollstreckbarkeit im Erststaat. Ein kleiner Gefahrenpunkt rührt daher, dass jene Bescheinigung nach Anhang V nicht von einem erststaatlichen Richter stammen muss, sondern auch von nichtrichterlichem Personal im Erststaat wie Rechtspfleger, Geschäftsstellenbeamten oder greffes stammen kann.[6] Nicht mehr erforderlich ist die Zustellung der erststaatlichen Entscheidung. Darauf wurde verzichtet, um die effektive Zugriffsmöglichkeit für den Gläubiger zu stärken.[7]

3 Bevor es den Antrag wegen Fehlens erforderlicher Urkunden ablehnt, sollte das Gericht dem Antragsteller nach Art 55 Abs 1 eine **Frist zur Beibringung der fehlenden Urkunden** setzen.[8] Dafür spricht zum einen, dass so der konzeptionell wichtige Überraschungseffekt erhalten bleibt.[9] Zum anderen wäre es mit der Prozessökonomie kaum zu vereinbaren, wenn man jetzt kostenpflichtig abwiese, aber in absehbarer Zukunft das nächste Verfahren, dann mit Urkunden, auf dem Tisch hätte. Allein der gegen den saumseligen Antragsteller gerichtete Erziehungseffekt würde für eine strikte Handhabung streiten.

### 2. Ausschluss einer materiellen Prüfung an Hand der Anerkennungsversagungsgründe

4 S 1 bringt die massivste Veränderung des Vollstreckbarerklärungsverfahrens im Vergleich mit Art 34 EuGVÜ/LugÜ: Er **untersagt** dem zweitstaatlichen Gericht erster Instanz eine **Prüfung der materiellen Anerkennungsversagungsgründe**. Dies gilt selbst dann, wenn dem zweitstaatlichen Gerichte solche Gründe von Amts wegen bekannt sind und es keiner Ermittlungen oder Beweisaufnahmen bedürfte.[10] Selbst dem zweitstaatlichen ordre public dürfte das Gericht nicht zur Geltung verhelfen. Die Anerkennungsversagungsgründe zu prüfen ist einem eventuellen Rechtsmittelverfahren vorbehalten. So wird selbst der zweitstaatliche ordre public mittelbar zur Disposition des

---

5 *Beraudo* Clunet 128 (2001) 1033, 1080.

6 *Droz/Gaudemet-Tallon* Rev crit 90 (2001) 601, 644 f.

7 Siehe nur *Stadler*, in: *Gottwald* (Hrsg), Revision des EuGVÜ/Neues Schiedsverfahrensrecht (2000) 37, 54 f.

8 *Kropholler* Rn 6; *Fontana* Riv trim dir proc civ 2003, 263, 302 f.

9 *Kropholler* Rn 6.

10 *Schoibl* JBl 2003, 149, 171.

Antragsgegners gestellt.[11] Das Verfahren erster Instanz wird zu einer Art Automatismus, der in aller Regel zur Vollstreckbarerklärung führt.[12] Zugleich mindert dies den Rechtsschutz des Schuldners im Zweitstaat.[13]

Gegen diesen **Eingriff in die zweitstaatliche Souveränität** bestehen erhebliche Bedenken, soweit er verlangt, selbst das Verfassungsrecht des Zweitstaates hintan stehen zu lassen. Man darf ein Gericht nicht gemeinschaftsrechtlich verpflichten, Maßnahmen zu erlassen, die gegen die Verfassung seines eigenen Staates verstoßen. Selbst das primäre Gemeinschaftsrecht steht unter den mitgliedstaatlichen Verfassungen.[14] Dies gilt erst recht für sekundäres Gemeinschaftsrecht. Daher ist S 1 verfassungskonform zu reduzieren: Soweit die Vollstreckbarerklärung der erststaatlichen Entscheidung einen Verstoß gegen die Verfassung des Zweitstaates bedeuten würde, ist dem zweitstaatlichen Gericht erster Instanz eine materielle Prüfung nicht versagt, sondern kraft nationalen Verfassungsrechts eröffnet. Die Normenhierarchie muss sich hier durchsetzen, und das Gemeinschaftsrecht muss seine Grenzen an höherrangigem Recht finden. Eine weitere Grenze muss als ebenfalls höherrangiges Recht **Art 6 EMRK** ziehen.[15] Allerdings werden sich Grund- oder Menschenrechtsverletzungen häufig erst herausstellen, wenn der Schuldner gehört wird, und sich nicht schon aus den Akten ergeben.[16] In Staaten, in denen selbst der ordre public nicht von Amts wegen zu prüfen ist,[17] ergibt sich sowieso kein Unterschied. 5

## II. Einseitigkeit des Verfahrens in erster Instanz

### 1. Grundsätzliches

S 2 entstammt Art 34 EuGVÜ. Er erklärt das **Vollstreckbarerklärungsverfahren erster Instanz** für strikt **einseitig**. Der Vollstreckungsgegner wird in ihm nicht gehört. Dementsprechend findet auch keine mündliche Verhandlung statt. Die Möglichkeit, nach Art 43 einen Rechtsbehelf einzulegen und so eine kontradiktorische zweiseitige Verhandlung zu erzwingen, wahrt das rechtliche Gehör für den Vollstreckungsgegner hinreichend.[18] 6

Das zweitstaatliche Gericht ist auch in Ausnahmefällen **nicht befugt**, den **Schuldner zur Stellungnahme** aufzufordern. Die Einseitigkeit ist in erster Instanz striktes Verfahrensprinzip. Eine sei es auch nur optionale Umwandlung in ein kontradiktorisches 7

---

[11] *R Wagner* IPRax 2002, 75, 83; *C Kohler*, in: FS Reinhold Geimer (2002) 461, 482.

[12] Siehe nur *Schlosser* Rec 284 (2000) 9, 201; *Schoibl* JBl 2003, 149, 171.

[13] *C Kohler*, in: FS Reinhold Geimer (2002) 461, 483 f.

[14] Siehe nur BVerfGE 73, 339 (Solange II); BVerfGE 89, 155 (Maastricht); BVerfG EuZW 1995, 126 (Bananenmarktordnung I); BVerfG EuZW 1995, 412 (Bananenmarktordnung II).

[15] *C Kohler*, in: Systemwechsel im europäischen Kollisionsrecht (2002) 147, 152 f.

[16] *Stadler* (Fn 7) 35, 56.

[17] So zB Cass civ Rev crit 89 (2000) 52 m Anm *Ancel*.

[18] *H Arnold* AWD 1972, 389; *Schlosser* Rn 1 sowie OLG Bremen IPRspr 1977 Nr 152.

Verfahren ist nicht verstattet.[19] Schon unter Art 34 EuGVÜ gebührte dem Überraschungsmoment Vorrang.[20] S 2 verbietet zwar nicht kategorisch, den Schuldner von der Antragstellung wenigstens zu benachrichtigen,[21] konzeptionell liefe ihm dies aber eher zuwider.[22] Sehr streng, aber konsequent wäre es, wenn man eine Benachrichtigung des Schuldners sogar Amtshaftungsansprüche auslösen ließe.[23]

8 Die **Interessen des Schuldners** stehen so weit zurück, dass das Gericht erster Instanz die Vollstreckbarerklärung auch nicht von einer Sicherheitsleistung abhängig machen darf.[24] Diese Möglichkeit hat erst das Rechtsmittelgericht im kontradiktorischen Verfahren nach Art 46 Abs 3. Die Interessen des Schuldners wahrt allerdings Art 47 Abs 3, demzufolge während laufender Rechtsbehelfsfrist nur Sicherungsmaßnahmen zulässig sind.

### 2. Schutzschrift

9 Theoretisch kann der Schuldner – wie im autonomen Verfahren des einstweiligen Rechtsschutzes nicht unüblich – **vorsorglich eine Schutzschrift** beim potentiellen Gericht des Vollstreckbarerklärungsverfahrens einreichen.[25] Im Prinzip ist das Gericht gehalten, diese zur Kenntnis zu nehmen.[26] Inhaltlich verschlägt dies aber nur, soweit es im Vollstreckbarerklärungsverfahren überhaupt in eine Prüfung, insbesondere eine materielle Prüfung, eintreten darf. Der von Art 41 eingegrenzte, sehr reduzierte Prüfungsumfang zieht der Sinnhaftigkeit einer Schutzschrift unter der Brüssel I-VO daher ebenso enge Grenzen.[27]

## III. Beschleunigungsgebot

10 S 1 enthält über die Beschränkung des Prüfungsumfangs hinaus ein an das zweitstaatliche Gericht gerichtetes **Beschleunigungsgebot**. Das Gericht hat seine Entscheidung unverzüglich zu erlassen, also so schnell wie möglich,[28] ohne schuldhaftes Zögern. Allerdings stellt S 1 dafür keine Frist auf. Davon wurde abgesehen, weil keine Sanktion für eine Fristversäumung zur Verfügung gestanden hätte.[29] Entsprechende Überlegun-

---

[19] *Jenard*-Bericht zu Art 34 EuGVÜ.

[20] *Jenard*-Bericht zu Art 34 EuGVÜ.

[21] *Schlosser*-Bericht Nr 219.

[22] *Kropholler* Rn 7.

[23] Dafür *Schlosser* Rn 1.

[24] OLG Düsseldorf RIW 1998, 969.

[25] Eingehend *Mennicke* IPRax 2000, 294.

[26] LG Darmstadt IPRax 2000, 309.

[27] *Kropholler* Rn 10; *Schlosser* Rn 2; *Czernich/Tiefenthaler/Kodek/Kodek* Rn 1 sowie *Merlin* Riv dir proc 2001, 433, 449 f; *Micklitz/Rott* EuZW 2002, 15, 21. Großzügiger *Schütze*, in: FS Arthur Bülow (1981) 211, 215; *M K Wolff*, in: Hdb IZVR III/2 Kap IV Rn 307. Strenger *Fahl* 27-32.

[28] *Kropholler* Rn 2.

[29] *Jenard*-Bericht Zu Art 34 EuGVÜ sowie Bericht *Borrás* zum EuEheÜbk ABl EG 1998 C 221/27 Nr 88; *R Wagner* IPRax 2001, 79.

gen der Kommission in ihrem Vorentwurf[30] scheiterten aus demselben Grund.[31] Kann der Antragsteller nicht alle erforderlichen Nachweise urkundlich erbringen, so kann nach § 6 Abs 2 S 2 AVAG bei seinem Einverständnis mit ihm eine einseitige mündliche Verhandlung stattfinden, wenn dies der Beschleunigung des Verfahrens dient.[32]

## IV. Entscheidung

Wie die Entscheidung im Vollstreckbarerklärungsverfahren aussieht, ist Sache des zweitstaatlichen Rechts. In **Deutschland** nehmen sich §§ 8, 9 AVAG dessen an: Wird dem Antrag stattgegeben, so besteht sie gemäß § 8 Abs 1 AVAG in der Anordnung des Vorsitzenden, dass der Schuldtitel mit der Vollstreckungsklausel zu versehen ist. Dabei handelt es sich um einen Urteil, der nach § 8 Abs 1 S 3 AVAG als Begründung regelmäßig nur auf die Brüssel I-VO und die vom Antragsteller vorgelegten Urkunden Bezug zu nehmen braucht. Wird irrtümlich durch Urteil entschieden, so greift der deutschprozessrechtliche Grundsatz der Meistbegünstigung und kommen als Rechtsmittel sowohl Beschwerde (nach §§ 11 ff AVAG) als auch Berufung in Betracht.[33] Mit Art 43 ist dies zu vereinbaren, denn dort wird nur vorgeschrieben, dass es einen Rechtsbehelf geben muss, nicht, wie dieser heißt und ausgestaltet ist. Art 43 enthält auch keine Einschränkung nach Art des Art 44 iVm Anhang IV. Hinsichtlich der Kosten des Verfahrens erklärt § 8 Abs 1 S 4 AVAG § 788 ZPO für entsprechend anwendbar. 11

Nach dem Beschluss des Vorsitzenden erteilt der Rechtspfleger die **Vollstreckungsklausel** nach Maßgabe von § 9 AVAG. Dessen Abs 3 gebietet, dass die Vollstreckungsklausel unterschrieben sein muss. Fehlt es an der Unterschrift, so hat die Vollstreckungsklausel nur Entwurfscharakter und löst ihre Zustellung nicht die Frist des Art 43 Abs 5 aus.[34] 12

**Lehnt der Vorsitzende den Antrag ab**, so tut er dies durch Beschluss, der nach § 8 Abs 2 S 1 AVAG mit Gründen versehen sein muss. Die Kosten des Verfahrens sind nach § 8 Abs 2 S 2 AVAG dem Antragsteller aufzuerlegen. Dies gilt selbst dann, wenn der anfangs eigentlich begründete Antrag nur zurückgewiesen wird, weil der Ausspruch über die vorläufige Vollstreckbarkeit im Erststaat inzwischen aufgehoben worden ist. Eine Erledigungserklärung in der Hauptsache mit der Kostenfolge des § 91 a ZPO sieht das AVAG nicht vor.[35] 13

Eine Möglichkeit, die **erststaatliche Entscheidung abzuändern**, hat das zweitstaatliche Gericht nicht.[36] Es muss die erststaatliche Entscheidung so nehmen, wie diese ist. Es ist kein kaschiertes Rechtsbehelfsgericht, sondern entscheidet über einen anderen Streit- 14

---

[30] KOM (1999) 348 endg.

[31] *Micklitz/Rott* EuZW 2002, 15, 21.

[32] *MünchKommZPO/Gottwald* Rn 4.

[33] OLG Hamm MDR 1978, 324.

[34] BGH NJW-RR 1998, 141.

[35] OLG Hamburg NJW 1987, 2165; *Kropholler* Rn 3.

[36] *Jenard*-Bericht zu Art 34 EuGVÜ.

gegenstand als das erststaatliche Gericht, nämlich nur die Vollstreckbarerklärung für das Gebiet des Zweitstaates.

## Artikel 42

**(1) Die Entscheidung über den Antrag auf Vollstreckbarerklärung wird dem Antragsteller unverzüglich in der Form mitgeteilt, die das Recht des Vollstreckungsmitgliedstaats vorsieht.**
**(2) Die Vollstreckbarerklärung und, soweit dies noch nicht geschehen ist, die Entscheidung werden dem Schuldner zugestellt.**

### I. Mitteilung an den Antragsteller

1 Abs 1 entspricht Art 35 EuGVÜ. Er entspringt dem selbsterklärenden Grundsatz, dass der interessierte Antragsteller über den **Ausgang des von ihm angestrengten Verfahrens** zu informieren ist. Angesichts des von Art 40 Abs 2 verlangten Wahldomizils oder Zustellungsbevollmächtigten des Antragstellers im Gerichtsbezirk des angerufenen zweitstaatlichen Gerichts handelt es sich in aller Regel um eine Inlandsmitteilung. Die Mitteilung kann aber ausweislich § 5 Abs 1 AVAG uU auch an den Antragsteller persönlich erfolgen. Anders als Art 25 Brüssel II-VO (wo der Urkundsbeamte der Geschäftsstelle benannt ist) bezeichnet Abs 1 nicht das für die Mitteilung verantwortliche Organ.

2 Die **Form der Mitteilung** an den Antragsteller richtet sich nach dem Recht des Zweitstaates. Art 25 Brüssel II-VO besagt dies ausdrücklich, ohne dass man aus dem Fehlen einer Parallele im Wortlaut auf einen anderen Aussagegehalt schließen dürfte. Es steht dem Zweitstaat frei, förmliche Zustellung zu verlangen oder weniger strenge Formen genügen zu lassen. Einzelheiten für die Mitteilung einer positiven Entscheidung normiert in Deutschland § 10 Abs 3 S 1 AVAG. Vorgesehen sind formlose Mitteilung, formlose Übersendung einer beglaubigten Abschrift des stattgebenden Beschlusses (nach Art 41 iVm § 8 Abs 1 AVAG) und formlose Übersendung der mit der Vollstreckungsklausel versehenen Ausfertigung des Titels.

3 Fraglich ist, ob dies erst geschehen kann, wenn die **stattgebende Entscheidung dem Schuldner** nach Abs 2 **zugestellt** worden ist. Der Normwortlaut des § 10 Abs 3 S 1 AVAG weist ein Stück weit in diese Richtung. Gewichtig ist auch § 8 Abs 3 AVAG, der eine Bescheinigung über die erfolgte Zustellung an den Schuldner vorsieht. Bezweckt der Gläubiger einen überraschenden Zugriff, so nähme die vorherige Zustellung an den Schuldner dem allerdings die Erfolgschance.[1] Zudem stellt Abs 1 ausdrücklich ein Unverzüglichkeitsgebot auf, während Abs 2 dies nicht tut, erkennt also mittelbar ein Interesse des Gläubigers an Schnelligkeit an. § 8 Abs 3 AVAG besagt nicht zwingend, dass die Bescheinigung über die Zustellung gleichzeitig mit der Mitteilung der

---

[1] *Schlosser* RIW 2002, 809, 812 sowie *BBGS/Haß* Art 35 EuGVÜ Rn 4f (2000).

eigentlichen zweitstaatlichen Entscheidung erfolgen müsse. Andererseits ist jedenfalls zulässig, mit der Mitteilung an den Gläubiger bis nach der Zustellung an den Schuldner zu warten.[2]

Ein **ablehnender Beschluss** ist dem Antragsteller entsprechend § 329 Abs 3 ZPO förmlich zuzustellen.[3] Die Kostenentscheidung des Beschlusses bildet nämlich ihrerseits einen Vollstreckungstitel zu Gunsten der Justizkasse gegen den Gläubiger.[4] 4

## II. Zustellung an den Schuldner

Dem Schuldner ist die **Vollstreckbarerklärung**, dh die für den Antragsteller positive Entscheidung erster Instanz, förmlich zuzustellen. Dies ist schon deshalb notwendig, um gemäß Art 43 Abs 5 die Rechtsbehelfsfrist für den Schuldner in Gang zu setzen. Die Zustellung hilft, das rechtliche Gehör und damit die fundamentalen Verfahrensgrundrechte des Schuldners im zweitstaatlichen Verfahren zu wahren. Erst sie ermöglicht es dem Schuldner, sich klar zu werden, ob er den Rechtsbehelf des Art 43 einlegen will oder nicht.[5] 5

In **Deutschland** erfolgt eine Zustellung einer beglaubigten Abschrift des stattgebenden Beschlusses (nach Art 41 iVm § 8 Abs 1 AVAG) in den Formen des § 329 Abs 3 ZPO von Amts wegen.[6] 6

Abs 2 Var 2 schreibt des Weiteren vor, dass die **erststaatliche Entscheidung**, um deren Vollstreckbarerklärung im Zweitstaat es geht, dem Schuldner vom zuständigen zweitstaatlichen Organ förmlich zuzustellen ist, soweit dies zuvor noch nicht geschehen war. Wieder geht es um das rechtliche Gehör des Schuldners. Er soll nicht nur das potenzielle Angriffsobjekt im Zweitstaat, sondern auch dessen Grundlage kennen. Ohne Kenntnis der erststaatlichen Entscheidung könnte der Schuldner schwerlich erfolgreich Anerkennungsversagungsgründe gegen die zweitstaatliche Vollstreckbarerklärung vorbringen. Andererseits ist, wie Abs 2 einerseits und Art 53, Anh V belegen, die Zustellung nicht mehr[7] absolute Initialvoraussetzung für den Beginn des zweitstaatlichen Verfahrens.[8] 7

Abs 2 stellt nicht expressis verbis ein **Unverzüglichkeitsgebot** auf. Das ist allerdings unschädlich, weil es sich eigentlich von selbst versteht. Allerdings konfligiert eine un- 8

---

[2] OLG Saarbrücken RIW 1994, 1048 = IPRax 1995, 244 (*U Haas* 223); *Pirrung* DGVZ 1973, 179, 182; *ders* IPRax 1989, 21. **AA** *MünchKommZPO/Gottwald* Art 35 EuGVÜ Rn 2; *Schlosser* Rn 1.

[3] Siehe nur *Kropholler* Rn 2; *MünchKommZPO/Gottwald* Rn 4.

[4] Begründung der Bundesregierung zum Entwurf eines AVAG BT-Drs 11/351, 22.

[5] *Kropholler* Rn 3.

[6] *Thomas/Putzo/Hüßtege* Rn 2.

[7] Zuvor war dies in Deutschland umstritten; für eine solche Bedingung OLG Saarbrücken RIW 1994, 1048; *Pirrung*, IPRax 1989, 21; dagegen LG Stuttgart IPRax 1989, 41; *Laborde* RIW 1988, 565.

[8] *Schlosser* RIW 2002, 809, 812.

verzügliche Zustellung an den Schuldner mit dem Interesse des Gläubigers an einem überraschenden Zugriff im Zweitstaat, welcher dem Schuldner die Möglichkeit nimmt, Vermögenswerte zu verschieben. Der Gläubiger hat jedenfalls keinen Anspruch darauf, dass mit der amtswegigen Zustellung an den Schuldner zugewartet werde, bis der erste Zugriff überraschend erfolgt sei.[9] Ein Wunsch des Gläubigers, die Zustellung an den Schuldner hinauszuschieben, ist nicht mehr als eine unverbindliche Anregung.[10] Sie muss sich der Abwägung gegen die Zustellungspflicht der zweitstaatlichen Justiz und dem Anspruch des Schuldners auf rechtliches Gehör stellen.

## Artikel 43

(1) Gegen die Entscheidung über den Antrag auf Vollstreckbarerklärung kann jede Partei einen Rechtsbehelf einlegen.

(2) Der Rechtsbehelf wird bei dem in Anhang III aufgeführten Gericht eingelegt.

(3) Über den Rechtsbehelf wird nach den Vorschriften entschieden, die für Verfahren mit beiderseitigem rechtlichen Gehör maßgebend sind.

(4) Lässt sich der Schuldner auf das Verfahren vor dem mit dem Rechtsbehelf des Antragstellers befassten Gericht nicht ein, so ist Artikel 26 Absätze 2 bis 4 auch dann anzuwenden, wenn der Schuldner seinen Wohnsicht nicht im Hoheitsgebiet eines Mitgliedstaats hat.

(5) Der Rechtsbehelf gegen die Vollstreckbarerklärung ist innerhalb eines Monats nach ihrer Zustellung einzulegen. Hat der Schuldner seinen Wohnsitz im Hoheitsgebiet eines anderen Mitgliedstaats als dem, in dem die Vollstreckbarerklärung ergangen ist, so beträgt die Frist für den Rechtsbehelf zwei Monate und beginnt von dem Tage an zu laufen, an dem die Vollstreckbarerklärung ihm entweder in Person oder in seiner Wohnung zugestellt worden ist. Eine Verlängerung dieser Frist wegen weiter Entfernung ist ausgeschlossen.

**Schrifttum**

*Hau*, Zum Rechtsschutz gegen die Vollstreckbarerklärung gemäß Art 36 bis 38 EuGVÜ, IPRax 1996, 322

*Stürner*, Rechtliches Gehör und Klauselerteilung im Europäischen Vollstreckungsverfahren, IPRax 1985, 254.

### I. Grundsätzliches

1 Art 43 fasst den wesentlichen **sachlichen Gehalt der Art 36-40 EuGVÜ**, genauer: aus Art 36, 37 Abs 1, 40 EuGVÜ, zusammen. Echte sachliche Änderungen bringt er nicht mit sich.[1] Allerdings wird im EuGVÜ deutlicher zwischen Antragsgegner und Antragsteller als Beschwerdeführer unterschieden.

---

[9] *Schlosser* Rn 1.

[10] Vgl *Schlosser* Rn 1.

[1] *Droz/Gaudemet-Tallon* Rev crit 90 (2001) 601, 649.

Jede Partei hat einen **Rechtsbehelf** gegen die Entscheidung im Vollstreckbarerklärungsverfahren erster Instanz. Implizite Voraussetzung ist eine Beschwer dieser Partei. Der Antragsteller im Vollstreckbarerklärungsverfahren ist beschwert, wenn sein Antrag abgelehnt wurde, der Antragsgegner und Vollstreckungsschuldner dann, wenn dem Antrag stattgegeben wurde. 2

**Antragsberechtigt** ist jede formelle Partei. Dagegen sind Rechtsbehelfe Dritter ausgeschlossen, auch wenn das nationale Recht des Zweitstaates sie im Prinzip für interessierte Dritte vorsehen würde.[2] Die Brüssel I-VO möchte ein einheitliches und in sich geschlossenes System der Rechtsbehelfe bieten mit dem Ziel, die Vollstreckbarerklärung so weit wie möglich zu vereinfachen und zu beschleunigen.[3] Sie lässt keinen Raum für abweichende innerstaatliche Regelungen.[4] Dies schließt allerdings Rechtsbehelfe Dritter nach zweitstaatlichem Recht im späteren Zwangsvollstreckungsverfahren nicht aus.[5] Dritte können sich also nicht gegen die zweitstaatliche Titelschaffung wehren, wohl aber dagegen, dass die Zwangsvollstreckung ungerechtfertigt in ihre Rechte eingreift. Dies ist eine sachgerechte Verteilung und wahrt die berechtigten Interessen der Dritten. 3

**Beschwerdegegenstand** ist die Entscheidung nach Art 41, 42, mit welcher das Gericht erster Instanz diese erste Instanz des Vollstreckbarerklärungsverfahrens beschließt. Zwischenentscheidungen (zB Beweisbeschlüsse) sind kein Beschwerdegegenstand unter Art 43,[6] können aber mit den Rechtsbehelfen des nationalen Prozessrechts im Zweitstaat angegriffen werden. 4

Art 43 befasst sich nicht mit **Rechtsbehelfen im eigentlichen Zwangsvollstreckungsverfahren**. Diese richten sich wie das gesamte Zwangsvollstreckungsverfahren nach zweitstaatlichem Recht.[7] Die Brüssel I-VO unterscheidet deutlich zwischen dem Vollstreckbarerklärungsverfahren (Zulassung der Zwangsvollstreckung) und der Durchführung der Zwangsvollstreckung. Allerdings entfaltet Art 43 eine gewisse Sperrwirkung: Der Schuldner, der keine Beschwerde nach Art 43 eingelegt hat, kann später im eigentlichen Zwangsvollstreckungsverfahren keine stichhaltigen Gründe vorbringen, die er im Rahmen der Beschwerde hätte vorbringen können.[8] 5

---

[2] EuGH Rs 148/84 *Deutsche Genossenschaftsbank/Brasserie du pêcheur* SA EuGHE 1985, 1981, 1992 Rn 17; *Cypra* 197-200.

[3] EuGH Rs 148/84 *Deutsche Genossenschaftsbank/Brasserie du pêcheur* SA EuGHE 1985, 1981, 1992 Rn 16; *Kropholler* Rn 5.

[4] *B König* ÖRZ 2001, 267; *Czernich/Tiefenthaler/Kodek/Kodek* Rn 1.

[5] EuGH Rs 148/84 *Deutsche Genossenschaftsbank/Brasserie du pêcheur* SA EuGHE 1985, 1981, 1992 Rn 18; *Kropholler* Rn 5; *Czernich/Tiefenthaler/Kodek/Kodek* Rn 4.

[6] Siehe nur *BBGS/Haß* Art 37 EuGVÜ Rn 2 (1999) mwN.

[7] EuGH Rs 145/86 *Horst Ludwig Martin Hoffmann/Adelheid Krieg* EuGHE 1988, 645, 670 Rn 28.

[8] EuGH Rs 145/86 *Horst Ludwig Martin Hoffmann/Adelheid Krieg* EuGHE 1988, 645, 670 Rn 30f; *Kropholler* Rn 4.

## II. Verfahren

### 1. Zuständigkeit (Abs 2)

6 Die **funktionelle und sachliche Zuständigkeit** in den Mitgliedstaaten ergibt sich über Abs 2 aus der Liste des Anhang III. Einzelne Mitgliedstaaten, namentlich Belgien und die Niederlande, haben von der Freiheit Gebrauch gemacht, unterschiedliche Stellen für zuständig zu erklären, je nachdem, wer den Rechtsbehelf einlegt. Die anderen Mitgliedstaaten haben einheitliche Lösungen gewählt. Mit diesen ist jedoch nicht notwendig ein **Devolutiveffekt** verbunden, dass nun ein im Rechtszug höheres Gericht als jenes der ersten Instanz zuständig würde. Einen solchen echten Devolutiveffekt, dass für den Rechtsbehelf Berufungs- oder Appellationsgerichte zuständig werden, wollen indes Deutschland, Finnland, Frankreich, Griechenland, Luxemburg, Portugal und für den Rechtsbehelf des Gläubigers Belgien und die Niederlande. Über den Rechtsbehelf des Schuldners entscheidet in den Niederlanden nicht wie in erster Instanz der Präsident der Rechtbank, sondern ein vollbesetzter Spruchkörper der Rechtbank mit drei Richtern.

### 2. Kontradiktorischer Charakter (Abs 3)

7 Abs 3 stellt verordnungsautonom den zweiseitigen und damit **kontradiktorischen Charakter** des Rechtsbehelfsverfahrens sicher. Zugleich verweist er mit den Modifikationen der Abs 4, 5 auf das zweitstaatliche Prozessrecht für zweiseitige kontradiktorische Verfahren. Ob und inwieweit diese Verfahren auch streitig durchgeführt werden, obliegt ebenfalls dem zweitstaatlichen Prozessrecht.[9]

8 War der **Antragsgegner** in erster Instanz noch nicht gehört worden, ist ihm jetzt nach Abs 4 zwingend **Gelegenheit zur Stellungnahme** selbst in dem Fall zu geben, dass der Antrag in erster Instanz abgelehnt wurde. Damit soll sichergestellt werden, dass der Antragsgegner wenigstens eine Tatsacheninstanz zur Verfügung hat.[10] Das Beschwerdeverfahren ist also ein Verfahren *de novo*.[11]

9 Mit dem **Überraschungseffekt** zu Gunsten des Gläubigers kann der kontradiktorische Charakter des Rechtsbehelfsverfahrens indes kollidieren, wenn der Rechtsbehelf vom Gläubiger eingelegt wurde. Die Kollisionslage ist am schärfsten, wenn die Vollstreckbarerklärung in erster Instanz nur wegen seinerzeit noch nicht vorgelegter Urkunden versagt worden ist und die Vollstreckbarerklärung in einem anderen Staat als dem Wohnsitzstaat des Schuldners begehrt wird. Der Schuldner kann dann mit hoher Wahrscheinlichkeit erkennen, in welchen seiner Vermögenswerte vollstreckt werden soll, und kommt so in die faktische Lage, über diesen Gegenstand disponieren und ihn gegebenenfalls vor dem Zugriff des Gläubigers über eine Grenze verschieben zu können.

---

[9] Vgl tendenziell anders *Czernich/Tiefenthaler/Kodek/Kodek* Rn 5.

[10] *Thomas/Putzo/Hüßtege* Rn 15.

[11] *P Herzog*, in: Essays in Honor of Arthur T v Mehren (Ardsley, NY 2002) 83, 93.

10 Trotzdem geht der kontradiktorische Charakter mit **Gehör und Information des Schuldners** vor.[12] Rechter Ort, um das berechtigte Überraschungsinteresse zu wahren, vor allem, indem dem Gläubiger eine Frist gesetzt wird, innerhalb derer er noch fehlende Nachweise beibringen kann,[13] ist die erste Instanz, nicht das Beschwerdeverfahren. Der Gläubiger hat durch eigenes Verschulden seine Chance in erster Instanz verspielt und darf nicht darauf hoffen, dass das Verfahren vor dem Schuldner geheim bleibe, bis er das erste Mal gewonnen hat. Damit beschnitte man nämlich die Rechtsschutzmöglichkeiten des Schuldners um mindestens eine Instanz. Die Brüssel I-VO hat die Interessen beider Parteien gegeneinander abgewogen und für die zweite Instanz aus rechtsstaatlichen Grundsätzen heraus jenen des Schuldners den Vorrang eingeräumt.[14] Eine Unterscheidung danach, aus welchen Gründen das Verfahren in die zweite Instanz gekommen ist, ist nicht zu machen.[15] Berechtigte Sicherungsinteressen mag der Gläubiger verfolgen, um eine Vollstreckungsvereitelung abzuwenden, indem er vorläufige Sicherungsmaßnahmen, Eilmaßnahmen ohne Anhörung des Schuldners ausbringt, in Deutschland namentlich einen Arrest nach §§ 916ff ZPO beantragt.[16] Allerdings wird er sich dabei für den Arrestanspruch jenseits des Art 47 Abs 1 kaum auf die ausländische Entscheidung stützen können, deren Vollstreckbarerklärung ja gerade abgelehnt wurde; dadurch entsteht ein kleines Risiko widersprechender Entscheidungen.[17] Eine gewagte Alternative könnte in Deutschland die Zurückverweisung im Beschwerdeverfahren ohne Anhörung des Schuldners sein.[18]

11 **Lässt sich der Schuldner** auf das vom Gläubiger in Gang gebrachte Rechtsbehelfsverfahren **nicht ein**, so hat das Rechtsbehelfsgericht nach Abs 2 iVm Art 26 Abs 2-4 das Verfahren auszusetzen, bis festgestellt ist, dass die Verteidigungsrechte des Schuldners gewahrt wurden,[19] dh in der Sache, bis die für eine effektive Verteidigung rechtzeitige Zustellung des Antrags und der notwendigen Urkunden festgestellt ist.

### 2. Ausgestaltung in Deutschland

12 Das sachlich und örtlich zuständige **Beschwerdegericht** bestimmt Abs 2 iVm Anh III. Funktionell entscheidet in **Deutschland** der Senat des Oberlandesgerichts durch drei Richter, nicht der originäre Einzelrichter; § 568 ZPO findet keine Anwendung, da der erstinstanzlich tätige Vorsitzende der Zivilkammer kein Einzelrichter in dessen Sinne (der mit jenem der §§ 348 Abs 1 S 1; 348a Abs 1 ZPO übereinstimmt) ist.[20] Er ent-

---

[12] EuGH Rs 178/83 *Fa P/Fa K* EuGHE 1984, 3033, 3041 f Rn 8-12.

[13] Siehe *Stürner* IPRax 1985, 254, 255.

[14] EuGH Rs 178/83 *Fa P/Fa K* EuGHE 1984, 3033, 3042 Rn 11.

[15] *Lagarde* Rev crit 74 (1985) 569f.

[16] *Stürner* IPRax 1985, 254, 255f; *BBGS/Haß* Art 40 EuGVÜ Rn 5 (2000); *Kropholler* Rn 9.

[17] *Stürner* IPRax 1985, 254, 256; *A Huet* Clunet 112 (1985) 178, 182; *Fahl* 100 f; *Cypra* 158f.

[18] OLG Düsseldorf RIW 2003, 622; *Stürner* IPRax 1985, 254, 255f; *Cypra* 159.

[19] *Kropholler* Rn 12.

[20] OLG Köln IPRax 2003, 354f; *Feskorn* NJW 2003, 856, 857; *Thomas/Putzo/Hüßtege* Rn 18; *Geimer* IPRax 2003, 337, 338.

scheidet hier nicht an Stelle der Kammer, wie es ein Einzelrichter im gemeinten Sinne tun müsste, sondern hat eine eigene funktionelle Zuständigkeit.[21]

13 Die weitere **Ausgestaltung des Verfahrens** bestimmen die zweitstaatlichen Vorschriften. In Deutschland übernehmen diese Aufgabe die Beschwerdevorschriften der ZPO, modifiziert durch §§ 11ff AVAG. Die Beschwerde kann der **Form** nach gemäß § 11 Abs 1 S 1 AVAG nur bei der Geschäftsstelle des zuständigen OLG eingelegt werden, nicht aber beim in erster Instanz entscheidenden LG. Ausweislich § 11 Abs 2 AVAG ist eine fristgerecht beim LG eingereichte Beschwerde aber nicht unzulässig, sondern vielmehr von Amts wegen an das OLG weiterzuleiten. Eine Unkenntnis davon, dass hier eine Abweichung vom normalen Beschwerdeverfahren besteht, soll nicht definitiv und unabänderlich zum Nachteil des Beschwerdeführers ausschlagen. Eine Abhilfemöglichkeit des LG besteht nicht. § 11 Abs 4 AVAG gebietet, dass die Beschwerde dem Beschwerdegegner von Amts wegen zuzustellen ist.

14 Nach § 13 Abs 2 S 1 AVAG besteht **Anwaltszwang** erst, nachdem eine mündliche Verhandlung angeordnet ist.[22] Dies soll gezielt das rechtliche Gehör für den Beschwerdeführer erleichtern.[23] Eine mündliche Verhandlung ordnet das OLG gemäß § 13 Abs 1 S 1 AVAG nach seinem pflichtgemäßen Ermessen an.[24] Mündliche Verhandlung ist richtigerweise anzuordnen, wenn der Schuldner materielle Einwendungen gegen den ausgeurteilten Anspruch selbst vorbringt, zB Erfüllung oder Aufrechnung nach Erlass der erststaatlichen Entscheidung.[25] Hat der Schuldner dagegen im erststaatlichen Verfahren aufzurechnen versucht, ist aber damit nicht durchgedrungen, so wird er damit auch im Zweitstaat nicht gehört, auch nicht über Art 34 Nr 1.[26] Wird über das Vermögen des Schuldners ein Insolvenzverfahren eröffnet, so unterbricht dies nach § 240 ZPO das zweiseitig ausgestaltete Rechtsbehelfsverfahren.[27]

### III. Frist

15 **Regelfrist für die Beschwerdeeinlegung** des Schuldners gegen die ausgesprochene Vollstreckbarerklärung ist nach Abs 5 S 1 ein Monat nach Zustellung der erstinstanzlichen Entscheidung an die betreffende Partei. Diese Regelfrist läuft gegen den Vollstreckungsschuldner grundsätzlich aber nur, wenn er seinen gewöhnlichen Aufenthalt im Zweitstaat hat. Die Zustellung erfolgt dann nach den innerstaatlichen Zustellungs-

---

21 *Feskorn* NJW 2003, 856, 857.

22 OLG Frankfurt RIW 2001, 543.

23 A *Wolf* NJW 1973, 397, 399f.

24 BGH IPRax 1985, 101 (*Grunsky* 82); BGH WM 1984, 1064.

25 *Grunsky* IPRax 1985, 82.

26 OLG Frankfurt IPRax 1999, 460, 461; *Hau* IPRax 1999, 437, 438.

27 OLG Zweibrücken ZIP 2001, 301; *Mankowski* ZIP 1994, 1577, 1579f; *Thomas/Putzo/Hüßtege* Rn 17. **AA** OLG Saarbrücken ZIP 1994, 1609, 1610 sowie OLG Frankfurt IPRax 2002, 35 (*Rinne/Sejas* 28); OLG Frankfurt IPRax 2003, 246 (*Schollmeyer* 227).

vorschriften des Zweitstaates über die Inlandszustellung.[28] Die Zustellung muss so spezifizierte Information transportieren, dass der Schuldner eine effektive Verteidigungsmöglichkeit hat, braucht aber keine ausdrückliche Rechtsbehelfsbelehrung zu enthalten.[29] Förmliche Zustellung ist keine zwingende Vorgabe.[30]

Hat der Vollstreckungsschuldner seinen **gewöhnlichen Aufenthalt** nicht im Zweitstaat, sondern **in einem anderen EU-Mitgliedstaat** (außer Dänemark), so verlängert sich die Frist nach Abs 5 S 2 auf zwei Monate. Den Fristbeginn markiert die Zustellung an den Vollstreckungsschuldner persönlich oder in dessen Wohnung. Jede andere Zustellung löst die Frist nicht aus. Eine begrenzende absolute Frist ab Entscheidungserlass ist für diesen Fall nicht genügender Zustellung nicht vorgesehen. Die Zustellung erfolgt grundsätzlich nach der ZustellVO, allerdings unter der einschränkenden Maßgabe, dass nur die beiden in Abs 5 S 2 genannten Zustellungsmodi möglich sind. Zustellung in der Wohnung des Schuldners meint Aushändigung des Schriftstücks an eine dort angetroffene Person, die nach dem Gesetz zur Entgegennahme des zuzustellenden Schriftstücks befugt ist, oder in Ermangelung einer solchen Person an eine zuständige Behörde zu verstehen.[31] Dies schließt öffentliche Zustellung und remise au parquet aus.[32] Eine Zustellung gerade am Wohnsitz ist allerdings nicht verlangt.[33] Abs 5 S 3 verbietet in den Fällen des Abs 5 S 2 eine Verlängerung der Frist wegen weiter Entfernung. Verlängerungen aus anderen Gründen sind dagegen nach Maßgabe des nationalen Rechts des Zweitstaates statthaft.[34] 16

Hat der Vollstreckungsschuldner seinen **gewöhnlichen Aufenthalt** nicht im Zweitstaat, sondern **in einem Nicht-EU-Mitgliedstaat** oder in Dänemark, so gilt grundsätzlich Abs 1. Bei Zustellung in einen Nicht-EU-Staat aus Deutschland heraus sieht § 10 Abs 2 AVAG aber eine Verlängerungsmöglichkeit vor. Dies ist gemeinschaftsrechtlich zulässig.[35] Abs 5 S 3 gilt seiner Stellung, seinem Wortlaut („*dieser* Frist") und seiner Historie als zweiter Satz des Art 36 Abs 2 EuGVÜ nach nur für die Fälle des Abs 5 S 2, nicht auch für jene des Abs 5 S 1. Für Zustellung in Dänemark sollte Abs 5 S 3 seinem Gedanken nach aber analog gelten. Bei Drittstaatenzustellungen hat man unter Umständen nicht nur die noch überschaubaren Entfernungen innerhalb Europas, sondern gegebenenfalls die halbe Welt zu überbrücken. Die Zustellung richtet sich in den genannten Fällen nach Staatsverträgen, insbesondere dem HZÜ bzw nach dem nationalen Zustellungsrecht des Zweitstaates unter Einschluss der öffentlichen Zustellung oder der remise au parquet.[36] 17

---

[28] *Jenard*-Bericht Zu Art 36 Abs 2 EuGVÜ; *Cypra* 34; *Kropholler* Rn 14.

[29] Siehe App Milano Riv dir int priv proc 1999, 102, 104.

[30] Vgl *Kennett* (2001) 50 ICLQ 725, 734 f.

[31] *Jenard*-Bericht Zu Art 36 EuGVÜ Anm 1.

[32] *Cypra* 32; *BBGS/Haß* Art 36 EuGVÜ Rn 8 (2000); *Kropholler* Rn 15.

[33] Siehe *Cypra* 32 f.

[34] *Czernich/Tiefenthaler/Kodek/Kodek* Rn 19.

[35] Vgl *Cypra* 57 f, 64 f.

[36] *Cypra* 51.

18 Nach § 10 Abs 1 AVAG wird dem Schuldner eine **beglaubigte Abschrift der Vollstreckbarerklärung** samt der ausländischen Entscheidung von Amts wegen zugestellt. Ein im Ausland ansässiger Gläubiger ist dadurch der schwierigen Aufgabe enthoben, eine Parteizustellung vom Ausland aus bewirken zu müssen.[37]

19 Die **Frist** wird in **Deutschland** nach § 222 ZPO iVm §§ 187ff BGB berechnet. Sie ist ausweislich § 11 Abs 3 S 3 AVAG eine Notfrist. Wiedereinsetzung in den vorigen Stand wird nach den allgemeinen Regeln der ZPO gewährt.[38]

20 Abs 5 stellt eine **Frist** nur für Beschwerden gegen eine **ausgesprochene Vollstreckbarerklärung** auf. Dagegen besteht wie nach Art 40 EuGVÜ keine Frist für die Beschwerde des Gläubigers gegen die Ablehnung der von ihm beantragten Vollstreckbarerklärung. Der Gläubiger kann seinen Rechtsbehelf binnen ihm zweckdienlich erscheinender Zeit einlegen, insbesondere binnen jener Zeit, die er benötigt, um erforderliche und zuvor noch fehlende Unterlagen zu besorgen.[39] Der Umkehrschluss aus Abs 5 spricht dagegen, dass das nationale zweitstaatliche Recht eine Frist setzen dürfte; dafür könnte allerdings sprechen, dass dieses Recht grundsätzlich subsidiär eingreift, soweit die VO etwas nicht selber geregelt hat.[40]

## IV. Begründetheit

21 Die zulässige **Beschwerde des Antragstellers** hat dann Erfolg, wenn die Voraussetzungen für die Vollstreckbarerklärung vorliegen. Dies hat das Beschwerdegericht in eigener Kompetenz voll zu prüfen.

22 Die zulässige **Beschwerde des Antragsgegners** hat dann Erfolg, wenn die Voraussetzungen für die Vollstreckbarerklärung nicht vorliegen, sei es, dass es an den formellen Voraussetzungen fehlt, sei es, dass ein Vollstreckbarerklärungsversagungsgrund gegeben ist.[41]

23 Hinzu kommen in Deutschland als möglicher Erfolgsgrund dem Gesetzeswortlaut zufolge nach § 12 Abs 1 AVAG zulässige **Einwendungen,** welche den Anspruch vernichten oder zumindest in der Durchsetzung hemmen, welcher der für vollstreckbar zu erklärenden Entscheidung zugrunde liegt. § 12 Abs 1 AVAG entspricht vom Gedanken her § 767 Abs 2 ZPO, verlagert diesen aber bereits in das titelschaffende Verfahren vor. Die Vorschrift ist indes gemeinschaftsrechtskonform zu reduzieren.[42]

---

[37] *Kropholler* Rn 16.

[38] *Cypra* 70-74; *Geimer/Schütze*, EuZVR Art 36 EuGVÜ Rn 16f; *BBGS/Haß* Art 36 EuGVÜ Rn 12 (2000).

[39] *Jenard*-Bericht Zu Art 40, 41 EuGVÜ.

[40] Für eine Fristsetzungskompetenz nach nationalem Recht AppG Basel-Stadt BJM 1996, 142, 143.

[41] Näher *Rauscher/Mankowski* Art 45 Brüssel I-VO Rn 2f.

[42] Näher *Rauscher/Mankowski* Art 45 Brüssel I-VO Rn 4-6.

## Artikel 44

**Gegen die Entscheidung, die über den Rechtsbehelf ergangen ist, kann nur ein Rechtsbehelf nach Anhang IV eingelegt werden.**

### I. Grundsätzliches

Art 44 entspricht im wesentlichen Art 36, 40 EuGVÜ. Aus Art 44 ist eine **Beschränkung des weiteren Rechtsbehelfs** auf die Prüfung, ob Rechtsvorschriften verletzt sind, unter Ausschluss einer Nachprüfung von Tatsachenfragen zu entnehmen.[1] Ziel ist eine zügige Durchführung des Vollstreckbarerklärungsverfahrens.[2] Insbesondere soll der schon im Erststaat unterlegene Schuldner so wenig Chancen wie möglich erhalten, um durch immer neue Rechtsbehelfe das Verfahren in die Länge zu ziehen und zu verschleppen.[3] Eine Berufung mit größerem Prüfungsumfang ist nicht statthaft.[4] Eine zwischenzeitige Änderung der erststaatlichen Entscheidung im Ursprungsstaat hat auch das nach Anh IV zuständige Gericht der weiteren Rechtsbeschwerde zu beachten.[5] Suspensivwirkung entfaltet die Rechtsbeschwerde grundsätzlich nicht,[6] nur mittelbar über die Vollstreckungsbeschränkung des Art 47 Abs 3 auf Sicherungsmaßnahmen. 1

Aus dem übergeordneten **Beschleunigungsziel** folgert der EuGH die Notwendigkeit einer **engen Auslegung.**[7] Entscheidung über den Rechtsbehelf ist daher nur eine End-, keine Zwischenentscheidung.[8] Die Anordnung einer Beweiserhebung ist nicht rechtsbehelfsfähig.[9] Nicht weiter beschwerdefähig ist auch eine Entscheidung über die Aussetzung oder Nichtaussetzung des Vollstreckbarerklärungsverfahrens unter Art 46, mag sie auch formell im selben Akt erfolgen wie die eigentliche Rechtsbehelfsentscheidung,[10] gleichermaßen umgekehrt die Weigerung, eine Sicherheitsleistung nach Art 46 Abs 3 anzuordnen.[11] 2

---

1 *Kropholler* Rn 2.

2 *Schlosser*-Bericht Nr 217.

3 *Jenard*-Bericht Zu Art 37 EuGVÜ.

4 Siehe Hof's-Hertogenbosch NIPR 1999 Nr 277 S 371.

5 BGH NJW 1980, 2022; *Schlosser* Rn 2.

6 *Czernich/Tiefenthaler/Kodek/Kodek* Rn 2.

7 EuGH Rs C-432/93 *SISRO/Ampersand Software BV* EuGHE 1995 I 2269, 2297-2299 Rn 28-35 mwN; *Hau* IPRax 1996, 322.

8 EuGH Rs 258/83 *Schuhfabrik Brennero sas/Wendel GmbH Schuhproduktion International* EuGHE 1984, 3971, 3983 Rn 15; EuGH Rs C-432/93 *SISRO/Ampersand Software BV* EuGHE 1995 I 2269, 2298f Rn 30-35; *Schlosser* IPRax 1985, 321.

9 *Cypra* 179; *BBGS/Haß* Art 37 EuGVÜ Rn 2 (2000).

10 EuGH Rs C-183/90 *Berend Jan van Dalfsen/Bernard van Loon* EuGHE 1991 I 4743, 4772f Rn 19-25; EuGH Rs C-432/93 *SISRO/Ampersand Software BV* EuGHE 1995 I 2269, 2298f Rn 31-34.

11 BGH NJW 1994, 2156.

3 Ein **Rechtsbehelf seitens Dritter** ist ausgeschlossen, weil auch er dem Beschleunigungsziel zuwiderliefe und zudem das grundsätzlich geschlossene Rechtsbehelfssystem durchbräche.[12] Zudem wäre es unverständlich, einem Dritten den weiteren Rechtsbehelf nach Art 44 zu eröffnen, während man ihm jenen nach Art 43 versagt.[13] Dritte müssen ihre Rechte eben im eigentlichen Zwangsvollstreckungsverfahren zu wahren suchen.[14]

## II. Rechtsbeschwerde in Deutschland

4 In Deutschland findet nur die **Rechtsbeschwerde** der §§ 574-577 ZPO zum BGH statt, näher ausgestaltet mit den Modifikationen in §§ 15-17 AVAG. Vertretung durch einen beim BGH zugelassenen Anwalt ist nach § 78 Abs 1 ZPO notwendig.[15] Eine Rechtsbeschwerde bedarf zwar keiner Zulassung durch das OLG, ist aber nach § 15 Abs 1 S 1 AVAG iVm §§ 574 Abs 1 Nr 1, Abs 2 ZPO gleichwohl nur zulässig, wenn die Sache grundsätzliche Bedeutung hat oder eine Fortbildung des Rechts oder die Sicherung einer einheitlichen Rechtsprechung eine Entscheidung des BGH erfordern.[16]

5 Die Rechtsbeschwerde ist **innerhalb eines Monats** einzulegen und zu begründen. Der Gegner kann sich ihr nach § 17 Abs 2 S 2 AVAG iVm § 574 Abs 4 ZPO durch Rechtsbeschwerdeanschlussschrift anschließen.[17] § 17 Abs 2 S 1 AVAG erlaubt dem BGH, ohne mündliche Verhandlung zu entscheiden. Unzulässige Rechtsbeschwerden werden nach § 17 Abs 2 Abs 2 iVm § 577 Abs 1 ZPO verworfen. Auf begründete Rechtsbeschwerde hebt der BGH die Beschwerdeentscheidung auf und verweist zurück oder entscheidet selbst. Die Kosten des Rechtsbeschwerdeverfahrens belaufen sich nach Nr 1913 KV zum GVG fix auf € 144,40,–. Die Anwaltsgebühren entsprechen mangels Sonderregelung in der BRAO jenen in einem Revisionsverfahren nach §§ 2, 11 Abs 1 BRAGO.[18]

## Artikel 45

**(1) Die Vollstreckbarerklärung darf von dem mit einem Rechtsbehelf nach Artikel 43 oder Artikel 44 befassten Gericht nur aus einem der in den Artikeln 34 und 35 aufgeführten Gründe versagt oder aufgehoben werden. Das Gericht erlässt seine Entscheidung unverzüglich.**
**(2) Die ausländische Entscheidung darf keinesfalls in der Sache selbst nachgeprüft werden.**

---

12 EuGH Rs C-172/91 *Volker Sonntag/Hans Waidmann* EuGHE 1993 I 1963, 1999 Rn 33f.

13 *Kropholler* Rn 6.

14 EuGH Rs 148/84 *Deutsche Genossenschaftsbank/Brasserie du pêcheur* SA EuGHE 1985, 1981, 1992 Rn 18.

15 *Schlosser* Rn 2.

16 *MünchKommZPO/Gottwald* Rn 2.

17 *MünchKommZPO/Gottwald* Rn 3.

18 *MünchKommZPO/Gottwald* Rn 5.

**Schrifttum**

*Münzberg,* Berücksichtigung oder Präklusion sachlicher Einwendungen im Exequaturverfahren trotz Art 45 Abs 1 VO (EG) Nr 44/2001?, in: FS Reinhold Geimer (2002) 745

*Nelle,* Anspruch, Titel und Vollstreckung im internationalen Rechtsverkehr (2000).

Art 45 hat seinen direkten Vorgänger in Art 34 Abs 2, 3 EuGVÜ. Er regelt den **Prüfungsumfang für das Vollstreckbarerklärungsverfahren** zweiter und dritter Instanz. Abs 2 wiederholt für die Vollstreckbarerklärung, was Art 36 schon für die Anerkennung ausspricht. Generell führt Art 45 zu einer Verzahnung des Vollstreckbarerklärungsverfahrens mit dem materiellen Gehalt des Anerkennungsrechts. Abs 1 S 2 enthält für die zweite und dritte Instanz wie Art 41 für die erste Instanz ein Gebot zu unverzüglicher Entscheidung und dient der größtmöglichen Verfahrensbeschleunigung. Dessen Umsetzung und Sanktionierung ist den Mitgliedstaaten überlassen.[1] 1

## I. Prüfungsumfang

Abs 1 S 1 macht die **Anerkennungsversagungsgründe** der Art 34, 35 zum materiellen Prüfungsmaßstab in zweiter und dritter Instanz, die zu prüfen der ersten Instanz durch Art 41 versagt war. Damit steckt er einen engen Rahmen und schneidet prinzipiell eine darüber hinausgehende Prüfung ab.[2] Abs 2 assistiert dem. Das zweitstaatliche Gericht darf namentlich jenseits Art 35 Abs 1 nicht prüfen, ob das erststaatliche Gericht seine Zuständigkeit zu Recht bejaht hat.[3] Für die ordre public-Prüfung geht es nur um die Frage, ob die inländische Vollstreckbarerklärung und Vollstreckung den inländischen ordre public einschließlich der Grundrechte des Schuldners verletzen würde, denn der Inlandsbezug liegt lediglich in Voraussetzungen und Wirkungen der Zwangsvollstreckung.[4] Dabei ist in Deutschland zu beachten, dass bereits die Unpfändbarkeitsgrenzen nach §§ 811f, 850ff ZPO den sozialstaatlichen Belangen weitgehend Rechnung tragen.[5] Auch § 888 Abs 2 ZPO zieht der Vollstreckbarerklärung als solcher keine Grenze.[6] Ebenso wenig dürfen Abänderungsgründe eine Rolle spielen.[7] 2

Allerdings darf das Rechtsbehelfsgericht auch diejenigen **Voraussetzungen der Vollstreckbarerklärung** prüfen, die bereits die erste Instanz hatte prüfen dürfen.[8] Insoweit gilt ein argumentum a fortiori: Was schon die stark beschnittene erste Instanz darf, darf 3

---

1 Siehe *Fontana* Riv trim dir proc civ 2003, 263, 305f.

2 *Schlosser*-Bericht Nr 220; *Kropholler* Rn 2.

3 Siehe nur OLG Brandenburg IPRspr 1998 Nr 186 S 375; OLG München RIW 2000, 464, 465.

4 BGHZ 140, 395, 398 = JZ 1999, 1117 m Anm *H Roth* = JR 1999, 371 m Anm *A Staudinger*.

5 BGHZ 140, 395, 398; *G Schulze* IPRax 1999, 342, 345.

6 *Mansel* IPRax 1995, 362, 365.

7 *Cypra* 109-113; *Gottwald* FamRZ 2002, 1423.

8 *Kropholler* Rn 5f; *Münzberg,* in: FS Reinhold Geimer (2002) 745, 746, 748f; *Schlosser* Rn 1; *Czernich/Tiefenthaler/Kodek/Kodek* Art 43 Rn 13 sowie *Lopes Segna* Riv dir int 2001, 621, 644.

das Gericht zweiter oder dritter Instanz erst recht. Zudem ist das Rechtsbehelfsverfahren zweiter Instanz ein Verfahren *de novo*, und man versagte dem Schuldner anderenfalls das rechtliche Gehör zu von der Brüssel I-VO selbst geregelten Punkten.[9] Dies gilt auch bei örtlicher Unzuständigkeit des erstinstanzlichen Gerichts.[10] Umso mehr muss gleiches gelten, wenn der Antragsteller sich gegen eine Ablehnung in erster Instanz kehrt, für welche die Anerkennungsversagungsgründe keine Rolle gespielt haben können. Anderenfalls dürfte es gar keinen Rechtsbehelf gegen eine Versagung geben, weil er sinnlos wäre, wenn man Art 45 wörtlich nähme.[11] Hat das Gericht erster Instanz entgegen Art 41 den Schuldner gehört, so stellt dies zwar einen Verfahrensmangel dar, führt aber nicht automatisch zur Aufhebung der erstinstanzlichen Entscheidung, da das Gericht zweiter Instanz selber über Ausspruch oder Versagung der Vollstreckbarerklärung in der Sache zu entscheiden hat.[12]

## II. Materielle Einwendungen des Schuldners

4 **Materielle Einwendungen** des Schuldners, die in der ausländischen Entscheidung nicht berücksichtigt werden konnten (zB zwischenzeitige Erfüllung, Aufrechnung oder Verjährung), sind dem Wortlaut des Art 45 nach kein denkbarer Aufhebungsgrund für eine erfolgte Vollstreckbarerklärung.[13] Sie im Vollstreckbarerklärungsverfahren nicht zu berücksichtigen hieße zwingend, sie in die Rechtsbehelfsverfahren des eigentlichen Zwangsvollstreckungsverfahrens, insbesondere auf Vollstreckungsgegenklagen, zu verweisen.[14] Der Prozessökonomie wäre dies nicht förderlich.[15] Zudem wären sie in der Brüssel I-VO direkt nicht geregelt, wenn man eine Regelung nicht in das „nur" hineinlesen will.[16] Wenn man Abs 1 S 1 auf Fälle beschränkte, welche durch die Brüssel I-VO direkt geregelt sind, sperrte dies den Weg frei, sie sozusagen neben dem Wortlaut schon im Rechtsbehelfsverfahren der Vollstreckbarerklärung prüfen zu können.[17]

5 § 12 Abs 1 AVAG erlaubt dem Schuldner ausdrücklich, mit der Beschwerde auch **Einwendungen gegen den titulierten Anspruch** selbst insoweit geltend zu machen, als die Gründe, auf denen sie beruhen, erst nach Erlass der erststaatlichen Entscheidung entstanden sind. Sieht man solche sachlichen Einwendungen als nicht von der Brüssel I-VO geregelt, so besteht kein Konflikt. Ansonsten kann man sich bei wörtlicher Anwendung der Vorschrift an der Auslegung der Vorbildnorm § 767 Abs 2 ZPO orientie-

---

[9] Vgl *Kropholler* Rn 6.

[10] OLG Köln RIW 1993, 498, 499; *BBGS/Haß* Art 36 EuGVÜ Rn 15 (2000).

[11] Vgl *Kropholler* Rn 5.

[12] AppG Basel-Stadt BJM 1996, 142, 143 f.

[13] *Stadler*, in: *Gottwald* (Hrsg), Revision des EuGVÜ/Neues Schiedsverfahrensrecht (2000) 37, 57; *Micklitz/Rott* EuZW 2002, 15, 22.

[14] *Münzberg*, in: FS Reinhold Geimer (2002) 745, 751 f; *MünchKommZPO/Gottwald* Art 43 Rn 7.

[15] *H Roth* IPRax 1989, 14, 17.

[16] Eingehend *Cypra* 95-101.

[17] So *R Wagner* IPRax 2002, 75, 83.

ren.[18] Bei Gestaltungsrechten heißt dies nach der (abzulehnenden)[19] Auffassung der Rechtsprechung, dass es für die Präklusion nicht auf die Gestaltungserklärung, sondern darauf ankommt, wann die Gestaltungslage eingetreten ist.[20]

Indes sind folgende **Gründe gegen die VO-Konformität** des § 12 Abs 1 AVAG ins Feld zu führen: Erstens kann es schon an der deutschen Zuständigkeit fehlen, da Art 22 Nr 5 nicht unbedingt einschlägig ist.[21] Zweitstaatliche Regelungskompetenz besteht nur für die Antragstellung, nicht für Inhalt oder Ablauf des Exequaturverfahrens.[22] Zweitens ist die Anerkennung solcher deutscher Entscheidungen nicht gesichert.[23] Drittens entzieht § 12 Abs 1 AVAG dem Schuldner eine Tatsacheninstanz.[24] Viertens könnte eine Beschwerde wegen Art 47 Abs 3 die berechtigten Interessen des Gläubigers gefährden, während zwangsvollstreckungsrechtliche Rechtsbehelfe dies nicht täten.[25] Fünftens widerspricht jene Zulassung dem Beschleunigungs- und Vereinfachungszweck der Brüssel I-VO, zumal sie eine Erhebung von Tatsachen erforderlich machen würde.[26] Insbesondere steht sie mit dem Beschleunigungsgebot des Abs 1 S 2 in Widerspruch.[27] Dies gilt umso mehr, als die Zulassung materieller Einwendung die Folgefrage nach dem anwendbaren materiellen Recht aufwürfe und über eine ungeschriebene Kollisionsnorm zu dem vom erststaatlichen Gericht tatsächlich angewandten Recht kommen müsste.[28] § 12 Abs 1 AVAG ist daher wegen des gemeinschaftsrechtlichen Anwendungsvorrangs der Brüssel I-VO unbeachtlich bzw VO-konform zu reduzieren.[29] 6

Art 45 Abs 1 geht aber nicht so weit, **Rechtsbehelfe im eigentlichen Zwangsvollstreckungsverfahren** auszuschließen.[30] Er regelt nur das Rechtsbehelfsverfahren in der titelschaffenden Vollstreckbarerklärung und belässt dem Zweitstaat die Kompetenz für die eigentliche Zwangsvollstreckung. Wenn der Gläubiger seinen zweitstaatlichen Titel erhält, sieht er sich auf dem Weg zur effektiven Durchsetzung mit den zweitstaatlichen 7

---

[18] Siehe *Fahl* 98; *BBGS/Haß* Art 36 EuGVÜ Rn 17 (2000); *Kropholler* Art 43 Rn 28.

[19] Eingehend *Mankowski*, Beseitigungsrechte (2003) § 33 X mwN.

[20] BGHZ 74, 278 (zur Anfechtung); OLG Koblenz NJW 1976, 488; OLG Bremen IPRspr 1977 Nr 152; OLG Frankfurt RIW 1980, 63 (alle zur Aufrechnung).

[21] *Nelle* 435, 443.

[22] *Mankowski* ZZP Int 4 (1999) 276, 287; *Münzberg*, in: FS Reinhold Geimer (2002) 745, 750.

[23] *Nelle* 435, 444.

[24] *Leutner*, Die vollstreckbare Urkunde im europäischen Rechtsverkehr (1997) 281; *Nelle* 444.

[25] *Münzberg*, in: FS Reinhold Geimer (2002) 745, 751 f.

[26] *Mankowski* ZZP Int 4 (1999) 276, 286; *Nelle* 442 f.

[27] *Münzberg*, in: FS Reinhold Geimer (2002) 745, 751.

[28] Siehe *Cypra* 101 f mwN; *Schack* Rn 946.

[29] *Mankowski* ZZP Int 4 (1999) 276, 286 f; *Nelle* 442 f; *Hub* NJW 2001, 3145, 3147; *MünchKommZPO/Gottwald* Rn 4, Art 43 Rn 7; *Münzberg*, in: FS Reinhold Geimer (2002) 745, 751 f; *Gottwald* FamRZ 2002, 1423; *Thomas/Putzo/Hüßtege* Rn 3. Ähnlich *Geimer* IPRax 2003, 337, 339: Reduktion auf liquide Einwendungen. **AA** *R Wagner* IPRax 2002, 75, 83; *Kropholler* Art 43 Rn 27 f sowie der Sache nach zB BGH NJW 2002, 960.

[30] Entgegen *Hub* NJW 2001, 3145, 3147.

Vollstreckungshindernissen konfrontiert.[31] Anderes wäre mit dem menschen- und grundrechtlich verbürgten Recht des Schuldners auf ein faires Verfahren mit rechtlichem Gehör auch nicht zu vereinbaren. Der Schuldner kann also in Deutschland das Vorgehen aus der Vollstreckbarerklärung mit der Vollstreckungsgegenklage, sogar kombiniert mit einer einstweiligen Anordnung nach § 769 ZPO, angreifen.[32]

8 In die Rechtsbehelfe des eigentlichen Zwangsvollstreckungsverfahrens gehören auch **Einwendungen des Schuldners**, die sich aus einer **drohenden Doppelverpflichtung** ergeben.[33] Doppelverpflichtungen können namentlich drohen, wenn der antragstellende Gläubiger seinerseits Schuldner eines Dritten ist und jener Dritte die Forderung des Gläubigers gegen den Schuldner, der damit zum Drittschuldner wird, bereits hat pfänden lassen. Unter Umständen ist dann eine Hinterlegungsbefugnis des Schuldner-Drittschuldners der richtige Weg, den die Brüssel I-VO nicht versperrt.[34]

## Artikel 46

**(1) Das nach Artikel 43 oder Artikel 44 mit dem Rechtsbehelf befasste Gericht kann auf Antrag des Schuldners das Verfahren aussetzen, wenn gegen die Entscheidung im Ursprungsmitgliedstaat ein ordentlicher Rechtsbehelf eingelegt oder die Frist für einen solchen Rechtsbehelf noch nicht verstrichen ist; in letzterem Fall kann das Gericht eine Frist bestimmen, innerhalb deren der Rechtsbehelf einzulegen ist.**
**(2) Ist die Entscheidung in Irland oder im Vereinigten Königreich ergangen, so gilt jeder im Ursprungsmitgliedstaat statthafte Rechtsbehelf als ordentlicher Rechtsbehelf im Sinne von Absatz 1.**
**(3) Das Gericht kann auch die Zwangsvollstreckung von der Leistung einer Sicherheit, die es bestimmt, abhängig machen.**

### Schrifttum

*Grunsky*, Voraussetzungen für die Anordnung von Maßnahmen des Beschwerdegerichts nach Art 38 EuGVÜ, IPRax 1995, 218
*Prütting*, Probleme des europäischen Vollstreckungsrechts, IPRax 1985, 137
*Stadler*, Schuldnerschutz nach Art 38, 39 EuGVÜ und seine Voraussetzungen, IPRax 1995, 220.

[31] EuGH Rs 145/86 *Horst Ludwig Martin Hoffmann/Adelheid Krieg* EuGHE 1988, 645, 670 Rn 30f steht nicht entgegen. Die Sperrwirkung für das Vollstreckungsverfahren betrifft nur solche Gründe, die im Vollstreckbarerklärungsverfahren hätten vorgebracht werden können.
[32] *Linke* RIW 1985, 237, 238. **AA** *Hub* NJW 2001, 3145, 3147.
[33] *Prütting* IPRax 1985, 137, 140.
[34] BGH NJW 1983, 2773, 2774; *Prütting* IPRax 1985, 137, 140.

## I. Grundsätzliches

Art 46 entspricht im wesentlichen Art 38 EuGVÜ. Er gestattet eine **Aussetzung des Rechtsbehelfsverfahrens** im Zweitstaat. Dagegen betrifft er nicht das Vollstreckbarerklärungsverfahren erster Instanz. Dieses ist und bleibt strikt einseitig. Der Vollstrekkungsschuldner wird in ihm nicht gehört und kann deshalb in ihm auch keine Anträge stellen. Namentlich die Aussetzungsmöglichkeit in zweiter Instanz ist eine Teilkompensation dafür.[1] 1

Sie soll den Schuldner vor Gefahren aus der zweitstaatlichen Vollstreckbarerklärung im **Erststaat nur vorläufig vollstreckbarer Entscheidungen** schützen.[2] Zugleich reduziert sie den Gesamtaufwand, weil sie auszugleichende Schäden im Vermögen des Schuldners vermeiden hilft. Anders als Art 38 EuGVÜ erlaubt Abs 1 eine Aussetzung oder Anordnung der Sicherheitsleistung nicht nur in zweiter, sondern sachgerechterweise[3] auch in dritter Instanz. Auch dort gilt es, irreversible Folgen zu vermeiden,[4] obwohl die Miteinbeziehung tatsächlicher Erwägungen in der auf eine reine Rechtsprüfung beschränkten dritten Instanz einen kleinen Systembruch darstellt.[5] Ist ein Antrag gestellt, so hat das zweitstaatliche Gericht zu ermitteln, wie endgültig die erststaatliche Entscheidung ist.[6] Das Antragsverfahren nach Art 46 ist vom eigentlichen Vollstreckbarerklärungsverfahren gedanklich zu trennen.[7] Maßnahmen nach Art 46 (einschließlich solcher nach Abs 3) sind nicht mehr möglich, wenn die Rechtsbehelfsfrist im Erststaat abgelaufen ist.[8] 2

Abs 3 gibt dem Gericht nach seinem **Ermessen** eine Art Ersetzungsbefugnis: An Stelle der normalerweise stärker in die Gläubigerinteressen einschneidenden Aussetzung kann es eine Sicherheitsleistung seitens des Gläubigers anordnen und die Vollstreckbarerklärung aussprechen bzw aufrechterhalten. Dem Interesse des Gläubigers an der Effektivität des Zugriffs kommt dies entgegen. Es gibt dem Schuldner weniger Zeit, Vermögenswerte noch grenzüberschreitend zu verschieben. Auf der anderen Seite ist das Interesse des Schuldners gewahrt, keine irreparablen Schäden zu erleiden. Die Waagschale der Interessenabwägung und des Ermessens wird sich daher regelmäßig zu Gunsten der Anordnung der Sicherheitsleistung senken.[9] Bei erheblichen Streitwerten 3

---

1 *Kropholler* Rn 5 sowie *Jenard*-Berich Zu Art 38 EuGVÜ.

2 *Kropholler* Rn 1.

3 *Stadler*, in: *Gottwald* (Hrsg), Revision des EuGVÜ/Neues Schiedsverfahrensrecht (2000) 37, 58; *Micklitz/Rott* EuZW 2002, 15, 22.

4 Begründung der Kommission BR-Drs 534/99, 24 Zu Art 43.

5 *Kropholler* Rn 2.

6 CA Versailles Rev crit 81 (1992) 126, 127 m Anm *Gaudemet-Tallon*.

7 *Gaudemet-Tallon* Rev crit 81 (1992), 128, 129.

8 OLG München RIW 2000, 464, 466.

9 OLG Düsseldorf RIW 1985, 492; OLG Hamm NJW-RR 1995, 189 = RIW 1994, 243; OLG Düsseldorf RIW 1997, 329; *Kropholler* Rn 1; *Schlosser* Rn 3.

kann auch eine Kompromisslösung in Betracht kommen: Teilaussetzung und Anordnung der Sicherheitsleistung für den anderen Teil.[10]

4 Das entscheidende Gericht kann seine ursprüngliche Aussetzung oder Anordnung von Sicherheitsleistung später **nach seinem Ermessen aufheben oder abändern.**[11] Die Entscheidung ist gebunden, sobald im Erststaat eine abschließende Entscheidung gefallen ist oder die dortige Entscheidung formell rechtskräftig geworden ist. Dann ist eine Aussetzung aufzuheben und das Vollstreckbarerklärungsverfahren fortzusetzen.[12] Eine Anordnung der Sicherheitsleistung ist aufzuheben, wenn der Gläubiger im Erststaat obsiegt hat, der Bestand der dortigen Entscheidung also gesichert ist. Eine Aussetzung kann auch dann entfallen, wenn das erststaatliche Verfahren unverhältnismäßig lange dauert,[13] insbesondere die menschenrechtliche Grenze des Art 6 EMRK überschreitet.

## II. Aussetzung auf Antrag des Schuldners

### 1. Antrag des Schuldners

5 Abs 1 gibt dem Vollstreckungsschuldner ein Recht, die **Aussetzung zu beantragen**. Das Antragsrecht richtet sich nicht nach der Parteirolle im erststaatlichen Rechtsbehelfsverfahren, sondern allein nach der Parteirolle im zweitstaatlichen Vollstreckbarerklärungsverfahren. Dem Antragsteller im Zweitstaat steht ein Antragsrecht selbst dann nicht zu, wenn er im Erststaat Beschwerdeführer ist. Der Antragsteller betreibt die Vollstreckbarerklärung im Zweitstaat auf sein eigenes Risiko. Er mag, so er risikoavers ist, davon ganz absehen, wenn er selber im Erststaat noch mehr möchte als das dort schon Erreichte und deshalb im Erststaat einen Rechtsbehelf einlegt. Insoweit sägt er selber an dem Ast, dem er im Zweitstaat Früchte entlocken will. Nach dem klaren Wortlaut des Abs 1 scheidet jedenfalls eine Aussetzung von Amts wegen ohne Antrag des Schuldners aus.

### 2. Ordentlicher Rechtsbehelf

6 Die **sachlichen Voraussetzungen** für die Aussetzung entsprechen in Abs 1 HS 1 Var 1 jenen des Art 37, soweit ein ordentlicher Rechtsbehelf im Erststaat eingelegt ist. Der Begriff des ordentlichen Rechtsbehelfs ist grundsätzlich derselbe wie in Art 37 und in autonomer Auslegung, abstrahierend von den insoweit zu stark divergierenden mitgliedstaatlichen Rechtsordnungen, zu gewinnen.[14] Er ist im Rechtsschutzinteresse des

---

[10] *MünchKommZPO/Gottwald* Art 38 EuGVÜ Rn 4; *Schlosser* Rn 3.

[11] *Hau* IPRax 1996, 322, 323; *Schlosser* Rn 6.

[12] *Hau* IPRax 1996, 322, 323.

[13] *Hau* IPRax 1996, 322, 323 sowie *Société d'Informatique Service Réalisation Organisation v Ampersand Software BV* [1994] ILPr 55, 63, 64 (CA, per *Dillon*, *Staughton* LJJ).

[14] EuGH Rs 43/77 *Industrial Diamond Supplies/Luigi Riva* EuGHE 1977, 2175, 2187 f Rn 22/27, 28.

Schuldner prinzipiell nicht eng, sondern weit zu verstehen.[15] Ein ordentlicher Rechtsbehelf ist gegeben, wenn er nach erststaatlichem Recht zur Aufhebung oder Abänderung der erststaatlichen Entscheidung führen kann, sofern er binnen einer mit Erlass (genauer: Zustellung oder Bekanntgabe)[16] jener Entscheidung beginnenden Frist einzulegen ist.[17] Ein Suspensiveffekt im Erststaat ist nicht vorausgesetzt.[18] Unerheblich ist auch, ob das Rechtsbehelfsgericht eine weitere Tatsacheninstanz oder eine bloße Kassationsinstanz mit reiner Rechtsprüfung ist.[19]

Ausgegrenzt sind aber jedenfalls solche **außerordentlichen**, nicht im normalen Instanzenzug vorgesehenen **Rechtsbehelfe**, die sich gegen eine nach erststaatlichem Recht formell rechtskräftige Entscheidung richten und die bereits eingetretene formelle Rechtskraft zu durchbrechen geeignet wären. In Deutschland trifft dies (Urteils-)Verfassungsbeschwerde und Wiederaufnahmeverfahren, europaweit die Menschenrechtsbeschwerde zum EGMR.[20] Auf der anderen Seite kann ein obligatorisches Bestätigungsverfahren für vorläufig vollstreckbare Entscheidungen ein Rechtsbehelf sein, wie namentlich bei manchen Erscheinungen des italienischen Prozessrechts.[21] Denn materielles Kriterium für einen ordentlichen Rechtsbehelf ist, dass jede Partei ihn bei einer regulären Verfahrensentwicklung vernünftigerweise in Rechnung stellen musste.[22] Materiell entscheidendes Moment ist die Unsicherheit über den Fortbestand der erststaatlichen Entscheidung. Dies sollte dazu führen, dass man auch bei einem eingelegten Rechtsbehelf, der eigentlich kein ordentlicher ist, Art 46 anwendet.[23] 7

Zu weit führte es aber, wenn man selbst eine **Vollstreckungsgegenklage** oder ein ähnliches Instrument im Erststaat ausreichen ließe.[24] Rein vollstreckungsrechtlichen Instrumenten fehlt es an der Qualität, dass sie im Erfolgsfall die erststaatliche Entscheidung als Titelgrundlage aus der Welt schaffen würden. Zum einen greifen sie nur eine andere aus zweitstaatlicher Sicht interessante Voraussetzung der Vollstreckbarerklärung, die Vollstreckbarkeit im Erststaat, an, selbst dies aber nur konkret. Zum zweiten befassen sie sich mit Vollstreckungsgegebenheiten im Erststaat, die für den Zweitstaat und die dortige Zwangsvollstreckung keine Bedeutung haben müssen. 8

---

15 EuGH Rs 43/77 *Industrial Diamond Supplies/Luigi Riva* EuGHE 1977, 2175, 2188 Rn 32/34; BGH NJW 1986, 3026, 3027; OLG Hamm RIW 1994, 243, 245 f; OLG Stuttgart RIW 1997, 684, 686; OLG Düsseldorf NJW-RR 2001, 1575, 1576.

16 *Schlosser* Rn 2.

17 EuGH Rs 43/77 *Industrial Diamond Supplies/Luigi Riva* EuGHE 1977, 2175, 2189 Rn 42.

18 AppG Basel-Stadt BJM 1996, 142, 145.

19 *Schlosser* Rn 2.

20 *R Wagner* IPRax 2002, 75, 92.

21 BGH NJW 1986, 3026, 3027; OLG Hamm RIW 1985, 973, 976; OLG Stuttgart RIW 1997, 684, 686; *Linke* RIW 1985, 976, 978; *ders* RIW 1986, 997.

22 Siehe EuGH Rs 43/77 *Industrial Diamond Supplies/Luigi Riva* EuGHE 1977, 2175, 2189 Rn 35/41.

23 *Cypra* 119 f mwN.

24 Dafür indes *M K Wolff*, in: Hdb IZVR III/2 Kap IV Rn 326; *MünchKommZPO/Gottwald* Art 38 EuGVÜ Rn 3; *Kropholler* Rn 3. Wie hier *Czernich/Tiefenthaler/Kodek/Kodek* Rn 3.

### 3. Noch nicht abgelaufene Rechtsbehelfsfrist

9 Abs 1 HS 1 Var 2 erweitert Var 1 tatbestandlich darum, dass die **Frist für die Einlegung eines ordentlichen Rechtsbehelfs** im Erststaat noch nicht abgelaufen ist. Dabei ist nicht besagt, dass der Vollstreckungsschuldner im Erststaat Rechtsbehelfsberechtigter sein muss. Vielmehr reicht jede noch laufende Rechtsbehelfsfrist nach dem erststaatlichen Prozessrecht. Denn schon dies schafft einen Unsicherheitszustand bezüglich des Bestandes der erststaatlichen Entscheidung.

10 Abs 1 HS 2 erlaubt dem zweitstaatlichen Beschwerdegericht für den Fall der im Erststaat noch laufenden Rechtsbehelfsfrist, den Beteiligten eine **Frist** zu setzen, binnen derer der **Rechtsbehelf im Erststaat einzulegen** ist. Damit soll ein unzumutbar langer Schwebezustand vermieden werden. Allerdings kann diese Fristsetzung im Zweitstaat nicht die effektiven Rechtsbehelfsmöglichkeiten im Erststaat beschneiden. Vielmehr ist auch nach ihrem fruchtlosen Ablauf noch die Rechtsbehelfseinlegung im Erststaat möglich. Der Fristablauf im Zweitstaat schließt nur die dortige Aussetzung des Vollstreckbarerklärungsverfahrens aus.

11 Umgekehrt mag, wenn die im Zweitstaat gesetzte Frist länger ist als die eigentliche Rechtsbehelfsfrist nach erststaatlichem Prozessrecht, ein im Erststaat **verspätet eingelegter Rechtsbehelf** noch die zweitstaatliche Frist wahren. Das zweitstaatliche Gericht sollte bei seiner Ermessensausübung die erststaatlichen Fristen jedenfalls berücksichtigen und sich bemühen, seine eigene Fristsetzung möglichst auf diese abzustimmen. Generell ist einem zweitstaatlichen Gericht zu einer eigenen Fristsetzung nur zu raten, wenn der Rechtsbehelf nach erststaatlichem Prozessrecht keiner Frist unterliegen sollte (wobei zuvörderst zu fragen ist, ob es sich dann überhaupt noch um einen ordentlichen Rechtsbehelf handelt).

### 4. Aussetzung als Rechtsfolge

12 Die **Rechtsfolge der Aussetzung** steht im Ermessen des zweitstaatlichen Beschwerdegerichts. Dabei sind die mutmaßlichen Erfolgsaussichten des Rechtsbehelfs im Erststaat zu berücksichtigen.[25] Wenn der Rechtsbehelf dort keine realen Erfolgsaussichten hat, ist in aller Regel nicht auszusetzen. Nur wenn umgekehrt mit einem Erfolg des Rechtsbehelfs im Erststaat zu rechnen ist, jedenfalls eine überwiegende Wahrscheinlichkeit dafür streitet, ist eine Aussetzung ernsthaft zu erwägen.[26] Die Gewichtung ergibt sich daraus, dass die Brüssel I-VO prinzipiell auch die Vollstreckbarerklärung bloß vorläufig vollstreckbarer Entscheidungen gewährleisten will.[27]

---

[25] OLG Köln OLG-Report Köln 1996, 98; OLG Saarbrücken RIW 1998, 632; OLG Köln IPRspr 2000 Nr 151 S 335; OLG Düsseldorf NJW-RR 2001, 1575, 1576; *Gaudemet-Tallon* Rev crit 81 (1992), 128, 131 f; *Schlosser* Rn 3; *Thomas/Putzo/Hüßtege* Rn 4 sowie CA Versailles Rev crit 81 (1992), 126, 127 f.

[26] OLG Saarbrücken RIW 1998, 632.

[27] *Kropholler* Rn 5.

13 Der **Schuldner** ist mit solchen Aspekten **präkludiert**, die er vor dem erststaatlichen Gericht schon vor Erlass der jetzt zur Vollstreckbarerklärung anstehenden Entscheidung hätte vorbringen können, aber nicht vorgebracht hat.[28] Dagegen kann der Schuldner nicht automatisch mit solchen Aspekten präkludiert sein, die er im Erststaat erfolglos vorgebracht hat.[29] Darin liegt kein Verstoß gegen das Verbot der révision au fond aus Art 45 Abs 2,[30] denn dieses greift hier sachlich gar nicht. Es geht nicht um die Aufhebung oder sachliche Nachprüfung der erststaatlichen Entscheidung, sondern um den Ermessensgesichtspunkt, wie wahrscheinlich deren Aufhebung im Erststaat ist. Man zensiert nicht, man greift nicht in des Erststaates Kompetenz ein, sondern stellt nur eine Prognose.[31] Jedenfalls nicht präkludiert ist Vorbringen zu Geschehen, das sich erst nach Erlass der erststaatlichen Entscheidung zugetragen hat.[32]

14 Ein weiterer Ermessensgesichtspunkt sind die **Erfolgsaussichten** des zweitstaatlichen Vollstreckbarerklärungsverfahrens[33] und die Schwere der Folgen für den Schuldner bei Verfahrensfortführung[34] sowie generell die wirtschaftlichen Risiken für beide Parteien.[35] Keineswegs sind die Erfolgsaussichten des erststaatlichen Rechtsbehelfs der einzige Faktor.[36]

15 Setzt das Gericht das Vollstreckbarerklärungsverfahren aus, so bleiben nach Art 47 Abs 3 **Sicherungsvollstreckung** und **Sicherungsmaßnahmen** seitens des Gläubigers zulässig. Daher ist die Überlegung nicht systemfremd, schon die Aussetzung von einer Sicherheitsleistung durch den Schuldner abhängig zu machen.[37] Allerdings wird diese Möglichkeit im Wortlaut des Abs 1 nicht erwähnt.[38] Als Minus zur unkonditionierten Aussetzung kann das Gericht die Aussetzung auch unter auflösenden Bedingungen verfügen.[39] Die

---

[28] Siehe EuGH Rs C-183/90 *Berend Jan van Dalfsen/Bernard van Loon* EuGHE 1991 I 4743, 4776 Rn 35; Rb Rotterdam NIPR 2001 Nr 60 S 126.

[29] *Grunsky* IPRax 1995, 218, 220. **AA** EuGH Rs C-183/90 *Berend Jan van Dalfsen/Bernard van Loon* EuGHE 1991 I 4743, 4775 Rn 32 f; BGH NJW 1994, 2156; *Kropholler* Rn 5.

[30] Entgegen EuGH Rs C-183/90 *Berend Jan van Dalfsen/Bernard van Loon* EuGHE 199, I 4743, 4775 Rn 32; *Stadler* IPRax 1995, 220, 222; *Kropholler* Rn 5. Tendenziell wie hier *BBGS/Haß* Art 38 EuGVÜ Rn 9 (2000).

[31] Siehe *Cypra* 127.

[32] App Milano Riv dir int priv proc 1996, 299, 301.

[33] OLG Stuttgart RIW 1997, 684, 686; *Geimer/Schütze*, IntUrtAnerk § 159 IV 3; *Stadler* IPRax 1995, 220, 222.

[34] AppG Basel-Stadt BJM 1999, 105, 107.

[35] OLG Düsseldorf NJW-RR 2001, 1575, 1576.

[36] So aber *Kropholler* Rn 7.

[37] Dafür *Petereit v Babcock International Holdings Ltd* [1990] 2 All ER 135, 145 f (QBD, Judge *Diamond* QC); *Czernich/Tiefenthaler/Kodek/Kodek* Rn 9 sowie *Kropholler* Rn 6; *Schlosser* Rn 1.

[38] *Kropholler* Rn 6.

[39] *Petereit v Babcock International Holdings Ltd* [1990] 2 All ER 135, 143 f (QBD, Judge *Diamond* QC).

weiteren Einzelheiten der Aussetzung regelt das nationale Verfahrensrecht des Zweitstaates.[40]

### 5. Besonderheiten der common law-Rechtsordnungen

16 Abs 2 nimmt Rücksicht auf Besonderheiten im britischen und irischen Prozessrecht. Beiden ist die Unterscheidung zwischen **ordentlichen und außerordentlichen** Rechtsbehelfen als solche fremd. Auf der europäischen Ebene behilft man sich mit der Festschreibung des Abs 2, dass dann eben jeder Rechtsbehelf vor britischen oder irischen Gerichten als ordentlicher für die Zwecke der Brüssel I-VO zu gelten habe. Kontinentale Richter sollten allerdings mit Blick auf das prinzipielle Fristerfordernis nach zu langer Zeit eingelegte oder nur spezielle Mängel rügende Rechtsbehelfe mit Zurückhaltung betrachten, um keine zu starke Diskrepanz zu den Rechtsbehelfen der kontinentalen Prozessrechte aufkommen zu lassen.[41]

## III. Anordnung einer Sicherheitsleistung des Gläubigers

17 Eine weitere Option im Arsenal ist – auch bei Vollstreckbarerklärung erststaatlicher Eilmaßnahmen[42] – die Fortsetzung des Vollstreckbarerklärungsverfahrens unter gleichzeitiger Anordnung, dass der **Gläubiger Sicherheit** zu leisten habe, nach Abs 3. So vorzugehen steht im Ermessen des zweitstaatlichen Gerichts. Ebenso wie unter Abs 1 sind die Erfolgsaussichten des erststaatlichen Rechtsbehelfs ein wichtiger Aspekt.[43] Hinzu tritt die prospektive Zahlungsfähigkeit des Gläubigers, die wesentlich über die effektive Durchsetzbarkeit eventueller Schadensersatzansprüche des Schuldners wegen ungerechtfertigter Vollstreckbarerklärung und Zwangsvollstreckung entscheidet.[44] Auch sonstige Hindernisse, die sich einer zukünftigen effektiven Durchsetzung von Schadensersatzansprüchen des Schuldners in den Weg stellen könnten, sind zu berücksichtigen; dass nicht zu ersetzende Nachteile drohten, ist nicht verlangt.[45] Ein zu berücksichtigender Aspekt ist, ob bereits die erststaatliche Entscheidung den Gläubiger vor Vollstreckung zur Sicherheitsleistung verpflichtet oder nicht.[46] Dabei ist wiederum als Unterpunkt zu prüfen, ob die bereits angeordnete Sicherheitsleistung ihrer Höhe nach ausreicht, um prospektive Schäden des Schuldners zu decken.[47] Außerdem ist die Möglichkeit der weiteren Rechtsbeschwerde und des Fortfall der Beschränkungen aus Art 47 Abs 3 nach Entscheidung in der zweitstaatlichen zweiten Instanz mitzubeden-

---

40 *Cypra* 129.

41 *Schlosser*-Bericht Nr 204; *Kropholler* Rn 4.

42 *Linke* RIW 1985, 976, 977.

43 *Grunsky* IPRax 1995, 218, 219.

44 App Milano Riv dir int priv proc 1979, 739; Rb Amsterdam NIPR 2001 Nr 180 S 323; *Wastl* 62; *Stadler* IPRax 1995, 220, 222.

45 OLG Düsseldorf RIW 1998, 969.

46 OLG Stuttgart RIW 1997, 684, 686; OLG Düsseldorf NJW-RR 2001, 1575, 1576; *BBGS/Haß* Art 38 EuGVÜ Rn 15 (2000); *Kropholler* Rn 7.

47 *Kropholler* Rn 7; *MünchKommZPO/Gottwald* Rn 5.

ken.[48] Die wirtschaftliche Leistungsfähigkeit des Gläubigers und die für ihn mit der Sicherheitsleistung verbundenen Kosten (vor allem Avalkreditkosten gegenüber Bürgschaften stellenden Banken) haben ebenfalls einzufließen.[49]

**Art und Höhe der Sicherheitsleistung** richten sich nach dem Recht des Zweitstaates.[50] Der Höhe nach soll die Sicherheitsleistung den Schuldner vor dem Schaden bewahren, der sich bei einer Vollstreckbarerklärung und Vollstreckung der vorläufig vollstreckbaren Entscheidung ergeben kann.[51] Grobe Orientierungsmarke sind Streitwert oder Urteilssumme der erststaatlichen Entscheidung.[52] Die Sicherheit ist jeweils im Zweitstaat zu leisten.[53] Das erstinstanzliche Gericht hat keine Befugnis, Sicherheitsleistung anzuordnen.[54] Vielmehr ist dies grundsätzlich dem Gericht höherer Instanz als Teil seiner Schlussentscheidung vorbehalten.[55] Die Anordnung der Sicherheitsleistung kann auch bedingt für den Fall erfolgen, dass die Vollstreckung über Maßregeln zur Sicherung hinausgeht.[56] Kosten der Sicherheitsleistung sind Kosten zur Vorbereitung der Zwangsvollstreckung und fallen in Deutschland unter § 788 ZPO.[57] 18

Eine **Zwischenentscheidung** mit Anordnung der Sicherheitsleistung soll wegen Art 47 Abs 3 nicht nötig sein.[58] Erst, wenn dessen Schuldnerschutz mit der Entscheidung im zweitstaatlichen Rechtsbehelfsverfahren entfällt, soll ein Bedürfnis nach Sicherheitsleistung seitens des Gläubigers wieder aufleben.[59] Insoweit werden allerdings jene Schuldnerinteressen hintan gestellt, die bereits durch Sicherungsvollstreckung beeinträchtigt werden.[60] Bereits eine Kontenpfändung kann aber einen massiven Eingriff in die wirtschaftliche Bewegungsfreiheit des Schuldners darstellen und diesem schwere Schäden zufügen. Insbesondere bei höheren Summen kann das Einfrieren von Vermögenswerten den Schuldner sehr behindern.[61] Man mag argumentieren, Art 47 Abs 3 mute dies dem Schuldner eben ohne Ausgleich zu. 19

---

48 EuGH Rs 258/83 *Schuhfabrik Brennero sas/Wendel GmbH Schuhproduktion International* EuGHE 1984, 3971, 3982 Rn 12; OLG Düsseldorf NJW-RR 2001, 1575, 1576.

49 Siehe OLG Frankfurt IPRspr 1998 Nr 195 S 393.

50 *BBGS/Haß* Art 38 EuGVÜ Rn 16 (2000); *Czernich/Tiefenthaler/Kodek/Kodek* Rn 11.

51 BGHZ 87, 259, 262 f; OLG Köln IPRspr 2000 Nr 151 S 335.

52 BGHZ 87, 259, 262 f; *Prütting* IPRax 1985, 137, 138.

53 OLG Stuttgart RIW 1997, 684.

54 OLG Düsseldorf RIW 1998, 969.

55 EuGH Rs 258/83 *Schuhfabrik Brennero sas/Wendel GmbH Schuhproduktion International* EuGHE 1984, 3971, 3982 Rn 12 f.

56 OLG Düsseldorf RIW 1985, 492; *Kropholler* Rn 9.

57 *BBGS/Haß* Art 38 EuGVÜ Rn 18 (2000); *Zöller/Stöber* § 788 ZPO Rn 5.

58 EuGH Rs 258/83 *Schuhfabrik Brennero sas/Wendel GmbH Schuhproduktion International* EuGHE 1984, 3971, 3982 Rn 12 f; *Kropholler* Rn 8; *MünchKommZPO/Gottwald* Rn 6.

59 BGHZ 87, 259, 261 f.

60 Vgl *Fahl* 93, 96; *Kropholler* Rn 8.

61 OLG Hamm RIW 1985, 973, 976; *Welter* WuB VII B 1 Art 38 EuGVÜ 1.87, 418, 419.

20 § 20 Abs 1 AVAG erlaubt dem Schuldner von Gesetzes wegen, die Vollstreckung zur Sicherung seinerseits **durch Sicherheitsleistung abzuwenden**, solange das zweitstaatliche Rechtsbehelfsverfahren noch läuft. Von der beiderseitigen Interessenlage her ist dies eine elegante Lösung, denn der Schuldner muss kein Blockieren von Vermögenswerten befürchten und der Gläubiger hat etwas in der Hand, worauf er notfalls zurückgreifen kann. Mit dem Wortlaut des Abs 3 besteht allerdings ein gewisses Spannungsverhältnis.[62] Diese kann man jedoch zu Gunsten der sachgerechten Lösung auflösen.

### IV. Rechtsbehelfsmöglichkeit

21 Einen **Rechtsbehelf gegen eine Aussetzung** oder die Anordnung einer Sicherheitsleistung in zweiter Instanz sieht Art 46 nicht vor. Ebenso wenig ist die Verweigerung solcher Maßnahmen beschwerdefähig.[63] Der weitere Rechtsbehelf nach Art 44 greift nicht, weil er sich nur gegen die „Hauptsacheentscheidung" im Vollstreckbarerklärungsverfahren richtet, nicht aber gegen die auf Art 46 gestützten „Zwischenentscheidungen".[64] Unter rechtsstaatlichen Aspekten begegnet dies erheblichen Bedenken. Daher sollte man eine analoge Anwendung des Art 44 kraft nationalen Rechts als Abhilfe in Erwägung ziehen.[65]

## Artikel 47

**(1) Ist eine Entscheidung nach dieser Verordnung anzuerkennen, so ist der Antragsteller nicht daran gehindert, einstweilige Maßnahmen einschließlich solcher, die auf eine Sicherung gerichtet sind, nach dem Recht des Vollstreckungsmitgliedstaats in Anspruch zu nehmen, ohne dass es einer Vollstreckbarerklärung nach Artikel 41 bedarf.**
**(2) Die Vollstreckbarerklärung gibt die Befugnis, solche Maßnahmen zu veranlassen.**
**(3) Solange die in Artikel 43 Absatz 5 vorgesehene Frist für den Rechtsbehelf gegen die Vollstreckbarerklärung läuft und solange über den Rechtsbehelf nicht entschieden ist, darf die Zwangsvollstreckung in das Vermögen des Schuldners nicht über Maßnahmen zur Sicherung hinausgehen.**

**Schrifttum**

*Coester-Waltjen*, Sicherungsvollstreckung nach Art 39 EuGVÜ in Irland, IPRax 1990, 65

*De Cristofaro*, Exequatur di sentenze comunitarie e straniere e tutela interimale dell'istante, Giur it 1998 I/2 Sp 712

---

[62] Siehe *Linke* RIW 1985, 237, 238.

[63] EuGH Rs C-183/90 *Berend Jan van Dalfsen/Bernard van Loon* EuGHE 1991 I 4743, 4773f Rn 26; BGH IPRax 1995, 243 (*Grunsky* 218 und *Stadler* 220); *Schlosser* Rn 6.

[64] EuGH Rs 432/93 *SISRO/Ampersand Software BV* EuGHE 1995 I 2269, 2298 Rn 31; *Kropholler* Rn 10.

[65] Ähnlich *Czernich/Tiefenthaler/Kodek/Kodek* Rn 16 (jedenfalls für Rechtsbehelf des Gläubigers gegen Aussetzung oder Anordnung der Sicherheitsleistung).

*Favre-Bulle*, La mise en oeuvre en Suisse de l'art 39 al 2 de la Convention de Lugano, SZIER 1998, 335
*U Haas*, Beginn der Sicherungs(zwangs)vollstreckung nach Art 39 Abs 1 EuGVÜ, IPRax 1995, 223
*Heß/Hub*, Die vorläufige Vollstreckbarkeit ausländischer Urteile im Binnenmarktprozess, IPRax 2003, 93
*B König*, Aufschiebung der Zwangsvollstreckung vor Rechtskraft der Vollstreckbarerklärung, ÖRZ 2001, 167
*Pirrung*, Vom Überraschungseffekt – Voraussetzungen der Sicherungsvollstreckung nach Art 39 GVÜ, IPRax 1989, 18
*Pocar*, Sull'autorizzazione di provvedimenti conservativi ai sensi dell'art 39 della convenzione di Bruxelles del 27 settembre 1968, Riv dir int priv proc 1979, 495
*Trombetta-Panigadi*, A proposito di provvedimenti conservativi ex art 39 della convenzione di Bruxelles del 1968, Riv dir int priv proc 1985, 113
*Walter*, Zur Sicherungsvollstreckung gemäß Art 39 des Lugano-Übereinkommens, ZBernJV 128 (1992) 90.

## I. Sicherungsbedürfnis und einstweilige Maßnahmen

1 Abs 1 ist neu, Abs 2, 3 entsprechen mit wenigen begrüßenswerten Klarifikationen im Detail Art 39 EuGVÜ.[1] Allerdings geht Abs 2 ein Stück über **Art 39 Abs 2 EuGVÜ** hinaus, indem er nicht mehr auf Maßnahmen der Zwangsvollstreckung, sondern auf **einstweilige Maßnahmen** verweist.[2] Abs 1 gibt dem Gläubiger ein wichtiges Sicherungsinstrument schon während des Vollstreckbarerklärungsverfahrens erster Instanz an die Hand. Dieses soll zwar seiner Anlage nach schnell gehen und nur kurze Zeit in Anspruch nehmen, die Realität mag aber anders aussehen und eine Sicherung der Gläubigerinteressen erforderlich machen. Art 47 ist als Parallele zu Art 31 gedacht.[3]

2 Eine Definition des **Begriffs „einstweilige Maßnahmen"** enthält Art 47 ebenso wenig wie Art 31. Daher ist weiterhin ein Rekurs auf die einschlägige Rechtsprechung des EuGH veranlasst.[4] Vorzuhalten sind einfache und effektive Maßnahmen.[5] Welche Art einstweiliger Maßnahmen es in diesem Rahmen kennt, bestimmt das zweitstaatliche Recht selber.[6] Dies gilt auch für die Frage, unter welchen Voraussetzungen eine Vollstreckungsmaßnahme gegenüber jemand anderem als dem Titelschuldner möglich ist.[7] Die in Abs 3 stehenden Worte „in das Vermögen" des Schuldners sollen solche Schritte nicht schlechterdings ausschließen.[8]

---

[1] *Droz/Gaudemet-Tallon* Rev crit 90 (2001) 601, 650.
[2] *Schlosser* RIW 2002, 809, 813; *ders* Rn 4.
[3] Begründung der Kommission BR-Drs 534/99, 25 Zu Art 44; *Kropholler* Rn 5; *Heß/Hub* IPRax 2003, 93, 94; *Czernich/Tiefenthaler/Kodek/Kodek* Rn 2.
[4] *Droz/Gaudemet-Tallon* Rev crit 90 (2001) 601, 650.
[5] EuGH Rs 119/84 *P Capelloni u F Aquilini/JCJ Pelkmans* EuGHE 1985, 3147, 3159 Rn 19f.
[6] EuGH Rs 119/84 *P Capelloni u F Aquilini/JCJ Pelkmans* EuGHE 1985, 3147, 3159 Rn 20; *Jenard*-Bericht Zu Art 39 EuGVÜ; *Schlosser*-Bericht Nr 221; AppG Basel-Stadt BJM 1999, 105, 107.
[7] *Kropholler* Rn 12.
[8] *Schlosser*-Bericht Nr 221.

3 In **Frankreich** sind unter den einstweiligen Maßnahmen saisies conservatoires das einschlägige Instrument, in **England** und **Irland** Mareva injunctions,[9] in **Italien** wohl der Arrest (sequestri),[10] in der **Schweiz** sind die Meinungen geteilt zwischen Arrest und vorläufiger Pfändung.[11] Vorbild für die ins Auge gefassten Maßnahmen ist die französische saisie conservatoire. Anforderungen des nationalen Rechts, dass eine besondere Entscheidung des zuständigen zweitstaatlichen Gerichts erforderlich wäre, sind unbeachtlich.[12]

4 In **Deutschland** sind Sicherungsmaßnahmen analog §§ 928, 930, 720a Abs 1, 2 ZPO durchzuführen.[13] Die vollen Voraussetzungen des § 720a ZPO (Titel, Klausel, Zustellung) sind aber nicht verlangt, weil anderenfalls der gerade gewollte Überraschungseffekt vereitelt würde.[14] Außerdem könnte die sogenannte Vorpfändung mit Arrestwirkung nach § 845 ZPO eine geeignete Maßnahme sein.[15] Auch ein persönlicher Sicherungsarrest ist im Extremfall nicht ausgeschlossen.[16]

5 Voraussetzung für den Erlass einstweiliger Maßnahmen sollte trotzdem sein, dass deren **Voraussetzung nach zweitstaatlichem Recht** vorliegen, also zB die Voraussetzungen des § 917 ZPO für einen Arrest in Deutschland.[17] Dafür spricht die Verweisung auch des Abs 2 auf Abs 1 und die dortige Verweisung auf das zweitstaatliche Recht. Dass einige Mitgliedstaaten wie zB Großbritannien einstweilige Maßnahmen in das Ermessen des Gerichts stellen und keinen speziellen Maßnahmegrund verlangen, darf kein Anlass für eine angebliche einheitliche Überbrückung sein.[18] Vielmehr hat sich Abs 1 bewusst für eine Verweisungslösung, die immer die Möglichkeit von Divergenzen einschließt, entschieden und damit gegen eine zwanghafte Einheitslösung. Anders muss man aber für Abs 2 entscheiden, der allein eine Rechtsfolgenverweisung ist, gestützt darauf, dass Arrestverfahren Erkenntnisverfahren sind, während hier mit der Vollstreckbarerklärung bereits ein Titel vorliegt.[19]

---

9 Siehe nur *Elwyn (Cottons) Ltd v Pearle Designs Ltd* [1989] ILRM 162, 164 (High Ct Ireland, *Carroll* J); *Coester-Waltjen* IPRax 1990, 65.

10 App Venezia Giur it 1998 I/2 Sp 712, 715 m zust Anm *De Cristofaro; Merlin* Riv dir proc 2001, 433, 457 f.

11 Nachweise in BGE 126 III 438.

12 EuGH Rs 119/84 *P Capelloni u F Aquilini/JCJ Pelkmans* EuGHE 1985, 3147, 3160 Rn 24 f; App Torino Riv dir int priv proc 1981, 164; App Torino Riv dir int priv proc 1989, 399; *Elwyn (Cottons) Ltd v Pearle Designs Ltd* [1989] ILRM 162, 165 (High Ct Ireland, *Carroll* J).

13 Näher Rn 19.

14 *U Haas* IPRax 1995, 223, 226; *Heß/Hub* IPRax 2003, 93, 95 gegen OLG Saarbrücken IPRax 1995, 244, 246.

15 *Pirrung* IPRax 1989, 18, 21; *Heß/Hub* IPRax 2003, 93, 95.

16 *Gottwald* (2000) 17 Ritsumeikan L Rev 49, 57.

17 *Schlosser* Rn 2.

18 Entgegen *Schlosser* RIW 2002, 809, 813.

19 *Pirrung* IPRax 1989, 18, 19.

## II. Sicherungsmaßnahmen vor Vollstreckbarerklärung (Abs 1)

Abs 1 setzt eine anerkennungsfähige Entscheidung voraus. Die zweitstaatlichen Gerichte sind dadurch in den Grenzen der **Anerkennungsversagungsgründe** an die **rechtliche Bewertung aus dem Erststaat** gebunden und haben keine eigene Prüfungskompetenz für den Verfügungs- oder Arrestanspruch, genereller: das Sicherungsobjekt.[20] Auf die Vollstreckbarkeit im Erststaat kommt es nicht an.[21] Sicherungsmaßnahmen sind auch während einer nach erststaatlichem Recht laufenden Leistungsfrist möglich.[22] Abs 1 deckt auch den von Abs 2 nicht erfassten[23] Zeitraum eines vom Gläubiger angestrengten Rechtsbehelfsverfahrens ab. Vorbild für Abs 1 war Art 1445 Code judiciaire in Belgien, der einem Gläubiger aus einer ausländischen Entscheidung als gesetzliche Tatbestandswirkung eine saisie-arrêt erlaubt.[24] 6

Die **Anerkennungsversagungsgründe** nach Art 34, 35 sind unter Abs 1 im Zweitstaat zu prüfen.[25] Dass nach Art 41 im Vollstreckbarerklärungsverfahren erster Instanz anderes gilt, ist als Singularität keine taugliche Basis für einen Umkehrschluss.[26] Vielmehr hätte eine entsprechende Anordnung, wenn sie denn gewollt gewesen wäre, auch in Abs 1 erfolgen müssen, da Anerkennung im allgemeinen Sprachgebrauch der Brüssel I-VO nur Anerkennung im Sinne der Art 33ff meinen kann. Dass ein Prinzip der wechselseitigen Anerkennung die Prüfung von Anerkennungshindernissen ausschließe,[27] bricht sich ebenfalls an Art 33ff. Wird dem Antragsteller die beantragte Sicherungsmaßnahme versagt, so sollte er dagegen die Rechtsbehelfe des nationalen Rechts haben.[28] 7

Abs 1 hebt auf den **Antragsteller** ab und würde die Befugnis so auf denjenigen Personenkreis einengen, der im Zweitstaat bereits einen Antrag auf Vollstreckbarerklärung gestellt hat. In dieser engen Auslegung hätte Abs 1 noch einen sinnvollen Anwendungsbereich. Man darf nämlich nicht nur den Zeitraum bis zur Vollstreckbarerklärung betrachten (der in Tat kurz sein kann),[29] sondern muss bedenken, dass die Schutzmaßnahmen auch den nachfolgenden Zeitraum abdecken können. So betrachtet gibt Abs 1 dem Gläubiger ein angemessenes Instrument an die Hand, um seinen Sicherungs- wie 8

---

[20] *Stadler*, in: *Gottwald* (Hrsg), Revision des EuGVÜ/Neues Schiedsverfahrensrecht (2000) 37, 64; *Micklitz/Rott* EuZW 2002, 15, 22.

[21] *Stadler* (Fn 20) 37, 64; *Gottwald* (2000) 17 Ritsumeikan L Rev 49, 57; *Kropholler* Rn 5; *MünchKomm-ZPO/Gottwald* Rn 2; *Heß/Hub* IPRax 2003, 93, 94.

[22] *Heß/Hub* IPRax 2003, 93, 97.

[23] *Hogan* (1989) 14 ELRev 191, 206f.

[24] *Heß/Hub* IPRax 2003, 93, 94.

[25] *Thomas/Putzo/Hüßtege* Rn 2.

[26] **AA** *Heß/Hub* IPRax 2003, 93, 94.

[27] So *Heß/Hub* IPRax 2003, 93, 94.

[28] *Elwyn (Cottons) Ltd v Pearle Designs Ltd* [1989] ILRM 162, 165 (High Ct Ireland, *Carroll* J); siehe auch *Coester-Waltjen* IPRax 1990, 65.

[29] Insoweit verkürzt *Schlosser* RIW 2002, 809, 813.

seinen Überraschungsinteressen Rechnung zu tragen. Andererseits ergibt sich aus dem Zusammenspiel mit Abs 2 und 3, dass Abs 1 auch für den Zeitraum vor Einleitung eines Vollstreckbarerklärungsverfahrens gedacht ist und den auch dann bestehenden Sicherungsinteressen des Gläubigers ebenfalls Rechnung tragen soll. Antragsteller ist auch richtigerweise weit zu verstehen als materieller Titelgläubiger, nicht formell als Verfahrenseinleiter.

9 Ob der Gläubiger bereits **unmittelbar an die Vollstreckungsorgane des Zweitstaates herantreten** kann oder bei dessen Gerichten den Erlass einstweiliger Maßnahmen beantragen muss, richtet sich nach dem Recht des Zweitstaates. Dieses Recht entscheidet, ob der Zweitstaat die ausländische Entscheidung als titre conservatoire ansieht und darauf gestützt den direkten Zugang zu den Vollstreckungsorganen eröffnet oder nicht.[30]

10 In **Deutschland** ist den Vollstreckungsorganen bei Vorpfändung oder Sicherungsvollstreckung eine **Übersetzung der erststaatlichen Entscheidung** vorzulegen.[31] Dagegen ist das für die Vollstreckbarerklärung nötige Formblatt nach Anhang V nicht erforderlich.[32] Auf der anderen Seite erschiene es wertungsmäßig sinnvoll, Art 55 Abs 2 entsprechend heranzuziehen und bei einem vorliegenden Formblatt von einer Übersetzung abzusehen.[33] Indes dürfte ein solches Vorgehen auf praktische Schwierigkeiten bei den Vollstreckungsorganen treffen, soweit es sich um ein fremdsprachiges Formblatt handelt. Aus Kostengründen kann sich generell empfehlen, gleich auf das Vollstreckbarerklärungsverfahren zu setzen.[34]

11 Abs 1 eröffnet dem Gläubiger eine sehr interessante **Strategie**:[35] Er kann in mehreren Staaten **Sicherungsmaßnahmen** nach Abs 1 ausbringen und deren Erfolg abwarten. Nach erfolgreichem Sicherungszugriff entscheidet er dann, in welchem Staat oder in welchen Staaten er die Vollstreckbarerklärung beantragt, um letztlich eine vollständige Zwangsvollstreckung in sistierte Vermögenswerte zu betreiben. So vorzugehen bietet sich insbesondere an, wenn unklar ist, wo der Schuldner welche Vermögenswerte hat. Der Gläubiger kann dann **parallelen Sicherungszugriff** nehmen und Verschiebungen verhindern, ohne das volle Vollstreckbarerklärungsverfahren durchlaufen zu müssen.

### III. Sicherungsmaßnahmen nach Vollstreckbarerklärung

12 Abs 2 gibt dem zweitstaatlichen Gericht die **Kompetenz, einstweilige Maßnahmen auszusprechen**, wie es sie sonst nur im eigenständigen Verfahren des einstweiligen Rechtsschutzes gibt. Diese stehen nicht nur für die Zeit vor der Vollstreckbarerklärung, son-

---

[30] Die Verweisung übersieht *Kennett* 142 f; *dies* (2001) 50 ICLQ 725, 735.

[31] *Heß/Hub* IPRax 2003, 93, 97 f.

[32] *Heß/Hub* IPRax 2003, 93, 98.

[33] *Heß/Hub* IPRax 2003, 93, 98 f empfehlen de iure condendo, das Formblatt des Anhang V im Wege des Komitologieverfahrens nach Art 74 Abs 2, 75 zu ändern.

[34] *Heß/Hub* IPRax 2003, 93, 96.

[35] *Kropholler* Rn 6.

dern auch noch danach zur Verfügung.[36] Unter Abs 2 sind außerdem §§ 928, 930 ZPO analog anzuwenden.[37] Im Ergebnis behandelt dies die Vollstreckbarerklärung wie einen Arrestbeschluss.[38] Dies geschieht kraft Gemeinschaftsrechts, ohne dass für die Anordnungsbefugnis eine Verweisung auf das nationale Recht erfolgte.[39] Insofern ist das Gericht zum Erlass beantragter Schutzmaßnahmen grundsätzlich gehalten.[40] Die Eilbedürftigkeit oder Gefahr im Verzug nach seinem nationalen Recht zu prüfen ist ihm versagt.[41]

## IV. Beschränkung auf Maßnahmen zur Sicherung bis zur formellen Rechtskraft der Vollstreckbarerklärung

### 1. Grundsätzliches

Abs 3 beschränkt die zulässigen Maßnahmen seitens des Gläubigers bis zur formellen Rechtskraft der Vollstreckbarerklärung auf **Maßnahmen zur Sicherung**. Er nimmt eindeutig auf das zweitstaatliche Verfahren Bezug[42] und ist unabhängig davon, ob ein Rechtsbehelf im Erststaat schwebt.[43] Er schützt den Schuldner vor den Gefahren einer vorschnellen Vollstreckung, die durch die Einseitigkeit des Vollstreckbarerklärungsverfahrens erster Instanz stark erhöht wird.[44] Bis zum ereignislosen Ablauf jener Rechtsbehelfsfrist und damit zur formellen Rechtskraft der zweitstaatlichen Entscheidung erster Instanz dürfen keine endgültigen Schritte erfolgen und dürfen keine irreversiblen Maßnahmen getroffen werden.[45] 13

Auf der anderen Seite ist das legitime **Interesse des Gläubigers** in Rechnung zu stellen, sich dagegen zu schützen, dass der Schuldner zwischenzeitlich über sein Vermögen verfügt und damit die spätere Zwangsvollstreckung nutzlos oder sogar unmöglich macht.[46] Insbesondere kann er sich in Frankreich direkt an den huissier wenden.[47] Denkbar ist aber auch eine astreinte provisoire, deren Beitreibung und Liquidation ausgesetzt ist.[48] 14

---

[36] *Schlosser* RIW 2002, 809, 813.

[37] *U Haas* IPRax 1995, 223, 225 f; *Kropholler* Rn 9 f.

[38] *Heß/Hub* IPRax 2003, 93, 97 sowie Trib Genève SZIER 1994, 422 m Anm *Volken*.

[39] EuGH Rs 119/84 *P Capelloni u F Aquilini/JCJ Pelkmans* EuGHE 1985, 3147, 3159 Rn 18; *Jenard*-Bericht Zu Art 39 EuGVÜ; *Kropholler* Rn 9.

[40] *Hogan* (1989) 14 ELRev 191, 201.

[41] Cassaz Riv dir int priv proc 1989, 129, 134 f; *Lopes Segna* Riv dir int 2001, 621, 637.

[42] Siehe nur *Prütting* IPRax 1985, 137, 138.

[43] GA *Slynn* EuGHE 1984, 3985, 3987 f; *Stadler* IPRax 1995, 220, 221.

[44] *U Haas* IPRax 1995, 223.

[45] EuGH Rs 119/84 *P Capelloni u F Aquilini/JCJ Pelkmans* EuGHE 1985, 3147, 3159 Rn 18; *Jenard*-Bericht Zu Art 39 EuGVÜ; *U Haas* IPRax 1995, 223, 224 f.

[46] EuGH Rs 119/84 *P Capelloni u F Aquilini/JCJ Pelkmans* EuGHE 1985, 3147, 3159 Rn 19.

[47] *Schlosser*-Bericht Nr 221.

[48] *Stutz*, Die internationale Handlungs- und Unterlassungsvollstreckung unter dem EuGVÜ (1992) 77-79.

15 § 9 Abs 1 AVAG trägt dem Rechnung, indem er den ausdrücklichen Hinweis in der **Exequaturklausel** vorschreibt, dass die Zwangsvollstreckung über Maßnahmen zur Sicherung nicht hinausgehen darf, bis der Gläubiger eine gerichtliche Anordnung oder ein Zeugnis vorlegt, dass die Zwangsvollstreckung unbeschränkt stattfinden darf.

16 Maßnahmen der **Sicherungszwangsvollstreckung** sind schon vor Beginn der Rechtsbehelfsfrist und damit vor Zustellung der zweitstaatlichen Entscheidung erster Instanz an den Schuldner möglich; insoweit überwiegt das Interesse des Gläubigers.[49] Hinzu kommt ein rechtstechnisches Argument: Die Vollstreckbarerklärung ist ausweislich Abs 1 keine zwingende Voraussetzung für Sicherungsmaßnahmen.[50] Umso weniger ist daher unter Abs 2 eine Zustellung der Vollstreckbarerklärung an den Schuldner zu verlangen.[51]

17 **Kürzere Ausschlussfristen** des nationalen Rechts für Sicherungsmaßnahmen müssen Abs 3 weichen und sind nicht anwendbar, um den effet utile des Abs 3 zu wahren.[52] Gleiches gilt für Rechtsbehelfe des nationalen Rechts gegen den Ausspruch von Sicherungsmaßnahmen; auch sie haben im insoweit geschlossenen System des Art 47 keinen Platz.[53] Abs 3 soll den Suspensiveffekt eventueller Rechtsbehelfe bewusst und gezielt zum Teil durchbrechen.[54] Ebenso unzulässig ist es, die Sicherungsmaßnahmen davon abhängig zu machen, dass der Gläubiger seinerseits Sicherheit leistet. Eine solche Sicherheitsleistung wäre nur nach Art 46 Abs 3 statthaft, beträfe dann aber nicht die Sicherungs-, sondern die Befriedigungsvollstreckung.[55]

### 2. Ausfüllung in Deutschland

18 **Ausführungsregeln** enthalten in Deutschland §§ 19-24 AVAG. § 18 AVAG findet dagegen nach der klaren Aussage des § 55 Abs 1 AVAG keine Anwendung. Namentlich befassen sich §§ 22-24 AVAG eingehend mit der Fortsetzung der Zwangsvollstreckung. § 21 AVAG erlaubt eine Versteigerung verderblicher oder kostspielig aufzubewahrender Sachen. Indes drohten damit irreversible Schritte. Sie sollten unter Abs 3 nur ganz ausnahmsweise erfolgen, nämlich wenn kein anderes pfändbares Vermögen vorliegt oder sonst Vollstreckungsvereitelung droht.[56]

---

[49] *Fahl* 80-88 mwN; *U Haas* IPRax 1995, 223, 224 f gegen OLG Saarbrücken IPRax 1995, 244, 245 f.

[50] *B König* ecolex 2001, 737.

[51] LG Stuttgart IPRax 1989, 41, 42.

[52] EuGH Rs 119/84 *P Capelloni u F Aquilini/JCJ Pelkmans* EuGHE 1985, 3147, 3161 Rn 28 f.

[53] EuGH Rs 119/84 *P Capelloni u F Aquilini/JCJ Pelkmans* EuGHE 1985, 3147, 3162 Rn 34 f.

[54] *Consolo*, in: Studi in onore di Vittorio Denti (Milano 1994) III 75, 110; *B König* ÖRZ 2001, 267, 270; *Czernich/Tiefenthaler/Kodek/Kodek* Rn 4.

[55] *B König* ecolex 1999, 310; *Czernich/Tiefenthaler/Kodek/Kodek* Rn 3.

[56] *Pirrung* DGVZ 1973, 179, 183; *Kropholler* Rn 13. **AA** *Fahl* 89 f; *MünchKommZPO/Gottwald* Art 39 EuGVÜ Rn 4.

Für die **Art der Maßnahmen** ist dagegen ein weiterer Rückgriff auf die ZPO erforderlich.[57] Zu den statthaften Sicherungsmaßnahmen zählt auch ein Arrest.[58] Bei der Analogie zu §§ 928, 930-932 ZPO sind Pfändung oder Eintragung einer Sicherungshypothek, aber nicht Versteigerung oder sonstige Verwertung erlaubt. Gepfändetes Geld ist nach § 930 Abs 2 ZPO zu hinterlegen; die Erfüllungsvermutung des § 815 Abs 3 greift nicht ein.[59] Eine Einstellung der Zwangsvollstreckung ohne Sicherheitsleistung ist unter Abs 3 nicht möglich.[60] Ohne Sicherheitsleistung ist auch die Aufhebung von Zwangsvollstreckungsmaßnahmen nicht zulässig, die bereits ordnungsgemäß getroffen waren und über eine Sicherung nicht hinausgingen. Anderes ergibt sich weder aus Art 46 Abs 3 noch aus § 22 Abs 2 AVAG.[61] Gehen die Maßnahmen konkret über solche zur Sicherung hinaus, so kann sich der Schuldner dagegen mit der Erinnerung nach § 766 ZPO wenden.[62] 19

Zur **Sicherung anderer Ansprüche als Geldansprüche** sind §§ 938, 940 ZPO entsprechend anzuwenden.[63] Solche Anordnungen zu erlassen sollte man den Kammervorsitzenden für befugt halten. Die Vollstreckbarerklärung soll effektive Sicherungsmaßnahmen erlauben. Dazu passt eine Ermächtigung des Kammervorsitzenden, die in §§ 887, 888, 890 Abs 2 ZPO vorgesehenen Anordnungen zu treffen.[64] Die Kosten der Sicherungsvollstreckung sind über § 788 ZPO vom Schuldner zu erstatten.[65] 20

## Artikel 48

**(1) Ist durch die ausländische Entscheidung über mehrere mit der Klage geltend gemachte Ansprüche erkannt und kann die Vollstreckbarerklärung nicht für alle Ansprüche erteilt werden, so erteilt das Gericht oder die sonst befugte Stelle sie für einen oder mehrere dieser Ansprüche.**
**(2) Der Antragsteller kann beantragen, dass die Vollstreckbarerklärung nur für einen Teil des Gegenstands der Verurteilung erteilt wird.**

Art 48 entspricht Art 42 EuGVÜ. Abs 1 enthält ein **Gebot zur Teilvollstreckbarerklärung**, wenn bei Entscheidungen über mehrere Ansprüche nur hinsichtlich einiger, nicht aller Ansprüche oder gar nur eines Anspruchs die Voraussetzung für die Vollstreckbarerklärung vorliegen. In Deutschland erteilt das Zweitgericht dann eine ausdrücklich so benannte Teil-Vollstreckungsklausel nach §§ 9 Abs 2, 4 AVAG. Der Begriff des Anspruchs ist nicht wörtlich im Sinne von materieller Anspruch, sondern 1

[57] Näher Rn 4.
[58] LG Hamburg RIW 1997, 67, 68.
[59] A *Wolf* NJW 1973, 397, 401, Fn 48; *Fahl* 89; *Kropholler* Rn 13.
[60] OLG Hamm MDR 1978, 324; OLG Düsseldorf MDR 1985, 151 = RIW 1985, 492; *Fahl* 91.
[61] BGH NJW 1983, 1980.
[62] *BBGS/Haß* Art 38 EuGVÜ Rn 16 (2000); *Schlosser* Rn 6.
[63] *Kropholler* Rn 13; *Schlosser* Rn 4 a.
[64] *Schlosser* Rn 4 a.
[65] *BBGS/Haß* Art 39 EuGVÜ Rn 7 (2000).

vielmehr aus dem Zusammenhang heraus prozessrechtlich überformt als Streitgegenstand zu verstehen. Systematisch kann man für diese Auslegung die parallele Terminologie in Art 27 anführen. Objektive Klaghäufung im Sinne von § 260 ZPO ist nicht zu verlangen.[1] Separierungsfähigkeit, Teilbarkeit der einzelnen Ansprüche voneinander reicht.[2] Das Verbot der révision au fond steht einer Trennung von Amts wegen nicht entgegen.[3]

2 **Anwendungsbeispiele** mögen in zweiter oder dritter Instanz des Vollstreckbarerklärungsverfahrens Schadensersatzurteile sein, bei denen die Höhe so exzessiv ist, dass sie oberhalb einer bestimmten Grenze gegen den zweitstaatlichen ordre public verstößt. Abs 1 gebietet dann immerhin eine Teilvollstreckbarerklärung hinsichtlich des nicht anstößigen Teils.[4] Ein weiteres Beispiel sind bereits in erster Instanz des Vollstreckbarerklärungsverfahrens erststaatliche Entscheidungen, die ihrem Gegenstand nach nur teilweise unter die Brüssel I-VO fallen. Dann gebietet Abs 1 die Teilvollstreckbarerklärung hinsichtlich der von der Brüssel I-VO erfassten Entscheidungsgegenstände.[5] Eine Teilvollstreckbarerklärung ist auch geboten, wenn es im Erststaat an der abstrakten Vollstreckbarkeit einzelner Ansprüche (noch) fehlt.[6] Schließlich ist eine Trennung zwischen Haupt- und Nebenansprüchen möglich.[7]

3 Die nur teilweise Vollstreckbarerklärung ist für den Antragsteller günstiger als die vollständige Abweisung des Antrags. Ein **entsprechender Antrag** ist als minus in dem Antrag auf Vollstreckbarerklärung der gesamten Entscheidung mitenthalten. Der Antragsteller muss keinen ausdrücklichen Hilfsantrag auf Teilvollstreckbarerklärung stellen.[8] Er hat gegen die zweitstaatliche Justiz einen Anspruch darauf, dass seinem Antrag so weit wie möglich stattgegeben wird. Die Teilvollstreckbarerklärung steht nicht im Ermessen des zweitstaatlichen Gerichts, sondern ist eine gebundene Entscheidung. Sie hat dann von Amts wegen zu erfolgen.[9]

4 Abs 2 erlaubt dem Antragsteller, seinerseits bereits auf der **Antragsebene** eine objektiv **mögliche Teilung** vorzunehmen. Niemand soll gezwungen sein, bei Teilbarkeit einen Antrag für die gesamte Entscheidung stellen zu müssen. Das Gericht ist an den Antrag des Gläubigers gebunden und darf nicht mehr gewähren.[10] Ein Verstoß dagegen ist

---

1 Entgegen *Thomas/Putzo/Hüßtege* Rn 1.
2 OLG Saarbrücken NJW 1988, 3100, 3102.
3 *Geimer/Schütze*, IntUrtAnerk 1147; *M K Wolff*, in: Hdb IZVR III/2 Kap IV Rn 335; *Fahl* 49.
4 *BBGS/Haß* Art 42 EuGVÜ Rn 2 (2000); *Schlosser* Rn 1.
5 EuGH Rs C-220/95 *Antonius van den Boogaard/Paula Laumen* EuGHE 1997 I 1147, 1186 Rn 27; *Lopes Segna* Riv dir int 2001, 621, 633 f; *Kropholler* Rn 1; *Thomas/Putzo/Hüßtege* Rn 1.
6 *Lopes Segna* Riv dir int 2001, 621, 634.
7 OLG Saarbrücken NJW 1988, 3100, 3102.
8 *Schlosser* Rn 1. Tendenziell anders *BBGS/Haß* Art 42 EuGVÜ Rn 3 (2000).
9 Siehe OLG Düsseldorf RIW 2001, 303 f.
10 *Czernich/Tiefenthaler/Kodek/Kodek* Rn 2.

Rechtsbehelfsgrund für jede Partei.[11] Im Übrigen muss der Schuldner eine „Salami-Taktik" des Gläubigers hinnehmen.[12]

**Kostengründe** oder Taktik mögen den Titelberechtigten dazu bewegen, zuerst einen Versuch mit einem Teil zu starten und dann zu entscheiden, wie mit dem Rest zu verfahren ist. Zu einem Antrag auf bloße Teilvollstreckbarerklärung sieht sich der Gläubiger sogar im eigenen Interesse gezwungen, wenn ein Teil des Urteilsanspruchs inzwischen erloschen ist, zB durch Erfüllung oder durch partiell erfolgreiche Zwangsvollstreckung in einem anderen Staat.[13] 5

Es schadet nicht, wenn der Gläubiger seinen Antrag nicht ausdrücklich als solchen auf bloße Teilvollstreckbarerklärung bezeichnet. Er ist dann keineswegs mit der **späteren Vollstreckbarerklärung** der anderen Teile präkludiert.[14] 6

## Artikel 49

**Ausländische Entscheidungen, die auf Zahlung eines Zwangsgelds lauten, sind im Vollstreckungsmitgliedstaat nur vollstreckbar, wenn die Höhe des Zwangsgelds durch die Gerichte des Ursprungsmitgliedstaats endgültig festgesetzt ist.**

### Schrifttum

*v Falck*, Implementierung offener ausländischer Vollstreckungstitel (1998)
*Gärtner*, Probleme der Auslandsvollstreckung von Nichtgeldleistungsentscheidungen im Bereich der Europäischen Gemeinschaft (1993)
*H Koch*, Neuere Probleme der internationalen Zwangsvollstreckung einschließlich des einstweiligen Rechtsschutzes, in: *Schlosser* (Hrsg), Materielles Recht und Prozessrecht (1992) 183
*ders*, Internationaler Unterlassungsrechtsschutz, in: Liber amicorum Kurt Siehr (The Hague/Zürich 2000) 341
*Lindacher*, Internationale Unterlassungsvollstrekkung, in: FS Hans Friedhelm Gaul (1997) 399
*Remien*, Rechtsverwirklichung durch Zwangsgeld (1992)
*ders*, Astreinte, dwangsom und Zwangsgeld im Binnenmarkt, ERPL 1994, 399
*Stürner*, Das grenzüberschreitende Vollstreckungsverfahren in der Europäischen Union, in: FS Wolfram Henckel (1995) 863
*Stutz*, Die internationale Handlungs- und Unterlassungsvollstreckung unter dem EuGVÜ (1992)
*Treibmann*, Die Vollstreckung von Handlungen und Unterlassungen im europäischen Zivilprozessrecht (1994).

---

11 *Czernich/Tiefenthaler/Kodek/Kodek* Rn 2. **AA** (nur für den Schuldner) *Geimer/Schütze* Art 42 EuGVÜ Rn 5.

12 *Geimer/Schütze* Art 42 EuGVÜ Rn 5.

13 *Kropholler* Rn 2; *Thomas/Putzo/Hüßtege* Rn 2.

14 OLG Düsseldorf RIW 2001, 303 f.

## I. Zwangsgeld als Sanktionsmechanismus

1 Art 49 setzt Art 43 EuGVÜ fort. Er befasst sich mit Entscheidungen, die auf **Zahlung eines Zwangsgelds** lauten, in denen also eine Verurteilung zur Vornahme einer individuellen Handlung mit einer Verurteilung zur Zahlung einer Geldsumme für den Fall, dass jene Handlung nicht vorgenommen wird, kombiniert ist. In der Sache enthält er einerseits eine gewisse Einschränkung des Art 38, indem er zusätzliche Anforderungen an die Bestimmtheit des erststaatlichen Ausspruchs stellt.[1] Andererseits garantiert er der Verhängung von Zwangsgeldern als Institut abstrakt die Fähigkeit, für vollstreckbar erklärt zu werden.[2]

2 Mit der **Kompetenz des erststaatlichen Gerichts**, ein Zwangsgeld auszusprechen, befasst Art 49 sich nicht;[3] diese beurteilt sich vielmehr allein nach erststaatlichem Recht. Die bereits festgesetzte Geldsumme ist Drohmittel und Strafzahlung. Sie soll bewirken, dass der verurteilte Schuldner seiner primären Handlungsverurteilung nachkommt. Zwangsgeld ist ein Sanktionsmechanismus, um Handlungspflichten zur effektiven Durchsetzbarkeit zu verhelfen. Seine besondere Bedeutung entfaltet er im Bereich der Unterlassungsvollstreckung. In gewissem Umfang wird so ein Durchsetzungsmittel, dem man selber Zwangscharakter zusprechen kann, zum erststaatlichen Erkenntnisverfahren gezogen.[4]

3 Funktionell muss es unerheblich sein, ob das verwirkte **Zwangsgeld** dem Gläubiger der primären Verurteilung zufließt (so in Frankreich und den Benelux-Staaten)[5] oder – sei es auch als **Ordnungsgeld** oder contempt fine – dem Staat (wie in Deutschland, Österreich und England).[6] Entscheidende Bedeutung hat vielmehr der Sanktionscharakter gegen den Schuldner, sodass beide Gestaltungen erfasst sind.[7] Anderenfalls genössen entgegen dem Grundsatz gleicher Behandlung mitgliedstaatlicher Urteile Entscheidungen aus solchen Mitgliedstaaten größere Freizügigkeit, in denen das Zwangsgeld dem Gläubiger zufließt.[8] Außerdem stünde man vor kaum lösbaren Problemen, wenn der erststaatliche Gesetzgeber sich (wie der portugiesische) für eine hälftige Teilung zwischen Gläubiger und Staat entscheidet.[9] Eine Anpassung staatsnütziger

---

1 *Remien* 317.

2 *Remien* 317f.

3 OLG Köln RIW 2003, 71, 72f.

4 Vgl *Stürner*, in: FS Wolfram Henckel (1995) 863, 864.

5 Für eine solche Beschränkung aber *Droz* Nr 375; *Geimer/Schütze*, IntUrtAnerk § 19 X 3; *dies* EuZVR Art 43 EuGVÜ Rn 2; *Kaye* 1523; *Czernich/Tiefenthaler/Kodek/Kodek* Rn 2.

6 Darstellung der einzelnen Rechtsordnungen bei *Remien* 33-122; *Stutz* 26-69, 103-126, 138-165.

7 *Gottwald* IPRax 1991, 285, 291; *Remien* 318f; *H Koch*, in: *Schlosser* (Hrsg), Materielles Recht und Prozessrecht (1992) 183, 199f; *Stürner*, in: FS Wolfram Henckel (1995) 863, 864; *Lindacher*, in: FS Hans Friedhelm Gaul (1997) 399, 406f; *v Falck* 182-185; *Kropholler* Rn 1.

8 *H Koch*, in: Liber amicorum Kurt Siehr (The Hague/Zürich 2000) 341, 359 sowie *Micklitz/Rott* EuZW 2002, 15, 23.

9 Vgl *Remien* 319; *ders* ERPL 1994, 399, 407.

Ordnungsgelder dergestalt, dass sie im Zweitstaat nach Maßgabe dessen Zwangsvollstreckungsrechts dem Gläubiger zuflössen,[10] veränderte Charakter und Richtung der Maßnahme.

4 **Fiskusnützige Zwangsgelder** fallen auch nicht über Art 1 Abs 1 aus der Brüssel I-VO heraus.[11] Vielmehr folgen sie in ihrem Charakter der erststaatlichen Entscheidung: Ist diese sachlich erfasst, so sind es auch die Zwangsmittel zu ihrer Durchsetzung.[12] Schließlich darf nicht entscheidend sein, wer ein Zwangsgeld für wen auch immer beitreibt, der Gläubiger (so in Deutschland nach § 888 ZPO) oder der Staat von Amts wegen (so in Deutschland nach § 890 ZPO) und in England.[13] Anderenfalls wäre Art 49 eine nur in eine Richtung wirkende und keine wirklich allseitige Regelung.[14]

## II. Vermeiden von Bestimmtheitsproblemen im Zweitstaat

5 Verurteilungen zu Zwangsgeldern können, je nach Ausgestaltung des erststaatlichen Prozessrechts, **Bestimmtheitsprobleme** aufwerfen. Art 49 verlangt daher im Interesse der mit dem erststaatlichen Prozessrecht nicht vertrauten zweitstaatlichen Gerichte eine endgültige Festsetzung des Zwangsgeldes auch der Höhe nach bereits im Erststaat. Der zweitstaatliche Richter soll aus der erststaatlichen Entscheidung selbst ersehen können, wozu der Schuldner verurteilt ist. Dies heißt endgültige Festsetzung, während es nicht darauf ankommt, ob die Verhängung unter einer auflösenden Bedingung steht.[15] Die Gesamthöhe des Zwangsgeldes muss in der Entscheidung selbst benannt sein. Der zweitstaatliche Richter soll der Mühe enthoben sein, die Zwangsgeldhöhe erst noch errechnen zu müssen. Dieser Aufgabe könnte er sich, wenn überhaupt, nur mit Mühe unterziehen, da ihm eine Konkretisierung nach Recht und Praxis des Erststaates abverlangt würde.[16]

6 Dass sich eine **Summe aus der Entscheidung ermitteln** lässt, sei es auch zB über die angebliche Zahl der Zuwiderhandlungen seitens des Schuldners, reicht nicht.[17] Dies gilt umso mehr, als nach manchen nationalen Prozessrechten der Zuwiderhandlung eine gesonderte Verurteilung nachfolgen muss.[18] In Frankreich etwa wird eine solche

---

[10] Dafür *H Koch*, in: *Schlosser* (Hrsg), Materielles Recht und Prozessrecht (1992) 183, 200; *ders*, in: Liber amicorum Kurt Siehr (The Hague/Zürich 2000) 341, 358; *Lindacher*, in: FS Hans Friedhelm Gaul (1997) 399, 407 f.

[11] *Gärtner* 218 f; *Lindacher*, in: FS Hans Friedhelm Gaul (1997) 399, 407; *Micklitz/Rott* EuZW 2002, 15, 23; **AA** *Treibmann* 159 ff; *Geimer/Schütze* EuZVR Art 43 EuGVÜ Rn 2. Offen *BBGS/Haß* Art 43 EuGVÜ Rn 6 (2000).

[12] *Remien* WRP 1994, 25, 28.

[13] *Remien* 320.

[14] *Remien* 320 f.

[15] *Remien* 322.

[16] BGHZ 122, 16, 18.

[17] *Schlosser*-Bericht Nr 213; *Kropholler* Rn 1.

[18] *Schlosser*-Bericht Nr 213.

gesonderte Verurteilung selbst dann verlangt, wenn sie nach dem erststaatlichen Recht gar nicht vorgesehen ist.[19] Dort ist der erstmalige Ausspruch der astreinte nur eine Eventualverurteilung mit der Bedingung, dass die astreinte nach Zuwiderhandlung der Höhe nach festgesetzt wird (liquidation).[20] Dem erststaatlichen Gericht verlangt Art 49 gleichsam die liquidation ab.[21] Dies gilt als Kompromiss zwischen den Mitgliedstaaten auch dann, wenn das erststaatliche Prozessrecht selber kein Erfordernis einer liquidation, einer gesonderten Verurteilung, kennt.[22]

7 Ausreichend ist die erststaatliche Feststellung, dass der Schuldner ein Zwangsgeld in bestimmter Höhe verwirkt habe; eine eigenständige Leistungsverurteilung zur Zwangsgeldzahlung, ganz streng nach dem Vorbild der französischen liquidation, ist nicht zu verlangen.[23] Art 49 sperrt keineswegs die **erststaatliche Festsetzung,**[24] sondern setzt diese im Gegenteil voraus. Vorausgesetzt ist nur, dass die Festsetzung bereits Wirkungen entfaltet; aufschiebend bedingte Festsetzungen genügen nicht.[25] Die Vollstreckbarerklärung des Zwangsgeldtitels erfolgt auch dann, wenn das zweitstaatliche Recht für eine Vollstreckung des eigentlichen Handlungs- oder Unterlassungstitels eigentlich Realexekution vorsehen würde.[26] Umgekehrt kann die vollstreckbarerklärungsfähige Festsetzung eines Zwangsgeldes im Erststaat helfen, wenn der Zweitstaat konkret keine Beugemittel kennen würde.[27]

### III. Eigenständige Zwangsgeldverhängung im zweitstaatlichen Zwangsvollstreckungsverfahren als weitere Option

8 Art 49 regelt nur die Vollstreckbarerklärung erststaatlicher Zwangsgeldverurteilungen im Zweitstaat. Dagegen regelt er nicht die Möglichkeit, dass der **Zweitstaat eigene Zwangsgeldandrohungen** ausspricht und eigene Zwangsgelder verhängt. Dies kann er nach Maßgabe seines eigenen nationalen Prozessrechts auf der Basis einer Vollstreckbarerklärung für die eigentliche erststaatliche Handlungs- oder Unterlassungsentscheidung.[28] Die Vollstreckbarerklärung des erststaatlichen Zwangsgeldes bezeichnet keineswegs den einzigen Weg, wie der Gläubiger Vollstreckungs- und Durchsetzungsdruck

---

[19] CA Paris D 1992 IR 226 = ERPL 1994, 399 m Anm *Remien.*

[20] Art 33 ff Loi no 91-650 du 9 juillet 1991, JO 1991, 9228.

[21] *Remien* ERPL 1994, 399, 403.

[22] CA Paris D 1992 IR 226; *Remien* ERPL 1994, 399, 404.

[23] *Remien* ERPL 1994, 399, 406.

[24] Hof Amsterdam Ned Jur 1993 Nr 452 S 1597.

[25] *Remien* 322 f.

[26] *Remien* 327; *Stürner,* in: FS Wolfram Henckel (1995) 863, 867.

[27] *Stürner,* in: FS Wolfram Henckel (1995) 863, 872.

[28] BGH WM 2000, 635, 636 f (Vorlagebeschluss); *Remien* 328 f; *Stürner,* in: FS Wolfram Henckel (1995) 863, 871. **AA** CA Paris Rev crit 69 (1980) 783 f m Anm *Gaudemet-Tallon* = GazPal 1980 I Jur 309 m Anm *Mauro.*

im Zweitstaat aufbauen kann. Vielmehr hat der Gläubiger die Wahl, welchen Weg er beschreitet, wenn ihm beide offen stehen.[29]

9 Freilich ist dabei die Gefahr zu bedenken, dass sich **Zwangsmittel häufen** und die Lage dadurch für den Schuldner unzumutbar wird. Den zweitstaatlichen Gerichten die Kompetenz zu nehmen, eigene Zwangsmittel anzuordnen, wenn es bereits eine Zwangsgeldanordnung im Erststaat gegeben hat,[30] führt indes zu weit und stellte die legitimen Gläubigerinteressen zurück. Damit ließe man außer Betracht, dass jede effektive Zwangsgelddurchsetzung im Zweitstaat schon eine Anerkennung und Vollstreckbarerklärung der erststaatlichen Entscheidung voraussetzt. Zwangsgeld kann im Zweitstaat nur nach Maßgabe des zweitstaatlichen Rechts beigetrieben werden.

10 Eine Zwangsgeldanordnung als **eigenständige zweitstaatliche Vollstreckungsmaßnahme** kann zudem als Vollstreckungsmaßnahme nie außerhalb des Zweitstaates wirken. Insofern entfaltet sich nur Druck im Zweitstaat. Eine unzumutbare Häufung von Druckmitteln mit Blick auf andere Zweitstaaten entsteht wegen der Territorialität von Vollstreckungsmaßnahmen nicht. Auch als ermessensleitendes Moment bei der Verhängung von Zwangsgeldern im Zweitstaat[31] begrenzt das vorgebliche Argument der Druckhäufung also nicht. Des Weiteren ist der zweite Weg ein eleganter Ausweg, um mit den Mitteln des zweitstaatlichen Vollstreckungsrechtes etwaigen Problemen mit erststaatlichen Ordnungsgeldanordnungen zu Gunsten des Staates auszuweichen.[32] Allerdings ist eine Ausnahme zu machen, wenn die Wirkung der Ausgangsentscheidung im Erststaat nur sehr begrenzt ist und zweitstaatliche Zwangsmittel ihr zu größerer Wirkung im Zweitstaat verhelfen würden.[33]

## Artikel 50

**Ist dem Antragsteller im Ursprungsmitgliedstaat ganz oder teilweise Prozesskostenhilfe oder Kosten- und Gebührenbefreiung gewährt worden, so genießt er in dem Verfahren nach diesem Abschnitt hinsichtlich der Prozesskostenhilfe oder der Kosten- und Gebührenbefreiung die günstigste Behandlung, die das Recht des Vollstreckungsmitgliedstaats vorsieht.**

1 Art 50 entspricht grundsätzlich Art 44 Abs 1 EuGVÜ[1] und Art 30 EuEheGVVO. Er verlangt **Meistbegünstigung**, also die überhaupt günstigste mögliche Behandlung, des

[29] *Stürner*, in: FS Wolfram Henckel (1995) 863, 869f; *Schlosser* RabelsZ 50 (1986) 415, 421f; *ders* Rn 3a. **AA** *Remien* 330.

[30] Dafür *Remien* 330; *v Falck* 186f.

[31] Dafür *v Falck* 187; *Kropholler* Rn 3; *Schlosser* Rn 3 a; *Czernich/Tiefenthaler/Kodek/Kodek* Rn 3.

[32] *H Koch*, in: Liber amicorum Kurt Siehr (The Hague/Zürich 2000) 341, 359.

[33] BGH WM 2000, 635, 637 (Vorlagebeschluss).

[1] Art 44 Abs 2 EuGVÜ bezieht sich auf Dänemark und war wegen Art 69 EG iVm Protokoll über die Position Dänemarks sowie Art 1 Abs 3 nicht in die Brüssel I-VO zu übernehmen; *MünchKommZPO/Gottwald* Rn 2.

Antragstellers im Vollstreckbarerklärungsverfahren nach dem zweitstaatlichen Recht hinsichtlich Prozesskostenhilfe oder Kostenbefreiung, sofern dem Antragsteller für den Ausgangsprozess im Erststaat ganz oder teilweise Prozesskostenhilfe oder Kostenbefreiung gewährt wurde. Der minderbemittelten Partei soll erspart werden, im Zweitstaat erneut um Unterstützung nachsuchen zu müssen, wenn sie bereits den Erstprozess mit staatlicher Unterstützung hat führen dürfen.[2]

2 Eine simple Verlängerung der erststaatlichen Regelung in das Vollstreckbarerklärungsverfahren scheitert an der **unterschiedlichen Verbreitung von Prozesskostenhilfe** in den nationalen Prozessrechten der Mitgliedstaaten. Kennt das zweitstaatliche Recht überhaupt keine Prozesskostenhilfe, so ist diese auch im Vollstreckbarerklärungsverfahren nicht zu gewähren. Art 50 zwingt nicht etwa Staaten, die das Institut der Prozesskostenhilfe überhaupt nicht kennen, dieses Institut nun im Vollstreckbarerklärungsverfahren einzuführen.[3] Eine gemeinschaftsweite Vereinheitlichung der Prozesskostenhilfe in grenzüberschreitenden Verfahren bewirkt jetzt aber grundsätzlich die ProzesskostenhilfeRL.[4]

3 Das **zweitstaatliche Gericht darf nicht überprüfen**, ob dem Antragsteller im Erststaat zu Recht Prozesskostenhilfe gewährt wurde.[5] Ebenso wenig darf es prüfen, ob die ursprünglich gegebenen Gründe noch fortbestehen.[6] Im Zweitstaat ist die Prozesskostenhilfe ipso iure von Amts wegen zu gewähren.[7] Es bedarf keines gesonderten Antrags seitens des Antragstellers. Allerdings wird keine Prozesskostenhilfe gewährt, wenn der Antragsteller nicht erwähnt und aus dem von ihm beigebrachten Urkunden nicht ersichtlich ist, dass er im Erststaat Prozesskostenhilfe erhalten hat. Hinsichtlich der Tatsachen ist der Antragsteller darlegungspflichtig. Er muss die nach Art 40 Abs 3, 53f iVm Anhang V vorgesehene Bescheinigung beibringen, deren Nr 5 ausweist, dass er im Erststaat Prozesskostenhilfe bezogen hat.[8] Insoweit besteht keine Amtsermittlungspflicht des zweitstaatlichen Gerichts. Das Gericht kann indes nach Art 55 dem Antragsteller entgegenkommen.[9]

4 Die zu gewährende Prozesskostenhilfe erstreckt sich auf **sämtliche Verfahrensstufen** im zweitstaatlichen Vollstreckbarerklärungsverfahren. Die in Art 44 Abs 1 EuGVÜ noch vorhandene Beschränkung auf das erstinstanzliche Verfahren ist entfallen. Um-

---

2 *Schlosser* Rn 1.

3 *Schlosser*-Bericht Nr 223.

4 Richtlinie 2003/8/EG des Rates vom 27. 1. 2003 zur Verbesserung des Zugangs zum Recht bei Streitsachen mit grenzüberschreitendem Bezug durch Festlegung gemeinsamer Mindestvorschriften für die Prozesskostenhilfe in derartigen Streitsachen, ABl EG 2003 L 26/41; abgedr auch in: NJW 2003, 1101.

5 *Schlosser* Rn 1; *Czernich/Tiefenthaler/Kodek/Kodek* Rn 4.

6 *Droz* Nr 588; *BBGS/Haß* Art 44 EuGVÜ Rn 3 (2000).

7 *Gottwald* IPRax 1991, 285, 286.

8 *Czernich/Tiefenthaler/Kodek/Kodek* Rn 2.

9 *Kropholler* Rn 4.

fang und Ausgestaltung der zweitstaatlichen Prozesskostenhilfe bestimmt das Recht des Zweitstaates, insbesondere hinsichtlich der zweckgebundenen Verwendung für die Beiordnung eines Rechtsanwalts (wie nach § 121 ZPO) und der einschlägigen Gebührensätze.[10]

Art 50 kann dazu führen, dass dem Antragsteller im Zweitstaat volle Prozesskostenhilfe gewährt wird, obwohl er im Erststaat nur **teilweise Prozesskostenhilfe** erhalten hat. Dafür werden vier Vorteile reklamiert: Harmonisierung mit Art 15 Haager Unterhaltsvollstreckungsübereinkommen von 1973; Vereinfachung des Antrags; intern-materiell einheitliche Rechtsanwendung in den einzelnen Mitgliedstaaten; Vermeiden von komplizierten Kostenberechnungen und dadurch bedingten Verzögerungen.[11] 5

Art 50 will den Antragsteller begünstigen. Er schließt daher nicht aus, dass der Antragsteller sich auf **Regelungen** aus dem **autonomen Recht des Zweitstaates** berufen kann, die für ihn noch günstiger sind. ZB kann der nach dem Erstprozess verarmte Antragsteller Prozesskostenhilfe nach autonomem zweitstaatlichem Recht beantragen, desgleichen, wenn Prozesskostenhilfe im Zweitstaat großzügiger gewährt wird.[12] 6

## Artikel 51

**Der Partei, die in einem Mitgliedstaat eine in einem anderen Mitgliedstaat ergangene Entscheidung vollstrecken will, darf wegen ihrer Eigenschaft als Ausländer oder wegen Fehlens eines inländischen Wohnsitzes oder Aufenthalts eine Sicherheitsleistung oder Hinterlegung, unter welcher Bezeichnung es auch sei, nicht auferlegt werden.**

Art 51 **verbietet** den Mitgliedstaaten, dem Antragsteller des Vollstreckbarerklärungsverfahrens (nicht des ursprünglichen Erkenntnisverfahrens) eine **Ausländersicherheit** oder -hinterlegung aufzuerlegen. Motivation dafür war, dass man für das wenig kostenintensive Vollstreckbarerklärungsverfahren das umständliche Sicherheitenanordnungs- und -gestellungsverfahren mit seinem Verzögerungspotential für unangemessen hielt.[1] Art 51 betrifft nur eine Sicherheitsleistung für Kosten des Vollstreckbarerklärungsverfahrens, dagegen nicht für Kosten des (erststaatlichen) Erkenntnisverfahrens.[2] 1

Mit Blick auf die Rechtsprechung des EuGH, die entsprechende Vorschriften des nationalen Rechts sowieso als Verstoß gegen primäres Gemeinschaftsrecht einstuft,[3] er- 2

---

10 *Geimer/Schütze*, IntUrtAnerk § 158 III 2; *Bülow/Böckstiegel/Haß* Art 44 EuGVÜ Rn 4; *Kropholler* Rn 2.

11 *Schlosser*-Bericht Nr 223.

12 *Kropholler* Rn 6.

1 *Jenard*-Bericht Zu Art 45 EuGVÜ.

2 *Thomas/Putzo/Hüßtege* Rn 1.

3 EuGH Rs C-20/92 *Anthony Hubbard/Peter Hamburger* EuGHE 1993 I 3777, 3793 f Rn 10-15; EuGH Rs C-43/95 *Data Delecta AB u Ronny Forsberg/MSL Dynamics Ltd* EuGHE 1996 I 4661, 4675-4677

scheint Art 51 **weitgehend deklaratorisch** und obsolet.[4] Für Deutschland gilt dies erst recht, weil § 110 Abs 1 ZPO seit der 1998 erfolgten Neufassung EU-Ausländer sowieso von der Ausländersicherheit befreit.[5] Von anderen obligatorischen Sicherheitsleistungen als jener der Ausländersicherheit (zB solchen gemäß § 89 ZPO oder gemäß §§ 371a, 390 EO in Österreich) befreit Art 51 nicht, ebenso wenig von einer nach Art 46 Abs 3 angeordneten Sicherheitsleistung.[6]

3 Eigenständige Bedeutung hat Art 51 wie sein Vorbild Art 45 EuGVÜ nur noch im **Verhältnis zu Drittstaatern.**[7] Denn Art 51 greift unabhängig von der Staatsangehörigkeit und der Ansässigkeit des Antragstellers,[8] soweit nur die Vollstreckbarerklärung einer Entscheidung aus einem EU-Mitgliedstaat begehrt wird. Der US-amerikanische Antragsteller, der eigentlich § 110 ZPO voll unterfiele,[9] wird also begünstigt, wenn er einen zB aus Frankreich stammenden Titel in Deutschland für vollstreckbar erklären lassen will. Ist der Schuldner mit seinem Rechtsbehelf erfolgreich, so führt Art 51 für ihn dagegen zu dem Nachteil, dass er seinen Kostentitel gegen den in einem Drittstaat ansässigen Antragsteller uU im betreffenden Drittstaat für vollstreckbar erklären lassen müsste.[10]

## Artikel 52

**Im Vollstreckungsmitgliedstaat dürfen im Vollstreckbarerklärungsverfahren keine nach dem Streitwert abgestuften Stempelabgaben oder Gebühren erhoben werden.**

1 Art 52 entstammt **Anhang III des Protokolls zum EuGVÜ**. Er will die Verfahrenskosten insgesamt reduzieren, indem er bestimmten staatliche Abgaben ausschließt.[1] Außerdem vermeidet er eine Ungleichbehandlung, dies sich hätte ergeben können, wenn einige Staaten Vollstreckbarerklärungsverfahren zu einer festen Taxe, andere dagegen nach allgemeinem Prozesskostenrecht, gestuft nach Streitwert, abgerechnet hätten.[2]

2 Art 52 beinhaltet **keine vollständige Abschaffung von Kosten** und Gebühren für das Vollstreckbarerklärungsverfahren. Vielmehr bekämpft er nur nach dem Streitwert ge-

---

Rn 12-22; EuGH Rs C-323/95 *David Charles Hayes u Jeanette Karen Hayes/Kronenberger GmbH in Liquidation* EuGHE 1997 I 1711, 1722-1726 Rn 13-25; EuGH Rs C-122/96 *Stephen Austin Saldanha u MTS Securities Corp/Hiross Holding* AG EuGHE 1997 I 5325, 5342-5346 Rn 15-30.

4 Ähnlich *Czernich/Tiefenthaler/Kodek/Kodek* Rn 2.

5 *BBGS/Haß* Art 45 EuGVÜ Rn 2 (2000).

6 *BBGS/Haß* Art 45 EuGVÜ Rn 3 (2000); *Kropholler* Rn 3; *Czernich/Tiefenthaler/Kodek/Kodek* Rn 3.

7 *Schlosser* Rn 1.

8 *Thomas/Putzo/Hüßtege* Rn 1.

9 Siehe nur BGH WM 2003, 47; *Mankowski* EWiR § 110 ZPO 1/03, 191.

10 *Kropholler* Rn 2.

1 Begründung der Kommission, BR-Drs 534/99, 25 Zu Art 49.

2 *Jenard*-Bericht Zu Art III Prot EuGVÜ; *Kropholler* Rn 1.

staffelte Ausformungen. Den Grundgedanken, Gebühren und Abgaben gleichsam als Entgelt für die konkrete Justizgewährung zu verstehen, bekämpft er nicht. Dementsprechend sind streitwertunabhängige, feste Gebühren erlaubt.[3] In Deutschland findet dies seine Umsetzung in den besonderen Kostentatbeständen der Nrn 1420, 1911, 1913 KV zum GVG.[4] Danach betragen die Gerichtskosten für das Vollstreckbarerklärungsverfahren in erster Instanz € 72,–, in zweiter € 108,– und in dritter € 144,–.

Gemeint sind zudem **nur Gerichtsgebühren**.[5] Gebühren und Honorare von Anwälten 3
liegen ganz außerhalb des Art 52,[6] können also im nationalen Recht auch streitwertabhängig sein. Art 52 verpflichtet keineswegs zu zeitabhängigen oder festen Anwaltshonoraren. In Deutschland erhält ein Anwalt für die Antragstellung in erster Instanz nach §§ 47 Abs 1, 31 Abs 1 Nr 1 BRAGO eine volle Gebühr nach dem Gegenstandswert (§ 11 BRAGO); außerdem sind die notwendigen Kosten eines ausländischen Verkehrsanwalts[7] sowie die Übersetzungskosten für einzureichende Urkunden zu bezahlen.[8] Für die zweite und dritte Instanz fallen die Anwaltskosten jeweils erneut an.

Bestehen bleibende Kosten bergen das Risiko, sie nicht erstattet zu bekommen. Dies 4
gilt insbesondere, wenn das zweitstaatliche Recht für die **Kostenerstattung** nicht dem deutschen Modell (wer obsiegt, bekommt seine Kosten vom Gegner erstattet) folgt, sondern – wie zB das französische Recht für die erste Instanz[9] – keine Kostenerstattung kennt. Hier mag helfen, wenn der Gläubiger sich dann im Erststaat einen Kostentitel über die Kosten des zweitstaatlichen Vollstreckbarerklärungsverfahrens besorgt und diesen dann wiederum im Zweitstaat (als weitere Entscheidung) für vollstreckbar erklären lässt.[10] Trotzdem bleiben nicht zu unterschätzende Restrisiken. Diese können dazu führen, dass Gläubiger kleiner und mittlerer Forderungen schon aus Kostengründen von einer Vollstreckbarerklärung absehen.[11]

---

3 Siehe nur *Czernich/Tiefenthaler/Kodek/Kodek* Rn 1.

4 *MünchKommZPO/Gottwald* Rn 1.

5 *Thomas/Putzo/Hüßtege* Rn 1.

6 *Kropholler* Rn 1; *MünchKommZPO/Gottwald* Rn 2; *Czernich/Tiefenthaler/Kodek/Kodek* Rn 1.

7 Eingehend dazu unter § 91 ZPO *Reithmann/Martiny/Mankowski*, Internationales Vertragsrecht (6. Aufl 2003) Rn 2144-2160 mit umfassenden Nachweisen.

8 *MünchKommZPO/Gottwald* Rn 2.

9 Siehe *Feige*, Die Kosten des deutschen und französischen Vollstreckbarerklärungsverfahrens nach dem GVÜ (1988) 97.

10 Näher *Taupitz* IPRax 1990, 150; *Spickhoff* IPRax 2002, 290; siehe zu § 788 ZPO in diesem Zusammenhang einerseits OLG Düsseldorf RIW 1990, 501 und andererseits OLG Hamm IPRax 2002, 301.

11 *Kropholler* Rn 1.

## Abschnitt 3
## Gemeinsame Vorschriften

### Artikel 53

**(1) Die Partei, die die Anerkennung einer Entscheidung geltend macht oder eine Vollstreckbarerklärung beantragt, hat eine Ausfertigung der Entscheidung vorzulegen, die die für ihre Beweiskraft erforderlichen Voraussetzungen erfüllt.**
**(2) Unbeschadet des Artikels 55 hat die Partei, die eine Vollstreckbarerklärung beantragt, ferner die Bescheinigung nach Artikel 54 vorzulegen.**

### I. Allgemeines

1 Die Vorschriften der Art 53-56 gelten für das Anerkennungs- (Art 33-37) und das Exequaturverfahren (Art 38-52).[1] Sie bilden daher den **Allgemeinen Teil für das Kapitel III Anerkennung und Vollstreckung** (Art 32-56), befinden sich jedoch – systemwidrig – erst an dessen Ende. Im diesem Abschnitt 3 bestimmt der Sekundärrechtsgeber die formellen Voraussetzungen für die Anerkennung und Vollstreckbarerklärung von Entscheidungen.[2] Der Begriff der Entscheidung wird in Art 32 legaldefiniert. Die Art 53-56 erfassen mithin auch den Fall eines judgment by consent oder in abgekürzter Form ausgefertigte Entscheidungen[3] wie etwa Anerkenntnis- sowie Verzichtsurteile.[4] Der Begriff der Entscheidung erstreckt sich zwar weder auf öffentliche Urkunden (etwa den vollstreckbar erklärten Anwaltsvergleich)[5] noch laut kritikwürdiger Auffassung des EuGH[6] auf Prozessvergleiche. Dennoch sind etwa die Art 53-56 nach Art 57 Abs 4 S 1 und Art 58 S 1 entsprechend heranzuziehen. Im Hinblick auf die Vollstreckbarerklärung von Entscheidungen gibraltarischer Gerichte ist die Erklärung des Vereinigten Königreichs vom 16. Januar 2001 zu beachten.[7]

---

[1] *Kropholler* Rn 1; *Thomas/Putzo/Hüßtege* Rn 1.

[2] *Kropholler* Rn 1.

[3] Siehe im deutschen Recht etwa die §§ 313 a Abs 1, 313 b Abs 1 S 1, 317 ZPO.

[4] *Rauscher/Leible* Art 32 Rn 6; *Rauscher/Staudinger* Art 58 Rn 9; *Kropholler* Art 32 Rn 13; vgl zum EuGVÜ: *Geimer/Schütze* Art 25 Rn 31; *Martiny*, in: HdbIZVR Bd III/2 Kap II Rn 41; Versäumnisurteil als Entscheidung: OLG Köln, NJW-RR 2001, 1576 f.

[5] *Rauscher/Staudinger* Art 57 Rn 5.

[6] EuGH Rs C-414/92 *Solo Kleinmotoren/Emilio Boch* EuGHE 1994 I 2237, 2256 Rn 20.

[7] ABl EG 2001 C 13/1; abgedruckt in IPRax 2001, 262.

## II. Ausfertigung der Entscheidung

Dem **Antrag auf Anerkennung oder Vollstreckbarerklärung**[8] einer Entscheidung ist vom Gläubiger gem Abs 1 eine Ausfertigung[9] der Entscheidung beizufügen.[10] Diese muss „die für ihre Beweiskraft erforderlichen Vorraussetzungen erfüllen". Wie sich aus einem Vergleich mit anderssprachigen Fassungen der Brüssel I-VO ergibt, ist die deutsche Übersetzung missverständlich. Abzustellen ist nicht auf die Beweiskraft der Ausfertigung. Vielmehr kommt es darauf an, dass die Echtheit bzw Authentizität der Ausfertigung zur Überzeugung des angerufenen Gerichts nachgewiesen werden kann.[11] Unter welchen Voraussetzungen dieser Beweis gelingt, richtet sich nach dem nationalen Recht des Gerichts, das die Entscheidung getroffen hat.[12] Ausfertigungen von Entscheidungen, die von deutschen Spruchkörpern stammen, sind gem § 317 Abs 3 ZPO vom Urkundsbeamten der Geschäftsstelle zu unterschreiben und mit dem Gerichtssiegel zu versehen. Eine einfache Abschrift oder Fotokopie genügt demgegenüber nicht.[13] Die dem Antrag beigefügte Ausfertigung der Entscheidung muss nicht beim angerufenen Gericht verbleiben.[14] Die Urkunde kann vielmehr mit einer Vollstreckungsklausel nach § 9 Abs 3 AVAG versehen und wieder an den Antragssteller zurückgegeben werden. 2

## III. Bescheinigung nach Art 54

Dem Antrag gem Abs 2 ist die **Bescheinigung nach Art 54 beizufügen**. Damit soll dem Vollstreckungsgläubiger die Anerkennung bzw Vollstreckbarerklärung seiner Entscheidung im Vergleich zur Rechtslage nach dem EuGVÜ erleichtert werden.[15] Das angerufene Gericht kann der Bescheinigung alle notwendigen Daten entnehmen und wird dadurch von der Prüfung befreit.[16] Zu beachten ist, dass der Kontrollumfang im einseitigen Antragsverfahren ohnehin beschränkt ist. Ob etwa der in Art 34 Nr 2 genannte Versagungsgrund vorliegt, darf nach Art 45 Abs 1 erst im Rechtsbehelfsverfahren untersucht werden. Inhalt und Verfahren zur Erteilung der Bescheinigung richten sich nach Art 54 iVm Anhang V der Brüssel I-VO. Kann der Gläubiger eine solche Bescheinigung nicht vorlegen, darf die Entscheidung nur unter den Voraussetzungen des Art 55 anerkannt und für vollstreckbar erklärt werden. 3

---

[8] Siehe hierzu auch *Rauscher/Mankowski* Art 40 Abs 3 und 41.

[9] Spanisch: copia auténtica; englisch: copy of the judgment; französisch: expédition; italienisch: copia della decisione; niederländisch: expeditie; portugiesisch: cópia da decisão; schwedisch: kopia av domen.

[10] Zu beachten ist ferner § 4 Abs 4 AVAG. Hiernach soll der Antragsteller der Ausfertigung des Titels zwei Abschriften beifügen.

[11] Die niederländische Fassung benutzt das Wort „echtheid".

[12] *Jenard*-Bericht vor Art 48 EuGVÜ, ABl EG 1979 C 59/1, 55; *Kropholler* Rn 2; *Schlosser* Rn 1; siehe auch *Wolff* in: HdbIZVR Bd III/2 Kap IV Rn 236.

[13] *Thomas/Putzo/Hüßtege* Rn 2.

[14] Vgl zum EuGVÜ: BGHZ 75, 167, 169 = BGH NJW 1980, 527.

[15] Begründung des Kommissionsentwurfs, KOM (1999) 348 endg, 26 = BR-Drucks 534/99, 25 zu Art 50 und 51 des Entwurfs; *Kropholler* Rn 4; *Schlosser* Vorb zu Art 53 Rn 3.

[16] *Kropholler* Rn 4; *Thomas/Putzo/Hüßtege* Rn 4.

Artikel 54

**Das Gericht oder die sonst befugte Stelle des Mitgliedstaats, in dem die Entscheidung ergangen ist, stellt auf Antrag die Bescheinigung unter Verwendung des Formblatts in Anhang V dieser Verordnung aus.**

## I. Allgemeines

1 Die Bescheinigung und vor allem das zu ihrer Erstellung in **Anhang V vorgesehene Formblatt** sollen das Anerkennungs- und Exequaturverfahren weiter formalisieren und damit die Vollstreckung im EU-Ausland vereinfachen.[1]

## II. Verfahren

2 Die Bescheinigung wird nicht notwendig von demjenigen Spruchkörper ausgestellt, der die Entscheidung getroffen hat.[2] **Zuständig** für die Erteilung sind in Deutschland die in § 56 S 1-3 AVAG genannten Stellen, denen auch die Erteilung einer vollstreckbaren Ausfertigung des Titels obliegt.[3] Dies ist insofern sachgerecht, als der Bescheinigung ebenso wie einer Vollstreckungsklausel die Wirkung zukommt, Bestehen und Vollstreckbarkeit eines Titels nachzuweisen.[4] Formelle Voraussetzung für die Erteilung ist ein Antrag desjenigen, der seine Entscheidung im EU-Ausland vollstrecken möchte.[5] Der Antrag ist fristlos an die zuständige Stelle zu richten. Nach § 56 S 4 AVAG kann gegen die Entscheidung über die Ausstellung der Bescheinigung (Rechts)Beschwerde nach Art 43, 44 eingelegt werden.

## III. Inhalt der Bescheinigung

3 Die Bescheinigung richtet sich nach **Anhang V[6] der Brüssel I-VO[7]**, dem Anwendungsvorrang zukommt. Das Schriftstück muss sich folglich sowohl von seinem Inhalt als auch Aufbau her an den zwingenden Vorgaben des Gemeinschaftsrechts orientieren. Durch das in allen Sprachen übereinstimmende Formblatt soll erreicht werden, dass eine Übersetzung des Dokuments überflüssig wird.[8] Es enthält alle wesentlichen Angaben der zuständigen Stelle. Dies umfasst beispielsweise Datum und Aktenzeichen der Entscheidung sowie die Namen der Parteien. Darüber hinaus ist bei einer Entschei-

---

[1] Begründung des Kommissionsentwurfs, KOM (1999) 348 endg, 26 = BR-Drucks 534/99, 25 zu Art 50 und 51 des Entwurfs; *Kropholler* Rn 1; *Schlosser* Rn 1.

[2] Dies folgt aus dem Zusammenspiel der Punkte 2 und 3 dieser Bescheinigung; siehe zur Parallele bei öffentlichen Urkunden *Rauscher/Staudinger* Art 57 Rn 12.

[3] *Kropholler* Rn 2; *Thomas/Putzo/Hüßtege* Rn 2.

[4] BR-Drucks 743/01, 9 f.

[5] *Kropholler* Rn 3; *Thomas/Putzo/Hüßtege* Rn 1.

[6] Zur Vollstreckbarerklärung von Vergleichen im Sinne des Art 58 beachte dort S 2.

[7] Beachte die Sonderregel in Art 57 Abs 4 S 2.

[8] *Schlosser* Rn 1; *Thomas/Putzo/Hüßtege* Rn 3.

dung, die in einem Verfahren erging, auf das sich der Betroffene nicht eingelassen hat (zB Versäumnisverfahren gem §§ 330ff ZPO), nach Nr 4.4 des Anhangs V das Zustellungsdatum des verfahrenseinleitenden Schriftstücks anzugeben. Da der Kammervorsitzende[9] nach Art 41 im Antragsverfahren keine amtswegige Kontrolle der Versagungsgründe vornehmen darf, bietet das Dokument letztlich dem Beschwerdegericht die tatsächliche Grundlage dafür, um das Exequatur nach Art 34 Nr 2 zu abzulehnen bzw aufzuheben.[10] Zudem ist ggf der Name der Partei anzugeben, die Prozesskostenhilfe[11] erhalten hat. Das Formular schließt mit dem Vermerk, gegen wen die Entscheidung im Ursprungsstaat vollstreckbar ist. Die Rechtskraft muss demgegenüber nicht nachgewiesen werden, da die Titelfreizügigkeit nach der Brüssel I-VO ebenso vorläufig vollstreckbare Entscheidungen einbezieht.[12] Im Ergebnis bildet damit das Formular die Vorgaben der Art 46 Nr 2, 47 EuGVÜ ab.

## Artikel 55

**(1) Wird die Bescheinigung nach Artikel 54 nicht vorgelegt, so kann das Gericht oder die sonst befugte Stelle eine Frist bestimmen, innerhalb deren die Bescheinigung vorzulegen ist, oder sich mit einer gleichwertigen Urkunde begnügen oder von der Vorlage der Bescheinigung befreien, wenn es oder sie eine weitere Klärung nicht für erforderlich hält.**
**(2) Auf Verlangen des Gerichts oder der sonst befugten Stelle ist eine Übersetzung der Urkunden vorzulegen. Die Übersetzung ist von einer hierzu in einem der Mitgliedstaaten befugten Person zu beglaubigen.**

### I. Allgemeines

1 Die beiden Absätze der Vorschrift haben unterschiedliche Bezugspunkte. **Abs 1** befasst sich nur mit der **Bescheinigung nach Art 54** und regelt die Frage, wie sie ersetzt werden kann.[1] Auf die Ausfertigung der Entscheidung gem Art 53 Abs 1 ist der Abs 1 nicht anwendbar. Dagegen bezieht sich **Abs 2** auf **alle in Art 53 und 54 genannten Urkunden.**[2] Angesichts der ratio von Art 55, einem überzogenen Formalismus vorzubeugen,[3] verbietet die Vorschrift einen Rückgriff auf nationale Vorschriften nicht, so-

[9] Siehe zur Ausgestaltung des Exequaturverfahrens in Deutschland § 3 Abs 3 AVAG.
[10] Erst im Rechtsbehelfsverfahren ist damit die Rechtzeitigkeit der Zustellung nachzuprüfen.
[11] Siehe Nr 5 des Anhangs V; beachte in diesem Zusammenhang die Richtlinie 2002/8/EG des Rates vom 27. Januar 2003 zur Verbesserung des Zugangs zum Recht bei Streitsachen mit grenzüberschreitendem Bezug durch Festlegung gemeinsamer Mindestvorschriften für die Prozesskostenhilfe in derartigen Streitsachen, ABl EG 2003 L 26/41; berichtigt im ABl EG 2003 L 32/15; hierzu jüngst *R Wagner* NJW 2003, 2344, 2346.
[12] Vgl hierzu *Rauscher/Leible* Art 32 Rn 7.
[1] *Kropholler* Rn 1; *Thomas/Putzo/Hüßtege* Rn 1.
[2] *Kropholler* Rn 3; *Thomas/Putzo/Hüßtege* Rn 4.
[3] Vgl *Jenard*-Bericht zu Art 48 EuGVÜ, ABl EG 1979 C 59/1, 55.

fern diese dem Geist des Sekundärrechtsakts entsprechen.[4] Demzufolge kann etwa auch dann eine Frist zur Vorlage nach Maßgabe der §§ 139, 142 ZPO gesetzt werden,[5] wenn die in Art 53 Abs 1 geforderte Ausfertigung der Entscheidung fehlt.

## II. Surrogate der Bescheinigung nach Art 54

2 Im Gegensatz zu Art 53 Abs 1 ist die Bescheinigung nach **Art 54 nicht zwingend beizufügen**, sondern kann gem Art 55 Abs 1 ersetzt werden. Das Gericht entscheidet nach seinem Ermessen, ob es dem Antragsteller eine Frist zur Vorlage der Bescheinigung setzt, sich mit einer anderen Urkunde (auch Privaturkunde[6]) begnügt oder von der Vorlage der Bescheinigung gänzlich absieht. Letzteres ist allein zulässig, wenn der Antragsteller den Nachweis anderweitig erbracht hat[7] oder eine Vorlage als unzumutbar erscheint.[8] Im Hinblick auf die Ermessensausübung ist ferner zu bedenken, dass ein Exequaturgericht zwar die Vollstreckbarerklärung nach Art 40 Abs 3, 41 ablehnen kann, wenn erforderliche Urkunden fehlen. Der Antragsteller wird damit jedoch in ein Rechtsbehelfsverfahren gezwungen, das nach Art 43 Abs 3 kontradiktorisch ausgestaltet ist. Der mit dem einseitigen Antragsverfahren in der ersten Instanz verbundene Überraschungseffekt geht angesichts der erforderlichen Anhörung des Vollstreckungsschuldners verloren. Eine Fristsetzung erscheint vor diesem Hintergrund vorzugswürdig.[9] Lässt der Vollstreckungsgläubiger die Frist zur Vorlage der Bescheinigung verstreichen, ist der Antrag als unzulässig abzuweisen. Diese Entscheidung – nach deutschem Ausführungsgesetz in Beschlussform[10] – steht einer erneuten Antragsstellung nicht entgegen.[11] Im Lichte der Zielsetzung von Art 55 begegnet es keinen Bedenken, wenn der Gläubiger fehlende Urkunden erst im Rechtsbehelfsverfahren nachreicht.[12]

## III. Übersetzung

3 Die dem Antrag gem Art 53 beizufügenden Urkunden können **zunächst ohne Übersetzung** in die Gerichtssprache vorgelegt werden.[13] Soweit es der Spruchkörper im Antrags-[14] oder Rechtsbehelfsverfahren für notwendig erachtet, kann er den Gläubiger

---

[4] Siehe zum EuGVÜ: EuGH Rs C-275/94 *van der Linden* EuGHE 1996 I 1393, 1413 Rn 18; *Kropholler* Art 55 Fn 2; zum EuGVÜ: *Geimer/Schütze* Art 48 Rn 3; *Wolff*, in: HdbIZVR, Bd III/2, Kap IV, Rn 287.

[5] Ebenso bietet sich ein Rückgriff auf § 7 Abs 2 AVAG an: *Kropholler* Rn 1; *Thomas/Putzo/Hüßtege* Rn 1.

[6] Voraussetzung ist, dass der Privaturkunde nach der lex fori des Gerichts die erforderliche Beweiskraft zukommt: OLG Frankfurt MDR 1978, 942.

[7] *Kropholler* Rn 2; *Thomas/Putzo/Hüßtege* Rn 2.

[8] *Musielak/Weth* Rn 1; vgl zum EuGVÜ: OLG Koblenz EuZW 1990, 486.

[9] Vgl auch *Kropholler* Art 41 Rn 6.

[10] Siehe § 8 Abs 2 S 1 AVAG und § 329 Abs 3 ZPO (analog).

[11] Vgl zum LugÜ: BG Urt v 9. 2. 2001 BGE 127 III 186, 190; zum EuGVÜ: OLG Frankfurt IPRspr 1988 Nr 198; OLG Stuttgart, IPRspr 1980 Nr 163.

[12] Vgl zum EuGVÜ: OLG Koblenz, EuZW 1990, 486, 486; OLG Köln RIW 1990, 229, 229.

[13] *Kropholler* Rn 3; *Thomas/Putzo/Hüßtege* Rn 4.

[14] Zum möglichen Kostenersatz siehe § 8 Abs 1 S 4 AVAG.

verpflichten, Übersetzungen der Urkunden nachzureichen.[15] Um dem Antragssteller die Beibringung zu erleichtern, genügt es, dass die Übersetzung – entgegen § 142 Abs 3 ZPO – von einer in einem der Mitgliedsstaaten dazu befugten Person beglaubigt wurde.[16] Das Gericht kann jedoch auch eine unbeglaubigte Übersetzung akzeptieren.[17]

## Artikel 56

**Die in Artikel 53 und in Artikel 55 Absatz 2 angeführten Urkunden sowie die Urkunde über die Prozessvollmacht, falls eine solche erteilt wird, bedürfen weder der Legalisation noch einer ähnlichen Förmlichkeit.**

Die Vorschrift dient dem Zweck, formale Hürden abzubauen und so die Titelfreizügigkeit innerhalb des Binnenmarkts als eines einheitlichen Rechts(schutz)raumes zu gewährleisten.[1] Es ist daher weder eine Legalisation (= Bestätigung der Echtheit einer ausländischen öffentlichen Urkunde durch den Konsularbeamten des Staates, in dem die Urkunde verwendet werden soll) noch eine Apostille (= vereinfachte Bestätigung der Echtheit einer ausländischen Urkunde nach dem Haager Übereinkommen vom 5. 10. 1961[2]) erforderlich. Die Vorschrift gilt auch für die Prozessvollmacht,[3] jedoch nur im Anerkenntnis- und Vollstreckbarerklärungsverfahren. Dies folgt aus der systematischen Stellung der Vorschrift.[4] Ausgenommen bleibt das Erkenntnisverfahren im Ursprungsstaat. Im Ergebnis werden damit die in Art 56 angesprochenen Urkunden inländischen gleichgestellt.[5] Die Echtheit ist aus dem Blickwinkel der im Zweitstaat geltenden lex fori zu beurteilen. Aus § 437 Abs 1 ZPO ergibt sich für das deutsche Prozessrecht, dass die genannten ausländischen Urkunden die Vermutung der Echtheit für sich haben.[6] 1

---

[15] Für den Antrag selbst gilt in Deutschland § 4 Abs 3 AVAG; vgl auch *Rauscher/Mankowski* Art 40 Rn 4.

[16] Siehe bereits *Jenard*-Bericht zu Art 48 EuGVÜ; ABl EG 1979 C 59/1, 56.

[17] Vgl zum EuGVÜ: BGHZ 75, 167, 170 = NJW 1980, 527.

[1] *Kropholler* Rn 1.

[2] Abgedruckt bei: *Jayme/Hausmann* Internationales Privat- und Verfahrensrecht[11] (2002) Nr 250; vgl auch auf der homepage der Hague Conference: www.hcch.net/e/status/stat12e.html.

[3] Es erscheint interessengerecht, diese Vorschrift ebenso auf die gesetzliche Vertretung zu erstrecken; so auch *Schlosser* Rn 2; anders *Thomas/Putzo/Hüßtege* Rn 1; zum EuGVÜ wie hier: *Geimer/Schütze* Art 49 Rn 2.

[4] Siehe überdies den Auslegungsbericht von *Jenard* zu Art 48 EuGVÜ, ABl EG 1979 C 59/1, 56; zur Frage der Prozessvollmacht: *Schack* Rn 547.

[5] So auch *Kropholler* Rn 1; *Thomas/Putzo/Hüßtege* Rn 1; abweichend *Schlosser* Rn 1.

[6] *Kropholler* Rn 1; *Thomas/Putzo/Hüßtege* Rn 1.

# Kapitel IV
# Öffentliche Urkunden und Prozessvergleiche

## Artikel 57

(1) Öffentliche Urkunden, die in einem Mitgliedstaat aufgenommen und vollstreckbar sind, werden in einem anderen Mitgliedstaat auf Antrag in dem Verfahren nach den Artikeln 38 ff für vollstreckbar erklärt. Die Vollstreckbarerklärung ist von dem mit einem Rechtsbehelf nach Artikeln 43 oder 44 befassten Gericht nur zu versagen oder aufzuheben, wenn die Zwangsvollstreckung aus der Urkunde der öffentlichen Ordnung (ordre public) des Vollstreckungsmitgliedstaats offensichtlich widersprechen würde.
(2) Als öffentliche Urkunden im Sinne von Absatz 1 werden auch vor Verwaltungsbehörden geschlossene oder von ihnen beurkundete Unterhaltsvereinbarungen oder -verpflichtungen angesehen.
(3) Die vorgelegte Urkunde muss die Voraussetzungen für ihre Beweiskraft erfüllen, die in dem Mitgliedstaat, in dem sie aufgenommen wurde, erforderlich sind.
(4) Die Vorschriften des Abschnitts 3 des Kapitels III sind sinngemäß anzuwenden. Die befugte Stelle des Mitgliedstaats, in dem eine öffentliche Urkunde aufgenommen worden ist, stellt auf Antrag die Bescheinigung unter Verwendung des Formblatts in Anhang VI dieser Verordnung aus.

### I. Anwendungsbereich

1 Art 57 greift laut Art 66 Abs 1 intertemporal ein, wenn die öffentliche **Urkunde nach dem Inkrafttreten des Sekundärrechtsakts** aufgenommen worden ist. Ferner muss der sachliche Anwendungsbereich betroffen sein. Resultiert der titulierte Anspruch nicht aus einer Zivil- bzw Handelssache im Sinne des Art 1 Abs 1 oder unterliegt er dem Ausnahmekatalog[1] in Art 1 Abs 2, genießt die Urkunde keine Titelfreizügigkeit nach der Brüssel I-VO. Einbezogen werden demnach in einer öffentlichen Urkunde titulierte Unterhaltsansprüche.[2] Die Bedeutung konsensualer Titel dürfte in der Zukunft weiter zunehmen, wenn der von der Kommission vorgelegte Verordnungsvorschlag[3] zur Ein-

---

[1] Zu identischen Streitfragen bei gerichtlichen Vergleichen siehe *Rauscher/Staudinger* Art 58 Rn 1 f; abweichend *Schlosser* Rn 5 (für eine Analogie zumindest bei gemischten Urkunden, bei denen Teile, die Art 1 Abs 2 unterliegen, sich nicht eindeutig trennen lassen); wie hier: *Musielak/Weth* Art 58 Rn 1.

[2] Zum Konkurrenzverhältnis mit anderen Abkommen siehe *Rauscher/Staudinger* Einl Rn 25; OLG München FamRZ 2003, 462 f.

[3] Vorschlag für eine Verordnung des Rates zur Einführung eines europäischen Vollstreckungstitels für unbestrittene Forderungen vom 18. 4. 2002, KOM(2002) 159 endg; siehe jüngst den Geänderten Vorschlag KOM (2003) 341 endg; beachte ferner das Grünbuch zum Mahnverfahren KOM(2002) 746 endg.

führung eines europäischen Vollstreckungstitels für unbestrittene Forderungen ins Werk gesetzt wird.[4]

## II. Bedeutung des Zuständigkeitskatalogs

Aus der Formulierung „gerichtliche" Zuständigkeit in Abs 3 der Präambel des EuGVÜ 2
folgerte das Schrifttum[5] in der Vergangenheit, der **Zuständigkeitskatalog gelte nicht für die Errichtung notarieller Urkunden** im Sinne des Art 50 EuGVÜ. Der Wortlaut der Art 2 ff EuGVÜ betreffe allein die klageweise Geltendmachung von Ansprüchen. Dies gilt ebenso nach der Vergemeinschaftung des Übereinkommens. Die Art 2 ff bestimmen demzufolge nicht die internationale bzw örtliche Beurkundungszuständigkeit.[6] Dies folgt insbesondere aus den Erwägungsgründen Nr 2 S 1 und Nr 6 des Sekundärrechtsakts.[7]

## III. Öffentliche Urkunden

Der **Begriff der öffentlichen Urkunde** ist nach zutreffender Ansicht des EuGH[8] auto- 3
nom[9] zu interpretieren. Auslegungshilfe bietet der Bericht von *Jenard/Möller*.[10] In dem Vorlageverfahren zu Art 50 EuGVÜ befasste sich der Gerichtshof mit der Rechtsnatur eines Schuldscheins dänischen Rechts. Nach Auffassung des Gerichtshofs ist erforderlich, dass die Urkunde von einer Behörde oder einer anderen vom Ursprungsstaat zur Errichtung vollstreckbarer Urkunden ermächtigten Stelle beurkundet wird. Unterzeichnet demgegenüber eine Person einen Schuldschein, ohne dass eine öffentlich bestellte Urkundsperson beteiligt ist, findet Art 50 EuGVÜ keine Anwendung. Dies gilt selbst dann, wenn der Schuldschein nach Maßgabe des Rechts im Errichtungsstaat als Grundlage für eine Zwangsvollstreckung dient. Diese autonome Definition ist auf Art 57 übertragbar. Die Kommission[11] hat die vom EuGH aufgestellten Kriterien in ih-

---

4 Hierzu *Fleischhauer* MittBayNot 2002, 15, 21 f; *Stoppenbrink* ERPL 2002 641, 662 ff; *R Wagner* IPRax 2002, 75 ff.

5 *Geimer* DNotZ 1999, 764, 766; *ders.* IPRax 2000, 366, 368 f; *Leutner*, Die vollstreckbare Urkunde im europäischen Rechtsverkehr (1997) 217, 220 f, 250 mwN.

6 Vgl auch *Kropholler* Rn 12.

7 Die Erwägungsgründe bieten gerade im Rahmen der teleologischen Auslegung eine wertvolle Interpretationshilfe: *Rauscher/Staudinger* Einl Rn 38.

8 EuGH Rs 260/97 *Unibank A/S/Flemming G Christensen* EuGHE 1999 I 3715, 3730, Rn 14; hierzu *Geimer* IPRax 2000, 366 ff; zur Vorlage siehe BGH ZZP 111 (1998), 89 m Anm *Leutner*.

9 Die Bedeutung einer vertragsautonomen Qualifikation des Begriffs „Urkunde" lässt sich ablesen an dem Beschluss des OLG Saarbrücken IPRax 2001, 238, 239. Das Gericht rekurriert hier auf die §§ 417 ff ZPO und mithin auf rein nationale Wertmaßstäbe; vgl auch die berechtigte Kritik an dieser Entscheidung von *Reinmüller* IPRax 2001, 207, 209.

10 *Jenard/Möller*-Bericht Nr 72, ABl EG 1990 C 189/57 ff.

11 Vorschlag für eine Verordnung des Rates zur Einführung eines europäischen Vollstreckungstitels für unbestrittene Forderungen vom 18. 4. 2002, KOM(2002), 159 endg; dies gilt ebenso für den Geänderten Vorschlag KOM (2003) 341 endg.

ren Vorschlag für eine Verordnung des Rates zur Einführung eines europäischen Vollstreckungstitels für unbestrittene Forderungen aufgenommen und in Art 3 Abs 7 lit a ii zur Legaldefinition erhoben. Den vom EuGH aufgestellten Anforderungen genügen zweifelsohne notarielle Urkunden. Im Übrigen zeichnet sich der Binnenmarkt durch eine Titelvielfalt aus, die eine Einzelfallprüfung erforderlich macht.[12]

4 Titelfreizügigkeit genießen Urkunden über **Unterhaltsverpflichtungen** nach § 62 Nr 2, 3 BeurkG (Amtsgericht) und § 59 Abs 1 S 1 Nr 3, 4, § 60 SGB VIII (Jugendamt). Nach Abs 2 erstreckt sich der Begriff der öffentlichen Urkunde ebenso auf Unterhaltsvereinbarungen sowie -verpflichtungen, die vor Verwaltungsbehörden geschlossen oder von diesen beurkundet werden.[13] Im Ergebnis wurde damit der Regelungsgehalt von Art V e des Protokolls zum EuGVÜ in die Verordnung überführt.

5 Der **Anwaltsvergleich** als solcher hat allein die Qualität einer nicht vollstreckbaren Privaturkunde, so dass Abs 1 S 1 tatbestandlich ausscheidet. Als Vollstreckungstitel im Sinne dieser Vorschrift kommen nur die in § 794 Abs 1 Nr 4b ZPO aufgeführten gerichtlichen sowie notariellen Beschlüsse in Betracht.[14] Der Gegenstand des Verfahrens vor dem Gericht bzw Notar erschöpft sich in der Vollstreckbarerklärung des Anwaltsvergleichs. Art 32 erfasst jedoch allein Entscheidungen in der Sache (*L'exequatur sur l'exequatur ne vaut*).[15] Der gerichtliche bzw notarielle Beschluss nach § 796b bzw § 796c ZPO ist demnach nicht als Entscheidung nach Maßgabe des Art 32 zu qualifizieren.[16] Vielmehr handelt es sich bei diesen Titeln um öffentliche Urkunden iSd Brüssel I-VO.[17] Da die Vollstreckbarerklärung des Anwaltsvergleichs durch das Gericht bzw

---

[12] Dies gilt ebenso für den vor der schwedischen Unterhaltskasse geschlossenen und vollstreckbaren Unterhaltsvertrag: OLG Düsseldorf FamRZ 2002, 1422 m Anm *Gottwald;* für den von einem spanischen „corredor collegiado de commerco" gesiegelten Vertrag: Aix-en-Provence 2. 3. 2000 Rev Crit 2001, 163 m Anm *Légier;* für den von einem französischen Gerichtsvollzieher (huissier) errichteten titre exécutoire: OLG Saarbrücken IPRax 2001, 238f mit Anm *Reinmüller*, 207; zu „undertakings", die in England in einer „order" aufgenommen werden, siehe *Schlosser* Rn 2, Art 32 Rn 11; *ders* RIW 2001, 81, 88ff; siehe die rechtsvergleichende Umschau bei *Leutner*, Die vollstreckbare Urkunde im europäischen Rechtsverkehr (1997) 57ff.

[13] Siehe zu dieser vor allem für die skandinavischen Länder relevanten Klarstellung: Begründung des Kommissionsentwurfs, KOM (1999) 348 endg 26 = BR-Drucks 534/99, 25 (zu Art 55 des Entwurfs).

[14] Vgl auch BT-Drucks 13/5274, 29. Hiernach soll der Wortlaut in § 794 Abs 1 Nr 4b ZPO klarstellen, dass der Anwaltsvergleich als solcher kein Vollstreckungstitel ist, sondern allein der Beschluss, durch den der Vergleich für vollstreckbar erklärt wird.

[15] *Geimer/Schütze* Art 25 EuGVÜ Rn 19.

[16] So im Ergebnis auch *Eidenmüller*, Vertrags- und Verfahrensrecht der Wirtschaftsmediation (2001) 46; abweichend *Schlosser* Rn 2.

[17] Bejahend etwa *Kropholler* Art 58 Rn 1; *MünchKommZPO/Wolfsteiner* § 796a ZPO Rn 21; *Schack* Rn 816; *Thomas/Putzo/Hüßtege* Rn 2; *Eidenmüller* RIW 2002, 1, 5 Fn 45 unter Aufgabe der zuvor geäußerten Ansicht (*Eidenmüller* aaO 46); *Schütze* DZWiR 1993, 133, 136; *Trittmann/Merz* IPRax 2001, 178, 180ff; ablehnend *Heß/Sharma*, in: *Haft/Gräfin von Schlieffen* (Hrsg) Handbuch Mediation (2002) § 26 Rn 68, 704; zweifelnd *Geimer* IPRax 2000, 366, 367.

den Notar erfolgt, ist eine im Ursprungsstaat ermächtigte Stelle an der Errichtung des Titels beteiligt. Der Beschluss nach § 794 Abs 1 Nr 4 b ZPO erfüllt somit die vom Gerichtshof[18] aufgestellten Voraussetzungen.

Vergleiche vor **Einigungsstellen zur Beilegung von Wettbewerbsstreitigkeiten** (Art 27 a Abs 7 UWG) können als öffentliche Urkunde qualifiziert werden.[19] 6

Da Abs 1 S 1 voraussetzt, dass die Urkunde im Ausgangsstaat vollstreckbar ist, dürften **Mediationsvergleiche** vielfach ausscheiden. Denn sie sind in der Regel allein als privatrechtliche Verträge im Sinne des § 779 Abs 1 BGB zu behandeln. Hiervon zu unterscheiden ist etwa der Abschluss eines Vergleichs vor einem Notar bzw Rechtsanwalt, der nach Maßgabe des Art 5 Abs 1 bzw Abs 2 S 1 BaySchlG als anerkannte Gütestelle zumindest nach dem Willen des Landesgesetzgebers[20] auch im Rahmen freiwilliger Schlichtung[21] befugt ist, Vollstreckungstitel im Sinne des § 794 Abs 1 Nr 1 ZPO zu schaffen. Der Qualifikation derartiger Schlichtungs- bzw Mediationsvergleiche[22] als öffentliche Urkunden im Sinne der Brüssel I-VO steht ebenso wenig ihre „Gesetzgebungsgeschichte" entgegen. Das Parlament[23] war dafür eingetreten, in die Verordnung einen Art 55 a über die Vollstreckbarkeit von Vergleichen aufzunehmen, die in einem alternativen Streitschlichtungssystem erzielt wurden.[24] Die Kommission[25] sprach sich gegen diesen Vorschlag aus. Die Freizügigkeit öffentlicher Urkunden gründe sich darauf, dass diese von einer mit Hoheitsbefugnissen ausgestatteten Person erstellt würden. Hieran fehle es aber gerade, wenn ein Vergleich während einer außergerichtlichen Streitschlichtung zustande komme. Der Vorschlag des Parlaments hat keinen Eingang in die Brüssel I-VO gefunden.[26] Hieraus darf allerdings nicht gefolgert werden, dass

---

[18] EuGH Rs 260/97 *Unibank A/S/Flemming G Christensen* EuGHE 1999 I 3715, 3731 Rn 15; hierzu *Geimer* IPRax 2000, 366 ff; zur Vorlage siehe BGH ZZP 111 (1998), 89 m Anm *Leutner*.

[19] *Kropholler* Art 58 Rn 1; *MünchKommZPO/Gottwald* Art 58 Rn 3.

[20] Bayerischer Landtag LT-Drucks 14/2265, 12; kritisch hierzu *Staudinger*, Der Prozessvergleich und andere Formen konsensualer Streitbeilegung (im Druck).

[21] Zur Qualifikation der Mediationsvergleiche als Vollstreckungstitel siehe *Eidenmüller* RIW 2002, 1, 5.

[22] Eine internationale Mediationskonvention, die über den Binnenmarkt hinauszielt, existiert derzeit nicht; siehe aber auch Art 14 des UNCITRAL-Modellgesetzes „UNCITRAL Model Law on International Commercial Conciliation", adopted by the United Nations Commission on International Trade Law – UNCITRAL at its 35$^{th}$ session in New York on 28 June 2002 (Unofficial version). Dieser betrifft den Bereich „Enforceability of settlement agreement"; zum Entwurf *Eidenmüller* RIW 2002, 1, 5.

[23] Stellungnahme des Europäischen Parlaments vom 21. 9. 2000, ABl EG 2001 C 146/94.

[24] Hierzu auch *Rechberger*, in: FS Reinhold Geimer (2002) 903, 906.

[25] Siehe den Geänderten Vorschlag für eine Verordnung des Rates über die gerichtliche Zuständigkeit und die Anerkennung und Vollstreckung von Entscheidungen in Zivil- und Handelssachen, KOM (2000) 689 endg – CNS 99/0154, 6.

[26] Rat und Kommission betonten den Nutzen der ADR (Alternative Dispute Resolution) für die Streitbelegung insbesondere im elektronischen Handel; vgl hierzu die Angaben im Grünbuch über alternative Verfahren zur Streitbeilegung im Zivil- und Handelsrecht, vorgelegt von der Kommission am 19. 4. 2002, KOM (2002) 196 endg, 12 Rn 19.

Vergleiche, die den Abschluss einer außergerichtlichen Streitschlichtung[27] – etwa einer Mediation – bilden, im Einzelfall nicht dennoch zum Kreis der öffentlichen Urkunden gezählt werden können.[28] Die Kommission geht davon aus, dass ein solcher Vergleich „wohl kaum von einer Person" festgestellt wird, die ein Mitgliedstaat mit Hoheitsbefugnissen ausgestattet hat. Diese Prämisse trifft – wie gezeigt – auf das Bayerische Schlichtungsgesetz nicht zu. Demzufolge verbietet es sich auch in Anbetracht der Entstehungsgeschichte der Brüssel I-VO nicht, den vor einem Notar als anerkannter Gütestelle im Rahmen einer freiwilligen Schlichtung geschlossenen Vergleich als öffentliche Urkunde im Sinne des Abs 1 S 1 zu qualifizieren. Dem steht ebenso wenig die Empfehlung der Kommission[29] aus dem Jahre 2001 entgegen.

7 Die Urkunde muss nach Abs 1 S 1 einem **Mitgliedstaat** entstammen. Abzustellen ist demnach auf den Ausstellungsort. Gewöhnlicher Aufenthalt, Sitz oder Staatsangehörigkeit der beteiligten Personen bleiben außer Betracht. Konsularische Urkunden sind dem Entsendestaat zuzurechnen.[30] Die Befugnis, als Konsul im Empfangsstaat vollstreckbare Urkunden aufzunehmen, bestimmt sich insbesondere nach dem Wiener Übereinkommen vom 24. April 1963 über konsularische Beziehungen.[31]

8 Die Urkunde muss **im Erststaat vollstreckbar** sein. Die Fragen, welche Ansprüche überhaupt in eine Urkunde aufgenommen werden können und welche Voraussetzungen für die Vollstreckbarkeit vorliegen müssen, sind mithin allein aus dem Blickwinkel des Errichtungsstaats zu beantworten.[32] Angesichts des klaren Wortlauts des Abs 1 S 1 genügt es nicht, dass der Urkunde nach dem Recht im Zweitstaat die Vollstreckbarkeit verliehen werden kann. Dies gilt selbst dann, wenn die Urkunde nach ihrem Inhalt auf die Rechtsordnung im Exequaturstaat zielt.[33]

9 Hinsichtlich der **Beweiskraft** ist nach Abs 3 ebenfalls das innerstaatliche Recht des Errichtungsstaats maßgeblich.[34]

---

[27] Vgl hierzu auch das von der Kommission vorgelegte Grünbuch über alternative Verfahren zur Streitbeilegung im Zivil- und Handelsrecht vom 19. 4. 2002, KOM (2002), 196 endg, 35 f Rn 87.

[28] Anders wohl *Fleischhauer* MittBayNot 2002, 15, 19 Fn 32.

[29] Empfehlung der Kommission vom 4. April 2001 über die Grundsätze für an der einvernehmlichen Beilegung von Verbraucherrechtsstreitigkeiten beteiligte außergerichtliche Einrichtungen, ABl EG 2001 L 109/56 ff, siehe in diesem Zusammenhang auch die Mitteilung der Kommission zur „Erweiterung des Zugangs der Verbraucher zur alternativen Streitbeilegung" vom 4. 4. 2001, KOM (2001) 161 endg.

[30] *Kropholler* Art 24 Rn 5; *Schlosser* Rn 4; *Thomas/Putzo/Hüßtege* Art 24 Rn 3; beachte das KonsG.

[31] BGBl 1969 II 1585.

[32] Siehe etwa in Deutschland § 794 Abs 1 Nr 5 ZPO; demgegenüber bedürfen etwa französische Notariatsurkunden keiner besonderen Vollstreckungsunterwerfung; siehe den Überblick bei *Leutner*, Die vollstreckbare Urkunde im europäischen Rechtsverkehr (1997), 209 ff.

[33] So auch *Kropholler* Rn 7; *Thomas/Putzo/Hüßtege* Rn 4; *Micklitz/Rott* EuZW 2002, 15, 23; abweichend zum EuGVÜ: *Geimer* DNotZ 1975, 461, 471 f. Entsprechendes gilt für Prozessvergleiche.

[34] Für Urkunden, die in Deutschland aufgenommen wurden, ist demnach § 415 ZPO entscheidend.

## IV. Vollstreckbarerklärungsverfahren

Nach Abs 1 S 2 unterliegt die **öffentliche Urkunde** der **Vollstreckbarerklärung** nach Art 38ff. Im geänderten Verordnungsvorschlag vom 26. 10. 2000[35] sah die Kommission eine Gleichstellung von öffentlichen Urkunden mit klassischen Entscheidungen vor. Sie griff damit einen Vorschlag des Europäischen Parlaments (Nr 29)[36] auf und verwies zur Begründung auf Art 13 Abs 3 Brüssel II-VO, der eine Anerkennung öffentlicher Urkunden ipso iure bereits festschreibt.[37] Die von der Kommission ins Auge gefasste Privilegierung öffentlicher Urkunden gegenüber gerichtlichen Vergleichen hat jedoch keinen Eingang in die Brüssel I-VO gefunden. 10

Eine Leistungsklage gestützt auf den in der öffentlichen Urkunde titulierten Anspruch verbietet sich. Angesichts des „verschlankten" Exequaturverfahrens ist ein Rechtschutzbedürfnis für eine Zweitklage nicht mehr anzuerkennen. Sie ist vielmehr aus Gründen des Gemeinschaftsrechts als unzulässig abzuweisen.[38] 11

### 1. Evidenzkontrolle im Antragsverfahren

Das Exequaturgericht (Vorsitzender Richter am LG nach § 3 Abs 1 und 3 AVAG) muss im **einseitigen Antragsverfahren** prüfen, ob die tatbestandlichen Voraussetzungen des Abs 1 S 1 vorliegen, es sich mithin um eine öffentliche Urkunde handelt, die aus einem anderen Mitgliedstaat stammt und dort ordnungsgemäß zustande gekommen sowie vollstreckbar ist.[39] Die Vereinbarkeit der Vollstreckbarerklärung mit dem ordre public des Zweitstaates wird in diesem Verfahrensstadium nicht geprüft.[40] Nach Abs 4 finden die Regeln des Abschnitts 3 in Kapitel III sinngemäße Anwendung. Den Antragsteller trifft gem Art 53 Abs 1 die Pflicht, eine Ausfertigung der Urkunde vorzulegen, die den Anforderungen in Abs 3 entspricht. Darüber hinaus ist nach Art 53 Abs 2 iVm Abs 4 S 2 die Vorlage einer bestimmten Bescheinigung in der vom Anhang VI vorgeschriebenen Form erforderlich.[41] Welche Stelle diese Bescheinigung ausfertigt, 12

---

35 Geänderter Vorschlag für eine Verordnung des Rates über die gerichtliche Zuständigkeit und die Anerkennung und Vollstreckung von Entscheidungen in Zivil- und Handelssachen, Brüssel den 26. 10. 2000, KOM (2000) 689 endg, 1999/0154 (CNS); siehe Art 54 Abs 1 sowie Erwägungsgrund Nr 17 S 1 und 2 dieses Vorschlags.

36 Stellungnahme des Europäischen Parlaments vom 21. 9. 2000, ABl EG 2001 C 146/94, 97.

37 Auf diesen Aspekt hatte bereits *Wallis* in ihrem Bericht hingewiesen, den der federführende Rechtsausschuss des Europäischen Parlaments Anfang September 2000 in einer Sondersitzung angenommen hatte: Report on the proposal for a Council regulation on jurisdiction and the recognition and enforcement of judgements in civil and commercial matters, FINAL A5–0253/2000.

38 *Rauscher/Staudinger* Art 58 Rn 12; abweichend *Schlosser* Rn 7.

39 Vgl zum Streit, ob gegebenenfalls auch einmal auf die Vollstreckbarkeit nach Maßgabe der Rechtslage im Zweitstaat abzustellen ist: *Kropholler* Rn 7f.

40 So aber wohl *Musielak/Weth* Art 58 Rn 2.

41 Diejenige Stelle, die eine Bescheinigung ausstellt, muss nicht identisch sein mit derjenigen, welche die öffentliche Urkunde errichtet hat: *Kropholler* Rn 10; *Schlosser* Rn 6.

folgt aus dem jeweiligen Ausführungsbestimmungen. In Deutschland ergibt sich die Zuständigkeit aus § 56 AVAG.

13 Nach § 55 Abs 3 S 1 AVAG kann die aus einem anderen Mitgliedstaat stammende **notarielle Urkunde** von einem Notar für vollstreckbar erklärt werden.[42] Ziel ist es, die Gerichte zu entlasten und Verfahren zu beschleunigen.[43] Nach § 55 Abs 3 S 2 AVAG gelten die Vorschriften für gerichtliche Exequaturverfahren sinngemäß. Der Gläubiger kann somit entsprechend § 4 Abs 1 AVAG einseitig eine solche notarielle Vollstreckbarerklärung beantragen.[44] Der Notar ist nicht kraft seines Amtes zum Exequatur verpflichtet, vielmehr kann er die Vollstreckbarerklärung ablehnen. § 55 Abs 3 AVAG ist von seinem Anwendungsbereich auf „notarielle Urkunden" beschränkt und erfasst damit lediglich einen Ausschnitt der dem Art 57 Abs 1 S 1, Abs 3 unterfallenden „öffentlichen Urkunden". Hierin liegt kein Redaktionsversehen, da der Gesetzgeber etwa bei der Präklusion in § 12 Abs 2 AVAG ausdrücklich den Begriff „öffentliche Urkunde" verwendet und mithin zwischen beiden Erscheinungsformen differenziert. De lege ferenda sollte die notarielle Vollstreckbarerklärung gegebenenfalls auf weitere konsensuale Titel ausgedehnt werden.

**2. Rechtsbehelfsstadium**

14 Im **Beschwerdeverfahren** gegen die Erteilung einer Vollstreckungsklausel durch den Vorsitzenden der Zivilkammer[45] entscheidet der Senat des OLG durch drei Richter. Damit ist gewährleistet, dass nach dem einseitigen und allein summarischen Verfahren in der ersten Instanz ein Kollegialgericht für das Beschwerdeverfahren funktionell zuständig ist.[46]

15 In der Rechtsmittelinstanz kann ein offensichtlicher Verstoß gegen den **ordre public** im Zweitstaat gerügt werden. Ein solcher Widerspruch zur öffentlichen Ordnung kann sich im Hinblick auf den titulierten Anspruch, aus dem zugrunde liegenden Rechtsverhältnis[47] (materieller ordre public) oder dem Beurkundungsverfahren (verfahrensrechtlicher ordre public) ergeben.

16 Da der **Zuständigkeitskatalog** in den Art 2 ff nicht die Errichtung öffentlicher Urkunden einschließt, bedarf es keiner Kontrolle der internationalen Beurkundungszuständigkeit durch das Exequaturgericht.[48] Dies gilt umso mehr, als die Vollstreckbarerklä-

---

42 *Fleischhauer* MittBayNot 2002, 15, 19 ff.

43 BR-Drucks 743/01, 9.

44 BR-Drucks 743/01, 9; *Zöller/Geimer* § 55 AVAG Rn 4.

45 Vgl Art 39 Abs 1 iVm Anhang II; zur Änderung des Anhangs siehe die Angaben bei *Rauscher/Staudinger* Art 74 Rn 1.

46 Überzeugend OLG Köln IPRax 2003, 354 f m Anm *Geimer* 337 ff; OLG Stuttgart OLGR 2003, 102 ff; *Thomas/Putzo/Reichold* § 568 ZPO Rn 2.

47 Beispiel: Ein Anspruch aus einer nach deutschen Maßstäben sittenwidrigen Bürgschaft wird tituliert.

48 *Kropholler* Rn 12; *Leutner*, Die vollstreckbare Urkunde im europäischen Rechtsverkehr (1997) 215 ff; *Musielak/Weth* Art 58 Rn 2.

rung nur wegen eines Widerspruchs zur öffentlichen Ordnung versagt werden kann, die aber im Lichte des Art 35 Abs 3 nicht die Zuständigkeit einschließt. Mithin begründet auch die Inanspruchnahme einer exorbitanten Beurkundungszuständigkeit keinen Versagungsgrund.[49]

Abs 1 S 2 ist insofern zu eng gefasst, als er **weitere formale Einwendungen** des Antragstellers dem Wortlaut nach kategorisch ausschließt.[50] Der Schuldner kann indes im Rechtsbehelfsverfahren vortragen, dass es sich um keine „öffentliche" Urkunde handele, sie im Erststaat nicht vollstreckbar sei oder die Vorgaben in Abs 4 mißachtet wurden.[51] Nicht hierunter fallen Abänderungsgründe.[52] 17

Eine **Integration materiellrechtlicher Einwände** gegen den titulierten Anspruch innerhalb des Rechtsbehelfsverfahrens steht im Widerspruch zur Brüssel I-VO, die als Ziel die Titelfreizügigkeit verfolgt und insoweit der Privilegierung des Vollstreckungsgläubigers dient.[53] Demzufolge findet § 12 AVAG keine Anwendung und greift auch die Schranke der Präklusion in § 14 Abs 1 AVAG nicht ein.[54] Der Schuldner ist vielmehr gezwungen, derartige Einwände im Wege der Vollstreckungsabwehrklage nach § 767 Abs 1 ZPO geltend zu machen. Mangels materieller Rechtskraft der aus einem anderen Mitgliedstaat stammenden öffentlichen Urkunde greift § 767 Abs 2 ZPO hier in der Regel nicht ein. Diese Trennung zwischen dem Verfahrensabschnitt der Klauselerteilung und den Einwendungen gegen den materiellrechtlichen Anspruch deckt sich mit der Rechtslage bei inländischen notariellen Urkunden.[55] 18

Dem Schuldner bleibt es unbenommen, im **Errichtungsstaat die Vollstreckbarkeit zu beseitigen**, indem er dort mit Erfolg einen Rechtsbehelf – in Deutschland etwa §§ 795 S 1, 767 ZPO – einlegt. Sofern die Vollstreckbarkeit des Titels im Erststaat entfällt, 19

---

[49] Vgl EuGH Rs C-7/98 *Krombach/Bamberski* EuGHE 2000 I 1935, 1968 Rn 37 = JZ 2000, 723, 724 Rn 37 m Anm *von Bar* 725 = ZIP 2000, 859, 862 Rn 37 m Anm *Geimer* 863 = EWiR 2000, 441 m Anm *Hau* = IPRax 2000, 406 m Anm *Piekenbrock* 364; Vorlage BGH 4. 12. 1997 IPRax 1998, 205 m Anm *Piekenbrock* 177; hierzu auch *Leipold*, in: FS Hans Stoll (2001) 625, 642 f; die Abschlussentscheidung des BGH ist abgedruckt in ZIP 2000, 1595 = JZ 2000, 1067 m Anm *Gross*.

[50] *Kropholler* Rn 15.

[51] *Kropholler* Rn 16.

[52] Vgl OLG Düsseldorf FamRZ 2002, 1422 mit Anm *Gottwald* 1423.

[53] Siehe auch *Rauscher/Staudinger* Art 58 Rn 16 ff; *Rauscher/Mankowski* Art 45 Rn 4 ff.

[54] *MünchKommZPO/Gottwald* Art 43 Rn 7, Art 45 Rn 4; *Geimer* IPRax 2003, 337, 339; *Gottwald* FamRZ 2002, 1423; *Münzberg* FS Reinhold Geimer (2002) 745, 748 ff; *Schlosser* Rn 10 mwN; *Thomas/Putzo/Hüßtege* Rn 8; *Leutner*, Die vollstreckbare Urkunde im europäischen Rechtsverkehr (1997) 279 ff; *Nelle*, Titel und Vollstreckung im internationalen Rechtsverkehr (2000) 435 ff, 447 ff, 482 ff; *Hub* NJW 2001, 3145, 3147; abweichend etwa *Kropholler* Rn 16 f; *Musielak/Weth* Art 58 Rn 3.

[55] Dies gilt nach § 797 Abs 6 ZPO gleichermaßen für den von einem Notar für vollstreckbar erklärten Anwaltsvergleich.

wird der Schuldner hinreichend vor irreversiblen Nachteilen im Zweitstaat durch §§ 27, 28 AVAG geschützt.[56]

Artikel 58

**Vergleiche, die vor einem Gericht im Laufe eines Verfahrens geschlossen und in dem Mitgliedstaat, in dem sie errichtet wurden, vollstreckbar sind, werden in dem Vollstreckungsmitgliedstaat unter denselben Bedingungen wie öffentliche Urkunden vollstreckt. Das Gericht oder die sonst befugte Stelle des Mitgliedstaats, in dem der Prozessvergleich geschlossen worden ist, stellt auf Antrag die Bescheinigung unter Verwendung des Formblatts im Anhang V dieser Verordnung aus.**

## I. Anwendungsbereich[1]

### 1. Bedeutung des Ausnahmekatalogs in Art 1 Abs 2

#### a) Unterhaltsvergleich

1 Der Ausnahmetatbestand in Art 1 Abs 2 lit a erstreckt sich nach Maßgabe des Art 5 Nr 2 nicht auf das Gebiet der Unterhaltssachen. Art 58 gilt damit auch für **Prozessvergleiche über Unterhaltsansprüche.**[2] Dies wahrt den Gleichklang mit Art 57.[3] Das Inkrafttreten der Brüssel II-VO führt zu keinem abweichenden Ergebnis, da dieser Sekundärrechtsakt nach seinem Erwägungsgrund Nr 10 S 3 nicht für Unterhaltspflichten gilt. Dies wird mittelbar von der Kommission in ihrem Verordnungsvorschlag zur Revision der Brüssel I- und II-VO bestätigt.[4] Unterliegt ein Unterhaltsvergleich sowohl der Brüssel I-VO als auch dem Anwendungsbereich anderer Abkommen – etwa den Haager Konventionen auf dem Gebiet des Unterhaltsrechts[5] – stellt

---

[56] Siehe hierzu *MünchKommZPO/Gottwald* Art 43 Rn 7, Art 45 Rn 4; *Nelle*, Titel und Vollstreckung im internationalen Rechtsverkehr (2000), 435 ff, 447 ff, 482 ff; *Hub* NJW 2001, 3145, 3147.

[1] Zur intertemporalen Geltung siehe *Rauscher/Staudinger* Art 66 Rn 4, 9.

[2] *Kropholler* Rn 2.

[3] *Rauscher/Staudinger* Art 58 Rn 1, 4.

[4] Siehe den Vorschlag für eine Verordnung des Rates über die Zuständigkeit und die Anerkennung und Vollstreckung von Entscheidungen in Ehesachen und in Verfahren betreffend die elterliche Verantwortung zur Aufhebung der Verordnung EG 1347/2000 und zur Änderung der Verordnung EG 44/2001 in Bezug auf Unterhaltssachen vom 17. 5. 2002, KOM (2002) 222 endg, 6. Nach Art 70 dieses Verordnungsvorschlags soll Art 5 Abs 2 Brüssel II-VO geändert werden, um sicherzustellen, dass ein Gericht auch dann für Unterhaltssachen zuständig ist, wenn diese mit Verfahren verbunden sind, welche die elterliche Verantwortung zum Gegenstand haben.

[5] Übereinkommen über die Anerkennung und Vollstreckung von Unterhaltsentscheidungen vom 2. 10. 1973, BGBl 1986 II 826; Haager Übereinkommen über die Anerkennung und Vollstreckung von Entscheidungen auf dem Gebiet der Unterhaltspflicht gegenüber Kindern vom 15. 4. 1958, BGBl 1961 II 1006.

sich die Frage, nach welchem Regime sich die Vollstreckbarerklärung des Titels bestimmt.[6]

**b) Erbrechtlicher Vergleich**

Art 1 Abs 2 legt den Anwendungsbereich nicht nur im Hinblick auf Titel iSd Art 32 fest. Vielmehr scheidet auch eine Vollstreckbarerklärung von **Prozessvergleichen** aus, sofern ihr Gegenstand etwa dem Gebiet des Erbrechts gem Art 1 Abs 2 lit a unterfällt.[7] Hierfür spricht nicht nur der Auslegungsbericht von *Jenard*,[8] sondern auch das Gebot primärrechtskonformer Interpretation, da bei einer extensiven Anwendung der Brüssel I-VO im Hinblick auf das Erbrecht ein Kompetenzverstoß droht. Schließlich stünde die Einbeziehung des Erbrechts im Widerspruch zu dem vom Rat verabschiedeten „Maßnahmenprogramm zur Umsetzung des Grundsatzes der gegenseitigen Anerkennung gerichtlicher Entscheidungen in Zivil- und Handelssachen".[9] Hiernach soll zunächst einmal in Anlehnung an die Brüssel II-VO ein separater Sekundärrechtsakt ausgearbeitet und dieser erst nachfolgend in einem zweiten Schritt an die Brüssel I-VO mit ihrem verschlankten Exequaturverfahren angepasst werden. Bei „gemischten" Vergleichen, die lediglich zum Teil dem Anwendungsbereich der Harmonisierungsmaßnahme unterliegen, ohne dass sich die Bereiche separieren lassen, scheidet Art 58 ebenfalls aus.[10] Der Judikatur des EuGH[11] war schon in der Vergangenheit kein Grundsatz „in dubio pro conventione" zu entnehmen. Ferner greift wiederum das Gebot primärrechtskonformer Auslegung. 2

Sofern bei erbrechtlichen Vergleichen keine **bilateralen Konventionen**[12] einschlägig sind, verbleibt es beim Rückgriff auf das jeweilige nationale Recht. De lege lata kommt eine Anerkennung sowie Vollstreckbarerklärung ausländischer Prozessvergleiche nach §§ 328, 722, 723 ZPO nicht in Betracht. Diese Vorschriften können ebenso wenig ent- 3

[6] Hierzu *Rauscher/Staudinger* Einl Rn 25; vgl auch OLG München FamRZ 2003, 462 f

[7] Abweichend *Schlosser* Rn 1; *Zöller/Geimer* Anh I Art 1 Rn 40; zum EuGVÜ: *Geimer/Schütze* Art 1 EuGVÜ Rn 57; Art 50 EuGVÜ Rn 9; Art 51 EuGVÜ Rn 4; *Grunsky* JZ 1973, 641, 644; wie hier *Kropholler* Rn 2; *MünchKommZPO/Gottwald* Rn 4; *Thomas/Putzo/Hüßtege* Rn 1; *Trittmann/Merz* IPRax 2001, 178, 180.

[8] *Jenard*-Bericht zu Art 50 EuGVÜ, ABl EG 1979 C 59/1, 56: „Da Art 1 für das gesamte Übereinkommen maßgebend ist, bezieht sich Art 50 nur auf solche öffentlichen Urkunden, die Gegenstände betreffen, die in den Anwendungsbereich des Übereinkommens fallen".

[9] Maßnahmenprogramm zur Umsetzung des Grundsatzes der gegenseitigen Anerkennung gerichtlicher Entscheidungen in Zivil- und Handelssachen, ABl EG 2001 C 12/1, 8; abgedruckt in IPRax 2001, 163, 164.

[10] Abweichend *Zöller/Geimer* Anh I Art 1 Rn 40; *Geimer* IPRax 2000, 366, 368.

[11] EuGH EuZW 1997, 242 m Anm *Dietze/Schnichels* EuZW 1998, 485, 486; *Weller* IPRax 1999, 14 ff.

[12] Siehe etwa Vertrag zwischen der Bundesrepublik Deutschland und der Republik Österreich über die gegenseitige Anerkennung und Vollstreckung von gerichtlichen Entscheidungen, Vergleichen und öffentlichen Urkunden in Zivil- und Handelssachen vom 6. Juni 1959, BGBl 1960 II 1246; geändert durch Art 23 des Zivilprozessreformgesetzes vom 27. Juli 2001, BGBl 2001 I 1887, 1912.

sprechend herangezogen werden. Erforderlich bleibt vielmehr ein Handeln des Gesetzgebers.[13]

4 Der Prozessvergleich dürfte als konsensualer Titel in der Zukunft binnenmarktweit an Bedeutung gewinnen. Beachtung verdient insofern der von der Kommission vorgelegte Verordnungsvorschlag[14] zur Einführung eines europäischen Vollstreckungstitels für unbestrittene Forderungen.[15] Demgegenüber scheint das von der Haager Konferenz seit 1992 in Angriff genommene Projekt eines weltweiten Anerkennungs- und Vollstreckungsübereinkommens[16] nicht von Erfolg gekrönt.[17]

## II. Bedeutung des Zuständigkeitskatalogs

5 Die Art 2 ff greifen nach ihrem Wortlaut bei allen Erkenntnisverfahren ein, unabhängig davon, ob sie mit einer Entscheidung oder im Wege eines Prozessvergleichs[18] enden.[19] Hierauf deuten ebenso der 2. und 6. Erwägungsgrund hin. Die **Anwendbarkeit des Zuständigkeitskatalogs** vermeidet schließlich Wertungswidersprüche zu anderen Titeln. Nach ganz einhelliger Ansicht fallen Anerkenntnis- sowie Verzichtsurteile[20] nicht nur unter den Begriff der Entscheidung iSd Art 32.[21] In beiden Fällen ist das Gericht ebenso an die Zuständigkeitsordnung des Sekundärrechtsgebers gebunden.

---

[13] Hierzu *Staudinger*, Der Prozessvergleich und andere Formen konsensualer Streitbeilegung (im Druck).

[14] Vorschlag für eine Verordnung des Rates zur Einführung eines europäischen Vollstreckungstitels für unbestrittene Forderungen vom 18. 4. 2002, KOM(2002) 159 endg; siehe dort Art 25 des Entwurfs, der dem Art 58 S 1 entspricht; dies gilt ebenso für Art 25 in der Fassung des Geänderten Vorschlags KOM (2003) 341 endg; beachte ferner das Grünbuch zum Mahnverfahren KOM(2002) 746 endg.

[15] Hierzu *Fleischhauer* MittBayNot 2002, 15, 21 f; *Stoppenbrink* ERPL 2002 641, 662 ff; *R Wagner* IPRax 2002, 75 ff.

[16] Preliminary Draft Convention on Jurisdiction and Foreign Judgments in Cicil and Commercial Matters, einzusehen unter der Internetadresse: http://www.hcch.net/e/conventions/draft36e.html; im Hinblick auf Vergleiche bzw. judgments by consent siehe Art 36; jüngst zum Konventionsentwurf *van Loon* in: Systemwechsel im europäischen Kollisionsrecht (2002) 193, 200 ff; *Rechberger*, in: FS Reinhold Geimer (2002) 903, 918 ff; siehe ferner *Burbank*, The American Journal of Comparative Law 2001, 203 ff; *Grabau/Hennecke* RIW 2001, 569 ff; *von Mehren*, The American Journal of Comparative Law 2001, 191 ff; *ders* Rev crit 2001, 85 ff; *ders* IPRax 2000, 465 ff; zu einer Haager Konvention über die Urteilsanerkennung siehe bereits *Juenger*, in: GS Alexander Lüderitz (2000) 329 ff.

[17] Siehe die Einschätzung von *Schack* Rn 111 b.

[18] Zum Sonderfall der öffentlichen Urkunde siehe *Rauscher/Staudinger* Art 57 Rn 2.

[19] Abweichend zum EuGVÜ: *Geimer/Schütze* Art 51 EuGVÜ Rn 1.

[20] *Martiny*, in: HdbIZVR Bd III/2 Kap II Rn 41.

[21] Siehe *Rauscher/Leible* Art 32 Rn 6.

Schließlich qualifiziert die herrschende Ansicht[22] Vergleichsurteile wie das englische[23] judgment by consent[24] sowie das jugement de donné acte des französischen und belgischen Rechts als Titel gem Art 32,[25] so dass auch insoweit die Art 2 ff zur Anwendung gelangen. Dann muss es dem Richter aber gleichermaßen nach Art 25 verwehrt sein, einen Vergleich unter Verstoß gegen Art 22 zu protokollieren.

## III. Vergleichsarten

Das Institut des **Prozessvergleichs** ist in den meisten Mitgliedstaaten bekannt.[26] Vielfach herrscht allerdings Streit um seine Rechtsnatur. Dies gilt etwa im Hinblick auf das deutsche und österreichische Recht.[27] Der Begriff des Vergleichs in S 1 darf jedoch nicht aus dem Blickwinkel einer einzelnen nationalen Rechtsordnung, sondern muss autonom interpretiert werden.[28] Um die Titelfreizügigkeit gerade auf dem Sektor konsensualer Streiterledigung zu sichern, ist eine integrationsfreundliche Auslegung geboten. Einbezogen werden damit – abweichend von § 794 Abs 1 Nr 1 ZPO[29] – etwa auch Prozessvergleiche, bei denen eine Seite die materielle Rechtslage durch einseitiges Nachgeben außer Streit stellt. Der aus Österreich[30] stammende Prozessvergleich, der 6

---

[22] Vgl etwa *Geimer/Schütze* Art 51 EuGVÜ Rn 6; *Nelle*, Anspruch, Titel und Vollstreckung im internationalen Rechtsverkehr (2000) 288; *Schlosser* JZ 1994, 1008; *von Hoffmann/Hau* IPRax 1995, 217, 218; abweichend jüngst *Stürner*, in: *Breidenbach* ua (Hrsg) Konsensuale Streitbeilegung – Akademisches Symposion zu Ehren von *Peter F Schlosser* aus Anlass seines 65. Geburtstages (2001) 5, 28.

[23] Siehe hierzu die Angaben bei *Koch*, in: FS Ekkehard Schumann (2001) 267, 275 f; *Schlosser*, in: FS Ekkehard Schumann (2001) 389f; zum englischen Recht etwa *Kaye*, Civil jurisdiction and enforcement of foreign judgments (1987) 1682; *O'Malley/Layton*, European Civil Practice (1989) Art 51 Rn 30.15; jüngst hierzu *Ullrich*, Das Vergleichsrecht Englands in rechtsvergleichender Betrachtung – unter Berücksichtigung der Qualifikation des Vergleichs im internationalen Privatrecht (1998) 186 ff.

[24] Vgl etwa *Geimer/Schütze* Art 51 EuGVÜ Rn 6; *Schlosser* JZ 1994, 1008; *Nelle*, Anspruch, Titel und Vollstreckung im internationalen Rechtsverkehr (2000), 288; *von Hoffmann/Hau* IPRax 1995, 217, 218; abweichend jüngst *Stürner*, in: *Breidenbach* ua (Hrsg), Konsensuale Streitbeilegung – Akademisches Symposion zu Ehren von *Peter F Schlosser* aus Anlass seines 65. Geburtstages (2001) 5, 28.

[25] Zur Qualifikation siehe auch *Bariatti* Riv dir int priv proc 2001, 5, 10 f.

[26] Siehe die rechtsvergleichenden Analysen von *Stürner*, in: *Breidenbach* ua (Hrsg), Konsensuale Streitbeilegung – Akademisches Symposion zu Ehren von *Peter F Schlosser* aus Anlass seines 65. Geburtstages (2001) 5, 26. Dies gilt ebenso für jüngere Beitrittsländer wie Österreich; siehe insofern § 204 öZPO.

[27] Vgl hierzu die rechtsvergleichende Gegenüberstellung bei *Stueber*, Grundfragen zum Prozessvergleich aus deutscher und österreichischer Sicht (2001) 16 ff.

[28] Vgl zum Begriff der Urkunde: EuGH Rs 260/97 *Unibank A/S/Flemming G Christensen* EuGHE 1999 I 3715, 3730 Rn 14; hierzu *Geimer* IPRax 2000, 366 ff; zur Vorlage siehe BGH ZZP 111 (1998), 89 m Anm *Leutner*.

[29] Jedenfalls in seiner Interpretation durch die herrschende Meinung; siehe die Angaben bei *Staudinger/Marburger* (2002) § 779 BGB Rn 27, 98.

[30] Siehe die Nachweise bei *Rechberger/Simotta*, Grundriss des österreichischen Zivilprozessrechts. Erkenntnisverfahren$^5$ (2000) Rn 460; *Stueber*, Grundfragen zum Prozessvergleich aus deutscher und österreichischer Sicht (2001) 39 ff.

ein Anerkenntnis oder einen Verzicht beinhaltet, genießt daher Titelfreizügigkeit nach der Brüssel I-VO.

7 Nach der Formulierung in S 1 genügt es, dass der Vergleich vor einem **mitgliedstaatlichen „Gericht"** geschlossen wird. Folglich erfasst diese Vorschrift die Protokollierung sowohl durch einen Richter als auch Justizfunktionär, der an einem solchen Spruchkörper beschäftigt ist. Titelfreizügigkeit genießt überdies der Vergleichsabschluss im Güteverfahren nach § 54 Abs 3 ArbGG wie der schriftsätzliche Prozessvergleich nach § 278 Abs 6 S 1 ZPO.[31] § 278 Abs 5 S 2 ZPO eröffnet dem Gericht die Möglichkeit, den Parteien eine außergerichtliche Streitschlichtung, also etwa eine Mediation oder den Abschluss eines Anwaltsvergleichs vorzuschlagen. Einigen sich die Parteien vor einem Mediator, handeln sie war zeitlich „im Laufe eines (Gerichts-)Verfahrens". Allerdings erfolgt kein Abschluss „vor dem Gericht". Art 58 S 1 greift daher tatbestandlich nicht ein. Wird hingegen der Mediationsvergleich nach Wiederaufnahme des Gerichtsverfahrens in einem mündlichen Termin vom Richter protokolliert, unterfällt dieser Prozessvergleich dem Art 58.

8 S 1 setzt bereits nach seinem Wortlaut voraus, dass der gerichtliche Vergleich in einem „Mitgliedstaat" errichtet wurde. Diese Beschränkung auf Prozessvergleiche mit europäischem Ursprung steht im Einklang mit der systematischen,[32] historischen sowie teleologischen Auslegung des Sekundärrechtsakts.[33]

9 Abzugrenzen ist der Vergleich von **Entscheidungen** iSd Art 32[34] wie etwa dem englischen judgment by consent.[35] Da der Beschluss nach § 278 Abs 6 S 2 ZPO nicht in Rechtskraft erwächst,[36] unterfällt der schriftsätzliche Prozessvergleich mangels anerkennungsfähiger Wirkungen dem S 1.[37] Der Anwaltsvergleich (§§ 796a ZPO ff) wird als solcher nicht vor einem „Gericht" geschlossen. Der in § 794 Abs 1 Nr 4b ZPO aufgeführte gerichtliche bzw notarielle Beschluss ist hingegen als öffentliche Urkunde zu qualifizieren und fällt in den Anwendungsbereich des Art 57. Dies gilt ebenso für Vergleiche vor Gütestellen (§§ 794 Abs 1 Nr 1, 797 Abs 1 ZPO).[38]

10 Der Vergleich muss in demjenigen Staat, in dem er errichtet wurde, „vollstreckbar" sein. Damit verweist S 1 etwa im deutschen Recht auf § 794 Abs 1 Nr 1 ZPO.

---

31 Dazu Rn 9; *MünchKommZPO/Gottwald* Art 58 Rn 2.

32 Vgl nunmehr den Wortlaut des Art 57 Abs 1 S 1 sowie Art 32.

33 Siehe etwa die Erwägungsgründe Nr 2, 10, 16 und 17.

34 EuGH Rs C-414/92 *Solo Kleinmotoren/Emilio Boch* EuGHE 1994 I 2237, 2256 Rn 20.

35 Vgl oben Rn 5.

36 Abweichend *Schlosser*, in: FS Ekkehard Schumann (2001) 389ff; *Baumbach/Lauterbach/Albers/Hartmann* § 278 ZPO Rn 50; hierzu *Staudinger*, Der Prozessvergleich und andere Formen konsensualer Streitbeilegung (im Druck).

37 *MünchKommZPO/Gottwald* Rn 2.

38 *Rauscher/Staudinger* Art 57 Rn 5f.

## IV. Vollstreckbarerklärungsverfahren

Nach S 1 iVm Art 57 Abs 1 S 1 finden die Art 38ff für die **Vollstreckbarerklärung** von Prozessvergleichen **entsprechende Anwendung.**[39] Das Erstgericht stellt gem S 2 eine Bescheinigung nach Maßgabe des Anhangs V aus. Die Zuständigkeit folgt in Deutschland aus § 56 AVAG. 11

Ein Gläubiger muss im Rahmen der Brüssel I-VO die Vollstreckbarerklärung eines EG-ausländischen Prozessvergleichs betreiben, ihm ist hingegen der Weg versperrt, in Deutschland eine **Zweitklage** zu erheben. Spiegelbildlich darf ein Gläubiger bei einem aus Deutschland stammenden gerichtlichen Vergleich in einem anderen Mitgliedstaat nicht auf Erfüllung des titulierten Anspruchs klagen.[40] Angesichts des „verschlankten" Exequaturverfahrens ist in beiden Fällen ein Rechtsschutzbedürfnis für eine Zweitklage nicht mehr anzuerkennen. Sie ist vielmehr aus Gründen des Gemeinschaftsrechts als unzulässig abzuweisen. 12

In der **Rechtsmittelinstanz** ist das Exequatur zu versagen, sofern die Zwangsvollstreckung „offensichtlich" gegen die öffentliche Ordnung des betreffenden Mitgliedstaates verstößt.[41] Der Verordnungsgeber hat damit die Eingriffsschwelle zumindest dem Wortlaut nach erhöht.[42] Die Koppelung der ordre public-Kontrolle an einen Rechtsbehelf des Vollstreckungsschuldners erweist sich im Lichte der Judikatur des BVerfG[43] zumindest bezogen auf die Titelfreizügigkeit innerhalb des Binnenmarkts als verfassungskonform.[44] 13

Ein **Verstoß gegen Art 22** steht einer Vollstreckbarerklärung von Prozessvergleichen nicht entgegen. Im Lichte des Art 35 Abs 3 S 2 begründet ein solcher Mangel nach S 1, Art 57 Abs 1 S 2 ebenso wenig einen Widerspruch zur öffentlichen Ordnung des Zweitstaats. Der Vollstreckungsschuldner muss den Verstoß demnach im Ausgangsstaat rügen. Eine derartige Prozessführungslast ist insofern gerechtfertigt, als der gerichtliche Vergleich binnenmarktweit regelmäßig nicht in Rechtskraft erwächst und mithin eine ex post-Kontrolle nicht versperrt ist.[45] 14

---

[39] Siehe *Rauscher/Staudinger* Art 57 Rn 10.

[40] Vgl BGH EuZW 1993, 195, 197; *MünchKommZPO/Gottwald* Art 51 EuGVÜ Rn 3.

[41] Vgl Art 34 Nr 1, Art 15 Abs 1 lit a, Abs 2 lit a Brüssel II-VO, Art 26 EuInsVO.

[42] Siehe zur Begründung für diese „restriktivere Formulierung": BR-Drucks 534/99, 23.

[43] BVerfGE 63, 343ff.

[44] Abweichend *Kohler*, in: Systemwechsel im europäischen Kollisionsrecht (2002) 147, 152f; kritisch im Hinblick darauf, dass die Menschenrechte in das Rechtsbehelfsverfahren verdrängt werden: *Jayme*, Nationaler ordre public und europäische Integration (2000) 1, 23f.

[45] Bei einer Revision der Brüssel I-VO sollte Art 58 dennoch dahin ergänzt werden, dass die Vollstreckbarerklärung im Zweitstaat abgelehnt werden kann, wenn die Gerichte im Ausgangsstaat eine ausschließliche internationale Zuständigkeit missachtet haben.

15 Entgegen dem Wortlaut des S 1 iVm Art 57 Abs 1 S 2 kann der Vollstreckungsschuldner über den **ordre public Verstoß** hinaus etwa rügen, die in S 1 aufgeführten **Voraussetzungen für die Zwangsvollstreckung** seien nicht (mehr) gegeben.[46] Dies betrifft diejenigen formalen Erfordernisse, die das Vollstreckungsgericht bereits im Antragsverfahren überprüfen muss. So kann der Schuldner vorbringen, der Titel beziehe sich auf das Gebiet des Erbrechts und unterfalle daher nach Art 1 Abs 2 lit a nicht dem Anwendungsbereich der Harmonisierungsmaßnahme.[47] Der Schuldner kann ferner einwenden, es liege kein Vergleich iSd S 1 vor bzw dieser sei als Titel im Ursprungsstaat nicht (mehr) vollstreckbar.

16 Die Brüssel I-VO schließt hingegen **materiellrechtliche Einwände** gegen den titulierten Anspruch im Rechtsbehelfsverfahren aus. Denn nach Art 58 S 1, 57 Abs 1 S 2 darf die Vollstreckbarerklärung im Rechtsbehelfsverfahren „nur"[48] für den Fall versagt oder aufgehoben werden, dass ein offensichtlicher Verstoß gegen die öffentliche Ordnung im Zweitstaat vorliegt. Diese Beschränkung findet ihren ausdrücklichen Niederschlag in den Erwägungsgründen. Der Sekundärrechtsgeber betont, dass es auf der Grundlage des gegenseitigen Vertrauens gerechtfertigt sei, das Exequaturverfahren „rasch und effizient" auszugestalten.[49] Die Vollstreckbarerklärung solle „fast automatisch" erfolgen.[50] Ein „entschlacktes" Exequaturverfahren entspricht demnach nicht nur dem Willen des Gemeinschaftsgesetzgebers, sondern steht auch im Einklang mit der Zielsetzung des Rechtsakts, innerhalb des Binnenmarkts eine möglichst weitgehende Titelfreizügigkeit zu gewährleisten. Das Kombinationsmodell im AVAG lässt sich weder mit Hilfe der Auslegungsberichte von *Jenard* oder *Schlosser* noch mit der Judikatur des EuGH zum EuGVÜ rechtfertigen. Die Brüssel I-VO knüpft im Hinblick auf die Anerkennung und Vollstreckbarerklärung gerade nicht an die Tradition des EuGVÜ an. Vielmehr bedeutet die Verlagerung der Anerkennungsversagungsgründe in die Rechtsbehelfsphase einen fundamentalen Bruch mit dem bisherigen System der Konvention. Im Lichte des Wortlauts von Art 45 Abs 1 S 1 bzw Art 58 Abs 1 S 2 sowie der Erwägungsgründe erweist sich damit die Integration von materiellrechtlichen Einwendungen in das Rechtsbehelfsverfahren nach § 12 AVAG als sekundärrechtswidrig.[51] Da weder Art 58

---

46 So auch *Kropholler* Rn 3; Art 57 Rn 16; siehe zu den Einwendungen des Schuldners bei der öffentlichen Urkunde nach Art 50 EuGVÜ auch *Leutner*, Die vollstreckbare Urkunde im europäischen Rechtsverkehr (1997) 240ff.

47 Siehe hierzu *Rauscher/Staudinger* Rn 2.

48 Vgl auch Art 45 Abs 1 S 1.

49 Erwägungsgrund Nr 17 S 1.

50 Erwägungsgrund Nr 17 S 2.

51 *Rauscher/Mankowski* Art 45 Rn 4ff; *ders* ZZPInt 4 (1999), 286f; *Rauscher/Staudinger* Art 57 Rn 18; *Hub* NJW 2001, 3145, 3147; *Schlosser* Art 43 Rn 14, Art 57 Rn 10; *Thomas/Putzo/Hüßtege* Art 45 Rn 3, Art 57 Rn 8; Bedenken äußerte hinsichtlich des Wortlauts: *Stadler*, in: *Gottwald* (Hrsg), Revision des EuGVÜ – Neues Schiedsverfahrensrecht (2000) 37, 57; zweifelnd auch *MünchKomm/Gottwald* Rn 7; deutlicher *Gottwald* FamRZ 2002, 1423; abweichend zunächst *Zöller/Geimer* § 12 AVAG Rn 4; § 14 AVAG Rn 1; *ders* Rn 3145; anders nunmehr *Geimer* IPRax 2003, 337, 338f; eine

S 1, 57 Abs 1 S 2 (Art 45 Abs 1 S 1) noch die einschlägigen Erwägungsgründe eine Ausnahme vorsehen, sind dem Wortlaut nach ebenso Einwendungen ausgeschlossen, die auf liquide Beweismittel gestützt werden.[52] Kraft des Anwendungsvorrangs nach Art 249 Abs 2 S 2 EGV bleibt § 12 AVAG außer Betracht.[53] Damit entfällt auch die Schranke der Präklusion in § 14 Abs 1 AVAG. Gemeinschaftsrechtlich ist eine Klarstellung in § 55 Abs 1 AVAG geboten.

17 Im Ergebnis ist nach der hier vertretenen Ansicht die Gefahr gebannt, dass der Vollstreckungsschuldner[54] oder dessen Anwalt[55] bei der Einlegung der Beschwerde die mit der Koppelung verbundene **Präklusionsfalle** verkennen.[56] Dies ist insofern nahe liegend, als sie letztlich einen Systembruch bedeutet.[57] Denn bei inländischen Prozessvergleichen scheiden im Klauselerteilungsverfahren bzw im Rahmen der Klauselerinnerung nach § 732 ZPO materielle Einwände vom Grundsatz her aus.

18 Der Schuldner kann seine Einwände im Erststaat vortragen oder **Vollstreckungsabwehrklage nach § 767 ZPO**[58] erheben. Die Brüssel I-VO verbietet letzteres nicht, da der Abschnitt der Zwangsvollstreckung – im Anschluss an das Exquaturverfahren – wiederum der Regelungshoheit des nationalen Gesetzgebers unterliegt.[59] Sofern die Vollstreckbarkeit des Titels im Ausgangsstaat entfällt, greifen die §§ 27, 28 AVAG zum Schutz des Vollstreckungsschuldners ein.[60]

---

Sekundärrechtskonformität bejahen: *Kropholler* Art 43 Rn 27f; Art 45 Rn 6; Art 58 Rn 16f; *Linke* Rn 438; *Schack* Rn 955; *R Wagner* IPRax 2002, 75, 83.

[52] Siehe zum EuGVÜ auch *Leutner*, Die vollstreckbare Urkunde im europäischen Rechtsverkehr (1997) 284 f; zustimmend *Nelle*, Anspruch, Titel und Vollstreckung im internationalen Rechtsverkehr (2000) 450 f, 484 ff. *Nelle* (451 f) befürwortet eine Durchbrechung bei unstreitigen oder rechtskräftig festgestellten Vollstreckungsgegeneinwänden; so auch *Geimer* IPRax 2003, 337, 339; *Schlosser* Art 43 Rn 14.

[53] *Thomas/Putzo/Hüßtege* Art 57 Rn 8.

[54] Nach § 11 Abs 1 S 1, § 13 Abs 2 S 1 AVAG, § 78 Abs 3 ZPO besteht für die Einlegung der Beschwerde kein Anwaltszwang.

[55] Hierzu *Zöller/Geimer* § 11 AVAG Rn 4.

[56] Siehe auch die Bedenken von *Baur/Stürner*, Zwangsvollstreckungs-, Konkurs- und Vergleichsrecht[12] (1995) Rn 55.14.

[57] So auch *Nelle*, Anspruch, Titel und Vollstreckung im internationalen Rechtsverkehr (2000) 491 f.

[58] § 14 Abs 2 AVAG bleibt demgegenüber anwendbar.

[59] So auch *Thomas/Putzo/Hüßtege* Art 45 Rn 3, Art 57 Rn 8; gegen die Zulässigkeit einer Klage nach § 767 ZPO: *Hub* NJW 2001, 3145, 3147.

[60] Siehe hierzu *MünchKommZPO/Gottwald* Art 43 Rn 7, Art 45 Rn 4; *Nelle*, Titel und Vollstreckung im internationalen Rechtsverkehr (2000) 435 ff, 447 ff; *Hub* NJW 2001, 3145, 3147.

# Kapitel V
# Allgemeine Vorschriften

## Vorbemerkung

1 Die Art 59-65 betreffen zwei unterschiedliche Regelungsbereiche. In den Art 59 und 60 legt der Gemeinschaftsgesetzgeber fest, auf welche Weise der Wohnsitz[1] von natürlichen, juristischen Personen und Gesellschaften zu ermitteln ist. Diese Vorschriften gelten für die gesamte Brüssel I-VO, dh sowohl für den Zuständigkeitskatalog in den Art 2 ff als auch für das Anerkennungs- und Exequaturverfahren (zB Art 35 Abs 1, 39 Abs 2, 43 Abs 5). Systematisch handelt es sich dabei um Regelungen des Allgemeinen Teils, die jedoch – systemwidrig – erst am Ende der Brüssel I-VO eingestellt sind. Die Art 61-65 enthalten zum einen Begriffsbestimmungen. Zum anderen statuiert der Sekundärrechtsgeber Ausnahmen von Zuständigkeitsregelungen und schafft Anerkennungs- und Vollstreckungshindernisse.

## Artikel 59

(1) Ist zu entscheiden, ob eine Partei im Hoheitsgebiet des Mitgliedstaats, dessen Gerichte angerufen sind, einen Wohnsitz hat, so wendet das Gericht sein Recht an.
(2) Hat eine Partei keinen Wohnsitz in dem Mitgliedstaat, dessen Gerichte angerufen sind, so wendet das Gericht, wenn es zu entscheiden hat, ob die Partei einen Wohnsitz in einem anderen Mitgliedstaat hat, das Recht dieses Mitgliedstaats an.

### I. Ermittlung des Wohnsitzes durch Gerichte im Erststaat

1 Der Wohnsitz dient gem Art 2 ff als ein zentraler **Anknüpfungspunkt für die internationale Zuständigkeit** der Gerichte.[1] Sofern die Brüssel I-VO überdies die örtliche Zuständigkeit festlegt – wie etwa nunmehr in Art 16 Abs 1 Alt 2[2] – ist auch insoweit Art 59 von Bedeutung. Diese Vorschrift enthält keine autonome Definition des Wohnsitzes,[3] sondern eine kollisionsrechtliche Lösung.[4] Zunächst prüft das angerufene Gericht gem Abs 1 nach seiner lex fori (Prozess- oder Sachrecht) ob die Partei (Kläger

---

[1] Vom Wohnsitz im Sinne dieser Vorschrift ist das fiktive Wahldomizil zu unterscheiden. vgl bereits *Jenard*-Berich zu Art 52 EuGVÜ, ABl EG 1979 C 59/1, 18; *Kropholler* Rn 1; *Schlosser* Rn 4. Ebenso wenig ist das Wahldomizil in Art 40 Abs 2 dem Wohnsitz gleichzustellen.

[1] Vgl zum EuGVÜ: OLG Hamm FamRZ 02, 54; *Thomas/Putzo/Hüßtege* Rn 1.

[2] Siehe hierzu *Rauscher/Staudinger* Art 16 Rn 4; *R Wagner* WM 2003, 116, 120.

[3] Abweichend Art 60 Abs 1 für den Firmensitz.

[4] *Kropholler* Rn 1.

oder Beklagter) im Forumstaat beheimatet ist. Abs 1 spricht dabei eine dynamische Verweisung auf das jeweils geltende Recht[5] im Forumstaat aus. Den Mitgliedstaaten ist es allerdings verwehrt, mit Hilfe des Wohnsitzes als Anknüpfungsmoment exorbitante Zuständigkeiten[6] zu schaffen.[7] In Deutschland gelangen über Abs 1 unmittelbar die §§ 7 ff BGB[8] bzw für exterritoriale Deutsche die prozeßrechtliche Fiktion in § 15 ZPO[9] zur Anwendung. Besteht hiernach ein Wohnsitz, so erklärt das Gericht diesen für maßgeblich.

Andernfalls prüft es, ob in einem **anderen Mitgliedsstaat ein Wohnsitz** zu bejahen ist. 2
Dabei wendet der Spruchkörper gem Abs 2 dessen Prozess- oder Sachrecht an.[10] Ist auch nach diesem zweiten Schritt die Partei in keinem Mitgliedstaat beheimatet, und scheiden ebenso Sondervorschriften wie Art 9 Abs 2, 13 Nr 4 und 15 Abs 2 aus, verbleibt es bei den in Art 4 aufgestellten Grundsätzen. Hiernach ist die internationale Zuständigkeit – vorbehaltlich der Art 22 und 23 – nach Maßgabe des jeweiligen nationalen Rechts[11] zu bestimmen. In Deutschland wird diese Zuständigkeit aus den doppelfunktionalen[12] Vorschriften der §§ 12 ff ZPO abgeleitet. Im Hinblick auf § 13 ZPO ermittelt das Gericht den Begriff des Wohnsitzes wiederum nicht etwa anhand eines ausländischen Personalstatuts, sondern unter Rückgriff auf die §§ 7 ff BGB.[13]

Zur Frage, in welchem Zeitpunkt der ex officio[14] zu prüfende Wohnsitz gegeben sein 3
muss, siehe Art 2 Rn 4. Der in § 261 Abs 3 Nr 2 ZPO (analog) niedergelegte Grundsatz der perpetuatio fori[15] ist zwar nicht ausdrücklich im Text oder in den Materialien angesprochen, liegt der Harmonisierungsmaßnahme aber zugrunde.[16]

---

5 *Zöller/Geimer* Rn 1.

6 Bezüglich exorbitanter Zuständigkeiten beachte Art 3 Abs 2 in Verbindung mit dem Anhang I.

7 *Zöller/Geimer* Rn 1; vgl mit Blick auf das EuGVÜ: *Geimer/Schütze* Art 52 Rn 6 f.

8 Hierzu *v Bar/Mankowski*, IPR$^2$ (2003) Bd I § 7 Rn 24, 564 f.

9 Vgl *Kropholler* Rn 6; *Geimer/Schütze* Art 52 Rn 9; *Zöller/Geimer* Rn 3; abweichend *Leipold*, Immunität versus Rechtsschutzgarantie, in: Verfahrensrecht am Ausgang des 20. Jahrhunderts, FS Lüke (1997), 353, 365; zu § 15 ZPO siehe OLG Köln, IPRax 2003, 59, 61.

10 Art 59 Abs 2 nimmt das Kollisionsrecht dieses Mitgliedstaates aus; vgl *Thomas/Putzo/Hüßtege* Rn 2; Kropholler Rn 7; zum EuGVÜ: Cass, Rev crit 1986, 123 Anm *Courbe*.

11 Dies gilt nur unter der Voraussetzung, dass keine vorrangigen mulit- oder bilateralen Konventionen einschlägig sind.

12 Im autonomen Recht folgt die internationale Zuständigkeit nach ganz herrschender Meinung mittelbar aus den Bestimmungen zur örtlichen Zuständigkeit. Hieraus ergibt sich der Grundsatz, dass ein örtlich zuständiges deutsches Gericht auch international zuständig ist; vgl statt aller: *Geimer* Rn 943 ff; *Thomas/Putzo/Putzo* § 1 ZPO Vorbem Rn 6; *Schack* Rn 236; siehe auch BT-Drucks 10/504, 89.

13 *Kropholler*, IPR$^4$ (2001) § 58 III 1 c, 573; *Schack* Rn 244, 109 f; unklar *Thomas/Putzo/Hüßtege* Rn 6.

14 Siehe zur amtswegigen Kontrolle Art 25 und 26.

15 Hierzu *Linke*, IZVR Rn 213 mwN.

16 Vgl *Rauscher/Mankowski* Art 39 Rn 6.

## II. Ermittlung des Wohnsitzes durch Gerichte im Zweitstaat

4 Art 59 greift angesichts seiner systematischen Stellung **auch im Rahmen des Anerkennungs- und Exequaturverfahrens** ein.[17] Das Kapitel III erfasst Entscheidungen aus Mitgliedstaaten selbst für den Fall, dass ein Spruchkörper im Ursprungsstaat seine Zuständigkeit nicht auf die Art 2 ff gestützt hat.[18] Dem Exequaturgericht ist in der Regel eine Kontrolle der Zuständigkeit nach Art 35 Abs 3 verwehrt. Sofern ausnahmsweise in der Rechtsmittelinstanz nach Art 45 Abs 1, 35 Abs 1 eine solche Prüfung erfolgt, zwingt der Gedanke der Entscheidungsharmonie nicht zu einer Korrektur der zuvor dargelegten Grundsätze. Der mit dem Rechtsbehelf befasste Spruchkörper muss den Wohnsitz nicht etwa nach dem Recht des Erststaats bestimmen.[19] Eine Bindung ergibt sich für das Rechtmittelgericht nach Art 35 Abs 2 allein im Hinblick auf die tatsächlichen Feststellungen, nicht aber bezüglich der rechtlichen Würdigung des Sachverhalts.[20] Dies gilt ebenso für den Wohnsitz. Damit verbleibt es bei der kollisionsrechtlichen Lösung des Art 59.

Im Hinblick auf das Exequaturverfahren muss der Wohnsitz nach Art 39 Abs 2 allein im Zeitpunkt der Antragstellung vorliegen. Es gilt der Grundsatz der perpetuatio fori.[21]

## III. Abhängiger Wohnsitz

5 Bestimmte Personen, etwa **Minderjährige,**[22] **nicht voll geschäftsfähige Personen** sowie vereinzelt **Ehefrauen,**[23] können nicht selbstständig einen Wohnsitz begründen.[24] Denkbar ist es in einem solchen Fall, den Wohnsitz der abhängigen Person mit Hilfe etwa des Ehewirkungs- oder Kindschaftsstatuts nach Art 14 oder 21 EGBGB festzulegen. Vorzugswürdig erscheint aber auch insoweit eine Qualifikation lege fori. Demzufolge ist im deutschen Recht unmittelbar auf §§ 8, 11 BGB abzustellen. Diese Lösung steht im Einklang mit Abs 1. Ob allerdings – wie in § 11 BGB vorausgesetzt – eine Person tatsächlich minderjährig ist, muss zunächst mit Hilfe der im Forumstaat geltenden Anknüpfungsregeln ermittelt werden.[25] Die Vorfrage der Minderjährigkeit bzw Geschäftsunfähigkeit ist mithin im deutschen Recht im Wege selbstständiger Anknüpfung nach Art 7 Abs 1 S 1 EGBGB zu beurteilen. Gelangt ein deutscher Spruchkörper zu dem Ergebnis, dass die beklagte Person nach ihrem Personalstatut zwar minderjährig,

---

[17] Siehe *Rauscher/Staudinger* Vorbem Art 59-65 Rn 1.

[18] Vgl hierzu *Rauscher/Leible* Art 32 Rn 20.

[19] So zum EuGVÜ: *Geimer/Schütze* Art 53 EuGVÜ Rn 41.

[20] Siehe *Rauscher/Leible* Art 35 Rn 15 ff.

[21] Vgl *Rauscher/Mankowski* Art 39 Rn 6.

[22] Der getrennte Wohnsitz der Eltern kann zu einem doppelten Wohnsitz des Kindes führen; BGHZ 48, 228, 234 ff.

[23] Ein abgeleiteter Wohnsitz der Ehefrau ist heute nur noch in wenigen Rechtsordnungen vorgesehen; *v Bar/Mankowski*, IPR² (2003) Bd I § 7 Rn 24, 564.

[24] Vgl zum deutschen Recht § 8 BGB.

[25] *Kropholler* Rn 11; *Thomas/Putzo/Hüßtege* Rn 5.

aber nach Maßgabe des über Abs 1 anwendbaren § 11 BGB nicht in Deutschland beheimatet ist, schließt sich eine Prüfung des Wohnsitzes nach Abs 2 an.

## IV. Besonderer Wohnsitzbegriff im nationalen Recht

Den Mitgliedsstaaten steht es vom Grundsatz[26] her frei, in ihrem nationalen Recht einen **besonderen Wohnsitzbegriff** für die Zwecke der Brüssel I-VO vorzusehen.[27] Von dieser Option haben insbesondere die common-law-Staaten Großbritannien[28] und Irland Gebrauch gemacht, da hier der Begriff des „domicile" von demjenigen des in kontinentaleuropäischen Staaten üblichen „Wohnsitzes" abweicht. 6

## V. Zuständigkeitskonflikte

### 1. Positiver Kompetenzkonflikt

Mangels autonomer Definition des Wohnsitzes auf Gemeinschaftsebene sowie angesichts divergierender Begrifflichkeiten in den einzelnen Rechtsordnungen der Mitgliedstaaten eröffnet Art 59 Abs 1 dem Kläger – wenn auch in begrenztem Unfang – die Möglichkeit eines **„forum shopping"**.[29] Ferner drohen Kompetenzkonflikte. Ein positiver Konflikt kann entstehen, wenn ein Beklagter aus dem Blickwinkel der verschiedenen Rechtsordnungen in mehreren Mitgliedstaaten beheimatet ist.[30] Strengt eine Partei Parallelverfahren an, kann der Kompetenzkonflikt wohl mit Hilfe der Art 27-30 über Rechtshängigkeit und Konnexität entschärft werden.[31] Denkbar ist überdies, dass eine Partei de facto – wie etwa nach § 7 Abs 2 BGB – einen mehrfachen Wohnsitz hat. Hier mag man sich mit einem Wahlrecht des Klägers analog § 35 ZPO behelfen. 7

### 2. Negativer Kompetenzkonflikt

Umstritten ist die Frage, wie die Zuständigkeit der nationalen Gerichte in denjenigen Fällen zu bestimmen ist, in denen gem Art 59 **kein Wohnsitz** in einem Mitgliedsstaat besteht bzw jeder der fraglichen Staaten einen solchen im anderen Staat als gegeben ansieht. Für diesen negativen Kompetenzkonflikt werden in der Lehre verschiedene Lösungen vorgeschlagen. Nach einer Auffassung soll der Gerichtsstaat eine Rück- oder Weiterverweisung annehmen.[32] Dies widerspricht indes dem Regelungsgehalt in Art 59 8

---

[26] Eine Schranke bildet wiederum das Gemeinschaftsrecht, wie etwa das Diskriminierungsverbot in Art 12 EGV.

[27] *Kropholler* Rn 3; *Schlosser* Rn 5.

[28] Siehe hierzu Sec 41 (6) des Civil Jurisdiction and Judgments Act von 1982; Im Ergebnis wird der Ausdruck „domicile" definitorisch dem gewöhnlichen Aufenthalt gleichgestellt; siehe hierzu *Schack* Rn 245.

[29] *Kropholler* Rn 6.

[30] Hierzu *Kropholler* Rn 6; *Schlosser* Rn 3; *Thomas/Putzo/Hüßtege* Rn 4.

[31] *Kropholler* Rn 6; *Thomas/Putzo/Hüßtege* Rn 4.

[32] *Schlosser* Rn 3; *Zöller/Geimer* Rn 2; *Geimer/Schütze* Art 52 EuGVÜ Rn 20.

und provoziert mitunter einen positiven Kompetenzkonflikt. Nach anderer Ansicht ist auf den gewöhnlichen Aufenthalt der Person abzustellen.[33] Dafür spreche, dass der Gemeinschaftsgesetzgeber in Art 5 Nr 2 und 17 Nr 3 auf dieses Merkmal abstelle und ferner in anderen VO an den gewöhnlichen Aufenthalt anknüpfe (zB Art 2 Brüssel II-VO). Demzufolge erscheine es nicht gemeinschaftsrechtswidrig, subsidiär den gewöhnlichen Aufenthalt als Anknüpfungsmerkmal heranzuziehen. Dieser Ansatz sieht sich der Kritik ausgesetzt, er missachte den klaren Wortlaut in Art 59 und damit die bewusste Entscheidung des Sekundärrechtsgebers für den Wohnsitz als Anknüpfungsmoment.[34] Eine dritte Ansicht befürwortet eine Notzuständigkeit in jedem der beteiligten Mitgliedstaaten.[35] Auch wenn die Brüssel I-VO dem EuGH nicht unmittelbar die Befugnis einräumt, die Zuständigkeit eines Spruchkörpers bei einem Kompetenzkonflikt zu bestimmen,[36] sollte die Streitfrage im Wege der Vorlage[37] an den Gerichtshof geklärt werden. Im Ergebnis besteht im Schrifttum zurecht ein Konsens darüber, dass der Zuständigkeitskatalog zur Anwendung gelangt, wenn die Partei ihren gewöhnlichen Aufenthalt im Binnenmarkt als einheitlichem Rechtsschutzraum hat. Ein Rückgriff auf das nationale Recht nach Art 4 Abs 1 stünde im Widerspruch zu Sinn und Zweck der Harmonisierungsmaßnahme sowie dem Gedanken des effet utile, wonach im Zweifel einer die Integration begünstigenden Auslegung bzw Anwendung des Sekundärrechtsakts der Vorzug gebührt.[38] Dennoch lässt sich das gewünschte Ergebnis de lege lata methodisch nicht zweifelsfrei begründen.

## VI. Reformbedarf

9 Die vorangehenden Ausführungen zum forum shopping sowie den drohenden Kompetenzkonflikten belegen den Reformbedarf. Der Gemeinschaftsgesetzgeber bleibt weiterhin aufgefordert, vom Wohnsitz und damit vom komplizierten zweistufigen Prüfungsweg in Art 59 Abstand zu nehmen. De lege ferenda sollte der **gewöhnliche Aufenthalt** als Abgrenzungskriterium dienen, der dann seinerseits der Auslegung durch den Gerichtshof unterliegt. Dies wahrt nicht nur die Kohärenz mit der Brüssel II-VO,[39] sondern führt auch zu einem Gleichklang mit dem Internationalen Privatrecht.[40] So stellt der Vorschlag für eine Verordnung Rom II[41] in einer Reihe von Kollisionsnor-

---

[33] *Kropholler* Rn 9; *Musielak/Weth* Rn 2; *Thomas/Putzo/Hüßtege* Rn 3.

[34] Der Sekundärrechtsgeber knüpft auch in den Erwägungsgründen – etwa in Rn 9, 11, 12 – an den Wohnsitz an.

[35] *Basedow*, in: HdbIZVR Bd I Kap II Rn 29; zustimmend *Schack* Rn 248.

[36] Vgl etwa im deutschen Prozessrecht § 36 ZPO.

[37] Zum Vorlageverfahren siehe *Rauscher/Staudinger* Einl Rn 43 ff.

[38] Siehe *Rauscher/Staudinger* Einl Rn 40.

[39] Siehe hierzu die Kommentierung von *Rauscher* in diesem Band.

[40] Ferner würde die Gefahr gebannt, dass unter dem Deckmantel des Wohnsitzrechts im Ergebnis exorbitante Zuständigkeiten geschaffen werden.

[41] Vorschlags für eine Verordnung des Europäischen Parlaments und des Rates über das auf außervertragliche Schuldverhältnisse anzuwendende Recht („Rom II"), KOM (2003) 427 endg.

men[42] ebenso auf den gewöhnlichen Aufenthalt ab, wie der jüngst von der Kommission vorgelegte Entwurf Rom I,[43] durch den das Römische Schuldvertragsübereinkommen[44] (EVÜ)[45] vergemeinschaftet werden soll.

Artikel 60

(1) Gesellschaften und juristische Personen haben für die Anwendung dieser Verordnung ihren Wohnsitz an dem Ort, an dem sich
a) ihr satzungsmäßiger Sitz,
b) ihre Hauptverwaltung oder
c) ihre Hauptniederlassung
befindet.
(2) Im Falle des Vereinigten Königreichs und Irlands ist unter dem Ausdruck „satzungsmäßiger Sitz" das registered office oder, wenn ein solches nirgendwo besteht, der place of incorporation (Ort der Erlangung der Rechtsfähigkeit) oder, wenn ein solcher nirgendwo besteht, der Ort, nach dessen Recht die formation (Gründung) erfolgt ist, zu verstehen.
(3) Um zu bestimmen, ob ein trust seinen Sitz in dem Vertragsstaat hat, bei dessen Gerichten die Klage anhängig ist, wendet das Gericht sein Internationales Privatrecht an.

## I. Ermittlung des Wohnsitzes durch Gerichte im Erststaat

### 1. Der Abs 1 als autonomes und alternatives Anknüpfungsmodell

1 Art 60 regelt die Frage, wo eine **Gesellschaft** oder eine juristische Person ihren **Wohnsitz** hat. Im Unterschied zu Art 59 enthält die Vorschrift eine autonome Definition,[1] deren Bestandteile nach einem gemeinschaftsweit einheitlichen Methodenkanon[2] auszulegen sind. Der Sekundärrechtsgeber weicht mit dieser Legaldefinition von der bisherigen Rechtslage unter dem EuGVÜ ab, um dem Transparenzgebot Rechnung zu tragen

---

[42] Siehe Art 3 Abs 2, Art 4, Art 6 Abs 2, 9 Abs 2 und 4 des Vorschlags.

[43] Vgl hierzu *Grünbuch* über die Umwandlung des Übereinkommens von Rom aus dem Jahre 1980 über das auf vertragliche Schuldverhältnisse anzuwendende Recht in ein Gemeinschaftsinstrument sowie über seine Aktualisierung, 14. 1. 2003, KOM (2002) 654 endg.

[44] Römisches EWG-Übereinkommen über das auf vertragliche Schuldverhältnisse anzuwendende Recht vom 19. Juni 1980 (BGBl II 1980, 812) in der Fassung des 3. Beitrittsübereinkommens vom 29. November 1996, BGBl II 1999, 7; abgedruckt bei: *Jayme/Hausmann*, Internationales Privat- und Verfahrensrecht[11] (2002) Nr. 70, 171 ff; siehe die integrierte Fassung des Abkommens auf der Grundlage des 3. Beitrittsübereinkommens im ABl EG 1998 C/27, 36 ff.

[45] Zum Begriff des gewöhnlichen Aufenthalts und seiner autonomen Qualifikation siehe *Czernich/Heiss*, EVÜ, Art 4 Rn 54.

[1] *Kropholler* Rn 2; *Schlosser* Rn 2; *Thomas/Putzo/Hüßtege* Rn 1.

[2] Vgl hierzu *Rauscher/Staudinger* Einl Rn 36.

und Kompetenzkonflikte zu verhindern.[3] Gesellschaften und juristische Personen haben gem Abs 1 dort ihren Wohnsitz, wo sich ihr satzungsmäßiger Sitz, ihre Hauptverwaltung oder ihre Hauptniederlassung befindet.[4] Diese drei Anknüpfungsmomente stehen entgegen einem ursprünglichen Vorschlag der Kommission[5] nicht in einem Stufenverhältnis, sondern sind nach dem Wortlaut in Abs 1 sowie im Umkehrschluss zu Abs 2 alternativ[6] zur Bestimmung des Wohnsitzes heranzuziehen. Damit wird die Gerichtspflichtigkeit von Gesellschaften und juristischen Personen verstärkt.[7] Für die Auslegung der Anknüpfungsmerkmale kann angesichts der übereinstimmenden Formulierung auf Art 48 Abs 1 EGV und das dortige Begriffsverständnis abgestellt werden. Hierfür spricht – losgelöst vom Willen des Gemeinschaftsgesetzgebers[8] – nicht zuletzt der Gedanke der primärrechtskonformen Interpretation,[9] da die Brüssel I-VO als Sekundärrechtsakt im Einklang mit dem höherrangigen EG-Vertrag stehen muss. Demnach gilt als satzungsmäßiger der im Gesellschaftsvertrag genannte Sitz. Die Hauptverwaltung[10] (oder effektiver Verwaltungssitz) befindet sich dort, wo die grundlegenden unternehmerischen Entscheidungen getroffen werden, also zB an demjenigen Ort, an dem der Vorstand seinen Sitz hat.[11] Unter der Hauptniederlassung ist schließlich der Ort zu verstehen, von wo aus die Gesellschaft mit der Umwelt in geschäftlichen Kontakt tritt. Dabei muss bei der betreffenden Niederlassung der Schwerpunkt des unternehmensexternen Geschäftsverkehrs liegen,[12] was wiederum eine Konzentration bedeutender Personal- und Sachmittel voraussetzt.[13]

Die **alternative Bestimmung des Wohnsitzes** eröffnet dem Kläger – soweit keine ausschließliche Zuständigkeit gem Art 22 Nr 2[14] vorliegt – ein Wahlrecht, wenn die

---

[3] Siehe Erwägungsgrund Nr 11 Satz 2; siehe auch bereits KOM (1999) 348 endg 27 (zu Art 57 des Entwurfs).

[4] Streng zu unterscheiden ist von dem Sitz die bloße Niederlassung im Sinne etwa der Art 5 Nr 5, 9 Abs 2 oder 15 Abs 2.

[5] Vgl Art 2 Abs 2 des von der Kommission vorgelegten Vorschlags für eine Reform des EuGVÜ, KOM (1997) 609 endg., ABl EG 1998 C 33/20, 21.

[6] *Kropholler* Rn 2; *Schlosser* Rn 2; *Thomas/Putzo/Hüßtege* Rn 1; *Micklitz/Rott* EuZW 2001, 325, 327; *Piltz* NJW 2002, 789, 792; *Hausmann* EuLF (D) 2000/01 40, 43; siehe auch *Kohler*, in: *Gottwald* (Hrsg), Revision des EuGVÜ – Neues Schiedsverfahrensrecht (2000) 1, 9f.

[7] *Schack* Rn 253.

[8] KOM 1999 (348) endg, 27 (zu Art 57 des Entwurfs).

[9] Vgl hierzu *Rauscher/Staudinger* Einl Rn 41.

[10] Siehe als Parallele auch Art 4 Abs 2 des Römischen Schuldvertragsübereinkommens.

[11] *Müller-Huschke*, in *Schwarze* (Hrsg), EU-Kommentar[1] (2000) Art 48 Rn 10; *Troberg*, in: *Groeben/Thiesing/Ehlermann* (Hrsg), EU-/EG-Vertrag[5] (1997) Bd I Art 58 Rn 7.

[12] *v Bar/Mankowski* IPR[2] (2003) Bd I § 7 Rn 39, 573.

[13] *Müller-Huschke*, in: *Schwarze* (Hrsg), EU-Kommentar[1] (2000) Art 48 Rn 10; *Troberg*, in: *Groeben/Thiesing/Ehlermann* (Hrsg), EU/EG-Vertrag[5] (1997) Bd I Art 58 Rn 7; abweichend *Bröhmer*, in: *Calliess/Ruffert* (Hrsg), Kommentar zu EU/EG-Vertrag[2] (2002) Art 48 Rn 13.

[14] Nach Art 22 Nr 2 S 2 ist der Sitz nach Maßgabe des in dem jeweiligen Mitgliedstaat herrschenden Kollisionsrechts zu bestimmen; vgl *Rauscher/Mankowski* Art 22 Rn 29f.

Anknüpfungspunkte auf verschiedene Mitgliedstaaten verweisen.[15] Entgegen der Zielsetzung des Gemeinschaftsgesetzgebers vermag damit die Legaldefinition positive Kompetenzkonflikte nicht zu vermeiden.[16] Strengt eine Partei Parallelverfahren an, lässt sich der Konflikt aber mit Hilfe der Art 27-30 entschärfen.[17]

Zur Frage, in welchem Zeitpunkt der ex officio[18] zu prüfende Wohnsitz vorliegen muss, 2
siehe Art 2 Rn 4. Der in § 261 Abs 3 Nr. 2 ZPO (analog) festgeschriebene Grundsatz der perpetuatio fori[19] findet zwar weder im Text noch in den Materialien einen ausdrücklichen Niederschlag, liegt dem Sekundärrechtsakt gleichwohl zugrunde.[20]

## 2. Tatbestandliche Reichweite der Wohnsitzregel

Die **Begriffe der Gesellschaft** und der juristischen Person werden in der Brüssel I-VO 3
nicht definiert. Sie sind weit auszulegen, um jeder Vereinigung oder Vermögensmasse, die als solche Partei eines Rechtsstreits sein kann, einen Wohnsitz zuzuweisen.[21] Einbezogen wird damit auch etwa die BGB-Gesellschaft,[22] mangels Rechtsfähigkeit nicht aber eine Erbengemeinschaft,[23] sofern nicht a priori Art 1 Abs 2 Nr 3 entgegen steht.

## 3. Rechts- und Parteifähigkeit

Abs 1 bestimmt allein, wo eine Gesellschaft bzw eine juristische Person ihren Wohn- 4
sitz hat. Der **mitgliedstaatlichen Regelungsautonomie** unterliegt demgegenüber die Bestimmung der **Rechts- und Parteifähigkeit** einer Gesellschaft bzw juristischen Person.[24] Die lange Zeit in Deutschland herrschende Sitztheorie[25] ist durch die Überseering-Entscheidung des EuGH[26] zu recht in ihren Grundfesten erschüttert wor-

---

15 *Kropholler* Rn 2; *Schlosser* Rn 2; *Thomas/Putzo/Hüßtege* Rn 1; *Micklitz/Rott*, EuZW 2001, 325, 327; *Piltz* NJW 2002, 789, 792; *Hausmann*, EuLF (d) 2000/01 40, 43.

16 *Baumbach/Lauterbach/Albers/Hartmann/Albers* Übersicht EuGVVO Rn 3.

17 *Kropholler* Rn 2; *Schlosser* Rn 6; *Thomas/Putzo/Hüßtege* Rn 1.

18 Siehe zur amtswegigen Kontrolle Art 25 und 26.

19 Hierzu *Linke*, IZVR, Rn 213 mwN.

20 Vgl *Rauscher/Mankowski* Art 39 Rn 6.

21 *Kropholler* Rn 1.

22 BGHZ 146, 341 ff; BGH NJW 2003, 1043 f; zur Frage, ob eine BGB-Gesellschaft dem Begriff des Verbrauchers unterfällt siehe *Rauscher/Staudinger* Art 15 Rn 2; *Staudinger* IPRax 2001, 183, 185.

23 Zur mangelnden Rechtsfähigkeit siehe BGH NJW 2002, 3389, 3390.

24 *Schlosser* Rn 3.

25 BGHZ 53, 181, 183; 78, 318, 334; 97, 269, 271; *Staudinger/Großfeld* (1998) IntGesR Rn 38 ff; *v Bar/Mankowski*, IPR² (2003) Bd I § 7 Rn 31, 569.

26 EuGH NJW 2002, 3614 = IPRax 2003, 65 m Anm *W-H Roth*; siehe als Wächter der Sitztheorie: *Kindler* NJW 2003, 1073 ff; zur Nachfolgeentscheidung vgl BGH NJW 2003, 1461 ff = JZ 2003, 525 ff m Anm *Eidenmüller*; BayObLG, IPRax 2003, 244 f (zur Grundbuchfähigkeit); OLG Celle IPRax 2003, 245 f; OLG Zweibrücken DB 2003, 1264 f.

den.[27] Dieses Urteil entfaltet über den Anlassrechtsstreit hinaus eine faktische Bindung für sämtliche Gerichte im Binnenmarkt.[28] Nach der Judikatur des Gerichtshofs bestehen Gesellschaften, die im EU-Raum wirksam gegründet wurden, auch nachdem sie ihren effektiven Verwaltungssitz in einen anderen Mitgliedsstaat (Zuzugsfall) verlegt haben, als solche (ohne Formwandel) fort. Die im Gründungsstaat erworbene Rechtssubjektivität ist anzuerkennen, mit der Folge, dass die Gesellschaft im Niederlassungsstaat etwa als „private limited company" rechts- und (aktiv wie passiv) parteifähig ist. Dies folgt aus dem in Art 43, 48 EGV verankerten, unmittelbar geltenden Kontrollmaßstab der Niederlassungsfreiheit, dem auch (ungeschriebene) Anknüpfungsregeln nationaler Herkunft unterliegen.[29] Im Ergebnis ist damit für den Ausschnitt der Rechts- und Parteifähigkeit der Gründungstheorie[30] zu folgen. Damit stellt sich die Anschlussfrage, inwieweit durch Sonderanknüpfung im Einzelfall schutzwürdige Allgemeininteressen (Interessen der Gläubiger, Minderheitsgesellschafter, Arbeitnehmer und Fiskus) durchgesetzt werden dürfen.[31] Innerhalb der EG muss diese Durchbrechung des Gründungsrechts dem Gebot der Verhältnismäßigkeit entsprechen.

Ob die zuvor dargelegten Grundsätze auch für **Gesellschaften aus einem Drittstaat** gelten, ist umstritten. Art 43 und 48 EGV greifen als Schranke ebenso wenig ein wie die Verhältnismäßigkeitsprüfung. Sofern keine völkerrechtlichen Vereinbarungen wie etwa im Verhältnis zu den USA[32] bestehen, wird Deutschland damit nicht gehindert, an der Sitztheorie festzuhalten. Begrüßt man allerdings ordnungspolitisch[33] den mit der Gründungsanknüpfung verbundenen Wettbewerb der Gesellschaftsrechte[34] und spricht sich gegen ein gespaltenes Anknüpfungsregime bei Binnenmarkt- und Drittstaatensachverhalten aus, so sollte auch hier die Sitztheorie aufgegeben werden.[35] Nicht verkannt wird dabei, dass in Drittstaatenfällen in stärkerem Maße eine Durchbrechung des Gesellschaftsstatuts durch Sonderanknüpfung geboten sein kann.

---

27 Vgl zuletzt ausführlich *Behrens* IPRax 2003, 193 ff.

28 Siehe hierzu *Rauscher/Staudinger* Einl Rn 62.

29 Kritikwürdig daher die Entscheidung LG Frankenthal, BB 2003 m Anm *Leible/Jochen Hoffmann*.

30 Zu diesem Anknüpfungspunkt: *Jochen Hoffmann* ZvglRWiss 101 (2002), 283 ff.

31 Siehe hierzu *Paefgen* DB 2003, 487 ff; eine erste Antwort wird hier voraussichtlich das Verfahren in der Rechtssache Inspire Art bieten, C-167/01; der Generalanwalt *Alber* hat mittlerweile seine Schlussanträge vorgelegt (30. 1. 2003).

32 Vgl etwa Art XXV Abs 5 2 des Freundschafts-, Handels- und Schifffahrtsvertrages vom 29. 10. 1954, BGBl II 1956, 487 ff; hierzu jüngst BGH DB 2003, 818 ff m Anm *Bungert* 1043 ff; *Kindler* BB 2003, 812; diese Konvention stellt auf die Gründungsanknüpfung ab; zu steuerrechtlichen Fragen siehe jüngst: BFH DB 2003, 1200 ff m Anm *Thömmes* = BB 2003, 1210 ff m Anm *Sedemund* 1362 ff.

33 *Eidenmüller* ZIP 2002, 2233, 2235 ff.

34 Zum Delaware Corporate Law: *Forstinger* ZfRV 2002, 41 ff; *Papmehl* ZvglRWiss 101 (2002), 200 ff.

35 Siehe auch *Behrens* IPRax 2003, 193, 205 f; *Eidenmüller* ZIP 2002, 2233, 2244; abweichend wohl *Thomas/Putzo/Hüßtege* Rn 2; *v Bar/Mankowski*, IPR$^2$ (2003) Bd I § 7 Rn 31, 569.

## II. Ermittlung des Wohnsitzes durch Gerichte im Zweitstaat

Art 60 greift angesichts seiner systematischen Stellung auch **im Rahmen des Anerkennungs- und Exequaturverfahrens** ein.[36] Dies ist etwa im Hinblick auf Art 39 Abs 2, 43 Abs 5 von Bedeutung. Der Wohnsitz muss nach Art 39 Abs 2 im Zeitpunkt der Antragsstellung vorliegen. Es gilt der Grundsatz der perpetuatio fori.[37] 5

## III. Besonderheiten im Vereinigten Königreich und Irland

Den common-law-Rechtsordnungen ist die **Idee eines Gesellschaftssitzes** fremd, so dass es, ähnlich wie bei den natürlichen Personen,[38] einer Sonderregel für das Vereinigte Königreich und Irland bedarf.[39] Nach Abs 2 liegt der satzungsmäßige Sitz iSv Abs 1 lit a einer Gesellschaft dort, wo sich das „registered office" befindet. Hierunter ist derjenige Ort zu verstehen, der in dem staatlichen Register als Adresse der Gesellschaft angegeben wird.[40] Soweit eine solche Eintragung nicht erfolgt ist, muss subsidiär auf den „place of incorporation" bzw Ort der Erlangung der Rechtsfähigkeit oder – wenn es auch einen solchen nicht gibt – auf den Ort, nach dessen Recht die „formation" bzw Gründung der Gesellschaft erfolgte, zurückgegriffen werden. 6

## IV. Trust

Abs 3 sieht eine **Spezialregelung für den Trust** vor. Dabei handelt es sich um eine nicht rechtsfähige Vermögensmasse der common-law-Rechtsordnung.[41] Der Sitz als Anknüpfungsmerkmal in Art 2 kann demzufolge nicht gem Abs 1 ermittelt werden. Die Regelung in Abs 3 erklärt sich vor dem Hintergrund des Art 5 Nr 6, der eine besondere internationale Zuständigkeit[42] für Trust-interne Klagen vorsieht.[43] Durch das Zusammenspiel mit Art 5 Nr 6 folgt, dass Abs 3 allein dazu dient, den Sitz des Trust im Forumstaat zu ermitteln.[44] Voraussetzung ist stets, dass der Ausnahmekatalog des Art 1 Abs 2 nicht eingreift.[45] 7

---

36 Siehe *Rauscher/Staudinger* Vorbem Art 59-65 Rn 1.

37 Vgl *Rauscher/Mankowski* Art 39 Rn 6; vgl BGH ZZP 1998, 89, 92 m Anm *Leutner;* OLG Zweibrücken NJW-RR 2001, 144.

38 *Rauscher/Staudinger* Art 59 Rn 6.

39 *Kropholler* Rn 3.

40 *Kropholler* Rn 3.

41 *Kropholler* Rn 4; *Thomas/Putzo/Hüßtege* Rn 4.

42 Im Hinblick auf Gerichtsstandsvereinbarungen beachte Art 23 Abs 4.

43 *Kropholler* Rn 4; *Schlosser* Rn 7; gedacht ist an Streitigkeiten zwischen trustee, beneficiaries und settlor.

44 *Kropholler* Rn 4.

45 Vgl *Rauscher/Mankowski* Art 1 Rn 17; siehe auch *Conrad,* Qualifikationsfragen des Trust im Europäischen Zivilprozessrecht (2001).

Nach Abs 3 soll das Gericht die Frage, ob der Trust einen Sitz im Gerichtsstaat hat, durch die Anwendung seines Internationalen Privatrechts beantworten.[46] Die Anknüpfung in Deutschland ist abhängig von der Art des Trust. Für den Business Trust und dem einer Stiftung vergleichbaren Charitable Trust gelten die allgemeinen gesellschaftsrechtlichen Kollisionsnormen.[47] Hiernach entscheidet der effektive Verwaltungssitz. Welche Konsequenzen sich aus der primärrechtlich erzwungenen Abkehr von der reinen Sitztheorie für das Internationale Gesellschaftsrecht insgesamt und damit auch für die Anknüpfung eines Trust ergeben, bleibt abzuwarten.

## Artikel 61

**Unbeschadet günstigerer innerstaatlicher Vorschriften können Personen, die ihren Wohnsitz im Hoheitsgebiet eines Mitgliedstaats haben und die vor den Strafgerichten eines anderen Mitgliedstaats, dessen Staatsangehörigkeit sie nicht besitzen, wegen einer fahrlässig begangenen Straftat verfolgt werden, sich von hierzu befugten Personen vertreten lassen, selbst wenn sie persönlich nicht erscheinen. Das Gericht kann jedoch das persönliche Erscheinen anordnen; wird diese Anordnung nicht befolgt, so braucht die Entscheidung, die über den Anspruch aus einem Rechtsverhältnis des Zivilrechts ergangen ist, ohne dass sich der Angeklagte verteidigen konnte, in den anderen Mitgliedstaaten weder anerkannt noch vollstreckt zu werden.**

1 Art 61 überführt Art II des Protokolls zum EuGVÜ nahezu wortgleich in die Brüssel I-VO, so dass die **Judikatur des EuGH** als persuasive precedent bei der Auslegung des Sekundärrechtsakts zu beachten ist.[1] S 1 zielt von seinem Regelungsgehalt auf Art 5 Nr 4 der Brüssel I-VO,[2] der eine besondere Zuständigkeit für Adhäsionsverfahren vor Strafgerichten schafft. Unter dem Vorbehalt günstigerer innerstaatlicher Regelungen gewährt S 1 das Recht, sich vertreten zu lassen, ohne vor diesen Gerichten persönlich zu erscheinen. Dies gilt allerdings nur unter der einschränkenden Voraussetzung, dass die Person der Vorwurf einer „fahrlässig begangenen Straftat" trifft. Dieser Begriff ist autonom auszulegen und meint eine nicht-vorsätzliche Straftat.[3] Im Lichte des Art 1 Abs 1 muss der Strafprozess die zivilrechtliche Haftung als Verfahrensgegenstand einbeziehen oder sich hierauf zumindest in der Zukunft erstrecken.[4] Der Gemeinschaftsgesetzgeber verfolgt mit S 1 das Ziel, die Verteidigungsposition von Personen zu

---

46 Angesichts der divergierenden Anknüpfungsmodelle im Binnenmarkt muss die Sitzbestimmung nicht zwangsläufig nach dem effektiven Verwaltungssitz erfolgen; so aber *Thomas/Putzo/Hüßtege* Rn 4.

47 *Staudinger-Großfeld* IntGesR Rn 196; zustimmend *Kropholler* Rn 7; zu anderen Fällen siehe *Graue*, in: FS Ferid (1978), 151, 162; zur Anknüpfung des Trust siehe überdies *Conrad*, Qualifikationsfragen des Trust im Europäischen Zivilprozessrecht (2001).

1 Siehe hierzu *Rauscher/Staudinger* Einl Rn 35.

2 *Thomas/Putzo/Hüßtege* Rn 1.

3 *Kropholler* Rn 2.

4 Siehe EuGH Rs 157/80 *Rinkau* EuGHE 1981, 1391, 1401.

verbessern, denen nur leichte Straftaten (zB Straßenverkehrsdelikte[5]) vorgeworfen werden. Nicht recht verständlich ist, weshalb derjenige privilegiert werden soll, der einer lediglich fahrlässigen Straftat beschuldigt wird, ein Schutzbedürfnis hingegen bei einer vorsätzlichen Tat und damit einem schwereren Vorwurf nicht bestehen soll.[6] Ferner muss es im Lichte des Art 12 Abs 1 EGV auf Bedenken stoßen, dass Personen vom Schutzbereich ausgenommen bleiben, wenn sie die Staatsangehörigkeit des Mitgliedstaates besitzen, auf dessen Hoheitsgebiet das Adhäsionsverfahren betrieben wird.

Nach S 2, 1. HS steht es den Gerichten frei, das **persönliche Erscheinen des Beschuldigten** anzuordnen. Missachtet er diese Anordnung darf der Spruchkörper in der Sache entscheiden, ohne den Verteidiger anzuhören. In diesem Fall eröffnet S 2, 2. HS den Mitgliedstaaten die Möglichkeit,[7] die Entscheidung über den zivilrechtlichen Anspruch weder anzuerkennen noch für vollstreckbar zu erklären. Angesichts der unterschiedlichen Rechtskulturen ist nicht erforderlich, dass der Gesetzgeber abstrakt-generell die Ausnahmen von der Titelfreizügigkeit kodifiziert. Vielmehr gesteht S 2, 2. HS auch dem Exequaturgericht einen Ermessensspielraum zu, sofern der Gesetzgeber von seiner Einschätzungsprärogative keinen Gebrauch gemacht hat.[8] Die Zirkulationsfähigkeit mitgliedstaatlicher Entscheidungen muss allerdings im Binnenmarkt die Regel, das Versagen der Anerkennung und Vollstreckbarerklärung nach der Konzeption der Brüssel I-VO die Ausnahme bleiben. 2

Aus S 2, 2. HS folgt nicht e contrario, dass die Gerichte im Zweitstaat gezwungen sind, Entscheidungen anzukennen und für vollstreckbar zu erklären, wenn Art 61 tatbestandlich ausscheidet. Dies gilt etwa im Hinblick auf den Vorwurf einer vorsätzlich begangenen Straftat. Dem Rechtsmittelgericht bleibt es unbenommen, von Amts wegen den Katalog des Art 34 zu prüfen und etwa einen ordre public Verstoß im Sinne des Art 34 Nr 1 zu bejahen. Dies belegt die Entscheidung des EuGH in der Rechtssache *Krombach*.[9] 3

---

[5] Vgl *Kropholler* Rn 2; zu Straßenverkehrsdelikte siehe auch *Rauscher/Staudinger* Art 11 Rn 7.

[6] So auch BGH IPRax 1998, 205, 207 m Anm *Piekenbrock* 177; *Schlosser* Rn 1.

[7] Es besteht also nicht zwingend ein Anerkennungs- und Vollstreckungshindernis; so aber scheinbar *Thomas/Putzo/Hüßtege* Rn 1.

[8] So auch Kropholler Rn 3; abweichend Geimer/Schütze Art 5 EuGVÜ Rn 221.

[9] EuGH Rs C-7/98 *Krombach/Bamberski* EuGHE 2000 I 1935, 1969 Rn 41 = JZ 2000, 723, 724 Nr 37 m Anm *von Bar* 725 = ZIP 2000, 859, 862 Nr 37 m Anm *Geimer*, 863 = EWiR 2000, 441 m Anm *Hau* = IPRax 2000, 406 m Anm *Piekenbrock*, 364; Vorlage BGH 4. 12. 1997 IPRax 1998, 205 m Anm *Piekenbrock*, 177; die Abschlussentscheidung des BGH ist abgedruckt in ZIP 2000, 1595 = JZ 2000, 1067 m Anm *Gross*; zur *Krombach*-Entscheidung des EGMR (NJW 2001, 2387): *Gundel* NJW 2001, 2380 ff; zu den Urteilen des EuGH und des EGMR: *Matscher* IPRax 2001, 428 ff.

## Artikel 62

**Bei den summarischen Verfahren betalningsföreläggande (Mahnverfahren) und handräckning (Beistandsverfahren) in Schweden umfasst der Begriff „Gericht" auch die schwedische kronofogdemyndighet (Amt für Beitreibung).**

1 Die Art 2ff Brüssel I-VO betreffen vom Grundsatz her Erkenntnisverfahren vor staatlichen Spruchkörpern, nicht aber Verfahren vor Verwaltungsbehörden. Nach Maßgabe des Art 62[1] gilt der Zuständigkeitskatalog ebenso für die in dieser Vorschrift genannten Verfahren vor dem Amt für Beitreibung. Art 32 erfordert die Entscheidung eines Gerichts. Infolge des Art 62 nehmen auch die Entscheidung aus den summarischen Mahn- und Beistandsverfahren nach schwedischem Recht an der Titelfreizügigkeit teil.[2]

## Artikel 63

**(1) Eine Person, die ihren Wohnsitz im Hoheitsgebiet Luxemburgs hat und vor dem Gericht eines anderen Mitgliedstaats auf Grund des Artikels 5 Nummer 1 verklagt wird, hat die Möglichkeit, die Unzuständigkeit dieses Gerichts geltend zu machen, wenn sich der Bestimmungsort für die Lieferung beweglicher Sachen oder die Erbringung von Dienstleistungen in Luxemburg befindet.**
**(2) Befindet sich der Bestimmungsort für die Lieferung beweglicher Sachen oder die Erbringung von Dienstleistungen nach Absatz 1 in Luxemburg, so ist eine Gerichtsstandsvereinbarung nur rechtswirksam, wenn sie schriftlich oder mündlich mit schriftlicher Bestätigung im Sinne von Artikel 23 Absatz 1 Buchstabe a) angenommen wurde.**
**(3) Der vorliegende Artikel ist nicht anwendbar auf Verträge über Finanzdienstleistungen.**
**(4) Dieser Artikel gilt für die Dauer von sechs Jahren ab Inkrafttreten dieser Verordnung.**

### I. Allgemeines

1 Art 63 enthält in vergleichbarer Weise wie Art I des Protokolls zum EuGVÜ **Sonderregeln für Luxemburg,**[1] um den Schutzinteressen der dort ansässigen Personen Rechnung zu tragen. Wegen der engen Verzahnung der luxemburgischen Wirtschaft mit den Nachbarländern (insb Belgien) bestehe die Gefahr, dass Personen mit Wohnsitz in Luxemburg regelmäßig in anderen Staaten gerichtspflichtig würden.[2] Ausgenommen bleiben nach Abs 3 Verträge über Finanzdienstleistungen.[3]

---

[1] Siehe hierzu auch die Begründung des Kommissionsentwurfs, KOM 1999 (348) endg, 23 = BR-Drucks 534/99, 22 (zu Art 32 des Entwurfs).

[2] *Musielak/Weth* Art 32 Rn 8.

[1] Vgl auch Erwägungsgrund Nr 26.

[2] *Jenard*-Bericht zu Art I des Protokolls zum EuGVÜ, ABl EG 1979 C 59/1, 63.

[3] Richtlinie 2002/65/EG des Europäischen Parlaments und des Rates über den Fernabsatz von Finanzdienstleistungen an Verbraucher und zur Änderung der Richtlinie 90/619/EWG des Rates und der

Art 63 stößt auf erhebliche rechtspolitische Bedenken und ist daher zu Recht nach Abs 4 auf sechs Jahre ab Inkrafttreten der Brüssel I-VO am 1. März 2002[4] befristet worden. Die Regierung Luxemburgs hat sich verpflichtet, innerhalb dieses Zeitraums die im Lande beheimateten Wirtschaftsbeteiligten auf die „neuen Realitäten“[5] vorzubereiten. Die Kommission[6] hat ihrerseits eine Erklärung dahin abgegeben, in dem nach Art 73 zu erstellenden Bericht vor allem die Entwicklung in Luxemburg zu prüfen. Ausgehend von ihrem Bericht wird die Kommission gegebenenfalls den Rat ersuchen, vor Ablauf der in Abs 4 genannten Frist einen Beschluss zu fassen. 2

## II. Gerichtsstand des Erfüllungsortes

Nach Abs 1 können **Personen, die in Luxemburg beheimatet** sind und nach Art 5 Nr 1 vor dem Gericht eines anderen Mitgliedstaates verklagt werden, nach Maßgabe der im Forumstaat geltenden lex fori[7] die Unzuständigkeit rügen. Das gilt jedoch nur für den Fall, dass sich der „Bestimmungsort über die Lieferung beweglicher Sachen oder die Erbringung von Dienstleistungen in Luxemburg befindet“. Die Vorschrift kommt also allein dann zur Anwendung, wenn der Erfüllungsort gem Art 5 Nr 1 lit b von dem in Art 63 Abs 1 definierten Bestimmungsort abweicht.[8] Unter den in Abs 1 aufgestellten Voraussetzungen dürfte sich der Erfüllungsort gem Art 5 Abs 1 lit b jedoch regelmäßig in Luxemburg befinden,[9] so dass die Gerichte anderer Staaten ohnehin unzuständig wären. 3

Im Hinblick auf das EuGVÜ ist umstritten, ob Art 53 EuGVÜ, der den **Sitz von Gesellschaften** und juristischen Personen dem Wohnsitz natürlicher Personen gleichstellt, auch Art 1 Abs 1 des Protokolls erfasst.[10] Angesichts des Standorts von Art 63 innerhalb des Sekundärrechtsakts wird man von der Anwendbarkeit des Art 60 ausgehen müssen, so dass auch Luxemburger Gesellschaften und juristische Personen in den Schutz einbezogen sind.[11] Entgegen der Ansicht des BGH[12] zu Art I des Protokolls zum EuGVÜ folgt aus dem Zusammenspiel von Art 63 und 60, dass bereits der formale Sat- 4

Richtlinie 97/7/EG und 98/27/EG vom 23. 9. 2002, PE-CONS 3633/1/02 REV 1; siehe dort Art 3 Abs 1 Nr 3 lit f zur Hinweispflicht auf Gerichtsstandsvereinbarungen; hierzu *Heiss* IPRax 2003, 100, 102.

4 Siehe Art 76 Abs 1.

5 Gemeinsame Erklärung des Großherzogtums Luxemburg und der Kommission, Anlage III zum Ratsdokument 14139/00 JUSTCIV 137; abgedruckt in IPRax 2001, 261.

6 Gemeinsame Erklärung des Großherzogtums Luxemburg und der Kommission, Anlage III zum Ratsdokument 14139/00 JUSTCIV 137; abgedruckt in IPRax 2001, 261.

7 Zur Frage der Rüge siehe *Rauscher/Staudinger* Art 24 Rn 13ff.

8 *Schlosser* Rn 1.

9 Dies gilt jedenfalls dann, wenn die Lieferung in Luxemburg erfolgt (erfolgen soll) bzw dort die Dienstleistung erbracht wird (erbracht werden soll); siehe auch *MünchKommZPO/Gottwald* Rn 2.

10 Kritisch hierzu *Geimer/Schütze* Art I des Protokolls Rn 3.

11 So auch BGH II ZR 134/02 Urt v 2. 6. 2003 (noch nicht veröffentlicht).

12 BGH II ZR 134/02 Urt v 2. 6. 2003 (noch nicht veröffentlicht); so in der Vergangenheit bereits *Geimer/Schütze* A 2 Protokoll Art I Rn 3.

zungssitz einer Gesellschaft bzw juristischen Person in Luxemburg genügt. Im Ergebnis könnten damit auch luxemburgische „Briefkastengesellschaften" unter den Voraussetzungen des Art 63 die Unzuständigkeit der Gerichte anderer Mitgliedstaaten rügen. Dies unterstreicht die rechtspolitischen Bedenken gegenüber der Sonderregel. Ob und inwieweit einem allfälligen Missbrauch begegnet werden kann – etwa durch eine teleologische Reduktion des Art 63 –, ist im Dialog mit dem Gerichtshof zu klären (Art 68 EGV).[13]

5 Nach Art I Abs 1 S 2 des Protokolls zum EuGVÜ muss sich ein Gericht von Amts wegen für unzuständig erklären, wenn sich der Beklagte nicht auf das Verfahren einlässt. Abs 1 sieht eine derartige Pflicht nicht vor. Damit verbleibt es bei dem Grundsatz in Art 26 Abs 1. Der Beklagte ist demzufolge gezwungen, sich zur Verteidigung auf Abs 1 zu berufen, sofern die Zuständigkeit des Spruchkörpers im anderen Mitgliedstaat auf den Regeln des Sekundärrechtsakts beruht. Lässt sich der Beklagte auf das Verfahren rügelos ein, so wird – wie in den Fällen des Art 24 – der Zuständigkeitsmangel geheilt. Die vom Gericht getroffene Entscheidung nimmt an der Titelfreizügigkeit teil und ist auch in Luxemburg anzuerkennen und für vollstreckbar zu erklären. Das Rechtsmittelgericht darf die Zuständigkeit nach Art 35 Abs 3 nicht – auch nicht unter dem Deckmantel des ordre public – kontrollieren. Ein abweichendes Ergebnis folgt ebenso wenig aus Art 35 Abs 1, da er den Verstoß gegen Abs 1 nicht einbezieht.

### III. Gerichtsstandsvereinbarungen

6 Abs 2 **reduziert den Formenkanon** des Art 23 Abs 1 darauf, dass Gerichtsstandsvereinbarungen – wie in Art 23 Abs 1 lit a vorgesehen – allein schriftlich oder mündlich mit schriftlicher Bestätigung zulässig sind. Dies gilt unter der Voraussetzung, dass der Bestimmungsort der Waren oder Dienstleistungen in Luxemburg liegt. Begründet werden die erhöhten Formerfordernisse damit, dass in Luxemburg ansässige Personen vielfach grenzüberschreitende Verträge schlössen und eines besonderen Schutzes vor solchen Prorogationsabreden bedürften, die sie Gerichten ihres Heimatforums entziehen.[14] Zu beachten ist, dass die rügelose Einlassung nach Art 24 auch eine formunwirksame Gerichtsstandsabrede überspielt.[15] Dies gilt ebenso im Hinblick auf Abs 2. Diese Vorschrift weicht in ihrer Formulierung von Art I Abs 2 des Protokolls zum EuGVÜ ab. Unklar ist, ob Abs 2 auch die in Art 23 Abs 2 erstmals vorgesehene elektronische Übermittlung verbietet. Da es sich hier letztlich allein um ein Substitut der zulässigen Form des Art 23 Abs 1 lit a handelt und es der allgemeinen Zielsetzung des Gemeinschaftsgesetzgebers[16] entspricht, Barrieren im elektronischen Geschäftsverkehr abzu-

---

13 Hierzu *Rauscher/Staudinger* Einl Rn 43 ff.

14 *Jenard*-Bericht zu Art I des Protokolls zum EuGVÜ, ABl EG 1979 C 59/1, 63.

15 Vgl *Rauscher/Staudinger* Art 24 Rn 12.

16 Siehe die Begründung zum Kommissionsentwurf, KOM 1999 (348) endg, 20 = BR-Drucks 534/99, 19; Richtlinie 2000/31/EG des Europäischen Parlaments und des Rates vom 8. Juni 2000 über bestimmte Aspekte der Dienste der Informationsgesellschaft, insbesondere des elektronischen Geschäftsverkehrs, im Binnenmarkt, ABl EG 2000, Nr L 178, 1 ff.

bauen, sind auch gegenüber Luxemburger Personen elektronisch übermittelte Gerichtsstandsabreden formwirksam. Hierfür spricht nicht zuletzt, dass Art 63 innerhalb der Brüssel I-VO wie ein Fremdkörper erscheint und die rechtspolitischen Bedenken eine restriktive Interpretation nahe legen.

## Artikel 64

(1) Bei Streitigkeiten zwischen dem Kapitän und einem Mitglied der Mannschaft eines in Griechenland oder in Portugal eingetragenen Seeschiffs über die Heuer oder sonstige Bedingungen des Dienstverhältnisses haben die Gerichte eines Mitgliedstaats zu überprüfen, ob der für das Schiff zuständige diplomatische oder konsularische Vertreter von der Streitigkeit unterrichtet worden ist. Sie können entscheiden, sobald dieser Vertreter unterrichtet ist.
(2) Dieser Artikel gilt für die Dauer von sechs Jahren ab Inkrafttreten dieser Verordnung.

1 Die Vorschrift geht auf eine **dänische Tradition** zurück.[1] Nach Abs 1 S 1 trifft die mitgliedstaatlichen Spruchkörper allein eine Prüfungspflicht, ob der zuständige diplomatische oder konsularische Vertreter von der Streitigkeit in Kenntnis gesetzt wurde.[2] Die Gerichte sind im Unterschied zur Rechtslage nach Art V b des Protokolls zum EuGVÜ nicht gezwungen, das Verfahren auszusetzen oder sich für unzuständig zu erklären. Vielmehr können sie laut Abs 1 S 2 in der Sache entscheiden, nachdem der Vertreter unterrichtet worden ist. Die Regelung, die Besonderheiten in einigen Mitgliedstaaten Rechnung tragen soll,[3] läuft gem Abs 2 nach sechs Jahren aus.

## Artikel 65

(1) Die in Artikel 6 Nummer 2 und Artikel 11 für eine Gewährleistungs- oder Interventionsklage vorgesehene Zuständigkeit kann weder in Deutschland noch in Österreich geltend gemacht werden. Jede Person, die ihren Wohnsitz in einem anderen Mitgliedstaat hat, kann vor Gericht geladen werden
a) in Deutschland nach den §§ 68 und 72 bis 74 der Zivilprozessordnung, die für die Streitverkündung gelten,
b) in Österreich nach § 21 der Zivilprozessordnung, der für die Streitverkündung gilt.
(2) Entscheidungen, die in den anderen Mitgliedstaaten auf Grund des Artikels 6 Nummer 2 und des Artikels 11 ergangen sind, werden in Deutschland und in Österreich nach Kapitel III anerkannt und vollstreckt. Die Wirkungen, welche die in diesen Staaten ergangenen Entscheidungen nach Absatz 1 gegenüber Dritten haben, werden auch in den anderen Mitgliedstaaten anerkannt.

---

[1] *Kropholler* Rn 1.
[2] *Kropholler* Rn 2.
[3] Vgl Erwägungsgrund Nr 27.

1 Die Vorschrift schließt nach ihrem Abs 1 die besonderen Zuständigkeiten der Art 6 Nr 2[1] und Art 11[2] vor **deutschen und österreichischen Gerichten** aus, da die Prozessordnungen dieser Länder Gewährleistungs- sowie Interventionsverfahren nicht vorsehen.[3] Statt dessen gilt dort das Institut der Streitverkündung. Abs 2 S 1 stellt klar, dass Entscheidungen, die mitgliedstaatliche Spruchkörper im Gewährleistungs- und Interventionsverfahren erlassen, ebenso in Deutschland und Österreich der gemeinschaftsrechtlich verbürgten Titelfreizügigkeit unterliegen. Urteile, die in Deutschland mit Nebeninterventionswirkung (§§ 74 Abs 3, 68 ZPO) ergangen sind, müssen nach Abs 2 S 2 in anderen Mitgliedstaaten anerkannt und vollstreckt werden.[4] Die Vereinbarkeit des Art 65 mit dem in Art 12 EGV geregelten Diskriminierungsverbot[5] wird im Schrifttum vereinzelt in Zweifel gezogen.[6]

# Kapitel VI
# Übergangsvorschriften

## Artikel 66

(1) Die Vorschriften dieser Verordnung sind nur auf solche Klagen und öffentliche Urkunden anzuwenden, die erhoben bzw aufgenommen worden sind, nachdem diese Verordnung in Kraft getreten ist.

(2) Ist die Klage im Ursprungsmitgliedstaat vor dem Inkrafttreten dieser Verordnung erhoben worden, so werden nach diesem Zeitpunkt erlassene Entscheidungen nach Maßgabe des Kapitels III anerkannt und zur Vollstreckung zugelassen,

a) wenn die Klage im Ursprungsmitgliedstaat erhoben wurde, nachdem das Brüsseler Übereinkommen oder das Übereinkommen von Lugano sowohl im Ursprungsmitgliedstaat als auch in dem Mitgliedstaat, in dem die Entscheidung geltend gemacht wird, in Kraft getreten war;

b) in allen anderen Fällen, wenn das Gericht auf Grund von Vorschriften zuständig war, die mit den Zuständigkeitsvorschriften des Kapitels II oder eines Abkommens übereinstimmen, das im Zeitpunkt der Klageerhebung zwischen dem Ursprungsmitgliedstaat und dem Mitgliedstaat, in dem die Entscheidung geltend gemacht wird, in Kraft war.

---

[1] Siehe *Rauscher/Leible* Art 6 Rn 11 ff.

[2] Vgl *Rauscher/Staudinger* Art 11 Rn 2.

[3] *Kropholler* Art 6 Rn 19.

[4] *Thomas/Putzo/Hüßtege* Rn 1.

[5] Hierzu EuGH Rs C-398/92, *Mund & Fester/Hatrex* EuGHE 1994 I 467, 479 Rn 16; jüngst zum Diskriminierungsverbot: EuGH Rs C-360/00 *Land Hessen/G Ricordi* WRP 2002, 816 ff = EWS 2002, 338 f.

[6] *Geimer* IPRax 2002, 69, 74; *Zöller/Geimer* Rn 1; abweichend *Schlosser* Art 6 Rn 8.

## I. Allgemeines

Art 66 regelt den **intertemporalen Anwendungsbereich der Brüssel I-VO**. Die Übergangsvorschrift dient dem Ziel, die Kontinuität von EuGVÜ und der Brüssel I-VO zu wahren.[1] 1

## II. Intertemporale Geltung

Der Sekundärrechtsakt ist gem Art 76 Abs 1 am 1. März 2002 in Kraft getreten. Nach Abs 1 erfasst die Harmonisierungsmaßnahme allein solche **Klagen** bzw öffentliche Urkunden, die **nach diesem Stichtag erhoben** bzw aufgenommen worden sind. Der Gemeinschaftsgesetzgeber hat es versäumt, den Zeitpunkt der Klageerhebung in Anlehnung an Art 30 autonom zu definieren. Diese Vorschrift gilt nach ihrem Wortlaut lediglich für den Abschnitt 9. Es erscheint daher methodisch zweifelhaft, Art 30, im vorliegenden Zusammenhang entsprechend heranzuziehen.[2] Hierfür mag der letzte Satz im Erwägungsgrund Nr 15 sowie der Gedanke einer binnenmarktweit einheitlichen Geltung der Brüssel I-VO sprechen, die als Instrument ja gerade gewählt wurde, um einem sukzessiven Inkrafttreten in den einzelnen Staaten vorzubeugen. Verneint man eine Analogie zu Art 30 verbleibt allein der Rückgriff auf das jeweilige nationale Recht, das von Mitgliedstaat zu Mitgliedstaat divergiert.[3] Bezogen auf die deutsche Rechtslage ist nach §§ 253 Abs 1, 261 Abs 1 ZPO derjenige Zeitpunkt entscheidend, in dem die Klageschrift dem Beklagten zugestellt[4] bzw die Rechtshängigkeit der Klage nach Maßgabe der §§ 696 Abs 3 und 700 Abs 2 ZPO fingiert wird.[5] Dies gilt ebenso für Widerklagen.[6] Der Sekundärrechtsgeber bleibt aufgefordert, Art 66 mit Art 30 zu synchronisieren. De lege lata lässt sich der internationale Entscheidungseinklang wohl nicht auf den Gedanken der autonomen Harmonisierung des nationalen Rechts stützen,[7] indem sich der (deutsche) Rechtsanwender „freiwillig" an den Vorgaben des Art 30 orientiert. Dies dürfte im Widerspruch zur Gesetzesbindung stehen. 2

Soweit die Klage **vor dem 1. März 2002 erhoben** wurde, findet die Brüssel I-VO gem Abs 1 keine Anwendung. Mangels Rückwirkung kann ein Zuständigkeitsmangel nicht 3

---

[1] Erwägungsgrund 19 S 1 der Brüssel I-VO, ABl 2001 L 12/1, 2; vgl auch KOM 1999 (348) endg 27.

[2] Dies befürworten *Kropholler* Rn 2; *Schlosser* Rn 11; siehe auch *Rauscher/Rauscher* Art 42 Brüssel II-VO Rn 3.

[3] Vgl zum EuGVÜ: BGHZ 132, 105, 107; *Thomas/Putzo/Hüßtege* Rn 1.

[4] *Thomas/Putzo/Hüßtege* Rn 2.

[5] Vgl dazu BGH NJW 93, 1070, 1071; BGH WM 97, 980, 981.

[6] *Thomas/Putzo/Hüßtege* Rn 2.

[7] Hierzu eingehend: *Gebauer*, Interne Harmonisierung durch autonome Rechtsangleichung, in: Jahrbuch Junger Zivilrechtswissenschaftler, 201 ff; siehe in diesem Zusammenhang auch *Schnorbus* RabelsZ 65 (2001), 654 ff.

dadurch geheilt werden, dass der Sekundärrechtsakt während des Gerichtsverfahrens in Kraft tritt und einen entsprechenden Gerichtsstand vorsieht.[8]

4 Abs 1 ist ergebnisoffen formuliert. Anzuknüpfen ist an den Zeitpunkt der Klageerhebung, losgelöst davon, ob das Verfahren mit einer Entscheidung im Sinne des Art 32 endet oder in einen gerichtlichen Vergleich nach Maßgabe des Art 58 mündet.[9]

5 Bei einer Urkunde im Sinne des Art 57 ist nach dem Wortlaut allein auf ihre Aufnahme und damit denjenigen Zeitpunkt abzustellen, in dem sie die zuständige Stelle im Mitgliedstaat errichtet hat. Da der Gemeinschaftsgesetzgeber in Art 57 Abs 1 S 1 zwischen Aufnahme und Vollstreckbarkeit unterscheidet, erstreckt sich die Harmonisierungsmaßnahme nicht auf Urkunden, die vor dem 1. März 2002 aufgenommen, aber nach diesem Stichtag für vollstreckbar erklärt wurden.[10]

### III. Gerichtstandsvereinbarungen

6 Prorogationsabreden müssen zum einen den Formerfordernissen in Art 23 Abs 1, 2 genügen, sind zum anderen etwa den Schranken in Art 23 Abs 5 unterworfen. Dies gilt jedenfalls dann, wenn die Parteien eine Gerichtsstandsvereinbarung nach dem in Abs 1 genannten Zeitpunkt treffen. Datiert eine solche Abrede vor dem 1. März 2002, macht der Kläger jedoch nach diesem Datum seinen Anspruch gerichtlich geltend, ist umstritten, ob die Brüssel I-VO als Kontrollmaßstab eingreift.

7 Nach Auffassung des EuGH[11] handelt es sich bei der Gerichtsstandsvereinbarung allein um eine **Zuständigkeitsoption.** Sie entfalte ihre Wirkung erst in dem Augenblick, in dem tatsächlich ein Verfahren vor einem Spruchkörper angestrengt wird. Demzufolge sei die Wirksamkeit der Abrede an dem Maßstab des zurzeit der Klageerhebung geltenden Rechts zu kontrollieren. Im Ergebnis kann – so der Gerichtshof – eine nach nationalem Recht unwirksame Prorogationsabrede durch das **Inkrafttreten des EuGVÜ geheilt werden.**[12] Überträgt man die ratio decidendi nicht nur auf das Verhältnis von nationalem Recht und Brüssel I-VO,[13] sondern auch auf die Beziehung zwischen EuGVÜ und Brüssel I-VO,[14] so ist etwa eine per E-Mail getroffene und nach Maßgabe des EuGVÜ formunwirksame Gerichtsstandsvereinbarung im Lichte des Art 23 Abs 2 als gültig anzusehen, wenn die Klage nach der in Abs 1 aufgestellten zeitlichen Zäsur erhoben wird.

---

[8] Vgl zum Beitrittsübereinkommen mit Griechenland: BGH NJW 1993, 1070, 1071 = IPRax 1992, 377 m Anm *Heß* 358 = ZZP 1992, 330 m Anm *Bork* 336; zum LugÜ: BGE 119 II 391, 393 = SZIER 1995, 39 m Anm *Schwander* 40.

[9] Vgl Art 42 I der Brüssel II-VO.

[10] *Kropholler* Rn 2; **aA** *Schlosser* Rn 15.

[11] EuGH Rs 25/79 *Sanicentral* EuGHE 1979, 3423, 3429 Rn 6.

[12] Zustimmend insoweit OLG Hamm RIW 2000, 382, 384; OLG Hamm, IPRax 1991, 324, 325; *Kropholler* Rn 7.

[13] Hierfür *Kropholler* Rn 7; *Thomas/Putzo/Hüßtege* Art 23 Rn 19; *Trunk* IPRax 1996, 249, 251.

[14] So *Thomas/Putzo/Hüßtege* Art 23 Rn 19.

Dies muss spiegelbildlich für den Fall gelten, dass die Brüssel I-VO die Anforderungen an eine wirksame Gerichtsstandsvereinbarung **verschärft** und damit die Prorogationsfreiheit einschränkt. Besondere Bedeutung erlangt in diesem Zusammenhang der tatbestandliche Ausbau des Art 15, da hier nicht nur der sachliche Anwendungsbereich erweitert,[15] sondern auch der aktive Verbraucher[16] in den Schutz einbezogen werden. Steht eine Gerichtsstandsvereinbarungen im Einklang mit dem EuGVÜ oder dem nationalen Recht,[17] kann die Klageerhebung nach dem Stichtag des Art 76 dazu führen, dass eine derartige Abrede nunmehr nach Art 23 Abs 5, 17 unwirksam ist. Auf den ersten Blick erscheint dieses Ergebnis nur schwer mit dem Grundsatz des Vertrauensschutzes sowie der Rechtssicherheit vereinbar.[18] Indes handelt es sich bei einer Prorogationsabrede, wie im vorangehenden Abschnitt ausgeführt, nur um eine Option. Überdies streitet für die Anwendbarkeit des schärferen Kontrollmaßstabs im konkreten Beispiel der Verbraucherschutz.[19] 8

## IV. Anerkennung und Vollstreckung

Abs 2 führt zu einem **erweiterten intertemporalen Regelungsbereich**. Wird die Klage vor dem Inkrafttreten erhoben, ergeht die Entscheidung aber nach diesem Stichtag, gelangt unter bestimmten Voraussetzungen das Kapitel III der Brüssel I-VO zur Anwendung. Der Begriff der Entscheidung wird in Art 32 legal definiert und erstreckt sich nach der Judikatur des EuGH nicht auf Prozessvergleiche.[20] Es ist aber kein Grund ersichtlich, weshalb die Ausnahmeregel in Abs 2 nicht ebenso bei diesen konsensualen Titeln eingreifen soll. 9

Wann eine **Entscheidung „erlassen"**[21] wird, bestimmt die jeweilige lex fori.[22] Erwächst die vor dem 1. März 2003 erlassene Entscheidung nach diesem Stichtag in formelle Rechtskraft, so findet die Brüssel I-VO nach Abs 2 intertemporal keine Anwendung.[23] Nach dem Wortlaut ist ausschließlich der „Erlasszeitpunkt" entscheidend, nicht je- 10

---

[15] Siehe hierzu *Rauscher/Staudinger* Art 15 Rn 7f.

[16] Vgl *Rauscher/Staudinger* Art 15 Rn 7.

[17] Für die Brüssel I-VO als Kontrollschranke, wenn nach nationalem Recht ein Gerichtstand entgegen Art 23 Abs 5 derogiert wird: *Kropholler* Rn 3; zum LugÜ: BGE 124 III 436, 443.

[18] *Kropholler* Rn 3; *Stein/Jonas/Bork* § 38 Rn 20; *Trunk* IPRax 1996, 249, 251.

[19] Vgl zum EuGVÜ: LG München I IPRax 1996, 266, 267; zum LugÜ: BGE 124 III 436, 443.

[20] EuGH Rs C-414/92 *Solo Kleinmotoren* EuGHE 1994 I 2237, 2250 Rn 18ff; *Rauscher/Leible* Art 32 Rn 10; *Rauscher/Staudinger* Art 58 Rn 9; *Kropholler* Art 32 Rn 16.

[21] Abweichend von der Vorgängerregelung in Art 54 Abs 2 EuGVÜ ist der Ausdruck „ergangen" ersetzt worden.

[22] *Kropholler* Rn 4; *Schlosser* Rn 12; *Thomas/Putzo/Hüßtege* Rn 4; entscheidend ist im deutschen Recht der Zeitpunkt der Verkündung bzw der Zustellung des Urteils nach § 310 Abs 1, 3 ZPO bzw des Beschlusses nach § 329 Abs 1, 2 ZPO.

[23] Nach Art 1 Abs 3 und Erwägungsgrund Nr 21 darf Dänemark nicht als Ursprungsmitgliedstaat angesehen werden.

doch, ob und wann die Entscheidung Rechtskraft entfaltet.[24] Dies stimmt mit Art 32 überein, da hier ebenfalls allein auf den Erlass und nicht auf die Rechtskraft abgestellt wird.

11 Nach Abs 2 lit a ist erforderlich, dass die Klage erhoben wurde, nachdem das EuGVÜ oder Lugano-Übereinkommen mit Wirkung für den Erst- und Zweitstaat in Kraft getreten ist. Diese Erweiterung des zeitlichen Anwendungsbereichs der Brüssel I-VO erscheint sachgerecht, da der Sekundärrechtsakt auf dem EuGVÜ basiert[25] und das Lugano-Abkommen wiederum die Parallelkonvention zum EuGVÜ[26] darstellt.[27]

12 Nach Abs 2 lit b kann eine Entscheidung anerkannt und vollstreckt werden, wenn das erlassende Gericht seine Zuständigkeit auf **Vorschriften** gestützt hat, die mit denjenigen des Kapitels II oder einer zwischen dem Erst- und Zweitstaat im Zeitpunkt der Klageerhebung geltenden Konvention **übereinstimmen**.[28] Zwingende Voraussetzung ist allerdings, dass der Spruchkörper zutreffend seine Zuständigkeit bejaht hat. Entgegen dem Grundsatz in Art 35 Abs 3 obliegt dem Exequaturgericht die Pflicht, die Zuständigkeit anhand der Brüssel I-VO oder einschlägiger Konventionen nachzuprüfen.[29] Allerdings beschränkt sich diese Kontrolle, im Einklang mit dem in Art 35 Abs 1 und 3[30] aufgestellten Grundsatz, auf die internationale Zuständigkeit. Die örtliche Zuständigkeit bleibt, auch wenn sie etwa durch die Brüssel I-VO unmittelbar vorgegeben wird,[31] außer Betracht.[32] Sofern Art 4 Abs 1 vorliegt, kann der Spruchkörper seine Zuständigkeit im Ausgangsstaat auf das ihm bekannte Heimatrecht stützen. Dies schließt die im Anhang I aufgeführten exorbitanten Gerichtsstände mit ein. Der Spruchkörper im Zweitstaat ist angesichts der für ihn fremden lex fori in seiner Kontrolle darauf beschränkt, das Vorliegen der tatbestandlichen Voraussetzungen des Art 4 Abs 1 zu prüfen.[33]

---

[24] So mit Blick auf das EuGVÜ: *Geimer/Schütze* Art 54 Rn 3; abweichend zum EuGVÜ *MünchKomm-ZPO/Gottwald* Art 54 Rn 4; *R Wagner* RIW 1998, 590, 591; zur Brüssel I-VO *Thomas/Putzo/Hüßtege* Rn 4. Für Prozessvergleiche ist entsprechend auf den Zeitpunkt abzustellen, in dem sie geschlossen wurden; vgl Art 58 S 1.

[25] Siehe *Rauscher/Staudinger* Einl Rn 2, 35.

[26] Vgl hierzu *Rauscher/Staudinger* Einl Rn 71 ff.

[27] *Kropholler* Rn 5; *Schlosser* Rn 8.

[28] Zur Bedeutung des Zuständigkeitskatalogs der Brüssel I-VO bei Prozessvergleichen siehe *Rauscher/Staudinger* Art 58 Rn 5.

[29] *Kropholler* Rn 5; *Schlosser* Rn 14; vgl zum EuGVÜ: OLG München, NJW 1975, 504; zum LugÜ: BGE 123 III 374, 377.

[30] Siehe *Rauscher/Leible* Art 35 Rn 6; Art 35 Abs 3 spricht von der Zuständigkeit der Gerichte und bezieht sich damit allein auf die internationale Zuständigkeit. Dies muss ebenso für Art 35 Abs 1 und Art 66 Abs 2 lit b als Ausnahmen von dem Prinzip der Kontrollfreiheit gelten.

[31] Siehe hierzu *Rauscher/Staudinger* Art 16 Abs 1, 2. Fall Rn 1, 4.

[32] Vgl bereits zum EuGVÜ: *Geimer* NJW 1975, 1086, 1087; zustimmend im Hinblick auf die Brüssel I-VO: *Kropholler* Fn 9.

[33] EuGH *von Horn* IPRax 99, 100, 102, Nr 25.

Ist eine internationale Zuständigkeit des Ursprungsgerichts zu bejahen, greift der Mechanismus der **automatischen Anerkennung** ebenso ein wie das verschlankte Exequaturverfahren im Kapitel III der Brüssel I-VO. Andernfalls kommt – sofern keine abweichenden vorrangigen Vorschriften bestehen – eine Anerkennung und Vollstreckbarerklärung nach der im Zweitstaat geltenden lex fori in Betracht.[34] Zu beachten ist, dass die §§ 328[35] und 722, 723[36] ZPO zwar klassische Entscheidungen erfassen, nach zutreffender herrschender Auffassung aber weder in unmittelbarer noch analoger Anwendung etwa Prozessvergleiche einbeziehen. Der deutsche Gesetzgeber bleibt hier zur Nachbesserung aufgerufen. Vorbilder bestehen etwa in § 79 der österreichischen Exekutionsordnung,[37] Art 509 Noveau Code de Procédure Civile in Frankreich[38] sowie Art 68 des IPR-Gesetzes in Italien.[39] 13

Entscheidungen bzw Urkunden, die vor dem 1. März 2002 erlassen bzw aufgenommen wurden, unterfallen nach Art 70 II, 69 dem EuGVÜ bzw anderen Abkommen.[40] Dies muss ebenso für Prozessvergleiche gelten, auch wenn der Sekundärrechtsgeber diese in Art 70 Abs 2 nicht ausdrücklich anspricht.[41] 14

## V. Parallelverfahren

Erhebt der Kläger vor Inkrafttreten der Brüssel I-VO eine Klage in einem Mitgliedstaat und macht denselben Anspruch nach diesem Stichtag in einem weiteren Mitgliedstaat gegen dieselbe Person klageweise geltend, drohen widersprechende Entscheidungen. 15

---

34 *Kropholler* Rn 6; *Thomas/Putzo/Hüßtege* Rn 5.

35 Im Falle von Prozessvergleichen, bei denen sich das Gericht auf eine beurkundende Tätigkeit beschränkt, lehnen eine (analoge) Anwendung des § 328 ZPO ab: *MünchKommZPO/Gottwald* § 328 ZPO Rn 49; ders ZZP 103 (1990), 257, 267f. (Gleichstellung nur de lege ferenda); *Thomas/Putzo/Hüßtege* § 328 ZPO Rn 2; *Zöller/Geimer* § 328 ZPO Rn 76c; *ders* Rn 2862; *Linke* Rn 376; *Roden* 145; *Schack* Rn 816; abweichend *Kropholler*, IPR § 60 IV Nr 4, 620; *Koch*, in: FS Ekkehard Schumann, 267, 280f; *Koch* (282) nimmt auch Bezug auf die Haager Konferenz und den von ihr ausgearbeiteten Entwurf eines weltweiten Zuständigkeits- und Anerkennungsübereinkommens. Dort werde ein Vergleich ohne weiteres einem Urteil gleichgestellt (Art 36 der Draft Convention).

36 LG Hamburg IPRspr 1982 Nr 180; *Gottwald* ZZP 103 (1990), 257, 268; *Roden* 145; *Schack* Rn 816; abweichend *Zöller/Geimer* § 328 ZPO Rn 76c, § 722 ZPO Rn 8; *ders* Rn 2864; *ders* DNotZ 1975, 461, 464f; siehe auch *Wieczorek/Schütze* § 723 ZPO Rn 2; *ders* DNotZ 1992, 66, 81f.

37 RGBl Nr 79/1896; zuletzt geändert durch BGBl Nr 519/1995; *Schwimann* IPR, 9.

38 Siehe die Textausgabe „Noveau Code de procédure Civile", *Dalloz*, 1998.

39 Gesetz Nr 218 vom 31. Mai 1995; eine Synopse des Gesetzes in italienischer und deutscher Sprache ist abgedruckt in IPRax 1998, 356ff. Die Vorschrift des Art 68 bezieht sich ausweislich der Materialien wie der Vorläufer in Art 804 Cod Proc Civ ebenso auf gerichtliche Vergleiche; so der Hinweis in der Synopse von *Kronke* IPRax 1996, 356, 367 Fn. 10.

40 *Kropholler* Rn 7; *Thomas/Putzo/Hüßtege* Rn 4; andernfalls gelangt das nationale Regelwerk zur Anwendung.

41 Behelfen mag man sich mit dem Verweis in Art 58 S 1, auch wenn zweifelhaft erscheint, ob dieser Verweis das Kapitel VI einschließt.

Nach Art 45 Abs 1, 34 Nr 3 besteht damit die Gefahr, dass die Vollstreckbarerklärung im Rechtsbehelfsstadium versagt oder aufgehoben wird. Dies wiederum stünde im Widerspruch zu den Zielen der Brüssel I-VO, Parallelverfahren so weit wie möglich zu vermeiden[42] sowie die Titelfreizügigkeit innerhalb des Binnenmarkts zu erleichtern.[43] Damit stellt sich die Frage der **intertemporalen Anwendbarkeit des Art 27**. Im Lichte der Judikatur des EuGH[44] zum EuGVÜ, die sich auf die Brüssel I-VO übertragen lässt, ist Art 66 Abs 2 entsprechend heranzuziehen.[45] Der zuletzt angerufene Spruchkörper setzt das Verfahren gem Art 27 Abs 1 vorläufig aus, bis das Erstgericht über seine eigene Zuständigkeit entschieden hat. Erklärt es sich für unzuständig, so führt das Zweitgericht den Prozess fort. Im abweichenden Fall trifft das Zweitgericht zunächst die Pflicht nachzuprüfen, ob sich das Erstgericht zutreffend für zuständig hält. Denn nur wenn das Urteil des Erstgerichts gem Abs 2 anerkannt und vollstreckt werden kann, ist es gerechtfertigt, dass sich der später angerufene Spruchkörper gem Art 27 Abs 2 für unzuständig erklärt.[46] In Abkehr von dem in Art 35 Abs 3 aufgestellten Grundsatz ist damit ausnahmsweise die internationale Zuständigkeit vom Zweitgericht zu kontrollieren. Dies erscheint jedenfalls dann zumutbar, wenn dieser Spruchkörper seine Kontrolle anhand des Europäischen Zivilprozessrechts (Brüssel I-VO, EuGVÜ, LugÜ) oder einer zwischen beiden Staaten geltenden Konvention durchführt.[47] Sofern sich das zuerst angerufene Gericht nach Maßgabe des Art 4 auf sein Heimatrecht stützt, erschöpft sich die Kontrolle im Zweitstaat darin festzustellen, ob die tatbestandlichen Voraussetzungen des Art 4 Abs 1 vorliegen.

# Kapitel VII
# Verhältnis zu anderen Rechtsinstrumenten

## Artikel 67

**Diese Verordnung berührt nicht die Anwendung der Bestimmungen, die für besondere Rechtsgebiete die gerichtliche Zuständigkeit oder die Anerkennung und Vollstreckung von Entscheidungen regeln und in gemeinschaftlichen Rechtsakten oder in dem in Ausführung dieser Akte harmonisierten einzelstaatlichen Recht enthalten sind.**

---

[42] Erwägungsgrund Nr 15 S 1.

[43] Siehe vor allem Erwägungsgrund Nr 17.

[44] EuGH Rs C-163/95 *von Horn* EuGHE 1997 I 5451, 5474 Rn 15 ff = IPRax 1999, 100, 102 mit Anm *Rauscher* 80 ff.

[45] *MünchKommZPO/Gottwald* Rn 2.

[46] EuGH Rs C-163/95 *von Horn* EuGHE 1997 I 5451, 5475 Rn 19 = IPRax 1999, 100, 102, Nr 19.

[47] EuGH Rs C-163/95 *von Horn* EuGHE 1997 I 5451, 5477 Rn 25 = IPRax 1999, 100, 102, Nr 25.

1 Kapitel VII befasst sich mit dem Verhältnis der Brüssel I-VO zu anderen Rechtsakten. Die einzelnen Normen differenzieren nach Quelle und Qualität jener anderen Rechtsakte. Art 67 beginnt mit dem **Verhältnis zu anderen Rechtsakten** des Gemeinschaftsrechts. Er normiert einen Spezialitätsgrundsatz: Der speziellere andere Rechtsakt soll der Brüssel I-VO vorgehen. Dem liegt die Vermutung zugrunde, dass er spezifische Gedanken und Interessen aufnimmt, die für das betroffene spezielle Gebiet besser und genauer passen als die allgemeinen Gedanken aus der Brüssel I-VO. Dies gilt unabhängig davon, ob der betreffende Rechtsakt älter oder jünger ist als die Brüssel I-VO; der Posterioritätsgrundsatz (lex posterior derogat legi priori) findet keine Anwendung.[1]

2 Voraussetzung für einen Vorrang des anderen Rechtsakts ist, dass sich dieser Rechtsakt direkt oder zumindest indirekt mit **Gerichtsständen** oder Fragen der **Anerkennung und Vollstreckbarerklärung** gerichtlicher Entscheidungen befasst. Anderenfalls tritt keine Kollision mit der Brüssel I-VO auf, weil die sachlichen Anwendungsbereiche sich dann nicht überlappen. Die Zahl einschlägiger Rechtsakte ist sehr gering. Ein Beispiel ist Art 6 EntsendeRL.[2,3] Üblicherweise regeln andere Rechtsakte solche Fragen aber nicht. Teilweise klammern sie solche Fragen gar aus Respekt vor der Brüssel I-VO, früher dem EuGVÜ, bewusst aus. Ein Beispiel dafür ist Art 1 Abs 4 Var 2 e-commerce-RL[4]. Andererseits können sich doch Einflüsse aus anderen Rechtsakten ergeben, zB hinsichtlich Gerichtsstandsvereinbarungen[5] der KlauselRL[6], die dann systematisch über Art 67 aufzufangen sein können.[7] Welche Reichweite der betreffende Gemeinschaftsrechtsakt beansprucht, ist durch Auslegung aus ihm selbst zu gewinnen.[8]

3 **Vorrang** beanspruchen können spezielle Verordnungen und Richtlinien des Gemeinschaftsrechts sowie Entscheidungen der Gemeinschaftsorgane. Da Richtlinien nach Art 249 Abs 3 EG der Umsetzung in mitgliedstaatliches Recht bedürfen, müssen konsequenterweise auch die nationalen Umsetzungsakte Vorrang haben, da ansonsten das Richtlinienregime keinen Vorrang genießen würde. Dem trägt Art 67 schon in seinem Wortlaut Rechnung, indem er auch dem in Ausführung gemeinschaftsrechtlicher Akte harmonisierten einzelstaatlichen Recht Vorrang zubilligt. Dies meint die Umsetzungsakte für Richtlinien.

---

1 *Kropholler* Rn 2 aE.

2 Richtlinie 96/71/EG des Europäischen Parlaments und des Rates vom 16. 12. 1996 über die Entsendung von Arbeitnehmern im Rahmen der Erbringung von Dienstleistungen, ABl EG 1997 L 18/1.

3 Näher *Rauscher/Mankowski* Art 18 Rn 16.

4 Richtlinie 2000/31/EG des Europäischen Parlaments und des Rates vom 8. 6. 2000 über bestimmte rechtliche Aspekte der Dienste der Informationsgesellschaft, insbesondere des elektronischen Geschäftsverkehrs, im Binnenmarkt, ABl EG 2000 L 178/1.

5 Eingehend *Rauscher/A Staudinger* Art 17 Rn 6.

6 Richtlinie 93/13/EWG des Rates vom 5. 4. 1993 über missbräuchliche Klauseln in Verbraucherverträgen, ABl EG 1993 L 95/29.

7 Siehe Aud Prov Santa Cruz de Tenerife REDI 2002, 378 m Anm *Jiménez Blanco*.

8 Siehe ArbG Wiesbaden NZA-RR 2000, 321, 322 = IPRspr 1999 Nr 131 S 312.

## Artikel 68

**(1) Diese Verordnung tritt im Verhältnis zwischen den Mitgliedstaaten an die Stelle des Brüsseler Übereinkommens, außer hinsichtlich der Hoheitsgebiete der Mitgliedstaaten, die in den territorialen Anwendungsbereich dieses Übereinkommens fallen und auf Grund der Anwendung von Artikel 299 des Vertrags zur Gründung der Europäischen Gemeinschaft von der vorliegenden Verordnung ausgeschlossen sind.**
**(2) Soweit diese Verordnung die Bestimmungen des Brüsseler Übereinkommens zwischen den Mitgliedstaaten ersetzt, gelten Verweise auf dieses Übereinkommen als Verweise auf die vorliegende Verordnung.**

1 Art 68 regelt das Verhältnis zwischen der **Brüssel I-VO und dem EuGVÜ**. Die Regelung ist einfach und sachgerecht: Die Brüssel I-VO genießt nicht etwa simplen Vorrang,[1] sondern ersetzt im Verhältnis der Mitgliedstaaten beider Akte zueinander das EuGVÜ. Das EuGVÜ (ein geschlossenes Übereinkommen, dem nur EG-Mitgliedstaaten angehören dürfen) verliert dadurch nahezu seine gesamte Bedeutung. Auf der anderen Seite hebt Abs 1 das EuGVÜ weder auf, noch zwingt er die Mitgliedstaaten, das EuGVÜ zu kündigen.

2 Bedeutung hat das EuGVÜ nur noch für **Altfälle**, die vor dem Inkrafttreten der Brüssel I-VO liegen, und im Verhältnis zu **Dänemark**. Für Dänemark gilt die Brüssel I-VO nicht.[2] Die Rechtsbeziehungen zwischen den anderen Mitgliedstaaten der EG (einschließlich des Vereinigten Königreichs und Irlands) einerseits und Dänemark andererseits regeln sich daher weiterhin nach dem zwischen ihnen in Kraft belassenen EuGVÜ. Ob in Zukunft ein eigener völkerrechtlicher Vertrag die Regelungen der Brüssel I-VO sachlich in dieses Verhältnis transponiert[3] oder ob man es bei der Geltung des EuGVÜ belässt, bleibt abzuwarten.

3 Abs 1 in fine stellt des Weiteren klar, dass das EuGVÜ weiterhin auch im Verhältnis zu jenen **Teilen von Mitgliedstaaten** anwendbar ist, für die zwar das EuGVÜ in Kraft steht, die aber gemäß Art 299 Abs 2-6 EG von der Anwendung des Gemeinschaftsrechts ausgenommen sind. Das Sekundärrecht zieht insoweit die notwendige Konsequenz aus der zwingenden primärrechtlichen Vorgabe. Der Vorbehalt war prophylaktisch für den Fall gedacht, dass sich ein weitergehender territorialer Geltungsbereich des EuGVÜ herausstellen sollte.[4] Anwendungsfall[5] dürfte Aruba sein:[6] Aruba unter-

---

[1] Dafür hätte es keiner gesonderten Regelung bedurft, weil sich ein entsprechender Vorrang des Gemeinschaftsrechtsakts Brüssel I-VO schon aus Art 57 Abs 3 EuGVÜ ergeben würde.

[2] Näher *Rauscher/Mankowski* Art 1 Rn 32 und *Rauscher/A Staudinger* Einleitung Brüssel I-VO Rn 15.

[3] Fingerzeige in diese Richtung bei C *Kohler*, in: FS Reinhold Geimer (2002) 461, 470.

[4] *Schlosser* Rn 1.

[5] Zur partiellen Sonderrolle Gibraltars siehe die Erklärung des Vereinigten Königreichs ABl EG 2001 C 13/1 und BOE 2001, 2508.

[6] Vgl *Czernich/Tiefenthaler/Kodek/Czernich* Art 1 Rn 6, wo indes fälschlich und ohne die nötige Differenzierung von einer Erstreckung der Brüssel I-VO die Rede ist.

liegt nach Art 299 Abs 3 UA 1 iVm Anhang II EG nicht dem EG, sondern dem besonderen Assoziierungsregime der Art 182-187 EG. Die Brüssel I-VO gilt daher für Aruba nicht.[7] Die Niederlande hatten aber das EuGVÜ unter der Geltung des Art 60 EuGVÜ 1968/1982 per Erklärung[8] auf Aruba erstreckt. Die Streichung des Art 60 EuGVÜ 1968/1982 durch das Dritte Beitrittsübereinkommen hat dieser Erstreckungserklärung die Wirksamkeit belassen.[9] Richtigerweise sollte man sie nach völkerrechtlichen Regeln dynamisch auf das EuGVÜ 1989 fortschreiben[10] und nicht auf das EuGVÜ 1968/1982 beschränken.[11]

Teilweise wird in anderen Rechtsakten, die entstanden sind, als es zwar das EuGVÜ, aber noch nicht die Brüssel I-VO gab, **auf das EuGVÜ verwiesen**. Dabei wird es sich zumeist um Akte des nationalen Rechts handeln. Abs 2 stellt klar, dass diese Verweisungen jetzt als Verweisungen auf die Brüssel I-VO zu verstehen sind, soweit Abs 1 reicht.[12] Diese Klarstellung in der Brüssel I-VO ist einfacher als der alternative Weg, alle auf das EuGVÜ verweisenden Rechtsakte entsprechend zu ändern, zumal man dann auch jeweils gesondert des Dänemark-Problems hätte Rechnung tragen müssen. Seine größte Bedeutung hat Abs 2 darin, dass sich Art 54b LugÜ heute auf die Brüssel I-VO bezieht.[13] Die Kompetenz zu Abs 2 hat man, obwohl es sich in der Sache um eine Weiterleitung aus dem EuGVÜ handelt, weil die Mitgliedstaaten sie mit dem Vertrag von Amsterdam an die Gemeinschaft delegiert haben. 4

Ein weiterer Anwendungsfall – und zugleich ein Fall nicht gelungener Gesetzgebung, da es sich um einen Rechtsakt nach Erlass der Brüssel I-VO handelt[14] – ist Art 79 GeschmacksmusterVO[15].

## Artikel 69

**Diese Verordnung ersetzt unbeschadet des Artikels 66 Absatz 2 und des Artikels 70 im Verhältnis zwischen den Mitgliedstaaten die nachstehenden Abkommen und Verträge:**
- **das am 8. Juli 1899 im Paris unterzeichnete belgisch-französische Abkommen über die gerichtliche Zuständigkeit, die Anerkennung und die Vollstreckung von gerichtlichen Entscheidungen, Schiedssprüchen und öffentlichen Urkunden;**

---

7 *Kropholler* Einl Rn 26.

8 BGBl 1986 II 819.

9 Bericht *Almeida Cruz/Desantes Real/Jenard* Nr 36.

10 Siehe *Gaudemet-Tallon*, Les Conventions de Bruxelles et de Lugano² (Paris 1996) Nr 50; *Kropholler* Europäisches Zivilprozessrecht⁶ (1998) Art 60 EuGVÜ Rn 5.

11 Dafür indes *Verschuur*, Vrij verkeer van vonnissen (Deventer 1995) 112.

12 Wohl übersehen von C *Kohler*, in: FS Reinhold Geimer (2002) 461, 464 f.

13 *Schlosser* Rn 2.

14 *Jayme/Kohler* IPRax 2002, 461, 465 f.

15 VO (EG) Nr 6/2002 v 12. 12. 2001 über das Gemeinschaftsgeschmacksmuster, ABl EG 2002 L 3/1.

- das am 28. März 1925 in Brüssel unterzeichnete belgisch-niederländische Abkommen über die Zuständigkeit der Gerichte, den Konkurs sowie die Anerkennung und die Vollstreckung von gerichtlichen Entscheidungen, Schiedssprüchen und öffentlichen Urkunden;
- das am 3. Juni 1930 in Rom unterzeichnete französisch-italienische Abkommen über die Vollstreckung gerichtlicher urteile in Zivil- und Handelssachen;
- das am 9. März 1936 in Rom unterzeichnete deutsch-italienische Abkommen über die Anerkennung und Vollstreckung gerichtlicher Entscheidungen in Zivil- und Handelssachen;
- das am 25. Oktober 1957 in Wien unterzeichnete belgisch-österreichische Abkommen über die gegenseitige Anerkennung und Vollstreckung von gerichtlichen Entscheidungen und öffentlichen Urkunden betreffend Unterhaltsverpflichtungen;
- das am 30. Juni 1958 in Bonn unterzeichnete deutsch-belgische Abkommen über die gegenseitige Anerkennung und Vollstreckung von gerichtlichen Entscheidungen, Schiedssprüchen und öffentlichen Urkunden in Zivil- und Handelssachen;
- das am 17. April 1959 in Rom unterzeichnete niederländisch-italienische Abkommen über die Anerkennung und Vollstreckung gerichtlicher Entscheidungen in Zivil- und Handelssachen;
- das am 6. Juni 1959 in Wien unterzeichnete belgisch-österreichische Abkommen über die gegenseitige Anerkennung und Vollstreckung von gerichtlichen Entscheidungen, Schiedssprüchen und öffentlichen Urkunden auf dem Gebiet des Zivil- und Handelsrechts;
- den am 4. November 1961 in Athen unterzeichneten Vertrag zwischen der Bundesrepublik Deutschland und dem Königreich Griechenland über die gegenseitige Anerkennung und Vollstreckung von gerichtlichen Entscheidungen, Vergleichen und öffentlichen Urkunden in Zivil- und Handlessachen;
- das am 6. April 1962 in Rom unterzeichnete belgisch-italienische Abkommen über die Anerkennung und Vollstreckung von gerichtlichen Entscheidungen und andren vollstreckbaren Titeln in Zivil- und Handelssachen;
- den am 30. August 1962 in Den Haag unterzeichneten deutsch-niederländischen Vertrag über gegenseitige Anerkennung und Vollstreckung gerichtlicher Entscheidung und anderer Schuldtitel in Zivil- und Handelssachen;
- das am 8. Februar 1963 in Den Haag unterzeichnete niederländisch-österreichische Abkommen über die gegenseitige Anerkennung und Vollstreckung von gerichtlichen Entscheidungen und öffentlichen Urkunden auf dem Gebiet des Zivil- und Handelsrechts;
- das am 15. Juli 1966 in Wien unterzeichnete französisch-österreichische Abkommen über die Anerkennung und die Vollstreckung von gerichtlichen Entscheidungen und öffentlichen Urkunden auf dem Gebiet des Zivil- und Handelsrechts;
- das am 28. Mai 1969 in Paris unterzeichnete französisch-spanische Abkommen über die Anerkennung und Vollstreckung von gerichtlichen Entscheidungen und Schiedssprüchen in Zivil- und Handelssachen;
- das am 29. Juli 1971 in Luxemburg unterzeichnete luxemburgisch-österreichische Abkommen über die Anerkennung und die Vollstreckung von gerichtlichen Entscheidungen und öffentlichen Urkunden auf dem Gebiet des Zivil- und Handelsrechts;
- das am 16. November 1971 in Rom unterzeichnete italienisch-österreichische Abkommen über die Anerkennung und Vollstreckung von gerichtlichen Entscheidungen in Zivil- und Handelssachen, von gerichtlichen Vergleichen und von Notariatsakten;

- das am 22. Mai 1973 in Madrid unterzeichnete italienisch-spanische Abkommen über die Rechtshilfe und die Anerkennung und Vollstreckung gerichtlicher Entscheidungen in Zivil- und Handelssachen;
- das am 11. Oktober 1977 in Kopenhagen unterzeichnete Übereinkommen zwischen Dänemark, Finnland, Island, Norwegen und Schweden über die Anerkennung und Vollstreckung gerichtlicher Entscheidungen in Zivilsachen;
- das am 16. September 1982 in Stockholm unterzeichnete österreichisch-schwedische Abkommen über die Anerkennung und die Vollstreckung von Entscheidungen in Zivilsachen;
- den am 14. November 1983 in Bonn unterzeichneten deutsch-spanischen Vertrag über die Anerkennung und Vollstreckung von gerichtlichen Entscheidungen und Vergleichen sowie vollstreckbaren öffentlichen Urkunden in Zivil- und Handelssachen;
- das am 17. Februar 1984 in Wien unterzeichnete österreichisch-spanische Abkommen über die Anerkennung und die Vollstreckung von gerichtlichen Entscheidungen, Vergleichen und vollstreckbaren öffentlichen Urkunden in Zivil- und Handelssachen;
- das am 17. November 1986 in Wien unterzeichnete finnisch-österreichische Akommen über die Anerkennung und die Vollstreckung von Entscheidungen in Zivilsachen;
  und, insoweit als er in Kraft ist,
- den am 24. November 1961 in Brüssel unterzeichneten belgisch-niederländisch-luxemburgischen Vertrag über die gerichtliche Zuständigkeit, den Konkurs, die Anerkennung und die Vollstreckung von gerichtlichen Entscheidungen, Schiedssprüchen und öffentlichen Urkunden.

1 In getreuer Übernahme von Art 55 EuGVÜ ordnet Art 69 **Vorrang der Brüssel I-VO vor** den bilateralen (und ausnahmsweise multilateralen) **Anerkennungs- und Vollstreckbarerklärungsabkommen** an, welche die Mitgliedstaaten untereinander geschlossen haben. Insoweit sind nur Rechtsbeziehungen der Mitgliedstaaten untereinander betroffen. Rücksicht auf die Interessen von Drittstaaten oder internationalen Organisationen muss man – anders als in Art 71 – nicht nehmen.

2 Soweit die Brüssel I-VO reicht, **verdrängt sie die bilateralen Abkommen** vollständig. Dies gilt selbst dann, wenn jene Abkommen für die Parteien ausnahmsweise günstiger sein sollten.[1] Da die Brüssel I-VO das gläubigerfreundlichste Vollstreckbarerklärungsregime enthält, das gegenwärtig überhaupt bekannt ist, ist diese sachliche Inkonsequenz nicht effektiv. Vorrang genießt die Brüssel I-VO auch, soweit sie weniger präzise ist als ein bilaterales Abkommen.[2]

3 Die **bilateralen Abkommen** behalten nur in dreierlei Hinsicht **Bedeutung**, wie Art 69 durch den Vorbehalt zu Gunsten der Art 70, 66 Abs 2 indiziert: erstens nach Art 70 Abs 1, soweit die Brüssel I-VO sachlich nicht einschlägig ist; zweitens nach Art 70 Abs 2, soweit die Brüssel I-VO zeitlich nicht einschlägig ist; drittens nach Art 66 Abs 2

---

[1] BGH NJW 1993, 2688; dazu *Rauscher* IPRax 1993, 376.

[2] Cassaz Riv dir int priv proc 1980, 454; App Torino Riv dir int priv proc 1979, 84; App Bari Riv dir int 1980, 545; *Rottola* Riv dir int 1980, 424.

lit b, wiederum zeitlich bedingt. Die beiden letzten Konstellationen haben eigentlich keine Bedeutung, da bereits die EuGVÜ die aufgelisteten Übereinkommen ersetzt hatte.[3]

## Artikel 70

**(1) Die in Artikel 69 angeführten Abkommen und Verträge behalten ihre Wirksamkeit für die Rechtsgebiete, auf die diese Verordnung nicht anzuwenden ist.**
**(2) Sie bleiben auch weiterhin für die Entscheidungen und die öffentlichen Urkunden wirksam, die vor Inkrafttreten dieser Vorordnung ergangen oder aufgenommen sind.**

1 Die Vorschrift spricht etwas aus, das eigentlich eine Selbstverständlichkeit ist: Die **Brüssel I-VO verdrängt** die bilateralen Abkommen nur, **soweit sie selber reicht**. Sie hebt die Abkommen nicht auf. Daher bleiben die Abkommen in Kraft und wirksam, soweit sie Materien treffen, für welche die Brüssel I-VO nicht gilt. Anderenfalls würde die Brüssel I-VO entgegen ihrer generellen Zielsetzung eine Verschlechterung in der Urteilsfreizügigkeit bewirken, indem sie bereits erreichte Fortschritte aufhöbe, ohne etwas Gleichwertiges an deren Stelle zu setzen.

2 Betroffen sind zuvörderst die in Art 1 Abs 2 **sachlich ausgenommenen Materien.**[1] Einige der bilateralen Abkommen regeln nämlich auch die Anerkennung und Vollstreckbarerklärung von Entscheidungen in Ehesachen, in Nachlasssachen oder von Schiedssprüchen. Insoweit behalten sie ihre Bedeutung. Ihre Bedeutung behalten bilaterale Übereinkommen auch, soweit sie sich auf Materien erstrecken, die keine Zivil- und Handelssachen iSv Art 1 Abs 1 sind.[2] Der entsprechende Begriff in einem bilateralen Abkommen kann weiter sein als jener in Art 1 Abs 1.[3]

3 In Ausnahmefällen kann es sich ergeben, dass eine **Entscheidung sachlich nur teilweise unter die Brüssel I-VO**, zum anderen Teil dagegen unter ein weiterreichendes bilaterales Übereinkommen fällt (zB weil sie Unterhalt und güterrechtlichen Ausgleich regelt). Dann sind zwei sachlich unterschiedliche Vollstreckbarerklärungs- bzw Anerkennungsverfahren anzustrengen.[4] Ob diese miteinander verbunden werden können, muss das nationale Prozessrecht des Zweitstaates sagen; bei unterschiedlicher funktioneller Zuständigkeit ergibt sich dabei ein Problem.

4 Auch **in zeitlicher Hinsicht** kann die Brüssel I-VO nur Vorrang beanspruchen, soweit sie überhaupt Geltung heischt. Dies spricht Abs 2 aus. Er korrespondiert mit Art 66,

---

[3] *Kropholler* Rn 2.

[1] *Czernich/Tiefenthaler/Kodek/Tiefenthaler* Rn 1.

[2] *Kropholler* Rn 1.

[3] EuGH verb Rs 9, 10/77 *Bavaria Fluggesellschaft Schwabe & Co KG u Germanair Bedarfluftfahrt GmbH & Co KG/Eurocontrol* EuGHE 1977, 1517, 1526 Rn 6, 7 = NJW 1978, 483 m Anm *Geimer*; BGH WM 1977, 88; BGH NJW 1978, 1113.

[4] *Droz* Nr 637; *Bülow/Böckstiegel/Schlafen* Art 56 EuGVÜ Anm 2 (1977); *Kropholler* Rn 1.

demzufolge die Brüssel I-VO auf Entscheidungen bzw öffentliche Urkunden nicht anzuwenden ist, die vor ihrem Inkrafttreten ergangen sind bzw aufgenommen wurden. Die Reichweite dieser intertemporalen Aussage wird freilich dadurch eingeschränkt, dass das sachlich weitgehend übereinstimmende EuGVÜ Vorgänger war und die bilateralen Abkommen ebenfalls schon verdrängte.[5]

## Artikel 71

(1) Diese Verordnung lässt Übereinkommen unberührt, denen die Mitgliedstaaten angehören und die für besondere Rechtsgebiete die gerichtliche Zuständigkeit, die Anerkennung oder die Vollstreckung von Entscheidungen regeln.
(2) Um eine einheitliche Auslegung des Absatzes 1 zu sichern, wird dieser Absatz in folgender Weise angewandt:
a) Diese Verordnung schließt nicht aus, dass ein Gericht eines Mitgliedstaats, der Vertragspartei eines Übereinkommens über ein besonderes Rechtsgebiet ist, seine Zuständigkeit auf ein solches Übereinkommen stützt, und zwar auch dann, wenn der Beklagte seinen Wohnsitz im Hoheitsgebiet eines Mitgliedstaat hat, der nicht Vertragspartei eines solchen Übereinkommens ist. In jedem Fall wendet dieses Gericht Artikel 26 dieser Verordnung an.
b) Entscheidungen, die einem Mitgliedstaat von einem Gericht erlasen worden sind, das seine Zuständigkeit auf ein Übereinkommen über ein besonderes Rechtsgebiet gestützt hat, werden in den anderen Mitgliedstaaten nach dieser Verordnung anerkannt und vollstreckt.

Sind der Ursprungsmitgliedstaat und der ersuchte Mitgliedstaat Vertragsparteien eines Übereinkommens über ein besonderes Rechtsgebiet, welches die Voraussetzungen für die Anerkennung und Vollstreckung von Entscheidungen regelt, so gelten diese Voraussetzungen. In jedem Fall können die Bestimmungen dieser Verordnung über das Verfahren zur Anerkennung und Vollstreckung von Entscheidungen angewandt werden.

**Schrifttum**

*Finger*, Anerkennung und Vollstreckung ausländischer (Unterhalts-)Urteile im Inland, FuR 2001, 97

*Gaja*, Sui rapporti fra la Convenzione di Bruxelles e le altre norme concernenti la giurisdizione ed il riconoscimento di sentenze straniere, Riv dir int priv proc 1991, 253

*Haubold*, Internationale Zuständigkeit nach CMR und EuGVÜ/LugÜ, IPRax 2000, 91

*Majoros*, Les conventions internationales en matière de droit privé, Bd II (Paris 1980)

*ders*, Konflikte zwischen Staatsverträgen auf dem Gebiete des Privatrechts, RabelsZ 46 (1982) 84

*Mankowski*, Spezialabkommen und EuGVÜ, EWS 1996, 301

*ders*, Im Dschungel der für die Vollstreckbarerklärung ausländischer Unterhaltsentscheidungen einschlägigen Übereinkommen und ihrer Ausführungsgesetze, IPRax 2000, 188

---

[5] *Kropholler* Rn 2.

*Tagaras*, L'applicabilité des conventions de La Haye dans le cadre de la Convention de Bruxelles, RBDI 1991, 479

*Vassali di Dachenhausen*, Il coordinamento tra convenzioni di diritto internazionale privato e processuale (Napoli 1993)

*Volken*, Konventionskonflikte im internationalen Privatrecht (Zürich 1977).

**I. Grundsätzliches** ........................ 1

**II. Erfasste Übereinkommen** ............. 5

**III. Verweisungslösung und Zusammenspiel mit den verwiesenen Übereinkommen (Abs 1)** ...................... 8

**IV. Sicherstellen der einheitlichen Auslegung (Abs 2)** .................... 10

**V. Verhältnis zwischen Art 31 CMR und der Brüssel I-VO** ...................... 13

1. Form von Gerichtsstandsvereinbarungen ...................... 14

2. Nichteinlassung des Beklagten zur Sache .............................. 15

3. Litispendenzeinwand ............... 16

**VI. Vollstreckbarerklärung von Unterhaltsentscheidungen** ............ 17

## I. Grundsätzliches

1 Art 71 ist die mit Abstand wichtigste Vorschrift des VII. Abschnitts. Denn er regelt als **Rangkollisionsnorm**[1] das Verhältnis der Brüssel I-VO zu den gerade im Internationalen Zivilprozessrecht zahlreichen und bedeutsamen multilateralen Übereinkommen, an denen auch Drittstaaten beteiligt sind bzw sein können.[2] Im Blick sind namentlich das verzweigte Abkommenswerk der Haager Konferenz für Internationales Privatrecht und die Abkommen des internationalen Transportrechts. Die möglichen Konflikte löst Abs 1 grundsätzlich durch einen Vorrang der speziellen multilateralen Übereinkommen, der es den Mitgliedstaaten erlaubt, ihre völkervertraglichen Bindungen einzuhalten.[3] Man vermutet die spezifischere Regelung durch den spezielleren Akt.[4]

2 Dieser Vorrang erstreckt sich auf **nationale Umsetzungsgesetze** zu ratifizierten Übereinkommen.[5] Ansonsten würde man diejenigen Mitgliedstaaten, allen voran das Vereinigte Königreich, diskriminieren, nach deren nationalem Recht nicht das ratifizierte Übereinkommen selbst, sondern ein nationales Umsetzungsgesetz die unmittelbar anwendbare Rechtsgrundlage ist. Dies gilt andererseits nicht für nationale Umsetzungen zu Konventionen, welche der betreffende Staat zwar sachlich übernimmt, aber völker-

---

1 *Mankowski* EWS 1996, 301, 302 sowie *Gaia* Riv dir int priv proc 1991, 253, 255.

2 Geschlossene Übereinkommen, an denen nur EG-Mitgliedstaaten beteiligt sein können, erfasst nicht Art 71, sondern Art 69.

3 Siehe nur *The „Po"* [1991] 2 Lloyd's Rep 206, 209 (CA, per *Lloyd* LJ).

4 EuGH Rs C-406/92 *The owners of the cargo lately laden on board the ship „Tatry"/The owners of the ship „Maciej Rataj"* EuGHE 1994 I 5439, 5471 Rn 24; *The „Anna H"* [1995] 1 Lloyd's Rep 11, 18 (CA, per *Hobhouse* LJ); Trib Lecco Riv dir int priv proc 1990, 357, 359.

5 *The „Po"* [1991] 2 Lloyd's Rep 206 (CA).

rechtlich nicht ratifiziert hat,[6] oder für nationale Umsetzungen, soweit sie über den Anwendungsbereich eines ratifizierten Übereinkommens hinausgehen.[7]

Vorrang billigt Abs 1 indes nur solchen Übereinkommen zu, welchen die **Mitgliedstaaten bereits angehören**, anders als Art 57 Abs 1 EuGVÜ aber nicht mehr solchen Übereinkommen, denen die Mitgliedstaaten angehören werden.[8] Zukünftige Abkommen der Mitgliedstaaten mit Drittstaaten werden im Prinzip nicht mehr respektiert. Dahinter steckt europäische Politik:[9] Nach der Rechtsprechung des EuGH[10] haben die Gemeinschaftsorgane die (ausschließliche) Außenkompetenz zum Abschluss von Vereinbarungen mit Drittstaaten, soweit sie die Binnenkompetenz zum Legiferieren im Binnenmarkt haben. Mit der Brüssel I-VO und Art 61, 65 lit c EG hat die Gemeinschaft die Kompetenz für das IZPR usurpiert. Dementsprechend beansprucht sie auch die Außenkompetenz und nimmt sie den Mitgliedstaaten. 3

Dies trifft wiederum auf das Problem, dass die **EU** oder EG als solche **multilateralen Übereinkommen** nur beitreten kann, wenn diese ihrerseits den Beitritt nicht nur von Staaten, sondern auch von regionalen Organisationen oder Verbünden erlauben.[11] Ein Ausweg aus dem drohenden Dilemma besteht darin, dass der Rat die Mitgliedstaaten spezifisch ermächtigt, bestimmte Übereinkommen zu zeichnen und zu ratifizieren. Dies ist etwa mit Entscheidung[12] des Rates vom 19. 9. 2002 für die International Convention on Civil Liability or Bunker Oil Pollution Damage 2001 geschehen. 4

---

[6] *Mankowski*, Seerechtliche Vertragsverhältnisse im Internationalen Privatrecht (1995) 297 f.; *ders* EWS 1996, 301, 302.

[7] *Philip* NTIR 46 (1977) 113, 119; *Basedow* VersR 1978, 495, 502; *ders*, in: Hdb IZVR I Kap II Rn 140; *Lagarde* Rev crit dr int dir 68 (1979) 100, 101; *Mankowski* EWS 1996, 301, 302.

[8] Siehe nur *Kennett* (2001) 50 ICLQ 725, 736.

[9] *Takahashi* (2003) 52 ICLQ 529, 530 sowie *J Harris* (2001) 20 CJQ 218, 223; *MünchKommZPO/Gottwald* Rn 1.

[10] EuGH Rs 22/70 *Kommission der Europäischen Gemeinschaft/Rat der Europäischen Gemeinschaft (Europäisches Übereinkommen über Straßenverkehr)* EuGHE 1971, 263, 275 Rn 28; EuGH verb Rs 3, 4 u. 6/76 *Cornelis Kramer (Biologische Schätze des Meeres)* EuGHE 1976, 1279, 1311 Rn 30-33; EuGH Gutachten 1/76 *Entwurf zu einem Übereinkommen über die Errichtung eines europäischen Stilllegungsfonds für die Binnenschifffahrt* EuGHE 1977, 741, 756 Rn 5; EuGH Gutachten 2/91 *Übereinkommen Nr. 170 der Internationalen Arbeitsorganisation über Sicherheit bei der Verwendung chemischer Stoffe bei der Arbeit* EuGHE 1993 I 1061, 1079 Rn 18; EuGH Gutachten 1/94 *Zuständigkeit der Gemeinschaft für den Abschluss völkerrechtlicher Abkommen auf dem Gebiet der Dienstleistungen und des Schutzes des geistigen Eigentums* EuGHE 1994 I 5267, 5411 Rn 76, 5413 Rn 82 f, 5416 Rn 95; EuGH Gutachten 2/92 *Zuständigkeit der Gemeinschaft oder eines ihrer Organe zum Beitritt zu dem dritten revidierten Beschluss des Rates der OECD über die Inländerbehandlung* EuGHE 1995 I 521, 559 f Rn 31-33; EuGH Gutachten 2/94 *Beitritt der Gemeinschaft zur Konvention zum Schutze der Menschenrechte und Grundfreiheiten* EuGHE 1996 I 1759, 1787 Rn 25-27; EuGH Gutachten 2/00 *Protokoll von Cartagena* EuGHE 2001 I 9713, 9764 f Rn 45 f.

[11] *Takahashi* (2003) 52 ICLQ 529, 530.

[12] Entscheidung 2002/762/EG.

## II. Erfasste Übereinkommen

5 Das **Spezialitätsprinzip** des Abs 1 gewährt den multilateralen Übereinkommen Vorrang, soweit diese Fragen regeln, die auch in der Brüssel I-VO angesprochen sind. In welchem Umfang sich das jeweilige Übereinkommen diesen Fragen zuwendet, ob es also direkte internationale Zuständigkeit, Litispendenz, Anerkennung und Vollstreckbarerklärung oder nur einzelne dieser Punkte regelt, ist ihm selber zu entnehmen.[13] Soweit das Übereinkommen einzelner dieser Punkte nicht regelt, genießt es keinen Vorrang und gilt die Brüssel I-VO.[14] Soweit das Übereinkommen nur einzelne Ausschnitte aus einem dieser Punkte regelt, gilt für den Rest des Punktes ebenfalls die Brüssel I-VO.[15] Man kann also gleichsam von einer Integration der Lösung des Spezialabkommens in den größeren sachlichen Rahmen der VO sprechen.[16]

6 Der ***Schlosser*-Bericht** nennt in einer nicht abschließenden **Aufzählung** als Übereinkommen, die seinerzeit nach Art 57 EuGVÜ, heute Art 71 Vorrang vor dem europäischen Regime genießen, soweit sie reichen:
- Revidierte Rheinschifffahrtsakte vom 17. 10. 1868 nebst Revisionsübereinkommen und Zusatzprotokollen;
- Warschauer Abkommen zur Vereinheitlichung von Regeln über die Beförderung im internationalen Luftverkehr vom 12. 10. 1929 nebst Protokollen und Zusatzübereinkommen;
- Internationales Übereinkommen zur Vereinheitlichung von Regeln über die zivilgerichtliche Zuständigkeit bei Schiffszusammenstößen vom 10. 5. 1952;
- Internationales Übereinkommen zur Vereinheitlichung von Regeln über den Arrest in Seeschiffen vom 10. 5. 1952;
- Abkommen über Schäden, welche Dritten auf der Erde durch ausländische Luftfahrzeuge zugefügt werden, vom 7. 10. 1952;
- Londoner Abkommen über deutsche Auslandsschulden vom 27. 2. 1953;
- Haager Übereinkommen über den Zivilprozess vom 1. 3. 1954;
- Übereinkommen über den Beförderungsvertrag im internationalen Straßengüterverkehr (CMR) vom 19. 5. 1956 nebst Protokoll;
- Vertrag über die Schiffbarmachung der Mosel vom 27. 10. 1956 nebst Änderungsprotokoll;
- Europäisches Übereinkommen über die internationale Beförderung gefährlicher Güter auf der Straße (ADR) vom 30. 9. 1957 nebst Protokoll;
- Haager Übereinkommen über die Anerkennung und Vollstreckung von Entscheidungen auf dem Gebiet der Unterhaltspflicht gegenüber Kindern vom 15. 4. 1958;

---

[13] Vgl zB *Deaville v Aeroflot Russian International Airlines* [1997] 2 Lloyd's Rep 67, 71 (QBD, Judge *Brice* QC) (zu Warschauer Abkommen und Litispendenz).

[14] Siehe nur Cassaz Foro it 1978 I 2240; *The „Anna H"* [1995] 1 Lloyd's Rep 11, 18 (CA, per *Hobhouse* LJ); *Vassalli di Dachenhausen* 110f; *Süg* [1997] LMCLQ 362, 364f; *Czernich/Tiefenthaler/Kodek/Tiefenthaler* Rn 2.

[15] *Kropholler* Rn 5.

[16] Siehe nur *Vassalli di Dachenhausen* 108.

- Haager Übereinkommen über die Zuständigkeit des vertraglich vereinbarten Gerichts beim internationalen Kauf beweglicher Sachen vom 15. 4. 1958 (von keinem Staat ratifiziert);
- Übereinkommen über die Haftung gegenüber Dritten auf dem Gebiet der Kernenergie vom 29. 7. 1960 nebst Zusatzprotokoll sowie Zusatzübereinkommen vom 31. 1. 1963 nebst Zusatzprotokoll;
- Übereinkommen über die Haftung der Inhaber von Reaktorschiffen vom 25. 5. 1962 nebst Zusatzprotokoll (für die Bundesrepublik Deutschland noch nicht in Kraft);
- Haager Übereinkommen über die Zustellung gerichtlicher und außergerichtlicher Schriftstücke im Ausland in Zivil- und Handelssachen vom 15. 11. 1965;
- Internationales Übereinkommen zur Vereinheitlichung von Regeln über die Beförderung von Reisegepäck im Seeverkehr vom 27. 5. 1967 (für die Bundesrepublik Deutschland noch nicht in Kraft);
- Internationales Übereinkommen zur Vereinheitlichung von Regeln über Schiffsgläubigerrechte und Schiffshypotheken vom 27. 5. 1967 (für die Bundesrepublik Deutschland noch nicht in Kraft);
- Internationales Übereinkommen über die zivilrechtliche Haftung für Ölverschmutzungsschäden vom 29. 11. 1969 nebst Protokoll sowie Internationales Übereinkommen über die Errichtung eines Internationalen Fonds zur Entschädigung für Ölverschmutzungsschäden vom 18. 12. 1971;
- Internationale Übereinkommen über den Eisenbahnfrachtverkehr (CIM) und über den Eisenbahn-Personen- und -Gepäckverkehr (CIV) vom 7. 2. 1970 nebst Protokollen sowie Zusatzübereinkommen über die Haftung der Eisenbahn für Tötung und Verletzung von Reisenden vom 26. 2. 1966 nebst Protokoll;
- Haager Übereinkommen über die Beweisaufnahme im Ausland in Zivil- oder Handelssachen vom 18. 3. 1970;
- Übereinkommen über den Vertrag über den internationalen Landtransport von Reisenden und Gepäck vom 1. 3. 1973 (für die Bundesrepublik Deutschland noch nicht in Kraft);
- Übereinkommen über den Transport von Passagieren und Gepäck zur See vom 13. 12. 1974 (für die Bundesrepublik Deutschland noch nicht in Kraft);
- Haager Übereinkommen über die Anerkennung und Vollstreckung von Unterhaltsentscheidungen vom 2. 10. 1973.

In Betracht kommen zukünftig zB das aus 2002 stammende Protokoll zur Änderung des 7
Athener Übereinkommens über die Beförderung von Passagieren und deren Gepäck zur See oder die bereits erwähnte Bunkers Convention von 2001. Die RBÜ dagegen enthält keine gerichtsstandsrelevanten Regelungen.[17] Das Baseler Europäische Übereinkommen über Staatenimmunität[18] gehört heute schon zum Katalog.[19]

---

[17] *Pearce v Ove Arup Partnership* [1999] ILPr 442, 466 (CA, per *Roch* LJ).

[18] Vom 16. 5. 1972, BGBl 1990 II 1400.

[19] *Heß* IPRax 1994, 10, 14.

### III. Verweisungslösung und Zusammenspiel mit den verwiesenen Übereinkommen (Abs 1)

8 Abs 1 befleißigt sich einer **Verweisungslösung**. Er stellt klar, dass sich die Brüssel I-VO als verweisendes Instrument ansieht und die entsprechenden Materien nicht etwa vollständig aus ihrem Anwendungsbereich ausklammerte. Dies hat erhebliche Konsequenzen. Die Brüssel I-VO bleibt damit nämlich subsidiär anwendbar, wenn (1) das verwiesene Übereinkommen die betreffende Frage gar nicht selber regelt oder (2) das verwiesene Übereinkommen seinerseits auf das nationale Prozessrecht des Forums verweist. Im letzteren Fall bricht sich im Prozessrecht des Forums die Brüssel I-VO auf Grund ihres Rangvorrangs Bahn. Dies gilt auch, wenn das verwiesene Übereinkommen einem Günstigkeitsprinzip folgt und die für eine bestimmte Partei günstigere Regelung seiner selbst oder des nationalen Prozessrechts angewendet sehen will.[20] Nur soweit das verwiesene Übereinkommen die Frage selber regelt und ausschließliche Anwendung beansprucht, tritt die Brüssel I-VO zurück.[21]

9 Nicht selten wird davon gesprochen, **Art 71 integriere** die in Bezug genommenen Regelungen der **Übereinkommen** in die Brüssel I-VO.[22] Im richtigen Kern meint dies die skizzierte Verweisungslösung, die im Ergebnis einer Fiktion ähnelt, zB ein Gerichtsstand aus einem Übereinkommen wäre Teil des Brüssel I-Systems.[23] Einer echten Integration aber stünden erhebliche völkerrechtliche und gemeinschaftsrechtliche Bedenken entgegen. Sie würde nämlich einen uneinheitlichen, relativen Inhalt der Brüssel I-VO je nach den Mitgliedschaften der einzelnen Mitgliedstaaten in völkerrechtlichen Übereinkommen bedingen.[24] Außerdem erstreckte man mit einer Integration die Auslegungskompetenz des EuGH auf Nicht-Gemeinschaftsrechtsakte.

### IV. Sicherstellen der einheitlichen Auslegung (Abs 2)

10 Die Verweisungslösung des Abs 1 kann nur den Grundstock für das Zusammenspiel zwischen den Übereinkommen und dem europäischen Regime legen. Perfekte Detailgenauigkeit und Bruchlosigkeit kann sie allein nicht gewährleisten. Vielmehr bestehen besondere Konstellationen, in denen Unterregeln zur Koordination zumindest hilfreich sind. Dieser Aufgabe kommt Abs 2 nach, der eine **möglichst einheitliche Anwendung und Auslegung** in allen Mitgliedstaaten sicher stellen soll.

---

[20] *Mankowski* EWS 1996, 301, 304 mwN sowie OLG Köln MDR 1980, 1030; OLG Koblenz EuZW 1990, 486; OLG Frankfurt DAVorm 1989 Sp 102; App Milano 13. 4. 1973 bei *Pocar* Riv dir int priv proc 1978, 655, 676.

[21] *Mankowski* EWS 1996, 301, 304; *Cerina* Riv dir int priv proc 1991, 953, 959; *Basedow* VersR 1978, 495, 501; *ders*, in: Hdb IZVR I Kap II Rn 144.

[22] ZB GA *Tesauro* EuGHE 1994 I 5442, 5447 Nr 9; *The „Anna H"* [1995] 1 Lloyd's Rep 11, 21 (CA, per *Hobhouse* LJ).

[23] *Mankowski* EWS 1996, 301, 303; *Verschuur*, Vrij verkeer van vonnissen (Deventer 1995) 180; vgl *Schlosser*-Bericht Nr 240.

[24] *Mankowski* EWS 1996, 301, 303.

11 Abs 2 lit a ist eine **Durchbrechung** des in **Art 3** aufgestellten Grundsatzes, hat aber nur klarstellenden Charakter. Er belegt unmissverständlich, dass die mitgliedstaatlichen Gerichte sich auch auf solche Gerichtsstände aus Spezialkonventionen stützen dürfen, die kein Pendant in der Brüssel I-VO finden oder unter dieser gar als exorbitant ausgeschlossen würden.[25]

12 Abs 2 lit b UA 2 S 2 garantiert dem Urteilsgläubiger die **Anerkennung und Vollstreckbarerklärung nach der Brüssel I-VO**. Dies gilt selbst dann, wenn das eigentlich verwiesene Übereinkommen aus seiner Sicht exklusive Regelungskompetenz für sich beanspruchen sollte, denn eine Beschränkung in der verweisenden Norm setzt der Verweisung ihre Grenzen.[26]

## V. Verhältnis zwischen Art 31 CMR und der Brüssel I-VO

13 Die CMR ist von überragender Bedeutung für den **Straßengüterverkehr** in Europa. In Art 31 CMR findet sich zuvörderst eine abschließende Gerichtsstandsregelung für Klagen im Zusammenhang mit CMR-Transporten. Im Grundsatz kommt dem unbestritten nach Abs 1 Vorrang vor der Brüssel I-VO zu.[27] Trotzdem bleiben einige in jüngster Zeit aufgetretene Spezialprobleme zu klären.

### 1. Form von Gerichtsstandsvereinbarungen

14 Art 31 Abs 1 CMR schreibt für eine **Gerichtsstandsvereinbarung keine Form** vor. Dies ist mit dem (leichten) Formgebot des Art 23 Abs 1, 2 in Konkordanz zu bringen. Letztlich gilt Art 23 hier nicht. Art 31 CMR geht nach Abs 1 vor, sodass Gerichtsstandsvereinbarungen formlos möglich sind, soweit die CMR sie zulässt.[28] In jedem Fall genießt die klare Aussage des Art 31 CMR Vorrang und verdrängt Art 23 Abs 1 S 3, dass es bei CMR-Verträgen keine ausschließliche Gerichtsstandsvereinbarung geben kann.[29]

### 2. Nichteinlassung des Beklagten zur Sache

15 Umstritten ist das Verhältnis zwischen Brüssel I-VO einerseits und Art 31 CMR andererseits, wenn sich der **Beklagte nicht zur Sache einlässt**. Seinem Wortlaut nach verlangt Abs 2 lit a S 2 dann, Art 26 zu beachten und die internationale Zuständigkeit nur dann zu bejahen, wenn ein objektiver Gerichtsstand nach der Brüssel I-VO begründet

---

[25] Siehe *The „Bergen"* [1997] 1 Lloyd's Rep 380, 383 (QBD, *Clarke* J).

[26] *Rauch* IPRax 1981, 199, 201; *Mankowski* IPRax 2000, 188, 189.

[27] ZB für Vorrang des Art 31 CMR vor Art 5 Nr 1 Brüssel I-VO östOGH TranspR 2003, 66; östOGH TranspR 2003, 67 m Anm *Rogov*.

[28] LG Aachen RIW 1976, 588, 589; *Fremuth* TranspR 1983, 35, 37; G *Müller/Hök* RIW 1988, 775, 776. **AA** Trib Torino Riv dir int priv proc 1984, 586; *Kropholler*, in: Hdb IZVR I Kap III Rn 406; *ders* Rn 5; *Wieczorek/Schütze/Hausmann* Einl EuGVÜ Rn 66; *Haubold* IPRax 2000, 91, 93 f; *Baumbach/Hopt* HGB[30] (2000) Art 31 CMR Rn 1; *Czernich/Tiefenthaler/Kodek/Tiefenthaler* Rn 2.

[29] OLG Oldenburg TranspR 2000, 128; *Kropholler* Rn 5.

ist. Strikt verstanden würde sich die Gerichtsstandsprüfung dann nicht auf die Gerichtsstände des Spezialabkommens, hier Art 31 CMR, erstrecken, sondern nur die Brüssel I-VO betreffen.[30] Richtigerweise ist aber auch hier der Wertung des Abs 1 und dem Vorrang des Spezialabkommens Rechnung zu tragen.[31] Anderenfalls hätte es der Beklagte in der Hand, durch Nichterscheinen oder Nichtverhandeln zur Sache ihm missliebige Gerichtsstände des Spezialabkommens auszuschalten.[32] Dem von Art 26 bezweckten Schutz des Beklagten, dass Säumnis ihn nicht rechtlos stellen soll und er nicht nur deshalb aktiv werden muss, um nicht gerichtspflichtig zu werden, genügt die Prüfung der CMR-Gerichtsstände allemal.[33]

### 3. Litispendenzeinwand

16 Art 31 Abs 2 CMR regelt schließlich den **Litispendenzeinwand.**[34] Er genießt nach Abs 1 Vorrang vor der Brüssel I-VO.[35] Er verwirklicht zwar ebenfalls ein **Prioritätsprinzip**. Wegen des Zusammenhangs mit dem materiellen CMR ist der Begriff des „Klägers" dabei materiell im Sinne von Anspruchsprätendent zu verstehen.[36] Das Gerichtsstandssystem ist zu Gunsten des Geschädigten aufgebaut. Geschädigtem und Schädiger werden also durchaus nicht die gleichen Chancen eingeräumt. Daher vermag Chancengleichheit auch nicht zu begründen, dass man die gleichen Maßstäbe wie unter Art 27 anlegen müsste.[37]

## VI. Vollstreckbarerklärung von Unterhaltsentscheidungen

17 Ein praktisch extrem bedeutsamer Komplex ist des Weiteren die Anerkennung und Vollstreckbarerklärung von **Unterhaltsentscheidungen**. Insoweit ist insbesondere das

---

[30] So in der Tat OLG Dresden TranspR 1999, 62, 63 = IPRax 2000, 121, 123; OLG München TranspR 2001, 399, 401; LG Oldenburg TranspR 2001, 402 f; LG Flensburg TranspR 2001, 401, 402.

[31] OLG Hamm TranspR 2001, 397, 399; OLG Schleswig TranspR 2002, 76; OLG Nürnberg TranspR 2002, 402; OLG Karlsruhe NJW-RR 2002, 1722, 1723; OLG Hamburg TranspR 2003, 23, 24; *Haubold* IPRax 2000, 91; *MünchKommZPO/P Gottwald* Art 57 EuGVÜ Rn 5; *Dißars* TranspR 2001, 387, 389; *Heuer* TranspR 2002, 221, 222 f; *Herber* TranspR 2003, 19, 20.

[32] OLG Hamm TranspR 2001, 397, 399; OLG Schleswig TranspR 2002, 76; OLG Karlsruhe NJW-RR 2002, 1722, 1723; OLG Hamburg TranspR 2003, 23, 24 f.

[33] *Haubold* IPRax 2000, 91, 95; *Dißars* TranspR 2001, 387, 389.

[34] Dazu eingehend *Andrea Merzario Ltd v Internationale Spedition Leitner GmbH* [2001] 1 Lloyd's Rep 490 (CA); *Th Rüfner* (2001) Lloyd's MCLQ 460.

[35] Siehe nur OLG Düsseldorf TranspR 2002, 237; OLG Köln TranspR 2002, 239, 241 sowie OLG Nürnberg TranspR 2002, 402. Zu eng *Frans Maas Logistics (UK) Ltd v CDR Trucking BV* [1999] 2 Lloyd's Rep 179, 186 (QBD, *Colman* J).

[36] OLG Hamburg TranspR 2003, 25 f; *Herber* TranspR 1996, 196, 197; *Heuer* TranspR 2002, 221, 225. **AA** OLG Düsseldorf TranspR 2002, 237.

[37] OLG Köln TranspR 2002, 239, 241; OLG Hamburg TranspR 2003, 25 f; *Heuer* TranspR 2002, 221, 225; *Herber* TranspR 2003, 19, 20 f. **AA** OLG Düsseldorf TranspR 2002, 237; *MünchKomm-HGB/Basedow* VII (1997) Art 32 CMR Rn 30; *Staub/Helm* HGB VI/2[4] (2002) Art 31 CMR Rn 49.

Zusammen- und Wechselspiel von Brüssel I-VO und Haager Unterhaltsvollstreckungsübereinkommen von 1973 bzw Haager Kindesunterhaltsvollstreckungsübereinkommen von 1958 zu klären. Ausgangspunkt ist die Brüssel I-VO mit Art 71 als verweisender Norm. Grundsätzlich genießen die Haager Übereinkommen nach Abs 2 S 2 als Spezialregelungen Vorrang. Sie gehen jedoch für das Verfahren ebenso wie Abs 2 litb UA 2 S 2 von einem Günstigkeitsprinzip aus.[38] Dazu verweisen sie als Vergleichspart auf das nationale Recht, innerhalb dessen wieder die Brüssel I-VO Vorrang genießt.[39] Bilaterale Abkommen bleiben durch Art 69 ausgeschaltet.[40]

Dies führt im Ergebnis dazu, dass der **Titelgläubiger** Anerkennung oder Vollstreckbar- 18
erklärung nach dem Verfahren der Brüssel I-VO begehren kann, soweit dieses für ihn am günstigsten ist.[41] Dies garantiert ihm schon Abs 2 lit b UA 2 S 2. Gerade das Vollstreckbarerklärungsverfahren der Brüssel I-VO ist das gläubigerfreundlichste, das bisher überhaupt existiert, mit einem Minimum an Voraussetzungen, Formalitäten und Schuldnerbeteiligung. Für die Praxis empfiehlt sich, Unterhaltsentscheidungen aus EU-Staaten im Verfahren nach der Brüssel I-VO anerkennen und insbesondere für vollstreckbar erklären zu lassen und sich nur für Anerkennungsversagungsgründe und Anerkennungsvoraussetzungen noch auf die unterhaltsrechtlichen Übereinkommen zu berufen, soweit diese ausnahmsweise materiell noch gläubigerfreundlicher sind.[42]

## Artikel 72

**Diese Verordnung lässt Vereinbarungen unberührt, durch die sich die Mitgliedstaaten vor Inkrafttreten dieser Verordnung nach Artikel 59 des Brüsseler Übereinkommens verpflichtet haben, Entscheidungen der Gerichte eines anderen Vertragsstaats des genannten Übereinkommens gegen Beklagte, die ihren Wohnsitz oder gewöhnlichen Aufenthalt im Hoheitsgebiet eines dritten Staates haben, nicht anzuerkennen, wenn die Entscheidungen in den Fällen des Artikels 4 des genannten Übereinkommens nur in einem der in Artikel 3 Absatz 2 des genannten Übereinkommens angeführten Gerichtsstände ergehen können.**

Art 72 nimmt sich eines relativ entlegenen Spezialproblems an, das seinerseits ein Aus- 1
schnitt aus dem durchaus allgemeineren Problem der Diskriminierung von Drittstaatern durch das europäische IZVR ist. In einigen seltenen Fällen haben Mitgliedstaaten mit Drittstaaten völkerrechtliche Vereinbarungen getroffen, unter bestimmten Umständen ergangene **Entscheidungen nicht anzuerkennen.**[1] Es besteht dann für die betreffenden Mitgliedstaaten eine völkerrechtliche Nichtanerkennungsverpflichtung.

---

[38] OLG München FamRZ 2003, 462.

[39] *Mankowski* IPRax 2000, 188, 192.

[40] *Mankowski* IPRax 2000, 188, 193.

[41] OLG München FamRZ 2003, 462; *Mankowski* IPRax 2000, 188, 193; *Finger* FuR 2001, 97, 103.

[42] *Mankowski* IPRax 2000, 188, 193; *Finger* FuR 2001, 97, 103; *Kropholler* Rn 5.

[1] ZB Britisch-australisches Abkommen vom 23. 8. 1990 und Art IX Britisch-kanadisches Abkommen vom 24. 4. 1984; dazu *Kaye* 1524f; *O'Malley/Layton* 874f.

Diese kann mit der Anerkennungsverpflichtung aus der Brüssel I-VO kollidieren, soweit sie sich auch auf die Nichtanerkennung von Entscheidungen aus anderen EG-Mitgliedstaaten erstreckt.

2 **Art 59 EuGVÜ erlaubte** den Mitgliedstaaten ausdrücklich, entsprechende Verpflichtungen zur Nichtanerkennung auch mitgliedstaatlicher Urteile einzugehen, soweit die Entscheidungen in einem für den Drittstaater exorbitanten Gerichtsstand aus dem Katalog des Art 3 Abs 2 EuGVÜ ergangen waren. Nach dem Inkrafttreten der **Brüssel I-VO** haben die Mitgliedstaaten **keine solche Kompetenz** mehr, der Brüssel I-VO inhaltlich zuwiderlaufende Verpflichtungen neu einzugehen.[2] Bereits bestehenden Verpflichtungen war aber Rechnung zu tragen, weil man die betreffenden Mitgliedstaaten nicht zu einem Völkerrechtsdelikt zwingen darf.[3] Was zuvor unter Art 59 EuGVÜ erlaubt war, muss nun respektiert werden und darf nicht ex post inkriminiert werden.

3 **Rat und Kommission** haben bei der Verabschiedung der Brüssel I-VO folgende gemeinsame Erklärung abgegeben:[4]

„Aus Art 4 sowie Kapitel III der VO ergibt sich, dass in Bezug auf einen Beklagten, der seinen Wohnsitz nicht in einem Mitgliedstaat hat, die Entscheidung eines Gerichts eines Mitgliedstaats, die auf Grund eines nach dem nationalen Recht dieses Mitgliedstaats abgeleiteten Zuständigkeitskriteriums ergangen ist, in den anderen Mitgliedstaaten gemäß dieser VO anerkannt und vollstreckt wird.

Diese Regel kann in bestimmten Fällen für Personen, die ihren Wohnsitz nicht in einem Mitgliedstaat haben, eine nachteilige Situation entstehen lassen. Dies wurde [im EuGVÜ] durch dessen Art 59 abgemildert, der den Vertragsstaaten die Möglichkeit einräumte, mit Drittstaaten Abkommen zu schließen, die es gestatteten, Entscheidungen nicht anzuerkennen, die auf Grund bestimmter Zuständigkeitskriterien ergehen, die aus dem nationalen Recht abgeleitet sind.

Der Rat und die Kommission werden besonderes Augenmerk auf die Möglichkeit der Aufnahme von Verhandlungen richten, die darauf abzielen, internationale Übereinkommen zu schließen, die es gestatten, in Bezug auf Personen, die ihren Wohnsitz in Drittstaaten haben, die Folgen des Kapitels III der VO bei Entscheidungen, die auf Grund bestimmter Zuständigkeitskriterien ergehen, abzumildern."

2 Siehe nur *Kennett* (2001) 50 ICLQ 725, 736; *North* (2002) 55 CLP 395, 414f.

3 *Kropholler* Rn 1.

4 ABl EG 2001 L 12/1, abgedr auch in: IPRax 2001, 260.

# Kapitel VIII Schlussvorschriften

## Artikel 73

**Die Kommission legt dem Europäischen Parlament, dem Rat und dem Wirtschafts- und Sozialausschuss spätestens fünf Jahre nach Inkrafttreten dieser Verordnung einen Bericht über deren Anwendung vor. Diesem Bericht sind gegebenenfalls Vorschläge zur Anpassung der Verordnung beizufügen.**

Die Kommission ist gem Art 211 EGV verpflichtet, die **Rechtsanwendung in den Mitgliedsstaaten zu überwachen** und Maßnahmen zur Durchsetzung des europäischen Rechts zu treffen. Art 73 konkretisiert diese Pflicht. Hiernach muss die Kommission spätestens bis Anfang 2008 einen Bericht über die Anwendung des Sekundärrechtsakts vorlegen (S 1) und ggf Vorschläge zu seiner Revision unterbreiten (S 2). Rat und Kommission haben bereits angekündigt, Auswirkungen der Harmonisierungsmaßnahme vor allem für Verbraucher sowie Klein- und Mittelbetriebe zu beleuchten.[1] Vor dem Hintergrund des Art 15 Abs 1 lit c soll insbesondere der elektronische Geschäftsverkehr in den Blick genommen werden. 1

## Artikel 74

**(1) Die Mitgliedstaaten notifizieren der Kommission die Texte, durch welche die Listen in den Anhängen I bis IV geändert werden. Die Kommission passt die betreffenden Anhänge entsprechend an.**
**(2) Aktualisierungen oder technische Anpassungen der in den Anhängen V und VI wiedergegebenen Formblätter werden nach dem in Artikel 75 Absatz 2 genannten Beratungsverfahren beschlossen.**

Art 74 ist Ausfluss der Überführung des EuGVÜ in unmittelbar geltendes Gemeinschaftsrecht. Nach dieser Vorschrift[1] sind **Modifikationen** der Anhänge zur Brüssel I-VO in einem **stark vereinfachten Verfahren** zulässig, wodurch sich erneut der Vorteil des Sekundär- gegenüber dem Völkervertragsrecht zeigt.[2] Abs 1 S 1 erlaubt es jedem Mitgliedstaat, Änderungen der in den Anhängen I bis IV aufgeführten nationalen Vorschriften zu notifizieren. Im Umkehrschluss zu Abs 2 greift insoweit nicht das in Art 75 Abs 2 angesprochene Beratungsverfahren ein. Nach Abs 1 S 2 veröffentlicht 1

---

[1] Gemeinsame Erklärung des Rates und der Kommission, IPRax 2001, 261.

[1] Vgl auch den Erwägungsgrund Nr 29.

[2] Siehe bereits *Rauscher/Staudinger* Einl Rn 2.

die Kommission die aktualisierte Fassung der Anhänge im Amtsblatt der Europäischen Union.[3] Deutschland hat mittlerweile die Zuständigkeit des Notars nach § 55 Abs 3 AVAG[4] zur Vollstreckbarerklärung ausländischer notarieller Urkunden der Kommission gegenüber angezeigt.[5]

2 Nach Abs 2 eröffnet der Gemeinschaftsgesetzgeber der Kommission die Möglichkeit, die Formblätter im Anhang V und VI nach Maßgabe des Beratungsverfahrens zu verändern.[6] Die Regelungsgewalt der Kommission erschöpft sich allerdings in Aktualisierungen und technischen Anpassungen.

## Artikel 75

**(1) Die Kommission wird von einem Ausschuss unterstützt.**
**(2) Wird auf diesen Absatz Bezug genommen, so gelten die Artikel 3 und 7 des Beschlusses 1999/468/EG.**
**(3) Der Ausschuss gibt sich eine Geschäftsordnung.**

1 Der in Abs 1 genannte Ausschuss hat die **Funktion**, die Kommission bei den ihr nach der Brüssel I-VO obliegenden Aufgaben zu unterstützen. Dies betrifft etwa die Erstellung des Berichts gem Art 73 sowie die in Art 74 Abs 2 eröffnete Änderung der Anhänge V und VI. Abs 2 legt die Verfahrensmodalitäten fest. Innerhalb des Ausschusses ist die Beratung nach Maßgabe der Art 3 und 7 des Beschlusses 1999/468/EG durchzuführen. Im Einklang mit der letztgenannten Vorschriften gibt sich der Ausschuss gem Abs 3 eine Geschäftsordnung.

2 *Artikel 3 – Beratungsverfahren*
*(1) Die Kommission wird von einem beratenden Ausschuss unterstützt, der sich aus den Vertretern der Mitgliedstaaten zusammensetzt und in dem der Vertreter der Kommission den Vorsitz führt.*
*(2) Der Vertreter der Kommission unterbreitet dem Ausschuss einen Entwurf der zu treffenden Maßnahmen. Der Ausschuss gibt – gegebenenfalls auf Grund einer Abstimmung – seine Stellungnahme zu diesem Entwurf innerhalb einer Frist ab, die der Vorsitzende unter Berücksichtigung der Dringlichkeit der betreffenden Frage festsetzen kann.*
*(3) Die Stellungnahme wird in das Protokoll des Ausschusses aufgenommen; darüber hinaus hat jeder Mitgliedstaat das Recht zu verlangen, dass sein Standpunkt im Protokoll festgehalten wird.*
*(4) Die Kommission berücksichtigt soweit wie möglich die Stellungnahme des Ausschusses. Sie unterrichtet den Ausschuss darüber, inwieweit sie seine Stellungnahme berücksichtigt hat.*

---

[3] Mit dem Inkrafttreten des Vertrages von Nizza am 1. 2. 2003 ist das Amtsblatt der Europäischen Gemeinschaft in Amtsblatt der Europäischen Union umbenannt worden; siehe Hinweis im ABl EG 2003 L 25.

[4] Siehe auch *Rauscher/Staudinger* Art 57 Rn 13.

[5] ABl EG 2002 L 225/13.

[6] Zum Beratungsverfahren siehe *Rauscher/Staudinger* Art 75 Rn 1 ff.

*Artikel 7* 3

*(1) Jeder Ausschuss gibt sich auf Vorschlag seines Vorsitzenden eine Geschäftsordnung auf der Grundlage der Standardgeschäftsordnung, die im Amtsblatt der Europäischen Gemeinschaften[1] veröffentlicht werden.*
*Bestehende Ausschüsse passen ihre Geschäftsordnung soweit erforderlich an die Standardgeschäftsordnung an.*
*(2) Die für die Kommission geltenden Grundsätze und Bedingungen für den Zugang der Öffentlichkeit zu Dokumenten gelten auch für die Ausschüsse.*
*(3) Das Europäische Parlament wird von der Kommission regelmäßig über die Arbeiten der Ausschüsse unterrichtet. Zu diesem Zweck erhält es die Tagesordnungen der Sitzungen, die den Ausschüssen vorgelegten Entwürfe für Maßnahmen zur Durchführung der gemäß Artikel 251 des Vertrags erlassenen Rechtsakte sowie die Abstimmungsergebnisse, die Kurzniederschriften über die Sitzungen und die Listen der Behörden und Stellen, denen die Personen angehören, die die Mitgliedstaaten in deren Auftrag vertreten. Außerdem wird das Europäische Parlament regelmäßig unterrichtet, wenn die Kommission dem Rat Maßnahmen oder Vorschläge für zu ergreifende Maßnahmen übermittelt.*
*(4) Die Kommission veröffentlicht innerhalb von sechs Monaten ab dem Zeitpunkt, zu dem dieser Beschluss wirksam wird, im Amtsblatt der Europäischen Gemeinschaften eine Liste der Ausschüsse, die die Kommission bei der Ausübung der ihr übertragenen Durchführungsbefugnisse unterstützen. In dieser Liste wird oder werden in Bezug auf jeden Ausschuss jeweils der oder die Basisrechtsakt(e) angegeben, auf dessen oder deren Grundlage der Ausschuss eingesetzt worden ist. Vom Jahr 2000 an veröffentlicht die Kommission überdies einen Jahresbericht über die Arbeit der Ausschüsse.*
*(5) Die bibliographischen Hinweise der dem Europäischen Parlament gemäß Absatz 3 übermittelten Dokumente werden in einem im Jahr 2001 von der Kommission zu erstellenden Verzeichnis öffentlich zugänglich gemacht.*

## Artikel 76

**Diese Verordnung tritt am 1. März 2002 in Kraft.**
**Diese Verordnung ist in allen ihren Teilen verbindlich und gilt gemäß dem Vertrag zur Gründung der Europäischen Gemeinschaft unmittelbar in den Mitgliedstaaten.**

Im Einklang mit den primärrechtlichen Vorgaben in Art 254 Abs 2 EGV[1] bestimmt 1
Abs 1 den **Zeitpunkt, in dem die Brüssel I-VO in Kraft tritt**. Abs 2 hat im Lichte des Art 249 II EGV allein eine deklaratorische Funktion. Dänemark zählt gem Art 1 Abs 3

---

[1] Mit dem Inkrafttreten des Vertrages von Nizza am 1. 2. 2003 ist das Amtsblatt der Europäischen Gemeinschaft in Amtsblatt der Europäischen Union umbenannt worden; siehe Hinweis im ABl 2003 EG L 25.

[1] Die Brüssel I-VO ist nicht im Verfahren der Mitentscheidung, sondern nach Maßgabe des Art 76 Amsterdamer Vertrag beschlossen worden; siehe hierzu sowie zur Frage einer Revision *Rauscher/Staudinger* Einl Rn 9.

in Verbindung mit Erwägungsgrund Nr 21 nicht zum Kreis der in Abs 2 angesprochenen Mitgliedstaaten.[2]

## Anhang I

### Innerstaatliche Zuständigkeitsvorschriften im Sinne von Artikel 3 Absatz 2 und Artikel 4 Absatz 2

Die innerstaatlichen Zuständigkeitsvorschriften im Sinne von Artikel 3 Absatz 2 und Artikel 4 Absatz 2 sind die folgenden:

- in Belgien: Artikel 15 des Zivilgesetzbuches (*Code civil – Burgerlijk Wetboek*) sowie Artikel 638 der Zivilprozessordnung (*Code judiciaire – Gerechtelijk Wetboek*);
- in Deutschland: § 23 der Zivilprozessordnung;
- in Griechenland: Artikel 40 der Zivilprozessordnung (*Κώδικας Πολιτικής Δικονομίας*);
- in Frankreich: Artikel 14 und 15 des Zivilgesetzbuches (*Code civil*);
- in Irland: Vorschriften, nach denen die Zuständigkeit durch Zustellung eines verfahrenseinleitenden Schriftstücks an den Beklagten während dessen vorübergehender Anwesenheit in Irland begründet wird;
- in Italien: Artikel 3 und 4 des Gesetzes Nr 218 vom 31. Mai 1995;
- in Luxemburg: Artikel 14 und 15 des Zivilgesetzbuches (*Code civil*);
- in den Niederlanden: Artikel 126 Absatz 3 und Artikel 127 der Zivilprozessordnung (*Wetboek van Burgerlijke Rechtsvordering*);
- in Österreich: § 99 der Jurisdiktionsnorm;
- in Portugal: Artikel 65 und Artikel 65A der Zivilprozessordnung (*Código de Processo Civil*) und Artikel 11 der Arbeitsprozessordnung (*Código de Processo de Trabalho*);
- in Finnland: Kapitel 10 § 1 Absatz 1 Sätze 2, 3 und 4 der Prozessordnung (*oikeudenkäymiskaari/rättegångsbalken*);
- in Schweden: Kapitel 10 § 3 Absatz 1 Satz 1 der Prozessordnung (*rättegångsbalken*).
- im Vereinigten Königreich: Vorschriften, nach denen die Zuständigkeit begründet wird durch:
  a) die Zustellung eines verfahrenseinleitenden Schriftstücks an den Beklagten während dessen vorübergehender Anwesenheit im Vereinigten Königreich;
  b) das Vorhandensein von Vermögenswerten des Beklagten im Vereinigten Königreich oder
  c) die Beschlagnahme von Vermögenswerten im Vereinigten Königreich durch den Kläger.

---

2 Zur Fortgeltung des EuGVÜ im Verhältnis zwischen den Mitgliedstaaten und Dänemark siehe *Rauscher/Staudinger* Einl Rn 15, 24.

## Anhang II

Anträge nach Artikel 39 sind bei folgenden Gerichten oder sonst befugten Stellen einzubringen:

- in Belgien beim *tribunal de première instance* oder bei der *rechtbank van eerste aanleg* oder beim *erstinstanzlichen Gericht*;
- in Deutschland beim Vorsitzenden einer Kammer des Landgerichts;
- in Griechenland beim *Μονομελὲς Πρωτοδικεὶο*;
- in Spanien beim *Juzgado de Primera Instancia*;
- in Frankreich beim Präsidenten des *tribunal de grande instance*;
- in Irland beim *High Court*;
- in Italien bei der *Corte d'appello*;
- in Luxemburg beim Präsidenten des *tribunal d'arrondissement*;
- in den Niederlanden beim Präsidenten der *arrondissementsrechtbank*;
- in Österreich beim Bezirksgericht;
- in Portugal beim *Tribunal de Comarca*;
- in Finnland beim *käräjäoikeus/tingsrätt*;
- in Schweden beim *Svea hovrätt*;
- im Vereinigten Königreich:
  a) in England und Wales beim *High Court of Justice* oder für Entscheidungen in Unterhaltssachen beim *Magistrates' Court* über den *Secretary of State*;
  b) in Schottland beim *Court of Session* oder für Entscheidungen in Unterhaltssachen beim *Sheriff Court* über den *Secretary of State*;
  c) in Nordirland beim *High Court of Justice* oder für Entscheidungen in Unterhaltssachen beim *Magistrates' Court* über den *Secretary of State*.
  d) In Gibraltar beim *Supreme Court of Gibraltar* oder für Entscheidungen in Unterhaltssachen beim *Magistrates' Court* über den *Attorney General of Gibraltar*.

## Anhang III

Die Rechtsbehelfe nach Artikel 43 Absatz 2 sind bei folgenden Gerichten der Mitgliedstaaten einzulegen:

- in Belgien:
  a) im Falle des Schuldners beim *tribunal de première instance* oder bei der *rechtbank van eerste aanleg* oder beim *erstinstanzlichen Gericht*;
  b) im Falle des Antragstellers bei der *cour d'appel* oder beim *hof van beroep*;
- in Deutschland beim Oberlandesgericht;
- in Griechenland beim *Εφετείο*;
- in Spanien bei der *Audiencia Provincial*;
- in Frankreich bei der *cour d'appel*;
- in Irland beim *High Court*;
- in Italien bei der *corte d'appello*;
- in Luxemburg bei der *Cour supérieure de Justice* als Berufungsinstanz für Zivilsachen;

- in den Niederlanden:
  a) im Falle des Schuldners bei der *arrondissementsrechtbank*,
  b) im Falle des Antragstellers beim *gerechtshof*;
- in Österreich beim Bezirksgericht;
- in Portugal beim *Tribunal de Relação*;
- in Finnland *hovioikeus/hovrätt*;
- in Schweden beim *Svea hovrätt*;
- im Vereinigten Königreich:
  a) in England und Wales beim *High Court of Justice* oder für Entscheidungen in Unterhaltssachen beim *Magistrates' Court*;
  b) in Schottland beim *Court of Session* oder für Entscheidungen in Unterhaltssachen beim *Sheriff Court*;
  c) in Nordirland beim *High Court of Justice* oder für Entscheidungen in Unterhaltssachen beim *Magistrates' Court*;
  d) in Gibraltar beim *Supreme Court of Gibraltar* oder für Entscheidungen in Unterhaltssachen beim *Magistrates' Court*.

## Anhang IV

Nach Artikel 44 können folgende Rechtsbehelfe eingelegt werden:
- in Belgien, Griechenland, Spanien, Frankreich, Italien, Luxemburg und den Niederlanden: die Kassationsbeschwerde,
- in Deutschland: die Rechtsbeschwerde,
- in Irland: ein auf Rechtsfragen beschränkter Rechtsbehelf beim *Supreme Court*,
- in Österreich: der Revisionsrekurs,
- in Portugal: ein auf Rechtsfragen beschränkter Rechtsbehelf,
- in Finnland: ein Rechtsbehelf beim *korkein oikeus/högsta domstolen*,
- in Schweden: ein Rechtsbehelf beim *Högsta domstolen*,
- im Vereinigten Königreich: ein einziger auf Rechtsfragen beschränkter Rechtsbehelf.

## Anhang V

### Bescheinigung nach den Artikeln 54 und 58 der Verordnung betreffend gerichtliche Entscheidungen und Prozessvergleiche

(Deutsch, alemán, allemand, tedesco, ...)

1. Ursprungsmitgliedstaat
2. Gericht oder sonst befugte Stelle, das/die die vorliegende Bescheinigung ausgestellt hat
   2.1. Name
   2.2. Anschrift
   2.3. Tel./Fax/E-mail
3. Gericht, das die Entscheidung erlassen hat/vor dem der Prozessvergleich geschlossen wurde
   3.1. Bezeichnung des Gerichts
   3.2. Gerichtsort
4. Entscheidung/Prozessvergleich (*)
   4.1. Datum
   4.2. Aktenzeichen
   4.3. Die Parteien der Entscheidung/des Prozessvergleichs (*)
      4.3.1. Name(n) des (der) Kläger(s)
      4.3.2. Name(n) des (der) Beklagten
      4.3.3. gegebenenfalls Name(n) (der) anderen(r) Partei(en)
   4.4. Datum der Zustellung des verfahrenseinleitenden Schriftstücks, wenn die Entscheidung in einem Verfahren erging, auf das sich der Beklagte nicht eingelassen hat
   4.5. Wortlaut des Urteilsspruchs/des Prozessvergleichs (*) in der Anlage zu dieser Bescheinigung
5. Namen der Parteien, denen Prozesskostenhilfe gewährt wurde

Die Entscheidung/der Prozessvergleich (*) ist im Ursprungsmitgliedstaat vollstreckbar (Artikel 38 und 58 der Verordnung) gegen:

Name:

Geschehen zu: am:

Unterschrift und/oder Dienstsiegel:

* Nichtzutreffendes streichen

## Anhang VI

### Bescheinigung nach Artikel 57 Absatz 4 der Verordnung betreffend öffentliche Urkunden

(Deutsch, alemán, allemand, tedesco, ...)

1. Ursprungsmitgliedstaat
2. Befugte Stelle, die die vorliegende Bescheinigung ausgestellt hat
   2.1. Name
   2.2. Anschrift
   2.3. Tel./Fax/E-mail
3. Befugte Stelle, aufgrund deren Mitwirkung eine öffentliche Urkunde vorliegt
   3.1. Stelle, die an der Aufnahme der öffentlichen Urkunde beteiligt war (falls zutreffend)
      3.1.1. Name und Bezeichnung dieser Stelle
      3.1.2. Sitz dieser Stelle
   3.2. Stelle, die die öffentliche Urkunde registriert hat (falls zutreffend)
      3.2.1. Art der Stelle
      3.2.2. Sitz dieser Stelle
4. Öffentliche Urkunde
   4.1. Bezeichnung der Urkunde
   4.2. Datum
      4.2.1. an dem die Urkunde aufgenommen wurde
      4.2.2. falls abweichend: an dem die Urkunde registriert wurde
   4.3. Aktenzeichen
   4.4. Die Parteien der Urkunde
      4.2.1. Name des Gläubigers
      4.2.2. Name des Schuldners
5. Wortlaut der vollstreckbaren Verpflichtung in der Anlage zu dieser Bescheinigung

Die öffentliche Urkunde ist im Ursprungsmitgliedstaat gegen den Schuldner vollstreckbar (Artikel 57 Absatz 1 der Verordnung)

Geschehen zu: am:

Unterschrift und/oder Dienstsiegel:

## 2. Verordnung (EG) Nr 1347/2000 des Rates vom 29. Mai 2000 über die Zuständigkeit und die Anerkennung und Vollstreckung von Entscheidungen in Ehesachen und in Verfahren betreffend die elterliche Verantwortung für die gemeinsamen Kinder der Ehegatten

ABl EG 2000 L 160/19

**Schrifttum**

**1. Übereinkommen Brüssel II und VO Nr 1347/2000**


*Albers*, in: *Baumbach/Lauterbach/Albers/Hartmann*, ZPO[60] (2002; dort: Anh I § 606a „EheGVVO"), zitiert: *Baumbach/Albers*

*Ancel/Muir Watt*, La désunion européenne: Le Règlement dit 'Bruxelles II', Rev crit 2001, 403

*Bauer*, Neues internationales Verfahrensrecht im Licht der Kindesentführungsfälle, IPRax 2002, 179

*Beaumont/Moir*, Brussels Convention II: A New Private International Law Instrument in Family Matters for the European Union or the European Community?, EuLR 1995, 268

*Becker-Eberhard*, Die Sinnhaftigkeit der Zuständigkeit der EG-VO Nr 1347/2000 („Brüssel II"), in: FS Beys (2003) 93

*Bergerfurth*, Die internationale Scheidungszuständigkeit im EU-Bereich, FFE 2001, 15

*Boele-Woelki*, Brüssel II: Die Verordnung über die Zuständigkeit und die Anerkennung von Entscheidungen in Ehesachen, ZfRV 2001, 121

*Coester-Waltjen*, „Brüssel II" und das „Haager Kindesentführungsübereinkommen" in: FS Werner Lorenz (2001) 305

*Finger*, Die Verordnung (EG) Nr 1347/2000 des Rates v. 29. 5. 2000 (EheGVO), JR 2001, 177

*Fontaine*, Bruxelles II – La nouvelle Convention entre les États de l'Union européenne sur le règlement des conflits transnationaux en matière familiale, Droit & Patrimoine 1999, 22

*Geimer*, in: *Zöller*, ZPO[23] (2002; dort: Anhang II „EG-VO Ehesachen"), zitiert: *Zöller/Geimer*

*Gottwald*, in: *Münchener Kommentar* ZPO[2] Band 3 (2001; dort: „EheGVO"), zitiert: *MünchKomm ZPO/Gottwald*

*Gruber*, Die neue „europäische Rechtshängigkeit" bei Scheidungsverfahren, FamRZ 2000, 1129

*Hau*, Internationales Eheverfahrensrecht in der europäischen Union, FamRZ 1999, 484

*ders*, Das System der internationalen Entscheidungszuständigkeit im europäischen Eheverfahrensrecht, FamRZ 2000, 1333

*ders*, Europäische und autonome Zuständigkeitsgründe in Ehesachen mit Auslandsbezug, FPR 2002, 616

*Hausmann*, Neues internationales Eheverfahrensrecht in der Europäischen Union, EuLF 2000/01, 271, 345

*Helms*, Die Anerkennung ausländischer Entscheidungen im Europäischen Eheverfahrensrecht, FamRZ 2001, 257 *ders*, Internationales Verfahrensrecht für Familiensachen in der Europäischen Union, FamRZ 2002, 1593

*Hohloch*, Internationales Verfahrensrecht in Ehe- und Familiensachen, FFE 2001, 45

*Hüßtege*, in: *Thomas/Putzo*, ZPO[24] (2002; dort: „EheVO"), zitiert: *Thomas/Putzo/Hüßtege*

*Jänterä-Jareborg*, Marriage Dissolution and the Recognition and Enforcement of Judgements in Matrimonial Matters (Brussels II Convention), YB PIL 1999, 1

*Kennett*, Current Developments: Private International Law, The Brussels II Convention, ICLQ 48 (1999) 467

*Kohler*, Internationales Verfahrensrecht für Ehesachen in der Europäischen Union: Die Verordnung „Brüssel II", NJW 2001, 10

*ders*, Status als Ware: Bemerkungen zur europäischen Verordnung über das internationale Verfahrensrecht für Ehesachen, in: *Mansel* (Hrsg), Vergemeinschaftung des Europäischen Kollisionsrechts (2001) 41

*Meyer-Götz*, Verordnung (EG) Nr 1347/2000 des Rates vom 29. 5. 2000 über die Zuständigkeit und die Anerkennung und Vollstreckung von Entscheidungen in Ehesachen und in Verfahren betreffend die elterliche Verantwortung für die gemeinsamen Kinder der Ehegatten (ABl EG 2000 L 160/19), FFE 2001, 17

*Oelkers/Kraeft*, Die deutsche internationale Zuständigkeit nach dem Haager Minderjährigenschutzabkommen (MSA), FuR 2001, 344

*Pirrung*, Europäische justitielle Zusammenarbeit in Zivilsachen – insbesondere das neue Scheidungsübereinkommen, ZEuP 1999, 841

*Polyzogopoulos*, Internationale Zuständigkeit und Anerkennung von Entscheidungen in Ehesachen in der Europäischen Union, in: *Gottwald* (Hrsg), Aktuelle Entwicklungen des Europäischen und Internationale Zivilverfahrensrechts (2002) 133

*Puszkajler*, Das internationale Scheidungs- und Sorgerecht nach Inkrafttreten der Brüssel II-Verordnung, IPRax 2001, 81

*Rausch*, Neue internationale Zuständigkeiten in Familiensachen, FuR 2001, 151

*Rauscher*, Leidet der Schutz der Ehescheidungsfreiheit unter der VO Brüssel II?, in: FS Geimer (2002) 883

*ders*, Wie ordnungsgemäß muß die Zustellung für Brüssel I und Brüssel II sein?, in: FS Beys (2003) 1285

*Sauer*, Internationale Zuständigkeit für die Auflösung und Lockerung des Ehebandes nach deutschem, französischem und europäischem Recht (2003)

*Schack*, Das neue Internationale Eheverfahrensrecht in Europa, RabelsZ 65 (2001) 615

*Schlosser*, EU-Zivilprozessrecht[2] (2003; dort: „Eu-EheVO"), zitiert: *Schlosser*

*Silberman*, The 1996 Convention on Jurisdiction, Applicable Law, Recognition, Enforcement and Co-operation in Respect of Parental Responsibility and Measures fort the Protection of Children: A perspective from the United States, in: FS Siehr (2000) 703

*Simotta*, Die internationale Zuständigkeit Österreichs in eherechtlichen Angelegenheiten – Ein Vergleich zwischen der EheVO und dem autonomen österreichischen Recht, in: FS Geimer (2002) 1115

*Soumampouw*, Parental Responsibilty under Brussels II, in: FS Siehr (2000), 729

*Spellenberg*, Anerkennung eherechtlicher Entscheidungen nach der EheGVO, ZZPInt 6 (2001) 109

*ders*, Die Zuständigkeiten für Eheklagen nach der EheGVO, in: FS Geimer (2002) 1257

*ders*, Einstweilige Maßnahmen nach Art. 12 EheGVO, in: FS Beys (2003) 1583

*Sturlèse*, La signature de la convention de Bruxelles 2 ou quand l'Europe se préoccupe des conflits familiaux, JClP (G) 1998, 1145

*ders*, Le nouvelles règles du droit international privé européen du divorce, Règlement (CE) n° 1347/2000 du Conseil, JClP (G) 2001, 241

*Sturm* Brüssel II und der europäische Standesbeamte, StAZ 2002, 193

*Vareilles-Sommières*, La libre circulation des jugements rendus en matière matrimoniale en Europe, GazPal 1999, 2018

*Vogel*, Internationales Familienrecht – Änderungen und Auswirkungen durch die neue EU-Verordnung, MDR 2000, 1045
*Wagner*, Die Anerkennung und Vollstreckung von Entscheidungen nach der Brüssel II-Verordnung, IPRax 2001, 73
*Watté/Boularbah*, Le règlement communautaire en matière matrimoniale et de responsabilité parentale (Règlement dit «Bruxelles II»), Rev trim dr fam 2000, 539
*Winkel*, Grenzüberschreitendes Sorge- und Umgangsrecht und dessen Vollstreckung (2000).

**2. Zur Reform von Brüssel II („Brüssel II A")**

*Busch*, Schutzmaßnahmen für Kinder und der Begriff der „elterlichen Verantwortung" im internationalen und europäischen Recht – Anmerkungen zur Ausweitung der Brüssel II-Verordnung, IPRax 2003, 318
*Coester-Waltjen*, Multa non multum im internationalen Familienverfahrensrecht, in: FS Geimer (2002) 139
*Helms*, Internationales Verfahrensrecht für Familiensachen in der Europäischen Union, FamRZ 2002, 1593
*Heß*, Der Verordnungsvorschlag der französischen Ratspräsidentschaft vom 26. 6. 2000 über einen „Europäischen Besuchstitel", IPRax 2000, 361
*Kohler*, Auf dem Weg zu einem europäischen Justizraum für das Familien- und Erbrecht, FamRZ 2002, 709
*Winkler von Mohrenfels*, Das europäische Kindesentführungsrecht auf neuem Wege, IPRax 2002, 372.

**Materialien**

**1. Übereinkommen „Brüssel II"**

*Borrás*, Erläuternder Bericht zu dem Übereinkommen aufgrund von Artikel K.3 des Vertrags über die Europäische Union über die Zuständigkeit und die Anerkennung und Vollstreckung von Entscheidungen in Ehesachen vom 16. 7. 1998, ABl EG 1998 C 221/27
*Verde í Aldea/d'Ancona, Europäisches Parlament, Ausschuß für Recht und Bürgerrechte*, Ausschußbericht über den Entwurf eines Übereinkommens [wie vorstehend] vom 16. 4. 1998 mit Stellungnahme des Ausschusses für Recht und Bürgerrechte vom 16. 4. 1998, EP A4-0131/1998
*Rechtsakt des Rates* vom 28. 5. 1998 über die Ausarbeitung des Übereinkommens [wie vorstehend], ABl EG 1998 C 221/1.

**2. Verordnung Nr 1347/2000**

*Kommission der Europäischen Gemeinschaften*, Vorschlag für eine Verordnung (EG) des Rates über die Zuständigkeit und die Anerkennung und Vollstreckung von Entscheidungen in Ehesachen und in Verfahren betreffend die elterliche Verantwortung für die gemeinsamen Kinder der Ehegatten vom 4. 5. 1999, ABl EG 1999 C 247/1, KOM (1999) 220
*Gebhardt/Lehne, Europäisches Parlament, Ausschuß für die Freiheiten und Rechte der Bürger, Justiz und innere Angelegenheiten*, Bericht über den Vorschlag für eine Verordnung des Rates [wie vorstehend] vom 10. 11. 1999, EP A5-0057/1999
*Europäisches Parlament*, Legislative Entschließung zu dem Vorschlag für eine Verordnung des Rates [wie vorstehend] vom 17. 11. 1999, ABl EG 2000 C 189/97
*Wirtschafts- und Sozialausschuss*, Stellungnahme zu dem Vorschlag für eine Verordnung des Rates [wie vorstehend] vom 20. 12. 1999, ABl EG 1999 C 368/23
*Kommission der Europäischen Gemeinschaften*, Geänderter Vorschlag für eine Verordnung des Rates [wie vorstehend] vom 17. 3. 2000, KOM (2000) 151.

**3. Zur Reform von Brüssel II („Brüssel IIA")**

**a) Französische Initiative (Umgangsrecht)**

*Rat der Europäischen Union*, Initiative der Französischen Republik im Hinblick auf die Annahme der Verordnung des Rates über die gegenseitige Vollstreckung von Entscheidungen über das Umgangsrecht vom 7. 7. 2000, ABl EG 2000 C 234/7

*Wirtschafts- und Sozialausschuss*, Stellungnahme zur Initiative der Französischen Republik [wie vorstehend] vom 19. 10. 2000, ABl EG 2001 C 14/82
*Banotti, Europäisches Parlament, Ausschuß für die Freiheiten und Rechte der Bürger, Justiz und innere Angelegenheiten*, Bericht über die Initiative der Französischen Republik [wie vorstehend] vom 24. 10. 2000, EP A5-0311/2000.

**b) Kommissionsvorschlag elterliche Verantwortung**

*Kommission der Europäischen Gemeinschaften*, Arbeitsunterlage der Kommission – Gegenseitige Anerkennung von Entscheidungen über die elterliche Verantwortung vom 27. 3. 2001, KOM (2001) 166
*Kommission der Europäischen Gemeinschaften*, Vorschlag für eine Verordnung des Rates über die Zuständigkeit und die Anerkennung und Vollstrekkung von Entscheidungen über die elterliche Verantwortung vom 6. 9. 2001, ABl EG 2001 C 332/269, KOM (2001) 505
*Wirtschafts- und Sozialausschuss*, Stellungnahme zu dem Vorschlag für eine Verordnung des Rates [wie vorstehend] vom 17. 1. 2002, ABl EG 2002 C 80/41
*Kommission der Europäischen Gemeinschaften*, Mitteilung der Kommission (betreffend die Rücknahme des Vorschlags für eine Verordnung des Rates [wie vorstehend]) vom 6. 6. 2002, KOM (2002) 297.

**c) Kommissionsvorschlag zur Erweiterung der Brüssel II-VO („Brüssel IIA")**

*Kommission der Europäischen Gemeinschaften*, Vorschlag für eine Verordnung des Rates über die Zuständigkeit und die Anerkennung und Vollstrekkung von Entscheidungen in Ehesachen und in Verfahren betreffend die elterliche Verantwortung zur Aufhebung der Verordnung (EG) Nr 1347/2000 und zur Änderung der Verordnung EG Nr 44/2001 in Bezug auf Unterhaltssachen vom 7. 5. 2002, ABl EG 2002 C 203E/155, KOM (2002) 222/2
*Wirtschafts- und Sozialausschuss*, Stellungnahme zu dem Vorschlag für eine Verordnung des Rates [wie vorstehend] vom 18. 9. 2002, ABl EG 2003 C 61/76
*Banotti, Europäisches Parlament, Ausschuss für die Freiheiten und Rechte der Bürger, Justiz und innere Angelegenheiten*, Bericht über den Vorschlag für eine Verordnung des Rates [wie vorstehend] vom 7. 11. 2002, EP A5-0385/2002
*Europäisches Parlament*, Stellungnahme zu dem Vorschlag für eine Verordnung des Rates [wie vorstehend] vom 20. 11. 2002, EP T5-0543/2002
*Kommission der europäischen Gemeinschaften*, Stellungnahme zu Änderungsanträgen des Europäischen Parlaments vom 20. 11. 2002 (Ablehnung, unveröffentlicht)
*Politische Einigung des Rates*, vom 28. 11. 2002, Bulletin 2002/11/1.4.17, dazu: *Vermerke des Vorsitzes* vom 26. 11. 2002 Nr 14733/02 JUSTCIV 184, vom 6. 12. 2002 Nr 15280/02 JUSTCIV 192, vom 10. 12. 2002 Nr 15367/02 JUSTCIV 195, vom 20. 12. 2002 Nr 15772/02 JUSTCIV 202 und des *künftigen Vorsitzes* vom 28. 10. 2002 Nr 13436/02 JUSTCIV 163, vom 8. 11. 2002 Nr 13940/02 JUSTCIV 175, vom 20. 12. 2002 Nr 15773/02 JUSTCIV 203.

DER RAT DER EUROPÄISCHEN UNION* –

**gestützt auf den Vertrag zur Gründung der Europäischen Gemeinschaft, insbesondere auf Artikel 61 Buchstabe c) und Artikel 67 Absatz 1, auf Vorschlag der Kommission[1], nach**

* Die zu den Erwägungsgründen nachfolgend abgedruckten Fußnoten sind Teil des im ABl EG veröffentlichten amtlichen Textes.

[1] ABl C 247 vom 31. 8. 1999, S 1.

Stellungnahme des Europäischen Parlaments[2], nach Stellungnahme des Wirtschafts- und Sozialausschusses[3], in Erwägung nachstehender Gründe:

(1) Die Mitgliedstaaten haben sich zum Ziel gesetzt, die Union als einen Raum der Freiheit, der Sicherheit und des Rechts, in dem der freie Personenverkehr gewährleistet ist, zu erhalten und weiterzuentwickeln. Zum schrittweisen Aufbau dieses Raums hat die Gemeinschaft unter anderem im Bereich der justitiellen Zusammenarbeit in Zivilsachen die für das reibungslose Funktionieren des Binnenmarkts erforderlichen Maßnahmen zu erlassen.

(2) Für das reibungslose Funktionieren des Binnenmarkts muß der freie Verkehr der Entscheidungen in Zivilsachen verbessert und beschleunigt werden.

(3) Dieser Bereich unterliegt nunmehr der justitiellen Zusammenarbeit in Zivilsachen im Sinne von Artikel 65 des Vertrags.

(4) Die Unterschiede zwischen bestimmten einzelstaatlichen Zuständigkeitsregeln und bestimmten Rechtsvorschriften über die Vollstreckung von Entscheidungen erschweren sowohl den freien Personenverkehr als auch das reibungslose Funktionieren des Binnenmarkts. Es ist daher gerechtfertigt, Bestimmungen zu erlassen, um die Vorschriften über die internationale Zuständigkeit in Ehesachen und in Verfahren über die elterliche Verantwortung zu vereinheitlichen und die Formalitäten im Hinblick auf eine rasche und unkomplizierte Anerkennung von Entscheidungen und deren Vollstreckung zu vereinfachen.

(5) Nach Maßgabe des in Artikel 5 des Vertrags niedergelegten Subsidiaritäts- und Verhältnismäßigkeitsprinzips können die Ziele dieser Verordnung auf der Ebene der Mitgliedstaaten nicht ausreichend erreicht werden; sie können daher besser auf Gemeinschaftsebene verwirklicht werden. Diese Verordnung geht nicht über das für die Erreichung dieser Ziele erforderliche Maß hinaus.

(6) Der Rat hat mit Rechtsakt vom 28. Mai 1998[4] ein Übereinkommen über die Zuständigkeit und die Anerkennung und Vollstreckung von Entscheidungen in Ehesachen erstellt und das Übereinkommen den Mitgliedstaaten zur Annahme gemäß ihren verfassungsrechtlichen Vorschriften empfohlen. Die bei der Aushandlung dieses Übereinkommens erzielten Ergebnisse sollten gewahrt werden; diese Verordnung übernimmt den wesentlichen Inhalt des Übereinkommens. Sie enthält jedoch einige nicht im Übereinkommen enthaltene neue Bestimmungen, um eine Übereinstimmung mit einigen Bestimmungen der vorgeschlagenen Verordnung über die gerichtliche Zuständigkeit und die Anerkennung und Vollstreckung von Urteilen in Zivil- und Handelssachen sicherzustellen.

(7) Um den freien Verkehr der Entscheidungen in Ehesachen und in Verfahren über die elterliche Verantwortung innerhalb der Gemeinschaft zu gewährleisten, ist es angemessen und erforderlich, daß die grenzübergreifende Anerkennung der Zuständigkeiten und der Entscheidungen über die Auflösung einer Ehe und über die elterliche Verantwortung für die gemeinsamen Kinder der Ehegatten im Wege eines Gemeinschaftsrechtsakts erfolgt, der verbindlich und unmittelbar anwendbar ist.

---

2 Stellungnahme vom 17. 11. 1999 (noch nicht im Amtsblatt veröffentlicht).

3 ABl C 368 vom 20. 12. 1999, S 23.

4 ABl C 221 vom 16. 7. 1998, S 1. Der Rat hat am Tag der Fertigstellung des Übereinkommens den erläuternden Bericht zu dem Übereinkommen von Frau Professor Alegría Borrás zur Kenntnis genommen. Dieser erläuternde Bericht ist auf Seite 27 ff. des vorstehenden Amtsblattes enthalten.

(8) In der vorliegenden Verordnung sind kohärente und einheitliche Maßnahmen vorzusehen, die einen möglichst umfassenden Personenverkehr ermöglichen. Daher muß die Verordnung auch auf Staatsangehörige von Drittstaaten Anwendung finden, bei denen eine hinreichend enge Verbindung zu dem Hoheitsgebiet eines Mitgliedstaats gemäß den in der Verordnung vorgesehenen Zuständigkeitskriterien gegeben ist.
(9) Der Anwendungsbereich dieser Verordnung sollte zivilgerichtliche Verfahren sowie außergerichtliche Verfahren einschließen, die in einigen Mitgliedstaaten in Ehesachen zugelassen sind, mit Ausnahme von Verfahren, die nur innerhalb einer Religionsgemeinschaft gelten. Es muß daher darauf hingewiesen werden, daß die Bezeichnung „Gericht" alle gerichtlichen und außergerichtlichen Behörden einschließt, die für Ehesachen zuständig sind.
(10) Diese Verordnung sollte nur für Verfahren gelten, die sich auf die Ehescheidung, die Trennung ohne Auflösung des Ehebandes oder die Ungültigerklärung einer Ehe beziehen. Die Anerkennung einer Ehescheidung oder der Ungültigerklärung einer Ehe betrifft nur die Auflösung des Ehebandes. Dementsprechend erstreckt sich die Anerkennung von Entscheidungen nicht auf Fragen wie das Scheidungsverschulden, das Ehegüterrecht, die Unterhaltspflicht oder sonstige mögliche Nebenaspekte, auch wenn sie mit dem vorgenannten Verfahren zusammenhängen.
(11) Diese Verordnung betrifft die elterliche Verantwortung für die gemeinsamen Kinder der Ehegatten in Fragen, die in engem Zusammenhang mit einem Antrag auf Scheidung, Trennung ohne Auflösung des Ehebandes oder Ungültigerklärung einer Ehe stehen.
(12) Die Zuständigkeitskriterien gehen von dem Grundsatz aus, daß zwischen dem Verfahrensbeteiligten und dem Mitgliedstaat, der die Zuständigkeit wahrnimmt, eine tatsächliche Beziehung bestehen muß. Die Auswahl dieser Kriterien ist darauf zurückzuführen, daß sie in verschiedenen einzelstaatlichen Rechtsordnungen bestehen und von den anderen Mitgliedstaaten anerkannt werden.
(13) Eine Eventualität, die im Rahmen des Schutzes der gemeinsamen Kinder der Ehegatten bei einer Ehekrise berücksichtigt werden muß, besteht in der Gefahr, daß das Kind von einem Elternteil in ein anderes Land verbracht wird. Die grundlegenden Interessen der Kinder sind daher insbesondere in Übereinstimmung mit dem Haager Übereinkommen vom 25. Oktober 1980 über die zivilrechtlichen Aspekte internationaler Kindesentführung zu schützen. Der rechtmäßige gewöhnliche Aufenthalt wird daher als Zuständigkeitskriterium auch in den Fällen beibehalten, in denen sich der Ort des gewöhnlichen Aufenthalts aufgrund eines widerrechtlichen Verbringens oder Zurückhaltens des Kindes faktisch geändert hat.
(14) Diese Verordnung hindert die Gerichte eines Mitgliedstaats nicht daran, in dringenden Fällen einstweilige Maßnahmen einschließlich Sicherungsmaßnahmen in bezug auf Personen oder Vermögensgegenstände, die sich in diesem Staat befinden, anzuordnen.
(15) Der Begriff „Entscheidung" bezieht sich nur auf Entscheidungen, mit denen eine Ehescheidung, Trennung ohne Auflösung des Ehebandes oder Ungültigerklärung einer Ehe herbeigeführt wird. Öffentliche Urkunden, die im Ursprungsmitgliedstaat aufgenommen und vollstreckbar sind, sind solchen „Entscheidungen" gleichgestellt.
(16) Die Anerkennung und Vollstreckung von Entscheidungen der Gerichte der Mitgliedstaaten beruhen auf dem Grundsatz des gegenseitigen Vertrauens. Die Gründe für die Nichtanerkennung einer Entscheidung sind auf das notwendige Mindestmaß beschränkt. Im Rahmen des Verfahrens sollten allerdings Bestimmungen gelten, mit denen die Wahrung der öffentlichen Ordnung des ersuchten Staats und die Verteidigungsrechte der Parteien, einschließlich

der persönlichen Rechte aller betroffenen Kinder, gewährleistet werden und zugleich vermieden wird, daß miteinander nicht zu vereinbarende Entscheidungen anerkannt werden.

(17) Der ersuchte Staat darf weder die Zuständigkeit des Ursprungsstaats noch die Entscheidung in der Sache überprüfen.

(18) Für die Beschreibung in den Personenstandsbüchern eines Mitgliedstaats aufgrund einer in einem anderen Mitgliedstaat ergangenen rechtskräftigen Entscheidung kann kein besonderes Verfahren vorgeschrieben werden.

(19) Das Übereinkommen von 1931 zwischen den nordischen Staaten sollte in den Grenzen dieser Verordnung weiter angewandt werden können.

(20) Spanien, Italien und Portugal haben vor Aufnahme der in dieser Verordnung geregelten Materien in den EG-Vertrag Konkordate mit dem Heiligen Stuhl geschlossen. Es gilt daher zu vermeiden, daß diese Mitgliedstaaten gegen ihre internationalen Verpflichtungen gegenüber dem Heiligen Stuhl verstoßen.

(21) Den Mitgliedstaaten muß es freistehen, untereinander Modalitäten zur Durchführung dieser Verordnung festzulegen, solange keine diesbezüglichen Maßnahmen auf Gemeinschaftsebene getroffen wurden.

(22) Die Anhänge I bis III betreffend die zuständigen Gerichte und die Rechtsbehelfe sollten von der Kommission anhand der von dem betreffenden Mitgliedstaat mitgeteilten Änderungen angepaßt werden. Änderungen der Anhänge IV und V sind gemäß dem Beschluß 1999/468/EG des Rates vom 28. Juni 1999 zur Festlegung der Modalitäten für die Ausübung der der Kommission übertragenen Durchführungsbefugnisse[5] zu beschließen.

(23) Spätestens fünf Jahre nach Inkrafttreten dieser Verordnung sollte die Kommission die Anwendung der Verordnung prüfen und gegebenenfalls erforderliche Änderungen vorschlagen.

(24) Das Vereinigte Königreich und Irland haben gemäß Artikel 3 des dem Vertrag über die Europäische Union und dem Vertrag zur Gründung der Europäischen Gemeinschaft beigefügten Protokolls über die Position des Vereinigten Königreichs und Irlands mitgeteilt, daß sie sich an der Annahme und Anwendung dieser Verordnung beteiligen möchten.

(25) Dänemark wirkt gemäß den Artikeln 1 und 2 des dem Vertrag über die Europäische Union und dem Vertrag zur Gründung der Europäischen Gemeinschaft beigefügten Protokolls über die Position Dänemarks an der Annahme dieser Verordnung nicht mit. Diese Verordnung ist daher für diesen Staat nicht verbindlich und ihm gegenüber nicht anwendbar

HAT FOLGENDE VERORDNUNG ERLASSEN:

## Vorbemerkungen

**I. Rechtsgrundlage – Verhältnis zum nationalen Recht**
1. Rechtsgrundlage, Zweck ............. 1
2. Kritik an der Inanspruchnahme der Kompetenz ............................ 2
3. Verhältnis zum nationalen und völkervertraglichen Recht ........... 4

**II. Verhältnis zu Brüssel I – Sachlicher Anwendungsbereich**
1. Brüssel I .............................. 8

[5] ABl L 184 vom 17. 7. 1999, S 23.

2. Sachlicher Anwendungsbereich – Erweiterung .......................... 9

**III. Räumlicher Anwendungsbereich**

1. Geltungsbereich: „Mitgliedstaaten" .. 10
2. Anwendungsbereich: Zuständigkeitsbestimmungen ........................ 12
3. Anwendungsbereich: Urteilsanerkennung und -vollstreckung ............. 14

**IV. Auslegung – insbesondere durch den EuGH**

1. Auslegungsgrundsätze .............. 15
2. Auslegungskompetenz des EuGH
a) Konkretes Vorlageverfahren ...... 18
b) Abstraktes Vorlageverfahren ...... 20

## I. Rechtsgrundlage – Verhältnis zum nationalen Recht

### 1. Rechtsgrundlage, Zweck

1 Die VO[1] beruht auf der Kompetenzzuweisung in Art 61 lit c EGV idF von Amsterdam. Sie ist als eine der Maßnahmen zur **justitiellen Zusammenarbeit in Zivilsachen** gemäß Art 65 EGV Teil des Aktionsplans der Kommission der EG zur Schaffung eines Raumes der Freiheit, der Sicherheit und des Rechts in der EU[2]. Ziel ist die Herstellung der Anerkennungs- und Vollstreckungsfähigkeit von Entscheidungen in Ehesachen. Angesichts wachsender Zahlen innergemeinschaftlich-binationaler Ehen und bestehender erheblicher Unterschiede in den Scheidungsrechten der Mitgliedstaaten bestand ein nicht nur theoretisches Risiko hinkender Ehescheidungen, was offenkundig negativen Einfluß auf die Niederlassungsfreiheit haben muß.[3]

### 2. Kritik an der Inanspruchnahme der Kompetenz

2 **a)** Die Verwirklichung dieses zustimmungswürdigen Zieles ist nicht notwendig mit der Inanspruchnahme der **Verordnungskompetenz** verbunden. Die VO entspricht weitgehend dem EWG-Übereinkommen vom 28. 5. 1998[4], dessen Inkraftsetzung durch den Erlaß der Verordnung überholt wurde. Die Rechtslage weicht daher im Verhältnis zu Mitgliedstaaten (der EG), die nicht Mitgliedstaaten iSd Verordnung sind,[5] von der Rechtslage bei der Verordnung *Brüssel I* ab: Hier ist ein Mitgliedstaat, der nicht Mitgliedstaat iSd der VO ist, wie ein Drittstaat zu behandeln; ein subsidiär eingreifendes Übereinkommen fehlt hier.

3 **b)** Die weitreichende Auslegung und **Inanspruchnahme dieser Kompetenz** durch die Kommission ist im Schrifttum nicht nur vereinzelt auf Kritik gestoßen. Art 293 EGV sieht weiterhin, wie schon Art 220 EWGV, die Möglichkeit der Vereinfachung der Förmlichkeiten der gegenseitigen Anerkennung und Vollstreckung richterlicher

---

1 „Die VO" bezeichnet im folgenden die Verordnung, die Gegenstand der Kommentierung ist.

2 Vom 23. 1. 1999 ABl EG 1999 C 19/1, 12.

3 *MünchKommZPO/Gottwald* Vorbem Rn 1.

4 ABl EG 1998 C 221/1; dazu *Pirrung* ZEuP 1999, 841.

5 Unten Rn 10.

Entscheidungen durch völkervertragliche EG-Übereinkommen vor. Die von der Kommission sehr schnell vollzogene völlige Verlagerung aus der *dritten* in die *erste* europarechtliche Säule bietet nicht nur Chancen, sondern auch Risiken. Das Rechtsetzungsverfahren teilt nun die demokratischen Defizite des Richtlinien- und Verordnungsrechts, die im Ratifikationsverfahren gewährleistete demokratische Legitimation entfällt. Die Erforderlichkeit für den gemeinsamen Markt wird in breitem Rahmen unterstellt, kann aber gerade im Bereich des Familienrechts angezweifelt werden. Angesichts der Unterschiedlichkeit der materiellen Scheidungsrechte besteht ein unbestreitbar schützenswertes Vertrauen des Bürgers eines Mitgliedstaats, sich in Personenstandssachen unter dessen Schutz stellen zu können. Insoweit fehlt es schlechterdings in Europa noch an der Gleichwertigkeit des Rechtsschutzes, die Voraussetzung für ein zentralistisches Zuständigkeitssystem sein müßte. Ein Blick auf die Erfahrungen der USA, die das Ziel des Mehrrechtsstaates mit mobiler Bevölkerung, von dem die EU träumt, trotz bundesstaatlicher Regeln der *jurisdiction* längst erreicht haben, läßt überdies zweifeln, ob es der Zentralisierung des Zuständigkeitsrechts in Ehesachen jemals bedurft hätte, um die Verkehrsfähigkeit von Ehesachenentscheidungen zu gewährleisten. Ein rahmenrechtlicher Katalog zulässiger, die Jurisdiktion begründender *minimum contacts*, deren Ausgestaltung dem nationalen Recht überlassen wird, könnte als Grundlage einer wechselseitigen Anerkennungspflicht durchaus genügen.

Dem Vorteil der automatischen Erstreckung der Verordnung auf EG-Neumitgliedstaaten steht zudem der Nachteil gegenüber, daß Beitrittsverhandlungen zum Brüsseler Übereinkommen immer auch willkommenen Anlaß zu Korrekturen und Ergänzungen boten. Insoweit hängt nun viel davon ab, daß die Kommission nicht nur in der Konzentrationsphase Eifer entwickelt, sondern die Verordnungen mit demselben Eifer und der Bereitschaft zur Korrektur begleitet.[6]

Die Gefahr der Abschottung gegenüber **Drittstaaten**, zu denen nationales Recht die Materie in Ehesachen beherrscht, wächst, zumal die Rechtsnatur als Verordnung die bei dem Luganer Übereinkommen von 1988 im Verhältnis zum Brüsseler EWG-Übereinkommen von 1968 erprobte Technik des Parallelübereinkommens erschwert.

Soweit die Materie durch **multilaterale Völkerverträge** erfaßt ist, insbesondere also im Sorgerecht, wo das Haager MSA durch das Haager KSÜ[7] abgelöst werden soll, steht zudem die Sinnhaftigkeit einer EG-Lösung in Zweifel, die zu einer Organisations- und Normvermehrung in parallelen Rechtsinstrumenten führt, ohne daß ein sachlicher Gewinn erkennbar ist. Durch Einbeziehung des Sorgerechts entstehen zudem Friktionen, die durch den Versuch der Orientierung am KSÜ nicht vermieden wurden, zumal die VO nur Sorgemaßnahmen anlässlich von Ehesachen erfaßt. Schon die Notwendig-

---

[6] Vgl zum ganzen *Schack* ZEuP 1999, 805; *Linke*, in: FS Geimer (2002) 529ff; *Heß* NJW 2000, 23; *Leible/Staudinger* EuLF 2000/01, 225.

[7] Haager Übereinkommen über die Zuständigkeit, das anzuwendende Recht, die Anerkennung, Vollstreckung und Zusammenarbeit auf dem Gebiet der elterlichen Verantwortung und der Maßnahmen zum Schutz von Kindern vom 19. 10. 1996; zum Beitritt unten Rn 9, Fn 27, 27a.

keit von Brüssel II selbst ist nur begründbar vor dem Hintergrund der fehlenden Akzeptanz des *Haager Übereinkommens über die Anerkennung von Ehescheidungen und Ehetrennungen* vom 1. 6. 1970.[8]

Ob die unter dem Reformprojekt „Brüssel II A"[9] angetretene Flucht nach vorn aus dem Dilemma durch Einbeziehung aller Sorgesachen in die Brüssel II-VO den Problemen abhilft, erscheint fraglich. Hier wäre Selbstbeschränkung bei gleichzeitiger Förderung der Zeichnung der Haager Übereinkommen durch künftige EU-Mitgliedstaaten sinnvoller.

**3. Verhältnis zum nationalen und völkervertraglichen Recht**

4 **a)** Als Rechtsakt des **sekundären Gemeinschaftsrechts** geht die VO in ihrem Anwendungsbereich (unten II, III) den Bestimmungen des nationalen Verfahrensrechts vor. Daraus folgt jedoch grundsätzlich nur eine vorrangige Anwendung; in welchem Umfang Bestimmungen der VO das nationale Recht *verdrängen*, also auch einen subsidiären Rückgriff ausschließen, muß daher für die Zuständigkeitsregeln und die Anerkennungsregeln gesondert aus dem Geltungsanspruch der Verordnung erschlossen werden.

5 **b)** Die **Zuständigkeitsregeln** von ZPO und FGG (§§ 606a, 621 Abs 1 Nr 1-3, 621a Abs 1 ZPO, §§ 64, 43, 35b FGG) werden im Anwendungsbereich der VO verdrängt, soweit Art 7 die Zuständigkeiten der Art 2 bis 6 der VO für ausschließlich erklärt. Hingegen bleiben die nationalen Bestimmungen als Restzuständigkeiten anwendbar, soweit Art 8 eingreift.[10] Offen ist, in welchem Umfang nationale Zuständigkeitsregeln anwendbar sind, wenn zwar die Ausschließlichkeitsvoraussetzungen des Art 7 nicht vorliegen, jedoch auch Art 8 nicht eingreift, weil sich aus Art 2 ff der VO durchaus eine Zuständigkeit ergäbe.[11]

Die internationale Zuständigkeit für Folgesachen im **Scheidungsverbund** folgt dagegen, soweit die jeweilige Folgesache durch die VO nicht erfaßt ist, wie bisher den nationalen Zuständigkeitsregeln, soweit nicht andere europa-[12] oder völkerrechtliche Rechtsquellen Vorrang haben. Eine *internationale Verbundzuständigkeit* für Folgesachen in dem nach der VO bestimmten Gerichtsstand der Ehesache kann also auf §§ 621 Abs 3, 623 ZPO gestützt werden (zB Ehegüterrecht, Versorgungsausgleich).[13]

6 **c)** Die **Anerkennung und Vollstreckung** einer von einem Gericht eines Mitgliedstaates erlassenen Entscheidung iSd Art 13 beurteilt sich im sachlichen Anwendungsbe-

---

[8] Das in mehr als der Hälfte der Mitgliedstaaten sowie der Beitrittstaaten 2004 gilt.

[9] Oben Schrifttum 2, Materialien 3; unten Rn 9.

[10] *Gruber* FamRZ 2000, 1129; *Vogel* MDR 2000, 1045; *Wagner* IPRax 2002, 75; *Baumbach/Albers* Einführung Rn 4; *Thomas/Putzo/Hüßtege* Vorbem vor Art 1 Rn 7.

[11] Dazu Art 7 Rn 5 ff.

[12] ZB die Brüssel I-VO.

[13] *Hau* FamRZ 2000, 1337; *MünchKommZPO/Gottwald* Vor Art 1 Rn 5, 6; *Zöller/Geimer* Art 1 Rn 3.

reich der VO ausschließlich nach deren Art 14ff, die Vollstreckung ausschließlich nach Art 21ff.[14] Daß nationales Anerkennungsrecht im Einzelfall anerkennungsfreundlicher wäre, ist wegen des engen Katalogs der Anerkennungshindernisse in Art 15ff nicht vorstellbar, so daß für ein Günstigkeitsprinzip kein Bedarf besteht. Erschwernisse des nationalen Rechts sind ohnehin nicht anzuwenden; dies betrifft nicht nur die sachlichen Anerkennungs- und Vollstreckungsvoraussetzungen (§§ 328, 722, 723 ZPO, § 16a FGG), sondern auch das Anerkennungsmonopol nach Art 7 § 1 FamRÄndG. Im Anwendungsbereich der VO gilt das Prinzip der Inzidentanerkennung (Art 14 Abs 1); stellt sich die Anerkennungsfähigkeit einer Entscheidung aus einem Mitgliedstaat als Vorfrage, so entscheidet jede Behörde und jedes Gericht inzident.[15] Eine rechtskräftige Feststellung der Anerkennungsfähigkeit ist nur nach Art 14 Abs 3 erreichbar. Das Verfahren bestimmt sich gemäß § 25 AVAG.

**d)** Das Verhältnis der VO zu **Völkerverträgen** mit (partiell) übereinstimmendem Regelungsgehalt ist in Art 36 für EG-interne Verträge und in Art 37 für multilaterale Übereinkommen gesondert geregelt. Tendenziell wird versucht, der VO als internem Instrument des EG-Rechts so weit wie möglich Vorrang auch gegenüber älteren völkervertraglichen Instrumenten zu verleihen, ohne in die völkerrechtlichen Bindungen der Mitgliedstaaten einzugreifen. Deshalb ersetzt die VO EG-interne Verträge (Art 36 Abs 1) mit Ausnahme des in Art 36 Abs 2 vorbehaltenen nordischen Übereinkommens, das auch im Verhältnis zu Nicht-Mitgliedstaaten besteht[16]. Gegenüber multilateralen Übereinkommen unter Beteiligung dritter Staaten beansprucht die VO nur in den in Art 37 genannten Fällen Vorrang und auch dann nur in den Beziehungen der Mitgliedstaaten, damit sich kein Konflikt zur äußeren Vertragstreue der Mitgliedstaaten ergibt.[17] 7

Soweit Konflikte im Verhältnis zum *Haager Kindesentführungsübereinkommen*[18] auftreten, sind die Zuständigkeiten nach Art 2ff nicht verdrängt, jedoch im Einklang mit dem Haager Übereinkommen auszuüben (Art 4).[19]

## II. Verhältnis zu Brüssel I – Sachlicher Anwendungsbereich

### 1. Brüssel I

Die VO füllt einen Teil der in Art 1 Abs 2 Nr 1 EuGVÜ vorgesehenen und in die Brüssel I-VO übernommenen sachlichen Anwendungsausnahme zum Personenstand, 8

---

[14] *Baumbach/Albers* Einführung Rn 4; *Thomas/Putzo/Hüßtege* Vorbem Art 1 Rn 8.

[15] *Vogel* MDR 2000, 1049; *Baumbach/Albers* Einführung Rn 5; *Thomas/Putzo/Hüßtege* Vorbem vor Art 1 Rn 8.

[16] Im einzelnen zu Art 36.

[17] Im einzelnen zu Art 37.

[18] Haager Übereinkommen über die zivilrechtlichen Aspekte internationaler Kindesentführung vom 25. 10. 1980 BGBl 1990 II 207.

[19] Vgl *Coester-Waltjen*, in: FS Lorenz (2001) 305; im einzelnen zu Art 4.

so daß es nicht zu Überschneidungen kommt.[20] Auch soweit Folgesachenentscheidungen zu Personenstandsentscheidungen der Brüssel I-VO oder dem EuGVÜ unterfallen, insbesondere der nacheheliche Unterhalt[21] im Scheidungsverbund, sind sie von der VO sachlich nicht erfaßt; die Zuständigkeit bestimmt sich wie bisher nach der Brüssel I-VO, der Verbund ergibt sich aus § 623 ZPO.[22] In ihrer Struktur lehnt sich die VO mit notwendigen Modifikationen, die vor allem das Zuständigkeitsrecht betreffen, an das Modell von Brüssel I an. Die Übernahme von Begrifflichkeiten, insbesondere im Anerkennungsrecht, erlaubt eine Anlehnung in Auslegungsfragen.

## 2. Sachlicher Anwendungsbereich – Erweiterung

9 Der ursprüngliche, in Art 1 Abs 1 geregelte Anwendungsbereich umfaßt nur einen Teil der europäischer Freizügigkeit bedürftigen familien- und personenstandsrechtlichen Entscheidungen. In der ersten Fassung (VO Nr 1347/2000) sind nur Ehesachen und mit ihnen verbundene Sorgerechtssachen geregelt.[23] Nach ursprünglichen Initiativen, weitere Materien in gesonderten Zuständigkeits- und Vollstreckungsverordnungen zu erfassen,[24] beschritt die Kommission mit dem Vorschlag einer auch die bisherigen Materien umfassenden neuen VO den Weg zu einer einheitlichen und umfassenden Regelung für Ehesachen, elterliche Verantwortung und Umgangsregelungen.[25] In welchem Umfang und mit welchen Modifikationen die im *Haager Kindesentführungsübereinkommen* erfaßte Thematik in die VO aufgenommen werden wird, ist politisch umstritten.[26]

Da nach längerer Unklarheit die Mitgliedstaaten nun ermächtigt sind, das KSÜ im Interesse der Gemeinschaft zu zeichnen,[27] und die Ermächtigung zur Ratifizierung bevorsteht,[27a] schiene es zur Vermeidung unsinniger Normkonkurrenzen und Inhaltswider-

---

[20] *Thomas/Putzo/Hüßtege* Vorbem vor Art 1 Rn 6.

[21] EuGH Rs 120/79 *de Cavel/de Cavel* EuGHE 1980, 731; *Zöller/Geimer* Art 1 Rn 3.

[22] Vgl auch oben Rn 5.

[23] Im einzelnen zu Art 1.

[24] Französische Initiative für eine VO zur Vollstreckung von Umgangstiteln (dazu oben Materialien 3 a), Kommissionsinitiative für eine Zuständigkeits- und Vollstreckungs-VO für Entscheidungen über die elterliche Verantwortung (dazu Materialien 3 b).

[25] Text im Anschluß an die Kommentierung der Brüssel II-VO unter Nr 2 a abgedruckt.

[26] Hier wurde im Rat ein politischer Kompromiß gefunden (Bulletin 2002/11/1.4.17 v 28. 11. 2002), der das Prozedere der Haager Übereinkommen in Kindesentführungsfällen übernimmt, zwischen den Mitgliedstaaten aber beschleunigen soll. Ein geänderter Entwurf ist bei Redaktionsschluß noch nicht verfügbar.

[27] Ratsbeschluß ABl EG 2003 L 48/1 auf Vorschlag der Kommission KOM (2001) 680 endg, die im Anschluß an EuGH Rs 22/70 **Kommission/Rat (AETR)** EuGHE 1971, 263 eine Außenkompetenz der EU beansprucht hatte, nur die Niederlande hatten bereits am 1. 9. 1997 gezeichnet; alle bisherigen Mitgliedstaaten hatten die Klärung der zwischen Rat und Kommission strittigen Kompetenzfrage abgewartet und haben nun am 1. 4. 2003 gezeichnet.

[27a] Vorschlag der Kommission für einen Beschluß des Rates vom 17. 6. 2003, KOM (2003) 348 endg, mit detaillierter Darstellung der Rechtslage aus Sicht der Kommission.

sprüche wohl am klügsten, in einer Neufassung der Brüssel II-VO die **Regelungen zur elterlichen Verantwortung zu streichen**, statt sie auszudehnen und krampfhaft nach Ideen zu suchen, die sich vom Konzept des KSÜ absetzen. Dies würde aus dem Entwurf einer Brüssel IIA-VO vor allem die ursprüngliche französische Initiative zur Vollstreckung von **Umgangs-** und **Kindesherausgabeentscheidungen** übrig lassen, die eine unmittelbare Vollstreckung ohne Exequatur anstrebt.

Jenseits der Zweifel an der Sinnhaftigkeit der Reformarbeiten ist – sofern die Anwendung auf die elterliche Sorge ausgebaut wird – die angestrebte **Konzentration in einem Rechtsinstrument** zu begrüßen, weil eine Zersplitterung vermieden wird. Kritik verdient jedoch die dabei gewählte Technik: In einer Neufassung von Brüssel II die Numerierung der VO Nr 1347/2000 erheblich umzustellen, mag zwar für große Reformen wie den EGV unvermeidbar sein, bedeutet aber in diesem Fall für die Praxis eine unnötige Zumutung. Zudem befindet sich die Kommission auf dem besten Weg zur Entwicklung eines europäischen Zuständigkeits- und Vollstreckungsgesetzbuchs übermäßigen Umfangs. Eine Materie, die im deutschen und fast allen anderen europäischen Prozeßrechten mit etwa zehn Bestimmungen auskam[28], umfaßt im Vorschlag von Brüssel IIA über 50 Bestimmungen.[29]

Werden in Zukunft noch die Lücken im Ehegüterrecht geschlossen, so dürfte ein erneuter Eingriff in die Brüssel II-VO vermieden werden; eine solche Regelung soll wegen der tatsächlichen Zusammenhänge mit dem in Art 1 Abs 2 Brüssel I-VO ebenfalls ausgenommenen Erbrecht von einer „Brüssel III-VO" erfaßt werden.[30]

### III. Räumlicher Anwendungsbereich

#### 1. Geltungsbereich: „Mitgliedstaaten"

**a)** Als sekundäres EG-Recht hat die VO unmittelbar in jedem Mitgliedstaat **Geltung** 10
(Art 249 Abs 2 EGV), ist also von dortigen Gerichten und Behörden ohne weiteren Umsetzungsakt anzuwenden. Die Geltung für *überseeische Gebiete* von Mitgliedstaaten bestimmt sich nach Art 299 EGV.[31]

Der **intertemporale Anwendungsbereich** ist für die erstmalige Inkraftsetzung am 1. 3. 2001 (Art 46) durch die VO Nr 1347/2000 in deren Art 42 geregelt. Der EG beitretende Staaten werden hierdurch ohne weiteres „Mitgliedstaaten" iSd VO. Auf die Geltung der VO für im Beitrittszeitpunkt laufende Verfahren oder auf Urteile aus solchen Ver-

---

[28] Vgl oben Rn 5, 6.

[29] Die Regelungen über eine zentrale Behörde und die Konkurrenzbestimmungen zu völkervertraglichen Rechtsinstrumenten sind dabei nicht mitgezählt.

[30] Aktionsplan ABl EG 1999 C 19/1 Nr 41 lit c Abs 2; vgl den noch nicht erschienenen Tagungsband der Wissenschaftlichen Vereinigung für Internationales Verfahrensrecht zur Tagung von Tübingen, 9.-11. 4. 2003.

[31] *Thomas/Putzo/Hüßtege* Vorbem Art 1 Rn 2.

fahren wird in diesem Fall ebenfalls Art 42 anzuwenden sein. Novellierungen der VO sind mit gesonderten Übergangsbestimmungen im Verhältnis zur vorherigen Fassung zu versehen.

11 **b)** Da die VO auf einer Kompetenzzuweisung des IV. Titel EGV beruht, bestimmt sich die Geltung für das **UK, Irland und Dänemark** auf der Grundlage des Protokolls über die Position der genannten Staaten gemäß Art 69 EGV. Das UK und Irland haben gemäß Art 3 dieses Protokolls mitgeteilt, daß sie sich an der Anwendung der VO beteiligen möchten (Nr 24 der Erwägungsgründe). Dänemark wirkt gemäß Art 1 und 2 dieses Protokolls nicht mit. Dies hat zur Folge, daß die VO von dänischen Gerichten nicht anzuwenden ist und daß Dänemark nicht Mitgliedstaat iSd VO ist (Art 1 Abs 3), was auch für die Anwendung in Mitgliedstaaten Bedeutung hat, soweit ein Mitgliedstaatenbezug gefordert ist. Im Verhältnis zu Dänemark ergibt sich daraus eine empfindlichere Lücke als im Anwendungsbereich der Brüssel I-VO, weil das dort existierende EWG-Übereinkommen (EuGVÜ) im Rahmen von Brüssel II fehlt. Eine Harmonisierung kann nur völkervertraglich erfolgen, wobei neben einem EG-Vertrag mit Dänemark[32] auch eine Lösung für den EWR („Lugano II") anzustreben ist.

**2. Anwendungsbereich: Zuständigkeitsbestimmungen**

12 **a)** Da es sich bei der VO um ein Rechtsinstrument zur Regelung von tendenziell internationalen Sachverhalten handelt, stellt sich über die Geltung in den Mitgliedsstaaten hinaus die Frage, ob die VO nur gegenüber Mitgliedstaaten oder universell **anzuwenden** ist. Diese Frage ist für die Zuständigkeit und die Urteilsanerkennung unterschiedlich zu beantworten.

Die **Zuständigkeitsregeln** setzen, wie für die Brüssel I-VO, keinen kompetenzrechtlichen Bezug (des Streitgegenstandes oder der Beteiligten) zu einem anderen **Mitgliedstaat** voraus.[33] Das ergibt sich aus dem Ziel, innerhalb der EG eine einheitliche Kompetenzordnung zu schaffen, die auch dann greift, wenn nur im Verhältnis zu Drittstaaten kompetenzrechtliche Fragen zu klären sind. Dies schließt es jedoch nicht aus, daß einzelne Bestimmungen der VO einen individuell definierten Bezug zu einem (anderen) Mitgliedstaat fordern. So hängt insbesondere die *Ausschließlichkeit* des Zuständigkeitssystems der VO im Verhältnis zum nationalen Recht von einem an die Person des Antragsgegners anknüpfenden räumlich-persönlichen Bezug zu einem Mitgliedstaat ab (vgl Art 7).

13 **b)** Mangels solcher tatbestandlicher Bezüge hängt die Anwendung der VO noch nicht einmal von einem **Auslandsbezug** ab. Ein solches ungeschriebenes Erfordernis ergibt sich weder aus der Zielsetzung, die justitielle Zusammenarbeit zu regeln, noch aus dem Regelungsgegenstand der *internationalen* Zuständigkeit. Auch Vereinheitlichung der Rechtsnormen ist justitielle Zusammenarbeit. Die Frage der internationalen Zuständig-

---

[32] *Baumbach/Albers* Einführung Rn 3.

[33] *Zöller/Geimer* Art 1 Rn 14.

keit stellt sich in jedem Verfahren;[34] der sog „reine Inlandsfall" definiert sich lediglich dadurch, daß es nach allen denkbaren Kriterien des internationalen Zuständigkeitsrecht an einem kompetenzrechtlichen Bezug zu einer anderen Jurisdiktion fehlt, so daß die Antwort auf die internationale Zuständigkeitsfrage selbstverständlich erscheint.

Eine andere Frage ist, ob die VO auch die **örtliche Zuständigkeit** regelt. Darüber entscheidet, wie zur Brüssel I-VO, die jeweilige Zuständigkeitsnorm, wobei sich freilich die Brüssel II-VO durchgehend auf die Regelung der internationalen Zuständigkeit beschränkt und die örtliche Zuständigkeit der *lex fori* überläßt.

### 3. Anwendungsbereich: Urteilsanerkennung und -vollstreckung

Der räumliche Anwendungsbereich der Art 13ff, 21ff ist hingegen unmittelbar aus dem Wortlaut und dem Zweck auf **Urteile aus Mitgliedstaaten** (Art 13 Abs 1, 21 Abs 1) beschränkt. Die Erleichterung der Anerkennung und Vollstreckung ist als wesentlicher Markstein justitieller Zusammenarbeit von Gegenseitigkeit abhängig und setzt das wechselseitige Vertrauen in die Funktionsfähigkeit und Vertrauenswürdigkeit der Rechtspflege voraus[35]. 14

Vorstellbar, jedoch von der VO ebensowenig wie von der Brüssel I-VO vorgesehen, wäre durchaus die Schaffung einheitlicher Anerkennungsmaßstäbe für **Urteile aus Drittstaaten**. Nach derzeitigem Rechtsstand unterliegen solche Urteile in jedem Mitgliedstaat der Anerkennung und Vollstreckung nach den nationalen Regeln. Da auf der Grundlage der Brüssel II-VO ein *Doppelexequatur*, also die Anerkennung und Vollstreckbarerklärung eines solchen nationalen Vollstreckbarerklärungsurteils, nicht möglich ist, sind Urteile aus Drittstaaten in der EG nicht verkehrsfähig, was auch sinnvoll ist, solange die Mitgliedstaaten die Anerkennung von Urteilen aus Drittstaaten verschieden behandeln.

## IV. Auslegung – insbesondere durch den EuGH

### 1. Auslegungsgrundsätze

**a)** Die Auslegung der in der VO bestimmten Rechtsbegriffe wird durch die zum EuGVÜ entwickelte Auslegungskultur beeinflußt. Dort hatte sich der EuGH, obgleich er stets formelhaft einen Rückgriff auf kollisionsrechtlich berufenes Recht nicht ausschloß, ganz überwiegend für eine **autonome Auslegung** entschieden. Um sicherzustellen, daß sich für alle Vertragsstaaten und betroffenen Personen soweit wie möglich gleiche Rechte und Pflichten ergeben, verdient die Entwicklung einer autonom-europäischen Begriffsausfüllung den Vorzug. Daß nun eine Eingliederung in sekundäres Gemeinschaftsrecht erfolgt ist, stützt den Vorzug dieser Methode auch formal[36], der 15

---

[34] *Zöller/Geimer* Art 1 Rn 13.

[35] Vgl Nr 16 der Erwägungsgründe.

[36] *Thomas/Putzo/Hüßtege* Vorbem Art 1 Rn 9.

Schwerpunkt liegt jedoch weiter bei der Zweckdienlichkeit[37], so daß in Einzelfällen der Rückgriff auf nationales Recht nicht völlig ausgeschlossen sein muß.[38]

16 **b)** Dies schränkt, wie vom EuGVÜ her bekannt, die Möglichkeiten der **Wortlautauslegung** insofern ein, als die Arbeit mit den gleichermaßen verbindlichen amtlichen Textfassungen nicht dazu verleiten darf, die verwendeten Rechtsbegriffe der jeweiligen nationalen Rechtsordnung zu unterlegen. Neben der bei wachsender Zahl der Amtssprachen zunehmend schwierigeren vergleichenden Wortlautauslegung kann erstmals auf hergebrachte europäische Inhalte zurückgegriffen werden: Da sich die VO strukturell an das EuGVÜ (und damit an die Brüssel I-VO) anlehnt, liegt es nahe, die **aus Brüssel I übernommenen Rechtsbegriffe** möglichst in derselben Weise auszulegen, wie dort.[39] Dies erlaubt nicht nur den Rückgriff auf die inzwischen stattliche Rechtsprechung des EuGH zum EuGVÜ; angesichts der anwachsenden Normenmenge im EuZPR ist eine gewisse Standardisierung der Rechtsanwendung dringend erforderlich.

17 **c)** Für die **historische Auslegung** der VO (in der Urfassung durch VO Nr 1347/2000) steht außer den Erwägungsgründen und den Stellungnahmen im Verordnungsverfahren[40] der *Bericht von Borràs* zu dem Brüssel II-Übereinkommen[41] zur Verfügung, da sich die VO eng an dieses Übereinkommen anlehnt.[42] Dieser Bericht steht in der Tradition der Berichte zum EuGVÜ und den Beitrittsübereinkommen.[43] Im Vergleich zu den nicht immer offenbaren Motiven im zeitlich gestreckten politischen Willensbildungsprozeß zwischen Kommission und Rat in einem Verordnungsverfahren, teilen diese Berichte in nicht selten erfrischender Offenheit die Qualen der Verhandlungskommissionen im Streit um Detailfragen mit und schaffen dadurch eine fruchtbare Auslegungsbasis, die man bei mancher künftigen Regelung vermissen wird.

Tragendes Prinzip der **teleologischen Auslegung** bleiben, wie zu Brüssel I, die Ziele einer einheitlichen Anwendung, einer effizienten Justizgewährung und der Förderung der Freizügigkeit von Urteilen zwischen den Mitgliedstaaten.

### 2. Auslegungskompetenz des EuGH

#### a) Konkretes Vorlageverfahren

18 **(1)** Die VO als sekundäres Europarecht untersteht, ohne daß es wie für die auf Art 293 EGV gestützten EG-internen Völkerverträge einer gesonderten Zuweisung bedarf, der Auslegung durch den EuGH im Vorabentscheidungsverfahren nach **Art 234 Abs 1 lit b EGV**. Vorlagefähig sind in diesem Verfahren – wie üblich – nur *konkret entschei-*

---

[37] *Zöller/Geimer* Art 1 Rn 4.

[38] Anders wohl *Baumbach/Albers* Einführung Rn 1.

[39] *Wagner* IPRax 2001, 75.

[40] *Materialien* 3 a.

[41] ABl EG 1998 C 221/27, dazu oben Rn 2.

[42] Vgl Nr 6 der Erwägungsgründe.

[43] Beginnend mit dem legendären *Jenard*-Bericht ABl EG 1979 C 59/1.

*dungserhebliche* Auslegungsfragen. **Art 68 Abs 1 S 2 EGV** schränkt jedoch die Vorlagebefugnis für die auf Kompetenzen des IV. Titels EGV gestützte VO ein. Vorlagebefugt sind nur **einzelstaatliche Gerichte**, deren Entscheidungen nicht mehr mit einem innerstaatlichen (ordentlichen) Rechtsmittel angefochten werden können, also *konkret letztinstanzliche* Gerichte.

(2) Für Auslegungsfragen, welche im **Erkenntnisverfahren** auftreten, erscheint die konkrete Letztinstanzlichkeit des mit der Berufung befaßten Familiensenats beim OLG zweifelhaft. Die Revision, soweit sie nach § 629 a ZPO stattfindet, hängt von der Zulassung gemäß § 543 Abs 1 ZPO ab. Die Zulässigkeit der Vorlage nach Art 234, 68 EGV hängt also davon ab, ob das OLG die Revision zuläßt. Zusätzlich kompliziert wird die Frage, sobald auch in Familiensachen die Nichtzulassungsbeschwerde nach § 543 Abs 1, 544 ZPO eröffnet ist (gegen nach dem 1. 1. 2007 verkündete Entscheidungen, § 26 Nr 9 EGZPO), weil sich dann nicht einmal mehr an die antizipierte Beurteilung des OLG über die Revisionszulassung anknüpfen läßt. 19

Im Interesse einer bereits im Verfahren vor dem OLG vorhersehbaren Handhabung dürfte es liegen, die Letztinstanzlichkeit des OLG anzunehmen, solange die Revision nicht zugelassen ist.[44] § 543 Abs 2 Nr 2 ZPO steht einer solchen ex-ante-Beurteilung nicht entgegen. Zwar ist in aller Regel bei Vorliegen einer Auslegungsfrage zur VO eine Rechtsfortbildung oder die Sicherung einer einheitlichen Rechtsprechung erforderlich; diese kann aber nicht durch Revisionszulassung zum BGH erreicht werden, weil dieser seinerseits an den EuGH vorlegen müßte.

Auslegungsfragen die im **Anerkennungsverfahren** auftreten, kann hingegen nur der BGH vorlegen, denn die Rechtsbeschwerde findet gemäß Art 27 iVm § 15 Abs 1 AVAG, § 574 Abs 1 Nr 1 ZPO ohne Zulassung statt.[45]

**b) Abstraktes Vorlageverfahren**

Neu eröffnet wird durch die Verankerung der VO im IV. Titel EGV das abstrakte Vorlageverfahren nach **Art 68 Abs 3 EGV**. Auf Vorlage des Rates, der Kommission oder eines Mitgliedsstaates entscheidet der EuGH über abstrakte Fragen der Auslegung der VO. Das hat den Vorteil, daß die Klärung von Auslegungsfragen nicht bis zur Fallrelevanz aufgeschoben werden muß und der Zeitaufwand nicht den konkreten Prozeß belastet. 20

Im Gegensatz zu der konkreten Vorlage, die über den entschiedenen Fall hinaus nur eine beachtliche, aber nicht bindende *persuasive authority* ist, ist hier die **Bindungswirkung** umstritten. Da Art 68 Abs 3 S 2 EGV in negativer Form eine Wirkung auf rechtskräftige Entscheidungen ausschließt, liegt ein Umkehrschluß im Hinblick auf laufende und künf-

---

[44] Dies setzt wohl auch *Thomas/Putzo/Hüßtege* Vorbem Art 1 Rn 9 voraus, der sich nur mit der Anerkennungssituation befaßt.

[45] *Thomas/Putzo/Hüßtege* Vorbem Art 1 Rn 9.

tige Verfahren nahe. Der Ansicht, die eine rechtliche Bindung annimmt[46], ist entgegenzuhalten, daß eine so weit gehende Wirkung ohne klare Anordnung im EGV kaum gewollt sein dürfte. Eine über das bisherige Gewicht hinausgehende Hinwendung zur *präjudiziellen Wirkung* stünde nicht mit der kontinentalen Rechtskultur in Einklang, die mit engen Ausnahmen[47] eine solche Bindung nicht kennt. Außerdem wäre sie prozessual nicht durchsetzbar, denn der EuGH steht nicht als Super-Revisionsgericht über den nationalen Höchstgerichten. In praxi wird, wie schon am EuGVÜ erprobt, ein nationales Gericht, das der Interpretation des EuGH nicht folgen will, ohnehin erneut vorlegen, was auch die Gegenansicht zu Art 68 Abs 3 EGV nicht ausschließt.

# Kapitel I
# Anwendungsbereich

## Artikel 1

(1) Die vorliegende Verordnung ist anzuwenden auf
a) zivilgerichtliche Verfahren, die die Ehescheidung, die Trennung ohne Auflösung des Ehebandes oder die Ungültigerklärung einer Ehe betreffen;
b) zivilgerichtliche Verfahren, die die elterliche Verantwortung für die gemeinsamen Kinder der Ehegatten betreffen und aus Anlaß der unter Buchstabe a) genannten Verfahren in Ehesachen betrieben werden.

(2) Gerichtlichen Verfahren stehen andere in einem Mitgliedstaat amtlich anerkannte Verfahren gleich. Die Bezeichnung „Gericht" schließt alle in Ehesachen zuständigen Behörden der Mitgliedstaaten ein.

(3) In dieser Verordnung bedeutet der Begriff „Mitgliedstaat" jeden Mitgliedstaat mit Ausnahme des Königreichs Dänemark.

**I. Sachlicher Anwendungsbereich Ehescheidung etc (Abs 1 lit a, Abs 2)**
1. Sachliche Reichweite ........ 1
2. Zivilgerichtliche Verfahren ........ 4
3. Verbundsachen, Verschulden ........ 7

**II. Sachlicher Anwendungsbereich elterliche Verantwortung (Abs 1 lit b)**
1. Elterliche Verantwortung ........ 8
2. Gemeinsame Kinder ........ 12
3. Aus Anlaß eines Verfahrens nach lit a ........ 13

**III. Mitgliedstaaten** ........ 15

---

[46] *Classen* EuR-Beiheft 1/1999, 79; *Blumann* RTDE 1997, 746; *Schwarze*, EU-Kommentar Art 68 Rn 10.

[47] ZB der Gesetzeskraft von Entscheidungen des BVerfG.

## I. Sachlicher Anwendungsbereich Ehescheidung etc (Abs 1 lit a, Abs 2)

### 1. Sachliche Reichweite

**a)** Art 1 beschreibt den sachlichen Anwendungsbereich der VO. Sie ist nach Abs 1 lit a 1
anzuwenden auf Ehescheidung, Trennung ohne Auflösung des Ehebandes und Ungültigerklärung der Ehe. Der Begriff der **Scheidung** dürfte europaweit homogen ausgefüllt sein, auch wenn der Begriff nicht überall aus dem allgemeinen Sprachgebrauch in die Gesetzessprache eingedrungen ist.[1] Er bedeutet die Auflösung der zivilrechtlichen Ehe dem Bande nach mit Wirkung ex nunc aufgrund von Mängeln, die in der Führung der ehelichen Lebensgemeinschaft begründet sind, aus deutscher Sicht also die Ehescheidung nach §§ 1564 ff BGB. **Trennung ohne Auflösung des Ehebandes** umfaßt nur formalisierte Trennungsverfahren unter Mitwirkung eines Gerichts oder einer Behörde, die nur zur Lockerung, nicht zur Beseitigung des ehelichen Status führen. Eine konstitutive Mitwirkung im Sinn eines Trennungsausspruchs oder einer Gestattung der Trennung ist nicht erforderlich; es genügt, wenn die gesetzlich angeordneten zivilrechtlichen Wirkungen der Trennung erst durch eine gerichtliche Bestätigung der Trennung eintreten.[2] Daß das maßgebliche Recht die Trennung als Vorstufe zur Ehescheidung, insbesondere als Grundlage einer Scheiternsvermutung, ansieht, ist nicht erforderlich. Auch die scheidungsersetzende Trennung ist einbezogen.[3] Das bloß faktische Getrenntleben fällt dagegen nicht hierunter, auch wenn daran rechtliche Folgen geknüpft sind (zB § 1566 BGB), so daß im deutschen Recht dieser Typus unbesetzt ist. Trennungsverfahren vor deutschen Gerichten sind jedoch möglich, wenn das von Art 17 EGBGB berufene Scheidungsstatut die formalisierte Ehetrennung vorsieht. **Ungültigerklärung** der Ehe sind alle Verfahren, welche die Ehe als Folge von Mängeln ihrer Eingehung aufheben. Hierzu gehören nicht nur ex tunc wirkende Verfahren (zB die frühere Nichtigerklärung), sondern auch ex nunc wirkende, wie die Auflösung gemäß § 1313 S 2 BGB. Für die Ungültigerklärung der Ehe *nach dem Tod* eines oder beider Ehegatten gilt die VO nicht.[4]

**b)** Strittig ist, ob über die genannten Typen hinaus auch **feststellende Entscheidungen** 2
und andere Ehesachen iSd § 606 ZPO in den sachlichen Anwendungsbereich der VO fallen. Da den genannten Typen jeweils eine *statusändernde Wirkung* zukommt, können jedenfalls nur solche Verfahren einbezogen werden, die den Status an sich betreffen.[5] Eine Ansicht beschränkt Abs 1 lit a unter Bezug auf den Wortlaut auf *Statusänderun-*

---

[1] So spricht man in Italien zwar selbst im juristischen Schrifttum gelegentlich von *divorzio*, das Gesetz (legge 898/1970) regelt dagegen das *scoglimento del matrimonio* und für die kanonische Ehe die *cessazione degli effetti civili del matrimonio*, vgl *Hausmann* EuLF 2000/01, 273.

[2] So im italienischen Recht bei der *omologazione* einer *separazione consensuale* nach Art 150 *codice civile*, vgl *Hausmann* EuLF 2000/01, 274; vgl. zur Anwendung auf die *separazione* AG Leverkusen FamRZ 2002, 1636.

[3] *Baumbach/Albers* Rn 3.

[4] Borrás-Bericht Nr 27; *Kohler* NJW 2001, 10; *Zöller/Geimer* Rn 9; *Thomas/Putzo/Hüßtege* Rn 3.

[5] *Borrás*-Bericht Nr 22.

*gen*[6]. Überwiegend wird dagegen eine Einbeziehung von Feststellungsentscheidungen vertreten, wobei manche nur *negative Feststellungsverfahren*[7] einbeziehen wollen, während eine dritte Ansicht die VO auch auf *positive Feststellungen* anwenden will.[8]

Letzteres erscheint plausibel, wenn man es als Ziel der VO ansieht, nicht nur die Freizügigkeit von Statusänderungen, sondern die des Status überhaupt[9] zu fördern. Gleichwohl ergeben sich Bedenken: Feststellungsbegehren liegen regelmäßig Zweifel an der Wirksamkeit der Ehe zugrunde, die häufig auch zu *hinkenden Ehen* führen. Eine *positive Feststellung* der *Wirksamkeit* ist dann im Eheschließungsstaat ohne weiteres zu erlangen, ihre Einbeziehung in die VO würde einen Mitgliedstaat, aus dessen Sicht die Ehe „hinkt", zur Anerkennung der Entscheidung und damit, vorbehaltlich des *ordre public*, faktisch zur Anerkennung der Ehe als wirksam zwingen, zumal Art 15 den Anerkennungsversagungsgrund des Abweichens von einer statusrechtlichen Vorfrage (vgl Art 27 Nr 4 EuGVÜ) nicht kennt. Man muß diesem Problem ebenso ausweichen, wie es die VO im Fall antragsabweisender Scheidungsurteile tut, also die VO anwenden, aber die die Ehe bestätigende positive Feststellungsurteile entsprechend Art 13 aus der Anerkennungspflicht nehmen.

Hingegen werfen *negative Feststellungsurteile* kein vergleichbares Problem auf: Gerade bei Mängeln der Eheschließung ist es eine rein dogmatische Frage, ob eine Rechtsordnung die mangelbehaftete Ehe als wirksam, aber aufhebbar oder als unwirksam einordnet[10]. *Negative Feststellungsentscheidungen* sind daher Ungültigerklärungen funktionsähnlich. Im Ergebnis erfaßt daher Abs 1 lit a *alle* Feststellungsanträge, Art 13 ff gelten jedoch nur für *negative* Feststellungsentscheidungen. Schon im Antragsstadium zu differenzieren, wäre verfehlt, weil der positive Feststellungsantrag nur das kontradiktorische Gegenteil des negativen ist, für beide also dieselben Zuständigkeiten gelten müssen.

3 **c)** Abs 1 lit a bezieht sich nur auf Verfahren zur Änderung des Status der Ehe. Für den **Begriff der Ehe** muß eine autonome Auslegung gefunden werden, nachdem einzelne Mitgliedstaaten die Ehe auch gleichgeschlechtlichen Paaren geöffnet haben (Niederlande), nur geringfügig abweichende Statusformen für gleichgeschlechtliche Paare errichtet (Deutschland: LPartG), diese mit analoger Anwendung des Ehescheidungsrechts (Skandinavische Staaten) oder mit eigenen Rechtsinstituten zur Auflösung (Deutschland) versehen haben bzw andere, von der sexuellen Orientierung unabhängige (schuld-)rechtlich verfestigte Partnerschaftsformen bereitgestellt (so Frankreich mit

---

6 *Hausmann* EuLF 2000/01, 273; *Helms* FamRZ 2001, 260; *MünchKomm/Gottwald* Rn 2; *Spellenberg*, in: FS Geimer (2002) 1257.

7 *Hau* FamRZ 2000, 1337; *Pirrung* ZEuP 1999, 843; *Vogel* MDR 2000, 1046; *Baumbach/Albers* Rn 4.

8 *Gruber* FamRZ 2000, 1130; *Zöller/Geimer* Rn 8; *Thomas/Putzo/Hüßtege* Rn 2; *Schlosser* Rn 2; **aA** *Simotta*, in: FS Geimer (2002) 1145 ff.

9 *Kohler*, in: *Mansel* (Hrsg), Vergemeinschaftung des europäischen Kollisionsrechts 41, 48 ff sieht die VO als Ausdruck der Behandlung des „Status als Ware".

10 Zutreffend *Baumbach/Albers* Rn 4 gegen *Helms* FamRZ 2001, 260.

dem *pacte civil de solidarité*) haben,[11] die ebenfalls formalisierte Verfahren der Auflösung im oben definierten Sinn vorsehen.

Nach zutreffender allgemeiner Ansicht bezieht sich der Begriff der Ehe iSd Art 1 nur auf verschiedengeschlechtliche monogame Verbindungen. Erfaßt ist auch zwischen Mann und Frau nur die Ehe im klassischen Sinn[12], also nicht rechtlich verfestigte sonstige Lebensformen, soweit sie das anwendbare Recht auch Partnern verschiedenen Geschlechts öffnet. Selbst wenn innerhalb der Mitgliedstaaten eine rechtsvergleichende Tendenz zur rechtlichen Gestaltung ehealternativer Lebensformen feststellbar wäre, ist damit keine Inhaltsänderung des Begriffs „Ehe" verbunden. Ganz überwiegend werden solche Alternativformen unter neuer Bezeichnung geführt; die in den Niederlanden erfolgte Änderung des Ehebegriffs ist hingegen eine seltene Ausnahme. Die Auflösung anderer Formen des Zusammenlebens sollte erkennbar nicht einbezogen werden.[13] Eine andere Frage ist, ob *de lege ferenda* eine Erweiterung auf solche Lebensgemeinschaften geboten ist, was aus Sicht der Rechtsordnungen, die sie kennen, naheliegt,[14] in manchen südeuropäischen Mitgliedstaaten oder in Polen jedoch wenig Zustimmung finden dürfte.

## 2. Zivilgerichtliche Verfahren

**a)** Erfaßt sind nach Abs 1 lit a **zivilgerichtliche** Verfahren. Dieser Begriff grenzt den 4
Anwendungsbereich in mehreren Richtungen ab. **Behördliche Entscheidungen** sind zwar nicht „zivilgerichtlich" iSd Abs 1 lit a, werden aber nach Abs 2 ausdrücklich gleichgestellt. Zweck dieser Gleichstellung war es, jüngere Formen der einverständlichen Scheidung unter konstitutiver Mitwirkung von (Personenstands-)Behörden in das Zuständigkeits- und Anerkennungssystem einzubeziehen.[15] Maßgeblich sollte nicht sein, ob das anwendbare Recht der Behörde einen Entscheidungsspielraum einräumt oder bei Vorliegen bestimmter Formalien eine gebundene Entscheidung vorsieht. Entscheidend ist, daß die Behörde nicht nur eine erfolgte Privatscheidung registriert, sondern die Scheidung konstitutiv auf dem behördlichen Mitwirken beruht.[16]

**b) Kirchliche Entscheidungen** fallen nicht in den Anwendungsbereich der VO.[17] Das 5
ergibt sich eindeutig aus dem Wortlaut („staatlich") und dem Zweck der VO, die justitielle Zusammenarbeit zwischen Mitgliedstaaten zu regeln, zu denen keine Religionsgemeinschaft, auch nicht der Heilige Stuhl, gehört. Selbst kirchliche Entscheidungen,

---

[11] Einen eingehenden Überblick über die verschiedenen Ansätze in Europa gibt *Hausmann*, in: FS Henrich (2000) 242 ff.

[12] *Kohler* NJW 2001, 15; *Wagner* IPRax 2001, 282; *Baumbach/Albers* Rn 1; *Thomas/Putzo/Hüßtege* Vorbem Art 1 Rn 5; *Schlosser* Rn 2; **aA** *Watté/Boularbah* Rev trim dr fam 2000, 545.

[13] *Verde í Aldea/d'Ancona*, Ausschußbericht zum Übereinkommen Brüssel II, B 2.1. (vgl Materialien 1).

[14] *Hausmann*, in: FS Henrich (2000) 265.

[15] Vgl die Beispiele (Dänemark, Finnland) im *Borrás*-Bericht Nr 20 a; vgl auch *Helms* FamRZ 2001, 259.

[16] Weshalb die VO auch die einverständliche Scheidung nach Art 1778 a des portugiesischen *código civil* erfaßt, vgl *Jayme* IPRax 2001, 382 (die Ansicht von *Malheiros* referierend).

[17] *Borrás*-Bericht Nr 20 b; *Fontaine* D & P 1999, 23; *Baumbach/Albers* Rn 9.

die in einem Mitgliedstaat unmittelbar wirken, sind nicht einbezogen. Art 40 Abs 2, 3 der die Anerkennung von Entscheidungen nach Kapitel III der VO vorsieht, die auf der Grundlage bestimmter Verträge mit dem Heiligen Stuhl ergangen sind, ist eine Ausnahmeregelung, deren es nicht bedürfte, wenn solche Entscheidungen schon unter Art 1 lit a fielen.[18] Erfaßt sind dagegen staatliche Entscheidungen eines Mitgliedstaates, durch die der Entscheidung einer Religionsgemeinschaft staatliche Wirkungen beigelegt werden.[19] Das Verbot des Doppelexequatur steht dem nicht entgegen, weil es sich bei der Delibation einer kirchlichen Entscheidung um die *erstmalige* Befassung staatlicher Gerichte und damit bei der – von Abs 1 lit a gebotenen – staatsbezogenen Sicht um eine originäre Entscheidung handelt.

6 **c)** Für **Privatscheidungen** gilt die VO nicht,[20] auch wenn im maßgeblichen Recht eine nichtkonstitutive behördliche Mitwirkung vorgesehen ist.[21] Das erklärt sich keineswegs als tadelnswerte anachronistische Haltung der Verordnung[22]. Freizügigkeit von Privatscheidungen, die sich lediglich in einem Mitgliedstaat (aus dortiger Sicht wirksam) ereignet haben, denen es aber an einer konstitutiven verfahrensrechtlichen Bindung an diesen Mitgliedstaat ermangelt, könnte nicht auf das die VO tragende gegenseitige Vertrauen in die Rechtspflege bauen. Sie hinge vom *kollisionsrechtlichen Zufall* ab; schon das Fehlen einer Art 17 Abs 2 EGBGB entsprechenden Bestimmung im IPR eines Mitgliedstaates generiert bei Orientierung des Scheidungsstatuts am Heimatrecht wirksam dort vorgenommene Privatscheidungen. Diesen Scheidungen Freizügigkeit in der EG zu verleihen, hätte mit *justitieller* Zusammenarbeit nichts zu tun.

### 3. Verbundsachen, Verschulden

7 Der sachliche Anwendungsbereich der VO umfaßt mit Ausnahme der in lit b genannten elterlichen Verantwortung keine Folgesachen, begründet also insbesondere keine Verbundzuständigkeit. Insoweit gelten sonstiges Europarecht, Völkerverträge oder nationales Verfahrensrecht.[23] Das gilt auch für solche Folgen der Statusänderung, die unmittelbar auf ihr beruhen, wie die Auseinandersetzung eines ehelichen Güterstandes oder Namensänderungen.[24]

Nach einer Anmerkung im *Borrás*-Bericht[25] sollen auch *Aspekte des Verschuldens der Ehegatten* nicht einbezogen sein. Die Formulierung erweist sich zumindest als missverständlich: Soweit nach dem maßgeblichen Recht die Ehe nur aufgrund von Verschulden geschieden werden kann, führt dies zweifellos nicht zur Unanwendbarkeit der VO; die

---

[18] **AA** *Helms* FamRZ 2001, 259, auch unter Hinweis auf Art 1 Abs 1 Haager Scheidungsübereinkommen 1970.

[19] *Helms* FamRZ 2001, 259.

[20] *Hausmann* EuLF 2000/01, 274; *Gruber* FamRZ 2000, 1130; *Thomas/Putzo/Hüßtege* Rn 3.

[21] Unklar *Baumbach/Albers* Rn 10.

[22] So aber *Jayme* IPRax 2000, 170; *Helms* FamRZ 2001, 260.

[23] Im einzelnen Einleitung Rn 5, 7, 8.

[24] *Borrás*-Bericht Nr 22; *Baumbach/Albers* Rn 8; *Thomas/Putzo/Hüßtege* Rn 3.

[25] Nr 22; die gelegentlich übernommen wird, vgl *Thomas/Putzo/Hüßtege* Rn 3.

Struktur der Scheidungsgründe kann nicht die Zuständigkeit entfallen lassen. Die aus diesem Grund ausgesprochene Scheidung ist auch nach Art 13 ff anzuerkennen. Sinn kann die Bemerkung nur auf der Ebene der Scheidungsfolgen ergeben, soweit in einer Entscheidung das Verschulden ausgesprochen wird und Gerichte eines anderen Mitgliedstaates über *verschuldensabhängige Scheidungsfolgen* zu befinden haben. Bei enger Auslegung von Art 13 könnte dann der Verschuldensausspruch dem Anwendungsbereich der VO entzogen sein; es wäre aber wenig praktikabel, den Scheidungsausspruch nach Art 13 ff, den Schuldausspruch aber nach nationalem IZPR anzuerkennen. Noch sonderbarer wäre es, die Gerichte eines Mitgliedstaates nach Art 2 für scheidungszuständig zu halten, die Zuständigkeit für den nach dem maßgeblichen Recht womöglich zwingenden Verschuldensausspruch aber *lege fori* zu beurteilen. Damit gilt die VO lediglich insoweit nicht, als das Scheidungsurteil über die Feststellung des Verschuldens hinaus weitere Rechtsfolgen (Unterhalt etc) ausspricht, die tatbestandlich an das Verschulden anknüpfen.

## II. Sachlicher Anwendungsbereich elterliche Verantwortung (Abs 1 lit b)

### 1. Elterliche Verantwortung

**a)** Die VO ist gemäß Abs 1 lit b auf zivilgerichtliche Verfahren betreffend die **elterliche Verantwortung** anzuwenden. Der Begriff ist dem Haager Übereinkommen zum Schutz von Kindern vom 19. 10. 1996 (KSÜ) entnommen[26], lehnt sich nicht unmittelbar an Rechtsbegriffe im nationalen Recht an[27] und erleichtert damit sowohl die autonome Ausfüllung als auch eine gewisse terminologische Annäherung an das KSÜ[28]. Erfaßt sind Verfahren, welche die Personen- und Vermögenssorge sowie den **Umgang** mit dem Kind betreffen.[29] Auch der Umgang eines nicht sorgeberechtigten Elternteils mit dem Kind ist in den Begriff der elterlichen Verantwortung einzubeziehen. Er ist zwar nicht von der Legaldefinition in Art 1 Abs 2 KSÜ umfaßt, dort aber über Art 3 lit b ausdrücklich einbezogen. Materiell beruht der Umgang ebenso wie die elterliche Sorge auf dem elterlichen Pflichtrecht, seine Ausgrenzung aus dem Anwendungsbereich der VO würde diesen materiellen, sowie den häufigen verfahrensrechtlichen Zusammenhang aufspalten.[30] 8

**b)** Aus Art 4 ergibt sich, daß auch die **Herausgabe des Kindes** – nicht nur im Fall der Kindesentführung – in den Anwendungsbereich der VO fällt. Soweit das Haager Kindesentführungsübereinkommen vom 25. 10. 1980 eingreift, ist jedoch die Ausübung der Zuständigkeit nach der VO gemäß Art 4 eingeschränkt. 9

---

26 *Borrás*-Bericht Nr 24.

27 **AA** *Jänterä-Jareborg* YB PIL 1999, 14: Verweisung auf die *lex fori*.

28 *Watté/Boularbah* Rev trim dr fam 2000, 548; zur Kritik am Nebeneinander mit dem KSÜ vgl Einleitung Rn 3.

29 *Vogel* MDR 2000, 1047; *Wagner* IPRax 2001, 76; *MünchKommZPO/Gottwald* Rn 3; *Baumbach/Albers* Rn 5.

30 Eingehend: *Wagner* IPRax 2001, 77; *Vogel* MDR 2000, 1047; *Hausmann* EuLF 2000/01 274; ebenso: *Thomas/Putzo/Hüßtege* Rn 4.

10 **c)** Nicht erfaßt wird der **Status** (Abstammungsfragen) und die **Unterhaltspflicht** gegenüber einem Kind.[31] Der Status ist Voraussetzung, nicht Konsequenz der elterlichen Verantwortung. Die Unterhaltspflicht ist durch die Brüssel I-VO erfaßt und fällt damit nicht in die von der Brüssel II-VO zu schließende Lücke.[32]

11 **d)** Das Bestehen elterlicher Verantwortung setzt die *Minderjährigkeit* des **Kindes** voraus.[33] Die VO enthält weder eine Regelung zur autonomen Definition des Kindesbegriff (vgl Art 2 KSÜ), noch eine Konfliktregelung für den Fall unterschiedlicher Volljährigkeitsalter nach Aufenthalts- und Heimatrecht (vgl Art 12 MSA). Das erscheint auf den ersten Blick für ein nur verfahrensrechtliche Aspekte regelndes Rechtsinstrument unproblematisch, weil das jeweils angerufene Gericht diese Frage ohnehin nach dem vom eigenen IPR bestimmten Personalstatut beurteilt[34]. Dennoch besteht eine – angesichts der rechtsvergleichenden Konvergenz auf das Volljährigkeitsalter von 18 Jahren abnehmende[35] – Gefahr negativer Kompetenzkonflikte, wenn das angerufene Gericht nach Art 3 unzuständig ist und die eigentlich zuständigen Aufenthaltsgerichte das Kind bereits als volljährig behandeln. Eine klare, wenn auch gewagte, Lösung könnte darin bestehen, die in Art 2 KSÜ autonom verfestigte Tendenz zum Volljährigkeitsalter von 18 Jahren in den in Abs 1 lit b verwendeten Begriff „*Kind*" aufzunehmen, um den ggf kompetenzausschließenden Vorrang der VO auf die elterliche Verantwortung für unter 18jährige zu beschränken.[36]

Hingegen entscheidet über die Einbeziehung des *nasciturus* in den Kindesbegriff und den Sorgerechtsrahmen weiterhin das nationale Kindschaftsrecht.[37]

### 2. Gemeinsame Kinder

12 Einbezogen ist nur die elterliche Verantwortung **für gemeinsame Kinder** der Ehegatten. Dies sind sowohl aus der Ehe stammende als auch vor der Ehe gezeugte oder geborene leibliche Kinder sowie gemeinsam von den Ehegatten *adoptierte* Kinder.[38] Vorschläge, auch die elterliche Verantwortung für „Kinder der Familie", insbesondere im Familienverbund lebende nicht gemeinsame Kinder eines der Ehegatten, einzubeziehen, wurden verworfen. Es sollen nur Fragen erfaßt werden, die sich in enger Verbindung mit der Trennung oder Auflösung des Ehebandes ergeben und eine Einwirkung

---

31 *Watté/Boularbah* Rev trim dr fam 2000, 549.

32 *Borrás*-Bericht Nr 24; *Wagner* IPRax 2001, 76; *Baumbach/Albers* Rn 4.

33 **AA** *Schlosser* Rn 3: auch für institutionalisierte Personen- oder Vermögenssorge bei geistiger Behinderung Volljähriger.

34 So *Thomas/Putzo/Hüßtege* Rn 8.

35 Es geht angesichts der Staatsangehörigkeitsanknüpfung in Kontinentaleuropa aber keineswegs nur um das Volljährigkeitsalter in den EG-Staaten!

36 *Watté/Boularbah* Rev trim dr fam 2000, 550 stützen daßelbe Ergebnis auf Art 1 UN-Kinderrechtekonvention.

37 *Watté/Boularbah* Rev trim dr fam 2000, 550.

38 *Borrás*-Bericht Nr 25; *Fontaine* D&P 1999, 24; *Wagner* IPRax 2001, 76; *Hausmann* EuLP 2000/01, 274.

auf Grundrechte außenstehender Elternteile, die ggf in einem anderen Mitgliedstaat leben, vermieden werden.[39]

Die Voraussetzung ist für jedes Kind gesondert zu prüfen; insbesondere sind auch die Zuständigkeitskriterien des Art 3 für jedes Kind als Einzelperson anzuwenden. Daß Abs 1 lit b auf *die* gemeinsamen Kinder abstellt, bedeutet nicht, daß es zu Annexzuständigkeiten für gemeinsame Kinder kommt, für die das Gericht originär nicht zuständig wäre.[40]

### 3. Aus Anlaß eines Verfahrens nach lit a

**a)** Entscheidungen über die elterliche Verantwortung fallen nur in den Anwendungsbereich der VO, wenn sie **aus Anlaß** eines der unter Abs 1 genannten Verfahren zu treffen sind. Diese Wortwahl ist ein Kompromiss vor dem Hintergrund, daß in einigen Mitgliedstaaten zwingend im Verbund entschieden wird, während andere Mitgliedstaaten die eherechtlichen Fragen und den Kindesschutz streng getrennt halten.[41] Erforderlich ist ein Zusammenhang zu Trennung bzw Scheidung; andererseits ist nicht Voraussetzung, daß in einem *Verfahrensverbund* zu entscheiden ist; darüber befindet das nationale Prozeßrecht.[42] Der in **sachlicher** Hinsicht erforderliche *Anlaß* besteht, wenn die Regelung der elterlichen Verantwortung in Zusammenhang mit der Trennung oder Scheidung steht. Daher sind Regelungen zwischen verheirateten Eltern aus Anlaß eines nicht formalisierten Getrenntlebens nicht erfaßt.[43] Wird eine Ehesache anhängig, so fallen, wie Art 3 Abs 1 erkennbar macht, jedoch auch solche Sorgesachen in den Anwendungsbereich der VO. Ob während des der Scheidung vorangehenden Getrenntlebens nach dem anwendbaren materiellen Recht Sonderregeln bestehen (wie nach § 1672 aF BGB) oder nach demselben Maßstab zu entscheiden ist wie im Fall der Scheidung (vgl § 1671 BGB), ist ebenso wenig ein taugliches Abgrenzungskriterium wie die verfahrensrechtliche Einbeziehung in den Verbund *lege fori*. Geht es um die Regelung der Sorge zwischen den *Eltern*, so genügt damit die *Anhängigkeit* der Ehesache.[44] 13

Die Regelung des Umgangs mit Dritten (vgl § 1685 BGB) oder Übertragung der elterlichen Sorge auf Dritte sowie sonstige Sorgerechtseingriffe (§ 1666 BGB) sind nicht erfaßt,[45] auch wenn das Bedürfnis hierfür im Umfeld der Scheidung auftritt. Erst recht gilt Abs 1 lit b nicht für Sorgeregelungen zwischen nicht verheirateten Eltern,[46] deren Trennung nie unter Abs 1 lit a fallen kann.

---

39 *Borrás*-Bericht Nr 25; *Verde í Aldea/d'Ancona*, Ausschußbericht zum Übereinkommen Brüssel II, B 2.1 (Materialien 1).

40 *Borrás*-Bericht Nr 26; *Hausmann* EuLF 2000/01, 274.

41 *Borrás*-Bericht Nr 23.

42 *Baumbach/Albers* Rn 6; *Schlosser* Rn 3; **aA** anscheinend *MünchKommZPO/Gottwald* Rn 3.

43 *Rausch* FuR 2001, 153, *Finger* JR 2001, 178.

44 Vgl dazu auch Art 3 Rn 8.

45 *Baumbach/Albers* Rn 4.

46 *Rausch* FuR 2001, 153, *Finger* JR 2001, 178.

14 **b)** Die Notwendigkeit eines **zeitlichen Zusammenhangs** mit der Ehesache verdeutlicht Art 3 Abs 3, der nur ausnahmsweise eine Kontinuität der Zuständigkeit für die Sorgesache über die Rechtskraft der Entscheidung in der Ehesache hinaus vorsieht. Das kann nicht nur für die Zuständigkeit gelten, sondern ist, mit Rücksicht auf die Reichweite der anzuerkennenden Entscheidungen (Art 13) Element des Tatbestandsmerkmals *aus Anlaß*, das Art 13 Abs 1 aufgreift. Der zeitliche Zusammenhang besteht nur, wenn das Sorgeverfahren während der Anhängigkeit einer Ehesache iSd lit a anhängig gemacht wird.[47] Nicht erforderlich ist dagegen die Anhängigkeit bei demselben Gericht oder in derselben Instanz.[48]

### III. Mitgliedstaaten

15 Dänemark ist nicht Mitgliedstaat iSd VO, da die VO auf dem IV. Titel EGV beruht und Dänemark keine Mitwirkungserklärung nach Art 3 des Protokolls zu Art 69 EGV abgegeben hat.[49]

# Kapitel II
# Gerichtliche Zuständigkeit
## Abschnitt 1
## Allgemeine Bestimmungen

### Artikel 2
### Ehescheidung, Trennung ohne Auflösung des Ehebandes und Ungültigerklärung einer Ehe

(1) Für Entscheidungen, die die Ehescheidung, die Trennung ohne Auflösung des Ehebandes oder die Ungültigerklärung einer Ehe betreffen, sind die Gerichte des Mitgliedstaats zuständig,

a) in dessen Hoheitsgebiet
   - beide Ehegatten ihren gewöhnlichen Aufenthalt haben oder
   - die Ehegatten zuletzt beide ihren gewöhnlichen Aufenthalt hatten, sofern einer von ihnen dort noch seinen gewöhnlichen Aufenthalt hat oder
   - der Antragsgegner seinen gewöhnlichen Aufenthalt hat oder
   - im Falle eines gemeinsamen Antrags einer der Ehegatten seinen gewöhnlichen Aufenthalt hat oder

---

47 *Thomas/Putzo/Hüßtege* Rn 7.

48 *Thomas/Putzo/Hüßtege* Rn 7; *Baumbach/Albers* Rn 6.

49 Vgl dazu Einleitung Rn 11.

- der Antragsteller seinen gewöhnlichen Aufenthalt hat, wenn er sich dort seit mindestens einem Jahr unmittelbar vor der Antragstellung aufgehalten hat, oder
- der Antragsteller seinen gewöhnlichen Aufenthalt hat, wenn er sich dort seit mindestens sechs Monaten unmittelbar vor der Antragstellung aufgehalten hat und entweder Staatsangehöriger des betreffenden Mitgliedstaats ist oder, im Falle des Vereinigten Königreichs und Irlands, dort sein „domicile" hat;

b) dessen Staatsangehörigkeit beide Ehegatten besitzen, oder, im Fall des Vereinigten Königreichs und Irlands, in dem sie ihr gemeinsames „domicile" haben.

(2) Der Begriff „domicile" im Sinne dieser Verordnung bestimmt sich nach britischem und irischem Recht.

**I. Zweck und Verhältnis der Zuständigkeiten**
1. Kriterien der Bindung ... 1
2. Verdrängung der Zuständigkeit aufgrund Staatsangehörigkeit einer Partei ... 2
3. Gleichrangigkeit der Zuständigkeitsalternativen ... 6
4. Örtliche Zuständigkeit ... 10

**II. Aufenthaltszuständigkeiten (Abs 1 lit a)**
1. Gemeinsamer gewöhnlicher Aufenthalt (1. Strich)
   a) Motivation ... 11
   b) Gewöhnlicher Aufenthalt, Willensabhängigkeit? ... 12
   c) Einzelfragen ... 13
2. Letzter gemeinsamer gewöhnlicher Aufenthalt (2. Strich)
   a) Motivation ... 14
   b) Bestimmung ... 15
   c) Interessenungleichgewicht ... 16
3. Forum rei (3. Strich)
   a) Kritik ... 17
   b) Bestimmung ... 18
4. Gemeinsamer Scheidungsantrag (4. Strich)
   a) Kritik ... 19
   b) Gemeinsamer Antrag ... 20
   c) Form ... 21
   d) Verschiedenartige Anträge ... 22
5. Forum actoris (5. Strich)
   a) Kritik ... 23
   b) Dauer des gewöhnlichen Aufenthalts ... 25
   c) Personenkreis ... 26, 27
6. Forum actoris im Heimatstaat (6. Strich)
   a) Normgeschichte, Kritik ... 28
   b) Voraussetzungen der Zuständigkeit 31
   c) Domicile substituiert Staatsangehörigkeit ... 34

**III. Staatsangehörigkeitszuständigkeit (Abs 1 lit b)**
1. Kritik ... 35
2. Anknüpfung ... 36
3. Gemeinsames domicile
   a) domicile statt Staatsangehörigkeit 39
   b) Begriff des domicile (Qualifikationsverweisung, Abs 2) ... 40

## I. Zweck und Verhältnis der Zuständigkeiten

### 1. Kriterien der Bindung

Die Festlegung der direkten Zuständigkeit der Gerichte in Ehesachen ist, wie schon bei Brüssel I erprobt, Voraussetzung für einen Verzicht auf die Zuständigkeitsprüfung im Anerkennungsstadium. Die Suche nach Kriterien der zuständigkeitsrechtlichen Bin- 1 dung zu einem Mitgliedstaat sollte der **Mobilität** Rechnung tragen und zugleich hinreichende **Rechtssicherheit**, vor allem für den Antragsgegner bieten,[1] was durch zahlreiche Aufenthaltsanknüpfungen erreicht werden soll. Der zuständigkeitsrechtlichen Schwerpunktsetzung beim Aufenthalt entspricht es, daß die Vermeidung hinkender Entscheidungen im Verhältnis zum *Heimatstaat* zurücktritt; eine Anerkennungsprognose ist auch dann nicht vorgesehen, wenn die Zuständigkeit nur an den Aufenthalt eines Ehegatten anknüpft.[2]

*Parteiautonomie* im Sinn vorheriger Vereinbarung eines Gerichtsstands kommt traditionell im Eheverfahrensrecht[3] ebenso wenig in Betracht wie rügelose Einlassung.[4] Der dem allgemeinen zivilprozessualen Zuständigkeitssystem (Brüssel I-VO) eigene Grundsatz *actor sequitur forum rei* gilt, wie auch im nationalen Recht, nur eingeschränkt.

### 2. Verdrängung der Zuständigkeit aufgrund Staatsangehörigkeit einer Partei

2 **a)** Die Grundentscheidung für eine weitgehend am *Aufenthalt* orientierte Zuständigkeit bedeutet eine Abkehr von dem in den meisten Mitgliedstaaten bisher geltenden Prinzip, daß jeder **Staatsangehörige** (in angelsächsischen Staaten Domizilierte) in den seinen Status betreffenden Angelegenheiten als Antragsteller auch die Gerichte seines *Heimatstaats* in Anspruch nehmen kann.[5, 6] In fast allen Mitgliedstaaten, die eine solche Anknüpfung vorsehen, geht diese einher mit einer gleichgewichtigen Zuständigkeitsanknüpfung an die Staatsangehörigkeit oder das *domicile* des Antragsgegners.[7] Der Wohnsitz oder gewöhnliche Aufenthalt des Antragsgegners als das aus dem allgemei-

---

1 *Borrás*-Bericht Nr 27.

2 *Zöller/Geimer* Rn 3; anders als noch in § 606 a Abs 1 S 1 Nr 4 ZPO.

3 *Borrás*-Bericht Nr 32; *Spellenberg*, in: FS Geimer (2002), 1263.

4 *Thomas/Putzo/Hüßtege* Rn 1.

5 Die Staatsangehörigkeit bzw das *domicile* des *Antragstellers* begründet die internationale Zuständigkeit in: Deutschland (§ 606 a Abs 1 Nr 1 ZPO); Frankreich (Art 14 cc); Griechenland (Art 612 KPD); Irland (sec 39 FLDA 1996 *domicile* oder *residence*); Italien (Art 32 IPRG); Luxemburg (Art 14 cc); Österreich (§ 76 Abs 2 JN); Portugal (Art 65 Abs 1 cpc, jedoch nur bei Gegenseitigkeit mit dem Heimatstaat des Antragsgegners); UK (sec 19 FLA 1996, *domicile*); im Prinzip nur bei Staatsangehörigkeit und gewöhnlichem Aufenthalt im Gerichtsstaat in Schweden (2. Kap § 2 EheG) und Spanien (Art 22 LOPJ).

6 Wobei die Frage, ob auch eine Zuständigkeit des Heimatstaates bei Eheschließung als „Antrittszuständigkeit" konserviert wird, nur ein untergeordneter Teilaspekt des Problems ist: vgl § 606 a Abs 1 Nr 1 ZPO, ebenso Art 612 Abs 1 KPD (Griechenland).

7 Die Staatsangehörigkeit des *Antragsgegners* begründet die internationale Zuständigkeit in gleicher Weise wie die des Antragstellers in Deutschland (§ 606 a Abs 1 Nr 1 ZPO); Frankreich (Art 15 cc); Griechenland (Art 612 KPD); Irland (sec 39 FLDA 1996 *domicile* oder *residence*); Italien (Art 32 IPRG); Luxemburg (Art 15 cc); Österreich (§ 76 Abs 2 JN); UK (sec 19 FLA 1996, *domicile*); Finnland knüpft zwar die Zuständigkeit seit 1987 nicht mehr an die Staatsangehörigkeit, folgt aber weiter dem Prinzip des rollenunabhängigen Gerichtsstands (§ 119 EheG: Wohnsitz eines Ehegatten); Belgien knüpft dagegen *nur* an die Staatsangehörigkeit des Antragsgegners an (Art 15 cc).

nen, nicht ehespezifischen Zuständigkeitssystem übernommene *forum rei* tritt teilweise neben[8] das verbreitet festzustellende Prinzip der heimatorientierten rollenunabhängigen Zuständigkeitsanknüpfung, die meist in einem *besonderen Gerichtsstand für Ehesachen* verwirklicht ist.

Die **VO** wählt hingegen einen völlig **anderen Ausgangspunkt**, indem sie das zuständigkeitsrechtliche Gewicht deutlich auf den *Antragsgegner* verschiebt[9] und die Staatsangehörigkeit als Kriterium nach Kräften verdrängt. Es bleibt nur ein Forum der *gemeinsamen* Staatsangehörigkeit (Abs 1 lit b), während von dem Heimatforum des Klägers nur ein aus sonderbaren Gründen zustande gekommener Rest in Abs 1 lit a 6. Strich fortbesteht. Damit geht nicht nur die Zuständigkeitsbegründung durch die Staatsangehörigkeit einer Partei verloren, sondern zugleich auch ein beständiges, nicht leicht zu manipulierendes Kriterium für den bisher verbreiteten internationalen Antragstellergerichtsstand.[10]

Anknüpfung an die Staatsangehörigkeit des Antragstellers ist angeblich aus dem Blickwinkel des **Diskriminierungsverbots** (Art 12 Abs 1 EGV) fragwürdig. Selbst die in Abs 1 lit a 6. Strich bestimmte Verkürzung der Aufenthaltsfrist beim *forum actoris* im Heimatstaat des Klägers wird im Schrifttum als diskriminierend angesehen.[11] Beides ist falsch, denn ein europäisch bestimmtes *forum actoris* kann *jeder* Ehegatte in *seinem* Heimatstaat nutzen. Europa ist ein Bündnis von Nationalstaaten und es wäre eine höchst schädliche Illusion, zu glauben, man könne die Akzeptanz Europas fördern, indem man gerade in Statussachen den Unionsbürgern in der Antragstellerrolle die bisher zu Recht verbreitete Heimatzuständigkeit nimmt, ihnen die Mentalität, nur noch Europäer zu sein und den Rückzug auf ihr einigermaßen gewohntes und bekanntes Heimatrecht aufzugeben, zuständigkeitsrechtlich oktroyiert.

**b)** Zudem sollte nicht übersehen werden, daß zwischen der Bereitstellung eines Forum 3
und der **Gewährung der Scheidung** ein weit engerer Zusammenhang besteht als zwischen Forum und Anspruch im Rahmen von Brüssel I. Bei Versagung einer (deutschen) internationalen Scheidungszuständigkeit kann über eine andere kollisionsrechtliche Anknüpfung ein weniger scheidungsfreundliches Recht Anwendung finden. Zwar steht Deutschland mit der grundsätzlichen Staatsangehörigkeitsanküpfung in Europa nicht allein und auch die nachfolgende Anknüpfungsleiter ist in vielen Mitgliedstaaten üblich, wobei nur auf letzter Stufe tendenziell eher die *lex fori* als eine Schwerpunktbe-

---

8 ZB Art 3 IPRG Italien.

9 Dazu unten Rn 17f; primär antragsgegnerorientiert entscheiden nur: Belgien (Art 15cc), Niederlande (Art 429c Abs 2, 814 WRV gehen allerdings ihrerseits auf den Entwurf des Übereinkommens zurück, Art 429c Abs 1 aF knüpfte – auch die internationale Zuständigkeit – vorrangig an den Aufenthalt des Antragstellers an); teilweise auch Schweden (3. Kap § 2 EheG).

10 Zu den Konsequenzen hieraus vgl unten Rn 17f.

11 *Hau* FamRZ 2000, 1336; *Schack* RabelsZ 65 (2001) 623; näher unten Rn 30.

stimmung wie in Art 17 Abs 1 S 1 iVm 14 Abs 1 Nr 3 EGBGB eingreift.[12] Demgegenüber sind reine Aufenthaltsanknüpfungen selten.[13]

Jedoch sieht insbesondere das deutsche Recht zur Gewährleistung der Scheidungsfreiheit eine Hilfsanknüpfung (Art 17 Abs 1 S 2 EGBGB[14]) zugunsten deutscher Antragsteller vor. Deren Anwendung setzt eine deutsche Zuständigkeit voraus, die bisher durch § 606a Abs 1 Nr 1 ZPO gewährleistet war. Angesichts einst weltanschaulich geprägter und derzeit immer noch von erheblichen rechtspolitischen Unterschieden getragener materieller Scheidungsrechte ist die Staatsangehörigkeitszuständigkeit also auch ein Instrument zur Gewährleistung der Scheidung nach dem jeweiligen materiellen Eheverständnis und daher im Kern durchaus legitim.[15] Da Art 7, 8 den Rückgriff auf § 606a Abs 1 Nr 1 ZPO ausschließen, wenn der Antragsgegner einem Mitgliedstaat angehört oder dort gewöhnlichen Aufenthalt hat und Art 2 eine einseitige Staatsangehörigkeitszuständigkeit nicht gewährt, läßt sich materiell scheidungsrechtlich das gemeinsame Aufenthaltsrecht nun nicht mehr umgehen.

---

[12] An die gemeinsame Staatsangehörigkeit, hilfsweise den gewöhnlichen Aufenthalt knüpfen an: Deutschland: Art 17 Abs 1 S 1, Art 14 Abs 1 EGBGB; Griechenland Art 16, 14 AK; Italien Art 31 Abs 1 IPRG; Luxemburg Art 305 cc; Niederlande Art 1 Abs 1 Ehe-IPRG vom 25. 5. 1981; Österreich §§ 18, 20 IPRG; Portugal Art 52, 55 Abs 1 cc; Spanien Art 9, 107 cc; auch das französische IPR (Art 310 cc) knüpft, systematisch von der Statutenlehre inspiriert, jedenfalls für Franzosen an französisches Recht an und greift sonst ebenfalls auf die Anknüpfungsleiter zurück, wenn nicht beide Ehegatten ihren Wohnsitz in Frankreich haben.

[13] Der *gemeinsame Aufenthalt* wird unter Lockerung der Staatsangehörigkeitsanknüpfung zur primären Anknüpfung im niederländischen IPR, wenn einer der Ehegatten zu dem gemeinsamen Heimatstaat keine wirkliche soziale Verbindung mehr hat.
Hingegen führen *lex fori*-Anknüpfungen nicht gezielt zur Anwendung des gemeinsamen Aufenthaltsrecht: Insbesondere die im *common law*, also in Irland und dem UK übliche Anwendung der *lex fori* führt auf der Grundlage der Zuständigkeit bei *domicile* nur eines Ehegatten regelmäßig zur Anwendung des Rechts am *domicile* des Antragstellers im Gerichtsstaat.
Zur Anwendung des Rechts am Aufenthalt des *Antragsgegners* führt hingegen zuständigkeitsbedingt (dazu Fn 7) die *lex fori*-Anknüpfung im belgischen Recht, die sich jedoch nur auf die Scheidungsgründe, nicht die Zulässigkeit der Scheidung an sich, erstreckt (Art 3 loi 27. 6. 1960). Ähnlich wirkt sich zuständigkeitsbedingt die Anwendung der *lex fori* vor schwedischen Gerichten aus, wo jedoch die Möglichkeit einer Scheidung nach einem der Heimatrechte nur bei weniger als einjährigem gewöhnlichem Aufenthalt in Schweden die Scheidung begrenzt (§ 4 EheG). Trotz einer sehr ähnlich strukturierten Kollisionsnorm in Finnland ist die Anwendung finnischen Rechts wegen der rollenneutralen Bestimmung der Zuständigkeit tendenziell wieder stärker antragstellerseitig.

[14] Vereinzelt wurde auch Art 17 Abs 1 S 2 für diskriminierend iSd Art 12 Abs 1 EGV gehalten: AG Hamburg FamRZ 1998, 1590; kritisch auch *Wagner* IPRax 2000, 512, 519.

[15] *Schack* RabelsZ 65 (2002) 622, der allerdings vorschnell meint, Art 2 sei so flächendeckend, daß die StA-Zuständigkeit entbehrlich werde.

Das bedeutet für den mit seinem ausländischen Ehegatten (auch einem Nicht-Unionsbürger!) in Frankreich,[16] Irland,[17] Italien,[18] Luxemburg,[19] Portugal[20] oder Spanien[21] lebenden Deutschen drastisch verschärfte Voraussetzungen für eine Zerrüttungsscheidung, insbesondere in Fällen streitiger Scheidung. In den Niederlanden sperrt eine Ehetrennung die Umwandlung in eine Ehescheidung für drei Jahre.[22] Eine deutsche Zuständigkeit erlangt der deutsche Ehegatte nur nach sechsmonatigem gewöhnlichem Aufenthalt (lit a 6. Strich); der Preis hierfür ist – aus tatsächlichen Gründen – in der Regel die Aufgabe des Arbeitsplatzes im EG-Gastland. Von Skylla und Charybdis zu sprechen liegt hier nicht nur wegen der europäischen Wurzeln des Dilemmas nahe. Ursache ist ein typisches EG-Problem: Da eine Konvergenz der materiellen Rechtsordnungen fern liegt, wurden die Augen vor den materiellen Systemunterschieden verschlossen, um vermeintliche zuständigkeitsrechtliche Erfolge zu erzielen.

Auch dies steht durchaus nicht im Einklang mit einer verbreiteten Sicht in den nationalen Rechtsordnungen. Art 17 Abs 1 S 2 EGBGB vergleichbare Regelungen sind seltener als die Staatsangehörigkeitsanknüpfung als solche, der Gedanke des Antragstellerschutzes wird aber nicht selten mittelbar erzielt.[23] Auch das Diskriminierungsverbot des Art 12 EGV zwingt nicht dazu, den berechtigten Gedanken aufzugeben, daß ein Ehegatte nicht gegen den von seinem Heimatrecht gewährten Schutz der Scheidungsfreiheit in einer gescheiterten Ehe gefangen sein sollte.

**c)** Der durch die Haltung der VO auftretende Konflikt mit der **Gewährleistung der Scheidungsfreiheit**, deren bisherige Wertschätzung durch den deutschen Gesetzgeber Art 17 Abs 1 S 2 EGBGB augenfällig bestätigt, läßt sich so lange nicht befriedigend lösen, wie kein europäischer Grundrechtskonsens zu der Frage erzielbar ist, welche War- 4

---

16 Sechs Jahre Getrenntleben (Art 237 cc); eine Herabsetzung auf 2 Jahre ist derzeit in Planung.

17 Vier Jahre Getrenntleben innerhalb der letzten fünf Jahre (Art 41 (3) 2 Constitution, sec 5 (1) FLA 1996).

18 Drei Jahre formalisierte Trennung (Art 3 Nr 2 b legge 898/1970).

19 Drei Jahre Getrenntleben (Art 230 cc).

20 Drei Jahre Getrenntleben, ein Jahr bei einverständlicher Scheidung (Art 1781 cc); diese Regelung ist nicht mit § 1566 BGB zu vergleichen, weil § 1565 Abs 1 auch eine streitige Scheidung wegen *nachgewiesenem* Scheitern schon nach einem Jahr (§ 1565 Abs 2 BGB) erlaubt.

21 Fünf Jahre Getrenntleben, kürzere Fristen gelten nur bei einverständlichem Getrenntleben (Art 86 Nr 4 cc).

22 Art 1:150 iVm 1:179 BW.

23 Im belgischen Recht werden die Zulässigkeit der Scheidung (Art 2 loi 27-6-1960) und die Gründe (Art 3) nach belgischem Recht beurteilt, wenn auch nur ein Ehegatte Belgier ist; Art 31 Abs 2 des italienischen IPRG erlaubt allseitig das Ausweichen auf die lex fori, wenn das Scheidungsstatut die Scheidung oder Trennung nicht kennt; *lex fori*-Anknüpfungen mit einseitig auf den Antragsteller abstellender Zuständigkeitsanknüpfung (zB in den *common law* Staaten) gewährleisten immer dessen Scheidungsfreiheit nach Maßgabe der *lex fori*.

tefristen vor Scheidung einer gescheiterten Ehe zumutbar sind.[23a] Gemessen an Art 6 Abs 1 GG sind jedenfalls Wartefristen von mehr als drei Jahren inakzeptabel, insbesondere, wenn in einer neuen Verbindung eine Ehe eingegangen werden soll und dort eventuell bereits Kinder vorhanden sind. Versteht man Art 9 der *EU-Grundrechtecharta* nicht weiter als Art 12 EMRK, so schützt er im Gegensatz zu Art 6 Abs 1 GG noch nicht einmal grundsätzlich neben der Eheschließungs- auch die Ehe*scheidungs*freiheit. Die unterschiedlichen Trennungsfristen zeigen überdeutlich, daß der Konsens auch de facto nicht besteht. Es ist aber einer Gemeinschaft, die sich der Freizügigkeit ihrer Bürger verpflichtet sieht, unwürdig, wenn nationaler Grundrechtsschutz im Interesse der europafreundlichen *petitio principii* eines als gleichwertig postulierten EU-Grundrechtsschutz zurückweicht und die betroffenen Bürger in elementaren Fragen ihrer Lebensgestaltung dem grundrechtlichen *status quo minus* ausgeliefert sind,[24] der von der jeweils illiberalsten Scheidungsrechtsordnung definiert wird. Es geht hier um nicht weniger als die Frage, ob der individuelle Grundrechtsschutz wichtiger ist oder die Illusion eines ungetrübten europäischen Konsenses.

Im **materiellen Recht** ist ein solcher Konsens über Trennungsfristen derzeit jedenfalls nicht abzusehen,[25] der EU-Beitritt Maltas, das die Scheidung noch immer nicht kennt, wird die Situation eher noch verschärfen.

Eine EG-einheitliche **kollisionsrechtliche Lösung** de lege ferenda, etwa zugunsten einer hilfsweisen Anwendung des Heimatrechts des Antragstellers böte einen Ausweg. Vorbildlich für eine diskriminierungsfreie die Scheidungsfreiheit schützende Kollisionsnorm ist die österreichische Lösung in § 20 Abs 2 IPRG, wonach allseitig auf das Heimatrecht des Antragstellers zurückgegriffen wird, wenn das eigentliche Scheidungsstatut die Scheidung derzeit nicht erlaubt.

De lege lata muß eine **verfahrensrechtliche Lösung** versucht werden. Das Problem besteht darin, daß zuständigkeitsrechtlich eine Gleichwertigkeit der europäischen Rechtspflege postuliert wird, die materiell ehescheidungsrechtlich nicht existiert. Das wurde in der Diskussion um den *ordre public* im Anerkennungsstadium (Art 15 Abs 1 lit a) durchaus erkannt, was zu dem merkwürdige Ergebnis führt, daß die eher scheidungsfeindlichen Mitgliedstaaten sich die Versagung der Anerkennung von Scheidungsurteilen vorbehalten haben, scheidungsfreundliche Mitgliedstaaten jedoch gehindert sind, ihren Gerichten eine Zuständigkeit zu verschaffen. Mit anderen Worten: Es fehlt

---

[23a] Wenn schon eine lange Verfahrensdauer im Ausland unzumutbar ist (BGH IPRax 1984, 152, 154; jüngst AG Leverkusen FamRZ 2003, 41) so erst recht das Fehlen einer Jurisdiktion in der überhaupt in zumutbarer Zeit eine Scheidung zu erwarten ist.

[24] Es ist bemerkenswert, daß die VO auch von einer Bundesjustizministerin, die persönlich und politisch in der Tradition des historischen Schrittes zur Zerrüttungsscheidung im 1. EheRG steht, nur als Gewinn an Freizügigkeit für die Bürger dargestellt wurde, während der Verlust an Scheidungsfreiheit das Licht der Presse nie erblickt hat.

[25] Schnelle Entwicklungen wie im belgischen Recht, das im Jahr 1982 die Trennungsfrist von einstmals zehn (!) auf fünf und im Jahr 2000 auf zwei Jahre verkürzt hat (Art 232 cc), sind die Ausnahme.

ein **zuständigkeitsbegründender ordre-public**-Vorbehalt. Der bei Unionsbürgerschaft des Antragsgegners durch Art 7 lit b verschlossene Weg zur *lex fori* muß in extremen Fällen der Scheidungserschwerung oder -verweigerung dennoch über die Inanspruchnahme einer Notzuständigkeit eröffnet werden; auch die Treue zum Europarecht kann nicht zur Rechtsverweigerung zwingen. Der Gedanke der Freizügigkeit würde pervertiert, wenn sie nur um den Preis des Verlusts eines liberalen Scheidungsrechts nutzbar wäre.[26]

**d)** Besonders deutlich und zugleich unnötig wird der Konflikt, wenn Art 7 lit a die Zuständigkeiten des Art 2 als ausschließlich durchsetzt zugunsten eines **Antragsgegner ohne Unionsbürgerschaft** mit gewöhnlichem Aufenthalt in einem Mitgliedstaat. Art 12 EGV erfordert diese Regelung nicht, die Verdrängung der Heimatzuständigkeit ist hier nicht geboten. Es wäre auch wenig überzeugend, die Diskriminierung des einem Drittstaat angehörenden und regelmäßig nur wegen des Bestehens der Ehe in der Union aufenthaltsberechtigten Ehegatten eines Unionsbürgers zu vermuten, wenn die Zuständigkeit der Heimatgerichte dieses Unionsbürgers bestünde. Hier geht die Abkehr von der Staatsangehörigkeitszuständigkeit eindeutig zu weit. 5

### 3. Gleichrangigkeit der Zuständigkeitsalternativen

**a)** Die Zuständigkeiten nach Abs 1 stehen nicht in einem Rangverhältnis.[27] Die VO kennt auch keinen allgemeinen Gerichtsstand und mit zusätzlichen Voraussetzungen versehene besondere Gerichtsstände,[28] was angesichts der Homogenität der Streitgegenstände auch wenig sinnvoll wäre. Der Antragsteller hat, sofern die Voraussetzungen mehrerer Alternativen vorliegen, die freie Wahl zwischen den Gerichtsständen.[29] Das gilt auch im Verhältnis der Zuständigkeiten nach Abs 1 lit a zu denen nach lit b. Das Verhältnis zwischen mehreren Gerichtsständen wird erst auf der Ebene der **Rechtshängigkeit** durch Art 11 geregelt, wobei jedenfalls die breite Konfliktregelung in Art 11 Abs 2 parallele Verfahren zwischen den Ehegatten um den Bestand ihrer Ehe ausschließt. 6

**b)** Die dadurch begründete Möglichkeit des ***forum shopping***[29a] hat angesichts des nicht vereinheitlichten IPR und der erheblichen Unterschiede in den materiellen Scheidungsrechten eine deutlich größere Bedeutung als für Brüssel I. Die Auswahl des richtigen Forum bestimmt nicht nur über den Erfolg des Scheidungsantrages mit, erlaubt insbesondere das Ausweichen auf scheidungsfreundlichere Rechtsordnungen,[30] was für Staaten, die der 7

---

[26] Im Extremfall des Rechts von Malta wird es um die Unscheidbarkeit gehen, der auch ein EU-Bürger aus einem anderen Mitgliedstaat nur entrinnen könnte, wenn er Malta verläßt.

[27] Mißverständlich *Vogel* MDR 2000, 1047: „Kaskadenanknüpfung".

[28] *Hausmann* EuLF 2000/01, 275.

[29] *Borrás*-Bericht Nr 29; *Hau* FamRZ 2000, 1334; *Kohler* NJW 2001, 11; *Hausmann* EuLF 2000/01, 276; *MünchKommZPO/Gottwald* Rn 2; *Thomas/Putzo/Hüßtege* Rn 1; *Baumbach/Albers* Rn 1.

[29a] Vgl dazu den Bericht des TMC ASSER INSTITUUT (12/2002) http://europa.eu.int/comm/justice_home/doc_centre/civil/studies/doc/divorce_matters_en.pdf (letzter Besuch 19. 5. 2003).

[30] *Jänterä-Jareborg* YB PIL 1999, 8.

Ehescheidung noch immer sehr zurückhaltend gegenüberstehen, durchaus ein Problem bedeutet.[31] Sie hat zudem Auswirkungen auf Scheidungsfolgen, zB aufgrund der Festlegung des nachehelichen Unterhaltsstatuts auf das tatsächliche Scheidungsstatut (Art 8 Haager Unterhaltsstatutübereinkommen vom 2. 10. 1973).[32] Die Alternativität der Zuständigkeitskriterien ist jedoch letztlich ein Ausgleich dafür, daß die VO durch eine Festlegung auf ein überwiegend am gewöhnlichen Aufenthalt orientiertes System die bisher gewohnten nationalen Zuständigkeiten stark beschränkt. Gerade in Personenstandssachen muß ein Zuständigkeitssystem auch der Einschätzung der Beteiligten von der Angemessenheit eines Gerichtsstands entgegenkommen[33] und darf sich nicht auf das formale Postulat zurückziehen, alle europäischen Gerichte seien gleichwertig.[34]

8 **c)** Der Zuständigkeitskatalog des Art 2 ist nur nach Maßgabe von Art 7 und 8 abschließend. Ist das angerufene Gericht nicht nach Art 2 international zuständig, so kann es seine Zuständigkeit nur dann auf nationales IZPR stützen, wenn die Zuständigkeiten der VO nicht gemäß Art 7 ausschließlich sind.[35]

9 **d)** In welchem **prozessualen Zeitpunkt** die Voraussetzungen der internationalen Zuständigkeit nach Art 2 bestehen müssen, ist in der VO nicht ausdrücklich geregelt. Ebenso wie der Brüssel I-VO[36] liegt ihr jedoch das autonome Prinzip der ***perpetuatio fori*** zugrunde.[37] Änderungen der die Zuständigkeit begründenden Tatsachen berühren die internationale Zuständigkeit also nicht mehr, wenn sie nach Eintritt der Rechtshängigkeit erfolgen. Für die Rechtshängigkeit sollte nicht auf die jeweilige lex fori zurückgegriffen werden. Die zur Vermeidung konkurrierender Rechtshängigkeiten geschaffene autonome Legaldefinition in Art 11 Abs 4 ist auch für diese Frage heranzuziehen. Zwar scheint es auf den ersten Blick nicht erforderlich, die internationale Zuständigkeit eines Gerichts zu perpetuieren, das mangels Rechtshängigkeit noch nicht einmal örtlich abschließend zuständig ist. Versucht jedoch ein Ehegatte, dem Gericht in diesem Stadium durch Aufenthaltsverlegung die Zuständigkeit zu entziehen (was in praxi der häufigste Anwendungsfall der perpetuatio fori in Ehesachen ist), so kommt es zu Widersprüchen mit Art 11. Ruft einer der Ehegatten nun ein anderes Gericht an, so wäre das zunächst angerufene zwar vorrangig iSd Art 11, aber mangels perpetuatio fori nicht mehr international zuständig. Auch die *perpetuatio fori* wird also bereits durch die autonome Rechtshängigkeit (Art 11 Abs 4) ausgelöst.

---

[31] Vgl aus irischer Sicht *Shannon* Law Society Gazette 2001, 19; dazu *Jayme/Kohler* IPRax 2002, 469.

[32] BGBl 1986 II 837.

[33] Zutreffend *Jänterä-Jareborg* YB PIL 1999, 8f.

[34] Bedenklich ist daher die unreflektiert europafreundliche Ansicht, die Restriktion nationaler Zuständigkeiten mit diesem Topos rechtfertigt, vgl zuletzt *Hau* FPR 2002, 617.

[35] Vgl im einzelnen Art 7 Rn 6ff.

[36] *Kropholler*, EuZPR[7] vor Art 2 Rn 14.

[37] *Schlosser* Rn 5.

### 4. Örtliche Zuständigkeit

Art 2 regelt nur die **internationale Zuständigkeit**. Das örtlich zuständige Gericht ist nach der *lex fori* zu bestimmen. Fehlt es nach der *lex fori* eines Staates, dessen Gerichte gemäß Art 2 international zuständig sind, an einer örtlichen Zuständigkeit, so muß diese Lücke durch Hilfszuständigkeiten geschlossen werden.[38] Dabei sollte nur äußerst hilfsweise eine Zuständigkeit der Gerichte der Hauptstadt[39] angenommen werden. Die Art 2 zugrunde liegende ratio wird besser durch eine *Verlängerung* der dort genannten Anknüpfungskriterien in die örtliche Zuständigkeitsbestimmung erreicht. Diese Methode gelingt auch meist bei den Zuständigkeiten nach Abs 1 lit a, da diese aufenthaltsbezogen sind. Lediglich die Zuständigkeit nach Abs 1 lit b kann auch ohne jeden räumlichen Bezug innerhalb des gemeinsamen Heimatstaates bestehen. 10

## II. Aufenthaltszuständigkeiten (Abs 1 lit a)

### 1. Gemeinsamer gewöhnlicher Aufenthalt (1. Strich)

#### a) Motivation

Die rechtspolitische **Motivation** für eine Zuständigkeit der Gerichte am gemeinsamen gewöhnlichen Aufenthalt der Ehegatten ist unproblematisch. Die Anknüpfung an einen gemeinsamen räumlichen Schwerpunkt, an den Lebensmittelpunkt, wird in den meisten Fällen herangezogen werden können und war im Recht der meisten Mitgliedstaaten üblich.[40] 11

Wegen der mit einer beidseitigen Anknüpfung der Zuständigkeit in einer Ehesache verbundenen Signalwirkung für die bekanntlich im Eheverfahrensrecht nicht ohne weiteres kontradiktorisch faßbare Parteistellung ist diese Zuständigkeit auch nicht überflüssig, wenngleich sie formal neben dem Beklagtengerichtsstand (3. Strich) unnötig wäre; wo beide Ehegatten leben, lebt auch der Antragsgegner. Auch wenn die Gerichtsstände des Art 2 alternativ nebeneinanderstehen, entspricht es dem speziellen Streitgegenstand, nicht das *forum rei*, sondern das *forum matrimonii* in den Vordergrund zu stellen. Für überflüssig kann das nur halten, wer Brüssel II aus dem prozessualen Blickwinkel von Brüssel I sieht und die eherechtliche Besonderheit beiseite läßt.[41]

#### b) Gewöhnlicher Aufenthalt, Willensabhängigkeit?

Die Bestimmung des gewöhnlichen Aufenthalts erfolgt **autonom**,[42] was keine Probleme aufwirft, da der Begriff in den Haager Übereinkommen autonom eingeführt wurde und keine nationale Vorprägung hat. Eine kollisionsrechtliche Verweisung (vgl Art 52 EuGVÜ, Art 59 Brüssel I-VO) wäre nicht sinnvoll gewesen, eine europäische Legalde- 12

---

[38] *Zöller/Geimer* Rn 2.

[39] So aber *Zöller/Geimer* Rn 2.

[40] *Borrás*-Bericht Nr 31.

[41] Zu Unrecht kritisch *Hau* FamRZ 2000, 1334: „Atavismus"; *Schack* RabelsZ 65 (2001) 622.

[42] *Schlosser* Rn 2.

finition (vgl Art 60 Brüssel I-VO) nicht erforderlich. Zweifelhaft ist, ob der *europäische* Begriff des gewöhnlichen Aufenthalts von dem der Haager Übereinkommen nennenswert abweichen wird.[43] Die Materialien[44] nehmen Bezug auf die vom EuGH gegebene Definition des „ständigen Wohnsitzes" als des Ortes, „den der Betroffene als ständigen und gewöhnlichen Mittelpunkt seiner Lebensinteressen in der Absicht gewählt hat, ihm Dauerhaftigkeit zu verleihen, wobei für die Feststellung dieses Wohnsitzes alle hierfür wesentlichen tatsächlichen Gesichtpunkte zu berücksichtigen sind."[45] Die Betonung des *Willensmoments*, das traditionell prägend zum Wohnsitzbegriff gehört, weicht dabei jedenfalls dogmatisch von der zum Aufenthaltsbegriff der Haager Übereinkommen vorherrschenden Feststellung des *tatsächlichen Lebensmittelpunktes* ab, die einen subjektiven Willen zur Aufenthaltsbegründung nicht voraussetzt. Wenngleich diese Abweichung meist bedeutungslos bleiben wird,[46] kann eine Festlegung nicht unterbleiben. Nicht nur Fälle unfreiwilligen Aufenthalts eines Ehegatten (Gefangene)[47], sondern vor allem eine künftige Ausdehnung des Brüssel II-Systems auf selbständige Kindschaftssachen, wirft die Frage nach dem Willenselement auf. Die Verwendung des Begriffs „Aufenthalt", vor allem aber das Bewußtsein, daß die Brüssel II-VO in das System der Haager Kindschaftsübereinkommen eindringt, legt es nahe, auf das voluntative Element zu verzichten und Einklang mit den Haager Übk, dem MSA, KSÜ und KindesentführungsÜbk herzustellen,[48] den gewöhnlichen Aufenthalt also tatsächlich zu bestimmen, wobei für die Ausfüllung des Kriteriums *Lebensmittelpunkt* bei freien und erwachsenen Menschen der Wille mittelbar ein erhebliches Gewicht hat.

**c) Einzelfragen**

13 Jedenfalls ist der gewöhnliche Aufenthalt **jurisdiktionsbezogen**. Er besteht nicht an einem Ort, sondern in einem Mitgliedstaat, sofern dieser nicht in mehrere Jurisdiktionen zerfällt. Getrenntleben im selben Mitgliedstaat berührt also nicht die internationale Zuständigkeit. Der Aufenthalt muß auch nicht **„gemeinsam"** im eherechtlichen Sinn gewesen sein; es ist weder eine eheliche Lebensgemeinschaft noch eine häusliche Gemeinschaft in dem Staat erforderlich, in dem beide Ehegatten sich gewöhnlich aufhalten.

Eine **Mindestdauer** des Aufenthalts ist ebenfalls nicht erforderlich. Wenn die Ehe unmittelbar nach gemeinsamer Verlegung des Lebensmittelpunktes in denselben Staat scheitert, ist der Aufenthalt zuständigkeitsbegründend. Aber auch, wenn die Ehegatten erst nach dem Scheitern der ehelichen Lebensgemeinschaft (zufällig) ihre gewöhnlichen Aufenthalte in denselben Mitgliedstaat verlegen, werden dessen Gerichte zuständig, da gemeinsamer Aufenthalt, wie gesagt, kein Zusammenleben erfordert. Weist der gewöhnliche Aufenthalt in einen Mitgliedstaat, der **Mehrrechtsstaat** ist, so richtet sich die Verweisung gemäß Art 41 auf die jeweilige Teiljurisdiktion.

---

[43] *Hausmann* EuLF 2000/01, 276.

[44] *Borrás*-Bericht Nr 32 aE.

[45] EuGHE 1994 I 4295.

[46] *Hausmann* EuLF 2000/01, 276.

[47] *Hau* FamRZ 2000, 1334.

[48] *Baumbach/Albers* Rn 3; **aA** *Hau* FamRZ 2000, 1334; offen gelassen von *Thomas/Putzo/Hüßtege* Rn 2.

## 2. Letzter gemeinsamer gewöhnlicher Aufenthalt (2. Strich)

### a) Motivation

Die – nicht nur aus nationalem Verfahrensrecht, sondern auch aus dem IPR (vgl Art 14 Abs 1 Nr 1 und 2 jeweils 2. Alt EGBGB) bekannte – Idee der zuständigkeitsrechtlichen Relevanz eines letzten gemeinsamen gewöhnlichen Aufenthalts geht davon aus, daß der Antragsteller dem Antragsgegner die Ehesache nicht „hinterhertragen"[49] muß, wenn dieser aus dem ehelichen Aufenthaltsstaat auswandert. Bei innergemeinschaftlicher Auswanderung kann er zwar im *forum rei* (3. Strich) den Antrag stellen, muß dies aber nicht. Ebenso bekannt ist das Erfordernis, daß einer der Ehegatten bei Antragstellung dort noch seinen gewöhnlichen Aufenthalt haben muß; eine durch den Lauf des Lebens überholte räumliche Bindung kann zuständigkeitsrechtlich nicht mehr genutzt werden. 14

### b) Bestimmung

Im übrigen gelten für die Bestimmung des *früheren* gemeinsamen gewöhnlichen Aufenthalts dieselben Regeln wie für den *aktuellen*, es ist also weder die Einhaltung einer Frist noch ein Zusammenleben im eherechtlichen Sinn erforderlich.[50] 15

### c) Interessenungleichgewicht

Nicht unproblematisch ist dieser Gerichtsstand aus Sicht der **Interessen des auswandernden Ehegatten**. Zwar *kann* er ebenfalls von dieser Zuständigkeit Gebrauch machen, was zB auch aus seiner Sicht sinnvoll ist, wenn dort noch gemeinsame Kinder leben. Problematisch aber ist, daß er für einen längeren Zeitraum keine andere Zuständigkeitsoption hat. Das *forum rei* des am ehelichen Aufenthalt Verbliebenen eröffnet keine andere Zuständigkeit und das *forum actoris* entsteht nur mit zeitlicher Verzögerung unter den Voraussetzungen des 5. oder 6. Strichs, so daß der schnell agierende, am ehelichen Aufenthalt verbliebene Ehegatte das *forum actoris* des Ausgewanderten gemäß Art 11 blockieren kann.[51] 16

Allgemein prozeßrechtlich denkend erscheint dies problemlos; der sich von der gemeinsamen prozessualen Bindung abwendende Antragsteller trägt anscheinend zu Recht die Last der Prozeßführung in einem anderen Mitgliedstaat. Bedenkt man freilich die Ambivalenz der Parteirolle im Eheprozeß, die, jedenfalls auf der Grundlage des Zerrüttungsprinzips, nicht durch den Anspruch, sondern durch die Initiative zu seiner Geltendmachung bestimmt wird, so erscheint diese Risikoverteilung nicht mehr selbstverständlich. Hinzu kommt, daß die Auswanderung in nicht wenigen Fällen eine *Rückwanderung* in den Heimatstaat angesichts des ehelichen Zusammenbruchs bedeutet; ein Ehegatte, der sich oft nicht primär aufgrund der eigenen Freizügigkeit (Art 39 EGV), sondern zur Herstellung der Lebensgemeinschaft im Heimatstaat des Partners niedergelassen hat, erleidet einen empfindlichen Nachteil, wenn er – völlig nachvoll-

---

[49] *Spellenberg*, in: FS Geimer (2002) 1266; vgl auch *Hausmann* EuLF 2000/01, 276.

[50] Soeben Rn 13.

[51] *Kohler* NJW 2001, 11.

ziehbar – „nach Hause“ zurückkehrt, weil die Bindung an den Aufenthaltsstaat mit dem Scheitern der Partnerbindung entfällt.[52]

Der dadurch für den Auswanderer entstehende Konflikt wurde aber zu Recht nicht in der Weise gelöst, daß man auf den Gerichtsstand des letzten gemeinsamen Aufenthalts verzichtete. Die Interessen weisen vielmehr auf die Notwendigkeit einer Verstärkung des *forum actoris* in solchen Situationen, weshalb die insbesondere gegen das Heimatforum (6. Strich) gerichtete Kritik der hM zu kurz greift, wenn sie diesen Gerichtsstand isoliert am EG-Recht misst und ihn nicht im Gefüge der jurisdiktionellen Chancengleichkeit der Ehegatten sieht. Der tiefere Sinn dieser Lösung wurzelt in der hier (2. Strich) eröffneten einseitigen Begünstigung der Interessen des verbleibenden Ehegatten.

### 3. Forum rei (3. Strich)

#### a) Kritik

17 Die Zuständigkeit der Gerichte im **gewöhnlichen Aufenthaltsstaat des Antragsgegners** ist keineswegs so selbstverständlich[53], wie dies mit Blick auf Art 2 Brüssel I-VO behauptet wird. Aus den bereits genannten Gründen[54] ist es verfehlt, das *forum rei* im Eheprozeß als vorrangiges Prinzip zu behandeln.[55] Das *forum rei* bedeutet einen Bruch mit der den Parteirollen im Eheprozeß entsprechenden Suche nach rollenneutraler Zuständigkeitsanknüpfung. Die meisten **Mitgliedstaaten**[56] sehen aus gutem Grund das *forum rei* als solches nicht ausschließlich vor, wenn eine gemeinsame Bindung fehlt,[57] sondern stellen überwiegend einen *rollenunabhängigen*, nur für Ehesachen konzipierten besonderen Gerichtsstand, meist im Heimat- oder *domicile*-Staat sowohl des Antragstellers als auch des Antragsgegners, zur Verfügung. Der rollenunabhängige Gerichtsstand im Heimatstaat und im Aufenthaltsstaat nach § 606 a Abs 1 Nr 1 und Nr 4 ZPO geht darüber hinaus und hätte durchaus als Vorbild eines vollständig rollenneutralen und zugleich zuständigkeitsfreundlichen Systems dienen können.

**Brüssel II** schließt sich einem Minderheitsmodell an[58] und installiert ein *forum rei* im Eheprozeß unter der formal aus Brüssel I übernommenen und für den Eheprozeß nicht mehr reflektierten Prämisse, daß ihm eine stärkere Legitimität als dem *forum actoris* zu-

---

52 Was von einigen Mitgliedstaaten als Problem gesehen wurde, vgl *Borrás*-Bericht Nr 32 Abs 1.

53 *MünchKommZPO/Gottwald* Rn 6.

54 Oben Rn 11.

55 Vgl aber *Hau* FamRZ 2000, 1334; *Schack* RabelsZ 65 (2001) 622.

56 Oben Fn 7.

57 Was *MünchKommZPO/Gottwald* Rn 7 mißversteht; es gibt kein internationales *forum rei* „aus § 606 a Abs 1 Nr 4 iVm § 606 Abs 2 S 1 ZPO“, die internationale Zuständigkeit folgt allein aus § 606 a Abs 1 Nr 4 ZPO und unterscheidet gerade nicht nach der Parteirolle.

58 Oben Fn 9.

komme[59] und behandelt in Konsequenz die Ansätze für einen Antragstellergerichtsstand restriktiv. Diese Prämisse wurzelt aber in einem zivilprozessualen Rollenverständnis; das Prinzip *actor sequitur forum rei* hat im modernen Eheverfahren keinen Platz, ist dort auch keineswegs anerkannt,[60] sondern bedeutet einen Rückfall in das scheidungsrechtliche Rollenverständnis des endenden 19. Jahrhunderts. Wiederum[61] offenbart sich das Problem freilich erst in der Restriktion des *forum actoris* (5. und 6. Strich); ein gleichwertiges *forum rei* wäre nicht bedenklich, würde man es nur so nennen, ohne es zu bevorzugen; inakzeptabel ist aber die Einschränkung des korrespondierenden *forum actoris*.

Eine andere Frage ist, ob das *forum actoris* sich – wie noch in den meisten Mitgliedstaaten – an der Staatsangehörigkeit bzw dem *domicile* orientieren sollte, oder beim gewöhnlichen Aufenthalt ansetzen könnte. Den Verfassern der VO ist durchaus zuzugeben, daß der gewöhnliche Aufenthalt des Antragstellers manipulierbar ist und deshalb wohl einer Verstärkung bedarf, um zuständigkeitsbegründend zu wirken (vgl 5. Strich). Das Problem liegt darin begründet, daß die Staatsangehörigkeit (bzw das *domicile*) als stabiles Kriterium gemieden wurde.[62] Art 2 macht den EU-Bürger in seinen persönlichsten Statusangelegenheiten heimatlos, opfert dafür den der Ehesache angemessenen rollenunabhängigen Gerichtsstand und begründet dies alles verfehlt mit einem in Ehesachen nicht existierenden Prinzip des *forum rei*.

**b) Bestimmung**

Die Bestimmung des gewöhnlichen Aufenthalts des Antragsgegners erfolgt in gleicher 18
Weise wie die eines gemeinsamen. Eine bestimmte Dauer ist ebensowenig erforderlich wie weitere (zB staatsangehörigkeitsrechtliche) Beziehungen zum Gerichtsstaat. Art 2 verzichtet auch durchgehend auf kollisionsrechtliche Elemente, das *forum rei* als nur in der Person eines Ehegatten verwurzelter Gerichtsstand besteht ohne eine Anerkennungsprognose (vgl § 606a Abs 1 Nr 4 ZPO). Im Verhältnis zu Mitgliedstaaten wäre eine Anerkennungsprognose unsinnig, denn die VO schafft ja gerade die Voraussetzungen für die Anerkennung als Regel. Im Verhältnis zu Drittstaaten muß das Risiko einer hinkenden Ehescheidung die Mitgliedstaaten zu Recht nicht stören, solange die Anerkennungsfähigkeit der Scheidung nur innerhalb der Gemeinschaft einheitlich beurteilt wird.

**4. Gemeinsamer Scheidungsantrag (4. Strich)**

**a) Kritik**

Der Gerichtsstand am **gewöhnlichen Aufenthalt eines Ehegatten** im Fall eines ge- 19
meinsamen Antrags ist unbedenklich. In notwendiger Fortführung des irrig installier-

---

[59] Deutlich *Borrás*-Bericht Nr 32, betreffend Art 2 lit a 5. und 6. Strich: „In diesen beiden Bestimmungen wird nämlich *ausnahmsweise* das forum actoris auf der Grundlage des gewöhnlichen Aufenthalts, wenn auch nur unter Zusatzbedingungen, zugelassen." (Hervorhebung d Verf).

[60] So aber *Zöller/Geimer* Rn 3; *Hausmann* EuLF 2000/01, 276; vgl dazu die Nachweise oben Fn 5, 7.

[61] Vgl schon oben Rn 16.

[62] Hierzu oben Rn 2.

ten *forum actoris* strukturiert ihn freilich Art 2 als *forum actoris*, bei dem, da es doppelt auftritt, die Parteien die Wahl haben. Erneut legt sich hier die rein zivilprozessuale Sicht über den Eheprozeß, was zu dem Argument führt, dieses Forum beruhe auf dem Einverständnis der Parteien, sei fast etwas wie eine Gerichtsstandsvereinbarung[63] oder eine *rügelose Einlassung*.[64] Würde die Gleichwertigkeit des *forum actoris* mit dem *forum rei* im Eheprozeß anerkannt, so bedürfte es dieses Gerichtsstands nicht. Der Scheidungsprozeß kann ohnehin nur in einem Gerichtsstand geführt werden, ein Scheidungsantrag des Antragsgegners wäre nach den Grundsätzen konkurrierender Rechtshängigkeit (Art 11) zu behandeln. Nur die verfehlte Prozeßsicht des *forum rei* macht die Situation des gemeinsamen Antrags zum Problem, beschwört Bemühungen herauf, diesen Gerichtsstand damit zu rechtfertigen, daß der Beklagte nicht gegen seinen Willen geschützt werden müsse[65]; immerhin ist das Problem zutreffend gelöst.

**b) Gemeinsamer Antrag**

20 Ein **gemeinsamer Antrag** liegt vor, wenn beide Ehegatten die Scheidung (oder Trennung) der Ehe begehren, wobei unerheblich ist, ob dies, soweit *lege fori* überhaupt möglich, in einer gemeinsamen Antragsschrift[66] oder in getrennten Antragsschriften geschieht. Der Gerichtsstand ist aber auch dann eröffnet, wenn formell nur ein Ehegatte die Scheidung beantragt und der andere *zustimmt* oder *einwilligt*.[67] Anderenfalls wäre die Bestimmung bedeutungslos: Stellen beide Ehegatten förmlich Scheidungsantrag im Aufenthaltsstaat eines von ihnen, so ergäbe sich die internationale Zuständigkeit für einen der Anträge ohnehin im *forum rei*, für den anderen sodann als Gegenantrag aus Art 5.

**c) Form**

21 Fraglich ist, ob das **Einverständnis** in einer Form ausgedrückt sein muß, die dem Scheidungsstatut[68] oder der lex fori entspricht. Verlangt man das, so scheitert die internationale Zuständigkeit gegebenenfalls am Fehlen einer einverständlichen Scheidung im materiellen Scheidungsstatut. Das kann schwerlich gewollt sein. Zuständigkeitsrechtlich kann es nicht darauf ankommen, welche materiell- oder verfahrensrechtliche Bedeutung ein Einverständnis hat und ob das Einverständnis den Ausgang des Verfahrens überhaupt beeinflußt. An dieser Stelle muß der Ansatz bei *forum rei*, so verfehlt er auch ist, konsequent zu Ende gedacht werden: Rechtfertigung für diesen Gerichtsstand ist auf dieser Prämisse nicht die *materielle Mitgestaltung der Ehescheidung* durch den Antragsgegner, sondern sein Einverständnis mit der Führung des Scheidungsprozesses vor dem angerufenen Gericht. Wie dieses Einverständnis zu erklären ist, ist daher autonom zu bestimmen; eine Form ist nicht erforderlich.

---

[63] Vgl aber *MünchKommZPO/Gottwald* Rn 6.

[64] *Hausmann* EuLF 2000/01, 277.

[65] *Spellenberg*, in: FS Geimer (2002) 1267; *MünchKommZPO/Gottwald* Art 3 Rn 7.

[66] Vgl *Hau* FamRZ 2000, 1335.

[67] *Hau* FamRZ 2000, 1335; *Hausmann* EuLF 2000/01, 277; *Spellenberg*, in: FS Geimer (2002) 1267.

[68] *Spellenberg*, in: FS Geimer (2002) 1267; auch *Baumbach/Albers* Rn 7 rekurriert – beispielhaft – auf materielles Recht.

**d) Verschiedenartige Anträge**

22 Nicht genügend ist es, wenn die Ehegatten verschiedenartige Anträge stellen, die in den Anwendungsbereich des Art 1 Abs 1 lit a fallen, also zB ein Scheidungsantrag mit einem Ehetrennungs- oder Eheaufhebungsantrag konkurriert. Besteht die internationale Zuständigkeit für einen dieser Anträge jedoch im *forum rei* (3. Strich), so ergibt sich für den anderen Antrag als Gegenantrag die Zuständigkeit aus Art 5. Dabei kommt es nicht auf die Frage an, ob beide Anträge denselben Streitgegenstand iSd *lex fori* oder iSd Art 11 betreffen. Das wird nur relevant für die Frage, ob über den Gegenantrag auch in einem anderen Mitgliedstaat entschieden werden könnte, oder ob Art 11 eingreift.

**5. Forum actoris (5. Strich)**

**a) Kritik**

23 **(1)** Die Zuständigkeit der Gerichte im gewöhnlichen Aufenthaltsstaat des Antragstellers wird in der VO als ein ***forum actoris*** begriffen, das als Ausnahme gegenüber dem *forum rei* nach Rechtfertigungen sucht.[69] Geradezu befremdlich ist es, daß im deutschen Schrifttum der Eindruck vorzuherrschen scheint, dieses *forum actoris* sei ungewöhnlich. Schon die Verwendung des dem Eheverfahrensrecht sonst fremden Begriffs *Klägergerichtsstand*[70] signalisiert Ausnahmecharakter und macht zugleich deutlich, daß der Begriff an der Situation der *Antragsteller*rolle vorbeigeht. Die Kritik merkt gar an, diese Ausnahme sei (zu) großzügig bemessen[71], nur bei enger Auslegung[72] erträglich, eine Ausnahme anscheinend von ehernen international-prozeßrechtlichen Grundprinzipien. Bemerkenswert selten wird gesehen, daß Art 2 unter wesentlich engeren Bedingungen als das deutsche Prozeßrecht (§ 606a Abs 1 Nr 4 ZPO) eine Zuständigkeit an den gewöhnlichen Aufenthalt des Antragstellers anknüpft; gerade aus deutscher Sicht wäre also eher Verwunderung über die merkwürdige Klageorientierung des Art 2 zu erwarten, zumal die 1986 geführte Diskussion um den Übergang von § 606b aF zu § 606a ZPO, die zu einer erheblichen Erweiterung des einseitigen Gerichtsstandes führte, noch erinnerlich sein sollte.

24 **(2)** Das Dilemma, in das sich schon die Verfasser des *Übereinkommens* Brüssel II gebracht haben und das die dortigen Verhandlungen um den „Klägerinnengerichtsstand"[73] des Art 2 Abs 1 lit 1 a 6. Strich[74] provozierte, liegt nicht in der Weite des *forum actoris*, sondern in seiner Enge, die aus der **verfehlten Differenzierung nach der Parteistellung** herrührt.[75] Der Vorschlag einiger Mitgliedstaaten, die internationale Zuständigkeit an die räumliche Bindung jedes der Ehegatten anzuknüpfen, ist – wie die

---

69 *Borrás*-Bericht Nr 32.

70 *Spellenberg*, in: FS Geimer (2002) 1268; *Hau* FamRZ 2000, 1334; *MünchKommZPO/Gottwald* Rn 9.

71 *Hau* FamRZ 2000, 1334.

72 *Spellenberg*, in: FS Geimer (2002) 1268.

73 Insoweit zu Recht kritisch gegen die verfehlte Motivation: *Pirrung* ZEuP 1999, 844.

74 Unten Rn 28.

75 Dazu schon oben Rn 16.

Staatsangehörigkeitsanknüpfung – am „Geist des Übereinkommens [Brüssel II]"[76] gescheitert. Dieser Geist war vom kontradiktorischen Denken aus Brüssel I beeinflußt und hat zugunsten eines prozessualen Rollenverständnisses das moderne Verständnis einer verursachungs- und rollenneutralen Bewältigung des Scheiterns der Ehe verdrängt: Die Suche nach der Gerichtspflichtigkeit läßt sich im Eheverfahren nicht mit dem beschworenen Prinzip *actor sequitur forum rei*[77] beantworten. Leben die Ehegatten nicht mehr im selben Staat und lassen sich auch keine fortdauernden Bindungen wenigstens eines von ihnen an einen früheren gemeinsamen Aufenthalts- oder Heimatstaat feststellen, so stehen in einer gescheiterten Ehe die Aufenthaltsstaaten jedes der Ehegatten als potentielle *fora* gleichwertig gegenüber. Jeder der Ehegatten hat ein berechtigtes Interesse, seine Statusangelegenheit in seinem gewöhnlichen Aufenthaltsstaat geregelt zu bekommen. Auch hier wäre ein Blick in die USA erhellend gewesen: Einige Monate *bona fide residence* des Antragstellers begründen die *jurisdiction in divorce matters* in den meisten Bundesstaaten, ohne daß dies als Verstoß gegen den Beklagtenschutz aufgefaßt würde. Klärungsbedürftig wäre dann allenfalls die Frage gewesen, ob der gemeinsame letzte Aufenthaltsstaat *vorrangig* zuständig bleibt, solange ein Ehegatte dort noch lebt (vgl für die *interne*, örtliche Zuständigkeit § 606 Abs 1 ZPO), oder ob trotz der Tendenz, Europa als einheitlichen justiziellen Raum zu verstehen, schon die räumliche Dimension nach einer *alternativen* Anknüpfung an den Aufenthalt nur eines Ehegatten verlangt. Art 2 wird weder der abgestuften Interessenlage gerecht, noch der Interessenlage im Eheverfahren und beschwört zudem Hilfslösungen herauf, die von derselben hM als europarechtswidrig[78] gebrandmarkt werden.

**b) Dauer des gewöhnlichen Aufenthalts**

25 **(1)** Die internationale Zuständigkeit der Gerichte im Mitgliedstaat des gewöhnlichen Aufenthalts des Antragstellers setzt voraus, daß dieser sich dort seit mindestens einem Jahr unmittelbar vor der Antragstellung aufgehalten hat. Es werden also weder Aufenthaltszeiten kumuliert, noch wird die Zuständigkeit über die Aufgabe des gewöhnlichen Aufenthalts hinaus perpetuiert. Andererseits stellt sich die Frage nach vorübergehenden Unterbrechungen des Aufenthalts nicht, da ein gewöhnlicher Aufenthalt nicht ständige Präsenz voraussetzt; Urlaube, Geschäftsreisen uä unterbrechen selbstverständlich nicht den gewöhnlichen Aufenthalt.[79]

Nicht genügend ist es nach dem Wortlaut der Bestimmung („vor der Antragstellung"), wenn die Jahresfrist **während der Anhängigkeit** des Verfahrens abläuft.[80] Das führt da-

---

[76] *Borrás*-Bericht Nr 33 mit dem nur für die Ablehnung einer einseitigen Staatsangehörigkeitsanknüpfung einigermaßen tragfähigen Argument, es könne in einem solchen Fall völlig an der faktischen Bindung zu dem jeweiligen Staat fehlen.

[77] Vgl zur Entstehung *Kennett* ICLQ 48 (1999) 468.

[78] Dazu unten Rn 30.

[79] *Baumbach/Albers* Rn 8.

[80] So *Schlosser* Rn 1 mit dem Ziel der Vermeidung des *forum shopping*, das aber auch – prozeßökonomischer – durch die hier nachfolgend vertretene Lösung vermieden wird.

zu, daß der Antrag trotz Ablauf der Frist in der letzten mündlichen Verhandlung mangels internationaler Zuständigkeit abgewiesen werden müßte.[81] Das kann schwerlich sinnvoll sein, weil für einen sogleich gestellten erneuten Scheidungsantrag das Gericht zuständig wäre, so daß lediglich unnötige, beide Parteien belastende, Kosten ausgelöst werden. Das Problem wird auch nicht durch eine rügelose Einlassung gelöst, weil diese die internationale Zuständigkeit nicht begründet. Es ist daher zu differenzieren: Wird der Mangel der internationalen Zuständigkeit festgestellt, ehe die Jahresfrist abgelaufen ist, ist der Antrag abzuweisen; eine „Rettung" des Antrags durch geschickte Terminierung ist unzulässig.[82] Stellt sich der Mangel der Zuständigkeit erst nach Ablauf der Jahresfrist heraus (nachträgliche Erkenntnisse oder verzögerte Bearbeitung), so verlangt die Prozeßökonomie danach, in der Sache zu entscheiden. Etwas anderes gilt, wenn inzwischen ein weiteres Verfahren vor einem zuständigen Gericht anhängig ist, das nach Art 11 Abs 1 oder 2 ausgesetzt werden mußte; die vom Erstgericht anzustellende Zuständigkeitsprüfung (Art 11 Abs 1, 2 aE, Abs 3) muß dann auf die maßgeblichen Verhältnisse im Zeitpunkt der Rechtshängigkeit abstellen. In diesem Fall steht auch die Prozeßökonomie nicht entgegen, da *eines* der Verfahren ohnehin durch Prozeßurteil enden muß.

**(2)** Fraglich kann nach dem Wortlaut sein, ob während eines Jahres bis zur Antrag- 26
stellung *gewöhnlicher* Aufenthalt bestanden haben muß, oder ob auch ein **schlichter Aufenthalt** genügt, der sich erst während des Jahres vor der Antragstellung zu einem gewöhnlichen verfestigt hat.[83] Das Problem dürfte überwiegend akademischer Natur sein, denn gewöhnlicher Aufenthalt setzt, mit Ausnahme von Fällen der Kindesentführung, nicht den Nachweis tatsächlicher Integration voraus. Gerade deshalb kommt dem Niederlassungswillen bei Beurteilung des Lebensmittelpunktes trotz der Tatsächlichkeit des Begriffs Bedeutung zu.[84] Es mag zwar Fälle geben, in denen ein Ehegatte zunächst nur schlichten, vorübergehenden Aufenthalt nehmen will, dann aber einen Lebensmittelpunkt begründet, nur wird es kaum einen Rechtsanwalt geben, der dies dem Gericht anschließend offenbart. Folgt man der Zielsetzung dieser Zuständigkeitsalternative, so liegt die (vermeintlich notwendige) Rechtfertigung des Antragstellergerichtsstandes in einer gewissen Qualifikation der Bindung;[85] das legt es nahe, *gewöhnlichen* Aufenthalt für ein Jahr zu verlangen, zumal das Wortlautargument schwach ist, wenn man sich verdeutlicht, daß die Formulierung anderenfalls sprachlich recht unbeholfen ausgefallen wäre.

**c) Personenkreis**

Da diese Zuständigkeit nur an den gewöhnlichen Aufenthalt anknüpft, kommt sie un- 27
abhängig von der **Staatsangehörigkeit** jedem Antragsteller zugute, der seinen gewöhn-

---

81 Aus deutscher Sicht ist das um so merkwürdiger, weil selbst die materiellrechtliche Frist des § 1565 Abs 2 BGB sich im Scheidungsverfahren noch vollenden kann.

82 Vgl zum Parallelproblem bei § 1565 Abs 2 BGB: *Staudinger/Rauscher* (1998) § 1565 Rn 99.

83 Zweifelnd *Spellenberg*, in: FS Geimer (2002) 1268.

84 Dazu oben Rn 12.

85 *Hau* FamRZ 2000, 1334.

lichen Aufenthalt in einem Mitgliedstaat hat.[86] Weil die Zuständigkeiten des Art 2 alternativ gestaltet sind, besteht dieser Antragstellergerichtsstand auch dann, wenn der Antragsgegner (sogar mit gemeinsamen Kindern) im früheren gemeinsamen Aufenthaltsstaat lebt. Andererseits steht vor Jahresfrist dem Antragsteller nur das *forum rei* zur Verfügung, auch wenn der Antragsgegner in einen Mitgliedstaat gezogen ist, zu dem sich aus dem Verlauf des gemeinsamen Lebens keinerlei Bindungen ergeben, weshalb es dem Antragsteller im Grunde nicht zuzumuten ist, dort die Regelung gemeinsamer Statusfragen zu suchen.

### 6. Forum actoris im Heimatstaat (6. Strich)

#### a) Normgeschichte, Kritik

28 **(1)** Die Schaffung eines *forum actoris* im **Heimatstaat** des Antragstellers nach nur 6-monatigem gewöhnlichem Aufenthalt versucht, der besonderen Situation von anläßlich der Ehekrise in ihr Heimatland zurückkehrenden Ehegatten gerecht zu werden. Da statistisch häufiger die nicht berufstätige Ehefrau dem Ehemann bei Eheschließung in dessen Heimatland folgt, stehen wohl auch häufiger Ehefrauen in der Ehekrise vor diesem Rückkehrproblem. Die unter dem Druck einiger Mitgliedstaaten schon in das Übereinkommen Brüssel II aufgenommene Regelung ist wegen ihrer systemwidrigen Sondernatur der Kritik ausgesetzt.[87] Zudem wird verbreitet angenommen, die schnellere Gewährung eines Antragstellergerichtsstandes im Heimatstaat verstoße gegen das Diskriminierungsverbot des Art 12 EGV, weil einem dort lebenden EG-Ausländer nur unter der Voraussetzung des 5. Strichs, also nach einem Jahr, ein Antragstellergerichtsstand entstehe.[88]

29 **(2)** Die **Systemkritik** ist wohl gerechtfertigt, greift aber zu kurz. Die Interessen in den Heimatstaat zurückkehrender Antragsteller wurden nur deshalb zum Problem, weil neben den letzten gemeinsamen gewöhnlichen Aufenthalt das *forum rei* tritt, das verfehlt[89] an die Parteirolle anknüpft und zudem einseitig dem am ehelichen Aufenthalt Verbliebenen ein Wahlrecht gibt[90]. Die Schöpfer des „Klägerinnengerichtsstandes" haben also zwei Systemfehler durch einen dritten korrigiert.[91] Ein einseitiger rollenunabhängiger Aufenthaltsgerichtsstand hätte das Problem vermieden.

---

[86] *Baumbach/Albers* Rn 8.

[87] *Pirrung* ZEuP 1999, 844: „Klägerinnengerichtsstand".

[88] *Hau* FamRZ 2000, 1336; *ders* FamRZ 2002, 1596; *Spellenberg*, in: FS Geimer (2002) 1270; *Simotta*, in: FS Geimer (2002) 1154; *Schack* RabelsZ 65 (2001) 623; *Zöller/Geimer* Rn 5; **aA** *Kohler* NJW 2001, 11.

[89] Dazu oben Rn 17, 23.

[90] Dazu oben Rn 16.

[91] Dies wird auch aus dem *Borrás*-Bericht (Nr 32) sehr deutlich, der darlegt, daß nach Zurückweisung des Vorschlags, einen parteirollenunabhängigen Aufenthalts- oder Staatsangehörigkeitsgerichtsstand zu schaffen, die Frage des Schutzes der rückkehrenden Ehefrauen aufbrach.

**(3)** Nicht berechtigt erscheint hingegen der Vorwurf des Verstoßes gegen **Art 12 EGV**.[92] Die Bestimmung gibt *jedem Unionsbürger* die Chance, in *seinem Heimatstaat* nach einem abgekürzten Aufenthaltszeitraum eine Zuständigkeit zu erlangen. Es wird also nicht etwa aus Sicht einzelner Mitgliedstaaten dem eigenen Bürger ein Vorteil gegenüber anderen Unionsbürgern eingeräumt, sondern eine für jeden Unionsbürger und jeden Mitgliedstaat unterschiedlos geltende autonome Bestimmung geschaffen. Die Regelung fördert mittelbar sogar die Freizügigkeit, weil der seinem Ehegatten in einen anderen Mitgliedstaat folgende Unionsbürger vor nachteiligen prozessualen Konsequenzen der Rückkehr weitgehend verschont wird. 30

Überdies ist die Differenzierung sachgerecht; sie knüpft nicht an die Staatsangehörigkeit als Rechtsbeziehung, sondern nimmt sie zum Kriterium der Beurteilung eines reinen Faktums: Es wäre gänzlich realitätsfern, wollte man annehmen, daß die *qualifizierte Bindung* des Antragstellers, die primär durch den einjährigen gewöhnlichen Aufenthalt nachgewiesen werden soll, in jedem beliebigen Mitgliedstaat ebenso schnell eintritt wie im Heimatstaat. Art 12 EGV kann nicht die Tabuisierung der Staatsangehörigkeit als Kriterium der Bindung verlangen, man würde denn trotz Fehlens einer europäischen Staatsangehörigkeit schon die schiere Fortexistenz der Nationalstaaten als solche für europarechtswidrig halten.[93] Selbstverständlich muß es auch zulässig bleiben, bei der Beurteilung des gewöhnlichen Aufenthalts als solchem der Abstammung, der kulturellen Einbindung und der durch Sprache vermittelten Kommunikations- und Integrationsfähigkeit im Heimatstaat Bedeutung beizumessen.

**b) Voraussetzungen der Zuständigkeit**

**(1)** In den Tatbestandsvoraussetzungen entspricht diese Zuständigkeit dem *forum actoris* des 5. Strich. Die Dauer des – ununterbrochenen – gewöhnlichen Aufenthalts bei Antragstellung wird jedoch auf sechs Monate reduziert, wenn der Antragsteller die **Staatsangehörigkeit des Gerichtsstaats** besitzt. Einen maßgeblichen *Zeitpunkt* nennt die Bestimmung nur für das Aufenthaltskriterium, nicht für die Staatsangehörigkeit. Die Wendung „Staatsangehöriger ... ist" bedeutet jedoch, daß eine frühere Staatsangehörigkeit, insbesondere im Zeitpunkt der Eheschließung, nicht beachtlich ist.[94] Daß die Staatsangehörigkeit bei Antragstellung bestehen muß, ist dem Wortlaut nicht zu entnehmen. Dennoch sollte zwischen dem nachträglichen Erwerb der Staatsangehörigkeit und dem nachträglichen Ablauf der Aufenthalts-Jahresfrist nicht unterschieden werden: Erwirbt der Antragsteller die Staatsangehörigkeit erst während des Verfahrens, so wird der zunächst unzulässige Antrag (nur) unter denselben Voraussetzungen zulässig, wie nach Ablauf der Jahres-Aufenthaltsfrist.[95] Die Staatsangehörigkeit des UK oder Irlands begründet dort nicht diesen Gerichtsstand, weil das *domicile*[96] insoweit, anders 31

[92] Die Frage wurde durch das OLG München FamRZ 2003, 546 dem EuGH vorgelegt.

[93] Was angesichts der reflexhaft abwehrenden Reaktion im Schrifttum auf die bloße Verwendung der Staatsangehörigkeit als Tatbestandsmerkmal zu befürchten ist; iE wie hier: *Schlosser* Rn 4.

[94] *Baumbach/Albers* Rn 11; *Hau* FamRZ 2000, 1337.

[95] Oben Rn 25.

[96] Sogleich Rn 34.

als der Wortlaut vermuten läßt, nicht *neben* die Staatsangehörigkeit tritt, sondern sie als – nur in diesen beiden Staaten geltendes Kriterium[97] – *ersetzt*. Im übrigen bestimmt über die Staatsangehörigkeit das Recht des jeweiligen Staates.

32 **(2)** Nicht ausdrücklich geklärt ist die Behandlung von **Mehrstaatern**. Eine Behandlung nach den jeweiligen nationalen Regelungen[98] ist abzulehnen; nur eine autonome Lösung kann die einheitliche Anwendung der VO sicherstellen. Diese Auslegung muß die Rechtsprechung des EuGH berücksichtigen, wonach sich nationale Gerichte nicht ohne besonderes Mandat darüber hinwegsetzen dürfen, daß ein anderer Mitgliedstaat einer Person seine Staatsangehörigkeit verliehen hat.[99] Dies spräche auch gegen eine *autonome* Effektivitätsbeurteilung oder die Bevorzugung einer gemeinsamen Staatsangehörigkeit.[100] Auch die ratio der Regelung, heimkehrenden Ehegatten den Rechtsschutz des Heimatstaates unter erleichterten Voraussetzungen zu gewähren, spricht dafür, nur die Staatsangehörigkeit des jeweiligen Gerichtsstaates zu prüfen und nicht auf deren Effektivität abzustellen. Eine solche Prüfung wäre zudem im Rahmen einer Prozeßvoraussetzung übermäßig aufwendig und beweisträchtig. Unabhängig davon, ob der Antragsteller neben der Staatsangehörigkeit des Gerichtsstaates, also eines Mitgliedstaates, noch eine weitere Mitgliedstaaten- oder eine Drittstaatenangehörigkeit besitzt, genügt also, daß er auch Angehöriger des Gerichtsstaates ist.[101] Umgekehrt besteht aber auch kein Vorrang der eigenen Staatsangehörigkeit, wenn, zB im Rahmen des Art 8, die internationale Zuständigkeit in einem *anderen Mitgliedstaat* zu beurteilen ist. Auch insoweit genügt die Staatsangehörigkeit des (potentiellen) Gerichtsstaats, was dem Doppelstaater auch zum Nachteil gereichen kann.[102]

33 **(3) Staatenlose** können hingegen, anders als in § 606 a Abs 1 Nr 3 ZPO, nicht wie Staatsangehörige ihres Aufenthaltsstaates behandelt werden. Systematisch ergibt sich dies, weil in Art 2 lit a 6. Strich die Staatsangehörigkeit als Tatbestandsmerkmal *kumulativ neben* den gewöhnlichen Aufenthalt tritt. Teleologisch gesehen fehlt dem Staatenlosen eine den gewöhnlichen Aufenthalt verstärkende Bindung durch die Staatsangehörigkeit. Staatenlose sind im übrigen nicht Unionsbürger, so daß die durch diese Bestimmung angestrebte Privilegierung von Unionsbürgern ihnen nicht zugute kommt. Staatenlose Antragsteller können also nur das *forum actoris* des 5. Strichs nutzen.

---

[97] *Borrás*-Bericht Nr 33.

[98] *Borrás*-Bericht Nr 33; *MünchKommZPO/Gottwald* Rn 12.

[99] *Hausmann* EuLF 2000/01, 277; *Baumbach/Albers* Rn 10.

[100] Diese erwägen *Watté/Boularbah* Rev trim dr fam 2000, 562.

[101] *Hau* FamRZ 1999, 486; *ders* FamRZ 2000, 1337; *Baumbach/Albers* Rn 10; *Thomas/Putzo/Hüßtege* Rn 3.

[102] Vgl dazu unten Rn 38; *Schack* RabelsZ 65 (2001) 624 weist zutreffend darauf hin, daß insbesondere Ehegatten benachteiligt werden, die durch Eheschließung eine weitere Staatsangehörigkeit erworben haben.

**c) *Domicile* substituiert Staatsangehörigkeit**

Im Fall des UK und Irlands wird die Staatsangehörigkeit als verstärkendes Element durch das ***domicile*** ersetzt, weil dieses Kriterium schon im nationalen Verfahrens- und Kollisionsrecht der beiden Staaten funktionell an die Stelle der Staatsangehörigkeit tritt. Das Erfordernis des sechsmonatigen gewöhnlichen Aufenthalts ist daneben in gleicher Weise zu prüfen wie neben der Staatsangehörigkeit; obgleich das *domicile* ein räumlich orientiertes Kriterium ist, wird die Aufenthaltsbestimmung dadurch nicht präjudiziert.[103] 34

Der Begriff des *domicile* bestimmt sich nach britischem und irischem Recht (Qualifikationsverweisung, Abs 2)[104]. Der Staatsangehörigkeit zu den beiden genannten Mitgliedstaaten kommt, trotz des alternativ formulierenden Wortlauts, daneben keine Bedeutung für die internationale Zuständigkeit zu. Das gilt nicht nur aus Sicht der Gerichte dieser beiden Staaten, sondern für die Anwendung der VO insgesamt.[105] Haben also Gerichte im UK oder Irland ihre internationale Zuständigkeit zu beurteilen, so besteht sie nach dem 6. Strich, wenn der Antragsteller im Gerichtsstaat seit wenigstens sechs Monaten gewöhnlichen Aufenthalt hat und dort domiziliert ist. Dabei müssen im UK als Mehrrechtsstaat beide Kriterien in dieselbe Teiljurisdiktion weisen (Art 41), so daß es zB nicht genügt, wenn der Antragsteller ein englisches *domicile* hat, sich aber zB seit 6 Monaten gewöhnlich in Nordirland aufhält. Hat ein Gericht in einem anderen Mitgliedstaat, zB im Rahmen von Art 8, zu beurteilen, ob eine Zuständigkeit eines Gerichts eines Mitgliedstaats besteht, so ist eine Zuständigkeit nach Art 2 lit a 6. Strich im UK oder Irland unter Verwendung des *domicile*-Begriffs zu prüfen. Hingegen begründet das 6-monatige *domicile* eines Briten oder Iren in Deutschland keine Zuständigkeit, weil nur die deutsche Staatsangehörigkeit ein die qualifizierte Bindung an Deutschland belegendes Kriterium ist.

## III. Staatsangehörigkeitszuständigkeit (Abs 1 lit b)

### 1. Kritik

Die **gemeinsame Staatsangehörigkeit** erscheint als Anknüpfungskriterium der Zuständigkeit problemlos. Sie vermittelt, auch bei gemeinsamem oder getrenntem Aufenthalt der Ehegatten in anderen Staaten eine hinreichende Bindung.[106] Gleichwohl träfe das – unzutreffend[107] – gegen das durch die Staatsangehörigkeit als Kriterium der Bindung verstärkte *forum actoris* (lit a 6. Strich) erhobene Argument auch hier zu: Wenn deutsche Gerichte für die Scheidung zweier zB in New York lebender Deutscher ohne jede weitere Bindung der Ehegatten an Deutschland international zuständig sind, so diskriminiert dies formal aufgrund Staatsangehörigkeit zwei in New York lebende Italiener, 35

[103] *MünchKommZPO/Gottwald* Rn 10.
[104] Dazu unten Rn 40.
[105] Unklar *Baumbach/Albers* Rn 13.
[106] *Hau* FamRZ 2000, 1335.
[107] Vgl insoweit oben Rn 30.

die nicht vor deutschen Gerichten geschieden werden können. Damit sei aber nur jenes Argument ad absurdum geführt. Selbstverständlich verstößt auch Abs 1 lit b nicht gegen das Diskriminierungsverbot, denn jeder EU-Bürger hat in *seinem* Heimatstaat dieselbe Chance, die internationale Zuständigkeit zu erlangen.

Hingegen haben sich schon die Verfasser des Übereinkommens Brüssel II mit Rücksicht auf den „Geist des Übereinkommens"[108] gegen die **einseitige Staatsangehörigkeitszuständigkeit** entschieden, was verbreitet als selbstverständlich hingenommen wird, jedoch zu einem schwerwiegenden Problem wird, weil sich die Zuständigkeitsversagung als erhebliche Scheidungsverzögerung auswirken kann.[109]

**2. Anknüpfung**

36 **a)** Zuständig sind die Gerichte des Mitgliedstaates, dessen Staatsangehörigkeit beide Ehegatten besitzen. Für den maßgeblichen **Zeitpunkt** gilt dasselbe wie zu Abs 1 lit a 6. Strich,[110] eine Staatsangehörigkeit bei Eheschließung genügt also nicht und eine Heilung der fehlenden Zuständigkeit durch Staatsangehörigkeitserwerb im laufenden Verfahren ist nur möglich, wenn kein konkurrierendes Verfahren anhängig ist.

37 **b)** Wo die Ehegatten ihren **gewöhnlichen Aufenthalt** haben, ist für diese Zuständigkeitsvariante ohne Bedeutung, da es sich um eine reine Heimatzuständigkeit ohne räumliches Bindungserfordernis handelt. Lit b gilt also gleichermaßen für Unionsbürger mit Aufenthalt innerhalb und außerhalb der Mitgliedstaaten.[111]

38 **c)** Für **Mehrstaater** ist, wie zu Abs 1 lit a 5. Strich,[112] nicht auf die Effektivität abzustellen. Es genügt also zuständigkeitsbegründend auch eine nicht-effektive gemeinsame Staatsangehörigkeit. Dies bedeutet allerdings einen erheblichen Nachteil für Ehegatten von Staatsangehörigen solcher Mitgliedstaaten, die bei Eheschließung noch kraft Gesetzes dem ausländischen Ehepartner die Staatsangehörigkeit verliehen hatten.[113] Angehörige solcher Staaten erhalten eine faktisch einseitige Staatsangehörigkeitszuständigkeit, ein sonderbarer Lohn für ein länger als anderswo in Europa beibehaltenes antiquiertes – und obendrein meist gleichberechtigungswidriges – Staatsangehörigkeitsrecht. Im Zusammenspiel mit dem hier kritisierten Fehlen einer einseitigen Heimatzuständigkeit[114] ist diese faktische Begünstigung der rechtlichen Ausformung eines grundrechtswidrigen Ehebildes schwer hinnehmbar.

---

108 *Borrás*-Bericht Nr 33.

109 Dazu im einzelnen oben Rn 16f.

110 Oben Rn 31.

111 *Baumbach/Albers* Rn 12.

112 Oben Rn 32.

113 Zutreffend *Schack* RabelsZ 65 (2001) 624.

114 Zur Kritik oben Rn 17.

**Staatenlosen** steht der Gerichtsstand in Abs 1 lit b nicht zur Verfügung.[115] Da jedoch bereits der gemeinsame gewöhnliche Aufenthalt ohne verstärkende Bindung zuständigkeitsbegründend wirkt, ergibt sich bei Staatenlosigkeit beider Ehegatten kein Nachteil. Ist nur ein Ehegatte staatenlos und hat gewöhnlichen Aufenthalt im Heimatstaat des anderen Ehegatten, so sollten entsprechend Abs 2 die dortigen Gerichte zuständig sein; in dieser Konstellation vermittelt der gewöhnliche Aufenthalt des Staatenlosen eine der Staatsangehörigkeit gleichzustellende Bindung.[116]

### 3. Gemeinsames *domicile*

#### a) *Domicile* statt Staatsangehörigkeit

Auch in Abs 1 lit b tritt für das UK und Irland das gemeinsame *domicile* **an die Stelle einer gemeinsamen Staatsangehörigkeit**. Dies gilt, wie bei Abs 1 lit a 6. Strich,[117] unabhängig von dem mit der Frage befaßten Gerichtsstaat immer dann, wenn sich das in Abs 1 lit b auszufüllende Tatbestandsmerkmal auf die beiden genannten Staaten bezieht und wird für das UK durch die Zuordnung zu einer Teilrechtsordnung (Art 41) überlagert. Daher sind zB italienische Gerichte international zuständig, wenn beide Ehegatten Italiener mit *domicile* in England sind, zugleich aber sind auch englische Gerichte zuständig. Ein französisches Gericht kann nicht gemäß Art 8 eine Restzuständigkeit nach französischem IZPR beanspruchen, wenn der Antragsteller Franzose mit englischem *domicile*, der Antragsgegner ein in England domizilierter Inder mit gewöhnlichem Aufenthalt in Mumbai ist, weil das gemeinsame *domicile* eine englische Zuständigkeit begründet. 39

#### b) Begriff des *domicile* (Qualifikationsverweisung, Abs 2)

(1) Für die Bestimmung des *domicile* verweist Abs 2 in das britische und irische Recht, spricht also eine **Qualifikationsverweisung** in das nationale Recht aus. Das ist als Abweichung vom Prinzip autonomer Qualifikation nicht nur deshalb sinnvoll, weil es sich um einen Rechtsbegriff des angelsächsischen Rechtskreises handelt. Ebenso wie jedem kontinentalen Mitgliedstaat die Definitionshoheit über die Verleihung seiner Staatsangehörigkeit zugestanden wird, ist es auch Sache des UK und Irlands, das *domicile* als den zuständigkeitsrechtlich relevanten Bezug auszufüllen. Deshalb ist, trotz weitgehender Übereinstimmung, nicht von einem einheitlichen *domicile*-Begriff in den beiden genannten Staaten auszugehen, sondern für Zwecke der Zuständigkeit das Recht des durch die Zuständigkeit jeweils berührten Staates anzuwenden. Auch ein irisches Gericht hat also die Frage, ob die Ehegatten in England domiziliert sind, nach *englischem* (vgl Art 41) Recht zu beurteilen. 40

(2) Der angelsächsische **Begriff des *domicile*** beschreibt eine gesetzliche Beziehung zwischen einer Person und einem Gebiet, innerhalb dessen eine einheitliche Rechtsordnung gilt, wobei diese Beziehung meist, aber nicht zwingend, auch faktischer Natur 41

---

[115] Vgl oben Rn 33.

[116] *Watté/Boularbah* Rev trim dr fam 2000, 562.

[117] Oben Rn 34.

ist. Anders als die Staatsangehörigkeit kann das *domicile* nie zu zwei verschiedenen Staaten gleichzeitig bestehen. Es entsteht kraft Gesetzes (*domicile by operation of law*) mit der Geburt als *domicile of origin*[118] und kann als *domicile of choice*[119] durch faktische Verlegung des Wohnsitzes verbunden mit dem voluntativen Element, dort für eine unbestimmte Zeit ohne Rückkehrabsicht zu verbleiben, verlegt werden. Letzteres setzt wegen des voluntativen Elements Freiwilligkeit und Urteilsfähigkeit voraus.[120] Das *domicile of choice* ist im Gegensatz zum *domicile of origin* also notwendig auch faktischer Lebensmittelpunkt. Im Gegensatz zum *dependent domicile* Minderjähriger ist die Figur des *matrimonial domicile* als abhängiges *domicile* der Ehefrau aufgegeben und daher das *domicile* für beide Ehegatten individuell zu bestimmen.[121]

## Artikel 3
## Elterliche Verantwortung

(1) Die Gerichte des Mitgliedstaats, in dem nach Artikel 2 über einen Antrag auf Ehescheidung, Trennung ohne Auflösung des Ehebandes oder Ungültigerklärung einer Ehe zu entscheiden ist, sind zuständig für alle Entscheidungen, die die elterliche Verantwortung für ein gemeinsames Kind der beiden Ehegatten betreffen, wenn dieses Kind seinen gewöhnlichen Aufenthalt in diesem Mitgliedstaat hat.

(2) Hat das Kind seinen gewöhnlichen Aufenthalt nicht in dem in Absatz 1 genannten Mitgliedstaat, so sind die Gerichte dieses Staates für diese Entscheidungen zuständig, wenn das Kind seinen gewöhnlichen Aufenthalt in einem der Mitgliedstaaten hat und

a) zumindest einer der Ehegatten die elterliche Verantwortung für das Kind hat und
b) die Zuständigkeit der betreffenden Gerichte von den Ehegatten anerkannt worden ist und im Einklang mit dem Wohl des Kindes steht.

(3) Die Zuständigkeit gemäß den Absätzen 1 und 2 endet,

a) sobald die stattgebende oder abweisende Entscheidung über den Antrag auf Ehescheidung, Trennung ohne Auflösung des Ehebandes oder Ungültigerklärung einer Ehe rechtskräftig geworden ist oder aber
b) in den Fällen, in denen zu dem unter Buchstabe a) genannten Zeitpunkt noch ein Verfahren betreffend die elterliche Verantwortung anhängig ist, sobald die Entscheidung in diesem Verfahren rechtskräftig geworden ist oder aber
c) sobald die unter den Buchstaben a) und b) genannten Verfahren aus einem anderen Grund beendet worden sind.

**I. Internationale Annexzuständigkeit für Sorgesache**
1. Verhältnis zu MSA und KSÜ ........ 1
2. Reichweite ........ 7
**II. Zuständigkeiten**

[118] *Rayden/Jackson* on Divorce[17] (1997) 48.

[119] Ebenda 49 f.

[120] Zum ganzen *Staudinger/v Bar/Mankowski* (1996) Art 13 EGBGB Rn 20 ff.

[121] Im Gegensatz zum Fall einer durch Eheschließung kraft Gesetzes erworbenen Staatsangehörigkeit (dazu oben Rn 38) perpetuiert sich insoweit also die zuständigkeitsrechtliche Folge eines überholten Familienbildes nicht in Art 2 Abs 1 lit b.

1. Gewöhnlicher Aufenthalt des Kindes im Staat der anhängigen Ehesache (Abs 1)
a) Voraussetzungslose Annexzuständigkeit bei gewöhnlichem Aufenthalt ....... 11
b) Bestimmung des gewöhnlichen Aufenthalts, Kindesentführung ... 12
2. Gewöhnlicher Aufenthalt des Kindes in anderem Mitgliedstaat (Abs 2)
a) Annexzuständigkeit nur unter weiteren Voraussetzungen ......... 14
b) Ein Ehegatte hat die elterliche Verantwortung (Abs 2 lit a) ...... 15
c) Anerkennung der Zuständigkeit (Abs 2 lit b) ....... 17
d) Kindeswohl ....... 19
3. Gewöhnlicher Aufenthalt des Kindes in Drittstaat ....... 20
**III. Beendigung/Fortdauer der Zuständigkeit (Abs 3)**
1. Keine perpetuatio jurisdictionis für neue Sorgesache (lit a) ....... 21
2. Perpetuatio fori für anhängige Sorgesache (lit b) ....... 23
3. Sonstige Beendigungsgründe (lit c) .. 25
4. Zuständigkeit für neue Sorgesache ... 26

## I. Internationale Annexzuständigkeit für Sorgesache

### 1. Verhältnis zu MSA und KSÜ

**a)** Die Einbeziehung der Zuständigkeit für Entscheidungen zur elterlichen Verantwortung[1] in die VO löst Abgrenzungsfragen zu dem in einigen Mitgliedstaaten geltenden Haager MSA v 5. 10. 1961 und dem erst in wenigen Mitgliedstaaten geltenden Haager KSÜ v 19. 10. 1996 aus. Daß neben dem KSÜ überhaupt eine **europäische Lösung** gesucht wurde,[2] ist für die Praxis nicht unproblematisch, die in unterschiedlichen Konstellationen von Kindes- und Elternaufenthalt die Lösung in unterschiedlichen Rechtsinstrumenten zu suchen hat.[3] Angesichts der Langwierigkeit und der immer ungewissen Reichweite der Inkraftsetzung Haager Übereinkommen mag der gewählte europäische Weg gleichwohl begründet sein,[4] zumal die VO, wie schon das Übereinkommen Brüssel II, die sorgerechtlichen Zuständigkeiten eng am KSÜ zu orientieren versucht, die Ergebnisse also ähnlich sein sollten. Dennoch kommt es im Detail zu Konflikten, zumal die VO, anders als MSA und KSÜ, keine kollisionsrechtlichen Regelungen enthält. 1

**b)** Formal ist die Abgrenzung durch Art 37 geregelt; die VO geht **in den Beziehungen zwischen den Mitgliedstaaten** dem MSA und dem KSÜ vor. Damit aber hat die VO nicht nur einen sachlich (nur elterliche Verantwortung[5], nur gemeinsame Kinder[6], nur aus Anlaß von Eheverfahren[7]) engeren Anwendungsbereich. Ihr durch Art 37 räumlich definierter Vorrang könnte vom Ergebnis der Zuständigkeitsprüfung abhängen, 2

---

1 Zum Begriff Art 1 Rn 8 ff.
2 Kritisch *Hau* FamRZ 2000, 1338.
3 Eine erste Beispielsammlung gibt *Puszkajler* IPRax 2001, 82 f.
4 Zustimmend *Hausmann* EuLF 2000/01, 277.
5 Art 1 Rn 8 ff.
6 Art 1 Rn 12; *Jänterä-Jareborg* YB PIL 1999, 13.
7 Art 1 Rn 13 f.

denn „Beziehungen zwischen den Mitgliedstaaten“ (Art 37) sind nicht abstrakt definiert. Letztlich löst sich das Problem wohl auf, wenn es auch vorzugswürdig gewesen wäre, in Art 37 eindeutiger zu formulieren: Es ist davon auszugehen, daß die VO keinen offenen Konflikt mit dem KSÜ heraufbeschwören wollte,[8] so daß die Wahrung von dessen Abgrenzungsbestimmung (Art 52 KSÜ) zu unterstellen ist. Nach Art 52 Abs 1 KSÜ bleibt Vertragsstaaten des KSÜ nur die Möglichkeit zu Vereinbarungen untereinander in bezug auf Kinder mit *gewöhnlichem Aufenthalt* in einem dieser Vertragsstaaten, während „im Verhältnis“ zu anderen Vertragsstaaten das KSÜ unberührt bleibt. Konfliktfrei fügt sich vor diesem Hintergrund der Vorrang der VO nach Art 37 nur dann ein, wenn man „Beziehungen zwischen den Mitgliedstaaten“ nur bei gewöhnlichem Aufenthalt des Kindes in einem Mitgliedstaat annimmt.[9] Da Art 3 Abs 1 und 2 sich gerade auf diesen Fall beschränken, läßt sich jedenfalls feststellen, daß Beziehungen iSd Art 37 *nicht* bestehen, wenn das Kind[10] seinen gewöhnlichen Aufenthalt *nicht* im Hoheitsgebiet der Mitgliedstaaten hat. Positiv läßt sich dies dennoch nicht ausdrücken: Soweit Art 7, 8 den Rückgriff auf das nationale Recht gestatten, sind auch MSA und KSÜ anzuwenden,[11] auch wenn das Kind in einem Mitgliedstaat Aufenthalt hat. Soweit Art 3 Abs 1 und 2 keine Zuständigkeit bestimmen, ist daher der Rückgriff auf MSA und KSÜ möglich.

3 **c)** Konflikte, ja ein Rückschritt in der Sache, ergeben sich dennoch, weil die VO im Gegensatz zu MSA und KSÜ eine **kollisionsrechtliche Regelung** unterläßt. Der im MSA erprobte und im KSÜ durch Aufgabe des Heimatrechtsvorbehalts (Art 3 MSA) noch verstärkte Gleichlauf von internationaler Zuständigkeit und anwendbarem Recht wird jedenfalls auf formaler Ebene aufgegeben. Da die VO über Art 37 nur *zuständigkeitsrechtlich* das MSA und das KSÜ verdrängt,[12] könnte man im kollisionsrechtlichen Ergebnis auf die einigende Kraft der Haager Übereinkommen hoffen und bei Aufenthalt des Kindes in einem Mitgliedstaat deren Kollisionsregeln anwenden.[13] Sowohl Art 2 MSA als auch Art 15 KSÜ sehen aber für die Schutzmaßnahme die Anwendung der *lex fori* ausdrücklich nur bei Wahrnehmung der Zuständigkeiten aus den Übereinkommen selbst vor. Eine davon unabhängige Kollisionsnorm für die *Bestimmung des Sorgeberechtigten* enthält nur Art 16 KSÜ, während Art 3 MSA nach hM keine allgemeine Kollisionsregel bestimmt. Es läßt sich also nicht sagen, MSA und KSÜ knüpften Sorgerecht und Sorgeregelung unabhängig von der Zuständigkeit an den *gewöhnlichen Aufenthalt* des Kindes an, wenn auch das Aufenthaltsprinzip der Ausgangspunkt der Zuständigkeitsbestimmung ist.[14] Für die Sorge*maßnahme* berufen sie die jeweilige *lex fori*, was im Rahmen der Hilfszuständigkeiten zu ganz anderen Ergebnissen führt als das

---

[8] Vgl *Borrás*-Bericht Nr 36, wo auf Art 52 II KSÜ Bezug genommen wird.

[9] Was auch angestrebt war: *Borrás*-Bericht Nr 36.

[10] Die sachlichen und räumlichen Voraussetzungen der Zuständigkeit sind für jedes Kind der Ehegatten einzeln zu prüfen, Art 1 Rn 12; *Zöller/Geimer* Rn 2.

[11] *Puszkajler* IPRax 2000, 83; **aA** *Jayme/Kohler* IPRax 2000, 457.

[12] Vgl *Jayme/Kohler* IPRax 2000, 457; *Puszkajler* IPRax 2001, 82.

[13] So *Puszkajler* IPRax 2001, 82; *Baumbach/Albers* Rn 2; *Thomas/Putzo/Hüßtege* Rn 4.

[14] So aber *Puszkajler* IPRax 2001, 82; *Baumbach/Albers* Rn 2; *Thomas/Putzo/Hüßtege* Rn 4.

Aufenthaltsprinzip.[15] Diese *lex*-fori-Anknüpfung ist aber nur auf der Grundlage der zuvor angeordneten Zuständigkeiten sinnvoll; Art 2 MSA und Art 15 KSÜ wählen nicht blind eine beliebige *lex fori*, sondern sehend die *lex fori* des vom Übereinkommen für zuständig gehaltenen Gerichts. Lediglich Art 16 KSÜ hängt nicht von einer Regelungszuständigkeit ab und kann daher als Kollisionsnorm eingreifen, auch wenn die VO hinsichtlich der Zuständigkeit vorgeht. Art 16 KSÜ regelt aber nicht das auf die Sorgerechts*maßnahme* anwendbare Recht und kann auch nicht analog herangezogen werden. Insoweit bestimmt Art 15 KSÜ ausdrücklich die *lex fori*, nicht das Aufenthaltsrecht, für anwendbar.

Damit entscheidet nationales IPR über die Anknüpfung der Sorgerechtsmaßnahme; die VO stört also das der Beschleunigung dienende *lex* fori-Prinzip und führt sogar zu einer partiellen Renaissance der *Heimatrechtsanknüpfung* im zwischenstaatlich geregelten Bereich, was sich kaum als europäischer Erfolg verbuchen läßt.

**d)** Nicht geregelt wurde die **zeitliche Komponente** des Vorrangs von Art 3. Solange keine Ehesache anhängig ist, sind ggf MSA und KSÜ bzw das nationale IZPR anzuwenden, ist die Ehesache rechtskräftig entschieden, entfällt unter den Voraussetzungen des Abs 3 ebenfalls der Vorrang. Das bedeutet, daß in laufenden isolierten Sorgerechtsverfahren nicht nur die Grundlage der internationalen Zuständigkeit mit Anhängigkeit der Ehesache wechselt, sondern auch ggf das anwendbare Recht. 4

**(1)** Ein Wechsel der Rechtsgrundlage der **internationalen Zuständigkeit** kann nicht, wie im Fall des § 623 Abs 3 ZPO durch Verweisung oder Abgabe gelöst werden, weil das europäische Verfahrensrecht diese Instrumente nicht vorsieht. Das bedeutet aber nicht, daß die Anhängigmachung einer Ehesache und der dadurch ausgelöste Vorrang von Art 3 geeignet sein dürfte, eine bisher bestehende internationale Zuständigkeit zu beseitigen.[16] Die Konstellation kann nur mittels einer *perpetuatio fori* gelöst werden. Dieses Prinzip gilt gemäß Art 3 Abs 3 lit b auch bei Beendigung der Annexzuständigkeit nach der VO und es gibt keinen Grund, warum die Prozeßökonomie am anderen Ende des zeitlichen Eingreifens von Art 3 geringeres Gewicht haben sollte. 5

Bestand also die internationale Zuständigkeit des in der isolierten Sorgerechtssache angerufenen Gerichts nach MSA, KSÜ oder nationalen IZPR, soweit anwendbar, so bleibt sie bestehen, auch wenn in einem anderen Mitgliedstaat die Ehesache anhängig wird und nach Art 3 dort eine internationale Zuständigkeit nach der VO entsteht. Waren die angerufenen Gerichte dagegen international unzuständig, so kann Art 3 auch im laufenden Verfahren eine internationale Zuständigkeit begründen. Zum Wegfall der Zuständigkeit aus Art 3 unten Rn 21 ff.

---

[15] Weshalb es auch vor deutschen Gerichten nur eine unvollkommene Lösung ist, Art 21 EGBGB als Sachnormverweisung zu verstehen, so wohl *Puszkajler* IPRax 2001, 82.

[16] Davon geht jedoch *Puszkajler* IPRax 2001, 83 aus.

6 **(2)** Ein Wechsel des **anwendbaren Rechts** wird in solchen Fällen durch diese Zuständigkeitslösung vermieden: Bestand die internationale Zuständigkeit *aufgrund* des MSA oder KSÜ, so ist nach Art 2 MSA, Art 15 KSÜ die *lex fori* anzuwenden. Daran ändert sich nichts durch die *perpetuatio fori*. Das sollte auch gelten, wenn die entstehende Zuständigkeit nach Art 3 der VO in denselben Staat weist, denn diese formal vorrangige Zuständigkeit lagert sich nur über eine perpetuierte Zuständigkeit nach MSA oder KSÜ. Bestand die Zuständigkeit nach der nationalen *lex fori*, so war kollisionsrechtlich das nationale IPR anzuwenden; dabei bleibt es ohnehin, da die VO das IPR nicht berührt.

### 2. Reichweite

7 **a)** Ebenso wie Art 2 regelt Art 3 nur die **internationale Zuständigkeit**. Art 3 schafft eine Annexzuständigkeit[17], aber keine Verbundzuständigkeit[18] für die elterliche Verantwortung, bestimmt also nicht die Zuständigkeit des Gerichts der Ehesache,[19] sondern überläßt die Bestimmung der sachlichen und örtlichen Zuständigkeit der *lex fori*. Soweit diese einen Verbund vorsieht, ist Art 3, wie bisher schon völkervertragliche Zuständigkeitsregeln, eine Bestimmung, welche die internationale Folgesachenzuständigkeit auch im Verbund regelt, also der „internationalen Verbundzuständigkeit" analog §§ 623, 621Abs 2 ZPO vorgeht.

8 **b)** Art 3 bestimmt die internationale Zuständigkeit nur in dem von Art 1 Abs 1 lit b beschriebenen **sachlichen Anwendungsbereich**. Erfaßt sind also nur Verfahren zur Regelung der elterlichen Verantwortung für ein gemeinsames Kind der Ehegatten aus Anlaß der Ehesache iSd Art 1 Abs 1 lit a.[20] Art 3 Abs 1 läßt jedoch erkennen, daß das in Art 1 Abs 1 lit b verwendete Merkmal *aus Anlaß* auf *alle Entscheidungen* (Art 3 Abs 1) über die Regelung der elterlichen Verantwortung zwischen den Ehegatten (nicht zugunsten Dritter[21]) zu erstrecken ist, die *während der Anhängigkeit* der Ehesache zu treffen sind.[22]

9 **c)** Erforderlich ist, daß die **Ehesache bereits anhängig** ist; nicht genügend ist die nach Art 2 bestehende potentielle Ehesachen-Zuständigkeit der Gerichte des jeweiligen Mitgliedstaates.[23] Das ergibt sich nicht nur aus dem von Art 1 Abs 1 lit b geforderten *Anlaß*, sondern vor allem entsprechend Art 3 Abs 3 lit a, wonach die Zuständigkeit mit Rechtskraft der Entscheidung in der Ehesache endet.

---

[17] *Hau* FamRZ 2000, 1338; *Zöller/Geimer* Rn 1; *MünchKomm/Gottwald* Rn 1.

[18] *Baumbach/Albers* Rn 2.

[19] *Borrás*-Bericht Nr 37.

[20] Dazu Art 1 Rn 8 ff, 12, 13 ff.

[21] Dazu Art 1 Rn 13.

[22] Dazu Art 1 Rn 14.

[23] *Hausmann* EuLP 2000/01, 278; *Hau* FamRZ 2000, 1338; *Baumbach/Albers* Rn 3.

Zudem greift Art 3 nur ein, wenn in dem Mitgliedstaat **„nach Artikel 2"** über die Ehesache zu entscheiden ist (Abs 1). Art 3 begründet also keine Zuständigkeit, soweit sich die Ehesache nicht aus Art 2, sondern gemäß Art 8 aus nationalem Recht ergibt.[24]

**d)** Besteht **keine Zuständigkeit nach Art 3**, so bestimmt sich die internationale Zuständigkeit nach MSA, KSÜ oder nationalem IZPR, auch wenn die Ehesache in einem Mitgliedstaat anhängig ist.[25] Obgleich Art 7 auch auf die Sorgesache zu beziehen ist, ist jedenfalls durch Art 8 der Zugang zu den Restzuständigkeiten eröffnet, weil es an einer VO-Zuständigkeit für die *elterliche Verantwortung* fehlt, mag auch die Ehesache in einem Mitgliedstaat anhängig sein. Das gilt nicht nur, wenn die objektiven Voraussetzungen in Art 3 Abs 1 oder 2 lit a nicht vorliegen, sondern auch für die subjektiven bzw einer Beurteilung bedürftigen in Art 3 Abs 2 lit b. Art 8 entfaltet nicht schon deshalb eine Sperrwirkung, weil eine Zuständigkeit über Art 3 Abs 2 begründet werden könnte, sondern nur, wenn die Voraussetzungen der Zuständigkeit bestehen.[26] Im Anwendungsbereich von MSA und KSÜ scheidet jedoch der Rückgriff auf eine internationale Verbundzuständigkeit nach nationalem IZPR (zB analog § 623 ZPO) aus, so daß nur auf die Ausnahmezuständigkeiten zurückgegriffen werden kann.[27] 10

## II. Zuständigkeiten

### 1. Gewöhnlicher Aufenthalt des Kindes im Staat der anhängigen Ehesache (Abs 1)

#### a) Voraussetzungslose Annexzuständigkeit bei gewöhnlichem Aufenthalt

Hat das Kind seinen **gewöhnlichen Aufenthalt** in dem Staat, in dem aufgrund einer Zuständigkeit nach Art 2 über die Ehesache zu entscheiden ist, so besteht die internationale Zuständigkeit der Gerichte und Behörden dieses Staates für die Regelung der elterlichen Verantwortung *ohne weitere Voraussetzungen*. Nicht erforderlich ist ein gemeinsamer gewöhnlicher Aufenthalt des Kindes mit seinen beiden Eltern;[28] entscheidet zB ein Gericht im gemeinsamen Heimatstaat der Ehegatten in der Ehesache aufgrund Art 2 Abs 2, so muß nicht einmal ein Ehegatte dort gewöhnlichen Aufenthalt haben. Für Zwecke des Art 3 Abs 1 ist nur der gewöhnliche Aufenthalt des Kindes und die Ehesachenzuständigkeit der dortigen Gerichte maßgeblich. 11

Erforderlich ist auch in diesem Fall die Anhängigkeit der Ehesache. Wird die Ehesache im Aufenthaltsstaat des Kindes erst anhängig, während die Sorgesache bereits anhängig

---

[24] *Jayme/Kohler* IPRax 2000, 457; *Baumbach/Albers* Rn 3.

[25] *Puszkajler* IPRax 2001, 83; *Thomas/Putzo/Hüßtege* Rn 15.

[26] *Sturlése* JClP (G) 2001, 245; zweifelnd *Baumbach/Albers* Rn 9.

[27] ZB kann ein deutsches Familiengericht die elterliche Sorge über Art 4 MSA im Verbund entscheiden, wenn im Rahmen des Art 3 Abs 2 die Kindeswohlbeurteilung positiv ausfiele, aber ein Elternteil die Zuständigkeit des Gerichts nicht anerkennt.

[28] Vgl aber *Thomas/Putzo/Hüßtege* Rn 5.

ist, so berührt dies weder die Zuständigkeit der angerufenen Gerichte noch das anwendbare Recht.[29]

**b) Bestimmung des gewöhnlichen Aufenthalts, Kindesentführung**

12 **(1)** Der **gewöhnliche Aufenthalt** ist – für jedes Kind selbständig – nach den Grundsätzen zu bestimmen, die für die Aufenthaltsbestimmung der Ehegatten gelten.[30] Für die Aufenthaltsbestimmung von Kindern wird jedoch auch im Rahmen von Art 3 das Problem der Aufenthaltsverlegung gegen den **Willen eines Sorgeberechtigten** („Kindesentführung") relevant, das die Diskussion um den Aufenthaltsbegriff in Art 1 MSA wesentlich geprägt hat. Auch insoweit empfiehlt sich eine autonome Auslegung, welche die zu Art 1 MSA entwickelten Grundsätze aufgreift. Durch Kindesentführung als solche wird der gewöhnliche Aufenthalt nicht verändert; andererseits hindert der bloße entgegenstehende Wille des (anderen) Sorgeberechtigten nicht die faktische Integration.

Es dürfte sich empfehlen, die ursprünglich in der Rechtsprechung entwickelte „6-Monats-Regel", wonach gewöhnlicher Aufenthalt in solchen Fällen nicht vor Ablauf von sechs Monaten erworben wird,[31] in Anlehnung an Art 12 Abs 1 Haager **Kindesentführungsübereinkommen** zu einer 12-Monats-Regel auszubauen.[32] Dadurch wird insbesondere bei Entführungen in den Heimatstaat eines Elternteils vermieden, daß die Zuständigkeit nach Abs 1 bereits durch die Ehesachenzuständigkeit nach Art 2 Abs 1 lit a 6. Strich vermittelt wird. Überdies ist in Kindesentführungsfällen Art 4 zu beachten, was dazu führt, daß von einer entstandenen Zuständigkeit nach Art 3 nicht Gebrauch gemacht, also das Sorgerechtsverfahren ausgesetzt wird, solange ein Verfahren nach dem Haager Kindesentführungsübereinkommen schwebt.[33]

13 **(2)** Das führt jedoch nicht dazu, nur den **rechtmäßigen Aufenthalt** als zuständigkeitsbegründend anzuerkennen, wie dies im 13. Erwägungsgrund[34] angedeutet ist. Art 4 stellt nur sicher, daß ein *eingeleitetes* Rückführungsverfahren nicht durch die Inanspruchnahme der Zuständigkeit am neuen gewöhnlichen Aufenthalt desavouiert wird. Das Erfordernis der faktischen Integration unter Beachtung der 12-Monatsregel gewährleistet Zeit, um ein Rückführungsverfahren einzuleiten. Geschieht dies nicht, so wirkt auch ein zunächst widerrechtlicher gewöhnlicher Aufenthalt schließlich zuständigkeitsbegründend.

Fraglich ist allerdings, in welchem Umfang für Zwecke des Art 3 der *frühere rechtmäßige* gewöhnliche Aufenthalt auch über die anzunehmende Zeitgrenze hinaus erhalten bleibt. Das ist aber keine Frage der Ergänzung des gewöhnlichen Aufenthalts um das Kriterium der *Rechtmäßigkeit*. Auch Art 7 KSÜ geht nicht davon aus, daß rechtswidriger Aufenthalt

---

[29] Dazu oben Rn 5, 6.

[30] Dazu Art 2 Rn 12 f.

[31] Dazu *Bauer* IPRax 2002, 181.

[32] Vgl OLG Hamm NJW-RR 1997, 6; OLG Stuttgart FamRZ 1997, 52.

[33] *Thomas/Putzo* Rn 14; vgl auch BGH FamRZ 2000, 1502; vgl im einzelnen zu Art 4.

[34] Vor Art 1.

kein gewöhnlicher Aufenthalt sein kann, sondern läßt die alte Zuständigkeit *trotz Wegfalls* des gewöhnlichen Aufenthalts fortdauern, eine Regelung, welche die VO nicht ausdrücklich aufnimmt[35] und die allenfalls aus Art 4 entwickelt werden könnte.[36]

### 2. Gewöhnlicher Aufenthalt des Kindes in anderem Mitgliedstaat (Abs 2)

#### a) Annexzuständigkeit nur unter weiteren Voraussetzungen

Hat das Kind seinen gewöhnlichen Aufenthalt in einem **anderen Mitgliedstaat** als dem, vor dessen Gericht die Ehesache aufgrund einer Zuständigkeit aus Art 2 anhängig ist, so hängt die internationale Zuständigkeit der Gerichte des Staates, in dem die Ehesache anhängig ist, von **drei weiteren Voraussetzungen** ab, die *kumulativ* vorliegen müssen.[37] Diese Kriterien lehnen sich an Art 10 KSÜ an, um Widersprüche zu vermeiden,[38] was allerdings erst dadurch erreichbar war, daß EU-Mitgliedstaaten schon im Vorfeld des Übereinkommens Brüssel II anläßlich der Haager Konferenz 1996 erheblichen Druck ausgeübt hatten, eine solche Regelung im KSÜ zu implementieren.[39] 14

Der in Art 10 Abs 1 lit a KSÜ geforderte gewöhnliche Aufenthalt eines Elternteils im Gerichtsstaat ist in der VO durch die in Art 2 zur Grundlage der Ehesachenzuständigkeit gemachte Bindung ersetzt. Beide Regelungen streben einen Kompromiß an zwischen dem grundsätzlichen Vorrang der Aufenthaltszuständigkeit in der Sorgesache und der Tendenz zu einer Entscheidungskonzentration mit der Ehesache.

#### b) Ein Ehegatte hat die elterliche Verantwortung (Abs 2 lit a)

**(1)** Erste Voraussetzung ist, daß die elterliche Verantwortung einem Ehegatten allein oder beiden Ehegatten gemeinsam zusteht. Die Zuständigkeit für die Ehesache berührt die Sorgesache nicht ausreichend, wenn die elterliche Verantwortung Dritten zusteht. Wegen dieser ratio ist **„elterliche Verantwortung … hat“** enger zu verstehen als „elterliche Verantwortung … betreffen“ bei der Bestimmung des sachlichen Anwendungsbereichs in Art 1 Abs 1 lit b. Während in den sachlichen Anwendungsbereich auch Verfahren fallen, welche den *Umgang* der Eltern mit dem Kind betreffen,[40] kann es zur Zuständigkeitsbegründung nicht genügen, wenn wenigstens einem Ehegatten ein Umgang mit dem Kind zusteht. Hier bedeutet elterliche Verantwortung vielmehr elterliche Sorge[41] im engen Sinn umfassender Sorgeberechtigung, so daß insbesondere auch der Entzug des Aufenthaltsbestimmungsrechts schadet. 15

**(2)** Wem die elterliche Verantwortung zusteht, ist eine materiellrechtliche **Vorfrage**, die nach dem vom maßgeblichen IPR berufenen nationalen Familienrecht zu klären 16

---

[35] *Bauer* IPRax 2002, 182.

[36] Dazu Art 4 Rn 2.

[37] *Thomas/Putzo/Hüßtege* Rn 5; *Baumbach/Albers* Rn 6.

[38] *Borrás*-Bericht Nr 38.

[39] *Jänterä-Jareborg* YB PIL 1999, 11.

[40] Dazu Art 1 Rn 8.

[41] *Baumbach/Albers* Rn 6.

ist.[42] Im Anwendungsbereich des KSÜ bestimmt sich dies nach Art 16 Abs 1 KSÜ, nur[43] im Anwendungsbereich des MSA und im völkervertraglich ungeregelten Bereich nach dem IPR der *lex fori*.[44]

Liegt eine **frühere Sorgerechtsregelung** durch ein ausländisches Gericht vor, so entscheidet über deren Anerkennung im jeweiligen Anwendungsbereich Art 7 MSA bzw Art 23 KSÜ, bei Entscheidungen aus Nicht-Vertragsstaaten die *lex fori*, in Deutschland also § 16a FGG.[45] In Betracht kommt aber auch eine Anerkennung der Sorgesache nach Art 13ff, soweit die Entscheidung gemäß Art 42 bereits der VO unterliegt, was nicht voraussetzt, daß die Entscheidung auf einer Zuständigkeit nach der VO beruht. Auch hinsichtlich der Anerkennung geht die VO gemäß Art 37 den Haager Bestimmungen vor.

**c) Anerkennung der Zuständigkeit (Abs 2 lit b)**

17 **(1)** Zweite Voraussetzung ist die **Anerkennung** der Zuständigkeit der Gerichte des Staates der Ehesache **durch beide Ehegatten**. Ein Ehegatte ist also hinsichtlich der Ehesache im Rahmen des Art 2 der Zuständigkeit unterworfen, kann aber ggf die Zuständigkeit in der Sorgesache blockieren,[46] was jedoch dadurch abgeschwächt wird, daß in diesem Fall der Rückgriff auf Restzuständigkeiten[47] möglich wird. Eine Ersetzung der Anerkennung, insbesondere, wenn das Gericht die Zuständigkeit für kindeswohldienlich hält, ist nicht vorgesehen.[48]

Für die beidseitige Anerkennung bedarf es keiner ausdrücklichen Erklärung, insbesondere keiner Prozeßhandlung. Es genügt, wenn sich beide Ehegatten auf das Verfahren in der Sorgerechtssache einlassen.[49] Die aus Brüssel I bekannten Prinzipien der *rügelosen Einlassung*[50] können allerdings nicht unmittelbar übertragen werden. Im Sorgeverfahren, das nicht kontradiktorisch abläuft, kann dem formellen Unterlassen einer Zuständigkeitsrüge bei erster Einlassung keine bestimmende Wirkung zukommen. Maßgeblich ist, daß sich beide Ehegatten nicht zum Sorgerecht geäußert haben, sondern sich mit der Entscheidung durch die Gerichte dieses Staates in einem *materiellen* Sinn einverstanden gezeigt haben. Dies führt dennoch nicht dazu, daß dieses Einverständnis ohne weiteres zurückgenommen werden kann. Hierüber entscheidet aber nicht eine bestimmte Prozeßhandlung, sondern die Würdigung des Verhaltens im Verfahren nach *Treu und Glauben*.

---

[42] *Baumbach/Albers* Rn 6.

[43] Insoweit nicht völlig zutreffend *Baumbach/Albers* Rn 6.

[44] Vgl zur kollisionsrechtlichen Geltung von MSA und KSÜ oben Rn 3.

[45] *Thomas/Putzo/Hüßtege* Rn 7; *Schlosser* Rn 3.

[46] *Bauer* IPRax 2002, 181.

[47] Oben Rn 10.

[48] *Bauer* IPRax 2002, 181.

[49] *Vogel* MDR 2000, 1048; *Baumbach/Albers* Rn 7; *Thomas/Putzo/Hüßtege* Rn 8.

[50] So *Vogel* MDR 2000, 1048.

(2) An der Anerkennung fehlt es, wenn ein Ehegatte ein **isoliertes Sorgeverfahren** in einem anderen zuständigen Staat anhängig macht. Das betrifft einerseits *vor* Anhängigkeit der Ehesache anhängige isolierte Sorgeverfahren,[51] für die nach hier vertretener Ansicht[52] die internationale Zuständigkeit fortbesteht, sodaß insoweit Art 3 Abs 2 keine konkurrierende Zuständigkeit im Mitgliedstaat der anhängigen Ehesache begründet. Andererseits schließt aber auch ein Sorgerechtsantrag, der *nach* Anhängigkeit der Ehesache in einem anderen Mitgliedstaat von einem der Ehegatten gestellt wird, dessen Anerkennung der Zuständigkeit iSv Abs 2 lit b aus. Das wiederum eröffnet *uno actu* dem Mitgliedstaat, in dem der Sorgerechtsantrag gestellt wird, hinsichtlich seiner internationalen Zuständigkeit den Rückgriff auf MSA, KSÜ oder nationales IZPR, weil dann Art 3 Abs 2 keine Zuständigkeit begründet, weshalb Art 8 den Rückgriff erlaubt.[53] 18

**d) Kindeswohl**

Dritte Voraussetzung ist, daß die **Zuständigkeit im Einklang mit dem Wohl des Kindes** steht. Das erscheint problematisch, weil das Kindeswohl als zentraler Rechtsbegriff der materiellen Sorgeentscheidung hierdurch bereits in die Zuständigkeitsprüfung gezogen wird.[54] Das Kriterium entspricht jedoch völlig dem Erfordernis der Anerkennung der Zuständigkeit durch die Ehegatten: Wo Erwachsene über die Interessentauglichkeit disponieren können, entscheidet für das Kind nicht primär dessen Wille, sondern dessen Wohl. Damit sind auch weitgehend die Kriterien der Prüfung klar: Es geht nicht um die Kindeswohlgerechtheit der Regelung, sondern um die Sicherstellung eines dem Kindeswohl entsprechenden Verfahrens, um die Vermeidung eines kindeswohlwidrigen *forum non conveniens*. Das Kindeswohl ist berührt, wenn das Kind zu einer erforderlichen persönlichen Anhörung unnötig weit anreisen muß, erst recht, wenn die Anhörung eines kleinen Kindes mittels eines Dolmetschers stattfinden müßte, das Kind belastet und (deshalb) keinen Aufschluß verspricht; oder wenn die Beteiligung Dritter im Interesse des Kindes, insbesondere von Jugendbehörden, wegen räumlicher Entfernung dem Gericht keinen ausreichenden Aufschluß zu geben vermag.[55] Da es sich in der Situation des Abs 2 um Konstellationen handelt, in denen, von der Wertung des Art 2 MSA bzw 5 Abs 1 KSÜ ausgehend, *eigentlich* die Gerichte des Aufenthaltsstaates zuständig sein sollten, sind, wie im Fall des Art 4 MSA,[56] andererseits auch die Chancen abzuwägen, daß es dort zu einer dem Kindeswohl entsprechenden Entscheidung kommt. Auch hier geht es nicht primär um das Ergebnis, da von den Gerichten aller Mitgliedstaaten keine per se kindeswohlwidrigen Entscheidungen zu erwarten sind, auch wenn eine stille Bevorzugung des diesem Staat angehörenden Elternteils bestehen mag. Zu berücksichtigen ist aber die vorhandene oder fehlende Bereitschaft der Aufenthaltsbehörden zum Tätigwerden oder eine besondere Sachkunde der Gerichte im Staat der anhängigen Ehesache, 19

---

51 *Baumbach/Albers* Rn 7.

52 Oben Rn 6.

53 *Puszkajler* IPRax 2001, 83, zum Rückgriff auf diese Zuständigkeiten bei Scheitern von Abs 2 vgl oben Rn 10.

54 *Vogel* MDR 2000, 1048.

55 Ähnlich *Vogel* MDR 2000, 1048.

56 *Thomas/Putzo/Hüßtege* Rn 9; *Baumbach/Albers* Rn 8; dazu BGH FamRZ 1997, 1070.

zumal letztlich oft dasselbe Gericht mit Ehe- und Sorgesache befaßt sein wird.[57] Die Anerkennungsfähigkeit einer Entscheidung des Aufenthaltsstaates und damit die Vermeidung hinkender Sorgeverhältnisse spielt keine Rolle mehr, da Art 13 ff die Anerkennung sicherstellen, auch wenn keine Zuständigkeit aus der VO in Anspruch genommen wurde.

### 3. Gewöhnlicher Aufenthalt des Kindes in Drittstaat

20 Hat das Kind seinen gewöhnlichen Aufenthalt in keinem Mitgliedstaat, so fehlt es an einer internationalen Zuständigkeit aus Art 3. Damit ist unstreitig der Rückgriff auf MSA, KSÜ oder nationales IZPR eröffnet.[58] Wo eine Zuständigkeit nach der VO noch nicht einmal geschaffen werden könnte,[59] entfaltet Art 3 gewiß keine Sperrwirkung iSd Art 8.

## III. Beendigung/Fortdauer der Zuständigkeit (Abs 3)

### 1. Keine *perpetuatio jurisdictionis* für neue Sorgesache (lit a)

21 **a)** Abs 3 verwirklicht das Prinzip der **Annexzuständigkeit** zur Ehesache; die internationale Zuständigkeit für die Sorgerechtssache endet grundsätzlich, sobald die Entscheidung in der Ehesache rechtskräftig geworden ist. Die Bestimmung ist Art 10 Abs 2 KSÜ nachgebildet[60]; sie erfaßt aber nicht nur die Art 10 Abs 1 KSÜ entsprechende Zuständigkeit nach Art 3 Abs 2, sondern gilt sowohl für **Abs 1 als auch für Abs 2**. Eine *perpetuatio jurisdictionis*, also der Erhalt der internationalen Zuständigkeit im Staat der abgeschlossenen Ehesache im Hinblick auf eine noch ausstehende Regelung der elterlichen Verantwortung, wurde nicht vorgesehen.[61]

Aus Abs 3 lit b folgt jedoch, daß die Grundregel in lit a nur für Sorgerechtsverfahren gilt, die erst nach Beendigung der Ehesachen anhängig gemacht werden. Es ist also zwischen neuen Verfahren, für die Art 3 keine Zuständigkeit mehr begründet und alten Verfahren, die nach Abs 3 lit b zu beurteilen sind, zu unterscheiden.[62]

22 **b)** Die Beendigung der Zuständigkeit nach Abs 1 und Abs 2 tritt mit **Rechtskraft** der Ehesachenentscheidung ein. Wie entschieden wurde, ist ohne Bedeutung; alle stattgebenden und abweisenden Urteile, Sach- und Prozeßurteile, die das Verfahren rechtskräftig abschließen, wirken in derselben Weise. Der Begriff der Rechtskraft als solcher läßt sich autonom bestimmen; die Entscheidung ist rechtskräftig, wenn gegen

---

57 *Thomas/Putzo/Hüßtege* Rn 9; *Baumbach/Albers* Rn 8.

58 *Kohler* NJW 2001, 12; *Baumbach/Albers* Rn 5; *Thomas/Putzo/Hüßtege* Rn 6; *Sturlése* JClP (G) 2001, 245.

59 Vgl dagegen zum Fehlen von Tatbestandsvoraussetzungen bei Abs 2 oben Rn 12.

60 *Borrás*-Bericht Nr 39.

61 *Borrás*-Bericht Nr 39; *Jänterä-Jareborg* YB PIL 1999, 13; *Schlosser* Rn 4.

62 *Baumbach/Albers* Rn 10.

sie kein ordentlicher Rechtsbehelf mehr möglich ist.[63] Wann das der Fall ist und welche Rechtsbehelfe gegen die Entscheidung stattfinden, bestimmt dagegen die *lex fori*.[64]

## 2. *Perpetuatio fori* für anhängige Sorgesache (lit b)

**a)** Für eine im Zeitpunkt der Rechtskraft der Ehesachenentscheidung bereits anhängige Sorgerechtssache bestätigt lit b in einem bestimmten Fall das Prinzip der ***perpetuatio fori***, ohne es im übrigen zu verdrängen.[65] Die Zuständigkeit endet in einem solchen Fall erst mit rechtskräftigem Abschluß der Sorgerechtssache selbst. Voraussetzung ist, daß in dem in lit a genannten Zeitpunkt ein Verfahren betreffend die elterliche Verantwortung anhängig war. Da auch an dieser Stelle die **Anhängigkeit** die Funktion hat, den für die *perpetuatio fori* maßgeblichen Zeitpunkt zu markieren, ist sie aus denselben Gründen wie die Bestimmung der sonstigen zuständigkeitsbegründenden Tatsachen[66] autonom entsprechend Art 11 Abs 4 auszufüllen.[67] 23

Ob die Sorgerechtssache im Verbund anhängig war, also als selbständige Folgesache anhängig bleibt oder ob sie als isoliertes Verfahren anhängig war, hängt ohnehin nur von der Gestaltung der jeweiligen *lex fori* ab und spielt für die Fortdauer der Zuständigkeit keine Rolle. Die Zuständigkeit dauert auch fort, wenn das Kind nach Anhängigkeit der Sorgesache seinen gewöhnlichen Aufenthalt verlegt und dadurch eine primär bestimmte Zuständigkeit nach Abs 1 nicht mehr bestünde.[68]

**b)** Nach dem Wortlaut von Abs 3 lit b endet die Zuständigkeit insgesamt erst mit **rechtskräftigem Abschluß des anhängigen Verfahrens**. Daraus könnte zu folgern sein, daß diese fortdauernde Zuständigkeit nicht nur das jeweilige Verfahren erfaßt, sondern auch andere Verfahren über die elterliche Verantwortung ermöglicht. Aus dem Zweck der Regelung ist jedoch zu folgern, daß es sich um einen echten Fall der *perpetuatio fori* handelt, die Zuständigkeit also nur für das jeweilige Verfahren fortdauert.[69] Ob innerhalb dieses Verfahrens eine Antragsänderung oder -erweiterung möglich ist (zB ein Übergang von einer Umgangs- zu einer Sorgeregelung), entscheidet die jeweilige *lex fori*. 24

---

63 *Thomas/Putzo/Hüßtege* Rn 11; *Baumbach/Albers* Rn 11.

64 *Thomas/Putzo/Hüßtege* Rn 11; *Baumbach/Albers* Rn 11.

65 Die *perpetuatio fori* liegt als allgemeines Prinzip schon Brüssel I zugrunde (*Schack* RabelsZ 65 (2001) 624) und wird durch Art 3 Abs 3 lit b im Prinzip bestätigt. Hingegen hat Art 3 Abs 3 lit a mit der *perpetuatio fori* nichts zu tun (anders *Hau* FamRZ 2000, 1340 Fn 79), denn dort geht es um die Ablehnung einer *perpetuatio jurisdictionis*, die von einem konkret bereits in Anspruch genommenen *forum* gerade unabhängig wäre.

66 Dazu Art 2 Rn 9.

67 Ebenso *Hau* FamRZ 2000, 1340.

68 *Schlosser* Rn 5.

69 *Schlosser* Rn 4.

### 3. Sonstige Beendigungsgründe (lit c)

25 Lit c ist eine **Auffangbestimmung** für andere Formen der Verfahrensbeendigung, die jedoch die prinzipielle Unterscheidung zwischen der Beendigung der Zuständigkeit (lit a) und der *perpetuatio fori* (lit b) beibehält. Ersetzt wird also nur das Tatbestandsmerkmal der Beendigung durch rechtskräftige Entscheidung; die Rechtsfolgen nach Abs 3 lit a und b treten auch ein, wenn das Verfahren zB durch Antragsrücknahme oder Tod[70] endet oder wenn nach der betreffenden Verfahrensordnung eine Löschung des Verfahrens wegen längerfristigen Nichtbetreibens erfolgt.

Die **Rechtsfolgen** bleiben dieselben wie im Fall der rechtskräftigen Entscheidung; betrifft die Verfahrensbeendigung die Ehesache, so bleibt die Zuständigkeit nur für eine bereits anhängige Sorgesache bestehen, betrifft sie anschließend die Sorgesache, so endet die perpetuierte Zuständigkeit.

### 4. Zuständigkeit für neue Sorgesache

26 Die internationale Zuständigkeit für einen Antrag betreffend die elterliche Verantwortung, der nach Beendigung der Ehesache anhängig wird, also nicht mehr Abs 3 lit b unterfällt, beurteilt sich ebenso wie vor Anhängigkeit[71] und bei Fehlen einer Zuständigkeit nach Abs 3[72] wieder nach dem KSÜ, dem MSA oder dem nationalen IZPR. Auch in diesem Fall greift unbeschadet der Bedeutung des Art 7 für die elterliche Verantwortung jedenfalls Art 8 ein.[73]

## Artikel 4
## Kindesentführung

**Die nach Maßgabe von Artikel 3 zuständigen Gerichte haben ihre Zuständigkeit im Einklang mit den Bestimmungen des Haager Übereinkommens vom 25. Oktober 1980 über die zivilrechtlichen Aspekte internationaler Kindesentführung, insbesondere dessen Artikel 3 und 16, auszuüben.**

**I. Verhältnis zum Haager Kindesentführungsübereinkommen (KEntÜbk)**
1. Zusammenwirken zwischen VO und KEntÜbk ... 1
2. Räumlich-Persönliche Voraussetzungen
a) Anwendung durch Mitgliedstaaten, die dem KEntÜbk nicht angehören 3
b) Kindesaufenthalt vor Entführung .. 4
c) Kindesalter ... 5

**II. Rechtsfolgen**
1. Definition der Kindesentführung: Art 3 Kindesentführungsübereinkommen ... 6
2. Einwirkung auf das Verfahren: Art 16 Kindesentführungsübereinkommen ... 8

---

70 *Borrás*-Bericht Nr 39; *Baumbach/Albers* Rn 13.

71 Oben Rn 9.

72 Oben Rn 10.

73 Dazu oben Rn 10; ebenso iE *Baumbach/Albers* Rn 14; *Thomas/Putzo/Hüßtege* Rn 11.

## I. Verhältnis zum Haager Kindesentführungsübereinkommen (KEntÜbk)

### 1. Zusammenwirken zwischen VO und KEntÜbk

**a)** Anders als im Verhältnis zu sonstigen Haager Übereinkommen beansprucht die VO **keinen Vorrang** gegenüber dem Haager Übereinkommen über die zivilrechtlichen Aspekte internationaler Kindesentführung vom 25. 10. 1980. Da die VO bisher keine Regelungen über die Folgen widerrechtlichen Verbringens oder Zurückhaltens des Kindes enthält, ist ein **Zusammenwirken** mit dem Haager Kindesentführungsübereinkommen erforderlich, um zu verhindern, daß im Rahmen der VO die Zuständigkeit auf einen durch Kindesentführung begründeten gewöhnlichen Aufenthalt[1] gestützt und die Rückführung durchkreuzt wird.[2] Hingegen führt Art 4 nicht zu einer unmittelbaren Einschränkung der *zuständigkeitsbegründenden* Wirkung des gewöhnlichen Aufenthalts.[3] 1

**b)** Fraglich ist hingegen, ob mit dem trotz Entführung nach Zeitablauf eintretenden Wechsel des gewöhnlichen Aufenthalts ein **Verlust der bisherigen Zuständigkeit** einhergeht oder ob diese Zuständigkeit fortdauert. Da die VO eine, dies anordnende, Art 7 Abs 1 KSÜ entsprechende Bestimmung bislang nicht enthält, andererseits aber das KSÜ insoweit verdrängt wird,[4] könnte sich die dort bestimmte Rechtsfolge nur aus einem extensiven Verständnis des Art 4 herleiten lassen. Das ist jedoch abzulehen: Art 4 gebietet nur die Beachtung des *KEntÜbk*, das, wie die Notwendigkeit einer Regelung in Art 7 KSÜ zeigt, eine solche Regelung weder ausdrücklich noch implizit trifft. Art 7 KSÜ wiederum macht deutlich, daß der gewöhnliche Aufenthalt als solcher, an den Art 3 anknüpft, nicht an die Rechtmäßigkeit des Aufenthaltswechsels anknüpft.[5] Dieser Bruch mit den Prinzipien des KSÜ zeigt erneut, daß es sinnvoller gewesen wäre, die sorgerechtliche Zuständigkeit, insbesondere aber das Kindesentführungsproblem aus der VO herauszuhalten. 2

### 2. Räumlich-Persönliche Voraussetzungen

**a) Anwendung durch Mitgliedstaaten, die dem KEntÜbk nicht angehören**

Die Bestimmung wurde vor dem Hintergrund geschaffen, daß derzeit alle Mitgliedstaaten Vertragsstaaten des KEntÜbk sind.[6] Soweit demnächst Beitrittsstaaten diese Voraussetzung nicht erfüllen, läßt sich keine unmittelbar wirkende Verpflichtung konstruieren, dem KEntÜbk beizutreten.[7] Im Verhältnis der Mitgliedstaaten läßt sich das Problem nur durch Einbeziehung einer *positiv* dem KEntÜbk entsprechenden Regelung in Brüssel II lösen. 3

---

[1] Dazu Art 3 Rn 12.

[2] *Coester-Waltjen*, in: FS Lorenz (2001) 306.

[3] Dazu Art 3 Rn 13.

[4] **AA** *Schlosser* Rn 3.

[5] Unentschieden *Bauer* IPRax 2002, 182.

[6] *Borrás*-Bericht Nr 41.

[7] *Coester-Waltjen*, in: FS Lorenz (2001) 307.

Art 4 wird dadurch jedoch nicht obsolet. Die angeordnete Beschränkung der Kompetenzen aus Art 3 bewirkt, daß die kompetenzrechtlichen Regelungen des KEntÜbk auch von Mitgliedstaaten zu beachten sind, die dem Übereinkommen nicht angehören.[8] Auch diese Staaten haben also ggf die Einwirkungen auf ein dort anhängiges Sorgerechtsverfahren zu beachten. Dennoch ist die Lage in solchen Fällen unbefriedigend, denn ein Rückführungsverlangen nach dem KEntÜbk kann nicht auf Art 4 gestützt werden, so daß es in einem solchen Staat nicht durchführbar ist.

**b) Kindesaufenthalt vor Entführung**

4 Wo sich das Kind vor der Entführung gewöhnlich aufgehalten hat, spielt zwar für die Zuständigkeiten nach Art 3 eine Rolle, ist aber nicht unmittelbar für die Anwendung von Art 4 maßgeblich. *Einklang* mit den Bestimmungen des KEntÜbk kann aber im Tatbestand von Art 4 nur dann sinnvoll geprüft werden, wenn das KEntÜbk selbst räumlich anzuwenden ist. Damit ist das in Art 4 KEntÜbk bestimmte Erfordernis, daß sich das Kind unmittelbar vor der Entführung in einem Vertragsstaat gewöhnlich aufgehalten haben muß, auch für Art 4 VO vorauszusetzen. Daraus folgt: Wird das Kind aus einem Vertragsstaat des KEntÜbk in einen Mitgliedstaat entführt, so ist Art 4 anzuwenden. Wird das Kind aus einem Drittstaat (weder Mitgliedstaat der VO noch Vertragsstaat des KEntÜbk) in einen Mitgliedstaat entführt, gilt Art 4 nicht. Wird das Kind (künftig) aus einem Mitgliedstaat, der nicht dem KEntÜbk angehört entführt, gilt Art 4 ebenfalls nicht. Die soeben[9] diskutierte *beschränkende* Bindung solcher Staaten an das KEntÜbk führt nicht dazu, sie im Sinn der Rückführungssystematik als Vertragsstaaten zu behandeln, also sie positiv aus dem KEntÜbk zu berechtigen. Diese Frage hat nichts mit Gegenseitigkeit zu tun;[10] es macht keinen Sinn, ein Rückführungssystem zu beachten, das nicht eingreift.

**c) Kindesalter**

5 Aus demselben Grund ist die Anwendung von Art 4 auf Kinder **vor Vollendung des 16. Lebensjahrs beschränkt**.[11] Da das KEntÜbk auf ältere Kinder nicht mehr anwendbar ist (Art 4 S 2 KEntÜbk), erscheint es wiederum nicht sinnvoll, die von Art 4 angeordnete Zurückhaltung zu üben, wenn ein Rückführungsverfahren nach dem KEntÜbk nicht stattfinden kann, also insbesondere die Voraussetzung des Art 16 2. Alt KEntÜbk sogleich vorläge.[12] Eine davon zu unterscheidende Frage ist, ob ein vor Vollendung des 16. Lebensjahres eingeleitetes Rückführungsverfahren mit Vollendung des 16. Lebensjahres automatisch endet[13] und damit auch der von Art 4 geforderte Einklang ent-

---

[8] *Coester-Waltjen*, in: FS Lorenz (2001) 307.

[9] Rn 3.

[10] So aber *Coester-Waltjen*, in: FS Lorenz (2001) 308, im umgekehrten Fall seien die Gerichte des nicht dem KEntÜbk Mitgliedstaates an der Wahrnehmung ihrer Zuständigkeit durch Art 4 gehindert.

[11] *Schlosser* Rn 6.

[12] Unten Rn 10.

[13] So *Staudinger/Pirrung* (1994) Vorbem 648 zu Art 19 EGBGB.

fällt, oder ob ein solches Verfahren andauern kann,[14] so daß auch Art 4, der auch für 16- und 17-jährige gilt,[15] in diesem Umfang weiter eingreift.

## II. Rechtsfolgen

### 1. Definition der Kindesentführung: Art 3 Kindesentführungsübereinkommen

**a)** Die Bezugnahme auf Art 3 KEntÜbk bezieht sich auf die **Legaldefinition der Widerrechtlichkeit** der Verbringung oder Zurückhaltung eines Kindes, also den Begriff der „Kindesentführung" und damit den sachlichen Anwendungsbereich des KEntÜbk. Durch die Bezugnahme wird die Definition für die VO übernommen.[16] 6

Eine Kindesentführung gilt als widerrechtlich, wenn
*„a) dadurch das Sorgerecht verletzt wird, das einer Person, Behörde oder sonstigen Stelle allein oder gemeinsam nach dem Recht des Staates zusteht, in dem das Kind unmittelbar vor dem Verbringen oder Zurückhalten seinen gewöhnlichen Aufenthalt hatte, und*
*b) dieses Recht im Zeitpunkt des Verbringens oder Zurückhaltens allein oder gemeinsam tatsächlich ausgeübt wurde oder ausgeübt worden wäre, falls das Verbringen oder Zurückhalten nicht stattgefunden hätte."*[17]

**b)** Wem das **Sorgerecht** zusteht, bestimmt sich in diesem Fall *nicht* nach der sonst für die VO geltenden Anknüpfung,[18] sondern nach Art 3 Abs 2 KEntÜbk: 7

*„Das unter Buchstabe a) genannte Sorgerecht kann insbesondere kraft Gesetzes, aufgrund einer gerichtlichen oder behördlichen Entscheidung oder aufgrund einer nach dem Recht des betreffenden Staates wirksamen Vereinbarung bestehen."*

Betreffender Staat in diesem Sinn ist der in lit a genannte Aufenthaltsstaat unmittelbar vor der Entführung; abzustellen ist daher insbesondere auf die Sorgerechtslage, wie sie sich unter Beachtung des IPR dieses Staates[19] kraft Gesetzes ergibt, sowie auf Entscheidungen von Gerichten und Behörden dieses Staates und solche, die dort anzuerkennen sind.

### 2. Einwirkung auf das Verfahren: Art 16 Kindesentführungsübereinkommen

**a)** Die Bezugnahme auf Art 16 KEntÜbk überträgt die dort geregelten **Verpflichtungen** der Gerichte und Behörden des Staates, in den das Kind verbracht wurde, auf die Mitgliedstaaten. Diese Gerichte 8

---

[14] So *Coester-Waltjen*, in: FS Lorenz (2001) 308.

[15] Art 1 Rn 11.

[16] *Borrás*-Bericht Nr 41; *Baumbach/Albers* Rn 2.

[17] Hierzu im einzelnen *Staudinger/Pirrung* (1994) Vorbem 639 ff zu Art 19 EGBGB.

[18] Dazu Art 3 Rn 16.

[19] *Staudinger/Pirrung* (1994) Vorbem 640 vor Art 19 EGBGB.

*„dürfen ... eine Sachentscheidung über das Sorgerecht erst treffen, wenn entschieden ist, daß das Kind aufgrund dieses Übereinkommens nicht zurückzugeben ist, oder sofern innerhalb angemessener Frist nach der Mitteilung kein Antrag nach dem Übereinkommen gestellt wird"* (Art 16 KEntÜbk).

Ziel der Regelung ist es, daß in dem Verbringungsstaat vorrangig über einen Rückführungsantrag entschieden werden kann und die Sorgerechtsregelung dem nicht zuvorkommt.

9 **b)** Die bloße **widerrechtliche Verbringung** läßt, wie sich aus dem 13. Erwägungsgrund[20] ergibt, die durch Art 3 begründete internationale Zuständigkeit für die Sorgerechtsentscheidung nicht entfallen.[21] Andererseits greift Art 4 iVm Art 16 KEntÜbk nicht erst dann ein, wenn ein Rückführungsantrag gestellt ist.

Bereits die **Mitteilung** von einem Fall widerrechtlichen Verbringens führt dazu, daß in einem anhängigen oder später anhängig gemachten Sorgerechtsverfahren keine Sachentscheidung mehr ergehen darf.[22]

10 **c)** Das Gericht hat in diesem Fall ein anhängiges Verfahren **auszusetzen**,[23] bis eine der eine Sachentscheidung erlaubenden Alternativen des Art 16 KEntÜbk eintritt.

Das Sorgerechtsverfahren vor den nach Art 3 zuständigen Gerichten ist fortzuführen, wenn der Rückführungsantrag nach dem maßgeblichen Verfahrensrecht „endgültig" ablehnend verbeschieden ist (Art 16 1. Alt KEntÜbk).[24] Es ist auch fortzuführen, wenn innerhalb angemessener Frist nach Vorliegen der Mitteilung kein Rückführungsantrag gestellt wird (Art 16 2. Alt KEntÜbk). Liegt eine rechtskräftige Rückgabeanordnung vor, so steht Art 16 KEntÜbk einer Entscheidung über das Sorgerecht jedenfalls so lange entgegen, wie der Berechtigte den Vollzug der Rückgabeanordnung nachdrücklich betreibt und Verzögerungen hierbei im wesentlichen behördenbedingt sind.[25] Lag hingegen im Zeitpunkt der Mitteilung bereits eine rechtskräftige Sorgerechtsentscheidung vor oder wird eine solche Entscheidung nach Eintreffen der Mitteilung mangels Einlegung eines Rechtsbehelfs rechtskräftig, so berührt Art 4 die Wirksamkeit dieser Entscheidung nicht mehr. Eine solche Entscheidung ist im Rückführungsverfahren innerhalb der ordre-public-Prüfung nach Art 13 KEntÜbk abzuwägen.[26]

---

[20] Vor Art 1.

[21] *Hausmann* EuLF 2000/01, 278; *Hau* FamRZ 2000, 1338.

[22] *Staudinger/Pirrung* (1994) Vorbem 692 vor Art 19 EGBGB; *Hau* FamRZ 2000, 1338.

[23] *Hausmann* EuLF 2000/01, 278; *Puszkajler* IPRax 2001, 83; *Baumbach/Albers* Rn 3; *Thomas/Putzo/Hüßtege* Rn 1; *Jänterä-Jareborg* YB PIL 1999, 15.

[24] In Deutschland erst bei rechtskräftiger Abweisung: § 8 Abs 2 SorgeRÜbkAG.

[25] BGH FamRZ 2000, 1502; *Staudinger/Pirrung* (1994) Vorbem 694 vor Art 19 EGBGB.

[26] *Bauer* IPRax 2002, 181.

## Artikel 5
## Gegenantrag

**Das Gericht, bei dem ein Antrag auf der Grundlage der Artikel 2 bis 4 anhängig ist, ist auch für einen Gegenantrag zuständig, sofern dieser in den Anwendungsbereich dieser Verordnung fällt.**

I. Zweck
1. Ähnlichkeit zum Widerklagegerichtsstand .... 1
2. Verhältnis zur Zuständigkeit für gemeinsamen Antrag .... 2
II. Zuständigkeit für einen Gegenantrag
1. Gegenantrag im Anwendungsbereich der VO .... 3
2. Rechtsfolge .... 7
3. Sonstige Gegenanträge .... 9

### I. Zweck

#### 1. Ähnlichkeit zum Widerklagegerichtsstand

1 Art 5 verfolgt denselben Zweck wie der Widerklagegerichtsstand in Art 6 Nr 3 Brüssel I-VO. Das Gericht, bei dem der ursprüngliche Antrag anhängig ist, wird auch für einen eventuellen Gegenantrag zuständig.[1] Damit sollen prozessuale Situationen vermieden werden, in denen zwei Gerichte iSd Art 11 mit demselben Anspruch oder verwandten Ansprüchen befaßt sind.[2] Art 5 bestimmt daher notwendigerweise auch die örtliche Zuständigkeit. Wegen des engen sachlichen Anwendungsbereiches der VO war allerdings die Zuständigkeit für einen Gegenantrag auf solche Anträge zu begrenzen, die der VO unterfallen.

#### 2. Verhältnis zur Zuständigkeit für gemeinsamen Antrag

2 Für *gleichartige Gegenanträge*, insbesondere Scheidungsanträge, die sich auf denselben Scheidungsgrund stützen, ist Art 5 zudem häufig bedeutungslos, weil solche Anträge iSd Art 2 Abs 1 lit a 4. Strich in der dort gewählten weiten autonomen Auslegung als *gemeinsamer Antrag* zu verstehen sind und damit zuständigkeitsrechtlich privilegiert sind. Bedeutung erlangt Art 5 aber auch in diesem Fall für die örtliche Zuständigkeit.

### II. Zuständigkeit für einen Gegenantrag

#### 1. Gegenantrag im Anwendungsbereich der VO

3 **a)** Art 5 bestimmt eine Art 2 und 3 ergänzende Zuständigkeit für **Gegenanträge**, was alle Anträge des Antragsgegners umfaßt, insbesondere auch eigenständige Scheidungs-[3] oder Aufhebungsanträge.

---

[1] *Borrás*-Bericht Nr 42.

[2] *Borrás*-Bericht Nr 42.

[3] *Schlosser* Rn 1.

Die wesentliche Eingrenzung der Reichweite folgt aus dem Erfordernis, daß der Gegenantrag in den **Anwendungsbereich der VO** fällt, wobei offenbar nur der *sachliche* Anwendungsbereich gemeint ist.[4] Eine Art 6 Brüssel I-VO entsprechende Einschränkung auf Widerbeklagte mit Wohnsitz in einem Mitgliedstaat fehlt, was der im Vergleich zu Art 3, 4 Brüssel I-VO offenen (und wenig klar geregelten[5]) Struktur des räumlich-persönlichen Anwendungsbereichs der Brüssel II-VO entspricht. Erforderlich ist also, daß der Gegenantrag eine der in Art 1 lit a oder b genannten Materien betrifft.

4 **b)** Geht man von dem **Hauptantrag** aus, der die **Ehesache** betrifft, so erfaßt Art 5 alle in Art 1 Abs 1 lit a genannten Ehesachen: Konkurrierende Scheidungsanträge, unabhängig davon, ob sie nach dem anwendbaren Recht denselben Streitgegenstand betreffen, insbesondere konkurrierende Zerrüttungs- und Verschuldensanträge,[6] auch Scheidungsanträge, die nach dem IPR der *lex fori* verschiedenen Rechtsordnungen unterliegen.[7] Art 5 unterfallen auch Trennungs- oder Eheaufhebungsanträge, die mit Scheidungsanträgen zusammentreffen, sowie negative Feststellunganträge auf Nichtbestehen der Ehe, die als Gegenantrag zu einem Scheidungs- oder Aufhebungsbegehren erhoben werden.

5 **c)** Nicht eindeutig aus dem Wortlaut zu beantworten ist die Frage, ob Art 5 nur **kongruente** oder auch **inkongruente Gegenanträge** iSd der Typologie des Art 1 Abs 1 lit a bzw b erfaßt.

**(1)** Nach dem Wortlaut regelt Art 5 die Stellung eines Gegenantrags unabhängig davon, in welche der beiden Kategorien (Ehesache, Sorgesache) Antrag und Gegenantrag fallen.[8] Daß der Verordnungsgeber stillschweigend nur an kongruente Gegenanträge gedacht hätte, kann nicht angenommen werden, weil sonst die Einschränkung auf den „Anwendungsbereich dieser Verordnung" keinen Sinn hätte.

Eine uneingeschränkt dem Wortlaut folgende Auslegung würde jedoch bedeuten, daß über Art 5 unter Umgehung der Zuständigkeitsvoraussetzungen des Art 3 die internationale Zuständigkeit für einen *erstmaligen* Sorgerechtsantrag begründet werden kann, sofern nur dieser Antrag vom Antragsgegner ausgeht und als Hauptantrag eine Ehesache anhängig ist. Da Art 3 eine Annexzuständigkeit für die elterliche Verantwortung in Anlehnung an das KSÜ nicht ohne weiteres an die Zuständigkeit für die Ehesache knüpft, bedarf Art 5 in diesem Fall jedenfalls einer teleologischen Begrenzung. Als inkongruenter Gegenantrag kann die Sorgerechtssache nur anhängig werden, wenn die Voraussetzungen des Art 3 vorliegen; insoweit bleibt Art 5 neben Art 3 für die örtliche Zuständigkeit von Bedeutung.

---

4 *Borrás*-Bericht Nr 42.

5 Dazu Art 7, 8.

6 *Spellenberg*, in: FS Geimer (2002) 1272.

7 Vor deutschen Gerichte zB ein gemäß Art 17 Abs 1 S 2 EGBGB auf deutsches Recht gestützter Antrag des deutschen Antragsgegners.

8 Anders ohne nähere Begründung *MünchKommZPO/Gottwald* Rn 1.

**(2)** Auch mit dieser Einschränkung bleibt eine weitere Frage offen. Da Art 2, 3 nur die internationale Zuständigkeit betreffen, kann es dazu kommen, daß die Ehesache und die Sorgesache bei **verschiedenen Gerichten** anhängig sind. Falls Art 5, der auch die örtliche Zuständigkeit erfaßt, auch die Zuständigkeit für inkongruente Gegenanträge regelt, könnte der Antragsgegner bei dem Gericht der Ehesache einen Sorge-Gegenantrag, bei dem Gericht der Sorgesache einen Ehe-Gegenantrag stellen. Das kann nicht Zweck des Art 5 sein, weil hierdurch die Situation des Art 11 ausgelöst würde, die zu vermeiden Zweck des Art 5 ist. 6

Art 5 ist daher weiter einschränkend auszulegen: Sind im selben Staat *zwei* Verfahren anhängig, die in den Anwendungsbereich der VO fallen, so begründet Art 5 eine Zuständigkeit nur für einen kongruenten Gegenantrag (Ehesache gegen Ehesache bzw Sorgesache gegen Sorgesache).

### 2. Rechtsfolge

**a)** Art 5 bestimmt nach seinem eindeutigen Wortlaut, der insoweit auch den Zweck zutreffend widerspiegelt, nicht nur die internationale Zuständigkeit,[9] sondern auch die **örtliche Zuständigkeit** des Gerichts.[10] Daraus sich ergebende Verwicklungen in Fällen, in denen nach der *lex fori* für die Ehe- und die Sogerechtssache nicht dasselbe Gericht zuständig wäre, lassen sich nur durch die hier vertretene Handhabung inkongruenter Gegenanträge vermeiden.[11] 7

**b)** Ob in dem anhängigen Verfahren im übrigen der **Gegenantrag zulässig** ist und mit dem Hauptantrag vor dem angerufenen Gericht verbunden werden kann, entscheidet nicht Art 5, sondern die maßgebliche *lex fori.*[12] Nationales Prozeßrecht entscheidet also insbesondere, ob verschiedene Ehesachen widerklagend verbunden werden können oder ob auf einen Ehescheidungsantrag mit einem Gegenantrag aus selbem (zB Scheitern) oder anderem Grund (zB konkurrierende Verschuldensanträge) reagiert werden kann.[13] 8

### 3. Sonstige Gegenanträge

Gegenanträge, die nicht in den Anwendungsbereich der VO fallen, werden von Art 5 und von der VO insgesamt nicht erfaßt. Insoweit beurteilt sich die internationale und örtliche Zuständigkeit *lege fori* (zB auch als Verbundzuständigkeit), wenn nicht andere europarechtliche (Brüssel I für Unterhaltsanträge) oder völkervertragliche (MSA, KSÜ) Regelungen bestehen.[14] 9

---

9 So aber *Thomas/Putzo/Hüßtege* Rn 2.

10 *Spellenberg*, in: FS Geimer (2002) 1272; *Baumbach/Albers* Rn 2.

11 Dazu oben Rn 5, 6.

12 *Baumbach/Albers* Rn 3; *Thomas/Putzo/Hüßtege* Rn 2.

13 *Spellenberg*, in: FS Geimer (2002) 1273.

14 *Spellenberg*, in: FS Geimer (2002) 1273; *Thomas/Putzo/Hüßtege* Rn 2; *Baumbach/Albers* Rn 2.

## Artikel 6
## Umwandlung einer Trennung ohne Auflösung des Ehebandes in eine Ehescheidung

Unbeschadet des Artikels 2 ist das Gericht eines Mitgliedstaats, das eine Entscheidung über eine Trennung ohne Auflösung des Ehebandes erlassen hat, auch für die Umwandlung dieser Entscheidung in eine Ehescheidung zuständig, sofern dies im Recht dieses Mitgliedstaats vorgesehen ist.

I. Perpetuatio Juridictionis ............... 1

II. Anwendungsbereich
1. Umwandlung der Trennung ......... 2
2. Im Recht des Mitgliedstaats vorgesehen ................................. 3

III. Rechtsfolge
1. Folgezuständigkeit ..................... 4
2. Änderung des Scheidungsstatuts nach Ehetrennung ................................. 6
3. Alternative Zuständigkeiten nach Art 2 ......................................... 7

### I. Perpetuatio Jurisdictionis

1 Art 6 regelt den einzigen Fall einer *perpetuatio jurisdictionis*, also einer **Folgezuständigkeit**, die eingreift, obwohl das erste Verfahren, auf dem sie beruht, rechtskräftig abgeschlossen ist. Die Notwendigkeit einer solchen Folgezuständigkeit wurde schon bei Abfassung des Übereinkommens nur im Verhältnis von Ehetrennungsentscheidung zu nachfolgendem Scheidungsausspruch gesehen.[1] In diesem Fall wird sichergestellt, daß die erreichte Ehetrennung in einem Ehescheidungsverfahren ihre zweckentsprechende Fortsetzung findet und es nicht an einem zuständigen Gericht hierfür fehlt. Auf andere aufeinanderfolgende **Ehesachen** zwischen denselben Ehegatten ist sie nicht anzuwenden; insoweit bestimmt Art 2 jeweils von neuem die internationale Zuständigkeit, bezogen auf die im jeweiligen Klage- bzw Antragszeitpunkt bestehenden tatbestandlichen Voraussetzungen. Da nur zwischen Ehetrennung und Ehescheidung in einigen Rechtsordnungen ein materiellrechtlicher und formeller Zusammenhang besteht, ist dies auch sachgerecht. Auch für **Folgesachen** besteht keine *perpetuatio jurisdictionis* aus der VO. Für Verfahren betreffend die elterliche Verantwortung ist der Grundsatz der Zuständigkeitsakzessorietät ausdrücklich nur durch die in Art 3 Abs 3 bestimmte *perpetuatio fori* gelockert. Andere Folgesachen sind von der VO nicht erfaßt; für die *Abänderung von Unterhaltsentscheidungen*, für die eine *perpetuatio jurisdictionis* vorstellbar wäre, gilt die Brüssel I-VO, die ebenfalls keine Folgezuständigkeit enthält.

### II. Anwendungsbereich

#### 1. Umwandlung der Trennung

2 Art 6 erfaßt Fälle der Umwandlung einer Trennung ohne Auflösung des Ehebandes in eine Ehescheidung. Eine **Umwandlung** der Ehetrennung in eine Ehescheidung

---

[1] *Borrás*-Bericht Nr 43.

kommt in unterschiedlicher Weise vor. Manche Mitgliedstaaten sehen ohne erneute Scheiternsprüfung auf der Grundlage des Trennungsausspruchs eine formelle Umwandlung in eine Ehescheidung vor, lassen aber auch eine Zerrüttungsscheidung ohne vorangehende Trennung zu.[2] Teils ist eine formalisierte Trennung *materiellrechtliche* Voraussetzung der Zerrüttungsscheidung, also Tatbestandsmerkmal im Zerrüttungstatbestand.[3] Nicht von Art 6 erfaßt ist hingegen eine Entscheidung, durch die eine Ehe nach vorausgehender Ehetrennung ohne einen solchen prozessualen oder materiellen Zusammenhang in einem nunmehr isoliert eingeleiteten Scheidungsverfahren geschieden wird.[4]

Art 6 gilt jedoch nur, wenn in dem betreffenden Staat eine *gerichtliche* oder *behördliche* Ehetrennung iSd Art 1 Abs 1 lit a ausgesprochen oder bestätigt wurde; rein *tatsächliches Getrenntleben* in einem Staat, dessen Gerichte nach Art 2 zuständig wären, macht die Zuständigkeit nicht gegen Wechsel der Anknüpfungsmerkmale beständig. Es kann also durchaus vorkommen, daß ein nach einer bestimmten Scheidungsrechtsordnung relevantes Getrenntleben (zB §§ 1566, 1567 BGB) scheidungsrechtlich funktionslos wird, weil im Zeitpunkt der Antragstellung die Gerichte, die dieses Recht anwenden würden, nicht mehr zuständig sind.

## 2. Im Recht des Mitgliedstaats vorgesehen

Nach dem Wortlaut gilt Art 6 nur, wenn eine solche Umwandlung **„im Recht dieses Mitgliedstaats vorgesehen ist"**, also im Recht des Urteilsstaats im Trennungsverfahren. 3
Das bedeutet jedoch nicht, daß Art 6 nur in Staaten anzuwenden wäre, deren *materielles Recht* eine Umwandlung, insbesondere die Ehetrennung als solche, vorsieht. Art 6 gilt auch, wenn nach dem IPR eines Mitgliedstaats[5] eine Rechtsordnung Scheidungsstatut ist, die solche Institute vorsieht *und* das Verfahrensrecht des Urteilsstaats bereit ist, eine Ehetrennung und ihre Umwandlung in eine Ehescheidung auszusprechen.[6] Regelmäßig wird die Durchführung der Trennung in einem Staat, dessen materielles Recht keine Trennung vorsieht, die entscheidende Hürde bedeuten;[7] ist ein Staat hierzu bereit, so wird in aller Regel auch die Bereitschaft bestehen, die anschließende Scheidung auszusprechen, sofern dieser Staat überhaupt Scheidungen zuläßt.

---

[2] Frankreich: Art 306 cc; Luxemburg Art 306 cc; Niederlande: Art 1:179 BW (nach Ausspruch der Trennung ist nur noch die Umwandlung, jedoch keine isolierte Ehescheidung mehr möglich, was eine Scheidungsblockade durch einen Trennungsantrag begünstigt, dazu Art 11 Rn 56); UK Sec 4 FLA 1996.

[3] Italien: Art 3 Nr 2 b legge 898/1970.

[4] Belgien: Art 308 cc; Irland: Sec 2 JSFLA; vgl auch unten Rn 6.

[5] *Baumbach/Albers* Rn 2.

[6] Für Deutschland, das im materiellen Recht eine Ehetrennung nicht kennt, vgl BGH FamRZ 1987, 793: Zulässigkeit einer Trennung und nachfolgenden Scheidung nach italienischem Recht; *Thomas/Putzo/Hüßtege* Rn 1; ebenso *Schlosser* Rn 1.

[7] Zutreffend *Baumbach/Albers* Rn 2.

## III. Rechtsfolge

### 1. Folgezuständigkeit

4 **a)** Für die Umwandlung in eine Ehescheidung ist „das Gericht" **international und örtlich** zuständig, das die Ehetrennung erlassen, also ausgesprochen oder bestätigt hat. Unmaßgeblich ist, auf welche Zuständigkeitsbestimmungen sich das Gericht damals gestützt hatte. Die Zuständigkeit im Trennungsverfahren muß insbesondere nicht auf die VO gestützt worden sein. Dies hat nichts mit der Frage zu tun, ob die Trennungsentscheidung nach der VO *anzuerkennen* wäre.[8] Die Anwendbarkeit von Art 6 als Zuständigkeitsregel bestimmt sich nach Art 42 Abs 1. Art 6 gilt immer dann, wenn Art 2 für die Bestimmung der internationalen Zuständigkeit anzuwenden ist. Maßgeblich ist also der Zeitpunkt der Einleitung des *Scheidungsverfahrens*, nicht der des Ehetrennungsverfahrens. Auch wenn Art 6 von „Umwandlung" spricht, setzt die Bestimmung gerade voraus, daß es sich bei dem Scheidungsverfahren um ein eigenständiges Verfahren und nicht um eine formell-verfahrensrechtliche Fortsetzung des Trennungsverfahrens handelt. Dies entspricht im übrigen auch dem Zweck der Regelung; es wäre sinnwidrig, die Umwandlung von vor dem 1. 3. 2001 rechtskräftig ausgesprochenen Ehetrennungen nur vor den nach Art 2 zuständigen Gerichten zu erlauben. Art 6 gilt sogar dann, wenn das Gericht *unzutreffend* seine Zuständigkeit auf nationales Recht gestützt hat.

5 **b)** Die spätere **Anerkennung** des Scheidungsausspruchs beurteilt sich nach Art 13 ff; sie hängt nicht von der Anerkennung der Ehetrennungsentscheidung ab, weil die Ehescheidung, auch wenn ihr eine Ehetrennung vorausgeht, einen eigenständig anerkennungsfähigen Inhalt hat. Aus diesem Grund ist es auch *ex post* betrachtet unerheblich, zu welchem Zeitpunkt die Trennungsentscheidung ergangen ist.

### 2. Änderung des Scheidungsstatuts nach Ehetrennung

6 Art 6 wirkt sich nur auf die **Zuständigkeit** aus; die für eine Kontinuität zwischen Ehetrennung und Ehescheidung ebenfalls erforderliche Anwendung desselben materiellen **Scheidungsstatuts** kann nur durch das nationale IPR sichergestellt werden. Das ist nicht notwendig gewährleistet, weil das Scheidungsstatut zumeist wandelbar gestaltet ist[9] und sich deshalb auch noch zwischen dem Abschluß des Trennungsverfahrens und dem Beginn des Scheidungsverfahrens wandeln kann.[10]

---

[8] So aber *Spellenberg*, in: FS Geimer (2002) 1274.

[9] Einerlei, ob es an die Staatsangehörigkeit anknüpft (zB Art 17 Abs 1 EGBGB) oder an gemeinsame räumliche Beziehungen.

[10] Mit einer Italienerin verheirateter Franzose, Ehegatten haben in Italien gelebt, der Franzose zieht nach Deutschland um und beantragt hier die Ehetrennung, die nach Art 17 Abs 1 S 1, 14 Abs 1 Nr 2 *2. Alt* EGBGB gemäß italienischem Recht ausgesprochen wird. Zieht nun auch die Italienerin nach Deutschland und stellt Scheidungsantrag, so ist deutsches Recht Scheidungsstatut (Art 17 Abs 1 S 1, 14 Abs 1 Nr 2 *1. Alt* EGBGB).

Auf einen Scheidungsantrag unter einem **anderen Scheidungsstatut** ist Art 6 nicht ohne weiteres anwendbar: Maßgeblich ist, ob es sich iSd Art 6 noch um eine „Umwandlung" handelt, ob also die Ehescheidung auf der Ehetrennung aufbaut. Verlangt auch das neue Scheidungsstatut eine formalisierte Ehetrennung und erlaubt es, die bereits erfolgte Trennung nach altem Scheidungsstatut hierfür zu substituieren, so liegt eine Umwandlung iSd Art 6 vor. Ist die Ehetrennung hingegen für die spätere Ehescheidung tatbestandlich nicht mehr verwertbar (nicht erforderlich oder nicht genügend), so fehlt es an einer Umwandlung und damit an der *ratio* des Art 6; es gilt dann für die internationale Scheidungszuständigkeit nur Art 2. Das gilt auch, wenn dasselbe Recht als Scheidungs- und Trennungsstatut beide Rechtsinstitute vorsieht, aber sie nicht in einen funktionalen Zusammenhang stellt.[11]

### 3. Alternative Zuständigkeiten nach Art 2

**a)** Art 6 verdrängt nicht die internationalen Zuständigkeiten nach Art 2. Auch nach vorhergehender Trennungsentscheidung kann die Ehescheidung in den nach Art 2 international zuständigen Mitgliedstaaten begehrt werden. Ob dessen Gerichte eine solche Umwandlung auszusprechen bereit sind und ob nach dem dort anzuwendenden Recht die Trennung überhaupt notwendige Voraussetzung der Scheidung ist, hängt von der jeweiligen *lex fori* ab. Die bloße Verwendung einer vorausgegangenen Trennung im Scheidungs*tatbestand* dürfte aber kaum ein Problem darstellen, weil diese eine Bereitschaft im Scheidungsstaat, das *Verfahren* dem Phänomen der Ehetrennung anzupassen, nicht erfordert. 7

**b)** Unter den Voraussetzungen des Art 7 bestimmt aber auch Art 6 eine ausschließliche Zuständigkeit; außer dem nach Art 6 zuständigen Gericht können nur die nach Art 2 zuständigen angerufen werden. Hingegen kann die internationale oder örtliche Zuständigkeit nicht auf nationales Recht gestützt werden, wenn die Voraussetzungen des Art 7 bestehen und Art 6 die Zuständigkeit in einem Mitgliedstaat bestimmt. 8

## Artikel 7
## Ausschließlicher Charakter der Zuständigkeiten nach den Artikeln 2 bis 6

Gegen einen Ehegatten, der
a) seinen gewöhnlichen Aufenthalt im Hoheitsgebiet eines Mitgliedstaats hat oder
b) Staatsangehöriger eines Mitgliedstaats ist oder – im Falle des Vereinigten Königreichs und Irlands – sein „domicile" im Hoheitsgebiet eines dieser Mitgliedstaaten hat, darf ein Verfahren vor den Gerichten eines anderen Mitgliedstaats nur nach Maßgabe der Artikel 2 bis 6 geführt werden.

[11] Vgl oben Rn 2.

**I. Räumlich-Persönlicher Anwendungsbereich**
1. Positiver Anwendungsbereich der VO – Ausschließlichkeit .............. 1
2. Vorrang der Art 2 bis 6 im übrigen? .. 5
3. Verhältnis zu Art 8 .................... 7

**II. Voraussetzungen der Ausschließlichkeit der Art 2 bis 6**
1. Für die Ehesache
a) Staatsangehörigkeit oder gewöhnlicher Aufenthalt des Antragsgegners 10
b) Domicile im UK oder Irland ....... 11
c) Maßgeblicher Zeitpunkt .......... 12
d) Rechtsfolge: Vorrang vor lex fori in anderen Mitgliedstaaten .......... 14
e) Internationale Zuständigkeit lege fori ................................ 17
2. Für Verfahren betreffend die elterliche Verantwortung ...................... 18

## I. Räumlich-Persönlicher Anwendungsbereich

### 1. Positiver Anwendungsbereich der VO – Ausschließlichkeit

1 Die VO beschreibt ihren räumlich-persönlichen Anwendungsbereich im Verhältnis zum nationalen Zuständigkeitsrecht im Gegensatz zur Brüssel I-VO nicht ebenso eindeutig positiv (vgl Art 3 Brüssel I-VO) und negativ (vgl Art 4 Abs 1 Brüssel I-VO) komplementär. Zwar stehen sich mit Art 7 und 8 Bestimmungen gegenüber, die den Anwendungsbereich der VO bzw der *lex* fori betreffen, so daß neben Art 7 auch Art 8 heranzuziehen ist.[1] Art 7 beschreibt aber den **positiven Anwendungsbereich** der VO *nicht* abschließend, sondern bestimmt nur, in welchen Fällen die Zuständigkeiten nach Art 2 bis 6 *ausschließlich* sind. Art 7 steht daher insbesondere der Anwendung von Art 2 bis 6 *nicht* entgegen, wenn der Antragsgegner die in lit a und lit b alternativ genannten Voraussetzungen *nicht* erfüllt.

2 **b)** Die Anordnung der Ausschließlichkeit in Art 7 bezweckt – wie Art 3 Abs 1 Brüssel I-VO – den **Schutz des Antragsgegners**, der Staatsangehöriger/Domizilierter eines Mitgliedstaates ist oder in einem Mitgliedstaat gewöhnlichen Aufenthalt hat, gegen Zuständigkeiten im nationalen IZPR, die zugunsten des Antragstellers eine weitergehende internationale Zuständigkeit, insbesondere aufgrund der Staatsangehörigkeit eines Ehegatten (bei Eheschließung oder im Zeitpunkt des Scheidungsantrags) vorsehen. Entgegen der zu weit gefaßten Überschrift der Bestimmung sind Art 2 bis 6 gegenüber einem solchen Antragsgegner nur für Verfahren *„vor den Gerichten eines anderen Mitgliedstaats"* ausschließlich. Zwar besteht im Aufenthaltstaat des Antragsgegners ohnehin das *forum rei* nach Art 2 Abs 1 lit a 3. Strich; der im Heimat- oder *domicile*-Staat des Antragsgegners von Art 7 nicht ausgeschlossene Rückgriff auf nationales IZPR kann aber durchaus die internationale Zuständigkeit erweitern.

3 **c)** Soweit Art 7 Ausschließlichkeit der Art 2 bis 6 anordnet, ergeben sich insbesondere im Verhältnis zu Antragsgegnern, die nicht Mitgliedstaatenbürger sind, sondern lediglich ihren gewöhnlichen Aufenthalt in einem Mitgliedstaat haben, ungerechtfertigte **Nachteile für den Antragsteller**. Es ist nicht einsehbar, daß einem Unionsbürger der

---

[1] *Boele-Woelki* ZfRV 2001, 125; dazu unten Rn 7.

Rechtsschutz vor den Gerichten seines Heimatstaates versagt wird, um einen Antragsgegner zu schützen, der einem Drittstaat angehört und sich in der EU oft nur deshalb aufhalten darf, weil er mit einem Unionsbürger verheiratet ist.[2]

**d)** Soweit die Zuständigkeiten nach Art 2 bis 6 ausschließlich sind, wird dieser Vorrang durch **Art 9** flankiert, der dem nach der VO unzuständigen Gericht gebietet, sich zugunsten der nach der VO zuständigen Gerichte für unzuständig zu erklären.[3] 4

**2. Vorrang der Art 2 bis 6 im übrigen?**

**a)** Nicht eindeutig geklärt ist hingegen das **Konkurrenzverhältnis** der Art 2 bis 6 zur *lex fori*, wenn die Voraussetzungen des **Art 7 nicht vorliegen**. Diese Frage betrifft auch das Verhältnis zwischen Art 7 und Art 8, wird aber in beiden Bestimmungen nicht erschöpft. 5

**b)** Art 7 beansprucht nach dem Wortlaut keine Ausschließlichkeit im **Aufenthalts- oder Heimatstaat des Antragsgegners** sowie dann, wenn die in Art 7 lit a oder lit b genannte Beziehung zu keinem Mitgliedstaat besteht, der Antragsgegner also **Drittstaatenangehöriger mit gewöhnlichem Aufenthalt in einem Drittstaat** ist.[4] In beiden Fällen kann, jedenfalls nach dem Wortlaut, die internationale Zuständigkeit in jedem Mitgliedstaat nach der *lex fori* beurteilt werden.[5] 6

Da der räumlich-persönliche Anwendungsbereich der VO jedoch nicht, wie in Art 4 Abs 1 Brüssel I-VO, für diese Fälle ausgeschlossen ist, kann die internationale Zuständigkeit **auch auf Art 2 ff** gestützt werden.[6] Fraglich ist dann, ob eine solche, von Art 7 nicht als ausschließlich bezeichnete Zuständigkeit aus Art 2 ff in einem Mitgliedstaat dennoch die Zuständigkeiten *lege fori* verdrängt. Verbreitet wird das aus *Art 8* gefolgert. Art 8 gebe den Weg zu den „Restzuständigkeiten“ erst frei, wenn sich aus der VO keine Zuständigkeit ergebe; eine nach Art 2 ff in einem Mitgliedstaat bestehende Zuständigkeit verdränge also jede Inanspruchnahme der *lex fori*.[7]

Diese Deutung übersieht, daß Art 7 die Zuständigkeiten der VO gerade *nicht allgemein* für ausschließlich erklärt, sondern nur unter den in lit a und lit b genannten Vorausset-

---

2 Im einzelnen Art 2 Rn 37 f; *Rauscher*, in: FS Geimer (2002) 883 ff.

3 *Ancel/Muir Watt* Rev crit 2001, 419.

4 *Boele-Woelki* ZfRV 2001, 125; *Hausmann* EuLF 2000/01, 279; *Hau* FamRZ 2000, 1340.

5 *Kennett* ICLQ 48 (1999) 468; *Watté/Boularbah* Rev trim dr fam 2000, 567.

6 Ein seit 12 Monaten in Italien lebender Deutscher kann also seinen Scheidungsantrag gegen seine in Thailand lebende thailändische Ehefrau gemäß Art 2 Abs 1 lit a 5. Strich vor italienischen Gerichten, aber auch nach § 606 a Abs 1 Nr 1 ZPO vor deutschen Gerichten stellen.

7 *Hau* FamRZ 2000, 1340 f; *ders* FPR 2002, 619; *Hausmann* EuLF 2000/01, 279; *Schlosser* Art 8 Rn 2; *Simotta*, in: FS Geimer (2002) 1119; *Vareilles-Sommières* GazPal 1999, 2023; *Ancel/Muir Watt* Rev crit 2001, 421; wohl auch *Boele-Woelki* ZfRV 2001, 125; *Gottwald* FamRZ 2002, 1636; iE wie hier AG Leverkusen FamRZ 2002, 1635 jedoch ohne Problemsicht.

zungen.[8] Diese ausdrückliche Beschreibung des *ausschließlichen* Anwendungsbereichs wäre völlig sinnlos, wenn eine in irgendeinem Mitgliedstaat nach der VO bestehende Zuständigkeit ohnehin *immer* der *lex fori* vorginge.

Art 8 Abs 1 hat in *dieser* Konstellation für den räumlich-persönlichen Anwendungsbereich keine Funktion. Zwar ist wie in Art 4 Abs 1 Brüssel I-VO der Weg zum nationalen IZPR eröffnet, wenn keine der in Art 7 beschriebenen Verbindungen zu einem Mitgliedstaat besteht.[9] Das folgt aber nicht aus Art 8, sondern bereits im Umkehrschluß aus Art 7: Soweit Art 2 bis 6 gemäß Art 7 nicht ausschließlich sind, muß der Rückgriff auf die *lex fori* nicht positiv legitimiert werden. Die Zuständigkeiten der VO sind also in einem solchen Fall zwar anwendbar, sie sind aber nicht ausschließlich.[10]

### 3. Verhältnis zu Art 8

7 **a)** Art 8 Abs 1 ist bei dieser Auslegung nicht ohne Sinn: Art 8 Abs 1 ist auf Art 7 bezogen[11] und damit als eine Ausnahme für den Fall zu verstehen, daß die VO *zwar* nach Art 7 Ausschließlichkeit beanspruchen würde, *aber* **keinen Gerichtsstand bereitstellt**. Art 7 darf nicht die Ausübung jeder internationalen Zuständigkeit in einem Mitgliedstaat verbieten,[12] was Art 8 Abs 1 als Öffnungsklausel verhindert.[13]

8 **b)** Fraglich ist jedoch, ob in einem solchen Fall bei Fehlen einer Zuständigkeit nach Art 2 bis 6 in **jedem Mitgliedstaat** die Zuständigkeit *lege fori* bestimmt werden kann, oder ob der Schutz des Antragsgegners durch Art 7 auch insoweit die Beanspruchung von Zuständigkeiten ausschließt. Ausgangspunkt der Diskussion ist die Fallsituation, daß der Antragsgegner einem Mitgliedstaat angehört, aber kein Ehegatte (lange genug für Art 2 Abs 1 lit a 5./6. Strich) in einem Mitgliedstaat gewöhnlichen Aufenthalt hat und auch keine gemeinsame Mitgliedstaatsangehörigkeit besteht.[14] Hierzu wird verbreitet vertreten, Art 8 erlaube in einem solchen Fall nur im *Heimatstaat des Antragsgegners* den Rückgriff auf Zuständigkeiten *lege fori;* die Sperre des Art 7 schütze also auch in diesem Fall den Antragsgegner gegen eine nicht auf Art 2 bis 6 gestützte Zuständigkeit außerhalb seines Heimatstaats.[15] Diese Auslegung kann, wie von Vertre-

---

8 Wie hier *Sturlése* JClP (G) 2001, 242; *Fontaine* D & P 1999, 25.

9 *Kennett* ICLQ 48 (1999) 468.

10 *MünchKommZPO/Gottwald* Rn 1; *Kohler* NJW 2001, 11; wohl auch: *Baumbach/Albers* Art 8 Rn 1; *Zöller/Geimer* Art 8 Rn 1.

11 *Borrás*-Bericht Nr 47.

12 So zutreffend *Thomas/Putzo/Hüßtege* Art 8 Rn 2.

13 **AA** *Hau* FamRZ 2000, 1340; *Baumbach/Albers* Rn 2.

14 Franzose und Deutsche leben in der Schweiz.

15 *Spellenberg,* in: FS Geimer (2002) 1275; *Hau* FamRZ 2000, 1340; *Hausmann* EuLF 2000/01, 279; *Thomas/Putzo/Hüßtege* Rn 2; *Boele-Woelki* ZfRV 2001, 125; zutreffend hingegen *MünchKommZPO/Gottwald* Art 7 Rn 1.

tern dieser Ansicht kritisch konzediert wird,[16] dazu führen, daß es in allen Mitgliedstaaten an einer internationalen Zuständigkeit fehlt.[17]

**c)** Für diese Interpretation des Verhältnisses von Art 7 und Art 8 könnte auch sprechen, daß **Art 8 Abs 2** die Gleichbehandlung von Antragstellern aus EU-Mitgliedstaaten nur für den Fall regelt, daß der Antragsgegner weder seinen gewöhnlichen Aufenthalt im Hoheitsgebiet eines Mitgliedstaats hat, noch Staatsangehöriger bzw in einem Mitgliedstaat domiziliert ist. Offenbar wurde die Situation des Art 8 Abs 2 komplementär zur Situation des Art 7 konstruiert. 9

Dennoch ist diese Auslegung nicht zwingend und **wegen der sich ergebenden Rechtsschutzlücken abzulehnen**. Wortlaut und Systematik sprechen nicht für ein Verständnis, wonach Art 7 den Art 8 Abs 1 auch dann beschränke, wenn Art 2 bis 6 zu keinem Ergebnis führen: Art 8 Abs 1 folgt Art 7 nach, was es nahelegt, Art 8 Abs 1, wie hier, als Ausnahme zu Art 7 zu verstehen. Art 8 Abs 1 erklärt für diesen Fall ausdrücklich *„in jedem Mitgliedstaat"* die *lex fori* für anwendbar, also nicht nur im Heimat- oder Aufenthaltsstaat des Antragsgegners.[18] Art 8 Abs 2 verfolgt hingegen einen weiteren Zweck, der sich zwar (auch) in der Situation des Art 8 Abs 1 realisieren kann, aber nicht geeignet ist, diese Situation tatbestandlich einzuschränken, zumal es systematisch ungewöhnlich wäre, den Anwendungsbereich von Abs 1 aus einer inhaltlich etwas anderes betreffenden Regelung in Abs 2 zu entnehmen. Hierfür spricht schließlich Art 9: Wenn ein Gericht in einem Mitgliedstaat sich nur dann für unzuständig zu erklären hat, wenn das Gericht eines anderen Mitgliedstaats aufgrund der VO zuständig ist, so ist im Umkehrschluß zu folgern, daß es auf die *lex fori* zurückgreifen kann, wenn es an einer solchen anderweitigen Zuständigkeit fehlt.[19]

Zusammenfassend gilt also: Art 7 verhindert den Zugriff auf die *lex* fori, wenn die dort genannten Voraussetzungen erfüllt sind *und* in irgendeinem Mitgliedstaat eine Zuständigkeit nach Art 2 bis 6 besteht. Ist letzteres nicht der Fall, so eröffnet Art 8 Abs 1 den Rückgriff auf die *lex fori,* und zwar in jedem Mitgliedstaat. Insbesondere kann sich also auch der Antragsteller in *seinem* Heimatstaat auf die *lex fori* stützen.

---

[16] *Hau* FamRZ 2000, 1340.

[17] Lebt zB ein Deutscher mit seiner niederländischen Ehefrau in der Schweiz, so wäre wegen der niederländischen Staatsangehörigkeit der Antragsgegnerin der Rückgriff auf § 606a Abs 1 Nr 1 ZPO versperrt, auch wenn Art 2 keine internationale Zuständigkeit in irgendeinem Mitgliedstaat vorsieht.

[18] Wie hier: *Watté/Boularbah* Rev trim dr fam 2000, 567: Scheidungsantrag eines in Thailand lebenden Franzosen gegen seinen in Mexico lebenden spanischen Ehegatten vor französischen Gerichten gemäß Art 14 code civil francais; anders vor belgischen Gerichten, weil Art 14 code civil belge außer Kraft ist (aaO S 569).

[19] *Vogel* MDR 2000, 1048.

## II. Voraussetzungen der Ausschließlichkeit der Art 2 bis 6

### 1. Für die Ehesache

#### a) Staatsangehörigkeit oder gewöhnlicher Aufenthalt des Antragsgegners

10 Art 7 greift ein, wenn der Antragsgegner **Staatsangehöriger** eines Mitgliedstaates ist (lit b 1. Alt). Die Bestimmung der Staatsangehörigkeit erfolgt wie bei Art 2;[20] bei Mehrstaatern genügt auch eine nicht effektive Staatsangehörigkeit zu einem Mitgliedstaat.[21] Alternativ greift Art 7 ein, wenn der Antragsgegner seinen **gewöhnlichen Aufenthalt**, der wie in Art 2 zu bestimmen ist, in einem Mitgliedstaat hat (lit a). Bei gewöhnlichem Aufenthalt in einem Mitgliedstaat sind also auch Nicht-Unionsbürger als Antragsgegner durch Art 7 begünstigt.

#### b) Domicile im UK oder Irland

11 Das Kriterium der Staatsangehörigkeit wird im Fall des UK und Irlands durch das ***domicile*** ersetzt (lit b 2. Alt).[22] Art 7 gilt also unbeschadet ihres gewöhnlichen Aufenthalts und ihrer Staatsangehörigkeit für im UK oder Irland domizilierte Antragsgegner; aber auch für Antragsgegner, die in diesen Staaten ihren gewöhnlichen Aufenthalt haben, weil lit a neben lit b 2. Alt anzuwenden ist. Hingegen ist ein irischer oder britischer Staatsangehöriger – obgleich er Unionsbürger ist – ohne *domicile* in einem dieser Staaten und ohne gewöhnlichen Aufenthalt in einem Mitgliedstaat nicht von Art 7 geschützt, denn die irische und britische Staatsangehörigkeit sind als Beziehungskriterium irrelevant.

#### c) Maßgeblicher Zeitpunkt

12 **(1)** Fraglich ist, zu welchem Zeitpunkt die genannten Voraussetzungen (Staatsangehörigkeit, Aufenthalt, *domicile*) vorliegen müssen. Der Wortlaut der Bestimmung („geführt werden") spräche dafür, auf den jeweiligen Verfahrensstand abzustellen. Häufig wird, gestützt auf Art 11 Abs 4, auf die **Verfahrenseinleitung** abgestellt.[23] Art 11 Abs 4 gibt aber kein Argument für diese Ansicht: Seine Anwendung führt lediglich dazu, den *Zeitpunkt* der Verfahrenseinleitung auch für Zwecke des Art 7 auf die Einreichung des verfahrenseinleitenden Antrags zu fixieren, beantwortet aber nicht die Frage, ob der Zeitpunkt der Verfahrenseinleitung überhaupt maßgeblich ist.

13 **(2)** Die damit zu stellende Frage, ob ein Erwerb oder ein Wegfall der für Art 7 maßgeblichen Kriterien nach Einleitung des Verfahrens die Anwendung von Art 7 beeinflußt, ist nach den Grundsätzen der ***perpetuatio fori*** zu entscheiden. Dabei ist zu beachten, daß Art 7 anders als Art 3 Abs 1 Brüssel I-VO[24] keine *conditio sine qua non* der Anwen-

---

[20] Dort Rn 31 ff.

[21] *Hau* FamRZ 2000, 1337; *Baumbach/Albers* Rn 4.

[22] Dazu Art 2 Rn 34.

[23] So aber *Hau* FamRZ 2000, 1340; *Hausmann* EuLF 2000/01, 279; *Baumbach/Albers* Rn 4.

[24] Das übersieht *Hausmann* EuLF 2000/01, 279, der aus der *perpetuatio fori* folgert, daß die Wirkungen des Art 7 auch bei Wegfall ihrer Voraussetzungen während des Verfahrens erhalten bleiben müßten.

dung von Art 2ff beschreibt, sondern nur zuständigkeitsausschließend (gegenüber der *lex fori*) wirkt.[25]

Lagen die Voraussetzungen des Art 7 bei Verfahrenseinleitung *nicht* vor, so konnte jedes Gericht seine internationale Zuständigkeit (auch) auf nationales Recht stützen. Diese Zuständigkeit steht unter dem Schutz der *perpetuatio fori*, die Ausschließlichkeitswirkung des Art 7 kann also nicht mehr im laufenden Verfahren eintreten.

Damit ist nicht gesagt, daß auch der Wegfall der Voraussetzungen des Art 7 im laufenden Verfahren unbeachtlich wäre. Soweit sich eine Zuständigkeit aus Art 2ff ergibt, gilt *für diese* die *perpetuatio fori*, sie besteht also unbeschadet der Änderung zuständigkeitsbegründender Merkmale fort. Die Ausschließlichkeitswirkung des Art 7 muß hingegen nicht im Interesse der Prozeßökonomie, der die *perpetuatio fori* dient, zementiert sein. Damit ist auf den Zweck der Regelung abzustellen: Ein Antragsteller, der sich aus dem durch Art 7 vermittelten Schutzkreis während des Verfahrens hinausbegibt, kann nicht erwarten, daß ihn Art 7 weiterhin vor der Anwendung der *lex fori* schützt. Ein bisher nach Art 2ff nicht zuständiges, aber bereits angerufenes, Gericht kann also *lege fori* zuständig werden, was auch der Prozeßökonomie dient, weil sonst der anhängige Antrag abzuweisen wäre, obgleich für einen neu zu stellenden Antrag die internationale Zuständigkeit *lege fori* bestünde.[26]

**d) Rechtsfolge: Vorrang vor *lex fori* in anderen Mitgliedstaaten**

**(1)** Als Rechtsfolge ordnet Art 7 – für Ehesachen[27] – die Ausschließlichkeit der Art 2, 5 und 6 **vor den Gerichten eines anderen Mitgliedstaats** an. Der durch Art 7 lit a oder lit b vermittelte Bezug zu einem Mitgliedstaat sperrt also in allen anderen Mitgliedstaaten den Rückgriff auf die *lex fori*. Auch durch rügelose Einlassung kann in den anderen Mitgliedstaaten die Zuständigkeit nicht begründet werden, weil Art 9 die Zuständigkeitsprüfung und Antragsabweisung von Amts wegen vorsieht.[28] 14

**(2)** Die Gerichte des **Heimat-**, **Aufenthalts-**, oder ***domicile*-Staates** dürfen hingegen ihre internationale Zuständigkeit auch auf die *lex fori* stützen. Angesichts des *forum rei* 15

---

[25] Oben Rn 1.

[26] Hielt sich bei Antragstellung die russische Antragsgegnerin gewöhnlich in Italien auf, so waren italienische Gerichte nach Art 2 Abs 1 lit a 3. Strich für den Scheidungsantrag des in Frankreich lebenden deutschen Antragstellers ausschließlich (Art 7) zuständig. Verlegt die Antragsgegnerin ihren gewöhnlichen Aufenthalt in die Russische Republik, so entfallen die Voraussetzungen des Art 7. Ist in Italien bereits ein Scheidungsantrag anhängig, so bleiben italienische Gerichte zuständig (*perpetuatio fori* trotz Entfall der Voraussetzungen des Art 2). Nun sind aber auch deutsche Gerichte international zuständig (§ 606 a Abs 1 Nr 1 ZPO), wobei es unerheblich ist, ob der Scheidungsantrag erst nach Wegfall der Voraussetzungen des Art 7 gestellt wird, oder ob er schon – trotz Unzuständigkeit – vorher gestellt, aber noch nicht abgewiesen wurde; es gilt aber Art 11. War hingegen in Italien noch kein Verfahren anhängig, jedoch in Deutschland, so werden nunmehr die deutschen Gerichte zuständig.

[27] Zur Ausschließlichkeit von Art 3 und 4 unten Rn 18f.

[28] *Baumbach/Albers* Rn 5; *MünchKommZPO/Gottwald* Rn 1.

aus Art 2 Abs 1 lit a 3. Strich hat das zwar keine Bedeutung für den gewöhnlichen Aufenthaltsstaat des Antragsgegners. Da hingegen die Staatsangehörigkeit und das *domicile* des Antragsgegners als solche keine Zuständigkeit nach Art 2 begründen, kann sich eine internationale Zuständigkeit nur aus (auch) auf den Antragsgegner bezogenen Staatsangehörigkeits- oder *domicile*-Anknüpfungen der *lex fori*, zB § 606a Abs 1 Nr 1 ZPO, ergeben.[29]

16 (3) Fraglich ist die Wirkung von Art 7, wenn relevante **Bindungen an zwei oder mehrere Mitgliedstaaten** bestehen, der Antragsteller zB Staatsangehöriger zweier Mitgliedstaaten ist und sich in einem anderen Mitgliedstaat gewöhnlich aufhält. Wortlautinterpretation könnte dazu verleiten, in allen Mitgliedstaaten den Rückgriff auf die *lex fori* für ausgeschlossen zu halten: Der Bezug zu einem Heimatstaat könnte die *lex fori* im anderen Heimat- oder Aufenthaltsstaat verdrängen. Der Zweck der Regelung führt zum gegenteiligen Verständnis: Art 7 schützt den Antragsteller nur dagegen, in einem Mitgliedstaat, zu dem er keinen nach Art 7 anzuerkennenden Bezug hat, *lege fori* einem Antrag ausgesetzt zu sein, für den es dort nach Art 2 ff keine internationale Zuständigkeit gäbe. Hingegen muß er sich in jedem seiner Heimat-, Aufenthalts- und *domicile*- Staaten auch auf Zuständigkeiten nach der *lex fori* einlassen.[30]

### e) Internationale Zuständigkeit *lege fori*

17 **Zusammenfassend** steht Art 7 dem Rückgriff auf die *lex fori* in folgenden Fällen nicht entgegen:

(1) In jedem Heimat-, Aufenthalts- oder *domicile*-Staat des Antragsgegners.[31]

(2) In jedem Mitgliedstaat, sofern zwar die tatbestandlichen Voraussetzungen des Art 7 lit a oder lit b vorliegen, sich aber aus Art 2 ff in keinem Mitgliedstaat eine Zuständigkeit ergibt (Art 8 Abs 1).[32]

---

[29] Die internationale Zuständigkeit deutscher Gerichte für einen Scheidungsantrag eines belgischen Ehegatten gegen seinen in den USA lebenden deutschen Ehegatten kann in allen anderen Mitgliedstaaten nur auf Art 2 ff gestützt werden, in Deutschland aber auf § 606 a Abs 1 Nr 1 ZPO.

[30] Ist der Antragsgegner deutsch-französischer Doppelstaater mit gewöhnlichem Aufenthalt in Österreich und der Antragsteller Franzose mit gewöhnlichem Aufenthalt in Österreich, so sind österreichische Gerichte nach Art 2 Abs 1 lit a 1. Strich, deutsche Gerichte nach § 606a Abs 1 Nr 1 ZPO und französische Gerichte nach Art 14, 15 code civil francais zuständig. Zum Nebeneinander von Zuständigkeiten nach der VO und *lege fori* vgl oben Rn 6.

[31] Dazu oben Rn 15; daher ist die Anwendung von § 606a Abs 1 Nr 4 ZPO im Fall des AG Leverkusen, FamRZ 2002, 1635 nicht durch Art 7 ausgeschlossen, **aA** *Gottwald* FamRZ 2002, 1636. Es bestand allerdings kein vernünftiger Anlaß zum Rückgriff auf die lex fori, da gegen den in Deutschland lebenden Antragsgegner Art 2 Abs 1 lit a 3. Strich eingreift.

[32] Dazu oben Rn 8, 9.

(3) In jedem Mitgliedstaat, wenn schon die tatbestandlichen Voraussetzungen von lit a und lit b nicht vorliegen, unbeschadet einer konkurrierenden Zuständigkeit nach Art 2 ff.[33]

**2. Für Verfahren betreffend die elterliche Verantwortung**

**a)** Art 7 bezieht seine Rechtsfolge auf Artikel 2 bis 6, erfaßt also auch Art 3, 4 und damit die Zuständigkeiten für die elterliche Verantwortung. Schon mit Rücksicht auf den Anwendungsbereich der VO (Art 1 Abs 1 lit b) kann sich die von Art 7 angeordnete Ausschließlichkeit insoweit nur auf die Entscheidung über die elterliche Verantwortung **aus Anlaß einer Ehesache** erstrecken.[34] 18

**b)** Die **tatbestandlichen Voraussetzungen** des Art 7 sind jedoch auch hinsichtlich der Sorgeentscheidung auf den *Ehegatten* zu beziehen, der Antragsgegner ist. Staatsangehörigkeit, *domicile* und gewöhnlicher Aufenthalt des *Kindes* sind für die Anwendung von Art 7 ohne Bedeutung. Das wirft einerseits ein höchst merkwürdiges Licht auf das Verständnis der Verfasser vom Vorrang des Kindeswohls, weil die Person eines Elternteils, nicht die des Kindes, zum Ausgangspunkt des zuständigkeitsrechtlichen Schutzes gemacht wird. 19

**c)** Andererseits führt die Nichtbeachtung kindbezogener Kriterien zu Spannungen gegenüber den **Haager Übereinkommen**, insbesondere im Verhältnis zu Art 10 KSÜ. 20

**(1)** Erfüllt der Antragsgegner die Kriterien des Art 7, so kann in jedem anderen Mitgliedstaat die Sorgeentscheidung aus Anlaß der Ehesache nur noch gemäß Art 3, 4 ergehen. Das weicht klar von Art 10 KSÜ ab, der vermeintlich in Art 3 parallelisiert wurde: Art 10 KSÜ regelt die Annexzuständigkeit „unbeschadet der Artikel 5 bis 9 [sc. KSÜ]“, Art 7 beansprucht in dieser Konstellation Ausschließlichkeit für Art 3.

**(2)** Schon bei **gewöhnlichem Aufenthalt des Kindes in einem Mitgliedstaat** bedeutet das die Ausschließlichkeit der auf Art 3 Abs 1 gestützten Zuständigkeit der Gerichte des Mitgliedstaates der anhängigen Ehesache. Dieses Ergebnis stellt die Wertungen des KSÜ auf den Kopf: Die Gerichte des Aufenthaltsstaates des *Kindes* können ihre originäre Zuständigkeit aus Art 5 Abs 1 KSÜ nicht mehr wahrnehmen, das nolens volens in das KSÜ eingefügte Modell der Annexzuständigkeit (Art 10 KSÜ) wird in Art 7, Art 3 der VO zum ausschließlichen. Ob Art 7 insoweit nicht durchdacht ist oder ob gar internationaler Verbund vor Kindeswohl gehen soll, ist nicht erkennbar; eine zweckentsprechende Auslegung des Art 7 scheint angesichts des klaren Wortlauts kaum möglich. Jedenfalls muß im Interesse des Kindeswohls ein Rückgriff auf Art 11 KSÜ bzw Art 8 MSA für dringende Schutzmaßnahmen möglich bleiben. 21

---

[33] Dazu oben Rn 6.

[34] *Borrás*-Bericht Nr 44.

22 **(3)** Hat das Kind **gewöhnlichen Aufenthalt in einem Drittstaat**, so besteht das Problem nicht in der Verdrängung des Aufenthaltsprinzips, denn der dem KSÜ angehörige Aufenthaltsstaat ist durch die VO nicht gebunden und kann seine Zuständigkeit auf Art 5 KSÜ/Art 1 MSA stützen.

In diesen Fällen könnte Art 7 jedoch zu einem Instrument der Verhinderung des Scheidungsverbunds werden: Nach einer Ansicht,[35] die der VO auch insoweit deutlich über Zweck und Wortlaut hinaus[36] einen breiteren Vorrang vor nationalen Zuständigkeiten verschaffen will, als die VO nach dem hier vertretenen Systemverständnis selbst beansprucht, soll Art 3 unter den Voraussetzungen des Art 7 selbst dann Ausschließlichkeit beanspruchen, wenn sich aus Art 3 in keinem Mitgliedstaat eine Zuständigkeit ergibt. Da sich eine Zuständigkeit in dieser Konstellation nur aus Art 3 Abs 2 ergeben kann, wäre zB bei Verweigerung der Anerkennung durch einen Ehegatten (Art 3 Abs 2 lit b) auch jede andere Zuständigkeit blockiert.

Dem ist aus mehreren Gründen nicht zu folgen: Zum einen negiert diese Ansicht Art 8, der bei Fehlen einer Zuständigkeit aus Art 2 ff den Rückgriff auf die *lex fori* und damit auch auf MSA und KSÜ eröffnet.[37] Wenn man in Art 8 Abs 1 die Worte „Artikel 2 bis 6" nicht auf Art 3 bezieht, könnte man dies ebenso gut in Art 7 tun und sämtliche Probleme der verfehlten Einbeziehung der Sorgeentscheidung in die Ausschließlichkeit lösen. Zum zweiten führt diese Ansicht zu Ergebnissen, die das Kind als Subjekt der Anknüpfung ignorieren: Findet das Verfahren in dem Staat statt, zu dem der Antragsgegner einen Bezug iSd Art 7 hat, so dürfen auch bei Fehlen einer Zuständigkeit nach Art 3 dortige Gerichte auf das KSÜ bzw MSA zugreifen, weil Art 7 das nur in anderen Mitgliedstaaten verbietet. In anderen Mitgliedstaaten wäre der Rückgriff ausgeschlossen, ohne daß nach der *Beziehung des Kindes* zu dem Staat gefragt wird.[38]

Diese Problematik ist schon aus dem Wortlaut der VO heraus sachgerecht lösbar: Soweit Art 3 keine Zuständigkeit bereitstellt, kann jedes Gericht in einem Mitgliedstaat unbeschadet des Art 7 auf die *lex fori* und, soweit anwendbar, das MSA und das KSÜ zurückgreifen.[39]

---

[35] *Boele-Woelki* ZfRV 2001, 125.

[36] Vgl oben Rn 6 ff, 8 ff.

[37] Oben Rn 8 f.

[38] Hat die österreichische Antragsgegnerin gewöhnlichen Aufenthalt in Österreich, der deutsche Antragsteller seinen gewöhnlichen Aufenthalt in Deutschland, wo auch der letzte gemeinsame gewöhnliche Aufenthalt der Ehegatten war, und das Kind gewöhnlichen Aufenthalt in der Schweiz, so sind zwar deutsche (Art 2 Abs 1 lit a 2. Strich) und österreichische Gerichte (Art 2 Abs 1 lit a 3. Strich) für die Ehescheidung zuständig. Die Antragsgegnerin kann aber in Deutschland eine Sorgeentscheidung dadurch verhindern, daß sie sich iSd Art 3 Abs 2 der VO nicht einverstanden erklärt und damit Art 4 MSA blockiert. In Österreich – wo die Ehegatten und das Kind nicht gelebt haben! – kann sich die Antragsgegnerin hingegen nicht gegen Art 4 MSA wehren, weil Art 7 in ihrem Heimat- und Aufenthaltsstaat nicht greift.

[39] Vgl dazu schon Art 3 Rn 10.

## Artikel 8
## Restzuständigkeiten

(1) Soweit sich aus den Artikeln 2 bis 6 keine Zuständigkeit eines Gerichts eines Mitgliedstaats ergibt, bestimmt sich die Zuständigkeit in jedem Mitgliedstaat nach dessen eigenem Recht.

(2) Jeder Staatsangehörige eines Mitgliedstaats, der seinen gewöhnlichen Aufenthalt im Hoheitsgebiet eines anderen Mitgliedstaats hat, kann die in diesem Staat geltenden Zuständigkeitsvorschriften wie ein Inländer gegenüber einem Antragsgegner geltend machen, wenn dieser weder seinen gewöhnlichen Aufenthalt im Hoheitsgebiet eines Mitgliedstaats hat noch die Staatsangehörigkeit eines Mitgliedstaats besitzt oder – im Falle des Vereinigten Königreichs und Irlands – sein „domicile" im Hoheitsgebiet eines dieser Mitgliedstaaten hat.

**I. Regelungszweck**
1. Abs 1 .............................. 1
2. Abs 2 .............................. 5

**II. Restzuständigkeiten (Abs 1)**
1. Restzuständigkeiten bei Fehlschlagen von Art 7 .............................. 6
2. Sonstige Fälle der Anwendung der lex fori .............................. 8

**III. Gleichbehandlung Angehöriger von Mitgliedstaaten (Abs 2)**
1. Voraussetzungen der Gleichstellung
a) Anwendbarkeit der lex fori – Person des Antragsgegners ........ 10
b) Staatsangehörigkeit des Antragstellers .............................. 13
c) Gewöhnlicher Aufenthalt des Antragstellers .............................. 15
2. Rechtsfolge
a) Inländergleichstellung ............ 16
b) Einzelfälle .............................. 20
c) Elterliche Verantwortung ......... 21

## I. Regelungszweck

### 1. Abs 1

**a)** Das Regelungsziel von Art 8 Abs 1 wird im Schrifttum nicht einheitlich gesehen. 1
Hintergrund dieser Unsicherheit ist wohl nicht zuletzt die wenig klare Offenlegung der historischen Motive im Bericht von *Borrás*, der sich zu Art 8 weitgehend mit *Abs 2* befaßt, wodurch der Eindruck entstehen kann, Art 8 Abs 1 habe keine eigenständige Bedeutung. Teils wird daher auch Art 8 insgesamt die gleiche Funktion wie Art 4 Abs 2 Brüssel I-VO zugemessen,[1] Abs 1 also keine Bedeutung gegeben. Andere sehen in Abs 1 eine Norm, welche die zu Art 7 komplementären Fälle (weder EU-Mitgliedstaatsangehörigkeit noch gewöhnlicher Aufenthalt in Mitgliedstaat) regelt.[2] Wieder andere beziehen Abs 1 als Ausnahme auf Fälle, in denen Art 7 zwar eingreift, aber die VO keine Zuständigkeit in einem Mitgliedstaat bereitstellt.[3]

---

[1] *MünchKommZPO/Gottwald* Rn 1.

[2] *Baumbach/Albers* Rn 1; *Zöller/Geimer* Rn 1; *Boele-Woelki* ZfRV 2001, 125; *Hau* FamRZ 2000, 1340.

[3] *Thomas/Putzo/Hüßtege* Rn 1; *Hausmann* EuLF 2000/01, 279; *v Hoffmann*, IPR[7] Rn 681; ähnlich ohne Nennung des Art 8 Abs 1: *Spellenberg*, in: FS Geimer (2002) 1275.

2 **b)** Die Entscheidung zwischen diesen Zweckalternativen ist im Zusammenhang zur Frage nach dem Verhältnis zwischen Art 7 und Art 8,[4] sowie nach der Reichweite des Art 7[5] zu sehen.

**(1)** Die erstgenannte Ansicht, Art 8 Abs 1 **keine eigenständige Funktion** zuzumessen, scheidet schon deshalb aus, weil die Bestimmung im Verhältnis zu Art 7 durchaus am System der Art 3 Abs 1, 4 Abs 1 Brüssel I-VO orientiert ist, was es nahelegt, Art 8 Abs 1 eine Funktion für die Abgrenzung zwischen dem räumlich-persönlichen Anwendungsbereich der VO und der *lex fori* zuzumessen, was offenbar auch den Verfassern vorschwebte.[6] Art 8 Abs 1 regelt also ein von Art 8 Abs 2 durchaus zu trennendes Problem.[7]

3 **(2)** Da Art 7, anders als Art 3 Abs 1 Brüssel I-VO, jedoch nicht den Anwendungsbereich, sondern nur den *Anwendungsbereich mit Ausschließlichkeitscharakter* beschreibt, kann auch **Art 8 Abs 1 nicht das Komplement zu Art 7** sein. Soll die Ausschließlichkeitsanordnung in Art 7 einen Sinn haben, so ergibt sich bereits aus Art 7 im logisch zwingenden Umkehrschluß, daß die Zuständigkeiten der VO *nicht* ausschließlich sind, wenn die Voraussetzungen von Art 7 *nicht* vorliegen. Der zweitgenannten Ansicht ist damit zwar im Ergebnis beizupflichten, daß die *lex fori* nicht verdrängt ist, soweit Art 7 nicht eingreift. Diese Erkenntnis wird aber nicht erst durch Art 8 Abs 1 vermittelt.

4 **(3)** Nur die dritte Ansicht, die Art 8 Abs 1 auf Fälle bezieht, in denen Art 7 einen Rückgriff auf die *lex fori* in allen Mitgliedstaaten außer dem in Art 7 genannten Bezugsstaat des Antragsgegners sperren würde, Art 2 ff aber keine Zuständigkeit in irgendeinem Mitgliedstaat bereitstellt, gibt Art 8 Abs 1 einen System und Wortlaut entsprechenden Inhalt. Art 8 Abs 1 **verhindert**, daß es wegen des Ausschließlichkeitsanspruchs des Art 7 zur **Rechtsverweigerung** im Gebiet der Mitgliedstaaten kommt.[8]

**2. Abs 2**

5 Hingegen ist der Zweck des Abs 2 eindeutig: Soweit die *lex fori* anwendbar bleibt, wird sie nicht selten Zuständigkeitsregeln vorsehen, die von der Staatsangehörigkeit oder dem *domicile* des Antragstellers abhängen. Statt solche Zuständigkeiten, die wegen der unterschiedlichen Gestaltung in den einzelnen Mitgliedstaaten zu Diskriminierung iSd Art 12 EGV führen können,[9] zu tolerieren oder als exorbitant zu bannen, haben sich die Verfasser für eine integrationsfreundliche Lösung auf der Grundlage der Anwendung der jeweiligen *lex fori* entschieden.[10] Abs 2 befreit solche Zuständigkeits-

---

[4] Vgl Art 7 Rn 7 ff.

[5] Vgl Art 7 Rn 5 ff.

[6] Ausdrücklich *Borrás*-Bericht Nr 48: „Trennungslinie".

[7] *Thomas/Putzo/Hüßtege* Rn 2.

[8] Dazu Art 7 Rn 8, 9.

[9] *Spellenberg*, in: FS Geimer (2002) 1275.

[10] *Borrás*-Bericht Nr 47.

regeln von ihrem potentiell diskriminierenden Gehalt.[11] Nach dem Modell des Art 4 Abs 2 Brüssel I-VO wird jede Staatsangehörigkeit zu einem Mitgliedstaat für Zwecke der Anwendung solcher Normen der Staatsangehörigkeit des Gerichtsstaats gleichgestellt. Daß dies nur in bestimmten Fällen geschieht, wirft freilich Auslegungsfragen auf.

## II. Restzuständigkeiten (Abs 1)

### 1. Restzuständigkeiten bei Fehlschlagen von Art 7

**a)** Als Ausnahme zu Art 7 eröffnet Art 8 Abs 1 zur Bestimmung der internationalen Zu- 6
ständigkeit den Rückgriff auf die *lex fori*, wenn sich aus **Art 2 bis 6 in keinem Mitgliedstaat** eine internationale Zuständigkeit ergibt. Art 7 steht dem nicht entgegen, auch wenn der Antragsgegner einem Mitgliedstaat angehört oder in einem Mitgliedstaat gewöhnlichen Aufenthalt hat. Die Anwendung der *lex fori* ist in diesem Fall auch nicht auf den Heimat-, *domicile-* oder Aufenthaltsstaat des Antragsgegners beschränkt, sondern ist nach dem Wortlaut des Abs 1 „in jedem Mitgliedstaat" zugelassen.[12] Insbesondere kann in einem solchen Fall die internationale Zuständigkeit im Heimatstaat des Antragstellers auf dessen Staatsangehörigkeit gestützt werden, auch wenn die Anforderungen, die Art 2 Abs 1 lit a 6. Strich an den gewöhnlichen Aufenthalt stellt, nicht vorliegen.[13]

**b)** Hinsichtlich der internationalen Zuständigkeit für die **elterliche Verantwortung** 7
gilt Art 8 Abs 1 ebenfalls. Ergibt sich keine internationale Zuständigkeit aus Art 3, so kann auf die Zuständigkeiten der *lex fori*, bzw in Vertragsstaaten des MSA oder des KSÜ auf diese Rechtsinstrumente zurückgegriffen werden.[14]

### 2. Sonstige Fälle der Anwendung der *lex fori*

**a)** Art 8 beschreibt den Anwendungsbereich der *lex fori* **nicht abschließend**. Liegen 8
die Voraussetzungen des Art 7 nicht vor, so kann auf die Zuständigkeiten der *lex fori* zurückgegriffen werden.[15] Das gilt im Umkehrschluß aus Art 7 unbeschadet einer bestehenden, jedoch *nicht ausschließlichen*, Zuständigkeit nach Art 2 bis 6 in einem anderen Mitgliedstaat. Erst recht ist die *lex fori* anwendbar, wenn sich aus Art 2 bis 6 keine Zuständigkeiten ergeben *und* die Voraussetzungen des Art 7 nicht vorliegen.[16]

---

[11] Kritisch *Schlosser* Rn 4: „groteske Perfektionierung des Diskriminierungsverbotes".

[12] Dazu Art 7 Rn 8 f.

[13] Deutsche Gerichte sind also nach § 606 a Abs 1 Nr 1 ZPO international zuständig für den Scheidungsantrag eines Deutschen gegen seinen Ehegatten, der französischer Staatsangehöriger mit gewöhnlichem Aufenthalt in der Schweiz ist.

[14] Dazu Art 7 Rn 21, 22.

[15] Strittig, dazu Art 7 Rn 6.

[16] Insoweit unstrittig, vgl Art 7 Rn 6.

9 **b)** Auch in diesen Fällen kann – hier unbeschadet einer Zuständigkeit aus Art 3 – wegen der Zuständigkeit für die Entscheidung zur **elterlichen Verantwortung** je nach Geltung auf das MSA, KSÜ oder die *lex fori* zurückgegriffen werden.[17]

### III. Gleichbehandlung Angehöriger von Mitgliedstaaten (Abs 2)

#### 1. Voraussetzungen der Gleichstellung

#### a) Anwendbarkeit der *lex fori* – Person des Antragsgegners

10 **(1)** Abs 2 setzt die **Anwendbarkeit der *lex fori*** voraus. Soweit **Art 7** den Rückgriff auf die *lex fori* sperrt, finden auch die integrationsfreundlich erweiterten in Abs 2 erfaßten Zuständigkeiten keine Anwendung. Abs 2 gilt umgekehrt jedenfalls dann, wenn Art 7 schon tatbestandlich nicht eingreift, weil der Antragsgegner keinen der dort beschriebenen Bezüge zu einem Mitgliedstaat hat.

11 **(2)** Schwierigkeiten ergeben sich jedoch, weil Abs 2, anders als Abs 1, ausdrücklich komplementär zu Art 7 formuliert ist, also nur anzuwenden ist gegenüber **Antragsgegnern**, die weder *gewöhnlichen Aufenthalt* im Hoheitsgebiet eines Mitgliedstaates noch die *Staatsangehörigkeit* eines Mitgliedstaates – bzw *domicile* in Irland oder dem UK – besitzen.[18] Die Gründe für diese Einschränkung werden aus den Materialien nicht erkennbar, unklar ist vor allem, ob eine bewußte Einschränkung des Abs 2 gewollt ist oder man davon ausging, damit alle Fälle der Anwendung der *lex fori* erfaßt zu haben.[19]

Man könnte letztere Möglichkeit zum Anlaß nehmen, die Anwendbarkeit der *lex fori* im Verhältnis zur VO von der in Abs 2 beschriebenen Situation des Antragsgegners abhängig zu machen, wie dies auch verbreitet angenommen wird.[20] Das würde jedoch auch dann den Rückgriff auf die *lex fori* sperren, wenn sich **keine Zuständigkeiten aus**

---

[17] Stellt ein in Italien lebender Deutscher Scheidungsantrag gegen seine (wieder) in Thailand lebende thailändische Ehefrau, mit der er den letzten gemeinsamen gewöhnlichen Aufenthalt in Italien hatte, so sind deutsche Gerichte für den Scheidungsausspruch (§ 606 a Abs 1 Nr 1 ZPO) zuständig, auch wenn in Italien eine Zuständigkeit nach Art 2 Abs 1 lit a 2. Strich bestünde. Die internationale Zuständigkeit deutscher Gerichte für die Sorgeentscheidung ergibt sich nur nach Maßgabe des Art 4 MSA, wenn das Kind in Italien lebt, aus Art 1 MSA, wenn das Kind in Deutschland lebt, und aus §§ 621 Abs 2 S 1, 623 Abs 3 ZPO analog (internationale Verbundzuständigkeit) bei gewöhnlichem Aufenthalt des Kindes im MSA-Nicht-Vertragsstaat Thailand.

[18] *Baumbach/Albers* Rn 2; *Thomas/Putzo/Hüßtege* Rn 3.

[19] Der *Borrás*-Bericht Nr 47 formuliert, als handele es sich um ein zusätzliches Kriterium, gibt dafür aber keine Gründe an. Der Erklärungsversuch, in anderen Fällen ergebe sich ohnehin eine Zuständigkeit aus Art 2 (*MünchKommZPO/Gottwald* Rn 2) ist unzutreffend, weil sich aus der bloßen Staatsangehörigkeit des Antragsgegners zu einem Mitgliedstaat keine Zuständigkeit aus Art 2 ergibt.

[20] *Hau* FamRZ 2000, 1340; *Puszkajler* IPRax 2001, 83; *Hausmann* EuLF 2000/01, 279; *Spellenberg*, in: FS Geimer (2002) 1275; *Boele-Woelki* ZfRV 2001, 125.

**der VO** ergeben, was hier wegen der sich daraus ergebenden Rechtsschutzlücke abgelehnt wurde.[21]

Folgt man der hier vertretenen Ansicht, so ist in Konsequenz Abs 2 auch auf diesen Fall entsprechend anzuwenden, um eine Diskriminierung iSd Art 12 EGV zu vermeiden.

**(3)** Schließlich läßt Art 7 nach allgemeiner Ansicht die Anwendung der *lex fori* im 12
**Heimat-, Aufenthalts- oder *domicile*-Staat des Antragsgegners** zu, weil sich die Ausschließlichkeit der Art 2 bis 6 nur auf andere Mitgliedstaaten bezieht.[22] Auch in diesem Fall würde Abs 2 nach seinem Wortlaut nicht eingreifen, ohne daß dafür eine Rechtfertigung erkennbar wäre. Zwar wird es sich in diesem Fall häufig um auf die Staatsangehörigkeit oder das *domicile* des *Antragsgegners* bezogene Zuständigkeiten handeln, die nach der *lex fori* eingreifen. Begründet jedoch zB die gemeinsame Staatsangehörigkeit *bei Eheschließung* die Zuständigkeit *lege fori*, so besteht auch in dieser Konstellation Gleichstellungsbedarf. Auch diese Lücke läßt sich durch analoge Anwendung des Abs 2 oder durch erweiternde Auslegung der jeweiligen nationalen Norm im Lichte des Art 12 EGV schließen.

**b) Staatsangehörigkeit des Antragstellers**

**(1)** Abs 2 wirkt nur zugunsten von **Staatsangehörigen eines Mitgliedstaats**. Aus dem 13
Textzusammenhang („gegenüber einem Antragsgegner geltend machen") erschließt sich, daß hiermit – jedenfalls im Rahmen der Ehesache – der *Antragsteller* gemeint ist.

Im Gegensatz zu Art 2, 7 und der Person des Antragsgegners in Abs 2 ist auch für **Irland und UK** auf die *Staatsangehörigkeit* abzustellen. Hierbei handelt es sich nicht etwa um ein redaktionelles Versehen: Abs 2 orientiert sich am Diskriminierungsverbot in Art 12 EGV, das an der Staatsangehörigkeit ausgerichtet ist, und nicht an jurisdiktionellen Anknüpfungsmerkmalen.

**(2)** Der **Begriff des Mitgliedstaats** ist auch in diesem Zusammenhang nach Art 1 14
Abs 3 zu bestimmen, schließt also Dänemark nicht ein.[23] Diese Einschränkung dürfte eine Diskriminierung iSd Art 12 EGV gegenüber dänischen Staatsangehörigen darstellen, die als Antragsteller in den Mitgliedstaaten wie Ausländer behandelt werden. Diese unterschiedliche Behandlung ist nicht – wie jene in Art 7 – notwendig darauf zurückzuführen, daß Dänemark an der VO nicht teilnimmt, denn sie findet gerade nicht in Anwendung von Zuständigkeits- und Anerkennungsregeln der VO, sondern in Anwendung der jeweiligen *lex fori* statt. Eine erweiternde Auslegung, die dänische Antragsteller zur Vermeidung einer Diskriminierung in den Anwendungsbereich des Abs 2 einbezieht, könnte bei Abs 2 ansetzen; näher liegt aber eine entsprechende integrationsfreundliche Auslegung der jeweiligen nationalen Bestimmung.

---

[21] Art 7 Rn 9.

[22] Art 7 Rn 15.

[23] Ungenau *Baumbach/Albers* Rn 2; *Thomas/Putzo/Hüßtege* Rn 3.

**c) Gewöhnlicher Aufenthalt des Antragstellers**

15 Weitere Voraussetzung ist, daß der Antragsteller seinen gewöhnlichen Aufenthalt im Hoheitsgebiet eines **anderen Mitgliedstaates** (als dessen, dem er angehört) hat. Aus dem Sinnzusammenhang mit der angeordneten Rechtsfolge („die in *diesem* Staat geltenden Zuständigkeitsvorschriften") ergibt sich, daß der gewöhnliche Aufenthalt sich im **Forumstaat** befinden muß.[24]

Für Angehörige eines Mitgliedstaats, die ihren gewöhnlichen Aufenthalt *im Heimatstaat* haben und dort eine Zuständigkeit suchen, folgt hieraus jedoch nicht im Umkehrschluß, daß sie sich auf die Inländerprivilegien im Zuständigkeitsrecht dieses Staates nicht mehr berufen dürften.[25] Wie Art 4 Abs 2 Brüssel I-VO geht Abs 2 vielmehr davon aus, daß diese Bestimmungen der *lex fori* für Angehörige des Forumstaates ohnehin nach ihrem Wortlaut gelten und eine Gleichstellung nur für Angehörige aus *anderen* Mitgliedstaaten erforderlich ist. Eine Inländerdiskriminierung ist, ebenso wie bei Art 4 Abs 2 Brüssel I-VO, nicht gewollt.

**2. Rechtsfolge**

**a) Inländergleichstellung**

16 **(1)** Unter den Voraussetzungen des Abs 2 kann sich der Antragsteller auf Normen der *lex fori* im Gerichtsstaat wie ein Inländer berufen. **Inländer** ist im Sinn von Staatsangehöriger des Forumstaats zu verstehen, da Ausgangspunkt des Abs 2, ebenso wie des Art 12 EGV, die Staatsangehörigkeit ist.

17 **(2)** Betroffen sind also **Zuständigkeiten** der *lex fori*, die an die inländische Staatsangehörigkeit des Antragstellers, aber auch solche, die an eine gemeinsame, insbesondere an eine *frühere gemeinsame* Staatsangehörigkeit anknüpfen, die nach Art 2 nicht relevant ist. Diese Anknüpfung muß nicht ausdrücklich sein. Insbesondere im Rahmen von ***forum conveniens*-Bestimmungen**, die dem Gericht bei enger Verbindung zum Forumstaat Ermessen hinsichtlich der Inanspruchnahme der Zuständigkeit einräumen, kommt die Beachtlichkeit der Staatsangehörigkeit zum Forumstaat als Abwägungsgesichtspunkt in Betracht; auch insoweit bedarf es dann der Gleichstellung.[26]

---

[24] Irrig *Baumbach/Albers* Rn 2; Art 8 Abs 2 Übereinkommen Brüssel II an der dort zitierten Fundstelle (ABl EG 1998 C 221/1, 4) stimmt insoweit wörtlich mit Abs 2 der VO überein. Im übrigen wäre es auch im Ergebnis grotesk, wenn zB ein in Finnland lebender Deutscher sich vor französischen Gerichten gegen seinen in USA lebenden US-amerikanischen Ehegatten auf Art 14 code civil francais berufen dürfte.

[25] So aber *MünchKommZPO/Gottwald* Rn 2.

[26] Vgl § 8 des finnischen Gesetzes Nr 379/1929 idF v 1987; dazu *Borrás*-Bericht Nr 47 insoweit mißverständlich, als diese Bestimmung als solche keinen Antragstellerwohnsitz in Finnland verlangt, im Rahmen des Abs 2 aber nur anwendbar sein kann, wenn der Antragsteller, wie dies Abs 2 fordert, gewöhnlichen Aufenthalt im Forumstaat Finnland hat.

**(3)** Der Antragsteller kann sich nur im **Staat seines gewöhnlichen Aufenthalts** auf die „in diesem Staat geltenden Zuständigkeitsvorschriften" berufen; Forumstaat und Aufenthaltsstaat des Antragstellers müssen also übereinstimmen. Diese ausdrückliche Einschränkung ist notwendig, weil sonst – soweit die *lex* fori nicht durch Art 7 gesperrt ist – eine Universalzuständigkeit all jener Mitgliedstaaten für Anträge von Mitgliedstaatenbürgern geschaffen würde, die solche Zuständigkeiten vorsehen.[27] 18

**(4) Angehörige des Forumstaats** können sich – soweit die *lex fori* anwendbar bleibt – auf solche Normen weiterhin berufen, auch wenn sie ihren gewöhnlichen Aufenthalt nicht im Heimat- und Forumstaat haben. Die einschränkende Anforderung an den gewöhnlichen Aufenthalt gilt nur für Staatsangehörige eines Mitgliedstaats, die ihren gewöhnlichen Aufenthalt im Hoheitsgebiet eines *anderen* Mitgliedstaats haben. 19

**b) Einzelfälle**

Zuständigkeiten, die auf die *Staatsangehörigkeit des Antragstellers*, ggf auch in Verbindung mit dessen inländischem Wohnsitz oder Aufenthalt, abstellen,[28] finden sich in Deutschland,[29] Frankreich und Luxemburg,[30] Griechenland,[31] Österreich,[32] Portugal,[33] Spanien[34] und Schweden.[35] Auch Bestimmungen, die dem Gericht oder einer Behörde Ermessen bei der Annahme der Zuständigkeit geben, fallen unter Abs 2, soweit die Staatsangehörigkeit Kriterium der Abwägung[36] oder objektive Voraussetzung der Ermessensausübung[37] ist. 20

Hingegen unterfallen Bestimmungen, die isoliert an die *Staatsangehörigkeit des Antragsgegners* anknüpfen,[38] nicht Abs 2. Wird an eine *gemeinsame* Staatsangehörigkeit angeknüpft,[39] so dehnt Abs 2 eine solche Zuständigkeit auf EU-Bürger *gleicher* Staatsangehörigkeit bei gewöhnlichem Aufenthalt des Antragstellers im jeweiligen Mitgliedstaat aus.[40]

---

27 Vgl oben Rn 15.

28 Vgl auch Art 2 Fn 5.

29 § 606 a Abs 1 Nr 1 ZPO.

30 Jeweils Art 14 cc.

31 Art 612 KPD.

32 § 76 Abs 2 JN.

33 Art 65 Abs 1 cpc.

34 Art 22 LOPJ.

35 3. Kapitel § 2 EheG.

36 Finnland: Art 8 FamG.

37 Schweden: 3. Kap § 2 Nr 6 EheG.

38 Belgien: Art 15 cc, hingegen gilt dort Art 14 cc nicht mehr; auch, soweit die Zuständigkeit parteirollenneutral und alternativ an die Staatsangehörigkeit anknüpft (Deutschland, Frankreich, Griechenland, Italien, Luxemburg, Österreich, Portugal), spielt die Staatsangehörigkeit des Antragsgegners für Abs 2 keine Rolle.

39 ZB Spanien: Art 22 LOPJ.

40 Vor spanischen Gerichten kann sich also ein deutscher Antragsteller mit spanischem gewöhnlichem Aufenthalt für einen Scheidungsantrag gegen seinen deutschen Ehegatten mit gewöhnlichem Aufent-

Anknüpfungen an den *gewöhnlichen Aufenthalt des Antragstellers*, die unabhängig von dessen Staatsangehörigkeit sind oder dessen Staatenlosigkeit voraussetzen, sind entgegen der Nennung im *Borrás*-Bericht[41] nicht von Abs 2 erfaßt. Insoweit besteht kein Gleichstellungsbedarf, weil solche Bestimmungen ohnehin auch für (EU-)Ausländer gelten, soweit die *lex fori* nicht durch Art 2ff der VO verdrängt ist. Dasselbe gilt für *domicile*-Anknüpfungen,[42] die, obgleich sie jurisdiktionell die Staatsangehörigkeit substituieren, nicht nach der Staatsangehörigkeit unterscheiden.[43]

**c) Elterliche Verantwortung**

21 Abs 2 ist nach seinem Wortlaut auch auf die **elterliche Verantwortung** anzuwenden, soweit sich die Zuständigkeit nach der *lex fori* bestimmt. Sorgerechtliche Zuständigkeitsregeln knüpfen jedoch regelmäßig an die Person des Kindes an (vgl § 35b FGG), so daß fraglich ist, ob auch das Kind als Staatsangehöriger eines Mitgliedstaates Inländergleichstellung erfährt. Bei Abfassung der Bestimmung wurde offenbar nur an den antragstellenden Ehegatten gedacht, was auch in dem auf die Parteistellung gemünzten Wortlaut deutlich wird. Zwar ergibt sich durchaus auch im Verhältnis zum Kind das Problem einer möglichen Diskriminierung iSd Art 12 EGV, das aber schwerlich durch eine den Wortlaut des Abs 2 überdehnende Auslegung gelöst werden kann.

Soweit MSA und KSÜ anzuwenden sind, kommt eine Gleichstellung von EU-Staatsangehörigkeiten mit der des Forumstaats ohnehin nicht in Betracht, da die Heimatzuständigkeiten im Rahmen der Haager Übereinkommen nur für *eigene* Staatsangehörige beansprucht werden können. Insoweit könnten allenfalls die EU oder die Mitgliedstaaten im Rahmen der Haager Übereinkommen eine Lösung anstreben.

## Abschnitt 2
## Prüfung der Zuständigkeit und der Zulässigkeit des Verfahrens

### Artikel 9
### Prüfung der Zuständigkeit

**Das Gericht eines Mitgliedstaats hat sich von Amts wegen für unzuständig zu erklären, wenn es in einer Sache angerufen wird, für die es nach dieser Verordnung keine Zustän-**

---

halt in einem Drittstaat (sonst Art 7!) auf Art 22 LOPJ berufen, nicht aber für einen Scheidungsantrag gegen einen französischen Ehegatten, denn die gemeinsame EU-Bürgerschaft begründet keine gemeinsame Staatsangehörigkeit.

41 *Borrás*-Bericht Nr 47 nennt ua § 606 a Abs 1 Nr 3 und 4 ZPO.

42 Vgl Art 2 Fn 5.

43 Deshalb kann sich zB ein Antragsteller mit einem französischen *domicile of origin* nicht etwa vor irischen Gerichten auf eine Gleichstellung mit einem Antragsteller irischen Domizils berufen.

**digkeit hat und für die das Gericht eines anderen Mitgliedstaats aufgrund dieser Verordnung zuständig ist.**

**I. Abgrenzung zu Art. 25 Brüssel I-VO**
1. Sicherung von Zuständigkeiten der VO . 1
2. Vergleich zu Art 25 Brüssel I-VO
a) Unterschiede im System der ausschließlichen Zuständigkeit ........ 3
b) Von Art 9 erfaßte Zuständigkeitskonkurrenzen ...................... 4
c) Keine rügelose Einlassung ......... 6

**II. Zuständigkeitsprüfung**
1. Eigene Unzuständigkeit .............. 7
2. Zuständigkeit des Gerichts eines anderen Mitgliedstaates ............... 8
3. Prüfungsumfang „von Amts wegen" .. 12
4. Unzuständigerklärung ................. 14

## I. Abgrenzung zu Art 25 Brüssel I-VO

### 1. Sicherung von Zuständigkeiten der VO

**a)** Die Bestimmung dient, wie Art 25 Brüssel I-VO, der Sicherung des Systems der **Zuständigkeiten** der VO. Der Anreiz, das Zuständigkeitssystem der VO durch Anrufung eines unzuständigen Gerichts zu umgehen, dürfte größer sein als im normalen Zivilprozeß, weil die Wahl des Forums wegen erheblicher Unterschiede im IPR und im materiellen Recht starken Einfluß auf die materiellen Erfolgsaussichten hat. Die angeordnete Zuständigkeitsprüfung von Amts wegen entzieht nicht nur dem Antragsteller, sondern grundsätzlich auch den im Eheverfahren kooperationsbereiten Parteien die Disposition über das Zuständigkeitssystem. 1

**b)** Die Verfasser der VO wollten durch Art 9 das Zuständigkeitssystem der VO vor Umgehungsversuchen angesichts der **Sensibilität der innerstaatlichen Eherechtsordnungen** schützen.[1] Dieses Bestreben ist allerdings nur dann legitim, wenn man die Prämisse setzt, ein Zuständigkeitssystem entworfen zu haben, das der berechtigten Sensibilität der Rechtsunterworfenen und den gewachsenen historischen und rechtspolitischen Entscheidungen der Rechtssysteme gerecht wird. Daß es hieran mangelt, wurde bereits erörtert.[2] Art 9 verteidigt damit ein selbst recht unsensibles Zuständigkeitssystem auch gegen durchaus berechtigte Umgehungsversuche. 2

### 2. Vergleich zu Art 25 Brüssel I-VO

#### a) Unterschiede im System der ausschließlichen Zuständigkeit

Die Prämissen, vor denen Art 9 zu verstehen ist, unterscheiden sich deutlich von denen des Art 25 Brüssel I-VO. 3

Art 9 spricht, anders als Art 25 Brüssel I-VO, nicht von **„ausschließlicher" Zuständigkeit**. Das beruht auf der unterschiedlichen Struktur der beiden Zuständigkeitssysteme.

---

[1] *Borrás*-Bericht Nr 49.

[2] Art 2 Rn 2 ff, 16, 23, 28.

Die VO enthält einerseits im Gegensatz zur Brüssel I-VO kein System allgemeiner und besonderer Zuständigkeiten, denen bestimmte streitgegenstandsabhängige ausschließliche Zuständigkeiten (Art 22 Brüssel I-VO) gegenüberstehen. Die **Ausschließlichkeit** der Art 2 bis 6 ist nicht streitgegenstandsabhängig, sondern gemäß Art 7 **situationsbezogen**. Während andererseits die Brüssel I-VO das Phänomen **alternativer ausschließlicher** Zuständigkeiten allenfalls als Kuriosum kennt, sind die Zuständigkeiten des Art 2 im Verhältnis zueinander grundsätzlich alternativ und bleiben es auch, soweit sie Art 7 in den Rang ausschließlicher Zuständigkeiten erhebt.

**b) Von Art 9 erfaßte Zuständigkeitskonkurrenzen**

4 **(1) Innerhalb der VO** gibt es also keinen Konflikt zwischen ausschließlichen und sonstigen Zuständigkeiten, den Art 9 zu lösen hätte. Es gilt nicht, für ein und denselben Streitgegenstand allgemeine Zuständigkeiten durch ausschließliche zu verdrängen, sondern das Verhältnis zwischen zuständigen und unzuständigen Gerichten zu bestimmen. Im Binnensystem der VO bestimmt Art 9 damit nur, wie ein *unzuständiges* Gericht zu verfahren hat. Das Verhältnis zwischen *alternativen Zuständigkeiten* wird hingegen durch das Prioritätsprinzip des Art 11 bestimmt, auch wenn diese Zuständigkeiten alternativ-ausschließlich sind.

5 **(2)** Art 9 wirkt jedoch auch auf das **Außenverhältnis** zur *lex fori* ein. Insoweit besteht wegen Art 7 die Möglichkeit, daß Gerichte eines anderen Mitgliedstaats nach der VO *ausschließlich* zuständig sind.

**c) Keine rügelose Einlassung**

6 Die VO sieht keine Zuständigkeitsbegründung durch **rügelose Einlassung** vor; die durch Art 2 Abs 1 lit a 4. Strich geschaffene Zuständigkeit bei gemeinsamem Scheidungsantrag mag funktionell an rügelose Einlassung erinnern,[3] ist aber inhaltlich etwas anderes: Gemeinsamer Antrag bedeutet Einverständnis mit dem materiellen Antrag, rügelose Einlassung bedeutet (nur) Unterwerfung unter die Zuständigkeit. Da diese Unterwerfung nicht zugelassen ist, wird eine amtswegige Prüfung der Zuständigkeit immer, nicht nur im Verhältnis zu ausschließlichen Zuständigkeiten, geboten sein.

## II. Zuständigkeitsprüfung

### 1. Eigene Unzuständigkeit

7 Art 9 setzt voraus, daß das angerufene Gericht nach der Verordnung keine Zuständigkeit hat.[4] Fraglich ist, wie das Kriterium **„nach dieser VO"** zu verstehen ist. Interpretiert man es im Sinn von „nach Art 2 bis 6", so führt das zu einem sinnwidrigen Ergebnis. Einem Gericht, das seine Zuständigkeit zulässigerweise auf die *lex fori* stützt, weil in der konkreten Konstellation Art 2 bis 6 nicht ausschließlich sind, kann vernünftigerweise keine Klageabweisung abverlangt werden, einerlei, ob ein anderes Gericht aufgrund der VO zu-

---

[3] Vgl *Baumbach/Albers* Rn 3.

[4] *Baumbach/Albers* Rn 1.

ständig ist. Damit ist diese Formulierung so zu interpretieren, daß ein Gericht auch dann *nach dieser VO zuständig* ist, wenn die VO den Rückgriff auf die *lex fori* erlaubt und sich daraus eine Zuständigkeit ergibt. Art 9 greift also zB dann nicht ein, wenn das Gericht eines Mitgliedstaats – nach Art 7, 8 zulässigerweise – seine Zuständigkeit auf die *lex fori* stützen kann, auch wenn die Gerichte eines anderen Mitgliedstaats konkurrierend[5] nach der VO zuständig sind.[6] Für diese Auslegung spricht zudem der Wortlaut. In Art 26 Abs 1 Brüssel I-VO wird „nach dieser Verordnung„ unstrittig in dem Sinn verstanden, daß Zuständigkeiten nach Art 4 Abs 1 Brüssel I-VO eingeschlossen sind. Zudem macht nur bei dieser Auslegung die Unterscheidung zwischen „nach" und „aufgrund" in der vorliegenden Bestimmung Sinn. Schließlich läßt sich auch auf die Systematik im Verhältnis zu Art 7, 8 abstellen: Auch wenn Art 7 bis 9 wenig meisterlich konzipiert sind, wird man doch davon ausgehen dürfen, daß eine Bestimmung, die wie Art 9 in einem neuen Abschnitt über die „Prüfung der Zuständigkeit …" steht, das Verhältnis der Zuständigkeiten nicht neu definiert,[7] sondern die Rangfolge zwischen VO und *lex fori* voraussetzt – wie immer man dieses strittige Verhältnis aus jenen Normen ableitet.[8]

### 2. Zuständigkeit des Gerichts eines anderen Mitgliedstaates

**a)** Es muß die Zuständigkeit eines Gerichts eines Mitgliedstaats aufgrund der VO be- 8
stehen. „**Aufgrund dieser VO**" ist enger zu verstehen als „nach der VO";[9] erforderlich ist, daß sich die Zuständigkeit aus den Art 2 bis 6 ergibt, denn Art 9 schützt nur die nach der VO bestehenden Zuständigkeiten und befaßt sich nicht mit der Konkurrenz zulässigerweise in Anspruch genommener Zuständigkeiten *lege fori.*

**b)** Entgegen dem Wortlaut genügt es, daß aufgrund der VO die **internationale Zustän- 9
digkeit** in wenigstens einem anderen Mitgliedstaat besteht. Für die Bereitstellung einer örtlichen Zuständigkeit muß jeder Mitgliedstaat unter der VO selbst sorgen.

**c)** Dies kann zu der Konstellation führen, daß **in keinem Mitgliedstaat eine Zustän- 10
digkeit nach der VO** besteht, was bei formal logischer Anwendung der Norm zu deren Unanwendbarkeit, also der Verfahrensfortsetzung vor dem angerufenen Gericht führen müßte. Da man aber an diese Stelle der Prüfung nur gelangt, wenn feststeht, daß das angerufene Gericht weder nach Art 2 bis 6 noch im Rahmen der durch die VO zugelassenen Anwendung der *lex fori* zuständig ist, müßte sich nun eine neue positive Zuständigkeitsquelle auftun. Das käme nur in Betracht, wenn das angerufene Gericht seine

---

5 Ob dies möglich ist, ist strittig, vgl dazu Art 7 Rn 5.

6 *MünchKommZPO/Gottwald* Rn 3.

7 So aber *Spellenberg,* in: FS Geimer (2002) 1278, Art 9 bestimme das Verhältnis der VO zur *lex fori.*

8 Dazu Art 7 Rn 5 f, 7 ff. Von der dort gewählten Einordnung hängt die vorliegende Auslegung nicht ab, denn es gibt nach allen vertretenen Ansichten Zuständigkeiten *lege fori,* auf die nach der VO zurückgegriffen werden darf, so daß sich nach hier vertretener Ansicht die hier erörterte Auslegungsfrage allenfalls häufiger stellt.

9 Rn 7.

Zuständigkeit zunächst nur *aufgrund* der VO geprüft hätte und sie nun *lege fori* beurteilen dürfte,[10] was aber aus vorgenannten Gründen[11] ausscheidet. Zweifelsfrei ist jedenfalls, daß sich aus Art 9 *keine Zuständigkeit* eines ansonsten unzuständigen Gerichts ergeben kann.[12]

11 **d)** Diese Verwirrung beruht auf einer offenbar **nicht durchdachten Konzeption** der Bestimmung, die sich von Art 25 Brüssel I-VO trotz der unterschiedlichen Ausschließlichkeitsstruktur[13] nicht gelöst hat. Knüpft man an die ausschließliche Zuständigkeit eines anderen Gerichts an, so kann die Prüfung der eigenen Zuständigkeit – wie dies Art 25 Abs 1 Brüssel I-VO vorsieht – dahinstehen. Art 9 bestimmt hingegen, daß ein ohnehin schon unzuständiges Gericht noch die Zuständigkeit anderer Gerichte zu prüfen hat, ehe es sich für unzuständig erklärt, was es ohnehin zu tun hätte: Das ist sinnlos, denn ein unzuständiges Gericht ist und bleibt unzuständig und wird nicht noch mehr unzuständig, weil ein anderes Gericht zuständig ist.

Was mit Art 9 ausweislich des Berichts,[14] der bezeichnenderweise das zweite Tatbestandsmerkmal noch nicht einmal erwähnt, ausgedrückt werden sollte, ist gleichwohl sinnvoll, entspricht aber nicht der Regelung in Art 25 Brüssel I-VO, sondern der in Art 26 Abs 1 Brüssel I-VO:[15] Das Gericht muß von Amts wegen seine Zuständigkeit nach der VO prüfen und sich bei deren Fehlen für unzuständig erklären.

### 3. Prüfungsumfang „von Amts wegen"

12 **a)** Die Prüfung der eigenen Zuständigkeit setzt voraus, daß das Gericht überhaupt eine Zuständigkeit in der Ehe- oder Sorgesache **beansprucht**, also in der Hauptsache hierüber entscheidet. Stellt sich eine Art 1 unterfallende Materie nur als Vorfrage, so ist kein Gericht gehindert, diese Frage inzident zu entscheiden, wozu es keine Zuständigkeit in der Sache benötigt.[16]

13 **b)** Die Zuständigkeitsprüfung erfolgt **von Amts wegen**; was darunter zu verstehen ist, sagt Art 9 nicht. Fraglich ist, ob lediglich eine *Prüfung von Amts wegen* iSd § 253 ZPO[17] oder auch die Feststellung der Tatsachen im Wege der *Amtsermittlung* gemeint ist.[18] Auch wenn eine autonome Auslegung des Prüfungsmaßstabs im letzteren Sinn das Ziel der Bestimmung fördern könnte, die Ausnutzung des alternativen Charakters der Zu-

---

10 So *Vogel* MDR 2000, 1048.

11 Oben Rn 7.

12 Insoweit zutreffend *Spellenberg*, in: FS Geimer (2002) 1278.

13 Oben Rn 3.

14 *Borrás*-Bericht Nr 49.

15 Vgl dazu näher Art 10 Rn 1 f.

16 Das dürfte der *Borrás*-Bericht Nr 49 mit „in der Nebensache anrufen" meinen. Vgl auch *Baumbach/Albers* Rn 1.

17 So *Thomas/Putzo/Hüßtege* Rn 1.

18 Zweifelnd *Spellenberg*, in: FS Geimer (2002) 1277.

ständigkeiten nach Art 2 zu vermeiden,[19] ist kein anderer Maßstab anzulegen als zu Art 25 Abs 1 Brüssel I-VO, der weitgehend dem deutschen Prozeßrecht entspricht:[20] Es gilt zwar der Beibringungsgrundsatz. Auch unbestrittener Parteivortrag bindet das Gericht jedoch nicht, die Zuständigkeit muß zur Überzeugung des Gerichts erwiesen sein. Das Gericht hat Zweifeln nachzugehen, die Parteien zur Beibringung von Beweisen aufzufordern, ggf selbst Freibeweis zu erheben.[21] Vor dem Hintergrund der möglichen Doppelfunktionalität sollte allerdings der Parteivortrag zum Aufenthalt zuständigkeitsrechtlich nicht kritischer hinterfragt werden als hinsichtlich der substantielleren Scheidungsvoraussetzung gemäß §§ 1565 Abs 2, 1566, 1567 BGB (Getrenntleben).

### 4. Unzuständigerklärung

Die Rechtsfolge der Unzuständigerklärung ist ebenso zu verstehen wie in Art 25 Abs 1 14
Brüssel I-VO. Es ist also die nach dem jeweiligen nationalen Verfahrensrecht vorgesehene Prozeßentscheidung zur Verfahrensbeendigung im Fall der Unzuständigkeit zu treffen; vor deutschen Gerichten ist der Antrag als unzulässig abzuweisen.

## Artikel 10
## Prüfung der Zulässigkeit

(1) Läßt sich eine Person, die ihren gewöhnlichen Aufenthalt nicht in dem Mitgliedstaat hat, in welchem das Verfahren eingeleitet wurde, auf das Verfahren nicht ein, so hat das zuständige Gericht das Verfahren so lange auszusetzen, bis festgestellt ist, daß es dem Antragsgegner möglich war, das verfahrenseinleitende Schriftstück oder ein gleichwertiges Schriftstück so rechtzeitig zu empfangen, daß er sich verteidigen konnte, oder daß alle hierzu erforderlichen Maßnahmen getroffen worden sind.
(2) An die Stelle von Absatz 1 tritt Artikel 19 der Verordnung (EG) Nr. 1348/2000 des Rates vom 29. Mai 2000 über die Zustellung gerichtlicher und außergerichtlicher Schriftstücke in Zivil- oder Handelssachen in den Mitgliedstaaten, wenn das verfahrenseinleitende Schriftstück oder ein gleichwertiges Schriftstück nach Maßgabe jener Verordnung von einem Mitgliedstaat in einen anderen zu übermitteln war.
(3) Sind die Bestimmungen der Verordnung (EG) Nr. 1348/2000 nicht anwendbar, so gilt Artikel 15 des Haager Übereinkommens vom 15. November 1965 über die Zustellung gerichtlicher und außergerichtlicher Schriftstücke im Ausland in Zivil- und Handelssachen, wenn das verfahrenseinleitende Schriftstück oder ein gleichwertiges Schriftstück nach Maßgabe des genannten Übereinkommens ins Ausland zu übermitteln war.

---

[19] *Borrás*-Bericht Nr 49.
[20] Vgl schon *Schlosser*-Bericht zum Brüsseler Übereinkommen Nr 22.
[21] *Baumbach/Albers* Rn 2; iE auch *Spellenberg*, in: FS Geimer (2002) 1277.

**I. Parallele zu Art 26 Brüssel I-VO** ...... 1

**II. Verfahren bei Nichteinlassung des Antragsgegners (Abs 1)**
1. Voraussetzungen ...................... 6
2. Aussetzung des Verfahrens – Fortgang des Verfahrens ...................... 8

**III. Verfahren nach ZustellungsVO oder Haager Übereinkommen (Abs 2, 3)** ... 13
1. Zustellung zwischen Mitgliedstaaten (Abs 2) ...................... 14
2. Zustellung zwischen (sonstigen) Vertragsstaaten des Haager Zustellungsübereinkommens (Abs 3) ........... 15
3. Verbleibende Fallkonstellationen für Abs 1 ...................... 16

## I. Parallele zu Art 26 Brüssel I-VO

1 **a)** Art 10 beruht auf Art 26 Brüssel I-VO. Während jedoch Art 26 Brüssel I-VO *zwei* **Regelungsziele** verfolgt, greift Art 10 nur die Regelung in Art 26 Abs 2, 3 und 4 auf,[1] die dem **Schutz des rechtlichen Gehörs** des Beklagten/Antragsgegners dient und zugleich sicherstellen soll, daß die Anerkennung der späteren Entscheidung nicht an Art 15 Abs 1 lit b scheitert.[2]

Daß in Art 10 prima facie nur eine Art 26 Abs 1 Hs 2 Brüssel I-VO entsprechende Regelung fehlt,[3] beruht darauf, daß die in Art 26 Abs 1 Hs 1 enthaltene Beschreibung der *Verfahrenssituation* für die gesamte Bestimmung gilt, also in Art 10 Abs 1 – der regelungstechnisch Art 26 *Abs 2* Brüssel I-VO entspricht – eingefügt werden mußte.

2 **b)** Eine Art 26 Abs 1 Brüssel I-VO entsprechende Regelung fehlt aber nicht etwa.[4] Die Verpflichtung des Gerichts, **bei Unzuständigkeit die Klage abzuweisen**, ist vielmehr Regelungsinhalt des Art 9.[5] Dort ist allerdings die Pflicht zur Antragsabweisung wegen Unzuständigkeit ohne die zusätzliche Voraussetzung aus Art 26 Abs 1 Brüssel I-VO zu statuieren, weil die VO keine rügelose Einlassung kennt, also die Zuständigkeit *immer* von Amts wegen zu prüfen ist und nicht nur beim Säumnis des Antragsgegners.

3 **c)** Fraglich ist der **räumlich-persönliche Anwendungsbereich**. Überwiegend wird Art 26 Abs 2 Brüssel I-VO auf Fälle bezogen, in denen der Beklagte seinen Wohnsitz *in einem anderen Mitgliedstaat* hat.[6] Dies kann man nicht formal auf Art 10 Abs 1 übertragen, ohne zu klären, ob die Norm eine stärkere Affinität zum Anwendungsbereich der Zuständigkeits- oder der Anerkennungsvorschriften aufweist.

4 **(1)** Die Überschrift des 2. Abschnitts bezieht sich zwar wie in der Brüssel I-VO auf die Prüfung der **Zuständigkeit**. Der von der hM vertretene Anwendungsbereich wird dort

---

1 *Schlosser* Rn 1.

2 *Vogel* MDR 2000, 1048.

3 So *Baumbach/Albers* Rn 1.

4 So aber *Baumbach/Albers* Rn 1, weil die VO eine rügelose Einlassung nicht vorsehe.

5 *Borrás*-Bericht Nr 51; vgl Art 9 Rn 11.

6 *Kropholler* EuZPR[7] Art 26 Rn 6 mit Nachw.

auf Art 3 Abs 1 Brüssel I-VO gestützt, was aber nur für Art 26 *Abs 1* Brüssel I-VO zwingend ist, der ausdrücklich voraussetzt, daß das Gericht seine Zuständigkeiten auf die Brüssel I-VO stützt. Art 26 *Abs 2* Brüssel I-VO hat dagegen mit der maßgeblichen Zuständigkeitsnorm nicht notwendig zu tun.

Einer parallelen Argumentation für die vorliegende VO steht entgegen, daß im weniger klar abgegrenzten Zuständigkeitssystem ein Pendant zu Art 3 Abs 1 Brüssel I-VO fehlt. Sollte Art 10 immer dann Anwendung findet, wenn die Zuständigkeit auf die VO gestützt ist, oder nur dann, wenn die Voraussetzungen des Art 7 vorliegen?

**(2)** Vorzugswürdig erscheint ein anderer Ansatz: Da Art 10 Abs 1 wie Art 26 Abs 2 Brüssel I-VO eine Zustellungsproblematik aufgreift und aus Sicht beider Verordnungen letztlich ein **Anerkennungsproblem** vermeiden soll, sollte Art 10 Abs 1 immer dann Anwendung finden, wenn die Anerkennung der zu fällenden Entscheidung voraussichtlich der VO unterliegt. Da die VO, anders als Brüssel I, nicht wohnsitzorientiert ist, sondern sich am *gewöhnlichen Aufenthalt* des Antragsgegners und an dessen *Staatsangehörigkeit* orientiert (vgl Art 7) muß mit solchem Anerkennungsbedarf sowohl im Aufenthalts- als auch im Heimatstaat des Antragsgegners gerechnet werden. Da es sich um Statusentscheidungen handelt, auf deren Akzeptanz der Antragsteller auch in *seinem* Heimat- und Aufenthaltsstaat angewiesen ist, und die VO – wenn auch zu zurückhaltend – zuständigkeitsrechtlich auch auf die Person des Antragstellers abstellt, besteht wohl auch in dessen Aufenthalts- und Heimatstaat Anerkennungsbedarf. Das führt dazu, Art 10 schon dann anzuwenden, wenn nur eine der Parteien einem anderen Mitgliedstaat angehört oder in einem anderen Mitgliedstaat ihren gewöhnlichen Aufenthalt hat. Ohne Bedeutung ist, ob sich die Zuständigkeit nach der VO oder zulässigerweise *lege fori* ergibt. 5

Staatsangehörigkeit und gewöhnlicher Aufenthalt des **Kindes** sind hingegen, auch soweit die zuzustellende Antragsschrift die elterliche Verantwortung betrifft, für die Anwendung von Art 10 Abs 1 ohne Bedeutung.

## II. Verfahren bei Nichteinlassung des Antragsgegners (Abs 1)

### 1. Voraussetzungen

**a)** Abs 1 regelt die Reaktion des aufgrund der VO zur Entscheidung zuständigen Gerichts im Erkenntnisverfahren im Fall der **Nichteinlassung des Antragsgegners**. Diese ist wie zu Art 26 Brüssel I-VO in autonomer Auslegung zu beurteilen. Nichteinlassung liegt nur vor, wenn sich der Antragsgegner weder selbst, noch durch einen von ihm beauftragten[7] Bevollmächtigten, am Verfahren beteiligt. Der bloße Verzicht auf eine Einlassung *zur Sache* genügt nicht. Eine Beteiligung zum Zweck der Rüge der Zuständigkeit bedeutet nicht Nichteinlassung; die Bestimmung soll verhindern, daß das Verfahren fortschreitet, ohne daß der Antragsgegner Kenntnis von dessen Einleitung hat. 6

---

[7] EuGH Rs 78/95 *Hendrikman/Magenta* EuGHE 1996 I 4943.

Deshalb darf andererseits eine Meldung des Antragsgegners im Verfahren, die nur dem Zweck dient, darauf hinzuweisen, daß er von dem Verfahren zu spät Kenntnis nehmen konnte und deshalb keine ausreichende Verteidigungsmöglichkeit hatte, nicht als Einlassung gewertet werden.[8]

7 **b)** Die Bestimmung greift nur ein, wenn der Antragsgegner **keinen gewöhnlichen Aufenthalt im Gerichtsstaat** hat. Das umfaßt insbesondere die Fälle, in denen eine internationale Zustellung der Antragsschrift unternommen wurde, aber auch Fälle fiktiver Inlandszustellung sowie Fälle der Zustellung an einen (letzten) *Wohnsitz* des Antragsgegners im Gerichtsstaat, der aber keinen gewöhnlichen Aufenthalt (mehr) begründet.

**2. Aussetzung des Verfahrens – Fortgang des Verfahrens**

8 **a)** Das Gericht hat das Verfahren von Amts wegen **auszusetzen**. Ein Ermessen besteht nicht. Im Gegensatz zu Art 11 Abs 1 führt diese Aussetzung nicht zu einem vorübergehenden Stillstand des Verfahrens. Ziel der Aussetzung ist es, Feststellungen über die **Kenntnisnahmemöglichkeit** hinsichtlich des verfahrenseinleitenden oder eines gleichwertigen Schriftstücks zu treffen, so daß das Gericht verfahrensfördernd tätig bleibt, Verfahrenshandlungen zu Lasten des Antragsgegners aber nicht stattfinden können.

Das Verfahren nimmt seinen **Fortgang**, wenn diese Feststellungen zur Überzeugung des Gerichts getroffen sind.

9 **b)** Die für die Betrachtung der Zustellung *ex post* im Stadium des Anerkennungsverfahrens in Art 15 Abs 1 lit b übernommenen Lockerungen der **Ordnungsgemäßheit** der Zustellung im Vergleich zu Art 27 Nr 2 EuGVÜ haben für die im Ausgangsverfahren zu treffenden Feststellungen keine unmittelbare Bedeutung. Abs 1 stellt, wie schon Art 20 Abs 2 EuGVÜ und Art 26 Abs 2 Brüssel I-VO auf die *Möglichkeit* des Antragsgegners ab, das Schriftstück zu empfangen, nicht aber auf die *formale Ordnungsgemäßheit* der Zustellung. Gleichwohl wird das Gericht mangels formal ordnungsgemäßer Zustellung nicht annehmen können, alle erforderlichen Maßnahmen getroffen zu haben.[9]

Zudem kann die formale Ordnungsgemäßheit der Zustellung nach der *lex fori* eine zusätzliche Voraussetzung für den Erlaß einer Versäumnisentscheidung sein, die durch Abs 1 nicht verdrängt wird.

10 **c)** Der Begriff **verfahrenseinleitendes Schriftstück** ist wie zu Art 26 Brüssel I-VO autonom zu verstehen. Es handelt sich um die nach dem Verfahrensrecht der *lex fori* vorgesehene Urkunde, durch deren Zustellung der Antragsgegner erstmals von dem Ver-

---

[8] *Kropholler*, EuZPR[7] Art 34 Rn 27.

[9] Unten Rn 12.

fahren Kenntnis erlangt und die die wesentlichen Elemente des Rechtsstreits (Parteien, Antrag) bezeichnet.[10]

Gleichwertige Schriftstücke sind solche, durch die während des Verfahrens der Antragsteller von wesentlichen Änderungen des Verfahrensgegenstandes Kenntnis erlangt, zB ein im laufenden Ehescheidungsverfahren gestellter Sorgerechtsantrag. Hingegen erfaßt Abs 1 sonstige im Laufe des Verfahrens zuzustellende Schriftstücke nicht.

**d)** Die **Rechtzeitigkeit** des Zugangs des verfahrenseinleitenden Schriftstücks ist eben- 11
falls autonom zu beurteilen; Ladungs- und Einlassungsfristen der *lex fori* setzen hierfür allenfalls Mindeststandards. Maßgeblich ist, wie zu Art 26 Abs 2 Brüssel I-VO,[11] und für die Beurteilung im Anerkennungsstadium (Art 15 Abs 1 lit b), daß der Antragsgegner nach den Umständen des Einzelfalls genügend Zeit zur Vorbereitung seiner Verteidigung zur Verfügung hatte.[12] Ist das Schriftstück durch ordnungsgemäße Zustellung zugegangen, kommt es für die Bestimmung des erforderlichen Zeitraums auf diesen Zeitpunkt an, auch wenn die tatsächliche Kenntnisnahme später erfolgt ist. Ist hingegen die Zustellung ohne Zugang bewirkt oder ist die Zustellung erkennbar fehlerhaft, so kommt es für die Beurteilung auf den Zeitpunkt an, in dem der Antragsgegner tatsächlich Kenntnis nehmen konnte.

**e)** Abs 1 läßt auch die Feststellung genügen, daß **alle hierzu erforderlichen Maßnah-** 12
**men getroffen** worden sind. Das Ausbleiben des Zugangsnachweises blockiert nicht auf Dauer den Fortgang des Verfahrens. Das Gericht muß insbesondere nicht positiv feststellen, daß der Antragsgegner das Schriftstück zur Kenntnis genommen hat, es genügt die Feststellung positiver Indizien, aus denen auf die *Kenntnisnahmemöglichkeit* zu schließen ist. In diesem Zusammenhang kommt der formalen *Ordnungsgemäßheit* der Zustellung Bedeutung zu. Einerseits begründet formale Ordnungsgemäßheit alleine nicht die Feststellung, alle erforderlichen Maßahmen getroffen zu haben. Es bedarf insbesondere bei öffentlichen Zustellungen flankierender Maßnahmen zur Sicherung der Kenntnisnahme (Übersendung an – letzte – bekannte Auslandsanschrift etc). Andererseits kann ohne positiven Nachweis des Zugangs eine (persönliche) Zustellung, die bei gewöhnlichem Verlauf der Dinge zur Kenntnisnahme führt, die aber nicht ordnungsgemäß erfolgt ist, nicht genügen. Alle erforderlichen Maßnahmen können erst dann getroffen sein, wenn das Gericht eine formal ordnungsgemäße Zustellung unternommen hat.

## III. Verfahren nach ZustellungsVO oder Haager Übereinkommen (Abs 2, 3)

Der Anwendungsbereich des Abs 1 ist deutlich eingeschränkt durch den Vorrang der 13
entsprechenden Verfahrensregeln im Fall der Säumnis des Beklagten in den in Abs 2 und 3 genannten Rechtsinstrumenten.

---

10 EuGH Rs C 172/91 *Sonntag/Weidmann* EuGHE 1993 I 1963; vgl im übrigen *Rauscher/Staudinger* zu Art 26 Abs 2 Brüssel I-VO.

11 Vgl *Rauscher/Staudinger* Art 26 Abs 2 Brüssel I-VO.

12 *Baumbach/Albers* Rn 4.

Zwischen den **Mitgliedstaaten** unterliegt die Zustellung seit dem 31. 5. 2001 der Ratsverordnung (EG) Nr 1348/2000 (EG-ZustellVO);[13] internationale Zustellungen zwischen Vertragsstaaten, die nicht beide Mitgliedstaaten der EG-ZustellVO sind, bestimmen sich nach dem Haager Zustellungsübereinkommen vom 15. 11. 1965 (HZÜ).[14] Beide Rechtsinstrumente enthalten Bestimmungen über das Verfahren bis zum Nachweis der erfolgten Zustellung, hinter die Abs 1 zurücktritt.

### 1. Zustellung zwischen Mitgliedstaaten (Abs 2)

14 Ist die **Zustellung in einen Mitgliedstaat** zu bewirken, so gilt die EG-ZustellVO, die denselben Kreis von Mitgliedstaaten aufweist wie die vorliegende VO. In diesem Fall ist Art 19 EG-ZustellVO anzuwenden,[15] der neben einem Art 10 Abs 1 ähnlichen Verfahren eine formalisierte Verfahrensweise im Fall des Nichteintreffens eines Zustellungsnachweises erlaubt (Art 19 Abs 2 EG-ZustellVO).[16]

### 2. Zustellung zwischen (sonstigen) Vertragsstaaten des Haager Zustellungsübereinkommen (Abs 3)

15 Erfolgt die Zustellung in einen Vertragstaat des HZÜ, der nicht Mitgliedstaat ist, und ist der Gerichtsstaat ebenfalls Vertragsstaat des HZÜ, so unterliegt die Zustellung dem HZÜ. Das Verfahren im Fall der Nichteinlassung des Antragsgegners beurteilt sich dann nach Art 15 HZÜ, der Abs 1 verdrängt.[17] Insbesondere gilt Art 15 HZÜ, wenn an den Antragsgegner in Dänemark zuzustellen ist.

### 3. Verbleibende Fallkonstellationen für Abs 1

16 Angesichts des gegenüber Art 26 Abs 2 Brüssel I-VO erheblich weiteren räumlich-persönlichen Anwendungsbereichs von Art 10 Abs 1[18] bleibt neben den von Abs 2 und 3 erfaßten Fällen ein erheblicher Anwendungsbereich für Abs 1. Abs 1 ist insbesondere anzuwenden, wenn der Antragsgegner einem Mitgliedstaat *angehört*, aber die Zustellung an ihn in keinem Mitgliedstaat und keinem Vertragstaat des HZÜ erfolgt. Abs 1 greift aber auch dann ein, wenn nur der Antragsteller einem Mitgliedstaat angehört.[19]

---

[13] Vgl *Rauscher/Heiderhoff* EG-ZustellVO.

[14] BGBl 1977 II 1453.

[15] *Borrás*-Bericht Nr 51; *Watté/Boularbah* Rev trim dr fam 2000, 571 f.

[16] Vgl *Rauscher/Heiderhoff* Art 19 EG-ZustellVO Rn 15 ff.

[17] Näher zu Art 15 HZÜ bei Art 26 Abs 4 VO Brüssel I.

[18] Dazu oben Rn 3 ff.

[19] Stellt ein Franzose, der sich mehr als 12 Monate in Deutschland gewöhnlich aufhält, Scheidungsantrag gegen seinen in Japan lebenden japanischen Ehegatten, so ist Abs 1 anzuwenden, weil in Frankreich Anerkennungsbedarf für die zu fällende Entscheidung besteht.

# Abschnitt 3
# Rechtshängigkeit und abhängige Verfahren

## Artikel 11

(1) Werden bei Gerichten verschiedener Mitgliedstaaten Anträge wegen desselben Anspruchs zwischen denselben Parteien gestellt, so setzt das später angerufene Gericht das Verfahren von Amts wegen aus, bis die Zuständigkeit des zuerst angerufenen Gerichts geklärt ist.

(2) Werden bei Gerichten verschiedener Mitgliedstaaten Anträge auf Ehescheidung, Trennung ohne Auflösung des Ehebandes oder Ungültigerklärung einer Ehe, die nicht denselben Anspruch betreffen, zwischen denselben Parteien gestellt, so setzt das später angerufene Gericht das Verfahren von Amts wegen aus, bis die Zuständigkeit des zuerst angerufenen Gerichts geklärt ist.

(3) Sobald die Zuständigkeit des zuerst angerufenen Gerichts feststeht, erklärt sich das später angerufene Gericht zugunsten dieses Gerichts für unzuständig. In diesem Fall kann der Antragsteller, der den Antrag bei dem später angerufenen Gericht gestellt hat, diesen Antrag dem zuerst angerufenen Gericht vorlegen.

(4) Für die Zwecke dieses Artikels gilt ein Gericht als angerufen

a) zu dem Zeitpunkt, zu dem das verfahrenseinleitende Schriftstück oder ein gleichwertiges Schriftstück bei Gericht eingereicht worden ist, vorausgesetzt, daß der Antragsteller es in der Folge nicht versäumt hat, die ihm obliegenden Maßnahmen zu treffen, um die Zustellung des Schriftstücks an den Antragsgegner zu bewirken, oder

b) falls die Zustellung an den Antragsgegner vor Einreichung des Schriftstücks bei Gericht zu bewirken ist, zu dem Zeitpunkt, zu dem die für die Zustellung verantwortliche Stelle das Schriftstück erhalten hat, vorausgesetzt, daß der Antragsteller es in der Folge nicht versäumt hat, die ihm obliegenden Maßnahmen zu treffen, um das Schriftstück bei Gericht einzureichen.

**I. Erweiterung der Sperrwirkung im Vergleich zu Art 27, 28 Brüssel I-VO**
1. Prinzipien ..... 1
2. Konkurrenzsituationen ..... 3
3. Lösung – Kritik ..... 6
4. Konsequenzen für Verbundverfahren ..... 9

**II. Aussetzung bei Identität des Anspruchs (Abs 1)**
1. Voraussetzungen
a) Gerichte verschiedener Mitgliedstaaten ..... 10
b) Parteiidentität ..... 11
c) Anspruchsidentität ..... 12
2. Rechtsfolge ..... 19

**III. Aussetzung ohne Identität des Anspruchs (Abs 2)**
1. Voraussetzungen ..... 20
2. Rechtsfolge ..... 23
3. Abweichung zwischen Rechtshängigkeitssperre und Rechtskraft ..... 24
4. Insbesondere: Ehetrennung und Ehescheidung ..... 27

**IV. Unzuständigerklärung durch das spätere Gericht (Abs 3)**
1. Feststehen der Zuständigkeit des Erstgericht (Abs 3 S 1) .................. 30
2. Vorlegung des Antrags beim Erstgericht (Abs 3 S 2) .................. 34
3. Verfahren bei Unzuständigkeit oder nach Abweisung durch das Erstgericht 39
4. Späteres Verfahren im Zweitstaat .... 41

**V. Zeitpunkt der Anrufung (Abs 4)**
1. Autonome Bestimmung des Zeitpunkts der Anhängigkeit ............ 42
2. Anhängigkeit im Fall eines vorgeschalteten Versöhnungsverfahrens .................................. 43

## I. Erweiterung der Sperrwirkung im Vergleich zu Art 27, 28 Brüssel I-VO

### 1. Prinzipien

1 **a)** Die Bestimmung geht zurück auf die Behandlung anderweitiger Rechtshängigkeit in Art 21, 22 EuGVÜ/Art 27, 28 Brüssel I-VO. Das auf der Tatbestands- und Rechtsfolgenseite flexible Konzept der **in Zusammenhang stehenden Verfahren** in Art 28 Brüssel I-VO schien den Verfassern schon wegen möglicher Schwierigkeiten bei der Bestimmung des Zusammenhangs hier hingegen nicht geeignet.[1]

2 **b)** Übernommen wurde hingegen das **Prioritätsprinzip**[2] und damit die kontinentale Lösung der Rechtshängigkeitsproblematik. Dieses Prinzip wurde auf nicht gegenstandsidentische Verfahren ausgedehnt. Zudem nimmt Abs 4 die autonome Bestimmung der Anhängigkeit auf, die sich auch in Art 30 Brüssel I-VO findet. Die Suche nach dem *sachnäheren Gericht*, die sich aus Sicht des *common law* anbietet und für die bei Ehesachen durchaus mehr spräche als bei allgemeinen Zivilsachen, wäre in der Praxis schwerer handhabbar gewesen. Auf eine Anerkennungsprognose verzichtet die VO ebenso wie Brüssel I,[3] was sinnvoll ist, da die VO in Art 13ff die Anerkennung sicherstellt.

### 2. Konkurrenzsituationen

3 **a)** Die Entwicklung der Regelung stand unter dem Eindruck **konkurrierender Eheverfahren** in verschiedenen Staaten, deren Verhinderung ein bedeutendes Ziel der VO ist,[4] das in Art 11 jedoch entschieden überspannt wird.

4 **b)** Dabei werden in dieser Frage die Unterschiede der berührten **einzelstaatlichen Rechtsordnungen** besonders relevant. Die Struktur der materiellen Eherechtsordnungen schafft nicht nur unterschiedliche *Scheidungsgründe*, die im innerstaatlichen Recht als unterschiedliche Streitgegenstände behandelt werden mögen. Sie führt auch zu Kon-

---

[1] *Borrás*-Bericht Nr 52.

[2] *Borrás*-Bericht Nr 53; *Hausmann* EuLF 2000/01, 346; *Baumbach/Albers* Rn 1.

[3] *MünchKommZPO/Gottwald* Rn 2; *Thomas/Putzo/Hüßtege* Rn 1; *Baumbach/Albers* Rn 3; *Zöller/Geimer* Rn 2; *Gruber* FamRZ 2000, 1132; *Hau* FamRZ 2000, 1339.

[4] *Hau* FamRZ 2000, 1339; *Boele-Woelki* ZfRV 2001, 126.

flikten zwischen Ehescheidung, Eheaufhebung und Ehetrennung und berührt damit den Streitgegenstand selbst dann, wenn man ihn europäisch-autonom lediglich aus der Funktion des Rechtsinstituts und nicht aus seiner dogmatischen Grundlegung bestimmen wollte. Die *Ehetrennung* ist nur vereinzelt bekannt und dient (nur) teilweise als zwingende Vorstufe der Zerrüttungsscheidung. Ein solcher Zusammenhang läßt sich auch bei weiter funktioneller Sicht nicht als derselbe Streitgegenstand ansehen. Die *Eheaufhebung* ist in den meisten Rechtsordnungen als Reaktion auf Eheschließungsmängel vorgesehen, teils mit Wirkung *ex tunc*, teils *ex nunc*,[5] während die *Ehescheidung* auf ein Scheitern der wirksam geschlossenen Ehe reagiert. Schweden und Finnland sehen hingegen nur noch die Ehescheidung vor, was die Frage aufwarf, ob ein Eheaufhebungsverfahren in einem anderen Mitgliedstaat nicht wegen weiterreichender Folgen Vorrang gegenüber einer auf Eheschließungsmängel gestützten Scheidung haben sollte.[6]

**c)** Hinzu kommt, daß die Fixierung eines Gerichtsstands durch eine Partei über die *prozessualen* Interessen hinaus, die schon in Anwendung der Art 21, 22 EuGVÜ deutlich wurden, die *Kollisionsrechtsanwendung* und damit das **Scheidungs-** und **Aufhebungsstatut** beeinflußt. Mit der Rechtshängigkeitssperre wird nicht nur der Zugriff auf ein bequemer erreichbares, schnelleres oder kostengünstigeres Verfahren blockiert. Es kann auch der Zugriff auf bestimmte Scheidungsgründe oder auf eine alsbaldige Scheidung blockiert werden. 5

### 3. Lösung – Kritik

**a)** Die gewählte Lösung erreicht auf ebenso einfache[7] wie radikale Weise das Ziel, konkurrierende Verfahren zu verhindern. In Ehesachen blockiert das erste eingeleitete Verfahren jedes weitere nicht nur bei Identität des Anspruchs, sondern auch bei **verschiedenen eherechtlichen Ansprüchen** zwischen denselben Parteien (Abs 2). Nur für die elterliche Verantwortung bleibt es bei dem Erfordernis einer Anspruchsidentität (Abs 1). 6

**b)** Die **überwiegend unkritische Zustimmung** zu diesem mühsam erzielten Kompromiß beruht einerseits auf der konsequenten Erreichung des Ziels, konkurrierende Verfahren zu vermeiden.[8] Andererseits erscheint manchen dadurch auch lückenlos das Dilemma unterschiedlicher materieller Rechtsbehelfe bei Ehemängeln und -konflikten gelöst.[9] 7

---

[5] Um einen Eindruck von den Gestaltungsmöglichkeiten zu gewinnen, genügt schon die Befassung mit der durch das EheSchlRG 1998 in Deutschland bewirkten grundlegenden Neuorientierung.

[6] *Jänterä-Järeborg* YB PIL 1999, 17.

[7] *Boele-Woelki* ZfRV 2001, 126.

[8] Nur diesen Aspekt beachtet das Lob von *Boele-Woelki* ZfRV 2001, 126; *Hau* FamRZ 2000, 1339. Der Gedanke, daß in einer Staatenmehrheit auch selbstregelnde Kräfte den Unsinn konkurrierender Scheidungsverfahren eliminieren können, ist Europa offenbar fremd.

[9] *Thomas/Putzo/Hüßtege* Rn 1; *Sturlèse* JClP (G) 2001, 245.

Nur vereinzelt findet sich unter dem Eindruck der Auswirkungen, die diese Lösung auf die Prozeßökonomie[10] hat, zurückhaltende Kritik.[11]

8 **c)** Tatsächlich kann die Lösung nur als ein **rechtsstaatlich zweifelhafter Kompromiß**[12] gesehen werden, der eine bekannte europäische Methodik perfektioniert: Die Suche nach dem status quo minus, auf den sich die Mitgliedstaaten angesichts gravierender Unterschiede der materiellen Rechtsordnungen verständigen konnten, wird als ein Sieg Europas betrachtet, weil der Weg zu einem erstrebten Rechtsinstrument geebnet wurde. Die Regelung trägt aber nicht wirklich den Unterschieden der Rechtsordnungen Rechnung,[13] sondern kapituliert vor der Vielfalt. Den Preis zahlt der Rechtssuchende. So ist es nicht nur *prozeßökonomisch betrachtet Unsinn*, wenn ein Ehescheidungsantrag wegen der Anhängigkeit eines nicht zielidentischen Ehetrennungsverfahrens abgewiesen werden muß, nach Abschluß des Ehetrennungsverfahren der Ehescheidungsantrag jedoch alsbald wieder gestellt werden kann, ohne daß die ausgesprochene Ehetrennung für das neue Verfahren irgendeine materielle Bedeutung hätte.[14] Die Regelung bietet auch Parteien, die eine Scheidung ablehnen, Anreiz, durch nicht zielführende Verfahren die Ehescheidung zu verschleppen. Dem anderen Ehegatten wird zielführender Rechtsschutz verweigert, weil ein Gericht mit der *Ehe* befaßt ist, ohne daß vor diesem Gericht der begehrte Rechtsschutz erreichbar ist. Zutreffend wird gesehen, daß die in ihrer Reichweite ohnehin unklare Antragsverlagerung nach Abs 3 S 2 nichts hilft, wenn das erstbefaßte Gericht nach seinem IPR zu einer Rechtsordnung gelangt, die dem verlagerten Antrag nicht stattgibt.[15]

### 4. Konsequenzen für Verbundverfahren

9 Nur vereinzelt wird auch gesehen, daß der im Vergleich zu Brüssel I deutlich geänderte Maßstab der Rechtshängigkeitssperre drei Kategorien schafft, die zu unterschiedlichen Auswirkungen auf die Ehesache und Folgesachen führen. Die Ehesache unterliegt Abs 1 und Abs 2, die Sorgesache nur Abs 1 und für Unterhaltssachen gelten Art 27, 28 Brüssel I-VO.[16] Zwar bedurfte es angesichts der extremen Ausweitung der Art 27 Brüssel I-VO entsprechenden Verfahrensweise auf alle Ehesachen iSd Art 1 Abs 1 lit a

---

[10] Dazu näher unten Rn 24 ff.

[11] *Gruber* FamRZ 2000, 1134 bezeichnet den offenen Widerspruch zwischen der Reichweite der Rechtshängigkeitssperre und der Rechtskraftwirkung als „gewöhnungsbedürftige Neuerung".

[12] Abs 1 und Abs 2 offenbaren sogar im Wortlaut die kompromißbeladene Entwicklung, denn neben Abs 2 hat Abs 1 für *Ehesachen* keine eigenständige Bedeutung mehr, obgleich Abs 1 das aus Art 21 EuGVÜ übernommene Grundprinzip darstellt; vgl dazu die mühsame Erläuterung im *Borrás*-Bericht Nr 54, wo zudem verkannt wird, daß Abs 2 als die für Ehesachen weiter gehende Bestimmung den Abs 1 weitgehend obsolet macht und nicht umgekehrt („Auf den ersten Blick könnte Abs 2 als eine Wiederholung oder als unnötig empfunden werden ...").

[13] So *Borrás*-Bericht Nr 54.

[14] Im einzelnen unten Rn 24 ff.

[15] *Hausmann* EuLF 2000/01, 347; näher unten Rn 34 ff.

[16] *Zöller/Geimer* Rn 1.

*verordnungsintern* keiner Zusammenhangsregelung iSd Art 28 Brüssel I-VO.[17] Die Anwendungsbereiche beider Verordnungen treffen sich aber im Verbundverfahren und erzeugen dort Spannungen.

Daß im übrigen, insbesondere für den güterrechtlichen Ausgleich bis zur Verwirklichung von Brüssel III die *lex fori* über die Rechtshängigkeitssperre entscheidet, ist einer nur graduell voranschreitenden Integration der Zuständigkeitssysteme immanent. Daß es aber im Wege der Integration Ziel sein sollte, neue Spannungen zwischen Ehe- und Folgesachen zu vermeiden, wurde offenbar nicht erkannt. Auch dies ist Folge einer Rechtsentwicklung, die nicht systematisch denkt, sondern vom politisch Machbaren dominiert ist.

## II. Aussetzung bei Identität des Anspruchs (Abs 1)

### 1. Voraussetzungen

#### a) Gerichte verschiedener Mitgliedstaaten

10 Art 11 regelt in Abs 1 *und* Abs 2 nur das Verhältnis zwischen den Gerichten **verschiedener Mitgliedstaaten**. Über den innerstaatlichen Rechtshängigkeitskonflikt entscheidet weiterhin die *lex fori*. Voraussetzung ist daher, daß ein Antrag im Anwendungsbereich der VO (Art 1) bei Gerichten verschiedener Mitgliedstaaten gestellt ist.

#### b) Parteiidentität

11 Abs 1 setzt – wie Art 27 Brüssel I-VO – **Identität der Parteien** voraus. Maßgeblich ist jeweils die Personenidentität der Verfahrensbeteiligten, auf die Parteirolle kommt es nicht an.[18] Diese liegt auch vor, wenn eine Ehesache (Art 1 Abs 1 lit a) einem Verfahren über die elterliche Verantwortung (Art 1 Abs 1 lit b) gegenübersteht und das Verfahren zwischen den Ehegatten in ihrer Eigenschaft als Eltern geführt wird, auch wenn in diesem Verfahren auch das Kind *lege fori* Beteiligter sein mag. Im übrigen ist das Erfordernis der Parteiidentität in dieser VO selbstverständlich, da in Ehesachen zwangsläufig die Ehegatten der streitgegenständlichen Ehe auch selbst Partei sind.

#### c) Anspruchsidentität

12 Der wesentliche tatbestandliche Unterschied zwischen Abs 1 und 2 besteht darin, daß Abs 1 – wie Art 27 Brüssel I-VO – auch **Identität des Anspruchs** voraussetzt.

**(1)** Im **Ergebnis** hat dies freilich wenig Bedeutung: Zwischen Eheverfahren (Art 1 Abs 1 lit a) und Verfahren betreffend die **elterliche Verantwortung** (Art 1 Abs 1 lit b) steht die *Verschiedenheit* des Anspruchs ohnehin außer Frage.[19]

---

17 *MünchKommZPO/Gottwald* Rn 6.

18 *Baumbach/Albers* Rn 5.

19 *Baumbach/Albers* Rn 7; in der Praxis besteht der alleinige Sinn der Unterscheidung zwischen Abs 1 und Abs 2 darin, daß nur Abs 1, nicht aber Abs 2 für Sorgesachen gilt, vgl *Borrás*-Bericht Nr 54.

Für *Ehesachen* untereinander greift aber gemäß Abs 2 auch bei Verschiedenheit des Anspruchs dieselbe Rechtsfolge ein.[20] Vom hier vertretenen kritischen Standpunkt[21] ist die damit eher theoretische Abgrenzung allerdings durchaus von Interesse, weil sie Wege aufzeigen kann, den Konflikt zwischen der Unterschiedlichkeit der Rechtsordnungen und den Parteiinteressen de lege ferenda sinnvoller zu lösen.[22]

13 **(2)** Auszugehen ist von der durch den EuGH schon zu Art 21 EuGVÜ entwickelten autonomen Ausfüllung des Anspruchsbegriffs.[23] Derselbe Anspruch liegt also vor, wenn die **Grundlage** beider Verfahren die gleiche ist; nicht erforderlich ist hingegen Identität im Klageantrag und im Klagegrund. Von dieser sog „Kernpunkttheorie" abzuweichen, zwingt auch nicht die Struktur von Abs 1 und Abs 2; nicht alle Ehesachen im Anwendungsbereich des Art 1 Abs 1 lit a betreffen in diesem Sinn denselben Kernpunkt, nur weil sie sich auf dieselbe Ehe beziehen.[24] Der EuGH[25] bezieht nämlich in den Gegenstand, der die Grundlage des Anspruchs bildet, durchaus auch den *Zweck des Antrags* ein. Dieser Zweck ist aber nicht derselbe, wenn es um die Auflösung der Ehe einerseits oder um die Lockerung der Bindung ohne Auflösung des Ehebandes andererseits geht.

14 **(3)** Im Verhältnis von **Ehetrennung** und **ehebeendenden Anträgen** (Ehescheidung, Eheaufhebung) liegt deshalb nicht derselbe Anspruch vor. Ziel einer Ehetrennung ist nur die Lockerung, nicht die Beendigung des Ehebandes; der Antragszweck ist daher nicht identisch.[26] Das gilt auch, soweit Anträge auf *Feststellung* des Nichtbestehens der Ehe[27] mit einem Ehetrennungsantrag konkurrieren.[28]

15 **(4)** Im Verhältnis **konkurrierender Scheidungsanträge** liegt hingegen Identität des Anspruchs vor, auch wenn sich die beiden Anträge auf unterschiedliche Scheidungsgründe, ggf sogar auf verschiedene Rechtsordnungen, stützen. Unabhängig von der Bewertung des Streitgegenstands *lege fori* oder *lege causae* liegt im Sinn der autonomen Qualifikation derselbe Lebenssachverhalt *und* dasselbe Antragsziel vor.

---

[20] Vgl *Gruber* FamRZ 2000, 1131; *Hausmann* EuLF 2000/01, 346, die die Streitfragen zur Anspruchsidentität offen lassen.

[21] Oben Rn 8.

[22] Unten Rn 25.

[23] *Thomas/Putzo/Hüßtege* Rn 6; *Baumbach/Albers* Rn 6; *Hausmann* EuLF 2000/01, 346; *Gruber* FamRZ 2000, 1131.

[24] So aber *MünchKommZPO/Gottwald* Rn 3, *Schlosser* Rn 2, die deshalb hier die Kernpunkttheorie nicht gelten lassen wollen.

[25] Rs 144/86 *Gubisch/Palumbo* EuGHE 1987, 4861.

[26] *Gruber* FamRZ 2000, 1132; *Baumbach/Albers* Rn 7; ebenso von einem anderen Begründungsansatz ausgehend *MünchKommZPO/Gottwald* Rn 3; *Schlosser* Rn 2; **aA** *Thomas/Putzo/Hüßtege* Rn 6 mit unzutreffender Berufung auf *Hausmann* EuLF 2000/01, 346, der offen läßt, ob Abs 1 oder Abs 2 eingreift.

[27] Dazu Art 1 Rn 2.

[28] *Gruber* FamRZ 2000, 1132.

**(5)** Fraglich ist hingegen die Identität zwischen **Scheidungsantrag** und **Eheaufhebungsantrag**. Insoweit ist bei Einbeziehung des Zwecks zu unterscheiden: Eine Eheaufhebung *ex nunc* ist zweckidentisch zu einer Ehescheidung, auch wenn die Rechtsgrundlage und ggf die Wirkungen sich unterscheiden.[29] 16

Fraglich ist hingegen die Zweckidentität bei der *rückwirkenden Aufhebung* oder der Feststellung der *Nichtigkeit*, soweit sie in den Anwendungsbereich der VO fällt.[30] Insoweit geht es nicht nur um andere Rechtsgrundlagen und -folgen, sondern um ein anderes Gestaltungsziel. Die Aufhebung der Ehe *ex tunc* steht der Feststellung ihrer Nichtigkeit bzw des Bestehens als dem kontradiktorischen Gegenteil nahe, ist also mit solchen Ansprüchen identisch, unterscheidet sich aber im Zweck von Auflösungsbegehren mit künftiger Wirkung.[31]

**(6)** Denselben Anspruch betreffen auch verschiedene Verfahren zur **elterlichen Verantwortung** bezüglich desselben Kindes, auch wenn Gegenstand die elterliche Sorge und/oder eine Umgangsregelung ist. Das gilt auch, wenn ein Amtsverfahren mit einem Antragsverfahren konkurriert.[32] Anträge zu verschiedenen Kindern haben immer unterschiedliche Ansprüche zum Gegenstand.[33] 17

**(7) Einstweilige Maßnahmen** zielen auf eine vorläufige Regelung und sind deshalb mit Hauptsacheverfahren nicht nach Abs 1 anspruchsidentisch.[34] **Versöhnungsverfahren** sind als solche nicht mit einem Scheidungs- oder Trennungsbegehren, dem sie *lege fori* oder *lege causae* vorgeschaltet sein können, zielidentisch. Ob bereits die Einleitung eines solchen Verfahrens das nachfolgende Hauptsachebegehren, welches selbstverständlich anspruchsidentisch mit einem gleichgerichteten Verfahren *ohne* vorheriges Versöhnungsverfahren wäre, anhängig macht, ist keine Frage der Anspruchsidentität, sondern des Anhängigkeitszeitpunkts.[35] 18

## 2. Rechtsfolge

Abs 1 – ebenso Abs 2 – schreibt iVm Abs 3[36] eine **zweistufige Verfahrensweise** vor, die nicht nur den positiven Kompetenzkonflikt, sondern auch einen negativen Kompetenzkonflikt vermeidet, der entstehen könnte, wenn das später angerufene Gericht den Antrag endgültig abweisen würde, ehe feststeht, daß das früher angerufene Gericht zu- 19

---

29 *Hau* FamRZ 2000, 1339; *Baumbach/Albers* Rn 7.

30 Dazu Art 1 Rn 2.

31 So iE auch *Hausmann* EuLF 2000/01, 346; *Thomas/Putzo/Hüßtege* Rn 6; wohl auch *Baumbach/Albers* Rn 7; abweichend von einem anderen Ausgangspunkt *MünchKommZPO/Gottwald* Rn 3; *Schlosser* Rn 2.

32 *Gruber* FamRZ 2000, 1134; *Baumbach/Albers* Rn 7.

33 *Schlosser* Rn 2.

34 *Gruber* FamRZ 2000, 1134; *Baumbach/Albers* Rn 8.

35 Zutreffend *Baumbach/Albers* Rn 22; dazu unten Rn 42 ff.

36 Dazu unten Rn 30 ff.

ständig ist.[37] Das gemäß Abs 4 später angerufene[38] Gericht hat deshalb zunächst sein Verfahren auszusetzen, um die Entscheidung über dessen Zuständigkeit dem erstangerufenen Gericht zu überlassen.[39] Die Aussetzung erfolgt *von Amts wegen*, Ermessen besteht nicht. Obgleich kein Antrag erforderlich ist, hat das Gericht nicht von Amts wegen Parallelverfahren zu ermitteln. Hinweise auf konkurrierende Verfahren werden sich also in aller Regel nur aus dem Parteivortrag ergeben, was die faktische Möglichkeit eröffnet, einverständlich die Rechtsfolge des Abs 1 zu vermeiden.

## III. Aussetzung ohne Identität des Anspruchs (Abs 2)

### 1. Voraussetzungen

20 **a)** Abs 2 setzt wie Abs 1 die Anhängigkeit bei Gerichten **verschiedener Mitgliedstaaten**[40] und **Parteiidentität**[41] voraus.

21 **b) Anspruchsidentität** ist dagegen nicht Voraussetzung. Nach dem ausdrücklichen Wortlaut gilt Abs 2 für Verfahren, die nicht denselben Anspruch betreffen. Nicht erforderlich ist auch – anders als für Art 28 Brüssel I-VO – ein Zusammenhang der Verfahren, der es notwendig machen würde, widersprechende Entscheidungen zu vermeiden. Ein solcher Zusammenhang ist nach dem Wortlaut nicht zu prüfen, was ausweislich der Materialien auch so gewollt ist[42] und damit schwerlich einer korrigierenden Auslegung zugänglich ist. Es wird vielmehr von der Konzeption der Regelung her ohne Rücksicht auf den Streitgegenstand ein Zusammenhang fingiert.[43]

22 **c)** Erfaßt sind jedoch nur Anträge in **Ehesachen** iSd Art 1 Abs 1 lit a. Verfahren betreffend die elterliche Sorge sind im Gegensatz zu Abs 1 nicht betroffen.[44] Im Verhältnis der in den Anwendungsbereich der VO fallenden Ehesachen entfaltet Abs 2 jedoch Sperrwirkung unabhängig vom Gegenstand des Verfahrens, gilt also im Verhältnis von Ehetrennung, Ehescheidung, Eheaufhebung und Feststellungsanträgen unbeschadet des jeweiligen Antragsziels.[45]

---

[37] *Baumbach/Albers* Rn 2.

[38] Dazu unten Rn 42 ff.

[39] *Thomas/Putzo/Hüßtege* Rn 12; *Gruber* FamRZ 2000, 1133: vor deutschen Gerichten analog § 148 ZPO.

[40] Oben Rn 10.

[41] Oben Rn 11.

[42] *Borrás*-Bericht Nr 54.

[43] *Baumbach/Albers* Rn 10.

[44] *Borrás*-Bericht Nr 54; *Gruber* FamRZ 2000, 1132; *Thomas/Putzo/Hüßtege* Rn 8; *Baumbach/Albers* Rn 9.

[45] *Thomas/Putzo/Hüßtege* Rn 9; *Baumbach/Albers* Rn 11; *Gruber* FamRZ 2000, 1134.

**Einstweilige Maßnahmen** fallen nicht unter Abs 2,[46] weil sie nicht auf die in Abs 2 genannten Materien gerichtet sind. Insbesondere sind einstweilige Maßnahmen zur Ermöglichung des Getrenntlebens nicht „Anträge auf Trennung" iSd Abs 2. **Versöhnungsverfahren** sind als solche aus demselben Grund nicht von Abs 2 erfaßt; ob durch Einleitung eines Versöhnungsverfahrens als Vorschaltverfahren bereits die Ehesache anhängig ist, bedeutet – wie zu Abs 1[47] – ein Problem der Anhängigkeit.

### 2. Rechtsfolge

23 Die Rechtsfolge des Abs 2 ist identisch zu der des Abs 1;[48] das später angerufene Gericht setzt das Verfahren aus und verfährt ggf nach Abs 3 weiter.

### 3. Abweichung zwischen Rechtshängigkeitssperre und Rechtskraft

24 **a)** Die von Abs 2 ohne Rücksicht auf Zusammenhang und Zielidentität angeordnete Sperrwirkung führt dazu, daß vermehrt Anträge blockiert werden, die mit dem vor dem ersten Gericht schwebenden Antrag weder *lege fori* noch nach dem zu Abs 1 entwickelten weiten autonomen Streitgegenstandsbegriff identisch sind. Abs 2 setzt sich jedoch nicht in der Reichweite der **materiellen Rechtskraft** der späteren Entscheidung fort. Die Rechtskraftwirkungen bestimmen sich weiterhin nach der *lex fori* des entscheidenden (also des zuerst angerufenen) Gerichts.[49] Da die Sperre aufgrund der Anhängigkeit mit formeller Rechtskraft der Entscheidung des erstangerufenen Gerichts endet, kann das später angerufene Gericht ab diesem Zeitpunkt das ausgesetzte Verfahren fortsetzen,[50] soweit es noch nicht nach Abs 3 entschieden hat und soweit nicht die materielle Rechtskraft der anzuerkennenden Entscheidung des Erstgerichts als *res judicata* entgegensteht.[51]

25 **b)** Dieses allgemein konstatierte Phänomen ist nicht nur eine „gewöhnungsbedürftige Neuerung",[52] sondern zeigt, daß den Verfassern der VO mit Art 11 Abs 2 ein grandioser Fehlgriff unterlaufen ist: Abs 2 verfehlt sowohl teleologisch als auch rechtssystematisch die **Aufgabe einer Rechtshängigkeitsnorm**. Solche Normen dienen, wie gerade Art 21, 22 EuGVÜ zeigen, der Verhinderung von Anerkennungskonflikten: Soweit Entscheidungen in Vorausschau auf das Anerkennungsstadium die Gefahr von Widersprüchen heraufbeschwören, wird bereits im Stadium des Verfahrens Parallelität verhindert. Da aber die Reichweite der anzuerkennenden Wirkungen einer Entscheidung durch ihre Rechtskraft *lege fori* bestimmt wird, ist das Rechtshängigkeitsproblem systematisch nichts anderes als ein antizipiertes Rechtskraftproblem.

---

[46] Zu Abs 1 oben Rn 18.

[47] Oben Rn 18.

[48] Oben Rn 19.

[49] *Gruber* FamRZ 2000, 1134; *Hausmann* EuLF 2000/01, 347.

[50] *Gruber* FamRZ 2000, 1135.

[51] *Gruber* FamRZ 200, 1134; *Hausmann* EuLF 2000/01, 347; *Thomas/Putzo/Hüßtege* Rn 12; *MünchKommZPO/Gottwald* Rn 9.

[52] *Gruber* FamRZ 2000, 1134.

Will man für Rechtshängigkeitskonflikte eine autonome Lösung schaffen, so muß diese, um alle realistisch denkbaren Konflikte der *leges forum* zu erfassen, zwangsläufig etwas weiter geraten, als die Rechtskraftwirkungen in einzelnen Mitgliedstaaten. Art 22 EuGVÜ/Art 28 Brüssel I-VO gibt hierfür ein gutes Beispiel. Sie darf sich aber nicht bewußt von dem Blickwinkel der Rechtskraftwirkung lösen, will sie nicht Gefahr laufen, zum Instrument ungezielter Rechtsschutzverweigerung zu werden.

26 **c)** Vor diesem Hintergrund ist es nicht verständlich, daß gerade eine VO zu einer Materie, die **geringes Konfliktpotential im Anerkennungsstadium** bietet, eine so weit gehende Loslösung der *Rechtshängigkeits*wirkungen von den *Rechtskraft*wirkungen wählt. Da Art 13ff aus gutem Grund nur stattgebende Entscheidungen in die Anerkennungspflicht einbeziehen,[53] kann es a priori nur zum Konflikt zwischen Entscheidungen kommen, die eine Ehescheidung, Ehetrennung oder Eheaufhebung *aussprechen*. Widersprüche im **Statusausspruch** sind im Anwendungsbereich des Abs 2 unmöglich, wenn man den Anwendungsbereich des Abs 1 wie hier definiert:[54] Entscheidungen, die *ex tunc* die Ehe auflösen oder als nicht bestehend feststellen, sind als anspruchsidentisch zu behandeln; ebenso, als zweite Gruppe, Entscheidungen, die dies *ex nunc* bewirken und wiederum, als dritte Gruppe solche, die nur die Rechte und Pflichten lockern, aber den Status nicht berühren. Zwischen diesen drei Gruppen hingegen besteht ein natürliches Rangverhältnis, das eine Entscheidung im Verhältnis zu einer anderen als *weitergehend*, nicht aber als *widersprechend* erscheinen läßt.

Was die **nicht statusrechtlichen Folgen** angeht, sind diese von der VO ohnehin nicht erfaßt. Gerade der Konflikt zwischen Trennungsunterhalt und nachehelichem Unterhalt zeigt, daß dort zwar Widerspruchspotential besteht, aber mit Art 28 Brüssel I-VO gut zu bewältigen ist.

**De lege ferenda** sollte dieser Mißstand beseitigt und die Rechtshängigkeitssperre auf ein mit der Rechtskraft kompatibles Maß zurückgenommen werden. Die *Streichung von Abs 2* würde, wie gezeigt, das Problem lösen; das Übel konkurrierender *Scheidungs*verfahren wird schon durch Abs 1 effizient verhindert.

### 4. Insbesondere: Ehetrennung und Ehescheidung

27 **a)** Die wenig sinnvolle Rechtslage wird besonders am Verhältnis von **Ehescheidung und Ehetrennung** deutlich: Macht ein Ehegatte in Italien einen Antrag auf *separazione giudiziale* anhängig und der andere Ehegatte einen Scheidungsantrag in Deutschland,[55] so zwingt Abs 2 den deutschen Richter zur Aussetzung. Bejaht das italienische Gericht seine Zuständigkeit, ist vor dem deutschen Gericht nach Abs 3 zu verfahren. In dieser Situation kommen nur zwei Entscheidungen des italienischen Gerichts in Betracht.

---

[53] Vgl 15. Erwägungsgrund vor Art 1.

[54] Oben Rn 12ff.

[55] *Hausmann* EuLF 2000/01, 346; vgl auch *Watté/Boularbah* Rev trim dr fam 2000, 554; *Baumbach/Albers* Rn 11; *MünchKommZPO/Gottwald* Rn 9.

Entweder ist nach italienischem IPR italienisches Recht anzuwenden; dann wird das Gericht in aller Regel dem Trennungsantrag stattgeben. Abs 3 S 2 hilft dem in Deutschland an Abs 2 gescheiterten Ehegatten nicht, denn die Ehetrennung ist nach italienischem Recht nicht nur ein Minus, sondern eine notwendige materiellrechtliche Vorstufe zur Zerrüttungsscheidung. Der Scheidungsantrag ist also ohne jede Konzentrationswirkung schlicht blockiert.

Gelangt das Gericht hingegen zur Anwendung deutschen Rechts als Scheidungsstatut, so ist der Antrag abzuweisen, weil deutsches Recht keine Ehetrennung kennt. In diesem Fall kann Abs 3 S 2 dem an Abs 2 gescheiterten Ehegatten helfen; zwar wird ein italienisches Gericht § 1565 Abs 1 BGB bei nur einjähriger faktischer Trennung nicht mehr als *ordre-public*-widrig ansehen, wahrscheinlich aber erheblich strengere Anforderungen an den Nachweis des Getrenntlebens (§ 1565 Abs 2 BGB) stellen. Der Scheidungsantrag gelangt also in diesem relativ günstigen Fall an ein Gericht, das ausländisches Recht anwenden muß, statt von einem Gericht entschieden zu werden, das seine materielle *lex fori* anwendet.

Ist aber in beiden Fällen das Verfahren vor dem italienischen Gericht ohne Scheidungsausspruch beendet, steht es mangels anerkennungsfähiger Rechtskraftwirkungen dem an Abs 2 gescheiterten Ehegatten frei, sogleich in Deutschland erneut Scheidung zu beantragen.[56]

**b)** Erneut sieht sich der Rechtsanwender vor einer Situation, die dadurch entstanden 28
ist, daß der Glaube an die einigende Kraft von Verordnungen die Wirklichkeit überholt hat. Wie schon zu Art 2[57] zeigt sich, daß die Realität **divergierender Kollisionsrechte, materieller Scheidungsrechte und Verfassungsverständnisse** von Scheidungsfreiheit und Eheschutz nicht durch Verfahrensregeln überwunden werden kann, die vor diesen Divergenzen kapitulieren oder sie ignorieren.

Abs 2 bringt in dem geschilderten Fall keinen Gewinn an Prozeßökonomie und vermeidet keine Anerkennungsprobleme, da es in Rechtskraft erwachsende Widersprüchlichkeiten hier ohnehin nicht hätte geben können. Abs 2 ist aber in der Hand eines Ehegatten, der die Scheidung ablehnt, ein Instrument, um durch einen Ehetrennungsantrag eine Ehescheidung für eine Weile zu blockieren. Je langwieriger die Rechtspflege des erstangerufenen Gerichts agiert, um so erfolgreicher ist diese Strategie. Am Ende ist nichts gewonnen, es beginnt ein neues Verfahren in einem anderen Mitgliedstaat, der Streit der Ehegatten wird lediglich kostenträchtig perpetuiert. Wieder fehlt es, wie schon zu Art 2, an einem die Scheidung ermöglichenden Instrument des *ordre public*,

---

[56] Noch bedenklicher ist die Situation bei einem Trennungsverfahren nach *niederländischem Recht*, weil nach Ausspruch der Trennung nur noch eine Umwandlung nach Ablauf von drei Jahren (Art 1:179 BW), aber keine selbständige Zerrüttungsscheidung mehr möglich ist (Art 1:150 BW), so daß auch nach erfolgreichem Abschluß des Trennungsverfahrens eine Ehescheidung gesperrt bleibt, wenn sich nicht eine Zuständigkeit findet, in der die Ehescheidung einem anderen Statut unterliegt.

[57] Dort Rn 6 ff.

der zwar in Art 15 Abs 1 lit a *anerkennungsfeindlich* instrumentalisiert werden kann, nicht aber *scheidungsfreundlich*. Es setzt sich für eine oft nicht eben kleine Weile das scheidungsfeindlichere Recht durch. Kann das wirklich gewollt sein? Wurde nicht bedacht, daß es Folgen für die Integration Europas haben muß, wenn schon die Aufenthaltnahme in einem anderen Mitgliedstaat eine Ehe auf Jahre hinaus unscheidbar machen kann?

29 **c)** Die Praxis wird Wege finden, um zahlungskräftigen scheidungswilligen Antragstellern, die sich für eine gewisse Zeit eine Verlegung des gewöhnlichen Aufenthalts leisten können, um § 328 Abs 1 Nr 1 iVm § 606 a Abs 1 Nr 4 ZPO zu genügen, den Weg zu einer **nach § 328 ZPO anerkennungsfähigen Scheidung** in einem auch *ex parte* scheidungsbereiten **Drittstaat** zu ebnen. An einem Rechtskraftwiderspruch iSd § 328 Abs 1 Nr 3 ZPO wird in diesen Fällen die Anerkennung nicht scheitern – es gibt ja keinen.

## IV. Unzuständigerklärung durch das spätere Gericht (Abs 3)

### 1. Feststehen der Zuständigkeit des Erstgericht (Abs 3 S 1)

30 **a)** Abs 3 regelt den **zweiten Schritt des Verfahrens** vor dem zweitangerufenen Gericht, das nach Abs 1 oder Abs 2 das Verfahren ausgesetzt hat, zu Art 27 Abs 2 Brüssel I-VO entsprechend. Sobald feststeht, daß das zweitangerufene Gericht die Zuständigkeit annimmt, besteht kein Risiko eines negativen Kompetenzkonflikts mehr, so daß der beim zweitangerufenen Gericht anhängige Antrag abgewiesen werden kann.

31 **b)** Die Zuständigkeit des erstangerufenen Gerichts **steht fest,** wenn hierüber formell rechtskräftig durch das erstangerufene Gericht entschieden ist; dies kann durch Zwischenurteil über die Zulässigkeit oder auch erst durch Endurteil zusammen mit der Hauptsacheentscheidung erfolgen. Zu einem früheren Zeitpunkt bestünde noch das Risiko eines späteren Prozeßurteils mangels Zuständigkeit.[58] Die Prüfung der Zuständigkeit obliegt allein dem erstangerufenen Gericht; ob es seine Zuständigkeit nach der VO oder (zutreffend oder nicht) *lege fori* bejaht, ist aus Sicht des zweitangerufenen Gerichts ohne Bedeutung und kann von dort aus nicht korrigiert werden.

32 **c)** Als **Rechtsfolge** erklärt sich das zweitangerufene Gericht zugunsten des zuerst angerufenen für unzuständig. Dies ist, wie zu Art 27 Abs 2 Brüssel I-VO, nicht als eine gerichtete Verfahrensentscheidung im Sinn einer Verweisung zu verstehen, sondern beschreibt lediglich den Hintergrund der Unzuständigerklärung. Es ist also der *lege fori* für den Fall der Unzuständigkeit vorgesehene Entscheidungstypus zu erlassen.[59]

33 **d)** Auch diese Entscheidung ergeht **von Amts wegen**. Das zweitangerufene Gericht hat grundsätzlich kein Ermessen. Daß der abzuweisende Antrag vor dem zuerst angerufenen

---

58 *Gruber* FamRZ 2000, 1133; *Baumbach/Albers* Rn 12; *Thomas/Putzo/Hüßtege* Rn 12.

59 *Baumbach/Albers* Rn 12.

Gericht aus kollisionsrechtlichen Gründen absehbar erfolglos sein wird, so daß auch eine Verlagerung nach Abs 3 S 2 nichts hilft, hindert die Unzuständigerklärung ebenso wenig wie es die vorgelagerte Aussetzung hindert.[60] Das Dilemma, ein Verfahren zu beenden, obgleich im konkurrierenden Verfahren das Rechtsschutzziel nicht erreichbar ist,[61] findet in Abs 3 S 1 seinen konsequenten, wenngleich nicht sinnhaften, Abschluß. Eine **Prozeßverschleppung** vor dem erstangerufenen Gericht hindert die Abweisung nur dann, wenn dadurch in rechtsstaatswidriger Weise, insbesondere unter Verstoß gegen Art 6 Abs 1 EMRK, der Rechtsschutz des Antragstellers vor dem Zweitgericht beschnitten wird.[62] Angesichts der erheblichen persönlichen Betroffenheit in Statussachen sollte dies erheblich früher anzunehmen sein, als in Fällen der Verschleppung schuldrechtlicher Ansprüche, insbesondere, solange diese nicht existentielle Ausmaße annehmen. Ein gegenüber Art 12 EMRK verfeinertes, an Art 6 Abs 1 GG orientiertes und zu Art 9 EU-Grundrechtecharta zu entwickelndes Grundrechtsverständnis[63] hätte vor allem das Interesse an einer Wiederverheiratung, insbesondere bei Geburt eines Kindes aus einer neuen Beziehung, zu berücksichtigen.

## 2. Vorlegung des Antrags beim Erstgericht (Abs 3 S 2)

**a)** Abs 3 S 2 erlaubt dem Antragsteller, der den Antrag bei dem später angerufenen 34
Gericht gestellt hat, diesen **Antrag dem Erstgericht vorzulegen**. Dies setzt jedenfalls voraus, daß das zweitangerufene Gericht bereits gemäß Art 3 S 1 entschieden, also den Antrag als unzulässig abgewiesen hat;[64] das entspricht nicht nur dem systematischen Zusammenhang zwischen Abs 3 S 1 und 2, sondern vermeidet auch eine doppelte Rechtshängigkeit identischer Anträge.

**b)** Diese Verlagerung des Antrags an das erstangerufene Gericht ist **keine Verweisung,** 35
sie erfolgt nicht durch das zweitangerufene Gericht, sondern steht im Belieben des dort abgewiesenen Antragstellers.

Ob diese Vorschrift im übrigen lediglich die Selbstverständlichkeit bestätigt, daß der Antrag durch ein Prozeßurteil nicht verbraucht ist, oder ob Abs 3 S 2 über **Zulässigkeitsvoraussetzungen** vor dem Erstgericht hinweghilft, ist unklar.

**c)** Abs 3 S 2 begründet unstreitig nicht die **Zuständigkeit** des erstangerufenen Gerichts 36
für den verlagerten Antrag.[65] Die Bestimmung ist insbesondere systematisch nicht den Zuständigkeitsregeln zugeordnet.[66] Die Zuständigkeit ist also gemäß Art 2 bis 8 zu beurteilen, sie wird sich jedoch für Anträge in Ehesachen zumindest aus Art 5 (Gegenan-

---

[60] *Borrás*-Bericht Nr 57.

[61] Dazu oben Rn 24 ff, 27 ff.

[62] *Thomas/Putzo/Hüßtege* Rn 12.

[63] Vgl dazu Art 2 Rn 4.

[64] *Borrás*-Bericht Nr 55; *Thomas/Putzo/Hüßtege* Rn 13; *Baumbach/Albers* Rn 16.

[65] *Hausmann* EuLF 2000/01, 347; *Baumbach/Albers* Rn 17.

[66] *Borrás*-Bericht Nr 55.

trag) ergeben, nachdem das Gericht seine Zuständigkeit für den Hauptantrag bereits formell rechtskräftig (Abs 3 S 1) bejaht hat.[67] Für Sorgeanträge (vgl Abs 1) kann es jedoch durchaus an der Zuständigkeit des Erstgerichts fehlen.

37 **d)** Ob Abs 3 S 2 die im allgemeinen *lege fori* zu beurteilenden **übrigen Zulässigkeitsvoraussetzungen** verdrängt, insbesondere *Fristen* und *Präklusionsregeln* überwindet oder gar die Antragsverlagerung noch während der Anhängigkeit in einer *höheren Instanz* eröffnet, ist strittig.[68] Teils wird Abs 3 S 2 keinerlei derartige Bedeutung beigemessen.[69]

Nach den Materialien[70] soll hingegen Abs 3 S 2 jederzeit anwendbar sein, selbst wenn einer Anwendung von Art 5 die Versäumung von Fristen entgegenstünde. Das legt die Annahme nahe, daß die Verfasser der Bestimmung ihr mehr als eine deklaratorische Wirkung beigeben wollten. Ohne Bruch mit der *lex fori* läßt sich aber eine umfassende Verdrängung von Zulässigkeitsregeln nicht verwirklichen.[71] Insbesondere erscheint es nicht sinnvoll, über Abs 3 S 2 die Zulässigkeit in einer höheren Instanz zu eröffnen, die sich *lege fori* nicht mehr sachgerecht mit dem Antrag befassen kann.[72] Andererseits kann Abs 3 S 2 ein zweckentsprechender, mit dem Wortlaut kompatibler Sinn dahingehend gegeben werden, daß solche Bestimmungen der *lex fori* dem verlagerten Antrag nicht entgegengehalten werden können, die *lediglich* seine spätere Geltendmachung betreffen. Das schließt neben *Fristen*[73] auch *Verspätungsvorschriften* ein,[74] was freilich einander übel wollenden Parteien ein neues Betätigungsfeld für unsinnige Prozeßverschleppung, in diesem Fall *en revanche*, eröffnet.

38 **e)** Kaum zweifelhaft dürfte sein, daß eine **kollisions- oder materiellrechtliche Bindung** des Erstgerichts nicht besteht. Zwar wäre es ein höchst interessanter Gedanke, das durch Abs 2 ausgelöste Dilemma widerstreitender Trennungs- und Scheidungsanträge[75] dadurch zu lösen, daß das Erstgericht an die kollisionsrechtliche Beurteilung des Falles nach der *lex fori* des Zweitgerichts gebunden und damit eine potentielle Begründetheit des (weitergehenden) Antrags vor dem später angerufenen Gericht konserviert würde.[76] Dieser gleichermaßen scheidungsfreundliche Integrationsschritt, mit dem Prozeßkonzentration ohne Rechtsverweigerung erreichbar wäre, läßt sich jedoch de lege lata nicht durch Auslegung des Art 3 S 2 vollziehen.

---

[67] *Gruber* FamRZ 2000, 1134; *Hausmann* EuLF 2000/01, 347; unklar *Borrás*-Bericht Nr 55.

[68] Unentschieden *Thomas/Putzo/Hüßtege* Rn 13.

[69] *Vogel* MDR 2000, 1049.

[70] *Borrás*-Bericht Nr 55.

[71] So aber *Schlosser* Rn 7, der darauf abstellt, ob der Antrag vor dem ursprünglichen (zweitangerufenen) Gericht zulässig gewesen wäre.

[72] Unklar *Baumbach/Albers* Rn 15, der offenbar alle Sachentscheidungsvoraussetzungen der *lex fori* als verdrängt ansieht.

[73] *Gruber* FamRZ 2000, 1134; *Hausmann* EuLF 2000/01, 347; *MünchKomm/Gottwald* Rn 5.

[74] *MünchKommZPO/Gottwald* Rn 5, 8; wohl auch *Borrás*-Bericht Nr 55.

[75] Dazu oben Rn 27 ff.

[76] Vgl dazu *Ancel/Watt* Rev crit 2001, 430.

Abs 3 S 2 ist also regelmäßig kein Instrument, um eine Blockade durch Anhängigmachen eines Antrags mit einem weniger weit gehenden Anspruch zu verhindern;[77] die Antragsverlagerung ist in der Praxis nur sinnvoll, wenn der Antrag vor dem erstangerufenen Gericht Erfolgsaussicht hat.[78]

### 3. Verfahren bei Unzuständigkeit oder nach Abweisung durch das Erstgericht

**a)** Erklärt sich das erstangerufene Gericht formell rechtskräftig für **unzuständig**, so endet die Sperrwirkung nach Abs 1 bzw Abs 2. Das zweitangerufene Gericht hat von Amts wegen sein Verfahren fortzusetzen.[79] 39

**b)** Dasselbe gilt, wenn das erstangerufene Gericht sich zwar für zuständig erklärt, aber den Antrag **als unbegründet abweist**. Insbesondere in Fällen, in denen die Entscheidung über die Zuständigkeit erst mit der Endentscheidung getroffen wird, ist in diesem Fall kein Raum für eine Unzuständigerklärung des zweitangerufenen Gerichts nach Abs 3 S 1. Die abweisende Entscheidung ist nicht nach Art 13 ff anzuerkennen und steht daher der Fortführung des Verfahrens vor dem zweitangerufenen Gericht nicht entgegen.[80] 40

Hatte die Sperrwirkung weiter gereicht als die Rechtskraft einer **stattgebenden Entscheidung** vor dem erstangerufenen Gericht, so ist ebenfalls eine Fortsetzung des zweiten Verfahrens möglich.[81]

### 4. Späteres Verfahren im Zweitstaat

Einem späteren erneuten Verfahren vor dem später angerufenen Gericht steht die **Sperrwirkung** der Abs 1, 2 nicht entgegen, wenn das Verfahren vor dem erstangerufenen Gericht rechtskräftig abgeschlossen ist. Liegt eine anerkennungsfähige stattgebende Entscheidung des erstangerufenen Gerichts vor, so steht diese nur in den Grenzen ihrer **Rechtskraft** einem weiteren Verfahren entgegen.[82] 41

## V. Zeitpunkt der Anrufung (Abs 4)

### 1. Autonome Bestimmung des Zeitpunkts der Anhängigkeit

Abs 4 enthält eine **autonome Begriffsbildung** der für das Prioritätsprinzip (Abs 1, 2) maßgeblichen Anrufung und entspricht mit Ausnahme der eheverfahrensgemäßen Bezeichnung der Parteien als Antragsteller und Antragsgegner wörtlich dem **Art 30** 42

---

77 Anders *Gruber* FamRZ 2000, 1134.

78 *Hausmann* EuLF 2000/01, 347.

79 *Gruber* FamRZ 2000, 1135; *Baumbach/Albers* Rn 13; *Thomas/Putzo/Hüßtege* Rn 14.

80 *Gruber* FamRZ 2000, 1135; *Baumbach/Albers* Rn 13; *Thomas/Putzo/Hüßtege* Rn 14.

81 Dazu oben Rn 24.

82 *Borrás*-Bericht Nr 57; *Gruber* FamRZ 2000, 1134; *Baumbach/Albers* Rn 14; dazu oben Rn 24.

**Brüssel I-VO.** Insoweit ergeben sich keine grundsätzlichen Besonderheiten, so daß auf die Kommentierung zu Art 30 Brüssel I-VO verwiesen werden kann.

**2. Anhängigkeit im Fall eines vorgeschalteten Versöhnungsverfahrens**

43 **a)** Eine eheverfahrensrechtliche Besonderheit ergibt sich, wenn die Verfahrensordnung eines zuständigen Gerichts ein **Versöhnungsverfahren** vorsieht, das Verfahrensrecht also nicht nur – wie üblich – eine eheerhaltende Tendenz der Verfahrensführung im Scheidungsprozeß fordert, sondern dem eigentlichen streitigen Scheidungsprozeß einen formellen Versöhnungsversuch *verfahrensrechtlich voranstellt.*[83] Ein solches Verfahren löst nicht als solches die Sperrwirkung des Abs 1 oder Abs 2 aus.[84] Fraglich ist jedoch, ob das intendierte nachfolgende Ehescheidungsverfahren bereits mit Einleitung des Versöhnungsverfahrens als anhängig iSd Abs 4 anzusehen ist.

44 **b)** Das Ziel, einen **Wettlauf um den Gerichtsstand** zu verhindern, spricht nur auf den ersten Blick dafür, schon mit Anhängigkeit des Versöhnungsverfahrens den Scheidungsantrag als anhängig anzusehen.[85] Zwar ist die in Abs 4 und in Art 30 Brüssel I-VO geschaffene autonome Konzeption der Anhängigkeit gerade vor dem Hintergrund entstanden, daß Art 21 EuGVÜ Wettläufe um die Rechtshängigkeit ausgelöst hatte. Während es jedoch insoweit um einen autonomen Ausgleich angesichts unterschiedlicher nationaler Rechtshängigkeitskonzepte ging, hat das Problem des Versöhnungsverfahrens seine Wurzel in einer spezifischen eheerhaltenden Ausgestaltung des Scheidungsverfahrens und läßt sich nicht danach entscheiden, auf welchem Weg schnellstmöglich die Sperrwirkung des Abs 2 ausgelöst wird.

45 **c)** Unzutreffend wäre es aber auch, Ehescheidung und Versöhnungsverfahren nur wegen ihrer unterschiedlichen Zielsetzung nie iSd Abs 4 als Einheit zu sehen.[86] Zutreffend erscheint es vielmehr, die Frage aus dem prozessualen Zusammenhang zwischen Versöhnungsverfahren und Scheidungsverfahren in der jeweiligen *lex fori* zu lösen: Ist das Versöhnungsverfahren **integraler Bestandteil** des Scheidungsverfahrens, so ist das Scheidungsverfahren bereits im Zeitpunkt der Einleitung des Versöhnungsverfahrens anhängig iSd Abs 4.[87] Ist seine Durchführung hingegen Verfahrensvoraussetzung für die Einleitung eines Scheidungsverfahrens, so ist die Situation nicht anders zu beurteilen als im Verhältnis zwischen einem *lege causae* als Scheidungsvoraussetzung geforderten Ehetrennungsverfahren oder einem notwendigen Getrenntleben und der Ehescheidung. Was immer die Stellung des Scheidungsantrags verzögert, kann zwar Wettläufe

---

83 Vgl den romanischen Versöhnungsversuch Italien Art 4 legge 898/1970; Frankreich Art 251 ff cc; Luxemburg Art 238 cc; Portugal Art 1774 cc; vgl auch im englischen Recht das *information meeting* sec 8 (2) FLA 1996.

84 Dazu oben Rn 18, 22.

85 So aber *Boele-Woelki* ZfRV 2001, 126; *Schlosser* Rn 4.

86 So aber *MünchKommZPO/Gottwald* Rn 9.

87 *Gruber* FamRZ 2000, 1134; *Baumbach/Albers* Rn 22; *Thomas/Putzo/Hüßtege* Rn 6.

um einen scheidungsfreundlicheren Gerichtsstand auslösen; das allein kann aber eine Vorverlegung des Anhängigkeitszeitpunkts nicht begründen.

# Abschnitt 4
# Einstweilige Maßnahmen einschließlich Sicherungsmaßnahmen

## Artikel 12

**In dringenden Fällen können die Gerichte eines Mitgliedstaats ungeachtet der Bestimmungen dieser Verordnung die nach dem Recht dieses Mitgliedstaats vorgesehenen einstweiligen Maßnahmen einschließlich Sicherungsmaßnahmen in bezug auf in diesem Staat befindliche Personen oder Güter auch dann ergreifen, wenn für die Entscheidung in der Hauptsache gemäß dieser Verordnung ein Gericht eines anderen Mitgliedstaats zuständig ist.**

**I. Einstweilige Maßnahmen – Reichweite**
1. Abweichungen von Art 31 Brüssel I-VO ..... 1
2. Einstweilige Maßnahmen ..... 4
3. Bezug zum Anwendungsbereich der VO ..... 6
4. Dringlichkeit ..... 12

**II. Zuständigkeit**
1. Zuständigkeiten lege fori ..... 14
2. Verhältnis zu völkervertraglichen Übereinkommen und anderem EG-Recht ..... 15
3. Einschränkung auf Personen und Güter im Gerichtsstaat ..... 16

**III. Eingeschränkte Wirkung**
1. Räumliche Wirkungsbeschränkung ..... 18
2. Außer-Kraft-Treten bei Hauptsacheentscheidung ..... 19

### I. Einstweilige Maßnahmen – Reichweite

### 1. Abweichungen von Art 31 Brüssel I-VO

**a)** Art 12 entspricht in seiner Funktion **Art 31 Brüssel I-VO**, der unverändert aus Art 24 EuGVÜ übernommen wurde. Die (ausschließlichen) Zuständigkeiten nach der VO sollen ausdrücklich den *lege fori* vorgesehenen vorläufigen Eilmaßnahmen nicht entgegenstehen. 1

Bei Schaffung von Art 12 wurde von Innovationen zur Bereinigung der Auslegungsprobleme zu Art 24 EuGVÜ Abstand genommen;[1] gleichwohl unterscheidet sich die vorliegende Regelung in zwei Aspekten ausdrücklich von Art 31 Brüssel I-VO. Auf-

[1] *Borrás*-Bericht Nr 58.

grund einiger sybillinischer Passagen im Bericht von *Borrás*[2] werden zudem deutlich von Art 31 abweichende Auslegungen vertreten.

2 **b)** Art 12 beschränkt sich ausdrücklich auf **dringende Fälle**.[3] Dieser Unterschied im Wortlaut dürfte allerdings nicht als Einschränkung gegenüber Art 31 Brüssel I-VO zu verstehen sein, sondern eher gewährleisten, daß die Reichweite in etwa mit der dortigen übereinstimmt.[4]

3 **c)** Unklar ist auch die Auswirkung der ausdrücklichen Beschränkung auf **Personen und Güter im Gerichtsstaat**. Ausweislich des Berichts[5] ist diese Einschränkung als Kompensation für eine dort vermutete Weite des Maßnahmenkatalogs gedacht. Während die Maßnahmen nach Art 31 Brüssel I-VO extraterritorial wirken, aber unstrittig nur Materien betreffen, die in den Anwendungsbereich der Brüssel I-VO fallen, soll Art 12 die extraterritoriale Wirkung beschränken, aber vielfältige Maßnahmen ermöglichen, die nicht notwendig in den Anwendungsbereich der VO fallen. Ob diese einigermaßen rätselhafte Interpretation im Bericht zutrifft, erscheint sowohl hinsichtlich der materiellen Reichweite[6] als auch hinsichtlich der räumlichen Wirkung[7] zweifelhaft.

### 2. Einstweilige Maßnahmen

4 **a)** Der **Begriff** der einstweiligen Maßnahmen unter Einschluß von Sicherungsmaßnahmen ist autonom zu bestimmen, wobei auf die Rechtsprechung zu Art 24 EuGVÜ zurückgegriffen werden kann.[8] Hierzu rechnen alle Maßnahmen, die dem Antragsteller nur einen vorläufigen Rechtsschutz gewähren sollen.[9] Dies setzt freilich dem Katalog von einstweiligen Maßnahmen im nationalen Recht der Mitgliedstaaten keine engen Grenzen. Der EuGH hat bisher den Begriff nur insoweit eingeschränkt, als eine Maßnahme, die bereits auf die *vorläufige Erbringung* einer Leistung gerichtet ist, nur dann unter Art 24 EuGVÜ fällt, wenn die Rückzahlung für den Fall des Obsiegens des Verpflichteten in der Hauptsache gesichert ist.[10] Soweit solche Maßnahmen im Anwendungsbereich des Art 12 überhaupt vorstellbar sind,[11] ist diese Einschränkung zu übernehmen.

5 **b)** Art 12 schafft aber **keine autonomen Typen** von einstweiligen Maßnahmen und auch keine autonome Maßnahmenzuständigkeit. Die Bestimmung stellt nicht sicher,

---

2 *Ancel/Watt* Rev crit 2001, 427.

3 *Borrás*-Bericht Nr 58; *Thomas/Putzo/Hüßtege* Rn 2; *Kennett* ICLQ 48 (1999) 470.

4 Näher unten Rn 11.

5 *Borrás*-Bericht Nr 58.

6 Unten Rn 6 ff.

7 Unten Rn 18 ff.

8 *Watté/Boularbah* Rev trim dr fam 2000, 579.

9 *Baumbach/Albers* Rn 2; *Kropholler*, EuZPR[7] Rn 5.

10 EuGH Rs 99/96 *Mietz/Intership* EuZW 1999, 727.

11 Dazu unten Rn 6 ff.

daß Eilmaßnahmen überhaupt getroffen werden können.[12] Ihrem Zweck entsprechend verweist die Regelung für die Art der jeweiligen Maßnahmen auf die *lex fori*.[13]

### 3. Bezug zum Anwendungsbereich der VO

**a)** Unstrittig betrifft Art 12 nur Maßnahmen, die aus **Anlaß** eines in den Anwendungsbereich der VO fallenden Verfahrens getroffen werden können, also Maßnahmen im Zusammenhang mit Ehe- und Kindschaftssachen.[14] Nicht erforderlich ist jedoch, daß ein solches Verfahren bereits anhängig ist. Art 12 erlaubt einen Rückgriff auf die *lex fori* erst recht dann, wenn nur Gerichte eines anderen Mitgliedstaates in der Hauptsache zuständig wären, aber noch nicht angerufen wurden. 6

**b)** Fraglich ist hingegen, ob auch der **Gegenstand** der einstweiligen Maßnahme in den Anwendungsbereich der VO fallen muß. Da der Bericht[15] einen wesentlichen Unterschied zu Brüssel I darin erkennen will, daß Art 12 vielfältige Maßnahmen, die auch *Güter* betreffen,[16] erfasse, wird verbreitet im Schrifttum vertreten, Art 12 gelte auch für sonstige Maßnahmen, die selbst nicht unter Art 1 fallen,[17] aus deutscher Sicht insbesondere für den Katalog des § 620 ZPO.[18] Bei näherer Betrachtung erweist sich diese Folgerung zum Teil als allenfalls klarstellender Natur, zum anderen Teil aber als unhaltbar. 7

**(1)** Weitgehend irrelevant ist die Frage der Einbeziehung sonstiger Maßnahmen, soweit es um das **Zuständigkeitssystem** der VO geht: Anwendung des Art 12 kann nämlich nur bedeuten, daß *sogar* Maßnahmen, die in den Anwendungsbereich des Art 1 fallen, auch von dem *lege fori* zuständigen Gericht getroffen werden können. Maßnahmen, die nicht in den Anwendungsbereich der VO fallen, werden ohnehin *lege fori* oder nach anderen internationalen oder europäischen Zuständigkeitssystemen getroffen[19]. Daß dies auch für *einstweilige* Maßnahmen gilt, ist selbstverständlich. Allenfalls läßt sich Art 12 insoweit als Klarstellung verstehen, daß solche Maßnahmen auch nach Einleitung eines Verfahrens iSd Art 1 zulässig bleiben. 8

**(2)** Unhaltbar wäre hingegen eine Ausdehnung des **Anerkennungssystems** der VO auf Maßnahmen in von der VO sachlich nicht erfaßte Materien, mit der sich die dem 9

---

[12] *Baumbach/Albers* Rn 1.

[13] *Borrás*-Bericht Nr 59; *MünchKommZPO/Gottwald* Rn 4; *Baumbach/Albers* Rn 3; *Watté/Boularbah* Rev trim dr fam 2000, 579.

[14] *MünchKommZPO/Gottwald* Rn 3; *Baumbach/Albers* Rn 3 nennt zudem Unterhaltssachen, dazu sogleich Rn 11.

[15] *Borrás*-Bericht Nr 59.

[16] Darauf stellt auch *Schlosser* Rn 2 ab.

[17] *MünchKommZPO/Gottwald* Rn 3; *Thomas/Putzo/Hüßtege* Rn 5; *Zöller/Geimer* Rn 1; *Schlosser* Rn 2.

[18] *Baumbach/Albers* Rn 3; widersprüchlich *MünchKommZPO/Gottwald* Rn 4, andererseits Rn 5.

[19] Österreichischer OGH 13. 8. 2002 (1Ob140/02y); *Ancel/Watt* Rev crit 2001, 427.

*Borrás*-Bericht folgende Meinung nicht befaßt.[20] Art 12 gibt nach seinem Wortlaut nicht den geringsten Anhalt dafür, daß die Bestimmung entgegen jeder systematischen Auslegung eines sachlich-gegenständlich beschränkten internationalen Rechtsinstruments über die Materien der VO hinaus reichen sollte. Art 31 Brüssel I-VO ist selbstverständlich auf die sachlich erfaßten Materien beschränkt.[21] Ein Anerkennungszwang hinsichtlich von einstweiligen Maßnahmen in nicht von der VO erfaßten Materien würde das Anliegen der VO und ihre Kompetenzgrundlage sprengen. Überdies käme es zu unvertretbaren Konflikten mit Brüssel I[22] und der geplanten Brüssel III-VO. Die eher vagen Bemerkungen im Bericht sprechen nicht für die Gegenansicht, weil die Dimension der Anerkennung dort nicht gesehen und die Frage nur aus Sicht des Zuständigkeitssystems erörtert wurde.

10 **(3)** Art 12 erlaubt also positiv – abgesehen von seiner klarstellenden Funktion im Zuständigkeitssystem – nur für solche Maßnahmen eine Zuständigkeit *lege fori*, die sonst in den Anwendungsbereich des Art 1 fallen würden und unterstellt solche Maßnahmen auch den Art 13ff. Der Anwendungsbereich ist damit eher gering. Einstweilige Maßnahmen im Bereich von Art 1 Abs 1 lit a dürften selten sein. Erfaßt sind neben einer formalen Gestattung des Getrenntlebens[23] jedoch auch Regelungen, die zum Zweck der Herbeiführung des Getrenntlebens oder der Sicherung eines getrenntlebenden Ehegatten ergehen, ohne über den Status selbst bereits zu entscheiden.[24] Im Anwendungsbereich von Art 1 Abs 1 lit b sind alle Sorgemaßnahmen erfaßt, die noch nicht abschließend für den Fall der Statusentscheidung die elterliche Verantwortung einschließlich des Umgangs regeln.

11 **(4)** Jedenfalls erfaßt Art 12 nicht **einstweilige Unterhaltsmaßnahmen**.[25] Da diese Materie in den Anwendungsbereich von Brüssel I fällt, ist Art 31 Brüssel I-VO als speziellere Regelung anzuwenden, so daß zwar ebenfalls aufgrund von Zuständigkeiten *lege fori* entschieden werden kann, aber weder eine zusätzliche Prüfung der Dringlichkeit noch die Anwesenheit des Unterhaltsberechtigten oder -verpflichteten im Gerichtsstaat erforderlich ist.[26]

---

[20] *Sumampouw*, in: FS Siehr (2000) 739; zweifelnd *Boele-Woelki* ZfRV 2001, 126 mit Nachw.

[21] EuGH Rs 25/81 *W/H* IPRax 1983, 77.

[22] Sogleich Rn 11.

[23] Die im deutschen Recht keine materielle Bedeutung mehr hat, vgl aber § 620 Nr 5 ZPO, *Schlosser* Rn 2.

[24] Aus deutscher Sicht sind das insbesondere Regelungen nach §§ 2 f GewSchG (BGBl 2001 I 3513), aber auch nach § 1361 b BGB, der gerade in der Neufassung durch das GewSchG nicht mehr nur als eine Folgesache zur Nutzungsregelung im Sinn einer Vorverlagerung der Regelungen der HausratsVO zu verstehen ist, sondern als ein Instrument zum persönlichen Schutz eines getrennt lebenden Ehegatten. Nicht erfaßt ist dagegen § 1361 a BGB.

[25] Insoweit wie hier: *Watté/Boularbah* Rev trim dr fam 2000, 580; **aA** *Baumbach/Albers* Rn 3.

[26] Vgl zu diesen formalen Abweichungen zwischen Art 12 und Art 31 Brüssel I-VO oben Rn 2, 3.

### 4. Dringlichkeit

**a)** Die nach dem Wortlaut ausdrücklich geforderte Beschränkung auf **dringende Fälle** wird zwar gelegentlich als Unterschied zu Art 31 Brüssel I-VO betont,[27] die Bedeutung dieses Kriteriums ist jedoch nicht klar. Am ehesten bietet sich ein Verständnis an, das die Dringlichkeit als zusätzliches autonomes Tatbestandsmerkmal einbringt, wenn *lege fori* ein Eilbedürfnis nicht explizit gefordert ist. Während nämlich einstweiligen Maßnahmen im allgemeinen Zivilprozeß regelmäßig tatbestandlich die Dringlichkeit immanent ist, könnten in Status- und Sorgeverfahren durchaus Maßnahmen zur vorübergehenden Regelung, insbesondere während des Getrenntlebens, in Betracht kommen, die nicht per se dringlich sind. 12

**b)** Für **Sorgemaßnahmen** stimmt der Dringlichkeitsbegriff in Art 12 nicht notwendig mit dem in Art 9 MSA/Art 11 Abs 1 KSÜ überein. Jedenfalls so lange eine Statussache noch nicht anhängig ist, gibt es für solche Regelungen kein nach der VO besser zuständiges Gericht, dessen Existenz hingegen die Haager Notzuständigkeiten voraussetzen. Ist dagegen eine Statussache anhängig und fällt die begehrte Maßnahme in den Anwendungsbereich der VO,[28] so wird sich der Dringlichkeitsmaßstab dem der Haager Übereinkommen annähern. 13

## II. Zuständigkeit

### 1. Zuständigkeiten *lege fori*

Art 12 schafft keine eigenständige Zuständigkeit, sondern gestattet für die einstweilige Maßnahme die Inanspruchnahme von Zuständigkeiten außerhalb der VO, auch wenn in der Hauptsache die Zuständigkeiten der VO ausschließlich sind. Dies sind regelmäßig die nach der *lex fori* vorgesehenen Zuständigkeiten.[29] Unerheblich ist, ob ein Statusverfahren iSd Art 1 Abs 1 lit a bereits anhängig ist, oder lediglich eine potentiell bestehende anderweitige ausschließliche Zuständigkeit überwunden werden muß; Art 12 gilt auch für Eilmaßnahmen neben einem anderweitig anhängigen Statusverfahren. 14

### 2. Verhältnis zu völkervertraglichen Übereinkommen und anderem EG-Recht

Art 12 beeinflußt jedoch nicht das Verhältnis zwischen nationalem Recht und anderen Rechtsinstrumenten. Soweit die *lex fori* durch völkervertragliche Übereinkommen, insbesondere das MSA und das KSÜ verdrängt ist, kann auch im Rahmen des Art 12 die Zuständigkeit nicht auf nationale Vorschriften gestützt werden. 15

---

27 *Borrás*-Bericht Nr 59; *Thomas/Putzo/Hüßtege* Rn 2; *Kennett* ICLQ 48 (1999) 470.

28 Zur Anwendung auf Sorgeregelungen während des Getrenntlebens Art 1 Rn 13.

29 *Borrás*-Bericht Nr 59; *Baumbach/Albers* Rn 1; *MünchKommZPO/Gottwald* Rn 1.

Ebensowenig verändert Art 12 das Verhältnis zwischen *lex fori* und anderen Rechtsinstrumenten des EG-Rechts. Schon aus diesem Grund könnte, selbst wenn man der hier vertretenen Beschreibung des Anwendungsbereichs[30] nicht folgt, die Zuständigkeit für einstweilige Unterhaltsmaßnahmen nur über Art 31 Brüssel I-VO *lege fori* beurteilt werden.

**3. Einschränkung auf Personen und Güter im Gerichtsstaat**

16 **a)** Die durch Art 12 zugelassene Zuständigkeit beschränkt sich auf **Personen** und **Güter**, die sich im Staat des Gerichts befinden, vor dem die einstweilige Maßnahme begehrt wird. Diese Beschränkung gilt selbstverständlich nur für solche Maßnahmen, für die eine Zuständigkeit *lege fori* erst durch Art 12 *eröffnet* wird. Für Maßnahmen, die sachlich nicht der VO unterfallen, wirkt Art 12 nicht zuständigkeitsbegrenzend. Insoweit stellt Art 12 allenfalls klar, daß auch für *einstweilige* Maßnahmen nicht das Zuständigkeitssystem der VO gilt.[31]

17 **b)** Soweit Art 12 eine positive Wirkung entfaltet, begrenzt diese Einschränkung Zuständigkeiten, die eine vorläufige Regelung von Statusverhältnissen oder Sorgeverhältnissen auch dann ermöglichen, wenn sich im **Zeitpunkt der Maßnahme** die betroffenen Personen oder Güter nicht im Entscheidungsstaat befinden. Für Sorgemaßnahmen ist dazu grundsätzlich auf die Person des Kindes abzustellen, für ein einstweiliges Umgangsverbot sollte es aber genügen, wenn der Adressat des Verbots sich im Gerichtsstaat aufhält. Einstweilige Maßnahmen zwischen den Ehegatten sind nur möglich, wenn sich wenigstens ein Ehegatte im Gerichtsstaat aufhält oder eine unmittelbar betroffene Sache (zB die eheliche Wohnung) dort belegen ist.

**III. Eingeschränkte Wirkung**

**1. Räumliche Wirkungsbeschränkung**

18 Teilweise wird aus der *Beschränkung der Zuständigkeit*[32] auf Personen und Güter im Entscheidungsstaat eine **territoriale Wirkungsbeschränkung der Maßnahme** auf den Gerichtsstaat gefolgert.[33] Auch dieser Meinung liegt zwar eine Äußerung im Bericht[34] zugrunde, sie findet aber in der Bestimmung selbst keine Stütze. Auch die Rechtsprechung des EuGH zur einschränkenden Inanspruchnahme der Zuständigkeit aus Art 24 EuGVÜ[35] verlangt zwar einen *ursprünglichen* Bezug zum Staat der Maßnahme, beschränkt aber nicht deren *Wirkung*. Allenfalls wird faktisch die Frage der Anerkennung seltener auftreten, weil sich die Wirkung einer Maßnahme solange überwiegend im

---

30 Oben Rn 8 ff.

31 Dazu oben Rn 8.

32 Dazu soeben Rn 17.

33 *Baumbach/Albers* Rn 4; *Thomas/Putzo/Hüßtege* Rn 6.

34 *Borrás*-Bericht Nr 59.

35 EuGH Rs C-391/95 *Van Uden/Deco-Line* EuGHE 1998 I 7091; EuGH Rs C-99/96 EuZW 1999, 727.

Entscheidungsstaat entfaltet, wie die betroffene Person oder Sache sich dort befindet.[36] Im übrigen entfalten unter Art 12 ergangene Maßnahmen (zB ein Umgangsverbot) in allen Mitgliedstaaten Wirkung und sind nach Art 13 ff anzuerkennen.[37]

## 2. Außer-Kraft-Treten bei Hauptsacheentscheidung

**a)** Eine autonome Regelung der **Geltungsdauer** der einstweiligen Maßnahme enthält 19
Art 12 nicht. Es kann auch nicht aus der autonomen Bezeichnung einer Maßnahme als „einstweilig" ohne weiteres auf deren Geltungsdauer geschlossen werden. Auch insoweit ist zwischen Maßnahmen im sachlichen Anwendungsbereich der VO und anderen Maßnahmen zu unterscheiden – was an dieser Stelle auch die Gegenansicht[38] nicht verkennt.[39]

**b)** Einstweilige Maßnahmen, für die **Art 12 nur klarstellend** die Zuständigkeit *lege fori* 20
bestätigt, sind durch die Hauptsacheentscheidung der nach Art 2 ff zuständigen Gerichte in der Statussache nicht unmittelbar berührt. Ob die Hauptsacheentscheidung mittelbar die einstweilige Maßnahme berührt, insbesondere ob sie mit Rechtskraft der Ehescheidung außer Kraft tritt oder es einer Aufhebung oder Änderung bedarf, entscheidet die *lex fori*.[40]

**c)** Soweit die Maßnahme in den **Anwendungsbereich der VO** fällt, wird sie nur dann 21
durch die Hauptsacheentscheidung des nach Art 2 ff zuständigen Gerichts hinfällig, wenn und soweit dieses Gericht ausdrücklich eine Entscheidung trifft.[41] Eine Hauptsacheentscheidung, die sich inhaltlich nicht mit dem Gegenstand der einstweiligen Maßnahme befaßt,[42] berührt hingegen wiederum die Maßnahme nur dann, wenn sie *lege fori* schon kraft Gesetzes bis zum Erlaß der Hauptsacheentscheidung gilt oder ausdrücklich bis dahin befristet ist.

---

[36] So *MünchKommZPO/Gottwald* Rn 2.

[37] Vgl *Boele-Woelki* ZfRV 2001, 126 mit Nachw.

[38] Oben Rn 8 ff.

[39] Vgl insbesondere *Borrás*-Bericht Nr 59 aE.

[40] *Borrás*-Bericht Nr 59; *Thomas/Putzo/Hüßtege* Rn 7.

[41] Unklar *Borrás*-Bericht Nr 59 aE; *Thomas/Putzo/Hüßtege* Rn 7.

[42] ZB ein Scheidungsurteil, das nach einstweiliger Umgangsregelung keine (anderen) Maßnahmen zur elterlichen Verantwortung trifft.

# Kapitel III
# Anerkennung und Vollstreckung

## Artikel 13
## Bedeutung des Begriffs „Entscheidung"

(1) Unter „Entscheidung" im Sinne dieser Verordnung ist jede von einem Gericht eines Mitgliedstaats erlassene Entscheidung über die Ehescheidung, die Trennung ohne Auflösung des Ehebandes oder die Ungültigerklärung einer Ehe sowie jede aus Anlaß eines solchen Verfahrens in Ehesachen ergangene Entscheidung über die elterliche Verantwortung der Ehegatten zu verstehen, ohne Rücksicht auf die Bezeichnung der jeweiligen Entscheidung, wie Urteil oder Beschluß.
(2) Die Bestimmungen dieses Kapitels gelten auch für die Festsetzung der Kosten für die nach dieser Verordnung eingeleiteten Verfahren und die Vollstreckung eines Kostenfestsetzungsbeschlusses.
(3) Für die Durchführung dieser Verordnung werden öffentliche Urkunden, die in einem Mitgliedstaat aufgenommen und vollstreckbar sind, sowie vor einem Richter im Laufe eines Verfahrens geschlossene Vergleiche, die in dem Mitgliedstaat, in dem sie zustande gekommen sind, vollstreckbar sind, unter denselben Bedingungen wie die in Absatz 1 genannten Entscheidungen anerkannt und für vollstreckbar erklärt.

**I. Anwendungsbereich des Anerkennungssystems der Brüssel II-VO**
1. Sachlicher, räumlicher, zeitlicher Anwendungsbereich ... 1
2. Verhältnis zu anderem Europarecht, Staatsverträgen und nationalem Recht 4

**II. Begriff der Entscheidung**
1. Gerichtliche Entscheidungen ... 7
2. Nur statusändernde Entscheidungen .. 10
3. Bestandskraft ... 13
4. Kostenfestsetzungsbeschlüsse ... 15
5. Eilmaßnahmen ... 18
6. Öffentliche Urkunden und Prozeßvergleiche ... 20

### I. Anwendungsbereich des Anerkennungssystems der Brüssel II-VO

#### 1. Sachlicher, räumlicher, zeitlicher Anwendungsbereich

1 **a)** Das Anerkennungssystem der VO ist dem der Brüssel I-VO/EuGVÜ nachgebildet. Der **sachliche Anwendungsbereich** der VO ist in Abs 1 ausdrücklich aufgenommen, stimmt aber für das Anerkennungssystem mit dem des Art 1 Abs 1 überein. Es sind nur Entscheidungen in **Ehesachen** (Art 1 Abs 1 lit a)[1] unter Einschluß eines ggf erfolgten

---

[1] Dazu Art 1 Rn 1 ff.

Verschuldensausspruchs[2] und aus Anlaß solcher Entscheidungen erlassene Entscheidungen über die elterliche Verantwortung (Art 1 Abs 1 lit b)[3] anzuerkennen. Nicht erforderlich ist, daß über die Sorgesache im Verbund entschieden wurde. Im Einzelfall dürfte der Anlaß selbst dann nicht leicht feststellbar sein, wenn man der hier vertretenen zeitlichen Einordnung[4] folgt; **Sorgeentscheidungen** zwischen den Eltern während der Anhängigkeit der Ehesache sind zwar immer erfaßt. Sorgeentscheidungen, die nach Rechtskraft der Ehesachenentscheidung ergangen sind, fallen entsprechend dem Rechtsgedanken des Art 3 nur unter das Anerkennungssystem der VO, wenn das Verfahren noch vor Rechtskraft der Ehesachenentscheidung eingeleitet wurde.

Andere **Folgesachenentscheidungen** unterfallen, auch wenn sie im Verbund mit der Ehesache ergangen sind, nicht der Anerkennung nach Art 13ff.[5] Ihre Anerkennung unterliegt nicht der VO. Es gibt aber weiterhin keine Anerkennung einer Scheidungsfolgenentscheidung ohne Anerkennung der Ehescheidung: Soweit über eine Scheidungsfolge entschieden wurde, kann eine solche Entscheidung nur anerkannt werden, wenn das zugrundeliegende Scheidungsurteil (insoweit ggf nach der VO) anerkennungsfähig ist.[6]

**b) Räumlich** unterliegen der Anerkennung nach der VO nur Entscheidungen, die in einem Mitgliedstaat (Art 1 Abs 3)[7] erlassen wurden (Abs 1 S 1).[8] 2

**c) Zeitlich** sind Entscheidungen erfaßt, die in einem nach dem 1. 3. 2001 eingeleiteten Verfahren ergehen (dazu Art 42 Abs 1).[9] Seit dem 1. 3. 2001 erlassene Entscheidungen in früher eingeleiteten Verfahren sind unter den Voraussetzungen des Art 42 Abs 2[10] von Art 13ff erfaßt. Vor dem 1. 3. 2001 erlassene Entscheidungen fallen in keinem Fall unter die VO. 3

### 2. Verhältnis zu anderem Europarecht, Staatsverträgen und nationalem Recht

**a)** Das Verhältnis zu anderen **europarechtlichen Instrumenten**, insbesondere zur Brüssel I-VO, bestimmt sich aus den jeweiligen sachlichen Anwendungsbereichen, da diese überschneidungsfrei angelegt sind. Insbesondere unterliegen Entscheidungen aus Mit- 4

---

[2] Nicht aber der an den Verschuldensausspruch anknüpfenden Folgesachen, Art 1 Rn 7; **aA** *Thomas/Putzo/Hüßtege* Vorbem Art 13 Rn 1.

[3] Dazu Art 1 Rn 8ff.

[4] Art 1 Rn 14.

[5] *Helms* FamRZ 2001, 258; *Hausmann* EuLF 2000/01, 348.

[6] Vgl BGHZ 64, 19.

[7] Art 1 Rn 15.

[8] Näher dazu Vorbemerkungen vor Art 1 Rn 13.

[9] *Sturlèse* JClP (G) 2001, 246.

[10] Vgl die Erläuterungen dort.

gliedstaaten in Unterhaltssachen (auch im Verbundurteil) weiterhin der Anerkennung nach Art 32 ff Brüssel I-VO.[11]

5 **b)** Art 13 ff gehen in ihrem Anwendungsbereich nach Maßgabe der Art 36, 37, 38 den dort genannten **völkervertraglichen Übereinkommen** vor. Bilaterale oder multilaterale Übereinkünfte zur Ergänzung der VO nach Art 39 kommen im Bereich der Anerkennung und Vollstreckung nicht in Betracht,[12] da Art 39 Abs 2 insoweit jede Abweichung untersagt. Außerhalb des Anwendungsbereichs der VO gehen weiterhin Anerkennungsregeln in völkervertraglichen Übereinkommen der *lex fori* vor, es gelten also insbesondere Art 7 MSA/Art 23 ff KSÜ für Sorgeregelungen, die nicht unter Art 1 Abs 1 lit b fallen.

6 **c)** Die Anerkennung nach der **nationalen *lex fori*** ist im Anwendungsbereich der VO ebenfalls verdrängt. Da die VO durchweg die Anerkennung im Vergleich zu den nationalen Anerkennungsregelungen erleichtert, stellt sich die im völkervertraglichen Bereich diskutierte Frage des hilfsweisen Rückgriffs auf die *lex fori* nicht. Die Anerkennung erschwerende Bestimmungen der *lex fori* sind jedenfalls ausgeschlossen, insbesondere gelten nicht § 328 Abs 1 Nr 1 ZPO,[13] § 16a Abs 1 Nr 1 FGG und Art 7 § 1 FamRÄndG.[14]

## II. Begriff der Entscheidung

### 1. Gerichtliche Entscheidungen

7 **a)** Abs 1 greift für die Definition der **Entscheidung** die unglückliche Tautologie aus Art 32 Brüssel I-VO auf,[15] weshalb hinsichtlich der Typologie der einbezogenen Entscheidungen auf jene Bestimmung zurückgegriffen werden kann. Auf die Bezeichnung der Entscheidung kommt es nicht an.[16]

8 **b)** Obgleich Abs 1 nur von **gerichtlichen** Entscheidungen spricht, gelten Art 13 ff auch für **behördliche** Entscheidungen.[17] **Kirchliche** Entscheidungen sind erfaßt, wenn sie im jeweiligen Mitgliedstaat unmittelbar wirken, was durch die Nennung der Konkordatsfälle in Art 40 Abs 2, 3 bestätigt wird.[18] Bedürfen kirchliche Entscheidungen nach dem

---

[11] *Zöller/Geimer* Rn 2; für dänische Entscheidungen gelten insoweit Art 25 ff EuGVÜ, für Entscheidungen aus Lugano-Staaten, die nicht Mitgliedstaaten sind, Art 25 ff Luganer Übereinkommen.

[12] **AA** *Thomas/Putzo/Hüßtege* Vorbem Art 13 Rn 2.

[13] Vgl Art 17; auch § 328 Abs 1 Nr 2 ff ZPO gelten nicht, sind jedoch inhaltsähnlich als Anerkennungshindernisse in Art 15 enthalten.

[14] *Helms* FamRZ 2001, 261; *Thomas/Putzo/Hüßtege* Vorbem Art 13 ff Rn 3.

[15] *Schlosser* Rn 1.

[16] Vgl Erläuterungen zu Art 32 Brüssel I-VO.

[17] Erwägungsgründe 9, 15; *Schack* RabelsZ 65 (2001) 627; *Helms* FamRZ 2001, 259.

[18] *Helms* FamRZ 2001, 259.

jeweiligen innerstaatlichen Recht eines Mitgliedstaates der *staatlichen Homologisation*, so ist diese staatliche Entscheidung Gegenstand der Anerkennung und fällt in den Anwendungsbereich.[19] Lediglich staatlich nicht autorisierte kirchliche Entscheidungen sind nicht erfaßt.[20]

c) **Privatscheidungen**, an denen keine Behörde eines Mitgliedstaates mitgewirkt hat, 9
sind nicht nach Art 13ff anzuerkennen.[21] Erforderlich ist hierbei eine konstitutive Mitwirkung der Behörden oder Gerichte eines Mitgliedstaates. Die konstitutive Natur beurteilt sich nicht allein nach den Bestimmungen des Scheidungsstatuts, sondern kann sich auch aus den kollisions- oder verfahrensrechtlichen Bestimmungen des Mitgliedstaates ergeben, in dem die Scheidung stattfindet. Hierfür genügt es jedenfalls, wenn ein Mitgliedstaat die nach dem maßgeblichen Scheidungsstatut vorgesehene Privatscheidung innerstaatlich nur in einem gerichtlichen Verfahren vollzieht, wie dies gemäß Art 17 Abs 2 EGBGB in Deutschland erfolgt.[22] Es genügt aber auch eine innerstaatliche *Homologisation* einer in dem jeweiligen Mitgliedstaat erfolgten Privatscheidung, sofern erst dieser gerichtlich-behördliche Vorgang der Scheidung in diesem Mitgliedstaat Wirksamkeit verleiht. Genügend ist schließlich auch die Mitwirkung einer *religiösen Behörde*, sofern diese ihre Autorität zur Mitwirkung an einer staatlich als wirksam angesehenen Entscheidung aus dem Recht eines Mitgliedstaates erlangt.[23]

Hingegen genügt die bloße *personenstandsrechtliche Registrierung* einer aus Sicht eines Mitgliedstaates bereits *lege causae* wirksam erfolgten Privatscheidung nicht, um sie in den Status einer Entscheidung nach Art 13 zu heben.[24] Ebenso genügt es nicht, wenn eine staatlich nicht autorisierte kirchliche Behörde mit Sitz in einem Mitgliedstaat mitgewirkt hat.[25] Maßgeblich ist also immer, ob nach dem Recht des jeweiligen Mitgliedstaates eine von dessen Recht – einschließlich des IPR – zur konstitutiven Mitwirkung autorisierte Behörde beteiligt war.

### 2. Nur statusändernde Entscheidungen

**a)** Ohne daß dies im Wortlaut des Art 13 klar zum Ausdruck kommt, sind Art 13ff in 10
**Ehesachen** auf Entscheidungen zu beschränken, welche positiv eine **Statusänderung** oder -lockerung aussprechen. Hingegen sind antragsabweisende Entscheidungen nicht

---

19 *Helms* FamRZ 2001, 259.

20 *Schack* RabelsZ 65 (2001) 627.

21 *Wagner* IPRax 2001, 76; *Helms* FamRZ 2001, 259; *Thomas/Putzo/Hüßtege* Rn 4.

22 Daß zB die Scheidung muslimisch-marokkanischer Ehegatten in Deutschland aus Sicht des marokkanischen Scheidungsstatuts keiner behördlichen Mitwirkung bedarf, steht der Annahme nicht entgegen, daß die wegen Art 17 Abs 2 EGBGB durch das Familiengericht aufgrund eines *talaq* ausgesprochene Scheidung eine Entscheidung iSd Art 13 ist.

23 *Helms* FamRZ 2001, 260.

24 Nicht differenzierend zur Registrierung: *Baumbach*/Albers Rn 3; *Ancel/Muir Watt* Rev crit 2001, 435.

25 *Helms* FamRZ 2001, 260.

erfaßt und damit auch nicht der Anerkennung nach Art 13ff fähig.[26] Dies entspricht dem Ziel der VO, die Anerkennung und Vollstreckung von Statusentscheidungen zu erleichtern. Zugleich wird dadurch verhindert, daß eine Entscheidung, die einen Trennungs-, Aufhebungs- oder Scheidungsantrag abweist, in ihren einen neuen Antrag womöglich präkludierenden Wirkungen in anderen Mitgliedstaaten anerkannt werden muß.

In **Sorgesachen** ist hingegen eine Unterscheidung nicht geboten, da auch die Abweisung einer Sorgerechtsänderung einen positiv anerkennungsfähigen Regelungsgehalt hervorbringt, nämlich die Beibehaltung der bisherigen Sorgerechtsverhältnisse.[27] Auch können solche Entscheidungen regelmäßig nicht einen späteren Antrag präkludieren, der eine andere Beurteilung des Kindeswohls anstrebt.

11 **b)** Ein Ehegatte, dessen Antrag abgewiesen wurde, ist also durch die VO nicht gehindert, vor den Gerichten eines anderen *zuständigen* Mitgliedstaates **denselben Antrag**, gestützt auf dieselben materiellen Gründe, erneut zu verfolgen. Art 13ff stehen jedoch der Anerkennung von Präklusionswirkungen *lege fori* oder in Anwendung völkervertraglicher Übereinkommen auch nicht entgegen; ein Vorrang des Anerkennungssystems der VO besteht nur, soweit ihr positiver Anwendungsbereich reicht.[28]

12 **c)** Aus demselben Grund sind **positive Feststellungsurteile** nicht in Art 13ff einzubeziehen. Zwar fallen Feststellungsverfahren grundsätzlich in den Anwendungsbereich der VO. Jedoch würde die Einbeziehung positiver Feststellungsurteile in das Anerkennungssystem dazu führen, alle Mitgliedstaaten zur Anerkennung einer Ehe zu zwingen, die aus Sicht auch nur eines Mitgliedstaates wirksam geschlossen ist, und damit die anderweitige Geltendmachung von Eheschließungsmängeln verhindern.[29] Hingegen spricht nichts gegen die Einbeziehung **negativer Feststellungsurteile**. Die fehlende Konvergenz in den Rechtsordnungen der Mitgliedstaaten hinsichtlich der Frage, welche Mängel eine Ehe ex ante nichtig erscheinen lassen, steht der Einbeziehung nicht entgegen:[30] Gerade weil es eine eher zufällige Entscheidung ist, ob eine Rechtsordnung eine mangelbehaftete Ehe als nichtig, vernichtbar, aufhebbar oder nur scheidbar ansieht, wäre es verfehlt, die Verkehrsfähigkeit negativer Feststellungsurteile nicht Art 13ff zu unterstellen, die Verkehrsfähigkeit auf einen gleichartigen Mangel gestützter Aufhebungsurteile aber zu gewährleisten.

---

[26] So ausdrücklich Erwägungsgrund Nr 15; *Borrás*-Bericht Nr 60; *Baumbach/Albers* Rn 1; *MünchKomm-ZPO/Gottwald* Rn 2; *Zöller/Geimer* Rn 3; *Schlosser* Rn 1; *Hau* FamRZ 1999, 485; *Wagner* IPRax 2001, 76; *Hausmann* EuLF 2000/01, 348; *Schack* RabelsZ 65 (2001) 627; *Sturlèse* JClP (G) 2001, 246; *Ancel/Muir Watt* Rev crit 2001, 435; *Watté/Boularbah* Rev trim dr fam 2000, 585; *Kennett* ICLQ 48 (1999) 470; *Jänterä-Jareborg* YB of PIL 1999, 19.

[27] *Watté/Boularbah* Rev trim dr fam 2000, 585.

[28] *Helms* FamRZ 2001, 258.

[29] Näher Art 1 Rn 2.

[30] So aber *Helms* FamRZ 2000, 259.

### 3. Bestandskraft

a) Eine Entscheidung ist in Art 13 einbezogen und damit nach Art 14ff anerkennungsfähig, sobald sie **erlassen** ist. Dazu ist grundsätzlich die formelle Rechtskraft nicht erforderlich.[31] Ausnahmsweise verlangt Art 14 Abs 2 jedoch die Unanfechtbarkeit mit ordentlichen Rechtsbehelfen als Voraussetzung der Anerkennung zum Zweck der Beischreibung in Personenstandsbüchern.[32] 13

b) Erforderlich ist jedoch, daß die Entscheidung bereits **Wirkungen erzeugt**. Das ergibt sich aus der Struktur der Urteilsanerkennung als Wirkungserstreckung:[33] Eine Entscheidung, die im Ursprungsstaat noch nicht wirkt, kann auch nicht im Wege der Anerkennung Wirkungen erstrecken. Das hat insbesondere Bedeutung, wenn im Urteilsstaat ein Scheidungsurteil erst mit Eintragung in ein Register wirksam wird und ggf jede Wirkung verliert, wenn es nicht fristgemäß eingetragen wird.[34] Ist die Registereintragung einer Ehescheidung, vergleichbar dem romanischen Grundstücksverkehr, hingegen nur erforderlich, um Dritten entgegengehalten zu werden,[35] so schließt das die Anerkennung der Wirkungen *inter partes* nicht aus; fraglich – und *lege fori* des Ursprungsstaates zu beantworten – ist in diesem Fall, ob die Eintragung in ein ausländisches Personenstandsregister die Wirkungen bzw Drittwirkungen herbeiführen kann. 14

### 4. Kostenfestsetzungsbeschlüsse

a) Abs 2 bezieht ausdrücklich Entscheidungen über die **Kostenfestsetzung** in das Anerkennungs- und Vollstreckungssystem ein.[36] Erfaßt sind jedoch nur Kostenfestsetzungen für Entscheidungen im *Anwendungsbereich* der VO. 15

b) Fraglich ist, ob auch die Kosten für eine die **Statusänderung ablehnende Entscheidung** unter Art 13 Abs 2 fallen, da solche Entscheidungen im Sachausspruch nicht anerkennungsfähig sind.[37] Die Einbeziehung der zugehörigen Kostenentscheidung ist hingegen geboten. Nicht zwingend erscheint zwar das Argument, es komme sonst zu einer Lücke in der Freizügigkeit von Kostenentscheidungen;[38] eine die Auslegung beeinflussende Lücke kann nur angenommen werden, wenn die VO im Kontext mit anderen europarechtlichen Instrumenten die Funktion übernommen hat, auch Kostenentscheidungen flächendeckend verkehrsfähig zu machen, was angesichts des lückenhaften Anerkennungssystems nicht ohne weiteres feststellbar ist. Für Kostenentscheidungen dieses Typs fällt jedoch das zugrundeliegende *Verfahren als solches* durchaus in den An- 16

---

[31] *Helms* FamRZ 2001, 260; *Thomas/Putzo/Hüßtege* Rn 2.

[32] *Helms* FamRZ 2001, 260; *Baumbach/Albers* Rn 5.

[33] Vgl Art 14 Rn 2.

[34] Vgl *Borràs*-Bericht Nr 60: Niederlande, Art 1:163 Abs 1 BW.

[35] Vgl *Borrás*-Bericht Nr 60: Belgien, Art 1275, 1303, 1309, 1310 CJ.

[36] *Baumbach/Albers* Rn 2; *MünchKommZPO/Gottwald* Rn 3.

[37] Oben Rn 10.

[38] So *Schlosser* Rn 2.

wendungsbereich der VO. Die Anerkennung der Sachentscheidung ist lediglich aus teleologischen Gründen zur Vermeidung von Präklusionswirkungen ausgeschlossen, was aber der (positiven) Anerkennung des Kostenausspruchs nicht entgegensteht.[39]

17 **c)** Fraglich ist auch, ob die Kostenentscheidung, soweit sie sich auf **Verbundsachen** bezieht, die nicht der VO unterfallen, in die Anerkennung nach der VO einzubeziehen ist. Würde über diese Materien in einem isolierten Verfahren entschieden, so beurteilte sich die Anerkennung nicht nach der VO, sondern ggf nach den insoweit nicht verdrängten Haager Übereinkommen von 1954 über den Zivilprozeß und von 1980 über die Erleichterung des internationalen Zugangs zu den Gerichten (Art 38 Abs 1, Art 36 Abs 1).[40] Besteht zwischen den beteiligten Staaten keine Bindung nach diesen Übereinkommen oder ergibt sich keine Anerkennungsfähigkeit, so besteht kein Grund, den Kostengläubiger unter dem unspezifischen Ziel der Verkehrsfähigkeit von Kostenentscheidungen besser zu stellen.

Es ist daher bei Verbundentscheidungen zu differenzieren: Soweit sich aus der Entscheidung unter Zuhilfenahme der Gründe abtrennbare Kosten für nicht der VO unterliegende Folgesachen ergeben, nehmen diese an der Anerkennung nicht teil. Sind nicht abtrennbare Kosten, jedoch aufteilbare Streitwerte mitgeteilt, so sind die Kosten verhältnismäßig auf die Streitwerte aufzuteilen und nur die Kosten der Ehe- und Sorgesache in Art 13 Abs 2 einbezogen.[41] Nur wenn und soweit eine Abtrennung der Kosten für eine Folgesache nicht möglich ist, untersteht die Kostenentscheidung insgesamt Art 13 Abs 2.[42]

### 5. Eilmaßnahmen

18 **a)** Ob Eilmaßnahmen iSd Art 12 einzubeziehen sind, ist unklar. Die Behandlung der Frage ist dadurch beeinflußt, daß teilweise im Schrifttum angenommen wird, Art 12 erlaube auch Maßnahmen, die **Materien außerhalb des Anwendungsbereichs** der VO betreffen. Da deren Zulässigkeit jedoch ohnehin *lege fori* zu beurteilen ist, Art 12 also nicht geeignet ist, solche Maßnahmen zu gestatten, und insoweit allenfalls klarstellende Funktion hat,[43] kommt die Anerkennung solcher Maßnahmen nach Art 13ff nicht in Betracht.[44]

---

[39] *Schlosser* Rn 2.

[40] *Borrás*-Bericht Rn 2.

[41] Die Frage ist nicht ohne Bedeutung: Während zB die Streitwertanteile des Versorgungsausgleichs und einer Hausratsentscheidung relativ geringfügig ins Gewicht fallen, wäre es völlig unangebracht, die Kosten eines im Verbund mitentschiedenen Zugewinnausgleichs, der den Streitwert der Ehesache bei weitem übersteigen kann, in die Anerkennung und Vollstreckung nach der VO einzubeziehen.

[42] Anders *Schlosser* Rn 2, der eine praktische Möglichkeit der Differenzierung nicht in Betracht zieht.

[43] Dazu Art 12 Rn 6ff.

[44] IE ebenso, jedoch wegen der angeblichen Wirkungsbeschränkung solcher Maßnahmen auf den Entscheidungsstaat: *Helms* FamRZ 2001, 260; **aA** *Hausmann* EuLF 2000/01, 348; *Sumampouw*, in: FS Siehr (2000) 739; vgl zu dieser Frage Art 12 Rn 16ff.

**b)** Vom hier vertretenen Standpunkt stellt sich damit nur die Frage der Einbeziehung einstweiliger Maßnahmen betreffend **Materien im Anwendungsbereich** der VO. Für diese gilt unstreitig Art 13.[45] Auf solche Maßnahmen ist die einschränkende Rechtsprechung des EuGH zu Art 24ff EuGVÜ[46] zu übertragen, wonach einstweilige Maßnahmen nicht einzubeziehen sind, die auf einseitigen Antrag ohne vorherige Anhörung des Antragsgegners ergehen.[47] Daß in Sorgerechtssachen Maßnahmen ggf aus Gründen des Kindeswohls ohne vorherige Anhörung ergehen, spricht nicht dafür, sie in das Anerkennungssystem der VO einzubeziehen, sofern nur die Gewährung rechtlichen Gehörs nachgeholt wird.[48] Der Grundfehler der VO, als ein in Anlehnung an Brüssel I und damit für kontradiktorische Verfahren konzipiertes Instrument Sorgesachen als Annex einzubeziehen, statt sich des ausgewogenen Systems des Haager KSÜ zu bedienen, kann nicht zum Anlaß genommen werden, ihren Anwendungsbereich zu Lasten dieses ausgewogenen Systems auszudehnen. Der Hinweis auf „gute Gründe des Kindeswohls" ist kein Allzweckargument, mit dem sich Elternrechte im strukturell falschen System aushebeln lassen. Der von der Haager Konferenz 1996 mit viel Sachverstand vollzogene Übergang vom System der nicht anerkennungspflichtigen Eilmaßnahme (Art 9 MSA) zum konsultativen System der Art 9ff, 11 KSÜ läßt sich nicht mit der scheinbaren Eleganz dieses Arguments überwinden, denn gerade um die Frage, *was* gute Gründe des Kindeswohls sind, wird ja in diesen Fällen gestritten. 19

## 6. Öffentliche Urkunden und Prozeßvergleiche

**a) Öffentliche Urkunden** und **gerichtliche Vergleiche** werden in das Anerkennungssystem der VO einbezogen (Abs 3). Sie werden jedoch im Gegensatz zu Art 57, 58 Brüssel I-VO nicht – vorbehaltlich des *ordre public* – schlicht für vollstreckungsfähig erklärt, sondern insgesamt dem für Entscheidungen geltenden *Anerkennungssystem* der Art 14ff und damit insbesondere den weiteren Anerkennungshindernissen nach Art 15 unterstellt.[49] Hintergrund ist die erhebliche Zurückhaltung gegenüber vergleichsweisen Regelungen von personenstands- und sorgerechtlichen Streitigkeiten.[50] 20

Die Einbeziehung in das *Anerkennungssystem* geht allerdings systematisch deutlich über das eigentliche Ziel der Verstärkung der Vollstreckungs-Hinderungsgründe hinaus. Sie bedeutet, daß konsensuale Rechtsakte, die bis dato der Wirksamkeitsprüfung nach dem vom IPR berufenen materiellen Recht unterlagen, auch in ihrem materiellen Inhalt, insbesondere hinsichtlich ihrer Gestaltungswirkungen, anzuerkennen sind.[51] Damit er-

---

45 *Helms* FamRZ 2001, 260; *Hausmann* EuLF 2000/01, 348; *Thomas/Putzo/Hüßtege* Rn 3.

46 Seit EuGH Rs 125/79 *Denilauler/Couchet Frères* EuGHE 1980, 1553.

47 *Thomas/Putzo/Hüßtege* Rn 3.

48 So aber *Helms* FamRZ 2001, 261.

49 *Thomas/Putzo/Hüßtege* Rn 5; *Watté/Boularbah* Rev trim dr fam 2000, 586; *Hausmann* EuLF 2000/01, 348.

50 Die mit dem *ordre public*-Vorbehalt nicht ausreichend zu erfassen wäre, *Borrás*-Bericht Nr 61.

51 Eingehend hierzu: *Ancel/Muir Watt* Rev crit 2001, 437ff, 441.

öffnet die Bestimmung einen weit über ihren Anlaß[52] hinaus weisenden potentiellen Gestaltungsbereich im europäischen Eherecht.

21 **b)** Auf den ersten Blick erscheint der **Anwendungsbereich** der Bestimmung unbedeutend.[53] Auszugehen ist von einem aus Art 57f Brüssel I-VO übernommenen Verständnis der Begriffe der öffentlichen Urkunde und des gerichtlichen Vergleichs.[54] Anlaß, die Anerkennung und Vollstreckung öffentlicher Urkunden und Vergleiche überhaupt zu regeln, gaben *Sorgerechtsvereinbarungen*, die nach einigen Rechtsordnungen möglich sind.[55] Zweifellos reicht Abs 3 nicht über den Anwendungsbereich der VO, also Art 1, hinaus, erfaßt also insbesondere nicht urkundliche oder vergleichsweise Regelungen zu *Folgesachen*,[56] die selbst nicht der VO unterliegen. Das gilt auch, wenn solche Regelungen die Voraussetzung für eine bestimmte Art und Weise der Durchführung der Ehescheidung sind (zB § 630 ZPO).

22 **c)** Sobald jedoch ein Mitgliedstaat das Institut der **Konsensualscheidung durch öffentlich beurkundete Erklärung** einführen sollte, wären diese im Rahmen von Abs 3 in allen Mitgliedstaaten auch hinsichtlich ihrer Gestaltungswirkung anzuerkennen.[57] Daß Privatscheidungen nicht als *Entscheidungen* einbezogen sind, stünde dem nicht entgegen, weil sie die öffentliche Beurkundung in den Status der Anerkennungsfähigkeit erheben würde.

Daß diese Folge der anscheinend nur taktisch veranlaßten Einbeziehung auch nicht vollstreckungsfähiger Urkunden in das materielle Anerkennungssystem[58] nicht gesehen wurde, wäre gemessen am Wortlaut ein zu schwaches Argument. Auch wer diese Form der Konsensualscheidung als rechtspolitisch interessantes Modell ansieht, kann diese unbedachte Einbeziehung in die VO schwerlich gutheißen. Entweder löst eine solche Regelung nämlich Scheidungstourismus aus oder sie provoziert vermehrte Reaktionen mit dem *ordre public*, was beides den Zielen der VO nicht förderlich wäre.

23 **d) Scheidungserschwerende Vereinbarungen und Vergleiche**[59] sind in teleologischer Reduktion ebenso auszunehmen wie antragsabweisende Entscheidungen. Soweit sie darauf abzielen, eine spätere Scheidung, ggf einen bestimmten Scheidungsgrund, zu präkludieren oder zu erschweren, kommt nur eine materiellrechtliche Wirkung nach dem maßgeblichen Scheidungsstatut, nicht aber eine verfahrensrechtliche Anerkennung nach Art 14ff in Betracht.

---

52 Sogleich Rn 21.

53 *Schlosser* Rn 3: „ziemlich im Dunkeln".

54 *Baumbach/Albers* Rn 6: Außergerichtliche Vergleiche können allenfalls als öffentliche Urkunden anerkennungsfähig sein.

55 Zum finnischen und schottischen Recht: *Borrás*-Bericht Nr 61.

56 *Schack* RabelsZ 65 (2001) 627.

57 Zutreffend *Schlosser* Rn 3.

58 Oben Rn 20.

59 Zur Behandlung im deutschen Recht *Staudinger/Rauscher* (1999) § 1564 BGB Rn 35ff.

# Abschnitt I
# Anerkennung

## Artikel 14
## Anerkennung einer Entscheidung

(1) Die in einem Mitgliedstaat ergangenen Entscheidungen werden in den anderen Mitgliedstaaten anerkannt, ohne daß es hierfür eines besonderen Verfahrens bedarf.
(2) Insbesondere bedarf es unbeschadet des Absatzes 3 keines besonderen Verfahrens für die Beischreibung in den Personenstandsbüchern eines Mitgliedstaats auf der Grundlage einer in einem anderen Mitgliedstaat ergangenen Entscheidung über Ehescheidung, Trennung ohne Auflösung des Ehebandes oder Ungültigerklärung einer Ehe, gegen die nach dessen Recht keine weiteren Rechtsbehelfe eingelegt werden können.
(3) Jede Partei, die ein Interesse hat, kann im Rahmen der Verfahren nach den Abschnitten 2 und 3 dieses Kapitels die Feststellung beantragen, daß eine Entscheidung anzuerkennen oder nicht anzuerkennen ist.
(4) Ist in einem Rechtsstreit vor einem Gericht eines Mitgliedstaats die Frage der Anerkennung einer Entscheidung als Vorfrage zu klären, so kann dieses Gericht hierüber befinden.

**I. Anerkennung ohne besonderes Verfahren**
1. Grundsatz der Anerkennung .......... 1
2. Anerkennung als Wirkungserstreckung 2
3. Kein Anerkennungsverfahren (Abs 1) 3
4. Inzidentanerkennung bei Vorfrage (Abs 4)
   a) Inzidente Vorfragenentscheidung .. 6
   b) Zwischenfeststellungsurteil ......... 8
5. Anerkennung zum Zweck der Beischreibung in Personenstandsbüchern (Abs 2)
   a) Inzidentanerkennung .............. 9
   b) Inzidentenanerkennung durch Behörden in sonstigen Fällen ....... 13

**II. Anerkennungsfeststellungsverfahren (Abs 3)**
1. Bedeutung ............................. 14
2. Antragsberechtigung, insbesondere besonderes Interesse .................. 16
3. Verfahrensfragen ...................... 19

### I. Anerkennung ohne besonderes Verfahren

#### 1. Grundsatz der Anerkennung

**Abs 1** beschreibt wie Art 33 Abs 1 Brüssel I-VO die Anerkennung von Entscheidungen (Begriff des Art 13) aus Mitgliedstaaten als Grundsatz,[1] die Nichtanerkennung als Ausnahme, deren Voraussetzungen Art 15ff bestimmt. Nicht erfaßt sind Entscheidungen in Ehesachen, die einen statusändernden Antrag abweisen.[2] Die *formelle Rechtskraft* der Entscheidung ist, mit Ausnahme der Anerkennung zur Beischreibung in Personen- 1

[1] *Thomas/Putzo/Hüßtege* Rn 1; *MünchKommZPO/Gottwald* Rn 1.
[2] Dazu Art 13 Rn 10ff.

standsbücher (Abs 2), nicht erforderlich.[3] Ist jedoch ein ordentlicher Rechtsbehelf gegen die anzuerkennende Entscheidung im Ursprungsstaat eingelegt, so besteht nach Art 20 die Möglichkeit zur *Aussetzung* des Verfahrens.

Das Anerkennungssystem der Art 14ff erfaßt nur Entscheidungen aus **Mitgliedstaaten** (Art 1 Abs 3). Den *zeitlichen* Anwendungsbereich bestimmt Art 42.[4] *Sachlich* gelten Art 14ff nur für Entscheidungen im Rahmen von Art 1, 13, also Ehesachen (Art 1 Abs 1 lit a) und aus deren Anlaß[5] ergangene Entscheidungen zur elterlichen Verantwortung (Art 1 Abs 1 lit b). Insbesondere nehmen andere im Verbund mit der Ehesache getroffene Entscheidungen (Unterhalt, Güterrecht, Ehewohnung, Versorgungsausgleich etc), *nicht* an der Anerkennung gemäß Art 14ff teil, sondern sind entweder nach den Bestimmungen von Brüssel I oder ggf *lege fori* anzuerkennen.[6]

**2. Anerkennung als Wirkungserstreckung**

2 Anerkennung bedeutet wie in Art 26 EuGVÜ, Art 33 Brüssel I-VO die **Erstreckung der Wirkungen**, die der Entscheidung im Ursprungsstaat zukommen, auf den Anerkennungsstaat.[7] Das umfaßt die materiellen *Rechtskraftwirkungen*, die Gestaltungswirkungen, die bei Ehesachenentscheidungen zentrale Bedeutung haben, und ggf *Tatbestandswirkungen*, soweit die Entscheidung solche erzeugt.[8] Soweit die Entscheidung einen vollstreckungsfähigen Inhalt hat, werden die *Vollstreckungswirkungen nicht* von der Anerkennung erfaßt, sondern erst im Verfahren nach Art 21ff verliehen.[9]

Die Anerkennung von Sorgeentscheidungen hindert nicht deren Abänderung, da Sorgeentscheidungen grundsätzlich der Abänderung nach dem Maßstab des Kindeswohls unterliegen.[10]

**3. Kein Anerkennungsverfahren (Abs 1)**

3 **a)** Abs 1 verbietet nach nationalem Recht angeordnete obligatorische **Delibations- oder Anerkennungsverfahren.**[11] Die Anerkennung erfolgt, ohne daß es der Verleihung solcher Wirkungen durch eine Entscheidung im Anerkennungsstaat bedarf. Dies entspricht formal dem bewährten Vorbild von 26 Abs 1 EuGVÜ. Da es sich jedoch bei den von der VO erfaßten Entscheidungen in Ehesachen regelmäßig um solche handelt,

---

3 Dazu Art 13 Rn 13.

4 Vgl auch Art 13 Rn 3.

5 Zur zeitlichen Komponente Art 13 Rn 3; womöglich **aA** *Schlosser* Rn 3: „über die Anhängigkeit der Ehesache hinaus … anerkennungspflichtig".

6 *Borrás*-Bericht Nr 64; vgl Art 13 Rn 1.

7 *MünchKommZPO/Gottwald* Rn 1.

8 *Baumbach/Albers* Rn 1; *Thomas/Putzo/Hüßtege* Vor Art 13 Rn 1.

9 *MünchKommZPO/Gottwald* Rn 2.

10 *Schlosser* Rn 3.

11 *Baumbach/Albers* Rn 3; *Thomas/Putzo/Hüßtege* Rn 2.

die als Gestaltungsurteile einer Vollstreckung nicht bedürfen, hatte das Anerkennungsverfahren bisher eine ähnliche Funktion wie das Exequaturverfahren bei Leistungsurteilen.[12] Der Verzicht auf eine formalisierte Überprüfung ist daher für viele Mitgliedstaaten ein Novum[13] und bedeutet einen nicht geringen Einschnitt in die Prüfungsdichte bei der Anerkennung von Statusurteilen.[14]

**b)** Für die Anerkennung von Ehesachenurteilen aus Mitgliedstaaten in Deutschland entfällt dadurch das **Anerkennungsmonopol der Landesjustizverwaltung** nach Art 7 § 1 FamRÄndG. Dieses Verfahren ist nur noch auf Entscheidungen aus Dänemark und Nicht-EU-Staaten anzuwenden.[15] Das durch die Monopolisierung bisher vermiedene Risiko widersprechender Beurteilung der Anerkennung eines ausländischen Ehesachenurteils durch verschiedene mit Folgeentscheidungen befaßte deutsche Gerichte wird unter der VO maßgeblich gemindert durch den Wegfall der Zuständigkeitsprüfung im Anerkennungsstadium; wo nicht mehr zu prüfen ist, können sich auch keine divergierenden Beurteilungen ergeben. Dieses Risiko wird hingegen nicht schon durch die Vereinheitlichung der Zuständigkeiten in Art 3ff als solche beseitigt,[16] denn deren Anwendung ist eher verstärkt fehleranfällig als die bisher anzustellende spiegelbildliche Zuständigkeitsprüfung nach § 328 Abs 1 Nr 1 ZPO. 4

**c)** Das im Einzelfall verbleibende Bedürfnis nach **Klarheit der Statusverhältnisse** wird durch das Verfahren nach Abs 3[17] zufriedengestellt.[18] Hingegen ist eine freiwillige Inanspruchnahme des Verfahrens nach Art 7 § 1 FamRÄndG, das gegenüber einem familiengerichtlichen Feststellungsverfahren nach Abs 3 kostengünstiger wäre, nicht vorgesehen. 5

## 4. Inzidentanerkennung bei Vorfrage (Abs 4)

### a) Inzidente Vorfragenentscheidung

**(1)** Das Verbot der obligatorischen Anerkennungsentscheidung (Abs 1)[19] impliziert das Prinzip der Inzidentanerkennung. Abs 4 bestätigt nach dem Vorbild von Art 26 jedenfalls die Kompetenz eines Gerichts, vor dem die anzuerkennende Entscheidung als 6

---

[12] *Watté/Boularbah* Rev trim dr fam 2000, 586.

[13] *Schlosser* Rn 1; *Jänterä-Jareborg* YB PIL 1999, 20: Geltung dieses Prinzips schon bisher zwischen den nordischen Staaten aufgrund Konvention vom 6. 2. 1931; *Watté/Boularbah* Rev trim dr fam 2000, 586: Inzidentanerkennung im nationalen belgischen Recht; *Sturlèse* JClP (G) 2001, 246: Inzidentanerkennung im nationalen französischen Recht.

[14] *Helms* FamRZ 2001, 261.

[15] *Schlosser* Rn 1; *Baumbach/Albers* Rn 3; *MünchKommZPO/Gottwald* Rn 3; *Thomas/Putzo/Hüßtege* Rn 2; *Helms* FamRZ 2001, 263; *Vogel* MDR 2000, 1049; *Hohloch* FFE 2001, 50.

[16] So *Vogel* MDR 2000, 1049.

[17] Unten Rn 14ff.

[18] *Helms* FamRZ 2001, 261.

[19] Oben Rn 3ff.

**Vorfrage** auftritt, inzident über die Anerkennung zu entscheiden.[20] Insoweit hat Abs 4 allenfalls klarstellende Natur; ist ein obligatorisches Anerkennungsverfahren nicht vorgesehen, so ist es nicht nur aus Einfachheitsgründen ratsam, das in der Hauptsache entscheidende Gericht mit der Kompetenz zur inzidenten Anerkennung auszustatten;[21] es gibt schlechthin keine andere Möglichkeit, denn jede Zuweisung an ein anderes Gericht oder eine Behörde liefe auf eine durch Abs 1 verbotene Institutionalisierung hinaus.

Als Vorfrage in diesem Sinn tritt die Entscheidung auf, wenn nach einer Ehesachenentscheidung in einem Mitgliedstaat im Inland eine Folgesache anhängig gemacht wird, wenn die entgegenstehende Rechtskraft bei Anhängigmachen eines erneuten gleichartigen Antrags zu prüfen ist,[22] aber auch, wenn die Abänderung einer Sorgeentscheidung im Inland[23] beantragt wird.

7 **(2)** Eine solche inzidente Entscheidung erwächst in Deutschland nicht in **Rechtskraft**,[24] auch dann nicht, wenn eine Entscheidung über eine Folgesache aus Gründen materiellrechtlicher Logik die Auflösung der Ehe voraussetzt. Anders verhält es sich, wenn nach dem Recht des jeweiligen Anerkennungs-Mitgliedstaates auch die Urteilsgründe (der auf der Inzidentanerkennung beruhenden Hauptsacheentscheidung) in Rechtskraft erwachsen.[25]

**b) Zwischenfeststellungsurteil**

8 Fraglich ist, ob über die bloße inzidente Anerkennungsprüfung hinaus das mit der Hauptsache gemäß Abs 4 befaßte Gericht auf entsprechenden Antrag einer Partei auch im Weg der Zwischenfeststellung (§ 256 Abs 2 ZPO) eine *inter partes* wirkende[26] **rechtskräftige Entscheidung** über die durch die anzuerkennende Entscheidung bewirkte Statusänderung herbeiführen kann. Da es sich bei dieser Statusänderung (aber auch beim Bestehen der elterlichen Sorge) fraglos um ein Rechtsverhältnis iSd § 256 Abs 2 ZPO handelt, also § 256 Abs 2 ZPO tatbestandlich eingreift, stellt sich lediglich die Frage, ob Art 14 einem Zwischenfeststellungsantrag entgegenstünde.

Das ist zu verneinen. Zwar sieht Abs 3 ein formalisiertes fakultatives Feststellungsverfahren vor. Nach dem in Abs 1 niedergelegten Prinzip sollte es sich hierbei aber nicht um die einzige Möglichkeit der rechtskräftigen Feststellung der Anerkennungsfähigkeit handeln.[27] Zudem realisiert sich das im *Borrás*-Bericht hervorgehobene Vereinfa-

---

[20] *Thomas/Putzo/Hüßtege* Rn 12; *MünchKommZPO/Gottwald* Rn 5; *Vogel* MDR 2000, 1049.

[21] So *Borrás*-Bericht Nr 66.

[22] *Thomas/Putzo/Hüßtege* Rn 12.

[23] Vgl *Schlosser* Rn 3.

[24] *Thomas/Putzo/Hüßtege* Rn 12; wohl auch *Vogel* MDR 2000, 1049.

[25] *Baumbach/Albers* Rn 4.

[26] *Schlosser* Rn 2.

[27] *Thomas/Putzo/Hüßtege* Rn 7; *Hausmann* EuLF 2000/01, 351; *Vogel* MDR 2000, 1049.

chungsargument[28] erst hier, soweit nach dem jeweiligen Verfahrensrecht Zwischenfeststellungen nur bei Tenorierung in Rechtskraft erwachsen: Es ist im Interesse der Prozeßökonomie höchst ratsam, das Bedürfnis nach rechtskräftiger Feststellung der Anerkennung nicht zwingend auf ein isoliertes Verfahren zu verlagern, wenn ohnehin bereits ein Gericht im Anerkennungsstaat – inzident – mit dieser Frage befaßt war und seine Entscheidung ohne weiteren Aufwand lediglich explizit zu machen hat.[29]

Die *ausschließliche Zuständigkeit* der Familiengerichte für Entscheidungen in Ehesachen (§ 606 ZPO) begrenzt jedoch die Möglichkeit des Zwischenfeststellungsantrags auf Verfahren vor Familiengerichten.[30] Tritt die Anerkennungsfähigkeit zB als Vorfrage in einem Pflichtteilsprozeß zwischen einem Ehegatten und den Erben des anderen Ehegatten auf, so ist ein Zwischenfeststellungsantrag unzulässig.

### 5. Anerkennung zum Zweck der Beischreibung in Personenstandsbüchern (Abs 2)

#### a) Inzidentanerkennung

**(1)** Abs 2 legt ausdrücklich das Prinzip der Inzidentanerkennung auch zum Zweck der Beischreibung des durch eine Ehesachenentscheidung geänderten Status in Personenstandsbüchern fest und erweitert damit die Kompetenz des Abs 4 auf Personenstandsbehörden. Die Bestimmung war einerseits äußerst umstritten, weil die Anerkennung **ohne gerichtliche Mitwirkung** erfolgt.[31] Andererseits handelt es sich um eine der spürbarsten Verbesserungen für die Betroffenen. Die Dokumentation der in einem anderen Mitgliedstaat erfolgten Ehesachenentscheidung in Personenstandsbüchern des Heimat- oder Wohnsitzstaates dürfte der häufigste Fall eines Anerkennungsbedürfnisses sein und ist Ausdruck einer freien Verkehrsfähigkeit von Ehesachenurteilen.[32] 9

**(2)** Die Anerkennung erfolgt also für Zwecke der Eintragung in Personenstandsbücher im standesamtlichen Verfahren. Die Prüfung obliegt dem Standesbeamten. Eine gerichtliche Klärung kann in diesem Fall in den Verfahren nach § 45 Abs 1 bzw Abs 2 PStG stattfinden.[33] 10

**(3)** Erforderlich ist jedoch ausdrücklich (Abs 2 aE) die **formelle Rechtskraft** der Entscheidung.[34] Diese Einschränkung ist der Verläßlichkeit des Personenstandswesens geschuldet; Änderungen von Personenstandsbüchern aufgrund noch nicht unanfechtbarer Entscheidungen wären unsinnig. Der Nachweis der formellen Rechtskraft wird 11

---

28 *Borrás*-Bericht Nr 66.

29 IE ebenso *Thomas/Putzo/Hüßtege* Rn 12; *Baumbach/Albers* Rn 4; *Vogel* MDR 2000, 1049.

30 *Helms* FamRZ 2001, 257; *Schlosser* Rn 2.

31 *Borrás*-Bericht Nr 63.

32 Vgl *Borrás*-Bericht Nr 63.

33 *Thomas/Putzo/Hüßtege* Rn 6.

34 *Borrás*-Bericht Nr 63; *Schlosser* Rn 2.

durch Vorlage der Bescheinigung gemäß Art 33, Anhang IV erbracht, soweit im Formblatt Anhang IV Ziff 7[35] „1. nein" angekreuzt ist.[36]

12 **(4)** Erzeugt die Entscheidung im Ursprungsstaat **materielle Wirkungen** erst nach Eintragung in Personenstandsbücher, so ist dies auf der Ebene der Reichweite der Anerkennung, also für die Wirkungserstreckung beachtlich.[37] Fraglich ist aber, ob es als Voraussetzung der Anerkennung in einem anderen Mitgliedstaat in solchen Fällen zunächst der Eintragung in Personenstandsbücher des *Ursprungsstaates* bedarf, oder ob die formell rechtskräftige, noch wirkungslose Entscheidung als Substrat der Beischreibung inzident anerkannt werden kann, dadurch die Eintragung in einem *anderen Mitgliedstaat* ermöglicht wird und diese Eintragung der Entscheidung Statuswirkungen verleiht. Da es sich hierbei um ein Substitutionsproblem handelt, muß zunächst aus Sicht der *lex fori* des Ursprungsstaats geklärt werden, ob das Eintragungserfordernis auch in einem ausländischen Personenstandsregister erfüllt werden kann. Ist dies nicht der Fall, so kommt eine Anerkennung zum Zweck der Eintragung nicht in Betracht. Erlaubt hingegen die *lex fori* die Substitution, so sollte die Eintragung nicht daran scheitern, daß das Recht des Anerkennungsstaates, zB das deutsche Recht, dieserart konstitutive Personenstandseintragungen nicht kennt. Das deutsche Personenstandsverfahren kann vielmehr eine solche Eintragung unschwer bewältigen, weil die Rechtsfolgen der Eintragung *lege fori des* Ursprungsstaates kraft Gesetzes eintreten und keine verfahrensrechtliche Anpassung verlangen.

**b) Inzidentanerkennung durch Behörden in sonstigen Fällen**

13 Nicht geregelt ist die Kompetenz zur Inzidentanerkennung von Personenstandsbehörden und sonstigen Behörden in anderen Fällen. Da das Prinzip der Inzidentanerkennung nach Abs 1 auch in diesen Fällen gilt und Abs 2 für den Sonderfall der Anerkennung zum Zweck der Beischreibung die Kompetenz der Personenstandsbehörde bestätigt, besteht kein Grund, die Prüfung der Anerkennungsfähigkeit im übrigen Gerichten vorzubehalten. Über die in von Abs 2 und Abs 4 genannten Fälle hinaus sind also **Behörden** zur Inzidentanerkennung auch befugt, wenn kein Fall der Beischreibung vorliegt.[38] Insbesondere prüft der Standesbeamte,[39] bei dem eine Partei der ausländischen Entscheidung unter Vorlage eines Scheidungsurteils eine anderweitige Eheschließung beantragt,[40] die Anerkennungsfähigkeit inzident.

---

[35] „7. Können gegen die Entscheidung nach dem Recht des Ursprungsmitgliedstaats weitere Rechtsmittel eingelegt werden?".

[36] *De Vareilles-Sommières* Gaz Pal 1999, 2027; eingehend zum Umgang mit diesem Formblatt durch den Standesbeamten: *Sturm* StAZ 2002, 193; vgl auch Art 33.

[37] *Schlosser* Rn 2; dazu Art 13 Rn 14.

[38] *Schlosser* Rn 2.

[39] Zur Eintragung in Personenstandsbücher Rn 9 ff.

[40] Die Entscheidung ist auch zum Zweck der Wiederheirat anzuerkennen: *Sturlèse* JClP (G) 2001, 246.

## II. Anerkennungsfeststellungsverfahren (Abs 3)

### 1. Bedeutung

**a)** Abs 3 schafft ein Anerkennungsfeststellungsverfahren für Entscheidungen iSd Art 1 Abs 1 lit a **(Ehesachen)**. Auf Entscheidungen über die elterliche Verantwortung ist Abs 3 nicht anzuwenden. Die Regelung entspricht grundsätzlich Art 33 Abs 2 Brüssel I-VO, macht aber ausdrücklich deutlich, daß in dem isolierten Verfahren sowohl die Feststellung der Anerkennungs*fähigkeit* als auch die der Anerkennungs*unfähigkeit* begehrt werden kann. Die Bestimmung schafft autonom, also unabhängig vom Vorhandensein eines entsprechenden Rechtsbehelfs im jeweiligen nationalen Verfahrensrecht, die Möglichkeit eines isolierten Feststellungsverfahrens betreffend die Anerkennungsfähigkeit.[41] 14

**b)** Das Verfahren, das in Art 26 EuGVÜ (Art 33 Abs 2 Brüssel I-VO) als **alternative Lösung** für nicht der **Vollstreckung** zugängliche Entscheidungen geschaffen wurde, erlangt wohl für die VO eine größere praktische Bedeutung,[42] weil statusgestaltende Entscheidungen nie der Vollstreckung bedürfen. Wegen der erheblichen rechtlichen Breitenwirkung einer die Ehe auflösenden Entscheidung wird zudem häufig ein Interesse an der Klärung der Anerkennungsfähigkeit bestehen. 15

### 2. Antragsberechtigung, insbesondere besonderes Interesse

**a)** Antragsberechtigt sind nicht nur die Parteien des Ausgangsverfahrens.[43] Die Antragsberechtigung setzt vielmehr ein besonderes Interesse der antragstellenden Partei voraus. Dieses Interesse ist allerdings für die **betroffenen Ehegatten** in aller Regel großzügig zu bejahen,[44] sofern der Antragsteller eine nicht nur hypothetische Beziehung zu dem Mitgliedstaat hat, in dem die Feststellung begehrt wird. Es ist sicher zu bejahen, wenn die Gefahr besteht, daß verschiedene Gerichte und Behörden in dem betreffenden Staat unterschiedlich inzident zur Anerkennungsfähigkeit entscheiden könnten oder zwischen den Ehegatten Streit über die Anerkennungsfähigkeit besteht.[45] Es muß aber auch genügen, wenn ein Ehegatte selbst Zweifel an der Anerkennungsfähigkeit hat und in einem anderen Mitgliedstaat erneut heiraten will;[46] die Möglichkeit der Inzidentklärung durch den Standesbeamten und der gerichtlichen Entscheidung nach § 45 Abs 2 PStG erfüllt nicht den Zweck einer vorsorglichen Klärung. 16

**b) Dritte** bedürfen hingegen eines konkreten besonderen Interesses im Einzelfall. Im allgemeinen wird ein solches Interesse nur zu bejahen sein, wenn sich eine mögliche Auswirkung der Anerkennungsfähigkeit auf Rechtspositionen des Antragstellers ver- 17

---

41 *Baumbach/Albers* Rn 5.

42 *Baumbach/Albers* Rn 6.

43 *Helms* FamRZ 2001, 261; *Thomas/Putzo/Hüßtege* Rn 7; *Baumbach/Albers* Rn 8.

44 *Schlosser* Rn 2; *Helms* FamRZ 2001, 261.

45 *Thomas/Putzo/Hüßtege* Rn 7.

46 *Baumbach/Albers* Rn 7.

dichtet hat. *Kinder* sind daher zB zwar antragsberechtigt, soweit die Entscheidung Einfluß auf ihre familienrechtliche Stellung haben kann; als *Erben* sind sie hingegen grundsätzlich nicht im Hinblick auf eine potentielle Erbenstellung, sondern erst nach Eintritt des Erbfalls antragsberechtigt, es sei denn, die Wirksamkeit eines erbrechtlichen Rechtsgeschäfts (Erbvertrag, Testament) hängt von der Anerkennung der Entscheidung ab. Der *Verlobte* eines der früheren Ehegatten ist mit Rücksicht auf die Klärung der Eheschließungsvoraussetzungen ebenfalls antragsberechtigt.[47]

18 **c)** Für ein Antragsrecht von **Behörden** fehlt es an einem Bedürfnis, soweit die Behörde befugt und verpflichtet ist, über die Anerkennungsfähigkeit zu entscheiden.[48] Insoweit ist es Sache des maßgeblichen Verfahrensrechts, ggf Rechtsbehelfe bereitzustellen, die es dem mit der Frage befaßten Amtsträger ermöglichen, bei Zweifeln eine gerichtliche (zB § 45 Abs 1 PStG) oder aufsichtsbehördliche Entscheidung herbeizuführen.

Nimmt hingegen die Behörde die Rolle eines Antragstellers in einem anderweitigen Verfahren ein (zB die Verwaltungsbehörde nach § 1316 Abs 3 BGB), so kommt ein Antragsrecht in Betracht.[49] Das besondere Interesse liegt vor, wenn die Anerkennungsfähigkeit eine entscheidungserhebliche und zweifelhafte Vorfrage in einem von der Behörde angestrengten oder konkret geplanten Verfahren darstellt.

### 3. Verfahrensfragen

19 **a)** Es gelten für das Verfahren die Bestimmungen über das **Vollstreckbarerklärungsverfahren** aufgrund Verweisung auf die Abschnitte 2 und 3 des II. Kapitels (Art 21 bis 34). Ebenfalls gelten die speziellen Ausführungsbestimmungen zum Verfahren nach der VO in §§ 50ff AVAG; §§ 2ff AVAG sind vorbehaltlich der Einschränkungen in § 50 AVAG auch insoweit grundsätzlich entsprechend anzuwenden.[50] Insbesondere gilt auch für dieses Verfahren die strikt einseitige Verfahrensgestaltung (Art 24 Abs 1, § 52 Abs 1 AVAG), die das rechtliche Gehör des Antragsgegners auf das Rechtsbehelfsverfahren nach Art 16 verlagert.[51]

20 **b)** Eine Sonderregelung für das Verfahren nach Abs 3 enthält § 51 AVAG hinsichtlich der örtlichen **Zuständigkeit**. *Sachlich zuständig* ist das in Anhang I zu Art 22 Abs 1 bezeichnete Gericht, in Deutschland das Familiengericht. Das *örtlich zuständige* Gericht bestimmt hingegen das nationale Verfahrensrecht (Art 22 Abs 3).[52] In Deutschland ist in subsidiärer Reihung gemäß § 51 AVAG das Gericht zuständig,

---

47 *Baumbach/Albers* Rn 8.

48 *Baumbach/Albers* Rn 9; **aA** *Helms* FamRZ 2001, 261.

49 *Borrás*-Bericht Nr 65; *Baumbach/Albers* Rn 9.

50 *Schlosser* Rn 2.

51 Im einzelnen Art 24 Rn 2ff.

52 Vgl zu den Ausführungsbestimmungen in den Mitgliedstaaten: *Jayme/Kohler* IPRax 2001, 509; IPRax 2002, 468 Fn 97, 98.

1. in dessen Zuständigkeitsbereich der Antragsgegner oder ein Kind, auf das sich die Entscheidung bezieht, sich gewöhnlich aufhält;
2. bei Fehlen einer Zuständigkeit nach Nr 1 das Interesse an der Feststellung auftritt;
3. das im Bezirk des KG zur Entscheidung berufene Gericht.

Da sich § 51 AVAG auf den Zuständigkeitsbereich „gemäß Anhang I zu der VO" bezieht, ist wie für das Verfahren nach Art 21 ff[53] auch für das Verfahren nach Abs 3 die Zuständigkeit konzentriert auf das Familiengericht am Sitz des jeweiligen OLG, im Bezirk des KG auf das AG – FamG – Pankow/Weißensee.

## Artikel 15
## Gründe für die Nichtanerkennung einer Entscheidung

(1) Eine Entscheidung, die die Ehescheidung, die Trennung ohne Auflösung des Ehebandes oder die Ungültigerklärung einer Ehe betrifft, wird nicht anerkannt,
a) wenn die Anerkennung der öffentlichen Ordnung (ordre public) des Mitgliedstaats, in dem sie beantragt wird, offensichtlich widerspricht;
b) wenn dem Antragsgegner, der sich auf das Verfahren nicht eingelassen hat, das verfahrenseinleitende Schriftstück oder ein gleichwertiges Schriftstück nicht so rechtzeitig und in einer Weise zugestellt worden ist, daß er sich verteidigen konnte, es sei denn, es wird festgestellt, daß er mit der Entscheidung eindeutig einverstanden ist;
c) wenn die Entscheidung mit einer Entscheidung unvereinbar ist, die in einem Verfahren zwischen denselben Parteien in dem Mitgliedstaat, in dem die Anerkennung beantragt wird, ergangen ist; oder
d) wenn die Entscheidung mit einer früheren Entscheidung unvereinbar ist, die in einem anderen Mitgliedstaat oder in einem Drittland zwischen denselben Parteien ergangen ist, sofern die frühere Entscheidung die notwendigen Voraussetzungen für ihre Anerkennung in dem Mitgliedstaat erfüllt, in dem die Anerkennung beantragt wird.

(2) Eine Entscheidung betreffend die elterliche Verantwortung, die aus Anlaß der in Artikel 13 genannten Verfahren in Ehesachen ergangen ist, wird nicht anerkannt,
a) wenn die Anerkennung der öffentlichen Ordnung (ordre public) des Mitgliedstaats, in dem sie beantragt wird, offensichtlich widerspricht, wobei das Wohl des Kindes zu berücksichtigen ist;
b) wenn die Entscheidung – ausgenommen in dringenden Fällen – ergangen ist, ohne daß das Kind die Möglichkeit hatte, gehört zu werden, und damit wesentliche verfahrensrechtliche Grundsätze des Mitgliedstaats, in dem die Anerkennung beantragt wird, verletzt werden;
c) wenn der betreffenden Person, die sich auf das Verfahren nicht eingelassen hat, das verfahrenseinleitende Schriftstück oder ein gleichwertiges Schriftstück nicht so rechtzeitig und in einer Weise zugestellt worden ist, daß sie sich verteidigen konnte, es sei denn, es wird festgestellt, daß sie mit der Entscheidung eindeutig einverstanden ist;

---

[53] Art 22 Abs 1, 2, Anhang I.

d) wenn eine Person dies mit der Begründung beantragt, daß die Entscheidung in ihre elterliche Verantwortung eingreift, falls die Entscheidung ergangen ist, ohne daß die Person die Möglichkeit hatte, gehört zu werden;

e) wenn die Entscheidung mit einer späteren Entscheidung betreffend die elterliche Verantwortung unvereinbar ist, die in dem Mitgliedstaat, in dem die Anerkennung beantragt wird, ergangen ist; oder

f) wenn die Entscheidung mit einer späteren Entscheidung betreffend die elterliche Verantwortung unvereinbar ist, die in einem anderen Mitgliedstaat oder in dem Drittland, in dem das Kind seinen gewöhnlichen Aufenthalt hat, ergangen ist, sofern die spätere Entscheidung die notwendigen Voraussetzungen für ihre Anerkennung in dem Mitgliedstaat erfüllt, in dem die Anerkennung beantragt wird.

**I. Struktur der Anerkennungsversagungsgründe**
1. Anlehnung an Brüssel I ............ 1
2. Zuständigkeit, IPR und materielle Rechtsanwendung ............ 3

**II. Anerkennungsversagung bei Ehesachenentscheidungen (Abs 1)**
1. Ordre public (lit a) ............ 4
2. Zustellung des verfahrenseinleitenden Schriftstücks (lit b)
a) Nichteinlassung des Antragsgegners ............ 8
b) Überprüfung der Zustellung ............ 9
c) Einverständnis des Antragsgegners mit der Ehescheidung ............ 12
3. Unvereinbarkeit mit Entscheidung im Anerkennungsstaat (lit c) ............ 14
4. Unvereinbarkeit mit Entscheidung in anderem Mitgliedstaat oder Drittstaat (lit d) ............ 18

**III. Anerkennungsversagung bei Entscheidungen zur elterlichen Verantwortung (Abs 2)**
1. Ordre public (lit a) ............ 21
2. Rechtliches Gehör des Kindes (lit b) 24
3. Zustellung des verfahrenseinleitenden Schriftstücks (lit c) ............ 27
4. Rechtliches Gehör von Inhabern der elterlichen Verantwortung (lit d) .... 29
5. Unvereinbarkeit mit späterer Entscheidung im Anerkennungsstaat (lit e) ............ 31
6. Unvereinbarkeit mit späterer Entscheidung im Kindes-Aufenthaltsstaat (lit f) ............ 34

## I. Struktur der Anerkennungsversagungsgründe

### 1. Anlehnung an Brüssel I

1 **a)** Art 15 ist die zentrale Bestimmung des Anerkennungsrechts, die nach dem Vorbild von Art 27 EuGVÜ und Art 34 Brüssel I-VO getrennt für Ehesachen und Sorgesachen[1] die Gründe zusammenstellt, aus denen die **Anerkennung versagt werden** kann. Der Katalog der Versagungsgründe in Sorgerechtssachen unterscheidet sich wegen der erforderlichen Beachtung des Kindeswohls und der Betroffenheit Dritter sowie in Anlehnung an Art 23 KSÜ[2] vor allem hinsichtlich des rechtlichen Gehörs von dem in

[1] Kritisch wegen dem dadurch bedingten Wortreichtum der Norm *Schlosser* Rn 1.
[2] *Borrás*-Bericht Nr 67.

Ehesachen. Maßgeblich ist die Gewährung des rechtlichen Gehörs in einem Umfang, der die **Wahrung des Kindeswohls** sicherstellt,[3] was in dem auf ein streitiges Parteiverhältnis zugeschnittenen Abs 1 ohne extensive Inanspruchnahme des ordre public nicht gewährleistet wäre.

Die Gründe, aus denen die Anerkennung zu versagen ist, sind in Art 15 **abschließend** aufgezählt, soweit nicht Art 16ff ausnahmsweise eine weitergehende Prüfung erlauben. Sie sind andererseits **zwingender Natur**; liegt ein Anerkennungsversagungsgrund vor, so *kann* die Anerkennung nicht nur versagt werden, sie *ist* zu versagen.[4] Sämtliche Anerkennungsversagungsgründe sind **von Amts wegen** zu prüfen; einer Rüge durch eine Partei bedarf es nicht.

**b)** Auch der auf eine bipolare Parteistellung ausgelegte Katalog in Art 15 Abs 1 entspricht nicht völlig dem in **Art 34 Brüssel I-VO**, was dazu führen kann, daß für Folgesachen (insbesondere Unterhalt) andere Regeln gelten als für die Ehesache selbst:[5] Die im Vergleich zu Art 27 Nr 2 EuGVÜ in Art 34 Nr 2 Brüssel I-VO geänderte Behandlung des rechtlichen Gehörs im Stadium der Verfahrenseinleitung wird in Abs 1 lit b in wiederum abweichender Weise erfaßt: Statt der formalen Rechtsmittelobliegenheit stellt Abs 1 lit b auf das materielle Einverständnis des Antragsgegners ab („es sei denn, es wird festgestellt, daß er mit der Entscheidung eindeutig einverstanden ist"), was angesichts der Interessenlage im Statusverfahren durchaus gerechtfertigt ist. 2

### 2. Zuständigkeit, IPR und materielle Rechtsanwendung

Weitere Bestimmungen zum **Überprüfungsumfang** hinsichtlich der anzuerkennenden Entscheidung enthalten Art 16ff. Die *Zuständigkeit* des Erstgerichts wird – mit Ausnahme der in Art 16 vorbehaltenen Verpflichtungen gegenüber einem Drittstaat – nicht überprüft (Art 17). Eine Art 35 Abs 1 Brüssel I-VO entsprechende Bestimmung wäre nicht sinnvoll, weil die VO keine *verordnungsintern* ausschließlichen Zuständigkeiten enthält. 3

Eine *materielle Prüfung* findet ebenfalls nicht statt (Art 19); insbesondere auch keine Prüfung am Maßstab des Scheidungs- und Eheaufhebungsstandards des Anerkennungsstaates oder des nach dessen Recht anwendbaren Rechts (Art 18). Das entspricht dem Wegfall des *Statusvorbehalts* aus Art 27 Nr 4 EuGVÜ sowohl in Art 34 Brüssel I-VO als auch in dieser VO[6] und stimmt überein mit dem in dieser VO eingeleiteten Einstieg in die wechselseitige Anerkennung von Familien- und Erbsachen. Art 18 beeinflußt sogar den Anerkennungsversagungsgrund des *ordre public* (Abs 1 lit a), weil die Bestimmung

---

[3] *Baumbach/Albers* Rn 13.

[4] *Borrás*-Bericht Nr 67; eine andere Frage ist, daß insbesondere der Anerkennungsversagungsgrund des *ordre public*-Verstoßes einen Beurteilungsspielraum eröffnet.

[5] Kritisch daher *Zöller/Geimer* Rn 4.

[6] *Baumbach/Albers* Rn 1.

klarstellen soll,[7] daß aus den dort genannten Gründen grundsätzlich auch nicht unter dem Gesichtspunkt des ordre public die Anerkennung versagt werden darf.

## II. Anerkennungsversagung bei Ehesachenentscheidungen (Abs 1)

### 1. Ordre public (lit a)

4 **(a)** Obgleich der ordre public als Anerkennungsversagungsgrund im EuGVÜ eine bescheidene Rolle spielte, wird seine **Notwendigkeit** weiterhin bejaht; insbesondere in Anwendung des materiellen Rechts eines Drittstaates durch Gerichte eines Mitgliedstaates mit weniger dichter ordre-public-Kontrolle kann es selbst dann noch zu Verstößen kommen, wenn dereinst eine Orientierung des eigenen Rechts der Mitgliedstaaten an einheitlichen Verfassungsmaßstäben Wirklichkeit sein sollte. Um so mehr gilt dies für Statussachen, weil insoweit die Sensibilität in Bezug auf Grundprinzipien[8] und die Divergenz der materiellen Rechtsordnungen größer ist.

5 **(b)** Die **Struktur** der Prüfung entspricht der bei Art 34 Nr 1 Brüssel I-VO.[9] Es kann also sowohl der **materielle** als auch der **verfahrensrechtliche** ordre public verletzt sein. Ein Anerkennungsversagungsgrund ergibt sich nur bei *offensichtlichen* Verstößen gegen elementare Grundprinzipien. Der Begriff des ordre public ist zwar autonom auszulegen.[10] Inhaltlich ist jedoch nicht ein europäischer ordre public maßgeblich, sondern der des jeweiligen Anerkennungsstaates. Verletzungen des Zuständigkeitssystems oder der Unterschiede im anzuwendenden Recht als solche verletzen mit Rücksicht auf Art 17, 18 nicht den ordre public.[11] Grundsätzlich kann deshalb die Nichtanerkennung nicht auf unterschiedliche Maßstäbe bei Trennungsfristen oder Intensität der Zerrüttungsprüfung gestützt werden;[12] Art 17 dient ausdrücklich dem Ziel, ein Scheitern der Urteilsfreizügigkeit an der unterschiedlichen Sicht zulässiger Scheidungsgründe zu vermeiden.[13] Das schließt es aber nicht aus, daß ein eher scheidungsunfreundlicher Mitgliedstaat einer extrem großzügig gewährten Scheidung, zB einer reinen Konsensualscheidung ohne Zerrüttungsprüfung, zulässigerweise die Anerkennung versagt. Wie sich maltesische Gerichte nach dem Wirksamwerden des Beitritts insoweit verhalten werden, muß sich zeigen.

6 **(c)** Aus **deutscher Sicht** als Anerkennungsstaat dürfte der materielle ordre public kaum je verletzt sein. Da das materielle deutsche Scheidungsrecht zu den liberaleren in Europa gehört und das unüberprüfte einverständliche Behaupten des nicht formalisierten

---

[7] *Borrás*-Bericht Nr 69.

[8] *Borrás*-Bericht Nr 69.

[9] Vgl *Rauscher/Leible* Art 34 Brüssel I-VO; *Hausmann* EuLF 2000/01, 349.

[10] EuGH Rs C-7/98 *Krombach/Bamberski*, IPRax 2000, 406; *Baumbach/Albers* Rn 2; *Hausmann* EuLF 2000/01, 349.

[11] *Thomas/Putzo/Hüßtege* Rn 2.

[12] *Baumbach/Albers* Rn 2.

[13] *Borrás*-Bericht Nr 69.

Trennungsjahres (§ 1565 Abs 2 BGB) vor deutschen Familiengerichten eher die Regel ist, stößt sich der deutsche ordre public auch nicht an reinen Konsensualscheidungen.[14] Insoweit kann auf die Rechtsprechung zu § 328 Abs Nr 4 ZPO zurückgegriffen werden. Die im Rahmen von Art 6 EGBGB häufiger problematischen Fälle einseitiger rechtsgeschäftlicher Scheidungen fallen nicht in den Anwendungsbereich der VO.[15]

Der deutsche ordre public wird viel eher dadurch berührt sein, daß unter der VO die Zuständigkeit deutscher Gerichte zur Scheidung gescheiterter Ehen deutscher Staatsangehöriger empfindlich eingeschränkt wurde. Diesen *positiven* ordre public, der die Sicherstellung einer Zuständigkeit und der Anwendung deutschen Rechts erfordern würde, kann die klassisch auf den *negativen*, also abwehrenden, ordre public zugeschnittene Bestimmung nicht schützen.[16]

**(d)** Auch der deutsche verfahrensrechtliche ordre public dürfte hinsichtlich von Ehe- 7
sachenentscheidungen in typischen Fällen nicht sensibler sein als der anderer Mitgliedstaaten, da die Verfahrenseinleitung als der Kern des rechtlichen Gehörs durch Abs 1 lit b geregelt ist und das deutsche Verfahren weder eine Formalisierung der Trennung noch Versöhnungsversuche zwingend als eheerhaltende verfahrensrechtliche Momente vorsieht. Auch § 630 ZPO sollte nicht als ein unabdingbares Grundprinzip einverständlicher Scheidung verstanden werden, auch wenn diese Bestimmung als Appell an die Folgenverantwortung mehr eheerhaltende Wirkung haben dürfte als eine formalisierende Verzögerung des Verfahrensablaufs.

**2. Zustellung des verfahrenseinleitenden Schriftstücks (lit b)**

**a) Nichteinlassung des Antragsgegners**

Verspätete oder mangelhafte Zustellung kann der Anerkennung nur entgegenstehen, 8
wenn sich der Antragsgegner nicht auf das Verfahren im Ursprungsstaat **eingelassen** hat, also eine Versäumnisentscheidung vorliegt. Einlassung ist jedes Verhalten, durch das der Antragsgegner zu erkennen gibt, daß er von dem Verfahren Kenntnis hat und die Möglichkeit zur Verteidigung hatte.[17] Hat sich der Antragsgegner nur zu dem Zweck eingelassen, die mangelnde Verteidigungsmöglichkeit zu rügen, fehlt es hingegen an der Anerkennungsfähigkeit. Einer Rüge durch den Antragsgegner im Anerkennungsstadium bedarf es nicht;[18] der Versagungsgrund ist, wie alle Versagungsgründe, von Amts wegen zu prüfen.

Geschützt wird wie in Art 34 Nr 2 Brüssel I-VO[19] die Gewährung rechtlichen Gehörs im Stadium der Verfahrenseinleitung; spätere Verletzungen des rechtlichen Gehörs sind ggf durch lit a (ordre public) zu erfassen.

---

14 *Schlosser* Rn 2.

15 *Schlosser* Rn 2.

16 Dazu im einzelnen Art 2 Rn 4.

17 *Baumbach/Albers* Rn 7.

18 Art 15 Abs 1 lit b entspricht insoweit Art 34 Nr 2 und weicht von § 328 Abs 1 Nr 2 ZPO ab.

19 Vgl *Rauscher/Leible* Art 34 Nr 2 Brüssel I-VO.

**b) Überprüfung der Zustellung**

9 **(1)** Zentrales Kriterium ist die **rechtzeitige, eine Verteidigung ermöglichende Zustellung**. Verfahrenseinleitendes Schriftstück ist wie zu Art 34 Nr 2 Brüssel I-VO jenes Schriftstück, durch das der Antragsgegner erstmals von dem Verfahren Kenntnis erlangen soll.[20]

10 **(2)** Die Änderung der Prüfungsdichte hinsichtlich der **Ordnungsgemäßheit der Zustellung**, die in lit b und Art 34 Nr 2 Brüssel I-VO im Vergleich zu Art 27 Nr 2 EuGVÜ eingetreten ist, gibt Anlaß zu Fragen. Nachdem der EuGH[21] zu Art 27 Nr 2 kumulativ die Ordnungsgemäßheit und die Rechtzeitigkeit der Zustellung gefordert hatte, soll mit der Neufassung unstreitig erreicht werden, daß bloße Formfehler der Zustellung nicht per se zur Anerkennungsversagung führen.[22] Daraus ist jedoch nicht zu folgern, es komme auf die Ordnungsgemäßheit der Zustellung nicht mehr an.[23] Gerade nachdem die Zustellung zwischen den Mitgliedstaaten durch die VO Nr 1348/2000 (EG-ZustellVO) erheblich vereinfacht wurde und auch die eine Zustellung mittels Übersendung durch die Post bisher ablehnenden Staaten in diesen Zustellungsweg eingebunden werden,[24] kann es nicht Ziel des EG-Anerkennungsrechts sein, Anreize zum Verlassen geregelter Bahnen des Zustellungsrechts zu geben. Abs 1 lit b spricht ausdrücklich von „zugestellt" und meint damit nicht nur eine irgendgeartete, wenn nur rechtzeitige, Kenntnisgabe. Gerade wenn man die an der förmlichen Haltung des EuGH geübten Kritik beim Wort nimmt, kann es nur darum gehen, die Anerkennung nicht wegen *bloßer Formverstöße* zu versagen, nicht aber Fälle der offenbaren *Nicht-Zustellung* zu dulden.

Voraussetzung der Anerkennung bleibt also, daß das verfahrenseinleitende Schriftstück dem Antragsgegner nach den maßgeblichen Bestimmungen, seit Inkrafttreten der EG-ZustellVO nach dieser, zugestellt wurde. Sind dabei Mängel unterlaufen, so indiziert das zwar in aller Regel einen Anerkennungsversagungsgrund,[25] hindert aber die Anerkennung nicht, sofern der Mangel nicht die rechtzeitige Kenntnisnahme und damit die Verteidigungsmöglichkeit behindert hat.[26]

11 **(3)** Prüfungsschwerpunkt ist die **rechtzeitige Zustellung zur Ermöglichung der Verteidigung**. Erforderlich ist ein nach den Umständen autonom zu bestimmender Zeitraum zur ausreichenden Vorbereitung der Verteidigung,[27] der auf die *Möglichkeit der*

---

[20] Vgl *Rauscher/Leible* Art 34 Nr 2 Brüssel I-VO; *Baumbach/Albers* Rn 4.

[21] EuGH Rs 166/80 *Klomps/Michel* EuGHE 1981, 1593; EuGH Rs C-305/88 *Lancray/Peters* EuGHE 1990 I 2725.

[22] *Hausmann* EuLF 2000/01, 349.

[23] So aber *Schlosser* Rn 4; *Geimer* IPRax 2001, 73; *Schack* RabelsZ 65 (2001) 627.

[24] Siehe *Rauscher/Heiderhoff* Art 14 EG-Zustell-VO Rn 6ff.

[25] Zutreffend *Baumbach/Albers* Rn 6.

[26] Wie hier auch: *Thomas/Putzo/Hüßtege* Rn 3.

[27] *Baumbach/Albers* Rn 5.

*Kenntnisnahme* folgt.[28] Die Beurteilung der *erforderlichen Frist* orientiert sich, wie schon zu Art 27 Nr 2 EuGVÜ, nicht an Fristbestimmungen des nationalen Rechts im Ursprungs- oder Anerkennungsstaat.

Eine *ordnungsgemäße Zustellung* indiziert hierbei die Möglichkeit der Kenntnisnahme im Zeitpunkt der Zustellung; eines Nachweises tatsächlich erfolgter Kenntnisnahme bedarf es nicht, es sei denn, daß die Umstände der Zustellung (zB öffentliche Zustellung) eine Kenntnisnahme unwahrscheinlich erscheinen lassen. Eine *nicht ordnungsgemäße Zustellung* indiziert hingegen das Fehlen der Kenntnisnahmemöglichkeit, wenn der Zustellungsmangel geeignet war, die Verteidigungsmöglichkeit zu behindern. Das ist offenbar der Fall, wenn das Schriftstück nicht in einer der nach Art 8 EG-ZustellVO zulässigen Sprachen zugestellt wurde.[29] Aber auch dann, wenn die Zustellung in einer Weise erfolgte, der nicht die in den nationalen Bestimmungen gemäß Art 14 Abs 2 EG-ZustellVO verkörperte Warnfunktion zukommt, wird die Verteidigungsmöglichkeit beschränkt. ZB muß ein deutscher Antragsgegner, der sich an der Zustellung mit Einschreiben/Rückschein orientieren darf, eine „Zustellung" per einfachem Brief nicht ernst nehmen.

**c) Einverständnis des Antragsgegners mit der Ehescheidung**

**(1)** Anders als Art 34 Nr 2 Brüssel I-VO erfaßt Abs 1 lit b das Phänomen der Rechts- 12
behelfsobliegenheit. Zu Recht verliert der Antragsgegner den Schutz des Abs 1 lit b nicht schon dann, wenn er gegen die Entscheidung im Ursprungsstaat keinen **Rechtsbehelf** eingelegt hat; Passivität gegenüber einer Ehesachenentscheidung kann vielfältige Gründe haben, signalisiert nicht notwendig Zustimmung[30] und kann nicht zur Grundlage des verwirkungsähnlichen Verlusts des Schutzes rechtlichen Gehörs gemacht werden.

**(2)** Der Anerkennungsversagungsgrund greift nur dann nicht ein, wenn der Antrags- 13
gegner die Entscheidung in der Sache akzeptiert, wenn er mit ihr **eindeutig einverstanden** ist. Das Gericht hat also nicht von Amts wegen die Anerkennung zu versagen, obwohl auch der Antragsgegner mit dem materiellen Ergebnis der Statusentscheidung einverstanden ist. Das setzt ein Verhalten voraus, aus dem sich eindeutig ergibt, daß der Antragsgegner die Entscheidung akzeptiert;[31] es liegt zB vor, wenn er bereits Schritte im Hinblick auf eine erneute Eheschließung unternommen hat oder wenn er aus der Statusentscheidung Rechtsfolgen (Unterhalt, Versorgungsausgleich) herleiten will.[32] Hingegen ist, wie sich aus dem Unterschied der Fassung zu Art 34 Nr 2 und deren Motiv[33]

---

28 Vgl EuGH Rs 166/80 *Klomps/Michel* EuGHE 1981, 1593; im einzelnen *Rauscher/Leible* Art 34 Nr 2 Brüssel I-VO.

29 *Thomas/Putzo/Hüßtege* Rn 3; *Baumbach/Albers* Rn 6.

30 *Helms* FamRZ 2001, 264; *Baumbach/Albers* Rn 8.

31 *Borrás*-Bericht Nr 70.

32 *Borrás*-Bericht Nr 70; *Baumbach/Albers* Rn 8; *Thomas/Putzo/Hüßtege* Rn 3.

33 Soeben Rn 12.

ergibt, die Unterlassung eines Rechtsmittels im Ursprungsstaat *nicht* in diesem Sinn als Einverständnis zu werten.[34]

### 3. Unvereinbarkeit mit Entscheidung im Anerkennungsstaat (lit c)

14 **a)** Abs 1 lit c entspricht Art 34 Nr 3 Brüssel I-VO.[35] Unvereinbarkeit mit einer Entscheidung in dem **Staat, in dem die Anerkennung geltend gemacht wird,** steht der Anerkennung entgegen, unabhängig davon, welche Entscheidung früher ergangen ist oder welches Verfahren früher eingeleitet wurde.[36] Die widersprechende Entscheidung aus dem Anerkennungsstaat muß nicht in den Anwendungsbereich der VO fallen.[37] Fällt sie in den Anwendungsbereich der VO, so muß sie nicht notwendiger Weise in anderen Mitgliedstaaten anerkennungsfähig sein.

Voraussetzung der Anerkennungsversagung ist die *Identität der Parteien* in beiden Verfahren, während in sachlicher Hinsicht nicht Übereinstimmung des Streitgegenstandes,[38] sondern eine autonom zu bestimmende *Unvereinbarkeit* erforderlich ist.

15 **b)** Unvereinbarkeit liegt vor, wenn im Anerkennungsstaat eine die Ehe auflösende Entscheidung ausgesprochen wurde, während die anzuerkennende Entscheidung nur eine **Ehetrennung** verfügt. Umgekehrt steht eine Ehetrennung im Anerkennungsstaat nicht der Anerkennung einer die Ehe auflösenden Entscheidung aus einem anderen Mitgliedstaat entgegen, auch wenn das Ehetrennungsurteil nach dem angewandten Recht für einen gewissen Zeitraum nach dem anzuwendenden materiellen Recht eine Umwandlung in eine Ehescheidung blockieren würde; denn die Scheidung einer getrennten Ehe führt autonom gesehen nicht zu Unvereinbarkeit und erweist sich allenfalls als nicht zu prüfende Mißachtung einer materiellrechtlichen Sperre der Umwandlung. Es setzt sich also einheitlich die am weitesten gehende Statusentscheidung durch.[39]

16 **c)** Strittig ist, ob auch eine **antragsabweisende Entscheidung**, so weit sie in Rechtskraft erwächst, unvereinbar mit der Anerkennung einer Entscheidung sein kann, die auf denselben Tatbestand gestützt, einem entsprechenden Antrag stattgibt. Das Argument, Art 13 beschreibe den Entscheidungsbegriff auch insoweit,[40] überzeugt nicht, denn die den Konflikt auslösende Entscheidung muß nicht einmal in den Anwendungsbereich der VO fallen, um so weniger in den des Art 13. Schwerer wiegt, daß die antragsabweisende Entscheidung in anderen Mitgliedstaaten nicht nach Art 14ff anerkennungsfähig wäre, so daß es zu hinkenden Statusverhältnissen kommt. Gleichwohl

---

34 *Helms* FamRZ 2001, 264; *Baumbach/Albers* Rn 8; *Thomas/Putzo/Hüßtege* Rn 3; *MünchKommZPO/Gottwald* Rn 5 *Schlosser* Rn 4; **aA** *Zöller/Geimer* Rn 5.

35 Vgl auch *Rauscher/Leible* Art 34 Nr 3 Brüssel I-VO.

36 *Borrás*-Bericht Nr 71.

37 *Schlosser* Rn 5.

38 *Baumbach/Albers* Rn 9; *Schlosser* Rn 5.

39 *Borrás*-Bericht Nr 71.

40 *Kohler* NJW 2001, 13; *Baumbach/Albers* Rn 10.

ist der hM, die auf abweisende Entscheidungen Abs 1 lit c nicht anwenden will,[41] nicht zu folgen. Die Möglichkeit hinkender Statusverhältnisse entsteht im Fall des Abs 1 lit c durch den *absoluten Vorrang* der inländischen Entscheidung, der der Autorität inländischer Entscheidungen im Anerkennungsstaat geschuldet ist, aber hinkende Rechtsverhältnisse hinnimmt. Daß die abweisende Entscheidung nicht nach Art 14ff in anderen Mitgliedstaaten anzuerkennen ist, bedeutet im übrigen nicht, daß sie überhaupt nicht anerkannt würde; dies hängt von der *lex fori* ab. Es wäre jedenfalls im Ergebnis nicht hinnehmbar, wenn zB eine rechtskräftige Abweisung eines auf die Behauptung der Bigamie gestützten *Eheaufhebungsantrags* einer Entscheidung aus einem Mitgliedstaat im Wege der Anerkennung weichen müßte, welche die Ehe aus eben diesem Grund aufhebt. Hingegen wird das von der hM zutreffend gesehene Problem hinkender Statusverhältnisse im Fall der *Ehescheidung* in aller Regel dadurch zu lösen sein, daß ein *späteres* Scheidungsverfahren unter Geltung des Zerrüttungsprinzips meist einen anderen Scheidungsgrund[42] betrifft und deshalb zu einer früheren Abweisung nicht unvereinbar ist. Scheidungstourismus wird also nur gebremst,[43] soweit der Scheidungsgrund durch die Antragsabweisung verbraucht ist.

Zu einer Abweisung im Anerkennungsstaat *nach* Erlaß eines stattgebenden Scheidungsurteils in einem Mitgliedstaat dürfte es aber nicht kommen, weil das Zweitgericht schon die *Vorfrage* der bestehenden Ehe unter Berücksichtigung des nach Art 14ff anzuerkennenden Scheidungsurteils verneinen, also den Scheidungsantrag mangels Ehe abweisen muß. Die Gefahr, ein in einem Mitgliedstaat geschiedener Ehegatte könnte dieses Urteil nachträglich in einem scheidungsfeindlicheren Staat obsolet machen, besteht also nur hypothetisch.

**d)** Entscheidungen, welche **das Bestehen der Ehe voraussetzen**, insbesondere solche 17
zu Ehewirkungen (zB Trennungsunterhalt), hindern nicht die Anerkennung einer Entscheidung, welche die als existent vorausgesetzte Ehe aufhebt oder als nicht bestehend feststellt.[44] Das ist vom Streitgegenstandsverständnis des deutschen Rechts allerdings leichter begründbar[45] als aus dem Blickwinkel des autonomen Unvereinbarkeitsbegriffs. Keine Probleme ergeben sich, wenn das anzuerkennende Scheidungsurteil dem das Bestehen der Ehe voraussetzenden Unterhaltsurteil nachfolgt, weil sich keine logische Unvereinbarkeit ergibt, wenn eine zunächst wirksame Ehe später endet. Hingegen läßt sich der Widerspruch zu einer auf Trennungsunterhalt lautenden Entscheidung kaum leugnen, wenn diese einen Zeitraum betrifft, in dem die Ehe bereits in einem Mitgliedstaat geschieden war. Nur sollte dieser Fall wiederum schon durch die zutreffende Be-

---

[41] *MünchKommZPO/Gottwald* Rn 6; *Thomas/Putzo/Hüßtege* Rn 4; *Kohler* NJW 2001, 13; *Baumbach/Albers* Rn 10; wie hier: *Helms* FamRZ 2001, 265; *Hausmann* EuLF 2000/01, 350; *Schlosser* Rn 5.

[42] Scheitern aufgrund der Fortentwicklung der Umstände, Scheiternsvermutung aufgrund zwischenzeitlichem Ablauf von Vermutungsfristen.

[43] Dieses Ziel betont *Hausmann* EuLF 2000/01, 350.

[44] *Schlosser* Rn 8.

[45] Vgl *Schlosser* Rn 5 mit Hinweis auf BGHZ 103, 62: Entfall der Wirkungen eines auf Trennungsunterhalt lautenden Urteils aufgrund Anerkennung eines Scheidungsurteils.

handlung der *Vorfrage* vermeidbar sein.[46] Kommt es dennoch zu einem Konflikt in dieser Reihung, muß sich letztlich das Statusurteil gegenüber dem Unterhaltsurteil durchsetzen. Ob dies jedoch rückwirkend geschieht oder erst von dem Zeitpunkt, in dem die Anerkennungsfähigkeit (zB durch Vollstreckungsabwehrklage) geltend gemacht wird, muß das nationale Recht des Staates entscheiden, dessen Gerichte das Unterhaltsurteil erlassen haben.

### 4. Unvereinbarkeit mit Entscheidung in anderem Mitgliedstaat oder Drittstaat (lit d)

18 **a)** Konflikte der anzuerkennenden Entscheidung mit Entscheidungen aus Drittstaaten oder Mitgliedstaaten zwischen denselben Parteien regelt Abs 1 lit d nach dem Muster von Art 34 Nr 4 Brüssel I-VO.[47] Insoweit gilt der **Prioritätsgrundsatz**;[48] der Anerkennung steht nur eine Entscheidung entgegen, die früher als die anzuerkennende Entscheidung erlassen wurde. Dadurch wird vermieden, daß im Anerkennungsstaat prozessual überholte Entscheidungen, bei deren Erlaß – vorbehaltlich unterschiedlicher Anerkennungsregeln im Urteilsstaat – die frühere Entscheidung hätte beachtet werden müssen, anzuerkennen sind.[49]

19 **b)** Der Anerkennung kann eine Entscheidung nur entgegenstehen, wenn sie ihrerseits **anerkennungsfähig** ist. Unerheblich ist dabei, ob es sich um eine nach der VO, nach anderem EG-Recht, Völkerverträgen oder der *lex fori* anzuerkennende Entscheidung handelt.[50] (Frühere) Entscheidungen aus einem Drittstaat, die der formalisierten Anerkennung nach Art 7 § 1 FamRÄndG bedürfen, stehen der Anerkennung iSd Abs 1 lit d erst nach formeller Anerkennung entgegen. Jedoch ist das Verfahren, in dem die Anerkennungsfähigkeit der späteren Entscheidung aus einem Mitgliedstaat nach Art 14ff zu beurteilen ist, ggf nach § 148 ZPO auszusetzen, wenn eine Partei das Verfahren nach Art 7 § 1 FamRÄndG einzuleiten wünscht. Anderenfalls käme es zu Widersprüchen, wenn die Anerkennungsfähigkeit der späteren Mitgliedstaats-Entscheidung bejaht wird und anschließend auch die frühere Drittstaats-Entscheidung anerkannt wird. Art 20 steht der Aussetzung nicht entgegen, weil die Bestimmung nicht abschließend ist.

20 **c)** Ähnlich wie zu Abs 1 lit c[51] kann auch eine *lege fori* anerkennungsfähige **abweisende Entscheidung** der Anerkennung einer späteren stattgebenden Entscheidung entge-

---

[46] Vgl oben Rn 16: Eine durch anzuerkennendes Urteil geschiedene Ehe kann nicht mehr Grundlage eines auf Trennungsunterhalt lautenden Urteils sein.

[47] Vgl *Rauscher/Leible* Art 34 Nr 4 Brüssel I-VO; beide Normen stellen im Vergleich zu Art 27 Nr 5 EuGVÜ klar, daß das zugrundegelegte *Prioritätsprinzip* auch im Verhältnis zu Mitgliedstaaten-Entscheidungen gilt; unklar *Schlosser* Rn 6.

[48] *Baumbach/Albers* Rn 11; *MünchKommZPO/Gottwald* Rn 7.

[49] Vgl aber *Borrás*-Bericht Nr 71; *Thomas/Putzo/Hüßtege* Rn 5, die dies als Ziel der Regelung ansehen.

[50] *Baumbach/Albers* Rn 12; *Thomas/Putzo/Hüßtege* Rn 5.

[51] Oben Rn 16.

genstehen.[52] Zwar geht es insoweit nicht um die Achtung der Autorität einer im Anerkennungsstaat ergangenen Entscheidung. Es erscheint aber aus Sicht des Anerkennungsstaates ebenso wie der Beteiligten nicht sinnvoll, eine Entscheidung anzuerkennen, die sich *später* in Widerspruch zu einer im Anerkennungsstaat rechtskräftigen Feststellung der Rechtslage setzt. Wie zu lit c betrifft dies vor allem Fälle der Abweisung eines Eheaufhebungsbegehrens, während die Abweisung eines Scheidungsantrags den Scheidungsgrund einer späteren Zerrüttung ohnehin nicht verbraucht.

## III. Anerkennungsversagung bei Entscheidungen zur elterlichen Verantwortung (Abs 2)

### 1. Ordre public (lit a)

**a)** Abs 2 lit a entspricht vollständig Art 23 Abs 2 lit d KSÜ[53] und unterscheidet sich von Abs 1 lit a durch die Nennung des **Kindeswohls** als Kriterium der Prüfung des ordre public. Dies bedeutet nicht, daß das Kindeswohl als Anerkennungsversagungsgrund neben den ordre public tritt. Weder ist das Kindeswohl kumulativ erst nach Feststellung eines ordre-public-Verstoßes zu prüfen,[54] noch ist das Kindeswohl ein alternativer Anerkennungsversagungsgrund, der eine Prüfung der Entscheidung in der Sache eröffnen würde. Die Regelung stellt vielmehr klar, daß das Kindeswohl innerhalb der Prüfung des ordre public das zentrale Kriterium ist.[55] Wie die Ausfüllung des ordre public obliegt dabei auch die Bewertung des Kindeswohls dem Recht des Staates, in dem die Entscheidung zur Anerkennung steht.[56] 21

**b)** Teilweise wird eine **restriktive Anwendung des ordre public** wegen Kindeswohlverstößen angemahnt.[57] Dem ist zuzugeben, daß auch gegenüber Sorgeentscheidungen der ordre-public-Vorbehalt auf „offensichtliche" Verstöße gegen grundlegende Prinzipien zu beschränken ist. Nun ist aber das Kindeswohl an sich ein solches grundlegendes Prinzip, so daß eine Relativierung nur bei der Offensichtlichkeit ansetzen könnte. Zwar steht außer Frage, daß eine Anerkennung nur scheitern kann, wenn im konkreten Fall eine realistische kindeswohlgünstigere Entscheidungsalternative bestünde.[58] Auch mögen gewisse Abstriche von der aus Sicht des Anerkennungsstaates optimalen *verfahrensrechtlichen* Verwirklichung des Kindeswohls hinzunehmen sein,[59] zumal insoweit die Sicherstellung des rechtlichen Gehörs des Kindes das zentrale und in Abs 2 lit b geson- 22

---

[52] **AA** *Baumbach/Albers* Rn 12.

[53] *Borrás*-Bericht Nr 73; *Baumbach/Albers* Rn 14.

[54] So aber *Thomas/Putzo/Hüßtege* Rn 7.

[55] *Baumbach/Albers* Rn 14; *Vogel* MDR 2000, 1050.

[56] *Thomas/Putzo/Hüßtege* Rn 7.

[57] Mit Nachdruck *Schlosser* Rn 3; vgl auch *Helms* FamRZ 2001, 263.

[58] So zutreffend *Schlosser* Rn 3.

[59] Vgl *Helms* FamRZ 2001, 263; *Schlosser* Rn 3: Verfahren ohne Bestellung eines Verfahrenspflegers für das Kind; zutreffend für eine Anerkennungsversagung bei Unterbleiben der gebotenen Einholung eines psychologischen Gutachtens, wie EuGMR DAVorm 2000, 681.

dert erfaßte Anliegen ist. Es geht aber schwerlich an, im Rahmen der Anerkennung nach der VO zwischen ausländischen Kindern und solchen, die dem Anerkennungsstaat angehören, zu differenzieren.[60] Ein hoher Kindeswohlstandard muß eines der vorrangigen Ziele eines EG-einheitlichen Grundrechtsverständnisses sein. Deshalb wäre es kurzsichtig, würden Mitgliedstaaten, die ein hohes Maß an Sensibilisierung und Grundrechtsschutz zugunsten des Kindeswohls erreicht haben, die Verkehrsfähigkeit von Urteilen über die Wahrung dieses Niveaus und die Entwicklung eines vergleichbaren EG-Niveaus zu stellen. Insbesondere wenn einzelne Mitgliedstaaten auf der Ebene des Entscheidungs-ordre public kindeswohlwidrige Sorgerechtsnormen aus drittstaatlichem Recht noch nicht abzuwehren bereit sind, hat eine eher extensive Durchsetzung eines hohen Schutzniveaus im Anerkennungs-ordre public eine zukunftsweisende Funktion.

23 **c)** Zumindest für die Anerkennung der Entscheidung im **gewöhnlichen Aufenthaltsstaat des Kindes** ist die Frage von geringer praktischer Bedeutung. Da eine Zuständigkeit zur Abänderung der Entscheidung hier regelmäßig besteht (Art 1 MSA, Art 5 Abs 2 KSÜ),[61] und eine Anerkennung der Abänderung nicht entgegensteht, ist es wenig fruchtbar, um die Anerkennungsfähigkeit zu streiten. Im Zweifel ist eine eigene Entscheidung der (neuen) Aufenthaltsgerichte vorzugswürdig,[62] weil sie Klarheit schafft und sich uneingeschränkt am eigenen Kindeswohlverständnis orientieren kann.

**2. Rechtliches Gehör des Kindes (lit b)**

24 **a)** Abs 2 lit b ist ohne Parallele in Abs 1 und entspricht Art 23 Abs 2 lit b KSÜ. Die **Gewährung rechtlichen Gehörs** gegenüber dem Kind ist zu Recht als das zentrale Gebot der Verwirklichung des Kindeswohls im Verfahren aus dem verfahrensrechtlichen ordre public ausgegliedert.[63] Die Bestimmung stellt grundsätzlich nicht auf die Erforderlichkeit der Anhörung des Kindes in einer der beteiligten Rechtsordnungen ab, sondern geht in Anlehnung an Art 12 des UN-Kinderrechteübereinkommens vom 20. 11. 1989[64] von der Anhörung des Kindes als Regel aus. Eine autonome Ausnahme von diesem Grundsatz bestimmt Abs 2 lit b für dringende Fälle.

25 **b)** Das **Recht des Anerkennungsstaates** wird nur deshalb letztlich zum Maßstab der Anerkennungsversagung,[65] weil Abs 2 lit b zusätzlich eine Verletzung wesentlicher verfahrensrechtlicher Grundsätze dieses Staates fordert. Es wird also das Unterbleiben des autonom als erforderlich vorausgesetzten rechtlichen Gehörs nur dadurch zum An-

[60] So *Schlosser* Rn 3 bezugnehmend auf die entsprechende Differenzierung im autonomen Anerkennungsrecht.

[61] Jedenfalls nach Abschluß der Ehesache, vgl Art 3.

[62] *Baumbach/Albers* Rn 15.

[63] *MünchKommZPO/Gottwald* Rn 9.

[64] BGBl 1992 II 122.

[65] *Thomas/Putzo/Hüßtege* Rn 8; *MünchKommZPO/Gottwald* Rn 9.

erkennungsversagungsgrund, daß ein dem ordre-public-Gedanken ähnliches Element in Bezug auf den Staat, in dem die Anerkennung beantragt wird, hinzutritt.

c) Für die Anerkennung in Deutschland ist damit **§ 50b FGG der Maßstab.**[66] Diese Bestimmung *ist in ihrer Gesamtheit* wesentlicher Verfahrensgrundsatz und kann deshalb nicht unter dem Gesichtspunkt der Wesentlichkeit relativiert werden.[67] Dabei spielt es keine Rolle, ob § 50b FGG den Umfang des dem Kind nach Art 12 UN-Kinderrechteübereinkommen zu gewährenden rechtlichen Gehörs ausschöpft.[68] Es wäre aber angesichts der dezidierten Orientierung von Abs 2 lit b am Niveau dieses Art 12 geradezu absurd, wollte man die vergleichbar hohe aus § 50b FGG fließende Garantie relativieren, um die Anerkennung von Entscheidungen zu erreichen, die dieses Niveau (noch) verfehlen. Die Anbindung des Anerkennungsversagungsgrundes an wesentliche Verfahrensgrundsätze des Anerkennungsstaates dient nicht der Absenkung des erwarteten Schutzniveaus, sondern soll nur vermeiden, daß ein Mitgliedstaat an die anzuerkennende Entscheidung eine höhere Meßlatte anlegt als an eigene Verfahren. 26

### 3. Zustellung des verfahrenseinleitenden Schriftstücks (lit c)

a) Abs 2 lit c ist Abs 1 lit b nachgebildet. Die Zustellung und ihre Rechtzeitigkeit sind in gleicher Weise zu beurteilen wie dort.[69] 27

Fraglich ist jedoch, wer die „**betreffende Person**" ist, an die das verfahrenseinleitende Schriftstück zuzustellen ist. Diese schillernde Bezeichnung versucht, sich von dem kontradiktorischen Grundmuster des Abs 1 lit b zu lösen. Wie aus der dem Schutz Dritter als *materiell Verfahrensbeteiligte* dienenden Bestimmung in Abs 2 lit d zu folgern ist, sind diese in lit c nicht gemeint. Auch das *Kind* ist, obwohl dies nach dem Wortlaut vorstellbar wäre,[70] nicht gemeint, weil dessen rechtliches Gehör in Abs 2 lit b behandelt wird.[71]

Die Bestimmung auf *formell Verfahrensbeteiligte* zu beschränken,[72] verbietet sich jedoch, weil die fehlende Zustellung in diesem Fall die formale Beteiligung verhindern, also zur Nichtanwendung der Bestimmung führen könnte.

---

[66] *Thomas/Putzo/Hüßtege* Rn 8; *MünchKommZPO/Gottwald* Rn 9; *Baumbach/Albers* Rn 17; *Helms* FamRZ 2001, 263.

[67] So *Schlosser* Rn 7 mit einer dem gegenwärtigen Stand des deutschen Kindschaftsrechts nicht mehr entsprechenden grundsätzlichen Skepsis gegen die Anhörung des Kindes („kann mehr verderben als Sinn stiften"). Es geht bei § 50 b FGG selbstverständlich immer um die alters- und situationsgemäße Anhörung und nicht um eine sterile Einvernahme des Kindes als überforderter Zeuge in eigener Sache, die kein vernünftiger Familienrichter praktiziert.

[68] So aber *Schlosser* Rn 7.

[69] Oben Rn 9ff.

[70] *MünchKommZPO/Gottwald* Rn 10.

[71] *Schlosser* Rn 4.

[72] *Baumbach/Albers* Rn 19; *Wagner* IPRax 2001, 78.

Eine systematisch sinnvolle Funktion zwischen Abs 2 lit b und d bei gleichzeitiger Berücksichtigung des in lit c enthaltenen Rests eines kontradiktorischen Vorverständnisses erhält die Bestimmung, wenn man als „betreffende Person" jeden Elternteil (als *potentiell formell zu Beteiligenden*) versteht,[73] soweit er nicht selbst das Sorgeverfahren durch einen *eigenen Antrag* in Gang gesetzt hat. Die Rolle in dem *Eheverfahren*, aus dessen Anlaß die elterliche Verantwortung geregelt wird, ist dagegen unerheblich. Hat das Gericht *von Amts wegen* die Regelung der elterlichen Verantwortung eingeleitet, so unterfällt nicht nur die erste Zustellung an einen Elternteil Abs 2 lit c,[74] denn diese Zustellung wirkt nicht für und gegen den anderen. Vielmehr ist beiden Elternteilen rechtliches Gehör zu gewähren, so daß die Anerkennung schon scheitert, wenn nur an einen Elternteil nicht in geeigneter Weise rechtzeitig zugestellt wurde.

28 **b)** Die ebenfalls Abs 1 lit b nachgebildete Ausnahme **eindeutigen Einverständnisses** der betreffenden Person umfaßt einerseits Handlungen, die materielles Einverständnis signalisieren, insbesondere die Mitwirkung an der Durchführung der getroffenen Sorgeentscheidung (zB Umgangsregelung). Allerdings ist jeweils zu prüfen, ob die Mitwirkung (zB Herausgabe des Kindes) ohne Zwang tatsächlich Einverständnis bedeutet oder lediglich erfolgt ist, um dem Kind die Belastung einer Vollstreckung der Entscheidung zu ersparen. Verbringung in einen anderen Staat, die häufig der Anerkennungsproblematik vorausgehen wird, ist ein eindeutiges Signal des fehlenden Einverständnisses.

Für Sorgeentscheidungen kommt aber durchaus auch der Frage Bedeutung zu, ob der Betreffende im Ursprungsstaat ein zulässiges Rechtsmittel eingelegt oder unterlassen hat. Während Passivität in Ansehung der eigenen Ehesache psychisch unterschiedlich motiviert sein kann, kann von einem Elternteil, der mit einer Entscheidung in der Sorgesache nicht einverstanden ist, durchaus die Einlegung eines Rechtsmittels erwartet werden.[75]

### 4. Rechtliches Gehör von Inhabern der elterlichen Verantwortung (lit d)

29 **a)** Lit d ist Art 23 Abs 2 lit c KSÜ nachgebildet. Geschützt wird das rechtliche Gehör **jeder Person**, die vorträgt, daß die Entscheidung in ihre **elterliche Verantwortung** eingreift. Die Bestimmung gilt nicht nur für die Verfahrenseinleitung,[76] setzt aber andererseits keine Zustellung eines verfahrenseinleitenden Schriftstücks voraus. Dieser Anerkennungsversagungsgrund setzt als einziger nach seinem Wortlaut einen **Antrag**[77] des Betroffenen voraus, was jedoch untechnisch zu verstehen ist; erforderlich ist, daß

---

73 So zutreffend *Schlosser* Rn 4.

74 So aber *Schlosser* Rn 4.

75 Insoweit zweifelnd *MünchKommZPO/Gottwald* Rn 11; hingegen ohne Empfinden für die Unterschiedlichkeit der Motivationslage: *Zöller/Geimer* Rn 5.

76 *Baumbach/Albers* Rn 20.

77 *Baumbach/Albers* Rn 21; *Vogel* MDR 2000, 1050.

der Drittbetroffene sich im Anerkennungsstadium meldet und die Verletzung seines Gehörs einwendet. Aus eigener Anschauung wird das Gericht ohnehin von dem Dritten nicht wissen; es genügt aber auch nicht, daß ein Elternteil oder eine Behörde (Jugendamt) die Verletzung des rechtlichen Gehörs des Dritten in das Anerkennungsverfahren einführt. Der Betreffende kann also über die Beachtung seines rechtlichen Gehörs disponieren;[78] gleichwohl kann die Verletzung noch unter dem Gesichtspunkt des ordre public zur Nichtanerkennung führen, wenn die unterlassene Anhörung zum *Wohl des Kindes* zwingend erforderlich gewesen wäre.

**b)** Gelegentlich wird bezweifelt, ob die Bestimmung einen **Anwendungsbereich** habe.[79] In der Tat fehlt ihr im Vergleich zu Art 23 Abs 2 lit c KSÜ ein weiter Teil des Anwendungsbereichs, weil die VO an sich nur auf die Regelung der elterlichen Verantwortung über gemeinsame Kinder zwischen den Ehegatten Anwendung findet (Art 1 Abs 1 lit b). Abs 2 lit d befaßt sich insbesondere nicht mit dem den Ehegatten als Eltern zu gewährenden rechtlichen Gehör,[80] das im Einleitungsstadium durch Abs 2 lit c und sodann durch den ordre public geschützt ist. 30

Dennoch betrifft die Bestimmung nicht nur Fälle irriger Entscheidungen, zB die Regelung der elterlichen Sorge für ein nicht gemeinsames Kind.[81] Erfaßt sind Fälle, in denen die elterliche Sorge für ein gemeinsames Kind zwischen den Ehegatten geregelt wird und hierbei in die aufgrund einer früheren Entscheidung einem Dritten (Vormund, Jugendamt) zustehende elterliche Sorge eingegriffen wird.[82] Gleiches gilt, wenn einem Dritten das *Aufenthaltsbestimmungsrecht* als Teil der elterlichen Verantwortung zusteht. Da in Anwendung der VO auch der *Umgang* des Kindes mit jedem Elternteil geregelt werden kann,[83] können sich auch insoweit Eingriffe ergeben. Obgleich der *Umgang mit Dritten* nicht in den Anwendungsbereich der VO fällt, können Regelungen im Anwendungsbereich der VO auch mittelbar in Umgangsrechte Dritter (Geschwister, Großeltern) eingreifen, so, wenn die Sorgeregelung den Umgang durch räumliche Distanz faktisch vereitelt oder durch Verbringungsverbote rechtliche Schranken setzt. Zu bedenken ist immer, daß die unterlassene Gewährung rechtlichen Gehörs als solche zur Nichtanerkennung führt. Nicht notwendig ist, daß es aufgrund der daraus gewonnenen Erkenntnisse zu einer anderen Entscheidung hätte kommen müssen.

### 5. Unvereinbarkeit mit späterer Entscheidung im Anerkennungsstaat (lit e)

**a)** Abs 2 lit e lehnt sich an Abs 1 lit c an und hat im KSÜ keine Parallele. Eine Entscheidung betreffend die elterliche Verantwortung, die im Anerkennungsstaat ergangen ist, steht der Anerkennung (nur) entgegen, wenn sie **später als die anzuerken-** 31

---

[78] *Baumbach/Albers* Rn 21.

[79] *Schlosser* Rn 8.

[80] Unklar *Baumbach/Albers* Rn 21: „betroffener Elternteil".

[81] Vgl *Schlosser* Rn 8.

[82] *MünchKommZPO/Gottwald* Rn 12.

[83] Art 1 Rn 8.

**nende Entscheidung** ergangen ist. Nicht erforderlich ist, daß die Entscheidung zwischen denselben Parteien oder Beteiligten ergangen ist; nicht erforderlich ist auch, daß die Entscheidung unmittelbar die elterliche Verantwortung regelt. Es genügt, wenn sie mittelbar die Voraussetzungen der elterlichen Verantwortung berührt, wie zB eine Abstammungsentscheidung auf Anfechtung der Vaterschaft, die der elterlichen Sorge des Ehemannes der Mutter die Grundlage entzieht.[84]

Teils wird die Bestimmung als unnötiger Ausdruck eines theoretischen Perfektionismus verstanden.[85] Tatsächlich dürfte es sich aber um eine Prinzipienentscheidung über die Rangfolge widerstreitender Sorgeentscheidungen handeln, die sich – nicht ganz geglückt – am KSÜ anzulehnen versucht.

32 **b)** Die Beschränkung des Vorrangs auf spätere Entscheidungen erscheint plausibel, wenn man annimmt, daß eine **frühere Entscheidung** eigentlich bei Erlaß der aus Anlaß der Ehescheidung getroffenen Regelung der elterlichen Verantwortung hätte berücksichtigt werden müssen.[86] Diese Prämisse ist aber nur richtig, wenn die frühere Entscheidung, die regelmäßig nicht aus Anlaß einer Ehesache ergangen sein wird, im Ursprungsstaat der nun zur Anerkennung stehenden Sorgeentscheidung anzuerkennen ist, was selbst zwischen Vertragsstaaten des MSA oder KSÜ nach autonomem Recht zu beurteilen sein kann, weil zB Abstammungsentscheidungen nicht unter die Haager Übereinkommen fallen (vgl Art 1 MSA, Art 4 lit a KSÜ). Damit impliziert lit e ein keineswegs selbstverständliches **Posterioritätsprinzip**. Ist die frühere Entscheidung aus dem Anerkennungsstaat eine *Sorgeentscheidung*, so fügt sich dieses Prinzip stimmig in die aus Art 10 Abs 1 KSÜ übernommene Zuständigkeitsregel in Art 3: Die Sorgeentscheidung aus Anlaß der Ehescheidung hat Vorrang. Tiefere Rechtfertigung findet das in der grundsätzlichen Abänderbarkeit von Sorgeentscheidungen, die *rebus sic stantibus* ergehen und der offenkundigen Tatsache, daß eine Ehescheidung der Eltern die Grundlage der elterlichen Sorge berührt.[87] Ist die frühere Entscheidung dagegen eine *Statusentscheidung,* so ist das Posterioritätsprinzip unsinnig: Es drängt sich auf, daß eine Sorgeentscheidung aus Anlaß der Ehescheidung, die eine vorherige erfolgreiche Anfechtung der Vaterschaft des Ehemannes ignoriert, in dem Staat, in dem über die Anfechtung entschieden wurde, in aller Regel[88] nicht anerkannt werden kann. Da lit e dies nicht erkennt, muß auf den *ordre public* (lit a) abgestellt werden.

33 **c)** Welche **späteren Entscheidungen** aus dem Anerkennungsstaat der Anerkennung der aus Anlaß der Ehescheidung getroffenen Sorgeentscheidung entgegenstehen kön-

---

84 *Borrás*-Bericht Nr 73.

85 So *Schlosser* Rn 9.

86 *Borrás*-Bericht Nr 73.

87 Mit der im *Borrás*-Bericht Nr 73 angenommenen Berücksichtigung hat das allerdings nichts zu tun.

88 Vorstellbar ist, daß eine Verletzung des *ordre public* ausscheidet, wenn zum Ehemann der Mutter eine soziale Vaterbeziehung besteht und dieser deshalb als Vormund bestellt werden könnte, so daß die Anerkennung einer ihm die elterliche Sorge übertragenden Entscheidung nicht konkret *ordre public*-widrig wäre.

nen, ist strittig. Teils wird angenommen, es könne sich nur um die im Borrás-Bericht[89] beispielhaft erwähnten *Statusentscheidungen*, aber nicht um Sorgerechtsentscheidungen handeln. Begründet wird dies damit, daß eine solche Sorgeentscheidung die Anerkennungsverpflichtung aus Art 14 verletzt hätte und deshalb selbst in einem wiederaufnahmeähnlichen Verfahren aufzuheben sei.[90] Dieses Verständnis ist unzutreffend: Abs 2 lit e schreibt mit dem Vorrang der im Anerkennungsstaat ergangenen späteren Entscheidung vielmehr den **Posterioritätsgrundsatz** fort, den die Bestimmung im Verhältnis zu früheren Entscheidungen voraussetzt. Dieser Grundsatz gilt also gerade für *Sorgeentscheidungen*.[91] Formal kann man dies als Ausdehnung des in Art 23 Abs 2 lit e KSÜ für Entscheidungen aus dem Nichtvertragsstaat des gewöhnlichen Aufenthalts des Kindes niedergelegten Grundsatzes rechtfertigen; materiell erscheint es plausibel, bei der jeweils jüngeren Entscheidung die größere Aktualität in Ansehung des Kindeswohls zu vermuten.[92] Gleichwohl stört erheblich, daß die VO über ihren Anwendungsbereich hinaus das Verhältnis zwischen der Sorgeregelung bei Scheidung und anderen Sorgeregelungen durch ein stereotypes Prinzip beschreibt, ohne die erhebliche Bedeutung des *gewöhnlichen Aufenthalts* des Kindes auch nur in Erwägung zu ziehen. Hätte man sich gefragt, warum Art 23 Abs 2 KSÜ *keine* vergleichbare Bestimmung enthält,[93] so wäre aufgefallen, daß sich für den *Aufenthaltsstaat* des Kindes wegen der sich aus Art 5 Abs 2 KSÜ ergebenden Abänderungsbefugnis das Anerkennungsproblem erledigt, jedoch für andere Staaten der Vorrang nicht ohne weiteres gerechtfertigt ist. Auch an dieser Stelle bleibt nur die Hoffnung auf eine Revision von Brüssel II, die dem in sich schlüssigen KSÜ die Sorgerechtsfrage überantwortet.

### 6. Unvereinbarkeit mit späterer Entscheidung im Kindes-Aufenthaltsstaat (lit f)

**a)** Abs 2 lit f steht parallel zu Abs 1 lit d, findet aber vor allem eine Stütze in Art 23 Abs 2 lit e KSÜ. Die Regelung überträgt das in Abs 2 lit e normierte **Posterioritätsprinzip** auf Entscheidungen betreffend die elterliche Verantwortung, die später in einem anderen Mitgliedstaat oder in einem Drittland ergangen sind. Die selbstverständlich erforderliche *Anerkennungsfähigkeit* dieser späteren Entscheidung ergibt sich auch bei Mitgliedstaaten nicht aus der VO, weil der von Art 1 Abs 1 lit b geforderte Zusammenhang zur Ehesache fehlt, sondern aus MSA, KSÜ oder *lex fori*.[94] 34

---

[89] Nr 73; vgl auch *Thomas/Putzo/Hüßtege* Rn 11.

[90] *Schlosser* Rn 9.

[91] So auch *Helms* FamRZ 2001, 266; *Wagner* IPRax 2001, 78; *Hausmann* EuLF 2000/01, 350; *MünchKommZPO/Gottwald* Rn 13; *Baumbach/Albers* Rn 22.

[92] *Baumbach/Albers* Rn 22; *Wagner* IPRax 2001, 78.

[93] Es ist unverständlich, warum die Verfasser von Brüssel II sich insoweit am Schema des Abs 1 orientiert haben, ohne die Sinnhaftigkeit vor dem Hintergrund des sonst durchaus ins Kalkül gezogenen Art 23 Abs 2 KSÜ zu hinterfragen. Ausweislich des *Borrás*-Berichts, der das neben dem Problem liegende Beispiel der Statussache vorträgt, wurde anscheinend die Problematik noch nicht einmal erkannt.

[94] *Baumbach/Albers* Rn 25; *Thomas/Putzo/Hüßtege* Rn 14.

35 **b)** Fraglich ist, auf welche Entscheidungen die weitere Voraussetzung zu beziehen ist, daß das Kind seinen **gewöhnlichen Aufenthalt** im Entscheidungsstaat der späteren, also anerkennungshindernden Entscheidung gehabt haben muß. Grammatikalisch sind die Worte „in dem das Kind seinen gewöhnlichen Aufenthalt hat" wohl nur auf „Drittstaat" bezogen.[95] Eine spätere anerkennungsfähige Entscheidung aus einem Mitgliedstaat hindert demnach immer die Anerkennung, eine anerkennungsfähige Entscheidung aus einem Drittstaat nur dann, wenn das Kind dort bei Erlaß der Entscheidung seinen gewöhnlichen Aufenthalt hatte. Auf den ersten Blick erscheint dies merkwürdig. Während das Anerkennungshindernis im Verhältnis zum Drittstaat-Aufenthaltsstaat des Kindes Art 23 Abs 2 lit e KSÜ entspricht, fehlt dort ein entsprechendes Anerkennungshindernis bei Entscheidungen aus Vertragsstaaten. Trotzdem widerspricht Abs 2 lit f insoweit nicht Art 23 KSÜ, denn dort ergibt sich aus der Anerkennung von zwei aufeinander folgenden Entscheidungen aus Vertragsstaaten (jeweils Art 23 Abs 1 KSÜ) implizit der Vorrang der späteren Entscheidung, auch wenn sie *nicht* aus dem Aufenthaltsstaat stammt.[96] Abs 2 lit e schreibt also insoweit nur den Posterioritätsgrundsatz fest und ist in der hier vertretenen grammatikalischen Auslegung insoweit auch gemessen an Art 23 KSÜ plausibel.

## Artikel 16
## Übereinkünfte mit Drittstaaten

**Ein Gericht eines Mitgliedstaats hat die Möglichkeit, auf der Grundlage einer Übereinkunft über die Anerkennung und Vollstreckung von Entscheidungen eine in einem anderen Mitgliedstaat ergangene Entscheidung nicht anzuerkennen, wenn in Fällen des Artikels 8 die Entscheidung nur auf in den Artikeln 2 bis 7 nicht genannte Zuständigkeitskriterien gestützt werden konnte.**

### I. Normzweck

1 Die Art 72 Brüssel I-VO entsprechende und erst im abschließenden Stadium der Beratungen wieder aufgenommene[1] Bestimmung[2] gibt aus Rücksicht auf völkervertragliche Bindungen des Anerkennungsstaates einen zusätzlichen Anerkennungsversagungsgrund, wenn der Staat, in dem die Entscheidung zur Anerkennung steht, gegenüber einem Drittstaat völkervertraglich zur Nichtanerkennung verpflichtet ist und die Ent-

---

[95] Anderenfalls müßte die Bestimmung lauten: „in *dem* anderen Mitgliedstaat oder in dem Drittland, ..."; **aA** *Baumbach/Albers* Rn 24; *Thomas/Putzo/Hüßtege* Rn 13.

[96] *Siehr* RabelsZ 62 (1998) 494; die Rechtfertigung hierfür ergibt sich allerdings aus dem Vorrang des Aufenthaltsstaates auf der Ebene der Zuständigkeit und dem System abgestimmter Konsultation bei Tätigwerden anderer Vertragstaaten, das die VO nur voraussetzen kann, soweit die betroffenen Mitgliedstaaten dem KSÜ angehören.

[1] Vgl einerseits Art 16 des Übereinkommens, andererseits den unter Einbeziehung der Stellungnahme des Parlaments geänderten Vorschlag vom 17. 3. 2000, KOM (2000) 151.

[2] Vgl *Rauscher/Mankowski* Art 72 Brüssel I-VO.

scheidung sich nicht auf Zuständigkeiten nach Art 2 bis 7, sondern auf die *lex fori* (Art 8) stützt. Art 16 weicht von der entsprechenden Bestimmung im Übereinkommen Brüssel II ab:[3] Lediglich aus technischen Gründen wurde die der Nichtanerkennung zugrundeliegende Situation explizit beschrieben; der im Übereinkommen verwiesene Art 43 (vgl Art 59 EuGVÜ) findet in der VO keine Entsprechung, weil der Neuabschluß solcher Völkerverträge nicht mehr vorbehalten ist.[4] Entfallen sind aber auch die Regelungen zur Überprüfungsdichte.

## II. Voraussetzungen der Anerkennungsversagung

**1.** Der Anerkennungsstaat muß einem **Drittstaat völkervertraglich verpflichtet** sein, die betreffende Entscheidung nicht anzuerkennen. Solche Völkerverträge bestehen für Deutschland nicht, weil alle bestehenden Regelungen der Anerkennung den Rückgriff auf im Einzelfall anerkennungsfreundlichere Systeme erlauben.[5] 2

**2.** Die anzuerkennende Entscheidung darf **nicht auf eine Zuständigkeit nach Art 2 bis 7** gestützt, sondern muß nach Art 8 in einem Gerichtsstand *lege fori* ergangen sein. Das wirft die Frage auf, in welchem Umfang Gerichte und Behören des Anerkennungsstaates insoweit die Zuständigkeitsvoraussetzungen – in Abweichung von Art 17 – überprüfen. 3

**a)** Zweifelsfrei ist im Zweitstaat die **Subsumtion** der in der Entscheidung festgestellten zuständigkeitsbegründenden Tatsachen zu überprüfen.[6] Maßgeblich ist nicht die formal genannte Zuständigkeitsnorm, sondern die Möglichkeit, hierauf die Zuständigkeit zu stützen („konnte"). Die Anerkennung kann also nicht versagt werden, weil die Entscheidung formal die Zuständigkeit auf die *lex fori* stützt, obwohl das Gericht auch nach Art 2 ff zuständig gewesen wäre. Fraglich ist dagegen, ob die Anerkennung versagt werden kann, wenn sich das Erstgericht formal auf Art 2 ff gestützt, aber falsch subsumiert hat. Da eine Art 16 Abs 3 des Übereinkommens entsprechende Regelung fehlt, ist auch insoweit die Subsumtion überprüfbar; es findet also insoweit durchaus entgegen Art 17 eine Zuständigkeitsüberprüfung statt.[7] 4

**b)** Die Überprüfung der zuständigkeitsbegründenden **Tatsachenfeststellungen** ist im Gegensatz zu Art 16 Abs 2 des Übereinkommens nicht mehr ausdrücklich ausgeschlossen. Dennoch liegt insoweit ein Umkehrschluß fern: Die Tatsachenfeststellung im Anerkennungsstadium aufzurollen, verbietet sogar Art 35 Abs 2 Brüssel I-VO in Fällen, in denen eine Zuständigkeitsüberprüfung in jener VO stattfindet. Es ist daher erst recht 5

---

[3] Vgl *Borrás*-Bericht Nr 74, 75.

[4] Vgl zur entsprechenden Situation in der Brüssel I-VO *Rauscher/Mankowski* Art 72 Brüssel I-VO. Art 72 Brüssel I-VO übernimmt Art 59 EuGVÜ nicht.

[5] *Helms* FamRZ 2001, 262; *Schlosser* Rn 1; *MünchKommZPO/Gottwald* Rn 3; *Baumbach/Albers* Rn 2.

[6] *Borrás*-Bericht Nr 75; *Thomas/Putzo/Hüßtege* Rn 1.

[7] So wohl auch *Thomas/Putzo/Hüßtege* Rn 1; die entgegenstehende Ansicht im *Borrás*-Bericht bezieht sich auf das insoweit anders lautende Übereinkommen.

im Rahmen des Art 16 von den durch das Erstgericht zu seiner Zuständigkeit festgestellten Tatsachen auszugehen.

## Artikel 17
## Verbot der Nachprüfung der Zuständigkeit des Gerichts des Ursprungsmitgliedstaats

**Die Zuständigkeit des Gerichts des Ursprungsmitgliedstaats darf nicht nachgeprüft werden. Die Überprüfung der Vereinbarkeit mit der öffentlichen Ordnung (ordre public) gemäß Artikel 15 Absatz 1 Buchstabe a) und Absatz 2 Buchstabe a) darf sich nicht auf die in den Artikeln 2 bis 8 vorgesehenen Vorschriften über die Zuständigkeit erstrecken.**

### I. Normzweck – Vergleich zu Art 35 Brüssel I-VO

1 Die Bestimmung entspricht Art 35 Abs 3 Brüssel I-VO.[1] Sie stellt klar, daß die Zuständigkeit des Gerichts, das die Entscheidung erlassen hat, nicht nachgeprüft werden darf. Hintergrund des Verzichts auf die im autonomen Anerkennungsrecht übliche Zuständigkeitsprüfung ist, wie schon in Art 28 Abs 3 EuGVÜ, die Vereinheitlichung des Zuständigkeitssystems.[2] Zuständigkeitsverstöße gegen Art 2 bis 8 können auch nicht zur Ablehnung wegen Verstoßes gegen den *ordre public* führen (S 2). Im Rahmen der VO ist das Verbot der Zuständigkeitsprüfung mit Ausnahme von Art 16 umfassend. Da VO-intern keine ausschließlichen Gerichtsstände mit fakultativen konkurrieren, besteht auch keine Art 35 Abs 1 Brüssel I-VO entsprechende Ausnahme.

### II. Einzelheiten

2 **1.** Die Anerkennung einer Entscheidung aus einem Mitgliedstaat kann nicht an einer **unzutreffenden Annahme der Zuständigkeit** scheitern. Eine Prüfung der Zuständigkeit des Erstgerichts findet im Anerkennungsstadium nicht statt (S 1). Das gilt gleichermaßen, wenn das Erstgericht seine Zuständigkeit auf Art 2ff gestützt hat, als auch dann, wenn es die Zuständigkeit *lege fori* beurteilt hat. Auch Fehler bei der Anwendung von Art 7, insbesondere die Annahme einer auf die *lex fori* gestützten Zuständigkeit, obwohl nach Art 7 die Zuständigkeiten der VO *ausschließlich* gewesen wären, sind unbeachtlich.[3]

3 **2.** Satz 2 verbietet grundsätzlich auch den Rückgriff auf den **ordre public** (Art 15 Abs 1 lit a, Abs 2 lit a) als Anerkennungshindernis bei Verstößen gegen das Zuständigkeitssystem der VO.[4] Ein Verstoß gegen den ordre public kann jedoch vorliegen, wenn zur unzutreffenden Annahme der Zuständigkeit weitere Umstände hinzutreten, insbe-

---

[1] Vgl *Rauscher/Leible* Art 35 Abs 3 Brüssel I-VO.

[2] *Baumbach/Albers* Rn 1.

[3] *Helms* FamRZ 2001, 262; *Thomas/Putzo/Hüßtege* Rn 1.

[4] *Baumbach/Albers* Rn 1.

sondere *Rechtsbeugung* durch das Erstgericht oder *betrügerisches Erschleichen* der Zuständigkeit.[5] Es ist aber auch dann immer im Einzelfall zu prüfen, ob der ordre public verletzt ist. Haben zB Ehegatten einverständlich durch unzutreffende Angaben zum gewöhnlichen Aufenthalt die Zuständigkeit erschlichen und widersetzt sich keiner der Ehegatten der Anerkennung, so ist der Verstoß nicht anders zu beurteilen als einverständlich unzutreffender Vortrag zum Ablauf einer Mindesttrennungsfrist; ein Verstoß gegen den ordre public liegt dann nicht vor.

**3.** Mittelbar führt dies zu einer erweiterten Obliegenheit des Antragsgegners, Zustän- 4
digkeitsmängel im Ausgangsverfahren zu rügen.[6] Obwohl eine rügelose Einlassung im Rahmen der VO nicht möglich ist, also ein unzuständiges Gericht auch ohne Rüge unzuständig bleibt, bleibt der Mangel im Anerkennungsstadium unerheblich.

## Artikel 18
## Unterschiede beim anzuwendenden Recht

**Die Anerkennung einer Entscheidung, die die Ehescheidung, die Trennung ohne Auflösung des Ehebandes oder die Ungültigerklärung einer Ehe betrifft, darf nicht deshalb abgelehnt werden, weil eine Ehescheidung, Trennung ohne Auflösung des Ehebandes oder Ungültigerklärung einer Ehe nach dem Recht des Mitgliedstaats, in dem die Anerkennung beantragt wird, unter Zugrundelegung desselben Sachverhalts nicht zulässig wäre.**

### I. Normzweck

**1.** Die Bestimmung geht zurück auf Art 17 des Übereinkommens Brüssel II und 1
hat zwei Funktionen. Ursprünglich ging es darum, Bedenken von Mitgliedstaaten gerecht zu werden, deren Familienrecht **liberalere Scheidungsvorschriften** enthält als das Recht anderer Mitgliedstaaten. Insoweit ist die Regelung im Zusammenhang mit Art 15 Abs 1 lit a zu sehen;[1] sie verbietet eine extensive Anwendung des ordre public.[2]

**2.** Da schon in Vorbereitung des Übereinkommens das Wort „innerstaatlich" gestri- 2
chen wurde, erhält die Bestimmung eine zweite Funktion: Sie stellt klar, daß die Nichtanerkennung auch nicht darauf gestützt werden kann, daß ein aus Sicht des **Internationalen Privatrechts** des Anerkennungsstaates unzutreffendes Recht angewendet

---

5 *Schlosser* Rn 1; vgl auch die zum Übereinkommen von Irland abgegebene Erklärung, die in der VO nicht mehr berücksichtigt ist, wonach sich Irland vorbehalten hatte, die Anerkennung zu verweigern, wenn eine Partei oder die Parteien vorsätzlich das Gericht über Voraussetzungen der Zuständigkeit getäuscht haben; dazu *Jänterä-Jareborg* YB PIL 1999, 22.

6 *MünchKommZPO/Gottwald* Rn 2.

1 *Borrás*-Bericht Nr 76.

2 *Borrás*-Bericht Nr 76; *Thomas/Putzo/Hüßtege* Rn 1; *MünchKommZPO/Gottwald* Rn 1.

wurde.[3] Der Verzicht auf einen Kollisionsrechtsvorbehalt in Statussachen ist keineswegs selbstverständlich, wie insbesondere der statusrechtliche Vorfragenvorbehalt in Art 27 Nr 4 EuGVÜ zeigt. Die Gründe für jenen Anerkennungsvorbehalt sind längst nicht ausgeräumt.[4] Trotz einer zunehmenden Privatisierung der Ehemodelle in allen europäischen Rechtsordnungen konvergieren die Scheidungsrechtsordnungen keinesfalls so stark, daß die kollisionsrechtliche Frage ohne Interesse wäre. Der ordre public ist heute zwar weniger durch staatliche Interessen am Ehemodell betroffen; dafür tritt der individuelle Grundrechtsschutz sowohl in Gestalt des Eheschutzes als auch der Scheidungsfreiheit in den Vordergrund. Der Verzicht auf den Rechtsanwendungsvorbehalt läßt sich also nur damit erklären, daß angesichts der Divergenz der Kollisionsrechte[5] eine andere Lösung nicht möglich gewesen wäre, ohne das Ziel der Verkehrsfähigkeit von Scheidungsurteilen erheblich zu gefährden und das Tor zur *révision au fond* aufzustoßen.

## II. Keine Anerkennungsversagung wegen Rechtsunterschieden

3 **1.** Die Bestimmung betrifft nur Entscheidungen in **Ehesachen** (Art 1 Abs 1 lit a). Die Anerkennung einer *Sorgeentscheidung* kann also zB durchaus darauf gestützt werden, daß der Status des Kindes als Vorfrage der Sorgerechtsregelung unzutreffend beurteilt wurde.

4 **2.** Die Versagung der Anerkennung einer Ehesachenentscheidung darf nicht abgelehnt werden, weil im Anerkennungsstaat eine vergleichbare Entscheidung (Ehescheidung, Eheaufhebung, Ehetrennung) **nicht oder noch nicht zulässig** gewesen wäre. Ausgeschlossen ist insbesondere eine Berufung auf unterschiedliche Mindesttrennungsfristen und Scheidungsgründe oder die Versagung der Anerkennung von einverständlichen Scheidungen.[6] Der materielle ordre public des Anerkennungsstaates ist jedoch durch Art 18 nicht völlig verdrängt; deshalb muß davon ausgegangen werden, daß in aus Sicht des Anerkennungsstaats schwerwiegenden Fällen die Anerkennung durchaus an materiellen Rechtsunterschieden scheitern kann. Wie die Gerichte der tendenziell scheidungsunfreundlicheren romanischen Mitgliedstaaten und Irlands etwa zu Konsensualscheidungen ohne Scheiternsnachweis und ohne Trennungsfrist unter Beteiligung ihrer Staatsangehörigen stehen werden, bleibt abzuwarten. Auch Malta, das eine Scheidung noch nicht vorsieht, wird sich nach dem Beitritt zu positionieren haben.

5 **3.** Die Anerkennung darf auch nicht wegen einer **abweichenden Kollisionsrechtsanwendung** versagt werden, wobei auch unerheblich ist, ob das Ursprungsgericht sein IPR zutreffend angewendet hat. Dies gilt nicht nur für die Rechtsanwendung in der Haupt-

---

[3] *Borrás*-Bericht Nr 76; *Zöller/Geimer* Rn 1; *Schlosser* Rn 1; *MünchKommZPO/Gottwald* Rn 1; *Baumbach/Albers* Rn 1.

[4] *Kohler*, in: *Mansel* (Hrsg), Vergemeinschaftung 44.

[5] *Kohler* vorige Fn.

[6] *Helms* FamRZ 2001, 263; *Hausmann* EuLF 2000/01, 349.

frage, sondern betrifft auch *Vorfragen*, insbesondere auch die Beurteilung von Statusverhältnissen. So kann die Anerkennung einer Eheaufhebung wegen Bigamie nicht ohne weiteres versagt werden, weil das Ursprungsgericht aus Sicht des Anerkennungsstaates unzutreffend das Bestehen einer anderweitigen Ehe eines Ehegatten angenommen hat. Gleichwohl sollte auch hier der ordre public nicht völlig verdrängt sein. Wenn im Beispielsfall die erste Ehe schon vor Eingehung der vermeintlich bigamischen Ehe im Anerkennungsstaat (oder dort anerkennungsfähig) geschieden war, liegt kein Fall des Art 15 Abs 1 lit c vor, weil die Ehescheidung nicht zwischen denselben Parteien wie die spätere Eheaufhebung erfolgte. Trotzdem muß der inländische ordre public der Anerkennung entgegengesetzt werden können. Problematisch sind auch Fälle, in denen das Gericht des Ursprungsstaates eine Privateheschließung im Anerkennungsstaat, die dieser als Nichtehe betrachtet, als wirksam ansieht und deshalb eine anschließend dort wirksam geschlossene Ehe wegen Bigamie aufhebt.[7]

## Artikel 19
## Ausschluß einer Nachprüfung in der Sache

**Die Entscheidung darf keinesfalls in der Sache selbst nachgeprüft werden.**

### I. Keine Nachprüfung in der Sache

1 Die Bestimmung übernimmt das herkömmliche, nicht nur in Art 36 Brüssel I-VO, sondern schon unter § 328 ZPO geltende Verbot der *révision au fond*. Erst dieses Verbot sichert die Ausschließlichkeit der Anerkennungsversagungsgründe und damit letztlich den Zweck jeder Anerkennung, eine erneute Entscheidung über die Tatsachen und die Rechtsanwendung zu vermeiden.[1] Den für die Anerkennung von Entscheidungen in Ehesachen wichtigsten Fall des Verbots der Überprüfung von Scheidungs-, Aufhebungs- und Trennungsgründen regelt bereits Art 18. Während Art 18 unmittelbar auch den ordre-public-Vorbehalt (Art 15 Abs 1 lit a) beschränkt, steht das Verbot der *révision au fond* in Art 19 jedoch nicht der Versagung der Anerkennung wegen Verletzung des materiellen ordre public entgegen.

### II. Änderung von Entscheidungen zur elterlichen Verantwortung

2 **1.** Die Bestimmung gilt – anders als Art 18 – auch für Entscheidungen zur elterlichen Verantwortung. Das Verbot der *rückwirkenden* Überprüfung der sachlichen Richtigkeit

---

[7] Dieser Fall kann sich leicht ereignen, weil nicht nur Deutschland die Eheschließung im *Inland* nur in Ortsform erlaubt, Eheschließungen im *Ausland* aber auch in der Geschäftsform als wirksam ansieht. Nimmt zB ein österreichisches Gericht eine in Deutschland privat geschlossene Ehe zweier Marokkaner zum Anlaß, die nachfolgend vor einem deutschen Standesbeamten geschlossene Ehe des marokkanischen Ehemannes mit einer Deutschen aufzuheben, so kann diese Entscheidung schwerlich mit dem deutschen ordre public vereinbar sein.

[1] *Borrás*-Bericht Nr 77; *Schlosser* Rn 1.

der Entscheidung steht aber nicht einer **Änderung der Entscheidung** durch die Gerichte des Anerkennungsstaates entgegen.

3 **2.** Die entscheidende Frage ist jedoch, ob und in welchem Maß eine **Bindung der Gerichte des Anerkennungsstaates** (vorbehaltlich deren Zuständigkeit)[2] an die ohne Sachprüfung anzuerkennende Entscheidung besteht.

**a)** Selbstverständlich erscheint, daß aufgrund **geänderter Umstände**[3] eine Sorgeentscheidung geändert werden kann; das ergibt sich schon aus der kontinuierlichen Wirkung von Sorgeentscheidungen, die immer nur *rebus sic stantibus* verstanden werden können.

4 **b)** Fraglich bleibt aber, ob auch eine Abänderung der Entscheidung aufgrund einer **abweichenden Beurteilung der Kindeswohldienlichkeit** ohne Änderung der vom Ursprungsgericht festgestellten Tatsachen möglich ist. Eine rigide, an zivilprozessualem Denken orientierte Haltung, welche die Gerichte im Anerkennungsstaat an die von der anzuerkennenden Entscheidung gesetzten Prämissen binden will,[4] wird dem Problem nicht gerecht. Die Kindeswohldienlichkeit der Entscheidung ist selbst Teil des dynamischen Prozesses, dem eine Sorgeentscheidung unterliegt. Wenn etwa § 1696 BGB dem Familiengericht aufträgt, seine eigene Entscheidung zu ändern, wenn dies aus triftigen, das Wohl des Kindes nachhaltig berührenden Gründen angezeigt ist, so bedeutet das nicht notwendig eine Änderung der zugrundeliegenden Tatsachen, sondern kann auch eine geänderte Beurteilung oder eine geänderte Reaktion des Kindes auf die Verhältnisse erfassen. Die Änderungsschwelle[5] bestimmen, anders als zB bei Unterhaltsentscheidungen, nicht formal geänderte Tatsachen, sondern der Ausgleich zwischen dem Bedürfnis des Kindes nach Kontinuität und der Tendenz zu einer jeweils optimierten Verwirklichung des Kindeswohls. Eine anzuerkennende Entscheidung kann insoweit selbstverständlich nicht stärker binden.

Richtig erscheint es, die Auslegung von Art 19 an Art 27 KSÜ zu orientieren:[6] Die Gerichte im Anerkennungsstaat sind zwar gehindert, die anzuerkennende Entscheidung besserwisserisch zu korrigieren. Wenn jedoch die anzuerkennende Entscheidung nicht mehr dem Wohl des Kindes gerecht wird, ist sie abzuändern,[7] einerlei, ob sich die Tatsachen geändert haben. Jede andere Lösung würde im übrigen nur zu Begründungsakrobatik nötigen, mit der sich zB neue gutachterliche Feststellungen zum Verhalten des Kindes unschwer als geänderte Tatsachen interpretieren lassen.

---

2 *Schlosser* Rn 2.

3 *Borrás*-Bericht Nr 78; *Thomas/Putzo/Hüßtege* Rn 1; *MünchKommZPO/Gottwald* Rn 2; *Baumbach/Albers* Rn 2.

4 *Schlosser* Rn 2.

5 Im einzelnen dazu *Staudinger/Coester* (2000) § 1696 BGB Rn 42 ff.

6 *Baumbach/Albers* Rn 2; *MünchKommZPO/Gottwald* Rn 2.

7 Zutreffend zu Art 27 KSÜ *Siehr* RabelsZ 62 (1998) 494.

## Artikel 20
## Aussetzung des Anerkennungsverfahrens

**(1) Das Gericht eines Mitgliedstaats, vor dem die Anerkennung einer in einem anderen Mitgliedstaat ergangenen Entscheidung beantragt wird, kann das Verfahren aussetzen, wenn gegen die Entscheidung ein ordentlicher Rechtsbehelf eingelegt worden ist.**
**(2) Das Gericht eines Mitgliedstaats, bei dem die Anerkennung einer in Irland oder im Vereinigten Königreich ergangenen Entscheidung beantragt wird, kann das Verfahren aussetzen, wenn die Vollstreckung der Entscheidung im Ursprungsmitgliedstaat wegen der Einlegung eines Rechtsbehelfs einstweilen eingestellt ist.**

### I. Normzweck

Die Bestimmung entspricht Art 37 Brüssel I-VO.[1] Sie ist in Zusammenhang mit dem Grundsatz der automatischen Anerkennung (Art 14) zu sehen,[2] sowie dem Umstand, daß nur für die Beischreibung in Personenstandsbüchern die formelle Rechtskraft der Entscheidung Voraussetzung ist. Die Möglichkeit, das Verfahren vor dem Gericht, vor dem die Anerkennung der Entscheidung beantragt wird, auszusetzen, reduziert die Gefahr widersprüchlicher Entscheidungen. Besonders in Statussachen, deren Gestaltungswirkung einer Vollstreckung nicht bedarf, wäre es mißlich, würden aus einer Entscheidung, die womöglich alsbald im Ursprungsstaat aufgehoben wird, rechtliche Folgerungen gezogen.[3] Zumeist werden aber die Gestaltungswirkungen einer Statusentscheidung ohnehin bereits *lege fori* nicht vor formeller Rechtskraft eintreten.[4] 1

### II. Aussetzung des Verfahrens (Abs 1)

#### 1. Anwendungsbereich

**a)** Art 20 ist **in allen Verfahren** anwendbar, welche im Rahmen der Art 14ff die Anerkennung einer Entscheidung aus einem Mitgliedstaat zum Gegenstand haben. Die Bestimmung gilt also sowohl im Verfahren nach *Art 14 Abs 2* als auch in Verfahren, die von der *inzidenten Anerkennung* abhängen; in diesem Fall ist nicht nur die inzidente Anerkennung, sondern das Verfahren insgesamt auszusetzen, das von der Anerkennung abhängt.[5] In *Vollstreckbarerklärungsverfahren* gilt nicht Art 20,[6] sondern Art 28. 2

**b)** Ist eine Entscheidung im Ursprungsstaat (mangels Rechtskraft oder personenstandsrechtlicher Eintragung) noch **nicht wirksam**, so fehlt es bereits an anerkennungsfähigen Wirkungen. In diesem Fall bedürfte es nicht der Aussetzung, um die vorschnelle 3

---

[1] Vgl *Rauscher/Leible* Art 37 Brüssel I-VO.
[2] *Borrás*-Bericht Nr 79.
[3] *Baumbach/Albers* Rn 1; *MünchKommZPO/Gottwald* Rn 1.
[4] *MünchKommZPO/Gottwald* Rn 2.
[5] *Baumbach/Albers* Rn 2.
[6] *Schlosser* Rn 1.

Herleitung von Folgerungen aus der anzuerkennenden Entscheidung zu vermeiden. Es kann aber sinnvoll sein, Art 20 in solchen Fällen dennoch anzuwenden, wenn die weiteren Voraussetzungen vorliegen. Andernfalls müßte mangels anerkennungsfähiger Wirkungen das Verfahren durch Abweisung beendet und nach Eintritt der formellen Rechtskraft ein neues Verfahren eingeleitet werden.[7]

Fehlt zur Wirksamkeit nur eine personenstandsrechtliche Eintragung, so kommt hingegen keine Aussetzung nach Art 20 in Betracht; eine Aussetzung nach § 148 ZPO ist jedoch möglich.

**2. Voraussetzungen**

4 **a)** Im Ursprungsstaat muß ein **ordentlicher Rechtsbehelf** eingelegt sein. Nach der vom EuGH zu Art 30, 38 EuGVÜ geprägten autonomen Definition handelt es sich um einen Rechtsbehelf, der zur Aufhebung oder Abänderung der Entscheidung führen kann und für dessen Einlegung im Urteilsstaat eine gesetzliche Frist bestimmt ist.[8] Zweifelhaft erscheint allerdings, ob im Rahmen von Art 20 die *Befristung* des Rechtsbehelfs vorauszusetzen ist. Im Gegensatz zu den vollstreckungsrechtlichen Aussetzungsbestimmungen führt hier nicht schon das Bestehen, sondern erst die Einlegung zur Aussetzung. Insbesondere im Bereich der Sorgeentscheidungen kommen unbefristete Rechtsbehelfe häufiger vor; ihre Einlegung kann in gleicher Weise das Risiko von Widersprüchen heraufbeschwören.[9]

5 **b)** Wann der Rechtsbehelf **eingelegt** ist, entscheidet das Recht des Ursprungsstaates.[10] Art 11 Abs 4 gilt nicht entsprechend. Ist über den Rechtsbehelf rechtskräftig entschieden, so ist Art 20 nicht mehr anzuwenden.

6 **c)** Rechtsfolge ist die **Aussetzung des Verfahrens**. Eines Antrags bedarf es hierzu nicht.[11] Das Gericht hat jedoch Ermessen; abzuwägen sind die Folgen der durch die Aussetzung bedingten Verfahrensverzögerung gegen die Risiken widersprechender Entscheidungen, die Art 20 vermeiden soll. Bei Statusentscheidungen ist, sofern diese überhaupt schon vor Rechtskraft wirken, im Regelfall auszusetzen. Bei Sorgeentscheidungen ist neben der dem Kindeswohl oft nicht zumutbaren Aussetzung eine Anerkennung mit nachfolgender Abänderung zu erwägen, sofern hierzu eine Zuständigkeit besteht. Ist über den Rechtsbehelf *entschieden* und hiergegen kein weiterer Rechtsbehelf eingelegt, so ist das Verfahren wieder aufzunehmen. Im übrigen gilt für die verfahrensrechtliche Durchführung der Aussetzung § 148 ZPO entsprechend.[12]

---

[7] *Schlosser* Rn 2.

[8] *Baumbach/Albers* Rn 3; EuGH Rs 43/77 *Industrial Diamond Supplies/Riva* EuGHE 1977, 2175.

[9] IE ebenso *Baumbach/Albers* Rn 3.

[10] *Baumbach/Albers* Rn 3.

[11] *Thomas/Putzo/Hüßtege* Rn 4.

[12] *Baumbach/Albers* Rn 4.

### III. Entscheidung aus Irland oder UK (Abs 2)

7 Abs 2 soll Besonderheiten der innerstaatlichen Regelungen in Irland und dem UK Rechnung tragen[13] und entspricht Art 37 Abs 2 Brüssel I-VO.[14]

# Abschnitt 2
# Vollstreckung

## Artikel 21
## Vollstreckbare Entscheidungen

(1) Die in einem Mitgliedstaat ergangenen Entscheidungen betreffend die elterliche Verantwortung für ein gemeinsames Kind, die in diesem Mitgliedstaat vollstreckbar sind und die zugestellt worden sind, werden in einem anderen Mitgliedstaat vollstreckt, wenn sie dort auf Antrag einer berechtigten Partei für vollstreckbar erklärt worden sind.
(2) Im Vereinigten Königreich jedoch wird eine derartige Entscheidung in England und Wales, in Schottland oder in Nordirland vollstreckt, wenn sie auf Antrag einer berechtigten Partei zur Vollstreckung in dem betreffenden Teil des Vereinigten Königreichs registriert worden ist.

**I. Modell des Vollstreckbarerklärungsverfahrens**
1. Erforderlichkeit des Exequaturverfahrens ... 1
2. Gestaltungsmodell ... 2

**II. Sachlicher Anwendungsbereich**
1. Entscheidungen zur elterlichen Verantwortung ... 4
2. Kostenentscheidungen (in Ehesachen) 8

**III. Voraussetzungen der Vollstreckbarerklärung**
1. Antrag ... 9
2. Vollstreckbarkeit im Ursprungsstaat 10
3. Zustellung der Entscheidung ... 13
4. Verfahren im übrigen ... 16
5. Vollstreckung im UK (Abs 2) ... 17

### I. Modell des Vollstreckbarerklärungsverfahrens

### 1. Erforderlichkeit des Exequaturverfahrens

1 Art 21ff übernehmen für den Bereich der einer Vollstreckung bedürftigen Entscheidungen betreffend die **elterliche Verantwortung** das grundsätzlich aus Brüssel I bekannte Modell der **Exequaturentscheidung** im Vollstreckungsstaat. Ehesachen als Statussachen bedürfen (außer im Kostenpunkt) hingegen keiner Vollstreckung, weshalb

---

[13] *Borrás*-Bericht Nr 79.
[14] Vgl *Rauscher/Leible* Art 37 Abs 2 Brüssel I-VO.

insoweit mit dem Anerkennungsprinzip (Art 14ff) die unmittelbare Wirkungserstreckung erreicht ist.

Eine unmittelbare Erstreckung der Vollstreckungswirkungen als Überwindung des Exequaturprinzips erscheint hingegen gerade im Bereich der Sorgesachen, wie auch Art 26 Abs 1 KSÜ zeigt, schon wegen der vielfältigen Möglichkeiten der Verletzung rechtlichen Gehörs und der Bindung des *ordre public* an das Kindeswohl auf absehbare Zeit schwer vorstellbar. Im Gegensatz zur Materie von Brüssel I ist es insbesondere nicht damit getan, qualifizierte Formen der Zustellung an säumige Antragsgegner zu entwickeln.[1] Der Schwerpunkt unterschiedlicher Beurteilung liegt noch immer im materiellen Recht und im Verfassungsverständnis.[2]

**2. Gestaltungsmodell**

2 **a)** Art 21ff gestalten den für alle Mitgliedstaaten einheitlichen Rahmen eines Exequaturverfahrens. Die **Vollstreckungsmaßnahmen** unterliegen dagegen dem innerstaatlichen Recht des jeweiligen Vollstreckungsstaates,[3] in Deutschland also für Sorge- insbesondere Umgangsregelungen § 33 FGG.[4] Titel hierfür ist ausschließlich die im Verfahren nach Art 21ff ergangene Vollstreckbarerklärung.[5]

3 **b)** Das Verfahren der Art 21ff übernimmt – mit der Materie geschuldeten Abweichungen[6] – die Konzeption der Art 31ff **EuGVÜ** und weicht daher deutlich von Art 38ff **Brüssel I-VO** ab. Insbesondere verzichtet die VO nicht auf das Erfordernis der vorherigen **Zustellung** (vgl Art 21 Abs 1, Art 31 Abs 1 EuGVÜ, andererseits Art 38 Abs 1 Brüssel I-VO) und sieht nach dem Vorbild des Art 34 EuGVÜ eine Prüfung der **Anerkennungsversagungsgründe** vor (Art 24 Abs 2), die Art 41 Brüssel I-VO in das Rechtsbehelfsverfahren verlagert. Die **Anerkennung** der Entscheidung bleibt also in diesem Verfahren eine Vorfrage, die nach Art 14ff zu beurteilen ist. Außerdem fehlt es an einer Art 47 Brüssel I-VO entsprechenden Bestimmung;[7] eine Inanspruchnahme **einstweiliger Maßnahmen und Sicherungsmaßnahmen** zur Durchsetzung einer anerkennungsfähigen Entscheidung ohne Durchführung des Exequaturverfahrens ist nicht vorgesehen. Eine solche Vollstreckung ist in Deutschland durch § 53 AVAG ausgeschlossen.[8]

---

[1] Vgl die Entwürfe zu einer VO über einen einheitlichen Vollstreckungstitel, zuletzt v 18. 4. 2002, KOM (2002) 159.

[2] Vgl aber den inzwischen in den Vorbereitungen zu einer Überarbeitung der VO („Brüssel II A") aufgegangenen Entwurf einer VO über die gegenseitige Vollstreckung von Entscheidungen über das Umgangsrecht v 26. 6. 2000; zu Recht kritisch *Jayme/Kohler* IPRax 2000, 458.

[3] *Borrás*-Bericht Nr 81; *Hausmann* EuLF 2000/01, 351.

[4] *Schlosser* Rn 2.

[5] *Baumbach/Albers* Übersicht vor Art 21 Rn 5.

[6] ZB gibt es keine Entsprechung zu Art 39 EuGVÜ, weil eine Vollstreckung in Vermögenswerte bei Sorgeentscheidungen ausscheidet.

[7] *Schlosser* Vorbem Art 21.

[8] *Schlosser* Vorbem Art 21.

## II. Sachlicher Anwendungsbereich

### 1. Entscheidungen zur elterlichen Verantwortung

**a)** Nach Abs 1 bezieht sich Art 21 ausdrücklich auf die in einem Mitgliedstaat ergangenen, dort vollstreckbaren Entscheidungen betreffend die **elterliche Verantwortung** für ein gemeinsames Kind. Da Entscheidungen über die Zuweisung der elterlichen Sorge keinen vollstreckungsfähigen Inhalt haben,[9] betrifft die Bestimmung vorwiegend (positive und negative) Umgangsregelungen und Herausgabeanordnungen. In ihrem Anwendungsbereich verdrängen Art 21ff das KSÜ (Art 37 5. Strich, Art 38 Abs 1) und das Luxemburger Europäische Übereinkommen über die Anerkennung und Vollstreckung von Entscheidungen über das Sorgerecht etc[10] (Art 37 4. Strich, Art 38 Abs 1).[11] 4

**b)** Art 21 enthält keine ausdrückliche Bezugnahme auf die Begrenzung auf Sorgeentscheidungen **aus Anlaß einer Ehesache** (Art 1 Abs 1 lit b). Gleichwohl ergibt sich eine solche Begrenzung aus Art 13 Abs 1, der den Begriff der *Entscheidung* für das gesamte Kap III, also auch für Zwecke der Vollstreckung, bestimmt. Es bedarf also ebenso wie für die Anerkennung der Feststellung, daß die zu vollstreckende Entscheidung während der Anhängigkeit einer Ehesache ergangen ist oder auf einem Verfahren beruht, das noch während der Anhängigkeit einer Ehesache eingeleitet wurde.[12] Andere Entscheidungen werden gemäß Art 7 MSA, also regelmäßig nach innerstaatlichem Recht, oder gemäß Art 26 Abs 1 KSÜ vollstreckt. 5

**c)** Mit einer nach Art 21ff vollstreckungsfähigen Entscheidung verbundene Entscheidungen über sonstige **kindschaftsrechtliche Folgesachen**, insbesondere Entscheidungen über den Kindesunterhalt, sind von Art 21ff nicht erfaßt. Sie werden nach den jeweils auf sie anwendbaren im Vollstreckungsstaat (im Verhältnis zum Ursprungsstaat) geltenden Rechtsinstrumenten vollstreckt,[13] für Unterhaltstitel gelten das EuGVÜ, die Brüssel I-VO, ggf das Haager Übereinkommen über die Anerkennung und Vollstrekkung von Unterhaltsentscheidungen.[14] 6

Für die Vollstreckung einer Entscheidung über die **Rückführung eines Kindes** ist auch insoweit (vgl Art 4) das Haager Kindesentführungsübereinkommen vorrangig.[15]

---

9 *MünchKommZPO/Gottwald* Rn 2.

10 V 20. 5. 1980, BGBl 1990 II 220.

11 *Thomas/Putzo/Hüßtege* Rn 1.

12 Vgl dazu Art 13 Rn 1.

13 *Baumbach/Albers* Rn 2; *Thomas/Putzo/Hüßtege* Rn 3.

14 V 2. 10. 1973, BGBl 1986 II 826.

15 *Thomas/Putzo/Hüßtege* Rn 1.

7 **d) Öffentliche Urkunden und Prozeßvergleiche** in Sorgesachen mit vollstreckungsfähigem Inhalt, zB vollstreckungsfähige Umgangsvereinbarungen, soweit sie *lege causae* zugelassen sind, unterliegen Art 21 ff gemäß Art 13 Abs 3.[16]

**2. Kostenentscheidungen (in Ehesachen)**

8 Entscheidungen in Ehesachen (Art 1 Abs 1 lit a) bedürfen in ihren Gestaltungswirkungen keiner Vollstreckung und sind deshalb in Art 21 nicht erwähnt. Zugehörige Kostenentscheidungen fallen jedoch gemäß Art 13 Abs 2 in den Anwendungsbereich des Kap III und damit auch der Vollstreckungsbestimmungen. Art 21 ff sind auf sie – jedenfalls entsprechend – anzuwenden.[17]

**III. Voraussetzungen der Vollstreckbarerklärung**

**1. Antrag**

9 Die Vollstreckbarerklärung erfolgt auf **Antrag einer berechtigten Partei.** *Berechtigt* sind jedenfalls jeder der Ehegatten und das Kind. Sofern das Recht des Vollstrekkungsstaates ein Antragsrecht vorsieht, können auch *staatliche Stellen* (Vormundschaftsbehörde, Staatsanwaltschaft, Jugendamt) die Vollstreckbarerklärung betreiben.[18] Eine nähere autonome Ausgestaltung der *Form des Antrags* enthalten Art 23, 32, 33.

**2. Vollstreckbarkeit im Ursprungsstaat**

10 **a)** Voraussetzung der Vollstreckbarerklärung ist die Vollstreckbarkeit im Ursprungsstaat. Erforderlich ist, wie zu Art 31 Abs 1 EuGVÜ nur die **abstrakte Vollstreckbarkeit** in formeller Hinsicht, nicht aber das Vorliegen der konkreten Vollstreckungsvoraussetzungen nach dem Recht des Ursprungsstaates; hierüber entscheidet vielmehr das Recht des Vollstreckungsstaates.[19] Erforderlich ist damit aber insbesondere, daß Entscheidungen dieser Art *im Ursprungsstaat generell vollstreckbar* sind, was für Umgangsregelungen durchaus nicht zwingend gewährleistet ist. Ein Verbot der Vollstreckung von Umgangsentscheidungen betrifft nicht nur die konkrete Durchführbarkeit einer Vollstrekkung, sondern bedeutet eine Grundsatzwertung, die auf die Qualität der Entscheidung durchschlägt, ihr also ggf die Vollstreckbarkeit als solche entzieht. Hingegen ist die ebenso bedeutsame Frage, ob eine Vollstreckung auch *Gewaltanwendung gegenüber dem Kind* (Wegnahme) erlaubt, eine Frage der Durchführung der Vollstreckung und daher ohnehin dem Recht des Vollstreckungsstaates überlassen.

---

[16] *Baumbach/Albers* Rn 4.

[17] *Hausmann* EuLF 2000/01, 351; *Wagner* IPRax 2001, 79; *Baumbach/Albers* Rn 3; *Thomas/Putzo/Hüßtege* Rn 1; *MünchKommZPO/Gottwald* Rn 4; *Schlosser* Vorbem zu Art 21.

[18] *Borrás*-Bericht Nr 80; *Baumbach/Albers* Rn 5; *Thomas/Putzo/Hüßtege* Rn 4.

[19] EuGH Rs C-267/97 *Coursier/Fortis Bank SA et al* IPRax 2000, 18; *Baumbach/Albers* Rn 6.

**b) Vorläufige Vollstreckbarkeit** der Entscheidung im Ursprungsstaat ist grundsätzlich genügend. Auch Rechtskraft der Entscheidung ist nicht Voraussetzung der Vollstreckbarerklärung.[20] Zu erwägen ist jedoch vor Eintritt der formellen Rechtskraft eine Aussetzung des Verfahrens nach Art 28. 11

**c)** Der **Nachweis der Vollstreckbarkeit** wird gemäß Art 32 Abs 1 lit b, 33 durch das Formblatt Anhang V Ziff 8.1. erbracht („8.1.1. ja"). 12

### 3. Zustellung der Entscheidung

**a)** Im Gegensatz zu Art 38 Abs 1 Brüssel I-VO verzichtet Art 21 nicht auf die **vorherige Zustellung** der zu vollstreckenden Entscheidung. Der mit Art 38 Abs 1 Brüssel I-VO angestrebte Überraschungseffekt wäre der Vollstreckung von Sorgeentscheidungen nicht angemessen.[21] Der Zustellungsadressat ist nach dem Zweck der Bestimmung autonom zu bestimmen, nicht nach dem Recht des Ursprungsstaates.[22] Sinn der Regelung ist es, demjenigen, gegen den sich die Vollstreckung richten soll, vor Vollstreckbarerklärung die Entscheidung zur Kenntnis zu bringen; deshalb bedarf es jedenfalls der Zustellung an diese Person. Die Zustellung erfolgt zwischen den Mitgliedstaaten gemäß der VO Nr 1348/2000 (EG-ZustellVO).[23] 13

**b)** Eine **Nachholung der Zustellung** ist ohne weiteres während des Vollstreckbarerklärungsverfahrens möglich, aber auch noch während eines Rechtsbehelfsverfahrens nach Art 26, sofern dem von der Vollstreckung Betroffenen eine ausreichende Zeit zwischen der Zustellung und der Einleitung von Vollstreckungsmaßnahmen bleibt, um der Entscheidung freiwillig nachzukommen.[24] Hingegen ist eine Nachholung nach Abschluß des Vollstreckbarerklärungsverfahrens (analog § 750 Abs 1 ZPO) nicht mehr möglich,[25] weil insoweit die autonome Regelung in Abs 1 abschließend ist. 14

Der **Nachweis der Zustellung** wird gemäß Art 32 Abs 1 lit b, 33 durch das Formblatt Anhang V Ziff 8.2. erbracht („8.2.1. ja" mit Partei- und Datumsnachweis).[26]

### 4. Verfahren im übrigen

Soweit das Vollstreckbarerklärungsverfahren nicht in Art 22 ff geregelt ist, bestimmt es sich nach dem innerstaatlichen Recht des Vollstreckungsstaates, in Deutschland nach §§ 50 ff AVAG. §§ 4 ff AVAG gelten mit den in § 50 AVAG genannten Abweichungen. 15

---

[20] *Baumbach/Albers* Rn 7.
[21] *Schlosser* Rn 1.
[22] Wie hier wohl *Schlosser* Rn 1; **aA** *Baumbach/Albers* Rn 8.
[23] *Baumbach/Albers* Rn 8; *Thomas/Putzo/Hüßtege* Rn 6; **aA** *Schlosser* Rn 1 Bekanntmachung nach dem Recht des Vollstreckungsstaates.
[24] EuGH Rs C-275/94 *Roger van der Linden/Berufsgenossenschaft der Feinmechanik etc* EuGHE 1996 I 1393.
[25] *Baumbach/Albers* Rn 9; **aA** *Thomas/Putzo/Hüßtege* Rn 6.
[26] *Baumbach/Albers* Rn 8; *Thomas/Putzo/Hüßtege* Rn 6.

**5. Vollstreckung im UK (Abs 2)**

17 Abs 2 entspricht Art 38 Abs 2 Brüssel I-VO[27] und soll den Besonderheiten des innerstaatlichen Rechts im UK Rechnung tragen.[28]

## Artikel 22
## Örtlich zuständige Gerichte

(1) Ein Antrag auf Vollstreckbarerklärung ist bei dem Gericht zu stellen, das in der Liste in Anhang I aufgeführt ist.
(2) Das örtlich zuständige Gericht wird durch den gewöhnlichen Aufenthalt der Person, gegen die die Vollstreckung erwirkt werden soll, oder durch den gewöhnlichen Aufenthalt eines Kindes, auf das sich der Antrag bezieht, bestimmt. Befindet sich keiner der in Unterabsatz 1 angegebenen Orte in dem Mitgliedstaat, in dem die Vollstreckung erwirkt werden soll, so wird das örtlich zuständige Gericht durch den Ort der Vollstreckung bestimmt.
(3) Hinsichtlich der Verfahren nach Artikel 14 Absatz 3 wird das örtlich zuständige Gericht durch das innerstaatliche Recht des Mitgliedstaats bestimmt, in dem der Antrag auf Anerkennung oder Nichtanerkennung gestellt wird.

**I. Sachliche Zuständigkeit (Abs 1)**

1 **1.** Wie Art 39 Brüssel I-VO legt die VO im Interesse der Offenkundigkeit für den Rechtssuchenden[1] die sachliche und örtliche Zuständigkeit für alle Mitgliedstaaten autonom fest. Mit Rücksicht auf künftige Erweiterungen des Kreises der Mitgliedstaaten verweist Abs 1 für die Bestimmung des im Vollstreckbarerklärungsverfahren sachlich zuständigen Gerichts auf den Anhang II. In Deutschland ist das **Familiengericht** sachlich zuständig.

**II. Örtliche Zuständigkeit (Abs 2)**

2 **1.** Die örtliche Zuständigkeit wird **alternativ**[2] durch den gewöhnlichen Aufenthalt desjenigen bestimmt, gegen den sich die Vollstreckung richtet oder durch den gewöhnlichen Aufenthalt des Kindes (Abs 2 S 1).

Die **Person**, gegen die sich die Vollstreckung richtet, wird durch die formelle Gegenposition im Vollstreckbarerklärungsverfahren bestimmt.[3] Potentielle Vollstreckungsadressaten sind alle, denen die Entscheidung eine vollstreckungsfähige Verpflichtung

---

27 Vgl *Rauscher/Mankowski* Art 38 Abs 2 Brüssel I-VO.

28 *Borrás*-Bericht Nr 81.

1 *Borrás*-Bericht Nr 82, etwas emphatisch das Ziel, „dem europäischen Bürger das Leben zu erleichtern" betonend.

2 *Baumbach/Albers* Rn 2.

3 *Baumbach/Albers* Rn 2.

auferlegt, mit Ausnahme des Antragstellers. Mit Rücksicht auf den eingeschränkten sachlichen Anwendungsbereich der VO wird es sich zumeist um Fälle der Regelung im Verhältnis zwischen den Ehegatten handeln, so daß ein Vollstreckungsadressat feststeht. Richtet sich jedoch zB der Antrag einer Behörde auf Vollstreckung einer beide Elternteile betreffenden Regelung, so sind beide potentielle Vollstreckungsadressaten. In einem solchen Fall kann der Antrag wahlweise am gewöhnlichen Aufenthalt jedes der Vollstreckungsadressaten gestellt werden, wenn die Entscheidung gegen beide vollstreckt werden soll.

**2.** Haben ausnahmsweise weder das Kind noch der Vollstreckungsadressat ihren gewöhnlichen Aufenthalt im Vollstreckungsstaat, so ist als **Auffangregel** (also subsidiär, nicht alternativ) das Gericht zuständig, in dessen Bezirk die Vollstreckung bewirkt werden soll (Abs 2 S 2). 3

**3.** Die örtliche Zuständigkeit ist **für jeden OLG-Bezirk konzentriert** auf das Familiengericht am Sitz des betreffenden OLG, im Bezirk des KG beim FamG Pankow/Weißensee (Anhang I 2. Strich). 4

### III. Örtliche Zuständigkeit im Verfahren nach Art 14 Abs 3

Abs 3 verweist für die Bestimmung des im formellen Anerkennungsverfahren nach Art 14 Abs 3 zuständigen Gerichts auf die jeweilige *lex fori*. Diese nur auf den ersten Blick seltsame[4] Regelung beruht darauf, daß Gegenstand des Verfahrens nach Art 14 Abs 3 nicht nur Sorgeentscheidungen, sondern auch Ehesachenentscheidungen sind, für die eine Einigung über eine autonome Festlegung nicht erzielbar war.[5] Zur Ausfüllung der Zuständigkeit im deutschen Recht vgl Art 14 Rn 20. 5

Artikel 23
## Stellung des Antrags auf Vollstreckbarerklärung

**(1) Für die Stellung des Antrags ist das Recht des Mitgliedstaats maßgebend, in dem die Vollstreckung erwirkt werden soll.**
**(2) Der Antragsteller hat für die Zustellung im Bezirk des angerufenen Gerichts ein Wahldomizil zu begründen. Ist das Wahldomizil im Recht des Mitgliedstaats, in dem die Vollstreckung erwirkt werden soll, nicht vorgesehen, so hat der Antragsteller einen Zustellungsbevollmächtigten zu benennen.**
**(3) Dem Antrag sind die in den Artikeln 32 und 33 aufgeführten Urkunden beizufügen.**

Die Bestimmung entspricht mit geringfügigen Änderungen Art 40 Brüssel I-VO.[1] 1

---

[4] *Schlosser* Rn 1.
[5] *Borrás*-Bericht Nr 84.
[1] Vgl *Rauscher/Mankowski* Art 40 Brüssel I-VO.

## I. Stellung des Antrags (Abs 1)

2 **1.** Das Verfahren der Vollstreckbarerklärung folgt weitgehend dem Schema des EuGVÜ.[2] Art 23 befaßt sich mit der Antragstellung und der sonstigen Vorgehensweise seitens des Antragstellers. Grundsätzlich überläßt Abs 1 die Ausgestaltung der den Antrag betreffenden Bestimmungen der **lex fori des Vollstreckungsstaates**. Dies betrifft – vorbehaltlich Abs 3 – angesichts der Regelung der materiellen Voraussetzungen in Art 21 Abs 1, 24 die Formalien der Antragstellung, also Form, Inhalt, Sprache und (anwaltliche) Vertretung.[3]

3 **2.** Die Antragstellung vor **deutschen Gerichten** bestimmt sich nach § 4 AVAG. Die Einreichung erfolgt *schriftlich* oder *mündlich zu Protokoll der Geschäftsstelle* (§ 4 Abs 1 AVAG). Bei Abfassung in einer fremden *Sprache* ist der Antrag nicht ohne weiteres unzulässig (§ 184 GVG); das Gericht kann jedoch dem Antragsteller aufgeben, eine *Übersetzung* mit Bestätigung einer in einem Mitgliedstaat der EU oder des EWR hierzu befugten Person beizubringen (§ 4 Abs 3 AVAG). § 4 Abs 4 AVAG (Titelabschriften) findet keine Anwendung (§ 50 Abs 1 AVAG). Anwaltszwang besteht nicht.[4] Aus der Nichtanwendbarkeit von § 6 Abs 3 AVAG (§ 50 Abs 1 AVAG) ergibt sich nichts anderes, weil § 6 Abs 3 AVAG einen anderweitig bestimmten Anwaltszwang voraussetzen würde, der im FG-Verfahren nicht gilt.[5]

## II. Wahldomizil/Zustellungsbevollmächtigter des Antragstellers (Abs 2)

4 **1.** Abs 2 stellt sicher, daß **Zustellungen an den Antragsteller** im Vollstreckungsstaat bewirkt werden können und Zustellungen in das Ausland vermieden werden. Dies erleichtert nicht nur die Mitteilung der Entscheidung an den Antragsteller (Art 25), sondern auch die Gewährung rechtlichen Gehörs aus Anlaß der Einlegung eines Rechtsbehelfs durch den Vollstreckungsadressaten.[6]

5 **2.** Zu diesem Zweck muß der Antragsteller nach dem Recht des Vollstreckungsstaates[7] dort ein **Wahldomizil** begründen (Abs 2 S 1). Sieht das Recht des Vollstreckungsstaates, wie das deutsche Recht, dies nicht vor, so muß der Antragsteller einen **Zustellungsbevollmächtigten** im Vollstreckungsstaat benennen. Nähere Bestimmungen zu dessen Person trifft § 5 Abs 2 AVAG (Wohnsitz im Gerichtsbezirk, Zulassung bei sonstigem inländischem Wohnsitz möglich). Der Benennung eines Zustellungsbevollmächtigten bedarf es nicht, wenn der Antragsteller einen Verfahrensbevollmächtigten bestellt hat (§ 5 Abs 3 AVAG), der, sofern er nicht bei einem deutschen Gericht zugelassener Rechtsanwalt ist, seinen Wohnsitz wiederum im Gerichtsbezirk haben muß.

---

2 *Borrás*-Bericht Nr 85.

3 *Borrás*-Bericht Nr 85; *Baumbach/Albers* Rn 1.

4 *Baumbach/Albers* Rn 1.

5 BT-Drucks 14/4591, 24 (Regierungsentwurf AVAG ÄndG 2001).

6 *Borrás*-Bericht Nr 86.

7 EuGH Rs 198/85 *Carron/Bundesrepublik Deutschland* EuGHE 1986, 2437.

6 **3.** Die Folgen der **Verletzung dieser Verpflichtung** sind nicht autonom geregelt; sie bestimmen sich nach dem Recht des Vollstreckungsstaates.[8] Vor deutschen Gerichten gilt § 5 Abs 1 AVAG. Bis zur nachträglichen Benennung eines Zustellungsbevollmächtigten können alle Zustellungen durch Aufgabe zur Post (§§ 175, 192, 213 ZPO) bewirkt werden.

### III. Beizufügende Urkunden (Abs 3)

7 Abs 3 beschreibt autonom, welche Urkunden dem Antrag zum Nachweis der Anerkennungs- und Vollstreckungsvoraussetzungen beizufügen sind. Die Urkunden sind im einzelnen in Art 32 und 33 aufgeführt.[9] Die Vorlage der Urkunden kann im Rahmen von Art 34 nachgeholt werden.[10] Die Folgen der Nichtvorlage ergeben sich nicht nach der *lex fori*, sondern autonom aus Art 34.[11] Das Gericht kann insbesondere den Antrag als unzulässig abweisen,[12] aber auch von der Vorlage einzelner Urkunden absehen oder sich mit anderen Nachweisen zufriedengeben.[13]

## Artikel 24
## Entscheidung des Gerichts

**(1) Das mit dem Antrag befaßte Gericht erläßt seine Entscheidung ohne Verzug, ohne daß die Person, gegen die die Vollstreckung erwirkt werden soll, in diesem Abschnitt des Verfahrens Gelegenheit erhält, eine Erklärung abzugeben.**
**(2) Der Antrag darf nur aus einem der in den Artikeln 15, 16 und 17 aufgeführten Gründe abgelehnt werden.**
**(3) Die ausländische Entscheidung darf keinesfalls in der Sache selbst nachgeprüft werden.**

### I. Einseitiges, beschleunigtes Verfahren (Abs 1)

1 **1.** Die Bestimmung regelt die Verfahrensführung und die **Prüfung der Entscheidung** durch das Gericht des Vollstreckungsstaates. Sie entspricht Art 34 EuGVÜ und übernimmt damit nicht das Modell des Art 41 Brüssel I-VO, das die Prüfung der Anerkennungsversagungsgründe auf das Rechtsbehelfsverfahren verlagert. Das ist einerseits der Besonderheit von Sorgerechtsentscheidungen geschuldet,[1] bei denen ein Überraschungseffekt nicht anstrebenswert ist und letztlich im Interesse des Kindeswohls eine angemessene Anerkennungsprüfung der Vollstreckung vorangehen muß. Dann aber ist es fraglich, warum Abs 1 das Verfahren im übrigen ohne rechtliches Gehör des Vollstrek-

---

[8] EuGH Rs 198/85, vorige Fn.
[9] Vgl insbesondere Art 32 Rn 4 ff.
[10] Dazu Art 34 Rn 3 ff.
[11] *Borrás*-Bericht Nr 87, 107.
[12] *Baumbach/Albers* Rn 3.
[13] *Borrás*-Bericht Nr 107; vgl Art 34 Rn 5 ff.
[1] Nicht gerechtfertigt daher das von *Zöller/Geimer* Rn 1 geäußerte Unverständnis.

kungsadressaten gestaltet, damit einen Rechtsbehelf nach Art 26 im Interesse des Kindeswohls de facto zur Regel macht und das familiengerichtliche Verfahren als bloße Durchlaufstation entwertet.[2] Einen eher fragwürdigen Sinn wird man darin zu sehen haben, daß ein Instanzenzug gewährt wird, um rechtsstaatlicher Kritik vorzubeugen, dieser aber durch Abkürzung der ersten Instanz verkürzt wird, um Verzögerungen entgegenzutreten.

2 **2.** Das Verfahren ist gleichwohl in erster Instanz **strikt einseitig** gestaltet. Der Vollstreckungsadressat wird nicht, auch nicht in Ausnahmefällen,[3] gehört (Abs 1 S 1). Nur der Antragsteller erhält Gelegenheit sich zu äußern (§ 52 Abs 1 AVAG), weshalb auch *keine mündliche Verhandlung* stattfindet. Der Anspruch des Vollstreckungsadressaten auf rechtliches Gehör soll dadurch gewahrt werden, daß er einen Rechtsbehelf nach Art 26 Abs 1 einlegen und dadurch ein streitiges Verfahren mit beiderseitigem rechtlichem Gehör erzwingen kann. Das setzt voraus, daß die nachfolgende Androhung und Festsetzung der nach § 33 FGG zu verhängenden Zwangsmittel dem Vollstreckungsadressaten genügend Zeit für die Einleitung dieses Verfahrens gibt.[4]

3 **3.** Überdies enthält Abs 1 ein an das Gericht gerichtetes **Beschleunigungsgebot**; die Entscheidung ergeht „ohne Verzug". Auf die Benennung einer Frist hierfür wurde verzichtet, weil eine solche Frist für Gerichte unüblich ist und es an Sanktionen fehlen würde. Die Aufforderung zur Unverzüglichkeit soll jedoch verdeutlichen, daß das Exequatur auf der Grundlage des Vertrauens in die korrekte Anwendung der VO durch das Gericht des Ursprungsstaates zu ergehen hat.[5]

## II. Prüfungsumfang (Abs 2), keine *révision au fond* (Abs 3)

4 **1.** Abs 2 beschreibt den **materiellen Prüfungsumfang** im Exequaturverfahren. Gemessen an Art 41 Brüssel I-VO liegt die entscheidende Bedeutung nicht im Verbot der über Art 15, 16 und 17 hinausweisenden Prüfung, sondern in der **Beibehaltung der Anerkennungsprüfung**. Die Vollstreckungsklausel darf also (nur) aus Gründen versagt werden, die zur Versagung der Anerkennung der Entscheidung führen können, insbesondere, wenn *Anerkennungsversagungsgründe* nach Art 15 vorliegen. Auf *Zuständigkeitsmängel* kann die Versagung nur in den engen Grenzen von Art 16, 17 gestützt werden, wobei Art 17 wohl versehentlich genannt ist, weil sich aus dieser Bestimmung kein Anerkennungsversagungsgrund ergibt.[6] Eine *Nachprüfung in der Sache* findet, wie schon Art 19 für die Anerkennung festlegt, nicht statt (Abs 3).

5 **2.** Da der Vollstreckungsadressat nicht gehört wird, kommt nur die Berücksichtigung solcher Anerkennungsversagungsgründe in Betracht, die zur Überzeugung des Gerichts feststehen. Eine Einschränkung auf Gründe, die im staatlichen Interesse liegen, findet

---

[2] Kritisch *Schlosser* Rn 6.

[3] *Borrás*-Bericht Nr 88.

[4] *Schlosser* Rn 1; zur Wirksamkeit der Vollstreckbarerklärung unten Rn 7.

[5] *Borrás*-Bericht Nr 88.

[6] *Baumbach/Albers* Rn 4.

nicht statt.[7] Weder die einseitige Struktur noch das Beschleunigungsgebot hindern allerdings das Gericht im Einzelfall, im Wege des Freibeweises Hinweisen auf Anerkennungsversagungsgründe nachzugehen, insbesondere, wenn sich solche Hinweise aus einer **Schutzschrift**[8] des Vollstreckungsadressaten oder einer Stellungnahme des Jugendamtes ergeben. Im Zweifel sollte allerdings, um den Beschleunigungszweck nicht zu gefährden, die Vollstreckungsklausel erteilt, die Prüfung auf das Rechtsbehelfsverfahren verlagert und zunächst mit Rücksicht auf das Kindeswohl Zurückhaltung bei den Vollstreckungsmaßnahmen geübt werden.[9]

**3.** Der **formelle Prüfungsumfang** ist durch Abs 2 nicht berührt. Das Gericht prüft also 6
von Amts wegen das Vorliegen einer Art 13 unterfallenden *Entscheidung*, deren *Zustellung* und *Vollstreckbarkeit* im Ursprungsstaat (Art 21), den *Antrag* (Art 23), insbesondere die *Nachweise* nach Art 23 Abs 3 und Art 32, 33 und seine *Zuständigkeit* (Art 22).[10]

### III. Erlaß und Wirksamkeit der Entscheidung

**1.** Die **Ausgestaltung** der Entscheidung bestimmt sich nach der *lex fori*. In Deutschland 7
erfolgt die Vollstreckbarerklärung durch einen in der Regel keiner weiteren Begründung als des Hinweises auf die VO bedürftigen Beschluß (§§ 8 Abs 1, 50 Abs 1 AVAG). Auf Grund des Beschlusses erteilt der Urkundsbeamte der Geschäftsstelle die **Vollstreckungsklausel** in Form des § 9 AVAG mit der in § 50 Abs 2 S 1 AVAG genannten Maßgabe zum Wortlaut. Ein ablehnender Beschluß ist zu begründen (§§ 8 Abs 2, 50 Abs 1 AVAG).

**2.** Der Beschluß nach § 8 AVAG wird erst mit Eintritt der **formellen Rechtskraft** 8
wirksam (§ 53 Abs 1 AVAG), also nach Ablauf der Frist zur Einlegung des Rechtsbehelfs nach Art 26 oder nach dessen rechtskräftiger Erledigung. Nach Einlegung der Beschwerde nach Art 26 kann das OLG (Art 26 Abs 2, Anhang II) die sofortige Wirksamkeit anordnen, nach Einlegung der Rechtsbeschwerde (Art 27, Anhang III) kann der BGH auf Antrag eine solche Anordnung aufheben oder sie erstmals treffen (§ 53 Abs 2 AVAG).[11]

## Artikel 25
## Mitteilung der Entscheidung

**Die Entscheidung, die über den Antrag ergangen ist, wird dem Antragsteller vom Urkundsbeamten der Geschäftsstelle unverzüglich in der Form mitgeteilt, die das Recht des Mitgliedstaats, in dem die Vollstreckung erwirkt werden soll, vorsieht.**

---

7 **AA** *Zöller/Geimer* Rn 1 ohne Rücksicht auf die Besonderheit des Verfahrensgegenstandes.

8 *Schlosser* Rn 4.

9 *Schlosser* Rn 4.

10 *Thomas/Putzo/Hüßtege* Rn 2; *Baumbach/Albers* Rn 3.

11 *Schlosser* Rn 2.

## I. Mitteilung an den Antragsteller

1 **1.** Die Bestimmung regelt entsprechend Art 42 Abs 1 Brüssel I-VO die Mitteilung an den Antragsteller. Die Mitteilung erfolgt nach den Bestimmungen des Vollstreckungsstaates, jedoch ist der Urkundsbeamte der Geschäftsstelle autonom als das zuständige Organ bezeichnet.[1] Insoweit entfaltet die Verpflichtung zur Begründung eines Wahldomizils bzw Benennung eines Zustellungsbevollmächtigten (Art 23 Abs 2) Wirkung, weil die Mitteilung im Vollstreckungsstaat erfolgen kann.[2]

2 **2.** Bei Vollstreckbarerklärung in **Deutschland** ist abweichend von § 10 AVAG dem Antragsteller im Fall eines stattgebenden Beschlusses (§ 8 Abs 1 AVAG) die mit der **Vollstreckungsklausel versehene Ausfertigung** erst dann zu übersenden, wenn der Klauselerteilungsbeschluß nach § 8 Abs 1 AVAG wirksam geworden ist (§ 50 Abs 2 S 2 AVAG).[3] Ein ablehnender Beschluß (§ 8 Abs 2 AVAG) ist formlos mitzuteilen (§ 50 Abs 2 S 3 AVAG).

## II. Mitteilung an den Vollstreckungsadressaten

3 **1.** Anders als Art 42 Abs 2 Brüssel I-VO enthält die **VO** keine Bestimmungen über die Mitteilung an den Vollstreckungsadressaten. Die Mitteilung erfolgt daher *lege fori*.

4 **2.** Bei Erteilung der Vollstreckungsklausel in **Deutschland** gilt § 10 AVAG mit den in § 50 Abs 2 S 2 AVAG geregelten Maßgaben. Dem Verpflichteten ist der stattgebende Beschluß (§ 8 Abs 1 AVAG) zunächst nur in beglaubigter Abschrift des noch nicht mit der Vollstreckungsklausel versehenen Titels zuzustellen (§ 50 Abs 2 S 2 AVAG). Ein ablehnender Beschluß (§ 8 Abs 2 AVAG) ist nicht mitzuteilen.

## III. Weitere Zustellungsempfänger

5 § 52 Abs 2 AVAG erweitert bei Vollstreckbarerklärung in **Deutschland** den Kreis der Zustellungsadressaten. Außer dem Antragsteller und dem Vollstreckungsadressaten ist die Entscheidung nach Art 24 (auch eine Entscheidung nach Art 14 Abs 3, welche die elterliche Verantwortung betrifft), auch an den gesetzlichen Vertreter des Kindes, an den Verfahrensvertreter des Kindes, an das mindestens 14 Jahre alte Kind selbst und an einen im Verfahren formell nicht beteiligten Elternteil zuzustellen. Erforderlich ist jeweils eine förmliche Zustellung.[4]

---

1 *Baumbach/Albers* Rn 2.

2 *Borrás*-Bericht Nr 90.

3 Dazu Art 24 Rn 8.

4 *Schlosser* Rn 1.

## Artikel 26
## Rechtsbehelf gegen eine Entscheidung über die Zulassung der Vollstreckung

(1) Gegen die Entscheidung über den Antrag auf Vollstreckbarerklärung kann jede Partei einen Rechtsbehelf einlegen.
(2) Der Rechtsbehelf wird bei dem Gericht eingelegt, das in der Liste in Anhang II aufgeführt ist.
(3) Über den Rechtsbehelf wird nach den Vorschriften entschieden, die für Verfahren mit beiderseitigem rechtlichen Gehör maßgebend sind.
(4) Wird der Rechtsbehelf von der Person eingelegt, die den Antrag auf Vollstreckbarerklärung gestellt hat, so wird die Partei, gegen die die Vollstreckung erwirkt werden soll, aufgefordert, sich auf das Verfahren einzulassen, das bei dem mit dem Rechtsbehelf befaßten Gericht anhängig ist. Läßt sich die betreffende Person auf das Verfahren nicht ein, so gelten die Bestimmungen des Artikels 10.
(5) Der Rechtsbehelf gegen die Vollstreckbarerklärung ist innerhalb eines Monats nach ihrer Zustellung einzulegen. Hat die Partei, gegen die die Vollstreckung erwirkt werden soll, ihren gewöhnlichen Aufenthalt in einem anderen Mitgliedstaat als dem, in dem die Vollstreckbarerklärung erteilt worden ist, so beträgt die Frist für den Rechtsbehelf zwei Monate und beginnt mit dem Tag, an dem die Vollstreckbarerklärung ihr entweder persönlich oder in ihrer Wohnung zugestellt worden ist. Eine Verlängerung dieser Frist wegen weiter Entfernung ist ausgeschlossen.

### I. Rechtsbehelf gegen die Entscheidung (Abs 1), Zuständigkeit (Abs 2)

#### 1. Rechtsbehelf (Beschwerde)

Die Bestimmung orientiert sich weitgehend an Art 43 Brüssel I-VO. Sie faßt die **Rechtsbehelfe beider Parteien** gegen die Entscheidung über den Antrag auf Vollstreckbarerklärung (Art 23) zusammen, die Bestimmung gilt also sowohl für stattgebende als auch für ablehnende Entscheidungen. Der autonom nicht näher bezeichnete Rechtsbehelf (vgl Anhang II) gegen die *Erteilung* der Vollstreckbarerklärung ist nach Abs 5 befristet, der Rechtsbehelf gegen ihre *Versagung* ist unbefristet. Vor deutschen Gerichten ist der Rechtsbehelf die befristete bzw unbefristete **Beschwerde**[1] gemäß §§ 11ff AVAG nach Maßgabe der in § 50 Abs 2 S 4, Abs 3 AVAG bestimmten Abweichungen. 1

#### 2. Beschwerdeberechtigung

a) Beschwerdeberechtigt ist jede **Partei**, wobei implizit vorausgesetzt ist, daß nur eine durch die Entscheidung *beschwerte* Partei berechtigt ist. Dies ist jedenfalls bei Verweigerung der Vollstreckbarerklärung der Antragsteller, bei Erteilung der Vollstreckungsadressat. 2

---

[1] *Thomas/Putzo/Hüßtege* Rn 1.

3 **b)** Fraglich ist, ob auch das **Kind** oder eine im Vollstreckungsstaat zuständige **Behörde** Partei iSd Abs 1 und damit rechtsmittelbefugt sein kann. Hierfür wird verbreitet die Übereinstimmung der Auslegung des Kreises der Beschwerdeberechtigten mit dem der Antragsberechtigten angeführt.[2] Das trifft das Problem nicht völlig, denn die Beschwerdeberechtigung des Kindes oder der Behörde, die den Antrag gestellt haben, besteht bei Antragsabweisung zweifelsfrei aufgrund der formellen Beteiligung in erster Instanz. Mit Rücksicht auf die materielle Betroffenheit ist jedoch die Beschwerdeberechtigung des *Kindes* auch dann, unabhängig vom Ausgang des Verfahrens in erster Instanz, zu bejahen, wenn es nicht Antragsteller war. Die Beschwerdebefugnis einer antragsbefugten *Behörde*, die den Antrag nicht selbst gestellt hatte, läßt sich hingegen nicht mit Hinweis auf die potentielle Antragsberechtigung bejahen. Im Fall der Erteilung der Vollstreckbarerklärung würde sich zudem mangels Zustellung an die Behörde ein nicht hinnehmbares unbefristetes Beschwerderecht ergeben.

### 3. Zuständigkeit

4 Die Zuständigkeit regelt Abs 2 autonom. Zuständig ist das in Anhang II bezeichnete Gericht, in Deutschland das (dem erstinstanzlich entscheidenden FamG übergeordnete) **OLG**.

Es entscheidet der **Familiensenat**, nicht der Einzelrichter; §§ 50, 13 Abs 1 AVAG verweisen nicht auf § 568 ZPO.[3]

## II. Frist (Abs 5), Einlegung der Beschwerde

### 1. Frist

5 **a)** Die Beschwerde gegen die **Vollstreckbarerklärung** ist nach Abs 5 befristet. Die Fristen berechnen sich vor deutschen Gerichten nach §§ 222 ZPO, 187 BGB. Die Beschwerde gegen die Versagung der Vollstreckbarerklärung ist unbefristet.[4]

6 **b)** Die befristete Beschwerde ist innerhalb eines Monats nach Zustellung an den Beschwerdeführer einzulegen, wenn dieser seinen **gewöhnlichen Aufenthalt im Vollstreckungsstaat** hat (Abs 5 S 1).[5]

7 **c)** Hat der Beschwerdeführer seinen gewöhnlichen Aufenthalt in einem **anderen Mitgliedstaat** (der VO, nicht der EU[6]), so beträgt die Frist zwei Monate. Die Frist beginnt in diesem Fall erst mit dem Tag, an dem die Vollstreckbarerklärung der Partei persön-

---

2 *Wagner* IPRax 2001, 80; *Hub* NJW 2001, 3148; *Baumbach/Albers* Rn 2; vgl Art 21 Rn 9; *Thomas/Putzo/Hüßtege* Rn 1; *Zöller/Geimer* Rn 2.

3 Anders der zum 1. 1. 2002 geänderte § 27 Abs 4 AVAG, *Thomas/Putzo/Hüßtege* Rn 2.

4 *Wagner* IPRax 2001, 80; *Baumbach/Albers* Rn 13; *Schlosser* Rn 2, es gelten nicht §§ 567 ff ZPO.

5 *Baumbach/Albers* Rn 9.

6 *Baumbach/Albers* Rn 10.

lich oder (auch im Wege der Ersatzzustellung) in ihrer Wohnung zugestellt wurde (Abs 5 S 2). Die Zustellung hat in diesem Fall gemäß EG-VO Nr 1348/2000 (EG-ZustellVO) zu erfolgen. Eine andere Form der Bekanntgabe oder Zustellung löst die Rechtsbehelfsfrist nicht aus, der Rechtsbehelf ist dann mangels einer absoluten Frist unbefristet zulässig.[7] Eine Verlängerung der Frist ist nicht möglich, auch nicht im Fall weiter Entfernung (Abs 5 S 3).

**d)** Hat der Beschwerdeführer seinen gewöhnlichen Aufenthalt in einem **Drittstaat** 8
(einschließlich Dänemark), so gilt nicht die längere Frist nach Abs 5 S 2, sondern grundsätzlich die Monatsfrist nach Abs 5 S 1. Insoweit greift jedoch nicht das Verbot der Verlängerung nach Abs 5 S 3 ein, sodaß im nationalen Recht Verlängerungsmöglichkeiten eingeräumt werden können.

Für Verfahren in Deutschland ergibt sich insoweit eine unterschiedliche Behandlung: Bei gewöhnlichem Aufenthalt in einem **EU-Mitgliedstaat** (einschließlich Dänemark) oder einem **Lugano-Staat** gilt Art 26 Abs 5 S 2 und 3 entsprechend (§ 50 Abs 2 S 4 AVAG); es gilt also eine nicht verlängerbare Zweimonatsfrist (§ 50 Abs 2 S 5 AVAG schließt die Verlängerung nach §§ 10 Abs 2, 3 S 1 AVAG aus), die ebenfalls nur durch die qualifizierte Zustellung (persönlich oder in der Wohnung) ausgelöst wird.

Bei gewöhnlichem Aufenthalt in einem **sonstigen Drittstaat** gilt hingegen § 11 Abs 3 S 1 2. HS iVm § 10 Abs 2 S 1 AVAG. Es ist deshalb vom Gericht bereits in dem Beschluß (Art 24, § 8 Abs 1 AVAG) eine längere Beschwerdefrist zu bestimmen, wenn das Gericht die Monatsfrist nicht für ausreichend hält.

Die fristauslösende Zustellung unterliegt den zwischen dem Vollstreckungsstaat und dem Aufenthaltsstaat geltenden völkervertraglichen Bestimmungen, insbesondere dem HZÜ, sonst dem autonomen Recht des Vollstreckungsstaates, der die Zustellung veranlaßt.

**e)** Für das **Kind als Beschwerdeführer** gelten dieselben Fristen vorbehaltlich wirksa- 9
mer Zustellung, die vor deutschen Gerichten gemäß § 52 Abs 2 AVAG zu erfolgen hat. Mangels Zustellung ist die Beschwerde des Kindes gegen die Erteilung der Vollstreckbarerklärung unbefristet.

## 2. Einlegung

Die Einlegung des Rechtsbehelfs ist im übrigen nicht autonom geregelt; sie bestimmt 10
sich nach dem Verfahrensrecht des Vollstreckungsstaates.

In Deutschland ist die Beschwerde beim OLG (Beschwerdegericht) durch Einreichung einer Beschwerdeschrift oder zu Protokoll der Geschäftsstelle einzulegen (§ 11 Abs 1 S 1 AVAG, vgl § 50 Abs 1 AVAG). Es besteht kein Anwaltszwang (§ 78 Abs 3 ZPO).[8]

---

[7] *Baumbach/Albers* Rn 10; *Thomas/Putzo/Hüßtege* Rn 9.

[8] *Baumbach/Albers* Rn 8.

### IV. Kontradiktorisches Verfahren (Abs 3, 4)

#### 1. Rechtliches Gehör für beide Parteien (Abs 3)

11 Der Rechtsbehelf nach Art 26 kompensiert die Einseitigkeit des Verfahrens nach Art 24. Deshalb ist neben dem Antragsteller insbesondere auch dem Vollstreckungsadressaten rechtliches Gehör zu gewähren und autonom zwingend in einem **kontradiktorischen Verfahren** zu entscheiden (Abs 3). Die weitere Ausgestaltung dieses Verfahrens überläßt Abs 3 dem innerstaatlichen Recht, es ist also nicht zwingend ein streitiges Verfahren oder eine mündliche Verhandlung vorgesehen.[9]

#### 2. Aufforderung an den Zustellungsadressaten (Abs 4)

12 **a)** Abs 4 weicht im Wortlaut von Art 43 Abs 4 Brüssel I-VO ab, trifft aber in der Sache dieselbe Regelung.[10] Ist der Rechtsbehelf **durch den Antragsteller eingelegt**, also erstinstanzlich die Vollstreckbarerklärung nicht wie beantragt bewilligt worden, so fehlt es im gesamten bisherigen Verfahren an einer Beteiligungsmöglichkeit des Vollstreckungsadressaten. Deshalb ist diese Partei durch das Rechtsbehelfsgericht aufzufordern, sich auf das Verfahren einzulassen (Abs 4 S 1), um ihr rechtliches Gehör in einer Tatsacheninstanz zu gewähren.[11]

Hingegen ist im Fall der Erteilung der Vollstreckbarerklärung bereits durch die Zustellung sichergestellt, daß der Vollstreckungsadressat Kenntnis erlangt und in die Lage versetzt wird, das Rechtsbehelfsverfahren einzuleiten.

Abs 4 ist entsprechend anzuwenden, wenn die Erteilung abgelehnt wurde, hiergegen jedoch nicht der Antragsteller, sondern das **Kind** Beschwerde einlegt, denn die Interessenlage auf Seiten des Vollstreckungsadressaten ist hier keine andere.

13 **b)** Bei **Nichteinlassung des Vollstreckungsadressaten** ist nach dem Modell des Art 10 zu verfahren, also wie im Fall der Nichteinlassung im Erkenntnisverfahren. Das Verfahren ist nach Art 10 Abs 1 bzw den entsprechenden in Art 10 Abs 2, 3 verwiesenen Bestimmungen auszusetzen, um die erforderlichen Feststellungen zu treffen, daß dem Vollstreckungsadressaten in gehöriger Weise die Aufforderung nach Abs 4 S 1[12] einschließlich des Antrags und der zur Verteidigung notwendigen Urkunden, insbesondere der zu vollstreckenden Entscheidung,[13] zugestellt wurde.

---

9 *Borrás*-Bericht Nr 92.

10 *Schlosser* Rn 1.

11 *Baumbach/Albers* Rn 6; *Thomas/Putzo/Hüßtege* Rn 4.

12 *MünchKommZPO/Gottwald* Rn 5.

13 *Baumbach/Albers* Rn 7; *Thomas/Putzo/Hüßtege* Rn 4.

## V. Entscheidung

### 1. Prüfungsumfang

Es sind unabhängig von einer Rüge des Beschwerdeführers die Voraussetzungen für die Vollstreckbarerklärung und der Anerkennung der Entscheidung im selben Umfang zu prüfen, wie im erstinstanzlichen Verfahren (Art 24). Die zulässige Beschwerde des Antragstellers oder des die Vollstreckung erstrebenden Kindes ist also erfolgreich, wenn die Anerkennungs- und Vollstreckungsvoraussetzungen vorliegen, die des Vollstreckungsadressaten oder des die Vollstreckung bekämpfenden Kindes, wenn es an einer der Voraussetzungen fehlt.[14] 14

### 2. Neu entstandene Einwendungen

Die Behandlung von Einwendungen, die nach Erlaß der Entscheidung im Ursprungsstaat entstanden sind, ist nicht autonom geregelt. Im deutschen Verfahren gilt § 12 AVAG, wonach auch solche nachträglich entstandenen Einwendungen gegen den Anspruch selbst im Beschwerdeverfahren geltend gemacht werden können, nur soweit der zu vollstreckende Titel auf Leistung von Geld lautet (§ 50 Abs 3 AVAG), also nur für **Kostenentscheidungen**.[15] Insoweit gilt § 12 Abs 1 AVAG auch für die Vollstreckung aus gerichtlichen Vergleichen und Urkunden (§ 50 Abs 3 S 1 HS 2 AVAG). 15

## Artikel 27
## Für den Rechtsbehelf zuständiges Gericht und Anfechtung der Entscheidung über den Rechtsbehelf

**Die Entscheidung, die über den Rechtsbehelf ergangen ist, kann nur im Wege der in Anhang III genannten Verfahren angefochten werden.**

## I. Autonome Festlegung der weiteren Rechtsbehelfe

1. Wie Art 44 Brüssel I-VO legt die Bestimmung abschließend die gegen die Rechtsbehelfsentscheidung nach Art 26 statthaften weiteren Rechtsbehelfe autonom fest. Sie finden nur in den in Anhang III genannten Ländern statt. Entgegen der Überschrift ist das zuständige Gericht nicht autonom bestimmt, dieses bezeichnet das jeweilige nationale Recht.[1] Auch die weitere Ausgestaltung obliegt grundsätzlich der *lex fori*, soweit nicht – auch in Anlehnung an die Rechtsprechung zu Art 37 Abs 2 EuGVÜ – autonome Grundsätze herzuleiten sind. 1

---

[14] Vgl Art 24 Rn 4 ff; *Thomas/Putzo/Hüßtege* Rn 11-14; *Baumbach/Albers* Rn 15, 16.
[15] *Hub* NJW 2001, 3147; *Thomas/Putzo/Hüßtege* Rn 15.
[1] *MünchKommZPO/Gottwald* Rn 2.

2 **2.** Der Rechtsbehelf ist nur gegen **Endentscheidungen** iSd Art 26 zulässig. Zwischenentscheidungen, verfahrensleitende Entscheidungen und die Aussetzung bzw Nichtaussetzung[2] nach Art 28 können nicht mit dem Rechtsbehelf angegriffen werden.[3]

Fraglich ist, ob sich in Anlehnung an die Rechtsprechung zu Art 37 Abs 2 EuGVÜ[4] eine Beschränkung der **Rechtsmittelbefugnis** auf die formell Beteiligten des Rechtsbehelfsverfahrens nach Art 26 herleiten läßt. Eine solche Beschränkung ist angesichts der materiellen Bestimmung der Betroffenheit in Sorgesachen nicht zwingend, so daß das weitere Rechtsmittel im selben Umfang wie der Rechtsbehelf[5] insbesondere dem nicht formell beteiligten Kind offenstehen muß. Zweifelhaft ist aber, ob einer im Interesse des Kindeswohls tätigen Behörde[6] die weitere Rechtsbehelfsbefugnis eingeräumt werden kann, wenn der Behörde die Rechtsbehelfsentscheidung nicht zuzustellen ist und der weitere Rechtsbehelf fristgebunden ist.[7]

## II. Rechtsbeschwerde

3 **1.** Im **deutschen Vollstreckbarerklärungsverfahren** findet die Rechtsbeschwerde (Art 27 iVm Anhang III) statt. Es gelten §§ 15 bis 17 AVAG iVm §§ 574ff ZPO mit den in § 50 AVAG bestimmten Modifikationen.

Über die Rechtsbeschwerde entscheidet der BGH (§ 15 Abs 1 AVAG). Einer Zulassung durch das OLG bedarf es nicht, weil die Rechtsbeschwerde kraft Gesetzes (Art 27, § 15 Abs 1 AVAG) zulässig ist (§ 574 Abs 1 Nr 1 ZPO).[8]

4 **2.** Die Beschwerde ist innerhalb einer *Notfrist von einem Monat* (§ 15 Abs 2 AVAG) nach Zustellung des Beschlusses gemäß Art 26 (§ 15 Abs 3, § 13 Abs 3 AVAG) durch Einreichen der *Beschwerdeschrift* beim BGH (§ 16 Abs 1 AVAG) **einzulegen**. Die Verweisung aus § 16 Abs 2 S 2 AVAG auf § 575 Abs 2 bis 4 ZPO gilt hier nicht (§ 50 Abs 1 S 1 AVAG).

Der *Prüfungsumfang* ergibt sich aus § 17 AVAG, umfaßt also neben Bundesrecht das Recht der EG einschließlich der VO. Die internationale und örtliche Zuständigkeit wird im Rechtsbeschwerdeverfahren nicht geprüft.

---

2 EuGH Rs C-432/93 *Sisro/Ampersand Software BV* EuGHE 1995, 2269.

3 *Baumbach/Albers* Rn 1.

4 EuGH Rs C-172/91 *Volker Sonntag/Hans Waidmann et al* EuGHE 1993, 1963.

5 Dazu Art 26 Rn 2.

6 *Baumbach/Albers* Rn 1.

7 Vgl dazu Art 26 Rn 3.

8 *Thomas/Putzo/Hüßtege* Rn 1.

Artikel 28
## Aussetzung des Verfahrens

**(1) Das nach Artikel 26 oder Artikel 27 mit dem Rechtsbehelf befaßte Gericht kann auf Antrag der Partei, gegen die die Vollstreckung erwirkt werden soll, das Verfahren aussetzen, wenn im Ursprungsmitgliedstaat ein ordentlicher Rechtsbehelf eingelegt oder die Frist für einen solchen Rechtsbehelf noch nicht verstrichen ist. In letzterem Fall kann das Gericht eine Frist bestimmen, innerhalb deren der Rechtsbehelf einzulegen ist.**
**(2) Ist die Entscheidung in Irland oder im Vereinigten Königreich ergangen, so gilt jeder im Ursprungsmitgliedstaat statthafte Rechtsbehelf als ordentlicher Rechtsbehelf im Sinne von Absatz 1.**

### I. Anwendbarkeit nur im Rechtsbehelfsverfahren

1 Wie Art 46 Brüssel I-VO erlaubt die Bestimmung eine Aussetzung der **Rechtsbehelfsverfahren** (Art 26, 27) im Hinblick auf einen im Ursprungsstaat anhängigen ordentlichen Rechtsbehelf. Eine Aussetzung durch das in erster Instanz (Art 22ff) befaßte Gericht ist hingegen im Hinblick auf das eingeschränkte rechtliche Gehör nicht zugelassen.[1]

### II. Voraussetzungen

2 **1.** Die Aussetzung erfolgt nur auf **Antrag des Vollstreckungsadressaten** (Partei, gegen die die Vollstreckung erwirkt werden soll). Der ursprüngliche Antragsteller ist auch dann nicht antragsbefugt, wenn er Rechtsbehelfsführer ist. Die Bestimmung sollte jedoch entsprechend angewendet werden, wenn das **Kind** Rechtsbehelfsführer ist *und* der Vollstreckbarerklärung entgegentritt. Der Zweck der Bestimmung, demjenigen, der sich der Vollstreckung widersetzt, einen im Ursprungsstaat laufenden Rechtsbehelf nicht de facto zu beschneiden, greift auch insoweit ein.

3 **2.** Wie Art 20 erlaubt Art 28 die Aussetzung, wenn im Ursprungsstaat ein **ordentlicher Rechtsbehelf anhängig** ist. Insoweit gelten dieselben Voraussetzungen wie bei Art 20.[2] Wie dort genügt auch die erfolgte Einlegung eines *unbefristeten* ordentlichen Rechtsbehelfs. Für Entscheidungen aus Irland oder dem UK gilt darüber hinaus nach Abs 2 jeder statthafte Rechtsbehelf als ordentlicher. Ein ggf eingeschränktes Ziel des Rechtsbehelfs kann jedoch bei der Ermessensausübung hinsichtlich der Aussetzung einschränkend zu beachten sein.

4 **3.** Abs 1 S 1 läßt es darüber hinaus auch genügen, wenn die **Frist** für einen ordentlichen Rechtsbehelf noch nicht abgelaufen ist. Diese Alternative entspricht Art 46 Abs 1 Brüssel I-VO, was im Gegensatz zu Art 20[3] voraussetzt, daß der noch nicht eingelegte Rechtsbehelf *befristet* sein muß. Es genügt also zwar die Einlegung eines *unbe-*

---

[1] *Baumbach/Albers* Rn 1.
[2] Vgl Art 20 Rn 4f.
[3] Vgl dagegen Art 20 Rn 4.

*fristeten* Rechtsbehelfs, nicht aber seine bloße Statthaftigkeit. Hingegen genügt bei *befristeten Rechtsbehelfen* sowohl deren Einlegung als auch deren Statthaftigkeit als Aussetzungsbasis. Wer im Ursprungsstaat rechtsbehelfsbefugt ist, spielt keine Rolle; eine Aussetzung ist auch möglich, wenn die Entscheidung noch durch den Vollstreckungs-Antragsteller oder das Kind angefochten werden kann.

5 **4.** Abs 1 S 2 erlaubt dem Gericht bei im Ursprungsstaat noch offener Rechtsbehelfsfrist,[4] den Beteiligten eine **Frist zur Einlegung des Rechtsbehelfs** zu setzen. Der fruchtlose Ablauf dieser Frist macht jedoch nicht die Einlegung des Rechtsbehelfs im Ursprungsstaat unzulässig.[5] Er wirkt sich lediglich auf die Ermessenausübung des mit dem Rechtsbehelf im Vollstreckbarerklärungsverfahren befaßten Gerichts aus, das nach fruchtlosem Ablauf der Frist regelmäßig nicht mehr von der Aussetzungsbefugnis Gebrauch machen bzw ein ausgesetztes Verfahren wieder aufnehmen wird.[6]

### III. Aussetzung

6 Das Gericht entscheidet bei Vorliegen der Voraussetzungen nach **pflichtgemäßem Ermessen** über die Aussetzung; eine Verpflichtung zur Aussetzung besteht nicht.[7] Mit Rücksicht auf das Ziel der Regelung, einen aussichtsreichen Rechtsbehelf im Ursprungsstaat nicht de facto durch Vollstreckung zu vereiteln, sind die *Erfolgsaussichten* des ordentlichen Rechtsbehelfs zu berücksichtigen.[8]

Eine Aussetzung gegen **Sicherheitsleistung** ist im Gegensatz zu Art 46 Abs 3 Brüssel I-VO nicht vorgesehen, was für die Vollstreckung von Sorgeentscheidungen plausibel ist,[9] jedoch nicht für die Vollstreckung von Kostenentscheidungen.[10] Diese offenbar wegen der zu engen Fassung von Art 21 Abs 1 entstandene Lücke erscheint planwidrig und kann durch analoge Anwendung von Art 46 Abs 3 Brüssel I-VO geschlossen werden.

## Artikel 29
## Teilvollstreckung

**(1) Ist durch die Entscheidung über mehrere geltend gemachte Ansprüche erkannt worden und kann die Entscheidung nicht in vollem Umfang zur Vollstreckung zugelassen werden, so läßt das Gericht sie für einen oder mehrere Ansprüche zu.**
**(2) Der Antragsteller kann auch eine teilweise Vollstreckung der Entscheidung beantragen.**

---

[4] Soeben Rn 4.

[5] *Baumbach/Albers* Rn 4.

[6] Weitergehend *Baumbach/Albers* Rn 4: Fristablauf schließe Aussetzung aus.

[7] *Borrás*-Bericht Nr 94.

[8] *Thomas/Putzo/Hüßtege* Rn 4; *Baumbach/Albers* Rn 5; vgl auch *Rauscher/Mankowski* Art 46 Brüssel I-VO.

[9] *Schlosser* Rn 1.

[10] Dazu Art 21 Rn 8.

## I. Teilvollstreckbarerklärung

**1.** Die Bestimmung entspricht inhaltlich Art 48 Brüssel I-VO.[1] Sie erlaubt bei Entscheidungen, die mehrere Ansprüche betreffen, eine **teilweise Vollstreckbarerklärung.** Abs 1 erfaßt den Fall, daß der Antragsteller die Vollstreckbarerklärung der Entscheidung insgesamt beantragt, die Voraussetzungen der Vollstreckbarerklärung aber nur für einzelne Ansprüche vorliegen. Es soll nicht deshalb die Vollstreckbarerklärung insgesamt versagt werden; das Gericht erklärt in diesem Fall den Teil der Ansprüche für vollstreckbar, für den die Voraussetzungen vorliegen. 1

**2.** Abs 2 erlaubt dem **Antragsteller** von vornherein eine Beschränkung des Vollstreckbarerklärungsantrags auf einen Teil der titulierten Ansprüche. 2

**3.** Vor **deutschen Gerichten** ist in diesem Fall eine Teilvollstreckungsklausel (§§ 50 Abs 2, 9 Abs 2 S 4 AVAG) zu erteilen. 3

## II. Verschiedene Ansprüche – Anwendungsfälle

**1.** Auch wenn der Begriff **Anspruch** wie auch sonst in der VO im Sinn eines autonomen Streitgegenstandsbegriffs[2] zu verstehen ist, ergibt sich für Sorgeentscheidungen nur ein enger Anwendungsbereich. Betroffen sind jedenfalls Entscheidungen, die **mehrere Kinder** der Ehegatten betreffen.[3] 4

**2.** Die Bestimmung ist jedoch auch – jedenfalls entsprechend – anzuwenden, wenn eine Sorgeentscheidung sowohl die **elterliche Sorge**, ggf **Aufenthaltsbestimmungsrechte**, und den **Umgang** regelt und aus dieser Entscheidung mehrere Personen berechtigt und verpflichtet sind. Die Vollstreckbarerklärung einer solchen Entscheidung kann auf einzelne Personen und auf einzelne Regelungskomplexe beschränkt werden, zB auf die Vollstreckung einer Umgangsregelung gegenüber dem Inhaber der elterlichen Sorge oder auf die Vollstreckung einer Herausgabeanordnung zugunsten des Aufenthaltsbestimmungsberechtigten gegen denjenigen, der das Kind zurückhält. 5

**3.** Keine verschiedenen Ansprüche liegen dagegen vor, wenn innerhalb eines Regelungskomplexes betreffend ein Kind unterschiedliche **Einzelanordnungen** getroffen werden, zB detaillierte Umgangsregelungen für Wochenenden, Ferien etc. Hier kommt nicht etwa eine Teilvollstreckung der Ferienregelung in Betracht mit der Begründung, die Wochenendregelung verstoße gegen das Kindeswohl. Die Gerichte des Vollstreckungsstaates können in diesem Fall nur die Entscheidung insgesamt für vollstreckbar erklären und vorbehaltlich ihrer Zuständigkeit nachfolgend abändern oder die Vollstreckung versagen und eine eigene Regelung treffen. 6

---

[1] Vgl auch *Rauscher/Mankowski* Art 48 Brüssel I-VO.

[2] *Baumbach/Albers* Rn 1.

[3] *Schlosser* Rn 1.

## Artikel 30
## Prozeßkostenhilfe

**Ist dem Antragsteller in dem Ursprungsmitgliedstaat ganz oder teilweise Prozeßkostenhilfe oder Kostenbefreiung gewährt worden, so genießt er in dem Verfahren nach den Artikeln 22 bis 25 hinsichtlich der Prozeßkostenhilfe oder der Kostenbefreiung die günstigste Behandlung, die das Recht des Mitgliedstaats, in dem er die Vollstreckung beantragt, vorsieht.**

### I. Reichweite

1 Die Bestimmung entspricht inhaltlich Art 50 Brüssel I-VO.[1] Sie gewährt dem Antragsteller Meistbegünstigung hinsichtlich von Kostenbefreiungs- und Prozeßkostenhilfevorschriften im Vollstreckungsstaat. Erfaßt sind alle Verfahren nach Art 22 und Art 25, also das Vollstreckbarerklärungsverfahren erster Instanz und das selbständige Anerkennungsverfahren (Art 22 Abs 3).[2] Für die Rechtsbehelfsverfahren nach Art 26 und 27 gilt die Regelung nicht; hier kann der Antragsteller (und andere Beteiligte) nur nach den im Vollstreckungsstaat geltenden Bestimmungen Kostenbefreiung oder Prozeßkostenhilfe erhalten.[3]

### II. Umfang der Kostenhilfe im Vollstreckungsstaat

2 **1.** Voraussetzung ist, daß dem Antragsteller im **Ursprungsstaat** der Entscheidung ganz oder teilweise Prozeßkostenhilfe oder Kostenbefreiung nach den dort geltenden Bestimmungen gewährt wurde. Entscheidend ist nur die tatsächlich gewährte Bewilligung, ob diese zu Recht erfolgte, ist nicht zu prüfen.

3 **2. Rechtsfolge** ist die Gewährung von Prozeßkostenhilfe oder Kostenbefreiung nach dem Maßstab der günstigsten Behandlung im Recht des Vollstreckungsstaates. Der Antragsteller erhält also kraft Gesetzes, ohne ein *lege fori* sonst erforderliches Bewilligungsverfahren die nach diesem Recht inhaltlich günstigste Behandlung, vor deutschen Gerichten zB Prozeßkostenhilfe ohne Eigenbeteiligung unter Beiordnung eines Rechtsanwalts.[4] Das gilt auch dann, wenn er im Ursprungsstaat Kostenhilfe nur teilweise erhalten hat.[5]

Sieht das Recht dieses Staates solche Rechtsinstitute für mittellose Parteien nicht vor, so geht die Regelung ins Leere.[6]

---

1 Vgl auch *Rauscher/Mankowski* Art 50 Brüssel I-VO.
2 *MünchKommZPO/Gottwald* Rn 1; *Thomas/Putzo/Hüßtege* Rn 1; *Baumbach/Albers* Rn 2.
3 *MünchKommZPO/Gottwald* Rn 4.
4 *MünchKommZPO/Gottwald* Rn 3.
5 *Kropholler* EuZPR Art 50 Rn 3.
6 *Baumbach/Albers* Rn 1.

## Artikel 31
## Sicherheitsleistung oder Hinterlegung

Der Partei, die in einem Mitgliedstaat die Vollstreckung einer in einem anderen Mitgliedstaat ergangenen Entscheidung beantragt, darf eine Sicherheitsleistung oder Hinterlegung, unter welcher Bezeichnung es auch sei, nicht aus einem der folgenden Gründe auferlegt werden:

a) weil sie in dem Mitgliedstaat, in dem die Vollstreckung erwirkt werden soll, nicht ihren gewöhnlichen Aufenthalt hat,

b) weil sie nicht die Staatsangehörigkeit dieses Staates besitzt oder, wenn die Vollstreckung im Vereinigten Königreich oder in Irland erwirkt werden soll, ihr „domicile" nicht in einem dieser Mitgliedstaaten hat.

### I. Verbot der Ausländersicherheit

**1.** Die Bestimmung **verbietet,** trotz sprachlich größeren Aufwands inhaltlich in Übereinstimmung mit Art 51 Brüssel I-VO,[1] den Vertragsstaaten die Auferlegung von **Sicherheitsleistung** oder Hinterlegung gegenüber dem ausländischen Antragsteller, der die Vollstreckbarerklärung begehrt. 1

**2.** Erfaßt sind unabhängig von der Bezeichnung alle Formen der Sicherung, die einer Partei abverlangt werden, weil sie in dem Vollstreckungsstaat nicht ihren gewöhnlichen Aufenthalt (lit a) hat oder nicht die Staatsangehörigkeit dieses Staates, bzw im UK oder Irland ihr *domicile* dort hat (lit b). Verboten ist damit jede Form der **cautio iudicatum solvi.**[2] 2

**3.** Da die Anordnung von Ausländersicherheit gegenüber EU-Bürgern ohnehin gegen das Diskriminierungsverbot (Art 12 EGV) verstieße, hat die Bestimmung eigenständige Bedeutung nur für Antragsteller mit Drittstaatenangehörigkeit,[3] da das Verbot alle Fälle der Vollstreckbarerklärung unter Art 21 ff erfaßt, also auf die Herkunft der *Entscheidung* und nicht des *Antragstellers* abstellt. 3

### II. Sonstige Sicherheitsleistung, Kosten

**1. Nicht diskriminierende Bestimmungen**, die dem Vollstreckungs-Antragsteller Sicherheitsleistung unabhängig von den in lit a und lit b genannten Kriterien (Aufenthalt etc) abverlangen, bleiben unberührt.[4] 4

---

1 *Schlosser* Rn 1.

2 *Borrás*-Bericht Nr 101.

3 *Baumbach/Albers* Rn 2.

4 *MünchKommZPO/Gottwald* Rn 3; *Baumbach/Albers* Rn 1; vgl *Rauscher/Mankowski* Art 51 Brüssel I-VO.

5 **2.** Ein Art 52 Brüssel I-VO entsprechendes Verbot streitwertabhängiger **Gebühren** oder Stempelabgaben enthält die VO nicht, was vor dem Hintergrund erklärbar ist, daß in Sorgesachen abgestufte Streitwerte regelmäßig nicht vorstellbar sind.

Soweit die Vollstreckung eine **Kostenentscheidung** betrifft, greift jedoch der Zweck des Art 52 Brüssel I-VO, Vollstreckungshemmnisse zu verhindern, auch hier ein, weshalb Art 52 Brüssel I-VO insoweit analog angewendet werden sollte.

# Abschnitt 3
# Gemeinsame Vorschriften

## Artikel 32
## Urkunden

(1) Die Partei, die die Anerkennung oder Nichtanerkennung einer Entscheidung anstrebt oder den Antrag auf Vollstreckbarerklärung stellt, hat vorzulegen:

a) eine Ausfertigung der Entscheidung, die die für ihre Beweiskraft erforderlichen Voraussetzungen erfüllt, und

b) eine Bescheinigung nach Artikel 33.

(2) Bei einer im Versäumnisverfahren ergangenen Entscheidung hat die Partei, die die Anerkennung einer Entscheidung anstrebt oder deren Vollstreckbarerklärung, ferner vorzulegen

a) entweder die Urschrift oder eine beglaubigte Abschrift der Urkunde, aus der sich ergibt, daß das verfahrenseinleitende Schriftstück oder ein gleichwertiges Schriftstück der säumigen Partei zugestellt worden ist, oder

b) eine Urkunde, aus der hervorgeht, daß der Antragsgegner mit der Entscheidung eindeutig einverstanden ist.

### I. Autonome Bestimmung vorzulegender Urkunden, Reichweite

1 **1.** Die Bestimmung entspricht funktionell Art 53 Brüssel I-VO, **bestimmt also autonom die Urkunden**, die im Anerkennungs- und Vollstreckungsverfahren vorzulegen sind.

Obgleich die Vollstreckbarerklärung nach Art 21 Abs 1, anders als Art 38 Abs 1 Brüssel I-VO die *Zustellung* der zu vollstreckenden Entscheidung voraussetzt, verlangt Art 32 auf den ersten Blick ebenso wie Art 53 Brüssel I-VO keinen *Zustellungsnachweis* für die Entscheidung. Auch hat es den Anschein, als verzichte Art 32 Abs 1, der Art 53 Brüssel I-VO entspricht, auf den Nachweis der *Vollstreckbarkeit* im Ursprungsstaat.[1]

---

[1] *Baumbach/Albers* Rn 1.

Tatsächlich sind jedoch beide Nachweise weiterhin für die Vollstreckbarerklärung von Entscheidungen über die elterliche Verantwortung zu erbringen, allerdings in der vereinheitlichten und erleichterten Form der Bescheinigung gemäß Abs 1 lit b iVm Art 33 iVm Anhang V, dort Nr 8.

**2.** Die Regelung gilt gleichermaßen für die **Anerkennung, Nichtanerkennung** und **Vollstreckbarerklärung** (Abs 1 S 1). Erfaßt sind nicht nur die formalen Verfahren[2] zur Vollstreckbarerklärung nach Art 21 ff und zur Feststellung der Anerkennungsfähigkeit bzw -unfähigkeit nach Art 14 Abs 3. Die Urkunden sind ebenfalls in Verfahren vorzulegen, in denen gemäß Art 14 Abs 2 und Abs 4 inzident über die Anerkennung zu befinden ist. Das folgt einerseits aus dem Zweck, die Nachweise im Anerkennungsverfahren autonom zu standardisieren, andererseits aus dem Wortlaut des Abs 1 („die Anerkennung … anstrebt[3]"), der sich nicht nur auf förmliche Anerkennungsverfahren, sondern auf den gesamten Anwendungsbereich des Art 14 bezieht. 2

**3. Vorlageverpflichtet** ist die Partei, welche die Anerkennung oder Nichtanerkennung *anstrebt*. Das ist im Fall der *Anerkennung* problemlos die Partei, die implizit oder förmlich die Anerkennung begehrt. Für die Nichtanerkennung ist dies nur im förmlichen Verfahren nach Art 14 Abs 3 der Antragsteller, der die Versagung der Anerkennung begehrt. Hingegen ist eine Partei, die im Rahmen der Inzidentanerkennung der Anerkennung *entgegentritt*, nicht vorlagepflichtig; insoweit folgt die Vorlagepflicht der Beweisbelastung, die denjenigen trifft, der aus der Entscheidung Rechtsfolgen herleitet. 3

Im *Vollstreckbarerklärungsverfahren* ist der Antragsteller immer durch seine förmliche Rolle im Verfahren nach Art 21 ff bestimmt.

## II. Grundsätzlich vorzulegende Urkunden (Abs 1)

**1.** Vorzulegen ist immer eine **Ausfertigung der Entscheidung**, keine bloße Kopie oder Abschrift (Abs 1 lit a).[4] 4

**2.** Außerdem ist eine **Bescheinigung nach Art 33** vorzulegen, also abhängig davon, ob es sich um eine Entscheidung in einer Ehesache oder eine Entscheidung betreffend die elterliche Verantwortung handelt, die Bescheinigung nach dem Muster Anhang IV oder Anhang V. 5

**3.** Eine Urkunde über die **Bewilligung von Prozeßkostenhilfe** im Ursprungsstaat, die das Übereinkommen noch eventualiter vorsah (dort Art 33 Abs 1 lit b), nennt Art 32 Abs 1 nicht. Der Nachweis dieses für Art 30 erforderlichen Umstandes wird durch die Bescheinigung nach Abs 1 lit b, Art 33, Anhang IV (Nr 6) bzw V (Nr 7) geführt. 6

---

[2] *Thomas/Putzo/Hüßtege* Rn 1.

[3] An der entsprechenden Stelle in Art 33 Abs 1 des Übereinkommens heißt es dagegen „die Anerkennung … *beantragt* oder anficht".

[4] *MünchKommZPO/Gottwald* Rn 2; vgl auch *Rauscher/Staudinger* Art 53 Abs 1 Brüssel I-VO.

7 **4.** Wird die Anerkennung der Entscheidung zum Zweck der **Eintragung in ein Personenstandsregister** begehrt, so ist zum Nachweis der formellen Rechtskraft nach Art 14 Abs 2 keine eigenständige Urkunde erforderlich (anders noch Art 33 Abs 3 Übereinkommen Brüssel II). Auch dieser Nachweis wird durch die Urkunde nach Art 33 iVm Anhang IV (Nr 7) erbracht.

### III. Vorzulegende Urkunden bei Versäumnisentscheidung (Abs 2)

8 **1.** Abs 2, der in der Brüssel I-VO keine Entsprechung findet,[5] verlangt zusätzliche urkundliche Nachweise, wenn die Entscheidung im **Versäumnisverfahren** ergangen ist. Hierunter fallen nicht nur technisch als solche bezeichnete Versäumnisentscheidungen. Der Begriff ist vielmehr in Anlehnung an die aufeinander bezogenen Bestimmungen in Art 10 Abs 1 und Art 15 Abs 1 lit b bzw Abs 2 lit c autonom zu verstehen und erfaßt alle Entscheidungen, die in einem einseitigen Verfahren ergangen sind, ohne daß sich der Antragsgegner (Art 15 Abs 1 lit b) oder die betreffende Person (Art 15 Abs 2 lit c) *auf das Verfahren eingelassen* hat.[6] Für Kostenfestsetzungsbeschlüsse, die auf ein streitiges Verfahren folgen, gilt Abs 2 jedoch nicht.[7]

9 **2.** Abs 2 nimmt inhaltlich den Anerkennungsversagungsgrund des Art 15 Abs 1 lit b, Abs 2 lit c auf und zeichnet ihn durch den geforderten urkundlichen Nachweis nach.[8]

a) Gefordert wird grundsätzlich der **Zustellungsnachweis für das verfahrenseinleitende Schriftstück** (Abs 2 lit a) in Urschrift oder beglaubigter Abschrift. Dies ermöglicht dem Richter im Anerkennungs-/Vollstreckungsstaat, diesen Anerkennungsversagungsgrund zu prüfen. Die *Rechtzeitigkeit* der Zustellung ist jedoch nicht notwendig durch die Urkunde nachweisbar; insoweit prüft und *beurteilt* das Gericht selbst, ob eine ausreichende Verteidigungsmöglichkeit bestand.[9]

Die Vorlage einer solchen Urkunde ist logischerweise auf Fälle beschränkt, in denen die Anerkennung/Vollstreckbarerklärung begehrt wird. Wird die förmliche Nichtanerkennung (Art 14 Abs 3) begehrt, so hat der Antragsteller selbstverständlich nicht urkundlich nachzuweisen, daß ordnungsgemäß an ihn zugestellt wurde.[10] Er wird sich so-

---

5 Das mag daran liegen, daß Art 34 Nr 2 letzter Hs Brüssel I-VO, anders als Art 15 Abs 1 lit b, Abs 2 lit c eine förmliche Rechtsbehelfsobliegenheit normiert (so *Schlosser* Rn 1). Gleichwohl ist Art 53 Brüssel I-VO nicht in gleicher Weise funktional auf die zugrundeliegende Struktur der Anerkennungshindernisse abgestimmt wie vorliegend Abs 2, der die Struktur von Art 15 Abs 1 lit b, Abs 2 lit c zutreffend aufnimmt. Da nämlich Art 53 Abs 1 auf den Nachweis der *Zustellung* der Entscheidung verzichtet, kann aus den nach Art 53 Brüssel I-VO vorzulegenden Urkunden *nicht* darauf geschlossen werden, daß der Beklagte einen zulässigen Rechtsbehelf nicht eingelegt hat.

6 *Thomas/Putzo/Hüßtege* Rn 4.

7 *Thomas/Putzo/Hüßtege* Rn 5.

8 *Borrás*-Bericht Nr 104.

9 *Thomas/Putzo/Hüßtege* Rn 6.

10 *Borrás*-Bericht Nr 104.

gar häufig darauf berufen, daß es an einer Zustellung fehlt, was sodann die andere Partei durch Vorlage der Urkunde widerlegen kann.

**b)** Abs 2 lit b erlaubt ersatzweise an Stelle des Zustellungsnachweises die Vorlage einer Urkunde, aus der sich ergibt, daß der **Antragsgegner mit der Entscheidung einverstanden** war. 10

Dies greift sprachlich nur die Ausnahme zum Anerkennungsversagungsgrund in Art 15 Abs 1 *lit b* auf, bezieht sich also nach dem Wortlaut **nur auf Ehesachen**. Bei Fassung der Bestimmung könnte aber übersehen worden sein, daß diese Ausnahme zum Anerkennungsversagungsgrund der fehlenden rechtzeitigen Zustellung auch in Sorgesachen (Art 15 Abs 2 lit c) vorgesehen ist. In den Materialien zur gleichlautenden Bestimmung im Übereinkommen Brüssel II (dort Art 33 Abs 2 lit b) wird jedoch ausdrücklich angenommen, diese Regelung beziehe sich nur auf Ehesachen iSd Art 1 Abs 1 lit a,[11] was die Verwendung des Wortes „Antragsgegner" zu bestätigen scheint; denn Art 15 Abs 2 lit c spricht von der „betreffenden Person". Für eine Einschränkung des urkundlichen Nachweises eines eindeutigen Einverständnisses auf Ehesachenentscheidungen spricht schließlich auch eine teleologische Auslegung: In Sorgesachen bedarf es wegen der Betroffenheit des Kindeswohls einer materiellen Feststellung eines solchen Einverständnisses; ein formal urkundlicher Nachweis kann nicht genügen.

**c)** Zum Nachweis des Einverständnisses iSd Abs 2 lit b **geeignete Urkunden** sind nicht abschließend bestimmt. In Betracht kommen *öffentliche Urkunden*, zB eine von einem Standesbeamten aufgenommene Anmeldung des Antragsgegners für eine erneute Eheschließung. Aber auch durch Privaturkunden,[12] zB *Briefe*, kann der urkundliche Nachweis geführt werden, wobei Echtheit und Bewertung des Inhalts der freien Beweiswürdigung unterliegen und Zweifel zu Lasten des die Anerkennung Begehrenden gehen.[13] 11

## Artikel 33
## Weitere Urkunden

**Das zuständige Gericht oder die zuständige Behörde eines Mitgliedstaats, in dem eine Entscheidung ergangen ist, stellt auf Antrag einer berechtigten Partei eine Bescheinigung unter Verwendung des Formblatts in Anhang IV (Entscheidungen in Ehesachen) oder Anhang V (Entscheidungen betreffend die elterliche Verantwortung) aus.**

---

[11] *Borrás*-Bericht Nr 104.

[12] *Thomas/Putzo/Hüßtege* Rn 7.

[13] *Thomas/Putzo/Hüßtege* Rn 7.

## I. Funktionsweise der weiteren Urkunden

1 Wie Art 54 Brüssel I-VO schafft die Bestimmung **einheitliche Vordrucke**, die das Gericht im Ursprungsstaat in seiner Landessprache ausfüllt und die es dem Gericht im Anerkennungs- oder Vollstreckungsstaat durch Gegenüberstellung mit dem entsprechenden Vordruck erlauben, deren Inhalt zu erfassen.[1] Diese Methode der Standardisierung erleichtert[2] fraglos die Prüfung weiterer Anerkennungs- und Vollstreckungsvoraussetzungen, die nur vermeintlich im Nachweiskatalog des Art 32 fehlen.[3] Sie birgt freilich auch die Gefahr einer allzu schematischen Abwicklung, zumal das Ausfüllen von Leerzeilen und das Ankreuzen von Standardfragen erheblich größere Fehlerrisiken beinhaltet als die Übermittlung diverser Urkunden an das Gericht im Zweitstaat. Immerhin waren es fehlerhafte formularmäßige Zustellungsnachweise, die unter Art 20 Abs 2 EuGVÜ Gerichte in Irrtum versetzt und unter Art 27 Nr 2 EuGVÜ sodann die Anerkennung gestört haben. Auch die bei Erteilung der Urkunden zu treffenden rechtlichen Wertungen können über das Maß dessen hinausgehen, was bei Erteilung eines Rechtskraftvermerks gefordert ist; ggf sind komplizierte Erwägungen zur Rechtskraft anzustellen (vgl Anhang IV Ziff 8).[4]

Da Art 34 – zur Vermeidung von Formalismus[5] – nur die Befreiung, nicht aber die Vorlage weiterer Nachweise bei Zweifeln vorsieht, bleibt nur zu hoffen, daß Europas Urkundsbeamte ihre Kreuzchen sorgfältig anbringen.

## II. Ausstellung der Urkunden

2 **1.** Die Urkunden nach Art 33 werden auf **Antrag einer berechtigten Partei** ausgestellt. Eine Bescheinigung kann bei Entscheidungen in *Ehesachen* jedenfalls jeder Ehegatte verlangen. Als berechtigt wird man jedoch auch jeden anzusehen haben, der berechtigt wäre, ein Verfahren nach Art 14 Abs 3 einzuleiten,[6] oder der Beteiligter eines Verfahrens ist, in dem die Anerkennungsfähigkeit der Statusentscheidung vorgreiflich ist. Bei Entscheidungen über die *elterliche Verantwortung* ist neben den Eltern auch das Kind, ggf eine Behörde nach Art 21 Abs 1 antragsberechtigt.[7]

Antragsberechtigung besteht nach dem Zweck der Regelung nur für nach der VO **anerkennungsfähige Entscheidungen**. Insbesondere sind Bescheinigungen nach Anlage IV nicht für antragsabweisende Entscheidungen[8] zu erteilen.

---

[1] *Sturm* StAZ 2002, 193: „Brüsseler Schablonen".

[2] *Vogel* MDR 2000, 1050; *Heß* JZ 2001, 577.

[3] Dazu Art 32 Rn 1.

[4] *Schlosser* Rn 1.

[5] *Vogel* MDR 2000, 1051.

[6] Dazu Art 14 Rn 17 f.

[7] Dazu Art 21 Rn 9.

[8] Dazu Art 13 Rn 10 f.

**2.** Die **Zuständigkeit** zur Erteilung der Urkunden bestimmt sich nach dem innerstaatlichen Recht des Ursprungsstaates; in Deutschland ist nach § 54 AVAG der Urkundsbeamte der Geschäftsstelle des Gerichts des ersten Rechtszuges, bei Anhängigkeit bei einem höheren Gericht der Urkundsbeamte der Geschäftsstelle dieses Gerichts zuständig. 3

**3.** Bei Entscheidungen in **Ehesachen** ist die Urkunde auf Formblatt nach Anhang IV, bei Entscheidungen über die **elterliche Verantwortung** auf Formblatt nach Anhang V zu erteilen. Die Formblätter sind selbsterklärend. Das Formblatt Anhang V umfaßt insbesondere Angaben zur Zustellung und zur Vollstreckbarkeit im Ursprungsstaat als den in Art 21 Abs 1 genannten Vollstreckungsvoraussetzungen. 4

Allerdings fehlen im Formblatt nach Anhang V Angaben zur Art der Entscheidung,[9] so daß eine Übersetzung (Art 34 Abs 2) der vorzulegenden Entscheidung (Art 32 Abs 1 lit a) selten entbehrlich sein dürfte.

Auch die Angabe zum Entscheidungsgegenstand im Formblatt Anhang IV Nr 5.3. sollte nicht voreilig zum Verzicht auf eine Übersetzung verleiten; es wäre fatal, wenn das Ursprungsgericht versehentlich für eine nach Art 14 nicht anerkennungsfähige *antragsabweisende Entscheidung* eine Bescheinigung erteilt und das Gericht im Anerkennungsstaat diese Entscheidung wegen eines Kreuzchens bei Nr 5.3.1. als Scheidungs*ausspruch* einordnet. Überdies fehlt dort eine klare Einordnung der *Eheaufhebung*,[10] so daß klarstellende Ergänzungen notwendig sind.[11]

**4.** Übersehen wurde, daß Art 21 ff auch für die Vollstreckbarerklärung von **Kostenentscheidungen in Ehesachen** gelten, das für Ehesachenentscheidungen maßgebliche Formblatt aber nur auf die Anerkennung, nicht auf die Vollstreckbarerklärungsvoraussetzungen abgestimmt ist. Das Gericht im Zweitstaat kann also der Urkunde nach Anhang IV nicht entnehmen, ob die Entscheidung zugestellt wurde und ob sie im Ursprungsstaat vollstreckbar ist. Da das zu erteilende Formblatt nach Anhang IV in gepflegtem Formalismus auch die Angabe einer e-mail-Adresse des ausstellenden Gerichts vorsieht, kann das um Vollstreckbarerklärung ersuchte Gericht wenigstens Nachfrage halten, da übersehen wurde, dem Antragsteller einen Nachweis aufzuerlegen.[12] 5

---

9 *Sturm* StAZ 2002, 195, der annimmt, es kämen nur Entscheidungen über die Verteilung der elterlichen Sorge in Betracht, vgl dazu Art 1 Rn 8 ff.

10 Sie ist wohl eher als „Ehescheidung" wegen der ex nunc eintretenden Wirkungen einzutragen, wenngleich systematisch wegen der Qualität der Aufhebungsgründe als Folgen von Eheschließungsmängeln die Eintragung als „Ungültigerklärung" nicht fern liegt.

11 Vgl *Schlosser* Rn 1: „Eheaufhebung nach §§ 1313 ff deutsches BGB".

12 Die Eile, mit der die Kommission ihre Aktionspläne vorantreibt, fällt gerade bei Brüchen in einem perfektionistischen System auf.

## Artikel 34
## Fehlen von Urkunden

(1) Werden die in Artikel 32 Absatz 1 Buchstabe b) oder Absatz 2 aufgeführten Urkunden nicht vorgelegt, so kann das Gericht eine Frist einräumen, innerhalb deren die Urkunden vorzulegen sind, oder sich mit gleichwertigen Urkunden begnügen oder von der Vorlage der Urkunden befreien, wenn es eine weitere Klärung nicht für erforderlich hält.
(2) Auf Verlangen des Gerichts ist eine Übersetzung dieser Urkunden vorzulegen. Die Übersetzung ist von einer hierzu in einem der Mitgliedstaaten befugten Personen zu beglaubigen.

### I. Verfahren bei Fehlen von Urkunden (Abs 1)

#### 1. Anwendungsbereich

1 **a)** Abs 1 bezieht sich nur auf die Urkunde nach **Art 32 Abs 1 lit b** und die Bescheinigung nach **Art 32 Abs 2 iVm Art 33**. Die Regelung schafft Erleichterungen in Bezug auf das Erfordernis der Vorlage der Urkunden zur Vermeidung unnötiger Förmlichkeiten, insbesondere aber für den Fall des Fehlens erforderlicher Urkunden. Sie entspricht Art 48 Abs 1 EuGVÜ und weicht von Art 55 Brüssel I-VO wegen des dort engeren Katalogs vorzulegender Urkunden ab.[1]

2 **b)** Die Vorlage einer **Ausfertigung der Entscheidung** (Art 32 Abs 1 lit a) fällt hingegen nicht unter Art 34. Das schließt nicht aus, bei Fehlen dieser Urkunde auf Bestimmungen des nationalen Rechts zurückzugreifen, soweit dadurch nicht der Zweck der autonomen Regelung unterlaufen wird. Deshalb kann entsprechend §§ 139, 142 ZPO zur Vorlage eine *Nachfrist* gesetzt werden,[2] weil dies den Zweck des Art 34 nicht konterkariert, auf die Vorlage hinzuwirken. Hingegen kommen keine *Beweiserleichterungen* in Betracht, weil sich aus der Nichtaufnahme von Art 32 Abs 1 lit a in Abs 1 klar ergibt, daß auf die Ausfertigung der Entscheidung nicht verzichtet werden kann.[3] § 7 Abs 1 S 2, Abs 2 AVAG gelten nicht (§ 50 Abs 1 AVAG).

#### 2. Nachfrist zur Urkundenvorlage

3 **a)** Fehlen erforderliche Urkunden, so kann das Gericht dem **Vorlageverpflichteten**[4] eine Nachfrist setzen (Abs 1 1. Alt). Die Nachfristsetzung ist vor einer Antragsabweisung nicht zwingend erforderlich. Die Ermessensausübung wird jedoch zur Nachfristsetzung tendieren, um dem Zweck der VO zu genügen, die Freizügigkeit von Urteilen zu gewährleisten.[5] Andererseits wird das Gericht aber auch regelmäßig eine Nachfrist setzen, ehe es

---

[1] *Schlosser* Rn 1.
[2] Vgl *Kropholler* EuZPR[6] Art 48 EuGVÜ Rn 1.
[3] *Borrás*-Bericht Nr 107.
[4] Art 32 Rn 3.
[5] *Baumbach/Albers* Rn 1.

zu den nachfolgenden Beweiserleichterungen greift, um den Schutz des Vollstreckungsadressaten zu gewährleisten. Unsinnig wäre eine Nachfristsetzung in diesem Fall jedoch, wenn zur Überzeugung des Gerichts die Urkunde nicht vorgelegt werden kann (zB bei nachgewiesenem Verlust) und ein gleichwertiger Nachweis angeboten ist.

**b)** Die **Dauer der Nachfrist** ist ebenfalls nach Ermessen des Gerichts zu bemessen. Eine großzügige Bemessung ist empfehlenswert,[6] weil sie die Freizügigkeit der Urteile fördert, ohne daß dem Vollstreckungsadressaten ein Nachteil geschieht. Eine Verlängerung nach § 224 Abs 2 ZPO ist möglich.[7] 4

### 3. Annahme gleichwertiger Urkunden

**a)** Das Gericht kann (ohne oder nach erfolgloser Nachfristsetzung) nach seinem **Ermessen** gleichwertige Urkunden zum Nachweis genügen lassen (Abs 1 2. Alt). Diese Vorgehensweise ist geboten, wenn die Beschaffung der Originalurkunde unmöglich ist oder unzumutbare Schwierigkeiten verursachen würde. Die ohnehin reduzierte Förmlichkeit der Art 32, 33 sollte aber nicht dadurch ausgehöhlt werden, daß ohne Not Urkunden ähnlichen Inhalts akzeptiert werden. Den Vorlageverpflichteten trifft die Last darzutun, warum er (ggf nach Fristsetzung) die Urkunden nicht vorlegen kann. 5

**b) Gleichwertig** können Kopien sein, wenn die Übereinstimmung mit der Vorlage unbestritten ist, aber auch andere *öffentliche Urkunden*, die über die jeweils relevante Anerkennungs- und Vollstreckungsvoraussetzung Beweis erbringen. *Privaturkunden* sind mit Zurückhaltung als gleichwertiger Nachweis zuzulassen; denkbar ist der Nachweis von für den Vollstreckungsadressaten nachteiligen Tatsachen (zB Zustellungszeitpunkt) durch eine nachweislich von *diesem* herrührende Urkunde.[8] 6

### 4. Absehen von Vorlage

Das Gericht kann auch gänzlich von der Vorlage einzelner Urkunden absehen (Abs 1 3. Alt). Das setzt jedoch materiell voraus, daß das Gericht nach pflichtgemäßem Ermessen eine weitere Klärung nicht für erforderlich hält, daß also die durch die fehlende Urkunde nachzuweisenden Tatsachen zur Überzeugung des Gerichts anderweitig nachgewiesen sind. Dabei sind die Interessen des Vollstreckungsadressaten, dessen Schutz das Erfordernis urkundlicher Nachweise dient, angemessen zu berücksichtigen. Das Absehen von der Vorlage kommt hauptsächlich in Fällen in Betracht, in denen die Urkunde vernichtet und keine gleichwertige Urkunde vorhanden ist. Es ist hingegen kein Mittel, um mit beliebigen Beweismitteln die Vollstreckungsvoraussetzungen festzustellen. 7

---

[6] *MünchKommZPO/Gottwald* Rn 2.

[7] *MünchKommZPO/Gottwald* Rn 2.

[8] *Baumbach/Albers* Rn 2.

## II. Übersetzung von Urkunden (Abs 2)

### 1. Verlangen einer Übersetzung

8 **a)** Abs 2 entspricht Art 55 Abs 2 Brüssel I-VO.[9] Das Gericht kann die Vorlage einer Übersetzung der **Urkunden** verlangen (Abs 2 S 1). Trotz der mißverständlichen Bezugnahme auf Abs 1 („dieser Urkunden") ist Abs 2 selbstverständlich nicht auf die *nicht* vorzulegenden Urkunden, sondern auf die vorzulegenden zu beziehen.[10] Abs 2 bezieht sich überdies nicht nur auf die in Abs 1 genannten Urkunden, sondern auch auf die nach Art 32 Abs 1 lit a vorzulegende *Ausfertigung*, deren vollstreckungsfähiger Inhalt gemäß § 8 Abs 1 S 2 AVAG das Gericht in seinem Beschluß in deutscher Sprache wiederzugeben hat, weshalb häufig eine Übersetzung nötig sein wird.

9 **b)** Das Gericht hat insoweit ein pflichtgemäß auszuübendes **Ermessen**; die Übersetzung ist weder die Regel, noch kann der Vollstreckungsadressat sie mit Rücksicht auf die Gerichtssprache verlangen. Der Verzicht auf eine Regel-Übersetzung dient der mit der VO angestrebten Vereinfachung.[11] Das Ermessen ist hinsichtlich jeder einzelnen Urkunde gesondert auszuüben. Während das Verlangen nach einer Übersetzung regelmäßig ermessensrichtig ist, wenn nicht wenigstens ein Richter des Spruchkörpers die Urkundssprache ausreichend versteht, kann angesichts der schablonenmäßigen Formalisierung der Bescheinigung nach Art 33 auch ohne Sprachkenntnisse Verständnis erwartet werden, sofern nicht Zusätze angebracht wurden. Insbesondere der Name des Gerichts im Formblatt bedarf keiner Übersetzung.[12]

### 2. Übersetzer

10 Die Übersetzung ist von einer hierzu in einem der Mitgliedstaaten **befugten Person** zu beglaubigen. Nicht erforderlich, ist, daß diese Befugnis vom Ursprungsstaat[13] oder vom Vollstreckungsstaat verliehen wurde. Über die Erteilung der Befugnis entscheidet das Recht des Niederlassungsstaates der beglaubigenden Person.[14] Die Befugnis muß sich auf die Berechtigung zur *Übersetzung* zwischen den betroffenen *Sprachen* zum Zweck der Vorlage bei *Gericht* beziehen.

---

9 Vgl *Rauscher/Staudinger* Art 55 Abs 2 Brüssel I-VO.

10 *MünchKommZPO/Gottwald* Rn 3.

11 *Borrás*-Bericht Nr 108.

12 *Schlosser* Rn 2.

13 *Borrás*-Bericht Nr 108.

14 *Baumbach/Albers* Rn 6.

### Artikel 35
### Legalisation oder ähnliche Förmlichkeit

**Die in den Artikeln 32 und 33 und in Artikel 34 Absatz 2 aufgeführten Urkunden sowie die Urkunde über die Prozeßvollmacht, falls eine solche erteilt wird, bedürfen weder der Legalisation noch einer ähnlichen Förmlichkeit.**

1 **1.** Die Bestimmung stimmt mit Art 56 Brüssel I-VO überein. Sie **befreit** die nach Art 32 und 33 vorzulegenden Urkunden, sowie eine Urkunde über eine Vollmacht im Rahmen des Exequaturverfahrens (Art 21 ff) von jedem Erfordernis der Legalisation, also insbesondere der Apostille oder der Legalisation iSd § 438 Abs 2 ZPO. Soweit es sich um öffentliche Urkunden handelt, haben diese per se auch im Vollstreckungsstaat die Beweiskraft öffentlicher Urkunden.

2 **2.** Art 35 stellt hingegen nicht **Privaturkunden** einer ausländischen öffentlichen Urkunde gleich. Bedarf es *lege for*i der Erteilung einer Prozeßvollmacht durch öffentliche Urkunde, so befreit Art 35 diese von der Legalisation, wertet aber nicht eine bloße privatschriftliche Vollmacht auf.

# Kapitel IV
# Allgemeine Bestimmungen

### Artikel 36
### Verhältnis zu anderen Übereinkünften

**(1) Diese Verordnung ersetzt – unbeschadet der Artikel 38 und 42 und des nachstehenden Absatzes 2 – die zum Zeitpunkt des Inkrafttretens dieser Verordnung bestehenden, zwischen zwei oder mehr Mitgliedstaaten geschlossenen Übereinkünfte, die in dieser Verordnung geregelte Bereiche betreffen.**

**(2) a) Finnland und Schweden steht es frei zu erklären, daß anstelle dieser Verordnung das Übereinkommen vom 6. Februar 1931 zwischen Dänemark, Finnland, Island, Norwegen und Schweden mit Bestimmungen des internationalen Verfahrensrechts über Ehe, Adoption und Vormundschaft einschließlich des Schlußprotokolls ganz oder teilweise auf ihre gegenseitigen Beziehungen anwendbar ist. Diese Erklärungen werden in den Anhang zu der Verordnung aufgenommen und im Amtsblatt der Europäischen Gemeinschaften veröffentlicht. Die betreffenden Mitgliedstaaten können ihre Erklärung jederzeit ganz oder teilweise widerrufen.**

**b) Eine Diskriminierung von Bürgern der Union aus Gründen der Staatsangehörigkeit ist verboten.**

c) Die Zuständigkeitskriterien in künftigen Übereinkünften zwischen den unter Buchstabe a) genannten Mitgliedstaaten, die in dieser Verordnung geregelte Bereiche betreffen, müssen mit den Kriterien dieser Verordnung im Einklang stehen.
d) Entscheidungen, die in einem der nordischen Staaten, der eine Erklärung nach Buchstabe a) abgegeben hat, aufgrund eines Zuständigkeitskriteriums erlassen werden, das einem der in Kapitel II vorgesehenen Zuständigkeitskriterien entspricht, werden in den anderen Mitgliedstaaten gemäß den Bestimmungen des Kapitels III anerkannt und vollstreckt.

(3) Die Mitgliedstaaten übermitteln der Kommission
a) eine Abschrift der Übereinkünfte sowie der einheitlichen Gesetze zur Durchführung dieser Übereinkünfte gemäß Absatz 2 Buchstaben a) und c),
b) jede Kündigung oder Änderung dieser Übereinkünfte oder dieser einheitlichen Gesetze.

## I. Vorrang vor altrechtlichen Übereinkommen (Abs 1)

1 **1.** Abs 1 bestimmt wie Art 69 Brüssel I-VO den Vorrang der VO gegenüber den am 1. 3. 2001, dem Tag des Inkrafttretens der VO, **bestehenden bi- und multilateralen Übereinkünften** zwischen zwei oder mehr Mitgliedstaaten. Im Gegensatz zu Art 69 Brüssel I-VO enumeriert Abs 1 diese Übereinkünfte nicht; die Bestimmung bezieht sich jedoch insbesondere, aber nicht ausschließlich, auch auf die in Art 69 Brüssel I-VO genannten Übereinkommen, soweit diese auch den Anwendungsbereich der VO berühren.

Der Vorrang gilt für das **Zuständigkeits-**, sowie das **Anerkennungs- und Vollstreckungssystem**, grundsätzlich auch dann, wenn nach den völkervertraglichen Übereinkommen günstigere Anerkennungs- und Vollstreckungsregeln bestünden.[1]

2 **2.** Der Vorrang ist **sachlich und zeitlich begrenzt**. Die VO ersetzt die Übereinkommen nur hinsichtlich der in Art 1 Abs 1 genannten *Bereiche*. Für Bereiche, die weder von Brüssel I noch von Brüssel II erfaßt sind, bleiben diese Übereinkommen in Kraft (Art 38 Abs 1).[2]

Die VO ersetzt die Übereinkommen auch nur, soweit der *zeitliche Anwendungsbereich* der VO (Art 42) für das konkrete Verfahren (Zuständigkeit) oder die konkrete Entscheidung (Anerkennung, Vollstreckung) eröffnet ist (Art 38 Abs 2 iVm Art 42).[3] Der Vorrang der VO erfaßt damit nicht vor dem 1. 3. 2001 ergangene Entscheidungen (Art 38 Abs 2: Altverfahren). Die VO geht vor bei Verfahren, die seit dem 1. 3. 2001 eingeleitet wurden (Art 38 Abs 2, Art 42 Abs 1: Neuverfahren). Sie geht jedoch auch

[1] *Baumbach/Albers* Rn 3 – was allerdings im Rahmen der Übereinkommen, die Art 36 unterfallen, kaum der Fall sein wird; vgl aber die unter Art 37 fallenden Haager Übereinkommen, dazu *Borrás*-Bericht Nr 115.

[2] *Schlosser* Rn 1.

[3] *Borrás*-Bericht Nr 110; *Schack* RabelsZ 65 (2001) 630; kritisch *Jänterä-Jareborg* YB PIL 1999, 28 wegen der damit verbundenen Perpetuierung der Anerkennungsprobleme bei Alt-Entscheidungen.

vor für die Anerkennung und Vollstreckung von Entscheidungen aus Verfahren, die noch unter Geltung eines der Übereinkommen eingeleitet wurden, die aber gemäß Art 42 Abs 2 bereits nach den Bestimmungen der VO anerkannt und vollstreckt werden können (Art 42 Abs 2, in Art 38 Abs 2 nicht erfaßt: Überleitungsverfahren).[4]

**3.** Der Vorrang ist auch **räumlich begrenzt**. Die VO ersetzt die Übereinkommen nur in 3
ihrem räumlichen Anwendungsbereich. Dies mit der Formel „in den wechselseitigen Beziehungen der Mitgliedstaaten"[5] zu erfassen, erscheint zumindest mißverständlich. Soweit Gegenstand des verdrängten Übereinkommens die *Anerkennung und Vollstreckung* ist, bezieht sich der Vorrang der VO in der Tat auf die Anerkennung von Entscheidungen aus Mitgliedstaaten in anderen Mitgliedstaaten.

Soweit Übereinkommen jedoch *Zuständigkeitsregeln* enthalten,[6] werden sie verdrängt, soweit der durch Art 7, 8 bestimmte (umstrittene) räumliche Anwendungsbereich der Zuständigkeitsbestimmungen der VO reicht; ein in anderer Weise definiertes Verhältnis zwischen Mitgliedstaaten muß nicht hinzutreten. Soweit die VO gegenüber der *lex* fori nicht ausschließlich ist (Art 8), verdrängt sie auch nicht völkervertragliche Übereinkommen.

**4.** Aus **deutscher Sicht** kommen die in Art 69 Brüssel I-VO genannten Übereinkom- 4
men in Betracht,[7] sowie das Abkommen zwischen der BRep Deutschland und dem UK.[8] Alle anderen die Materie der VO betreffenden völkervertraglichen Übereinkommen, an denen Deutschland beteiligt ist, sind in Art 37 geregelt.[9]

## II. Nordisches Ehesachenübereinkommen v 6. 2. 1931 (Abs 2)

### 1. Erklärungen durch Schweden und Finnland (Abs 2 lit a)

**Finnland und Schweden**, den einzigen Vertragsstaaten des nordischen Ehesachenüber- 5
einkommens, die zugleich Mitgliedstaaten iSd VO (Art 1 Abs 3) sind, räumt Abs 2 mit Rücksicht auf Art 40 EUV ein Recht ein, zu erklären, daß an der Stelle der VO das Übereinkommen vom 6. 2. 1931 zwischen Dänemark, Finnland, Island, Norwegen und Schweden mit Bestimmungen des internationalen Verfahrensrechts über die Ehe etc gilt.[10]

---

[4] *Borrás*-Bericht Nr 111, 118; vgl Art 38 Rn 2.

[5] So *Jänterä-Jareborg* YB PIL 1999, 28.

[6] Wie es beim Nordischen Ehesachenübereinkommen der Fall wäre, vgl dazu Abs 2, unten Rn 5 ff.

[7] Deutsch-italienisches Abkommen v 9. 3. 1936, RGBl 1937 II 145; deutsch-belgisches Abkommen v 30. 6. 1958, BGBl 1959 II 766; deutsch-österreichischer Vertrag v 6. 6. 1959, BGBl 1960 II 1246; deutsch-griechischer Vertrag v 4. 11. 1961, BGBl 1963 II 110; deutsch-spanischer Vertrag v 14. 11. 1983, BGBl 1987 II 35.

[8] V 14. 7. 1960, BGBl 1961 II 302, vgl auch *Kohler* NJW 2001, 13 Fn 30.

[9] *Schlosser* Rn 1.

[10] Im einzelnen *Jänterä-Jareborg* YB PIL 1999, 29 ff.

Diese Erklärungen haben Schweden und Finnland **abgegeben**, jedoch erst mit Wirkung von dem Tag an, an dem das am 6. 2. 2001 unterzeichnete Übereinkommen zur Änderung des Ehesachenübereinkommens der nordischen Staaten[11] zwischen Schweden und Finnland in Kraft tritt.[12] Die Erklärungen gelten, solange sie nicht widerrufen werden.[13]

**2. Diskriminierungsverbot, Anpassungsgebot (Abs 2 lit b, c)**

6 Im Rahmen der Anwendung des nordischen Ehesachenübereinkommens zwischen Schweden und Finnland anstelle der VO ist eine **Diskriminierung** (Art 12 EGV) von EU-Bürgern (Art 17 EGV) aus Gründen der Staatsangehörigkeit verboten (Abs 2 lit b). Die **Zuständigkeitskriterien** künftiger bzw novellierter Übereinkünfte müssen mit den Kriterien der VO in Einklang stehen.

**3. Anerkennung und Vollstreckung schwedischer und finnischer Entscheidungen in anderen Mitgliedstaaten (Abs 2 lit d)**

7 Abs 2 lit d **beschränkt die Anwendung der VO** (Kapitel III) auf die Anerkennung und Vollstreckung von Entscheidungen aus einem Mitgliedstaat, der die Erklärung nach Abs 2 lit a abgegeben hat, auf Entscheidungen, die auf Grund eines Zuständigkeitskriteriums erlassen werden, das einem der in der VO (Kapitel II) vorgesehenen Zuständigkeitskriterien entspricht.[14] Damit stehen solche Entscheidungen den nach dem 1. 3. 2001 erlassenen Entscheidungen in früher anhängigen Verfahren (Art 42 Abs 2) gleich; hingegen werden Entscheidungen aus Verfahren, die nach dem 1. 3. 2000 eingeleitet werden (alle anderen Fälle) unbeschadet einer Zuständigkeitsprüfung nach der VO anerkannt und vollstreckt (Art 42 Abs 1).

Hintergrund dieser ungünstigeren Behandlung im Vergleich zu sonstigen Entscheidungen aus Mitgliedstaaten, die unabhängig von der angewendeten Zuständigkeitsquelle nach Kapitel III der VO behandelt werden, ist, daß für solche Entscheidungen aus Schweden und Finnland feststeht, daß das Zuständigkeitssystem der VO *nicht* angewendet wurde, während im übrigen seit Inkrafttreten der VO Grundlage der Anerkennung das wechselseitige Vertrauen in die (zutreffende) Anwendung der Zuständigkeiten des Kapitels II ist.

**III. Notifikation an die Kommission**

8 Abs 3 verpflichtet Schweden und Finnland zur Übermittlung der dort genannten Urkunden an die Kommission.

[11] Mit diesem neuen Übereinkommen kommen die nordischen Staaten dem in Abs 2 lit b und c konkretisierten Ziel nach, das nordische Ehesachenübereinkommen von Diskriminierung nach der Staatsangehörigkeit zu befreien und dem Zuständigkeitssystem der VO anzupassen, vgl *Borrás*-Bericht Nr 113.

[12] ABl EG 2000 L 160/19.

[13] *Borrás*-Bericht Nr 113.

[14] *Watté/Boularbah* Rev trim dr fam 2000, 555.

Das in Art 38 Abs 3 des Übereinkommens Brüssel II enthaltene Verbot des Neuabschlusses von Übereinkommen untereinander ergibt sich nunmehr aus Art 39 der VO.

## Artikel 37
## Verhältnis zu bestimmten multilateralen Übereinkommen

Diese Verordnung hat in den Beziehungen zwischen den Mitgliedstaaten insoweit Vorrang vor den nachstehenden Übereinkommen, als diese Bereiche betreffen, die in dieser Verordnung geregelt sind:
- Haager Übereinkommen vom 5. Oktober 1961 über die Zuständigkeit der Behörden und das anzuwendende Recht auf dem Gebiet des Schutzes von Minderjährigen,
- Luxemburger Übereinkommen vom 8. September 1967 über die Anerkennung von Entscheidungen in Ehesachen,
- Haager Übereinkommen vom 1. Juni 1970 über die Anerkennung von Ehescheidungen und der Trennung von Tisch und Bett,
- Europäisches Übereinkommen vom 20. Mai 1980 über die Anerkennung und Vollstreckung von Entscheidungen über das Sorgerecht für Kinder und die Wiederherstellung des Sorgeverhältnisses,
- Haager Übereinkommen vom 19. Oktober 1996 über die Zuständigkeit, das anzuwendende Recht, die Anerkennung, Vollstreckung und Zusammenarbeit auf dem Gebiet der elterlichen Verantwortung und der Maßnahmen zum Schutz von Kindern, sofern das Kind seinen gewöhnlichen Aufenthalt in einem Mitgliedstaat hat.

### I. Vorrang gegenüber multilateralen Übereinkommen

**1.** Über Art 36 hinaus und anders als im Anwendungsbereich von Brüssel I bestimmt Art 37 einen Vorrang der VO auch gegenüber multilateralen Übereinkommen, die den Anwendungsbereich der VO betreffen. Die Bestimmung war nicht unumstritten, zumal sie die grundlegende Frage berührt, ob die Inanspruchnahme einer Zuständigkeit zur Schaffung der VO angesichts der bestehenden Haager Übereinkommen, insbesondere des KSÜ und des Haager Ehescheidungsübereinkommens **rechtspolitisch** klug war.[1] Der Vorrang der VO soll der Rechtssicherheit und dem Vertrauensschutz dienen[2] und erweist sich gegenüber den anderweitigen *Ehescheidungsübereinkommen* als sinnvoll. Er wirft aber im Verhältnis zu den *kindschaftsrechtlichen Übereinkommen* Abstimmungsprobleme auf, zumal die VO im gegenwärtigen Stand Entscheidungen zur elterlichen Verantwortung nur im Zusammenhang mit Ehesachen (Art 1 Abs 1 lit b) erfaßt,[3] und das Haager KSÜ schlicht das besser durchdachte Rechtsinstrument ist. 1

**2.** Wie im Verhältnis zu den in Art 36 erfaßten Übereinkommen ist die VO auch gegenüber den in Art 37 enumerierten nur insoweit vorrangig, wie ihr **sachlicher, zeitli-** 2

---

[1] Vgl dazu Vorbem Art 1 Rn 3.

[2] *Borrás*-Bericht Nr 115.

[3] Vgl insbesondere zu Zuständigkeitsfragen Art 7 Rn 18ff, Art 8 Rn 9.

**cher** und **räumlicher Anwendungsbereich** reicht.[4] Soweit ein Mitgliedstaat Vertragsstaat eines der Übereinkommen ist, bleibt dessen Anwendung im übrigen unberührt; Art 38 gilt auch für die in Art 37 genannten Übereinkommen.

Art 37 ist aber nicht als positiver Anwendungsauftrag dahingehend zu verstehen, daß jenseits des Anwendungsbereichs der VO die genannten multilateralen Übereinkommen in völkervertraglich nicht gebundenen Mitgliedstaaten Anwendung finden sollen oder allen Mitgliedstaaten zur Zeichnung nahegelegt werden.[5]

### II. Haager Kindesentführungsübereinkommen

3 Das **Haager Kindesentführungsübereinkommen** ist nach Maßgabe von Art 4 gegenüber der VO vorrangig.[6] Eine entsprechende Behandlung des Europäischen Übereinkommens v 20. 5. 1980, dem gegenüber die VO vorrangig ist (4. Spiegelstrich), wurde abgelehnt, obgleich dieses Übereinkommen in der Praxis nicht selten alternativ zum Haager Kindesentführungsübereinkommen herangezogen wird. Dies wurde mit der Unterschiedlichkeit der Voraussetzungen, insbesondere hinsichtlich des Erfordernisses des Vorliegens einer Sorgerechtsentscheidung begründet.[7]

## Artikel 38
## Fortbestand der Wirksamkeit

**(1) Die in Artikel 36 Absatz 1 und Artikel 37 genannten Übereinkünfte behalten ihre Wirksamkeit für die Rechtsgebiete, auf die diese Verordnung nicht anwendbar ist.**
**(2) Sie bleiben auch weiterhin für die Entscheidungen und die öffentlichen Urkunden wirksam, die vor Inkrafttreten dieser Verordnung ergangen beziehungsweise aufgenommen sind.**

### I. Sachliche Reichweite des Vorrangs der VO

1 Abs 1 begrenzt entsprechend Art 70 Brüssel I-VO sowohl für die in Art 36[1], als auch für die in Art 37[2] genannten Übereinkommen den dort angeordneten Vorrang der VO. Die VO geht den Übereinkommen nur vor, soweit sie **sachlich** anwendbar ist,[3] denn im übrigen bleiben die Übereinkommen anwendbar (Abs 1).

---

4 Dazu Art 36 Rn 2, 3.
5 *Borrás*-Bericht Nr 116.
6 Vgl Art 4 Rn 1 ff, 8 ff.
7 *Borrás*-Bericht Nr 117.
1 Vgl dazu Art 36 Rn 2.
2 Vgl dazu Art 37 Rn 2.
3 *Baumbach/Albers* Rn 2; *Thomas/Putzo/Hüßtege* Rn 1.

## II. Zeitliche Reichweite des Vorrangs der VO (Abs 2)

**2.** Abs 2 behält die Anwendung der in Art 36 und 37 genannten Übereinkommen auf Entscheidungen und Urkunden vor, die vor dem 1. 3. 2001 ergangen sind bzw aufgenommen wurden *(Altverfahren)*. Wegen Art 42 *Abs 2* läßt sich der Anwendungsbereich der VO daraus nicht durch schlichte Spiegelung des Abs 2 bestimmen, denn Abs 2 spiegelt Art 42 *Abs 1*. Den Materialien ist zu entnehmen, daß auf eine Art 42 Abs 2 korrespondierende Regelung zur Fortgeltung der Anerkennungsregeln nach den *Übereinkommen* verzichtet wurde.[4] Eine solche Regelung wäre auch unsinnig gewesen, weil sie Art 42 Abs 2 widersprochen hätte. Der zeitliche Anwendungsbereich in Bezug auf Verfahren, die vor dem 1. 3. 2001 eingeleitet, aber nach dem Stichtag abgeschlossen wurden *(Überleitungsverfahren)*, ist also ausschließlich aus Sicht des Art 42 Abs 2 zu bestimmen: Die VO verdrängt die Übereinkommen also über Abs 2 hinaus auch in Überleitungsverfahren hinsichtlich der Anerkennungs- und Vollstreckungsregeln, sofern die zugrundegelegten Zuständigkeitsbestimmungen die in Art 42 Abs 2 aufgestellten Anforderungen erfüllen. 2

Artikel 39

# Übereinkünfte zwischen den Mitgliedstaaten

(1) Zwei oder mehr Mitgliedstaaten können untereinander Übereinkünfte zur Ergänzung dieser Verordnung oder zur Erleichterung ihrer Durchführung schließen. Die Mitgliedstaaten übermitteln der Kommission
a) eine Abschrift der Entwürfe dieser Übereinkünfte sowie
b) jede Kündigung oder Änderung dieser Übereinkünfte.
(2) Die Übereinkünfte dürfen keinesfalls von Kapitel II und Kapitel III dieser Verordnung abweichen.

## I. Neue bilaterale Übereinkünfte

### 1. Zulässigkeit

**a) Abs 1 S 1** erlaubt den Mitgliedstaaten untereinander zu zweien oder mehreren den Abschluß von Übereinkünften zur Erleichterung der Durchführung der VO. 1

**b)** Solche Übereinkünfte dürfen jedoch nicht vom Zuständigkeitssystem des Kapitel II und vom Anerkennungs- und Vollstreckungssystem (Kapitel III) **abweichen (Abs 2)**. Legt man dies eng aus, so sind substantielle Abweichungen von Art 2 bis Art 35 unzulässig[1] und die Bestimmung wäre auf reine Durchführungsbestimmungen wie den Behördenverkehr beschränkt. 2

---

[4] *Borrás*-Bericht Nr 118.

[1] *Baumbach/Albers* Rn 2.

3 **c)** Fraglich ist, ob bestimmte **substantielle Abweichungen im Anerkennungssystem** gleichwohl zulässig sind: Vereinbaren zwei Mitgliedstaaten, sich im Verhältnis zueinander nicht auf einen bestimmten Anerkennungsversagungsgrund (Art 15) zu berufen, so könnte der Inhalt der VO dem nicht entgegenstehen, weil die Durchführung der Anerkennung dadurch erleichtert wird.[2] Das erscheint nicht unbedenklich, denn die VO dient nicht nur der Vereinheitlichung und der Verbesserung der wechselseitigen Anerkennung, sondern schützt in einzelnen Bestimmungen auch Parteiinteressen (zB Art 15 Abs 1 lit b). Damit erweist sich nicht jede weitere Erleichterung der Anerkennung und Vollstreckung als mit Kapitel III vereinbar.

4 **d)** Noch enger dürfte der Rahmen zulässiger Vereinbarungen im **Zuständigkeitssystem** gesteckt sein. Soweit die Zuständigkeiten der VO ausschließlich sind, kommen ergänzende Vereinbarungen nicht in Betracht. Dasselbe gilt für Art 8 Abs 2, wo jede bilaterale Begünstigung von Staatsangehörigen diskriminierend wäre. Möglich erscheinen Vereinbarungen allerdings, soweit Art 8 Abs 1 den Rückgriff auf die *lex fori* erlaubt.

### 2. Notifikation

5 Solche Übereinkünfte sind der Kommission durch Übermittlung einer Abschrift der Entwürfe anzuzeigen (Abs 1 S 2). Anzuzeigen ist auch jede Kündigung und Änderung.

## II. Zeichnung von Übereinkommen mit Drittstaaten und multilateralen Abkommen

6 **1. Keine Regelung** enthält die VO zur künftigen Zeichnung von Übereinkommen mit Drittstaaten und multilateralen Übereinkünften. Art 16 setzt hinsichtlich bilateraler Übereinkünfte betreffend die Versagung der Anerkennung nur inhaltliche Grenzen, sagt aber nicht, wer für den Abschluß solcher Übereinkommen zuständig ist.[3]

7 **2.** Fraglich ist aber, ob die **Mitgliedstaaten** überhaupt noch **befugt** sind, diese – im Verhältnis zu Drittstaaten bedeutsamen – Übereinkommen zu zeichnen. Die Kommission nahm hierzu den Standpunkt ein, nachdem die Materie durch sekundäres Gemeinschaftsrecht geregelt sei, falle der Gemeinschaft und nicht mehr den Mitgliedstaaten die Außenkompetenz zum Abschluß zu.[4] Nach zutreffender Ansicht des Rates[5] sind hingegen die Mitgliedstaaten nicht gehindert, mit Nicht-Mitgliedstaaten Abkommen im sachlichen Anwendungsbereich der VO zu schließen, sofern das Abkommen die VO nicht berührt. Dies gilt nicht nur für Abkommen nach Art 16, sondern auch für Abkommen, die einen Bereich regeln, den im übrigen die VO der *lex fori* zur Regelung überläßt.

---

[2] So *Borrás*-Bericht Nr 119.

[3] *Schack* RabelsZ 65 (2001) 630; *Kohler* NJW 2001, 14.

[4] Vgl IPRax 2001, 62.

[5] ABl EG 2000 C 183/1; die VO ist dort offenbar mit Nr 1346/2000 fehlbezeichnet, gemeint ist wohl die vorliegende VO, dazu *Kohler* NJW 2001, 14 Fn 32; *Schack* RabelsZ 65 (2001) 630.

**3.** Fraglich ist auch, wem die Außenkompetenz zur Zeichnung **multilateraler Übereinkommen**, insbesondere der in Art 37 aufgezählten, zukommt. Klar ist insoweit, daß nach dem Art 37 zugrundeliegenden Rechtsgedanken auch bei späterer Zeichnung der **Vorrang der VO** gegenüber diesen Übereinkommen bestehen muß. Während bei Abfassung des *Übereinkommens* Brüssel II noch zwanglos davon ausgegangen wurde, daß die Mitgliedstaaten zum Beitritt weder aufgefordert, noch daran gehindert werden,[6] wurde nach Inkrafttreten der VO insbesondere der Beitritt weiterer Mitgliedstaaten zum KSÜ durch diese Frage belastet. Auch insoweit muß gelten, daß die Mitgliedstaaten weiterhin befugt sind, mit Wirkung in dem von der VO nicht erfaßten sachlichen Anwendungsbereich den Übereinkommen beizutreten. Insoweit wurde im Rat Einigung erzielt, die Mitgliedstaaten zu ermächtigen, das KSÜ zu zeichnen[7] und die Vorbereitung einer unverzüglichen Ratifizierung als politisches Ziel betont. 8

## Artikel 40
## Verträge mit dem Heiligen Stuhl

(1) Diese Verordnung gilt unbeschadet des am 7. Mai 1940 in der Vatikanstadt zwischen dem Heiligen Stuhl und Portugal unterzeichneten Internationalen Vertrags (Konkordats).
(2) Eine Entscheidung über die Ungültigkeit der Ehe gemäß dem in Absatz 1 genannten Vertrag wird in den Mitgliedstaaten unter den in Kapitel III vorgesehenen Bedingungen anerkannt.
(3) Die Absätze 1 und 2 gelten auch für die folgenden internationalen Verträge (Konkordate) mit dem Heiligen Stuhl:
a) Lateranvertrag vom 11. Februar 1929 zwischen Italien und dem Heiligen Stuhl, geändert durch die am 18. Februar 1984 in Rom unterzeichnete Vereinbarung mit Zusatzprotokoll;
b) Vereinbarung vom 3. Januar 1979 über Rechtsangelegenheiten zwischen dem Heiligen Stuhl und Spanien.
(4) Für die Anerkennung der Entscheidungen im Sinne des Absatzes 2 können in Italien oder in Spanien dieselben Verfahren und Nachprüfungen vorgegeben werden, die auch für Entscheidungen der Kirchengerichte gemäß den in Absatz 3 genannten internationalen Verträgen mit dem Heiligem Stuhl gelten.
(5) Die Mitgliedstaaten übermitteln der Kommission
a) eine Abschrift der in den Absätzen 1 und 3 genannten Verträge sowie
b) jede Kündigung oder Änderung dieser Verträge.

### I. Hintergrund der Bestimmung

**1.** Die Bestimmung trägt den Besonderheiten Rechnung, die sich im Anwendungsbereich von Art 1 Abs 1 lit a (Ehesachen) für einige südeuropäische Mitgliedstaaten aus den mit dem Heiligen Stuhl geschlossenen Konkordaten betreffend die nach katholischem Ritus geschlossenen Ehen **(Konkordatsehen)** ergeben. 1

---

[6] *Borrás*-Bericht Nr 116.

[7] Bulletin EU 11-2002 auf Vorschlag der Kommission KOM (2001) 680.

2 **2.** Gemäß Art XXV des Konkordats zwischen dem Heiligen Stuhl und **Portugal** vom 7. 5. 1940 idF vom 4. 4. 1975 sowie gemäß Art 1625, 1626 cc sind für die Ungültigerklärung von katholischen Ehen, die nach den Regeln des Konkordats geschlossen wurden, ausschließlich die kirchlichen Gerichte zuständig. Hingegen ist nach Art XXIV idF vom 4. 4. 1975 den staatlichen Gerichten eine Scheidung solcher Ehen gestattet; kirchliche Gerichte sind insoweit unzuständig, da das kanonische Recht eine Scheidung der Ehe nicht kennt.[1] Kirchengerichtliche Entscheidungen werden staatlicherseits ohne Überprüfung anerkannt und vollstreckt (Art 1626 cc).

3 **3.** Gemäß Art 34 des Konkordats zwischen dem Heiligen Stuhl und **Italien** vom 27. 5. 1929 idF vom 18. 2. 1984 (Lateranvertrag) sind kirchliche Gerichte für die Ungültigerklärung einer Konkordatsehe zuständig; diese Zuständigkeit ist jedoch nicht mehr ausschließlich. Die Konkordatsehe erlangt erst durch Eintragung in das Personenstandsregister *(trascrizione)* zivilrechtliche Wirkung, für deren Beseitigung im Wege der Ehescheidung staatliche Gerichte zuständig sind. Entscheidungen von Kirchengerichten über die Ungültigerklärung wirken nicht unmittelbar, sondern kraft Delibation gemäß Art 8 Abs 2 der Neufassung des Konkordats, die der Anerkennung ausländischer Urteile nach dem bis 1995 geltenden Recht (Art 796ff cpc aF) nachgebildet ist, also eine Überprüfung vorsieht.[2]

4 **4.** Die Situation in **Spanien** gemäß Art VI Abs 2 des Konkordats zwischen dem Heiligen Stuhl und Spanien vom 3. 1. 1979 ist der in Italien vergleichbar. Die Ehegatten können für die Ungültigerklärung der Ehe die Kirchengerichte anrufen; die Zuständigkeit der Kirchengerichte ist seit Inkrafttreten der Verfassung von 1978 nicht mehr ausschließlich. Solche Entscheidungen bedürfen einer staatlichen Delibation, die der Vollstreckbarerklärung ausländischer Zivilurteile nachgebildet ist, also wiederum eine Überprüfung vorsieht (Art 80 cc).

### II. Vorbehalt der Konkordate (Abs 1, Abs 3)

5 Die VO gilt **„unbeschadet"** der drei Konkordate des Heiligen Stuhls mit Portugal (Abs 1), Italien (Abs 3 lit a) und Spanien (Abs 3 lit b). Diese Mitgliedstaaten sind damit nicht gezwungen, in Anwendung der VO völkervertragliche Pflichten aus den Konkordaten zu verletzen. Dies bedeutet insbesondere, daß Entscheidungen des Gerichts eines Mitgliedstaates über die Ungültigerklärung einer kanonischen Ehe in Portugal die Anerkennung versagt werden kann, wenn die Entscheidung die ausschließliche Zuständigkeit der Kirchengerichte oder den Katalog der Ungültigkeitsgründe verletzt.[3] Da Italien und Spanien nach den jeweiligen Konkordaten nicht die ausschließliche Zuständigkeit der Kirchengerichte zugesagt haben, kann dort die Anerkennung einer solchen Entscheidung aus einem Mitgliedstaat nur scheitern, wenn sie auf einen mit dem jeweiligen Konkordat unvereinbaren Ungültigkeitsgrund gestützt ist

---

[1] *Borrás*-Bericht Nr 120.

[2] Vgl *Borrás*-Bericht Nr 121, 123.

[3] *Borrás*-Bericht Nr 120.

und soweit diese Ungültigkeitsgründe nach der Konkordatsregelung staatlicherseits nicht erweitert werden dürfen.

### III. Anerkennung kirchengerichtlicher Eheaufhebungen

#### 1. Anerkennung in anderen Mitgliedstaaten (Abs 2, Abs 3)

Abs 2 sowie Abs 3 lit a und lit b verpflichten andere Mitgliedstaaten zur Anerkennung 6
von **Ungültigerklärungen durch kirchliche Gerichte**, die im Rahmen eines der drei Konkordate ergehen, nach den Bestimmungen der VO (Art 13 ff). Insoweit stehen bestätigte kirchengerichtliche Entscheidungen einer Entscheidung eines staatlichen Gerichts gleich.[4] Anerkannt werden auch insoweit nur Entscheidungen, welche die Ungültigkeit der Ehe *aussprechen*,[5] denn antragsabweisende Entscheidungen sind nach der VO ohnehin nicht anzuerkennen.[6] Die Verpflichtung zur Anerkennung kann jedoch nur dann bestehen, wenn die kirchliche Entscheidung im Ursprungsstaat Wirkung entfaltet. Unmittelbar anzuerkennen sind daher nur portugiesische Entscheidungen; italienische und spanische Entscheidungen bedürfen dagegen dort innerstaatlich der Delibation und sind deshalb auch nur in Form der staatlichen Delibationsentscheidung anzuerkennen.

#### 2. Delibations-Vorbehalt in Spanien und Italien (Abs 4)

Abs 4 gestattet es Italien und Spanien, die in ihren Konkordaten die innerstaatliche 7
Anerkennung von kirchengerichtlichen Entscheidungen unter Delibations-Vorbehalt gestellt haben, diesen Delibations-Vorbehalt auch auf die nach Abs 2 anzuerkennenden kirchengerichtlichen Entscheidungen unter dem portugiesischen Konkordat zu erstrecken.[7] Diese Möglichkeit ist einerseits plausibel, weil dadurch portugiesischen Entscheidungen in den beiden anderen Staaten keine weitergehenden unmittelbaren Wirkungen verliehen werden als kirchengerichtlichen Entscheidungen im jeweiligen Inland. Gleichwohl ist die Regelung merkwürdig, weil Mitgliedstaaten, die, wie Deutschland, *kein Konkordat* vergleichbaren Inhalts abgeschlossen haben, portugiesische kirchengerichtliche Entscheidungen nicht unter einen erweiterten Prüfungsvorbehalt stellen können.

### IV. Notifikationsverpflichtung (Abs 5)

Abs 5 verpflichtet die drei Staaten, der Kommission eine Abschrift der in Abs 1 und 3 8
genannten Konkordate sowie jede Änderung oder Kündigung der Konkordate zu übermitteln.

---

[4] Vgl Art 13 Rn 8.

[5] *Kohler* NJW 2001, 14.

[6] Art 13 Rn 10ff.

[7] Entsprechende Erklärungen sind bisher nicht ersichtlich.

## Artikel 41
## Mitgliedstaaten mit zwei oder mehr Rechtssystemen

Für einen Mitgliedstaat, in dem die in dieser Verordnung behandelten Fragen in verschiedenen Gebietseinheiten durch zwei oder mehr Rechtssysteme oder Regelwerke geregelt werden, gilt folgendes:

a) Jede Bezugnahme auf den gewöhnlichen Aufenthalt in diesem Mitgliedstaat betrifft den gewöhnlichen Aufenthalt in einer Gebietseinheit;
b) jede Bezugnahme auf die Staatsangehörigkeit oder, im Falle des Vereinigten Königreichs, auf das „domicile" betrifft die durch die Rechtsvorschriften dieses Staats bezeichnete Gebietseinheit;
c) jede Bezugnahme auf den Mitgliedstaat, dessen Behörde mit einem Antrag auf Ehescheidung, Trennung ohne Auflösung des Ehebandes oder Ungültigerklärung einer Ehe befaßt ist, betrifft die Gebietseinheit, deren Behörde mit einem solchen Antrag befaßt ist;
d) jede Bezugnahme auf die Vorschriften des ersuchten Mitgliedstaats betrifft die Vorschriften der Gebietseinheit, in der die Zuständigkeit geltend gemacht oder die Anerkennung oder die Vollstreckung beantragt wird.

### I. Harmonisierung mit Art 47 KSÜ

1 Die Regelung lehnt sich an die Mehrrechtsstaatenregeln des KSÜ an.[1] Da die VO weder das Kollisionsrecht noch das materielle Recht betrifft, waren zu Art 48, 49 KSÜ entsprechende Regelungen nicht zu treffen. Aus dem Katalog des Art 47 KSÜ werden diejenigen zuständigkeitsbegründenden Kriterien übernommen, die in der VO Verwendung finden.

### II. Autonome Verlängerung der Zuständigkeitskriterien

#### 1. Mehr-Jurisdiktionen-Staat

2 Voraussetzung ist, daß ein Mitgliedstaat zwei oder mehr **Jurisdiktionen** umfaßt, also *verfahrensrechtlich* verschiedene Gebiete aufweist.[2] Das ist derzeit insbesondere für die Bestimmung der Zuständigkeit von Gerichten im UK[3] von Bedeutung. Für Spanien dürfte die Frage nicht bedeutsam werden, weil die foralen Partialrechte nicht den Anwendungsbereich der VO berühren. Für die Anerkennung und Vollstreckung hat die Bestimmung nur aus Sicht des Mehr-Jurisdiktionen-Staates selbst Bedeutung insoweit, als die Anerkennung und Vollstreckbarerklärung nur für die jeweilige Teil-Jurisdiktion erfolgt.

---

1 *Borrás*-Bericht Nr 126.

2 *Borrás*-Bericht Nr 126.

3 *Baumbach/Albers* Rn 1; *Schlosser* Rn 1.

## 2. Autonome jurisdiktionelle Unteranknüpfung

**a)** Die in einem solchen Fall erforderliche jurisdiktionelle Unteranknüpfung wird nicht dem Recht des Mehrrechtsstaates überlassen, sondern autonom durch **Verlängerung des jeweiligen Zuständigkeitskriteriums** geregelt. 3

Problemfrei ist dies für rein *räumliche* Bezugskriterien, weil diese sich immer durch den Gesamtstaat hindurch auf die Teil-Jurisdiktion fokussieren lassen. Für den *gewöhnlichen Aufenthalt* ist auf die jeweilige Teil-Jurisdiktion abzustellen (lit a).[4] Bezugnahmen auf den Mitgliedstaat, dem eine Behörde oder ein Gericht angehören (lit c) oder der um eine Entscheidung ersucht ist (lit d), beziehen sich auf die Behörden und Gerichte der Teil-Jurisdiktion.

**b)** Nicht oder nicht rein räumlich bestimmte Kriterien wie das **domicile** und die 4
**Staatsangehörigkeit** erfordern dagegen eine wertende Verlängerung in eine Teil-Jurisdiktion, die sich mit dem Gedanken eines „Europa der Regionen" gut verträgt. Auch insoweit verweist lit c nicht auf das interlokale Prozeßrecht des Mehrrechtsstaates.[5] Für den Anwendungsbereich der VO ist derzeit insbesondere die Verlängerung des *domicile* relevant, das bei Berührung des UK die Staatsanghörigkeit ersetzt (vgl Art 2 Abs 1 lit a 6. Strich, Abs 2, Art 7 lit b). Insoweit ergibt sich keine Spannung zum innerstaatlichen Recht, welches ohnehin das *domicile* nicht auf das UK als Gesamtstaat, sondern auf die Teil-Jurisdiktionen bezieht.[6]

In einem Mehr-Jurisdiktionen-Staat kontinentaler Prägung müßte ggf auf die Staatsangehörigkeit zu seinen Teilstaaten abgestellt werden, die es in föderativen Mitgliedstaaten auch ohne für die VO relevante jurisdiktionelle Spaltung geben kann.[7] Für Spanien wäre im Bedarfsfall die maßgebliche Zuordnung zB auf der Basis der *vecindad* zu treffen.

---

[4] ZB haben Ehegatten, von denen einer in England, der andere in Schottland lebt, *keinen* gemeinsamen gewöhnlichen Aufenthalt iSd Art 2 Abs 1 lit a 1. Strich.

[5] So aber *Baumbach/Albers* Rn 2.

[6] Ein schottisch domizilierter Ehemann hat damit für Zwecke des Art 2 Abs 1 lit b mit seiner englisch domizilierten Ehefrau *kein* zuständigkeitsbegründendes gemeinsames *domicile*.

[7] ZB in einigen deutschen Bundesländern nach den jeweiligen Länderverfassungen.

# Kapitel V
# Übergangsvorschriften

## Artikel 42

**(1) Diese Verordnung gilt nur für gerichtliche Verfahren, öffentliche Urkunden und vor einem Richter im Laufe eines Verfahrens geschlossene Vergleiche, die nach Inkrafttreten dieser Verordnung eingeleitet, aufgenommen beziehungsweise geschlossen worden sind.**

**(2) Entscheidungen, die nach Inkrafttreten dieser Verordnung in einem vor diesem Inkrafttreten eingeleiteten Verfahren ergangen sind, werden nach Maßgabe des Kapitels III anerkannt und vollstreckt, sofern das Gericht aufgrund von Vorschriften zuständig war, die mit den Zuständigkeitsvorschriften des Kapitels II oder eines Abkommens übereinstimmen, das zum Zeitpunkt der Einleitung des Verfahrens zwischen dem Ursprungsmitgliedstaat und dem ersuchten Mitgliedstaat in Kraft war.**

### I. Prinzip

1 Die Bestimmung regelt die **intertemporale Anwendung** der VO. Sie beruht auf dem bereits aus Art 54 Abs 1, 2 EuGVÜ und den dortigen Beitrittsübereinkommen bekannten Prinzip der grundsätzlichen (mit Ausnahmen in Abs 2) Beschränkung auf Neuverfahren (Abs 1) und hat, anders als Art 66 Brüssel I-VO, davon auszugehen, daß es sich zwischen den Mitgliedstaaten um die erstmalige Regelung der Materie handelt.

### II. Intertemporale Anwendung der Zuständigkeitsregeln

2 **1.** Für die Anwendung der Zuständigkeitsregeln im II. Kapitel gilt ausnahmslos Abs 1. Die VO ist nur anwendbar, wenn das **Verfahren** nach dem Inkrafttreten der VO, also seit dem 1. 3. 2001 (Art 46) eingeleitet wurde (Neuverfahren).

3 **2.** Der **Zeitpunkt der Einleitung** des Verfahrens bestimmt sich entsprechend Art 11 Abs 4, erforderlich ist also der Eingang des verfahrenseinleitenden Schriftstücks bei Gericht.[1] Anlaß, insoweit auf die *lex fori* abzustellen,[2] besteht nicht. Die Interessenlage, aus der heraus Art 11 Abs 4 geschaffen wurde,[3] ist durchaus ähnlich der hier zu entscheidenden; insbesondere sollte die Anwendung der VO bei konkurrierenden Verfahren nicht von zufälligen Laufzeiten internationaler Zustellungen abhängen.

---

1 *Baumbach/Albers* Rn 2; *Thomas/Putzo/Hüßtege* Rn 2.

2 So die Gegenansicht: *Wagner* IPRax 2001, 80; *Hausmann* EuLF 2001, 275.

3 Vgl Art 11 Rn 44.

## III. Intertemporale Anwendung der Anerkennungs- und Vollstreckungsregeln

### 1. Grundregel: Anwendung auf Neuverfahren (Abs 1)

a) Die Anerkennungs- und Vollstreckungsbestimmungen im Kapitel III sind, wiederum nach Abs 1, jedenfalls anzuwenden, wenn das zugrundeliegende Verfahren seit dem 1. 3. 2001 eingeleitet wurde (Neuverfahren). Die Verfahrenseinleitung bestimmt sich ebenso wie für die Zuständigkeit.[4] 4

b) **Prozeßvergleiche** und **öffentliche Urkunden** werden nach den Bestimmungen der VO anerkannt und vollstreckt, wenn sie seit dem 1. 3. 2001 aufgenommen bzw geschlossen wurden (Abs 1). Insoweit kommt es trotz der mißverständlichen Formulierung des Abs 1 („im Laufe eines Verfahrens geschlossene Vergleiche") nicht darauf an, wann das Verfahren eingeleitet wurde, sondern wann der Vergleich geschlossen, bzw wann die Urkunde aufgenommen wurde.[5] 5

### 2. Erweiterung: Anwendung auf Überleitungsverfahren

a) Abs 2 erweitert den Anwendungsbereich der Anerkennungs- und Vollstreckungsbestimmungen auf Entscheidungen, bei denen das zugrundeliegende Verfahren zwar bereits vor dem 1. 3. 2001 **eingeleitet** war, die Entscheidung jedoch erst seit diesem Datum **ergangen** ist (Überleitungsverfahren). 6

b) Der Zeitpunkt, in dem eine **Entscheidung ergangen** ist, bestimmt sich nach der jeweiligen *lex fori*. Maßgeblich ist, wann die Entscheidung gegenüber den Verfahrensbeteiligten wirksam geworden ist.[6] Auf das Wirksamwerden gegenüber allen *materiell Beteiligten* kann es hingegen nicht ankommen, da sonst insbesondere in Sorgesachen eine spätere Zustellung an einen bis dahin womöglich unbekannten Beteiligten die Anwendbarkeit der VO beeinflußt. 7

c) Die Anerkennung und Vollstreckung solcher Entscheidungen setzt jedoch zusätzlich voraus, daß das Gericht im Ursprungsstaat nach Vorschriften **zuständig** war, die mit den Zuständigkeitsvorschriften im Kapitel II der VO oder eines Abkommens übereinstimmen, das zum Zeitpunkt der Verfahrenseinleitung zwischen dem Ursprungsstaat und dem Anerkennungsstaat in Kraft war. Das Gericht im Anerkennungsstaat muß also, abweichend von Art 17 und 24 Abs 2, die Zuständigkeit des Gerichts im Ursprungsstaat nachprüfen. 8

Fraglich ist, ähnlich wie im Fall des Art 16,[7] insoweit der **Umfang der Prüfungsbefugnis**. Außer Zweifel steht, daß der Zweitrichter nicht an die im Urteil genannten Zu-

---

[4] Oben Rn 3.

[5] *Baumbach/Albers* Rn 3; *Thomas/Putzo/Hüßtege* Rn 2.

[6] *Wagner* IPRax 2001, 81; *Thomas/Putzo/Hüßtege* Rn 3; *Baumbach/Albers* Rn 5.

[7] Vgl dort Rn 2 ff.

ständigkeitsbestimmungen gebunden ist. Vielmehr ist zu prüfen, ob die Zuständigkeit auch auf verordnungs- oder abkommenskompatible Bestimmungen hätte gestützt werden können. Auch hinsichtlich der *Subsumtion* zuständigkeitsbegründender Tatsachen unter bestimmte Zuständigkeitsnormen ist der Zweitrichter nicht gebunden. Folgt man dem Zweck der Regelung, eine Prüfung der Zuständigkeit zu ermöglichen, die der Antragsgegner im Ursprungsstaat nicht erreichen konnte, weil auf das Verfahren die Zuständigkeitsbestimmungen der VO noch nicht anzuwenden waren,[8] so muß schließlich der Zweitrichter sogar befugt sein, die der Zuständigkeit zugrundeliegenden *Tatsachenfeststellungen* zu überprüfen.

### 3. Keine Anwendung auf Altentscheidungen

9 Hingegen findet das Anerkennungs- und Vollstreckungssystem der VO keine Anwendung auf Entscheidungen, Prozeßvergleiche oder öffentliche Urkunden, die bis einschließlich 28. 2. 2001 ergangen sind oder aufgenommen bzw errichtet wurden.[9] Es gilt also für die Anerkennung von Altentscheidungen weiterhin die *lex fori* bzw bestehende völkervertragliche Übereinkommen; insbesondere ist auch Art 7 § 1 FamRÄndG anzuwenden.[10]

Diese Lösung ist intertemporal konsequent, weil die zugrundeliegenden Verfahren nicht nach dem Zuständigkeitssystem der VO abgewickelt wurden und daher nicht das für die automatische Anerkennung vorausgesetzte Vertrauen genießen. Sie ist gleichwohl personenstandsrechtlich mißlich, weil sie die Probleme hinkender Ehescheidungen bei Altentscheidungen nicht löst.[11]

## IV. Intertemporale Anwendung von Art 11

10 Fraglich ist die intertemporale Anwendung der Bestimmungen zur Beachtung der Rechtshängigkeit (Art 11), wenn das später eingeleitete Verfahren zuständigkeitsrechtlich bereits der VO unterliegt, nicht aber das früher eingeleitete Verfahren. Nach dem Zweck der Regelung, Entscheidungen zu vermeiden, deren Anerkennung an Art 15 Abs 1 lit d, Abs 2 lit f scheitert, ist die Anwendung von Art 11 vor dem Hintergrund der intertemporalen Anwendung der *Anerkennungsregeln* (nicht der *Zuständigkeitsregeln*) zu lösen. Dabei ist zu beachten, daß das Problem nur auftritt, wenn das erste Verfahren am 1. 3. 2001 noch anhängig ist, also ein potentielles Überleitungsverfahren[12] ist, das anerkennungsrechtlich Abs 2 unterliegen kann. Dabei kann nach den Prinzipien verfahren werden, die der EuGH bereits zur intertemporalen Anwendung

---

8 *Borrás*-Bericht Nr 111.

9 *Borrás*-Bericht Rn 110.

10 *Thomas/Putzo/Hüßtege* Rn 5; *Baumbach/Albers* Rn 7.

11 Kritisch *Jänterä-Jareborg* YB PIL 1999, 28.

12 Oben Rn 6 ff.

von Art 21 EuGVÜ entwickelt hat.[13] Art 11 ist also anzuwenden, wenn das zuerst angerufene Gericht sich nach einer Bestimmung für zuständig erklärt, die Abs 2 entspricht, also eine Anerkennung nach der VO eröffnet. Art 11 setzt in diesen Fällen zunächst eine Beurteilung der Zuständigkeit des Erstgerichts durch das Zweitgericht auf der Grundlage von Abs 2 voraus, weil es sonst nicht zur Aussetzung nach Art 11 Abs 1 kommt.[14] Erklärt sich das erstangerufene Gericht dann auf der Grundlage einer Abs 2 entsprechenden Bestimmung für zuständig, so ist weiter nach Art 11 zu verfahren.

# Kapitel VI
# Schlußbestimmungen

## Artikel 43
## Überprüfung

**Die Kommission legt dem Europäischen Parlament, dem Rat und dem Wirtschafts- und Sozialausschuß spätestens am 1. März 2006 einen Bericht über die Anwendung dieser Verordnung, insbesondere der Artikel 36 und 39 und des Artikels 40 Absatz 2, vor. Diesem Bericht werden gegebenenfalls Vorschläge zur Anpassung dieser Verordnung beigefügt.**

Die Bestimmung entspricht Art 73 Brüssel I-VO. Da im Gegensatz zu einem völkervertraglichen Rechtsinstrument zwischen den Mitgliedstaaten die VO als Teil des sekundären Europarechts automatisch auf Beitrittsstaaten erstreckt wird, entfällt die Überprüfung aus Anlaß von Beitrittsverhandlungen. Deshalb ist eine interne Überprüfung nach Ablauf von 5 Jahren seit Inkrafttreten vorgesehen.[1]

## Artikel 44
## Änderung der Listen mit den zuständigen Gerichten und den Rechtsbehelfen

**(1) Die Mitgliedstaaten teilen der Kommission die Texte zur Änderung der in den Anhängen I bis III enthaltenen Listen mit den zuständigen Gerichten und den Rechtsbehelfen mit. Die Kommission paßt die betreffenden Anhänge entsprechend an.**
**(2) Die Aktualisierung oder technische Anpassungen der in den Anhängen IV und V wiedergegebenen Formblätter werden nach dem Verfahren des beratenden Ausschusses gemäß Artikel 45 Absatz 2 beschlossen.**

---

[13] Vgl zum EuGVÜ: EuGH Rs C-163/95 *Elsbeth Freifrau von Horn/Kevin Cinnamond* EuGHE 1997 I 5451.

[14] *Watté/Boularbah* Rev trim dr fam 2000, 554; anders als bei Anwendung von Abs 2 im Anerkennungsstadium hat das Zweitgericht aber nicht die abschließende Prüfungskompetenz, denn diese kommt nach Art 11 Abs 1 letzter HS dem erstangerufenen Gericht zu.

1 **Abs 1** dient der Realisierung des Zwecks der Auslagerung der autonomen Bestimmung der in den Mitgliedstaaten zuständigen Gerichte und statthaften Rechtsbehelfe (Art 22, 26, 27) in Anhänge; eine Änderung des Textes der VO ist nicht erforderlich, wenn ein Mitgliedstaat seine Zuständigkeiten ändert oder neue Mitgliedstaaten hinzukommen. Die Änderungen werden im Amtsblatt veröffentlicht.[1] Da es sich um einen gebundenen Vollzug der im jeweiligen Mitgliedstaat demokratischer Legitimation bedürftiger Entscheidungen handelt,[2] bestehen insoweit keine rechtsstaatlichen Bedenken.

2 **2. Abs 2** ermächtigt die Kommission zur Aktualisierung und technischen Anpassung der Formblätter zu Art 33 gemäß Anhang IV und V. Solche Anpassungen erfolgen im Verfahren nach Art 45 Abs 2. Dies erscheint rechtsstaatlich nicht unbedenklich,[3] weil Anpassungen der Formblätter zu einer Erweiterung oder Reduzierung der Nachweiserfordernisse im Vollstreckbarerklärungsverfahren führen können und es im beratenden Verfahren nach Art 45 Abs 2 an einer demokratischen Legitimierung der Kommission fehlt.[4] Abs 2 ist daher auf bloße technische Anpassungen, Erweiterungen und Klarstellungen zu beschränken.[5]

## Artikel 45

**(1) Die Kommission wird von einem Ausschuß unterstützt.**

**(2) Wird auf das Verfahren dieses Absatzes Bezug genommen, so gelten die Artikel 3 und 7 des Beschlusses 1999/468/EG.**

**(3) Der Ausschuß gibt sich eine Geschäftsordnung.**

1 Die Bestimmung entspricht Art 75 Brüssel I-VO.[1] Sie steht im Zusammenhang mit der Übertragung von Durchführungsbefugnissen hinsichtlich der VO durch den Rat auf die Kommission. Die Kommission wird durch einen beratenden Ausschuß unterstützt (Abs 1). Für das Beratungsverfahren durch den nach Abs 1 einzurichtenden Ausschuß gilt gemäß Abs 2 der Art 3 des Beschlusses vom 28. 6. 1999 (1999/468/EG).[2] Grundsätze für die nach Abs 3 zu errichtende Geschäftsordnung enthält Art 7 dieses Beschlusses.

---

1 Vgl Erwägungsgrund Nr 23.

2 ZB VO vom 1. 7. 2002 zur Änderung des Anhang I, ABl EG 2002 L 173/03.

3 ZB wäre in Deutschland das AVAG zu ändern.

4 *Schlosser* Rn 1.

5 Art 3 Abs 4 des in Art 45 Abs 2 genannten Beschlusses sieht nur eine Berücksichtigung der Stellungnahmen des Ausschusses vor, Art 3 Abs 3 beschränkt die Mitwirkung der Mitgliedstaaten auf Protokollerklärungen.

6 ZB könnte Anhang IV Ziff 5.3. um Angaben zu den angewendeten Vorschriften ergänzt werden, um die Art der Entscheidung klarzustellen.

1 Vgl auch *Rauscher/Staudinger* Art 75 Brüssel I-VO.

2 ABl EG 1999 L 184/23.

## Artikel 46
## Inkrafttreten

Diese Verordnung tritt am 1. März 2001 in Kraft.

Das Inkrafttreten der VO am 1. 3. 2001 bedeutet nicht deren Anwendung in allen an diesem Tag noch schwebenden Verfahren. Der intertemporale Anwendungsbereich bestimmt sich nach Art 42. 1

Im Einklang mit dem Vertrag zur Gründung der Europäischen Gemeinschaft ist diese Verordnung in allen ihren Teilen verbindlich und gilt unmittelbar in jedem Mitgliedstaat. Geschehen zu Brüssel am 29. Mai 2000.

Im Namen des Rates
Der Präsident
A. Costa

# Anhang

**I. Zuständige Gerichte gemäß Artikel 22**

**II. Rechtsbehelfgerichte gemäß Artikel 26**

**III. Rechtsbehelfe gemäß Artikel 27**

**IV. Bescheinigung gemäß Artikel 33, Ehesachen**

**V. Bescheinigung gemäß Artikel 33, elterliche Verantwortung**

## Anhang I

Anträge gemäß Artikel 22 sind bei folgenden Gerichten oder zuständigen Behörden zu stellen:

- in Belgien beim „tribunal de première instance"/bei der „rechtbank van eerste aanleg"/beim „erstinstanzlichen Gericht"
- in Deutschland:
  - im Bezirk des Kammergerichts: beim „Familiengericht Pankow/Weißensee"
  - in den Bezirken der übrigen Oberlandesgerichte: beim „Familiengericht am Sitz des betreffenden Oberlandesgerichts"
- in Griechenland beim „*εφετιο*"
- in Spanien beim „Juzgado de Primera Instancia"
- in Frankreich beim Präsidenten des „Tribunal de grande instance"
- in Irland beim „High Court"
- in Italien bei der „Corte d'appello"
- in Luxemburg beim Präsidenten des „Tribunal d'arrondissement"
- in den Niederlanden beim „Voorzieningenrechter van de rechtbank"[1]
- in Österreich beim „Bezirksgericht"
- in Portugal beim „Tribunal de Comarca" oder „Tribunal de Família"
- in Finnland beim „käräjäoikeus"/„tingsrätt"
- in Schweden beim „Svea hovrätt"
- im Vereinigten Königreich:
  a) in England und Wales beim „High Court of Justice"
  b) in Schottland beim „Court of Session"
  c) in Nordirland beim „High Court of Justice"
  d) in Gibraltar beim „Supreme Court".

---

[1] Geändert durch VO Nr 1185/2002 der Kommission vom 1. 7. 2002, ABl EG 2002 L 173/3, vgl Art 44 Abs 1.

## Anhang II

Der Rechtsbehelf gemäß Artikel 26 ist bei folgenden Gerichten einzulegen:

– in Belgien:
  a) Die Person, die den Antrag auf Vollstreckbarerklärung gestellt hat, kann einen Rechtsbehelf beim „cour d'appel" oder beim „hof van beröp" einlegen.
  b) Die Person, gegen die die Vollstreckung erwirkt werden soll, kann beim „tribunal de première instance"/bei der „rechtbank van eerste aanleg"/beim „erstinstanzlichen Gericht" Einspruch einlegen.
– in Deutschland beim „Oberlandesgericht"
– in Griechenland beim „*εφετιο*"
– in Spanien bei der „Audiencia Provincial"
– in Frankreich bei der „Cour d'appel"
– in Irland beim „High Court"
– in Italien bei der „Corte d'appello"
– in Luxemburg bei der „Cour d'appel"
– in den Niederlanden:
  a) Wird der Rechtsbehelf vom Antragsteller oder vom Antragsgegner, der sich auf das Verfahren eingelassen hat, eingelegt: beim „Gerechtshof".
  b) Wird der Rechtsbehelf vom Antragsgegner, gegen den ein Versäumnisurteil ergangen ist, eingelegt: bei der „Arrondissementsrechtbank".
– in Österreich beim „Bezirksgericht"
– in Portugal beim „Tribunal de Relação"
– in Finnland beim „hovioikeus"/„hovrätt"
– in Schweden beim „Svea hovrätt"
– im Vereinigten Königreich:
  a) in England und Wales beim „High Court of Justice"
  b) in Schottland beim „Court of Justice"
  c) in Nordirland beim „High Court of Justice"
  d) in Gibraltar beim „Court of appeal".

## Anhang III

Rechtsbehelfe gemäß Artikel 27 können nur eingelegt werden:

– in Belgien, Griechenland, Spanien, Frankreich, Italien, Luxemburg und den Niederlanden: mit der „Kassationsbeschwerde";
– in Deutschland: mit der „Rechtsbeschwerde";
– in Irland: mit einem auf Rechtsfragen beschränkten Rechtsbehelf beim „Supreme Court";
– in Österreich: mit dem „Revisionsrekurs";
– in Portugal: mit einem „recurso restrito à matéria de direito";
– in Finnland: mit einem Rechtsbehelf beim „korkein oikeus / högsta domstolen";
– im Vereinigten Königreich: mit einem einzigen weiteren, auf Rechtsfragen beschränkten Rechtsbehelf.

## Anhang IV

Bescheinigung gemäß Artikel 33 bei Entscheidungen in Ehesachen

1. Ursprungsmitgliedstaat ______

2. Ausstellendes Gericht bzw. ausstellende Behörde
   2.1. Name ______
   2.2. Anschrift ______
   2.3. Tel./Fax/E-mail ______

3. Angaben zur Ehe
   3.1. Ehefrau
      3.1.1. Vollständiger Name ______
      3.1.2. Staat und Ort der Geburt ______
      3.1.3. Geburtsdatum ______
   3.2. Ehemann ______
      3.2.1. Vollständiger Name ______
      3.2.2. Staat und Ort der Geburt ______
      3.2.3. Geburtsdatum ______
   3.3. Land, Ort (soweit bekannt) und Datum der Eheschließung ______
      3.3.1. Staat der Eheschließung ______
      3.3.2. Ort der Eheschließung (soweit bekannt) ______
      3.3.3. Datum der Eheschließung ______

4. Angaben zu dem Gericht, das die Entscheidung erlassen hat
   4.1. Bezeichnung des Gerichts ______
   4.2. Gerichtsort ______

5. Angaben zur Entscheidung
   5.1. Datum ______
   5.2. Aktenzeichen ______
   5.3. Art der Entscheidung
      5.3.1. Scheidung ☐
      5.3.2. Ungültigerklärung der Ehe ☐
      5.3.3. Trennung ohne Auflösung des Ehebandes ☐
   5.4. Erging die Entscheidung im Versäumnisverfahren? ______
      5.4.1. nein ☐
      5.4.2. ja[1] ☐

6. Namen der Parteien, denen Prozeßkostenhilfe gewährt wurde ______

7. Können gegen die Entscheidung nach dem Recht des Ursprungsmitgliedstaats weitere Rechtsmittel eingelegt werden?
   7.1. nein ☐
   7.2. ja ☐

---

[1] In diesem Fall sind die in Artikel 32 Absatz 2 genannten Urkunden vorzulegen.

8. Datum der Rechtswirksamkeit in dem Mitgliedstaat, in dem die Entscheidung erging
   8.1. Scheidung ______________________________
   8.2. Trennung ohne Auflösung des Ehebandes ______________________________

Geschehen zu ______________ am ______________ Unterschrift und/oder Dienstsiegel

## Anhang V

Bescheinigung gemäß Artikel 33 bei Entscheidungen betreffend die elterliche Verantwortung

1. Ursprungsmitgliedstaat ______________________________
2. Ausstellendes Gericht bzw. ausstellende Behörde
   2.1. Name ______________________________
   2.2. Anschrift ______________________________
   2.3. Tel./Fax/E-mail ______________________________
3. Angaben zu den Eltern
   3.1. Mutter
      3.1.1. Vollständiger Name ______________________________
      3.1.2. Geburtsdatum und Geburtsort ______________________________
   3.2. Vater
      3.2.1. Vollständiger Name ______________________________
      3.2.2. Geburtsdatum und Geburtsort ______________________________
4. Angaben zu dem Gericht, das die Entscheidung erlassen hat
   4.1. Bezeichnung des Gerichts ______________________________
   4.2. Gerichtsort ______________________________
5. Angaben zur Entscheidung
   5.1. Datum ______________________________
   5.2. Aktenzeichen ______________________________
   5.3. Erging die Entscheidung im Versäumnisverfahren?
      5.3.1. nein ☐
      5.3.2. ja[1] ☐
6. Von der Entscheidung erfaßte Kinder[2] ______________________________
   6.1. Vollständiger Name und Geburtsdatum ______________________________
   6.2. Vollständiger Name und Geburtsdatum ______________________________
   6.3. Vollständiger Name und Geburtsdatum ______________________________
   6.4. Vollständiger Name und Geburtsdatum ______________________________
7. Namen der Parteien, denen Prozeßkostenhilfe gewährt wurde ______________________________
8. Bescheinigung über die Vollstreckbarkeit und die Zustellung
   8.1. Ist die Entscheidung nach dem Recht des Ursprungsmitgliedstaats vollstreckbar?
      8.2.1. ja ☐
      8.2.2. nein ☐

---

[1] In diesem Fall sind die in Artikel 32 Absatz 2 genannten Urkunden vorzulegen.

[2] Werden mehr als vier Kinder erfaßt, so ist ein zweites Formblatt zu verwenden.

8.2. Wurde die Entscheidung der Partei, gegen die die Vollstreckung beantragt wird, zugestellt?

8.2.1. ja ☐

8.2.1.1. Vollständiger Name der Partei ______________________

8.2.1.2. Zustellungsdatum ______________________

8.2.2. nein ☐

Geschehen zu ______________ am ______________ Unterschrift und/oder Dienstsiegel

# 2a. Vorschlag für eine Verordnung des Rates über die Zuständigkeit und die Anerkennung und Vollstreckung von Entscheidungen in Ehesachen und in Verfahren betreffend die elterliche Verantwortung zur Aufhebung der Verordnung (EG) Nr 1347/2000 und zur Änderung der Verordnung (EG) Nr 44/2001 in Bezug auf Unterhaltssachen[1]

**Schrifttum und Materialien**

Vgl dazu **Schrifttum** Nr 2 und **Materialien** Nr 3 zur Verordnung (EG) Nr 1347/2000, Brüssel II-VO, oben 2; zu geplanten **Änderungen** vgl Materialien I nach diesem VO-Entwurf und Fn 1 zu Entwurf Artikel 1.

DER RAT DER EUROPÄISCHEN UNION –
gestützt auf den Vertrag zur Gründung der Europäischen Gemeinschaft, insbesondere auf Artikel 61 Buchstabe c) und Artikel 67 Absatz 1,
auf Vorschlag der Kommission[2],
nach Stellungnahme des Europäischen Parlaments[3],
nach Stellungnahme des Wirtschafts- und Sozialausschusses[4],
In Erwägung nachstehender Gründe:
(1) Die Europäische Gemeinschaft hat sich die Schaffung eines Raums der Freiheit, der Sicherheit und des Rechts zum Ziel gesetzt, in dem der freie Personenverkehr gewährleistet ist. Hierzu hat die Gemeinschaft unter anderem im Bereich der justiziellen Zusammenarbeit in Zivilsachen die für das reibungslose Funktionieren des Binnenmarkts erforderlichen Maßnahmen zu erlassen.
(2) Auf seiner Sondertagung in Tampere hat sich der Europäische Rat den Grundsatz der gegenseitigen Anerkennung gerichtlicher Entscheidungen, der für die Schaffung eines echten europäischen Rechtsraums unabdingbar ist, zu Eigen gemacht und die Besuchsrechte als Priorität eingestuft.
(3) Die Verordnung (EG) Nr. 1347/2000 des Rates vom 29. Mai 2000 über die Zuständigkeit und die Anerkennung und Vollstreckung von Entscheidungen in Ehesachen und in Verfah-

[1] Vom 3. 5. 2002, KOM (2002) 222, ABl. EG 2002 C 203/155.

[2] ABl. C [...] vom [...], S. [...].

[3] ABl. C [...] vom [...], S. [...].

[4] ABl. C [...] vom [...], S. [...].

ren betreffend die elterliche Verantwortung für die gemeinsamen Kinder der Ehegatten[5] enthält Vorschriften für die Zuständigkeit, die Anerkennung und Vollstreckung von Entscheidungen in Ehesachen sowie von aus Anlass einer Ehesache ergangenen Entscheidungen betreffend die elterliche Verantwortung für die gemeinsamen Kinder der Ehegatten.

(4) Am 3. Juli 2000 legte Frankreich eine Initiative für eine Verordnung des Rates über die gegenseitige Vollstreckung von Entscheidungen über das Umgangsrecht vor[6].

(5) Um die Anwendung der Vorschriften über die elterliche Verantwortung zu erleichtern, die häufig in Ehesachen herangezogen werden, empfiehlt es sich, Ehesachen und die elterliche Verantwortung in einem einzigen Rechtsakt zu regeln.

(6) Diese Verordnung gilt für alle zivilgerichtlichen Verfahren einschließlich Verfahren, die gerichtlichen Verfahren gleichgestellt sind mit Ausnahme der im Rahmen einer Religionsgemeinschaft geltenden Verfahren. Die Bezeichnung „Gericht" schließt daher alle gerichtlichen und außergerichtlichen Behörden ein, die für die durch diese Verordnung erfassten Rechtssachen zuständig sind.

(7) Die in einem Mitgliedstaat vollstreckbaren öffentlichen Urkunden und Prozessvergleiche sind „Entscheidungen" gleichgestellt.

(8) Nach dieser Verordnung erstreckt sich die Anerkennung von Entscheidungen, die die Ehescheidung, die Trennung ohne Auflösung des Ehebandes oder die Ungültigerklärung einer Ehe betreffen, nicht auf Fragen wie das Verschulden der Ehegatten, das Familienvermögen, die Unterhaltspflicht oder sonstige Nebenaspekte.

(9) Um die Gleichbehandlung aller Kinder sicherzustellen, gilt diese Verordnung für alle Entscheidungen über die elterliche Verantwortung mit Ausnahme von Entscheidungen über Unterhaltssachen, die durch die Verordnung (EG) Nr. 44/2001 des Rates vom 22. Dezember 2000 über die gerichtliche Zuständigkeit und die Anerkennung und Vollstreckung von Entscheidungen in Zivil- und Handelssachen[7] geregelt sind, und mit Ausnahme der Maßnahmen, die im Anschluss an von Kindern begangenen Straftaten ergriffen werden.

(10) Die in dieser Verordnung anerkannten Anknüpfungspunkte für die Zuständigkeit in Fragen der elterlichen Verantwortung wurden dem Wohle des Kindes entsprechend ausgestaltet. Die Zuständigkeit sollte vorzugsweise dem Mitgliedstaat des gewöhnlichen Aufenthalts des Kindes vorbehalten sein außer in bestimmten Fällen, in denen sich der Aufenthaltsort des Kindes geändert hat oder die Träger der elterlichen Verantwortung anderes vereinbart haben.

(11) Für die Zustellung von Schriftstücken in Verfahren, die auf der Grundlage dieser Verordnung eingeleitet worden sind, gilt die Verordnung (EG) Nr. 1348/2000 des Rates vom 29. Mai 2000 über die Zustellung gerichtlicher und außergerichtlicher Schriftstücke in Zivil- oder Handelssachen in den Mitgliedstaaten.[8]

(12) Diese Verordnung hindert die Gerichte eines Mitgliedstaats nicht daran, in dringenden Fällen einstweilige Maßnahmen einschließlich Schutzmaßnahmen in Bezug auf Personen oder Vermögensgegenstände, die sich in diesem Staat befinden, anzuordnen.

---

5 ABl. L 160 vom 30. 6. 2000, S. 19.

6 ABl. C 234 vom 15. 8. 2000, S. 7.

7 ABl. L 12 vom 16. 1. 2001, S. 1.

8 ABl. L 160 vom 30. 6. 2000, S. 37.

(13) Im Fall einer Entführung des Kindes sollten die Gerichte des Mitgliedstaats, in den das Kind verbracht worden ist oder zurückgehalten wird, zum Schutz des Kindes als einstweilige Maßnahme anordnen können, dass das Kind nicht zurückgegeben wird. Diese einstweilige Maßnahme wird durch eine Sorgerechtsentscheidung der Gerichte im Mitgliedstaat des früheren gewöhnlichen Aufenthalts des Kindes aufgehoben. Sollte in der Sorgerechtsentscheidung die Rückgabe des Kindes angeordnet sein, wird das Kind zurückgegeben, ohne dass es im Mitgliedstaat, in den das Kind widerrechtlich verbracht worden ist, eines besonderen Verfahrens zur Anerkennung und Vollstreckung dieser Entscheidung bedarf.
(14) Für die Anhörung des Kindes kann die Verordnung (EG) Nr. 1206/2001 des Rates vom 28. Mai 2001 über die Zusammenarbeit zwischen den Gerichten der Mitgliedstaaten auf dem Gebiet der Beweisaufnahme in Zivil- oder Handelssachen[9] herangezogen werden.
(15) Die Anerkennung und Vollstreckung der in einem Mitgliedstaat ergangenen Entscheidungen beruht auf dem Grundsatz des gegenseitigen Vertrauens. Die Gründe für die Nichtanerkennung einer Entscheidung sollten sich auf das notwendige Minimum beschränken. Diese Gründe betreffen die öffentliche Ordnung (ordre public) des Vollstrekkungsmitgliedstaats, die Wahrung der Verteidigungsrechte der Betroffenen einschließlich des Kindes sowie miteinander unvereinbare Entscheidungen.
(16) Für die Anerkennung und Vollstreckung von Entscheidungen über das Umgangsrecht und über die Rückgabe des Kindes, für die im Ursprungsmitgliedstaat nach Maßgabe dieser Verordnung eine Bescheinigung ausgestellt worden ist, sollten im Vollstreckungsmitgliedstaat keine besonderen Verfahren erforderlich sein.
(17) Die Zusammenarbeit zwischen den zentralen Behörden spielt sowohl allgemein als auch in besonderen Fällen – unter anderem zur Förderung der gütlichen Beilegung von Familienstreitigkeiten – eine entscheidende Rolle. Die zentralen Behörden sollten sich hierzu dem Europäischen Justiziellen Netz für Zivil- und Handelssachen anschließen, das mit Entscheidung des Rates vom 28. Mai 2001 zur Einrichtung eines Europäischen Justiziellen Netzes für Zivil- und Handelssachen[10] eingerichtet worden ist.
(18) Die Kommission sollte ermächtigt werden, die Anhänge I, II und III betreffend die zuständigen Gerichte und die Rechtsbehelfe anhand der von den Mitgliedstaaten mitgeteilten Angaben zu ändern.
(19) Gemäß Artikel 2 des Beschlusses 1999/468/EG des Rates vom 28. Juni 1999 zur Festlegung der Modalitäten für die Ausübung der der Kommission übertragenen Durchführungsbefugnisse[11] sollten Änderungen der Anhänge IV bis VII im Beratungsverfahren des Artikels 3 dieses Beschlusses beschlossen werden.
(20) Die Verordnung (EG) Nr. 1347/2000 sollte aufgehoben und ersetzt werden.
(21) Die Verordnung (EG) Nr. 44/2001 sollte geändert werden, damit das Gericht, das nach Maßgabe der vorliegenden Verordnung für die elterliche Verantwortung zuständig ist, auch über den Unterhalt entscheiden kann.
(22) Das Vereinigte Königreich und Irland haben gemäß Artikel 3 des dem Vertrag über die Europäische Union und dem Vertrag zur Gründung der Europäischen Gemeinschaft

---

[9] ABl. L 174 vom 27. 6. 2001, S. 1.
[10] ABl. L 174 vom 27. 6. 2001, S. 25.
[11] ABl. L 184 vom 17. 7. 1999, S. 23.

beigefügten Protokolls über die Position des Vereinigten Königreichs und Irlands mitgeteilt, dass sie sich an der Annahme und Anwendung dieser Verordnung beteiligen möchten.

(23) Dänemark wirkt gemäß den Artikeln 1 und 2 des dem Vertrag über die Europäische Union und dem Vertrag zur Gründung der Europäischen Gemeinschaft beigefügten Protokolls über die Position Dänemarks an der Annahme dieser Verordnung nicht mit; die Verordnung ist daher für diesen Staat nicht verbindlich und ihm gegenüber nicht anwendbar.

(24) Die Ziele dieser Verordnung werden im Einklang mit den in Artikel 5 EG-Vertrag verankerten Grundsätzen der Subsidiarität und Verhältnismäßigkeit besser auf Gemeinschaftsebene verwirklicht, da sie auf Ebene der Mitgliedstaaten nicht ausreichend erreicht werden können. Die Verordnung geht nicht über das zur Erreichung dieser Ziele erforderliche Maß hinaus.

(25) Diese Verordnung steht im Einklang mit den Grundrechten und Grundsätzen, die mit der Charta der Grundrechte der Europäischen Union anerkannt wurden. Sie zielt unter anderem darauf ab, die uneingeschränkte Wahrung der Grundrechte des Kindes im Sinne von Artikel 24 dieser Grundrechtscharta zu gewährleisten.

HAT FOLGENDE VERORDNUNG ERLASSEN:

# Kapitel I
# Anwendungsbereich, Begriffsbestimmungen und Grundsätze

## Entwurf Artikel 1[1]
## Anwendungsbereich

1. Diese Verordnung gilt für alle zivilgerichtlichen Verfahren mit folgendem Gegenstand:
   a) Ehescheidung, Trennung ohne Auflösung des Ehebandes und Ungültigerklärung einer Ehe
   und
   b) die Zuweisung, die Ausübung, die vollständige oder teilweise Entziehung der elterlichen Verantwortung sowie deren Übertragung.
2. Unbeschadet von Absatz 1 gilt diese Verordnung nicht für zivilgerichtliche Verfahren, die
   a) Unterhaltssachen
   sowie

---

[1] Änderungen geplant gemäß dem Kompromißvorschlag des Vorsitzes des Rates, Vermerk Dokument Nr 13436/02 JUSTCIV 163, Dokument Nr 13940/02 JUSTCIV 175, Dokument Nr 14733/02 JUSTCIV 184, Dokument Nr 15280/02 JUSTCIV 192, Dokument Nr 15772/02 JUSTCIV 202, Dokument Nr 15773/02 JUSTCIV 203, vgl den Text in Materialien I nach diesem VO-Entwurf.

b) Maßnahmen zum Gegenstand haben, die im Anschluss an von Kindern begangenen Straftaten ergriffen werden.

3. Gerichtlichen Verfahren stehen andere in einem Mitgliedstaat amtlich anerkannte Verfahren gleich.

Entwurf Artikel 2

## Begriffsbestimmungen

Für die Zwecke dieser Verordnung gelten folgende Begriffsbestimmungen:

1. Die Bezeichnung ‚*Gericht*' schließt alle Behörden der Mitgliedstaaten ein, die für die Rechtssachen zuständig sind, die gemäß Artikel 1 in den Anwendungsbereich dieser Verordnung fallen.
2. Der Begriff ‚*Mitgliedstaat*' bedeutet jeden Mitgliedstaat mit Ausnahme des Königreichs Dänemark.
3. Unter ‚*Entscheidung*' ist jede von einem Gericht eines Mitgliedstaats erlassene Entscheidung über die Ehescheidung, die Trennung ohne Auflösung des Ehebandes oder die Ungültigerklärung einer Ehe sowie jede Entscheidung über die elterliche Verantwortung zu verstehen, ohne Rücksicht auf die Bezeichnung der jeweiligen Entscheidung, wie Urteil oder Beschluss.
4. Unter ‚*Ursprungsmitgliedstaat*' ist der Mitgliedstaat zu verstehen, in dem die zu vollstreckende Entscheidung ergangen ist.
5. Unter ‚*Vollstreckungsmitgliedstaat*' ist der Mitgliedstaat zu verstehen, in dem die Entscheidung vollstreckt werden soll.
6. Unter ‚*elterliche Verantwortung*' sind die Rechte und Pflichten zu verstehen, die einer natürlichen oder juristischen Person durch Entscheidung oder kraft Gesetzes oder durch eine rechtlich verbindliche Vereinbarung betreffend die Person oder das Vermögen eines Kindes übertragen worden sind. Der Begriff ‚elterliche Verantwortung' umfasst insbesondere das Sorge- und Umgangsrecht.
7. Unter ‚*Träger der elterlichen Verantwortung*' ist jede Person zu verstehen, der die elterliche Verantwortung für ein Kind zusteht.
8. Unter ‚*Sorgerecht*' sind die Rechte und Pflichten zu verstehen, die mit der Sorge für die Person eines Kindes verbunden sind, insbesondere ein Mitspracherecht bei der Bestimmung des Aufenthalts des Kindes.
9. Das ‚*Umgangsrecht*' schließt das Recht ein, das Kind für eine begrenzte Zeit an einen anderen Ort als seinen gewöhnlichen Aufenthaltsort zu bringen.
10. [1] Das Verbringen oder Zurückhalten eines Kindes gilt als ‚*Kindesentführung*', wenn
    a) dadurch das Sorgerecht verletzt wird, das aufgrund einer Entscheidung oder kraft Gesetzes oder aufgrund einer rechtlich verbindlichen Vereinbarung nach dem Recht des Mitgliedstaats besteht, in dem das Kind unmittelbar vor dem Verbringen oder Zurückhalten seinen gewöhnlichen Aufenthalt hatte,
    und

[1] Vorgeschlagene Änderungen gemäß Ratskompromiß vgl unten Materialien I Art 2 Nr 10.

b) das Sorgerecht zum Zeitpunkt des Verbringens oder Zurückhaltens allein oder gemeinsam tatsächlich ausgeübt wurde oder ausgeübt worden wäre, wenn das Verbringen oder Zurückhalten nicht stattgefunden hätte.

Entwurf Artikel 3
### Recht des Kindes auf Kontakt zu beiden Elternteilen

Jedes Kind hat Anspruch auf regelmäßige persönliche Beziehungen und direkte Kontakte zu beiden Elternteilen, es sei denn, dies steht seinem Wohl entgegen.

Entwurf Artikel 4
### Recht des Kindes auf Gehör

Jedes Kind hat das Recht, in es betreffenden Fragen der elterlichen Verantwortung seinem Alter und seiner Reife entsprechend gehört zu werden.

# Kapitel II
# Zuständigkeit

## Abschnitt 1
## Ehescheidung, Trennung ohne Auflösung des Ehebandes und Ungültigerklärung einer Ehe

Entwurf Artikel 5
### Allgemeine Zuständigkeit

1. Für Entscheidungen, die die Ehescheidung, die Trennung ohne Auflösung des Ehebandes oder die Ungültigerklärung einer Ehe betreffen, sind die Gerichte des Mitgliedstaats zuständig,
   a) in dessen Hoheitsgebiet
      – beide Ehegatten ihren gewöhnlichen Aufenthalt haben oder
      – die Ehegatten zuletzt beide ihren gewöhnlichen Aufenthalt hatten, sofern einer von ihnen dort noch seinen gewöhnlichen Aufenthalt hat, oder
      – der Antragsgegner seinen gewöhnlichen Aufenthalt hat oder
      – im Falle eines gemeinsamen Antrags einer der Ehegatten seinen gewöhnlichen Aufenthalt hat oder
      – der Antragsteller seinen gewöhnlichen Aufenthalt hat, wenn er sich dort seit mindestens einem Jahr unmittelbar vor der Antragstellung aufgehalten hat, oder

– der Antragsteller seinen gewöhnlichen Aufenthalt hat, wenn er sich dort seit mindestens sechs Monaten unmittelbar vor der Antragstellung aufgehalten hat und entweder Staatsangehöriger des betreffenden Mitgliedstaats ist oder, im Falle des Vereinigten Königreichs und Irlands, dort sein „domicile" hat;

b) dessen Staatsangehörigkeit beide Ehegatten besitzen, oder, im Falle des Vereinigten Königreichs und Irlands, in dem sie ihr gemeinsames „domicile" haben.

2. Der Begriff „domicile" im Sinne dieser Verordnung bestimmt sich nach britischem und irischem Recht.

Entwurf Artikel 6
## Gegenantrag

Das Gericht, bei dem ein Antrag auf der Grundlage von Artikel 5 anhängig ist, ist auch für einen Gegenantrag zuständig, sofern dieser in den Anwendungsbereich dieser Verordnung fällt.

Entwurf Artikel 7
## Umwandlung einer Trennung ohne Auflösung des Ehebandes in eine Ehescheidung

Unbeschadet des Artikels 5 ist das Gericht eines Mitgliedstaats, das eine Entscheidung über eine Trennung ohne Auflösung des Ehebandes erlassen hat, auch für die Umwandlung dieser Entscheidung in eine Ehescheidung zuständig, sofern dies im Recht dieses Mitgliedstaats vorgesehen ist.

Entwurf Artikel 8
## Ausschließliche Zuständigkeit nach den Artikeln 5, 6 und 7

Gegen einen Ehegatten, der

a) seinen gewöhnlichen Aufenthalt im Hoheitsgebiet eines Mitgliedstaats hat oder

b) Staatsangehöriger eines Mitgliedstaats ist oder im Falle des Vereinigten Königreichs und Irlands sein „domicile" im Hoheitsgebiet eines dieser Mitgliedstaaten hat,

darf ein Verfahren vor den Gerichten eines anderen Mitgliedstaats nur nach Maßgabe der Artikel 5, 6 und 7 geführt werden.

Entwurf Artikel 9
## Restzuständigkeit

1. Soweit sich aus den Artikeln 5, 6 und 7 keine Zuständigkeit eines mitgliedstaatlichen Gerichts ergibt, bestimmt sich die Zuständigkeit in jedem Mitgliedstaat nach dessen eigenem Recht.

2. Jeder Staatsangehörige eines Mitgliedstaats, der seinen gewöhnlichen Aufenthalt im Hoheitsgebiet eines anderen Mitgliedstaats hat, kann die in diesem Staat geltenden Zuständigkeitsvorschriften wie ein Inländer gegenüber einem Antragsgegner geltend machen, wenn dieser weder seinen gewöhnlichen Aufenthalt im Hoheitsgebiet eines Mitgliedstaats hat noch die Staatsangehörigkeit eines Mitgliedstaats besitzt oder im Falle des Vereinigten Königreichs und Irlands sein „domicile" im Hoheitsgebiet eines dieser Mitgliedstaaten hat.

## Abschnitt 2
## Elterliche Verantwortung

### Entwurf Artikel 10[1]
### Allgemeine Zuständigkeit

1. Für Entscheidungen, die die elterliche Verantwortung betreffen, sind die Gerichte des Mitgliedstaats zuständig, in dem das Kind zum Zeitpunkt der Antragstellung seinen gewöhnlichen Aufenthalt hat.
2. Die Artikel 11, 12 und 21 werden von Absatz 1 nicht berührt.

### Entwurf Artikel 11[2]
### Fortbestehende Zuständigkeit des Mitgliedstaats des früheren Aufenthalts des Kindes

1. Ändert sich der Aufenthalt des Kindes, bleiben die Gerichte des Mitgliedstaats, in dem das Kind seinen früheren Aufenthalt hatte, weiterhin zuständig, wenn
   a) eine Entscheidung dieser Gerichte gemäß Artikel 10 ergangen ist,
   b) das Kind zum Zeitpunkt der Antragstellung im Staat seines neuen Aufenthalts weniger als sechs Monate verbracht hat
   und
   c) einer der Träger der elterlichen Verantwortung im Mitgliedstaat des früheren Aufenthalts des Kindes wohnen bleibt.
2. Absatz 1 findet keine Anwendung, wenn der neue Aufenthalt des Kindes zu seinem gewöhnlichen Aufenthalt geworden ist und der in Absatz 1 Buchstabe c) bezeichnete Träger der elterlichen Verantwortung die Zuständigkeit der Gerichte dieses Mitgliedstaats anerkannt hat.
3. Für die Zwecke dieses Artikels gilt das Erscheinen eines Trägers der elterlichen Verantwortung vor Gericht allein nicht als Anerkennung der Zuständigkeit des Gerichts.

---

[1] Vorgeschlagene Änderungen gemäß Ratskompromiß vgl unten Materialien I Art 10 Abs 2.

[2] Wegfall vorgeschlagen gemäß Ratskompromiß vgl unten Materialien I.

### Entwurf Artikel 12
## Vereinbarung über die Zuständigkeit

1. Die Gerichte des Mitgliedstaats, in dem nach Artikel 5 über einen Antrag auf Ehescheidung, Trennung ohne Auflösung des Ehebandes oder Ungültigerklärung einer Ehe zu entscheiden ist, sind zuständig für alle Entscheidungen, die die elterliche Verantwortung für ein gemeinsames Kind der beiden Ehegatten betreffen,
   a) wenn dieses Kind seinen gewöhnlichen Aufenthalt in einem Mitgliedstaat hat,
   b) zumindest einer der Ehegatten die elterliche Verantwortung für das Kind hat
   und
   c) die Zuständigkeit der betreffenden Gerichte von den Ehegatten anerkannt worden ist und im Einklang mit dem Wohl des Kindes steht.
2. Die Gerichte eines Mitgliedstaats sind zuständig, wenn
   a) alle Träger der elterlichen Verantwortung[1] zum Zeitpunkt der Anrufung des Gerichts die Zuständigkeit anerkannt haben,
   b) eine wesentliche Bindung des Kindes zu diesem Mitgliedstaat besteht, insbesondere weil einer der Träger der elterlichen Verantwortung in diesem Mitgliedstaat seinen gewöhnlichen Aufenthalt hat oder das Kind die Staatsangehörigkeit dieses Mitgliedstaats besitzt,
   und
   c) die Zuständigkeit der betreffenden Gerichte im Einklang mit dem Wohl des Kindes steht.
3. Die Zuständigkeit gemäß Absatz 1 endet,
   a) sobald die stattgebende oder abweisende Entscheidung über den Antrag auf Ehescheidung, Trennung ohne Auflösung des Ehebandes oder Ungültigerklärung einer Ehe rechtskräftig geworden ist,
   oder
   b) in den Fällen, in denen zu dem unter Buchstabe a) genannten Zeitpunkt noch ein Verfahren betreffend die elterliche Verantwortung anhängig ist, sobald die Entscheidung in diesem Verfahren rechtskräftig geworden ist,
   oder
   c) sobald die unter den Buchstaben a) und b) genannten Verfahren aus einem anderen Grund beendet worden sind.
4. Für die Zwecke dieses Artikels gilt das Erscheinen eines Trägers der elterlichen Verantwortung vor Gericht allein nicht als Anerkennung der Zuständigkeit des Gerichts.

### Entwurf Artikel 13
## Zuständigkeit aufgrund der Anwesenheit des Kindes

1. Kann der gewöhnliche Aufenthalt des Kindes nicht festgestellt werden und ist kein mitgliedstaatliches Gericht gemäß den Artikeln 11 oder 12 zuständig, sind die Gerichte des Mitgliedstaats zuständig, in dem sich das Kind befindet.

---

[1] Vorgeschlagene Änderungen gemäß Ratskompromiß vgl unten Materialien I Art 12 Abs 2.

2. Absatz 1 gilt auch für Kinder, die aufgrund von Unruhen in ihrem Land Flüchtlinge sind oder ihres Landes Vertriebene.

Entwurf Artikel 14
## Restzuständigkeit

Soweit sich aus den Artikeln 10 bis 13 und 21 keine Zuständigkeit eines mitgliedstaatlichen Gerichts ergibt, bestimmt sich die Zuständigkeit in jedem Mitgliedstaat nach dessen eigenem Recht.

Entwurf Artikel 15[1]
## Verweisung an ein Gericht, das den Fall besser beurteilen kann

1. Auf Antrag eines Trägers der elterlichen Verantwortung kann das Gericht eines Mitgliedstaats, das für die Entscheidung in der Hauptsache zuständig ist, ausnahmsweise, wenn dies dem Wohl des Kindes entspricht, den Fall an ein Gericht des Mitgliedstaats verweisen,
   a) in dem das Kind seinen früheren gewöhnlichen Aufenthalt hatte
   b) dessen Staatsangehörigkeit das Kind besitzt,
   c) in dem ein Träger der elterlichen Verantwortung seinen gewöhnlichen Aufenthalt hat, oder
   d) in dem sich Vermögensgegenstände des Kindes befinden.

   Hierzu setzt das Gericht des Mitgliedstaats, das für die Entscheidung in der Hauptsache zuständig ist, das Verfahren aus und setzt eine Frist, innerhalb deren ein Gericht des anderen Mitgliedstaats angerufen werden muss.

   Das Gericht des anderen Mitgliedstaats kann sich, wenn dies dem Wohl des Kindes entspricht, innerhalb eines Monats nach seiner Anrufung für zuständig erklären. Daraufhin erklärt sich das zuerst angerufene Gericht für unzuständig. Anderenfalls ist das zuerst angerufene Gericht zuständig.
2. Die Gerichte arbeiten für die Zwecke dieses Artikels entweder direkt oder über die nach Artikel 55 bestimmten zentralen Behörden zusammen.

[1] Vorgeschlagene Änderungen gemäß Ratskompromiß vgl unten Materialien I Art 15.

# Abschnitt 3
# Gemeinsame Bestimmungen

Entwurf Artikel 16
## Anrufung eines Gerichts

Ein Gericht gilt als angerufen

a) zu dem Zeitpunkt, zu dem das verfahrenseinleitende Schriftstück oder ein gleichwertiges Schriftstück bei Gericht eingereicht worden ist, vorausgesetzt, dass der Antragsteller es in der Folge nicht versäumt hat, die ihm obliegenden Maßnahmen zu treffen, um die Zustellung des Schriftstücks an den Antragsgegner zu bewirken,
oder

b) falls die Zustellung an den Antragsgegner vor Einreichung des Schriftstücks bei Gericht zu bewirken ist, zu dem Zeitpunkt, zu dem die für die Zustellung verantwortliche Stelle das Schriftstück erhalten hat, vorausgesetzt, dass der Antragsteller es in der Folge nicht versäumt hat, die ihm obliegenden Maßnahmen zu treffen, um das Schriftstück bei Gericht einzureichen.

Entwurf Artikel 17
## Prüfung der Zuständigkeit

Das Gericht eines Mitgliedstaats hat sich von Amts wegen für unzuständig zu erklären, wenn es in einer Sache angerufen wird, für die es nach dieser Verordnung keine Zuständigkeit hat und für die das Gericht eines anderen Mitgliedstaats aufgrund dieser Verordnung zuständig ist.

Entwurf Artikel 18
## Prüfung der Zulässigkeit

1. Lässt sich eine Person, die ihren gewöhnlichen Aufenthalt nicht in dem Mitgliedstaat hat, in dem das Verfahren eingeleitet wurde, auf das Verfahren nicht ein, so hat das zuständige Gericht das Verfahren so lange auszusetzen, bis festgestellt ist, dass es dem Antragsgegner möglich war, das verfahrenseinleitende Schriftstück oder ein gleichwertiges Schriftstück so rechtzeitig zu empfangen, dass er sich verteidigen konnte, oder dass alle hierzu erforderlichen Maßnahmen getroffen worden sind.
2. An die Stelle von Absatz 1 tritt Artikel 19 der Verordnung (EG) Nr. 1348/2000, wenn das verfahrenseinleitende Schriftstück oder ein gleichwertiges Schriftstück nach Maßgabe jener Verordnung von einem Mitgliedstaat in einen anderen zu übermitteln war.
3. Sind die Bestimmungen der Verordnung (EG) Nr. 1348/2000 nicht anwendbar, so gilt Artikel 15 des Haager Übereinkommens vom 15. November 1965 über die Zustellung

gerichtlicher und außergerichtlicher Schriftstücke im Ausland in Zivil- und Handelssachen, wenn das verfahrenseinleitende Schriftstück oder ein gleichwertiges Schriftstück nach Maßgabe des genannten Übereinkommens ins Ausland zu übermitteln war.

Entwurf Artikel 19
## Rechtshängigkeit und abhängige Verfahren

1. Werden bei Gerichten verschiedener Mitgliedstaaten Anträge auf Ehescheidung, Trennung ohne Auflösung des Ehebandes oder Ungültigerklärung einer Ehe zwischen denselben Parteien gestellt, setzt das später angerufene Gericht das Verfahren von Amts wegen aus, bis die Zuständigkeit des zuerst angerufenen Gerichts geklärt ist.
2. Werden bei Gerichten verschiedener Mitgliedstaaten Verfahren in Fragen der elterlichen Verantwortung für dasselbe Kind anhängig gemacht, setzt das später angerufene Gericht das Verfahren von Amts wegen aus, bis die Zuständigkeit des zuerst angerufenen Gerichts geklärt ist.
3. Sobald die Zuständigkeit des zuerst angerufenen Gerichts feststeht, erklärt sich das später angerufene Gericht zugunsten dieses Gerichts für unzuständig.
   In diesem Fall kann der Antragsteller, der den Antrag bei dem später angerufenen Gericht gestellt hat, diesen Antrag dem zuerst angerufenen Gericht vorlegen.

Entwurf Artikel 20
## Einstweilige Maßnahmen einschließlich Schutzmaßnahmen

1. Unbeschadet von Kapitel III können die Gerichte eines Mitgliedstaats in dringenden Fällen ungeachtet der Bestimmungen dieser Verordnung die nach dem Recht dieses Mitgliedstaats vorgesehenen einstweiligen Maßnahmen einschließlich Schutzmaßnahmen in Bezug auf in diesem Staat befindliche Personen oder Vermögensgegenstände auch dann anordnen, wenn für die Entscheidung in der Hauptsache gemäß dieser Verordnung ein Gericht eines anderen Mitgliedstaats zuständig ist.
2. Die Maßnahmen nach Absatz 1 treten außer Kraft, wenn das Gericht eines Mitgliedstaats, das für die Entscheidung in der Hauptsache zuständig ist, eine Entscheidung erlassen hat.

# Kapitel III[1]
# Kindesentführung

## Entwurf Artikel 21[2]
## Zuständigkeit

1. Bei einer Entführung des Kindes bleiben die Gerichte des Mitgliedstaats, in dem das Kind unmittelbar vor dem Verbringen oder Zurückhalten seinen gewöhnlichen Aufenthalt hatte, zuständig.
2. Absatz 1 findet keine Anwendung, wenn das Kind einen gewöhnlichen Aufenthalt in einem anderen Mitgliedstaat begründet hat und
   a) alle Sorgeberechtigten das Verbringen oder Zurückhalten geduldet haben,
   oder
   b) wenn alle folgenden Bedingungen erfüllt sind:
      i) Das Kind hat sich in diesem anderen Staat mindestens ein Jahr aufgehalten, nachdem der Sorgeberechtigte seinen Aufenthaltsort kannte oder kennen musste.
      ii) Innerhalb des unter Ziffer i) genannten Zeitraums ist kein Antrag auf Rückgabe gemäß Artikel 22 Absatz 1 gestellt worden, ist eine Entscheidung gemäß Artikel 24 Absatz 3 ergangen, in der die Rückgabe nicht angeordnet wird, oder ist ein Jahr nach Anrufung des Gerichts gemäß Artikel 24 Absatz 2 keine Sorgerechtsentscheidung ergangen.
      iii) Das Kind hat sich in seiner neuen Umgebung eingelebt.

## Artikel 22[3]
## Rückgabe des Kindes

1. Unbeschadet anderer verfügbarer rechtlicher Mittel kann der Sorgeberechtigte bei der zentralen Behörde des Mitgliedstaats, in den das Kind entführt worden ist, entweder direkt oder über eine andere zentrale Behörde die Rückgabe des Kindes beantragen.
2. Nach Eingang eines Antrags auf Rückgabe des Kindes gemäß Absatz 1 geht die zentrale Behörde des Mitgliedstaats, in den das Kind entführt worden ist, wie folgt vor:
   a) Sie ergreift die notwendigen Maßnahmen, um den Aufenthaltsort des Kindes ausfindig zu machen,
   und

---

[1] Wegfall von Abschnitt III vorgeschlagen gemäß Ratskompromiß, oben Entwurf Art 1 Fn 1. Die Materien der Art 21, 22 sollen in Art 11 a (neu), 11 b (neu) gemäß dem im Rat erzielten Kompromiß erfasst werden.

[2] Vgl Entwurf Art 21 Fn 1.

[3] Vgl Entwurf Art 21 Fn 1.

b) sorgt dafür, dass das Kind innerhalb eines Monats nach Feststellung seines Aufenthaltsorts zurückgegeben wird, sofern kein Verfahren gemäß Absatz 3 anhängig ist. Die zentrale Behörde des Mitgliedstaats, in den das Kind entführt worden ist, übermittelt der zentralen Behörde des Mitgliedstaats, in dem das Kind unmittelbar vor dem Verbringen oder Zurückhalten seinen gewöhnlichen Aufenthalt hatte, alle sachdienlichen Informationen und gibt gegebenenfalls Empfehlungen ab, um die Rückgabe des Kindes zu erleichtern, oder übermittelt alle sachdienlichen Informationen und bleibt mit dieser Behörde während des Verfahrens nach Absatz 3 in Verbindung.

3. Die Rückgabe des Kindes kann nur dann verweigert werden, wenn bei den Gerichten des Mitgliedstaats, in den das Kind entführt worden ist, innerhalb der in Absatz 2 genannten Frist der Erlass einer einstweiligen Maßnahme zum Schutz des Kindes beantragt wird.

Entwurf Artikel 23[1]

## Einstweilige Verweigerung der Rückgabe zum Schutz des Kindes

1. Die Gerichte des Mitgliedstaats, in den das Kind entführt worden ist, entscheiden unverzüglich über einen Antrag auf Erlass einer einstweiligen Maßnahme zum Schutz des Kindes gemäß Artikel 22 Absatz 3.
   Das Kind wird im Verfahren gehört, sofern dies nicht aufgrund seines Alters oder seiner Reife unangebracht erscheint.
2. Die Gerichte können zum Schutz des Kindes seine Rückgabe gemäß Absatz 1 nur verweigern, wenn
   a) die Rückgabe mit der schwerwiegenden Gefahr eines körperlichen oder seelischen Schadens für das Kind verbunden ist oder das Kind auf andere Weise in eine unzumutbare Lage bringt
   oder
   b) das Kind sich seiner Rückgabe widersetzt und seine Meinung aufgrund seines Alters und seiner Reife zu berücksichtigen ist.
3. Bei der Maßnahme nach Absatz 1 handelt es sich um eine einstweilige Maßnahme. Die Gerichte, die diese Maßnahme angeordnet haben, können die Maßnahme jederzeit außer Kraft setzen.
   Die Maßnahme nach Absatz 1 wird durch eine Sorgerechtsentscheidung gemäß Artikel 24 Absatz 3 aufgehoben.

Entwurf Artikel 24[1]

## Sorgerechtsentscheidung

1. Die zentrale Behörde des Mitgliedstaats, in den das Kind entführt worden ist, informiert die zentrale Behörde des Mitgliedstaats, in dem das Kind unmittelbar vor dem Verbringen oder Zurückhalten seinen gewöhnlichen Aufenthalt hatte, innerhalb von zwei Wo-

---

[1] Vgl Entwurf Art 21 Fn 1.

chen über eine nach Artikel 23 Absatz 1 angeordnete Maßnahme zum Schutz des Kindes und übermittelt alle sachdienlichen Informationen, insbesondere eine Niederschrift der Anhörung des Kindes, sofern eine solche Anhörung stattgefunden hat.

2. Die zentrale Behörde des Mitgliedstaats, in dem das Kind unmittelbar vor dem Verbringen oder Zurückhalten seinen gewöhnlichen Aufenthalt hatte, stellt innerhalb eines Monats nach Eingang der Informationen gemäß Absatz 1 bei den Gerichten dieses Mitgliedstaats Antrag auf Erlass einer Sorgerechtsentscheidung.
   Ein solcher Antrag kann auch von den Trägern der elterlichen Verantwortung gestellt werden.
3. Das nach Absatz 2 angerufene Gericht erlässt unverzüglich eine Entscheidung über das Sorgerecht.
   Um sich über die Situation des Kindes auf dem Laufenden zu halten, bleibt das Gericht während des Verfahrens mit dem Gericht in Verbindung, das die Rückgabe des Kindes im Wege einer einstweiligen Maßnahme nach Artikel 23 Absatz 1 unterbunden hat.
   Das Kind wird im Verfahren gehört, sofern dies nicht aufgrund seines Alters oder seiner Reife unangebracht erscheint. Das Gericht berücksichtigt dabei die nach Absatz 1 übermittelten Informationen und macht erforderlichenfalls von den Kooperationsbestimmungen der Verordnung (EG) Nr. 1206/2001 Gebrauch.
4. Die zentrale Behörde des Mitgliedstaats, in dem das Kind unmittelbar vor dem Verbringen oder Zurückhalten seinen gewöhnlichen Aufenthalt hatte, unterrichtet die zentrale Behörde des Mitgliedstaats, in den das Kind entführt worden ist, von der nach Absatz 3 ergangenen Entscheidung, übermittelt ihr alle sachdienlichen Informationen und gibt gegebenenfalls Empfehlungen ab.
5. Eine nach den Bestimmungen des Kapitels IV Abschnitt 3 bestätigte Entscheidung gemäß Absatz 3, mit der die Rückgabe des Kindes angeordnet wird, wird anerkannt und vollstreckt, ohne dass es für den begrenzten Zweck der Rückgabe des Kindes eines besonderen Verfahrens bedarf.
   Für die Zwecke dieses Absatzes ist die Entscheidung nach Absatz 3 trotz Einlegung eines Rechtsbehelfs vollstreckbar.

Entwurf Artikel 25[1]
## Gebühren und sonstige Kosten

1. Die Unterstützung durch die zentralen Behörden erfolgt unentgeltlich.
2. Die Gerichte können eine Person, die ein Kind entführt hat, zur Zahlung der Kosten einschließlich der Gerichtskosten für die Feststellung des Aufenthaltsorts des Kindes und seine Rückgabe verurteilen.

---
[1] Vgl Entwurf Art 21 Fn 1.

# Kapitel IV
# Anerkennung und Vollstreckung

## Abschnitt I
## Anerkennung

### Entwurf Artikel 26
### Anerkennung einer Entscheidung

1. Die in einem Mitgliedstaat ergangenen Entscheidungen werden in den anderen Mitgliedstaaten anerkannt, ohne dass es hierfür eines besonderen Verfahrens bedarf.
   Die Bestimmungen dieses Kapitels gelten auch für die Festsetzung der Kosten für die nach dieser Verordnung eingeleiteten Verfahren und die Vollstreckung eines Kostenfestsetzungsbeschlusses.
   Öffentliche Urkunden, die in einem Mitgliedstaat aufgenommen und vollstreckbar sind, sowie vor einem Richter im Laufe eines Verfahrens geschlossene Vergleiche, die in dem Mitgliedstaat, in den[1] sie zustande gekommen sind, vollstreckbar sind, werden unter denselben Bedingungen wie Entscheidungen anerkannt und für vollstreckbar erklärt.
2. Insbesondere bedarf es unbeschadet des Absatzes 3 keines besonderen Verfahrens für die Beschreibung[2] in den Personenstandsbüchern eines Mitgliedstaats auf der Grundlage einer in einem anderen Mitgliedstaat ergangenen Entscheidung über Ehescheidung, Trennung ohne Auflösung des Ehebandes oder Ungültigerklärung einer Ehe, gegen die nach dessen Recht keine weiteren Rechtsbehelfe eingelegt werden können.
3. Unbeschadet des Abschnitts 3 dieses Kapitels kann jede berechtigte Partei im Rahmen der Verfahren nach Abschnitt 2 dieses Kapitels die Feststellung beantragen, dass eine Entscheidung anzuerkennen oder nicht anzuerkennen ist.
   Das örtlich zuständige Gericht, das in der Liste in Anhang I aufgeführt ist, wird durch das innerstaatliche Recht des Mitgliedstaats bestimmt, in dem der Antrag auf Anerkennung oder Nichtanerkennung gestellt wird.
4. Ist in einem Rechtsstreit vor einem Gericht eines Mitgliedstaats die Frage der Anerkennung einer Entscheidung als Vorfrage zu klären, so kann dieses Gericht hierüber befinden.

---

[1] So der Text im ABl EG.

[2] Gemeint ist *Beischreibung*.

Entwurf Artikel 27
## Gründe für die Nichtanerkennung einer Entscheidung über eine Ehescheidung, Trennung ohne Auflösung des Ehebandes oder Ungültigerklärung einer Ehe

Eine Entscheidung, die die Ehescheidung, die Trennung ohne Auflösung des Ehebandes oder die Ungültigerklärung einer Ehe betrifft, wird nicht anerkannt,

a) wenn die Anerkennung der öffentlichen Ordnung (ordre public) des Mitgliedstaats, in dem sie beantragt wird, offensichtlich widerspricht;

b) wenn dem Antragsgegner, der sich auf das Verfahren nicht eingelassen hat, das verfahrenseinleitende Schriftstück oder ein gleichwertiges Schriftstück nicht so rechtzeitig und in einer Weise zugestellt worden ist, dass er sich verteidigen konnte, es sei denn, es wird festgestellt, dass er mit der Entscheidung eindeutig einverstanden ist;

c) wenn die Entscheidung mit einer Entscheidung unvereinbar ist, die in einem Verfahren zwischen denselben Parteien in dem Mitgliedstaat, in dem die Anerkennung beantragt wird, ergangen ist;
oder

d) wenn die Entscheidung mit einer früheren Entscheidung unvereinbar ist, die in einem anderen Mitgliedstaat oder in einem Drittland zwischen denselben Parteien ergangen ist, sofern die frühere Entscheidung die notwendigen Voraussetzungen für ihre Anerkennung in dem Mitgliedstaat erfüllt, in dem die Anerkennung beantragt wird.

Entwurf Artikel 28
## Gründe für die Nichtanerkennung einer Entscheidung über die elterliche Verantwortung

Eine Entscheidung über die elterliche Verantwortung wird nicht anerkannt,

a) wenn die Anerkennung der öffentlichen Ordnung (ordre public) des Mitgliedstaats, in dem sie beantragt wird, offensichtlich widerspricht, wobei das Wohl des Kindes zu berücksichtigen ist;

b) wenn die Entscheidung – ausgenommen in dringenden Fällen – ergangen ist, ohne dass das Kind die Möglichkeit hatte, gehört zu werden, und damit wesentliche verfahrensrechtliche Grundsätze des Mitgliedstaats, in dem die Anerkennung beantragt wird, verletzt werden;

c) wenn der betreffenden Person, die sich auf das Verfahren nicht eingelassen hat, das verfahrenseinleitende Schriftstück oder ein gleichwertiges Schriftstück nicht so rechtzeitig und in einer Weise zugestellt worden ist, dass sie sich verteidigen konnte, es sei denn, es wird festgestellt, dass sie mit der Entscheidung eindeutig einverstanden ist;

d) wenn eine Person dies mit der Begründung beantragt, dass die Entscheidung in ihre elterliche Verantwortung eingreift, falls die Entscheidung ergangen ist, ohne dass die Person die Möglichkeit hatte, gehört zu werden;

e) wenn die Entscheidung mit einer späteren Entscheidung über die elterliche Verantwortung unvereinbar ist, die in dem Mitgliedstaat, in dem die Anerkennung beantragt wird, ergangen ist;
oder

f) wenn die Entscheidung mit einer späteren Entscheidung über die elterliche Verantwortung unvereinbar ist, die in einem anderen Mitgliedstaat oder in dem Drittland, in dem das Kind seinen gewöhnlichen Aufenthalt hat, ergangen ist, sofern die spätere Entscheidung die notwendigen Voraussetzungen für ihre Anerkennung in dem Mitgliedstaat erfüllt, in dem die Anerkennung beantragt wird.

Entwurf Artikel 29
## Verbot der Nachprüfung der Zuständigkeit des Gerichts des Ursprungsmitgliedstaats

Die Zuständigkeit des Gerichts des Ursprungsmitgliedstaats darf nicht nachgeprüft werden. Die Überprüfung der Vereinbarkeit mit der öffentlichen Ordnung (ordre public) gemäß Artikel 27 Buchstabe a) und Artikel 28 Buchstabe a) darf sich nicht auf die in den Artikeln 5 bis 9, 10 bis 14 und 21 vorgesehenen Vorschriften über die Zuständigkeit erstrecken.

Entwurf Artikel 30
## Unterschiede beim anzuwendenden Recht

Die Anerkennung einer Entscheidung darf nicht deshalb abgelehnt werden, weil eine Ehescheidung, Trennung ohne Auflösung des Ehebandes oder Ungültigerklärung einer Ehe nach dem Recht des Mitgliedstaats, in dem die Anerkennung beantragt wird, unter Zugrundelegung desselben Sachverhalts nicht zulässig wäre.

Entwurf Artikel 31
## Ausschluss einer Nachprüfung in der Sache

Die Entscheidung darf keinesfalls in der Sache selbst nachgeprüft werden.

Entwurf Artikel 32
## Aussetzung des Verfahrens

1. Das Gericht eines Mitgliedstaats, vor dem die Anerkennung einer in einem anderen Mitgliedstaat ergangenen Entscheidung beantragt wird, kann das Verfahren aussetzen, wenn gegen die Entscheidung ein ordentlicher Rechtsbehelf eingelegt worden ist.
2. Das Gericht eines Mitgliedstaats, bei dem die Anerkennung einer in Irland oder im Vereinigten Königreich ergangenen Entscheidung beantragt wird, kann das Verfahren aussetzen, wenn die Vollstreckung der Entscheidung im Ursprungsmitgliedstaat wegen der Einlegung eines Rechtsbehelfs einstweilen eingestellt ist.

# Abschnitt 2
# Antrag auf Vollstreckbarerklärung

## Entwurf Artikel 33
## Vollstreckbare Entscheidungen

1. Die in einem Mitgliedstaat ergangenen Entscheidungen über die elterliche Verantwortung für ein Kind, die in diesem Mitgliedstaat vollstreckbar sind und die zugestellt worden sind, werden in einem anderen Mitgliedstaat vollstreckt, wenn sie dort auf Antrag einer berechtigten Partei für vollstreckbar erklärt worden sind.
2. Im Vereinigten Königreich jedoch wird eine derartige Entscheidung in England und Wales, in Schottland oder in Nordirland vollstreckt, wenn sie auf Antrag einer berechtigten Partei zur Vollstreckung in dem betreffenden Teil des Vereinigten Königreichs registriert worden ist.

## Entwurf Artikel 34
## Örtlich zuständiges Gericht

1. Ein Antrag auf Vollstreckbarerklärung ist bei dem Gericht zu stellen, das in der Liste in Anhang I aufgeführt ist.
2. Das örtlich zuständige Gericht wird durch den gewöhnlichen Aufenthalt der Person, gegen die die Vollstreckung erwirkt werden soll, oder durch den gewöhnlichen Aufenthalt eines Kindes, auf das sich der Antrag bezieht, bestimmt.
   Befindet sich keiner der in Unterabsatz 1 angegebenen Orte im Vollstreckungsmitgliedstaat, so wird das örtlich zuständige Gericht durch den Ort der Vollstreckung bestimmt.

## Entwurf Artikel 35
## Verfahren

1. Für die Stellung des Antrags ist das Recht des Vollstreckungsmitgliedstaats maßgebend.
2. Der Antragsteller hat für die Zustellung im Bezirk des angerufenen Gerichts ein Wahldomizil zu begründen. Ist das Wahldomizil im Recht des Vollstreckungsmitgliedstaats nicht vorgesehen, so hat der Antragsteller einen Zustellungsbevollmächtigten zu benennen.
3. Dem Antrag sind die in den Artikeln 42 und 44 aufgeführten Urkunden beizufügen.

Entwurf Artikel 36
## Entscheidung des Gerichts

1. Das mit dem Antrag befasste Gericht erlässt seine Entscheidung ohne Verzug. Die Person, gegen die die Vollstreckung erwirkt werden soll, erhält in diesem Abschnitt des Verfahrens keine Gelegenheit, eine Erklärung abzugeben.
2. Der Antrag darf nur aus einem der in den Artikeln 27, 28 und 29 aufgeführten Gründe abgelehnt werden.
3. Die Entscheidung darf keinesfalls in der Sache selbst nachgeprüft werden.

Entwurf Artikel 37
## Mitteilung der Entscheidung

Die Entscheidung, die über den Antrag ergangen ist, wird dem Antragsteller vom Urkundsbeamten der Geschäftsstelle unverzüglich in der Form mitgeteilt, die das Recht des Vollstreckungsmitgliedstaats vorsieht.

Entwurf Artikel 38
## Rechtsbehelf gegen die Entscheidung

1. Gegen die Entscheidung über den Antrag auf Vollstreckbarerklärung kann jede Partei einen Rechtsbehelf einlegen.
2. Der Rechtsbehelf wird bei dem Gericht eingelegt, das in der Liste in Anhang II aufgeführt ist.
3. Über den Rechtsbehelf wird nach den Vorschriften entschieden, die für Verfahren mit beiderseitigem rechtlichen Gehör maßgebend sind.
4. Wird der Rechtsbehelf von der Person eingelegt, die den Antrag auf Vollstreckbarerklärung gestellt hat, so wird die Partei, gegen die die Vollstreckung erwirkt werden soll, aufgefordert, sich auf das Verfahren einzulassen, das bei dem mit dem Rechtsbehelf befassten Gericht anhängig ist. Lässt sich die betreffende Person auf das Verfahren nicht ein, so gelten die Bestimmungen des Artikels 18.
5. Der Rechtsbehelf gegen die Vollstreckbarerklärung ist innerhalb eines Monats nach ihrer Zustellung einzulegen. Hat die Partei, gegen die die Vollstreckung erwirkt werden soll, ihren gewöhnlichen Aufenthalt in einem anderen Mitgliedstaat als dem, in dem die Vollstreckbarerklärung erteilt worden ist, so beträgt die Frist für den Rechtsbehelf zwei Monate und beginnt mit dem Tag, an dem die Vollstreckbarerklärung ihr entweder persönlich oder in ihrer Wohnung zugestellt worden ist. Eine Verlängerung dieser Frist wegen weiter Entfernung ist ausgeschlossen.

Entwurf Artikel 39
## Für den Rechtsbehelf zuständiges Gericht und Anfechtung der Entscheidung über den Rechtsbehelf

Die Entscheidung, die über den Rechtsbehelf ergangen ist, kann nur im Wege der in Anhang III genannten Verfahren angefochten werden.

Entwurf Artikel 40
## Aussetzung des Verfahrens

1. Das nach Artikel 38 oder Artikel 39 mit dem Rechtsbehelf befasste Gericht kann auf Antrag der Partei, gegen die die Vollstreckung erwirkt werden soll, das Vollstreckungsverfahren aussetzen, wenn im Ursprungsmitgliedstaat ein ordentlicher Rechtsbehelf eingelegt oder die Frist für einen solchen Rechtsbehelf noch nicht verstrichen ist. In letzterem Fall kann das Gericht eine Frist bestimmen, innerhalb deren der Rechtsbehelf einzulegen ist.
2. Ist die Entscheidung in Irland oder im Vereinigten Königreich ergangen, so gilt jeder im Ursprungsmitgliedstaat statthafte Rechtsbehelf als ordentlicher Rechtsbehelf im Sinne von Absatz 1.

Entwurf Artikel 41
## Teilvollstreckung

1. Ist durch die Entscheidung über mehrere geltend gemachte Ansprüche erkannt worden und kann die Entscheidung nicht in vollem Umfang zur Vollstreckung zugelassen werden, so lässt das Gericht sie für einen oder mehrere Ansprüche zu.
2. Der Antragsteller kann auch eine teilweise Vollstreckung der Entscheidung beantragen.

Entwurf Artikel 42
## Urkunden

1. Die Partei, die die Anerkennung oder Nichtanerkennung einer Entscheidung oder deren Vollstreckbarerklärung erwirken will, hat Folgendes vorzulegen:
   a) eine Ausfertigung der Entscheidung, die die für ihre Beweiskraft erforderlichen Voraussetzungen erfüllt,
   und
   b) eine Bescheinigung nach Artikel 44.
2. Bei einer im Versäumnisverfahren ergangenen Entscheidung hat die Partei, die die Anerkennung einer Entscheidung oder deren Vollstreckbarerklärung erwirken will, ferner vorzulegen:

a) entweder die Urschrift oder eine beglaubigte Abschrift der Urkunde, aus der sich ergibt, dass das verfahrenseinleitende Schriftstück oder ein gleichwertiges Schriftstück der säumigen Partei zugestellt worden ist,
oder
b) eine Urkunde, aus der hervorgeht, dass der Antragsgegner mit der Entscheidung eindeutig einverstanden ist.

## Entwurf Artikel 43
## Fehlen von Urkunden

1. Werden die in Artikel 42 Absatz 1 Buchstabe b) oder Absatz 2 aufgeführten Urkunden nicht vorgelegt, so kann das Gericht eine Frist einräumen, innerhalb deren die Urkunden vorzulegen sind, oder sich mit gleichwertigen Urkunden begnügen oder von der Vorlage der Urkunden befreien, wenn es eine weitere Klärung nicht für erforderlich hält.
2. Auf Verlangen des Gerichts ist eine Übersetzung dieser Urkunden vorzulegen. Die Übersetzung ist von einer hierzu in einem der Mitgliedstaaten befugten Person zu beglaubigen.

## Entwurf Artikel 44
## Bescheinigung bei Entscheidungen in Ehesachen und bei Entscheidungen über die elterliche Verantwortung

Das zuständige Gericht oder die zuständige Behörde eines Mitgliedstaats, in dem eine Entscheidung ergangen ist, stellt auf Antrag einer berechtigten Partei eine Bescheinigung unter Verwendung des Formblatts in Anhang IV (Entscheidungen in Ehesachen) oder Anhang V (Entscheidungen über die elterliche Verantwortung) aus.

# Abschnitt 3
# Vollstreckung von Entscheidungen über das Umgangsrecht und über die Rückgabe des Kindes

## Entwurf Artikel 45[1]
## Anwendungsbereich

1. Dieser Abschnitt gilt für
   a) das einem Elternteil eingeräumte Recht auf Umgang mit seinem Kind
   und

[1] Vorgeschlagene Änderungen gemäß Ratskompromiß vgl unten Materialien I Art 45.

b) die durch eine Sorgerechtsentscheidung gemäß Artikel 24 Absatz 3 angeordnete Rückgabe des Kindes.

2. Der Träger der elterlichen Verantwortung kann ungeachtet der Bestimmungen dieses Abschnitts die Anerkennung und Vollstreckung nach Maßgabe der Abschnitte 1 und 2 dieses Kapitels beantragen.

Entwurf Artikel 46
## Umgangsrecht

1. Eine vollstreckbare Entscheidung über das Umgangsrecht im Sinne von Artikel 45 Absatz 1 Buchstabe a), für die angesichts der Erfüllung der Verfahrensvoraussetzungen eine Bescheinigung nach Absatz 2 im Ursprungsmitgliedstaat ausgestellt worden ist, wird in allen anderen Mitgliedstaaten anerkannt und vollstreckt, ohne dass es hierfür eines besonderen Verfahrens bedarf.
2. Das Gericht im Ursprungsmitgliedstaat stellt die Bescheinigung nach Absatz 1 nur dann aus, wenn
   a) die Entscheidung nicht in einem Versäumnisverfahren ergangen ist
   und
   b) das Kind die Möglichkeit hatte, gehört zu werden, sofern eine Anhörung nicht aufgrund seines Alters oder seiner Reife unangebracht erschien.

   Das Gericht im Ursprungsmitgliedstaat stellt die Bescheinigung auf Antrag eines Umgangsberechtigten unter Verwendung des Formblatts in Anhang VI aus (Bescheinigung über das Umgangsrecht).

   Das Formblatt wird in der Sprache ausgefüllt, in der die Entscheidung abgefasst ist.

Entwurf Artikel 47[1]
## Rückgabe des Kindes

1. Eine vollstreckbare Entscheidung über die Rückgabe des Kindes im Sinne von Artikel 45 Absatz 1 Buchstabe b), für die angesichts der Erfüllung der Verfahrensvoraussetzungen eine Bescheinigung nach Absatz 2 im Ursprungsmitgliedstaat ausgestellt worden ist, wird in allen anderen Mitgliedstaaten anerkannt und vollstreckt, ohne dass es hierfür eines besonderen Verfahrens bedarf.
2. Das Gericht im Ursprungsmitgliedstaat stellt die Bescheinigung nach Absatz 1 nur dann aus, wenn das Kind die Möglichkeit hatte, gehört zu werden, sofern eine Anhörung nicht aufgrund seines Alters oder seiner Reife unangebracht erschien.

   Das Gericht im Ursprungsmitgliedstaat stellt die Bescheinigung von Amts wegen unter Verwendung des Formblatts in Anhang VII aus (Bescheinigung über die Rückgabe des Kindes).

   Das Formblatt wird in der Sprache ausgefüllt, in der die Entscheidung abgefasst ist.

---

[1] Vorgeschlagene Änderungen gemäß Ratskompromiß vgl unten Materialien I Art 47.

Entwurf Artikel 48
## Rechtsbehelf

Gegen die Bescheinigung gemäß Artikel 46 Absatz 1 oder Artikel 47 Absatz 1 ist kein Rechtsbehelf möglich.

Entwurf Artikel 49
## Urkunden

1. Eine Partei, die die Vollstreckung einer Entscheidung erwirken will, hat Folgendes vorzulegen:
   a) eine Ausfertigung der Entscheidung, die die für ihre Beweiskraft erforderlichen Voraussetzungen erfüllt,
   und
   b) die Bescheinigung gemäß Artikel 46 Absatz 1 oder Artikel 47 Absatz 1.
2. Für die Zwecke dieses Artikels wird der Bescheinigung gemäß Artikel 46 Absatz 1 erforderlichenfalls eine Übersetzung der Vereinbarungen über die Ausübung des Umgangsrechts (Ziffer 10 der Bescheinigung) beigefügt.
   Die Übersetzung erfolgt in die oder in eine der Amtssprachen des Vollstreckungsmitgliedstaats oder in eine andere von ihm ausdrücklich zugelassene Sprache. Die Übersetzung ist von einer hierzu in einem der Mitgliedstaaten befugten Person zu beglaubigen.
   Eine Übersetzung der Bescheinigung gemäß Artikel 47 Absatz 1 ist nicht erforderlich.

# Abschnitt 4
# Sonstige Bestimmungen

Entwurf Artikel 50
## Vollstreckungsverfahren

Für das Vollstreckungsverfahren ist das Recht des Vollstreckungsmitgliedstaats maßgebend.

Entwurf Artikel 51
## Vereinbarungen über die Ausübung des Umgangsrechts

1. Die Gerichte des Vollstreckungsmitgliedstaats können die praktischen Modalitäten für die Ausübung des Umgangsrechts regeln, wenn die notwendigen Vorkehrungen nicht bereits in der Entscheidung eines mitgliedstaatlichen Gerichts getroffen wurden, das für die Entscheidung in der Hauptsache zuständig ist, und sofern die Entscheidung in ihrem Wesensgehalt befolgt wird.

2. Die nach Absatz 1 festgelegten praktischen Modalitäten treten außer Kraft, nachdem das mitgliedstaatliche Gericht, das für die Entscheidung in der Hauptsache zuständig ist, eine Entscheidung erlassen hat.

Entwurf Artikel 52
## Prozesskostenhilfe

Ist dem Antragsteller im Ursprungsmitgliedstaat ganz oder teilweise Prozesskostenhilfe oder Kostenbefreiung gewährt worden, so genießt er in dem Verfahren nach den Artikeln 26, 33 und 51 hinsichtlich der Prozesskostenhilfe oder der Kostenbefreiung die günstigste Behandlung, die das Recht des Vollstreckungsmitgliedstaats vorsieht.

Entwurf Artikel 53
## Sicherheitsleistung oder Hinterlegung

Der Partei, die in einem Mitgliedstaat die Vollstreckung einer in einem anderen Mitgliedstaat ergangenen Entscheidung beantragt, darf eine Sicherheitsleistung oder Hinterlegung, unter welcher Bezeichnung es auch sei, nicht aus einem der folgenden Gründe auferlegt werden:

a) weil sie in dem Mitgliedstaat, in dem die Vollstreckung erwirkt werden soll, nicht ihren gewöhnlichen Aufenthalt hat,
oder

b) weil sie nicht die Staatsangehörigkeit dieses Staates besitzt oder, wenn die Vollstreckung im Vereinigten Königreich oder in Irland erwirkt werden soll, ihr „domicile" nicht in einem dieser Mitgliedstaaten hat.

Entwurf Artikel 54
## Legalisation oder ähnliche Förmlichkeit

Die in den Artikeln 42, 43 und 49 aufgeführten Urkunden sowie die Urkunde über die Prozessvollmacht, falls eine solche erteilt wird, bedürfen weder der Legalisation noch einer ähnlichen Förmlichkeit.

# Kapitel V
# Zusammenarbeit zwischen den zentralen Behörden[1]

## Entwurf Artikel 55
## Bestimmung der zentralen Behörden

Jeder Mitgliedstaat bestimmt eine zentrale Behörde, die ihn bei der Durchführung der Verordnung unterstützt.
Zusätzlich zu der nach Absatz 1 bestimmten zentralen Behörde kann ein Mitgliedstaat, in dem die in dieser Verordnung behandelten Fragen in verschiedenen Gebietseinheiten durch mehrere Rechtssysteme oder Regelwerke geregelt werden, für jede Gebietseinheit eine zentrale Behörde bestimmen und deren räumliche Zuständigkeit festlegen. In diesem Fall können Mitteilungen entweder direkt an die räumlich zuständige Behörde oder an die zentrale Behörde gerichtet werden, der es obliegt, diese Mitteilungen an die räumlich zuständige Behörde weiterzuleiten und den Absender davon in Kenntnis zu setzen.

## Entwurf Artikel 56
## Allgemeine Aufgaben

Die zentralen Behörden richten ein Informationssystem über innerstaatliche Rechtsvorschriften und Verfahren ein und treffen allgemeine Vorkehrungen, um die Durchführung dieser Verordnung zu verbessern und die Zusammenarbeit untereinander auch durch den Ausbau grenzübergreifender Schlichtungsverfahren zu stärken.
Hierzu wird das mit Entscheidung 2001/470/EG eingerichtete Europäische Justizielle Netz für Zivil- und Handelssachen in Anspruch genommen.

## Entwurf Artikel 57
## Zusammenarbeit in bestimmten Fällen

Die zentralen Behörden arbeiten in bestimmten Fällen zusammen, um insbesondere sicherzustellen, dass die elterliche Verantwortung für ein Kind effektiv wahrgenommen wird. Hierzu gehen sie auf der Grundlage ihres innerstaatlichen Rechts direkt oder durch Einschaltung anderer Behörden oder Einrichtungen wie folgt vor:

a) Sie tauschen Informationen aus über
   i) die Situation des Kindes,

---

[1] Änderungen der Art 55 bis 59 gemäß Ratskompromiß vgl unten Materialien I Art 47.

ii) laufende Verfahren oder
iii) das Kind betreffende Entscheidungen.

b) Sie geben gegebenenfalls Empfehlungen ab, um insbesondere dafür zu sorgen, dass Maßnahmen, die zum Schutz des Kindes in dem Mitgliedstaat ergriffen wurden, in dem sich das Kind befindet, mit einer Entscheidung abgestimmt werden, die in dem Mitgliedstaat ergeht, der in der Hauptsache zuständig ist.

c) Sie ergreifen alle erforderlichen Maßnahmen einschließlich der Einleitung von Verfahren gemäß den Artikeln 22, 23 und 24, um den Aufenthaltsort des Kindes ausfindig zu machen und seine Rückgabe zu veranlassen.

d) Sie informieren und unterstützen die Träger der elterlichen Verantwortung, die die Anerkennung und Vollstreckung von Entscheidungen, insbesondere über das Umgangsrecht und die Rückgabe des Kindes, in ihrem Gebiet erwirken wollen.

e) Sie fördern die Verständigung zwischen den Gerichten, insbesondere bei der Verweisung eines Falls nach Artikel 15 oder bei Entscheidungen über eine Kindesentführung gemäß den Artikeln 22, 23 und 24.

f) Sie fördern durch Mediation oder auf ähnlichem Wege eine gütliche Einigung zwischen den Trägern der elterlichen Verantwortung und organisieren hierzu eine Zusammenarbeit über die Landesgrenzen hinaus.

Entwurf Artikel 58
## Arbeitsweise

1. Jeder Träger der elterlichen Verantwortung kann bei der zentralen Behörde des Mitgliedstaats, in dem er seinen gewöhnlichen Aufenthalt hat, oder bei der zentralen Behörde des Mitgliedstaats, in dem das Kind seinen gewöhnlichen Aufenthalt hat oder in dem es sich befindet, einen Antrag auf Unterstützung stellen. Wird in diesem Antrag auf eine Entscheidung nach Maßgabe dieser Verordnung verwiesen, sind dem Antrag die betreffenden Bescheinigungen nach Artikel 44, Artikel 46 Absatz 1 oder Artikel 47 Absatz 1 beizufügen.
2. Jeder Mitgliedstaat teilt der Kommission die Amtssprache(n) der Europäischen Union mit, die er außer seiner eigenen für Mitteilungen an die zentralen Behörden zulässt.
3. Die Unterstützung durch die zentralen Behörden gemäß Artikel 57 erfolgt unentgeltlich.
4. Jede zentrale Behörde kommt für ihre eigenen Kosten auf.

Entwurf Artikel 59
## Zusammenkünfte

Die Kommission beruft mit Hilfe des durch die Entscheidung 2001/470/EG eingerichteten Europäischen Justiziellen Netzes in Zivil- und Handelssachen Zusammenkünfte mit den zentralen Behörden ein.

# Kapitel VI
# Verhältnis zu anderen Rechtsinstrumenten

Vom Abdruck wird abgesehen.

# Kapitel VII
# Übergangsvorschriften

Vom Abdruck wird abgesehen.

# Kapitel VIII
# Schlussbestimmungen

Vom Abdruck wird abgesehen.

# Anhang I bis VIII

Vom Abdruck wird abgesehen.

**Materialien I zur Brüssel IIA-VO (Vorschlag)**
**Vorschläge des Ratsvorsitzes, zusammengefaßt gemäß**
**Dokument Nr 15722/02 vom 20. 12. 2002 JUSTCIV 202 und des künftigen**
**Ratsvorsitzes gemäß Dokument Nr 15773/02 vom 20. 12. 2002 JUSTCIV 203**[1]

# Kapitel I
# Anwendungsbereich und Begriffsbestimmungen

## Artikel 1 Ratsvorsitz-Vorschlag
## Anwendungsbereich

(1) Diese Verordnung gilt für alle zivilrechtlichen Verfahren mit folgendem Gegenstand:
a) ...[2];
und
b) die Zuweisung, die Ausübung, die vollständige oder teilweise Entziehung der elterlichen Verantwortung sowie deren Übertragung.
(2) Abweichend von Absatz 1 gilt diese Verordnung nicht für zivilrechtliche Verfahren, die Folgendes zum Gegenstand haben:
a) Angelegenheiten, die unter die Verordnung (EG) Nr 44/2001 vom 22. Dezember 2000 über die gerichtliche Zuständigkeit und die Anerkennung und Vollstreckung von Entscheidungen in Zivil- und Handelssachen fallen;
b) Feststellung und Anfechtung des Eltern-Kind-Verhältnisses;
c) Adoptionsentscheidungen und Maßnahmen zur Vorbereitung einer Adoption sowie die Ungültigerklärung und den Widerruf der Adoption;
d) Namen und Vornamen des Kindes;
e) die Volljährigkeitserklärung;
[f) Trusts und Erbschaften;]
[g) die Verwaltung und Erhaltung des Vermögens des Kindes oder die Verfügung darüber;]
h) Maßnahmen infolge von Straftaten, die von Kindern begangen wurden.
(3) Gerichtlichen Verfahren stehen andere in einem Mitgliedstaat amtlich anerkannte Verfahren gleich. Die Bezeichnung „Gericht" schließt alle in diesem Bereich zuständigen Behörden der Mitgliedstaaten ein.

---

1 Betreffend den Ratskompromiß zur Kindesentführung, vgl *Rauscher/Rauscher* Vorbem Brüssel II-VO Rn 3, 9.

2 „..." bedeutet: unverändert gegenüber dem oben abgedruckten Kommissionsvorschlag.

Artikel 2 Ratsvorsitz-Vorschlag
...
(10) Unter ‚widerrechtliches Verbringen oder Zurückhalten eines Kindes' ist das Verbringen oder Zurückhalten eines Kindes zu verstehen, wenn
a) ...

# Kapitel II
# Zuständigkeit

Artikel 10 Ratsvorsitz-Vorschlag
## Allgemeine Zuständigkeit

(1) ...
(2) Die Artikel 11a und 12 werden von Absatz 1 nicht berührt.

Artikel 11

(gestrichen)

Artikel 11a Ratsvorsitz-Vorschlag
(Ex-Artikel 21 Entwurf)
## Zuständigkeit in Fällen von Kindesentführung

Bei widerrechtlichem Verbringen oder Zurückhalten des Kindes bleiben die Gerichte des Mitgliedstaats, in dem das Kind unmittelbar vor dem widerrechtlichen Verbringen oder Zurückhalten seinen gewöhnlichen Aufenthalt hatte, so lange zuständig, bis das Kind einen gewöhnlichen Aufenthalt in einem anderen Mitgliedstaat erlangt hat und
a) jede sorgeberechtigte Person [, Behörde oder sonstige Stelle] dem Verbringen oder Zurückhalten zugestimmt hat
oder
b) das Kind sich in diesem anderen Mitgliedstaat mindestens ein Jahr aufgehalten hat, nachdem die sorgeberechtigte Person [, Behörde oder sonstige Stelle] seinen Aufenthaltsort kannte oder kennen musste und das Kind sich in seiner neuen Umgebung eingelebt hat, sofern eine der folgenden Bedingungen erfüllt ist:
   i) Innerhalb eines Jahres, nachdem der Sorgeberechtigte den Aufenthaltsort des Kindes kannte oder kennen musste, wurde kein Antrag auf Rückgabe des Kindes bei den zuständigen Behörden des Mitgliedstaats gestellt, in den das Kind verbracht wurde oder in dem es zurückgehalten wird.

ii) Ein vom Sorgeberechtigten gestellter Antrag auf Rückgabe wurde zurückgezogen, und innerhalb der in Ziffer i genannten Frist wurde kein neuer Antrag gestellt.
iii) Ein Verfahren vor dem Gericht des Mitgliedstaats, in dem das Kind unmittelbar vor dem widerrechtlichen Verbringen oder Zurückhalten seinen gewöhnlichen Aufenthalt hatte, wurde gemäß Artikel 11 b Absatz 7 abgeschlossen.
iv) Von den Gerichten des Mitgliedstaats, in dem das Kind unmittelbar vor dem widerrechtlichen Verbringen oder Zurückhalten seinen gewöhnlichen Aufenthalt hatte, ist eine Sorgerechtsentscheidung erlassen worden, in der nicht die Rückgabe des Kindes angeordnet wird.

Artikel 11 b Ratsvorsitz-Vorschlag
(Ex-Artikel 22 Entwurf)
## Rückgabe des Kindes

(1) Beantragt eine sorgeberechtigte Person [, Behörde oder sonstige Stelle] bei den zuständigen Behörden eines Mitgliedstaats eine Anordnung auf der Grundlage des Haager Übereinkommens von 1980, um die Rückgabe eines Kindes zu erwirken, das widerrechtlich in einen anderen als den Mitgliedstaat verbracht wurde oder dort zurückgehalten wird, in dem das Kind unmittelbar vor dem widerrechtlichen Verbringen oder Zurückhalten seinen gewöhnlichen Aufenthalt hatte, so gelten die Absätze 2 bis 8.
(2) Bei Anwendung der Artikel 12 und 13 des Haager Übereinkommens von 1980 wird sichergestellt, dass das Kind die Möglichkeit hat, während des Verfahrens gehört zu werden, sofern dies nicht aufgrund seines Alters oder seiner Reife unangebracht erscheint.
(3) Das Gericht, bei dem die Rückgabe eines Kindes nach Absatz 1 beantragt wird, befasst sich mit gebotener Eile mit dem Antrag und bedient sich dabei der zügigsten Verfahren, die nach dem einzelstaatlichen Recht zu Gebote stehen. Unbeschadet des vorstehenden Absatzes erlässt das Gericht seine Anordnung spätestens sechs Wochen nach seiner Befassung mit dem Antrag, es sei denn, dass dies aufgrund außergewöhnlicher Umstände nicht möglich ist.
(4) Ein Gericht kann die Rückgabe eines Kindes aufgrund von Artikel 13 Buchstabe b des Haager Übereinkommens von 1980 nicht verweigern, wenn nachgewiesen ist, dass angemessene Vorkehrungen getroffen worden sind, um den Schutz des Kindes nach seiner Rückkehr zu gewährleisten.
(5) Ein Gericht kann die Rückgabe eines Kindes nicht verweigern, wenn der Person, die die Rückgabe des Kindes beantragt hat, nicht die Gelegenheit gegeben wurde, gehört zu werden.
(6) Hat ein Gericht angeordnet, die Rückgabe des Kindes gemäß Artikel 13 des Haager Übereinkommens von 1980 abzulehnen, so muss es jeweils nach Maßgabe des e einzelstaatlichen Rechts dem zuständigen Gericht oder der zentralen Behörde des Mitgliedstaats, in dem das Kind unmittelbar vor dem widerrechtlichen Verbringen oder Zurückhalten seinen gewöhnlichen Aufenthalt hatte, unverzüglich entweder direkt oder über seine zentrale Behörde eine Abschrift der gerichtlichen Anordnung, die Rückgabe abzulehnen, und die entsprechenden Unterlagen, insbesondere eine Niederschrift der Anhörung vor dem Gericht, übermitteln. Alle genannten Unterlagen müssen dem Gericht binnen eines Monats ab dem Datum der Anordnung, die Rückgabe abzulehnen, vorgelegt werden.
(7) Sofern die Gerichte des Mitgliedstaats, in dem das Kind unmittelbar vor dem widerrechtlichen Verbringen oder Zurückhalten seinen gewöhnlichen Aufenthalt hatte, nicht be-

reits von einer der Parteien befasst worden sind, muss das Gericht oder die zentrale Behörde, das/die die Mitteilung gemäß Absatz 6 erhält, die Parteien hiervon unterrichten und sie auffordern, binnen drei Monaten ab Zustellung der Mitteilung Anträge gemäß dem einzelstaatlichen Recht beim Gericht einzureichen, damit das Gericht die Frage des elterlichen Sorgerechts prüfen kann. Unbeschadet der in dieser Verordnung festgelegten Zuständigkeitsregeln schließt das Gericht den Fall ab, wenn innerhalb dieser Frist keine Anträge bei dem Gericht eingegangen sind.

(8) Ungeachtet einer nach Artikel 13 des Haager Übereinkommens von 1980 ergangenen Anordnung, die Rückgabe des Kindes zu verweigern, ist eine spätere Entscheidung, mit der die Rückgabe des Kindes angeordnet wird und die von einem nach dieser Verordnung zuständigen Gericht erlassen wird, im Einklang mit Kapitel III Abschnitt 3 vollstreckbar, damit die Rückgabe des Kindes sichergestellt ist.

Artikel 12 Ratsvorsitz-Vorschlag

## Vereinbarung über die Zuständigkeit

...

(2) Die Gerichte eines Mitgliedstaats sind zuständig, wenn

a) alle Parteien zum Zeitpunkt der Anrufung des Gerichts die Zuständigkeit anerkannt haben,

...

Artikel 15 Ratsvorsitz-Vorschlag

## Verweisung an ein Gericht, das den Fall besser beurteilen kann

(1) Auf Antrag einer Partei kann das Gericht eines Mitgliedstaats, das für die Entscheidung in der Hauptsache zuständig ist, in dem Fall, dass seines Erachtens ein Gericht eines anderen Mitgliedstaats, zu dem das Kind eine besondere Bindung hat, den Fall oder einen bestimmten Teil des Falls besser beurteilen kann, in Ausnahmefällen, in denen dies dem Wohl des Kindes entspricht

a) die Prüfung des Falles oder des betreffenden Teils des Falles aussetzen und die Parteien auffordern, beim Gericht dieses anderen Mitgliedstaats einen Antrag gemäß Absatz 3 zu stellen, und

b) ein Gericht eines anderen Mitgliedstaats ersuchen, sich gemäß Absatz 3 für zuständig zu erklären.

(2) Es wird davon ausgegangen, dass das Kind eine besondere Bindung im Sinne von Absatz 1 zu dem Mitgliedstaat hat,

a) in dem das Kind nach Anrufung des Gerichts seinen gewöhnlichen Aufenthalt genommen hat oder

b) in dem das Kind seinen gewöhnlichen Aufenthalt hatte oder

c) dessen Staatsangehörigkeit das Kind besitzt oder

d) in dem ein Träger der elterlichen Verantwortung seinen gewöhnlichen Aufenthalt hat oder

e) [in dem das Vermögen des Kindes belegen ist, sofern der Fall dieses Vermögen betrifft].[1]

(3) Das Gericht des Mitgliedstaats, das für die Entscheidung in der Hauptsache zuständig ist, setzt eine Frist, innerhalb deren die Gerichte des anderen Mitgliedstaats von der in Absatz 1 genanten Partei angerufen werden müssen. Werden die Gerichte innerhalb dieser Frist nicht angerufen, so ist das befasste Gericht weiterhin nach den Artikeln 10 bis 14 zuständig.

(4) Das Gericht des anderen Mitgliedstaats kann sich, wenn dies aufgrund der besonderen Umstände des Falles dem Wohl des Kindes entspricht, innerhalb von sechs Wochen nach seiner Anrufung für zuständig erklären. Daraufhin erklärt sich das zuerst angerufene Kind für unzuständig. Anderenfalls ist das zuerst angerufene gericht weiterhin nach den Artikeln 10 bis 14 zuständig.

(5) Die Gerichte arbeiten für Zwecke dieses Artikels entweder direkt oder über die nach Artikel 55 bestimmten zentralen Behörden zusammen.

Kapitel III betreffend die Kindesentführung wird gestrichen

# Kapitel III (Ex-Kapitel IV)
# Anerkennung und Vollstreckung

## Abschnitt 3
## Vollstreckbarkeit bestimmter Entscheidungen über das Umgangsrecht und bestimmter Entscheidungen, mit denen die Rückgabe des Kindes angeordnet wird

### Artikel 45 Ratsvorsitz-Vorschlag
### Anwendungsbereich

(1) Dieser Abschnitt gilt für

a) ...

b) die mit Entscheidung eines Gerichts gemäß Artikel 11b Absatz 8 angeordnete Rückgabe des Kindes.

(2) Der Träger der elterlichen Verantwortung kann ungeachtet der Bestimmungen dieses Abschnitts die Anerkennung und Vollstreckung nach Maßgabe der Abschnitte 1 und 2 dieses Kapitels beantragen.

---

[1] Es soll noch geprüft werden, ob Fälle betreffend das Vermögen des Kindes in den Anwendungsbereich der VO aufgenommen werden sollen oder nicht.

Artikel 47 Ratsvorsitz-Vorschlag
### Rückgabe des Kindes

(1) Eine in einem Mitgliedstaat ergangene vollstreckbare Entscheidung über die Rückgabe des Kindes im Sinne von Artikel 45 Absatz 1 Buchstabe b, für die eine Bescheinigung nach Absatz 2 im Ursprungsmitgliedstaat ausgestellt worden ist, wird in einem anderen Mitgliedstaat anerkannt und vollstreckt, ohne dass es einer Vollstreckbarerklärung bedarf und ohne dass die Anerkennung angefochten werden kann. Sofern in den nationalen Rechtsvorschriften nicht vorgesehen ist, dass eine in Artikel 11b Absatz 8 genannte Entscheidung über die Rückgabe des Kindes trotz Einlegung eines Rechtsbehelfs vollstreckbar ist, kann der Richter erklären, dass die Entscheidung vollstreckbar ist.
(2) Der Richter, der die Entscheidung nach Artikel 45 Absatz 1 Buchstabe b erlassen hat, stellt die Bescheinigung nach Absatz 1 nur dann aus, wenn
a) das Kind die Möglichkeit hatte, gehört zu werden, sofern eine Anhörung nicht aufgrund seines Alters oder seiner Reife unangebracht erschien,
b) die Parteien die Möglichkeit hatten, gehört zu werden, und
c) das Gericht beim Erlass seiner Entscheidung die Gründe und Beweismittel berücksichtigt hat, die der Anordnung nach Artikel 13 des Haager Übereinkommens von 1980 zugrunde liegen.

Falls das Gericht oder eine andere Behörde Maßnahmen ergreifen will, um den Schutz des Kindes nach seiner Rückkehr in den Staat des gewöhnlichen Aufenthalts sicherzustellen, so sind diese Maßnahmen in der Bescheinigung im Einzelnen anzugeben.
Das Gericht des Ursprungsmitgliedstaats stellt die Bescheinigung von Amts wegen unter Verwendung des Formblatts in Anhang VII aus (Bescheinigung über die Rückgabe des Kindes).
Das Formblatt wird in der Sprache ausgefüllt, in der die Entscheidung abgefasst ist.

## Kapitel IV (Ex-Kapitel V)
## Zusammenarbeit zwischen den zentralen Behörden

Artikel 55 Ratsvorsitz-Vorschlag
### Bestimmung der zentralen Behörden

Jeder Mitgliedstaat bestimmt eine zentrale Behörde, die ihn bei der Durchführung der Verordnung unterstützt.
Bundesstaaten, Staaten mit mehreren Rechtssystemen oder Staaten mit autonomen Gebietskörperschaften können mehrere zentrale Behörden bestimmen und deren räumliche Zuständigkeit festlegen. Hat ein Mitgliedstaat mehrere zentrale Behörden benannt, so können Mitteilungen entweder direkt an die zuständige zentrale Behörde oder an einer der zentralen Behörden gerichtet werden, die vom betreffenden Mitgliedstaat zu bestimmen ist

und der es obliegt, diese Mitteilungen an die zuständige zentrale Behörde weiterzuleiten und den Absender davon in Kenntnis zu setzen.

Artikel 56 Ratsvorsitz-Vorschlag
## Allgemeine Aufgaben

Die zentralen Behörden stellen Informationen über innerstaatliche Rechtsvorschriften und Verfahren zur Verfügung und treffen allgemeine Vorkehrungen, um die Durchführung dieser Verordnung zu verbessern und die Zusammenarbeit untereinander zu stärken.
Hierzu wird das mit Entscheidung 2001/470/EG eingerichtete Europäische Justizielle Netz für Zivil- und Handelssachen in Anspruch genommen.

Artikel 57 Ratsvorsitz-Vorschlag
## Zusammenarbeit in bestimmten Fällen

Die zentralen Behörden arbeiten in bestimmten Fällen auf Antrag der zentralen Behörde eines anderen Mitgliedstaates oder eines Trägers der elterlichen Verantwortung zusammen, um die Ziele dieser Verordnung zu verwirklichen. Hierzu gehen sie ...
a) bis d) ...
e) Sie fördern die Verständigung zwischen den Gerichten, insbesondere zur Durchführung des Artikels 11b Absätze 6 und 7 und des Artikels 15.
f) Sie erleichtern durch Mediation oder auf ähnlichem Wege eine gütliche Einigung zwischen den Trägern der elterlichen Verantwortung und organisieren hierzu eine Zusammenarbeit über die Landesgrenzen hinweg. Sie stellen Informationen zur Verfügung, um durch Mediation oder auf ähnlichem Wege eine gütliche Einigung zwischen den Trägern der elterlichen Verantwortung zu erleichtern und organisieren hierzu eine Zusammenarbeit über die Landesgrenzen hinweg.

Artikel 58 Ratsvorsitz-Vorschlag
## Arbeitsweise

1. Jeder Träger der elterlichen Verantwortung kann bei der zentralen Behörde des Mitgliedstaats, in dem er seinen gewöhnlichen Aufenthalt hat, oder bei der zentralen Behörde des Mitgliedstaats, in dem das Kind seinen gewöhnlichen Aufenthalt hat oder in dem es sich befindet, einen Antrag auf Unterstützung gemäß Artikel 57 stellen. Betrifft dieser Antrag die Anerkennung oder Vollstreckung einer Entscheidung über die elterliche Verantwortung, die in den Anwendungsbereich dieser Verordnung fällt, so sind dem Antrag die betreffenden Bescheinigungen nach Artikel 44, Artikel 46 Absatz 1 oder Artikel 47 Absatz 1 beizufügen.

   ...

Artikel 59 Ratsvorsitz-Vorschlag
## Zusammenkünfte

Im Einklang mit der Entscheidung 2001/470/EG des Rates über die Einrichtung eines Europäischen Justiziellen Netzes für Zivil- und Handelssachen werden regelmäßig Zusammenkünfte mit den zentralen Behörden einberufen.

## Materialien II zur Brüssel IIA-VO (Vorschlag

## Vergleichstabelle[1] (des Verfassers) zur Verordnung (EG) Nr 1347/2000 (Brüssel II-VO) zum Haager KSÜ und zum Haager KindEntfÜbk

| Artikel Brüssel II A | Artikel Brüssel II | Artikel Haager KSÜ | Artikel Haager KindEntfÜbk | Anmerkungen |
|---|---|---|---|---|
| 1 | 1 | 1 | | Geändert nach Art 1 künftiger Ratsvorsitz-Vorschlag |
| 2 | 1 Abs 3, 13 Abs 1 | 1, 3, 7 Abs 2 | 3, 5 | Neue Begriffsbestimmungen zu Sorge und Kindesentführung |
| 3 | | | | Materieller Grundsatz: Recht des Kindes auf Umgang |
| 4 | | | | Verfahrensrechtlicher Grundsatz: Recht des Kindes auf Gehör |
| 5 | 2 | | | |
| 6 | 5 | | | Nur betreffend Ehesachen |
| 7 | 6 | | | Nur betreffend Ehesachen |
| 8 | 7 | | | Nur betreffend Ehesachen |
| 9 | 8 | | | Nur betreffend Ehesachen |
| 10 | | 5 | | Geändert nach Art 10 Ratsvorsitz-Vorschlag |
| 11 | | | | Entfällt nach Ratsvorsitz-Vorschlag, vgl Art 11 a, 11 b |
| 12 | 3 | 10 | | |
| 13 | | 6 | | |
| 14 | 8 | | | Nur für Sorgesachen |
| 15 | | 8, 9 | | Art 15 sieht Verweisung statt der Abstimmungslösung des KSÜ vor |
| 16 | 11 Abs 4 | | | |
| 17 | 9 | | | |
| 18 | 10 | | | |
| 19 | 11 Abs 1 bis 3 | | | |

[1] Die dem Kommissionsvorschlag beigefügte Übereinstimmungstabelle (Anhang VIII Entwurf Brüssel IIA-VO) verfolgt nur den Verbleib der Bestimmungen der Brüssel II-VO im Entwurf, erklärt aber nicht die Herkunft der neuen Bestimmungen des Entwurfs.

| Artikel Brüssel II A | Artikel Brüssel II | Artikel Haager KSÜ | Artikel Haager KindEntfÜbk | Anmerkungen |
|---|---|---|---|---|
| 20 | 12 | 11 | | Übernahme von Art 11 Abs 2 KSÜ für das Außerkrafttreten |
| 21 | | 7 Abs 1 | | Geändert nach Art 11 a Ratsvorsitz-Vorschlag |
| 22 | | | 8 bis 20 | Geändert nach Art 11 b Ratsvorsitz-Vorschlag |
| 23 | | | 8 bis 20 | Entfällt nach Ratsvorsitz-Vorschlag |
| 24 | | | 8 bis 20 | Entfällt nach Ratsvorsitz-Vorschlag |
| 25 | | | 8 bis 20 | Entfällt nach Ratsvorsitz-Vorschlag |
| 26 | 14, 13 Abs 2, 3; 22 Abs 3 | | | |
| 27 | 15 Abs 1 | | | |
| 28 | 15 Abs 2 | | | |
| 29 | 17 | | | |
| 30 | 18 | | | |
| 31 | 19 | | | |
| 32 | 20 | | | |
| 33 | 21 | | | |
| 34 | 22 Abs 1, 2 | | | |
| 35 | 23 | | | |
| 36 | 24 | | | |
| 37 | 25 | | | |
| 38 | 26 | | | |
| 39 | 27 | | | |
| 40 | 28 | | | |
| 41 | 29 | | | |
| 42 | 32 | | | |
| 43 | 34 | | | |
| 44 | 33 | | | |
| 45 | | | | Geändert nach Art 45 Ratsvorsitz-Vorschlag |
| 46 | | | | |
| 47 | | | | Geändert nach Art 47 Ratsvorsitz-Vorschlag |

| Artikel Brüssel II A | Artikel Brüssel II | Artikel Haager KSÜ | Artikel Haager KindEntfÜbk | Anmerkungen |
|---|---|---|---|---|
| 48 | | | | |
| 49 | | | | |
| 50 | | | | |
| 51 | | | | |
| 52 | 30 | | | |
| 53 | 31 | | | |
| 54 | 35 | | | |
| 55 | | | 29 | Prinzip der Zentralen Behörden, Änderungen der Art 55 bis 59 gemäß Ratsvorsitz-Vorschlag |
| 56 | | | | Abweichende Ausgestaltung der Zusammenarbeit, vgl Art 30 ff KSÜ |
| 57 | | | | Dito |
| 58 | | | | Dito |
| 59 | | | | Einbettung in das Justizielle Netz gemäß Entscheidung EG 470/2001 |
| 60 ff | 36 ff | | | |

# 3. Verordnung (EG) Nr 1348/ 2000 des Rates vom 29. Mai 2000 über die Zustellung gerichtlicher und außergerichtlicher Schriftstücke in Zivil- oder Handelssachen in den Mitgliedstaaten

ABl EG 2000 L 160/37

**Schrifttum**

*Ena-Marlis Bajons*, Internationale Zustellung und Recht auf Verteidigung, in: Festschrift für Rolf A Schütze (1999) 49

*Peter-Andreas Brand/Johanna Reichhelm*, Fehlerhafte Auslandszustellung, IPRax 2001, 173

*Jens Fleischhauer*, Inlandszustellung an Ausländer (1996)

*Gregor Geimer*, Neuordnung des internationalen Zustellungsrechts (1999)

*Reinhold Geimer*, in: *Zöller* ZPO[23] (2002; Anh II „EG-VO Zustellung"), zitiert: *Zöller/Geimer*

*Peter Gottwald*, Sicherheit vor Effizienz? – Auslandszustellung in der Europäischen Union in Zivil- und Handelssachen, in: Festschrift für Rolf A Schütze (1999) 225

*Beate Gsell*, Direkte Postzustellung an Adressaten im EU-Ausland nach neuem Zustellungsrecht, EWS 2002, 115

*Hannich/Meyer-Seitz/Häublein*, ZPO-Reform Einführung/Texte/Materialien, Bundesanzeiger Nr 217 a November 2001

*Burkhard Heß*, Die Zustellung von Schriftstücken im europäischen Justizraum, NJW 2001, 15

*ders*, Neues deutsches und europäisches Zustellungsrecht, NJW 2002, 2417

*Anton Hornung*, Zustellungsreformgesetz, Rpfleger 2002, 493

*Serge-Daniel Jastrow*, Auslandszustellung im Zivilverfahren – Erste Praxiserfahrungen mit der EG-Zustellungsverordnung, NJW 2002, 3382

*Jörg Kondring*, Die Heilung von Zustellungsfehlern im internationalen Zivilrechtsverkehr (1995)

*Walter F. Lindacher*, Europäisches Zustellungsrecht, ZZP 114 (2001) 179

*Maria Marchal Escalona*, El nuevo régimen de la notificación en el espacio judicial europeo (2002)

*J. Meyer*, Europäisches Übereinkommen über die Zustellung gerichtlicher und außergerichtlicher Schriftstücke in Zivil- und Handelssachen in den Mitgliedstaaten der Europäischen Union, IPRax 1997, 401

*Heinrich Nagel*, Remise au parquet und Haager Zustellungsübereinkommen, IPRax 1992, 150

*Thomas Rauscher*, Strikter Beklagtenschutz durch Art 27 Nr 2 EuGVÜ, IPRax 1991, 155

*ders*, Keine EuGVÜ-Anerkennung ohne ordnungsgemäße Zustellung, IPRax 1993, 376

*Herbert Roth*, Remise au parquet und Auslandszustellung nach dem Haager Zustellungsübereinkommen von 1965, IPRax 2000, 497

*Peter Schlosser*, Legislatio in fraudem legis internationalis, in: Festschrift für Ernst C Stiefel (1987) 683

*ders*, EU-Zivilprozessrecht[2] (2003; dort: „EuZVO"), zitiert: *Schlosser*

*Astrid Stadler*, Neues europäisches Zustellungsrecht, IPRax 2001, 514

*dies*, Die Europäisierung des Zivilprozessrechts, in: 50 Jahre Bundesgerichtshof, Festgabe aus der Wissenschaft (2000) 645, zitiert: *Stadler* BGH-FS

*dies*, Förmlichkeit vor prozessualer Billigkeit bei Mängeln der internationalen Zustellung, IPRax 2002, 282
*dies*, Die Reform des deutschen Zustellungsrechts und ihre Auswirkungen auf die internationale Zustellung, IPRax 2002, 471
*dies*, in: *Musielak* Zivilprozessordnung Kommentar[3] (2002; dort: „EuZustVO"), zitiert: *Musielak/Stadler*
*Rolf Stürner*, Förmlichkeit vor Billigkeit bei der Klagzustellung im Europäischen Zivilprozeß, JZ 1992, 325.

**Materialien**

Erläuternder Bericht zum Übereinkommen aufgrund von Art K.3 des Vertrags über die Europäische Union über die Zustellung gerichtlicher und außergerichtlicher Schriftstücke in Zivil- oder Handelssachen in den Mitgliedstaaten der Europäischen Union (vom Rat am 26. 6. 1997 gebilligter Text), ABl EG 1997, C 261/26.
*Kommission der Europäischen Gemeinschaften*, Vorschlag für eine Richtlinie über die Zustellung gerichtlicher und außergerichtlicher Schriftstücke in Zivil- oder Handelssachen in den Mitgliedstaaten, ABl EG 1999 C 247/11, KOM (1999) 219;
*Wirtschafts- und Sozialausschuss*, Stellungnahme zu dem Vorschlag für eine Richtlinie des Rates über die Zustellung gerichtlicher und außergerichtlicher Schriftstücke in Zivil- oder Handelssachen in den Mitgliedstaaten, ABl EG 1999 C 368/47;
*Lechner/Wallis, Europäisches Parlament, Ausschuss für die Freiheiten und Rechte der Bürger, Justiz und innere Angelegenheiten*, Bericht über den Vorschlag für eine Richtlinie des Rates [wie vorstehend] vom 11. 11. 1999, EP A5-0060/1999;
*Kommission der Europäischen Gemeinschaften*, Geänderter Vorschlag für eine Verordnung des Rates [wie vorstehend] vom 29. 3. 2000, KOM (2000) 75.

DER RAT DER EUROPÄISCHEN UNION –*
gestützt auf den Vertrag zur Gründung der Europäischen Gemeinschaft, insbesondere auf Artikel 61 lit c) und Artikel 67 Absatz 1, auf Vorschlag der Kommission[1], nach Stellungnahme des Europäischen Parlaments[2], nach Stellungnahme des Wirtschafts- und Sozialausschusses[3], in Erwägung nachstehender Gründe:
(1) Die Union hat sich zum Ziel gesetzt, einen Raum der Freiheit, der Sicherheit und des Rechts, in dem der freie Personenverkehr gewährleistet ist, zu erhalten und weiterzuentwickeln. Zum schrittweisen Aufbau dieses Raums erläßt die Gemeinschaft unter anderem im Bereich der justitiellen Zusammenarbeit in Zivilsachen die für das reibungslose Funktionieren des Binnenmarkts erforderlichen Maßnahmen.
(2) Für das reibungslose Funktionieren des Binnenmarkts muß die Übermittlung gerichtlicher und außergerichtlicher Schriftstücke in Zivil- oder Handelssachen, die in einem anderen Mitgliedstaat zugestellt werden sollen, zwischen den Mitgliedstaaten verbessert und beschleunigt werden.
(3) Dieser Bereich unterliegt nunmehr Artikel 65 des Vertrags.
(4) Nach dem in Artikel 5 des Vertrags niedergelegten Subsidiaritäts- und Verhältnismäßigkeitsprinzip können die Ziele dieser Verordnung auf der Ebene der Mitgliedstaaten nicht ausreichend erreicht werden; sie können daher besser auf Gemeinschaftsebene erreicht

* Die zu den Erwägungsgründen nachfolgend abgedruckten Fußnoten sind Teil des im ABl EG veröffentlichten amtlichen Texten.
1 ABl. C 247 vom 31. 8. 1999, S. 11.
2 Stellungnahme vom 17. November 1999 (noch nicht im Amtsblatt veröffentlicht).
3 ABl. C 368 vom 20. 12. 1999, S. 47.

werden. Diese Verordnung geht nicht über das für die Erreichung dieser Ziele erforderliche Maß hinaus.

(5) Der Rat hat mit Rechtsakt vom 26. Mai 1997[4] ein Übereinkommen über die Zustellung gerichtlicher und außergerichtlicher Schriftstücke in Zivil- oder Handelssachen in den Mitgliedstaaten der Europäischen Union erstellt und das Übereinkommen den Mitgliedstaaten zur Annahme gemäß ihren verfassungsrechtlichen Vorschriften empfohlen. Dieses Übereinkommen ist nicht in Kraft getreten. Die bei der Aushandlung dieses Übereinkommens erzielten Ergebnisse sind zu wahren. Daher übernimmt die Verordnung weitgehend den wesentlichen Inhalt des Übereinkommens.

(6) Die Wirksamkeit und Schnelligkeit der gerichtlichen Verfahren in Zivilsachen setzt voraus, daß die Übermittlung gerichtlicher und außergerichtlicher Schriftstücke unmittelbar und auf schnellstmöglichem Wege zwischen den von den Mitgliedstaaten benannten örtlichen Stellen erfolgt. Die Mitgliedstaaten müssen jedoch erklären können, daß sie nur eine Übermittlungs- oder Empfangsstelle oder eine Stelle, die beide Funktionen zugleich wahrnimmt, für einen Zeitraum von fünf Jahren benennen wollen. Diese Benennung kann jedoch alle fünf Jahre erneuert werden.

(7) Eine schnelle Übermittlung erfordert den Einsatz aller geeigneten Mittel, wobei bestimmte Anforderungen an die Lesbarkeit und die Übereinstimmung des empfangenen Schriftstücks mit dem Inhalt des versandten Schriftstücks zu beachten sind. Aus Sicherheitsgründen muß das zu übermittelnde Schriftstück mit einem Formblatt versehen sein, das in der Sprache des Ortes auszufüllen ist, an dem die Zustellung erfolgen soll, oder in einer anderen vom Empfängerstaat anerkannten Sprache.

(8) Um die Wirksamkeit dieser Verordnung zu gewährleisten, ist die Möglichkeit, die Zustellung von Schriftstücken zu verweigern, auf Ausnahmefälle beschränkt.

(9) Auf eine schnelle Übermittlung muß auch eine schnelle Zustellung des Schriftstücks in den Tagen nach seinem Eingang folgen. Konnte das Schriftstück nach Ablauf eines Monats nicht zugestellt werden, so setzt die Empfangsstelle die Übermittlungsstelle davon in Kenntnis. Der Ablauf dieser Frist bedeutet nicht, daß der Antrag an die Übermittlungsstelle zurückgesandt werden muß, wenn feststeht, daß die Zustellung innerhalb einer angemessenen Frist möglich ist.

(10) Um die Interessen des Empfängers zu wahren, erfolgt die Zustellung in der Amtssprache oder einer der Amtssprachen des Orts, an dem sie vorgenommen wird, oder in einer anderen Sprache des Übermittlungsmitgliedstaats, die der Empfänger versteht.

(11) Aufgrund der verfahrensrechtlichen Unterschiede zwischen den Mitgliedstaaten bestimmt sich der Zustellungszeitpunkt in den einzelnen Mitgliedstaaten nach unterschiedlichen Kriterien. Unter diesen Umständen und in Anbetracht der möglicherweise daraus entstehenden Schwierigkeiten sollte diese Verordnung deshalb eine Regelung vorsehen, bei der sich der Zustellungszeitpunkt nach dem Recht des Empfangsmitgliedstaats bestimmt.
Müssen jedoch die betreffenden Schriftstücke im Rahmen von Verfahren, die im Übermittlungsmitgliedstaat eingeleitet werden sollen oder schon anhängig sind, innerhalb einer bestimmte Frist zugestellt werden, so bestimmt sich der Zustellungszeitpunkt im Verhältnis zum Antragsteller nach dem Recht des Übermittlungsmitgliedstaats. Ein Mitgliedstaat kann

---

[4] ABl. C 261 vom 27. 8. 1997, S. 1. Der Rat hat am Tag der Fertigstellung des Übereinkommens den erläuternden Bericht zu dem Übereinkommen zur Kenntnis genommen. Dieser erläuternde Bericht ist auf Seite 26 des vorstehenden Amtsblatts enthalten.

jedoch aus angemessenen Gründen während eines Übergangszeitraums von fünf Jahren von den vorgenannten Bestimmungen abweichen. Er kann diese Abweichung aus Gründen, die sich aus seinem Rechtssystem ergeben, in Abständen von fünf Jahren erneuern.
(12) In den Beziehungen zwischen den Mitgliedstaaten, die Vertragsparteien der von den Mitgliedstaaten geschlossenen bilateralen oder multilateralen Übereinkünfte oder Vereinbarungen sind, insbesondere des Protokolls zum Brüsseler Übereinkommen vom 27. September 1968[5] und des Haager Übereinkommens vom 15. November 1965, hat diese Verordnung in ihrem Anwendungsbereich Vorrang vor den Bestimmungen der Übereinkünfte oder Vereinbarungen mit demselben Anwendungsbereich. Es steht den Mitgliedstaaten frei, Übereinkünfte oder Vereinbarungen zur Beschleunigung oder Vereinfachung der Übermittlung von Schriftstücken beizubehalten oder zu schließen, sofern diese Übereinkünfte oder Vereinbarungen mit dieser Verordnung vereinbar sind.
(13) Die nach dieser Verordnung übermittelten Daten müssen angemessen geschützt werden. Diese Frage wird durch die Richtlinie 95/46/EG des Europäischen Parlaments und des Rates vom 24. Oktober 1995 zum Schutz natürlicher Personen bei der Verarbeitung personenbezogener Daten und zum freien Datenverkehr[6] und die Richtlinie 97/66/EG des Europäischen Parlaments und des Rates vom 15. Dezember 1997 über die Verarbeitung personenbezogener Daten und den Schutz der Privatsphäre im Bereich der Telekommunikation[7] geregelt.
(14) Die zur Durchführung dieser Verordnung erforderlichen Maßnahmen sollten gemäß dem Beschluß 1999/468/EG des Rates vom 28. Juni 1999 zur Festlegung der Modalitäten für die Ausübung der der Kommission übertragenen Durchführungsbefugnisse[8] erlassen werden.
(15) Diese Maßnahmen umfassen auch die Erstellung und Aktualisierung eines Handbuchs unter Verwendung geeigneter moderner Mittel.
(16) Spätestens drei Jahre nach Inkrafttreten dieser Verordnung hat die Kommission die Anwendung der Verordnung zu prüfen und gegebenenfalls erforderliche Änderungen vorzuschlagen.
(17) Das Vereinigte Königreich und Irland haben gemäß Artikel 3 des dem Vertrag über die Europäische Union und dem Vertrag zur Gründung der Europäischen Gemeinschaft beigefügten Protokolls über die Position des Vereinigten Königreichs und Irlands mitgeteilt, daß sie sich an der Annahme und Anwendung dieser Verordnung beteiligen möchten.
(18) Dänemark wirkt gemäß den Artikeln 1 und 2 des dem Vertrag über die Europäische Union und dem Vertrag zur Gründung der Europäischen Gemeinschaft beigefügten Protokolls über die Position Dänemarks an der Annahme dieser Verordnung nicht mit. Diese Verordnung ist daher für diesen Staat nicht verbindlich und ihm gegenüber nicht anwendbar –
HAT FOLGENDE VERORDNUNG ERLASSEN:

---

[5] Brüsseler Übereinkommen vom 27. September 1968 über die gerichtliche Zuständigkeit und die Vollstreckbarkeit gerichtlicher Entscheidungen in Zivil- und Handelssachen (ABl. L 299 vom 31. 12. 1972, S. 32; konsolidierte Fassung in ABl. C 27 vom 26. 1. 1998, S. 1).

[6] ABl. L 281 vom 23. 11. 1995, S. 31.

[7] ABl. L 24 vom 30. 1. 1998, S. 2.

[8] ABl. L 184 vom 17. 7. 1999, S. 23.

## Vorbemerkungen

**I. Geltung**
1. Kompetenzgrundlage ... 1
2. Inkrafttreten ... 2
3. Geltungsbereich ... 3
4. Verhältnis zum HZÜ ... 4

**II. Zielrichtung und Systematik der Verordnung**
1. Regelungszweck ... 6
2. Die vorgesehenen Zustellungsarten
   a) Zustellung im Wege der Rechtshilfe ... 8
   b) Direktzustellung durch die Post ... 10
3. Ordre public und Urteilsanerkennung 11
4. Verzahnung mit der Brüssel I-VO ... 14
5. Ungeregeltes
   a) Beschränkter Regelungsansatz ... 16
   b) Zustellungsvoraussetzungen und -modalitäten ... 17
   c) Pfändungs- und Überweisungsbeschluss ... 21
6. Neben der VO anwendbares Recht
   a) Lex fori ... 23
   b) Grenzen ... 24
7. ZRHO ... 25

**III. Perspektiven des europäischen Zustellungsrechts**
1. Europäischer Vollstreckungstitel ... 26
2. Verhältnis zur EG-ZustellVO ... 27

**IV. Auslegung der EG-ZustellVO**
1. Auslegungszuständigkeit ... 28
2. Auslegungsmethoden
   a) Autonome Auslegung ... 29
   b) Alternative Auslegung ... 30
   c) Orientierung an Brüssel I und II .. 31

**V. Weiteres Zustellungsrecht**
1. Sonstiges neues deutsches Zustellungsrecht
   a) EG-Zustellungsdurchführungsgesetz ... 32
   b) EG-Beweisaufnahmedurchführungsgesetz ... 32
   c) Zustellungsreformgesetz ... 33
2. Weitere für die internationale Zustellung relevante Normen des nationalen Rechts ... 35

**VI. Länderangaben** ... 36

## I. Geltung

### 1. Kompetenzgrundlage

1 Im Zuge der Überarbeitung des europäischen Verfahrensrechts und seiner Umwandlung aus der Form von internationalen Übereinkommen in die Form von EG-Verordnungen wurde auch das Recht der grenzüberschreitenden Zustellungen in einer europäischen Verordnung einheitlich geregelt. Wie auch die Verordnungen Brüssel I und Brüssel II sowie die EG-InsVO beruht die EG-ZustellVO auf **Art 61 lit c EGV** als **Kompetenzgrundlage**. Die Verbesserung und Vereinfachung des Systems der internationalen Zustellung wird dabei in Art 65 lit a erster Spiegelstrich EGV ausdrücklich erwähnt.

### 2. Inkrafttreten

2 Die EG-ZustellVO trat bereits am 31. 5. 2001 in Kraft. Grund für das schnelle Entstehen der Verordnung waren die bereits abgeschlossenen Vorarbeiten für ein **europäi-**

**sches Zustellungsübereinkommen** (EZÜ, ABl EG 1997 C 261/2 ff), dessen Regelungen, soweit nicht die Umwandlung in die Rechtsform einer Verordnung Änderungen nötig machte, wortgenau in die EG-ZustellVO übernommen wurden.[1]

### 3. Geltungsbereich

3 Die EG-ZustellVO gilt zwischen den **Mitgliedstaaten** der EU mit Ausnahme **Dänemarks**. Die fehlende Beteiligung Dänemarks beruht, wie auch bei den anderen Verordnungen aus dem Bereich des europäischen Prozessrechts, darauf, dass Dänemark sich – ebenso wie Großbritannien und Irland, vgl Art 69 EGV – allgemein nicht an den Maßnahmen nach Art 61 ff EGV beteiligt. Während Großbritannien und Irland für die nach Art 65 lit a EGV vorgesehene Verbesserung des Systems der grenzüberschreitenden Zustellungen von ihrer opt-in Möglichkeit Gebrauch machten, hat Dänemark keine opt-in Möglichkeit vorgesehen.[2]

### 4. Verhältnis zum HZÜ

4 Zur **Rechtsform als Verordnung** allgemein *Rauscher/Staudinger* Einleitung zur Brüssel I-VO, Rn 8; *Rauscher/Rauscher* Vorbem Art 1 zur Brüssel II-VO Rn 1 ff.

5 Wie in Art 20 EG-ZustellVO ausdrücklich klargestellt wird, werden das **HZÜ**[3] sowie die einschlägigen Vorschriften des **HaagZivPrÜbK**[4] durch die EG-ZustellVO **verdrängt**. Im Verhältnis zu den Vertragsstaaten des HZÜ, welche nicht zugleich Mitglied der Gemeinschaft sind, sowie im Verhältnis zu Dänemark gilt das HZÜ jedoch weiter.[5]

## II. Zielrichtung und Systematik der Verordnung

### 1. Regelungszweck

6 Zweck der Verordnung ist es, die **Zustellung** von gerichtlichen und außergerichtlichen Schriftstücken in das Ausland zu **verbessern** und zu **beschleunigen**.[6] Die Schwierigkeit und Langsamkeit der Zustellung in das Ausland wird als besonderes Hemmnis für internationale Rechtsstreitigkeiten erkannt. Vor Inkrafttreten der EG-Zustell-

---

[1] Vgl auch Erwägungsgrund 5 der Präambel; näher zur Entstehung *Marchal Escalona*, El nuevo régimen de la notificación, 15 f.

[2] Dazu *Rauscher/Staudinger* Einl zur Brüssel I-VO Rn 14 f.

[3] Haager Übereinkommen über die Zustellung gerichtlicher und außergerichtlicher Schriftstücke im Ausland in Zivil- oder Handelssachen vom 15. 11. 1965, BGBl 1977 II 1453.

[4] Haager Übereinkommen über den Zivilprozess vom 1. 3. 1954, BGBl 1958 II 577.

[5] Da Österreich nicht Vertragsstaat des HZÜ ist, gilt zwischen Dänemark und Österreich das HaagZivPrÜbK; im Verhältnis zwischen Deutschland und Dänemark besteht eine nach Art 24 HZÜ zu beachtende Zusatzvereinbarung.

[6] ABl EG 2000 L 160/37.

VO konnte eine Zustellung auch innerhalb Europas Monate, ja teilweise Jahre dauern.[7]

Das verletzt die Interessen des Klägers und ist nicht prozessökonomisch. Jedoch berührt die Zustellung in das Ausland verschiedene, als „magisches Dreieck"[8] beschriebene, gegenläufige **Interessen**. Dem Interesse des **Klägers** bzw Antragstellers an der schnellen und effektiven Durchsetzung seiner Forderung stehen zunächst die Belange des Beklagten gegenüber. Die Beschleunigung der Zustellung darf nicht dazu führen, dass das rechtliche Gehör des Empfängers, der seine Wohnung oder seinen Sitz im Ausland hat, verletzt wird. Bei der Auslegung der EG-ZustellVO muss daher immer auch das in Art 6 EMRK verankerte Recht auf ein faires Verfahren und insbesondere auf rechtliches Gehör berücksichtigt werden. (Zur remise au parquet und ähnlichen Formen der Zustellung Art 19 Rn 3 ff).

Hinzu kommen die **staatlichen Souveränitätsinteressen**. Dass eine Zustellung in das 7
Ausland auch nach der EG-ZustellVO nicht ohne weiteres direkt durchgeführt werden kann, hat seinen Grund darin, dass die gerichtliche Zustellung auch nach heutiger Lesart ein Hoheitsakt bleibt und somit – jedenfalls soweit keine besonderen Vereinbarungen bestehen – nur innerhalb der staatlichen Grenzen durchgeführt werden kann.[9] Diese staatlichen Souveränitätsinteressen, welche grenzüberschreitenden Hoheitsakten entgegenstehen, sind durch die Verordnung beschränkt worden, wenn auch nach vielfach geäußerter Ansicht noch nicht genug.[10]

## 2. Die vorgesehenen Zustellungsarten

### a) Zustellung im Wege der Rechtshilfe

Die Verbesserung der Zustellung in das Ausland soll durch die EG-ZustellVO auf ver- 8
schiedenen Wegen erreicht werden. Die Zustellung mit Hilfe von **Übermittlungsstellen** im Inland und **Empfangsstellen** im Ausland steht dabei an erster Stelle und nimmt den breitesten Raum ein. Obwohl die Organisation gestrafft und eine Sollfrist für die Zustellung eingeführt wird, ist diese Form der Zustellung allerdings kaum geeignet, eine ausreichende Vereinfachung herbeizuführen. Beschleunigend kann hier allenfalls Art 4 Abs 2 wirken, welcher die Übersendung zwischen Übermittlungs- und Empfangsstelle im Wege des elektronischen Datenverkehrs und durch Telefax vorsieht.[11]

---

[7] So die (aktuelle) Sammlung bei *Rahm/Künkel/Breuer* Handbuch des Familiengerichtsverfahrens, VIII Rn 42; *Heß* JZ 2001, 577.

[8] So *Stadler* IPRax 2001, 515.

[9] Vgl zum hoheitlichen Charakter der Zustellung nach EG-ZustellVO weniger eng *Heß* NJW 2002, 2422; kritisch zur Auffassung von der Zustellung als Hoheitsakt auch *Schack* IZVR Rn 589 ff.

[10] Sehr kritisch *Bajons*, in: FS Schütze (1999) 54 f; *Zöller/Geimer* Art 1 Rn 4 f; *Stadler* IPRax 2001, 514, 515; von einer innerhalb der EU ohnehin weitgehenden Zurückdrängung des staatlichen Souveränitätsgedanken ausgehend *Heß* NJW 2001, 16.

[11] Näher dazu Art 4 Rn 6 f.

9 Sogar die **Zustellung auf diplomatischem Wege** bleibt erhalten, wenn sie gemäß Art 12 auch nur „in Ausnahmefällen“ Anwendung finden soll.

**b) Direktzustellung durch die Post**

10 Die Verordnung stärkt jedoch auch die **Direktzustellung durch die Post** und birgt so tatsächlich die Chance zu einer wesentlichen Vereinfachung der Auslandszustellung. Diese wichtige Neuerung erfolgt an versteckter Stelle: Die direkte Postzustellung durch das Gericht kann von den Mitgliedstaaten, anders als dies noch nach dem HZÜ möglich war, nach Art 14 nicht mehr ausgeschlossen werden. Darin besteht eine entscheidende Änderung gerade aus deutscher Sicht, da insbesondere Deutschland von der entsprechenden Option des HZÜ Gebrauch gemacht und die postalische Zustellung ausgeschlossen hatte. Nun sehen dagegen Deutschland (§ 183 Abs 1 Nr 1 und Abs 3 ZPO) sowie die meisten anderen Mitgliedstaaten eine direkte Übermittlung per Einschreiben mit Rückschein als Regelfall vor.[12] Das entspricht entgegen geäußerter Bedenken unproblematisch der EG-ZustellVO.[13] Zwar mag kritisiert werden, dass die EG-ZustellVO die Postzustellung nicht an prominenterer Stelle aufgenommen und in den Einzelheiten geregelt hat. Jedoch ist die postalische Zustellung nicht subsidiär gegenüber anderen Zustellungsformen.[14]

**3. Ordre public und Urteilsanerkennung**

11 **Weggefallen** ist schließlich der **Ordre-public-Vorbehalt** bei der Zustellung, wie ihn zB Art 13 Abs 1 HZÜ, wenn auch in eingeschränkter Form, noch vorsah. Dabei ist die praktische Bedeutung der Streichung des Vorbehalts gering einzuschätzen.[15] Wichtiger ist die symbolische Aussage, dass es für die Ausführung von Zustellungsersuchen innerhalb der Mitgliedstaaten keine spezielle inhaltliche Überprüfung des ausländischen Zustellungsaktes mehr geben soll.[16]

12 Dagegen richtet es sich nach Art 34 Nr 2 sowie auch Nr 1 Brüssel I-VO bzw Art 15 lit b und lit a Brüssel II-VO, ob eine **Entscheidung anerkannt** werden kann, wenn die im zugrundeliegenden Verfahren erfolgten Zustellungen den nationalen ordre public verletzen. Soweit der Beklagte sich wegen der Art und Weise der Zustellung nicht verteidigen konnte, führt dies gemäß Art 34 Nr 2 bzw Nr 1 Brüssel I-VO sowie Art 15

---

12 Näher Art 14.

13 Kritisch insbesondere *Heß* NJW 2002, 20.

14 Wie hier *Gsell* EWS 2002, 117; *Lindacher* ZZP 114, 185; *Hannich/Meyer-Seitz/Häublein* ZPO-Reform, § 183 ZPO Rn 6 hält sie für stets vorrangig; *Stadler* IPRax 2002, 472; *Zöller/Geimer* Art 14 Rn 1; aA *Heß* NJW 2002, 2422.

15 Da Art 13 Abs 1 HZÜ ohnehin einen engen und unklaren Anwendungsbereich hatte, vgl nur *Geimer*, IZPR[4] Rn 2156 ff; *Zöller/Geimer* § 183 ZPO Rn 120; *Schlosser* Art 13 HZÜ Rn 2 ff.

16 Ähnlich *Lindacher* ZZP 114, 184; *Nagel/Gottwald*, IZPR[5] § 7 Rn 50; vgl zu der im europäischen Verfahrensrecht noch nicht durchgesetzten Tendenz, die Zweitkontrolle ganz aufzugeben, nur *Heß* IPRax 2001, 391.

Abs 1 lit b bzw lit a unter bestimmten Umständen zur Nichtanerkennung der ausländischen Entscheidung.[17]

In Hinblick auf das nationale Zustellungsrecht kann Art 34 Nr 2 Brüssel I-VO Bedeutung erlangen, soweit an die Stelle der Auslandszustellung eine **fiktive Inlandszustellung** tritt. Es ist streitig, ob die in § 184 Abs 2 ZPO enthaltene Zustellungsfiktion dem Maßstab des Art 34 Nr 2 Brüssel I-VO standhält.[18] 13

## 4. Verzahnung mit der Brüssel I-VO

Die EG-ZustellVO und die Brüssel I-VO bzw die für Ehesachen geltende Brüssel II-VO sind in verschiedenen Punkten miteinander verknüpft. Das gilt zunächst für die **Nichteinlassung des Beklagten** sowie die **Verzichtbarkeit der Zustellung.** Art 26 Abs 3 Brüssel I-VO sowie Art 10 Abs 2 Brüssel II-VO verweisen hierzu für den Geltungsbereich der EG-ZustellVO auf deren Art 19. Auch für die Gewährung **rechtlichen Gehörs** als Anerkennungsvoraussetzungen gemäß Art 34 Brüssel I-VO ist Art 19 EG-ZustellVO mit zu beachten. Der Maßstab des Art 34 Nr 2 Brüssel I-VO ist allerdings letztlich als ein eigenständiger, von Zustellungsvorschriften losgelöster Mindestmaßstab zu verstehen.[19] 14

Schließlich wird die Zustellung für den **neuen Art 30 Brüssel I-VO** bedeutsam. Während die EG-ZustellVO außer dem allein die genaue Fristberechnung betreffenden Art 9 Abs 1 keine Vorschriften zu einer Vereinheitlichung des Zustellungsrechts enthält, tastet sich Art 30 Brüssel I-VO gleichsam von der anderen Seite an das nationale Zustellungsrecht heran. Auch Art 30 Brüssel I-VO berührt nicht das eigentliche Zustellungsrecht, bestimmt aber den Zeitpunkt der Klageerhebung in Abstimmung mit dem jeweiligen anwendbaren Zustellungsrecht.[20] 15

## 5. Ungeregeltes

### a) Beschränkter Regelungsansatz

Die EG-ZustellVO regelt nur einen kleinen Ausschnitt aus dem Recht der internationalen Zustellung. Sie beschränkt sich in ihrem Regelungsbereich weitgehend auf den eigentlichen Vorgang der Übersendung des Schriftstücks. Zwar wurde mit Art 9 versucht, eine Regelung zur Vereinheitlichung der Berechnung des Zustellungsdatums zu treffen. Auch damit ist aber nicht der Bereich des Zustellungsvorgangs verlassen. 16

---

17 Näher dazu *Rauscher/Leible* Art 34 Brüssel I-VO Rn 30 ff; *Rauscher/Rauscher* Art 15 Brüssel II-VO Rn 4 ff, 8 ff.

18 *Zöller/Geimer* § 183 ZPO Rn 90; vgl auch *Schlosser* Art 34–36 Brüssel I-VO Rn 17 e; vgl näher zur fiktiven Inlandszustellung Art 19 Rn 3 ff.

19 Dazu näher Art 19 Rn 7 sowie *Rauscher/Leible* Art 34 Brüssel I-VO Rn 32 f.

20 Vgl gerade zum Zusammenwirken der Normen *Lindacher* ZZP 114, 191; *Heß* NJW 2002, 2423; zum Verhältnis von Art 9 EG-ZustellVO und Art 30 Brüssel I-VO näher Art 9 Rn 2.

**b) Zustellungsvoraussetzungen und -modalitäten**

17 Die EG-ZustellVO berührt nicht die autonomen nationalen Regelungen dazu, welche Schriftstücke überhaupt zugestellt werden müssen, wie der Zustellungsadressat bzw der Empfangsermächtigte, die Zustellungsadresse und der Zustellungsort zu bestimmen sind.[21] Auch die **Heilung von Zustellungsmängeln** bleibt weitgehend den nationalen Rechtsordnungen überlassen.[22] In diesem Zusammenhang ist allerdings zweierlei zu beachten. Auf der einen Seite kommt es für die Urteilsanerkennung gemäß Art 34 Nr 2 Brüssel I-VO (anders als nach EuGVÜ) nicht mehr auf „ordnungsgemäße" Zustellung an. Damit ist auch die umstrittene Frage, ob eine eventuelle Heilung nach nationalem Recht beachtlich sein kann, nicht mehr entscheidend.[23] Vielmehr wird von vornherein ein gewissermaßen „informeller" Mindestmaßstab für die Ordnungsmäßigkeit der Zustellung festgelegt, der auch durch eine zunächst fehlerhafte, aber „geheilte" Zustellung erfüllt sein kann.[24]

18 Auf der anderen Seite lässt auch Art 19, der inhaltlich unverändert den Art 15, 16 HZÜ entspricht, Spielraum für die Heilung von Zustellungsmängeln, indem er nicht die uneingeschränkte Einhaltung der Art 4 ff verlangt, sondern nur gewisse inhaltliche Mindestanforderungen für die erfolgreiche Zustellung stellt.[25]

19 Welche **Fristen für die Zustellung** gelten und insbesondere, wann eine Zustellung rechtzeitig erfolgt ist, wird von der EG-ZustellVO ebenfalls nicht geregelt.

20 Auch wann überhaupt eine Zustellung **in das Ausland** erfolgen muss, unterliegt weiterhin dem nationalen Recht.[26] Regelungen zur remise au parquet sowie zu sonstigen Formen der Inlandszustellung an im Ausland wohnende Personen, etwa wenn diese sich vorübergehend im Inland aufhalten, fehlen.[27]

**c) Pfändungs- und Überweisungsbeschluss**

21 **Keine grundlegende Änderung** hat sich auch für die Zustellung von Pfändungs- und Überweisungsbeschlüssen ergeben. Seit der Änderung der ZRHO mit Bekanntmachung vom 23. 3. 1999 können diese dem Drittschuldner ebenso wie andere Schriftstücke in das Ausland zugestellt werden. Auch Zustellungsersuchen aus dem Ausland werden ausgeführt. Probleme sind im Verhältnis zu den anderen Mitgliedstaaten bisher nicht ersichtlich.[28]

---

[21] *Lindacher* ZZP 114, 188.

[22] Kritisch dazu *Zöller/Geimer* Art 1 Rn 6; *Stadler*, in: BGH-FS (2000) 668.

[23] Zum früheren Streit nur *Schlosser* EuGVÜ[1] (1996) Art 27 Rn 12 ff mwN.

[24] Näher *Rauscher/Leible* Art 34 Rn 32; *Kropholler*, EuZPR[7] Art 34 Rn 41; *MünchKommZPO/Gottwald*, Aktualisierungsband ZPO-Reform Art 34 Brüssel I-VO Rn 5; auch *Schlosser* Art 34-36 Brüssel I-VO Rn 17.

[25] Vgl näher Art 10.

[26] Dazu näher Art 1 Rn 12.

[27] Näher Art 19 Rn 3 ff.

[28] *Gottwald* IPRax 1999, 395; vgl auch *Schack*, IZPR[3] (2002) Rn 982 f.

Ob bei einer **Zustellung per Einschreiben** mit Rückschein nach Art 14 die Pfändung auch im ausländischen Staat Wirksamkeit erlangt, richtet sich jedoch weiterhin nach dem Recht des betroffenen Staats.[29] 22

Wird ein ausländischer Pfändungs- und Überweisungsbeschluss an einen inländischen Drittschuldner durch Einschreiben mit Rückschein zugestellt, so bedeutet dies ebenfalls nicht zugleich, dass die Pfändungswirkung eintritt.[30]

Entsprechendes gilt für die Zustellung einstweiliger Verfügungen.

### 6. Neben der EG-ZustellVO anwendbares Recht

#### a) Lex fori

Es richtet sich daher nach den allgemeinen Regeln des IZPR, ob, an wen und in welcher Form in einem grenzüberschreitenden Verfahren überhaupt zugestellt werden muss. Allgemein wird davon ausgegangen, **dass auf alle die Zustellung betreffenden Fragen die lex fori** anzuwenden ist.[31] Das bedeutet, dass sich bei einem in Deutschland anhängigen Verfahren die Voraussetzungen und Durchführungsmodalitäten der Zustellung nach deutschen Recht richten. Nicht übersehen werden darf, dass die EG-ZustellVO und alle bilateralen oder multilateralen Abkommen zum deutschen Recht gehören. 23

#### b) Grenzen

Ihre **Grenze** findet diese klare Regelung, wo der Bereich der prozessualen, die Zustellung unmittelbar betreffenden Fragen verlassen wird. Kommt es beispielsweise auf die Bestimmung des Zustellungsadressaten in einer Gesellschaft ausländischen Rechts an, so bleibt es zwar einerseits bei § 170 Abs 1 und 2 ZPO, also dabei, dass an den Zustellungsbevollmächtigten oder den Leiter zugestellt werden muss. Wer das ist, muss aber nach dem Recht bestimmt werden, dem die Gesellschaft unterliegt.[32] Denn diese Frage ist keine prozessrechtliche mehr. Sie braucht auch nicht notwendig nach demselben Recht beantwortet zu werden, dem der Zustellungsvorgang unterliegt.[33] 24

---

29 *Zöller/Stöber* § 829 ZPO Rn 33; *Hornung* Rpfleger 2002, 500.

30 *Schlosser* Art 1 HZÜ Rn 18; G. *Geimer* Neuordnung des internationalen Zustellungsrechts 74f; weiterführend auch *Stein/Jonas/Brehm* § 829 Rn 24, 103, jedoch noch zur Rechtslage vor Änderung der ZRHO.

31 *Schlosser* Art 1 HZÜ Rn 5; *Zöller/Geimer* § 183 ZPO Rn 18; vgl auch Art 1 Rn 10ff, Art 7 sowie Art 9.

32 Vgl zu dem besonderen Fall des deutschen Tochterunternehmens, der deutschen Niederlassung etc eines ausländischen Unternehmens *Fleischhauer* Inlandszustellung an Ausländer 296ff, der auf den in Deutschland erzeugten Rechtsschein abstellen möchte, auch *Geimer*, IZPR$^4$ Rn 2111; ebenso G. *Geimer*, Neuordnung des internationalen Zustellungsrechts 149ff.

33 Vgl zu der höchst umstrittenen Frage, wie weit die lex fori reicht, insbesondere, wenn materiellrechtliche und verfahrensrechtliche Fragen sich mischen, *Jaeckel*, Die Reichweite der lex fori (1994) 74ff, der ebenfalls vorschlägt, materiellrechtliche Vorfragen abzutrennen und gewissermaßen selbstständig anzuknüpfen; vgl zum Ganzen auch *Geimer*, IZPR$^4$ Rn 324ff.

### 7. ZRHO

25 Bei Zustellung in das Ausland oder aus dem Ausland ist auch weiterhin die **Rechtshilfeordnung in Zivilsachen** (ZRHO) zu beachten. Vorgesehen ist dort insbesondere, dass alle Ersuchen um Rechtshilfe vom jeweiligen Gerichtspräsidenten geprüft werden §§ 9, 27 ZRHO. Die ZRHO soll in Kürze an das neue Zustellungsrecht angepasst werden und wird dann neben einigen allgemeinen Verfahrensregeln auch wieder einen aktuellen Länderteil enthalten, der Auskunft über die zuständigen Behörden und eventuell zu beachtende Besonderheiten gibt.[34]

## III. Perspektiven des europäischen Zustellungsrechts

### 1. Europäische Vollstreckungstitel

26 Die europäische Zustellungsverordnung muss als Zwischenschritt auf dem Weg zu einer **weiteren Vereinheitlichung** der Zustellungen im europäischen Justizraum angesehen werden. Mit der vorgesehenen Einführung eines einheitlichen europäischen Vollstreckungstitels[35] soll auch ein einheitliches Zustellungsrecht verbunden werden. In den Art 11ff des Entwurfs ist eine abschließende Regelung für Zustellungen vorgesehen. Enthalten sind Vorschriften über die Art der Zustellung, den Zustellungsadressaten, die Zulässigkeit der Ersatzzustellung, den Beweis der Zustellung (Art 13) die Zustellungsfristen (Art 15), sowie den Mindestinhalt der zuzustellenden Schriftstücke, insbesondere soweit es sich um Ladungen handelt (Art 16ff). In Art 19 wird die Heilung von Zustellungsmängeln geregelt. Entscheidet sich der Gläubiger dafür, die in der Verordnung vorgesehene Bescheinigung über einen europäischen Vollstreckungstitel zu beantragen, so wird das nationale Recht durch die Zustellungsvorschriften der Verordnung verdrängt.[36] Ein europäischer Vollstreckungstitel aufgrund einer unstreitigen Forderung kann nur dann erteilt werden, wenn die in der Verordnung zur Einführung eines europäischen Vollstreckungstitels vorgesehene Form der Zustellung gewahrt worden ist. In Erwägung 14 der Präambel des Entwurfs wird klargestellt, dass die Verordnung keine Vorgaben dafür macht, dass die Mitgliedstaaten ihr Zustellungsrecht ändern. Jedoch wird eine Anpassung an die Verordnung angeregt, um eine effizientere und schnellere Vollstreckung erreichen zu können.

### 2. Verhältnis zur EG-ZustellVO

27 Die Verordnung zur Einführung eines **Europäischen Vollstreckungstitels** für unbestrittene Forderungen soll dabei mit der EG-ZustellVO ineinandergreifen. Hat der Schuld-

---

[34] Abgedruckt bei *Bülow/Böckstiegel* Band IV, G 1; dazu auch *Rahm/Künkel/Breuer*, Handbuch des Familienverfahrensrechts VIII Rn 36; vgl auch Art 4 Rn 4.

[35] Vgl den Vorschlag für eine Verordnung des Rates zur Einführung eines europäischen Vollstreckungstitels für unbestrittene Forderungen, KOM (2002) 159 vom 18. 4. 2002; geänderter Vorschlag vom 11. 6. 2003, KOM (2003) 341; abgedruckt unten Nr. **5**.

[36] Zum Ganzen auch *Heß* NJW 2002, 2426.

ner seinen Wohnsitz in einem anderen Staat als dem Ursprungsmitgliedstaat, so muss die eigentliche grenzüberschreitende Zustellung weiterhin nach der EG-ZustellVO erfolgen. Allerdings besteht zwischen beiden Verordnungen in einem Punkt ein Widerspruch. Nach Art 19 Abs 2 kann ein Versäumnisurteil unter Umständen auch dann erlassen werden, wenn das verfahrenseinleitende Schriftstück dem Beklagten nicht so rechtzeitig und in solch einer Weise zugestellt worden ist, dass er sich hätte verteidigen können. (Näher dazu Art 19 Rn 15). Nach der Verordnung zur Einführung eines Vollstreckungstitels kann ein solches Versäumnisurteil nicht als Europäischer Vollstreckungstitel bestätigt werden.[37]

## IV. Auslegung der EG-ZustellVO

### 1. Auslegungszuständigkeit

Als Verordnung der europäischen Gemeinschaft wird die EG-ZustellVO anders als das HZÜ vom **EuGH** ausgelegt. Der *EuGH* hat die **alleinige Zuständigkeit** zur Klärung von Zweifelsfragen bei der Auslegung des Abkommens. Stellen sich dem letztinstanzlichen nationalen Gericht solche Fragen, so muss es diese gemäß Art 234, 68 EGV dem *EuGH* zur Entscheidung vorlegen. 28

### 2. Auslegungsmethoden

#### a) Autonome Auslegung

Durch die Zuständigkeit des *EuGH* wird sich die Auslegung auch inhaltlich verändern. Die **autonome**, also aus dem Abkommen selbst heraus vorgenommene **Auslegung** gewinnt an Bedeutung. Die autonome Auslegung ist nunmehr auch für die EG-ZustellVO grundsätzlich vorrangig, da nur durch die autonome Auslegung ein einheitliches Verständnis der Verordnung in allen Mitgliedstaaten gewährleistet ist.[38] 29

#### b) Alternative Auslegung

Die für das HZÜ gerne gewählte **alternative** Methode der **Auslegung**, also das Zurückgreifen auf beide bzw alle betroffenen nationalen Rechtsordnungen tritt demgegenüber zurück. Die **Auslegung** erfolgt – ebenso wie bei der Brüssel I-VO – nur noch dann nach der **lex fori**, wenn sich aus der EG-ZustellVO keine Lösung ableiten lässt, und ein Rückgriff auf die lex fori mit dem Normzweck vereinbar ist. (Näheres bei den einzelnen Vorschriften). 30

#### c) Orientierung an Brüssel I und II

Zugleich muss die Auslegung der EG-ZustellVO sich, anders als die Auslegung des HZÜ, stets an den **Verordnungen Brüssel I und II** orientieren. Wo Übereinstimmungen im Wortlaut von Brüssel I-VO und EG-ZustellVO bestehen bzw auch dort, wo vom Verordnungsgeber erkennbar Übereinstimmendes gemeint ist, ohne dass der Wortlaut 31

---

[37] So KOM (2002) 159, 17.

[38] Näher zur autonomen Auslegung *Rauscher/Staudinger* Einl zur Brüssel I-VO Rn 36.

sich völlig deckt, muss die Auslegung der EG-ZustellVO mit der Auslegung der Brüssel I-VO bzw gegebenenfalls auch der Brüssel II-VO übereinstimmen.

## V. Weiteres Zustellungsrecht

### 1. Sonstiges neues deutsches Zustellungsrecht

32 In Deutschland sind neben der EG-ZustellVO zwei neue Gesetze zum Zustellungsrecht in Kraft getreten.[39]

#### a) EG-Zustellungsdurchführungsgesetz

Das Gesetz zur Durchführung gemeinschaftsrechtlicher Vorschriften über die Zustellung gerichtlicher und außergerichtlicher Schriftstücke in Zivil- oder Handelssachen in den Mitgliedstaaten vom 9. 7. 2001, **(EG-Zustellungsdurchführungsgesetz – ZustDG[40])** ist am 13. 7. 2001 in Kraft getreten. Es enthält die notwendigen ergänzenden Bestimmungen zur EG-ZustellVO, etwa die Bezeichnung der zuständigen Behörden, sowie die nationalen Abweichungen. Alle Bestimmungen des ZustDG sind auch in den jeweiligen Informationsdokumenten der EG enthalten.[41]

#### b) EG-Beweisaufnahmedurchführungsgesetz

Mit dem Gesetz zur Durchführung gemeinschaftsrechtlicher Vorschriften über die grenzüberschreitende Beweisaufnahme in Zivil- oder Handelssachen in den Mitgliedstaaten (EG-Beweisaufnahmedurchführungsgesetz[42]), welches zum 1. 1. 2004 in Kraft treten soll, werden auch die Vorschriften des ZustDG in die ZPO eingefügt werden. Das ZustDG wird durch Art 2 des EG-BeweisaufnahmeDG aufgehoben. Die Regelungen zur Zustellungen werden dann in den §§ 1067-1071 ZPO enthalten sein. Diese enthalten gegenüber dem ZustDG zwar keine wesentlichen Änderungen jedoch einige Klarstellungen.[43]

#### c) Zustellungsreformgesetz

33 Das Gesetz zur Reform des Verfahrens bei Zustellungen im gerichtlichen Verfahren **(Zustellungsreformgesetz – ZustRG[44])**, gilt allgemein, also nicht nur für grenzüberschreitende Zustellungen. Es ist am 1. 7. 2002 in Kraft getreten und ersetzt die alten §§ 166ff ZPO. Dieses neue Zustellungsrecht bezweckt insbesondere die Anpassung der gesetzlich vorgesehenen Art und Weise der Zustellung an die modernen technischen Mittel und Lebensverhältnisse. §§ 183, 184 ZPO sind dabei als Brücke zwischen nationalem und internationalem Zustellungsrecht zu verstehen. Mit § 183 ZPO wird nun-

---

[39] Dazu nur *Heß* NJW 2002, 2417ff.

[40] BGBl 2001 I 1536; hier abgedruckt im Gesetzesanhang Nr 2

[41] Vgl dazu im Einzelnen die Listen in Rn 38ff.

[42] BT-Drucks 15/1062; hier abgedruckt im Gesetzesanhang Nr 3.

[43] Näher dazu bei den einzelnen Artikeln.

[44] BGBl 2001 I 1206.

mehr die postalische Direktzustellung per Einschreiben mit Rückschein auch in das Ausland zugelassen. Für die EG-ZustellVO folgt dies aus § 183 Abs 3 S 2 ZPO.[45]

**§ 183 Abs 3 ZPO** ist für die Fälle, welche von der EG-ZustellVO erfasst werden, lex specialis gegenüber den Abs 1 und 2. Die Norm verweist für die Zustellung im Anwendungsbereich der EG-ZustellVO insgesamt auf diese.

Für die europäische Zustellung von Interesse ist außerdem § 174 Abs 3 S 1 iVm § 174 Abs 1 ZPO, in welchem die Nutzbarkeit **moderner Kommunikationsmittel** für die gerichtliche Zustellung geregelt wird. Die in Art 4 ermöglichte Nutzung moderner Kommunikationsmittel für die Übermittlung von Dokumenten zwischen der Übermittlungs- und der Empfangsstelle findet hier ihre Basis im nationalen Recht. 34

### 2. Weitere für die internationale Zustellung relevante Normen des nationalen Rechts

Weitere Vorschriften zur internationalen Zustellung finden sich in § 829 Abs 2 S 3 ZPO sowie in dem darauf verweisenden § 835 Abs 3 ZPO. Dort ist anstelle der förmlichen Zustellung in das Ausland die **Zustellung durch Aufgabe zur Post** vorgesehen. § 8 InsO enthält keine spezielle Vorschrift für die Zustellung in das Ausland, lässt jedoch ganz allgemein, also auch für die Zustellung in das Ausland, die Aufgabe zur Post zu. 35

## VI. Länderangaben

Die EG-ZustellVO sieht in verschiedenen Fragen **Ausschluss-, Abweichungs-, oder Wahlmöglichkeiten** für die Mitgliedstaaten vor. Hinzu kommt die Notwendigkeit der Benennung verschiedener **zuständiger Stellen**, insbesondere der Empfangs-, Übermittlungs- und Zentralstellen. Die in Ergänzung der EG-ZustellVO erforderlichen Länderangaben sind im Ganzen außerordentlich umfangreich. Sie sind im Amtsblatt der EG veröffentlicht, insbesondere: 36

ABl EG 2000 C 151/ 04, **Angaben der Mitgliedstaaten gemäß Art 23** der Verordnung (EG) Nr 1348/2000 des Rates vom 29. 5. 2000 über die Zustellung gerichtlicher und außergerichtlicher Schriftstücke in Zivil- oder Handelssachen in den Mitgliedstaaten; 37
ABl EG 2000 C 202/07, **Erste Aktualisierung** der Angaben der Mitgliedstaaten gemäß Art 23 Abs 1 der Verordnung (EG) Nr 1348/2000 des Rates vom 29. 5. 2000 über die Zustellung gerichtlicher und außergerichtlicher Schriftstücke in Zivil- oder Handelssachen in den Mitgliedstaaten;
ABl EG 2000 C 282/02, **Zweite Aktualisierung** gemäß Art 23 Abs 1 der Verordnung (EG) Nr 1348/2000 des Rates vom 29. 5. 2000 über die Zustellung gerichtlicher und außergerichtlicher Schriftstücke in Zivil- oder Handelssachen in den Mitgliedstaaten (nur Spanien);

---

45 *Heß* NJW 2002, 2422.

ABl EG 2000 C 13/02: **Dritte Aktualisierung** der Angaben der Mitgliedstaaten gemäß Art 23 Abs 1 der Verordnung (EG) Nr 1348/2000 des Rates vom 29. 5. 2000 über die Zustellung gerichtlicher und außergerichtlicher Schriftstücke in Zivil- oder Handelssachen in den Mitgliedstaaten (ausschließlich Mitteilungen von Deutschland)
38 sowie im **Internet**[46] abrufbar. Dort findet sich insbesondere auch eine **„konsolidierte Fassung der Mitteilungen der Mitgliedstaaten“**, welche stets aktualisiert wird.

39 Die Kommission hat außerdem mit Entscheidung vom 25. 9. 2001 beschlossen, ein **Handbuch über die Empfangsstellen** und ein **Glossar** über die Schriftstücke, die nach Maßgabe der EG-ZustellVO in den Mitgliedstaaten zugestellt werden können, zu erstellen. So ist die Übersichtlichkeit und leichte Zugänglichkeit der umfassenden Einzelangaben der Mitgliedstaaten in diesem Bereich gesichert. Das Handbuch ist im ABl EG 2001 L 298/3ff abgedruckt. Für die Angaben aus Deutschland erfolgte durch Entscheidung der Kommission vom 5. 4. 2002 eine Neufassung, welche im ABl EG 2002 L 125/1 abgedruckt ist. Eine aktuelle Fassung ist ebenfalls auf der bereits vorstehend genannten Internetseite der Kommission abrufbar.

# Kapitel I
# Allgemeine Bestimmungen

## Artikel 1
## Anwendungsbereich

**(1) Diese Verordnung ist in Zivil- oder Handelssachen anzuwenden, in denen ein gerichtliches oder außergerichtliches Schriftstück von einem in einen anderen Mitgliedstaat zum Zwecke der Zustellung zu übermitteln ist.**
**(2) Diese Verordnung gilt nicht, wenn die Anschrift des Empfängers des Schriftstücks unbekannt ist.**

**I. Zivil- oder Handelssachen** ............. 1
**II. Gerichtliche und außergerichtliche Schriftstücke**
1. Allgemeines ......................... 6
2. Abgrenzungsmerkmale .............. 7
3. Einzelfälle ............................ 9
4. Deutschland ......................... 10
5. Weitere Mitgliedstaaten ............ 11
**III. Übermittlung zum Zwecke der Zustellung**
1. Grundsätzliche Maßgeblichkeit der lex fori ................................ 12
2. Besonderheiten
a) Tatsächliche Inlandszustellungen 14
b) Fiktive Inlandszustellungen ....... 15

[46] http://europa.eu.int/comm/justic_home/fsj/civil/documents/fsj_civil_1348_en.htm

**IV. Von einem in einen anderen Mitgliedstaat** ..... 16
**V. Unbekannter Empfänger**
1. Unanwendbarkeit ..... 17
2. Inkorrekte Adressierung ..... 17
3. Gründe ..... 18
4. Öffentliche Zustellung ..... 19

## I. Zivil- oder Handelssachen

1 Wann eine **Zivil- oder Handelssache** vorliegt, wird nunmehr, trotz der gegenüber Art 1 Brüssel I-VO leicht abweichenden sprachlichen Fassung des Art 1 EG-ZustellVO, grundsätzlich entsprechend Art 1 Abs 1 S 2 Brüssel I-VO zu entscheiden sein. Das bedeutet, dass nicht mehr alternativ qualifiziert werden kann, wie dies für das HZÜ zumeist vertreten wird.[1] Vielmehr muss der Begriff „Zivil- und Handelssachen", nunmehr auch für die EG-ZustellVO **autonom**, also losgelöst von den Rechtsordnungen der Mitgliedstaaten, **ausgelegt** werden, so wie es der *EuGH* für Art 1 EuGVÜ vorgegeben hat.[2] Diese Rechtsprechung wird für die Brüssel I-VO unverändert Bestand haben.[3] Auch für die EG-ZustellVO kann darauf zurückgegriffen werden.

2 Wie für die Brüssel I-VO, wo dies ausdrücklich geregelt ist, gilt auch für die EG-ZustellVO, dass es nicht darauf ankommt, vor welchem **Gericht** der Rechtsstreit geführt wird. Es kommt also nicht darauf an, ob ein Zivilgericht tätig ist. Vielmehr ist nach der Natur des Rechtsverhältnisses zu entscheiden.[4]

3 Allerdings **fehlen** die in **Art 1 Abs 1 S 2 Brüssel I-VO** genannten **Ausnahmen** in Art 1 EG-ZustellVO. Es ist davon auszugehen, dass diese Abweichung bewusst erfolgte. Für den Bereich der Zustellungen besteht nicht die Notwendigkeit solcher Bereichsausnahmen. Laut erläuterndem Bericht sollen ausdrücklich auch Steuer- und Zollsachen sowie verwaltungsrechtliche Angelegenheiten unter die EG-ZustellVO fallen, soweit sie gleichzeitig als „Zivil- und Handelssachen" verstanden werden können.

4 Ebenso ist es mit den **Ausnahmen** nach **Art 1 Abs 2 Brüssel I-VO**. Diese gelten nicht für die EG-ZustellVO. Daher ist zu beachten, dass die EG-ZustellVO letztlich doch einen deutlich weiteren Anwendungsbereich als die Brüssel I-VO umfasst.

5 Insgesamt gilt laut erläuterndem Bericht, dass die Wahrung der Rechte der Streitparteien Vorrang hat und alle Begriffe dementsprechend flexibel zu handhaben sind.

---

[1] Schon Vorbem Rn 30 f.

[2] Vgl hier nur EuGH Rs 29/76 *LTU/Eurocontrol* EuGHE 1976, 1541 – näher dazu und insbesondere zu den der Rechtsprechung innewohnenden Widersprüchen *Rauscher/Mankowski* Art 1 Brüssel I-VO Rn 2 ff.

[3] *Schlosser* Rn 2; *Zöller/Geimer* Rn 1.

[4] Dazu *Rauscher/Mankowski* Art 1 Brüssel I-VO Rn 1 ff.

## II. Gerichtliche und außergerichtliche Schriftstücke

### 1. Allgemeines

6 Die Verordnung gilt für die Zustellung gerichtlicher und außergerichtlicher **Schriftstücke**. Diese Formulierung entspricht dem Wortlaut des HZÜ sowie einiger früherer Prozessabkommen und darf entsprechend verstanden werden. Da bei der Zustellung von gerichtlichen und außergerichtlichen Schriftstücken nicht unterschieden wird, ist die Abgrenzung nicht entscheidend. Bei der Feststellung der (deutschen) **Übermittlungsstelle** gemäß Art 2 EG-ZustellVO, § 4 Abs 1 Nr 1 ZustDG ergibt sich die Unterscheidung von selbst. Wo es ein Gericht gibt, welches das Verfahren betreibt, ist dies die zuständige Übermittlungsstelle, wo es ein solches nicht gibt, richtet sich die Zuständigkeit nach § 4 Abs 1 Nr 2 ZustDG.[5]

### 2. Abgrenzungsmerkmale

7 **Gerichtliche Schriftstücke** sind solche, die in unmittelbarem Zusammenhang mit einem Gerichtsverfahren stehen. Sie können auf die Einleitung des Verfahrens gerichtet sein, in dessen Verlauf entstanden sein oder auch am Ende eines Verfahrens stehen.[6]

8 Ein **außergerichtliches Schriftstück** betrifft dagegen nicht unmittelbar ein Gerichtsverfahren. Es handelt sich um alle Schriftstücke, für deren Übermittlung das einschlägige nationale Recht ein formalisiertes Zustellungsverfahren verlangt. Es kommt darauf an, ob die Beteiligung einer Behörde oder einer ähnlichen Stelle vorgesehen ist.[7]

### 3. Einzelfälle

9 Eine gewisse Hilfe bei der Feststellung, ob ein Schriftstück der Zustellung bedarf, kann das **Glossar der Kommission** darstellen, welches unter der bereits genannten Adresse[8] im Internet abrufbar ist. Allerdings haben die meisten Mitgliedstaaten hier nur sehr allgemeine Angaben gemacht.

### 4. Deutschland

10 In Deutschland werden allgemein die folgenden Schriftstücke als **außergerichtliche**, von der Verordnung erfasste Schriftstücke eingeordnet: Wechselproteste, vollstreckbare notarielle Urkunden gemäß § 794 Abs 1 Nr 5 ZPO, der im Glossar ausdrücklich genannte Anwaltsvergleich, sowie Schiedssprüche.[9]

---

5 Dazu näher bei Art 2.

6 *Schlosser* Art 1 HZÜ Rn 10.

7 Näher *Schlosser* Art 1 HZÜ Rn 12.

8 Vorbem Rn 39.

9 Insbesondere zu letzterem *Schlosser* Art 1 HZÜ Rn 12.

### 5. Weitere Mitgliedstaaten

In den anderen Mitgliedstaaten bedürfen teilweise auch **private Rechtsakte** der formalisierten Zustellung. Insbesondere in **Frankreich** sind bestimmte Schriftstücke im Zusammenhang mit der Vermietung von Geschäftsräumen (Kündigung, Verlängerung des Mietvertrags, Umwidmung) oder mit Landpachtverträgen (Kündigung, Kündigung wegen Eigenbedarf, Vorkaufsrecht) oder in Verbindung mit Sicherheitsleistungen oder Vollstreckungsmaßnahmen (Pfändung oder Räumungsbefehl) zuzustellen.[8] 11

Leider haben die meisten Mitgliedstaaten diese Rechtsakte im Glossar nicht näher bezeichnet.[10] Etwas umfassendere Listen haben nur Portugal, Spanien und Finnland für das Glossar zusammengestellt.

## III. Übermittlung zum Zwecke der Zustellung

### 1. Grundsätzliche Maßgeblichkeit der lex fori

Die Formulierung, dass die Schriftstücke **„zum Zwecke der Zustellung"** zu übermitteln sind, wurde aus dem HZÜ übernommen, obwohl sie schon dort für Probleme gesorgt hatte.[11] Aus ihr lässt sich zunächst ableiten, dass die EG-ZustellVO selbst nicht bestimmt, welche Schriftstücke der Zustellung in das Ausland bedürfen. Dies richtet sich vielmehr ausschließlich nach nationalem Recht.[12] Bei der Feststellung, welche Schriftstücke nach der jeweiligen lex fori „zum Zwecke der Zustellung" zu übermitteln sind, ergeben sich jedoch gewissen Schwierigkeiten. 12

Von der EG-ZustellVO erfasst sind zunächst jedenfalls alle die Fälle, in welchen nach der jeweiligen lex fori eine echte **Zustellung in das Ausland erforderlich** ist. Das sind nach deutschem Recht im allgemeinen die Fälle, in welchen der Adressat seine Zustellungsadresse, also in der Regel seine Wohnung oder seinen Sitz[13] in einem anderen Mitgliedstaat hat. 13

### 2. Besonderheiten

#### a) Tatsächliche Inlandszustellungen

Nun kann nach nationalem Recht eine **Zustellung in das Ausland entbehrlich** sein, obwohl der Zustellungsadressat im Ausland wohnt. So ist es nach deutschem Recht gemäß § 177 ZPO ohne weiteres zulässig, dem ausländischen Adressaten ein Schriftstück zu überreichen, wenn er „zufällig" im Inland angetroffen wird. Dann liegt keine Auslandszustellung vor und die EG-ZustellVO greift nicht ein. Das bedeutet nach ganz 14

---

[10] Vgl mit Beispielen *Schlosser* Art 1 HZÜ Rn 12.

[11] *Stadler* IPRax 2001, 517.

[12] Schon Vorbem Rn 18f; kritisch *Bajons*, in: FS Schütze (1999) 52; zur fiktiven Inlandszustellung sogleich Rn 15.

[13] Näher zur Zustellungsadresse Art 14 Rn 5.

hA beispielsweise, dass auch eine Übersetzung des Schriftstückes nicht erforderlich ist.[14]

Auch eine Zustellung an Angehörige der deutschen Auslandsvertretungen wird als Inlandszustellung angesehen.[15]

**b) Fiktive Inlandszustellungen**

15 Die EG-ZustellVO findet grundsätzlich auch dann keine Anwendung, wenn die Mitgliedstaaten anstelle der Zustellung in das Ausland eine **fiktive Inlandszustellung** vorsehen. Die grundsätzliche Möglichkeit solcher fiktiven Inlandszustellungen wird durch die EG-ZustellVO nicht berührt. Die Mitgliedstaaten sind also keinesfalls verpflichtet, die Zustellung nunmehr gemäß Art 4 ff vorzunehmen.[16]

## IV. Von einem in einen anderen Mitgliedstaat

16 Wie für die Brüssel I-VO, die dies in Art 1 Abs 3 ausdrücklich bestimmt, erfasst der Begriff „Mitgliedstaaten" in der gesamten Verordnung stets **alle Mitgliedstaaten** der EU mit **Ausnahme Dänemarks**. Zur Sonderstellung Dänemarks bereits oben Vorbemerkungen, Rn 3.

## V. Unbekannter Empfänger

### 1. Unanwendbarkeit

17 Die EG-ZustellVO findet gemäß Art 1 Abs 2 **keine Anwendung**, wenn der **Empfänger unbekannt** ist.

Laut dem erläuternden Bericht wurde Art 1 Abs 2 in die Verordnung aufgenommen, um nicht die Verantwortlichkeit für die Zustellung eines Schriftstücks, bei dem die Anschrift des Empfängers nicht bekannt ist, dem jeweiligen Empfangsmitgliedstaat aufzubürden. Wie schon für das HZÜ ist auch für die EG-ZustellVO davon auszugehen, dass die **Empfangsstelle** zwar nicht verpflichtet ist, Untersuchungen zur **Ermittlung des Empfängers** anzustellen. Dennoch ist sie aber dazu berechtigt.[17]

### 2. Inkorrekte Adressierung

Ausdrücklich erwähnt der erläuternde Bericht, dass Art 1 Abs 2 **nicht** solche Fälle umfasst, in welchen lediglich die **Adresse nicht korrekt** ist. Vielmehr heißt es, dass die

---

14 Näher *Geimer*, IZPR[4] Rn 2109; *Fleischhauer*, Inlandszustellung an Ausländer 257 f.

15 Näher *Geimer*, IZPR[4] Rn 2085 c.

16 Allg Ansicht auch schon zum HZÜ: *Geimer*, IZPR[4] Rn 2080; *Fleischhauer*, Inlandszustellung an Ausländer 44; *Schlosser* Art 1 HZÜ Rn 5; *Roth* IPRax 2000, 497; wohl anders aber *Musielak/Stadler* Art 1. Näher zu den Arten und den Grenzen fiktiver Zustellungen unten Art 19 Rn 3 ff.

17 *Geimer*, IZPR[4] Rn 2166.

zuständige Behörde des Empfangsmitgliedstaats, der ein Antrag auf Zustellung eines Schriftstücks an einen Empfänger zugeht, dessen Anschrift unvollständig oder nicht richtig ist, mit den ihr zur Verfügung stehenden einfachen Mitteln Nachforschungen anstellen muss. Wenn allerdings die Anschrift des Empfängers nicht ermittelt werden kann, soll das Schriftstück binnen kürzester Frist an die Übermittlungsstelle zurückgesandt werden.[18] Damit sind auch freiwilligen Nachforschungen der Empfangsstelle enge zeitliche Grenzen gesetzt.

### 3. Gründe

Eine Regelung für die internationale Zustellung an einen unbekannten Empfänger in die EG-ZustellVO aufzunehmen, war angesichts ihres auf den eigentlichen Zustellungsvorgang zwischen zwei Mitgliedstaaten beschränkten Ansatzes in der Tat nicht möglich. Denn anders als es die im erläuternden Bericht erörterte Situation erscheinen lassen mag, sind auch Fälle denkbar, in denen überhaupt unbekannt ist, in welchem Staat der Adressat sich aufhält. 18

### 4. Öffentliche Zustellung

Da auch das HZÜ gemäß seinem Art 1 Abs 2 nicht greift, wenn der Empfänger unbekannt ist, bleibt es für die Frage, wie in solchen Fällen zugestellt wird, grundsätzlich beim **nationalen Recht**. Ob und in welcher Form eine öffentliche Zustellung erfolgen darf, richtet sich somit nach §§ 185f ZPO. Ist der Aufenthaltsort des Zustellungsadressaten unbekannt, so kann die **öffentliche Zustellung** gemäß § 185 Abs 1 Nr 1 ZPO unabhängig davon erfolgen, ob der Zustellungsadressat sich tatsächlich im In- oder Ausland aufhält. Die öffentliche Zustellung gemäß § 185 Nr 2 ZPO wird im Anwendungsbereich von EG-ZustellVO und HZÜ kaum eingreifen können, da hier die Zustellung in das Ausland bei bekannter Anschrift in aller Regel Erfolg verspricht.[19] 19

Auch die Beurteilung der Zulässigkeit einer im **Ausland** vorgenommenen **öffentlichen Zustellung** erfolgt daher unverändert nach der ausländischen lex fori.[20] 20

Wenn allerdings die ausländischen Gerichte eine öffentliche Zustellung vorschnell vornehmen oder die Zustellung aus sonstigen Gründen gegen den deutschen ordre public verstößt, so ist die **Anerkennung des Urteils** nach Art 34 Nr 1 Brüssel I-VO bzw Art 15 Abs 1 Nr 1 Brüssel II-VO gefährdet.[21] Das gleiche gilt umgekehrt für die Anerkennung deutscher Entscheidungen in den übrigen Mitgliedstaaten.[22] 21

---

18 Erläuternder Bericht zum EG-Zustellungsübereinkommen ABl EG 1997 C 261/26.

19 Näher *Zöller/Stöber* § 185 ZPO Rn 2f.

20 Vgl die in diesem Punkt nicht ganz klare, im Ergebnis aber zutreffende Entscheidung des OLG Düsseldorf IPRax 2000, 527 mit Anm *Roth* 497ff.

21 Nochmals OLG Düsseldorf IPRax 2000, 527 mit Anm *Roth* 497ff.

22 Vgl zur streitigen Reichweite des Art 19 in diesem Punkt dort Rn 3ff sowie bereits Vorbem Rn 15f.

## Artikel 2
## Übermittlungs- und Empfangsstellen

(1) Jeder Mitgliedstaat benennt die Behörden, Amtspersonen oder sonstigen Personen, die für die Übermittlung gerichtlicher und außergerichtlicher Schriftstücke, die in einem anderen Mitgliedstaat zuzustellen sind, zuständig sind, im folgenden „Übermittlungsstellen" genannt.

(2) Jeder Mitgliedstaat benennt die Behörden, Amtspersonen oder sonstigen Personen, die für die Entgegennahme gerichtlicher und außergerichtlicher Schriftstücke aus einem anderen Mitgliedstaat zuständig sind, im folgenden „Empfangsstellen" genannt.

(3) Die Mitgliedstaaten können entweder eine Übermittlungsstelle und eine Empfangsstelle oder eine Stelle für beide Aufgaben benennen. Bundesstaaten, Staaten mit mehreren Rechtssystemen oder Staaten mit autonomen Gebietskörperschaften können mehrere derartige Stellen benennen. Diese Benennung ist für einen Zeitraum von fünf Jahren gültig und kann alle fünf Jahre erneuert werden.

(4) Jeder Mitgliedstaat teilt der Kommission folgende Angaben mit:

a) die Namen und Anschriften der Empfangsstellen nach den Absätzen 2 und 3,

b) den Bereich, für den diese örtlich zuständig sind,

c) die ihnen zur Verfügung stehenden Möglichkeiten für den Empfang von Schriftstücken und

d) die Sprachen, in denen das Formblatt im Anhang ausgefüllt werden darf.

Die Mitgliedstaaten teilen der Kommission jede Änderung dieser Angaben mit.

**I. Übermittlungsstellen und Empfangsstellen**
1. Allgemeines ........................... 1
2. Art 2 Abs 3 ........................... 4

**II. Länderangaben zu den Übermittlungs- und Empfangsstellen**
1. Übermittlungsstellen
a) Deutschland ........................... 7
b) Sonstige Mitgliedstaaten ........... 8
2. Empfangsstellen
a) Deutschland ........................... 9
b) Sonstige Mitgliedstaaten ........... 10

### I. Übermittlungsstellen und Empfangsstellen

### 1. Allgemeines

1 Die Mitgliedstaaten müssen eine zur Übermittlung von zuzustellenden Schriftstücken und eine zum Empfang solcher Schriftstücke **zuständige Stelle benennen**. Erfolgt die Zustellung durch eine andere als die benannte Stelle, so liegt keine wirksame Zustellung vor.

2 Die EG-ZustellVO unterscheidet zwischen Übermittlungs- und Empfangsstellen. Die **Übermittlungsstelle** befindet sich in dem Staat, von dem die Zustellung ausgeht. Sie ist dafür zuständig, gerichtliche Schriftstücke in das Ausland zu übersenden.

Die **Empfangsstelle** ist die Stelle in dem Mitgliedstaat, in dem der Zustellungsadressat wohnt. Sie empfängt das Schriftstück und nimmt die eigentliche Zustellung an den Adressaten vor.

Will ein deutsches Gericht eine Zustellung gemäß der Art 4ff vornehmen, so muss demnach die **deutsche Übermittlungsstelle** das Schriftstück an die gemäß Art 3 Abs 4 von dem Empfangsmitgliedstaat benannte, zuständige Empfangsstelle übersenden.[1] 3

## 2. Art 2 Abs 3

Der Wortlaut der deutschen Fassung der Verordnung ist etwas unklar. Art 2 Abs 3 möchte nicht besagen, dass jeder Mitgliedstaat nur dann **mehrere Empfangs-** bzw **Übermittlungsstellen** benennen darf, wenn dies für unterschiedliche Bundesstaaten, autonome Gebietskörperschaften oder aufgrund unterschiedlicher Rechtssysteme innerhalb des Staats erfolgt. Art 2 Abs 3 S 1 meint im Grunde das Gegenteil: Die Norm will den Mitgliedstaaten die Möglichkeit eröffnen, die Empfangsstellen und die Übermittlungsstellen – deren Anzahl beliebig ist – jeweils in einer Behörde zu vereinen.[2] 4

Insbesondere macht es keinen Sinn, **zentrale Übermittlungsstellen** einzurichten, wenn die Übermittlung von Schriftstücken, wie beispielsweise in **Deutschland**, in die Zuständigkeit des Gerichts fällt, bei dem das Verfahren anhängig ist. Entsprechend ist in Deutschland das die Zustellung betreibende Gericht jeweils auch Übermittlungsstelle, Empfangsstelle ist das Amtsgericht am Wohnsitz des Empfängers. Auch die **anderen Mitgliedstaaten** haben als Übermittlungsstellen zumeist die das Verfahren betreibenden Gerichte bzw entsprechend nationalem Recht die örtlich zuständigen Gerichtsvollzieher benannt. Dass dennoch Art 2 Abs 3 die Möglichkeit der Einrichtung einer einzigen zentralisierten Behörde erlaubt, war ein notwendiger Kompromiss, da einige Mitgliedstaaten sich eine dezentralisierte Zuständigkeit für die Auslandszustellungen nicht vorstellen konnten.[3] 5

Alle fünf Jahre dürfen die Mitgliedstaaten die von ihnen **benannten Stellen ändern**. 6

## II. Länderangaben zu den Übermittlungs- und Empfangsstellen

### 1. Übermittlungsstellen

#### a) Deutschland

Deutschland hat die folgenden Angaben gemacht: Übermittlungsstelle für **gerichtliche Schriftstücke** ist das jeweils die Zustellung betreibende Gericht (§ 4 Abs 1 Nr 1 ZustDG). Übermittlungsstelle für **außergerichtliche Schriftstücke** ist das Amtsgericht, in dessen Bezirk die Person, welche die Zustellung betreibt, ihren Wohnsitz oder gewöhnlichen Aufenthalt hat; bei notariellen Urkunden auch dasjenige Amtsgericht, in dessen Bezirk der beurkundende Notar seinen Amtssitz hat. Bei juristischen Personen tritt an die Stelle des Wohnsitzes oder des gewöhnlichen Aufenthalts der Sitz. 7

---

[1] Vgl genauer zum Weg des Schriftstücks bei Art 4.

[2] Nur *Schlosser* Rn 1.

[3] *Meyer* IPRax 1997, 403.

Die Landesregierungen können die Aufgaben der Übermittlungsstelle einem Amtsgericht für die **Bezirke mehrerer Amtsgerichte** durch Rechtsverordnung zuweisen (§ 4 Abs 1 Nr 2 ZustDG).

**b) Sonstige Mitgliedstaaten**

8 Die Angaben der sonstigen Mitgliedstaaten können der **konsolidierten Fassung der Angaben der Mitgliedstaaten**[4] entnommen werden.

Die meisten Mitgliedstaaten haben als Übermittlungsstellen die verfahrensbetreibenden Gerichte oder Behörden bestimmt. Nur das Vereinigte Königreich hat die Übermittlungsstellen jeweils zentral festgelegt.

**2. Empfangsstellen**

**a) Deutschland**

9 In Deutschland sind gemäß § 4 Abs 2 ZustDG alle Amtsgerichte Empfangsstellen. Zuständig ist das **Amtsgericht** am Wohn- bzw Sitzort des **Zustellungsadressaten**. Wiederum dürfen die Landesregierungen durch Rechtsverordnung die Aufgaben einem Amtsgericht für die Bezirke mehrerer Amtsgerichte zuweisen.

**b) Sonstige Mitgliedstaaten**

10 Die umfangreiche Liste der Empfangsstellen aller Mitgliedstaaten ist in einem gesonderten **Handbuch** veröffentlicht. Nicht alle Mitgliedstaaten haben die Empfangsbehörde dezentralisiert.[5]

Alle nach Abs 4 erforderlichen Angaben können im Internet in allen Sprachen abgerufen werden. Dort werden sie regelmäßig aktualisiert. Da es bereits einige Änderungen gegeben hat, ist die Überprüfung unter der in Rn 8 angegebenen Adresse bzw eine Nachfrage bei der zuständigen Zentralbehörde jeweils zu empfehlen.

## Artikel 3
## Zentralstelle

Jeder Mitgliedstaat benennt eine Zentralstelle, die
a) den Übermittlungsstellen Auskünfte erteilt;
b) nach Lösungswegen sucht, wenn bei der Übermittlung von Schriftstücken zum Zwecke der Zustellung Schwierigkeiten auftreten;
c) in Ausnahmefällen auf Ersuchen einer Übermittlungsstelle einen Zustellungsantrag an die zuständige Empfangsstelle weiterleitet.
Bundesstaaten, Staaten mit mehreren Rechtssystemen oder Staaten mit autonomen Gebietskörperschaften können mehrere Zentralstellen benennen.

---

4 http://europa.eu.int/comm/justice_home/fsj/civil/documents/fsj_civil_1348_en.htm
5 Vgl ABl EG 2001 L 298/ 1.

**I. Normzweck** .......... 1

**II. Aufgaben der Zentralstelle**
1. Auskunftserteilung .......... 2
2. Weiterleitung von Schriftstücken .... 5
3. Unbekannte Adresse .......... 9

**III. Zentralstellen**
1. Deutschland .......... 10
2. Zentralstellen der sonstigen Mitgliedstaaten .......... 11

## I. Normzweck

Die Benennung einer Zentralstelle durch die Mitgliedstaaten dient der weiteren **organisatorischen Vereinfachung**. Die Zentralstellen sollen alle bei der grenzüberschreitenden Zustellung nach der EG-ZustellVO auftretenden Probleme lösen. 1

## II. Aufgaben der Zentralstelle

### 1. Auskunftserteilung

Die wichtigste Aufgabe der Zentralstelle besteht darin, **Auskünfte** zu erteilen. Dabei ist davon auszugehen, dass alle an einer Zustellung in das Ausland beteiligten Personen sich mit ihren Fragen an die Zentralstelle wenden dürfen.[1] Die Vorstellung des Verordnungsgebers geht dabei dahin, dass in erster Linie die Zentralstelle des Empfangsmitgliedstaats zuständig ist. Auch die Zentralstelle des Übermittlungsstaats sollte jedoch rechtliche Auskünfte erteilen, soweit es ihr möglich ist. 2

Das **Vereinigte Königreich** hat angegeben, dass die dortige Zentralstelle auch für die Prüfung der Übersetzungen verantwortlich sein soll. Das kann die Zentralstelle jedoch nicht übernehmen, da sie das Schriftstück in aller Regel gar nicht erhält. Auch würde damit der Zweck der Verordnung, die Zustellung zu beschleunigen, verfehlt. Die Angabe des Vereinigten Königreichs wird aber dadurch relativiert, dass in England und Wales die Empfangs-, Übermittlungs- und Zentralstelle in einer Behörde vereint sind. 3

Nicht nur die bloße Erteilung von Auskünften, sondern auch die aktive Suche nach Lösungen gehört zu den Aufgaben der Zentralstelle. 4

### 2. Weiterleitung von Schriftstücken

Nach Art 3 lit c darf die Zentralstelle in **Ausnahmefällen** auch um die **Weiterleitung** von Schriftstücken ersucht werden. Gemeint ist dabei jeweils nur die Zentralstelle des Empfangsmitgliedstaats. Die hier genannte Möglichkeit, die Zentralstelle selbst um die Weiterleitung eines Schriftstückes zu bitten, soll laut erläuterndem Bericht auf eng umrissene Ausnahmefälle begrenzt sein. Insbesondere soll ein Schriftstück, wenn die örtlich zuständige Empfangsstelle nicht ermittelt werden kann, nicht ohne weiteres der 5

---

[1] Auch *Schlosser* Art 3 Rn 1.

Zentralstelle übermittelt werden. Vielmehr soll auch hier im Regelfall die Zentralstelle gemäß Art 3 lit a bzw b zunächst nur um Auskunft gebeten werden.

6 Im erläuternden Bericht werden jedoch auch einige **Beispiele** für ein Eingreifen des Art 3 lit c genannt. Danach könnte ein Schriftstück der Zentralstelle selbst übermittelt werden, wenn es einer Übermittlungsstelle „trotz wiederholten Nachfragens und nach Ablauf einer vertretbaren Frist" **nicht gelingt**, die **Adresse** der für die Zustellung des Schriftstücks eigentlich zuständigen Empfangsstelle zu erfahren. Dieses Beispiel erscheint etwas merkwürdig. Gemeint ist aber wohl doch, dass die Übermittlungsstelle, wenn sie einmal nicht selbst in der Lage ist, die Empfangsstelle aus dem Handbuch der Kommission zu entnehmen, und ihr auch die Zentralstelle nicht antwortet, nach gewisser Zeit zu dem „Druckmittel" greifen darf, das ganze Schriftstück einfach der Zentralstelle zu übersenden.

7 Überzeugender erscheinen die weiteren, allerdings ebenfalls nur Einzelfälle betreffenden Beispiele: Es sind die Fälle, in welchen die zuständige **Empfangsstelle** aus irgendwelchen Gründen für bestimmte Zeit ihre **Arbeit nicht ausführen kann**, sei es, weil sie (so der erläuternde Bericht) „durch Brand vernichtet wurde" oder weil sie „aufgrund eines Generalstreiks oder einer Naturkatastrophe" ihre Amtsgeschäfte nicht wahrnehmen kann.

8 Die Übermittlungsstellen sollen selbst **sorgfältig überprüfen**, ob eine Übermittlung an die Zentralstelle im Einzelfall unvermeidlich ist. Dass Art 3 lit c nur in Ausnahmefällen genutzt wird, wird gemäß Art 24 auch von der Kommission überwacht.

### 3. Unbekannte Adresse

9 **In keinem Fall** darf ein Schriftstück an die **Zentralstelle** gesendet werden, wenn die Anschrift des Empfängers nicht ermittelbar ist. Denn nicht nur ist es nicht die Aufgabe der Zentralstelle, Adressen zu ermitteln, sondern das Übereinkommen findet in den Fällen, in welchen die Anschrift des Empfängers unbekannt ist, gemäß Art 1 Abs 2 ohnehin keine Anwendung.

## III. Zentralstellen

### 1. Deutschland

10 Deutschland hat sich mit § 4 Abs 3 ZustDG entschieden, **für jedes Bundesland** eine Zentralstelle anzugeben. Die angegebenen Stellen sind dabei teilweise sehr allgemeine Adressen großer Behörden und erscheinen daher weniger geeignet für die schnelle und kompetente Beantwortung von Anfragen aus dem Ausland. Als Sprachen hat Deutschland neben Deutsch nur Englisch zugelassen. Im Folgenden sind die deutschen Zentralstellen jeweils mit Post- und Hauptanschrift aufgeführt.

**Baden-Württemberg**
*Tel* (+49-761) 205-0
*Fax* (+49-761) 205-18 04
*E-Mail* AGFreiburg@t-online.de
Amtsgericht Freiburg
D-79095 Freiburg im Breisgau

*Hausanschrift*
Amtsgericht Freiburg
Holzmarkt 2
D-79098 Freiburg im Breisgau

**Bayern**
*Tel* (+49-89) 55 97-01
*Fax* (+49-89) 55 97-23 22
*E-Mail* poststelle@stmj.bayern.de
Bayerisches Staatsministerium der Justiz
D-80097 München

*Hausanschrift*
Bayerisches Staatsministerium der Justiz
Justizpalast
Prielmayerstraße 7
D-80335 München

**Berlin**
*Tel* (+49-30) 90 13-0
*Fax* (+49-30) 90 13-20 00
*E-Mail* poststelle@senjust.verwalt-berlin.de
Senatsverwaltung für Justiz
Salzburger Straße 21/25
D-10825 Berlin

*Hausanschrift*
Senatsverwaltung für Justiz
Salzburger Straße 21/25
D-10825 Berlin

**Brandenburg**
*Tel* (+49-331) 866-0
*Fax* (+49-331) 866-30 80/30 81
*E-Mail* poststelle@mdje.brandenburg.de
Ministerium der Justiz und für Europaangelegenheiten des Landes Brandenburg
D-14460 Potsdam

*Hausanschrift*
Ministerium der Justiz und für Europaangelegenheiten des Landes Brandenburg
Heinrich-Mann-Allee 107
D-14473 Potsdam

**Bremen**
*Tel* (+49-421) 361 42 04
*Fax* (+49-421) 361 67 13
*E-Mail* office@landgericht.bremen.de
Landgericht Bremen
Postfach 10 78 43
D-28078 Bremen

*Hausanschrift*
Landgericht Bremen
Domsheide 16
D-28195 Bremen

**Hamburg**
*Tel* (+49-40) 428 43-0
*Fax* (+49-40) 428 43-23 83
*E-Mail* poststelle@ag.justiz.hamburg.de
Amtsgericht Hamburg
D-20348 Hamburg

*Hausanschrift*
Amtsgericht Hamburg
Sievekingplatz 1
D-20355 Hamburg

**Hessen**
*Tel* (+49-611) 32-0
*Fax* (+49-611) 32-27 63
*E-Mail* poststelle@hmdj.hessen.de
Hessisches Ministerium der Justiz
Postfach 31 69
D-65021 Wiesbaden

*Hausanschrift*
Hessisches Ministerium der Justiz
Luisenstraße 13
D-65185 Wiesbaden

**Mecklenburg-Vorpommern**
*Tel* (+49-385) 588-0
*Fax* (+49-611) 588-34 53
*E-Mail* poststelle@jm.mv-regierung.de
Justizministerium Mecklenburg-Vorpommern
D-19048 Schwerin

*Hausanschrift*
Justizministerium Mecklenburg-Vorpommern
Demmlerplatz 14
D-19053 Schwerin

**Niedersachsen**
*Tel* (+49-511) 120-0
*Fax* (+49-511) 120-51 70/51 85
*E-Mail* Henning.Baum@mj.niedersachsen.de
Niedersächsisches Justizministerium
Postfach 201
D-30002 Hannover

*Hausanschrift*
Niedersächsisches Justizministerium
Waterlooplatz 1
D-30169 Hannover

**Nordrhein-Westfalen**
Tel (+49-211) 49 71-0
Fax (+49-211) 49 71-548
*E-Mail* poststelle@olg.duesseldorf.nrw.de
Oberlandesgericht Düsseldorf
Postfach 30 02 10
D-40402 Düsseldorf

*Hausanschrift*
Oberlandesgericht Düsseldorf
Cecilienallee 3
D-40474 Düsseldorf

**Rheinland-Pfalz**
*Tel* (+49-6131) 16-0
*Fax* (+49-6131) 16-48 87
*E-Mail* poststelle@justiz.rlp.de
Ministerium der Justiz
Postfach 32 60
D-55022 Mainz

*Hausanschrift*
Ministerium der Justiz
Ernst-Ludwig-Straße 3
D-55116 Mainz

**Saarland**
*Tel* (+49-681) 501-00
*Fax* (+49-681) 501-58 55
*E-Mail* poststelle@mdj.x400.saarland.de
Ministerium der Justiz
Postfach 10 24 51
D-66024 Saarbrücken

*Hausanschrift*
Ministerium der Justiz
Zähringerstraße 12
D-66119 Saarbrücken

**Sachsen**
*Tel* (+49-351) 446-0
*Fax* (+49-351) 446-30 70/11 70
*E-Mail* lippert@olg.sachsen.de
Oberlandesgericht Dresden
Postfach 12 07 32
D-01008 Dresden

*Hausanschrift*
Oberlandesgericht Dresden
Augustusstraße 2
D-01067 Dresden

**Sachsen-Anhalt**
*Tel* (+49-391) 567-01
*Fax* (+49-391) 567-61 80
*E-Mail* Altrichter@mj.lsa-net.de
Ministerium der Justiz
Postfach 34 29
D-39043 Magdeburg

*Hausanschrift*
Ministerium der Justiz
Hegelstraße 40/42
D-39104 Magdeburg

**Schleswig-Holstein**
*Tel* (+49-431) 988-0
*Fax* (+49-431) 988-38 70
*E-Mail* poststelle@jumi.landsh.de
Ministerium für Justiz, Frauen,
Jugend und Familie
Lorentzendamm 35
D-24103 Kiel

*Hausanschrift*
Ministerium für Justiz, Frauen,
Jugend und Familie
Lorentzendamm 35
D-24103 Kiel

**Thüringen**
*Tel* (+49-361) 37 95-000
*Fax* (+49-361) 37 95-888
*E-Mail* poststelle@tjm.thueringen.de
Thüringer Justizministerium
Postfach 10 01 51
D-99001 Erfurt

*Hausanschrift*
Thüringer Justizministerium
Werner-Seelenbinder-Straße 5
D-99096 Erfurt

**2. Zentralstellen der sonstigen Mitgliedstaaten**

Im folgenden sind die Zentralstellen der sonstigen Mitgliedstaaten jeweils mit voller Adresse sowie Sprachkenntnissen wiedergegeben. 11

**Belgien**: Chambre nationale des huissiers de justice/Nationale Kamer van Gerechtsdeurwaarders
*Tel* (+32-2) 538 00 92; *Fax* (+32-2) 539 41 11
*E-Mail* Chambre.Nationale@huissiersdejustice.be
Nationale.Kamer@gerechtsdeurwaarders.be
Chambre nationale des huissiers de justice/Nationale Kamer van Gerechtsdeurwaarders
*Anschrift* Avenue Henri Jaspar 93/Henri Jasparlaan 93, B-1060 Bruxelles
*Sprachkenntnisse* Französisch, Niederländisch, Deutsch, Englisch

**Finnland**: Justizministerium
*Tel* (+358-9) 16 06 76 28; *Fax* (+358-9) 16 06 75 24
*E-Mail* central.authority@om.fi
*Hausanschrift* Oikeusministeriö, Eteläesplanadi 10, FIN-00130 Helsinki
*Postanschrift* Oikeusministeriö, PL 25, FIN-00023 Valtioneuvosto
*Sprachkenntnisse* Finnisch, Schwedisch, Englisch

**Frankreich**: Bureau de l'entraide judiciaire civile et commerciale
*Tel* (+33) 144 86 14 83, (+33) 144 86 14 01; *Fax* (+33) 144 86 14 06
*Anschrift* Bureau de l'entraide judiciaire civile et commerciale, Direction des affaires civiles et du sceau, 13, Place Vendôme, F-75042 Paris Cedex 01
*Sprachkenntnisse* Französisch, Englisch

**Griechenland**: Justizministerium
*Tel* (+30-1) 771 41 86; *Fax* (+30-1) 771 59 94
*Anschrift* *Υπσυργείσ Δυκαισύνης*/Ipourgio Dikeosinis, Mesog GR-11527 Athens
*Sprachkenntnisse* Englisch, Französisch (verantwortlich für die Entgegennahme der Dokumente sind Frau Argyro Eleftheriadou, Frau Eirini Kouzeli und Herr Georgos Kouvelas)

**Irland**: Central Office of the High Court
*Tel* (+353-1) 888 60 00; *Fax* (+353-1) 872 56 69
*Anschrift* The Master, The High Court, Four Courts, Dublin 7
*Sprachkenntnisse* Englisch, Gälisch

**Italien**: Zentralbüro der Gerichtsvollzieher beim Berufungsgericht Rom
*Tel* (+39) 06 37 51 73 34; *Fax* (+39) 06 372 46 67
*Anschrift* Ufficio unico degli ufficiali giudiziari presso la Corte di appello di Roma, Via C. Poma, 5, I-00195 Roma
*Sprachkenntnisse* Italienisch, Französisch, Englisch

**Luxemburg**: Generalstaatsanwaltschaft beim Obersten Gerichtshof
*Tel* (+352) 47 59 81-336; *Fax* (+352) 47 05 50
*E-Mail* parquet.general@mj.etat.lu
*Anschrift* Parquet général près la Cour supérieure de justice, Boîte postale 15, L-2010 Luxembourg
*Sprachkenntnisse* Französisch, Deutsch

**Niederlande**: Koninklijke Beroepsorganisatie van Gerechtsdeurwaarders
*Tel* (+31-30) 689 89 24; *Fax* (+31-30) 689 99 24
*E-Mail* kbvg@kbvg.nl
*Anschrift* Koninklijke Beroepsorganisatie van Gerechtsdeurwaarders, Varrolaan 100, 3584 BW Utrecht, Postbus 8138, NL-3503 RC Utrecht
*Sprachkenntnisse* Niederländisch, Englisch

**Österreich**: Bundesministerium für Justiz
*Tel* (+43-1) 521 52-2292; (+43-1) 521 52-2115; (+43-1) 521 52-2130; *Fax* (+43-1) 521 52-2829
*E-Mail* ihor.tarko@bmj.gv.at; barbara.goeth@bmj.gv.at; georg.lukasser@bmj.gv.at
*Anschrift* Bundesministerium für Justiz, Postfach 63, A-1016 Wien oder Bundesministerium für Justiz, Museumstraße 7, A-1070 Wien oder Bundesministerium für Justiz, Neustiftgasse 2, A-1070 Wien
*Sprachkenntnisse* Deutsch, Englisch

**Portugal**: Direcção Geral da Administração da Justiça (Generaldirektion Justizverwaltung)
*Tel* (+351) 21 790 62 33-44; *Fax* (+351) 21 790 62 49
*E-Mail* correio@dgsj.pt
*Anschrift* Direcção Geral da Administração da Justiça, Av. 5 de Outubro, n° 125, P-1069 - 044 Lisboa
*Sprachkenntnisse* Portugiesisch, Spanisch, Französisch, Englisch

**Schweden**: Justizministerium
*Tel* (+46-8)-405 45 00; *Fax* (+46-8)-405 46 76
*E-mail* birs@justice.ministry.se
*Anschrift* Justitiedepartementet, Enheten för brottmålsärenden och internationellt rättsligt samarbete, Centralmyndigheten, S-103 33 Stockholm
*Sprachkenntnisse* Schwedisch, Englisch

**Spanien**: Subdirección General de Cooperación Jurídica Internacional del Ministerio de Justicia (Unterabteilung – Internationale justizielle Zusammenarbeit des Justizministeriums)
*Fax* (+34) 913 90 44 57 (Telefonisch zur Zeit nicht erreichbar)
*Anschrift* Subdirección General de Cooperación Jurídica Internacional Ministerio de Justicia, San Bernardo 62, E-28015 Madrid
*Sprachkenntnisse* Spanisch, Französisch, Englisch

**Vereinigtes Königreich**:
1. **England und Wales**: Royal Courts of Justice
*Tel* (+44-20) 79 47 66 91; *Fax* (+44-20) 79 47 62 37
*Anschrift* The Senior Master, For the Attention of the Foreign Process Department (Room E10), Royal Courts of Justice, Strand, GB-London WC2A 2LL
2. **Schottland**: Scottish Executive Civil Justice and International Division
*Tel* (+44-131) 221 67 60; *Fax* (+44-131) 221 68 94
*E-Mail* David.Berry@scotland.gsi.gov.uk
*Anschrift* Scottish Executive Civil Justice and International Division, Hayweight House, Lauriston Street, GB-Edinburgh EH3 9DQ, Schottland
3. **Nordirland**: Royal Courts of Justice
*Tel* (+44-28) 90 72 47 06; *Fax* (+44-28) 90 23 51 86
*Anschrift* The Master (Queen's Bench and Appeals), Royal Courts of Justice, Chichester Street, GB-Belfast BT1 3JF

**4. Gibraltar:** Supreme Court
*Tel* (+350) 788 08; *Fax* (+350) 771 18;
*Anschrift* The Registrar of the Supreme Court of Gibraltar, Supreme Court, Law Courts, 277 Main Street, Gibraltar
*Sprachkenntnisse* Englisch

# Kapitel II
# Gerichtliche Schriftstücke

## Abschnitt 1
## Übermittlung und Zustellung von gerichtlichen Schriftstücken

### Artikel 4
### Übermittlung von Schriftstücken

(1) Gerichtliche Schriftstücke sind zwischen den nach Artikel 2 benannten Stellen unmittelbar und so schnell wie möglich zu übermitteln.

(2) Die Übermittlung von Schriftstücken, Anträgen, Zeugnissen, Empfangsbestätigungen, Bescheinigungen und sonstigen Dokumenten zwischen den Übermittlungs- und Empfangsstellen kann auf jedem geeigneten Übermittlungsweg erfolgen, sofern das empfangene Dokument mit dem versandten Dokument inhaltlich genau übereinstimmt und alle darin enthaltenen Angaben mühelos lesbar sind.

(3) Dem zu übermittelnden Schriftstück ist ein Antrag beizufügen, der nach dem Formblatt im Anhang erstellt wird. Das Formblatt ist in der Amtssprache des Empfangsmitgliedstaats, oder, wenn es in diesem Mitgliedstaat mehrere Amtssprachen gibt, der Amtssprache oder einer der Amtssprachen des Ortes, an dem die Zustellung erfolgen soll, oder in einer sonstigen Sprache, die der Empfangsmitgliedstaat zugelassen hat, auszufüllen. Jeder Mitgliedstaat hat die Amtssprache oder die Amtssprachen der Europäischen Union anzugeben, die er außer seiner oder seinen eigenen für die Ausfüllung des Formblatts zu läßt.

(4) Die Schriftstücke sowie alle Dokumente, die übermittelt werden, bedürfen weder der Beglaubigung noch einer anderen gleichwertigen Formalität.

(5) Wünscht die Übermittlungsstelle die Rücksendung einer Abschrift des Schriftstücks zusammen mit der Bescheinigung nach Artikel 10, so übermittelt sie das betreffende Schriftstück in zweifacher Ausfertigung.

**I. Allgemeines** .............................. 1

**II. Ablauf der Zustellung**
1. Amtliche Rechtshilfe ................ 2
2. Anwendbarkeit der ZRHO .......... 5

**III. Form der Übersendung** ............... 6

**IV. Formblatt und Sprachenregelung**
1. Regelungszweck ...................... 8
2. Sprachenregelung
a) Allgemeines ........................ 9
b) Sprachenregelungen der Mitgliedstaaten ........................ 10

**V. Beglaubigung** .......................... 11

**VI. Zweifache Übermittlung** ............... 12

## I. Allgemeines

Art 4 soll dem wichtigsten Anliegen der EG-ZustellVO, nämlich der Beschleunigung der internationalen Zustellungen, dienen. Dazu werden jedoch keine zwingenden Vorgaben gemacht, sondern die Verordnung belässt es bei einigen technischen Erleichterungen des eigentlichen Übersendungsvorgangs sowie bei einer sehr allgemein gehaltenen Sollvorschrift. 1

## II. Ablauf der Zustellung

### 1. Amtliche Rechtshilfe

Im System der EG-ZustellVO besteht der Weg des zuzustellenden Schriftstücks aus drei Teilstücken. Das Schriftstück wird vom Gericht zunächst an die **Übermittlungsstelle** übergeben. Dieser erste Schritt fehlt allerdings in den Mitgliedstaaten, welche die betreibenden Gerichte als Übermittlungsstellen benannt haben. Die Übermittlungsstelle übersendet das Schriftstück sodann an die **Empfangsstelle** in dem Mitgliedstaat, in welchem sich der Zustellungsadressat aufhält. Erst die Empfangsstelle nimmt die eigentliche Zustellung an den Zustellungsadressaten vor. 2

Es bleibt in der EG-ZustellVO also für den Regelfall bei der Zustellung durch amtliche Rechtshilfe (vgl aber Art 14 EG-ZustellVO). Nur erfolgt diese Rechtshilfe nicht mehr – wie in **Art 2 HZÜ** vorgesehen – über eine „Zentrale Behörde“, sondern grundsätzlich dezentralisiert, also durch **ortsnahe Behörden**. Allerdings haben nicht alle Mitgliedstaaten überhaupt von der Möglichkeit der Benennung vieler regionaler Stellen Gebrauch gemacht.[1] So haben Belgien, Frankreich, Griechenland, Italien, Schweden und wenigstens vorläufig auch Finnland jeweils nur eine zentrale Empfangsstelle angegeben. 3

In der Praxis bedeutet Art 4 für das deutsche, verfahrensbetreibende Gericht, dass es das zuzustellende Schriftstück selbst unmittelbar an die ausländische Empfangsstelle übersendet. Es sorgt auch selbst dafür, dass die gemäß der EG-ZustellVO zu beachten- 4

---

[1] Vgl auch *Gsell* EWS 2002, 116.

den Formalien, also die Verwendung der vorgesehenen Formulare sowie die notwendigen Übersetzungen beigefügt sind.

### 2. Anwendbarkeit der ZRHO

5 Zweifelhaft ist, ob eine **Prüfung nach §§ 9, 27 ZRHO** erforderlich ist. Es ist bereits vorgeschlagen worden, **§ 4 Abs 1 Nr 1 ZustDG** als abschließende, auch die ZRHO ausschließende Regelung anzusehen.[2] Jedoch ist die Prüfung nach der ZRHO, die gemäß § 9 ZRHO in aller Regel vom jeweiligen Gerichtspräsidenten vorgenommen wird, nicht aufwändig und kann auch kurzfristig durchgeführt werden. Sie ist zugleich geeignet dazu, zeitraubende Fehler frühzeitig zu entdecken. Bis zu einer gesonderten Regelung in der zu erwartenden Neufassung der ZRHO sollten die §§ 9, 27 ZRHO daher angewendet werden.[3]

## III. Form der Übersendung

6 **Art 4 Abs 2** eröffnet die Möglichkeit der Übersendung des Schriftstücks bzw Dokuments auf jedem „geeigneten" Wege, soweit das empfangene Dokument „inhaltlich genau" mit dem versendeten Dokument übereinstimmt und mühelos lesbar ist. Damit ist auf moderne Formen der Telekommunikation verwiesen, insbesondere auf die Übermittlung als **Telefax** oder **E-mail**. Art 4 Abs 2 beschreibt dabei allein die Qualität des technischen Übermittlungsvorgangs. Veränderungen durch Übersetzung oder sonstiges Tätigwerden der Behörden sind hier nicht gemeint.

7 Eine Übersendung per E-mail wird dabei häufig nicht in Betracht kommen, da der Übermittlungsstelle das zuzustellende Dokument selbst nur selten in Dateiform vorliegen wird. Das mag sich, etwa bei Mahnbescheiden oder ähnlichen formalisierten Schriftstücken, jedoch schon in naher Zukunft ändern. Insbesondere die Versendung durch Telefax kann schon heute der Beschleunigung der Übermittlung dienen. Insgesamt muss stets geprüft werden, welche rechtlichen und tatsächlichen Möglichkeiten bei der Empfangsstelle gegeben sind. So lässt Italien bisher ausdrücklich nur die Übermittlung auf dem **Postweg** zu.[4]

## IV. Formblatt und Sprachenregelung

### 1. Regelungszweck

8 Die EG-ZustellVO sieht für den Verkehr zwischen den Behörden grundsätzlich die Verwendung von Formblättern vor. Diese Formblätter weisen eine deutliche Gliederung auf und sind leicht auszufüllen. So können sie dabei helfen, Missverständnisse

---

[2] Dazu *Stadler* IPRax 2002, 473 Fn 30.

[3] So im Ergebnis auch *Stadler* IPRax 2002, 473 Fn 30; *Hornung* Rpfleger 2002, 500; *Nagel/Gottwald*, IZPR[5] Rn 47.

[4] Gemäß der konsolidierten Fassung der Angaben der Mitgliedstaaten, Vorbem Rn 39.

zu vermeiden, die bei der Verwendung unterschiedlicher Sprachen, welche den Behörden zudem nicht sehr vertraut sein werden, sonst leicht unterlaufen könnten. Es ist daher wichtig, das Formblatt stets in unveränderter Originalfassung zu verwenden.

### 2. Sprachenregelung

#### a) Allgemeines

9 Die Verordnung schreibt vor, dass das dem Ersuchen beizufügende Formblatt in der Sprache des Empfangsmitgliedstaats auszufüllen ist. Gemäß Art 4 Abs 3 können die Mitgliedstaaten auch sonstige Sprachen für die Ausfüllung des Formblatts zulassen.

Die Verordnung behält den Mitgliedstaaten an verschiedenen Stellen vor, eigene Angaben zur Erweiterung der zulässigen Sprachen zu machen. Dabei wird die zwischen den Behörden zu verwendende Sprache nicht einheitlich von dem Empfangstaat oder von dem Übermittlungsmitgliedstaat bestimmt, sondern jeweils von dem Staat, dessen Behörde im konkreten Fall Empfänger des Formblatts ist. Für die Rücksendung der Zustellungsunterlagen bestimmt also der Übermittlungsstaat die zulässige Sprachen (vgl Art 10 EG-ZustellVO).

#### b) Sprachenregelungen der Mitgliedstaaten

#### (1) Deutschland

10 Deutschland hat außer der deutschen nur die englische Sprache zugelassen.

#### (2) Sonstige Mitgliedstaaten

**Belgien**: Französisch, Niederländisch, Deutsch, Englisch
**Finnland**: Finnisch, Schwedisch, Englisch
**Frankreich**: Französisch, Englisch
**Griechenland**: Griechisch, Englisch, Französisch
**Irland**: Englisch, Gälisch
**Italien**: Italienisch, Französisch, Englisch
**Luxemburg**: Französisch, Deutsch
**Niederlande**: Niederländisch, Englisch
**Österreich**: Deutsch, Englisch
**Portugal**: Portugiesisch, Spanisch
**Schweden**: Schwedisch, Englisch
**Spanien**: Spanisch, Englisch, Französisch, Portugiesisch
**Vereinigtes Königreich**: Englisch, Französisch

### V. Beglaubigung

11 Abs 4 enthält einen ausdrücklichen Verzicht auf die Beglaubigung der zuzustellenden Schriftstücke. Angesichts der in Abs 2 vorgesehenen Verwendung moderner Kommunikationsmittel ist dies eine Selbstverständlichkeit. Beachtet werden muss, dass Abs 4

sich nur auf solche Beglaubigungen bezieht, die speziell zum Zweck der förmlichen Zustellung angefertigt werden.

### VI. Zweifache Übermittlung

12 Der erläuternde Bericht deutet selbst bereits an, dass die zweifache Übermittlung des Schriftstücks zunächst nur bei der klassischen Übersendung per Post sinnvoll ist. Die Anpassung an die moderneren Kommunikationsformen wird dadurch allerdings nicht beeinträchtigt, da sie ohnehin nicht mehr als eine Art Option ist, deren Wahrnehmung den Mitgliedstaaten überlassen bleibt.

## Artikel 5
## Übersetzung der Schriftstücke

(1) Der Verfahrensbeteiligte wird von der Übermittlungsstelle, der er das Schriftstück zum Zweck der Übermittlung übergibt, davon in Kenntnis gesetzt, daß der Empfänger die Annahme des Schriftstücks verweigern darf, wenn es nicht in einer der in Artikel 8 genannten Sprachen abgefasst ist.
(2) Der Verfahrensbeteiligte trägt etwaige vor der Übermittlung des Schriftstücks anfallende Übersetzungskosten unbeschadet einer etwaigen späteren Kostenentscheidung des zuständigen Gerichts oder der zuständigen Behörde.

### I. Allgemeines

1 Die in Art 5 enthaltene **Sprachenregelung** ist aus deutscher Sicht merkwürdig gefasst. Der Wortlaut des Art 5 Abs 1 ist bei genauem Hinsehen aus deutscher Sicht zu eng. Informiert werden muss der Verfahrensbeteiligte, der ein Interesse daran hat, dass das gerichtliche Schriftstück in das Ausland zugestellt wird.[1] Darauf, ob er es „zum Zweck der Übermittlung übergibt", kommt es nicht an.

2 Zu eng ist Abs 1 auch insofern, als es heißt, das Schriftstück müsse in einer der in Art 8 genannten Sprachen abgefasst sein. Insbesondere aus der Zusammenschau mit Art 5 Abs 2 ergibt sich, dass die **Beifügung einer Übersetzung** ausreichen muss.[2]

3 Inhaltlich ist bedeutsam, dass Art 5 Abs 1 die Entscheidung darüber, ob das zu übermittelnde Schriftstück in der **Sprache des Empfängers** abgefasst werden bzw in diese Sprache übersetzt werden soll, dem Antragsteller überlässt. Ihm wird nach Art 5 Abs 1 lediglich mitgeteilt, dass der Empfänger gemäß Art 8 ein nicht übersetztes Schriftstück zurückweisen darf, wenn er die verwendete Sprache nicht versteht.[3]

---

[1] So auch der erläuternde Bericht.
[2] *Schlosser* Art 5 Rn 2.
[3] Dazu näher bei Art 8.

### II. Annahmeverweigerung

Verweigert der Empfänger die Annahme, so wird das Schriftstück gemäß Art 8 Abs 2 an die **Übermittlungsstelle zurückgesendet**. Wie sich dies auf das dortige Verfahren auswirkt, ist eine Frage des nationales Rechts. Gemäß dem erläuternden Bericht soll die Übermittlungsstelle den Antragsteller nicht nur auf die Möglichkeit der Annahmeverweigerung als solcher hinweisen, sondern ihm auch die genauen Folgen mitteilen, die es hat, wenn die Zustellung aufgrund der fehlenden Übersetzung misslingt. In Deutschland ist insbesondere zu beachten, dass ein ganz neuer Zustellungsversuch in der Regel nicht mehr die Voraussetzungen des § 167 ZPO erfüllt. Damit entsteht ein erhebliches Risiko der Verjährung.[4] 4

Da Art 8 Abs 1 lit b mit der **Sprachkenntnis des Empfängers** auf ein sehr unsicheres Merkmal abstellt, ist die Zustellung ohne Übersetzung riskant.[5] Den Übermittlungsstellen ist zu empfehlen, im Zweifel auf eine Übersetzung der Dokumente zu drängen, da der Erfolg der Zustellung sonst dem Zufall überlassen ist. 5

### III. Kosten der Übersetzung

Abs 2 stellt klar, dass es sich bei den **Übersetzungskosten** um einen Teil der Gerichtskosten handelt, welche vom Antragsteller vorgestreckt werden müssen, jedoch mit der gerichtlichen Kostenentscheidung der unterlegenen Partei auferlegt werden können. 6

## Artikel 6
## Entgegennahme der Schriftstücke durch die Empfangsstelle

(1) Nach Erhalt des Schriftstücks übersendet die Empfangsstelle der Übermittlungsstelle auf schnellstmöglichem Wege und so bald wie möglich, auf jeden Fall aber innerhalb von sieben Tagen nach Erhalt des Schriftstücks, eine Empfangsbestätigung unter Verwendung des Formblatts im Anhang.
(2) Kann der Zustellungsantrag aufgrund der übermittelten Angaben oder Dokumente nicht erledigt werden, so nimmt die Empfangsstelle auf schnellstmöglichem Wege Verbindung zu der Übermittlungsstelle auf, um die fehlenden Angaben oder Schriftstücke zu beschaffen.
(3) Fällt der Zustellungsantrag offenkundig nicht in den Anwendungsbereich dieser Verordnung oder ist die Zustellung wegen Nichtbeachtung der erforderlichen Formvorschriften nicht möglich, sind der Zustellungsantrag und die übermittelten Schriftstücke sofort nach Erhalt zusammen mit dem Formblatt im Anhang für die Benachrichtigung über Rücksendung an die Übermittlungsstelle zurückzusenden.

---

[4] OLG Schleswig, RiW 1989, 3088f; *Brand/Reichhelm*, IPRax 2001, 173ff, 176; *Zöller/Greger*, § 167 ZPO Rn 11.

[5] Näher Art 8 Rn 12ff.

**(4) Eine Empfangsstelle, die ein Schriftstück erhält, für dessen Zustellung sie örtlich nicht zuständig ist, leitet dieses Schriftstück zusammen mit dem Zustellungsantrag an die örtlich zuständige Empfangsstelle in demselben Mitgliedstaat weiter, sofern der Antrag den Voraussetzungen in Artikel 4 Absatz 3 entspricht; sie setzt die Übermittlungsstelle unter Verwendung des Formblatts im Anhang davon in Kenntnis. Die örtlich zuständige Empfangsstelle teilt der Übermittlungsstelle gemäß Absatz 1 den Eingang des Schriftstücks mit.**

## I. Allgemeines

1 Art 6 enthält die Aufforderung an die Empfangsstelle, alle zur Zustellung notwendigen Schritte schnell durchzuführen. Die Norm ist jedoch nicht mehr, als ein programmatisches Bekenntnis zur Beschleunigung des Zustellungsverfahrens. Konsequenzen sind bei Verzögerungen nicht vorgesehen.[1]

## II. Regelungen

2 Nach Abs 1 muss die **Empfangsstelle** zunächst den Erhalt des Schriftstücks durch Rückübersendung des vorgesehenen Formblatts quittieren. Dass sie außerdem sogleich die Zustellung des Schriftstücks an den Empfänger betreiben muss, folgt aus **Art 7 EG-ZustellVO**. Kann die Zustellung nicht erfolgen, so soll die Empfangsstelle das Schriftstück nicht zurücksenden, sondern es ist gemäß Abs 2 und Abs 4 ihre Aufgabe, die notwendigen Schritte zu ergreifen, um die Zustellung doch noch zum Erfolg zu bringen.[2] Die Rücksendung gemäß Abs 3 muss auf die Fälle begrenzt werden, in denen eine Nachbesserung völlig ausgeschlossen ist. Das ist neben den ausdrücklich genannten Fällen, in welchen die EG-ZustellVO nicht anwendbar ist, auch dann anzunehmen, wenn das Ersuchen von einer Stelle übermittelt wird, die nicht Übermittlungsstelle im Sinne des Art 2 ist.

3 *Schlosser* schlägt vor, Abs 4 analog anzuwenden, wenn die zuständige Empfangsstelle in einem anderen Mitgliedstaat liegt.[3] Das erscheint jedoch problematisch. Wegen der vielen Abweichungsmöglichkeiten der Mitgliedstaaten werden nicht nur sprachlich in einem anderen Mitgliedstaat oft zusätzliche oder veränderte Anforderungen zu beachten sein. Es erscheint einfacher, die sofortige Rücksendung zu veranlassen und der Übermittlungsstelle die erneute Zustellung zu überlassen.

## Artikel 7
## Zustellung der Schriftstücke

**(1) Die Zustellung des Schriftstücks wird von der Empfangsstelle bewirkt oder veranlaßt, und zwar entweder nach dem Recht des Empfangsmitgliedstaats oder in einer von der**

---

1 *Stadler* IPRax 2001, 516.

2 Vgl wegen denkbarer Zustellungshindernisse im Sinne des Abs 2 auch Art 7 Rn 3.

3 *Schlosser* Art 6 Rn 4.

Übermittlungsstelle gewünschten besonderen Form, sofern dieses Verfahren mit dem Recht des Empfangsmitgliedstaats vereinbar ist.
(2) Alle für die Zustellung erforderlichen Schritte sind so bald wie möglich vorzunehmen. Konnte die Zustellung nicht binnen einem Monat nach Eingang des Schriftstücks vorgenommen werden, teilt die Empfangsstelle dies der Übermittlungsstelle unter Verwendung der Bescheinigung mit, die in dem Formblatt im Anhang vorgesehen und gemäß Artikel 10 Absatz 2 auszustellen ist. Die Frist wird nach dem Recht des Empfangsmitgliedstaats berechnet.

## I. Auf die Zustellung anwendbares Recht

### 1. Recht des Empfangsmitgliedstaats

#### a) Reichweite des Art. 7 Abs 1

1 Art 7 bestimmt, dass die eigentliche Zustellung an den Adressaten im Empfangsmitgliedstaat in der Regel nach dem Recht des Empfangsmitgliedstaats erfolgt.

Unklar ist, wie weit der Verweis auf das Recht des Empfangsmitgliedstaats genau reicht. Er kann jedenfalls nur den Vorgang der noch fehlenden eigentlichen Zustellung an den Adressaten betreffen. Anders ausgedrückt geht es um die Form der Zustellung. Von Art 7 Abs 1 erfasst ist die Frage, wer die Zustellung durchführt. Auch ob und unter welchen Voraussetzungen eine **Ersatzzustellung** möglich ist, richtet sich nach Art 7 Abs 1 EG-ZustellVO.

#### b) Zustellung durch Einschreiben

2 Dabei wird für die Zustellung durch die deutschen Empfangsstellen gelegentlich auf die Möglichkeit des Einschreibens mit Rückschein hingewiesen.[1] Daran ist zwar richtig, dass diese Form der Zustellung nach deutschem Recht jetzt zulässig ist. Zu beachten ist aber, dass oftmals die Vorschriften über die **förmliche Zustellung** besser passen werden. Denn die ausländische Behörde wird den Weg über Art 4ff – anstatt des kürzeren Weges über Art 14 – oftmals bewusst gewählt haben. Diese Wahl der förmlichen Zustellung wäre sinnentlehrt, wenn die Empfangsstelle letztlich doch eine einfache Postzustellung vornehmen würde.[2]

### 2. Recht des Übermittlungsstaats

3 Nur wenn die Übermittlungsstelle eine besondere Form wünscht, und wenn diese Form mit dem Recht des Empfangsstaats vereinbar ist, muss die Empfangsstelle die Zustellung in dieser Form durchführen. Die Wünsche der Übermittlungsstelle werden insbesondere die gemäß Art 14 Abs 2 zulässigen Bedingungen bei der **Postzustellung** betreffen. Jedoch ist bei einer Zustellung auf dem Postwege nur das mit dem Recht des Empfangs-

---

[1] *Stadler* IPRax 2002, 476; *Zöller/Geimer* Rn 1.

[2] So auch *Schlosser* Rn 2.

staats vereinbar, was die dortigen Postbestimmungen zulassen.[3] So soll es derzeit nicht möglich sein, Einschreiben mit dem Zusatz „eigenhändig“ in Frankreich, Griechenland und den Niederlanden zustellen zu lassen.[4]

4 In Deutschland ist nach § 2 Abs 2 ZustDG die Zustellung per Einschreiben mit Rückschein zulässig, wenn die Sprachenregelung eingehalten ist. Neben der Zustellung durch die in § 168 ZPO vorgesehenen Personen kann auch die **Zustellung durch den Gerichtsvollzieher** erfolgen.[5]

5 Dagegen bleibt es für sonstige Fragen der Durchführung der Zustellung bei dem Recht des Übermittlungsstaats. Die Frage, **wer Zustellungsadressat** ist, wird also nach der dortigen lex fori bestimmt. *Schlosser* geht davon aus, dass eine Zustellung nach Art 4ff nur möglich ist, wenn eine natürliche Person als Adressat angegeben ist.[6] Dazu, dass die Empfangszuständigkeit besonders bei Gesellschaften problematisch sein kann, schon oben Vorbemerkungen Rn 25.

### II. Art 7 Abs 2

6 Art 7 Abs 2 enthält an etwas versteckter Stelle nochmals eine Mahnung zur Eile. Enthalten ist aber auch eine zwingende Regelung zur Verweildauer des Schriftstücks bei der Empfangsstelle. Gelingt die Zustellung nicht binnen eines Monats, so bricht die Empfangsstelle ihre Bemühungen ab. Sie teilt das Scheitern der Zustellung der Übermittlungsstelle mit und sendet das Schriftstück zurück.[7] Die Berechnung der Monatsfrist richtet sich nach nationalem Recht, in Deutschland also nach §§ 222 ZPO, 188 Abs 2, 187 Abs 1 BGB.

## Artikel 8
## Verweigerung der Annahme eines Schriftstücks

**(1) Die Empfangsstelle setzt den Empfänger davon in Kenntnis, dass er die Annahme des zuzustellenden Schriftstücks verweigern darf, wenn dieses in einer anderen als den folgenden Sprachen abgefaßt ist:**

**a) der Amtssprache des Empfangsmitgliedstaats oder, wenn es im Empfangsmitgliedstaat mehrere Amtssprachen gibt, der Amtssprache oder einer der Amtssprachen des Ortes, an dem die Zustellung erfolgen soll, oder**

---

3 Kritisch dazu *Stadler* IPRax 2002, 473; die Zustellung durch die Empfangsstellen muss aber wie unter Rn 1 aufgezeigt nicht notwendig auf dem Postweg erfolgen.

4 *Hannich/Meyer-Seitz/Häublein*, ZPO Reform 2002 § 183 Rn 8; dazu und zugleich mit weiteren Beispielen zu Problemen mit der Vorgehensweise der Post auch *Jastrow* NJW 2002, 3383.

5 Vgl *Zöller/Stöber* § 168 ZPO Rn 5; *Schlosser* Art 5 HZÜ Rn 10.

6 *Schlosser* Art 5 HZÜ Rn 11.

7 Vgl Abdruck des Formulars im Anhang.

b) einer Sprache des Übermittlungsmitgliedstaats, die der Empfänger versteht.
(2) Wird der Empfangsstelle mitgeteilt, daß der Empfänger die Annahme des Schriftstücks gemäß Absatz 1 verweigert, setzt sie die Übermittlungsstelle unter Verwendung der Bescheinigung nach Artikel 10 unverzüglich davon in Kenntnis und sendet den Antrag sowie die Schriftstücke, um deren Übersetzung ersucht wird, zurück.

**I. Das Recht zur Annahmeverweigerung**
1. Problematik ... 1
2. Qualität der Übersetzung ... 2
3. Sprachkenntnisse
a) Allgemeines ... 3
b) Generelle Kriterien ... 4
c) Individuelle Sprachkenntnisse ... 6
d) Abschließende Bewertung ... 7
4. Annahmeverweigerung und Belehrung
a) Allgemeines ... 8
b) Nachträgliche Zurückweisung ... 9
5. Fehlende Annahmeverweigerung wegen fehlender Aufklärung ... 10
**II. Folgen der Annahmeverweigerung**
1. Berechtigte Annahmeverweigerung .. 12
2. Unberechtigte Annahmeverweigerung 14

## I. Das Recht zur Annahmeverweigerung

### 1. Problematik

Art 8 Abs 1 enthält eine in mehrfacher Hinsicht problematische Regelung. Unklar ist einerseits, welche Sprachen für die sicher erfolgreiche Zustellung ausreichen. Andererseits sind auch die Modalitäten der Annahmeverweigerung offen. 1

### 2. Qualität der Übersetzung

Der Empfänger darf die Annahme des Schriftstücks verweigern, wenn das Schriftstück nicht in einer der in Abs 1 genannten Sprachen abgefasst ist. Nicht geklärt sind die Anforderungen an die Übersetzung. In der deutschen Rechtsprechung war zuletzt eine Tendenz dazu erkennbar, geringe Anforderung an die Übersetzung zu stellen und dem Empfänger eine erhebliche **Prozessförderungspflicht** aufzuerlegen. Bei einer Terminsladung reichte es nach Ansicht des *BGH* für die **Anerkennung** nach Art 27 EuGVÜ aus, dass der Empfänger sich den Sinn der Erklärung, sowie Datum und Ort aus dem Zusammenhang erschließen konnte.[1] Nach dem neuen Art 34 Nr 2 Brüssel I-VO wird das erst recht gelten müssen. 2

Jedoch sollten die **Anforderungen an die Übersetzung** nicht von vornherein niedrig angesetzt werden. Der Maßstab der EG-ZustellVO ist höher, als der Maßstab des Art 34 Nr 2 Brüssel I-VO. Eine Zusammenfassung reicht nie aus. Nur wenn es um Dokumente wie Ladungen oder Ähnliches geht, bei denen nur die Erfassung des Inhalts in groben Zügen nötig ist, genügt die sinnwahrende Übersetzung der erheblichen Informationen.

[1] BGH IPRax 2002, 395 mit Anm *Geimer* 378.

## 2. Sprachkenntnisse

### a) Allgemeines

3 Nach Abs 1 lit a reicht jedenfalls die Übermittlung in der **Amtssprache** des Empfangsortes aus. Abs 1 lit b bringt daneben leider eine praktisch wenig brauchbare Regelung.[2] Danach darf der Empfänger die Annahme des Schriftstücks nicht verweigern, wenn es in der Sprache des Übermittlungsstaats verfasst ist und er diese Sprache versteht. Der Umgang mit dieser Regelung ist noch unklar.

### b) Generelle Kriterien

4 Teilweise ist vorgeschlagen worden, hier **nicht** auf die **individuelle Sprachkenntnis** abzustellen, um das Kriterium handhabbar und vorhersehbar zu machen.[3]

Stattdessen sollen feststehende generelle Kriterien herausgebildet werden. Eine Sprache des Übermittlungsmitgliedstaats, die der Empfänger versteht, soll nach dieser Ansicht jedenfalls angenommen werden, wenn der Empfänger selbst Angehöriger des Übermittlungsstaats ist. Ebenso soll es sein, wenn er Angehöriger eines Staats mit der selben Amtssprache ist.[4]

5 Für die **Zustellung an juristische Personen** schlägt *Lindacher* vor, dass es hierbei stets ausreichen solle, wenn das Schriftstück entweder in der Sprache des tatsächlichen oder der des statutarischen Sitzortes verfasst sei.[5] *Schlosser* meint, es könne jedenfalls nicht auf die individuelle Unkenntnis eines bestimmten Geschäftsführers ankommen. Er geht sogar davon aus, dass die Kenntnis der englischen Sprache bei im Auslandsverkehr tätigen Handelsbetrieben stets vorausgesetzt werden könne.[6] Das geht so allgemein jedoch zu weit. Vorausgesetzt werden kann aber die Kenntnis der Sprache, welche im dem Rechtsstreit zugrunde liegenden Geschäftsverkehr vom Adressaten genutzt worden ist.[7]

### c) Individuelle Sprachkenntnisse

6 Andere wollen neben einigen allgemein festgemachten Kriterien auch individuelle, im rechtlichen Verhältnis zwischen den Parteien bisher nicht relevante, also gleichsam **zufällige Sprachkenntnisse** beachten.[8] Hierbei müssen die enormen Schwierigkeiten bedacht werden, die eine Überprüfung sprachlicher Fähigkeiten mit sich brächte. Die Beweiserhebung über die Sprachkenntnisse einer im Ausland lebenden Person, nur um

---

2 Kritisch auch *Bajons*, in: FS Schütze (1999) 71; *Lindacher* ZZP 114, 187; *Stadler* IPRax 2001, 517.

3 Insbesondere *Lindacher* ZZP 114, 187; sowie auch *Bajons*, in: FS Schütze, 71 ff (dort allerdings de lege ferenda).

4 *Bajons*, in: FS Schütze (1999) 73; *Lindacher* ZZP 114, 187.

5 ZZP 114, 187.

6 *Schlosser* Art 8 Rn 2.

7 So auch *Stadler* IPRax 2001, 518.

8 Dafür *Schlosser* Art 8 Rn 1, der Empfänger ist für seine Sprachunkenntnis beweisbelastet; dagegen *Lindacher* ZZP 114, 187; wohl auch *Stadler* IPRax 2001, 518.

die Wirksamkeit der Zustellung zu klären, sollte nach Möglichkeit vermieden werden. Fraglich ist bei einer Berücksichtigung individueller Sprachkenntnisse auch, wer darüber entscheiden soll, ob die Sprachkenntnisse des Empfängers ausreichend sind. Es wird nicht möglich sein, diese Entscheidung allein dem Gericht zu überlassen, bei dem das Verfahren betrieben wird. Vielmehr wird sie im Anerkennungs- bzw Vollstreckungsverfahren unweigerlich wieder auftauchen.[9]

**d) Abschließende Bewertung**

Angesichts dessen sollten nach Möglichkeit ausschließlich **generelle Kriterien**, wie sie hier vorgeschlagen worden sind, verwendet werden. Der Nachteil, den der Antragsteller dadurch erleidet, dass er sich „zufällige" zusätzliche Sprachkenntnisse des Empfängers nicht zunutze machen kann, erscheint gegenüber den enormen Schwierigkeiten bei der Überprüfung individueller Sprachkenntnisse zu verschmerzen. Werden generelle Kriterien angewandt, so müssen diese allerdings einheitlich sein. Auch die Belehrung müsste dann auf diese Kriterien abgestimmt sein. Hier herrscht noch erheblicher Klärungsbedarf. 7

**4. Annahmeverweigerung und Belehrung**

**a) Allgemeines**

Der Zugang eines nicht oder schlecht übersetzten Dokuments geht nach der EG-ZustellVO nicht automatisch fehl, sondern nur dann, wenn der Empfänger die Annahme des Dokuments verweigert. Über dieses Recht muss er gemäß Abs 1 S 1 in Kenntnis gesetzt werden. 8

Noch offen ist, wie der Partei die Möglichkeit der Annahmeverweigerung verdeutlicht werden kann, insbesondere wenn die Übersendung durch eingeschriebenen Brief erfolgt.

*Stadler* schlägt vor, bei der gegenwärtig anstehenden Überarbeitung der ZRHO eine spezielle Vorgehensweise einzuführen, welche sicherstellt, dass der Empfänger vor dem Abzeichnen des Rückscheines bereits über die Sprache des Schriftstücks und sein eventuelles **Zurückweisungsrecht** informiert ist.[10]

**b) Nachträgliche Zurückweisung**

Wenn der Empfänger sein Zurückweisungsrecht bei der Annahme des Schriftstücks nicht kannte, muss ihm ein Recht zur Zurücksendung bzw nachträglichen Zurückweisung des Schriftstücks eingeräumt werden.[11] 9

Durch den neuen § 1070 ZPO, der zum 1. 4. 2004 in Kraft treten soll,[12] wird in Deutschland eine Ausführungsbestimmung zu dem Annahmeverweigerungsrecht ein-

---

[9] Wie hier *Bajons*, in: FS Schütze (1999) 54; G *Geimer*, Neuordnung des internationalen Zustellungsrechts 93 f; vgl zur Situation des Empfänger näher Rn 10 ff.

[10] IPRax 2001, 518.

[11] Auch *Stadler* IPRax 2001, 518; *Schlosser* Rn 3, 4; so eindeutig auch der Erläuternde Bericht.

[12] Vgl. Gesetzesanhang Nr 3.

geführt. Dort ist eine Frist von zwei Wochen für die nachträgliche Annahmeverweigerung vorgesehen. Der Empfänger muss auch über diese Frist belehrt werden. Eine Textfassung für die Belehrung in allen elf Amtssprachen soll in die ZRHO aufgenommen werden. Die Frist ist eine Notfrist, so dass die Wiedereinsetzung in den vorherigen Stand nach allgemeinen Grundsätzen möglich ist.

Es ist zu hoffen, dass die übrigen Mitgliedstaaten ebenfalls eine solche Ausführungsregelung einführen werden.[13] Auch dadurch werden allerdings die im Folgenden erörterten Schwierigkeiten nicht gelöst werden können.

**5. Fehlende Annahmeverweigerung wegen fehlender Aufklärung**

10 Problematisch ist auch, welche Folgen sich an eine Annahme des Schriftstückes knüpfen, wenn der **Empfänger** das Schriftstück tatsächlich **nicht versteht**, jedoch nicht ausreichend über sein Zurückweisungsrecht aufgeklärt wird, und das Schriftstück daher **nicht zurückweist**. *Schlosser* will hier pragmatisch vorgehen. Wenn der Empfänger sich das Schriftstück in der Folge übersetzen lasse, und so Kenntnis von seinem Inhalt erlangt habe, dann gelte die Zustellung als wirksam erfolgt. Der Empfänger sei nicht schutzbedürftig.[14] Dem ist zuzustimmen. Es wäre reiner Formalismus, hier eine nochmalige Zustellung eines übersetzten Dokuments zu verlangen. Die Kosten der Übersetzung sind dann ebenso wie bei einer Übersetzung durch den Antragsteller Teil der von der unterlegenen Partei zu tragenden **Prozesskosten**.

11 Keine brauchbare Lösung gibt es dagegen für den Fall, dass der (nicht belehrte) Empfänger das **Schriftstück nicht verstanden** hat und daher im Verfahren nicht auftritt. *Schlosser* weist darauf hin, dass dann die Entscheidung nach Art 34 Nr 2 Brüssel I-VO nicht anerkannt werde, weil der Beklagte sich nicht verteidigen konnte.[15]

Die Nichtanerkennung eines Urteils ist aber nicht immer ein ausreichender Schutz. Außerdem ist dies für den Empfänger nicht risikolos. Sowohl das Ausgangsgericht als auch das für die Anerkennung zuständige Gericht könnten zu seinen Lasten ausreichende Sprachkenntnisse annehmen.[16] Das gilt um so mehr, wenn man den Empfänger für beweisbelastet hält. Das tut *Schlosser*, mit der Begründung, dass der Empfänger nur ein Annahmeverweigerungsrecht habe.[17] Überzeugender scheint es aber, die Beweislast für die ordnungsgemäße Zustellung – als einer Zulässigkeitsvoraussetzung – insgesamt beim Kläger zu sehen (vgl auch Rn 15).

---

[13] Vgl bereits die österreichischen Vorgaben zu Art 14 EG-ZustellVO http://europa.eu.int/comm/justice_home/fsj/civil/documents/doc/vers_consolide_de_10.pdf.

[14] *Schlosser* Rn 5.

[15] *Schlosser* Rn 5.

[16] In diese Richtung auch *Stadler* IPRax 2001, 518.

[17] Art 8 Rn 1; für offen hält diese Frage *Bajons*, in: FS Schütze (1999) 72.

## II. Folgen der Annahmeverweigerung

### 1. Berechtigte Annahmeverweigerung

Wie der erläuternde Bericht ausdrücklich erkennen lässt, und es auch in das Konzept der EG-ZustellVO passt, sind die Folgen der Annahmeverweigerung in der EG-ZustellVO nicht geregelt. Diese richten sich vielmehr nach **nationalem Recht**. Dabei wird bei der berechtigten Verweigerung der Annahme kein Problem auftreten. Die Zustellung war dann erfolglos und es bleibt nur die Möglichkeit, sie unter Beifügung einer Übersetzung zu wiederholen. Eventuelle Fristen, die der Antragsteller einzuhalten hatte, laufen während dieser Zeit weiter. 12

Hat der Empfänger **Zweifel** daran, ob seine **Sprachkenntnisse** als ausreichend anzusehen sind, sollte er das Schriftstück annehmen. Solange sich generelle Kriterien zur Feststellung der ausreichenden Sprachkenntnisse noch nicht zuverlässig herausgebildet haben, ist die Verweigerung der Annahme ansonsten zu riskant.[18] 13

### 2. Unberechtigte Annahmeverweigerung

Schwierigkeiten machen die Fälle, in welchen die **Annahmeverweigerung zu Unrecht** bzw möglicherweise zu Unrecht geschieht. Anwendbar ist auch hier mangels einer Regelung in der EG-ZustellVO nur nationales Recht. Wird die Annahme zu Unrecht verweigert, so greift also § 179 S 2 ZPO ein. Die Zustellung gilt als erfolgt. 14

Fraglich ist jedoch, wie zu verfahren ist, wenn lediglich **Zweifel** daran bestehen, ob die Annahme zu Recht verweigert wurde. Dann kann § 179 S 2 ZPO nicht eingreifen. Handelt es sich um eine Klageschrift, so kommt eine Überprüfung im abgesonderten Verfahren nach § 280 ZPO in Betracht. Der Kläger hat die Beweislast für das Vorliegen der Zulässigkeitsvoraussetzungen, also auch für die Zustellung.[19] Das Verfahren kann wohl nur dann sinnvoll durchgeführt werden, wenn wenigstens die Ladung in die Sprache des Empfangsmitgliedstaats übersetzt wird, da sich sonst die Zweifel an der Ordnungsmäßigkeit der Zustellung wiederholen würden. 15

Eine **erneute Zustellung** der Klageschrift bzw des ursprünglich zuzustellenden Schriftstücks unter Beifügung einer Übersetzung dürfte in der Regel einfacher und schneller sein. Der Streit über die Rechtmäßigkeit der Annahmeverweigerung kann dann dennoch indirekt, etwa in Bezug auf Fristen oder Kosten, Bedeutung erlangen.

---

[18] *Schlosser* Rn 5; vgl auch oben Rn 3 ff und Rn 6.

[19] Auch schon Rn 11.

## Artikel 9
## Datum der Zustellung

**(1) Unbeschadet des Artikels 8 ist für das Datum der nach Artikel 7 erfolgten Zustellung eines Schriftstücks das Recht des Empfangsmitgliedstaats maßgeblich.**
**(2) Wenn jedoch die Zustellung eines Schriftstücks im Rahmen eines im Übermittlungsmitgliedstaat einzuleitenden oder anhängigen Verfahrens innerhalb einer bestimmten Frist zu erfolgen hat, ist im Verhältnis zum Antragsteller als Datum der Zustellung der Tag maßgeblich, der sich aus dem Recht des Übermittlungsmitgliedstaats ergibt.**
**(3) Ein Mitgliedstaat kann aus angemessenen Gründen während eines Übergangszeitraums von fünf Jahren von den Absätzen 1 und 2 abweichen.**
**Dieser Übergangszeitraum kann von einem Mitgliedstaat aus Gründen, die sich aus seinem Rechtssystem ergeben, in Abständen von fünf Jahren erneuert werden. Der Mitgliedstaat teilt der Kommission den Inhalt der Abweichung und die konkreten Einzelheiten mit.**

**I. Allgemeines** ........ 1

**II. Berechnung des Fristendes**
1. Empfangsmitgliedstaat oder Übermittlungsmitgliedstaat ........ 4
2. Zusammenwirken der Bestimmungen 5
3. Einzelfragen
a) Bedeutung des Zustellungsdatums 7
b) Feiertage ........ 8

**III. Abweichungen nach Art 9 Abs 3 EG-ZustellVO**
1. Abweichungsoption ........ 9
2. Lösungen der Mitgliedstaaten ........ 10

### I. Allgemeines

1 Art 9 enthält den vorsichtigen Versuch einer **Harmonisierung des Zustellungsrechts** über den eigentlichen Vorgang der Übersendung hinaus. Dabei geht es jedoch nicht um die Länge der Fristen selbst. Für diese bleibt es bei der lex fori.[1] Dagegen bestimmt Art 9 nur das Recht, welches für die genaue **Berechnung des Fristendes** maßgeblich ist. In Deutschland sind das die §§ 222 ZPO, 186ff BGB.

2 Daher kann ein Konflikt mit Art 30 Brüssel I-VO nicht auftreten. Art 30 Brüssel I-VO bestimmt nämlich abstrakt den (für den Eintritt der Rechtshängigkeit) ausschlaggebenden Zeitpunkt. Da es nach Art 30 Brüssel I-VO gerade nicht auf die Zustellung bei dem Beklagten ankommt, kommt es auch nicht zu einem (wiewohl technisch durchaus denkbaren) Zusammenwirken beider Normen.

3 Laut erläuterndem Bericht können die Abs 1 und 2 für einen Zustellungsvorgang kumulativ angewandt werden. Die **Zustellungswirkungen** gegenüber dem Empfänger können dann zu einem anderen Zeitpunkt beginnen als die Wirkungen gegenüber dem Übermittler.

---

[1] Eine Anwendung auf den Zustellungszeitpunkt einer *remise au parquet*, wie *Stadler* IPRax 2001, 519, ihn vorschlägt, ist schon deshalb nicht möglich. Zur Anwendbarkeit der EG-ZustellVO auf die *remise au parquet* im Allgemeinen Art 19 Rn 10ff.

## II. Berechnung des Fristendes

### 1. Empfangsmitgliedstaat oder Übermittlungsmitgliedstaat

Gemäß Abs 1 soll sich die genaue **Berechnung des Fristendes** nach dem Recht des Empfangsmitgliedstaats richten. Dies gilt jedoch gemäß Abs 2 nicht, wenn mit der Zustellung des Schriftstücks im Rahmen eines im Übermittlungsmitgliedstaat einzuleitenden oder anhängigen Verfahrens innerhalb einer bestimmten Frist zu erfolgen hat. Anders ausgedrückt soll für Fristen, deren Einhaltung für den Antragsteller von Bedeutung sind, das Recht des Übermittlungsstaats gelten. Zweck der Norm ist es, der jeweils von der Frist betroffenen Partei die Fristberechnung zu erleichtern.[2] 4

### 2. Zusammenwirken der Bestimmungen

Dass die **Abs 1 und 2 kumulativ** angewendet werden können, bedeutet nicht, dass ein und dieselbe Frist an verschiedenen Tagen ablaufen kann. Vielmehr wird zunächst darauf gesehen, ob es sich um eine Frist handelt, die den Adressaten betrifft, dann gilt Abs 1. Betrifft die Frist dagegen den Antragsteller, so greift Abs 2. Als Beispiel wird im erläuternden Bericht der Fall genannt, dass durch ein Schriftstück, welches eine Ladung enthält, zugleich eine Unterbrechung der Verjährungsfrist eintritt. Da die **Verjährungsfrist** den Antragsteller betrifft, würde sich der genaue Zeitpunkt, zu dem die Verjährungsfrist unterbrochen wird, nach Art 9 Abs 2 richten. Es wäre also das Recht des Übermittlungsstaats anzuwenden. Die Frist, welche für die **Ladung** zu wahren ist, betrifft dagegen den Empfänger des Schriftstücks. Daher richtet sich das für die Berechnung der Erscheinungsfrist maßgebliche Zustellungsdatum nach dem Recht des Empfangsstaats. 5

Diese Differenzierung erscheint im Ansatz sinnvoll, da sie dem jeweiligen Betroffenen die Berechnung der Fristen erleichtert. Jedoch wird es nicht immer einfach sein, zu entscheiden, ob eine Frist den Antragsteller oder den Adressaten betrifft. Das Beispiel der **Verjährungsunterbrechung**, welche ja genaugenommen beide Parteien betrifft, deutet darauf hin, dass im Zweifel Abs 2 angewendet werden sollte. 6

### 3. Einzelfragen

#### a) Bedeutung des Zustellungsdatums

Auf das genaue **Zustellungsdatum** kann es nach deutschem Recht vor allem aus der Sicht des Adressaten ankommen, für den gewisse Fristen mit dem Zustellungszeitpunkt zu laufen beginnen, so §§ 520 Abs 2 ZPO, 548 ZPO. Aus der Sicht des Antragstellers ist das genaue Zustellungsdatum nach deutschem Recht dagegen eher selten für die Fristberechnung von Bedeutung, da gemäß § 167 ZPO in der Regel – nämlich immer dann, wenn die Zustellung „demnächst" erfolgt – der Eingang des Schriftstücks bei Gericht ausreicht. 7

---

[2] *Bajons*, in: FS Schütze (1999) 61.

**b) Feiertage**

8 Kommt es für die Wahrung einer Frist doch einmal auf das genaue Zustellungsdatum an, weil § 167 ZPO nicht greift, so richtet es sich auch nach Art 9 EG-ZustellVO, ob und wie **Feiertage** zu beachten sind. Ist nach Art 9 deutsches Recht anzuwenden, so greifen demnach die §§ 222 Abs 2 ZPO, 193 BGB. Beachtlich müssen danach jedenfalls die Feiertage im Empfangsmitgliedstaat sein. Denn die Fristverlängerung beruht auf der Erwägung, dass die Frist nicht dadurch verkürzt werden soll, dass die Willenserklärung (bzw hier die Zustellung) an dem eigentlichen letzten Tag der Frist nicht erfolgen kann.[3] Umgekehrt kann es somit auf Feiertage im Übermittlungsstaat nur dann ankommen, wenn sie die Frist für den Antragsteller verkürzen. Das aber ist bei der grenzüberschreitenden Zustellung, die immer mehr als nur einen Tag in Anspruch nimmt, kaum vorstellbar. Eine andere Ansicht vertritt jedoch *Schlosser*, der damit argumentiert, dass der Sinn des Art 9 die Vereinfachung der Fristberechnung sei, und deshalb vorschlägt, sowohl die Feiertage im Übermittlungsstaat als auch die im Empfangsstaat zu berücksichtigen.[4]

## III. Abweichungen nach Art 9 Abs 3 EG-ZustellVO

### 1. Abweichungsoption

9 Nach Abs 3 können die Mitgliedstaaten für einen Übergangszeitraum von 5 Jahren von der Regelung der Abs 1 und 2 abweichen, wenn sich aus ihrem Rechtssystem Gründe dafür ergeben. **Deutschland** hat von Art 9 Abs 3 keinen Gebrauch gemacht. Jedoch haben eine Vielzahl der Mitgliedstaaten die Möglichkeit der Abweichung genutzt. Das ist enttäuschend, zumal es oftmals nicht deshalb geschehen ist, weil das nationale Rechtssystem dies notwendig machte, sondern weil die Mitgliedstaaten sich nicht vorstellen konnten, dass Fristen gegenüber dem Antragsteller und dem Adressaten jeweils unterschiedlich berechnet werden sollten. So beispielsweise Schweden, Irland und Portugal.

### 2. Lösungen der Mitgliedstaaten

10 **Belgien**: Abweichung von Art 9 Abs 1 und 2; Ausweitung des Anwendungsbereichs von Abs 2, der danach wie folgt lautet:
„Für die Zustellung eines gerichtlichen oder außergerichtlichen Schriftstücks ist im Verhältnis zum Antragsteller als Datum der Zustellung jedoch der Tag maßgeblich, der sich aus dem Recht des Übermittlungsstaats ergibt."
**Finnland**: beabsichtigt, nach Maßgabe von Abs 3 von den Bestimmungen der Abs 1 und 2 abzuweichen. Für diese Bestimmungen gibt es in ihrer derzeitigen Fassung im finnischen Rechtssystem keine ersichtliche ratio legis, so dass sie in der Praxis nicht angewandt werden können.

---

[3] Vgl näher *Staudinger/Werner* (2001) § 193 BGB Rn 16 auch zu den vielen Ausnahmen von der Anwendbarkeit des § 193 BGB; *Zöller/Stöber* § 222 ZPO Rn 1 sowie Rn 8 zu dem Grundsatz, dass Fristen ausgeschöpft werden dürfen.

[4] *Schlosser* Rn 2.

**Frankreich**: nimmt eine Erweiterung des Anwendungsbereichs von Abs 2 vor. Die Bedingungen, dass Abs 2 nur Schriftstücke erfasst, die im Rahmen eines Verfahrens und innerhalb einer bestimmten Frist zu erfolgen hat, werden gestrichen.
Abs 2 lautet daher wie folgt: „Für die Zustellung eines gerichtlichen oder außergerichtlichen Schriftstücks ist im Verhältnis zum Antragsteller als Datum der Zustellung der Tag maßgeblich, der sich aus dem Recht des Übermittlungsmitgliedstaats ergibt."
**Irland**: beabsichtigt, von Art 9 abzuweichen.
**Niederlande**: beabsichtigen, von Art 9 Abs 1 und 2 abzuweichen.
**Portugal**: beabsichtigt, von Abs 2 abzuweichen.
**Schweden**: Art 9 Abs 2 ist nicht anzuwenden.
**Spanien**: Art 9 Abs 2 ist nicht anzuwenden.
**Vereinigtes Königreich**: Anwendung nationalen Rechts, bis zur Klärung, wie Art 9 zu verstehen ist.
Außer **Deutschland** nehmen auch **Griechenland**, **Italien**, **Luxemburg** und **Österreich** keine Abweichung vor.

Artikel 10

## Bescheinigung über die Zustellung und Abschrift des zugestellten Schriftstücks

(1) Nach Erledigung der für die Zustellung des Schriftstücks vorzunehmenden Schritte wird nach dem Formblatt im Anhang eine entsprechende Bescheinigung ausgestellt, die der Übermittlungsstelle übersandt wird. Bei Anwendung von Artikel 4 Absatz 5 wird der Bescheinigung eine Abschrift des zugestellten Schriftstücks beigefügt.
(2) Die Bescheinigung ist in der Amtssprache oder in einer der Amtssprachen des Übermittlungsmitgliedstaats oder in einer sonstigen Sprache, die der Übermittlungsmitgliedstaat zugelassen hat, auszufüllen. Jeder Mitgliedstaat hat die Amtssprache oder die Amtssprachen der Europäischen Union anzugeben, die er außer seiner oder seinen eigenen für die Ausfüllung des Formblatts zuläßt.

### I. Regelungszweck

Sobald die Zustellung im Empfangsmitgliedstaat erfolgt ist, muss die **Übermittlungsstelle** hiervon **informiert** werden. Ohne dass dies in Art 10 noch einmal ausdrücklich wiederholt wäre, muss auch dies möglichst schnell erfolgen. Auch hier dient die Verwendung des Formblatts der Vereinfachung der Verständigung und der Vermeidung von Missverständnissen. Es ist unbedingt in seiner **Originalfassung** zu verwenden (Anhang Formblatt Nr 12). 1

### II. Sprachenregelung

#### 1. Allgemeines

Nach Abs 2 ist das Formblatt in einer **Amtssprache des Übermittlungsstaats** auszufüllen. Zusätzliche Sprachen dürfen verwendet werden, soweit die Übermittlungsmit- 2 gliedstaaten diese Sprachen zugelassen haben. Hierin liegt eine Erschwerung für die Empfangsstellen. Aus deutscher Sicht ist günstig, dass bis auf Spanien alle Mitgliedstaaten entweder deutsch oder englisch zugelassen haben.

**2. Länderangaben**

3 Bei den zugelassenen Sprachen haben sich alle Mitgliedstaaten außer Spanien ebenso wie zu Art 4 entschieden. Spanien lässt nur Spanisch als Sprache für die Bescheinigung zu.

## Artikel 11
## Kosten der Zustellung

**(1) Für die Zustellung gerichtlicher Schriftstücke aus einem anderen Mitgliedstaat darf keine Zahlung oder Erstattung von Gebühren und Auslagen für die Tätigkeit des Empfangsmitgliedstaats verlangt werden.**

**(2) Der Verfahrensbeteiligte hat jedoch die Auslagen zu zahlen oder zu erstatten, die dadurch entstehen,**

**a) daß bei der Zustellung eine Amtsperson oder eine andere nach dem Recht des Empfangsmitgliedstaats zuständige Person mitwirkt;**

**b) daß eine besondere Form der Zustellung eingehalten wird.**

**I. Grundsatz der Kostenfreiheit**

1 Art 11 Abs 1 bestimmt ausdrücklich, dass bei der Zustellung in das Ausland keine Gebühren oder Auslagen für die Tätigkeit des Empfangsmitgliedstaats verlangt werden können. Dennoch brachte die EG-ZustellVO mit sich, dass der Antragsteller für die Zustellung in einige Staaten nun zusätzliche, nach HZÜ nicht anfallende Kosten tragen muss.[1] Abs 1 erfasst nämlich nur die Gebühren und Auslagen **staatlicher Stellen**. In vielen Ländern führen aber **freiberuflich arbeitende Gerichtsvollzieher** die Zustellungen aus. Für diese enthält Abs 2 eine Sonderregelung.

**II. Auslagen nach Abs 2**

2 Vorschüsse für die Zustellung verlangen insbesondere die **Gerichtsvollzieher**, die **huissiers de justice**, welche in den Benelux-Staaten und Frankreich Zustellungen durchführen. Diese Gebühren fallen unter Art 11 Abs 2 lit a und sind daher zulässig.[2]

3 Früher waren diese Gebühren im Verhältnis zu Frankreich dadurch vermieden worden, dass anstelle des Gerichtsvollziehers staatliche Stellen tätig wurden. Mit anderen Staaten gab es **bilaterale Zusatzübereinkommen**, welche diese Honorare im Verhältnis zum

[1] *Heß* NJW 2002, 2422; *Jastrow* NJW 2002, 3382.

[2] Näher *Heß* NJW 2002, 2422; *Jastrow* NJW 2002, 3383.

Ausland ausschlossen.[3] Beide Möglichkeiten könnten nach der EG-ZustellVO genutzt werden. Insbesondere ist es zulässig, auch neben der EG-ZustellVO bilaterale Übereinkünfte zu treffen, welche die Zustellung vereinfachen.

Der sicherste Weg zur **Umgehung der Kosten** für die Gerichtsvollzieher ist die postalische Direktzustellung nach Art 14 EG-ZustellVO.[4] 4

## Abschnitt 2
## Andere Arten der Übermittlung und Zustellung gerichtlicher Schriftstücke

### Artikel 12
### Übermittlung auf konsularischem oder diplomatischem Weg

**Jedem Mitgliedstaat steht es in Ausnahmefällen frei, den nach Artikel 2 oder Artikel 3 benannten Stellen eines anderen Mitgliedstaats gerichtliche Schriftstücke zum Zweck der Zustellung auf konsularischem oder diplomatischem Weg zu übermitteln.**

Die Erhaltung der **Zustellung auf konsularischem oder diplomatischem Wege** durch die EG-ZustellVO ist scharf kritisiert worden.[1] Ein Bedürfnis für diese aufwändige Form der Zustellung ist innerhalb der Gemeinschaft nicht erkennbar. Tatsächlich ist davon auszugehen, dass die Übermittlung auf konsularischem oder diplomatischem Weg nicht mehr vorkommen wird. 1

Die Übermittlung auf konsularischem oder diplomatischem Weg, die schon bisher selten war, ist nur noch in **Ausnahmefällen** vorgesehen. Gemeint ist damit, dass dieser Weg subsidiär ist und eine konsularische oder diplomatische Übermittlung nur in Betracht kommt, wenn die in Art 4ff vorgesehenen Wege versagen. Laut erläuterndem Bericht war an außergewöhnlich schwierige Umstände gedacht. Als Beispiel werden soziale oder klimatische Bedingungen genannt, die „eine Beförderung der Schriftstücke von einem Mitgliedstaat in einen anderen auf anderem Weg unmöglich machen". Da die eigentliche Überbringung des Schriftstücks an die Empfangsstelle bei der konsularischen oder diplomatischen Übermittlung ebenfalls erforderlich ist, ist es schwierig, sich – insbesondere innerhalb Europas – solche Fälle vorzustellen. 2

---

3 Zu beidem näher *Jastrow* NJW 2002, 3383.

4 So auch *Jastrow* NJW 2002, 3383.

1 *Heß* NJW 2001, 19.

## Artikel 13
## Zustellung von Schriftstücken durch die diplomatischen oder konsularischen Vertretungen

(1) Jedem Mitgliedstaat steht es frei, Personen, die ihren Wohnsitz in einem anderen Mitgliedstaat haben, gerichtliche Schriftstücke unmittelbar durch seine diplomatischen oder konsularischen Vertretungen ohne Anwendung von Zwang zustellen zu lassen.
(2) Jeder Mitgliedstaat kann nach Artikel 23 Absatz 1 mitteilen, daß er eine solche Zustellung in seinem Hoheitsgebiet nicht zuläßt, außer wenn das Schriftstück einem Staatsangehörigen des Übermittlungsmitgliedstaats zuzustellen ist.

### I. Allgemeines

1 Die **Beibehaltung** dieser Form der Zustellung wird im erläuternden Bericht nur damit begründet, dass es sich um einen **traditionell wirksamen Weg** der Zustellung handele. Auch aus Deutschland kann die Möglichkeit der Zustellung durch die deutschen Auslandsvertretungen genutzt werden, wenn der Zustellungsempfänger Deutscher ist.[1]

2 Obwohl der Wortlaut des Art 13 Abs 1 ausdrücklich nur die Zustellung an „Personen, die ihren Wohnsitz in einem anderen Mitgliedstaat haben" nennt, erfasst er nicht nur die Zustellung an natürliche Personen. Umfasst ist vielmehr auch die Zustellung an **Gesellschaften** bzw **juristische Personen**. Auch wenn die EG-ZustellVO keine dem Art 60 Brüssel I-VO entsprechende Vorschrift enthält, muss dieser dem Sinn nach angewendet werden.[2]

### II. Einschränkungen durch die Mitgliedstaaten

#### 1. Deutschland

3 Deutschland macht von der in Abs 2 eingeräumten **Vorbehaltsmöglichkeit** Gebrauch. Gemäß § 1 ZustDG sind im Hoheitsgebiet der Bundesrepublik Deutschland diplomatische und konsularische Zustellungen im Sinne von Art 13 Abs 1 der Verordnung nicht zugelassen, außer wenn das Schriftstück einem Staatsangehörigen des Übermittlungsmitgliedstaats zuzustellen ist.

#### 2. Sonstige Mitgliedstaaten

4 **Belgien**: macht von der Vorbehaltsmöglichkeit Gebrauch.
**Italien**: macht von der Vorbehaltsmöglichkeit Gebrauch (auch *aus* Italien nur an italienische Staatsbürger).

---

[1] Vgl nur *Geimer*, IZPR[4] Rn 2138, auch zu den Einschränkungen, wenn der Empfänger eine andere Staatsangehörigkeit hat.

[2] Dazu G *Geimer*, Neuordnung des internationalen Zustellungsrechts 248 f; *Gsell* EWS 2002, 118; näher zur Bestimmung des Zustellungsorts Art 14 Rn 5.

**Luxemburg:** macht von der Vorbehaltsmöglichkeit Gebrauch (nimmt auch selbst keine diplomatischen und konsularischen Zustellungen vor).
**Finnland, Frankreich, Griechenland, Irland**, die **Niederlande, Österreich, Portugal, Schweden, Spanien** und das **Vereinigte Königreich** haben keine Einwände gegen die Anwendung von Art 13 Abs 1 in ihrem Hoheitsgebiet.

## Artikel 14
## Zustellung durch die Post

**(1) Jedem Mitgliedstaat steht es frei, Personen, die ihren Wohnsitz in einem anderen Mitgliedstaat haben, gerichtliche Schriftstücke unmittelbar durch die Post zustellen zu lassen.**
**(2) Jeder Mitgliedstaat kann nach Artikel 23 Absatz 1 die Bedingungen bekanntgeben, unter denen er eine Zustellung gerichtlicher Schriftstücke durch die Post zulässt.**

**I. Bedeutung der Norm**
1. Einführung der unmittelbaren Postzustellung ..... 1
2. Kritik ..... 2
**II. Reichweite der Norm** ..... 4
**III. Bedingungen gemäß Abs 2**
1. Einschreiben mit Rückschein ..... 6
2. Sprachanforderungen ..... 7
3. Fundstellen ..... 7
**IV. Bedingungen der Mitgliedstaaten**
1. Deutschland ..... 8
2. Vorgaben der sonstigen Mitgliedstaaten ..... 9

### I. Bedeutung der Norm

#### 1. Einführung der unmittelbaren Postzustellung

Art 14 muss als zentrale Norm der EG-ZustellVO gewertet werden. Er enthält die bedeutsamste praktische **Veränderung gegenüber dem HZÜ**. Durch die etwas merkwürdige Formulierung des Abs 1 wird erreicht, dass kein Mitgliedstaat die unmittelbare Postzustellung aus dem Ausland verbieten kann. Indem den Mitgliedstaaten freigestellt wird, unmittelbare Postzustellungen vorzunehmen, wird zugleich umgekehrt festgeschrieben, dass alle Mitgliedstaaten auch die Zustellungen aus anderen Mitgliedstaaten in ihr Land akzeptieren müssen. Zugelassen sind, wie sich aus Abs 2 ergibt, lediglich „**Bedingungen**" für die Zustellung durch die Post. 1

#### 2. Kritik

Durch diese Möglichkeit, Bedingungen zu stellen, wird die Funktion des Art 14 als einfache und schnelle Zustellungsnorm beeinträchtigt. Daher ist die Offenheit der Verordnung in diesem Punkt viel kritisiert worden.[1] 2

---

[1] *Stadler* IPRax 2001, 519; *dies* IPRax 2002, 477 f; *Heß* NJW 2002, 2423; näher Rn 6; zu den Bedingungen der einzelnen Mitgliedstaaten Rn 8.

3 Dennoch wird durch Art 14 die entscheidende Beschleunigung der Zustellungen in das Ausland erreicht werden. Es ist zu hoffen, dass die Zustellung durch die Post sich zum Regelfall der Auslandszustellung im Anwendungsbereich der Verordnung entwickelt.

## II. Reichweite der Norm

4 Wie auch Art 13 muss Art 14 Abs 1 so verstanden werden, dass mit dem engen Wortlaut, der nur „Personen, die ihren Wohnsitz in einem anderen Mitgliedstaat haben" nennt, nicht etwa die Zustellung an **juristische Personen** ausgeklammert sein soll. Die Möglichkeit der direkten Postzustellung gilt vielmehr auch für Gesellschaften und alle juristischen Personen mit Sitz im Ausland.[2] Art 60 Brüssel I-VO findet insofern dem Sinn nach Anwendung.

5 Fraglich ist allerdings, ob Art 60 Brüssel I-VO auch zur konkreten Bestimmung des Zustellungsorts herangezogen werden kann. Das ist zu verneinen.[3] Art 14 dient nämlich selbst gar nicht dazu, den richtigen **Zustellungsort** zu bestimmen. Für den Zustellungsort kommt es vielmehr grundsätzlich darauf an, möglichst den Adressaten auch zu erreichen. Die Wohnung des Zustellungsadressaten ist daher zwar in der Regel ein tauglicher Zustellungsort. Auch die Zustellung an einem anderen geeigneten Ort ist aber zulässig (§ 177 ZPO). Soll an den gesetzlichen Vertreter oder Leiter einer juristischen Person zugestellt werden, so sind in der Regel dessen Wohn- und Arbeitsplatz geeignete Zustellungsorte.[4]

## III. Bedingungen gemäß Abs 2

### 1. Einschreiben mit Rückschein

6 Durch Art 14 Abs 2 wird den Mitgliedstaaten die Möglichkeit eingeräumt, **Bedingungen** für die Zustellung per Post vorzugeben. Die dadurch befürchtete Verkomplizierung der Postzustellung bleibt begrenzt, da die Vorgaben nicht weit auseinandergehen. Die Bedingungen der Mitgliedstaaten richten sich teils auf die Art der Postzustellung. Oftmals wird wie in **Deutschland** die Postzustellung per **Einschreiben mit Rückschein** verlangt. Da der Weltpostvertrag, den alle Mitgliedstaaten unterzeichnet haben, die Möglichkeit eingeschriebener postalischer Sendungen mit Rückschein vorsieht, ist die praktische Durchführbarkeit dieser Bedingung gewährleistet (vgl aber auch schon oben Art 7 Rn 3 für die eigenhändige Zustellung).

### 2. Sprachanforderungen

7 Zusätzlich haben viele Mitgliedstaaten besondere Vorgaben für die Sprache des zuzustellenden Schriftstücks gemacht. Obwohl anfangs die Zulässigkeit besonderer **Sprachenre-**

---

[2] Dazu *Gsell* EWS 2002, 118.

[3] Verneinend auch G *Geimer* 249; *Gsell* EWS 2002, 118.

[4] Vgl nur *Zöller/Stöber* § 177 ZPO Rn 1.

**gelungen** nach Art 14 Abs 2 bestritten worden ist,[5] hat die Kommission die von einigen Mitgliedstaaten (einschließlich Deutschland) aufgestellten zusätzlichen Anforderungen an die Sprache des zuzustellenden Schriftstücks ohne weiteres akzeptiert. Hat ein Mitgliedstaat solche besonderen sprachlichen Vorgaben nicht gemacht, so ist die Sprachregelung des Art 8 anzuwenden.[6] Entsprechend Art 8 muss der Empfänger auch ein **Annahmeverweigerungsrecht** haben, wenn die vorgegebene Sprachregelung verletzt wird.[7]

### 3. Fundstellen

Die Bedingungen aller Mitgliedstaaten sind im Amtsblatt der EG abgedruckt[8] (vgl auch hier die Übersicht in Rn 9).

## IV. Bedingungen der Mitgliedstaaten

### 1. Deutschland

In Deutschland wurde § 199 ZPO durch das Zustellungsreformgesetz aufgehoben. In § 183 Abs 3 S 2 ZPO wird für die **Direktzustellung per Post** bestimmt, dass sie durch Einschreiben mit Rückschein erfolgen muss.[9] In § 2 Abs 1 ZustDG heißt es daher: Im Hoheitsgebiet der Bundesrepublik Deutschland werden Zustellungen unmittelbar durch die Post im Sinne von Art 14 Abs 1 der Verordnung nur in der Versandform des Einschreibens mit Rückschein und nur unter der weiteren Bedingung zugelassen, dass das zuzustellende Schriftstück in einer der folgenden Sprachen abgefasst oder ihm eine Übersetzung in eine dieser Sprachen beigefügt ist: Deutsch oder eine der Amtssprachen des Übermittlungsmitgliedstaats, sofern der Adressat Staatsangehöriger dieses Mitgliedstaats ist. 8

### 2. Vorgaben der sonstigen Mitgliedstaaten

Sprachregelungen sind nur vermerkt, wenn sie von Art 8 abweichen. 9
**Belgien**: Einschreiben mit Rückschein oder gleichwertige Bescheinigung, unter Verwendung eines vorgegebenen Formulars.[10]
**Finnland**: Zustellung von Schriftstücken durch die Post unter der Voraussetzung, dass der Empfänger eine Empfangsbestätigung unterzeichnet oder den Empfang in anderer Weise bestätigt. Außer Ladungen können andere Schriftstücke auch per Post an eine vom Empfänger den zuständigen Behörden mitgeteilte Anschrift zugestellt werden.

---

5 *Lindacher* ZZP 114, 188; dagegen aber *Stadler* IPRax 2001, 519 unter Hinweis auf den erläuternden Bericht.

6 Konsolidierte Fassung der Angaben der Mitgliedstaaten, ABl EG 2002 C 13/2.

7 So auch *Stadler* IPRax 2001, 520 mit allen daraus folgenden Bedenken.

8 Vgl Vorbem Rn 38 ff.

9 Dazu auch *Stadler* IPRax 2002, 473.

10 Abgedruckt in der konsolidierten Fassung der Angaben der Mitgliedstaaten im Internet, vgl für die Adresse Vorbem Rn 39.

**Frankreich**: Per Einschreiben mit Rückschein, auf dem die versandten Schriftstücke aufgeführt sind, oder auf andere Weise, mit der sich das Absende- und Übergabedatum sowie der Inhalt der Sendung nachweisen lässt.
**Griechenland**: Einschreiben und Entgegennahme des Schriftstücks durch den Empfänger, dessen gesetzlichem Vertreter oder seinem Ehepartner, seinen Kindern, Geschwistern oder Eltern.
**Italien**: Die Zustellung von Schriftstücken durch die Post ist nur dann zulässig, wenn diese mit einer Übersetzung ins Italienische versehen sind.
**Irland**: Die Zustellung gerichtlicher Schriftstücke durch die Post ist per Einschreiben unter vorheriger Bezahlung zulässig, sofern sichergestellt ist, dass nicht zugestellte Schriftstücke zurückgesandt werden.
**Luxemburg**: Die Zustellung von Schriftstücken per Post muss per Einschreiben mit Rückschein und unter Wahrung der Verordnungsbestimmungen über die Übersetzung erfolgen.
**Niederlande**: a) Die Zustellung durch die Post an Personen, die sich in den Niederlanden befinden, erfolgt per Einschreiben; b) Schriftstücke, die auf dem Postweg an Personen geschickt werden, die ihren Wohnsitz in den Niederlanden haben, sind in Niederländisch verfasst oder ins Niederländische übersetzt bzw in einer Sprache verfasst oder in diese übersetzt, die die Person, für die das Schriftstück bestimmt ist, versteht.
**Österreich**: a) Die im Postweg zuzustellenden Schriftstücke müssen in der Amtssprache des Zustellungsortes abgefasst oder mit einer beglaubigten Übersetzung in diese Sprache versehen sein.
b) Ist diese Sprachenregelung nicht eingehalten, so steht dem Zustellungsempfänger ein Annahmeverweigerungsrecht zu. Macht er von diesem Recht Gebrauch, so ist die Zustellung als nicht bewirkt anzusehen.[11] Der Zustellungsempfänger muss über das Annahmeverweigerungsrecht schriftlich belehrt werden.[12]
c) Der Zustellungsempfänger hat von seinem Annahmeverweigerungsrecht dadurch Gebrauch zu machen, dass er innerhalb von drei Tagen gegenüber der Stelle, die das Schriftstück zugestellt hat, oder gegenüber der Absendestelle unter Rücksendung des Schriftstücks erklärt, dass er zur Annahme nicht bereit ist. Die Frist beginnt mit der Zustellung zu laufen; der Postlauf wird in diese Frist nicht eingerechnet, so dass das Datum des Poststempels maßgeblich ist.
d) Die Postsendungen müssen unter Benützung der im Weltpostverkehr üblichen „internationalen Rückscheine" übersandt werden.
**Portugal**: Zustellung per Einschreiben mit Rückschein und Übersetzung gemäß Art 8 der Verordnung.
**Schweden**: Keine besonderen Bedingungen.
**Spanien**: Spanien hat seine Angaben bereits überarbeitet. Eine Zustellung durch die Post ist per Einschreiben mit Rückschein zulässig. Es gelten die Übersetzungsvorschriften der Art 5 und 8 der Verordnung.[13]

---

11 Kritisch zur Bindung anderer Mitgliedstaaten an diese österreichische Vorgabe *Stadler* IPRax 2001, 520.

12 Vgl die dafür vorgesehene, hier nicht abgedruckte Belehrung in der konsolidierten Fassung der Mitteilungen der Mitgliedstaaten – im Internet unter der in den Vorbemerkungen, Rn 39 abgedruckten Adresse zugänglich.

13 Vgl dazu *Jastrow* NJW 2002, 3384.

**Vereinigtes Königreich**: Die Zustellung eines Schriftstücks durch die Post ist nur per Einschreiben zulässig. Der Empfänger oder jede andere Person, die zur Entgegennahme des Schriftstücks für den Empfänger bereit ist, muss als Beweis für die Übergabe des Schriftstücks eine Unterschrift leisten.

## Artikel 15
## Unmittelbare Zustellung

**(1) Diese Verordnung schließt nicht aus, daß jeder an einem gerichtlichen Verfahren Beteiligte gerichtliche Schriftstücke unmittelbar durch Amtspersonen, Beamte oder sonstige zuständige Personen des Empfangsmitgliedstaats zustellen lassen kann.**
**(2) Jeder Mitgliedstaat kann nach Artikel 23 Absatz 1 erklären, daß er die Zustellung gerichtlicher Schriftstücke nach Absatz 1 in seinem Hoheitsgebiet nicht zuläßt.**

### I. Allgemeines

Art 15 sieht die Möglichkeit vor, dass die Mitgliedstaaten die **Zustellung im Parteibetrieb** zulassen. Parteien können sich danach direkt mit den zuständigen Amtspersonen, Beamten oder sonstigen zuständigen Personen des Empfangsmitgliedstaats in Verbindung setzen, um die Zustellung zu veranlassen. 1

Art 15 ist jedoch selbst **keine Rechtsgrundlage** dafür, dass ein Schriftstück von einer Partei **unmittelbar** einem ausländischen Justizbeamten übermittelt wird. Eine solche unmittelbare Übermittlung ist somit nur dann möglich, wenn sie von den Rechtsvorschriften des Mitgliedstaats, in dem das Verfahren abläuft, vorgesehen ist.[1] 2

### II. Länderangaben

#### 1. Deutschland

Deutschland hat sich im Zustellungsreformgesetz deutlich für ein Weiterbestehen des **Grundsatzes der Amtszustellung** entschieden, was der neugefasste § 166 Abs 2 ZPO ausdrücklich klarstellt. Entsprechend hat es auch für die EG-ZustellVO die **Parteizustellung ausgeschlossen**. Gemäß § 3 ZustDG sind im Hoheitsgebiet der Bundesrepublik Deutschland Zustellungen im Parteibetrieb im Sinne von Art 15 Abs 1 der Verordnung somit nicht zugelassen. Die zunächst hM ging davon aus, dass § 3 ZustDG auch für die Zustellung aus Deutschland in das Ausland gelte.[2] Der Gesetzgeber hat dies mit dem EG-Beweisaufnahmedurchführungsgesetz (Entwurf) jetzt jedoch im umgekehrten Sinne klargestellt. In dem künftigen § 1071 ZPO (Gesetzesanhang Nr 3) 3

---

[1] Erläuternder Bericht.

[2] So *Schlosser* Rn 1, wenn auch inhaltlich kritisch zu § 3 ZustDG; auch *Zöller/Geimer* Art 15, unter Berufung auf § 183 ZPO (der allerdings in Abs 3 gerade auf die EG-ZustellVO verweist); anders aber *Jastrow* NJW 2002, 3384 (da der Wortlaut des § 3 ZustDG dies nicht eindeutig vorgebe).

wird unter ausdrücklichem Hinweis auf die Missverständlichkeit des § 3 ZustDG klargestellt, dass nur für Zustellungen aus dem Ausland nach Deutschland die unmittelbare Parteizustellung ausgeschlossen ist.

4 Zu beachten ist, dass Parteizustellungen aus dem Vereinigten Königreich dennoch wirksam möglich sind. Hier gilt nämlich das **deutsch-britische Abkommen** über den **Rechtsverkehr.**[3] Dieses sieht in Art 7 die unmittelbare Beauftragung von „zuständigen Personen" des Landes vor, in dem das Schriftstück zugestellt werden soll.[4]

**2. Sonstige Mitgliedstaaten**

5 **Luxemburg**: Luxemburg hat bei Mitgliedstaaten, die Gegenseitigkeit zulassen, keine Einwände gegen die Möglichkeit nach Artikel 15, sofern der Gerichtsvollzieher im Empfangsstaat nicht für die Richtigkeit der Form und des Inhalts des ihm vom Beteiligten unmittelbar zugestellten Schriftstücks, sondern nur für die Form und Art der Zustellung im Empfangsstaat verantwortlich ist.
**Österreich**: ausgeschlossen
**Portugal**: ausgeschlossen
**Schweden**: Keine Einwände dagegen, dass jeder an einem gerichtlichen Verfahren Beteiligte gerichtliche Schriftstücke unmittelbar durch Beamte oder sonstige zuständige Personen zustellen lassen kann. Schwedische Behörden sind jedoch nicht verpflichtet, entsprechenden Anträgen stattzugeben.
**Vereinigtes Königreich:**
**1. England, Wales** und **Nordirland**: ausgeschlossen
**2. Schottland** und **Gibraltar**: keine Einwände gegen die unmittelbare Zustellung gemäß Art 15 Abs 1.
**Belgien, Finnland, Frankreich, Griechenland, Italien, Irland, die Niederlande** und **Spanien** haben keine Einwände gegen Art 15.

# Kapitel III
# Außergerichtliche Schriftstücke

## Artikel 16
## Übermittlung

**Außergerichtliche Schriftstücke können zum Zweck der Zustellung in einem anderen Mitgliedstaat nach Maßgabe dieser Verordnung übermittelt werden.**

---

[3] Vom 20. 3. 1928 RGBl II 133 sowie zum Wiederinkrafttreten BGBl 1953 II, 116. Zustellungen nach diesem Abkommen scheinen selten zu sein, vgl etwa die Zahlen bei *Meyer* IPRax 1997, 402, zu den Zustellungsersuchen aus Großbritannien.

[4] Mit diesem Hinweis auch *Lindacher* ZZP 114, 186; *Nagel/Gottwald*, IZPR[5] § 7 Rn 59.

1 Durch Art 16 wird die **EG-ZustellVO** vollumfänglich auch auf außergerichtliche Schriftstücke **anwendbar.**[1] Die zuständigen Übermittlungsstellen ergeben sich aus der bei der Kommission vorliegenden konsolidierten Fassung der Mitteilungen der Mitgliedstaaten.[2] In **Deutschland** ist Übermittlungsstelle für außergerichtliche Schriftstücke gemäß § 4 Abs 1 Nr 2 ZustDG das **Amtsgericht,** in dessen Bezirk die Person, welche die Zustellung betreibt, ihren Wohnsitz oder gewöhnlichen Aufenthalt hat. Bei juristischen Personen tritt an die Stelle des Wohnsitzes oder des gewöhnlichen Aufenthalts der Sitz. Bei notariellen Urkunden ist auch das Amtsgericht zuständig, in dessen Bezirk der beurkundende Notar seinen Amtssitz hat.

Die **Landesregierungen** können die Aufgaben der Übermittlungsstelle einem Amtsgericht für die Bezirke mehrerer Amtsgerichte durch Rechtsverordnung zuweisen.

# Kapitel IV
# Schlussbestimmungen

## Artikel 17
## Durchführungsbestimmungen

**Die zur Durchführung dieser Verordnung erforderlichen Maßnahmen in bezug auf die nachstehenden Sachbereiche sind nach dem Beratungsverfahren des Artikels 18 Absatz 2 zu erlassen:**

**a) die Erstellung und jährliche Aktualisierung eines Handbuchs mit den von den Mitgliedstaaten nach Artikel 2 Absatz 4 mitgeteilten Angaben;**

**b) die Erstellung eines Glossars in den Amtssprachen der Europäischen Union über die Schriftstücke, die nach Maßgabe dieser Verordnung zugestellt werden können;**

**c) die Aktualisierung oder technischen Anpassungen des Formblatts im Anhang.**

1 Vgl für die Fundorte des Handbuchs, des Glossar und sämtlicher relevanter Amtsblätter oben Vorbemerkungen Rn 38f.

Die **Formblätter** – es sind mehrere – sind in ihrer gegenwärtig geltenden Fassung im Anhang zur VO abgedruckt.

---

[1] Vgl zu den betroffenen Schriftstücken bereits Art 1 Rn 6ff.

[2] Vorbemerkungen Rn 39.

## Artikel 18
## Ausschuß

(1) Die Kommission wird von einem Ausschuß unterstützt.
(2) Wird auf diesen Absatzes[1] Bezug genommen, so gelten die Artikel 3 und 7 des Beschlusses 1999/468/EG.
(3) Der Ausschuß gibt sich eine Geschäftsordnung.

1 Die in Abs 2 genannten Artikel des Beschlusses 1999/468/EG des Rates zur Festlegung der Modalitäten für die Ausübung der der **Kommission** übertragenen **Durchführungsbefugnisse** lauten[2]:

### *Artikel 3 Beschluss 1999/468/EG*
### *Beratungsverfahren*

(1) Die Kommission wird von einem beratenden Ausschuß unterstützt, der sich aus den Vertretern der Mitgliedstaaten zusammensetzt und in dem der Vertreter der Kommission den Vorsitz führt.
(2) Der Vertreter der Kommission unterbreitet dem Ausschuß einen Entwurf der zu treffenden Maßnahmen. Der Ausschuß gibt – gegebenenfalls aufgrund einer Abstimmung – seine Stellungnahme zu diesem Entwurf innerhalb einer Frist ab, die der Vorsitzende unter Berücksichtigung der Dringlichkeit der betreffenden Frage festsetzen kann.
(3) Die Stellungnahme wird in das Protokoll des Ausschusses aufgenommen; darüber hinaus hat jeder Mitgliedstaat das Recht zu verlangen, daß sein Standpunkt im Protokoll festgehalten wird.
(4) Die Kommission berücksichtigt soweit wie möglich die Stellungnahme des Ausschusses. Sie unterrichtet den Ausschuß darüber, inwieweit sie seine Stellungnahme berücksichtigt hat.

### *Artikel 7 Beschluss 1999/468/EG*

(1) Jeder Ausschuß gibt sich auf Vorschlag seines Vorsitzenden eine Geschäftsordnung auf der Grundlage der Standardgeschäftsordnung, die im *Amtsblatt der Europäischen Gemeinschaften* veröffentlicht werden. Bestehende Ausschüsse passen ihre Geschäftsordnung soweit erforderlich an die Standardgeschäftsordnung an.
(2) Die für die Kommission geltenden Grundsätze und Bedingungen für den Zugang der Öffentlichkeit zu Dokumenten gelten auch für die Ausschüsse.
(3) Das Europäische Parlament wird von der Kommission regelmäßig über die Arbeiten der Ausschüsse unterrichtet. Zu diesem Zweck erhält es die Tagesordnungen der Sitzungenn, die den Ausschüssen vorgelegten Entwürfe für Maßnahmen zur Durchführung der gemäß Artikel 251 des Vertrags erlassenen Rechtsakte sowie die Abstimmungsergebnisse, die Kurzniederschriften über die Sitzungen und die Listen der Behörden und Stellen, de-

---

[1] Syntaxfehler im ABl EG.
[2] ABl EG 1999 L 184/23 ff.

nen die Personen angehören, die die Mitgliedstaaten in deren Auftrag vertreten. Außerdem wird das Europäische Parlament regelmäßig unterrichtet, wenn die Kommission dem Rat Maßnahmen oder Vorschläge für zu ergreifende Maßnahmen übermittelt.

(4) Die Kommission veröffentlicht innerhalb von sechs Monaten ab dem Zeitpunkt, zu dem dieser Beschluß wirksam wird, im *Amtsblatt der Europäischen Gemeinschaften* eine Liste der Ausschüsse, die die Kommission bei der Ausübung der ihr übertragenen Durchführungsbefugnisse unterstützen. In dieser Liste wird oder werden in bezug auf jeden Ausschuß jeweils der oder die Basisrechtsakt(e) angegeben, auf dessen oder deren Grundlage der Ausschuß eingesetzt worden ist. Vom Jahr 2000 an veröffentlicht die Kommission überdies einen Jahresbericht über die Arbeit der Ausschüsse.
(5) Die bibliographischen Hinweise der dem Europäischen Parlament gemäß Absatz 3 übermittelten Dokumente werden in einem im Jahr 2001 von der Kommission zu erstellenden Verzeichnis öffentlich zugänglich gemacht.

## Artikel 19
## Nichteinlassung des Beklagten

(1) War ein verfahrenseinleitendes Schriftstück oder ein gleichwertiges Schriftstück nach dieser Verordnung zum Zweck der Zustellung in einen anderen Mitgliedstaat zu übermitteln und hat sich der Beklagte nicht auf das Verfahren eingelassen, so hat das Gericht das Verfahren auszusetzen, bis festgestellt ist,
a) daß das Schriftstück in einer Form zugestellt worden ist, die das Recht des Empfangsmitgliedstaats für die Zustellung der in seinem Hoheitsgebiet ausgestellten Schriftstücke an dort befindliche Personen vorschreibt, oder
b) daß das Schriftstück tatsächlich entweder dem Beklagten persönlich ausgehändigt oder nach einem anderen in dieser Verordnung vorgesehenen Verfahren in seiner Wohnung abgegeben worden ist,
und daß in jedem dieser Fälle das Schriftstück so rechtzeitig ausgehändigt bzw. abgegeben worden ist, dass der Beklagte sich hätte verteidigen können.
(2) Jeder Mitgliedstaat kann nach Artikel 23 Absatz 1 mitteilen, daß seine Gerichte ungeachtet des Absatzes 1 den Rechtsstreit entscheiden können, auch wenn keine Bescheinigung über die Zustellung oder die Aushändigung bzw. Abgabe eingegangen ist, sofern folgende Voraussetzungen gegeben sind:
a) Das Schriftstück ist nach einem in dieser Verordnung vorgesehenen Verfahren übermittelt worden.
b) Seit der Absendung des Schriftstücks ist eine Frist von mindestens sechs Monaten verstrichen, die das Gericht nach den Umständen des Falles als angemessen erachtet.
c) Trotz aller zumutbaren Schritte bei den zuständigen Behörden oder Stellen des Empfangsmitgliedstaats war eine Bescheinigung nicht zu erlangen.
(3) Unbeschadet der Absätze 1 und 2 kann das Gericht in dringenden Fällen einstweilige Maßnahmen oder Sicherungsmaßnahmen anordnen.
(4) War ein verfahrenseinleitendes Schriftstück oder ein gleichwertiges Schriftstück nach dieser Verordnung zum Zweck der Zustellung in einen anderen Mitgliedstaat zu übermit-

teln und ist eine Entscheidung gegen einen Beklagten ergangen, der sich nicht auf das Verfahren eingelassen hat, so kann ihm das Gericht in bezug auf Rechtsmittelfristen die Wiedereinsetzung in den vorigen Stand bewilligen, sofern

a) der Beklagte ohne sein Verschulden nicht so rechtzeitig Kenntnis von dem Schriftstück erlangt hat, daß er sich hätte verteidigen können, und nicht so rechtzeitig Kenntnis von der Entscheidung erlangt hat, daß er sie hätte anfechten können, und
b) die Verteidigung des Beklagten nicht von vornherein aussichtslos scheint.

Ein Antrag auf Wiedereinsetzung in den vorigen Stand kann nur innerhalb einer angemessenen Frist, nachdem der Beklagte von der Entscheidung Kenntnis erhalten hat, gestellt werden. Jeder Mitgliedstaat kann nach Artikel 23 Absatz 1 erklären, daß dieser Antrag nach Ablauf einer in seiner Mitteilung anzugebenden Frist unzulässig ist; diese Frist muss jedoch mindestens ein Jahr ab Erlaß der Entscheidung betragen.

(5) Absatz 4 gilt nicht für Entscheidungen, die den Personenstand betreffen.

**I. Allgemeines** ... 1

**II. Fiktive Inlandszustellungen**
1. Geltung des Art 19 für fiktive Inlandszustellungen ... 3
2. Die fiktive Inlandszustellung nach § 184 ZPO
a) Zustellung nach § 184 ZPO ... 5
b) Streitstand ... 6
c) Würdigung ... 8
d) Anerkennungsfähigkeit nach Art 34 Brüssel I-VO ... 9
3. Die remise au parquet
a) Funktionsweise der remise au parquet ... 10
b) Änderung der Rechtslage durch die Brüssel I-VO ... 12
4. Verstoß gegen das Diskriminierungsverbot ... 14

**III. Heilung von Zustellungsmängeln**
1. Wirkung des Art 19 Abs 1 und 2 EG-ZustellVO
a) Keine Heilungsvorschrift ... 15
b) Reichweite nationaler Heilungsvorschriften ... 17
c) Eingrenzung fiktiver Inlandszustellungen ... 20
2. Ländermitteilungen zu Abs 2
a) Deutschland ... 21
b) Sonstige Mitgliedstaaten ... 22

**IV. Die Wiedereinsetzung in den vorigen Stand**
1. Bedeutung ... 23
2. Ländermitteilungen zu Abs 4
a) Deutschland ... 24
b) Sonstige Mitgliedstaaten ... 25

**V. Entscheidungen, die den Personenstand betreffen** ... 26

## I. Allgemeines

1 In Art 19 sind die Regelungen der **Art 15 und 16 HZÜ** inhaltlich unverändert übernommen worden. Die in Art 16 HZÜ vorgesehene Möglichkeit, in Bezug auf die Rechtsmittelfristen **Wiedereinsetzung in den vorigen Stand** zu bewilligen, wurde in Art 19 Abs 4 aufgenommen.

2 Nach Art 19 Abs 1 muss in jedem Fall, in welchem ein ausländischer Beklagter sich nicht auf das Verfahren eingelassen hat, noch einmal gesondert überprüft werden, ob ihm das verfahrenseinleitende Schriftstück entsprechend der Vorgaben der EG-Zustell-

VO zugestellt worden ist. Überprüft werden muss auch, ob er das Schriftstück so rechtzeitig erhalten hat, dass er sich verteidigen konnte. Zum Zweck dieser **Überprüfung** ist das Gerichtsverfahren auszusetzen.

## II. Fiktive Inlandszustellungen

### 1. Geltung des Art 19 für fiktive Inlandszustellungen

Durch die EG-ZustellVO ist den Mitgliedstaaten nicht die Möglichkeit genommen, anstelle von einer Auslandszustellung eine **fiktive Inlandszustellung** vorzunehmen.[1] 3

Umstritten ist jedoch, ob Art 19 solchen **fiktiven Inlandszustellungen Grenzen** setzt, oder ob für diese nur das allgemeine Völkerrecht Geltung haben kann. Die entsprechende Frage stellte sich auch schon für das HZÜ. Fiktive Inlandszustellungen finden sich einerseits bei den verschiedenen in den Mitgliedstaaten bekannten Arten der remise au parquet. Sie sind aber auch dem deutschen Prozessrecht bekannt. Auch das neue nationale Zustellungsrecht kennt, noch die fiktive Zustellung an Adressaten im Ausland nach Aufgabe zur Post. 4

### 2. Die fiktive Inlandszustellung nach § 184 ZPO

#### a) Zustellung nach § 184 ZPO

Nach § 184 Abs 1 S 2 ZPO kann die Zustellung an einen Ausländer, der entgegen § 184 Abs 1 S 1 ZPO keinen Zustellungsbevollmächtigten im Inland benannt hat, durch **Aufgabe zur Post** ersetzt werden. Diese Aufgabe zur Post ist nach einhelliger Ansicht **keine Auslandszustellung**. Gemäß § 184 Abs 2 ZPO gilt das Schriftstück zwei Wochen nach Aufgabe zur Post als zugestellt.[2] Diese Fiktion tritt auch dann ein, wenn das Schriftstück erkennbar nicht wirklich zugegangen ist, etwa weil es als unzustellbar zurückgesendet wurde. 5

#### b) Streitstand

Die deutsche Rechtsprechung hat das HZÜ in den Fällen der Inlandszustellung an Ausländer durch deutsche Gerichte bisher nicht angewendet. Sie hält daran fest, dass die **Zustellung durch Aufgabe zur Post** (nach §§ 174f aF ZPO, § 184 nF ZPO) **uneingeschränkt wirksam** sei. Dies gilt insbesondere auch im Zusammenspiel mit § 339 Abs 2 ZPO, der nur für Zustellungen in das Ausland gilt, und die Aufgabe zur Post daher nicht erfasst.[3] 6

In der Literatur wird diese Rechtsprechung zumeist stark kritisiert. Vielfach wird angenommen, dass der Maßstab der Art 15f HZÜ bzw jetzt des Art 19 EG-ZustellVO auch

---

1 Dazu bereits Art 1 Rn 14ff.

2 Das Gericht kann gemäß § 184 Abs 2 S 2 die Frist verlängern.

3 BGH NJW 1999, 1187, 1188, 1191; BGH NJW 1992, 1701; zustimmend *Zöller/Herget* § 339 ZPO Rn 5.

auf Inlandszustellungen an **Personen mit Wohnsitz im Ausland** angewendet werden müsse.[4]

7 Teilweise wird dies konkretisiert: für den im Inland stattfindenden Hoheitsakt gelte das Übereinkommen (bzw jetzt die Verordnung) nicht, wohl aber für die formlose Benachrichtigung durch Aufgabe zur Post.[5]

**c) Würdigung**

8 Zu bevorzugen ist die Ansicht, welche den Art 19 auch dann anwenden möchte, wenn keine echte Auslandszustellung vorliegt. Denn auch für Art 19 gilt, was für Art 15, 16 HZÜ richtig war: Der Sinn der Vorschrift liegt gerade darin, Zustellungen, die **nicht** der EG-ZustellVO entsprechen, in geordnete Bahnen zu lenken.[6]

**d) Anerkennungsfähigkeit nach Art 34 Brüssel I-VO**

9 Nach der Reform des deutschen Zustellungsrechts, bei welcher insbesondere die fiktive Inlandszustellung eingeschränkt wurde, ist das **Risiko der Nichtanerkennung** deutscher Entscheidungen sehr zurückgegangen. Um das Risiko der Nichtanerkennung zu vermeiden, wird dem Kläger bzw Antragsteller empfohlen, einen Antrag auf zusätzliche Zustellung in der Form des Art 183 Abs 3 iVm der EG-ZustellVO zu stellen.[7]

**3. Die remise au parquet**

**a) Funktionsweise der remise au parquet**

10 Die bekannteste Form der **fiktiven Inlandszustellung** an Ausländer ist die remise au parquet. Die remise au parquet ist eine nicht nur in Frankreich bekannte, sondern in Europa häufige Form der Zustellung. (Art 683 ff franz ncpc, Art 40 belg CJ, Art 4 niederländ Wetboek van Burgerlijke Rechtsvordering, Art 69 Nr 10 luxemb cpc, Art 142, 143 ital cpc sowie Art 134, 136 griech ZPO). Das Kernelement der remise au parquet besteht darin, dass das zuzustellende Schriftstück nicht in das Ausland zugestellt wird, sondern im Inland der Staatsanwaltschaft übergeben wird. Bereits diese **Übergabe an die Staatsanwaltschaft** wird als – somit fiktive – Zustellung an den Empfänger angesehen. In allen die remise au parquet vorsehenden Rechtsordnungen wird der Zustellungsadressat daraufhin darüber informiert. In Frankreich ist dies in Art 686 franz ncpc

---

4 *Fleischhauer*, Inlandszustellungen an Ausländer 46; *Kondring*, Die Heilung von Zustellungsfehlern 248 f, sieht den Sinn der Art 15, 16 HZÜ gerade in der Ungehungskontrolle; *Bajons*, in: FS Schütze (1999) 56; *H Roth* IPRax 2000, 498, insbesondere für die *remise au parquet*; grundsätzlich wohl auch *Stadler*, in: BGH-FS (2000) 668, die sogar Art 5 HZÜ anwendet, zugleich aber daran erinnert, dass die Art 15, 16 HZÜ selbst keine Heilungsvorschriften sind. Dort auch zum auf die Heilung anwendbaren Recht.

5 So für die *remise au parquet H Roth* IPRax 2000, 498; auch *Schack* IZPR Rn 611.

6 *Linke*, IZVR[3] Rn 236; *Nagel* IPRax 1992, 151; *Stürner* JZ 1992, 328; *Rauscher* IPRax 1991, 158.

7 *Zöller/Geimer* § 183 ZPO Rn 91; für die Befolgung von Wünschen des Antragstellers auch *Heß* NJW 2002, 2423.

bestimmt, demgemäß der Gerichtsvollzieher spätestens am Tag nach der Übergabe an die Staatsanwaltschaft dem Zustellungsadressaten eine beglaubigte Kopie des Schriftstücks per Einschreiben mit Rückschein überstellen muss.[8]

Die sich aus der Übergabe an die Staatsanwaltschaft ableitenden **Rechtsfolgen** unterscheiden sich aber bei den verschiedenen Unterarten der remise au parquet. Nur noch in Frankreich ist es so, dass es für alle Fristen auf die Übergabe des Schriftstücks an die Staatsanwaltschaft ankommt, und nicht auf die Benachrichtigung des Betroffenen.[9] Dort kann das Gericht zum Schutz des Zustellungsadressaten nach Art 687 ncpc das Verfahren aussetzen und zusätzliche Maßnahmen, wie zB einen erneuten Zustellungsversuch treffen.[10] 11

**b) Änderung der Rechtslage durch die Brüssel I-VO**

Der seit langem bestehende Streit über die Anwendung der Art 15, 16 HZÜ (jetzt Art 19 EG-ZustellVO) auf die Zustellung im Wege der remise au parquet hat für die deutsche Rechtspraxis die Bedeutung verloren. Er ist allerdings **nicht durch Art 19 entschieden** worden. Die stillschweigende Anlehnung an das HZÜ in diesem kritischen Bereich lässt nach allgemeiner Ansicht immerhin erkennen, dass die remise au parquet wohl **weiterhin als zulässiger Weg der Zustellung** angesehen werden soll.[11] Jedoch hat die **Ersetzung des Art 27 EuGVÜ durch Art 34 Brüssel I-VO** und insbesondere die Änderung des Wortlauts der jeweiligen Ziffer 2 dazu geführt, dass es für die Anerkennung von Entscheidungen jetzt nicht mehr darauf ankommt, ob die Zustellung ordnungsgemäß durchgeführt wurde. Die entsprechende Regelung enthält auch **Art 15 Abs 1 lit b Brüssel II-VO**. Es kommt also nicht mehr darauf an, ob das Verfahren der EG-ZustellVO entspricht.[12] Damit kann aus deutscher Sicht offenbleiben, ob Art 19 auf die remise au parquet anzuwenden ist. Für die französischen Gerichte sowie die Gerichte der sonstigen Staaten, welche die remise au parquet kennen, bleibt die Frage allerdings relevant. Für ihre Beantwortung gilt das oben[13] zur Zustellung nach § 184 Abs 2 ZPO Gesagte entsprechend. 12

Aus deutscher Sicht hat sich durch die EG-ZustellVO und die Änderung des nationalen Zustellungsrechts auch insofern eine Änderung ergeben, als anders als noch nach alter Rechtslage nun nicht mehr die Möglichkeit besteht, eine solche Zustellung schon deshalb für unzureichend zu erklären, weil sie eine **verbotene Direktzustellung** umfasse.[14] 13

---

[8] Vgl genauer *Fleischhauer*, Inlandszustellungen an Ausländer 173 ff; *Heß* NJW 2001, 16; *Bajons*, in: FS Schütze (1999) 55 ff.

[9] *Heß* NJW 2001, 18.

[10] Näher dazu *Fleischhauer*, Inlandszustellungen an Ausländer 185.

[11] So, wenn auch höchst kritisch *Bajons*, in: FS Schütze (1999) 55 ff; *Stadler* IPRax 2001, 516.

[12] *Rauscher/Leible* Art 34 Brüssel I-VO Rn 31 ff; *Schlosser* Art 34-36 Brüssel I-VO Rn 8; vgl auch *Kropholler* EuZPR[7] Art 34 Rn 46.

[13] Rn 6 ff.

[14] So noch OLG Karlsruhe RIW 1999, 538 f.

### 4. Verstoß gegen das Diskriminierungsverbot

14 Eine gesonderte Problematik der Inlandszustellungen, welche sich durch die veränderte Anerkennungsregel in Art 34 Ziffer 2 Brüssel I-VO nicht erledigt hat, ist die Frage, ob solche Zustellungsformen eine **gemeinschaftsrechtswidrige Ausländerdiskriminierung** darstellen. Sowohl für die remise au parquet als auch für die Zustellung nach §§ 174f aF ZPO, § 184 nF ZPO wird vielfach vertreten, dass diese Formen der Zustellung gegen das in Art 12 EGV enthaltene Diskriminierungsverbot verstoßen.[15] Das gilt nach der Neuregelung des europäischen Zustellungsrechts nur um so mehr. Dafür, dass die Zustellung an Ausländer, anders als die Zustellung an Inländer, fingiert werden kann, gibt es kaum noch einen rechtfertigenden Grund, seit in beiden Fällen die Zustellung mit Einschreiben möglich ist.[16]

## III. Heilung von Zustellungsmängeln

### 1. Wirkung des Art 19 Abs 1 und 2 EG-ZustellVO

#### a) Keine Heilungsvorschrift

15 Wie auch die Art 15, 16 HZÜ wird Art 19 **nicht als Heilungsvorschrift** verstanden.[17] Jedoch setzt die Vorschrift mit Abs 2 eine Art Rahmen, also einen begrenzten Spielraum, für die Möglichkeit der Heilung von Zustellungsmängeln nach nationalem Recht.[18] Die Mitgliedstaaten können von der in Art 19 Abs 2 eingeräumten Option Gebrauch machen, und in dessen Grenzen eine **Heilung** zulassen, wenn das **nationale Recht** eine solche Heilung von Zustellungsmängeln vorsieht.

16 In Deutschland ist die Heilung von Zustellungsmängeln gemäß **§ 189 ZPO** anzunehmen, wenn der tatsächliche Zugang des Dokuments nachgewiesen werden kann.

#### b) Reichweite nationaler Heilungsvorschriften

17 Problematisch ist, wie weit die **Wirkung nationaler Heilungsvorschriften** reicht. Nach einer verbreiteten Ansicht können durch nationale Heilungsvorschriften nur Fehler geheilt werden, die bei der Anwendung nationalen Rechts unterlaufen sind. Nationale Heilungsvorschriften erreichen danach jedoch nicht solche Fehler, die bei der

---

15 OLG Karlsruhe RIW 1999, 538; für die remise au parquet *Bajons*, in: FS Schütze (1999) 60f; *Heß* NJW 2001, 18; *Lindacher* ZZP 114, 189; *H Roth* IPRax 2000, 498.

16 Auch *Bajons*, in: FS Schütze (1999) 66.

17 *Kondring*, Die Heilung von Zustellungsfehlern 250; *Lindacher* ZZP 114, 190; *Marchal Escalona*, El nuevo régimen de la notificación 121; *Rauscher* IPRax 1991, 159; *Stürner* JZ 1992, 332; *Stadler*, in: BGH-FS (2000) 667; *dies* IPRax 2001, 520f.

18 *Kondring*, Die Heilung von Zustellungsfehlern 248f; *Rahm/Künkel/Breuer*, Handbuch des Familiengerichtverfahrens VIII Rn 39.2 ebenso *Brand/Reichhelm* IPRax 2001, 175f.

Anwendung von internationalen Übereinkommen bzw von Gemeinschaftsrecht, insbesondere also der EG-ZustellVO aufgetreten sind.[19]

18 Eine im Vordringen befindliche Ansicht will dagegen die **Wirkung** der nationalen Heilungsvorschriften auch **auf das Gemeinschaftsrecht erstrecken**. Danach könnten nach den §§ 189, 295 ZPO auch Fehler bei der Anwendung der EG-ZustellVO geheilt werden.[20] Dem ist zu folgen. Das wichtigste Argument gegen eine Erstreckung nationaler Heilungsvorschriften auf das Gemeinschaftsrecht war nämlich die **enge Anerkennungsvorschrift** im alten Art 27 Nr 2 EuGVÜ. Diese Vorschrift ließ nach herrschender, auch vom *EuGH* vertretener Ansicht bei Verstößen gegen das HZÜ die Anerkennung eines Urteils im Ausland auch dann nicht zu, wenn der Beklagte das verfahrenseinleitende Schriftstück tatsächlich erhalten hatte und der Zustellungsfehler deshalb bei Anwendung nationalen Zustellungsrechts als geheilt angesehen werden konnte.[21] Mit dieser engen Anerkennungspraxis war eine Erstreckung der Heilungswirkung nationaler Vorschriften auf gemeinschaftsrechtliche Normen kaum vereinbar. Jedenfalls hätte keine Entscheidungsharmonie erreicht werden können.

19 Die **offenere Vorschrift** im neuen Art 34 Nr 2 Brüssel I-VO enthält nicht nur keine solchen engen Vorgaben, sondern sie lässt durchaus erkennen, dass es für die Anerkennung entscheidend darauf ankommt, ob der Beklagte sich verteidigen konnte. Hat er das Schriftstück **trotz fehlerhafter Zustellung** erhalten, so steht der Zustellungsfehler der Anerkennung nicht entgegen. Das Gemeinschaftsrecht kennt somit nunmehr für die Anerkennung des Urteils im Ausland einen gewissermaßen **heilungsähnlichen Tatbestand**. Dabei kommt es nicht darauf an, ob nationales oder europäisches Zustellungsrecht verletzt ist.[22] Es ist widersinnig, dass die EG-ZustellVO keinen dem entsprechenden eigenen (Heilungs-)Tatbestand enthält, welcher die Wirksamkeit des Urteils im Inland (die im übrigen Voraussetzung jeder Anerkennung ist) gewährleisten würde. Jedoch kann Art 19 wenigstens so verstanden werden, dass die Norm, in den von ihr vorgegebenen Grenzen, die Möglichkeit der Heilung von Verstößen gegen die EG-ZustellVO nach nationalem Recht eröffnet.

---

[19] Zum alten Recht *Rauscher* IPRax 1991, 159; *ders* IPRax 1993, 377; BGHZ 120, 305, 310 ff mit vielen Nennungen; genauer zum anwendbaren Recht *Marchal Escalona*, El nuevo régimen de la notificación; auch zum neuen Recht *Thomas/Putzo* Art 34 Brüssel I-VO Rn 12; letztlich auch *Stadler* IPRax 2001, 521.

[20] So etwa *Nagel/Gottwald*, IZPR$^5$ § 7 Rn 61; *Linke*, IZPR Rn 238; *Schlosser* Art 34-36 Brüssel I-VO Rn 13; auch schon zum alten Recht *Kondring*, Die Heilung von Zustellungsfehlern im internationalen Zivilrechtsverkehr 338 ff.

[21] EuGH Rs C-305/88 *Lancray/Peters* EuGHE 1990, 2725 ff, 2746 ff; dem folgend BGH NJW 1991, 641 sowie BGH NJW 1993, 184; *Kropholler*, EuZPR$^6$ (1998) Art 27 EuGVÜ Rn 28 ff.

[22] *Kropholler*, EuZPR$^7$ Art 34 Rn 41, der allerdings zu Recht meint, jedenfalls bei Einhaltung der Vorschriften der EG-ZustellVO solle immer auch die Anerkennung gewährleistet sein; *Zöller/Geimer* Art 34 Brüssel I-VO Rn 22; näher *Rauscher/Leible* Art 34 Brüssel I-VO Rn 31 f.

### c) Eingrenzung fiktiver Inlandszustellungen

20 Wie bereits ausführlich aufgezeigt, kommt Art 19 außerdem die Funktion zu, **fiktive Inlandszustellungen einzugrenzen.**[23] Diese Funktion lässt sich jedoch ohne weiteres damit verbinden, dass die Norm zugleich allgemein einen Rahmen für die Heilung von Zustellungsfehlern setzt.

## 2. Ländermitteilungen zu Abs 2

### a) Deutschland

21 Deutsche Gerichte können den Rechtsstreit bei Vorliegen der Voraussetzungen von Art 19 Abs 2 entscheiden, wenn das verfahrenseinleitende oder gleichwertige Schriftstück in der Bundesrepublik Deutschland **öffentlich zugestellt** worden ist.

### b) Sonstige Mitgliedstaaten

22 **Belgien**: Die belgischen Gerichte können unbeschadet der Bestimmungen des Abs 1 den Rechtsstreit entscheiden, wenn alle Voraussetzungen des Abs 2 erfüllt sind.
**Finnland**: macht von der Möglichkeit der Mitteilung keinen Gebrauch.
**Frankreich**: Die französischen Gerichte können ungeachtet des Abs 1 den Rechtsstreit entscheiden, sofern alle Voraussetzungen des Abs 2 vorliegen.
**Griechenland**: Die Gerichte sind nicht verpflichtet, ungeachtet des Abs 1 den Rechtsstreit zu entscheiden, wenn alle Voraussetzungen des Abs 2 erfüllt sind.
**Irland**: Ein irisches Gericht kann ungeachtet des Art 19 Abs 1 den Rechtsstreit auch dann entscheiden, wenn keine Bescheinigung über die Zustellung oder Abgabe eingegangen ist, sofern alle Bedingungen nach Abs 2 erfüllt sind.
**Italien**: macht von der Möglichkeit der Mitteilung keinen Gebrauch.
**Luxemburg**: Die luxemburgischen Gerichte können ungeachtet des Art 19 Abs 1 den Rechtsstreit entscheiden, wenn die Voraussetzungen des Abs 2 gegeben sind.
**Niederlande**: Die niederländischen Gerichte können (infolge der dazu in Vorbereitung befindlichen Durchführungsvorschriften) ungeachtet des Abs 1 den Rechtsstreit entscheiden, wenn alle Voraussetzungen nach Abs 2 erfüllt sind.
**Österreich**: Die österreichischen Gerichte können ungeachtet des Abs 1 den Rechtsstreit unter den Voraussetzungen des Abs 2 entscheiden.
**Portugal**: nimmt Art 19 Abs 2 nicht in Anspruch. Portugiesische Gerichte können daher die darin gebotene Möglichkeit nicht anwenden.
**Schweden**: Gerichte können den Rechtsstreit nur dann entscheiden, wenn die Voraussetzungen von Art 19 Abs 2 und von Art 19 Abs 1 erfüllt sind.
**Spanien**: Die Gerichte können entgegen Art 19 Abs 1 die Aussetzung des Verfahrens aufheben und den Rechtsstreit entscheiden, sofern die Voraussetzungen des Absatzes 2 gegeben sind.
**Vereinigtes Königreich**: Entsprechend dem Haager Übereinkommen können die Gerichte im Vereinigten Königreich ungeachtet des Art 19 Abs 1 einen Rechtsstreit entscheiden, wenn die Voraussetzungen des Abs 2 gegeben sind.

---

[23] Dazu oben Rn 3 ff.

## IV. Die Wiedereinsetzung in den vorigen Stand

### 1. Bedeutung

Nach **Abs 4** kann der Beklagte unter bestimmten Umständen erreichen, dass ihm bei den 23
Fristen für Rechtsmittel gegen die Entscheidung, in deren Vorfeld der Zustellungsfehler erfolgte, **Wiedereinsetzung in den vorigen Stand** gewährt wird. Die Vorschrift entspricht dem Art 16 HZÜ. Die hier vorgesehene Wiedereinsetzung ermöglicht es dem Beklagten, der meint, sich erfolgreich gegen die Klage verteidigen zu können, dies noch nachträglich im laufenden Verfahren zu tun und so die Klageabweisung zu erreichen.

Art 19 Abs 4 selbst bringt **keinesfalls eine Pflicht des Beklagten** mit sich, eine solche Wiedereinsetzung zu beantragen. Das ohne Zustellung ergangene Urteil wird nicht etwa wirksam, weil der Beklagte von Abs 4 keinen Gebrauch macht. Jedoch muss beachtet werden, dass Art 34 Nr 2 Brüssel I-VO (anders also noch Art 27 Nr 2 EuGVÜ) den Beklagten zunächst auf die nach nationalem Recht gegebenen Rechtsmittel verweist. Wenn der Beklagte die Möglichkeit eines **Rechtsmittels** gegen das Urteil hatte – also auch in den Fällen des Art 19 Abs 4 – kann er also nicht mehr erfolgreich gegen die Anerkennung der Entscheidung vorgehen.

Die Wiedereinsetzung kann generell nur gewährt werden, wenn sie binnen einer angemessenen Frist beantragt wird, nachdem der Beklagte von der Entscheidung Kenntnis erlangt hat. Darüber hinaus hatten die Mitgliedstaaten die Option, eine absolute Frist für die Möglichkeit der Wiedereinsetzung festzulegen. Diese Frist muss jedoch mindestens ein Jahr betragen.

### 2. Ländermitteilungen zu Abs 4

#### a) Deutschland

Deutschland hat mitgeteilt, dass die Wiedereinsetzung in den vorigen Stand im Sinne 24
von Art 19 Abs 4 nach Ablauf **eines Jahres**, von dem Ende der versäumten Frist an gerechnet, nicht mehr beantragt werden kann.

#### b) Sonstige Mitgliedstaaten

**Belgien**: ein Jahr ab Erlass der Entscheidung 25
**Finnland**: keine Mitteilung
**Frankreich**: ein Jahr ab Erlass der Entscheidung
**Griechenland**: drei Jahre ab Erlass der Entscheidung
**Irland**: Hinsichtlich Art 19 Abs 4 obliegt es dem zuständigen Gericht, sich zu überzeugen, dass der Antrag auf Wiedereinsetzung in den vorigen Stand innerhalb einer angemessenen Frist, nachdem der Beklagte von der Entscheidung Kenntnis erhalten hat, gestellt wurde.
**Italien**: keine Frist
**Luxemburg**: innerhalb einer angemessenen Frist, nachdem der Beklagte von der Entscheidung Kenntnis erhalten oder nachdem die Handlungsunfähigkeit geendet hat, gestellt wird; jedenfalls nur binnen eines Jahres nach Verkündung der Entscheidung

**Niederlande**: ein Jahr ab Erlass der Entscheidung
**Österreich**: keine Frist
**Portugal**: ein Jahr ab Erlass der Entscheidung
**Schweden**: keine Frist
**Spanien**: ein Jahr ab Erlass der Entscheidung
**Vereinigtes Königreich:**
**1. England, Wales** und **Nordirland** sowie **Gibraltar**: Prüft das Gericht einen Antrag auf Nichtigerklärung eines Versäumnisurteils, ist darauf zu achten, dass der Antrag umgehend gestellt worden ist.
**2. Schottland**: ein Jahr

### V. Entscheidungen, die den Personenstand betreffen

26 Nach Abs 5, der ebenfalls unverändert aus dem HZÜ übernommen wurde, besteht die Möglichkeit der Wiedereinsetzung in den vorigen Stand gemäß Abs 4 nicht für Entscheidungen, die den **Personenstand** betreffen. Dass diese in die EG-ZustellVO übernommen wurde, überrascht insbesondere deshalb, weil sie angeblich auf dänisches Betreiben hin ins HZÜ gelangt war.[24]

27 Der erläuternde Bericht bringt als Begründung für die **Beibehaltung dieser Ausnahme** einen bestimmten Fall vor. Sei durch das Urteil eine Ehe geschieden worden (was freilich in Deutschland gemäß § 612 Abs 4 ZPO nicht durch Versäumnisurteil denkbar ist), und habe sich der inländische Ehepartner bereits wiederverheiratet, so sei es nicht vertretbar, dass das Scheidungsurteil noch nachträglich angefochten werde. Die **Rechtssicherheit** hat danach Vorrang vor dem **Schutz des Zustellungsadressaten**.

28 Dem lassen sich jedoch auch andere **Beispiele** entgegenhalten. So die Vaterschaftsfeststellung (in Deutschland auch hier gemäß §§ 640, 612 Abs 4 ZPO kein Versäumnisurteil), bei der es richtig erschiene, wenn diese rückgängig gemacht werden könnte. Bedenken muss man auch, dass in diesen Fällen eine Anerkennung der Entscheidung an Art 15 lit b Brüssel II-VO scheitern wird. Gerade bei Personenstandsentscheidungen führt die Nichtanerkennung zu hinkenden Rechtsverhältnissen.

## Artikel 20
## Verhältnis zu Übereinkünften oder Vereinbarungen, die die Mitgliedstaaten abgeschlossen haben

**(1) Die Verordnung hat in ihrem Anwendungsbereich Vorrang vor den Bestimmungen, die in den von den Mitgliedstaaten geschlossenen bilateralen oder multilateralen Übereinkünften oder Vereinbarungen enthalten sind, insbesondere vor Artikel IV des Protokolls zum Brüsseler Übereinkommen von 1968 und vor dem Haager Übereinkommen vom 15. November 1956.**

---

[24] *Geimer*, IZPR[4] Rn 2091 a.

(2) Die Verordnung hindert einzelne Mitgliedstaaten nicht daran, Übereinkünfte oder Vereinbarungen zur weiteren Beschleunigung oder Vereinfachung der Übermittlung von Schriftstücken beizubehalten oder zu schließen, sofern sie mit dieser Verordnung vereinbar sind.

(3) Die Mitgliedstaaten übermitteln der Kommission

a) eine Abschrift der zwischen den Mitgliedstaaten geschlossenen Übereinkünfte oder Vereinbarungen nach Absatz 2 sowie Entwürfe dieser von ihnen geplanten Übereinkünfte oder Vereinbarungen sowie

b) jede Kündigung oder Änderung dieser Übereinkünfte oder Vereinbarungen.

Neben der in Abs 1 enthaltenen Klarstellung über den **Vorrang der EG-ZustellVO**, 1
welche als europäischer Rechtsakt ohnehin Vorrang vor dem gesamten nationalen Recht hat, wird den Mitgliedstaaten in Abs 2 die Möglichkeit eingeräumt, durch Übereinkünfte noch eine weitere **Vereinfachung des Zustellungsverkehrs** zu erreichen. Es ist davon auszugehen, dass die Wirksamkeit solcher Übereinkünfte nicht von der Übermittlung an die Kommission nach Abs 3 abhängt.

Eine weitere Vereinfachung könnte aus deutscher Sicht in der Zulassung der **unmittel-** 2
**baren Zustellung durch die Parteien** zu sehen sein. Vorgesehen ist diese beispielsweise in Art 7 des deutsch-britischen Abkommens über den Rechtsverkehr.[1] Als Vereinfachung müsste es auch angesehen werden, wenn bilaterale Vereinbarungen zur Verhinderung von Kosten nach Art 11 Abs 2 abgeschlossen würden. Gegenwärtig hat aber noch kein Mitgliedstaat eine entsprechende Vereinbarung übermittelt.

## Artikel 21
## Prozeßkostenhilfe

Artikel 23 des Abkommens über den Zivilprozeß vom 17. Juli 1905, Artikel 24 des Übereinkommens über den Zivilprozeß vom 1. März 1954 und Artikel 13 des Abkommens über die Erleichterung des internationalen Zugangs zu den Gerichten vom 25. Oktober 1980 bleiben im Verhältnis zwischen den Mitgliedstaaten, die Vertragspartei dieser Übereinkünfte sind, von dieser Verordnung unberührt.

Von den genannten Abkommen hat Deutschland nur das Übereinkommen über den 1
Zivilprozeß von 1954 ratifiziert. Art 24 Abs 1 dieses Übereinkommens sagt aus, dass der ersuchende Staat dem esuchten Staat die Kosten für die Zustellung nicht ersetzt, wenn dem Antragsteller Prozesskostenhilfe zugesagt wurde. Worin die Bedeutung dieser Norm im Zusammenhang der EG-ZustellVO gesehen wurde, bleibt zweifelhaft. Denn Gerichtskosten fallen gemäß Art 11 EG-ZustellVO ohnehin nicht an.

---

[1] Vom 20. 3. 1928 RGBl II 133. Vgl. allgemein zum Verhältnis von bilateralen Abkommen und EG-ZustellVO *Rauscher/Staudinger*, Einl Brüssel I-VO Rn 5.

## Artikel 22
## Datenschutz

(1) Die Empfangsstelle darf die nach dieser Verordnung übermittelten Informationen – einschließlich personenbezogener Daten – nur zu dem Zweck verwenden, zu dem sie übermittelt wurden.
(2) Die Empfangsstelle stellt die Vertraulichkeit derartiger Informationen nach Maßgabe ihres nationalen Rechts sicher.
(3) Die Absätze 1 und 2 berühren nicht das Auskunftsrecht von Betroffenen über die Verwendung der nach dieser Verordnung übermittelten Informationen, das ihnen nach dem einschlägigen nationalen Recht zusteht.
(4) Die Richtlinien 95/46/EG und 97/66/EG bleiben von dieser Verordnung unberührt.

1 Nicht nur die öffentliche Zustellung, sondern auch die Zustellung per Post und insbesondere die elektronische Übermittlung von Daten birgt das Risiko der Verletzung des Rechts auf informationelle Selbstbestimmung. Dem tragen die Vorschriften den nationalen Prozessrechts sowie auch Art 22 EG-ZustellVO Rechnung. Zusätzliche datenschutzrechtliche Normen bestehen daneben nicht. Die Vorschriften des Prozessrechts gehen in Deutschland dem BDSG und den Landesdatenschutzgesetzen vor (vgl nur § 1 Abs 4 BDSG).[1]

2 Für die Zustellung durch die Post bzw durch Postdienste gilt in Deutschland seit dem 1. 3. 2003 insbesondere die Verordnung über den Datenschutz bei der geschäftsmäßigen Erbringung von Postdiensten – Postdienste-Datenschutzverordnung (PDSV).

3 Die Aktieneinsicht ist in Deutschland in § 299 ZPO geregelt.

## Artikel 23
## Mitteilung und Veröffentlichung

(1) Die Mitgliedstaaten teilen der Kommission die Angaben nach den Artikeln 2, 3, 4, 9, 10, 13, 14 und 15, Artikel 17 Buchstabe a) und Artikel 19 mit.
(2) Die Kommission veröffentlicht die Angaben nach Absatz 1 im *Amtsblatt der Europäischen Gemeinschaften*.

### I. Fundstellen für die Angaben

1 Die Angaben sind in einem Handbuch gesammelt, welches erstmals im ABl EG 2001 L 298/3 ff abgedruckt wurde. Eine aktuelle Fassung ist auf der Internetseite der Kommission[1] abrufbar. Die Angaben sind hier weitgehend bei den jeweiligen Art eingearbeitet.

---

[1] Vgl zur Problematik des Datenschutzes im Zivilverfahren *Liebscher*, Datenschutz bei der Datenübermittlung im Zivilverfahren (1994); sowie *Werner*, Elektronische Datenverarbeitung im Zivilprozeß (1195), dort insbesondere zur Datensicherheit, 165 ff.

[1] http://europa.eu.int/comm/justice_home/fsj/civil/documents/fsj_civil_1348_en.htm

## II. Veröffentlichung

Die Veröffentlichung durch die Kommission erfolgt nur zum Zwecke der besseren Erreichbarkeit der Informationen. Da der Veröffentlichung nationale Rechtsakte zugrundeliegen, ist sie dagegen nicht konstitutiv. 2

Artikel 24
## Überprüfung

Die Kommission legt dem Europäischen Parlament, dem Rat und dem Wirtschafts- und Sozialausschuß spätestens am 1. Juni 2004 und danach alle fünf Jahre einen Bericht über die Anwendung dieser Verordnung vor, wobei sie insbesondere auf die Effizienz der in Artikel 2 benannten Stellen und auf die praktische Anwendung von Artikel 3 Buchstabe c) und Artikel 9 achtet. Diesem Bericht werden erforderlichenfalls Vorschläge zur Anpassung dieser Verordnung an die Entwicklung der Zustellungssysteme beigefügt.

Artikel 25
## Inkrafttreten

Diese Verordnung tritt am 31. Mai 2001 in Kraft.

Diese Verordnung ist in allen ihren Teilen verbindlich und gilt gemäß dem Vertrag zur Gründung der Europäischen Gemeinschaften unmittelbar in den Mitgliedstaaten.

Geschehen zu Brüssel am 29. Mai 2000.
*Im Namen des Rates*
*Der Präsident*
A. COSTA

## Anhang

ANTRAG AUF ZUSTELLUNG VON SCHRIFTSTÜCKEN
(Art 4 Abs 3 der Verordnung (EG) Nr 1348/2000 des Rates über die Zustellung gerichtlicher und außergerichtlicher Schriftstücke in Zivil- oder Handelssachen in den Mitgliedstaaten[1])

Referenznummer:

1. ÜBERMITTLUNGSSTELLE
   1.1. Name/Bezeichnung:
   1.2. Anschrift:
      1.2.1. Straße + Hausnummer:
      1.2.2. PLZ + Ort:
      1.2.3. Staat:
   1.3. Tel.:
   1.4. Fax (*):
   1.5. E-Mail (*):

2. EMPFANGSSTELLE
   2.1. Name/Bezeichnung:
   2.2. Anschrift:
      2.2.1. Straße + Hausnummer:
      2.2.2. PLZ + Ort:
      2.2.3. Staat:
   2.3. Tel.:
   2.4. Fax (*):
   2.5. E-Mail (*):

3. ANTRAGSTELLER
   3.1. Name/Bezeichnung:
   3.2. Anschrift:
      3.2.1. Straße + Hausnummer:
      3.2.2. PLZ + Ort:
      3.2.3. Staat:
   3.3. Tel. (*):
   3.4. Fax (*):
   3.5. E-Mail (*):

4. EMPFÄNGER
   4.1. Name/Bezeichnung:
   4.2. Anschrift:

[1] ABl L 160 vom 30. 6. 2000, S 37.

4.2.1. Straße + Hausnummer:
4.2.2. PLZ + Ort:
4.2.3. Staat:
4.3. Tel. (*):
4.4. Fax (*):
4.5. E-Mail (*):
4.6. Personenkennziffer oder Sozialversicherungsnummer oder gleichwertige Kennummer/Kennnummer des Unternehmens oder gleichwertige Kennummer (*):

5. FORM DER ZUSTELLUNG
5.1. Gemäß den Rechtsvorschriften des Empfangsmitgliedstaats
5.2. Gemäß der folgenden besonderen Form:
5.2.1. Sofern diese Form mit den Rechtsvorschriften des Empfangsmitgliedstaats unvereinbar ist, soll die Zustellung nach seinem Recht erfolgen:
5.2.1.1. Ja
5.2.1.2. Nein

6. ZUZUSTELLENDES SCHRIFTSTÜCK
6.1. Art des Schriftstücks
6.1.1. gerichtlich:
6.1.1.1. schriftliche Vorladung
6.1.1.2. Urteil
6.1.1.3. Rechtsmittel
6.1.1.4. sonstiger Art:
6.1.2. außergerichtlich
6.2. In dem Schriftstück angegebenes Datum oder Frist (*):
6.3. Sprache des Schriftstücks:
6.3.1. Original D, EN, DK, ES, FIN, FR, GR, IT, NL, P, S, sonstige Sprache:
6.3.2. Übersetzung (*) D, EN, DK, ES, FIN, FR, GR, IT, NL, P, S, sonstige Sprache:
6.4. Anzahl der Anlagen:

7. RÜCKSENDUNG EINER ABSCHRIFT DES SCHRIFTSTÜCKS ZUSAMMEN MIT DER BESCHEINIGUNG ÜBER DIE ZUSTELLUNG (Art 4 Abs 5 der Verordnung)
7.1. Ja (in diesem Fall ist das zuzustellende Schriftstück zweifach zu übersenden)
7.2. Nein

1. Nach Art 7 Abs 2 der Verordnung müssen alle für die Zustellung erforderlichen Schritte so bald wie möglich erfolgen. Ist es nicht möglich gewesen, die Zustellung binnen einem Monat nach Erhalt des Schriftstücks vorzunehmen, so muß dies der Übermittlungsstelle anhand der Bescheinigung nach Nummer 13 mitgeteilt werden.
2. Kann der Antrag anhand der übermittelten Informationen oder Dokumente nicht erledigt werden, so müssen Sie nach Art 6 Abs 2 der Verordnung auf schnellstmöglichem Wege Verbindung zu der Übermittlungsstelle aufnehmen, um die fehlenden Auskünfte oder Aktenstücke zu beschaffen.

Geschehen zu:
am:
Unterschrift und/oder Stempel:
(*) Angabe freigestellt.

Referenznummer der Empfangsstelle:

EMPFANGSBESTÄTIGUNG FÜR DAS FOLGENDE SCHRIFTSTÜCK
(Art 6 Abs 1 der Verordnung (EG) Nr 1348/2000)

Diese Bestätigung ist auf schnellstmöglichem Wege und so bald wie möglich, auf jeden Fall aber innerhalb von sieben Tagen nach Erhalt des Schriftstücks, zu übermitteln.

8. TAG DES EINGANGS:

Geschehen zu:
am:
Unterschrift und/oder Stempel:

BENACHRICHTIGUNG ÜBER DIE RÜCKSENDUNG DES ANTRAGS UND DES SCHRIFTSTÜCKS
(Art 6 Abs 3 der Verordnung (EG) Nr 1348/2000)

Der Antrag und das Schriftstück sind sofort nach Erhalt zurückzuschicken.

9. GRUND FÜR DIE RÜCKSENDUNG:
- 9.1. Der Antrag fällt offensichtlich nicht in den Anwendungsbereich der Verordnung:
  - 9.1.1. Das Schriftstück betrifft nicht Zivil- oder Handelssachen
  - 9.1.2. Die Zustellung erfolgt nicht von einem Mitgliedstaat in einen anderen Mitgliedstaat
- 9.2. Aufgrund der Nichtbeachtung der erforderlichen Formvorschriften ist die Zustellung nicht möglich:
  - 9.2.1. Das Schriftstück ist nicht mühelos lesbar
  - 9.2.2. Die zur Ausfüllung des Formblattes verwendete Sprache ist unzulässig
  - 9.2.3. Das empfangene Schriftstück stimmt mit dem versandten Schriftstück inhaltlich nicht genau überein
  - 6.2.4. Sonstiges (genaue Angaben):
- 9.3. Die Form der Zustellung ist mit dem Recht des Empfangsmitgliedstaats nicht vereinbar (Art 7 Abs 1 der Verordnung)

Geschehen zu:
am:
Unterschrift und/oder Stempel:

BENACHRICHTIGUNG ÜBER DIE WEITERLEITUNG DES ANTRAGS UND DES SCHRIFTSTÜCKS AN DIE ZUSTÄNDIGE EMPFANGSSTELLE
(Art 6 Abs 4 der Verordnung (EG) Nr 1348/2000)

Der Antrag und das Schriftstück wurden an die folgende, örtlich zuständige Empfangsstelle weitergeleitet:

10.1. Name oder Bezeichnung:
10.2. Anschrift:
 10.2.1. Straße + Hausnummer:
 10.2.2. PLZ + Ort:
 10.2.3. Staat:
10.3. Tel.:
10.4. Fax (*):
10.5. E-Mail (*):

Geschehen zu:
am:
Unterschrift und/oder Stempel:

(*) Angabe freigestellt.

Referenznummer der zuständigen Empfangsstelle:

EMPFANGSMITTEILUNG DER ZUSTÄNDIGEN EMPFANGSSTELLE AN DIE ÜBERMITTLUNGSSTELLE
(Art 6 Abs 4 der Verordnung (EG) Nr 1348/2000)

Diese Mitteilung ist auf schnellstmöglichem Wege und so bald wie möglich, auf jeden Fall aber innerhalb von sieben Tagen nach Erhalt des Schriftstücks, zu übermitteln.

11. TAG DES EINGANGS:

Geschehen zu:
am:
Unterschrift und/oder Stempel:

BESCHEINIGUNG ÜBER DIE ZUSTELLUNG BZW NICHTZUSTELLUNG VON SCHRIFTSTÜCKEN
(Art 10 der Verordnung (EG) Nr 1348/2000)

Die Zustellung hat so bald wie möglich zu erfolgen. Ist es nicht möglich gewesen, die Zustellung binnen einem Monat nach Erhalt des Schriftstücks vorzunehmen, so teilt die Empfangsstelle dies der Übermittlungsstelle mit (gemäß Art 7 Abs 2 der Verordnung).

12. DURCHFÜHRUNG DER ZUSTELLUNG

a) 12.1. Tag und Ort der Zustellung:

b) 12.2. Das Schriftstück wurde

A) 12.2.1. gemäß dem Recht des Empfangsmitgliedstaats zugestellt, und zwar

12.2.1.1. übergeben

12.2.1.1.1. dem Empfänger persönlich

12.2.1.1.2. einer anderen Person

12.2.1.1.2.1. Name:

12.2.1.1.2.2. Anschrift:

12.2.1.1.2.2.1. Straße + Hausnummer:

12.2.1.1.2.2.2. PLZ + Ort:

12.2.1.1.2.2.3. Staat:

12.2.1.1.2.3. Beziehung zum Empfänger:

Familienangehöriger  Angestellter  Sonstiges

12.2.1.1.3. am Wohnsitz des Empfängers

12.2.1.2. auf dem Postweg zugestellt

12.2.1.2.1. ohne Empfangsbestätigung

12.2.1.2.2. mit der beigefügten Empfangsbestätigung

12.2.1.2.2.1. des Empfängers

12.2.1.2.2.2. einer anderen Person

12.2.1.2.2.2.1. Name:

12.2.1.2.2.2.2. Anschrift:

12.2.1.2.2.2.2.1. Straße + Hausnummer:

12.2.1.2.2.2.2.2. PLZ + Ort:

12.2.1.2.2.2.2.3. Staat:

12.2.1.2.2.2.3. Beziehung zum Empfänger:

Familienangehöriger  Angestellter  Sonstiges

12.2.1.3. auf andere Weise zugestellt (bitte genaue Angabe):

B) 12.2.2. in folgender besonderer Form zugestellt (bitte genaue Angabe):

c) 12.3. Der Empfänger des Schriftstücks wurde (mündlich) (schriftlich) davon in Kenntnis gesetzt, dass er die Entgegennahme des Schriftstücks verweigern kann, wenn es nicht in einer Amtssprache des Ortes der Zustellung oder in einer Amtssprache des übermittelnden Staates, die er versteht, abgefasst ist.

13. MITTEILUNG GEMÄSS ART 7 ABS 2

Die Zustellung konnte nicht binnen einem Monat nach Erhalt des Schriftstücks vorgenommen werden.

14. VERWEIGERUNG DER ENTGEGENNAHME DES SCHRIFTSTÜCKS
Der Empfänger verweigerte die Annahme des Schriftstücks aufgrund der verwendeten Sprache, Die Schriftstücke sind dieser Bescheinigung
beigefügt.

15. GRUND FÜR DIE NICHTZUSTELLUNG DES SCHRIFTSTÜCKS
15.1. Wohnsitz nicht bekannt
15.2. Empfänger unbekannt
15.3. Das Schriftstück konnte nicht vor dem Datum bzw innerhalb der Frist nach Nummer 6.2 zugestellt werden
15.4. Sonstiges (bitte angeben):

Die Schriftstücke sind dieser Bescheinigung beigefügt.

Geschehen zu:
am:
Unterschrift und/oder Stempel:

# 4. Verordnung (EG) Nr 1206/2001 des Rates vom 28. Mai 2001 über die Zusammenarbeit zwischen den Gerichten der Mitgliedstaaten auf dem Gebiet der Beweisaufnahme in Zivil- oder Handelssachen

ABl EG 2001 L 174/1

**Schrifttum**

**1. Zur EG-BewVO:**

**a) Kommentare/Handbücher**

*Klauser*, Europäisches Zivilprozessrecht (2002) 417

*McClean*, International Co-Operation in Civil and Criminal Matters (2002) 143

*Nagel/Gottwald*, Internationales Zivilprozessrecht[5] (IZPR) (2002) § 8 Rn 6-24

*Schlosser*, EU-Zivilprozessrecht[2] (2003; dort: EG-BewVO = EuBVO), zitiert: *Schlosser*

*Schütze*, Rechtsverfolgung im Ausland[3] (2002) Rn 196a.

**b) Aufsätze**

*C Berger*, Die EG-Verordnung über die Zusammenarbeit der Gerichte auf dem Gebiet der Beweisaufnahme in Zivil- und Handelssachen, IPRax 2001, 522

*Bruneau*, L'obtention des preuves en matière civile et commerciale au sein de l'Union Européenne, JClP (G) 2001 I 349

*Freudenthal*, Internationale Bewijsverkrijging: van Haagse en Europese samenwerking, NIPR 2002, 109

*Fumagalli*, La nuova disciplina comunitaria dell' assunzione delle prove all'estero in materia civile, Riv dir int priv proc 2002, 327

*Gioia*, Cooperazione fra autorità giudiziarie degli Stati CE nell'assunzione delle prove in materia civile e commerciale, Nuove leggi civ comm 2001, 1159

*Giussani*, L'esibizione di documenti situati nello spazio giuridico europeo, Riv trim dir proc civ 2002, 867

*Heß/Müller*, Die Verordnung 1206/01/EG zur Beweisaufnahme im Ausland, ZZPInt 6 (2001) 149

*Leipold*, Das neue Europäische Beweisrecht, Ritsum L Rev 20 (März 2003) 85

*Olivier*, De l'exécution des mesures d'instruction ordonnées par le juge français; le principe de la territorialité et la nouvelle réglementation communautaire, GazPalDoctr 2002, 1302

*Götz Schulze*, Dialogische Beweisaufnahmen im internationalen Rechtshilfeverkehr, IPRax 2001, 527

*Stadler*, Grenzüberschreitende Beweisaufnahmen in der Europäischen Union – die Zukunft der Rechtshilfe in Beweissachen, in: FS Geimer (2002) 1281.

**c) Materialien**

*Europäischer Rat* (Tampere), Schlussfolgerungen des Vorsitzes v 15./16. 10. 1999 (Nr 38), NJW 2000, 1925

Initiative der *Bundesrepublik Deutschland* im Hinblick auf den Erlass einer Verordnung des Rates über die Zusammenarbeit zwischen den Gerichten der Mitgliedstaaten auf dem Gebiet der Beweisaufnahme in Zivil- und Handelssachen, ABl EG 2000 C 314/1 vom 3. 11. 2000

*Rat der EU*, Vermerk des Vorsitzes für den Ausschuss für Zivilrecht (Beweisaufnahme) v 16. 2. 2001 betr den Entwurf einer Verordnung des Rates über die Zusammenarbeit zwischen den Gerichten der Mitgliedstaaten auf dem Gebiet der Beweisaufnahme in Zivil- und Handelssachen, 6850/01 JUSTCIV 28

*Marinho, Europäisches Parlament*, Bericht des *Ausschusses des Europäischen Parlaments für Recht und Binnenmarkt* v 27. 2. 2001, EP A5 – 0073/2001

Stellungnahme des *Europäischen Parlaments*, ABl EG 2001 C 343/184 vom 14. 3. 2001

*Rat der EU*, Vermerk des Vorsitzes für den Ausschuss für Zivilrecht (Beweisaufnahme) v 28. 3. 2001 betr den Entwurf einer Verordnung des Rates über die Zusammenarbeit zwischen den Gerichten der Mitgliedstaaten auf dem Gebiet der Beweisaufnahme in Zivil- und Handelssachen, 6850/01 ADD 1 JUSTCIV 28

Stellungnahme des *Wirtschafts- und Sozialausschusses*, ABl EG 2001 C 139/10 vom 11. 5. 2001

Erklärung des *Rates* Nr 54/01 zur EG-BewVO, Monatliche Aufstellung der Rechtsakte des Rates, Mai 2001, Nr 10571/01 v 4. 7. 2001, Anlage II, S 16

Gesetzentwurf der *Bundesregierung*, Entwurf eines Gesetzes zur Durchführung gemeinschaftsrechtlicher Vorschriften über die grenzüberschreitende Beweisaufnahme in Zivil- oder Handelssachen in den Mitgliedstaaten (EG-Beweisaufnahmedurchführungsgesetz), BR-Drucks 239/03 v 11. 4. 2003 = (inhaltlich unverändert), BT-Drucks 15/1062 v 27. 5. 2003, abgedruckt im Gesetzesanhang Nr 3

Stellungnahme des *Bundesrates*, BR-Drucks 239/03 (Beschluss) v 23. 5. 2003

Beschlussempfehlung und Bericht des *Rechtsausschusses*, BT-Drucks 15/1283 v 30. 6. 2003

Plenarprotokoll des *Bundestages* 15/56 v 3. 7. 2003, S 4646 C

**2. Zum HBÜ und zur internationalen Beweisaufnahme im Allgemeinen:**

**a) Kommentare zum HBÜ:**

*Berger*, in: *Stein/Jonas*, ZPO[21] (1999) Anh zu § 363 A, zitiert: *Stein/Jonas/Berger*

*Musielak*, in: Münchener Kommentar zur ZPO[2] (2000), zitiert: *MünchKommZPO/Musielak*

*Schlosser*, EU-Zivilprozessrecht[2] (2003) zitiert: *Schlosser*.

**b) Materialien zum HBÜ:**

*Amram*, Explanatory Report on the Hague Convention of 18 March 1970 on the Taking of Evidence Abroad in Civil or Commercial Matters, http://www.hcch.net/e/conventions/expl20e.html.

**c) Sonstige Literatur (Auswahl*):**

*Ahrens*, Grenzüberschreitende selbständige Beweisverfahren – eine Skizze, in: FS Schütze (1999) 1

*Blaschczok*, Das Haager Übereinkommen über die Beweisaufnahme im Ausland in Zivil- oder Handelssachen (1986)

*Daoudi*, Extraterritoriale Beweisbeschaffung im deutschen Zivilprozess (2000; bespr v *Stadler*, ZZP 115 [2002], 515)

*Dörschner*, Beweissicherung im Ausland (2000)

*E Geimer*, Internationale Beweisaufnahme (1998)

*Jayme*, Extraterritoriale Beweisverschaffung für inländische Verfahren und Vollstreckungshilfe durch ausländische Gerichte, in: FS Geimer (2002) 375

*Junker*, Discovery im deutsch-amerikanischen Rechtsverkehr (1987), zitiert: *Junker*, Discovery

*Leipold*, Lex fori, Souveränität, Discovery – Grundfragen des Internationalen Zivilprozeßrechts (1989), zitiert: *Leipold*, Lex fori

*Musielak*, Beweiserhebung bei auslandsbelegenen Beweismitteln, in: FS Geimer (2002) 761

*Pfeil-Kammerer*, Deutsch-amerikanischer Rechtshilfeverkehr in Zivilsachen (1987)

*Schabenberger*, Der Zeuge im Ausland im deutschen Zivilprozeß (1996)

* Zum HBÜ s auch das aktualisierte internationale Schrifttumsverzeichnis unter http:/www.hcch.net/e/conventions/bibl20e.html.

*Schlosser*, Jurisdiction and International Judicial and Administrative Co-Operation, Rec des Cours 284 (2000) 9

*Volken*, Die internationale Rechtshilfe in Zivilsachen (1996).

**3. Rechtsvergleichung (Auswahl):**

*Coester-Waltjen*, Parteiaussage und Parteivernehmung am Ende des 20. Jahrhunderts, ZZP 113 (2000) 269

*Junker*, Die Informationsbeschaffung für den Zivilprozess: Informationsbeschaffung durch Beweispersonen, in: *Schlosser* (Hrsg), Die Informationsbeschaffung für den Zivilprozeß (1996) 63, zitiert: *Junker*, Informationsbeschaffung

*Nagel/Gottwald*, IZPR § 9

*Stürner*, Der Sachverständigenbeweis im Zivilprozess der Europäischen Union, in: FS Sandrock (2000) 959

*Gerhard Wagner*, Europäisches Beweisrecht – Prozessrechtsharmonisierung durch Schiedsgerichte, ZEuP 2001, 441

*Zekoll/Bolt*, Die Pflicht zur Vorlage von Urkunden im Zivilprozess – Amerikanische Verhältnisse in Deutschland?, NJW 2002, 3129.

DER RAT DER EUROPÄISCHEN UNION –*

gestützt auf den Vertrag zur Gründung der Europäischen Gemeinschaft, insbesondere auf Artikel 61 Buchstabe c) und Artikel 67 Absatz 1,

auf Initiative der Bundesrepublik Deutschland[1],

nach Stellungnahme des Europäischen Parlaments[2],

nach Stellungnahme des Wirtschafts- und Sozialausschusses[3],

in Erwägung nachstehender Gründe:

(1) Die Union hat sich zum Ziel gesetzt, einen Raum der Freiheit, der Sicherheit und des Rechts, in dem die Freizügigkeit gewährleistet ist, zu erhalten und weiterzuentwickeln. Zum schrittweisen Aufbau dieses Raums erlässt die Gemeinschaft unter anderem im Bereich der justiziellen Zusammenarbeit in Zivilsachen die für das reibungslose Funktionieren des Binnenmarkts erforderlichen Maßnahmen.

(2) Für das reibungslose Funktionieren des Binnenmarkts sollte die Zusammenarbeit zwischen den Gerichten auf dem Gebiet der Beweisaufnahme verbessert, insbesondere vereinfacht und beschleunigt werden.

(3) Der Europäische Rat hat auf seiner Tagung vom 15. und 16. Oktober 1999 in Tampere daran erinnert, dass neue verfahrensrechtliche Vorschriften für grenzüberschreitende Fälle, insbesondere im Bereich der Beweisaufnahme, auszuarbeiten sind.

(4) Dieser Bereich fällt unter Artikel 65 des Vertrags.

(5) Da die Ziele dieser Verordnung – die Verbesserung der Zusammenarbeit zwischen den Gerichten auf dem Gebiet der Beweisaufnahme in Zivil- oder Handelssachen – auf der Ebene der Mitgliedstaaten nicht ausreichend erreicht werden können und daher besser auf Gemeinschaftsebene erreicht werden können, kann die Gemeinschaft diese Maßnahmen im Einklang mit dem in Artikel 5 des Vertrags niedergelegten Grundsatz der Subsidiarität

* Die zu den Erwägungsgründen nachfolgend abgedruckten numerierten Fußnoten sind Teil der im ABl EG veröffentlichten amtlichen Textes. Anmerkungen in [ ] sind redaktionell.

1 ABl. C 314 v. 3. 11. 2000, S. 2.

2 Stellungnahme vom 14. März 2001 [ABl EG Nr C 343/184].

3 Stellungnahme vom 28. Februar 2001 [ABl EG Nr C 139/10].

annehmen. Entsprechend dem in demselben Artikel niedergelegten Verhältnismäßigkeitsprinzip geht diese Verordnung nicht über das für die Erreichung dieser Ziele erforderliche Maß hinaus.

(6) Bislang gibt es auf dem Gebiet der Beweisaufnahme keine alle Mitgliedstaaten bindende Übereinkunft. Das Haager Übereinkommen vom 18. März 1970 über die Beweisaufnahme im Ausland in Zivil- oder Handelssachen* gilt nur zwischen elf Mitgliedstaaten der Europäischen Union**.

(7) Da es für eine Entscheidung in einem bei einem Gericht eines Mitgliedstaats anhängigen zivil- oder handelsrechtlichen Verfahren oft erforderlich ist, in einem anderen Mitgliedstaat Beweis erheben zu lassen, darf sich die Tätigkeit der Gemeinschaft nicht auf den unter die Verordnung (EG) Nr 1348/2000 des Rates vom 29. Mai 2000 über die Zustellung gerichtlicher und außergerichtlicher Schriftstücke in Zivil- oder Handelssachen in den Mitgliedstaaten[4] fallenden Bereich der Übermittlung gerichtlicher und außergerichtlicher Schriftstücke in Zivil- und Handelssachen beschränken. Daher muss die Zusammenarbeit der Gerichte der Mitgliedstaaten auf dem Gebiet der Beweisaufnahme weiter verbessert werden.

(8) Eine effiziente Abwicklung gerichtlicher Verfahren in Zivil- oder Handelssachen setzt voraus, dass die Übermittlung der Ersuchen um Beweisaufnahme und deren Erledigung direkt und auf schnellstmöglichem Wege zwischen den Gerichten der Mitgliedstaaten erfolgt.

(9) Eine schnelle Übermittlung der Ersuchen um Beweisaufnahme erfordert den Einsatz aller geeigneten Mittel, wobei bestimmte Bedingungen hinsichtlich der Lesbarkeit und der Zuverlässigkeit des eingegangenen Dokuments zu beachten sind. Damit ein Höchstmaß an Klarheit und Rechtssicherheit gewährleistet ist, müssen die Ersuchen um Beweisaufnahme anhand eines Formblatts übermittelt werden, das in der Sprache des Mitgliedstaats des ersuchten Gerichts oder in einer anderen von diesem Staat anerkannten Sprache auszufüllen ist. Aus denselben Gründen empfiehlt es sich, auch für die weitere Kommunikation zwischen den betreffenden Gerichten nach Möglichkeit Formblätter zu verwenden.

(10) Ein Ersuchen um Beweisaufnahme sollte rasch erledigt werden. Kann das Ersuchen innerhalb von 90 Tagen nach Eingang bei dem ersuchten Gericht nicht erledigt werden, so sollte dieses das ersuchende Gericht hiervon unter Angabe der Gründe, die einer zügigen Erledigung des Ersuchens entgegenstehen, in Kenntnis zu*** setzen.

(11) Um die Wirksamkeit dieser Verordnung zu gewährleisten, ist die Möglichkeit, die Erledigung eines Ersuchens um Beweisaufnahme abzulehnen, auf eng begrenzte Ausnahmefälle zu beschränken.

(12) Das ersuchte Gericht sollte das Ersuchen nach Maßgabe des Rechts seines Mitgliedstaats erledigen.

(13) Die Parteien und gegebenenfalls ihre Vertreter sollten der Beweisaufnahme beiwohnen können, wenn dies im Recht des Mitgliedstaats des ersuchenden Gerichts vorgesehen ist, damit sie die Verhandlungen wie im Falle einer Beweisaufnahme im Mitgliedstaat des ersuchenden Gerichts verfolgen können. Sie sollten auch das Recht haben, die Beteiligung

---

* BGBl 1977 II 1472 = *Jayme/Hausmann*, Internationales Privat- und Verfahrensrecht[11] (2002) Nr 212.

** Dänemark, Deutschland, Finnland, Frankreich, Italien, Luxemburg, Niederlande, Portugal, Schweden, Spanien, Vereinigtes Königreich [= *Jayme/Hausmann* [Fn 4] Nr 212 Fn 1].

4 ABl. L 160 vom 30. 6. 2000, S. 37.

*** So der Text im Amtsblatt.

an den Verhandlungen zu beantragen, damit sie an der Beweisaufnahme aktiver mitwirken können. Die Bedingungen jedoch, unter denen sie teilnehmen dürfen, sollten vom ersuchten Gericht nach Maßgabe des Rechts seines Mitgliedstaats festgelegt werden.

(14) Die Beauftragten des ersuchenden Gerichts sollten der Beweisaufnahme beiwohnen können, wenn dies mit dem Recht des Mitgliedstaats des ersuchenden Gerichts vereinbar ist, damit eine bessere Beweiswürdigung erfolgen kann. Sie sollten ebenfalls das Recht haben, die Beteiligung an den Verhandlungen zu beantragen – wobei die vom ersuchten Gericht nach Maßgabe des Rechts seines Mitgliedstaats festgelegten Bedingungen zu beachten sind – damit sie an der Beweisaufnahme aktiver mitwirken können.

(15) Damit die Beweisaufnahme erleichtert wird, sollte es einem Gericht in einem Mitgliedstaat möglich sein, nach seinem Recht in einem anderen Mitgliedstaat mit dessen Zustimmung unmittelbar Beweis zu erheben, wobei die von der Zentralstelle oder der zuständigen Behörde des ersuchten Mitgliedstaats festgelegten Bedingungen zu beachten sind.

(16) Für die Erledigung des Ersuchens nach Artikel 10 sollte keine Erstattung von Gebühren und Auslagen verlangt werden dürfen. Falls jedoch das ersuchte Gericht die Erstattung verlangt, sollten die Aufwendungen für Sachverständige und Dolmetscher sowie die aus der Anwendung von Artikel 10 Absätze 3 und 4 entstehenden Auslagen nicht von jenem Gericht getragen werden. In einem solchen Fall hat das ersuchende Gericht die erforderlichen Maßnahmen zu ergreifen, um die unverzügliche Erstattung sicherzustellen. Wird die Stellungnahme eines Sachverständigen verlangt, kann das ersuchte Gericht vor der Erledigung des Ersuchens das ersuchende Gericht um eine angemessene Kaution oder einen angemessenen Vorschuß für die Sachverständigenkosten bitten.

(17) Diese Verordnung sollte in ihrem Anwendungsbereich Vorrang vor den Bestimmungen zwischen den Mitgliedstaaten geschlossener internationaler Übereinkommen haben. Es sollte den Mitgliedstaaten freistehen, untereinander Übereinkünfte oder Vereinbarungen zur weiteren Vereinfachung der Zusammenarbeit auf dem Gebiet der Beweisaufnahme zu treffen, sofern diese Übereinkünfte oder Vereinbarungen mit dieser Verordnung vereinbar sind.

(18) Die nach dieser Verordnung übermittelten Daten müssen geschützt werden. Da die Richtlinie 95/46/EG des Europäischen Parlaments und des Rates vom 24. Oktober 1995 zum Schutz natürlicher Personen bei der Verarbeitung personenbezogener Daten und zum freien Datenverkehr[5] und die Richtlinie 97/66/EG des Europäischen Parlaments und des Rates vom 15. Dezember 1997 über die Verarbeitung personenbezogener Daten und den Schutz der Privatsphäre im Bereich der Telekommunikation[6] Anwendung finden, sind entsprechende spezielle Bestimmungen in dieser Verordnung über Datenschutz nicht erforderlich.

(19) Die zur Durchführung dieser Verordnung erforderlichen Maßnahmen sollten gemäß dem Beschluss 99/468/EG des Rates vom 28. Juni 1999 zur Festlegung der Modalitäten für die Ausübung der der Kommission übertragenen Durchführungsbefugnisse[7] erlassen werden.

(20) Um eine einwandfreie Anwendung dieser Verordnung sicherzustellen, sollte die Kommission deren Durchführung prüfen und gegebenenfalls die notwendigen Änderungen vorschlagen.

---

[5] ABl. L 281 vom 23. 11. 1995, S. 31.

[6] ABl. L 24 vom 30. 1. 1998, S. 1.

[7] ABl. L 184 vom 17. 7. 1999, S. 23.

(21) Das Vereinigte Königreich und Irland haben gemäß Artikel 3 des dem Vertrag über die Europäische Union und dem Vertrag zur Gründung der Europäischen Gemeinschaft beigefügten Protokolls über die Position des Vereinigten Königreichs und Irlands mitgeteilt, dass sie sich an der Annahme und Anwendung dieser Verordnung beteiligen möchten.

(22) Dänemark beteiligt sich gemäß den Artikeln 1 und 2 des dem Vertrag über die Europäische Union und dem Vertrag zur Gründung der Europäischen Gemeinschaft beigefügten Protokolls über die Position Dänemarks nicht an der Annahme dieser Verordnung, die daher für Dänemark nicht bindend und Dänemark gegenüber nicht anwendbar ist –

HAT FOLGENDE VERORDNUNG ERLASSEN:

## Vorbemerkungen

1 Mit der **EG-BewVO** ist erstmals ein **einheitliches Recht** der internationalen Beweisaufnahme für die Mitgliedstaaten der EU (mit Ausnahme Dänemarks, s Art 1 Abs 3) geschaffen worden. Das **HBÜ** galt bzw gilt (s Art 21) nur im Verhältnis von elf Mitgliedstaaten. Es ist inhaltlich noch stark von herkömmlichen **Souveränitätsvorstellungen** geprägt, die für die Zusammenarbeit im europäischen Justizraum zunehmend als unpassend erschienen[1]. Die wesentlichen Unterschiede zwischen dem HBÜ und der EG-BewVO liegen in der Zurückdrängung der Zuständigkeit der **Zentralstellen** (s Art 3 Rn 1) und in der Zulassung der **unmittelbaren Beweisaufnahme** durch das Prozessgericht im Ausland (s Art 17 Rn 1) statt der im HBÜ vorgesehenen diplomatischen oder konsularischen Beweisaufnahme[2].

2 Dennoch orientiert sich die EG-BewVO in vielen Einzelfragen, insbesondere in den Art 10-14, an dem **Vorbild** des HBÜ, wenngleich dessen Einfluss in der Endfassung der Verordnung gegenüber dem ursprünglichen deutschen Verordnungsvorschlag abgeschwächt wurde[3]. Folglich ist für die **Auslegung** der EG-BewVO grundsätzlich auch die bisherige Handhabung des HBÜ heranzuziehen. Zu beachten ist hierbei jedoch, dass die EG-BewVO **autonom** auszulegen ist (näher Art 1 Rn 1) und dass selbst beiden Rechtstexten gemeinsame Begriffe wegen des geänderten Normenumfeldes mitunter anders ausgelegt werden können bzw müssen (s zB Art 1 Rn 49). Auch das autonome Zivilprozessrecht der Mitgliedstaaten bedarf zum Teil interpretatorischer Anpassungen, um ein möglichst reibungsloses Ineinandergreifen mit dem europäischen Recht der Beweisaufnahme zu gewährleisten[4] (s Art 1 Rn 39, Art 10 Rn 36f).

3 Die EG-BewVO stellt eine **Verordnung** iSd Art 249 Abs 2 EGV dar, dh sie hat allgemeine Geltung, ist in allen ihren Teilen verbindlich und gilt – vorbehaltlich abweichender Regelungen – unmittelbar in jedem Mitgliedstaat (zu Dänemark, Großbritan-

---

[1] Vgl *Heß/Müller* ZZPInt 6 (2001) 150; *Stadler*, in: FS Geimer 1283.

[2] Näher zu den Unterschieden zwischen EG-BewVO und HBÜ *Berger* IPRax 2001, 522; *Freudenthal* NIPR 2002, 109 ff; *Stadler*, in: FS Geimer 1282 ff.

[3] Näher zur Entstehungsgeschichte *Stadler*, in: FS Geimer 1286 ff.

[4] *Heß/Müller* ZZPInt 6 (2001) 150; *Stadler* ZZP 115 (2002) 519 f; *Zöller/Geimer* § 363 Rn 3 a.

nien und Irland s Art 1 Rn 58). An sich bedarf die EG-BewVO daher keines innerstaatlichen Umsetzungsaktes. Gleichwohl besteht in einigen Punkten, bei denen auf das mitgliedstaatliche Recht verwiesen wird, ein Gestaltungsspielraum für den autonomen Gesetzgeber (s Art 1 Rn 34, Art 2 Rn 7, Art 3 Rn 11, Art 5 Rn 2, Art 11 Rn 14, Art 12 Rn 4 und 6, Art 17 Rn 15). Die Bundesregierung hat deshalb am 9. April 2003 den **Entwurf eines Gesetzes zur Durchführung gemeinschaftlicher Vorschriften über die grenzüberschreitende Beweisaufnahme in Zivil- oder Handelssachen in den Mitgliedstaaten** beschlossen (EG-BewDG-E)[5]. Nach dem Entwurf des Durchführungsgesetzes soll ein neues elftes Buch der Zivilprozessordnung zur Regelung der Zusammenarbeit der Gerichte in Zivilsachen innerhalb der Europäischen Union geschaffen werden. Hierdurch sollen die autonomen Vorschriften zur Ergänzung der EG-ZustellVO und der EG-BewVO übersichtlicher und anwendungsfreundlicher gefasst werden. Der Regierungsentwurf ist bereits in die folgende Kommentierung eingearbeitet. Der Bundesrat hat am 23. 5. 2003 beschlossen, gegen den Gesetzentwurf gemäß Art 76 Abs 2 GG keine Einwendungen zu erheben[6]. Der Bundestag hat den Entwurf am 3. 7. 2003 in dritter Beratung entsprechend der Empfehlung des Rechtsausschusses[7] ohne Änderungen einstimmig angenommen[8]. Das Durchführungsgesetz soll zeitgleich mit der Verordnung am 1. 1. 2004 in Kraft treten (Art 2 EG-BewDG-E).

Die **Abkürzung** „EG-BewVO" ist – ebenso wie „EuBewVO", „EuBeweisVO" usw – 4
nicht amtlich[9].

# Kapitel I
# Allgemeine Bestimmungen

## Artikel I
## Anwendungsbereich

**(1) Diese Verordnung ist in Zivil- oder Handelssachen anzuwenden, wenn das Gericht eines Mitgliedstaats nach seinen innerstaatlichen Rechtsvorschriften**

---

[5] BR-Drucks 239/03 v 11. 4. 2003 = (inhaltlich unverändert), BT-Drucks 15/1062 v 27. 5. 2003, 1; in diesem Band als Nr 3 im Gesetzesanhang abgedruckt; siehe hierzu die grundsätzlich positiven Stellungnahmen des Deutschen Richterbundes vom April 2003 (http://www.drb.de/pages/html/stellung/st-beweisaufnahme.html) und der Bundesrechtsanwaltskammer vom März 2003 (http://www.brak.de/seiten/pdf/ipr-03.03.pdf).

[6] BR-Drucks 239/03 (Beschluss) v 23. 5. 2003.

[7] BT-Drucks 15/1283 v 30. 6. 2003.

[8] Plenarprotokoll 15/56 v 3. 7. 2003, S 4646 C.

[9] *Klauser* Vorbem 1.

(a) das zuständige Gericht eines anderen Mitgliedstaats um Beweisaufnahme ersucht, oder
(b) darum ersucht, in einem anderen Mitgliedstaat unmittelbar Beweis erheben zu dürfen.
(2) Um Beweisaufnahme darf nicht ersucht werden, wenn die Beweise nicht zur Verwendung in einem bereits eingeleiteten oder zu eröffnenden gerichtlichen Verfahren bestimmt sind.
(3) Im Sinne dieser Verordnung bezeichnet der Ausdruck „Mitgliedstaat" die Mitgliedstaaten mit Ausnahme Dänemarks.

**I. Sachlicher Anwendungsbereich**
1. Zivil- oder Handelssachen
a) Allgemeines ........ 1
b) Die einzelnen Materien ........ 3
2. Das ersuchende Gericht ........ 6
3. Beweisaufnahme ........ 11
4. Das Verhältnis der EG-BewVO zum innerstaatlichen Recht
a) Extraterritoriale Beweisanordnungen
(1) Grundsatz: Keine Exklusivität der EG-BewVO ........ 18
(2) Autonome Qualifikation eines Vorgehens als unmittelbare Beweisaufnahme im Ausland ... 19
(3) Die Beweismittel im Einzelnen
aa) Zeugenbefragung ........ 20
bb) Sachverständige ........ 25
cc) Augenschein ........ 26
dd) Vorlage von Urkunden .... 31
ee) Parteivernehmung und -anhörung ........ 32
b) Entscheidung zwischen den unterschiedlichen Formen der internationalen Beweisaufnahme
(1) Überblick ........ 33
(2) Vorrang des Rechtshilfeweges .. 37
(3) Priorität der Beweisbeschaffung 38
(4) Stellungnahme ........ 39
5. Verwendungszweck für die Beweise
a) Eingeleitetes Verfahren ........ 40
b) Vorverfahren (Discovery und Disclosure)
(1) Verhältnis von Art 1 zur Protokollerklärung 54/01 ........ 41
(2) Disclosure englischen Rechts
aa) Standard disclosure ........ 45
bb) Specific disclosure ........ 48
cc) Pre-action disclosure ....... 50
c) Beweissicherungsverfahren
(1) Das selbstständige Beweisverfahren im Inland bei inländischer Zuständigkeit in der Hauptsache, aber im Ausland belegenen Beweismitteln ........ 52
(2) Das selbstständige Beweisverfahren im Inland bei ausländischer Zuständigkeit in der Hauptsache, aber im Inland belegenen Beweismitteln ........ 53
(3) Das selbstständige Beweisverfahren im Ausland bei im Ausland belegenen Beweismitteln, aber inländischer Zuständigkeit in der Hauptsache ........ 54
d) Verwendung in weiteren Verfahren 55

**II. Räumlicher Geltungsbereich** ........ 58

## I. Sachlicher Anwendungsbereich

### 1. Zivil- oder Handelssachen

#### a) Allgemeines

1 Die Umschreibung des sachlichen Anwendungsbereichs durch den Begriff **„Zivil- oder Handelssachen"** lehnt sich an Art 1 **Brüssel I-VO**, Art 1 **EG-ZustellVO** und Art 1 Abs 1 **HBÜ** an. Die zu diesen Vorschriften ergangene Rechtsprechung und vorhande-

ne Literatur können daher auch zur Auslegung des Art 1 Abs 1 herangezogen werden[1]; in Bezug auf Entscheidungen zum HBÜ beachte Vorbem Rn 2. Ebenso wie im Rahmen von Brüssel I-VO und EG-ZustellVO ist der Begriff der Zivil- oder Handelssachen iSd EG-BewVO **autonom** auszulegen[2], dh weder das Recht des ersuchenden noch das des ersuchten Staates sind maßgebend, sondern die gemeinsame, letztlich vom EuGH anhand von Sinn und Zweck der Verordnung zu ermittelnde europäische Rechtsauffassung entscheidet. Eine Vorlage an den EuGH ist jedoch nur unter den ggü Art 234 EGV restriktiveren Voraussetzungen des Art 68 EGV möglich (Rechtswegerschöpfung).

Für das Vorliegen einer Zivil- oder Handelssache ist aus Gründen des Entscheidungs- 2
einklangs ebenso wie nach der Brüssel I-VO die materiell-rechtliche **Natur der Rechtssache**, nicht die Art der Gerichtsbarkeit entscheidend, auch wenn die EG-BewVO anders als die Brüssel I-VO keine ausdrückliche Klarstellung dieser Frage enthält (vgl Art 1 Abs 1 S 1 HS 2 Brüssel I-VO, Art 5 Nr 4 Brüssel I-VO). Hierfür spricht nicht zuletzt, dass es auch nach Art 1 HBÜ und § 2 Abs 1 S 2 ZRHO auf das streitige materielle Rechtsverhältnis, nicht auf den Gerichtszweig, in dem über die Sache verhandelt wird, ankommt[3]. Jedoch muss es sich bei dem ersuchenden Organ stets um ein „Gericht" iSd Art 1 Abs 1 handeln (s Rn 6-10).

### b) Die einzelnen Materien

Von der Anwendung ausgeschlossen sind insbesondere **Steuer- und Zollsachen**[4] sowie 3
**verwaltungsrechtliche** Angelegenheiten[5], einschließlich der **Staatshaftung** für hoheitliches Handeln *(acta iure imperii)*, auch soweit sie vor Zivilgerichten geltend zu machen ist[6] (s auch Art 14 Rn 18). Diese Abgrenzung ist vor allem im Verhältnis zu den Mitgliedstaaten wichtig, die dem Rechtskreis des *common law* angehören[7]. Zwar enthält die EG-BewVO keine dem Art 1 Abs 1 S 2 Brüssel I-VO entsprechende Vorschrift, die diese Materien ausdrücklich ausnimmt. Art 1 Abs 1 S 2 Brüssel I-VO hat

---

[1] S *Rauscher/Mankowski* Art 1 Brüssel I-VO und *Rauscher/Heiderhoff* Art 1 EG-ZustellVO.

[2] *Berger* IPRax 2001, 522; *Fumagalli* Riv dir int priv proc 2002, 331; *Heß/Müller* ZZPInt 6 (2001) 151; *Klauser* 1; *Schlosser* Rn 1.

[3] Zum HBÜ *MünchKommZPO/Musielak* § 363 Anh I Art 1 Rn 2; *Stein/Jonas/Berger* Anh A zu § 363 Art 1 Rn 22; *E Geimer* 67.

[4] Anders noch zu Art 1 HBÜ das House of Lords, In re *State of Norway's Application* [1989] 1 All ER 745, hierzu kritisch *Schack*, IZVR Rn 726; wie hier aber zu Art 1 EuGVÜ der Court of Appeal, *QRS 1 ApS and others* v. *Frandsen* [1999] 1 WLR 2109, hierzu *Seatzu* Riv dir int priv proc 2001, 621; zur internationalzivilverfahrensrechtlichen Behandlung von Steuer- und Zollforderungen näher *von Hein* RIW 2001, 249 mwN.

[5] Für Verwaltungssachen s das Europäische Übereinkommen über die Erlangung von Auskünften und Beweisen in Verwaltungssachen im Ausland vom 15. 3. 1978, BGBl 1981 II 550.

[6] Zur problematischen Qualifikation von Staatshaftungsansprüchen im IPR/IZVR ausführlich *von Hein* YB PIL 3 (2001) 185ff mwN.

[7] Zum Verhältnis von privatem und öffentlichem Recht im Common Law statt vieler *Oliver* Rev int dr comp 2001, 327.

jedoch lediglich klarstellende Bedeutung (arg „insbesondere"), sodass aus dem Fehlen einer Parallelnorm in der EG-BewVO kein Umkehrschluss gezogen werden darf.

4 Zu beachten ist indes, dass die in Art 1 Abs 2 Brüssel I-VO enthaltenen echten **Ausnahmen** (a: Familien- und Erbrecht, b: Insolvenzrecht, c: Sozialrecht, d: Schiedsgerichtsbarkeit) nicht in Art 1 wiederholt werden (ebenso Art 1 EG-ZustellVO). Daraus wird a contrario gefolgert, auch diese Bereiche unterfielen der EG-BewVO[8]. Die Einbeziehung dieser Materien in die EG-BewVO bedarf jedoch autonomer Auslegung im Einzelfall[9]. Die Subsumtion des **Familien- und Erbrechts** unter den Begriff der Zivilsachen wirft keine größeren Probleme auf; fraglich kann in diesem Zusammenhang aber die Qualifikation des ersuchenden Organs als „Gericht" iSd des Art 1 Abs 1 sein (s Rn 6f). **Insolvenzrechtliche** Streitigkeiten sind idR zivilrechtlicher Natur[10]. An eine öffentlich-rechtliche Qualifikation ist zB bei finanzaufsichtsrechtlichen Sonderverfahren zu denken. Schwieriger sind die Abgrenzungsfragen bei der **sozialen Sicherheit**. Auch bei autonomer Auslegung müssen zumindest diejenigen sozialrechtlichen Streitigkeiten, die direkt zwischen einem Sozialversicherungsträger und dem Prätendenten bzw Leistungsempfänger ausgetragen werden, als öffentlich-rechtlich qualifiziert werden. Beim Unterhaltsregress der öffentlichen Hand gegen den Unterhaltsverpflichteten handelt es sich hingegen um eine zivilrechtliche Streitigkeit[11]. **Individualarbeitsrechtliche** Streitigkeiten sind iSd des Art 1 Abs 1 zivilrechtlicher Natur. Auch insoweit kann man sich an den zu Art 1 Abs 2 lit c Brüssel I-VO entwickelten Fallgruppen orientieren[12]. Anders als nach Art 1 Abs 2 lit d Brüssel I-VO werden auch gerichtliche Verfahren, die einem **Schiedsverfahren** dienen sollen[13], als Zivil- oder Handelssachen von der EG-BewVO erfasst[14]; s Rn 9. Schließlich ist darauf hinzuweisen, dass die EG-BewVO – ebenso wie das HBÜ und die Brüssel I-VO – auch zivilrechtliche Streitigkeiten in **Kartellsachen** einbezieht (s aber Rn 8)[15].

5 In **Strafsachen** ist die Anwendung der EG-BewVO ausgeschlossen[16]. Jedoch kommt eine Heranziehung der EG-BewVO im Rahmen eines **Adhäsionsverfahrens** in Betracht, da über das Vorliegen einer Zivil- oder Handelssache die materiell-rechtliche Natur der Rechtssache, nicht die Art der Gerichtsbarkeit entscheidet (arg Art 1 Abs 1 S 1 HS 2

---

[8] *Freudenthal* NIPR 2002, 114; *Leipold* Ritsum L Rev 20 (März 2003) 88f; grundsätzlich auch *Fumagalli* Riv dir int priv proc 2002, 332; s auch *Bruneau* JClP (G) 2001, I 349, p 1771 Fn 25.

[9] Mit diesem Vorbehalt auch *Fumagalli* Riv dir int priv proc 2002, 332 Fn 15.

[10] Vgl zum HBÜ *Nagel/Gottwald*, IZPR § 8 Rn 27.

[11] Vgl zum EuGVÜ EuGH Rs C-271/00 *Gemeente Steenbergen/Luc Baten* EuZW 2003, 30.

[12] Ausführlich *Kropholler* Art 1 Rn 37-39.

[13] S die Beispiele bei *Kropholler* Art 1 Rn 42.

[14] *Berger* IPRax 2001, 523 (zu § 1050 ZPO); *Freudenthal* NIPR 2002, 114; **aA** wohl *Gioia* Nuove leggi civ comm 2001, 1171.

[15] Zum HBÜ *Nagel/Gottwald*, IZPR § 8 Rn 27; zur Brüssel I-VO *Kropholler* Art 1 Rn 15.

[16] *Fumagalli* Riv dir int priv proc 2002, 331; *Olivier* GazPalDoctr 2002, 1303.

Brüssel I-VO, Art 5 Nr 4 Brüssel I-VO; s Rn 2)[17]. Wird aber in ein- und demselben Ersuchen sowohl um Rechtshilfe für ein Strafverfahren als auch für das damit verbundene Adhäsionsverfahren gebeten, empfiehlt es sich, aus Gründen der Prozessökonomie und nach dem im europäischen Zivilprozessrecht anerkannten Grundsatz, dass Nebensächliches der Hauptsache folgt *(accessorium sequitur principale)*[18], der Rechtshilfe in Strafsachen den Vorrang zuzuerkennen und eine Aufspaltung des Ersuchens zu vermeiden[19]. Zur Weiterverwendung von nach der EG-BewVO erlangten Informationen in einem Strafverfahren s Rn 55-57.

## 2. Das ersuchende Gericht

Die Eigenschaften, welche einer Behörde oder einem Spruchkörper zukommen müssen, 6
um als „**Gericht**" iSd des Art 1 Abs 1 gelten zu können, werden in der Verordnung nicht näher geregelt. Da auch familien- und erbrechtliche Verfahren grundsätzlich als Zivilsachen erfasst werden, stellt sich insbesondere die Frage, ob bei in der Sache verwaltenden Tätigkeiten im Bereich der **Freiwilligen Gerichtsbarkeit** (FG) auf die Rechtshilfe nach der EG-BewVO zurückgegriffen werden kann[20]. Unter der Brüssel I-VO stellt sich das Problem wegen des ausdrücklichen Ausschlusses der genannten Materien in Art 1 Abs 2 lit a Brüssel I-VO nicht[21]. Die Subsumtion von Verfahren der FG unter die „Zivil – und Handelssachen" iSd Art 1 Abs 1 Brüssel I-VO ist aber nicht bereits begrifflich ausgeschlossen[22]. Da die Ausnahme des Art 1 Abs 2 lit a Brüssel I-VO nicht in die EG-BewVO übernommen wurde, lässt sich aus dem Vorbild der Brüssel I-VO folglich kein genereller Ausschluss von FG-Sachen im Rahmen der EG-BewVO herleiten. Grundsätzlich spricht nicht bereits die Art der Gerichtsbarkeit dagegen, als Zivil- oder Handelssachen im Kontext der Rechtshilfe auch Angelegenheiten der FG zu betrachten (so ausdrücklich § 1 Abs 1 ZRHO)[23]. Nach Art 1 HBÜ wird unter einer „**gerichtlichen Behörde**" ein Spruchkörper verstanden, der „als neutrale Instanz eine Streitsache verbindlich entscheidet"[24] bzw der die Macht hat, „konkrete

[17] Vgl zur Praxis nach dem HBÜ *Gioia* Nuove leggi civ comm 2001, 1169; zu § 2 I ZRHO *Bülow/Böckstiegel* ZRHO Anm 12.

[18] Vgl EuGH Rs C-266/85 *Shenavai/Kreischer* EuGHE 1987, 239, 256 Rn 19 (zu Art 5 Nr 1 EuGVÜ).

[19] Ebenso zu § 2 Abs 1 ZRHO *Bülow/Böckstiegel* ZRHO Anm 12, einschlägig ist vor allem das Europäische Übereinkommen über die Rechtshilfe in Strafsachen vom 20. 4. 1959, BGBl 1964 II 1369, 1386; 1976 II 1799; 1995 II 736 iVm dem Zusatzprotokoll vom 17. 3. 1978, BGBl 1991 II 909, das zunehmend durch EU-Instrumente (Schengen) ergänzt wird; hierzu und zu weiteren relevanten Rechtsquellen *Meyer-Goßner*, StPO[46] (2003) Einl Rn 215 ff; Überblick (Stand Mai 2002) bei *Schomburg* NJW 2002, 1629 ff.

[20] Für Einbeziehung der FG *Fumagalli* Riv dir int priv proc 2002, 333 Fn 19; *Leipold* Ritsum L Rev 20 (März 2003) 89.

[21] Vgl *Kropholler* Art 1 Rn 12.

[22] *Kropholler* Art 1 Rn 12.

[23] So auch in Bezug auf das HBÜ *Stein/Jonas/Berger* § 363 Anh A Art 1 Rn 22 zu den „privatrechtlichen Streitverfahren" der FG.

[24] *Stein/Jonas/Berger* § 363 Anh A Art 1 Rn 24.

Rechtsfragen mit verbindlicher Wirkung für die Verfahrensbeteiligten zu entscheiden"[25]. Dies führt dazu, die Wahrnehmung lediglich verwaltender Aufgaben seitens der Gerichte im Rahmen der FG vom Anwendungsbereich des HBÜ auszunehmen[26].

7 Der **EuGH** hat sich mit der Abgrenzung rechtsprechender von verwaltender Gerichtstätigkeit bislang im Zusammenhang mit der Frage der Vorlagebefugnis nach Art 234 EGV befasst. Nach ständiger Rechtsprechung des Gerichtshofs können nationale Gerichte den EuGH nur anrufen, wenn bei ihnen ein Rechtsstreit anhängig ist und sie im Rahmen eines Verfahrens zu entscheiden haben, das auf eine Entscheidung mit Rechtsprechungscharakter abzielt[27]. Ein im Rahmen der FG bei funktionaler Betrachtung als Verwaltungsorgan tätiges Gericht ist deshalb nicht vorlagebefugt[28]. Auch wenn man berücksichtigt, dass die Auslegung des Gerichtsbegriffs je nach dem einschlägigen normativen Kontext variieren kann[29], bietet diese ständige, an der Funktion des Spruchkörpers orientierte Rechtsprechung doch einen gewichtigen Anhaltspunkt dafür, dass ebenso wie nach dem HBÜ jedenfalls eine rein verwaltende Gerichtstätigkeit im Bereich der FG bei der gebotenen autonomen Auslegung nicht unter die EG-BewVO fällt. Andernfalls würde die Reichweite der EG-BewVO für funktional äquivalente Verwaltungstätigkeiten davon abhängen, ob der jeweilige nationale Gesetzgeber diese Aufgaben den Gerichten oder Verwaltungsbehörden im materiellen Sinne zugewiesen hat. Dies würde dem mit der autonomen Auslegung verfolgten Ziel, die Einheitlichkeit der Rechtsanwendung zu erreichen, nicht gerecht. Zudem besteht die Gefahr, dass ein Rechtshilfeersuchen in Verwaltungsangelegenheiten unter Berufung auf Art 14 Abs 2 lit b abgelehnt wird[30].

8 Aus den Ausführungen zum Problem der FG folgt a maiore ad minus, dass **Verwaltungsbehörden** (zB das Bundeskartellamt, Bundespatentamt oder die Bundesanstalt für Finanzdienstleistungsaufsicht) erst recht nicht als „Gerichte" iSd Art 1 Abs 1 gelten können[30a]. Dies wird auch dadurch unterstrichen, dass die EG-BewVO im Unterschied zum HBÜ nicht von einer „gerichtlichen Behörde", sondern von einem „Gericht" spricht.

9 Nur ein staatliches Gericht, nicht ein **Schiedsgericht**, ist dazu befugt, nach der EG-BewVO ein Ersuchen um Beweisaufnahme an ein ausländisches Gericht zu richten[31]. Dies entspricht der hL zu Art 1 HBÜ[32]. Ein **deutsches Schiedsgericht** muss deshalb

---

[25] *MünchKommZPO/Musielak* § 363 Anh I Art 1 Rn 3.

[26] So iE *Stein/Jonas/Berger* § 363 Anh A Art 1 Rn 24.

[27] So zuletzt in einer Handelsregistersache EuGH Rs C-86/00 *HSB-Wohnbau GmbH* EuZW 2001, 499.

[28] Ebenda.

[29] Dies betont *Fumagalli* Riv dir int priv proc 2002, 333 Fn 19.

[30] Vgl *Bruneau* JClP (G) 2001 I 349, p 1771.

[30a] IE ebenso *Leipold* Ritsum L Rev 20 (März 2003) 89.

[31] *Berger* IPRax 2001, 523; *Fumagalli* Riv dir int priv proc 2002, 333; *Klauser* Rn 2; *Schlosser* Rn 1 (verweist auf *Schlosser* Art 1 HBÜ Rn 2).

[32] Näher *Stein/Jonas/Berger* § 363 Anh A Art 1 Rn 24; *Zöller/Geimer* § 1050 ZPO Rn 5.

gem § 1050 ZPO einen Antrag auf Unterstützung bei der Beweisaufnahme durch ein deutsches staatliches Gericht stellen, das sich sodann an das zuständige ausländische Gericht wendet[33]. Dieses Vorgehen ist zulässig[34], denn obgleich ein Schiedsgericht kein „Gericht" iSd des Art 1 Abs 1 darstellt, ist das dem Schiedsverfahren dienende sekundäre Gerichtsverfahren als „Zivil- oder Handelssache" iS dieser Vorschrift zu qualifizieren (s Rn 4)[35]. Da die EG-BewVO Schiedsgerichte nicht unmittelbar als zur Stellung eines Ersuchens berechtigte Gerichte erfasst, entfaltet die Verordnung insoweit keine Sperrwirkung. Ein **ausländisches Schiedsgericht** kann sich deshalb gemäß § 1025 Abs 2 ZPO direkt an ein deutsches staatliches Gericht wenden, ohne dass auf die EG-BewVO zurückgegriffen werden muss. Sofern in dem betreffenden ausländischen Prozessrecht eine dem § 1025 Abs 2 ZPO entsprechende Öffnungsklausel besteht oder die dortige Praxis entsprechend großzügig verfährt, kann sich auch ein deutsches Schiedsgericht unmittelbar an das ausländische staatliche Gericht wenden.

Der **EuGH** ist kein Gericht iSd EG-BewVO. Für die Beweisaufnahme vor dem EuGH gelten die Art 24-30 der EuGH-Satzung[36] sowie die Art 45-54a der EuGH-Verfahrensordnung (VerfO)[37]. Rechtshilfeersuchen des EuGH regeln Art 29 EuGH-Satzung, Art 52 VerfO. 10

### 3. Beweisaufnahme

Die EG-BewVO erfasst die sog **aktive Rechtshilfe** (Ersuchen um Durchführung der Beweisaufnahme durch ein ausländisches Gericht, Art 1 Abs 1 lit a) und die sog **passive Rechtshilfe**, dh die Genehmigung der Durchführung einer unmittelbaren Beweisaufnahme im Ausland durch das inländische Gericht (Art 1 Abs 1 lit b). Einzelheiten regeln die Art 10-16 (aktive Rechtshilfe) bzw Art 17 (unmittelbare Beweisaufnahme). Der Begriff der Beweisaufnahme ist wie die Verordnung im Allgemeinen (s Rn 1) **autonom** auszulegen. Gewisse Anhaltspunkte für ein europäisch-autonomes Begriffsverständnis können auch die Vorschriften über die Beweisaufnahme in der EuGH-Satzung und der EuGH-Verfahrensordnung liefern (s Rn 10). 11

Im Gegensatz zu Art 1 Abs 1 HBÜ und auch noch Art 1 Abs 1 des deutschen EG-BewVO-Vorschlags wird die Vornahme **„anderer gerichtlicher Handlungen"** von der 12

---

[33] *Berger* IPRax 2001, 523; **aA** *Fumagalli* Riv dir int priv proc 2002, 334; zweifelnd *Leipold* Ritsum L Rev 20 (März 2003) 89 Fn 7 (Verstoß gegen Art 1 Abs 2).

[34] So bereits zum HBÜ und zu § 1036 ZPO aF *Schlosser* Art 1 HBÜ Rn 2; näher zur internationalen Schiedsgerichtspraxis *Fouchard/Gaillard/Goldman*, On International Commercial Arbitration (1999) Rn 1336-1338.

[35] Nicht überzeugend deshalb *Fumagalli* Riv dir int priv proc 2002, 334.

[36] ABl EG 2001 C 80/53.

[37] Fassung vom 1. 6. 2001 abrufbar unter http://www.curia.eu.int, ABl EG 1991 L 176/7 und ABl EG 1992 L 383/117 (Berichtigungen); mit den Änderungen vom 21. 2. 1995, ABl EG 1995 L 44/61; vom 11. 3. 1997 ABl EG 1997 L 103/1 und ABl EG 1997 L 351 (Berichtigungen) vom 16. 5. 2000 ABl EG L 122/ 43, vom 28. 11. 2000 ABl EG L 322/1, und vom 3. 4. 2001 ABl EG L 119/1.

EG-BewVO nicht explizit erfasst[38]. Unter „anderen gerichtlichen Handlungen" iSd Art 1 Abs 1 HBÜ werden im Umkehrschluss aus Art 1 Abs 3 HBÜ alle zur Förderung eines Gerichtsverfahrens geeigneten Maßnahmen verstanden, bei denen es sich nicht um die Zustellung gerichtlicher Schriftstücke – dann gilt die EG-ZustellVO –, um Maßnahmen des einstweiligen Rechtsschutzes („Sicherung", insoweit beachte Art 31 Brüssel I-VO) oder um Vollstreckungsmaßnahmen handelt (dann Art 38 ff Brüssel I-VO)[39]. Als **Beispielsfälle** werden genannt[40]: die Vornahme eines Güteversuchs oder Sühnetermins[41], Anhörung der Parteien und Entgegennahme von Parteierklärungen, öffentliche Bekanntgaben gerichtlicher Mitteilungen, Ersuchen um eine Auskunft einer Behörde oder um Aktenübersendung[42] usw. Des Weiteren soll die informatorische (uneidliche) Befragung einer zeugnisunfähigen Person, wie sie zB in Art 205 (2) des französischen ncpc vorgesehen ist, als eine „andere gerichtliche Handlung" anzusehen sein[43]; ebenso die Abnahme des zugeschobenen Eides (Art 317 ncpc[44]) oder die Parteivernehmung[45]. Ferner wird die Vollstreckungshilfe bei der Verschaffung von Beweismitteln aus dem Ausland ins Inland, zB bei der Entnahme einer Blutprobe zur Feststellung der Vaterschaft (§ 372a ZPO), als ein Fall der anderen gerichtlichen Handlung iSd Art 1 Abs 1 HBÜ eingestuft[46] (hierzu Rn 28 ff).

13 Als Reaktion auf die Streichung der „anderen gerichtlichen Handlungen" iSd Art 1 Abs 1 HBÜ bzw des deutschen Vorschlags wird empfohlen, den Begriff der Beweisaufnahme iSd Art 1 Abs 1 **weit auszulegen**[47]. Unter „Beweisaufnahme" iSd EG-BewVO fielen „alle justiziellen Informationsbeschaffungsmaßnahmen"[48]. Unter einen solchen weiten Begriff könnten auch die „anderen gerichtlichen Handlungen" subsumiert werden[49]. Zwar sind im Lichte des Verordnungszwecks, die Beweisaufnahme zu erleichtern, keine engherzigen und formalen Auslegungsmaßstäbe angebracht. Aber die in Rn 12 genannten Beispiele zeigen, dass eine pauschale Subsumtion dieser Fälle unter den Be-

---

[38] Hierzu *Freudenthal* NIPR 2002, 114; *Fumagalli* Riv dir int priv proc 2002, 332; *Heß/Müller* ZZPInt 6 (2001) 152; *Jayme*, in: FS Geimer 378 f; *Jayme/Kohler* IPRax 2001, 503 f; *Schlosser* Rn 5; *Götz Schulze* IPRax 2001, 529.

[39] *MünchKommZPO/Musielak* § 363 Anh I Art 1 Rn 1; *Stein/Jonas/Berger* § 363 Anh A Art 1 Rn 28.

[40] Beispiele von *MünchKommZPO/Musielak* § 363 Anh I Art 1 Rn 1; *Stein/Jonas/Berger* § 363 Anh A Art 1 Rn 28; *Schlosser* Art 1 HBÜ Rn 3; *Nagel/Gottwald*, IZPR § 8 Rn 75; weitere Beispiele bei *Blaschczok* 94 f; *Freudenthal* NIPR 2002, 114.

[41] Als Beispiel auch genannt in § 5 Nr 2 ZRHO.

[42] Verfahrenshilfe iSv § 5 Nr 5 ZRHO.

[43] *Blaschczok* HBÜ 95; zur *incapacité de témoigner* nach französischem Recht näher *Junker*, Informationsbeschaffung 80; *Nagel/Gottwald*, IZPR § 8 Rn 86; *Schack*, IZVR Rn 682.

[44] *Blaschczok* 95; zum *serment déféré* näher *Nagel/Gottwald*, IZPR § 9 Rn 107; *Schack*, IZVR Rn 684.

[45] *Blaschczok* 95.

[46] *Jayme*, in: FS Geimer 378; *Jayme/Kohler* IPRax 2001, 504; *Götz Schulze* IPRax 2001, 529 Fn 22; weitere Nachweise bei *Junker*, Discovery 280 Fn 164; offen gelassen bei *Schlosser* Art 1 HBÜ Rn 3.

[47] *Heß/Müller* ZZPInt 6 (2001) 152; *Schlosser* Rn 5.

[48] *Schlosser* Rn 5.

[49] *Heß/Müller* ZZPInt 6 (2001) 152; vorsichtiger *Schlosser* Rn 5.

griff der „Beweisaufnahme" nicht möglich ist. So kann etwa die Vornahme eines Güteversuchs oder Sühnetermins auch bei einem weiten Begriffsverständnis sinnvollerweise nicht als Beweisaufnahme eingeordnet werden, weil diese richterliche Tätigkeit nicht der Informationsgewinnung dient. Unter den weiten Oberbegriff der „justiziellen Informationsbeschaffungsmaßnahmen" fallen zudem sowohl Beweisaufnahmen im Ausland als auch die Verschaffung von im Ausland belegenen Beweismitteln ins Inland, um hier zu Lande die Beweisaufnahme durchzuführen. Die letztgenannte Fallgruppe (sog **extraterritoriale Beweisanordnungen**) wird jedoch von der EG-BewVO jedenfalls dann nicht erfasst, sofern auf dem Territorium des anderen Mitgliedstaates keine Zwangsmaßnahmen eingesetzt werden (s Rn 18ff). Die Abgrenzung – etwa bei einer Entnahme einer Blutprobe im Ausland, die anschließend zur Analyse und gerichtlichen Verwertung ins Inland verbracht werden soll (hierzu s Rn 28ff) – ist im Einzelfall indes schwierig.

Als Kernelement eines autonomen Begriffsverständnisses ist anzusehen, dass die **Maßnahme auf die Beschaffung einer Information abzielen muss, die der richterlichen Wahrheitsfindung bzw Überzeugungsbildung im Erkenntnisverfahren dient**. Ob der Informationsträger (Person oder Objekt) im technischen Sinne als Beweismittel nach dem Recht des ersuchten oder ersuchenden Gerichts anzusehen ist, kommt es für den **autonomen** Begriff der Beweisaufnahme nicht an. So ist zB der in Art 17 Abs 3 und Art 18 Abs 2, zweiter Spiegelstrich ausdrücklich genannte **Sachverständige** ein Beweismittel iSd EG-BewVO, auch wenn einzelne nationale Rechtsordnungen wie etwa die italienische die „consulenza tecnica" nicht als eine Beweisaufnahme *stricto sensu* ansehen[50]. Auch die nach französischem Verständnis lediglich informatorische Befragung einer **zeugnisunfähigen Person** ist eine Beweisaufnahme im Sinne der EG-BewVO (hierzu näher Art 14 Rn 5). 14

Die **Vernehmung und die Anhörung einer Partei** werfen besondere Qualifikationsprobleme auf. Nach deutschem Recht wird bekanntlich zwischen Zeugen- und Parteistellung scharf unterschieden[51]. Eine Partei kann nicht als Zeuge vernommen werden. Allein die restriktiven Voraussetzungen unterliegende **Parteivernehmung** (§§ 445ff ZPO) ist ein echtes, wenngleich subsidiäres, Beweismittel[52], während die **Anhörung der Parteien** (§ 141 ZPO) nach hM keinen Beweischarakter hat, sondern lediglich der Stoffsammlung und Information des Gerichts dient[53]. In den **Rechten der Mitgliedstaaten** sind Parteivernehmung und -anhörung jedoch höchst unterschiedlich ausge- 15

---

50 So *Fumagalli* Riv dir int priv proc 2002, 332; zur Tätigkeit des Sachverständigen nach italienischem Recht näher *Junker*, Informationsbeschaffung 88; zum Sachverständigenbeweis in der EU allgemein *Stürner*, in: FS Sandrock 959. Auch Art 45 § 2 lit d EuGH-VerfO stuft die Begutachtung durch Sachverständige als Beweismittel ein.

51 Näher *Gerhard Wagner* ZEuP 2001, 485-487.

52 Statt aller *Musielak/Huber* § 445 Rn 1.

53 *Gehrlein* ZZP 110 (1997) 471ff; *MünchKommZPO/Peters* § 141 Rn 1; *Musielak/Huber* § 445 Rn 3; *Musielak/Stadler* § 141 Rn 2; *Thomas/Putzo/Reichold* vor § 445 Rn 2; *Zöller/Greger* § 141 Rn 1; **aA** *Schöpflin* NJW 1996, 2134; kritisch auch *AltK/Rüßmann* vor § 445 Rn 3.

staltet[54]. Das französische, belgische und italienische Recht kennen die Parteivernehmung als solche nicht, dafür aber den zugeschobenen Eid und das gerichtliche Geständnis[55]. Das englische und grundsätzlich auch das niederländische Recht hingegen behandeln die Partei als Zeugen[56]. Die Parteianhörung wird überwiegend dogmatisch außerhalb der Beweisaufnahme angesiedelt[57]. In Frankreich wird allerdings die Anhörung der Parteien *(comparution personnelle des parties)* als voll gültiges Beweismittel angesehen[58]. *Coester-Waltjen* stellt zu Recht fest, dass „die Grenzen [zwischen Parteivernehmung und Parteianhörung] fließend [sind] und [...] die Parteianhörung in einigen Rechtsordnungen funktional die Rolle der Parteivernehmung zumindest weitgehend ein[nimmt]."[59] Auch Art 45 § 2 lit a der EuGH-VerfO bezeichnet das persönliche Erscheinen der Parteien als Beweismittel. Aus diesem rechtsvergleichenden Befund sollte für eine funktional orientierte, **autonome** Qualifikation der Schluss gezogen werden, sowohl die Parteivernehmung als auch die Parteianhörung als „Beweisaufnahme" iSd EG-BewVO einzustufen. Für eine großzügige Auslegung in dieser Frage sprechen sowohl der Zweck der EG-BewVO, die Beweisaufnahme möglichst zu erleichtern, als auch die Rechtsprechung des EGMR zur Waffengleichheit im Zivilprozess[60]. Zur Beweisaufnahme iSd EG-BewVO sind auch Maßnahmen zu zählen, die auf die Vornahme von Prozesshandlungen gerichtet sind, welche die richterliche Beweiswürdigung gerade einschränken oder ausschließen sollen, wie zB der zugeschobene Eid nach Art 317 ncpc (s Art 14 Rn 19).

16 Die Frage, ob eine Beweisaufnahme **„im Ausland"** erfolgt, kann nicht allein durch eine naturalistische Anschauung (physische Präsenz der Richter auf ausländischem Territorium) beantwortet werden, sondern bedarf einer wertenden Betrachtung im Lichte der Zwecke und der Systematik der EG-BewVO (s zu Videokonferenzen Rn 22).

17 Fällt eine gerichtliche Handlung nicht unter den Begriff der Beweisaufnahme iSd EG-BewVO, bleibt gemäß Art 21 Abs 1 das HBÜ bzw das HaagZivPrÜbk anwendbar[61].

---

[54] Umfassender rechtsvergleichender Überblick bei *Coester-Waltjen* ZZP 113 (2000) 269 ff; *Gerhard Wagner* ZEuP 2001, 484 ff.

[55] *Coester-Waltjen* ZZP 113 (2000) 277.

[56] *Coester-Waltjen* ZZP 113 (2000) 278 (England), 281 (Niederlande); *Gerhard Wagner* ZEuP 2001, 488 f (England), 494 (Niederlande).

[57] *Coester-Waltjen* ZZP 113 (2000) 284.

[58] Näher *Gerhard Wagner* ZEuP 2001, 487 f.

[59] *Coester-Waltjen* ZZP 113 (2000) 284.

[60] EGMR 27. 10. 1993 – 37/1992/382/460 *Dombo Beheer B.V./Niederlande* NJW 1995, 1413 mit zust Anm *Schlosser* (ebd, 1404) = ZEuP 1996, 484 mit zust Anm *Marianne Roth*; hierzu auch *Wittschier* DRiZ 1997, 247; zur nachfolgenden Entwicklung ausführlich *Gerhard Wagner* ZEuP 2001, 490-494; ferner *Harald Koch* JuS 2003, 109.

[61] Ebenso *Jayme*, in: FS Geimer 378; *Schlosser* Rn 5; *Götz Schulze* IPRax 2001, 529.

## 4. Das Verhältnis der EG-BewVO zum innerstaatlichen Recht

### a) Extraterritoriale Beweisanordnungen

#### (1) Grundsatz: Keine Exklusivität der EG-BewVO

Die EG-BewVO regelt nur die Modalitäten (das „Wie") der Beweisaufnahme im Ausland, **„wenn"** das Gericht darum ersucht (Art 1 Abs 1), überlässt jedoch die Beantwortung der Frage, unter welchen prozessualen Voraussetzungen ein Gericht vom Normalfall der Beweisaufnahme im inländischen Verfahren abweichen darf oder muss, indem es im Ausland Beweis erheben lässt bzw selbst erhebt (das „Ob"), den **innerstaatlichen Rechtsvorschriften**[62]. Ebenso wie das HBÜ[63] entfaltet die EG-BewVO **keine grundsätzliche Sperrwirkung** gegenüber sog **extraterritorialen Beweisanordnungen** (Beweismittelbe- oder -verschaffung), dh Maßnahmen des Gerichts, die darauf gerichtet sind, die Verwertung eines im Ausland belegenen Beweismittels im Rahmen einer im Inland vorzunehmenden Beweisaufnahme zu ermöglichen[64]. Diese grundsätzliche Verneinung einer Exklusivität der EG-BewVO gegenüber extraterritorialen Beweisanordnungen folgt aus dem Sinn und Zweck der Verordnung, die Beweisaufnahme im europäischen Rechtsraum lediglich zu erleichtern[65]. Die Ablehnung einer Auslegung der EG-BewVO als abschließende Höchstnorm kann auch auf den in Art 21 Abs 2 zum Ausdruck gekommenen Rechtsgedanken gestützt werden: Nach dieser Vorschrift bleibt den Mitgliedstaaten das Recht vorbehalten, untereinander Übereinkünfte oder Vereinbarungen zur weiteren Vereinfachung der Beweisaufnahme zu schließen oder beizubehalten. Es muss deshalb erst recht im Grundsatz zulässig sein, dass die nationalen Rechte für die inländische Beweisaufnahme den idR einfacheren und schnelleren Direktzugriff auf im Ausland belegene Beweismittel ermöglichen. Es wäre zudem ein Wertungswiderspruch, wenn die auf Souveränitätserwägungen gestützte Exklusivitätslehre, die sich bereits in Bezug auf das konventionelle Rechtshilfeübereinkommen HBÜ bislang nicht durchsetzen konnte, gerade bei der Auslegung der EG-BewVO zum Zuge käme, obgleich diese Verordnung die klassischen Hoheitsrechte der Mitgliedstaaten erheblich stärker einschränkt, als dies im HBÜ der Fall ist (s vor allem Art 17)[66]. 18

---

[62] *Heß/Müller* ZZPInt 6 (2001) 153; *Leipold* Ritsum L Rev 20 (März 2003) 98f; *Nagel/Gottwald*, IZPR § 8 Rn 6; Götz *Schulze* IPRax 2001, 528; kritisch *Stadler*, in: FS Geimer 1288f.

[63] Zur eine Exklusivität des HBÜ verneinenden hM s mwN *Stein/Jonas/Berger* § 363 Anh A Art 1 Rn 8; *Nagel/Gottwald*, IZPR § 8 Rn 32; *Musielak*, in: FS Geimer 765-767; *Schack*, IZVR Rn 725; *Schlosser* Art 1 HBÜ Rn 5; *Zöller/Geimer* § 363 Rn 38; **aA** *Musielak/Stadler* § 363 Rn 9.

[64] *Berger* IPRax 2001, 526f; *Freudenthal* NIPR 2002, 114; *Heß/Müller* ZZPInt 6 (2001) 153; *Leipold* Ritsum L Rev 20 (März 2003) 96; *Musielak*, in: FS Geimer 768 (Fn 24); *Nagel/Gottwald*, IZPR § 8 Rn 7; *Schlosser* Rn 2; vorsichtiger Götz *Schulze* IPRax 2001, 528; einschränkend auch *Stadler*, in: FS Geimer 1289; offen gelassen bei *Jayme/Kohler* IPRax 2001, 503f; s auch *Jayme*, in: FS Geimer 378f.

[65] *Berger* IPRax 2001, 527; *Heß/Müller* ZZPInt 6 (2001) 153 und 175.

[66] Vgl auch *Stadler*, in: FS Geimer 1289.

**(2) Autonome Qualifikation eines Vorgehens als unmittelbare Beweisaufnahme im Ausland**

19 Gleichwohl ist der Einwand zu bedenken, aus dem Abbau traditioneller Souveränitätsvorbehalte in der EG-BewVO dürfe nicht der Schluss gezogen werden, die Mitgliedstaaten hätten eine **generelle** Zulässigkeit extraterritorialer Beweisanordnungen beabsichtigt, weil in der EG-BewVO dem Souveränitätsverzicht entsprechende Kautelen (Genehmigungserfordernisse, zB in Art 17) gegenüber stünden[67]. Hierbei ist auch zu berücksichtigen, dass das Konkurrenzverhältnis zwischen der Beweisbeschaffung nach nationalem Recht und dem Instrumentarium der EG-BewVO sich anders stellt als in Bezug auf das HBÜ, weil das Übereinkommen vornehmlich die aktive Rechtshilfe regelt, aber die unmittelbare Beweisaufnahme im Ausland im Gegensatz zur EG-BewVO (Art 17) nur indirekt ermöglicht (Art 17 HBÜ)[68]. Gerade im Verhältnis zwischen Beweisbeschaffung ins Inland und sog „passiver" Rechtshilfe des Auslands werden indes die entscheidenden Abgrenzungsfragen aufgeworfen (s Rn 22, 25). Ob ein gerichtliches Vorgehen eine **unmittelbare Beweisaufnahme** iSd EG-BewVO darstellt, kann nur durch **autonome Auslegung der EG-BewVO selbst**, nicht aber durch einen Rückgriff auf das Recht des jeweiligen Mitgliedstaates ermittelt werden (s Rn 11). Andernfalls würde die lex fori die Wirksamkeit der EG-BewVO in Frage stellen und zur Umgehung zwingender Vorschriften eingesetzt werden können, die dem Schutz der Territorialhoheit der Mitgliedstaaten dienen. Bei der Zulässigkeit extraterritorialer Beweisanordnungen ist zwischen den einzelnen Beweismitteln zu unterscheiden.

**(3) Die Beweismittel im Einzelnen**

**aa) Zeugenbefragung**

20 Eine Vernehmung eines Auslandszeugen durch einen deutschen Richter **im Ausland**, dh bei physischer Präsenz des Gerichtsangehörigen am ausländischen Aufenthaltsort des Zeugen, ist ausschließlich unter den Voraussetzungen des Art 17 statthaft. Der Zeuge kann auch nicht auf die Einhaltung des in Art 17 vorgesehenen Verfahrens verzichten, weil die darin geschützten Hoheitsrechte des jeweiligen Mitgliedstaates nicht seiner privaten Disposition unterliegen. Abgrenzungsprobleme zwischen ZPO und EG-BewVO stellen sich in drei Fallgruppen: bei der Ladung des Zeugen ins Inland, bei der schriftlichen Beantwortung der Beweisfrage und bei der Distanzvernehmung unter Inanspruchnahme technischer Hilfsmittel (Telefon, Videoschaltung usw). Der **Ladung** des Auslandszeugen vor das Prozessgericht steht die EG-BewVO nicht entgegen, sofern bei Ausländern auf die Androhung von Zwangsmitteln verzichtet wird[69]. Eine förm-

---

[67] *Stadler*, in: FS Geimer 1289; vgl auch *Götz Schulze* IPRax 2001, 528.

[68] Zur Auslegung des Art 17 HBÜ *Berger* IPRax 2001, 526.

[69] *Berger* IPRax 2001, 527; *Leipold* Ritsum L Rev 20 (März 2003) 96; *Nagel/Gottwald*, IZPR § 8 Rn 7; *Stadler*, in: FS Geimer 1290f hält eine Ladung ohne Sanktionsandrohung für wenig Erfolg versprechend, aber offenbar nicht für von vornherein unzulässig; eine Androhung von Zwangsmitteln halten offenbar *Heß/Müller* ZZPInt 6 (2001) 176 für möglich; sie kritisieren aber die daraus unter Umständen resultierenden Pflichtenkollisionen; zum Streitstand nach autonomem Recht eingehend

liche Zustellung der Ladung durch die Post (Einschreiben mit Rückschein) ermöglicht Art 14 EG-ZustellVO[70].

21 Des Weiteren hindert die EG-BewVO das Gericht nicht daran, den Auslandszeugen darum zu bitten, die Beweisfrage freiwillig **schriftlich zu beantworten** (§ 377 Abs 3 ZPO)[71]. Zwar lehnt die im Schrifttum sehr umstrittene deutsche Rechtsprechung diesen Weg bislang ab, weil der ausländische Staat hierin einen unzulässigen Eingriff in seine territorialen Hoheitsrechte sehen könnte[72]. Im Lichte des in der EG-BewVO enthaltenen Abbaus traditioneller Souveränitätsvorstellungen, insbesondere in Art 17, erscheint diese Befürchtung aber für den europäischen Rechtsraum als überzogen[73]. Auch eine Aussage mittels **E-Mail** kommt in Betracht[74], sofern die Voraussetzungen des § 130a ZPO gewahrt sind. Ferner steht die EG-BewVO nicht der gängigen Praxis entgegen, die beweisbelastete Partei damit zu beauftragen, eine schriftliche Erklärung des Auslandszeugen herbeizuschaffen, die sodann als Urkundenbeweis (§ 416 ZPO) in den Prozess eingeführt werden kann[75].

22 Vernimmt das inländische Gericht selbst den im Ausland weilenden Zeugen im Wege einer **Video- oder Telekonferenz** (§ 128a ZPO), während sich die Gerichtsangehörigen im Inland aufhalten, handelt es sich hingegen nicht um eine bloße Beweisbeschaffung[76], sondern um eine unmittelbare Beweisaufnahme im Ausland, die nur unter den Voraussetzungen des Art 17 zulässig ist[77]. Dies ergibt sich mittelbar aus Art 17

---

*Musielak*, in: FS Geimer 770, der sich gegen die Androhung von Zwangsmitteln auch gegenüber deutschen Staatsangehörigen ausspricht.

70 *Nagel/Gottwald*, IZPR § 8 Rn 7; vgl auch *Berger* IPRax 2001, 527 (Zustellung „nach der EG-ZustellVO").

71 *Berger* IPRax 2001, 527; *Leipold* Ritsum L Rev 20 (März 2003) 96; *Nagel/Gottwald*, IZPR § 8 Rn 7; *Stadler*, in: FS Geimer 1291; dahin tendierend auch *Götz Schulze* IPRax 2001, 528.

72 BGH 10. 5. 1984 – III ZR 29/83 NJW 1984, 2039; ebenso § 39 Abs 1 3 ZRHO; dem BGH folgend *Leipold*, Lex fori 63; *Musielak/Stadler* § 363 Rn 10 (aber mit Einschränkung in Bezug auf EG-BewVO, ebenso *Stadler*, in: FS Geimer 1291; *dies* ZZP 115 [2002], 518) *Thomas/Putzo/Reichold* § 363 Rn 5; dagegen *Geimer*, IZPR Rn 437, 2384; *Linke*, IZPR Rn 311; *Nagel/Gottwald*, IZPR § 8 Rn 122; *Schack*, IZVR Rn 721; *Stein/Jonas/Berger* § 363 Rn 14; zum Streitstand nach autonomem Recht eingehend *Musielak*, in: FS Geimer 767-769, mwN.

73 Ihre bisherige ablehnende Auffassung in Bezug auf die EG-BewVO einschränkend jetzt auch *Musielak/Stadler* § 363 Rn 10; *Stadler*, in: FS Geimer 1291; *dies* ZZP 115 (2002) 518 (Erst-Recht-Schluss aus Art 17).

74 *Götz Schulze* IPRax 2001, 529.

75 Zu dieser Praxis allgemein *Nagel/Gottwald*, IZPR § 8 Rn 122; *Schack*, IZVR Rn 723, auch zu den Nachteilen dieses Vorgehens.

76 So aber *Geimer*, IZPR Rn 2385a; *Nagel/Gottwald*, IZPR § 8 Rn 123; *Stein/Jonas/Berger* § 363 Rn 16; vgl auch *Linke*, IZPR Rn 312; *Schack*, IZVR Rn 724.

77 *Musielak/Stadler* § 128a Rn 8; *Stadler* ZZP 115 (2002) 441; *Götz Schulze* IPRax 2001, 529; allgemein auch *Zöller/Greger* § 128a Rn 6: Videovernehmung sei nur „nach den Regelungen der internationalen Rechtshilfe" zulässig; ebenso *Schultzky* NJW 2003, 314f; *Baumbach/Lauterbach/Hartmann* § 128a Rn 6.

Abs 4 S 3, wonach die ausländische Zentralstelle oder die zuständige Behörde den Einsatz von Kommunikationstechnologie, wie Video- und Telekonferenzen, fördert[78]. Bestätigt wird diese Auffassung durch die deutsche höchstrichterliche Rechtsprechung zur Rechtshilfe in Strafsachen: Auch der BGH geht davon aus, dass die Vernehmung eines Auslandszeugen durch eine zeitgleiche Bild- oder Tonübertragung gemäß § 247 a StPO die territoriale Souveränität des Aufenthaltsstaates des Zeugen berühre, mithin der Genehmigung oder zumindest Duldung des Aufenthaltsstaates bedürfe[79]. Auf das Medium, mit dessen Hilfe die Videokonferenz technisch durchgeführt wird kommt es nicht an; nicht nur eine Fernsehsatellitenübertragung fällt hierunter, sondern auch zB die Echtzeitkommunikation mit Hilfe des **Internet** (Web-Kamera und ISDN- oder DSL-Übertragung).

23 Im Rahmen des sog **Freibeweises**[80] wird im autonomen Recht auch die **telefonische Befragung** des Auslandszeugen für eine zulässige Beweisbeschaffung außerhalb des Rechtshilfeweges gehalten[81]. Im Anwendungsbereich der EG-BewVO ist dieser Weg jedoch nur noch insofern gangbar, als es sich bei dem Gespräch nicht um eine **Telekonferenz** iSd Art 17 Abs 4 S 3 (Echtzeit-Kommunikation mit mehreren aktiven und passiven Gesprächsteilnehmern) handelt[82].

24 Soll die existierende **Videoaufzeichnung** einer aus anderem Anlass durchgeführten Zeugenvernehmung (etwa aus einem Land, in dem das Fernsehen Gerichtsverhandlungen live im Fernsehen überträgt) in einem deutschen Gerichtsverfahren verwertet werden, ist nach den für die Verbringung von Augenscheinsobjekten geltenden Regeln zu verfahren (s Rn 26 ff)[83]. Bittet ein deutsches Gericht zB eine ausländische Fernsehstation um die Überlassung einer entsprechenden Aufzeichnung, fällt diese Anfrage folglich nicht in den Anwendungsbereich der EG-BewVO. S auch Art 10 Rn 39.

---

78 *Götz Schulze* IPRax 2001, 529.

79 BGH 15. 9. 1999 – 1 StR 286/99 – BGHSt 45, 188 = NJW 1999, 3788 = JZ 2000, 471 mit zust Anm *Vassilaki* = JR 2000, 74, 76 mit zust Anm *Rose*; diese Grundsätze übertragen auf das IZPR *Musielak/Stadler* § 128 a Rn 8; *Stadler* ZZP 115 (2002) 441; *Schultzky* NJW 2003, 314; explizit eine Übernahme dieser Auffassung für das IZPR ablehnend jedoch *Geimer*, IZPR Rn 2385 a.

80 Zum Begriff und zu den Voraussetzungen des Freibeweises eingehend *Egon Schneider*, Beweis und Beweiswürdigung[5] (1994) § 48; *Stein/Jonas/Berger* vor § 355 Rn 6-22, dort auch zum Streitstand um die Zulässigkeit des Freibeweises (Rn 23 f).

81 *Nagel/Gottwald*, IZPR § 8 Rn 123; einschränkend *Geimer*, IZPR Rn 2385 (völkerrechtlich zulässig, doch fehle innerstaatliche Rechtsgrundlage); *Zöller/Geimer* § 363 Rn 5 (nur im Falle des § 495 a S 1 ZPO).

82 Weitergehend *Götz Schulze* IPRax 2001, 529: Telefonische Zeugenbefragung sei keine zulässige Beweisbeschaffung mehr.

83 Zur Abgrenzung des Zeugen vom Augenscheinsbeweis bei der Verwertung einer aus anderem Anlass durchgeführten Vernehmungsaufzeichnung näher *Ahrens*, in: FS Geimer 5 f.

**bb) Sachverständige**

Im deutschen Recht ist heftig umstritten, ob ein deutsches Gericht einen **Sachverständigen** damit beauftragen darf, Feststellungen im Ausland zu treffen[84]. Kernpunkt des Streits ist die Frage, ob der Sachverständige im Ausland als „verlängerter Arm des Gerichts" (Folge: Hoheitsverletzung) oder als Privatmann tätig wird (dann zulässige Beweisbeschaffung)[85]. Art 1 Abs 3 des deutschen EG-BewVO-Vorschlags sah vor, dass der Sachverständige unmittelbar durch das inländische Gericht bestellt werden solle, ohne dass eine vorherige Genehmigung oder Unterrichtung des anderen Mitgliedstaates erforderlich sei. Diese sinnvolle Bestimmung ist jedoch nicht in die Endfassung der Verordnung gelangt[86]. Vielmehr regelt Art 17 Abs 3 die Ernennung eines Sachverständigen als einen Unterfall der unmittelbaren Beweisaufnahme im Ausland, knüpft diese also an ein Genehmigungserfordernis. Diese Entstehungsgeschichte gebietet den Schluss, dass die genehmigungsfreie Beweisbeschaffung durch einen vom inländischen Gericht bestellten Sachverständigen nicht zulässig ist[87]. 25

**cc) Augenschein**

Im autonomen Recht ist umstritten, ob die extraterritoriale Tätigkeit eines **Augenscheinsmittlers** (Augenscheinsgehilfen) analog den von der hL für Sachverständige entwickelten Regeln zu beurteilen ist, es sich also um eine zulässige Beweisbeschaffung ins Inland handelt, oder ob insoweit eine grundsätzlich unzulässige Beweisaufnahme im Ausland vorliegt[88]. Da die EG-BewVO bereits die Tätigkeit des Sachverständigen als unmittelbare Beweisaufnahme im Ausland ansieht (s Rn 25), muss diese Einstufung *a fortiori* für den Augenscheinsmittler gelten. 26

Die Einnahme eines Augenscheins durch eine Recherche im **Internet** ist ohne Rücksicht auf den Ort, an dem die Daten gespeichert sind oder in das Netz eingespeist werden, keine Beweisaufnahme im Ausland, sondern im Inland[89]. Zum sog **Tele-Augenschein** s Art 10 Rn 35, 38. 27

Bei der Verbringung von **Augenscheinsobjekten** in den Gerichtsstaat ist zu unterscheiden: Es ist auch im Geltungsbereich der EG-BewVO zulässig, nach innerstaatlichem Recht den Inhaber eines Augenscheinsobjekts ohne Androhung von Zwangs- 28

---

84 Eingehend *Musielak*, in: FS Geimer 771-773, mwN; s auch *Ahrens*, in: FS Geimer 4-6; *Stadler*, in: FS Geimer 1287.

85 Statt vieler einerseits *Leipold*, Lex fori 46-48; *Stadler*, in: FS Geimer 1287; *dies* ZZP 115 (2002) 519 (verlängerter Arm); andererseits (Privatmann) *Daoudi* 108f, 128ff; *Musielak*, in: FS Geimer 772f; *Schack*, IZVR Rn 710; *Schütze*, Rechtsverfolgung Rn 202.

86 Rechtspolitisch zustimmend zum Ansatz des Art 1 Abs 3 der deutschen Initiative (Schrifttum 1c) auch *Stadler*, in: FS Geimer 1287; *dies* ZZP 115 (2002) 519.

87 So auch *Heß/Müller* ZZPInt 6 (2001) 175; *Götz Schulze* IPRax 2001, 528; *Stadler* ZZP 115 (2002) 519; **aA** *Leipold* Ritsum L Rev 20 (März 2003) 98; wohl auch *Berger* IPRax 2001, 527.

88 Näher *Nagel/Gottwald*, IZPR § 8 Rn 126 (Beweisbeschaffung); *Musielak*, in: FS Geimer 774f (Beweisaufnahme im Ausland).

89 *Stein/Jonas/Berger* § 363 Rn 16; *Musielak/Stadler* § 363 Rn 9.

maßnahmen dazu aufzufordern, den fraglichen Gegenstand dem deutschen Gericht vorzulegen[90]. Bsp: Der Beklagte wird zur Abgabe einer Blutprobe ohne Androhung von Zwangsmitteln aufgefordert und kommt dieser Bitte freiwillig nach. Die mangelnde Bereitschaft zur Herausgabe eines Augenscheinsobjekts von Seiten einer Partei kann jedoch gemäß § 371 Abs 3 ZPO als Beweisvereitelung gewertet werden[91]. Entsprechendes gilt für die Aufforderung an einen im Ausland lebenden Mann, eine **Blutentnahme zur Feststellung der Vaterschaft** zu dulden (§ 372 a ZPO)[92]. Will das deutsche Gericht allerdings einen von ihm beauftragten Sachverständigen zur Abnahme der Blutprobe ins Ausland schicken, gilt ungeachtet der Mitwirkungsbereitschaft des Mannes Art 17 EG-BewVO[93].

29 Kommt der Inhaber des Augenscheinsobjekts einer Aufforderung zur freiwilligen Herausgabe nicht nach, stellt sich das Problem, dass die EG-BewVO im Gegensatz zu Art 1 Abs 1 HBÜ und auch noch Art 1 Abs 1 des deutschen EG-BewVO-Vorschlags die Vornahme „anderer gerichtlicher Handlungen" nicht explizit erfasst (s Rn 12)[94]. Im Schrifttum wird zB in der zwangsweisen Durchsetzung einer **Blutentnahme** im Ausland, die anschließend zur Analyse und gerichtlichen Verwertung ins Inland verbracht werden soll, die Beweisaufnahme mithin erst ermöglichen soll, eine von der EG-BewVO nicht erfasste Hilfe zur Beweisverschaffung ins Inland, nicht eine Beweisaufnahme im Ausland gesehen[95]. Dieses Begriffsverständnis ist jedoch im Lichte des Verordnungszwecks, die grenzüberschreitende Kooperation zwischen den Gerichten bei der Beweisaufnahme zu fördern, zu eng. Auch der Vergleich mit Art 1 Abs 1 HBÜ macht diese Restriktion nicht zwingend. Das HBÜ selbst enthält keine Erklärung dessen, was unter einer „Beweisaufnahme" zu verstehen ist[96]. Der Entwurf hatte noch die Legaldefinition vorgesehen: „The [...] *production or examination* of documents or other objects or property." Die Entnahme einer Blutprobe lässt sich zwanglos unter die „production of an object" (Beschaffung oder Hervorbringung eines Gegenstands) subsumieren. In der Literatur zum HBÜ wird gerade die Entnahme einer Blutprobe zwecks Feststellung der Vaterschaft als Beispiel für eine Beschaffung von Beweisgegenständen im Wege der Rechtshilfe genannt[97]. Auch in der Praxis wurde das Ersuchen deutscher Gerichte um

---

[90] *Schulze* IPRax 2001, 528; hierzu allgemein *Musielak*, in: FS Geimer 775; *Nagel/Gottwald*, IZPR § 8 Rn 126.

[91] *Stadler*, in: FS Geimer 1290.

[92] Hierzu eingehend *Jayme*, in: FS Geimer 378f; ferner *Heß/Müller* ZZPInt 6 (2001) 174; *Jayme/Kohler* IPRax 2001, 503f; *Schlosser* Rn 5; *Schulze* IPRax 2001, 529; *Stadler*, in: FS Geimer 1298f.

[93] Vgl *Stadler*, in: FS Geimer 1298f.

[94] Hierzu *Freudenthal* NIPR 2002, 114; *Fumagalli* Riv dir int priv proc 2002 332; *Heß/Müller* ZZPInt 6 (2001) 152; *Jayme*, in: FS Geimer 378f; *Jayme/Kohler* IPRax 2001, 503f; *Schlosser* Rn 5; *Schulze* IPRax 2001, 529.

[95] *Jayme*, in: FS Geimer 378f; *Jayme/Kohler* IPRax 2001, 503f; *Schulze* IPRax 2001, 529; offen gelassen bei *Schlosser* Rn 5.

[96] Hierzu *Amram* unter II A.

[97] *Siehr*, Internationales Privatrecht (2001) 520; *Volken* Rn 3/134; vgl auch *Leipold*, Lex fori 67f, der die Duldung der Blutentnahme im Ausland als „einen dem deutschen Gericht zuzurechnenden Akt

die Rechtshilfe bei der Entnahme einer Blutprobe durch ein amerikanisches Gericht als ein „evidentiary request" nach dem HBÜ behandelt[98]. Zwar ist die genannte Legaldefinition nicht in das HBÜ übernommen worden. Dies unterblieb aber nicht wegen Uneinigkeit über ihren sachlichen Gehalt, sondern weil man sie als unnötig ansah[99]. Es ist deshalb begrifflich durchaus möglich, die Rechtshilfe bei der Entnahme einer Blutprobe als Beweisaufnahme iSd Art 1 Abs 1 HBÜ anzusehen. Folglich kann aus der Nicht-Übernahme des Passus „andere gerichtliche Handlung" in die EG-BewVO nicht geschlossen werden, dass die EG-BewVO diese Maßnahme nicht erfassen soll.

Für eine weite Auslegung des Begriffs der Beweisaufnahme iSd EG-BewVO in Bezug auf die Vaterschaftsfeststellung spricht zudem die neuere Rechtsprechung des **EGMR** in der Sache *Mikulić/Kroatien*[100]. Es ist allgemein anerkannt, dass die EMRK, insbesondere Art 6 EMRK, als Teil der allgemeinen Rechtsgrundsätze der EU-Mitgliedstaaten (Art 6 Abs 2 EUV) auch zur Auslegung des europäischen Zivilprozessrechts herangezogen werden kann bzw muss[101]. In der Sache *Mikulić* hat der EGMR entschieden, dass das Recht des Kindes, von der Identität seines Vaters Kenntnis zu erlangen, grundsätzlich von Art 8 EMRK (Privatleben) geschützt wird[102]. Zwar gebietet Art 8 EMRK es nicht unbedingt, dass die Rechtsordnungen der Vertragsstaaten eine zwangsweise Durchsetzung von DNA-Tests vorsehen[103]. Falls diese Möglichkeit nicht besteht, muss aber sichergestellt sein, dass das Recht des Kindes auf Kenntnis seiner Abstammung nicht unverhältnismäßig beeinträchtigt wird[104]. Sieht das Verfahrensrecht des Vertragsstaates lediglich vor, die Verweigerung einer Blutentnahme durch den Beklagten im Rahmen der Beweiswürdigung zu berücksichtigen, darf dies nicht zu erheblichen Verfahrensverzögerungen führen, da andernfalls Art 8 EMRK verletzt werde[105]. Gerade in Statussachen müssten die Gerichte mit besonderer Sorgfalt („particular diligence") handeln; andernfalls werde auch Art 6 Abs 1 EMRK verletzt[106]. Vor dem Hintergrund dieses menschen- 30

der Beweisaufnahme *auf* ausländischem Gebiet" ansieht und eine Einstufung als bloße Vorbereitungshandlung nur „schwerlich" für möglich hält.

[98] Vgl Court of Appeals (W Va) In re *Letter of Request from Amtsgericht Ingolstadt, FRG* 82 F.3d 590 (1996).

[99] *Amram* unter II A.

[100] EGMR 7. 2. 2002 *Mikulić/Kroatien* – 53176/99 – abrufbar unter http://www.echr.coe.int/hudoc; vgl auch EGMR 13. 2. 2003 *Odièvre/France* – 42326/98 – § 28: „Matters of relevance to personal development include details of a person's identity as a human being and the vital interest protected by the Convention in obtaining information necessary to discover the truth concerning important aspects of one's personal identity, such as the identity of one's parents"; s ferner EGMR 27. 10. 1994 *Kroon and others/The Netherlands;* s auch zum GG BVerfG 3. 1. 1989 – 1 BvL 17/87 – BVerfGE 79, 256 = NJW 1989, 891.

[101] Statt vieler *Kropholler* Einl Rn 50; *Schlosser* Einl Rn 32; speziell zum „Recht auf Beweis" *Heß/Müller* ZZPInt 6 (2001) 170f.

[102] EGMR 7. 2. 2002 *Mikulić/Kroatien* (Fn 100) §§ 56-66.

[103] EGMR 7. 2. 2002 *Mikulić/Kroatien* (Fn 100) § 64.

[104] EGMR 7. 2. 2002 *Mikulić/Kroatien* (Fn 100) § 64.

[105] EGMR 7. 2. 2002 *Mikulić/Kroatien* (Fn 100) §§ 64f.

[106] EGMR 7. 2. 2002 *Mikulić/Kroatien* (Fn 100) §§ 44-46.

rechtlich begründeten Gebots zur Verfahrensbeschleunigung in Vaterschaftsfeststellungsverfahren ist es kaum vertretbar, gerade die Hilfe bei der Beschaffung einer Blutprobe nach § 372 a ZPO vom Anwendungsbereich der EG-BewVO auszunehmen und dem schwerfälligeren und langsameren Mechanismus des HBÜ zu unterstellen.

**dd) Vorlage von Urkunden**

31 Die EG-BewVO berührt nicht die Befugnis des deutschen Gerichts, gegenüber einer **Partei** gemäß § 142 ZPO oder §§ 422, 423 ZPO die **Vorlage einer im Ausland befindlichen Urkunde** anzuordnen[107]. Auch gegenüber im Ausland wohnhaften **Dritten** kann gemäß § 142 ZPO eine entsprechende Anordnung ergehen, sofern von der Androhung von Zwangsmitteln abgesehen wird[108]. Die im Rahmen des Justizkonflikts zwischen den USA und Europa um die Exklusivität des HBÜ entwickelte Minderheitsmeinung, der zufolge bereits die Inlandsbelegenheit einer Urkunde einem ausländischen Gericht die Befugnis zur Vorlageanordnung außerhalb des Rechtshilfeweges entziehe (und umgekehrt)[109], ist angesichts des im europäischen Rechtsraum zu beobachtenden Abbaus herkömmlicher Souveränitätsvorbehalte hier nicht mehr vertretbar[110]. Zur Problematik von discovery und disclosure s Rn 41 ff.

**ee) Parteivernehmung und -anhörung**

32 Die in der EG-BewVO vorgesehenen Möglichkeiten, eine Auslandspartei nach Art 17 an ihrem Aufenthaltsort zu vernehmen bzw nach Art 10 ff vernehmen zu lassen, stehen einer **Parteivernehmung** der Auslandspartei vor dem Prozessgericht im Inland nicht entgegen[111]. Eine Zustellung der Ladung ist seit der ZPO-Reform von 2001 nicht mehr erforderlich (§ 450 Abs 1 S 3 ZPO). Eine schriftliche Beantwortung der Beweisfrage entsprechend den für Auslandszeugen geltenden Grundsätzen (s Rn 21) scheidet nach § 451 ZPO aus[112]. Die EG-BewVO entbindet ferner die sich im Ausland aufhaltende Partei nicht von der Verpflichtung, nach § 141 ZPO zur **Anhörung** vor dem inländischen Gericht zu erscheinen.[113] Das Gericht ist nicht dazu gezwungen, auf die Rechtshilfemöglichkeiten der EG-BewVO zurückzugreifen; allerdings sind diese bei der Ermessensentscheidung nach § 141 Abs 1 S 2 ZPO (Absehen vom persönlichen Er-

---

[107] *Berger* IPRax 2001, 527; *Heß/Müller* ZZPInt 6 (2001) 153; *Nagel/Gottwald*, IZPR § 8 Rn 8; *Stadler*, in: FS Geimer 1290; s auch *Musielak*, in: FS Geimer 773.

[108] *Berger* IPRax 2001, 527; *Nagel/Gottwald*, IZPR § 8 Rn 8; *Schulze* IPRax 2001, 528; zur Auslegung des § 142 ZPO näher *Zekoll/Bolt*, NJW 2002, 3129.

[109] Vgl noch *Musielak/Stadler* § 363 Rn 12; ausführlich zur Geschichte des Justizkonflikts *Schack*, IZVR Rn 734 ff.

[110] Eingehend *Giussani*, Riv trim dir proc civ 2002, 867; vgl *Stadler*, in: FS Geimer 1290 f.

[111] Zur Vernehmung der Auslandspartei im Allgemeinen vgl *Geimer*, IZPR Rn 2324 f; *Linke*, IZPR Rn 321; *Musielak*, in: FS Geimer 776 f; *Nagel/Gottwald*, IZPR § 8 Rn 128.

[112] Ebenso *Daoudi* 137.

[113] Allgemein zur Verpflichtung der Auslandspartei, einer Anordnung nach § 141 ZPO Folge zu leisten: *Nagel/Gottwald*, IZPR § 8 Rn 128; *Schack*, IZVR Rn 711; skeptisch *Stein/Jonas/Leipold* § 141 Rn 12 a; gegen Erzwingung des Erscheinens OLG München 5. 9. 1995 – 28 W 2329/95 – NJW-RR 1996, 59 = IPRspr 1995 Nr 134.

scheinen bei Unzumutbarkeit) zu berücksichtigen[114]. Auf die Staatsangehörigkeit der Partei kommt es nicht an[115]. In Ehesachen ist § 613 ZPO zu beachten[116].

**b) Entscheidung zwischen den unterschiedlichen Formen der internationalen Beweisaufnahme**

**(1) Überblick**

Es kommen **drei unterschiedliche Formen** der grenzüberschreitenden Beweisaufnahme in Betracht: 33

(1) die extraterritoriale Beweisbeschaffung außerhalb der EG-BewVO (Rn 18ff),
(2) das Ersuchen des Gerichts eines anderen Mitgliedstaates um Beweisaufnahme (Art 1 Abs 1 lit a, 10ff),
(3) die unmittelbare Beweisaufnahme im Ausland (Art 1 Abs 1 lit b, 17).

Die **Entscheidung** zwischen diesen Wegen der Beweiserhebung muss das Gericht nach Maßgabe seines jeweiligen innerstaatlichen Rechts treffen. Im deutschen Zivilprozessrecht ist bislang jedoch höchst umstritten, in welchem Verhältnis der für die innerstaatliche Beweisaufnahme geltende Unmittelbarkeitsgrundsatz (§ 355 ZPO) zu der Beweisaufnahme unter Inanspruchnahme internationaler Rechtshilfe (§ 363 ZPO) steht. Nach § 363 Abs 1 ZPO hat, „wenn die Beweisaufnahme im Ausland erfolgen soll", der Vorsitzende die zuständige Behörde um Aufnahme des Beweises zu ersuchen. Die Vorschrift liefert aber keine justiziablen Kriterien, anhand deren sich entscheiden ließe, *ob* die Beweisaufnahme überhaupt im Ausland vorgenommen werden „soll"[117]. Diese Problematik wird jetzt zusätzlich dadurch kompliziert, dass die EG-BewVO die bisher diskutierten Formen der internationalen Beweisaufnahme – Beweisbeschaffung oder aktive Rechtshilfe – durch einen dritten Weg, die Möglichkeit der unmittelbaren Beweisaufnahme im Ausland (Art 17), ergänzt. Zudem wird die Beteiligung des Prozessgerichts auch bei einer Beweisaufnahme durch ein anderes mitgliedstaatliches Gericht gestärkt (Art 12 Abs 1)[118]. 34

**§ 363 Abs 3 ZPO** idF des EG-BewDG-E (s Vorbem Rn 3) bestimmt nun:

„Die Vorschriften der Verordnung (EG) Nr 1206/2001 des Rates vom 28. Mai 2001 über die Zusammenarbeit zwischen den Gerichten der Mitgliedstaaten auf dem Gebiet der Beweisaufnahme in Zivil- oder Handelssachen (ABl EG Nr 174 S 1) bleiben unberührt. Für die Durchführung gelten die §§ 1072 und 1073."

---

114 S aber auch *Stein/Jonas/Leipold* § 141 Rn 12a (§ 141 ZPO sehe Anhörung im Wege der Rechtshilfe nicht vor).

115 *Daoudi* 138; iE auch *Geimer*, IZPR Rn 431 (völkerrechtliche *minimum contacts* kraft Parteistellung zu bejahen); ähnlich *Musielak*, in: FS Geimer 776 (Parteien unterstehen lex fori); **aA** *Musielak/Stadler* § 141 Rn 5.

116 Näher *Daoudi* 138; *Nagel/Gottwald*, IZPR § 8 Rn 128.

117 *Geimer*, IZPR Rn 2380.

118 *Heß/Müller* ZZPInt 6 (2001) 174 sprechen plastisch von „Quasi-Unmittelbarkeit" der Beweisaufnahme.

Diese Vorschrift dient vornehmlich dem Zweck, den Praktiker auf die Geltung der EG-BewVO und die neu geschaffenen Regeln im 11. Buch der ZPO hinzuweisen, um ihm „das Auffinden der Regeln im vertrauten Umfeld des nationalen Beweisaufnahmerechts zu erleichtern“[118a]. Der in Bezug genommene § 1072 ZPO bestimmt, dass, „wenn“ die Beweisaufnahme nach der EG-BewVO erfolgen „soll“, das Gericht entweder unmittelbar das zuständige Gericht eines anderen Mitgliedstaates um Aufnahme des Beweises ersuchen kann oder gemäß Art 17 eine unmittelbare Beweisaufnahme in einem anderen Mitgliedstaat beantragen kann. Hierdurch soll dem Gericht die erforderliche Grundlage im innerstaatlichen Prozessrecht gegeben werden, um die nach der EG-BewVO möglichen Anträge stellen zu dürfen[118b]. Inhaltliche Entscheidungsmaßstäbe für die Auswahl des Gerichts zwischen extrateritorialer Beweisbeschaffung sowie aktiver und passiver Rechtshilfe lassen sich aber auch diesen neuen Vorschriften nicht entnehmen.

35 Weitgehende **Einigkeit** besteht bisher in folgenden Punkten: Die Beweisaufnahme im Wege der Rechtshilfe (§ 363 ZPO) ist kein Fall der Ausnahme vom Unmittelbarkeitsgrundsatz, der unter § 355 Abs 1 S 2 ZPO subsumiert werden könnte[119]. Nach der letztgenannten Vorschrift kann die Beweisaufnahme in den durch die ZPO bestimmten Fällen einem Mitglied des Prozessgerichts oder einem anderen Gericht übertragen werden. Hiermit sind jedoch nur der *inländische* beauftragte Richter (§ 361 ZPO) und das *inländische* ersuchte Gericht (§ 362 ZPO) gemeint. § 363 ZPO stellt demgegenüber eine Durchbrechung des Unmittelbarkeitsgrundsatzes *sui generis* dar, deren zulässige Inanspruchnahme nicht an die Einhaltung der §§ 372 Abs 2, 375, 402, 434, 451 ZPO gebunden ist[120]. Ferner ist anerkannt, dass ein Gericht gegen das Verbot der vorweggenommenen Beweiswürdigung verstößt, wenn es unter Berufung auf den Unmittelbarkeitsgrundsatz eine Beweiserhebung im Wege der Rechtshilfe unterlässt, obwohl eine Beweisbeschaffung ins Inland aus rechtlichen oder tatsächlichen Gründen nicht in Betracht kommt[121].

36 Im Übrigen stehen sich im deutschen Zivilprozessrecht bislang **zwei Grundauffassungen** gegenüber: Während einige Autoren an einem **Vorrang des Rechtshilfeweges** festhalten, wird nach einer vordringenden Meinung eine **Priorität der Beweisbeschaffung** gegenüber dem Rechtshilfeweg aufgrund des Unmittelbarkeitsgrundsatzes behauptet.

---

[118a] BT-Drucks 15/1062, 11 f.

[118b] Vgl BT-Drucks 15/1062, 19.

[119] Eingehend *Leipold* ZZP 105 (1992) 510; insoweit übereinstimmend *MünchKomm/Musielak* § 363 Rn 2; *Schabenberger* 222.

[120] *Leipold* ZZP 105 (1992) 510; *Zöller/Geimer* § 363 Rn 3 a; implizit auch diejenigen Autoren, die für ein Auswahlermessen des Gerichts zwischen Beweisbeschaffung und Rechtshilfe plädieren, zB *Nagel/Gottwald*, IZPR § 8 Rn 120; *Stein/Jonas/Berger* § 363 Rn 6.

[121] Vgl BGH 29. 1. 1992 – VIII ZR 202/90 – NJW 1992, 1768 = IPRax 1992, 319 mit Anm *Nagel* (ebenda 301) = ZZP 105 (1992) 500 mit Anm *Leipold*; ebenso *Daoudi* 66; *Stein/Jonas/Berger* § 363 Rn 6.

**(2) Vorrang des Rechtshilfeweges**

Die erstgenannte Auffassung speist sich im Wesentlichen aus zwei Argumentationssträngen: einem völkerrechtlichen und einem pragmatischen. In völkerrechtlicher Hinsicht wird vorgetragen, die Wahrung ausländischer **Souveränität** müsse gegenüber dem innerstaatlichen Unmittelbarkeitsgrundsatz bevorzugt werden[122]. Unter praktischen Aspekten wird darauf hingewiesen, dass nur die Inanspruchnahme der Rechtshilfe die Beweiserhebung mit Hilfe hoheitlichen **Zwangs** ermögliche, während die Wahrung des Unmittelbarkeitsgrundsatzes zB bei Auslandszeugen von deren in aller Regel fehlender Bereitschaft zur freiwilligen Mitwirkung am Verfahren abhänge[123]. Ein Ermessen des Gerichts bei der Entscheidung darüber, ob es den Weg der Rechtshilfe oder den der Beweisbeschaffung wählt, wird ausdrücklich abgelehnt[124]. 37

**(3) Priorität der Beweisbeschaffung**

Nach der zweiten Meinung soll der Unmittelbarkeitsgrundsatz auch für die internationale Beweisaufnahme gelten[125]. Grundsätzlich sei deshalb die Beweisbeschaffung ins Inland der Inanspruchnahme von Rechtshilfe vorzuziehen[126]. Zwischen der Beweisbeschaffung ins Inland und der Beweisaufnahme im Ausland habe das Gericht nach pflichtgemäßem **Ermessen** zu entscheiden[127]. Hierbei könne man sich an den für die Übertragung der Beweisaufnahme an den beauftragten oder ersuchten inländischen Richter entwickelten Maßstäben orientieren[128]. Eine Durchbrechung des Unmittelbarkeitsgrundsatzes sei nur dann zulässig, wenn die Herbeischaffung der Beweismittel aus dem Ausland aus rechtlichen oder tatsächlichen Gründen nicht möglich sei oder wenn ein eigener Eindruck des Prozessgerichts vom Beweismittel nicht notwendig sei[129]. 38

**(4) Stellungnahme**

Unter der Geltung der EG-BewVO sind beide Auffassungen zu **relativieren**. Angesichts des mit der EG-BewVO verbundenen Souveränitätsverzichts, der sich besonders in der Zulassung der unmittelbaren Beweisaufnahme im Ausland ausdrückt (Art 17), ist ein auf völkerrechtliche Erwägungen gestützter strikter Vorrang der aktiven Rechtshilfe gegenüber dem Unmittelbarkeitsgrundsatz nicht länger plausibel zu begründen[130]. Andererseits verliert der in den 90er-Jahren verstärkt postulierte Primat der Beweisbeschaffung ins Inland in dem Maße an Überzeugungskraft, in dem die unmittelbare Beweisaufnahme durch das Prozessgericht im Ausland ermöglicht wird und die aktive 39

---

[122] *Musielak/Stadler* § 363 Rn 1.

[123] *Leipold* ZZP 105 (1992) 510; krit dazu *Daoudi* 69 f.

[124] *Leipold* ZZP 105 (1992) 512.

[125] *Musielak*, in: FS Geimer 764 f; *MünchKomm/Musielak* § 363 Rn 1; zustimmend *Geimer*, IZPR Rn 2380; *Schabenberger* 223 f; ausführlich *Daoudi* 66 ff (hierzu die Bespr v *Stadler* ZZP 115 [2002] 515 ff).

[126] S die Nachweise in Fn 125.

[127] S die Nachweise in Fn 125.

[128] *Musielak*, in: FS Geimer 764.

[129] S die Nachweise in Fn 125.

[130] So auch *Stadler* ZZP 115 (2002) 519 f.

Rechtshilfe durch Beteiligungsmöglichkeiten des Prozessgerichts einer unmittelbaren Beweisaufnahme qualitativ zumindest angenähert werden kann[131]. Das Prozessgericht ist deshalb, sofern die EG-BewVO keine zwingenden Vorgaben enthält (s zur Videovernehmung Rn 22, zum Sachverständigen Rn 25), zu einer pflichtgemäßen **Ermessensausübung** verpflichtet, **ohne** an eine **feste Rangfolge** zwischen den unterschiedlichen Formen der internationalen Beweisaufnahme gebunden zu sein[132]. In die Ermessensausübung sollen einfließen:

- die bessere Eignung der unmittelbaren Beweisaufnahme als Grundlage der Beweiswürdigung, insbesondere in Fällen, in denen der persönliche Eindruck entscheidet (zB in Bezug auf die Glaubwürdigkeit eines Zeugen)[133],
- die Möglichkeit der Zwangsanwendung, die unter Art 17 nicht gegeben ist[134],
- die Möglichkeit zur aktiven Beteiligung an der Beweisaufnahme durch das ersuchte Gericht (Art 12 Abs 1)[135],
- die Handhabung der Genehmigungserfordernisse durch die Zentralstellen (Art 17) und die Gerichte („Bedingungen" iSd Art 12 Abs 4)[136],
- die Aspekte der Prozessökonomie und Verfahrensbeschleunigung[137],
- Kosten[138],
- Wahrung der Parteiöffentlichkeit (§ 357 ZPO)[139],
- Zumutbarkeit einer Reise für die Beweisperson.

### 5. Verwendungszweck für die Beweise

#### a) Eingeleitetes Verfahren

40 Voraussetzung für eine Beweisaufnahme nach der EG-BewVO ist, dass die Beweise zur Verwendung in einem bereits eingeleiteten oder zu eröffnenden gerichtlichen Verfahren bestimmt sind (Art 1 Abs 2). Fraglich ist, wie der **Zeitpunkt** zu bestimmen ist, ab dem ein Verfahren als im Sinne dieser Vorschrift **„eingeleitet"** („commenced", „engagée") gilt. Da die EG-BewVO selbst keine Definition der Verfahrenseinleitung enthält, könnte – wie noch nach dem ebenfalls insoweit lückenhaften EuGVÜ – auf die jeweilige lex fori abgestellt werden[140]. Im Interesse einer möglichst einheitlichen

---

[131] Eingehend *Schulze* IPRax 2001, 532 f.

[132] So *Heß/Müller* ZZPInt 6 (2001) 174; grundsätzlich auch *Schulze* IPRax 2001, 532 f, der aber (533) das Teilnahmemodell nach Art 10 Abs 4 S 1, 12 Abs 4 EG-BewVO für „vorzugswürdig" erklärt; für einen „Primat der Unmittelbarkeit" hingegen (mit Einschränkungen) *Stadler* ZZP 115 (2002) 520; für Ermessen auch *Nagel/Gottwald*, IZPR § 8 Rn 120; *Stein/Jonas/Berger* § 363 Rn 6.

[133] *Heß/Müller* ZZPInt 6 (2001) 173; *Schulze* IPRax 2001, 532; *Stadler* ZZP 115 (2002) 520; vgl zur Abwägung BGH 11. 7. 1990 – VIII ZR 366/89 – NJW 1990, 3088 = IPRspr 1990 Nr 197.

[134] *Heß/Müller* ZZPInt 6 (2001) 174; *Schulze* IPRax 2001, 532; *Stadler* ZZP 115 (2002) 520.

[135] *Heß/Müller* ZZPInt 6 (2001) 174; *Schulze* IPRax 2001, 532.

[136] *Heß/Müller* ZZPInt 6 (2001) 174; *Schulze* IPRax 2001, 533.

[137] *Schulze* IPRax 2001, 532; *Stadler* ZZP 115 (2002) 520.

[138] *Schulze* IPRax 2001, 532.

[139] *Schulze* IPRax 2001, 532.

[140] Hierzu eingehend *Kropholler*, EuZPR[6] (1998) Art 21 Rn 12 ff.

Anwendung der EG-BewVO ist es jedoch vorzugswürdig, eine **autonome** Auslegung zu wählen. Es bietet sich an, Art 30 Brüssel I-VO analog anzuwenden[141].

**b) Vorverfahren (discovery und disclosure)**

**(1) Verhältnis von Art 1 zur Protokollerklärung 54/01**

Nach Art 1 Abs 2 darf um eine Beweisaufnahme nicht nur dann ersucht werden, wenn die Beweise zur Verwendung in einem bereits **eingeleiteten** gerichtlichen Verfahren bestimmt sind, sondern auch, wenn diese erst in einem **„zu eröffnenden"** („contemplated", „envisagée") Verfahren verwendet werden sollen. Hierin weicht die Verordnung von dem deutschen Verordnungsvorschlag ab, dessen Art 1 Abs 2 ein Ersuchen auf den Fall beschränken wollte, dass die Beweise zur Verwendung in einem bei dem ersuchenden Gericht anhängigen Verfahren bestimmt seien. Aus der Einbeziehung einer Beweisaufnahme für zukünftige Verfahren wird der Schluss gezogen, dass die EG-BewVO auch auf Vorverfahren zur Beweiserhebung, insbesondere die in den Ländern des *common law* übliche **discovery**, Anwendung finde[142]. 41

Im Gegensatz zum HBÜ (Art 23 HBÜ) enthält die EG-BewVO keine explizite Vorbehaltsklausel gegenüber einer sog *pre-trial discovery*. Jedoch hat der **Rat** auf seiner Tagung vom 28. Mai 2001 anlässlich der Verabschiedung der EG-BewVO die folgende **Erklärung Nr 54/01** abgegeben[143]: 42
„*‚Pre-trial discovery', einschließlich Ausforschungen (so genannte ‚fishing expeditions'), sind* [sic] *vom Anwendungsbereich dieser Verordnung ausgenommen.*"

Die genaue Tragweite dieser Erklärung für die Auslegung der EG-BewVO ist bislang weitgehend ungeklärt[144]. Art 249 EGV, der die rechtlichen Handlungsformen der Gemeinschaft abschließend regelt, nennt die Protokollerklärung nicht. Folglich handelt es sich bei der zitierten Protokollerklärung jedenfalls nicht um einen Rechtsakt im engeren Sinne[145]. Jedoch erkennt der **EG-Vertrag** mittelbar die Existenz von Protokollerklärungen an, indem er deren Veröffentlichung anordnet, wenn der Rat als Gesetzgeber tätig wird (Art 207 Abs 3 UA 2 S 3 EGV). Protokollerklärungen des Rates werden in der Pra-

---

141 Näheres zu Art 30 Brüssel I-VO s *Rauscher/Leible*.

142 *Berger* IPRax 2001, 522 f; *Bruneau*, JClP (G) 2001 I 349, p 1768; *Klauser* 3 f; *Schlosser* Rn 6.

143 Monatliche Aufstellung der Rechtsakte des Rates, Mai 2001 Nr 10571/01 (4. 7. 2001) Anlage II 16.

144 Teils wird sie gar nicht erwähnt (*Berger* IPRax 2001, 522f; *Bruneau*, JClP [G] 2001 I 349, p 1768; *Klauser* 3 f; *Schlosser* Rn 6) teils wird nur in einer Fußnote darauf hingewiesen, so von *Freudenthal* NIPR 2002, 114 Fn 65; *Heß/Müller* ZZPInt 6 (2001) 154 Fn 39. Zur Berücksichtigung von Protokollerklärungen im Allgemeinen s *Hix*, in: *Schwarze*, EU-Kommentar (2000) Art 204 EGV Rn 17 f; *Jacqué*, in: *von der Groeben/Thiesing/Ehlermann* (GTE) Kommentar zum EU-/EG-Vertrag[5] (1997) Art 147 EGV Rn 37 ff; *Wichard*, in: *Calliess/Ruffert*, Kommentar EUV/EGV[2] (2002) Art 207 EGV Rn 8; *Dreher* EuZW 1996, 487, 490; *Herdegen* ZHR 155 (1991) 52ff; *Karl* JZ 1991, 593ff; *Pechstein* EuR 1990, 249ff.

145 Vgl *Pechstein* EuR 1990, 250 („numerus clausus der Rechtsakte"); von „soft law" spricht *Karl* JZ 1991, 594 f.

xis häufig verwendet, um Bedenken einzelner Ratsmitglieder gegen bestimmte Punkte eines Regelungsvorschlags Rechnung zu tragen und so die Herstellung eines Konsenses zu ermöglichen[146]. Derartige Äußerungen können zum einen bloße politische Absichtserklärungen darstellen, indem sie zB die Bereitschaft bekunden, eine bestimmte Regelung nach einiger Zeit zu evaluieren[147]. Hierum handelt es sich bei der Erklärung Nr 54/01 aber ersichtlich nicht. Vielmehr liegt hier der Fall einer sog **„auslegenden Erklärung“** vor, mit welcher der Rat eine Präferenz für eine bestimmte Auslegung des von der Erklärung begleiteten Rechtsaktes verlauten lässt[148]. Das Vorbild dieser Strategie liegt unverkennbar in der entsprechenden Übung beim Abschluss völkerrechtlicher Verträge[149]. Gleichwohl ist Art 31 Abs 2 lit a und b der Wiener Vertragsrechtskonvention (WVRK[150]), der die Berücksichtigung entsprechender Übereinkünfte und Urkunden als Teil jenes Zusammenhangs gebietet, in den die Auslegung völkerrechtlicher Übereinkommen eingebettet ist, wegen der Natur des Europarechts als gegenüber dem Völkerrecht eigenständige Rechtsmaterie nicht, auch nicht analog, anwendbar[151]. Hinzu kommt, dass das **Monopol** für die Auslegung des Gemeinschaftsrechts bei dem EuGH liegt (Art 220 EGV). Den Auslegungsspielraum des Gerichtshofs kann der Rat als Legislativorgan nicht durch eine „authentische Interpretation“ der EG-BewVO abschließend festlegen[152].

43 Daraus folgt jedoch nicht der Gegenschluss, der EuGH dürfe Protokollerklärungen wie die vorliegende überhaupt nicht heranziehen. Wenngleich die objektiv-teleologische Methode die Auslegung des sekundären Gemeinschaftsrechts beherrscht, hat auch die **entstehungsgeschichtliche Auslegung** in der Praxis des EuGH ihren Platz gefunden[153]. In diesem Rahmen können, allerdings nur unter sehr engen Voraussetzungen, auch Protokollerklärungen des Rates verwertet werden[154]. Hierfür gelten nach der ständigen Rechtsprechung des EuGH die folgenden **Grundsätze**: Eine Protokollerklärung kann nicht zur Auslegung abgeleiteten Rechts herangezogen werden, wenn der Inhalt der Erklärung im Normtext keinen Ausdruck gefunden und somit keine rechtliche Bedeutung

---

[146] *Calliess/Ruffert/Wichard* (Fn 144) Art 207 EGV Rn 8; GTE/*Jacqué* (Fn 144) Art 147 EGV Rn 37; *Schwarze/Hix* (Fn 144) Art 204 EGV Rn 17; *Dreher* EuZW 1996, 490; *Herdegen* ZHR 155 (1991) 53; *Karl* JZ 1991, 594; *Pechstein* EuR 1990, 249.

[147] GTE/*Jacqué* (Fn 144) Art 147 EGV Rn 37.

[148] Eingehend zur Bedeutung „auslegender“ Protokollerklärungen die in Fn 144 S 2 genannten Autoren.

[149] GTE/*Jacqué* (Fn 144) Art 147 EGV Rn 37; *Herdegen* ZHR 155 (1991) 56f; *Karl* JZ 1991, 596; *Pechstein* EuR 1990, 250f.

[150] Wiener Übereinkommen über das Recht der Verträge vom 23. 5. 1969, BGBl 1985 II 926.

[151] *Herdegen* ZHR 155 (1991) 57; *Karl* JZ 1991, 596ff; *Pechstein* EuR 1990, 250f.

[152] Vgl allgemein *Herdegen* ZHR 155 (1991) 56f; *Karl* JZ 1991, 596; *Pechstein* EuR 1990, 251f.

[153] *Dreher* EuZW 1996, 490; *Herdegen* ZHR 155 (1991) 58f; *Karl* JZ 1991, 596.

[154] *Dreher* EuZW 1996, 490; *Herdegen* ZHR 155 (1991) 58f; *Karl* JZ 1991, 596; *Pechstein* EuR 1990, 252; skeptisch *Schwarze/Hix* (Fn 144) Art 204 EGV Rn 18.

erlangt hat[155]. Eine solche Erklärung kann jedoch bei der Auslegung berücksichtigt werden, soweit sie der Klarstellung eines allgemeinen Begriffes dient[156].

44 Im vorliegenden Zusammenhang kommt es in Betracht, die Protokollerklärung Nr 54/01 als Versuch der **Konkretisierung** des Tatbestandsmerkmals „Verwendung der Beweise in einem eingeleiteten oder künftigen Verfahren" anzusehen. Unter einer *pre-trial discovery* versteht man ein vor allem im US-amerikanischen Recht vorgesehenes Beweisermittlungsverfahren zwischen Klageerhebung und Hauptverhandlung, mit dessen Hilfe die gegnerische Partei oder ein Dritter zur Vorlegung von Beweismitteln (nicht nur Urkunden) gezwungen werden kann[157]. Für die Zulässigkeit des Vorlageersuchens ist nur ein sehr geringer Grad an vermuteter Relevanz des verlangten Beweismaterials für die spätere Hauptverhandlung vonnöten[158]. Selbst die Anforderung nicht verwertbarer oder an sich irrelevanter Beweismittel ist zulässig, sofern diese geeignet sind, als Ausgangspunkt für das eventuelle Aufdecken weiteren prozesstauglichen Materials zu dienen[159]. Diese Ausforschung des Gegners wird auch als *„fishing expedition"* bezeichnet[160].

### (2) Disclosure englischen Rechts

#### aa) Standard disclosure

45 Jedoch gilt die EG-BewVO **nicht** im Verhältnis der Mitgliedstaaten zu den **USA**, sodass als möglicher Gegenstand der Protokollerklärung Nr 54/01 in erster Linie das Recht der europäischen Common-Law-Rechtsordnungen England (einschließlich Wales), Nord-Irland und Irland in Betracht kommt; ferner enthält das Recht Schottlands der *discovery* funktional äquivalente Elemente[161]. Hier stellt sich die Frage, ob und in welchem Umfang die Protokollerklärung 54/01 herangezogen werden kann, um Ersuchen aus diesen Ländern auf der Grundlage von Art 1 iVm Art 14 Abs 2 lit a abzulehnen.

---

[155] EuGH Rs C-292/89 *The Queen/Immigration Appeal Tribunal ex parte: Gustaff Desiderius Antonissen* EuGHE 1991, I-745, I-778 Rn 18; RS C-25/94 *Kommission/Rat* EuGHE 1996, I-1469, I-1508 Rn 38; Rs C-329/95 *VAG Sverige* EuGHE 1997, I-2686, I-2694 Rn 23; Rs C-368/96 *The Queen/The Licensing Authority ex parte: Generics [UK] Ltd* EuGHE 1998, I-7967, I-8016 Rn 26; vgl auch BVerfG 22. 3. 1995 – 2 BvG 1/89 – BVerfGE 92, 203, 244 (Fernsehrichtlinie); ebenso *Calliess/Ruffert/Wichard* (Fn 144) Art 207 EGV Rn 8; GTE/*Jacqué* (Fn 144) Art 147 EGV Rn 37 ff; *Schwarze/Hix* (Fn 144) Art 204 EGV Rn 18.

[156] EuGH Rs C-368/96 *The Queen/The Licensing Authority ex parte: Generics [UK] Ltd* EuGHE 1998, I-7967, I-8016 Rn 27; zust *Schwarze/Hix* (Fn 144) Art 204 EGV Rn 18.

[157] Näher *Junker* ZZPInt 1 (1996) 235 ff; *St Lorenz*, ZZP 111 (1998) 35 ff; *Paulus* ZZP 104 (1991) 399; *Schack*, IZVR Rn 737; *Zekoll/Bolt* NJW 2002, 3133 f.

[158] *Schack*, IZVR Rn 737; *Zekoll/Bolt* NJW 2002, 3133 f.

[159] Rule 26(b)(1) Federal Rules of Civil Procedure; hierzu aus deutscher Sicht *Schack*, IZVR Rn 737; *Gerhard Wagner* ZEuP 2001, 463; *Zekoll/Bolt* NJW 2002, 3133 f.

[160] Zum Begriff „fishing expedition" näher *Gerhard Wagner* ZEuP 2001, 463 mwN.

[161] Rechtsvergleichend *Matthews/Malek*, Disclosure (London 2000) Rn 1.16 mwN.

46 Das **englische** Recht der discovery weicht seit je stark von seinem amerikanischen Gegenstück ab, was sich bereits daran zeigt, dass der Vorbehalt des Art 23 HBÜ gerade aufgrund einer Initiative Großbritanniens Eingang in das Übereinkommen fand[162]. Die Gegensätze sind noch verschärft worden durch die Reform des englischen Zivilprozessrechts (Civil Procedure Rules [CPR] 1999)[163]. Aber auch das herkömmliche englische Recht erstreckte die Vorlagepflicht auf Dokumente, die zwar selbst nicht entscheidungsrelevant waren, jedoch möglicherweise Hinweise auf weiteres Beweismaterial geben konnten („**train of enquiry**"-Dokumente, sog *Peruvian-Guano*-Formel)[164]. Diese Formel ermöglichte Vorlageersuchen, die aus deutscher Sicht eine unzulässige **Ausforschung** darstellen. Die Reform von 1999 hat die herkömmliche *discovery* durch eine neue Form der *disclosure* (CPR part 31) ersetzt. Hierbei ist zwischen dem Normalfall der *standard disclosure* und dem Sonderfall der *specific disclosure* zu unterscheiden. Gemäß Rule 31.6 CPR erfordert eine *standard disclosure* von einer Partei lediglich, solche Dokumente offen zu legen, auf die sie sich beruft – CPR 31.6(a) –, die von Nachteil für das eigene Vorbringen oder das einer anderen Partei sind – CPR 31.6(b)(i) bzw (ii) –, die das Vorbringen einer anderen Partei unterstützen – CPR 31.6(b)(iii) –, oder deren Offenlegung in einer Begleitverordnung (*practice direction*) zu den CPR geboten wird, CPR 31.6(c). Die von der Partei bei der Suche nach relevantem Beweismaterial zu verlangenden Bemühungen müssen verhältnismäßig („reasonable") sein (CPR 31.7). Unter den Voraussetzungen des CPR 3.12 sowie der *practice direction* 5 kann darüber hinaus eine *specific disclosure* angeordnet werden, in deren Rahmen die Vorlage bestimmter Dokumente oder die Durchführung bestimmter Suchmaßnahmen befohlen werden kann. Bedingung hierfür ist, dass der Antragsteller glaubt, dass die bisherige Offenlegung der gegnerischen Seite nur unzureichend erfolgt ist. Ausnahmsweise („in an appropriate case") kann auch die Vorlage von Dokumenten verlangt werden, von denen vernünftigerweise anzunehmen ist, dass sie zu einer Aufspürung von Beweismaterial führen werden *(train of enquiry)*, practice direction 5.5(1)(b). In dieser Bestimmung lebt die alte *Peruvian-Guano*-Formel in abgeschwächter Gestalt weiter. Die Befürchtung, die englischen Gerichte könnten diese Ausnahmebestimmung als Einfallstor für ein Festhalten an der traditionellen *discovery* missbrauchen, drängt sich auf, hat sich bisher aber nicht bestätigt[165].

---

[162] Zur Entstehungsgeschichte ausführlich *Junker*, Discovery 287 ff; zu den Unterschieden zwischen amerikanischer *discovery* und englischer *disclosure* näher *Matthews/Malek* (Fn 61) Rn 1.04, 1.21-22; aus deutscher Sicht hierzu *Gerhard Wagner* ZEuP 2001, 463 ff.

[163] Text und Kommentar bei *Grainger/Fealy*, The Civil Procedure Rules in Action$^2$ (2000); ausf Überblick über die Reform bei *Andrews* ZZPInt 4 (1999) 3-25 (zur disclosure: 19 f); in deutscher Sprache bei *Stürner* ZVglRWiss 99 (2000) 310-337 (zur disclosure: 323); *Weber* ZZPInt 5 (2000) 59-74 (zur disclosure: 70-73); knapper *Sobich* JZ 1999, 775 ff (zur disclosure: 778 f); speziell zur disclosure auch *Wagner* ZEuP 2001, 471-473.

[164] Seit der Leitentscheidung *Compagnie Financière du Pacifique* v. *Peruvian Guano Co* (1882) 11 QBD 55 at 63 (per Brett LJ); hierzu eingehend *Matthews/Malek* (Fn 161) Rn 4.08-11; aus dt Sicht *Wagner* ZEuP 2001, 464 f; *Stürner* ZVglRWiss 99 (2000) 323.

[165] *Grainger/Fealy* (Fn 163) 90; vgl auch aus dt Sicht *Wagner* ZEuP 2001, 471.

**Zusammenfassend** ist festzuhalten, dass eine **standard disclosure** in den Anwendungsbereich der EG-BewVO fällt. Die Gefahr einer *fishing expedition* besteht insoweit nicht, sodass selbst bei Heranziehung der Protokollerklärung 54/01 zur Auslegung des Art 1 Abs 2 die Anwendbarkeit der EG-BewVO zu bejahen ist. Das englische Gericht ist im Übrigen nicht dazu gezwungen, den nach der EG-BewVO vorgesehenen Weg der Rechtshilfe zu beschreiten; es kann auch – ebenso wie ein deutsches Gericht (s Rn 31) – die Vorlage von Dokumenten als extraterritoriale Beweisbeschaffungsmaßnahme anordnen. 47

**bb) Specific disclosure**

Vom Anwendungsbereich der EG-BewVO ausgenommen bleibt indes eine *specific disclosure*, sofern sie auf die Vorlage von nur mittelbar beweisrelevanten Dokumenten – *train of enquiry* iSd practice direction 5.5(1)(b) – gerichtet ist. Insoweit fehlt es an der Verwirklichung des Tatbestandsmerkmals **„zur Verwendung** in einem ... gerichtlichen Verfahren". Hiermit ist, wie die Protokollerklärung 54/01 verdeutlicht, nur eine **unmittelbare** Verwendung der Beweise im Gerichtsverfahren gemeint, nicht lediglich eine mittelbare Verwendung in dem Sinne, dass die Dokumente, um deren Vorlage ersucht wird, erst zur Aufspürung von verwendungsfähigem Beweismaterial führen, selbst aber nicht zu Beweiszwecken in den Prozess eingebracht werden sollen. Die hier zu Art 1 Abs 2 vorgeschlagene Differenzierung zwischen *standard disclosure* (zulässige Anordnung der Vorlage von Beweismitteln) und *specific disclosure*, soweit es sich hierbei um eine unzulässige Beweisermittlung handelt, entspricht im Übrigen der **traditionellen britischen Haltung**, bei der Erledigung von Rechtshilfeersuchen zwischen der Vorlage entscheidungserheblicher Beweismittel *(evidence)* und einer unzulässigen Ermittlung beweisrelevanten Materials zu unterscheiden[166]. 48

Zwar ist eine **Rezeption** dieser englischen Rechtsprechung zur Verwendbarkeit des Beweismaterials iSd Art 1 Abs 2 HBÜ **in der deutschen Literatur abgelehnt** worden[167]. Das zentrale Argument für diese Auffassung, der besondere Vorbehalt gegen die *pre-trial discovery* in Art 23 HBÜ wäre bei der restriktiven, englischen Auslegung des Art 1 Abs 2 HBÜ überflüssig[168], überzeugt jedoch im Rahmen des Art 1 Abs 2 nicht, weil die EG-BewVO keinen dem Art 23 HBÜ entsprechenden Vorbehalt aufweist. Ferner ist der zur Korrektur eines weit gefassten Anwendungsbereichs des HBÜ erwogene Weg über den ordre public (Art 12 Abs 1 lit b HBÜ)[169] unter der EG-BewVO nicht gangbar, da die 49

---

[166] Grundlegend *Radio Corp of America* v *Rauland Corp* (1956) 1 QB 618, 643 (per Devlin, J.); trotz zwischenzeitlich erfolgter Gesetzesänderung bestätigt von *Rio Tinto Zinc Corp* v *Westinghouse Electric Corp*, (1978) 2 WLR. 81, 86 (per Lord Wilberforce) 96 (per Viscount Dilhorne) 117 (per Lord Fraser) (H.L.); aus heutiger Sicht vgl *Matthews/Malek* (Fn 161) Rn 4.30, 8.52; aus deutscher Sicht s hierzu *Junker*, Discovery 283f; *Pfeil-Kammerer* 200f, 205f; *Schlosser* Rec des Cours 284 (2000) 133-137; ferner *Geimer*, IZPR Rn 2472.

[167] *Junker*, Discovery 284; *Pfeil-Kammerer* 200f, 205f; ferner *Geimer*, IZPR Rn 2472.

[168] *Pfeil-Kammerer* 201, 205.

[169] Vgl *MünchKomm/Musielak* § 363 Anh I Art 12 Rn 2 mwN; *Schütze*, in: FS Stiefel (1987) 703: Ausforschungsbeweis sei Verstoß gegen den verfahrensrechtlichen ordre public (zu § 328 Abs 1 Nr 4 ZPO; verneinend aber insoweit BGH 4. 6. 1992 – IX ZR 149/91 – BGHZ 118, 312, 323f); überwie-

Verordnung keine vergleichbare ordre-public-Klausel enthält[170]. Auch das zu Art 1 Abs 2 HBÜ vorgebrachte Argument, bei der Verwendbarkeit handele es sich überhaupt nicht um ein selbstständiges Tatbestandsmerkmal, weil der ersuchte Staat an der Verwertung ebenso wenig Interesse habe wie an der Verwertbarkeit des Beweismaterials[171], verfängt nicht, denn es geht hier nicht primär um ein Interesse des Staates, sondern um ein Interesse der Parteien, vor unzulässiger Beweisermittlung geschützt zu werden. Schließlich ist auch die Überlegung, der Anwendungsbereich des HBÜ sei weit zu fassen, weil der Beitritt zu diesem Übereinkommen für die USA sonst keinen Sinn ergeben hätte[172], auf den Anwendungsbereich der EG-BewVO nicht übertragbar, weil die Verordnung nicht für die USA gilt. Für das Vereinigte Königreich bleibt das Opt-In zur EG-BewVO aber auch bei einer engen Auslegung des Art 1 Abs 2 sinnvoll, weil das englische Zivilprozessrecht Beweisermittlungsanträge im Rahmen der *specific disclosure* ebenfalls mit großer Zurückhaltung sieht. Da die EG-BewVO zudem keinen exklusiven Charakter hat (s Rn 18), bleibt es dem englischen Gericht unbenommen, außerhalb der EG-BewVO eine *specific disclosure* zulasten einer Partei anzuordnen, auch sofern die relevanten Dokumente sich in einem anderen Mitgliedstaat befinden.

**cc) Pre-action disclosure**

50 Hinsichtlich des **Zeitpunkts** der *disclosure* ist zu unterscheiden[173]: Üblicherweise wird eine *disclosure* während des Verfahrens, dh nach Klageerhebung, aber vor der Hauptverhandlung, beantragt[174]. Insofern handelt es sich um einen Abschnitt eines **eingeleiteten** Verfahrens iSd Art 1 Abs 2; der im Deutschen oft gebrauchte Ausdruck „Vorverfahren" darf nicht in dem Sinne missverstanden werden, als handele es sich bei der *disclosure* stets um ein Verfahren vor dem Gerichtsverfahren. Nach englischem Recht ist jedoch auch ein Vorverfahren im engeren Sinne, dh vor Beginn des Gerichtsverfahrens, möglich, nämlich die sog **pre-action disclosure**, zB nach Rule 31.16 CPR. Da Art 1 Abs 2 die Rechtshilfe ausdrücklich auch für ein künftiges („zu eröffnendes") Verfahren vorsieht, bestehen gegenüber der Einbeziehung der *pre-action disclosure* in den Anwendungsbereich der EG-BewVO keine Bedenken.

**c) Beweissicherungsverfahren**

51 Da um eine Beweisaufnahme auch zur Verwendung in einem „zu eröffnenden" gerichtlichen Verfahren ersucht werden darf, wird auch die Rechtshilfe für ein **selbstständiges**

---

gend skeptisch bis ablehnend zur Tragfähigkeit des Art 12 Abs 1 lit b HBÜ in dieser Frage die hL, eingehend *Junker*, Discovery 322 f; *Pfeil-Kammerer* 224-227; ferner *Geimer*, IZPR Rn 2490; *Schlosser* Art 12 HBÜ Rn 2; *Stein/Jonas/Berger* § 363 Anh A Art 12 Rn 92; gleichsinnig zu Art 13 HZÜ OLG Frankfurt/Main 13. 2. 2001 – VA 7/2000 – ZZPInt 6 (2001) 245 mit Anm *Hau*.

170 Für das Hineinlesen eines ungeschriebenen ordre-public-Vorbehalts in die EG-BewVO zur Abwehr von Ausforschungen *Schütze*, Rechtsverfolgung Rn 196 a; dagegen aber *Berger* IPRax 2001, 524; *Geimer*, IZPR Rn 2378 b.

171 So *Junker*, Discovery 284.

172 *Schlosser* Rec des Cours 284 (2000) 136; vgl auch *Schack*, IZVR Rn 742.

173 Ausführlich zu zeitlichen Problemen der disclosure *Matthews/Malek* (Fn 161) Chapter 2.

174 *Matthews/Malek* (Fn 161) Rn 2.01.

**Beweisverfahren** nach §§ 485ff ZPO von der EG-BewVO erfasst[175]. Entsprechendes gilt für ausländische Beweissicherungsverfahren[176], etwa die *„mesures d'instruction in futurum"* nach Art 145 ncpc[177]. Bereits zu Art 1 HBÜ ist – trotz des Ausschlusses von Sicherungsmaßnahmen in Art 1 Abs 3 HBÜ – anerkannt, dass Rechtshilfe auch für ein Beweissicherungsverfahren zu leisten ist[178].

Drei Konstellationen sind voneinander zu unterscheiden:
(1) Das selbstständige Beweisverfahren im Inland bei inländischer Zuständigkeit in der Hauptsache, aber im Ausland belegenen Beweismitteln;
(2) Das selbstständige Beweisverfahren im Inland bei im Inland belegenen Beweismitteln, aber bei ausländischer Zuständigkeit in der Hauptsache;
(3) Das selbstständige Beweisverfahren im Ausland bei im Ausland belegenen Beweismitteln, aber inländischer Zuständigkeit in der Hauptsache.

Im Einzelnen gilt Folgendes:

**(1) Das selbstständige Beweisverfahren im Inland bei inländischer Zuständigkeit in der Hauptsache, aber im Ausland belegenen Beweismitteln**

Die internationale Zuständigkeit des inländischen Gerichts zur Durchführung eines selbstständigen Beweisverfahrens folgt, solange kein Verfahren anhängig ist (dann § 486 Abs 1 ZPO, Zuständigkeit des Prozessgerichts) der **hypothetischen Zuständigkeit** des Gerichts in der Hauptsache (§ 486 Abs 2 ZPO). Diese Zuständigkeit ist nach herkömmlicher Auffassung dem autonomen deutschen Recht zu entnehmen, weil die Brüssel I-VO insoweit nicht gilt[179]. Nach einer neueren Ansicht ist Art 31 Brüssel I-VO auch auf das selbstständige Beweisverfahren anwendbar, sodass sowohl die Gerichtsstände nach dem autonomen Recht als auch nach den Art 2ff Brüssel I-VO in Betracht kommen[180]. Die letztgenannte Auffassung weckt jedoch insofern Zweifel, als das selbstständige Beweisverfahren nicht in eine gemäß Art 32 Brüssel I-VO anerkennungs- und vollstreckungsfähige Entscheidung mündet[181], sondern die Beweiserhebung allein im Rahmen des § 493 ZPO Wirkung im weiteren Verfahrensfortgang entfaltet. 52

---

[175] *Berger* IPRax 2001, 523; *Heß/Müller* ZZPInt 6 (2001) 152; *Nagel/Gottwald*, IZPR § 15 Rn 74; *Stadler*, in: FS Geimer 1302ff.

[176] Vgl aus italienischer Sicht *Fumagalli* Riv dir int priv proc 2002, 333.

[177] *Bruneau* JClP (G) 2001, I 349, p1768; wohl auch *Olivier* GazPalDoctr 2002, 1304; für Anwendbarkeit der Brüssel I-VO *Stadler*, in: FS Geimer 1302; ausführlich zum Verfahren nach Art 145 ncpc *Dörschner* 109ff.

[178] *Ahrens*, in: FS Schütze 7; *Schütze*, Rechtsverfolgung Rn 201; *Stadler*, in: FS Geimer 1303; *Stein/Jonas/Berger* Anh zu § 363 A Art 1 Rn 31.

[179] *Ahrens*, in: FS Schütze 7; *Geimer*, IZPR Rn 2540; *Schack*, IZVR Rn 429; *Stadler*, in: FS Geimer 1302.

[180] *Dörschner* 163; *Musielak/Weth* Art 31 Brüssel I-VO Rn 2; *Linke*, IZPR Rn 329; *Nagel/Gottwald*, IZPR § 15 Rn 74; *Thomas/Putzo/Hüßtege* Art 31 Brüssel I-VO Rn 3.

[181] *Stadler*, in: FS Geimer 1303; zu den Anforderungen an eine anerkennungsfähige Entscheidung nach Art 32 Brüssel I-VO näher *Kropholler* Art 32 Rn 24.

Unabhängig von diesem Streit um die Auslegung des Art 31 Brüssel I-VO, der an dieser Stelle nicht weiter zu kommentieren ist[182], ist in der Konstellation (1) jedenfalls der Anwendungsbereich der EG-BewVO nach deren Art 1 eröffnet. Zweifelhaft ist jedoch, ob das für ein selbstständiges Beweisverfahren gemäß § 486 Abs 2 ZPO in Verbindung mit einem von der Brüssel I-VO ausgeschlossenen Gerichtsstand (§ 23 ZPO) zuständige deutsche Gericht im Sinne des Art 2 Abs 1 EG-BewVO als dasjenige Gericht betrachtet werden kann, bei dem das Hauptsacheverfahren „eröffnet werden soll", obwohl an diesem Gerichtsstand aufgrund der Brüssel I-VO tatsächlich kein Hauptsacheverfahren durchgeführt werden kann (s Art 2 Rn 5).

**(2) Das selbstständige Beweisverfahren im Inland bei ausländischer Zuständigkeit in der Hauptsache, aber im Inland belegenen Beweismitteln**

53 Nach einer vordringenden Auffassung kann in Fällen dringender **Gefahr** auf der Grundlage von § 486 Abs 3 ZPO ein Antrag auf Durchführung eines selbstständigen Beweisverfahrens im Inland unabhängig von einer ausländischen Hauptsachezuständigkeit bei demjenigen Amtsgericht beantragt werden, in dessen Bezirk sich das fragliche Beweismittel befindet[183]. Da hier das deutsche Gericht selbst eine Beweisaufnahme im Inland vornimmt, wird der Anwendungsbereich der EG-BewVO nicht berührt. Die anschließende Verwertung der Beweiserhebung im ausländischen Hauptsacheverfahren richtet sich jedoch nicht nach § 493 ZPO, sondern nach der *lex fori* des in der Hauptsache zuständigen Gerichts[184]; auch insoweit greift die EG-BewVO nicht in das autonome Zivilverfahrensrecht ein[185]. Da das selbstständige Beweisverfahren gemäß §§ 485 ff ZPO keine im Sinne des Art 32 Brüssel I-VO anerkennungsfähige Entscheidung hervorbringt[186], kommt auch die Brüssel I-VO nicht als Transmissionsriemen in Richtung auf das ausländische Hauptsacheverfahren in Betracht. Folglich ist die Verwertung des im Inland gewonnenen Beweisergebnisses im Ausland mit beträchtlichen Unsicherheiten behaftet. Es empfiehlt sich in der Fallgruppe (2) daher, bei dem zuständigen ausländischen Gericht ein Beweissicherungsverfahren anzustrengen, in dem mit Hilfe der EG-BewVO auf das im Inland belegene Beweismittel zurückgegriffen werden kann.

**(3) Das selbstständige Beweisverfahren im Ausland bei im Ausland belegenen Beweismitteln, aber inländischer Zuständigkeit in der Hauptsache**

54 Erklärt sich ein ausländisches Gericht am Ort der Belegenheit des Beweismittels für zuständig zur Durchführung eines Beweissicherungsverfahrens (zur Frage, ob insoweit Art 31 Brüssel I-VO Anwendung findet, s Rn 52), ist dieser direkte Zugriff außerhalb der EG-BewVO oft schneller als bei dem unter (1) beschriebenen Vorgehen unter Ein-

---

[182] Näher *Rauscher/Leible* Art 31 Brüssel I-VO.

[183] *Ahrens*, in: FS Schütze 10; *Dörschner* 154-156; *Geimer*, IZPR Rn 1246, 2540; *E Geimer* 236 f; *Nagel/Gottwald*, IZPR § 15 Rn 78; *Schack*, IZVR Rn 429; *Schlosser* vor Art 15 HBÜ Rn 5; *Schütze*, Rechtsverfolgung Rn 200.

[184] Vgl *Schack*, IZVR Rn 429.

[185] Ebenso zum HBÜ *Stadler*, in: FS Geimer 1303.

[186] S oben bei Fn 181.

schaltung des Rechtshilfeweges[187]. Dieser zeitliche Vorsprung erweist sich indes als Pyrrhussieg, wenn das deutsche Gericht in der Hauptsache die **Berücksichtigung des Beweisergebnisses ablehnt**, womit nach bisherigen Erfahrungen zu rechnen ist[188]. Eine Anerkennung nach der Brüssel I-VO scheidet – falls man sie für anwendbar hält – idR mangels eines anerkennungsfähigen Entscheidungsinhalts aus[189]; sie kommt allenfalls insoweit in Betracht, als das ausländische Verfahren zu einer anerkennungs- und vollstreckungsfähigen Entscheidung iSd Art 32 Brüssel I-VO geführt hat (zB Verurteilung zur Erfüllung eines selbstständig erzwingbaren, dh nicht nur mit prozessualen Nachteilen sanktionierten Anspruchs auf Herausgabe von Dokumenten)[190]. Eine unmittelbare Anwendung des § 493 ZPO auf die Beweiserhebung im Ausland ist zwar nach überwiegender Ansicht ausgeschlossen[191]. Eine freie Beweiswürdigung der ausländischen Beweisaufnahme nach den Grundsätzen des Urkundenbeweises sollte aber zugelassen werden[192]. Auch insoweit entfaltet die EG-BewVO keine Sperrwirkung gegenüber dem autonomen Zivilverfahrensrecht[193].

**d) Verwendung in weiteren Verfahren**

Fraglich ist, ob und gegebenenfalls in welchem Umfang nach der EG-BewVO erhobene 55
Beweise über **das bestimmungsgemäße zivilgerichtliche Verfahren hinaus**, insbesondere in einem Strafverfahren, **verwertet** werden dürfen. In Bezug auf das HBÜ ist die Frage umstritten[194]. Art 20 Abs 1 des deutschen Verordnungsvorschlags sah noch ein ausdrückliches Verbot der Weiterverwertung vor: „Das ersuchte Gericht und die Empfangsstelle dürfen die nach dieser Verordnung übermittelten Informationen – einschließlich personenbezogener Daten – nur zu dem Zweck verwenden, zu dem sie übermittelt worden sind.“ Diese Bestimmung wurde jedoch nicht in die Endfassung der EG-BewVO übernommen. Aus dieser Entstehungsgeschichte wird der Schluss gezogen, dass die EG-BewVO keine Spezialitätsbindung und folglich auch kein Verwertungsverbot kenne[195]. Die Streichung des Art 20 des deutschen Verordnungsvorschlags muss

---

[187] Zutreffend *Nagel/Gottwald*, IZPR § 15 Rn 75; *Stadler*, in: FS Geimer 1303.

[188] So die nicht nur „gelegentlich[e]“ (*Nagel/Gottwald*, IZPR § 15 Rn 75) sondern bislang st Rspr: OLG Köln 5. 1. 1983 – 17 W 182/82 – NJW 1983, 2779; OLG Hamburg 29. 9. 1999 – 8 W 235/99 – IPRax 2000, 530 mit krit Anm *Försterling* (ebenda 499); vgl auch LG Hamburg 15. 9. 1998 – 410 O 44/95 – IPRax 2001, 45 mit krit Anm *Spickhoff* (ebenda 37).

[189] *Schütze*, Rechtsverfolgung Rn 203.

[190] Hierzu näher *Schlosser* Art 32 Brüssel I-VO Rn 9.

[191] *Ahrens*, in: FS Schütze 13; *Nagel/Gottwald*, IZPR § 15 Rn 75; *Stadler*, in: FS Geimer 1303 f; **aA** *Linke*, IZPR Rn 329; *Schütze*, Rechtsverfolgung Rn 203.

[192] *Ahrens*, in: FS Schütze 13; *Nagel/Gottwald*, IZPR § 15 Rn 75; *Stadler*, in: FS Geimer 1304.

[193] S auch *Schlosser* Art 32 Brüssel I-VO Rn 9.

[194] Für Spezialitätsbindung *Junker*, Discovery 273-275; *Stürner* ZVglRWiss 81 (1982) 198; dagegen (nur in Missbrauchsfällen sei Rechtshilfe zu verweigern) *Stein/Jonas/Berger* Anh zu § 363 A Art 1 Rn 30; *Schlosser* Art 1 HBÜ Rn 2; aus der Praxis zum HBÜ s die Entscheidung des House of Lords in der Sache *Rio Tinto Zinc Corporation* v *Westinghouse Electric Corporation* (1978) 2 W.L.R 81; ferner Schweiz BG 26. 8. 2002 – 5 P. 152/2002, http://www.bger.ch.

[195] *Berger* IPRax 2001, 526; ebenso *Hay*, Internationales Privatrecht$^2$ (2002) 86; iE auch *Schlosser* Rn 4.

aber im Zusammenhang mit **Nr 18 der Erwägungsgründe** der EG-BewVO gesehen werden. Danach wurde von der Aufnahme spezieller Bestimmungen über den Datenschutz in die EG-BewVO lediglich deshalb abgesehen, weil man solche aufgrund der vorliegenden Datenschutzrichtlinien nicht für erforderlich hielt. Besondere Bedeutung hat der in Art 6 Abs 1 lit b der RL 95/46 EG niedergelegte datenschutzrechtliche **Zweckbindungsgrundsatz**, aufgrund dessen personenbezogene Daten nur für festgelegte eindeutige und rechtmäßige Zwecke erhoben und nicht in einer mit diesen Zweckbestimmungen nicht zu vereinbarenden Weise weiterverarbeitet werden dürfen. Dies spricht grundsätzlich für eine enge Auslegung des Verwendungszwecks iSd Art 1 Abs 2. Zweifelhaft ist zB die Richtlinienkonformität von § 16 Nr 1 EGGVG, der bestimmt, dass bei einer Übermittlung personenbezogener Daten an ausländische öffentliche Stellen auch eine Übermittlung an das Bundesministerium der Justiz und das Auswärtige Amt zulässig ist. Die Vorschrift dient dem Zweck, „die Regelungen zu Datenübermittlungen in völkerrechtl[ichen] Verträgen um eine Grundlage für die praktische innerstaatl[iche] Durchführung der Übermittlung [zu ergänzen]"[196]. Angesichts des in der EG-BewVO verwirklichten direkten Geschäftsverkehrs zwischen den Gerichten besteht hierfür jedoch im Anwendungsbereich der Verordnung keine Rechtfertigung mehr.

56 Allerdings findet die Richtlinie 95/46 EG **keine Anwendung** auf die Verarbeitung personenbezogener Daten, die für die Ausübung der Tätigkeiten des Staates im **strafrechtlichen** Bereich erfolgt (Art 3 Abs 2 2. Spiegelstrich RL 95/46 EG). Es besteht auch kein allgemeiner Rechtsgrundsatz, der eine Weiterverwendung im Wege zivilrechtlicher Rechtshilfe erlangter Informationen in einem späteren Strafverfahren ausschließt[197]. Insoweit bleibt es daher bei dem jeweiligen innerstaatlichen Recht, das zB in Deutschland auch eine Übermittlung im Zivilverfahren erhobener Daten an die Strafverfolgungsbehörden zulässt (Einsichtgewährung im Rahmen der Rechts- und Amtshilfe [Art 35 GG, § 299 ZPO][198], Mitteilungen gemäß §§ 12-22 EGGVG und JuMiG[199]). Im Einzelfall ist der Zivilrichter sogar zur Anzeige verpflichtet (§ 183 GVG, Straftaten in der Sitzung). Es wäre auch rechtspolitisch bedenklich, wenn der Richter zB von der Anzeige eines versuchten Prozessbetruges absehen müsste, weil etwa die Zeugenaussage, aus der sich die Betrugsabsicht einer Partei ergibt, mit Hilfe der EG-BewVO aufgenommen wurde. Dem Gedanken des europäischen Rechtsraums entspricht es eher, wenn das strafrechtliche Risiko im „Binnenmarktprozess"[200] demjenigen im reinen Inlandsprozess korrespondiert.

57 Im Übrigen ist zwischen **Parteien** und **Zeugen** zu **unterscheiden**. Parteien bedürfen gegenüber eingehenden Rechtshilfeersuchen des Schutzes durch eine Spezialitätszusage nicht, weil sie nach deutschem Recht ohnehin nicht zu einer Aussage gezwungen wer-

---

[196] *Zöller/Gummer* § 16 EGGVG Rn 16; vgl auch *Meyer-Goßner* (Fn 19) § 16 EGGVG Rn 1.

[197] *Schlosser* Art 1 HBÜ Rn 2.

[198] Näher *Zöller/Gummer* § 299 Rn 8.

[199] Justizmitteilungsgesetz vom 18. 6. 1997 BGBl 1997 I 1430; zu Einzelheiten s die Kommentierungen der §§ 12-22 EGGVG von *Zöller/Gummer* und *Meyer-Goßner* (Fn 19).

[200] Begriff von *Heß* JZ 1998, 1021 ff.

den können (s Art 14 Rn 6). Das deutsche Gericht kann und muss aber gegebenenfalls die Erledigung des Rechtshilfeersuchens von einer Spezialitätszusage abhängig machen, wenn ein Zeuge (zB ein Rechtsanwalt) sich auf eine Verschwiegenheitsverpflichtung beruft, von der er nur unter der Voraussetzung entbunden werden kann, dass zugleich die Gefahr einer strafrechtlich relevanten Selbstbezichtigung ausgeschaltet wird[201].

## II. Räumlicher Geltungsbereich

Als Mitgliedstaat iSd EG-BewVO sind gemäß Art 1 Abs 3 alle Mitgliedstaaten der EU 58
mit Ausnahme Dänemarks anzusehen. Rechtsgrundlage der EG-BewVO sind Art 61 lit c, 65 lit a 2. Spiegelstrich, 67 Abs 1 EGV. Diese Vorschriften befinden sich im Titel IV des EG-Vertrages, der die Politiken betreffend den freien Personenverkehr, einschließlich der justiziellen Zusammenarbeit in Zivilsachen regelt. Der Titel IV ist auf das **Vereinigte Königreich** und **Irland** aufgrund Art 2 des Protokolls Nr 4 zum EUV/EGV nicht anwendbar. Dieses Protokoll enthält jedoch in Art 3 eine Opt-In-Klausel, von der die beiden Staaten Gebrauch gemacht haben, sodass sie wie jeder andere Mitgliedstaat der EG-BewVO zu behandeln sind. Das Protokoll Nr 5 zum EUV/EGV über die Position **Dänemarks** hingegen schließt die Anwendbarkeit des Titels IV auf Dänemark aus (Art 1 und 2), ohne die Möglichkeit eines freiwilligen Einstiegs in einzelne Maßnahmen vorzusehen. Dänemark hat lediglich nach Art 7 des Protokolls Nr 5 die Befugnis, ganz oder teilweise auf die Rechte aus dem Protokoll Nr 5 zu verzichten. In diesem Fall wäre Dänemark dazu verpflichtet, sämtliche im Rahmen der EU getroffenen einschlägigen Maßnahmen, die bis dahin in Kraft getreten sind, in vollem Umfang anzuwenden. Eine derartige Verzichtserklärung in Bezug auf die justizielle Zusammenarbeit hat Dänemark aber bislang nicht abgegeben. Es bleibt daher einstweilen nur der Ausweg eines konventionellen völkerrechtlichen Vertragsschlusses[202]. Ein solches Parallelübereinkommen liegt aber bislang nicht vor, sodass es im Verhältnis zu Dänemark bei der Geltung des HBÜ bleibt.

Trotz gewisser Verbindungen dieser Staaten zu Italien bzw Frankreich gilt die EG-BewVO **nicht** in **San Marino**, dem **Vatikanstaat** und **Monaco**[203]. Im Übrigen richtet sich der räumliche Geltungsbereich der EG-BewVO nach in Art **299 EGV** niedergelegten Grundsätzen, die **entsprechend** auf die Abgrenzung der räumlichen Geltung des Sekundärrechts angewendet werden[204].

---

[201] Vgl zu Art 11 HBÜ OLG Hamburg 3. 5. 2002 – 2 Va 4/01 – RIW 2002, 717, 720 mit Anm *Busse*.

[202] *Besse* ZEuP 1999, 121 f; *Leible/Staudinger* EuLF 2000–01 (D) 226; *Heß/Müller* ZZPInt 6 (2001) 151; vgl auch *Basedow* CMLRev 37 (2000) 696; *Drobnig* KCLJ 11 (2000) 193; *Ehlermann* EuR 1997, 383 f; *Kohler* Rev crit 1999, 8 f.

[203] Vgl zur Brüssel I-VO *Kropholler* Einl Rn 22.

[204] Eingehend zur Brüssel I-VO *Kropholler* Einl Rn 20-21, 23-29.

## Artikel 2
## Unmittelbarer Geschäftsverkehr zwischen den Gerichten

**(1) Ersuchen nach Artikel 1 Absatz 1 Buchstabe a) (nachstehend „Ersuchen" genannt) sind von dem Gericht, bei dem das Verfahren eingeleitet wurde oder eröffnet werden soll (nachstehend „ersuchendes Gericht" genannt), unmittelbar dem zuständigen Gericht eines anderen Mitgliedstaats (nachstehend „ersuchtes Gericht" genannt) zur Durchführung der Beweisaufnahme zu übersenden.**

**(2) Jeder Mitgliedstaat erstellt eine Liste der für die Durchführung von Beweisaufnahmen nach dieser Verordnung zuständigen Gerichte. In dieser Liste ist auch der örtliche Zuständigkeitsbereich und gegebenenfalls die besondere fachliche Zuständigkeit dieser Gerichte anzugeben.**

### I. Unmittelbarer Geschäftsverkehr

1 Art 2 Abs 1 ermöglicht einen **unmittelbaren Geschäftsverkehr** zwischen den Gerichten der Mitgliedstaaten, sofern es um die aktive Rechtshilfe geht (Art 1 Abs 1 lit a; zur Übermittlung eines Ersuchens um unmittelbare Beweisaufnahme nach Art 1 Abs 1 lit b s Art 3 Abs 3). Diese **Dezentralisierung** stellt einen wesentlichen Fortschritt gegenüber dem HBÜ dar, das allein die Übermittlung eines Rechtshilfeersuchens durch die Zentrale Behörde des ersuchten Staates kennt (Art 2 HBÜ). Für eine Zentralisierung des Übermittlungsweges werden üblicherweise zwei Argumente angeführt: Erstens sei es für ein ersuchendes Gericht schwierig, das zuständige ausländische Gericht zu ermitteln[1]. Diesem Bedenken trägt die EG-BewVO mit der in Art 2 Abs 2 vorgesehenen **Liste** Rechnung, die es dem ersuchenden Gericht ohne größere Probleme ermöglicht, das zuständige Gericht herauszufinden. Zweitens spreche für eine Zentralisierung, dass so die Erfahrung in der Bearbeitung von Rechtshilfeersuchen konzentriert werde[2]. Die starke **Formalisierung** der Ersuchen nach der EG-BewVO (Art 4) und den dazugehörigen Formblättern ermöglicht indes auch in der Rechtshilfe eher unerfahrenen Praktikern eine rasche Bearbeitung und macht eine Konzentration speziellen Sachverstandes weitgehend überflüssig. Zudem bleibt, wenn ein föderaler Staat wie die Bundesrepublik für jedes Bundesland eine eigene zentrale Behörde einrichtet[3], von dem ursprünglichen Konzentrationsziel nicht viel erhalten. Schließlich hat sich die Zwischenschaltung einer Zentralstelle in der Praxis unter dem HBÜ als eher hinderlich für eine zügige Abwicklung der Rechtshilfeersuchen erwiesen[4].

2 Die **Entstehungsgeschichte** der Vorschrift verlief wechselvoll: Art 3 des deutschen Verordnungsvorschlags hatte noch die Möglichkeit vorgesehen, dass die Mitgliedstaaten optional für einen Zeitraum von fünf Jahren am Haager Modell einer zentralen

---

[1] ZB *Junker*, Discovery 231.

[2] ZB *Junker*, Discovery 231.

[3] Überblick über die zentralen Behörden nach HBÜ in Deutschland bei *MünchKommZPO/Musielak* § 363 Anh I Art 2 Rn 1.

[4] Vgl *Berger* IPRax 2001, 522; *Schlosser* Rn 1.

Übermittlungsstelle festhalten dürften. Auch das EP billigte den Art 3 des deutschen Vorschlags mit einer nur geringfügigen Änderung[5]. Art 16a des Ratsentwurfs vom 16. 2. 2001[6] hatte die Einrichtung zentraler Übermittlungsstellen als eine Möglichkeit zumindest für das Vereinigte Königreich beibehalten. Der Ratsentwurf sah jedoch bereits als Alternative dazu vor, den Art 16a zu streichen und das In-Kraft-Treten der EG-BewVO für zwei oder mehr Jahre nach ihrer Verabschiedung zu verschieben. Der Wirtschafts- und Sozialausschuss lehnte in seiner Stellungnahme vom 28. 2./1. 3. 2001 die allgemeine Beibehaltung zentraler Übermittlungsstellen als mit den Kriterien der gemeinschaftsweiten Vereinfachung und Harmonisierung nicht vereinbar ab. Letztlich entschied man sich für die im Ratsentwurf angedeutete Lösung einer Hinausschiebung der Anwendbarkeit der EG-BewVO (s Art 24) und die Streichung der Optionsmöglichkeit.

Die in Art 3 geregelten Zentralstellen haben weitgehend andere Funktionen als die 3
zentralen Behörden iSd Art 2 HBÜ (s Art 3 Rn 1). Nur in Ausnahmefällen leiten die Zentralstellen auf Ersuchen eines ersuchenden Gerichts ein Ersuchen an das zuständige Gericht weiter (Art 3 Abs 1 lit c, s Art 3 Rn 7ff).

Aus der Wendung „Ersuchen **sind** unmittelbar zu übersenden" folgt, dass der Weg des 4
unmittelbaren Geschäftsverkehrs zwischen den Gerichten **zwingend** einzuhalten ist, sofern nicht die EG-BewVO selbst Ausnahmen vorsieht (Art 3 Abs 1 lit c). Der Parteibetrieb ist ausgeschlossen. Im Anwendungsbereich der EG-BewVO kann daher ein deutsches Gericht **nicht** nach § 364 ZPO anordnen, dass der **Beweisführer** das Ersuchungsschreiben zu besorgen und die Erledigung des Ersuchens zu betreiben habe.

## II. Ersuchendes und ersuchtes Gericht

### 1. Ersuchendes Gericht

Das ersuchende Gericht ist dasjenige Gericht, bei dem das Verfahren eingeleitet wurde 5
oder eröffnet werden soll. Die Ersuchenszuständigkeit des Gerichts, bei dem das Verfahren bereits **anhängig** (s Art 1 Rn 40) ist, ist unproblematisch. Aber auch wenn noch kein Verfahren eröffnet worden ist, entscheidet die **hypothetische Hauptsachenzuständigkeit** über die Bestimmung des Gerichts, das zur Stellung eines Ersuchens zuständig ist. Dies deckt sich im Ansatz mit der in § 486 Abs 2 ZPO vorgesehenen Gleichschaltung der Zuständigkeiten für die hypothetische Hauptsache und für das **selbstständige Beweisverfahren**[7]. Fraglich ist die Zuständigkeit des Gerichts des Beweisverfahrens zur Stellung eines Ersuchens nach der EG-BewVO, wenn, was die in

---

[5] ABl EG 2001 C 343/184.

[6] 6850/01 JUSTCIV 28.

[7] Vgl auch zum französischen Recht (Art 145 ncpc) *Dörschner* 113 (örtliche Zuständigkeiten für die Hauptsache maßgebend); zur internationalen Zuständigkeit für eine pre-action disclosure nach englischem Recht *Matthews/Malek*, Disclosure (2000) Rn 2.13: Hauptsacheverfahren muss in England stattfinden.

Deutschland hM gestattet (s Art 1 Rn 52), die hypothetische Hauptsachenzuständigkeit nicht auf die Gerichtsstände der **Brüssel I-VO** gestützt wird, sondern auf eine Zuständigkeit nach deutschem **autonomen Recht**, auch wenn diese in der Hauptsache nach der Brüssel I-VO unzulässig wäre. Die Wendung „eröffnet werden *soll*" weist darauf hin, dass zur Stellung eines Rechtshilfeersuchens erforderlich ist, dass das ersuchende Gericht auch zur Durchführung des Hauptsacheverfahrens wirklich zuständig sein „soll". Wegen des Regelungszusammenhangs der EG-BewVO mit der Brüssel I-VO dürfte insoweit auf die europäischen Zuständigkeitsvorschriften abzustellen sein, nicht auf diejenigen des deutschen autonomen Rechts. Allerdings wird die hypothetische Hauptsachenzuständigkeit des ersuchenden Gerichts vom ersuchten Gericht nicht nachgeprüft (s Art 14 Rn 23).

## 2. Ersuchtes Gericht

6 Das ersuchte Gericht ist anhand der in Art 2 Abs 2 vorgesehenen Liste zu bestimmen. Diese Liste ist der Kommission von jedem Mitgliedstaat bis zum 1. Juli 2003 mitzuteilen (Art 22 Nr 1). Sie wird in das gemäß Art 19 Abs 1 von der Kommission zu erstellende Handbuch aufgenommen, das auch im Internet abgerufen werden kann (Art 19 Abs 1). Bei Unklarheiten der Liste oder sonstigen Schwierigkeiten kann die Zentralstelle des betreffenden Mitgliedstaates um Hilfe gebeten werden (s Art 3 Rn 6, 8). Zu Einzelheiten der Zuständigkeitsbestimmung s Art 7 Rn 3ff.

7 **§ 1074 ZPO** idF des EG-BewDG-E (s Vorbem Rn 3) bestimmt:

„(1) Für Beweisaufnahmen in der Bundesrepublik Deutschland ist als ersuchtes Gericht im Sinne von Artikel 2 Abs 1 der Verordnung (EG) Nr 1206/2001 dasjenige Amtsgericht zuständig, in dessen Bezirk die Verfahrenshandlung durchgeführt werden soll.

(2) Die Landesregierungen können die Aufgaben des ersuchten Gerichts einem Amtsgericht für die Bezirke mehrerer Amtsgerichte durch Rechtsverordnung zuweisen.

(3) [betrifft Zentralstellen]

(4) Die Landesregierungen können die Befugnis zum Erlass einer Rechtsverordnung nach Absatz 2 und Absatz 3 Satz 1 einer obersten Landesbehörde übertragen."

Die Vorschrift lehnt sich an § 8 des HBÜ-Ausführungsgesetzes[8] an, differenziert aber nicht mehr zwischen einer Zuständigkeit für die Entgegennahme und einer für die Erledigung des Ersuchens[9]. Die Begründung des Regierungsentwurfs weist in Bezug auf § 1074 Abs 2 ZPO darauf hin, dass aufgrund der geringeren Häufigkeit von Ersuchen um Beweisaufnahme gegenüber Zustellungsersuchen (Verhältnis etwa 1:9) in diesem Bereich ein größeres Bedürfnis für eine Konzentration bestehe[10]. Insbesondere könne die bessere Nutzung kommunikationstechnischer Infrastruktur (zB für Videokonferenzen, s Art 10 Rn 34f) eine Konzentration rechtfertigen[11].

---

[8] HBÜ-Ausführungsgesetz vom 22. 12. 1977, BGBl I 3105.

[9] BT-Drucks 15/1062, 22.

[10] BT-Drucks 15/1062, 23.

[11] Ebenda.

## Artikel 3
## Zentralstelle

**(1) Jeder Mitgliedstaat bestimmt eine Zentralstelle, die**
**a) den Gerichten Auskünfte erteilt;**
**b) nach Lösungswegen sucht, wenn bei einem Ersuchen Schwierigkeiten auftreten;**
**c) in Ausnahmefällen auf Ersuchen eines ersuchenden Gerichts ein Ersuchen an das zuständige Gericht weiterleitet;**
**(2) Bundesstaaten, Staaten mit mehreren Rechtssystemen oder Staaten mit autonomen Gebietskörperschaften können mehrere Zentralstellen bestimmen.**
**(3) Jeder Mitgliedstaat benennt ferner die in Absatz 1 genannte Zentralstelle oder eine oder mehrere zuständige Behörden als verantwortliche Stellen für Entscheidungen über Ersuchen nach Artikel 17.**

### I. Aufgaben der Zentralstellen

#### 1. Überblick

1 Die nach der EG-BewVO einzurichtenden Zentralstellen weichen in ihrer Funktion erheblich von den zentralen Behörden iSd HBÜ ab. Während nach dem HBÜ allein die zentralen Behörden für die Übermittlung von Rechtshilfeersuchen zuständig sind, geht die EG-BewVO (Art 2) von dem Grundsatz des unmittelbaren Geschäftsverkehrs zwischen den Gerichten aus. Ferner haben die Zentralstellen nach der EG-BewVO bei Ersuchen um aktive Rechtshilfe (Art 1 Abs 1 lit a) keine inhaltliche Prüfungskompetenz (vgl. hingegen Art 5 HBÜ)[1]. Letztlich konzentriert sich die Aufgabenstellung der Zentralstellen vorwiegend darauf, den Gerichten der Mitgliedstaaten mit Informationen und Vermittlungsbemühungen zur Seite zu stehen[2]. Im Einzelnen erfüllen sie vier Funktionen:

- Die Erteilung von Auskünften an die Gerichte (Art 3 Abs 1 lit a),
- die Suche nach Lösungswegen, wenn bei einem Ersuchen Schwierigkeiten auftreten (Art 3 Abs 1 lit b),
- in Ausnahmefällen auf Ersuchen eines ersuchenden Gerichts die Weiterleitung eines Ersuchens an das zuständige Gericht (Art 3 I lit c),
- die Entscheidung über Ersuchen um unmittelbare Beweisaufnahme nach Art 17 (Art 3 III).

#### 2. Die Erteilung von Auskünften an die Gerichte

2 Vor Inanspruchnahme der Zentralstellen ist stets zu prüfen, ob die gewünschte Information nicht bereits dem nach Art 19 zu erstellenden **Handbuch** zu entnehmen ist. Die auf Art 3 I lit a beruhende Pflicht zur ergänzenden Auskunftserteilung erstreckt sich allein auf Fragen, die mit der **Anwendung der EG-BewVO** zusammenhängen.

---

[1] Dies betont auch *Berger* IPRax 2001, 523; ebenso *Hay*, Internationales Privatrecht[2] (2002) 85f.

[2] Vgl *Berger* IPRax 2001, 523; *Heß/Müller* ZZPInt 6 (2001) 164; *Stadler*, in: FS Geimer 1291.

Die Zentralstellen sind keine Ansprechpartner für allgemeine Rechtsanwendungshilfe, folglich zB nicht für Auskünfte über den Inhalt ausländischen Rechts zuständig[3]. Dadurch wird freilich nicht ausgeschlossen, dass faktisch dieselbe Behörde aufgrund einer entsprechenden Aufgabenzuweisung sowohl als Zentralstelle nach der EG-BewVO als auch als Auskunftsstelle aufgrund anderer Rechtshilfebestimmungen fungiert.

3 Nur die **Gerichte**, nicht die Parteien selbst können sich an die Zentralstellen wenden. Davon unberührt bleibt die Befugnis der Parteien, eine gerichtliche Bitte um Auskunftserteilung anzuregen.

4 Eine Bitte um Auskunft nach Art 3 Abs 1 lit a ist **formfrei** zu stellen. Für die **Sprache,** in der das Auskunftsverlangen abzufassen ist, gilt Art 5 entsprechend. **Kosten** für die Bearbeitung von Auskunftsverlangen werden nicht erhoben. Dies ist zwar nicht ausdrücklich geregelt, ergibt sich aber a maiore ad minus aus dem in Art 18 Abs 1 geregelten Grundsatz der Kostenfreiheit bei der Erledigung eines Ersuchens nach Art 10. Da die Auskunft die sachgerechte Erledigung lediglich vorbereitet, wäre es widersinnig, hierfür Kosten zu erheben.

5 Zur **Haftung** der Zentralstelle bei unrichtigen Auskünften enthält die EG-BewVO keine Regelung. Es finden deshalb gegebenenfalls die autonomen Vorschriften des Staates Anwendung, um dessen Zentralstelle es sich handelt.

### 3. Suche nach Lösungswegen, wenn bei einem Ersuchen Schwierigkeiten auftreten

6 Ferner soll die Zentralstelle nach **Lösungswegen** suchen, wenn bei einem Ersuchen Schwierigkeiten auftreten (Art 3 Abs 1 lit b). Welcher Art diese Schwierigkeiten sein könnten, wird nicht näher ausgeführt. Probleme bei der Weiterleitung des Ersuchens fallen nur insofern hierunter, als die Zentralstelle nicht um eine Weiterleitung gebeten wird, weil Art 3 Abs 1 lit c dazu eine Spezialbestimmung enthält. In Betracht kommt vor allem eine vermittelnde Rolle der Zentralstellen, um Meinungsverschiedenheiten und Missverständnisse zu klären, die im unmittelbaren Geschäftsverkehr zwischen den Gerichten auftreten (zB im Zusammenhang mit der Vervollständigung unvollständiger Ersuchen, Art 8, 9). Zu Form, Sprache, Kosten und Haftung s Rn 4f.

### 4. Weiterleitung eines Ersuchens an das zuständige Gericht

7 **a)** In **Ausnahmefällen** übernehmen die Zentralstellen auf Ersuchen eines ersuchenden Gerichts die Weiterleitung eines Ersuchens an das zuständige Gericht (Art 3 Abs 1

---

[3] Entsprechende Auskünfte regelt das (Londoner) Europäische Übereinkommen betreffend Auskünfte über ausländisches Recht vom 7. 6. 1968, BGBl 1974 II 938 = *Jayme/Hausmann*, Internationales Privat- und Verfahrensrecht[11] (2002) Nr 200, mwN zum Ratifikationsstand; hierzu s *Schellack*, Selbstermittlung oder ausländische Auskunft unter dem europäischen Rechtsauskunftsübereinkommen (1998) 136ff, bespr von *Harald Koch* ZZP 113 (2000) 518f; ferner *Kropholler*, IPR § 59 III 3; *Volken* Rn 4/47ff.

lit c). Welcher Art diese Ausnahmefälle sein könnten, wird in der Verordnung nicht näher definiert. *Schlosser* hält dies für unschädlich, da man ohnehin nicht versuchen sollte, den Begriff der „Ausnahmefälle" tatbestandlich zu konkretisieren: „Auch wenn das Ausgangsgericht die relevanten Adressen leicht hätte finden können, sollte die Zentralstelle das Gesuch weiterleiten, um unnötige Verzögerungen zu vermeiden."[4] Erst wenn der Ausnahmetatbestand „inflationär" beansprucht werden würde, müsste dem „mit entsprechenden Vorstellungen begegnet" werden[5]. Dies erscheint als eine bedenkliche Einladung an die Gerichte, bloßer Bequemlichkeit nachzugeben. Auch systematisch ist diese großherzige Auslegung zweifelhaft, weil die Buchstaben a und b des Art 3 Abs 1 weitgehend ihrer Funktion beraubt würden, wenn das ersuchende Gericht ohne weiteres auf die Dienste der Zentralstelle zurückgreifen könnte. Zudem muss die Kommission bis zum 1. Januar 2007 und danach alle fünf Jahre dem Europäischen Parlament, dem Rat und dem Wirtschafts- und Sozialausschuss einen Bericht über die Anwendung dieser Verordnung vorlegen, wobei sie insbesondere auf die praktische Anwendung des Art 3 Abs 1 lit c achten soll (Art 23). Diese Überprüfungs- und Berichtspflicht hätte keinen rechten Sinn, wenn auf eine tatbestandliche Konkretisierung des Ausnahmefalls iSd Art 3 Abs 1 lit c verzichtet werden könnte.

**b)** Es ist demgegenüber im Einklang mit dem Wortlaut der Vorschrift an einer **strikten** 8
**Handhabung** der nur ausnahmsweise eingreifenden Weiterleitungspflicht der Zentralstellen festzuhalten, auch um erzieherisch auf die Gerichte der Mitgliedstaaten einzuwirken. Nur wenn die Gerichte den Grundsatz des unmittelbaren Geschäftsverkehrs verinnerlichen, kann der mit Art 2 Abs 1 beabsichtige Beschleunigungseffekt im Vergleich zum HBÜ eintreten. **Ausnahmefälle** sind daher diejenigen Fälle, in denen es einem durchschnittlich sorgfältigen Richter nach Einsichtnahme in das Handbuch (Art 19) und auch unter Inanspruchnahme der Unterstützung der Zentralstelle nach Art 3 Abs 1 lit a, b nicht mit vertretbarem Aufwand möglich ist, eine unmittelbare Übersendung an das zuständige Gericht zu bewirken. Als Orientierungshilfe kann auch die Praxis zu der vergleichbaren Ausnahmebestimmung in Art 3 lit c EG-ZustellVO herangezogen werden[6]. Denkbare Ausnahmefälle, die eine Inanspruchnahme der Zentralstellen rechtfertigen, sind zB:

- das Scheitern einer Übermittlung des Ersuchens im unmittelbaren Geschäftsverkehr daran, dass nach der Liste (Art 2 Abs 2) zwei Gerichte als zuständig in Betracht kommen, was zu positiven oder negativen Kompetenzkonflikten und mehrfacher Inanspruchnahme des Art 7 Abs 2 führen kann (s auch Art 7 Rn 8);
- Widersprüche in der Liste (Art 2 Abs 2) zwischen fachlicher und örtlicher Zuständigkeit (ein örtlich zuständiges Gericht wäre nicht fachlich zuständig, einem fachlich zuständigen Gericht fehlt die örtliche Zuständigkeit);
- die verzögerte Erstellung oder die fehlende Aktualisierung der Liste (Art 2 Abs 2), zB nach In-Kraft-Treten einer umfassenden Justizreform in dem betreffenden Mitgliedstaat;

---

[4] *Schlosser* Rn 1.

[5] *Schlosser* Rn 1.

[6] *Freudenthal* NIPR 2002, 115.

– eine willkürliche Verweigerung der Annahme des Ersuchens im unmittelbaren Geschäftsverkehr durch das ausländische Gericht.

9 **c)** Wird die Zentralstelle um Weiterleitung des Ersuchens gebeten, ohne dass ein Ausnahmefall in diesem Sinne vorliegt, kann sie den Antrag des ersuchenden Gerichts in ein Auskunftsverlangen nach Art 3 Abs 1 lit a oder in eine Bitte um Suche nach Lösungswegen gemäß Art 3 Abs 1 lit b **umdeuten** und entsprechend bescheiden. Der **Rechtsbehelf** gegen die Ablehnung der Weiterleitung (**Justizverwaltungsakt**) ist § 23 EGGVG. Schließlich ist darauf hinzuweisen, dass auch bei einer Einschaltung der Zentralstelle zur Weiterleitung des Ersuchens ihr keine Prüfungskompetenz entsprechend Art 5 HBÜ zusteht. Zu Form, Sprache, Kosten und Haftung s Rn 4f.

**5. Entscheidung über Ersuchen um unmittelbare Beweisaufnahme**

10 Die Zentralstellen sind ferner in der Regel zuständig für die Entscheidung über Ersuchen um unmittelbare Beweisaufnahme nach Art 17. Jeder Mitgliedstaat kann aber auch eine oder mehrere andere Behörden als für diese Entscheidungen verantwortliche Stellen benennen. Zu Einzelheiten s Art 17 Rn 3ff. Der Art 23 ordnet eine Überprüfung der Praxis durch die Kommission an. Die allgemeinen Verpflichtungen der Zentralstelle zu Auskünften (Art 3 Abs 1 lit a) und zur Unterstützung bei Schwierigkeiten (Art 3 Abs 1 lit b) stellen eine bloße Konkretisierung gemeinschaftsrechtlicher Treue- und Rücksichtnahmepflichten dar und sollten daher auch im Rahmen des Art 3 Abs 3 iVm Art 17 Beachtung finden.

**II. Bestimmung der Zentralstelle**

11 In Bundesstaaten (zB Deutschland), Staaten mit mehreren Rechtssystemen (zB Vereinigtes Königreich) oder Staaten mit autonomen Gebietskörperschaften (zB Spanien) können wie schon nach Art 24 Abs 2 HBÜ mehrere Zentralstellen bestimmt werden (Art 3 Abs 2). Da die Justizverwaltung in Deutschland grundsätzlich Ländersache ist, sollen wie unter dem HBÜ[7] Zentralstellen für die einzelnen Länder eingerichtet werden[8]. Gemäß **§ 1074 Abs 3 ZPO** idF des EG-BewDG-E (s Vorbem Rn 3) können die Landesregierungen durch Rechtsverordnungen die Stelle bestimmen, die in dem jeweiligen Land als deutsche Zentralstelle im Sinne von Art 3 Abs 1 zuständig ist und die als zuständige Stelle Ersuchen auf unmittelbare Beweisaufnahme im Sinne von Art 17 Abs 1 entgegennimmt. Diese Aufgaben können in jedem Land nur jeweils einer Stelle zugewiesen werden. Nach § 1074 Abs 4 ZPO idF des EG-BewDG-E können die Landesregierungen die Befugnis zum Erlass einer entsprechenden Rechtsverordnung einer obersten Landesbehörde übertragen. Über die Zentralstellen informiert das Handbuch (Art 19), ebenso über die gegebenenfalls nach Art 3 Abs 3 benannten verantwortlichen Stellen.

---

[7] Überblick über die Zentralstellen nach dem HBÜ bei *MünchKommZPO/Musielak* § 363 Anh I Art 2 Rn 1.

[8] Rechtspolitische Kritik daran äußern *Heß/Müller* ZZPInt 6 (2001) 164 (Fn 92).

# Kapitel II
# Übermittlung und Erledigung der Ersuchen
## Abschnitt I
## Übermittlung des Ersuchens

### Artikel 4
### Form und Inhalt des Ersuchens

(1) Das Ersuchen wird unter Verwendung des im Anhang enthaltenen Formblattes A oder gegebenenfalls des Formblattes I gestellt. Es enthält folgende Angaben:
a) das ersuchende und gegebenenfalls das ersuchte Gericht;
b) den Namen und die Anschrift der Parteien und gegebenenfalls ihrer Vertreter;
c) die Art und den Gegenstand der Rechtssache sowie eine gedrängte Darstellung des Sachverhalts;
d) die Bezeichnung der durchzuführenden Beweisaufnahme;
e) bei einem Ersuchen um Vernehmung einer Person:
 - Name und Anschrift der zu vernehmenden Personen;
 - die Fragen, welche an die zu vernehmenden Personen gerichtet werden sollen, oder den Sachverhalt, über den sie vernommen werden sollen;
 - gegebenenfalls einen Hinweis auf ein nach dem Recht des Mitgliedstaats des ersuchenden Gerichts bestehendes Zeugnisverweigerungsrecht;
 - gegebenenfalls den Antrag, die Vernehmung unter Eid oder eidesstattlicher Versicherung durchzuführen, und gegebenenfalls die dabei zu verwendende Formel;
 - gegebenenfalls alle anderen Informationen, die das ersuchende Gericht für erforderlich hält;
f) bei einem Ersuchen um eine sonstige Beweisaufnahme die Urkunden oder die anderen Gegenstände, die geprüft werden sollen;
g) gegebenenfalls Anträge nach Artikel 10 Absätze 3 und 4, Artikel 11 und Artikel 12 und für die Anwendung dieser Bestimmungen erforderliche Erläuterungen.

(2) Die Ersuchen sowie alle dem Ersuchen beigefügten Unterlagen bedürfen weder der Beglaubigung noch einer anderen gleichwertigen Formalität.

(3) Schriftstücke, deren Beifügung das ersuchende Gericht für die Erledigung des Ersuchens für notwendig hält, sind mit einer Übersetzung in die Sprache zu versehen, in der das Ersuchen abgefasst wurde.

**I. Normzweck** ........ 1
**II. Auslegung** ........ 2
**III. Verhältnis der EG-BewVO zu den Formblättern** ........ 4
**IV. Die Angaben im Einzelnen**
1. Das ersuchende und das ersuchte Gericht (Art 4 Abs 1 lit a) ........ 5
2. Bezeichnung der Parteien ........ 6
3. Rechtssache und Sachverhalt ........ 7

4. Bezeichnung der durchzuführenden Beweisaufnahme ..................... 8
5. Vernehmung einer Person
a) Zeuge, Partei, Sachverständiger ... 9
b) Name und Anschrift .............. 11
c) Beweisthema ...................... 12
d) Zeugnisverweigerungsrechte ....... 14
e) Vernehmung unter Eid ........... 20
6. Urkunden und Augenscheinsobjekte 21
7. Sonstige Angaben nach Art 4 Abs 1 lit g
a) Besondere Formen und Kommunikationstechnologien .............. 22
b) Anwesenheit und Beteiligung von Parteien und Beauftragten ........ 23

V. Form und Sprache ..................... 25

## I. Normzweck

1 Die EG-BewVO will durch die Einführung von Formblättern eine weitgehende **Standardisierung** und Formalisierung der Kommunikation zwischen den Gerichten ermöglichen und so zur beschleunigten Erledigung von Rechtshilfeersuchen beitragen[1]. Dies ist bemerkenswert, weil im Recht der internationalen Beweisaufnahme bislang die Auffassung überwog, dass einheitliche **Formblätter** angesichts der internationalen Vielfalt an Beweismitteln und der Unterschiede im Beweisverfahren für diesen Bereich der Rechtshilfe – anders als im Zustellungsrecht – eher ungeeignet seien[2]. Die Formalisierung der Ersuchen nach der EG-BewVO stellt jedoch einen notwendigen **Ausgleich** für den Wegfall der Übermittlung und Prüfung der Rechtshilfeersuchen durch eine zentrale Behörde dar[3]. Da die Gerichte selbst im unmittelbaren Geschäftsverkehr eingehende Ersuchen bearbeiten müssen, ohne dass bei ihnen in demselben Maße wie bei einer zentralen Behörde spezifische Kenntnisse des ausländischen und internationalen Rechts der Beweisaufnahme vorausgesetzt werden können, ist die in der Verordnung angestrebte Standardisierung gerechtfertigt. Zudem wird so die elektronische Datenverarbeitung erleichtert und die Verarbeitung fremdsprachiger Formulare ermöglicht[4].

## II. Auslegung

2 **1.** Art 4 ist hinsichtlich der notwendigen Informationen, die ein Rechtshilfeersuchen enthalten muss, in seinen Grundzügen **Art 3 HBÜ nachgebildet**. Insbesondere im deutschen Schrifttum wurde Art 3 HBÜ in den vergangenen Jahren zu einem Bollwerk gegen die durch eine amerikanische pre-trial discovery befürchtete Ausforschung deutscher Beweispersonen ausgebaut, indem die aus deutscher Sicht notwendigen Anforderungen an die Spezifität des Beweisthemas (Art 3 Abs 1 lit c und f HBÜ) verschärft wurden[5]. Hiergegen wurde eingewandt, dass Art 3 HBÜ eher eine formale Ordnungs-

---

1 *Berger* IPRax 2001, 523.

2 So zB *E Geimer* 76; *Schlosser* Art 3 HBÜ Rn 1; *Volken* Rn 3/133; krit zur EG-BewVO *Heß/Müller* ZZPInt 6 (2001) 166 („problematisch").

3 *Berger* IPRax 2001, 523; *Freudenthal* NIPR 2002, 115.

4 Näher *Heß/Müller* ZZPInt 6 (2001) 166.

5 Für diesen Ansatz insbesondere *Junker*, Discovery 315-317; ferner *MünchKommZPO/Musielak* § 363 Anh 1 Art 3 Rn 1; *Pfeil-Kammerer* 253; *Stein/Jonas/Berger* § 363 Anh A Art 3 Rn 41.

vorschrift darstelle und folglich nicht der geeignete Ort zur Austragung unterschiedlicher inhaltlicher Auffassungen über die Zulässigkeit des Ausforschungsbeweises sei[6]. Diese Kritik wird durch die in Art 4 gegenüber Art 3 HBÜ noch verstärkte Formalisierung der Rechtshilfeersuchen bekräftigt. Aufgrund des Prinzips der **autonomen** Auslegung der EG-BewVO darf an die nach Art 4 zu verlangende **Spezifität** der Bezeichnung von Beweismitteln und -themen nicht der Maßstab der lex fori angelegt werden[7]. Auch Art 10 Abs 2, der die Erledigung des Ersuchens nach der lex fori des ersuchten Gerichts anordnet, führt nicht dazu, dass die Bestimmtheit der Bezeichnung von Beweismitteln und -themen am deutschen Prozessrecht zu messen ist (s Art 10 Rn 4)[8]. Dafür, dass die Vollständigkeit oder Unvollständigkeit bei der Angabe von Beweismitteln und -themen autonom zu bestimmen ist, spricht mittelbar ferner, dass die EG-BewVO selbst Vorschriften über die Vervollständigung des Ersuchens und die dabei einzuhaltenden Fristen enthält (Art 8, 9, 14 Abs 2 lit c) und insoweit nicht auf die lex fori (etwa § 356 ZPO) verweist.

**2.** Art 8 Abs 1 enthält die Verpflichtung des ersuchten Gerichts, bei einer Bitte um eine Vervollständigung des Ersuchens die fehlenden Angaben „in möglichst genauer Weise zu bezeichnen“. Dieses **Spezifitätserfordernis** zulasten des ersuchten Gerichts hätte keinen rechten Sinn, wenn nicht bereits das ersuchende Gericht im Rahmen des Art 4 ebenso zu einer präzisen Beschreibung von Beweismitteln und -themen gehalten wäre. Das in Art 8 Abs 1 genannte Spezifitätserfordernis ist folglich in Art 4 hineinzulesen. Was im Einzelnen unter einer „möglichst genauen Bezeichnung“ der Beweismittel und -themen zu verstehen ist, muss am **Zweck** des Art 4 ausgerichtet werden, als Entscheidungsgrundlage für das ersuchte Gericht in Bezug auf die Erledigung des Ersuchens zu dienen. Ausreichend, aber auch erforderlich ist deshalb, dass die nach Art 4 vorgeschriebenen Angaben so hinreichend verdichtet sind, dass das ersuchte Gericht (bzw bei einem Antrag nach Art 17 die Zentralstelle) inhaltlich über die Erledigung des Ersuchens entscheiden kann, dh insbesondere die Ablehnungsgründe des Art 14 und Art 10 Abs 3 (bzw Art 17 Abs 5) zu prüfen vermag. 3

## III. Verhältnis der EG-BewVO zu den Formblättern

Die Formblätter sind als Anhang zur EG-BewVO gemeinsam mit dieser und auf derselben Rechtsgrundlage verabschiedet worden; sie bilden folglich einen Teil der Verordnung. Sie können jedoch fortan nach dem **Beratungsverfahren** gemäß Art 20 Abs 2 aktualisiert oder technisch angepasst werden. Ferner besteht eine inhaltliche Hierarchie zwischen dem eigentlichen Verordnungstext und dem Text der Formblätter. Soweit die Formulare Informationen vorsehen, die nach dem Verordnungstext **nicht zwingend** vorgeschrieben sind, kann eine fehlende Angabe in einer entsprechenden Rubrik nicht die Ablehnung eines Rechtshilfeersuchens rechtfertigen. So schreibt zB 4

---

[6] *Blaschczok* 109; gegen Einstufung des Art 3 HBÜ als bloße Ordnungsvorschrift aber *Geimer*, IZPR Rn 2475.

[7] So auch *Schlosser* Rn 1; ihm folgend *Klauser* 2.

[8] IE ebenso *Schlosser* Rn 1.

Art 4 Abs 1 lit b lediglich die Angabe der Namen und Anschriften der Parteien vor, während das Formblatt A zusätzlich zu Name (Nr 5.1) und Anschrift (Nr 5.2) Rubriken für die Telefon- und Faxnummer sowie die E-Mail-Adresse (Nrn 5.3-5.5) enthält. Es wird regelmäßig im eigenen Interesse des ersuchenden Gerichts an einer zügigen Abwicklung des Rechtshilfeersuchens liegen, diese einer schnellen Kommunikation dienlichen Angaben zu übermitteln. Unterbleibt dies jedoch, etwa aus Unkenntnis oder weil die Partei nicht über moderne Kommunikationstechniken wie zB E-Mail verfügt, liegt hierin kein Hindernis für die Erledigung des Rechtshilfeersuchens. Schreibt hingegen Art 4 Angaben vor, für die sich im Formblatt A **keine Rubrik** findet, ist gegebenenfalls eine Anlage einzureichen, auf die an geeigneter Stelle hinzuweisen ist. Dies betrifft namentlich die für Anträge auf Beteiligung der Parteien bzw Richter nach Art 11 und 12 erforderlichen Erläuterungen, deren Angabe in Art 4 Abs 1 lit g vorgeschrieben ist, für die sich aber unter den Nummern 9 und 10 des Formblatts A – anders als bei Anträgen nach Art 10 Abs 3 oder Abs 4 (vgl Formblatt A Nr 13.2) – keine Rubrik findet, unter der sie eingetragen werden könnten (s Rn 24).

## IV. Die Angaben im Einzelnen

### 1. Das ersuchende und das ersuchte Gericht (Art 4 Abs 1 lit a)

5 Das ersuchende Gericht ist das Gericht, bei dem das Verfahren eingeleitet wurde oder eröffnet werden soll (Art 2 Abs 1, näher Art 2 Rn 1 ff). Die **Zuständigkeit** des ersuchenden Gerichts wird im Rahmen des Rechtshilfeverfahrens nicht überprüft (Art 14 Abs 3, s Art 14 Rn 23); dies bleibt in den Grenzen des Art 35 Brüssel I-VO der Urteilsanerkennung vorbehalten. Die Zuständigkeit des ersuchten Gerichts ergibt sich aus der gemäß Art 2 Abs 2 zu erstellenden Liste (s Art 2 Rn 6).

### 2. Bezeichnung der Parteien

6 Das Ersuchen muss die Namen und die Anschriften der Parteien und gegebenenfalls ihrer Vertreter angeben (Art 4 Abs 1 lit b). Der Begriff der **Anschrift** ist autonom und nicht nach der lex fori des ersuchten Gerichts zu verstehen. Während beispielsweise nach deutschem Recht ein **Postfach** nicht als ladungsfähige Anschrift gelten soll[9], sieht das Formblatt A die Angabe des Postfachs durchgehend als gleichwertige Alternative zu Straße und Hausnummer an (vgl Nrn 5.2.1, 6.2.1, 7.2.1, 8.2.1). Entscheidend ist, dass unter der angegebenen Adresse Mitteilungen, Ladungen, Fristbestimmungen usw des Gerichts die Partei erreichen können. Aus diesem Grund und weil Art 4 Abs 1 lit b nur von „Anschrift" (address, adresse), nicht speziell von der „Wohnanschrift" der Parteien spricht, kann ebenso wie im deutschen Recht ausnahmsweise auch die Arbeitsstätte einer Partei als Anschrift in Betracht kommen, sofern die Angaben so konkret und genau sind, dass von einer ernsthaften Möglichkeit ausgegangen werden kann, die Zustellung verfahrensbezogener Mitteilungen durch Übergabe werde dort gelingen[10].

---

9 So das BVerwG 13. 4. 1999 – 1 C 24/97 – NJW 1999, 2608.

10 Vgl zum deutschen Recht BGH 31. 10. 2000 – VI ZR 198/99 – BGHZ 145, 358 = NJW 2001, 885.

### 3. Rechtssache und Sachverhalt

Ferner soll das Ersuchen die Art und den Gegenstand der Rechtssache angeben sowie eine gedrängte Darstellung des Sachverhalts erhalten (Art 4 Abs 1 lit c). Diesen Angaben kommt besondere Bedeutung zu, weil das ersuchte Gericht nur auf ihrer Grundlage beurteilen kann, ob das Ersuchen in den Anwendungsbereich der EG-BewVO fällt (Art 1 iVm Art 14 Abs 2 lit a). Sie müssen daher so ausführlich sein, dass das ersuchte Gericht die Zulässigkeit des Ersuchens beurteilen kann. Zur Sprache s Art 5. 7

### 4. Bezeichnung der durchzuführenden Beweisaufnahme

Gemäß Art 4 Abs 1 lit d ist die durchzuführende Beweisaufnahme zu bezeichnen. Dies sollte mit größtmöglicher Sorgfalt erfolgen, um Missverständnisse zwischen den Gerichten zu vermeiden. Es muss insbesondere klargestellt werden, ob eine Partei nur angehört oder ob sie als Zeuge vernommen werden soll, ob eine Person als Sachverständiger oder als Zeuge zu befragen ist usw. Die in den folgenden Buchstaben genannten Beweismittel (e: Vernehmung von Personen, f: Urkunden und andere Gegenstände) sind **nicht abschließend** zu verstehen. Art 4 Abs 1 lit d erfasst jede in den Anwendungsbereich der EG-BewVO fallende Beweisaufnahme, zB auch die Beweiserhebung durch einen vom ersuchten Gericht ernannten Sachverständigen[11]. 8

### 5. Vernehmung einer Person

#### a) Zeuge, Partei, Sachverständiger

Art 4 Abs 1 lit e spricht allgemein von der Vernehmung einer **„Person"**. Hierunter fallen sowohl **Zeugen** als auch die **Parteien**, sofern sie als Auskunftspersonen befragt werden sollen (zu Parteivernehmung und -anhörung s Art 1 Rn 15)[12]. Praktische Probleme können sich daraus ergeben, dass das Formblatt A unter Nr 12.2 allein die Vernehmung von „Zeugen" aufführt. Auch dieser Begriff muss jedoch autonom verstanden werden, was bereits deshalb nahe liegt, weil die dem deutschen Recht eigene scharfe Trennung zwischen Partei- und Zeugenstellung nicht allgemein in Europa verbreitet ist[13] und auch in Deutschland de lege ferenda zunehmend kritisiert wird[14]. Unter einem „Zeugen" iSd Formblatts A ist folglich jede Auskunftsperson – Partei und Zeuge (im technischen Sinne der ZPO) – zu verstehen. Ob das ersuchte Gericht die Partei als normalen Zeugen vernehmen kann oder ob hierfür besondere Voraussetzungen, wie etwa bei der deutschen Parteivernehmung, erfüllt sein müssen, ist gemäß Art 10 Abs 2 nach dem Recht des ersuchten Gerichts zu entscheiden. 9

Für den **Sachverständigen** dürfte es zweckmäßiger sein, die entsprechenden Angaben unter Nr 12.1 des Formblatts A zu machen, um eine Verwirrung darüber, ob die 10

---

[11] *Stadler*, in: FS Geimer 1291.

[12] Ebenso zu Art 3 HBÜ *Stein/Jonas/Berger* § 363 Anh A Art 3 Rn 41.

[13] Etwa Großbritannien, Niederlande (s Art 1 Rn 15); vgl auch *Schack*, IZVR Rn 681.

[14] Eingehend *Coester-Waltjen* ZZP 113 (2000) 291 ff; *Gerhard Wagner* ZEuP 2001, 493 f.

betreffende Person gerade in ihrer Eigenschaft als Sachverständiger oder als gewöhnlicher Zeuge aussagen soll, zu vermeiden. Hierfür spricht auch, dass das ersuchte Gericht darum gebeten werden kann, vor Ort einen Sachverständigen zu ernennen. In diesem Fall kann das ersuchende Gericht ohnehin keine Angaben unter Nr 12.2 des Formblattes A machen.

**b) Name und Anschrift**

11 Gemäß Art 4 Abs 1 lit e sind Name und Anschrift der zu vernehmenden Person anzugeben. Bei unklaren Angaben (zB „das für den Vertrieb zuständige Vorstandsmitglied der X-AG")[15] ist das ersuchte Gericht nicht dazu verpflichtet, die gemeinte Person zu ermitteln[16]. Ist dem ersuchten Gericht jedoch die Adresse bekannt, muss es mit der Erledigung des Ersuchens fortfahren, ohne diese durch ein überflüssiges Verlangen nach förmlicher Vervollständigung (Art 8) zu verzögern[17]. Im Übrigen gelten die Ausführungen zur Bezeichnung der Parteien entsprechend (s Rn 6).

**c) Beweisthema**

12 Das Ersuchen muss nach Art 4 Abs 1 lit e ferner angeben,
- welche **Fragen** an die zu vernehmenden Personen gerichtet werden sollen,
- oder den **Sachverhalt**, über den sie vernommen werden sollen.

Es handelt sich hierbei um ein echtes Alternativverhältnis („oder"): Werden präzise Fragen angegeben, braucht nicht der Sachverhalt erläutert zu werden, über den die Personen vernommen werden sollen. Insoweit wird das Gericht hinreichend durch die gedrängte Darstellung des Sachverhalts gemäß Art 4 Abs 1 lit c unterrichtet. *Schlosser* ist der Ansicht, die Vernehmung einer Person über einen Sachverhalt gemäß Art 4 Abs 1 lit e könne auch **Ausforschungscharakter** haben[18]. So sei es zB zulässig, als Sachverhalt lediglich anzugeben, „ob die Person über einen längeren Zeitraum hinweg Beobachtungen über Unregelmäßigkeiten einer Anlage gemacht hat, ob im Verhältnis von Mutter- und Tochtergesellschaft die Verwaltungen korrekt unterschieden wurden [oder] ob regelmäßige Wartungsarbeiten durchgeführt wurden"[19]. Dieser Auffassung kann nicht zugestimmt werden, auch wenn man *Schlossers* argumentativem Ansatz folgt, die Spezifität des Beweisthemas sei **autonom** zu bestimmen[20]. Wie bereits ausgeführt wurde (Rn 2f), verlangt eine autonome Auslegung in diesem Zusammenhang, dass die nach Art 4 vorgeschriebenen Angaben „in möglichst genauer Weise zu bezeichnen sind" (arg Art 8 Abs 1, s Rn 3), dh so hinreichend präzise sind, dass das ersuchte Gericht inhaltlich über die Erledigung des Ersuchens entscheiden kann, insbesondere die Ablehnungsgründe des Art 14 und Art 10 Abs 3 zu beurteilen vermag. Hierzu gehört auch die Prüfung der Frage, ob die Beweise, um deren Aufnahme ersucht

---

[15] Beispiel von *Junker*, Discovery 308.

[16] Großzügiger zu Art 3 HBÜ *Junker*, Discovery 308.

[17] Ebenso zu Art 3 HBÜ OLG München 27. 11. 1980 – 9 VA 4/80 – RIW 1981, 555, 556; *MünchKommZPO/Musielak* § 363 Anh I Art 3 Rn 1.

[18] *Schlosser* Rn 2.

[19] *Schlosser* Rn 2.

[20] Vgl *Schlosser* Rn 1; s Rn 2.

wird, zur Verwendung in einem gerichtlichen Verfahren bestimmt sind (Art 14 Abs 2 lit a iVm Art 1 Abs 2). Hierdurch werden **bloße Beweisermittlungsanträge** (Ausforschungen, *fishing expeditions*) **ausgeschlossen** (s Art 1 Rn 48f)[21]. Praktisch dürfte diese Frage nur selten erheblich werden, da die extensive *pre-trial discovery* amerikanischen Zuschnitts in den Mitgliedstaaten unbekannt ist (zur englischen *disclosure* s Art 1 Rn 45ff). Darüber hinaus kommt es kaum vor, dass bei Inanspruchnahme internationaler Rechtshilfe lediglich der Sachverhalt mitgeteilt wird, auf dem eine Vernehmung durch das ersuchte Gericht basieren soll[22]. Einem ersuchenden Gericht ist daher dringend davon abzuraten, auf die Formulierung genauer Fragen zu verzichten und sich mit der Angabe eines Vernehmungssachverhalts zu begnügen. Von Seiten des ersuchten Gerichts sind derartige Ersuchen besonders kritisch zu prüfen und gegebenenfalls mit Ersuchen um Vervollständigung (Art 8) zu beantworten.

Soll die Vernehmung der Auskunftspersonen gemäß Art 10 Abs 3 in einer **besonderen** 13
**Form** durchgeführt werden (Kreuzverhör, s Art 10 Rn 20ff), kann dies zu einer Abschwächung der Spezifitätsanforderungen führen[23].

**d) Zeugnisverweigerungsrechte**

Ferner muss das ersuchende Gericht im Rechtshilfeersuchen gegebenenfalls einen Hin- 14
weis auf ein nach seiner lex fori bestehendes **Zeugnisverweigerungsrecht** geben (Art 4 Abs 1 lit e, dritter Spiegelstrich). Der Zweck der Vorschrift liegt darin, das ersuchte Gericht möglichst frühzeitig über Aussageverweigerungsrechte zu informieren, die gemäß Art 14 Abs 1 lit b zur **Nicht-Erledigung** des Ersuchens führen können. Hierdurch wird eine überraschende Berufung des Zeugen auf ein Verweigerungsrecht in der Vernehmungssituation vermieden. Erlangt das Gericht nämlich erst zu diesem Zeitpunkt Kenntnis von einem nach dem Recht des ersuchenden Staates angeblich bestehenden Zeugnisverweigerungsrecht, kann es zu erheblichen Verfahrensverzögerungen kommen, weil das Rechtshilfegericht grundsätzlich eine Bestätigung des Prozessgerichts einholen muss (s Art 14 Rn 10 ff). Leider ist insoweit die **Terminologie** der EG-BewVO **uneinheitlich**: Während Art 4 Abs 1 lit e, dritter Spiegelstrich lediglich ein „Zeugnisverweigerungsrecht" nennt, spricht Art 14 Abs 1 demgegenüber allgemeiner von „Aussageverweigerung" und zusätzlich von einem „Aussageverbot". Da Art 14 Abs 1 lit b aber ausdrücklich auf die Bezeichnung des Aussageverweigerungsrechts bzw des Aussageverbots in dem Ersuchen Bezug nimmt, wird deutlich, dass mit diesen begrifflichen Unterschieden keine inhaltlichen Abweichungen einhergehen. Im Ersuchen sind daher alle Rechte aufzuführen, die nach Art 14 Abs 1 lit b zur Nicht-Erledigung des Ersuchens führen können, mag es sich hierbei auch im Einzelfall nicht um ein „Zeugnisverweigerungsrecht" im technischen Sinne der lex fori des ersuchenden Gerichts handeln.

---

[21] Für Ablehnung nicht spezifizierter Anträge nach Art 14 Abs 1 EG-BewVO hingegen *Heß/Müller* ZZPInt 6 (2001) 157 (Fn 57).

[22] *Junker*, Discovery 309; *Busse* RIW 2002, 720.

[23] So zu Art 3 HBÜ *Stein/Jonas/Berger* § 363 Anh A Art 3 Rn 44; *Schlosser* ZZP 94 (1981) 388f.

15 Das ersuchende Gericht hat **nicht** zu prüfen, ob nach dem Recht des **ersuchten** Staates Aussageverweigerungsrechte bestehen[24].

16 Kommt es nach Übersendung des Ersuchens zu **Veränderungen**, die für das Bestehen eines Aussageverweigerungsrechts relevant sind (zB Verlobung von Partei und Zeuge) hat das ersuchende Gericht das ersuchte Gericht ungefragt schnellstmöglich darüber zu informieren. Es handelt sich hierbei je nach Zeitpunkt um eine Vervollständigung des Ersuchens (Art 8, 9) oder um eine Bestätigung gemäß Art 14 Abs 1 lit b Alt 2 (s Art 14 Rn 13).

17 Art 4 Abs 1 lit e bezieht sich auf die Vernehmung einer „Person" und macht damit deutlich, dass sowohl Zeugen als auch **Parteien** als Aussagepersonen in Betracht kommen. Bei von einem deutschen Gericht ausgehenden Rechtshilfeersuchen ist darauf hinzuweisen, dass eine Partei nach §§ 453 Abs 2, 446 ZPO nicht zur Aussage gezwungen werden kann, sondern lediglich Prozessnachteile in Kauf nehmen muss[25]. Nur so kann eine sachgerechte Belehrung der Parteien über die Rechtsfolgen ihres Schweigens erreicht werden und vermieden werden, dass eine zur Mitwirkung nicht verpflichtete Partei Zwangsmaßnahmen nach der lex fori des ersuchten Gerichts (Art 13) ausgesetzt wird.

18 Die **Zeugnisfähigkeit** unterliegt der lex fori des ersuchten Gerichts (s Art 14 Rn 5). Das ersuchende Gericht muss deshalb im Ersuchen nicht auf eine nach seinem Recht bestehende Zeugnisunfähigkeit hinweisen.

19 Rechte, die es einer Beweisperson gestatten, an einer anderen Beweisaufnahme als einer Vernehmung (zB **Urkundenvorlegung**, **Augenscheinseinnahme**) nicht mitzuwirken, sind im Ersuchen nicht aufzuführen. Dies wäre überflüssig, da in Bezug auf diese Rechte nicht das vernehmungsspezifische Meistbegünstigungsprinzip gilt, sondern die lex fori des ersuchten Gerichts Anwendung findet (s Art 14 Rn 7).

**e) Vernehmung unter Eid**

20 Das Ersuchen enthält ferner erforderlichenfalls den Antrag, die Vernehmung unter Eid oder eidesstattlicher Versicherung durchzuführen und gegebenenfalls die dabei zu verwendende Formel (Art 4 Abs 1 lit e, vierter Spiegelstrich). Es handelt sich bei dieser Bestimmung um einen **Spezialfall** eines Antrages auf Erledigung der Beweisaufnahme in einer besonderen Form (s Art 10 Abs 3). Wird kein Antrag auf Verwendung einer bestimmten Eidesformel gestellt, führt das ersuchte Gericht nach Art 10 Abs 2 die Eidesabnahme im Einklang mit seinem **eigenen** Verfahrensrecht durch[26]. Die Vereidigung einer Aussageperson oder die Verwendung einer bestimmten Eidesformel kann

---

[24] Vgl in einem deutsch-liechtensteinischen Fall BGH 20. 11. 1997 – III ZR 57/96 – IPRspr 1997 Nr 181; ebenso zu Art 11 HBÜ *Geimer*, IZPR Rn 2419 b.

[25] Ebenso zu Art 11 HBÜ *MünchKomm/Musielak* § 363 Anh I Art 11 Rn 2; s auch § 37 Abs 4 ZRHO; für überflüssig hält dies *Schlosser* Art 11 HBÜ Rn 1.

[26] Ebenso zu Art 3 HBÜ *Amram* unter II C.

vom ersuchten Gericht nur unter den Voraussetzungen des Art 10 Abs 3 abgelehnt werden (s Art 10 Rn 24). Der Umstand, dass Art 4 Abs 1 lit e, vierter Spiegelstrich lediglich die Verwendung einer bestimmten Eidesformel als besonderes Formerfordernis nennt, schließt nicht aus, dass gemäß dem subsidiär eingreifenden Art 10 Abs 3 iVm Art 4 Abs 1 lit g um die Beachtung weiterer Förmlichkeiten bei der Vereidigung gebeten wird, wie zB um die Ablegung eines **Voreides** (s Art 10 Rn 24).

### 6. Urkunden und Augenscheinsobjekte

Die zu prüfenden Urkunden oder anderen Gegenstände sind in dem Ersuchen **genau zu bezeichnen** (arg Art 8 Abs 1, s Rn 3)[27]. Vage Sammelbegriffe reichen nicht aus (etwa „der gesamte Schriftverkehr der X-AG in Sachen Joint Venture mit P")[28]. Es ist ferner anzugeben, was das ersuchte Gericht an der Urkunde oder dem Augenscheinsobjekt prüfen bzw worauf es besonderes Augenmerk legen soll[29] (Beschreibung der erbetenen Beweisaufnahme iSv Nr 12.3.1 und 12.3.2 Formblatt A). Eine Umgehung des in Art 4 Abs 1 lit g enthaltenen Spezifitätserfordernisses und deshalb eine unzulässige **Beweisermittlung** stellt es dar, wenn eine Partei oder ein Zeuge danach gefragt werden soll, ob sie oder er Kenntnis von der Existenz beweiskräftiger Urkunden oder anderer sächlicher Informationsmittel hat[30]. Hier dient die vom Rechtshilfegericht zu erhebende Aussage nicht als Beweismittel, sondern lediglich als Sprungbrett für die Formulierung eines präziseren Ersuchens. Folglich ist das ersuchte Gericht zur Ablehnung nach Art 14 Abs 2 lit a berechtigt (s Art 1 Rn 41ff). 21

### 7. Sonstige Angaben nach Art 4 Abs 1 lit g

#### a) Besondere Formen und Kommunikationstechnologien

Das Ersuchen enthält ferner unter Nr 13.1 des Formblattes A gegebenenfalls Anträge auf Erledigung des Ersuchens in einer besonderen **Form** (Artikel 10 Abs 3) und/oder unter Verwendung von **Kommunikationstechnologien** (Art 10 Abs 4). Die für die Anwendung dieser Bestimmungen erforderlichen **Erläuterungen** (Art 4 Abs 1 lit g) sind unter Nr 13.1 des Formblattes A einzutragen. 22

#### b) Anwesenheit und Beteiligung von Parteien und Beauftragten

Terminologisch und dogmatisch unscharf spricht Art 4 Abs 1 lit g ferner von „Anträge[n]" nach Art 11 und 12. Diese Vorschriften betreffen die **Anwesenheit** und **Beteiligung** der Parteien oder ihrer Vertreter (Art 11) bzw die Anwesenheit und Beteiligung von Beauftragten des ersuchenden Gerichts (Art 12). Wie sich aus Art 11 Abs 2 und 12 Abs 3 ergibt, ist jedoch zwischen der passiven Anwesenheit und der aktiven Beteiligung zu unterscheiden (näher Art 11 Rn 2ff, Art 12 Rn 6): Das Anwesenheitsrecht un- 23

---

[27] IE ebenso *Schlosser* Rn 3; ebenso zu Art 3 HBÜ *Junker*, Discovery 308f; *Stein/Jonas/Berger* § 363 Anh A Art 3 Rn 41; *Volken* Rn 3/134.

[28] Ebenso *Schlosser* Rn 3.

[29] Ebenso zu Art 3 HBÜ *Volken* Rn 3/134.

[30] **AA** *Schlosser* Rn 2.

terliegt dem Recht des **ersuchenden** Gerichts (Art 11 Abs 1, 12 Abs 1); seine Voraussetzungen werden von diesem Gericht geprüft und dem ersuchten Gericht lediglich **mitgeteilt** (Art 11 Abs 2, 12 Abs 3). Nur hinsichtlich der aktiven Beteiligung ist ein **Antrag** an das ersuchte Gericht zu stellen (Art 11 Abs 2, 12 Abs 3), über den das ersuchte Gericht grundsätzlich nach seinem eigenen Recht entscheidet (Art 11 Abs 3, 12 Abs 4 iVm Art 10 Abs 2). Auch das Formblatt A unterscheidet zwischen der bloßen Mitteilung der Anwesenheit der Parteien oder Beauftragten (Nr 9.1, 10.1: Diese „werden zugegen sein.") und der Beantragung ihrer Beteiligung (Nr 9.2, 10.2: „Die Beteiligung [...] wird beantragt."). Dennoch ist unter „Anträgen" nach Art 11 und 12 iSd Art 4 Abs 1 lit g sowohl der Antrag auf Beteiligung im engeren Sinne als auch die bloße Mitteilung der Anwesenheit zu verstehen: **Beide Angaben** müssen grundsätzlich im Ersuchen enthalten sein. Zu beachten ist aber, dass die Anwesenheits- und Beteiligungsrechte der Parteien und der Beauftragten auch zu jedem **anderen geeigneten Zeitpunkt** geltend gemacht werden können (Art 11 Abs 2 S 2, 12 Abs 3 S 2).

24 Schließlich schreibt Art 4 Abs 1 lit g vor, dass die für die Anwendung dieser Bestimmungen (Art 11, 12) erforderlichen **Erläuterungen** gegeben werden müssen. Daraus folgt insbesondere, dass das ersuchende Gericht im Falle eines Antrags auf Beteiligung der Parteien/Beauftragten näher erläutern muss, worin die gewünschte Beteiligung bestehen soll[31], denn andernfalls könnte das ersuchte Gericht nicht prüfen, ob die beantragte Form der Beteiligung mit seinem eigenen Recht zu vereinbaren ist (Art 11 Abs 3, 12 Abs 4). Aus dem Fehlen einer entsprechenden Rubrik im Formblatt A folgt wegen des Vorrangs des Art 4 Abs 1 lit g (s Rn 4) nicht, dass auf eine Spezifizierung der Beteiligungsform verzichtet werden könnte[32]; gegebenenfalls ist eine Anlage einzureichen. Allerdings kann eine Spezifizierung der gewünschten Beteiligung auch noch nach Stellung des Ersuchens erfolgen (Erst-recht-Schluss aus Art 11 Abs 2 S 2, 12 Abs 3 S 2).

### V. Form und Sprache

25 Das Ersuchen und die ihm beigefügten Unterlagen bedürfen weder der Beglaubigung noch einer anderen gleichwertigen Formalität (Art 4 Abs 2). Zwingend ist allerdings die Verwendung der Formblätter A bzw I. Anlagen sind mit einer Übersetzung in die Sprache zu versehen, in der das Ersuchen abgefasst wurde (Art 4 Abs 2). Die maßgebende Sprache richtet sich nach Art 5.

## Artikel 5
## Sprachen

**Das Ersuchen und die aufgrund dieser Verordnung gemachten Mitteilungen sind in der Amtssprache des ersuchten Mitgliedstaats oder, wenn es in diesem Mitgliedstaat mehrere**

---

31 IE ebenso *Schlosser* Art 12 Rn 2.

32 So aber *Götz Schulze* IPRax 2001, 530.

Amtssprachen gibt, in der Amtssprache oder einer der Amtssprachen des Ortes, an dem die beantragte Beweisaufnahme durchgeführt werden soll, oder in einer anderen Sprache, die der ersuchte Mitgliedstaat zugelassen hat, abzufassen. Jeder Mitgliedstaat hat die Amtssprache bzw die Amtssprachen der Organe der Europäischen Gemeinschaft anzugeben, die er außer seiner bzw seinen eigenen für die Ausfüllung des Formblatts zulässt.

## I. Normzweck

Ähnlich wie schon Art 4 Abs 1 HBÜ ordnet Art 5 S 1 an, dass das Ersuchen in der Sprache des **ersuchten** Gerichts abzufassen ist. Hierdurch sollen dem ersuchten Gericht (bzw bei einem Antrag nach Art 17 der Zentralstelle) sprachliche Probleme erspart werden, die zu einer Verzögerung der Erledigung und zu Übersetzungskosten führen würden[1]. Im Gegensatz zu Art 4 Abs 1 HBÜ legt Art 5 S 1 ausdrücklich auch die Verwendung der für das Ersuchen maßgebenden Sprache für den **nachfolgenden Schriftverkehr** fest („aufgrund dieser Verordnung gemachte Mitteilungen", zB nach Art 8, 9)[2]. Mit den „Mitteilungen" iSd des Art 5 S 1 sind nicht die nach Art 22 vorgeschriebenen Mitteilungen der Mitgliedstaaten an die Kommission gemeint, für die jeder Mitgliedstaat seine eigene Amtssprache verwendet. Bestehen im Mitgliedstaat des ersuchten Gerichts **mehrere Amtssprachen**, ist grundsätzlich an den Ort anzuknüpfen, an dem die Beweisaufnahme durchgeführt werden soll. 1

## II. Zulässige Sprachen

Es kann auch eine andere Sprache, die dieser Mitgliedstaat zugelassen hat, verwendet werden. **Deutschland** wird von dieser Möglichkeit voraussichtlich **keinen** Gebrauch machen: Nach **§ 1075 ZPO** idF des EG-BewDG-E (s Vorbem Rn 3) müssen aus dem Ausland eingehende Ersuchen auf Beweisaufnahme sowie Mitteilungen in deutscher Sprache abgefasst oder von einer Übersetzung in die deutsche Sprache begleitet sein. Ob und gegebenenfalls welche Sprachen ein Mitgliedstaat außer seiner bzw seinen eigenen zulässt (dies ist seine freie Entscheidung[3]), hat er gemäß Art 22 der Kommission mitzuteilen, welche die entsprechenden Angaben in das nach Art 19 zu erstellende **Handbuch** aufnimmt (Art 5 S 2). Es muss sich bei diesen Sprachen um **Amtssprachen** der Organe der EG handeln. Dies sind gegenwärtig Dänisch, Deutsch, Englisch, Finnisch, Französisch, Griechisch, Italienisch, Niederländisch, Portugiesisch, Schwedisch und Spanisch[4]. Theoretisch könnte ein Staat daher auch Ersuchen in einer ihm fremden EG-Amtssprache (Dänisch) akzeptieren, obwohl der Staat, um dessen Amtssprache es sich handelt (Dänemark), nicht Mitgliedstaat der EG-BewVO ist (Art 1 Abs 3). 2

---

[1] *Berger* IPRax 2001, 523.

[2] Dies war der Sache nach aber auch schon für das HBÜ anerkannt, s *Stein/Jonas/Berger* § 363 Anh A Art 4 Rn 45.

[3] *Heß/Müller* ZZPInt 6 (2001) 165.

[4] Verordnung Nr 1 zur Regelung der Sprachenfrage, ABl EG 1958, 358f, seither mehrfach erweitert, zuletzt ABl EG 1995 C 271/281; zu Einzelheiten s *Priebe*, in: *Schwarze*, EU-Kommentar (2000) Art 290 EGV Rn 5ff mwN.

Umgekehrt kann ein Mitgliedstaat nicht außer seiner eigenen eine Amtssprache eines anderen Mitgliedstaates akzeptieren, wenn es sich hierbei nicht zugleich um eine Amtssprache der EG handelt (zB Gälisch).

3 Die in Art 4 Abs 2 HBÜ enthaltene, nur durch einen Vorbehalt abzuwehrende **Verpflichtung** des ersuchten Staates, Rechtshilfeersuchen in französischer und englischer Sprache zu akzeptieren, wurde nicht in die EG-BewVO übernommen[5]. Hier dürften wie so oft Prestigeerwägungen eine pragmatische Lösung, die vor allem im Hinblick auf die bevorstehende Osterweiterung der EU dringlich gewesen wäre, verbaut haben[6].

### III. Anlagen

4 Dem Ersuchen **anliegende Schriftstücke** müssen in die Sprache des Ersuchens übersetzt werden (Art 4 Abs 3).

### IV. Mängel

5 Falls das ersuchende Gericht eine vom Staat des ersuchten Gerichts **nicht akzeptierte Sprache** verwendet hat, bringt das ersuchte Gericht einen entsprechenden Vermerk in der gemäß Art 7 Abs 1 zu übersendenden **Empfangsbestätigung** an (Formblatt B Nr 6.1). In der Empfangsbestätigung ist auf die korrekte(n) Sprache(n) hinzuweisen (Formblatt B Nr 6.1.1). Bevor das Ersuchen nicht in einer vom ersuchten Mitgliedstaat akzeptierten Sprache eingegangen ist, besteht **keine Pflicht zur Erledigung**; die in Art 10 Abs 1 genannte 90-Tage-Frist wird nicht in Lauf gesetzt (Art 9 Abs 1). Für die Beibringung der Übersetzung besteht anders als bei einem Vervollständigungsverlangen nach Art 8, 14 Abs 2 lit c keine 30-Tage-Frist[7]; auch wenn nach 30 Tagen keine Übersetzung vorliegt, kann und darf das ersuchte Gericht das Ersuchen nicht nach Art 14 Abs 2 lit c ablehnen.

6 Auf die **Zentralstelle** ist Art 7 nicht unmittelbar anwendbar; zur analogen Anwendung s Art 17 Rn 5.

### V. Durchführung der Beweisaufnahme

7 Zur Sprache, in der die **Beweisaufnahme durchzuführen** ist, s Art 10 Rn 5f; Art 17 Rn 19.

---

[5] Hierzu billigend *Bruneau* JClP (G) 2001, I 349, p 1769 (Es gebe weniger exotische Sprachen in EU als bei einem weltweit geltenden Übereinkommen).

[6] Vgl *Heß/Müller* ZZPInt 6 (2001) 165; allgemein *Schwarze/Priebe* (Fn 4) Art 290 EGV Rn 1.

[7] Für analoge Anwendung des Art 8 EG-BewVO aber *Schlosser* Art 4 EG-BewVO Rn 4. Angesichts der expliziten Regelung in Art 7 und 9 EG-BewVO und im Formblatt B besteht aber keine Regelungslücke.

## Artikel 6
## Übermittlung der Ersuchen und der sonstigen Mitteilungen

Ersuchen und Mitteilungen nach dieser Verordnung werden auf dem schnellstmöglichen Wege übermittelt, mit dem der ersuchte Mitgliedstaat sich einverstanden erklärt hat. Die Übermittlung kann auf jedem geeigneten Übermittlungsweg erfolgen, sofern das empfangene Dokument mit dem versandten Dokument inhaltlich genau übereinstimmt und alle darin enthaltenen Angaben lesbar sind.

### I. Beschleunigungsgebot und Einverständniserklärung

Die Vorschrift dient dem Ziel, moderne **Kommunikationstechnologien** in möglichst großem Umfang zu nutzen, um eine **beschleunigte Erledigung** des Rechtshilfeersuchens zu fördern[1]. Satz 2 definiert einen qualitativen **Mindeststandard** hinsichtlich der Übereinstimmung und Lesbarkeit. Dieser ist bei Fax und E-Mail in der Regel gewahrt. Satz 1 verpflichtet zur Nutzung des schnellstmöglichen Übermittlungsweges, macht dies aber davon abhängig, dass der ersuchte Staat sich mit dieser Übertragungsform einverstanden erklärt hat. Eine entsprechende konkludente **Einverständniserklärung** liegt in der nach Art 22 Nr 3 an die Kommission zu richtenden Mitteilung der technischen Einrichtungen, über welche die in der Liste (Art 2 Abs 2) aufgeführten Gerichte für die Entgegennahme von Ersuchen verfügen. Diese Informationen sind in das Handbuch gemäß Art 19 aufzunehmen[2]. 1

Zwar ergibt sich aus dem Erfordernis der Einverständniserklärung, dass ein Mitgliedstaat grundsätzlich nicht dazu verpflichtet ist, seine Gerichte und die Justizverwaltung mit Faxgeräten, Computern und den jeweils neuesten Internetverbindungen auszurüsten. Hat er aber das Vorhandensein einer entsprechenden technischen Infrastruktur nach Art 22 Nr 3 der Kommission mitgeteilt, kann ein ersuchtes Gericht oder die Zentralstelle die hierdurch eröffneten Kommunikationsmöglichkeiten nicht ablehnen. Ein **Verstoß gegen das Beschleunigungsgebot** liegt beispielsweise vor, wenn ein Gericht die Erledigung eines per Fax übermittelten Ersuchens mit der Begründung verweigert, es sehe hierin lediglich die Ankündigung eines förmlichen Schreibens[3]. 2

### II. Mängel

Ist das übermittelte Dokument **nicht lesbar**, bringt das ersuchte Gericht gemäß Art 7 Abs 1 in der **Empfangsbestätigung** einen entsprechenden Vermerk an (Formblatt B, Nr 6.2). Bevor das Ersuchen nicht in einer lesbaren Form eingegangen ist, besteht **keine Pflicht zur Erledigung**; die in Art 10 Abs 1 genannte 90-Tage-Frist wird nicht in Lauf gesetzt (Art 9 Abs 1). Für die Übermittlung einer lesbaren Fassung besteht anders als bei einem Vervollständigungsverlangen nach Art 8, 14 Abs 2 lit c keine 30-Tage- 3

---

[1] Vgl *Berger* IPRax 2001, 523; *Bruneau* JClP (G) 2001, I 349, p 1769; *Freudenthal* NIPR 2002, 115.

[2] Unbegründet deshalb die Bedenken bei *Klauser* 1; *Schlosser* Rn 1.

[3] Anders aber *Schlosser* Rn 2.

Frist[4]; auch wenn nach 30 Tagen keine lesbare Fassung vorliegt, kann und darf das ersuchte Gericht das Ersuchen nicht nach Art 14 Abs 2 lit c ablehnen. Zur analogen Anwendung des Art 7 Abs 1 auf die **Zentralstelle** s Art 17 Rn 5.

# Abschnitt 2
# Entgegennahme des Ersuchens

## Artikel 7
## Entgegennahme des Ersuchens

**(1) Das ersuchte zuständige Gericht übersendet dem ersuchenden Gericht innerhalb von sieben Tagen nach Eingang des Ersuchens eine Empfangsbestätigung unter Verwendung des Formblatts B im Anhang; entspricht das Ersuchen nicht den Bedingungen der Artikel 5 und 6, so bringt das ersuchte Gericht einen entsprechenden Vermerk in der Empfangsbestätigung an.**

**(2) Fällt die Erledigung eines unter Verwendung des Formblatts A im Anhang gestellten Ersuchens, das die Bedingungen nach Artikel 5 erfüllt, nicht in die Zuständigkeit des Gerichts, an das es übermittelt wurde, so leitet dieses das Ersuchen an das zuständige Gericht seines Mitgliedstaats weiter und unterrichtet das ersuchende Gericht unter Verwendung des Formblatts A im Anhang hiervon.**

### I. Mängel der Sprache und Lesbarkeit

1 Der Art 7 ist, wie sich aus seiner Formulierung („Das ersuchte … Gericht") ergibt, allein auf ein Ersuchen gem Art 1 Abs 1 lit a, nicht jedoch auf ein Ersuchen um unmittelbare Beweisaufnahme (Art 1 Abs 1 lit b, 17) anzuwenden, über das nicht ein Gericht, sondern die Zentralstelle entscheidet. Zur analogen Anwendbarkeit s Art 17 Rn 5. Die weiteren durch diese Vorschrift aufgeworfenen Fragen werden an anderer Stelle im systematischen Zusammenhang behandelt. Siehe im Einzelnen
- zur Sprache: Art 5 Rn 5,
- zur Lesbarkeit: Art 6 Rn 3 und unten Rn 5,
- zu unvollständigen Ersuchen: Art 8 Rn 1 ff.

2 Klarzustellen ist, dass es ungeachtet der Formulierung „entspricht das Ersuchen nicht den Bedingungen der Artikel 5 *und* 6" für die Anbringung eines entsprechenden Vermerks ausreicht, dass das Ersuchen den Voraussetzungen des Art 5 **oder** des Art 6 nicht entspricht.

---

[4] Für analoge Anwendung des Art 8 EG-BewVO auch insofern *Schlosser* Rn 2; ihm folgend *Klauser* 2.

## II. Zuständigkeit des ersuchten Gerichts und Weiterleitung an das zuständige Gericht

### 1. Zeitpunkt

Die nach Art 7 Abs 1 binnen sieben Tagen nach Eingang des Ersuchens zu versendende Empfangsbestätigung muss von dem ersuchten **zuständigen** Gericht ausgehen. Fraglich ist, auf welchen Zeitpunkt für die Zuständigkeit abzustellen ist. In Betracht kommt zum einen das Eingangsdatum, zum anderen der Zeitpunkt, in dem die Empfangsbestätigung erteilt wird. Aus Gründen der Rechtssicherheit empfiehlt sich der **Eingang** des Ersuchens. Spätere Veränderungen (zB ein Wohnsitzwechsel des zu vernehmenden Zeugen) berühren die Zuständigkeit nicht[1]. Andernfalls bestünde die Gefahr eines Katz-und-Maus-Spiels zwischen dem ersuchenden Gericht und der Beweisperson. 3

### 2. Weiterleitung im Inland

Ein Ersuchen, das in der richtigen Sprache (Art 5) und unter Verwendung des Formblatts A abgefasst worden ist, darf in dem Fall, dass es an ein nicht zuständiges Gericht übersendet worden ist, von diesem nicht einfach zurückgewiesen werden, sondern muss von dem ersuchten Gericht an das zuständige Gericht seines Mitgliedstaats **weitergeleitet** werden (Art 7 Abs 2). Die Vorschrift schreibt Art 6 HBÜ fort. Welches Gericht zuständig ist, ergibt sich aus der nach Art 2 Abs 2 zu erstellenden Liste. Wie der Wortlaut des Art 7 Abs 2 verdeutlicht („das zuständige Gericht *seines Mitgliedstaates*"), ist eine grenzüberschreitende Weiterleitung des Ersuchens an ein ausländisches Gericht nicht vorgesehen. Eine analoge Anwendung der Vorschrift „in grenznahen Fällen"[2] ist abzulehnen, weil die Grenznähe in Zeiten elektronischer Datenübertragung kein sachgerechtes Abgrenzungskriterium bietet. Zudem drohen in diesem Fall sprachliche Komplikationen[3]. 4

### 3. Unleserlichkeit

Art 7 Abs 2 setzt lediglich voraus, dass das Ersuchen die **Voraussetzungen des Art 5 (Sprache)** erfüllt, schweigt indes zu den Bedingungen nach Art 6 (erlaubte Kommunikationstechnologien, **Lesbarkeit**). Ist jedoch das Ersuchen gerade insoweit unlesbar, als es die Voraussetzungen betrifft, von denen die Zuständigkeit abhängt (zB Unleserlichkeit der Anschrift, sofern es auf den Wohnsitz ankommt), befindet sich das ersuchte Gericht in einem Dilemma: Eine Empfangsbestätigung nach Art 7 Abs 1 kann nach dem Wortlaut der Vorschrift nur das „ersuchte *zuständige* Gericht" versenden; eine Weiterleitung nach Art 7 Abs 2 kommt aber auch nicht in Betracht, wenn nicht erkennbar ist, an welches Gericht das Ersuchen weiterzuleiten ist. In diesem Fall besteht für das zunächst ersuchte Gericht eine Notzuständigkeit analog Art 7 Abs 1 zur 5

---

[1] Anders zu Art 6 HBÜ *Stein/Jonas/Berger* § 363 Anh A Art 6 Rn 58.

[2] Dafür *Schlosser* Rn 2.

[3] Dies räumt auch *Schlosser* Rn 2 ein.

Erteilung der Empfangsbestätigung, die mit einem entsprechenden Vermerk (Formblatt B Nr 6.2) zu versehen ist.

### 4. Frist und Form

6 Für die Weiterleitung gemäß Art 7 Abs 2 gilt **nicht** die **7-Tage-Frist** des Art 7 Abs 1. Diese Frist wird erst in Lauf gesetzt, wenn das *zuständige* Gericht das Ersuchen erhält. Im Gegensatz zu Art 6 Abs 1 HBÜ wird das Gericht in Art 7 Abs 2 nicht einmal ausdrücklich zur „unverzüglich[en]" Weiterleitung verpflichtet. Der in Art 10 Abs 1 normierte Unverzüglichkeitsgrundsatz gilt erst für die Erledigung des Ersuchens durch das zuständige Gericht, nicht bereits für die Weiterleitung. Hierin liegt eine Lücke in dem Fristensystem der EG-BewVO, die unter Umständen zur Quelle erheblicher Verzögerungen werden kann. De lege ferenda sollten die Eingangsworte „das ersuchte zuständige Gericht" in Art 7 Abs 1 zu „das ersuchte Gericht" verkürzt werden. In diesem Fall wäre klargestellt, das jedes Gericht, bei dem ein Ersuchen eingeht, zur Erteilung einer Empfangsbestätigung verpflichtet ist, mag es auch für die Erledigung des Ersuchens nicht zuständig sein. Ferner ist zu erwägen, auch für die Weiterleitung nach Art 7 Abs 2 eine 7-Tage-Frist einzuführen. Bis dahin ist aus dem in verschiedenen Vorschriften der EG-BewVO zum Ausdruck kommenden Beschleunigungsgedanken (Art 6, 8, 10 Abs 1) die Verpflichtung des ersuchten Gerichts abzuleiten, das Ersuchen **unverzüglich** an das zuständige Gericht weiterzusenden.

7 Von der Weiterleitung des Ersuchens an das zuständige Gericht ist das ersuchende Gericht unter Verwendung des Formblatts A zu unterrichten (**Formblatt A Nr 14**).

### 5. Bindungswirkung

8 Die EG-BewVO schweigt darüber, ob die Weiterleitung des Ersuchens **Bindungswirkung** entfaltet[4]. Grundsätzlich ist dies zu verneinen, sodass eine erneute Weiterleitung zulässig ist. Kommt es zu Streitigkeiten, etwa weil verschiedene Gerichte sich für unzuständig erklären, liegt ein Ausnahmefall iSd Art 3 Abs 1 lit c vor, in dem die Zentralstelle das Ersuchen direkt an das zuständige Gericht weiterleitet. Dieser Weiterleitung wird man nach Sinn und Zweck des Art 3 Abs 1 lit c eine Bindungswirkung beilegen müssen, um das Ziel einer möglichst beschleunigten Durchführung von Rechtshilfeersuchen zu erreichen.

9 Die EG-BewVO enthält ferner keine Regelung darüber, ob Beweisaufnahmen vor dem ersuchenden Gericht **verwertbar** sind, wenn das ersuchte Gericht seine **Zuständigkeit** nach Art 2 Abs 2 **zu Unrecht angenommen** hat. Insofern bleibt die lex fori des Prozessgerichts maßgebend. Die Verwertung einer aufgrund eines ausgehenden Rechtsersuchens im Ausland durchgeführten Beweisaufnahme kann vor dem deutschen Prozessgericht nicht mit dem Einwand angegriffen werden, das ersuchte Gericht sei nach der von dem anderen Mitgliedstaat erstellten Liste nicht zuständig gewesen (§ 369 ZPO).

---

[4] Verneinend zu Art 6 HBÜ *Stein/Jonas/Berger* § 363 Anh A Art 6 Rn 57.

## Artikel 8
## Unvollständiges Ersuchen

**(1) Kann ein Ersuchen nicht erledigt werden, weil es nicht alle erforderlichen Angaben gemäß Artikel 4 enthält, so setzt das ersuchte Gericht unverzüglich, spätestens aber innerhalb von 30 Tagen nach Eingang des Ersuchens das ersuchende Gericht unter Verwendung des Formblatts C im Anhang davon in Kenntnis und ersucht es, ihm die fehlenden Angaben, die in möglichst genauer Weise zu bezeichnen sind, zu übermitteln.**
**(2) Kann ein Ersuchen nicht erledigt werden, weil eine Kaution oder ein Vorschuss nach Artikel 18 Absatz 3 erforderlich ist, teilt das ersuchte Gericht dem ersuchenden Gericht dies unverzüglich, spätestens 30 Tage nach Eingang des Ersuchens unter Verwendung des Formblatts C im Anhang mit; es teilt dem ersuchenden Gericht ferner mit, wie die Kaution oder der Vorschuss geleistet werden sollten. Das ersuchte Gericht bestätigt den Eingang der Kaution oder des Vorschusses unverzüglich, spätestens innerhalb von 10 Tagen nach Erhalt der Kaution oder des Vorschusses unter Verwendung des Formblatts D.**

### I. Unvollständigkeit nach Art 4

Art 8 Abs 1 verpflichtet das ersuchte Gericht im Falle eines iSd Art 4 unvollständigen Ersuchens dazu, unverzüglich einen Antrag auf Vervollständigung an das ersuchende Gericht zu stellen. Als Obergrenze gilt hierbei eine Frist von 30 Tagen. Die Verwendung des Formblatts C ist zwingend; ebenso das Gebot einer möglichst genauen Bezeichnung der fehlenden Angaben. Auf die Verwendung einer nicht zugelassenen Sprache (Art 5) oder Mängel der Lesbarkeit (Art 6) findet Art 8 Abs 1 keine Anwendung; insoweit ist nach Art 7 Abs 1 bereits ein entsprechender Vermerk in der Empfangsbestätigung anzubringen (s Art 5 Rn 5, Art 6 Rn 3). 1

Das ersuchte Gericht iSd Art 8 Abs 1 ist, wie sich zwar nicht aus dem Wortlaut der Vorschrift, aber aus der systematischen Stellung nach Art 7 ergibt, das ersuchte **zuständige** Gericht (s Art 7 Rn 3). Im Falle einer Weiterleitung des Ersuchens nach Art 7 Abs 2 beginnt deshalb die 30-Tage-Frist des Art 8 Abs 1 erst mit Eingang des Ersuchens bei dem zuständigen Gericht zu laufen. Eine Überschreitung der 30-Tage-Frist löst keine verordnungsimmanenten Sanktionen aus[1]. Zu den möglichen Rechtsfolgen verzögerter Bearbeitung s Art 10 Rn 2. Hat das ersuchte Gericht das ersuchende Gericht gemäß Art 8 Abs 1 davon unterrichtet, dass das Ersuchen nicht erledigt werden kann, weil es nicht alle erforderlichen Angaben nach Art 4 enthält, beginnt die Frist nach Art 10 Abs 1 erst mit dem Eingang des ordnungsgemäß ausgefüllten Ersuchens beim ersuchten Gericht zu laufen (Art 9 Abs 1). Entspricht das ersuchende Gericht der Aufforderung des ersuchten Gerichts auf Ergänzung des Ersuchens gemäß Art 8 Abs 1 nicht innerhalb von 30 Tagen, nachdem das ersuchte Gericht das ersuchende Gericht um Ergänzung des Ersuchens gebeten hat, liegt nach Art 14 Abs 2 lit c ein Ablehnungsgrund vor (näher Art 14 Rn 20f). 2

---

[1] Ebenso *Schlosser* Rn 1.

3 Auf ein Ersuchen um **unmittelbare Beweisaufnahme** (Art 1 Abs 1 lit b, 17) ist Art 8 **nicht** anzuwenden. Dies ergibt sich nicht nur aus dem Wortlaut – Normadressat ist das „ersuchte Gericht“, nicht die Zentralstelle –, sondern auch aus einem Gegenschluss aus Art 17 Abs 5 im Vergleich zu Art 14 Abs 2 lit c.

### II. Kaution oder Vorschuss nach Art 18 Abs 3

4 Die Anforderung einer Kaution oder eines Vorschusses für die Sachverständigenkosten nach Art 18 Abs 3 wird in Art 8 Abs 2 geregelt. Die Vorschrift ist weitgehend aus sich heraus verständlich. Zur Zuständigkeit des ersuchten Gerichts und zum Beginn des Fristenlaufs s oben Rn 3-6. Zu Einzelheiten zur Kaution bzw zum Vorschuss nach Art 18 Abs 3 s Art 18 Rn 5. Auf die Sicherstellung der Erstattung anderer Aufwendungen und Auslagen nach Art 18 Abs 2 ist Art 8 Abs 2 nicht, auch nicht analog, anwendbar[2]. Sofern das ersuchte Gericht um eine Kaution oder einen Vorschuss gebeten hat, beginnt die 90-Tage-Frist für die Erledigung nach Art 10 Abs 1 erst mit der Hinterlegung der Kaution oder dem Eingang des Vorschusses zu laufen (Art 9 Abs 2).Werden eine Kaution oder ein Vorschuss, die gemäß Art 18 Abs 3 verlangt wurden, nicht innerhalb von 60 Tagen nach dem entsprechenden Verlangen des ersuchenden Gerichts hinterlegt bzw einbezahlt, liegt ein Ablehnungsgrund gemäß Art 14 Abs 2 lit d vor.

## Artikel 9
## Vervollständigung des Ersuchens

(1) Hat das ersuchte Gericht gemäß Artikel 7 Absatz 1 auf der Empfangsbestätigung vermerkt, dass das Ersuchen nicht die Bedingungen der Artikel 5 und Artikel 6 erfüllt, oder hat es das ersuchende Gericht gemäß Artikel 8 davon unterrichtet, dass das Ersuchen nicht erledigt werden kann, weil es nicht alle erforderlichen Angaben nach Artikel 4 enthält, beginnt die Frist nach Artikel 10 Absatz 1 erst mit dem Eingang des ordnungsgemäß ausgefüllten Ersuchens beim ersuchten Gericht zu laufen.
(2) Sofern das ersuchte Gericht gemäß Artikel 18 Absatz 3 um eine Kaution oder einen Vorschuss gebeten hat, beginnt diese Frist erst mit der Hinterlegung der Kaution oder dem Eingang des Vorschusses.

1 S Art 10 Rn 1 f.

---

2 *Klauser* 2; *Schlosser* Rn 2.

# Abschnitt 3
# Beweisaufnahme durch das ersuchte Gericht

## Artikel 10
## Allgemeine Bestimmungen über die Erledigung des Ersuchens

(1) Das ersuchte Gericht erledigt das Ersuchen unverzüglich, spätestens aber innerhalb von 90 Tagen nach Eingang des Ersuchens.
(2) Das ersuchte Gericht erledigt das Ersuchen nach Maßgabe des Rechts seines Mitgliedstaats.
(3) Das ersuchende Gericht kann unter Verwendung des Formblatts A im Anhang beantragen, dass das Ersuchen nach einer besonderen Form erledigt wird, die das Recht seines Mitgliedstaats vorsieht. Das ersuchte Gericht entspricht einem solchen Antrag, es sei denn, dass diese Form mit dem Recht des Mitgliedstaats des ersuchten Gerichts unvereinbar oder wegen erheblicher tatsächlicher Schwierigkeiten unmöglich ist. Entspricht das ersuchte Gericht aus einem der oben genannten Gründe nicht dem Antrag, so unterrichtet es das ersuchende Gericht unter Verwendung des Formblatts E im Anhang hiervon.
(4) Das ersuchende Gericht kann das ersuchte Gericht bitten, die Beweisaufnahme unter Verwendung von Kommunikationstechnologien, insbesondere im Wege der Videokonferenz und der Telekonferenz, durchzuführen. Das ersuchte Gericht entspricht einem solchen Antrag, es sei denn, dass dies mit dem Recht des Mitgliedstaats des ersuchten Gerichts unvereinbar oder wegen erheblicher tatsächlicher Schwierigkeiten unmöglich ist. Entspricht das ersuchte Gericht aus einem dieser Gründe dem Antrag nicht, so unterrichtet es das ersuchende Gericht unter Verwendung des Formblatts E im Anhang hiervon. Hat das ersuchende oder das ersuchte Gericht keinen Zugang zu den oben genannten technischen Mitteln, können diese von den Gerichten im gegenseitigen Einvernehmen zur Verfügung gestellt werden.

**I. Unverzügliche Erledigung** ............. 1

**II. Erledigung nach lex fori des ersuchten Gerichts**
1. Grundsatz ............................. 3
2. Sprache ............................... 5

**III. Besondere Form der Erledigung**
1. Normzweck ............................. 7
2. Formale Anforderungen ............. 10
3. Versagungsgründe – Überblick ....... 11
4. Unvereinbarkeit der besonderen Form mit dem Recht des ersuchten Gerichts
   a) Die zu Art 9 Abs 2 HBÜ entwikkelten Maßstäbe .................. 14
   b) Auslegungskompetenz des EuGH und Beurteilungsspielraum des ersuchten Gerichts ............... 16
   c) Unmöglichkeit ..................... 17
   d) Einzelne Fallgruppen
      (1) Wortprotokoll ................ 19
      (2) Kreuzverhör .................. 20
      (3) Vereidigung: ................. 24
   e) Kosten ............................ 25

**IV. Verwendung moderner Kommunikationstechnologien**
1. Einführung
a) Neuerungen gegenüber dem HBÜ ..... 26
b) Rechtsnatur ..... 27
c) Folgen für die Rechtsanwendung .. 31
d) Unterschiede zu Art 17 ..... 33
2. Anwendungsbereich
a) Videovernehmung und -verhandlung ..... 34
b) Augenschein ..... 35
3. Unvereinbarkeit mit nationalem Recht
a) Modifizierte Anwendung des § 128 a ZPO ..... 36
b) Tele-Augenschein ..... 38
c) Videoaufzeichnung ..... 39
4. Unmöglichkeit ..... 40
5. Kosten ..... 41
**V. Rechtsbehelfe** ..... 42

## I. Unverzügliche Erledigung

1 Art 10 Abs 1 **verschärft** durch das Gebot der unverzüglichen Erledigung, verbunden mit der ausdrücklichen Anordnung einer 90-Tage-Frist, **die Anforderungen des HBÜ**, dessen Art 9 Abs 3 das ersuchte Gericht lediglich zu einer „raschen" Erledigung verpflichtet[1]. Die Frist beginnt mit dem Eingang des Ersuchens beim **zuständigen** Gericht, im Falle der Weiterleitung nach Art 7 Abs 2 also erst mit dem Eingang bei dem Gericht, an welches das Ersuchen **weitergeleitet** wurde (s Art 7 Rn 3). Dies ergibt sich mittelbar daraus, dass Art 9 Abs 1 Alt 1 den **Beginn des Fristenlaufs** verhindert, wenn das „ersuchte Gericht gemäß Artikel 7 Absatz 1" eine Empfangsbestätigung an das ersuchende Gericht schickt, die einen Vermerk in Bezug auf die Verwendung einer falschen Sprache (Art 5) oder[2] einen Mangel der Lesbarkeit (Art 6) enthält. Da das ersuchte Gericht nach Art 7 Abs 1 das „ersuchte *zuständige* Gericht" sein muss, kann der Lauf der Frist nicht beginnen, bevor das zuständige Gericht das Ersuchen erhalten hat. Der Beginn des Fristenlaufs wird ferner dadurch verhindert, dass das ersuchte (zuständige) Gericht einen Vervollständigungsantrag nach Art 8 Abs 1 stellt (Art 9 Abs 1 Alt 2), oder durch die Bitte um eine Kaution bzw einen Vorschuss nach Art 18 Abs 3 (Art 9 Abs 2). Der Mangel eines Beginns des Fristenlaufs in den letztgenannten beiden Fällen bewirkt aber nicht, dass das Ersuchen in einem permanenten Schwebezustand bleibt. Vielmehr greifen nach Ablauf von 30 Tagen (Vervollständigungsantrag) bzw 60 Tagen (Kautionsantrag) die Ablehnungsgründe des Art 14 Abs 2 lit c und d ein.

2 Eine **Sanktion** für eine Überschreitung der 90-Tage-Frist sieht die EG-BewVO nicht vor[3]. Ist das ersuchte Gericht jedoch nicht in der Lage, das Ersuchen fristgerecht zu erledigen, hat es das ersuchende Gericht unter Verwendung des **Formblatts G** hiervon in Kenntnis zu setzen (Art 15 S 1). Dabei muss es die Gründe für die Verzögerung angeben sowie den Zeitraum, der nach Einschätzung des ersuchten Gerichts für die Erledigung des Ersuchens voraussichtlich benötigt wird (Art 15 S 2). Darüber hinaus kommen bei einer

[1] Vgl *Stadler*, in: FS Geimer 1292: Zügige Erledigung sei nicht mehr nur „bloßer Programmsatz".

[2] Auch hier ist das „und" in der Formulierung „dass das Ersuchen nicht die Bedingungen der Artikel 5 und Artikel 6 erfüllt" als ein „oder" zu lesen, vgl Art 7 Rn 2.

[3] *Klauser* 1; *Olivier* GazPalDoctr 2002, 1305; *Schlosser* Rn 1; *Stadler*, in: FS Geimer 1292.

unzureichend begründeten Verzögerung der Bearbeitung **Staatshaftungsansprüche** nach nationalem Recht[4] sowie die Einleitung eines **Vertragsverletzungsverfahrens** gegen den betreffenden Mitgliedstaat in Betracht[5]. Schließlich bleibt von der EG-BewVO die Möglichkeit unberührt, unter Berufung auf Art 6 Abs 1 EMRK (angemessene Verfahrensdauer) **Beschwerde beim EGMR** zu erheben[6].

## II. Erledigung nach lex fori des ersuchten Gerichts

### 1. Grundsatz

Art 10 Abs 2 ordnet an, dass das Rechtshilfegericht bei der Erledigung des Ersuchens nach seiner **lex fori** verfährt. Die Vorschrift lehnt sich an Art 9 Abs 1 HBÜ an (Erledigung in den „Formen" der lex fori)[7]. Ausnahmen enthalten Art 10 Abs 3 (s Rn 7 ff) und Art 14 Abs 1 (Meistbegünstigungsprinzip in Bezug auf Aussageverweigerungsrechte, s Art 14 Rn 1 ff). Die lex fori gilt auch für die Beurteilung der **Zeugnisfähigkeit** und der **Eidesmündigkeit** der Beweisperson[8] (s auch Art 14 Rn 5). Das Lex-fori-Prinzip regelt ferner die Anwendung von Zwangsmaßnahmen (Art 13). 3

Art 10 Abs 2 führt nicht dazu, dass die **Spezifität der Bezeichnung von Beweismitteln und -themen** bei der Formulierung des Ersuchens nach Art 4 am deutschen Prozessrecht zu messen ist (s Art 4 Rn 2). 4

### 2. Sprache

Die Beweisaufnahme vor dem ersuchten deutschen Gericht findet in **deutscher Sprache** statt, denn § 184 GVG („Die Gerichtssprache ist deutsch") gilt vorbehaltlich abweichender Regelungen (zB nach Art 5) auch für den Rechtshilfeverkehr[9]. Zur Zuziehung eines Dolmetschers s § 185 Abs 1 GVG. Ausnahmsweise kann die Zuziehung eines Dolmetschers unterbleiben, wenn alle beteiligten Parteien (einschließlich des Protokollführers[10]) die betreffende Fremdsprache beherrschen (§ 185 Abs 2 GVG)[11]. 5

---

[4] *Klauser* 1; *Schlosser* Rn 1.

[5] *Heß/Müller* ZZPInt 6 (2001) 164 f; *Klauser* 1; *Schlosser* Rn 1.

[6] Zum „Recht auf Beweis" als von Art 6 Abs 1 EMRK iVm Art 6 Abs 2 EUV geschütztes Rechtsgut näher *Heß/Müller* ZZPInt 6 (2001) 170 f.

[7] Hierzu *Stein/Jonas/Berger* § 363 Anh A Rn 70; *Schlosser* Art 9/10 HBÜ Rn 1.

[8] Vgl zu Art 9 Abs 1 HBÜ *Pfeil-Kammerer* 320 f; anders *Blaschczok* 151 f.

[9] HM: BGH 17. 5. 1984 – 4 StR 139/84 – BGHSt 32, 342 = NJW 1984, 2050 mit abl Anm *Vogler* (ebenda 1764); *Kissel*, GVG[3] (2001) § 184 GVG Rn 23; *Meyer-Goßner*, StPO[46] (2003) § 184 GVG Rn 4; *Pfeil-Kammerer* 311; iE auch *Junker*, Discovery 339 (Rechtshilfe sei zwar Justizverwaltung, Verwendung deutscher Sprache folge aber aus Art 103 Abs 1 GG); *Stein/Jonas/Berger* § 363 Anh A Art 9 Rn 71; ausführlich zu Sprachproblemen im IZVR *Nagel/Gottwald*, IZPR § 4 Rn 125-137; *Schack*, IZVR Rn 572-580.

[10] Dies betont zu Recht *Schack*, IZVR Rn 578.

[11] *Junker*, Discovery 339.

Das **Protokoll** ist im Inlandsverfahren auch in diesem Fall auf deutsch zu führen[12]. Für die Rechtshilfe wird indes vorgeschlagen, das Protokoll in der betreffenden Fremdsprache zu führen[13]. Hierfür fehlt es jedoch an einer allgemeinen Rechtsgrundlage. Das ersuchte Gericht kann sich aber mit einer großzügigen Handhabung von § 185 Abs 1 S 2 GVG behelfen. Ferner kann das ersuchende Gericht nach Art 10 Abs 3 die Errichtung eines fremdsprachigen Wortprotokolls beantragen (s Rn 19).

6 Diese Grundsätze gelten auch, wenn das ersuchte Gericht einem Antrag auf Erledigung der Beweisaufnahme in einer **besonderen Form** (Art 10 Abs 3) entspricht, zB im Falle eines Kreuzverhörs[14].

## III. Besondere Form der Erledigung

### 1. Normzweck

7 Art 10 Abs 3 S 1, der im Wesentlichen dem Art 9 Abs 2 S 1 HBÜ entspricht, sieht die Möglichkeit vor, dass die Beweisaufnahme auf Antrag des ersuchenden Gerichts in einer besonderen, von der lex fori des ersuchten Gerichts abweichenden Form durchgeführt wird, die dem Recht des ersuchenden Gerichts entstammt. Der Zweck dieser Ausnahmeregelung besteht darin, die **Verwertbarkeit** der vom Rechtshilfegericht erhobenen Beweise im Verfahren vor dem Prozessgericht sicherzustellen[15]. Die Vorschrift verhindert so letztlich überflüssige, weil unverwertbare Beweisaufnahmen nach dem Recht des ersuchten Gerichts[16]. Sie dient damit der **Prozessökonomie** und der **Effizienz** der internationalen Rechtshilfe. Zugleich muss aber sichergestellt werden, dass das ersuchte Gericht nicht dazu gezwungen wird, gegen grundlegende Vorschriften seines eigenen Rechts, insbesondere zum Schutz von Zeugen, zu verstoßen, und dass von ihm nicht praktisch Unmögliches verlangt wird. Diesen Bedenken tragen die **Versagungsgründe** in Art 10 Abs 3 S 2 Rechnung.

8 Aus deutscher Sicht ist bei ausgehenden Rechtshilfeersuchen die Stellung eines Antrags auf Einhaltung einer besonderen Form nach Art 10 Abs 3 unnötig, weil es für die Verwertbarkeit des Beweisergebnisses ausreicht, wenn die Form der Beweisaufnahme dem ausländischen Recht entspricht (arg § 369 ZPO)[17].

---

12 *Kissel* (Fn 9) § 185 GVG Rn 9, 13.

13 *Junker*, Discovery 339.

14 Ebenso zu Art 9 Abs 2 HBÜ *Junker*, Discovery 339; *Stein/Jonas/Berger* § 363 Anh A Art 9 Rn 71; *Pfeil-Kammerer* 311; kritisch *Nagel/Gottwald*, IZPR § 8 Rn 44 .

15 *Heß/Müller* ZZPInt 6 (2001) 154; ebenso zu Art 9 Abs 2 HBÜ *Blaschczok* 138; *E Geimer* 89; *Junker*, Discovery 334 f; *McClean* 118; *Pfeil-Kammerer* 307; *Volken* Rn 3/145.

16 Ebenso zu Art 9 Abs 2 HBÜ *E Geimer* 89; *Volken* Rn 3/145.

17 AllgM, s statt vieler (zu Art 9 Abs 2 HBÜ) *Stein/Jonas/Berger* § 363 Anh A Art 9 Rn 73; *Schack*, IZVR Rn 729; vgl auch *MünchKommZPO/Musielak* § 369 Rn 3.

Zur Frage, ob **Zwangsmaßnahmen** auch bei Einhaltung einer besonderen Form der Beweisaufnahme ergriffen werden können, s Art 13 Rn 8ff. 9

## 2. Formale Anforderungen

Der Antrag auf Erledigung des Rechtshilfeersuchens in einer besonderen Form wird mit 10
dem Ersuchen gestellt (Art 4 Abs 1 lit f). Hierbei ist das Formblatt A zu verwenden (Art 4 Abs 1 S 1 und 10 Abs 3 S 1, Formblatt A Nr 13).

## 3. Versagungsgründe – Überblick

Das ersuchte Gericht kann einen Antrag auf Erledigung in einer besonderen Form nur 11
dann ablehnen, wenn diese Form mit dem Recht des ersuchten Gerichts **unvereinbar** oder ihre Einhaltung wegen erheblicher tatsächlicher Schwierigkeiten **unmöglich** ist. Auch insoweit orientiert sich die EG-BewVO an Art 9 Abs 2 HBÜ. Gegenüber dieser Vorschrift wurden die Ablehnungsmöglichkeiten jedoch **enger** gefasst[18]: So reicht es entgegen Art 9 Abs 2 HBÜ nicht aus, dass die Einhaltung der besonderen Form „nach der gerichtlichen Übung im ersuchten Staat […] unmöglich" ist. Ferner können nur noch „erhebliche" tatsächliche Schwierigkeiten die Unmöglichkeit der Einhaltung einer besonderen Form begründen.

Entspricht das ersuchte Gericht aus einem der oben genannten Gründe nicht dem An- 12
trag auf Erledigung des Ersuchens in einer besonderen Form, muss es das ersuchende Gericht unter Verwendung des Formblatts E hiervon **unterrichten**. Hierbei handelt es sich, wie die systematische Stellung des Art 10 Abs 3 zeigt und wie auch an der Verwendung eines speziellen Formblatts (E, nicht H) erkennbar wird, nicht um einen Fall der Ablehnung des Ersuchens iSd Art 14[19]. Vielmehr ist das ersuchte Gericht, wenn es den Antrag auf Einhaltung einer besonderen Form zurückweist, grundsätzlich gehalten, das Ersuchen gemäß Art 10 Abs 2 **nach seiner lex fori zu erledigen**[20]. Hat eine solche Beweisaufnahme für das ersuchende Gericht aufgrund eines absehbar eingreifenden Beweisverwertungsverbots keinen Sinn, steht es dem ersuchenden Gericht frei, das Ersuchen zurückzuziehen. Es empfiehlt sich, zugleich mit der Übersendung des Formblatts E das ersuchende Gericht um eine Erklärung darüber zu bitten, ob es eine hilfsweise vorzunehmende Erledigung des Ersuchens nach Art 10 Abs 2 wünscht. Ebenso wird man es dem ersuchenden Gericht gestatten müssen, bereits bei der Stellung des Ersuchens darauf hinzuweisen, dass das Ersuchen im Falle der Versagung einer Erledigung nach Art 10 Abs 3 hilfsweise im Einklang mit dem Recht des ersuchten Gerichts durchgeführt werden soll[21].

---

[18] Eine deutliche Einschränkung sehen darin *Heß/Müller* ZZPInt 6 (2001) 154.

[19] Anders *Schlosser* Rn 4: Für den Fall der Ablehnung einer besonderen Form gelte Art 14 Abs 4 EG-BewVO.

[20] Ebenso zu Art 9 Abs 2 HBÜ *Blaschczok* 138.

[21] Vgl etwa die Formulierung im Draft Letter of Request, Annex A zu den Practice Directions zu CPR (s Art 1 Rn 46) 34: „The witnesses should be examined on oath or if that is not possible within your

13 Für die Erledigung in einer besonderen Form gilt die allgemeine **90-Tage-Frist** des Art 10 Abs 1[22]. Die Prüfung der rechtlichen Zulässigkeit einer unbekannten Form der Beweisaufnahme oder die Behebung tatsächlicher Schwierigkeiten können aber eine Fristüberschreitung rechtfertigen, die dem ersuchenden Gericht nach Art 15 unter Verwendung des Formblatts G mitzuteilen ist.

**4. Unvereinbarkeit der besonderen Form mit dem Recht des ersuchten Gerichts**

**a) Die zu Art 9 Abs 2 HBÜ entwickelten Maßstäbe**

14 Gemäß Art 10 Abs 3 S 2 Alt 1 kann das ersuchte Gericht einen Antrag auf Erledigung in einer besonderen Form ablehnen, wenn diese Form mit dem Recht des ersuchten Gerichts **unvereinbar** ist. Ebenso wie nach Art 9 Abs 2 HBÜ ist dieser Ausschlussgrund restriktiv zu handhaben[23]. So kann es für die Ablehnung eines Antrags auf Erledigung in einer besonderen Form nicht ausreichen, dass die erbetene Verfahrensweise in dem Prozessrecht des ersuchten Gerichts nicht vorgesehen ist[24]. Andernfalls würde Art 10 Abs 3 S 1 praktisch leerlaufen[25]. Es fehlt auch nicht an einer ausreichenden gesetzlichen Grundlage für die Durchführung einer Beweisaufnahme in einer besonderen Form[26], weil die EG-BewVO als unmittelbar in der Bundesrepublik anwendbares europäisches Recht in Verbindung mit der Verweisung auf das einschlägige ausländische Prozessrecht eine hinreichende Rechtsgrundlage schafft.

15 Die zur Unvereinbarkeit iSd Art 9 Abs 2 HBÜ entwickelten Maßstäbe variieren. So wird für eine Versagung der Durchführung gefordert, die beantragte Beweisaufnahme müsse

– „mit dem autonomen Recht schlechterdings unvereinbar sein"[27],
– „von den Rechtsvorschriften im ersuchten Staat *verboten* werden"[28],
– gegen die Vorschriften verstoßen, „die jedes justizförmige Verfahren auf deutschem Boden zu beachten haben würde"[29] oder

laws or is impossible of performance by reason of the internal practice and procedure of your court or by reason of practical difficulties, they should be examined in accordance with whatever procedure your laws provide in these matters."

[22] *Schlosser* Rn 4.

[23] *Berger* IPRax 2001, 525; *Heß/Müller* ZZPInt 6 (2001) 154; *Schlosser* Rn 3.

[24] *Berger* IPRax 2001, 525; *Heß/Müller* ZZPInt 6 (2001) 154; *Schlosser* Rn 3; zu Art 9 Abs 2 HBÜ: *Stein/Jonas/Berger* § 363 Anh A Art 9 Rn 71; *MünchKommZPO/Musielak* § 363 Anh I Art 9 Rn 1; *Schlosser* Art 9/10 HBÜ Rn 3; *Blaschczok* 136; *E Geimer* 90; *Junker*, Discovery 336f; *Pfeil-Kammerer* 308.

[25] Ebenso zu Art 9 Abs 2 HBÜ *Junker*, Discovery 336.

[26] So aber zu Art 9 Abs 2 HBÜ *Zöller/Geimer* § 363 Rn 87. Allerdings dürfte auch nach *Geimer* aaO die Verweisung auf das Recht des ersuchenden Staates in Art 10 Abs 3 S 1 EG-BewVO für eine hinreichende Konkretisierung sorgen.

[27] *Blaschczok* 139.

[28] *Stein/Jonas/Berger* § 363 Anh A Art 9 Rn 71.

[29] *Junker*, Discovery 337; sehr ähnlich *E Geimer* 90.

– ihr müsse „ein klarer Verbotssatz von ordre-public-ähnlichem Gewicht entgegenstehen“[30]; „there must be some constitutional or statutory prohibition“[31].

Daraus lässt sich der folgende Begriffskern für die Unvereinbarkeit iSd Art 10 Abs 3 gewinnen: Ein **bloßes Schweigen** der ZPO zu einer bestimmten Form der Beweisaufnahme oder eine andersartige Regelung reicht für die Unvereinbarkeit nicht aus. Erforderlich ist vielmehr ein expliziter oder aus der Auslegung des mitgliedstaatlichen Rechts zu gewinnender **Verbotssatz**, der nicht nur im gewöhnlichen Inlandsprozess, sondern **gerade auch im Rechtshilfeverfahren** Geltung beansprucht[32]. Hierbei sind insbesondere die Grundrechte nach dem GG und die Menschenrechte nach der EMRK iVm Art 6 Abs 2 EUV zu beachten[33]. Ergibt sich ein Verbot einer bestimmten Form aus der Verfassung bzw aus der EMRK, ist auch dem Petitum *Schlossers* Genüge getan, der Versagungsgrund müsse ein ordre-public-ähnliches Gewicht haben[34], denn ein ordre-public-Verstoß kann sich insbesondere aus einer Verletzung von Grundrechten ergeben (vgl Art 6 EGBGB, § 328 Abs 1 Nr 4 ZPO).

### b) Auslegungskompetenz des EuGH und Beurteilungsspielraum des ersuchten Gerichts

Fraglich ist, ob auch ein lediglich einfachrechtlicher Verbotssatz des nationalen Rechts 16
zur Bejahung der Unvereinbarkeit iSd Art 10 Abs 3 S 2 Alt 1 ausreichen kann[35]. Ausdrückliche, auf das Rechtshilfeverfahren zugeschnittene Verbotssätze gegenüber bestimmten ausländischen Formen der Beweisaufnahme wird man in der ZPO jedoch vergebens suchen, sodass es in der Regel auf die Auslegung des nationalen Rechts ankommt. Dies wirft die **Frage** auf, **ob die Mitgliedstaaten allein und abschließend darüber befinden können, ob und unter welchen Voraussetzungen eine bestimmte Form der Beweisaufnahme mit ihrem eigenen Recht unvereinbar ist** oder ob die EG-BewVO selbst einen Maßstab vorgibt. Art 10 Abs 3 S 2 stellt ebenso wie Art 9 Abs 2 HBÜ seiner Rechtsnatur nach nicht eine bloße Ausweich- oder Öffnungsklausel, sondern eine **spezielle Vorbehaltsklausel** dar[36]. Im Gegensatz zu Art 9 Abs 2 HBÜ[37] kann

---

30 *Schlosser* Art 9/10 HBÜ Rn 3; ebenso zu Art 14 Abs 2 HaagZivPrÜbk *Stein/Jonas/Schumann* ZPO Bd I[20], §§ 1-252 (1984) Einl Rn 894.

31 *McClean* 118; ebenso zu Art 10 Abs 3 EG-BewVO *Fumagalli* Riv dir int priv proc 2002, 341 Fn 48: „un contrasto inconciliabile con principi ricavabili da una proibizione costituzionale o legislativa“.

32 Diesen Unterschied betont zu Recht (zu Art 9 Abs 2 HBÜ) *Junker* Discovery 337.

33 Zu Art 9 Abs 2 HBÜ *Junker*, Discovery 337 (Grundrechte); sehr ähnlich *E Geimer* 90; ferner *McClean* 118 („constitutional prohibition“).

34 Vgl *Schlosser* Art 9/10 HBÜ Rn 3.

35 So (zu Art 9 Abs 2 HBÜ) *Stein/Jonas/Berger* § 363 Anh A Art 9 Rn 71, der sich ausdrücklich von *Schlosser* (vorige Fn) abgrenzt; vgl auch *McClean* 118 („statutory prohibition“); *Fumagalli* Riv dir int priv proc 2002, 341 Fn 48 („proibizione legislativa“).

36 *Götz Schulze* IPRax 2001, 533 spricht von „Überreste[n] des ordre public-Denkens“ in Art 10 Abs 3 und Abs 4 EG-BewVO; vgl auch *Stürner* ZVglRWiss 81 (1982) 205 (Art 9 Abs 2 HBÜ sei ein ordre-public-Vorbehalt).

37 Vgl hierzu *McClean* 118: „It is, of course, for the requested state to determine whether the special method is impractical or impossible of performance.“

der ersuchte Staat bzw das ersuchte Gericht nach Art 10 Abs 3 aber nicht gänzlich eigenständig darüber befinden, ob eine beantragte besondere Form der Beweisaufnahme mit seinem Recht unvereinbar ist, da auch insoweit der EuGH zur Auslegung berufen ist. Es liegt nahe, bei der Abgrenzung des europarechtlich vorgegebenen Normgehalts von dem Spielraum, der dem nationalen Rechtsanwender bleibt, auf die **Kriterien** zurückzugreifen, die im Rahmen der ordre-public-Klausel des Art 17 Abs 5 lit c gelten (s Art 17 Rn 6ff). Jedoch ist zu berücksichtigen, dass nicht nur der Wortlaut des Art 10 Abs 3 gegenüber Art 17 Abs 5 lit c großzügiger ist – bloße „Unvereinbarkeit" im Gegensatz zum Verstoß gegen „wesentliche Rechtsgrundsätze" –, sondern auch, dass der **Inlandsbezug** stärker ausgeprägt ist, wenn ein inländisches Gericht selbst eine Beweisaufnahme in einer ausländischen Form vornehmen soll (aktive Rechtshilfe), als wenn diese lediglich einem ausländischen Gericht auf inländischem Hoheitsgebiet gestattet wird (passive Rechtshilfe). Es ist daher denkbar, dass eine bestimmte Form der Beweisaufnahme nach Art 10 Abs 3 abzulehnen ist, weil sie gegen ein einfachrechtliches Verbot verstößt, obwohl sie nicht den ordre public iSd Art 17 Abs 5 lit c verletzen würde. Bei der sachlich gebotenen restriktiven Auslegung des Art 10 Abs 3 werden sich die praktischen Ergebnisse aber stark annähern. Zu einzelnen Fallgruppen s Rn 19ff.

#### c) Unmöglichkeit

17 An die **Unmöglichkeit** iSd Art 10 Abs 3 S 2 Alt 2 sind ebenfalls **strenge Maßstäbe** anzulegen. Es reicht zur Ablehnung des Antrags nicht aus, dass die Einhaltung einer besonderen Form für das Gericht mühevoll ist oder dass bestehende Schwierigkeiten nur mit einem gewissen Aufwand zu beheben sind[38]. Zu einzelnen **Fallgruppen** s im Folgenden unter d.

18 Die Beurteilung der **Tatfrage**, ob im Einzelfall eine Unmöglichkeit iSd Art 10 Abs 3 S 2 Alt 2 besteht, obliegt den Gerichten des ersuchten Mitgliedstaates. Der **EuGH** hat aber über den rechtlichen Gehalt des Unmöglichkeitsbegriffs zu wachen und ist insofern auslegungsberechtigt.

#### d) Einzelne Fallgruppen

##### (1) Wortprotokoll

19 Das in Ländern des common law übliche **Wortprotokoll**[39] weicht zwar von der in § 160 Abs 2 ZPO enthaltenen Regelung ab, nach der nur die wesentlichen Vorgänge der Verhandlung aufzunehmen sind. Einen Verbotssatz im oben (Rn 15) definierten Sinne

---

[38] Ebenso zu Art 9 Abs 2 HBÜ *MünchKommZPO/Musielak* § 363 Anh I Art 9 Rn 1; *Stein/Jonas/Berger* § 363 Anh A Art 9 Rn 72; *Blaschczok* 137ff; *Junker*, Discovery 335f; *McClean* 118; *Pfeil-Kammerer* 308 („nur in ungewöhnlichen und eindeutigen Fällen").

[39] Vgl zB CPR 34.9(4): „The examiner must ensure that the evidence given by the witness is recorded in full."

kann man aus der ZPO aber nicht entnehmen[40]. Auch der Einwand, das um ein Wortprotokoll ersuchte Gericht verfüge über keinen Stenographen[41], vermag angesichts der heutigen technischen Möglichkeiten (§ 160a Abs 1 ZPO, Aufzeichnung auf Ton- oder Datenträger) keine praktische Undurchführbarkeit zu begründen[42]. Sagt der Zeuge in einer Fremdsprache aus (s Rn 5f), ist das Wortprotokoll in dieser Fremdsprache aufzunehmen, da andernfalls die Verwertbarkeit der Aussage vor dem Prozessgericht nicht sichergestellt wäre. Die hierin liegende Durchbrechung des § 185 Abs 1 GVG wird durch Art 10 Abs 3 gerechtfertigt. Bereits § 185 Abs 1 S 2 GVG stellt klar, dass die Verwendung der deutschen Sprache zu Protokollierungszwecken nicht ausnahmslos gilt. Zur Ersetzung oder Ergänzung des Protokolls durch eine **Videoaufzeichnung** der Zeugenvernehmung s Rn 39.

**(2) Kreuzverhör**

Die Vernehmung eines Zeugen im Wege des **Kreuzverhörs** ist zwar nicht in der ZPO vorgesehen, aber **nicht** iSd Art 10 Abs 3 S 2 Alt 1 mit dem deutschen Recht **unvereinbar**[43]. 20
Dies ergibt sich zum einen daraus, dass das deutsche Recht selbst im Strafprozess das Kreuzverhör ausdrücklich zulässt (§ 239 StPO)[44]. Des Weiteren kann das Gericht auch im Zivilverfahren den Parteien gestatten, an den Zeugen unmittelbar Fragen zu richten; ihren Anwälten muss es dies sogar auf Verlangen erlauben (§ 397 Abs 2 ZPO)[45]. Jedoch können im Einzelfall berechtigte Bedenken gegen die mit einem Kreuzverhör verbundenen Belastungen des Zeugen bestehen (Art 1 und 2 GG)[46]. Ein englisches Standardwerk beschreibt die „Kunst" des Kreuzverhörs in aus deutscher Sicht geradezu martialisch anmutender Weise:

---

[40] *Schlosser* Rn 3; aus französischer Sicht *Bruneau* JClP (G) 2001, I 349, p 1770; ebenso zu Art 9 Abs 2 HBÜ *MünchKommZPO/Musielak* § 363 Anh I Art 9 Rn 1; *Nagel/Gottwald*, IZPR § 8 Rn 44; *Stein/Jonas/Berger* § 363 Anh A Art 9 Rn 72; *Schlosser* Art 9/10 HBÜ Rn 3; *Junker*, Discovery 341; *Pfeil-Kammerer* 332f; abweichend *Geimer*, IZPR Rn 2505: keine Pflicht zur Erstellung eines Wortprotokolls nach Art 9 Abs 2 HBÜ, dem Wunsch sollte aber entsprochen werden.

[41] Zu diesem noch auf der Haager Konferenz vorgebrachten Argument s *E Geimer* 90f; kritisch *Blaschczok* 141.

[42] Ebenso zu Art 9 Abs 2 HBÜ *Pfeil-Kammerer* 332f.

[43] *Heß/Müller* ZZPInt 6 (2001) 154f; *Schlosser* Rn 3; ebenso zu Art 9 Abs 2 HBÜ *Nagel/Gottwald*, IZPR § 8 Rn 44; *Stein/Jonas/Berger* § 363 Anh A Art 9 Rn 72; *Schlosser* Art 9/10 HBÜ Rn 3; *Junker*, Discovery 338ff; *Pfeil-Kammerer* 310f; **aA** zu Art 10 Abs 3 EG-BewVO *Schütze*, Rechtsverfolgung Rn 196a.

[44] *Heß/Müller* ZZPInt 6 (2001) 154f; ebenso zu Art 9 Abs 2 HBÜ *Nagel/Gottwald*, IZPR § 8 Rn 41, 44; *Stein/Jonas/Berger* § 363 Anh A Art 9 Rn 72; *E Geimer* 90; *Junker*, Discovery 338; *Pfeil-Kammerer* 310; **aA** *MünchKommZPO/Musielak* § 363 Anh I Art 9 Rn 1 Fn 4: StPO sei für Rechtshilfe in Zivilsachen nicht ausschlaggebend.

[45] *Heß/Müller* ZZPInt 6 (2001) 154; ebenso zu Art 9 Abs 2 HBÜ *Stein/Jonas/Berger* § 363 Anh A Art 9 Rn 72; *Pfeil-Kammerer* 310.

[46] *Heß/Müller* ZZPInt 6 (2001) 155; ebenso zu Art 9 Abs 2 HBÜ *Stein/Jonas/Berger* § 363 Anh A Art 9 Rn 72; *E Geimer* 90; *Junker*, Discovery 338.

21 „The true test of an advocate is his or her proficiency in the skill, or art, of deadly cross-examination; the ability to destroy the evidence of an opposing witness by asking a series of piercing, puncturing, pulverising questions. An experienced advocate will execute a staged campaign which has […] been […] prepared so as to undermine this particular witness. The opening shots are aimed at his confidence; next, several barrages of questions will cause the witness to accept a series of facts damaging to his previous testimony; the final round is often the question ‚And you still say…' which receives a doubtful, embarrassed and crestfallen reply."[47]

22 Es liegt auf der Hand, dass eine solche, mit aggressiven und suggestiven Fragen munitionierte „Kampagne", die der Einschüchterung eines Zeugen und der Zerstörung seiner Glaubwürdigkeit dient, mit den Grundrechten des Zeugen aus Art 1, 2 GG und deshalb mit deutschen Grundvorstellungen eines rechtsstaatlichen Verfahrens nicht zu vereinbaren ist[48]. Die Beantwortung entehrender Fragen kann der Zeuge nach Art 14 Abs 1 lit a, § 384 Abs 1 Nr 2 ZPO verweigern. Aber auch Fang- und Suggestivfragen müssen vom deutschen Gericht bei Durchführung eines Kreuzverhörs ausgeschlossen werden[49]. Die ausländische Form der Beweisaufnahme (Kreuzverhör) wird so grundsätzlich zugelassen, aber inländischen Vorstellungen **angepasst**. Eine solche am Gedanken praktischer Konkordanz ausgerichtete Lösung wird dem Zweck des Art 10 Abs 3, die Verwertbarkeit des Beweismittels vor dem Prozessgericht sicherzustellen, zugleich aber die Grundvorstellungen des Rechts des ersuchten Gerichts zu achten, besser gerecht als ein Alles-oder-Nichts-Ansatz, der nur die Befragung durch den Richter (allenfalls ergänzt durch § 397 Abs 2 ZPO) oder ein Kreuzverhör, das in jeder Hinsicht dem englischen Muster entspricht, zulässt[50]. Die Befugnis zur Anpassung der ausländischen Form der Beweisaufnahme an Grundvorstellungen des Rechts des ersuchten Gerichts ist als **Minus** in dem in Art 10 Abs 3 verbrieften Recht zur Nicht-Erledigung enthalten. Es ist zudem nicht zu befürchten, dass derartige Abweichungen von der cross-examination englischen Stils vor dem dortigen Prozessgericht zu einer **Unverwertbarkeit** der Zeugenaussage führen werden. So heißt es zB in dem englischen Standardwerk zur internationalen Rechtshilfe von *McClean*: „The German courts […] have developed a procedure for taking depositions in response to requests from foreign countries, with provision for cross-examination, which appears entirely to meet the needs of common law countries."[51] Die Toleranz für eine Intervention des ausländischen Gerichts im Rahmen eines Kreuzverhörs dürfte eher gestiegen sein, seit auch die

---

[47] *O'Hare & Hill*, Civil Litigation[10] (2001) Rn 37.013.

[48] Vgl auch zu Art 9 Abs 2 HBÜ *Stein/Jonas/Berger* § 363 Anh A Art 9 Rn 72: Zeuge dürfe nicht entwürdigend oder demütigend behandelt werden.

[49] Vgl zum Strafprozess *Meyer-Goßner*, StPO[46] (2003) § 241 Rn 15.

[50] Vgl auch zur modifizierten Anwendung des ausländischen Rechts, um einen ordre-public-Verstoß zu vermeiden, im IPR *Kropholler*, IPR § 36 V.

[51] *McClean* 118. Die Befürchtung *Schützes* (Rechtsverfolgung Rn 196a) das deutsche Gericht müsse eine „Zeugenvernehmung mit examination in chief, crossexamination und reexamination nach common law Verfahrensregeln" durchführen, ist deshalb unbegründet.

Civil Procedure Rules von 1999 als Teil der Verstärkung des richterlichen Case Management eine Beschränkung der cross-examination gestatten (CPR 32.1[3])[52].

Da die Durchführung des Kreuzverhörs deutschen Grundvorstellungen eines rechtsstaatlichen Verfahrens anzupassen ist, greift auch der bisweilen erhobene Einwand nicht durch, das deutsche Gericht sei mangels einschlägiger Kenntnisse des ausländischen Verfahrensrechts zu einer korrekten Beaufsichtigung der Vernehmung außerstande, sodass ein Fall der **Unmöglichkeit** iSd Art 10 Abs 3 S 2 Alt 2 vorliege[53]. Das Gericht muss nur dafür Sorge tragen, dass die äußere Form eines Kreuzverhörs eingehalten wird; es ist nicht erforderlich, dass die Zulässigkeit jeder einzelnen im Rahmen des Kreuzverhörs gestellten Frage an den Maßstäben des englischen Rechts gemessen wird. Im Übrigen befürworten auch diejenigen Autoren, die ein Kreuzverhör für unmöglich halten, eine großzügige Handhabung des § 397 Abs 2 ZPO[54]. Während also nach hiesiger Auffassung dem Antrag auf Beweisaufnahme in einer besonderen Form (Kreuzverhör) grundsätzlich stattzugeben, die Durchführung aber im Lichte deutscher Grundvorstellungen eines rechtsstaatlichen Verfahrens zu modifizieren ist, soll nach dieser Meinung von der inländischen Form (§ 397 Abs 2 ZPO) ausgegangen werden, diese aber den ausländischen Vorstellungen angepasst werden. Im praktischen Ergebnis dürften die Abweichungen zwischen den beiden Lösungswegen eher gering sein. **Zwangsmaßnahmen** gegen den Zeugen kann das Gericht aber nur dann ergreifen, wenn die Form der Beweisaufnahme deutschem Recht (§ 397 Abs 2 ZPO) entspricht (s Art 13 Rn 10). 23

**(3) Vereidigung**

Bei dem Antrag, die Vernehmung unter Eid oder eidesstattlicher Versicherung durchzuführen, und gegebenenfalls dabei eine bestimmte Formel zu verwenden (Art 4 Abs 1 lit e, vierter Spiegelstrich), handelt es sich um einen **Spezialfall** eines Antrags auf Erledigung der Beweisaufnahme in einer besonderen Form (s Art 4 Rn 20). Wird kein Antrag auf Verwendung einer bestimmten Eidesformel gestellt, führt das ersuchte Gericht nach Art 10 Abs 2 die Eidesabnahme im Einklang mit seinem eigenen Verfahrensrecht durch[55]. Die Vereidigung einer Aussageperson oder die Verwendung einer bestimmten Eidesformel kann vom ersuchten Gericht nur unter den Voraussetzungen des Art 10 Abs 3 abgelehnt werden. Ein Ablehnungsgrund liegt daher vor, wenn das autonome Zivilprozessrecht des ersuchten Staates schlechthin keine eidliche Vernehmung von Zeugen oder Parteien erlaubt[56]. In diesem Fall liegt zugleich ein Ablehnungsgrund 24

---

[52] Hierauf weisen auch *Heß/Müller* ZZPInt 6 (2001) 155 Fn 42 hin.

[53] *Schütze*, Rechtsverfolgung Rn 196 a; ebenso zu Art 9 Abs 2 HBÜ *Blaschczok* 140 f; *MünchKommZPO/Musielak* § 363 Anh I Art 9 Rn 1; vermittelnd *Geimer*, IZPR Rn 2505: keine Pflicht zur Durchführung eines Kreuzverhörs nach Art 9 Abs 2 HBÜ, dem Wunsch sollte aber entsprochen werden.

[54] *MünchKommZPO/Musielak* § 363 Anh I Art 9 Rn 1; zur praktischen Handhabung des § 397 Abs 2 ZPO s auch *Schlosser* Rec des Cours 284 (2000) 125.

[55] Ebenso zu Art 3 HBÜ *Amram* Explanatory Report unter II C.

[56] So zu Art 9 Abs 2 HBÜ *MünchKommZPO/Musielak* § 363 Anh I Art 9 Rn 1; iE ebenso *Blaschczok* 153 f (Fall fehlender Gerichtsgewalt nach Art 12 Abs 1 lit a HBÜ [= Art 14 Abs 2 lit b EG-BewVO]); einschränkend *Heß/Müller* ZZPInt 6 (2001) 158 Fn 60.

nach Art 14 Abs 2 lit b vor (s Art 14 Rn 19)[57]. Lässt das Recht des ersuchten Gerichts grundsätzlich eine eidliche Vernehmung zu, dürfen durch die Verwendung einer fremden Form insbesondere die Grund- und Menschenrechte der Aussageperson nicht verletzt werden[58]. So ist es beispielsweise mit Art 140 GG iVm Art 136 Abs 4 WRV unvereinbar, die Aussageperson dazu zu zwingen, den Eid mit religiöser Beteuerung zu leisten[59]. Auch der Eid ohne religiösen Bezug kann wegen Art 4 GG nicht erzwungen werden (vgl § 484 ZPO)[60]. Hingegen entspricht die Ablegung eines Voreids zwar nicht den Vorgaben des § 392 ZPO, verstößt aber als solche nicht gegen wesentliche Grundsätze der deutschen Rechtsordnung[61]. Wenngleich die ZPO nur den sog assertorischen Eid (Nacheid) kennt, sieht die deutsche Rechtsordnung zB in Bezug auf die Amtseide des Bundespräsidenten (Art 56 GG) sowie des Bundeskanzlers und der Bundesminister (Art 64 GG) auch den sog promissorischen Eid vor[62]. Die Ablegung des Voreids oder die Verwendung einer bestimmten ausländischen Eidesformel kann aber nicht erzwungen werden (Art 13 Rn 10). Zur Abnahme des zugeschobenen Eides s Art 14 Rn 19.

**e) Kosten**

25 Zur Erstattung der Kosten, die durch die Erledigung des Ersuchens in einer besonderen Form entstehen, s Art 18 Abs 2, hierzu Art 18 Rn 2 ff.

## IV. Verwendung moderner Kommunikationstechnologien

### 1. Einführung

**a) Neuerungen gegenüber dem HBÜ**

26 Art 10 Abs 4, der die Beweisaufnahme unter Verwendung moderner Kommunikationstechnologien ermöglicht, enthält insofern eine **Innovation gegenüber dem HBÜ**, als im Übereinkommen der Einsatz von Videoaufzeichnungen, Videokonferenzen usw noch nicht ausdrücklich geregelt ist. Allerdings bestand auch bisher die Möglichkeit zur Durchführung einer Videokonferenz oder zur Anfertigung einer Videoaufzeichnung, wenn das Recht des ersuchten Staates diese Formen der Beweisaufnahme vorsah (Art 9 Abs 1 HBÜ) oder sie nach Art 9 Abs 2 HBÜ beantragt wurden und nicht mit dem Recht des ersuchten Staates unvereinbar oder mangels technischer Vorrichtungen undurchführbar waren[63]. Hindernisse für den Einsatz moderner Kommunikationstechno-

---

[57] Vgl *Blaschczok* 153 f (zu Art 12 Abs 2 lit a HBÜ).

[58] *Junker*, Discovery 337; *Stein/Jonas/Berger* § 363 Anh A Art 9 Rn 72.

[59] IE ebenso *Junker*, Discovery 337; *Stein/Jonas/Berger* § 363 Anh A Art 9 Rn 72.

[60] BVerfG 11. 4. 1972 – 2 BvR 75/71 – BVerfGE 33, 23.

[61] *Junker*, Discovery 337; *Stein/Jonas/Berger* § 363 Anh A Art 9 Rn 72.

[62] Zur Unterscheidung von assertorischem und promissorischem Eid *von Schlabrendorff*, abwM zu BVerfG (Fn 60) 38.

[63] Für Zulässigkeit der Videoaufzeichnung nach Art 9 Abs 2 HBÜ *Stein/Jonas/Berger* § 363 Anh A Art 9 Rn 72; *Schlosser* Art 9/10 HBÜ Rn 3; *McClean* 118; einschränkend *Junker*, Discovery 341: nur wenn Zeuge einwilligt; für Zulässigkeit der Videokonferenz nach Art 9 Abs 2 HBÜ *Stein/Jonas/Berger* § 363 Anh A Art 9 Rn 72; *Schultzky* NJW 2003, 314; *Stadler*, in: FS Geimer 1292.

logien im zivilrechtlichen Rechtshilfeverkehr ergaben sich in der Vergangenheit weniger aus einer Lückenhaftigkeit des HBÜ als aus dem Fehlen einer Rechtsgrundlage in den Verfahrensordnungen der Mitgliedstaaten[64]. Für Deutschland schafft der mit dem ZPO-Reformgesetz von 2001 eingefügte § 128a ZPO weit gehend Abhilfe[65].

**b) Rechtsnatur**

Dogmatisch stellt Art 10 Abs 4 einen **Spezialfall des Antrags auf Beweisaufnahme in** 27
**einer besonderen Form** (Art 10 Abs 3) dar. Die Verwandtschaft zwischen den Absätzen 3 und 4 des Art 10 zeigt sich am deutlichsten in den identisch formulierten Versagungsgründen der Unvereinbarkeit und Undurchführbarkeit (Art 10 Abs 3 S 2 bzw Art 10 Abs 4 S 2). Allerdings bestehen auch **Unterschiede**:

So spricht Art 10 Abs 3 S 1 von einem **Antrag** des ersuchenden Gerichts, Art 10 Abs 4 28
S 1 hingegen von einer **Bitte**. Hierbei handelt es sich jedoch, wie ein Blick in die englische und französische Fassung zeigt („may call" bzw „may ask" sowie „peut demander"), um eine Unschärfe der deutschen Übersetzung, mit der kein unterschiedlicher Grad an Verbindlichkeit des vom ersuchenden Gerichts gestellten Antrags zum Ausdruck gebracht werden soll[66]. Auch die Sätze 2 und 3 des Art 10 Abs 4 sprechen zudem von einem „Antrag".

Des Weiteren ist der Antrag auf Erledigung in einer besonderen Form nach Art 10 29
Abs 3 S 1 zwingend unter **Verwendung des Formblatts A** zu stellen, während Art 10 Abs 4 zu Formerfordernissen erstaunlicherweise schweigt. Hierbei handelt es sich offenbar um ein auch in den anderssprachigen Fassungen unterlaufenes redaktionelles Versehen, denn das Formblatt A sieht unter Nr 13.1 ausdrücklich einen Antrag auf Erledigung „unter Einsatz der in der Anlage beschriebenen Kommunikationstechnologien (Artikel 10 Absatz 4)" vor. Analog Art 10 Abs 3 S 1 ist deshalb die Verwendung des Formblatts A auch für einen Antrag nach Art 10 Abs 4 als zwingend anzusehen.

Schließlich verweist Art 10 Abs 3 S 1 bezüglich der besonderen Form, deren Einhal- 30
tung beantragt wird, auf das **Recht des ersuchenden Gerichts**. Der Art 10 Abs 4 S 1 enthält hingegen keine derartige Bezugnahme. Hieraus könnte der Umkehrschluss gezogen werden, es dürfe nur – im Einklang mit dem allgemeinen Grundsatz der Beweisaufnahme nach der lex fori des ersuchten Gerichts (Art 10 Abs 2) – eine Videokonferenz etc. beantragt werden, wenn das Recht des ersuchten Gerichts diese Möglichkeit vorsehe. In diesem Fall wäre allerdings nicht verständlich, weshalb die EG-BewVO in Art 10 Abs 4 S 2 Alt 1 ausdrücklich den Versagungsgrund der Unvereinbarkeit des Einsatzes von Kommunikationstechnologie mit dem Recht des ersuchten Staates normiert. Dies wäre überflüssig, wenn eine im Recht des ersuchten Gerichts nicht vorgesehene Videokonferenz gar nicht erst beantragt werden könnte.

---

[64] Vgl zu Deutschland *Berger* IPRax 2001, 525; rechtsvergleichende Hinweise zu anderen Mitgliedstaaten bei *Stadler* ZZP 115 (2002) 442 f.

[65] Zu § 128 a ZPO siehe neben den Kommentaren *Schultzky* NJW 2003, 313 ff; *Stadler* ZZP 115 (2002) 435 ff.

[66] Ebenso *Schlosser* Rn 4.

**c) Folgen für die Rechtsanwendung**

31 Richtigerweise ist zu differenzieren: In der Regel wird das ersuchende Gericht an der Durchführung einer Videokonferenz interessiert sein, um eine Reise in den Staat des Rechtshilfegerichts zu vermeiden. Es wird aber nur wenig Wert darauf legen, dass das ersuchte Gericht die Videokonferenz gerade nach den Verfahrensvorschriften des ersuchenden Gerichts durchführt. Wird also lediglich die Verwendung von Kommunikationstechnologien ohne nähere Spezifizierung beantragt, entspricht das ersuchte Gericht diesem Antrag, wenn es das Ersuchen nach Maßgabe seines **eigenen** Rechts erledigt. Der Versagungsgrund der Unvereinbarkeit spielt dann keine Rolle.

32 Es ist aber denkbar, dass das Recht des ersuchenden und das des ersuchten Gerichts **unterschiedliche Regelungen** über Videokonferenzen, Videoaufzeichnungen usw enthalten oder dass nur das Recht des ersuchenden Gerichts, nicht aber das des ersuchten Gerichts, diese Vernehmungsformen vorsieht. In diesem Fall ist der Antrag auf eine nach dem Recht des ersuchenden Gerichts zulässige oder nach dessen Maßstäben spezifizierte Verwendung von Kommunikationstechnologien nicht schlechthin unzulässig. Es muss insoweit auch kein separater Antrag nach Art 10 Abs 3 gestellt werden[67]. Die insoweit offene Formulierung des Art 10 Abs 4 S 1 deckt auch diesen Antrag ab. Jedoch kann dann unter Umständen der Versagungsgrund der Unvereinbarkeit des beantragten Einsatzes von Kommunikationstechnologien mit dem Recht des ersuchten Gerichts eingreifen (näher Rn 36ff).

**d) Unterschiede zu Art 17**

33 Sieht das Recht des ersuchten Gerichts den Einsatz von Kommunikationstechnologien nicht oder nicht in der beantragten Weise vor, wird es zweckmäßiger sein, bei der Zentralstelle ein Ersuchen auf **unmittelbare Beweisaufnahme** nach Art 17 zu stellen, in deren Rahmen ebenfalls die Verwendung von Kommunikationstechnologie möglich ist (Art 17 Abs 4 S 3), sofern dem nicht wesentliche Rechtsgrundsätze des jeweiligen Mitgliedstaates entgegenstehen (Art 17 Abs 5 lit c). Der Unterschied zwischen dem Einsatz von Kommunikationstechnologien im Rahmen des Art 10 einerseits, des Art 17 andererseits besteht darin, dass nach Art 10 die Beweisaufnahme vom Rechtshilfegericht durchgeführt wird und Mitglieder des Prozessgerichts sich an ihr allenfalls nach Art 12 Abs 4 beteiligen können (näher Rn 37), während nach Art 17 die Beweisaufnahme in den Händen des Prozessgerichts liegt[68]. Ferner setzt Art 17 Abs 2 auf Seiten der Beweisperson Freiwilligkeit voraus.

**2. Anwendungsbereich**

**a) Videovernehmung und -verhandlung**

34 Art 10 Abs 4 betrifft den Einsatz von Kommunikationstechnologie im Zusammenhang mit einer **Beweisaufnahme.** Daraus wird der Schluss gezogen, die Vorschrift gestatte al-

---

[67] So aber wohl *Berger* IPRax 2001, 525, wenn nur die Rechtsordnung des ersuchenden Gerichts, nicht die des Rechtshilfegerichts die Videovernehmung erlaubt.

[68] Kritisch dazu *Heß/Müller* ZZPInt 6 (2001) 163.

lein die Durchführung von **Videovernehmungen** (§ 128a Abs 2 ZPO), biete aber keine Rechtsgrundlage für die Durchführung grenzüberschreitender **Videoverhandlungen** (§ 128 Abs 1 ZPO)[69]. Nach anderer Ansicht sollen aufgrund der ausdrücklichen Anordnung in Art 10 Abs 4 grenzüberschreitende Videoverhandlungen im europäischen Justizraum ohne Einschränkung zulässig sein[70]. Der erstgenannten Auffassung ist insofern zuzustimmen, als stets ein Zusammenhang mit einer Beweisaufnahme gegeben sein muss; eine grenzüberschreitende Videoverhandlung zB, die lediglich der Erörterung von Rechtsfragen zwischen dem Prozessgericht und einer sich am Ort des Rechtshilfegerichts befindenden Partei dienen oder einen Sühnetermin ersetzen soll, kann nicht auf Art 10 Abs 4 gestützt werden. Gleichwohl ist die Beschränkung auf eine Videovernehmung iSd § 128a Abs 2 ZPO zu eng, weil nach Art 11 Abs 4 die Parteien und ihre Vertreter an der Beweisaufnahme beteiligt werden können; Entsprechendes gilt für die Mitglieder des Prozessgerichts gemäß Art 12 Abs 4 (s Rn 37). Eine Beteiligung abwesender Personen an der Beweisaufnahme ist jedoch nur im Rahmen einer Videoverhandlung möglich (vgl. auch den Verweis auf § 128a Abs 1 ZPO in § 128a Abs 2 S 2 ZPO). Sollen die nach der EG-BewVO gewährten Beteiligungsrechte nicht weit gehend leerlaufen, muss deshalb auch die Durchführung einer Videoverhandlung möglich sein.

**b) Augenschein**

Der Hauptanwendungsfall für Video- und Telekonferenzen liegt in der **Vernehmung** von 35
Auskunftspersonen (Zeugen und Parteien). Dieser Aspekt der Verwendung von Kommunikationstechnologien wird auch in § 128a Abs 2 ZPO geregelt. Jedoch nennt Art 10 Abs 4 Video- und Telekonferenzen lediglich als Beispielsfälle für die Verwendung von Kommunikationstechnologien (arg „insbesondere"). Zudem spricht die Vorschrift allgemein von einer „Beweisaufnahme" und erfasst somit auch andere Formen der Beweiserhebung als die Vernehmung einer Person. So kommt namentlich die Einnahme eines sog **„Tele-Augenscheins"** in Betracht. Hierunter versteht man die Einnahme eines gerichtlichen Augenscheins an außerhalb des Sitzungszimmers befindlichen Objekten, die mit Hilfe einer Videoübertragung von den Gerichtsangehörigen wahrgenommen werden können[71]. Auch in diesem Zusammenhang ist zwischen Art 10 Abs 4 und Art 17 zu unterscheiden: Ein Fall des Art 10 Abs 4 liegt vor, wenn das Rechtshilfegericht den Augenschein einnimmt, dh die Beweisaufnahme leitet und deren Ergebnisse festhält, während das Prozessgericht oder die Parteien lediglich zugeschaltet werden, um ergänzende Hinweise zu geben, etwa um das Augenmerk der ersuchten Richter auf bestimmte Merkmale des Augenscheinsobjekts zu lenken, oder um Fragen zu stellen. Zweifelhaft ist insofern jedoch die Vereinbarkeit mit dem deutschen Recht iSd Art 10 Abs 4 S 2 Alt 1 (s Rn 38). Ein Fall des Art 17 liegt hingegen vor, wenn das ersuchende Gericht selbst und formell unmittelbar mit technischer Hilfe den Augenschein einnimmt.

---

69 *Schultzky* NJW 2003, 315; ähnlich *Zöller/Greger* § 128a Rn 6; s auch die Überlegungen de lege ferenda bei *Leipold* Ritsum L Rev 20 (März 2003) 99.

70 *Heß/Müller* ZZPInt 6 (2001) 163 Fn 87.

71 Hierzu aus Sicht des deutschen Rechts *Schultzky* NJW 2003, 314; *Stadler* ZZP 115 (2002) 442.

### 3. Unvereinbarkeit mit nationalem Recht

#### a) Modifizierte Anwendung des § 128a ZPO

36 Die innerstaatliche Rechtsgrundlage für den Einsatz moderner Kommunikationstechnologie wird allgemein in § 128a ZPO gesehen[72]. Die Vorschrift bedarf aber für die Rechtshilfe gewisser **Modifikationen**, denn § 128a ZPO ist unmittelbar nur auf die Beweisaufnahme vor einem inländischen Gericht zugeschnitten, bei der sich die Beweisperson (§ 128a Abs 2 S 1 ZPO) und/oder Parteien bzw ihre Vertreter (§ 128a Abs 1 ZPO) an einem anderen Ort als dem Sitzungszimmer aufhalten. Die in Art 10 Abs 4 erfasste Konstellation wird hingegen in der Regel so aussehen, dass die Beweisperson physisch am Ort des Rechtshilfegerichts präsent ist, während lediglich die Mitglieder des Prozessgerichts oder die auswärtigen Parteien bzw ihre Vertreter videotechnisch zugeschaltet werden, um ergänzende Fragen zu stellen. Streng genommen handelt es sich daher nicht um eine Videovernehmung iSd § 128a Abs 2 ZPO, weil der Aufenthaltsort der Beweisperson und der Ort des die Beweisaufnahme durchführenden Gerichts (also des Rechtshilfegerichts) zusammenfallen. Es sei daran erinnert, dass bei einem Einsatz von Kommunikationstechnologien im Rahmen des Art 10 Abs 4 die Verfahrensleitung bei dem Rechtshilfegericht, nicht bei dem Prozessgericht liegt; will das Prozessgericht selbst unmittelbar eine Videovernehmung des in Deutschland sich aufhaltenden Zeugen durchführen, muss es einen Antrag nach Art 17 stellen (s Rn 33). Eine weitere Schwierigkeit ergibt sich daraus, dass § 128a Abs 1, 2 ZPO allein die Zuschaltung von Parteien, ihren Vertretern (Bevollmächtigten und Beiständen) sowie der Beweisperson selbst in das Sitzungszimmer des deutschen Gerichts regelt. Die im Rahmen der Rechtshilfe sich anbietende **Zuschaltung von Mitgliedern eines ausländischen Prozessgerichts** ist hingegen nicht ausdrücklich erwähnt. Es ergeben sich hierdurch technische Zweifelsfragen: Würde man in der Befragung eines Zeugen durch das zugeschaltete Prozessgericht eine Videovernehmung iSd § 128a Abs 2 ZPO sehen, hätte dies zur Folge, dass die Vernehmung zwar zeitgleich in Bild und Ton in das Sitzungszimmer des Prozessgerichts zu übertragen wäre, dass aber in umgekehrter Richtung keine Übertragung von Bildern aus dem Sitzungszimmer des Prozessgerichts an den Aufenthaltsort des Zeugen erforderlich wäre, was auch für das Rechtshilfegericht eine wenig praktische Lösung wäre.

37 Die Wurzel all dieser Schwierigkeiten liegt darin, dass § 128a ZPO allein auf die Beweisaufnahme durch *ein* Gericht im Inlandsverfahren zugeschnitten ist, nicht aber auf die bei der internationalen Rechtshilfe sinnvolle **Kooperation zweier Gerichte** bei der Beweisaufnahme. Die Lösung besteht darin, § 128a Abs 1, Abs 2 S 2 ZPO, welche die Beteiligung abwesender Parteien bzw ihrer Vertreter an einer Verhandlung/Beweisaufnahme vor dem deutschen Gericht regeln, auf die Beteiligung von Mitgliedern eines ausländischen ersuchenden Gerichts an einer vom deutschen Rechtshilfegericht geleiteten Beweisaufnahme entsprechend anzuwenden. Daraus folgt insbesondere die wichtige technische Konsequenz, dass die Beweisaufnahme zeitgleich in Bild und Ton in beide Richtungen zu übertragen ist, also sowohl vom Sitzungszimmer des Rechtshilfegerichts in das des Prozessgerichts als auch umgekehrt.

---

72 *Schlosser* Rn 4; *Heß/Müller* ZZPInt 6 (2001) 163; *Stadler*, in: FS Geimer 1292.

**b) Tele-Augenschein**

Art 10 Abs 4 erfasst nach seinem Wortlaut auch den sog „Tele-Augenschein" (s Rn 35). Fraglich ist insoweit jedoch die Vereinbarkeit mit dem deutschen Recht (Art 10 Abs 4 S 2 Alt 1). Im deutschen Recht ist **umstritten**, ob § 128a Abs 2 ZPO den Einsatz von Videotechnologie zum Zwecke der Beweisaufnahme **abschließend** regelt, also allein die Videovernehmung zulässig ist, oder ob auch für die in § 128a ZPO nicht genannten Beweismittel, insbesondere die Einnahme eines gerichtlichen Augenscheins, der Einsatz moderner Kommunikationstechnologien in Betracht kommt[73]. Es ist jedoch zu beachten, dass die Unvereinbarkeit einer Beweisaufnahme mit dem Recht des ersuchten Gerichts nach Art 10 Abs 4 S 2 Alt 1 ebenso wie nach Art 10 Abs 3 S 2 Alt 1 nicht bereits dann zu bejahen ist, wenn die ZPO eine bestimmte Form der Beweiserhebung nicht kennt (s Rn 15). Erforderlich ist vielmehr auch hier, dass sich dem Recht des ersuchten Gerichts ein klarer Verbotssatz entnehmen lässt. Allein aus der fehlenden Regelung des Tele-Augenscheins in § 128a ZPO kann daher nicht auf eine Unvereinbarkeit des Einsatzes von Videotechnologie zu diesem Zweck mit dem deutschen Recht geschlossen werden. Es ist durchaus sinnvoll, dass Mitglieder des Prozessgerichts oder die Parteien der vom Rechtshilfegericht vorzunehmenden Augenscheinseinnahme videotechnisch zugeschaltet werden, um dem ersuchten Gericht ergänzende Hinweise zu geben, etwa um das Augenmerk der Richter auf bestimmte Merkmale des Augenscheinsobjekts zu lenken oder um Fragen zu stellen. 38

**c) Videoaufzeichnung**

Fraglich ist, ob das ersuchende Gericht die Anfertigung einer Videoaufzeichnung einer Vernehmung oder einer anderen Beweisaufnahme beantragen kann[74]. § 128a Abs 3 S 1 ZPO („Die Übertragung wird nicht aufgezeichnet") enthält für das Inlandsverfahren nach hM ein **Verbot** der Aufzeichnung[75]. Begründet wird dies mit dem **Persönlichkeitsschutz** der vernommenen Person[76]. Das Aufzeichnungsverbot soll sogar eine vorläufige Speicherung der Vernehmung zu Protokollzwecken untersagen[77]. Es soll auch im Rahmen des Art 10 Abs 4 zu beachten sein[78]. Man kann jedoch bezweifeln, ob der Schutz des allgemeinen Persönlichkeitsrechts (Art 1 Abs 1 iVm Art 2 Abs 1 GG) tatsächlich solch eine rigide Haltung rechtfertigt, da im deutschen Strafprozess die Aufzeichnung einer Videovernehmung ausdrücklich zugelassen wird (§§ 58a, 247a Satz 4 StPO). Ferner ist es wenig überzeugend, wenn für die EG-BewVO, welche die interna- 39

---

[73] Für abschließende Regelung *Stadler* ZZP 115 (2002) 442; für Zulässigkeit des „Tele-Augenscheins" *Schultzky* NJW 2003, 314; allgemein zur Heranziehung technischer Hilfsmittel (zB Mikroskope, Ferngläser) zur Augenscheinseinnahme *Ahrens*, in: FS Geimer 6f.

[74] Zu Art 9 Abs 2 HBÜ siehe die Nachweise in Fn 63.

[75] *Ahrens*, in: FS Geimer 5; *Baumbach/Lauterbach/Hartmann* § 128a Rn 10; *Musielak/Stadler* § 128a Rn 10; *Stadler* ZZP 115 (2002) 440; *Schultzky* NJW 2003, 317; *Zöller/Greger* § 128a Rn 4; **aA** *Thomas/Putzo/Reichold* § 128a Rn 8.

[76] *Schultzky* NJW 2003, 317; *Stadler* ZZP 115 (2002) 440.

[77] *Schultzky* NJW 2003, 317.

[78] *Schlosser* Rn 4.

tionale Beweisaufnahme gegenüber dem HBÜ erleichtern soll, in der Frage der Videoaufzeichnung ein restriktiverer Standpunkt eingenommen wird als für das HBÜ[79]. Demgegenüber ist daran zu erinnern, dass nicht alles, was im Inlandsprozess unzulässig oder nicht vorgesehen ist, auch im Rahmen der internationalen Rechtshilfe verboten sein muss (s Rn 19ff zur Anfertigung eines Wortprotokolls und zur Zulässigkeit des Kreuzverhörs). Selbst wenn man das Aufzeichnungsverbot des § 128a Abs 3 S 1 ZPO für einen Unvereinbarkeitsgrund iSd Art 10 Abs 4 S 2 Alt 1 hielte, könnte es im Falle einer Zuschaltung vom ersuchenden Gericht problemlos umgangen werden, weil eine Aufzeichnung der Videoübertragung auch von dort aus möglich ist[80]. Schließlich ist unumstritten, dass das deutsche Gericht selbst um die Aufzeichnung einer Videovernehmung ersuchen darf, wenn das Recht des ersuchten ausländischen Gerichts diese Möglichkeit vorsieht[81]. Aus diesen Gründen sollte § 128a Abs 3 S 1 ZPO für die Zwecke der internationalen Rechtshilfe **teleologisch reduziert** werden. Einem Antrag des ersuchenden Gerichts auf Videoaufzeichnung einer Vernehmung ist deshalb stattzugeben. Allerdings kann die Videoaufzeichnung nicht gegenüber dem Zeugen erzwungen werden (Art 13 Rn 10).

### 4. Unmöglichkeit

40 An die Unmöglichkeit iSd Art 10 Abs 4 S 2 Alt 2 sind ebenso **strenge Maßstäbe** anzulegen wie bei Art 10 Abs 3 S 2 Alt 2 (Rn 17f). Insbesondere ist auf die in Art 10 Abs 4 S 4 geregelte Möglichkeit hinzuweisen, kommunikationstechnische Infrastruktur im gegenseitigen Einvernehmen zur Verfügung zu stellen.

### 5. Kosten

41 Falls das ersuchte Gericht dies verlangt, stellt das ersuchende Gericht unverzüglich die Erstattung der Auslagen sicher, die durch die Anwendung von Artikel 10 Abs 4 entstanden sind (Art 18 Abs 2 S 1, zweiter Spiegelstrich). Die Pflicht der Parteien, diese Kosten zu tragen, unterliegt dem Recht des Mitgliedstaats des ersuchenden Gerichts (Art 18 Abs 2 S 2).

## V. Rechtsbehelfe

42 S Art 14 Rn 24.

---

[79] So aber *Schlosser* Rn 4 („Das ersuchende Gericht kann wegen § 128a Abs 3 ZPO […] nicht auf die Zusendung einer Aufzeichnung durch das deutsche Rechtshilfegericht hoffen.") im Vergleich zu *ders*, Art 9/10 HBÜ Rn 3 („Die Aufnahme eines […] Videos ist sicherlich mit deutschem Recht nicht unvereinbar.").

[80] Vgl zur Aufzeichnung durch den Zugeschalteten *Schultzky* NJW 2003, 317.

[81] *Schlosser* Rn 4.

## Artikel 11
## Erledigung in Anwesenheit und unter Beteiligung der Parteien

(1) Sofern im Recht des Mitgliedstaats des ersuchenden Gerichts vorgesehen, haben die Parteien und gegebenenfalls ihre Vertreter das Recht, bei der Beweisaufnahme durch das ersuchte Gericht zugegen zu sein.

(2) Das ersuchende Gericht teilt in seinem Ersuchen unter Verwendung des Formblatts A im Anhang dem ersuchten Gericht mit, dass die Parteien und gegebenenfalls ihre Vertreter zugegen sein werden und dass gegebenenfalls ihre Beteiligung beantragt wird. Diese Mitteilung kann auch zu jedem anderen geeigneten Zeitpunkt erfolgen.

(3) Wird die Beteiligung der Parteien und gegebenenfalls ihrer Vertreter an der Durchführung der Beweisaufnahme beantragt, so legt das ersuchte Gericht nach Artikel 10 die Bedingungen für ihre Teilnahme fest.

(4) Das ersuchte Gericht teilt den Parteien und gegebenenfalls ihren Vertretern unter Verwendung des Formblatts F im Anhang Ort und Zeitpunkt der Verhandlung und gegebenenfalls die Bedingungen mit, unter denen sie teilnehmen können.

(5) Die Absätze 1 bis 4 lassen die Möglichkeit des ersuchten Gerichts unberührt, die Parteien und gegebenenfalls ihre Vertreter zu bitten, der Beweisaufnahme beizuwohnen oder sich daran zu beteiligen, wenn das Recht des Mitgliedstaats des *ersuchenden*[*] Gerichts dies vorsieht.

**I. Einführung** ............................. 1

**II. Das auf Anwesenheits- und Beteiligungsrechte der Parteien anwendbare Recht**
1. Das auf die Anwesenheit der Parteien anwendbare Recht .................... 2
2. Ablehnungsgründe .................... 9
3. Das auf die Beteiligung der Parteien anwendbare Recht .................... 11

**III. Durchführung**
1. Kommunikation zwischen dem ersuchten Gericht und den Parteien ... 14
2. Sicheres Geleit .................... 15
3. Durchführung der Beweisaufnahme .. 16

## I. Einführung

1 Art 11 regelt zum einen das Recht der Parteien oder ihrer Vertreter, bei der Beweisaufnahme vor dem Rechtshilfegericht (passiv) **anwesend** zu sein, zum anderen das Recht der Parteien oder ihrer Vertreter, sich an der Beweisaufnahme aktiv (zB durch Fragen und Hinweise) zu **beteiligen**. Der Vorläufer dieser Regelung ist Art 7 HBÜ, der nach allgemeiner Meinung ein Anwesenheitsrecht der Parteien voraussetzt[1], aber zu ihren Beteiligungsrechten schweigt. Innovativ ist Art 11 auch darin, dass der Versuch unternommen wurde, das auf Anwesenheits- und Beteiligungsrechte anwendbare Recht präziser zu bestimmen, was leider aufgrund von **Redaktionsversehen** in den verschiedenen Sprachfassungen nur unzureichend verwirklicht wurde (s Rn 2). Die Anwesenheit und

---

[*] Richtig muss es heißen: „ersuchten", s Rn 2.

[1] *MünchKommZPO/Musielak* § 363 Anh I Art 7 Rn 1; *Stein/Jonas/Berger* § 363 Anh A Art 7 Rn 62; *Schlosser* Art 7 HBÜ Rn 1; *Blaschczok* 122 ff.

die Beteiligung von Beauftragten des ersuchenden Gerichts sind nicht in Art 11, sondern in Art 12 gesondert, wenn auch in strukturell ähnlicher Weise, geregelt. Noch Art 14 des deutschen Verordnungsvorschlags hatte die Anwesenheit von Parteien und Beauftragten in einer Vorschrift zusammengefasst (so jetzt auch § 1073 Abs 1 ZPO idF des EG-BewDG-E, s Vorbem Rn 3). Eine Anwesenheit der Parteien bzw ihrer Vertreter sollte nach dem Vorschlag aber nur unter der Voraussetzung statthaft sein, dass das Recht des ersuchten Gerichts dem nicht entgegenstünde. Diese Einschränkung ist in Art 11 Abs 1 fallen gelassen worden.

## II. Das auf Anwesenheits- und Beteiligungsrechte der Parteien anwendbare Recht

### 1. Das auf die Anwesenheit der Parteien anwendbare Recht

2 Den Ausgangspunkt bildet Art 11 Abs 1. Legt man die deutsche, englische und französische Fassung der Verordnung zugrunde, haben die Parteien und gegebenenfalls ihre Vertreter das Recht auf Anwesenheit bei der Beweisaufnahme durch das ersuchte Gericht, sofern dies im Recht des Mitgliedstaats des **ersuchenden** Gerichts vorgesehen ist[2]. Der Sinn der Vorschrift liegt darin, dass es den Parteien ermöglicht werden soll, die Verhandlungen wie im Falle einer Beweisaufnahme im Mitgliedstaat des ersuchenden Gerichts verfolgen zu können (Erwägungsgrund Nr 13). In der italienischen Fassung heißt es hingegen, das Recht des Mitgliedstaats des **ersuchten** Gerichts sei maßgebend („legge dello Stato membro dell'autorità giudiziaria *richiesta*"). Hierbei handelt es sich aber auch aus italienischer Sicht um einen Übersetzungsfehler[3]. Ungeachtet der grundsätzlichen Maßgeblichkeit des Rechts des ersuchenden Gerichts hat das ersuchte Gericht die Möglichkeit, die Parteien zu bitten, der Beweisaufnahme beizuwohnen, wenn das Recht des Mitgliedstaats des **ersuchten** Gerichts dies vorsieht (Art 11 Abs 5). Zwar verweist die hier abgedruckte deutsche Fassung auf das Recht des Mitgliedstaats des **ersuchenden** Gerichts. Insofern handelt es sich jedoch, wie ein Blick in die englische, französische und italienische Fassung zeigt, um ein unbeachtliches Redaktionsversehen[4]. Diese sprachlichen Missgriffe in einer ohnehin wenig übersichtlichen Vorschrift sollten dringend bereinigt werden, am besten noch vor dem 1. 1. 2004.

3 Insgesamt bewirkt die Kombination der grundsätzlichen Verweisung auf das Recht des ersuchenden Gerichts (Art 11 Abs 1) mit einer subsidiären Anknüpfung an das Recht des ersuchten Gerichts (Art 11 Abs 5) eine **Verbesserung der Parteiöffentlichkeit** der Beweisaufnahme, da es im Ergebnis ausreicht, wenn nur eine der beteiligten Rechtsordnungen den Parteien ein Anwesenheitsrecht einräumt. Nach deutschem Recht ha-

---

[2] Unrichtig *Nagel/Gottwald*, IZPR § 8 Rn 17: „Nach Maßgabe des Rechts des ersuchten Staates"; zutreffend hingegen *Berger* IPRax 2001, 524; *Schack*, IZVR Rn 718a; *Schlosser* Rn 2; *Stadler*, in: FS Geimer 1292.

[3] *Fumagalli* Riv dir int priv proc 2002, 342; offenbar übersehen von *Gioia*, Nuove leggi civ comm 2001, 1177, die sich um eine inhaltliche Begründung bemüht.

[4] Ebenso *Klauser* 5; *Schlosser* Rn 7; für Verweisung auf das Recht des ersuchten Staates iE auch *Nagel/Gottwald*, IZPR § 8 Rn 17.

ben die Parteien auch bei einer Beweisaufnahme zum Zwecke der Rechtshilfe ein Recht auf Anwesenheit gemäß § 357 ZPO, zumindest aus Art 103 Abs 1 GG[5]. Die Parteiöffentlichkeit der Beweisaufnahme ist auch in rechtsvergleichender Sicht nahezu allgemein verbreitet[6]. Entscheidet das deutsche Rechtshilfegericht gemäß Art 11 Abs 5 über die Anwesenheit der Parteien bei der Beweisaufnahme, ist es an Vorstellungen und Wünsche des ersuchenden Gerichts nicht gebunden[7].

Art 11 Abs 1 erfasst allein die Herstellung von Parteiöffentlichkeit, dh die **passive** Anwesenheit (das „Zugegensein") der Parteien bzw ihrer Vertreter bei der Beweisaufnahme. Ob sie sich an der Beweisaufnahme **aktiv** beteiligen können, zB durch die Stellung von Fragen (§ 397 Abs 2 ZPO) wird nicht durch Art 11 Abs 1 geregelt[8], sondern durch Art 11 Abs 2 bis 5. 4

Das ersuchende Gericht informiert grundsätzlich mit dem Ersuchen nach Art 4 das ersuchte Gericht davon, dass die Parteien und gegebenenfalls ihre Vertreter bei der Beweisaufnahme anwesend sein werden (Art 11 Abs 2 S 1 Alt 1). Diese Mitteilung kann jedoch auch noch später zu jedem geeigneten Zeitpunkt erfolgen (Art 11 Abs 2 S 2). Art 11 Abs 2 S 1 differenziert zwischen der **Information** über die (passive) Anwesenheit *(présence, presence)* der Parteien (Alt 1) einerseits, der **Beantragung** ihrer (aktiven) Beteiligung *(participation)* andererseits (Alt 2): Während dem ersuchten Gericht lediglich informatorisch mitgeteilt wird, dass die Parteien „zugegen sein werden", heißt es in Bezug auf die Beteiligung der Parteien, dass diese gegebenenfalls „beantragt" wird. Aus dieser Unterscheidung ergibt sich, dass es sich bei der Mitteilung über die (passive) Anwesenheit der Parteien nicht um einen Antrag handelt, sondern um eine bloße Information[9]. 5

Diese Unterscheidung zwischen passiver Anwesenheit und aktiver Beteiligung (vgl auch Erwägungsgrund Nr 13 S 1und 2) ist auch für das Verständnis des Art 11 Abs 3 wesentlich. Leider erschwert die deutsche Fassung den richtigen Zugang zum Norminhalt, weil zusätzlich zu den in Art 11 Abs 1 und 2 verwendeten Begriffen des passiven „Zugegenseins" (Anwesenheit) und der aktiven „Beteiligung" der Begriff der „**Teilnahme**" eingeführt wird: „Wird die *Beteiligung* der Parteien und gegebenenfalls ihrer Vertreter an der Durchführung der Beweisaufnahme beantragt, so legt das ersuchte Gericht nach Art 10 die Bedingungen für ihre *Teilnahme* fest." Hierdurch wird das **Missverständnis** nahe gelegt, dass die „Teilnahme" der Parteien bzw ihrer Vertreter als Oberbegriff sowohl Anwesenheit als auch Beteiligung umfasse. Die Folge wäre, dass das ersuchte Gericht nicht nur Bedingungen für die Beteiligung der Parteien bzw ihrer Ver- 6

---

5 *Stein/Jonas/Berger* § 363 Anh A Art 7 Rn 62 (§ 357 ZPO); *E Geimer* 225 (Art 103 Abs 1 GG); iE ebenso *Geimer*, IZPR Rn 2511; *Blaschczok* 123 Fn 372; anders aber *Schlosser* Rn 7: Deutsches Recht sehe für Rechtshilfe zugunsten ausländischer Gerichte von sich aus keine Parteiöffentlichkeit vor.

6 *Stadler*, in: FS Geimer 1293 („europaweit der Regelfall"); s auch die Nachweise bei *Blaschczok* 123.

7 Anders *Schlosser* Rn 7.

8 So aber *Heß/Müller* ZZPInt 6 (2001) 155.

9 Götz *Schulze* IPRax 2001, 531.

treter festlegen könnte, sondern auch die bloß passive Anwesenheit aufgrund der Verweisung in Art 11 Abs 3 an den Maßstäben des Art 10 messen dürfte[10]. Ein Blick in die englische und französische Fassung zeigt jedoch, dass das ersuchte Gericht allein die Bedingungen für die **Beteiligung**, dh die aktive Teilnahme, festlegen darf[11]:
„If the *participation* of the parties and, if any, their representatives, is requested at the performance of the taking of evidence, the requested court shall determine, in accordance with Article 10, the conditions under which they may *participate*."
„Si la *participation* des parties et, le cas échéant, de leurs représentants à l'exécution de l'acte d'instruction est demandée, la juridiction requise détermine, en conformité avec l'article 10, les conditions de leur *participation*."

7 Statt „Bedingungen für ihre Teilnahme" müsste es daher – sprachlich weniger abwechslungsreich, aber systematisch konsequent – in Art 11 Abs 3 „Bedingungen für ihre Beteiligung" heißen. Nur wenn man Art 11 Abs 3 auf die Beteiligung der Parteien beschränkt, bleibt die dogmatische Stimmigkeit mit Art 11 Abs 2 gewahrt: Da nach Abs 2 des Art 11 die Anwesenheit der Parteien bzw ihrer Vertreter beim ersuchten Gericht nicht beantragt wird, sondern das ersuchte Gericht lediglich davon in Kenntnis gesetzt wird, dass die Parteien bzw ihre Vertreter „zugegen sein werden", ist es nur konsequent, dass das ersuchte Gericht diese Mitteilung hinnehmen muss, ohne seinerseits Bedingungen für die Anwesenheit der Parteien aufstellen zu dürfen. Nur so wird auch der in Erwägungsgrund Nr 13 S 1 formulierte Zweck gewahrt, dass die Parteien bzw ihre Vertreter „die Verhandlungen *wie im Falle einer Beweisaufnahme im Mitgliedstaat des ersuchenden Gerichts* verfolgen können" sollen. Schließlich wäre die in Art 11 Abs 3 ausgesprochene Verweisung auf Art 10 Abs 2 in Bezug auf das Anwesenheitsrecht der Parteien auch im Ergebnis widersinnig: Während Art 11 Abs 1 die Parteiöffentlichkeit ausdrücklich dem Recht des Mitgliedstaats des **ersuchenden** Gerichts unterstellt, ordnet Art 10 Abs 2 grundsätzlich die Geltung der lex fori des **ersuchten** Gerichts an.

8 **Zusammenfassend gilt daher:** Die Parteiöffentlichkeit unterliegt ausschließlich dem Recht des Mitgliedstaats des ersuchenden Gerichts. Das ersuchende Gericht muss prüfen, ob die Parteien bzw ihre Vertreter nach seinem eigenen Recht bei der Beweisaufnahme zugegen sein dürfen; das Ergebnis dieser Prüfung teilt es dem ersuchten Gericht mit. Das ersuchte Gericht darf die Anwesenheit der Parteien bzw ihrer Vertreter – anders als ihre aktive Beteiligung – keinen Bedingungen unterwerfen, die es aus seinem eigenen Recht ableitet. Kann zB nach dem Recht des ersuchenden Gerichts eine Partei verlangen, physisch bei der Beweisaufnahme zugegen zu sein, darf das ersuchte Gericht sie nicht darauf beschränken, lediglich videotechnisch zugeschaltet zu werden.

---

10 So offenbar *Stadler*, in: FS Geimer 1292 f; wohl auch *Berger* IPrax 2001, 525: „Dem ersuchten Gericht bleibt die Möglichkeit, im Rahmen des Art 11 Abs 3 EG-BewVO die Bedingungen genauer festzulegen, unter denen die Parteien zugegen sein dürfen."

11 IE ebenso *Heß/Müller* ZZPInt 6 (2001) 155; vgl auch die Begründung zum EG-BewDG-E, BT-Drucks 15/1062, S 20.

## 2. Ablehnungsgründe

9 Eine **ordre-public-Klausel**, die dem ersuchten Gericht den Ausschluss einer Partei von der Beweisaufnahme entgegen dem Recht des ersuchenden Gerichts ermöglichen würde, enthält die EG-BewVO **nicht**. Das ersuchte Gericht darf nicht einmal ermitteln, ob das ersuchende Gericht seine eigenen Vorschriften in Bezug auf die Parteiöffentlichkeit richtig angewendet hat[12]. Es ist indes vorgeschlagen worden, dem ersuchten Gericht **analog Art 14 Abs 1** (Meistbegünstigungsprinzip bei Aussageverweigerungsrechten) zu gestatten, einer Partei die Anwesenheit auch dann zu verwehren, wenn sie im Recht des ersuchenden Gerichts vorgesehen ist[13]. Dieser Vorschlag ist jedoch abzulehnen: Art 11 Abs 1 und 5 wollen die Parteiöffentlichkeit der Beweisaufnahme ermöglichen, wenn diese entweder im Recht des ersuchenden Gerichts (Art 11 Abs 1) oder im Recht des ersuchten Gerichts (Art 11 Abs 5) vorgesehen ist. Dieser Begünstigung der Parteien würde die Analogie zu Art 14 Abs 1 im Dienste des Geheimnisschutzes widersprechen. Im Übrigen kennt das deutsche – anders als zB das schweizerische – Recht kein geheimes Beweisverfahren unter Ausschluss einer Partei zum Schutz von Geschäftsgeheimnissen[14].

10 Ferner wird eine **analoge Anwendung des Art 10 Abs 3** erwogen, um es dem ersuchten Gericht zu ermöglichen, eine Anwesenheit der Parteien bzw ihrer Vertreter bei der Beweisaufnahme abzulehnen[15]. Auch dieser Vorschlag ist indes zurückzuweisen, weil die Differenzierung zwischen Anwesenheit und Beteiligung in Art 11 offensichtlich bewusst erfolgte und deshalb keine planwidrige Regelungslücke vorliegt, deren Schließung durch eine Analogie zulässig wäre. Angesichts des europaweit akzeptierten Grundsatzes der Parteiöffentlichkeit ist es hinnehmbar, auf eine Vorbehaltsklausel zu verzichten. Zumindest kann bis zu der nach Art 23 vorgesehenen Überprüfung am 1. 1. 2007 abgewartet werden, ob der Verzicht auf eine Vorbehaltsklausel zu Missständen in der Praxis führt.

## 3. Das auf die Beteiligung der Parteien anwendbare Recht

11 Die Verweisung auf das Recht des ersuchenden Gerichts in Art 11 Abs 1 bezieht sich allein auf die passive Anwesenheit der Parteien bzw ihrer Vertreter, nicht auf deren aktive Beteiligung an der Beweisaufnahme (s Rn 4). Für die Beteiligung der Parteien bzw ihrer Vertreter ist grundsätzlich die lex fori des **ersuchten** Gerichts maßgebend (Art 11 Abs 3 iVm Art 10 Abs 2)[16]. Sollen die Parteien in einer besonderen Form nach dem Recht des ersuchenden Gerichts an der Beweisaufnahme beteiligt werden (zB Kreuzverhör), ist ein Antrag nach Art 10 Abs 3 zu stellen, auf den Art 11 Abs 3 verweist

---

[12] *Schlosser* Rn 2.

[13] *Berger* IPRax 2001, 525.

[14] Näher *Stadler*, in: FS Geimer 1293; *Stein/Jonas/Berger* § 357 Rn 17; *MünchKommZPO/Musielak* § 357 Rn 9.

[15] Götz *Schulze* IPRax 2001, 531 Fn 47.

[16] Ebenso *Berger* IPRax 2001, 525; vgl auch *Stadler*, in: FS Geimer 1293.

(s Art 10 Rn 20ff). Auch eine Beteiligung der Parteien bzw ihrer Vertreter mit Hilfe moderner Kommunikationstechnologien, insbesondere im Wege der Videokonferenz, kommt in Betracht (Art 11 Abs 3 iVm Art 10 Abs 4).

12 Das ersuchende Gericht kann bereits mit der Stellung des Ersuchens mit Hilfe des Formblatts A die Beteiligung der Parteien bzw ihrer Vertreter beantragen (Art 11 Abs 2 S 1). Dieser Antrag kann aber auch noch später zu jedem geeigneten Zeitpunkt erfolgen (Art 11 Abs 2 S 2).

13 Sieht das ersuchende Gericht davon ab, eine Beteiligung der Parteien zu beantragen, hat das ersuchte Gericht dessen ungeachtet die Möglichkeit, **nach seinem eigenen Recht** (s Rn 2) die Parteien bzw ihre Vertreter um eine Beteiligung an der Beweisaufnahme zu bitten (Art 11 Abs 5). Entscheidet das deutsche Rechtshilfegericht gemäß Art 11 Abs 5 über die Beteiligung der Parteien an der Beweisaufnahme, ist es an Vorstellungen und Wünsche des ersuchenden Gerichts nicht gebunden[17].

14 Eine problematische Vorschrift ist **§ 1073 Abs 1 Satz 2 ZPO** idF des EG-BewDG-E (s Vorbem Rn 3). Danach sollen sich deutsche Parteien und deren Vertreter an einer Beweisaufnahme durch das ausländische Gericht in dem Umfang „beteiligen" können, in dem sie in dem betreffenden Verfahren an einer inländischen Beweisaufnahme „beteiligt" werden dürfen. Obwohl in der Begründung des Gesetzesentwurfs im Ansatz zutreffend erkannt wird, dass Art 11 zwischen bloßer Anwesenheit und aktiver Beteiligung unterscheidet[18], benutzt diese Vorschrift den Terminus „beteiligt" als einen Oberbegriff, der sowohl die passive Anwesenheit als auch die aktive Beteiligung, zB durch Fragerechte, abdecken soll[19]. Bereits diese Abweichung von dem allein auf ein aktives Verhalten der Parteien oder ihrer Vertreter zugeschnittenen Beteiligungsbegriff der EG-BewVO ist nicht dazu geeignet, für Rechtsklarheit zu sorgen. Inhaltlich ist die Anknüpfung aktiver Beteiligungsrechte an die lex fori des Prozessgerichts mit der in Art 11 Abs 3 ausgesprochenen grundsätzlichen Verweisung auf Art 10 Abs 2, der gerade entgegengesetzt auf die lex fori des Rechtshilfegerichts abstellt, nicht zu vereinbaren.

## III. Durchführung

### 1. Kommunikation zwischen dem ersuchten Gericht und den Parteien

15 Gemäß Art 11 Abs 4 teilt das ersuchte Gericht den Parteien und gegebenenfalls ihren Vertretern unter Verwendung des Formblatts F den Ort und den Zeitpunkt der Verhandlung und, falls die Beteiligung der Parteien bzw ihrer Vertreter beantragt worden ist, die Bedingungen mit, unter denen sie sich beteiligen können. Die hierbei zu verwendende Sprache richtet sich nach Art 5. Hat die Partei einen Prozessvertreter

[17] Anders *Schlosser* Rn 7.

[18] BT-Drucks 15/1062, S 20.

[19] Ebenda.

bestellt, ist es ausreichend, wenn dieser und nicht auch die Partei benachrichtigt wird[20].

**2. Sicheres Geleit**

Das einer Partei gemäß Art 11 Abs 1 zustehende Anwesenheitsrecht nach dem Recht 16
des ersuchenden Staates betrifft allein die zivilprozessuale Seite der Parteiöffentlichkeit. Bei der Frage, ob einer Partei, die zugleich in einem Strafverfahren beschuldigt wird, sicheres Geleit zum Zwecke ihrer Anwesenheit im Zivilrechtsstreit zu gewähren ist, handelt es sich hingegen um ein strafprozessuales Problem (vgl § 295 StPO), auf dessen Lösung die EG-BewVO keinen Einfluss hat. Nach der Rechtsprechung des BGH kann sicheres Geleit grundsätzlich auch gewährt werden, um dem Beschuldigten die Teilnahme an einem Zivilverfahren zu ermöglichen[21].

**3. Durchführung der Beweisaufnahme**

Beteiligen sich die Parteien oder ihre Vertreter an einer Beweisaufnahme, die nach ei- 17
nem ihnen fremden Verfahrensrecht durchgeführt wird, so tun sie dies grundsätzlich auf eigene Gefahr. Das deutsche Rechtshilfegericht ist über die sich aus § 139 ZPO ergebenden Verpflichtungen hinaus nicht gehalten, Rechtsberatung zur Handhabung der ZPO zu erteilen. In der Regel wird sich daher die Hinzuziehung deutscher Korrespondenzanwälte empfehlen. Rein rechtlich ist es aber ausreichend, wenn ein Vertreter iSd Art 11 wirksam für das Verfahren vor dem Prozessgericht bestellt ist; eine Zulassung gerade für das Rechtshilfegericht ist nicht erforderlich. Die von den Parteien bzw ihren Vertretern gestellten Fragen (§ 397 Abs 2 ZPO, Art 11 Abs 3, 10 Abs 2) müssen sich im Rahmen des nach Art 4 Abs 1 lit d spezifizierten Beweisthemas halten[22].

## Artikel 12
## Erledigung in Anwesenheit und unter Beteiligung von Beauftragten des ersuchenden Gerichts

**(1) Sofern mit dem Recht des Mitgliedstaats des ersuchenden Gerichts vereinbar, haben die Beauftragten des ersuchenden Gerichts das Recht, bei der Beweisaufnahme durch das ersuchte Gericht zugegen zu sein.**
**(2) Der Begriff „Beauftragte" im Sinne dieses Artikels umfasst vom ersuchenden Gericht nach Maßgabe des Rechts seines Mitgliedstaats bestimmte Gerichtsangehörige. Das ersuchende Gericht kann nach Maßgabe des Rechts seines Mitgliedstaats auch andere Personen wie etwa Sachverständige bestimmen.**

---

20 *Schlosser* Rn 6.

21 BGH 12. 6. 1991 – NJW 1991, 2500 (*Markus Wolf*); abl *Meyer-Goßner*, StPO$^{46}$ (2003) § 295 Rn 1; zust *E Geimer* 226.

22 Grundsätzlich ebenso *Schlosser* Rn 4, der aber großzügig Ergänzungen ad hoc zulassen will.

(3) Das ersuchende Gericht teilt in seinem Ersuchen unter Verwendung des Formblatts A im Anhang dem ersuchten Gericht mit, dass seine Beauftragten zugegen sein werden und gegebenenfalls, dass ihre Beteiligung beantragt wird. Diese Mitteilung kann auch zu jedem anderen geeigneten Zeitpunkt erfolgen.
(4) Wird die Beteiligung der Beauftragten des ersuchenden Gerichts an der Beweisaufnahme beantragt, legt das ersuchte Gericht nach Artikel 10 die Bedingungen für ihre Teilnahme fest.
(5) Das ersuchte Gericht teilt dem ersuchenden Gericht unter Verwendung des Formblatts F im Anhang Ort und Zeitpunkt der Verhandlung und gegebenenfalls die Bedingungen mit, unter denen die Beauftragten daran teilnehmen können.

**I. Einführung**
1. Normzweck ... 1
2. Abgrenzung zur passiven Rechtshilfe 2
3. Neuerungen gegenüber dem HBÜ ... 3

**II. Der Begriff des Beauftragten** ... 4

**III. Auf die Anwesenheit und die Beteiligung von Beauftragten anwendbares Recht**
1. Anwesenheit ... 6
2. Beteiligung
a) Entscheidung über den Antrag auf Beteiligung nach eigenem Recht .. 7
b) Deutsches Recht ... 8
c) Keine Eigeninitiative des ersuchten Gerichts ... 9
d) Mitteilung an das ersuchende Gericht ... 10

## I. Einführung

### 1. Normzweck

1 Art 12 regelt in enger struktureller Verwandtschaft mit dem vorangehenden, die Parteien betreffenden Art 11 die Anwesenheit und Beteiligung von **Beauftragten** des ersuchenden Gerichts an der vom Rechtshilfegericht durchzuführenden Beweisaufnahme. Der Hauptzweck der Vorschrift besteht darin, dem Grundsatz der formellen **Unmittelbarkeit** *mutatis mutandis* auch im Rahmen der aktiven Rechtshilfe Beachtung zu verschaffen[1]. Insbesondere wird dem ersuchenden Gericht eine bessere Beweiswürdigung ermöglicht, wenn es sich nicht allein auf das vom Rechtshilfegericht angefertigte Protokoll einer Vernehmung verlassen muss, sondern auch einen persönlichen Eindruck vom Zeugen erhält[2] (vgl auch Erwägungsgrund Nr 14). Entsprechende Erwägungen gelten für andere Beweismittel, zB die Einsicht in Urkunden[3] oder die Augenscheinseinnahme[4]. Mitglieder des ersuchenden Gerichts oder andere Beauftragte können zudem durch ihre Anwesenheit und Beteiligung die Arbeit des ersuchten Gerichts wesentlich erleichtern, indem sie diesem zB Hinweise zum ausländischen materiellen

---

1 *Stadler*, in: FS Geimer 1293; von „Quasi-Unmittelbarkeit" sprechen *Heß/Müller* ZZPInt 6 (2001) 155 – rechtstechnisch zutreffend, weil eine „echte" Unmittelbarkeit nur im Rahmen des Art 17 EG-BewVO gewährleistet ist.

2 *Fumagalli* Riv dir int priv proc 2002, 343 f.

3 *Heß/Müller* ZZPInt 6 (2001) 155.

4 Vgl zu Art 8 HBÜ *Pfeil-Kammerer* 275.

Recht geben, das dem Streit zugrunde liegt[5], oder eine dem ersuchten Gericht fremde Form der Beweisaufnahme näher erläutern, deren Einhaltung nach Art 10 Abs 3 beantragt worden ist[6]. Hierdurch wird die Verwertbarkeit der Beweisaufnahme gesichert und die Prozessökonomie gefördert.

### 2. Abgrenzung zur passiven Rechtshilfe

Art 12 hat allein die Anwesenheit bei und die Beteiligung an der aktiven Rechtshilfe 2
durch das **ersuchte Gericht** zum Gegenstand und ist nicht zu verwechseln mit der unmittelbaren Beweisaufnahme durch einen Beauftragten des ersuchenden Gerichts nach Art 17 Abs 3 (passive Rechtshilfe). Anders als im Rahmen der passiven Rechtshilfe ermöglicht Art 12 auch den Einsatz von **Zwangsmitteln** durch das ersuchte Gericht[7].

### 3. Neuerungen gegenüber dem HBÜ

Der Vorläufer des Art 12 ist Art 8 HBÜ. Gegenüber dieser Vorschrift enthält die Ver- 3
ordnung jedoch wesentliche Fortschritte[8]: Nach Art 8 S 2 HBÜ kann jeder Vertragsstaat erklären, dass die Anwesenheit von Mitgliedern des Prozessgerichts bei der Beweisaufnahme von einer Genehmigung durch den ersuchten Staat abhänge[9]. Dieser **Genehmigungsvorbehalt** ist im europäischen Rechtsraum entfallen, denn nach Art 12 Abs 3 S 1 ist dem ersuchten Gericht lediglich mitzuteilen, dass die Beauftragten des ersuchenden Gerichts zugegen sein werden. Art 12 Abs 1 stellt klar, dass die Rechtsordnung des ersuchenden Gerichts über das Anwesenheitsrecht entscheidet, während es nach Art 8 HBÜ auf die lex fori des ersuchten Staates ankommt[10]. Des Weiteren regelt Art 12 nicht nur – wie noch Art 8 HBÜ[11] – die passive Anwesenheit von Mitgliedern des Gerichts bei der Beweisaufnahme, sondern bietet auch einen Rahmen für deren aktive Beteiligung (Art 12 Abs 3 bis 5). Schließlich wird der Kreis der zur Anwesenheit oder Beteiligung berechtigten Personen über die Mitglieder des

---

5 Ebenso zu Art 8 HBÜ *Blaschczok* 126; *Pfeil-Kammerer* 275.

6 *Fumagalli* Riv dir int priv proc 2002, 344; vgl auch zu Art 8 HBÜ *Junker*, Discovery 342 (Kooperation bei Durchführung eines Kreuzverhörs).

7 Diesen Vorzug betonen auch *Götz Schulze* IPRax 2001, 532; *Stadler*, in: FS Geimer 1294.

8 Positive Würdigung auch bei *Stadler*, in: FS Geimer 1293.

9 Überblick über die Staaten, welche den Genehmigungsvorbehalt erklärt haben bzw dies nicht getan haben, bei *Stein/Jonas/Berger* § 363 Anh A Art 8 Rn 65.

10 *E Geimer* 18 Fn 29.

11 Art 8 Abs 1 HBÜ gewährt nach hM den anwesenden Richtern des Prozessgerichts kein Mitwirkungs- oder Fragerecht: *MünchKomm/Musielak* § 363 Anh I Art 8 Rn 3; *Stein/Jonas/Berger* § 363 Anh A Art 8 Rn 66; *Blaschczok* 125; grundsätzlich auch *Schlosser* Art 8 HBÜ; weniger streng *Pfeil-Kammerer* 275 (Prozessrichter dürfe Fragen *vorschlagen*); iE ähnlich *Schlosser* aaO; noch großzügiger *E Geimer* 226 (Prozessrichter dürfe mit Erlaubnis des deutschen Rechtshilferichters Hinweise geben oder Fragen *stellen*); *Nagel/Gottwald*, IZPR § 8 Rn 51: Teilnahme nach Art 8 HBÜ sollte Berechtigung enthalten, Fragen zu stellen.

Prozessgerichts hinaus auf andere Beauftragte, wie zB Sachverständige, erweitert (Art 12 Abs 2).

## II. Der Begriff des Beauftragten

4 Der Begriff des „Beauftragten" wird in Art 12 Abs 2 näher bestimmt: Er umfasst zum einen vom ersuchenden Gericht nach Maßgabe des Rechts seines Mitgliedstaats bestimmte Gerichtsangehörige (Art 12 Abs 2 S 1). Dies wird nach geltendem deutschen Recht (§ 361 ZPO analog[12]) in der Regel **ein** Richter oder **eine** Richterin sein; es können aber auch **alle** Angehörigen eines Spruchkörpers zu Beauftragten ernannt werden[13]. Gemäß § 1073 Abs 1 Satz 1 ZPO idF des EG-BewDG-E (s Vorbem Rn 3) kann das ersuchende deutsche Gericht – also erforderlichenfalls der gesamte Spruchkörper – oder ein von diesem beauftragtes Mitglied bei der Erledigung des Ersuchens auf Beweisaufnahme durch das ersuchte ausländische Gericht anwesend und beteiligt sein. Nach Art 12 Abs 2 S 2 kann das ersuchende Gericht auch andere in- oder ausländische Personen wie etwa **Sachverständige** zu Beauftragten ernennen, sofern sein eigenes Recht dies zulässt. Für das deutsche Recht bietet wohl bereits § 404 a ZPO eine hinreichende Grundlage zur Ernennung eines Sachverständigen zum Beauftragten[14]. Klarheit soll § 1073 Abs 1 ZPO idF des EG-BewDG-E schaffen. Andere deutsche oder ausländische öffentliche Stellen (einschließlich Konsuln[15]), Rechtsanwälte oder sonstige Privatpersonen können hingegen nach deutschem Recht nicht zu Beauftragten ernannt werden[16]. § 364 ZPO (Erledigung im Parteibetrieb) ist wegen Art 2 Abs 1 ohnehin nicht anwendbar (s Art 2 Rn 4), bietet aber auch inhaltlich keine Grundlage für die Beauftragung von Privatpersonen iSd des Art 12 Abs 2[17].

5 Die Teilnahme deutscher Richter an einer Beweisaufnahme in einem anderen Mitgliedstaat bedarf **keiner Genehmigung** durch die Bundesregierung; dies war schon vor In-Kraft-Treten der EG-BewVO der Fall (§ 38a ZRHO)[18]. Dienstrechtliche Genehmigungserfordernisse für Auslandsreisen bleiben unberührt.

---

[12] Anders als der „beauftragte Richter" iSd § 361 ZPO hat der „Beauftragte" iSd Art 12 Abs 2 1 EG-BewVO nicht die Verfahrensleitung bei der Beweisaufnahme inne; diese verbleibt beim Rechtshilfegericht.

[13] *Schlosser* Rn 1; *Götz Schulze* IPRax 2001, 529 f; ebenso aus österreichischer Sicht *Klauser* 1; vgl auch zu Art 17 HBÜ *Stein/Jonas/Berger* § 363 Anh A Art 17 Rn 125; anders auf der innerstaatlichen Ebene BGH 27. 4. 1960 – IV ZR 100/59 – BGHZ 32, 233, 235 ff: Übertragung der Beweisaufnahme auf zwei Mitglieder des Gerichts sei unzulässig; hierzu *E Geimer* 116 f.

[14] *Götz Schulze* IPRax 2001, 530; ebenso *Schlosser* Art 17 EG-BewVO Rn 3; **aA** *Leipold* Ritsum L Rev 20 (März 2003) 94.

[15] Zur Frage, ob Konsuln Beauftragte iSd Art 17 Abs 3 EG-BewVO sein können, s Art 17 Rn 15.

[16] *Götz Schulze* IPRax 2001, 530; zu § 363 ZPO *Stein/Jonas/Berger* § 363 Rn 27; zu Art 17 HBÜ *Geimer*, IZPR Rn 459 f; *E Geimer* 143; vgl auch *Blaschczok* 172 f.

[17] Vgl zu Art 17 HBÜ *E Geimer* 143.

[18] Eingehend *Götz Schulze* IPRax 2001, 531.

## III. Auf die Anwesenheit und die Beteiligung von Beauftragten anwendbares Recht

### 1. Anwesenheit

Ebenso wie bei Art 11 ist es für das Verständnis des Art 12 von entscheidender Bedeutung, zwischen der bloß passiven Anwesenheit bei der Beweisaufnahme und der aktiven Beteiligung an der Beweiserhebung durch das Rechtshilfegericht zu unterscheiden[19]. Das Recht auf ein lediglich **passives „Zugegensein"** der Beauftragten des ersuchenden Gerichts unterliegt gemäß Art 12 Abs 1 dem Recht des **ersuchenden** Gerichts (in Zukunft also § 1073 Abs 1 ZPO idF des EG-BewDG-E)[20]. Ein Recht auf aktive Beteiligung an der Beweisaufnahme ergibt sich hieraus nicht[21]. Wer als Beauftragter in Betracht kommt, wird ebenfalls nach der lex fori des ersuchenden Gerichts bestimmt (Art 12 Abs 2, s Rn 4). Das ersuchende Gericht prüft die Voraussetzungen der Bestellung und der Anwesenheit von Beauftragten und teilt dem ersuchten Gericht gemäß Art 12 Abs 3 S 1 lediglich mit, dass seine Beauftragten anwesend sein werden. Diese Mitteilung hat nur informatorischen Charakter; es handelt sich nicht um einen Antrag, über den das ersuchte Gericht nach Maßgabe seines eigenen Rechts zu entscheiden hätte[22]. Die Ausführungen zu Art 11 Rn 5 gelten auch hier. Die Mitteilung erfolgt in spezifizierter Form (s Art 4 Rn 24) grundsätzlich mit dem Ersuchen, kann aber auch noch später erfolgen (Art 12 Abs 3 S 2). Anders als im Falle der Anwesenheit der Parteien bzw ihrer Vertreter (Art 11 Abs 5) kann das ersuchte Gericht **nicht aus eigenem Antrieb** und nach seinem eigenen Recht Mitglieder des Prozessgerichts darum bitten, der Beweisaufnahme beizuwohnen. Hält das ersuchte Gericht jedoch die Anwesenheit von Mitgliedern des Prozessgerichts für sinnvoll, um die Beweisaufnahme angemessen durchführen zu können (zB weil gemäß Art 10 Abs 3 eine besondere Form beantragt wurde), kann es gleichwohl bei dem ersuchenden Gericht formlos anregen, dass dieses einen Beauftragten bestellen und entsenden möge. 6

### 2. Beteiligung

#### a) Entscheidung über den Antrag auf Beteiligung nach eigenem Recht

Für die **aktive Beteiligung** von Beauftragten des ersuchenden Gerichts an der Beweisaufnahme durch das Rechtshilfegericht ist hingegen ein **Antrag erforderlich** (Art 12 Abs 3 S 1 Alt 2). Dieser kann bereits im Ersuchen, aber auch später gestellt werden (Art 12 Abs 3 S 2). Über die aktive Beteiligung (participation[23]) von Beauftragten des ersuchenden Gerichts entscheidet das **ersuchte Gericht** grundsätzlich nach seinem 7

[19] Zutreffend *Götz Schulze* IPRax 2001, 530.

[20] Unrichtig *Nagel/Gottwald*, IZPR § 8 Rn 18: Vereinbarkeit mit lex fori des ersuchten Gerichts sei erforderlich.

[21] *Berger* IPRax 2001, 525; *Nagel/Gottwald*, IZPR § 8 Rn 18; *Götz Schulze* IPRax 2001, 530.

[22] *Götz Schulze* IPRax 2001, 531; anders *Schlosser* Rn 2; *Klauser* 2: Auch Anwesenheit stehe unter dem Vorbehalt der Vereinbarkeit mit dem Recht des ersuchenden Staates.

[23] Der in der deutschen Fassung verwendete Begriff „Teilnahme" ist auch hier missverständlich, s Art 11 Rn 6f.

**eigenen Recht** (Art 12 Abs 4, 10 Abs 2)[24]. Darauf, dass die vom ersuchenden Gericht bestimmte Person (zB ein Rechtsanwalt) nach dem Recht des ersuchten Gerichts (zB nach der ZPO) nicht zu einem Beauftragten hätte ernannt werden können, kann wegen des Vorrangs der speziellen Verweisung auf das Recht des ersuchenden Staates in Art 12 Abs 2 keine Ablehnung der aktiven Beteiligung gestützt werden. Sieht das Recht des ersuchten Gerichts keine Beteiligung von Beauftragten an der Beweisaufnahme vor, kann gleichwohl ein entsprechender Antrag nach dem Recht des ersuchenden Gerichts gestellt werden; dies ergibt sich aus der Verweisung des Art 12 Abs 4 auf Art 10 Abs 3[25]. Dieser Antrag kann nur abgelehnt werden, wenn die gewünschte Form der Beteiligung nach Art 10 Abs 3 S 2 (iVm Art 12 Abs 4) mit dem Recht des ersuchten Gerichts unvereinbar oder praktisch undurchführbar ist. Für die Ablehnung ist das Formblatt F, nicht E zu verwenden[26]. Ferner kann die aktive Beteiligung von Mitgliedern des Prozessgerichts im Wege der Videokonferenz beantragt werden (Art 10 Abs 4, 12 Abs 4).

**b) Deutsches Recht**

8 Über den Antrag auf Beteiligung von Beauftragten des Prozessgerichts an der Beweisaufnahme muss das Rechtshilfegericht auf Grundlage seines eigenen Rechts (s Rn 7) nach pflichtgemäßem **Ermessen** entscheiden[27]. Jedoch enthält die ZPO **keine Vorschriften**, welche die Beteiligung von Beauftragten eines ausländischen Prozessgerichts an einer von einem deutschen Rechtshilfegericht durchzuführenden Beweisaufnahme unmittelbar regeln[28]. Auch die auf die innerstaatliche Ebene zugeschnittenen §§ 361, 362 ZPO sehen nicht vor, dass ein Mitglied des Prozessgerichts an einer Beweisaufnahme durch einen ersuchten Richter mitwirkt[29]. Aus dem Fehlen spezifischer Regelungen in der ZPO kann indes nicht der Schluss gezogen werden, das deutsche Recht lasse eine Beteiligung ausländischer Richter oder anderer Beauftragter an der Beweisaufnahme nicht zu. Angesichts der Parallelität der Art 11 und 12 liegt es nahe, auf die Beteiligung von Beauftragten diejenigen ZPO-Vorschriften analog anzuwenden. welche die Beteiligung der Parteien bzw ihrer Vertreter an der Beweisaufnahme betreffen. Den Beauftragten des Prozessgerichts ist deshalb zumindest ein **Fragerecht** unter den

---

24 *Berger* IPRax 2001, 525; *Nagel/Gottwald*, IZPR § 8 Rn 18; *Götz Schulze* IPRax 2001, 530; *Stadler*, in: FS Geimer 1294.

25 *Berger* IPRax 2001, 525; **aA** *Götz Schulze* IPRax 2001, 530; *Schlosser* Rn 3; wie hier aber zu Art 8 HBÜ *Stein/Jonas/Berger* § 363 Anh A Art 8 Rn 66; *Schlosser* Art 8 HBÜ; vgl auch *MünchKomm-ZPO/Musielak* § 363 Anh I Art 8 Rn 2.

26 Nicht zwingend die Bedenken bei *Schlosser* Rn 3.

27 Für Ermessen *Nagel/Gottwald*, IZPR § 8 Rn 18; *Schlosser* Rn 3; in der Sache auch *Heß/Müller* ZZPInt 6 (2001) 155 Fn 46: willkürliche Ablehnung der Beteiligung sei unzulässig; für weiter gehenden Beurteilungsspielraum wohl *Götz Schulze* IPRax 2001, 530: Dem ersuchten Gericht sei es „unbenommen, eine aktive Beteiligung für bestimmte Fälle zu untersagen".

28 Lediglich § 10 AusfG zum HBÜ enthält eine Grundlage für die Anwesenheit ausländischer Richter bei der Beweisaufnahme durch das deutsche Rechtshilfegericht.

29 Allerdings besteht insoweit die Möglichkeit zur Abstimmung mit dem Prozessgericht im Wege des Zwischenstreits (§ 366 ZPO).

**entsprechend** heranzuziehenden Bedingungen des **§ 397 ZPO** einzuräumen[30]. Das Rechtshilfegericht darf sich jedoch nicht die Leitung der Vernehmung oder einer anderen Beweisaufnahme vom Beauftragten des ersuchenden Gerichts aus der Hand nehmen lassen, weil es sonst in unzulässiger Weise in die Entscheidungsbefugnisse der Zentralstelle nach Art 17 Abs 4 eingreifen würde[31]. Die gerichtliche Zwangsgewalt einschließlich der Sitzungspolizei verbleibt stets in den Händen des Rechtshilfegerichts (Art 13). Anregungen durch den Beauftragten des ersuchenden Gerichts werden hierdurch nicht ausgeschlossen[32].

**c) Keine Eigeninitiative des ersuchten Gerichts**

Teilt das Prozessgericht eine Anwesenheit von Beauftragten bei der Beweisaufnahme 9
mit, verzichtet aber darauf, deren Beteiligung zu beantragen, kann das Gericht die Beauftragten, anders als im Falle der Parteien bzw ihrer Vertreter (Art 11 Abs 5), **nicht aus eigenem Antrieb** darum bitten, sich an der Beweisaufnahme aktiv zu beteiligen. Das ersuchte Gericht kann aber ad hoc eine Rücksprache mit dem Prozessgericht halten und die Stellung eines Antrags auf Beteiligung anregen, da dieser zu jedem geeigneten Zeitpunkt möglich ist (Art 12 Abs 3 S 2).

**d) Mitteilung an das ersuchende Gericht**

Nach Art 12 Abs 5 teilt das ersuchte Gericht dem ersuchenden Gericht unter Verwen- 10
dung des Formblatts F den Ort und den Zeitpunkt der Verhandlung und gegebenenfalls die Bedingungen mit, unter denen die Beauftragten daran teilnehmen können. Die Vorschrift entspricht Art 11 Abs 4 (s Art 11 Rn 15).

## Artikel 13
## Zwangsmaßnahmen

**Soweit erforderlich, wendet das ersuchte Gericht bei der Erledigung des Ersuchens geeignete Zwangsmaßnahmen in den Fällen und in dem Umfang an, wie sie das Recht des Mitgliedstaats des ersuchten Gerichts für die Erledigung eines zum gleichen Zweck gestellten Ersuchens inländischer Behörden oder einer beteiligten Partei vorsieht.**

### I. Einführung

Art 13 übernimmt nahezu unverändert die in Art 10 HBÜ getroffene Regelung, nach 1
der Zwangsmaßnahmen, die zur Erledigung des Ersuchens erforderlich sind, dem Recht des **ersuchten** Gerichts unterworfen werden. In der Ermöglichung des Einsatzes von Zwangsmitteln liegt ein wesentlicher Vorteil gegenüber dem vertrags- bzw verordnungslosen Rechtshilfeverkehr nach §§ 363 ff ZPO[1]. Die Mitgliedstaaten sind nicht nur

---

[30] IE für die Gestattung von Zusatzfragen auch *Schlosser* Rn 3; für Gewährung von Fragen als „Regel" auch Götz *Schulze* IPRax 2001, 530.

[31] Anders zu Art 8 HBÜ *Junker*, Discovery 342: Arbeitsteilige Leitung der Vernehmung sei zulässig.

[32] Götz *Schulze* IPRax 2001, 531.

[1] Ebenso zu Art 10 HBÜ *Stein/Jonas/Berger* § 363 Anh A Art 10 Rn 75; *Geimer*, IZPR Rn 2513.

dazu berechtigt, sondern dazu verpflichtet, in- und ausländische Rechtshilfeersuchen hinsichtlich des Einsatzes von Zwangsmitteln gleich zu behandeln[2]. Während die Erfüllung dieser Pflicht nach Art 10 HBÜ nicht effektiv kontrolliert und gegebenenfalls sanktioniert werden kann, ist damit zu rechnen, dass eine Nicht-Einhaltung der Verpflichtung aus Art 13 ein Vertragsverletzungsverfahren nach sich zieht (Art 226 EGV)[3]. Die zweite Alternative des letzten HS (Ersuchen einer beteiligten Partei) erklärt sich aus der Rücksichtnahme auf Rechtsordnungen des common law, in denen die Anwendung von Zwang voraussetzt, dass das Gericht auf Antrag einer Partei eine gerichtliche Anordnung der Beweisaufnahme erlässt[4].

## II. Verweisung auf Recht des ersuchten Gerichts

2 Das ersuchte Gericht kann nur diejenigen **Zwangsmittelarten** anordnen, die sein eigenes Verfahrensrecht kennt (Beugehaft, Zwangsgeld usw)[5]. Dies wird von Art 13 vorausgesetzt, da das ersuchte Gericht Zwangsmaßnahmen nur in dem „Umfang" (extent, la mesure) anordnen darf, wie ihn seine lex fori vorsieht. Die Zulassung fremder Arten von Zwangsmaßnahmen würde diesen Umfang notwendigerweise sprengen.

3 Art 13 beschränkt sich aber nicht auf die Rechtsfolgenseite, sondern macht die Anordnung von Zwangsmitteln zudem von den **Voraussetzungen** abhängig, welche die lex fori des ersuchten Gerichts aufstellt: Nur „in den Fällen", in denen dieses Recht zur Erledigung eines inländischen Ersuchens Zwangsmittel zulässt, können diese auch im Rahmen der EG-BewVO zur Anwendung kommen. Daraus folgt, dass prozessuale Pflichten, die im Recht des ersuchten Gerichts nicht vorgesehen sind oder deren Nicht-Erfüllung dieses Recht nicht mit unmittelbarem Zwang begegnet, auch im europäischen Rechtshilfeverkehr nicht zwangsweise durchgesetzt werden können[6] (zu Beispielen s Rn 10).

## III. Recht des ersuchenden Gerichts

4 Indem Art 13 die Zulässigkeit des Einsatzes von Zwangsmitteln der lex fori des ersuchten Gerichts unterwirft, trifft die Vorschrift zugleich die **negative Aussage**, dass sich das ersuchende Gericht der Androhung oder Anordnung von Maßnahmen enthalten muss, mit denen die Beweisperson zur Mitwirkung an der Beweisaufnahme vor dem

---

[2] *Berger* IPRax 2001, 525; *Heß/Müller* ZZPInt 6 (2001) 156; ebenso zu Art 10 HBÜ *Junker*, Discovery 325.

[3] *Heß/Müller* ZZPInt 6 (2001) 156.

[4] Vgl zu Art 10 HBÜ *Pfeil-Kammerer* 277; s zB CPR 34.10(2).

[5] *Berger* IPRax 2001, 525; vgl zu Art 10 HBÜ *Stein/Jonas/Berger* § 363 Anh A Art 10 Rn 76; *Junker*, Discovery 324.

[6] *Berger* IPRax 2001, 525; *Heß/Müller* ZZPInt 6 (2001) 156; *Stadler*, in: FS Geimer 1292; ebenso die ganz hM zu Art 10 HBÜ, s statt vieler *Stein/Jonas/Berger* § 363 Anh A Art 10 Rn 76; *Blaschczok* 129 f; *E Geimer* 222; *Junker*, Discovery 324 ff; abweichend nur *Martens*, RIW 1981, 729 (Art 10 HBÜ regele nur Art der Zwangsmittel).

Rechtshilfegericht gezwungen werden soll[7]. Dem ersuchenden Gericht bleibt es aber unbenommen, die Verweigerung der Mitwirkung an der Beweisaufnahme auf **prozessualer Ebene** zu sanktionieren, zB durch Nachteile im Rahmen der Beweiswürdigung[8]. Ferner bleibt es zulässig, nach der Rechtsordnung des ersuchenden Gerichts **materiellrechtliche** Auskunfts- und Vorlageansprüche durchzusetzen und eine entsprechende Entscheidung gemäß Art 32 Brüssel I-VO in einem anderen Mitgliedstaat anerkennen und vollstrecken zu lassen[9]. Zur Zulässigkeit der **Beweisbeschaffung** außerhalb der EG-BewVO s Art 1 Rn 18ff.

## IV. Erforderlichkeit des Zwangsmitteleinsatzes bei drohender Unverwertbarkeit des Beweisergebnisses

Umstritten ist, ob das ersuchte Gericht zur **Berücksichtigung** des Umstands verpflichtet ist, dass das Recht des ersuchenden Gerichts die Erzwingung einer bestimmten Mitwirkung an der Beweisaufnahme nicht kennt, wenn die zwangsweise Durchsetzung der Beweisaufnahme zur **Unverwertbarkeit** des Beweisergebnisses vor dem Prozessgericht zu führen droht[10]. Die hM (zu Art 10 HBÜ) lehnt dies unter Berufung auf den Wortlaut der Vorschrift ab, der eindeutig und ausschließlich auf die lex fori des ersuchten Gerichts verweise[11]. Grundsätzlich ist es richtig, dass das ersuchte Gericht nicht zu einer kumulativen Prüfung der Zulässigkeit von Zwangsmaßnahmen nach den Rechtsordnungen des ersuchenden und des ersuchten Gerichts verpflichtet ist. Dies lässt sich über den Wortlaut des Art 13 hinaus auch auf einen Umkehrschluss aus Art 14 Abs 1 stützen, der eine Meistbegünstigung eines Zeugen allein für den Fall des Bestehens eines Aussageverweigerungsrechts anordnet. 5

Jedoch ist zu bedenken, dass nach den Eingangsworten des Art 13 Zwangsmaßnahmen nur angeordnet werden dürfen, „soweit" sie zur Erledigung des Ersuchens **„erforderlich"** sind. Die Erzwingung eines Beweisergebnisses, das anschließend vor dem Prozessgericht nach dessen lex fori **nicht verwertbar** ist, kann aber kaum als „erforderlich" angesehen werden. Auch unter verfassungsrechtlichen Aspekten bestehen insoweit ernste Bedenken gegen die Verhältnismäßigkeit eines Zwangsmitteleinsatzes. Für eine restriktive Auslegung des Art 13 spricht auch, dass die EG-BewVO an anderer Stelle (Art 10 Abs 3) darum bemüht ist, die Verwertbarkeit des vom Rechtshilfegericht gewonnenen Beweisergebnisses vor dem Prozessgericht sicherzustellen. Deshalb sollte man es dem 6

---

[7] Ebenso zu Art 10 HBÜ *MünchKommZPO/Musielak* § 363 Anh I Art 10 Rn 1; *Stein/Jonas/Berger* § 363 Anh A Art 10 Rn 78; *Junker*, Discovery 325.

[8] *Berger* IPRax 2001, 525; ebenso zu Art 10 HBÜ *MünchKommZPO/Musielak* § 363 Anh I Art 10 Rn 1; *Stein/Jonas/Berger* § 363 Anh A Art 10 Rn 78; *Junker*, Discovery 325.

[9] Hierzu mit rechtspolitischer Kritik *Schlosser* Art 9/10 HBÜ Rn 2.

[10] Dafür *Fumagalli* Riv dir int priv proc 2002, 341 Fn 49; ebenso zu Art 10 HBÜ *Blaschczok* 133-135; ablehnend (zu Art 10 HBÜ) *Geimer*, IZPR Rn 2514; *MünchKommZPO/Musielak* § 363 Anh I Art 10 Rn 1; *Schlosser* Art 9/10 HBÜ Rn 2; *Stein/Jonas/Berger* § 363 Anh A Art 10 Rn 7.

[11] *Geimer*, IZPR Rn 2514; *MünchKommZPO/Musielak* § 363 Anh I Art 10 Rn 1; *Schlosser* Art 9/10 HBÜ Rn 2; *Stein/Jonas/Berger* § 363 Anh A Art 10 Rn 7.

ersuchenden Gericht gestatten, sein **Ersuchen** gegebenenfalls inhaltlich in der Weise **einzuschränken**, dass das ersuchte Gericht von dem Einsatz von Zwangsmaßnahmen absehen möge[12]. In diesem Fall ist die Erforderlichkeit des Einsatzes von Zwangsmitteln iSd Art 13 nicht gegeben. Hingegen ist das ersuchte Gericht **nicht** dazu berechtigt oder gar verpflichtet, **aus eigenem Antrieb** zu prüfen, ob eine erzwungene Mitwirkung der Beweisperson die Verwertbarkeit des Beweisergebnisses vor dem Prozessgericht beeinträchtigen könnte.

7 Aus **deutscher** Sicht bestehen bei ausgehenden Rechtshilfeersuchen keine Bedenken dagegen, dass das ausländische Rechtshilfegericht Zwangsmaßnahmen nach seiner lex fori ergreift, auch wenn diese in der ZPO nicht vorgesehen sind[13]. Die **Verwertbarkeit** des Beweisergebnisses vor dem deutschen Prozessgericht wird dadurch **nicht berührt** (arg § 369 ZPO).

### V. Zwangsmaßnahmen bei Erledigung in besonderer Form

8 Ob das ersuchte Gericht auch dann Zwangsmaßnahmen nach Art 13 anordnen darf, wenn die Beweisaufnahme gem. Art 10 Abs 3 in einer **besonderen Form** durchgeführt wird, ist streitig[14]. Einigkeit besteht darin, dass auch bei Erledigung in einer besonderen Form allenfalls diejenigen Arten von Zwangsmitteln in Betracht kommen, die das deutsche Recht vorsieht: Auch bei Zulassung eines Kreuzverhörs oder eines Voreides kann das deutsche Gericht im Falle der Verweigerung des Zeugen keine contempt of court-Maßnahmen anordnen[15]. Die wohl überwiegende Meinung geht indes noch darüber hinaus und lehnt auch den Einsatz der in der ZPO vorgesehenen Zwangsmaßnahmen (§ 390 ZPO) in diesen Fällen ab. Begründet wird dies damit, dass Art 13 hinsichtlich des Einsatzes von Zwangsmitteln ausländische Rechtshilfeersuchen lediglich mit inländischen gleichstellen wolle, letztere aber stets nur eine Beweisaufnahme in den Formen des inländischen Rechts ermöglichen würden[16]. Ferner wird geltend gemacht, dass die Erzwingung der Mitwirkung an einer Beweisaufnahme in besonderer Form gegen

---

12 Ebenso *Fumagalli* Riv dir int priv proc 2002, 341 Fn 49.

13 Ebenso zu Art 10 HBÜ *Junker*, Discovery 419: Die Verweisung auf das Recht des ersuchten Staates sei keine „Einbahnstraße in Richtung auf ein Weniger an Zwangsmitteln in der Rechtshilfe"; anders aber *Geimer*, IZPR Rn 2359: Deutsches Gericht sei auch an Beschränkungen der ZPO gebunden, wenn ein ausländisches Gericht um Rechtshilfe ersucht werde.

14 Dafür (zu Art 10 HBÜ) *MünchKommZPO/Musielak* § 363 Anh I Art 10 Rn 3; *Martens* RIW 1981, 729; *Pfeil-Kammerer* 277; grundsätzlich auch *Geimer*, IZPR Rn 2513 (aber verfassungsrechtliche Bedenken); vgl auch *Junker*, Discovery 337 (für Erzwingbarkeit des nach Art 9 Abs 2 HBÜ beantragten Voreides); befürwortend zu Art 11 HaagZivPrÜbk auch *Stein/Jonas/Schumann*, Bd I[20], §§ 1-252 (1984) Einl Rn 894; ablehnend (zu Art 13 EG-BewVO) *Berger* IPRax 2001, 525; *Klauser* 1; zu Art 10 HBÜ *Stein/Jonas/Berger* § 363 Anh A Art 10 Rn 76; *Schlosser* Art 9/10 HBÜ Rn 4; *Blaschczok* 129f; *E Geimer* 221.

15 S nur *Berger* IPRax 2001, 525; *Junker*, Discovery 324.

16 Vgl zu Art 10 HBÜ *Stein/Jonas/Berger* § 363 Anh A Art 10 Rn 76.

die verfassungsrechtlichen Anforderungen an die Bestimmtheit der Eingriffsgrundlage verstoße[17].

In dieser Allgemeinheit ist die Ablehnung von Zwangsmaßnahmen aber nicht überzeugend. Richtigerweise ist danach zu **unterscheiden**, ob die besondere Form lediglich die Pflichten des Gerichts betrifft und sich auf den Zeugen allenfalls als Reflex auswirkt oder ob ihre Einhaltung in die Pflichten des Zeugen eingreift. Wird zB die Erstellung eines **Wortprotokolls** beantragt, handelt es sich zwar um eine besondere Form der Vernehmung iSd Art 10 Abs 3 (s Art 10 Rn 19). Es liegt auch auf der Hand, dass ein inländisches Gericht kein entsprechendes Ersuchen stellen könnte. Gleichwohl ist es kaum nachvollziehbar, dass dies den Zeugen vor dem deutschen Rechtshilfegericht zur folgenlosen Aussageverweigerung berechtigen soll, da ihm keine besonderen Lasten auferlegt werden, welche die Vernehmung von einer allein nach der ZPO verlaufenden Beweisaufnahme unterscheiden würden. 9

Anders ist zu entscheiden, wenn die besondere Form der Beweisaufnahme sich unmittelbar auf die den Zeugen bei der Vernehmung treffenden Pflichten auswirkt. Dies ist zB bei einem **Voreid** oder der Verwendung einer bestimmten **Eidesformel** der Fall. Da die ZPO aus verfassungsrechtlichen Gründen keine unbedingte Eidesverpflichtung kennt (§ 484 ZPO)[18], kann der Zeuge auch im Rechtshilfeverfahren nicht zu einer bestimmten Art der Eidesleistung oder überhaupt zum Schwur gezwungen werden[19]. Das **Kreuzverhör** greift ebenfalls in das Persönlichkeitsrecht des Zeugen ein, sodass eine Erzwingung seiner Mitwirkung auf der Grundlage der ZPO, welche diese Form der Beweisaufnahme nicht vorsieht, ausscheiden muss[20]. Eine entsprechende Anwendung der §§ 70, 239 StPO würde verfassungsrechtlichen Erfordernissen nicht genügen. Auch eine **Videoaufzeichnung** kann aufgrund des § 128a Abs 3 S1 ZPO nicht erzwungen werden. 10

## Artikel 14
## Ablehnung der Erledigung

(1) Ein Ersuchen um Vernehmung einer Person wird nicht erledigt, wenn sich die betreffende Person auf ein Recht zur Aussageverweigerung oder auf ein Aussageverbot beruft,
a) das nach dem Recht des Mitgliedstaats des ersuchten Gerichts vorgesehen ist oder
b) das nach dem Recht des Mitgliedstaats des ersuchenden Gerichts vorgesehen und im Ersuchen bezeichnet oder erforderlichenfalls auf Verlangen des ersuchten Gerichts von dem ersuchenden Gericht bestätigt worden ist.
(2) Die Erledigung eines Ersuchens kann über die in Absatz 1 genannten Gründe hinaus nur insoweit abgelehnt werden, als

---

17 *Geimer*, IZPR Rn 2446, 2513; *Stein/Jonas/Berger* § 363 Anh A Art 10 Rn 76.

18 Zu den Hintergründen s BVerfG 11. 4. 1972 – 2 BvR 75/71 – BVerfGE 33, 23; vgl auch § 66d StPO.

19 Anders wohl *Junker*, Discovery 337 (für Erzwingbarkeit des nach Art 9 Abs 2 HBÜ beantragten Voreides).

20 IE ebenso zum Kreuzverhör (zu Art 10 HBÜ) *Stein/Jonas/Berger* § 363 Anh A Art 10 Rn 76.

a) das Ersuchen nicht in den Anwendungsbereich dieser Verordnung nach Artikel 1 fällt oder
b) die Erledigung des Ersuchens nach dem Recht des Mitgliedstaats des ersuchten Gerichts nicht in den Bereich der Gerichtsgewalt fällt oder
c) das ersuchende Gericht der Aufforderung des ersuchten Gerichts auf Ergänzung des Ersuchens gemäß Artikel 8 nicht innerhalb von 30 Tagen, nachdem das ersuchte Gericht das ersuchende Gericht um Ergänzung des Ersuchens gebeten hat, nachkommt oder
d) eine Kaution oder ein Vorschuss, die gemäß Artikel 18 Absatz 3 verlangt wurden, nicht innerhalb von 60 Tagen nach dem entsprechenden Verlangen des ersuchenden Gerichts hinterlegt bzw einbezahlt werden.

(3) Die Erledigung darf durch das ersuchte Gericht nicht allein aus dem Grund abgelehnt werden, dass nach dem Recht seines Mitgliedstaats ein Gericht dieses Mitgliedstaats eine ausschließliche Zuständigkeit für die Sache in Anspruch nimmt oder das Recht jenes Mitgliedstaats ein Verfahren nicht kennt, das dem entspricht, für welches das Ersuchen gestellt wird.

(4) Wird die Erledigung des Ersuchens aus einem der in Absatz 2 genannten Gründe abgelehnt, so setzt das ersuchte Gericht unter Verwendung des Formblatts H im Anhang das ersuchende Gericht innerhalb von 60 Tagen nach Eingang des Ersuchens bei dem ersuchten Gericht davon in Kenntnis.

**I. Aussageverweigerungsrechte und Aussageverbote**
1. Normzweck ... 1
2. Systematische Stellung ... 3
3. Anwendungsbereich
a) Zeugnisunfähigkeit ... 5
b) Parteien ... 6
c) Urkundenvorlage, Augenscheinseinnahme ... 7
4. Entscheidungskompetenz des Rechtshilfegerichts ... 9
5. Entbindung von Aussageverboten ... 14
6. Form und Frist ... 15

**II. Ersuchen außerhalb des Anwendungsbereichs der EG-BewVO** ... 16

**III. Fehlende Gerichtsgewalt**
1. Gerichtsbarkeit im völkerrechtlichen Sinne ... 17
2. Wesenseigene Zuständigkeit ... 19

**IV. Formale Fehler des Ersuchens** ... 20

**V. Unzulässigkeit der Ablehnung** ... 23

**VI. Rechtsbehelfe** ... 24

## I. Aussageverweigerungsrechte und Aussageverbote

### 1. Normzweck

1 Art 14 Abs 1 verwirklicht in Bezug auf Aussageverweigerungsrechte und Aussageverbote das bereits aus dem HBÜ bekannte **Meistbegünstigungsprinzip** (Art 11 Abs 1 HBÜ). Unter Durchbrechung des Grundsatzes, dass sich das Verfahren nach der lex fori des ersuchten Gerichts bestimmt (Art 10 Abs 2), darf sich die Beweisperson nicht nur auf die in diesem Recht enthaltenen Aussageverweigerungsrechte bzw Aussageverbote berufen, sondern kann darüber hinaus diejenigen Aussageverweigerungsrechte und -verbote für sich in Anspruch nehmen, die ihr das Recht des Prozessgerichts gewährt. Das Meistbegünstigungsprinzip dient in erster Linie der Vermeidung von **Pflichtenkollisionen**, die dadurch drohen, dass die Beweisperson nach dem Recht des

ersuchten Gerichts weiter gehende Aussagepflichten treffen als nach dem Recht des ersuchenden Gerichts, und umgekehrt[1]. Zudem wird durch das Meistbegünstigungsprinzip die Gefahr vermindert, dass das ersuchte Gericht nach seiner lex fori eine Vernehmung durchführt, die anschließend wegen eines Aussageverweigerungsrechts oder eines diesbezüglichen Verbots im Recht des ersuchenden Gerichts von diesem nicht **verwertbar** und somit letztlich überflüssig ist[2]. Schließlich wird der Zweck des Art 14 Abs 1 darin gesehen, dass er die Parteien daran hindert, im europäischen Rechtsraum ein **Rechtsgefälle** im Zeugenschutz auszunutzen („Beweisforum-Shopping")[3].

Hingegen wurde die in Art 11 Abs 2 HBÜ den Vertragsstaaten eingeräumte Möglichkeit, in einer Erklärung Aussageverweigerungsrechte und Aussageverbote anzuerkennen, die nach dem Recht eines **Drittstaates**, zB nach dem Personalstatut der Beweisperson, bestehen, nicht in die EG-BewVO übernommen[4]. Für Deutschland bringt dies keine Änderung der Rechtslage, da die Bundesrepublik auf die Abgabe einer entsprechenden Erklärung zum HBÜ verzichtet hat[5]. Wird also zB ein in Frankfurt/Main wohnhafter Bankier schweizerischer Staatsangehörigkeit von einem deutschen Gericht auf Ersuchen eines französischen Gerichts befragt, kann dieser sich nicht auf die absoluten Aussageverbote des schweizerischen Rechts (Bankgeheimnis) berufen, auch wenn die Vernehmung auf Vorgänge abzielt, die sich in der Schweiz abgespielt haben[6]. 2

## 2. Systematische Stellung

Die Einordnung der Aussageverweigerungsrechte und -verbote unter den Fall der **Nicht-Erledigung** eines Rechtshilfeersuchens wird – wie schon Art 11 Abs 1 HBÜ[7] – als nicht sachgerecht kritisiert, weil das ersuchte Gericht das Ersuchen ja gerade erledige, indem es den Zeugen lade, ihn belehre und seine Aussageverweigerung feststelle[8]. Richtet man den Blick allerdings darauf, dass der erstrebte Beweis, die Aussage des Zeugen, vom ersuchten Gericht im Ergebnis nicht erhoben werden kann, erscheint es zumindest plausibel, dies als einen Fall der Nicht-Erledigung aufzufassen. Letztlich hat dieser Streit nur terminologische Bedeutung. 3

Anders als noch das HBÜ, das mittels getrennter Vorschriften deutlich zwischen Nicht-Erledigung (Art 11 HBÜ) und Ablehnung des Ersuchens (Art 12 HBÜ) unterscheidet, fasst die EG-BewVO die Nicht-Erledigung als einen Unterfall der Ablehnung 4

---

1 Vgl zu Art 11 HBÜ *Blaschczok* 143.

2 *Volken* Rn 3/153 (zu Art 11 HBÜ).

3 *Heß/Müller* ZZPInt 6 (2001) 157.

4 Vgl *Bruneau* JClP (G) 2001, I 349, p 1771 Fn 27.

5 *Geimer*, IZPR Rn 2510; zu der von den Niederlanden abgegebenen Erklärung näher *MünchKomm-ZPO/Musielak* Art 11 Rn 6: kritisch zu Art 11 Abs 2 HBÜ *Schack*, IZVR Rn 728.

6 Zum Schutz des schweizerischen Bankgeheimnisses näher *Volken* Rn 3/155 mwN.

7 Vgl *Blaschczok* 142 f.

8 *Berger* IPRax 2001, 524; *Heß/Müller* ZZPInt 6 (2001) 157 (Fn 56).

des Ersuchens auf. Diese **Verschmelzung** der beiden Fallgruppen ist eine Folge des Wegfalls einer zentralen Behörde mit Prüfungskompetenz (s Art 3 Rn 1)[9]. Da aufgrund der Einführung des unmittelbaren Geschäftsverkehrs (Art 2) ohnehin das ersuchte Gericht (keinesfalls die Zentralstelle nach Art 3) über Nicht-Erledigung oder Ablehnung befindet, hätte eine entsprechende Differenzierung zwar für mehr dogmatische Klarheit gesorgt, ist aber praktisch nicht zwingend geboten[10].

### 3. Anwendungsbereich

#### a) Zeugnisunfähigkeit

5 Die Frage der **Zeugnisunfähigkeit** wird in Art 14 Abs 1 nicht geregelt[11]. Zwar wird für Art 11 HBÜ unter Berufung auf den englischen und französischen Wortlaut der Vorschrift bisweilen die Auffassung vertreten, hierdurch werde auch die Zeugnisunfähigkeit erfasst[12]. Der englische und französische Wortlaut des Art 14 Abs 1 nennt aber wie der deutsche Text neben dem Fall des Aussageverweigerungsrechts („right to refuse to give evidence", „droit de refuser de déposer") lediglich das Aussageverbot („to be prohibited from giving evidence", „interdiction de déposer"). Ein Aussageverbot als eine Regelung des Nicht-Dürfens ist klar von einer Zeugnisunfähigkeit als einem Fall des Nicht-Könnens abzugrenzen[13]. Die Zeugnisunfähigkeit unterliegt daher gemäß Art 10 Abs 2 der lex fori des ersuchten Gerichts[14].

#### b) Parteien

6 Die in Art 14 Abs 1 genannten Aussageverweigerungsrechte und Aussageverbote beziehen sich sowohl auf die Vernehmung von **Zeugen** als auch auf die von **Parteien**[15]. Dies folgt bereits aus dem Wortlaut der Vorschrift, die allgemein von der Vernehmung einer „Person" spricht. Zu den Folgen für die Ausfüllung des Formblatts A s Art 4 Rn 9. Bei eingehenden Rechtshilfeersuchen sind etwaige Aussageverweigerungsrechte der Parteien nach dem Recht des Prozessgerichts für das deutsche Gericht praktisch unerheblich, da nach deutschem Recht (s Art 13) eine Partei ohnehin nicht zur Aussage verpflichtet ist[16]. Bei ausgehenden Rechtshilfeersuchen ist darauf hinzuweisen, dass eine Partei nach §§ 453 Abs 2, 446 ZPO nicht zur Aussage gezwungen werden kann, sondern lediglich Prozessnachteile in Kauf nehmen muss (s Art 4 Rn 17). Über die

---

[9] Zur Prüfungskompetenz hinsichtlich des Bestehens eines Zeugnisverweigerungsrechts nach Art 11 HBÜ OLG Hamburg 3. 5. 2002 – 2 Va 4/01 – RIW 2002, 717 mit Anm *Busse*.

[10] Ebenso *Schlosser* Rn 4.

[11] *Berger* IPRax 2001, 524, der dies aber für rechtspolitisch angezeigt hält.

[12] So *Nagel/Gottwald*, IZPR § 8 Rn 46, der dies aus den Begriffen „privilege" und „interdiction" ableitet; **aA** *Pfeil-Kammerer* 346.

[13] Ebenso (zu Art 11 HBÜ) *Pfeil-Kammerer* 346.

[14] Allgemein zur Unterstellung der Zeugnisfähigkeit unter die lex fori *Linke*, IZPR Rn 309; *Schack*, IZVR Rn 682; für ausnahmsweise Anknüpfung an lex causae *Coester-Waltjen* Internationales Beweisrecht (1983) Rn 590 Fn 1825; *Geimer*, IZPR Rn 2309 (in Bezug auf Kinder in Scheidungsprozessen).

[15] *Stadler*, in: FS Geimer, 1295; ebenso zu Art 11 HBÜ *Junker*, Discovery 417.

[16] Ebenso zu Art 11 HBÜ *Stein/Jonas/Berger* § 363 Anh A Art 11 Rn 84.

Rechtsfolgen eines Aussageverzichts durch eine Partei für die Beweiswürdigung entscheidet in jedem Fall das Prozessgericht nach seinem eigenen Recht[17].

**c) Urkundenvorlage, Augenscheinseinnahme**

7 Art 14 Abs 1 beschränkt sich darauf, diejenigen Rechte einer Beweisperson zu regeln, die sich auf eine **Vernehmung** beziehen[18]. Dies folgt aus den Eingangsworten „Ersuchen um Vernehmung einer Person". Die zu Art 11 HBÜ vertretene Auffassung, die Vorschrift betreffe alle Rechte, aufgrund deren jemand die Mitwirkung an einer Beweisaufnahme ablehnen dürfe, also zB auch im Falle einer Urkundenvorlage[19], ist auf Art 14 Abs 1 wegen des insoweit abweichenden Wortlauts nicht übertragbar[20]. Allenfalls käme eine **analoge Anwendung** der Norm in Betracht[21]. Hierfür spricht, dass die Prozessrechte der Mitgliedstaaten häufig Zeugnisverweigerungsrechte und Rechte zur Verweigerung von Urkundenvorlagen parallel ausgestalten (zB im deutschen Recht in §§ 142 Abs 2, 144 Abs 2 ZPO)[22]. Auch kann die Belegenheit des gegenständlichen Beweismittels (Urkunde, Augenscheinsobjekt) im Staat des ersuchten Gerichts für die Anknüpfung eines Verweigerungsrechts kaum stärker zu Buche schlagen als der dortige Aufenthalt eines Zeugen[23]. Schließlich ist auch der Zweck des Meistbegünstigungsprinzips, ein sog „Beweisforum-Shopping" zu unterbinden (s Rn 1), grundsätzlich für eine Analogie anzuführen. Die Rechtshilfe nach der EG-BewVO bietet nämlich einer Partei die Möglichkeit, nach Art 13 am Belegenheitsort eine Urkundenvorlegung nach dem Recht des ersuchten Gerichts zu erzwingen, obwohl dies vor dem Ausgangsgericht nicht möglich wäre[24].

8 **Gegen eine Analogie** lässt sich hingegen der formale Grundsatz „singularia non sunt extendenda" ins Feld führen, da es sich bei Art 14 Abs 1 um eine bewusste Durchbrechung des Grundsatzes handelt, dass das Beweisverfahren und notwendige Zwangsmaßnahmen der lex fori des ersuchten Gerichts unterliegen (Art 10 Abs 2, 13). Des Weiteren ist es nicht schlechthin illegitim, wenn ein Gefälle zwischen den Rechtsordnungen des Prozess- und des Rechtshilfegerichts nicht nur zulasten der Wahrheitsfindung und zugunsten der Beweisperson ausschlägt, sondern dies auch in umgekehrter Richtung möglich ist[25]. Ferner hat es das Recht des Prozessgerichts selbst in der Hand, ob und inwieweit es durch Beweisverwertungsverbote das „Beweisforum-Shopping" einer Par-

---

[17] Vgl zu Art 11 HBÜ *Stein/Jonas/Berger* § 363 Anh A Art 11 Rn 84; *Schlosser* Art 11 HBÜ Rn 1.

[18] Ebenso *Stadler*, in: FS Geimer 1294ff; **aA** *Schlosser* Rn 5.

[19] *MünchKommZPO/Musielak* § 363 Anh I Art 11 Rn 1; *Nagel/Gottwald*, IZPR § 8 Rn 49; *Pfeil-Kammerer* 345f; *Schlosser* Art 11 HBÜ Rn 1; *Stadler*, in: FS Geimer 1295.

[20] Ebenso *Stadler*, in: FS Geimer 1294ff; **aA** *Schlosser* Rn 5.

[21] Dafür *Schlosser* Rn 5.

[22] Vgl *Stadler*, in: FS Geimer 1295.

[23] Skeptisch insoweit auch *Stadler*, in: FS Geimer 1296.

[24] Beispiel bei *Stadler*, in: FS Geimer 1296.

[25] Vgl zu Art 10 HBÜ *Junker*, Discovery 419: Verweisung auf Recht des ersuchten Gerichts sei keine „Einbahnstraße in Richtung auf ein Weniger an Zwangsmitteln"; rechtspolitische Kritik am Meistbegünstigungsprinzip äußern *Heß/Müller* ZZPInt 6 (2001) 157.

tei sanktioniert. Schließlich stehen Exzesse nach dem Vorbild der US-amerikanischen discovery im europäischen Rechtsraum nicht zu befürchten (s Art 1 Rn 44ff), und auch die Geltung der EMRK dürfte zur Vermeidung grober Verstöße gegen die prozessuale Fairness beitragen. Eine Ausdehnung des Meistbegünstigungsprinzips auf die Urkundenvorlegung und andere Formen der Beweisaufnahme mag daher zwar rechtspolitisch wünschenswert sein[26], scheidet aber de lege lata aus.

**4. Entscheidungskompetenz des Rechtshilfegerichts**

9 Über die Frage, ob ein Aussageverweigerungsrecht oder ein Aussageverbot nach seinem eigenen Recht besteht, entscheidet das **ersuchte** Gericht[27]. Die Zentralstellen haben insoweit keinerlei Prüfungskompetenz[28]. Es handelt sich um einen Zwischenstreit gemäß §§ 387ff ZPO, der aber vor dem Rechtshilfegericht, nicht vor dem Prozessgericht auszutragen ist[29]; § 389 Abs 2 ZPO gilt allein für die innerdeutsche Rechtshilfe iSd §§ 361, 362 ZPO[30].

10 Ist das Aussageverweigerungsrecht bzw das Aussageverbot nach dem Recht des ersuchenden Gerichts nicht bereits im Ersuchen bezeichnet worden (Art 14 Abs 1 lit b Alt 1), muss das betreffende Recht „**erforderlichenfalls**" auf Verlangen des ersuchten Gerichts von dem Prozessgericht **bestätigt** werden (Art 14 Abs 1 lit b Alt 2). Die letztere Konstellation sollte nur ausnahmsweise vorkommen, weil bereits nach Art 4 Abs 1 lit e dritter Spiegelstrich das ersuchende Gericht dazu verpflichtet ist, gegebenenfalls einen Hinweis auf ein nach dem Recht des ersuchenden Mitgliedstaates bestehendes Zeugnisverweigerungsrecht zu geben (s Art 4 Rn 14ff). Bei einem lückenhaften Ersuchen muss das ersuchte Gericht um Nachbesserung gemäß Art 8 Abs 1 bitten. Da die Erledigungsfrist nach Art 10 Abs 1 erst bei Vorliegen eines vollständigen Ersuchens zu laufen beginnt (Art 9 Abs 1) und bei einer Unterlassung der verlangten Ergänzung ein Ablehnungsgrund nach Art 14 Abs 2 lit c vorliegt, verfügt das ersuchte Gericht in dieser Phase der Rechtshilfe über ein effektives Druckmittel zur Erlangung der nötigen Informationen.

11 Macht die Beweisperson aber erst bei ihrer Vernehmung von einem Aussageverweigerungsrecht nach dem Recht des Prozessgerichts Gebrauch, stellt sich die Frage, ob das ersuchte Gericht gezwungen ist, eine Bestätigung des ersuchenden Gerichts einzuholen. Aus dem Wort „**erforderlichenfalls**" („if need be", „le cas échéant") wird der Schluss gezogen, dass Art 14 Abs 1 lit b Alt. 2 dem ersuchten Gericht lediglich die Möglichkeit geben solle, auf die eigene Ermittlung ausländischen Rechts zu verzichten[31]. Es soll dem ersuchten Gericht aber, um Verfahrensverzögerungen zu vermeiden, gestattet werden, der Beweisperson anheim zu geben, selbst eine Entscheidung des er-

---

26 So auch *Stadler*, in: FS Geimer 1295f.

27 *Berger* IPRax 2001, 524.

28 Anders noch zur zentralen Behörde nach dem HBÜ OLG Hamburg (Fn 9).

29 *Stein/Jonas/Berger* § 363 Anh A Art 11 Rn 85.

30 IE ebenso *Nagel/Gottwald*, IZPR § 8 Rn 48.

31 *Schlosser* Art 11 HBÜ Rn 3, Art 14 Rn 6.

suchten Gerichts herbeizuführen[32]. Ferner soll das ersuchte Gericht auch ohne jegliche Rückfrage beim ersuchenden Gericht das Nicht-Bestehen eines Aussageverweigerungsrechts feststellen können[33].

Hiergegen bestehen aber Bedenken. Da es allgemein anerkannt ist, dass die Bestätigung 12
des ersuchenden Gerichts das ersuchte Gericht **bindet**[34], ist es fragwürdig, dem ersuchten Gericht zu gestatten, dem ersuchenden Gericht durch eine selbstständige Ermittlung des ausländischen Prozessrechts bereits die Chance zur Äußerung zu nehmen und so die Bindungswirkung zu umgehen. Zudem wird das ersuchte Gericht in der Regel selbst nicht über detaillierte Kenntnisse im ausländischen Verfahrensrecht verfügen[35] und deshalb ein Gutachten in Auftrag geben müssen. Angesichts der notorischen Überlastung der entsprechenden Institute[36] muss man bezweifeln, dass die Ermittlung ausländischen Rechts auf diesem Wege schnellere Ergebnisse zeitigt. Von der Einholung einer Bestätigung sollte deshalb nur dann abgesehen werden, wenn das ersuchte Gericht über das Aussageverweigerungsrecht auf der Grundlage präsenter und klarer Quellen eine eindeutige Entscheidung treffen kann.

Erlangt das ersuchende Gericht nach Übersendung des Ersuchens Kenntnis von **Ver-** 13
**änderungen**, die für das Bestehen eines Aussageverweigerungsrechts relevant sind (zB Verlobung der Partei mit dem Zeugen) hat es das ersuchte Gericht ungefragt schnellstmöglich darüber zu informieren. Es handelt sich hierbei je nach Zeitpunkt um eine Vervollständigung des Ersuchens (Art 8, 9) oder um eine Bestätigung gemäß Art 14 Abs 1 lit b Alt 2, die auch vorsorglich vom ersuchenden Gericht abgegeben werden kann.

## 5. Entbindung von Aussageverboten

Über Ausnahmen oder die Entbindung von einer nach dem Recht des ersuchenden 14
Staates bestehenden Verschwiegenheitsverpflichtung entscheidet ebenfalls dieses Recht, nicht das des Rechtshilfegerichts[37]. Existiert daneben eine Verschwiegenheitspflicht nach dem Recht des Rechtshilfegerichts, stellt sich die Frage, ob die Entpflichtung auch insoweit Wirkung entfaltet. Dies ist zu bejahen, sofern der zur Entpflichtung Berechtigte nach beiden Rechtsordnungen dieselbe Person ist (zB der Mandant eines Rechtsanwalts). Hinsichtlich formaler Voraussetzungen (etwa Schriftform, Einhaltung einer besonderen Formulierung usw) sind beide Rechte kumulativ zu beachten.

---

32 *Schlosser* Rn 6.

33 *Schlosser* Rn 6.

34 *Berger* IPRax 2001, 524; *Schlosser* Rn 6.

35 Zu den drohenden Fehlern bei der Auslegung ausländischer Aussageverweigerungsrechte vgl eindrücklich (zu einem Strafverfahren) EuGH Rs C-153/00 *Paul der Weduwe* EuLF (D) 2003, 35, 36 Rn 37 (zu einem belgisch-luxemburgischen Fall).

36 Vgl *v Hoffmann*, IPR § 3 Rn 139; *Schack*, IZVR Rn 634.

37 Vgl (zu einem Strafverfahren) die Stellungnahme der luxemburgischen Regierung in: GA *Léger* Schlussanträge in Rs C-153/00 *Paul der Weduwe* v 23. 4. 2002, Rn 48.

Schwierigkeiten können entstehen, wenn das Recht zur Entpflichtung von der ursprünglich geschützten Partei (wie zB dem Mandanten eines Rechtsanwalts) auf einen Dritten (zB Vermögens- oder Insolvenzverwalter, Testamentsvollstrecker etc) übergegangen ist. Bestehen Zweifel an der Entpflichtungsbefugnis des Dritten, ist gemäß Art 14 Abs 1 lit b Alt 2 eine Bestätigung des ersuchenden Gerichts einzuholen. Auch wenn der Dritte nach dem Recht des Prozessgerichts eine wirksame Entpflichtung des Zeugen aussprechen kann, ist gesondert zu prüfen, ob diese von dem nach dem Recht des ersuchten Gerichts bestehenden Aussageverbot befreit[38]. Sieht das nationale Recht eine Befreiung von einem Berufsgeheimnis vor, wenn der Geheimnisträger zur Vernehmung durch Justizbehörden geladen wird, sind hierunter nicht nur die einheimischen Gerichte, sondern auch die entsprechenden Organe der anderen Mitgliedstaaten zu verstehen[39].

### 6. Form und Frist

15 Obwohl Art 14 Abs 4 die Verwendung des **Formblatts H** ausdrücklich nur für die in Abs 2 normierten Ablehnungsgründe vorschreibt, ist dieses Formular nach der Vorstellung des Verordnungsgebers auch dann zu verwenden, wenn das Ersuchen auf Grund des Abs 1 nicht erledigt wird (s Formblatt H Nr 6.1)[40]. Hingegen gilt die in Art 14 Abs 4 genannte **60-Tage-Frist** nicht für Art 14 Abs 1, sondern nur für Art 14 Abs 2[41]. Für Art 14 Abs 1 bleibt es bei der allgemeinen 90-Tage-Frist nach Art 10 Abs 1, die angesichts der mit der Feststellung von Aussageverweigerungsrechten verbundenen Verzögerungen auch sachgerechter ist.

## II. Ersuchen außerhalb des Anwendungsbereichs der EG-BewVO

16 Zum Anwendungsbereich der Verordnung s Art 1. Abweichend von Art 6 Abs 3 EG-ZustellVO muss es nicht „offenkundig" sein, dass der Anwendungsbereich der EG-BewVO nicht eröffnet ist[42].

## III. Fehlende Gerichtsgewalt

### 1. Gerichtsbarkeit im völkerrechtlichen Sinne

17 Gemäß Art 14 Abs 2 lit b (entspricht Art 12 Abs 1 lit a HBÜ) kann die Erledigung des Ersuchens abgelehnt werden, wenn sie nach dem Recht des Mitgliedstaats des ersuchten Gerichts nicht in den Bereich der Gerichtsgewalt fällt. Unter Gerichtsgewalt iSd dieser Vorschrift ist zunächst die **Gerichtsbarkeit iSd §§ 18-20 GVG** zu verstehen, dh „die Befugnis, Recht zu sprechen, notfalls unter Zuhilfenahme der Zwangs-

---

38 OLG Hamburg (Fn 9) 719 ff (zu Art 11 HBÜ).

39 So die luxemburgische Regierung (Fn 37) zu § 458 luxemb. StGB.

40 *Klauser* 5; *Schlosser* Rn 4.

41 *Schlosser* Rn 4.

42 Dies betonen auch *Berger* IPRax 2001, 523; *Klauser* 2.

gewalt"[43]. An der Gerichtsgewalt kann es in Bezug auf eine Auskunftsperson insoweit fehlen, als diese nach den einschlägigen Wiener Übereinkommen über diplomatische bzw konsularische Beziehungen (WÜD, WÜK) exemt ist, dh persönliche oder auf das Amt beschränkte **Immunität** genießt[44]. Diese Immunität schränkt auch die Mitwirkungspflichten der betreffenden Personen in Zivilrechtsstreitigkeiten unter Dritten ein. Gemäß Art 31 Abs 2 WÜD ist ein Diplomat nicht dazu verpflichtet, als Zeuge auszusagen[45]. Art 44 WÜK befreit Mitglieder einer konsularischen Vertretung von der Zeugnispflicht[46]. Ferner regelt die Vorschrift Einzelheiten zur Vernehmung (soweit möglich, im Konsulat oder der Wohnung des Konsuls, Art 44 Abs 2 WÜK) und begründet die auf Amtsgeschäfte beschränkte Immunität des technischen Dienstes und des Hauspersonals (Art 44 Abs 1 S 2, Abs 3 WÜK). Auch als Sachverständige über das Recht des Entsendestaates müssen Konsuln und Diplomaten nicht aussagen[47]. Da über die Befreiung von der Gerichtsgewalt nach Art 14 Abs 2 lit b das Recht des Mitgliedstaats des ersuchten Gerichts entscheidet, reicht es aus, wenn ein Diplomat oder Konsul zwar nicht von einem Vertragsstaat des WÜD bzw des WÜK entsandt worden ist, aber aufgrund der autonomen Erweiterung des Anwendungsbereichs dieser Übereinkommen nach §§ 18 S 2, 19 Abs 1 S 2 GVG in den Genuss entsprechender Privilegien kommt. Zu weiteren Befreiungen s § 20 GVG. Ferner kann es an der Gerichtsgewalt fehlen, wenn sich das Ersuchen auf Beweismittel bezieht, die nach dem WÜD oder dem WÜK unter die **Exterritorialität** fallen (Unverletzlichkeit der Botschaftsgebäude, Archive, Korrespondenz usw)[48].

Verstößt das Verfahren vor dem Prozessgericht gegen das **Völkerrecht** (zB weil es sich 18
gegen ein amtierendes Staatsoberhaupt richtet[49]), ist die Erledigung des Ersuchens ebenfalls nach Art 14 Abs 2 lit b abzulehnen, weil der Mitgliedstaat des ersuchten Gerichts sich andernfalls einer völkerrechtlich verbotenen Beihilfehandlung schuldig machen würde[50]. Erst recht ist die Erledigung des Ersuchens zu versagen, wenn das Verfahren vor dem Prozessgericht gegen die **Staatenimmunität** der Bundesrepublik Deutschland verstößt[51], falls man insoweit nicht bereits den Anwendungsbereich nach

---

43 So die Definition von „Gerichtsbarkeit" bei *Kropholler*, IPR § 57 I; *Schack*, IZVR Rn 132 bevorzugt auch insoweit den Ausdruck „Gerichtsgewalt".

44 Vgl *Stein/Jonas/Berger* § 363 Anh A Art 12 Rn 91; zur allgemeinen Information s das Rundschreiben des Bundesinnenministeriums vom 17. 8. 1993, „Diplomaten und andere bevorrechtigte Personen", GMBl 1993, 591, ferner abgedruckt bei *Meyer-Goßner*, StPO[46] (2003) § 18 GVG Rn 11.

45 Näher hierzu *Kissel*, GVG[3] (2001) § 18 GVG Rn 29.

46 Näher hierzu *Kissel* (Fn 45) § 19 GVG Rn 12.

47 Für Konsuln ausdrücklich geregelt in Art 44 Abs 3 S 2 WÜK; gilt erst recht für Diplomaten, ebenso *Kissel* (Fn 45) § 18 GVG Rn 29.

48 Näher hierzu *Schack*, IZVR Rn 140-143.

49 Vgl *oV*, „Belgien erwägt Klage gegen Scharon", http://www.spiegel.de/politik/ausland/0,1518,234935,00.html, abgerufen am 13. 2. 2003.

50 Vgl zu einer ähnlichen Konstellation *E Geimer* 190.

51 ZB im Falle Distomon, Areopag vom 4. 5. 2000, Krit Justiz 33 (2000) 472, hierzu *von Hein* YB PIL 3 (2001) 185 ff mwN.

Art 1 verneint (dann Art 14 Abs 2 lit a)[52]. Zwar hat die EG-BewVO den in Art 12 Abs 1 lit b HBÜ normierten Ablehnungsgrund der Gefährdung der Hoheitsrechte des ersuchten Staates nicht übernommen; daraus kann aber nicht geschlossen werden, dass eine Verletzung von Hoheitsrechten hingenommen werden muss, sofern sie den Tatbestand eines vorhandenen Ablehnungsgrundes erfüllt.

## 2. Wesenseigene Zuständigkeit

19 Art 14 Abs 2 lit b erfasst neben der Gerichtsgewalt im völkerrechtlichen Sinne die Gerichtsgewalt im innerstaatlichen Sinne, die sog **wesenseigene Zuständigkeit**[53]. Die Erledigung des Ersuchens kann auch dann abgelehnt werden, wenn sie vom ersuchten Gericht eine Tätigkeit verlangen würde, die mit seiner Rechtsprechungsfunktion schlechthin unvereinbar, ihr geradezu wesensfremd ist[54]. Voraussetzung ist stets, dass sich das Ersuchen überhaupt auf eine Zivil- oder Handelssache bezieht; ist dies nicht der Fall, greift bereits Art 14 Abs 2 lit a ein[55]. Die im IZVR als Beispiele für das Fehlen der Gerichtsgewalt diskutierten Fälle sind zumeist älteren Datums oder beziehen sich auf außereuropäische oder religiöse Rechte[56]. Art 14 Abs 3 Alt 2 stellt zudem klar, dass die Erledigung nicht allein deshalb abgelehnt werden darf, weil die lex fori des ersuchten Gerichts ein Verfahren nicht kennt, das dem entspricht, für welches das Ersuchen gestellt wird. Rechtshilfe ist folglich auch zu leisten, wenn es im Ausgangsverfahren zB um eine Trennung von Tisch und Bett, eine dem deutschen Recht der Form nach unbekannte Nachlassverwaltung usw geht. Fehlende Gerichtsgewalt liegt vor, wenn das autonome Prozessrecht des ersuchten Gerichts eine Vernehmung unter Eid schlechthin ablehnt (s Art 10 Rn 24). Als möglicher Fall fehlender Gerichtsgewalt wird ferner der **zugeschobene Eid** nach französischem Recht angeführt[57]. Dieses mittelalterliche Institut ist dem deutschen Zivilprozessrecht zwar unbekannt; da die ZPO aber grundsätzlich Eide zulässt, ist auch insoweit Rechtshilfe zu leisten (ebenso schon § 86 Abs 3 ZRHO)[58]. Zwangsmaßnahmen scheiden hier jedoch aus (Art 13).

---

[52] S Art 1 Rn 3.

[53] Überblick über die uneinheitliche Terminologie bei *Kropholler*, IPR § 57 II.

[54] *Fumagalli* Riv dir int priv proc 2002, 339; *Volken* Rn 3/149 (zu Art 12 Abs 1 lit a HBÜ); vgl auch *Kropholler*, IPR § 57 II 1.

[55] Verfehlt daher das Beispiel (zu Art 12 Abs 1 lit a HBÜ) von *Pfeil-Kammerer* 215: Ersuchen um Auskünfte, die allein eine deutsche Finanzbehörde erteilen könne; ähnlich *Bruneau* JClP (G) 2001, I 349, p 1771 (von Verwaltungsorgan gestelltes Ersuchen).

[56] Siehe das Fallmaterial bei *Kropholler*, IPR § 57 II; vgl auch *v Hoffmann*, IPR, § 3 Rn 12.

[57] Hierzu im Ergebnis verneinend *Heß/Müller* ZZPInt 6 (2001) 158 Fn 60; *Blaschczok* 153 (zu Art 12 Abs 1 lit a HBÜ); *Nagel/Gottwald*, IZPR § 8 Rn 106 (zu Art 11 Abs 3 Nr 2 HaagZivPrÜbk).

[58] Siehe die Nachweise in Fn 57; iE ebenso *Geimer*, IZPR Rn 2491; für ordre-public-Widrigkeit des zugeschobenen Eides vor dem deutschen Gericht als Prozessgericht (!) aber *Coester-Waltjen* (Fn 14) Rn 617f; *Schack*, IZVR Rn 684.

## IV. Formale Fehler des Ersuchens

20 Entspricht das ersuchende Gericht der Aufforderung des ersuchten Gerichts auf **Ergänzung** des Ersuchens gemäß Art 8 nicht innerhalb von 30 Tagen, nachdem das ersuchte Gericht das ersuchende Gericht um Ergänzung des Ersuchens gebeten hat, liegt nach Art 14 Abs 2 lit c ein Ablehnungsgrund vor. Ein Ablehnungsgrund besteht indes nicht, wenn die verzögerte Vervollständigung auf Fehler des ersuchten Gerichts zurückzuführen ist, wie zB eine unklare und missverständliche Bezeichnung der fehlenden Angaben im Ersuchen nach Art 8 Abs 1.

21 Der Lauf der 30-Tage-Frist sollte sinnvollerweise mit **Eingang** der Aufforderung beim ersuchenden Gericht beginnen[59]. Wird das Ersuchen unter Überschreitung der 30-Tage-Frist vervollständigt, empfiehlt es sich, das **verspätet komplettierte Ersuchen** als ein neues Ersuchen zu betrachten[60], solange noch nicht über die Ablehnung des Ersuchens entschieden worden ist. Es wäre hier eine unnütze Förmelei, die beim ersuchten Gericht nun vollständig vorliegenden Unterlagen zurückzuschicken, nur um dem ersuchenden Gericht anheim zu stellen, sie erneut einzureichen. Das ersuchende Gericht ist mit einer Empfangsbestätigung nach Art 7 Abs 1 über den Eingang des „neuen" Ersuchens zu informieren. Erreichen die Unterlagen das ersuchte Gericht aber erst nach der Entscheidung über die Ablehnung, ist das ursprüngliche Ersuchen bereits im Sinne des Art 16 erledigt und lebt nicht wieder auf. Das ersuchende Gericht kann aber auch in diesem Fall das vervollständigte Ersuchen als neues Ersuchen anbringen. In diesem Fall ist, sofern noch nicht geschehen, von der in Art 16 vorgesehenen Zurücksendung der Schriftstücke an das ersuchende Gericht zweckmäßigerweise abzusehen.

22 Ferner kann die Erledigung wegen der **Nicht-Einzahlung** eines Vorschusses bzw einer Kaution abgelehnt werden (Art 14 Abs 2 lit d). Auch die 60-Tage-Frist nach dieser Vorschrift sollte mit Eingang der Aufforderung beim ersuchenden Gericht beginnen.

## V. Unzulässigkeit der Ablehnung

23 Wie schon nach Art 12 Abs 2 HBÜ darf gem Art 14 Abs 3 die Erledigung des Ersuchens nicht verweigert werden, weil die Gerichte des ersuchten Staates für das Ausgangsverfahren ausschließlich **zuständig** wären. Davon unberührt bleibt die spätere **Nicht-Anerkennung** eines vom Prozessgericht erlassenen Urteils nach Art 35 Brüssel I-VO. Zur Rechtshilfe für Verfahren, die dem Recht des ersuchten Gerichts unbekannt sind, s Rn 19.

## VI. Rechtsbehelfe

24 Die EG-BewVO enthält selbst keine Regelung über Rechtsbehelfe gegen positive oder ablehnende Entscheidungen des ersuchten Gerichts. Insoweit gilt daher ergänzend die

---

[59] *Klauser* 3; zweifelnd *Berger* IPRax 2001, 524.

[60] *Schlosser* Art 8 EG-BewVO Rn 3.

**lex fori** des ersuchten Gerichts. Zur Entscheidung über das Bestehen von Aussageverweigerungsrechten nach Art 14 Abs 1 s Rn 9. Bei einer Entscheidung nach Art 14 Abs 2 dürfte es sich hingegen, obwohl die Zentralstelle insoweit anders als nach dem HBÜ keine Prüfungs- oder gar Weisungsbefugnisse mehr hat, bei funktionaler Betrachtung um einen Justizverwaltungsakt handeln, sodass die Anfechtung nach § 23 EGGVG möglich ist[61].

## Artikel 15
## Mitteilung über Verzögerungen

**Ist das ersuchte Gericht nicht in der Lage, das Ersuchen innerhalb von 90 Tagen nach Eingang zu erledigen, setzt es das ersuchende Gericht unter Verwendung des Formblatts G im Anhang hiervon in Kenntnis. Dabei sind die Gründe für die Verzögerung anzugeben sowie der Zeitraum, der nach Einschätzung des ersuchten Gerichts für die Erledigung des Ersuchens voraussichtlich benötigt wird.**

1 Zur Pflicht zur unverzüglichen Erledigung des Ersuchens s Art 10 Rn 1 f. Die Gründe für eine Verzögerung können tatsächlicher Art sein (Arbeitsüberlastung, Nicht-Erreichbarkeit der Beweisperson, Schaffung technischer Voraussetzungen zB bei Antrag auf Videokonferenz) oder auf der Notwendigkeit einer vertieften rechtlichen Prüfung des Ersuchens beruhen. Die Begründungspflicht gebietet hinreichend substanziierte, inhaltlich nachvollziehbare Ausführungen[1]. Zur Sprache: Art 5.

## Artikel 16
## Verfahren nach Erledigung des Ersuchens

**Das ersuchte Gericht übermittelt dem ersuchenden Gericht unverzüglich die Schriftstücke, aus denen sich die Erledigung des Ersuchens ergibt, und sendet gegebenenfalls die Schriftstücke, die ihm von dem ersuchenden Gericht zugegangen sind, zurück. Den Schriftstücken ist eine Erledigungsbestätigung unter Verwendung des Formblatts H im Anhang beizufügen.**

1 Formblatt H ist ungeachtet des Art 14 Abs 4 auch im Falle des Art 14 Abs 1 zu verwenden, s Art 14 Rn 15. Zu den Schriftstücken, aus denen sich die Erledigung des Ersuchens ergibt, gehört in erster Linie das Protokoll[1]. Wird die Beweisaufnahme gem. Art 10 Abs 3 oder Abs 4 in anderer Weise dokumentiert (zB Videoaufzeichnung der Vernehmung [s Art 10 Rn 39], Fotos bei Augenscheinseinnahme), sind diese Aufzeichnungen selbstverständlich ebenfalls zu übersenden. Unter den in Art 14 Rn 21 genannten Voraussetzungen kann von der Rücksendung von Schriftstücken des ersu-

[61] Näher *Schlosser* Rn 8-11; eingehend zu Rechtsmitteln in der internationalen Beweisaufnahme *E Geimer* 229-234.

[1] Ebenso *Klauser* 1; *Schlosser* Rn 1.

[1] *Schlosser* Rn 1.

chenden Gerichts abgesehen werden. Für die Aktenführung gilt im Übrigen die lex fori des ersuchten Gerichts[2].

## Abschnitt 4
## Unmittelbare Beweisaufnahme durch das ersuchende Gericht

### Artikel 17

(1) *Beauftragt*[*] ein Gericht eine unmittelbare Beweisaufnahme in einem anderen Mitgliedstaat, so übermittelt es der nach Artikel 3 Absatz 3 bestimmten Zentralstelle oder zuständigen Behörde in diesem Staat unter Verwendung des Formblatts I im Anhang ein entsprechendes Ersuchen.
(2) Die unmittelbare Beweisaufnahme ist nur statthaft, wenn sie auf freiwilliger Grundlage und ohne Zwangsmaßnahmen erfolgen kann. Macht die unmittelbare Beweisaufnahme die Vernehmung einer Person erforderlich, so teilt das ersuchende Gericht dieser Person mit, dass die Vernehmung auf freiwilliger Grundlage erfolgt.
(3) Die Beweisaufnahme wird von einem nach Maßgabe des Rechts des Mitgliedstaats des ersuchenden Gerichts bestimmten Gerichtsangehörigen oder von einer anderen Person wie etwa einem Sachverständigen durchgeführt.
(4) Die genannte Zentralstelle oder die zuständige Behörde des ersuchten Mitgliedstaats teilt dem ersuchenden Gericht unter Verwendung des Formblatts J im Anhang innerhalb von 30 Tagen nach Eingang des Ersuchens mit, ob dem Ersuchen stattgegeben werden kann und, soweit erforderlich, unter welchen Bedingungen nach Maßgabe des Rechts ihres Mitgliedstaats die betreffende Handlung vorzunehmen ist. Die Zentralstelle oder die zuständige Behörde kann insbesondere ein Gericht ihres Mitgliedstaats bestimmen, das an der Beweisaufnahme teilnimmt, um sicherzustellen, dass dieser Artikel ordnungsgemäß angewandt wird und die festgelegten Bedingungen eingehalten werden. Die Zentralstelle oder die zuständige Behörde fördert den Einsatz von Kommunikationstechnologie, wie Video- und Telekonferenzen.
(5) Die Zentralstelle oder die zuständige Stelle kann die unmittelbare Beweisaufnahme nur insoweit ablehnen, als
a) das Ersuchen nicht in den Anwendungsbereich dieser Verordnung nach Artikel 1 fällt,
b) das Ersuchen nicht alle nach Artikel 4 erforderlichen Angaben enthält oder
c) die beantragte unmittelbare Beweisaufnahme wesentlichen Rechtsgrundsätzen ihres Mitgliedstaats zuwiderläuft.
(6) Unbeschadet der nach Absatz 4 festgelegten Bedingungen erledigt das ersuchende Gericht das Ersuchen nach Maßgabe des Rechts seines Mitgliedstaats.

---

[2] Vgl *Schlosser* Rn 1.

[*] So im Amtsblatt; es muss richtig heißen: „Beantragt"; vgl auch Götz *Schulze* IPRax 2001, 530 Fn 31.

**I. Einführung** ............................ 1

**II. Genehmigung durch die Zentralstelle**
1. Allgemeines ........................ 3
2. Mangelnde Anwendbarkeit der EG-BewVO ........................ 4
3. Unvollständiges Ersuchen ........... 5
4. Ordre public
a) Beuteilungsspielraum der Zentralstelle ........................ 6
b) Ordre-public-Verstoß trotz Freiwilligkeit der Mitwirkung ........ 8
c) Behebbarkeit des ordre-public-Verstoßes durch Bedingungen ..... 9
5. Einsatz von Kommunikationstechnologien ........................ 12
6. Bereitstellung von Räumlichkeiten .. 13
7. Rechtsbehelf ........................ 14

**III. Durchführung der unmittelbaren Beweisaufnahme**
1. Beauftragte des ersuchenden Gerichts 15
2. Freiwilligkeit und Hinweispflicht .... 16
3. Sprache ........................ 19

## I. Einführung

1 Die Ermöglichung der unmittelbaren Beweisaufnahme im Ausland durch das Prozessgericht selbst stellt eine herausragende **Innovationsleistung** der EG-BewVO dar. Im vertraglosen Rechtshilfeverkehr scheidet dieser Weg wegen der damit verbundenen Beeinträchtigung der territorialen Souveränität des Staates, in dem die Beweisaufnahme erfolgen soll, aus. Der Art 17 HBÜ sieht zwar bereits eine genehmigungspflichtige Beweisaufnahme durch Beauftragte vor; hierbei ist jedoch eher an private *commissioners* des anglo-amerikanischen Rechts als an Gerichtsangehörige gedacht[1]. Zwar konnten sich die Gerichtsangehörigen auch selbst zu Beauftragten ernennen[2]; hiervon wurde in der Praxis aber kaum Gebrauch gemacht. Wesentlich größere Bedeutung hatte die konsularische Beweisaufnahme (Art 15, 16 HBÜ).

2 Die unmittelbare Beweisaufnahme durch das Prozessgericht bietet zwei Vorteile: Erstens wird der **Unmittelbarkeitsgrundsatz** (§ 355 ZPO) gewahrt[3]; zweitens erfolgen Beweisaufnahme und spätere Beweiswürdigung nach **demselben Verfahrensrecht**[4]. Ein erheblicher Nachteil besteht indes darin, dass die Anwendung von **Zwangsmitteln** gegenüber der Beweisperson ausscheidet (Art 17 Abs 2). Ferner bedarf die Durchführung einer unmittelbaren Beweisaufnahme im Gegensatz zur Erledigung eines Rechtshilfeersuchens nach Abschnitt 3 der vorherigen **Genehmigung** durch die Zentralstelle (Art 17 Abs 1). Die praktische Anwendung der Vorschrift ist gem. Art 23 zum 1. 1. 2007 zu überprüfen.

---

[1] Zu den Unterschieden zwischen Art 17 HBÜ und Art 17 EG-BewVO ausführlich *Berger* IPRax 2001, 526; *Heß/Müller* ZZPInt 6 (2001) 159.

[2] *Berger* IPRax 2001, 526.

[3] *Berger* IPRax 2001, 526; *Heß/Müller* ZZPInt 6 (2001) 159; *Stadler*, in: FS Geimer 1297 f.

[4] *Berger* IPRax 2001, 526; *Heß/Müller* ZZPInt 6 (2001) 159.

## II. Genehmigung durch die Zentralstelle

### 1. Allgemeines

Ein Ersuchen um unmittelbare Beweisaufnahme ist der **Zentralstelle** bzw der zuständigen Behörde nach Art 3 Abs 3 zu übermitteln (Art 17 Abs 1). Zu den in Deutschland zuständigen Stellen s Art 3 Rn 11. Die Verwendung des Formblattes I ist zwingend (Art 17 Abs 1). Die Zentralstelle prüft unter Einhaltung der in Art 17 Abs 4 S 1 genannten Form (Formblatt J) und Frist (30 Tage nach Eingang des Ersuchens), ob ein Ablehnungsgrund iSd Art 17 Abs 5 vorliegt. Nach dieser Vorschrift kann ein Ersuchen nur insoweit abgelehnt werden, als einer der in Art 17 Abs 5 abschließend aufgeführten Gründe gegeben ist. Obwohl Art 17 Abs 5 dem Wortlaut nach als „Kann"-Vorschrift ausgestaltet ist, ist die Zentralstelle im Falle des Vorliegens der dort genannten Voraussetzungen zur Ablehnung des Ersuchens verpflichtet. 3

### 2. Mangelnde Anwendbarkeit der EG-BewVO

Ein Ersuchen um unmittelbare Beweisaufnahme ist gem Art 17 Abs 5 lit a abzulehnen, wenn der Anwendungsbereich der Verordnung nicht gegeben ist (s Art 1). Wie bei Art 14 Abs 2 lit a muss dies – anders als nach Art 6 Abs 3 EG-ZustellVO – nicht „offenkundig" sein. 4

### 3. Unvollständiges Ersuchen

Ein Ersuchen um unmittelbare Beweisaufnahme ist gem. Art 17 Abs 5 lit b abzulehnen, wenn das Ersuchen nicht alle nach Art 4 erforderlichen Angaben enthält. Anders als das ersuchte Gericht (vgl Art 8, 14 Abs 2 lit c) ist die Zentralstelle **nicht** dazu verpflichtet, dem ersuchenden Gericht Gelegenheit zur Vervollständigung des Ersuchens binnen 30 Tagen zu geben. Der gesamte Abschnitt 2 ist, wie sich aus der Formulierung der Art 7-9 ergibt, in denen durchgängig vom „ersuchten Gericht" als dem Adressaten des Ersuchens die Rede ist, nicht unmittelbar auf die Bearbeitung eines Ersuchens durch die Zentralstelle anzuwenden[5]. Da aber Art 17 Abs 5 Verstöße gegen Art 5 (falsche Sprache) oder Art 6 (Unleserlichkeit) nicht als Ablehnungsgründe normiert, ergibt sich insoweit eine Regelungslücke. Man könnte Art 17 Abs 5 lit b erweiternd dahingehend auslegen, dass die nach Art 4 erforderlichen Angaben nur dann vorliegen, wenn sie in der richtigen Sprache und in leserlicher Form erfolgen. Dem Grundgedanken mitgliedstaatlicher Kooperation entspricht es aber eher, die Zentralstelle in **analoger Anwendung des Art 7 Abs 1** für verpflichtet zu halten, das ersuchende Gericht auf die Verwendung einer falschen Sprache oder Lesbarkeitsmängel formlos hinzuweisen. Entsprechend Art 9 Abs 1 beginnt die 30-Tage-Frist des Art 17 Abs 4 S 1 in diesem Fall erst dann zu laufen, wenn das Ersuchen in sprachlich korrekter bzw lesbarer Form bei der Zentralstelle eingegangen ist. 5

---

5 Anders offenbar *Schlosser* Rn 4, der von einer Empfangsbestätigung gemäß Art 7 durch die Zentralstelle spricht.

## 4. Ordre public

### a) Beurteilungsspielraum der Zentralstelle

6 Die unmittelbare Beweisaufnahme verläuft grundsätzlich nach dem Recht des **ersuchenden** Gerichts (Art 17 Abs 6). Ein Ersuchen um unmittelbare Beweisaufnahme ist jedoch gem Art 17 Abs 5 lit c abzulehnen, wenn die beantragte unmittelbare Beweisaufnahme mit dem **ordre public** („wesentlichen Rechtsgrundsätzen") des ersuchten Mitgliedstaates unvereinbar ist. Im Gegensatz zu Art 12 Abs 1 lit b HBÜ kann die Zentralstelle nach Art 17 Abs 5 lit c nicht gänzlich eigenständig darüber befinden, ob eine beantragte Beweisaufnahme mit dem ordre public ihres Mitgliedstaates unvereinbar ist, da auch im Rahmen des Art 17 der EuGH grundsätzlich zur Auslegung berufen ist. Es liegt im Sinne der Kohärenz des europäischen Zivilprozessrechts nahe, bei der Abschichtung des europarechtlich vorgegebenen Normgehalts von dem Spielraum, welcher der Zentralstelle bleibt, *mutatis mutandis* auf die **Maßstäbe** zurückzugreifen, die der **EuGH** in Bezug auf die **allgemeine Vorbehaltsklausel des Art 34 Nr 1 Brüssel I-VO** (vormals Art 27 Nr 1 EuGVÜ) entwickelt hat. In den Sachen *Krombach* und *Maxicar* hat der EuGH entschieden, dass die Mitgliedstaaten zwar grundsätzlich aufgrund der Vorbehaltsklausel selbst festlegen können, welche Anforderungen sich nach ihren innerstaatlichen Anschauungen aus ihrer öffentlichen Ordnung ergeben, dass die Abgrenzung dieses Begriffes aber zur Auslegung des Übereinkommens gehört[6]. Auch wenn es demnach nicht Sache des EuGH ist, den Inhalt der öffentlichen Ordnung eines Mitgliedstaats zu definieren, hat er doch über die Grenzen zu wachen, innerhalb deren sich das Gericht eines Mitgliedstaates auf diesen Begriff stützen darf[7]. In entsprechender Weise können die Zentralstellen zwar grundsätzlich aufgrund des Art 17 Abs 5 lit c selbst bestimmen, welche Anforderungen nach ihrem eigenen Recht als so wesentlich gelten müssen, dass sie zur Unvereinbarkeit der beantragten Beweisaufnahme mit ihrem ordre public führen. Der EuGH hat aber gleichwohl über die Grenzen zu wachen, innerhalb deren sich die Zentralstelle auf den Begriff der „wesentlichen Rechtsgrundsätze" stützen darf, um die Vornahme einer unmittelbaren Beweisaufnahme nach dem Recht des ersuchenden Gerichts abzulehnen.

7 Wenngleich man sich, wie oben dargestellt, bei der Abgrenzung zwischen der Auslegungskompetenz und dem Beurteilungsspielraum des ersuchten Gerichts im Rahmen des Art 17 Abs 5 lit c an der vom EuGH zu Art 34 Nr 1 Brüssel I-VO entwickelten Grenzziehung orientieren kann, wäre es ein **Missverständnis**, ein Eingreifen dieses Ablehnungsgrundes erst dann zu befürworten, wenn ein ausländisches Urteil, das auf einer entsprechenden Beweisaufnahme beruhte, in Deutschland wegen eines Verstoßes gegen den ordre public iSd Art 34 Nr 1 Brüssel I-VO nicht anerkannt werden könnte.

---

[6] EuGH Rs C-7/98 *(Krombach/Bamberski)* EuGHE 2000, I-1935, Rn 22 = NJW 2000, 1853 = JZ 2000, 725 mit Anm *von Bar* = ZZPInt 5 (2000) 219 mit Anm *Prinz von Sachsen Gessaphe* = IPRax 2000, 406 mit Anm *Piekenbrock* (ebenda 364) Rn 22; EuGH Rs C-38/98 *(Renault SA/Maxicar SpA und Orazio Formento)* EuGHE 2000, I-2973, Rn 27 = IPRax 2001, 328 mit Anm *Heß* (ebenda 301) = ZZPInt 5 (2000) 248 mit Anm *Fritzsche* = EWiR 2000, 627 (LS) mit Anm *Geimer*.

[7] EuGH *Krombach* (Fn 6) Rn 23; *Maxicar* (Fn 6) Rn 28.

Eine schematische Gleichsetzung von anerkennungsrechtlichem ordre public und wesentlichen Rechtsgrundsätzen iSd Art 17 Abs 5 trüge dem Grundsatz der **Relativität** des ordre public nicht hinreichend Rechnung[8]. Im Rahmen der Urteilsanerkennung entfaltet der ordre public nur eine abgeschwächte Wirkung *(effet atténué)*[9]. Die Andersartigkeit des in dem Urteilsstaat geltenden Beweisrechts begründet deshalb in der Regel keine unerträgliche Abweichung vom inländischen Recht, welche die Versagung einer Urteilsanerkennung rechtfertigen würde[10]. Die inländische Rechtsordnung wird indes **stärker berührt**, wenn das ausländische Prozessgericht auf inländischem Hoheitsgebiet eine Beweisaufnahme nach seinem eigenen Recht durchführen will, als wenn lediglich ein Urteil anerkannt werden soll, das auf einer entsprechenden, im Ausland vorgenommenen Beweisaufnahme beruht. Eine Beweisaufnahme kann daher auch dann mit dem deutschen ordre public unvereinbar iSd Art 17 Abs 5 lit c sein, wenn die Schwelle des Art 34 Nr 1 Brüssel I-VO bei einem auf einer entsprechenden Beweisaufnahme beruhenden ausländischen Urteil noch nicht überschritten wäre. Hierin drückt sich der unterschiedliche **Inlandsbezug** der jeweiligen Fallkonstellation aus.

**b) Ordre-public-Verstoß trotz Freiwilligkeit der Mitwirkung**

Die in Art 17 Abs 5 lit c enthaltene Vorbehaltsklausel wird als überflüssig kritisiert, 8
weil bereits die nach Art 17 Abs 2 erforderliche **Freiwilligkeit** der Mitwirkung auf Seiten der Beweisperson die schutzwürdigen Interessen im Beweisstaat hinreichend wahre[11]. Dies ist insofern richtig, als die Nicht-Einhaltung einer Norm, deren alleiniger Zweck im Schutz der Beweisperson liegt, nicht gegen den ordre public verstößt, wenn der betreffende Zeuge auf diesen Schutz verzichtet. Es sind jedoch Fallgestaltungen denkbar, in denen ein nach dem Recht des ersuchten Staates zwingendes Aussageverbot – zB aufgrund eines Berufsgeheimnisses – nicht nur dem Schutz der Beweisperson,

---

[8] Zur Relativität des ordre public *Erman/Hohloch* Art 6 EGBGB Rn 17; *Jayme*, Methoden der Konkretisierung des ordre public im Internationalen Privatrecht (1989) 34f; *Kropholler*, IPR § 36 II 2, § 60 IV 2; *MünchKomm/Sonnenberger*, Art 6 EGBGB Rn 17; *Soergel/Kegel*, Art 6 EGBGB Rn 27; *von Hein* IPRax 2001, 570.

[9] Näher *Kropholler*, IPR § 60 II 2; *MünchKomm/Sonnenberger*, Art 6 EGBGB Rn 22; *Stein/Jonas/Herbert Roth* § 328 Rn 133; *Zöller/Geimer* § 328 Rn 152; *von Hein* IPRax 2001, 570.

[10] OLG Köln 16. 9. 1996 – 11 W 32/96 – IPRspr 1996 Nr 180; zust *Kronke* IPRax 1998, 116; *Kropholler* Art 34 Rn 13; *Zöller/Geimer* § 328 Rn 162; vgl auch zu § 328 Abs 1 Nr 4 ZPO BGH 22. 1. 1997 – XII ZR 207/95 – NJW 1997, 2051: „Ein außerhalb der Bundesrepublik Deutschland ergangenes Urteil verstößt vielmehr nur dann gegen den verfahrensrechtlichen ordre public, wenn es in einem Verfahren ergangen ist, das den Grundprinzipien des deutschen Verfahrensrechts in einem solchen Maße widerspricht, daß das Urteil nach der deutschen Rechtsordnung nicht als in einem geordneten, rechtsstaatlichen Verfahren ergangen angesehen werden kann (BGHZ 48, 327 (331) = LM § 328 ZPO Nr 18 L; BGH NJW 1986, 2193 = LM NEhelG Nr 12 = FamRZ 1986, 665 (667f) mwN)"; BGH – IX ZR 149/91 – BGHZ 118, 312, 323f: Pre-Trial Discovery sei kein Anerkennungshindernis; vgl auch zu § 369 ZPO *MünchKommZPO/Musielak* § 369 Rn 3: Unverwertbarkeit eines ausländischen Beweisergebnisses wegen Verstoßes gegen den ordre public „dürfte im Regelfall nur eine theoretische Möglichkeit bilden".

[11] So *Heß/Müller* ZZPInt 6 (2001) 161; ähnlich *Schlosser* Rn 1.

sondern darüber hinaus den **Interessen Dritter** oder der **Allgemeinheit** dient[12]. Auch wenn in einem solchen Fall die Beweisperson zur freiwilligen Mitwirkung bereit ist, spricht dies nicht gegen die Qualifikation entsprechender Normen als Bestandteile des ordre public; die öffentliche Ordnung ist nicht disponibel[13]. Im Übrigen prüft die Zentralstelle nicht nach, ob die Beweisperson zur freiwilligen Mitwirkung bereit ist.

**c) Behebbarkeit des ordre-public-Verstoßes durch Bedingungen**

9 Sofern gegen bestimmte Formen der Beweisaufnahme Bedenken im Hinblick auf den ordre public bestehen, können diese Einwände zumeist ausgeräumt werden, indem gem. Art 17 Abs 4 S 1 nach Maßgabe des Rechts des ersuchten Mitgliedstaats **Bedingungen** festgelegt werden, unter denen die betreffende Handlung vorzunehmen ist[14]. Die Einhaltung dieser Bedingungen kann sichergestellt werden, indem die Zentralstelle die Genehmigung unter der Auflage erteilt, dass ein Gericht des ersuchten Mitgliedstaates der Beweisaufnahme beiwohnt (Art 17 Abs 4 S 2). Auf diese Weise kann zB erreicht werden, dass ein englisches Gericht auf deutschem Boden ein **Kreuzverhör** durchführt[15], ohne dass die Art der Befragung das Persönlichkeitsrecht des Zeugen verletzt. Ferner können Bedenken gegen die Übertragung der Beweisaufnahme – nach deutschem Verständnis eine hoheitliche Aufgabe – auf eine **Privatperson** dadurch entkräftet werden, dass ein deutscher Richter die Beweisaufnahme überwacht[16].

10 Bedingungen können nach Art 17 Abs 4 S 1 angeordnet werden, **soweit** sie **erforderlich** sind. Einen genaueren Maßstab für die Erforderlichkeit enthält die Vorschrift nicht. Es liegt jedoch nahe, Art 17 Abs 4 im Zusammenhang mit der ordre-public-Klausel des Art 17 Abs 5 lit c zu lesen: Erforderlich sind Bedingungen dann, wenn sie geeignet und notwendig sind, um die Wahrung wesentlicher Rechtsgrundsätze des ersuchten Mitgliedstaates bei der unmittelbaren Beweisaufnahme sicherzustellen. Als Bedingungen kommen demnach in Betracht:
– das Recht auf anwaltlichen Beistand[17];
– das Recht auf Hinzuziehung eines Dolmetschers[18]; für die Kosten gilt in diesem Fall Art 18 Abs 2, 2. Spiegelstrich analog;
– die Verpflichtung des ersuchenden Gerichts, nicht nur einen Zeugen (Art 17 Abs 2 S 2), sondern auch den Inhaber einer Urkunde oder eines Augenscheinsobjekts auf die Freiwilligkeit seiner Mitwirkung nach Art 17 Abs 2 S 1 hinzuweisen[19];

---

12 Ausführlich *Stadler*, in: FS Geimer 1299f mit Beispielen (Bankgeheimnis, ärztliche Schweigepflicht).

13 Näher zur Abdingbarkeit von Vorbehaltsklauseln *Kropholler/von Hein*, in: FS Stoll (2001) 564 f mwN.

14 *Götz Schulze* IPRax 2001, 530; *Stadler*, in: FS Geimer 1300.

15 Als Beispiel für möglichen ordre-public-Verstoß genannt von *Stadler*, in: FS Geimer 1299.

16 *Götz Schulze* IPRax 2001, 530.

17 *Berger* IPRax 2001, 526; *Klauser* 5.

18 *Berger* IPRax 2001, 526; *Klauser* 5.

19 Zur Lückenhaftigkeit des Art 17 Abs 2 S 2 *Stadler*, in: FS Geimer 1301f.

- Durchführung der Vernehmung in der Sprache des ersuchten Mitgliedstaates[20]; dies kann notwendig sein, um dem teilnehmenden Richter aus diesem Staat die Verfolgung der Beweisaufnahme zu ermöglichen;
- Auslagenersatz eines Zeugen[21].

Für die Ablehnung einer unmittelbaren Beweisaufnahme nach Art 17 Abs 5 lit c verbleiben daher letztlich nur diejenigen Fallgruppen, in denen die beantragte Beweisaufnahme mit dem Recht des ersuchten Mitgliedstaates **schlechthin unvereinbar** ist und dies **auch durch Auflagen nicht behoben** werden kann. Ein denkbares Beispiel ist die DNA-Analyse im Abstammungsprozess, wenn das Recht des ersuchten Mitgliedstaates dieses Beweismittel allgemein ablehnt[22]. 11

### 5. Einsatz von Kommunikationstechnologien

Gemäß Art 17 Abs 4 S 3 fördert die Zentralstelle den Einsatz von Kommunikationstechnologie, wie Video- und Telekonferenzen. Dadurch wird klargestellt, dass auch bei einer Videovernehmung der sich im ersuchten Mitgliedstaat befindenden Beweisperson vom Territorium des ersuchenden Gerichts aus eine **genehmigungspflichtige** unmittelbare Beweisaufnahme iSd Art 17 und keine Beweisbeschaffung außerhalb der EG-BewVO vorliegt (s Art 1 Rn 22). Zur Abgrenzung von Art 10 Abs 4 s Art 10 Rn 33. Auch für die Durchführung einer Videokonferenz gilt vorbehaltlich von Auflagen nach Art 17 Abs 4 das Recht des ersuchenden Mitgliedstaates (Art 17 Abs 6). Für die entstehenden Kosten gilt Art 18 Abs 2, 2. Spiegelstrich analog; die Sicherstellung ihrer Erstattung kann nach Art 17 Abs 4 S 1 als Bedingung für die unmittelbare Beweisaufnahme festgesetzt werden. 12

### 6. Bereitstellung von Räumlichkeiten

Wird dem Antrag auf unmittelbare Beweisaufnahme stattgegeben, ist die Zentralstelle aufgrund ihrer allgemeinen Unterstützungsfunktion (Art 3 Abs 1 lit b) dazu verpflichtet, dem ersuchenden Gericht auf dessen Verlangen geeignete Räumlichkeiten (zB einen Sitzungssaal) zuzuweisen, sofern das ersuchende Gericht sich diese nicht (ggf auf der Basis von Auskünften gem. Art 3 Abs 1 lit a) ohne Schwierigkeiten selbst beschaffen kann[23]. 13

### 7. Rechtsbehelf

Die Erteilung oder Versagung der Genehmigung durch die Zentralstelle ist ein **Justizverwaltungsakt**, der gem § 23 EGGVG angefochten werden kann. 14

---

[20] *Berger* IPRax 2001, 526; *Klauser* 5.

[21] *Berger* IPRax 2001, 526; *Klauser* 5; vgl auch Art 26 HBÜ.

[22] *Stadler*, in: FS Geimer 1299; zur italienischen Rechtsprechung s *Jayme*, in: FS Geimer 376f; *Götz Schulze* IPRax 2001, 529; Grenzen ergeben sich aber auch insoweit aus der EMRK, s Art 1 Rn 30.

[23] Anders *Klauser* 6; *Schlosser* Rn 5 (bloße Empfehlung).

## III. Durchführung der unmittelbaren Beweisaufnahme

### 1. Beauftragte des ersuchenden Gerichts

15 Zwar spricht Art 17 Abs 3 im Gegensatz zu Art 12 Abs 2 nicht ausdrücklich von „**Beauftragten**“[24]; der in den beiden Vorschriften ins Auge gefasste Personenkreis ist aber identisch (näher Art 12 Rn 4).

Nach dem Wortlaut des Art 17 Abs 3 kommt jede „andere Person“ als Beauftragter in Betracht, deren Ermächtigung das Recht des ersuchenden Gerichts zulässt. Bei einer formalen Auslegung könnte daher auch ein deutscher **Konsul** mit einer Beweisaufnahme im Ausland beauftragt werden (§ 363 Abs 2 ZPO)[25]. Die in der ZPO vorgesehene konsularische Beweisaufnahme erklärt sich aber allein daraus, dass bei der Schaffung dieser Vorschrift eine unmittelbare Beweisaufnahme durch das Prozessgericht allgemein als Verletzung der Territorialhoheit des Beweisstaates angesehen wurde[26]. Da die EG-BewVO diese unmittelbare Beweisaufnahme nun zulässt, kommt die Behelfslösung einer konsularischen Beweisaufnahme nach Sinn und Zweck der Vorschrift und wegen der damit verbundenen Beeinträchtigung des Unmittelbarkeitsgrundsatzes (§ 355 ZPO) nicht mehr in Betracht[27]. Nach § 1073 Abs 2 ZPO idF des EG-BewDG-E (s Vorbem Rn 3) dürfen (nur) Mitglieder des Gerichts sowie von diesem beauftragte Sachverständige eine unmittelbare Beweisaufnahme im Ausland nach Art 17 Abs 3 durchführen. Zum Ermessen des deutschen Prozessgerichts bei der Wahl zwischen Beweisbeschaffung, aktiver Rechtshilfe und unmittelbarer Beweisaufnahme s Art 1 Rn 39.

### 2. Freiwilligkeit und Hinweispflicht

16 Die unmittelbare Beweisaufnahme darf nur auf **freiwilliger Grundlage** und **ohne Zwangsmaßnahmen** erfolgen (Art 17 Abs 2 S 1). Hierdurch wird nicht ausgeschlossen, dass die Verweigerung einer Mitwirkung von Seiten der Beweisperson zu **Nachteilen** bei der Beweiswürdigung führt[28]. Auch die **Strafbarkeit** einer Falschaussage wird durch die Freiwilligkeit der Mitwirkung nicht berührt[29].

17 Art 17 Abs 2 S 2 ordnet eine **Belehrung** über die Freiwilligkeit der Mitwirkung nur im Falle der **Vernehmung** einer Person, nicht aber in Bezug auf die Vorlage von **Urkunden** oder Augenscheinsobjekten an, obwohl auch insoweit das Freiwilligkeitsprinzip des

---

[24] Zu dem Hintergrund Götz *Schulze* IPRax 2001, 530.

[25] Vgl *Freudenthal* NIPR 2002, 116: „Één algemene regeling ter verkrijging van bewijs door [...] andere personen [...] maakt een aparte regeling voor consuls overbodig.“

[26] Näher *Heß/Müller* ZZPInt 6 (2001) 162.

[27] IE ebenso Götz *Schulze* IPRax 2001, 531; für einschränkende Auslegung des § 363 ZPO im Lichte des Art 17 auch *Heß/Müller* ZZPInt 6 (2001) 162 f; *Schlosser* Rn 1; *Stadler* ZZP 115 (2002) 519 f.

[28] *Schlosser* Rn 2; *Stadler*, in: FS Geimer 1299.

[29] *Berger* IPRax 2001, 526; *Heß/Müller* ZZPInt 6 (2001) 160 Fn 71.

Art 17 Abs 2 S 1 gilt[30]. Sofern das nach Art 17 Abs 6 anwendbare Recht des ersuchenden Staates keine entsprechende Belehrungspflicht kennt, sollte deshalb die Zentralstelle einen entsprechenden Antrag nur unter der Bedingung genehmigen, dass dem Inhaber der vorzulegenden Urkunde bzw des Augenscheinsobjekts ein diesbezüglicher Hinweis erteilt wird.

Aufgrund der Freiwilligkeit der Mitwirkung der Beweisperson bedarf es im Rahmen des Art 17 keiner Bestimmung über das auf **Aussage- oder sonstige Verweigerungsrechte** anwendbare Recht[31]. 18

### 3. Sprache

Die Beweisaufnahme erfolgt grundsätzlich in der Sprache, die das Recht des ersuchenden Gerichts vorsieht (Art 17 Abs 6)[32]. Soweit die Zentralstelle nach Art 17 Abs 4 S 2 eine Überwachung durch ein Gericht des ersuchten Mitgliedstaates anordnet, kann es zweckmäßig sein, die Durchführung in der Sprache des ersuchten Mitgliedstaates zur Bedingung zu machen. 19

## Abschnitt 5
## Kosten

### Artikel 18

(1) Für die Erledigung des Ersuchens nach Artikel 10 darf die Erstattung von Gebühren oder Auslagen nicht verlangt werden.

(2) Falls jedoch das ersuchte Gericht dies verlangt, stellt das ersuchende Gericht unverzüglich die Erstattung folgender Beträge sicher:
- der Aufwendungen für Sachverständige und Dolmetscher und
- der Auslagen, die durch die Anwendung von Artikel 10 Absätze 3 und 4 entstanden sind.

Die Pflicht der Parteien, diese Aufwendungen und Auslagen zu tragen, unterliegt dem Recht des Mitgliedstaats des ersuchenden Gerichts.

(3) Wird die Stellungnahme eines Sachverständigen verlangt, kann das ersuchte Gericht vor der Erledigung des Ersuchens das ersuchende Gericht um eine angemessene Kaution oder einen angemessenen Vorschuss für die Sachverständigenkosten bitten. In allen übrigen Fällen darf die Erledigung eines Ersuchens nicht von einer Kaution oder einem Vorschuss abhängig gemacht werden. Die Kaution oder der Vorschuss wird von den Parteien

---

30 Mit Recht kritisch *Stadler*, in: FS Geimer 1301 f.

31 Kritisch aber *Heß/Müller* ZZPInt 6 (2001) 161.

32 *Klauser* 3; *Schlosser* Rn 3.

**hinterlegt bzw einbezahlt, falls dies im Recht des Mitgliedstaats des ersuchenden Gerichts vorgesehen ist.**

## I. Einführung

1 Art 18 Abs 1 statuiert wie schon Art 14 Abs 1 HBÜ den Grundsatz der Kostenfreiheit der Erledigung von Rechtshilfeersuchen, sieht aber Ausnahmen vor (Abs 2 und 3). Der Sinn der Vorschrift liegt darin, den mit einer Kostenerstattung verbundenen Verwaltungsaufwand möglichst zu vermeiden[1]. Obwohl Art 18 Abs 1 ausdrücklich nur die Erledigung von Ersuchen nach Art 10 nennt, gilt der Grundsatz der Kostenfreiheit **auch für die passive Rechtshilfe** im Rahmen des Art 17 und für die **Hilfeleistung** nach Art 3. Die praktische Anwendung des Art 18 ist gem Art 23 zum 1. 1. 2007 zu überprüfen.

## II. Sicherstellung bestimmter Kosten

2 Auf Verlangen des ersuchten Gerichts hat das ersuchende Gericht die Erstattung von Kosten sicherzustellen, die für Sachverständige, Dolmetscher, die Einhaltung besonderer Formen (Art 10 Abs 3) oder die Nutzung moderner Kommunikationstechnologien anfallen (Art 17 Abs 2 S 1). **„Sicherstellung"** ist, wie Art 18 Abs 3 zeigt, **nicht** als **„Sicherheitsleistung"** zu verstehen; die schriftliche Anerkennung der Erstattungsverpflichtung durch das Prozessgericht reicht aus[2]. **Kostenschuldner** ist nicht die Partei, sondern der **Mitgliedstaat** des ersuchenden Gerichts[3]; Gläubiger ist nicht der Dolmetscher oder Sachverständige selbst, sondern der Mitgliedstaat des ersuchten Gerichts. Die Durchsetzung der Kostenforderung, falls die Zahlung nicht freiwillig erfolgt, ist in der EG-BewVO selbst nicht geregelt; in Betracht kommt ein Vertragsverletzungsverfahren (Art 226 EGV). Ob der Sachverständige oder der Dolmetscher vom ersuchten Mitgliedstaat dazu ermächtigt werden können, ihre Aufwendungen selbst nach der Brüssel I-VO einzuklagen, ist zweifelhaft[4]. Ein **Durchgriff** auf die letztlich erstattungspflichtige Partei ist jedenfalls nicht statthaft.

3 Ob und ggf. in welchem Umfang die Parteien dazu verpflichtet sind, die angefallenen Kosten zu tragen, beurteilt sich nach dem Recht des **ersuchten** Gerichts. Hiermit wurde eine im Verordnungsgebungsverfahren umstrittene Frage eindeutig geklärt[5].

4 Wird bei der **unmittelbaren Beweisaufnahme** nach Art 17 Abs 4 S 1 die Hinzuziehung eines Dolmetschers von der Zentralstelle angeordnet oder wird die Beweisaufnahme im

---

[1] *Heß/Müller* ZZPInt 6 (2001) 167.

[2] *Klauser* 1; *Schlosser* Rn 1.

[3] Allgemein *E Geimer* 99; vgl auch *Heß/Müller* ZZPInt 6 (2001) 167: „das ersuchende Gericht" – insoweit dürfte es aber in der Regel an der Rechtspersönlichkeit fehlen.

[4] Vgl zur Honorarklage eines Pflichtverteidigers LG Paderborn 22. 12. 1994 – 5 S 302/94 – EWS 1995, 248 = IPRspr 1994 Nr 183 sowie *Kropholler* Art 1 Rn 7; zu Gerichtskostenrechnungen aber *Kropholler* Art 32 Rn 9.

[5] Vgl noch den Ratsentwurf vom 16. 2. 2001 (Art 16) 6850/01 JUSTCIV 28.

Wege einer Videokonferenz durchgeführt (Art 17 Abs 4 S 3), ist Art 18 Abs 2 entsprechend anzuwenden. Der vom ersuchenden Gericht nach Art 17 Abs 3 beauftragte Sachverständige setzt sich hingegen wegen seiner Kosten direkt mit dem Mitgliedstaat des ersuchenden Gerichts auseinander; auch dann, wenn es sich um einen Angehörigen des ersuchten Mitgliedstaats handelt.

**III. Kaution und Vorschuss**

Nur für die Sachverständigenkosten muss auf Verlangen des ersuchenden Gerichts im Voraus eine Kaution bzw ein Vorschuss geleistet werden (Art 18 Abs 3 S 1, 2). Kaution oder Vorschuss müssen so ausgestaltet sein, dass das ersuchende Gericht ihrer Verwertung nicht widersprechen kann[6]. Die Hinterlegungspflicht der Parteien gegenüber dem ersuchenden Gericht unterliegt dessen Recht (Art 18 Abs 3 S 3). Falls das ersuchende Gericht damit einverstanden ist, bestehen keine Bedenken dagegen, dass die interessierte Partei die Kaution bzw den Vorschuss direkt gegenüber dem ersuchten Gericht leistet[7]. 5

# Kapitel III
# Schlussbestimmungen

## Artikel 19
## Durchführungsbestimmungen

**(1) Die Kommission sorgt für die Erstellung und regelmäßige Aktualisierung eines Handbuchs, das auch in elektronischer Form bereit gestellt wird und die von den Mitgliedstaaten nach Artikel 22 mitgeteilten Angaben sowie die in Kraft befindlichen Übereinkünfte oder Vereinbarungen nach Artikel 21 enthält.**

**(2) Die Aktualisierung oder technische Anpassung der im Anhang wiedergegebenen Formblätter erfolgt nach dem Beratungsverfahren gemäß Artikel 20 Absatz 2.**

Die dem Art 17 EG-ZustellVO entsprechende Vorschrift gilt bereits seit dem 1. 7. 2001 (Art 24 Abs 2). Während dies auch für die in Art 19 Abs 1 in Bezug genommenen Art 21, 22 zutrifft, gilt der das Beratungsverfahren betreffende Art 20 Abs 2, auf den in Art 19 Abs 2 verwiesen wird, erst ab dem 1. 1. 2004 (Art 24 Abs 1). Bis zu diesem Zeitpunkt läuft die Verweisung in Art 19 Abs 2 deshalb leer. Zur Rechtsnatur der Formblätter s Art 4 Rn 4. 1

---

6 *Klauser* 2; *Schlosser* Rn 2.

7 So der Vorschlag von *Schlosser* Rn 3; zust *Klauser* 3.

Artikel 20
## Ausschuss

(1) Die Kommission wird von einem Ausschuss unterstützt.
(2) Wird auf diesen Absatz Bezug genommen, so gelten die Artikel 3 und 7 des Beschlusses 1999/468/EG.
(3) Der Ausschuss gibt sich eine Geschäftsordnung.

1 Die Komitologie-Vorschrift entspricht inhaltlich dem Art 18 EG-ZustellVO; sie dient der Entlastung der Kommission und einer Erleichterung der Aktualisierung der Formblätter. Auf Art 20 Abs 2 wird in Art 19 Abs 2 Bezug genommen; zur intertemporalen Problematik s Art 19 Rn 1. Der in Art 20 Abs 2 genannte Beschluss ist in ABl L 184/23 v 17. 7. 1999 veröffentlicht[1].

Artikel 21
## Verhältnis zu bestehenden oder künftigen Übereinkünften oder Vereinbarungen zwischen Mitgliedstaaten

(1) In den Beziehungen zwischen den Mitgliedstaaten, die Vertragsparteien einschlägiger, von den Mitgliedstaaten geschlossener bilateraler oder multilateraler Übereinkünfte oder Vereinbarungen sind, insbesondere des Haager Übereinkommens vom 1. März 1954 über den Zivilprozess und des Haager Übereinkommens vom 18. März 1970 über die Beweisaufnahme im Ausland in Zivil- oder Handelssachen, hat diese Verordnung in ihrem Anwendungsbereich Vorrang vor den Bestimmungen, die in den genannten Übereinkünften oder Vereinbarungen enthalten sind.
(2) Diese Verordnung hindert die Mitgliedstaaten nicht daran, dass zwei oder mehr von ihnen untereinander Übereinkünfte oder Vereinbarungen zur weiteren Vereinfachung der Beweisaufnahme schließen oder beibehalten, sofern sie mit dieser Verordnung vereinbar sind.
(3) Die Mitgliedstaaten übermitteln der Kommission
a) zum 1. Juli 2003 eine Abschrift der zwischen den Mitgliedstaaten beibehaltenen angeführten Übereinkünfte oder Vereinbarungen nach Absatz 2,
b) eine Abschrift der zwischen den Mitgliedstaaten geschlossenen Übereinkünfte oder Vereinbarungen nach Absatz 2 und den Entwurf von ihnen geplanter Übereinkünfte oder Vereinbarungen sowie
c) jede Kündigung oder Änderung dieser Übereinkünfte oder Vereinbarungen.

### I. Verhältnis zu den Haager Übereinkommen

1 Die in Art 21 Abs 1 genannten **Haager Übereinkommen** werden von der EG-BewVO verdrängt, soweit der Anwendungsbereich der Verordnung nach Art 1 reicht. Insbesondere die konsularische Beweisaufnahme nach dem HBÜ wird durch den Vorrang

[1] Wortlaut der Art 3 und 7 des Beschlusses ferner bei *Schlosser* Art 18 EG-ZustellVO Rn 1.

des Art 17 Abs 3 versperrt[1]. Die Haager Übereinkommen behalten einen residualen Anwendungsbereich, soweit das Rechtshilfeersuchen eine andere gerichtliche Handlung als eine Beweisaufnahme betrifft (s Art 1 Rn 17). Die zwangsweise Durchsetzung einer **Blutprobe** ist aber bei autonomer Auslegung des Art 1 als Beweisaufnahme zu qualifizieren (s Art 1 Rn 30).

Gegenüber **Drittstaaten** bleibt die Anwendbarkeit der Haager Übereinkommen unberührt. Zu Dänemark s Art 1 Abs 3. 2

In **intertemporaler** Hinsicht ordnet Art 24 die Geltung des Art 21 bereits ab dem 1. 7. 2001 an. Hieraus wird zT der Schluss gezogen, die Haager Übereinkommen dürften schon vor dem vollständigen In-Kraft-Treten der EG-BewVO am 1. 1. 2004 „nur noch EU-konform ausgelegt werden“[2]. Es ist jedoch methodisch und völkerrechtlich nicht angängig, in die Interpretation der Haager Übereinkommen die EG-BewVO gleichsam hineinzulesen. Art 21 Abs 1 begründet lediglich eine sog Stillhalteverpflichtung der Mitgliedstaaten in Bezug auf eine etwaige Revision der Haager Übereinkommen[3]. Im Übrigen ist die vorzeitige Geltung vor allem in Bezug auf die in Art 21 Abs 3 genannten Mitteilungspflichten von Bedeutung. 3

## II. Sonstige Vereinbarungen

Im Einklang mit dem Zweck der EG-BewVO, die Beweisaufnahme zu erleichtern, bleibt es den Mitgliedstaaten möglich, Übereinkünfte zur weiteren Vereinfachung der internationalen Rechtshilfe zu schließen. Vorbehalten bleibt jedoch die Vereinbarkeit dieser Vereinbarungen mit der EG-BewVO. Bereits vor dem vollständigen In-Kraft-Treten der EG-BewVO dürfen die Mitgliedstaaten seit dem 1. 7. 2001 keine der Verordnung zuwiderlaufenden völkerrechtlichen Verpflichtungen eingehen (Art 24 Abs 2, sog Stillhalteverpflichtung)[4]. 4

## III. Mitteilungspflichten

Die nach Art 21 Abs 3 gemachten Mitteilungen sind in das Handbuch (Art 19) aufzunehmen. 5

## Artikel 22
## Mitteilungen

**Jeder Mitgliedstaat teilt der Kommission bis zum 1. Juli 2003 Folgendes mit:**

**1. die Liste nach Artikel 2 Absatz 2 sowie eine Angabe des örtlichen und gegebenenfalls fachlichen Zuständigkeitsbereichs der Gerichte;**

---

[1] Eingehend *Leipold* Ritsum L Rev 20 (März 2003) 90.

[2] So *Baumbach/Lauterbach/Hartmann* § 363 Rn 2.

[3] Vgl Götz *Schulze* IPRax 2001, 529.

[4] Götz *Schulze* IPRax 2001, 529.

2. den Namen und die Anschrift der Zentralstellen und zuständigen Behörden nach Artikel 3 unter Angabe ihres örtlichen Zuständigkeitsbereichs;
3. die technischen Mittel, über die die in der Liste nach Artikel 2 Absatz 2 aufgeführten Gerichte für die Entgegennahme von Ersuchen verfügen;
4. die Sprachen, die für die Ersuchen nach Artikel 5 zugelassen sind.

Die Mitgliedstaaten teilen der Kommission alle späteren Änderungen dieser Angaben mit.

1 Die Mitteilungen sind dem Handbuch (Art 19) zu entnehmen. Der Art 22 gilt bereits seit dem 1. 7. 2001 (Art 24 Abs 2). Für die Mitteilungen gem Art 22 gilt Art 5 nicht (s Art 5 Rn 1).

2 In der Mitteilung der verfügbaren Kommunikationstechnologien nach Nr 3 liegt das konkludente Einverständnis des betreffenden Mitgliedstaates mit der Nutzung des schnellstmöglichen Übermittlungsweges iSd Art 6 S 1 (s Art 6 Rn 1).

## Artikel 23
## Überprüfung

Bis zum 1. Januar 2007 und danach alle fünf Jahre legt die Kommission dem Europäischen Parlament, dem Rat und dem Wirtschafts- und Sozialausschuss einen Bericht über die Anwendung dieser Verordnung vor, wobei sie insbesondere auf die praktische Anwendung des Artikels 3 Absatz 1 Buchstabe c) und Absatz 3 und der Artikel 17 und 18 achtet.

1 Die Überprüfungspflicht folgt aus Art 211 EGV.

## Artikel 24
## Inkrafttreten

(1) Diese Verordnung tritt am 1. Juli 2001 in Kraft.
(2) Diese Verordnung gilt ab dem 1. Januar 2004, mit Ausnahme der Artikel 19, 21 und 22, die ab dem 1. Juli 2001 gelten.

1 Zum entstehungsgeschichtlichen Hintergrund für das Hinausschieben der Anwendbarkeit der EG-BewVO s Art 2 Rn 2.

2 Zu den intertemporalen Fragen, die durch die vorzeitige Geltung des Art 19 und 21 aufgeworfen werden, s Art 19 Rn 1 bzw Art 21 Rn 3 f.

## Anhang

Formblatt A: Ersuchen um Durchführung einer Beweisaufnahme.
Formblatt B: Empfangsbestätigung über den Eingang eines Ersuchens.
Formblatt C: Bitte um ergänzende Angaben für die Durchführung einer Beweisaufnahme.
Formblatt D: Bestätigung des Eingangs der Kaution oder der Sicherheit.
Formblatt E: Mitteilung betreffend den Antrag auf Erledigung in besonderer Form/Kommunikationstechnologien.
Formblatt F: Unterrichtung über Termin und Ort der Beweisaufnahme etc.
Formblatt G: Mitteilung über Verzögerungen.
Formblatt H: Benachrichtigung über das Ergebnis des Ersuchens.
Formblatt I: Ersuchen um direkte Beweisaufnahme.
Formblatt J: Mitteilung der Zentralstelle/zuständigen Behörde.

## Formblatt A

Ersuchen um Durchführung einer Beweisaufnahme
nach Artikel 4 der Verordnung (EG) Nr. 1206/2001 des Rates vom 28. Mai 2001 über die Zusammenarbeit zwischen den Gerichten der Mitgliedstaaten auf dem Gebiet der Beweisaufnahme in Zivil- oder Handelssachen (ABl L 174 vom 27. 6. 2001, S 1)

1. Aktenzeichen des ersuchenden Gerichts:

2. Aktenzeichen des ersuchten Gerichts:

3. Ersuchendes Gericht:
   - 3.1. Bezeichnung:
   - 3.2. Anschrift:
     - 3.2.1. Straße + Hausnummer/Postfach:
     - 3.2.2. PLZ + Ort:
     - 3.2.3. Staat:
   - 3.3. Tel.:
   - 3.4. Fax:
   - 3.5. E-Mail:

4. Ersuchendes Gericht:
   - 4.1. Bezeichnung:
   - 4.2. Anschrift:
     - 4.2.1. Straße + Hausnummer/Postfach:
     - 4.2.2. PLZ + Ort:
     - 4.2.3. Staat:
   - 4.3. Tel.:
   - 4.4. Fax:
   - 4.5. E-Mail:

5. In der Rechtssache des Klägers/Antragstellers:
   - 5.1. Name:
   - 5.2. Anschrift:
     - 5.2.1. Straße + Hausnummer/Postfach:
     - 5.2.2. PLZ + Ort:
     - 5.2.3. Staat:
   - 5.3. Tel.:
   - 5.4. Fax:
   - 5.5. E-Mail:

6. Vertreter des Klägers/Antragstellers:
   - 6.1. Name:
   - 6.2. Anschrift:
     - 6.2.1. Straße + Hausnummer/Postfach:
     - 6.2.2. PLZ + Ort:
     - 6.2.3. Staat:

6.3. Tel.:
6.4. Fax:
6.5. E-Mail:

7. Gegen den Beklagten/Antragsgegner:
7.1. Name:
7.2. Anschrift:
7.2.1. Straße + Hausnummer/Postfach:
7.2.2. PLZ + Ort:
7.2.3. Staat:
7.3. Tel.:
7.4. Fax:
7.5. E-Mail:

8. Vertreter des Beklagten/Antragsgegners:
8.1. Name:
8.2. Anschrift:
8.2.1. Straße + Hausnummer/Postfach:
8.2.2. PLZ + Ort:
8.2.3. Staat:
8.3. Tel.:
8.4. Fax:
8.5. E-Mail:

9. Anwesenheit und Beteiligung der Parteien:
9.1. Die Parteien und gegebenenfalls ihre Vertreter werden bei der Beweisaufnahme anwesend sein.
9.2. Die Beteiligung der Parteien und gegebenenfalls ihrer Vertreter wird beantragt.

10. Anwesenheit und Beteiligung der Beauftragten des ersuchenden Gerichts:
10.1. Die Beauftragten werden bei der Beweisaufnahme anwesend sein.
10.2. Die Beteiligung der Beauftragten wird beantragt.
10.2.1. Name:
10.2.2. Titel:
10.2.3. Dienststellung:
10.2.4. Aufgabe:

11. Art und Gegenstand des Falls und kurze Erläuterung des Sachverhalts (ggf in der Anlage):

12. Durchzuführende Beweisaufnahme:
12.1. Beschreibung der durchzuführenden Beweisaufnahme (ggf in der Anlage)
12.2. Vernehmung von Zeugen
12.2.1. Vor- und Zuname:
12.2.2. Anschrift:
12.2.3. Tel.:
12.2.4. Fax:
12.2.5. E-Mail:

12.2.6. Zu folgenden Fragen oder zu folgendem Sachverhalt: (ggf in der Anlage):
12.2.7. Zeugnisverweigerungsrecht nach dem Recht des Mitgliedstaats des ersuchenden Gerichts (ggf in der Anlage):
12.2.8. Bitte um Aufnahme der Aussage:
12.2.8.1. unter Eid
12.2.8.2. unter eidesstattlicher Versicherung
12.2.9. Alle anderen Informationen, die das ersuchende Gericht für erforderlich hält (ggf in der Anlage)
12.3. Andere Beweisaufnahme:
12.3.1. Zu prüfende Schriftstücke und eine Beschreibung der erbetenen Beweisaufnahme (ggf in der Anlage):
12.3.2. Zu prüfende Gegenstände und eine Beschreibung der erbetenen Beweisaufnahme (ggf in der Anlage):

13. Ich bitte Sie, das Ersuchen:
13.1. in folgender nach dem Recht des Mitgliedstaats des ersuchenden Gerichts vorgesehener besonderen Form (Artikel 10 Absatz 3) und/oder unter Einsatz der in der Anlage beschriebenen Kommunikationstechnologien (Artikel 10 Absatz 4) zu erledigen.
13.2. Hierfür sind folgende Angaben erforderlich:

Geschehen zu:
Datum:

Benachrichtigung über die Weiterleitung des Ersuchens
nach Artikel 7 Absatz 2 der Verordnung (EG) Nr 1206/2001 des Rates vom 28. Mai 2001 über die Zusammenarbeit zwischen den Gerichten der Mitgliedstaaten auf dem Gebiet der Beweisaufnahme in Zivil- oder Handelssachen (ABl L 174 vom 27. 6. 2001, S 1)

14. Das Ersuchen fällt nicht in die Zuständigkeit des unter Nummer 4 genannten Gerichts und wurde an das folgende Gericht weitergeleitet:
14.1. Bezeichnung des zuständigen Gerichts:
14.2. Anschrift:
14.2.1. Straße + Hausnummer/Postfach:
14.2.2. PLZ + Ort:
14.2.3. Staat:
14.3. Tel.:
14.4. Fax:
14.5. E-Mail:

Geschehen zu:
Datum:

## Formblatt B

Empfangsbestätigung über den Eingang eines Ersuchens um Beweisaufnahme
nach Artikel 7 Absatz 1 der Verordnung (EG) Nr 1206/2001 des Rates vom 28. Mai 2001 über die Zusammenarbeit zwischen den Gerichten der Mitgliedstaaten auf dem Gebiet der Beweisaufnahme in Zivil- oder Handelssachen (ABl L 174 vom 27. 6. 2001, S 1)

1. Aktenzeichen des ersuchenden Gerichts:

2. Aktenzeichen des ersuchten Gerichts:

3. Aktenzeichen des ersuchten Gerichts:

4. Ersuchtes Gericht:
   - 4.1. Bezeichnung:
   - 4.2. Anschrift:
     - 4.2.1. Straße + Hausnummer/Postfach:
     - 4.2.2. PLZ + Ort:
     - 4.2.3. Staat:
   - 4.3. Tel.:
   - 4.4. Fax:
   - 4.5. E-Mail:

5. Das Ersuchen ist am … (Empfangsdatum) bei dem unter Nummer 4 genannten Gericht eingegangen.

6. Das Ersuchen kann aus folgenden Gründen nicht bearbeitet werden:
   - 6.1. Die im Formblatt verwendete Sprache ist unzulässig (Artikel 5)
     - 6.1.1. Bitte verwenden Sie eine der folgenden Sprachen:
   - 6.2. Das Dokument ist nicht lesbar (Artikel 6).

Geschehen zu:
Datum:

## Formblatt C

Bitte um ergänzende Angaben für die Durchführung einer Beweisaufnahme

nach Artikel 8 der Verordnung (EG) Nr 1206/2001 des Rates vom 28. Mai 2001 über die Zusammenarbeit zwischen den Gerichten der Mitgliedstaaten auf dem Gebiet der Beweisaufnahme in Zivil- oder Handelssachen (ABl L 174 vom 27. 6. 2001, S 1)

1. Aktenzeichen des ersuchten Gerichts:
2. Aktenzeichen des ersuchenden Gerichts:
3. Bezeichnung des ersuchenden Gerichts:
4. Bezeichnung des ersuchten Gerichts:
5. Das Ersuchen kann erst erledigt werden, wenn folgende ergänzenden Angaben vorliegen:
6. Das Ersuchen kann erst erledigt werden, wenn gemäß Artikel 18 Absatz 3 eine Kaution hinterlegt oder ein Vorschuss einbezahlt wurde. Die Kaution oder der Vorschuss sollten wie folgt hinterlegt bzw einbezahlt werden:

Geschehen zu:
Datum:

## Formblatt D

Bestätigung des Eingangs der Kaution oder der Sicherheit

nach Artikel 8 Absatz 2 der Verordnung (EG) Nr 1206/2001 des Rates vom 28. Mai 2001 über die Zusammenarbeit zwischen den Gerichten der Mitgliedstaaten auf dem Gebiet der Beweisaufnahme in Zivil- oder Handelssachen (ABl L 174 vom 27. 6. 2001, S 1)

1. Aktenzeichen des ersuchenden Gerichts:
2. Aktenzeichen des ersuchten Gerichts:
3. Bezeichnung des ersuchenden Gerichts:
4. Bezeichnung des ersuchten Gerichts:
5. Die Kaution oder der Vorschuss ist am ... (Tag des Eingangs) bei dem unter Nummer 4 genannten Gericht eingegangen.

Geschehen zu:
Datum:

## Formblatt E

Mitteilung betreffend den Antrag auf Erledigung in besonderer Form und/oder unter Einsatz von Kommunikationstechnologie

nach Artikel 10 Absätze 3 und 4 der Verordnung (EG) Nr 1206/2001 des Rates vom 28. Mai 2001 über die Zusammenarbeit zwischen den Gerichten der Mitgliedstaaten auf dem Gebiet der Beweisaufnahme in Zivil- oder Handelssachen (ABl L 174 vom 27. 6. 2001, S 1)

1. Aktenzeichen des ersuchten Gerichts:

2. Aktenzeichen des ersuchenden Gerichts:

3. Bezeichnung des ersuchenden Gerichts:

4. Bezeichnung des ersuchten Gerichts:

5. Dem Antrag auf Erledigung des Ersuchens in der unter Nummer 13.1. des Ersuchens (Formblatt A) angegebenen Form kann nicht entsprochen werden, da
   5.1. die beantragte Form mit dem Recht des Mitgliedstaats des ersuchten Gerichts unvereinbar ist;
   5.2. die Einhaltung der beantragten Form aufgrund erheblicher tatsächlicher Schwierigkeiten nicht möglich ist:

6. Dem Antrag auf Erledigung des Ersuchens unter Einsatz von Kommunikationstechnologie gemäß Nummer 13.1. des Ersuchens (Formblatt A) kann nicht entsprochen werden, da
   6.1. der Einsatz von Kommunikationstechnologie mit dem Recht des Mitgliedstaats des ersuchten Gerichts unvereinbar ist;
   6.2. der Einsatz von Kommunikationstechnologie aufgrund erheblicher tatsächlicher Schwierigkeiten nicht möglich ist.

Geschehen zu:
Datum:

## Formblatt F

Unterrichtung über Termin und Ort der Beweisaufnahme und über die Bedingungen für die Beteiligung

nach Artikel 11 Absatz 4 und Artikel 12 Absatz 5 der Verordnung (EG) Nr 1206/2001 des Rates vom 28. Mai 2001 über die Zusammenarbeit zwischen den Gerichten der Mitgliedstaaten auf dem Gebiet der Beweisaufnahme in Zivil- oder Handelssachen (ABl L 174 vom 27. 6. 2001, S 1)

1. Aktenzeichen des ersuchenden Gerichts:

2. Aktenzeichen des ersuchten Gerichts:

3. Ersuchendes Gericht:
   3.1. Bezeichnung:
   3.2. Anschrift:
      3.2.1. Straße + Hausnummer/Postfach:
      3.2.2. PLZ + Ort:
      3.2.3. Staat:
   3.3. Tel.:
   3.4. Fax:
   3.5. E-Mail:

4. Ersuchtes Gericht:
   4.1. Bezeichnung:
   4.2. Anschrift:
      4.2.1. Straße + Hausnummer/Postfach:
      4.2.2. PLZ + Ort:
      4.2.3. Staat:
   4.3. Tel.:
   4.4. Fax:
   4.5. E-Mail:

5. Termin der Beweisaufnahme:

6. Ort der Beweisaufnahme, falls dieser nicht den unter Nummer 4 genannten Angaben entspricht:

7. Ggf Bedingungen, unter denen sich die Parteien und gegebenenfalls deren Vertreter beteiligen können:

8. Ggf Bedingungen, unter denen sich die Beauftragten des ersuchenden Gerichts beteiligen können:

Geschehen zu:
Datum:

## Formblatt G

Mitteilung über Verzögerungen

nach Artikel 15 der Verordnung (EG) Nr 1206/2001 des Rates vom 28 Mai 2001 über die Zusammenarbeit zwischen den Gerichten der Mitgliedstaaten auf dem Gebiet der Beweisaufnahme in Zivil- oder Handelssachen (ABl L 174 vom 27. 6. 2001, S 1)

1. Aktenzeichen des ersuchten Gerichts:
2. Aktenzeichen des ersuchenden Gerichts:
3. Bezeichnung des ersuchenden Gerichts:
4. Bezeichnung des ersuchten Gerichts:
5. Das Ersuchen konnte aus folgenden Gründen nicht innerhalb von 90 Tagen nach Eingang erledigt werden:
6. Das Ersuchen wird voraussichtlich bis zum … (geschätzter Termin) erledigt werden.

Gesehen zu:
Datum:

## Formblatt H

Benachrichtigung über das Ergebnis des Ersuchens

nach Artikel 14 und Artikel 16 der Verordnung (EG) Nr 1206/2001 des Rates vom 28 Mai 2001 über die Zusammenarbeit zwischen den Gerichten der Mitgliedstaaten auf dem Gebiet der Beweisaufnahme in Zivil- oder Handelssachen (ABl L 174 vom 27. 6. 2001, S 1)

1. Aktenzeichen des ersuchten Gerichts:

2. Aktenzeichen des ersuchenden Gerichts:

3. Bezeichnung des ersuchenden Gerichts:

4. Bezeichnung des ersuchten Gerichts:

5. Das Ersuchen wurde erledigt.
Anbei werden folgende Schriftstücke, aus denen sich die Erledigung des Ersuchens ergibt, übermittelt:

6. Die Erledigung des Ersuchens wurde abgelehnt, weil
   - 6.1. die zu vernehmende Person sich auf ein Recht zur Aussageverweigerung oder ein Aussageverbot
     - 6.1.1. nach dem Recht des Mitgliedstaats des ersuchten Gerichts
     - 6.1.2. nach dem Recht des Mitgliedstaats des ersuchenden Gerichts berufen hat.
   - 6.2. Das Ersuchen fällt nicht in den Anwendungsbereich dieser Verordnung.
   - 6.3. Die Erledigung des Ersuchens fällt nach dem Recht des Mitgliedstaats des ersuchten Gerichts nicht in den Bereich der Gerichtsgewalt.
   - 6.4. Das ersuchende Gericht ist dem Antrag des ersuchten Gerichts vom … (Zeitpunkt des Antrags) auf ergänzende Angaben nicht nachgekommen.
   - 6.5. Eine Kaution oder ein Vorschuss, um die bzw den gemäß Artikel 18 Absatz 3 gebeten wurde, ist nicht hinterlegt bzw einbezahlt worden.

Geschehen zu:
Datum:

## Formblatt I

Ersuchen um direkte Beweisaufnahme

nach Artikel 17 der Verordnung (EG) Nr 1206/2001 des Rates vom 28. Mai 2001 über die Zusammenarbeit zwischen den Gerichten der Mitgliedstaaten auf dem Gebiet der Beweisaufnahme in Zivil- oder Handelssachen (ABl L 174 vom 27. 6. 2001, S 1)

1. Aktenzeichen des ersuchenden Gerichts:
2. Aktenzeichen der Zentralstelle/zuständigen Behörde:
3. Ersuchendes Gericht:
   3.1. Bezeichnung:
   3.2. Anschrift:
      3.2.1. Straße + Hausnummer/Postfach:
      3.2.2. PLZ + Ort:
      3.2.3. Staat:
   3.3. Tel.:
   3.4. Fax:
   3.5. E-Mail:
4. Zentralstelle/zuständige Behörde des ersuchten Staats:
   4.1. Bezeichnung:
   4.2. Anschrift:
      4.2.1. Straße + Hausnummer/Postfach:
      4.2.2. PLZ + Ort:
      4.2.3. Staat:
   4.3. Tel.:
   4.4. Fax:
   4.5. E-Mail:
5. In der Rechtssache des Klägers/Antragstellers:
   5.1. Name:
   5.2. Anschrift:
      5.2.1. Straße + Hausnummer/Postfach:
      5.2.2. PLZ + Ort:
      5.2.3. Staat:
   5.3. Tel.:
   5.4. Fax:
   5.5. E-Mail:
6. Vertreter des Klägers/Antragstellers:
   6.1. Name:
   6.2. Anschrift:
      6.2.1. Straße + Hausnummer/Postfach:
      6.2.2. PLZ + Ort:
      6.2.3. Staat:
   6.3. Tel.:
   6.4. Fax:
   6.5. E-Mail:

7. Gegen den Beklagten/Antragsgegner:
   7.1. Name:
   7.2. Anschrift:
      7.2.1. Straße + Hausnummer/Postfach:
      7.2.2. PLZ + Ort:
      7.2.3. Staat:
   7.3. Tel.:
   7.4. Fax:
   7.5. E-Mail:
8. Vertreter des Beklagten/Antragsgegners:
   8.1. Name:
   8.2. Anschrift:
      8.2.1. Straße + Hausnummer/Postfach:
      8.2.2. PLZ + Ort:
      8.2.3. Staat:
   8.3. Tel.:
   8.4. Fax:
   8.5. E-Mail:
9. Die Beweisaufnahme erfolgt durch:
   9.1. Name:
   9.2. Titel:
   9.3. Dienststellung
   9.4. Aufgabe
10. Art und Gegenstand des Falls und kurze Erläuterung des Sachverhalts (ggf in der Anlage):
   10.1. Die Beauftragten werden bei der Beweisaufnahme anwesend sein.
   10.2. Die Beteiligung der Beauftragten wird beantragt.
      10.2.1. Name:
      10.2.2. Titel:
      10.2.3. Dienststellung:
      10.2.4. Aufgabe:
11. Durchzuführende Beweisaufnahme:
   11.1. Beschreibung der durchzuführenden Beweisaufnahme (ggf in der Anlage):
   11.2. Vernehmung von Zeugen:
      11.2.1. Vor- und Zuname:
      11.2.2. Anschrift:
      11.2.3. Tel.:
      11.2.4. Fax:
      11.2.5. E-Mail:
      11.2.6. Zu folgenden Fragen oder zu folgendem Sachverhalt (ggf in der Anlage):
      11.2.7. Zeugnisverweigerungsrecht nach dem Recht des Mitgliedstaats des ersuchenden Gerichts (ggf in der Anlage):
   11.3. Andere Beweisaufnahme (ggf in der Anlage):
12. Das ersuchende Gericht ersucht um direkte Beweisaufnahme unter Einsatz folgender Kommunikationstechnologien (ggf in der Anlage):

Geschehen zu:

Datum:

## Formblatt J

Mitteilung der Zentralstelle/zuständigen Behörde

nach Artikel 17 der Verordnung (EG) Nr 1206/2001 des Rates vom 28. Mai 2001 über die Zusammenarbeit zwischen den Gerichten der Mitgliedstaaten auf dem Gebiet der Beweisaufnahme in Zivil- oder Handelssachen (ABl L 174 vom 27. 6. 2001, S 1)

1. Aktenzeichen des ersuchenden Gerichts:

2. Aktenzeichen der Zentralstelle/zuständigen Behörde:

3. Bezeichnung des ersuchenden Gerichts:

4. Zentralstelle/zuständige Behörde:
   4.1. Bezeichnung:
   4.2. Anschrift:
      4.2.1. Straße + Hausnummer/Postfach:
      4.2.2. PLZ + Ort:
      4.2.3. Staat:
   4.3. Tel.:
   4.4. Fax:
   4.5. E-Mail:

5. Mitteilung der Zentralstelle/zuständigen Behörde:
   5.1. Der direkten Beweisaufnahme gemäß dem Ersuchen wird stattgegeben:
   5.2. Der direkten Beweisaufnahme gemäß dem Ersuchen wird unter folgenden Bedingungen stattgegeben (ggf in der Anlage):
   5.3. Die direkte Beweisaufnahme gemäß dem Ersuchen wird aus folgenden Gründen abgelehnt:
      5.3.1. Das Ersuchen fällt nicht in den Anwendungsbereich dieser Verordnung:
      5.3.2. Das Ersuchen enthält nicht alle erforderlichen Angaben nach Artikel 4:
      5.3.3. Die beantragte direkte Beweisaufnahme steht im Widerspruch zu wesentlichen Rechtsgrundsätzen des Mitgliedstaats der Zentralstelle/zuständigen Behörde:

Geschehen zu:
Datum:

# 5. Geänderter Vorschlag für eine Verordnung des Europäischen Parlaments und des Rates zur Einführung eines europäischen Vollstreckungstitels für unbestrittene Forderungen*

**(von der Kommission gemäß Artikel 250 Absatz 2 EG-Vertrag vorgelegt)**

**Schrifttum**


*Coester-Waltjen*, Einige Überlegungen zu einem künftigen europäischen Vollstreckungstitel, in: FS Beys (2003) 183

*Correa Delcasso*, Le titre exécutoire européen et l'inversion du contentieux, Rev int dr comp 2001 I 61

*Hüßtege*, Der europäische Vollstreckungstitel, Jahrestagung 2003 der Wissenschaftlichen Vereinigung für Internationales Verfahrensrecht, Tübingen (bisher unveröffentlicht)

*Schollmeyer*, Europäisches Mahnverfahren, IPRax 2002, 478

*Wagner*, Vom Brüsseler Übereinkommen über die Brüssel I-Verordnung zum Europäischen Vollstreckungstitel, IPRax 2002, 75

*Yessiou-Faltsi*, Der Europäische Vollstreckungstitel und die Folgen für das Vollstreckungsrecht in Europa, Jahrestagung 2003 der Wissenschaftlichen Vereinigung für Internationales Verfahrensrecht, Tübingen (bisher unveröffentlicht).


**Materialien (ausgewählt):**


*Kommission der Europäischen Gemeinschaften*, Vorschlag für eine Verordnung des Rates zur Einführung eines europäischen Vollstreckungstitels für unbestrittene Forderungen vom 18. 4. 2002, KOM (2002) 159 endgültig

*Rat der Europäischen Union*, Schreiben betreffend die Beteiligung Irlands an der Annahme und Anwendung des Vorschlags für eine VO etc vom 12. 7. 2002, JUSTCIV 104

*Rat der Europäischen Union*, Vom Vorsitz überarbeitete Fassung des Vorschlags für eine VO etc vom 20. 12. 2002, JUSTCIV 2004, mit Vermerken vom 23. 5. 2003, 3. 6. 2003 und 5. 6. 2003, JUSTCIV 80

*Europäischer Wirtschafts- und Sozialausschuss*, Stellungnahme zu dem Vorschlag einer VO etc vom 11. 12. 2002, ABl EG C 85/1

*Kommission der Europäischen Gemeinschaften*, Mitteilung der Kommission an das EP und den Rat, Auswirkungen des Inkrafttretens des Vertrages von Nizza auf die laufenden Legislativverfahren vom 6. 2. 2003, KOM (2003) 61 endgültig

*Europäisches Parlament*, Stellungnahme 1. Lesung vom 8. 4. 2003, A5/2003/108

*Rat der Europäischen Union*, Diskussionen im Rat vom 5. 6. 2003, PRES/2003/150.


* Vom 11. 6. 2003, KOM (2003) 341 endgültig.

Begründung[**]
Vom Abdruck wird abgesehen.

DAS EUROPÄISCHE PARLAMENT UND DER RAT DER EUROPÄISCHEN UNION –
gestützt auf den Vertrag zur Gründung der Europäischen Gemeinschaft, insbesondere auf Artikel 61 Buchstabe c),
auf Vorschlag der Kommission[1],
~~nach Stellungnahme des Europäischen Parlaments;~~
nach Stellungnahme des **Europäischen** Wirtschafts- und Sozialausschusses[2],
**gemäß dem Verfahren des Artikels 251 EG-Vertrag**,
in Erwägung nachstehender Gründe:

(1) Die Gemeinschaft hat sich zum Ziel gesetzt, einen Raum der Freiheit, der Sicherheit und des Rechts, in dem der freie Personenverkehr gewährleistet ist, zu erhalten und weiterzuentwickeln. Dazu erlässt die Gemeinschaft unter anderem im Bereich der justiziellen Zusammenarbeit in Zivilsachen die für das reibungslose Funktionieren des Binnenmarkts erforderlichen Maßnahmen.

(2) Am 3. Dezember 1998 nahm der Rat den Aktionsplan des Rates und der Kommission zur bestmöglichen Umsetzung der Bestimmungen des Amsterdamer Vertrags über den Aufbau eines Raums der Freiheit, der Sicherheit und des Rechts an (Wiener Aktionsplan)[3].

(3) Auf seiner Tagung vom 15. und 16. Oktober 1999 in Tampere machte sich der Europäische Rat den Grundsatz der gegenseitigen Anerkennung gerichtlicher Entscheidungen zu Eigen, auf dessen Grundlage ein echter europäischer Rechtsraum geschaffen werden soll.

**(3a) Nach Artikel 61 Buchstabe c), Artikel 65 und Artikel 67 Absatz 5 zweiter Spiegelstrich des Vertrages zur Gründung der Europäischen Gemeinschaft ist seit 1. Februar 2003 das Mitentscheidungsverfahren unter Beteiligung des Europäischen Parlamentes anwendbar.**

(4) Am 30. November 2000 verabschiedete der Rat ein gemeinsames Programm der Kommission und des Rates über Maßnahmen zur Umsetzung des Grundsatzes der gegenseitigen Anerkennung gerichtlicher Entscheidungen in Zivil- und Handelssachen[4]. Dieses Programm sieht in seiner ersten Phase die Abschaffung des Exequaturverfahrens, d.h. die Einführung eines Europäischen Vollstreckungstitels für unbestrittene Forderungen vor.

(5) Der Begriff „unbestrittene Forderung“ sollte alle Situationen erfassen, in denen der Schuldner Art oder Höhe einer Geldforderung nachweislich nicht bestritten hat und der Gläubiger gegen den Schuldner eine gerichtliche Entscheidung oder einen anderen voll-

---

** Änderungen am ursprünglichen Vorschlag der Kommission (KOM (2002) 159 endgültig vom 18. 4. 2002) werden in Form von ~~Durchstreichung der weggefallenen Textstellen~~ sowie **Unterstreichung der neuen oder geänderten Textstellen** gekennzeichnet. Textstellen in [ ] betreffen die Fassung im Fall der Teilnahme des Vereinigten Königreichs und Irlands *(d Verf)*.

1 ABl. C 203 **E** vom 27. 8. 2002, S. 86.

2 ABl. C 85 vom 8. 4. 2003, S. 1.

3 ABl. C 19 vom 23. 1. 1999, S. 1.

4 ABl. C 12 vom 15. 1. 2001, S. 1.

streckbaren Titel, der die ausdrückliche Zustimmung des Schuldners erfordert, wie einen vor Gericht geschlossenen Vergleich oder eine öffentliche Urkunde, erwirkt hat.

(6) Die als Voraussetzung für die Vollstreckung in einem anderen Mitgliedstaat erforderlichen Zwischenmaßnahmen sollten entbehrlich werden und somit sollte die Vollstreckung einer Entscheidung in einem anderen Mitgliedstaat als dem, in dem die Entscheidung ergangen ist, beschleunigt und vereinfacht werden. Eine Entscheidung, die vom Gericht des Ursprungsmitgliedstaats als Europäischer Vollstreckungstitel bestätigt worden ist, sollte im Hinblick auf die Vollstreckung so behandelt werden, als wäre sie im Vollstreckungsmitgliedstaat ergangen.

(7) Dieses Verfahren sollte gegenüber dem Exequaturverfahren der Verordnung (EG) Nr. 44/2001 des Rates vom 22. Dezember 2000 über die gerichtliche Zuständigkeit und die Anerkennung und Vollstreckung von Entscheidungen in Zivil- und Handelssachen[5] einen erheblichen Vorteil bieten, der darin besteht, dass auf die Inanspruchnahme des Gerichts eines zweiten Mitgliedstaats mit den daraus entstehenden Verzögerungen und Kosten verzichtet werden kann. Auch sollte eine Übersetzung im allgemeinen überflüssig werden, da für die Bescheinigung ein mehrsprachiges Formblatt verwendet wird.

(8) Auf die Nachprüfung einer gerichtlichen Entscheidung, die in einem anderen Mitgliedstaat über eine unbestrittene Forderung in einem Verfahren ergangen ist, auf das sich der Schuldner nicht eingelassen hat, kann nur dann verzichtet werden, wenn eine hinreichende Gewähr besteht, dass die Verteidigungsrechte beachtet worden sind.

(9) Diese Verordnung steht im Einklang mit den Grundrechten und Grundsätzen, die insbesondere mit der Charta der Grundrechte der Europäischen Union anerkannt wurden. Sie zielt insbesondere darauf ab, die uneingeschränkte Wahrung des Rechts auf ein faires Verfahren, wie es in Artikel 47 der Charta verankert ist, zu gewährleisten.

(10) Für das Verfahren in der Hauptsache sollten deshalb Mindestvorschriften festgelegt werden, um sicherzustellen, dass der Schuldner so rechtzeitig und in einer Weise über das gegen ihn eingeleitete Gerichtsverfahren, die Notwendigkeit seiner aktiven Teilnahme am Verfahren als Voraussetzung für die Anfechtung der Forderung und über die Folgen seines Fernbleibens unterrichtet wird, dass er Vorkehrungen für seine Verteidigung treffen kann.

(11) Wegen der erheblichen Unterschiede im Zivilprozessrecht der Mitgliedstaaten, insbesondere bei den Zustellungsvorschriften, müssen die Mindestvorschriften vom einzelstaatlichen Recht unabhängig präzise und detailliert definiert sein. Jede Zustellungsart, die auf einer juristischen Fiktion oder einer Vermutung beruht, ohne dass die Einhaltung der Mindestvorschriften nachgewiesen ist, kann nicht als ausreichend für die Bestätigung einer Entscheidung als Europäischer Vollstreckungstitel angesehen werden.

(12) Den für das Verfahren in der Hauptsache zuständigen Gerichten sollte die Aufgabe zuteil werden, vor Ausstellung einer einheitlichen Bescheinigung über den Europäischen Vollstreckungstitel, aus der die Nachprüfung und deren Ergebnis hervorgeht, nachzuprüfen, ob die prozessualen Mindestvorschriften eingehalten worden sind.

(13) Im Vertrauen auf eine ordnungsgemäße Rechtspflege innerhalb der Gemeinschaft ist es gerechtfertigt, dass nur ein mitgliedstaatliches Gericht bescheinigt, dass alle Voraussetzungen für die Bestätigung der Entscheidung als Europäischer Vollstreckungstitel vorliegen und die Entscheidung in allen Mitgliedstaaten vollstreckbar ist, ohne dass im Voll-

---

5 ABl. L 12 vom 16. 1. 2001, S. 1.

streckungsmitgliedstaat zusätzlich von einem Gericht nachgeprüft werden muss, ob die prozessualen Mindestvorschriften eingehalten worden sind.

(14) Diese Verordnung begründet keine Verpflichtung für die Mitgliedstaaten, ihr innerstaatliches Recht an die prozessualen Mindestvorschriften in dieser Verordnung anzupassen. Entscheidungen werden in anderen Mitgliedstaaten jedoch nur dann effizienter und schneller vollstreckt, wenn diese Mindestvorschriften beachtet werden, so dass hier ein entsprechender Anreiz für die Mitgliedstaaten besteht, ihr Recht der Verordnung anzupassen.

(15) Dem Gläubiger sollte es frei stehen, eine Bescheinigung über den Europäischen Vollstreckungstitel für unbestrittene Forderungen zu beantragen oder sich für das Anerkennungs- und Vollstreckungsverfahren nach der Verordnung (EG) Nr. 44/2001 oder nach anderen Gemeinschaftsrechtsakten zu entscheiden.

(16) Da die Ziele der vorgeschlagenen Maßnahme auf Ebene der Mitgliedstaaten nicht ausreichend erreicht werden können und daher wegen ihres Umfangs und ihrer Wirkungen besser auf Gemeinschaftsebene erreicht werden können, kann die Gemeinschaft diese Maßnahmen entsprechend dem in Artikel 5 EG-Vertrag niedergelegten Subsidiaritätsprinzip ergreifen. Entsprechend dem in diesem Artikel ebenfalls verankerten festgeschriebenen Verhältnismäßigkeitsprinzip geht diese Verordnung nicht über das zur Erreichung dieser Ziele erforderliche Maß hinaus.

(17) Die zur Durchführung dieser Verordnung erforderlichen Maßnahmen sollten gemäß Beschluss 1999/468/EG des Rates vom 28. Juni 1999 zur Festlegung der Modalitäten für die Ausübung der der Kommission übertragenen Durchführungsbefugnisse[6] erlassen werden.

(18) [Das Vereinigte Königreich und Irland wirken gemäß den Artikeln 1 und 2 des dem Vertrag über die Europäische Union und dem Vertrag zur Gründung der Europäischen Gemeinschaft beigefügten Protokolls über die Position des Vereinigten Königreichs und Irlands an der Annahme dieser Verordnung nicht mit. Diese Verordnung ist daher für diese Staaten nicht verbindlich und ihnen gegenüber nicht anwendbar.]/[Das Vereinigte Königreich und Irland haben gemäß Artikel 3 des dem Vertrag über die Europäische Union und dem Vertrag zur Gründung der Europäischen Gemeinschaft beigefügten Protokolls über die Position des Vereinigten Königreichs und Irlands schriftlich mitgeteilt, dass sie sich an der Annahme und Anwendung dieser Verordnung beteiligen möchten.]

(19) Dänemark wirkt gemäß den Artikeln 1 und 2 des dem Vertrag über die Europäische Union und dem Vertrag zur Gründung der Europäischen Gemeinschaft beigefügten Protokolls über die Position Dänemarks an der Annahme dieser Verordnung nicht mit. Diese Verordnung ist daher für diesen Staat nicht verbindlich und ihm gegenüber nicht anwendbar –

~~HAT~~ **HABEN** FOLGENDE VERORDNUNG ERLASSEN:

6 ABl. L 184 vom 17. 7. 1999, S. 23.

# Kapitel I
# Gegenstand, Anwendungsbereich und Begriffsbestimmungen

## Entwurf Artikel 1
## Gegenstand

Mit dieser Verordnung wird ein Europäischer Vollstreckungstitel für unbestrittene Forderungen eingeführt, der den freien Verkehr von Entscheidungen, Prozessvergleichen und öffentlichen Urkunden in allen Mitgliedstaaten mit Hilfe einheitlicher Mindestvorschriften ermöglicht, bei deren Einhaltung die Zwischenverfahren im Vollstreckungsmitgliedstaat entfallen, die bisher für die Anerkennung und Vollstreckung erforderlich waren.

## Entwurf Artikel 2
## Anwendungsbereich

(1) Diese Verordnung gilt für Zivil- und Handelssachen, ohne dass es auf die Art der Gerichtsbarkeit ankommt. Nicht erfasst sind unter anderem Steuer- und Zollsachen sowie verwaltungsrechtliche Angelegenheiten.
(2) Diese Verordnung ist nicht anzuwenden auf
- a) den Personenstand, die Rechts- und Handlungsfähigkeit sowie die gesetzliche Vertretung von natürlichen Personen, die ehelichen Güterstände, das Gebiet des Erbrechts einschließlich des Testamentsrechts;
- b) Konkurse, Vergleiche und ähnliche Verfahren;
- c) die soziale Sicherheit;
- d) die Schiedsgerichtsbarkeit.

(3) In dieser Verordnung bedeutet der Begriff „Mitgliedstaat" alle Mitgliedstaaten mit Ausnahme Dänemarks [des Vereinigten Königreichs, Irlands].

## Entwurf Artikel 3
## Begriffsbestimmungen

Für diese Verordnung gelten folgende Begriffsbestimmungen:
(1) „Entscheidung" bedeutet jede von einem Gericht eines Mitgliedstaats erlassene Entscheidung ungeachtet ihrer Bezeichnung wie Urteil, Beschluss, Zahlungsbefehl oder Vollstreckungsbescheid, einschließlich des Kostenfestsetzungsbeschlusses eines Gerichtsbediensteten.

(2) Bei den summarischen Verfahren betalningsföreläggande (Mahnverfahren) in Schweden umfasst der Begriff 'Gericht' auch die schwedische kronofogdemyndighet (Amt für Beitreibung).

(3) Unter „Forderung" ist eine fällige bezifferte Geldforderung zu verstehen.

(4) Eine Forderung gilt als „unbestritten", wenn der Schuldner

a) ihr im Gerichtsverfahren ausdrücklich durch Anerkenntnis oder durch vor einem Gericht geschlossenen Vergleich zugestimmt hat;

b) ihr im Verfahren **<u>im Einklang mit den einschlägigen Verfahrensvorschriften des Ursprungsmitgliedstaats</u>** zu keiner Zeit widersprochen hat; eine Erklärung des Schuldners, er könne seiner Zahlungsverpflichtung allein aus materiellen Schwierigkeiten nicht nachkommen, kann nicht als Widerspruch angesehen werden;

c) nicht zur Verhandlung erschienen ist und sich nicht hat vertreten lassen, obwohl er die Forderung zuvor im Verfahren bestritten hatte, oder

d) die Forderung ausdrücklich in einer öffentlichen Urkunde anerkannt hat.

(5) Eine Entscheidung gilt als „rechtskräftig", wenn

a) gegen die Entscheidung kein ordentlicher Rechtsbehelf möglich ist oder

b) die Frist für einen ordentlichen Rechtsbehelf abgelaufen und kein Rechtsbehelf eingelegt worden ist.

(6) Als „ordentlicher Rechtsbehelf" gilt jeder Rechtsbehelf, der zur Aufhebung oder Änderung der Entscheidung, die als Europäischer Vollstreckungstitel bestätigt werden soll, führen kann und für dessen Einlegung im Ursprungsmitgliedstaat eine gesetzliche Frist bestimmt ist, die durch die Entscheidung selbst, **<u>die Verkündung der Entscheidung oder die Zustellung der Entscheidung</u>** in Gang gesetzt wird.

(7) Als „öffentliche Urkunde" gilt:

a) ein Schriftstück, das als öffentliche Urkunde ausgestellt worden ist und dessen Beurkundung:

i) sich auf den Inhalt der Urkunde bezieht, und

ii) von einer Behörde oder einer anderen von dem Ursprungsmitgliedstaat hierzu ermächtigten Stelle vorgenommen worden ist; oder

b) eine vor einer Verwaltungsbehörde geschlossene oder von ihr beurkundete Unterhaltsvereinbarung.

(8) Unter „Ursprungsmitgliedstaat" ist der Mitgliedstaat zu verstehen, in dem die als Europäischer Vollstreckungstitel zu bestätigende Entscheidung ergangen ist.

(9) Unter „Vollstreckungsmitgliedstaat" ist der Mitgliedstaat zu verstehen, in dem die Vollstreckung der als Europäischer Vollstreckungstitel bestätigte Entscheidung begehrt wird.

(10) Unter „Gericht des Ursprungsmitgliedstaates" ist das Gericht zu verstehen, dass die als Europäischen Vollstreckungstitel zu bestätigende Entscheidung erlassen hat.

# Kapitel II
# Der Europäische Vollstreckungstitel

## Entwurf Artikel 4
## Abschaffung des Exequaturverfahrens

Eine über eine unbestrittene Forderung ergangene Entscheidung, die im Ursprungsmitgliedstaat als Europäischer Vollstreckungstitel bestätigt worden ist, wird in den anderen Mitgliedstaaten anerkannt und vollstreckt, ohne dass es hierzu **einer Vollstreckbarerklärung bedarf und ohne dass die Anerkennung angefochten werden kann** ~~im Vollstreckungsmitgliedstaat eines besonderen Verfahrens bedarf~~.

## Entwurf Artikel 5
## Voraussetzungen für die Bestätigung als Europäischer Vollstreckungstitel

Eine in einem Mitgliedstaat über eine unbestrittene Forderung ergangene Entscheidung wird auf Antrag des Gläubigers vom Gericht des Ursprungsmitgliedstaats als Europäischer Vollstreckungstitel bestätigt, wenn

a) die Entscheidung vollstreckbar ist und im Ursprungsmitgliedstaat rechtskräftig geworden ist,
b) die Entscheidung nicht im Widerspruch zu Kapitel II Abschnitte 3, 4 oder 6 der Verordnung (EG) Nr. 44/2001 steht,
c) im Falle einer unbestrittenen Forderung im Sinne von Artikel 3 Nummer 4 Buchstaben b) oder c) dieser Verordnung, das Gerichtsverfahren im Ursprungsmitgliedstaat den Verfahrensvorschriften in Kapitel III entsprochen hat, und
d) falls eine Zustellung nach Maßgabe von Kapitel III in einem anderen Mitgliedstaat als dem Ursprungsmitgliedstaat zu erfolgen hat, diese Zustellung im Einklang mit Artikel 31 erfolgt ist.

## Entwurf Artikel 6
## Teilbarkeit des Europäischen Vollstreckungstitels

(1) Das Gericht des Ursprungsmitgliedstaats stellt die Bescheinigung über den Europäischen Vollstreckungstitel aus für die Teile der Entscheidung, welche die Voraussetzungen dieser Verordnung erfüllen, wenn in einer Entscheidung:

a) über mehrere Ansprüche erkannt wurde, die nicht alle eine fällige bezifferte Geldforderung betreffen, oder

b) über eine fällige bezifferte Geldforderung erkannt wurde, die nicht in allen Teilen unbestritten ist oder die nicht in allen Teilen die Voraussetzungen für die Bestätigung als Europäischer Vollstreckungstitel erfüllt.

(2) Der Antragsteller kann die Bestätigung als Europäischer Vollstreckungstitel nur für einen Teil der Entscheidung beantragen.

Entwurf Artikel 6 a

## Antrag auf Erteilung einer Bescheinigung über den Europäischen Vollstreckungstitel

**Der Antrag auf Erteilung einer Bescheinigung über den Europäischen Vollstreckungstitel wird dem Schuldner zugestellt.**

Entwurf Artikel 7

## Inhalt der Bescheinigung über den Europäischen Vollstreckungstitel

(1) Das Gericht des Ursprungsmitgliedstaats stellt die Bescheinigung über den Europäischen Vollstreckungstitel unter Verwendung des Formblatts in Anhang I aus.

(2) Die Bescheinigung über den Europäischen Vollstreckungstitel wird in der Sprache ausgestellt, in der die Entscheidung abgefasst ist.

(3) Die Anzahl der beglaubigten Ausfertigungen der Bescheinigung über den Europäischen Vollstreckungstitel, die dem Gläubiger auszuhändigen sind, entspricht der Anzahl der beglaubigten Ausfertigungen der Entscheidung, die der Gläubiger nach dem Recht des Ursprungsmitgliedstaats erhält.

Entwurf Artikel 8

## Rechtsbehelf

Gegen die Entscheidung über einen Antrag auf Erteilung einer Bescheinigung über den Europäischen Vollstreckungstitel ist kein Rechtsbehelf möglich.

Entwurf Artikel 9

## Europäischer Vollstreckungstitel für Sicherungsmaßnahmen

(1) Im Falle einer Entscheidung über eine unbestrittene Forderung, die zwar noch nicht rechtskräftig geworden ist, aber alle anderen Voraussetzungen des Artikels 5 erfüllt, erteilt das Gericht des Ursprungsmitgliedstaats auf Antrag des Gläubigers unter Verwendung des Formblatts in Anhang II eine Bescheinigung über einen Europäischen Vollstreckungstitel für Sicherungsmaßnahmen.

(2) Die Bescheinigung über einen Europäischen Vollstreckungstitel für Sicherungsmaßnahmen berechtigt zur Vornahme von Sicherungsmaßnahmen in das Eigentum des Schuldners im Vollstreckungsmitgliedstaat.

(3) Dem Gläubiger steht es frei, Sicherungsmaßnahmen nach dem Recht des Vollstreckungsmitgliedstaats in Anspruch zu nehmen, ohne dass es hierzu einer Bescheinigung über den Europäischen Vollstreckungstitel bedarf.

# Kapitel III
# Mindestvorschriften für Verfahren über unbestrittene Forderungen

## Entwurf Artikel 10
## Anwendungsbereich der Mindestvorschriften

Eine Entscheidung über eine Geldforderung, die im Sinne von Artikel 3 Nummer 4 Buchstabe b) oder c) unbestritten ist, weil der Forderung nicht widersprochen wurde, oder weil der Schuldner nicht zur Verhandlung erschienen ist, kann nur dann als Europäischer Vollstreckungstitel bestätigt werden, wenn das Gerichtsverfahren im Ursprungsmitgliedstaat den Verfahrensvorschriften dieses Kapitels genügt hat.

## Entwurf Artikel 11
## Formen der Zustellung des verfahrenseinleitenden Schriftstücks

(1) Das verfahrenseinleitende Schriftstück oder ein gleichwertiges Schriftstück müssen dem Schuldner wie folgt zugestellt werden:
a) durch persönliche Zustellung, bei der der Schuldner eine Empfangsbestätigung unter Angabe des Empfangsdatums unterzeichnet und zurückschickt, oder
b) durch persönliche Zustellung, bei der der zuständige Beamte bescheinigt, dass der Schuldner das Schriftstück erhalten hat **oder dessen Annahme verweigert hat**, oder
c) durch postalische Zustellung, bei der der Schuldner die Empfangsbestätigung unter Angabe des Empfangsdatums unterzeichnet und zurückschickt, oder
d) durch elektronische Zustellung beispielsweise per Fax oder E-Mail, bei der der Schuldner eine Empfangsbestätigung unter Angabe des Empfangsdatums unterzeichnet und zurückschickt.

(2) Für die Zwecke von Absatz 1 ~~kann das Schriftstück an den gesetzlichen Vertreter des Schuldners oder an dessen Bevollmächtigten zugestellt werden~~ **richtet sich die Möglichkeit und die Pflicht der Zustellung an den gesetzlichen Vertreter des Schuldners oder an dessen Bevollmächtigten nach dem innerstaatlichen Recht des Ursprungsmitgliedstaats**.

## Entwurf Artikel 12
## Ersatzzustellung

(1) ~~Konnten das verfahrenseinleitende Schriftstück oder ein gleichwertiges Schriftstück dem Schuldner trotz aller zumutbaren Anstrengungen nicht~~ **War eine persönliche Zustellung** gemäß Artikel 11 Absatz 1 Buchstaben a) oder b) ~~persönlich zustellt werden~~ **erfolglos**, kann die Ersatzzustellung wie folgt vorgenommen werden:

a) persönliche Zustellung am privaten Wohnsitz des Schuldners an eine dort wohnhafte, zum Haushalt des Schuldners gehörende erwachsene Person oder an eine in diesem Haushalt beschäftigte erwachsene Person;
b) wenn der Schuldner ein Selbständiger, ein Unternehmen oder eine sonstige juristische Person ist, persönliche Zustellung am geschäftlichen Wohnsitz des Schuldners an erwachsene Personen, die dort beschäftigt sind;
c) wenn der Schuldner ein Selbständiger, ein Unternehmen oder eine sonstige juristische Person ist, Hinterlegung des Schriftstücks im Briefkasten am Wohnsitz des Schuldners, sofern der Briefkasten für die sichere Aufbewahrung von Post geeignet ist;
d) wenn der Schuldner ein Selbständiger, ein Unternehmen oder eine sonstige juristische Person ist, Hinterlegung des Schriftstücks beim Postamt oder bei den zuständigen Behörden mit entsprechender schriftlicher Benachrichtigung des Schuldners, die im Briefkasten am Wohnsitz des Schuldners, sofern der Briefkasten für die sichere Aufbewahrung von Post geeignet ist und in der schriftlichen Benachrichtigung das Schriftstück eindeutig als gerichtliches Schriftstück bezeichnet und darauf hingewiesen wird, dass die Zustellung durch die Benachrichtigung als erfolgt gilt und die Fristen damit zu laufen beginnen.

(2) ~~Die Zustellung im Sinne~~ **Für die Zwecke** von Absatz 1 ~~kann auch an den gesetzlichen Vertreter des Schuldners oder an dessen Bevollmächtigten erfolgen~~ **richtet sich die Möglichkeit und die Pflicht der Zustellung an den gesetzlichen Vertreter des Schuldners oder an dessen Bevollmächtigten nach dem innerstaatlichen Recht des Ursprungsmitgliedstaats**.

(3) Für die Zwecke dieser Verordnung ist eine Ersatzzustellung gemäß Absatz 2 nicht zulässig, wenn die Anschrift des Wohnsitzes des Schuldners nicht genau bekannt ist.

## Entwurf Artikel 13
## Beweis der Zustellung

Der Beweis für die Zustellung gemäß den Artikeln 11 und 12 wird dem Gericht des Ursprungsmitgliedstaats zugeleitet. Die Zustellung wird nachgewiesen durch

a) eine Empfangsbestätigung des Schuldners in den Fällen von Artikel 11 Absatz 1 Buchstaben a), c) und d),
b) in allen anderen Fällen durch ein von dem zuständigen Zustellungsbeamten unterzeichnetes Schriftstück, in dem Folgendes angegeben ist:
   i) Zeitpunkt und Ort der Zustellung,
   ii) Form der Zustellung,
   iii) Name der Person, der das Schriftstück zugestellt wurde, falls es sich nicht um den Schuldner handelt, und Angabe des Verhältnisses dieser Person zum Schuldner.

Entwurf Artikel 14
## Zustellung der Ladung zu einer Gerichtsverhandlung

(1) Im Falle einer Entscheidung über eine Forderung, die im Sinne von Artikel 3 Nummer 4 Buchstaben b) oder c) unbestritten ist, weil der Schuldner nicht zur Verhandlung erschienen ist oder sich nicht hat vertreten lassen, muss die Ladung zu der betreffenden Verhandlung, wenn sie nicht zusammen mit dem verfahrenseinleitenden Schriftstück oder einem gleichwertigen Schriftstück zugestellt worden ist, dem Schuldner wie folgt zugestellt worden sein:
a) nach Maßgabe der Artikel 11, 12 und 13 oder
b) mündlich in einer vorausgehenden Verhandlung über dieselbe Forderung, wobei dies durch das Protokoll dieser Verhandlung nachgewiesen werden muss.

Entwurf Artikel 15
## Für die Verteidigung rechtzeitige Zustellung

(1) Dem Schuldner muss eine Frist von mindestens 14 Kalendertagen oder, wenn er seinen Wohnsitz in einem anderen Mitgliedstaat als dem Ursprungsmitgliedstaat hat, von mindestens 28 Kalendertagen eingeräumt worden sein, damit er Vorkehrungen für seine Verteidigung treffen und zu der Forderung Stellung nehmen kann; die Frist läuft ab dem Tag, an dem ihm das verfahrenseinleitende Schriftstück oder ein gleichwertiges Schriftstück zugestellt worden ist.
(2) Im Falle einer Entscheidung über eine Forderung, die im Sinne von Artikel 3 Nummer 4 Buchstaben b) oder c) unbestritten ist, weil der Schuldner nicht zur Verhandlung erschienen ist oder sich nicht hat vertreten lassen, muss die Ladung, wenn sie dem Schuldner nicht zusammen mit dem verfahrenseinleitenden Schriftstück oder einem ähnlichen Schriftstück zugestellt wurde, ihm mindestens 14 Kalendertage oder, wenn er seinen Wohnsitz in einem anderen Mitgliedstaat als dem Ursprungsmitgliedstaat hat, mindestens 28 Kalendertage vor der Gerichtsverhandlung zugestellt worden sein, damit er vor Gericht erscheinen oder Vorkehrungen für seine Vertretung treffen kann.

Entwurf Artikel 16
## Ordnungsgemäße Unterrichtung des Schuldners über die Forderung

Um sicherzustellen, dass der Schuldner ordnungsgemäß über die Forderung unterrichtet worden ist, muss das verfahrenseinleitende Schriftstück oder das gleichwertige Schriftstück folgende Angaben enthalten haben:
a) Name und Anschrift der Parteien;
b) Höhe der Forderung;
c) wenn Zinsen gefordert werden, Zinssatz und Zeitraum, für den Zinsen gefordert werden, es sei denn, die Rechtsvorschriften des Ursprungsmitgliedstaats sehen vor, dass ein bestimmter Zinssatz automatisch auf die Kapitalsumme angerechnet wird;
d) ~~Gegenstand der Klage, einschließlich einer kurzen Darstellung des Sachverhalts, der der Forderung zugrunde liegt~~ **Darlegung der Gründe der Forderung**.

Entwurf Artikel 17

## Ordnungsgemäße Unterrichtung des Schuldners über die Verfahrensschritte, die zum Bestreiten der Forderung notwendig sind

Um sicherzustellen, dass der Schuldner ordnungsgemäß über die Verfahrensschritte unterrichtet worden ist, die zum Bestreiten der Forderung notwendig sind, muss im verfahrenseinleitenden Schriftstück oder einem gleichwertigen Schriftstück oder in einer zusammen mit diesem zugestellten Belehrung deutlich auf Folgendes hingewiesen worden sein:

a) die Frist, innerhalb deren die Forderung bestritten werden kann, und die Anschrift, an die der Widerspruch zu richten ist, sowie die entsprechenden Formvorschriften einschließlich der Vertretung durch einen Rechtsanwalt, sofern dies vorgeschrieben ist;

b) die Möglichkeit einer Entscheidung zugunsten des Gläubigers bei Nichtbeachtung der Formvorschriften für die Erhebung des Widerspruchs;

c) die Tatsache, dass in Mitgliedstaaten, in denen dies zulässig ist, ohne Widerspruch seitens des Schuldners eine Entscheidung zugunsten des Gläubigers ergehen kann:
ohne Prüfung der Begründetheit der Forderung durch das Gericht, oder
nach einer eingeschränkten Prüfung der Begründetheit der Forderung durch das Gericht;

d) die Tatsache, dass in Mitgliedstaaten in denen dies zulässig ist,
gegen eine solche Entscheidung kein ordentlicher Rechtsbehelf gegeben ist, oder
die Nachprüfung bei einem ordentlichen Rechtsbehelf eingeschränkt ist;

e) die Möglichkeit, dass eine solche Entscheidung als Europäischer Vollstreckungstitel bestätigt wird, gegen den kein Rechtsbehelf gegeben ist, und die anschließend mögliche Vollstreckung in allen anderen Mitgliedstaaten ohne Zwischenmaßnahmen im Vollstreckungsmitgliedstaat.

Entwurf Artikel 18

## Ordnungsgemäße Unterrichtung des Schuldners über die notwendigen Verfahrensschritte zur Vermeidung eines Versäumnisurteils

Um sicherzustellen, dass der Schuldner ordnungsgemäß über die notwendigen Verfahrensschritte zur Vermeidung eines Versäumnisurteils unterrichtet worden ist, muss das Gericht in der Ladung oder gleichzeitig mit der Ladung Folgendes genau mitgeteilt haben:

a) Zeitpunkt und Ort der Verhandlung;

b) die möglichen Folgen gemäß Artikel 17 Buchstaben b), c), d) und e) seines Nichterscheinens.

Entwurf Artikel 19

## Heilung von Verfahrensmängeln infolge der Nichteinhaltung der Mindestvorschriften

~~(1)~~ Genügte das Verfahren im Ursprungsmitgliedstaat nicht den in den Artikeln 11 bis 18 festgelegten Verfahrenserfordernissen, so ist eine Heilung der Verfahrensmängel und eine Bescheinigung, dass die Entscheidung einen Europäischen Vollstreckungstitel bildet, möglich, wenn

a) die Entscheidung dem Schuldner nach Maßgabe der Artikel 11 bis 14 zugestellt worden ist,
b) der Schuldner die Möglichkeit hatte, einen ordentlichen Rechtsbehelf gegen die Entscheidung einzulegen,
c) die Frist für die Einlegung des ordentlichen Rechtsbehelfs mindestens 14 Kalendertage beziehungsweise, wenn der Schuldner seinen Wohnsitz in einem anderen Mitgliedstaat als dem Ursprungsmitgliedstaat hat, mindestens 28 Kalendertage ab dem Tag der Zustellung der Entscheidung, beträgt, und
d) der Schuldner in der Entscheidung oder in einer beigefügten Belehrung ordnungsgemäß unterrichtet wurde über
   i) die Möglichkeit, einen ordentlichen Rechtsbehelf einzulegen,
   ii) die Frist für die Einlegung dieses ordentlichen Rechtsbehelfs,
   iii) wo und wie der ordentliche Rechtsbehelf eingelegt werden muss, und
e) der Schuldner es versäumt hat, einen ordentlichen Rechtsbehelf gegen die Entscheidung fristgemäß einzuleiten.

~~(2) Genügte das Verfahren im Ursprungsmitgliedstaat nicht den Verfahrenserfordernissen nach den Artikeln 11 bis 14, so ist eine Heilung der Verfahrensmängel und eine Bescheinigung, dass die Entscheidung einen Europäischen Vollstreckungstitel bildet, möglich, wenn feststeht, dass der Schuldner das Schriftstück so rechtzeitig bekommen hat, dass er gemäß Artikel 15 und nach Maßgabe der Artikel 16, 17 und 18 Vorkehrungen für seine Verteidigung treffen konnte.~~

Entwurf Artikel 20
## Mindestvorschriften für die Wiedereinsetzung in den vorigen Stand

(1) Wurde eine Entscheidung über eine im Sinne von Artikel 3 Absatz 4 Buchstabe b) oder c) unbestrittene Forderung wegen fehlenden Widerspruchs oder wegen Nichterscheinens zur Verhandlung als Europäischer Vollstreckungstitel bestätigt, hat der Schuldner auf Antrag Anspruch auf Wiedereinsetzung in den vorigen Stand, wenn mindestens folgende Voraussetzungen vorliegen:
a) Der Schuldner erhielt ohne eigenes Verschulden
   i) nicht so rechtzeitig Kenntnis von der Entscheidung, dass er einen ordentlichen Rechtsbehelf hätte einlegen können, oder
   ii) nicht so rechtzeitig Kenntnis von dem verfahrenseinleitenden Schriftstück, dass er sich hätte verteidigen können, es sei denn, die Voraussetzungen von Artikel 19 Absatz 1 liegen vor, oder
   iii) nicht so rechtzeitig Kenntnis von der Ladung, dass er vor Gericht hätte erscheinen können, es sei denn, die Voraussetzungen von Artikel 19 Absatz 1 liegen vor, und
b) die Verteidigung des Schuldners erscheint nicht von vornherein aussichtslos.

(2) Ist eine Entscheidung gemäß Absatz 1 bei Einlegung eines Rechtsbehelfs im Ursprungsmitgliedstaat in der Sache nicht uneingeschränkt nachprüfbar, hat der Schuldner auf Antrag Anspruch auf Wiedereinsetzung in den vorigen Stand, wenn er der Forderung nicht widersprochen hat oder nicht zur Verhandlung erschienen ist, wenn mindestens die Voraussetzungen in Absatz 1 Buchstabe a) Ziffer i) oder ii) und Buchstabe b) vorliegen.

(3) Für die Anwendung dieses Artikels wird dem Schuldner für den Antrag auf Wiedereinsetzung eine Frist von mindestens 14 Kalendertagen, oder, wenn er seinen Wohnsitz in einem anderen Mitgliedstaat als dem Ursprungsmitgliedstaat hat, von mindestens 28 Kalendertagen ab dem Zeitpunkt, zu dem er Kenntnis von der Entscheidung erhalten hat, eingeräumt.

# Kapitel IV
# Vollstreckung

## Entwurf Artikel 21
## Vollstreckungsverfahren

(1) Unbeschadet der Bestimmungen dieses Kapitels werden die Vollstreckungsverfahren durch das Recht des Vollstreckungsmitgliedstaates geregelt.

(2) Der Gläubiger muss aufgefordert werden, den zuständigen Vollstreckungsbehörden des Vollstreckungsmitgliedstaats Folgendes zu übermitteln:

a) eine Ausfertigung der Entscheidung, die die für ihre Beweiskraft erforderlichen Voraussetzungen erfüllt,
b) eine Ausfertigung der Bescheinigung über den Europäischen Vollstreckungstitel, die die für ihre Beweiskraft erforderlichen Voraussetzungen erfüllt, und
c) gegebenenfalls für die Teile des mehrsprachigen Abschnitts der Bescheinigung über den Europäischen Vollstreckungstitel, bei denen es sich nicht um Namen, Anschriften und Zahlen oder ausgefüllte Kästchen handelt, eine Übersetzung in die Amtssprache oder in eine der Amtssprachen des Vollstreckungsmitgliedstaats oder in eine sonstige Sprache, die der Vollstreckungsmitgliedstaat zulässt. Jeder Mitgliedstaat gibt an, welche Amtssprachen der Europäischen Union er neben seiner oder seinen eigenen für die Ausstellung der Bescheinigung zulässt. Die Übersetzung ist von einer hierzu in einem der Mitgliedstaaten befugten Person zu beglaubigen.

(3) Dem Gläubiger, der in einem Mitgliedstaat die Vollstreckung einer Entscheidung beantragt, die in einem anderen Mitgliedstaat als Europäischer Vollstreckungstitel bestätigt wurde, dürfen wegen seiner Eigenschaft als Ausländer oder wegen Fehlens eines inländischen Wohnsitzes oder Aufenthalts keine zusätzlichen Gebühren oder Sicherheitsleistungen, unter welcher Bezeichnung es auch sei, auferlegt werden.

(4) Der Gläubiger braucht für die Vollstreckung einer Entscheidung, die als Europäischer Vollstreckungstitel bestätigt worden ist, im Vollstreckungsmitgliedstaat weder eine Zustellanschrift noch einen Bevollmächtigten anzugeben.

Entwurf Artikel 22
## Rechtsschutz im Vollstreckungsverfahren

(1) Der Vollstreckungsmitgliedstaat lässt eine gerichtliche Nachprüfung auf Antrag des Schuldners zu, wenn die Entscheidung mit einer früheren Entscheidung unvereinbar ist, die in einem Mitgliedstaat oder einem Drittland ergangen ist, sofern
a) die frühere Entscheidung zwischen denselben Parteien wegen desselben Streitgegenstands ergangen ist,
b) die frühere Entscheidung die notwendigen Voraussetzungen für ihre Anerkennung im Vollstreckungsmitgliedstaat erfüllt,
c) der Schuldner diesen Einwand im Gerichtsverfahren des Ursprungsmitgliedstaats nicht hätte geltend machen können.
(2) Weder die Entscheidung noch die Bescheinigung, dass sie einen Europäischen Vollstreckungstitel bildet, dürfen im Vollstreckungsmitgliedstaat in der Sache selbst nachgeprüft werden.

Entwurf Artikel 23
## Aussetzung oder Beschränkung der Vollstreckung

Hat der Schuldner im Ursprungsmitgliedstaat die Wiedereinsetzung in den vorigen Stand gemäß Artikel 20 oder die Wiederaufnahme des Verfahrens oder die Aufhebung des Urteils oder im Vollstreckungsmitgliedstaat eine gerichtliche Nachprüfung gemäß Artikel 22 Absatz 1 beantragt, kann das zuständige Gericht oder die befugte Stelle im Vollstreckungsmitgliedstaat auf Antrag des Schuldners
a) das Vollstreckungsverfahren aussetzen,
b) das Vollstreckungsverfahren auf Sicherungsmaßnahmen beschränken oder
c) die Vollstreckung von der Leistung einer von dem Gericht oder der befugten Stelle zu bestimmenden Sicherheit abhängig machen.

Entwurf Artikel 24
## Informationen über Vollstreckungsverfahren

(1) Um Gläubigern, die einen Europäischen Vollstreckungstitel erwirkt haben, die Inanspruchnahme der Vollstreckungsverfahren im Vollstreckungsmitgliedstaat zu erleichtern, tragen die Mitgliedstaaten gemeinsam dafür Sorge, dass sowohl die breite Öffentlichkeit als auch die Fachwelt ausreichend informiert wird über
a) die Vollstreckungsverfahren und -methoden in den Mitgliedstaaten und
b) die zuständigen Vollstreckungsbehörden der Mitgliedstaaten.
(2) Diese Informationen werden unter anderem im Rahmen des mit Entscheidung 2001/470/EG des Rates[7] eingerichteten Europäischen Justiziellen Netzes für Zivil- und Handelssachen bekannt gemacht.

---

[7] ABl. L 174 vom 27. 6. 2001, S. 25.

# Kapitel V
# Prozessvergleiche und öffentliche Urkunden

## Entwurf Artikel 25
## Prozessvergleiche

(1) Vergleiche über Forderungen, die vor einem Gericht im Laufe eines Verfahrens geschlossen wurden, und in dem Mitgliedstaat, in dem sie errichtet wurden, vollstreckbar sind, werden auf Antrag des Gläubigers von dem Gericht, vor dem sie geschlossen wurden, als Europäische Vollstreckungstitel bestätigt.
(2) Das Gericht stellt die Bescheinigung über den Europäischen Vollstreckungstitel unter Verwendung des Formblatts in Anhang III aus.
(3) Die Bestimmungen von Kapitel II, ausgenommen Artikel 5, und Kapitel IV, ausgenommen Artikel 22 Absatz 1, finden entsprechend Anwendung.

## Entwurf Artikel 26
## Öffentliche Urkunden

(1) Öffentliche Urkunden über eine Forderung, die in einem Mitgliedstaat vollstreckbar sind, werden auf Antrag des Gläubigers von der Stelle, die die Urkunde ausgestellt hat, als Europäische Vollstreckungstitel bestätigt.
(2) Die Stelle des Mitgliedstaats, die die öffentliche Urkunde ausgestellt hat, stellt die Bescheinigung über den Europäischen Vollstreckungstitel unter Verwendung des Formblatts in Anhang IV aus.
(3) Eine öffentliche Urkunde kann nur dann als Europäischer Vollstreckungstitel bestätigt werden, wenn
a) der Schuldner, bevor er der Ausstellung der Urkunde zugestimmt hat, ordnungsgemäß über deren unmittelbare Vollstreckbarkeit in allen Mitgliedstaaten belehrt worden ist, und
b) diese Belehrung durch eine vom Schuldner unterzeichnete Klausel in der Urkunde nachgewiesen ist.
(4) Die Bestimmungen von Kapitel II, ausgenommen Artikel 5, und Kapitel IV, ausgenommen Artikel 22 Absatz 1, finden entsprechend Anwendung.

# Kapitel VI
# Allgemeine Bestimmungen

## Entwurf Artikel 27
## Bestimmung des Wohnsitzes

(1) Ist zu entscheiden, ob der Schuldner seinen Wohnsitz im Ursprungsmitgliedstaat hat, wendet das Gericht des Ursprungsmitgliedstaats sein Recht an.
(2) Hat der Schuldner keinen Wohnsitz im Ursprungsmitgliedstaat, so wendet das Gericht des Ursprungsmitgliedstaats, wenn es zu entscheiden hat, ob der Schuldner einen Wohnsitz in einem anderen Mitgliedstaat hat, das Recht dieses Mitgliedstaats an.

## Entwurf Artikel 28
## Wohnsitz von Gesellschaften oder sonstigen juristischen Personen

(1) Gesellschaften und juristische Personen haben für die Anwendung dieser Verordnung ihren Wohnsitz an dem Ort, an dem sich
a) ihr satzungsmäßiger Sitz,
b) ihre Hauptverwaltung oder
c) ihre Hauptniederlassung befindet.
[(2) Im Falle des Vereinigten Königreichs und Irlands ist unter dem Ausdruck ‚satzungsmäßiger Sitz' das registered office oder, wenn ein solches nirgendwo besteht, der place of incorporation (Ort der Erlangung der Rechtsfähigkeit) oder, wenn ein solcher nirgendwo besteht, der Ort, nach dessen Recht die formation (Gründung) erfolgt ist, zu verstehen.]
(3) Um zu bestimmen, ob ein trust seinen Sitz im Ursprungsmitgliedstaat hat, wendet das Gericht des Ursprungsmitgliedstaats sein Internationales Privatrecht an.

# Kapitel VII
# Übergangsbestimmung

## Entwurf Artikel 29
## Übergangsbestimmung

(1) Diese Verordnung gilt nur für Gerichtsverfahren und öffentliche Urkunden, die nach Inkrafttreten dieser Verordnung eingeleitet beziehungsweise ausgestellt worden sind.

(2) Im Sinne von Absatz 1 gilt das Gerichtsverfahren als eingeleitet:

a) zu dem Zeitpunkt, zu dem das verfahrenseinleitende Schriftstück oder ein gleichwertiges Schriftstück bei Gericht eingereicht worden ist, vorausgesetzt, dass der Gläubiger es in der Folge nicht versäumt hat, die ihm obliegenden Maßnahmen zu treffen, um die Zustellung des Schriftstücks an den Schuldner zu bewirken, oder

b) falls die Zustellung an den Schuldner vor Einreichung des Schriftstücks bei Gericht zu bewirken ist, zu dem Zeitpunkt, zu dem die für die Zustellung verantwortliche Stelle das Schriftstück erhalten hat, vorausgesetzt, dass der Gläubiger es in der Folge nicht versäumt hat, die ihm obliegenden Maßnahmen zu treffen, um das Schriftstück bei Gericht einzureichen.

# Kapitel VIII
# Verhältnis zu anderen Rechtsinstrumenten

Entwurf Artikel 30
## Verhältnis zur Verordnung (EG) Nr. 44/2001

(1) Diese Verordnung hindert einen Gläubiger nicht daran,

a) gemäß Kapitel III und IV der Verordnung (EG) Nr. 44/2001 die Anerkennung und Vollstreckung einer Entscheidung über eine unbestrittene Forderung, eines Prozessvergleichs oder eine öffentliche Urkunde zu betreiben;

b) gemäß Artikel 67 der Verordnung (EG) Nr. 44/2001 die Anerkennung und Vollstreckung einer Entscheidung zu betreiben gemäß den Bestimmungen, die für besondere Rechtsgebiete die Anerkennung und Vollstreckung von Entscheidungen regeln und in Rechtsakten der Gemeinschaft oder in dem in Ausführung dieser Akte harmonisierten einzelstaatlichen Recht enthalten sind;

c) gemäß Artikel 71 der Verordnung (EG) Nr. 44/2001 die Anerkennung und Vollstreckung einer Entscheidung zu betreiben gemäß Übereinkommen, denen die Mitgliedstaaten angehören und die für besondere Rechtsgebiete die Anerkennung und Vollstreckung von Entscheidungen regeln.

(2) Beantragt der Gläubiger die Erteilung einer Bescheinigung über den Europäischen Vollstreckungstitel betreffend eine Entscheidung, eine öffentliche Urkunde oder einen vor einem Gericht geschlossenen Vergleich, geht diese Verordnung hinsichtlich der einschlägigen Verfahren den Kapiteln III, IV und V der Verordnung (EG) Nr. 44/2001 sowie den Bestimmungen über die Anerkennung und Vollstreckung von Entscheidungen, öffentlichen Urkunden und Prozessvergleichen in den Abkommen und Verträgen, die in Artikel 69 der Verordnung (EG) Nr. 44/2001 aufgeführt sind, vor.

### Entwurf Artikel 31
### Verhältnis zur Verordnung (EG) Nr. 1348/2000

(1) Vorbehaltlich des Absatzes 2 lässt diese Verordnung die Anwendung der Verordnung (EG) Nr. 1348/2000[8] **des Rates vom 29. Mai 2000 über die Zustellung gerichtlicher und außergerichtlicher Schriftstücke in Zivil- oder Handelssachen in den Mitgliedstaaten** unberührt, wenn ein gerichtliches Schriftstück im Rahmen eines Verfahrens im Ursprungsmitgliedstaat in einem anderen Mitgliedstaat zugestellt werden muss.
(2) Eine Entscheidung nach Artikel 19 Absatz 2 der Verordnung (EG) Nr. 1348/2000 kann nicht als Europäischer Vollstreckungstitel bestätigt werden.
(3) Ist ein verfahrenseinleitendes Schriftstück oder ein gleichwertiges Schriftstück, eine Ladung oder eine Entscheidung in einem anderen Mitgliedstaat zuzustellen, muss die Zustellung nach der Verordnung (EG) Nr. 1348/2000 den Anforderungen von Kapitel III dieser Verordnung entsprechen, soweit dies für die Bestätigung als Europäischer Vollstreckungstitel erforderlich ist.
(4) In dem in Absatz 3 bezeichneten Fall wird die Zustellungsbescheinigung gemäß Artikel 10 der Verordnung (EG) Nr. 1348/2000 durch das Formblatt in Anhang V dieser Verordnung ersetzt.

## Kapitel IX
## Schlussbestimmungen

### Entwurf Artikel 32
### Durchführungsbestimmungen

Die Formblätter im Anhang werden nach dem in Artikel 33 Absatz 2 vorgesehenen Verfahren aktualisiert oder geändert.

### Entwurf Artikel 33
### Ausschuss

(1) Die Kommission wird von dem gemäß Artikel 75 der Verordnung (EG) Nr. 44/2001 eingesetzten Ausschuss unterstützt.
(2) Wird auf diesen Absatz Bezug genommen, so gelten die Artikel 3 und 7 des Beschlusses 1999/468/EG.

---

[8] ABl. L 160 vom 30. 6. 2000, S. 37.

Entwurf Artikel 34
## Inkrafttreten

Diese Verordnung tritt am 1. Januar 2004 in Kraft.

Diese Verordnung ist in allen ihren Teilen verbindlich und gilt gemäß dem Vertrag zur Gründung der Europäischen Gemeinschaft unmittelbar in den Mitgliedstaaten
Geschehen zu Brüssel am

| | |
|---|---|
| **Im Namen des Europäischen Parlaments** | Im Namen des Rates |
| **Der Präsident** | Der Präsident |

## Anhang

Anhang I
Bescheinigung über den europäischen Vollstreckungstitel – Entscheidung

Anhang II
Bescheinigung über den europäischen Vollstreckungstitel für Sicherungsmaßnahmen

Anhang III
Bescheinigung über den europäischen Vollstreckungstitel – Prozessvergleich

Anhang IV
Bescheinigung über den europäischen Vollstreckungstitel – Öffentliche Urkunde

Anhang V
Bescheinigung über die Zustellung bzw. Nichtzustellung von Schriftstücken

## Anhang I

CERTIFICADO DEL TÍTULO EJECUTIVO EUROPEO – RESOLUCIÓN JUDICIAL/
ATTEST SOM ET EUROPÆISK TVANGSFULDBYRDELSESDOKUMENT – RETSAFGØRELSE
BESCHEINIGUNG ÜBER DEN EUROPÄISCHEN VOLLSTRECKUNGSTITEL – ENTSCHEIDUNG/
*ΒΕΒΑΙΩΣΗ ΕΥΡΩΠΑΪΚΟΥ ΕΚΤΕΛΕΣΤΟΥ ΤΙΤΛΟΥ – ΑΠΟΦΑΣΗ/*
EUROPEAN ENFORCEMENT ORDER CERTIFICATE – JUDGMENT/
CERTIFICAT DE TITRE EXÉCUTOIRE EUROPÉEN – DÉCISION/
CERTIFICATO DI TITOLO ESECUTIVO EUROPEO – DECISIONE GIUDIZIARIA/
BEWIJS VAN WAARMERKING ALS EUROPESE EXECUTORIALE TITEL – BESLISSING/
TÍTULO EXECUTIVO EUROPEU PARA CRÉDITOS NÃO CONTESTADOS – DECISÃO/
TODISTUS EUROOPPALAISESTA TÄYTÄNTÖÖNPANOMÄÄRÄYKSESTÄ – TUOMIO/
INTYG OM EN EUROPEISK EXEKUTIONSTITEL – DOM

| | | | | | | | |
|---|---|---|---|---|---|---|---|
| 1. Ursprungsmitgliedstaat: | AT ☐ | BE ☐ | DE ☐ | ES ☐ | EL ☐ | FR ☐ | FI ☐ |
| | IT ☐ | [IE ☐] | LU ☐ | NL ☐ | PT ☐ | SE ☐ | [UK] ☐ |

2. Ausstellendes Gericht:
   Anschrift:
   Tel./Fax/E-Mail
3. Entscheidung
   3.1 Datum:
   3.2 Aktenzeichen:
   3.3 Die Parteien
      3.3.1 Name(n) und Anschrift(en) des/der Gläubiger(s):
      3.3.2 Name(n) und Anschrift(en) des/der Schuldner(s):

4. Geldforderung laut Bescheinigung
   4.1 Betrag:
      4.1.1 Währung ☐ EURO
      ☐ Schwedische Kronen
      ☐ [Britische Pfund]
      4.1.2 Falls sich die Geldforderung auf eine Ratenschuld bezieht
         4.1.2.1 Betrag der einzelnen Ratenzahlung
         4.1.2.2 Fälligkeit der ersten Rate
         4.1.2.3 Fälligkeit der nachfolgenden Raten
         wöchentlich ☐ monatlich ☐ andere Zeitabstände (bitte genau angeben) ☐
         4.1.2.4 Geltungsdauer der Forderung
            4.1.2.4.1 Unbestimmt ☐
            4.1.2.4.2 Fälligkeit der letzten Rate
      4.1.3 Falls für die Forderung eine gesamtschuldnerische Haftung gilt ☐
   4.2 Zinsen
      4.2.1 Zinssatz
         4.2.1.1 %
         4.2.1.2 % über dem Basissatz der EZB
      4.2.2 Fälligkeit der Zinsen:
   4.3 Höhe der erstattungsfähigen Kosten, falls in der Entscheidung angegeben:
5. Die Entscheidung ist im Ursprungsmitgliedstaat vollstreckbar.
   Ja ☐ Nein ☐
6. Die Entscheidung ist rechtskräftig in Übereinstimmung mit Artikel 5 Buchstabe a)
   Ja ☐ Nein ☐
7. Gegenstand der Entscheidung ist eine unbestrittene Forderung im Sinne von Artikel 3 Absatz 4
   Ja ☐ Nein ☐
8. Die Entscheidung steht im Einklang mit Artikel 5 Buchstabe b)
   Ja ☐ Nein ☐
9. Die Entscheidung steht im Einklang mit Artikel 5 Buchstabe c), sofern erforderlich
   Ja ☐ Nein ☐ Nicht erforderlich ☐
10. Die Entscheidung steht im Einklang mit Artikel 5 Buchstabe d), sofern erforderlich
   Ja ☐ Nein ☐ Nicht erforderlich ☐
11. Zustellung des verfahrenseinleitenden Schriftstücks nach Maßgabe von Kapitel III, sofern erforderlich
   Erforderlich Ja ☐ Nein ☐
   11.1 Tag und Ort der Zustellung:
      11.1.1 Wohnsitz des Schuldners unbekannt ☐
   11.2 Das Schriftstück wurde zugestellt
      11.2.1 durch persönliche Zustellung an den Schuldner (oder seinen Vertreter) mit Empfangsbestätigung ☐
      11.2.2 durch persönliche Zustellung an den Schuldner mit Bescheinigung durch den zuständigen Beamten ☐
      11.2.3 auf dem Postweg mit Empfangsbestätigung ☐
      11.2.4 per Fax oder E-Mail mit Empfangsbestätigung ☐

11.3 Ersatzzustellung

11.3.1 Ist die persönliche Zustellung nach 11.2.1 oder 11.2.2 erfolglos versucht worden?
Ja ☐ Nein ☐

11.3.2 Wenn ja, wurde das Schriftstück

11.3.2.1 einer zum Haushalt des Schuldners gehörenden erwachsenen Person ausgehändigt ☐

11.3.2.1.1 Name:

11.3.2.1.2 Beziehung zum Schuldner

11.3.2.1.2.1 Familienangehöriger ☐

11.3.2.1.2.2 im Haushalt beschäftigte Person ☐

11.3.2.1.2.3 Sonstiges (bitte genau angeben) ☐

11.3.2.2 einer erwachsenen Person am geschäftlichen Wohnsitz des Schuldners ausgehändigt ☐

11.3.2.2.1 Name:

11.3.2.2.2 Angestellter des Schuldners Ja ☐ Nein ☐

11.3.2.3 hinterlegt im Briefkasten des Schuldners in Übereinstimmung mit Artikel 12 Absatz 1 Buchstabe c) ☐

11.3.2.4 hinterlegt bei einer Behörde in Übereinstimmung mit Artikel 12 Absatz 1 Buchstabe d) ☐

11.3.2.4.1 Name und Anschrift der Behörde:

11.3.2.4.2 Schriftliche Benachrichtigung über die Hinterlegung in Übereinstimmung mit Artikel 12 Absatz 1 Buchstabe d) ☐

11.4 Nachweis der Zustellung

11.4.1 Ist die Zustellung nach 11.2.2 bzw. 11.3 erfolgt? Ja ☐ Nein ☐

11.4.2 Wenn ja, ist die Zustellung gemäß Artikel 13 bescheinigt worden?
Ja ☐ Nein ☐

~~11.5 Heilung der Zustellungsmängel gemäß Artikel 19 Absatz 2 bei Nichtbeachtung von 11.2 -11.4~~

~~11.5.1 Hat der Schuldner das Schriftstück nachweislich persönlich entgegengenommen~~
~~Ja ☐ Nein ☐~~

11.65 Rechtzeitige Zustellung
Die Frist für den Schuldner, auf die Forderung zu reagieren, entsprach Artikel 15 Absatz 1
Ja ☐ Nein ☐

11.76 Ordnungsgemäße Unterrichtung
Der Schuldner wurde nach Maßgabe der Artikel 16 und 17 unterrichtet
Ja ☐ Nein ☐

12\. Zustellung einer Ladung, sofern gemäß Artikel 14 erforderlich
Erforderlich Ja ☐ Nein ☐

12.1 Tag und Ort der Zustellung:

12.1.1 Wohnsitz des Schuldners unbekannt ☐

12.2 Die Ladung wurde zugestellt

12.2.1 durch persönliche Zustellung an den Schuldner (oder seinen Vertreter) mit Empfangsbestätigung ☐

12.2.2 durch persönliche Zustellung an den Schuldner mit Bescheinigung durch den zuständigen Beamten ☐

12.2.3 auf dem Postweg mit Empfangsbestätigung ☐
12.2.4 per Fax oder E-Mail mit Empfangsbestätigung ☐
12.2.5 durch mündliche Mitteilung in einer vorausgegangenen Gerichtsverhandlung ☐

12.3 Ersatzzustellung
12.3.1 Ist die persönliche Zustellung nach 12.2.1 oder 12.2.2 erfolglos versucht worden?
Ja ☐ Nein ☐
12.3.2 Wenn ja, wurde die Ladung
12.3.2.1 einer zum Haushalt des Schuldners gehörenden erwachsenen Person ausgehändigt ☐
12.3.2.1.1 Name:
12.3.2.1.2 Beziehung zum Schuldner
12.3.2.1.2.1 Familienangehöriger ☐
12.3.2.1.2.2 im Haushalt beschäftigte Person ☐
12.3.2.1.2.3 Sonstiges (bitte genau angeben) ☐
12.3.2.2 einer erwachsenen Person am geschäftlichen Wohnsitz des Schuldners ausgehändigt ☐
12.3.2.2.1 Name:
12.3.2.2.2 Angestellter des Schuldners Ja ☐ Nein ☐
12.3.2.3 hinterlegt im Briefkasten des Schuldners in Übereinstimmung mit Artikel 12 Absatz 1 Buchstabe c) ☐
12.3.2.4 hinterlegt bei einer Behörde in Übereinstimmung mit Artikel 12 Absatz 1 Buchstabe d) ☐
12.3.2.4.1 Name und Anschrift der Behörde:
12.3.2.4.2 Schriftliche Benachrichtigung über die Hinterlegung in Übereinstimmung mit Artikel 12 Absatz 1 Buchstabe d) ☐

12.4 Nachweis der Zustellung
12.4.1 Ist die Zustellung nach 12.2.2 bzw. 12.3 erfolgt? Ja ☐ Nein ☐
12.4.2 Wenn ja, ist die Zustellung gemäß Artikel 13 bescheinigt worden? Ja ☐ Nein ☐

~~12.5 Heilung der Zustellungsmängel gemäß Artikel 19 Absatz 2 bei Nichtbeachtung von 12.2 -12.4~~
~~12.5.1 Hat der Schuldner das Schriftstück nachweislich persönlich entgegengenommen Ja ☐ Nein ☐~~

12.~~6~~5 Rechtzeitige Zustellung
Die Frist zwischen der Zustellung der Ladung und der Verhandlung entsprach den Bestimmungen des Artikels 15 Absatz 2 Ja ☐ Nein ☐

12.~~7~~6 Ordnungsgemäße Unterrichtung
Der Schuldner wurde nach Maßgabe von Artikel 18 unterrichtet Ja ☐ Nein ☐

13. Heilung von Verfahrensmängeln infolge der Nichteinhaltung der Mindestvorschriften in Artikel 19 ~~Absatz 1~~
13.1 Tag und Ort der Zustellung der Entscheidung:
Wohnsitz des Schuldners unbekannt ☐
13.2 Die Entscheidung wurde zugestellt:
13.2.1 durch persönliche Zustellung an den Schuldner (oder seinen Vertreter) mit Empfangsbestätigung ☐

13.2.2 durch persönliche Zustellung an den Schuldner mit Bescheinigung durch den zuständigen Beamten ☐
13.2.3 auf dem Postweg mit Empfangsbestätigung ☐
13.2.4 per Fax oder E-Mail mit Empfangsbestätigung ☐

13.3 Ersatzzustellung:

13.3.1 Ist die persönliche Zustellung nach 13.2.1 oder 13.2.2 erfolglos versucht worden? Ja ☐ Nein ☐

13.3.2 Wenn ja, wurde die Entscheidung

13.3.2.1 einer zum Haushalt des Schuldners gehörenden erwachsenen Person ausgehändigt ☐

13.3.2.1.1 Name:

13.3.2.1.2 Beziehung zum Schuldner

13.3.2.1.2.1 Familienangehöriger ☐
13.3.2.1.2.2 im Haushalt beschäftigte Person ☐
13.3.2.1.2.4 Sonstiges (bitte genau angeben) ☐

13.3.2.2 einer erwachsenen Person am geschäftlichen Wohnsitz des Schuldners ausgehändigt ☐

13.3.2.2.1 Name:

13.3.2.2.2 Angestellter des Schuldners Ja ☐ Nein ☐

13.3.2.3 hinterlegt im Briefkasten des Schuldners in Übereinstimmung mit Artikel 12 Absatz 1 Buchstabe c) ☐

13.3.2.4 hinterlegt bei einer Behörde in Übereinstimmung mit Artikel 12 Absatz 1 Buchstabe d) ☐

13.3.2.4.1 Name und Anschrift der Behörde:

13.3.2.4.2 Schriftliche Benachrichtigung über die Hinterlegung in Übereinstimmung mit Artikel 12 Absatz 1 Buchstabe d) ☐

13.4 Nachweis der Zustellung

13.4.1 Ist die Zustellung nach 13.2.2 bzw. 13.3 erfolgt? Ja ☐ Nein ☐

13.4.2 Wenn ja, ist die Zustellung gemäß Artikel 13 bescheinigt worden? Ja ☐ Nein ☐

13.5 Hatte der Schuldner die Möglichkeit, einen ordentlichen Rechtsbehelf gegen die Entscheidung einzulegen Ja ☐ Nein ☐

13.6 Die Frist für die Einlegung des Rechtsbehelfs entsprach Artikel 19 ~~Absatz 1~~ Buchstabe c) Ja ☐ Nein ☐

13.7 Der Schuldner wurde gemäß Artikel 19 ~~Absatz 1~~ Buchstabe d) ordnungsgemäß über die Möglichkeit belehrt, die Entscheidung anzufechten Ja ☐ Nein ☐

13a. Der Antrag auf Erteilung einer Bescheinigung über den Europäischen Vollstreckungstitel wurde dem Schuldner zugestellt

13.a.1 Ja, am xx.xx.xxxx (Tag/Monat/Jahr) ☐ Nein ☐

Geschehen zu am:

Unterschrift und/oder Stempel

## Anhang II

TÍTULO EJECUTIVO EUROPEO DE MEDIDAS CAUTELARES
ATTEST SOM ET EUROPÆISK TVANGSFULDBYRDELSESDOKUMENT – SIKRENDE RETSMIDLER
BESCHEINIGUNG ÜBER DEN EUROPÄISCHEN VOLLSTRECKUNGSTITEL FÜR SICHERUNGSMASSNAHMEN
*ΒΕΒΑΙΩΣΗ ΕΥΡΩΠΑΪΚΟΥ ΕΚΤΕΛΕΣΤΟΥ ΤΙΤΛΟΥ ΓΙΑ ΑΣΦΑΛΙΣΤΙΚΑ ΜΕΤΡΑ*
EUROPEAN ENFORCEMENT ORDER CERTIFICATE FOR PROTECTIVE MEASURES
CERTIFICAT DE TITRE EXÉCUTOIRE EUROPÉEN AUX FINS DE MESURES CONSERVATOIRES
CERTIFICATO DI TITOLO ESECUTIVO EUROPEO PER PROVVEDIMENTI CONSERVATIVI
BEWIJS VAN WAARMERKING ALS EUROPESE EXECUTORIALE TITEL VOOR BEWARENDE MAATREGELEN
CERTIFICADO DE TÍTULO EXECUTIVO EUROPEU PARA EFEITOS DE PROVIDÊNCIAS CAUTELARES
TURVAAMISTOIMIA KOSKEVA EUROOPPALAINEN TÄYTÄNTÖÖNPANOMÄÄRÄYS
INTYG OM EUROPEISK EXEKUTIONSTITEL FÖR SÄKERHETSÅTGÄRDER

1. Ursprungsmitgliedstaat: AT ☐ BE ☐ DE ☐ ES ☐ EL ☐ FR ☐ FI ☐
IT ☐ [IE ☐] LU ☐ NL ☐ PT ☐ SE ☐ [UK] ☐

2. Ausstellendes Gericht:
Anschrift:
Tel./Fax/E-Mail

3. Entscheidung
3.1 Datum:
3.2 Aktenzeichen:
3.3 Die Parteien
3.3.1 Name(n) und Anschrift(en) des/der Gläubiger(s):
3.3.2 Name(n) und Anschrift(en) des/der Schuldner(s):

4. Geldforderung laut Bescheinigung
4.1 Betrag:
4.1.1 Währung ☐ EURO
☐ Schwedische Kronen
☐ [Britische Pfund]
4.1.2 Falls sich die Geldforderung auf eine Ratenschuld bezieht
4.1.2.1 Betrag der einzelnen Ratenzahlung
4.1.2.2 Fälligkeit der ersten Rate
4.1.2.3 Fälligkeit der nachfolgenden Raten
wöchentlich ☐ monatlich ☐ alle zwei Monate ☐
andere Zeitabstände (bitte genau angeben) ☐
4.1.2.4 Geltungsdauer der Forderung
4.1.2.4.1 Unbestimmt ☐ oder
4.1.2.4.2 Fälligkeit der letzten Rate
4.1.3 Falls für die Forderung eine gesamtschuldnerische Haftung gilt ☐

4.2 Zinsen
4.2.1 Zinssatz
4.2.1.1 %
4.2.1.2 % über dem Basissatz der EZB
4.2.2 Fälligkeit der Zinsen:
4.3 Höhe der erstattungsfähigen Kosten, falls in der Entscheidung angegeben:

5. Die Entscheidung ist im Ursprungsmitgliedstaat vollstreckbar.
Ja ☐ Nein ☐

6. Die Vollstreckbarkeit der Entscheidung ist befristet Ja ☐ Nein ☐
6.1 Wenn ja, letzter Tag der Vollstreckbarkeit

7. Gegenstand der Entscheidung ist eine unbestrittene Forderung im Sinne von Artikel 3 Nummer 4
Ja ☐ Nein ☐

8. Die Entscheidung steht im Einklang mit Artikel 5 Buchstabe b)
Ja ☐ Nein ☐

9. Die Entscheidung steht im Einklang mit Artikel 5 Buchstabe c), sofern erforderlich
Ja ☐ Nein ☐ Nicht erforderlich ☐

10. Die Entscheidung steht im Einklang mit Artikel 5 Buchstabe d), sofern erforderlich
Ja ☐ Nein ☐ Nicht erforderlich ☐

11. Zustellung des verfahrenseinleitenden Schriftstücks nach Maßgabe von Kapitel III, sofern erforderlich
Erforderlich Ja ☐ Nein ☐
11.1 Tag und Ort der Zustellung:
11.1.1 Wohnsitz des Schuldners unbekannt ☐
11.2 Das Schriftstück wurde zugestellt
11.2.1 durch persönliche Zustellung an den Schuldner (oder seinen Vertreter) mit Empfangsbestätigung ☐
11.2.2 durch persönliche Zustellung an den Schuldner mit Bescheinigung durch den zuständigen Beamten ☐
11.2.3 auf dem Postweg mit Empfangsbestätigung ☐
11.2.4 per Fax oder E-Mail mit Empfangsbestätigung ☐
11.3 Ersatzzustellung
11.3.1 Ist die persönliche Zustellung nach 11.2.1 oder 11.2.2 erfolglos versucht worden?
Ja ☐ Nein ☐
11.3.2 Wenn ja, wurde das Schriftstück
11.3.2.1 einer zum Haushalt des Schuldners gehörenden erwachsenen Person ausgehändigt ☐
11.3.2.1.1 Name:
11.3.2.1.2 Beziehung zum Schuldner
11.3.2.1.2.1 Familienangehöriger ☐
11.3.2.1.2.2 im Haushalt beschäftigte Person ☐
11.3.2.1.2.3 Sonstiges (bitte genau angeben) ☐
11.3.2.2 einer erwachsenen Person am geschäftlichen Wohnsitz des Schuldners ausgehändigt ☐

11.3.2.2.1 Name:

11.3.2.2.2 Angestellter des Schuldners Ja ☐ Nein ☐

11.3.2.3 hinterlegt im Briefkasten des Schuldners in Übereinstimmung mit Artikel 12 Absatz 1 Buchstabe c) ☐

11.3.2.4 hinterlegt bei einer Behörde in Übereinstimmung mit Artikel 12 Absatz 1 Buchstabe d) ☐

11.3.2.4.1 Name und Anschrift der Behörde:

11.3.2.4.2 Schriftliche Benachrichtigung über die Hinterlegung in Übereinstimmung mit Artikel 12 Absatz 1 Buchstabe d) ☐

11.4 Nachweis der Zustellung

11.4.1 Ist die Zustellung nach 11.2.2 bzw. 11.3 erfolgt? Ja ☐ Nein ☐

11.4.2 Wenn ja, ist die Zustellung gemäß Artikel 13 bescheinigt worden?

Ja ☐ Nein ☐

~~11.5 Heilung der Zustellungsmängel gemäß Artikel 19 Absatz 2 bei Nichtbeachtung von 11.2 -11.4~~

~~11.5.1 Hat der Schuldner das Schriftstück nachweislich persönlich entgegengenommen~~

~~Ja ☐ Nein ☐~~

11.~~6~~5 Rechtzeitige Zustellung

Die Frist für den Schuldner, auf die Forderung zu reagieren, entsprach Artikel 15 Absatz 1

Ja ☐ Nein ☐

11.~~7~~6 Ordnungsgemäße Unterrichtung

Der Schuldner wurde nach Maßgabe der Artikel 16 und 17 unterrichtet

Ja ☐ Nein ☐

12. Zustellung einer Ladung, sofern gemäß Artikel 14 erforderlich

Erforderlich Ja ☐ Nein ☐

12.1 Tag und Ort der Zustellung:

12.1.1 Wohnsitz des Schuldners unbekannt ☐

12.2 Die Ladung wurde zugestellt

12.2.1 durch persönliche Zustellung an den Schuldner (oder seinen Vertreter) mit Empfangsbestätigung ☐

12.2.2 durch persönliche Zustellung an den Schuldner mit Bescheinigung durch den zuständigen Beamten ☐

12.2.3 auf dem Postweg mit Empfangsbestätigung ☐

12.2.4 per Fax oder E-Mail mit Empfangsbestätigung ☐

12.2.5 durch mündliche Mitteilung in einer vorausgegangenen Gerichtsverhandlung ☐

12.3 Ersatzzustellung

12.3.1 Ist die persönliche Zustellung nach 12.2.1 oder 12.2.2 erfolglos versucht worden?

Ja ☐ Nein ☐

12.3.2 Wenn ja, wurde die Ladung

12.3.2.1 einer zum Haushalt des Schuldners gehörenden erwachsenen Person ausgehändigt ☐

12.3.2.1.1 Name:

12.3.2.1.2 Beziehung zum Schuldner

12.3.2.1.2.1 Familienangehöriger ☐

12.3.2.1.2.2 im Haushalt beschäftigte Person ☐
12.3.2.1.2.3 Sonstiges (bitte genau angeben) ☐
12.3.2.2 einer erwachsenen Person am geschäftlichen Wohnsitz des Schuldners ausgehändigt ☐
12.3.2.2.1 Name:
12.3.2.2.2 Angestellter des Schuldners Ja ☐ Nein ☐
12.3.2.3 hinterlegt im Briefkasten des Schuldners in Übereinstimmung mit Artikel 12 Absatz 1 Buchstabe c) ☐
12.3.2.4 hinterlegt bei einer Behörde in Übereinstimmung mit Artikel 12 Absatz 1 Buchstabe d) ☐
12.3.2.4.1 Name und Anschrift der Behörde:
12.3.2.4.2 Schriftliche Benachrichtigung über die Hinterlegung in Übereinstimmung mit Artikel 12 Absatz 1 Buchstabe d) ☐

12.4 Nachweis der Zustellung
12.4.1 Ist die Zustellung nach 12.2.2 bzw. 12.3 erfolgt? Ja ☐ Nein ☐
12.4.2 Wenn ja, ist die Zustellung gemäß Artikel 13 bescheinigt worden? Ja ☐ Nein ☐

~~12.5 Heilung der Zustellungsmängel gemäß Artikel 19 Absatz 2 bei Nichtbeachtung von 12.2 -12.4~~
~~12.5.1 Hat der Schuldner das Schriftstück nachweislich persönlich entgegengenommen Ja ☐ Nein ☐~~

12.~~6~~5 Rechtzeitige Zustellung
Die Frist zwischen der Zustellung der Ladung und der Verhandlung entsprach den Bestimmungen des Artikels 15 Absatz 2 Ja ☐ Nein ☐

12.~~7~~6 Ordnungsgemäße Unterrichtung
Der Schuldner wurde nach Maßgabe von Artikel 18 unterrichtet Ja ☐ Nein ☐

13. Heilung von Verfahrensmängeln infolge der Nichteinhaltung der Mindestvorschriften in Artikel 19 ~~Absatz 1~~

13.1 Tag und Ort der Zustellung der Entscheidung:
Wohnsitz des Schuldners unbekannt ☐

13.2 Die Entscheidung wurde zugestellt:
13.2.1 durch persönliche Zustellung an den Schuldner (oder seinen Vertreter) mit Empfangsbestätigung ☐
13.2.2 durch persönliche Zustellung an den Schuldner mit Bescheinigung durch den zuständigen Beamten ☐
13.2.3 auf dem Postweg mit Empfangsbestätigung ☐
13.2.4 per Fax oder E-Mail mit Empfangsbestätigung ☐

13.3 Ersatzzustellung:
13.3.1 Ist die persönliche Zustellung nach 13.2.1 oder 13.2.2 erfolglos versucht worden? Ja ☐ Nein ☐
13.3.2 Wenn ja, wurde das Schriftstück
13.3.2.1 einer zum Haushalt des Schuldners gehörenden erwachsenen Person ausgehändigt ☐
13.3.2.1.1 Name:
13.3.2.1.2 Beziehung zum Schuldner

13.3.2.1.2.1 Familienangehöriger ☐
13.3.2.1.2.2 im Haushalt beschäftigte Person ☐
13.3.2.1.2.3 Sonstiges (bitte genau angeben) ☐

13.3.2.2 einer erwachsenen Person am geschäftlichen Wohnsitz des Schuldners ausgehändigt ☐
13.3.2.2.1 Name:
13.3.2.2.2 Angestellter des Schuldners Ja ☐ Nein ☐

13.3.2.3 hinterlegt im Briefkasten des Schuldners in Übereinstimmung mit Artikel 12 Absatz 1 Buchstabe c) ☐

13.3.2.4 hinterlegt bei einer Behörde in Übereinstimmung mit Artikel 12 Absatz 1 Buchstabe d) ☐
13.3.2.4.1 Name und Anschrift der Behörde:
13.3.2.4.2 Schriftliche Benachrichtigung über die Hinterlegung in Übereinstimmung mit Artikel 12 Absatz 1 Buchstabe d) ☐

13.4 Nachweis der Zustellung
13.4.1 Ist die Zustellung nach 13.2.2 bzw. 13.3 erfolgt? Ja ☐ Nein ☐
13.4.2 Wenn ja, ist die Zustellung gemäß Artikel 13 bescheinigt worden? Ja ☐ Nein ☐

13.5 Hatte der Schuldner die Möglichkeit, einen ordentlichen Rechtsbehelf gegen die Entscheidung einzulegen Ja ☐ Nein ☐

13.6 Die Frist für die Einlegung des Rechtsbehelfs entsprach Artikel 19 ~~Absatz 1~~ Buchstabe c) Ja ☐ Nein ☐

13.7 Der Schuldner wurde gemäß Artikel 19 ~~Absatz 1~~ Buchstabe d) ordnungsgemäß über die Möglichkeit belehrt, die Entscheidung anzufechten Ja ☐ Nein ☐

13a. Der Antrag auf Erteilung einer Bescheinigung über den Europäischen Vollstreckungstitel wurde dem Schuldner zugestellt
13.a.1 Ja, am xx.xx.xxxx (Tag/Monat/Jahr) ☐ Nein ☐

Geschehen zu am:
Unterschrift und/oder Stempel

## Anhang III

VALORACIÓN DEL CERTIFICADO DEL TÍTULO EJECUTIVO EUROPEO – TRANSACCIÓN JUDICIAL
ATTEST SOM ET EUROPÆISK TVANGSFULDBYRDELSESDOKUMENT – RETSFORLIG
BESCHEINIGUNG ÜBER DEN EUROPÄISCHEN VOLLSTRECKUNGSTITEL – PROZESSVERGLEICH
***ΒΕΒΑΙΩΣΗ ΕΥΡΩΠΑΪΚΟΥ ΕΚΤΕΛΕΣΤΟΥ ΤΙΤΛΟΥ ΔΙΚΑΣΤΙΚΟΣ ΣΥΜΒΙΒΑΣΜΟΣ***
EUROPEAN ENFORCEMENT ORDER CERTIFICATE – COURT SETTLEMENT
CERTIFICAT DE TITRE EXÉCUTOIRE EUROPÉEN – TRANSACTION JUDICIAIRE
CERTIFICATO DI TITOLO ESECUTIVO EUROPEO – TRANSAZIONE GIUDIZIARIA
BEWIJS VAN WAARMERKING ALS EUROPESE EXECUTORIALE TITEL – GERECHTELIJKE SCHIKKING
CERTIFICADO DE TÍTULO EXECUTIVO EUROPEU – TRANSACÇÃO JUDICIAL
TODISTUS EUROOPPALAISESTA TÄYTÄNTÖÖNPANOMÄÄRÄYKSESTÄ – TUOMIOISTUIMESSA TEHTY SOVINTO
INTYG OM EUROPEISK EXEKUTIONSTITEL – INFÖR DOMSTOL INGÅNGEN FÖRLIKNING

| | | | | | | | |
|---|---|---|---|---|---|---|---|
| 1. Ursprungsmitgliedstaat: | AT ☐ | BE ☐ | DE ☐ | ES ☐ | EL ☐ | FR ☐ | FI ☐ |
| | IT ☐ | [IE ☐] | LU ☐ | NL ☐ | PT ☐ | SE ☐ | [UK] ☐ |

2. Ausstellendes Gericht:
   Anschrift:
   Tel./Fax/E-Mail
3. Prozessvergleich
   3.1 am:
   3.2 Aktenzeichen:
   3.3 Die Parteien
      3.3.1 Name(n) und Anschrift(en) des/der Gläubiger(s):
      3.3.2 Name(n) und Anschrift(en) des/der Schuldner(s):
4. Geldforderung laut Bescheinigung
   4.1 Betrag:
      4.1.1 Währung ☐ EURO
      ☐ Swedish Kroner
      ☐ [British Pounds]
      4.1.2 Falls sich die Geldforderung auf eine Ratenschuld bezieht
         4.1.2.1 Betrag der einzelnen Ratenzahlung
         4.1.2.2 Fälligkeit der ersten Rate
         4.1.2.3 Fälligkeit der nachfolgenden Raten
         wöchentlich ☐ monatlich ☐
         andere Zeitabstände (bitte genau angeben)
         4.1.2.4 Geltungsdauer der Forderung
            4.1.1.4.1 Unbestimmt ☐
            4.1.1.4.2 Fälligkeit der letzten Rate
      4.1.3 Falls für die Forderung eine gesamtschuldnerische Haftung gilt ☐

4.2 Zinsen
 4.2.1 Zinssatz
  4.2.1.1 %
  4.2.1.2 % über dem Basissatz der EZB
 4.2.2 Fälligkeit der Zinsen:
4.3 Höhe der erstattungsfähigen Kosten, falls im Prozessvergleich angegeben:

5. Der Prozessvergleich ist im Ursprungsmitgliedstaat vollstreckbar.

Ja ☐ Nein ☐

Geschehen zu am:

Unterschrift und/oder Stempel

## Anhang IV

CERTIFICADO DEL TÍTULO EJECUTIVO EUROPEO – DOCUMENTO PÚBLICO CON FUERZA EJECUTIVA
ATTEST SOM ET EUROPÆISK TVANGSFULDBYRDELSESDOKUMENT – BEKRÆFTET DOKUMENT
BESCHEINIGUNG ÜBER DEN EUROPÄISCHEN VOLLSTRECKUNGSTITEL – ÖFFENTLICHE URKUNDE
*ΒΕΒΑΙΩΣΗ ΕΥΡΩΠΑΪΚΟΥ ΕΚΤΕΛΕΣΤΟΥ ΤΙΤΛΟΥ ΔΗΜΟΣΙΟ ΕΓΓΡΑΦΟ*
EUROPEAN ENFORCEMENT ORDER CERTIFICATE – AUTHENTIC INSTRUMENT
CERTIFICAT DE TITRE EXÉCUTOIRE EUROPÉEN – ACTE AUTHENTIQUE
CERTIFICATO DI TITOLO ESECUTIVO EUROPEO – ATTO PUBBLICO
BEWIJS VAN WAARMERKING ALS EUROPESE EXECUTORIALE TITEL – AUTHENTIEKE AKTE
CERTIFICADO DE TÍTULO EXECUTIVO EUROPEU – ACTO AUTÊNTICO
TODISTUS EUROOPPALAISESTA TÄYTÄNTÖÖNPANOMÄÄRÄYKSESTÄ – VIRALLINEN ASIAKIRJA
INTYG OM EUROPEISK EXEKUTIONSTITEL – OFFICIELL HANDLING

1. Ursprungsmitgliedstaat: AT ☐ BE ☐ DE ☐ ES ☐ EL ☐ FR ☐ FI ☐
IT ☐ [IE ☐] LU ☐ NL ☐ PT ☐ SE ☐ [UK] ☐

2. Ausstellendes Behörde:
   2.1 Name:
   2.2 Anschrift:
   2.3 Tel./Fax/E-Mail
   2.4 Notar ☐
   2.5 Verwaltungsbehörde ☐
   2.6 Gericht ☐
   2.7 Sonstiges (bitte genau angeben) ☐
3. Öffentliche Urkunde
   3.1 Datum:
   3.2 Aktenzeichen:
   3.3 Die Parteien
      3.3.1 Name(n) und Anschrift(en) des/der Gläubiger(s):
      3.3.2 Name(n) und Anschrift(en) des/der Schuldner(s):
4. Geldforderung laut Bescheinigung
   4.1 Betrag:
      4.1.1 Währung ☐ EURO
      ☐ Swedish Kroner
      ☐ [British Pounds]
      4.1.2 Falls sich die Geldforderung auf eine Ratenschuld bezieht
         4.1.2.1 Betrag der einzelnen Ratenzahlung
         4.1.2.2 Fälligkeit der ersten Rate
         4.1.2.3 Fälligkeit der nachfolgenden Raten
         wöchentlich ☐ monatlich ☐
         andere Zeitabstände (bitte genau angeben) ☐

4.1.2.4 Geltungsdauer der Forderung

4.1.1.4.1 Unbestimmt ☐ oder

4.1.1.4.2 Fälligkeit der letzten Rate

4.1.3 Falls für die Forderung eine gesamtschuldnerische Haftung gilt ☐

4.2 Zinsen

4.2.1 Zinssatz

4.2.1.1 %

4.2.1.2 % über dem Basissatz der EZB

4.2.2 Fälligkeit der Zinsen:

4.3 Höhe der erstattungsfähigen Kosten, falls in der öffentlichen Urkunde angegeben:

5. Der Schuldner ist über die unmittelbare Vollstreckbarkeit der öffentlichen Urkunde belehrt worden, bevor er ihr gemäß Artikel 21 Absatz 3 zugestimmt hat Ja ☐ Nein ☐

6. Die öffentliche Urkunde ist im Ursprungsmitgliedstaat vollstreckbar
Ja ☐ Nein ☐

Geschehen zu am:
Unterschrift und/oder Stempel

## Anhang V

BESCHEINIGUNG ÜBER DIE ZUSTELLUNG BZW. NICHTZUSTELLUNG VON SCHRIFTSTÜCKEN

(Artikel 10 der Verordnung (EG) Nr. 1348/2000 des Rates)

12. DURCHFÜHRUNG DER ZUSTELLUNG
- 12.1 Tag und Ort der Zustellung:
- 12.2 Das Schriftstück wurde zugestellt
  - 12.2.1 durch persönliche Zustellung an den Empfänger mit Empfangsbestätigung des Schuldners ☐
  - 12.2.2 durch persönliche Zustellung an den Empfänger mit Bescheinigung durch den zuständigen Beamten ☐
  - 12.2.3 auf dem Postweg mit der beigefügten Empfangsbestätigung ☐
  - 12.2.4 auf anderem Weg mit der beigefügten Empfangsbestätigung
    - 12.2.4.1 Fax ☐
    - 12.2.4.2 E-Mail ☐
    - 12.2.4.3 Sonstiges (bitte genau angeben) ☐
- 12.3 Ersatzzustellung
  - 12.3.1 Ist die persönliche Zustellung nach 12.2.1 oder 12.2.2 erfolglos versucht worden?
    Ja ☐ Nein ☐
  - 12.3.2 Wenn ja, wurde das Schriftstück
    - 12.3.2.1 einer zum Haushalt des Empfängers gehörenden erwachsenen Person ausgehändigt ☐
      - 12.3.2.1.1 Name:
      - 12.3.2.1.2 Beziehung zum Empfänger
        - 12.3.2.1.2.1 Familienangehöriger ☐
        - 12.3.2.1.2.2 im Haushalt beschäftigte Person ☐
        - 12.3.2.1.2.3 Sonstiges (bitte genau angeben) ☐
    - 12.3.2.2 einer erwachsenen Person am geschäftlichen Wohnsitz des Schuldners ausgehändigt ☐
      - 12.3.2.2.1 Name:
      - 12.3.2.2.2 Angestellter des Empfängers Ja ☐ Nein ☐
    - 12.3.2.3 hinterlegt im Briefkasten des Empfängers ☐
    - 12.3.2.4 hinterlegt bei einer Behörde ☐
      - 12.3.2.4.1 Name und Anschrift der Behörde:
      - 12.3.2.4.2 hinterlegt im Briefkasten des Empfängers ☐
    - 12.3.2.5 in folgender besonderer Form zugestellt (bitte genau angeben) ☐
- 12.4 Das Schriftstück wurde nach einem der unter 12.2 bzw. 12.3 genannten Verfahren (bitte genau angeben) nicht dem Empfänger, sondern seinem Vertreter zugestellt Ja ☐ Nein ☐
  - 12.4.1 Wenn ja, Name und Anschrift des Vertreters
  - 12.4.2 Rechtsstellung des Vertreters
    - 12.4.2.1 Bevollmächtigter Vertreter, Rechtsanwalt ☐

12.4.2.2 Gesetzlicher Vertreter einer juristischen Person ☐

12.4.2.3 Sonstiges (bitte genau angeben) ☐

12.5 Ist die Zustellung im Einklang mit den Rechtsvorschriften des Zustellungsmitgliedstaats erfolgt Ja ☐ Nein ☐

12.6 Der Empfänger des Schriftstücks wurde (mündlich) (schriftlich) davon in Kenntnis gesetzt, dass er die Entgegennahme des Schriftstücks verweigern kann, wenn es nicht in einer Amtssprache des Zustellungsortes oder in einer Amtssprache des übermittelnden Staates, die er versteht, abgefasst ist. Ja ☐ Nein ☐

13. MITTEILUNG GEMÄSS ARTIKEL 7 ABSATZ 2

Die Zustellung konnte nicht binnen einem Monat nach Erhalt des Schriftstücks vorgenommen werden. ☐

14. VERWEIGERUNG DER ENTGEGENNAHME DES SCHRIFTSTÜCKS

Der Empfänger verweigerte die Annahme des Schriftstücks aufgrund der verwendeten Sprache. Die Schriftstücke sind dieser Bescheinigung beigefügt. ☐

15. GRUND FÜR DIE NICHTZUSTELLUNG DES SCHRIFTSTÜCKS

15.1 Anschrift unbekannt ☐

15.2 Empfänger unbekannt ☐

15.3 Das Schriftstück konnte nicht vor dem Datum bzw. innerhalb der Frist unter 6.2 zugestellt werden. ☐

15.4 Sonstiges (bitte angeben)

Die Schriftstücke sind dieser Bescheinigung beigefügt.

Geschehen zu am:

Unterschrift und/oder Stempel

# 6. Gesetzesanhang

## a) Anerkennungs- und Vollstreckungsausführungsgesetz – AVAG[1] (Gesetz zur Ausführung zwischenstaatlicher Verträge und zur Durchführung von Verordnungen der Europäischen Gemeinschaft auf dem Gebiet der Anerkennung und Vollstreckung in Zivil- und Handelssachen)

Vom 19. Februar 2001 (BGBl I S 288, berichtigt S 436) zuletzt geändert durch Gesetz vom 30. Januar 2002 (BGBl I S 564)
Das Gesetz ist gemäß Art 3 Satz 1 AVAuslEntschG v 19. 2. 2001, BGBl I 288 am 1. 3. 2001 in Kraft getreten.

### Teil 1
### Allgemeines
### Abschnitt 1
### Anwendungsbereich; Begriffsbestimmungen

#### § 1
#### Anwendungsbereich

(1) Diesem Gesetz unterliegen

1. die Ausführung folgender zwischenstaatlicher Verträge (Anerkennungs- und Vollstreckungsverträge):
   a) Übereinkommen vom 27. September 1968 über die gerichtliche Zuständigkeit und die Vollstreckung gerichtlicher Entscheidungen in Zivil- und Handelssachen (BGBl. 1972 II S. 773);
   b) Übereinkommen vom 16. September 1988 über die gerichtliche Zuständigkeit und die Vollstreckung gerichtlicher Entscheidungen in Zivil- und Handelssachen (BGBl. 1994 II S. 2658);
   c) Haager Übereinkommen vom 2. Oktober 1973 über die Anerkennung und Vollstreckung von Unterhaltsentscheidungen (BGBl. 1986 II S. 825);
   d) Vertrag vom 17. Juni 1977 zwischen der Bundesrepublik Deutschland und dem Königreich Norwegen über die gegenseitige Anerkennung und Vollstreckung gerichtlicher Entscheidungen und anderer Schuldtitel in Zivil- und Handelssachen (BGBl. 1981 II S. 341);
   e) Vertrag vom 20. Juli 1977 zwischen der Bundesrepublik Deutschland und dem Staat Israel über die gegenseitige Anerkennung und Vollstreckung gerichtlicher Entscheidungen in Zivil- und Handelssachen (BGBl. 1980 II S. 925);
   f) Vertrag vom 14. November 1983 zwischen der Bundesrepublik Deutschland und Spanien über die Anerkennung und Vollstreckung von gerichtlichen Entscheidungen und Vergleichen sowie vollstreckbaren öffentlichen Urkunden in Zivil- und Handelssachen (BGBl. 1987 II S. 34);

---

[1] Artikel 1 des Gesetzes zur Änderung von Vorschriften auf dem Gebiet der Anerkennung und Vollstreckung ausländischer Entscheidungen in Zivil- und Handelssachen vom 19. 2. 2001 (BGBl I 288).

2. die Durchführung folgender Verordnungen der Europäischen Gemeinschaften:
   a) der Verordnung (EG) Nr. 1347/2000 des Rates vom 29. Mai 2000 über die Zuständigkeit und die Anerkennung und Vollstreckung von Entscheidungen in Ehesachen und in Verfahren betreffend die elterliche Verantwortung für die gemeinsamen Kinder der Ehegatten (ABl. EG Nr. L 160 S. 19);
   b) der Verordnung (EG) Nr. 44/2001 des Rates vom 22. Dezember 2000 über die gerichtliche Zuständigkeit und die Anerkennung und Vollstreckung von Entscheidungen in Zivil- und Handelssachen (ABl. EG Nr. L 12 S. 1).

(2) Die Regelungen der in Absatz 1 Nr. 2 genannten Verordnungen werden als unmittelbar geltendes Recht der Europäischen Gemeinschaft durch die Durchführungsbestimmungen dieses Gesetzes nicht berührt. Unberührt bleiben auch die Regelungen der zwischenstaatlichen Verträge; dies gilt insbesondere für die Regelungen über

1. den sachlichen Anwendungsbereich,
2. die Art der Entscheidungen und sonstigen Titel, die im Inland anerkannt oder zur Zwangsvollstreckung zugelassen werden können,
3. das Erfordernis der Rechtskraft der Entscheidungen,
4. die Art der Urkunden, die im Verfahren vorzulegen sind, und
5. die Gründe, die zur Versagung der Anerkennung oder Zulassung der Zwangsvollstreckung führen.

### § 2
### Begriffsbestimmungen

Im Sinne dieses Gesetzes sind

1. unter Mitgliedstaaten die Mitgliedstaaten der Europäischen Union, in denen die in § 1 Abs. 1 Nr. 2 genannten Verordnungen gelten, und
2. unter Titeln Entscheidungen, gerichtliche Vergleiche und öffentliche Urkunden, auf welche der jeweils auszuführende Anerkennungs- und Vollstreckungsvertrag oder die jeweils durchzuführende Verordnung Anwendung findet,

zu verstehen.

## Abschnitt 2
## Zulassung der Zwangsvollstreckung aus ausländischen Titeln

### § 3
### Zuständigkeit

(1) Für die Vollstreckbarerklärung von Titeln aus einem anderen Staat ist das Landgericht ausschließlich zuständig.

(2) Örtlich zuständig ist ausschließlich das Gericht, in dessen Bezirk der Verpflichtete seinen Wohnsitz hat, oder, wenn er im Inland keinen Wohnsitz hat, das Gericht, in dessen Bezirk die Zwangsvollstreckung durchgeführt werden soll. Der Sitz von Gesellschaften und juristischen Personen steht dem Wohnsitz gleich.

(3) Über den Antrag auf Erteilung der Vollstreckungsklausel entscheidet der Vorsitzende einer Zivilkammer.

## § 4
## Antragstellung

(1) Der in einem anderen Staat vollstreckbare Titel wird dadurch zur Zwangsvollstreckung zugelassen, dass er auf Antrag mit der Vollstreckungsklausel versehen wird.
(2) Der Antrag auf Erteilung der Vollstreckungsklausel kann bei dem zuständigen Gericht schriftlich eingereicht oder mündlich zu Protokoll der Geschäftsstelle erklärt werden.
(3) Ist der Antrag entgegen § 184 des Gerichtsverfassungsgesetzes nicht in deutscher Sprache abgefasst, so kann das Gericht dem Antragsteller aufgeben, eine Übersetzung des Antrags beizubringen, deren Richtigkeit von einer in einem Mitgliedstaat der Europäischen Union oder in einem anderen Vertragsstaat des Abkommens über den Europäischen Wirtschaftsraum oder in einem Vertragsstaat des jeweils auszuführenden Anerkennungs- und Vollstreckungsvertrags hierzu befugten Person bestätigt worden ist.
(4) Der Ausfertigung des Titels, der mit der Vollstreckungsklausel versehen werden soll, und seiner Übersetzung, soweit eine solche vorgelegt wird, sollen zwei Abschriften beigefügt werden.

## § 5
## Erfordernis eines Zustellungsbevollmächtigten

(1) Hat der Antragsteller in dem Antrag keinen Zustellungsbevollmächtigten benannt, so können bis zur nachträglichen Benennung eines Zustellungsbevollmächtigten alle Zustellungen an ihn durch Aufgabe zur Post (§ 184 Abs. 1 Satz 2, Abs. 2 der Zivilprozessordnung) bewirkt werden.
(2) Zustellungsbevollmächtigter im Sinne des Absatzes 1 kann nur sein, wer im Bezirk des angerufenen Gerichts wohnt. Das Gericht kann die Bestellung einer Person mit einem anderen inländischen Wohnsitz zulassen.
(3) Absatz 1 gilt nicht, wenn der Antragsteller einen bei einem deutschen Gericht zugelassenen Rechtsanwalt oder eine andere Person zu seinem Bevollmächtigten für das Verfahren bestellt hat. Der Bevollmächtigte, der nicht bei einem deutschen Gericht zugelassener Rechtsanwalt ist, muss im Bezirk des angerufenen Gerichts wohnen; das Gericht kann von diesem Erfordernis absehen, wenn der Bevollmächtigte einen anderen Wohnsitz im Inland hat.
(4) § 31 des Gesetzes über die Tätigkeit europäischer Rechtsanwälte in Deutschland vom 9. März 2000 (BGBl. I S. 182) bleibt unberührt.

## § 6
## Verfahren

(1) Das Gericht entscheidet ohne Anhörung des Verpflichteten.
(2) Die Entscheidung ergeht ohne mündliche Verhandlung. Jedoch kann eine mündliche Erörterung mit dem Antragsteller oder seinem Bevollmächtigten stattfinden, wenn der Antragsteller oder der Bevollmächtigte hiermit einverstanden ist und die Erörterung der Beschleunigung dient.
(3) Im ersten Rechtszug ist die Vertretung durch einen Rechtsanwalt nicht erforderlich.

## § 7
## Vollstreckbarkeit ausländischer Titel in Sonderfällen

(1) Hängt die Zwangsvollstreckung nach dem Inhalt des Titels von einer dem Berechtigten obliegenden Sicherheitsleistung, dem Ablauf einer Frist oder dem Eintritt einer anderen Tatsache ab oder wird die Vollstreckungs-

klausel zugunsten eines anderen als des in dem Titel bezeichneten Berechtigten oder gegen einen anderen als den darin bezeichneten Verpflichteten beantragt, so ist die Frage, inwieweit die Zulassung der Zwangsvollstreckung von dem Nachweis besonderer Voraussetzungen abhängig oder ob der Titel für oder gegen den anderen vollstreckbar ist, nach dem Recht des Staates zu entscheiden, in dem der Titel errichtet ist. Der Nachweis ist durch Urkunden zu führen, es sei denn, dass die Tatsachen bei dem Gericht offenkundig sind.

(2) Kann der Nachweis durch Urkunden nicht geführt werden, so ist auf Antrag des Berechtigten der Verpflichtete zu hören. In diesem Falle sind alle Beweismittel zulässig. Das Gericht kann auch die mündliche Verhandlung anordnen.

## § 8
## Entscheidung

(1) Ist die Zwangsvollstreckung aus dem Titel zuzulassen, so beschließt das Gericht, dass der Titel mit der Vollstreckungsklausel zu versehen ist. In dem Beschluss ist die zu vollstreckende Verpflichtung in deutscher Sprache wiederzugeben. Zur Begründung des Beschlusses genügt in der Regel die Bezugnahme auf die durchzuführende Verordnung der Europäischen Gemeinschaft oder den auszuführenden Anerkennungs- und Vollstreckungsvertrag sowie auf von dem Antragsteller vorgelegte Urkunden. Auf die Kosten des Verfahrens ist § 788 der Zivilprozessordnung entsprechend anzuwenden.

(2) Ist der Antrag nicht zulässig oder nicht begründet, so lehnt ihn das Gericht durch mit Gründen versehenen Beschluss ab. Die Kosten sind dem Antragsteller aufzuerlegen.

## § 9
## Vollstreckungsklausel

(1) Auf Grund des Beschlusses nach § 8 Abs. 1 erteilt der Urkundsbeamte der Geschäftsstelle die Vollstreckungsklausel in folgender Form:

„Vollstreckungsklausel nach § 4 des Anerkennungs- und Vollstreckungsausführungsgesetzes vom 19. Februar 2001 (BGBl. I S. 288). Gemäß dem Beschluss des ...... (Bezeichnung des Gerichts und des Beschlusses) ist die Zwangsvollstreckung aus ...... (Bezeichnung des Titels) zugunsten ...... (Bezeichnung des Berechtigten) gegen ...... (Bezeichnung des Verpflichteten) zulässig.

Die zu vollstreckende Verpflichtung lautet:

...... (Angabe der dem Verpflichteten aus dem ausländischen Titel obliegenden Verpflichtung in deutscher Sprache; aus dem Beschluss nach § 8 Abs. 1 zu übernehmen).

Die Zwangsvollstreckung darf über Maßregeln zur Sicherung nicht hinausgehen, bis der Gläubiger eine gerichtliche Anordnung oder ein Zeugnis vorlegt, dass die Zwangsvollstreckung unbeschränkt stattfinden darf."

Lautet der Titel auf Leistung von Geld, so ist der Vollstreckungsklausel folgender Zusatz anzufügen:

„Solange die Zwangsvollstreckung über Maßregeln zur Sicherung nicht hinausgehen darf, kann der Schuldner die Zwangsvollstreckung durch Leistung einer Sicherheit in Höhe von ...... (Angabe des Betrages, wegen dessen der Berechtigte vollstrecken darf) abwenden."

(2) Wird die Zwangsvollstreckung nur für einen oder mehrere der durch die ausländische Entscheidung zuerkannten oder in einem anderen ausländischen Titel niedergelegten Ansprüche oder nur für einen Teil des Gegenstands der Verpflichtung zugelassen, so ist die Vollstreckungsklausel als „Teil-Vollstreckungsklausel nach § 4 des Anerkennungs- und Vollstreckungsausführungsgesetzes vom 19. Februar 2001 (BGBl. I S. 288)" zu bezeichnen.

(3) Die Vollstreckungsklausel ist von dem Urkundsbeamten der Geschäftsstelle zu unterschreiben und mit dem Gerichtssiegel zu versehen. Sie ist entweder auf die Ausfertigung des Titel oder auf ein damit zu verbindendes Blatt zu setzen. Falls eine Übersetzung des Titels vorliegt, ist sie mit der Ausfertigung zu verbinden.

### § 10
### Bekanntgabe der Entscheidung

(1) Im Falle des § 8 Abs. 1 sind dem Verpflichteten eine beglaubigte Abschrift des Beschlusses, eine beglaubigte Abschrift des mit der Vollstreckungsklausel versehenen Titels und gegebenenfalls seiner Übersetzung sowie der gemäß § 8 Abs. 1 Satz 3 in Bezug genommenen Urkunden von Amts wegen zuzustellen.
(2) Muss die Zustellung an den Verpflichteten im Ausland oder durch öffentliche Bekanntmachung erfolgen und hält das Gericht die Beschwerdefrist nach § 11 Abs. 3 Satz 1 nicht für ausreichend, so bestimmt es in dem Beschluss nach § 8 Abs. 1 oder nachträglich durch besonderen Beschluss, der ohne mündliche Verhandlung ergeht, eine längere Beschwerdefrist. Die Bestimmungen über den Beginn der Beschwerdefrist bleiben auch im Falle der nachträglichen Festsetzung unberührt.
(3) Dem Antragsteller sind eine beglaubigte Abschrift des Beschlusses nach § 8, im Falle des § 8 Abs. 1 ferner die mit der Vollstreckungsklausel versehene Ausfertigung des Titels und eine Bescheinigung über die bewirkte Zustellung, zu übersenden. In den Fällen des Absatzes 2 ist die festgesetzte Frist für die Einlegung der Beschwerde auf der Bescheinigung über die bewirkte Zustellung zu vermerken.

## Abschnitt 3
## Beschwerde, Vollstreckungsgegenklage

### § 11
### Einlegung der Beschwerde; Beschwerdefrist

(1) Die Beschwerde gegen die im ersten Rechtszug ergangene Entscheidung über den Antrag auf Erteilung der Vollstreckungsklausel wird bei dem Beschwerdegericht durch Einreichen einer Beschwerdeschrift oder durch Erklärung zu Protokoll der Geschäftsstelle eingelegt. Beschwerdegericht ist das Oberlandesgericht. Der Beschwerdeschrift soll die für ihre Zustellung erforderliche Zahl von Abschriften beigefügt werden.
(2) Die Zulässigkeit der Beschwerde wird nicht dadurch berührt, dass sie statt bei dem Beschwerdegericht bei dem Gericht des ersten Rechtszuges eingelegt wird; die Beschwerde ist unverzüglich von Amts wegen an das Beschwerdegericht abzugeben.
(3) Die Beschwerde des Verpflichteten gegen die Zulassung der Zwangsvollstreckung ist innerhalb eines Monats, im Falle des § 10 Abs. 2 Satz 1 innerhalb der nach dieser Vorschrift bestimmten längeren Frist einzulegen. Die Beschwerdefrist beginnt mit der Zustellung nach § 10 Abs. 1. Sie ist eine Notfrist.
(4) Die Beschwerde ist dem Beschwerdegegner von Amts wegen zuzustellen.

### § 12
### Einwendungen gegen den zu vollstreckenden Anspruch im Beschwerdeverfahren

(1) Der Verpflichtete kann mit der Beschwerde, die sich gegen die Zulassung der Zwangsvollstreckung aus einer Entscheidung richtet, auch Einwendungen gegen den Anspruch selbst insoweit geltend machen, als die Gründe, auf denen sie beruhen, erst nach dem Erlass der Entscheidung entstanden sind.

(2) Mit der Beschwerde, die sich gegen die Zulassung der Zwangsvollstreckung aus einem gerichtlichen Vergleich oder einer öffentlichen Urkunde richtet, kann der Verpflichtete die Einwendungen gegen den Anspruch selbst ungeachtet der in Absatz 1 enthaltenen Beschränkung geltend machen.

### § 13
### Verfahren und Entscheidung über die Beschwerde

(1) Das Beschwerdegericht entscheidet durch Beschluss, der mit Gründen zu versehen ist und ohne mündliche Verhandlung ergehen kann. Der Beschwerdegegner ist vor der Entscheidung zu hören.
(2) Solange eine mündliche Verhandlung nicht angeordnet ist, können zu Protokoll der Geschäftsstelle Anträge gestellt und Erklärungen abgegeben werden. Wird die mündliche Verhandlung angeordnet, so gilt für die Ladung § 215 der Zivilprozessordnung.
(3) Eine vollständige Ausfertigung des Beschlusses ist dem Berechtigten und dem Verpflichteten auch dann von Amts wegen zuzustellen, wenn der Beschluss verkündet worden ist.
(4) Soweit nach dem Beschluss des Beschwerdegerichts die Zwangsvollstreckung aus dem Titel erstmals zuzulassen ist, erteilt der Urkundsbeamte der Geschäftsstelle des Beschwerdegerichts die Vollstreckungsklausel. § 8 Abs. 1 Satz 2 und 4, §§ 9 und 10 Abs. 1 und 3 Satz 1 sind entsprechend anzuwenden. Ein Zusatz, dass die Zwangsvollstreckung über Maßregeln zur Sicherung nicht hinausgehen darf, ist nur aufzunehmen, wenn das Beschwerdegericht eine Anordnung nach diesem Gesetz (§ 22 Abs. 2, § 40 Abs. 1 Nr. 1 oder § 45 Abs. 1 Nr. 1) erlassen hat. Der Inhalt des Zusatzes bestimmt sich nach dem Inhalt der Anordnung.

### § 14
### Vollstreckungsgegenklage

(1) Ist die Zwangsvollstreckung aus einem Titel zugelassen, so kann der Verpflichtete Einwendungen gegen den Anspruch selbst in einem Verfahren nach § 767 der Zivilprozessordnung nur geltend machen, wenn die Gründe, auf denen seine Einwendungen beruhen, erst
1. nach Ablauf der Frist, innerhalb deren er die Beschwerde hätte einlegen können, oder
2. falls die Beschwerde eingelegt worden ist, nach Beendigung dieses Verfahrens entstanden sind.
(2) Die Klage nach § 767 der Zivilprozessordnung ist bei dem Gericht zu erheben, das über den Antrag auf Erteilung der Vollstreckungsklausel entschieden hat. Soweit die Klage einen Unterhaltstitel zum Gegenstand hat, ist das Familiengericht zuständig; für die örtliche Zuständigkeit gelten die Vorschriften der Zivilprozessordnung für Unterhaltssachen.

## Abschnitt 4
## Rechtsbeschwerde

### § 15
### Statthaftigkeit und Frist

(1) Gegen den Beschluss des Beschwerdegerichts findet die Rechtsbeschwerde nach Maßgabe des § 574 Abs. 1 Nr. 1, Abs. 2 der Zivilprozessordnung statt.

(2) Die Rechtsbeschwerde ist innerhalb eines Monats einzulegen.

(3) Die Rechtsbeschwerdefrist ist eine Notfrist und beginnt mit der Zustellung des Beschlusses (§ 13 Abs. 3).

## § 16
## Einlegung und Begründung

(1) Die Rechtsbeschwerde wird durch Einreichen der Beschwerdeschrift bei dem Bundesgerichtshof eingelegt.

(2) Die Rechtsbeschwerde ist zu begründen. § 575 Abs. 2 bis 4 der Zivilprozessordnung ist entsprechend anzuwenden. Soweit die Rechtsbeschwerde darauf gestützt wird, dass das Beschwerdegericht von einer Entscheidung des Gerichtshofs der Europäischen Gemeinschaften abgewichen sei, muss die Entscheidung, von der der angefochtene Beschluss abweicht, bezeichnet werden.

(3) Mit der Beschwerdeschrift soll eine Ausfertigung oder beglaubigte Abschrift des Beschlusses, gegen den sich die Rechtsbeschwerde richtet, vorgelegt werden.

## § 17
## Verfahren und Entscheidung

(1) Der Bundesgerichtshof kann nur überprüfen, ob der Beschluss auf einer Verletzung des Rechts der Europäischen Gemeinschaft, eines Anerkennungs- und Vollstreckungsvertrags, sonstigen Bundesrechts oder einer anderen Vorschrift beruht, deren Geltungsbereich sich über den Bezirk eines Oberlandesgerichts hinaus erstreckt. Er darf nicht prüfen, ob das Gericht seine örtliche Zuständigkeit zu Unrecht angenommen hat.

(2) Der Bundesgerichtshof kann über die Rechtsbeschwerde ohne mündliche Verhandlung entscheiden. Auf das Verfahren über die Rechtsbeschwerde sind § 574 Abs. 4, § 576 Abs. 3 und § 577 der Zivilprozessordnung entsprechend anzuwenden.

(3) Soweit die Zwangsvollstreckung aus dem Titel erstmals durch den Bundesgerichtshof zugelassen wird, erteilt der Urkundsbeamte der Geschäftsstelle dieses Gerichts die Vollstreckungsklausel. § 8 Abs. 1 Satz 2 und 4, §§ 9 und 10 Abs. 1 und 3 Satz 1 gelten entsprechend. Ein Zusatz über die Beschränkung der Zwangsvollstreckung entfällt.

# Abschnitt 5
# Beschränkung der Zwangsvollstreckung auf Sicherungsmaßregeln und unbeschränkte Fortsetzung der Zwangsvollstreckung

## § 18
## Beschränkung kraft Gesetzes

Die Zwangsvollstreckung ist auf Sicherungsmaßregeln beschränkt, solange die Frist zur Einlegung der Beschwerde noch läuft und solange über die Beschwerde noch nicht entschieden ist.

## § 19
## Prüfung der Beschränkung

Einwendungen des Verpflichteten, dass bei der Zwangsvollstreckung die Beschränkung auf Sicherungsmaßregeln nach der durchzuführenden Verordnung der Europäischen Gemeinschaft, nach dem auszuführenden Anerkennungs- und Vollstreckungsvertrag, nach § 18 dieses Gesetzes oder auf Grund einer auf diesem Gesetz beruhenden Anordnung (§ 22 Abs. 2, §§ 40, 45) nicht eingehalten werde, oder Einwendungen des Berechtigten, dass eine bestimmte Maßnahme der Zwangsvollstreckung mit dieser Beschränkung vereinbar sei, sind im Wege der Erinnerung nach § 766 der Zivilprozessordnung bei dem Vollstreckungsgericht (§ 764 der Zivilprozessordnung) geltend zu machen.

## § 20
## Sicherheitsleistung durch den Verpflichteten

(1) Solange die Zwangsvollstreckung aus einem Titel, der auf Leistung von Geld lautet, nicht über Maßregeln der Sicherung hinausgehen darf, ist der Verpflichtete befugt, die Zwangsvollstreckung durch Leistung einer Sicherheit in Höhe des Betrages abzuwenden, wegen dessen der Berechtigte vollstrecken darf.

(2) Die Zwangsvollstreckung ist einzustellen und bereits getroffene Vollstreckungsmaßregeln sind aufzuheben, wenn der Verpflichtete durch eine öffentliche Urkunde die zur Abwendung der Zwangsvollstreckung erforderliche Sicherheitsleistung nachweist.

## § 21
## Versteigerung beweglicher Sachen

Ist eine bewegliche Sache gepfändet und darf die Zwangsvollstreckung nicht über Maßregeln zur Sicherung hinausgehen, so kann das Vollstreckungsgericht auf Antrag anordnen, dass die Sache versteigert und der Erlös hinterlegt werde, wenn sie der Gefahr einer beträchtlichen Wertminderung ausgesetzt ist oder wenn ihre Aufbewahrung unverhältnismäßige Kosten verursachen würde.

## § 22
## Unbeschränkte Fortsetzung der Zwangsvollstreckung; besondere gerichtliche Anordnungen

(1) Weist das Beschwerdegericht die Beschwerde des Verpflichteten gegen die Zulassung der Zwangsvollstreckung zurück oder lässt es auf die Beschwerde des Berechtigten die Zwangsvollstreckung aus dem Titel zu, so kann die Zwangsvollstreckung über Maßregeln zur Sicherung hinaus fortgesetzt werden.

(2) Auf Antrag des Verpflichteten kann das Beschwerdegericht anordnen, dass bis zum Ablauf der Frist zur Einlegung der Rechtsbeschwerde (§ 15) oder bis zur Entscheidung über diese Beschwerde die Zwangsvollstreckung nicht oder nur gegen Sicherheitsleistung über Maßregeln zur Sicherung hinausgehen darf. Die Anordnung darf nur erlassen werden, wenn glaubhaft gemacht wird, dass die weitergehende Vollstreckung dem Verpflichteten einen nicht zu ersetzenden Nachteil bringen würde. § 713 der Zivilprozessordnung ist entsprechend anzuwenden.

(3) Wird Rechtsbeschwerde eingelegt, so kann der Bundesgerichtshof auf Antrag des Verpflichteten eine Anordnung nach Absatz 2 erlassen. Der Bundesgerichtshof kann auf Antrag des Berechtigten eine nach Absatz 2 erlassene Anordnung des Beschwerdegerichts abändern oder aufheben.

## § 23
## Unbeschränkte Fortsetzung der durch das Gericht des ersten Rechtszuges zugelassenen Zwangsvollstreckung

(1) Die Zwangsvollstreckung aus dem Titel, den der Urkundsbeamte der Geschäftsstelle des Gerichts des ersten Rechtszuges mit der Vollstreckungsklausel versehen hat, ist auf Antrag des Berechtigten über Maßregeln zur Sicherung hinaus fortzusetzen, wenn das Zeugnis des Urkundsbeamten der Geschäftsstelle dieses Gerichts vorgelegt wird, dass die Zwangsvollstreckung unbeschränkt stattfinden darf.

(2) Das Zeugnis ist dem Berechtigten auf seinen Antrag zu erteilen,

1. wenn der Verpflichtete bis zum Ablauf der Beschwerdefrist keine Beschwerdeschrift eingereicht hat,
2. wenn das Beschwerdegericht die Beschwerde des Verpflichteten zurückgewiesen und keine Anordnung nach § 22 Abs. 2 erlassen hat,
3. wenn der Bundesgerichtshof die Anordnung des Beschwerdegerichts nach § 22 Abs. 2 aufgehoben hat (§ 22 Abs. 3 Satz 2) oder
4. wenn der Bundesgerichtshof den Titel zur Zwangsvollstreckung zugelassen hat.

(3) Aus dem Titel darf die Zwangsvollstreckung, selbst wenn sie auf Maßregeln der Sicherung beschränkt ist, nicht mehr stattfinden, sobald ein Beschluss des Beschwerdegerichts, dass der Titel zur Zwangsvollstreckung nicht zugelassen werde, verkündet oder zugestellt ist.

## § 24
## Unbeschränkte Fortsetzung der durch das Beschwerdegericht zugelassenen Zwangsvollstreckung

(1) Die Zwangsvollstreckung aus dem Titel, zu dem der Urkundsbeamte der Geschäftsstelle des Beschwerdegerichts die Vollstreckungsklausel mit dem Zusatz erteilt hat, dass die Zwangsvollstreckung auf Grund der Anordnung des Gerichts nicht über Maßregeln zur Sicherung hinausgehen darf (§ 13 Abs. 4 Satz 3), ist auf Antrag des Berechtigten über Maßregeln zur Sicherung hinaus fortzusetzen, wenn das Zeugnis des Urkundsbeamten der Geschäftsstelle dieses Gerichts vorgelegt wird, dass die Zwangsvollstreckung unbeschränkt stattfinden darf.

(2) Das Zeugnis ist dem Berechtigten auf seinen Antrag zu erteilen,

1. wenn der Verpflichtete bis zum Ablauf der Frist zur Einlegung der Rechtsbeschwerde (§ 15 Abs. 2) keine Beschwerdeschrift eingereicht hat,
2. wenn der Bundesgerichtshof die Anordnung des Beschwerdegerichts nach § 22 Abs. 2 aufgehoben hat (§ 22 Abs. 3 Satz 2) oder
3. wenn der Bundesgerichtshof die Rechtsbeschwerde des Verpflichteten zurückgewiesen hat.

## Abschnitt 6
## Feststellung der Anerkennung einer ausländischen Entscheidung

### § 25
### Verfahren und Entscheidung in der Hauptsache

(1) Auf das Verfahren, das die Feststellung zum Gegenstand hat, ob eine Entscheidung aus einem anderen Staat anzuerkennen ist, sind die §§ 3 bis 6, 8 Abs. 2, die §§ 10 bis 12, § 13 Abs. 1 bis 3, die §§ 15 und 16 sowie § 17 Abs. 1 bis 3 entsprechend anzuwenden.
(2) Ist der Antrag auf Feststellung begründet, so beschließt das Gericht, dass die Entscheidung anzuerkennen ist.

### § 26
### Kostenentscheidung

In den Fällen des § 25 Abs. 2 sind die Kosten dem Antragsgegner aufzuerlegen. Dieser kann die Beschwerde (§ 11) auf die Entscheidung über den Kostenpunkt beschränken. In diesem Falle sind die Kosten dem Antragsteller aufzuerlegen, wenn der Antragsgegner nicht durch sein Verhalten zu dem Antrag auf Feststellung Veranlassung gegeben hat.

## Abschnitt 7
## Aufhebung oder Änderung der Beschlüsse über die Zulassung der Zwangsvollstreckung oder die Anerkennung

### § 27
### Verfahren nach Aufhebung oder Änderung des für vollstreckbar erklärten ausländischen Titels im Ursprungsstaat

(1) Wird der Titel in dem Staat, in dem er errichtet worden ist, aufgehoben oder geändert und kann der Verpflichtete diese Tatsache in dem Verfahren der Zulassung der Zwangsvollstreckung nicht mehr geltend machen, so kann er die Aufhebung oder Änderung der Zulassung in einem besonderen Verfahren beantragen.
(2) Für die Entscheidung über den Antrag ist das Gericht ausschließlich zuständig, das im ersten Rechtszug über den Antrag auf Erteilung der Vollstreckungsklausel entschieden hat.
(3) Der Antrag kann bei dem Gericht schriftlich oder durch Erklärung zu Protokoll der Geschäftsstelle gestellt werden. Über den Antrag kann ohne mündliche Verhandlung entschieden werden. Vor der Entscheidung, die durch Beschluss ergeht, ist der Berechtigte zu hören. § 13 Abs. 2 und 3 gilt entsprechend.
(4) Der Beschluss unterliegt der Beschwerde nach den §§ 567 bis 577 der Zivilprozessordnung. Die Notfrist für die Einlegung der sofortigen Beschwerde beträgt einen Monat.
(5) Für die Einstellung der Zwangsvollstreckung und die Aufhebung bereits getroffener Vollstreckungsmaßregeln sind die §§ 769 und 770 der Zivilprozessordnung entsprechend anzuwenden. Die Aufhebung einer Vollstreckungsmaßregel ist auch ohne Sicherheitsleistung zulässig.

### § 28
### Schadensersatz wegen ungerechtfertigter Vollstreckung

(1) Wird die Zulassung der Zwangsvollstreckung auf die Beschwerde (§ 11) oder die Rechtsbeschwerde (§ 15) aufgehoben oder abgeändert, so ist der Berechtigte zum Ersatz des Schadens verpflichtet, der dem Verpflichteten durch die Vollstreckung des Titels oder durch eine Leistung zur Abwendung der Vollstreckung entstanden ist. Das Gleiche gilt, wenn die Zulassung der Zwangsvollstreckung nach § 27 aufgehoben oder abgeändert wird, sofern die zur Zwangsvollstreckung zugelassene Entscheidung zum Zeitpunkt der Zulassung nach dem Recht des Staats, in dem sie ergangen ist, noch mit einem ordentlichen Rechtsmittel angefochten werden konnte.
(2) Für die Geltendmachung des Anspruchs ist das Gericht ausschließlich zuständig, das im ersten Rechtszug über den Antrag, den Titel mit der Vollstreckungsklausel zu versehen, entschieden hat.

### § 29
### Aufhebung oder Änderung ausländischer Entscheidungen, deren Anerkennung festgestellt ist

Wird die Entscheidung in dem Staat, in dem sie ergangen ist, aufgehoben oder abgeändert und kann die davon begünstigte Partei diese Tatsache nicht mehr in dem Verfahren über den Antrag auf Feststellung der Anerkennung (§ 25) geltend machen, so ist § 27 Abs. 1 bis 4 entsprechend anzuwenden.

## Abschnitt 8
## Vorschriften für Entscheidungen deutscher Gerichte und für das Mahnverfahren

### § 30
### Vervollständigung inländischer Entscheidungen zur Verwendung im Ausland

(1) Will eine Partei ein Versäumnis- oder Anerkenntnisurteil, das nach § 313 b der Zivilprozessordnung in verkürzter Form abgefasst worden ist, in einem anderen Vertrags- oder Mitgliedstaat geltend machen, so ist das Urteil auf ihren Antrag zu vervollständigen. Der Antrag kann bei dem Gericht schriftlich oder durch Erklärung zu Protokoll der Geschäftsstelle gestellt werden. Über den Antrag wird ohne mündliche Verhandlung entschieden.
(2) Zur Vervollständigung des Urteils sind der Tatbestand und die Entscheidungsgründe nachträglich abzufassen, von den Richtern besonders zu unterschreiben und der Geschäftsstelle zu übergeben; der Tatbestand und die Entscheidungsgründe können auch von Richtern unterschrieben werden, die bei dem Urteil nicht mitgewirkt haben.
(3) Für die Berichtigung des nachträglich abgefassten Tatbestands gilt § 320 der Zivilprozessordnung entsprechend. Jedoch können bei der Entscheidung über einen Antrag auf Berichtigung auch solche Richter mitwirken, die bei dem Urteil oder der nachträglichen Anfertigung des Tatbestands nicht mitgewirkt haben.
(4) Die vorstehenden Absätze gelten entsprechend für die Vervollständigung von Arrestbefehlen, einstweiligen Anordnungen und einstweiligen Verfügungen, die in einem anderen Vertrags- oder Mitgliedstaat geltend gemacht werden sollen und nicht mit einer Begründung versehen sind.

### § 31
### Vollstreckungsklausel zur Verwendung im Ausland

Vollstreckungsbescheide, Arrestbefehle und einstweilige Verfügungen, deren Zwangsvollstreckung in einem anderen Vertrags- oder Mitgliedstaat betrieben werden soll, sind auch dann mit der Vollstreckungsklausel zu versehen, wenn dies für eine Zwangsvollstreckung im Inland nach § 796 Abs. 1, § 929 Abs. 1 und § 936 der Zivilprozessordnung nicht erforderlich wäre.

### § 32
### Mahnverfahren mit Zustellung im Ausland

(1) Das Mahnverfahren findet auch statt, wenn die Zustellung des Mahnbescheids in einem anderen Vertrags- oder Mitgliedstaat erfolgen muss. In diesem Falle kann der Anspruch auch die Zahlung einer bestimmten Geldsumme in ausländischer Währung zum Gegenstand haben.
(2) Macht der Antragsteller geltend, dass das Gericht auf Grund einer Gerichtsstandsvereinbarung zuständig sei, so hat er dem Mahnantrag die erforderlichen Schriftstücke über die Vereinbarung beizufügen.
(3) Die Widerspruchsfrist (§ 692 Abs. 1 Nr. 3 der Zivilprozessordnung) beträgt einen Monat.

## Abschnitt 9
## Verhältnis zu besonderen Anerkennungsverfahren; Konzentrationsermächtigung

### § 33
### Verhältnis zu besonderen Anerkennungsverfahren

Soweit nicht anders bestimmt, bleibt Artikel 7 des Familienrechtsänderungsgesetzes vom 11. August 1961 (BGBl. I S. 1221), zuletzt geändert durch Artikel 3 § 5 des Gesetzes vom 25. Juni 1998 (BGBl. I S. 1580), unberührt.

### § 34
### Konzentrationsermächtigung

(1) Die Landesregierungen werden für die Ausführung von Anerkennungs- und Vollstreckungsverträgen nach diesem Gesetz und die Durchführung der Verordnung (EG) Nr. 44/2001 ermächtigt, durch Rechtsverordnung die Entscheidung über Anträge auf Erteilung der Vollstreckungsklausel zu ausländischen Titeln in Zivil- und Handelssachen, über Anträge auf Aufhebung oder Abänderung dieser Vollstreckungsklausel und über Anträge auf Feststellung der Anerkennung einer ausländischen Entscheidung für die Bezirke mehrerer Landgerichte einem von ihnen zuzuweisen, sofern dies der sachlichen Förderung oder schnelleren Erledigung der Verfahren dient. Die Ermächtigung kann für die Übereinkommen über die gerichtliche Zuständigkeit und die Vollstreckung gerichtlicher Entscheidungen in Zivil- und Handelssachen vom 27. September 1968 (BGBl. 1972 II S. 773) und vom 16. September 1988 (BGBl. 1994 II S. 2658) und die Verordnung (EG) Nr. 44/2001 jeweils allein ausgeübt werden.

(2) Die Landesregierungen können die Ermächtigung durch Rechtsverordnung auf die Landesjustizverwaltungen übertragen.

## Teil 2
## Besonderes
### Abschnitt 1
### Übereinkommen über die gerichtliche Zuständigkeit und die Vollstreckung gerichtlicher Entscheidungen in Zivil- und Handelssachen vom 27. September 1968 und vom 16. September 1988

#### § 35
#### Sonderregelungen über die Beschwerdefrist

Die Frist für die Beschwerde des Verpflichteten gegen die Entscheidung über die Zulassung der Zwangsvollstreckung beträgt zwei Monate und beginnt von dem Tage an zu laufen, an dem die Entscheidung dem Verpflichteten entweder in Person oder in seiner Wohnung zugestellt worden ist, wenn der Verpflichtete seinen Wohnsitz oder seinen Sitz in einem anderen Vertragsstaat dieser Übereinkommen hat. Eine Verlängerung dieser Frist wegen weiter Entfernung ist ausgeschlossen. § 10 Abs. 2 und 3 Satz 2 sowie § 11 Abs. 3 Satz 1 und 2 finden in diesen Fällen keine Anwendung.

#### § 36
#### Aussetzung des Beschwerdeverfahrens

(1) Das Oberlandesgericht kann auf Antrag des Verpflichteten seine Entscheidung über die Beschwerde gegen die Zulassung der Zwangsvollstreckung aussetzen, wenn gegen die Entscheidung im Ursprungsstaat ein ordentliches Rechtsmittel eingelegt oder die Frist hierfür noch nicht verstrichen ist; im letzteren Falle kann das Oberlandesgericht eine Frist bestimmen, innerhalb deren das Rechtsmittel einzulegen ist. Das Gericht kann die Zwangsvollstreckung auch von einer Sicherheitsleistung abhängig machen.
(2) Absatz 1 ist im Verfahren auf Feststellung der Anerkennung einer Entscheidung (§§ 25 und 26) entsprechend anzuwenden.

### Abschnitt 2
### Haager Übereinkommen vom 2. Oktober 1973 über die Anerkennung und Vollstreckung von Unterhaltsentscheidungen

Vom Abdruck wird abgesehen.

## Abschnitt 3
## Vertrag vom 17. Juni 1977 zwischen der Bundesrepublik Deutschland und dem Königreich Norwegen über die gegenseitige Anerkennung und Vollstreckung gerichtlicher Entscheidungen und anderer Schuldtitel in Zivil- und Handelssachen

Vom Abdruck wird abgesehen.

## Abschnitt 4
## Vertrag vom 20. Juli 1977 zwischen der Bundesrepublik Deutschland und dem Staat Israel über die gegenseitige Anerkennung und Vollstreckung gerichtlicher Entscheidungen in Zivil- und Handelssachen

Vom Abdruck wird abgesehen.

## Abschnitt 5
## Verordnung (EG) Nr. 1347/2000 des Rates vom 29. Mai 2000 über die Zuständigkeit und die Anerkennung und Vollstreckung von Entscheidungen in Ehesachen und in Verfahren betreffend die elterliche Verantwortung für die gemeinsamen Kinder der Ehegatten

### § 50
### Abweichungen von Vorschriften des Allgemeinen Teils; ergänzende Regelungen

(1) Die §§ 3, 4 Abs. 4, § 6 Abs. 1 und 3, § 7 Abs. 1 Satz 2 und Abs. 2, § 11 Abs. 1 Satz 2 und 3, Abs. 3 Satz 1 erster Halbsatz und Satz 2, § 13 Abs. 2 Satz 2, §§ 18 bis 24 und 33 sowie die Verweisung auf § 575 Abs. 4 Satz 1, § 133 Abs. 1 Satz 1 der Zivilprozessordnung in § 16 Abs. 2 Satz 2 finden keine Anwendung. Für die Kostenerstattung gelten abweichend von § 8 Abs. 1 Satz 4 und Abs. 2 Satz 2 und von § 26 die Bestimmungen des § 13a Abs. 1 und 3 des Gesetzes über die Angelegenheiten der freiwilligen Gerichtsbarkeit.
(2) § 9 gilt mit der Maßgabe, dass der letzte Satz des in Absatz 1 Satz 1 vorgesehenen Wortlauts der Vollstreckungsklausel und der Zusatz nach Absatz 1 Satz 2 entfallen. § 10 ist mit der Maßgabe anzuwenden, dass im Falle des § 8 Abs. 1 dem Verpflichteten eine beglaubigte Abschrift des noch nicht mit der Vollstreckungsklausel versehenen Titels zuzustellen und dem Berechtigten die mit der Vollstreckungsklausel versehene Ausfertigung des Titels erst dann zu übersenden ist, wenn der Beschluss nach § 8 Abs. 1 wirksam geworden (§ 53 Abs. 1 Satz 1) und die Vollstreckungsklausel erteilt ist. Ein Beschluss nach § 8 Abs. 2 ist dem Verpflichteten formlos mitzuteilen. Artikel 26 Abs. 5 Satz 2 und 3 der Verordnung ist sinngemäß auch dann anzuwenden, wenn der Verpflichtete seinen gewöhnlichen Aufenthalt in einem Mitgliedstaat der Europäischen Union, in dem die Verordnung nicht gilt, oder in einem nicht der Europäischen Union angehörenden Vertragsstaat des Übereinkommens vom 16. September 1988 über die gerichtliche Zuständigkeit und die Vollstreckung gerichtlicher Entscheidungen in Zivil- und Handelssachen (BGBl. 1994 II S. 2658) hat.

Dementsprechend finden § 10 Abs. 2 und 3 Satz 2 sowie § 11 Abs. 3 Satz 1 zweiter Halbsatz keine Anwendung, wenn der Verpflichtete seinen gewöhnlichen Aufenthalt in einem anderen Mitgliedstaat der Europäischen Union oder in einem anderen Vertragsstaat dieses Übereinkommens hat.

(3) Die §§ 12, 14, 27 Abs. 5 und § 28 gelten nur, soweit der zu vollstreckende Titel auf Leistung von Geld lautet. § 12 Abs. 2 findet keine Anwendung; § 12 Abs. 1 gilt für die Beschwerde, die sich gegen die Zulassung der Zwangsvollstreckung aus einem gerichtlichen Vergleich oder einer öffentlichen Urkunde richtet, sinngemäß. Bei der Anwendung des § 17 Abs. 2 Satz 2 bleibt die Verweisung auf § 574 Abs. 4 und § 577 Abs. 2 Satz 1 bis 3 sowie die Verweisung auf § 556 in § 576 Abs. 3 der Zivilprozessordnung außer Betracht.

(4) Ergänzend sind § 6 Abs. 1 und 2 Satz 1 und § 14 des Sorgerechtsübereinkommens-Ausführungsgesetzes vom 5. April 1990 (BGBl. I S. 701), das zuletzt durch Artikel 2 Abs. 6 des Gesetzes vom 19. Februar 2001 (BGBl. I S. 288) geändert worden ist, entsprechend anzuwenden.

## § 51
## Zuständigkeit für Verfahren auf Feststellung der Anerkennung

Für ein Verfahren, das die Feststellung zum Gegenstand hat, ob eine in einem anderen Mitgliedstaat ergangene Entscheidung anzuerkennen ist (Artikel 14 Abs. 3 der Verordnung), ist das Familiengericht, in dessen Zuständigkeitsbereich gemäß Anhang I zu der Verordnung

1. der Antragsgegner oder ein Kind, auf das sich die Entscheidung bezieht, sich gewöhnlich aufhält oder
2. bei Fehlen einer Zuständigkeit nach Nummer 1 das Interesse an der Feststellung hervortritt,
3. sonst das im Bezirk des Kammergerichts zur Entscheidung berufene Gericht örtlich ausschließlich zuständig.

## § 52
## Äußerung im Verfahren vor dem Familiengericht; weitere Zustellungsempfänger

(1) Im Verfahren vor dem Familiengericht erhält nur der Antragsteller Gelegenheit, sich zu dem Antrag auf Erteilung der Vollstreckungsklausel oder auf Feststellung, ob die Entscheidung anzuerkennen ist, zu äußern.

(2) In einem Verfahren, das die Vollstreckbarerklärung oder die Feststellung der Anerkennung oder Nichtanerkennung einer die elterliche Verantwortung betreffenden Entscheidung zum Gegenstand hat, sind Zustellungen auch an den gesetzlichen Vertreter des Kindes, an dessen Vertreter im Verfahren und an das mindestens 14 Jahre alte Kind selbst sowie an einen Elternteil, der nicht am Verfahren beteiligt war, zu bewirken.

## § 53
## Wirksamwerden von Entscheidungen

(1) Ein Beschluss des Familiengerichts oder des Oberlandesgerichts nach den §§ 8, 13, 25 bis 27 oder § 29 wird erst mit der Rechtskraft wirksam. Hierauf ist in dem Beschluss hinzuweisen.

(2) Das Oberlandesgericht kann in Verbindung mit der Entscheidung über die Beschwerde die sofortige Wirksamkeit eines Beschlusses anordnen; § 8 Abs. 1 Satz 2, §§ 9 und 10 Abs. 1 und 3 Satz 1 gelten entsprechend. Wird Rechtsbeschwerde eingelegt, so kann der Bundesgerichtshof auf Antrag des Verpflichteten eine Anordnung nach Satz 1 aufheben oder auf Antrag des Berechtigten erstmals eine Anordnung nach Satz 1 treffen.

## § 54
## Bescheinigungen zu inländischen Titeln

Die Bescheinigung nach Artikel 33 der Verordnung wird von dem Urkundsbeamten der Geschäftsstelle des Gerichts des ersten Rechtszuges und, wenn das Verfahren bei einem höheren Gericht anhängig ist, von dem Urkundsbeamten der Geschäftsstelle dieses Gerichts ausgestellt.

# Abschnitt 6
# Verordnung (EG) Nr. 44/2001 des Rates vom 22. Dezember 2000 über die gerichtliche Zuständigkeit und die Anerkennung und Vollstreckung von Entscheidungen in Zivil- und Handelssachen

## § 55
## Abweichungen von Vorschriften des Allgemeinen Teils; ergänzende Regelungen

(1) Die §§ 3, 6 Abs. 1, § 7 Abs. 1 Satz 2 und Abs. 2, § 11 Abs. 1 Satz 2 und Abs. 3 Satz 1 erster Halbsatz und Satz 2 sowie § 18 finden keine Anwendung.

(2) Artikel 43 Abs. 5 Satz 2 und 3 der Verordnung ist sinngemäß auch dann anzuwenden, wenn der Verpflichtete seinen Wohnsitz oder seinen Sitz in einem Mitgliedstaat der Europäischen Union, in dem die Verordnung nicht gilt, oder in einem nicht der Europäischen Union angehörenden Vertragsstaat des Übereinkommens vom 16. September 1988 über die gerichtliche Zuständigkeit und die Vollstreckung gerichtlicher Entscheidungen in Zivil- und Handelssachen (BGBl. 1994 II S. 2658) hat. Dementsprechend finden § 10 Abs. 2 und 3 Satz 2 sowie § 11 Abs. 3 Satz 1 zweiter Halbsatz keine Anwendung, wenn der Verpflichtete seinen Wohnsitz oder seinen Sitz in einem anderen Mitgliedstaat der Europäischen Union oder in einem anderen Vertragsstaat dieses Übereinkommens hat.

(3) In einem Verfahren, das die Vollstreckbarerklärung einer notariellen Urkunde zum Gegenstand hat, kann diese Urkunde auch von einem Notar für vollstreckbar erklärt werden. Die Vorschriften für das Verfahren der Vollstreckbarerklärung durch ein Gericht gelten sinngemäß.

## § 56
## Bescheinigungen zu inländischen Titeln

Die Bescheinigung nach den Artikeln 54, 57 und 58 der Verordnung werden von dem Gericht, der Behörde oder der mit öffentlichem Glauben versehenen Person ausgestellt, der die Erteilung einer vollstreckbaren Ausfertigung des Titels obliegt. Soweit danach die Gerichte für die Ausstellung der Bescheinigung zuständig sind, wird diese von dem Gericht des ersten Rechtszuges und, wenn das Verfahren bei einem höheren Gericht anhängig ist, von diesem Gericht ausgestellt. Funktionell zuständig ist die Stelle, der die Erteilung einer vollstreckbaren Ausfertigung des Titels obliegt. Für die Anfechtbarkeit der Entscheidung über die Ausstellung der Bescheinigung gelten die Vorschriften über die Anfechtbarkeit der Entscheidung über die Erteilung der Vollstreckungsklausel sinngemäß.

## b) EG-Zustellungsdurchführungsgesetz (EG-ZustDG) vom 9. Juli 2001 (BGBl 2001 I 1536) (Gesetz zur Durchführung gemeinschaftsrechtlicher Vorschriften über die Zustellung gerichtlicher und außergerichtlicher Schriftstücke in Zivil- oder Handelssachen in den Mitgliedstaaten)

Das Gesetz ist gemäß § 5 am 13. 7. 2001 in Kraft getreten.
In Artikel 2 des Entwurfs eines EG-Beweisaufnahmedurchführungsgesetzes (unten Gesetzesanhang 3) ist die Aufhebung des Gesetzes für den 1. 1. 2004 vorgesehen. Dessen Bestimmungen sollen inhaltlich in §§1067 bis 1071 ZPO übernommen werden.

### § 1
### Zustellung durch diplomatische oder konsularische Vertretungen

Eine Zustellung nach Artikel 13 Abs. 1 der Verordnung (EG) Nr. 1348/2000 des Rates vom 29. Mai 2000 über die Zustellung gerichtlicher und außergerichtlicher Schriftstücke in Zivil- oder Handelssachen in den Mitgliedstaaten (ABl. EG Nr. L 160 S. 37), die in der Bundesrepublik Deutschland bewirkt werden soll, ist nur zulässig, wenn der Adressat des zuzustellenden Schriftstücks Staatsangehöriger des Übermittlungsmitgliedstaats ist.

### § 2
### Zustellung durch die Post

(1) Eine Zustellung nach Artikel 14 Abs. 1 der Verordnung (EG) Nr. 1348/2000, die in der Bundesrepublik Deutschland bewirkt werden soll, ist nur in der Versandform des Einschreibens mit Rückschein zulässig. Hierbei muss das zuzustellende Schriftstück in einer der folgenden Sprachen abgefasst oder es muss ihm eine Übersetzung in eine dieser Sprachen beigefügt sein:

1. Deutsch oder
2. Amtssprache oder eine der Amtssprachen des Übermittlungsmitgliedstaats, sofern der Adressat Staatsangehöriger dieses Mitgliedstaats ist.

(2) Ein Schriftstück, dessen Zustellung eine deutsche Empfangsstelle im Rahmen von Artikel 7 der Verordnung (EG) Nr. 1348/2000 zu bewirken oder zu veranlassen hat, kann ebenfalls durch Einschreiben mit Rückschein zugestellt werden.

### § 3
### Zustellung im Parteibetrieb

Eine Zustellung nach Artikel 15 Abs. 1 der Verordnung (EG) Nr. 1348/2000 ist in der Bundesrepublik Deutschland unzulässig.

## § 4
## Zuständigkeiten

(1) Für Zustellungen im Ausland sind als deutsche Übermittlungsstelle im Sinne von Artikel 2 Abs. 1 der Verordnung (EG) Nr. 1348/2000 zuständig:

1. für gerichtliche Schriftstücke das die Zustellung betreibende Gericht und
2. für außergerichtliche Schriftstücke dasjenige Amtsgericht, in dessen Bezirk die Person, welche die Zustellung betreibt, ihren Wohnsitz oder gewöhnlichen Aufenthalt hat; bei notariellen Urkunden auch dasjenige Amtsgericht, in dessen Bezirk der beurkundende Notar seinen Amtssitz hat; bei juristischen Personen tritt an die Stelle des Wohnsitzes oder des gewöhnlichen Aufenthalts der Sitz; die Landesregierungen können die Aufgaben der Übermittlungsstelle einem Amtsgericht für die Bezirke mehrerer Amtsgerichte durch Rechtsverordnung zuweisen.

(2) Für Zustellungen in der Bundesrepublik Deutschland ist als deutsche Empfangsstelle im Sinne von Artikel 2 Abs. 2 der Verordnung (EG) Nr. 1348/2000 dasjenige Amtsgericht zuständig, in dessen Bezirk das Schriftstück zugestellt werden soll. Die Landesregierungen können die Aufgaben der Empfangsstelle einem Amtsgericht für die Bezirke mehrerer Amtsgerichte durch Rechtsverordnung zuweisen.

(3) Die Landesregierungen bestimmen durch Rechtsverordnung die Stelle, die in dem jeweiligen Land als deutsche Zentralstelle im Sinne von Artikel 3 Satz 1 der Verordnung (EG) Nr. 1348/2000 zuständig ist. Die Aufgaben der Zentralstelle können in jedem Land nur einer Stelle zugewiesen werden.

(4) Die Landesregierungen können die Befugnis zum Erlass einer Rechtsverordnung nach Absatz 1 Nr. 2, Absatz 2 Satz 2 und Absatz 3 Satz 1 einer obersten Landesbehörde übertragen.

## § 5
## Inkrafttreten

Dieses Gesetz tritt am Tag nach der Verkündung in Kraft.

## c) EG-Beweisaufnahmedurchführungsgesetz[2] (Gesetz zur Durchführung gemeinschaftsrechtlicher Vorschriften über die grenzüberschreitende Beweisaufnahme in Zivil- oder Handelssachen in den Mitgliedstaaten)

### Artikel 1
### (Änderungen der Zivilprozessordnung)

#### § 183 Abs. 3 ZPO wird wie folgt gefaßt:

(3) Die Vorschriften der Verordnung (EG) Nr. 1348/2000 des Rates vom 29. Mai 2000 über die Zustellung gerichtlicher und außergerichtlicher Schriftstücke in Zivil- oder Handelssachen in den Mitgliedstaaten (ABl. EG Nr. L 160 S. 37) bleiben unberührt. Für die Durchführung gelten § 1068 Abs. 1 und § 1069 Abs. 1.

#### § 363 ZPO wird folgender Abs 3 angefügt:

(3) Die Vorschriften der Verordnung (EG) Nr. 1206/2001 des Rates vom 28. Mai 2001 über die Zusammenarbeit zwischen den Gerichten der Mitgliedstaaten auf dem Gebiet der Beweisaufnahme in Zivil- oder Handelssachen (ABl. EG Nr. 174 S. 1) bleiben unberührt. Für die Durchführung gelten die §§ 1072 und 1073.

#### § 917 Abs. 2 ZPO wird wie folgt gefasst:

(2) Als ein zureichender Arrestgrund ist es anzusehen, wenn das Urteil im Ausland vollstreckt werden müsste und die Gegenseitigkeit nicht verbürgt ist.

Nach § 1066 werden folgende Vorschriften eingefügt:

### Buch 11
### Justizielle Zusammenarbeit in der Europäischen Union
### Abschnitt 1
### Zustellung nach der Verordnung (EG) Nr. 1348/2000

#### § 1067
#### Zustellung durch diplomatische oder konsularische Vertretungen

Eine Zustellung nach Artikel 13 Abs. 1 der Verordnung (EG) Nr. 1348/2000 des Rates vom 29. Mai 2000 über die Zustellung gerichtlicher und außergerichtlicher Schriftstücke in Zivil- oder Handelssachen in den Mitgliedstaaten (ABl. EG Nr. L 160 S. 37), die in der Bundesrepublik Deutschland bewirkt werden soll, ist

---

[2] BT-Drucks 15/1062 v 27. 5. 2003, angenommen am 3. 7. 2003, BT-Plenarprotokoll 15/56. Bei Drucklegung noch nicht im BGBl veröffentlicht.

nur zulässig, wenn der Adressat des zuzustellenden Schriftstücks Staatsangehöriger des Übermittlungsmitgliedstaats ist.

## § 1068
## Zustellung durch die Post

(1) Eine Zustellung nach Artikel 14 Abs. 1 der Verordnung (EG) Nr. 1348/2000 in einem anderen Mitgliedstaat der Europäischen Union ist unbeschadet weiterer Bedingungen des jeweiligen Empfangsmitgliedstaats nur in der Versandform des Einschreibens mit Rückschein zulässig. Zum Nachweis der Zustellung genügt der Rückschein.

(2) Eine Zustellung nach Artikel 14 Abs. 1 der Verordnung (EG) Nr. 1348/2000, die in der Bundesrepublik Deutschland bewirkt werden soll, ist nur in der Versandform des Einschreibens mit Rückschein zulässig. Hierbei muss das zuzustellende Schriftstück in einer der folgenden Sprachen abgefasst oder es muss ihm eine Übersetzung in eine dieser Sprachen beigefügt sein:

1. Deutsch oder
2. die Amtssprache oder eine der Amtssprachen des Übermittlungsmitgliedstaats, sofern der Adressat Staatsangehöriger dieses Mitgliedstaats ist.

(3) Ein Schriftstück, dessen Zustellung eine deutsche Empfangsstelle im Rahmen von Artikel 7 der Verordnung (EG) Nr. 1348/2000 zu bewirken oder zu veranlassen hat, kann ebenfalls durch Einschreiben mit Rückschein zugestellt werden.

## § 1069
## Zuständigkeiten nach der Verordnung (EG) Nr. 1348/2000

(1) Für Zustellungen im Ausland sind als deutsche Übermittlungsstelle im Sinne von Artikel 2 Abs. 1 der Verordnung (EG) Nr. 1348/2000 zuständig:

1. für gerichtliche Schriftstücke das die Zustellung betreibende Gericht und
2. für außergerichtliche Schriftstücke dasjenige Amtsgericht, in dessen Bezirk die Person, welche die Zustellung betreibt, ihren Wohnsitz oder gewöhnlichen Aufenthalt hat; bei notariellen Urkunden auch dasjenige Amtsgericht, in dessen Bezirk der beurkundende Notar seinen Amtssitz hat; bei juristischen Personen tritt an die Stelle des Wohnsitzes oder des gewöhnlichen Aufenthalts der Sitz; die Landesregierungen können die Aufgaben der Übermittlungsstelle einem Amtsgericht für die Bezirke mehrerer Amtsgerichte durch Rechtsverordnung zuweisen.

(2) Für Zustellungen in der Bundesrepublik Deutschland ist als deutsche Empfangsstelle im Sinne von Artikel 2 Abs. 2 der Verordnung (EG) Nr. 1348/2000 dasjenige Amtsgericht zuständig, in dessen Bezirk das Schriftstück zugestellt werden soll. Die Landesregierungen können die Aufgaben der Empfangsstelle einem Amtsgericht für die Bezirke mehrerer Amtsgerichte durch Rechtsverordnung zuweisen.

(3) Die Landesregierungen bestimmen durch Rechtsverordnung die Stelle, die in dem jeweiligen Land als deutsche Zentralstelle im Sinne von Artikel 3 Satz 1 der Verordnung (EG) Nr. 1348/2000 zuständig ist. Die Aufgaben der Zentralstelle können in jedem Land nur einer Stelle zugewiesen werden.

(4) Die Landesregierungen können die Befugnis zum Erlass einer Rechtsverordnung nach Absatz 1 Nr. 2, Absatz 2 Satz 2 und Absatz 3 Satz 1 einer obersten Landesbehörde übertragen.

### § 1070
### Annahmeverweigerung aufgrund der verwendeten Sprache

Für Zustellungen im Ausland beträgt die Frist zur Erklärung der Annahmeverweigerung durch den Adressaten nach Artikel 8 Abs. 1 der Verordnung (EG) Nr. 1348/2000 zwei Wochen. Sie ist eine Notfrist und beginnt mit der Zustellung des Schriftstücks. Der Adressat ist auf diese Frist hinzuweisen.

### § 1071
### Parteizustellung aus dem Ausland

Eine Zustellung nach Artikel 15 Abs. 1 der Verordnung (EG) Nr. 1348/2000 ist in der Bundesrepublik Deutschland unzulässig.

## Abschnitt 2
## Beweisaufnahme nach der Verordnung (EG) Nr. 1206/2001

### § 1072
### Beweisaufnahme in den Mitgliedstaaten der Europäischen Union

Soll die Beweisaufnahme nach der Verordnung (EG) Nr. 1206/2001 des Rates vom 28. Mai 2001 über die Zusammenarbeit zwischen den Gerichten der Mitgliedstaaten auf dem Gebiet der Beweisaufnahme in Zivil- oder Handelssachen (ABl. EG Nr. L 174 S. 1) erfolgen, so kann das Gericht

1. unmittelbar das zuständige Gericht eines anderen Mitgliedstaats um Aufnahme des Beweises ersuchen, oder
2. unter den Voraussetzungen des Artikels 17 der Verordnung (EG) Nr. 1206/2001 eine unmittelbare Beweisaufnahme in einem anderen Mitgliedstaat beantragen.

### § 1073
### Teilnahmerechte

(1) Das ersuchende deutsche Gericht oder ein von diesem beauftragtes Mitglied darf im Geltungsbereich der Verordnung (EG) Nr. 1206/2001 bei der Erledigung des Ersuchens auf Beweisaufnahme durch das ersuchte ausländische Gericht anwesend und beteiligt sein. Parteien, deren Vertreter sowie Sachverständige können sich hierbei in dem Umfang beteiligen, in dem sie in dem betreffenden Verfahren an einer inländischen Beweisaufnahme beteiligt werden dürfen.
(2) Eine unmittelbare Beweisaufnahme im Ausland nach Artikel 17 Abs. 3 der Verordnung (EG) Nr. 1206/2001 dürfen Mitglieder des Gerichts sowie von diesem beauftragte Sachverständige durchführen.

## § 1074
## Zuständigkeiten nach der Verordnung (EG) Nr. 1206/2001

(1) Für Beweisaufnahmen in der Bundesrepublik Deutschland ist als ersuchtes Gericht im Sinne von Artikel 2 Abs. 1 der Verordnung (EG) Nr. 1206/2001 dasjenige Amtsgericht zuständig, in dessen Bezirk die Verfahrenshandlung durchgeführt werden soll.

(2) Die Landesregierungen können die Aufgaben des ersuchten Gerichts einem Amtsgericht für die Bezirke mehrerer Amtsgerichte durch Rechtsverordnung zuweisen.

(3) Die Landesregierungen bestimmen durch Rechtsverordnung die Stelle, die im jeweiligen Land

1. als deutsche Zentralstelle im Sinne von Artikel 3 Abs. 1 der Verordnung (EG) Nr. 1206/2001 zuständig ist,
2. als zuständige Stelle Ersuchen auf unmittelbare Beweisaufnahme im Sinne von Artikel 17 Abs. 1 der Verordnung (EG) Nr. 1206/2001 entgegennimmt.

Die Aufgaben nach den Nummern 1 und 2 können in jedem Land nur jeweils einer Stelle zugewiesen werden.

(4) Die Landesregierungen können die Befugnis zum Erlass einer Rechtsverordnung nach Absatz 2 und Absatz 3 Satz 1 einer obersten Landesbehörde übertragen.

## § 1075
## Sprache eingehender Ersuchen

Aus dem Ausland eingehende Ersuchen auf Beweisaufnahme sowie Mitteilungen nach der Verordnung (EG) Nr. 1206/2001 müssen in deutscher Sprache abgefasst oder von einer Übersetzung in die deutsche Sprache begleitet sein.

# Artikel 2

Dieses Gesetz tritt am 1. Januar 2004 in Kraft; gleichzeitig tritt das EG-Zustellungsdurchführungsgesetz vom 9. Juli 2001 (BGBl. 2001 I S. 1536) außer Kraft.

# Register

(**1**: Brüssel I-VO – **2**: Brüssel II-VO – **2a**: Brüssel IIA-VO – **3**: EG-ZustellVO – **4**: EG-BewVO – **5**: EG-VollstrTitelVO)
(„**n**/Art x y" bedeutet: Verordnung **n**/Art x *Rn y*)


**Abänderungsklage**
Unterhaltsgerichtsstand **1**/Art 5 68
**Absonderungsklage** **1**/Art 1 *21*
**Abstammung,** Kenntnis der **4**/Art 1 *30*
**Adhäsionsgerichtsstand** **1**/Art 5 *93ff*
Anspruchskonkurrenz **1**/Art 5 95
autonome Bestimmung **1**/Art 5 94
Zuständigkeit **1**/Art 5 *96ff*
**Adhäsionsverfahren**
rechtliches Gehör **1**/Art 34 38
**Adressen**
Zentralstellen Deutschland **3**/Art 3 *10*
Zentralstellen Mitgliedstaaten **3**/Art 3 *11*
**Amt für Beitreibung (Schweden)** **1**/Art 62 *1*
**Amtslöschungsverfahren** **1**/Art 22 34
**Änderung**
Sorgeentscheidung anerkannte **2**/Art 19 *2ff*
**Anerkennung Brüssel I-VO**
s auch Entscheidung anerkennungsfähige
Aussetzung wegen Rechtsbehelf **1**/Art 37 *1ff*
automatische **1**/Art 33 *1ff*
Begriff **1**/Art 33 *3ff*
Entscheidung **1**/Art 32 *1ff*
Maßnahme einstweilige **1**/Art 31 *35ff*
Teilanerkennung **1**/Art 33 *12*
Wirkungen **1**/Art 33 *4ff*
**Anerkennung, Versagungsgründe Brüssel I-VO**
**1**/Art *34 1ff*
Annexentscheidung **1**/Art 34 *27*
Entscheidung unvereinbare **1**/Art 34 *43ff*
s auch dort
Gehör rechtliches **1**/Art 34 *23ff*
s auch dort
ordre public **1**/Art 34 *4ff* s auch dort
Verbrauchersachen **1**/Art 35 6
Verfahren einseitiges **1**/Art 34 26
Versicherungssachen **1**/Art 35 6
bei Vollstreckbarerklärung **1**/Art 41 *4ff*
**1**/Art 45 *2* **1**/Art 41 *4ff*
Zuständigkeit ausschließliche **1**/Art 35 *7ff*
Zuständigkeitsprüfung **1**/Art 35 *1ff*
Zustellung **3**/Art 19 9 *12*
Zweitgericht Bindung **1**/Art 35 *15ff*
**Anerkennung, Brüssel II-VO**
anwendbares Recht **2**/Art 18 *1ff*
Anwendungsbereich räumlich
**2**/Art 13 *2*
Anwendungsbereich zeitlich **2**/Art 13 3
Bestandskraft **2**/Art 13 *13*
Eilmaßnahme **2**/Art 13 *18*
Kostenfestsetzungsbeschluß **2**/Art 13 *15ff*
lex fori **2**/Art 1 6
nationales Recht **2**/Vorbem 6
Prozessvergleich **2**/Art 13 *20f*
Rechtskraft Voraussetzung **2**/Art 14 *10f*
Rechtskraft der **2**/Art 14 7 *8ff*
Urkunde öffentliche **2**/Art 13 *20f*
Verhältnis Anerkennungssysteme
**2**/Art 13 *4ff*
Zuständigkeit des Erstgerichts
**2**/Art 17 *1ff*
**Anerkennung, Versagungsgründe,**
**Brüssel II-VO** **2**/Art 15 *1ff*
amtswegige Prüfung **2**/Art 15 *1*
Drittstaatenübereinkunft **2**/Art 16 *1ff*
entgegenstehende Entscheidung Ehesache
**2**/Art 15 *14ff*
entgegenstehende Entscheidung Sorgesache
**2**/Art 15 *31ff*
ordre public **2**/Art 15 *4ff*
Prüfungsumfang **2**/Art 15 3
Schriftstück verfahrenseinleitendes **2**/Art 15 *8ff 27ff*
zwingende **2**/Art 15 *1*

**Anerkennungsfeststellungsverfahren**
Antragsberechtigung 2/Art 14 *16ff*
durch Behörden 2/Art 14 *18*
durch Dritte 2/Art 14 *17*
Ehesachen 2/Art 14 *14ff*
Zuständigkeit 2/Art 14 20 2/Art 22 5
Brüssel I-VO 1/Art 33 *12ff*
negative 1/Art 33 *13*
Rechtsschutzbedürfnis 1/Art 33 *14*
selbständige 1/Art 33 *15*
**Anerkennungshindernis, völkervertragliches** 1/Art 72 *1 ff*
**Anerkennungsmonopol** 2/Art 14 4
**Anerkennungsprognose** 1/Art 27 15 1/Art 28 5
**Anerkennungsverfahren** 2/Art 14 3
s auch Anerkennungsfeststellungsverfahren
Aussetzung 2/Art 20 *2ff*
Feststellungsverfahren 2/Art 14 *14ff*
Inzidentanerkennung 2/Art 14 *9ff*
Urkundenvorlage 2/Art 32 *4ff* 2/Art 33 *1ff*
Zwischenfeststellung 2/Art 14 *8ff*
Vorfragliche Anerkennung 2/Art 14 6
**Anfechtungsklage**
Gesellschafterbeschlüsse 1/Art 22 *31*
Organbeschlüsse 1/Art 22 *32*
**Anhänge, Brüssel I-VO**
Änderung, Notifikation 1/Art 74 *1*
**Aktualisierung** 1/Art 74 *2*
**Annahmeverweigerung**
Belehrung 3/Art 8 8
berechtigte 3/Art 8 *12f*
mangels Übersetzung 3/Art 5 *4f*
Recht zur 3/Art 8 *1ff*
unberechtigte 3/Art 8 *14f*
unterlassene mangels Belehrung 3/Art 8 *10ff*
**Annexzuständigkeit** 1/Vorbem Art 2 6
Brüssel II-VO 2/Art 3 *14*
Deliktsgerichtsstand 1/Art 5 84
Erfüllungsortgerichtsstand 1/Art 5 59
**Anordnung, einstweilige** 1/Art 31 *30*
**Anrufung (Ehesachen)**
Zeitpunkt 2/Art 11 *42*
Versöhnungsverfahren 2/Art 11 *43ff*
**Ansprüche (Ehesachen)**
identische 2/Art 11 *12ff*
verschiedene 2/Art 11 6 *21*
Vollstreckbarerklärung 2/Art 29 *4ff*
**Anspruchskonkurrenz**
im Erfüllungsortgerichtsstand 1/Art 5 59
im Deliktsgerichtsstand 1/Art 5 84
**antisuit injunction** 1/Art 27 *17*
**Antragsvorlegung**
beim Erstgericht 2/Art 11 *34ff*
Bindung 2/Art 11 *38*
**Anwaltsvergleich**
Vollstreckbarkeit 1/Art 57 5
**Anwendungsbereich** 1/Vorbem Art 2 *1 11*
Anerkennung 2/Vorbem *14* 2/Art 42 9
Arbeitssachen 1/Art 18 *13*
fakultative Gerichtsstände 1/Art 5 5
Gerichtsstandsvereinbarung 1/Art 66 *6ff*
intertemporaler 1/Einl *12* 1/Art 66 *2ff* 2/Vorbem *10* 2/Art 42 *2f 4ff*
räumlicher 1/Einl 13 1/Art 3 1 ff 1/Art 4 *1ff* 2/Vorbem *10* 3/Vorbem 3 4/Art 1 58
Rechtshängigkeit anderweitige 1/Art 66 *15*
sachlicher 1/Art 1 *1ff* 2/Vorbem 9 4/Art 1 *3*
Versicherungsgerichtsstände 1/Art 8 *18f*
Zuständigkeit 2/Vorbem *12*
Vollstreckung 1/Art 66 *9ff*
**Arbeitgeber**
aus Drittstaat 1/Art 18 *10*
Klage des 2/Art 20 *1ff*
Klage gegen 1/Art 19 *1ff*
Niederlassung in Mitgliedstaat 1/Art 18 *11*
**Arbeitnehmer**
Klage des 1/Art 19 *1ff*
Klage gegen 1/Art 20 *1ff*
Widerklage gegen 1/Art 20 3
**Arbeitnehmersachen**
Gerichtsstandsvereinbarung 1/Art 23 *11 48*
**Arbeitsort**
Flugpersonal 1/Art 19 *10*
Seeleute 1/Art 19 9
Telearbeiter 1/Art 19 *11*
verschiedene 1/Art 19 8
**Arbeitsort, gewöhnlicher**
Begriff 1/Art 19 *5ff*

Gerichtsstand 1/Art 19 *4ff*
letzter 1/Art 19 *13f*
Wechsel 1/Art 19 *13*
**Arbeitssachen**
Aufhebungsvertrag 1/Art 18 9
Gerichtsstandsvereinbarung 1/Art 21 *1ff*
internationale Zuständigkeit 1/Art 18 *1ff*
Klagen Arbeitgeber 1/Art 20 *1ff*
Klagen Arbeitnehmer 1/Art 19 *1ff*
**Arbeitsverhältnis**
faktisches 1/Art 18 6
fehlerhaftes 1/Art 18 6
**Arrest** 1/Art 31 *28*
wegen Auslandsvollstreckung 1/Art 31 *31*
**Aruba** 1/Art 68 *3* 1/Einl *17*
**Aufenthalt gewöhnlicher**
12monatiger 2/Art 2 *25*
Begriff 2/Art 2 *12f 18*
Dauer 2/Art 2 *25f*
Heimatstaat 2/Art 2 28
Kind 2/Art 3 *12*
Kindesentführung 2/Art 3 *12*
letzter gemeinsamer 2/Art 2 *14ff*
Mehrrechtsstaat 2/Art 2 *13*
rechtmäßiger 2/Art 3 *13*
Zulässigkeitsprüfung 2/Art 10 *6f*
Zuständigkeit 2/Art 2 *11ff*
**Aufenthalt schlichter** 2/Art 2 *26*
**Aufrechnung** 1/Vorbem Art 2 *21*
s auch Prozeßaufrechnung
Ausschluß durch Gerichtsstandsvereinbarung 1/Art 23 68
**Augenschein** 4/Art 1 *26f*
Ersuchen 4/Art 4 *21*
im Internet 4/Art 1 *27*
Verweigerungsrechte 4/Art 14 *7f*
**Augenscheinsobjekte** 4/Art 1 28
**Ausforschung unzulässige** 4/Art 1 46
**Ausführungsbestimmungen**
zur Brüssel I-VO 1/Einl *30ff*
**Auskunft**
Zustellungssachen 3/Art 3 *2ff*
**Ausländersicherheit**
Verbot 2/Art 31 *1ff* 1/Art 51 *1ff*
**Auslandsbezug** 1/Einl *19*
**Auslegung**
autonome 1/Art 1 3 1/Art 5 *85* 2/Vorbem *15* 3/Vorbem *29*
Brüssel I-VO 1/Einl *35ff*
durch EuGH 2/Vorbem *18*
EG-Zustell-VO 3/Vorbem *28*
historische 2/Vorbem *17*
integrationsfreundliche 1/Einl 40
Methode 3/Vorbem *29ff*
teleologische 2/Vorbem *17*
Wortlaut 2/Vorbem *16*
Zuständigkeit 3/Vorbem 28
**Aussageverbot** 4/Art 14 *1ff*
Entbindung 4/Art 14 *14*
**Aussageverweigerungsrecht** 4/Art 14 *1ff*
**Ausschlußtatbestände Brüssel I-VO**
alternative Ansprüche 1/Art 1 *7*
Anspruchskonkurrenz 1/Art 1 6
Ehegüterrecht 1/Art 1 *11ff*
**Ausschuß**
Unterstützung der Kommission 1/Art 75 *1ff* 2/Art 45 *1* 3/Art 18 *1* 4/Art 20 *1*
**Außenkompetenz der EU** 1/Einl *21*
**Aussetzung**
Anerkennungsverfahren 2/Art 20 *2ff*
Beschwerde Vollstreckbarerklärung 2/Art 28 *1ff*
Erkenntnisverfahren 2/Art 10 *8f*
**Aussonderungsklage** 1/Art 1 *21*
**AVAG** 1/Vorbem *31ff* 1/Art 41 *11ff* 1/Art 43 *23* 1/Art 45 *5ff* 1/Art 47 *18ff* 2/Art 14 *19f* 2/Art 21 *16*

**Beauftragter**
Anwesenheit anwendbares Recht 4/Art 12 6
bei unmittelbarer Beweisaufnahme 4/Art 17 *15*
Beteiligung anwendbares Recht 4/Art 12 *7*
des Beweis ersuchenden Gerichts 4/Art 12 4
**Beförderungsvertrag**
mit Verbraucher 1/Art 15 *19f*
**Befriedigungsverfügung** 1/Art 31 *10*
**Begünstigter, Versicherung**
Begriff 1/Art 9 5
**Behörde gerichtliche** 4/Art 1 *6ff*

**Beklagte mehrere**
Gerichtsstand 1/Art 6 *4ff*
Konnexität 1/Art 6 *8*
Mißbrauch 1/Art 6 *9*
Wohnsitz in Drittstaat 1/Art 6 *6f*
Zuständigkeit 1/Art 6 *10*
**Beklagtengerichtsstand** 1/Art 2 *1ff*
1/Art 19 *2*
**Beklagtenschutz**
Zuständigkeit 1/Art 26 *1*
**Beklagter aus Drittstaat**
Einlassung, rügelose 1/Art 24 *3*
**Bereicherungsanspruch**
und Erfüllungsortgerichtsstand 1/Art 5 *21*
**Bescheinigung**
des Ursprungsstaates bei Vollstreckbarerklärung 1/Art 53 *3* 1/Art 54 *1ff*
gleichwertige Urkunde 1/Art 55 *2*
Frist zur Vorlage 1/Art 55 *1*
**Beschleunigung**
Beweisersuchen 4/Art 6 *2* 4/Art 10 *1*
im Vollstreckbarerklärungsverfahren 1/Art 41 *10*
**Beschwerde**
Vollstreckbarerklärung 1/Art 43 *12ff*
2/Art 26 *1ff*
**Bestätigungsschreiben kaufmännisches**
Gerichtsstandsvereinbarung 1/Art 23 *35*
**Beteiligungsrechte, Partei**
s Parteiöffentlichkeit
**Beweisaufnahme, internationale**
Auswahl 4/Art 1 *33ff 37ff*
Begriff 4/Art 1 *11ff*
Entscheidung Zentralstelle 4/Art 3 *10*
Formen 4/Art 1 *34*
im Vorverfahren 4/Art 1 *41f*
Verfahrenseinleitung 4/Art 1 *40*
**Beweisaufnahme, unmittelbare** 4/Art 1 *19 33*
4/Art 17 *1ff*
Ersuchen 4/Art 8 *3*
Freiwilligkeit 4/Art 17 *16*
Genehmigung 4/Art 17 *3*
durch Kommunikationstechnologie 4/Art 10 *33* 4/Art 17 *12*
ordre public 4/Art 17 *6ff*
**Beweisbeschaffung extraterritoriale** 4/Art 1 *33*
**Beweisersuchen**
Beweismittel Bezeichnung 4/Art 4 *8*
Beweisthema Bezeichnung 4/Art 4 *12*
Entgegenahme 4/Art 7 *1ff*
Ergebnis Übermittlung 4/Art 16 *1*
Form 4/Art 4 *1 25*
Formfehler 4/Art 14 *20f*
Inhalt 4/Art 4 *5ff*
Lesbarkeit 4/Art 7 *5*
Sprache 4/Art 4 *25* 4/Art 5 *1ff*
Übermittlung 4/Art 6 *1f*
unlesbares 4/Art 6 *3*
unvollständiges 4/Art 8 *1f*
Vervollständigung 4/Art 9 *1* 4/Art 10 *1f*
Zeugnisverweigerungsrechte 4/Art 4 *14ff*
**Beweisersuchen, Ablehnung** 4/Art 14 *1ff*
Form 4/Art 14 *15*
Frist 4/Art 14 *15*
Kompetenz 4/Art 14 *9ff*
Rechtsbehelf 4/Art 14 *24*
Unzulässigkeit 4/Art 14 *23*
wegen Formfehler 4/Art 14 *20f*
**Beweisersuchen, Erledigung** 4/Art 10 *1f*
anwendbares Recht 4/Art 10 *3f*
Anwesenheit ersuchendes Gericht 4/Art 12 *1f*
Form, besondere 4/Art 10 *7ff 14ff*
Kosten 4/Art 10 *41* 4/Art 18 *1f*
Parteibeteiligung 4/Art 11 *1f*
Unmöglichkeit 4/Art 10 *17f 40*
Versagung 4/Art 10 *11ff*
Zwangsmaßnahme 4/Art 13 *8*
**Beweisersuchen, Weiterleitung**
Bindungswirkung 4/Art 7 *8*
Frist 4/Art 7 *6*
Zuständigkeit Irrtum 4/Art 7 *9*
Zuständigkeit 4/Art 7 *3*
**Beweislast**
Zuständigkeitsbegründende Tatsachen 1/Vorbem Art 2 *7*
Zustellung Schriftstück verfahrenseinleitendes 1/Art 34 *42*
**Beweismittel**
Verwendung in Strafverfahren 4/Art 1 *55*
**Beweissicherungsverfahren** 4/Art 1 *51*
selbständiges 4/Art 1 *52ff*
**Beweisthema** 4/Art 4 *12*

**Blutentnahme** 4/Art 1 *28*
Durchsetzung im Ausland 4/Art 1 *29*
**Briefzustellung**
s Direktzustellung Post
**Brüssel IIA-Vorschlag** 2a
**Brüssel II-VO** 2/
Reform 2/Vorbem 9
Verhältnis zu Brüssel I 2/Vorbem 8
**Brüssel I-VO**
Entstehungsgeschichte 1/Einl *7ff*
Ermächtigungsgrundlage Zweifel 1/Einl *10*
Regelungsinhalt 1/Einl *11*
Verhältnis zu EU-Primärrecht 1/Einl *22*
Verhältnis zu EU-Sekundärrecht 1/Einl *23*
Verhältnis zu völkervertraglichen Übereinkommen 1/Einl *25f*
Verhältnis zum EuGVÜ s dort
Verhältnis zum nationalen Recht 1/Einl *27ff*
Verhältnis zur Brüssel II-VO 1/Einl *3*
Verhältnis zur EG-BewVO 1/Einl *6*
Verhältnis zur EG-InsVO 1/Einl *4*
Verhältnis zur EG-ZustellVO 1/Einl *1 5*

**CISG** 1/Art 23 *1*
**CMR**
Gerichtsstandsvereinbarung 1/Art 71 *14ff*
Verhältnis zur Brüssel I-VO 1/Art 71 *13*
**Culpa in contrahendo**
und Erfüllungsortgerichtsstand 1/Art 5 *27*

**Dänemark** 1/Art 1 *32*
Geltung des EuGVÜ 1/Art 68 *2*
Nichtgeltung Brüssel I-VO 1/Einl *15*
**Darlehensvertrag** 1/Art 22 *10*
**Datenschutz**
Zustellung 3/Art 22 *1*
**Delibation**
s auch Anerkennungsverfahren
Italien 2/Art 40 *7*
nicht erforderliche 2/Art 14 *3*
Spanien 2/Art 40 *7*
**Deliktsansprüche**
Verbrauchersachen 1/Vorbem Art 15 *4*
**Deliktsgerichtsstand** 1/Art 5 *73ff*
Anspruchskonkurrenz im 1/Art 5 *84*
Deliktsbegriff 1/Art 5 *78ff*
Direktklage 1/Art 5 *75*
Gefährdungshaftung 1/Art 5 *79*
Gerichtsstandsvereinbarung 1/Art 5 *75*
Motivation 1/Art 5 *73f*
Pflichten vorvertragliche 1/Art 5 *80*
Produkthaftung 1/Art 5 *79*
Regreß 1/Art 5 *76*
schädigendes Ereignis Ort 1/Art 5 *85ff*
s auch Tatort
Umweltschäden 1/Art 5 *79*
Unterlassungsklage vorbeugende 1/Art 5 *81*
Verbandsklage 1/Art 5 *82*
Vermögensschäden 1/Art 5 *79*
Zuständigkeit örtliche 1/Art 5 *75*
**Deliktsort**
für Versicherungszuständigkeit 1/Art 10 *3*
**Derogation**
s auch Gerichtsstandsvereinbarung
isolierte 1/Art 22 *7*
Prüfungskompetenz 1/Art 22 *8*
**Deutschland**
Gewährleistungsklage Interventionsklage 1/Art 65 *1*
**Dienstleistungsvertrag**
Erfüllungsortgerichtsstand 1/Art 5 *45*
Verbraucher 1/Art 15 *7f*
**Direktklage** 1/Art 5 *76*
Gerichtsstandsvereinbarung 1/Art 23 *73*
Zuständigkeit 1/Art 8 *16* 1/Art 11 *5ff*
**Direktzustellung Post** 3/Vorbem *10* 3/Art 14 *1ff*
Bedingungen Mitgliedstaaten 3/Art 14 *8f*
Einschränkungen 3/Art 14 *6f*
Sprache 3/Art 14 *9*
Zulässigkeit 3/Art 14 *4ff*
**Disclosure**
s discovery
**Discovery**
Protokollerklärung des Rates 4/Art 1 *41ff*
specific disclosure 4/Art 1 *48ff*
standard disclosure (englische) 4/Art 1 *45f*
Zulässigkeit unter EG-BewVO 4/Art 1 *41ff*
**Diskriminierungsverbot** 2/Art 2 *2 30* 3/Art 19 *14*

**Distanzdelikt**
Deliktsgerichtsstand 1/Art 5 *90*
**Domicile** 1/Art 59 *6* 2/Art 2 *34 39*
2/Art 7 *11*
Begriff 2/Art 2 *40ff*
Gleichbehandlung 2/Art 8 *14*
**Doppelexequatur** 1/Art 32 *14*
**Drittstaaten** 2/Vorbem *3*
Übereinkommen Zeichnung 2/Art 39 *6ff*
Verpflichtung zu Anerkennungsversagung
2/Art 16 *1ff*
**Drittstaatenbezug** 1/Vorbem Art 2 *11*
**Durchführungsbestimmungen**
EG-ZustellVO 3/Art 17 *1*

**EG-BewVO**
und lex fori 4/Art 1 *18*
**EG-ZustellVO** 2/Art 10 *13* 3/
und Brüssel I-VO 3/Vorbem *14*
und lex fori 3/Vorbem *24*
**Ehe**
Begriff 2/Art 1 *3*
**Ehegüterrecht** 1/Art 1 *11ff*
**Eherechtsübereinkommen, nordisches**
2/Art 36 *5ff*
**Ehesache**
Anlaß für Sorgesache 2/Art 1 *13*
konkurrierende 2/Art 11 *3*
Zusammenhang zeitlicher 2/Art 3 *14*
**Ehescheidung**
Begriff 2/Art 1 *1*
Verschulden 2/Art 1 *7*
**Ehetrennung** 2/Art 11 *27*
Anerkennungsversagung 2/Art 15 *15*
Begriff 2/Art 1 *1*
**Ehetrennung, Umwandlung** 2/Art 6 *2*
Statut, Änderung 2/Art 6 *6*
Statut, maßgebliches 2/Art 6 *3*
Zuständigkeit, alternative 2/Art 6 *7f*
**Eid, Vernehmung unter** 4/Art 4 *20*
4/Art 10 *24*
Erzwingung 4/Art 13 *10*
**Einlassung, hilfsweise** 1/Art 24 *21*
**Einlassung, rügelose** 1/Art 8 *2* 1/Art 24 *1ff*
2/Art 9 *6*
Anwendungsbereich 1/Art 24 *3*
Arbeitssache 1/Art 24 *11*
Gerichtsstandsvereinbarung Verhältnis zu
1/Art 24 *12*
Hinweispflicht richterliche 1/Art 24 *13f*
Maßnahme, einstweilige 1/Art 31 *26*
Verbrauchersache 1/Art 24 *11*
Versicherungssache 1/Art 24 *11*
Zuständigkeit, ausschließliche 1/Art 24 *27*
Zuständigkeitsrüge 1/Art 24 *19f*
Zuständigkeitsrüge, Zeitpunkt 1/Art 24 *22ff*
**Einschreiben**
s Direktzustellung, Post
**Einstellung, Arbeitnehmer**
Begriff 1/Art 19 *19*
**Einverständnis**
mit anzuerkennender Entscheidung
2/Art 15 *13*
Urkunden 2/Art 32 *10f*
**Einwendung, materielle**
gegen vollstreckbare Urkunde 1/Art 57 *18*
gegen vollstreckbare Vergleiche 1/Art 58 *13ff*
im Vollstreckbarerklärungsverfahren
1/Art 43 *23* 1/Art 45 *4ff* 2/Art 26 *15*
**elektronische Form** 1/Art 23 *38*
**Elterliche Verantwortung** 2/Art 1 *8*
und Zuständigkeit 2/Art 3 *15*
Vorfrage 2/Art 3 *16*
**e-mail**
e-mail
Gerichtsstandsvereinbarung 1/Art 23 *38*
Zustellung 3/Art 4 *7*
**Empfänger, unbekannter**
Zentralstelle 3/Art 3 *9*
Zustellung 3/Art 1 *17*
**Empfangsbescheinigung** 3/Anh
**Empfangsstellen** 3/Vorbem *8* 3/Art 2 *1ff*
Änderung 3/Art 2 *6*
Deutschland 3/Art 2 *9*
Entgegennahme Schriftstück 3/Art 6 *1ff*
Handbuch 3/Vorbem *39*
mehrere 3/Art 2 *4ff*
Mitgliedstaaten 3/Art 2 *10*
**EMRK** 1/Einl *42*
Recht auf Abstammungskenntnis 4/Art 1 *30*
und Anerkennung 1/Art 34 *11*
Vollstreckbarerklärung 1/Art 41 *5*

**Entscheidung**
Ausfertigung 1/Art 53 *2*
behördliche 2/Art 1 *4*
im Vollstreckbarerklärungsverfahren 2/Art 24 *1 ff 7 ff*
kirchliche 2/Art 1 *5*
**Entscheidung anerkennungsfähige Brüssel II-VO**
abweisende 2/Art 13 *10 f*
Begriff 2/Art 13 *1 ff 7 ff*
Ehesachen 2/Art 13 *1*
Feststellungsurteil 2/Art 13 *12*
gerichtliche 2/Art 13 *8*
kirchliche 2/Art 13 *8*
Privatscheidung 2/Art 13 *9*
Sorgerechtssachen 2/Art 13 *1*
Statusänderung 2/Art 13 *10 ff*
**Entscheidung anerkennungsfähige Brüssel I-VO**
Auslegung autonome 1/Art 32 *5*
Begriff 1/Art 32 *1 ff*
Form 1/Art 32 *6*
Gericht Begriff 1/Art 32 *17 ff*
Nebenentscheidung 1/Art 32 *9*
Prozeßvergleich 1/Art 32 *10*
Rechtskraft 1/Art 32 *7*
Rechtsschutz einstweiliger 1/Art 32 *11 ff*
Vollstreckungsakte 1/Art 32 *15*
Zwischenentscheidung 1/Art 32 *8*
**Entscheidung feststellende in Ehesachen** 2/Art 1 *2*
**Entscheidung unvereinbare in Brüssel I-VO**
Anerkennungsversagung 1/Art 34 *43*
aus anderem Mitgliedstaat 1/Art 34 *49 ff*
aus Drittstaat 1/Art 34 *49 ff*
Begriff 1/Art 34 *45*
Parteiidentität 1/Art 34 *47*
**Entscheidung unvereinbare in Brüssel II-VO**
antragsabweisende 2/Art 15 *16 20*
Drittstaat 2/Art 15 *18 ff*
Ehesache 2/Art 15 *14 ff*
Kindesaufenthalt 2/Art 15 *34 f*
Mitgliedstaat 2/Art 15 *18 ff*
Sorgesachen 2/Art 15 *31 ff*
zu Ehewirkungen 2/Art 15 *17*
**Entscheidungswirkungen anerkennungsfähige** 1/Art 33 *4 ff*
**Entsenderichtlinie**
Zuständigkeit 1/Art 18 *16*
**Entsendung, vorübergehende** 1/Art 19 *7*
endgültige 1/Art 19 *7*
zweiter Arbeitsvertrag 1/Art 19 *12*
**Erbrecht**
ausgeschlossen in Brüssel I-VO 1/Art 1 *15*
EG-BewVO 4/Art 1 *4*
Erbscheinsverfahren 1/Art 1 *16*
**Erfolgshonorar**
Anerkennungsversagung 1/Art 34 *20*
**Erfüllungsort**
Bestimmung 1/Art 5 *31 ff 40 ff*
in Drittstaat 1/Art 5 *33*
lege causae 1/Art 5 *40*
Leistung noch nicht erbrachte 1/Art 5 *52 f*
rechtlicher/tatsächlicher 1/Art 5 *42*
und CISG 1/Art 5 *32*
Unterlassungspflicht 1/Art 5 *55*
Vereinbarung 1/Art 5 *43 ff*
**Erfüllungsortgerichtsstand** 1/Art 5 *6 ff*
Erfüllungsort Bestimmung 1/Art 5 *31 ff 40 ff*
s auch Erfüllungsort
Kaufvertrag 1/Art 5 *46 ff*
Klagebegehren 1/Art 5 *24*
Kontrahierungszwang 1/Art 5 *29*
Luxemburg Besonderheit 1/Art 5 *11*
Luxemburg Derogation 1/Art 23 *57 f*
Motive 1/Art 5 *6 ff*
Personenkreis 1/Art 5 *9*
Rückabwicklungsansprüche 1/Art 5 *30*
Verhältnis zu Spezialgerichtsständen 1/Art 5 *10*
Verpflichtung maßgebliche 1/Art 5 *35 ff*
s auch Verpflichtung
Vertragsbegriff 1/Art 5 *12 ff 18 ff*
**Erfüllungsortvereinbarung** 1/Art 5 *43 f*
abstrakte 1/Art 5 *44*
bei Dienstleistungsvertrag 1/Art 5 *57*
bei Kaufvertrag 1/Art 5 *57*
reale 1/Art 5 *44*
**Ersuchen**
s Beweisersuchen
**EU-Grundrechtecharta** 1/Art 34 *11*
**EuGVÜ**
Präambel 1/Vorbem Art 2 *12*

Verhältnis zur Brüssel I-VO 1/Art 68 *1 ff*
Verhältnis zur Brüssel I-VO 1/Einl 8
1/Vorbem *24*
**EuInsVO** 1/Art 1 *18*
**Europäisches Zivilprozeßrecht**
Entwicklung 1/Einl *64*
**Exequaturverfahren**
s Vollstreckbarerklärungsverfahren
**Exportrisikoversicherung** 1/Art 8 *11*

**Fakturengerichtsstand** 1/Art 23 *21*
**Familienrecht**
EG-BewVO 4/Art 1 *4*
**Ferienhausmiete** 1/Art 22 *22ff 24ff*
**Feststellungsklage**
Bestehen einer Gesellschaft 1/Art 22 *33*
**Feststellungsurteil**
Anerkennung 2/Art 13 *12*
**Finanzierungskauf** 1/Art 15 *6*
**Finnland**
Anerkennung von Entscheidungen 2/Art 36 *7*
**Flugpersonal** 1/Art 19 *10*
**Formblätter**
Aktualisierung 4/Art 4 *4* 4/Art 19 *1*
Bescheinigung Urteil 2/Anh
Beweisaufnahme 4/Art 4 *1 f* 4/Anh
Zustellung 3/Art 4 *8ff* 3/Anh
**Forum actoris**
s Klägergerichtsstand
**Forum non conveniens** 1/Vorbem Art 2 *14 f*
in lex fori 1/Vorbem Art 2 *16 f*
**Forum rei** 2/Art 2 *17*
**Forum shopping** 1/Vorbem Art 2 *3* 2/Art 2 *7*
**Freibeweis** 4/Art 1 *23*
**Frist**
Beschwerde gegen Vollstreckbarerklärung
2/Art 26 *5 ff*
Beweiserledigung 4/Art 10 *1*
**Fristberechnung**
Abweichungen Mitgliedstaaten
3/Art 9 *10*
Feiertage 3/Art 9 *8*
Zustellung 3/Art 9 *4 ff*

**Gegenantrag**
bei Ehesache 2/Art 5 *4*
inkongruenter 2/Art 5 *5*
kongrueer 2/Art 5 *5*
sonstige 2/Art 5 *9*
verschiedene Anhängigkeit 2/Art 5 *6*
Zulässigkeit 2/Art 5 *8*
**Gehör, rechtliches**
s auch Schriftstück verfahrenseinleitendes
Anerkennungsversagung 1/Art 34 *23 ff*
**Geleit, sicheres** 4/Art 11 *15*
**Gemeinschaftsrecht sekundäres** 1/Einl *1*
2/Vorbem *4*
**Gericht, ersuchendes**
Beweisaufnahme 4/Art 2 *5* 4/Art 4 *5*
EG-BewVO 4/Art 1 *6*
**Gericht, ersuchtes**
Beweisaufnahme 4/Art 2 *6*
**Gericht, zuerst angerufenes**
Bestimmung 1/Art 30 *1 ff*
**Gerichtsgewalt, fehlende**
Beweisaufnahme 4/Art 14 *17 f*
**Gerichtsstand, allgemeiner** 1/Art 2 *1 ff*
**Gerichtsstand, besonderer**
s Gerichtsstand fakultativer
**Gerichtsstand, fakultativer** 1/Art 5 *1 ff*
Adhäsionsverfahren 1/Art 5 *93*
s auch Adhäsionsgerichtsstand
Anwendungsbereich räumlicher
1/Art 5 *5*
Auslegung 1/Art 5 *3*
Berge- und Hilfslohn 1/Art 5 *115 ff*
Erfüllungsort 1/Art 5 *6 ff*
s auch Erfüllungsortgerichtsstand
Niederlassung 1/Art 5 *99 ff*
s auch Niederlassungsgerichtsstand
örtliche Zuständigkeit 1/Art 5 *4*
trust 1/Art 5 *110 ff*
s auch Trust-Gerichtsstand
unerlaubte Handlung 1/Art 5 *73*
s auch Deliktsgerichtsstand
Unterhaltsklagen 1/Art 5 *60 ff*
s auch Unterhaltsgerichtsstand
**Gerichtsstände, abschließende** 1/Art 8 *1*
**Gerichtsstände, exorbitante** 1/Art 2 *3*
Inländergleichbehandlung 1/Art 4 *5 ff*
**Gerichtsstandsklauseln** 1/Art 23 *12 16 ff*
*23 27 38*

**Gerichtsstandsvereinbarung**
Aufenthalt gemeinsamer 1/Art 13 *6*
nach Entstehen der Streitigkeit 1/Art 13 *4*
Verbrauchersache 1/Art 17 *1 ff*
Versicherung, Großrisiken 1/Art 13 *10 f*
Versicherungsnehmer aus Drittstaat 1/Art 13 *8 f*
Versicherungssache 1/Art 11 *3* *5* 1/13 *1 ff*
Wohnsitz gemeinsamer 1/Art 13 *6 f*
zugunsten Versicherungsnehmer 1/Art 13 *5*
**Gerichtsstandsvereinbarung** 1/Art 23 *1 ff*
Anerkennung bei Verletzung 1/Art 35 *13*
Anwendungsvoraussetzungen 1/Art 23 *2 ff*
Arbeitnehmersachen 1/Art 21 *1 ff* 1/Art 23 *11*
Aufrechnungsausschluss 1/Art 23 *68*
Bestimmtheitserfordernis 1/Art 23 *44 ff*
CMR 1/Art 71 *14 ff*
Drittwirkung 1/Art 23 *70 ff*
Einstweiliger Rechtsschutz 1/Art 23 *66*
elektronische Form 1/Art 23 *38*
Form 1/Art 23 *14 ff*
Geltung intertemporale 1/Art 23 *75 f*
Gepflogenheiten 1/Art 23 *26*
Gericht in Mitgliedstaat 1/Art 23 *3*
Gesellschaftsvertrag 1/Art 23 *50*
Handelsbrauch 1/Art 23 *28 ff*
in AGB 1/Art 23 *12* *16 ff* *23* *27* *38*
in ständiger Geschäftsbeziehung 1/Art 23 *17*
Inlandssachverhalt 1/Art 23 *6*
Internationalität des Sachverhalts 1/Art 23 *4 f*
Konossement 1/Art 23 *36* *52 ff*
Konsens 1/Art 23 *39 ff*
Luxemburg Besonderheit 1/Art 23 *57 f*
Prüfungskompetenz 1/Art 23 *8 f*
Rahmenvertrag 1/Art 23 *64*
Reichweite 1/Art 23 *62 ff*
rein internationale 1/Art 23 *46*
reziproke 1/Art 23 *47*
Rückabwicklungsansprüche 1/Art 23 *63*
schriftlich bestätigte 1/Art 23 *22 ff*
schriftliche 1/Art 23 *15 ff*
Sprachrisiko 1/Art 23 *40*
trust 1/Art 23 *49*
und Deliktsgerichtsstand 1/Art 5 *75*
und Gewährleistungsklage 1/Art 6 *22*
und Interventionsklage 1/Art 6 *22*
und Maßnahme einstweilige 1/Art 31 *33 f*
Verbrauchersachen 1/Art 23 *11*
Versicherungen 1/Art 23 *37*
Versicherungssachen 1/Art 23 *11*
Versteigerungsbedingungen 1/Art 23 *37*
Vertrag 1/Art 23 *39 ff*
Vertragsstatut Verhältnis zu 1/Art 23 *41 ff*
vor Inkrafttreten der Brüssel I-VO 1/Art 66 *6 ff*
Widerklage 1/Art 23 *65*
Wirksamkeit 1/Art 23 *13*
**Gerichtsvollzieher**
Kosten 3/Art 11 *2 ff*
Zustellung durch 3/Art 7 *4*
**Geschäftsbedingungen allgemeine**
Gerichtsstandsvereinbarung 1/Art 23 *12* *16 ff* *23* *27* *38*
kollidierende 1/Art 23 *19*
**Geschäftsverkehr unmittelbarer**
Beweisaufnahme 4/Art 2 *1 ff*
**Gesellschaften** 1/Art 22 *28 ff*
**Gesellschaften Sitz Wohnsitz**
Bestimmung 1/Art 60 *1 ff*
Irland, Besonderheit 1/Art 60 *6*
Vereinigtes Königreich Besonderheit 1/Art 60 *6*
**Gesellschafterklagen** 1/Art 22 *35 ff*
**Gesellschaftsrecht**
und Erfüllungsortgerichtsstand 1/Art 5 *25*
**Gesellschaftsvertrag**
Gerichtsstandsvereinbarung 1/Art 23 *50*
**Gestaltungswirkungen**
Anerkennung 1/Art 33 *7*
**Gewährleistungsklage**
Anerkennung 1/Art 6 *20*
Begriff 1/Art 6 *13 ff*
Deutschland Vorbehalt 1/Art 6 *12*
Gerichtsstand 1/Art 6 *11*
Gerichtsstandsvereinbarung 1/Art 6 *22*
Mißbrauchsverbot 1/Art 6 *21*
Motivation 1/Art 6 *12*
Österreich Vorbehalt 1/Art 6 *12*
Zulässigkeitsvoraussetzung 1/Art 6 *16*
Zuständigkeit 1/Art 6 *17 f*

**Gewinnmitteilung**
Deliktsgerichtsstand 1/Art 5 80
Erfüllungsortgerichtsstand 1/Art 5 *28*
**Gewinnzusage** 1/Art 15 9
**Gibraltar** 1/Einl *16*
**Gläubigeranfechtung** 1/Art 22 58
**Gleichbehandlung**
bei Zuständigkeiten lege fori 2/Art 8 *10ff*
in Sorgerechtssachen 2/Art 8 *21*
**Großrisiken** 1/Art 8 *15*
Begriff 1/Art 14 *6ff*
Zuständigkeit 1/Art 13 *10f*
**Großversicherung**
s Großrisiken
**Grundrechte**
Anerkennungsversagung wegen Verletzung 1/Art 34 *10*
**Grundstücksveräußerungsvertrag** 1/Art 22 8
**Gründungstheorie** 1/Art 22 30
**Gütetermin**
Einlassung rügelose 1/Art 24 *6ff*

**Haager Kindesentführungsübereinkommen** 2/Art 3 *12* 2/Art 4 *1ff*
Nichtmitgliedstaaten 2/Art 4 *3*
**Haager Straßenverkehrsunfallübereinkommen** 1/Art 11 9
**Haager Unterhaltsvollstreckungsübereinkommen**
Verhältnis zur Brüssel I-VO 1/Art 71 *17f*
**Haftpflichtversicherung**
Begriff 1/Art 14 3
Deliktsforum 1/Art 10 *1*
Interventionsklage 1/Art 11 *1ff*
**Haftungsbegrenzung seerechtliche** 1/Art 7 *1f*
**Handbuch**
EG-BeweisVO 4/Art 19 *1*
EG-ZustellVO 3/Art 23 *1*
**Handelsbrauch**
Gerichtsstandsvereinbarung 1/Art 23 *28ff*
**Handelssache** 1/Art 1 *1f*
**Handelsvertreter**
kein Arbeitnehmer 1/Art 18 8
**Handlungen, gerichtliche** 4/Art 1 *12*
**HBÜ** 4/Vorbem *2* 4/Art 1 *1* 4/Art 21 *1ff*
**Heiliger Stuhl**
Verträge 2/Art 40 *1ff*
**Heimatstaat** 2/Art 2 *28*
**Herausgabe, Kind** 2/Art 1 9
**Hinweispflicht richterliche**
Einlassung rügelose 1/Art 24 *13ff*

**Immobilie**
s Sache unbewegliche
**Immunität**
Beweisaufnahme 4/Art 14 *17f*
**Individualarbeitsvertrag** 1/Art 18 *3f*
**Inkrafttreten**
Brüssel I-VO 1/Art 76 *1*
Brüssel II-VO 2/Art 46 *1*
EG-Bew-VO 4/Art 24 *1*
EG-ZustellVO 3/Art 25 *1*
**Inländergleichbehandlung** 1/Art 2 8 1/Art 4 5
**Inlandssachverhalt** 1/Vorbem Art 2 *13*
**Inlandszustellung** 3/Art 1 *14*
fiktive 3/Art 1 *15*
Heilung 3/Art 19 *20*
Nichteinlassung 3/Art 19 *3ff*
Wiedereinsetzung 3/Art 19 *23ff*
**Insolvenzrecht**
EG-BewVO 4/Art 1 4
**Insolvenzverfahren** 1/Art 1 *18f*
Anerkennung 1/Art 32 *16*
**Insolvenzverwalter**
Klagen des 1/Art 1 *20*
**Interessen**
Zustellung 3/Vorbem 6
**Internet**
Deliktsgerichtsstand 1/Art 5 79 *91*
Verbrauchergerichtsstand 1/Art 15 *14f*
**Internetadresse**
Angaben der Mitgliedstaaten zur EG-ZustellVO 3/Vorbem *38*
Empfangsstellen 3/Art 2 8
Handbuch Mitteilungen zur EG-ZustellVO 3/Art 23 *1*
Schriftstücke Zustellung 3/Art 1 9
Übermittlungsstellen 3/Art 2 8
**Interventionsklage**
Anerkennung 1/Art 6 *20*

Begriff 1/Art 6 *13ff*
Deutschland Vorbehalt 1/Art 6 *12*
Deutschland, Besonderheit 1/Art 11 *2*
Gerichtsstand 1/Art 6 *11*
Gerichtsstandsvereinbarung 1/Art 6 *22*
Mißbrauchsverbot 1/Art 6 *21*
Motivation 1/Art 6 *12*
Österreich Vorbehalt 1/Art 6 *12*
1/Art 11 *2*
Versicherungssache 1/Art 11 *1ff*
Zulässigkeitsvoraussetzung 1/Art 6 *16*
Zuständigkeit 1/Art 6 *17f*
**Interventionswirkung**
Anerkennung 1/Art 33 *8*
**Inzidentanerkennung** 1/Art 33 *17*
2/Art 14 *9ff*
s auch Anerkennung
Behörden 2/Art 14 *13*
**IPR**
Verletzung Anerkennungsversagung
1/Art 34 *19*
EU-Regelung 2/Art 2 *4*
**Irland**
Geltung Brüssel I-VO 1/Einl *14*
**Isle of Man** 1/Einl *18*
**Italien**
Konkordat 2/Art 40 *3 7*

**Judgment by consent** 1/Art 58 *9*
**Jurisdiktionen mehrere** 2/Art 41 *2*

**Kanalinseln** 1/Einl *18*
**Kaufvertrag**
Erfüllungsortgerichtsstand 1/Art 5 *45*
**Kaution**
Beweisdurchführung 4/Art 18 *5*
**Kind**
Begriff 2/Art 1 *11*
gemeinsames 2/Art 1 *12*
**Kinder, mehrere** 2/Art 29 *4ff*
**Kindesentführung** 2/Art 3 *12f* 2/Art 4
Begriff 2/Art 4 *6*
Kindesalter 2/Art 4 *5*
Kindesaufenthalt vor 2/Art 4 *4*
und Sorgerecht 2/Art 4 *7*
Verfahrensaussetzung 2/Art 4 *10*
**Kindeswohl**
Änderung Entscheidung 2/Art 19 *4*
**Klageabweisung**
Unzulässigkeit 2/Art 10 *2*
**Klagen im Zusammenhang**
Anhängigkeit vor Inkrafttreten Brüssel I-VO
1/Art 66 *6ff*
**Klagen im Zusammenhang** 1/Art 28 *1ff*
Abweisung wegen 1/Art 28 *8ff*
Aussetzung wegen 1/Art 28 *6f*
Zusammenhang Begriff 1/Art 28 *3*
**Klägergerichtsstand**
Ehesachen 2/Art 2 *23*
Verbraucher 1/Art 16 *4*
Versicherungsnehmer 1/Art 9 *3*
**Kommunikationsmittel, elektronische**
3/Vorbem *35*
**Kommunikationstechnologie**
Beweiserhebung mit 4/Art 4 *22*
4/Art 10 *26ff*
Beweisersuchen Übermittlung 4/Art 6 *1*
Kosten 4/Art 18 *2*
**Kompetenzkonflikt** 1/Art 29 *1*
negativer wg Wohnsitz 1/Art 59 *8*
negativer 2/Art 11 *19*
positiver wg Wohnsitz 1/Art 59 *7*
positiver 2/Art 11 *1ff*
**Konkordate** 2/Art 40 *1ff*
**Konnossement**
Erfüllungsortgerichtsstand 1/Art 5 *27*
Gerichtsstandsvereinbarung 1/Art 23 *36 52ff*
**Konsensualscheidung**
Anerkennung 2/Art 13 *22*
**Kontrahierungszwang**
und Erfüllungsortgerichtsstand 1/Art 5 *20 29*
**Kosten**
Beweisdurchführung 4/Art 10 *41*
**Kostenentscheidung** 1/Art 1 *8*
**Kraftfahrzeughaftpflicht-Richtlinie Vierte**
1/Art 11 *7*
**Kreuzverhör** 4/Art 10 *20ff* 4/Art 13 *10*
**Kritik**
Ehesachen konkurrierende 2/Art 11 *7f 24f*
Heimatstaatszuständigkeit 2/Art 2 *29*
Parteistellung Differenzierung 2/Art 2 *24*
Scheidungsfreiheit 2/Art 1 *4*

**KSÜ** 2/Art 37 *3*
s auch MSA

**Ladung**
Zeugen 4/Art 1 *20*
**Landesjustizverwaltung** 2/Art 14 *4*
**Leasing**
Erfüllungsortgerichtsstand 1/Art 5 *46*
**Lebenspartnerschaft gleichgeschlechtliche**
2/Art 1 *3*
**Legalisation**
Urkunden im Vollstreckbarerklärungsverfahren
1/Art 56 *1* 2/Art 35 *1 f*
**Legalkompensation** 1/Vorbem Art 2 *22*
**Leistungsverfügung** 1/Art 31 *10*
**Lex fori**
und Brüssel I-VO 1/Vorbem Art 2 *1 17ff*
**Liefervertrag** 1/Art 15 *7f*
**Lizenzstreitigkeit** 1/Art 22 *44*
**Lugano-Übereinkommen** 1/Einl *71 ff*
Auslegung 1/Vorbem *85ff*
Entstehungsgeschichte 1/Einl *71ff*
Unterschiede zur Brüssel I-VO
1/Einl *77ff*
Verhältnis zu bilateralen Konventionen
1/Einl *84*
Verhältnis zur Brüssel I-VO 1/Einl *83*
**Luxemburg**
Besonderheit Erfüllungsortgerichtsstand
1/Art 63 *1ff*
Gerichtsstandsvereinbarung 1/Art 63 *6ff*

**Markenverordnung** 1/Art 22 *51ff*
**Maßnahmen, einstweilige, Brüssel II-VO**
Anerkennung 2/Art 12 *9ff*
Begriff 2/Art 12 *4f*
Ehesachen 2/Art 12 *1ff*
Geltungsdauer 2/Art 12 *19ff*
Gerichtsstaat Wirkungsbeschränkung
2/Art 12 *16ff*
Hauptsacheentscheidung 2/Art 12 *19ff*
Reichweite 2/Art 12 *6ff*
Sorgesachen Dringlichkeit 2/Art 12 *13*
und Völkerverträge 2/Art 12 *13*
Unterhalt 2/Art 12 *11*
Zuständigkeit 2/Art 12 *14*

**Maßnahmen, einstweilige, Brüssel I-VO**
s Rechtsschutz, einstweiliger
**Mehrrechtsstaaten**
Unteranknüpfung 2/Art 41 *3*
**Mehrstaater** 2/Art 2 *32 38*
**Miete** 1/Art 22 *13ff*
Begriff 1/Art 22 *15*
Ferienhaus 1/Art 22 *16 22ff*
Grundstücke in mehreren Staaten
1/Art 22 *14*
kurzfristige 1/Art 22 *24ff*
Schadensersatzklage 1/Art 22 *21*
Zahlungsklage 1/Art 22 *20*
**Mietkaufvertrag**
Erfüllungsortgerichtsstand 1/Art 5 *46*
**Minderjährigkeit** 2/Art 1 *11*
**Mitgliedstaat** 4/Art 1 *58* 3/Vorbem *3*
Anerkennung Entscheidungen 2/Art 14 *1*
Begriff 2/Vorbem *11* 2/Art 1 *15*
neue Übereinkünfte 2/Art 39 *1ff*
**Mitversicherer**
Zuständigkeit 1/Art 9 *6*
**Monaco** 1/Vorbem *16*
**Mosaiktheorie** 1/Art 5 *92*
**MSA**
bei ausschließlicher Zuständigkeit
2/Art 7 *20ff*
Kollisionsrecht 2/Art 3 *3*
perpetuatio fori 2/Art 3 *4*
Verhältnis zu 2/Art 3 *1ff*

**Nachfrist Urkundenvorlage** 2/Art 34 *1ff*
**Nebenentscheidung**
Anerkennungsfähigkeit 1/Art 32 *9*
**Nichteheliche Lebensgemeinschaft**
Anwendung Brüssel I-VO 1/Art 1 *14*
**Nichteinlassung**
Anerkennungshindernis 1/Art 34 *37*
Beschwerde gegen Vollstreckbarerklärung
2/Art 26 *13*
Ehesachen 2/Art 15 *8*
Inlandszustellung fiktive 3/Art 19 *3ff*
Verfahren bei 1/Art 26 *1ff*
Zustellung 3/Art 19
**Niederlassung**
Arbeitgeber 1/Art 18 *12*

**Niederlassung, einstellende**
Begriff 1/Art 19 *18*
Zuständigkeit 1/Art 19 *16ff*
**Niederlassungsgerichtsstand** 1/Art 5 *99ff*
Alleinvertriebshändler 1/Art 5 *106*
Ansprüche, außervertragliche 1/Art 5 *108*
Arbeitssachen 1/Art 18 *14f*
Betriebsbezogenheit 1/Art 5 *108*
Handelsvertreter 1/Art 5 *106*
Kontaktadresse 1/Art 5 *105*
Motivation 1/Art 5 *99ff*
Niederlassung Rechtsschein 1/Art 5 *104*
Schwestergesellschaft 1/Art 5 *107*
Tochterfirma 1/Art 5 *107*
Zweigniederlassung Agentur etc Begriff 1/Art 5 *102ff*
**Nizza, Vertrag von** 1/Einl 9

**Öffentlich-rechtliche Streitigkeit** 1/Art 1 *3*
**Ordre public**
Anerkennungsversagung 1/Art 34 *4ff*
Anerkennungsversagung 2/Art 15 *4ff 21 ff*
Beweisdurchführung 4/Art 11 9
deutscher 1/Art 34 *6ff*
materieller 1/Art 34 *19* 2/Art 15 5
unmittelbare Beweisaufnahme 4/Art 17 *6ff*
verfahrensrechtlicher 1/Art 34 *13ff* 2/Art 15 5
Widerspruch offensichtlicher 1/Art 34 *9ff*
zuständigkeitsbegründender 2/Art 2 5
Zustellung fiktive 3/Vorbem *13*
Zustellung 3/Vorbem *11*
**Österreich**
Gewährleistungsklage Interventionsklage 1/Art 65 *1*

**Pacht** 1/Art 22 *13ff*
s auch Miete
**Partei, schwächere** 1/Art 8 6
**Parteibezeichnung**
Beweisaufnahme 4/Art 4 6
**Parteien**
Anwesenheit bei Beweisaufnahme 4/Art 4 *23*
Aussageverweigerungsrechte 4/Art 14 6
**Parteifähigkeit** 1/Art 60 *4*
**Parteiidentität** 2/Art 11 *11 20*
**Parteiöffentlichkeit** 4/Art 11 *1ff*
Ablehnung 4/Art 11 *9ff*
Anwesenheit, anwendbares Recht 4/Art 11 *2ff*
Beteiligung, anwendbares Recht 4/Art 11 *11ff*
Durchführung 4/Art 11 *14ff*
**Parteivernehmung** 4/Art 1 *32*
**Patentnichtigkeit** 1/Art 22 *46ff*
**Patentübereinkommen Europäisches** 1/Art 22 *49*
**Pauschalreise** 1/Art 15 *20*
mit Wohnungsmiete 1/Art 22 *23*
**Pensionsabreden**
Gerichtsstand 1/Art 18 5
**Perpetuatio fori** 1/Art 2 *4* 1/Art 60 5 2/Art 2 9 2/Art 3 *23* 2/Art 7 *13*
**Perpetuatio jurisdictionis** 2/Art 3 *21* 2/Art 6 *1*
**Personenstand Entscheidungen**
Zustellung Wiedereinsetzung 3/Art 19 *26ff*
**Pfändung** 1/Art 22 *55*
**Portugal**
Konkordat 2/Art 40 *2*
**Posterioritätsgrundsatz**
in Sorgerechtssachen 2/Art 15 *33*
**Präklusionswirkung** 1/Art 33 6
**Prätendentenstreitigkeit** 1/Art 22 *41*
**Prioritätsgrundsatz**
Entscheidungsanerkennung 1/Art 34 *43ff* 2/Art 15 *18*
Klagen im Zusammenhang 1/Art 28 *1* 2/Art 11 2
Rechtshängigkeit anderweitige 1/Art 27 *1*
**Privatscheidung** 2/Art 1 6 2/Art 13 9
**Privaturkunden** 2/Art 35 2
**Produkthaftung**
Handlungsort 1/Art 5 88
**Prorogation**
s auch Gerichtsstandsvereinbarung
begünstigende Arbeitssachen 1/Art 21 5
Drittstaatengericht in Arbeitssachen 1/Art 21 7
in arbeitsrechtlichem Aufhebungsvertrag 1/Art 21 *4*
**Prorogation, stillschweigende s Einlassung rügelose**

**Prozeßaufrechnung** 1/Vorbem Art 2 *21*
und anderweitige Rechtshängigkeit
1/Art 27 *11*
und Widerklage 1/Art 6 *30 ff*
Zuständigkeit 1/Art 6 *30 ff*
**Prozeßförderungspflicht**
bei Zustellung 3/Art 8 *1*
**Prozeßkostenhilfe**
im Vollstreckbarerklärungsverfahren
1/Art 50 *1 ff* 2/Art 30 *1 ff*
Zustellung 3/Art 21 *1*
**Prozeßurteil**
Anerkennung 1/Art 33 *5*
**Prozeßvergleich**
Anerkennung 1/Art 32 *10* 2/Art 13 *20 ff*
**Prozeßverschleppung**
und anderweitige Rechtshängigkeit
1/Art 27 *18*
**Prüfungskompetenz**
Zuständigkeit erstangerufenes Gericht
1/Art 27 *16*
**Punitive damages**
Anerkennungsversagung 1/Art 34 *20*

**Qualifikation** autonome 1/Art 5 *14 ff*
s auch Auslegung autonome
**Qualifikationsverweisung** 2/Art 2 *40*
**Quasi-Kontrakt**
und Erfüllungsortgerichtsstand 1/Art 5 *21*

**Recht, anwendbares**
Anerkennungsverfahren 2/Art 18 *1 ff*
**Recht, dingliches**
Begriff 1/Art 22 *6*
Schadensersatzklage 1/Art 22 *12*
**Rechtliches Gehör**
Inhaber elterlicher Verantwortung
2/Art 15 *29 ff*
Kind 2/Art 15 *24 ff*
Vollstreckbarerklärung Beschwerde
2/Art 26 *11*
Vollstreckbarerklärung 2/Art 24 *2 5*
**Rechtsbehelf**
Ablehnung Beweisersuchen 4/Art 14 *24*
Anerkennung, Aussetzung 1/Art 37 *1 ff*
im Ursprungsstaat 2/Art 28 *3 f*
Vollstreckbarerklärung 2/Art 26 *1 ff*
2/Art 27 *3 ff*
**Rechtsbehelfsobliegenheit** 1/Art 34 *39 f*
**Rechtsbeschwerde**
Vollstreckbarerklärung 1/Art 44 *4 f*
2/Art 27 *3 ff*
**Rechtsfähigkeit** 1/Art 60 *4*
**Rechtshängigkeit anderweitige** 1/Art 27 *1 ff*
s auch Gericht zuerst angerufenes
s auch Klagen im Zusammenhang
Anwendungsvoraussetzungen 1/Art 27 *3 ff*
Aussetzung wegen 1/Art 27 *19 ff*
bei Inkrafttreten Brüssel II-VO 2/Art 42 *10*
Ehesachen 2/Art 11 *1 ff 20 ff*
Feststellungsklage 1/Art 27 *9*
Gericht, zuerst angerufenes 1/Art 27 *14*
1/Art 30 *1 ff* s auch dort
Klageabweisung wegen 1/Art 27 *19 ff*
Partei-und anspruchsidentität 1/Art 27 *8 ff*
Prozeßaufrechnung 1/Art 27 *11*
**Rechtshilfe**
aktive 4/Art 1 *11*
passive 4/Art 1 *11*
Vorrang der 4/Art 1 *37*
**Rechtsinstrumente der EU**
Verhältnis zur Brüssel I-VO 1/Art 67 *1 ff*
**Rechtsinstrumente, besondere Rechtsgebiete**
Verhältnis zur Brüssel I-VO 1/Art 67 *1 ff*
**Rechtskraft**
und Rechtshängigkeitssperre 2/Art 11 *24 f*
**Rechtsnachfolge**
Gerichtsstandsvereinbarung 1/Art 23 *71*
Vollstreckbarerklärung 1/Art 38 *9 f*
**Rechtsschutz einstweiliger** 1/Art 3 *2*
1/Art 31 *1 ff*
Anerkennung 1/Art 31 *35 ff* 1/Art 32 *11 ff*
Anwendungsbereich 1/Art 31 *4 ff*
Auslegung autonome 1/Art 31 *10*
des Hauptsachegerichts 1/Art 31 *37*
Gerichtsstandsvereinbarung 1/Art 23 *66*
1/Art 31 *33 f*
Maßnahmen Begriff 1/Art 31 *8 ff*
*revision au fond* 1/Art 36 *2*
Schiedsvereinbarung 1/Art 31 *19 f*
Vollstreckung 1/Art 31 *35 ff*
Zuständigkeit nationale 1/Art 31 *21 ff*

Zuständigkeit 1/Art 31 *14ff*
Zwangsvollstreckung 1/Art 47 *1ff*
**Reform**
Brüssel II 2/Vorbem 9 **2a/**
EG-ZustellVO 3/Vorbem *26f*
**Registerklagen** 1/Art 22 *38ff*
**Regreß**
des Versicherers 1/Art 8 *17*
**Remise au parquet** 1/Art 34 *32*
3/Art 19 *10ff*
**Restzuständigkeit** 2/Art 8
Verhältnis zu ausschließlicher Zuständigkeit
2/Art 8 *6f*
**Revisibilität**
internationale Zuständigkeit 1/Einl *52ff*
**Revision au fond**
Verbot 1/Art 36 *1f* 2/Art 19 *1*
**Rückversicherung** 1/Art 8 *14*

**Sache, unbewegliche**
Qualifikationsverweisung 1/Art 22 *5*
Zuständigkeit 1/Art 22 *4ff*
**Sachnähe** 1/Art 5 *2 8*
**Sachverständige** 4/Art 1 *25*
Ersuchen 4/Art 4 *10*
**San Marino** 1/Einl *16*
**Schadensersatz**
Haftungsbeschränkung, seerechtliche
1/Art 7 *1f*
mit Strafcharakter 1/Art 34 *20*
pauschalierter 1/Art 34 *20*
**Scheidungsantrag, gemeinsamer** 2/Art 2 *19*
Begriff 2/Art 2 *20f*
Form 2/Art 2 *21*
verschiedenartige 2/Art 2 *22*
**Scheidungsfreiheit** 2/Art 2 *4*
**Scheidungsgewährung** 2/Art 2 *3*
**Schenkungen**
von Todes wegen 1/Art 1 *17*
zwischen Ehegatten 1/Art 1 *13*
**Schiedseinrede** 1/Art 1 *31*
**Schiedsgericht**
EG-BewVO 4/Art 1 9
**Schiedsgerichtsbarkeit** 1/Art 1 *26ff*
**Schiedsspruch**
inkorporierende Entscheidung 1/Art 1 *30*
**Schiedsvereinbarung**
Anerkennung bei Verletzung 1/Art 35 *14*
Klage zur Absicherung 1/Art 1 *29*
Kontrolle 1/Art 17 *6*
Maßnahmen einstweilige 1/Art 31 *19f*
Mißachtung Anerkennungsversagung
1/Art 34 *17*
mit Verbraucher 1/Art 17 *4*
**Schriftstück, verfahrenseinleitendes**
Anerkennungsversagung 2/Art 15 *9ff*
Begriff 1/Art 34 *29*
Beweislast 1/Art 34 *41 f*
Ehesachen 2/Art 10 *10*
Nichteinlassung 1/Art 34 *37*
Ordnungsgemäßheit 2/Art 15 *10*
Rechtsbehelfsobliegenheit 1/Art 34 *39f*
Rechtzeitigkeit 1/Art 34 *34ff* 2/Art 15 *11*
Übersetzung 1/Art 34 *33*
Zustellung, fiktive 1/Art 34 *32*
Zustellung, ordnungsgemäße
1/Art 34 *23 31*
Zustellung 1/Art 26 *9ff* 2/Art 15 *9ff*
Zustellungszeitpunkt 1/Art 34 *34ff*
**Schriftstücke**
Zustellung 3/Art 1 *6*
Glossar 3/Art 1 *9*
private 3/Art 1 *11*
gerichtliche 3/Art 1 *7 10*
außergerichtliche 3/Art 1 *8 10*
**Schuldnerschutz**
Vollstreckbarerklärung 1/Art 43 *10*
**Schutzrechte, gewerbliche** 1/Art 22 *40ff*
**Schutzschrift**
im Vollstreckbarerklärungsverfahren
1/Art 41 *9* 2/Art 24 *5*
**Schweden**
Anerkennung von Entscheidungen
2/Art 36 *7*
**Seeleute** 1/Art 19 *9*
**Seeschiffe**
in Griechenland registrierte 1/Art 64 *1*
in Portugal registrierte 1/Art 64 *1*
Versicherung 1/Art 14 *1*
**Sicherheitsleistung**
im Vollstreckbarerklärungsverfahren
2/Art 31 *1ff*

**Sicherungsmaßnahmen**
vor Vollstreckbarerklärung 1/Art 47 *6ff*
**Sorgerechtssachen**
anhängige Ehesache 2/Art 3 9
Anhängigkeit 2/Art 3 *23*
Beendigungsgründe 2/Art 3 *25*
isolierte 2/Art 3 *18*
nach Beendigung Ehesache 2/Art 3 *26*
sachlicher Anwendungsbereich 2/Art 3 8
Verfahrensabschluß 2/Art 3 *24*
**Souveränitätsinteressen**
Zustellung 3/Vorbem *7*
**Soziale Sicherheit**
EG-BewVO 4/Art 1 *4*
in Brüssel I-VO ausgeschlossen 1/Art 1 *23ff*
**Sozialversicherung** 1/Art 8 *12*
Beitragsklage 1/Art 1 *25*
Regreßklage 1/Art 1 *24*
**Spanien**
Konkordat 2/Art 40 4 *7*
**Sprache**
Beweisaufnahme 4/Art 10 5
Beweisaufnahme unmittelbare 4/Art 17 *19*
Beweisersuchen 4/Art 5 *1f* 4/Art 7 *5*
Mangel der 4/Art 7 *1f*
Zustellungsbescheinigung 3/Art 10 *2*
Zustellungsformblatt 3/Art 4 *9ff*
**Sprachkenntnisse**
Zustellungsadressat 3/Art 8 *3ff*
**Sprachrisiko**
Gerichtsstandsvereinbarung 1/Art 23 *40*
**Staatenlose** 2/Art 2 *33 38*
**Staatsangehörigkeitszuständigkeit** 2/Art 2 *28f*
gemeinsame 2/Art 2 *35*
**Staatsverträge**
und Anwendung Brüssel I-VO 1/Art 3 *2*
**Status** 2/Art 1 *10*
**Statussache** 1/Art 1 *10*
**Stellen, zuständige** 3/Vorbem *36*
**Strafgericht**
Zuständigkeit des 1/Art 5 *93ff*
**Strafsachen**
Adhäsionsverfahren 4/Art 1 *5*
EG-BewVO 4/Art 1 *5*
**Straftat, fahrlässige**
Erscheinen Anordnung 1/Art 61 *2*
Vertretung in Zivilverfahren 1/Art 61 *1ff*
**Streitgenossen**
s Beklagte mehrere
**Streitverkündung**
Anerkennung 1/Art 33 *8*
Derogation 1/Art 23 *74*
durch Versicherer 1/Art 12 *3*
Versicherungssachen 1/Art 11 *10*
**Streudelikt**
Deliktsgerichtsstand 1/Art 5 *92f*

**Tarifvertragsstreitigkeit** 1/Art 18 *7*
**Tatbestandsfeststellung**
Anerkennung 1/Art 33 *9*
**Tätigkeit, berufliche, gewerbliche** 1/Art 15 *12*
Ausrichtung auf Wohnsitzstaat 1/Art 15 *13*
**Tatort**
autonome Auslegung 1/Art 5 *85*
Erfolgsort 1/Art 5 *86*
Handlungsort 1/Art 5 *87*
mehrere Personen 1/Art 5 *88*
Produkthaftung 1/Art 5 *88*
**Tatsachen**
doppelrelevante 1/Vorbem Art 2 *8*
**Tatsachen, zuständigkeitsbegründende**
Ermittlung 1/Art 26 *5ff*
**Teilvollstreckbarerklärung** 1/Art 48 *1ff*
2/Art 29 *1ff*
**Teilzahlungskauf** 1/Art 15 *4*
**Telearbeiter** 1/Art 19 *11*
**Tele-Augenschein** 4/Art 10 *35 38*
**Telekonferenz** 4/Art 1 *22*
**Termineinwand**
Anerkennungsversagung 1/Art 34 *20*
**Timesharing** 1/Art 22 *17f*
**Titelabänderung** 1/Art 22 *58*
**Transportversicherung** 1/Art 8 *13* 1/Art 14 *2*
**Trennung, Ehe**
Begriff 2/Art 1 *1*
**Trust**
Gerichtsstandsvereinbarung 1/Art 23 *49*
von Todes wegen 1/Art 1 *17*
Wohnsitz 1/Art 60 *7*
**Trust-Gerichtsstand** 1/Art 5 *110ff*
Begriff 1/Art 5 *111*
Parteistellung 1/Art 5 *113*

Qualifikation 1/Art 5 *112*
Zuständigkeit 1/Art 5 *114*

**Übereinkommen**
Verhältnis zu Brüssel II-VO 2/Art 36 *1ff* 2/Art 37 *1ff* 2/Art 38 *1ff*
Verhältnis zu EG-BewVO 4/Art 21 *1ff*
Verhältnis zu EG-ZustellVO 3/Art 20 *1f*
Zeichnung mit Drittstaaten 2/Art 39 *6ff*
**Überleitungsverfahren**
nach Inkrafttreten Brüssel II-VO 2/Art 42 *6ff*
**Übermittlungsstelle** 3/Vorbem 8 3/Art 2 *1ff*
Änderung 3/Art 2 6
Deutschland 3/Art 2 *7*
mehrere 3/Art 2 *4ff*
Mitgliedstaaten 3/Art 2 8
zentrale 3/Art 2 5
**Überprüfung**
Brüssel I-VO 1/Art 73 *1*
Brüssel II-VO 2/Art 43 *1*
EG-BewVO 4/Art 23 *1*
EG-ZustellVO 3/Art 24 *1*
**Überraschungseffekt**
Vollstreckbarerklärung 1/Art 43 9
**Überseeische Gebiete** 1/Art 68 3
s auch Aruba
**Übersendung**
elektronische 3/Art 4 *7*
Form 3/Art 4 *6f*
zweifache 3/Art 4 *12*
**Übersetzer** 2/Art 34 *10*
**Übersetzung**
Annahmeverweigerung 3/Art 5 *4ff*
Direktzustellung Post 3/Art 14 9
Kosten 3/Art 4 6
Qualität 3/Art 8 2
Schriftstück, zuzustellendes 3/Art 5 *1ff*
Urkunden Anerkennung 2/Art 34 *8f*
Urkunden im Vollstreckbarerklärungsverfahren 1/Art 55 3
Urkunden, Vollstreckung 2/Art 34 *8f*
**Umgang** 2/Art 1 8
**Ungültigerklärung Ehe**
Begriff 2/Art 1 2
**Unmittelbarkeit, Beweisaufnahme** 4/Art 1 *37f* 4/Art 12 *1*
**Unterhalt** 2/Art 1 *10*
**Unterhaltsanspruch**
Maßnahme, einstweilige 1/Art 31 *12*
**Unterhaltsentscheidung, indexierte**
Vollstreckbarerklärung 1/Art 38 *25*
**Unterhaltsgerichtsstand** 1/Art 5 *60ff*
Abänderungsklage 1/Art 5 68
Haager Unterhaltsstatutübereinkommen 1/Art 5 *61*
Legalzession 1/Art 5 *67*
Regreßklage 1/Art 5 66
Statussache 1/Art 5 *72*
Unterhaltsberechtigter Klage des 1/Art 5 64
Unterhaltssache, Begriff 1/Art 5 *62*
Unterhaltsschuldner Klage des 1/Art 5 65
Verbundkompetenz 1/Art 5 *72*
Zuständigkeit 1/Art 5 *71f*
**Unterhaltssache** 1/Art 1 *11*
**Unterhaltstitel**
Vollstreckbare Urkunde 1/Art 57 4
**Unterhaltsvergleich** 1/Art 58 *1*
s auch Vergleich
**Unterlassungsklage**
Deliktsgerichtsstand 1/Art 5 80
**Unternehmer**
Wohnsitz in Drittstaat 1/Art 15 *17f*
**Unvereinbarkeit**
Beweisersuchen 4/Art 10 *11ff*
Entscheidungskompetenz 4/Art 10 *16*
**Unzuständigerklärung** 1/Art 25 *1ff* 6 2/Art 11 *30* 2/Art 9 *14*
Aussetzung 2/Art 10 *8f*
**Urkunde, öffentliche**
Anerkennung 2/Art 13 *20ff*
aus Mitgliedstaat 1/Art 57 *7*
Rechtsbehelf Vollstreckbarerklärung 1/Art 57 *14*
Vollstreckbarerklärung 1/Art 57 *1ff*
Vollstreckbarerklärungsverfahren 1/Art 57 *10ff*
Vollstreckbarkeit im Erststaat 1/Art 57 8
Begriff 1/Art 57 *3ff*
**Urkunden** 4/Art 1 *31*
Ersuchen 4/Art 4 *21*

Verweigerungsrechte 4/Art 14 *7*
**Urkunden für Vollstreckung**
Absehen 2/Art 34 *7*
Fehlen 2/Art 34 *1 ff*
gleichwertige 2/Art 34 *5 ff*
Versäumnisentscheidung 2/Art 32 *8 ff*
Vorlageverpflichtung 2/Art 32 *3*
vorzulegende 1/Art 53 *1 ff* 2/Art 32 *4 ff* 2/Art 33 *1 ff*

**Verantwortung elterliche**
s Sorgerechtssachen
**Verbandsklage** 1/Art 1 *4*
Deliktsgerichtsstand 1/Art 5 *82*
**Verbraucher**
Begriff 1/Art 15 *2*
Klage des 1/Art 16 *1 ff*
Klage gegen 1/Art 16 *7*
**Verbrauchersache**
Anerkennungsversagung 1/Art 35 *6*
Begriff 1/Art 15 *1 ff*
Gerichtsstandsvereinbarung 1/Art 23 *11 48*
**Verbraucherschutz** 1/Vorbem Art 15 *1 f*
**Verbundsache** 2/Art 1 *7 13*
Ehesachen konkurrierende 2/Art 11 *9*
Kostenfestsetzung 2/Art 13 *17*
**Vereinbarung**
scheidungserschwerende 2/Art 13 *23*
**Vereinigtes Königreich**
Geltung Brüssel I-VO 1/Einl *14*
**Vereinsrecht**
und Erfüllungsortgerichtsstand 1/Art 5 *25*
**Verfahren, faires** 1/Art 34 *15*
**Verfahren, Zusammenhang** 2/Art 11 *1 ff*
Eheaufhebung 2/Art 11 *16*
Ehetrennung 2/Art 11 *14 27*
einstweilige Maßnahmen 2/Art 11 *18*
Scheidungsanträge 2/Art 11 *15*
Sorgerechtssachen 2/Art 11 *17*
Unzuständigerklärung 2/Art 11 *30 ff*
**Verfügung einstweilige** 1/Art 31 *29*
**Vergleich**
Begriff Arten 1/Art 58 *6 ff*
und *judgment by consent* 1/Art 58 *9*
Vollstreckbarerklärung 1/Art 58 *1 ff*
Zuständigkeit 1/Art 58 *5*
**Vergleich erbrechtlicher** 1/Art 58 *2*
s auch Vergleich
Vollstreckbarerklärungsverfahren 1/Art 58 *11 ff*
**Verordnungskompetenz** 2/Vorbem *2* 3/Vorbem *1*
**Verpflichtung Erfüllungsortgerichtsstand**
mehrere 1/Art 5 *38*
Nebenpflichten 1/Art 5 *38*
sekundäre 1/Art 5 *37*
streitige 1/Art 5 *35*
Unterlassen 1/Art 5 *39*
vertragscharakteristische 1/Art 5 *36*
Wertungswidersprüche 1/Art 5 *36*
primäre 1/Art 5 *37*
**Versäumnisentscheidung** 1/Art 26 *1 ff*
Urkunden im Vollstreckbarerklärungsverfahren 2/Art 32 *8 ff*
Urkunden im Anerkennungsverfahren 2/Art 32 *8 ff*
**Versicherer**
Klage des 1/Art 12 *1 ff*
Klage gegen den 1/Art 9 *1 ff*
Wohnsitz in Drittstaat 1/Art 8 *8* 1/Art 9 *8 ff* 1/Art 10 *2*
Wohnsitz in Mitgliedstaat 1/Art 8 *7*
Zuständigkeit Klage gegen 1/Art 9 *1 ff*
**Versicherter**
Begriff 1/Art 9 *5*
**Versicherung**
Gerichtsstandsvereinbarung 1/Art 23 *37*
**Versicherung, eidesstattliche** 1/Art 22 *57*
**Versicherung, syndizierte**
Zuständigkeit 1/Art 9 *6*
**Versicherungsnehmer**
Begriff 1/Art 9 *5*
**Versicherungssache**
Anerkennungsversagung 1/Art 35 *6*
Begriff 1/Art 8 *10 ff*
Gerichtsstandsvereinbarung 1/Art 23 *11 48*
**Versicherungsvertrag**
mit Verbraucher 1/Art 15 *10*
**Versöhnungsverfahren**
Anspruchsidentität 2/Art 11 *22*
Anhängigkeit 2/Art 11 *43*
**Versorgungsausgleich** 1/Art 1 *12*

**Versteigerungsbedingungen**
Gerichtsstandsvereinbarung 1/Art 23 *37*
**Vertrag gemischter**
Verbrauchersache 1/Art 15 *3*
**Vertragsklage**
und dingliche Klage 1/Art 6 *33*
**Verwaltungsbehörde**
Entscheidungsanerkenung 1/Art 32 *19*
**Verweisung**
s auch Antragsvorlegung
internationale 1/Art 25 *6* 1/Art 28 *11*
**Verzögerung**
Beweisersuchen 4/Art 15 *1*
**Videoaufzeichnung**
Beweisaufnahme durch 4/Art 10 *19 39*
Persönlichkeitsschutz 4/Art 10 *39*
Verwertung ausländischer 4/Art 1 *24*
**Videokonferenz** 4/Art 1 *22*
**Videoverhandlung** 4/Art 10 *34*
**Videovernehmung** 4/Art 10 *34*
Erzwingung 4/Art 13 *10*
**VO-Kompetenz** 2/Vorbem *2* 4/Art 1 *58*
**Völkerverträge**
Anerkennung Entscheidung 2/Art 13 *5*
Verhältnis zur Brüssel I-VO 1/Art 69 *1 ff* 1/Art 70 *1 ff* 1/Art 71 *1 ff*
Verhältnis zu Brüssel II-VO 2/Vorbem *7*
**Vollstreckbarerklärung; Brüssel I-VO** 1/Art 38 *1 ff*
Änderung 1/Art 38 *16*
Anerkennungsversagungsgründe 1/Art 41 *4 ff*
Antragsberechtigung 1/Art 38 *8 ff*
Antragstellung Form 1/Art 40 *1 ff*
Aufhebung 1/Art 38 *16*
Aufhebungsgründe 1/Art 45 *1 ff*
Ausländersicherheit 1/Art 51 *1 ff*
Aussetzung 1/Art 46 *1 ff*
Beschleunigung 1/Art 41 *10*
Bestimmtheit 1/Art 38 *21 ff*
einstweilige Maßnahmen vor 1/Art 47 *1 ff*
Einwendungen 1/Art 43 *23*
Entscheidung Mitteilung 1/Art 42 *1 ff*
Entscheidung 1/Art 41 *11 ff*
erstinstanzliches Verfahren 1/Art 41 *6 ff*
Gebühren 1/Art 52 *1 ff*
in Deutschland 1/Art 40 *4 ff*
in mehreren Staaten 1/Art 38 *5 ff*
Maßnahme, einstweilige 1/Art 31 *35 ff*
Nachweise 1/Art 38 *19 f*
Prozeßkostenhilfe 1/Art 50 *1 ff*
Prüfungsumfang 1/Art 41 *1 ff*
Rechtsbehelf weiterer 1/Art 44 *1 ff*
Rechtsbehelf gegen Erstentscheidung 1/Art 46 *1 ff 6 ff*
Rechtsbehelf gegen 1/Art 43 *1 ff*
Rechtsbehelfsfrist 1/Art 43*15 ff*
Rechtsbehelfsverfahren 1/Art 43 *7 ff*
Rechtskraft im Erststaat 1/Art 38 *18*
Sicherheitsleistung 1/Art 46 *17 ff*
Teilvollstreckbarerklärung 1/Art 48 *1 ff*
Urkunden beizufügende 1/Art 40 *13*
Urkunden, öffentliche 1/Art 57 *10 ff*
Vereinigtes Königreich Besonderheiten 1/Art 38 *30* 1/Art 40 *14*
Versagungsgründe 1/Art 45 *1 ff*
Vollstreckbarkeit im Erststaat 1/Art 38 *11*
von Zwangsgeldentscheidungen 1/Art 49 *1 ff*
Voraussetzungen 1/Art 38 *8 ff*
vorläufige Vollstreckbarkeit 1/Art 38 *15 ff*
Zuständigkeit 1/Art 39 *1 ff*
Zustellung 1/Art 38 *28 f* 1/Art 42 *5 ff*
**Vollstreckbarerklärung, Brüssel II-VO** 2/Art 21 *1 ff*
Antrag 2/Art 23 *2 ff*
Ehesachen 2/Art 21 *8*
Entscheidung 2/Art 24 *1 ff*
Kostenentscheidung 2/Art 21 *8*
Mitteilung 2/Art 25 *1 ff*
Prozeßvergleich 2/Art 21 *7*
Prüfungsumfang 2/Art 24 *4 ff*
Rechtsbehelf 2/Art 26 *1 ff* 2/Art 27 *3 ff*
Rechtskraft 2/Art 24 *8*
Sorgerechtsentscheidung 2/Art 21 *4 ff*
UK 2/Art 21 *17*
Urkunde öffentliche 2/Art 21 *7*
Urkunden vorzulegende 2/Art 22 *7* 2/Art 32 *1 ff*
Verfahren 2/Art 24 *1 ff*
Voraussetzungen 2/Art 21 *9 ff*
Zuständigkeit 2/Art 22 *1 ff*

**Vollstreckbarerklärungsverfahren**
1/Art 22 *59*
s auch Vollstreckbarerklärung
parallele Verfahren 1/Art 38 *6f*
**Vollstreckung s Vollstreckbarerklärung**
**Vollstreckungsklausel** 1/Art 41 *12* /Art 24 *7*
**Vollstreckungstitel, europäischer** 1/Art 38 *2*
**Vorabentscheidungsverfahren** 1/Einl *43ff*
2/Vorbem *18f*
abstraktes 2/Vorbem *20*
Bindungswirkung 1/Einl *62f*
im Erkenntnisverfahren 1/Einl *55ff*
im Vollstreckbarerklärungsverfahren
1/Einl *61*
Vorlageberechtigung 1/Einl *45*
2/Vorbem *19*
Vorlagevoraussetzungen 1/Einl *47ff*
**Vordrucke**
im Anerkennungsverfahren 2/Art 32 *1ff*
im Vollstreckbarerklärungsverfahren
2/Art 33 *1ff*
**Vorschuss**
Beweisdurchführung 4/Art 18 *5*

**Wahldomizil**
Vollstreckbarerklärung 1/Art 40 *3 7ff*
2/Art 23 *5*
**Wechsel**
und Erfüllungsortgerichtsstand 1/Art 5 *26*
**Werkvertrag**
Erfüllungsortgerichtsstand 1/Art 5 *46*
**Wertsicherungsklausel**
Anerkennungsversagung 1/Art 34 *20*
**Wettbewerbsstellen**
Einigung Vollstreckbarkeit 1/Art 57 *6*
**Widerklage**
gegen Arbeitnehmer 1/Art 20 *3*
Gerichtsstandsvereinbarung 1/Art 23 *65*
Verbrauchersache 1/Art 16 *8*
Versicherer 1/Art 12 *5*
**Widerklage, Gerichtsstand** 1/Art 6 *23ff*
Drittstaatenwohnsitz 1/Art 6 *25*
Konnexität 1/Art 6 *26*
und Prozeßaufrechnung 1/Art 6 *30ff*
Verbote nationales recht 1/Art 6 *28*
Zuständigkeit 1/Art 6 *29*

**Wiedereinsetzung**
fiktive Zustellung 3/Art 19 *23ff*
**Wirkungserstreckung** 1/Art 33 *3* 2/Art 14 *2*
**Wohnsitz**
s auch Gesellschaften Sitz Wohnsitz
abhängiger 1/Art 59 *5*
Anknüpfung an 1/Art 2 *2*
Zeitpunkt für Gerichtsstand 1/Art 2 *3*
Bestimmungsbefugnis 1/Art 59 *1ff 4ff*
autonomer 1/Art 59 *9*
Gesellschaften 1/Art 60 *1ff*
in Mitgliedstaat 1/Art 3 *1ff*
mehrere 1/Art 2 *5*
nicht in Mitgliedstaat 1/Art 4 *1ff*
Person, natürliche 1/Art 59 *1ff*
Personen, juristische 1/Art 60 *1ff*
**Wohnsitzgerichtsstand**
Versicherer 1/Art 9 *2*
**Wohnsitzstaat**
Ausrichtung gewerblicher Tätigkeit
1/Art 15 *13f*
**Wortprotokoll** 4/Art 10 *19* 4/Art 13 *9*

**Zentralstelle, EG-BewVO** 4/Art 3 *1ff*
Aufgabe 4/Art 3 *1ff*
Auskunftserteilung 4/Art 3 *2ff*
Lösungssuche 4/Art 3 *6*
Rechtsbehelf 4/Art 3 *9*
Weiterleitung 4/Art 3 *7*
**Zentralstelle, EG-ZustellVO** 3/Art 3 *1ff*
Auskunft 3/Art 3 *2*
Deutschland Adressen 3/Art 3 *10*
Mitgliedstaaten Adressen 3/Art 3 *11*
UK 3/Art 3 *3*
Unterstützung 3/Art 3 *4*
Weiterleitung von Schriftstücken 3/Art 3 *5ff*
**Zeugeneinvernahme** 4/Art 1 *20*
Ersuchen 4/Art 4 *9*
schriftliche Beantwortung 4/Art 1 *21*
telefonische 4/Art 1 *23*
Videokonferenz 4/Art 10 *35*
**Zeugnisfähigkeit** 4/Art 4 *18*
**Zeugnisunfähigkeit** 4/Art 14 *5*
**Zeugnisverweigerungsrecht** 4/Art 4 *14ff*
**Zinsen, gesetzliche**
Vollstreckbarerklärung 1/Art 38 *23*

**Zivil- und Handelssache** 3/Art 1 *1 ff*
4/Art 1 *1*
Ausnahmen 3/Art 1 *3 f*
**Zivilsache** 1/Art 1 *1 f*
**ZRHO** 3/Vorbem *25*
**Zulässigkeitsprüfung** 2/Art 10
Nichteinlassung 2/Art 10 6
**Zusammenarbeit justitielle** 2/Vorbem *1*
**Zusammenhang** 2/Art 11 *1 ff*
**Zusatzversicherung**
Gerichtsstandsvereinbarung 1/Art 14 5
**Zuständigkeit**
Änderung Listen 2/Art 44 *1 f*
Anerkennungsfeststellung 2/Art 21 5
Anwendungsbereich 2/Art 7 *2 ff*
Arbeitssachen 1/Art 18 *1 ff*
ausschließliche Ehesache
2/Art 7 *1 ff 10 ff 14 ff*
ausschließliche Sorgerechtssache 2/Art 7 *18 ff*
bei fehlendem Gerichtsstand 2/Art 7 *7 f*
Beschwerde Vollstreckbarerklärung
2/Art 26 *5 ff*
einstweilige Maßnahmen 2/Art 12 *14*
Gegenantrag 2/Art 5 3
im Anerkennungsverfahren 2/Art 17 *1 ff*
Listen 2/Anh I bis III
nach lex fori 2/Art 7 *5 f 17* 2/Art 8 *6 f 8*
nationales Recht 2/Vorbem 5
örtliche 2/Vorbem *13*
Prüfungsumfang 1/Art 25 *1 ff* 1/Art 26 8
Rechtsbeschwerde Vollstreckbarerklärung
2/Art 27 *1 ff*
Vollstreckbarerklärung 2/Art 21 *1 ff*
wesenseigene, Beweisaufnahme 4/Art 14 *19*
**Zuständigkeit, ausschließliche** 1/Art 22 *1 ff*
Anerkennungsversagung 1/Art 35 *7 ff*
Arbeitssachen 1/Art 35 *12 ff*
Drittstaatenabkommen 1/Art 35 *10*
Gesellschaften 1/Art 22 *28 ff*
Immobilien 1/Art 22 *4 ff*
Register öffentliche 1/Art 22 *38 ff*
Schiedsvereinbarung 1/Art 35 *14*
Schutzrechte gewerbliche 1/Art 22 *40 ff*
Unzuständigerklärung 1/Art 25 *1 ff*
Zuständigkeitsvereinbarung 1/Art 35 *13*
Zwangsvollstreckung 1/Art 22 *53 ff*
**Zuständigkeit, Ehesache**
Aufenthalt letzter 2/Art 2 *14 f*
Aufenthalt 2/Art 2 *11 ff*
forum actoris 2/Art 2 *23*
forum rei 2/Art 2 *17*
gemeinsamer Scheidungsantrag 2/Art 2 *19 ff*
Gleichrang 2/Art 2 6
Interessen bei Auswanderung 2/Art 2 *17*
Kriterien 2/Art 1 *1*
örtliche 2/Art 2 *10*
Parteistellung 2/Art 2 *24*
Staatsangehörigkeit 2/Art 2 2 *28 f 35*
**Zuständigkeit, funktionale** 1/Vorbem Art 2 *19*
**Zuständigkeit, konkurrierende** 1/Art 29 *1*
**Zuständigkeit, örtliche** 1/Vorbem Art 2 *18*
allgemeiner Gerichtsstand 1/Art 2 *7 f*
bei fakultativem Gerichtsstand 1/Art 5 4
Versicherungssachen 1/Art 8 3 1/Art 9 9
**Zuständigkeit, sachliche** 1/Vorbem Art 2 *19*
**Zuständigkeit, Sorgerechtssache** 2/Art 3 *11 ff*
Anerkennung 2/Art 3 *17*
Aufenthalt gewöhnlicher 2/Art 3 *11 ff 20*
Beendigung 2/Art 3 *22*
elterliche Verantwortung 2/Art 3 *15*
Kindesentführung 2/Art 4 9
Kindeswohl 2/Art 3 *19*
**Zuständigkeitsprüfung** 2/Art 9
ausschließliche Zuständigkeit 2/Art 9 3
eigene Zuständigkeit 2/Art 9 7
fremde Zuständigkeit 2/Art 9 *8 ff*
von Amts wegen 2/Art 9 *12 ff*
**Zuständigkeitsrüge** 1/Art 24 *19 ff*
**Zuständigkeitsvereinbarung**
s Gerichtsstandsvereinbarung
**ZustDG** 3/Vorbem *32*
**Zustellung**
s auch Übersendung
Ablauf 3/Art 4 *2 ff*
als Vollstreckungsvoraussetzung
2/Art 21 *13 ff*
anwendbares Recht 3/Art 7 *1 ff*
Auslagen 3/Art 11 *2 ff*
außergerichtliche Schriftstücke 3/Art 16 *1*
Datum 3/Art 9 *1 ff*
diplomatische 3/Vorbem 9 3/Art 12 *1*
3/Art 13 *1 ff*

Fristen 3/Vorbem *18*
Haager Übereinkommen 2/Art 10 *15*
in das Ausland 3/Art 1 *12f*
Kosten 3/Art 11 *1ff*
Maßnahmen erforderliche 2/Art 10 *12*
Mitgliedstaaten 2/Art 10 *14*
öffentliche 3/Art 1 *19f*
Ordnungsgemäßheit Prüfung 2/Art 10 *9*
Pfändungs-und Überweisungsbeschluß 3/Vorbem *21ff*
Rechtzeitigkeit 2/Art 10 *11*
Sprache zulässige 3/Art 4 *10*
unbekannter Empfänger 3/Art 1 *17ff*
unmittelbare 3/Art 15 *1f*
Vollstreckbarerklärung 1/Art 42 *5ff* 2/Art 25 *1ff*
Zentralstellen 3/Art 3 *5ff*
zwischen Mitgliedstaaten 3/Art 1 *16*

**Zustellungsadressat**
anwendbares Recht 3/Art 7 *5*

**Zustellungsantrag** 3/Anh

**Zustellungsbescheinigung** 3/Art 10 *1ff* 3/Anh

**Zustellungsbevollmächtigter**
im Vollstreckbarerklärungsverfahren 2/Art 23 *5*

**Zustellungsbevollmächtigter** 1/Art 40 *3*

**Zustellungsfrist** 3/Art 9 *1ff*
anwendbares Recht 3/Art 9 *1ff*

**Zustellungsmangel**
Heilung 3/Vorbem *17* 3/Art 19 *15ff*

**Zustellungsnachweis**
Anerkennungsverfahren 2/Art 32 *9*
Vollstreckbarerklärungsverfahren 2/Art 32 *9*

**Zustellungsübereinkommen, europäisches** 3/Vorbem *2*

**ZustRG** 3/Vorbem *33*

**Zwangsgeld**
Verhängung im Vollstreckungsstaat 1/Art 49 *8ff*
Vollstreckbarerklärung 1/Art 49 *1ff*

**Zwangsmaßnahmen**
anwendbares Recht 4/Art 13 *2ff*
Erforderlichkeit 4/Art 13 *5ff*
Erledigung Beweisersuchen 4/Art 13 *1f*

**Zwangsversteigerung** 1/Art 22 *55*

**Zwangsvollstreckung**
Aufschub 1/Art 22 *56*
Begriff 1/Art 22 *54ff*
Ort der 1/Art 22 *61*

**Zwangsvollstreckungsverfahren**
Rechtsbehelfe 1/Art 45 *7f*

**Zweigniederlassung**
Verbrauchersache 1/Art 15 *17*
Versicherungssache 1/Art 9 *8ff*

**Zwischenentscheidung**
Anerkennungsfähigkeit 1/Art 32 *8*

**Zwischenfeststellung**
Anerkennung 2/Art 14 *8ff*